CONCENTRACIÓN Y CENTRALIZACIÓN DEL PODER
Y RÉGIMEN AUTORITARIO

TRATADO DE DERECHO CONSTITUCIONAL - TOMO IX

Colección Tratado de Derecho Constitucional

I. *Historia constitucional de Venezuela*, Caracas 2013, 1096 páginas.
II. *Orígenes del constitucionalismo moderno en Hispanoamérica*, Caracas 2014, 980 páginas
III. *Cambio político y consolidación del Estado de derecho (1958-1998)*, Caracas 2015, 1162 páginas
IV. *Instituciones del Estado democrático de derecho. Constitución de 1961*, Caracas 2015, 1180 páginas
V. *Derechos y garantías constitucionales en la Constitución de 1961 (La Justicia Constitucional)*, Caracas 2015, 1022 páginas
VI. *Asamblea Constituyente y Proceso Constituyente (1999)*, Caracas 2013, 1198 páginas
VII. *La Constitución de 1999: El Estado Democrático y Social de Derecho*, Caracas 2014, 1190 páginas
VIII. *Golpe de Estado Constituyente, Estado Constitucional y Democracia*, Caracas 2015, 1018 páginas
IX. *Concentración y centralización del poder y régimen autoritario*, Caracas 2015, 1198 páginas
X. *Derechos y garantías constitucionales y la acción de amparo*, Caracas 2017, 1196 páginas.
XI. *El derecho y la acción de amparo en el derecho constitucional comparado*, Caracas 2017, 1150 páginas.
XII. *La justicia constitucional y Jurisdicción Constitucional*, Caracas 2017, 1198 páginas.
XIII. *Práctica y distorsión de la justicia constitucional*, Caracas 2017, 954 páginas.
XIV. *El juez legislador y la patología de la justicia constitucional*, Caracas 2017, 1060 páginas.
XV. *El desmantelamiento de la democracia y el Estado Totalitario*, Caracas 2017, 1050 páginas.
XVI. *La Destrucción del Estado de derecho, la ruina de la democracia y la dictadura judicial*, Caracas 2017, 1146 páginas

Allan R. Brewer–Carías

Profesor de la Universidad Central de Venezuela (desde 1963)
Simón Bolívar Professor, University of Cambridge (1985–1986)
Professeur Associé, Université de Paris II (1989–1990)
Adjunct Professor of Law, Columbia Law School, New York (2006–2008)

CONCENTRACIÓN Y CENTRALIZACIÓN DEL PODER Y RÉGIMEN AUTORITARIO

COLECCIÓN

TRATADO DE DERECHO CONSTITUCIONAL

TOMO IX

Fundación de Derecho Público
Editorial Jurídica Venezolana

Caracas, 2015

http://www.allanbrewercarias.com
Email: allan@brewercarias.com
Segunda Edición, 2013

Hecho el Depósito de Ley
ISBN: 978-980-365-279-1
Depósito Legal: lf54020153403

Editado por: Editorial Jurídica Venezolana
Avda. Francisco Solano López, Torre Oasis, P.B., Local 4, Sabana Grande,
Apartado 17.598 – Caracas, 1015, Venezuela
Teléfono 762.25.53, 762.38.42. Fax. 763.5239
http://www.editorialjuridicavenezolana.com.ve
Email fejv@cantv.net

Impreso por: Lightning Source, an INGRAM Content company
para Editorial Jurídica Venezolana International Inc.
Panamá, República de Panamá.
Email: editorialjuridicainternational@gmail.com

Diagramación, composición y montaje
por: Francis Gil, en letra Times New Roman, 10,5
Interlineado 11, Mancha 19 x 12.5 cm., libro: 24.4 x 17 cm.

CONTENIDO GENERAL

TOMO IX

NOTA DEL AUTOR

Este Tomo IX de la Colección *Tratado de Derecho Constitucional* que hemos titulado *Concentración y centralización del poder y régimen autoritario*, recoge diversos estudios que he elaborado durante los últimos años luego de concluido el proceso constituyente de 1999 y de la sanción de la Constitución de 1999, que siguen a los que conforman el Tomo VIII de este Tratado; la mayoría de los cuales también fueron publicados en los libros: *Reflexiones sobre el constitucionalismo en América*, Colección Cuadernos de la Cátedra Fundacional Doctor Charles Brewer Maucó "Historia del Derecho en Venezuela", Universidad Católica Andrés Bello, N° 2, Editorial Jurídica Venezolana, Caracas 2001; *Constitución, democracia y control del poder*, Centro Iberoamericano de Estudios Provinciales y Locales (CIEPROL), Consejo de Publicaciones/Universidad de Los Andes/Editorial Jurídica Venezolana. Mérida, octubre 2004; y *Estudios sobre el Estado Constitucional (2005-2006)*, Cuadernos de la Cátedra Fundacional Allan R. Brewer Carías de Derecho Público, Universidad Católica del Táchira, N° 9, Editorial Jurídica Venezolana, Caracas, 2007.

Todos esos trabajos, y otros publicados después de 2007 sobre el tema, a los efectos de esta obra, están agrupados en las siguientes partes:

La *primera parte,* recoge los estudios sobre el tema de la separación de poderes y su ruptura por el autoritarismo, en los cuales se analizas sucesivamente, los problemas del control del poder en el Estado constitucional de derecho y su eliminación en el régimen autoritario; la eliminación del principio de la separación de poderes en la práctica política venezolana; los nuevos autoritarismos constitucionales en América Latina partiendo del caso de Venezuela; el tema del autoritarismo establecido en fraude a la Constitución y a la democracia; el significado de la reforma constitucional de 2007 que pretendió consagrar en la misma un Estado totalitario; y el tema del secuestro del poder electoral en la penta división del Poder Público.

La *segunda parte* trata en específico, sobre el tema del Poder Judicial y la ausencia de autonomía e independencia, y la misma se recogen diversos estudios que tratan sobre la legitimidad de los métodos de escogencia de los jueces de las cortes supremas; la progresiva y sistemática demolición de la autonomía e independencia del Poder Judicial en Venezuela desde 1999; el tema de la emergencia judicial permanente que ha afectado al Poder Judicial, por la interminable transitoriedad que en fraude continuado a la voluntad popular y a las normas de la Constitución, han impedido la vigencia de la garantía de la estabilidad de los jueces y el funcionamiento efectivo de una "jurisdicción disciplinaria judicial; concluyendo con un estudio sobre el desmantelamiento de la democracia en Venezuela durante la vigencia de la Constitución de 1999.

La *tercera parte* contiene una serie de estudios sobre la forma de Estado, y el tema de la descentralización política, el federalismo y la democracia, con especial referencia a las entidades territoriales como los Estados y Municipios, en el esquema de Federación centralizada prevista en la Constitución. Se incluyen también en esta parte, unos estudios sobre el tema de la descentralización política en la estructura del Estado tanto en Ecuador como en el Perú; y en particular, además, se publican varios estudios sobre el tema de la relación entre participación política, la democracia y descentralización; sobre la falacia de la llamada "democracia participativa" establecida para acabar con la descentralización política; y sobre la necesaria revalorización de la democracia representativa ante los peligros del discurso autoritario que propugna una "democracia participativa" sin representación.

Las siguientes partes de este Tomo IX, está a su vez conformadas por los siguientes trabajos:

La *cuarta parte* está destinada al estudio sobre el alcance y sentido de la propuesta de reforma constitucional formulada por el Poder Ejecutivo en 2007, para consolidar un Estado socialista, centralizado, policial y militarista, que fue sometida a la Asamblea Nacional. El texto es el del libro: *Hacia la consolidación de un Estado socialista, centralizado, policial y militarista. Comentarios sobre el alcance y sentido del anteproyecto de reforma constitucional 2007,* publicado en la colección textos legislativos, N° 42, Editorial Jurídica Venezolana, Caracas, 2007.

La *quinta parte* es el texto del libro que dediqué, en 2007, a estudiar en detalle el proyecto de reforma constitucional que fue formalmente aprobado por la Asamblea Nacional y que sometido a referendo aprobatorio en diciembre del mismo año, en el cual el pueblo lo rechazó. El libro fue publicado con el título: *La reforma constitucional de 2007(Comentarios al proyecto inconstitucionalmente sancionado por la Asamblea Nacional el 2 de noviembre de 2007,* en la Colección Textos Legislativos n° 43, Editorial Jurídica Venezolana Caracas, 2007.

La *sexta parte*, que se refiere al tema de la reforma constitucional y el fraude a la Constitución, es el texto del libro que con el mismo título: *Reforma constitucional y fraude a la constitución (1999-2009),* fue publicado en la Colección Estudios N° 82 de la Academia de Ciencias Políticas y Sociales, Caracas 2009.

Por último, la *séptima parte*, recoge dos trabajos recientes como apreciaciones generales sobre el proceso de concentración del poder, uno sobre la experiencia venezolana en materia de reforma y mutación constitucional, y otro sobre la situación política del país en 2014.

Nueva York, enero de 2015

LIBRO PRIMERO

ESTUDIOS SOBRE LA SEPARACIÓN DE PODERES Y SU RUPTURA POR EL AUTORITARISMO

PRIMERA PARTE:

LOS PROBLEMAS DEL CONTROL DEL PODER Y EL AUTORITARISMO EN VENEZUELA (2011)

Texto del artículo publicado en el libro: Peter Häberle y Diego García Belaúnde (Coordinadores), *El control del poder. Homenaje a Diego Valadés*, Instituto de Investigaciones Jurídicas, Universidad Nacional Autónoma de México, Tomo I, México 2011, pp. 159-188.

INTRODUCCIÓN

El profesor Diego Valadés, mi apreciado amigo de tantos años, es quizás el constitucionalista latinoamericano que más se ha dedicado al estudio del tema de *El Control del Poder* que signa este merecido homenaje que le rinden sus amigos. La antítesis de este tema, por supuesto, es el autoritarismo que como sistema político se configura en un Estado, precisamente cuando no hay control del poder, es decir, al amparo del deterioro y desmantelamiento de los sistemas de control del poder.

Al tema le dedicó Valadés, entre otros, su libro sobre *El Control del Poder*[1], que en 2007 reeditamos en Venezuela, el cual consideré era "un llamado de atención oportuno frente al modelo de Estado autoritario que ha recomenzado a aparecer en América Latina en estos primeros años del Siglo XXI". En el Prólogo a la edición venezolana de dicha obra, de 2007, además, destacaba que:

> "El control del poder sólo es posible, efectivamente, en los Estados democráticos, y no es posible en los Estados autoritarios, ni siquiera cuando el modelo de autoritarismo, como el que estamos comenzando a experimentar en América latina, tiene la peculiaridad de que no es producto de un clásico golpe de Estado militar, como ocurrió en el transcurso de las últimas décadas del Siglo pasado, sino en elecciones populares. Se trata de un autoritarismo con supuesto apoyo popular, como fueron todos los del Siglo pasado, pero además, con origen electoral. Lo que es cierto, en

---

1 Véase Diego Valadés, *El Control del Poder*, Colección Estudios Jurídicos N° 84, Editorial Jurídica Venezolana, Caracas 2007.

todo caso, es que ni uno ni otro modelo autoritario es democrático, ni puede considerarse como un Estado de derecho, pues carece de los componentes esenciales de la democracia, que son bastante más que la sola elección popular de los gobernantes"[2].

Este es precisamente, el modelo autoritario que lamentablemente se ha venido arraigando en Venezuela desde que la Asamblea Nacional Constituyente, la cual fue electa sin que sobre ella existiese previsión alguna en la Constitución entonces vigente de 1961, diera un golpe de Estado contra la misma[3]. En la década subsiguiente, luego del inicial asalto al poder, sin control, lo que hemos vivido en Venezuela ha sido la conformación de un régimen autoritario en fraude a la Constitución y a la democracia, sobre lo cual quiero ahondar en estas notas en homenaje a Valadés[4].

En efecto, el Estado Constitucional, es decir, el Estado democrático sometido al derecho, se caracteriza por sobre todo, la existencia de un sistema de control efectivo del poder, de manera que la democracia como régimen político, es bastante más que la sola elección popular de los gobernantes y sólo existe en realidad, cuando el ejercicio del poder pueda ser controlado, tanto por la Sociedad como por los propios órganos del Estado. Y para que esto pueda ocurrir, de manera que "no se pueda abusar del poder", es necesario, como lo decía Montesquieu, "que por la disposición de las cosas, el poder limite al poder"[5].

De este postulado teórico y de las Revoluciones Norteamericana (1776) y Francesa (1789), derivó el principio de la separación de poderes que se convirtió en uno de los principios fundamentales del constitucionalismo moderno[6], y posteriormente, de la propia democracia como régimen político, para garantizar que quienes sean electos para gobernar y ejercer el poder estatal no abusen del mismo.

Es por ello que algo más de doscientos años después de aquellas Revoluciones, la *Carta Democrática Interamericana* de la OEA adoptada en Lima el 11 de septiembre de 2001, al enumerar los "elementos esenciales" de la democracia representativa, incluyó, entre ellos, al principio de la *separación e independencia de los poderes públicos*, además de los que se refieren al respeto a los derechos humanos y

---

2 Véase Allan R. Brewer-Carías, «Prólogo a la edición venezolana», *Idem*, p. 9.

3 Un golpe de Estado escribió Valadés, ocurre cuando se produce "el desconocimiento de la Constitución por parte de un órgano constitucionalmente electo"; agregando, incluso, como ejemplo que "un presidente elegido conforme a la Constitución no puede invocar una votación, así sea abrumadoramente mayoritaria, para desconocer el orden constitucional. Si lo hace habrá dado un golpe de Estado". Véase Diego Valadés, *Constitución y democracia*, UNAM, México 2000, p. 35 y en "La Constitución y el Poder", en Diego Valadés y Miguel Carbonell (Coordinadores), *Constitucionalismo Iberoamericano del Siglo XXI*, Cámara de Diputados, UNAM, México 2000, p. 145.

4 Del tema, además, nos hemos ocupado recientemente, en el texto de la Ponencia presentada al Primer Foro Nacional de Colombia sobre *Problemas del Estado Colombiano. Funciones y disfunciones en el esquema de control*, organizado por la Federación Nacional de Cafeteros de Colombia y Asociación de Ex magistrados de las Altas Cortes, ASOMAGISTER (Tercera Jornada de Reflexión), Bogotá, 2 de agosto de 2007.

5 Montesquieu partía de su apreciación general de que "Es una experiencia eterna que todo hombre que tiene poder tiende a abusar de él; y lo hace hasta que encuentra límites...". Véase en *De l'Espirit des Lois* (ed. G. Tunc), Paris 1949, Vol. I, Libro XI, Cáp. IV, pp. 162-163

6 Véase Allan R. Brewer-Carías, *Reflexiones sobre la Revolución Americana (1776) y la Revolución Francesa (1789) y sus aportes al Constitucionalismo Moderno*, Editorial Jurídica Venezolana, Caracas 1992.

las libertades fundamentales; al acceso al poder y su ejercicio con sujeción al Estado de derecho; a la celebración de elecciones periódicas, libres, justas y basadas en el sufragio universal y secreto, como expresión de la soberanía del pueblo; y al régimen plural de partidos y organizaciones políticas (art. 3)[7].

Ese elemento de la separación e independencia de los poderes públicos es, precisamente, el que permite y se configura a sí mismo, como el sistema de control del poder, siendo además el que puede garantizar la existencia de los otros elementos y componentes fundamentales de la democracia, ya que, en definitiva, sólo controlando al Poder es que puede haber elecciones completamente libres y justas, así como efectiva representatividad; sólo controlando al poder es que puede haber pluralismo político; sólo controlando al Poder es que puede haber efectiva participación democrática; sólo controlando al Poder es que puede haber transparencia en el en el ejercicio del gobierno, con exigencia de la rendición de cuentas por parte de los gobernantes; sólo controlando el Poder es que se puede asegurar un gobierno sometido a la Constitución y las leyes, es decir, un Estado de derecho; sólo controlando el Poder es que puede haber un efectivo acceso a la justicia de manera que esta pueda funcionar con efectiva autonomía e independencia; y sólo controlando al Poder es que puede haber real y efectiva garantía de respeto a los derechos humanos.

La democracia como régimen político, por tanto, sólo puede existir en un sistema estatal donde el Poder pueda ser controlado, a cuyo efecto el Estado Constitucional ha venido configurando sistemas de control para establecer mecanismos de contrapesos en el ejercicio de sus poderes, mediante su división o separación horizontal, que entre otros aspectos permita el ejercicio de los recursos judiciales de control; y su distribución vertical o territorial mediante sistemas de descentralización política. Todo ello es lo que, a la vez, puede permitir que los ciudadanos puedan controlar a los gobernantes mediante la realización de elecciones libres y justas que garanticen la alternabilidad republicana, desarrolladas sobre la base de un sistema de partidos que permita el libre juego del pluralismo democrático, y la libre manifestación y expresión del pensamiento y de la información que pueda movilizar la opinión pública.

Los problemas de cualquier Estado democrático de derecho radican, precisamente, en la efectiva estructuración de estos sistemas de control del poder. En cuanto a los Estados autoritarios, los mismos se montan, precisamente, con la destrucción, desmantelamiento o neutralización de los sistemas de control del poder, tal y como ha venido ocurriendo en Venezuela

I. EL DESDIBUJAMIENTO DEL SISTEMA DE SEPARACIÓN DE PODERES Y LA CONCENTRACIÓN DEL PODER EN EL RÉGIMEN AUTORITARIO VENEZOLANO

La historia de la humanidad nos ha enseñado que demasiada concentración y centralización del poder como ocurre en cualquier gobierno autoritario, así tenga origen electoral, inevitablemente conduce a la tiranía. Sobre ello, el mundo ya ha tenido demasiadas experiencias que han mostrado a tiranos que usaron el voto popu-

7 Véase sobre la Carta Democrática Interamericana y la crisis de la democracia en Venezuela, Allan R. Brewer-Carías, *La crisis de la democracia venezolana. La Carta Democrática Interamericana y los sucesos de abril de 2002*, Ediciones El Nacional, Caracas 2002. pp. 137 y ss.

lar para acceder al poder, y que luego mediante su ejercicio incontrolado, desarrollaron gobiernos autoritarios que acabaron con la propia democracia y con todos sus elementos, comenzando por el respeto a los derechos humanos.

Lamentablemente ello es lo que ha venido ocurriendo en Venezuela a la vista de todo el mundo democrático en estos primeros años del Siglo XXI, donde partiendo de elementos insertos en la misma Constitución de 1999[8],se ha arraigado un gobierno autoritario al establecerse un principio de concentración del poder en manos de la Asamblea Nacional y, consecuencialmente, el sometimiento de todos los poderes del Estado al Poder Ejecutivo dado el control político que este ejerce sobre la Asamblea Nacional.

Este germen de concentración del poder y, por tanto, de negación del principio de la separación horizontal del poder lo advertimos en 1999, antes incluso de que la Constitución fuera aprobada en referendo[9]; y lamentablemente ha sido con base en la propia Constitución que en los últimos años se ha instrumentando en Venezuela, el sistema político estatal autoritario que padecemos, basado en una total concentración y centralización del poder, con consecuencias demoledoras para la propia democracia y el Estado de derecho.

El primer signo de concentración del poder en la Constitución de 1999 fue, contradictoriamente, la misma división del poder del Estado que se estableció con florido verbalismo, no entre los tres clásicos poderes Legislativo, Ejecutivo y Judicial, sino agregando a ellos dos poderes más, el Ciudadano y el Electoral (art. 136). Se trató, así, de la única Constitución del mundo con una penta división de los Poderes del Estado (*Branches of Government*). Sin embargo, sean tres o sean cinco los poderes del Estado, para que la separación entre ellos y su control mutuo pueda ser efectivo, es esencial que los mismos sean independientes y autónomos; y ello, precisamente, fue lo que no se aseguró en Venezuela, habiéndose previsto en la Constitución la dependencia de todos los poderes (excepto del Ejecutivo) respecto de la Asamblea Nacional, al atribuírsele a ésta no sólo la potestad de nombrar a sus titula-

---

8 Véase los comentarios críticos a la semilla autoritaria en la Constitución de 1999, en Allan R. Brewer-Carías, *Debate Constituyente (Aportes a la Asamblea Nacional Constituyente), Tomo III (18 octubre-30 noviembre 1999),* Fundación de Derecho Público-Editorial Jurídica Venezolana, Caracas 1999, pp. 311-340; "Reflexiones críticas sobre la Constitución de Venezuela de 1999" en el libro de Diego Valadés, Miguel Carbonell (Coordinadores), *Constitucionalismo Iberoamericano del Siglo XXI*, Cámara de Diputados. LVII Legislatura, Universidad Nacional Autónoma de México, México 2000, pp. 171-193; en *Revista de Derecho Público*, N° 81, Editorial Jurídica Venezolana, Caracas, enero-marzo 2000, pp. 7-21; en *Revista Facultad de Derecho, Derechos y Valores*, Volumen III N° 5, Universidad Militar Nueva Granada, Santafé de Bogotá, D.C., Colombia, Julio 2000, pp. 9-26; y en el libro *La Constitución de 1999*, Biblioteca de la Academia de Ciencias Políticas y Sociales, Serie Eventos 14, Caracas 2000, pp. 63-88.

9 En la campaña para el referendo aprobatorio constitucional al propugnar el "Voto No", advertimos que si la Constitución se aprobaba, ello iba a implicar la implantación en Venezuela, de "Un esquema institucional concebido para el autoritarismo derivado de la combinación del centralismo del Estado, el presidencialismo exacerbado, la democracia de partidos, la concentración de poder en la Asamblea y el militarismo, que constituye el elemento central diseñado para la organización del poder del Estado. En mi opinión -agregaba-, esto no es lo que se requería para el perfeccionamiento de la democracia; la cual al contrario, se debió basar en la descentralización del poder, en un presidencialismo controlado y moderado, en la participación política para balancear el poder del Estado y en la sujeción de la autoridad militar a la autoridad civil" (30-11-1999). Véase en Allan R. Brewer-Carías, *Debate Constituyente (Aportes a la Asamblea Nacional Constituyente)*, Tomo III, Fundación de Derecho Público, Editorial Jurídica Venezolana, Caracas 1999, p. 339.

res, como es común en el constitucionalismo, sino de removerlos de sus cargos, sin garantías efectivas de estabilidad. Por tanto, en Venezuela, los Magistrados del Tribunal Supremo de Justicia, al Fiscal General de la República, al Contralor General de la República, al Defensor del Pueblo y a los Miembros del Consejo Nacional Electoral (Art. 265, 279 y 296), incluso en algunos casos por simple mayoría de votos de los diputados, pueden ser removidos por los diputados.

Simplemente, es imposible que pueda hablarse de independencia de los poderes públicos cuando la misma existencia de sus titulares depende de la voluntad política de uno de ellos, que puede removerlos precisamente cuando actúen con alguna independencia[10]. Y ello es lo que ha ocurrido en los últimos años en Venezuela, donde cuando ha habido algún mínimo signo de autonomía e independencia en las acciones de alguno de los titulares de los altos órganos del Estado, éstos han sido inmisericordemente removidos de sus cargos[11].

La consecuencia fundamental que ha provocado esta "dependencia" fáctica de los órganos de control frente a la Asamblea Nacional, ha sido la abstención total de aquellos en ejercer de control alguno, como ha sucedido, por ejemplo, con el Contralor General de la República, quien materialmente abandonó sus funciones de control fiscal en medio del desenfrenado gasto público que ha habido por la bonanza petrolera, salvo cuando se ha tratado de adoptar decisiones de responsabilidad administrativa para inhabilitar en el ejercicio de funciones públicas a determinados funcionario, con el efecto de impedirles postularse para cargos de elección popular.

La dependencia de los poderes del Estado en relación con la Asamblea Nacional, se consolidó, además, mediante la burla sistemática que la misma Asamblea efectuó respecto del novedoso sistema que la Constitución de 1999 estableció para limitar la discrecionalidad parlamentaria en la designación de los altos funcionarios del Estado, asegurando la participación de la sociedad civil en la designación de los titulares de los diversos poderes públicos, y evitar las designaciones de antaño, exclusivamente partidistas.

La Constitución estableció que los candidatos a magistrados del Tribunal Supremo de Justicia, a Fiscal General de la República, a Contralor General de la República, a Defensor del Pueblo y a miembros del Consejo Nacional Electoral, debían ser escogidos por unos sendos Comités de Postulaciones que debían estar "integrados por representantes de los diversos sectores de la sociedad". Frente a pérdida del poder discrecional de la Asamblea Nacional que ello implicaba, su respuesta, en un evidente fraude a la Constitución, fue la configuración legislativa de dichos Comités de postulaciones como simples Comisiones parlamentarias "ampliadas", integrados por diputados quienes por definición no son ni pueden ser representantes de la "sociedad civil" y, además, por algunas otras personas debidamente escogidas a dedo

10 Véase "Democracia y control del poder", en Allan R. Brewer-Carías, *Constitución, democracia y control del poder*, Centro Iberoamericano de Estudios Provinciales y Locales, Universidad de Los Andes, Mérida 2004, pp. 25 ss.

11 Así ocurrió en 2000 con los Miembros del Consejo Nacional Electoral, en 2001 con la Defensora del Pueblo y el Fiscal General de la República; y en 2004 con algunos Magistrados del Tribunal Supremo de Justicia. El caso de la Defensora del Pueblo fue patético, al pensar que tenía autonomía para impugnar la Ley Especial de la Asamblea Nacional de 2001, sobre nombramiento de los Magistrados del Tribunal Supremo sin cumplir con los requisitos constitucionales. Por ello, fue sustituida.

por la propia Asamblea como "representantes" de la sociedad civil, por supuesto de organizaciones "muy" gubernamentales"[12].

Todo este marco institucional ha dado origen a la primacía de la Asamblea Nacional sobre los Poderes Judicial, Ciudadano y Electoral, lo que en la práctica política y constitucional ha conducido a la concentración total del poder en manos del Ejecutivo, dado el control político partidista que éste ejerce sobre la Asamblea Nacional.

Todo este sistema de ausencia de autonomía y de dependencia de los poderes del Estado respecto del Ejecutivo Nacional, por supuesto, en particular, han sido catastróficos en relación con el Poder Judicial, el cual desde que fue intervenido por la Asamblea Nacional Constituyente en 1999[13], ha continuado intervenido por el eje Ejecutivo-Asamblea Nacional, pero con la lamentable anuencia y complicidad del propio Tribunal Supremo de Justicia, como juez constitucional, el cual se ha abstenido de asumir el completo gobierno del Poder Judicial, permitiendo una inconstitucional convivencia con la mencionada Comisión de Reorganización del Poder Judicial –a la cual ha legitimado- con poderes disciplinarios que conforme a la Constitución sólo unos jueces disciplinarios nombrados por concurso podrían ejercer.

II. EL SOMETIMIENTO DEL PODER JUDICIAL EN EL ESTADO AUTORITARIO VENEZOLANO

En efecto, la pieza esencial en un sistema de separación de poderes para que el poder pueda controlar al poder, es la existencia de un Poder Judicial autónomo e independiente. A tal efecto, para garantizarlo, la Constitución de 1999 estableció unas sofisticadas previsiones las cuales, lamentablemente han sido letra muerta.

En efecto, el principio de la independencia y autonomía del Poder Judicial está declarado en el artículo 254 de la Constitución de 1999, en particular al disponer las normas relativas al ingreso a la carrera judicial y a la permanencia y estabilidad en los cargos. A tal efecto, en cuanto a la carrera judicial, de acuerdo con lo dispuesto en el artículo 255 de la Constitución, el ingreso a la misma y el ascenso de los jueces solo se debería hacer mediante concursos públicos de oposición que aseguren la idoneidad y excelencia de los participantes, debiendo la ley además garantizar la participación ciudadana en el procedimiento de selección y designación de los jueces.

Por otra parte, la Constitución dispuso que los jueces sólo podían ser removidos o suspendidos de sus cargos mediante juicios disciplinarios llevados por jueces disciplinarios (art. 255). Sin embargo, ni una ni la otra cosa se han implementado en Venezuela. Hasta 2008, no se han realizado los concursos, y la jurisdicción disciplinaria no se ha creado.

---

12 Véase Allan R. Brewer-Carías, "La participación ciudadana en la designación de los titulares de los órganos no electos de los Poderes Públicos en Venezuela y sus vicisitudes políticas", en *Revista Iberoamericana de Derecho Público y Administrativo*, Año 5, Nº 5-2005, San José, Costa Rica 2005, pp. 76-95.

13 Véase nuestro voto salvado a la intervención del Poder Judicial por la Asamblea Nacional Constituyente en Allan R. Brewer-Carías, *Debate Constituyente, (Aportes a la Asamblea Nacional Constituyente)*, Tomo I, (8 agosto-8 septiembre), Caracas 1999; y las críticas formuladas a ese proceso en Allan R. Brewer-Carías, *Golpe de Estado y proceso constituyente en Venezuela,* Universidad Nacional Autónoma de México, México 2002.

Desde 1999, en esta materia, en Venezuela ha existido una inacabada, inconclusa y moldeable "transitoriedad constitucional"[14], que, por ejemplo, ha permitido la sobrevivencia hasta 2008, de una Comisión de Funcionamiento del Poder Judicial que ejerce poderes disciplinarios sobre los jueces, contrariando lo dispuesto en la Constitución y, lo más grave, con la anuencia de la Jurisdicción Constitucional que ha avalado la inconstitucionalidad, socavando los principios fundamentales del control democrático del poder, de la democracia y del Estado de derecho[15].

Es decir, lamentablemente, nada de lo que estableció la Constitución para asegurar la independencia y autonomía de los jueces se ha implementado, y en 2008 todavía no se habían realizado los concursos públicos, después de que en pocos años, a partir de 1999, se destituyeron a materialmente casi todos los jueces del país, y se nombraron a dedo para reemplazarlos, a jueces provisorios o temporales, sin estabilidad alguna en sus cargos, siendo por ello susceptibles de manipulación política[16].

Por ello, en el *Informe Especial* sobre Venezuela del año 2003, la Comisión Interamericana de Derechos Humanos expresó, que "un aspecto vinculado a la autonomía e independencia del Poder Judicial es el relativo al carácter provisorio de los jueces en el sistema judicial de Venezuela. Actualmente, la información proporcionada por las distintas fuentes indica que más del 80% de los jueces venezolanos son "provisionales".[17] En 2006, sin embargo, en lugar de los concursos, lo que se estableció fue un sistema de titulación de los jueces suplentes, sin concursos, en clara violación de la Constitución. Es decir, el sentido de las normas constitucionales, en la práctica política ha sido distorsionado o desconocido, mediante un proceso de intervención sistemática y continua del Poder Judicial, que comenzó con la que decretó la Asamblea Nacional Constituyente en 1999, y que ha continuado mediante la demolición de su autonomía.[18]

Por otra parte, después de casi una década de vigencia de la Constitución, en 2008 aún no se había establecido la jurisdicción disciplinaria de los jueces que exige

---

14 Véase Allan R. Brewer-Carías, *Golpe de Estado y proceso constituyente en Venezuela*, Universidad Nacional Autónoma de México, México, 2003. pp. 179 ss.

15 Véase Allan R. Brewer-Carías, *Crónica de la "In "Justicia constitucional. La sala Constitucional y el Autoritarismo en Venezuela*, Editorial Jurídica venezolana, Caracas 2007, pp. 163 ss; y "La progresiva y sistemática demolición institucional de la autonomía e independencia del Poder Judicial en Venezuela 1999-2004", en *XXX Jornadas J.M Domínguez Escovar, Estado de derecho, Administración de justicia y derechos humanos*, Instituto de Estudios Jurídicos del Estado Lara, Barquisimeto, 2005, pp. 33-174.

16 Esta trágica situación de la provisionalidad de los jueces con la consecuente notoria falta de independencia que afecta al sistema judicial en Venezuela, desde 2002 fue advertido por la Comisión Interamericana de Derechos Humanos en las *Observaciones Preliminares* formuladas el 10 de mayo de 2002 (Véase "Comunicado de Prensa" de 10-05-2000, en *El Universal*, Caracas 11-5-2002), que formuló con motivo de su visita a Venezuela, señalando que: "luego de casi tres años de reorganización del Poder Judicial, un número significativo de los jueces tiene carácter provisorio, que oscila entre el 60 y el 90% según las distintas fuentes. Ello afecta la estabilidad, independencia y autonomía que debe regir a la judicatura" (*Idem*, párrafo 30); agregando que había sido: "informada que el problema de la provisionalidad de los jueces se ha profundizado y aumentado desde que el presente Gobierno inició un proceso de reestructuración judicial" (*Idem*, p. 31).

17 *Informe sobre la Situación de los Derechos Humanos en Venezuela 2003*, párrafo 161

18 Véase Allan R. Brewer-Carías, "La progresiva y sistemática demolición de la autonomía en independencia del Poder Judicial en Venezuela (1999-2004)", en *XXX Jornadas J.M Domínguez Escovar, Estado de derecho, Administración de justicia y derechos humanos,* Instituto de Estudios Jurídicos del Estado Lara, Barquisimeto, 2005, pp. 33-174.

la Constitución (artículos 254 y 267) tendiente a garantizar su sola remoción mediante juicios disciplinarios, por jueces disciplinarios, por lo que con la anuencia del propio Tribunal Supremo, ha continuando en funcionamiento la "transitoria" Comisión de Reorganización del Poder Judicial (creada en 1999), que ha removido a los jueces sin debido proceso, y ha dado pie a la instauración de los mencionados jueces provisorios.

El resultado ha sido, como la mencionada Comisión Interamericana de Derechos Humanos también lo registró en su informe sobre la situación de los derechos humanos en Venezuela contenido en el Capítulo IV del *Informe* que rindió ante la Asamblea General de la OEA en 2006, que los "casos de destituciones, sustituciones y otro tipo de medidas que, en razón de la provisionalidad y los procesos de reforma, han generado dificultades para una plena vigencia de la independencia judicial en Venezuela."[19]; destacando aquellas "destituciones y sustituciones que son señaladas como represalias por la toma de decisiones contrarias al Gobierno" [20]; concluyendo que para 2005, según cifras oficiales, "el 18,30% de las juezas y jueces son titulares y 81,70% están en condiciones de provisionalidad"[21].

Por otra parte, en cuanto a los Magistrados del Tribunal Supremo de Justicia, como se ha dicho, la Constitución de 1999 creó el Comité de Postulaciones Judiciales (art. 270), como un órgano asesor del Poder Judicial para la selección de los candidatos a Magistrados (art. 264); el cual también debía asesorar a los colegios electorales judiciales para la elección de los jueces de la jurisdicción disciplinaria. Este Comité debía haber estado integrado por representantes de los diferentes sectores de la sociedad, pero la Ley Orgánica del Tribunal Supremo de Justicia de 2004, lo que reguló fue una Comisión parlamentaria ampliada, controlada por el Parlamento, burlando la disposición constitucional[22].

Pero las actuaciones al margen de la Constitución comenzaron en esta materia en 1999, con el nombramiento "transitorio" de los Magistrados del Tribunal Supremo de Justicia por la Asamblea Constituyente sin cumplirse los requisitos constitucionales que imponían la necesaria participación de la sociedad civil en los nombramientos. En esa forma, las previsiones constitucionales sobre condiciones para ser magistrado y los procedimientos para su designación con participación de los sectores de la sociedad, se violaron desde el inicio, continuándose luego las violaciones por la Asamblea Nacional en 2000 al hacer las primeras designaciones conforme a una "Ley especial" sancionada para efectuarlas transitoriamente, con contenido completamente al margen de las exigencias constitucionales.

Después vino la reforma de la Ley Orgánica del Tribunal Supremo de Justicia de 2004, aprobada en medio de una amplia discusión y cuestionamiento respecto de la mayoría calificada que se requería por la Constitución, por tratarse de una ley orgánica. La reforma aumentó el número de Magistrados de 20 a 32, que fueron elegidos por la Asamblea Nacional, en un procedimiento enteramente dominado por el Presi-

---

19 *Informe sobre la Situación de los Derechos Humanos en Venezuela 2006*, párrafo 291.

20 *Ídem*, párrafos 295 y ss.

21 *Ídem*, párrafo 292.

22 Véase los comentarios en Allan R. Brewer-Carías, *Ley Orgánica del Tribunal Supremo de Justicia*, Editorial Jurídica Venezolana, Caracas 200, pp. 32 ss.

dente de la República[23]. Por ello, incluso, la Comisión Interamericana de Derechos Humanos indicó en su *Informe* a la Asamblea General de la OEA correspondiente a 2004 que "estas normas de la Ley Orgánica del Tribunal Supremo de Justicia habrían facilitado que el Poder Ejecutivo manipulara el proceso de elección de magistrados llevado a cabo durante 2004."[24]

Por otra parte, en cuanto a la estabilidad de los Magistrados del Tribunal Supremo de Justicia, el artículo 265 de la Constitución dispuso que los mismos podían ser removidos por la Asamblea Nacional mediante una mayoría calificada de las dos terceras partes de sus integrantes, previa audiencia concedida al interesado, en caso de faltas graves calificadas por el Poder Ciudadano. Como cuestión de principio puede decirse que con una disposición como esta, ciertamente, la autonomía e independencia de los magistrados desapareció, conformando una vía de injerencia no conveniente ni aceptable de la instancia política del Poder en relación con la administración de Justicia. Sin embargo, lo grave en esta materia es que en 2004, mediante la Ley Orgánica del Tribunal Supremo de Justicia, en evidente fraude a la Constitución, se estableció que los magistrados del Tribunal Supremo podían ser removidos con el voto de la mayoría absoluta de los diputados, al crearse una causal de remoción que se denominó "revocación del acto administrativo renombramiento"[25]. Ello provocó la destitución o "jubilación" de los Magistrados que osaron no seguir la línea gubernamental[26], con lo cual el gobierno asumió un control absoluto del Tribunal Supremo de Justicia en general, y de cada una de sus Salas en particular, especialmente de la Sala Constitucional.

En esta forma, en Venezuela se ha configurado un Tribunal Supremo de Justicia altamente politizado y sujeto a la voluntad del Presidente de la República, que ha eliminado en la práctica toda la autonomía del Poder Judicial y el propio postulado de la separación de los poderes, como piedra angular del Estado de Derecho y de la

---

23 En víspera de los nombramientos, el entonces Presidente de la Comisión parlamentaria encargada de escoger los candidatos a Magistrados del Tribunal Supremo luego designado Ministro de Interior y Justicia, declaró a la prensa que "Si bien los diputados tenemos la potestad de esta escogencia, el Presidente de la República fue consultado y su opinión fue tenida muy en cuenta."(Resaltado añadido). Agregó: "Vamos a estar claros, nosotros no nos vamos a meter autogoles. En la lista había gente de la oposición que cumple con todos los requisitos. La oposición hubiera podido usarlos para llegar a un acuerdo en las últimas sesiones, pero no quisieron. Así que nosotros no lo vamos a hacer por ellos. En el grupo de los postulados no hay nadie que vaya a actuar contra nosotros y, así sea en una sesión de 10 horas, lo aprobaremos." Véase en *El Nacional*, Caracas, 13-12-2004.

24 Comisión Interamericana de Derechos Humanos, *Informe sobre Venezuela 2004*, párrafo 180.

25 Véase los comentarios en Allan R. Brewer-Carías, *Ley Orgánica del Tribunal Supremo de Justicia*, Editorial Jurídica venezolana, Caracas 200, pp. 41 ss.

26 Fue el caso, por ejemplo, del Vice Presidente del Tribunal Supremo de Justicia, quien fue Ponente de la sentencia de la Sala Plena Accidental de 14-08-2002 en la cual se decidió el antejuicio de mérito a los generales que actuaron el 12 de abril de 2002, declarando que no había mérito para enjuiciarlos porque en esa ocasión no había ocurrido un golpe militar sino un vacío de poder; y del Presidente de la Sala Electoral y otros Magistrados de la misma Sala, quienes suscribieron la sentencia de fecha sentencia Nº 24 del 15-03-2004 que suspendió los efectos de la Resolución Nº 040302-131 de 02-03-2004, del Consejo Nacional Electoral que en su momento impidió la realización del referendo revocatorio presidencial (Caso: *Julio Borges, César Pérez Vivas, Henry Ramos Allup, Jorge Sucre Castillo, Ramón José Medina y Gerardo Blyde vs. Consejo Nacional Electoral*).

vigencia de las instituciones democráticas; y ha eliminado toda posibilidad de control judicial efectivo del poder por parte de los ciudadanos"[27].

Este sometimiento del Tribunal Supremo a la voluntad del Ejecutivo Nacional, ha sido ciertamente catastrófico en relación a la autonomía e independencia del Poder Judicial, particularmente si se tiene en cuenta, además, que dicho Tribunal ejerce el gobierno y administración de todo el Poder judicial. Todo ello ha alienado al Poder Judicial de su función fundamental de servir de instrumento de control de las actividades de los otros órganos del Estado para asegurar su sometimiento a la ley.

III. LA CENTRALIZACIÓN DEL PODER EN LA "FEDERACIÓN DESCENTRALIZADA" VENEZOLANA Y LA AUSENCIA DE REAL PARTICIPACIÓN POLÍTICA EN EL AUTORITARISMO VENEZOLANO

Pero además de en la separación horizontal de poderes, el Estado constitucional y democrático de derecho está montado sobre un sistema de distribución vertical o territorial del poder, el cual además de contribuir también al control del poder por el poder mismo, garantice la participación política democrática en entidades territoriales descentralizadas dotadas de autonomía política.

Ese sistema, también con un lenguaje florido, se enunció en la Constitución de 1999 al definirse la forma del Estado como la de un "Estado federal descentralizado" (art. 4); pero en la práctica política, también lamentablemente, conforme a normas contradictorias de la propia Constitución[28], lo que se ha producido en Venezuela en los últimos años ha sido la progresiva centralización del poder en los niveles nacionales del Estado, en perjuicio de los Estados y municipios, lo que a su vez ha provocado una distorsión del propio ejercicio de la democracia y de la participación popular, encubierta por un falaz discurso populista que pretende sustituir la democracia representativa por una "democracia participativa", como si se tratara, además, de conceptos dicotómicos, conduciendo en realidad a la propia destrucción de la democracia.

---

27 El propio Presidente de la República se ha encargado de decir cómo es que tiene que funcionar el Tribunal Supremo, consultando previamente al jefe de Estado, cuando al referirse a una sentencia de la Sala Constitucional muy criticada, en la cual reformó de oficio una norma de la Ley del Impuesto sobre la renta, simplemente dijo "Muchas veces llegan, viene el Gobierno Nacional Revolucionario y quiere tomar una decisión contra algo por ejemplo que tiene que ver o que tiene que pasar por decisiones judiciales y ellos empiezan a moverse en contrario a la sombra, y muchas veces logran neutralizar decisiones de la Revolución a través de un juez, o de un tribunal, o *hasta en el mismísimo Tribunal Supremo de Justicia, a espaldas del líder de la Revolución,* actuando por dentro contra la Revolución. Eso es, repito, traición al pueblo, traición a la Revolución". Véase, *Discurso del Presidente de la Republica en el Primer Evento con propulsores del Partido Socialista Unido de Venezuela*, Teatro Teresa Carreño, Caracas 24 marzo 2007.

28 Véase Allan R. Brewer-Carías, *Federalismo y Municipalismo en la Constitución de 1999 (Alcance de una reforma insuficiente y regresiva),* Cuadernos de la Cátedra Allan R. Brewer-Carías de Derecho Público, N° 7, Universidad Católica del Táchira, Editorial Jurídica Venezolana, Caracas-San Cristóbal 2001, 187 pp.. Véase además, Allan R. Brewer-Carías, "El 'Estado Federal descentralizado' y la centralización de la Federación en Venezuela. Situación y Perspectiva de una contradicción constitucional», en *Revista de Estudios de la Administración Local (REAL)*, 292-293, mayo-diciembre 2003, Madrid 2003, pp. 11-43.

En la Constitución de 1999, en efecto, en materia de descentralización política se retrocedió institucionalmente[29] al eliminarse el Senado, y con ello, el principio de igualdad institucional de los Estados de la "federación", estableciéndose por primera vez en la historia constitucional de Venezuela una Asamblea Nacional unicameral (Art. 186); además, se permitió la posibilidad de establecer limitaciones mediante simple ley nacional a la autonomía de los Estados (Art. 162) e incluso de los Municipios (Art. 168), lo que se configura como una negación de la idea misma de descentralización política y de su garantía constitucional. Las competencias de los Estados se redujeron a un precario ámbito, cuyo ejercicio, además, se sujetó a lo dispuesto en la legislación nacional, eliminándose toda competencia tributaria, colocándose a los Estados en una dependencia financiera más acentuada, y hasta invirtiéndose incluso en esta materia el viejo principio federal del carácter residual de las competencias públicas a favor de los Estados, que en la Constitución se asignan al Poder nacional.

En todo caso, el retroceso en la descentralización distorsionó la propia posibilidad de participación política, es decir, la posibilidad para el ciudadano de participar en la toma de decisiones políticas, lo cual sólo es posible cuando el poder está cerca de él, como consecuencia precisamente de la descentralización del poder, basado en la multiplicación de las autoridades locales con autonomía política. que es lo que puede, además, permitir que el poder controle al poder. Al contrario, en un esquema de centralización del poder, no sólo la participación política se torna en una ilusión retórica, sino que el sistema se convierte en fácil instrumento del autoritarismo[30].

En efecto, la participación política, que no debe confundirse con la movilización popular, sólo es posible en las democracias a nivel local, en unidades territoriales políticas y autónomas descentralizadas donde se practique el autogobierno mediante representantes electos en forma directa universal y secreta; y no se puede confundir con mecanismos de democracia directa como los referendos, las asambleas de ciudadanos y los Consejos Comunales, éstos últimos recién creados en Venezuela (2006), paralelamente a los Municipios, pero configurados como instancias sin autonomía política y con miembros que no son electos popularmente mediante sufragio, siendo conducidos exclusivamente desde la jefatura del Estado para la centralización del poder[31].

---

29 Por ello, también con motivo de la realización del referendo aprobatorio de la Constitución de 1999, en el mismo documento explicativo de las razones por las cuales en su momento propugnamos el "Voto No", advertíamos que "La gran reforma del sistema político, necesaria e indispensable para perfeccionar la democracia era desmontar el centralismo de Estado y distribuir el Poder Público en el territorio; única vía para hacer realidad la participación política. La Asamblea Constituyente -agregábamos-, para superar la crisis política, debió diseñar la transformación del Estado, descentralizando el poder y sentar las bases para acercarlo efectivamente al ciudadano. Al no hacerlo, ni transformó el Estado ni dispuso lo necesario para hacer efectiva la participación" (30-11-1999). Véase, en Allan R. Brewer-Carías, *Debate Constituyente (Aportes a la Asamblea Nacional Constituyente)*, Tomo III, Fundación de Derecho Público, Editorial Jurídica Venezolana, Caracas 1999, p. 323.

30 Véase los estudios "La opción entre democracia y autoritarismo (julio 2001)", pp. 41-59; "Democratización, descentralización política y reforma del Estado (julio-octubre 2001)", pp. 105-125; y "El Municipio, la descentralización política y la democracia (octubre 2001)", pp. 127-141, en Allan R. Brewer, *Reflexiones sobre el constitucionalismo en América*, Editorial Jurídica Venezolana, Caracas 2001.

31 Véase Ley de los Consejos Comunales en *Gaceta Oficial* N° 5.806 Extraordinaria del 10 de abril de 2006.

Por ello es que no puede haber ni ha habido nunca autoritarismos descentralizados que hayan podido permitir efectivamente la participación política. Al contrario, la centralización política del poder es la que ha sido y es de la esencia de los autoritarismos y contraria a la democracia, impidiendo a la vez la participación. En cambio, la distribución territorial del poder, es decir, la descentralización política, es la base de la democracia participativa y, a la vez, el impulso del control del poder. El centralismo, al contrario, es la base de la exclusión política al concentrar el poder en unos pocos, incluso si acaso electos. Por ello, solo los autoritarismos temen y rechazan tanto la real descentralización política como a la participación democrática, y eso es lo que ha venido ocurriendo en Venezuela, con el engaño de la "democracia participativa y protagónica"

Estos mecanismos de la llamada "democracia participativa", como por ejemplo mediante los mencionados Consejos Comunales, no sólo eliminan la representatividad política dado que sus miembros no son electos por votación universal, directa y secreta del pueblo, sino que son designados a dedo por asambleas de ciudadanos, por supuesto, controladas por el partido de gobierno, que pretende configurarse como "partido socialista único" que es el que puede controlar los recursos financieros; sino que pretenden establecer una supuesta relación directa entre un líder mesiánico y el pueblo, a través de los mecanismos institucionales paralelos a los de los órganos electos, dispuestos para hacerle creer al ciudadano que participa, cuando lo que se hace es movilizarlo, sometido totalmente al control del poder central.

Con ello, lo que en definitiva se busca es la eliminación de la democracia representativa y su sustitución por una supuesta democracia refrendaria, plebiscitaria o de cabildos abiertos permanentes del Poder Popular, y con ello, toda forma de distribución vertical o territorial del poder, o de descentralización política[32].

La verdad es que para que la democracia sea inclusiva o de inclusión, es decir, participativa, la misma tiene que permitir al ciudadano poder ser parte efectivamente de una comunidad política que tenga autonomía; lo que sólo puede tener lugar en los niveles autónomos más ínfimos de los territorios de los Estados, en las entidades políticas autónomas como los Municipios; es decir, en la base de la distribución territorial del poder, como sucede en todas las sociedades democráticas desarrolladas de occidente, donde predomina la existencia de muchos municipios y, entre ellos, de municipios pequeños en cada aldea, pueblo, villa y ciudad, bien cerca del ciudadano.

La gran reforma democrática que se requería en Venezuela en cuanto al poder municipal para asegurar la participación política era, esencialmente, acercar las instituciones locales autónomas al ciudadano, municipalizándose el territorio, para lo cual lo que había que hacer era multiplicar los municipios en lugar de reducirlos. Nada de eso se hizo, y más bien, por una parte, la Ley Orgánica del Poder Público Municipal de 2005[33] impidió deliberadamente la municipalización del territorio, al

---

32 Véase Allan R. Brewer-Carías, "Democracia Municipal, Descentralización y Desarrollo Local" (Conferencia Inaugural del XXVI Congreso Iberoamericano de Municipios, Organización Iberoamericana de Cooperación Intermunicipal, Ayuntamiento de Valladolid, Valladolid, 13-15 de octubre de 2004), en *Revista Iberoamericana de Administración Pública,* N° 11, julio-diciembre 2003, INAP, Madrid 2003, pp. 11-34.

33 Véase *Gaceta Oficial* N° 38.204 de 8 de junio de 2005. La Ley Orgánica fue objeto de una reforma en noviembre de 2005, *Gaceta Oficial* N° 38.327 de 2 de diciembre de 2005; y luego en abril de 2006, *Gaceta Oficial* N° 5.806 Extra. de 10 de abril de 2006, reimpresa por error material en *Gaceta Oficial* N°

establecer limitaciones mayores para la creación de entidades políticas locales autónomas; y por la otra, en lugar de multiplicarse los Municipios, lo que se ha hecho es marginarlos y ahogarlos financieramente, sustituyéndoselos por los mencionados Consejos Comunales.

Así, partiendo de los elementos de democracia directa que se establecieron en la Constitución, como las "asambleas de ciudadanos cuyas decisiones son de carácter vinculante" (art. 70), en lugar de afianzar y multiplicar los municipios, con la mencionada Ley de los Consejos Comunales de 2006 lo que estableció fue un sistema institucional *centralizado* para sustituir al régimen municipal[34], denominado "del Poder Popular"[35]. Con ello se inició formalmente el proceso de eliminación del municipio como instancia de democracia participativa, y en nombre de ella para eliminar la propia democracia representativa.

La gran diferencia de este pretendido sistema de "participación protagónica", sin embargo, es que en democracia, los alcaldes y concejos municipales son electos por votación popular, universal, directa y secreta y, en cambio, en el esquema sancionado del poder comunal, los integrantes de los Consejos Comunales son designados a dedo por asambleas de ciudadanos controladas directamente por la jefatura del Estado a través de una Comisión Presidencial que es la que dispone los recursos, con la asistencia de los agentes del partido único.

Con esta estructura paralela del Poder Popular no autónoma, lo que ha comenzado es el desmantelamiento de la democracia representativa en el país; y el proceso de desmunicipalización de la participación ciudadana, buscándose sustituir al Municipio como la unidad política primaria y autónoma en la organización nacional que establece la Constitución y que debería estar inserto en un sistema de descentralización política (distribución vertical) del poder; por un sistema de entidades sin autonomía política alguna "del Poder Popular" (Consejos Comunales), directamente vinculadas y dependientes, en un esquema centralizado del poder.

La consecuencia fundamental de todo este sistema ha sido la centralización progresiva del poder en la Jefatura del Ejecutivo Nacional, y el aniquilamiento de cualquier forma de control del poder mediante su distribución territorial, ahogando progresivamente a las instancias de los Estados y de los Municipios.

38.421 de 21 de abril de 2006. Véase Allan R. Brewer-Carías et al, *Ley Orgánica del Poder Público Municipal*, Editorial Jurídica Venezolana, Caracas 2005.

34 Véase Allan R. Brewer-Carías, "El inicio de la desmunicipalización en Venezuela: La organización del Poder Popular para eliminar la descentralización, la democracia representativa y la participación a nivel local", en *AIDA, Opera Prima de Derecho Administrativo. Revista de la Asociación Internacional de Derecho Administrativo*, Universidad Nacional Autónoma de México, Facultad de Estudios Superiores de Acatlán, Coordinación de Postgrado, Instituto Internacional de Derecho Administrativo "Agustín Gordillo", Asociación Internacional de Derecho Administrativo, México, 2007, pp. 49 a 67.

35 Lo que se quiso constitucionalizar, sin éxito, en la rechazada reforma constitucional de 2007. Véase Allan R. Brewer-Carías, *Hacia la consolidación de un Estado Socialista, Centralista, Policial y Militarista. Comentarios sobre el alcance y sentido de las propuestas de reforma constitucional 2007*, Editorial Jurídica Venezolana, Caracas 2007, pp. 51 ss.; *La Reforma Constitucional de 2007 (Inconstitucionalmente sancionada por la Asamblea nacional el 2 de noviembre de 2007)*, Editorial Jurídica venezolana, Caracas 2007. pp. 84 ss.

IV. EL PODER ELECTORAL SOMETIDO, LA DEMOLICIÓN DEL MULTIPARTIDISMO Y LA LIMITACIONES A LA LIBERTAD DE EXPRESIÓN EN EL AUTORITARISMO VENEZOLANO

En un sistema democrático, además del control del poder que resulta de la separación de poderes y de la distribución territorial o descentralización del poder del Estado, se destaca el control que pueden ejercer los ciudadanos sobre los gobernantes mediante el sistema de sufragio universal, directo, secreto e igualitario que la democracia exige; es decir, la posibilidad de elegir a los gobernantes y de revocarles el mandato, y el poder decidir sobre la alternabilidad en los gobiernos.

Esos elementos también han sido regulados en la Constitución de 1999, pero en la práctica política del autoritarismo, también han sido progresivamente distorsionados o secuestrados.

Sin embargo, para que el sistema electoral pueda efectivamente configurarse como un mecanismo de control del ciudadano sobre los gobernantes, es indispensable que conforme al principio de separación de poderes, la independencia y autonomía de los organismos electorales esté garantizada; y además, que el régimen democrático permita la conformación plural de los partidos políticos y la libre expresión de las ideas y pensamientos. Todas estas exigencias de la democracia, lamentablemente han sido progresivamente minados o demolidos en el autoritarismo venezolano.

En cuanto a la configuración de la independencia y autonomía de la Administración electoral, de manera de asegurar que quede fuera del control por el Legislador y del Ejecutivo, conforme al principio de la separación orgánica de poderes la Constitución configuró al Poder Electoral como una de las cinco rama del Poder Público nacional, con autonomía e independencia, lo que además se buscó asegurar con la integración no partidista del Consejo Nacional Electoral, mediante el nombramiento de sus miembros por postulaciones que debían ser efectuadas ante un Comité de Postulaciones Electorales, que también debía estar integrado por representantes de los diversos sectores de la sociedad, y cuyos miembros, además, debían ser postulados por sectores precisamente identificados de la sociedad civil, entre ellos por las Facultades de Derecho de las Universidades nacionales.

Lamentablemente, nada de ello se ha implementado, y en 2002, mediante la Ley Orgánica del Poder Electoral[36] se distorsionó la integración del Comité y en fraude a la Constitución se lo sustituyó por una Comisión parlamentaria ampliada; y en 2003, ante la imposibilidad de que los partidos de gobierno pudieran reunir las 2/3 partes de los votos de la Asamblea Nacional que exige la Constitución para poder nombrar los integrantes del Consejo nacional Electoral, la Sala Constitucional del Tribunal Supremo, al ejercer el "control" constitucional sobre la omisión legislativa, lo que hizo fue proceder como agente del gobierno y hacer directamente el nombramiento de los miembros del Consejo Nacional Electoral, sin sujetarse a los requisitos constitucionales, designando a personas vinculadas al gobierno[37].

---

36 *G.O.* N° 37.573 de 19-11-2002.

37 Véase Allan R. Brewer-Carías, *La Sala Constitucional versus el Estado democrático de derecho. El secuestro del poder electoral y de la Sala Electoral del Tribunal Supremo y la confiscación del derecho a la participación política*, Los Libros de El Nacional, Colección Ares, Caracas 2004; "El secuestro del Poder Electoral y la confiscación del derecho a la participación política mediante el referendo revocatorio presidencial: Venezuela 2000-2004", en *Revista Jurídica del Perú*, Año LIV N° 55, Lima, marzo-

En 2004, en esta forma, se produjo el secuestro del Poder Electoral, para lo cual se utilizó a la Sala Constitucional del Tribunal Supremo, y en esa forma, preceder a confiscarle a los ciudadanos su derecho a la participación política mediante referendo revocatorio. Ello también ocurrió en 2004 en el proceso de convocatoria y realización del referendo revocatorio presidencial que, al final, luego de que la Sala Constitucional del Tribunal Supremo impidiera que la Sala Electoral del mismo Tribunal cumpliera sus funciones de control judicial sobre los actos del Consejo Nacional Electoral que obstaculizaron ilegalmente la convocatoria del referendo revocatorio, este terminó siendo convertido por el Poder Electoral en un referendo "reafirmatorio" o plebiscito, no autorizado en la Constitución[38].

Con el Poder Electoral secuestrado con la complicidad de la propia Sala Constitucional del Tribunal Supremo, el pueblo no ha podido efectivamente controlar a los gobernantes, pues las elecciones que se han efectuado en Venezuela han carecido de justicia.[39]

Ese mismo control político sobre del Poder Electoral, por otra parte, ha tenido efectos nocivos sobre el propio sistema electoral el cual ha sido fraudulentamente distorsionado. Ello ocurrió, por ejemplo, con el sistema de votación establecido en la Constitución que para los cuerpos representativos combina el principio de la personalización del sufragio con la representación proporcional de las minorías, lo cual ya se había establecido legalmente desde la reforma de la Ley Orgánica del Sufragio y Participación Política de 1989[40], y fue ratificado en el Estatuto Electoral del Poder Público dictado por la Asamblea Constituyente el 30 de enero de 2000[41]. Dicho sistema exige su aplicación combinada comenzando siempre por la adjudicación de puestos a los electos por representación proporcional en las circunscripciones plurinominales, para posteriormente sustraer de los puestos que en esa forma sean adju-

---

abril 2004, pp. 353-396; "El secuestro del Poder Electoral y de la Sala Electoral del Tribunal Supremo y la confiscación del derecho a la participación política mediante el referendo revocatorio presidencial: Venezuela: 2000-2004", en *Revista Costarricense de Derecho Constitucional*, Tomo V, Instituto Costarricense de Derecho Constitucional, Editorial Investigaciones Jurídicas S.A., San José 2004, pp. 167-312; "El secuestro de la Sala Electoral por la Sala Constitucional del Tribunal Supremo de Justicia, en *La Guerra de las Salas del TSJ frente al Referendum Revocatorio,* Editorial Aequitas, Caracas 2004, C.A., pp. 13-58"; "El secuestro del poder electoral y la confiscación del derecho a la participación política mediante el referendo revocatorio presidencial: Venezuela 2000-2004, *Stvdi Vrbinati, Rivista tgrimestrale di Scienze Giuridiche, Politiche ed Economiche*, Año LXXI – 2003/04 Nuova Serie A – N. 55,3, Università degli studi di Urbino, Urbino, 2004, pp. 379-436; "«El secuestro del Poder Electoral y la confiscación del derecho a la participación política mediante el referendo revocatorio presidencial: Venezuela 2000-2004». en *Boletín Mexicano de Derecho Comparado*, Instituto de Investigaciones Jurídicas, Universidad Nacional Autónoma de México, N° 112. México, enero-abril 2005 pp. 11-73.

38 Véase el estudio sobre "La Sala Constitucional vs. el derecho ciudadano a la revocatoria de mandatos populares: de cómo un referendo revocatorio fue inconstitucionalmente convertido en un "referendo ratificatorio", en Allan R. Brewer-Carías, *Crónica sobre la "In" Justicia Constitucional. La Sala Constitucional y el autoritarismo en Venezuela*, Colección Instituto de Derecho Público, Universidad Central de Venezuela, N° 2, Caracas 2007, pp. 349-378.

39 Las únicas votaciones, entre todas las realizadas entre 2000 y 2007 en las cuales no ganó el oficialismo, fue el referendo aprobatorio de la reforma Constitucional de 2007, en el cual el pueblo rechazó dicha reforma propuesta por el Presidente de la República. Sin embargo, todavía en marzo de 2008, el Consejo Nacional Electoral no había suministrado las cifras finales de votación que fue contraria a la reforma.

40 *G.O.* Extra. N° 5.233 de 28-05-1998.

41 *G.O.* N° 36.884 de 03-02-2000.

dicados a los partidos, los que obtengan por mayoría de votos en las circunscripciones uninominales. El sistema opera, por supuesto, en relación con los candidatos de un mismo partido postulados para la elección mayoritaria en los circuitos uninominales y para la elección por lista en las circunscripciones plurinominales.

Este sistema, sin embargo, fue burlado en la práctica política por los partidos de gobierno en 2005, mediante la eliminación, en fraude a la Constitución, materialmente de toda proporcionalidad, al aplicarse el método que se denominó de "las morochas" (las gemelas), utilizando para ello una pluralidad de partidos o grupos políticos, todos combinados para apoyar al gobierno, pero que eran diferentes unos de otros, evitando la deducción mencionada.

Este fraudulento método electoral, lamentablemente aceptado por el Consejo Nacional Electoral, y aunque fue impugnado vía acción de amparo ante la Sala Constitucional del Tribunal Supremo de Justicia, ésta, mediante sentencia Nº 74 de 25 de enero de 2006[42], se declaró sin lugar la acción sin mayores argumentos.[43] .En esta forma, la representatividad se distorsionó, se violó la igualdad del voto[44], y la Asamblea Nacional en las elecciones de 2005 terminó siendo dominada en su totalidad por los partidos que apoyaron al gobierno, por la negativa de los partidos de oposición de participar en esa forma en un proceso electoral que consideraron amañado y así avalar el fraude cometido.

Por ora parte, para que los ciudadanos puedan en democracia controlar al poder, el libre juego de los partidos políticos debe estar asegurado, conforme a los principios del pluralismo ideológico y a la alternabilidad republicana, pudiendo participar en la vida política del país, y canalizar las aspiraciones de los ciudadanos. No puede haber democracia sin un régimen plural de partidos políticos que en forma igualitaria participen en la vida política.

El más importante logro de la revolución democrática en Venezuela de 1958, fue el haber sentado las bases para el desarrollo del sistema plural de partidos políticos en Venezuela, que en las décadas posteriores (1958-1998) fueron los que arraigaron la democracia en el país, permitiendo una amplia alternabilidad republicana. Los partidos le impusieron la democracia a los venezolanos y gobernaron el país y, al final, lamentablemente entraron en crisis, alentada por la propia crisis de su liderazgo, al punto que a finales del siglo pasado habían caído en total desprestigio, al no lograr entender la profundidad de la crisis política que ellos mismos habían provocado[45], por no haber adelantado las reformas que la sociedad clamaba respecto del

---

42 Véase en *Revista de Derecho Público,* Nº 105, Caracas 2006, pp. 122-144.

43 Fue el Magistrado que salvó su voto respecto de dicha decisión (Pedro Rafael Rondón Haaz), quien calificó el método, con razón, como "un fraude a la Ley y más grave aún, en un fraude a la Constitución, a través de un evidente abuso de las formas jurídicas en pro de conseguir una finalidad distinta a la que las normas constitucional y legal establecieron respecto del método de elecciones mixtas uninominal-lista y a través de un evidente abuso de derecho de las organizaciones con fines políticos a postular candidatos". Véase en *Revista de Derecho Público,* Nº 105, Caracas 2006, pp. 122-144.

44 Véase Dieter Nohlen y Nicolas Nohlen, "El sistema electoral alemán y el tribunal constitucional federal (La igualdad electoral en debate – con una mirada a Venezuela)", en *Revista de Derecho Público,* Nº 109, Editorial Jurídica Venezolana, Caracas 2007; J. E. Molina, "Las "morochas" defraudan la ley y la Constitución", en *El Nacional,* Caracas, 13-04-2005.

45 Allan R. Brewer-Carías, *La crisis de las instituciones: responsables y salidas,* Cátedra Pío Tamayo, Centro de Estudios de Historia Actual (mimeografiado) FACES, Universidad Central de Venezuela, Caracas 1985, 40 pp.; publicado también en *Revista del Centro de Estudios Superiores de las Fuerzas Ar-*

régimen político democrático. Se quería más democracia, para lo cual el sistema de Estado de partidos que se había desarrollado[46] debía transformarse, precisamente por ellos mismos. Sin embargo, los partidos políticos lo que demostraron fue una total incomprensión tanto respecto de los logros democráticos que habían alcanzado para Venezuela a partir de los inicios de la década de los sesenta, como de las exigencias de representatividad y de participación más allá de los propios partidos que se planteaban, de manera que se abriera la democracia, se descentralizara el poder y se profundizara la participación, situación que los partidos no entendieron.

Esa crisis de los partidos fue la que provocó el colapso del sistema político en 1998[47], lo que se aprovechó para atribuirles todos los males políticos de la República, junto con el Pacto de Punto Fijo que había originado del régimen democrático y la Constitución de 1961, centrándose el discurso político del nuevo liderazgo autoritario militarista y populista que emergió, en la destrucción y anatema contra aquellos. En ese contexto fue que se desarrolló el proceso constituyente de 1999 y la sanción de la nueva Constitución, en el cual un nuevo partido político oficialista constituido a la medida del nuevo liderazgo, acompañado de otros viejos y marginados partidos políticos, sirvió para el apoderamiento electoral del poder a partir de 1999.

El resultado de todo ese proceso fue el marcado carácter reactivo contra los partidos políticos que guió la redacción de la Constitución de 1999, de la cual incluso desapareció la expresión misma de "partidos políticos", regulándose genéricamente solo a las "organizaciones con fines políticos" (art. 67), estableciéndose en el propio texto constitucional un conjunto de regulaciones redactadas contra lo que habían sido los partidos políticos tradicionales.

Por otra parte, la reacción contra la falta de democratización interna de los partidos políticos, y su conducción por cúpulas eternizadas de dirigentes, condujo a la inclusión de una disposición en la Constitución, conforme a la cual no sólo la designación de sus directivos debía realizarse mediante elecciones, sino que, incluso, la escogencia de los candidatos de los partidos políticos a los cuerpos y cargos representativos, debía realizarse mediante votación interna democrática (art. 67). Para ello, la Constitución, incluso, impuso la obligación de que el Consejo Nacional Electoral debía organizar dichas elecciones internas (art. 293,6), lo que nunca ha ocurrido en la práctica.

Por otra parte, por los problemas derivados del financiamiento público a los partidos políticos que regulaba la Ley Orgánica del Sufragio y Participación Política, que había conducido a un acaparamiento inequitativo de dichos fondos, la reacción de la Constitución de 1999 fue la prohibición total de dicho financiamiento público

---

madas de Cooperación, N° 11, Caracas 1985, pp. 57-83; y en *Revista de la Facultad de Ciencias Jurídicas y Políticas*, N° 64, Universidad Central de Venezuela, Caracas 1985, pp. 129-155.

46 Véase Allan R. Brewer-Carías, *Problemas del Estado de partidos*, Editorial Jurídica Venezolana, Caracas 1988.

47 Véase Allan R. Brewer-Carías, «Reflexiones sobre la crisis del sistema político, sus salidas democráticas y la convocatoria a una Constituyente», en el libro *Los Candidatos Presidenciales ante la Academia*. Ciclo de Exposiciones 10-18 Agosto 1998, (Presentación y organización de la Edición Allan R. Brewer-Carías), Serie Eventos N° 12, Biblioteca de la Academia de Ciencias Políticas y Sociales, Caracas 1998, pp. 9-66; y en *Ciencias de Gobierno* N° 4, Julio-Diciembre 1998, Gobernación del Estado Zulia, Instituto Zuliano de Estudios Políticos Económicos y Sociales (IZEPES), Maracaibo, Edo. Zulia, 1998, pp. 49-88.

(art. 67). Con ello se retrocedió en lo que es la constante en todo el mundo democrático, habiéndose abierto, de hecho, sin embargo, la posibilidad de financiamiento público irregular e ilegítimo a los partidos de gobierno, como ha ocurrido en los últimos años, dada la imbricación total que se ha configurado entre el partido oficial y el Estado.

En la práctica política, sin embargo, a pesar de todas esas normas, después de la entrada en vigencia de la Constitución, particularmente los partidos de gobierno han tenido más presencia que nunca, al punto de que sin ningún recato, el Presidente de la República es el Presidente del Partido de Gobierno y a partid de 2008 del Partido Socialista Único, y la mayoría de su gabinete son militantes activos de la directiva del partido, de manera que a partir de 2007, la creación el partido único por parte del gobierno, fue una operación del propio Estado, usando los recursos y medios públicos y hasta utilizando el propio Consejo Nacional Electoral para promover abierta y públicamente la inscripción de militantes, muchos de ellos forzados a hacerlo como funcionarios públicos o beneficiarios de ayudas oficiales. Como nunca antes, la simbiosis partido político-Administración Pública se ha enquistado en Venezuela, abriéndose así vasos comunicantes que permiten canalizar financiamientos específicos, como incluso no se llegaron a ver en la época dorada de la partidocracia de comienzos de los años ochenta.

En realidad, lo que ocurrió en Venezuela como consecuencia del proceso constituyente y golpe de Estado de 1999, y de la práctica política posterior, ha sido un simple cambio de unos partidos políticos por otros en el control del poder y en el dominio del juego electoral; pero con el aditivo de que mediante la manipulación de los procesos electorales por el control que ejercen sobre el Poder Electoral, se ha producido la eliminación definitiva de los partidos tradicionales y con ello la desaparición del pluralismo político democrático.

La partidocracia o democracia de partidos, por tanto, ha seguido incólume, con los mismos vicios clientelares y los mismos controles por cúpulas no electas en elecciones internas libres y democráticas, y lo único que ha cambiado es que de un régimen plural multipartidista se pasado a un sistema político de partido único, que es el ya creado Partido Único Socialista, que está imbricado en el aparato del Estado y también dirigido por el Presidente de la República, con el cual se materializa el apoderamiento no sólo del embrionario Poder Popular, sino de la Administración Pública[48] y de toda la vida política, social y militar[49] del país, dado el capitalismo de Estado que se ha intensificado como consecuencia del florecimiento del Estado rico

48 Por ello, el Gobernador del Estado Carabobo de Venezuela señalaba: "Comparto la posición del Presidente cuando dice que aquella persona que no quiera aliarse con el partido socialista único, pues que se vaya del Gobierno, y se lo dijo a los secretarios (del gobierno de Carabobo), que en el gobierno bolivariano estamos involucrados todos y hay un lineamiento de nuestro máximo líder que es inscribirse y crear un solo partido, y el secretario que no quiera cumplir con esa orden, que se vaya". *V.* reportaje de Marianela Rodríguez, en *El Universal*, Caracas 21-04-2007.

49 El 12 de abril de 2007 el Presidente Chávez en Fuerte Tiuna, declaró que si algún oficial se siente incómodo con la consigna acogida por su gobierno de "patria, socialismo o muerte", puede tramitar su baja de las fuerzas militares, agregando: "La llamada institucionalidad fue una manera de enmascararse y asumir una posición contraria al gobierno, a la revolución, al mandato legítimo del pueblo. Por eso, hoy todo comandante de unidad en todos los niveles está obligado a repetir desde el alma y levantar la bandera con esta consigna: patria, socialismo o muerte, sin ambigüedades de ningún tipo, sin complejos". *V.* en *El Nacional*, Caracas 13-04-2007, Sección Política, p. 4.

petrolero. Como todo depende del Estado, el gobierno busca que sólo quien pertenezca al Partido Único pueda tener vida política, administrativa, económica y social, formalizándose así un régimen de discriminación política, alentado por el propio gobierno, que excluye abiertamente a los disidentes, y los penaliza.

El régimen de partidos, por tanto, en ese esquema ha dejado de ser un instrumento de la sociedad para el control político del poder, y se ha convertido en el instrumento para acaparar y ejercer el poder, eliminando todo control, y discriminando masivamente a quienes no estén alienados con el gobierno.

Por último, para que en democracia pueda haber efectiva posibilidad de control del poder por parte de los ciudadanos, además de las elecciones libres con pluralidad de partidos políticos, es indispensable que la libertad de expresión del pensamiento y el libre debate de las ideas esté garantizado. Para ello, es además indispensable, la existencia de medios de comunicación plural, que puedan movilizar la opinión pública para vigilar las acciones gubernamentales, y para exigir la rendición de cuentas de los gobernantes.

En este sentido, los artículos 57 y 58 de la Constitución de 1999 se regulan un conjunto de derechos vinculados a la libertad de expresión del pensamiento, que implican el derecho a comunicar o a informar, el derecho a establecer y desarrollar medios de la comunicación e información; el derecho a recibir información oportuna, veraz e imparcial, y el derecho a la réplica (o respuesta) y a rectificación frente a informaciones inexactas o agraviantes, que tienen las personas que se vean afectadas directamente por las mismas[50].

Lamentablemente, sin embargo, todos estos derechos vinculados a la libre expresión del pensamiento, durante los últimos años han venido progresivamente siendo minados y limitados en Venezuela, paralelamente a la consolidación del régimen autoritario en el país, coartándose así las posibilidades de control de la ciudadanía y de la opinión pública sobre el gobierno y sus ejecutorias.

La primera limitación ocurrió por virtud de una decisión de la Sala Constitucional del Tribunal Supremo de Justicia, mediante sentencia N° 1.013 de 12 de junio de 2001[51], en la cual al rechazar una petición de una asociación civil y de unos ciudadanos para ejercer un derecho a réplica contra el Presidente de la República por expresiones que usó en su programa de televisión semanal, la Sala interpretó los artículos 57 y 58 de la Constitución sentando una "doctrina vinculante", considerando que tal derecho a réplica y respuesta sólo lo tienen los ciudadanos cuando está vinculado o relacionado con "el derecho a la información" o con "la información comunicacional" (p. 5 de 22) y cuando se ejerce la libre expresión del pensamiento, reduciendo su ejercicio sólo "ante los medios de comunicación en general". En esta forma, ante las expresiones inexactas y agraviantes formuladas por el Presidente de la República que afectaron directamente a personas, el juez constitucional negó el derecho constitucional a la réplica, porque el Presidente de la República con su programa televisivo semanal no era un medio de comunicación.

---

50 Véase Allan R. Brewer-Carías, «La libertad de expresión del pensamiento y el derecho a la información y su violación por la Sala Constitucional del Tribunal Supremo de Justicia», en el libro *La libertad de expresión amenazada. (Sentencia 1013)*, Edición Conjunta Instituto Interamericano de Derechos Humanos y Editorial Jurídica Venezolana, Caracas-San José 2001, pp. 17-57.

51 *Idem.*

La segunda limitación a los derechos ciudadanos a la libre expresión del pensamiento por el régimen autoritario que se ha instalado en Venezuela, deriva del abusivo uso y acaparamiento de los medios de comunicación por parte del Estado rico, el cual ha venido progresivamente asumiendo la propiedad de los mismos, sin que exista posibilidad alguna de exigir responsabilidad por todo lo que desde los mismos se informa, se ofende o se difunde.

La tercera limitación a la libertad de expresión del pensamiento que se ha establecido en los últimos años en Venezuela, es la que deriva de la Ley de Responsabilidad Social en Radio y Televisión de 2004[52], con la cual con la excusa de la necesaria protección integral de los niños y adolescentes, se ha buscado regular los contenidos informativos que transmitan los medios audiovisuales, limitándose la pluralidad, la diversidad y la segmentación natural de los medios audiovisuales de acuerdo con sus audiencias, estableciéndose regulaciones de contenidos según una clasificación horaria y modalidades de censura previa, incluso con la prohibición de transmisiones de información bajo el criterio de la oportunidad[53]. La Ley, además, estableció posibilidades ilimitadas e imprecisas de carácter sancionatorio, como por ejemplo, al establecer la posibilidad de suspensión de transmisiones cuando los mensajes "sean contrarios a la seguridad de la Nación", noción que conforme a los artículos 322 y siguientes de la Constitución comprenden todas las actividades posibles que determine el ente sancionador; y al utilizar para regular el ejercicio de la potestad sancionatoria, innumerables conceptos jurídicos indeterminados.

La cuarta limitación a la libertad de expresión del pensamiento en Venezuela, ha sido la utilización de los instrumentos administrativos de autorizaciones y concesiones por parte del Estado, para cerrar medios de comunicación que tengan una línea de oposición al gobierno, reduciendo progresivamente las posibilidades de expresión de la disidencia, que no tiene cabida, por supuesto, en los ahora mayoría medios oficiales. Estas limitaciones se materializaron en materia de radio y televisión, con motivo de la aplicación de la Ley Orgánica de Telecomunicaciones de 2000, que exigió a las empresas de radio y televisión que tenían concesiones, autorizaciones y permisos que debían adaptarlas a las previsiones de la nueva Ley; y, en particular, en mayo de 2007, con la decisión gubernamental de cerrar la empresa de televisión Radio Caracas Televisión (RCTV), al no renovar la concesión de uso del espectro radioeléctrico que tenía desde hace más de medio siglo. En este caso, lamentablemente, la Sala Constitucional del Tribunal Supremo de Justicia con la complicidad de la Sala Político Administrativa del mismo Tribunal en lugar de proteger los derechos constitucionales de la empresa, conspiraron, en su carácter de instrumentos controlados por el Poder Ejecutivo, para secuestrárselos y violárselos. El más alto nivel del Poder Judicial, así, avaló las arbitrariedades gubernamentales, cubriéndolas con un velo de judicialidad, aniquilando la libertad de expresión del pensamiento plural, y decretando impunemente la confiscación de bienes de propiedad privada; decisión

---

52 *G. O.* Nº 38.081 de 7-12-2004

53 Véase, Asdrúbal Aguiar, "Hacia el dominio estatal de la personalidad humana (Análisis crítico de la Ley de responsabilidad Social en radio y televisión o Ley de Contenidos de Venezuela", en el libro *Ley de responsabilidad Social en radio y televisión*, Editorial Jurídica Venezolana, FUNEDA, Caracas 2006, pp. 11 y ss.

ésta última, que ni siquiera el Ejecutivo o el Legislador hubieran podido haber tomado por prohibirlo la Constitución (art. 115)[54].

La libertad de expresión, por tanto, ha sido fuerte y progresivamente limitada en Venezuela y, con ello, las posibilidades de que se pueda ejercer un efectivo control de las actuaciones del Estado por parte de la opinión pública expresada y formulada mediante medios de comunicación plurales.

APRECIACIÓN FINAL

Para que exista un Estado constitucional y democrático de derecho es evidente que no bastan las declaraciones contenidas en los textos constitucionales que hablen de la división o separación horizontal del Poder Público, ni de su distribución vertical o territorial del poder público, de manera que los diversos poderes del Estado puedan limitarse mutuamente; así como tampoco bastan las declaraciones que se refieran a la posibilidad de los ciudadanos de controlar el poder del Estado, mediante elecciones libres y justas que garanticen la alternabilidad republicana; mediante un sistema de partidos que permita el libre juego del pluralismo democrático; mediante la libre manifestación y expresión del pensamiento y de la información que movilice la opinión pública; y mediante el ejercicio de recursos judiciales ante jueces independientes que permitan asegurar la vigencia de los derechos humanos y el sometimiento del Estado al derecho. Tampoco bastan las declaraciones constitucionales sobre la "democracia participativa y protagónica" o la descentralización del Estado; así como tampoco la declaración extensa de derechos humanos. Además de las declaraciones, es necesaria la voluntad política para su implementación en la práctica de manera que sirvan para que en democracia, se pueda efectivamente controlar el poder, como única forma de garantizar la vigencia del Estado de derecho, y el ejercicio real de los derechos humanos.

Como hemos visto, en Venezuela, lamentablemente nada de ello se ha implementado, y al contrario, en fraude continuo a la Constitución efectuado por el Legislador y por el Tribunal Supremo de Justicia, guiados por el Poder Ejecutivo, a pesar de las excelentes normas constitucionales, en contra de las mismas se ha venido estructurando un Estado autoritario que ha aniquilado toda posibilidad de control del ejercicio del poder.

Y ello incluso, en 2007, se pretendió consolidar mediante unas Propuestas de reforma constitucional[55], afortunadamente rechazadas en el referendo de diciembre de ese año, que buscaban establecer un Estado centralizado, socialista y policial, mediante un sistema de organización de un Poder Único, denominado del Poder Popu-

---

54 Véase el estudio sobre las sentencias N° 956 EXP: 07-0720 de 25-5-2007 (Sala Constitucional) y N° 920, EXP: 07-0197 de 17-5-2007 (Sala Político-Administrativa), en "El juez constitucional vs. la propiedad privada: el juez constitucional como instrumento para aniquilar la libertad de expresión plural y para confiscar la propiedad privada: el caso RCTV", en Allan R. Brewer-Carías, *Crónica sobre la "In" Justicia Constitucional. La Sala Constitucional y el autoritarismo en Venezuela,* Colección Instituto de Derecho Público, Universidad Central de Venezuela, N° 2, Caracas 2007, pp. 469-508.

55 Véase sobre esas propuestas, Allan R. Brewer-Carías, *Hacia la consolidación de un Estado Socialista, Centralista, Policial y Militarista. Comentarios sobre el alcance y sentido de las propuestas de reforma constitucional 2007*, Editorial Jurídica Venezolana, Caracas 2007; *La Reforma Constitucional de 2007 (Inconstitucionalmente sancionada por la Asamblea nacional el 2 de noviembre de 2007)*, Editorial Jurídica Venezolana, Caracas 2007.

lar o del Poder Comunal (Estado comunal o Estado socialista), completamente concentrado y centralizado, y conducido políticamente por el Presidente de la República mediante un Partido Único que preside. Y ambos, el Poder Popular y el Partido Único, con el objeto de imponer "la dictadura de la democracia", tal como lo anunció el Vicepresidente de la República en enero de 2007[56]; lo que es la propia negación de la democracia, pues en ella no puede haber ningún tipo de dictadura. Y en dictadura, por supuesto, es imposible el control del poder.

New York, Marzo 2008

56 El Vicepresidente de la República, Jorge Rodríguez, expresó en enero de 2007: "Claro que queremos instaurar una dictadura, la *dictadura* de la democracia verdadera y la democracia es la dictadura de todos, ustedes y nosotros juntos, construyendo un país diferente. Claro que queremos que esta *dictadura de la democracia* se instaure para siempre", en El *Naciona*l, Caracas 01-02-2007, p. A-2.

SEGUNDA PARTE:

EL CONTROL DEL PODER EN EL ESTADO CONSTITUCIONAL DE DERECHO Y SU ELIMINACIÓN EN EL RÉGIMEN AUTORITARIO VENEZOLANO (2007)

Ponencia elaborada para el Primer Foro Nacional: *Problemas del Estado Colombiano. Funciones y disfunciones en el esquema de control*, Federación Nacional de Cafeteros de Colombia y Asociación de Ex-magistrados de las Altas Cortes, ASOMAGISTER (Tercera Jornada de Reflexión), Bogotá, 2 de agosto de 2007.

INTRODUCCIÓN

El Estado Constitucional, es decir, el Estado democrático sometido al derecho, se caracteriza por la existencia de un sistema de control efectivo del poder que es, precisamente, lo que es inconcebible en los Estados autoritarios, que se conforman generalmente en fraude a la Constitución y a la democracia, así hayan tenido su origen en elecciones. La democracia, por tanto, es bastante más que la sola elección popular de los gobernantes y sólo existe en realidad, cuando el ejercicio del poder pueda ser controlado, tanto por la Sociedad como por los propios órganos del Estado. De allí la famosa afirmación de Charles Louis de Secondat, Barón de Montesquieu, de que:

> "Es una experiencia eterna que todo hombre que tiene poder tiende a abusar de él; y lo hace hasta que encuentra límites... Para que no se pueda abusar del poder es necesario que por la disposición de las cosas, el poder limite al poder"[57].

De este postulado derivó el principio de la separación de poderes que acogieron las Constituciones que se formularon con ocasión de la Revolución Norteamericana de 1776 y de la Revolución Francesa de 1789, el cual no sólo se convirtió en uno de los principios fundamentales del constitucionalismo moderno sino después, de la propia democracia como régimen político, para garantizar que quienes hayan sido electos para gobernar y ejercen el poder estatal no abusen del mismo.

Es por ello que 200 años después, la *Carta Democrática Interamericana* de 2001, al enumerar los *elementos esenciales de la democracia representativa*, incluye al principio de la "*separación e independencia de los poderes públicos*", además del respeto a los derechos humanos y las libertades fundamentales; del acceso al poder y su ejercicio con sujeción al Estado de derecho; de la celebración de elecciones periódicas, libres, justas y basadas en el sufragio universal y secreto, como expresión de la soberanía del pueblo; y del régimen plural de partidos y organizaciones políticas (art. 3)[58].

---

57 *De l'Espirit des Lois* (ed. G. Tunc), Paris 1949, Vol. I, Libro XI, Cáp. IV, pp. 162-163

58 Véase sobre la Carta Democrática Interamericana y la crisis de la democracia en Venezuela, Allan R. Brewer-Carías, *La crisis de la democracia venezolana. La Carta Democrática Interamericana y los sucesos de abril de 2002*, Ediciones El Nacional, Caracas 2002. pp. 137 y ss.

La separación e independencia de los poderes públicos, por tanto, es de la esencia de la democracia al punto de que es la que puede garantizar los que la propia *Carta Interamericana* denomina como componentes fundamentales de su ejercicio, y que son la transparencia de las actividades gubernamentales; la probidad y la responsabilidad de los gobiernos en la gestión pública; el respeto de los derechos sociales; el respeto de la libertad de expresión y de prensa; la subordinación constitucional de todas las instituciones del Estado a la autoridad civil legalmente constituida y el respeto al Estado de derecho de todas las entidades y sectores de la sociedad (art. 4).

Es decir, sólo controlando al Poder es que puede haber elecciones completamente libres y justas, así como efectiva representatividad; sólo controlando al poder es que puede haber pluralismo político; sólo controlando al Poder es que puede haber efectiva participación democrática; sólo controlando al Poder es que puede haber transparencia en el en el ejercicio del gobierno, con exigencia de la rendición de cuentas por parte de los gobernantes; sólo controlando el Poder es que se puede asegurar un gobierno sometido a la Constitución y las leyes, es decir, un Estado de derecho; sólo controlando el Poder es que puede haber un efectivo acceso a la justicia de manera que esta pueda funcionar con efectiva autonomía e independencia; y sólo controlando al Poder es que puede haber real y efectiva garantía de respeto a los derechos humanos.

Por ello, precisamente, en el mundo moderno el control del poder como elemento esencial de la democracia no se reduce al sólo control del poder por el poder mismo, como lo ideó Montesquieu conforme a la separación de los poderes del Estado, sino que implica la posibilidad de la Sociedad misma y de los ciudadanos, individual y colectivamente, de controlar los poderes del Estado.

En las sociedades democráticas modernas, por tanto, pueden distinguirse al menos seis sistemas de control del poder del Estado, todos los cuales son esenciales al Estado Constitucional: por una parte, dos sistemas que derivan de los mecanismos de contrapesos en los poderes del Estado, mediante **(i)** su división o separación horizontal, y **(ii)** su distribución vertical o territorial, de manera que los diversos poderes del Estado puedan limitarse mutuamente; y por otra parte, cuatro sistemas adicionales dispuestos para garantizar que los ciudadanos puedan a su vez controlar el poder del Estado, mediante **(iii)** un sistema electoral que garantice elecciones libres y justas que garanticen la alternabilidad republicana; **(iv)** un sistema de partidos que permita el libre juego del pluralismo democrático; **(v)** la libre manifestación y expresión del pensamiento y de la información que pueda movilizar la opinión pública; y **(vi)** un sistema de recursos judiciales que puedan ejercerse ante jueces independientes que permitan asegurar la vigencia de los derechos humanos y el sometimiento del Estado al derecho.

Los problemas de cualquier Estado democrático de derecho radican, precisamente, en las funciones y disfunciones en este esquema de control del poder, lo que se puede producir en los seis sistemas mencionados, y a los cuales nos vamos a referir, destacando la experiencia venezolana, donde se ha venido consolidando un Estado autoritario, precisamente por el desmantelamiento, distorsión o neutralización de los sistemas de control del poder del Estado.

I. LA SEPARACIÓN DE PODERES EN EL ESTADO DEMOCRÁTICO Y LA CONCENTRACIÓN DEL PODER EN EL RÉGIMEN AUTORITARIO VENEZOLANO

En primer lugar está, por supuesto, el clásico principio de la separación e independencia de los Poderes Públicos, para permitir el control del poder estatal por el poder estatal mismo, al punto de que su existencia, como hemos dicho, pueda garantizar la vigencia de los diversos factores de la democracia. Es el pilar fundamental en la organización del Estado Constitucional.

Al contrario, como lo enseña la historia de la humanidad, demasiada concentración y centralización del poder, como ocurre en cualquier gobierno autoritario, así tenga origen electoral, inevitablemente conduce a la tiranía. Ya hemos tenido demasiadas experiencias en el mundo contemporáneo que nos han mostrado a tiranos que usaron el voto popular para acceder al poder, y que luego mediante su ejercicio incontrolado, desarrollaron gobiernos autoritarios que acabaron con la propia democracia y con todos sus elementos, comenzando por el respeto a los derechos humanos.

Y lamentablemente ello es lo que ha venido ocurriendo en Venezuela a la vista de todo el mundo en estos primeros años del Siglo XXI, donde se ha arraigado un gobierno autoritario, partiendo de elementos insertos en la misma Constitución de 1999[59], en la cual se dispuso la posibilidad de la concentración del poder en manos de la Asamblea Nacional y, consecuencialmente, del Poder Ejecutivo que la controla políticamente, sometiendo a los otros Poderes Públicos, particularmente del Poder Judicial[60], al Poder ciudadano y al Poder Electoral[61]. En la misma Constitución también se dispuso la posibilidad de centralización del poder, a pesar de que proclama al Estado como "federal descentralizado" (art. 4, Constitución), consolidando la "federación centralizada"[62] que hemos tenido, ahora incluso sin la institución del Senado,

---

59 Véase los comentarios críticos a la semilla autoritaria en la Constitución de 1999, en Allan R. Brewer-Carías, *Debate Constituyente (Aportes a la Asamblea Nacional Constituyente), Tomo III (18 octubre-30 noviembre 1999)*, Fundación de Derecho Público-Editorial Jurídica Venezolana, Caracas 1999, pp. 311-340; «Reflexiones críticas sobre la Constitución de Venezuela de 1999» en el libro de Diego Valadés, Miguel Carbonell (Coordinadores), *Constitucionalismo Iberoamericano del Siglo XXI*, Cámara de Diputados. LVII Legislatura, Universidad Nacional Autónoma de México, México 2000, pp. 171-193; en *Revista de Derecho Público*, Nº 81, Editorial Jurídica Venezolana, Caracas, enero-marzo 2000, pp. 7-21; en *Revista Facultad de Derecho, Derechos y Valores*, Volumen III Nº 5, Universidad Militar Nueva Granada, Santafé de Bogotá, D.C., Colombia, Julio 2000, pp. 9-26; y en el libro *La Constitución de 1999*, Biblioteca de la Academia de Ciencias Políticas y Sociales, Serie Eventos 14, Caracas 2000, pp. 63-88.

60 Véase Allan R. Brewer-Carías, "La progresiva y sistemática demolición institucional de la autonomía e independencia del Poder Judicial en Venezuela 1999-2004", en el libro: *XXX Jornadas J.M Domínguez Escovar, Estado de derecho, Administración de justicia y derechos humanos*, Instituto de Estudios Jurídicos del Estado Lara, Barquisimeto, 2005, pp. 33-174.

61 Véase Allan R. Brewer-Carías, «El secuestro del Poder Electoral y la confiscación del derecho a la participación política mediante el referendo revocatorio presidencial: Venezuela 2000-2004», en *Boletín Mexicano de Derecho Comparado*, Instituto de Investigaciones Jurídicas, Universidad Nacional Autónoma de México, Nº 112. México, enero-abril 2005 pp. 11-73; *La Sala Constitucional versus el Estado Democrático de Derecho. El secuestro del poder electoral y de la Sala Electoral del Tribunal Supremo y la confiscación del derecho a la participación política*, Los Libros de El Nacional, Colección Ares, Caracas 2004, 172 pp.

62 Véase Allan R. Brewer-Carías, «La descentralización política en la Constitución de 1999: Federalismo y Municipalismo (una reforma insuficiente y regresiva» en *Boletín de la Academia de Ciencias Políticas y*

como instrumento para garantizar la participación igualitaria de los Estados en la elaboración y control de las políticas nacionales.

La Constitución Venezolana de 1999, en realidad, encubre con una palabrería florida y engañosa, un sistema de gobierno basado en la concentración y en la centralización del poder del Estado, afectando de muerte a los otros elementos esenciales de la democracia, lo que ha conducido a la propia negación del Estado de derecho[63].

Debemos decir, que ello lo denunciamos en noviembre de 1999, antes de que se aprobara la Constitución, cuando en la campaña para el referendo aprobatorio constitucional propugné el "Voto No", advertimos que si la Constitución se aprobaba, ello iba a implicar la implantación en Venezuela, de:

> Un **esquema institucional concebido para el autoritarismo derivado de la combinación del centralismo del Estado, el presidencialismo exacerbado, la democracia de partidos, la concentración de poder en la Asamblea y el militarismo**, que constituye el elemento central diseñado para la organización del poder del Estado. En mi opinión -agregaba-, esto no es lo que se requería para el perfeccionamiento de la democracia; la cual al contrario, se debió basar en la descentralización del poder, en un presidencialismo controlado y moderado, en la participación política para balancear el poder del Estado y en la sujeción de la autoridad militar a la autoridad civil[64].

Aquella advertencia de entonces, que muchos no quisieron oír, lamentablemente se ha hecho realidad, y con base en la propia Constitución, en los últimos años se ha instrumentando en Venezuela un sistema político estatal basado en una total concentración y centralización del poder, con consecuencias demoledoras para la propia democracia y el Estado de derecho.

Ese proceso se inició, con un golpe de Estado, que dio la Asamblea Nacional Constituyente de 1999, la cual sin autoridad alguna y antes de sancionar la nueva Constitución que era su misión principal, irrumpió contra la Constitución entonces vigente, de 1961, y contra todos los poderes constituidos, asaltando y concentrando todo el poder del Estado. Ello provocó una inacabada, inconclusa y moldeable "transitoriedad constitucional"[65], que, por ejemplo, ha permitido la sobrevivencia hasta

---

Sociales, Nº 138, Año LXVIII, Enero-Diciembre 2001, Caracas 2002, pp. 313-359; y publicado también en *Provincia. Revista Venezolana de Estudios Territoriales*, Número 7, julio-diciembre 2001, II Etapa, Centro Iberoamericano de Estudios Provinciales y Locales (CIEPROL), Universidad de los Andes, Mérida, 2001, pp. 7-92; «El "Estado Federal descentralizado" y la centralización de la Federación en Venezuela. Situación y Perspectiva de una contradicción constitucional», en *Revista de Estudios de la Administración Local (REAL)*, 292-293, mayo-diciembre 2003, Madrid 2003, pp. 11-43; «La federación centralizada en Venezuela. Una contradicción constitucional», en *Revista Iberoamericana de Estudios Autonómicos*, Centro de Estudios de Derecho Público y Gobierno "Goberna y Derecho, Syntagma, Centro de Estudios Estratégicos de Madrid, Año 1, Nº 1, Guayaquil, 2005, pp. 59-68

63 Véase Allan R. Brewer-Carías, *La crisis de la democracia venezolana. La Carta Democrática Interamericana y los sucesos de abril de 2002*, Los Libros de El Nacional, Colección Ares, Caracas 2002, 263 pp.

64 Documento de 30 de noviembre de 1999. Véase en Allan R. Brewer-Carías, *Debate Constituyente (Aportes a la Asamblea Nacional Constituyente)*, Tomo III, Fundación de Derecho Público, Editorial Jurídica Venezolana, Caracas 1999, p. 339.

65 Véase Allan R. Brewer-Carías, *Golpe de Estado y proceso constituyente en Venezuela*, Universidad Nacional Autónoma de México, México, 2003. pp. 179 y ss.

ahora (2007), de una Comisión de Funcionamiento del Poder Judicial que ejerce poderes disciplinarios sobre los jueces, contrariando lo dispuesto en la Constitución y, lo más grave, con la anuencia de la Jurisdicción Constitucional que ha avalado la inconstitucionalidad, socavando los principios fundamentales del control democrático del poder, de la democracia y del Estado de derecho[66].

El primer signo de concentración del poder en la Constitución de 1999 es, contradictoriamente, la división del poder del Estado que se estableció con florido verbalismo, no entre los tres clásicos poderes Legislativo, Ejecutivo y Judicial, sino agregando a ellos dos poderes más, el Ciudadano y el Electoral (art. 136).

Sin embargo, sean tres o sean cinco los poderes del Estado, para que la separación entre ellos y su control mutuo sea efectivo, los mismos tienen que ser independientes y autónomos. Ello, precisamente, fue lo que no se aseguró en Venezuela, habiéndose previsto en la Constitución la dependencia de todos los poderes (excepto del Ejecutivo) respecto de la Asamblea Nacional, al atribuírsele a ésta, no sólo la potestad de nombrar a sus titulares, lo que es lógico, sino de **removerlos** de sus cargos, lo que no es lógico. Por tanto, los Magistrados del Tribunal Supremo de Justicia, al Fiscal General de la República, al Contralor General de la República, al Defensor del Pueblo y a los Miembros del Consejo Nacional Electoral (Art. 265, 279 y 296), incluso en algunos casos por simple mayoría de votos, pueden ser removidos por los diputados.

Simplemente, es imposible que pueda hablarse de independencia de los poderes públicos, cuando la misma existencia de sus titulares depende de la voluntad política de uno de ellos, que puede removerlos precisamente cuando se los ocurra actuar con alguna independencia[67]. Y ello ya ha ocurrido en los últimos años en Venezuela, donde cuando ha habido algún mínimo signo de autonomía e independencia en las acciones de alguno de los titulares de los altos órganos del Estado, éstos han sido inmisericordemente removidos de sus cargos. Así ocurrió con la Defensora del Pueblo y el Fiscal General de la República quienes ingenuamente pensaron que podían actuar con cierta autonomía respecto de la Asamblea Nacional, por lo que fueron removidos inmediatamente de sus cargos[68]; y así sucedió también con algunos Magistrados del Tribunal Supremo que se atrevieron a votar sentencias donde se contra-

---

66 Véase por ejemplo, Allan R. Brewer-Carías, *La Sala Constitucional versus el Estado democrático de derecho. El secuestro del poder electoral y de la Sala Electoral del Tribunal Supremo y la confiscación del derecho a la participación política*, Los Libros de El Nacional, Colección Ares, Caracas 2004; "La progresiva y sistemática demolición institucional de la autonomía e independencia del Poder Judicial en Venezuela 1999-2004", en *XXX Jornadas J.M Domínguez Escovar, Estado de derecho, Administración de justicia y derechos humanos*, Instituto de Estudios Jurídicos del Estado Lara, Barquisimeto, 2005, pp. 33-174.

67 Véase "Democracia y control del poder", en Allan R. Brewer-Carías, *Constitución, democracia y control del poder*, Centro Iberoamericano de Estudios Provinciales y Locales, Universidad de Los Andes, Mérida 2004, pp. 25 ss.

68 Fue el caso del Fiscal General de la República designado en diciembre de 1999, que se le ocurrió que podía iniciar el procedimiento de antejuicio de mérito (penal) contra el entonces Ministro del Interior; y de la Defensora del Pueblo, que también pensó que podía impugnar la Ley Especial de la Asamblea Nacional de 2001 sobre nombramiento de los Magistrados del Tribunal Supremo sin cumplir con los requisitos constitucionales. Ambos fueron debidamente sustituidos en 2001.

riaban los designios del Jefe del Estado, lo que también provocó su inmediata remoción o que se acordase su "jubilación"[69].

La consecuencia fundamental que ha provocado esta "dependencia" fáctica de los órganos de control frente a la Asamblea Nacional, ha sido la abstención total de aquellos en el ejercicio de control alguno, como ha sucedido, por ejemplo, con el Contralor General de la República, cuya existencia misma es motivo de conjetura ya que en los últimos años ni siquiera se ha oído de alguna actuación efectiva en materia de control fiscal; y de las complacencias del Defensor del Pueblo con el poder, que han provocado que se lo perciba, antes que como defensor de los ciudadanos frente al poder, como el defensor del poder frente a los ciudadanos.

La dependencia de los poderes del Estado en relación con la Asamblea Nacional, se ha consolidado, además, mediante la burla que ha efectuado respecto del novedoso sistema que la Constitución de 1999 había establecido para asegurar la participación de la sociedad civil en la designación de los titulares de los diversos poderes públicos, y evitar las designaciones de antaño, exclusivamente partidistas.

La Constitución estableció que los candidatos a magistrados del Tribunal Supremo de Justicia, a Fiscal General de la República, a Contralor General de la República, a Defensor del Pueblo y a miembros del Consejo Nacional Electoral, debían ser escogidos por unos sendos Comités de Postulaciones que debían estar "**integrados por representantes de los diversos sectores de la sociedad**". Ello hubiera implicado, por supuesto, de haber sido implementado, la pérdida del poder discrecional de designación por parte de la Asamblea Nacional, por lo que su respuesta, en un evidente fraude a la Constitución, fue la configuración legal de dichos Comités de postulaciones como simples Comisiones parlamentarias "ampliadas", integrados por diputados, quienes por definición no son ni pueden ser representantes de la "sociedad civil" y, además, por algunas otras personas debidamente escogidas a dedo por la propia Asamblea como "representantes" de la sociedad civil, por supuesto de organizaciones "muy" gubernamentales"[70].

Todo este marco institucional ha dado origen a la primacía de la Asamblea Nacional sobre los Poderes Judicial, Ciudadano y Electoral, lo que en la práctica política y constitucional ha conducido a la concentración total del poder en manos del Ejecutivo, dado el control político partidista que éste ejerce sobre la Asamblea Nacional. A consolidar ese control, además, ha contribuido la exacerbación del presidencialismo prevista en la Constitución de 1999, con la extensión del período presidencial a seis

---

69 Fue el caso del Magistrado Franklin Arrieche, Vice Presidente del Tribunal Supremo de Justicia, quien fue Ponente de la sentencia de la Sala Plena Accidental de 14-08-2002 que decidió el antejuicio de mérito a los generales que actuaron el 12 de abril de 2002), declarando que no había mérito para enjuiciarlos porque en esa ocasión no había ocurrido un golpe militar sino un vacío de poder; y de los Magistrados Alberto Martini Urdaneta, Presidente de la Sala Electoral y Rafael Hernández y Orlando Gravina, Magistrados de la misma Sala, quienes suscribieron la sentencia Nº 24 del 15-03-2004 (Caso: *Julio Borges, César Pérez Vivas, Henry Ramos Allup, Jorge Sucre Castillo, Ramón José Medina y Gerardo Blyde vs. Consejo Nacional Electoral*), que suspendió los efectos de la Resolución Nº 040302-131 de 02-03-2004, del Consejo Nacional Electoral que en su momento impidió la realización del referendo revocatorio presidencial.

70 Véase Allan R. Brewer-Carías, "La participación ciudadana en la designación de los titulares de los órganos no electos de los Poderes Públicos en Venezuela y sus vicisitudes políticas", en *Revista Iberoamericana de Derecho Público y Administrativo*, Año 5, Nº 5-2005, San José, Costa Rica 2005, pp. 76-95.

años, la consagración de la reelección presidencial inmediata (art. 230); y la posibilidad de que el Legislativo le delegue materialmente toda la potestad de legislar, lo que efectivamente ha ocurrido mediante varias leyes habilitantes (Art. 203), la última de las cuales fue sancionada en febrero de 2007.

Esa delegación, además de constituir un atentado a la garantía constitucional de la reserva legal particularmente en relación a la regulación de los derechos constitucionales, ha conducido a que la legislación fundamental que se ha emitido en los últimos años en Venezuela (2001-2007) haya estado contenida en decretos leyes dictados, incluso, sin que se hubiera respetado la exigencia constitucional de la consulta pública obligatoria requerida en el procedimiento de formación de las leyes (arts. 206, 211).

Por otra parte, el presidencialismo se ha alimentado con el acentuado carácter militarista de la Constitución, que ha eliminado toda idea de sujeción o subordinación de la autoridad militar a la autoridad civil; dándose, al contrario, una gran autonomía de la autoridad militar y de la Fuerza Armada, con posibilidad incluso de intervenir sin límites en funciones civiles, bajo la comandancia general del Presidente de la República[71]. Ese esquema ha dado origen a un novedoso sistema que ha conducido a que la Fuerza Armada, con el soporte del Jefe de Estado, se haya apoderado progresivamente de la Administración civil del Estado, como ni siquiera ocurrió en los viejos regímenes militares.

Todo este sistema de ausencia de autonomía y de dependencia de los poderes del Estado respecto del Ejecutivo Nacional, por supuesto, en particular han sido catastróficos en relación con el Poder Judicial, el cual desde que fue intervenido por la Asamblea Nacional Constituyente en 1999, ha continuado intervenido por el eje Ejecutivo-Asamblea Nacional, pero con la lamentable anuencia y complicidad del propio Tribunal Supremo de Justicia, como juez constitucional, el cual se ha abstenido de asumir el completo gobierno del Poder Judicial, permitiendo una inconstitucional convivencia con la mencionada Comisión de Reorganización del Poder Judicial – a la cual ha legitimado- con poderes disciplinarios que conforme a la Constitución sólo unos jueces disciplinarios nombrados por concurso podrían ejercer.

II. LA DISTRIBUCIÓN TERRITORIAL DEL PODER PARA LA PARTICIPACIÓN POLÍTICA EN EL ESTADO DEMOCRÁTICO Y LA CENTRALIZACIÓN DEL PODER Y LA AUSENCIA DE REAL PARTICIPACIÓN EN EL AUTORITARISMO VENEZOLANO

El segundo sistema de control del poder por el poder mismo y que, además, es el único que puede garantizar la participación política democrática, es el de la distribución vertical del poder público mediante un proceso de descentralización política entre entidades territoriales dotadas de autonomía política.

Ese sistema, también con un lenguaje florido, se enunció en la Constitución de 1999 al definirse la forma del Estado como la de un Estado federal descentralizado (art. 4); pero en la práctica política, también lamentablemente, conforme a normas

71 Véase sobre el militarismo en la Constitución de 1999, Allan R. Brewer-Carías, "Razones para el Voto NO en el referéndum sobre la Constitución", (Documento de 30-11-1999), *Debate Constituyente (Aportes a la Asamblea Nacional Constituyente)*, Tomo III, *cit.*, p. 325 y ss.

contradictorias de la propia Constitución[72], lo que se ha producido en Venezuela en los últimos años, ha sido la progresiva centralización del poder en los niveles nacionales del Estado, en perjuicio de los Estados y municipios, lo que a su vez ha provocado una distorsión del propio ejercicio de la democracia y de la participación popular, encubierta por un falaz discurso populista que pretende sustituir la democracia representativa por una "democracia participativa", como si se tratara, además, de conceptos dicotómicos, conduciendo en realidad a la propia destrucción de la democracia.

En la Constitución de 1999, en efecto, en materia de descentralización política, a pesar de los floridos enunciados, se retrocedió institucionalmente al eliminarse el Senado, y con ello, el principio de igualdad institucional de los Estados de la "federación", estableciéndose por primera vez en la historia constitucional de Venezuela una Asamblea Nacional unicameral (Art. 186); además, se permitió la posibilidad de establecer limitaciones mediante simple ley nacional a la autonomía de los Estados (Art. 162) e, incluso, de los Municipios (Art. 168), lo que se configura como una negación de la idea misma de descentralización política y de su garantía constitucional. Las competencias de los Estados se redujeron a un precario ámbito, cuyo ejercicio, además, se sujetó a lo dispuesto en la legislación nacional, eliminándose toda competencia tributaria, colocándose a los Estados en una dependencia financiera más acentuada, y hasta invirtiéndose incluso en esta materia el viejo principio federal del carácter residual de las competencias públicas a favor de los Estados, que ahora se asignan al Poder nacional.

En todo caso, el retroceso en la descentralización distorsionó la propia posibilidad de participación política, es decir, la posibilidad para el ciudadano de participar en la toma de decisiones políticas, lo cual sólo es posible cuando el poder está cerca de él como consecuencia, precisamente, de la descentralización del poder, basado en la multiplicación de las autoridades locales con autonomía política,[73] que es lo que puede, además, permitir que el poder controle al poder. Al contrario, en un esquema de centralización del poder, no sólo la participación política se torna en una ilusión retórica, sino que el sistema se convierte en fácil instrumento del autoritarismo[74].

Por ello, también con motivo de la realización del referendo aprobatorio de la Constitución de 1999, en el mismo documento explicativo de las razones por las cuales en su momento propugnamos el "Voto No", advertíamos que:

---

72 Véase Allan R. Brewer-Carías, *Federalismo y Municipalismo en la Constitución de 1999 (Alcance de una reforma insuficiente y regresiva),* Cuadernos de la Cátedra Allan R. Brewer-Carías de Derecho Público, N° 7, Universidad Católica del Táchira, Editorial Jurídica Venezolana, Caracas-San Cristóbal 2001, 187 pp.. Véase además, Allan R. Brewer-Carías, "El 'Estado Federal descentralizado' y la centralización de la Federación en Venezuela. Situación y Perspectiva de una contradicción constitucional», en *Revista de Estudios de la Administración Local (REAL)*, 292-293, mayo-diciembre 2003, Madrid 2003, pp. 11-43.

73 Véase nuestras propuestas para el reforzamiento de la descentralización de la federación y el desmantelamiento de su centralización en Allan R. Brewer-Carías, *Debate Constituyente (Aportes a la Asamblea Nacional Constituyente),* Tomo I, Fundación de Derecho Público, Editorial Jurídica Venezolana, Caracas 1999, pp. 155 y ss.

74 Véase los estudios "La opción entre democracia y autoritarismo (julio 2001)", pp. 41-59; "Democratización, descentralización política y reforma del Estado (julio-octubre 2001)"», pp. 105-125; y "El Municipio, la descentralización política y la democracia (octubre 2001)», pp. 127-141, en Allan R. Brewer, *Reflexiones sobre el constitucionalismo en América*, Editorial Jurídica Venezolana, Caracas 2001.

"La gran reforma del sistema político, necesaria e indispensable para perfeccionar la democracia era **desmontar el centralismo de Estado y distribuir el Poder Público en el territorio**; única vía para hacer realidad la participación política. La Asamblea Constituyente -agregábamos- , para superar la crisis política, **debió diseñar la transformación del Estado, descentralizando el poder** y sentar las bases para acercarlo efectivamente al ciudadano. Al no hacerlo, **ni transformó el Estado ni dispuso lo necesario para hacer efectiva la participación**"[75].

La Constitución de 1999, en esta materia, en realidad resultó un fraude encubierto en una mezcolanza terminológica contradictoria. En su texto regula un esquema de Estado centralizado, pero engañosamente utilizando en múltiples ocasiones las palabras "descentralización" y "participación" y, además, proclamando como valor global a la llamada "democracia participativa", pero, contradictoriamente, sin distribuir efectivamente el poder en el territorio, y sin permitir la efectiva posibilidad de participación política del ciudadano en la conducción de los asuntos públicos en entidades políticas autónomas y descentralizadas.

La participación política, que no debe confundirse con la movilización popular, sólo es posible en las democracias a nivel local, en unidades territoriales políticas y autónomas descentralizadas donde se practique el autogobierno mediante representantes electos en forma directa universal y secreta; y no se puede confundir con mecanismos de democracia directa como los referendos, las asambleas de ciudadanos y los Consejos Comunales, éstos últimos recién creados en Venezuela, paralelamente a los Municipios, los cuales, sin embargo, no se han configurado como instancias con autonomía política, sino que son conducidos exclusivamente desde la jefatura del Estado para la centralización del poder.

Por ello no puede haber ni ha habido nunca autoritarismos descentralizados que hayan podido permitir efectivamente la participación política. Al contrario, la centralización política del poder es la que ha sido y es de la esencia de los autoritarismos y contraria a la democracia, impidiendo a la vez la participación. Consecuencialmente, sin temor a equivocarnos se puede afirmar que la distribución territorial del poder, es decir, la descentralización política, es la base de la democracia participativa y, a la vez, el impulso del control del poder; y el centralismo, en cambio, es la base de la exclusión política al concentrar el poder en unos pocos, incluso si acaso electos. Por ello, solo los autoritarismos temen y rechazan tanto la real descentralización política como a la participación democrática, y eso es lo que ha venido ocurriendo en Venezuela, con el engaño de la "democracia participativa y protagónica"

Estos mecanismos de la llamada "democracia participativa", como los Consejos Comunales, no sólo eliminan la representatividad política, pues sus miembros no son electos por votación universal, directa y secreta del pueblo, pues son designados a dedo por asambleas de ciudadanos, por supuesto, controladas por el partido de gobierno, que pretende configurarse como partido único que es el que controla los recursos financieros; sino que pretenden establecer una supuesta relación directa entre un líder mesiánico y el pueblo, a través de los mecanismos institucionales paralelos a los de los órganos electos, dispuestos para hacerle creer al ciudadano que

---

75 Documento de 30 de noviembre de 1999. Véase en Allan R. Brewer-Carías, *Debate Constituyente (Aportes a la Asamblea Nacional Constituyente)*, Tomo III, Fundación de Derecho Público, Editorial Jurídica Venezolana, Caracas 1999, p. 323.

participa, cuando lo que se hace es movilizarlo, sometido totalmente al control del poder central.

Con ello, lo que en definitiva se busca es la eliminación de la democracia representativa y su sustitución por una supuesta democracia refrendaria, plebiscitaria o de cabildos abiertos permanentes del Poder Popular, y con ello, toda forma de distribución vertical o territorial del poder, o de descentralización política[76].

La verdad es que para que la democracia sea inclusiva o de inclusión, es decir, participativa, la misma tiene que permitir al ciudadano poder ser parte efectivamente de una comunidad política que tenga autonomía; lo que sólo puede tener lugar en los niveles autónomos más ínfimos de los territorios de los Estados, en las entidades políticas autónomas como los Municipios; es decir, en la base de la distribución territorial del poder, como sucede en todas las sociedades democráticas desarrolladas de occidente, donde predomina la existencia de muchos municipios y, entre ellos, de municipios pequeños en cada aldea, pueblo, villa y ciudad, bien cerca del ciudadano.[77].

Ello, por supuesto, contrasta con nuestra América Latina, donde en general se ha ubicado históricamente al municipio demasiado lejos del ciudadano[78], de manera que en el mismo, en general, no sólo no ha habido posibilidad alguna de participa-

---

76 Véase Allan R. Brewer-Carías, "Democracia Municipal, Descentralización y Desarrollo Local" (Conferencia Inaugural del XXVI Congreso Iberoamericano de Municipios, Organización Iberoamericana de Cooperación Intermunicipal, Ayuntamiento de Valladolid, Valladolid, 13-15 de octubre de 2004), en *Revista Iberoamericana de Administración Pública,* N° 11, julio-diciembre 2003, INAP, Madrid 2003, pp. 11-34.

77 Por ejemplo, en Alemania, de sus 16.098 municipios, un 76% tiene menos de 5.000 habitantes; y en España, alrededor del 86% de sus más de 8.056 municipios, tienen menos de 5.000 habitantes, agrupando sólo el 16% de la población, y el 61% tiene menos de 1.000 habitantes. Debe destacarse además, ya que nos encontramos en Valladolid, como un ejemplo de lo que significa para un país tener territorialmente muchos pequeños municipios, el caso precisamente de esta Comunidad de Castilla y León, que alberga algo más de un cuarto del total de los Municipios de España, con 2.248 municipios para 2,484.603 habitantes, de los cuales el 68,5 %, es decir, 1.540 municipios tienen menos de 500 habitantes. Véase en *Informe sobre el Gobierno Local,* Ministerio para las Administraciones Públicas, Fundación Carles Pi i Sunyer d'Etudis Autonòmics y Locals, Madrid 1992, p. 27.

78 En Argentina, para 37 MM de habitantes, hay 1617 municipios con un promedio de población de 22.882 habitantes; en Bolivia, para 8 MM de habitantes, hay 312 municipios con un promedio de población de 25.642 habitantes; en Brasil, para 168 MM de habitantes, hay 5.581 municipios con un promedio de población de 30.102 habitantes; en Chile, para 15 MM de habitantes, hay 340 municipios con un promedio de población de 44.117 habitantes; en Colombia, para 42 MM de habitantes, hay 1.068 municipios con un promedio de población de 39.326 habitantes; en Cuba,, para 11 MM de habitantes, hay 169 municipios con un promedio de población de 65.389 habitantes; en Ecuador, para 12 MM de habitantes, hay 1.079 municipios con un promedio de población de 11.121 habitantes; en El Salvador, para 6 MM de habitantes, hay 262 municipios con un promedio de población de 22.900 habitantes; en Guatemala, para 11 MM de habitantes, hay 324 municipios con un promedio de población de 33.950 habitantes; en Honduras, para 6 MM de habitantes, hay 293 municipios con un promedio de población de 20.478 habitantes; en México, para 97 MM de habitantes, hay 2.418 municipios con un promedio de población de 40.116 habitantes; en Nicaragua, para 5 MM de habitantes, hay 143 municipios con un promedio de población de 34.965 habitantes; en Paraguay, para 5 MM de habitantes, hay 212 municipios con un promedio de población de 23.585 habitantes; en Perú, para 25 MM de habitantes, hay 1808 municipios con un promedio de población de 13.827 habitantes; en República Dominicana, para 8 MM de habitantes, hay 90 municipios con un promedio de población de 88.889 habitantes; en Uruguay, para 3 MM de habitantes, hay 19 municipios con un promedio de población de 157894 habitantes; y en Venezuela, para 24 MM de habitantes, hay 338 municipios con un promedio de población de 71.006 habitantes. Véase las referencias en Allan R. Brewer-Carías, *Reflexiones sobre el constitucionalismo en América,* Editorial Jurídica Venezolana, Caracas 2001, pp. 139 y ss.

ción, sino que en muchos países, en definitiva, no sirvan para nada, pues ni sirven para gerenciar adecuadamente los intereses locales, ni para servir de instancias de participación política de la ciudadanía en la decisión o gestión de sus propios asuntos comunales. Pero para ponerlos a funcionar no se puede optar por simplemente eliminarlos y sustituirlos por entidades no electivas ni autónomas.

Al contrario, en cuanto al poder municipal, la gran reforma democrática que se requería en el país para asegurar la participación política era, esencialmente, acercar las instituciones locales autónomas al ciudadano, municipalizándose el territorio, para lo cual lo que había que hacer era multiplicar los municipios en lugar de reducirlos. Nada de eso se hizo, y más bien, por una parte, la Ley Orgánica del Poder Público Municipal de 2005[79] impidió deliberadamente la municipalización del territorio, al establecer limitaciones mayores para la creación de entidades políticas locales autónomas; y por la otra, en lugar de multiplicarse los Municipios, lo que se ha hecho es marginarlos y ahogarlos financieramente.

Partiendo de los elementos de democracia directa que se establecieron en la Constitución, como las "asambleas de ciudadanos cuyas decisiones son de carácter vinculante" (art. 70), en lugar de afianzar y multiplicar los municipios, con la Ley de los Consejos Comunales de 2006[80], lo que ha establecido es un sistema institucional *centralizado* para sustituir al régimen municipal, denominado "del Poder Popular". Con ello se ha iniciando formalmente el proceso de eliminación del municipio como instancia de democracia participativa, y en nombre de ella para eliminar la propia democracia representativa. Por ello, por ejemplo, el propio Presidente de la República en enero de 2007, anunció "la explosión revolucionaria del poder comunal" mediante los consejos comunales, con lo cuales señaló que:

> "debemos trascender ahora lo local, y debemos ir creando por ley en primer lugar, una especie de **Confederación regional, local, nacional de Consejos Comunales**. Tenemos que ir marchando **hacia la conformación de un estado comunal** y el viejo estado burgués que todavía vive, que está vivito y coleando, tenemos que irlo **desmontando progresivamente mientras vamos levantando al estado comunal, el estado socialista, el estado bolivariano**".[81]

Agregó claramente, dos días después, que el objetivo era "transitar hacia el camino de una "ciudad comunal" **donde no se necesiten alcaldías ni juntas municipales**, sino sólo el poder comunal".[82]

---

79 Véase *Gaceta Oficial* N° 38.204 de 8 de junio de 2005. La Ley Orgánica fue objeto de una reforma en noviembre de 2005, *Gaceta Oficial* N° 38.327 de 2 de diciembre de 2005; y luego en abril de 2006, *Gaceta Oficial* N° 5.806 Extra. de 10 de abril de 2006, reimpresa por error material en *Gaceta Oficial* N° 38.421 de 21 de abril de 2006. Véase Allan R. Brewer-Carías et al, *Ley Orgánica del Poder Público Municipal*, Editorial Jurídica Venezolana, Caracas 2005.

80 Véase en *Gaceta Oficial* N° 5.806 Extraordinaria del 10 de abril de 2006. Véase Allan R. Brewer-Carías, "El inicio de la desmunicipalización en Venezuela: La organización del Poder Popular para eliminar la descentralización, la democracia representativa y la participación a nivel local", en *AIDA, Opera Prima de Derecho Administrativo. Revista de la Asociación Internacional de Derecho Administrativo*, Universidad Nacional Autónoma de México, Facultad de Estudios Superiores de Acatlán, Coordinación de Postgrado, Instituto Internacional de Derecho Administrativo "Agustín Gordillo", Asociación Internacional de Derecho Administrativo, México, 2007, pp. 49 a 67.

81 Discurso de Hugo Chávez, 08-01-2007.

82 Discurso de Hugo Chávez, *El Nacional* 11-01-2007, p. A-2.

La gran diferencia de este pretendido sistema de "participación protagónica", sin embargo, es que en democracia, los alcaldes y concejos municipales son electos por votación popular, universal, directa y secreta y, en cambio, en el esquema sancionado del poder comunal, los integrantes de los Consejos Comunales son designados a dedo por asambleas de ciudadanos controladas directamente por la jefatura del Estado a través de una Comisión Presidencial que es la que dispone los recursos, con la asistencia de los agentes del partido único.

Con esta estructura paralela del Poder Popular no autónoma, lo que ha comenzado es el desmantelamniento de la democracia representativa en el país; y el proceso de desmunicipalización de la participación ciudadana, sustituyéndose al Municipio como la unidad política primaria y autónoma en la organización nacional que establece la Constitución y que debería estar inserto en un sistema de descentralización política (distribución vertical) del poder; por un sistema de entidades sin autonomía política alguna "del Poder Popular" (Consejos Comunales), directamente vinculadas y dependientes, en un esquema centralizado del poder.

La consecuencia fundamental de todo este sistema ha sido la centralización progresiva del poder en la Jefatura del Ejecutivo nacional, y el aniquilamiento de cualquier forma de control del poder mediante su distribución territorial, ahogando progresivamente a las instancias de los Estados y de los Municipios.

III. LA GARANTÍA DEL DERECHO AL SUFRAGIO COMO INSTRUMENTO PARA EL CONTROL POLÍTICO Y EL SECUESTRO DEL PODER ELECTORAL Y DEL SISTEMA DE ELECCIONES EN EL AUTORITARISMO VENEZOLANO.

El tercer mecanismo de control del poder político en un sistema democrático, además de los que resultan de la separación de poderes y de la distribución territorial o descentralización del poder del Estado, es el control que pueden ejercer los ciudadanos sobre los gobernantes mediante el sistema de sufragio universal, directo, secreto e igualitario que la democracia exige; es decir, la posibilidad de elegir a los gobernantes y de revocarles el mandato, y el poder decidir sobre la alternabilidad en los gobiernos.

Esos elementos también han sido regulados en la Constitución de 1999, pero en la práctica política del autoritarismo, también han sido progresivamente distorsionados o secuestrados.

En efecto, en cuanto al sistema electoral, la Constitución reguló al sufragio como un derecho (art. 63) eliminándose toda consideración del voto como un deber, como lo disponía la Constitución de 1961 (art. 110), estableciendo que debe ejercerse mediante votaciones libres, universales, directas y secretas, combinando el principio de la personalización del sufragio con la representación proporcional de las minorías, lo cual ya se había establecido legalmente desde la reforma de la Ley Orgánica del Sufragio y Participación Política de 1989[83], y fue ratificado en el Estatuto Electoral del Poder Público dictado por la Asamblea Constituyente el 30 de enero de 2000[84].

---

83 *G.O.* Extra. Nº 5.233 de 28-05-1998.

84 *G.O.* Nº 36.884 de 03-02-2000.

Este mismo principio se repite en el artículo 63 que regula al sufragio como un derecho constitucional que debe ejercerse "mediante votaciones libres, universales, directas y secretas" y exige que la ley garantice "el principio de la *personalización del sufragio y la representación proporcional*"; y en el artículo 293 en el cual al regular las competencias de los órganos del Poder Electoral, dispuso que los mismos deben garantizar "la igualdad, confiabilidad, imparcialidad, transparencia y eficiencia de los procesos electorales, así como la aplicación de la *personalización del sufragio y la representación proporcional*". Además, el artículo 186 que regula específicamente la integración de la Asamblea Nacional, exige que los diputados sean elegidos en cada entidad federal "por votación universal, directa, *personalizada* y secreta con *representación proporcional*, según una base poblacional del uno coma uno por ciento de la población total del país".

En esta forma, constitucionalmente se estableció un sistema electoral mixto para la elección de los órganos representativos (Asamblea Nacional, Consejos Legislativos estadales, Concejos Municipales, Juntas parroquiales) que combina la elección por mayoría y la elección por representación proporcional, lo que implica la necesidad de que un porcentaje de los representantes electos se elijan en circunscripciones uninominales y otro porcentaje en circunscripciones plurinominales, por listas cerradas y bloqueadas. En la Ley Orgánica se dispuso, para los disputados, unos porcentajes del 50% en cada caso; y para la elección de los concejales, un porcentaje del 66% para los cargos nominales y del 34% para los cargos electos de acuerdo a la aplicación del principio de la representación proporcional (art. 12). En el Estatuto Electoral de 2000 se dispuso que el 60% de todos los representantes populares debían ser elegidos en circunscripciones uninominales, según el principio de la personalización; y el 40 % se debía elegir por lista, según el principio de la representación proporcional (art. 15).

Para garantizar la combinación y aplicación de ambos sistemas, conforme a la Ley Orgánica y el Estatuto Electoral, el procedimiento de adjudicación de puestos comienza mediante la adjudicación de los electos por representación proporcional en las circunscripciones plurinominales, para posteriormente sustraer de los puestos que en esa forma sean adjudicados a los partidos, los que obtengan por mayoría de votos en las circunscripciones uninominales. Con ello se persigue mantener el grado de proporcionalidad entre los votos obtenidos y los puestos adjudicados conforme al principio de igualdad del sufragio.

El sistema opera, por supuesto, en relación con los candidatos de un mismo partido postulados para la elección mayoritaria en los circuitos uninominales y para la elección por lista en las circunscripciones plurinominales. Por tanto, si un partido postula candidatos sólo para elecciones uninominales o postula candidatos sólo para las elecciones en las circunscripciones por lista, no habría deducción alguna que hacer.

Este sistema, sin embargo, ha sido burlado en la práctica política por los partidos de gobierno en 2005, eliminándose en fraude a la Constitución materialmente toda proporcionalidad, al aplicarse el método que se denominó de "las morochas" (las gemelas), que consistió en un sistema de postulación de candidatos a cuerpos deliberantes, donde una pluralidad de partidos o grupos políticos que apoyaron al gobierno actuaron en conjunto postulando candidatos por lista y candidatos nominales, pero con la característica de que algunos partidos agrupados participaron postulando candidatos por listas, pero no lo hicieron en los circuitos uninominales, de manera que los candidatos que fueron electos en estos, no se dedujeron de los electos en aquellas, atribuyéndose en consecuencia al grupo o partido político, más representantes que los que debían haberle correspondido mediante el método del cociente.

Este fraudulento método electoral, lamentablemente aceptado por el Consejo Nacional Electoral, aunque fue impugnado vía acción de amparo ante la Sala Constitucional del Tribunal Supremo de Justicia, ésta, mediante sentencia No. 74 de 25 de enero de 2006[85], se limitó a señalar que "El principio de personalización del sufragio está garantizado por la nominalidad y la representación proporcional por el voto lista, dejando a la iniciativa de los ciudadanos y de las organizaciones políticas el sistema de selección y postulación de sus candidatos". Fue el Magistrado que salvó su voto respecto de dicha decisión (Pedro Rafael Rondón Haaz), quien calificó el método, con razón, como "un fraude a la Ley y más grave aún, en un fraude a la Constitución, a través de un evidente abuso de las formas jurídicas en pro de conseguir una finalidad distinta a la que las normas constitucional y legal establecieron respecto del método de elecciones mixtas uninominal-lista y a través de un evidente abuso de derecho de las organizaciones con fines políticos a postular candidatos"[86].

En esta forma, la representatividad se distorsionó, se violó la igualdad del voto[87], y la Asamblea Nacional en las elecciones de 2005 terminó siendo dominada en su totalidad por los partidos que apoyaron al gobierno, por la negativa de los partidos de oposición de participar en esa forma en un proceso electoral que consideraron amañado y así avalar el fraude cometido.

Se debe mencionar, por otra parte, que conforme al principio de la penta división del poder público, el Poder Electoral quedó configurado en la Constitución de 1999 como una rama nacional del Poder Público con autonomía e independencia, lo que además se buscó asegurar con la integración no partidista del Consejo Nacional Electoral, mediante el nombramiento de sus miembros por postulaciones que debían ser efectuadas ante un Comité de Postulaciones Electorales que debía estar integrado por representantes de los diversos sectores de la sociedad, y cuyos miembros, además, debían ser postulados por sectores precisamente identificados de la sociedad civil, entre ellos por las Facultades de Derecho.

Lamentablemente, en 2002, mediante la Ley Orgánica del Poder Electoral[88] se distorsionó la integración del Comité y se lo sustituyó, en fraude a la Constitución, por una Comisión parlamentaria ampliada; y en 2003, ante la imposibilidad de que los partidos de gobierno pudieran reunir las 2/3 partes de los votos de la Asamblea Nacional que exige la Constitución para poder hacer unilateralmente las designaciones, la Sala Constitucional del Tribunal Supremo, al ejercer el "control" constitucional sobre la omisión legislativa, lo que hizo fue proceder como agente del gobierno a hacer directamente el nombramiento de los miembros del Consejo Nacional Electo-

85 Véase en *Revista de Derecho Público,* N° 105, Caracas 2006, pp. 122-144.

86 Véase en *Revista de Derecho Público,* N° 105, Caracas 2006, pp. 122-144.

87 Véase Dieter Nohlen y Nicolas Nohlen, "El sistema electoral alemán y el tribunal constitucional federal (La igualdad electoral en debate – con una mirada a Venezuela)", en *Revista de Derecho Público,* N° 109, Editorial Jurídica Venezolana, Caracas 2007; J. E. Molina, "Las "morochas" defraudan la ley y la Constitución", en El nacional, Caracas, 13-04-2005.

88 *G.O.* N° 37.573 de 19-11-2002.

ral, sin sujetarse a los requisitos constitucionales, designando para ello a personas, todas, afectas al gobierno[89], al punto de que los Presidentes del organismo, luego, han sido designados uno, como Magistrado de la Sala Constitucional y otro, como Vice Presidente de la República.

El Poder Electoral, en esa forma fue secuestrado por el Poder Ejecutivo usando para ello a la Sala Constitucional, y en esa forma, el Poder Electoral ya secuestrado, fue el instrumento para confiscarle a los ciudadanos, su derecho a la participación política mediante referendo revocatorio[90]. Ello también ocurrió en 2004 en el proceso de convocatoria y realización del referendo revocatorio presidencial que, al final, luego de que la Sala Constitucional del Tribunal Supremo impidiera que la Sala Electoral del mismo Tribunal cumpliera sus funciones de control judicial sobre los actos del Consejo Nacional Electoral que obstaculizaron ilegalmente la convocatoria del referendo revocatorio, este terminó siendo convertido por el Poder Electoral en un referendo "reafirmatorio" o plebiscito, no autorizado en la Constitución.

Con el Poder Electoral secuestrado con la complicidad de la propia Sala Constitucional del Tribunal Supremo, las elecciones que se han efectuado en Venezuela han carecido de justicia, y las últimas reformas políticas realizadas y propuestas, simplemente apuntan a la sustitución de la representatividad electoral por supuestas agrupaciones de ciudadanos en comunidades y consejos comunales cuyos integrantes no son electos, sino designados desde la cúpula del Poder Popular que controla el Presidente de la República.

Por otra parte, a los efectos de asegurar el control de los gobernantes por el pueblo, la Constitución establece el principio de que el gobierno democrático de la República y de todas las entidades políticas debe ser "alternativo", y de allí las limitaciones que la propia Constitución establece respecto de la reelección de funcionarios.

En tal sentido, en cuanto al Presidente de la República, el artículo 230, cambió la tradición constitucional anterior y estableció la posibilidad de la reelección inmedia-

---

89 Véase Allan R. Brewer-Carías, *La Sala Constitucional versus el Estado democrático de derecho. El secuestro del poder electoral y de la Sala Electoral del Tribunal Supremo y la confiscación del derecho a la participación política*, Los Libros de El Nacional, Colección Ares, Caracas 2004; "El secuestro del Poder Electoral y la confiscación del derecho a la participación política mediante el referendo revocatorio presidencial: Venezuela 2000-2004", en *Revista Jurídica del Perú*, Año LIV Nº 55, Lima, marzo-abril 2004, pp. 353-396; "El secuestro del Poder Electoral y de la Sala Electoral del Tribunal Supremo y la confiscación del derecho a la participación política mediante el referendo revocatorio presidencial: Venezuela: 2000-2004", en *Revista Costarricense de Derecho Constitucional*, Tomo V, Instituto Costarricense de Derecho Constitucional, Editorial Investigaciones Jurídicas S.A., San José 2004, pp. 167-312; "El secuestro de la Sala Electoral por la Sala Constitucional del Tribunal Supremo de Justicia, en *La Guerra de las Salas del TSJ frente al Referendum Revocatorio,* Editorial Aequitas, Caracas 2004, C.A., pp. 13-58"; "El secuestro del poder electoral y la confiscación del derecho a la participación política mediante el referendo revocatorio presidencial: Venezuela 2000-2004, *Stvdi Vrbinati, Rivista tgrimestrale di Scienze Giuridiche, Politiche ed Economiche*, Año LXXI – 2003/04 Nuova Serie A – N. 55,3, Università degli studi di Urbino, Urbino, 2004, pp. 379-436; "«El secuestro del Poder Electoral y la confiscación del derecho a la participación política mediante el referendo revocatorio presidencial: Venezuela 2000-2004» en *Boletín Mexicano de Derecho Comparado*, Instituto de Investigaciones Jurídicas, Universidad Nacional Autónoma de México, Nº 112. México, enero-abril 2005 pp. 11-73

90 Véanse las referencias a las sentencias en Allan R. Brewer-Carías, *La Sala Constitucional versus el Estado democrático de derecho. El secuestro del poder electoral y de la Sala Electoral del Tribunal Supremo y la confiscación del derecho a la participación política*, Los Libros de El Nacional, Colección Ares, Caracas 2004.

ta del Presidente de la República, aún cuando por una sola vez, para un nuevo período; el artículo 192 dispuso que los diputados a la Asamblea Nacional podían ser reelegidos sólo "por dos periodos consecutivos como máximo"; el artículo 160 dispuso que los Gobernadores de Estado podían ser "reelegidos, de inmediato y por una sola vez, para un nuevo período"; el artículo 162 dispuso que los legisladores a los Consejos Legislativos de los Estados podían ser reelegidos sólo "por dos periodos consecutivos como máximo"; y el artículo 174 dispuso que los Alcaldes podían ser "reelegidos, de inmediato y por una sola vez, para un nuevo período".

Todo ello, sin embargo, se pretende cambiar ahora en las propuestas de reforma de la Constitución que se han formulado en 2007, en las cuales, se busca establecer el principio general de la **reelección indefinida** de los cargos de elección popular, en particular, del Presidente de la República (art. 230); de los diputados a la Asamblea Nacional (art. 192); de los Gobernadores de Estado (art. 160); y de los Alcaldes (art. 174).

Con estas propuestas el principio de la alternabilidad republicana desaparece totalmente, al permitirse la reelección indefinida de los "representantes" electos, en un sistema electoral donde se eliminó en la práctica la representación proporcional, a cargo de un Consejo Nacional Electoral completamente controlado por el sindicato establecido entre la Asamblea Nacional y el Ejecutivo Nacional, con el aval del juez constitucional, cuyo vaso comunicante es el partido único, que pretende excluir de la vida política a todo aquél que no pertenezca al mismo y, en definitiva, eliminar toda posibilidad de control que en una democracia pluralista deben ejercer los partidos políticos.

IV. LA NECESARIA EXISTENCIA DE UN RÉGIMEN PLURAL DE PARTIDOS POLÍTICOS EN DEMOCRACIA PARA CONTROLAR EL PODER, Y LA DESTRUCCIÓN DEL PLURALISMO POLÍTICO Y LA CONFIGURACIÓN DE UN PARTIDO ÚNICO EN EL AUTORITARISMO VENEZOLANO

Y es que, en efecto, el cuarto sistema de control del poder en una sociedad democrática está configurado por el libre juego de los partidos políticos, que conforme al pluralismo ideológico y a la alternabilidad republicana, puedan participar en la vida política del país, y canalizar las aspiraciones de los ciudadanos. No puede haber democracia sin un régimen plural de partidos políticos que en forma igualitaria participen en la vida política.

El más importante logro de la revolución democrática en Venezuela de 1958, fue el haber sentado las bases para el desarrollo del sistema plural de partidos políticos en Venezuela, que en las décadas posteriores fueron los que arraigaron la democracia en el país, permitiendo una amplia alternabilidad republicana. Los partidos le impusieron la democracia a los venezolanos y gobernaron el país y, al final, lamentablemente entraron en crisis, alentada por la propia crisis de su liderazgo, al punto que a finales del siglo pasado habían caído en total desprestigio, al no lograr entender la profundidad de la crisis política que ellos mismos habían provocado[91] por no

91 Allan R. Brewer-Carías, *La crisis de las instituciones: responsables y salidas*, Cátedra Pío Tamayo, Centro de Estudios de Historia Actual (mimeografiado) FACES, Universidad Central de Venezuela, Caracas 1985, 40 pp.; publicado también en *Revista del Centro de Estudios Superiores de las Fuerzas Armadas de Cooperación*, N° 11, Caracas 1985, pp. 57-83; y en *Revista de la Facultad de Ciencias Jurídicas y Políticas*, N° 64, Universidad Central de Venezuela, Caracas 1985, pp. 129-155.

haber adelantado las reformas que la sociedad clamaba respecto del régimen político democrático. Se quería más democracia, para lo cual, el sistema de Estado de partidos que se había desarrollado[92] debía transformarse, precisamente por ellos mismos. Sin embargo, los partidos políticos lo que demostraron fue una total incomprensión tanto respecto de los logros democráticos que habían alcanzado para Venezuela a partir de los inicios de la década de los sesenta, como de las exigencias de representatividad y de participación más allá de los propios partidos que se planteaban, de manera que se abriera la democracia, se descentralizara el poder y se profundizara la participación, situación que los partidos no entendieron.

Esa crisis de los partidos fue la que provocó el colapso del sistema político en 1999[93], lo que se aprovechó para atribuirles todos los males políticos de la República, junto con el Pacto de Punto Fijo que había originado del régimen democrático y la Constitución de 1961, centrándose el discurso político del nuevo liderazgo autoritario militarista y populista que emergió, en la destrucción y anatema contra aquellos. En ese contexto fue que se desarrolló el proceso constituyente de 1999 y la sanción de la nueva Constitución, en el cual un nuevo partido político oficialista constituido a la medida del nuevo liderazgo, acompañado de otros viejos y marginados partidos políticos, sirvió para el apoderamiento electoral del poder a partir de 1999.

El resultado de todo ese proceso fue el marcado carácter reactivo contra los partidos políticos que guió la redacción de la Constitución de 1999, de la cual incluso desapareció la expresión misma de "partidos políticos", regulándose genéricamente solo a las "organizaciones con fines políticos", estableciéndose en el propio texto constitucional un conjunto de regulaciones redactadas contra lo que habían sido los partidos políticos tradicionales.

La Constitución de 1999, en efecto, comenzó por eliminar el derecho político de los ciudadanos "a agruparse en partidos políticos para participar en la conducción de la vida política nacional", como lo establecía la Constitución de 1961. Esto dejó de ser un derecho político de los ciudadanos, y la Constitución de 1999 sólo reguló la existencia de "agrupaciones con fines políticos" (art. 67), que no necesariamente son ni tienen que ser partidos políticos. Sin embargo, en la práctica, lo que siguen existiendo son los partidos políticos en su configuración más tradicional, aún cuando en un sistema de partido oficialista dominante.

La reacción contra la falta de democratización interna de los partidos políticos, y su conducción por cúpulas eternizadas de dirigentes, condujo a la inclusión de otra disposición en la Constitución, conforme a la cual no sólo la designación de sus directivos debía realizarse mediante elecciones, sino que, incluso, la escogencia de los candidatos de los partidos políticos a los cuerpos y cargos representativos, debía realizarse mediante votación interna democrática (art. 67). Para ello, la Constitución,

---

92 Véase Allan R. Brewer-Carías, *Problemas del Estado de partidos*, Editorial Jurídica Venezolana, Caracas 1988.

93 Véase Allan R. Brewer-Carías, «Reflexiones sobre la crisis del sistema político, sus salidas democráticas y la convocatoria a una Constituyente», en el libro *Los Candidatos Presidenciales ante la Academia*. Ciclo de Exposiciones 10-18 Agosto 1998, (Presentación y organización de la Edición Allan R. Brewer-Carías), Serie Eventos Nº 12, Biblioteca de la Academia de Ciencias Políticas y Sociales, Caracas 1998, pp. 9-66; y en *Ciencias de Gobierno* Nº 4, Julio-Diciembre 1998, Gobernación del Estado Zulia, Instituto Zuliano de Estudios Políticos Económicos y Sociales (IZEPES), Maracaibo, Edo. Zulia, 1998, pp. 49-88.

incluso, impuso la obligación de que el Consejo Nacional Electoral debía organizar dichas elecciones internas (art. 293,6), lo que nunca ha ocurrido en la práctica.

Por otra parte, por los problemas derivados del financiamiento público a los partidos políticos que regulaba la Ley Orgánica del Sufragio y Participación Política, que había conducido a un acaparamiento inequitativo de dichos fondos, la reacción de la Constitución de 1999 fue la prohibición total de dicho financiamiento público (art. 67). Con ello se retrocedió en lo que es la constante en todo el mundo democrático, habiéndose abierto, de hecho, sin embargo, la posibilidad de financiamiento público irregular e ilegítimo a los partidos de gobierno, como ha ocurrido en los últimos años, dada la imbricación total que se ha configurado entre el partido oficial y el Estado.

La Constitución, además, pretendió desligar a los diputados de toda vinculación partidista, al establecer que los diputados a la Asamblea Nacional "no están sujetos a mandatos ni instrucciones, sino sólo a su conciencia" (art. 200), lo que condujo a la pretensión de eliminar las propias fracciones parlamentarias de los partidos políticos en la Asamblea Nacional, cuyas sedes fueron desmanteladas. Sin embargo, no fue más que otro engaño constitucional ya que las fracciones parlamentarias sólo cambiaron de nombre y comenzaron a llamarse "grupos de opinión" y como siempre se reúnen cerca de a la sede de la Asamblea Nacional, con el agravante de que en los últimos años hay una sola fracción parlamentaria que controla toda la Asamblea. Además, como nunca antes había ocurrido, los directivos de los partidos de gobierno aún antes de controlar la totalidad de los votos en la Asamblea Nacional, se jactaban en anunciar públicamente sobre el control férreo que ejercían sobre sus diputados y sobre los votos de los cuales disponían.

En la práctica política, en todo caso, después de la entrada en vigencia de la Constitución, los partidos han tenido más presencia que nunca, al punto de que sin ningún recato, el Presidente de la República es el Presidente del Partido de Gobierno, y la mayoría de su gabinete son militantes activos de la directiva del partido, de manera que en 2007, la creación del "partido socialista único" por parte del gobierno, fue una operación del propio Estado, usando los recursos y medios públicos y hasta utilizando el propio Consejo Nacional Electoral, para promover abierta y públicamente la inscripción de militantes, muchos de ellos forzados a hacerlo como funcionarios públicos o beneficiarios de ayudas oficiales. Como nunca antes, la simbiosis partido político-Administración Pública se ha enquistado en Venezuela, abriéndose así vasos comunicantes que permiten canalizar financiamientos específicos, como incluso no se llegaron a ver en la época dorada de la partidocracia de comienzos de los años ochenta.

En realidad, lo que ocurrió en Venezuela como consecuencia del proceso constituyente de 1999 y de la práctica política posterior, ha sido un simple cambio de unos partidos políticos por otros en el control del poder y en el dominio del juego electoral; pero con el aditivo de que mediante la manipulación de los procesos electorales por el control que ejercen sobre el Poder Electoral, se ha producido la eliminación definitiva de los partidos tradicionales y con ello la desaparición del pluralismo político democrático.

La partidocracia o democracia de partidos, por tanto, ha seguido incólume, con los mismos vicios clientelares y los mismos controles por cúpulas no electas en elecciones internas libres y democráticas, y lo único que ha cambiado es que de un régimen plural multipartidista se pasado a un sistema político de partido único, que es el ya oficialmente anunciado Partido Único Socialista, imbricado en el aparato del Estado y también dirigido por el Presidente de la República, en cual se ha apoderado no sólo del embrionario Poder Popular, sino de la Administración Pública[94] y de toda la vida política, social y militar[95] del país, dado el capitalismo de Estado que se ha intensificado como consecuencia del florecimiento del Estado rico petrolero. Como todo depende del Estado, el gobierno busca que sólo quien pertenezca al Partido Único pueda tener vida política, administrativa, económica y social, formalizándose así un régimen de discriminación política, alentado por el propio gobierno, que excluye abiertamente a los disidentes, y los penaliza.

El régimen de partidos, por tanto, en ese esquema ha dejado de ser un instrumento de la sociedad para el control político del poder, y se ha convertido en el instrumento para acaparar y ejercer el poder, eliminando todo control, y discriminando masivamente a quienes no estén alienados con el gobierno.

V. EL CONTROL DEL PODER POR EL LIBRE EJERCICIO DEL DERECHO A LA LIBRE EXPRESIÓN DEL PENSAMIENTO Y DE LA INFORMACIÓN QUE MOVILICE LA OPINIÓN PÚBLICA, Y LAS LIMITACIONES IMPUESTAS POR EL AUTORITARISMO VENEZOLANO

El quinto sistema de control del poder en una sociedad democrática es el que se ejerce por la opinión pública y el ejercicio de la libertad de expresión de pensamiento mediante los medios de comunicación plurales. Ella es la que permite la existencia de medios de comunicación plural, la movilización de la opinión publica para vigilar las acciones gubernamentales, y para exigir la rendición de cuentas de los gobernantes.

A tal efecto, en los artículos 57 y 58 de la Constitución de 1999 se regulan un conjunto de derechos vinculados a la libertad de expresión del pensamiento, que también implican el derecho a comunicar o a informar, el derecho a establecer y desarrollar medios de la comunicación e información; el derecho a recibir información oportuna, veraz e imparcial, y el derecho a la réplica (o respuesta) y a rectificación frente a informaciones inexactas o agraviantes, que tienen las personas que se vean afectadas directamente por las mismas[96].

---

94 Por ello, el Gobernador del Estado Carabobo de Venezuela señalaba: "Comparto la posición del Presidente cuando dice que aquella persona que no quiera aliarse con el partido socialista único, pues que se vaya del Gobierno, y se lo dijo a los secretarios (del gobierno de Carabobo), que en el gobierno bolivariano estamos involucrados todos y hay un lineamiento de nuestro máximo líder que es inscribirse y crear un solo partido, y el secretario que no quiera cumplir con esa orden, que se vaya". *V.* reportaje de Marianela Rodríguez, en *El Universal*, Caracas 21-04-2007.

95 El 12 de abril de 2007 el Presidente Chávez en Fuerte Tiuna, declaró que si algún oficial se siente incómodo con la consigna acogida por su gobierno de "patria, socialismo o muerte", puede tramitar su baja de las fuerzas militares, agregando: "La llamada institucionalidad fue una manera de enmascararse y asumir una posición contraria al gobierno, a la revolución, al mandato legítimo del pueblo. Por eso, hoy todo comandante de unidad en todos los niveles está obligado a repetir desde el alma y levantar la bandera con esta consigna: patria, socialismo o muerte, sin ambigüedades de ningún tipo, sin complejos". *V.* en El Nacional, Caracas 13-04-2007, Sección Política, p. 4.

96 Véase Allan R. Brewer-Carías, «La libertad de expresión del pensamiento y el derecho a la información y su violación por la Sala Constitucional del Tribunal Supremo de Justicia», en el libro *La libertad de expresión amenazada. (Sentencia 1013),* Edición Conjunta Instituto Interamericano de Derechos Humanos y Editorial Jurídica Venezolana, Caracas-San José 2001, pp. 17-57.

El primero de los derechos constitucionales es la libertad de las personas a expresarse libremente en cuanto a sus pensamientos, sus ideas y sus opiniones, sin limitaciones ni restricciones, salvo las que derivan del derecho de los demás y del orden público y social (art. 20 C). Por ello, la propia norma constitucional prohíbe el anonimato, la propaganda de guerra, los mensajes discriminatorios, los que promuevan la intolerancia religiosa, y toda apología del odio nacional, racial o religioso que constituyan incitaciones a la discriminación, a la hostilidad o a la violencia o cualquier otra acción ilegal similar contra cualquier persona o grupos de personas, por cualquier motivo, inclusive los de raza, color, religión, idioma u origen nacional.

Esta libertad de expresión del pensamiento, ideas y opiniones puede realizarse por cualquier medio, sea de viva voz, por escrito o mediante cualquier otra forma de expresión, siendo un derecho que tienen no sólo las personas en general, sino también quienes informan, es decir, aquellos que han hecho de la búsqueda de información, de su expresión y de su comunicación, su profesión u oficio, es decir, los comunicadores o periodistas.

El ejercicio de este derecho, sin embargo, depende de los medios mismos y del acceso que estos den a las personas, de acuerdo al tiempo, el espacio y el propio interés del medio. No puede una persona obligar a un medio a comunicar su pensamiento, pero a la vez el medio no puede discriminar a una persona (vetarlo) para expresar y comunicar su pensamiento.

La libertad de expresión, por otra parte, no puede estar sometida a censura previa de tipo alguno, por parte de nadie, ni del Estado ni de los privados, con lo que la norma constitucional incluso prohíbe la posibilidad de censura a los funcionarios públicos para dar cuenta de los asuntos bajo sus responsabilidades.

El ejercicio de esta libertad de expresión y el derecho a informar o comunicar, como de toda libertad, por supuesto, acarrea responsabilidad personal por los daños y perjuicios que se pueda causar. Por ello, señala el mismo artículo 57 de la Constitución, que quien haga uso de este derecho a la libre expresión del pensamiento, asume plena responsabilidad por todo lo expresado, de manera que si bien la comunicación es libre, ella comporta deberes y responsabilidades.

El segundo de los derechos constitucionales vinculados a la libre expresión del pensamiento, es el derecho de toda persona a informar o comunicar, es decir, el derecho a la libre expresión del pensamiento a través de medios de comunicación o de información, siempre que pueda tener acceso a los mismos y también está sujeto sólo a las limitaciones generales del respeto del derecho a los demás y del orden público o social (art. 20 de la Constitución). Este derecho corresponde, igualmente, a todos, por lo que no sólo lo tienen quienes ejercen la profesión de informar, como los periodistas o comunicadores, sino todas las personas, sin discriminación, pues como lo dice la Constitución (art. 58) indica que la comunicación es libre y plural, es decir, es una libertad de todas las personas, sin discriminaciones.

El derecho a la libre expresión del pensamiento conlleva el derecho no sólo de crear y establecer medios de comunicación, sino el derecho de las personas a utilizar dichos medios de comunicación para comunicarse con los demás, incluso cuando se hace de la comunicación una profesión u oficio, como la que ejercen los periodistas.

El tercero de los derechos que consagran los artículos 57 y 58 de la Constitución, derivados de los derechos ciudadanos a la libre expresión del pensamiento y a la comunicación e información, es el derecho de toda persona a establecer medios de comunicación; es decir, crear los instrumentos necesarios para que el pensamiento pueda expresarse en forma masiva, como pueden ser, por ejemplo, los diarios, revistas y las estaciones de radio o televisión.

Este derecho al igual que los anteriores, no puede ser restringido en forma alguna por medios indirectos, mediante controles públicos abusivos, como por ejemplo, los que puedan ejercerse sobre el papel para periódicos. Lo mismo se puede decir de los medios audiovisuales, que si usan las ondas electromagnéticas que son del dominio público, requieren de una concesión del Estado. En estos casos, por ejemplo, la Convención Americana de derechos Humanos prohíbe que se restrinja el derecho por medios indirectos, tales como el abuso de controles oficiales o particulares de las frecuencias radioeléctricas o de los enseres o aparatos usados en la difusión de informaciones, como podrían ser los controles de importación o aduaneros de los aparatos para las estaciones de radio o televisión.

Los medios de comunicación son, en todo caso, el vehículo indispensable para la comunicación e información del pensamiento de las personas, por lo que deben asegurar la pluralidad propia de una sociedad democrática, garantizando el acceso a los mismos a todas las personas sin discriminaciones.

El cuarto derecho que consagra la Constitución es el derecho de toda persona a la información, que el artículo 58 exige que sea oportuna, veraz e imparcial, sin censura, de acuerdo con los principios de la igualdad y no discriminación. En cuanto a la oportunidad, esta exigencia tiene una connotación temporal, y su apreciación es difícil que llegue a ser totalmente objetiva. Tanto quien informa como quien recibe la información tienen sus respectivos parámetros del sentido de la oportunidad, los cuales pueden no coincidir. Por ello, en definitiva, es el informador el que debe establecer cuándo el suministro de una información es o no oportuno. Es decir, quien suministra la información y quien la difunde o comunica es el que debe juzgar sobre la oportunidad de hacerlo; y si bien la misma no puede ser arbitraria, pues queda sometida a los límites de la racionalidad, razonabilidad o logicidad, no es posible concebir que exista una sola autoridad, la llamada a decir cuándo es o no oportuna la información.

Pero la información, además, debe ser veraz, es decir, debe responder a criterios de veracidad o certeza, elemento que tampoco es ni puede ser absoluto y enteramente objetivo, ya que la verdad objetiva no existe; la verdad es siempre subjetiva y cada persona tiene su verdad. Ello, sin embargo, no ocurre respecto de los hechos, que en general no admiten apreciación en cuanto a su acaecimiento. Acaecen, por lo que cuando la información sólo se refiere a hechos, su misma expresión, es en sí misma, verdad. Llovió, alguien murió, hubo un choque de trenes. La expresión del hecho es, en sí misma, la verdad, si el hecho es cierto, es decir, si efectivamente acaeció.

Sin embargo, al pasar a la apreciación del hecho, en cuanto a su interpretación, la explicación de lo que lo motivó, sus circunstancias y las consecuencias de su realización, la posibilidad de veracidad objetiva desaparece. Cada persona tiene su forma y manera de apreciar los hechos; y es libre de hacerlo, así como de interpretarlos, por lo que la expresión de ello es siempre subjetiva y depende de la voluntad del comunicador, bajo su responsabilidad.

La veracidad, por tanto, nunca es objetiva, sino que siendo subjetiva, su apreciación corresponde primeramente a quien informa. Por supuesto, esta libertad de apreciación está sometida a los mismos límites de racionalidad, razonabilidad y logicidad, pero lo definitivo es que nadie puede establecer una verdad objetiva ni, por supuesto, puede pretenderse que una autoridad sea la que determine la verdad única u "oficial".

Además, la información debe ser imparcial, es decir, no debe efectuarse en favor o para beneficiar a alguien en perjuicio de otro. La imparcialidad tampoco puede ser determinada objetivamente, es decir, nadie puede establecer con carácter general cuándo una información es o no parcial o imparcial. La apreciación sobre esto es también, esencialmente subjetiva. Cada quien, al recibir una información y según el conocimiento de los hechos, tendrá su apreciación sobre la parcialidad o no de la información, y siempre será diferente de una a otra persona. Por tanto, la imparcialidad, de nuevo, tiene que ser apreciada por el comunicador, quien también tiene como límites de su apreciación, los principios de racionalidad, razonabilidad o logicidad. Sin embargo, nadie puede establecer, con carácter general, los criterios de parcialidad o imparcialidad de las informaciones.

El quinto derecho que regula la Constitución, conforme al artículo 58, es el derecho de toda persona a la réplica (respuesta) y a la rectificación cuando se vea afectada directamente por informaciones inexactas o agraviantes, de cualquier naturaleza, expresadas en medios de comunicación escritos, auditivos o visuales, por cualquier persona. El informante puede ser un periodista que informa sobre un hecho o acaecimiento y da una noticia o puede ser cualquier persona que exprese su opinión en un medio dirigido al público en general, porque escriba un artículo o cualquier otro escrito, o tenga, lleve o conduzca cualquier programa de opinión o de noticias en un medio de comunicación.

Por tanto, el que da la información que origina el derecho a la réplica y rectificación puede ser o no ser un periodista o profesional de la comunicación; y quien se ve afectado por la información personalmente, porque es inexacta o lo agravia, puede ser o no ser un periodista o un director de un medio de comunicación. La Constitución no distingue. Lo único que exige es que para que alguien tenga derecho a la réplica y a la rectificación, debe estar afectado directamente (no indirectamente) por una información que tiene que ser inexacta o tiene que haber agraviado a la persona..

Este derecho, por otra parte, consiste en un derecho a respuesta o réplica; es decir, la persona afectada directamente por la información tiene derecho a responderla, se entiende, en la misma forma y por el mismo medio en el cual salió la información lesiva; o como lo dice la Convención Americana, tiene derecho a efectuar por el mismo órgano de difusión su rectificación o respuesta en las condiciones que establezca la ley. Por ello, además, la persona afectada tiene derecho a que quien suministró la información inexacta o agraviante, rectifique la misma, en la misma forma y en el mismo medio en el cual se dio la información.

El sujeto pasivo de este derecho a réplica y rectificación, por supuesto, tiene que ser la persona que expresó o comunicó la información, y esa persona puede ser el periodista que suscribe la información en la prensa o que la suministra en los medios audiovisuales, o la persona que edita una publicación o un programa de radio o televisión, si la información suministrada no tiene autoría específica, o la persona que tiene una columna periodística regular o un programa de radio o televisión regular, y que, por tanto, tienen los medios para poder rectificar y dar cabida a la respuesta que origine la información suministrada.

Lamentablemente, todos estos derechos a la libre expresión del pensamiento, han venido progresivamente siendo minados y limitados en Venezuela durante los últimos años, paralelamente a la consolidación del régimen autoritario en el país, coartándose así las posibilidades de control de la ciudadanía y de la opinión pública sobre el gobierno y sus ejecutorias.

La primera limitación ocurrió por virtud de una decisión de la Sala Constitucional del Tribunal Supremo de Justicia, mediante sentencia nº 1.013 de 12 de junio de 2001[97], en la cual al rechazar una petición de una asociación civil y de unos ciudadanos para ejercer un derecho a réplica contra el Presidente de la República por expresiones que usó en su programa de televisión semanal, la Sala interpretó los artículos 57 y 58 de la Constitución sentando una "doctrina vinculante", considerando que tal derecho a réplica y respuesta sólo lo tienen los ciudadanos cuando está vinculado o relacionado con "el derecho a la información" o con "la información comunicacional" (p. 5 de 22) y cuando se ejerce la libre expresión del pensamiento, reduciendo su ejercicio sólo "ante los medios de comunicación en general". En esta forma, ante las expresiones inexactas y agraviantes formuladas por el Presidente de la república que afectaron directamente a personas, el juez constitucional negó el derecho constitucional a la réplica, porque el Presidente de la República con su programa televisivo semanal no era un medio de comunicación.

La segunda limitación a los derechos ciudadanos a la libre expresión del pensamiento por el régimen autoritario que se ha instalado en Venezuela, deriva del abusivo uso y acaparamiento de los medios de comunicación por parte del Estado, el cual ha venido progresivamente asumiendo la propiedad de los mismos, sin que exista posibilidad alguna de exigir responsabilidad por todo lo que desde los mismos se informa o difunde. Debe recordarse, por ejemplo, que la Sala Constitucional, en la mencionada sentencia nº 1.013 de 12-06-01, dedicó una serie de consideraciones a destacar la plena responsabilidad que corresponde al emisor del pensamiento por todo lo que exprese, la cual puede ser de orden civil, penal o disciplinaria, conforme al daño que cause a los demás, la libertad de expresión utilizada ilegalmente. De allí derivó la apreciación de la Sala de que "la libertad de expresión, aunque no está sujeta a censura previa, tiene que respetar los derechos de las demás personas" (p. 7 de 22). Esta responsabilidad para el emisor de la información, señaló la Sala, en muchos casos está compartida:

> "Con el vehículo de difusión, sobre todo cuando éste se presta a un terrorismo comunicacional que busca someter al desprecio público a personas o a instituciones, máxime cuando lo difundido no contiene sino denuestos, insultos y agresiones que no se compaginan con la discusión de ideas y conceptos" (p. 7. de 22).

La Sala construyó, así, una responsabilidad solidaria entre comunicador y medio de comunicación que sin embargo no ha habido forma de que se exija en la práctica cuando se trata de medios de comunicación controlados por el Estado y que son utilizados para aplastar, ofender y difamar a la disidencia. Y esto es lo que ha ocurrido, en los últimos años en Venezuela, en los programas de radio y televisión en los medios de comunicación del Estado, incluso del propio Presidente de la República, que

97 Véase os comentarios a dicha sentencia en el libro Allan R. Brewer-Caías et al, *La libertad de expresión amenazada. (Sentencia 1013),* Edición Conjunta Instituto Interamericano de Derechos Humanos y Editorial Jurídica Venezolana, Caracas-San José 2001.

se han encargado de expresar "denuestos, insultos y agresiones que no se compaginan con la discusión de ideas y conceptos" respecto de todo lo que sea disidencia con el gobierno y su política, exponiendo al desprecio público a personas o a instituciones.

La tercera limitación a la libertad de expresión del pensamiento que se ha establecido en los últimos años en Venezuela, es la que deriva de la Ley de Responsabilidad Social en Radio y Televisión de 2004[98], con la cual con la excusa de la protección integral de los niños y adolescentes, se ha buscado regular los contenidos informativos que transmitan los medios audiovisuales, limitándose la pluralidad, la diversidad y la segmentación natural de los medios audiovisuales de acuerdo con sus audiencias, estableciéndose regulaciones de contenidos según una clasificación horaria y modalidades de censura previa, incluso con la prohibición de transmisiones de información bajo el criterio de la oportunidad[99]. La Ley, además, establece posibilidades ilimitadas e imprecisas de carácter sancionatorio, como por ejemplo, al establecer la posibilidad de suspensión de transmisiones cuando los mensajes "sean contrarios a la seguridad de la Nación", noción que conforme a los artículos 322 y siguientes de la Constitución comprenden todas las actividades posibles que determine el ente sancionador; y al utilizar para regular el ejercicio de la potestad sancionatoria, innumerables conceptos jurídicos indeterminados.

La cuarta limitación a la libertad de expresión del pensamiento en Venezuela, ha sido la utilización de los instrumentos administrativos de autorizaciones y concesiones por parte del Estado, para cerrar medios de comunicación que tengan una línea de oposición al gobierno, reduciendo progresivamente las posibilidades de expresión de la disidencia, que no tiene cabida, por supuesto, en los ahora mayoría medios oficiales. Estas limitaciones se han materializado en materia de radio y televisión, con motivo de la aplicación de la Ley Orgánica de Telecomunicaciones de 2000 que exigió a las empresas de radio y televisión que tenían concesiones, autorizaciones y permisos de adaptarlas a la nueva Ley; y en particular, en mayo de 2007, con la decisión gubernamental de cerrar la empresa de televisión Radio Caracas Televisión (RCTV), al no renovar la concesión de uso del espectro radioeléctrico que tenía desde hace más de medio siglo.

En el caso, además, la Sala Constitucional del Tribunal Supremo de Justicia de Venezuela (sentencia nº 956 EXP: 07-0720 de 25-5-2007,) con la complicidad de la Sala Político Administrativa del mismo Tribunal (sentencia Nº 920, EXP: 07-0197 de 17-5-2007), en lugar de proteger los derechos constitucionales de la empresa, conspiraron, en su carácter de instrumentos controlados por el Poder Ejecutivo, para secuestrárselos y violárselos. El más alto nivel del Poder Judicial, así, avaló las arbitrariedades gubernamentales, cubriéndolas con un velo de judicialidad, aniquilando la libertad de expresión del pensamiento plural, y decretando impunemente la confiscación de bienes de propiedad privada; decisión ésta última, que ni siquiera el Ejecutivo o el Legislador hubieran podido haber tomado por prohibirlo la Constitución (art. 115).

---

98 *G. O.* Nº 38.081 de 7-12-2004.

99 Véase, Asdrúbal Aguiar, "Hacia el dominio estatal de la personalidad humana (Análisis crítico de la Ley de responsabilidad Social en radio y televisión o Ley de Contenidos de Venezuela", en el libro *Ley de responsabilidad Social en radio y televisión*, Editorial Jurídica Venezolana, FUNEDA, Caracas 2006, pp. 11 y ss.

Es decir, como la entidad que había creado el gobierno para sustituir la señal de RCTV no estaba en capacidad de transmitir efectivamente una señal de televisión con cobertura nacional, el juez constitucional decidió, de oficio, como si fuera gobierno arbitrario, confiscar los bienes de la empresa RCTV que cesaba en su actividad, asignándoselos "en uso temporal" indefinido y gratuito a la entidad oficial que comenzó a transmitir la señal de televisión en el mismo espacio radioeléctrico. Como lo indicó el único magistrado que salvó su voto a la decisión (Pedro Rafael Rondón Haaz), la misma implicó "la desposesión de todos los bienes indispensables para el ejercicio de la actividad económica de su preferencia de un tercero ajeno a la litis, sin límite, sin procedimiento y sin contraprestación alguna y sin siquiera llamarlo a juicio". Agregó el Magistrado disidente que con esa sentencia se había asignado a la Comisión Nacional de Telecomunicaciones "el derecho de uso de los equipos propiedad de RCTV -suerte de expropiación o, a lo menos, de ocupación previa con prescindencia absoluta del procedimiento aplicable- para acordar su uso "al operador que a tal efecto disponga", lo que implicó "la sustracción de un atributo del derecho de propiedad (el uso) de Radio Caracas Televisión RCTV C.A. sobre los bienes que fueron afectados, sin que se exprese ninguna fundamentación de naturaleza legal, la cual es la única fuente de limitación a la propiedad privada, siempre con los fundamentos que la Constitución Nacional preceptúa".

La libertad de expresión, por tanto, ha sido fuerte y progresivamente limitada en Venezuela y, con ello, las posibilidades de que se pueda ejercer un efectivo control de las actuaciones del Estado por parte de la opinión pública expresada y formulada mediante medios de comunicación plurales.

VI. LA GARANTÍA JUDICIAL EN EL ESTADO DE DERECHO PARA CONTROLAR EL PODER MEDIANTE RECURSOS JUDICIALES ANTE JUECES INDEPENDIENTES Y EL SOMETIMIENTO DEL PODER JUDICIAL EN EL ESTADO AUTORITARIO VENEZOLANO

Por último, en sexto lugar, en un Estado democrático de derecho, el instrumento por excelencia para poder realizar el control efectivo del ejercicio del poder del Estado para asegurar su sometimiento al derecho, es el control judicial que exige, ineludiblemente, que la autonomía e independencia del Poder Judicial en su conjunto y de los jueces en particular, esté garantizada. Sin estas últimas, simplemente no puede hablarse ni de Estado de derecho ni de posibilidad de control judicial del poder.

El principio de la independencia del Poder Judicial está declarado en el artículo 254 de la Constitución de 1999, el cual, además, establece cierta autonomía financiera del mismo, al disponer un porcentaje mínimo de orden presupuestario. Pero la base fundamental para asegurar la independencia y autonomía de los jueces, está en las normas relativas al ingreso a la carrera judicial y a la permanencia y estabilidad en los cargos. A tal efecto, en cuanto a la carrera judicial, de acuerdo con lo dispuesto en el artículo 255 de la Constitución, el ingreso a la misma y el ascenso de los jueces solo se debería hacer por concursos públicos de oposición que aseguren la idoneidad y excelencia de los participantes, debiendo la ley garantizar la participación ciudadana en el procedimiento de selección y designación de los jueces.

Por otra parte, la Constitución dispuso que los jueces sólo podían ser removidos o suspendidos de sus cargos mediante juicios disciplinarios llevados por jueces disciplinarios (art. 255), los cuales hasta 2007 no se habían ni regulado ni nombrado.

La consecuencia es que por la prolongación de la transitoriedad constitucional y del funcionamiento de la Comisión de Funcionamiento del Poder Judicial creada en 1999 por la Asamblea Constituyente, la importante jurisdicción disciplinaria aún no existe y peor aún, con la anuencia del propio Tribunal Supremo de Justicia el cual ha renunciado a asumir sus funciones constitucionales.

Es decir, lamentablemente, nada de lo que estableció la Constitución para asegurar la independencia y autonomía de los jueces se ha implementado, y en 2007 todavía no se habían realizado los concursos públicos, después de que en pocos años, a partir de 1999, se destituyeron a materialmente casi todos los jueces del país, y se nombraron a dedo para reemplazarlos, a jueces provisorios o temporales. En 2006, sin embargo, en lugar de los concursos, lo que se estableció fue un sistema de titulación de los jueces suplentes, sin concursos, en clara violación de la Constitución. Es decir, el sentido de las normas constitucionales, en la práctica política ha sido distorsionado o desconocido, mediante un proceso de intervención sistemática y continua del Poder Judicial, que comenzó con la que decretó la Asamblea Nacional Constituyente en 1999[100], y que ha continuado mediante la demolición de su autonomía.[101]

En efecto, desde que el Poder Judicial fue intervenido por la Asamblea Constituyente, se lo plagó de jueces provisorios sin estabilidad alguna en sus cargos, siendo por ello susceptibles de manipulación política. Esta trágica situación de la provisionalidad de los jueces con la consecuente notoria falta de independencia que afecta al sistema judicial en Venezuela, desde 2002 fue advertido por la Comisión Interamericana de Derechos Humanos en las *Observaciones Preliminares* formuladas el 10 de mayo de 2002[102], que formuló con motivo de su visita a Venezuela, señalando que: "luego de casi tres años de reorganización del Poder Judicial, un número significativo de los jueces tiene carácter provisorio, que oscila entre el 60 y el 90% según las distintas fuentes. Ello afecta la estabilidad, independencia y autonomía que debe regir a la judicatura"[103]; agregando que había sido: "informada que el problema de la provisionalidad de los jueces se ha profundizado y aumentado desde que el presente Gobierno inició un proceso de reestructuración judicial".[104]

En el antes citado *Informe Especial* sobre Venezuela del año 2003, esta la misma Comisión también expresó, que "un aspecto vinculado a la autonomía e independencia del Poder Judicial es el relativo al carácter provisorio de los jueces en el sistema judicial de Venezuela. Actualmente, la información proporcionada por las distintas fuentes indica que más del 80% de los jueces venezolanos son "provisionales".[105]

---

100 Véase nuestro voto salvado a la intervención del Poder Judicial por la Asamblea Nacional Constituyente en Allan R. Brewer-Carías, *Debate Constituyente, (Aportes a la Asamblea Nacional Constituyente)*, Tomo I, (8 agosto-8 septiembre), Caracas 1999; y las críticas formuladas a ese proceso en Allan R. Brewer-Carías, *Golpe de Estado y proceso constituyente en Venezuela,* Universidad Nacional Autónoma de México, México 2002.

101 Véase Allan R. Brewer-Carías, "La progresiva y sistemática demolición de la autonomía en independencia del Poder Judicial en Venezuela (1999-2004)", en *XXX Jornadas J.M Domínguez Escovar, Estado de derecho, Administración de justicia y derechos humanos,* Instituto de Estudios Jurídicos del Estado Lara, Barquisimeto, 2005, pp. 33-174.

102 Véase "Comunicado de Prensa" de 10-05-2000, en *El Universal*, Caracas 11-5-2002

103 *Idem*, párrafo 30.

104 *Idem*, párrafo 31

105 *Informe sobre la Situación de los Derechos Humanos en Venezuela 2003, cit.* párr. 161.

En todo caso, después de siete años de vigencia de la Constitución, aún no se había establecido la jurisdicción disciplinaria de los jueces que exige la Constitución (artículos 254 y 267) tendiente a garantizar su sola remoción mediante juicios disciplinarios, por jueces disciplinarios, por lo que con la anuencia del propio Tribunal Supremo ha continuando en funcionamiento una "transitoria" Comisión de Reorganización del Poder Judicial (creada en 1999), que ha removido a los jueces sin debido proceso, y ha dado pie a la instauración de los mencionados jueces provisorios.

El resultado ha sido, como la mencionada Comisión Interamericana de Derechos Humanos también lo registró en su informe sobre la situación de los derechos humanos en Venezuela contenido en el Capítulo IV del *Informe* que rindió ante la Asamblea General de la OEA en 2006, que los "casos de destituciones, sustituciones y otro tipo de medidas que, en razón de la provisionalidad y los procesos de reforma, han generado dificultades para una plena vigencia de la independencia judicial en Venezuela."[106]; destacando aquellas "destituciones y sustituciones que son señaladas como represalias por la toma de decisiones contrarias al Gobierno" [107]; concluyendo que para 2005, según cifras oficiales, "el 18,30% de las juezas y jueces son titulares y 81,70% están en condiciones de provisionalidad"[108].

Lo más grave de esta irregular situación, es que en 2006 se ha pretendido solventar el problema de la provisionalidad a través de un "Programa Especial para la Regularización de la Titularidad" dirigido a los jueces accidentales, temporales o provisorios, con un lapso mayor a tres meses en el ejercicio de la función judicial. Semejante programa burla el sistema de ingreso a la función judicial que constitucionalmente sólo puede ocurrir mediante concursos públicos de oposición (artículo 255), pues se limita a una evaluación de los jueces provisorios, sin concurso ni competencia algunos, de modo que más que a "regularizar" lo que tiende es a consolidar los efectos de los nombramientos "a dedo" provisionales, y su consecuente dependencia del poder.

Por otra parte, en cuanto a los Magistrados del Tribunal Supremo de Justicia, como se ha dicho, la Constitución de 1999 creó el Comité de Postulaciones Judiciales (art. 270), como un órgano asesor del Poder Judicial para la selección de los candidatos a Magistrados (art. 264); el cual también debía asesorar a los colegios electorales judiciales para la elección de los jueces de la jurisdicción disciplinaria. Este Comité debía haber estado integrado por representantes de los diferentes sectores de la sociedad, pero la Ley Orgánica del Tribunal Supremo de Justicia de 2004, lo que reguló fue una Comisión parlamentaria ampliada, controlada por el Parlamento, burlando la disposición constitucional[109].

Las actuaciones al margen de la Constitución comenzaron en esta materia en 1999, con el nombramiento "transitorio" de los nuevos Magistrados del Tribunal Supremo de Justicia por la Asamblea Constituyente sin cumplirse los requisitos constitucionales que imponían la necesaria participación de la sociedad civil en los nombramientos. En esa forma, las previsiones constitucionales sobre condiciones

106 *Idem*, párrafo 291.

107 *Idem*, párrafos 295 y ss.

108 *Idem*, párrafo 292.

109 Véase los comentarios en Allan R. Brewer-Carías, *Ley Orgánica del Tribunal Supremo de Justicia*, Editorial Jurídica Venezolana, Caracas 200, pp. 32 ss.

para ser magistrado y los procedimientos para su designación con participación de los sectores de la sociedad, se violaron desde el inicio, continuándose luego las violaciones por la Asamblea Nacional en 2000 al hacer las primeras designaciones conforme a una "Ley especial" sancionada para efectuarlas transitoriamente, con contenido completamente al margen de las exigencias constitucionales.

Después vino, como se dijo, la reforma de la Ley Orgánica del Tribunal Supremo de Justicia de 2004, aprobada en medio de una amplia discusión y cuestionamiento respecto de la mayoría calificada que se requería por la Constitución, por tratarse de una ley orgánica. La reforma aumentó el número de Magistrados de 20 a 32, que fueron elegidos por la Asamblea Nacional, en un procedimiento enteramente dominado por el Presidente de la República, al punto de que en víspera de los nombramientos, el entonces Presidente de la Comisión parlamentaria encargada de escoger los candidatos a Magistrados del Tribunal Supremo[110], declaró a la prensa que:

> "Si bien los diputados tenemos la potestad de esta escogencia, el Presidente de la República fue consultado **y su opinión fue tenida muy en cuenta.**"(Resaltado añadido). Agregó: "**Vamos a estar claros, nosotros no nos vamos a meter autogoles**. En la lista había gente de la oposición que cumple con todos los requisitos. La oposición hubiera podido usarlos para llegar a un acuerdo en las últimas sesiones, pero no quisieron. Así que nosotros no lo vamos a hacer por ellos. **En el grupo de los postulados no hay nadie que vaya a actuar contra nosotros** y, así sea en una sesión de 10 horas, lo aprobaremos."[111]

Con razón, la Comisión Interamericana de Derechos Humanos indicó en su *Informe* a la Asamblea General de la OEA correspondiente a 2004 que "estas normas de la Ley Orgánica del Tribunal Supremo de Justicia habrían facilitado que el Poder Ejecutivo manipulara el proceso de elección de magistrados llevado a cabo durante 2004."[112]

Por otra parte, en cuanto a la estabilidad de los Magistrados del Tribunal Supremo de Justicia, el artículo 265 de la Constitución dispuso que los mismos podían ser removidos por la Asamblea Nacional mediante una mayoría calificada de las dos terceras partes de sus integrantes, previa audiencia concedida al interesado, en caso de faltas graves calificadas por el Poder Ciudadano. Con esta disposición, la autonomía e independencia de los magistrados, puede decirse que desapareció, conformando una vía de injerencia no conveniente ni aceptable de la instancia política del Poder en relación con la administración de Justicia. Con ello, es la Asamblea Nacional la que ejerce un control político sobre los Magistrados del Tribunal Supremo, quienes están advertidos de que siempre pueden ser investigados y removidos incluso hasta con el voto de la mayoría absoluta de los diputados, como inconstitucionalmente se estableció en la Ley Orgánica del Tribunal Supremo de Justicia en 2004, en evidente fraude a la Constitución[113]. Ello provocó la destitución o "jubila-

---

110 El diputado Pedro Carreño, quien en enero de 2007 fue luego designado Ministro del Interior y de Justicia.

111 Véase en *El Nacional*, Caracas, 13-12-2004.

112 Comisión Interamericana de Derechos Humanos, *Informe sobre Venezuela 2004*, párrafo 180

113 Véase los comentarios en Allan R. Brewer-Carías, *Ley Orgánica del Tribunal Supremo de Justicia*, Editorial Jurídica venezolana, Caracas 200, pp. 41 ss.

ción" de los Magistrados que osaron no seguir la línea gubernamental[114], con lo cual el gobierno asumió un control absoluto del Tribunal Supremo de Justicia en general, y de cada una de sus Salas en particular, especialmente de la Sala Constitucional.

En esta forma, en Venezuela se ha configurado un Tribunal Supremo de Justicia altamente politizado y sujeto a la voluntad del Presidente de la República, que ha eliminado en la práctica toda la autonomía del Poder Judicial y el propio postulado de la separación de los poderes, como piedra angular del Estado de Derecho y de la vigencia de las instituciones democráticas; y ha eliminado toda posibilidad de control judicial efectivo del poder por parte de los ciudadanos. El propio Presidente de la República se ha encargado de decir cómo es que tiene que funcionar el Tribunal Supremo, consultando previamente al jefe de Estado, cuando al referirse a una sentencia de la Sala Constitucional muy criticada, en la cual reformó de oficio una norma de la Ley del Impuesto sobre la renta, simplemente dijo:

> "Muchas veces llegan, viene el Gobierno Nacional Revolucionario y quiere tomar una decisión contra algo por ejemplo que tiene que ver o que tiene que pasar por decisiones judiciales y ellos empiezan a moverse en contrario a la sombra, y muchas veces logran neutralizar decisiones de la Revolución a través de un juez, o de un tribunal, o **hasta en el mismísimo Tribunal Supremo de Justicia, a espaldas del líder de la Revolución**, actuando por dentro contra la Revolución. Eso es, repito, traición al pueblo, traición a la Revolución"[115]

Este sometimiento del Tribunal Supremo a la voluntad del Ejecutivo Nacional, es catastrófica en relación a le autonomía e independencia del Poder Judicial, particularmente si se tiene en cuenta, además, que dicho Tribunal ejerce el gobierno y administración de todo el Poder judicial. Debe recordarse que la Constitución de 1999 eliminó al antiguo Consejo de la Judicatura que era el órgano que desde 1961 administraba el Poder Judicial, y en su lugar, el Tribunal Supremo de Justicia pasó a ser la institución que constitucionalmente domina enteramente el sistema judicial venezolano, en particular en lo que se refiere al nombramiento y remoción de los jueces, cuya inestabilidad avalada y promovida por el mismo Tribunal Supremo, y el nombramiento de los jueces sin el concurso público que exige la Constitución, es el componente esencial de la sujeción política de los tribunales venezolanos.

Todo ello ha alienado al Poder Judicial de su función fundamental de servir de instrumento de control de las actividades de los otros órganos del Estado para asegurar su sometimiento a la ley.

---

114 Fue el caso, por ejemplo, del Magistrado Franklin Arrieche, Vice Presidente del Tribunal Supremo de Justicia, quien fue Ponente de la sentencia de la Sala Plena Accidental de 14-08-2002 que decidió el antejuicio de mérito a los generales que actuaron el 12 de abril de 2002, declarando que no había mérito para enjuiciarlos porque en esa ocasión no había ocurrido un golpe militar sino un vacío de poder; y de los Magistrados Alberto Martini Urdaneta, Presidente de la Sala Electoral y Rafael Hernández y Orlando Gravina, Magistrados de la misma Sala, quienes suscribieron la sentencia de fecha sentencia Nº 24 del 15-03-2004 (Caso: *Julio Borges, César Pérez Vivas, Henry Ramos Allup, Jorge Sucre Castillo, Ramón José Medina y Gerardo Blyde vs. Consejo Nacional Electoral*), que suspendió los efectos de la Resolución Nº 040302-131 de 02-03-2004, del Consejo Nacional Electoral que en su momento impidió la realización del referendo revocatorio presidencial.

115 Discurso del Presidente de la Republica en el Primer Evento con propulsores del Partido Socialista Unido de Venezuela, Teatro Teresa Carreño, Caracas 24 marzo 2007.

APRECIACIÓN FINAL

Para que exista un Estado constitucional y democrático de derecho es evidente que no bastan las declaraciones contenidas en los textos constitucionales que hablen de la división o separación horizontal del Poder Público, ni de su distribución vertical o territorial del poder público, de manera que los diversos poderes del Estado puedan limitarse mutuamente; así como tampoco bastan las declaraciones que se refieran a la posibilidad de los ciudadanos de controlar el poder del Estado, mediante elecciones libres y justas que garanticen la alternabilidad republicana; mediante un sistema de partidos que permita el libre juego del pluralismo democrático; mediante la libre manifestación y expresión del pensamiento y de la información que movilice la opinión pública; y mediante el ejercicio de recursos judiciales ante jueces independientes que permitan asegurar la vigencia de los derechos humanos y el sometimiento del Estado al derecho. Tampoco bastan las declaraciones constitucionales sobre la "democracia participativa y protagónica" o la descentralización del Estado; así como tampoco la declaración extensa de derechos humanos.

Además de las declaraciones, es necesaria la voluntad política para su implementación en la práctica de manera que sirvan para que en democracia, se pueda efectivamente controlar el poder, como única forma de garantizar la vigencia del Estado de derecho, y el ejercicio real de los derechos humanos.

Como hemos visto, en Venezuela, lamentablemente nada de ello se ha implementado, y al contrario, en fraude continuo a la Constitución efectuado por el Legislador y por el Tribunal Supremo de Justicia, guiados por el Poder Ejecutivo, a pesar de las excelentes normas constitucionales, en contra de las mismas se ha venido estructurando un Estado autoritario que ha aniquilado toda posibilidad de control del ejercicio del poder.

Y ello, ahora, en 2007, se pretende consolidar mediante unas Propuestas de reforma constitucional, que buscarían establecer un Estado centralizado, socialista y policial, mediante un sistema de organización de un Poder Único, denominado del Poder Popular o del Poder Comunal (Estado comunal o Estado socialista), completamente concentrado y centralizado, y conducido políticamente por el Presidente de la República mediante un Partido Único que preside. Y ambos, el Poder Popular y el Partido Único, con el objeto de imponer "la dictadura de la democracia" [116], tal como lo anunció el Vicepresidente de la República en enero de 2007; lo que es la propia negación de la democracia, pues en ella no puede haber ningún tipo de dictadura.

---

116 El Vicepresidente de la República, Jorge Rodríguez, expresó en enero de 2007: "Claro que queremos instaurar una dictadura, la **dictadura de la democracia verdadera** y la democracia es la dictadura de todos, ustedes y nosotros juntos, construyendo un país diferente. Claro que queremos que esta **dictadura de la democracia** se instaure para siempre", en El *Nacional*, Caracas 01-02-2007, p. A-2.

TERCERA PARTE:

EL PRINCIPIO DE LA SEPARACIÓN DE PODERES EN LA PRÁCTICA POLÍTICA VENEZOLANA

Texto del Prólogo escrito para el libro de Gustavo Tarre Briceño, *Solo el poder detiene al poder. La teoría de la separación de los poderes y su aplicación en Venezuela, Caracas 2014*; que tuvo su origen en el estudio sobre "El principio de la separación de poderes como elemento esencial de la democracia y de la libertad, y su demolición en Venezuela mediante la sujeción política del tribunal supremo de justicia," publicado en *Revista Iberoamericana de Derecho Administrativo. Homenaje a Luciano Parejo Alfonso,* Año 12, Nº 12, Asociación e Instituto Iberoamericano de Derecho Administrativo Prof. Jesús González Pérez, San José, Costa Rica 2012, pp. 31-43.

Como bien lo apunta el profesor Tarre en su libro, el principio de la separación de poderes se adoptó formalmente en el constitucionalismo venezolano, en el texto de la Constitución Federal de los Estados de Venezuela del 21 de diciembre de 1811[117] que, como sabemos, fue la primera Constitución republicana del mundo moderno después de la Constitución norteamericana de 1787 y de la Constitución francesa de 1791. En ella se expresó el principio, indicándose en el preámbulo o preliminar del texto, con toda precisión, que el ejercicio de la autoridad confiada a la Confederación "no podrá jamás hallarse reunido en sus diversas funciones" por lo que, en consecuencia, "El Poder Supremo debe estar dividido en Legislativo, Ejecutivo y Judicial, y confiado a distintos Cuerpos independientes entre sí y en sus respectivas facultades".

Además, en el artículo 189 de la misma Constitución se insistió en el mismo principio al expresar que:

> Los tres Departamentos esenciales del Gobierno, a saber: el Legislativo, el Ejecutivo y el Judicial, es preciso que se conserven tan separados e independientes el uno del otro cuanto lo exija la naturaleza de un gobierno libre, lo que es conveniente con la cadena de conexión que liga toda fábrica de la Constitución en un modo indisoluble de Amistad y Unión.

Sin duda, las enseñanzas del barón de Montesquieu, a las cuales Tarre dedica parte de sus reflexiones, no podían haber sido recogidas tan nítidamente, lo que incluso ya había ocurrido antes de la sanción de la Constitución, en las mismas antiguas provincias de la Capitanía General de la República de España, cuando después de la revolución del 19 de abril de 1810, y de efectuada la elección de los diputados al Congreso General de las Provincias, al instalarse el Congreso el día 5 de marzo de

117 Véase el texto en Allan R. Brewer-Carías *Las Constituciones de Venezuela,* Madrid, 1985, pp. 181 a 205. Además, en *La Constitución Federal de Venezuela de 1811 y documentos afines,* Biblioteca de la Academia Nacional de la Historia, Caracas, 1959.

1811, que debía sustituir a la Junta Suprema de Caracas que había gobernado durante un año las provincias, se adoptó formalmente el mismo principio para organizar el nuevo gobierno, cuando el Congreso acordó reservarse el Poder Legislativo; designando a tres ciudadanos para ejercer el Poder Ejecutivo Nacional, que debían turnarse en la presidencia por períodos semanales; y constituyendo, además, una Alta Corte de Justicia para el ejercicio del Poder Judicial.

Un año antes, por otra parte, el principio también se había adoptado en Cádiz, el mismo día de la instalación de las Cortes Generales en la Isla de León el 24 de septiembre de 1810, formadas por diputados integrados en un solo cuerpo, abandonándose la antigua división en estamentos.[118] En dicha sesión de instalación, se afirmó que "no conviniendo queden reunidos el Poder Legislativo, el Ejecutivo y el Judiciario", las Cortes Generales también procedieron a reservarse el ejercicio del Poder Legislativo, y atribuyeron al Consejo de Regencia el ejercicio del Poder Ejecutivo.[119] El principio, por supuesto, también se recogió en la Constitución de Cádiz del 18 de marzo de 1812, al distribuir las potestades: la potestad de hacer las leyes a las Cortes con el rey (art. 15); la potestad de hacer ejecutar las leyes, al rey (art. 16); y la potestad de aplicar las leyes, a los tribunales (art. 17).

Con estas disposiciones, en paralelo, tanto España como Venezuela, desde el inicio, ingresaron en las corrientes del constitucionalismo moderno que derivaron de las revoluciones americana y francesa del siglo XVIII,[120] siguiendo las enseñanzas de los grandes pensadores que influyeron en las mismas que, con toda precisión, destaca el profesor Tarre, y que se reflejaron en la Declaración de los Derechos del Hombre y del Ciudadano de 1789, en cuyo artículo XVI -y siempre es bueno recordarlo- quedó asentada la máxima de que "Toda sociedad en la cual la garantía de los derechos no esté asegurada, ni la separación de poderes determinada, no tiene Constitución".

De este principio, inspirado, entre otros, en las reflexiones del barón de Montesquieu sobre la Constitución inglesa del siglo XVII,[121] en todas las Constituciones modernas derivó, no solo un principio que es esencial en la organización de los propios Estados,[122] sino fundamentalmente, con posterioridad y como fue evolucionan-

---

118 Véase en Rafael M. de Labra y Martínez, *Los presidentes americanos de las Cortes de Cádiz*, Madrid, 1912 (Reedición Congreso de Diputados), p. 31.

119 Véase Eduardo Roca Roca, *América en el ordenamiento jurídico de las Cortes de Cádiz,* Granada 1986, p. 193; y J. F. Blanco y R. Azpúrua, *Documentos para la historia de la vida pública del Libertador de Colombia, Perú y Bolivia. Puestos por orden cronológico y con adiciones y notas que la ilustran*, La Opinión Nacional, vol. III, Caracas, 1877, edición facsimilar: Ediciones de la Presidencia de la República, Caracas, 1977, 1983, tomo II, pp. 657.

120 Véase en general Allan R. Brewer-Carías, *Reflexiones sobre la Revolución americana (1776) y la Revolución francesa (1789) y sus aportes al constitucionalismo moderno,* Caracas, 1991. Una segunda edición ampliada de este libro se publicó como *Reflexiones sobre la Revolución norteamericana (1776), la Revolución francesa (1789) y la Revolución hispanoamericana (1810-1830) y sus aportes al constitucionalismo moderno*, Serie Derecho Administrativo N° 2, Universidad Externado de Colombia, Editorial Jurídica Venezolana, Bogotá, 2008.

121 *De l'Espirit des Lois* (ed. G. Tunc), París, 1949, vol. I, libro XI, cáp. IV, pp. 162-163.

122 Véase en general, Manuel García-Pelayo, "La división de poderes y la Constitución Venezolana de 1961", en *Libro homenaje a Rafael Caldera: Estudios sobre la Constitución*, tomo III, Facultad de Ciencias Jurídicas y Políticas, Universidad Central de Venezuela, Caracas 1979, pp. 1403 y 1420; Hildegard Rondón de Sansó, "La separación de los poderes en Venezuela", en *Libro homenaje a Rafael Caldera:*

do el Estado moderno, en un principio esencial de la propia democracia y, con ella, de la libertad.[123]

Sobre el mismo es que queremos hacer algunas reflexiones adicionales a las que nos hace el profesor Tarre, motivadas por lo que nos dice en su libro, referidas en particular a la tradición jurisprudencial de la aplicación del principio, y de cómo el mismo fue demolido cuando el garante del mismo que es el supuestamente más débil de los poderes del Estado, el Poder Judicial, fue sometido por el poder político y puesto al servicio del autoritarismo.

I. LA TRADICIÓN JURISPRUDENCIAL SOBRE EL PRINCIPIO DE LA SEPARACIÓN DE PODERES COMO TÉCNICA DE ORGANIZACIÓN DEL ESTADO Y EL TEMA DE LAS FUNCIONES DEL ESTADO

El principio de la separación de poderes, en efecto, en tiempos contemporáneos, siempre ha sido valorado por la jurisprudencia constitucional de Venezuela, y no solo como técnica de organización del Estado, a pesar de que más recientemente se lo haya querido reducir a esto último.[124] Por ejemplo, en una sentencia relativamente reciente, la Nº 1368, del 13 de agosto de 2008, la Sala Constitucional del Tribunal Supremo de Justicia, al declarar sin lugar una acción que se había intentado contra un decreto presidencial de 1984 concediendo un indulto (acto de gobierno), luego de analizar el vicio de "usurpación de funciones" que el fiscal general de la República le había imputado al mismo por considerar que el Poder Ejecutivo no había respetado "la separación de funciones" establecida en la Constitución (artículos 117, 118 y 119, Constitución de 1961; y artículos 136, 137 y 138 de la Constitución de 1999), definió lo que consideró los siguientes "tres principios básicos sobre los cuales se sustenta el ordenamiento jurídico constitucional":

> a) El de competencia, que actúa como un instrumento ordenador del ejercicio del poder una vez que éste es legitimado; b) El de separación de poderes, dejando a salvo la necesaria coordinación entre los mismos, así como el ejercicio de ciertas funciones que no siéndoles esenciales les cumple realizar naturalmente, con base al cual funciona un mecanismo de balance en la división del poder y de mutuos controles o contrapesos entre los órganos que lo ejercen; y c) El principio de ejercicio del poder bajo la ley, elemento esencial del Estado de Derecho y del sistema democrático, conforme al cual son excluidas la autocracia y la arbitrariedad (sentencia Nº 457/2001, del 5 de abril).[125]

Sobre estos principios que la Sala calificó como "fundamentales al Estado de Derecho", y en particular sobre el segundo, la Sala constató que "exigen la distribución de funciones entre diversos órganos y la actuación de éstos con referencia a normas prefijadas, ya sea como un modo de interdicción de la arbitrariedad o como meca-

---

Estudios sobre la Constitución, tomo III, Facultad de Ciencias Jurídicas y Políticas, Universidad Central de Venezuela, Caracas 1979, pp. 1369-1403.

123 Véase Allan R. Brewer-Carías, *Los principios fundamentales del derecho público (Constitucional y Administrativo)*, Editorial Jurídica Venezolana, Caracas, 2005, pp. 67 y ss.

124 Véase en general Allan R. Brewer-Carías, "Sobre la mutación del principio de la separación de poderes en la jurisprudencia constitucional", en *Revista de Derecho Público*, Nº 132 (octubre- diciembre 2012), Editorial Jurídica Venezolana, Caracas, 2012, pp. 201-213.

125 Véase en http://www.tsj.gov.ve/decisiones/scon/Agosto/1368-130808-01-2503.htm

nismos de eficiencia en el cumplimiento de los cometidos del Estado (sentencia N° 457/2001, del 5 de abril)"; pero considerando sin embargo, sin duda erradamente, que "*la división del poder no es un principio ideológico*, propio de la democracia liberal, sino un principio técnico del cual depende la vigencia de la seguridad jurídica como valor fundante del derecho y como proyecto de regulación de la conducta social (sentencia N° 1309/2001, del 19 de julio)".

El principio sin duda que sí es un principio ideológico de la democracia liberal, y el hecho de ser además un principio o técnica de organización del Estado no autoriza a la Sala el tratar de "desideologizarlo" buscando poner de lado el significado del principio como un valor esencial de la democracia y la libertad. Son dos planos que son esenciales.

Bajo el ángulo de técnica de organización del Estado, en efecto, se trata de la que origina la división horizontal o separación orgánica de poderes,[126] en órganos independientes y autónomos entre sí, y que ejercen las diversas ramas del Poder Público, las cuales, conforme a la Constitución de 1999, son las ramas: Legislativa, Ejecutiva, Judicial, Ciudadana y Electoral, cada una, además, realizando sus propias funciones.

Bajo este ángulo, al adoptar esta penta separación de poderes, la Constitución vigente, como bien lo observa el profesor Tarre en su libro, abandonó la otrora clásica división del poder entre las ramas Legislativa, Ejecutiva y Judicial, la cual, por lo demás, ya se había roto en el constitucionalismo moderno desde el siglo XX, de manera que, en general, el Poder Público se ejercía, además de por los órganos que componían las tres clásicas ramas, por otra serie de órganos que progresivamente habían sido constitucionalizados y dotados de autonomía funcional (Contraloría General de la República, Ministerio Público, Consejo Supremo Electoral), y que en el caso de Venezuela, en 1999 se erigieron como ramas formales del Poder Público.[127] Es el caso del Poder Ciudadano, que integra los ya clásicos órganos constitucionales de control (art. 273), como la Contraloría General de la República (art. 267); el Ministerio Público (art. 284) y la Defensoría del Pueblo (art. 280); y del Poder Electoral, que ejerce el Consejo Nacional Electoral (art. 293). En la Constitución de 1999, en todo caso, se eliminó el Consejo de la Judicatura, que también era un órgano constitucional con autonomía funcional, atribuyéndose las funciones de gobierno y administración de la rama judicial al Tribunal Supremo de Justicia (art. 267).

Por otra parte, la separación orgánica de poderes, particularmente en cuanto a las relaciones entre los mismos a los efectos de la conducción política de la sociedad,

---

126 Véase en general, Manuel García-Pelayo, "La división de poderes y la Constitución Venezolana de 1961", en *Libro homenaje a Rafael Caldera: Estudios sobre la Constitución*, tomo III, Facultad de Ciencias Jurídicas y Políticas, Universidad Central de Venezuela, Caracas, 1979, pp. 1403 y 1420; Hildegard Rondón de Sansó, "La separación de los poderes en Venezuela", en *Libro homenaje a Rafael Caldera: Estudios sobre la Constitución*, tomo III, Facultad de Ciencias Jurídicas y Políticas, Universidad Central de Venezuela, Caracas, 1979, pp. 1369-1403.

127 Conforme lo ha señalado la sentencia N° 3098 de la Sala Constitucional (Caso: *nulidad artículos Ley Orgánica de la Justicia de Paz*) de 13 de diciembre de 2004, la "redistribución orgánica del Poder Público" que establece la Constitución obedece, "según la Exposición de Motivos de la Constitución de 1999, a la necesidad de otorgar independencia y autonomía funcional a los órganos que están encargados de desarrollar determinadas competencias, especialmente las de ejecución de "*procesos electorales, así como el de la función contralora y la defensa de los derechos humanos*". Véase en *Gaceta Oficial* N° 38.120 de 2 de febrero de 2005.

dio origen y configuró el sistema presidencial de gobierno, pero con una desmedida sujeción y distorsión parlamentaria que, al menos en la Constitución de 1999, hace que si el presidente no controla políticamente la Asamblea, el sistema de gobierno es difícil que pueda funcionar.[128]

En todo caso, como también lo destaca el profesor Tarre en su obra, el principio de la separación de poderes como instrumento de organización del Estado no es de manera alguna rígido, sino que responde a cierto grado de flexibilidad, tal como lo señaló la antigua Corte Suprema de Justicia en 1953, al señalar que:

> ... si bien cada uno de ellos tiene definida su propia esfera de acción: el Legislativo, para dictar la ley, reformarla y revocarla; el Ejecutivo, para ejecutarla y velar por su cumplimiento; y el Judicial, para interpretarla, y darle aplicación en los conflictos surgidos, la demarcación de la línea divisoria entre ellos no es excluyente, ya que en muchos casos esos poderes ejercen funciones de naturaleza distinta de las que privativamente le están atribuidas.[129]

El principio, ciertamente, impide a unos órganos invadir las competencias propias de otro,[130] pero no les impide ejercer funciones de naturaleza similar a las de otros órganos.

La antigua Corte Suprema de Justicia, en este sentido, diez años después, en 1963, en una sentencia que menciona el profesor Tarre en su libro, inclusive fue aún más clara y terminante sobre el tema de la relación entre poderes y funciones del Estado al señalar que:

> Lejos de ser absoluto el principio de la separación de los poderes, la doctrina reconoce y señala el carácter complementario de los diversos organismos a través de los cuales el Estado ejerce sus funciones; de suerte que unos y otros, según las atribuciones que respectivamente les señalan las leyes, realizan eventualmente actos de índole distinta a las que por su naturaleza les incumbe. [...] La doctrina establece que la división de poderes no coincide plenamente con la separación de funciones, pues corrientemente se asignan al Poder Legislativo potestades típicamente administrativas y aun jurisdiccionales y al Poder judicial funciones administrativas, como en el caso del nombramiento de jueces que hace este mismo tribunal y de la firma de libros de comercio o de registro civil que hacen los jueces de instancia; y a la inversa, se atribuyen al Poder Ejecutivo, funciones legislativas como la reglamentación, parcial o total de las leyes, sin alterar su espíritu, propósito o razón, que

---

128 Quizás por ello en la Exposición de Motivos de la Constitución se calificó el sistema de gobierno en la Constitución, en nuestro criterio incorrectamente como un "sistema semipresidencial". Véase en Allan R. Brewer-Carías, *La Constitución de 1999. Derecho Constitucional Venezolano*, Editorial Jurídica Venezolana, Caracas, 2004, tomo I, pp. 437 y ss. y tomo II, p. 1146.

129 Véase la sentencia de la antigua Corte Federal de 19 de junio de 1953 en *Gaceta Forense*, N° 1, Caracas, 1953, p. 77. En otra sentencia, al referirse a las funciones estatales, la Corte las diferenció así: "No realiza una función creadora dentro del ordenamiento jurídico, que es la función legislativa, ni conoce ni decide acerca de las pretensiones que una parte esgrime frente a la otra, que es la función judicial; sino que es sujeto de derecho, titular de intereses, agente propio de la *función administrativa*". Véase Sentencia de 18 de julio de 1963 de la antigua Corte Suprema de Justicia en Sala Político Administrativa, en *Gaceta Forense*, N° 41, Caracas 1963, p. 116.

130 Véase Sentencia de la antigua Corte Federal y de Casación en Corte Plena de 26 de mayo de 1951 en *Gaceta Forense*, N° 8, Caracas, 1952, p. 114 y Sentencia de la antigua Corte Suprema de Justicia en Corte Plena de 12 de junio de 1968 en publicación del Senado de la República, 1968, p. 201.

es considerada como el ejemplo más típico de la actividad legislativa del Poder Ejecutivo, por mandato del numeral 10 del artículo 190 de la Constitución Nacional; toda vez que el Reglamento es norma jurídica de carácter general dictado por la Administración Pública para su aplicación a todos los sujetos de derecho y en todos los casos que caigan dentro de sus supuestos de hecho. En otros casos la autoridad administrativa imparte justicia, decide una controversia entre partes litigantes en forma similar a como lo hace la autoridad judicial.[131]

De acuerdo con esta doctrina, que siempre hemos compartido, entonces, la separación de poderes como principio de organización del Estado ha de entenderse en el sistema venezolano, en *primer lugar*, como una separación orgánica entre los órganos de cada rama del Poder Público; y en *segundo lugar*, como una asignación de funciones propias a cada uno de dichos órganos; pero nunca como una separación de funciones atribuidas con carácter exclusivo a los diversos órganos. Al contrario, además de sus funciones propias, los órganos del Estado realizan funciones que por su naturaleza son semejantes a las funciones asignadas a otros órganos. En otras palabras, mediante este principio se reserva a ciertos órganos el ejercer una función en una forma determinada (funciones propias), lo que no excluye la posibilidad de que otros órganos ejerzan esa función en otra forma.

Por tanto, de acuerdo con lo establecido en el artículo 136 de la Constitución, la asignación de funciones propias a los órganos que ejercen los Poderes Públicos no implica que cada uno de los órganos del Estado siempre tenga el ejercicio exclusivo de alguna función estatal específica. Tal como lo reconoció la Sala Constitucional del Tribunal Supremo de Justicia en sentencia N° 3098 de 13 de diciembre de 2004 (Caso: *Nulidad de artículos de la Ley Orgánica de la Justicia de Paz*):

> No escapa a la Sala que, tal como argumentó en este juicio la representación de la Asamblea Nacional, el principio de separación de poderes que recoge el artículo 136 de nuestro Texto Fundamental, de idéntica manera a como lo establecía el artículo 118 de la Constitución de 1961, no implica, ni mucho menos, una división rígida de órganos y funciones, sino que, como la misma norma predica, "cada una de las ramas del Poder Público tiene sus funciones propias, pero los órganos a los que incumbe su ejercicio colaborarán entre sí en la realización de los fines del Estado".
>
> Principio de colaboración de los Poderes Públicos que lleva a un control mutuo entre poderes y, en definitiva, admite, hasta cierto punto, una confusión funcional entre ellos, es decir, que cada una de las ramas del Poder Público puede ejercer excepcionalmente competencias que, por su naturaleza, corresponderían, en principio, a las otras y de allí que la Administración Pública cuente con potestades normativas (v. gr. la potestad reglamentaria) y jurisdiccionales (v. gr. resolución de conflictos entre particulares) y los órganos deliberantes y judiciales cumplan ciertas funciones típicamente administrativas (v. gr. la organización interna de sus dependencias y la potestad disciplinaria respecto de sus funcionarios, entre otras).[132]

131 Esta doctrina fue establecida en Sentencia de la antigua Corte Suprema de Justicia en Sala Político Administrativa de 18 de julio de 1963 en *Gaceta Forense* N° 41, Caracas, 1963, pp. 116 y 117, y ratificados por la misma Corte y Sala en Sentencias de 27 de mayo de 1968 en *Gaceta Forense* N° 60, Caracas 1969, pp. 115 a 118, y de 9 de julio de 1969 en *Gaceta Forense* N° 65, Caracas, 1969, pp. 70 a 74.

132 Sentencia N° 3098 de la Sala Constitucional (Caso: *nulidad artículos Ley Orgánica de la Justicia de Paz*) de 13 de diciembre de 2004, en *Gaceta Oficial* N° 38.120 de 2 de febrero de 2005.

La Sala Constitucional ha seguido considerando el principio de la separación de poderes en esta vertiente de principio de organización del Estado como uno de los principios tradicionales del derecho público venezolano[133] al afirmar, en 2009, que el constituyente de 1999:

> ... ha ensayado una distribución del Poder Público en niveles político-territoriales, así como una división en cada nivel. Esta distribución y división se cumplen mediante una asignación de tareas de diverso orden. Hay, por supuesto, potestades (legislar o resolver conflictos mediante actos con autoridad de cosa juzgada), tareas (satisfacer en lo concreto necesidades públicas), fines (denunciar la violación de derechos fundamentales), que caracterizan a dichos conjuntos de órganos. Pero ello no debe confundir al estudioso o al intérprete. En algunos casos, los efectos del acto que se emite sólo son propios de un grupo de órganos (la cosa juzgada); en otros la potestad es exclusiva (dirigir las relaciones exteriores de la República); y en no menor medida, la potestad es de uso común, aunque puede darse el caso que domine las tareas de un órgano en particular (por ejemplo, el control de la Administración Pública que comparten tanto la Asamblea Nacional como la Contraloría General de la República). Pero de lo que no caben dudas es [de] que todos los Poderes, según el caso, comparten mecanismos, instrumentos, métodos y fines. El Poder Legislativo nacional no sólo legisla, sino que también controla, con lo cual se acerca a la función contralora y a la judicial al mismo tiempo (art. 187.3); interviene en la discusión y aprobación del presupuesto, lo que ha sido catalogado como una tarea propia de la Administración (187.6), e interviene en el proceso judicial de destitución del Presidente de la República (art. 266.2). El Presidente de la República debe regular el ejercicio del derecho que se restrinja mediante decretos de estado de excepción (236.7 y 339), con lo cual ejerce una potestad normativa; concede indultos, incidiendo así directamente en la función judicial (236.19). El Poder Ciudadano puede investigar y sancionar los hechos que atenten contra la ética pública y la moral administrativa, para lo cual tendrá que valerse de técnicas que se asemejan a las que utiliza el Poder Judicial (274). El Poder Electoral dicta Reglamentos, los cuales contienen normas, es decir, es una técnica similar a la que usualmente ejerce el Poder Legislativo (293.1). Por último, el Poder Judicial se subroga a la Administración Pública en los casos que resuelve la Jurisdicción Contencioso-Administrativa.[134]

De lo anterior señaló la Sala, con razón, que "estos son algunos ejemplos del uso común de ciertos mecanismos por parte de algunos o de todos los Poderes Públicos", incluso sin referirse a "los medios en que los Poderes injieren en las tareas de los otros, que son abundantísimos"; considerando que "basta con los mencionados para probar que nuestro orden jurídico constitucional no se caracteriza por asignar de forma exclusiva, excluyente u homogénea los métodos, técnicas o procedimientos que en general son los usuales de ciertos poderes públicos en el cumplimiento de sus fines".[135]

---

133 Véase Allan R. Brewer-Carías, *Los principios fundamentales del derecho público (Constitucional y Administrativo)*, Editorial Jurídica Venezolana, Caracas, 2005, pp. 67 y ss.

134 Véase en http://www.tsj.gov.ve/decisiones/scon/Julio/1049-23709-2009-04-2233.html

135 Véase en http://www.tsj.gov.ve/decisiones/scon/Julio/1049-23709-2009-04-2233.html

Por ello concluyó la Sala que la separación de poderes:

> ... no supone una distribución homogénea, exclusiva o excluyente, o no en todos los casos, de tareas, potestades o técnicas entre los conglomerados de órganos del Poder Público. Por tanto, no podría juzgarse inconstitucional una norma por el sólo hecho de atribuir una potestad a un Poder que es típica de otra, sobre la base de la violación de un pretendido principio de separación de poderes. Lo que corresponde en esos casos es examinar la particular regulación impugnada a la luz de la distribución que en concreto realiza el Constituyente. De su examen contrastante con la Constitución es que podría resultar la inconstitucionalidad de la norma porque, por ejemplo, se le hubiese atribuido al Poder Ciudadano la facultad de dictar sentencias con autoridad de cosa juzgada, o al Poder Judicial la potestad de gestionar servicios públicos, o al Legislador la de dirigir procesos electorales, o cuando se ponga en riesgo la autonomía e independencia del alguno de dichos poderes. Allí en ese contexto vislumbra indudablemente el principio de colaboración de poderes.[136]

En otra parte de la sentencia, la Sala advirtió que:

> ... la Constitución de 1999 no refleja una estructura organizativa en la que la distribución de tareas entre los distintos Poderes corra paralela a una asignación de potestades homogéneas, exclusivas o excluyentes entre los mismos. La Constitución, sin duda, distribuye tareas, atribuye potestades, distingue entre un Poder de otro, pero no establece para todos los casos que ciertos tipos de potestades sólo pueden ser ejercidas por un Poder en particular. La división de Poderes en tanto supone independencia de Poderes cumple una función político-constitucional relevante, particularmente cuando de lo que se trata es de la autonomía del Poder Judicial. El Poder Judicial debe ser un árbitro independiente e imparcial. Pero ello no significa que sea el único árbitro. La Sala Constitucional tiene la potestad de interpretar la Constitución; pero ello no significa que sea su único intérprete. El Poder Legislativo tiene la potestad de dictar actos normativos con forma de Ley; pero no es el único órgano que produce actos normativos. ¿Por qué habría de ser la potestad de dirimir controversias exclusiva de un Poder en particular? Si bien han de haber ámbitos de las relaciones sociales en los cuales debe establecerse dicha exclusividad, ella no podría predicarse de todos los campos del quehacer social. Corresponderá en todo caso al Legislador determinar en cuáles circunstancias y en qué medida dicha potestad será exclusiva del Poder Judicial y en cuáles otros y en qué medida dicha potestad será ejercida por cualesquiera otro Poder Público, siempre atendiendo a las exigencias de los derechos fundamentales, particularmente de los consagrados en los artículos 26, 49 y 253 de la Constitución.[137]

Por último, a los efectos del tema de la universalidad del control jurisdiccional de la actividad del Estado, en sentencia Nº 2208 de 28 de noviembre de 2007 (Caso *Antonio José Varela y Elaine Antonieta Calatrava Armas* vs. *Proyecto de Reforma de la Constitución de la República Bolivariana de Venezuela*), la Sala Constitucional indicó que el mismo:

> ... responde igualmente a la visión contemporánea del principio de separación de poderes, el cual comporta la noción de control del ejercicio del Poder Público entre sus órganos, para asegurar la sujeción del obrar público a reglas y principios del de-

---

136 Véase en http://www.tsj.gov.ve/decisiones/scon/Julio/1049-23709-2009-04-2233.html

137 Véase en http://www.tsj.gov.ve/decisiones/scon/Julio/1049-23709-2009-04-2233.html

recho y, evidencia que el referido principio tiene carácter instrumental, en tanto está destinado a hacer efectiva la sujeción de los órganos del Poder Público al bloque de la constitucionalidad.

El arquetipo orgánico y funcional del Estado, según la Constitución de la República Bolivariana de Venezuela, acoge una conceptualización flexible de la división de poderes que permite que cada uno de los órganos que ejercen el Poder Público colaboren entre sí, surgiendo como consecuencia necesaria de esta característica, que la separación de funciones no coincida directamente con la división de poderes, encontrándose muchas veces en la actividad jurídica de los órganos del Estado que éstos ejerzan, además de las funciones que le son propias por orden constitucional, funciones que son características de otros Poderes.

El principio de separación de poderes se sostiene, entonces en "(...) la identificación de la pluralidad de funciones que ejerce el Estado y que aun cuando modernamente no se conciben distribuidas de forma exclusiva y excluyente entre los denominados poderes públicos, sí pueden identificarse desarrolladas preponderante[mente] por un conjunto de órganos específicos, lo cual deja entrever la vigencia del principio de colaboración de poderes como un mecanismo de operacionalización del poder del Estado al servicio de la comunidad (...)" -Vid. Sentencia de esta Sala N° 962/2006-, lo cual no sólo ha permitido, que órganos jurisdiccionales -jurisdicción contencioso administrativa- dispongan lo necesario para el restablecimiento de las situaciones jurídicas subjetivas lesionadas por la actividad administrativa, según señala el artículo 259 de la Constitución de la República Bolivariana de Venezuela, sino que mediante la jurisdicción constitucional se garantice la plena vigencia de los principios y garantías que informan la Constitución de la República Bolivariana de Venezuela." [138]

II. LOS INTENTOS DE DESIDEOLOGIZACIÓN DEL PRINCIPIO DE LA SEPARACIÓN DE PODERES

Como antes mencionamos, a pesar de que el principio de la separación de poderes surgió históricamente no solo como una técnica de organización del Estado para maximizar su funcionamiento, sino además como un principio ideológico dispuesto frente al absolutismo para asegurar el control del poder, lo que derivó luego en un principio para garantizar la libertad en la democracia liberal, este último aspecto ha venido progresivamente siendo ignorado, minimizado y, en todo caso, desmantelado por la propia Sala Constitucional del Tribunal Supremo de Justicia durante los últimos años de funcionamiento del régimen autoritario, al reducirlo a un simple principio de organización, pretendiéndole quitar su base garantista de la libertad, de los derechos fundamentales y de la democracia.[139]

Así, como antes mencionamos, ya desde 2004 la Sala Constitucional comenzó a afirmar que el principio de la separación de poderes "no es un principio ideológico, propio de la democracia liberal, sino un principio técnico del cual depende la vigen-

138 Citada en la sentencia, en *Revista de Derecho Público*, N° 112, Editorial Jurídica Venezolana, Caracas, 2007, pp. 601-606.

139 Véase en general, Allan R. Brewer-Carías, "El principio de la separación de poderes como elemento esencial de la democracia y de la libertad, y su demolición en Venezuela mediante la sujeción política del Tribunal Supremo de Justicia", en *Revista Iberoamericana de Derecho Administrativo, Homenaje a Luciano Parejo Alfonso,* año 12, N° 12, Asociación e Instituto Iberoamericano de Derecho Administrativo Prof. Jesús González Pérez, San José, Costa Rica, 2012, pp. 31-43.

cia de la seguridad jurídica como valor fundante del derecho",[140] con lo cual se ha pretendido ignorar el valor esencial del principio, precisamente en el marco de la ideología de la democracia liberal, que lo considera esencial para la existencia de la propia democracia y la libertad.

Lo que es cierto es que dicha afirmación de la Sala Constitucional no fue una afirmación inocente, sino que fue el comienzo de un viraje antidemocrático de la jurisprudencia constitucional que llevó a la Sala, cinco años después, a afirmar despectivamente en sentencia Nº 1049 de 23 de julio de 2009,[141] que "la llamada división, distinción o separación de poderes fue, al igual que la teoría de los derechos fundamentales de libertad, un instrumento de la doctrina liberal del Estado mínimo", concebido no como "un mero instrumento de organización de los órganos del Poder Público, sino un modo mediante el cual se pretendía asegurar que el Estado se mantuviera limitado a la protección de los intereses individualistas de la clase dirigente".

"Descubrió" así la Sala Constitucional, aun cuando distorsionándolo, el verdadero sentido que efectivamente tiene que tener el principio de la separación de poderes, no solo como mero instrumento de organización del Estado, sino como principio esencial de la democracia, la que es propia del Estado de Derecho, para garantizar los derechos y libertades fundamentales, aun cuando por supuesto no son solo los que derivan de "intereses individualistas de la clase dirigente" como con sesgo ideológico errado el Tribunal Supremo pretende confinar el principio.

A partir de este elemento "desideologizante" inserto en la jurisprudencia autoritaria de la Sala, en la cual incluso califica al principio democrático de la separación de poderes como un principio "conservador",[142] la Sala Constitucional luego comenzó a referirse al mismo como "*la llamada* división, distribución o separación de poderes", reafirmando su supuesto mero carácter instrumental en cuanto a que "no supone una distribución homogénea, exclusiva o excluyente, o no en todos los casos, de tareas, potestades o técnicas entre los conglomerados de órganos del Poder Público", en el sentido de que "la Constitución de 1999 no refleja una estructura organizativa en la que la distribución de tareas entre los distintos Poderes corra paralela a una asignación de potestades homogéneas, exclusivas o excluyentes entre los mismos".[143]

Lo cierto, en todo caso, es que a pesar de la instrumentalidad mencionada por la Sala Constitucional al referirse al principio de la separación de poderes, este no es solo una técnica para la organización y funcionamiento de los poderes del Estado, sino que tiene que considerarse, ante todo, como el fundamento para el control del poder, y particularmente, para el control judicial de la constitucionalidad y legalidad de los actos del Estado, a los efectos de que, como lo decía Montesquieu y nos lo recuerda el profesor Tarre Briceño, el magistrado que tiene poder no pueda abusar de él, para lo cual deben imponérsele límites, de manera que mediante la distribución del poder, "el poder limite al poder" y se evite que "se pueda abusar del poder".

---

140 Ídem: Sentencia Nº 3098 de la Sala Constitucional (Caso: *nulidad artículos Ley Orgánica de la Justicia de Paz*) de 13 de diciembre de 2004, en *Gaceta Oficial* Nº 38.120 de 2-02-2005.

141 Véase en http://www.tsj.gov.ve/decisiones/scon/Julio/1049-23709-2009-04-2233.html

142 Véase sentencia de la Sala Constitucional Nº 1683 de 4 de noviembre de 2008 (Caso: *Defensoría del Pueblo*), en *Revista de Derecho Público*, Nº 116, Editorial Jurídica Venezolana, Caracas, 2008, pp. 222 y ss.

143 Véase en http://www.tsj.gov.ve/decisiones/scon/Julio/1049-23709-2009-04-2233.html

Por ello es que el tema de la separación de poderes no se reduce a ser un tema de orden jurídico e instrumental para disponer la organización del Estado o para identificar los actos estatales, sino que es, además, por supuesto, un tema de orden político constitucional, considerado en el mundo contemporáneo como uno de los elementos esenciales de la democracia. Esta, en efecto, no es solo elección y contiendas electorales, sino un sistema político de interrelación y alianza global entre los gobernados que eligen y los gobernantes electos, dispuesto para garantizar, por una parte, primero, que los representantes sean elegidos por el pueblo, y que puedan gobernar representándolo; segundo, que el ciudadano, además, pueda tener efectiva participación política no limitada a la sola elección periódica; tercero, por sobre todo, un sistema donde el ser humano tiene primacía con él, su dignidad, sus derechos y sus libertades; cuarto, que el ejercicio del poder esté sometido a control efectivo, de manera que los gobernantes y gestores públicos sean controlados, rindan cuenta de su gestión y pueda hacérselos responsables; y quinto, como condición para todas esas garantías, que la organización del Estado esté realmente estructurada conforme a un sistema de separación de poderes, con la esencial garantía de su independencia y autonomía, particularmente del poder judicial.[144]

La Carta Interamericana de Derechos Humanos de 2001, que es quizás uno de los instrumentos internacionales más importantes del mundo contemporáneo -aun cuando lamentablemente en desuso- en este sentido fue absolutamente precisa al enumerar dentro de los *elementos esenciales* de la democracia: primero, el respeto a los derechos humanos y las libertades fundamentales; segundo, el acceso al poder y su ejercicio con sujeción al Estado de Derecho; tercero, la celebración de elecciones periódicas, libres, justas y basadas en el sufragio universal y secreto, como expresión de la soberanía del pueblo; cuarto, el régimen plural de partidos y organizaciones políticas; y quinto, *la separación e independencia de los poderes públicos* (art. 3).

Concebida la democracia conforme a estos elementos esenciales, la misma Carta Democrática los complementa con la exigencia de unos componentes esenciales de la misma, todos vinculados al control del poder, que son la transparencia de las actividades gubernamentales, la probidad y la responsabilidad de los gobiernos en la gestión pública; el respeto de los derechos sociales y de la libertad de expresión y de prensa; la subordinación constitucional de todas las instituciones del Estado, incluyendo el componente militar, a la autoridad civil legalmente constituida, y el respeto al Estado de Derecho por todas las entidades y sectores de la sociedad (art. 4).

144 Véase Allan R. Brewer-Carías, "Los problemas del control del poder y el autoritarismo en Venezuela", en Peter Häberle y Diego García Belaúnde (coordinadores), *El control del poder. Homenaje a Diego Valadés,* Instituto de Investigaciones Jurídicas, Universidad Nacional Autónoma de México, tomo I, México, 2011, pp. 159-188; "Sobre los elementos de la democracia como régimen político: representación y control del poder", en *Revista Jurídica Digital IUREced*, Edición 01, Trimestre 1, 2010-2011, en http://www.megaupload.com/?d=ZN9Y2W1R; "Democracia: sus elementos y componentes esenciales y el control del poder", en *Grandes temas para un observatorio electoral ciudadano,* tomo I,, *Democracia: retos y fundamentos, (compiladora Nuria González Martín),* Instituto Electoral del Distrito Federal, México 2007, pp. 171-220; "Los problemas de la gobernabilidad democrática en Venezuela: el autoritarismo constitucional y la concentración y centralización del poder", en Diego Valadés (coord.), *Gobernabilidad y constitucionalismo en América Latina*, Universidad Nacional Autónoma de México, México, 2005, pp. 73-96.

Por todo ello es que el principio de la separación de poderes es tan importante para la democracia pues, en definitiva, del mismo dependen todos los demás elementos y componentes esenciales de la misma, de manera que, en definitiva, solo controlando el poder es que puede haber elecciones libres y justas, así como efectiva representatividad; solo controlando el poder es que puede haber pluralismo político; solo controlando el poder es que podría haber efectiva participación democrática en la gestión de los asuntos públicos; solo controlando el poder es que puede haber transparencia administrativa en el ejercicio del gobierno, así como rendición de cuentas por parte de los gobernantes; solo controlando el poder es que se puede asegurar un gobierno sometido a la Constitución y las leyes, es decir, un Estado de Derecho y la garantía del principio de legalidad; solo controlando el poder es que puede haber un efectivo acceso a la justicia de manera que esta pueda funcionar con efectiva autonomía e independencia; y en fin, solo controlando el poder es que puede haber real y efectiva garantía de respeto a los derechos humanos. De lo anterior resulta, por tanto, que solo cuando existe un sistema de control efectivo del poder es que puede haber democracia, y solo en esta es que los ciudadanos pueden encontrar asegurados sus derechos debidamente equilibrados con los Poderes Públicos.

No es difícil, por tanto, poder apreciar que haya sido precisamente por la ausencia de una efectiva separación de poderes en Venezuela, como sistema de control del poder, que la democracia haya sido tan afectada en los últimos tres lustros, período en el cual se ha producido un proceso continuo y sistemático de desmantelamiento de la misma,[145] mediante el proceso paralelo de concentración del poder, y que ha conducido, entre otro aspectos graves, al desmantelamiento de la autonomía e independencia del Poder Judicial en su conjunto,[146] y en particular, al control político por parte del Poder Ejecutivo del Tribunal Supremo y de su Sala Constitucional, los cuales han sido puestos al servicio del autoritarismo,[147] afectando su rol de garantes de la Constitución y de los derechos humanos.[148]

---

145 Véase Allan R. Brewer-Carías, *Dismantling Democracy. The Chávez Authoritarian Experiment*, Cambridge University Press, New York, 2010.

146 Véase, *en general*, Allan R. Brewer-Carías, "La progresiva y sistemática demolición de la autonomía e independencia del Poder Judicial en Venezuela (1999-2004)", en *XXX Jornadas J.M. Domínguez Escovar, Estado de Derecho, Administración de Justicia y Derechos Humanos*, Instituto de Estudios Jurídicos del Estado Lara, Barquisimeto, 2005, pp. 33-174; Allan R. Brewer-Carías, "El constitucionalismo y la emergencia en Venezuela: entre la emergencia formal y la emergencia anormal del Poder Judicial", en Allan R. Brewer-Carías, *Estudios sobre el Estado Constitucional (2005-2006)*, Editorial Jurídica Venezolana, Caracas, 2007, pp. 245-269; y Allan R. Brewer-Carías, "La justicia sometida al poder. La ausencia de independencia y autonomía de los jueces en Venezuela por la interminable emergencia del Poder Judicial (1999-2006)", en *Cuestiones Internacionales. Anuario Jurídico Villanueva 2007,* Centro Universitario Villanueva, Marcial Pons, Madrid 2007, pp. 25-57, *disponible en* www.allanbrewercarias.com, (Biblioteca Virtual, II.4. Artículos y Estudios N° 550, 2007) pp. 1-37. Véase también Allan R. Brewer-Carías, *Historia Constitucional de Venezuela*, Editorial Alfa, tomo II, Caracas 2008, pp. 402-454.

147 Véase Allan R. Brewer-Carías, "El rol del Tribunal Supremo de Justicia en Venezuela, en el marco de la ausencia de separación de poderes, producto del régimen autoritario", en *Segundo Congreso Colombiano de Derecho Procesal Constitucional, Bogotá D.C., 16 de marzo de 2011*, Centro Colombiano de Derecho Procesal Constitucional, Universidad Católica de Colombia, Bogotá, 2011, pp. 85-111; "El juez constitucional al servicio del autoritarismo y la ilegítima mutación de la Constitución: el caso de la Sala Constitucional del Tribunal Supremo de Justicia de Venezuela (1999-2009)", en *Revista de Administración Pública*, N° 180, Madrid 2009, pp. 383-418, y en *IUSTEL, Revista General de Derecho Administrativo*, N° 21, junio 2009, Madrid, ISSN-1696-9650; y "Los problemas del control del poder y el autoritarismo en Venezuela", en Peter Häberle y Diego García Belaúnde (coordinadores), *El control del poder.*

La propia Comisión Interamericana de Derechos Humanos ha destacado la gravedad del problema, al punto de que en su *Informe Anual de 2009*, después de analizar la situación de los derechos humanos en Venezuela y el deterioro institucional que ha sufrido el país, apuntó que todo ello "indica *la ausencia de la debida separación e independencia entre las ramas del gobierno en Venezuela*".[149]

Esa situación general es, por otra parte, la que permite entender que haya sido la propia presidenta de la Sala Constitucional del Tribunal Supremo de Venezuela, como lo destaca el profesor Tarre en su obra, quien haya afirmado a la prensa en diciembre de 2009, simplemente que "la división de poderes debilita al Estado", y que "hay que reformarla".[150]

La situación que derivaba de esta afirmación, y constatado el efectivo desmantelamiento del principio de separación de poderes que se ha producido en el país durante el régimen autoritario, incluso llevó al profesor Tarre Briceño, en su libro, a indicar y preguntarse: "'El Estado soy yo', se dice que dijo Luis XIV al Parlamento de París el 13 de abril de 1655. ¿Podría Hugo Chávez haber dicho lo mismo en el año 2012, antes de enfermar?", respondiendo que "*L'État c'est moi,* podía decir sin alejarse de la verdad, Hugo Chávez Frías".

Y efectivamente, la apreciación del profesor Tarre no está nada alejada de la realidad histórica, ya que un año antes de que la presidenta del Tribunal Supremo hiciese sus desafortunadas apreciaciones, en agosto de 2008, el entonces presidente Chávez había afirmado, al referirse a los decretos leyes que había dictado conforme a la ley habilitante de 2007, implementando en forma inconstitucional la reforma constitucional que había sido rechazada por el pueblo en referendo de diciembre de 2007, efectiva y simplemente: "Yo soy la *Ley. Yo soy el Estado*",[151] repitiendo incluso las mismas frases que él mismo ya había dicho en 2001, aun cuando con un pequeño giro -entonces dijo "*La Ley soy yo. El Estado soy yo*"[152]- al referirse

Homenaje a Diego Valadés, Instituto de Investigaciones Jurídicas, Universidad Nacional Autónoma de México, tomo I, México, 2011, pp. 159-188.

148 Véase Allan R. Brewer-Carías, "El proceso constitucional de amparo en Venezuela: su universalidad y su inefectividad en el régimen autoritario", en *Horizontes Contemporáneos del Derecho Procesal Constitucional. Liber Amicorum Néstor Pedro Sagüés,* Centro de Estudios Constitucionales del Tribunal Constitucional, Lima, 2011, tomo II, pp. 219-261.

149 Véase IACHR, *2009 Annual Report*, para. 472, en http://www.cidh.oas.org/annualrep/2009eng/Chap.IV.f.eng.htm. El presidente de la Comisión, Felipe González, dijo en abril de 2010: "Venezuela es una democracia que tiene graves limitaciones, porque la democracia implica el funcionamiento del principio de separación de poderes, y un Poder Judicial libre de factores políticos". Véase en Juan Francisco Alonso, "Últimas medidas judiciales certifican informe de la CIDH", en *El Universal*, 4-4-2010. Disponible en http://universo.eluniver-sal.com/2010/04/04/pol_art_ultimas-medidas-jud_1815569.shtml.

150 Véase en Juan Francisco Alonso, "La división de poderes debilita al Estado. La presidenta del TSJ [Luisa Estela Morales] afirma que la Constitución hay que reformarla", *El Universal*, Caracas 5 de diciembre de 2009, en http://www.eluniversal.com/2009/12/05/pol_art_morales:-la-divisio_1683109.shtml. Véase la exposición completa de la presidenta del Tribunal Supremo en http://www.tsj.gov.ve/informacion/notasdeprensa/notasdeprensa.asp?codigo=7342

151 Expresión del presidente Hugo Chávez Frías, el 28 de agosto de 2008. Ver en Gustavo Coronel, *Las armas de coronel*, 15 de octubre de 2008: http://lasarmasdecoronel.blogspot.com/2008/10/yo-soy-la-leyyo-soy-el-estado.html

152 Véase en *El Universal,* Caracas 4–12–01, pp. 1,1 y 2,1. Es también lo único que puede explicar que un jefe de Estado en 2009 pueda calificar a "la democracia representativa, la división de poderes y el go-

también en aquella oportunidad a la sanción inconsulta de cerca de 50 decretos leyes violando la Constitución. Esas frases, como lo recuerda el profesor Tarre, se atribuyeron en 1661 a Luis XIV para calificar el gobierno absoluto de la monarquía cuando, a la muerte del cardenal Gulio Raimondo Mazarino, el rey decidió asumir él mismo el gobierno sin nombrar un sustituto como ministro de Estado. Pero la verdad histórica, como lo recuerda Tarre, lo que hace aún más grotescas las afirmaciones del presidente Chávez, es que ni siquiera Luis XIV llegó realmente a expresar esas frases que buscaban solo resumir su decisión de gobernar sin el apoyo de un primer ministro.[153] Por ello, haberlas oírlo de boca de un jefe de Estado de nuestros tiempos es suficiente para entender la trágica situación institucional de Venezuela, precisamente caracterizada por la completa ausencia de separación de poderes, de independencia y autonomía del Poder Judicial y, en consecuencia, de gobierno democrático,[154] como tan magistralmente lo deshilvana y explica el profesor Tarre Briceño, con todo su conocimiento y experiencia política, en este libro.

III. EL PROGRESIVO PROCESO DE ASEGURAMIENTO DEL CONTROL POLÍTICO SOBRE EL TRIBUNAL SUPREMO DE JUSTICIA

Al contrario de lo afirmado por la presidenta del Tribunal Supremo en 2009, y desde el punto de vista democrático, lo que hay que hacer con el principio de la separación de poderes es reforzarlo, no para debilitar al Estado, sino para garantizar la propia democracia, los derechos humanos y las libertades. Sin embargo, que hubiese sido la presidenta del Tribunal Supremo quien afirmase lo contrario lo que puso en evidencia es que, ya a finales de 2009, el sometimiento de dicho Tribunal al control político por parte del Ejecutivo se había completado en Venezuela, habiendo sido convertido el Poder Judicial en el instrumento esencial para el afianzamiento del autoritarismo.

Por ello, el Estado venezolano que ha derivado del experimento autoritario de los últimos tres lustros, a pesar de todo el lenguaje florido de la Constitución, no puede calificarse como un Estado democrático y social de Derecho, denominación que se tiene que negar a cualquier Estado en el cual el Tribunal Supremo carece de autonomía e independencia y está sometido a los dictados de los otros poderes del Estado, como la Asamblea Nacional o el Poder Ejecutivo. Simplemente, no puede haber Estado de Derecho en un país en el cual el Tribunal Supremo, al estar controlado políticamente, se convierte en un instrumento más para la ejecución de la política diseñada por los otros poderes. Y lamentablemente este es el caso de Venezuela, donde el Tribunal Supremo de Justicia, en lugar de ser el garante del Estado de Derecho y de contribuir al afianzamiento de la democracia y las libertades, ha sido el instrumento más artero utilizado por quienes ejercen el poder político para afianzar

---

bierno alternativo" como doctrinas que "envenenan la mente de las masas". Véase la reseña sobre "Hugo Chávez seeks to catch them young", *The Economist*, 22-28 de agosto 2009, p. 33.

153 Véase Yves Guchet, *Histoire Constitutionnelle Française (1789–1958)*, Ed. Erasme, París 1990, p. 8.

154 Véase el resumen de esta situación en Teodoro Petkoff, "Election and Political Power. Challenges for the Opposition", en *ReVista. Harvard Review of Latin America*, David Rockefeller Center for Latin American Studies, Harvard University, Fall 2008, p. 12. Véase además, Allan R. Brewer-Carías, "Los problemas de la gobernabilidad democrática en Venezuela: el autoritarismo constitucional y la concentración y centralización del poder", en Diego Valadés (coord.), *Gobernabilidad y constitucionalismo en América Latina*, Universidad Nacional Autónoma de México, México, 2005, pp. 73-96.

el autoritarismo, desmantelar la democracia como régimen político y acabar con el propio Estado de Derecho,[155] habiéndose convertido en un brazo del gobierno para la ejecución de políticas autoritarias.

Este proceso de control político sobre el Tribunal Supremo desarrollado en la última década en Venezuela, que bien destaca el profesor Tarre Briceño en su libro, tiene su origen remoto en 1998 y 1999, cuando el presidente de la República comenzó a ejercer su indebida presión sobre la entonces Corte Suprema de Justicia para que decidiera permitiendo la realización de un referendo consultivo para elegir una Asamblea Constituyente que no estaba prevista en la Constitución, con lo cual, luego de unas ambiguas decisiones dictadas en enero de 1999, se abrió el camino para el proceso constituyente.[156]

La Asamblea Constituyente que resultó electa de aquel proceso, lamentablemente, fue la que inició el proceso de demolición precisamente del principio de la separación de poderes, y con ello de las instituciones judiciales y del Estado de Derecho,[157] con la intervención expresa del Poder Judicial,[158] siendo el resultado, luego de tres largos lustros, que el país se encuentra sometido a un gobierno autoritario donde, si bien ha habido elecciones, aun cuando de dudosa libertad, sin embargo, no está asegurado el respeto de los derechos humanos y de las libertades fundamentales; ni la existencia de un régimen plural de partidos y organizaciones políticas; ni la separación e independencia de los poderes públicos; ni la transparencia de las actividades gubernamentales; ni la probidad y responsabilidad en la gestión pública; ni la libertad de expresión y de prensa; y ni siquiera la subordinación de las instituciones del Estado a la autoridad civil, pues lo que existe en definitiva es un régimen militar.

---

155 Véase Allan R. Brewer-Carías, "El rol del Tribunal Supremo de Justicia en Venezuela, en el marco de la ausencia de separación de poderes, producto del régimen autoritario", en *Segundo Congreso Colombiano de Derecho Procesal Constitucional, Bogotá D.C., 16 de marzo de 2011*, Centro Colombiano de Derecho Procesal Constitucional, Universidad Católica de Colombia, Bogotá 2011, pp. 85-111.

156 Véase el texto de las sentencias en Allan R. Brewer-Carías, *Poder Constituyente Originario y Asamblea Nacional Constituyente,* Editorial Jurídica Venezolana, Caracas, 1998, pp. 25 a 53; y véanse los comentarios a dichas sentencias en ese mismo libro, pp. 55 a 114 y en Allan R. Brewer-Carías, *Asamblea Constituyente y ordenamiento constitucional, Academia de Ciencias Políticas y Sociales,* Caracas, 1998, pp. 153 a 228. Igualmente en *Revista de Derecho Público*, N° 77–80, Editorial Jurídica Venezolana, Caracas 1999, pp. 56 y ss. y 68 y ss. Véase Allan R. Brewer-Carías, "La configuración judicial del proceso constituyente o de cómo el guardián de la Constitución abrió el camino para su violación y para su propia extinción", en *Revista de Derecho Público*, N° 77–80, Editorial Jurídica Venezolana, Caracas, 1999, pp. 453 y ss.; y *Golpe de Estado y proceso constituyente en Venezuela*, UNAM, México, 2001, pp. 60 y ss.

157 Véase en general Allan R. Brewer-Carías, "El autoritarismo establecido en fraude a la Constitución y a la democracia y su formalización en Venezuela mediante la reforma constitucional. (De cómo en un país democrático se ha utilizado el sistema eleccionario para minar la democracia y establecer un régimen autoritario de supuesta 'dictadura de la democracia' que se pretende regularizar mediante la reforma constitucional)" en el libro *Temas constitucionales. Planteamientos ante una Reforma,* Fundación de Estudios de Derecho Administrativo, FUNEDA, Caracas, 2007, pp. 13-74; "La demolición del Estado de Derecho en Venezuela. Reforma Constitucional y fraude a la Constitución (1999-2009)", en *El cronista del Estado Social y Democrático de Derecho*, N° 6, Editorial Iustel, Madrid, 2009, pp. 52-61.

158 El 19 de agosto de 1999, la Asamblea Nacional Constituyente resolvió declarar "al Poder Judicial en emergencia", *Gaceta Oficial* N° 36.772 del 25 de agosto de 1999, reimpreso en *Gaceta Oficial* N° 36.782 del 8 de septiembre de 1999. Véase en Allan R. Brewer-Carías, *Debate Constituyente,* tomo I, ob. cit., pp. 57 a 73; y en *Gaceta Constituyente (Diario de Debates), agosto–septiembre de 1999,* Sesión del 18 de agosto de 1999, N° 10, pp. 17 a 22. Véase el texto del decreto en *Gaceta Oficial* N° 36.782 del 8 de septiembre de 1999.

Y todo ello, lamentablemente, con el consentimiento y complicidad de la antigua Corte Suprema, la cual avaló la creación por la Asamblea Constituyente de una Comisión de Emergencia Judicial que afectaba sus funciones, llegando la antigua Corte incluso a nombrar a uno de sus propios magistrados como miembro de la misma.[159] Esa comisión, aun cuando con otro nombre, continuó funcionando en violación de la Constitución hasta 2011, cuando se crearon unos supuestos tribunales disciplinarios, pero dependientes de la Asamblea Nacional.

Todos estos actos de la Asamblea Constituyente fueron sin embargo impugnados ante la mencionada y sometida antigua Corte Suprema, la cual, en otra altamente criticada decisión dictada el 14 de octubre de 1999,[160] avaló la constitucionalidad de los mismos reconociendo supuestos poderes "supraconstitucionales" de la Asamblea Constituyente. Era, sin duda, la única forma que tenía la Corte Suprema para justificar la inconstitucional intervención de los Poderes Públicos y, por tanto, el inicio de la ruptura del principio de la separación de poderes, decisión por lo cual dicha Corte habría de pagar un muy alto precio, como fue el de su propia existencia. Con esas decisiones, en realidad, la antigua Corte Suprema había firmado su propia sentencia de muerte, desapareciendo del panorama institucional dos meses después, como la primera de las víctimas del gobierno autoritario al cual había ayudado a apoderarse del poder.[161]

Luego vino el nombramiento de los magistrados del nuevo Tribunal Supremo de Justicia que efectuó la propia Asamblea Constituyente en diciembre de 1999, al dictar el mencionado régimen transitorio del Poder Público al margen de la Constitución, respecto del cual la propia Sala Constitucional nombrada en el mismo, decidiendo en causa propia, consideró que no estaba sometido ni a la nueva ni a la vieja Constitución,[162] dando como resultado una especie de régimen "paraconstitucional" que pasó a formar parte del "bloque de la constitucionalidad", a pesar de que nunca fue aprobado por el pueblo.[163]

Luego, en 2000, la Asamblea Nacional, en lugar de legislar para regularizar el nombramiento de los magistrados que habían sido designados en diciembre de 1999 en forma "provisional", dictó una "Ley Especial" tendiente a su ratificación o designación,[164] la cual, por ser inconstitucional, por violar el derecho a la participación política de los ciudadanos, fue impugnada ante el Tribunal Supremo por la defensora del pueblo,[165] acción que nunca se decidió. La Sala Constitucional, sin embargo, por

---

159 Acuerdo de la Corte Suprema de Justicia de 23 de agosto de 1999. Véanse nuestros comentarios sobre el acuerdo en Allan R. Brewer-Carías, *Debate Constituyente,* tomo I, *ob. cit.*, pp. 141 y ss. Véanse, además, los comentarios de Lolymar Hernández Camargo, *La teoría del Poder Constituyente,* pp. 75 y ss.

160 Véase sentencia en el caso: *Impugnación del Decreto de Regulación de las Funciones del Poder Legislativo,* en *Revista de Derecho Público*, N° 77–80, Editorial Jurídica Venezolana, Caracas 1999, pp. 111 y ss.

161 Véase el "Decreto de Transición del Poder Público" en *Gaceta Oficial* N° 36.859 de 29 de diciembre de 1999.

162 Véase sentencia N° 6 de fecha 27 de enero de 2000, en *Revista de Derecho Público,* N° 81, (enero-marzo), Editorial Jurídica Venezolana, Caracas, 2000, pp. 81 y ss.

163 Véase sentencia del 28 de marzo de 2000, caso*: Allan R. Brewer-Carías y otros,* en *Revista de Derecho Público*, N° 81, (enero-marzo), Editorial Jurídica Venezolana, Caracas, 2000, p. 86.

164 *Gaceta Oficial* N° 37.077 del 14 de noviembre de 2000.

165 Véase *El Universal,* Caracas, 14 de diciembre de 2000, pp. 1-2.

vía cautelar decidió en su propia causa, resolviendo que la Constitución no les era aplicable porque supuestamente los magistrados decisores no iban a ser "designados", sino que lo que iban era a ser "ratificados", forjándose así una grotesca burla a la Constitución.[166] En esa forma se produjo el nombramiento y ratificación de los magistrados del Tribunal Supremo de Justicia en 2000, con una integración precariamente equilibrada con marcada influencia política, que lo tornó inefectivo en el control de la constitucionalidad de los actos ejecutivos. Ello se evidenció en la abstención total del Tribunal Supremo en el ejercicio del control de constitucionalidad, por ejemplo, de los casi 50 decretos leyes dictados en noviembre de 2001 con base en una ley habilitante sancionada en 2000, excediendo los términos de la delegación legislativa y violando el derecho a la participación de los ciudadanos en el proceso de elaboración y discusión de las leyes; precisamente los que habían llevado a Chávez a afirmar que él era "la ley".[167]

Luego vino la sanción de la Ley Orgánica del Tribunal Supremo de Justicia de 2004,[168] la cual no solo incidió sobre la estabilidad de los magistrados, abriendo la posibilidad para su destitución por decisión de la mayoría absoluta de los diputados en lugar de la mayoría calificada exigida en la Constitución, sino también en su designación, elevándose su número de 20 a 32, distorsionándose las condiciones constitucionales para el nombramiento. Dicha ley, como lo consideró la Comisión Interamericana de Derechos Humanos en su *Informe Anual de 2004*, careció "de las salvaguardas necesarias para impedir que otras ramas del Poder Público pudieran minar la independencia del Tribunal".[169] Y ello se evidenció en el nombramiento de los magistrados en un proceso que fue completamente controlado por el presidente de la República, dado su control de la Asamblea, como lo reconoció públicamente el presidente de la Comisión Parlamentaria para la selección de los magistrados, y lo destaca acertadamente el profesor Tarre en su libro, al punto de afirmar públicamente en 2004, además, que "En el grupo de postulados no hay nadie que vaya a actuar contra nosotros".[170]

---

166 Véase Tribunal Supremo de Justicia, Sala Constitucional, Decisión del 12-12-2000 en *Revista de Derecho Público,* N° 84, Editorial Jurídica Venezolana, Caracas, 2000, p. 109. Véanse comentarios en Allan R. Brewer-Carías, "La participación ciudadana en la designación de los titulares de los órganos no electos de los Poderes Públicos en Venezuela y sus vicisitudes políticas" en *Revista Iberoamericana de Derecho Público y Administrativo*, año 5, N° 5-2005, San José, Costa Rica, 2005, pp. 76-95, *disponible en* www.allanbrewercarias.com (Biblioteca Virtual, II.4. Artículos y Estudios N° 469, 2005) pp. 1-48.

167 Véase Allan R. Brewer-Carías, "Apreciación general sobre los vicios de inconstitucionalidad que afectan los Decretos Leyes Habilitados" en *Ley Habilitante del 13-11-2000 y sus Decretos Leyes*, Academia de Ciencias Políticas y Sociales, Serie Eventos N° 17, Caracas, 2002, pp. 63-103.

168 Véase *Gaceta Oficial* N° 37.942 del 20 de mayo de 2004. Para los comentarios sobre esta ley, véase, en general, Allan R. Brewer-Carías, *Ley Orgánica del Tribunal Supremo de Justicia. Procesos y procedimientos constitucionales y contencioso-administrativos*, Editorial Jurídica Venezolana, Caracas, 2004.

169 Véase IACHR, *2004 Annual Report* (Follow-Up Report on Compliance by the State of Venezuela with the Recommendations made by the IACHR in its Report on the Situation of Human Rights in Venezuela [2003]), para. 174. Available at http://www.cidh.oas.org/annualrep/2004eng/chap.5b.htm

170 Declaró a la prensa: "Si bien los diputados tenemos la potestad de esta escogencia, el Presidente de la República fue consultado y su opinión fue tomada muy en cuenta". Añadió: "Vamos a estar claros, nosotros no nos vamos a meter autogoles. En la lista había gente de la oposición que cumplen con todos los requisitos. La oposición hubiera podido usarlos para llegar a un acuerdo en las últimas sesiones, pero no quisieron. Así que nosotros no lo vamos a hacer por ellos. En el grupo de postulados no hay nadie que vaya a actuar contra nosotros". Véase *El Nacional*, Caracas, 13 de diciembre de 2004. La Comisión In-

Ha sido esa configuración del Tribunal Supremo, altamente politizada y sujeta a los deseos del presidente, lo que ha permitido la completa eliminación de la autonomía del Poder Judicial, y por ende, la destrucción del principio de la separación de poderes, permitiendo al gobierno ejercer un control absoluto sobre el Tribunal y, en particular, sobre su Sala Constitucional. Ello ha llegado al punto, por ejemplo, de que en algún caso en el cual el Tribunal dictó una absurda sentencia "reformando" la Ley de Impuesto sobre la Renta,[171] el presidente la criticó, pero no por su absurdo contenido, sino porque se hubiese dictado sin que se hubiese consultado previamente al "líder de la Revolución", advirtiendo a los tribunales que eso de decidir sin que se le consultaran los asuntos podía considerarse "traición al Pueblo" o a "la Revolución".[172]

En todo caso, ha sido mediante el control ejercido sobre el Tribunal Supremo, que en Venezuela es el órgano encargado del gobierno y administración del Poder Judicial, que el gobierno ha ejercido un control político sobre la universalidad de las instituciones judiciales, con la cooperación, hasta 2011, de la Comisión de Reorganización del Poder Judicial, legitimada por el propio Tribunal Supremo, con lo que se hicieron completamente inaplicables las magníficas previsiones constitucionales que buscaban garantizar la independencia y autonomía de los jueces.[173] El resultado

---

teramericana de Derechos Humanos sugirió en su Informe a la Asamblea General de la OEA para 2004 que "estas normas de la Ley Orgánica del Tribunal Supremo de Justicia habrían facilitado que el Poder Ejecutivo manipulara el proceso de elección de magistrados llevado a cabo durante 2004". Véase Comisión Interamericana de Derechos Humanos, *Informe sobre Venezuela 2004*, párrafo 180.

171 Tribunal Supremo de Justicia, Sala Constitucional, Decisión Nº 301 del 27 de febrero de 2007 (Caso: *Adriana Vigilanza y Carlos A. Vecchio*) (Exp. Nº 01-2862) en *Gaceta Oficial* Nº 38.635 del 1 de marzo de 2007. Véanse comentarios en Allan R. Brewer-Carías, "El juez constitucional en Venezuela como legislador positivo de oficio en materia tributaria" en *Revista de Derecho Público* Nº 109, Editorial Jurídica Venezolana, Caracas, 2007, pp. 193-212, *disponible en* www.allanbrewercarias.com (Biblioteca Virtual, II.4. Artículos y Estudios Nº 508, 2007) pp. 1-36; y Allan R. Brewer-Carías, "De cómo la jurisdicción constitucional en Venezuela, no solo legisla de oficio, sino subrepticiamente modifica las reformas legales que "sanciona", a espaldas de las partes en el proceso: el caso de la aclaratoria de la sentencia de Reforma de la Ley de Impuesto sobre la Renta de 2007", en *Revista de Derecho Público* Nº 114, Editorial Jurídica Venezolana, Caracas, 2008, pp. 267-276, disponible en http://www.brewercarias.com/Content/449725d9-f1cb-474b-8ab2-41efb849fea8/Content/II.4.575.pdf.

172 "Muchas veces llegan, viene el Gobierno Nacional Revolucionario y quiere tomar una decisión contra algo por ejemplo que tiene que ver o que tiene que pasar por decisiones judiciales y ellos empiezan a moverse en contrario a la sombra, y muchas veces logran neutralizar decisiones de la Revolución a través de un juez, o de un tribunal, o hasta en el mismísimo Tribunal Supremo de Justicia, a espaldas del líder de la Revolución, actuando por dentro contra la Revolución. Eso es, repito, traición al pueblo, traición a la Revolución". Discurso en el Primer Encuentro con Propulsores del Partido Socialista Unido de Venezuela desde el teatro Teresa Carreño, 24 de marzo de 2007, disponible en http://www.minci.gob.ve/alocuciones/4/13788/primer_encuentro_con.html, p. 45.

173 Véase, en general, Allan R. Brewer-Carías, "La progresiva y sistemática demolición de la autonomía e independencia del Poder Judicial en Venezuela (1999-2004)" en *XXX Jornadas J.M. Domínguez Escovar, Estado de Derecho, Administración de Justicia y Derechos Humanos*, Instituto de Estudios Jurídicos del Estado Lara, Barquisimeto 2005, pp. 33-174; Allan R. Brewer-Carías, "El constitucionalismo y la emergencia en Venezuela: entre la emergencia formal y la emergencia anormal del Poder Judicial" en Allan R. Brewer-Carías, *Estudios sobre el Estado constitucional (2005-2006)*, Editorial Jurídica Venezolana, Caracas 2007, pp. 245-269; y Allan R. Brewer-Carías, "La justicia sometida al poder. La ausencia de independencia y autonomía de los jueces en Venezuela por la interminable emergencia del Poder Judicial (1999-2006)" en *Cuestiones Internacionales. Anuario Jurídico Villanueva 2007,* Centro Universitario Villanueva, Marcial Pons, Madrid 2007, pp. 25-57, disponible en www.allanbrewercarias.com (Biblioteca-

ha sido que quince años después, el Poder Judicial en Venezuela está casi exclusivamente compuesto por jueces temporales y provisorios, sin estabilidad alguna, lo que llevó a la Comisión Interamericana de Derechos Humanos desde 2003[174] a advertir sobre esta situación irregular, de manera que todavía en su *Informe Anual de 2008* la calificaba como un "problema endémico" que expone a los jueces a su destitución discrecional, llamando la atención sobre el "permanente estado de emergencia al cual están sometidos los jueces".[175]

La "transitoria" Comisión de Reorganización del Poder Judicial que existió hasta 2011, bajo el amparo del propio Tribunal Supremo, literalmente "depuró" la judicatura de jueces que no estaban en línea con el régimen autoritario, como lo reconoció la propia Sala Constitucional,[176] removiendo discrecionalmente a jueces que dictaron decisiones que no complacían al Ejecutivo. Esto llevó de nuevo a la Comisión Interamericana de Derechos Humanos a decir, en el mismo *Informe Anual* de 2009, que "en Venezuela los jueces y fiscales no gozan de la garantía de permanencia en su cargo necesaria para asegurar su independencia en relación con los cambios de políticas gubernamentales".[177]

Hay muchos casos emblemáticos, todos los cuales menciona y analiza el profesor Tarre Briceño en su libro, que muestran esta lamentable tragedia institucional, como fue la de la destitución, en 2003, de los jueces de la Corte Primera de lo Contencioso Administrativo por dictar una medida cautelar suspendiendo la ejecución de un programa de contratación pública de médicos cubanos, sin licencia para ejercer la medicina en el país, para programas sociales de atención médica; medida que se dictó a solicitud del Colegio de Médicos de Caracas, que alegaba "discriminación contra los médicos venezolanos licenciados".[178] El caso fue incluso llevado ante la Corte Inter-

---

ca Virtual, II.4. Artículos y Estudios N° 550, 2007) pp. 1-37. Véase también Allan R. Brewer-Carías, *Historia Constitucional de Venezuela*, Editorial Alfa, tomo II, Caracas, 2008, pp. 402-454.

174 Un juez provisorio es un juez designado mediante un concurso público. Un juez temporal es un juez designado para cumplir una tarea específica o por un período específico de tiempo. En 2003, la Comisión Interamericana de Derechos Humanos indicó que había sido: "informada que sólo 250 jueces han sido designados por concurso de oposición de conformidad a la normativa constitucional. De un total de 1772 cargos de jueces en Venezuela, el Tribunal Supremo de Justicia reporta que solo 183 son titulares, 1331 son provisorios y 258 son temporales". *Reporte sobre la Situación de Derechos Humanos en Venezuela*; OAS/Ser.L/V/II.118. doc.4rev.2; 29 de diciembre de 2003, par. 174, *disponible en* http://www.cidh.oas.org/countryrep/Venezuela2003eng/toc.htm. La Comisión también agregó que "un aspecto vinculado a la autonomía e independencia del Poder Judicial es el relativo al carácter provisorio de los jueces en el sistema judicial de Venezuela. Actualmente, la información proporcionada por las distintas fuentes indica que más del 80% de los jueces venezolanos son 'provisionales'", par. 161.

175 Véase *Annual Report 2008* (OEA/Ser.L/V/II.134. Doc. 5 rev. 1. 25 febrero 2009), par. 39.

176 Decisión N° 1939 de 18 de diciembre de 2008 (Caso: *Abogados Gustavo Álvarez Arias y otros*), en la cual la Sala Constitucional decidió sobre la inejecutabilidad de la sentencia de la Corte Interamericana de Derechos Humanos de 5 de agosto de 2008 (Caso: *Apitz Barbera y otros ["Corte Primera de lo Contencioso Administrativo"] vs. Venezuela [Corte IDH]*, Case: *Apitz Barbera y otros ["Corte Primera de lo Contencioso Administrativo"] vs. Venezuela*, Serie C, N° 182.

177 Véase *Informe Anual de 2009*, parágrafo 480, en http://www.cidh.oas.org/annualrep/2009eng/Chap.IV.f.eng.htm

178 Véase Claudia Nikken, "El caso 'Barrio Adentro': La Corte Primera de lo Contencioso Administrativo ante la Sala Constitucional del Tribunal Supremo de Justicia o el avocamiento como medio de amparo de derechos e intereses colectivos y difusos", en *Revista de Derecho Público*, N° 93-96, Editorial Jurídica Venezolana, Caracas, 2003, pp. 5 y ss.

americana de Derechos Humanos, la cual dictó sentencia en 2008 condenando al Estado venezolano por la violación de las garantías judiciales de los magistrados,[179] pero la respuesta de la Sala Constitucional del Tribunal Supremo a dicha decisión, a solicitud del procurador general de la República, fue simplemente declarar que las decisiones de la Corte Interamericana de Derechos Humanos son "inejecutables" en Venezuela.[180] Tan simple como eso, mostrando la total subordinación de las instituciones judiciales respecto de las políticas, deseos y dictados del presidente de la República.

En diciembre de 2009 tuvo lugar otro asombroso caso, que fue la detención policial arbitraria de una juez penal (María Lourdes Afiuni Mora) por habérsele ocurrido ordenar, conforme a sus atribuciones y siguiendo las recomendaciones del Grupo de Trabajo de las Naciones Unidas sobre Detenciones Arbitrarias, la excarcelación de un individuo investigado por delitos financieros a los efectos de que fuese enjuiciado en libertad, como lo garantiza la Constitución. El mismo día de la decisión, el presidente de la República, Hugo Chávez, el que un año antes había proclamado que él era la ley y el Estado, pidió públicamente la detención de la juez, exigiendo que se le aplicara la pena máxima de 30 años establecida en Venezuela para crímenes horrendos y graves. La juez fue efectivamente detenida por la policía, ese mismo día, y todavía permanece en detención domiciliaria, sin que se haya desarrollado juicio efectivo alguno en su contra. El mismo Grupo de Expertos de Naciones Unidas consideró estos hechos como "un golpe del Presidente Hugo Chávez contra la independencia de los jueces y abogados", solicitando la "inmediata liberación de la juez" y concluyendo que "las represalias ejercidas sobre jueces y abogados por el ejercicio de sus funciones garantizadas constitucionalmente creando un clima de temor, solo sirve para minar el Estado de derecho y obstruir la justicia".[181]

El hecho es que en Venezuela ningún juez puede adoptar una decisión que pueda afectar las políticas gubernamentales, los deseos del presidente, los intereses del Estado o la voluntad de los funcionarios públicos, por lo que, por ejemplo, la jurisdicción contencioso administrativa ha dejado de tener efectividad e importancia.[182] Por ello, la Comisión Interamericana de Derechos Humanos, después de describir con preocupación en su *Informe Anual de 2009* que, en muchos casos, "los jueces son removidos inmediatamente después de adoptar decisiones judiciales en casos con impactos políticos importantes", concluyó señalando que "la falta de indepen-

---

179 Véase sentencia de la Corte Interamericana de 5 de agosto de 2008, Caso: *Apitz Barbera y otros ("Corte Primera de lo Contencioso Administrativo") vs. Venezuela,* en www.corteidh.or.cr. Excepción Preliminar, Fondo, Reparaciones y Costas, Serie C Nº 182.

180 Véase sentencia de la Sala Constitucional, sentencia Nº 1939 de 18 de diciembre de 2008 (Caso: *Abogados Gustavo Álvarez Arias y otros*), en http://www.tsj.gov.ve/decisiones/scon/Diciembre/1939-181208-2008-08-1572.html

181 Véase en http://www.unog.ch/unog/website/ news_media.nsf/%28httpNewsByYearen%29/93687E-8429BD53A1C125768E00529DB6?OpenDocument&cntxt=B35C3&cookielang=fr. En octubre 14, 2010, el mismo Grupo de Trabajo de la ONU solicitó formalmente al gobierno venezolano que la juez fuese "sometida a un juicio apegado al debido proceso y bajo el derecho de la libertad provisional". Véase en *El Universal*, 14 de octubre de 2010, en http://www.eluniver-sal.com/2010/10/14/pol_ava_-instancia-de-la-onu_14A4608051.shtml

182 Véase Antonio Canova González, *La realidad del contencioso administrativo venezolano. (Un llamado de atención frente a las desoladoras estadísticas de la Sala Político Administrativa en 2007 y primer semestre de 2008)*, Funeda, Caracas, 2009, p. 14.

dencia judicial y de autonomía en relación con el poder político es, en opinión de la Comisión, el punto más débil de la democracia venezolana",[183] pues, sin duda, evidencia la ausencia de efectividad del principio de la separación de poderes.

IV. EL TRIBUNAL SUPREMO DE JUSTICIA COMO INSTRUMENTO PARA EL CONTROL POLÍTICO DE OTROS PODERES DEL ESTADO

En la pequeña muestra del rol jugado por el Tribunal Supremo de Justicia en el proceso de desmantelamiento de la separación de poderes y del Estado de Derecho en Venezuela, debe mencionarse cómo la Sala Constitucional ha sido el vehículo utilizado por el gobierno para secuestrar y tomar control directo de otras ramas del Poder Público.

Así sucedió, por ejemplo, con el Poder Electoral, que en Venezuela se concibe como uno de los poderes del Estado en la pentadivisión de poderes que establece la Constitución (Poderes Ejecutivo, Legislativo, Judicial, Electoral y Ciudadano). Esto comenzó en 2002, después de la sanción de la Ley Orgánica del Poder Electoral,[184] cuando la Sala Constitucional, al declarar sin lugar un recurso de inconstitucionalidad que había ejercido el propio presidente Chávez contra una Disposición Transitoria de dicha Ley Orgánica, en un *obiter dictum* consideró que dicha ley era "inaplicable" al entonces en funciones Consejo Nacional Electoral en materia de quórum para decidir, impidiéndosele entonces a dicho órgano poder tomar decisión alguna, al considerar que debía hacerlo con una mayoría calificada de 4/5 que no estaba prevista en la ley (la cual disponía la mayoría de 3/5). Para ello, la Sala "revivió" una previsión que estaba en el derogado Estatuto Electoral transitorio que se había dictado en 2000 solo para regir las elecciones de ese año, y que ya estaba inefectivo.[185] Con ello, por la composición de entonces del Consejo Nacional Electoral, la Sala Constitucional impidió que dicho órgano funcionara y entre otras tareas que pudiera, por ejemplo, darle curso a la iniciativa popular, que ya estaba en desarrollo, de más de tres millones de firmas de convocar un referendo consultivo sobre la revocación del mandato del presidente de la República.

En todo caso, ello significó, en la práctica, la parálisis total y absoluta del Poder Electoral, lo que se consolidó por decisión de otra Sala del Tribunal Supremo, la Sala Electoral, primero, impidiendo que uno de los miembros del Consejo pudiese votar,[186] y segundo, anulando la convocatoria que había hecho el Consejo para un referendo consultivo sobre la revocación del mandato del presidente.[187]

---

183 Véase en ICHR, *Annual Report 2009*, par. 483, en http://www.cidh.oas.org/annualrep/2009eng/Chap.IV.f.eng.htm

184 Véase en *Gaceta Oficial* N° 37.573 de 19-11-2002.

185 Véase Sentencia N° 2747 de 7 de noviembre de 2002 (Exp. 02-2736).

186 Véase Sentencia N° 3 de 22 de enero de 2003 (Caso: *Darío Vivas y otros*). Véase en Allan R. Brewer-Carías, "El secuestro del Poder Electoral y de la Sala Electoral del Tribunal Supremo y la confiscación del derecho a la participación política mediante el referendo revocatorio presidencial: Venezuela: 2000-2004", en *Revista Costarricense de Derecho Constitucional,* tomo V, Instituto Costarricense de Derecho Constitucional, Editorial Investigaciones Jurídicas S.A., San José, 2004, pp. 167-312.

187 Véase Sentencia N° 32 de 19 de marzo de 2003 (Caso: *Darío Vivas y otros*). Véase Allan R. Brewer-Carías, en "El secuestro del Poder Electoral y la confiscación del derecho a la participación política mediante el referendo revocatorio presidencial: Venezuela 2000-2004" en *Revista Jurídica del Perú*, año LIV, N° 55, Lima, marzo-abril 2004, pp. 353-396.

La respuesta popular a estas decisiones, sin embargo, fue una nueva iniciativa respaldada también por tres millones y medio de firmas para la convocatoria de un nuevo referendo revocatorio del mandato del presidente de la República, para cuya realización resultaba indispensable designar los nuevos miembros del Consejo Nacional Electoral. La bancada oficialista en la Asamblea Nacional no pudo hacer por sí sola dichas designaciones, pues en aquel entonces no controlaba la mayoría de los 2/3 de los diputados que se requerían para ello, por lo que ante la imposibilidad o negativa de llegar a acuerdos con la oposición, y ante la perspectiva de que no se nombraran los miembros del Consejo Nacional Electoral, la vía que se utilizó para lograrlo, bajo el total control del gobierno, fue que la Sala Constitucional lo hiciera.

Para ello, se utilizó la vía de decidir un recurso de inconstitucionalidad contra la omisión legislativa en hacer las designaciones, que se había intentado, de manera que al decidir el recurso, la Sala, en lugar de exhortar a la Asamblea Nacional para que hiciera los nombramientos como correspondía, procedió a hacerlo directamente, usurpando la función del legislador, y peor aún, sin cumplir con las condiciones constitucionales requeridas para hacer los nombramientos.[188] Con esta decisión, la Sala Constitucional le aseguró al gobierno el completo control del Consejo Nacional Electoral, secuestrando a la vez el derecho ciudadano a la participación política y permitiendo al partido de gobierno manipular los resultados electorales.

La consecuencia de todo ello ha sido que las elecciones que se han celebrado en Venezuela durante la última década han sido organizadas por una rama del Poder Público supuestamente independiente pero tácticamente controlada por el gobierno, totalmente parcializada. Esa es la única explicación que se puede dar, por ejemplo, al hecho de que aún hoy día se desconozca cuál fue el resultado oficial de la votación efectuada en el referendo aprobatorio de 2007 mediante el cual el pueblo rechazó la reforma constitucional propuesta por el presidente de la República. Ello es igualmente lo que explica que se pudiera sancionar la Ley Orgánica de los Procesos Electorales en 2008 para materialmente, en fraude a la Constitución, eliminar la representación proporcional en la elección de los diputados a la Asamblea Nacional, al punto de que en las últimas elecciones legislativas de septiembre de 2010, con una votación inferior al cincuenta por ciento de los votos, el partido oficial obtuviera casi los 2/3 de diputados a la Asamblea Nacional.

En este contexto de sujeción política, la Sala Constitucional del Tribunal Supremo, desde 2000, por otra parte, lejos de actuar como guardián de la Constitución, ha sido el instrumento más importante del gobierno autoritario para mutar ilegítimamente la Constitución,[189] imponiendo interpretaciones inconstitucionales,[190] no solo

---

188 Sentencia N° 2073 de 4 de agosto de 2003 (Caso: *Hermann Escarrá Malavé y otros*); y sentencia N° 2341 del 25 de agosto de 2003 (Caso: *Hemann Escarrá y otros*). Véase en Allan R. Brewer-Carías, "El secuestro del Poder Electoral y la confiscación del derecho a la participación política mediante el referendo revocatorio presidencial: Venezuela 2000-2004", en *Stvdi Vrbinati, Rivista trimestrale di Scienze Giuridiche, Politiche ed Economiche*, año LXXI – 2003/04 Nuova Serie A – N. 55,3, Università degli studi di Urbino, pp. 379-436.

189 Véase en general sobre el tema, Allan R. Brewer-Carías, "El juez constitucional al servicio del autoritarismo y la ilegítima mutación de la Constitución: el caso de la Sala Constitucional del Tribunal Supremo de Justicia de Venezuela (1999-2009)", en *Revista de Administración Pública*, N° 180, Madrid, 2009, pp. 383-418; "La fraudulenta mutación de la Constitución en Venezuela, o de cómo el juez constitucional usurpa el poder constituyente originario", en *Anuario de Derecho Público*, Centro de Estudios de Derecho Público de la Universidad Monteávila, año 2, Caracas, 2009, pp. 23-65; "La ilegítima mutación de

sobre sus propios poderes de control,[191] sino en materias sustantivas, sin estar sometida a control alguno.[192]

Por último, debe destacarse que en septiembre de 2010, al tener lugar en Venezuela las mencionadas elecciones legislativas, se produjo otro hecho vergonzoso de reafirmación del control político sobre el Tribunal Supremo, cuando al perder el gobierno el control de la mayoría calificada que antes tenía de los votos de la Asamblea Nacional, necesaria para el nombramiento de los magistrados del Tribunal Supremo, en lugar de esperar que la nueva Asamblea, que debía instalarse en enero de 2011, decidiera al respecto, el gobierno anunció que a tal efecto no dialogaría con la oposición. Así, procedió en la Asamblea nacional a aprobar a la carrera en diciembre de 2010 un conjunto de leyes inconstitucionales tendientes a implementar un Estado socialista, centralizado, militarista y policial denominado "Estado Comunal" para ejercer un llamado "Poder Popular" que en 2007 había sido rechazado por el pueblo (Leyes Orgánicas del Poder Popular, de las Comunas, del Sistema Económico Comunal, de Planificación Pública y Comunal y de Contraloría Social),[193] y como no podía nombrar a los nuevos magistrados del Tribunal Supremo en virtud de las disposiciones de la Ley Orgánica del Tribunal Supremo que la misma Asamblea había sancionado en el mismo año 2010[194] -lo que correspondía a la nueva Asamblea Nacional a instalarse en enero de 2011- lo que hizo la Asamblea fue proceder a realizar una "reforma" de la Ley Orgánica del Tribunal Supremo sin "reformarla" formalmente por las

---

la Constitución por el juez constitucional y la demolición del Estado de Derecho en Venezuela", en *Revista de Derecho Político*, N° 75-76, Homenaje a Manuel García-Pelayo, Universidad Nacional de Educación a Distancia, Madrid, 2009, pp. 289-325; "El juez constitucional al servicio del autoritarismo y la ilegítima mutación de la Constitución: el caso de la Sala Constitucional del Tribunal Supremo de Justicia de Venezuela (1999-2009)", en *IUSTEL, Revista General de Derecho Administrativo*, N° 21, junio 2009, Madrid, ISSN-1696-9650.

190 Véase Allan R. Brewer-Carías, *"Crónica sobre la "In" Justicia Constitucional. La Sala Constitucional y el autoritarismo en Venezuela*, Editorial Jurídica Venezolana, Caracas 2007.

191 La Sala Constitucional ha venido asumiendo y autoatribuyéndose competencias no previstas en la Constitución, no solo en materia de interpretación constitucional al crearse el recurso autónomo de interpretación abstracta de la Constitución, sino en relación con los poderes de revisión constitucional de cualquier sentencia dictada por cualquier tribunal, incluso por las otras Salas del Tribunal Supremo de Justicia; con los amplísimos poderes de avocamiento en cualquier causa; con los supuestos poderes de actuación de oficio no autorizados en la Constitución; con los poderes de solución de conflictos entre las Salas; con los poderes de control constitucional de las omisiones del legislador; con la restricción del poder de los jueces de ejercer el control difuso de la constitucionalidad de las leyes; y con la asunción del monopolio de interpretar los casos de prevalencia en el orden interno de los tratados internacionales en materia de derechos humanos. Véase además, en *Crónica sobre la "In" Justicia Constitucional. La Sala Constitucional y el autoritarismo en Venezuela*, Colección Instituto de Derecho Público, Universidad Central de Venezuela, N° 2, Caracas, 2007.

192 Véase Allan R. Brewer-Carías, "*Quis Custodiet ipsos Custodes*: De la interpretación constitucional a la inconstitucionalidad de la interpretación", en *VIII Congreso Nacional de Derecho Constitucional*, Fondo Editorial y Colegio de Abogados de Arequipa, Arequipa, Perú, 2005, 463-89; y *Crónica de la "In" Justicia constitucional: La Sala Constitucional y el autoritarismo en Venezuela*, Editorial Jurídica Venezolana, Caracas, 2007, pp. 11-44, 47-79.

193 Véase en *Gaceta Oficial* N° 6.011 Extra de 21-12-2010. La Sala Constitucional mediante sentencia N° 1329 de 16-12-2010 declaró la constitucionalidad del carácter orgánico de esta ley. Véase en http://www.tsj.gov.ve/decisiones/scon/Diciembre/%201328-161210-2010-10-1437.html

194 Véase en *Gaceta Oficial* N° 39.522, de 1 de octubre de 2010. Véanse los comentarios en Allan R. Brewer-Carías y Víctor Hernández Mendible, *Ley Orgánica del Tribunal Supremo de Justicia de 2010*, Editorial Jurídica Venezolana, Caracas 2010.

vías regulares. Para ello, procedió a efectuar una "reimpresión" del texto de la ley orgánica en la *Gaceta Oficial* por un supuesto "error material" de copia del texto legal, lo que se materializó solo cuatro días después de que se efectuara la elección de los nuevos diputados a la Asamblea, como consecuencia de lo cual la bancada oficialista carecía de la mayoría calificada para hacer los nombramientos.[195]

El artículo 70 de la Ley Orgánica del Tribunal Supremo disponía, en efecto, que el plazo para presentar las candidaturas a magistrados del Tribunal ante el Comité de Postulaciones Judiciales no debía ser "menor de treinta días continuos", lo que implicaba que la Legislatura que concluía no podía alcanzar a hacer los nombramientos; redacción que se cambió gracias a un "aviso" del secretario de la Asamblea Nacional, en el cual indicó que en lugar de la palabra "menor", la palabra supuestamente correcta de la norma era la antónima, es decir, "mayor", en el sentido de que la norma debía decir lo contrario a lo que decía, que el plazo "no será mayor de treinta días continuos".

En esta forma, con un cambio de palabras, de "menor" a "mayor", por reimpresión del texto "por error de copia", un plazo mínimo se convirtió en un plazo máximo, con la clara intención de reducir los plazos para recibir las postulaciones y proceder a la inmediata designación de los nuevos magistrados, precisamente antes de que se instalara la nueva Asamblea Nacional en enero de 2011.[196] Así se ha cambiado el texto de las leyes en Venezuela, sin reformarlas formalmente; simplemente reimprimiendo el texto en la *Gaceta Oficial*, sin que haya institución judicial alguna que controle el desaguisado.[197]

Con esa "reforma" legal, la Asamblea Nacional, integrada por diputados que ya para ese momento no representaban la voluntad mayoritaria del pueblo, procedió entonces a materializar el asalto final al Tribunal Supremo y a llenarlo de magistrados miembros del partido político oficial y que, además, para el momento de su elección, incluso eran de los parlamentarios que estaban terminando su mandato por efecto de la elección parlamentaria, y que, por tanto, no cumplían con las condiciones para ser magistrados que establece la Constitución.

Como lo señaló la exmagistrada de la antigua Corte Suprema de Justicia, Hildegard Rondón de Sansó:

> El mayor de los riesgos que plantea para el Estado la desacertada actuación de la Asamblea Nacional en la reciente designación de los Magistrados del Tribunal Supremo de Justicia, no está solo en la carencia, en la mayoría de los designados de los requisitos constitucionales, sino el haber llevado a la cúspide del Poder Judicial

---

195 Véase *Gaceta Oficial* Nº 39.522, de 1 de octubre de 2010.

196 Véanse los comentarios de Víctor Hernández Mendible, "Sobre la nueva reimpresión por 'supuestos errores' materiales de la LOTSJ en la *Gaceta Oficial* Nº 39.522, de 1 de octubre de 2010", y Antonio Silva Aranguren, "Tras el rastro del engaño, en la web de la Asamblea Nacional", publicados en el *Addendum* al libro de Allan R. Brewer-Carías y Víctor Hernández Mendible, *Ley Orgánica del Tribunal Supremo de Justicia de 2010*, Editorial Jurídica Venezolana, Caracas, 2010.

197 Véase Allan R. Brewer-Carías, "Autoritarismo e inseguridad jurídica en Venezuela. O sobre la irregular forma utilizada para 'reformar' la Constitución y las leyes", en Rafael Valim, José Roberto Pimenta Oliveira y Augusto Neves Dal Pozzo (coordinadores), *Tratado sobre o princípio da segurança jurídica no Direito Administrativo*, Editora Fórum, Sao Paulo, 2013.

la decisiva influencia de un sector del Poder Legislativo, ya que para diferentes Salas, fueron elegidos cinco parlamentarios.[198]

Destacó además la profesora Sansó que "todo un sector fundamental del poder del Estado, va a estar en manos de un pequeño grupo de sujetos que no son juristas, sino políticos de profesión, y a quienes corresponderá, entre otras funciones el control de los actos normativos", agregando que "Lo más grave es que los designantes, ni un solo momento se percataron de que estaban nombrando a los jueces máximos del sistema jurídico venezolano que, como tales, tenían que ser los más aptos, y de reconocido prestigio como lo exige la Constitución".

Concluyó reconociendo entre "los graves errores" que incidieron sobre la elección, el hecho de:

> ... la configuración del Comité de Postulaciones Judiciales, al cual la Constitución creó como un organismo neutro, representante de los "diferentes sectores de la sociedad" (art. 271), pero la Ley Orgánica del Tribunal Supremo de Justicia, lo convirtió en forma inconstitucional, en un apéndice del Poder Legislativo. La consecuencia de este grave error era inevitable: los electores eligieron a sus propios colegas, considerando que hacerlo era lo más natural de este mundo y, ejemplo de ello fueron los bochornosos aplausos con que se festejara cada nombramiento.[199]

Como puede apreciarse de todo lo anteriormente expuesto, lamentablemente, la génesis de la Constitución de 1999 estuvo signada por el fraude constitucional cometido con la convocatoria de la Asamblea Nacional Constituyente contra el principio de la separación de poderes, a lo que siguió otro fraude cometido por la misma Asamblea al violentar el dicho principio y el orden jurídico, y dar un golpe de Estado, tanto contra la Constitución de 1961, cuya interpretación le había dado origen, como contra su producto final, que fue la Constitución de 1999 y su propio texto.[200]

La evolución posterior ha estado también signada, por una parte, por el fraude a la Constitución tanto en el desarrollo de la rechazada reforma constitucional de 2007, como de la aprobada "enmienda constitucional" de 1999, y por la otra, por el falseamiento o ilegítima mutación de la Constitución, en fraude a la voluntad popular, obra de una Sala Constitucional controlada por el Poder Ejecutivo, que ha estado al servicio del autoritarismo.

En esta forma, después de cuatro décadas de práctica democrática que tuvo Venezuela entre 1959 y 1999, período analizado con detenimiento y crítica conceptual por el profesor Tarre, durante los últimos tres lustros, a partir de 1999, en fraude continuo a la Constitución efectuado por el legislador y por el Tribunal Supremo de Justicia, guiados por el Poder Ejecutivo, a pesar de las excelentes normas constitu-

---

198 En Hildegard Rondón de Sansó, "*Obiter Dicta*. En torno a una elección", en *La Voce d'Italia*, 14-12-2010.

199 *Ídem.*

200 Véase Allan R. Brewer-Carías, *Reforma constitucional y fraude a la Constitución (1999-2009)*, Academia de Ciencias Políticas y Sociales, Caracas 2009; "Reforma Constitucional y fraude a la Constitución: el caso de Venezuela 1999-2009", en Pedro Rubén Torres Estrada y Michael Núñez Torres (coordinadores), *La reforma constitucional. Sus implicaciones jurídicas y políticas en el contexto comparado*, Cátedra Estado de Derecho, Editorial Porrúa, México 2010, pp. 421-533; "La demolición del Estado de Derecho en Venezuela. Reforma Constitucional y fraude a la Constitución (1999-2009)", en *El cronista del Estado Social y Democrático de Derecho*, N° 6, Editorial Iustel, Madrid, 2009, pp. 52-61.

cionales que teóricamente desarrollan el principio de la separación de poderes, se ha estructurado un Estado autoritario en contra del mismo, que ha aniquilado toda posibilidad de control del ejercicio del poder y, en definitiva, el derecho mismo de los ciudadanos a la democracia. Además, se ha venido implementando fraudulentamente una reforma constitucional que fue rechazada por el pueblo en 2007, mediante decretos leyes dictados en 2008, y además, mediante las leyes emanadas de la Asamblea Nacional en diciembre de 2010 sobre el Poder Popular y el Estado Comunal, en las cuales se ha regulado un Estado socialista, centralizado y militarista, y un sistema económico comunista por el cual nadie ha votado en el país.

En este contexto, por tanto, son evidentes las catastróficas consecuencias que para el Estado de Derecho, para el principio de la separación de poderes y para la democracia ha tenido la conducta del Tribunal Supremo de Justicia, que con su acción y omisión ha terminado siendo el artífice de la masacre institucional que Venezuela ha sufrido impunemente.

Ello se confirma, por lo demás, con lo expresado en el discurso de apertura del Año Judicial el 5 de febrero de 2011 pronunciado, como orador de orden, por el magistrado de la Sala Electoral del Tribunal Supremo Fernando Vargas, en el cual destacó que "el Poder Judicial venezolano está en el deber de dar su aporte para la eficaz ejecución, en el ámbito de su competencia, de la Política de Estado que adelanta el gobierno nacional" en el sentido de desarrollar "una acción deliberada y planificada para conducir un socialismo bolivariano y democrático", y que "la materialización del aporte que debe dar el Poder Judicial para colaborar con el desarrollo de una política socialista, conforme a la Constitución y la leyes, viene dado por la conducta profesional de jueces, secretarios, alguaciles y personal auxiliar", agregando que:

> Así como en el pasado, bajo el imperio de las constituciones liberales que rigieron el llamado estado de derecho, la Corte de Casación, la Corte Federal y de Casación o la Corte Suprema de Justicia y demás tribunales, se consagraban a la defensa de las estructuras liberal-democráticas y combatían con sus sentencias a quienes pretendían subvertir ese orden en cualquiera de las competencias ya fuese penal, laboral o civil, de la misma manera este Tribunal Supremo de Justicia y el resto de los tribunales de la República, deben aplicar severamente las leyes para sancionar conductas o reconducir causas que vayan en desmedro de la construcción del Socialismo Bolivariano y Democrático.[201]

Queda claro, por tanto, cual es la razón del rol asumido por el Tribunal Supremo en Venezuela, y que no ha sido otra, como se anunció en sentencia de 2004, que la aniquilación de la "llamada" separación de poderes como "principio ideológico de la democracia liberal", y como se anunció en la apertura del Año Judicial de 2011, que la destrucción "de las estructuras liberales-democráticas", con el objeto de la "construcción del Socialismo Bolivariano y Democrático".

El principio de la separación de poderes, como se puede apreciar a cabalidad en este libro del profesor Tarre Briceño, como principio fundamental del ordenamiento constitucional, no es ni puede ser considerado solamente como un principio técnico de organización del Estado, para solamente asegurar el adecuado ejercicio de las diversas funciones estatales por parte de los diversos órganos que ejercen el Poder

---

201 Véase la nota de prensa oficial difundida por el Tribunal Supremo. Véase en http://www.tsj.gov.ve/informacion/notasdeprensa/notasdeprensa.asp?codigo=8239

Público. Al contrario, tiene que se considerado como un principio esencial de la configuración del Estado constitucional y democrático de Derecho, el cual sin duda tiene un carácter ideológico vinculado al liberalismo democrático, concebido para asegurar el sistema de control y limitación del poder que le es esencial. Su justificación precisamente es esa: asegurar la libertad y la vigencia de los derechos fundamentales mediante la limitación y control del poder.

Por tanto, todo proceso tendiente a desvirtuarlo y reducirlo a ser un mero instrumento técnico, maleable por el poder, permitiendo su concentración en uno de los poderes del Estado no es sino el signo más característico de todos los autoritarismos, como se aprecia de lo expuesto en este libro, el cual debemos agradecerle al profesor Tarre que lo haya concluido y publicado. Era un aporte invalorable a la bibliografía jurídica venezolana que constituía una tarea de investigación que él tenía pendiente, y que todos los interesados en el tema también estábamos pendientes de poder leer.

Nueva York, abril de 2014

CUARTA PARTE:

EL ESTADO DEMOCRÁTICO DE DERECHO Y LOS NUEVOS AUTORITARISMOS CONSTITUCIONALES EN AMÉRICA LATINA: EL CASO DE VENEZUELA (Curitiba, Brasil, noviembre 2006)

Texto de la ponencia elaborada para el *IX Congresso Ibero-Americano de Direito Constitucional e VII Simpósio Nacional de Direito Constitucional*, Associação Brasileira dos Constitucionalistas Demócratas, Seção Brasileira do Instituto Ibero-Americano de Direito Constitucional, Academia Brasileira de Direito Constitucional, 11-15 de noviembre 2006, Curitiba, Paraná, Brasil. Para la redacción de este documento partimos de lo que expusimos en nuestro trabajo: "Los problemas de la gobernabilidad democrática en Venezuela: el autoritarismo constitucional y la concentración y centralización del poder", publicado en el libro: *Gobernabilidad y constitucionalismo en América Latina*, Universidad Nacional Autónoma de México, México 2005, pp. 73-96. Publicado también en mi libro: *Estudios sobre el Estado Constitucional (2005-2006),* Caracas, pp. 62-78.

I. LAS EXIGENCIAS DEL ESTADO DEMOCRÁTICO DE DERECHO: LA SEPARACIÓN DE PODERES Y LA DEMOCRACIA

En estos primeros años del Siglo XXI, América Latina está comenzando a observar la aparición de un nuevo modelo de Estado autoritario que no tiene su origen inmediato en un golpe de Estado militar, como ocurrió en el transcurso de las décadas del Siglo pasado, sino en elecciones populares.

Se trata de un autoritarismo con apoyo popular, como fueron todos los del Siglo pasado, y además con origen electoral. Ni uno ni otro modelo autoritario es democrático, ni puede considerarse como un Estado de derecho, pues carece de los componentes esenciales de la democracia, que son mucho más que la sola elección popular de los gobernantes.

En efecto, la democracia como régimen político sólo puede funcionar en un sistema constitucional de Estado de derecho en el cual se tome efectivamente en cuenta con todas sus consecuencias políticas, la clásica y clara advertencia que décadas antes de la Revolución francesa había legado al mundo, Charles Louis de Secondat, Barón de Montesquieu:

> Es una experiencia eterna -decía- que todo hombre que tiene poder tiende a abusar de él; y lo hace hasta que encuentra límites... Para que no se pueda abusar del poder es necesario que por la disposición de las cosas, el poder limite al poder[202].

---

202 *De l'Espirit des Lois* (ed. G. Tunc), Paris 1949, Vol. I, Libro XI, Cáp. IV, pp. 162-163.

Décadas después, además, este postulado sobre la división del poder público, como legado de las Revoluciones Norteamericana y Francesa[203], comenzó a ser una premisa ineludible de la democracia como régimen político.

En efecto, si bien la democracia es esencialmente un sistema político que tiene por objeto asegurar el gobierno del pueblo, titular de la soberanía, sea en forma indirecta a través de representantes electos, o bien mediante instrumentos para su ejercicio directo; para que ello pueda ocurrir, tiene que estar montada sobre un sistema político constitucional que, en todo caso y por sobretodo, impida el abuso de quienes ejercen el poder estatal, pues este control del poder estatal es justamente la esencia del Estado de derecho.

Es decir, para que pueda existir y funcionar efectivamente la democracia, la misma requiere de un marco constitucional que establezca y permita el control del poder, que es su límite esencial, y donde el poder, mediante su división y distribución, pueda frenar al poder, de manera que los diversos poderes del Estado puedan limitarse mutuamente, como garantía esencial de todos los valores de la propia democracia, que además del respeto a la voluntad popular, es la vigencia de los derechos humanos, el pluralismo político, la alternabilidad republicana y el sometimiento del Estado al derecho.

Precisamente por ello, en la *Carta Democrática Interamericana* adoptada en la Asamblea General de la Organización de Estados Americanos, en Lima, el 11 de septiembre de 2001, se enumeraron en su artículo 3, como *elementos esenciales de la democracia representativa*, además del respeto a los derechos humanos y las libertades fundamentales; del acceso al poder y su ejercicio con sujeción al Estado de derecho; de la celebración de elecciones periódicas, libres, justas y basadas en el sufragio universal y secreto, como expresión de la soberanía del pueblo; y del régimen plural de partidos y organizaciones políticas; la necesaria existencia -dice- de "la separación e independencia de los poderes públicos".

Además, la misma *Carta Interamericana* definió en su artículo 4°, como componentes fundamentales del ejercicio de la democracia, la transparencia de las actividades gubernamentales, la probidad, la responsabilidad de los gobiernos en la gestión pública, y el respeto por los derechos sociales y la libertad de expresión y de prensa. Además, se declaró que son igualmente fundamentales para la democracia la subordinación constitucional de todas las instituciones del Estado a la autoridad civil legalmente constituida y el respeto al estado de derecho de todas las entidades y sectores de la sociedad. La democracia, por tanto, es mucho más que las solas elecciones y votaciones.

Entre todos esos elementos y componentes esenciales de la democracia, el que se refiere a la separación e independencia de los Poderes Públicos es el que se configura en uno de los pilares fundamentales del Estado de derecho, para que incluso, los otros factores de la democracia puedan ser una realidad política[204].

---

203 *V.* Allan R. Brewer-Carías, *Reflexiones sobre la Revolución Americana (1776) y la Revolución Francesa (1789) y sus aportes al constitucionalismo moderno*, Editorial Jurídica Venezolana, Caracas 1992.

204 *V.* sobre la Carta Democrática Interamericana y la crisis de la democracia en Venezuela, Allan R. Brewer-Carías, *La crisis de la democracia venezolana. La Carta Democrática Interamericana y los sucesos de abril de 2002*, Ediciones El Nacional, Caracas 2002. pp. 137 y ss.

En América Latina, en una forma u otra, con todos los altos y bajos de efectividad en la consolidación del estado de derecho, en los períodos democráticos que nuestros países han tenido siempre ha habido instituciones que buscan asegurar el respeto a los derechos humanos, la sujeción del poder al derecho, elecciones más o menos regulares y libres y un régimen plural de partidos.

Pero si nuestras democracias no terminan de arraigar, y el Estado de Derecho no termina por apoderarse de nuestras instituciones políticas, es porque nos ha faltado implantar efectivamente el último de los elementos mencionados sobre la democracia y el más clásico de todos, que es el referido a la efectiva "separación e independencia de los poderes"; es decir, al orden constitucional que debe existir en toda democracia, lo que le da sentido al Estado de derecho, para controlar y limitar el poder, y que en particular, puede permitir una efectiva representación política; la posibilidad real de participación política del ciudadano, un gobierno transparente y responsable, y la vigencia efectiva del imperio de la ley.

En cambio, sin control del poder no sólo no hay ni puede haber real democracia ni efectivo Estado de derecho, sino que no se puede lograr la efectiva vigencia de todos los otros antes mencionados factores esenciales de la democracia, pues sólo controlando al Poder es que puede haber elecciones completamente libres y justas, es decir, representatividad efectiva; sólo controlando al poder es que puede haber pluralismo político; sólo controlando al Poder es que puede haber efectiva participación democrática; sólo controlando al Poder es que puede asegurarse una efectiva transparencia en el ejercicio del gobierno, con exigencia de la rendición de cuentas por parte de los gobernantes; sólo controlando el Poder es que se puede asegurar un gobierno sometido a la Constitución y a las leyes, es decir, un Estado de derecho; sólo controlando el Poder es que puede haber un efectivo acceso a la justicia, y un poder judicial con autonomía e independencia; y por último, sólo controlando al Poder es que puede haber real y efectiva garantía de respeto a los derechos humanos.

Al contrario demasiada concentración y centralización del poder, como ocurre en cualquier gobierno autoritario, así tenga origen electoral, si no hay controles efectivos sobre los gobernantes, y peor aún, si estos tienen o creen tener apoyo popular, inevitablemente conduce a la corta o a la larga a la tiranía. Y esa fue la historia de la humanidad durante la primera mitad del Siglo pasado, que nos mostró precisamente a tiranos que usaron el voto de la mayoría para acceder al poder y desde allí aplicaron el autoritarismo para acabar con la propia democracia y con todos sus elementos, comenzando por el propio respeto a los derechos humanos.

Desde los inicios del constitucionalismo moderno, además, el principio de la separación de poderes quedó plasmado en la misma Declaración francesa de los Derechos del Hombre y del Ciudadano de 1789, cuando proclamó que "toda sociedad en la cual la garantía de los derechos no esté asegurada, ni la separación de poderes determinada, no tiene Constitución" (art. XVI).

Sin embargo, a pesar de las dos centurias transcurridas, y particularmente en las últimas cinco décadas por los avances en la democracia, tanto el principio de la división o separación orgánica de poderes como manifestación de la distribución horizontal del Poder, como el principio de la distribución territorial o vertical del poder como signo de la descentralización política, han sido y continúan siendo los signos más arraigados, y no necesariamente desarrollados en la práctica, del constitucionalismo contemporáneo para garantizar la libertad, el gobierno democrático y el Estado de derecho.

Si en la Venezuela contemporánea, por ejemplo, en estos primeros años del Siglo XXI, se ha arraigado un gobierno autoritario, ello tiene su origen precisamente en la forma como se deformó el principio de la separación de poderes en la Constitución de 1999, de manera tal que en cuanto a la separación orgánica de poderes, se ha permitido la concentración del poder en manos del Poder Ejecutivo en relación con la Asamblea Nacional, y, en relación con los otros Poderes Públicos; y en cuanto al sistema federal de distribución territorial del Poder, al contrario del proclamado "Estado federal descentralizado" (art. 4, Constitución), se ha acentuado una "federación centralizada", lo cual se ha agravado por la eliminación del Senado como instrumento para garantizar la participación igualitaria de los Estados en la elaboración y control de las políticas nacionales. Así, a partir del año 2000, Venezuela, por tanto, pasó a ser un raro ejemplo de una federación sin Cámara federal, igual como sucede en las pocas federaciones existentes en Estados con territorios minúsculos.

En la Constitución Venezolana de 1999, en efecto, si nos atenemos a las palabras del texto, supuestamente se habría regulado un sistema de gobierno democrático "participativo y protagónico" montado sobre los principios de la separación orgánica de poderes y de la distribución territorial del Poder Público mediante una Federación descentralizada.

Sin embargo, en realidad y al contrario, utilizando una palabrería engañosa, lo que se diseñó fue un sistema de gobierno estructurado sobre la base de la concentración del poder público y de la centralización política del Estado, lo que afecta los otros elementos esenciales de la democracia, conduciendo a la propia negación del Estado de derecho.

Por ello, hemos considerado oportuno en esta Ponencia para el *IX Congresso Ibero-Americano de Direito Constitucional y el VII Simpósio Nacional de Direito Constitucional* de Curitiba (noviembre 2006), hacer algunas reflexiones sobre el tema del Estado democrático de derecho y los nuevos autoritarismos constitucionales en América Latina, en referencia al caso de Venezuela, que tanta importancia tiene frente a lo que debería ser un Estado democrático de derecho, montado sobre la separación de poderes y la descentralización política.

En el caso de Venezuela, en cambio, lo que se ha desarrollado en los últimos años es un Estado signado, al contrario, por una parte, por el principio de la concentración del poder y el autoritarismo constitucional; y por la otra, por la centralización política y la ausencia efectiva de participación democrática.

II. LA CONCENTRACIÓN DEL PODER Y EL AUTORITARISMO CONSTITUCIONAL

El problema de la concentración del poder, semilla del autoritarismo en Venezuela, puede decirse que deriva de la propia Constitución de 1999. Por ello, con motivo de la realización del referendo aprobatorio de la misma celebrado en diciembre de 1999, en un documento que elaboramos para explicar y justificar las razones por las cuales propugnamos el "voto negativo" en dicho referendo, advertimos que si la Constitución se aprobaba, en Venezuela se implantaría:

Un esquema institucional **concebido para el autoritarismo** derivado de la combinación del centralismo del Estado, el presidencialismo exacerbado, la democracia de partidos, la **concentración de poder** en la Asamblea y el militarismo, que constituye el elemento central diseñado para la organización del poder del Estado. En mi opinión -agregaba-, esto no es lo que se requería para el perfeccionamiento de la democracia; la cual al contrario, se debió basar en la descentralización del poder, en un presidencialismo controlado y moderado, en la participación política para balancear el poder del Estado y en la sujeción de la autoridad militar a la autoridad civil[205].

Lamentablemente, nuestra advertencia de entonces se ha venido haciendo realidad, y con base en la Constitución de 1999, y a partir de ella, en Venezuela se ha venido instrumentando un supuesto sistema democrático "participativo y protagónico" pero basado en la concentración y centralización del poder, lo cual es una contradicción, con consecuencias demoledoras para la propia democracia y el Estado de derecho.

Este proceso se inició, por lo demás, con el golpe de Estado perpetrado por la propia Asamblea Nacional Constituyente de 1999, la cual sin autoridad alguna, asaltó y concentró todo el poder del Estado violando la Constitución entonces vigente de 1961, lo que provocó no sólo resultados desastrosos -que muchos fuera y dentro del país no quisieron ver o entender-, sino insólitas secuelas institucionales como la inacabada e inconclusa "transitoriedad constitucional" a que estuvo y en muchos aspectos sigue estando sometido el país[206]; y lo más grave, con la anuencia de la Sala Constitucional del Tribunal Supremo de Justicia que fue producto de aquélla Asamblea, con lo que se han venido socavando los principios fundamentales del control democrático del poder, de la democracia y del Estado de derecho[207].

Puede decirse, entonces, que la Constitución que produjo la Asamblea Constituyente de 1999, configuró un *marco institucional autoritario*, que impide el desarrollo de la democracia misma y la consolidación del Estado de derecho. Al contrario de ese marco institucional y de la práctica constitucional que se ha implementado en los últimos años la Constitución que Venezuela requería para estos comienzos del Siglo XXI, era una que asegurara el perfeccionamiento de la democracia mediante el diseño y efectiva implementación del principio de la separación orgánica de poderes, como antídoto efectivo frente al autoritarismo; y ello, incluso, consolidando la separación de poderes más allá de los tres clásicos Poderes del Estado (Legislativo, Ejecutivo y Judicial), haciendo partícipes efectivos del ejercicio del Poder Público con rango constitucional, a los clásicos órganos de control que siempre han existido en

---

205 Documento de 30 de noviembre de 1999. *V.* en Allan R. Brewer-Carías, *Debate Constituyente (Aportes a la Asamblea Nacional Constituyente)*, Tomo III, Fundación de Derecho Público, Editorial Jurídica Venezolana, Caracas 1999, p. 339.

206 *V.* Allan R. Brewer-Carías, *Golpe de Estado y Proceso Constituyente en Venezuela*, Universidad Nacional Autónoma de México, México, 2003. pp. 179 y ss.

207 *V.* por ejemplo, Allan R. Brewer-Carías, *La Sala Constitucional versus el Estado democrático de derecho. El secuestro del poder electoral y de la Sala Electoral del Tribunal Supremo y la confiscación del derecho a la participación política*, Los Libros de El Nacional, Colección Ares, Caracas 2004; "La progresiva y sistemática demolición institucional de la autonomía e independencia del Poder Judicial en Venezuela 1999-2004", en *XXX Jornadas J.M Domínguez Escovar, Estado de derecho, Administración de justicia y derechos humanos*, Instituto de Estudios Jurídicos del Estado Lara, Barquisimeto, 2005, pp. 33-174.

nuestros países latinoamericanos, como las Contralorías Generales, el Ministerio Público, los Defensores del Pueblo o de los Derechos Humanos y los órganos electorales.

Pero por más separación orgánica de poderes que la Constitución ha consagrado, incluso con cinco poderes del Estado (Art. 136: Legislativo, Ejecutivo, Judicial, Ciudadano y Electoral), para que dicha separación pudiera ser efectiva tenía que haberse consolidado la independencia y la autonomía entre los mismos, de manera de asegurar la limitación y control del poder por el poder mismo. Ello, sin embargo, no se diseñó, y a pesar de la antes mencionada separación en cinco conjuntos de órganos del Estado, en la Constitución de Venezuela se encuentra una absurda distorsión de dicha separación, al otorgarse a la Asamblea Nacional, como órgano político que ejerce el Poder Legislativo y de control, no sólo la potestad de nombrar, sino de *remover* de sus cargos a los Magistrados del Tribunal Supremo de Justicia, al Fiscal General de la República, al Contralor General de la República, al Defensor del Pueblo y a los Miembros del Consejo Nacional Electoral (Art. 265, 279 y 296); y en algunos casos, incluso, por simple mayoría de votos.

No puede hablarse de independencia de los poderes, sobre la cual descansa la propia separación y la posibilidad de control mutuo, cuando la existencia misma de los titulares (no electos democráticamente) de los órganos que ejercen los poderes del Estado se hacen depender de uno de ellos, el cual además es esencialmente de carácter político.

Por ello, el sólo hecho de la previsión en el texto constitucional de tal poder de remoción en manos de la Asamblea Nacional, hace nugatoria la consagración formal de la independencia de los poderes, al tener conciencia sus titulares de que pueden ser removidos cuando efectivamente actúen con independencia[208].

Lamentablemente ello se ha manifestado en Venezuela, de manera que cuando ha habido signos de autonomía por parte de algunos de los titulares de algunos órganos del Estado, que se han osado a disentir o actuar con arreglo a derecho, han sido removidos de sus cargos. Ello ocurrió con la Defensora del Pueblo, y el Fiscal General de la República originariamente designados por la Asamblea Nacional Constituyente en 1999, quienes por no apegarse a los dictados del poder, en 2000 fueron separados de sus cargos; y con Magistrados del Tribunal Supremo que se atrevieron a votar en sentencias donde se cuestionaba el poder, lo que provocó que inmediatamente comenzaran a ser investigados y algunos de ellos incluso removidos de sus cargos, como ocurrió con el Primer Vicepresidente del Tribunal Supremo en junio de 2004.

En otros casos, la consecuencia que se ha producido por esa "dependencia" fáctica de los órganos de control frente a la Asamblea, ha sido la abstención total en que han incurrido en ejercer el control que la Constitución les atribuye, como es el caso del Contralor General de la República, cuya existencia misma ha sido motivo de conjetura; y de las complacencias del Defensor del Pueblo con el poder, que han provocado que se lo perciba, antes que como defensor de los ciudadanos frente al poder, como el defensor del poder frente a los ciudadanos.

---

208 *V.* "Democracia y control del poder", en Allan R. Brewer-Carías, *Constitución, democracia y control del poder*, Centro Iberoamericano de Estudios Provinciales y Locales, Universidad de Los Andes, Mérida 2004.

Los efectos de esta dependencia han sido catastróficos en relación con el Poder Judicial, el cual fue intervenido por la Asamblea Nacional Constituyente en 1999, y continúa intervenido con la lamentable anuencia del propio Tribunal Supremo de Justicia, el cual se ha negado a asumir el completo gobierno del Poder Judicial, permitiendo que conviva con él, una Comisión de Reorganización del Poder Judicial con poderes disciplinarios que son contrarios a lo que exige y manda la Constitución; a lo que se suma el control político que la Asamblea Nacional ha asumido sobre los Magistrados del Tribunal Supremo, con la siempre "oportuna" advertencia de que pueden ser investigados y removidos[209].

Debe señalarse, además, que las previsiones constitucionales que se establecieron para asegurar la autonomía de los señalados poderes del Estado mediante mecanismos participativos en la designación de sus titulares, lamentablemente han sido distorsionadas.

La Constitución, en efecto, estableció unos Comités de Postulaciones "integrados por representantes de los diversos sectores de la sociedad" para la selección de los candidatos a Magistrados del Tribunal Supremo de Justicia, a Fiscal General de la República, a Contralor General de la República, a Defensor del Pueblo y a miembros (Rectores) del Consejo Nacional Electoral, mediante previsiones constitucionales que pretendían limitar el poder discrecional que el órgano político-legislativo había tenido siempre, con sus acuerdos político-partidistas, para designar dichos altos funcionarios. Pero ello no se logró, pues la práctica política y legislativa desarrollada por la propia Asamblea Nacional en los últimos años, órgano que era el que constitucionalmente debía ser limitado; en un evidente fraude a la Constitución, provocó que dichos Comités se hayan quedado configurados como unas "Comisiones parlamentarias ampliadas", integradas además por diputados, que por definición no podían integrarlos por no ser representantes de la "sociedad civil", y por algunas otras personas llamadas sus "representantes" escogidas por la propia Asamblea Nacional de "Organizaciones no gubernamentales" estratégicamente seleccionadas[210].

Pero si la primacía de la Asamblea Nacional sobre los Poderes Judicial, Ciudadano y Electoral es el signo más característico de la ejecución de la Constitución en él último lustro, la distorsión de la separación de poderes, la ha ido convirtiendo en un órgano a su vez sujeto a un sistema de concentración del poder en manos del Poder Ejecutivo, el cual desde el punto de vista político-partidista ha adquirido primacía que sobre la propia Asamblea Nacional. Ello, aunado al presidencialismo exacerbado establecido en la Constitución de 1999, caracterizado, entre otros factores, por la extensión del período presidencial a seis años; la permisión de la reelección inmediata del Presidente de la República (art. 230), lo que atenta contra el principio de la alternabilidad republicana al permitir un posible largo período de gobierno de hasta 12 años; lo complicado del referendo revocatorio del mandato (art. 72), lo que lo hace prácticamente inaplicable; y la no adopción del principio de la elección del Presiden-

---

209 *V.* Allan R. Brewer-Carías, "La progresiva y sistemática demolición de la autonomía e independencia del Poder Judicial en Venezuela (1999-2004)", en *XXX Jornadas J. M. Domínguez Escovar, sobre Administración de Justicia y Derechos Humanos*, Instituto de Estudios Jurídicos del Estado Lara, Barquisimeto 2005.

210 *V.* Allan R. Brewer-Carías, "La participación ciudadana en la designación de los titulares de los órganos no electos de los Poderes Públicos en Venezuela y sus vicisitudes políticas", en *Revista Iberoamericana de Derecho Público y Administrativo*, Año 5, Nº 5-2005, San José, Costa Rica 2005, pp. 76-95.

te por mayoría absoluta y doble vuelta, conservándose la elección por mayoría relativa (art. 228), originando la posibilidad de gobiernos electos con una minoría de votos, lo que puede hacer al sistema ingobernable. Además, se estableció la posibilidad de disolución de la Asamblea Nacional por el propio Presidente de la República (art. 236,22), aún cuando en casos excepcionales cuando se aprueben tres votos de censura parlamentaria contra el Vicepresidente Ejecutivo (art. 240); se eliminó el contrapeso que surgía del antiguo bicameralismo, al desaparecer el Senado; y se regularizó el sistema de las leyes habilitantes o de delegación legislativa a los efectos de emisión de Decretos-Leyes, no sólo en materias económicas y financieras (art. 203), lesionándose la garantía constitucional de la reserva legal en la regulación de los derechos constitucionales[211].

Lo cierto es que la legislación fundamental que se ha producido en los últimos cinco años está contenida en estos decretos leyes dictados, incluso, sin que se hubiera respetado la exigencia constitucional de la consulta pública obligatoria requerida en la Constitución para los proyectos de ley[212].

La Constitución de 1999, también dentro de sus innovaciones, consagró un acentuado esquema militarista como no se conocía en la última centuria; lo cual si se agrega al presidencialismo como forma de gobierno y a la concentración de poderes en la Asamblea Nacional y el Presidente de la República cuando la controla, lo que muestra es la apertura el autoritarismo como forma de gobierno, lamentablemente instalado en la República. En la Constitución, en efecto se eliminó toda idea de sujeción o subordinación de la autoridad militar a la autoridad civil; dándose, al contrario, una gran autonomía a la autoridad militar y a la Fuerza Armada, con la posibilidad incluso de intervenir sin límites en funciones civiles, bajo la comandancia general del Presidente de la República.

Ello se evidencia, por ejemplo, tanto de la incorporación de algunas regulaciones como de la ausencia de las mismas: Primero, se eliminó la tradicional prohibición que existía en el constitucionalismo histórico respecto del ejercicio simultáneo de la autoridad civil con la autoridad militar; segundo, se eliminó el control civil parlamentario en relación con la promoción de militares de altos rangos, y que había sido diseñado por los hacedores de la República a comienzos del Siglo XIX, siendo en la actualidad una atribución exclusiva de la Fuerza Armada; tercero, se eliminó la norma que establecía el carácter apolítico de la institución militar y su carácter no-deliberante, lo cual abrió el camino para que la Fuerza Armada delibere e intervenga en los asuntos que estén resolviendo los órganos del Estado; cuarto, se eliminó de la Constitución la obligación de la Fuerza Armada de velar por la estabilidad de las instituciones democráticas que antes estaba prevista expresamente; quinto, y más grave aún, se eliminó la obligación de la Fuerza Armada de obedecer la Constitución y leyes, cuya observancia debía estar siempre por encima de cualquier otra obliga-

---

211 *V.* Allan R. Brewer-Carías, "Consideraciones sobre la suspensión o restricción de las garantías constitucionales", en *Revista de Derecho Público*, N° 37, EJV, Caracas-1989, pp. 6 y 7. V. igualmente, "La expresión "leyes" en el artículo 30 de la Convención Americana sobre Derechos Humanos (Opinión Consultiva, OC-6/86) Corte Interamericana de Derechos Humanos, en *Revista IIDH*; Instituto Interamericano de Derechos Humanos N° 3, San José-1986, pp. 107 ss.

212 *V.* Allan R. Brewer-Carías "Régimen constitucional de la delegación legislativa e inconstitucionalidad de los Decretos Leyes habilitados dictados en 2001", *Revista Primicia, Informe Especial*. Caracas diciembre 2001.

ción, como lo establecía la Constitución anterior; sexto, por vez primera en la historia del país, se le concedió a los militares el derecho al voto, lo cual ha mostrado ser políticamente incompatible con el principio de obediencia; séptimo, la nueva Constitución estableció el privilegio de que el Tribunal Supremo de Justicia debe decidir si hay méritos para juzgar a los militares de alto rango de la Fuerza Armada, lo cual siempre había sido un privilegio procesal reservado a altos funcionarios civiles, como el Presidente de la República; octavo, se sujetó el uso de cualquier tipo de armas en el país a la autoridad de la Fuerza Armada, control éste que antes estaba atribuido a la administración civil; noveno, se estableció la posibilidad de poder atribuir a la Fuerza Armada funciones de policía administrativa; y finalmente, décimo, se adoptó el concepto de la doctrina de seguridad nacional, definida de forma total, global y omnicomprensiva, conforme a la cual, como había sido desarrollada en los regímenes militares de América latina en los setenta, casi todo lo que suceda en la Nación concierne a la seguridad del Estado, aun cuando se trate incluso del desarrollo económico y social[213].

Todo esto ha dado origen a un esquema militar que es una novedad constitucional y ha venido conduciendo a una situación en la cual la Fuerza Armada se ha apoderado de la administración civil del Estado, como ha venido ocurriendo en el último lustro. Todas estas disposiciones muestran un cuadro constitucional de militarismo verdaderamente único en la historia política y constitucional de América Latina, que no se encuentra ni siquiera en las Constituciones de los anteriores regímenes militares.

Con estos atentados al principio de la separación de poderes, Venezuela, con su nueva Constitución llena de contradicciones constitucionales (una Federación centralizada y sin Senado; un Poder Legislativo y una delegación legislativa ilimitada; y una penta división del Poder con una concentración inusitada del poder en el órgano político representativo), ha constitucionalizado el camino hacia el autoritarismo. La democracia, por tanto, con ese esquema constitucional difícilmente puede ser efectiva, y menos aún el Estado de derecho.

III. LA CENTRALIZACIÓN DEL PODER Y LA AUSENCIA DE EFECTIVA PARTICIPACIÓN POLÍTICA

Pero el nuevo esquema de gobierno autoritario que en los últimos años ha encontrado arraigo en Venezuela, con origen electoral, no sólo ha sido posible por la constitucionalización de un esquema de concentración del Poder del Estado que es contrario a la democracia y al Estado de derecho; sino además, por la distorsión del propio ejercicio de la democracia y de la participación popular, encubierta por un falaz discurso autoritario que pretende sustituir la democracia representativa por una "democracia participativa", como si se tratara, además, de conceptos dicotómicos, conduciendo en realidad a la propia destrucción de la democracia.

La participación política, es decir, la posibilidad para el ciudadano de participar en la toma de decisiones políticas, sólo es posible cuando el poder está cerca del ciudadano en un sistema estatal de descentralización del poder basado en la multi-

213 *V.* sobre el militarismo en la Constitución de 1999, Allan R. Brewer-Carías, "Razones para el Voto NO en el referéndum sobre la Constitución", (Documento de 30-11-1999), *Debate Constituyente (Aportes a la Asamblea Nacional Constituyente),* Tomo III, *cit.*, p. 325 y ss.

plicación de las autoridades locales con autonomía política[214]. Al contrario, en un esquema de Federación centralizada como la que consagra la Constitución venezolana de 1999, no sólo la participación política se torna en una ilusión retórica, sino que el sistema se convierte en fácil instrumento del autoritarismo[215].

Por ello, también con motivo de la realización del referendo aprobatorio de la Constitución de 1999, en el mismo documento explicativo de las razones por las cuales en su momento propugnamos el "voto negativo" en dicho referendo, advertíamos que:

> La gran reforma del sistema político, necesaria e indispensable para perfeccionar la democracia era desmontar el centralismo de Estado y distribuir el Poder Público en el territorio; única vía para hacer realidad la participación política. La Asamblea Constituyente -agregábamos-, para superar la crisis política, debió diseñar la transformación del Estado, descentralizando el poder y sentar las bases para acercarlo efectivamente al ciudadano. Al no hacerlo, ni transformó el Estado ni dispuso lo necesario para hacer efectiva la participación[216].

Sin embargo, a pesar del esquema centralizado del poder plasmado en la Constitución, esta utiliza en múltiples veces la palabra participación y además, proclama como valor global a la llamada "democracia participativa", pero sin permitir una efectiva participación política del ciudadano en la conducción de los asuntos públicos en entidades políticas descentralizadas, más allá del ejercicio del derecho al sufragio y de algunos mecanismos de democracia directa como los referendos y las asambleas de ciudadanos, pero en este último caso, sin que se configuren como instancias del poder del Estado.

En realidad, en el discurso autoritario, la "democracia participativa", de democracia sólo tiene el nombre, siendo hábilmente utilizado frente a los fracasos políticos que han experimentado muchas de nuestras anquilosadas democracias meramente representativas y de partidos, y en la cuales muchas veces, la expresión se utiliza sin que se sepa efectivamente de qué se trata y generalmente confundiendo indebidamente la democracia participativa con elementos propios de la democracia directa. Pero en la mayoría de los casos se utiliza como engañosa y clara estrategia para acabar con la propia democracia representativa como régimen político, exacerbando la desconfianza en los partidos políticos y en las propias instituciones del Estado con estructuras e instituciones demasiado lejos del ciudadano.

La confusión originada por el clamor que a veces se siente en muchos de nuestros países de América Latina por la participación, la cual además, por esencia es contraria al autoritarismo, obliga a reflexionar sobre la propia democracia para poder

214 *V.* nuestras propuestas para el reforzamiento de la descentralización de la federación y el desmantelamiento de su centralización en Allan R. Brewer-Carías, *Debate Constituyente (Aportes a la Asamblea Nacional Constituyente)*, Tomo I, Fundación de Derecho Público, Editorial Jurídica Venezolana, Caracas 1999, pp. 155 y ss.

215 *V.* los estudios "La opción entre democracia y autoritarismo (julio 2001)", pp. 41-59; "Democratización, descentralización política y reforma del Estado (julio-octubre 2001)", pp. 105-125; y "El Municipio, la descentralización política y la democracia (octubre 2001)", pp. 127-141, en Allan R. Brewer, *Reflexiones sobre el constitucionalismo en América*, Editorial Jurídica Venezolana, Caracas 2001.

216 Documento de 30 de noviembre de 1999. *V.* en Allan R. Brewer-Carías, *Debate Constituyente (Aportes a la Asamblea Nacional Constituyente)*, Tomo III, Fundación de Derecho Público, Editorial Jurídica Venezolana, Caracas 1999, p. 323.

situar el concepto de participación política donde le corresponde, que es precisamente en el ámbito local de la descentralización política.

Sin duda, los dos principios fundamentales de la democracia en el mundo contemporáneo siguen siendo la representación y la participación. La primera, la representación si a algo se contrapone es a la democracia directa, por lo que la dicotomía que existe en este caso es entre "democracia representativa" o indirecta y "democracia directa".

La segunda, la participación, a la vez, si a algo se contrapone no es a la representación, sino a la "exclusión" política, de manera que la dicotomía que en este plano surge es entre "democracia participativa" o de inclusión y "democracia de exclusión" o exclusionista. Y esto es precisamente lo que no se tiene claro cuando se habla de democracia participativa, en ciertos casos, queriendo referirse a los mecanismos de democracia directa; y en otros deliberadamente confundiéndose los conceptos, para buscar la eliminación o minimización de la representatividad, y establecer una supuesta relación directa entre algún líder mesiánico y el pueblo, a través de los mecanismos institucionales e incluso paralelos a los propios órganos electos del Estado, dispuestos para hacer creer que el ciudadano participa, cuando lo que está es sometido a control por el poder central.

En cuanto a la democracia representativa o democracia indirecta, esta es y seguirá siendo de la esencia de la democracia[217]. Su sustitución es esencialmente imposible si de democracia se trata, sin perjuicio de que afortunadamente se haya venido enriqueciendo en las últimas décadas, precisamente con la introducción en nuestros sistemas políticos de mecanismos de democracia directa que la complementan, pero que jamás podrán sustituirla.

No puede existir en el mundo contemporáneo una democracia que sea sólo refrendaria, plebiscitaria o de cabildos abiertos permanentes; lo que no impide que hoy por hoy, en casi todos los sistemas constitucionales contemporáneos se han incorporado mecanismos de consultas populares y de asambleas de ciudadanos con el objeto de complementar la representatividad. Además, como es el caso de la Constitución de Venezuela, se han regulado todos los tipos imaginable de referendos: consultivos, aprobatorios, decisorios, abrogatorios, autorizatorios y revocatorios; al igual que las iniciativas populares. Ello sin duda ha contribuido a la movilización popular y a la relativa manifestación directa de voluntad del pueblo; pero es claro que esos mecanismos no pueden sustituir a la democracia conducida por representantes electos. El reto en este punto, para contribuir a la consolidación del Estado democrático de derecho, es asegurar que dichos representantes sean realmente representativos de las sociedades y sus comunidades, y sean elegidos en sistemas de sufragio directo, universal y secreto donde impere el pluralismo político, y a través de procesos electorales transparentes que aseguren el acceso al poder con sujeción al Estado de derecho.

Pero sin duda, más interés contemporáneo tiene el segundo principio básico de la democracia, que es el de la participación política, lo que como antes se ha señalado, no es otra cosa que un régimen democrático de inclusión política, donde el ciudadano sea parte de su comunidad organizada con autonomía política, y contribuya a

---

217 *V.* nuestra propuesta sobre la regulación del principio democrático representativo y participativo en la Constitución de 1999 en Allan R. Brewer-Carías, *Debate Constituyente (Aportes a la Asamblea Nacional Constituyente),* Tomo I, *cit.*, pp. 183 y ss.

tomar las decisiones que le conciernen. Participar es estar incluido, por lo que la dicotomía en este caso de la participación política es la exclusión política, la cual además conlleva la de orden social y económico. Lamentablemente, sin embargo, como antes hemos apuntado, en la doctrina política democrática con demasiada frecuencia se han confundido los conceptos, y cuando se habla de democracia participativa se la confunde y se la reduce a los mecanismos de democracia directa, cuando la democracia participativa es mucho más que eso.

Participar, en efecto, en el lenguaje común, es ser parte de..., es pertenecer, incorporarse, contribuir, estar asociado o comprometerse a...; es tener un rol, tomar parte activa, estar envuelto o tener una mano en...; es en fin, asociarse, compartir o tener algo que ver con... La participación, por tanto, en el lenguaje político no es otra cosa que ser parte de una comunidad política que por esencia debe gozar de autonomía, en la cual el individuo tiene un rol específico de carácter activo conforme al cual contribuye a la toma de decisiones, la cual no se puede agotar, por ejemplo, en el sólo ejercicio del derecho al sufragio (que sin duda es una forma mínima de participación); o en ser miembro de sociedades intermedias, aún las de carácter político como los partidos políticos; o en votar en referendos (que es otra forma mínima de participación); o en participar en asambleas de ciudadanos controladas por el poder central[218].

Participación política democrática, en realidad, es estar incluido en el proceso político y ser parte activa del mismo, sin mediatizaciones; es en fin, poder tener acceso a la toma de decisiones públicas. Y ello, en ninguna sociedad democrática se ha logrado permanentemente con las solas elecciones, votaciones en referendos o consultas populares. Tampoco se logra con manifestaciones así sean multitudinarias, y menos de las que son obedientes y sumisas a un líder. Eso, que no es más que manifestación política, la historia se ha encargado de enseñárnosla en todas sus facetas, incluyendo las propias de los autoritarismos fascistas del siglo pasado, la cual no se puede confundir con participación política.

Para que la democracia sea inclusiva o de inclusión, tiene que permitir al ciudadano poder ser parte efectivamente de su comunidad política autónoma; pues tiene que permitirle desarrollar incluso conciencia de su efectiva pertenencia, es decir, de pertenecer en el orden social y político, por ejemplo, a una comunidad, a un lugar, a una tierra, a un campo, a una comarca, a un pueblo, a una región, a una ciudad, en fin, a un Estado.

Por ello, la democracia participativa no es nada nuevo en la historia política; ha estado siempre, desde los mismos días de las Revoluciones del Siglo XIX en la teoría y práctica política democrática. En todos los países con democracias consolidadas, incluso, está imperceptiblemente arraigada en el nivel más ínfimo de los territorios de los Estados, en los Municipios, en las Comunas; es decir, en la base de la distribución territorial del poder.

---

218 *V.* Allan R. Brewer-Carías, "Democracia Municipal, Descentralización y Desarrollo Local" *(Conferencia Inaugural del XXVI Congreso Iberoamericano de Municipios, Organización Iberoamericana de Cooperación Intermunicipal, Ayuntamiento de Valladolid*), Valladolid, 13-15 de octubre de 2004), en *Revista Iberoamericana de Administración Pública*, N° 11, julio-diciembre 2003, INAP, Madrid 2003, pp. 11-34.

El gran tema de la participación política, en todo caso, en democracias con carencia de participación, es determinar dónde y cómo es que se puede realmente participar, y la respuesta apunta a las entidades que sean consecuencia de la descentralización política del poder. De manera que dejando aparte y sin sustituir al sufragio y a los instrumentos de democracia directa, la participación política como democracia de inclusión en la cual el ciudadano pueda tomar parte personalmente en un proceso decisorio, interviniendo en actividades estatales y en función del interés general, sólo puede tener lugar en los estamentos territoriales más reducidos políticamente descentralizados, en el nivel local, comunal o municipal.

Es decir, sólo en los niveles territoriales inferiores de la organización del Estado es que se puede montar una organización participativa que permita la incorporación del ciudadano individual, o en grupos o en comunidades, en la vida pública, y particularmente, en la toma de decisiones públicas generales o de orden administrativo.

De ello resulta que el tema central que tiene que resolverse cuando se habla con propiedad de democracia participativa, es el de la determinación del nivel territorial que se requiere para la participación como cotidianeidad democrática, y la opción más clásica está entre el municipio desparramado en todos los rincones de un Estado, en cada villa, pueblo y caserío, situado bien cerca del ciudadano; o el gran municipio urbano o rural, situado bien lejos del ciudadano, y que en definitiva no sirve para nada.

Lo cierto, en definitiva, es que en la mayoría de los llamados países desarrollados democráticamente predomina la existencia de muchos municipios, y entre ellos, de municipios pequeños[219]. En contraste, en América Latina, el municipio está demasiado lejos del ciudadano[220]. En ambos Continentes los Municipios fueron tributa-

219 Por ejemplo, en Alemania, de sus 16.098 municipios, un 76% tiene menos de 5.000 habitantes; y en España, alrededor del 86% de sus más de 8.056 municipios, tienen menos de 5.000 habitantes, agrupando sólo el 16% de la población, y el 61% tiene menos de 1.000 habitantes. Debe destacarse además, ya que nos encontramos en Valladolid, como un ejemplo de lo que significa para un país tener territorialmente muchos pequeños municipios, el caso precisamente de esta Comunidad de Castilla y León, que alberga algo más de un cuarto del total de los Municipios de España, con 2.248 municipios para 2,484.603 habitantes, de los cuales el 68,5%, es decir, 1.540 municipios tienen menos de 500 habitantes. *V.* en *Informe sobre el Gobierno Local*, Ministerio para las Administraciones Públicas, Fundación Carles Pi i Sunyer d'Etudis Autonòmics y Locals, Madrid 1992, p. 27

220 En Argentina, para 37 MM de habitantes, hay 1617 municipios con un promedio de población de 22.882 habitantes; en Bolivia, para 8 MM de habitantes, hay 312 municipios con un promedio de población de 25.642 habitantes; en Brasil, para 168 MM de habitantes, hay 5.581 municipios con un promedio de población de 30.102 habitantes; en Chile, para 15 MM de habitantes, hay 340 municipios con un promedio de población de 44.117 habitantes; en Colombia, para 42 MM de habitantes, hay 1.068 municipios con un promedio de población de 39.326 habitantes; en Cuba,, para 11 MM de habitantes, hay 169 municipios con un promedio de población de 65.389 habitantes; en Ecuador, para 12 MM de habitantes, hay 1.079 municipios con un promedio de población de 11.121 habitantes; en El Salvador, para 6 MM de habitantes, hay 262 municipios con un promedio de población de 22.900 habitantes; en Guatemala, para 11 MM de habitantes, hay 324 municipios con un promedio de población de 33.950 habitantes; en Honduras, para 6 MM de habitantes, hay 293 municipios con un promedio de población de 20.478 habitantes; en México, para 97 MM de habitantes, hay 2.418 municipios con un promedio de población de 40.116 habitantes; en Nicaragua, para 5 MM de habitantes, hay 143 municipios con un promedio de población de 34.965 habitantes; en Paraguay, para 5 MM de habitantes, hay 212 municipios con un promedio de población de 23.585 habitantes; en Perú, para 25 MM de habitantes, hay 1808 municipios con un promedio de población de 13.827 habitantes; en República Dominicana, para 8 MM de habitantes, hay 90 municipios con un promedio de población de 88.889 habitantes; en Uruguay, para 3 MM de habitantes, hay 19 municipios con un promedio de población de 157.894 habitantes; y en Venezuela, para 24

rios de los mismos postulados centrales que derivaron de la Revolución Francesa, pero la enorme diferencia entre ellos fue que en Europa, desde comienzos del siglo XIX el Municipio se ubicó en cuanta aldea, pueblo, villa y ciudad existía, bien cerca del ciudadano; y en cambio, en América Latina, el Municipio colonial que traspasó las batallas de la Independencia, continuó como se lo había creado, ubicado en el nivel territorial de las antiguas Provincias Coloniales, y en los Cabildos metropolitanos, bien lejos del ciudadano. En los primeros, la participación política es tan cotidiana en las cosas pequeñas que es imperceptible; en los segundos, simplemente no hay participación alguna. Tienen un ámbito territorial tan alto y extraño al ciudadano, que hace que no sirvan para nada, pues ni sirven para gerenciar adecuadamente los intereses locales ni para servir de instancias de participación política de la ciudadanía en la decisión o gestión de sus propios asuntos comunales.

Por tanto, la democracia participativa está real e indisolublemente ligada, no a la democracia directa, sino a la descentralización política y dentro de esta última a la municipalización, y la misma no se puede materializar con solo propuestas de incorporación al régimen democrático de instrumentos como los referendos las consultas o las iniciativas populares y las asambleas de ciudadanos.

La democracia participativa no se agota ni se debe confundir con la democracia directa, como suele suceder en muchos estudios sobre la democracia que propugnan su perfeccionamiento[221].

La participación política como cotidianeidad democrática o como parte de la democracia como forma de vida, sólo puede darse a nivel local. Por ello, la participación política o la democracia participativa están íntimamente unidas al localismo y a la descentralización política, que son las que pueden efectivamente a su vez limitar el poder, lo que es consustancial con la democracia. Por ello, no puede haber y nunca ha habido autoritarismos descentralizados que hayan podido permitir efectivamente la participación política; al contrario, la centralización política del poder es de la esencia de los autoritarismos y contraria a la democracia.

Es decir, la centralización política impide la participación, por lo que esta sólo es posible en sistemas de gobiernos donde el poder esté descentralizado políticamente y cerca del ciudadano; y no hay otra instancia en los Estados para que el ciudadano pueda participar, que no sea el gobierno local; lo demás es falacia y engaño, o mecanismos de democracia directa, que, insistimos, son otra cosa. Por ello es que el tema de la descentralización política, precisamente no tiene tanta notoriedad en los países europeos con democracias desarrolladas y consolidadas, donde la participación es de todos los días, en las pequeñas cosas que pueden tratarse en esos pequeños municipios urbanos y rurales.

De manera que sin temor a equivocarnos podemos afirmar que no sólo sin descentralización política o territorial, es decir, sin que exista una multiplicidad de poderes locales y regionales autónomos políticamente no puede haber participación política, sino que en definitiva no puede haber una democracia participativa. La des-

---

MM de habitantes, hay 338 municipios con un promedio de población de 71.006 habitantes. *V.* las referencias en Allan R. Brewer-Carías, *Reflexiones sobre el constitucionalismo en América*, Editorial Jurídica Venezolana, Caracas 2001, pp. 139 y ss.

221 *V.* por ejemplo, en Venezuela, el conjunto de estudios publicados en "Participación Ciudadana y Democracia", *Comisión Presidencial para la Reforma del Estado*, Caracas 1998.

centralización es, por tanto, la base de la democracia participativa y a la vez, el impulso de la democratización y control del poder. El centralismo, en cambio es la base de la exclusión política al concentrar el poder en unos pocos electos, y a la vez, el motivo del desprestigio de la democracia representativa por más aditivos de democracia directa o refrendaria que se le implante[222].

Cuando de democracia se trata, por tanto, no hay que temerle a la descentralización política, pues si algo es cierto es que no hay ni ha habido autocracias descentralizadas.

Por ello solo los autoritarismos temen y rechazan tanto la descentralización política como a la participación democrática, incluyendo los autoritarismos que tradicionalmente han gobernado en América Latina bajo el ropaje del "centralismo democrático" de cualquier cuño que sea, incluso de orden partidista.

No hay que dejarse engañar con los cantos de sirenas autoritarios que no se cansan de hablar de "democracia participativa", pero no para hacerla posible descentralizando políticamente el poder, sino para acabar con la aún deficiente democracia representativa que nos queda, imposibilitando a la vez la real participación.

En el caso de la democracia venezolana, como antes señalamos, la gran transformación política que debió haberse producido en el proceso constituyente de 1999 para perfeccionar la democracia[223], la cual aparentemente había sido su principal motivación, por tanto, era sustituir efectivamente la forma estatal de la Federación Centralizada que se había desarrollado durante el siglo pasado, por una Federación efectivamente descentralizada en dos niveles territoriales, de los Estados y de los Municipios.

Sin embargo, a pesar de los esfuerzos que se hicieron, la reforma no pasó del nominalismo, de las palabras y de las declaraciones. Así, tanto el Preámbulo como el

---

222 Por ello, en la conferencia que dictamos en el *XXV Congreso de la Organización Iberoamericana de Municipios*, en Guadalajara, Jalisco, México, en 2001, decíamos que: "el debate contemporáneo en nuestros países por más democracia, tiene que centrarse en el rescate del proceso de descentralización política. Perfeccionar la democracia exige hacerla más participativa y más representativa, para lo cual la única vía posible que existe es acercando el Poder al ciudadano, y ello sólo puede lograrse descentralizando territorialmente el Poder del Estado y llevarlo hasta la más pequeña de las comunidades; es decir, distribuyendo el Poder en el territorio nacional". Y agregaba además, que "cualquiera que sea la forma de descentralización política, se trata de proyectos y propuestas contrapuestos radicalmente al centralismo de Estado y a la concentración del Poder, que son esencialmente antidemocráticos". En definitiva, la propuesta política que entonces formulamos, y ahora insistimos en ratificar, "busca el diseño en nuestros países, de un nuevo sistema político que la democracia exige, y que sólo puede tener por objeto hacerla más participativa, con gran presencia de la sociedad civil, y más representativa de las comunidades. Ello implica desparramar el poder en todo el territorio, hasta la última de las comunidades, para que el ciudadano y sus sociedades intermedias puedan realmente participar". *V.* la conferencia sobre "El Municipio, la descentralización política y la democracia" en *XXV Congreso Iberoamericano de Municipios*, Guadalajara, Jalisco, México del 23 al 26 de octubre de 2001, Fundación Española de Municipios y Provincias, Madrid 2003, pp. 453 y ss.

223. *V.* lo que propusimos durante la discusión del Proyecto de Constitución en Allan R. Brewer-Carías, "Propuesta sobre la forma federal del Estado en la nueva Constitución: Nuevo Federalismo y Nuevo Municipalismo" en *Debate Constituyente, (Aportes a la Asamblea Nacional Constituyente)*, Tomo I, (8 agosto-8 septiembre), Caracas 1999, pp. 155 a 170); y "El reforzamiento de la forma federal del Estado Venezolano en la Nueva Constitución: Nuevo Federalismo y Nuevo Municipalismo", Ponencia presentada en *The International Conference on Federalism in an Era of Globalization*, Québec, Canadá octubre 1999 (mimeo), 13 pp.

artículo 4 de la Constitución, declaran lo que no es cierto, que "La República Bolivariana de Venezuela es un Estado federal descentralizado" y, agrega la norma, por supuesto, que ello es así "en los términos consagrados por esta Constitución"; fórmula más o menos similar a la del artículo 2 de la Constitución de 1961 la cual sin embargo, más modestamente se limitaba a declarar que "La República de Venezuela es un Estado federal" lo cual en términos políticos de distribución vertical del poder, tampoco era cierto[224]. Ahora se ha agregado que la Federación supuestamente es "descentralizada" lo cual es contradicho por el propio texto de la Constitución, en cuyo articulado se centralizó aún más al Estado[225].

En todo caso, "los términos consagrados por la Constitución" son la clave para determinar efectivamente el grado de descentralización política del Estado y por tanto de la Federación; y la comparación entre unos y otros "términos" revela un mayor centralismo en el texto de 1999.

En la Constitución de 1999, en efecto y como antes se dijo, salvo en el nominalismo, no se avanzó mayormente en relación con lo que existía en el texto de 1961, a pesar de la constitucionalización parcial de aspectos que ya se habían establecido en las reformas legislativas de 1989 (Ley Orgánica de Descentralización, Delimitación y Transferencia de Competencias del Poder Público). Pero no hubo los avances y transformaciones necesarias para hacer realidad la descentralización de la Federación ni la efectiva municipalización del país. Más bien, en cuanto a la federación, se retrocedió institucionalmente al eliminarse el Senado, y con ello, el principio de igualdad institucional de los Estados, estableciéndose por primera vez en la historia constitucional de Venezuela una Asamblea Nacional unicameral (Art. 186). Además se permitió la posibilidad de establecer limitaciones a la autonomía de los Estados (Art. 162) y de los Municipios (Art. 168) mediante ley nacional, lo que se configura como una negación, del principio de la descentralización política, la cual al contrario tiene que estar basada en el concepto de autonomía territorial garantizada en la propia Constitución. Se estableció además, un precario ámbito de las competencias estadales cuyo ejercicio, además, se sujetó a lo regulado en la legislación nacional; y una centralización tributaria que coloca a los Estados en una dependencia financiera más acentuada. Y en cuanto a los municipios, se incurrió en un excesivo uniformismo organizacional que impide su localización o lugarización cerca del ciudadano.

La declaración sobre "Estado federal descentralizado" que se incorporó en la Constitución de 1999 para identificar la forma del Estado, por tanto, no significó realmente avance alguno, sino más bien un retroceso, al resultar agravados los principios de la Federación Centralizada que se habían consolidado durante el Siglo XIX.

---

224 *V.* Allan R. Brewer-Carías, "Los problemas de la federación centralizada en Venezuela" en *Revista Ius et Praxis*, Facultad de Derecho y Ciencias Políticas, Universidad de Lima, N° 12, Perú, diciembre 1988, pp. 49-96; y "Problemas de la Federación centralizada (A propósito de la elección directa de Gobernadores)", en *IV Congreso Iberoamericano de Derecho Constitucional*, Universidad Nacional Autónoma de México, México 1992, pp. 85-131.

225 *V.* Allan R. Brewer-Carías, *Federalismo y Municipalismo en la Constitución de 1999 (Alcance de una reforma insuficiente y regresiva)*, Cuadernos de la Cátedra Allan R. Brewer-Carías de Derecho Público, N° 7, Universidad Católica del Táchira, Editorial Jurídica Venezolana, Caracas-San Cristóbal 2001, 187 pp. *V.* además, Allan R. Brewer-Carías, "El 'Estado Federal descentralizado' y la centralización de la Federación en Venezuela. Situación y Perspectiva de una contradicción constitucional", en *Revista de Estudios de la Administración Local* (REAL), 292-293, mayo-diciembre 2003, Madrid 2003, pp. 11-43.

En cuanto al poder municipal, también era necesario acercar las instituciones locales al ciudadano, municipalizándose el territorio, lo cual sin embargo, lamentablemente, la Ley Orgánica del Poder Público Municipal de 2005[226] no sólo no hizo posible sino que impidió, al establecer limitaciones mayores para la creación de entidades políticas locales. Dicha Ley era, por tanto, la que debía reformarse para establecer entidades municipales o unidades políticas autónomas cerca de las comunidades y establecer la posibilidad de participación en dichas entidades políticas autónomas (descentralizadas).

Pero ello no se hizo así, y al contrario, con base en los elementos de democracia directa que se establecieron en la Constitución, como las "asambleas de ciudadanos cuyas decisiones serán de carácter vinculante" (art. 70), en su lugar, en 2006 se ha dictado la Ley de los Consejos Comunales[227], que ha establecido un sistema institucional *centralizado* en paralelo al régimen municipal, para la supuesta participación popular, denominado "del Poder Popular", ignorando la propia existencia del régimen municipal.

En ese sistema centralizado sin que los referidos Consejos tengan autonomía política alguna, se concibe a la "comunidad" fuera del municipio, que en el supuesto "marco constitucional de la democracia participativa y protagónica", se han pretendido regular como "instancias de participación, articulación e integración entre las diversas organizaciones comunitarias, grupos sociales y los ciudadanos", pero sin descentralización política alguna.

Es decir, la Ley de los Consejos Comunales de 2006 ha establecido dichas entidades sin relación alguna con los Municipios ni por tanto con la representación democrática, para supuestamente permitir "al pueblo organizado ejercer directamente la gestión de las políticas públicas y proyectos orientados a responder a las necesidades y aspiraciones de las comunidades en la construcción de una sociedad de equidad y justicia social" (art. 2), pero en una organización concebida bajo un esquema jerárquico centralizado (sin autonomía política alguna), totalmente dependiente de una "Comisión Presidencial para el Poder Popular" que preside y dirige el Presidente de la República, con recursos financieros que incluso superan los que corresponden al Poder Municipal, y que funciona en paralelo completamente desvinculado de los Municipios y de sus autoridades electas. En dichos Consejos Comunales, se ubicaron las Asambleas de Ciudadanos como la instancia primaria para el ejercicio del poder, la participación y el protagonismo popular, cuyas decisiones son de carácter vinculante para el consejo comunal respectivo (art. 4,5).

Con esta Ley de los Consejos Comunales, en realidad se ha producido una inconstitucional desmunicipalización de la participación ciudadana, sustituyéndose al Municipio como la unidad política primaria autónoma en la organización nacional que establece la Constitución y que debe estar inserto en un sistema de descentralización política (distribución vertical) del poder; por un sistema de entidades sin au-

---

226 *V. Gaceta Oficial* N° 38.204 de 8 de junio de 2005. La Ley Orgánica fue objeto de una reforma en noviembre de 2005, *Gaceta Oficial* N° 38.327 de 2 de diciembre de 2005; y luego en abril de 2006, *Gaceta Oficial* N° 5.806 Extra. de 10 de abril de 2006, reimpresa por error material en *Gaceta Oficial* N° 38.421 de 21 de abril de 2006. *V.* Allan R. Brewer-Carías et al, *Ley Orgánica del Poder Público Municipal*, Editorial Jurídica Venezolana, Caracas 2005.

227 *V.* en *Gaceta Oficial* N° 5.806 *Extraordinaria* del 10 de abril de 2006.

tonomía política alguna, que se denominan del Poder Popular (Consejos Comunales), directamente vinculadas y dependientes, en un esquema centralizado del poder, del más alto nivel del Poder Ejecutivo Nacional, del Presidente de la República mediante una Comisión Presidencial del Poder Popular.

IV. APRECIACIÓN FINAL

Para que exista un Estado democrático de derecho no bastan las declaraciones contenidas en los textos constitucionales que hablen de "democracia participativa y protagónica" o de descentralización del Estado; así como tampoco basta con establecer un sistema eleccionario que permita elegir mediante sufragio a los representantes populares.

Aparte de que el mismo, por supuesto, debe asegurar efectivamente la representatividad, el pluralismo político y el acceso al poder conforme a los postulados del Estado de derecho.

Pero además, para que exista un verdadero Estado democrático de derecho es necesario e indispensable que el marco constitucional en el cual se pretenda que funcione el régimen democrático, permita efectivamente el control efectivo del poder por el poder mismo, incluso por el poder soberano del pueblo, pues ésta es la única forma de garantizar la vigencia del Estado de derecho, la democracia y el ejercicio real de los derechos humanos.

El control del Poder del Estado en un Estado democrático de derecho sólo se puede lograr dividiendo, separando y distribuyendo el Poder Público, sea horizontalmente mediante la garantía de la autonomía e independencia de los diversos poderes del Estado, para evitar la concentración del poder; sea verticalmente, mediante su distribución o desparramamiento en el territorio del Estado, para evitar su centralización, pues la concentración del poder al igual que su centralización, por tanto, son estructuras estatales esencialmente antidemocráticas.

Allí radican, precisamente, los problemas del Estado de derecho y de la democracia en Venezuela, la cual tiene su deformación en el propio texto constitucional de 1999, el en cual lamentablemente se estableció el esquema institucional que ha permitido la concentración del poder, alentando el autoritarismo y eliminando toda forma de control del poder; y que ha permitido la centralización del poder, minimizando el federalismo y el municipalismo y reforzando el mismo autoritarismo, distorsionando la posibilidad de participación política efectiva a pesar de los mecanismos de democracia directa que se recogieron. Es un ejemplo constitucional de autoritarismo constitucional con origen electoral, el cual, sin embargo, constituye la negación de lo que debe ser un Estado democrático de derecho.

QUINTA PARTE:

EL AUTORITARISMO ESTABLECIDO EN FRAUDE A LA CONSTITUCIÓN Y A LA DEMOCRACIA, Y SU FORMALIZACIÓN EN VENEZUELA MEDIANTE LA REFORMA CONSTITUCIONAL

(De cómo en un país democrático se ha utilizado el sistema eleccionario para minar la democracia y establecer un régimen autoritario de supuesta "dictadura de la Democracia" que se pretende regularizar mediante una Reforma Constitucional) (Caracas, febrero 2007)

Texto de un estudio elaborado para la publicación que coordinaba la Fundación Estudios de Derecho Administrativo, sobre *La Reforma Constitucional* (FUNEDA), Caracas 2007. Publicado en mi libro: *Estudios sobre el Estado Constitucional (2005-2006)*, Caracas 2007, pp. 79-113. Este estudio lo elaboré siguiendo la línea de reflexiones contenida en otros trabajos anteriores, en particular, en el estudio: "Los problemas de la gobernabilidad democrática en Venezuela: el autoritarismo constitucional y la concentración y centralización del poder", publicado en el libro coordinado por Diego Valadés, *Gobernabilidad y constitucionalismo en América Latina*, Universidad Nacional Autónoma de México, México 2005, pp. 73-96; y en la ponencia: "El Estado democrático de derecho y los nuevos autoritarismos constitucionales en América Latina: el caso de Venezuela", enviada al *IX Congresso Ibero-Americano de Direito Constitucional e VII Simpósio Nacional de Direito Constitucional,* Associação Brasileira dos Constitucionalistas Demócratas, Seção Brasileira do Instituto Ibero-Americano de Direito Constitucional, Academia Brasileira de Direito Constitucional, 11-15 de noviembre 2006, Curitiba, Paraná, Brasil

La reforma constitucional anunciada en Venezuela por el Presidente de la República al iniciar su segundo mandato presidencial en enero de 2007, tiene por objeto general la consolidación del régimen de autoritario que se venido conformando en el país desde 1999, inicialmente en fraude a la Constitución, y luego en fraude a la democracia.

Ese contenido y sentido de dicha reforma puede ser identificado, incluso a pesar de que se haya anunciado su carácter confidencial[228], hecho que en si mismo es contrario al principio de la participación que debe existir en cualquier tipo de reforma constitucional en un país democrático, particularmente si se tiene en cuenta lo que ha ocurrido institucionalmente en Venezuela en los últimos ocho años. En efecto, esa reforma **no va a tener** por objeto el perfeccionar el Estado constitucional de de-

228 La Presidenta de la Asamblea Nacional, quien a su vez es Presidenta del Consejo presidencial para la Reforma Constitucional el 19 de febrero de 2007 señaló que "un **acuerdo de confidencialidad** incluido en el decreto presidencial que constituye el Consejo para la Reforma Constitucional" le impedía informar sobre las materias constitucionales susceptibles de ser modificadas. *V.* en *El Universal*, Caracas 20-02-2007.

recho y el régimen democrático, sino que se trata de una reforma que al contrario, apunta a la consolidación de un modelo de Estado autoritario, caracterizado por la definitiva centralización y concentración total del poder, en un sistema donde no caben las autonomías institucionales, en el cual el Estado, además, será constitucionalmente propietario de todos los medios de producción, y al cual también se imbricará formalmente un partido único. En ese Estado, toda forma de democracia representativa de sufragio directo quedará eliminada, sustituyéndoselo por la elección en segundo y tercer grado de los cargos representativos, que conformaría una supuesta democracia participativa, mediante el establecimiento de una organización piramidal del Poder Popular, que tendrá, en su base, las asambleas de ciudadanos y los consejos comunales, y en la cúspide, el poder presidencial.

En esta forma, se pretende consolidar el Estado autoritario que comenzó a estructurarse desde que ocurrió el asalto al poder que efectuó la Asamblea Nacional Constituyente en 1999, en fraude a la Constitución de entonces; y que con posterioridad se ha seguido conformando en fraude a la propia democracia.

Para entender el proceso actual que inspira la reforma constitucional prometida, es indispensable tratar de tener claro el cuadro institucional de lo que ha ocurrido en el país en los últimos ocho años.

I. EL INICIO DEL PROCESO AUTORITARIO: LA ASAMBLEA CONSTITUYENTE DE 1999 Y EL FRAUDE A LA CONSTITUCIÓN

En efecto, la instalación del régimen autoritario y antidemocrático que actualmente existe en Venezuela y que se ha apoderado de todas las instituciones públicas y privadas del país con el objeto de instaurar un régimen socialista o del Poder Popular, no ha sido el fruto de un súbito golpe de Estado militar, sino de un sistemático proceso de destrucción de la democracia utilizando, fraudulentamente, instrumentos democráticos; proceso que tuvo su origen, a la vez, en un fraude a la Constitución perpetrado en 1999, también precisamente por órganos que habían sido electos democráticamente.

En efecto, en febrero de 1999, Hugo Chávez Frías, quien había sido recién electo Presidente de la República en diciembre de 1998, en medio de la más grave crisis política del país de la segunda mitad del Siglo XX[229] y, en particular, de los partidos políticos que habían controlado la vida política en las cuatro décadas precedentes[230]; actuando como consecuencia de una interpretación forzada de la Constitución de 1961 que había hecho la Corte Suprema de Justicia en enero de ese mismo año 1999, emitida con toda la ambigüedad posible en el filo dilemático entre soberanía popular

229 *V.* Allan R. Brewer-Carías, *Cinco siglos de historia y un país en crisis (Estudio para el Discurso de Orden en la Sesión Solemne de las Academias Nacionales el día 7 de agosto de 1998 con motivo de la celebración del V Centenario de Venezuela)*, Academia de Ciencias Políticas y Sociales, Comisión Presidencial V Centenario de Venezuela, Caracas 1998.

230 *V.* Allan R. Brewer-Carías, *Problemas del Estado de Partidos*, Editorial Jurídica Venezolana, Caracas 1988; *La crisis de las instituciones: responsables y salidas*, Cátedra Pío Tamayo, Centro de Estudios de Historia Actual (mimeografiado) FACES, Universidad Central de Venezuela, Caracas 1985, publicado también en *Revista del Centro de Estudios Superiores de las Fuerzas Armadas de Cooperación*, N° 11, Caracas 1985, pp. 57-83; y en *Revista de la Facultad de Ciencias Jurídicas y Políticas*, N° 64, Universidad Central de Venezuela, Caracas 1985, pp. 129-155.

y supremacía constitucional[231]; procedió a convocar una Asamblea Constituyente que fue electa en julio de ese mismo año, después de nuevas interpretaciones constitucionales que emitió la misma Corte Suprema que había desatado los demonios constituyentes, tratando vanamente de encausarlos.

Esa Asamblea Constituyente, lejos de dedicarse a la redacción de la nueva Constitución, lo que hizo fue asaltar el poder y violar impunemente la propia Constitución que le había dado origen[232], dando un golpe de Estado constituyente[233], pero en ese momento con la anuencia y complicidad de la propia Corte Suprema de Justicia que había permitido su nacimiento y que como siempre ocurre en estos casos de complicidades ilegítimas, inexorablemente fue la primera víctima del autoritarismo, pues meses después la Corte y la mayoría de sus magistrados fueron barridos de la escena institucional[234].

La Asamblea Constituyente, instalada a comienzos de agosto de 1999, en efecto, asaltó todos los poderes del Estado que habían sido constituidos meses antes en noviembre de 1998, disolviendo todos aquellos poderes que habían sido electos democráticamente (Congreso Nacional, Gobernadores de Estado, Asambleas Legislativas, Alcaldes, Concejos Municipales), con la sola excepción del Presidente de la República, precisamente el artífice del fraude constitucional; e interviniendo todos los otros poderes públicos no electos, entre ellos, por sobre todos, el Poder Judicial. La autonomía e independencia de éste, ha sido progresiva y sistemáticamente demolida[235], de manera que desde entonces permanece estrechamente controlado por el Poder Ejecutivo, con un Tribunal Supremo de Justicia a su servicio y una flamante Sala Constitucional que ha sido el instrumento mas nefasto para la consolidación del autoritarismo en el país[236].

Pero del fraude a la Constitución, se pasó al fraude a la democracia, igualmente cometido por los mismos órganos electos del poder público, comandados por el Presidente de la República. Así como en el proceso constituyente de 1999, utilizándose

---

231 *V.* Allan R. Brewer-Carías, *Poder constituyente originario y Asamblea Nacional Constituyente (Comentarios sobre la interpretación jurisprudencial relativa a la naturaleza, la misión y los límites de la Asamblea Nacional Constituyente)*, Colección Estudios Jurídicos Nº 72, Editorial Jurídica Venezolana, Caracas 1999, 296 pp.; y "La configuración judicial del proceso constituyente o de cómo el guardián de la Constitución abrió el camino para su violación y para su propia extinción", en *Revista de Derecho Público*, Nº 77-80, Editorial Jurídica Venezolana, Caracas 1999, pp. 453 ss.

232 *V.* Allan R. Brewer-Carías, *Debate constituyente (Aportes a la Asamblea Nacional Constituyente), Tomo I (8 agosto-8 septiembre 1999)*, Fundación de Derecho Público-Editorial Jurídica Venezolana, Caracas 1999.

233 *V.* Allan R. Brewer-Carías, *Golpe de Estado y proceso constituyente en Venezuela,* Universidad Nacional Autónoma de México, México 2002,

234 *V.* el estudio sobre los efectos del régimen transitorio establecido por la Asamblea Constituyente después de la aprobación por referendo popular de la Constitución de 1999, al margen de la misma, en Allan R. Brewer-Carías, *La Constitución de 1999.* Editorial Arte, Caracas 2000; y *La Constitución de 1999. Derecho constitucional venezolano*, Tomo II, Editorial Jurídica Venezolana, Caracas 2004, pp. 1150 ss.

235 *V.* Allan R. Brewer-Carías, "La progresiva y sistemática demolición de la autonomía en independencia del Poder Judicial en Venezuela (1999-2004)", en *XXX Jornadas J.M Domínguez Escovar, Estado de derecho, Administración de justicia y derechos humanos,* Instituto de Estudios Jurídicos del Estado Lara, Barquisimeto, 2005, pp. 33-174.

236 *V.* Allan R. Brewer-Carías, «Quis Custodiet ipsos Custodes: De la interpretación constitucional a la inconstitucionalidad de la interpretación», en *VIII Congreso Nacional de derecho Constitucional, Perú*, Fondo Editorial 2005, Colegio de Abogados de Arequipa, Arequipa, septiembre 2005, pp. 463-489.

la interpretación judicial de la Constitución lo que se hizo fue violarla (fraude a la Constitución); en la misma forma, el régimen que se inició con aquél fraude en 1999, en los años sucesivos ha utilizado la democracia representativa para progresivamente eliminarla y supuestamente sustituirla por una democracia participativa del Poder Popular, que de participación y de democracia sólo tiene el nombre (fraude a la democracia).

El Estado democrático constitucional de derecho, por este fraude cometido contra la voluntad popular, en esta forma, mediante la utilización de mecanismos electorales, ha sido y está siendo progresivamente sustituido por un "Estado del Poder Popular", donde todo el poder está concentrado en el Jefe del Estado, y que, por tanto, ni es democrático, ni es representativo, ni es participativo, y al contrario, está férreamente controlado y dirigido desde el centro y la cúspide del poder político que ejerce el Presidente de la República (como Jefe del Ejecutivo y del partido de gobierno que como se ha dispuesto, será único), el cual previsiblemente se autodenominará "Presidente del Poder Popular". Ese poder, progresivamente seguirá rechazando toda disidencia, la cual será criminalizada.

Se trata, ni más ni menos, de la instauración de una "dictadura de la democracia", tal y como lo anunció en enero de 2007, el Vice Presidente de la República[237] en el acto de sanción de la Ley de delegación legislativa (Ley habilitante) a favor del Presidente de la República, mediante la cual se lo autorizó a legislar por decreto, al margen de la Constitución.

En democracia, ninguna dictadura es aceptable, ni siquiera una supuesta "dictadura de la democracia", como nunca fue aceptable la supuesta y fracasada "dictadura del proletariado" en la antigua Unión Soviética instalada desde 1918 establecida en torno a los "soviets de soldados, trabajadores y campesinos". Algo similar es lo que noventa años después está ocurriendo en Venezuela con la creación de consejos comunales dependientes del Presidente de la República para canalizar el Poder Popular, para con la supuesta participación del pueblo organizado sustituir todos los órganos democráticos electos por sufragio directo, e instaurar la "dictadura de la democracia".

Parecería que se quiere ocultar que esas supuestas dictaduras populares, desde el comienzo, han sido y son el instrumento fraudulento de la cúpula que domina el poder, para en nombre del poder popular acabar con todo vestigio de democracia de sufragio directo, e imponerle por la fuerza un régimen socialista a un país, por el cual no ha votado. Ello fracasó en la Unión Soviética y algo debía haberse aprendido de lo que dijo el Presidente de la Federación Rusa en 1998, con ocasión del sepelio de los restos de los Romanov, como expresión de una de las lecciones más amargas de la historia de la humanidad al poner fin al tiempo de la que se creía era la Revolución más definitiva de todas las que había conocido la historia moderna; simplemente dijo: "Que los intentos de cambiar la vida mediante la violencia están conde-

---

237 El Vicepresidente de la República, Jorge Rodríguez, expresó en enero de 2007: "Claro que queremos instaurar una dictadura, la **dictadura de la democracia verdadera** y la democracia es la dictadura de todos, ustedes y nosotros juntos, construyendo un país diferente. Claro que queremos que esta **dictadura de la democracia** se instaure para siempre", en El nacional, Caracas 01-02-2007, p. A-2.

nados al fracaso"[238]. Y toda dictadura, cualquiera que sea, es ineludiblemente el resultado del ejercicio de la violencia.

II. EL AUTORITARISMO POPULAR Y EL FRAUDE A LA DEMOCRACIA

Lo cierto es que a comienzos del Siglo XXI, con el caso de Venezuela, América Latina está comenzando a observar la aparición de un nuevo modelo de Estado autoritario supuestamente del Poder Popular, que no tiene su origen inmediato en un golpe de Estado militar como tantas veces ocurrió en el transcurso de las décadas del Siglo pasado, sino en elecciones populares, que le ha dado un traje o ropaje que también es militarista, pero esta vez de camuflaje con pintas "constitucionales" y "electivas", conformado para la destrucción de la propia democracia representativa de sufragio directo.

Se trata de un autoritarismo militarista con supuesto apoyo popular, como también lo fueron todos los autoritarismos fascistas y comunistas del Siglo pasado, en algunos casos con algún origen electoral. Ni uno ni otro modelo autoritario, por más disfraz constitucional y electivo que puedan tener o haber tenido, son democráticos, ni pueden considerarse como conformando un Estado constitucional de derecho, pues carecen de los componentes esenciales de la democracia, que son bastante más que la sola elección popular o circunstancial de los gobernantes.

En América Latina, después de la experiencia de tantos regímenes antidemocráticos y militaristas que hemos tenido, y de tantos autoritarismos con disfraces democráticos que hemos desarrollado, a comienzos de este Siglo se logró adoptar en el seno de la Organización de Estados Americanos -no sin la disidencia, precisamente, de quien en Venezuela estaba urdiendo el fraude a la democracia[239]- una doctrina continental sobre la democracia y lo que esta significa como régimen político, con la aprobación en Lima, el 11 de septiembre de 2001, de la denominada Carta Democrática Interamericana. Es cierto que ese instrumento no es un tratado internacional vinculante, pero es el documento más importante en la materia adoptado como línea de conducta política democrática que, lamentablemente, muchos gobernantes de Estados no quieren volver siquiera a leer.

Esa Carta Democrática, en efecto, entre los elementos esenciales de la democracia representativa que enumera en su artículo 3, que deberían ser el pilar fundamental de la organización y funcionamiento de los Estados constitucionales, además del respeto a los derechos humanos y las libertades fundamentales; del acceso al poder y su ejercicio con sujeción al Estado de derecho; de la celebración de elecciones periódicas, libres, justas y basadas en el sufragio universal y secreto, como expresión de la soberanía del pueblo; y del régimen plural de partidos y organizaciones políticas; está la necesaria existencia -dice- de "la separación e independencia de los poderes públicos".

Y han sido precisamente todos esos elementos esenciales de la democracia los que, en los últimos años, lamentablemente han sido ignorados o resquebrajados en

---

238 *V.* en *The Daily Telegraph,* Londres, 08-08-98, p. 1.

239 El Presidente Chávez, desde la reunión de Jefes de Estado de la OEA en Québec, en abril de 2001, cuestionó la declaración sobre la "democracia representativa" tratando de sustituirla por "democracia participativa".

Venezuela, precisamente en nombre de una supuesta democracia participativa y de un supuesto Poder Popular donde el pueblo participe directamente.

En Venezuela, en estos últimos años, la realidad ha sido otra distinta a dichos elementos esenciales de la democracia: nunca antes había habido mayor violación a los derechos humanos, y basta, para constatar esta tragedia, sólo contabilizar el número de denuncias que se han formulado contra el Estado venezolano ante la Comisión Interamericana de Derechos Humanos. Ello ha sido, en el pasado, y es en el presente, el mejor termómetro para determinar en el Continente el grado de violaciones, por un Estado, de los derechos humanos.

Además, el acceso al poder se ha hecho contrariando el Estado de derecho, al violarse la separación e independencia de los poderes judicial, ciudadano y electoral. Todos están controlados por el sindicato establecido entre el Ejecutivo nacional y la Asamblea nacional, por lo que no es posible controlar el acceso al poder conforme a los postulados del Estado de Derecho[240]. En particular, el Poder Electoral, desde 2003 fue secuestrado con la complicidad de la Sala Constitucional del Tribunal Supremo, por lo que las elecciones que se han efectuado han carecido de justicia, y las últimas reformas políticas efectuadas y propuestas, simplemente apuntan a la sustitución de la representatividad electoral de sufragio directo por supuestas agrupaciones de ciudadanos en comunidades y consejos comunales cuyos integrantes no son electos mediante sufragio directo, sino designados desde la cúpula del Poder Popular, que controla el Presidente de la República, mediante el partido único.

El régimen plural de partidos se ha destrozado y el ya oficialmente anunciado Partido Único socialista, imbricado en el aparato del Estado y también dirigido por el Presiente de la República, se apoderará no sólo del supuesto Poder Popular, sino de toda la vida política y social del país, dado el capitalismo de Estado que se ha intensificado como consecuencia del Estado rico, petrolero. Como todo depende del Estado, sólo quien pertenezca al Partido Único podrá tener vida política, administrativa, económica y social.

Y todo esta distorsión institucional, sin que exista separación ni independencia entre los poderes públicos, no sólo en su división horizontal (Legislativo, Ejecutivo, Judicial, Ciudadano y Electoral) por el control que sobre ellos ejerce el Poder Ejecu-

---

240 *V.* Allan R. Brewer-Carías, *La Sala Constitucional versus el Estado democrático de derecho. El secuestro del poder electoral y de la Sala Electoral del Tribunal Supremo y la confiscación del derecho a la participación política*, Los Libros de El Nacional, Colección Ares, Caracas 2004; "El secuestro del Poder Electoral y la confiscación del derecho a la participación política mediante el referendo revocatorio presidencial: Venezuela 2000-2004", en *Revista Jurídica del Perú*, Año LIV Nº 55, Lima, marzo-abril 2004, pp. 353-396; "El secuestro del Poder Electoral y de la Sala Electoral del Tribunal Supremo y la confiscación del derecho a la participación política mediante el referendo revocatorio presidencial: Venezuela: 2000-2004", en *Revista Costarricense de Derecho Constitucional*, Tomo V, Instituto Costarricense de Derecho Constitucional, Editorial Investigaciones Jurídicas S.A., San José 2004, pp. 167-312; "El secuestro de la Sala Electoral por la Sala Constitucional del Tribunal Supremo de Justicia, en *La Guerra de las Salas del TSJ frente al Referendum Revocatorio,* Editorial Aequitas, Caracas 2004, C.A., pp. 13-58"; "El secuestro del poder electoral y la conficación del derecho a la participación política mediante el referendo revocatorio presidencial: Venezuela 2000-2004, *Stvdi Vrbinati, Rivista tgrimestrale di Scienze Giuridiche, Politiche ed Economiche*, Año LXXI – 2003/04 Nuova Serie A – N. 55,3, Università degli studi di Urbino, Urbino, 2004, pp.379-436; "«El secuestro del Poder Electoral y la confiscación del derecho a la participación política mediante el referendo revocatorio presidencial: Venezuela 2000-2004». En *Boletín Mexicano de Derecho Comparado*, Instituto de Investigaciones Jurídicas, Universidad Nacional Autónoma de México, Nº 112. México, enero-abril 2005 pp. 11-73.

tivo; sino en su distribución vertical, donde las propuestas en curso apuntan a la eliminación de la federación, la sustitución de los Estados federados por supuestas "ciudades federales", donde tendrán su sede los anunciados Consejos estadales o regionales del Poder Popular[241] y la definitiva eliminación de los municipios y su sustitución por consejos comunales y asambleas de ciudadanos. Todo ello con el fin de eliminar todo vestigio de descentralización política, es decir, de entidades políticas autónomas en el territorio, lo que imposibilita toda posibilidad de participación democrática. Esta es la trágica situación de la democracia venezolana, la cual en la realidad actual, ya no pasa de ser una palabra vacía.

Pero además de los elementos esenciales de la democracia antes indicados, la misma Carta Interamericana, en su artículo 4° también definió los siguientes componentes fundamentales del ejercicio de la democracia: la transparencia de las actividades gubernamentales, la probidad, la responsabilidad de los gobiernos en la gestión pública, y el respeto por los derechos sociales y la libertad de expresión y de prensa. Además, se declaró como igualmente fundamentales para la democracia, la subordinación constitucional de todas las instituciones del Estado a la autoridad civil legalmente constituida y el respeto al Estado de derecho de todas las entidades y sectores de la sociedad. La democracia, por tanto, es mucho más que las solas elecciones y votaciones.

Lamentablemente todos estos elementos esenciales, también han sido ignorados o resquebrajados en Venezuela, también en nombre de un supuesto Poder Popular: la actividad gubernamental desplegada por el Estado rico, y en los últimos años súbitamente riquísimo, manejado sin control en un país pobre, dejó de ser transparente por la específica ausencia de control fiscal, dada la sumisión del Poder Ciudadano (Contraloría General, Fiscal General, Defensor del Pueblo) al poder del Ejecutivo; situación que ha hecho desaparecer el mismo concepto de probidad pues no es posible exigir responsabilidad alguna al gobierno por la gestión pública, entre otros aspectos por la sumisión del poder judicial; todo ello, campeando la corrupción en forma antes nunca vista. Por otra parte, la procura de los derechos sociales -que ha sido el principal eslogan gubernamental, en particular hacia la comunidad internacional- ha sido montada en una política de distribución incontrolada de la riqueza petrolera, como si esta nunca fuera a disminuir, estatizándose todo en el país, desmantelándose el aparato productivo y sin generar inversión; y todo ello sin que los niveles de pobreza ni los niveles de desempleo hayan disminuido.

Por último, la libertad de expresión y de prensa, desde las censuras directas de la última dictadura militar de la década de los cincuenta, nunca ha estado tan amenazadas, imponiéndose la autocensura sobre la base de persecución a periodistas y medios disidentes, como tan repetidamente lo ha constatado la Relatoría de Libertad de Expresión de la Comisión Interamericana de Derechos Humanos y se deriva de las múltiples denuncias formuladas ante la Comisión y de las recomendaciones y medidas cautelares adoptadas por ésta.

Por otra parte, el militarismo se ha apoderado del Estado, de manera que aún cuando el régimen autoritario no haya sido fruto de un golpe militar, en definitiva, otro valor fundamentales para la democracia como es la subordinación constitucional de todas las instituciones del Estado a la autoridad civil legalmente constituida,

241 *V.* el anuncio del Consejo Presidencial del Poder Popular en *El Nacional*, 01-03-2007, p. 6.

por el apoderamiento militar del Estado y su imbricación con el partido único, se ha resquebrajado, habiendo quedado el respeto al Estado de derecho como otro valor pospuesto por todas las entidades y sectores de la sociedad.

En definitiva, durante los últimos años, en Venezuela se ha utilizado uno sólo de los elementos de la democracia, como es la realización de elecciones, para destruir todos los otros valores y componentes esenciales de la democracia. De allí el fraude a la democracia que ha ocurrido.

III. LAS EXIGENCIAS DEL ESTADO DEMOCRÁTICO DE DERECHO: LA SEPARACIÓN DE PODERES Y LA DEMOCRACIA

Entre todos esos elementos y componentes esenciales de la democracia, el que se refiere a la separación e independencia de los Poderes Públicos es quizás el que se configura como el pilar más fundamental del Estado de derecho, pues es el que incluso puede permitir que los otros factores de la democracia puedan ser una realidad política[242].

En decir, la democracia como régimen político sólo puede funcionar en un sistema constitucional de Estado de derecho, donde exista control del poder, es decir, en el cual se tome efectivamente en cuenta con todas sus consecuencias políticas, la clásica y clara advertencia que décadas antes de la Revolución francesa, Charles Louis de Secondat, Barón de Montesquieu había legado al mundo:

> "Es una experiencia eterna -decía- **que todo hombre que tiene poder tiende a abusar de él; y lo hace hasta que encuentra límites... Para que no se pueda abusar del poder** es necesario que por la disposición de las cosas, **el poder limite al poder**"[243].

Décadas después, como legado de las Revoluciones Norteamericana y Francesa[244], este postulado político esencial sobre la división del poder público comenzó a ser la premisa ineludible de la democracia como régimen político, de manera que esta no puede existir sin esa división, de manera que el poder encuentre límites y pueda ser frenado por el poder mismo.

En consecuencia, para que la democracia como sistema político pueda asegurar el gobierno del pueblo, que es el titular de la soberanía, en forma indirecta a través de representantes o mediante instrumentos para su ejercicio directo; la misma tiene que estar montada sobre un sistema político constitucional que en todo caso, y por sobre todo, impida el abuso de quienes ejercen el poder estatal, lo que es de la esencia del Estado de derecho. Es decir, para que pueda existir y funcionar efectivamente, la democracia requiere de un marco constitucional que establezca y permita el control del poder, que es su límite esencial, y donde el poder, mediante su división horizontal y distribución vertical o territorial, pueda frenar al poder, de manera que los diversos poderes del Estado puedan limitarse mutuamente. Y ello, como garantía

---

242 *V.* sobre la Carta Democrática Interamericana y la crisis de la democracia en Venezuela, Allan R. Brewer-Carías, *La crisis de la democracia venezolana. La Carta Democrática Interamericana y los sucesos de abril de 2002*, Ediciones El Nacional, Caracas 2002. pp. 137 y ss.

243 *De l'Espirit des Lois* (ed. G. Tunc), Paris 1949, Vol. I, Libro XI, Cáp. IV, pp. 162-163

244 *V.* Allan R. Brewer-Carías, *Reflexiones sobre la Revolución Americana (1776) y la Revolución Francesa (1789) y sus aportes al constitucionalismo moderno*, Editorial Jurídica Venezolana, Caracas 1992.

esencial de todos los valores de la propia democracia, que además del respeto a la voluntad popular, implica la vigencia de los derechos humanos, el pluralismo político, la alternabilidad republicana y el sometimiento del Estado al derecho.

En América Latina, en una forma u otra, con todos los altos y bajos de su efectividad, en los períodos democráticos que nuestros países han tenido, siempre ha habido instituciones que buscan asegurar el respeto a los derechos humanos, la sujeción del poder al derecho, elecciones más o menos regulares y libres y un régimen plural de partidos. Pero si nuestras democracias en muchos casos no han terminado de arraigar, y el Estado de Derecho no ha terminado de apoderarse de nuestras instituciones políticas, es porque en muchos casos nos ha faltado implantar efectivamente el último de los elementos mencionados sobre la democracia y el más clásico de todos, referido precisamente a la efectiva "separación e independencia de los poderes". Es decir, al orden constitucional que debe existir en toda democracia, lo que le da sentido al Estado de derecho, para controlar y limitar el poder, y que en particular, puede permitir una efectiva representación política; la posibilidad real de participación política del ciudadano, un gobierno transparente y responsable, y la vigencia efectiva del imperio de la ley.

En cambio, sin control del poder no sólo no hay ni puede haber real democracia ni efectivo Estado de derecho, sino que no se puede lograr la efectiva vigencia de todos los otros antes mencionados factores esenciales de la democracia, pues sólo controlando al Poder es que puede haber elecciones completamente libres y justas, es decir, puede haber representatividad efectiva; sólo controlando al poder es que puede haber pluralismo político; sólo controlando al Poder es que puede haber efectiva participación democrática; sólo controlando al Poder es que puede asegurarse una efectiva transparencia en el ejercicio del gobierno, con exigencia de la rendición de cuentas por parte de los gobernantes; sólo controlando el Poder es que se puede asegurar un gobierno sometido a la Constitución y las leyes, es decir, un Estado de derecho; sólo controlando el Poder es que puede haber un efectivo acceso a la justicia y esta pueda funcionar con efectiva autonomía e independencia; y sólo controlando al Poder es que puede haber real y efectiva garantía de respeto a los derechos humanos.

Al contrario demasiada concentración y centralización del poder, como ocurre en cualquier gobierno autoritario, así tenga origen electoral, si no hay controles efectivos sobre los gobernantes, y peor aún, si estos tienen o creen tener apoyo popular, inevitablemente conduce a la corta o a la larga a la tiranía. Esa fue la historia de la humanidad durante la primera mitad del Siglo pasado, que nos mostró precisamente a tiranos que usaron el voto de la mayoría para acceder al poder y desde allí aplicaron el autoritarismo para acabar con la propia democracia y con todos sus elementos, comenzando por el respeto a los derechos humanos.

Desde los inicios del constitucionalismo moderno, además, el principio de la separación de poderes quedó plasmado en la misma Declaración francesa de los Derechos del Hombre y del Ciudadano de 1789, cuando proclamó que "toda sociedad en la cual la garantía de los derechos no esté asegurada, ni la separación de poderes determinada, no tiene Constitución" (art. XVI). Sin embargo, a pesar de las dos centurias transcurridas, y particularmente en las últimas cinco décadas por los avances en la democracia, tanto el principio de la división o separación orgánica de poderes como manifestación de la distribución horizontal del Poder, como el principio de la distribución territorial o vertical del poder como signo de la descentralización política, han sido y continúan siendo los signos más arraigados, y no necesariamente desarrollados en la práctica, del constitucionalismo contemporáneo para garantizar la libertad, el gobierno democrático y el Estado de derecho. Y son, precisamente, los que han venido siendo progresiva y sistemáticamente demolidos en Venezuela.

Es decir, si en la Venezuela contemporánea, en los primeros años del Siglo XXI se ha venido arraigando un gobierno autoritario, ello tiene su origen precisamente en la forma como se deformó el principio de la separación de poderes en la Constitución de 1999, de manera tal que en cuanto a la separación orgánica de poderes, ha permitido la concentración del poder en manos del Poder Ejecutivo en relación con la Asamblea Nacional, y en ésta, en relación con los otros Poderes Públicos. Es decir, la Constitución de 1999 estableció el germen de la concentración del poder, y por ello fue que se la calificó como una Constitución autoritaria, a lo cual nadie hizo caso.

Y en cuanto al sistema federal de distribución territorial del Poder que la Constitución también reguló, al contrario del proclamado "Estado federal descentralizado" (art. 4, Constitución), lo que el texto constitucional acentuó fue la "federación centralizada" que existía, agravada por eliminación del antiguo Senado que desde 1811 existió como instrumento para garantizar la participación igualitaria de los Estados en la elaboración y control de las políticas nacionales. A partir de 2000, Venezuela, por tanto, pasó a ser un raro ejemplo de una federación sin Cámara federal, igual como sucede en las pocas federaciones existentes en Estados con territorios minúsculos. La Constitución de 1999, era una constitución autoritaria no sólo por el germen de concentración del poder que contenía, sino por el esquema netamente centralista que también contenía, a lo cual tampoco nadie hizo caso.

En la Constitución Venezolana de 1999, en efecto, si nos atenemos a las palabras del texto, supuestamente se habría regulado un sistema de gobierno democrático "participativo y protagónico" montado sobre los principios de la separación orgánica de poderes y de la distribución territorial del Poder Público mediante una Federación descentralizada. Sin embargo, en realidad y al contrario, utilizando una palabrería engañosa, lo que se diseñó fue un sistema de gobierno estructurado sobre la base de la concentración del poder público y de la centralización política del Estado, lo que ha afectado los otros elementos esenciales de la democracia, conduciendo a la propia negación del Estado de derecho.

De ello lo que ha resultado es la estructuración de un nuevo autoritarismo constitucional en América Latina, que contrasta con lo que debería ser un Estado democrático de derecho, montado sobre la separación de poderes y la descentralización política. En el caso de Venezuela, lo que se ha desarrollado en los últimos años es un Estado signado, al contrario, por una parte, por el principio de la concentración del poder y el autoritarismo constitucional; y por la otra, por la centralización política y la ausencia efectiva de participación democrática.

IV. EL PROCESO DE CONCENTRACIÓN DEL PODER Y EL AUTORITARISMO CONSTITUCIONAL

El problema de la concentración del poder, semilla del autoritarismo en Venezuela, como se ha dicho, deriva del texto de la propia Constitución de 1999. Por ello, con motivo de la realización del referendo aprobatorio de la misma celebrado el 15 de diciembre de 1999, en un documento que elaboramos para explicar y justificar las razones por las cuales propugnamos el "voto No" en dicho referendo, advertimos que si la Constitución se aprobaba, en Venezuela se implantaría:

> Un **esquema institucional concebido para el autoritarismo derivado de la combinación del centralismo del Estado, el presidencialismo exacerbado, la democracia de partidos, la concentración de poder en la Asamblea y el militarismo**, que constituye el elemento central diseñado para la organización del poder del Estado. En mi opinión -agregaba-, esto no es lo que se requería para el perfeccionamiento de la democracia; la cual al contrario, se debió basar en la descentralización del poder, en un presidencialismo controlado y moderado, en la participación política para balancear el poder del Estado y en la sujeción de la autoridad militar a la autoridad civil[245].

Lamentablemente, nuestra advertencia de entonces se ha venido haciendo realidad, y con base en la Constitución, a partir de 1999 se ha venido instrumentando un supuesto sistema democrático "participativo y protagónico" pero basado en la concentración y centralización del poder, lo cual es una contradicción, con consecuencias demoledoras para la propia democracia y el Estado de derecho.

1. *El asalto al poder y su concentración inicial*

Este proceso se inició, por lo demás, con el antes mencionado golpe de Estado perpetrado por la propia Asamblea Nacional Constituyente de 1999, la cual sin autoridad alguna, asaltó y concentró todo el poder del Estado violando la Constitución entonces vigente de 1961.

Ello provocó no sólo resultados desastrosos que muchos fuera y dentro del país no quisieron ver o entender, sino insólitas secuelas institucionales como la inacabada e inconclusa "transitoriedad constitucional" a que estuvo y en muchos aspectos sigue estando sometido el país[246], como sucede por ejemplo en materia judicial; y lo más grave, con la anuencia de la propia Sala Constitucional del Tribunal Supremo de Justicia que fue el más cuestionado producto de aquélla Asamblea, con lo que se han venido socavando los principios fundamentales del control democrático del poder, de la democracia y del Estado de derecho[247].

Puede decirse, entonces, que la Constitución que sancionó la Asamblea Nacional Constituyente de 1999, configuró un marco institucional autoritario, que impide el desarrollo de la democracia misma y la consolidación del Estado de derecho. Al contrario de ese marco institucional y de la práctica constitucional que lo ha imple-

---

245 Documento de 30 de noviembre de 1999. *V.* en Allan R. Brewer-Carías, *Debate Constituyente (Aportes a la Asamblea Nacional Constituyente)*, Tomo III, Fundación de Derecho Público, Editorial Jurídica Venezolana, Caracas 1999, p. 339.

246 *V.* Allan R. Brewer-Carías, *Golpe de Estado y proceso constituyente en Venezuela*, Universidad Nacional Autónoma de México, México, 2003. pp. 179 y ss.

247 *V.* por ejemplo, Allan R. Brewer-Carías, *La Sala Constitucional versus el Estado democrático de derecho. El secuestro del poder electoral y de la Sala Electoral del Tribunal Supremo y la confiscación del derecho a la participación política*, Los Libros de El Nacional, Colección Ares, Caracas 2004; "La progresiva y sistemática demolición institucional de la autonomía e independencia del Poder Judicial en Venezuela 1999-2004", en *XXX Jornadas J.M Domínguez Escovar, Estado de derecho, Administración de justicia y derechos humanos*, Instituto de Estudios Jurídicos del Estado Lara, Barquisimeto, 2005, pp. 33-174.

mentado en los últimos años, la Constitución que Venezuela requería para estos comienzos del Siglo XXI, tenía que haber sido una que asegurara el perfeccionamiento de la democracia mediante el diseño y efectiva implementación del principio de la separación orgánica de poderes, como antídoto efectivo frente al autoritarismo; y ello, incluso, consolidando la separación de poderes más allá de los tres clásicos Poderes del Estado (Legislativo, Ejecutivo y Judicial), haciendo partícipes efectivos del ejercicio del Poder Público con rango constitucional, a los clásicos órganos de control que siempre han existido en nuestros países latinoamericanos, como las Contralorías Generales, el Ministerio Público, los Defensores del Pueblo o de los Derechos Humanos y los órganos electorales.

2. *El germen de la concentración del poder: la potestad de la Asamblea Nacional de remover a los titulares de los poderes públicos*

Pero por más verbalismo florido en la consagración de la separación orgánica de poderes, incluso con cinco poderes del Estado (Art. 136: Legislativo, Ejecutivo, Judicial, Ciudadano y Electoral), para que dicha separación pudiera ser efectiva tenía que haberse consolidado la independencia y la autonomía entre los mismos, de manera de asegurar la limitación y control del poder por el poder mismo. Ello, sin embargo, no se diseñó, y a pesar de la antes mencionada separación en cinco conjuntos de órganos del Estado, en la Constitución de Venezuela se encuentra una absurda distorsión de dicha separación, al otorgarse a la Asamblea Nacional, como órgano político que ejerce el Poder Legislativo y de control, no sólo la potestad de nombrar, sino de **remover** de sus cargos a los Magistrados del Tribunal Supremo de Justicia, al Fiscal General de la República, al Contralor General de la República, al Defensor del Pueblo y a los Miembros del Consejo Nacional Electoral (Art. 265, 279 y 296); en algunos casos, incluso, por simple mayoría de votos.

No puede hablarse de independencia de los poderes, sobre la cual descansa la propia separación y la posibilidad de control mutuo, cuando la existencia misma de los titulares (no electos democráticamente) de los órganos que ejercen los poderes del Estado se hacen depender de uno de ellos, el cual además es esencialmente de carácter político. Por ello, el sólo hecho de la previsión en el texto constitucional de tal poder de remoción en manos de la Asamblea Nacional, hace nugatoria la consagración formal de la independencia de los poderes, al tener conciencia sus titulares de que pueden ser removidos cuando efectivamente actúen con independencia[248].

Lamentablemente ello se ha manifestado Venezuela, de manera que cuando ha habido mínimos signos de autonomía por parte de algunos titulares de órganos del Estado, que se han osado manifestar, han sido removidos. Ello ocurrió por ejemplo con la Defensora del Pueblo, y el Fiscal General de la República originariamente designados por la Asamblea Nacional Constituyente en 1999, quienes por no apegarse a los dictados del poder, en 2000 fueron separados de sus cargos[249]; y con al-

---

248 *V.* "Democracia y control del poder", en Allan R. Brewer-Carías, *Constitución, democracia y control del poder*, Centro Iberoamericano de Estudios Provinciales y Locales, Universidad de Los Andes, Mérida 2004.

249 Fue el caso del Fiscal General de la República designado en diciembre de 1999, que se le ocurrió que podía iniciar el procedimiento de antejuicio de mérito (penal) contra el entonces Ministro del Interior; y de la Defensora del Pueblo, que también pensó que podía impugnar la Ley Especial de la Asamblea Nacional de 2001 sobre nombramiento de los Magistrados del Tribunal Supremo sin cumplir con los requisitos constitucionales. Ambos fueron debidamente sustituidos en 2001.

gunos Magistrados del Tribunal Supremo que se atrevieron a votar sentencias donde se cuestionaba el poder, lo que provocó que inmediatamente comenzaran a ser investigados y algunos de ellos incluso removidos de sus cargos, como ocurrió con el Primer Vicepresidente del Tribunal Supremo en junio de 2004; y otros debidamente "jubilados" o retirados[250].

3. *La abstención de control por la amenaza de remoción*

En otros casos, la consecuencia que se ha producido por esa "dependencia" fáctica de los órganos de control frente a la Asamblea Nacional, ha sido la abstención total en que ha incurrido de ejercer el control que la Constitución les atribuye, como ha sucedido con el Contralor General de la República, cuya existencia misma ha sido motivo de conjetura; y de las complacencias del Defensor del Pueblo con el poder, que han provocado que se lo perciba, antes que como defensor de los ciudadanos frente al poder, como el defensor del poder frente a los ciudadanos.

Los efectos de esta dependencia han sido catastróficos en relación con el Poder Judicial, a lo que nos referimos más adelante, el cual fue intervenido por la Asamblea Nacional Constituyente en 1999, y continúa intervenido con la lamentable anuencia y complicidad del propio Tribunal Supremo de Justicia, el cual se ha negado a asumir el completo gobierno del Poder Judicial, permitiendo que conviva con él una Comisión de Reorganización del Poder Judicial -a la cual ha legitimado- con poderes disciplinarios que son contrarios a lo que exige y manda la Constitución. A ello se suma el control político que la Asamblea Nacional ha asumido sobre los Magistrados del Tribunal Supremo, con la siempre "oportuna" advertencia de que pueden ser investigados y removidos incluso por mayoría absoluta de votos, como inconstitucionalmente se estableció en la Ley Orgánica del Tribunal Supremo de Justicia de 2004.

4. *El fraude a la participación política en la designación de los altos cargos estatales*

Debe señalarse, además, que las previsiones constitucionales que se establecieron para asegurar la autonomía de los señalados poderes del Estado mediante mecanismos participativos en la designación de sus titulares, lamentablemente también fueron distorsionadas. La Constitución, en efecto, estableció unos Comités de Postulaciones "integrados por representantes de los diversos sectores de la sociedad" para la selección de los candidatos a Magistrados del Tribunal Supremo de Justicia, a Fiscal General de la República, a Contralor General de la República, a Defensor del Pueblo y a miembros (Rectores) del Consejo Nacional Electoral. Dichas previsiones constitucionales pretendían limitar el poder discrecional que el órgano político-legislativo

---

250 Fue el caso del Magistrado Franklin Arrieche, Vice Presidente del Tribunal Supremo de Justicia, quien fue Ponente de la sentencia de la Sala Plena Accidental de 14-08-2002 que decidió el antejuicio de mérito a los generales que actuaron el 12 de abril de 2002), declarando que no había mérito para enjuiciarlos porque en esa ocasión no había ocurrido un golpe militar sino un vacío de poder; y de los Magistrados Alberto Martini Urdaneta, Presidente de la Sala Electoral y Rafael Hernández y Orlando Gravina, Magistrados de la misma Sala, quienes suscribieron la sentencia Nº 24 del 15-03-2004 (Caso*: Julio Borges, César Pérez Vivas, Henry Ramos Allup, Jorge Sucre Castillo, Ramón José Medina y Gerardo Blyde vs. Consejo Nacional Electoral*), que suspendió los efectos de la Resolución Nº 040302-131 de 02-03-2004, del Consejo Nacional Electoral que en su momento impidió la realización del referendo revocatorio presidencial.

había tenido siempre, con sus acuerdos político-partidistas, para designar dichos altos funcionarios. Pero ello no se logró, pues la práctica política y legislativa desarrollada por la propia Asamblea Nacional en los últimos años, órgano que constitucionalmente era el que debía ser limitado; en un evidente fraude a la Constitución, provocó que dichos Comités hayan quedado configurados como unas "Comisiones parlamentarias ampliadas", integradas además de por diputados, los que por definición no podían formar parte de ellas por no ser representantes de la "sociedad civil", por algunas otras personas llamadas sus "representantes" pero escogidas por la propia Asamblea Nacional de "Organizaciones no gubernamentales" estratégicamente seleccionadas[251].

5. *La primacía del Ejecutivo y la ausencia de contrapesos*

Pero si la primacía de la Asamblea Nacional sobre los Poderes Judicial, Ciudadano y Electoral es el signo más característico de la ejecución de la Constitución de 1999 en los últimos años, la distorsión de la separación de poderes convirtiéndola en un sistema de concentración del poder, también deriva de la primacía que desde el punto de vista político-partidista, a la vez tiene el Poder Ejecutivo sobre la Asamblea Nacional.

En la Constitución de 1999, el presidencialismo se ha exacerbado, entre otros factores, por la extensión del período presidencial a seis años; por la permisión de la reelección inmediata del Presidente de la República (art. 230), lo que atenta contra el principio de la alternabilidad republicana al permitir un posible largo período de gobierno de hasta 12 años; por lo complicado del referendo revocatorio del mandato (art. 72), lo que lo hace prácticamente inaplicable; y por la no adopción del principio de la elección del Presidente por mayoría absoluta y doble vuelta, conservándose la elección por mayoría relativa (art. 228), originando la posibilidad de gobiernos electos con una minoría de votos, lo que puede hacer al sistema ingobernable.

Con este modelo presidencialista, al que se agrega la posibilidad de disolución de la Asamblea Nacional por el propio Presidente de la República (Art. 236,22), aún cuando en casos excepcionales cuando se aprueben tres votos de censura parlamentaria contra el Vicepresidente Ejecutivo (art. 240); se exacerbó el presidencialismo que no encuentra siquiera contrapeso en el antiguo bicameralismo que se eliminó.

6. *La potestad legislativa delegada en el Ejecutivo y el fraude a la participación*

El presidencialismo, además, se ha reforzado con otras reformas como la previsión de la delegación legislativa para autorizar al Presidente de la República, mediante "leyes habilitantes" emitir decretos-leyes no sólo en materias económicas y financieras (art. 203), lo que constituye un atentado a la garantía constitucional de la reserva legal particularmente en relación a la regulación de los derechos constitucionales. Lo cierto es que la legislación fundamental que se ha producido en los últimos años (2001-2007) está contenida en estos decretos leyes dictados, incluso, sin que se hubiera respetado la exigencia constitucional de la consulta pública obligatoria requerida en la Constitución para los proyectos de ley.

---

251 *V.* Allan R. Brewer-Carías, "La participación ciudadana en la designación de los titulares de los órganos no electos de los Poderes Públicos en Venezuela y sus vicisitudes políticas", en *Revista Iberoamericana de Derecho Público y Administrativo*, Año 5, N° 5-2005, San José, Costa Rica 2005, pp. 76-95.

En efecto, la potestad legislativa que se puede delegarse al Presidente de la República, tiene entre los límites impuestos en la Constitución el garantizar la participación política, que no sólo es uno de los valores fundamentales del texto constitucional sino uno de los derechos constitucionales más destacados previstos en el mismo. La Constitución consagra el derecho a "la participación del pueblo en la formación, ejecución y control de la gestión pública", disponiendo como obligación del Estado el "facilitar la generación de las condiciones más favorables para su práctica" (artículo 62). Además, la Constitución garantiza el derecho a la participación en lo político entre otros medios, a través de la "consulta popular" (artículo 70).

Precisamente para concretar este derecho constitucional, la propia Constitución expresamente establece previsiones donde se impone a la Asamblea Nacional la obligación de consulta pública en el procedimiento de formación de las leyes: En primer lugar, con carácter general, el artículo 211 exige a la Asamblea Nacional y a las Comisiones Permanentes que, durante el procedimiento y aprobación de los proyectos de leyes, deben consultar ("consultarán") a los otros órganos del Estado, a los ciudadanos y a la sociedad organizada para oír su opinión sobre los mismos; y en segundo lugar, el artículo 206 exige a la Asamblea Nacional, que debe consultar a los Estados ("serán consultados") a través de los Consejos Legislativos, cuando se legisle en materias relativas a los mismos. Esta es la forma concreta conforme a la cual la Constitución garantiza el ejercicio del derecho a la participación política en la gestión de los asuntos públicos en el proceso de formación de las leyes, al establecer la obligación que se impone a la Asamblea Nacional, de consulta pública sobre los proyectos de ley.

Esta obligación constitucional de realizar consulta pública respecto de los proyectos de Ley, por supuesto, se tendría que trasladar al Presidente de la República cuando se produce la delegación legislativa. Esta, como toda delegación, no sólo debería transferir poderes sino también deberes, y entre ellos, el deber constitucional de consulta publica de los proyectos de decreto-ley que se dicten en ejecución de la ley habilitante. Es decir, independientemente del órgano que dicte la ley (Asamblea Nacional o Presidente de la República en virtud de la habilitación legislativa), la obligación de consulta pública es ineludible pues es parte integrante del procedimiento constitucional para la formación de las leyes.

En 2007, el Presidente de la República, siguiendo los mismos pasos que dio en 2001, pero ante una Asamblea en la cual no tiene oposición alguna ya que está totalmente conformada por sus seguidores, solicitó y obtuvo la sancione una Ley Habilitante que le permite durante un período de año y medio (18 meses), legislar en todas las materias imaginables. Con ello, nuevamente, el Presidente de la República legislará sin transparencia alguna, sin que se conozcan los proyectos de leyes, sin que puedan debatirse, y sin que se realice la consulta pública que la Constitución le ordena hacer a la Asamblea Nacional respecto de los proyectos de ley (artículos 206 y 211).

En esta forma, en evidente fraude a la Constitución, la potestad estatal de legislar sobre las materias de la competencia nacional se pretende trasladar del órgano que ejerce el Poder Legislativo (Asamblea Nacional) al Poder Ejecutivo, a pesar de que éste controla completamente al primero, donde no puede encontrar oposición alguna; legislación que se refiere, incluso, a materias que se afectan a los otros poderes del Estado, en particular, en su división horizontal (Legislativo, Ejecutivo, Judicial, Ciudadano y Electoral) como en su distribución territorial (Estados y Municipios).

7. *El militarismo constitucional*

La Constitución de 1999, también dentro de sus innovaciones, consagró un acentuado esquema militarista como no se conocía en la última centuria; lo cual si se agrega al presidencialismo como forma de gobierno y a la concentración de poderes en la Asamblea Nacional y el Presidente de la República cuando la controla, lo que muestra es la apertura el autoritarismo como forma de gobierno, lamentablemente instalado en la República. En la Constitución, en efecto se eliminó toda idea de sujeción o subordinación de la autoridad militar a la autoridad civil; dándose, al contrario, una gran autonomía a la autoridad militar y a la Fuerza Armada, con la posibilidad incluso de intervenir sin límites en funciones civiles, bajo la comandancia general del Presidente de la República. Ello se evidencia, por ejemplo, tanto de la incorporación de algunas regulaciones como de la ausencia de las mismas: Primero, se eliminó la tradicional prohibición que existía en el constitucionalismo histórico respecto del ejercicio simultáneo de la autoridad civil con la autoridad militar; segundo, se eliminó el control civil parlamentario en relación con la promoción de militares de altos rangos, y que había sido diseñado por los hacedores de la República a comienzos del Siglo XIX. Esa promoción es ahora una atribución exclusiva de la Fuerza Armada. Tercero, se eliminó la norma que establecía el carácter apolítico de la institución militar y su carácter no deliberante, lo cual abrió el camino para que la Fuerza Armada delibere e intervenga en los asuntos que estén resolviendo los órganos del Estado; cuarto, se eliminó de la Constitución la obligación de la Fuerza Armada de velar por la estabilidad de las instituciones democráticas que antes estaba prevista expresamente; quinto, y más grave aún, se eliminó la obligación de la Fuerza Armada de obedecer la Constitución y leyes, cuya observancia debía estar siempre por encima de cualquier otra obligación, como lo establecía la Constitución anterior; sexto, por vez primera en la historia del país, se le concedió a los militares el derecho al voto, lo cual ha mostrado ser políticamente incompatible con el principio de obediencia; séptimo, la nueva Constitución estableció el privilegio de que el Tribunal Supremo de Justicia debe decidir si hay méritos para juzgar a los militares de alto rango de la Fuerza Armada, lo cual siempre había sido un privilegio procesal reservado a altos funcionarios civiles, como el Presidente de la República; octavo, se sujetó el uso de cualquier tipo de armas en el país a la autoridad de la Fuerza Armada, control éste que antes estaba atribuido a la administración civil; noveno, se estableció la posibilidad de poder atribuir a la Fuerza Armada funciones de policía administrativa; y finalmente, décimo, se adoptó el concepto de la doctrina de seguridad nacional, definida de forma total, global y omnicomprensiva, conforme a la cual, como había sido desarrollada en los regímenes militares de América latina en los setenta, casi todo lo que suceda en la Nación concierne a la seguridad del Estado, aun el desarrollo económico y social[252].

Todo esto ha dado origen a un esquema militar que es una novedad constitucional y ha venido conduciendo a una situación en la cual la Fuerza Armada, con el

252 *V.* sobre el militarismo en la Constitución de 1999, Allan R. Brewer-Carías, "Razones para el Voto NO en el referéndum sobre la Constitución", (Documento de 30-11-1999), *Debate Constituyente (Aportes a la Asamblea Nacional Constituyente)*, Tomo III, *cit.*, p. 325 y ss.

soporte del Jefe de Estado, se ha apoderado de la Administración civil del Estado, como ha venido ocurriendo en los últimos años. Todas estas disposiciones muestran un cuadro constitucional de militarismo verdaderamente único en la historia política y constitucional de América Latina, que no se encuentra ni siquiera en las Constituciones de los anteriores regímenes militares.

Con estos atentados al principio de la separación de poderes, Venezuela, con su nueva Constitución llena de contradicciones constitucionales (una Federación centralizada y sin Senado; un Poder Legislativo y una delegación legislativa ilimitada; y una penta división del Poder con una concentración inusitada del poder en el órgano político representativo), ha constitucionalizado el camino hacia el autoritarismo. La democracia, por tanto, con ese esquema constitucional difícilmente puede ser efectiva, y menos aún el Estado de derecho.

V. LA INTERMINABLE INTERVENCIÓN Y SUMISIÓN DEL PODER JUDICIAL AL RÉGIMEN AUTORITARIO

Después de la inconstitucional intervención del Poder Judicial que decretó la Asamblea Nacional Constituyente en 1999[253], desde que se sancionó la Constitución de 1999, en Venezuela se ha venido produciendo un proceso sistemático y permanente de demolición de la autonomía del poder judicial, sometiéndolo al control del Presidente de la República.[254]

Todo comenzó con el nombramiento de los nuevos Magistrados del Tribunal Supremo de Justicia sin cumplirse los requisitos constitucionales mediante el régimen transitorio constitucional, dictado por la Asamblea Constituyente al margen de la Constitución en diciembre de 1999; y de allí, el proceso de intervención continuó comandado por el Presidente de la República, quien ha venido controlando políticamente al Tribunal Supremo de Justicia y, a través de éste, a todo el sistema judicial venezolano. Para ello, las previsiones constitucionales sobre condiciones para ser magistrado y los procedimientos para las designaciones con participación de los sectores de la sociedad, se violaron desde el inicio: primero, como se dijo, por la propia Asamblea Nacional Constituyente al remover mediante un régimen transitorio al margen de la Constitución que aprobó, a los antiguos Magistrados; y luego, por la Asamblea Nacional recién electa al efectuar las primeras designaciones en 2000, conforme a una Ley especial sancionada para efectuarlas transitoriamente, con contenido completamente al margen de las exigencias constitucionales.

Por ello, con razón, la Comisión Interamericana de Derechos Humanos en su Informe sobre Venezuela de 2003, observó que la designación de sus Magistrados del Tribunal Supremo no se ajustó a la Constitución, de modo que "las reformas constitucionales introducidas en la forma de elección de estas autoridades establecidas

---

253 *V.* nuestro voto salvado a la intervención del Poder Judicial por la Asamblea Nacional Constituyente en Allan R. Brewer-Carías, *Debate Constituyente, (Aportes a la Asamblea Nacional Constituyente)*, Tomo I, (8 agosto-8 septiembre), Caracas 1999; y las críticas formuladas a ese proceso en Allan R. Brewer-Carías, *Golpe de Estado y proceso constituyente en Venezuela*, Universidad Nacional Autónoma de México, México 2002.

254 *V.* Allan R. Brewer-Carías, "La progresiva y sistemática demolición de la autonomía en independencia del Poder Judicial en Venezuela (1999-2004)", en *XXX Jornadas J.M Domínguez Escovar, Estado de derecho, Administración de justicia y derechos humanos,* Instituto de Estudios Jurídicos del Estado Lara, Barquisimeto, 2005, pp. 33-174.

como garantías de independencia e imparcialidad no fueron utilizadas en este caso"[255].

Después vino la reforma de la Ley Orgánica del Tribunal Supremo de Justicia de 2004, aprobada en medio de una amplia discusión y cuestionamiento respecto de la mayoría calificada que se requería por la Constitución, por tratarse de una ley orgánica. La reforma, que aumentó el número de Magistrados de 20 a 32, elegidos los nuevos por mayoría simple de la misma Asamblea Nacional, como lo destacó la misma Comisión Interamericana, "no toma en consideración las preocupaciones expresadas por la CIDH en su informe en cuanto a posibles amenazas a la independencia del Poder Judicial."[256]

A lo anterior debe agregarse la destitución o "jubilación" de los Magistrados que osaron no seguir la línea gubernamental[257], todo lo cual ha permitido al gobierno asumir un control absoluto del Tribunal Supremo de Justicia en general, y de cada una de sus Salas en particular, en particular de la Sala Constitucional.

En todo caso, después de la reforma de 2004, el proceso de selección final de los nuevos Magistrados fue dominado por la sumisión al Presidente de la República, al punto de que en víspera del nombramiento, el entonces Presidente de la Comisión parlamentaria encargada de escoger los candidatos a Magistrados del Tribunal Supremo, Sr. Pedro Carreño, quien en enero de 2007 fue designado como Ministro del Interior y de Justicia, declaró a la prensa que:

> "Si bien los diputados tenemos la potestad de esta escogencia, el Presidente de la República fue consultado **y su opinión fue tenida muy en cuenta.**"(Resaltado añadido). Agregó: "**Vamos a estar claros, nosotros no nos vamos a meter autogoles**. En la lista había gente de la oposición que cumple con todos los requisitos. La oposición hubiera podido usarlos para llegar a un acuerdo en las últimas sesiones, pero no quisieron. Así que nosotros no lo vamos a hacer por ellos. **En el grupo de los postulados no hay nadie que vaya a actuar contra nosotros** y, así sea en una sesión de 10 horas, lo aprobaremos."[258]

Con razón, la Comisión Interamericana de Derechos Humanos indicó en su Informe a la Asamblea General de la OEA correspondiente a 2004 que "estas normas de la Ley Orgánica del Tribunal Supremo de Justicia habrían facilitado que el Poder Ejecutivo manipulara el proceso de elección de magistrados llevado a cabo durante 2004."[259]

---

255 Comisión Interamericana de Derechos Humanos, *Informe sobre Venezuela 2003,* párrafo 186.

256 Comisión Interamericana de Derechos Humanos, *Informe sobre Venezuela 2004,* párrafo, 174

257 Fue el caso, por ejemplo, del Magistrado Franklin Arrieche, Vice Presidente del Tribunal Supremo de Justicia, quien fue Ponente de la sentencia de la Sala Plena Accidental de 14-08-2002 que decidió el antejuicio de mérito a los generales que actuaron el 12 de abril de 2002, declarando que no había mérito para enjuiciarlos porque en esa ocasión no había ocurrido un golpe militar sino un vacío de poder; y de los Magistrados Alberto Martini Urdaneta, Presidente de la Sala Electoral y Rafael Hernández y Orlando Gravina, Magistrados de la misma Sala, quienes suscribieron la sentencia de fecha sentencia Nº 24 del 15-03-2004 (Caso: *Julio Borges, César Pérez Vivas, Henry Ramos Allup, Jorge Sucre Castillo, Ramón José Medina y Gerardo Blyde vs. Consejo Nacional Electoral*), que suspendió los efectos de la Resolución Nº 040302-131 de 02-03-2004, del Consejo Nacional Electoral que en su momento impidió la realización del referendo revocatorio presidencial.

258 *V.* en *El Nacional*, Caracas, 13-12-2004.

259 Comisión Interamericana de Derechos Humanos, *Informe sobre Venezuela 2004*, párrafo 180.

Se ha configurado, en esta forma, un Tribunal Supremo de Justicia altamente politizado y sujeto a la voluntad del Presidente de la República, que ha eliminado en la práctica toda la autonomía del Poder Judicial y el propio postulado de la separación de los poderes, como piedra angular del Estado de Derecho y de la vigencia de las instituciones democráticas.

En todo caso, conforme a la Constitución de 1999, que eliminó al antiguo Consejo de la Judicatura que era el órgano que desde 1961 administraba el Poder Judicial, el Tribunal Supremo de Justicia es la institución que constitucionalmente domina enteramente el sistema judicial venezolano, en particular en lo que se refiere al nombramiento y remoción de los jueces, cuya inestabilidad avalada y promovida por el mismo Tribunal Supremo, y el nombramiento de los jueces sin el concurso público que exige la Constitución, es otro componente de la sujeción política de los tribunales venezolanos.

Respecto de la independencia del Tribunal, conforme a los Principios Básicos relativos a la independencia de la judicatura, aprobados por la Asamblea General de la ONU[260], el principio de inamovilidad de los jueces es esencial, y como lo ha dicho la Corte Interamericana de Derechos Humanos, congruente con "la propia naturaleza especial de la función de los tribunales pues garantiza la independencia de los jueces frente a las demás ramas del gobierno y ante los cambios político-electorales."[261]

Y dicha inmovilidad se garantiza en la Constitución de 1999, primero, por la exigencia de que los jueces tengan que ser seleccionados por concurso público; y segundo, que su remoción sólo puede ocurrir mediante juicios disciplinarios llevados a cabo por jueces disciplinarios. Lamentablemente, nada de ello ha ocurrido en Venezuela, donde por una extraña transitoriedad construida con la complicidad del propio Tribunal Supremo, esas previsiones constitucionales son letra muerta.

Desde 1999, el Poder Judicial venezolano ha sido plagado de jueces provisorios, situación sobre lo cual ya en 2003, en el Informe Especial sobre Venezuela de 2003, la Comisión Interamericana de Derechos Humanos se pronunció,[262] considerando como tales jueces provisorios los que carecen de estabilidad en el cargo, siendo por ello susceptibles de manipulación política,[263] en el sentido de que "no gozan de la garantía de estabilidad en el cargo y pueden ser removidos o suspendidos libremente, lo que podría suponer un condicionamiento a la actuación de estos jueces, en el sentido de que no pueden sentirse protegidos frente a indebidas interferencias o presiones provenientes del interior o desde fuera del sistema judicial;"[264] concluyendo

260 *Principios Básicos Relativos a la Independencia de la Judicatura*, adoptados por el Séptimo Congreso de las Naciones Unidas en Milán, del 26 de agosto al 6 de septiembre de 1985 y confirmados por la Asamblea General en sus resoluciones 40/32 de noviembre de 1985 y 40/146 del 13 de diciembre de 1985.

261 CIDH, *Carranza vs. Argentina*, caso 10.087, Informe Nº 30/97, 30 de Diciembre de 1997; párr. 41.

262 *Informe sobre la Situación de los Derechos Humanos en Venezuela*, OEA/Ser.L/V/II.118, d.C. 4 rev. 2, 29 de Diciembre de 2003, Párr. 11, p. 3. Allí se expresa: "La Comisión ha sido informada que solo 250 jueces han sido designados por concurso de oposición de conformidad a la normativa constitucional. De un total de 1772 cargos de jueces en Venezuela, el Tribunal Supremo de Justicia reporta que solo 183 son titulares, 1331 son provisorios y 258 son temporales."

263 *Idem*, párrafos 11 y 12.

264 *Idem*, párrafo 159.

que el alto porcentaje de estos jueces altera el derecho de la ciudadanía a una adecuada administración de justicia.[265]

La trágica situación de la provisionalidad de los jueces con la consecuente notoria falta de independencia que afecta al sistema judicial en Venezuela, también fue advertido en 2002, por la propia Comisión Interamericana en las Observaciones Preliminares formuladas el 10 de mayo de 2002[266], que formuló con motivo de su visita a Venezuela, señalando que: "luego de casi tres años de reorganización del Poder Judicial, un número significativo de los jueces tiene carácter provisorio, que oscila entre el 60 y el 90% según las distintas fuentes. Ello afecta la estabilidad, independencia y autonomía que debe regir a la judicatura[267]; agregando que había sido: "informada que el problema de la provisionalidad de los jueces se ha profundizado y aumentado desde que el presente Gobierno inició un proceso de reestructuración judicial.[268]

En el antes citado Informe Especial sobre Venezuela del año 2003, esta la misma Comisión también expresó, que "un aspecto vinculado a la autonomía e independencia del Poder Judicial es el relativo al carácter provisorio de los jueces en el sistema judicial de Venezuela. Actualmente, la información proporcionada por las distintas fuentes indica que más del 80% de los jueces venezolanos son "provisionales".[269]

En todo caso, después de siete años de vigencia de la Constitución, aún no se ha establecido la jurisdicción disciplinaria de los jueces que exige la Constitución (artículos 254 y 267) tendiente a garantizar su sola remoción mediante juicios disciplinarios, por jueces disciplinarios, por lo que con la anuencia del propio Tribunal Supremo ha continuando en funcionamiento una "transitoria" Comisión de Reorganización del Poder Judicial (creada en 1999), que ha removido a los jueces sin debido proceso, y ha dado pie a la instauración de los mencionados jueces provisorios.

El resultado ha sido, como la mencionada Comisión Interamericana de Derechos Humanos también lo registró en su informe sobre la situación de los derechos humanos en Venezuela contenido en el Capítulo IV del Informe que rindió ante la Asamblea General de la OEA en 2006, que los "casos de destituciones, sustituciones y otro tipo de medidas que, en razón de la provisionalidad y los procesos de reforma, han generado dificultades para una plena vigencia de la independencia judicial en Venezuela."[270]; destacando aquellas "destituciones y sustituciones que son señaladas como represalias por la toma de decisiones contrarias al Gobierno"[271]; concluyendo que para 2005, según cifras oficiales, "el 18,30% de las juezas y jueces son titulares y 81,70% están en condiciones de provisionalidad"[272].

Lo más grave de esta irregular situación, es que en 2006 se ha pretendido solventar el problema de la provisionalidad a través de un "Programa Especial para la Re-

265 *Idem*.

266 *V*. "Comunicado de Prensa" de 10-05-2000, en *El Universal*, Caracas 11-5-2002.

267 *Idem*, párrafo 30.

268 *Idem*, párrafo 31.

269 *Informe sobre la Situación de los Derechos Humanos en Venezuela 2003*, *cit.* párr. 161.

270 *Idem*, párrafo 291.

271 *Idem*, párrafos 295 y ss.

272 *Idem*, párrafo 292.

gularización de la Titularidad" dirigido a los jueces accidentales, temporales o provisorios, con un lapso mayor a tres meses en el ejercicio de la función judicial. Semejante programa burla el sistema de ingreso a la función judicial que constitucionalmente sólo puede ocurrir mediante concursos públicos de oposición (artículo 255), pues se limita a una evaluación de los jueces provisorios, sin concurso ni competencia algunos, de modo que más que a "regularizar" lo que tiende es a consolidar los efectos de los nombramientos "a dedo" provisionales, y su consecuente dependencia del poder.

VI. EL PROCESO DE CENTRALIZACIÓN DEL PODER Y LA AUSENCIA DE EFECTIVA PARTICIPACIÓN POLÍTICA

Pero el nuevo esquema de gobierno autoritario que en los últimos años ha encontrado arraigo en Venezuela, con origen electoral, no sólo ha sido posible por la constitucionalización de un esquema de concentración del Poder del Estado, con la consecuente sumisión del Poder Judicial al Poder Ejecutivo, que es contrario a la democracia y al Estado de derecho; sino además, por la distorsión del propio ejercicio de la democracia y de la participación popular, encubierta por un falaz discurso populista que pretende sustituir la democracia representativa por una "democracia participativa", como si se tratara, además, de conceptos dicotómicos, conduciendo en realidad a la propia destrucción de la democracia.

1. *La Federación centralizada y la ilusión de la participación*

La participación política, es decir, la posibilidad para el ciudadano de participar en la toma de decisiones políticas, sólo es posible cuando el poder está cerca del ciudadano en un sistema estatal de descentralización del poder basado en la multiplicación de las autoridades locales con autonomía política[273]. Al contrario, en un esquema de Federación centralizada como la que consagra la Constitución venezolana de 1999, no sólo la participación política se torna en una ilusión retórica, sino que el sistema se convierte en fácil instrumento del autoritarismo[274].

Por ello, también con motivo de la realización del referendo aprobatorio de la Constitución de 1999, en el mismo documento explicativo de las razones por las cuales en su momento propugnamos el "voto No" en dicho referendo, advertíamos que:

> "La gran reforma del sistema político, necesaria e indispensable para perfeccionar la democracia era desmontar el centralismo de Estado y distribuir el Poder Público en el territorio; única vía para hacer realidad la participación política. La Asamblea Constituyente -agregábamos-, para superar la crisis política, debió diseñar la transformación del Estado, descentralizando el poder y sentar las bases para acercarlo

273 *V.* nuestras propuestas para el reforzamiento de la descentralización de la federación y el desmantelamiento de su centralización en Allan R. Brewer-Carías, *Debate Constituyente (Aportes a la Asamblea Nacional Constituyente),* Tomo I, Fundación de Derecho Público, Editorial Jurídica Venezolana, Caracas 1999, pp. 155 y ss.

274 *V.* los estudios "La opción entre democracia y autoritarismo (julio 2001)", pp. 41-59; "Democratización, descentralización política y reforma del Estado (julio-octubre 2001)", pp. 105-125; y "El Municipio, la descentralización política y la democracia (octubre 2001)», pp. 127-141, en Allan R. Brewer, *Reflexiones sobre el constitucionalismo en América*, Editorial Jurídica Venezolana, Caracas 2001.

efectivamente al ciudadano. Al no hacerlo, **ni transformó el Estado ni dispuso lo necesario para hacer efectiva la participación**"[275].

Sin embargo, a pesar del esquema centralizado del poder plasmado en la Constitución, esta utiliza en múltiples ocasiones la palabra participación y, además, proclama como valor global a la llamada "democracia participativa", pero sin permitir una efectiva participación política del ciudadano en la conducción de los asuntos públicos en entidades políticas autónomas y descentralizadas. La participación, en efecto, sólo es posible con la descentralización, y esta implica la creación de entidades territoriales autónomas. La participación, por tanto, es más que el ejercicio del derecho al sufragio y de la implementación de algunos mecanismos de democracia directa como los referendos, las asambleas de ciudadanos y los recién creados consejos comunales, los cuales no se configuren como instancias del poder del Estado ni tienen autonomía política, sino como instrumentos paralelos a su organización, del exclusivo uso y conducción del Jefe del Estado para la centralización del poder.

2. *El sentido de la democracia y la ilusión de la democracia participativa*

En realidad, en el discurso autoritario de la "democracia participativa", ésta, de democracia sólo tiene el nombre, siendo hábilmente utilizado frente a los fracasos políticos que han experimentado muchas de nuestras anquilosadas democracias meramente representativas y de partidos. Muchas veces la expresión se utiliza sin que se sepa efectivamente de qué se trata y generalmente confundiendo indebidamente la democracia participativa con elementos de democracia directa. Pero en la mayoría de los casos se utiliza como engañosa y clara estrategia para acabar con la propia democracia representativa como régimen político, exacerbando la desconfianza en los partidos políticos y en las propias instituciones del Estado con estructuras e instituciones demasiado lejos del ciudadano.

La confusión originada por el clamor que a veces se siente en muchos de nuestros países de América Latina por la participación, la cual además, por esencia es contraria al autoritarismo, obliga a reflexionar sobre la propia democracia para poder situar el concepto de participación política donde le corresponde, que es precisamente en el ámbito local de la descentralización política.

Sin duda, los dos principios fundamentales de la democracia en el mundo contemporáneo siguen siendo la representación y la participación. La primera, la representación, si a algo se contrapone es a la democracia directa, por lo que la dicotomía que existe en este caso es entre "democracia representativa" o indirecta y "democracia directa".

La segunda, la participación, a la vez, si a algo se contrapone no es a la representación, sino a la "exclusión" política, de manera que la dicotomía que en este plano surge es entre "democracia participativa" o de inclusión y "democracia de exclusión" o exclusionista. Y esto es precisamente lo que no se tiene claro cuando se habla de democracia participativa, en ciertos casos, queriendo referirse a los mecanismos de democracia directa; y en otros deliberadamente confundiéndose los conceptos, para buscar la eliminación o minimización de la representatividad, y estable-

---

275 Documento de 30 de noviembre de 1999. *V.* en Allan R. Brewer-Carías, *Debate Constituyente (Aportes a la Asamblea Nacional Constituyente)*, Tomo III, Fundación de Derecho Público, Editorial Jurídica Venezolana, Caracas 1999, p. 323.

cer una supuesta relación directa entre un líder mesiánico y el pueblo, a través de los mecanismos institucionales incluso paralelos a los propios órganos electos del Estado, dispuestos para hacerle creer al ciudadano que participa, cuando lo que se está es sometiéndolo al control del poder central.

En cuanto a la democracia representativa o democracia indirecta, esta es y seguirá siendo de la esencia de la democracia[276]. Su sustitución es esencialmente imposible si de democracia se trata, sin perjuicio de que afortunadamente se haya venido enriqueciendo en las últimas décadas, precisamente con la introducción en nuestros sistemas políticos de mecanismos de democracia directa que la complementan, pero que jamás podrán sustituirla.

No puede existir en el mundo contemporáneo una democracia que sea sólo refrendaria, plebiscitaria o de cabildos abiertos permanentes; a pesar de que en casi todos los sistemas constitucionales contemporáneos se hayan incorporado mecanismos de consultas populares y de asambleas de ciudadanos con el objeto de complementar la representatividad. Además, como es el caso de la Constitución de Venezuela, se han regulado todos los tipos imaginable de referendos: consultivos, aprobatorios, decisorios, abrogatorios, autorizatorios y revocatorios; al igual que las iniciativas populares. Ello sin duda ha contribuido a la movilización popular y a la relativa manifestación directa de voluntad del pueblo; pero es claro que esos mecanismos no pueden sustituir a la democracia conducida por representantes electos. El reto en este punto, para contribuir a la consolidación del Estado democrático de derecho, es asegurar que dichos representantes sean realmente representativos de las sociedades y sus comunidades, y sean elegidos en sistemas de sufragio directo, universal y secreto donde impere el pluralismo político, y a través de procesos electorales transparentes que aseguren el acceso al poder con sujeción al Estado de derecho.

Pero sin duda, más interés contemporáneo tiene el segundo principio básico de la democracia, que es el de la participación política, lo que como antes se ha señalado, no es otra cosa que un régimen democrático de inclusión política, donde el ciudadano sea parte de su comunidad organizada con autonomía política, y contribuya a tomar las decisiones que le conciernen. Participar es estar incluido, por lo que la dicotomía en este caso de la participación política es la exclusión política, la cual además conlleva la de orden social y económico.

Lamentablemente, sin embargo, como antes hemos apuntado, en la doctrina política democrática con demasiada frecuencia se han confundido los conceptos, y cuando se habla de democracia participativa se la confunde y se la reduce a los mecanismos de democracia directa, cuando la democracia participativa es mucho más que eso.

Participar, en efecto, en el lenguaje común, es ser parte de…, es pertenecer, incorporarse, contribuir, estar asociado o comprometerse a…; es tener un rol, tomar parte activa, estar envuelto o tener una mano en…; es en fin, asociarse, compartir o tener algo que ver con... La participación, por tanto, en el lenguaje político no es otra cosa que ser parte de una comunidad política que por esencia debe gozar de autonomía política, en la cual el individuo tiene un rol específico de carácter activo con-

---

276 *V.* nuestra propuesta sobre la regulación del principio democrático representativo y participativo en la Constitución de 1999 en Allan R. Brewer-Carías, *Debate Constituyente (Aportes a la Asamblea Nacional Constituyente)*, Tomo I, *cit.*, pp. 183 y ss.

forme al cual contribuye a la toma de decisiones, la cual no se puede agotar, por ejemplo, en el sólo ejercicio del derecho al sufragio (que sin duda es una forma mínima de participación); o en ser miembro de sociedades intermedias, aún las de carácter político como los partidos políticos; o en votar en referendos (que es otra forma mínima de participación) en participar en asambleas de ciudadanos controladas por el poder central[277].

Participación política democrática, en realidad, es estar incluido en el proceso político y ser parte activa del mismo, sin mediatizaciones; es en fin, poder tener acceso a la toma de decisiones públicas. Y ello, en ninguna sociedad democrática se ha logrado permanentemente con las solas votaciones en referendos o consultas populares. Tampoco se logra con manifestaciones así sean multitudinarias, y menos de las que son obedientes y sumisas a un líder. Eso, que no es más que manifestación política, la historia se ha encargado de enseñárnosla en todas sus facetas, incluyendo las propias de los autoritarismos fascistas del Siglo pasado, la cual no se puede confundir con participación política.

Para que la democracia sea inclusiva o de inclusión, tiene que permitir al ciudadano poder ser parte efectivamente de su comunidad política que ante todo tiene que ser autónoma; tiene que permitirle desarrollar incluso conciencia de su efectiva pertenencia, es decir, de pertenecer en el orden social y político, por ejemplo, a una comunidad, a un lugar, a una tierra, a un campo, a una comarca, a un pueblo, a una región, a una ciudad, en fin, a un Estado, y ser electo para ello, como representante de la misma.

Por ello, la democracia participativa no es nada nuevo en la historia política; ha estado siempre, desde los mismos días de las Revoluciones del Siglo XIX en la teoría y prácticas políticas democráticas. En todos los países con democracias consolidadas, incluso, está imperceptiblemente arraigada en el nivel más ínfimo de los territorios de los Estados, en las entidades políticas autónomas como los Municipios o las Comunas; es decir, en la base de la distribución territorial del poder.

El gran tema de la participación política, en todo caso, en democracias con carencia de participación, es determinar dónde y cómo es que se puede realmente participar, y la respuesta apunta a las entidades que sean consecuencia de la descentralización política del poder, que ante todo están dotadas de autonomía. De manera que dejando aparte y sin sustituir al sufragio y a los instrumentos de democracia directa, la participación política como democracia de inclusión en la cual el ciudadano pueda tomar parte personalmente en un proceso decisorio, interviniendo en actividades estatales y en función del interés general, sólo puede tener lugar en los estamentos territoriales más reducidos políticamente descentralizados y autónomos, en el nivel local, comunal o municipal. Es decir, sólo en los niveles territoriales inferiores autónomos de la organización del Estado, es que se puede montar una organización participativa que permita la incorporación del ciudadano individual, o en grupos o en comunidades, en la vida pública, y particularmente, en la toma de decisiones públicas generales o de orden administrativo.

277 *V.* Allan R. Brewer-Carías, "Democracia Municipal, Descentralización y Desarrollo Local" (Conferencia Inaugural del XXVI Congreso Iberoamericano de Municipios, Organización Iberoamericana de Cooperación Intermunicipal, Ayuntamiento de Valladolid, Valladolid, 13-15 de octubre de 2004), en *Revista Iberoamericana de Administración Pública,* N° 11, julio-diciembre 2003, INAP, Madrid 2003, pp. 11-34.

De ello resulta que el tema central que tiene que resolverse cuando se habla con propiedad de democracia participativa, es el de la determinación del nivel territorial que se requiere para la participación como cotidianeidad democrática, y la opción más clásica está entre el municipio como entidad política autónoma desparramado en todos los rincones de un Estado, en cada villa, pueblo y caserío, situado bien cerca del ciudadano; o el gran municipio urbano o rural, situado bien lejos del ciudadano, y que en definitiva no sirve para nada.

Lo cierto, en definitiva, es que en la mayoría de los llamados países desarrollados democráticamente predomina la existencia de muchos municipios como entidades políticas autónomas, y entre ellos, de municipios pequeños[278]. En contraste, en América Latina, el municipio está demasiado lejos del ciudadano[279]. En ambos Continentes los Municipios fueron tributarios de los mismos postulados centrales que derivaron de la Revolución Francesa, pero la enorme diferencia entre ellos fue que en Europa, desde comienzos del siglo XIX el Municipio se ubicó en cuanta aldea, pueblo, villa y ciudad existía, bien cerca del ciudadano; y en cambio, en América Latina, el Municipio colonial que traspasó las batallas de la Independencia, continuó como se lo había creado, ubicado en el nivel territorial de las antiguas Provincias coloniales, en los Cabildos metropolitanos, bien lejos del ciudadano.

En los primeros, la participación política es tan cotidiana en las cosas pequeñas que es imperceptible; en los segundos, simplemente no hay participación alguna. Tienen un ámbito territorial tan alto y extraño al ciudadano, que hace que no sirvan

---

278 Por ejemplo, en Alemania, de sus 16.098 municipios, un 76% tiene menos de 5.000 habitantes; y en España, alrededor del 86% de sus más de 8.056 municipios, tienen menos de 5.000 habitantes, agrupando sólo el 16% de la población, y el 61% tiene menos de 1.000 habitantes278. Debe destacarse además, ya que nos encontramos en Valladolid, como un ejemplo de lo que significa para un país tener territorialmente muchos pequeños municipios, el caso precisamente de esta Comunidad de Castilla y León, que alberga algo más de un cuarto del total de los Municipios de España, con 2.248 municipios para 2,484.603 habitantes, de los cuales el 68,5 %, es decir, 1.540 municipios tienen menos de 500 habitantes. *V.* en *Informe sobre el Gobierno Local,* Ministerio para las Administraciones Públicas, Fundación Carles Pi i Sunyer d'Etudis Autonòmics y Locals, Madrid 1992, p. 27

279 En Argentina, para 37 MM de habitantes, hay 1617 municipios con un promedio de población de 22.882 habitantes; en Bolivia, para 8 MM de habitantes, hay 312 municipios con un promedio de población de 25.642 habitantes; en Brasil, para 168 MM de habitantes, hay 5.581 municipios con un promedio de población de 30.102 habitantes; en Chile, para 15 MM de habitantes, hay 340 municipios con un promedio de población de 44.117 habitantes; en Colombia, para 42 MM de habitantes, hay 1.068 municipios con un promedio de población de 39.326 habitantes; en Cuba, para 11 MM de habitantes, hay 169 municipios con un promedio de población de 65.389 habitantes; en Ecuador, para 12 MM de habitantes, hay 1.079 municipios con un promedio de población de 11.121 habitantes; en El Salvador, para 6 MM de habitantes, hay 262 municipios con un promedio de población de 22.900 habitantes; en Guatemala, para 11 MM de habitantes, hay 324 municipios con un promedio de población de 33.950 habitantes; en Honduras, para 6 MM de habitantes, hay 293 municipios con un promedio de población de 20.478 habitantes; en México, para 97 MM de habitantes, hay 2.418 municipios con un promedio de población de 40.116 habitantes; en Nicaragua, para 5 MM de habitantes, hay 143 municipios con un promedio de población de 34.965 habitantes; en Paraguay, para 5 MM de habitantes, hay 212 municipios con un promedio de población de 23.585 habitantes; en Perú, para 25 MM de habitantes, hay 1808 municipios con un promedio de población de 13.827 habitantes; en República Dominicana, para 8 MM de habitantes, hay 90 municipios con un promedio de población de 88.889 habitantes; en Uruguay, para 3 MM de habitantes, hay 19 municipios con un promedio de población de 157894 habitantes; y en Venezuela, para 24 MM de habitantes, hay 338 municipios con un promedio de población de 71.006 habitantes. *V.* las referencias en Allan R. Brewer-Carías, *Reflexiones sobre el constitucionalismo en América*, Editorial Jurídica Venezolana, Caracas 2001, pp. 139 y ss.

para nada, pues ni sirven para gerenciar adecuadamente los intereses locales ni para servir de instancias de participación política de la ciudadanía en la decisión o gestión de sus propios asuntos comunales.

Por tanto, la democracia participativa está real e indisolublemente ligada, no a la democracia directa, sino a la descentralización política y dentro de esta última, a la municipalización, y la misma no se puede materializar con solo propuestas de incorporación al régimen democrático de instrumentos como los referendos las consultas o las iniciativas populares y las asambleas de ciudadanos. La democracia participativa no se agota ni se debe confundir con la democracia directa, como suele suceder en muchos estudios sobre la democracia que propugnan se perfeccionamiento[280].

La participación política como cotidianeidad democrática o como parte de la democracia como forma de vida, sólo puede darse a nivel local. Por ello, la participación política o la democracia participativa están íntimamente unidas al localismo y a la descentralización políticas, que son las que pueden efectivamente a su vez limitar el poder, lo que es consustancial con la democracia. Por ello, no puede haber y nunca ha habido autoritarismos descentralizados que hayan podido permitir efectivamente la participación política; al contrario, la centralización política del poder es de la esencia de los autoritarismos y contraria a la democracia.

Es decir, la centralización política impide la participación, por lo que esta sólo es posible en sistemas de gobiernos donde el poder esté descentralizado políticamente y cerca del ciudadano; y no hay otra instancia en los Estados para que el ciudadano pueda participar, que no sea el gobierno local; lo demás es falacia y engaño, o mecanismos de democracia directa, que, insistimos, son otra cosa. Por ello es que el tema de la descentralización política, precisamente no tiene tanta notoriedad en los países europeos con democracias desarrolladas y consolidadas, donde la participación es de todos los días, en las pequeñas cosas que pueden tratarse en esos pequeños municipios urbanos y rurales.

De manera que sin temor a equivocarnos podemos afirmar que no sólo sin descentralización política o territorial, es decir, sin que exista una multiplicidad de poderes locales y regionales autónomos políticamente no puede haber participación política, sino que en definitiva no puede haber una democracia participativa. La descentralización política es, por tanto, la base de la democracia participativa y a la vez, el impulso del control del poder. El centralismo, en cambio, es la base de la exclusión política al concentrar el poder en unos pocos electos, y a la vez, el motivo del desprestigio de la democracia representativa por más aditivos de democracia directa o refrendaria que se le implante[281].

---

280 *V.* por ejemplo, en Venezuela, el conjunto de estudios publicados en *Participación Ciudadana y Democracia*, Comisión Presidencial para la Reforma del Estado, Caracas 1998.

281 Por ello, en la conferencia que dictamos en el XXV Congreso de la Organización iberoamericana de Municipios, en Guadalajara, Jalisco, México, en 2001, decíamos que: "el debate contemporáneo en nuestros países por más democracia, tiene que centrarse en el rescate del proceso de descentralización política. Perfeccionar la democracia exige hacerla más participativa y más representativa, para lo cual la única vía posible que existe es acercando el Poder al ciudadano, y ello sólo puede lograrse descentralizando territorialmente el Poder del Estado y llevarlo hasta la más pequeña de las comunidades; es decir, distribuyendo el Poder en el territorio nacional". Y agregaba además, que "cualquiera que sea la forma de descentralización política, se trata de proyectos y propuestas contrapuestos radicalmente al centralismo de Estado y a la concentración del Poder, que son esencialmente antidemocráticos". En definitiva, la propuesta política que entonces formulamos, y ahora insistimos en ratificar, "busca el diseño en nuestros

Por ello solo los autoritarismos temen y rechazan tanto la descentralización política como a la participación democrática, y eso es lo que ha venido ocurriendo en Venezuela, con el engaño de la "democracia participativa".

3. *La reacción contra la Federación como forma de Estado descentralizado*

La idea de la "democracia participativa y protagónica" que se ha venido vendiendo por el gobierno autoritario venezolano, antes que un instrumento para la descentralización política, para lo que ha servido es para desmantelar lo poco que quedaba de ella, y en definitiva para acabar con la aún deficiente democracia representativa que nos queda, imposibilitando a la vez la real participación política.

En Venezuela, la gran transformación política que debió haberse producido en el proceso constituyente de 1999, para perfeccionar la democracia[282], que debió ser su principal motivación, debió consistir en sustituir efectivamente la forma estatal de la Federación Centralizada que se había desarrollado durante el Siglo pasado, por una Federación efectivamente descentralizada en dos niveles territoriales, el de los Estados y de múltiples Municipios autónomos.

Sin embargo, a pesar de los esfuerzos que se hicieron, la reforma no pasó del nominalismo, de las palabras y de las declaraciones. Así, tanto el Preámbulo como el artículo 4 de la Constitución, declaran lo que no es cierto, que "La República Bolivariana de Venezuela es un Estado federal descentralizado", pero agregando la norma, por supuesto, que ello es así sólo "en los términos consagrados por esta Constitución"; fórmula más o menos similar a la del artículo 2 de la Constitución de 1961 la cual, sin embargo, más modestamente se limitaba a declarar que "La República de Venezuela es un Estado federal" lo cual tampoco era cierto en términos políticos de distribución vertical del poder[283]. Ahora en la Constitución de 1999 se ha agregado que la Federación supuestamente es "descentralizada" lo cual, sin embargo, es contradicho por el propio texto de la Constitución, en cuyo articulado se centralizó aún más al poder del Estado[284].

---

países, de un nuevo sistema político que la democracia exige, y que sólo puede tener por objeto hacerla más participativa, con gran presencia de la sociedad civil, y más representativa de las comunidades. Ello implica desparramar el poder en todo el territorio, hasta la última de las comunidades, para que el ciudadano y sus sociedades intermedias puedan realmente participar". *V.* la conferencia sobre "El Municipio, la descentralización política y la democracia" en *XXV Congreso Iberoamericano de Municipios, Guadalajara, Jalisco, México del 23 al 26 de octubre de 2001*, Fundación Española de Municipios y Provincias, Madrid 2003, pp. 453 y ss.

282. *V.* lo que propusimos durante la discusión del Proyecto de Constitución en Allan R. Brewer-Carías, "Propuesta sobre la forma federal del Estado en la nueva Constitución: Nuevo Federalismo y Nuevo Municipalismo" en *Debate Constituyente, (Aportes a la Asamblea Nacional Constituyente)*, Tomo I, (8 agosto-8 septiembre), Caracas 1999, pp. 155 a 170); y "El reforzamiento de la forma federal del Estado Venezolano en la Nueva Constitución: Nuevo Federalismo y Nuevo Municipalismo", Ponencia presentada en *The International Conference on Federalism in an Era of Globalization*, Québec, Canadá octubre 1999 (mimeo), 13 pp.

283 *V.* Allan R. Brewer-Carías, "Los problemas de la federación centralizada en Venezuela" en *Revista Ius et Praxis*, Facultad de Derecho y Ciencias Políticas, Universidad de Lima, N° 12, Perú, diciembre 1988, pp. 49-96; y "Problemas de la Federación centralizada (A propósito de la elección directa de Gobernadores)", en *IV Congreso Iberoamericano de Derecho Constitucional*, Universidad Nacional Autónoma de México, México 1992, pp. 85-131.

284 *V.* Allan R. Brewer-Carías, *Federalismo y Municipalismo en la Constitución de 1999 (Alcance de una reforma insuficiente y regresiva),* Cuadernos de la Cátedra Allan R. Brewer-Carías de Derecho Público,

En todo caso, "los términos consagrados por la Constitución" son la clave para determinar efectivamente el grado de descentralización política del Estado y por tanto, de la Federación; y la comparación entre unos y otros "términos" revela un mayor centralismo en el texto de 1999.

En la Constitución de 1999, en efecto y como antes se dijo, salvo en el nominalismo, no se avanzó mayormente en relación con lo que existía en el texto de 1961, a pesar de la constitucionalización parcial de aspectos que ya se habían establecido en las reformas legislativas de 1989 (Ley Orgánica de Descentralización, Delimitación y Transferencia de Competencias del Poder Público). Pero no hubo los avances y transformaciones necesarias para hacer realidad la descentralización de la Federación. Más bien se retrocedió institucionalmente en ello, al eliminarse el Senado, y con ello, el principio de igualdad institucional de los Estados, estableciéndose por primera vez en la historia constitucional de Venezuela una Asamblea Nacional unicameral (art. 186). Además se permitió la posibilidad de establecer limitaciones a la autonomía de los Estados (art. 162) e incluso de los Municipios (art. 168) mediante ley nacional, lo que se configura como una negación, de principio, de la idea misma de descentralización política, la cual al contrario tiene que estar basada en el concepto de autonomía territorial garantizada en la propia Constitución. Se estableció además, un precario ámbito de las competencias estadales cuyo ejercicio, además, se sujetó a lo regulado en la legislación nacional; y una centralización tributaria que coloca a los Estados en una dependencia financiera más acentuada.

La declaración sobre "Estado federal descentralizado" que se incorporó en la Constitución de 1999 para identificar la forma del Estado, por tanto, no significó realmente avance alguno, más bien retroceso, al resultar agravados los principios de la Federación Centralizada que se había consolidado durante el Siglo XIX.

Pero incluso todo ello ha sido amenazado directamente de desaparecer, en aras de la organización del Poder Popular que supuestamente en lugar de los Estados de la federación originará regiones y un sistema de "ciudades federales", dirigidas por cuerpos integrados por supuestos representantes de los consejos comunales, no electos mediante sufragio universal, directo y secreto, sino designados a dedo a fuerza de "participación". Así, los Gobernadores y los diputados miembros de Consejos Legislativos estadales, hasta ahora también electos por sufragio universal directo y secreto, están llamados a desaparecer, ahogados igualmente por el esquema centralizante de los Consejos Comunales del Poder Popular.

4. *La reacción contra el Municipalismo y su sustitución por un Poder Popular o Comunal centralizado*

En cuanto al poder municipal, la gran reforma democrática que se requería en el país, era, esencialmente, acercar las instituciones locales autónomas al ciudadano, municipalizándose el territorio, para lo cual había que multiplicar los Municipios en lugar de reducirlos. Nada de eso se hizo, y más bien, por una parte, la Ley Orgánica del Po-

---

Nº 7, Universidad Católica del Táchira, Editorial Jurídica Venezolana, Caracas-San Cristóbal 2001, 187 pp.. *V.* además, Allan R. Brewer-Carías, "El 'Estado Federal descentralizado' y la centralización de la Federación en Venezuela. Situación y Perspectiva de una contradicción constitucional", en *Revista de Estudios de la Administración Local (REAL)*, 292-293, mayo-diciembre 2003, Madrid 2003, pp. 11-43.

der Público Municipal de 2005[285] lo impidió, al establecer limitaciones mayores para la creación de entidades políticas locales autónomas; y por la otra, en lugar de multiplicarse los Municipios, lo que se han creado son Consejos comunales (Ley de los Consejos Comunales), que no son entidades políticas autónomas ni regidos por personas electas mediante sufragio universal directo y secreto, para precisamente eliminar los Municipios, cuando lo que debió haber ocurrido era la reforma de la Ley Orgánica para establecer entidades municipales como unidades políticas autónomas cerca de las comunidades y establecer la posibilidad de participación en dichas entidades políticas autónomas (descentralizadas).

Pero como se dijo, ello no se hizo así, y al contrario, con base en los elementos de democracia directa que se establecieron en la Constitución, como las "asambleas de ciudadanos cuyas decisiones son de carácter vinculante" (art. 70), en su lugar, en 2006 se dictó la Ley de los Consejos Comunales [286], que ha establecido es un sistema institucional *centralizado*, en forma paralela al régimen municipal, para sustituirlo, mediante la supuesta participación popular, denominado "del Poder Popular", ignorando la propia existencia del régimen municipal; e iniciando formalmente el proceso de eliminación del municipio como instancia de democracia participativa. Ello lo ha anunciado el propio Presidente de la República en enero de 2007, al juramentar los Ministros de su nuevo gabinete de "Ministerios del Poder Popular", anunciando "la explosión revolucionaria del poder comunal, los consejos comunales" con lo cuales ha señalado que:

> [...] "debemos trascender ahora lo local, y debemos ir creando por ley en primer lugar, una especie de **Confederación regional, local, nacional de Consejos Comunales**. Tenemos que ir marchando **hacia la conformación de un estado comunal** y el viejo estado burgués que todavía vive, que está vivito y coleando, tenemos que irlo **desmontando progresivamente mientras vamos levantando al estado comunal, el estado socialista, el estado bolivariano**".[287]

Agregó, dos días después, en el acto de su juramentación para el nuevo período constitucional, que el objetivo era "transitar hacia el camino de una ciudad comunal donde no se necesiten alcaldías ni juntas municipales, sino sólo el poder comunal".[288]

La gran diferencia sin embargo, es que en democracia, los alcaldes y concejos municipales son electos por votación popular, directa, universal y secreta, y en cambio, en el esquema del poder comunal, los integrantes de los consejos comunales son designados directamente por el Presidente de la República mediante los agentes del partido único, por asambleas de ciudadanos debidamente controladas, sin sufragio directo alguno.

En ese sistema centralizado, los Consejos Comunales no tienen ni tendrán autonomía política alguna, ya que sus miembros no son electos por sufragio universal,

---

285 *V. Gaceta Oficial* N° 38.204 de 8 de junio de 2005. La Ley Orgánica fue objeto de una reforma en noviembre de 2005, *Gaceta Oficial* N° 38.327 de 2 de diciembre de 2005; y luego en abril de 2006, *Gaceta Oficial* N° 5.806 Extra. de 10 de abril de 2006, reimpresa por error material en *Gaceta Oficial* N° 38.421 de 21 de abril de 2006. *V.* Allan R. Brewer-Carías et al, *Ley Orgánica del Poder Público Municipal*, Editorial Jurídica Venezolana, Caracas 2005.

286 *V.* en *Gaceta Oficial* N° 5.806 Extraordinaria del 10 de abril de 2006.

287 Discurso de Hugo Chávez, 08-01-2007.

288 Discurso de Hugo Chávez, *El Nacional* 11-01-2007, p. A-2

directo y secreto como representantes del pueblo; a la "comunidad" se la concibe fuera del municipio, **cuando conforme a la Constitución este debería ser la unidad política primaria en la organización nacional; y en un supuesto** "marco constitucional de la democracia participativa y protagónica", también supuestamente se han pretendido regular los Consejos Comunales como "instancias de participación, articulación e integración entre las diversas organizaciones comunitarias, grupos sociales y los ciudadanos", pero sin autonomía ni descentralización política alguna. Es decir, como se dijo, con esta estructura paralela no autónoma, lo que ha comenzado es el desmantelamiento de la democracia representativa en el país.

La Ley de los Consejos Comunales de 2006, como se ha dicho, ha establecido dichas entidades sin relación alguna con los Municipios ni, por tanto, con la representación democrática, estableciendo una organización piramidal de Comisiones Presidenciales regionales y nacional que dirige directamente el Presidente de la República quien controla la asignación de recursos. Y todo ello, centralizadamente estructurado para supuestamente permitir "al pueblo organizado ejercer directamente la gestión de las políticas públicas y proyectos orientados a responder a las necesidades y aspiraciones de las comunidades en la construcción de una sociedad de equidad y justicia social" (art. 2). Pero ello, como se dijo, se trata de una organización concebida bajo un esquema jerárquico centralizado (sin autonomía política alguna), totalmente dependiente de una "Comisión Presidencial para el Poder Popular" que preside y dirige el Presidente de la República, con recursos financieros que incluso superan los que corresponden al Poder Municipal, y que funciona en paralelo y desvinculado a los Municipios autónomos y a sus autoridades electas. En dichos Consejos Comunales, se ubicaron las Asambleas de Ciudadanos como la instancia primaria para el ejercicio del poder, la participación y el protagonismo popular, cuyas decisiones son de carácter vinculante para el consejo comunal respectivo (art. 4,5).

Con esta Ley de los Consejos Comunales, en realidad, lo que también se inició fue una inconstitucional desmunicipalización de la participación ciudadana, sustituyéndose al Municipio como la unidad política primaria y autónoma en la organización nacional que establece la Constitución y que debe estar inserto en un sistema de descentralización política (distribución vertical) del poder; por un sistema de entidades sin autonomía política alguna, que se denominan del Poder Popular (Consejos Comunales), directamente vinculadas y dependientes, en un esquema centralizado del poder, del más alto nivel del Poder Ejecutivo Nacional, el Presidente de la República mediante una Comisión Presidencial del Poder Popular. Así, los Alcaldes y los concejales miembros de Consejos Municipales, hasta ahora electos por sufragio universal directo y secreto, están llamados a desaparecer ahogados por el esquema centralizante de los Consejos Comunales del Poder Popular.

Y en todo este esquema centralista de la organización del ejercicio del poder central, el vaso comunicante que supuestamente asegurará la participación, parece ser que no será otro que el también anunciado Partido Único que presidiría el propio Jefe de Estado, imbricado en la burocracia estatal como nunca antes se había visto en Venezuela, y que como sistema político de gobierno ya había sido demolido en el mundo con la caída del Muro de Berlín.

VII. LA CONSOLIDACIÓN PREVISIBLE DEL PROCESO AUTORITARIO MEDIANTE LA REFORMA CONSTITUCIONAL: LA "DICTADURA DE LA DEMOCRACIA" PARA EL DESMANTELAMIENTO DE LA DEMOCRACIA REPRESENTATIVA

Para que exista un Estado democrático de derecho no bastan las declaraciones contenidas en los textos constitucionales que hablen de "democracia participativa y protagónica" o de descentralización del Estado; así como tampoco basta con establecer un sistema eleccionario que permita elegir mediante sufragio a los representantes populares. Aparte de que el mismo, por supuesto, debe asegurar efectivamente la representatividad, el pluralismo político y el acceso al poder conforme a los postulados del Estado de derecho.

Pero además, para que exista un verdadero Estado democrático de derecho es necesario e indispensable que el marco constitucional en el cual se pretenda que funcione el régimen democrático, permita efectivamente el control efectivo del poder por el poder mismo, incluso por el poder soberano del pueblo. Es la única forma de garantizar la vigencia del Estado de derecho, la democracia y el ejercicio real de los derechos humanos.

Y el control del Poder del Estado en un Estado democrático de derecho sólo se puede lograr dividiendo, separando y distribuyendo el Poder Público, sea horizontalmente mediante la garantía de la autonomía e independencia de los diversos poderes del Estado, para evitar la concentración del poder; sea verticalmente, mediante su distribución o desparramamiento en el territorio del Estado, creando entidades políticas autónomas con representantes electos mediante sufragio, para evitar su centralización. La concentración del poder al igual que su centralización, por tanto, son estructuras estatales esencialmente antidemocráticas.

Y allí radican, precisamente, los problemas del declarado Estado de derecho y de la supuesta democracia en Venezuela, la cual tiene su deformación en el propio texto constitucional de 1999, en el cual, lamentablemente, se estableció el esquema institucional que ha permitido la concentración del poder, alentando el autoritarismo y eliminando toda forma de control del poder; y que ha igualmente permitido la centralización del poder, iniciando el proceso de desmantelamiento del federalismo y del municipalismo, reforzando el mismo autoritarismo, distorsionando la posibilidad de participación política efectiva a pesar de los mecanismos de democracia directa que se recogieron. Es un ejemplo constitucional de autoritarismo constitucional con origen electoral, el cual, sin embargo, constituye la negación de lo que debe ser un Estado democrático de derecho.

Montado sobre ese autoritarismo constitucional, en enero de 2007, como antes se ha dicho, y con ocasión del inicio de su segundo período constitucional, el Presidente de la República ha comenzado a exponer los pasos a seguir para el desmantelamiento definitivo de la democracia en Venezuela, mediante un sistema de organización de un Poder Único, denominado del Poder Popular o del Poder comunal (estado comunal o estado socialista), completamente concentrado y centralizado, y conducido políticamente por un partido único. Y ambos, el Poder Popular y el partido único, con el objeto de imponer "la dictadura de la democracia", dirigidos por una sola persona, que será el Presidente del Poder Popular y del partido único.

Para ello, por supuesto, se requiere previamente de una reforma general de la Constitución, la cual también ha sido anunciada en enero de 2007. Sin embargo, previamente, en fraude a la propia Constitución, en el mismo mes de enero de 2007 ya se ha dictado una Ley habilitante que autoriza al Presidente para, precisamente, dictar leyes contrarias a la Constitución, "con el objeto de actualizar y transformar el ordenamiento legal que regula a las instituciones del Estado" y establecer "los mecanismos de participación popular, a través del control social, la inspección técnica social y la práctica del voluntariado, de la comunidad organizada en la aplicación del ordenamiento jurídico y ámbito económico del Estado. Así como, que adecuen la estructura organizativa de las instituciones del Estado, para permitir el ejercicio directo de la soberanía popular". Estas leyes "constitucionales", por supuesto no podrían dictarse ni siquiera por la Asamblea Nacional y menos mediante una delegación legislativa, sin que antes se reforme la Constitución; y por eso, se ha anunciado, que serían emitidas por el Presidente de la República después de que se produzca la reforma de la Constitución.[289] Es decir, en otro depurado fraude constitucional, conforme a una Constitución que no autoriza la delegación legislativa para reformar la Constitución, se dicta una Ley habilitante con esa autorización, la cual se utilizaría sólo si durante el lapso de vigencia de dicha Ley se reforma previamente la Constitución.

Las líneas generales de esas reformas para la estructuración de Poder Popular supuestamente montado sobre el ejercicio directo de la soberanía por el pueblo, están basadas en la eliminación de la democracia como régimen político representativo de sufragio directo y plural, que pueda permitir la elección mediante sufragio universal, directo y secreto a los titulares de los poderes públicos distribuidos en el territorio (Alcaldes y concejales en los Municipios, Gobernadores y Legisladores en los Estados, diputados a la Asamblea Nacional y Presidente de la República).

El esquema, tal como se ha anunciado, apuntaría a la sustitución de la democracia representativa de sufragio directo por una supuesta democracia participativa indirecta, en la cual no habría elección popular alguna. Su funcionamiento tendría a la base a las "asambleas de ciudadanos" y a los "concejos comunales" cuyos miembros no serían electos mediante sufragio universal, directo y directo, sino "escogidos" en la comunidad, probablemente a mano alzada, por supuesto, con la conducción ideológica del partido único, que sería el único que tendría acceso a los órganos del poder del Estado en todos los niveles.

Los concejos comunales nombrarían sus representantes en los consejos comunales regionales o los de las ciudades federales ("confederación regional y local de consejos comunales"); y estos últimos serían los que designarían sus representantes en la Asamblea Nacional del Poder Popular ("confederación nacional de consejos

289 Como se reseñó en la prensa el 31 de enero de 2007-02-04: "El lapso de 18 meses de vigencia de la Ley habilitante tiene la finalidad de permitirle al presidente de la República, Hugo Chávez, esperar que la reforma de la Constitución sea aprobada para redactar las normas que darán piso al modelo del Estado socialista que desea implantar." De acuerdo con parlamentarios consultados, en los primeros meses los decretos ley que redactará el Ejecutivo estarán adecuados a la Carta Magna de 1999 y en algunos llenarán las omisiones del Poder Legislativo… Luego de la consulta popular para la aprobación de las reformas de la Constitución, algunos diputados han manifestado que podría ser en septiembre, el mandatario contaría con tiempo suficiente para adecuar la legislación al modelo político que propone. Por ello, los diputados presumen que todo instrumento legal relacionado con el sistema de Estado será promulgado a finales de 2007 o principios de 2008". *El Nacional*, Caracas 31-01-2007, p. A-2.

comunales”), que eventualmente sustituirá a la actual Asamblea Nacional. En esta forma, se eliminaría todo vestigio de sufragio directo, universal y secreto de los diputados a los órganos legislativos estadales (regionales) y nacional, así como de los gobernadores. Y finalmente, la Asamblea Nacional del Poder Popular así integrada, probablemente entonces designaría un Consejo Nacional de gobierno del Poder Popular el cual, por supuesto, ineludiblemente estaría presidido por una misma persona por tiempo indefinido, quien además sería el Presidente del partido único.

Todas estas reformas que implican la eliminación de la democracia representativa de sufragio directo en el país, como se dijo, han comenzado a ser implementadas en 2006, con la sanción de la Ley de los Consejos Comunales (Poder Popular), como estructura paralela que se ha establecido respecto de la organización municipal, en evidente fraude a la Constitución, para en definitiva sustituir a los Municipios como la unidad política primaria. La diferencia con estos, precisamente está en que en ellos, los Alcaldes y Concejales municipales son electos, y los Municipios son políticamente autónomos; y en cambio, los integrantes de los Consejos Comunales no son electos por sufragio directo universal y secreto, sino designados a dedo por supuestas “asambleas del ciudadanos” controladas desde la cúpula del Poder Ejecutivo, del cual dependen, sin autonomía política alguna.

Una vez montada la estructura de base del Poder Popular (anunciada en la Ley de los Consejos Comunales), y dotada de ingentes recursos que no se han destinado a los Municipios, que maneja una Comisión Presidencial, el paso subsiguiente será la eliminación de los Municipios como también se ha anunciado y, en paralelo, la eliminación de los Estados y de todo vestigio federal, de elección directa, universal y secreta y de descentralización política, y por ende, de posibilidad de participación política.

Lo que se ha anunciado es, en definitiva, como se ha dicho, la eliminación de todos los cuerpos representativos y electos mediante sufragio directo, universal y secreto, de orden municipal y estadal.[290] En el nivel estadal, por lo también anunciado, lo que habrá serían ciertas "ciudades federales" o confederaciones regionales de concejos comunales, cuyos conductores serían, de nuevo, personas designadas también a dedo, por los Consejos Comunales que se controlan por la Comisión Presidencial del Poder Popular.

Y en cualquier momento, como se dijo, podría venir la propuesta de eliminar la propia Asamblea Nacional como órgano representativo nacional con diputados electos mediante sufragio universal directo y secreto, y establecer en su lugar una Asamblea Nacional del Poder Popular (confederación nacional de consejos comunales), que sería la cúspide del Poder Popular, integrada por “representantes” designados por las ciudades federales y de agrupaciones regionales de los Consejos Comunales; todos, por supuesto, debidamente controlados desde la cúspide, con el mecanismo del partido único. Todo está anunciado.

Por último, debe mencionarse que el Presidente de la República, en las reformas constitucionales que ha anunciado y prometido desde 2006, está la incorporación en la Constitución de la posibilidad de reelección presidencial indefinida, es decir, de su decisión de perpetuarse en el poder. Esa reelección, por supuesto, no estaría mon-

---

290 *V.* la reseña sobre lo expuesto por el Presidente de la República: “Chávez: Empecemos a raspar alcaldes y gobernadores”, *El Nacional*, 29-01-2007, p. A-2.

tada sobre un sistema democrático de elección directa, universal y secreta, sino que se trataría de una elección de "segundo" o "tercer" grado efectuada por la confederación nacional del Poder Popular que sería la Asamblea Nacional del Poder Popular. Es decir, en la cúspide del Poder Popular estaría como Presidente del Consejo de gobierno del Poder Popular la misma persona que lo controle, pero no porque sea elegido reincidente e ilimitadamente mediante sufragio universal, directo y secreto por el pueblo, sino porque siempre sería designado como tal, por las estructuras del Poder Popular, cuya voluntad confluiría finalmente en la Asamblea Nacional del Poder Popular, para designarlo para presidir tanto el Consejo de gobierno del Poder Popular como el Partido Único.

Para comenzar la configuración de este esquema de organización estatal, en enero de 2007, el Presidente de la República ya ha comenzado a cambiarle el nombre y sentido a la propia estructura organizativa de la Administración Pública, denominando formalmente a todos los Ministerios y Ministros del Ejecutivo nacional como "del Poder Popular".

Lo cierto es que en líneas generales, ese fue el sistema establecido para asegurar la dictadura del proletariado por los Soviets en la Unión Soviética a partir de 1918 y el esquema del poder popular establecido en Cuba, donde la Asamblea Popular es la que designa un Consejo de Estado o de gobierno el cual, a la vez, siempre elige a una misma persona para presidirlo.

En conclusión, se trata de un esquema de organización del Estado y del Poder que implica la eliminación completa de la democracia representativa de sufragio directo, universal y secreto, y su sustitución por una supuesta democracia directa, de elección indirecta, es decir, de supuesto ejercicio directo de la soberanía por el pueblo, y de elección indirecta de representantes incluida la jefatura del Estado.

New York, febrero 2007

SEXTA PARTE:

LA PENTA DIVISIÓN DEL PODER PÚBLICO Y EL SECUESTRO DEL PODER ELECTORAL (2004)

Ponencia presentada en las *IV Jornadas Colombo-Venezolanas de Derecho Público*, Universidad Externado de Colombia, Fundación de Derecho Público de Venezuela, Bogotá, 10-11 de junio 2004. Publicado en mi libro: *Constitución, democracia y control del poder*, (Mérida 2004, pp. 35-92).

INTRODUCCIÓN

Conforme a la Constitución venezolana de 1999, todos los cargos de elección popular son revocables, por lo que transcurrida la mitad del período para el cual fue elegido el funcionario, se puede solicitar la convocatoria popular (20% de los electores) de un referendo revocatorio del mandato (Art. 72). La mitad del período constitucional (6 años) del Presidente Hugo Chávez ocurrió el 19 de agosto de 2003, y la solicitud popular para la convocatoria de un referendo consultivo de su mandato se presentó ante Consejo Nacional Electoral meses después. Sin embargo, sólo sería el 8 de junio de 2004 que el Consejo Nacional Electoral aceptaría la solicitud de convocatoria del referendo revocatorio del mandato del Presidente de la República firmada por 2.541.636 firmas que se habían considerado como válidas de las más de tres millones y medio que se habían presentado originalmente[291], luego de un complejo proceso político[292].

En un Estado de derecho montado sobre el principio de la separación de poderes, la autonomía e independencia del Poder Electoral garantizaban que el mencionado referendo revocatorio fuera convocado. Por ello, sólo apartándose de la Constitución es que el Presidente de la República podía impedir la realización de toda consulta popular que pudiera significar la evaluación de su mandato, pues para ello tenía que secuestrar tanto al Poder Electoral como a la Sala Electoral del Tribunal Supremo para que no sirvieran de garantes del derecho de los ciudadanos a la convocatoria de referendos, y también tenía que confiscarles a estos su derecho a la participación política. Y ello fue precisamente lo que se intentó realizar en Venezuela, pero para el asombro de todos, bajo la conducción de la Sala Constitucional del Tribunal Supremo de Justicia, la cual ha servido de instrumento para tales propósitos.

La Sala Constitucional a la cual la Constitución le atribuye el ejercicio de la Jurisdicción Constitucional (art. 334), en esta forma, lejos de haber sido el supremo guardián o garante de la Constitución, es decir, de la efectiva vigencia del Estado de

---

291 Véase la información en El Nacional, Caracas 09-06-2004, p. A-2

292 Véase en general, Allan R. Brewer-Carías, *La Sala Constitucional versus El Estado democrático de derecho (El secuestro del Poder Electoral y de la sala Electoral del Tribunal Supremo y la confiscación del derecho a la participación política)*, Libros El Nacional, Caracas, 2004. Para la elaboración de esta ponencia hemos seguido en parte lo expuesto en este libro.

derecho con fundamento en el principio de la separación de poderes, y del efectivo ejercicio y disfrute de los derechos constitucionales por los ciudadanos; en los últimos años; en realidad ha sido el instrumento del poder político controlado desde el Poder Ejecutivo para someter a los Poderes Públicos y desmantelar el Estado democrático de derecho, así como para conculcar, entre otros, el ejercicio por los ciudadanos del derecho a la participación política mediante la solicitud de convocatoria de un referendo revocatorio del mandato del Presidente de la República expresamente garantizado en la Constitución (art. 72).

Debe destacarse que entre las muchas innovaciones introducidas al sistema constitucional venezolano por la Constitución de 1999, una de ellas fue, precisamente, la consagración específica en materia de derechos políticos y más allá del sólo derecho al sufragio, del derecho a la participación política (arts. 62 y 70), incluso mediante nuevos mecanismos de democracia directa como son los referendos (consultivos, autorizatorios, aprobatorios, abrogatorios y revocatorios) (arts. 71 y ss.). Y específicamente para garantizar el pleno ejercicio de dicho derecho constitucional, la Constitución de 1999 buscó crear y consolidar dos nuevas instituciones constitucionales en el marco de una nueva separación orgánica del Poder Público: por una parte, configuró al Poder Electoral como una rama del Poder Público, y por la otra, instituyó a la Jurisdicción contencioso electoral a cargo de una Sala del Tribunal Supremo de Justicia, la Sala Electoral.

En esta forma, al establecer una *penta* división del Poder Público, la Constitución de 1999 creó el Poder Electoral como una rama específica del Poder Público establecida con autonomía e independencia plenas (art. 294) respecto de los otros cuatro Poderes del Estado (Legislativo, Ejecutivo, Judicial y Ciudadano) (art. 136). Por ello, de la clásica separación tripartita de poderes, en Venezuela se pasó a una separación *penta partita* del Poder Público.

El órgano constitucional al cual corresponde el ejercicio de dicho Poder Electoral es el Consejo Nacional Electoral (art. 292), al cual la Constitución garantiza la mencionada autonomía e independencia. Es el Poder Electoral, por tanto, el llamado a garantizar el ejercicio de los derechos políticos de los ciudadanos al sufragio y a la participación política mediante los referendos.

Pero además, como se dijo, la Constitución de 1999 también creó un órgano judicial específico con competencia exclusiva para garantizarle a los ciudadanos el control de constitucionalidad y legalidad de los actos administrativos emanados del Consejo Nacional Electoral. Se trata de una Sala específica del Tribunal Supremo de Justicia, la Sala Electoral (art. 262), establecida en forma separada y autónoma respecto de las otras Salas (Plena, Constitucional, Contencioso-Administrativa, Penal y Social) a la cual se atribuyó el conocimiento exclusivo de la Jurisdicción contencioso electoral (art. 297).

Para vigilar la efectiva vigencia del Estado de derecho conforme al principio de la separación de poderes y el efectivo ejercicio de los derechos constitucionales, la Constitución además, configuró a la Jurisdicción Constitucional a cargo de la Sala Constitucional del Tribunal Supremo de Justicia.

Sin embargo, la realidad ha sido que a pesar de todo ese andamiaje institucional para preservar la Constitución, durante sus más de cuatro años de vigencia, el Poder Electoral ha sido sucesivamente secuestrado, al haberse intervenido su autonomía e independencia; y el ejercicio ciudadano del derecho a la participación política ha sido sucesivamente confiscado.

El secuestro del Poder Electoral se perpetró, primero, en 1999 y 2000, por la propia Asamblea Nacional Constituyente que lo había concebido; segundo, en 2001 y 2002, por la Asamblea Nacional que lo reguló legislativamente; tercero, en 2003, por la Sala Electoral del Tribunal Supremo de Justicia que bloqué su actividad; y cuarto, en 2004, por la Sala Constitucional del mismo Tribunal Supremo de Justicia. Por otra parte, la autonomía e independencia de la propia Sala Electoral del Tribunal Supremo de Justicia fue también secuestrada en 2004 por la Sala Constitucional del mismo Tribunal Supremo de Justicia, con lo cual, como se ha dicho, este órgano, en lugar de actuar como el garante último de la efectiva vigencia de la Constitución y del Estado de derecho, se ha convertido en el instrumento del poder político instalado en el Poder Ejecutivo, para impedir el funcionamiento autónomo de los Poderes Públicos, y para frustrar toda posibilidad del ejercicio del derecho ciudadano a la participación política mediante referendos, el cual, en definitiva, ha sido confiscado por el poder político.

I. LAS PREVISIONES CONSTITUCIONALES SOBRE LA AUTONOMÍA E INDEPENDENCIA DEL PODER ELECTORAL

1. *La separación de poderes y el Poder Electoral*

La Constitución de 1999, en su artículo 136, además de organizar al Estado en Venezuela conforme al principio de la distribución vertical del Poder Público (Nacional, Estadal y Municipal), establece el régimen del Poder Público Nacional conforme al principio de la *separación orgánica de poderes,* rompiendo con la tradicional división tripartita del Poder Público (Legislativo, Ejecutivo y Judicial) y agregando dos más (Ciudadano y Electoral)[293] en la siguiente forma:

El Poder Público Nacional se divide en Legislativo, Ejecutivo, Judicial, Ciudadano y Electoral.

Cada una de las ramas del Poder Público tiene sus funciones propias, pero los órganos a los que incumbe su ejercicio colaborarán entre sí en la realización de los fines del Estado.

Sobre esta innovación constitucional, la Sala Electoral del Tribunal Supremo, en sentencia de fecha 10 de febrero de 2000, la justificó de la siguiente manera:

> ...La Constitución de la República Bolivariana de Venezuela, publicada en la Gaceta Oficial N° 36.860 del 30 de diciembre de 1999, modificó sustancialmente las

---

293 Véase en general, sobre la organización del Poder nacional, Cecilia Sosa Gómez, "La organización política del Estado venezolano: El Poder Público Nacional", *Revista de Derecho Público,* N° 82 (abril-Junio), Editorial Jurídica Venezolana, Caracas 2000, pp. 71-83; C. Kiriadis Iongui, "Notas sobre la estructura orgánica del Estado venezolano en la Constitución de 1999", en *Temas de Derecho Administrativo: Libro Homenaje a Gonzalo Pérez Luciani,* Volumen I. Editorial Torino, Caracas, 2002, pp. 1031-1082; e Hildegard Rondón de Sansó, "Las transformaciones fundamentales en la organización y dinámica del Estado derivadas de la Constitución de 1999", en *Temas de Derecho Administrativo: Libro Homenaje a Gonzalo Pérez Luciani,* Volumen I. Editorial Torino, Caracas, 2002, pp. 619-643.

bases del sistema político y del ordenamiento jurídico venezolano transformando las Instituciones que integran el Poder Público en sus diversas ramas. Una de las principales reformas concierne a la regulación de los derechos políticos (Título III, Capítulo IV, Sección Primera), tanto en lo que se refiere a la participación protagónica de los ciudadanos en los asuntos públicos mediante diversas modalidades especificadas en el correspondiente precepto constitucional (artículo 70), como respecto a la conformación orgánica de las Instituciones encargadas de instrumentar dicha participación (Cap. V del Poder Electoral). Es así como siguiendo esa línea transformadora, a la clásica trilogía de las ramas del Poder Público Nacional, esto es, Ejecutivo, Legislativo y Judicial, se adicionó el Poder Ciudadano y el Poder Electoral (artículo 136 de la Constitución de 1961). Cabe destacar que esta modificación no ha obedecido a meras razones de técnica legislativa o de racionalidad en la distribución orgánica del Poder, sino que refleja -se insiste- en una concepción del Estado, y ello explica que se hayan consagrado sendos capítulos del Título referido a la organización del Poder Público Nacional destinados a regular esos dos nuevos Poderes, regulación constitucional que en el caso del Poder Electoral, expresa coherente y sistemáticamente la nueva concepción, pues supera claramente la tesis de la Constitución de 1961, que aludía genéricamente a unos órganos electorales, que debían ser contemplados en la Ley, con la finalidad exclusiva de permitir el ejercicio periódico (cada tres o cinco años) del derecho al sufragio activo y pasivo...[294].

Por tanto, los órganos estatales encargados en Venezuela de garantizar la igualdad, confiabilidad, imparcialidad, transparencia y eficiencia de los procesos electorales, así como la aplicación de la personalización del sufragio y la representación proporcional[295], conforme al artículo 293 de la Constitución, de 1999, son los que conforman el "Poder Electoral". Esta fue, precisamente, como se ha dicho, una de las innovaciones de la Constitución de 1999, la de elevar a rango constitucional al órgano de control electoral, el Consejo Nacional Electoral, como órgano del Poder Electoral, el cual conforme a la Constitución de 1961 (art. 113) sólo tenía rango legal. En 2002 se sancionó la Ley Orgánica del Poder Electoral[296] que regula en detalle su organización y funcionamiento.

Ahora bien, la consecuencia fundamental de la división penta partita del Poder Público es que todos los Poderes Públicos gozan de la misma autonomía e independencia. Por ello, en cuanto al Poder Electoral, el artículo 294 de la Constitución establece que sus órganos se rigen por los principios de independencia orgánica, autonomía funcional y presupuestaria, despartidización de los organismos electorales, imparcialidad y participación ciudadana; descentralización de la administración electoral, transparencia y celeridad del acto de votación y escrutinios.

---

294 Sentencia citada en la sentencia N° 94 de 02-12-2003 (Caso: *Robert Osuna y otros*) del Juzgado de Sustanciación de la Sala Constitucional del Tribunal Supremo de Justicia.

295 Véase María A. Correa de Baumeister, "El Poder Ciudadano y el Poder Electoral en la Constitución de 1999", en *El Derecho Público a comienzos del siglo XXI. Estudios homenaje al Profesor Allan R. Brewer-Carías,* Tomo I. Civitas Ediciones, Madrid, 2003, pp. 982-995; Rafael Méndez García, "Estudio del Poder Electoral (controles)", en *Bases y principios del sistema constitucional venezolano (Ponencias del VII Congreso Venezolano de Derecho Constitucional realizado en San Cristóbal del 21 al 23 de Noviembre de 2001),* Volumen II, pp. 355-383.

296 Véase en *G.O.* N° 37.573 del 19 de noviembre de 2002.

2. *La autonomía del Poder Electoral*

La autonomía de los órganos del Poder Electoral persigue básicamente asegurar su sujeción exclusivamente a la Constitución y a la ley, y garantizar su no-sujeción respecto de los partidos políticos o respecto de las mayorías parlamentarias. Para garantizar la autonomía de los órganos del Poder Electoral de los partidos políticos, como se dijo, la Constitución estableció el principio de la "despartidización" de los mismos. Ello llevó, por ejemplo, a la Sala Electoral del Tribunal Supremo de Justicia a considerar en sentencia N° 71 de 23 de junio de 2000, que los artículos 75 y 76 de la Ley Orgánica del Sufragio y Participación Política habían quedado tácitamente derogados por la Constitución en lo que se refiere al derecho que tenían los partidos políticos para designar representantes ante el máximo organismo electoral[297]. En esa misma sentencia y en otras anteriores y posteriores, la Sala sin embargo, aclaró que esa despartidización "no comporta la necesaria exclusión de todo tipo de mecanismo de participación de los partidos políticos en los procesos electorales"[298].

Para garantizar la autonomía de los órganos del Poder Electoral respecto de las mayorías parlamentarias y de los propios partidos políticos a través de ellas, la Constitución limitó el poder discrecional que había tenido el anterior Congreso, quitándole entonces a la Asamblea Nacional toda discrecionalidad para efectuar los nombramientos de los titulares de dichos órganos del Poder Electoral.

En efecto, el artículo 296 de la Constitución exige que el Consejo Nacional Electoral debe estar integrado por cinco personas no vinculadas a organizaciones con fines políticos; exigiendo que tres de ellos sean postulados por la sociedad civil, uno por las Facultades de ciencias jurídicas y políticas de las Universidades nacionales, y uno por el Poder Ciudadano. Los tres integrantes postulados por la sociedad civil deben tener seis suplentes en secuencia ordinal, y cada designado por las Universidades y el Poder Ciudadano tendrá dos suplentes, respectivamente.

Se estableció así, una primera limitación al poder de designación por parte de la Asamblea Nacional, al exigirse que la misma no pueda libremente escoger a los designados, sino que los mimos deben necesariamente ser postulados por los sectores e instituciones indicados. Perola Constitución fue más limitante aún al crear en el artículo 295, un "Comité de Postulaciones Electorales de candidatos a integrantes del Consejo Nacional Electoral", el cual debe estar "integrado por representantes de los diferentes sectores de la sociedad, de conformidad con lo que establezca la ley".

Es decir, que los candidatos postulados por la sociedad civil, las Facultades de Derecho y el Poder Ciudadano, tienen que ser presentados por ante el Comité de Postulaciones Electorales, y es este Comité el que debe hacer la selección y, en definitiva, hacer la propuesta a la Asamblea. La Asamblea Nacional, por tanto, no puede designar persona alguna que no venga incluida en las propuestas del Comité de Postulaciones. En esta forma se quiso garantizar en el propio texto de la Constitución un mecanismo de participación de la sociedad civil en la designación de los miembros del Consejo Nacional Electoral: primero, al indicar que necesariamente tres de los cinco miembros del órgano electoral deben ser postulados "por la sociedad civil" y

297 Véase en *Revista de Derecho Público*, N° 82, (abril-junio), Caracas, 2000, pp. 236 y ss.

298 Véase las sentencias de la Sala Electoral N° 10 de 25-02-2000 en *Revista de Derecho Público*, N° 81, (enero-marzo) Caracas, 2000, pp. 170 y ss. y N° 7 de 05-2-2001 en *Revista de Derecho Público*, N° 85-86, Caracas, 2001, pp. 188 y ss. (En prensa)

segundo, al exigir que todas las postulaciones se deban presentar necesariamente ante un Comité de Postulaciones Electorales, que tiene que estar integrado exclusivamente "por representantes de los diferentes sectores de la sociedad, de conformidad con lo que establezca la ley".

3. *La independencia del Poder Electoral y el germen de su limitación*

En cuanto a la independencia del Poder Electoral, el principio tiene por objeto garantizar la no-sujeción de los órganos del Poder Electoral respecto de los otros Poderes del Estado, es decir, respecto de los Poderes Legislativo, Ejecutivo, Judicial y Ciudadano, en el sentido de que no pueden recibir órdenes ni presiones. El principio de la independencia incluso estaba garantizado en la legislación preconstitucional, al disponerse que una vez nombrados los integrantes del Consejo Nacional Electoral por el antiguo Congreso, los mismos no podía ser removidos en forma alguna por dicho Congreso. Lamentablemente, este principio fue gravemente minimizado en el propio texto constitucional al establecerse que los integrantes del Consejo Nacional Electoral pueden ser removidos por la Asamblea Nacional, previo pronunciamiento del Tribunal Supremo de Justicia (art. 296). Aún cuando se precise en la Ley, como efectivamente ha ocurrido en la Ley Orgánica del Poder Electoral dictada en 2002, las posibles causales de remoción; el sólo hecho de prever dicha posibilidad de remoción por la Asamblea, sin límite alguno respecto de causales previstas en la propia Constitución sino conforme a una ley que dicte la propia Asamblea, implica una sujeción del Consejo a la Asamblea Nacional (y por tanto a las mayorías parlamentarias) y una grave contradicción con el principio de la independencia de los Poderes del Estado.

Como se ha indicado, la independencia del Poder Electoral que garantiza la Constitución se encuentra neutralizada y minimizada en la propia Constitución. Pero ello en relación con la autonomía, puede decirse que el principio no encuentra limitación ni restricción alguna en el propio texto de la Constitución. Sin embargo, a pesar de estar garantizada en la Constitución, en la práctica política el principio de la autonomía con todas sus implicaciones antes señaladas, ha sido minimizada, y además, puede decirse que ha sido secuestrado por la Asamblea Nacional Constituyente al dictar un régimen transitorio fuera de la Constitución, por la Asamblea Nacional al sancionar la Ley Orgánica del Poder Electoral de noviembre de 2002[299], desnaturalizando el Comité de Postulaciones Electorales y, por tanto, violando el derecho a la participación política; y por las Salas Electoral y Constitucional del Tribunal Supremo al impedir el funcionamiento del Consejo Nacional Electoral.

II. EL SECUESTRO DEL PODER ELECTORAL PERPETRADO POR LA ASAMBLEA NACIONAL CONSTITUYENTE

El secuestro del Poder Electoral comenzó a ser ejecutado por la propia Asamblea Nacional que había sancionado la Constitución de 1999, la cual había sido aprobada por el pueblo en referendo de 15 de diciembre de 1999. En las Disposiciones Transitorias de la Constitución nada se regulaba sobre la posible designación inmediata de los titulares de los órganos del Poder Electoral, por lo que los miembros del Consejo Supremo Electoral, debían permanecer en sus cargos, hasta tanto la nueva *Asamblea*

299 Véase en *G.O.* N° 37573 de 19-11-2002.

Nacional que se eligiese, y designara sus sustitutos conforme al procedimiento y criterios de transparencia de postulación y selección previstos en la nueva Constitución. Nada en contrario se disponía en la Constitución aprobada por el pueblo. En realidad, la única previsión del texto constitucional sobre designación inmediata de algún funcionario público fue la relativa al Defensor del Pueblo, cargo que era creación de la nueva Constitución. Por ello fue la única solución constitucional que con razón se previó en las Disposiciones Transitorias (Novena) aprobadas por el pueblo, atribuyéndole expresamente a la Asamblea Nacional Constituyente su nombramiento provisional, hasta tanto la nueva Asamblea Nacional que se eligiese designare definitivamente a dicho funcionario.

La primera manifestación de secuestro del Poder Electoral por el poder político, y la primera violación de la Constitución de 1999, luego de su aprobación por el pueblo en el referendo de 15 de diciembre de 1999, y antes de su publicación el 30 de diciembre de 1999, fue realizada por la propia Asamblea Nacional Constituyente en los días posteriores al referendo aprobatorio, mediante la emisión de un Decreto de "Régimen de Transición del Poder Público", el 22 de diciembre de 1999[300], dos días después de la "proclamación" de la Constitución y como se dijo, antes de su entrada en vigencia, cuya publicación fue deliberadamente demorada hasta el 30-12-99[301]. Así, ante la ausencia de alguna regulación en las Disposiciones Transitorias de la nueva Constitución que se refiriera a cesación en sus cargos de los titulares de los órganos del Poder Público y al nombramiento de nuevos funcionarios para ello, el afán sobrevenido de quienes controlaban el Poder del Estado de asaltar todos los poderes mediante la sustitución de todos los titulares de los órganos del Estado sin esperar la elección de la nueva Asamblea Nacional; la Asamblea Nacional Constituyente, sin tener competencia constitucional alguna para ello y, por tanto, en forma ilegítima, dictó el mencionado Decreto de Régimen de Transición, destituyendo a todos los titulares del Poder Público constituido (excepto el Presidente de la República), creando entonces un "vacío institucional" que la propia Asamblea luego se encargaría de llenaría a su gusto y discreción. Así se nombró en el mismo Decreto a los miembros del primer Consejo Nacional Electoral post constitucional, pero por supuesto, sin que la Asamblea Constituyente respetara las precisas normas que ella misma había diseñado para garantizar la autonomía e independencia del Poder Electoral y las normas que regulaban el derecho a la participación política de la sociedad civil..

En esta forma la Asamblea Nacional Constituyente, careciendo totalmente de competencia para ello, y en forma ilegítima, en el Decreto del 22-12-99 se auto atribuyó competencia para designar a los integrantes del Consejo Nacional Electoral (art. 40), designaciones que realizó días después, con carácter provisorio, al nombrar a personas, todas vinculadas al nuevo poder y a los partidos que apoyaban al gobierno, lo que incluso no garantizaba la imparcialidad electoral necesaria, burlándose del artículo 296 de la nueva Constitución. Así, el nuevo Poder Electoral inició sus funciones, "dejando sin efecto las elecciones efectuadas en los gremios profesionales a partir del 30 de diciembre de 1999" y suspendiendo "todos los procesos electorales

---

300 Véase en *G.O.* Nº 36.859 de 29-12-1999.

301 Véase en *Gaceta Constituyente (Diario de Debates), Noviembre 1999-Enero 2000, cit.* Sesión de 22-12-1999, Nº 51, pp. 2 y ss. Véase *G.O.* Nº 36.859 de 29-12-1999; y *G.O.* Nº 36.860 de 30-12-1999.

en curso en los gremios profesionales" disponiendo que los mismos sólo podían realizarse a partir del segundo semestre de 2000[302].

Pero además, la Asamblea Nacional Constituyente en su Decreto de 22 de diciembre de 1999, se había auto atribuido competencia para fijar la oportunidad de las primeras elecciones para los cargos representativos previstos en la Constitución (art. 39), y para dictar un Estatuto Electoral del Poder Público que debería regir en los primeros comicios para la elección de todos los cuerpos representativos legislativos y los órganos ejecutivos del Poder Público, que sancionó el 30 de enero de 2000[303], con el cual se derogó parcialmente la Ley Orgánica del Sufragio y Participación Política. En la misma fecha, la misma Asamblea Nacional Constituyente, sin autoridad alguna para ello, mediante otro Decreto fijó para el día 28 de mayo del 2000 la realización de las primeras elecciones nacionales, estadales y municipales y para representantes ante el Parlamento Andino y el Parlamento Latinoamericano. En el Estatuto Electoral a fin de controlar sus decisiones, se dispuso que las relativas a "la organización de los comicios previstos en el presente Estatuto Electoral (los primeros procesos comiciales de 2000) requerirán del voto de una mayoría calificada de por lo menos cuatro (4) de sus integrantes" (art. 29).

Dichas elecciones, ante el fracaso del Consejo Nacional Electoral nombrado por la propia Asamblea Constituyente, tuvieron que ser suspendidas con la intervención de la Sala Constitucional del Tribunal Supremo (a la cual el Estatuto Electoral otorgaba la competencia exclusiva en materia de amparo contra las decisiones del Consejo Nacional Electoral, art. 30, Parágrafo Primero), mediante sentencia Nº 483 de 29 de mayo de 2000 (Caso: *Queremos Elegir y otros*) en la cual se declaró con lugar un amparo constitucional con efectos *erga omnes*[304], debiendo entonces realizarse varios meses después, en agosto de 2000. Ese fracaso el Consejo Nacional Electoral obligó a la destitución-renuncia de sus integrantes, razón por la cual la Comisión Legislativa Nacional, órgano legislativo también transitorio no regulado en la Constitución y por tanto ilegítimo, que había sido también nombrado a dedo por la misma Asamblea Nacional Constituyente el mismo 22 de diciembre de 1999, entonces designó un nuevo Consejo Nacional Electoral. Si bien para ello no respetó la estricta normativa constitucional sobre el Comité de Postulaciones y la participación de la sociedad civil, la Comisión parlamentaria respectiva oyó a diversos sectores de la misma, resultando el nombramiento de un grupo de personas la mayoría independientes[305]. Ese Consejo Nacional Electoral organizó las elecciones de agosto de 2000, y dada su composición, para fines del año 2002 aparecía con una mayoría de miembros independientes del poder político.

III. EL SECUESTRO DEL DERECHO A LA PARTICIPACIÓN POLÍTICA DE LA SOCIEDAD CIVIL PARA INTEGRAR EL PODER ELECTORAL REALIZADO POR LA ASAMBLEA NACIONAL

La urgencia del poder político, para volver a controlar el Poder Electoral mediante el nombramiento definitivo de los integrantes del Consejo Nacional Electoral en

302 Resolución Nº 000204-25 de 04-02-2000, *G.O.* Nº 36.892 de 15-02-2000.

303 Véase en *G.O.* Nº 36.884 de 03-02-2000.

304 Véase en *Revista de Derecho Público*, Nº 82, (abril-junio), Caracas 2000, pp. 332 y ss.

305 Véase Decreto publicado en *G.O.* Nº 36.965 de 05-06-2000.

sustitución de los transitoriamente nombrados con anterioridad, llevó a la Asamblea Nacional, aún cuando bien tardíamente, a sancionar la Ley Orgánica del Poder Electoral sancionada el 20 de septiembre de 2000 y promulgada el 19 de noviembre de 2002[306]. Dicha Ley Orgánica, sin embargo, no respetó la exigencia constitucional respecto de la integración del Comité de Postulaciones Electorales con representantes de los diversos sectores de la sociedad, y en cambio lo que estableció fue una "comisión parlamentaria" ampliada con el nombre de Comité de Postulaciones. En efecto, el artículo 19 de la Ley Orgánica dispuso que el "Comité de Postulaciones Electorales está integrado por veintiún (21) miembros, de los cuales once (11) son Diputadas o Diputados designados por la plenaria de la Asamblea Nacional con las dos terceras (2/3) partes de los presentes, y diez (10) postuladas o postulados por los otros sectores de la sociedad", con lo que se confiscó el derecho a la participación política de los diversos sectores de la sociedad civil de integrar en forma exclusiva el Comité de Postulaciones. Al contrario, violándose la norma constitucional, se conformó un "Comité" con mayoría de diputados los cuales por ser parte del Poder Legislativo, no son parte de la sociedad civil, tal y como la ha definido la propia Sala Constitucional del Tribunal Supremo.

En todo caso, en la Ley Orgánica del Poder Electoral se dispuso expresamente el quórum de constitución y de decisión del Consejo Nacional Electoral, al establecerse que requería de un mínimo de tres (3) Rectores para su funcionamiento, y que "las decisiones del órgano se tomarán con el voto favorable de por lo menos tres (3) de sus miembros, salvo los casos en que la ley exija cuatro (4) votos" (art. 15). El Estatuto Electoral de 2000 en todo caso, había cesado en su vigencia una vez cumplido se objeto que había sido regir sólo en los *primeros comicios* para la elección de todos los cuerpos representativos legislativos y los órganos ejecutivos del Poder Público, que se efectuaron en 2000. Además, la Ley Orgánica del Poder Electoral en su Disposición Final Quinta había dispuesto que "quedan derogadas todas las normas legales que colidan con la presente Ley", entre las cuales, por supuesto, estaba la que establecía el quórum de decisión de cuatro votos sobre cinco de los miembros del Consejo Nacional Electoral que había establecido el mencionado Estatuto Electoral. La Disposición Transitoria Séptima de la Ley Orgánica, además, precisó que "Los integrantes de la Junta Directiva del actual Consejo Nacional Electoral continuarán en el ejercicio de las funciones inherentes al cargo que desempeñan hasta tanto se designen y tomen posesión de sus cargos las nuevas autoridades de ese organismo, *y sus decisiones se harán de conformidad con esta Ley*".

IV. EL PRIMER SECUESTRO DEL PODER ELECTORAL EJECUTADO POR LA SALA CONSTITUCIONAL DEL TRIBUNAL SUPREMO DE JUSTICIA

Dada la material imposibilidad política, por la correlación de fuerzas entre los partidos que apoyaban al gobierno y a la oposición, de la Asamblea Nacional de poder reunir la mayoría requerida de las 2/3 partes de sus integrantes (art. 296) para designar a los miembros del Consejo Nacional Electoral, y ante las manifestaciones de autonomía respecto del poder político que había evidenciado el viejo Consejo Nacional Electoral, le tocó el turno para secuestrar la autonomía del Poder Electoral, a la Sala Constitucional creada en el Decreto sobre Régimen de Transición del Poder Público de la Asamblea Nacional Constituyente de 22 de diciembre de 1999 y cuyos

---

306 Véase en *G.O.* N° 37.573 de 19-11-2002.

Magistrados, en su mayoría, también habían sido designados por dicha Asamblea Nacional Constituyente en el asalto al poder perpetrado con dicho Decreto.

En efecto, con ocasión de conocer de una solicitud de pronunciamiento sobre la inconstitucionalidad de la antes mencionada Disposición Transitoria Séptima de la Ley Orgánica del Poder Electoral formulada por el Presidente de la República con ocasión de la promulgación de la referida Ley, la Sala Constitucional, mediante sentencia Nº 2747 de 7 de noviembre de 2002 (Exp. 02-2736), declaró sin lugar la solicitud presidencial pero sentó el criterio de que si bien la Ley Orgánica, a la cual en definitiva se refiere el artículo 292 de la Constitución, es la Ley Orgánica del Poder Electoral, mientras se eligen los miembros del Consejo Nacional Electoral por la Asamblea Nacional,

> el régimen transitorio sobre los organismos del Poder Electoral, creado por el Decreto emanado de la Asamblea Nacional Constituyente que contiene el Régimen de Transición del Poder Público (*Gaceta Oficial de la República Bolivariana de Venezuela* Nº 36.920 del 28 de marzo de 2000), sigue vigente y con él no colide la Disposición Transitoria Séptima de la Ley Orgánica del Poder Electoral, el cual más bien lo complementa, y así se declara.
>
> Una vez en vigencia la Ley Orgánica del Poder Electoral, y mientras se designen los miembros del Consejo Nacional Electoral, quienes ostenten los cargos de dicho Consejo, en razón de la Disposición Transitoria impugnada, aplicarán la Ley Orgánica del Poder Electoral.

A pesar de lo que se indica con toda claridad en el último párrafo de la sentencia antes citada (aplicación por el Consejo Nacional Electoral existente de la Ley Orgánica del Poder Electoral), a pesar de la posterior promulgación de la Ley Orgánica del Poder Electoral (19-11-2002) y de que ésta, expresamente disponía que hasta tanto no se nombraran por la Asamblea Nacional los miembros del Consejo Nacional Electoral es sustitución de los anteriores que seguían teniendo carácter provisorio, la Sala Constitucional en la misma sentencia también anunciaba que, sin embargo, el Régimen de Transición del Poder Público que había dictado la Asamblea Nacional Constituyente en diciembre de 1999, seguía vigente. Había, sin duda, una abierta contradicción en el mismo texto de la sentencia.

Pero adicionalmente, en la mencionada sentencia Nº 2747, debe destacarse que la Sala Constitucional en respuesta a razones alegadas por el Presidente de la República en su carácter de impugnante, ya presagiaba que pudiera llegarse a producir un "vacío" institucional en el Poder Electoral, anunciando que de producirse tal situación, la misma Sala establecería los "correctivos" necesarios, así:

> El impugnante señala razones de hecho sobre el actual funcionamiento del Consejo Nacional Electoral, con la indicación de la existencia de un posible vacío institucional. Ello no es materia que regule el artículo 214 constitucional, y no es objeto de esta decisión. La Sala ha tratado el punto en fallo del 23 de septiembre de 2002 (Exp. 02-2050, Caso: *Fiscal General de la República*), por lo que de darse efectivamente el vacío, una vez que las instituciones incumplan los mandatos legítimos constitucionales, la Sala, a petición de cualquier interesado, tomará los correctivos necesarios.

Ahora bien, en cuanto a la contradicción que contenía la sentencia sobre la aplicabilidad de la Ley Orgánica del Poder Electoral una vez que entrara en vigencia al

Consejo Nacional Electoral existente, el sentido de la decisión sólo apareció clarificado 10 días después, cuando la misma Sala Constitucional, al decidir un recurso de interpretación que había sido introducido por el propio Consejo Nacional Electoral el 9 de julio de 2002, para "determinar la vigencia del artículo 29 del Estatuto Electoral del Poder Público, relativo al quórum para la toma de decisiones del Directorio del Consejo Nacional Electoral, en aquellos asuntos distintos al ámbito de aplicación de ese Decreto", mediante la sentencia Nº 2816 de 18 de noviembre de 2002 (Caso: *Consejo Nacional Electoral*) concluyó señalado que si estaba vigente. Era evidente que no lo estaba pues el Estatuto Electoral se había dictado para regir en las primeras elecciones post constitucionales de 2000, por lo que una vez que estas se realizaron, sus normas habrían decaído. La verdad es que dada la integración del Consejo Nacional Electoral que había designado la Comisión Legislativa Nacional, que por estar conformado por una mayoría de independientes (3/2) que no seguían la línea política del gobierno, en el seno del cuerpo se había planteado la duda sobre el quórum, pues si la mayoría necesaria para decidir era la calificada entonces no se podrían, por ejemplo, convocar referendos.

La Sala Constitucional, sin embargo, para llegar a su absurda conclusión, revivió el régimen transitorio que la Asamblea Nacional había expresamente sustituido con la Ley Orgánica del Poder Electoral "estratégicamente" publicada en *Gaceta Oficial* el 19 de noviembre de 2002. Para hacer esto, en la sentencia Nº 2816 del día anterior, 18 de noviembre de 2002 Caso: *Consejo Nacional Electoral*), la Sala aparte de reconocer que el Estatuto Electoral del Poder Público había integrado el régimen constitucional nacido del proceso constituyente ("dado el carácter constitucional que esta Sala le ha reconocido... tienen un valor superior a cualquier normativa preconstitucional), concluyó que sólo perdería "validez en tanto en cuanto los órganos transitorios se adapten, en su organización y funcionamiento, a las leyes que dicte la Asamblea Nacional, de tal forma que, mientras ello no suceda, dicha transitoriedad sigue en vigor, en lo que no haya sido derogado". Constatado esto, en virtud de que "uno de los aspectos regulados por el Estatuto Electoral del Poder Público se refiere al mínimo requerido (*quórum*) para la toma de decisiones por parte de la Junta Directa del Consejo Nacional Electoral"(art. 29)", la Sala consideró que "resulta desatinado pretender que el *quórum* especial a que hace referencia la norma antes transcrita, solamente se refiera a los primeros procesos comiciales". La Sala consideró además, que el artículo 25 de la Ley Orgánica del Sufragio y Participación Política de 1998, al prever un *quórum* de mayoría simple para la toma de decisiones por parte del Directorio del Consejo Nacional Electoral, había quedado necesariamente derogada, "no sólo porque el Régimen de Transición del Poder Público y, particularmente, el Estatuto Electoral del Poder Público señaló una mayoría calificada y no una mayoría simple, sino que cuando dicha norma legal establece el último *quórum* mencionado, lo hace con fundamento en el artículo 50 de la misma Ley Orgánica, que prevé una conformación del Consejo Nacional Electoral (siete miembros) que no concuerda con la nueva estructura del referido ente comicial, prevista en el artículo 296 de la Constitución de la República Bolivariana de Venezuela".

En definitiva, luego de toda esta argumentación, la Sala, a pesar de que ya tenía conocimiento de que la Ley Orgánica del Poder Electoral ya había sido sancionada (pues había dictado sobre ella, diez días antes la sentencia Nº 2747 antes citada), concluyó que el Estatuto Electoral del Poder Público, regiría:

los venideros procesos comiciales, especialmente en cuanto al mínimo requerido (*quórum*) de, por lo menos, cuatro de los cinco integrantes del Consejo Nacional Electoral, para la decisiones relativas a su organización, hasta tanto finalice la transición una vez promulgada la Ley Orgánica del Poder Electoral, que regulará su organización y funcionamiento, y sean designados por la Asamblea Nacional, conforme a la Constitución vigente, los nuevos integrantes del Consejo Nacional Electoral".

Ello significaba, en definitiva, que a pesar de que al día siguiente (19-11-2002) entraría en vigencia la nueva Ley Orgánica del Poder Electoral, en cuanto al quórum de decisión del Consejo Nacional Electoral, hasta tanto se nombrasen los nuevos miembros del Cuerpo conforme a esa Ley, no regiría el artículo 14 de dicha Ley Orgánica (que establecía una mayoría simple de 3/5) sino el artículo 29 del mencionado Estatuto, que requería una mayoría calificada (4/5).

La razón política de esta decisión era clara: impedir que el Consejo Nacional Electoral pudiera funcionar con la mayoría simple de tres votos de cinco pues los miembros afectos al gobierno eran minoría, y sólo eran dos. Pero con el correr del tiempo, y ante la imposibilidad de la Asamblea Nacional de poder designar a los nuevos miembros del Consejo Nacional Electoral, la correlación de fuerzas internas en el Consejo existente habrían variado aún más, contando el gobierno sólo con uno de los cinco votos del cuerpo. La única forma de impedir que el Consejo Nacional Electoral pudiera decidir, y por ejemplo, convocar referendos, era materialmente impedir que pudiera tomar decisiones, eliminando a uno de los miembros del Cuerpo no afecto al gobierno, de manera que sólo quedaran cuatro votos, en cuyo caso el Consejo sólo podría funcionar con decisiones unánimes, lo que era lo mismo que congelarlo.

V. EL SECUESTRO DEL PODER ELECTORAL EJECUTADO POR LA SALA ELECTORAL DEL TRIBUNAL SUPREMO DE JUSTICIA

El Consejo Nacional Electoral, en efecto, en fecha 3 de diciembre de 2002, en una votación 4/1, mediante Resolución N° 021203-457 del 3 de diciembre de 2002[307] había resuelto aceptar la solicitud que le habían formulado un grupo de más de dos millones de electores para la convocatoria de un referendo consultivo (art. 71) con el objeto de preguntarle a los ciudadanos si estaban o no "de acuerdo con solicitar al Presidente de la República Ciudadano Hugo Rafael Chávez Frías la renuncia voluntaria a su cargo"; fijando la fecha de realización del referendo para el 2 de febrero de 2003.

Un grupo de diputados a la Asamblea Nacional impugnó por ilegalidad la referida Resolución así como los actos dictados por el Consejo Nacional Electoral "...contenidos en el acta de la sesión del Directorio (...) de fecha 18 de noviembre de 2002, por el cual se acordó la incorporación del ciudadano Leonardo Pizani como miembro Suplente". Esta fue la excusa para congelar el funcionamiento del órgano del Poder Electoral.

El turno para secuestrar el Poder Electoral esta vez correspondió a una Sala Electoral Accidental del Tribunal Supremo de Justicia. Al igual que la Sala Constitucional, la Sala Electoral había sido creada en el Decreto sobre Régimen de Transición

---

307 Gaceta Electoral N° 168 del 5 de diciembre de 2002.

del Poder Público de la Asamblea Nacional Constituyente de 22 de diciembre de 1999 y cuyos Magistrados, en su mayoría, también habían sido designados a dedo por dicha Asamblea Nacional Constituyente en el asalto al poder perpetrado con dicho Decreto.

Ahora bien, con ocasión del mencionado recurso de nulidad, se alegó que el 5 de junio de 2000, la Comisión Legislativa Nacional había designado a Leonardo Pizani como miembro Suplente del Consejo Nacional Electoral, y que sin embargo, éste había renunciado a su cargo por escrito ante el Presidente de la Asamblea Nacional en octubre del mismo año; renuncia que no había sido tramitada ni aceptada. No obstante, luego de transcurridos más de dos (2) años de la consignación de la renuncia, el día 11 de noviembre de 2002 el Presidente de la Asamblea Nacional recibió comunicación mediante la cual Leonardo Pizani manifestó su voluntad de *"retirar"* su renuncia, bajo la justificación de la *"necesidad imperiosa de conformar un Consejo Nacional Electoral"*. El Directorio del Consejo Nacional Electoral, mediante la decisión impugnada del 18 de noviembre de 2002, procedió a admitir la incorporación del mencionado ciudadano en su condición de Suplente, conformándose la mayoría de miembros y adoptando una serie de decisiones que los recurrentes también procedieron "a impugnar toda vez que no fueron dictadas por el órgano competente, al no estar debidamente integrado", interponiendo además un amparo constitucional en representación de los intereses difusos y colectivos de los electores. La Sala Electoral Accidental, entonces, mediante sentencia Nº 3 de 22 de enero de 2003 (Caso: *Darío Vivas y otros*) luego de analizar los efectos de las renuncias de funcionarios públicos concluyó señalando que en el caso del Sr. Pizani no había razón que justificara "la exigencia adicional de la aceptación por parte del órgano competente, para que pueda considerarse válida y eficaz la renuncia", de lo cual, para acordar el amparo cautelar que se le había solicitado, la Sala Electoral consideró "procedente presumir que en la actualidad la integración del Directorio del Consejo Nacional Electoral no resulta apegada a la legalidad, al haberse procedido a incorporar como miembro Principal de éste a un ciudadano que no ostentaba el cargo de Suplente, condición *sine qua non* para que exista la posibilidad de su incorporación como Principal".

Por ello, la Sala Electoral Accidental decidió, entonces, ordenar "a la actual Directiva del Consejo Nacional Electoral abstenerse de sesionar con la presencia y participación como Miembro Principal, del ciudadano Leonardo Pizani", suspendiendo a la vez "los efectos de la Resolución emanada del Consejo Nacional Electoral distinguida con el Nº 021203-457 del 3 de diciembre de 2002, publicada en la *Gaceta Electoral* Nº 168 del 5 de diciembre de 2002" mediante la cual se había convocado al referendo consultivo sobre la renuncia del Presidente de la República. En esta forma, el Poder Electoral, con sólo cuatro miembros, fue compelido ilegítimamente a actuar con la mayoría calificada de cuatro miembros derivada de la interpretación del régimen constitucional transitorio que había hecho la Sala Constitucional en sentencia antes comentada, es decir, por unanimidad. Ello fue lo mismo que haber decretado el secuestro del Poder Electoral, el cual no pudo adoptar ninguna nueva decisión, dada la correlación de fuerzas en su seno.

Pero lo más destacado e insólito de esta decisión de la Sala Electoral Accidental, fue la parte en la cual:

1) Se ordena a la actual Junta Directiva del Consejo Nacional Electoral, abstenerse de realizar aquellos actos que no resulten indispensables para garantizar el normal funcionamiento administrativo del referido órgano, y especialmente, abstenerse de iniciar la organización de procesos electorales, referendarios, u otros mecanismos de participación ciudadana en los asuntos públicos, así como suspender los ya iniciados de ser el caso, hasta tanto se resuelva la presente controversia.

En esta forma, de manera *extrapetita* pero expedita, la Sala Electoral en una sentencia de carácter cautelar redujo al Consejo Nacional Electoral a ser un simple conserje o guardián de sus bienes. Dos meses después, al dictar sentencia definitiva en el recurso de nulidad que había sido interpuesto, mediante sentencia Nº 32 de 19 de marzo de 2003 (Caso: *Darío Vivas y otros*) pero publicada el 26 de marzo de 2003, la Sala Electoral declaró la nulidad "de los actos del Consejo Nacional Electoral atinentes a la realización del referendo consultivo cuya celebración estaba prevista para el 2 de febrero del presente año" (2003)... actos en cuya formación intervino el ciudadano Leonardo Pizani como miembro principal de la Directiva del referido órgano rector del Poder Electoral". Adicionalmente, la Sala además de ordenar "la desincorporación del ciudadano Leonardo Pizani de la actual Junta Directiva del Consejo Nacional Electoral" estableció:

que la aludida Junta Directiva podrá, a partir de la publicación del presente fallo, sesionar y adoptar válidamente decisiones vinculadas con el ejercicio de las competencias atribuidas por el artículo 293 constitucional, siempre y cuando cumpla con el quórum exigido por el contenido del artículo 29 del Estatuto Electoral del Poder Público conforme a lo establecido por las sentencia Nº 2816 del 18 de noviembre de 2003 emanada de la Sala Constitucional de este Tribunal Supremo de Justicia".

En consecuencia, las decisiones de la referida Directiva del Consejo Nacional Electoral deberán ser adoptadas de manera unánime por cuatro (4) de sus integrantes actuales, hasta tanto la Asamblea Nacional, de conformidad con lo establecido en la Constitución y desarrollado en la Disposición Transitoria Primera de la Ley Orgánica del Poder Electoral, designe a los nuevos integrantes, principales y suplentes, de la Junta Directiva del referido órgano rector del Poder Electoral. Así se decide.

Quedó así el Consejo Nacional Electoral completamente paralizado y secuestrado el Poder Electoral por la Sala Electoral del Tribunal Supremo.

Pero la situación de extrema polarización política del país impedía toda posibilidad de que los nuevos miembros del Consejo Nacional Electoral pudieran ser designados por la Asamblea Nacional. Lamentablemente, en dicho cuerpo representativo que es esencialmente político, se había pretendido designar el Consejo Electoral en la más pura tradición de los acuerdos parlamentarios que la Constitución quiso superar. Se pretendía volver a los intentos del "comercio de caballos" o a pretender utilizar la precaria mayoría parlamentaria que tenían los partidos que apoyaban al Presidente de la República, para designar a los miembros del Consejo Nacional Electoral pero asegurando en él una mayoría controlada.

No era posible, por tanto, que se produjera la designación de los miembros del Consejo Nacional Electoral; no había un Consejo Nacional Electoral que pudiera tomar decisiones y la crisis política sólo podía tener una solución electoral, particularmente mediante un referendo revocatorio del mandato del Presidente de la República conforme a lo dispuesto en el artículo 72 de la Constitución. En efecto, con motivo del fallido intento de realizar un referendo consultivo para requerir la opinión del electorado sobre si estaba o no de acuerdo con solicitarle la renuncia al Presidente de la República, la Sala Constitucional del Tribunal Supremo se había encargado de descartar esa vía de participación política para tal efecto. Así, en sentencia dictada coincidencialmente el mismo día 22 de enero de 2003 en el cual la Sala Electoral del Tribunal Supremo había dictado la medida cautelar (Sentencia Nº 3) en el juicio de nulidad contra la Resolución del Consejo Nacional Electoral, suspendiendo la realización del referendo consultivo convocado (Caso: *Darío Vivas y otros*), la Sala Constitucional del Tribunal Supremo dictó la sentencia Nº 23 (de 22 de enero de 2003) (caso: *Harry Gutiérrez Benavides y Johbing Richard Álvarez Andrade*), en la cual interpretó el artículo 71 de la Constitución en relación con el referendo consultivo que había sido convocado por el Consejo Nacional Electoral señalando que el mismo no tiene carácter vinculante, así:

Ahora bien, el referendo consultivo es un mecanismo inspirado en el principio de participación, que otorga mayor legitimidad a las decisiones de especial trascendencia -las cuales competen a determinados órganos del Estado- y permite la realización *-a posteriori-* de una prueba de legitimidad a dichas decisiones asumidas por la elite política, de mandato revocable en nuestro ordenamiento constitucional, sea conforme a lo establecido en el artículo 72 de la Constitución de la República Bolivariana de Venezuela, o mediante su no-reelección y, en ese sentido, el referendo consultivo legitima -directamente- la asunción de determinadas decisiones y, consecuentemente, a quienes ejercen las funciones de dirección política.

En consecuencia, con fundamento en los razonamientos precedentes, esta Sala considera que el resultado del referéndum consultivo previsto en el artículo 71 de la Constitución de la República Bolivariana de Venezuela no tiene carácter vinculante en términos jurídicos, respecto de las autoridades legítima y legalmente constituidas, por ser éste un mecanismo de democracia participativa cuya finalidad no es la toma de decisiones por parte del electorado en materias de especial trascendencia nacional, sino su participación en el dictamen destinado a quienes han de decidir lo relacionado con tales materias.

Descartada la vía del referendo consultivo como una decisión que pudiera tener algún efecto en relación con la renuncia del Presidente de la República, se planteó entonces la vía del referendo revocatorio de su mandato; y así quedó plasmado luego de arduas negociaciones en una Mesa de Negociación y Acuerdos que se estableció como consecuencia de la crisis del 12-13 de abril de 2002[308], en el Acuerdo suscrito entre el gobierno y la oposición que firmaron el 23 de mayo de 2003, denominado "Acuerdo entre la representación del Gobierno de la República Bolivariana de Venezuela y los Factores Políticos y Sociales que lo apoyan y la Coordinadora Democrática y las Organizaciones Políticas y de la Sociedad Civil que la conforman", en el cual entre, otros asuntos, se expresó lo siguiente:

12.- Las partes, en cumplimiento del objetivo establecido en la Síntesis Operativa para buscar acuerdos con el fin de contribuir a la *solución de la crisis del país por la vía electoral*, coincidimos en que dicha solución se logra con la aplicación del Artículo 72 de la Constitución de la República Bolivariana de Venezuela, en el que se prevé la eventual celebración de referendos revocatorios del mandato de todos los cargos y magistraturas de elección popular que han arribado a la mitad del período

308 Véase Allan R. Brewer-Carías, *La Crisis de la democracia en Venezuela*, Caracas 2002.

para el cual fueron elegidos (Gobernadores, Alcaldes, Legisladores Regionales y Diputados a la Asamblea Nacional), o arribarán a dicha mitad en el transcurso de este año, como es el caso del Presidente de la República conforme a la sentencia del Tribunal Supremo de Justicia del 13 de febrero del 2003. Tales referendos, incluyendo los ya solicitados y los que se solicitaren en adelante, serán posibles si son formalmente requeridos por el número exigido de electores y se aprueban por el nuevo Consejo Nacional Electoral, una vez que se establezca que se han cumplido los requisitos constitucionales y legales.

VI. EL NUEVO SECUESTRO DEL PODER ELECTORAL REALIZADO POR LA SALA CONSTITUCIONAL DEL TRIBUNAL SUPREMO DE JUSTICIA

Quedaba entonces fijada la salida constitucional a la crisis política en la realización de un referendo revocatorio del mandato del Presidente de la República. Era necesario, sin embargo, que se designara el nuevo Consejo Nacional Electoral, lo que también se había plasmado en el Acuerdo antes mencionado suscrito en la Mesa de Negociación y Acuerdos entre el gobierno y la oposición, al declarar:

Coincidimos en que resulta indispensable contar a la brevedad posible con un árbitro electoral confiable, transparente e imparcial, a ser designado en la forma prevista en la Constitución. En este sentido, se considera muy importante el trabajo que se está adelantando en la Asamblea Nacional. Las dos partes manifestamos su disposición a coadyuvar como factor de entendimiento en todo lo referente a la conformación y operatividad del Árbitro Electoral, sin interferir en el proceso normal que se está llevando a cabo por el Poder Legislativo Nacional.

La Asamblea Nacional había cumplido los pasos previos para la designación de los miembros del Consejo Nacional Electoral, mediante la recepción y selección de postulaciones conforme a lo que la Ley Orgánica del Poder Electoral establecía; sin embargo, dada la imposibilidad de lograr una decisión política de la Asamblea Nacional para la designación del nuevo Consejo Nacional Electoral que pudiera tomar decisiones, y dado que judicialmente se había prohibido al Consejo Nacional Electoral existente el poder tomar decisiones como la que se había acordado en la Mesa de Negociación y Acuerdos, ello condujo a que la Sala Constitucional del Tribunal Supremo, a tratar de remendar las consecuencias del secuestro anterior que junto con la Sala Electoral había realizado del Poder Electoral, procediendo de nuevo, a un nuevo secuestro del Poder Electoral, esta vez con motivo de conocer de un recurso de inconstitucionalidad por omisión que se había intentado contra la Asamblea Nacional, por no haber designado a los miembros del Consejo Nacional Electoral.

En efecto, la Sala Constitucional del Tribunal Supremo en la sentencia N° 2073 de 4 de agosto de 2003 (Caso: *Hermánn Escarrá Malaver y oros*) para resolver sobre la omisión del órgano legislativo, comenzó por reconocer la realidad del funcionamiento político de los cuerpos deliberantes, descartando toda inconstitucionalidad en la situación, al señalar que:

> el régimen parlamentario, en muchas oportunidades, exige la toma de decisiones por mayorías calificadas y no por mayorías absolutas o simples; y cuando ello sucede (lo que incluso puede ocurrir en el caso de la mayoría simple), si los integrantes de la Asamblea no logran el acuerdo necesario para llegar a la mayoría requerida, la elección no puede realizarse, sin que ello, en puridad de principios, pueda considerarse una omisión legislativa, ya que es de la naturaleza de este tipo de

órganos y de sus votaciones, que puede existir disenso entre los miembros de los órganos legislativos nacionales, estadales o municipales, y que no puede lograrse el número de votos necesarios, sin que pueda obligarse a quienes disienten, a lograr un acuerdo que iría contra la conciencia de los votantes. Desde este ángulo no puede considerarse que existe una omisión constitucional que involucra la responsabilidad de los órganos aludidos en el artículo 336.7 constitucional.

Ahora bien, la falta de acuerdo parlamentario, si bien en algunas materias podría no producir efecto inmediato alguno, en lo concerniente a la designación del Poder Electoral respecto del cual la propia Constitución y la Ley Orgánica del Poder Electoral ordenan a la Asamblea Nacional su designación, la Sala Constitucional consideró que la omisión en esta materia -aun sin ser ilegítima- podía conducir a que la propia Sala con base en el artículo 336,7 de la Constitución declarase la inconstitucionalidad de la omisión, y estableciera el plazo para corregirla y, de ser necesario, los lineamientos de esa concreción. Y eso fue lo que ocurrió, por lo que la Sala Constitucional le otorgó a la Asamblea Nacional omisa, un plazo de 10 días para que cumpliera con su obligación y, si no lo hacía dentro de dicho término, anunciaba que corregiría en lo que fuese posible la situación que naciera de la omisión concreta, que no era otra que "Si transcurrido el lapso aquí señalado, la Asamblea Nacional no ha procedido a nombrarlos, la Sala lo hará dentro de un término de diez (10) días continuos". En la sentencia, a todo evento, la Sala hizo los siguientes razonamientos y dejó sentado los siguientes criterios, que enmarcaron la forma conforme a la cual se operaría el secuestro del Poder Electoral:

En *primer lugar*, que en caso de omisión de nombramientos, las designaciones que pudiera hacer la Sala no podían ser sino provisorias, pero "acompañadas o no de los lineamientos que según este sentenciador se consideren necesarios para el cumplimiento de la función". Siendo provisorios los nombramientos, los nombrados cesarían en sus funciones cuando el órgano competente asumiera su competencia e hiciera los nombramientos, "en el tiempo que lo crea conveniente; o cuando la propia Sala -por motivos justificados- les revoca el cargo conferido". La Sala Constitucional, así, anunciaba desde ya que como consecuencia de la omisión legislativa en hacer los nombramientos, para el caso de que la propia Sala lo hiciera, se arrogaba la potestad también de revocarlos.

En *segundo lugar*, la Sala consideró que para realizar los nombramientos provisorios, debía "adaptarse a las condiciones que la Ley exige al funcionario", pero aclarando sin embargo, que "debido a la naturaleza provisoria y a la necesidad de que el órgano funcione", la Sala no requería "cumplir paso a paso las formalidades legales que exige la Ley al elector competente, ya que lo importante es llenar el vacío institucional, hasta cuando se formalice lo definitivo". Se desligaba así la Sala, de las exigencias legales que en cambio sí debía cumplir el elector omiso, para llenar el "vacío institucional" que ella misma había contribuido a crear. Para ello dejó sentado el criterio de que "de corresponder a esta Sala llenar los vacíos, ella puede hacerlo con personas de la lista de postulados admitidos como aspirantes a rectores, o puede hacerlo con personas fuera de la lista, o combinando ambos grupos. Con respecto a las personas, a tomarse en cuenta, que no hayan sido presentadas por el Comité de Postulaciones, éstas deberán reunir los mismos requisitos legales que los postulados".

Insistió la Sala sobre su desvinculación con la Ley para hacer las designaciones provisorias señalando que al ser "urgente y necesario el funcionamiento del Poder Electoral y por ello, y por ser provisorio, no aplica en todo su alcance la Ley Orgánica del Poder Electoral, sino lo establecido en el artículo 296 constitucional en cuanto a la procedencia de los rectores electorales, los cuales no deben tener vinculación con organizaciones políticas, lo que significa que no tienen militancia política pública, ni se hayan manifestado públicamente a favor de partidos políticos o grupos electorales favorables al gobierno, a la oposición, o a cualquier otra tendencia política". La Sala Constitucional, sin embargo, consideró que los rectores que pudiere nombrar debían cumplir los requisitos del artículo 9 de la Ley Orgánica del Poder Electoral.

En *tercer lugar*, la Sala Constitucional constató la existencia del "vacío institucional", a pesar de que existiera un Consejo Nacional Electoral, el cual conforme al Decreto sobre Régimen de Transición del Poder Público, consideró que tenía "carácter provisorio". Consideró la Sala que "la falta de designación de los rectores, en el lapso legal, constituye un vacío que debe esta Sala llenar, si no lo hace la Asamblea Nacional".

En *cuarto lugar*, la Sala Constitucional decidió que en virtud de que "el nombramiento de los rectores -así sean provisorios- se trata de un hecho que trasciende lo jurídico"..."a partir de esta fecha, podrá oír a los Presidentes o Secretarios Generales de las organizaciones políticas representadas en la Asamblea, así como a los representantes de la sociedad civil que ella escoja, utilizando para determinar quienes conforman a la sociedad civil, el criterio expuesto por la Sala en fallos del 23 de agosto de 2000 y 21 de noviembre de 2000 (Casos: *Ruth Capriles Méndez y William Dávila Barrios y otros)*; e, igualmente, podrá consultar al Poder Ciudadano y a los representantes de las facultades de Ciencias Jurídicas y Políticas que considere necesarios, a fin de cumplir con lo dispuesto en el artículo 296 constitucional". En esta forma, la Sala anunciaba que si suplía la omisión del Legislador, no sólo lo haría con criterio jurídico sino político. Se apartaba así, la Sala, de lo que había expresado en sentencia N° 457 de 5 de abril de 2001 (Caso: *Francisco Encinas Verde y otros*) en la cual había clarificado que si bien "la Jurisdicción Constitucional es *eo ipso*, jurisdicción sobre lo político... no es equiparable a jurisdicción política". La Sala, en la sentencia N° 2073 que comentamos, al contrario, anunciaba que actuaría como jurisdicción política.

En *quinto lugar*, en forma congruente con el anuncio de ingerencia en lo político, la Sala Constitucional anunció no sólo que "si la Asamblea no hace los nombramientos, los hará la Sala", sino que podía "señalar a los rectores algunas disposiciones -que sin alterar su independencia- sean por ellos cumplidas, y pudiendo, igualmente, proveer la integración de alguno o todos de los órganos subordinados, señalando quien los dirigirá, y decretando un cronograma de actuaciones para que el ente cumpla sus cometidos". Es decir, la Sala Constitucional anunciaba que iría mucho más allá que a suplir la omisión legislativa, y prescribiría lineamientos que los nombrados debían cumplir y haría nombramientos adicionales, quitándole tal potestad a los miembros del consejo nacional Electoral que nombrara. La salvedad respecto de la independencia del Poder Electoral, por tanto, no era más que un simple saludo a la bandera.

En *sexto lugar*, la Sala Constitucional, al reconocer el derecho de los ciudadanos a solicitar referendos consultivos y revocatorios, y constatar que para la fecha no existía una legislación sobre los mismos que garantizaran si ejercicio, prescribió que "a fin que no se haga nugatorio tal derecho, y para lograr la primacía de las normas constitucionales, la Sala estima que el Consejo Nacional Electoral puede dictar normas dirigidas al ejercicio de esos derechos políticos, los cuales perderán vigencia cuando se dicten las normas respectivas por la Asamblea Nacional; a objeto de garantizar el carácter normativo de la Constitución". Es decir, la Sala Constitucional, al constatar ahora de oficio la omisión legislativa en dictar las leyes reguladoras de ese derecho ciudadano, también de oficio se pronunciaba sobre tal omisión, "autorizando" al Consejo Nacional Electoral nada menos que para suplir al Legislador y dictar "leyes orgánicas" que son las que pueden regular los derechos políticos conforme al artículo 203 de la Constitución, agregando en su decisión que "para lograr la consulta electoral, el Consejo Nacional Electoral provisorio, deberá regular los referendos, la autenticidad de quienes los solicitan, etc., a fin de dar cumplimiento a la Disposición Transitoria Tercera citada, que es del tenor siguiente: 'Tercera: El Consejo Nacional Electoral dentro del primer año siguiente a su instalación elaborará el Proyecto de Ley de Registro del Estado Civil de las Personas, el Proyecto de Ley de los Procesos Electorales y de Referendos, y lo presentará ante la Asamblea Nacional' ". Una cosa ciertamente era la competencia del Consejo Nacional Electoral para elaborar los proyectos de ley, y otra cosa era "regular" esas materias como lo "autorizaba" la Sala, al insistir que "La Sala estima que el Consejo Nacional Electoral puede dictar normas dirigidas al ejercicio de esos derechos políticos, los cuales perderán vigencia cuando se dicten las normas respectivas por la Asamblea Nacional".

La Sala Constitucional, transcurridos los 10 días que le había otorgado a la Asamblea Nacional para cumplir su obligación, al no haber logrado la mayoría de la Asamblea poder imponer su criterio y obtener el apoyo de las 3/4 partes de sus integrantes en el nombramiento de los miembros del Consejo Nacional Electoral, procedió a suplir la omisión de la Asamblea Nacional pero no sólo desde el punto de vista jurídico sino político, por lo que lo que no pudo lograr la mayoría de la Asamblea en su propio seno, lo lograría a través de la Sala Constitucional del Tribunal Supremo: el control del Consejo Nacional Electoral. No en balde la propia Sala Constitucional había anunciado en su sentencia previa N° 2073 de 4 de agosto de 2003, que dichos nombramientos "trasciende lo jurídico".

El la sentencia N° 2341 del 25 de agosto de 2003 (Caso: *Hermánn Escarrá M. y otros*), la Sala Constitucional, en efecto, para adoptar las decisiones respecto de la omisión constatada, señaló lo siguiente:

En *primer lugar*, reiteró el criterio de que como se trataba de un nombramiento provisional no previsto en la Ley Orgánica del Poder Electoral, pero, producto de la omisión del nombramiento de los rectores electorales, la Sala, "en lo posible, aplicará la Ley Orgánica del Poder Electoral con las variables necesarias derivadas de la naturaleza de las medidas provisorias". Es decir, la Sala reiteraba que se desvinculaba de los términos de la Ley Orgánica, la cual aplicaría sólo "en lo posible". Por ello precisó que "en las designaciones, la Sala nombrará rectores principales o suplentes a las personas que postuló la sociedad civil, el Poder Ciudadano y las Universidades Nacionales que podían hacerlo; ello sin menoscabo de su poder para la elección de personas fuera de los que fueron candidateados". En tal sentido la Sala nombró a los miembros del Consejo Nacional Electoral y a sus suplentes "de acuerdo con el artículo 13 de la Ley Orgánica del Poder Electoral".

En *segundo lugar*, la Sala declaró que garantizaría "al Poder Electoral que ella nombre en forma provisoria, la mayor autonomía, tal como corresponde a uno de los Poderes Públicos"; pero en la propia sentencia procedió "con el fin de facilitar la integración del Consejo Nacional Electoral y sus órganos subordinados", a designarlos estableciendo "su composición, así como la del Consejo de Participación Política, el cual de manera provisoria y ante el vacío constitucional, funcionará como un ente consultivo del Poder Electoral. Para este último nombramiento, la Sala tomó en cuenta las consultas que se hicieron a los partidos políticos representados en la Asamblea Nacional y que se llevaron a cabo en el Tribunal". En esta forma, en la sentencia, la Sala Constitucional procedió a limitar la autonomía del Cuerpo que nombraba, designando ella misma quién sería su Presidente y su Vicepresidente, violando lo establecido en el artículo 296 de la Constitución que expresamente establece que: "Los o las integrantes del Consejo Nacional Electoral escogerán de su seno a su Presidente o Presidenta, de conformidad con la Ley". La Sala Constitucional, además, volvió a secuestrar y violar la autonomía del Poder Electoral al cercenarle al Consejo Nacional Electoral su potestad conforme a la Ley Orgánica del Poder Electoral, para designar a los titulares de los órganos del Poder Electoral; designando en la propia sentencia al Secretario y al Consultor Jurídico del Consejo Nacional Electoral; a los integrantes de los órganos subordinados (Junta Nacional Electoral; Comisión de Registro Civil y Electoral; Comisión de Participación Política y Financiamiento), integrándolos con miembros principales y suplentes del organismo, en la forma como la propia Sala lo determinó; y a los miembros de un Consejo de Participación Política.

En *tercer lugar,* la Sala reiteró el criterio de que "podrá desarrollar la normativa que le asigna la Ley Orgánica del Poder Electoral". El Consejo Nacional Electoral debía "elaborar los proyectos de leyes que le corresponden con exclusividad conforme a las Disposición Transitoria Tercera de la citada Ley, y presentarlas ante la Asamblea Nacional" así como dictar "la normativa tendente a la reglamentación de los procesos electorales y los referendos, en desarrollo de la Ley Orgánica del Poder Electoral, en particular la que regula las peticiones sobre los procesos electorales y referendos, así como las condiciones para ellos, la autenticidad de los peticionarios, la propaganda electoral, etc, así como resolver las dudas y vacíos que susciten las leyes electorales".

Los miembros del Consejo Nacional Electoral y todos los otros funcionarios nombrados por la Sala Constitucional, fueron juramentados por ella el día 27 de agosto de 2003; y a partir de entonces, ese Consejo Nacional Electoral secuestrado por la Sala Constitucional, comenzó a confiscarle a los ciudadanos el derecho a la participación política.

VII. LA CONSECUENCIA DE UN SECUESTRO: LA CONFISCACIÓN DEL DERECHO A LA PARTICIPACIÓN POLÍTICA MEDIANTE LA SOLICITUD DE REFERENDO REVOCATORIO

Como se ha dicho, en el caso del Presidente de la República, de acuerdo con el artículo 72 de la Constitución, los electores podían solicitar la convocatoria de la celebración de un referendo revocatorio de su mandato, una vez transcurrida la mitad del período para el cual fue elegido. La Sala Constitucional del Tribunal Supremo desde 2001 había establecido que habiendo sido electo el Presidente de la República, Hugo Chávez, el 19 de agosto de 2000, la mitad del período constitucional se cumplía el 18 de agosto de 2003[309], pudiendo por tanto, a partir del 19 de agosto de 2003, presentarse la solicitud de revocatoria de su mandato; solicitud que siempre es de iniciativa popular.

1. *La discusión sobre el momento para recolectar las firmas: el "Firmazo"*

La Constitución, como lo dijo la Sala Constitucional, "nada menciona respecto del momento en el cual puede iniciarse la recolección de firmas al objeto de solicitar la realización del referendo revocatorio"[310], pero es evidente que si el derecho para presentar la solicitud nace una vez transcurrida la mitad del período constitucional, entonces las firmas, que son la expresión concreta de la manifestación de voluntad, deben recogerse con posterioridad a esa fecha.

En todo caso, el tema es de reserva legal, en el sentido de que el legislador es quien puede regular la materia. La Sala Constitucional, en todo caso, así lo reconoció en la sentencia N° 137 de fecha 13 de febrero de 2003 (caso: *Freddy Lepage y otros)*, pero agregando lo que era obvio, es decir, que "las firmas deben preceder a una solicitud". La Sala en efecto, dijo "que el artículo 72 se limitaba a señalar la oportunidad a partir de la cual podía efectuarse la solicitud de referendo revocatorio ante el Consejo Nacional Electoral, esto es, una vez transcurrida la mitad del período, pero "nada señala respecto de la oportunidad para recolectar las firmas, las cuales, lógicamente deben preceder a la solicitud, sólo podrían recolectarse en el término establecido en dicho precepto constitucional." En todo caso, señaló también la Sala "establecer un requisito temporal para la recolección de las mencionadas firmas conllevaría menoscabar dicho principio de técnica fundamental".

La expresión de esta sentencia en el sentido de que las firmas "lógicamente deben preceder a la solicitud", condujo a que se llegase a interpretar que ese proceso podía ejecutarse aún antes de transcurrida la mitad del período del mandato del Presidente Chávez, para presentar la solicitud posteriormente, una vez transcurrido ese lapso.

En tal sentido, la oposición al Presidente de la República convocó a un proceso de recolección de firmas para respaldar una declaración sobre la revocación del mandato del Presidente[311], denominado el "Firmazo", el cual se realizó el 2 de febrero de 2003, es decir, más de seis meses antes de que hubiera transcurrido la mitad del período constitucional del Presidente[312]. Las firmas fueron presentadas ante el Consejo Nacional Electoral el día 20 de agosto de 2003 por un grupo de partidos políticos y organizaciones con fines políticos, pero la presentación estuvo signada

---

309 Sentencias de la Sala Constitucional N° 457 de 05-04-2001 (Caso: *Francisco Encinas Verde*); y N° 759 de 16-05-2001 (Caso: *Asamblea Nacional*).

310 Sentencia N° 137 de fecha 13 de febrero de 2003 (Caso: *Freddy Lepage y otros*).

311 El texto del encabezamiento de las planillas rezaba así: "*Iniciativa de convocatoria a un referendo revocatorio del mandato del Presidente de la República*". Nosotros, los firmantes de esta Planilla, inscritos en el registro Electoral, tomamos la iniciativa de convocar a un referendo revocatorio del mandato del Presidente de la república, ciudadano Hugo Rafael Chávez Frías, de conformidad con lo establecido en el artículo 72 de la Constitución. A tal efecto, sugerimos la siguiente pregunta: ¿De conformidad con lo previsto en el artículo 72 de la Constitución de la República Bolivariana de Venezuela, está usted de acuerdo con revocar el mandato al Presidente de la República Hugo Rafael Chávez Frías?.

312 En esa oportunidad se informó que se habían recogido en respaldo de la solicitud, 3.236.320 firmas de electores inscritos en el registro electoral.

por la discusión sobre la oportunidad para recoger las firmas en respaldo de la solicitud de referendo y la forma cómo debió haberse formulado la petición, solicitud pregunta.

La discusión y la interpretación que se había hecho de la frase antes mencionada de que las firmas lógicamente debían preceder a la solicitud contenida en la sentencia de la Sala Constitucional N° 137 de fecha 13 de febrero de 2003 (caso: *Freddy Lepage y otros)*, había llegado al mismo Tribunal Supremo, por lo que la Sala Constitucional una semana antes de la consignación de las firmas ante el Consejo Nacional Electoral, se vio en la necesidad de publicar una "nota de prensa", el 14 de agosto de 2003, en la cual informaba que la Sala no se había pronunciado sobre el tema de la oportunidad para la recolección de las firmas, ni tampoco sobre "lo relacionado con la validez de dichas firmas, todo lo cual es competencia del Consejo Nacional Electoral, según las normas que rigen su funcionamiento".

En respuesta a la documentación y firmas sobre la revocatoria del mandato del Presidente de la República, que se habían consignado ante el Consejo Nacional Electoral el 20 de agosto de 2003, dicho organismo, mediante Resolución N° 030912-461 de fecha 12 de septiembre de 2003, después de constatar la incertidumbre que originaba la ausencia de regulación legal sobre la materia[313], declaró inadmisible la solicitud presentada al considerar, entre otros aspectos[314], que las firmas que respaldaban las solicitudes "fueron suscritas de manera extemporánea por anticipada, esto es, antes de que naciera la titularidad del derecho del referendo revocatorio". El Consejo Nacional Electoral señaló, en efecto, que:

> no es un ejercicio legítimo del derecho previsto en el artículo 72 de la Constitución solicitar el referendo revocatorio de un funcionario electivo mediante peticiones que sean anteriores al momento en que nace o se origina el derecho. Así como no se puede cursar solicitud ante el Poder Electoral antes de que se cumpla el momento constitucional fijado, en el cual se consolida la titularidad del derecho y puede ejercer el derecho de solicitarlo; de esa misma manera no pueden recabarse las firmas para acompañar una solicitud para cuyo objeto el firmante no tiene derecho todavía.

Ello se regula ahora en forma expresa, en las Normas de Referendos Revocatorios que habían sido dictadas por el Consejo Nacional Electoral, estableciéndose que

---

313 El Consejo expuso en la Resolución lo siguiente: "estos medios de participación política como derechos constitucionales que son, pueden ser ejercitados desde su sola regulación constitucional, pero la ausencia de desarrollo legislativo de los mismos hace que su ejercicio esté sujeto a un contexto de altísima incertidumbre. Por consiguiente, a los fines de completar el régimen del derecho constitucional, se harán necesarias la intervención del legislador por vía general o bien la intervención pretoriana del juez, caso por caso, como fuentes de desarrollo y complementación del derecho tal y como aparece regulado en la Constitución".

314 La Resolución expresó sobre la forma de la solicitud, lo siguiente: "En estricto sentido, pues, el texto firmado por quienes participaron el "Firmazo" no es expresión de una solicitud o petición dirigida a este Organismo Electoral del que se prescinde totalmente y, de otro lado, se omiten datos formales, estimados por la Sala Constitucional como formas esenciales que las solicitudes deben cumplir inexorablemente, tales como la indicación de la "fecha de toma de posesión efectiva" del cargo del funcionario cuestionado y la mención del Poder Electoral como destinatario de la solicitud". Por ello, el Consejo Nacional Electoral la declaró "inadmisible... porque las planillas cuyas firmas respaldarían la solicitud de los presentantes no contienen una manifestación de voluntad que llene los requisitos del artículo 72 de la Constitución, según la jurisprudencia citada de la Sala Constitucional del Tribunal Supremo de Justicia y, en todo caso, tales planillas no contienen una solicitud o petición dirigida a este Poder Electoral".

la recolección de firmas para la solicitud de los referendos revocatorios, sólo puede tener lugar una vez que haya trascurrido la mitad del período del funcionario electo.

2. *La confiscación del derecho de petición para solicitar la convocatoria de referendo revocatorio por el Consejo Nacional Electoral*

Como antes se ha dicho, la Sala Constitucional del Tribunal Supremo de Justicia, mediante sentencia N° 2341 del 25 de agosto de 2003 (Caso: *Hermánn Escarrá M. y otros*) designó por la inconstitucional omisión legislativa en hacerlo, a los miembros del Consejo Nacional Electoral, quienes fueron juramentados el 27 de agosto de 2003. Al mes de esta decisión, el nuevo el Consejo Nacional Electoral, mediante Resolución N° 030925-465 de 25 de septiembre de 2003, dictó las "Normas para regular los procesos de referendos revocatorios de mandatos de cargos de elección popular"[315]. Con estas normas puede decirse que el Poder Electoral, cuya autonomía había sido secuestrada por los Poderes del estado, a su vez inició la confiscación del derecho ciudadano a la participación política mediante la iniciativa popular de solicitud de convocatoria de referendos revocatorios, al encasillar de tal manera el ejercicio del derecho, que lo ha hecho de casi imposible ejercicio, en contradicción incluso con las declaraciones iniciales de la misma Resolución (art. 3) en el sentido de las mismas supuestamente tenían como propósito:

1. Garantizar el derecho del elector a solicitar la convocatoria de referendo revocatorio de mandato de los funcionarios electos popularmente.

2. Garantizar que los procesos de referendos revocatorios de mandatos se realicen en igualdad de condiciones y sin discriminación alguna.

3. Garantizar la imparcialidad, transparencia, celeridad, confiabilidad y oportunidad de los actos relativos a los procesos de referendos revocatorios de mandatos.

4. Garantizar el respeto a la voluntad del elector, así como los derechos del funcionario público electo popularmente a quien se le pretende revocar su mandato.

5. Garantizar el respeto de la voluntad de los electores expresada a través del ejercicio del voto.

Al contrario, con las normas dictadas, no se ha garantizado el derecho del elector a solicitar la convocatoria de referendos revocatorios; no se ha garantizado que estos se realicen en igualdad de condiciones y sin discriminación alguna; ni se ha garantizar la imparcialidad, transparencia, celeridad, confiabilidad y oportunidad de los actos relativos a los procesos de referendos revocatorios.

La Sala Constitucional del Tribunal Supremo, en la citada sentencia N° 1139 de 5 de junio de 2002 (Caso: *Sergio Omar Calderón y William Dávila*), había establecido el criterio de que el referendo revocatorio "se encuentra sometido a las reglas previstas en el artículo 72 de la Constitución, sin que deje ningún margen de discrecionalidad que autorice al Consejo Nacional Electoral a emitir pronunciamiento alguno sobre el mérito o conveniencia de la solicitud formulada, *ni a establecer -en las normativas de carácter sub legal que dicte-, nuevas condiciones para la procedencia de la revocación del mandato, no contempladas en el marco constitucional vigente*". El Consejo Nacional Electoral en las normas antes citadas, que son de carác-

---

315 La Resolución fue modificada en cuanto al artículo 24 mediante Resolución N° 031030-717 de 30-10-2003.

ter sub legal, precisamente estableció nuevas condiciones para la procedencia de la revocación del mandato no contempladas en el marco constitucional vigente. Estimamos que no es posible que se pueda sostener que estas normas puedan tener carácter y rango de Ley, y menos de ley orgánica que son las únicas que pueden regular los derechos constitucionales, especialmente los derechos políticos (art. 203).

En todo caso, los requisitos y formalidades establecidos en las citadas normas para ejercer el derecho ciudadano de peticionar o solicitar la convocatoria de un referendo revocatorio son de tal naturaleza, que casi se confunden con el derecho mismo de revocar el mandato del funcionario electo.

A. *El control estatal del derecho ciudadano de peticionar*

Ante todo, el Consejo Nacional Electoral mediante las Normas, ha asumido el control total del derecho de petición a los efectos de solicitar la convocatoria de un referendo revocatorio, el cual sólo puede ejercerse en la forma y con las formalidades fijadas por la autoridad electoral y bajo su estricta supervisión mediante observadores del Consejo Nacional Electoral. Se trata de una limitación al derecho de petición que la propia Constitución garantiza en forma general, no admitida en su texto (art. 51).

B. *La participación de inicio del procedimiento y la admisión oficial del mismo*

Las Normas convirtieron el simple derecho de peticionar, el cual puede ejercerse en cualquier tiempo y lugar después de que se cumpla la mitad del período del funcionario cuyo mandato se quiere revocar, en todo un complejo procedimiento, que se tiene que iniciar necesariamente con una participación por escrito a la autoridad electoral por parte de las organizaciones con fines políticos o las agrupaciones de ciudadanos debidamente inscritas, sobre "el inicio del procedimiento de convocatoria de referendo revocatorio del mandato". (art. 17).

El escrito de participación del inicio del procedimiento conforme al artículo 16 de las Normas debe contener:

1. Nombre, apellido y cargo que ejerce el funcionario cuyo mandato se pretende revocar, así como indicación de la fecha de la toma de posesión efectiva del mismo.

2. Nombre, apellido, cédula de identidad, fecha de nacimiento, nombre de la entidad o de la circunscripción electoral, domicilio y firma o, en su defecto, huella dactilar de los ciudadanos presentantes de la participación.

3. Objeto de la participación.

4. El número de lugares y su distribución por cada entidad federal en los cuales se recolectarán las firmas como respaldo de la solicitud de referendo.

Con este último requisito se estableció una limitación intolerable al derecho de petición, el cual en estos casos se debería poder ejercer en cualquier parte y forma siempre que sea después de que se cumpla la mitad del período del funcionario sujeto a revocación y obviamente, antes de que se presente la solicitud, y siempre que conste la manifestación de voluntad con la firma de la persona. Se trata de un derecho ciudadano que incluso puede ejercer el elector encontrándose fuera del país. Incluso la manifestación de voluntad podría manifestarse individualmente por los ciudadanos en forma auténtica ante Notario, en el país y en los Consulados en el exterior. Pero no; las Normas desde que se inicia el procedimiento prescriben que los que deben participar dicho inicio, tienen que indicar los lugares donde se recolectarán las firmas, es decir, donde los ciudadanos tienen que acudir para manifestar su derecho de peticionar. Un ciudadano residenciado en el exterior, por tanto, no podría ejercer su derecho de petición para solicitar la convocatoria de un referendo para la revocación del mandato de un funcionario, pero contradictoriamente si podría votar en el referendo respectivo conforme lo indica el artículo 51 de las Normas.

En todo caso, la participación de apertura del procedimiento debe ser revisada por un funcionario receptor, quién debe constatar inmediatamente que cumple con los requisitos antes indicados; debiendo observar si faltare cualquiera de los requisitos exigidos, a fin de que sean subsanar las omisiones (art. 17). Sólo cuando la participación cumpla con los requisitos exigidos, el funcionario receptor debe entregar un recibo a los presentantes (art. 18).

Una vez verificado el cumplimiento de los requisitos anteriores, entonces las Normas exigen que, el Consejo Nacional Electoral en el plazo de dos días continuos siguientes dicte una Resolución de admisión del inicio del procedimiento (art. 19). El único supuesto en el cual las Normas prevén la posibilidad de negar la admisión del inicio del procedimiento, a fin de garantizar el ejercicio del derecho y de impedir fraude a la Constitución y la ley, es cuando las participaciones formuladas se presenten por organizaciones de ciudadanos que ostenten una manifiesta identificación o apoyo con el funcionario susceptible de revocación (art. 19).

C. *El apoderamiento estatal del proceso de recolección de firmas*

Como se dijo, la firma de una solicitud o petición, cualquiera que sea su contenido, es un derecho ciudadano, de ejercicio personal. Ello sin embargo, en el caso de las peticiones para los referendos revocatorios, se ha convertido en un acto público a ser realizado en unos lugares predeterminados, en unas planillas preestablecidas, en unos días fijos y bajo la vigilancia del Estado. Por ello, lo primero que el Consejo Nacional Electoral debe hacer conforme a las Normas es dentro de los veinte (20) días continuos siguientes, seleccionar a los ciudadanos que desempeñarán el papel de *observadores* de la recolección de firmas (art. 21).

Estos observadores del Consejo Nacional Electoral deben precisamente "observar" todo el proceso de recolección de firmas, y firmar las actas respectivas que deben levantarse. Las Normas disponen que "en caso de que en el día de la recolección de firmas faltaren los observadores del Consejo Nacional Electoral y sus suplentes, los agentes de recolección solicitarán el correspondiente reemplazo sin perjuicio de que el acta pueda levantarse con la firma de tres (3) testigos presentes en el acto de recolección" (art. 24). Estos observadores del Consejo Nacional Electoral, conforme al artículo 25 de la Normas, deben "limitarán su actuación a presenciar la recolección de firmas en los lugares destinados para ello y además a suscribir y elaborar el acta... con las observaciones pertinentes, si las hubiere".

Por otra parte, en la fase preparatoria para la recolección de las firmas, los presentantes deben señalar al Consejo Nacional Electoral la lista de los *lugares y las fechas* en los cuales proyectan hacer la recolección de firmas, respecto de lo cual el Consejo Nacional Electoral debe "decidir lo conducente para establecer las condiciones de seguridad y logística correspondiente". Agrega el artículo 23 que "Sin perjuicio de su recolección itinerante, el número de lugares que los presentantes aspiren establecer como sitios de recolección de firmas no podrá exceder de dos mil setecientos".

Las firmas, por otra parte, sólo pueden recolectarse en las fechas establecidas en los centros de recolección establecidos para tal fin y en *planillas, debidamente numeradas y foliadas*, en las cuales sólo se permitirá la recolección de diez firmas (art. 21).

Estas planillas, que constituyen la solicitud de convocatoria del referendo revocatorio, conforme al artículo 22 de las Normas deben necesariamente contener:

1. Nombre, apellido y cargo que ejerce el funcionario cuyo mandato se pretende revocar, así como indicación de la fecha de la toma de posesión efectiva del mismo.

2. Nombre, apellido, cédula de identidad, fecha de nacimiento, nombre de la entidad o de la circunscripción electoral, firma manuscrita original y huella dactilar, de los electores solicitantes de la convocatoria de referendo revocatorio de mandato, en forma legible.

Es inconcebible, por supuesto, que se exija estampar una huella dactilar para una petición ciudadana, lo que contraría las normas legales en materia de identificación que remiten a la Cédula de Identidad, y la posibilidad legal misma de hacerse representar en los procedimientos administrativos. La norma agrega, por otra parte, que "La solicitud de convocatoria de referendo es un acto personalísimo, por lo que no se admitirá poder de representación o autorización para firmar por otro". Esta disposición también contraría las disposiciones del Código de Procedimiento Civil de aplicación supletoria en materia de procedimientos administrativos, y las de la Ley Orgánica de Procedimientos Administrativos sobre representación. No se puede negar a las personas, su derecho a ser representadas en un procedimiento administrativo de petición. El Consejo Nacional Electoral en realidad, confundió ilegalmente el ejercicio del derecho de petición con el derecho al sufragio o acto de votación en sí mismo, el cual sí podría considerarse como ese acto "personalísimo" que no admite la posibilidad de que se pueda ejercer a través de apoderados o representantes.

Por otra parte, la recolección de firmas sólo debe hacerse en un *lapso de cuatro (4) días* continuos en los lugares señalados por los presentantes y con la observación del Consejo Nacional Electoral; y a cada elector que firme la planilla, se le informará sobre el número de ésta y el renglón donde ha estampado su rúbrica a fin de garantizar el ejercicio de su derecho al reparo (art. 23).

Por último, el artículo 24 de las Normas dispone que al cierre de cada día de recolección de firmas, se levantará *acta original* y tres copias, en la cual se debe dejar expresa mención del lugar y fecha en que se inició y cerró el proceso de recolección de firmas, el número de planillas y su serial, el número de firmas recogidas ese día y los datos legibles de los observadores y de los agentes de recolección de los presentantes"; y en cuanto a la recolección de firmas para los agentes de recolección de firmas itinerantes el horario se estableció "de seis de la mañana a seis de la tarde, debiendo entregar las planillas el mismo día en un lapso que no exceda de las seis y treinta de la tarde".

Las Normas imponen a los observadores y a los agentes de recolección de los presentantes la *obligación de firmar* el acta original y las copias, las cuales una vez firmadas, el original debe ser remitido al Consejo Nacional Electoral; y las copias se distribuirán así: una debe quedar en poder del agente de recolección; y la segunda y la tercera deben entregarse a cada uno de los observadores (art. 24). Estas actas, conforme al artículo 26 de las Normas, deben ser distribuidas por los observadores del Consejo Nacional Electoral de la siguiente forma:

1. Al cierre de cada día de recolección de firmas, las actas originales correspondientes a los lugares ubicados en el Distrito Metropolitano de Caracas, serán entregadas por los observadores en la Dirección de Correspondencia de la sede principal del Consejo Nacional Electoral.

2. Al cierre de cada día de recolección de firmas, las actas originales correspondientes a los lugares de recolección ubicados en los municipios cercanos a las capitales de los estados, serán entregadas por los observadores en las Oficinas Regionales Electorales de la entidad respectiva, con acuse de recibo.

3. En aquellos casos en los cuales los lugares de recolección estén ubicados en municipios lejanos de las capitales de los estados, los observadores se trasladarán al cierre del último día de recolección a la Oficina Regional Electoral de la entidad respectiva y entregarán las actas con acuse de recibo.

En definitiva, es imposible concebir mayor control estatal para el ejercicio de un derecho de petición.

Además, para asegurar aún más la autenticidad del procedimiento, las Normas establecen que "sin excepción las planillas de recolección de firmas quedarán en posesión y bajo la custodia de los agentes de recolección, los cuales quedarán obligados a consignar al Consejo Nacional Electoral las planillas en blanco que no hayan sido utilizadas".

D. *La verificación de los requisitos y el rechazo de firmas*

Las organizaciones con fines políticos o las agrupaciones de ciudadanos que promovieron la iniciativa, deben consignar las planillas firmadas ante el Consejo Nacional Electoral, el cual debe entonces proceder "a efectuar la verificación de los requisitos previstos en el artículo 72 de la Constitución de la República Bolivariana de Venezuela" (art. 27). Por tanto, sólo los requisitos establecidos en dicha norma constitucional deben ser los que han de verificarse, y ellos sólo son, básicamente, la inscripción de los electores firmantes en el registro electoral.

A tal efecto, el artículo 28 de las Normas dispone que en un plazo no mayor de treinta días continuos contados a partir de la presentación de las planillas, el Consejo Nacional Electoral debe proceder a la verificación de los datos de los electores contenidos en la solicitud de convocatoria, de acuerdo al siguiente procedimiento:

1. Se transcribirán los datos correspondientes a la cédula de identidad, nombres, apellidos y fecha de nacimiento de los solicitantes de la convocatoria.

2. Los datos de los solicitantes serán confrontados con los datos del Registro Electoral, a los fines de establecer su condición de elector en la circunscripción correspondiente.

3. Del proceso de validación se discriminará entre cantidad y porcentaje de solicitantes validados, aceptados y rechazados.

4. Una vez realizada la trascripción, se procederá a verificar si las firmas y datos que contienen las planillas son fidedignos de conformidad con los criterios establecidos en el artículo 29 de las presentes normas. La revisión abarcará la totalidad del número de planillas presentadas al Consejo Nacional Electoral.

De acuerdo con el artículo 29 de las Normas, las firmas o solicitudes *no se considerarán fidedignas y en consecuencia se estimarán como solicitudes inválidas*, en cualquiera de los siguientes supuestos:

1. Si existe incongruencia entre el nombre, apellido, fecha de nacimiento y cédula de identidad del firmante.

2. Si el firmante no está inscrito en la circunscripción electoral correspondiente al referendo de que se trate.

3. Si la firma no es manuscrita.

4. Si la firma es producto de fotocopias o cualquier otro medio de reproducción.

5. Si se determina que más de una firma proviene de la misma persona.

Debe observarse, que conforme a esta norma, no se considerarán fidedignas y en consecuencia se estimarán como solicitudes inválidas cuando las firmas no sean manuscritas por el solicitante. Nada se indica en las Normas respecto de que los datos de identificación (nombre y apellido y número de cédula) deban ser manuscritos de puño y letra de los solicitantes, por lo que si éstos se estamparon por otra persona no puede considerarse la firma como no fidedigna e inválida.

Ahora bien, con fecha 20 de noviembre de 2003, el Consejo Nacional Electoral dictó la Resolución Nº 031120-794, contentiva de las "Normas sobre los criterios de validación de las firmas y de las planillas de recolección de firmas para los procesos de referendo revocatorio de mandatos de cargos de elección popular", en la cual se fijaron los siguientes criterios:

a) A los fines de la verificación de las firmas, sólo se considerarán fidedignas aquellas rúbricas que se encuentren recogidas en las Planillas para la Recolección de Firmas debidamente numeradas y seriadas expedidas por el Consejo Nacional Electoral (art. 1).

b) Conforme al artículo 3 de las Normas sobre los criterios, se estableció que *una firma no se considerará válida* en cualquiera de los siguientes supuestos:

1. Cuando no contenga por lo menos uno de los nombres y uno de los apellidos; no contenga el número de cédula de identidad y de la fecha de nacimiento o si los datos antes indicados son ilegibles.

2. Cuando carezca de la firma o de la huella dactilar del elector.

3. Cuando el renglón en el cual está estampada la firma y la huella dactilar presenta tachaduras o enmendaduras o la huella haya sido estampada indebidamente, según criterios técnicos.

4. Cuando los datos y las firmas aparezcan repetidas, caso en el cual quedarán todas invalidadas.

5. Cuando las huellas hayan sido superpuestas totalmente, y no en forma tangencial o unidas por los extremos de los bordes.

c) Conforme al artículo 4 de las "Normas sobre criterios" *no se considerarán válidas las Planillas* de Recolección de Firmas que adolezcan de las siguientes omisiones:

1. Cuando la Planilla no contenga el nombre, apellido y la indicación del cargo que ejerce el funcionario cuyo mandato se pretende revocar, así como la Entidad Federal o Circunscripción Electoral de que se trate.

2. Cuando el número de la Planilla entregada por el Observador del Consejo Nacional Electoral al Agente de Recolección no coincida con los números contenidos en la base de dato elaborada por el Consejo Nacional Electoral.

3. Cuando los datos del funcionario cuyo mandato se pretenda revocar que aparecen en la Planilla no coincidan con el destino de las Planillas que fueron entregadas para tal fin por el Observador del Consejo Nacional Electoral al Recolector de Firmas mediante la respectiva Acta de Entrega.

4. Cuando el número de la Planilla no aparece reflejado en el Acta del Cierre del mismo día en el cual fue entregada al Agente de Recolección por parte del Observador del Consejo Nacional Electoral.

5. Cuando el número de la Planilla de carácter itinerante no aparece reflejado en el Acta del Cierre del mismo día en el cual le fue entregada al Agente de Recolección por parte del Observador del Consejo Nacional Electoral.

6. Cuando la Planilla de Recolección de Firmas presente evidencias de haber sido borrada alterando los elementos de seguridad, tales como el tramado o el serial de la Planilla.

7. Cuando esté mutilada de tal manera que afecte la inteligibilidad de los datos recogidos en la misma.

Ahora bien, como consecuencia de la verificación, el órgano encargado del Poder Electoral debe elaborar un informe a los efectos de ser sometido a la consideración del Directorio del Consejo Nacional Electoral, en el cual conforme a los ordinales 5 y 6 del artículo 28 de las Normas, se debe dejar constancia de "si el porcentaje de los solicitantes aceptados es mayor o igual al porcentaje de los electores previsto en el artículo 72 de la Constitución"; o "si efectuada la validación, la solicitud no cumpliera con el porcentaje exigido por el artículo 72 de la Constitución". El Directorio del Consejo Nacional Electoral aprobará o rechazará el informe presentado en los dos días siguientes cumplida como sea la verificación (art. 29).

Debe observarse que esta disposición excede la potestad que puede tener el Consejo Nacional Electoral. Este no tiene por tanto potestad discrecional alguna en la materia: si se cumplen los requisitos, el informe tiene que ser aprobado, no pudiendo ser rechazado. Ello había sido clarificado por la Sala Constitucional en su citada sentencia de fecha 5 de junio de 2002 (caso: *Sergio Omar Calderón Duque y William Dávila*), al establecer que el artículo 72 de la Constitución, no deja margen alguno "de discrecionalidad que autorice al Consejo Nacional Electoral a emitir pronunciamiento alguno sobre el mérito o conveniencia de la solicitud formulada", agregando que:

Una vez que el Consejo Nacional Electoral verifica el cumplimiento irrestricto de las condiciones mencionadas *ut supra* -referentes a que haya transcurrido, al menos, la mitad del período para el cual se había elegido al funcionario o funcionaria, y que un número no inferior del veinte por ciento (20%) de los electores inscritos en el Registro Electoral en la correspondiente circunscripción así lo pidiesen-, y por ende, declare que las mismas se encuentran satisfechas, correspondería a dicho órgano comicial convocar al referéndum revocatorio solicitado, fijando la oportunidad de su celebración, y organizando, dirigiendo y supervisando los comicios correspondientes.

El artículo 31 de las Normas dispone que el Consejo Nacional Electoral debe publicar en al menos un medio impreso de circulación nacional los resultados del proceso de validación a que se refiere el numeral 3 del artículo 28 (cantidad y porcentaje de solicitantes validados, aceptados y rechazados) mediante la mención de los números de cédula de identidad de los solicitantes del referendo. En el plazo de cinco días continuos siguientes a la publicación, "el elector firmante que fuera rechazado, podrá acudir personalmente ante el Consejo Nacional Electoral, a los fines de subsanar cualquier error material en que haya incurrido la Administración Electoral durante la verificación de sus datos. En caso contrario, quedará firme su rechazo. Asimismo, el elector que alegue que no firmó la planilla, podrá acudir al Consejo Nacional Electoral a los fines de solicitar su exclusión inmediata del cómputo de las firmas. En ambos supuestos, el Consejo Nacional Electoral publicará el formato de las comunicaciones mediante las cuales los electores harán sus solicitudes".

3. *Las vicisitudes de la petición de convocatoria a referendo revocatorio del mandato del Presidente de la República, o "El Reafirmazo"*

Una vez dictadas las Normas antes reseñadas de 23 de septiembre de 2003, y a pesar de su carácter extremadamente limitante para el ejercicio del derecho de petición, organizaciones políticas de oposición formularon ante el Consejo Nacional Electoral la participación correspondiente sobre el inicio del procedimiento para la solicitud de revocatoria del mandato del Presidente de la República conocida como El Reafirmazo. El Consejo Nacional Electoral, mediante Resolución Nº 031015-529 de fecha 15 de octubre de 2003 fijó como fecha para efectuar la recolección de firmas relativas a la solicitud para la convocatoria, el día 28 de noviembre de 2003, con un plazo de cuatro días hasta el día 1° de diciembre de ese año. A tal efecto, el Consejo Nacional Electoral publicó en a prensa la información sobre los Centros de recolección de firmas[316].

Después de cumplirse todas las formalidades y los muy engorrosos requisitos que conforman el procedimiento para la obtención de firmas, antes de que terminara el plazo para ello ya el Presidente de la República calificaba el proceso como un "megafraude"[317]. En todo caso, las organizaciones promotoras de la solicitud, anunciaron haber consignado el 19 de diciembre de 2003 ante el Consejo Nacional Electoral un total de planillas con 3.467.050 firmas[318]. Aún antes de la consignación de las firmas, sin embargo, se había iniciado una polémica en el seno del Consejo Nacional Electoral sobre los criterios, no para validarlas sino para anularlas, y si ello se refería a las firmas o a las planillas[319]. Sólo fue en la segunda semana de enero de 2004 cuando se comenzó a realizar la verificación de las firmas, mediante un instructivo relativo a la validación de planillas y actas[320]. El excesivo formalismo que comenzó a aplicarse

316 Véase por ejemplo, *El Nacional*, Caracas 27-11-2000, p. A-7; *El Nacional*, Caracas 30-11-2000, p. A-9.

317 Véase *El Nacional*, Caracas 01-12-2003, p. A-4, y en particular, las declaraciones sobre ello de Cesar Gaviria, Secretario General de la OEA. Miembros del Consejo Nacional Electoral, en respuesta, solicitaban que cualquier denuncia se presentara ante el organismo. *Idem*. Véase la declaración del Presidente del Consejo Nacional Electoral en *El Nacional*, Caracas 01-12-2003, p. A-4.

318 Véase *El Nacional*, Caracas 17-12-2003, p. A-1 y A-4. Véase también *El Nacional*, Caracas 19-12-2003, p. A-2.

319 Véase *El Nacional*, Caracas 13-12-2003, p. A-1; *El Nacional*, Caracas 16-12-2003, p. A-2.

320 Véase *El Nacional*, Caracas 09-01-2004, p. A-3; *El Nacional*, Caracas 13-01-2004, p. A-2.

en la revisión fue advertido por los observadores internacionales[321]; y el 7 de febrero de 2004 uno de los Ministros del Poder Ejecutivo ya indicaba la necesidad de invalidar muchas firmas, lo que fue protestado por miembros del Poder Electoral considerando las declaraciones como irrespeto a la autonomía de dicho Poder[322].

En todo caso, en materia de validación de las firmas y planillas, para el 9 de febrero de 2004, la discusión en el propio Consejo Nacional Electoral comenzó a centrarse sobre las objeciones que se habían formulado respecto de las planillas con firmas en las cuales los nombres y apellidos de las personas firmantes y sus números de cédulas de identidad, se habían escrito en caligrafía similar por personas distinta. En las Normas que regían el procedimiento de verificación y validación nada se decía al respecto, y más bien lo único que se exigía fuera manuscrita era la firma (art. 29,3) pero no los datos de identificación (nombre, apellido y número de cédula de identidad), respecto de los cuales no se exigía que fueran de puño y letra de los peticionantes[323]. Por ello, en medio de denuncias varias[324], los observadores internacionales en el proceso advertían, con razón, que el Consejo Nacional Electoral en el proceso de verificación de las firmas, debía privilegiar la voluntad del firmante sobre los tecnicismos[325]. Ello por lo demás es lo que derivaba del principio del Estado de Justicia, que conforme al artículo 26 de la Constitución debe ser "sin formalismos".

Pero para el 17 de febrero de 2004, ya la prensa anunciaba que de las casi 3 millones y medio de firmas entregadas respaldando la petición de convocatoria de un referendo revocatorio del mandato del Presidente de la República, sólo algo más de un millón de firmas no tendían observaciones[326]; y a la vez, que se había intentado ante la Sala Electoral del Tribunal Supremo de Justicia una acción de amparo para proteger el derecho a la participación política contra el supuesto criterio de validación sobrevenido que se anunciaba respecto de las planillas de firmas donde los datos de identificación de los firmantes se habían escrito con la misma caligrafía[327]. El 20 de febrero de 2004 ya el Presidente del Consejo Nacional Electoral anunciaba

---

321 Véase las observaciones de los representantes del Centro Carter y de la OEA en *El Nacional*, Caracas 03-02-2004, p. A-1.

322 Véase en *El Nacional*, Caracas 08-01-2004, p. A-2.

323 Solamente en unas "Normas para Regular las Actividades de los Observadores del Consejo Nacional Electoral en la Recolección de Firmas y de los Agentes de Recolección de Firmas de los Presentantes de las solicitudes de Convocatorias de Referendos Revocatorios de Mandatos de Cargos de Elección Popular" (Resolución Nº 031030-74 de 30-10-2003) se disponía que los observadores debían "Entregar a los firmantes formato en el cual estos mismos plasmarán, con base a la información que le suministre el Agente de Recolección de Firmas, los datos de la Planilla de Recolección de Firmas en la cual han manifestado su voluntad" (Art. 4). Véase el reportaje de Alfredo Meza, *El Nacional*, Caracas 09-02-2004.

324 Véase las declaraciones del Diputado Carlos Berrizbeitia, denunciando que "se está gestando un fraude con la anulación de las planillas tipo planas" en *El Nacional*, Caracas 09-02-2004, p. A-2.

325 Véase las declaraciones de los representantes del Centro Carter y de la OEA, en *El Nacional*, Caracas 14-02-2004, p. A-2.

326 Véase *El Nacional*, Caracas 17-02-2004, p. A-1 y A-2.

327 Véase las declaraciones Enrique Ochoa Antich, accionante del amparo, en *El Nacional*, Caracas 17-02-2004, p. A-2. Véase la información sobre el criterio de la Consultoría Jurídica del Consejo Nacional Electoral en *El Nacional*, Caracas 19-02-2004, p. A-1.

sobre la objeción que se habían formulado a 213.190 planillas, de las cuales 148.190 era por presentar similar caligrafía[328].

Entre el 21 y 23 de febrero de 2004 se discutió en el Consejo Nacional Electoral sobre un "instructivo" que debía guiar el trabajo del Comité Técnico Superior mediante el cual se formalizaría el rechazo de las planillas con similar caligrafía (planillas planas) que afectaba 148.000 planillas, pero el mismo no pudo ser aprobado[329] hasta el día 24 de febrero de 2004[330] en una votación de tres a dos. Al día siguiente, el Vicepresidente de la República se apresuró a señalar que la decisión adoptada era "impecable desde el punto de vista jurídico y procedimental", y el Ministro de la Defensa diría que la haría respetar[331].

Los dos miembros del Consejo Nacional Electoral que habían salvado su voto en la decisión adoptada, destacaron la crisis institucional que se había abierto en el Cuerpo con la decisión. Uno de ellos expresó que "Aquí no se están respetando las normas establecidas. El nuevo criterio de planillas planas no estaba en las normas. Choca contra todo lo que estaba establecido. Es un grave golpe el que se ha dado al referendo revocatorio"[332]; la otra rectora miembro del Consejo "consideró la decisión como una abierta violación de la Constitución y de las normas del referéndum revocatorio aprobadas por el directorio". Se ha confundido el acto personalísimo que establecen las normas con la transcripción de datos. La normativa decía que sólo la firma y la huella. La manifestación de la voluntad debe respetarse"[333].

En todo caso, con la decisión tomada se terminaba de confiscar el derecho ciudadano a la participación política mediante la solicitud de convocatoria de un referendo revocatorio. El día 28 de febrero ya se leía en la prensa un "aviso" del Consejo Nacional Electoral donde informaba "en relación con las solicitudes del referéndum revocatorio" que "Tu firma será reconocida en los siguientes casos: A) Cuando llenaste legalmente tus datos de identidad con tu puño y letra, firmaste y colocaste tu huella dactilar"[334], con lo que se formulaban normas de invalidación de firmas que

---

328 Reconocía, además, que si bien el tema de las "planillas planas" no estaba contemplado en las Normas, se trataba de "hechos sobrevenidos que provocan duda que debe resolver el directorio". Véase reportaje de Marianela Palacios, *El Nacional*, Caracas 20-02-2004, p. A-2.

329 Véase *El Universal*, Caracas 21-02-2004, p. 1-1; *El Universal*, Caracas 22-02-2004, p. 11-1; *El Nacional*, Caracas 24-02-2004, p. 1-3.

330 Según lo informó el periodista Alfredo Meza, había triunfado la propuesta "que sostenía que era una violación de la norma que los agentes que recogieron las firmas transcribieran el nombre y el número de cédula de los participantes, por lo que había que colocar en observación todas aquellas rúbricas que se derivaron de esa mecánica". *El Nacional,* Caracas 25-02-2004, p. A-2. La "norma" sin embargo, no aparece en Resolución alguna del Poder Electoral y sólo se adoptaría *ex post facto* en un "Instructivo" el día 24-02-2004, denominado "Instructivo sobre el tratamiento por el Comité Técnico Superior de las Firmas de Caligrafía Similar o Renglones de Planillas Llenadas por la misma Persona", el cual tampoco fue publicado ni en Gaceta Oficial ni siquiera en la página web del Consejo Nacional Electoral. Véase las referencias al "Instructivo" en la sentencia de la Sala Electoral N° 24 del 15-032994, en la cual suspendió los efectos de dicho Instructivo.

331 Véase *El Nacional*, Caracas 26-02-2004, p. A-6.

332 Véase lo expresado por Ezequiel Zamora al periodista Alfredo Meza en *El Nacional*, Caracas 25-02-2004, p. A-2.

333 Véase lo expresado por Sobella Mejías, en *El Nacional*, Caracas 25-02-2004, p. A-2.

334 Véase *El Nacional*, Caracas 28-02-2004, p. A-9; *El Nacional*, Caracas 29-02-2004, p. A-11.

no estaban en vigencia para cuando se inició el procedimiento, aplicándoselas, además, retroactivamente.

El proceso confiscatorio del derecho ciudadano concluyó con la adopción de la Resolución N° 040302-131 del Consejo Nacional Electoral de 2 de marzo de 2004[335], en la cual el organismo hizo "del conocimiento público que en el procedimiento revocatorio iniciado en relación con el ciudadano Hugo Rafael Chávez Frías, Presidente de la República, la actividad de verificación de las solicitudes y firmas adelantada por este Poder Electoral", había arrojado los siguientes "resultados preliminares":

a) 388.108 planillas procesadas sometidas a la verificación física por el Organismo.

b) 7.297 planillas vacías y/o inutilizadas en la jornada de recolección de firmas.

c) 39.060 planillas invalidadas en razón del incumplimiento de las "Normas sobre los Criterios de Validación de las Firmas y de las Planillas de recolección de firmas para los procesos de Referendo Revocatorio de Mandatos de Cargos de Elección Popular", en especial, "los numerales 2; 3; 4 y 5".

Se entiende que los numerales citados son los del artículo 29 de las citadas Normas que establecen que las firmas o solicitudes *no se considerarán fidedignas y en consecuencia se estimarán como solicitudes inválidas*, en cualquiera de los siguientes supuestos:

2. Si el firmante no está inscrito en la circunscripción electoral correspondiente al referendo de que se trate; 3. Si la firma no es manuscrita; 4. Si la firma es producto de fotocopias o cualquier otro medio de reproducción; 5. Si se determina que más de una firma proviene de la misma persona.

d) 3.086.013 solicitudes procesadas del universo de planillas validadas según actas.

e) 1.832.493 solicitudes validadas para la convocatoria del referendo revocatorio.

f) 143.930 solicitudes rechazadas en razón del Registro Electoral (no inscritos; menores de edad; extranjeros; fallecidos; inhabilitación electoral e incongruencia de datos de la solicitud con el registro).

g) 233.573 solicitudes rechazadas en razón del artículo 3 y los numerales 1, 6 y 7 de las "Normas sobre los Criterios de Validación de las Firmas y de las Planillas de recolección de firmas para los proceso de Referendo Revocatorio de Mandatos de Cargos de Elección Popular", ratificadas por la opinión unánime de los cinco supervisores del Comité Técnico Superior.

En cuanto al artículo 3 de las Normas sobre criterios que se cita en este literal, el mismo establece que *"no se considerarán válidas las Planillas*" de Recolección de Firmas que adolezcan de las siguientes omisiones:

1. Cuando la Planilla no contenga el nombre, apellido y la indicación del cargo que ejerce el funcionario cuyo mandato se pretende revocar, así como la Entidad Federal o Circunscripción Electoral de que se trate; 2. Cuando el número de la Plani-

335 Véase *El Nacional*, Caracas 03-02-2004, p. A-2. La Resolución se publicó en la página web del Consejo Nacional Electoral, indicándose erradamente como fecha de la misma el "8 de enero de 2004", cuando al final del texto se afirma que fue aprobada el 02-03-2004.

lla entregada por el Observador del Consejo Nacional Electoral al Agente de Recolección no coincida con los números contenidos en la base de dato elaborada por el Consejo Nacional Electoral. 3. Cuando los datos del funcionario cuyo mandato se pretenda revocar que aparecen en la Planilla no coincidan con el destino de las Planillas que fueron entregadas para tal fin por el Observador del Consejo Nacional Electoral al Recolector de Firmas mediante la respectiva Acta de Entrega. 4. Cuando el número de la Planilla no aparece reflejado en el Acta del Cierre del mismo día en el cual fue entregada al Agente de Recolección por parte del Observador del Consejo Nacional Electoral; 5. Cuando el número de la Planilla de carácter itinerante no aparece reflejado en el Acta del Cierre del mismo día en el cual le fue entregada al Agente de Recolección por parte del Observador del Consejo Nacional Electoral. 6. Cuando la Planilla de Recolección de Firmas presente evidencias de haber sido borrada alterando los elementos de seguridad, tales como el tramado o el serial de la Planilla. 7. Cuando esté mutilada de tal manera que afecte la inteligibilidad de los datos recogidos en la misma".

En cuanto a los "numerales 1, 6 y 7" que se citan en la Resolución, se presumen que son los del artículo 4 de las "Normas sobre criterios" que establece que *no se considerarán válidas las Planillas* de Recolección de Firmas que adolezcan de las siguientes omisiones:

1. Cuando la Planilla no contenga el nombre, apellido y la indicación del cargo que ejerce el funcionario cuyo mandato se pretende revocar, así como la Entidad Federal o Circunscripción Electoral de que se trate. 6. Cuando la Planilla de Recolección de Firmas presente evidencias de haber sido borrada alterando los elementos de seguridad, tales como el tramado o el serial de la Planilla.7. Cuando esté mutilada de tal manera que afecte la inteligibilidad de los datos recogidos en la misma.

h) 876.017 solicitudes se colocaron "bajo observación, calificadas por la opinión unánime de los cinco supervisores del Comité Técnico Superior, susceptibles de ser ratificadas por la vía del reparo, en razón de constituir solicitudes o firmas de similar caligrafía, de acuerdo a lo previsto en el artículo 31, Capítulo V, de las Normas para regular los Procesos de Referendos Revocatorios de Mandatos de Cargos de Elección Popular, instrumento publicado en la *Gaceta Electoral* N° 181, de fecha 20 de noviembre de 2003".

Esta norma del artículo 31 que se cita en este literal, sin embargo, a diferencia de los anteriores literales de la Resolución, no es ni puede ser el fundamento o causa de la decisión que contiene, pues en la norma lo que regula es la consecuencia de la invalidación y no su causa. Allí lo que se establece, en efecto, es el procedimiento de los "reparos" así:

El Consejo Nacional Electoral publicará en al menos un medio impreso de circulación nacional los resultados del proceso de validación a que se refiere el numeral 3 del artículo 28 mediante la mención de los números de cédula de identidad de los solicitantes del referendo.

En el plazo de cinco días continuos siguientes a la publicación, el elector firmante que fuera rechazado podrá acudir personalmente ante el Consejo Nacional Electoral, a los fines de subsanar cualquier error material en que haya incurrido la Administración Electoral durante la verificación de sus datos. En caso contrario, quedará firme su rechazo.

Asimismo, el elector que alegue que no firmó la planilla, podrá acudir al Consejo Nacional Electoral a los fines de solicitar su exclusión inmediata del cómputo de las firmas.

En ambos supuestos, el Consejo Nacional Electoral publicará el formato de las comunicaciones mediante las cuales los electores harán sus solicitudes.

Como puede apreciarse de lo antes expuesto, la Resolución Nº 040302-131 del Consejo Nacional Electoral de 2 de marzo de 2004 en su último literal g) era completamente ilegal, por carecer de motivación al no indicar el motivo o fundamento legal de la misma, pues el Consejo no indicó con base en cuál norma jurídica decidió pasar 876.017 peticiones o solicitudes de convocatoria de referendo revocatorio al procedimiento de reparo, el cual sólo se aplicaba como resultado del proceso de validación de firmas cuando se las considerara que no son válidas. El único motivo que se indicó en la Resolución para colocar "bajo observación" las peticiones susceptibles de ser ratificadas por la vía del reparo, era que constituían "solicitudes o firmas de similar caligrafía". Como se ha dicho, este hecho no aparecía en norma alguna reguladora de los procesos de referendo revocatorio. La Resolución, por tanto, estaba viciada de inmotivación por ausencia de fundamentos de derecho y, por tanto, de ausencia de base legal. Por supuesto, además la Resolución era inconstitucional por violar el derecho constitucional a la participación política y violar el derecho constitucional al debido proceso que rige también para los procedimientos administrativos, al violentar el principio de la presunción de inocencia e invertir la carga de la prueba. El principio de la progresividad que conforme al artículo 19 de la Constitución debe regir en materia de derechos constitucionales exigía, al contrario, interpretar las normas a favor del ejercicio del derecho a la participación política y no para negarlo. La Resolución violaba, además, los principios más elementales del procedimiento administrativo, como los de la buena fe y de la confianza legítima.

Por lo demás, debe observarse que los propios observadores internacionales que estuvieron presentes en el transcurso de todo el procedimiento, sobre este último literal de la Resolución expresaron lo siguiente:

Hemos tenido algunas discrepancias con el CNE sobre criterios utilizados en el proceso de validación. En el caso de las planillas planas, en el que los datos del firmante, aunque no las firmas, fueron aparentemente llenadas con una caligrafía similar, no compartimos el criterio de separar esas firmas para que sean ratificadas por el ciudadano; esta decisión podría cambiar el resultado final del proceso[336].

Y en efecto, la Resolución adoptada lo cambió todo. Terminó de confiscar el derecho ciudadano a formular una petición para la convocatoria de un referendo revocatorio del mandato del Presidente de la República. Los solicitantes de la convocatoria del referendo informaron habían consignado 3.467.050 firmas; el Consejo Nacional Electoral admitía en su Resolución que después del proceso de validación, existían 1.832.493 solicitudes validadas para la convocatoria del referendo revocatorio. Si a esa cifra se le sumaban las 876.017 firmas que se colocaron bajo observación, el total era de 2.708.510 firmas. Para solicitar el referendo revocatorio en el caso del Presidente de la República[337] bastaban 2.405.856 de firmas. La Resolución

336 Véase *El Nacional*, Caracas, 02-03-2004, p. A-2.

337 El Presidente de la República, fue electo en 2000 con 3.757.774 votos.

había cambiado todo: con ella se le había confiscado a los ciudadanos su derecho ciudadano a solicitar o formular una petición para convocar un referendo revocatorio del mandato del Presidente de la República. Nada menos se podía esperar de un Poder Electoral secuestrado por el poder político, a través de decisiones de la Sala Constitucional del Tribunal Supremo de Justicia.

Efectivamente, la Resolución había cambiado todo: llevó al país a una situación de violencia generalizada nunca antes conocida, precisamente porque el ciudadano sintió que le había sido impunemente arrebatado su derecho.

4. *La confiscación de las solicitudes de "El Reafirmazo" al exigirse la "ratificación" de parte de las peticiones en un impreciso procedimiento de "reparo"*

El Consejo Nacional Electoral, en su Resolución N° 040302-131 del 2 de marzo de 2004, indicó que había recibido de las organizaciones promotoras del referendo revocatorio presidencial, 388.108 planillas las cuales fueron "procesadas sometidas a la verificación física por el Organismo". Si estas planillas hubieran tenido 10 firmas cada una, el número de solicitudes para la convocatoria del referendo revocatorio del mandato del Presidente de la República hubiera sido de 3.881.080 peticiones. Pero la Asociación Civil Súmate que coordinó el proceso de la obtención de las firmas y todos los aspectos técnicos que rodearon su procesamiento, informó que se habían entregado al Consejo Nacional Electoral, 388.400 planillas, en las cuales, como antes se ha dicho, había 3.448.747 solicitudes, de las cuales la propia Asociación Súmate reconocía que 407.310 no cumplían con los criterios originales que habían sido establecidos para la validación de las firmas. Ello significa que los promotores de la convocatoria del referendo revocatorio presidencial habrían consignado ante el Consejo Nacional Electoral, 3.041.437 solicitudes[338]. El Consejo Nacional Electoral, en cambio, en su Resolución estimó que de las solicitudes presentadas, 740.237 eran las que no cumplían con los mencionados criterios originales; y adicionalmente, sin apegarse a los criterios originales establecidos para la validación, determinó que 876.017 solicitudes "pasaban a observación", es decir, no se aceptaban, por presentar los datos sobre identidad delos solicitantes "caligrafía similar", exigiendo sobre las mismas que fueran "reparadas", es decir, que los firmantes acudieran ante los centros que se establecerían, en los días precisos para ello, a ratificar sus firmas o a objetarlas.

Esto, en efecto, desde el 28 de febrero de 2004, es decir, varios días antes de que la Resolución fuera aprobada por el Consejo Nacional Electoral, era lo que el mismo organismo ya anunciaba en "Avisos" publicados en la prensa. En ellos, como se ha dicho antes, se afirmaba que *sólo serían reconocidas las firmas* de los solicitantes, cuando éstos hubieran llenado "legalmente los datos de identidad con tu puño y letra, firmaste y colocaste tu huella dactilar", o cuando las personas hubieran sido "asistidos para llenar la planilla con tus datos, debido a algún impedimento y quedó constancia de ello". El no "reconocimiento" de las firmas conforme a esos criterios, significaba que las mismas entonces pasarían a "observación"; y entonces:

2) En el supuesto de que tu firma haya pasado a observación, por errores en los recolectores al no cumplir con las Normas de Referendo, éstos podrán ser subsanados en las jornadas de reparación a realizarse próximamente, de acuerdo al Artículo

338 Véase "Comunicado" de la Asociación Civil Súmate, en *El Nacional*, Caracas 05-03-2004, p. A-17

31 de las Normas para Regular los Procesos de Referendos Revocatorios, si acudes personalmente al centro de reparo para tal fin.

3) En el supuesto de que tus datos de identificación aparezcan en las planillas, sin que ésta haya sido tu voluntad o no firmaste, igualmente podrás acudir a las jornadas de reparación para solicitar ser excluido automáticamente de la solicitud de referendo[339].

Esto fue, precisamente, lo que luego "decidió" o ratificó el Consejo Nacional Electoral en su Resolución, al indicar que:

SEGUNDO: El Consejo Nacional Electoral participa a la colectividad la próxima publicación, en los medios masivos de comunicación, del total de números de cédula de identidad de los firmantes participantes en el presente procedimiento revocatorio, con indicación de su condición a los fines de que los ciudadanos expresen su voluntad en la siguiente fase del procedimiento previsto en el artículo 31, Capítulo V, de las Normas para regular los Procesos de Referendos Revocatorios de Mandatos de Cargos de Elección Popular, instrumento publicado en la *Gaceta Electoral* N° 181, de fecha 20 de noviembre de 2003.

Esta decisión del organismo electoral, adoptada después de que una gran marcha de protesta organizada por la oposición el día 27 de febrero de 2004, precisamente en defensa de las firmas y solicitudes consignadas, fuera brutalmente reprimida por las fuerzas de seguridad del Estado, aún antes de que se pretendiera entregar un documento en la reunión de Presidentes del "Grupo de los 15" en Caracas[340]; fue precisamente la que originó una ola de protestas cívicas generalizadas en todo el país[341], la mayoría de ellas de carácter espontáneo. Estas fueron de nuevo y en forma continuada, brutalmente reprimidas por la Guardia Nacional, en una forma nunca antes vista en el país (por la nueva tecnología de represión existente y por el odio demostrado por la fuerza pública en la represión), originando detenciones ilegales y violaciones generalizadas a los derechos a la vida, libertad, seguridad e integridad personales[342]. La protesta contra la brutal represión fue nacional[343] y mundialmente[344] expresada, y el 6 de marzo de 2004 se efectuó en Caracas una extraordinaria y multitudinaria manifestación de rechazo contra la represión del gobierno[345].

339 Véase en *El Nacional*, Caracas 28-02-2004, p. A-9.

340 Véase *El Nacional*, Caracas 28-02-2004, p. A-1 y A-2. Dos semanas antes, otra multitudinaria marca de la oposición con el mismo fin se había realizado en Caracas, véase *El Universal*, Caracas, 15-02-2004, p.1-1; *El Nacional*, Caracas 1-02-2004, p. A-1.

341 Véase por ejemplo, *El Universal*, Caracas 28-02-2004, p. 1-1; *El Nacional*, Caracas 01-03-2004, p. A-1; *El Nacional*, Caracas 02-03-2004, p. A-1.

342 Véase *El Nacional*, Caracas 04-03-2004, p. A-1; *El Nacional*, Caracas 06-03-2004, p. A-1.

343 Véase por ejemplo la declaración de los decanos de las facultades de derecho y miembros de la Academia de Ciencias Políticas y Sociales, en *El Nacional*, Caracas 06-03-2004, p. A-4.

344 Véase por ejemplo la manifestación de la Sociedad Internacional para los Derechos Humanos, firmada entre otros por los Presidentes de Polonia, Lituania y República Checa, Lech Walesa, Vitautas Landsbergis y Vaclav Havel. Véase en *El Nacional*, Caracas 06-03-2004, p. A-2.

345 Véase *El Nacional*, Caracas, 07-03-2004, pp. A-1; A-2; A-3.

Sin embargo, el secuestro del Poder Judicial por el poder político que ha ocurrido en Venezuela desde 1999[346], llevó con razón a Pedro Nikken, ex Presidente y Consejero Permanente del Instituto Interamericano de Derechos Humanos, a dudar que el Estado venezolano cumpliera con su "deber de investigar, juzgar y sancionar los excesos en la represión de las más recientes manifestaciones públicas contra la obstaculización del referéndum revocatorio del mandato del presidente Hugo Chávez, los cuales han generado homicidios, torturas y detenciones arbitrarias"[347]. El secuestro del Poder Judicial en Venezuela había sido de tal naturaleza, que cuando dos juezas penales dieron libertad a algunos detenidos en las manifestaciones de protesta (el principio procesal penal vigente en el país es el derecho a ser juzgado en libertad, siendo la excepción la privación de la libertad del procesado) fueron inmediatamente destituidas por el Tribunal Supremo de Justicia, sin respetarse, por supuesto el derecho al debido proceso, lo que originó nuevas protestas públicas[348] y jurídicas[349].

La decisión del Consejo Nacional Electoral, en todo caso, era un acto administrativo definitivo, cuya revisión, si bien lo plantearon en una u otra forma diversos sectores de la oposición[350], parecía difícil que fuera el propio Consejo Nacional Electoral el que fuera a reformarlo, salvo por lo que se refería a la "flexibilización" del procedimiento de "reparo" de las firmas que habían sido colocadas en "observación"[351], con el objeto, entre otros factores, de que el referido procedimiento de "reparo" no se convirtiera en un "tercer firmazo con menos posibilidades y con menos días"[352].

Ahora bien, siendo la decisión del Consejo Nacional Electoral un acto administrativo definitivo, el mismo estaba sujeto a impugnación por ante la Jurisdicción contencioso electoral, es decir, por ante la Sala Electoral del Tribunal Supremo de Justicia, por lo que un nuevo frente de lucha se abría por el control de la decisión judicial por parte del poder político. La Sala Electoral, en efecto, conocería de un recurso de nulidad con pretensión de amparo contra dicha decisión, suspendiendo sus efectos en medida cautelar de amparo dictada mediante sentencia Nº 24 del 15 de marzo de 2004; pero dicha sentencia, una semana después, sería anulada a su vez por la Sala Constitucional del Tribunal Supremo mediante sentencia Nº 442 del 23 de marzo de 2004, produciéndose en este caso, el secuestro de la Sala Electoral del Tribunal Supremo por parte de la Sala Constitucional del mismo Tribunal Supremo.

La Sala Electoral, a pesar de los intentos de la Sala Constitucional por impedir que llegara a tomar decisión definitiva sobre el asunto en virtud de estar estudiando

---

346 Véase Allan R. Brewer-Carías, *Golpe de Estado y Proceso Constituyente en Venezuela,* UNAM, México 2002, pp. 224 y ss. y 395 y ss.

347 Véase en *El Nacional,* Caracas 05-03-2004, p. A-2.

348 Véase sobre la manifestación ante la Dirección Ejecutiva de la Magistratura del Tribunal Supremo de Justicia, en *El Nacional*, Caracas, 05-03-2004, p. A-4.

349 Véase la declaración de los decanos de las facultades de derecho y miembros de la Academia de Ciencias Políticas y Sociales, en *El Nacional*, Caracas 06-03-2004, p. A-4.

350 Véase la posición de la Coordinadora Democrática en; *El Nacional*, Caracas, 04-03-2004, p. A-4; *El Universal*, Caracas, 04-03-2004, p. 1-2.

351 Véase las declaraciones de los representantes de dos partidos políticos de la oposición (La Causa R y Primero Justicia) en *El Nacional*, Caracas, 2004, p. A-6.

352 Véase en *El Nacional*, Caracas, 03-03-2004, p. A-3.

una solicitud de avocamiento que se le había formulada a esta última, rechazó las pretensiones de la Sala Constitucional mediante sentencia Nº 27 del 29 de marzo de 2004, en la cual no sólo afirmó su competencia para ejercer la Jurisdicción contencioso electoral, reiterando el principio de la igualdad de todas Salas del Tribunal Supremo", sino que rechazando toda posibilidad de avocamiento por parte de la Sala Constitucional, resolvió elevar al conocimiento de la Sala Plena la resolución del "conflicto de funcionamiento" que se estaba planteando entre las dos Salas. Posteriormente, además, resistiendo las presiones de la Sala Constitucional, la Sala Electoral dictó sin embargo su decisión definitiva en el juicio de nulidad mediante sentencia Nº 37 de 12 de abril de 2004, anulando los actos del Consejo Nacional Electoral. El mismo día, sin embargo, la Sala Constitucional mediante sentencia Nº 566 de 12 de abril de 2004 (la cual había sido supuestamente anunciada el día 31 de marzo de 2004), decidiría avocarse al conocimiento de la causa, y posteriormente, al resolver una solicitud de aclaratoria de dicha sentencia Nº 566, mediante sentencia Nº 628 de 23 de abril de 2004, declararía la sentencia Nº 37 de la Sala Electoral como nula de nulidad absoluta. Con ello, de nuevo y por segunda vez se produciría el secuestro de la Sala Electoral del Tribunal Supremo por parte de la Sala Constitucional del mismo Tribunal Supremo.

Con esta decisión de la Sala Constitucional, quedaba entonces confirmada la confiscación del derecho a la participación política mediante la solicitud de convocatoria del referendo revocatorio del mandato del Presidente de la República, que había quedado consolidada con la Resolución Nº 040302-131 del 2 de marzo de 2004 del Consejo Nacional Electoral. Ello significa que los promotores de la convocatoria del referéndum en la cual se había resuelto de que las, 3.041.437 de solicitudes consignadas ante el organismo electoral, 740.237 no cumplían con los criterios originales establecidos para la validación, y que además, 876.017 solicitudes "pasaban a observación", es decir, no se aceptaban, por presentar los datos sobre identidad de los solicitantes en "caligrafía similar", exigiendo sobre las mismas que fueran "reparadas", es decir, que los firmantes acudieran ante los centros que se establecerían, en los días precisos para ello, a ratificar sus firmas o a objetarlas.

5. *La ratificación de la confiscación de las solicitudes de "El Reafirmazo" con las Normas establecidas para los "reparos" de las solicitudes*

Paralelamente a la adopción de las decisiones judiciales que consolidaron el secuestro de la Sala Electoral, el Consejo nacional Electoral había estado elaborando en discusiones con los "actores" de las solicitudes de referendos revocatorios[353], las *Normas que tienen por objeto regular la fase de reparo* las cuales

---

353 La Coordinadora Democrática, en comunicado de 05-04-2004 y en representación de la oposición, señaló que a pesar de que estaba convencida de que la razón le asistía, sin embargo, estaba dispuesta a hacer pública una propuesta de reparos que consideró haría factible la realización del Referendo Revocatorio Presidencial en el corto plazo, que contempló los siguientes 4 puntos:

"1. Garantizar la transparencia de los resultados. Ello comienza por convocar a los ciudadanos que participarán en el proceso de reparos para que acudan al Centro de Votación Electoral más cercano al sitio donde firmaron. De esa forma los funcionarios del CNE, los testigos y los observadores nacionales e internacionales acreditados podrán efectuar su labor en establecimientos debidamente acondicionados. Igualmente los procesos deben ser auditables previo al evento y los observadores podrán realizar sus conteos muestrales para emitir sus resultados al finalizar cada jornada de los 5 días fijados en las normas para efectuar los reparos.

fueron aprobadas el 20 de abril de 2004, con los votos salvados de dos de los cinco rectores del organismo, Ezequiel Zamora y Sobilla Mejías en relación con los artículos 6, 7, 13 y 23[354].

En dichas normas se estableció un procedimiento de reparo no sólo para subsanar las solicitudes o firmas que hubieran sido rechazadas (susceptibles de subsanación), sino las validadas (art. 1), a los efectos de subsanar la razón del reparo o excluirse de los listados de firmantes publicados por el Consejo Nacional Electoral (art. 2,1). A tal efecto, el artículo 12 de las Normas estableció que el Consejo Nacional Electoral debía elaborar y publicar con 20 días continuos de antelación, la base de datos de los ciudadanos que participaron en el evento de recolección de firmas correspondiente al evento de reparo (solicitudes validada y rechazadas susceptibles de subsanación), "ordenados por entidad federal y número de cédula de identidad de manera consecutiva de menor a mayor y que servirá para que los mismos verifiquen la condición o tipo de su reparo, así como también, para la elaboración de los Cuadernos de Reparo".

A los efectos del reparo, se estableció que los interesados debían acudir personalmente (no admitiéndose representación alguna) a los Centros de Reparo establecidos (en los Centros de Votación) para manifestar su voluntad atendiendo al tipo de reparo (arts. 5 y 6). Las Mesas en dichos Centros de Reparo estarían integradas por Agentes designados por el Consejo Nacional Electoral, y debían funcionar durante un período de 5 días continuos por un lapso de 12 horas continuas para cada día, entre las 6:00 a.m. y 6:00 p.m. (art. 7), pudiendo los actores de los procedimientos revocatorios nombrar un testigo por cada Mesa (art. 10).

El artículo 13 de las Normas reiteró que el procedimiento de reparo se debía realizar durante un lapso de 5 días continuos, pero precisando que el primer día correspondería a la instalación de las Mesas y el último día correspondería a las actividades relativas al cierre definitivo del evento, con lo cual sólo 3 días estarían efectivamente destinados al ejercicio del derecho de los ciudadanos titulares a reparar (art. 13).

---

2. Garantizar un procedimiento eficaz de reparo. Esto parte por establecer un mecanismo sencillo según el cual los firmantes que acudan a su Centro de Reparo puedan confirmar su voluntad o demostrar que no firmaron, con solo presentar su Cédula de Identidad laminada y firmar en el cuaderno electoral correspondiente preimpreso con los datos del firmante y subdividido en 10 tomos separados por el último dígito de su cédula, para que de esta forma las colas puedan fluir adecuadamente. Igualmente, una totalización diaria basada en los cuadernos de firmas que permita tener la cifra de firmas al final de cada jornada (muerte súbita). En este sentido, es vital que los actores del proceso puedan colocar en la parte externa del Centro de Votación, los mecanismos de información al elector sin restricciones. (afiches, computadoras, teléfonos, etc.).

3. Garantizar un punto de partida adecuado. Ello implica partir de una cifra de firmantes válidos y de firmas a reparo suficientes para hacer viable el proceso de reparos. Es de destacar que pueden ser reparadas firmas pertenecientes al conjunto de solicitudes objetadas como planas más las firmas válidas encontradas en planillas que según el CNE no estaban debidamente relacionadas en las actas

4. Las fechas pare el mecanismo de reparos y la celebración del Referendo Revocatorio debería establecerse de manera tal que el RR estuviera convocado a más tardar en los primeros días de agosto. En este sentido, nos oponemos a la celebración del RR de los diputados de oposición, antes de que se efectúe el RR presidencial. Ese cronograma no tiene lógica, dado las importancias relativas de ambos eventos y la fecha tope del 19 de agosto 2004, que afecta el RR Presidencial y no, al de los diputados". Véase la posición de la Coordinadora Democrática en El Nacional, Caracas, 04-03-2004, p. A-4; *El Universal*, Caracas, 04-03-2004, p. 12-; y en Globovisión.com (Documentos).

354 Véase el texto en *Globovisión.com* (Documentos).

Este mecanismo, en todo caso, desvirtuaba una vez más el derecho ciudadano de peticionar, convirtiendo una solicitud para convocar un referendo revocatorio en un procedimiento más complejo que el de una propia votación.

En esta forma, la posibilidad de realización del referendo revocatorio del mandato del Presidente de la República, conforme a las solicitudes que se habían formulado ante el Consejo nacional Electoral, quedaba sometida a lo que había resuelto el Consejo Nacional Electoral mediante Resolución Nº 040302-131 del Consejo Nacional Electoral de 2 de marzo de 2004, antes comentada, complementada con las *Normas que tienen por objeto regular la fase de reparo* aprobadas el 20 de abril de 2004, que también hemos comentado. Con ello, el referido procedimiento de "reparo" se había convertido en un "tercer firmazo" con menos posibilidades y con menos días, sometiéndose a los ciudadanos a intensas presiones políticas y gubernamentales, pues en definitiva, lo que constitucionalmente era el simple ejercicio de un derecho ciudadano de peticionar, a los ojos y oídos del poder político y del Gobierno se había convertido en una afrenta contra el Presidente de la República y contra todos los órganos del Estado, dispuestos a vengarla contra más de tres millones de venezolanos, que quedaban marginados de toda posible relación con el Estado, incluso para el ejercicio de sus más elementales derechos[355]. Los funcionarios públicos que habían firmado la solicitud de convocatoria al referendo consultivo, entonces, fueron perseguidos y presionados, y muchas veces chantajeados en violación de los más elementales derechos ciudadanos[356]; y las organizaciones civiles que colaboraron para el ejercicio del derecho a la participación política, comenzaron a ser perseguidos políticamente[357].

Debe señalarse que en abril de 2004, había quedado abierta la remota posibilidad de que la Sala Plena del Tribunal Supremo de Justicia -dentro del interminable y nefasto régimen de transitoriedad constitucional a que nos ha sometido el mismo- pudiera llegar a "resolver" el "conflicto de funcionamiento" que le había planteado la Sala Electoral en relación con la Sala Constitucional[358]. Pero fuera cual fuera el resultado de ello, lo que había quedado claro durante los años de vigencia de la Constitución, había sido su constante violación, el desdibujamiento de la *penta división* del Poder Público, y cómo la Sala Constitucional del Tribunal Supremo en lu-

---

355 La simple solicitud, por ejemplo, de un pasaporte ante la unidad administrativa respectiva del Ministerio del Interior y de Justicia, pasaba por la verificación previa sobre si el interesado había firmado la solicitud del referendo; y en caso positivo, la dilación entonces se convertía en la norma de actuación de la Administración Pública.

356 La Confederación de Trabajadores de Venezuela, incluso, denunció ante la OIT la violación al derecho al trabajo por los despidos masivos efectuados en las entidades oficiales, respecto de los funcionarios que habían formado la solicitud del referendo revocatorio.

357 Los dirigentes de la organización de la sociedad civil Súmate, Maria Corina Machado y Alejandro Plas, quienes habían prestado un invalorable apoyo técnico en el proceso de recolección de firmas, fueron acusados por conspiración y traición a la patria. La actividad de promoción del ejercicio del derecho a la participación política, así, se había convertido en un delito a los ojos del poder político que controlaba todas las instancias del Estado. Véase sobre la imputación a Maria Corina Machado, en *El Nacional*, Caracas, 11-06-2004, pp. A-1 y A-6.

358 Véase la información sobre la posible reunión de la Sala Plena del Tribunal Supremo de Justicia anunciada para el día 28-04-2004, y sobre los eventuales problemas por que pudiera una decisión en la materia, dada la "correlación de fuerzas" que existía (oficialismo y oposición) entre los Magistrados que la componen., en el reportaje de Juan Francisco Alonso, en *El Universal*, Caracas, 27-04-2004.

gar de ser garante último de la supremacía de la Constitución había sido el instrumento para el secuestro del Poder Electoral y de la Sala Electoral del Tribunal Supremo y para la confiscación del derecho ciudadano a la participación política. En todo caso, sobre el tema no se adoptó decisión alguna, y la nueva Ley Orgánica del Tribunal Supremo de Justicia[359], contra toda lógica, atribuyó a la propia Sala Constitucional resolver los conflictos que se suscitasen entre las Salas del Tribunal Supremo de Justicia.

En todo caso, a pesar de todos los intentos realizados por el Gobierno, por la mayoría de los miembros del Consejo Nacional Electoral y por las fuerzas políticas que apoyaban el oficialismo para impedir la realización efectiva del acto de "reparo" o de ratificación de las firmas objetadas por el Consejo Nacional Electoral; a pesar de la absurda decisión de este organismo, contra toda lógica electoral y sin estar regulado en las normas dictadas al efecto, de permitir y "alentar" que los firmantes de la solicitud pudieran "arrepentirse" de haber firmado y pudieran entonces solicitar el retiro de sus firmas; y a pesar de la violencia ejercida durante el proceso de reparos[360]; los días previstos para la realización de los "reparos" (28-30 de mayo de 2004), fueron ratificadas 733.755 firmas y sólo fueron excluidas (arrepentidos) 103.084 firmas. En consecuencia, habiéndose declarado válidas antes de los reparos 1.910.965 firmas, sumándole las 733.755 firmas ratificadas restándole las 103.084 firmas excluidas, resultaba un total de 2.553.051 firmas que respaldaban la solicitud de referendo revocatorio. Ello superaba en 105.553 firmas el mínimo que era requerido para admitir la solicitud de convocatoria al referendo revocatorio del mandato del Presidente de la República, Hugo Chávez Frías, que era de 2.436.083 firmas[361]. El Consejo Nacional Electoral, entonces, no tuvo otra alternativa que no fuera la de fijar el día 15 de agosto de 2004 para la realización del referendo revocatorio del mandato del Presidente[362]. El Presidente de la República tuvo que aceptar someterse al referendo revocatorio[363], pero la tónica soez y de presagios violentos de dicha aceptación la daría el Vicepresidente de la República, el día anterior, al decir sobre las firmas que había recogido la oposición para solicitar la convocatoria del referendo revocatorio que "Si las recogieron, también se jodieron"[364].

Con la convocatoria para la realización del referendo revocatorio, se había puesto de manifiesto la voluntad democrática del pueblo venezolano de buscar una salida electoral a la crisis política, la cual el Presidente de la República, sin embargo, a pesar de que no quería, no tenía otra alternativa que aceptar. Quedaban abiertas, sin embargo, nuevas cuestiones jurídicas que resolver, como por ejemplo, si el Presidente revocado podía presentarse como candidato en la nueva elección. El asunto no estaba resuelto expresamente en la Constitución, como sí lo estaba respecto de la

---

359 Véase en *Gaceta Oficial* Nº 37942 de 20-05-2004, Art. 5,3

360 Véase pos ejemplo, los ataques por los sectores oficialistas, contra los diarios *El Nacional* y *Así es la Noticia*, *El Nacional*, Caracas, 30-05-2004.

361 Véase la información de la decisión del Consejo Nacional Electoral, en *El Nacional*, Caracas 09-06-2004, p. A-2.

362 *Idem*.

363 Véase *El Nacional*, Caracas 04-06-2004, p. A-8.

364 Véase *El Nacional*, Caracas 03-06-2004, p. A-2.

revocación de los mandatos de los diputados a la Asamblea Nacional[365], pero había una Sala Constitucional que aparentemente estaba presta, como lamentablemente había venido ocurriendo durante los últimos cinco años, a favorecer las pretensiones del Presidente de la República[366]. Lo que era cierto es que en ese caso había dos derechos constitucionales en conflicto: el derecho ciudadano a revocarle el mandato al Presidente de la República y el derecho de éste a ser electo; conflicto en el cual la balanza se inclinaba, sin duda, a favor del derecho ciudadano a revocarle el mandato y en consecuencia, a que como funcionario revocado no pudiera presentarse como candidato en la elección que resultara[367].

11 de junio de 2004.

New York, 30 de abril de 2004

365 El artículo 198 dispone que los diputados cuyo mandato fuera revocado no pueden optar a cargos de elección popular en el siguiente período.

366 El periodista Edgar López ya reseñaba el 10 de junio de 2004, sobre una ponencia de sentencia que circulaba en la Sala Constitucional, y que aparentemente no resolvía la duda que había quedado con el texto de la sentencia Nº 2042 de 28-08-2003, (Caso *Exssel Alí Bentancourt Orozco*), el cual había sido desconocido por la propia Sala Constitucional. Véase Allan R. Brewer-Carías, *La Sala Constitucional vs. El Estado democrático de derecho,* Caracas 2004, pp. 58-59

367 Véase las declaraciones de Allan R. Brewer-Carías, "El derecho de los ciudadanos a revocar priva sobre la candidatura de Chávez", dadas al periodista Edgar López, *El Nacional*, Caracas 11-06-2004, pp. A-1 y A-4.

LIBRO SEGUNDO

ESTUDIOS SOBRE EL PODER JUDICIAL, Y LOS PROBLEMAS DE SU AUSENCIA DE AUTONOMÍA E INDEPENDENCIA

PRIMERA PARTE

LA CUESTIÓN DE LEGITIMIDAD: ¿CÓMO ESCOGER LOS JUECES DE LAS CORTES SUPREMAS? LA DOCTRINA EUROPEA Y EL CONTRASTE LATINOAMERICANO (Berlín, noviembre 2005).

Ponencia elaborada para el Simposio sobre *The Future of the European Judicial System. The Constitutional Role of European Courts*, 6th International European Constitutional Law Network-Colloquium/International Association of Constitutional Law-Round Table, 2-4 November 2005, Berlin, Germany. Publicado en mi libro: *Estudios sobre el Estado Constitucional* (2005-2006), Caracas 2007, pp. 131-161

I. LA CUESTIÓN DE LA LEGITIMIDAD: EL OBJETIVO O EL ORIGEN DEL PROCESO DE SELECCIÓN DE LOS JUECES

El tema de la legitimidad en relación con la escogencia y la designación de los jueces de la Corte Suprema, sin duda, busca analizar el método que se utiliza para tal fin; pero en nuestro criterio, ello puede analizarse bajo dos ángulos.

En primer lugar, se puede plantear el tema del método de la escogencia o selección de los jueces de la Corte Suprema teniendo en cuenta el fin perseguido en una sociedad democrática regida por el principio de la separación de poderes, que no es otro que asegurar la independencia y autonomía del Poder Judicial. Bajo este ángulo, la cuestión de la legitimidad de la escogencia y designación de los jueces de la Corte Suprema, por tanto, se plantea desde el punto de vista teleológico, con el objeto de analizar los diversos métodos a fin de determinar en qué forma y con qué efectividad, desde su origen, los mismos sirven para garantizar que los jueces, al impartir justicia, sean independientes de los demás poderes del Estado y además, autónomos en el sentido de que decidan con sujeción sólo y estricta a la ley, libres de presiones o de intereses políticos.

En segundo lugar, el tema también se puede plantear desde el punto de vista del origen democrático de la elección de los jueces, de manera de determinar si los mismos son designados por elección popular directa o en primer grado, o indirecta. En este caso, la cuestión de la legitimidad de la escogencia y designación de los jueces de la Corte Suprema, se plantea desde el punto de vista del origen democrático de la misma, con el objeto de determinar cuan representativos son, es decir, su legitimidad democrática, incluso para poder juzgar la actuación de los otros órganos del Estado de origen democrático.

Este último enfoque, al poner énfasis en el origen de la escogencia y no en la finalidad de la misma, en nuestro criterio, debe ser desechado, pues el tema del origen más o menos democrático de la escogencia, sin desmerecer sus bondades políticas, no apunta a lo que es la esencia de la función judicial, que es sin duda la independencia de los jueces respecto de las otras ramas del poder público; y que en la decisión de los casos deben estar exentos de presiones, de manera de poder decidir los casos sólo sometidos a la ley.

En este sentido, la elección popular de los jueces no asegura dicha independencia y autonomía, como tampoco la asegura la sola elección de los mismos por el órgano legislativo representativo (legitimidad democrática indirecta). Por ello estimamos que la cuestión de la "legitimidad democrática" en esta materia, en el mundo contemporáneo, ocupa una posición secundaria en la materia.

Por otra parte, en general no hay ejemplos de sistemas en los cuales los jueces de la Corte Suprema sean electos por votación popular; y por lo demás, en los sistemas en los cuales los jueces de niveles inferiores son electos en tal forma, si bien se puede considerar que la selección podría ser más democrática y transparente, la misma ha sido cuestionada precisamente por considerarse que no asegura la idoneidad de los candidatos electos para asegurar el derecho de los ciudadanos a ser juzgados por tribunales independientes e imparciales como lo garantizan los textos constitucionales.

Por ello, incluso, el Comité de Derechos Humanos de las Naciones Unidas sobre los Estados Unidos de Norte América, desde 1979 ha expresados sus preocupaciones sobre la conveniencia de la elección de jueces en determinados Estados de la Unión; y ha aplaudido "los esfuerzos de varios Estados en la adopción de un sistema de selección por méritos" y, de igual forma, ha recomendado "que se reconsidere el sistema de designación de jueces mediante elecciones con miras a su ejemplazo por un sistema de designación basado en méritos por un órgano independiente"[368].

Sin embargo, se insiste, cualquiera que sea el método que se adopte de elección de los jueces de las Cortes Supremas, el tema de la legitimidad tiene que apuntar a lo esencial del poder judicial: como es la garantía de independencia y autonomía de los jueces, lo que no se obtiene con la sola elección popular, pues en la misma no se puede garantizar la idoneidad del electo.

Por ello, en el Memorando Explicativo de la Carta sobre el Estatuto de los Jueces, el Consejo de Europa, a pesar de la aplicabilidad general del principio 2.2 de la Carta (sobre las condiciones de educación y experiencia previa que deben exigirse para ejercer funciones judiciales) se ha reconocido que "muchas disposiciones de la Carta son inaplicables en sistemas donde los jueces son electos directamente por los ciudadanos".

---

368 Concluding Observations of the Human Rigths Committee on the United Status of America, UN document CCPR/C/79/Add.50; A/50/40 paras. 266-304, paras 288 y 301. *V.* las referencias en Comisión Internacional de Jurístas, *International Principles on the Independence and Accountability of Judges, lawyers and prosecutors. A Practiciones' Guide*, 2004, p. 49.

En definitiva, lo que se requiere para considerar legítima la selección de los jueces, es que el método que se adopte para ello asegure su independencia, autonomía e imparcialidad. Para ello, se deben implementar métodos de escogencia de los jueces que garanticen, *primero*, que los jueces se designen de manera transparente mediante estrictos criterios de selección, basados en el mérito; y *segundo*, que tal designación se haga de manera de asegurar la independencia, autonomía e imparcialidad del juez, sea cual sea el órgano o cuerpo llamado a hacer la elección.

II. LA DOCTRINA Y LOS PRINCIPIOS EUROPEOS Y EL CONTRASTE LATINOAMERICANO

El tema de la legitimidad de la escogencia de los jueces, lo que comprende la escogencia de los jueces de la Corte Suprema, se ha planteado en Europa, en particular por las entidades y cuerpos internacionales especializados en relación con el funcionamiento del poder Judicial en una sociedad democrática, los cuales han formulando principios y recomendaciones de validez general.

En tal sentido, por ejemplo, la carta de los Jueces en Europa de la Asociación Europea de Jueces adoptada en 1993 estableció el Principio de que:

> La selección de los jueces debe basarse exclusivamente en criterios objetivos destinados a asegurar la competencia profesional. La selección debe realizarse por un órgano independiente que represente a los jueces. En la designación de los jueces no debe haber la influencia externa y en particular, la influencia política[369].

De ello deriva el principio o recomendación general, de que el método de selección de los jueces debe apuntar a que la misma se haga por un órgano independiente de los órganos del Estado, en particular del Poder Ejecutivo y del Poder Legislativo, que además represente a los jueces en general, lo que implica que en tal proceso no debe haber influencias políticas o de cualquier índole.

Por su parte, el Comité de Ministros del Consejo de Europa, en la Recomendación N° R (94) 12 dirigida a los Estados Miembros *sobre la Independencia, Eficiencia y Papel de los jueces,* adoptada en 1994, estableció en el *Principio* I, 2,c, que:

> Todas las decisiones concernientes a la carrera profesional de los jueces debe basarse en criterios objetivos, y la selección y carrera de los jueces debe basarse en méritos, teniendo en cuenta para las calificaciones, su integridad, habilidad y eficiencia. La autoridad encargada de tomar las decisiones sobre selección y carrera de los jueces debe ser independiente del gobierno y de la administración. A los efectos de salvaguardar dicha independencia, deben establecerse reglas para asegurar, por ejemplo, que sus miembros sean electos por la Judicatura y que la autoridad pueda decidir por sí misma, conforme a sus reglas procedimentales.

El principio general que deriva de esta recomendación, en cuanto al método de selección, es que la misma se haga por un órgano independiente del gobierno y la administración (Poder Ejecutivo); agregando que en aquellos casos en los cuales las provisiones o tradiciones constitucionales o legales permitan la designación de los jueces por el gobierno, entonces,

---

369 *V.* el texto en Stefanie Ricarda Roos y Jan Woischnik, *Códigos de ética judicial. Un estudio de derecho comparado con recomendaciones para los países latinoamericanos*, Konrad Adenauer Stiftung, Programa de Estado de Derecho para Sudamérica, Montevideo 2005, p. 77.

> [...] debe haber garantías para asegurar que el procedimiento para la designación de los jueces sea transparente e independiente en la práctica, y que la decisión se esté influenciada por ningún otro motivo que no sean los relacionados con los antes mencionados criterios objetivos. Estas garantías pueden ser, por ejemplo, una o más de las siguientes:
>
> i. Un órgano especial e independiente con competencia para dar al gobierno consejos que sean seguidos en la práctica;
>
> ii. El derecho de los individuos de apelar contra las decisiones por ante una autoridad independiente;
>
> iii. La autoridad que tome las decisiones debe estar salvaguardada de indebidas e impropias influencias[370].

El mismo Comité de Ministros adoptó un Memorando Explicatorio de la Recomendación N° R (94) 12, en el cual insistió en que "es esencial que la independencia de los jueces esté garantizada cuando sean seleccionados y a lo largo de su carrera profesional" y que, "en particular, cuando la decisión de nombrar los jueces se adopte por un órgano que no sea independiente del gobierno o de la administración, por ejemplo, por el parlamento o el Presidente del Estado, es importante que tales decisiones se tomen solo sobre la base de criterios objetivos", agregando lo siguiente:

> Aunque las recomendaciones proponen un sistema ideal para los nombramientos judiciales, se ha reconocido (véase sub-parágrafo 2) que un numero de Estados miembros del Consejo de Europa ha adoptado otros sistemas, frecuentemente incorporando al gobierno, al parlamento o al jefe de Estado. La recomendación no propone que se cambien esos sistemas, que han estado en operación por décadas o centurias y que en la práctica han funcionado bien. Pero también en Estados donde los jueces son formalmente nombrados, debería haber algún sistema mediante los cuales el procedimiento para los nombramientos de los jueces sean transparentes e independientes en la práctica. En algunos Estados, esto se asegura mediante un órgano especial e independiente con competencia para dar consejo al gobierno, al parlamento o al jefe de Estado, que se siguen en la práctica, o estableciendo la posibilidad para la persona interesada de apelar de la decisión. Otros Estados han optado por sistemas que implican consultas con la Judicatura, aun cuando la decisión formal se adopte por un miembro del gobierno.
>
> No se consideró apropiado tratar explícitamente en el texto de la recomendación con los sistemas donde los nombramientos se hacen por el presidente del parlamento, aun cuando el Comité fue de la opinión que el principio general en cuanto al nombramiento debe aplicarse también a dichos sistemas.
>
> Un aspecto importante para asegurar que las personas sean nombradas como jueces es entrenando abogados. Los jueces profesionales deben tener entrenamiento profesional. Adicionalmente, el entrenamiento contribuye a la independencia judicial. Si los jueces tienen adecuado conocimiento teórico y práctico al igual que habilidades, ello significará que ellos podrán actuar más independientemente en relación con la administración, y si lo desean, pueden cambiar a la profesión legal sin necesidad de tener que seguir siendo jueces[371].

---

370 *V.* en *Idem*, p. 80.

371 *V. Idem.*, pp. 87-88.

En la misma línea conceptual, cuatro años después, en 1998, el Consejo de Europa adoptó en Estrasburgo, la Carta Europea del Estatuto de los Jueces, en la cual se incorporaron los siguientes principios:

1. Principios Generales: 1.3. Respecto de cada decisión que afecte la selección, reclutamiento, nombramiento, progreso en la carrera o terminación de las funciones de un juez, el estatuto planea la intervención de una autoridad independiente respecto de los poderes Ejecutivo y Legislativo, en la cual al menos la mitad de sus miembros deben ser jueces electos por sus pares siguiendo métodos que garanticen una amplia representación de la Judicatura.
2. Selección, reclutamiento, entrenamiento inicial. 2.1. Las reglas del estatuto relativas a la selección y reclutamiento de los jueces por un cuerpo o panel independiente, basan la escogencia de los candidatos en su habilidad para resolver libremente las materias legales que se les planteen, y para aplicar la ley a los mismos respetando la dignidad individual.

En el Memorando Explicativo de la Carta sobre el Estatuto de los Jueces, el Consejo reconoció que a pesar de la aplicación general del principio 2.1, "muchas de las provisiones de la carta son inaplicables en sistemas donde los jueces son directamente elegidos por los ciudadanos", haciendo énfasis en lo siguiente:

> 1.3. La Carta prevé la intervención de un cuerpo independiente del Ejecutivo y del Legislativo cuando se requiera una decisión sobre la selección, reclutamiento o nombramiento de los jueces, sobre el desarrollo de su carrera o la terminación de su oficio.
>
> El texto de esta provisión busca cubrir la variedad de situaciones, desde la mera formulación de una opinión otorgada a un órgano ejecutivo o legislativo hasta la efectiva decisión por un órgano independiente.
>
> Aquí deben tenerse en cuenta ciertas diferencias en los sistemas nacionales. Algunos países encontrarán difícil aceptar a un órgano independiente que sustituya al órgano político responsable de los nombramientos. Sin embargo, sería una buena iniciativa, si no una obligación, que se requiriera al menos una recomendación o una opinión de un órgano independiente. En el espíritu de la Carta, las recomendaciones y opiniones de un órgano independiente no constituye garantía de que las mismas en general serán seguidas en la práctica. La autoridad política o administrativa que no siga las recomendaciones u opiniones al menos debe estar obligada a hacer saber las razones de ello.
>
> El texto de esta previsión de la Carta también permite al órgano independiente intervenir sea con una opinión directa, una opinión oficial, una recomendación, una propuesta o una decisión efectiva.

Por supuesto, la cuestión de la legitimidad en la intervención de un órgano independiente para la escogencia de los jueces, también tiene relación con los miembros del órgano independiente y la forma de su escogencia. En este aspecto, la Carta establece que:

> Al menos la mitad de los miembros del órgano deben ser jueces electos por sus pares, lo que significa que no quiere ni permitir que los jueces sean una minoría en el órgano independiente ni que se requiera que sean la mayoría. En vista de la variedad de las concepciones filosóficas y los debates en los Estados Europeos, la referencia a un mínimo del 50% de los jueces surge como capaz de asegurar un alto

nivel de salvaguarda respecto de cualquier otra consideración de principios que prevalezcan en diferentes sistemas nacionales.

La Carta establece que los jueces que sean miembros del órgano independiente deben ser electos por sus pares, sobre la base de que el requisito de la independencia del órgano evita la elección o nombramiento de sus miembros por autoridades políticas que pertenezcan al Ejecutivo o al legislativo.

Podría haber un riesgo de intervención político partidista en el nombramiento de los jueces conforme a ese procedimiento. Los jueces integrantes del órgano independiente están llamados, precisamente, a abstenerse de buscar el favor de los partidos políticos o de los órganos que son nombrados por o a través de tales partidos.

Finalmente, sin insistir en un sistema particular de votación, la carta indica que el método de elección de los jueces por éste órgano debe garantizar la más amplia representación de los jueces.[372].

Como puede apreciarse, el tema de la legitimidad en cuanto a la selección de los jueces ha sido extensamente estudiado en Europa, y de allí los principios y recomendaciones mencionadas en relación con todos los jueces, los cuales también se pueden aplicar, por supuesto, en los casos de la escogencia de los jueces de las Cortes Supremas.

No me corresponde a mí, como jurista latinoamericano, formular recomendaciones o críticas a los sistemas europeos, por lo que para este *6th International ECLN-Colloquium/IADC Round table on The future of European Judicial Systems/The Constitucional Role of the Europeans Courts*, lo que me ha parecido más adecuado, desde el punto de vista del derecho constitucional comparado, es analizar los intentos desarrollados en el constitucionalismo latinoamericano para asegurar la legitimidad del nombramiento de los jueces no sólo de las Cortes Supremas sino de los Tribunales Constitucionales, los cuales, en general, y al contrario de lo que sucede en Europa, en el Continente Americano están integrados en el Poder Judicial.

En América Latina, en todo caso, se ha intentado de todo a los efectos de tratar de asegurar la legitimidad de la escogencia de los jueces de las Cortes o Tribunales Supremos, desde el punto de vista mencionado de asegurar la independencia e imparcialidad de la justicia. Ello incluso se ha hecho, regulándose el tema directamente en las Constituciones de todos los países, es decir, "en el nivel normativo del más alto nivel", como lo recomienda la *Carta Europea sobre el Estatuto de los Jueces del Consejo de Europa* (1. Principios Generales. 1.2) y su Memorando Explicativo (1.2), aún cuando no siempre con los éxitos deseados.

De acuerdo a lo antes expuesto, los sistemas constitucionales de América Latina pueden clasificarse según que la designación de los jueces de las Cortes Supremas i) se haga con la participación de todos los órganos del Estado; ii) se atribuya al Presidente de la República, con intervención siempre del parlamento o del Senado; iii) se haga directamente por el órgano legislativo, en pleno, o por el Senado, como es el caso de algunos sistemas bicamerales, con intervención, incluso de órganos independientes; iv) se atribuya a un Consejo de la magistratura; o v) se realice mediante mecanismos de cooptación por la propia Corte.

---

372 *V. Ibidem*. pp. 101-102.

Esta variedad de métodos de selección se han regulado en las Constituciones, generalmente para legitimar la escogencia desde el punto de vista de asegurar la independencia y autonomía de los jueces; sin embargo, en muchos casos, sea por errada legislación o por la práctica política, no siempre han logrado los resultados perseguidos por el constituyente. En todo caso, a continuación analizaremos todos estos sistemas, en la teoría y en la práctica, a los efectos de determinar hasta qué punto aseguran efectivamente su independencia y autonomía.

III. LA DESIGNACIÓN DE LOS MAGISTRADOS DE LA CORTE SUPREMA POR LOS DIVERSOS ÓRGANOS DE LOS PODERES PÚBLICOS

En América latina, solamente en la República Dominicana, los magistrados de la Corte Suprema de Justicia son designados con la participación de las diversas ramas del Poder Público. Este método, en realidad, busca garantizar que ninguna de dichas ramas del Poder Público tenga predominio sobre las otras en la designación, pero en si mismo no garantiza efectivamente la escogencia con base en méritos de los jueces, para asegurar su independencia y autonomía.

Lo mismo ocurre en el caso de algunos Tribunales Constitucionales, concebidos en las Constituciones como órganos jurisdiccionales autónomos, no integrados en el Poder Judicial; casos en los cuales para la designación de sus integrantes se exige la intervención y participación de los órganos de los diversos poderes del Estado. Con ello, sin duda, particularmente por el control de constitucionalidad que ejercen, se busca resguardar el equilibrio de los poderes, y asegurar la autonomía necesaria para cumplir dicho control. Es el caso de la Corte de Constitucionalidad de Guatemala, del Tribunal Constitucional de Chile y del Tribunal Constitucional de Ecuador.

1. *La designación por los órganos del Estado a través de un Consejo de la Magistratura: la Corte Suprema de Justicia de República Dominicana*

De acuerdo con lo que establece el artículo 64 de la Constitución de la República Dominicana, la Suprema Corte de Justicia se compondrá de por lo menos 11 Jueces, los cuales son designados por el Consejo Nacional de la Magistratura, el cual no es un órgano estatal permanente, sino un órgano concebido únicamente con la función de hacer dichas designaciones. Dicho Consejo Nacional de la Magistratura no se regula en la Constitución dominicana, como ocurre en otros países donde se lo concibe como el órgano de gobierno y administración del Poder Judicial.

Este Consejo Nacional de la Magistratura, está integrado por 7 miembros, en la forma siguiente:

1. El Presidente de la República, quien lo preside; y en ausencia de éste, lo preside el Vicepresidente de la República, y a falta de ambos, el Procurador General de la República.

2. El Presidente del Senado y un Senador escogido por el Senado que pertenezca a un partido diferente al partido del Presidente del Senado;

3. El Presidente de la Cámara de Diputados y un Diputado escogido por la Cámara de Diputados que pertenezca a un partido diferente al partido del Presidente de la Cámara de Diputados;

4. El Presidente de la Suprema Corte de Justicia; y

5. Un Magistrado de la Suprema Corte de Justicia escogido por ella misma, quien fungirá de Secretario.

La Ley Nº 169-97, Ley Orgánica del Consejo Nacional de la Magistratura, al regular dicho organismo, establece fundamentalmente el procedimiento que debe seguirse para la selección de los magistrados, así:

En cuanto a las candidaturas, dispone que la presentación de las mismas es "absolutamente libre, y se podrá realizar tanto por instituciones como por personas físicas dentro de los plazos y de acuerdo con las formalidades establecidas por el Consejo Nacional de la Magistratura (art. 12). Los miembros del Consejo Nacional de la Magistratura también pueden proponer, por su parte, los candidatos que juzguen pertinentes (art. 13); e incluso pueden a su vez ser propuestos como candidatos, en cuyo caso deben abstenerse de participar en la votación (art. 14).

En cuanto a la elección, el artículo 15 de la Ley dispone que una vez propuestas las candidaturas a Jueces de la Suprema Corte de Justicia, el Consejo Nacional de la Magistratura puede convocar a los candidatos para ser evaluados en los diversos aspectos que juzgue conveniente; y además, puede someter a vistas públicas las candidaturas, teniendo facultad de indagar todas las circunstancias que considere oportunas para recabar el parecer de instituciones y ciudadanos.

Depuradas las candidaturas, el Consejo debe proceder a su elección, la que se llevará a efecto por un mínimo de cuatro (4) votos favorables de los miembros presentes (art. 16); debiendo los Jueces electos prestar juramento ante el mismo Consejo.

El Consejo de la Magistratura, además, al elegir los Jueces de la Suprema Corte de Justicia, debe disponer cuál de ellos deberá ocupar la Presidencia y debe designar un primero y un segundo sustituto para reemplazar al Presidente en caso de falta o impedimento.

2. *La designación de los integrantes de los Tribunales Constitucionales en Chile, Guatemala y Ecuador*

A. *Competencia exclusiva de los órganos del Estado: Tribunal Constitucional de Chile*

En Chile, conforme a la reforma constitucional de 2005, los 10 magistrados del Tribunal Constitucional, conforme al artículo 81 de la Constitución, deben ser nombrados para un mandato de 9 años, así:

Tres (3) magistrados son elegidos por el Presidente de la República sin control interorgánico; debiendo realizar dicha elección en forma sucesiva y escalonada en el tiempo, cada tres años.

Cuatro (4) magistrados son elegidos por el Congreso nacional: 2 elegidos por el Senado de la República por mayoría de dos tercios de sus miembros en ejercicio, y otros 2 elegidos a propuesta de la Cámara de Diputados. El Senado debe elegir los 4 miembros, por los dos tercios de sus miembros en ejercicio, en votaciones sucesivas, en sesiones especialmente convocadas al efecto; y

Tres (3) magistrados elegidos por la Corte Suprema, de fuera de dicha Corte, por mayoría absoluta y en votaciones sucesivas y secretas.[373]

B. *La designación por los órganos del Estado y por representaciones de la sociedad civil: Corte de Constitucionalidad de Guatemala*

En Guatemala, desde 1965 se estableció una Corte de Constitucionalidad la cual en su origen no tenía carácter permanente, de manera que se integraba cada vez que se ejercía una acción de inconstitucionalidad con magistrados de la Corte Suprema y de otras cortes de apelaciones y cortes contencioso administrativo.

Con la reforma constitucional de 1985, la Corte de Constitucionalidad se reguló como jurisdicción permanente para la defensa del orden constitucional, integrada por 5 magistrados, designados en la siguiente forma:

Un (1) por el pleno de la Corte Suprema de Justicia;

Un (1) por el pleno del Congreso de la República;

Un (1) por el Presidente de la República en Consejo de ministros;

Un (1) por el Consejo Superior Universitario de la Universidad de San Carlos de Guatemala; y

Un (1) por la Asamblea del Colegio de Abogados.

C. *La competencia del Congreso Nacional, sujeta a propuestas de los órganos del Estado y de representaciones de la sociedad civil: el Tribunal Constitucional de Ecuador*

En Ecuador, conforme al artículo 130 de la Constitución, corresponde al Congreso Nacional nombrar a los 9 vocales del Tribunal Constitucional, y sus suplentes, quienes desempeñarán sus funciones durante 4 años y podrán ser reelegidos art. 275, Constitución).

El Congreso Nacional hará las designaciones por mayoría de sus integrantes, de la siguiente manera:

Dos (2) vocales de ternas enviadas por el Presidente de la República.

Dos (2) vocales de ternas enviadas por la Corte Suprema de Justicia, de fuera de su seno.

Dos (2) vocales elegidos por el Congreso Nacional, que no ostenten la dignidad de legisladores.

Un (1) vocal de la terna enviada por los alcaldes y los prefectos provinciales.

Un (1) de la terna enviada por las centrales de trabajadores y las organizaciones indígenas y campesinas de carácter nacional, legalmente reconocidas; y

Un (1) de la terna enviada por las Cámaras de la Producción legalmente reconocidas.

La ley de Control de Constitucionalidad de 1997 reguló en particular el procedimiento para la integración de las ternas a que se refieren los tres últimos incisos.

---

373 *V.* Humberto Nogueira, *Justicia y tribunales constitucionales en América del Sur*, Editorial Jurídica Venezolana, Caracas 2005, p. 137.

IV. LA DESIGNACIÓN POR EL PRESIDENTE DE LA REPÚBLICA CON INTERVENCIÓN DEL PODER LEGISLATIVO

Algunas Constituciones latinoamericanas atribuyen la facultad de designar a los magistrados de las Cortes Supremas al Presidente de la Republica, pero siempre, con la intervención, en alguna forma, del cuerpo legislativo. Es el caso de Panamá, Argentina, Brasil, Chile.

1. *Designación por el Presidente de la República con el acuerdo de la Asamblea legislativa: el caso de Panamá*

En Panamá, la Constitución dispone que los Magistrados de la Corte Suprema de Justicia, deben ser nombrados para un período de diez años, por acuerdo del Consejo de Gabinete, que es la reunión del Presidente de la República, quien lo presidirá, o del encargado de la Presidencia, con los Vicepresidentes de la República y los Ministros de Estado (arts. 194 y 195,2), con sujeción a la aprobación de la Asamblea Legislativa (art. 200).

2. *Designación por el Presidente de la República con el acuerdo del Senado*

A. *El Tribunal Supremo Federal y el Tribunal Superior de Justicia de Brasil*

En cuanto al Tribunal Supremo Federal del Brasil, compuesto por 11 miembros, escogidos de entre ciudadanos con más de 35 años y menos de 65 años de edad, "de notable saber jurídico y reputación reconocida"; deben ser nombrados por el Presidente de la República, después de aprobada la propuesta por la mayoría absoluta del Senado Federal (art. 101).

Por lo que se refiere al Superior Tribunal de Justicia, compuesto por 33 Ministros, los mismos también deben ser nombrados por el Presidente de la República, de entre los brasileros con mas de 35 años y menos de 65 años, "de notable saber jurídico y reputación reconocida", después de aprobada la propuesta por el Senado Federal.

Sin embargo, en este caso, es necesario que un tercio de los mismos se escojan de entre jueces de los Tribunales Regionales Federales, un tercio de entre "desembargadores" de los Tribunales de Justicia, indicados en la lista elaborada por el propio Tribunal; y otro tercio, en partes iguales, de entre abogados y miembros del Ministerio Público Federal, Estadual, del Distrito Federal y de los Territorios, alternadamente.

B. *La autolimitación de la atribución presidencial en el caso de Argentina*

En Argentina, el Poder Legislativo se atribuye a un Congreso bicameral, por lo que la intervención del órgano legislativo en la designación de los magistrados de la Suprema Corte de la nación, corresponde al Senado.

En efecto, el artículo 99,4 de la Constitución dispone como atribución del Presidente de la Nación, el nombramiento de los magistrados de la Corte Suprema "con acuerdo del Senado por dos tercios de sus miembros presentes, en sesión pública, convocada al efecto". Estos requisitos de quórum y de sesión pública en cuanto a la intervención del Senado, fueron introducidos en la reforma constitucional de 1994[374].

El Presidente de la Nación se ha autolimitado en el ejercicio de su atribución[375], a cuyo efecto ha dictado el Decreto Nº 222/2003 de 19 de junio de 2003, mediante el cual estableció un procedimiento para el ejercicio de la facultad, disponiendo un "Marco normativo para la preselección de candidatos para la cobertura de vacantes".

El procedimiento se dictó al considerar pertinente el Presidente que el ejercicio de su facultad fuera reglamentada "estableciendo parámetros a tener en cuenta para mejor selección del candidato propuesto de modo que su designación contribuya de modo cierto en aporte a un efectivo mejoramiento del servicio de justicia", atendiendo además, a "los requisitos relativos a la integridad moral e idoneidad técnica y el compromiso con la democracia y la defensa de los derechos humanos que el o los postulantes deben reunir".

A tal efecto, para el mejor cumplimiento de esas finalidades se consideró "conveniente posibilitar, con la conformidad expresa de quien o quienes resulten motivo de solicitud de acuerdo, la acreditación de aspectos relativos a su trayectoria profesional y académica, los compromisos públicos y privados que tuvieren, la concurrencia de los requisitos establecidos en la Ley de Ética de la Función Pública y del cumplimiento de sus respectivas obligaciones impositivas"; a la vez que "crear los mecanismos que permitan a los ciudadanos, individual o colectivamente, a los colegios y a las asociaciones que agrupan a sectores del ámbito profesional, académico o científico de que se trata, a las organizaciones no gubernamentales con interés y acciones en el tema, hacer conocer en forma oportuna sus razones, puntos de vista y objeciones que pudieran tener respecto del nombramiento a producir".

Como consecuencia, el decreto estableció el procedimiento para el ejercicio de su facultad por el Presidente con la finalidad última de que "la preselección de candidatos para la cobertura de vacantes en la Corte Suprema de Justicia de la Nación en un marco de prudencial respeto al buen nombre y honor de los propuestos, la correcta valoración de sus aptitudes morales, su idoneidad técnica y jurídica, su trayectoria y su compromiso con la defensa de los derechos humanos y los valores democráticos que lo hagan merecedor de tan importante función" (art. 2).

Se dispuso, así, que producida una vacante en la Corte Suprema de Justicia de la Nación, en un plazo máximo de 30 días, se debe publicar en el Boletín Oficial y en por lo menos 2 diarios de circulación nacional, durante 3 días, el nombre y los antecedentes curriculares de la o las personas que se encuentren en consideración para la cobertura de la vacancia" lo que también debe informarse en la página oficial de la red informática del Ministerio de Justicia, Seguridad y Derechos Humanos (Art. 4).

Las personas incluidas en la publicación mencionada, deben presentar "una declaración jurada con la nómina de todos los bienes propios, los de su cónyuge y/o los del conviviente, los que integren el patrimonio de la sociedad conyugal, y los de sus hijos menores, en los términos y condiciones que establece el artículo 6° de la

---

374 *V.* Carlos María Bidegain, "La provisión de vacantes de jueces de la Corte Suprema de Justicia de la nación", *Anales, Academia Nacional de Derecho y Ciencias Sociales de Buenos Aires*, Anticipo Año XVV, Nº 38, la Ley, Buenos Aires, 2000.

375 *V.* Julio Rodolfo Comadira, "Selección de jueces y control judicial", *Revista de Derecho Público*, Rubinzal-Culzoni-Editores, Buenos Aires, Nº 2004-1, pp. 22 y ss.

Ley de Ética de la Función Pública N° 25.188 y su reglamentación". Además, deben adjuntar otra declaración "en la que incluirán la nómina de las asociaciones civiles y sociedades comerciales que integren o hayan integrado en los últimos 8 años, los estudios de abogados a los que pertenecieron o pertenecen, la nómina de clientes o contratistas de por lo menos los últimos 8 años, en el marco de lo permitido por las normas de ética profesional vigentes, y en general, cualquier tipo de compromiso que pueda afectar la imparcialidad de su criterio por actividades propias, actividades de su cónyuge, de sus ascendientes y de sus descendientes en primer grado, ello con la finalidad de permitir la evaluación objetiva de la existencia de incompatibilidades o conflictos de intereses"(art. 5).

El artículo 6 del Decreto permite a los ciudadanos en general, las organizaciones no gubernamentales, los colegios y asociaciones profesionales, las entidades académicas y de derechos humanos, el que en un plazo de 15 días a contar desde la última publicación en el Boletín Oficial, puedan presentar al Ministerio mencionado, "por escrito y de modo fundado y documentado, las posturas, observaciones y circunstancias que consideren de interés expresar respecto de los incluidos en el proceso de preselección, con declaración jurada respecto de su propia objetividad respecto de los propuestos".

Además, en el mismo lapso se puede requerir opinión a organizaciones de relevancia en el ámbito profesional, judicial, académico, social, político y de derechos humanos a los fines de su valoración (art. 7) y se debe recabar a la Administración Federal de Ingresos Públicos, "preservando el secreto fiscal, informe relativo al cumplimiento de las obligaciones impositivas de las personas eventualmente propuestas" (art. 8).

En un plazo que no debe superar los 15 días a contar desde el vencimiento del establecido para la presentación de las posturas u observaciones, haciendo mérito de las razones que abonaron la decisión tomada, el Poder Ejecutivo Nacional dispondrá sobre la elevación o no de la propuesta respectiva; y en caso de decisión positiva, es que se debe enviar al Senado, el nombramiento respectivo.

C. *La Corte Suprema de Justicia de Chile y las propuestas provenientes de listas elaboradas por el Poder Judicial*

De acuerdo con el artículo 75 de la Constitución de Chile, los 21 ministros de la Corte Suprema son nombrados por el Presidente de la República, eligiéndolos de una nómina de (5) cinco personas que, en cada caso, propondrá la misma Corte, y con acuerdo del Senado.

Este adoptará los respectivos acuerdos por los dos tercios de sus miembros en ejercicio, en sesión especialmente convocada al efecto.

Si el Senado no aprobare la proposición del Presidente de la República, la Corte Suprema deberá completar la quina proponiendo un nuevo nombre en sustitución del rechazado, repitiéndose el procedimiento hasta que se apruebe un nombramiento.

Cinco de los miembros de la Corte Suprema deberán ser abogados extraños a la administración de justicia, tener a lo menos quince años de título, haberse destacado en la actividad profesional o universitaria y cumplir los demás requisitos que señale la ley orgánica constitucional respectiva.

La Corte Suprema, cuando se trate de proveer un cargo que corresponda a un miembro proveniente del Poder Judicial, formará la nómina exclusivamente con integrantes de éste y deberá ocupar un lugar en ella el ministro más antiguo de Corte de Apelaciones que figure en lista de méritos. Los otros cuatro lugares se llenarán en atención a los merecimientos de los candidatos. Tratándose de proveer una vacante correspondiente a abogados extraños a la administración de justicia, la nómina se formará exclusivamente, previo concurso público de antecedentes, con abogados que cumplan los requisitos señalados en el inciso cuarto.

V. DESIGNACIÓN POR EL ÓRGANO LEGISLATIVO

1. *Competencia exclusiva del Poder Legislativo*

A. *La Corte Suprema de Justicia de Costa Rica*

Conforme a los artículos 121,3 y 157 de la Constitución, corresponde exclusivamente a la Asamblea Legislativa, nombrar los 22 Magistrados propietarios y suplentes de la Corte Suprema de Justicia.

Sólo en cuanto a los Magistrados suplentes, se establece en la Constitución que la Asamblea Legislativa nombrará no menos de 25 Magistrados suplentes escogidos entre la nómina de 50 candidatos que le presentará la Corte Suprema de Justicia (art. 164).

En cuanto a los Magistrados principales, el procedimiento para la elección de los mismos por la Asamblea, se inicia ante la Comisión Permanente Especial de Nombramientos que establece el Reglamento de la Asamblea (arts. 84, 85), la cual tiene a su cargo evaluar inicialmente a los candidatos al cargo de Magistrados.

Los candidatos pueden postularse ante la Comisión, la cual debe avisar a través de los medios de comunicación a los interesados en participar, quienes pueden hacer llegar su candidatura a la Comisión. Luego esta debe hacer una audiencia oral y pública en la cual se entrevista a los postulantes, y posteriormente se elabora una *recomendación* al Plenario legislativo de los 5 candidatos (al menos dos de los cuales deben ser mujeres) mejor calificados.

Sin embargo, tal recomendación no es vinculante y la Asamblea puede nombrar libremente a cualquiera que reúna los requisitos, aun cuando no haya participado en el concurso previo.

En particular, la Asamblea Legislativa, mediante Acuerdo N° 6209-04-05, adoptado en la Sesión N° 87 del 14 de octubre de 2004[376] estableció el siguiente Procedimiento de Elección de Magistrados de la Corte Suprema de Justicia, compuesto de dos rondas, a saber:

> *Primera Ronda*: En esta se realizarán tres votaciones: En las primeras dos votaciones participan los candidatos que consideren los diputados y diputadas. En la tercera votación de esta primera ronda sólo podrán participar los candidatos que hayan obtenido cinco o más votos.
>
> *Segunda Ronda*: En esta se realizarán cinco votaciones. En la primera votación podrán participar los señores diputados y señoras diputadas con los nombres que consideren oportunos. En la segunda votación participarán los candidatos que hayan

376 *Gaceta Oficial* N° 215 de 03-11-2004.

obtenido uno o más votos en la votación anterior. En la tercera votación sólo participarán los candidatos que hayan obtenido diez o más votos en la anterior votación. En la cuarta votación solo podrán participar los candidatos que hayan obtenido quince o más votos en la anterior votación. En quinta votación solo podrán participar los dos candidatos que tuvieron mayor cantidad de votos en la anterior votación.

En cada votación si solo un candidato obtuvo el número de votos estipulado para participar en la siguiente votación se cierra la ronda de votaciones sin elección.

Será electo Magistrado el candidato que obtuviere por lo menos 38 votos efectivos.

Si en este proceso ningún candidato alcanza los 38 votos efectivos o bien, sólo un candidato alcanzare el número de votos estipulados para participar en la siguiente votación, se pospondrá la votación por una semana, después de la cual se volverá a realizar el proceso aquí señalado.

Por último, la Comisión de Nombramientos está encargada de analizar, para rendir un informe, los nombramientos que el Plenario le remita.

B. *El Tribunal Constitucional de Bolivia*

Conforme al artículo 119 de la Constitución de Bolivia, el Tribunal Constitucional "es independiente y está sometido sólo a la Constitución"; está integrado por 5 Magistrados que conforman una sola Sala quienes son designados por el Congreso Nacional (sesión conjunta de las Cámaras de Diputados y Senadores), por dos tercios de votos de los miembros presentes.

La Ley del Tribunal Constitucional Nº 1836, establece la posibilidad de que el Ministro de Justicia, los Colegios de Abogados y las Facultades de Derecho puedan presentar nóminas de candidatos a magistrados de la Corte Constitucional ante el Congreso (artículo 14).

C. *El Tribunal Constitucional del Perú*

De conformidad con el artículo 201 de la Constitución del Perú, el Tribunal Constitucional es el órgano de control de la Constitución; es autónomo e independiente y se compone de 7 miembros elegidos por cinco años (Artículo 7º de la Ley Nº 26.435 Orgánica del Tribunal Constitucional). Sus miembros son elegidos por el Congreso de la República con el voto favorable de los dos tercios del número legal de sus miembros. No pueden ser elegidos magistrados del Tribunal Constitucional los jueces o fiscales que no han dejado el cargo con un año de anticipación.

El Congreso, en cada oportunidad en que debe hacer la elección, ha aprobado un reglamento, en el cual se reguló un concurso público, con información de los candidatos en la prensa, posibilidad de tachas y audiencias públicas por la Comisión respectiva.

D. *La Corte Suprema de Justicia de Nicaragua*

Tal como lo establece el artículo 163 de la Constitución, la Corte Suprema de Justicia esta integrada por 16 magistrados electos por la Asamblea Nacional, por un período de cinco años. Además, la Asamblea Nacional nombrará por cada magistrado a un Conjuez.

E. *La Corte Suprema de Justicia de Uruguay*

En Uruguay, conforme a los artículos 234 y 236 de la Constitución, los 5 miembros de la Suprema Corte de Justicia son designados por la Asamblea General por dos tercios de votos del total de sus componentes.

La designación deber efectuarse dentro de los noventa días de producida la vacancia a cuyo fin la Asamblea General será convocada especialmente. Vencido dicho término sin que se ha realizado la designación, queda automáticamente designado como miembro de la Suprema Corte de Justicia el miembro de los Tribunales de Apelaciones con mayor antigüedad en tal cargo, y a igualdad de antigüedad en tal cargo, el que tenga más años en el ejercicio de la Judicatura o del Ministerio Público o Fiscal.

2. *Competencia del órgano legislativo a propuesta de otro órgano estatal*

A. *La Corte Suprema de Bolivia: la designación por el Congreso a propuesta de un Consejo de la Judicatura*

De acuerdo con el artículo 117, IV de la Constitución de Bolivia, los Ministros de la Corte Suprema son elegidos por el Congreso Nacional (reunión de las Cámaras de Senadores y Diputados), para un período de 10 años, por dos tercios de votos del total de sus miembros (arts. 59,20; y 68,12), de nóminas propuestas por el Consejo de la Judicatura, que es el órgano administrativo y disciplinario del Poder Judicial (arts. 116,1; 122,1; 123,I,1).

Conforme al artículo 122 de la Constitución el Consejo de la Judicatura, presidido por el Presidente de la Corte Suprema de Justicia, está integrado por cuatro miembros denominados Consejeros de la Judicatura, designados por el Congreso Nacional por el voto de dos tercios de sus miembros presentes, y desempeñan sus funciones por un período de diez años no pudiendo ser reelegidos sino pasado un tiempo igual al que hubiesen ejercido su mandato.

B. *La designación por la Asamblea Legislativa a propuesta del Consejo Nacional de la Judicatura: El Salvador*

En relación con El Salvador, el artículo 173 de la Constitución también dispone que los magistrados de la Corte Suprema de Justicia deben ser elegidos por la Asamblea Legislativa y uno de ellos será el Presidente, quien a su vez será el Presidente del Órgano Judicial.

La ley determinará la organización interna de la Corte Suprema de Justicia, de modo que las atribuciones que le corresponden se distribuyan entre diferentes Salas.

Los Magistrados de la Corte Suprema de Justicia deben ser elegidos por la Asamblea Legislativa con el voto favorable de por lo menos los dos tercios de los Diputados electos (art. 186) para un período de 9 años, pudiendo ser reelegidos y se renovarán por terceras partes cada tres años.

La elección de los Magistrados de la Corte Suprema de Justicia, se hará de una lista de candidatos, que formará el Consejo Nacional de la Judicatura en los términos que determinará la ley, la mitad de la cual provendrá de los aportes de las entidades representativas de los Abogados de El Salvador y donde deberán estar representados las más relevantes corrientes del pensamiento jurídico.

Conforme al artículo 187 de la Constitución, el Consejo Nacional de la Judicatura es una institución independiente, "encargada de proponer candidatos para los cargos de Magistrados de la Corte Suprema de Justicia, Magistrados de las Cámaras de Segunda Instancia, Jueces de Primera Instancia y Jueces de Paz". También tiene a su cargo, la organización y funcionamiento de la Escuela de Capacitación Judicial, cuyo objeto es el de asegurar el mejoramiento en la formación profesional de los jueces y demás funcionarios judiciales. Sus miembros son elegidos y destituidos por la Asamblea Legislativa con el voto calificado de las dos terceras partes de los Diputados electos.

3. *Competencia del Congreso a propuesta de un cuerpo independiente de postulaciones*

En algunos países se ha establecido que si bien la designación de los magistrados al Tribunal Supremo los designa el órgano legislativo, las Constituciones han buscado limitar la potestad discrecional y político de dicho órgano, exigiendo que la postulación o nominación de los candidatos, provenga de un órgano externo e independiente de la Asamblea, con representación de organizaciones de la sociedad civil. Es el caso de Guatemala y Honduras; y hubiera podido ser el caso de Venezuela de no ser por el fraude a la Constitución cometido por la Asamblea Nacional al regular la materia.

A. *La Comisión de Postulaciones en Guatemala*

De acuerdo con los artículos 214 y 215 de la Constitución de Guatemala, la Corte Suprema de Justicia se integra con 13 magistrados, incluyendo a su Presidente, electos por el Congreso de la República para un período de cinco años, de una nómina de 26 candidatos propuestos por una Comisión de Postulación, la cual está integrada de la siguiente manera:

1. Un representante de los rectores de las universidades del país, quien la preside;

2. Los decanos de las facultades de Derecho o Ciencias Jurídicas y Sociales de cada universidad del país;

3. Un número equivalente de representantes electos por la Asamblea General del Colegio de Abogados y Notarios de Guatemala; e

4. Igual número de representantes electos por los magistrados titulares de la Corte de Apelaciones y demás tribunales a que se refiere el artículo 217 de la Constitución.

La elección de candidatos requiere del voto de por lo menos las dos terceras partes de los miembros de la comisión.

En las votaciones tanto para integrar la Comisión de Postulación para la integración de la nómina de candidatos, no se aceptará ninguna representación.

B. *La Junta Nominadora en Honduras*

De acuerdo con los artículos 308 y 311 de la Constitución, los15 Magistrados de la Corte Suprema de Justicia, deben ser electos por el Congreso Nacional, con el voto favorable de las dos terceras partes de la totalidad de sus miembros, de una nómina de candidatos no menor de tres por cada uno de los Magistrados a elegir, que debe ser propuesta por una Junta Nominadora, integrada de la manera siguiente:

1. Un representante de la Corte Suprema de Justicia electo por el voto favorable de las dos terceras partes de los Magistrados; en sesión plenaria extraordinaria convocada para tal fin por el Presidente del Tribunal;
2. Un representante del Colegio de Abogados, electo en Asamblea; siguiendo el mismo procedimiento que se utiliza para la elección de su Junta Directiva Nacional;
3. El Comisionado Nacional de los Derechos Humanos;
4. Un representante del Consejo Hondureño de la Empresa Privada (COHEP), electo en Asamblea; siguiendo el mismo procedimiento que se utiliza para la elección de su Junta-Directiva Nacional
5. Un representante de los claustros de profesores de las Escuelas de Ciencias Jurídicas, cuya propuesta se efectuará a través de la Universidad Nacional de Honduras (UNAH);
6. Un representante electo por las organizaciones de la sociedad civil; y
7. Un representante de las Confederaciones de Trabajadores.

La Junta Nominadora se encuentra regulada en el Decreto Nº 140-2001 mediante el cual se sancionó la Ley Orgánica de la Junta Nominadora para la elección de candidatos a Magistrados de la Corte Suprema de Justicia, en la cual se la concibió como "un órgano colegiado y deliberante, dotado de absoluta independencia y autonomía en sus decisiones" (art. 1); cuya "función única" es la preparación de la antes mencionada nómina de candidatos a Magistrados; y en cuya integración deben observarse "los principios de publicidad, transparencia, riguroso apego a la Ley, solemnidad ética, escogencia idónea, independencia y respeto a los principios democráticos". La Ley exige, en todo caso, que "las autoridades y grupos sociales o gremiales de interés, están obligados a respetar la independencia de la Junta en todas sus decisiones"(art. 3). En las normas de esta Ley se establece la forma de designación de cada uno de sus miembros, correspondiendo a cada una de las organizaciones representadas ante la Junta Nominadora elegir un representante propietario y un suplente para integrar la Junta Nominadora: y además, un listado no mayor de 20 abogados a ser propuestos a la Junta Nominadora en pleno, acreditando en cada caso el cumplimiento de los requisitos del Artículo 309 de la Constitución de la República (art 15); en la siguiente forma:

Conforme al artículo 22 de esta Ley, corresponde a la Corte Suprema de Justicia proceder a la elección del miembro propietario y del suplente que le corresponde, para conformar la Junta Nominadora; y además, a la elaboración del listado de precandidatos a Magistrados de la Corte Suprema de Justicia, en sesión plenaria extraordinaria convocada para tal fin por el Presidente del Tribunal Supremo o quien ejerza sus funciones, se requerirá el voto favorable de las dos terceras partes de sus miembros, para adoptar estas resoluciones.

En cuanto al Colegio de Abogados de Honduras, este debe elegir el miembro propietario y suplente de la Junta Nominadora, así como los precandidatos que deben integrar el listado a ser presentado a dicha Junta Nominadora en Asamblea Extraordinaria, que se debe celebrar siguiendo el mismo procedimiento que se utiliza para la elección de su Junta Directiva Nacional. (art. 23).

El Comisionado Nacional de los Derechos Humanos, debe acreditar un suplente, así como las propuestas de candidatos (art. 24).

El Consejo Hondureño de la Empresa Privada (COHEP), para seleccionar los miembros de la Junta Nominadora, debe convocara a una Asamblea Extraordinaria, que se celebrara, siguiendo el mismo procedimiento que se utiliza para la elección de su Junta Directiva Nacional. (art. 25)

En cuanto, a los Claustros de Profesores de las Facultades o Escuelas de Ciencias Jurídicas de las Universidades deben ser convocados por el Rector de la Universidad Nacional Autónoma de Honduras (UNAN) y elegirán sus miembros de la Junta Nominadora y deben seleccionar el listado de precandidatos a Magistrados de la Corte Suprema de Justicia, en asamblea única ad-hoc, con el voto favorable de la mayoría de los catedráticos presentes (art. 26).

Corresponde a la Secretaria de Estado en los Despachos de Gobernación y Justicia convocar públicamente a las organizaciones de la sociedad civil debidamente registradas, para una asamblea en la que elegirán sus representantes así como la nomina de precandidatos que presentarán. (art. 27)

En cuanto a las Confederaciones de Trabajadores, las mismas se deben organizar en asamblea extraordinaria de acuerdo con su normativa especifica para proceder a la elección de su representante y sustituto ante la Junta Nominadora, así como para elegir la lista de personas propuestas para precandidatos a Magistrados (art. 28)

Conforme al artículo 312 de la Constitución, las organizaciones que integran la Junta Nominadora deberán ser convocadas por el Presidente del Congreso Nacional, a más tardar el 31 de octubre del año anterior a la elección de los Magistrados, debiendo entregar su propuesta a la Comisión Permanente del Congreso Nacional, el día 23 de enero como plazo máximo a fin de poder efectuar la elección el día 25 de enero.

Una vez presentada ante el Congreso nacional la propuesta con la totalidad de los Magistrados, se debe proceder a su elección. En caso de no lograrse la mayoría calificada para la elección de la nómina completa de los Magistrados, se debe efectuar votación directa y secreta para elegir individualmente los magistrados que faltaren, tantas veces como sea necesario, hasta lograr el voto favorable de las dos terceras partes.

Sin embargo, si una vez convocada la Junta Nominadora no efectuase propuestas, el Congreso Nacional debe proceder a la elección por mayoría cualificada de la totalidad de sus miembros.

C. *El Comité de Postulaciones Judiciales en Venezuela*

Uno de los motivos principales que originó la crisis política de Venezuela de finales de los noventa y la necesidad de convocar una Asamblea Constituyente para reformar la Constitución, fue la reacción contra la democracia meramente representativa de partidos, buscando su perfeccionamiento con aspectos de democracia de participación.

Particularmente, la crítica al sistema de designación de los altos funcionarios públicos no electos por el Congreso, en concreto, los Magistrados de la Corte Suprema de Justicia que establecía la Constitución de 1961, y que le daba poder discrecional al Congreso y sus mayorías partidistas para ello, puede decirse que fue generalizada en el país, pues la queja se refería a la falta de participación de la sociedad civil y al monopolio que ejercían los partidos políticos representados en el Congreso, en dichas designaciones.

Por ello, en la Asamblea Nacional Constituyente se impuso en esta materia el principio de la participación sobre el principio de la representatividad, y si bien se le atribuyó a la Asamblea Nacional la competencia para designar a los titulares de los órganos no electos popularmente del Poder Público, la reforma más importante que se introdujo consistió en *quitarle a la Asamblea la potestad discrecional para hacer tales nombramientos*[377].

En concreto, la Constitución reguló una forma precisa de *participación activa de la sociedad*, consistente en atribuirle a unos Comités de Postulaciones la *potestad exclusiva* de hacer las postulaciones de candidatos ante la Asamblea Nacional, por lo que no se podrían formular postulaciones directamente ante la Asamblea Nacional ni ésta a su vez podría designar otras personas distintas a las postuladas por los Comités de Postulaciones.

Dichos Comités son órganos intermedios, algunos permanentes, que obligatoriamente deben estar integrados por *representantes de los diferentes sectores de la sociedad*, pues son órganos completamente diferentes e independientes de la Asamblea Nacional y de sus Comisiones y, en consecuencia, los representantes populares (diputados) no podrían formar parte de los mismos.

En efecto, en cuanto a la designación de los magistrados del Tribunal Supremo de Justicia, el artículo 264 de la Constitución dispone que las postulaciones de candidatos sólo se pueden hacer ante un Comité de Postulaciones Judiciales, por iniciativa propia o por organizaciones vinculadas a la actividad jurídica.

El Comité de Postulaciones Judiciales, conforme al artículo 270 de la Constitución, es un órgano asesor del Poder Judicial para la selección de los candidatos a magistrados del Tribunal Supremo de Justicia, por lo que se trata de un órgano permanente que, además, debe asesorar a los Colegios Electorales Judiciales para la elección de los jueces de la jurisdicción disciplinaria. Este Comité de Postulaciones Judiciales debe estar integrado "por representantes de los diferentes sectores de la sociedad, de conformidad con lo que establezca la Ley" (art. 270)

Ahora bien, el procedimiento constitucional previsto para la designación de los magistrados del Tribunal Supremo, que debía ser regulado en la Ley, es el siguiente: El Comité, recibidas las postulaciones y "oída la opinión de la comunidad, efectuará una preselección para su presentación al Poder Ciudadano". Este órgano, integrado por el Fiscal General de la República, el Defensor del Pueblo y el Contralor General de la República (art. 273) debe efectuar "una segunda preselección que será presentada a la Asamblea Nacional, la cual hará la selección definitiva" (art. 264).

Ahora bien, la Asamblea Nacional Constituyente, después de que la Constitución fue aprobada por referendo (15-12-99), dictó un Decreto sobre el Régimen Transitorio del Poder Público el 22 de diciembre de 1999[378], en el cual, entre otras disposiciones procedió a designar a los Magistrados del Tribunal Supremo *sin apegarse* a

377 *V.* Allan R. Brewer-Carías, *Golpe de Estado y proceso constituyente en Venezuela*, UNAM, México, 2001.

378 Publicado en *Gaceta Oficial* N° 37.105 de 22-12-00.

lo que venía de establecer la Constitución aprobada popularmente, e indicó que serían "de carácter provisorio" hasta tanto la Asamblea Nacional realizase las designaciones o ratificaciones definitivas *de conformidad con la Constitución* (art. 20).

Por tanto, la Asamblea Nacional electa en agosto de 2000 tenía el mandato Constitucional (tanto en virtud del texto expreso de la Constitución, como en virtud del Régimen Transitorio del 22 de diciembre de 1999 al cual el Tribunal Supremo reconocía rango constitucional) de designar a los magistrados en forma definitiva de conformidad con la Constitución y apegándose a su normativa.

Por supuesto, la forma de integración de los Comités de Postulaciones era esencial para que se aplicara la Constitución, por lo que la Asamblea Nacional estaba *obligada a llenar el vacío legal,* mediante una legislación que regulase los Comités de Postulaciones. Resultaba inadmisible que la Asamblea Nacional pretendiera legislar, para no legislar, como sucedió con la Ley Especial para la Ratificación o Designación de los Funcionarios del Poder Ciudadano y Magistrados del Tribunal Supremo de Justicia para el primer período constitucional de 14 de noviembre de 2000[379], que violó tanto los artículos 264, 270 y 279 de la Constitución, como los artículos 20 y 33 del Decreto de la Asamblea Nacional Constituyente sobre Régimen de Transición del Poder Público, puesto que estas normas exigían que la Asamblea Nacional, una vez electa, debía realizar las designaciones definitivas del los altos funcionarios "de conformidad con la Constitución".

La referida Ley Especial para la designación de los altos funcionarios públicos del Poder Judicial y del Poder Ciudadano, violó la Constitución al no organizar los Comités de Postulaciones que ésta exigía y en la forma cómo ésta lo exigía, integrados por representantes de los diversos sectores de la sociedad, y en cambio, sustituirlos por una "Comisión Parlamentaria" ampliada.

En efecto, la Ley Especial dispuso que la Asamblea Nacional para hacer las designaciones de los mencionados funcionarios públicos, entre ellos de los Magistrados del Tribunal Supremo, debía designar una "Comisión integrada por 15 diputados o diputadas, que actuará como Comisión de Evaluación de Postulaciones" (art. 3); la cual, una vez instalados sus miembros, debían seleccionar, "a través de mecanismos de consulta, una lista de 12 representantes de los diversos sectores de la sociedad, que presentará ante la Asamblea Nacional para que ésta proceda a designar, por mayoría absoluta, 6 representantes, quienes integrarán la Comisión y actuarán como miembros de la misma, con derecho a voz y voto" (art. 4).

Se dispuso, además, que "para hacer efectivos los principios de publicidad y participación de la ciudadanía", la Comisión debía implementar "dichos mecanismos a través de consultas y participación de las comunidades", para lo cual debía instrumentar "mesas de diálogo donde estén representados los diversos sectores de la sociedad y con las cuales se consultarán y evaluarán las postulaciones recibidas" (art. 5). Esos representantes debían ser designados por la Comisión de listas que presentaran "las diversas organizaciones de la ciudadanía interesadas en participar en el proceso" (art. 6).

Las postulaciones recibidas para la designación de los integrantes de los Poderes Públicos Nacionales regulados en la ley debían ser objeto de consulta pública a los

---

379 *Gaceta Oficial* Nº 37.077 de 14-11-2000.

efectos de que se presentasen ante el Comité los respaldos u objeciones fundadas (art. 7).

Como resultado del proceso, la Comisión debía elaborar una lista de postulados para ser sometida a la consideración de la Asamblea Nacional, para la designación definitiva (art. 9).

Basta leer dicha Ley Especial para evidenciar su inconstitucionalidad. Fue una burla a la Constitución y constituyó la confiscación del derecho constitucional a la participación política y de la democracia participativa garantizada en forma expresa en el Texto Constitucional como supuestamente sustitutiva de democracia representativa. Cuando correspondía hacerla realidad por primera vez mediante una legislación cumpliendo la Constitución, como implicaba un límite al poder hegemónico, ello se ignoró.

Como consecuencia de ello, mediante sendos Acuerdos[380] la Asamblea Nacional designó al Fiscal General de la República, al Defensor del Pueblo, al Contralor General de la República y a los Magistrados del Tribunal Supremo de Justicia, sin ajustarse a lo que disponían los artículos 264, 270 y 279 de la Constitución. La Asamblea Nacional, así, se había burlado de la Constitución, lo que incluso había llevado a la Defensora del Pueblo, antes de ser sustituida, a intentar una acción de nulidad por inconstitucionalidad contra la Ley Especial ante la Sala Constitucional del Tribunal Supremo[381].

En mayo de 2004, la Asamblea Nacional sancionó la muy esperada Ley Orgánica del Tribunal Supremo de Justicia[382], con un texto mal estructurado y peor sistematizado, uno de cuyos objetivos era aumentar el número de los Magistrados de las Salas del Tribunal Supremo. En efecto, la Ley dispuso que la Sala Constitucional estaría integrada por 7 Magistrados y las Salas Político-Administrativa, de Casación Civil, de Casación Penal, de Casación Social y Electoral por 5 Magistrados cada una de ellas (Art. 2, párrafo 2°), elevándose así el número de Magistrados de 20 a 32. En esta forma, el gobierno, que controlaba la Asamblea a través del partido de gobierno cuyos directivos eran el propio Presidente de la República y sus Ministros, nombrando por simple mayoría a los Magistrados, podía controlar totalmente al Tribunal Supremo de Justicia.

Como consecuencia de este aumento de los Magistrados del Tribunal Supremo, la Asamblea Nacional de inmediato inició el proceso para su selección de candidatos a Magistrados, conforme a las previsiones de la nueva Ley Orgánica, que en materia de conformación del Comité de Postulaciones Judiciales, violaba abiertamente la Constitución y el derecho político a la participación en el mismo[383].

---

380 Publicados en *Gaceta Oficial* N° 37.105 de 22-12-00.

381 *V.* Allan R. Brewer-Carías, *Golpe de Estado y proceso constituyente en Venezuela*, UNAM, México 2001.

382 *V.* en *Gaceta Oficial* N° 37.942 de 20-05-2004. *V.* sobre dicha Ley, *V.* Allan R. Brewer-Carías, *Ley Orgánica del Tribunal Supremo de Justicia. Procesos y procedimientos constitucionales y contencioso-administrativos,* Editorial Jurídica Venezolana, Caracas 2004.

383 *V.* Allan R. Brewer-Carías, "La progresiva y sistemática demolición institucional de la autonomía e independencia del Poder Judicial en Venezuela 1999-2004", en el libro: *XXX Jornadas J.M Domínguez Escovar, Estado de derecho, Administración de justicia y derechos humanos*, Instituto de Estudios Jurídicos del Estado Lara, Barquisimeto 2005, pp. 33-174.

En efecto, conforme a la Ley Orgánica, el Comité de Postulaciones Judiciales es un órgano asesor del Poder Judicial para la selección de los candidatos a Magistrados del Tribunal Supremo de Justicia; e igualmente debe asesorar a los Colegios Electorales Judiciales para la elección de los jueces o juezas de la jurisdicción disciplinaria (Artículo 13, párrafo 1°). Dicho Comité de Postulaciones Judiciales, conforme al artículo 13, párrafo 2° de la Ley, debe ser designado por un período de 2 años, por mayoría simple de la Asamblea Nacional, "como máximo órgano representativo de la sociedad venezolana".

Sin embargo, en lugar de estar integrado sólo y exclusivamente "por *representantes de los diversos sectores de la sociedad*" como lo exige la Constitución (Art. 270), la Ley Orgánica dispuso que está integrado por "once (11) miembros principales, con sus respectivos suplentes, cinco (5) de los cuales serán elegidos del seno del órgano legislativo nacional, y los otros seis (6) miembros, de los demás sectores de la sociedad, los cuales se elegirán en un procedimiento público" (Art. 13, párrafo 2°). Los diputados a la Asamblea Nacional, sin embargo, por esencia, no pueden considerarse representantes de la sociedad civil, por lo que la Ley incurrió en una violación de la Constitución al constituir en realidad, una *Comisión Parlamentaria ampliada.*

Conforme a lo dispuesto en el artículo 13, párrafo 5° de la ley, los miembros del Comité de Postulaciones Judiciales deben ser ciudadanos venezolanos, de reconocida honorabilidad y prestigio en el ejercicio de las funciones o profesión que ejerzan o les haya correspondido ejercer. Además, deben ser mayores de 35 años y no haber sido sometidos a ningún tipo de sanción administrativa, disciplinaria o penal.

La Asamblea Nacional debe designar a uno de los integrantes del Comité de Postulaciones Judiciales, como Presidente de dicho órgano (Art. 13, párrafo 2°), a quien corresponde convocar a las reuniones ordinarias y extraordinarias del Comité; así como elaborar la agenda que debe presentar a la consideración del Comité en la reunión correspondiente (Art. 13, párrafo 3°). Sin embargo, la Asamblea designó a un diputado para tal función.

El Comité de Postulaciones Judiciales se debe instalar al día siguiente de la última designación de sus miembros, y debe escoger de su seno un Vicepresidente, y fuera de él, un Secretario. Para sus deliberaciones requiere la presencia de la mayoría absoluta de sus integrantes, tomando sus decisiones con el voto favorable de la mayoría de los presentes (Art. 13, párrafo 6°).

Conforme al artículo 14, párrafo 4°, el Comité de Postulaciones Judiciales debe funcionar por el tiempo establecido en el artículo 13 de la Ley, siendo su sede la Asamblea Nacional. Sus gastos, de acuerdo con la misma norma, corren a cargo de la propia Asamblea, lo que confirma el carácter parlamentario de la "Comisión". Los integrantes del Comité de Postulaciones Judiciales, sin embargo, dispone la Ley, que no deben percibir remuneración alguna por el ejercicio de sus funciones, "salvo la dieta que se pagará para cubrir sus gastos a los representantes de la sociedad, provenientes de provincia que los integraren". El Comité de Postulaciones Judiciales debe dictar su Reglamento Interno de organización y funcionamiento.

Por último, el Comité de Postulaciones Judiciales tiene como función esencial, el seleccionar "mediante un proceso público y transparente, y atendiendo los requisitos exigidos constitucionalmente" a los candidatos a Magistrados del Tribunal Supremo de Justicia que deban ser presentados al Poder Ciudadano para la segunda preselección, en los términos establecidos en el artículo 264 de la Constitución. El artículo 13, párrafo 4, además, limitó indebidamente la facultad constitucional del Poder Ciudadano al establecer que éste "deberá, en lo posible, y salvo causa grave, respetar la selección que provenga del Comité de Postulaciones Judiciales".

En todo caso, ha sido conforme a esta Ley Orgánica y con un Comité de Postulaciones distorsionado como el anteriormente descrito, que se han designado a los magistrados del Tribunal Supremo, en fraude a la Constitución.

4. *Designación por el Senado*

A. *De ternas presentadas por otras Jurisdicciones: la Corte Constitucional de Colombia*

En el caso de la Corte Constitucional de Colombia, el artículo 173,6 de la Constitución le atribuye al Senado la facultad de elegir a los 9 magistrados de la Corte Constitucional que se determinan en la ley N° 5 de 1992 y la Ley 270, Estatutaria de la Administración de Justicia, para períodos individuales de ocho años, de sendas ternas que le presenten el Presidente de la República, la Corte Suprema de Justicia y el Consejo de Estado (art. 239). En su integración se debe atender el criterio de designación de magistrados pertenecientes a diversas especialidades del Derecho; y no pueden ser nombrados magistrados de la Corte Constitucional quienes durante el año precedente a la elección, hayan ejercido los cargos de Ministro de Estado, Magistrado de la Corte Suprema o del Consejo de Estado. Los Magistrados de la Corte Constitucional no podrán ser reelegidos.

Conforme al artículo 44 de la Ley Estatutaria de la Administración de Justicia de 1996, a los efectos de la designación, el Senado debe escoger un magistrado de cada una de las tres ternas presentadas por el Presidente de la República; uno de cada una de las tres ternas presentadas por la Corte Suprema de Justicia y uno de cada una de las tres ternas presentadas por el Consejo de Estado.

B. *A propuesta del Presidente de la República: el caso de México*

En México, el artículo 96 de la Constitución dispone que para la designación de los 11 ministros de la Suprema Corte de Justicia el Presidente de la República debe someter una terna a consideración del Senado, el cual, previa comparecencia de las personas propuestas, designará al Ministro que deba cubrir la vacante.

La designación se debe hacer por el voto de las dos terceras partes de los miembros del Senado presentes, dentro del improrrogable plazo de treinta días. Si el Senado no resolviere dentro de dicho plazo, ocupará el cargo de Ministro la persona que dentro de dicha terna, designe el Presidente de la República.

En caso de que la Cámara de Senadores rechace la totalidad de la terna propuesta, el Presidente de la República someterá una nueva, en los términos del párrafo anterior. Si esta segunda terna fuera rechazada, ocupará el cargo la persona que dentro de dicha terna, designe el Presidente de la República.

En igual sentido, conforme al artículo 98 de la Constitución, cuando la falta de un Ministro excediere de un mes, o si faltare un ministro por defunción o por cualquier causa de separación definitiva, el Presidente de la República debe someter el nombramiento de un Ministro interino a la aprobación del Senado, observándose lo antes indicado (art. 96).

Las renuncias de los Ministros de la Suprema Corte de Justicia solamente procederán por causas graves; serán sometidas al Ejecutivo y, si éste las acepta, las enviará para su aprobación al Senado.

Las licencias de los Ministros, cuando no excedan de un mes, podrán ser concedidas por la Suprema Corte de Justicia de la Nación; las que excedan de este tiempo, podrán concederse por el Presidente de la República con la aprobación del Senado. Ninguna licencia podrá exceder del término de dos años.

C. *A propuesta del Consejo Judicatura y acuerdo Poder Ejecutivo: el caso de Paraguay*

Conforme al artículo 264,1 de la Constitución de Paraguay, corresponde al Senado la designación de los miembros de la Corte Suprema de Justicia, con el acuerdo del Poder Ejecutivo, a propuesta del Consejo de la Magistratura.

El Consejo de la Magistratura conforme al artículo 262 de la Constitución., está compuesto por:

1. Un miembro de la Corte Suprema de Justicia, designado por ésta;
2. Un representante del Poder Ejecutivo;
3. Un Senador y un Diputado, ambos nominados por su Cámara respectiva;
4. Dos abogados de la matrícula, nombrados por sus pares en elección directa;
5. Un profesor de las facultades de Derecho de la Universidad Nacional, elegido por sus pares, y
6. Un profesor de las facultades de Derecho con no menos de veinte años de funcionamiento, de las Universidades privadas, elegido por sus pares. La ley reglamentará los sistemas de elección pertinentes.

Este Consejo de la Judicatura, en consecuencia, debe proponer las ternas de candidatos para integrar la Corte Suprema de Justicia, previa selección basada en la idoneidad, con consideración de méritos y aptitudes, para elevarlas a la Cámara de Senadores.

VI. LA DESIGNACIÓN POR UN CONSEJO DE LA MAGISTRATURA

La Constitución del Perú es la única de las Constituciones latinoamericanas en la que se atribuye al Consejo de la Magistratura, como órgano permanente dentro de la estructura del Estado, competencia para designar a los magistrados de la Corte Suprema de Justicia, y en general a todos los jueces. Hemos indicado que en el caso de la República Dominicana, si bien los magistrados de la Corte Suprema de Justicia también son designados por un Consejo de la Judicatura, este está conformado sólo por representantes de los otros órganos del Estado, y sólo tiene esa función de nombrar a dichos magistrados.

En efecto, el artículo 150 de la Constitución dispone que el Consejo Nacional de la Magistratura, "se encarga de la selección y el nombramiento de los jueces y fiscales, salvo cuando éstos provengan de elección popular", precisando el artículo 154,1 entre las funciones del Consejo Nacional de la Magistratura, el "nombrar, previo concurso público de méritos y evaluación personal, a los jueces y fiscales *de todos los niveles*"; debiendo requerir los nombramientos el voto conforme de los dos tercios del número legal de sus miembros.

La Constitución regula al Consejo Nacional de la Magistratura como un órgano independiente, integrado por los siguientes miembros (artículo 155):

1. Uno elegido por la Corte Suprema, en votación secreta en Sala Plena.
2. Uno elegido, en votación secreta, por la Junta de Fiscales Supremos.
3. Uno elegido por los miembros de los Colegios de Abogados del país, en votación secreta.
4. Dos elegidos, en votación secreta, por los miembros de los demás Colegios Profesionales del país, conforme a ley.
5. Uno elegido en votación secreta, por los rectores de las universidades nacionales.
6. Uno elegido, en votación secreta, por los rectores de las universidades particulares. El número de miembros del Consejo Nacional de la Magistratura puede ser ampliado por éste a nueve, con dos miembros adicionales elegidos en votación secreta por el mismo Consejo, entre sendas listas propuestas por las instituciones representativas del sector laboral y del empresarial.

En el caso de elección de los magistrados de la Corte Suprema por el Consejo Nacional de la Magistratura, también se realiza un concurso público, con exámenes escrito y oral, convocado mediante publicaciones en la prensa, y la posibilidad de que se presenten tachas por parte del público interesado.

VII. LA DESIGNACIÓN POR EL SISTEMA DE COOPTACIÓN

1. *El sistema de cooptación a propuesta del Consejo Superior de la Judicatura: el caso de Colombia*

Puede decirse que Colombia ha sido el único país de América latina con tradición constitucional en cuanto al sistema de designación de los jueces de las altas jurisdicciones, mediante sistema de cooptación.

Aún cuando la reforma constitucional de 1991, varió el sistema general precedente, se ha conservado respecto de los magistrados de la Corte Suprema de Justicia y del Consejo de Estado, los cuales, como lo indica el artículo 231 de la Constitución, "serán nombrados por la respectiva corporación" pero "de listas enviadas por el Consejo Superior de la Judicatura".

A su vez, este Consejo Superior de la Judicatura conforme se indica en el artículo 254 de la Constitución, se divide en dos salas:

1. La sala administrativa, integrada por seis magistrados elegidos para un período de ocho años, así: dos por la Corte Suprema de Justicia, uno por la Corte Constitucional y tres por el Consejo de Estado.

2. La sala jurisdiccional disciplinaria, integrada por siete magistrados elegidos para un período de ocho años, por el Congreso Nacional de ternas enviadas por el gobierno.

3. La inoperancia del sistema de cooptación y los intentos de sustituirlo por un sistema de Comité de Calificaciones: el caso de Ecuador.

La Constitución de Ecuador estableció en su artículo 202, un sistema de designación de los magistrados de la Corte Suprema de Justicia por cooptación de la propia Corte, al disponer que "producida una vacante, el pleno de la Corte Suprema de Justicia designará al nuevo magistrado, con el voto favorable de las dos terceras partes de sus integrantes, observando los criterios de profesionalidad y de carrera judicial, de conformidad con la ley. En la designación se escogerá, alternadamente, a profesionales que hayan ejercido la judicatura, la docencia universitaria o permanecido en el libre ejercicio profesional, en este orden"[384].

Nunca se dictó alguna ley que regulara el procedimiento de selección por cooptación, y la designación de los 31 magistrados iniciales en 1977, se efectuó por el Congreso luego de una consulta popular, de manera que dicha designación fue precedida de un proceso de selección, cuyos candidatos fueron calificados por colegios nominadores.

En los años posteriores de funcionamiento de la Corte se fueron produciendo vacantes por muerte y renuncia, por lo que el pleno de la Corte en su momento fue designando a los nuevos magistrados con el voto favorable de las 2/3 partes de sus integrantes. Sin embargo, en un momento dado, cuando se produjeron vacantes en la Salas Penales, los restantes magistrados de la Corte Suprema no pudieron llegar a un acuerdo para la designación de los sustitutos.

Por ello, los cargos se ejercieron por los conjueces (jueces suplentes) que son designados por períodos fijos por la propia Corte a propuesta de sus propios Ministros.

En virtud de la integración irregular de la Corte Suprema, en mayo de 2005 el Presidente de la República, Lucio Gutiérrez dictó un decreto, previa declaración del Estado de emergencia, mediante el cual resolvió cesar a los magistrados de la Corte, lo que evidentemente no se ajustaba a lo dispuesto en la Constitución. De inmediato, el Congreso resolvió dejar sin efecto lo resuelto por el Presidente de la República y a su vez resolvió cesar la Corte, lo que tampoco se ajustaba a las disposiciones constitucionales.

Cesada la Corte, a finales de mayo de 2005 el Congreso reformó la Ley Orgánica de la Función Judicial, estableciendo un nuevo sistema de designación de la Corte Suprema, el cual tampoco se ajusta a lo dispuesto en la Constitución, pero que buscaba darle una salida política a la grave situación institucional de carencia de integración de la Corte, dada su cesación. El nuevo sistema contempla la elección de la Corte Suprema a través de un colegio nominador compuesto por 5 miembros, provenientes de las Facultades de Derecho, de los Tribunales de lo Contencioso Administrativo, de organismos de derechos humanos, de los Tribunales de Honor de los Colegios de Abogados y de la Comisión Anticorrupción. Estos 5 miembros deben dictar un reglamento que contemple los requisitos, convocar a la presentación de candidaturas, seleccionar a los mejores, designarlos y posesionarlos.

Hasta agosto de 2005 el Comité no había podido ser integrado, y el Ecuador carecía de Corte Suprema. Algunos miembros del Comité de Calificación incluso, solicitaron al Presidente de la República que se convocara una consulta popular a los efectos de preguntarle a los ecuatorianos si estaban de acuerdo con el proceso de selección. El Presidente, acogiendo este pedido, envió al Congreso Nacional una petición para que se declarase de urgencia la convocatoria a consulta, proponiendo varias preguntas; petición que le fue devuelta a los efectos de que fuera una comi-

---

384 Agradezco al profesor Joffre Campaña las informaciones que me suministró sobre la situación de la Corte Suprema en el Ecuador. Todo lo que digo en el texto, sin embargo, es de mi exclusiva responsabilidad e interpretación.

sión (Gobierno-Congreso) la que preparase los temas de la consulta. Todo ello ocurría en agosto de 2005.

A los efectos comparativos, sin embargo, es de interés destacar lo relativo a la integración del Comité de Calificación. En efecto, en la Disposición general Segunda de dicha Ley de reforma se dispuso que "En vista de la ausencia definitiva de la totalidad de los magistrados de la Corte Suprema de Justicia, su designación será por esta ocasión, efectuada por un comité de calificación", el que debe estar integrado por los siguientes 5 miembros:

1. Uno designado por los presidentes de los Tribunales de Honor de los colegios de abogados del país.
2. Uno designado por los decanos o directores de las facultades o unidades académicas de derecho de las universidades legalmente reconocidas por el CONESUP y que acrediten ante este Organismo, al menos diez años de existencia.
3. Uno designado por los ministros de cortes superiores de justicia y tribunales distritales de lo Contencioso Administrativo y Fiscal.
4. Uno designado por la Comisión de Control Cívico de la Corrupción.
5. Uno designado por los organismos de los derechos humanos, que tengan al menos cinco años de existencia legal en el Ecuador.

Estos miembros deben ser electos por los respectivos colegios electorales con al menos la mitad más uno de los votos de los presentes, los cuales deben ser secretos y las decisiones así tomadas no podrán ser impugnadas.

La Disposición general Cuarta de la Ley de reforma, incluso previó la solución a la circunstancia de que el Comité no pudiera constituirse, disponiendo lo siguiente:

> Dentro de los veinte días posteriores a la expedición de esta ley se constituirá el comité e iniciará inmediatamente sus funciones. En el evento que no se hubiere designado a uno o más miembros del comité, éste se constituirá y funcionará con los miembros designados, pero en ningún caso con menos de cuatro miembros. Para el caso de que no existan dichos cuatro miembros, el o los que ya se encuentren designados elegirán por unanimidad el o los miembros que falten hasta completar el número mínimo de cuatro, los que deberán reunir los mismos requisitos para ser magistrado de Corte Suprema de Justicia de conformidad con esta Ley. En este evento, tal elección podrá tomar en cuenta los nombres de insignes juristas o académicos del derecho que reúnan las exigencias requeridas, especialmente si los mismos son sugeridos por la sociedad civil a través de solicitudes difundidas públicamente por grupos sociales representativos de aquellos que vienen demostrando una participación cívica, responsable y seria; y, que demandan la existencia urgente de una Corte Suprema de Justicia independiente y ceñida a los principios universales de administración de justicia

A pesar de esta previsión, el Comité sin embargo no se pudo constituir, entre otras razones, por el dictamen del procurador de la nación que fue de la opinión que sin el representante designado por la Comisión de Control Cívico de la Corrupción.

No era posible la constitución del Comité.

En todo caso, en cuanto al procedimiento que debía desarrollarse por el Comité para la selección y designación de los magistrados de la Corte Suprema de Justicia, la Disposición General Quinta de la Ley de reforma establece lo siguiente:

QUINTA.- El comité, una vez integrado, elaborará y aprobará, en el término de cinco días, un Reglamento de Concurso en el que se establecerán con claridad los pasos a seguirse, los criterios de calificación y los puntajes que deberán aplicarse a los postulantes según sus conocimientos. El comité publicará dicho reglamento al cual se someterá el proceso de designación de los magistrados de la Corte Suprema de Justicia. Dicha publicación se la realizará simultáneamente con la publicación de la convocatoria para presentar las postulaciones a magistrados en el plazo improrrogable de diez días, postulaciones que podrán ser propias o bajo el patrocinio de una persona o grupos de personas. Las postulaciones deberán ser presentadas dentro del plazo previsto en la convocatoria, invocando el origen de la postulación.

Terminado el plazo para la presentación de las postulaciones, el Comité de Calificación publicará, dentro de ocho días improrrogables, la nómina de los postulantes que cumplen con los requisitos establecidos en la Constitución Política de la República y en esta Ley, fecha desde la que se iniciará el plazo de quince días improrrogables para recibir las impugnaciones de los postulantes. El Comité de Calificación organizará audiencias públicas con la participación de la ciudadanía, veedores y los medios de comunicación para conocer las impugnaciones que también podrán hacerse por escrito. Terminado el plazo de impugnaciones, el Comité de Calificación, por votación conforme de por lo menos cuatro de sus integrantes, y en base a los méritos de los postulantes, dentro de los siete días de haber concluido el plazo para impugnaciones, establecerá los puntajes y procederá a nombrar a los nuevos magistrados, de la siguiente manera: Los que hubieren obtenido los diez primeros puntajes, serán designados magistrados de la Corte Suprema de Justicia; los restantes veintiún magistrados, se designarán mediante sorteo público, de entre los cuarenta y dos candidatos que sigan en puntuación a los diez primeros. De estos cuarenta y dos, los que no hubieren sido designados, pasarán a ser conjueces permanentes de la Corte Suprema de Justicia. Las designaciones se harán en función del cumplimiento de los requisitos establecidos en la Constitución Política de la República, en esta Ley y en el Reglamento indicado. El puntaje se establecerá dentro de una escala de cero a cien puntos.

El comité otorgará los puntajes a los concursantes en forma individual y motivada; y, estas actas se pondrán en conocimiento de la ciudadanía para efecto de las respectivas impugnaciones.

De no hacer el comité la designación dentro de dicho plazo, resultarán designados quienes hayan obtenido los primeros treinta y un puntajes. Tendrán la condición de conjueces quienes hayan alcanzado los veinte y un mejores puntajes después de los treinta y un puntajes asignados a los magistrados.

Concluido este proceso, el Comité de Calificación posesionará a los magistrados de la Corte Suprema de Justicia designados. El acta de la posesión del Comité de Calificación constituirá el nombramiento.

VIII. COMENTARIOS FINALES

Como se mencionó al inicio, la cuestión de la legitimidad en relación con la selección de los magistrados de las Cortes Supremas debe enfocarse en lo que debe ser el sentido esencial de la Justicia en una sociedad democrática, para garantizar su independencia respecto de las otras ramas del poder público, y su autonomía en el sentido de que se pueda impartir justicia solo basándose en la ley sin presiones ni influencias políticas externas, para lo cual la selección de los jueces debe basarse solamente en criterios objetivos sin influencias políticas externas.

En pocas palabras, utilizando la expresión de mi recordado amigo Louis Favoreau, la cuestión de la legitimidad es cuestión de determinar cómo los jueces cumplen con su "deber de falta de gratitud".

El método de selección de los jueces, ante todo debe precisamente garantizar que los nombrados no deben permanecer agradecidos de quienes los nombren, o simplemente, que los jueces nombrados no deben ser cargados con ningún sentido de gratitud respecto del órgano del Estado que los seleccionó. En consecuencia, la cuestión de la legitimidad es una materia que busca resolver la pregunta de cómo el nombramiento de los jueces debe hacerse de manera tal que no lleve ninguna carga de gratitud hacia el ente designante, de manera que cuando llegue el momento puedan decidir con autonomía e independencia en contra de los intereses del ente designante.

Con tal objetivo, todo tipo de método debe implementarse para garantizar, primero, que los jueces serán designados en forma transparente basado en méritos a través de criterios objetivos de selección; y segundo, que tales designaciones deben hacerse de manera de asegurar la independencia, autonomía e imparcialidad de los jueces, independientemente del órgano o ente llamado a hacer la elección.

Una conclusión debe resaltarse, y es que no hay ejemplos de sistemas donde los miembros de las Cortes Supremas sean electos por los ciudadanos. La elección popular de jueces no asegura que los mejores candidatos serán elegidos para garantizar el derecho de los ciudadanos a ser juzgados por tribunales independientes e imparciales.

En relación con la doctrina europea, la tendencia es la de proponer la selección de los jueces basándose exclusivamente en criterios objetivos aplicados por un órgano independiente (particularmente del gobierno y de la Administración) que represente a los jueces, de manera de evitar influencias externas, particularmente influencias políticas en la designación de los jueces.

En América Latina, mediante la inclusión de las regulaciones en las Constituciones, puede decirse que todo se ha intentado a los efectos de asegurar la legitimidad de la elección de los magistrados de las Cortes Supremas para garantizar su independencia e imparcialidad, aun cuando no siempre con el éxito deseado. Sin embargo, cinco métodos pueden distinguirse para la designación de los magistrados de las Cortes Supremas: primero, el nombramiento de los Magistrados con la intervención de todos los poderes del Estado; segundo, el nombramiento por el Presidente de la República, siempre con la intervención del órgano legislativo o del Senado; tercero, el método más común, la designación por el Parlamento o en ciertos sistemas bicamerales por el Senado, incluso con la intervención de órganos independientes; cuarto, el nombramiento por un Consejo de la Judicatura independiente; y quinto el nombramiento hecho por cooptación por la misma Corte.

El primer método tiende a conformar el nombramiento de los magistrados de las Cortes Supremas con la participación de todas las ramas del poder Público, con el objeto de evitar el predominio de una de ellas sobre las otras. Es el caso de la República Dominicana, donde el nombramiento se hace a través de un Consejo de la Judicatura, integrado exclusivamente por las cabezas de los órganos del Poder Público y con el exclusivo propósito de hacer dichos nombramientos. En relación con el nombramiento de los miembros del los Tribunales o Cortes Constitucionales en Guatemala, Chile y Ecuador, este también se realiza con la exclusiva participación de todas las ramas del Poder Público.

El segundo método más comúnmente utilizado para la designación de los magistrados de las Cortes Supremas, siguiendo la tendencia de los sistemas presidenciales de gobierno, es la atribución del poder para designarlos al Presidente de la República, siempre con la intervención en alguna forma del Poder legislativo, del Congreso como es el caso de Panamá, o del Senado, como sucede en Argentina, Brasil y Chile.

En algunos casos, como ocurre en Argentina, mediante decisiones ejecutivas se han establecido auto restricciones en relación con los poderes del Presidente, estableciendo condiciones que deben ser llenadas por los nominados en relación con su integridad moral y capacidad técnica, y su compromiso con la democracia y la defensa de los derechos humanos; permitiendo a los ciudadanos, individual y colectivamente, así como a las asociaciones de profesionales, las organizaciones científicas y académicas y las organizaciones no gubernamentales expresar sus puntos de vista u objeciones respeto de los nombramientos.

El tercer método adoptado por la mayoría de los países Latino Americanos, como contra balance frente al sistema presidencial de gobierno, es el atribuir el nombramiento de los magistrados del Tribunal Supremo a órgano legislativo, sea al Congreso o al Senado.

Con respecto al primer caso, cuando se atribuye el nombramiento al órgano legislativo, dicho poder lo puede ejercer en forma exclusiva como sucede en Costa Rica, Nicaragua y Uruguay, y también en Bolivia y Perú en relación con los miembros del Tribunal Constitucional; o con intervención de un órgano estatal independiente como el V Consejo de la judicatura, como es el caso de Bolivia y El Salvador; o un órgano estatal independiente integrado por representantes de las organizaciones de ciudadanos, como es el caso de Guatemala y Honduras o como podría ser el caso de Venezuela.

En relación con la segunda opción, cuando el poder para designar a los magistrados del Tribunal Supremo está atribuida al Senado, dicho poder se ejerce siempre con la intervención de otro órgano: con la intervención de otra Jurisdicción judicial, como es el caso de la Corte Constitucional en Colombia; o el nombramiento a propuesta del Presidente de la República, como es el caso de México para el nombramiento de los magistrados de la Corte Suprema de la Nación. Lo mismo sucede en Paraguay, donde el Senado designa a los magistrados de la Corte Suprema de una propuesta que le somete el Consejo de la Judicatura, con el acuerdo del Poder Ejecutivo.

El cuarto método para el nombramiento de los magistrados de la Corte Suprema, adoptado solo en el Perú, para garantizar su independencia y autonomía, consiste en atribuir tal poder a un órgano independiente a cargo del gobierno y administración del Poder Judicial, que es el Consejo de la Magistratura. Este es el único caso en el cual el nombramiento de los magistrados está atribuido a la cabeza del Poder Judicial, con un Consejo integrado no solo por representantes de la Corte Suprema y del consejo de Procuradores, sino por miembros del Colegio de abogados, de las asociaciones de profesionales del país, y de los rectores de la Universidades nacionales y privadas.

Finalmente, el quinto método para el nombramiento de los magistrados de la Corte Suprema que se puede identificar en América Latina, es el sistema de cooptación, mediante el nombramiento por la propia Corte, que tuvo una larga tradición en Colombia, donde actualmente se lleva a cabo con base en una propuesta sometida por el consejo Superior de la Magistratura. Este sistema se ha establecido únicamente en Ecuador, donde es una atribución exclusiva de la Corte Suprema. Sin embargo, a pesar de que podría considerarse un método ideal, en la práctica ha sido inoperante en crisis políticas, al punto de que en 2005 Ecuador durante muchos meses careció de Corte Suprema.

Está claro que cualquier método puede ser ensayado para buscar asegurar la legitimidad en el método de nombramiento de los magistrados de la Corte Suprema de Justicia y garantizar la independencia y autonomía del Supremo tribunal; sin embargo, de la experiencia latinoamericana, también está claro que las solas fórmulas constitucionales no sirven para lograr tales propósitos. Lo que se requiere por sobretodo, es el compromiso político de todos los partidos políticos y organizaciones de un país por distanciar la Justicia del juego político. Esto, que se ha logrado en el Continente Europeo desde el Siglo XIX, sin embargo, desafortunadamente, es un compromiso que todavía no se ha adoptado en nuestros países.

SEGUNDA PARTE:

LA PROGRESIVA Y SISTEMÁTICA DEMOLICIÓN DE LA AUTONOMÍA E INDEPENDENCIA DEL PODER JUDICIAL EN VENEZUELA (1999-2004) (Barquisimeto, Enero 2004)

Estudio elaborado para las *XXX Jornadas J.M. Domínguez Escobar sobre "Administración de Justicia y Derechos Humanos"*. Instituto de Investigaciones Jurídicas, Colegio de Abogados del Estado Lara, Barquisimeto, enero 2005; publicado en el libro: *XXX Jornadas J.M Domínguez Escovar, Estado de derecho, Administración de justicia y derechos humanos*, Instituto de Estudios Jurídicos del Estado Lara, Barquisimeto, 2005, pp. 33-174. Publicado en mi libro: *Estudios sobre el Estado Constitucional (2005-2006)*, Caracas 2007, pp. 163-243

Si algo ha caracterizado el proceso político-constitucional venezolano durante el último lustro, ello ha sido la progresiva y sistemática demolición de la autonomía e independencia del Poder Judicial por parte de los diversos órganos del Estado, incluido el propio Tribunal Supremo de Justicia; de manera que la separación de los poderes, como principio básico del Estado de derecho, incluso en medio de la peculiar penta división del poder que está plasmada en la Constitución de 1999, ha sido hecha añicos. En relación con el Poder Judicial, ello comenzó con las actuaciones de la Asamblea Nacional Constituyente en 1999, siendo la última actuación en el tiempo, la sanción de la Ley Orgánica del Tribunal Supremo de Justicia en mayo de 2004 y sus secuelas. Por ello es que la situación actual de "manipulación del Estado de derecho"[385] sólo puede entenderse cuando se analiza dicho proceso demoledor desde su perspectiva histórica reciente.

Estas notas tienen por objeto, precisamente, exponer ese proceso de destrucción institucional, que ha socavado las bases mismas del Estado de derecho y ha buscado destruir la democracia, la cual por sobre todo solo puede funcionar cuando hay efectiva separación de poderes y control entre los mismos.

I. LA INTERVENCIÓN CONSTITUYENTE DEL PODER JUDICIAL

1. *La asunción por la Asamblea Nacional Constituyente de un poder constituyente originario que no le había otorgado el pueblo*

La Asamblea Nacional Constituyente se instaló el 3 de agosto de 1999[386], teniendo su primera sesión plenaria formal el día 7 de agosto de 1999, en la cual se inició

385 *V.*, por ejemplo, el documento *Manipulando el Estado de Derecho: Independencia del poder Judicial amenazada en Venezuela*, Human Rights Watch, junio de 2004, Vol. 16, N° 3 (B).

386 En el acto de instalación, el discurso dado por quien venía de ser electo presidente de la Asamblea, Luis Miquelena, concluyó con estas frases "la Asamblea Nacional Constituyente es originaria y soberana", en *Gaceta Constituyente (Diario de Debates), Agosto-Septiembre 1999,* Sesión de 03-08-99, N° 1, p. 4.

la discusión de su *Estatuto de Funcionamiento*, tal como lo exigía la *base comicial octava* del referendo del 25 de abril de 1999[387].

En dicha primera sesión plenaria, por supuesto, se replanteó la discusión que ya había sido resuelta por la Corte Suprema de Justicia (Sala Político Administrativa) en sentencia de 13 de abril de 1999[388], dictada en ejecución de la sentencia de 18 de marzo de 1999[389] (Caso: *Gerardo Blyde vs. CNE*), la cual había ordenado eliminar de la *base comicial octava* del referendo del 25 de abril de 1999, toda referencia a "poder constituyente originario" alguno que pudiera pretender ejercer la Asamblea, precisamente para evitar toda confusión[390]. Entonces, en ausencia de manifestación popular alguna derivada del referendo de 25 de abril de 1999 y de fundamentación normativa alguna para poder dictar actos constituyentes, la Asamblea, de hecho y en aproximaciones sucesivas, fue "construyendo" su propio carácter de "poder constituyente originario" que nadie le había asignado. De hecho, la Asamblea sumió el Poder Público y se arrogó la potestad de disponer sobre el Poder Público constituido conforme a la Constitución de 1961, la cual violó abiertamente. Había sido ese texto constitucional el que interpretado por la jurisprudencia[391], le había dado origen; por lo que fue el primero en ser violado.

Expusimos nuestro criterio sobre el tema ante la Asamblea Nacional Constituyente, tanto en la intervención oral como por escrito[392], precisamente de acuerdo con dicha doctrina jurisprudencial de la Corte Suprema conforme a la cual se había originado la propia Asamblea, en el sentido de que el único poder constituyente originario en ese proceso constituyente era el pueblo, es decir, la manifestación popular efectuada en el referendo del 25 de abril de 1999. Por ello, la Asamblea Nacional Constituyente electa como consecuencia de tal referendo, tenía los límites contenidos en las *bases comiciales* del mismo, que eran las que tenían carácter supra constitucional, a los cuales estaba sometida.

Sin embargo, prevaleció el criterio de la mayoría de la Asamblea que quedó plasmada contra toda la doctrina jurisprudencial de la Corte Suprema, en el artículo 1° del *Estatuto*, relativo a la naturaleza y misión de la Asamblea Nacional Constituyente. En esa norma se la definía como "depositaria de la voluntad popular y expresión de su soberanía con las atribuciones del Poder Originario para reorganizar el Estado Venezolano y crear un nuevo ordenamiento jurídico democrático". Dicha norma agregaba que "la Asamblea, en uso de las atribuciones que le son inherentes, podrá limitar o decidir la cesación de las actividades de las autoridades que conforman el Poder Público". Agregaba, además, en el Parágrafo Primero que "Todos los organismos del Poder Público quedan subordinados a la Asamblea Nacional Consti-

---

387 *V. Gaceta Constituyente (Diario de Debates), Agosto-Septiembre 1999,* Sesión de 07-08-99, N° 4, p. 151.

388 *V.* en *Revista de Derecho Público*, N° 77-80, Editorial Jurídica Venezolana, Caracas, 1999, pp. 85 y ss.

389 *V.* en *Revista de Derecho Público*, N° 77-80, Editorial Jurídica Venezolana, Caracas, 1999, pp. 73 y ss.

390 *V.* los cometarios a dicha sentencia en Allan R. Brewer-Carías, *Poder Constituyente Originario y Asamblea Nacional Constituyente*, Editorial Jurídica Venezolana, Caracas 1999, pp. 214 y ss.

391 *V.* Allan R. Brewer-Carías, "La configuración judicial del proceso constituyente o de cómo el guardián de la Constitución abrió el camino para su violación y para su propia extinción", en *Revista de Derecho Público*, N° 77-80, Editorial Jurídica Venezolana, Caracas, 1999, pp. 453 y ss.

392 *V.* los textos en Allan R. Brewer-Carías, *Debate Constituyente, (Aportes a la Asamblea Nacional Constituyente)* Tomo I, *(8 agosto-8 septiembre 1999)*, Caracas 1999, pp. 15 a 39. Así mismo, en *Gaceta Constituyente (Diario de Debates), Agosto-Septiembre 1999*, Sesión de 07-08-99, N° 4, pp. 6 a 13.

tuyente, y están en la obligación de cumplir y hacer cumplir los actos jurídicos estatales que emita dicha Asamblea Nacional"; auto atribuyéndose así poderes para modificar la Constitución que estaba vigente, cuyas normas "mantendrían vigencia en todo aquello que no colida o sea contradictorio con los actos jurídicos y demás decisiones de la Asamblea Nacional Constituyente"[393].

En esta forma, la Asamblea se auto atribuyó carácter de "poder originario", y potestades públicas por encima de la Constitución de 1961[394], y antes de que comenzara siquiera a elaborar el texto constitucional para lo cual había sido electa, durante el primer mes de su funcionamiento entre el 8 de agosto y el 2 de septiembre de 1999, asumió la tarea de intervenir para supuestamente reorganizar los Poderes Públicos constituidos, incluido el Poder Judicial[395].

2. *La reorganización de los poderes constituidos*

El primero de los actos constituyentes dictados por la Asamblea en violación de la Constitución de 1961, fue el contenido en el "Decreto mediante el cual se declaró la reorganización de todos los órganos del Poder Público" de fecha 12 de agosto de 1999[396]; decisión respecto de la cual argumentamos oralmente sobre su improcedencia y salvamos nuestro voto, razonándolo negativamente[397].

Para dictar el Decreto, la Asamblea invocó que ejercía "el poder constituyente otorgado por este mediante referendo..."; es decir, que ejercía un "poder constituyente" que supuestamente le había otorgado el "poder constituyente" (pueblo) en el "referendo", lo que si era así, se configuraba como un poder constituyente derivado. Sin embargo, la Asamblea en realidad, para aprobar el Decreto se fundamentó en "lo dispuesto en el artículo primero del Estatuto de esta Asamblea", en el cual la Asamblea ya se había auto conferido, a sí misma, el supuesto carácter de poder constituyente originario.

A pesar de la contradicción, la Asamblea declaró "la reorganización de todos los órganos del Poder Público", autorizándose a sí misma para "decretar las medidas necesarias para enfrentar situaciones específicas de la reorganización", y auto atribuyéndose, además, la potestad de disponer "la intervención, modificación o suspensión de los órganos del Poder Público que así considere...". Con esta decisión, sin duda, la Asamblea había materializado técnicamente el golpe de Estado, abrien-

---

393 *V.* en *Gaceta Constituyente (Diario de Debates), Agosto-Septiembre 1999*, Sesión de 07-08-99, Nº 4, p. 144. *V.* el texto, además, en *Gaceta Oficial* Nº 36.786 de 14-09-99,

394 Con ello se comenzó a ejecutar el golpe de estado constituyente. *V.* Allan R. Brewer-Carías, *Golpe de Estado y Proceso Constituyente en Venezuela*, UNAM, México, 2002. Como ha señalado Lolymar Hernández Camargo, con la aprobación del Estatuto "quedó consumada la inobservancia a la voluntad popular que le había impuesto límites a la Asamblea Nacional Constituyente... Se auto proclamó como poder constituyente originario, absoluto e ilimitado, con lo cual el Estado perdió toda razón de ser, pues si se mancilló la voluntad popular y su manifestación normativa (la Constitución), no es posible calificar al Estado como de derecho ni menos aun democrático", en *La Teoría del Poder Constituyente. Un caso de estudio: el proceso constituyente venezolano de 1999,* UCAT, San Cristóbal 2000, p. 73.

395 *V.* Allan R. Brewer-Carías, *La Constitución de 1999, Derecho Constitucional Venezolano,* Tomo I, Editorial Jurídica Venezolana, Caracas, 2004, pp. 99 y ss.

396 *Gaceta Oficial* Nº 36.764 de 13-08-99.

397 *V.* en Allan R. Brewer-Carías, *Debate Constituyente,* Tomo I, *op. cit.,* pp. 43 a 56; y en *Gaceta Constituyente (Diario de Debates), Agosto-Septiembre de 1999, cit.,* Sesión de 12-08-99, Nº 8, pp. 2 a 4. *V.* el texto del Decreto en *Gaceta Oficial* Nº 36.764 de 13-08-99.

do la vía para violar la Constitución vigente para ese momento (la de 1961) y colocándose por encima de la propia Constitución.

En el debate respecto de este Decreto, el cual, al principio había sido proyectado como un "Decreto de Declaratoria de Emergencia Nacional", expresamos nuestra opinión contraria y señalamos que:

> Si la Asamblea Nacional Constituyente no tiene poder alguno derivado de la voluntad popular para poner en vigencia la nueva Constitución en la cual refleje la transformación del Estado que diseñe y el nuevo ordenamiento jurídico que elabore; menos aún tiene competencia alguna derivada del referendo consultivo del 25-04-99, para durante su funcionamiento, en estos seis meses, suspender, revocar, derogar o modificar, así sea temporalmente la actual Constitución de 1961, cuyo texto estará vigente hasta que se apruebe, mediante referendo, la nueva Constitución.
>
> En consecuencia, no es posible derivar del referendo consultivo de 25-04-99, fundamento alguno para que la Asamblea pueda, durante su funcionamiento, arrogarse el poder de intervenir, modificar o suspender los órganos del Poder Público antes de que la nueva Constitución entre en vigencia al ser aprobada por referendo, pues ello implicaría una modificación o suspensión de la Constitución vigente[398].

A pesar de nuestra oposición, el mencionado Decreto fue aprobado con nuestro voto negativo; y su texto marcó el comienzo de la intervención de todos los Poderes del Estado, particularmente del Poder Legislativo y del Poder Judicial, además de los Poderes estadales y municipales, con la anuencia del propio Tribunal Supremo de Justicia, en cual contribuyó a "formalizar" el golpe de Estado y aupar su propia destrucción[399].

3. *La complicidad de la Corte Suprema de Justicia con la inconstitucional intervención constituyente de los poderes constituidos*

Luego de dictado el "Decreto mediante el cual se declaró la reorganización de todos los órganos del Poder Público", como se dijo, la Asamblea Nacional Constituyente procedió a intervenir y a regular a casi todos los órganos constituidos del Poder Público, comenzando por los órganos que ejercían el Poder Legislativo, a cuyo efecto, el 25 de agosto de 1999, dictó el "Decreto mediante el cual se regulan las funciones del Poder Legislativo"[400] que reformó cinco días después, el 30 de agosto de 1999[401].

Este Decreto, sin embargo, tuvo una fundamentación distinta al anterior. La "timidez" expresada en el "Decreto de reorganización general de los órganos del Poder Público" puede considerarse que fue superada en este Decreto, pues la Asamblea no se limitó a invocar el ejercicio de un poder constituyente (derivado) que le había otorgado el poder constituyente (originario) que era el pueblo mediante el referendo consultivo de 25 de abril de 1999; sino que se arrogó directa y abiertamente un "poder constituyente originario" que nadie le había otorgado, sino ella misma en su pro-

---

398 *V.* Allan R. Brewer-Carías *Debate Constituyente* Tomo I, *op. cit.* pp. 51 y 52

399 *V.* Allan R. Brewer-Carías, "La configuración judicial del proceso constituyente o de cómo el guardián de la Constitución abrió el camino para su violación y para su propia extinción", *Revista de Derecho Público*, N° 77-80, Editorial Jurídica Venezolana, Caracas 1999, pp. 453 y ss.

400 *Gaceta Oficial* N° 36.772 de 25-08-99.

401 *Gaceta Oficial* N° 36.776 de 31-08-99.

pio Estatuto de Funcionamiento. Así se plasmó en el encabezamiento del Decreto donde se afirmó que la Asamblea actuaba "En nombre y representación del pueblo soberano de Venezuela, *en ejercicio del poder constituyente originario otorgado por éste* mediante referendo aprobado democráticamente el 25 de abril de 1999..."

Sobre el Decreto mediante el cual se regularon las funciones del Poder Legislativo, en el debate en la Asamblea expresamos que su contenido violaba:

> La voluntad popular y soberana expresada en el referendo el 25-04-99, en el sentido de que *primero*, viola las garantías democráticas que la Asamblea Nacional Constituyente debe respetar; *segundo*, viola los principios del republicanismo, entre ellos, el de la separación de poderes, al modificar la Constitución de 1961 en cuanto la organización y funciones del Poder Legislativo Nacional y concentrar los Poderes del Estado en la Asamblea; *tercero*, viola compromisos internacionales de la República relativos al régimen democrático y a los derechos fundamentales; *cuarto*, viola el carácter progresivo de los derechos fundamentales del hombre, y *quinto*, viola el régimen autonómico de los Estados de la República.[402]

El Decreto finalmente, y a pesar de nuestra oposición, fue aprobado, razón por la cual dejamos constancia de nuestro voto salvado negativo en el cual expresamos que la Asamblea Nacional Constituyente, al aprobar este Decreto:

> En mi criterio, ha actuado al margen de los límites que le impuso la voluntad popular, lo que ya hizo, también, al aprobar su Estatuto, particularmente el contenido de su artículo 1°; al aprobar el Decreto de Reorganización de los Poderes Públicos y al aprobar el Decreto de Reorganización del Poder Judicial[403].

En todo caso, en resumen, mediante este Decreto, la Asamblea Nacional Constituyente en violación abierta de lo previsto en la Constitución de 1961, reguló y limitó las funciones del Congreso de la República cuyos miembros habían sido electos unos meses antes, en diciembre de 1998. Para ello, el Decreto comenzó eliminando el Congreso, al disponer que éste sólo actuaría "por órgano de la Comisión Delegada" (art. 2); y en cuanto a su función legislativa (la cual, al quedar eliminada la bicameralidad, sólo la ejercía la Comisión Delegada) quedó confinada a un conjunto específico de materias, indicadas como *numerus clausus* (art. 1).

El "Decreto de Regulación de las Funciones del Poder Legislativo", el cual además eliminaba las Asambleas Legislativas estadales, cambiaba la estructura del Parlamento de bicameral a unicameral e, intervenía la autonomía e independencia de los órganos del Poder Público que regulaba la Constitución; fue impugnado ante la Corte Suprema de Justicia por el Vice Presidente de la Cámara de Diputados, Henrique Capriles Radonski. La Corte Suprema de Justicia en Sala Plena, y con ponencia del Magistrado Iván Rincón Urdaneta, sin embargo, mediante sentencia de fecha 14 de octubre de 1999, (Caso: *Henrique Capriles Radonski vs. Decreto de Reorganización del Poder Legislativo)* resolvió el recurso declarando "improcedente la acción de nulidad intentada"[404].

---

402 *V.* Allan R. Brewer-Carías, *Debate Constituyente,* Tomo I, *op. cit.* p. 76.

403 *V.* Allan R. Brewer-Carías, *Debate Constituyente,* Tomo I, *op. cit.* p. 95.

404 *V.* en *Revista de Derecho Público,* N° 77-80, Editorial Jurídica Venezolana, Caracas, 1999, pp. 111 y ss.

La Corte Suprema, con esta sentencia, sin duda, se plegó al nuevo poder político y cohonestó y avaló los desaguisados constitucionales hechos por la Asamblea Nacional Constituyente. Con ello, sin duda, firmó su propia sentencia de muerte y la remoción de sus integrantes, con excepción, por supuesto, del magistrado Iván Rincón Urdaneta, su Presidente ponente, quien luego seguiría siendo por más de un lustro Presidente del nuevo Tribunal Supremo de Justicia.

En la sentencia, luego de unas confusas argumentaciones basadas en citas bibliográficas entre las cuales, por supuesto, se incluyó al Abate Sièyes, sobre el poder constituyente en la teoría y la práctica políticas de la historia universal, y sobre la distinción entre el poder constituyente y los poderes constituidos; la Corte Suprema, concluyó observando que:

> El poder constituyente no puede ejercerlo por sí mismo el pueblo, por lo que la elaboración de la Constitución recae en un cuerpo integrado por sus representantes, que se denomina Asamblea Constituyente, cuyos títulos de legitimidad derivan de la relación directa que exista entre ella y el pueblo.

Con este "descubrimiento" la Corte lo que hizo fue observar que la Asamblea Nacional Constituyente electa el 25 de julio de 1999 tenía como límites las *bases comiciales* aprobadas por el poder constituyente originario (el pueblo) mediante el referendo de abril de 1999, bases a las cuales la Corte, en la misma sentencia, le había reconocido "similar rango y naturaleza que la Constitución" y, en las cuales se había encomendado a la Asamblea "la elaboración de la Constitución", más no su adopción o puesta en vigencia, lo que se reservó el pueblo como poder constituyente originario, mediante referendo aprobatorio previsto en la *base comicial novena.*

Sin embargo, en la misma sentencia, la Corte Suprema pasó de reconocerle a las bases comiciales "similar rango y naturaleza que la Constitución" (de 1961), a otorgarle rango "supra constitucional". La Corte, en efecto, en la sentencia, luego de constatar las denuncias de inconstitucionalidad del Decreto impugnado, señaló:

> Como puede observarse, la pregunta N° 1 del referendo consultivo nacional aprobado el 25 de abril de 1999 y la base comicial octava del mismo referendo, *consagra la supra constitucionalidad de sus prescripciones*, ya que en ningún momento remite a la Constitución de 1961 sino a la tradición de la cultura...

Por supuesto, en esta línea de razonamiento, la Corte Suprema se encontraba con el escollo que le representaba la antes citada sentencia del 13 de abril de 1999 que ejecutaba la de 18 de marzo de 1999, ambas de la Sala Político-Administrativa de la misma Corte Suprema. En dicha sentencia se había ordenado eliminar de la *base comicial octava*, para evitar toda confusión, toda referencia al pretendido carácter originario del poder constituyente que ejercía la Asamblea, pero dijo lo siguiente:

> Si bien la sentencia de la Corte Suprema de Justicia en Sala Político Administrativa de fecha 13 de abril de 1999, excluyó de la base comicial octava "como poder constituyente originario que recoge la soberanía popular", es claro que la Asamblea Nacional Constituyente, no es un poder derivado, pues su función de sancionar una nueva Constitución implica el ejercicio del poder constituyente, el cual no puede estar sujeto a los límites del orden jurídico establecido, incluyendo la Constitución vigente.

De lo anterior resulta una contradicción abierta de criterios. La Corte Suprema reconocía que la sentencia de 13 de abril había dejado claro que la Asamblea Nacional Constituyente *no era un poder constituyente originario* (ya que sólo el pueblo lo es), lo que conducía entonces a considerarla como un poder constituyente "derivado", regulado por el pueblo en las *bases comiciales* a las cuales le había reconocido rango "supra constitucional". Sin embargo, la Corte en definitiva dijo que la Asamblea no era ni poder constituyente originario ni poder constituyente derivado. Entonces, ¿de qué se trataba? Si toda la bibliografía citada en la sentencia establecía esta dicotomía, debía ser una cosa o la otra, pero lo que no podía ser era ninguna de las dos.

La inconsistencia de la sentencia, en todo caso, condujo a la Corte Suprema, luego de citar párrafos sueltos de la antigua sentencia del 19 de enero de 1999[405], a cambiar su propio criterio establecido en la sentencia del 13 de abril de 1999 sobre la ausencia del carácter originario del poder constituyente otorgado a la Asamblea.

Debe señalarse que es cierto que la Asamblea Nacional Constituyente no tenía otros límites que los establecidos en las *bases comiciales* para sancionar una nueva Constitución; pero sólo para eso es que ello implicaba el ejercicio del poder constituyente: para elaborar el texto de una nueva Constitución la cual no se podía poner en vigencia con la sola voluntad de la Asamblea, porque ésta no tenía poder constituyente para ello. Por eso, las comparaciones que hizo la Corte en su sentencia, con el proceso de la Asamblea Constituyente de Colombia de 1991 eran totalmente impertinentes, pues en ese país, al contrario de lo que sucedió en Venezuela, la Constitución sí fue puesta en vigencia por la Asamblea Constituyente sin aprobación popular. En Venezuela, al contrario, el pueblo, como poder constituyente originario, en las *bases comiciales* mencionadas se había reservado la potestad de aprobar la Constitución mediante referendo aprobatorio posterior.

Sin embargo, incluso contrariando sus propias palabras (que la función de la Asamblea era "sancionar una nueva Constitución") la Corte Suprema en la sentencia, le atribuyó otras tareas "indefinidas", así:

> El cambio constitucional dirigido a la supresión de la Constitución *vigente*, es un proceso que, como tal, no se limita a la sanción de la nueva Constitución, sino al interregno durante el cual, la Asamblea Nacional Constituyente actúa dentro del contexto jurídico donde rige, transitoriamente, la Constitución anterior...

Es decir, la Corte Suprema, contradictoriamente, reconoció en la sentencia la "vigencia" de la Constitución de 1961, así fuera "transitoriamente" hasta que se aprobara la nueva Constitución mediante referendo, y agregó luego, sin embargo, que:

---

405 Esta sentencia dictada bajo Ponencia de Humberto J. La Roche, fue la que abrió la vía del referendo consultivo sobre la Asamblea Nacional Constituyente. *V.* en *Revista de Derecho Público*, Nº 77-80, Editorial Jurídica Venezolana, Caracas, 1999, pp. 57 y ss. *V.* los comentarios en Allan R. Brewer-Carías, *Asamblea Constituyente y Ordenamiento Constitucional,* Caracas 1999, pp. 151 y ss.; Allan R. Brewer-Carías, *Poder Constituyente Originario y Asamblea Nacional Constituyente*, Editorial Jurídica Venezolana, Caracas 1999, pp. 55 y ss; y en Allan R. Brewer-Carías, "La configuración judicial del proceso constituyente o de cómo el guardián de la Constitución abrió el camino para su violación y para su propia extinción", *Revista de Derecho Público*, Nº 77-80, Caracas 1999, pp. 453 y ss.

> El hecho de que la supresión de la Constitución actual se produce sólo cuando es refrendada y sancionada por el pueblo la Constitución nueva, el tiempo de vigencia de la primera no puede impedir ni obstaculizar el cumplimiento de la función de la Asamblea Nacional Constituyente que es la creación de un nuevo ordenamiento jurídico a que se refiere la pregunta N° 1 del referendo consultivo nacional del 25 de abril de 1999. Si el cambio constitucional es un proceso, que se inicia con dicho referendo y si este proceso implica forzosamente la coexistencia de poderes (del poder constituido y la Asamblea Nacional Constituyente), los Estatutos de Funcionamiento de ésta, basados, como se ha dicho, en normas presupuestas o supraconstitucionales, deben definir el modo de esta coexistencia, siendo la Constitución de 1961, el límite del poder constituido, pero no el criterio de solución de las controversias que puedan ocurrir entre ambos poderes.

Es decir, la Corte Suprema cambió el criterio que había sentado en la sentencia del 18 de marzo de 1999[406], según el cual la Constitución de 1961 era un marco límite de la Asamblea cuya elección debía aprobarse por el referendo del 25 de abril de 1999; y pasó a señalar, ya en medio del proceso constituyente, que esa misma Constitución de 1961 sólo era un límite a la actuación "de los poderes constituidos", pero no de la propia Asamblea Nacional Constituyente, cuya actuación pasaba a estar regulada por su Estatuto de Funcionamiento que ella misma se había dictado, auto atribuyéndose "poder constituyente originario".

Como conclusión de estas contradicciones, sin más, la Corte Suprema, en su sentencia del 14 de octubre de 1999, afirmó que la pretensión de nulidad del "Decreto de Regulación de las Funciones del Poder Legislativo", al violar la Constitución de 1961, era "improcedente":

> Pues el fundamento del acto impugnado no puede ser la Constitución vigente, desde que la soberanía popular se convierte, a través de la Asamblea Nacional Constituyente, en supremacía de la Constitución, por razón del carácter representativo del poder constituyente, es decir, como mecanismo jurídico de producción originaria del nuevo régimen constitucional de la República, así se decide[407].

Con esta confusa declaración, de la que podía deducirse cualquier cosa por quien quiera que la leyera, la Corte Suprema cambió los criterios que dieron origen al mismo proceso constituyente sentados por la misma Corte y, en definitiva decretó su futura extinción. Sólo pasaron algo más de dos meses para que fuera cerrada y extinguida por la propia Asamblea Nacional Constituyente, precisamente en ejercicio de los "poderes" que la misma Corte le atribuyó a partir de esta sentencia.

A partir de esa decisión, en todo caso, la Corte Suprema despejaba toda duda sobre la inconstitucional intervención del propio Poder Judicial por parte de la Asamblea Nacional Constituyente, la cual se había iniciado semanas antes; proceso de intervención en el cual incluso, la propia Corte Suprema participaría y cohonestaría.

La sentencia de la Corte en Pleno del 14 de octubre de 1999, en todo caso, fue objeto de severas críticas por parte de los siguientes Magistrados que salvaron su voto: Hermes Harting, quien había sido ponente de las sentencias de 18 de marzo de 1999, 23 de marzo de 1999 y 13 de abril de 1999 de la Sala Político-administrativa;

---

406 *V. Revista de Derecho Público*, N° 77-80, Editorial Jurídica Venezolana, Caracas, 1999, pp. 73 y ss.

407 *V.* en *Revista de Derecho Público*, N° 77-80, Editorial Jurídica Venezolana, Caracas, 1999, pp. 453 y ss.

Hildegard Rondón de Sansó; Belén Ramírez Landaeta; Héctor Grisanti Luciani, y Humberto J. La Roche, quien había sido el ponente de la sentencia inicial del proceso constituyente de 19 de enero de 1999.

El magistrado Harting insistió en la tesis de que la Asamblea Nacional Constituyente se había originado "en función de la Constitución de 1961, fuente de su nacimiento", por lo que estaba sujeta a la Constitución, lo que implicaba:

> El no poder ejercer la Asamblea Nacional Constituyente potestades correspondientes a los Poderes del Estado, ni realizar actuaciones atribuidas específicamente a estos por la Constitución y las Leyes, ni siquiera invocando circunstancias excepcionales.

Sobre este mismo tema, la magistrado Hildegard Rondón de Sansó también fue precisa al afirmar que la Asamblea Nacional Constituyente

> Está -ante todo- sujeta al sistema de la Constitución de 1961, al orden vigente y a las bases comiciales en el ejercicio y límites de su competencia.

Por ello, la magistrada Sansó consideró que la sentencia de 14 de octubre de 1999 había tergiversado la *base comicial octava* al considerar que la Asamblea estaba exonerada del bloque normativo de la Constitución de 1961; afirmando que:

> La posición supraconstitucional de la Asamblea Nacional Constituyente radica en la facultad de erigir instituciones futuras, diferentes del texto constitucional vigente: no en la facultad de violar las normas que rigen el sistema dentro del cual opera.

La magistrada Sansó también denunció el "flagrante desconocimiento" que evidenció la sentencia de un Acuerdo que había adoptado la Corte en Pleno, días antes, el 23 de agosto de 1999, en el cual la Corte declaró que:

> Se mantiene firme en su convicción de que dicha Asamblea no nació de un gobierno de facto, sino que surgió en un sistema de iure mediante un procedimiento al cual ella misma ha dado su respaldo.

Ahora bien, la acción de nulidad del Decreto que reguló la reorganización del Poder Legislativo se había fundamentado, entre otros aspectos, en la violación de la *base comicial octava* que la sentencia consideró como de rango y naturaleza constitucional e, incluso, supra constitucional. Al declarar improcedente la acción sólo indicando que el Decreto no estaba sometido a la Constitución de 1961, pero sin confrontar su texto con la *base comicial octava*, la Corte en Pleno incurrió en denegación de justicia o quizás en absolución de la instancia, lo que fue destacado por los magistrados Humberto J. La Roche e Hildegard Rondón de Sansó en sus votos salvados.

La sentencia, en todo caso, fue dictada con un apresuramiento inconcebible; tal como lo destacó en su voto salvado la magistrado Belén Ramírez Landaeta:

> La sentencia fue reformada y a menos de media hora de su distribución -violando el Reglamento de Reuniones de la Corte Suprema de Justicia en Pleno dictado por la Corte Suprema de Justicia en fecha 26 de noviembre de 1996- fue votada sin derecho a examinar, con la cordura requerida, el contenido de la misma.

Ello condujo, conforme al criterio de la magistrado Ramírez, a un "fallo lleno de errores, tanto formales como conceptuales" en cuya emisión, la Corte no ejerció "la virtud de la prudencia" ni tomó en cuenta la trascendencia que la decisión tenía "para el país y para la historia".

El apresuramiento por complacer al nuevo poder político, hizo a la Corte incurrir en los desafortunados desaguisados que sus propios Magistrados denunciaron en los votos salvados.

Por último, los magistrados Héctor Grisanti Luciani y Humberto J. La Roche, quienes también salvaron su voto, destacaron la omisión del fallo en considerar el contenido del Acuerdo que había sido firmado entre representantes del Congreso y de la Asamblea Nacional Constituyente el 9 de septiembre de 1999, mediante el cual materialmente se había dejado sin efecto la médula del Decreto impugnado, estableciéndose un sistema de cohabitación o coexistencia pacífica de las dos instituciones.

En todo caso, con el "Decreto de Regulación de las funciones del Poder Legislativo" se materializó jurídicamente el golpe de Estado dado por la Asamblea Nacional Constituyente, al violar la Constitución de 1961, extinguir un órgano constitucional constituido y electo como era el Congreso, intervenir sus funciones legislativas, limitar la autonomía de los Estados y Municipios y lesionar la autonomía de las Contralorías. La Asamblea Nacional Constituyente, como lo destacó la magistrado Rondón de Sansó en su voto salvado a la sentencia de la Corte en Pleno del 14 de octubre de 1999, ciertamente había nacido a raíz de la sentencia de 19 de enero de 1999 como una Asamblea sometida a un "régimen de *iure*". Por ello, al usurpar la autoridad del Congreso y violar la Constitución, la Asamblea Nacional Constituyente se constituyó a sí misma en un órgano bajo *régimen de facto,* actuando como una Asamblea de facto, al margen de la Constitución.

Con esta sentencia, en todo caso, se establecieron las bases para la justificación de la demolición de la autonomía e independencia del tradicionalmente considerado como el más débil de los poderes del Estado: el Poder Judicial.

4. *La intervención del Poder Judicial con la anuencia de la antigua Corte Suprema de Justicia*

A. *El decreto de la Asamblea Nacional Constituyente de reorganización del Poder Judicial*

En efecto, el 19 de agosto de 1999 le tocó el turno de ser intervenido al Poder Judicial, incluida la propia Corte Suprema de Justicia, para lo cual la Asamblea Nacional Constituyente resolvió declarar "al Poder Judicial en emergencia" (art. 1°), creando una "Comisión de Emergencia Judicial", que asumió el proceso de intervención[408]. Consideramos en este caso, también, y así lo hicimos constar en nuestro voto negativo, que con esa intervención y con la creación de una Comisión que suplantaba los órganos regulares de la Justicia[409], se lesionaba la autonomía e independencia del Poder Judicial.

Este Decreto tuvo la misma fundamentación que los anteriores: el ejercicio del poder constituyente originario supuestamente otorgado por el pueblo a la Asamblea

---

408 *Gaceta Oficial* N° 36.772 de 25-08-99 reimpreso en *Gaceta Oficial* N° 36.782 de 08-09-99.

409 *V.* en Allan R. Brewer-Carías, *Debate Constituyente,* Tomo I, *op. cit.*, p. 57 a 73; y en *Gaceta Constituyente (Diario de Debates), Agosto-Septiembre de 1999, cit.*, Sesión de 18-08-99, N° 10, pp. 17 a 22. *V.* el texto del Decreto en *Gaceta Oficial* N° 36.782 de 08-09-99.

mediante referendo; el artículo 1° del Estatuto de Funcionamiento de la propia Asamblea y el artículo único del Decreto de la Asamblea que había declarado la reorganización de todos los Poderes Públicos constituidos. Es decir, el fundamento del Decreto fue el que la propia Asamblea Constituyente se había construido a la medida, sin vínculo alguno con las normas supra constitucionales como eran las *bases comiciales* aprobadas en el referendo consultivo del 25 de abril de 1999.

En el debate ante la Asamblea, expusimos nuestra opinión y las objeciones a la forma como se procedía a la intervención de la justicia, señalando que:

> Si bien la Asamblea Nacional Constituyente debe ser la instancia política para motorizar las reformas inmediatas al Poder Judicial, y para propender a la renovación de la Judicatura, ello no lo puede hacer directamente sustituyendo los órganos con competencia legal para ello, sino instruyendo, vigilando y haciendo el seguimiento de sus propuestas. De lo contrario, corremos el grave riesgo de desencadenar iniciativas indeseadas por violación de los Tratados Internacionales que obligan al Estado Venezolano a proteger la independencia judicial, la cual lejos de salvaguardarse, se lesiona abiertamente con el Proyecto de Decreto[410].

En todo caso, el Decreto de Reorganización del Poder Judicial fue aprobado, atribuyéndose a la "Comisión de Emergencia Judicial" amplias facultades de intervención de la Justicia, las cuales pueden resumirse así:

1. La proposición a la Asamblea de las medidas necesarias para la reorganización del Poder Judicial y "la ejecución de las aprobadas por la Asamblea de conformidad con su Estatuto de Funcionamiento" (art. 3,1).

2. La evaluación del desempeño de la propia Corte Suprema de Justicia (arts. 3,3 y 4).

3. La instrucción al Consejo de la Judicatura para la ejecución de sus decisiones (art. 3,4). Tanto el Consejo de la Judicatura como el Inspector General de Tribunales quedaron obligados a acatar las instrucciones de la Comisión (art. 5), teniendo ésta la facultad de proponer a la Asamblea la sustitución de los Consejeros y del Inspector General de Tribunales (art. 5).

4. La destitución de cualquier funcionario judicial que obstaculizare su actividad o incumpliera sus instrucciones (art. 5).

5. La suspensión en forma inmediata a los funcionarios judiciales que tuvieran procedimientos iniciados por causas de corrupción (art. 6) y la destitución, también en forma inmediata, de jueces y funcionarios judiciales en caso de retardo judicial, de revocación de sus sentencias, de incumplimiento grave de sus obligaciones o que poseyeran signos de riqueza de procedencia no demostrada (art. 7).

6. La designación, a criterio de la Comisión, de suplentes o conjueces para sustituir a los jueces destituidos o suspendidos (art. 8).

El Decreto estableció que los jueces destituidos o suspendidos por la Comisión podían "apelar" de la decisión ante la Asamblea Nacional Constituyente (art. 9), con lo cual se pretendía convertir a la Asamblea en un órgano de alzada en el procedimiento administrativo.

---

410 *V.* Allan R. Brewer-Carías, *Debate Constituyente,* Tomo I, *op. cit.* p. 73.

Además, el Decreto destinó un conjunto de normas para regular la selección de jueces mediante evaluaciones y concursos públicos que, por supuesto, no se realizaron (art. 10 a 24).

En todo caso, la declaratoria de Emergencia Judicial tendría vigencia hasta que se sancionara la nueva Constitución (art. 32). Sin embargo, fue *sine die* por la falta del Tribunal Supremo de Justicia en asumir el gobierno judicial conforme a la competencia que le asignó la nueva Constitución de 1999 (art. 267), así como por la prórroga de la transitoriedad por obra de la Asamblea Nacional, dada su propia omisión en dictar las leyes necesarias. El Tribunal Supremo de Justicia, a partir de enero de 2000, fue complaciente con la forma irregular de intervención del Poder Judicial, y se abstuvo deliberadamente de asumir sus propias funciones. Debe destararse que la transitoriedad, incluso, se ha prorrogado en mayo de 2004, con la nueva Ley Orgánica del Tribunal Supremo de Justicia[411].

Con posterioridad a la aprobación del Decreto de Reorganización del Poder Judicial, la Junta Directiva de la Asamblea Constituyente emitió otro Decreto complementario de la intervención del Poder Judicial, denominado "Decreto de Medidas Cautelares Urgentes de Protección al Sistema Judicial", el cual ni siquiera fue aprobado por la Asamblea, ni publicado en *Gaceta Oficial.* En efecto, dicho decreto fue dictado por la "Junta Directiva de la Asamblea Nacional Constituyente y la Comisión de Emergencia Judicial autorizadas por la Asamblea en una sesión extraordinaria del 7 de octubre de 1999". En otras palabras, la Asamblea supuestamente se permitió, incluso, "delegar" en su Junta Directiva el supuesto poder constituyente originario que había asumido, hecho clandestino del cual no tuvieron conocimiento ni siquiera los mismos Constituyentes.

En todo caso, lo insólito de esta "delegación" fue que la fecha de emisión del Decreto fue el mismo día 7 de octubre de 1999, y ese mismo día fue reformado[412], razón por la cual no se entiende el porqué de tal delegación ni el porqué no fue sometido a la consideración de la plenaria de la Asamblea para su adopción por ella.

En este Decreto, en todo caso, se ordenó la inmediata suspensión de jueces contra quienes pesaran siete denuncias o más, o que tuvieran averiguaciones penales abiertas (art. 1), siendo el objeto inmediato de la suspensión, como medida cautelar, la separación del cargo de centenares de jueces y su sometimiento a procedimientos disciplinarios (art. 3); y la incorporación de los suplentes de los jueces suspendidos (art. 2). Por otra parte, en el Decreto también se ordenó la suspensión de los Inspectores de Tribunales por conductas omisivas (art. 4) y facultó a la Inspectoría General de Tribunales para la designación de inspectores interinos (art. 5). Por último, el Decreto facultó a la Comisión de Emergencia Judicial -el mismo órgano que participó en su adopción- para extender las medidas dictadas a otras situaciones graves (art. 9). Este Decreto de medidas cautelares, sin embargo, reguló un recurso contra las medidas ante la Sala Plena de la Corte Suprema de Justicia (art. 10), buscando garantizar de alguna manera el derecho a la defensa que había sido olvidado en el Decreto anterior.

---

411 *Gaceta Oficial* N° 37.942 de 19-05-2004. *V.* los comentarios en Allan R. Brewer-Carías, *Ley Orgánica del Tribunal Supremo de Justicia. Procesos y procedimientos constitucionales y contencioso administrativos*, Editorial Jurídica de Venezolana, Caracas 2004.

412 *Gaceta Oficial* N° 36.825 de 09-11-99.

Contra las medidas que al efecto dictaron los órganos comisionados para ello, muchos jueces recurrieron ante la Sala Político-Administrativa de la Corte Suprema de Justicia. En esa forma, por ejemplo, la misma Sala del nuevo Tribunal Supremo de Justicia, en fecha 24 de marzo de 2000, dictó la sentencia N° 659, (*caso: Rosario Nouel*), en la cual declaró que:

> La Comisión de Emergencia Judicial, la Sala Administrativa del extinto Consejo de la Judicatura, así como la Inspectoría General de Tribunales ejercieron una competencia que les fue atribuida por la Asamblea Nacional Constituyente, y en consecuencia su competencia emanó de una *voluntad soberana.*

Esta vez fue la Sala Político Administrativa del nuevo y renovado Tribunal Supremo, que había sido creado el 22 de diciembre de 1999 por la propia Asamblea Nacional Constituyente en el Decreto sobre el "Régimen de Transición de los Poderes Públicos"[413], la que en esta sentencia le atribuía a las decisiones de la Asamblea Constituyente, carácter de "voluntad soberana". Es decir, directamente reconoció a la Asamblea la supuesta titularidad de la soberanía, lo que no tenía sentido alguno, pues la única "voluntad soberana" que puede haber en un régimen constitucional es la que emanaba del pueblo, único titular de la soberanía, mediante el sufragio (elecciones) o votaciones (referendos).

En todo caso, con fundamento en estos Decretos se produjo la intervención del Poder Judicial, se destituyeron y suspendieron centenares de jueces con precaria garantía al derecho a la defensa, se designaron jueces suplentes e interinos sin sistema alguno de selección que no fuera la sola voluntad del designante, con lo cual el Poder Judicial quedó signado por la provisionalidad y temporalidad, con su secuela de dependencia respecto del nuevo Poder, sin que se hubiera realizado concurso alguno para la selección de jueces[414].

El Decreto de Medidas Cautelares de Protección al Sistema Judicial también fue impugnado por inconstitucionalidad ante la Corte Suprema de Justicia el 19 de noviembre de 1999. La complaciente Corte Suprema de Justicia, sin embargo, muy calculadamente no resolvería dicho recurso, el cual sería decidido por el nuevo el Tribunal Supremo de Justicia, en Sala Constitucional, mediante sentencia del 2 de noviembre de 2000 N° 1320, (*Caso: Gisela Aranda Hermida*), en la cual al declarar la inadmisibilidad de la acción, consideró que el Decreto era:

> Un producto del proceso constituyente recientemente vivido en Venezuela y que se encuentra dentro de los denominados actos constituyentes, respecto de los cuales esta misma Sala ha dejado sentado en anteriores oportunidades con fundamento en algunas sentencias pronunciadas por al entonces Corte Suprema de Justicia en Pleno que, al tener "(...) su régimen fundamental en las preguntas y Bases Comiciales consultadas en el Referendo del 25 de abril de 1999", tales actos "(...) son para el ordenamiento que rige el proceso constituyente, 'de similar rango y naturaleza que la Constitución' como la cúspide de las normas del Proceso Constituyente", conclu-

---

413 *V.* los comentarios en Allan R. Brewer-Carías, *La Constitución de 1999. Derecho Constitucional Venezolano*, Tomo II, *cit.*, pp. 1017 y ss.

414 Casi dos años después, en agosto de 2001, Magistrados del Tribunal Supremo de Justicia admitían que más del 90% de los jueces de la República eran provisionales. *V. El Universal*, Caracas 15-08-01, p. 1-4. En mayo de 2001 otros Magistrados del Tribunal Supremo reconocían el fracaso de la llamada "emergencia judicial". *V. El Universal,* Caracas 30-05-01, p. 1-4.

yendo así que, "(...) habiendo sido asimilado el rango de las Bases Comiciales con el más alto escalafón de la jerarquía normativa en el proceso constituyente, es esta Sala Constitucional el Tribunal competente para decidir las acciones intentadas contra los actos de ejecución de dichas Bases...

Se debe destacar de esta sentencia, la insólita decisión de atribuir carácter de "acto constituyente" de igual rango y naturaleza que la Constitución, no ya a una decisión de la Asamblea Nacional Constituyente, sino de su Junta Directiva y de una Comisión creada por la Asamblea. La complacencia del Tribunal Supremo respecto del nuevo poder no encontró límites.

Por último, también como parte de la intervención del Poder Judicial, la Asamblea Nacional Constituyente, esta vez "en uso a la atribución a que se contrae el artículo 1° del Estatuto de Funcionamiento de la Asamblea y en conformidad con el artículo 1° del Decreto de Reorganización del Poder Judicial del 25 de agosto de 1999", dictó otro Decreto que confirió facultades a la Comisión de Emergencia Judicial "hasta el 16 de diciembre del presente año" (1999) para reglamentar el plan de evaluación de los jueces, determinar la permanencia o sustitución de los mismos y el régimen de selección y concursos (art. único)[415].

El resultado de toda esta intervención del Poder Judicial fue la designación indiscriminada de "nuevos" jueces sin concursos, quedando dependientes del nuevo Poder que los había designado.

B. *El "Acuerdo" de la Corte Suprema de Justicia de 23 de agosto de 1999 aceptando la inconstitucional intervención del Poder Judicial y su "autodisolución"*

La Corte Suprema de Justicia, por su parte, en fecha 23 de agosto de 1999, y con motivo de la decisión de la Asamblea de intervenir el Poder Judicial, adoptó un desafortunado Acuerdo[416], elaborado con ponencia de la magistrado Hildegard Rondón de Sansó, en el cual la Corte fijó posición ante el Decreto de Reorganización del Poder Judicial dictado por la Asamblea Nacional Constituyente; y sobre la designación de uno de sus propios magistrados (Alirio Abreu Burelli) como integrante de la ilegítima Comisión de Emergencia Judicial. Con dicho Acuerdo, como lo expresó la magistrado Cecilia Sosa Gómez, quien hasta ese momento presidía la Corte Suprema, al salvar su voto: "Estimo que al acatar el Decreto de la Asamblea Nacional Constituyente, la Corte Suprema de Justicia se autodisuelve".

Y así ocurrió, de hecho, tres meses después.

En efecto, en dicho Acuerdo, la Corte, sin duda ingenuamente y en un último intento de detener la avalancha inconstitucional que ella misma había provocado y desatado con sus imprecisiones, ratificó su "convicción" sobre el hecho de que la Asamblea Nacional Constituyente no había nacido "de un gobierno de *facto*, sino que surgió en un sistema de *iure* mediante un procedimiento al cual ella ha dado su respaldo"; y procedió a evaluar el Decreto "independientemente de los vicios que puedan afectarlo", lo cual resultaba a todas luces extraño, por sólo decir lo menos.

---

415 *Gaceta Oficial* N° 36.832 de 18-11-99.

416 *V.* nuestros comentarios sobre el Acuerdo, en Allan R. Brewer-Carías, *Debate Constituyente*, Tomo I, *op. cit.*, pp. 141 y ss. *V.* además, los comentarios de Lolymar Hernández Camargo, *La Teoría del Poder Constituyente, cit.*, pp. 75 y ss.

¿A quién se le puede ocurrir que el Tribunal Supremo pueda evaluar un acto estatal que sospecha viciado, independientemente de sus vicios? ¿Puede un Tribunal Supremo desdoblarse así, acomodaticiamente?

En todo caso, de esa escéptica evaluación la Corte Suprema captó el compromiso de la Asamblea Nacional Constituyente de proceder de inmediato, a través de la citada Comisión, a la revisión de los expedientes de los jueces y a su evaluación. Consideró, además, la Corte, que la ejecución del proceso de reorganización judicial debía respetar los principios fundamentales del derecho a la defensa, de la racionalidad y proporcionalidad de las decisiones y de la independencia y autonomía del Poder Judicial, lo cual precisamente no se había hecho ni se garantizaba en el Decreto que evaluaba, ofreciendo sin embargo, "su contribución para el objetivo fundamental perseguido por el Decreto", para lo cual, aunque parezca mentira, autorizó al magistrado Abreu Burelli para integrar la Comisión, lo cual también, en forma increíble, fue aceptado por éste.

De nuevo, el lenguaje impreciso y ambiguo utilizado en el Acuerdo condujo a varios Magistrados a salvar su voto. El magistrado Héctor Paradisi León, quien también había sido ponente de otra de las decisiones del 19 de enero de 1999[417], estimó que el pronunciamiento de la Corte no respondía al ejercicio de sus atribuciones, dada las "motivaciones altamente políticas" del Decreto. El magistrado Hermes Harting consideró contradictorio el Acuerdo, pues el Decreto de la Asamblea "transgrede derechos como el ser juzgado por sus jueces naturales y la garantía del debido proceso" al atribuir competencias a la Comisión de Emergencia Judicial, en desmedro de las atribuidas a la Corte Suprema de Justicia y al Consejo de la Judicatura. Similares contradicciones identificó el magistrado Héctor Grisanti Luciani. Finalmente, la magistrado Cecilia Sosa Gómez denunció la incoherencia del Acuerdo, al estimar que "pretende convalidar el Decreto de la Asamblea dirigido directamente a desconocer el Estado de Derecho en el cual ha nacido".

Denunció, además, la Magistrado Sosa la contradicción del Acuerdo, pues al:

> Respaldar el contenido del Decreto de Emergencia Judicial dictado por la Asamblea, (la Corte) desconoce rotundamente no sólo el contenido de sus sentencias sino los límites demarcados en las bases comiciales que gobiernan el funcionamiento de la Asamblea y el ordenamiento constitucional y legal, enteramente vigente y cuya garantía ha sido confiada a este Alto Tribunal.

Consideró, además, que la Corte, con el Acuerdo:

> Reniega su propia jurisprudencia, que fijó la competencia de la Asamblea Nacional Constituyente, y, consecuentemente, ha mostrado su fragilidad y debilidad ante el Poder Político y, deberá su precaria permanencia al Presidente de la República, que magnánimamente no ha ordenado su disolución.

La Magistrado Sosa, sin duda, tenía claro el panorama futuro de la Corte, cuyos magistrados fueron removidos tres meses después por la propia Asamblea Nacional Constituyente. Por ello denunció, además, que con el Acuerdo, la Corte había permitido que la Asamblea enervara las facultades que el pueblo soberano:

---

417 *V.* en *Revista de Derecho Público*, N° 77-80, EJV, Caracas, 1999, pp. 68 y ss.

Donde reside el único y verdadero poder originario", confirió a la Asamblea, pues a la Asamblea no se la había autorizado "para intervenir o sustituir los poderes constituidos, erigiéndose en una suerte de "superpoder" donde se concentran todas las potestades públicas.

Consideró que ello lo había logrado la Asamblea "con el respaldo del Acuerdo" cuyo contenido deploró.

Advirtió la magistrado Sosa que la Corte, "mediante un artilugio jurídico", se había sometido "a los designios de la Asamblea, aceptando que ella pueda sustituirse a la Corte Suprema de Justicia y al Poder Judicial, a través de una falsa colaboración". La Asamblea "no está por encima de la Constitución que le permitió existir" -dijo-, por lo que la Magistrado disidente denunció que con el Decreto, la Asamblea:

> Se arrogó atribuciones del poder constituido, y olvidó que debe responder sólo a lo que el pueblo soberano le autorizó...; ... ha violentado con esta actuación -validada por la Corte- esa Constitución, desconociendo abierta y flagrantemente sus postulados. Y, sin una Constitución simplemente no hay Democracia... con ese Decreto la Asamblea Nacional Constituyente rompió el equilibrio de esa Democracia.

La verdad es que ya lo había roto con anterioridad al haber perpetrado el golpe de Estado, de lo cual el Decreto era una manifestación más, pero no la única. Finalmente, la magistrado Sosa denunció que más que "sumisión al Estado de Derecho", la Corte con el Acuerdo, había declarado su "sumisión a la Asamblea Nacional Constituyente"; y con ello, en definitiva su disolución, como en efecto ocurrió tres meses después. Por último, la magistrado Sosa hizo esta definitiva afirmación, que patentizó la actuación de la Corte:

> El miedo a desaparecer como Magistrados y el ansia de colaborar con una mayoría que se ha arrogado todos los poderes fue más grande que la dignidad y la defensa de los valores fundamentales que el Derecho y la Democracia imponen a la Corte Suprema de Justicia.

Basta glosar este voto salvado, tremendamente crítico, para entender la naturaleza del acto de sumisión de la Corte Suprema de Justicia a la Asamblea Nacional Constituyente. La Magistrado Sosa, el mismo día del Acuerdo, renunció a su condición de Magistrado; y poco tiempo después, como se dijo, la mayoría de los otros Magistrados fueron sacados inmisericordemente de sus cargos por el nuevo poder que ellos habían apuntalado, y del cual fueron sus primeras víctimas.

5. *La continuación de la intervención del Poder Judicial con la anuencia del Tribunal Supremo de Justicia*

A. *La aceptación por el Tribunal Supremo de Justicia de la transitoriedad en materia de régimen disciplinario judicial*

La Constitución de 1999 estableció que para el gobierno y administración del Poder Judicial, el Tribunal Supremo tendría una Dirección Ejecutiva de la Magistratura (art. 267); y en sus Disposiciones Transitorias, en materia judicial sólo se hizo una mención en la *Disposición Transitoria Cuarta,* a una "Comisión de Funcionamiento y Reestructuración del Sistema Judicial", la cual, sin embargo, no existía (la que existió durante el funcionamiento de la Asamblea Nacional Constituyente, como se dijo, había sido la Comisión de Emergencia Judicial), y únicamente a los efectos de que desarrollase transitoriamente el "sistema de defensa pública" hasta que se dictase la ley respectiva.

Dicha Comisión de Funcionamiento y Reestructuración del Sistema Judicial, sin embargo, fue creada en el mencionado Decreto del Régimen de Transición del Poder Público (art. 27) dictado por la Asamblea Nacional Constituyente el 22 de diciembre de 1999[418], en el cual se dispuso que mientras el Tribunal Supremo organizaba su referida Dirección Ejecutiva de la Magistratura, el gobierno y administración del Poder Judicial, la inspección y vigilancia de los Tribunales, y todas las competencias que la legislación para ese momento vigente atribuían al Consejo de la Judicatura, serían ejercidas por la Comisión de Funcionamiento y Reestructuración del Sistema Judicial (art. 21).

La Asamblea Nacional Constituyente así, incluso para después de que la nueva Constitución entrara en vigencia, le confiscó una de sus nuevas funciones al Tribunal Supremo de Justicia, cuyos miembros había designado, y se la atribuyó a una "Comisión" creada y designada por la propia Asamblea y ni siquiera por el nuevo Tribunal Supremo; situación irregular que el propio Tribunal Supremo de Justicia aceptó resignadamente durante más de un lustro.

Por otra parte, la disposición del artículo 23 del Decreto del 22 de diciembre de 1999 constituía una verdadera "Disposición Transitoria" que debió haber sido incorporada en las de la propia Constitución, la cual, sin embargo dictó la Asamblea en evidente usurpación de autoridad (la del pueblo), disponiendo que la competencia disciplinaria judicial que correspondía a los tribunales disciplinarios de conformidad con el artículo 267 de la Constitución recién aprobada, sería ejercida por la Comisión de Funcionamiento y Reestructuración del Sistema Judicial, y no por los jueces:

> De acuerdo con el presente régimen de *transición y hasta* que la Asamblea Nacional *apruebe la legislación* que determine los *procesos y tribunales* disciplinarios.

Sin embargo, conforme a la nueva Constitución sólo los jueces podían ejercer la función disciplinaria judicial (art. 253), por lo que era totalmente ilegítimo y contrario a la garantía del debido proceso (art. 49), el atribuir funciones judiciales a una "Comisión" *ad hoc* como la mencionada, que no era ni es un Tribunal. Si se trataba de establecer, así fuera arbitrariamente, un régimen transitorio para la jurisdicción disciplinaria, las funciones judiciales que implica debieron atribuirse a tribunales o jueces preexistentes, y no a una "Comisión" *ad hoc*, pues ello, además, violaba la garantía del debido proceso y del juez natural que la nueva Constitución regulaba expresamente (art. 49).

Esta situación de absoluta transitoriedad y de inaplicación del texto constitucional, se prolongó por la omisión del mismo Tribunal Supremo hasta el 2 de agosto de 2000, cuando el mismo Tribunal dictó la "Normativa Sobre la Dirección, Gobierno y Administración del Poder Judicial", con la cual pretendió satisfacer el expreso mandato constitucional del artículo 267, supuestamente para "poner fin a la vigencia del régimen transitorio dictado por el Constituyente".

En efecto, el artículo 1° de la referida Normativa el Tribunal Supremo dispuso la creación de "la Dirección Ejecutiva de la Magistratura como órgano auxiliar del Tri-

418 *V.* en *Gaceta Oficial* N° 36859 de 29-12-99. *V.* los comentarios en Allan R. Brewer-Carías, *La Constitución de 1999. Derecho Constitucional Venezolano, cit.*, pp. 1017 y ss.

bunal Supremo de Justicia, con la finalidad de que ejerza por delegación las funciones de dirección, gobierno y administración del Poder Judicial". Esta Dirección Ejecutiva de la Magistratura se erigió entonces como un órgano del Tribunal Supremo en el ejercicio de sus atribuciones relativas a la dirección, gobierno y administración del Poder Judicial, es decir, se trató de un órgano que ejerce por delegación tales atribuciones que, se insiste, son propias de este Tribunal Supremo de Justicia.

Pero en materia de jurisdicción disciplinaria de los jueces, en el artículo 30 de la misma Normativa, el Tribunal Supremo, sin justificación alguna, prorrogó la existencia y funcionamiento de la Comisión de Funcionamiento y Reestructuración, que debía ser organizada en la forma que determinase el Tribunal Supremo de Justicia, la cual sólo tendría a su cargo luego de la vigencia de la referida Normativa, "funciones disciplinarias mientras se dicta la legislación y se crean los correspondientes Tribunales Disciplinarios". Continuó así dicha Comisión en el ejercicio de funciones transitorias en materia disciplinaria; situación que fue nuevamente prorrogada por la Ley Orgánica del Tribunal Supremo de Justicia de mayo de 2004[419], en cuya Disposición Transitoria Única, párrafo 2, e) se dispone que:

> e) La Comisión de Funcionamiento y Reestructuración del Sistema Judicial sólo tendrá a su cargo funciones disciplinarias, mientras se dicte la legislación y se crea la jurisdicción disciplinaria y los correspondientes tribunales disciplinarios.

La norma constitucional que dispuso que "la jurisdicción disciplinaria judicial estará a cargo de los tribunales disciplinarios que determine la ley" (art. 267), por tanto, ha sido letra muerta durante la vigencia de la Constitución; años de vigencia durante los cuales los jueces no han tenido garantía alguna en cuanto a su estabilidad, y su permanencia en el Poder Judicial ha quedado a la merced de una Comisión "no judicial".

B. *La inexistencia de la carrera judicial y la ausencia de estabilidad de los jueces*

De acuerdo con lo dispuesto en el artículo 255 de la Constitución, el ingreso a la carrera judicial y el ascenso de los jueces se debe hacer por concursos de oposición públicos que aseguren la idoneidad y excelencia de los participantes y serán seleccionados por los jurados de los circuitos judiciales, en la forma y condiciones que establezca la ley. El nombramiento y juramento de los jueces corresponde al Tribunal Supremo de Justicia. La ley debe garantizar la participación ciudadana en el procedimiento de selección y designación de los jueces. Los jueces sólo pueden ser removidos o suspendidos de sus cargos mediante los procedimientos expresamente previstos en la ley.

Esta norma, sin embargo, también ha sido letra muerta en el poder Judicial en Venezuela desde la intervención del Poder Judicial por la Asamblea Nacional Constituyente en 1999, mediante la Comisión de Emergencia Judicial. Dicha Comisión y su sucesora, la Comisión de Funcionamiento y Reestructuración del Sistema Judicial creada en el Régimen de Transición del Poder Público el 22 de diciembre de 1999, en efecto, destituyeron cientos de jueces en el país, extinguiendo la garantía de la

---

419 *V.* en *Gaceta Oficial* N° 37942 de 20-05-2004.

estabilidad de los jueces. La Comisión Judicial del Tribunal Supremo de Justicia nombrada en agosto de 2000, que comenzó a funcionar en paralelo con la Comisión de Funcionamiento, además, continuó la política de estructurar un Poder Judicial integrado por jueces provisionales o temporales, los cuales han llegado a conformar más del 80% del universo de los jueces, quienes han quedado dependientes y vulnerables a las presiones del poder[420], habiendo materialmente desaparecido la autonomía e independencia del Poder Judicial. Además, los concursos públicos para la designación de los jueces que se habían instituido en 2000, fueron suspendidos a partir de comienzos de 2003; y la destitución de los jueces sin fórmula de juicio ni derecho a ser oídos, sigue siendo la regla.

Un ejemplo basta: con ocasión de la decisión del Consejo Nacional Electoral sobre el reconocimiento y desconocimiento de firmas de apoyo a la solicitud de referendo revocatorio presidencial en 2004, adoptada después de que una gran marcha de protesta organizada por la oposición el día 27 de febrero de 2004, precisamente en defensa de las firmas y solicitudes consignadas, la misma fue brutalmente reprimida por las fuerzas de seguridad del Estado, aún antes de que se pretendiera entregar un documento en la reunión de Presidentes del "Grupo de los 15" en Caracas[421]. Ello originó una ola de protestas cívicas generalizadas en todo el país[422], la mayoría de ellas de carácter espontáneo, que fueron de nuevo y en forma continuada brutalmente reprimidas por la Guardia Nacional, en una forma nunca antes vista en el país (por la nueva tecnología de represión existente y por el odio demostrado por la fuerza pública en la represión), originando detenciones ilegales y violaciones generalizadas a los derechos a la vida, a la libertad y a la seguridad e integridad personales[423]. La protesta ante la brutal represión tuvo repercusión nacional[424] y mundial[425], y el 6 de marzo de 2004 se efectuó en Caracas una extraordinaria y multitudinaria manifestación de rechazo contra la represión del gobierno[426]. Pero la intervención del Poder Judicial en Venezuela había sido de tal naturaleza, que cuando dos juezas penales dieron libertad a algunos detenidos en las manifestaciones de protesta conforme al principio procesal penal vigente en el país que garantiza a las personas el derecho a ser juzgado en libertad, siendo la excepción la privación de la libertad del procesado; dichos jueces fueron inmediatamente destituidas por la Comisión Judicial del Tribunal Supremo de Justicia, sin respetárseles, por supuesto, el derecho al

---

420 *V.* lo indicado en el Informe *Manipulando el Estado de Derecho: Independencia del Poder Judicial amenazada en Venezuela*, Human Rights Watch, junio de 2004, Vol. 16, Nº 3 (B), p. 11, donde se habla incluso de los "jueces desechables".

421 *V. El Nacional*, Caracas 28-02-2004, p. A-1 y A-2. Dos semanas antes, otra multitudinaria marca de la oposición con el mismo fin se había realizado en Caracas, *V. El Universal*, Caracas, 15-02-2004, p.1-1; *El Nacional*, Caracas 1-02-2004, p. A-1.

422 *V.* por ejemplo, *El Universal*, Caracas 28-02-2004, p. 1-1; *El Nacional*, Caracas 01-03-2004, p. A-1; *El Nacional*, Caracas 02-03-2004, p. A-1.

423 *V. El Nacional*, Caracas 04-03-2004, p. A-1; *El Nacional*, Caracas 06-03-2004, p. A-1.

424 *V.* por ejemplo la declaración de los decanos de las facultades de derecho y miembros de la Academia de Ciencias Políticas y Sociales, en *El Nacional*, Caracas 06-03-2004, p. A-4.

425 *V.* por ejemplo la manifestación de la Sociedad Internacional para los Derechos Humanos, firmada entre otros por los Presidentes de Polonia, Lituania y República Checa, Lech Walesa, Vitautas Landsbergis y Vaclav Havel. *V.* en *El Nacional*, Caracas 06-03-2004, p. A-2.

426 *V. El Nacional*, Caracas, 07-03-2004, pp. A-1; A-2; A-3

debido proceso[427], lo que originó nuevas protestas públicas[428] y jurídicas[429]. Ya la cabeza del Poder Judicial estaba al servicio del poder político.

II. LA SALA CONSTITUCIONAL DEL TRIBUNAL SUPREMO COMO JUEZ EN SU PROPIA CAUSA

Uno de los pilares del Estado de derecho y del control de los poderes, es que nadie puede ser juez de su propia causa. Es decir, nadie puede ser en un proceso, a la vez, juez y parte. Y ello aplica, por supuesto, a los ciudadanos y a los órganos del Estado.

En Venezuela, sin embargo, el órgano llamado a garantizar la supremacía constitucional, los principios del Estado de derecho y la vigencia efectiva de los derechos ciudadanos, que es la Sala Constitucional del Tribunal Supremo de Justicia, ha sido precisamente el que ha violado tan elemental principio constitucional, y ha sido juez en su propia causa, al decidir las acciones de inconstitucionalidad del acto de la Asamblea Nacional Constituyente de su propia creación y nombramiento de sus magistrados; así como de la Ley Especial dictada por la Asamblea Nacional que estableció los requisitos para su nombramiento llegando a decidir que las condiciones constitucionales para ser magistrados no se les aplican a ellos. Esta conducta se ha configurado como un atentado a la majestad del Poder Judicial, convirtiendo a la Sala Constitucional en el instrumento para destruir la autonomía e independencia del Poder Judicial.

1. *La Sala Constitucional decidiendo en su propia causa sobre el inconstitucional Régimen Transitorio paralelo de la Constitución de 1999 que le dio origen*

La Sala Constitucional del Tribunal Supremo de Justicia fue creada por la Asamblea Nacional Constituyente, la cual designó a sus Magistrados antes de que la Constitución de 1999 entrara en vigencia, mediante el antes mencionado inconstitucional Decreto sobre Régimen Transitorio del Poder Público de 22 de diciembre de 1999. Esos mismos magistrados de esa misma Sala Constitucional fueron jueces en su propia causa, al conocer de la impugnación por inconstitucionalidad del Decreto de su nombramiento y creación, decidiendo que se trataba de un acto de rango constitucional, el cual, sin embargo, no había sido aprobado por el pueblo mediante referendo.

El principio más elemental del Estado de derecho, de que nadie puede ser a la vez juez y parte, fue violado por el propio Tribunal Supremo al comenzar el ejercicio de sus funciones en 2000; y ese ha sido el Tribunal Supremo encargado durante el último lustro, precisamente, del gobierno y administración del Poder Judicial.

---

427 *V.* el Informe *Manipulando el Estado de Derecho: Independencia del Poder Judicial amenazada en Venezuela*, Human Rights Watch, junio de 2004, Vol. 16, Nº 3 (B), p. 15.

428 *V.* sobre la manifestación ante la Dirección Ejecutiva de la Magistratura del Tribunal Supremo de Justicia, en *El Nacional*, Caracas, 05-03-2004, p. A-4.

429 *V.* la declaración de los Decanos de las facultades de derecho y miembros de la Academia de Ciencias Políticas y Sociales, en *El Nacional*, Caracas 06-03-2004, p. A-4.

A. *La ausencia de disposiciones transitorias sobre el Poder Judicial en la Constitución de 1999*

Una de las reformas constitucionales de mayor importancia sobre el Poder Judicial introducidas en la Constitución aprobada mediante referendo el 15 de diciembre de 1999, fue la transformación de la Corte Suprema de Justicia que estaba dividida en tres Salas: Político-Administrativa, de Casación Civil y de Casación Penal; en un Tribunal Supremo de Justicia (Art. 262), dividido en seis Salas: Constitucional, Político-Administrativa, Electoral, de Casación Civil, de Casación Penal y de Casación Social (Art. 262); y al cual se atribuyó, además, el gobierno y administración del Poder Judicial a través de una Dirección Ejecutiva de la Magistratura (Art. 267), función que antes había estado a cargo del Consejo de la Judicatura. Sin embargo, a pesar de ese importante cambio institucional, la Constitución no estableció norma alguna en sus Disposiciones Transitorias para regular la transición entre los órganos superiores del Poder Judicial que existían conforme a la Constitución de 1961 y los nuevos órganos previstos en la nueva Constitución. Esa había sido la voluntad expresada por el poder constituyente originario (el pueblo) en torno a la transitoriedad constitucional, lo que implicaba la continuidad de los anteriores hasta que se dictaran las leyes necesarias para implementar el funcionamiento de los nuevos.

En efecto, el nuevo texto constitucional, si bien contiene 28 Disposiciones Transitorias en las cuales se regularon aspectos tendientes a asegurar la vigencia inmediata de la Constitución, a posponer la vigencia de algunas normas, y a establecer el programa legislativo para la ejecución de la Constitución; en el mismo nada se resolvió sobre la posible inmediata transición, por ejemplo, de los titulares electos de los órganos representativos del Poder Público regulados conforme a la Constitución de 1961 y que habían sido electos en noviembre y diciembre de 1998; hacia los nuevos órganos del Poder Público previstos en la Constitución de 1999.

En tal sentido puede afirmarse que los constituyentes, al redactar el texto constitucional, no previeron transición constitucional alguna distinta a la contenida en las referidas Disposiciones Transitorias; y ello fue lo aprobado popularmente en el referendo aprobatorio de la Constitución. Incluso, el intento de combinar un referendo consultivo junto con el referendo aprobatorio de la Constitución, para conocer la opinión popular sobre la cesación del mandato de las autoridades ejecutivas de la República que se habría motorizado en el seno de la Asamblea, había sido abortado por la propia Asamblea Nacional Constituyente[430]

Por tanto, la no previsión de normas expresas para asegurar la inmediata sustitución de los titulares de los órganos del Poder Público en las Disposiciones Transitorias producía, como en su momento dijimos[431], la siguiente situación constitucional en un régimen democrático, que era precisamente la que se había aprobado en el referendo del 15 de diciembre de 1999:

1. En cuanto a los órganos del Poder Público Nacional, la nueva Constitución establecía una Asamblea Nacional unicameral. Sin embargo, al no preverse una Disposición Transitoria expresa que dispusiera otra cosa, mientras se elegía la nueva

430 *V. Gaceta Constituyente (Diario de Debates), Noviembre 1999-Enero 2000,* Sesión de 19-11-99, N° 46, p. 3; y Sesión de 9-12-99, N° 48, pp. 5 y ss.

431 *V.* los comentarios que hicimos en Allan R. Brewer-Carías, *La Constitución de 1999,* Caracas 2000, pp. 253 y ss.; y *La Constitución de 1999. Derecho Constitucional Venezolano*, Tomo II, *cit.*, pp. 1015 y ss.

Asamblea Nacional, las Cámaras Legislativas (Senado y Cámara de Diputados) cuyos miembros habían sido electos en año antes, en noviembre de 1998, debían continuar funcionando. Los diputados y senadores no podían dejar de ejercer sus funciones, pues de lo contrario se podía producir un vacío institucional insalvable en la propia Constitución, totalmente inaceptable.

La elección de los nuevos diputados a la Asamblea Nacional, por otra parte, debía realizarse conforme a las leyes electorales vigentes, adaptadas a la Constitución por el Consejo Nacional Electoral conforme a sus competencias para resolver las dudas y vacíos que suscitasen las leyes (art. 293, Ord. 1°) y la interpretación que estableciera el Tribunal Supremo de Justicia.

En todo caso, la permanencia de los diputados y senadores derivaba del principio elemental del funcionamiento del Estado, de que mientras un nuevo funcionario no tome posesión de un cargo, el funcionario anterior está obligado a permanecer en el mismo. De lo contrario, podría incurrir en el delito de abandono de funciones (art. 209 Código Penal).

Por ello, también, en relación con el Presidente de la República que había sido electo en diciembre de 1998, éste debía permanecer en su cargo hasta que se produjese la elección de un nuevo Presidente de la República conforme a las previsiones de la nueva Constitución.

En cuanto a los Magistrados de la Corte Suprema de Justicia, también debían permanecer en sus cargos hasta tanto la nueva Asamblea Nacional que se eligiera, regulara legalmente el nuevo Tribunal Supremo de Justicia y nombrara sus Magistrados conforme a las nuevas Salas, de acuerdo con los nuevos criterios previstos en la Constitución en cuanto a la transparencia para la postulación y selección (Comité Postulaciones Judiciales).

En lo que se refiere al Fiscal General de la República, al Contralor General de la República, y a los miembros del Consejo Nacional Electoral, también debían permanecer en sus cargos, hasta tanto la nueva Asamblea Nacional que se eligiese, designara sus sustitutos conforme al procedimiento y criterios de transparencia de postulación y selección previstos en la nueva Constitución (Comité de Postulaciones del Poder Ciudadano).

En cambio, en cuanto al Defensor del Pueblo, que también era una creación de la nueva Constitución, la Constitución expresamente previó la única solución constitucional para la transición de funcionarios del Poder Público, al atribuir a la propia Asamblea Nacional Constituyente, en la Disposición Transitoria Novena, la potestad de efectuar tal *nombramiento provisional* del Defensor, hasta tanto la nueva Asamblea Nacional que se eligiese, designase definitivamente a dicho funcionario.

Se destaca, por tanto, que la Constitución sancionada por la Asamblea Nacional Constituyente y aprobado en el referendo de 15 de diciembre de 1999, sólo estableció un régimen de transición respecto del nombramiento un solo funcionario, el Defensor del Pueblo, sin disponer nada distinto respecto de los otros órganos de los otros poderes del Estado, cuya transición tenía que regirse, entonces, ineludiblemente, por los principios antes indicados. El Constituyente que, en definitiva, fue el pueblo al aprobar la Constitución en el referendo, no había dispuesto otra cosa.

2. En cuanto a los órganos del Poder Estadal, los Diputados a las Asambleas Legislativas electos en noviembre de 1998, en ausencia de Disposición Transitoria

constitucional que regulara algo distinto, también debían continuar en sus cargos, hasta tanto se eligiera, conforme a la nueva Constitución, a los miembros de los nuevos Consejos Legislativos Estadales.

En igual forma, en cuanto a los Gobernadores de Estado que habían sido electos en noviembre de 1998, debían permanecer en sus cargos hasta tanto se eligieran los nuevos Gobernadores conforme a la nueva Constitución.

En cuanto a los órganos del Poder Municipal, tanto los Alcaldes como los Concejales miembros de los Concejos Municipales, conforme a lo previsto en el Decreto de la Asamblea Nacional Constituyente de 26 de agosto de 1999[432], cuyo período, además, estaba vencido, debían permanecer en sus cargos, hasta tanto fueran electos los nuevos Concejales y Alcaldes conforme a las previsiones de la nueva Constitución.

El anterior debía ser, en un régimen democrático, en estricta lógica constitucional y en ausencia de previsiones expresas en las Disposiciones Transitorias de la Constitución, el régimen de transición de los órganos del Poder Público. No puede decirse que en esta materia había "vacío constitucional" alguno, pues ello había sido la voluntad constituyente; y por ello, incluso, en cuanto a la transición respecto de los órganos del *Poder Ejecutivo* (Nacional, Estadal y Municipal), ese fue el sentido de la regulación contenida, por ejemplo, en el Decreto de la Asamblea Nacional Constituyente de "Régimen de Transición del Poder Público", dictado el 22 de diciembre de 1999[433], que dispuso:

> *Artículo 16:* El actual Presidente de la República, los actuales Gobernadores de los Estados y Alcaldes de los Municipios continuarán *en el ejercicio de sus funciones hasta tanto se produzca su elección mediante comicios populares.*

Una regulación similar, en ausencia de Disposiciones Transitorias en la Constitución, era la que el principio democrático exigía respecto de todos los otros cargos electivos para regular la transición de los órganos del Poder Público.

Sin embargo, la Asamblea Nacional Constituyente, ante el supuesto "vacío constitucional" que ella deliberadamente habría regulado y sometido a la aprobación de la voluntad popular, en un evidente fraude a la Constitución se burló de su propia obra y de la voluntad popular, y una semana después, sancionó el Decreto mencionado de Régimen de Transición del Poder Público de 20 de diciembre de 1999; procediendo a designar a los diversos titulares de los órganos de los nuevos Poderes Públicos incluido el Poder Judicial, al margen de lo establecido en la propia Constitución, y aún antes de que ésta entrara en vigencia.

B. *La "creación" y constitución por la Asamblea Nacional Constituyente del nuevo Tribunal Supremo de Justicia, de la Comisión de Funcionamiento y Reestructuración del Sistema Judicial y de otros órganos del Estado, al margen de la Constitución*

La primera burla a la Constitución de 1999, en efecto, fue realizada por la propia Asamblea Nacional Constituyente en los días posteriores a su aprobación popular (15-12-99), mediante la emisión del mencionado Decreto no previsto constitucio-

---

432 *Gaceta Oficial* Nº 36776 de 31-08-99.

433 *V.* en *Gaceta Oficial* Nº 36.859 de 29-12-99.

nalmente, de "Régimen de Transición del Poder Público" del 22 de diciembre de 1999[434], dos días después de la "proclamación" de la nueva Constitución y antes de su entrada en vigencia, ya que su publicación fue deliberadamente demorada hasta el 30 de diciembre de 1999[435].

En efecto, ante la ausencia de alguna regulación en las Disposiciones Transitorias de la nueva Constitución que se refiriera a cesación en sus cargos de los titulares de los órganos del Poder Público y al nombramiento de nuevos funcionarios para ello, y ante el afán sobrevenido en el nuevo poder de sustituir a todos los titulares de los órganos del Estado sin respaldo constitucional y sin esperar la elección de la nueva Asamblea Nacional; la Asamblea Nacional Constituyente, antes de la publicación de la nueva Constitución, con fecha 22 de diciembre de 1999, sin tener competencia constitucional alguna para ello y, por tanto, en forma ilegítima, dictó el Decreto de "Régimen de Transición del Poder Público" disponiendo así lo que el pueblo el 15 de diciembre de 1999 no había querido resolver de esa forma.

Para hacerlo, de nuevo, la Asamblea se fundamentó en los supuestos poderes que se había venido auto atribuyendo desde el artículo 1° de su Estatuto de Funcionamiento, respecto de la potestad de decidir la cesación de las autoridades de los órganos del Poder Público; supuestos poderes que también consideró como derivados del referendo del 25 de abril de 1999, "para hacer efectivo el proceso de transición hacia el régimen establecido en la Constitución de 1999", lo que no estaba escrito en norma alguna; y, finalmente, en el "carácter presupuesto y supra constitucional" de las normas que aprobase la Asamblea, para lo cual de nuevo invocó la "conveniente" doctrina de la sentencia del 14 de octubre de 1999 de la Corte Suprema de Justicia, que había resuelto el recurso de nulidad intentado contra el Decreto de la Regulación del Poder Legislativo, en la cual, sin embargo, sólo se le había atribuido rango supraconstitucional a las previsiones de las bases comiciales del *referendo* del 25 de abril de 1999, pero no a los actos de la Asamblea Nacional Constituyente[436].

Dicho "Régimen de Transición del Poder Público", como se precisó en el Capítulo I del Decreto, tenía por objeto establecer un régimen de transición para "permitir la vigencia inmediata de la Constitución" (art. 1). La verdad es que nada impedía dicha vigencia inmediata y habían sido las Disposiciones Transitorias de la Constitución aprobada por el pueblo, las que habían dispuesto los aspectos concernientes a los efectos inmediatos o mediatos, según los casos, de las normas de la Constitución.

La Asamblea, sin embargo, sin autoridad alguna, resolvió dictar el mencionado régimen de transición cuyas previsiones, como se señaló en su texto, supuestamente "desarrollan y complementan las Disposiciones Transitorias" (art. 2) de la nueva Constitución. Nada de esto había sido autorizado en el nuevo texto constitucional aprobado por el pueblo, por lo que la Asamblea Nacional Constituyente carecía de toda competencia para ello.

Es decir, la Asamblea, sin ningún poder derivado del pueblo, ilegítimamente decidió dictar por sí misma y al margen de la nueva Constitución que ella misma había redactado, sancionado y proclamado dos días antes (20-12-99), un régimen constitu-

---

434 *V.* en *Gaceta Oficial* N° 36.859 de 29-12-99.

435 *V.* en *Gaceta Constituyente (Diario de Debates), Noviembre 1999-Enero 2000, cit.* Sesión de 22-12-9, N° 51, pp. 2 y ss. *V. Gaceta Oficial* N° 36.859 de 29-12-99; y *Gaceta Oficial* N° 36.860 de 30-12-99.

436 *V.* en *Revista de Derecho Público*, N° 77-80, Editorial Jurídica Venezolana, Caracas 1999, pp. 111 y ss.

cional transitorio no establecido en el texto de la nueva Constitución y sin someterlo a aprobación popular por la vía de referendo. Se consumaba así un fraude a la propia Constitución

Supuestamente, para suplir los "vacíos" que la misma Asamblea había originado al no prever el régimen de transición del Poder en las Disposiciones Transitorias de la Constitución, la Asamblea, en lugar de aplicar en general el mencionado principio de continuidad del Poder que se reflejó en el antes trascrito artículo 16 del Decreto de Transición, incurrió en usurpación de autoridad, la del poder constituyente originario del pueblo. Este era el que hubiera podido haber aprobado ese régimen transitorio en el referendo del 15 de diciembre de 1999; y lo la Asamblea nacional Constituyente una semana después (22-12-99), en el antes mencionado Decreto, violando, además, las bases comiciales del referendo del 25 de abril de 1999. La Asamblea Nacional Constituyente, en definitiva, había continuado con su táctica del golpe de Estado continuado.

En este Decreto, fundamentalmente, la Asamblea Nacional Constituyente tomó el siguiente conjunto de decisiones en cuanto a los órganos del Poder Público, incluido el Poder Judicial, violatorios del principio democrático[437]; y que fueron los que "crearon" el vacío constitucional[438]:

1. La eliminación del Congreso, la cesación del mandato de los Senadores y Diputados electos un año antes (Art. 4) y el nombramiento de una Comisión Legislativa Nacional (el denominado "Congresillo") que "creó" sin previsión constitucional alguna, a la cual le atribuyó la función legislativa, también sin regulación constitucional alguna[439]; y la cual debía funcionar desde el 1° de febrero de 2000 "hasta tanto se elijan y tomen posesión los diputados integrantes de la Asamblea Nacional" (art. 5)[440]. Hasta el 1° de febrero de 2000, la Asamblea Nacional Constituyente se "reservaría" el ejercicio del Poder Legislativo, sin autoridad constitucional alguna.

2. La disolución de las Asambleas Legislativas de los Estados (Art. 11), la cesación del mandato de los diputados que habían sido electos un año antes y la "creación" de unas Comisiones Legislativas Estadales no reguladas en texto alguno, atribuyendo incluso el nombramiento de sus miembros, a la "Comisión Coordinadora de la Asamblea Nacional Constituyente" (art. 12)[441]. Ello no sólo era ilegítimo, al no

---

437 *V.* lo que expusimos en Allan R. Brewer-Carías, *Debate Constituyente,* Tomo I, *op. cit.*, p. 76 a 81.

438 *V.* el estudio detallado de este Régimen en Allan R. Brewer-Carías, *La Constitución de 1999. Derecho Constitucional Venezolano*, Tomo II, *cit.* pp. 1017 y ss.

439 Con posterioridad, la Asamblea Nacional Constituyente, en fecha 30-01-2000, dictó un Decreto de Ampliación de las Competencias de la Comisión Legislativa Nacional, en el cual asignó a dicha Comisión una serie de competencias especiales para considerar diversas materias y dictar legislación al respecto. La Asamblea dictó el Decreto nuevamente "en ejercicio del poder soberano constituyente originario", con lo cual ya no era posible asignarle ningún otro calificativo al poder que se había otorgado a la Asamblea; habiendo sido calificado dicho Decreto por sentencia N° 1454 de fecha 18-2-01 de la Sala Constitucional del Tribunal Supremo de Justicia, (*Caso: C.A. Good Year de Venezuela*) como de "rango constitucional".

440 Incluso, la Asamblea nombró otros miembros del Congresillo con posterioridad. *Gaceta Oficial* N° 36.903 de 01-03-00.

441 Posteriormente, la Comisión de Coordinación de la Asamblea Nacional Constituyente, supuestamente "de conformidad con las facultades otorgadas por dicha Asamblea en sesión del 22-12-99", las cuales no se identificaban, resolvió el 04-01-00 dictar un "Régimen para la integración de las Comisiones Legislativas de los Estados. *Gaceta Oficial* N° 36.865 de 07-01-00.

estar prevista esa facultad en norma alguna, sino que también era violatorio de las bases comiciales aprobadas en el referendo del 25 de abril de 1999, así como de la antes mencionada garantía democrática, que era uno de sus límites supra constitucionales.

3. El control de Alcaldías y Concejos Municipales, al someterlos[442] a la supervisión y control de la Asamblea Nacional Constituyente o de la Comisión Legislativa Nacional hasta tanto se eligieran popularmente sus nuevos integrantes; atribuyendo a la Comisión Coordinadora de la Asamblea Nacional Constituyente o la Comisión Legislativa Nacional la potestad de sustituir parcial o totalmente la integración de los Concejos Municipales, así como sustituir a los Alcaldes, en los casos de graves irregularidades administrativas.

4. La cesación en sus funciones del Contralor General de la República, del Fiscal General de la República y la designación de los titulares de los órganos del Poder Ciudadano y del Poder Electoral. En consecuencia, la Asamblea Nacional Constituyente, en el Decreto sobre Régimen de Transición de Poder Público, no sólo nombró al Defensor del Pueblo (art. 34), que era para lo único que tenía competencia constitucional expresa en las Disposiciones Transitorias de la Constitución de 1999, sino también al Contralor General de la República (art. 36) y al Fiscal General de la República (art. 35), en forma provisional mientras la Asamblea Nacional, una vez que se eligiese, designara a los nuevos titulares. En cuanto al Poder Electoral, la Asamblea Nacional Constituyente, careciendo totalmente de competencia para ello, y en forma ilegítima, en el Decreto del 22 de diciembre de 1999 se auto atribuyó competencia para designar a los integrantes del Consejo Nacional Electoral (art. 40), designaciones que realizó días después, con carácter provisorio, al nombrar a personas, todas vinculadas al nuevo poder político y a los partidos que apoyaban al gobierno, lo que incluso no garantizaba la imparcialidad electoral necesaria, burlándose del artículo 296 de la nueva Constitución.

5. Por último, la Asamblea Nacional Constituyente, sin tener autoridad constitucional alguna, al margen de lo dispuesto en el texto de la Constitución que venía de ser aprobada por el pueblo una semana antes, y antes de que fuera publicada y entrara formalmente en vigencia, en el Decreto sobre Régimen de Transición del Poder Público de 22 de diciembre de 1999, dispuso la eliminación de la Corte Suprema de Justicia, la creación del Tribunal Supremo de Justicia y de sus Salas, la designación de los nuevos Magistrados y la creación de la Comisión de Funcionamiento y Reestructuración del Poder Judicial.

En efecto, artículo 17 del Decreto dispuso que la Corte Suprema de Justicia, sus Salas y sus dependencias desaparecían y pasaban a conformar el nuevo Tribunal Supremo de Justicia (cuyo régimen en el nuevo texto constitucional ni siquiera estaba en vigencia pues no se había publicado), por lo que, además de las Salas Político Administrativa, de Casación Penal y de Casación Civil de la antigua Corte Suprema de Justicia, cuya extinción se decretó, la Asamblea Nacional Constituyente "creó" las Salas Constitucional, de Casación Social y Electoral que preveía la nueva Constitución y que aún no había entrado en vigencia.

---

442 *V. Gaceta Constituyente (Diario de Debates), Noviembre 1999-Enero 2000, cit.*, Sesión de 22-12-99, N° 51, p. 5.

En el artículo 19 del Decreto, la Asamblea, además, designó a los Magistrados que pasaban a integrar el Tribunal Supremo de Justicia, *sin sujetarse a las exigencias constitucionales para la postulación de candidatos y la participación de la sociedad civil en el Comité de Postulaciones Judiciales y sin sujetarse a las condiciones establecidas en la nueva Constitución para ocupar dichos cargos*, designando entre los "nuevos" Magistrados, a quien en los dos últimos meses había sido el Presidente de la Corte Suprema de Justicia. Sus servicios habían sido reconocidos.

En materia de funcionamiento del Poder Judicial, por otra parte, era patente la ausencia de Disposiciones Transitorias en la nueva Constitución; pero esa había sido la voluntad de la Asamblea Nacional Constituyente al sancionar el texto constitucional y del pueblo al aprobar la Constitución mediante el referendo del 15 de diciembre de 1999. Dichas Disposiciones Transitorias, en efecto, sólo contenían "una mención" en la *Disposición Transitoria Cuarta,* en relación con una "Comisión de Funcionamiento y Reestructuración del Sistema Judicial", que sin embargo, no existía, y únicamente a los efectos de que desarrollase transitoriamente el "sistema de defensa pública" hasta que se dictase la ley respectiva. Y nada más. Incluso, se insiste, dicha Comisión prevista en la Disposición Transitoria, no existía al sancionarse la Constitución y someterse al referendo del 15 de diciembre de 1999 y sólo fue posteriormente, en el Decreto del Régimen de Transición del Poder Público que la Asamblea Nacional Constituyente "creó" dicha "Comisión de Funcionamiento y Reestructuración del Sistema Judicial" (art. 27). Ese órgano, sin embargo, *constitucionalmente sólo tenía la competencia prevista en la mencionada Disposición Transitoria Cuarta* de la Constitución de 1999, de desarrollar el sistema de defensa pública.

Ahora bien, en esta materia, la Asamblea Nacional Constituyente tomó diversas decisiones totalmente incongruentes. Como se ha dicho, comenzó en el Decreto, antes de entrar en vigencia la nueva Constitución, nombrando provisionalmente (art. 20) a los Magistrados de un Tribunal Supremo de Justicia (art. 19) que "creó", así como de las nuevas Salas (art. 17), las cuales para ese momento ni siquiera existían por no estar en vigencia el nuevo texto constitucional, por lo que también "creó", las Salas, (art. 17), para lo cual no tenía competencia constitucional alguna.

Por otra parte, la Asamblea adopto diversas normas transitorias no previstas en la nueva Constitución para asegurar la "vigencia inmediata" de la misma a pesar de que aún no estaba en vigencia, y dispuso que el Consejo de la Judicatura pasaría a conformar la Dirección Ejecutiva de la Magistratura del Tribunal Supremo de Justicia, conforme a lo dispuesto en el artículo 267 de la Constitución que tampoco estaba en vigencia, a cuyo fin dispuso la cesación en sus funciones de los consejeros del Consejo de la Judicatura (art. 26).

A renglón seguido, dispuso otro nuevo régimen transitorio, en relación al anterior, también transitorio, sin competencia alguna para ello, al señalar que mientras el Tribunal Supremo no organizase la referida Dirección Ejecutiva, el gobierno y administración, la inspección y vigilancia de los Tribunales, y todas las competencias que la legislación para ese momento vigente atribuían al Consejo de la Judicatura, serían ejercidas por la "Comisión de Funcionamiento y Reestructuración del Sistema Judicial" (art. 21).

La Asamblea Nacional Constituyente así, incluso para después de que la nueva Constitución entrara en vigencia, como se ha dicho, le confiscó una de sus nuevas funciones al Tribunal Supremo de Justicia, cuyos miembros había designado, al atribuírsela a una "Comisión" creada y designada por la propia Asamblea y ni siquiera por el nuevo Tribunal Supremo; situación irregular que el propio Tribunal Supremo de Justicia ha aceptado resignadamente.

Por otra parte, como se dijo, la Asamblea en evidente usurpación de autoridad (la del pueblo), dispuso que la competencia disciplinaria judicial que correspondía a los tribunales disciplinarios de conformidad con el artículo 267 de la Constitución aprobada, también fuera ejercida por la Comisión de Funcionamiento y Reestructuración del Sistema Judicial. Como hemos advertido, además, esa Comisión de Funcionamiento y Reestructuración del Sistema Judicial que ha funcionado en paralelo al Tribunal Supremo durante un lustro, acaba de ser nuevamente reforzada por la nueva Ley Orgánica del Tribunal Supremo de Justicia de mayo de 2004[443].

Lamentablemente, el "activismo judicial" de la Sala Constitucional que la ha llevado, incluso, a juzgar de oficio la inconstitucionalidad de la omisión del Legislador en, por ejemplo, no sancionar la Ley Orgánica del Poder Municipal[444], no ha sido aplicado para tratar de obligar al legislador a dictar las leyes básicas para garantizar precisamente la autonomía e independencia del Poder Judicial, que el Tribunal Supremo administra y gobierna.

En todo caso, con posterioridad al Decreto sobre Régimen Transitorio que creó la mencionada Comisión, la Asamblea Nacional Constituyente dictó otros dos Decretos el 18 de enero de 2000 en relación con el Poder Judicial, también "en ejercicio del poder soberano constituyente originario", que fueron el relativo a la designación del Inspector de Tribunales[445], y el relativo a la designación de los miembros de la Comisión de Funcionamiento y Reestructuración del Poder Judicial[446].

C. *La Sala Constitucional como juez en su propia causa: El reconocimiento, por parte del Tribunal Supremo de Justicia que había sido producto del "Régimen de Transición del Poder Público", del rango constitucional del mismo y de la existencia de un doble régimen transitorio constitucional: uno constitucional y otro paraconstitucional.*

El Decreto sobre el Régimen de Transición del Poder Público, por supuesto, fue impugnado ante la Sala Plena de la antigua Corte Suprema de Justicia en fecha 29 de diciembre de 1999, particularmente respecto a los nombramientos del Fiscal General de la República, Contralor General de la República, *Magistrados del Tribunal Supremo de Justicia,* Defensora del Pueblo, Directivos del Consejo Nacional Electoral y miembros de la Comisión Legislativa Nacional ("Congresillo").

Luego de la remisión del expediente a la Sala Constitucional del nuevo Tribunal Supremo de Justicia, ésta, mediante una de sus primeras sentencia, la N° 4 de fecha 26 de enero de 2000 (Caso: *Eduardo García*)[447], cuyo Ponente fue precisamente el magistrado Iván Rincón Urdaneta, último Presidente de la extinta Corte Suprema de

---

443 *V.* en *Gaceta Oficial* N° 37942 de 20-05-2004.

444 *V.* la sentencia N° 3118 de 06-10-2003 en *Revista de Derecho Público*, N° 93-96, EJV, Caracas 2003. *V.* los comentarios en Allan R. Brewer-Carías, *La Constitución de 1999. Derecho Constitucional Venezolano*, Tomo II, *cit.*, pp. 970 y ss.

445 *Gaceta Oficial* N° 36.878 de 26-01-00.

446 *Gaceta Oficial* N° 36.878 de 26-01-00.

447 *V.* en *Revista de Derecho Público*, N° 81, Caracas, 2000, pp. 93 y ss.

Justicia y designado Presidente del nuevo Tribunal Supremo de Justicia, reconoció que el Decreto era "un acto de rango y naturaleza constitucional" y, además:

> [De] naturaleza organizativa, por el cual se produjo la designación de altos funcionarios del Poder Público Nacional, el cual se fundamenta en los propósitos de reorganización del Estado, conferidos a la Asamblea Nacional Constituyente.

Los magistrados de la Sala Constitucional que decidieron el caso, pusieron de lado el hecho de que estaban decidiendo sobre el acto de su propio nombramiento, y concluyeron señalando que:

> Tomando en cuenta lo antes señalado, estima la Sala que, dado el carácter originario del poder conferido por el pueblo de Venezuela a la Asamblea Nacional Constituyente, mediante la pregunta N° 1 y la Base Comicial Octava del referendo consultivo nacional, aprobado el 25 de abril de 1999, y por tanto *la no sujeción de este poder al texto constitucional vigente para la época*, la demanda propuesta, al fundamentar las presuntas transgresiones en la referida Constitución y no en los parámetros y principios consagrados en las bases fijadas en le citado referendo, conduce forzosamente a su improcedencia.

Con posterioridad, y nuevamente, la Sala Constitucional del Tribunal Supremo de Justicia se pronunció sobre el Decreto del "Régimen de Transición del Poder Público", al ser éste impugnado en fecha 17 de enero de 2000; y mediante sentencia N° 6 de fecha 27 de enero de 2000 (Caso: *Milagros Gómez y otros vs. Asamblea Nacional Constituyente*)[448] cuyo Ponente fue el magistrado Héctor Peña Torrelles, el Tribunal Supremo de Justicia declaró improcedente la acción de nulidad interpuesta contra el referido Decreto (en el cual se había designado a los magistrados decidores) con base en los siguientes argumentos:

> En tal sentido, entiende la Sala que hasta la fecha de la publicación de la nueva Constitución, la que le precedió (1961) estuvo vigente, lo cual se desprende de la Disposición Derogatoria Única; y como los actos de la Asamblea Nacional Constituyente no estaban sujetos a la Constitución derogada, los mismos sólo podrían estar regulados -como fuera señalado por la sentencia de la Corte Suprema de Justicia en Pleno antes referida- por normas supraconstitucionales. Así, por argumento en contrario, sólo los actos dictados por la Asamblea Nacional Constituyente con posterioridad a la publicación de la nueva Constitución estarían sujetos a ésta.
>
> De todo lo anterior emerge que el acto de la Asamblea Nacional Constituyente impugnado en esta oportunidad publicado en la Gaceta Oficial número 36.859 del 29 de diciembre de 1999, esto es, con anterioridad a la vigencia de la Constitución de la República Bolivariana de Venezuela de 1999, no esta sujeto ni a ésta, ni a la Constitución de 1961.

Se reconoció, así, por el Tribunal Supremo de Justicia, rango constitucional al régimen transitorio inventado por la Asamblea Nacional Constituyente, desligado tanto de la Constitución de 1961 como de la propia Constitución de 1999; régimen transitorio que, además, contenía el acto de designación de los propios Magistrados. Lo menos que podían haber hecho era inhibirse, pero no fue así; y esa y otras sentencias que juzgaron dicho régimen transitorio, como se ha dicho, constituyeron vio-

---

448 *V.* en *Revista de Derecho Público*, N° 81, Editorial Jurídica Venezolana, Caracas, 2000, pp. 95 y ss.

lación del principio elemental del Estado de derecho conforme al cual nadie puede ser juez en su propia causa.

Ahora bien, el aspecto jurídico medular que deriva del Decreto sobre el Régimen Transitorio del Poder Público es que la Asamblea Nacional Constituyente, burlándose del texto de las Disposiciones Transitorias de la Constitución de 1999, después que la misma había sido aprobada por el pueblo en el referendo del 15 de diciembre de 1999, dispuso otro régimen transitorio al margen de la Constitución, contenido en el mencionado Decreto, que no fue aprobado por el pueblo. Se violó, así, lo dispuesto en la "*base comicial novena*" del referendo del 25 de abril de 1999 que exigía que la nueva Constitución debía ser aprobada por el pueblo.

El Tribunal Supremo de Justicia creado, precisamente, en el Decreto sobre el Régimen de Transición del Poder Público, se encargó de avalar este desaguisado constitucional, en la sentencia N° 180 de 28 de marzo de 2000 (Caso*: Allan R. Brewer-Carías y otros*)[449] dictada con ponencia del magistrado Jesús Eduardo Cabrera, con motivo de declarar sin lugar la demanda de nulidad intentada contra el Estatuto Electoral del Poder Público que había dictado la Asamblea el 30 de enero de 2000[450].

En efecto, la Sala Constitucional fundamentó su decisión en que conforme al referendo del 25 de abril de 1999, la Asamblea Nacional Constituyente para cumplir su misión de transformar el Estado, crear un nuevo ordenamiento jurídico y dictar una nueva Constitución que sustituyera a la de 1961, supuestamente tenía varias alternativas para regular el régimen constitucional transitorio: *Una*, elaborar unas Disposiciones Transitorias que formaran parte de la Constitución para ser aprobada por el pueblo mediante referendo; y *otra*, dictar actos constituyentes aparte, de valor y rango constitucional, que originarían un régimen transitorio constitucional paralelo, no aprobado por el pueblo.

Esto, por supuesto, era un disparate constitucional. De acuerdo con el referendo del 25 de abril de 1999 y conforme se estableció en la *base novena* de rango supra constitucional, como lo consideró la antigua Corte Suprema de Justicia y cuyo contenido no consideró el Tribunal Supremo, las nuevas normas constitucionales producto del proceso constituyente, para entrar en vigencia debían ser aprobadas por referendo popular. Esa había sido la voluntad popular expresada en el referendo del 25 de abril de 1999: que la Asamblea Nacional Constituyente no podía poner en vigencia actos con rango constitucional sino que sólo el pueblo, por referendo, podía poner en vigencia la nueva Constitución. Por ello, el pueblo venezolano fue convocado a referendo el 15 de diciembre de 1999, precisamente para aprobar la Constitución. Por tanto, conforme a la voluntad popular expresada en el referendo del 25 de abril de 1999, sólo el propio pueblo podía aprobar la Constitución mediante referendo aprobatorio, por lo que en consecuencia, no podía existir ninguna otra norma de rango constitucional que no fuera aprobada por el propio pueblo.

Por ello, al considerar el Tribunal Supremo de Justicia en la sentencia mencionada N° 180 que el Estatuto Electoral dictado por la Asamblea Nacional Constituyente tenía un supuesto rango constitucional, con el objeto de llenar los supuestos "vacíos"

---

449 *V.* en *Revista de Derecho Público*, N° 81, Editorial Jurídica Venezolana, Caracas 2000, pp. 86 y ss.

450 *V.* en *Gaceta Oficial* N° 36.884 de 03-02-00.

de las Disposiciones Transitorias de la Constitución, vacíos que habían sido inventados y provocados por la propia Asamblea Nacional Constituyente antes de publicar la Constitución; puede considerarse que el Tribunal violó la soberanía popular expresada el 25 de abril de 1999 y marginó la soberanía popular expresada el 15 de diciembre de 1999. La verdad es que de nada sirvió que los venezolanos hubiésemos aprobado por referendo una Constitución el 15 de diciembre de 1999, si paralelamente la Asamblea Nacional Constituyente podía dictar otra "Constitución" conformada por normas transitorias constitucionales no aprobadas por el pueblo.

Partiendo del falso supuesto anterior, de que conforme al referendo del 25 de abril de 1999, la Asamblea Nacional Constituyente podía poner en vigencia normas constitucionales no aprobadas por el pueblo, el Tribunal Supremo de Justicia consideró que el Estatuto Electoral impugnado, al tener rango constitucional, no podía violar la Constitución de 30 de diciembre de 1999, como se había alegado en el recurso de nulidad[451].

De esta premisa fundamental, falsa y contradictoria, el Tribunal Supremo de Justicia derivó su decisión contenida en la sentencia nº 180, en la cual:

Primero: Reconoció la existencia de un "vacío" legal (que sólo la Asamblea había creado) en las Disposiciones Transitorias de la Constitución de 1999, y pretendió llenarlo con una interpretación violatoria de la soberanía popular. El "limbo jurídico" que refiere con toda diligencia la sentencia, había sido inventado por la Asamblea Nacional Constituyente, y no fue originado por las Disposiciones Transitorias de la Constitución. Al haber sido creado dicho "vacío" por dicha Asamblea, por su arbitrariedad, de lo que se requería era de un remedio judicial constitucional por parte del Tribunal Constitucional imparcial (que no fuera juez y parte) y no de una bendición o aceptación judicial de una inconstitucionalidad. El Tribunal, en efecto, lo que hizo fue aceptar la violación constitucional y forzando la interpretación, trató de enderezar un entuerto constitucional.

Segundo: Incurrió en contradicción, al considerar que el régimen transitorio de orden constitucional iniciado el 25 de abril de 1999 "finalizó con la aprobación de la Constitución" de 1999 por el pueblo, y paralelamente admitió la existencia de otro régimen transitorio "paraconstitucional" no aprobado por el pueblo.

Tercero: Contradijo la sentencia Nº 6 de la propia Sala Constitucional del 27 de enero de 2000[452], que había establecido la sumisión a la Constitución de 1999 de los actos de la Asamblea Nacional Constituyente dictados con posterioridad a la publicación de la Constitución de 1999, pues en esta nueva sentencia, la Sala señaló que los actos de la Asamblea Nacional Constituyente dictados después de esa fecha también tenían rango "constitucional"; no que eran "supraconstitucionales", sino de igual rango que la Constitución aprobada por referendo, sin estar ello regulado en las Disposiciones Transitorias de la propia Constitución y sin haber sido aprobadas por el pueblo.

Cuarto: Contradijo y desconoció el poder derogatorio expreso de la nueva Constitución en relación con todas las normas preconstitucionales contrarias a sus

---

451 *V.* Allan R. Brewer-Carías, *La Constitución de 1999,* 3ª Edición, Editorial Jurídica Venezolana, Caracas 2001, pp. 270 y ss.

452 *V.* en *Revista de Derecho Público,* Nº 81, Editorial Jurídica Venezolana, Caracas, 2000, pp. 95 y ss.

disposiciones y no sólo las dictadas basadas en la Constitución de 1961. No hay Disposición Transitoria alguna en la Constitución de 1999 que hubiera asegurado la supervivencia de normas dictadas por la Asamblea Nacional Constituyente, que después de publicada la Constitución, contrariasen sus disposiciones. El Tribunal Supremo de Justicia, así, pretendió de nuevo suplir el "vacío" producido por la arbitrariedad de la Asamblea Nacional Constituyente, y marginó la voluntad popular.

Sin embargo, el aspecto más importante de la sentencia que se comenta del Tribunal Supremo, es que dejó sentado el principio de que supuestamente, la Asamblea Nacional Constituyente podía dictar normas de rango constitucional, no aprobadas mediante referendo por el pueblo. Esto, sin duda, era un criterio violatorio de la *base comicial novena* del referendo del 25 de abril de 1999, que la antigua Corte Suprema de Justicia en Corte Plena, en la citada sentencia de 14 de octubre de 1999 (Caso: *Henrique Capriles Radonski vs. Decreto de Regulación de funciones del Poder Legislativo)* había considerado de rango "supra constitucional"[453].

En efecto, la *base comicial novena* del referendo del 25-04-99, que, se insiste, se había considerado de rango supra constitucional por lo que a ella estaba sometida la Asamblea Nacional Constituyente en su actuación, estableció que la nueva Constitución que elaborara la Asamblea sólo entraría en vigencia una vez aprobada mediante referendo. De ello se deducía que la voluntad popular en Venezuela, expresada en el referendo del 25 de abril de 1999, fue que la Asamblea Nacional Constituyente –a diferencia de lo que había ocurrido en Colombia en 1991- no podía poner en vigencia la nueva Constitución ni norma constitucional alguna, sino que éstas tenían que ser aprobadas por el pueblo, mediante referendo.

Sin embargo, ese no fue el criterio del Tribunal Supremo en la sentencia No. 180, que se comenta, en la cual la Sala Constitucional, como se dijo, partió del siguiente supuesto:

> La Asamblea Nacional Constituyente, a fin de cumplir el mandato que le otorgó el pueblo, *tenía varias alternativas*, una, elaborar una Constitución con un conjunto de disposiciones transitorias que regularan al máximo la implementación jurídica del régimen transitorio entre las instituciones previstas en la Constitución de la República de Venezuela de 1961, y las prevenidas en la Constitución de la República Bolivariana de Venezuela de 1999.

Otra alternativa era, no realizar dicha implementación en las disposiciones transitorias de la Constitución y efectuarla mediante un cuerpo legislativo aparte, complementado por actos destinados a llenar el vacío institucional que se crearía al entrar en vigencia la nueva Constitución. Esta fue la vía escogida por la Asamblea Nacional Constituyente, cuando dictó el Régimen Transitorio del Poder Público, publicado el 29 de diciembre de 1999 en la Gaceta Oficial N° 36.859, destinado al régimen de transición en lo atinente a la reestructuración del poder público. A tal fin, el artículo 2 del "Régimen de Transición del Poder Público", textualmente reza:

> *Las previsiones del presente régimen de transición desarrollan y complementan las Disposiciones Transitorias de la Constitución aprobada por el pueblo de Venezuela.*

---

453 *V.* en *Revista de Derecho Público*, N° 77-80, Editorial Jurídica Venezolana, Caracas 1999, pp. 111 y ss.

El régimen de transición señalado reguló al Poder Legislativo nacional, mediante la creación de la Comisión Legislativa Nacional, la cual funcionará hasta la fecha en que se reúna efectivamente la Asamblea Nacional prevenida en la Constitución vigente, y a quien señaló en el artículo 6 del Régimen de Transición del Poder Público, sus atribuciones.

Igualmente, dentro del régimen transitorio, el constituyentista reguló el Poder Electoral, y el artículo 39 del Régimen de Transición del Poder Público, expresó *"Los primeros comicios para la elección de la Asamblea Nacional, de los Consejos Legislativos de los Estados, de los Consejos Municipales, del Presidente de la República, de los Gobernadores de Estado y de los Alcaldes de los Municipios, serán organizados por el Consejo Nacional Electoral, de acuerdo a la fecha y al Estatuto Electoral que apruebe la Asamblea Nacional Constituyente"* (Subrayado de la Sala).

Entrada en vigencia la Constitución de la República Bolivariana de Venezuela el 30 de diciembre de 1999, según su propio texto, se hace necesario elegir a la Asamblea Nacional, institución básica entre los poderes públicos para el funcionamiento del sistema político-jurídico que desarrolla la Constitución recién promulgada, y hasta su elección e instalación, nace un segundo régimen transitorio, el cual se rige por las normas sancionadas a ese fin por la Asamblea Nacional Constituyente, en ejercicio de su competencia constituyente, y que responde a las Bases Primera y Octava para lo que se convocó el referendo del 25 de abril de 1999, las cuales se proyectan paralelamente a la Constitución vigente, tal como lo estableció el Régimen de Transición de Poder Público, que obran -por disposición del artículo 2 de dicha normativa- como Disposiciones Transitorias de la Constitución vigente. Esta normativa de rango análogo a la Constitución, está destinada a que las instituciones prevenidas en la Constitución, pero que aún no han entrado en funcionamiento, se realicen, y se agota al cumplir su cometido.

Las normas de transición devienen así en integrantes del sistema constitucional, en cuanto hacen posible la plena vigencia de la naciente Constitución. La transitoriedad es inherente al propio proceso constituyente y le es inmanente[454].

De este razonamiento se deduce, entonces, el absurdo constitucional de que podía haber un régimen constitucional transitorio no previsto en la Constitución de 1999, ni aprobado por el pueblo, dictado por la Asamblea Nacional Constituyente, lo cual es totalmente incorrecto. El Tribunal Supremo se había olvidado consultar la *base comicial novena* (la sentencia sólo hizo referencia a las *bases primera y octava*) del referendo de abril de 1999, que imponía, con carácter supra constitucional, la exigencia de que la Constitución y toda norma de rango constitucional producto de la Asamblea Nacional Constituyente tenía que ser aprobada por el pueblo, mediante referendo, para poder considerarse aprobada definitivamente. Eso ocurrió con el texto de la Constitución y sus Disposiciones Transitorias aprobadas en el referendo del 15 de diciembre de 1999, pero no ocurrió con el "Régimen Transitorio del Poder Público" dictado por la Asamblea con posterioridad y, al cual, sin embargo, el Tribunal Supremo le reconoció "rango análogo a la Constitución" con vigencia "paralelamente a la Constitución vigente".

Para reforzar esta absurda consideración, la Sala Constitucional utilizó un argumento propio del derecho privado, de que "quien puede lo más puede lo menos", el

454 *V.* en *Revista de Derecho Público*, N° 81, Editorial Jurídica Venezolana, Caracas, 2000, pp. 88 y ss.

cual es totalmente inaplicable en derecho público, donde la competencia tiene que ser expresa. La Sala, en efecto argumentó como sigue:

> Tal disposición, emanada del poder constituyente *que podía lo más,* cual era la transformación del Estado, lo que iba a adelantar mediante la aprobación de una nueva Constitución y del régimen de transición, claro *que podía lo menos,* dentro de su cometido de transformación del Estado, cual era dictar las normas que permitirían la transición entre el sistema constitucional abrogado y el nuevo, que conforme al texto constitucional de 1999, no podía de inmediato constituirse en todas sus instituciones[455].

De lo anterior, entonces, la Sala Constitucional dedujo lo siguiente, desconociendo el poder derogatorio de la Constitución de 1999 y su supremacía:

> La Constitución de la República Bolivariana de Venezuela, al entrar en vigor, deroga el ordenamiento jurídico basado en la Constitución de la República de Venezuela de 1961, pero no el nacido de la transitoriedad a que se refiere el tipo de normas antes señalado, y que como emanación del poder constituyente deben complementar a la Constitución en la instalación de las instituciones, cuyas fórmulas para esa instalación no se previeron dentro del texto constitucional, o dentro de las disposiciones transitorias a él incorporadas, pero estas normas, producto de la Asamblea Nacional Constituyente, surgen del régimen nacido del referendo del 25 de abril de 1999, que es un régimen de producción originaria de rango análogo a la Constitución misma, pero cuya vigencia termina cuando se logre la implantación efectiva de la organización y funcionamiento de las instituciones previstas por la Constitución[456].

Más adelante, la sentencia insistió en este argumento así:

> El régimen de transición del poder público se proyecta hacia el futuro, no sólo hasta la instalación de la Asamblea Nacional, sino aún más allá ; ya que el artículo 3 de dicho régimen, señala: *"Cada disposición del régimen de transición del Poder Público tendrá vigencia hasta la implantación efectiva de la organización y funcionamiento de las instituciones previstas por la Constitución aprobada, de conformidad con la legislación que a los efectos apruebe la Asamblea Nacional",* por lo que mientras tales legislaciones no se aprueben, las normas y actos emanados de la Asamblea Nacional Constituyente tienen plena vigencia, hasta que de conformidad con la Constitución se establezca el régimen legal que vaya derogando la provisionalidad, y vaya dejando sin efectos las normas y actos emanados de la Asamblea Nacional Constituyente. Ese régimen legal es el ordinario que corresponde a la Asamblea Nacional, y el que le ordena adelantar las Disposiciones Transitorias que como parte integrante del texto constitucional, se publicaron con él.
>
> Resulta de un formalismo conducente a la irrealidad, pretender que el sistema de una Constitución que recién se implante, pueda organizarse dentro sí misma, sobre todo, cuando las disposiciones transitorias dejen vacíos sobre la etapa de transición de un sistema constitucional, como lo es el caso de la vigente Constitución.
>
> Ante tal situación, adquiere rango especial la normativa que el constituyente como representante del pueblo soberano, crea para que el sistema pueda funcionar. Se

---

455 *V.* en *Revista de Derecho Público*, N° 81, Editorial Jurídica Venezolana, Caracas, 2000, p. 89.

456 *Idem*, pp. 89-90.

trata de normas complementarias de la Constitución de igual rango que ella, las cuales, de existir, permiten minimizar los vacíos y lagunas de que adolezca el texto constitucional. Tal vez la existencia de estas normas y su reconocimiento disguste a constitucionalistas formalistas y dogmáticos, o a personas que juegan a intereses distintos que los jurídicos, pero ello atiende a la necesidad de resolver situaciones reales, y así permiten integrar la constitucionalidad[457].

De lo anterior resulta, por tanto, la siguiente situación irregular:

1. La Asamblea Nacional Constituyente aprobó el 17 de noviembre de 1999 una Constitución con un régimen transitorio previsto en sus Disposiciones Transitorias, que implicaban la permanencia de los titulares de los órganos de los Poderes Públicos, hasta que fueran electos los nuevos titulares. En la expresión de la voluntad popular (referendo del 15 de diciembre de 1999) y de la voluntad de la Asamblea Nacional Constituyente que sancionó y proclamó la Constitución, por tanto, no quedó vacío legal alguno respecto de la transición constitucional.

2. Dicha Constitución de 1999, con dicho régimen transitorio, fue sometida a referendo aprobatorio, y así fue aprobada por el pueblo el 15 de diciembre de 1999, siendo proclamada formalmente por la Asamblea Nacional Constituyente el 20 de diciembre de 1999.

3. Con posterioridad, dos días después, la Asamblea Nacional Constituyente cambió de opinión y resolvió alterar el régimen transitorio que estaba previsto en la Constitución de 1999 aprobada en referendo, y antes de que se publicara para que entrara en vigencia, el 22 de diciembre de 1999 dictó el "Régimen de Transición del Poder Público", mediante el cual sustituyó a todos los titulares de los órganos del Poder Público y modificó su estructura, y en particular creó al Tribunal Supremo y su Sala Constitucional y a la Comisión de Funcionamiento y Reestructuración del Sistema Judicial. Dicho régimen originó, entonces, un supuesto "vacío legal" que pretendió llenar con normas de rango constitucional no aprobadas por el pueblo.

4. El Tribunal Supremo de Justicia, en su sentencia Nº 180 del 28 de marzo de 2000 le atribuyó a dicho Régimen de Transición del Poder Público, dictado por la Asamblea Nacional Constituyente sin aprobación popular, rango y valor constitucional, contrariando así la base comicial novena del referendo del 25 de abril de 1999, que se configuraba como el conjunto normativo supra constitucional que constituía el límite de la actuación de la Asamblea.

5. En el país, entonces, y como consecuencia de la sentencia del Tribunal Supremo, han existido dos regímenes constitucionales paralelos: uno contenido en la Constitución de 1999, aprobada por el pueblo; y otro, dictado con posterioridad a dicha aprobación, por la Asamblea Nacional Constituyente, no aprobado por el pueblo y de vigencia imprecisa hasta que supuestamente se apruebe toda la legislación que prevé la propia Constitución de 1999, lo cual puede durar décadas. Por ello, en mayo de 2004, cinco años después de dictada la Constitución de 1999, cuando se sancionó la Ley Orgánica del Tribunal Supremo de Justicia[458], una de sus disposiciones transitorias, a pesar de que la Constitución exige la existencia de una jurisdicción disciplinaria de los jueces, a cargo de tribunales especializados (Art. 267), dis-

457 *Idem*, pp. 91-92.

458 *Gaceta Oficial* Nº 37942 de 20-05-2004.

puso que la "Comisión de Funcionamiento y Reestructuración del Sistema Judicial" que había "creado" la Asamblea Nacional Constituyente al margen de la Constitución, seguía teniendo "a su cargo funciones disciplinarias, mientras se dicte la legislación y se crea la jurisdicción disciplinaria y los correspondientes tribunales disciplinarios" (Disposición Derogatoria, Transitoria y Final, Párrafo 2°, e).

El Tribunal Supremo de Justicia, lamentablemente, en lugar de cumplir su deber como contralor de la constitucionalidad, quiso resolver el "vacío" creado por la Asamblea después de aprobada la Constitución de 1999 por referendo popular, con lo cual violentó el ordenamiento constitucional y frustró la esperanza de que se apuntalara el Estado de Derecho, precisamente cuando comenzaba a entrar en aplicación la nueva Constitución.

Todo este sistema de doble régimen constitucional paralelo y yuxtapuesto lo confirmó la Sala Constitucional, posteriormente, en el auto dictado el 12 de diciembre de 2000 con motivo de resolver sobre la pretensión de amparo que había acumulado la Defensora del Pueblo a la acción de nulidad por inconstitucionalidad que intentó contra la Ley Especial para la Ratificación o Designación de los Funcionarios y Funcionarias del Poder Ciudadano y Magistrados y Magistradas del Tribunal Supremo de Justicia para el Primer Período Constitucional de 14 de noviembre de 2000[459], en el cual señaló:

> A partir de la aprobación de las bases comiciales y la instalación de la Asamblea Nacional Constituyente surge una situación inédita en el constitucionalismo nacional. En una primera fase, hasta la promulgación de la actual Constitución, sin ruptura constitucional de ninguna especie, siguió vigente la Constitución de la República de Venezuela de 1961, coexistiendo con los actos que dictó la Asamblea Nacional Constituyente, en lo que contraríen a dicha Constitución, adquirieron la categoría de actos constitucionales, ya que es el pueblo soberano, por medio de sus representantes, quien deroga puntualmente disposiciones constitucionales, creando así un doble régimen, donde como ya lo ha señalado esta Sala, coexistía la Constitución de 1961 con los actos constituyentes. Una segunda etapa, de este sistema constitucional, surge a partir de la promulgación de la Constitución de la República Bolivariana de Venezuela, la cual crea una serie de instituciones no previstas en las cartas fundamentales anteriores, pero cuyas pautas de funcionamiento no fueron consagradas en el texto constitucional, quedando sujetas a una regulación posterior mediante leyes que dictare la Asamblea Nacional.
>
> Para evitar el vacío institucional mientras se promulguen las leyes, la Asamblea Nacional Constituyente decretó el Régimen de Transición del Poder Público (*Gaceta Oficial* N° 36.920 de 28 de marzo de 2000), de manera que las instituciones delineadas en la Constitución de 1999, aun no desarrolladas por las leyes, pudieran funcionar, evitándose así que las normas constitucionales quedaran sin contenido. Este régimen de transición, que se fue complementando con otras normativas emanadas del poder constituyente, necesariamente tiene naturaleza constitucional, ya que integra la Constitución, vigente mientras las instituciones se normalicen, por lo que no puede considerarse que los poderes actuales sean ilegítimos o inconstitucionales, si se fundan en el Régimen de Transición del Poder Público. Basta leer el *artículo 2 del Régimen de Transición del Poder Público,* para constatar que dicho régimen desarrolla y complementa las disposiciones transitorias de la Constitución de 1999. La

459 *Gaceta Oficial* N° 37.077 de 14-11-00.

> normalización total de instituciones nuevas como el Poder Ciudadano y el Tribunal Supremo de Justicia, requieren de leyes orgánicas que desarrollen el texto constitucional, y mientras ellas no se dicten, las mismas se rigen por dos cuerpos legales coexistentes e integrativos: Decreto sobre el Régimen de Transición del Poder Público y la Constitución de la República Bolivariana de Venezuela, en lo que se complementan.
>
> Por ello, en fallo de esta Sala, de fecha 30 de junio de 2000 (caso Defensoría del Pueblo), la Sala enfatizó, que cuando las leyes orgánicas respectivas se dictaren, cesaría definitivamente el régimen provisorio que gobierna a las instituciones, actualmente carentes de dichas leyes especiales, pero mientras tanto, conformaban un solo bloque constitucional el Régimen de Transición del Poder Público y la Constitución de la República Bolivariana de Venezuela, tal como lo ha apuntado esta Sala en fallos de fechas 14 de marzo y 28 de marzo de 2000[460].

Es insólito que un tribunal constitucional, encargado de velar por la supremacía constitucional, pudiera llegar a considerar que el Régimen de Transición del Poder Público dictado por la Asamblea Nacional Constituyente, después de aprobada popularmente la Constitución de 1999 y de haber sido proclamada por la propia Asamblea, pudiera tener el mismo rango que la Constitución. ¿Para qué, entonces, se realizó un referendo aprobatorio de la Constitución, si la Asamblea Nacional Constituyente podía, a su discreción, poner en vigencia normas de rango constitucional, sin aprobación popular?

El papel del Tribunal Supremo de Justicia en relación con el proceso constituyente, sin duda, se recordará, sí, en los anales de nuestra historia constitucional, pero no precisamente por su apego a la constitucionalidad: fue juez en su propia causa al decidir sobre la impugnación de los actos de la Asamblea Nacional Constituyente sobre su propia creación y el nombramiento de los magistrados decidores. Insistimos, el Tribunal Supremo de Justicia había sido "creado" por la Asamblea Nacional Constituyente, en el mismo mencionado Régimen de Transición del Poder Público, en el cual se nombró a sus Magistrados. Estos le debían su existencia a la Asamblea Nacional Constituyente y al Régimen Transitorio paraconstitucional en el cual sus Magistrados habían sido nombrados. No es difícil, por tanto, deducir cuál podría ser la "interpretación constitucional" que daría la Sala Constitucional si dichos magistrados no se inhibían. Declarar la inconstitucionalidad, por violación de las normas supra constitucionales adoptadas en las *bases comiciales* del referendo del 25 de abril de 1999, hubiera significado declararse a sí mismos como de designación inconstitucional. Ello explica el malabarismo constitucional que tuvieron que hacer.

De ello resultó que el "inconstitucional" régimen transitorio de la Constitución inventado por la Asamblea Nacional Constituyente, ha sobrevivido bajo la dúctil conducción de la Sala Constitucional, con criterios contradictorios: Por ejemplo, en la sentencia N° 179 de 28 de marzo de 2000 (Caso: *Gonzalo Pérez Hernández y otro vs. Asamblea Nacional Constituyente*)[461], con ponencia del magistrado José M. Delgado Ocando, había dicho que el régimen constitucional transitorio creado por la Asamblea Nacional Constituyente estaría vigente "hasta que los poderes constituidos sean designados o electos"; pero en la sentencia N° 180 de la misma fecha (Ca-

---

460 *V.* en *Revista de Derecho Público*, N° 84, Editorial Jurídica Venezolana, Caracas 2000, pp. 108 y ss.

461 *V.* en *Revista de Derecho Público*, N° 81, Editorial Jurídica Venezolana, Caracas 2000, pp. 82 y ss.

so: *Allan R. Brewer-Carías y otros vs. Estatuto Electoral*)[462], con ponencia del magistrado Jesús Eduardo Cabrera Romero, se señaló que "El régimen de transición del poder público se proyecta hacia el futuro, no sólo hasta la instalación de la Asamblea Nacional, sino aún más allá". En particular, en esta última sentencia se abrió la puerta a la arbitrariedad constitucional, al preverse la vigencia ilimitada de la transitoriedad, de manera que, "las normas y actos emanados de la Asamblea Nacional Constituyente tienen plena vigencia, hasta que de conformidad con la Constitución se establezca el régimen legal que vaya derogando la provisionalidad, y vaya dejando sin efectos las normas y actos emanados de la Asamblea Nacional Constituyente". En esta forma, la efectiva vigencia de la Constitución de 1999 ha quedado y permanece pospuesta, porque ella ha dependido de lo que haga o deje de hacer la Asamblea Nacional.

2. *La Sala Constitucional del Tribunal Supremo de nuevo vuelve ha ser juez y parte, al decidir en su propia causa en relación con el nombramiento de los magistrados en 2000*

A. *La burla a la Constitución por la confiscación de los Comités de Postulaciones para asegurar el derecho constitucional a la participación de la sociedad civil en la designación de los titulares de los órganos del Poder Público no electos popularmente para el primer período constitucional (2000)*

Uno de los motivos principales que originó la crisis política y la necesidad de una Asamblea Constituyente y de una reforma constitucional como la de 1999, fue la reacción contra la democracia meramente representativa de partidos, buscando su perfeccionamiento con aspectos de democracia de participación.

Particularmente, la crítica al sistema de designación de los altos funcionarios públicos no electos por el Congreso, como el Fiscal General de la República o el Contralor General de la República, pero fundamentalmente, los Magistrados de la Corte Suprema de Justicia que establecía la Constitución de 1961, y que le daba poder discrecional al Congreso y sus mayorías partidistas para ello, puede decirse que fue generalizada en el país. La queja se refería a la falta de participación de la sociedad civil y al monopolio que ejercían los partidos políticos representados en el Congreso, en dichas designaciones. Por ello, en la Asamblea Nacional Constituyente se impuso en esta materia el principio de la participación sobre el principio de la representatividad, y si bien se le atribuyó a la Asamblea Nacional la competencia para designar a los titulares de los órganos no electos popularmente del Poder Público, la reforma más importante que se introdujo consistió en *quitarle a la Asamblea la potestad discrecional para hacer tales nombramientos.*

En concreto, la Constitución reguló una forma precisa de *participación activa de la sociedad*, consistente en atribuirle a unos Comités de Postulaciones la *potestad exclusiva* de hacer las postulaciones de candidatos ante la Asamblea Nacional, por lo que no se podrían formular postulaciones directamente ante la Asamblea Nacional ni la Asamblea podría designar otras personas distintas a las postuladas por los Comités de Postulaciones. Esos Comités son órganos intermedios, algunos permanentes, que obligatoriamente deben estar integrados por *representantes de los diferentes*

462 *V.* en *Revista de Derecho Público*, N° 81, Editorial Jurídica Venezolana, Caracas 2000, pp. 86 y ss.

sectores de la sociedad. Son diferentes a la Asamblea Nacional y sus Comisiones y, en consecuencia, los representantes populares (diputados) no podrían formar parte de los mismos.

En efecto, en cuanto a la designación de los magistrados del Tribunal Supremo de Justicia, el artículo 264 de la Constitución dispone que las postulaciones de candidatos sólo se puede hacer ante un Comité de Postulaciones Judiciales, por iniciativa propia o por organizaciones vinculadas a la actividad jurídica.

El Comité de Postulaciones Judiciales, conforme al artículo 270 de la Constitución, es un órgano asesor del Poder Judicial para la selección de los candidatos a magistrados del Tribunal Supremo de Justicia, por lo que se trata de un órgano permanente que, además, debe asesorar a los Colegios Electorales Judiciales para la elección de los jueces de la jurisdicción disciplinaria. Este Comité de Postulaciones Judiciales debe estar integrado "por representantes de los diferentes sectores de la sociedad, de conformidad con lo que establezca la Ley" (art. 270)

Ahora bien, el procedimiento constitucional previsto para la designación de los magistrados del Tribunal Supremo, que debía ser regulado en la Ley[463], es el siguiente: El Comité, recibidas las postulaciones y "oída la opinión de la comunidad, efectuará una preselección para su presentación al Poder Ciudadano". Este órgano, integrado por el Fiscal General de la República, el Defensor del Pueblo y el Contralor General de la República (art. 273) debe efectuar "una segunda preselección que será presentada a la Asamblea Nacional, la cual hará la selección definitiva" (art. 264).

Ahora bien, la Asamblea Nacional Constituyente, al dictar el Decreto antes mencionado, sobre el Régimen Transitorio el Poder Público el 22 de diciembre de 1999 había designado los Magistrados del Tribunal Supremo *sin apegarse* a lo que venía de establecer la Constitución aprobada popularmente, e indicó que serían "de carácter provisorio" hasta tanto la Asamblea Nacional realizase las designaciones o ratificaciones definitivas *de conformidad con la Constitución* (art. 20). Por tanto, la Asamblea Nacional electa en agosto de 2000 tenía el mandato Constitucional (tanto en virtud del texto expreso de la Constitución, como en virtud del Régimen Transitorio del 22 de diciembre de 1999 al cual el Tribunal Supremo reconocía rango constitucional) de designar a los magistrados en forma definitiva de conformidad con la Constitución y apegándose a su normativa.

En cuanto a la designación de los órganos del Poder Ciudadano, la postulación de candidatos también debía hacerse ante un Comité de Evaluación de Postulaciones regulado en el artículo 279 de la Constitución, que debía ser convocado por el Consejo Moral Republicano (integrado por el Fiscal General de la República, el Defensor del Pueblo y el Contralor General de la República). Este Comité "estará integrado por representantes de diversos sectores de la sociedad" y debe adelantar "un proceso público de cuyo resultado se obtendrá una terna para cada órgano del Poder Ciudadano". Estas ternas son las que deben ser sometidas a la consideración de la Asamblea Nacional, la cual, mediante el voto favorable de las dos terceras partes de

---

463 A partir de mayo de 2002 ha quedado regulado en la Ley Orgánica del Tribunal Supremo de Justicia, *Gaceta Oficial* N° 37942 de 20-05-2004. *V.* Allan R. Brewer-Carías, *Ley Orgánica del Tribunal Supremo de Justicia. Procesos y procedimientos constitucionales y contencioso administrativos*, Editorial Jurídica Venezolana, Caracas 2004.

sus integrantes, escogerá en un lapso no mayor de 30 días continuos al titular del órgano del Poder Ciudadano que esté en consideración. Si concluye ese lapso sin acuerdo en la Asamblea Nacional, el Poder Electoral debe entonces someter la terna a consulta popular. Sólo en caso de no haber sido convocado el Comité de Evaluación de Postulaciones del Poder Ciudadano, la Asamblea Nacional podría proceder, dentro del plazo que determine la ley, a la designación del titular del órgano del Poder Ciudadano correspondiente (art. 279).

En el Régimen Transitorio del Poder Público establecido por la Asamblea Nacional Constituyente el 22 de diciembre de 1999, se dispuso que a los fines de la designación por la Asamblea Nacional electa en 2000, del Defensor del Pueblo, del Fiscal General de la República y del Contralor General de la República "de conformidad con la Constitución", la Asamblea Nacional Constituyente debía designar a los integrantes del primer Comité de Evaluaciones y Postulaciones del Poder Ciudadano, lo que en definitiva nunca hizo.

En cuanto a los miembros del Consejo Nacional Electoral, éste también debe estar integrado conforme a la Constitución por personas no vinculadas a organizaciones con fines políticos; tres de ellos deben ser postulados por la sociedad civil, uno, por las facultades de ciencias jurídicas y políticas de las Universidades Nacionales y uno por el Poder Ciudadano (art. 296). Las postulaciones de candidatos a integrar el Consejo Nacional Electoral, deben realizarse ante el Comité de Postulaciones Electorales, el cual debe estar integrado "por representantes de los diferentes sectores de la sociedad, de conformidad con lo que establezca la ley" (art. 295)[464]. Esos integrantes del Consejo Nacional Electoral, de acuerdo a las postulaciones que formule el Comité, deben ser designados por la Asamblea Nacional con el voto de las dos terceras partes de sus integrantes (art. 296).

El resultado de estas regulaciones es que de acuerdo con la Constitución no se pueden formular postulaciones a los mencionados cargos directamente ante la Asamblea Nacional, sino ante los Comités, y la Asamblea Nacional no podría designar para los cargos a personas que no estén en las listas de postulados que elaboren los Comités de Postulaciones. Se trata, en definitiva, en una Constitución que en más de cincuenta artículos habla de participación, del *único mecanismo directamente regulado en la Constitución* que asegura la participación de los "diversos sectores de la sociedad" en la gestión de asuntos públicos. No se trata de un mecanismo de consulta y mucho menos a través de mesa de diálogos, sino de participación activa.

Por supuesto, la forma de integración de los Comités de Postulaciones era esencial para que se aplicara la Constitución, por lo que la Asamblea Nacional estaba *obligada a llenar el vacío legal*, mediante una legislación que regulase los Comités de Postulaciones. Resultaba inadmisible que la Asamblea Nacional pretendiera legislar, para no legislar, como sucedió con la Ley Especial para la Ratificación o Designación de los Funcionarios y Funcionarias del Poder Ciudadano y Magistrados y Magistradas del Tribunal Supremo de Justicia para el primer período constitucional

---

464 En la Ley Orgánica del Poder Electoral también se violó esta disposición al regularse el Comité de Postulaciones Electorales. *Gaceta Oficial* Nº 37573 de 19-11-2002. *V.* los comentarios en Allan R. Brewer-Carías, *La Sala Constitucional vs. El Estado democrático de derecho. El secuestro del Poder Electoral y de la Sala Electoral del Tribunal Supremo y la confiscación del derecho a la participación política*, Ediciones El Nacional, Caracas, 2004, pp. 26.

de 14 de noviembre de 2000[465], que violó tanto los artículos 264, 270 y 279 de la Constitución, como los artículos 20 y 33 del Decreto de la Asamblea Nacional Constituyente sobre Régimen de Transición del Poder Público cuyo rango constitucional había sido reconocido por el Tribunal Supremo. Estas normas exigían que la Asamblea Nacional, una vez electa, debía realizar las designaciones definitivas del los altos funcionarios "de conformidad con la Constitución".

La referida Ley Especial para la designación de los altos funcionarios públicos del Poder Judicial y del Poder Ciudadano, violó la Constitución al no organizar los Comités de Postulaciones que ésta exigía y en la forma cómo ésta lo exigía, integrados por representantes de los diversos sectores de la sociedad, y en cambio, sustituirlos por una "Comisión Parlamentaria" ampliada.

En efecto, la Ley Especial dispuso que la Asamblea Nacional para hacer las designaciones de los mencionados funcionarios públicos, entre ellos de los Magistrados del Tribunal Supremo, debía designar una "Comisión integrada por 15 diputados o diputadas, que actuará como Comisión de Evaluación de Postulaciones" (art. 3); la cual, una vez instalados sus miembros, debían seleccionar, "a través de mecanismos de consulta, una lista de 12 representantes de los diversos sectores de la sociedad, que presentará ante la Asamblea Nacional para que ésta proceda a designar, por mayoría absoluta, 6 representantes, quienes integrarán la Comisión y actuarán como miembros de la misma, con derecho a voz y voto" (art. 4).

Se dispuso, además, que "para hacer efectivos los principios de publicidad y participación de la ciudadanía", la Comisión debía implementar "dichos mecanismos a través de consultas y participación de las comunidades", para lo cual debía instrumentar "mesas de diálogo donde estén representados los diversos sectores de la sociedad y con las cuales se consultarán y evaluarán las postulaciones recibidas" (art. 5). Esos representantes debían ser designados por la Comisión de listas que presentaran "las diversas organizaciones de la ciudadanía interesadas en participar en el proceso" (art. 6).

Las postulaciones recibidas para la designación de los integrantes de los Poderes Públicos Nacionales regulados en la ley debían ser objeto de consulta pública a los efectos de que se presentasen ante el Comité los respaldos u objeciones fundadas (art. 7).

Como resultado del proceso, la Comisión debía elaborar una lista de postulados para ser sometida a la consideración de la Asamblea Nacional, para la designación definitiva (art. 9).

Basta leer dicha Ley Especial para evidenciar su inconstitucionalidad. Fue una burla a la Constitución y constituyó la confiscación del derecho a la participación política garantizado en forma expresa en el Texto Constitucional. Tanto que se ha hablado de participación y de democracia participativa, como supuestamente sustitutiva de democracia representativa, y cuando correspondía hacerla realidad, por primera vez, cumpliendo la Constitución, como implicaba un límite al poder hegemónico, se ignoró.

---

465 *Gaceta Oficial* N° 37.077 de 14-11-2000.

Como consecuencia de ello, mediante sendos Acuerdos[466] la Asamblea Nacional designó al Fiscal General de la República, al Defensor del Pueblo, al Contralor General de la República y a los Magistrados del Tribunal Supremo de Justicia, sin ajustarse a lo que disponían los artículos 264, 270 y 279 de la Constitución.

La Asamblea Nacional, así, se había burlado de la Constitución, lo que incluso había llevado a la Defensora del Pueblo, antes de ser sustituida, a intentar una acción de nulidad por inconstitucionalidad contra la Ley Especial ante la Sala Constitucional del Tribunal Supremo.

La Asamblea Nacional, para proceder a designar a los mencionados altos funcionarios del Estado, por supuesto que tenía que dictar las respectivas leyes orgánicas que exigía la Constitución y llenar el vacío legal existente. Sin embargo, fue la propia Asamblea la que renunció a legislar lo que debía y, en su lugar, por su omisión o carencia legislativa, "prorrogó" el régimen transitorio dictando, en lugar de las leyes orgánicas respectivas, la Ley Especial mencionada que violaba la Constitución.

Lo grave de esta situación fue que el Tribunal Supremo de Justicia legitimó esta omisión del legislador y justificó la violación de la Constitución, actuando de nuevo como juez en su propia causa.

En efecto, en la sentencia de la Sala Constitucional Nº 1562 de 12 de diciembre de 2000, dictado días antes de la designación por la Asamblea Nacional de los referidos altos funcionarios del Estado, con ocasión de resolver la pretensión de amparo acumulada al recurso de nulidad por inconstitucionalidad de la Ley Especial que había intentado la Defensora del Pueblo[467] (y que nunca fue decidido), la Sala Constitucional señaló que una segunda etapa del sistema constitucional derivado del proceso constituyente:

> Surge a partir de la promulgación de la Constitución de la República Bolivariana de Venezuela, la cual crea una serie de instituciones no previstas en las Cartas Fundamentales anteriores, pero cuyas pautas de funcionamiento no fueron consagradas en el texto constitucional, *quedando sujetas a una regulación posterior mediante leyes que dictare la Asamblea Nacional.*

De ello resulta, por tanto, que era indispensable que la Asamblea Nacional dictase tales Leyes Orgánicas para que las nuevas instituciones pudieran entrar definitivamente en funcionamiento. Por ello, la afirmación que de seguidas hizo la misma Sala Constitucional:

> La normalización total de las instituciones nuevas como el Poder Ciudadano y el Tribunal Supremo de Justicia requieren de Leyes Orgánicas que desarrollen el texto constitucional, y mientras ellas no se dicten, las mismas se rigen por dos cuerpos legales coexistentes e integrativos: Decreto sobre el Régimen de Transición de Poder Público y la Constitución de la República Bolivariana de Venezuela, en lo que se complementan.
>
> Por ello, en fallo de esta Sala, de fecha 30 de junio de 2000 (caso *Defensoría del Pueblo*), la Sala enfatizó que cuando las Leyes Orgánicas respectivas se dictaren, cesaría definitivamente el régimen provisorio que gobierna a las instituciones, ac-

466 Publicados en *Gaceta Oficial* Nº 37.105 de 22-12-00.

467 *V.* en *Revista de Derecho Público,* Nº 84, Editorial Jurídica Venezolana, Caracas, 2000, pp. 108 y ss. *V.* la referencia en *El Universal,* Caracas 13-12-00, p. 1-2.

tualmente carentes de dichas Leyes especiales, pero mientras tanto, conformaban un solo bloque constitucional el Régimen Transitorio del Poder Público y la Constitución de la República Bolivariana de Venezuela, tal como lo ha apuntado esta Sala en fallos de fecha 14 de marzo y 28 de marzo de 2000.

De manera que el Régimen Transitorio estaría vigente hasta que la Asamblea Nacional dictase las referidas leyes orgánicas, por lo que conforme a la doctrina de la Sala, mientras esas leyes orgánicas no se dictasen, el régimen transitorio y provisorio continuaría indefinidamente. Pero en lugar de exhortar a la Asamblea Nacional a dictar dichas leyes, la Sala lo que hizo fue "legitimar" el inconstitucional contenido de la Ley Especial mencionada que no contenía las regulaciones que debían contener las leyes orgánicas indicadas, aceptando así, la burla a la Constitución[468]. No debe dejarse de mencionar que en la "Exposición de Motivos" que acompañó el Proyecto de Ley Especial, se afirmó como motivación la "falta de disposiciones expresas que regulen la designación de los integrantes del Poder Ciudadano y de los magistrados del Tribunal Supremo de Justicia" (que sólo la Asamblea Nacional podía dictar), constatando que "aun no existen los órganos que han de intervenir en tal designación" (que sólo la Asamblea Nacional podía regular), por lo cual se señalaba que "la Asamblea Nacional debe cubrir el vacío legal".

No se percató la Asamblea Nacional que el vacío legal debía cubrirlo ella misma, no mediante la Ley Especial que violaba la Constitución, sino mediante la sanción, precisamente, de las leyes orgánicas que exigía la Constitución con las cuales se pondría final al régimen provisorio y transitorio. Al renunciar a su obligación, la Asamblea Nacional "prorrogó" dicho régimen, el cual quedó vigente a su antojo, y el Tribunal Supremo así lo avaló, renunciando a su obligación de "asegurar la integridad de la Constitución" (art. 334) y garantizar su "supremacía y efectividad" (art. 335).

B. *La burla a la Constitución en cuanto a la inaplicabilidad de las condiciones constitucionales de elegibilidad de los Magistrados del Tribunal Supremo para los nombrados en el primer período constitucional*

La burla sistemática de la Constitución de 1999 puede decirse que llegó a su clímax cuando la Sala Constitucional del Tribunal Supremo de Justicia decidió que las condiciones para ser magistrado del Tribunal Supremo que regula con precisión el artículo 263 de la Constitución, no resultaban aplicables a los propios Magistrados decisores que ocupaban posiciones en el Tribunal Supremo y aspiraban a ser ratificados por la Asamblea Nacional. De ello resultaba que la Constitución, como norma suprema, era obligatoria para todas las personas e instituciones del país (art. 7), menos para los magistrados del Tribunal Supremo de Justicia a quienes precisamente correspondía garantizar la supremacía y efectividad de sus normas (art. 335) y asegurar su integridad (art. 334).

En efecto, con motivo de la antes mencionada acción de nulidad por inconstitucionalidad que la Defensora del Pueblo había ejercido contra la "Ley Especial para la Ratificación o Designación de los Funcionarios o Funcionarias del Poder Ciudadano y Magistrados y Magistradas del Tribunal Supremo de Justicia para el Primer

---

468 El Director General de la Defensoría del Pueblo, Juan Navarrete, calificó la decisión del Tribunal Supremo de Justicia como un abuso de poder. *V. El Universal,* Caracas 14-12-00, p. 1-2.

Período Constitucional", al momento de pronunciarse sobre la admisibilidad de la pretensión de amparo formulada conjuntamente con la acción de inconstitucionalidad por la Defensora del Pueblo, la Sala Constitucional, en la antes mencionada sentencia N° 1562 de 12 de diciembre de 2000[469], luego de reiterar la vigencia de dos regímenes constitucionales: el establecido en la Constitución de 1999 y el establecido en el Régimen de Transición del Poder Público contenido en el Decreto de la Asamblea Nacional Constituyente de 22 de diciembre de 1999, resolvió solicitar a la Defensora del Pueblo que "aclarase" su solicitud de amparo. Sin embargo, hizo una serie de consideraciones mediante las cuales "decidió" que la Constitución de 1999 no se aplicaba a los Magistrados del Tribunal Supremo de Justicia que estaban firmando la sentencia.

En efecto, en esa decisión, la Sala comenzó constatando lo siguiente sobre la designación definitiva de los Magistrados del Tribunal Supremo:

> El Régimen de Transición del Poder Público, emanado de la Asamblea Nacional Constituyente y publicado en la Gaceta Oficial de la República Bolivariana de Venezuela de fecha 28 de marzo de 2000 (N° 36.920), previó en su artículo 21 que la Asamblea Nacional realizará las designaciones o ratificaciones definitivas de conformidad con la Constitución, de los Magistrados del Tribunal Supremo de Justicia y de sus suplentes, ya que los Magistrados nombrados en los artículos 19 y 20 del Régimen de Transición del Poder Público, ejercerían sus cargos en forma provisoria.

Es decir, la Sala admitió que el Régimen de Transición del Poder Público exigía que se cumpliera la Constitución en el proceso de "designación o ratificación definitiva" de los Magistrados del Tribunal Supremo. Sin embargo, para desligarse de la Constitución en cuanto al cumplimiento de las condiciones de elegibilidad previstas en el artículo 263 respecto de los Magistrado en funciones que habían sido designados provisionalmente el 22 de diciembre de 1999, que estaban decidiendo y que aspiraban ser "ratificados", la Sala "inventó" el argumento de que la figura jurídica de la "ratificación" no estaba prevista en la Constitución, por lo que el artículo 263 de la misma supuestamente sólo se aplicaba cuando los Magistrados fueran a "designarse *ex novo*", pero no cuando fueran ratificados. El siguiente fue el razonamiento de la Sala:

> La figura de la ratificación no está prevista en la Constitución vigente, sino en el Régimen de Transición del Poder Público, y ella fue tomada en cuenta sólo con relación a los Magistrados del Tribunal Supremo de Justicia, mas no con respecto a los miembros del Poder Ciudadano, ya que los artículos 35, 36, 37 y 38 del Régimen de Transición del Poder Público no contemplaron la ratificación de quienes ejercían provisionalmente los cargos del Poder Ciudadano.
>
> Resultado de la aplicación necesaria del Régimen de Transición del Poder Público, el cual -como lo apunta esta Sala- es de rango constitucional, es que solo con respecto a los Magistrados del Tribunal Supremo de Justicia ha de utilizarse la figura de la ratificación, la cual carece de previsión en la Constitución, por lo que la frase del *artículo 21 del Régimen de Transición del Poder Público*, según la cual las ratificaciones definitivas *se harán de conformidad con la Constitución, carece de*

469 *V.* en *Revista de Derecho Público*, N° 84, Editorial Jurídica Venezolana, Caracas 2000, pp. 108 y ss.

aplicación, ya que como antes apuntó la Sala, la vigente Constitución no previó normas sobre ratificación de Magistrados del Tribunal Supremo de Justicia[470].

En esta forma, de un plumazo, la Sala Constitucional que era y es la primera institución obligada a garantizar la supremacía y efectividad de las normas y principios constitucionales (art. 336), resolvió que la Constitución no era aplicable precisamente a los Magistrados del Tribunal Supremo y de la Sala que eran los mismos que estaban decidiendo. Se estaba haciendo justicia, por las propias manos de los que se beneficiaban de la decisión[471].

El resultado de declarar la inaplicabilidad de la Constitución para la "ratificación" de los magistrados, llevó a los Magistrados de la Sala, entonces a "legislar" y autodefinirse un "régimen especial" relativo a las condiciones de elegibilidad de ellos mismos, aplicables a ellos mismos, además, alegando el principio de no discriminación. ¿Qué mayor discriminación, en realidad, que la contraria, es decir, definir para ellos mismos y sólo para ellos un régimen especial de condiciones para ser designados? La Sala, en efecto, dijo lo siguiente:

> En consecuencia, el régimen de ratificación debe ser especial, orientado hacia cual ha sido el rendimiento de los Magistrados a ratificarse y la calidad de sus ponencias, ya que son éstos los parámetros que permiten conocer la calidad de quienes como Magistrados ya han impartido justicia desde la más alta Magistratura, y por tanto se han hecho o no dignos de ratificación.
>
> Exigírsele a dichos Magistrados, además, otros requisitos que ni la Constitución (que no previó la figura), ni ninguna otra ley contempla, es crear una discriminación en contra de los ratificables, en relación con quienes no han sido Magistrados, que aspiran integrar las Salas del Tribunal Supremo de Justicia[472].

Y luego, la Sala pasó a examinar cada una de las condiciones de elegibilidad exigidas en el artículo 263 para ser magistrado del Tribunal Supremo, así:

> Conforme al *artículo 263 de la vigente Constitución*, aplicable a los aspirantes a la más alta Magistratura, para pertenecer a ella se requiere:
>
> 1. Tener la nacionalidad venezolana por nacimiento.
> 2. Ser ciudadano o ciudadana de reconocida honorabilidad
> 3. En forma alternativa y no acumulativa:
>
>   3.1) Ser jurista de reconocida competencia, gozar de buena reputación, haber ejercido la abogacía durante un mínimo de quince años y tener título de postgrado en materia jurídica.
>
> Se trata de un conjunto de requisitos que deben concurrir, pero que para no violar *derechos adquiridos*, también de naturaleza constitucional, hay que analizar si para la fecha de graduación del abogado, existía o no organizado en el país un sistema de postgrado a que pudiera acceder[473].

---

470 *V.* en *Revista de Derecho Público*, N° 84, Editorial Jurídica Venezolana, Caracas 2000, p. 109.

471 Por eso la Defensora del Pueblo anunciaba que solicitaría la inhibición de los Magistrados de la Sala Constitucional. *V. El Universal,* Caracas 16-12-00, p. 1-4.

472 *V.* en *Revista de Derecho Público*, N° 84, Editorial Jurídica Venezolana, Caracas 2000, p. 108.

473 *Idem*, p. 108.

Es de observar, sobre este tema, que aquí la Sala también cambió la Constitución, pues los postgrados universitarios no sólo se realizan inmediatamente seguidos a la fecha de graduación del interesado al terminar el pregrado. Es decir, la exigencia constitucional del postgrado es independiente de la fecha de graduación de la persona.

La Sala continuó analizando las condiciones, distorsionando la categoría legal de lo que es "profesor titular" conforme a la Ley de Universidades, así:

> 3.2) Haber sido profesor o profesora universitario en ciencias jurídicas durante un mínimo de quince años, y tener la categoría de profesor titular.
>
> La categoría de profesor titular no podría entenderse en el sentido de un grado dentro de la jerarquía de una carrera, ya que la norma para nada se refiere a la carrera universitaria, y a la necesidad de ser profesor a tiempo completo dentro de ella, que es la que permite acceder a los grados superiores; y además, quien ingresa a una universidad como instructor difícilmente puede llegar a la más alta jerarquía en un lapso de quince años. De allí que la categoría de titular tiene que ser entendida como la condición de una persona respecto de las demás.

El autor Manuel Ossorio, en su Diccionario de Ciencias Jurídicas, Políticas y Sociales, al referirse a esta acepción menciona que "en este último sentido habría categorías de abogados, médico, pintores, militares, albañiles. Es lo que Cabanellas ha llamado la "categoría profesional" o "estatuto personal", con lo cual no estaríamos en presencia de jerarquías dentro de una profesión sino de la condición o estatuto de una profesión, "respecto de las demás", en este caso hablaríamos de la categoría de profesor universitario por oposición a la categoría de médico o militar.

> Por otra parte, la condición de titular tampoco denota exclusivamente un grado jerárquico. En efecto, el Diccionario de la Real Academia dice que titular es el que "ejerce cargo, oficio o profesión con cometido especial y propio", y agrega, a título de ejemplo, "juez, médico, profesor universitario TITULAR".
>
> A este respecto Ossorio aclara que el titular es "aquel que ejerce un cargo u oficio por derecho propio o nombramiento definitivo; *a diferencia de substitutos, reemplazantes o interinos.* (Diccionario de Derecho Usual de CABANELLAS)" (Subrayado de la Sala).
>
> En virtud de lo expuesto, considera la Sala que este requisito para los profesores universitarios se interpreta como la exigencia de que el docente universitario tenga una antigüedad mínima de quince años como profesor y se trate de un profesor titular, es decir, ordinario activo o jubilado"[474].

Debe observarse, que en la Ley de Universidades vigente para el momento de la sanción de la Constitución, y esa fue la intención del constituyente, se define la categoría de "profesores titulares" como miembros ordinarios del personal docente (art. 87), a la cual se accede después de ascender sucesivamente desde profesor instructor, profesor asistente, profesor agregado y profesor asociado, de manera que para ser profesor titular "se requiere haber sido profesor asociado, por lo menos durante cinco años" (art. 97). Es contrario a la Ley identificar, entonces, "profesor titular" con "profesor ordinario" como lo hizo la Sala. ¿Cómo pudo la Sala, simplemen-

---

474 *Idem*, pp. 109-110.

te, ignorar la Ley? Para resolver la duda no se necesitaba citar a Ossorio ni a Cabanellas; bastaba con que se consultara la Ley de Universidades.

Por tanto, "profesor titular" es lo que está definido en la Ley y es falso que para poder ascender en el escalafón universitario se necesite ser profesor a tiempo completo. Además, también es falso que "sea muy difícil" ascender desde instructor a titular en un lapso de 15 años. La decisión de la Sala, en realidad, lo que constituyó fue la entronización de la mediocridad y el abandono de la excelencia universitaria que es lo que la Constitución exigía expresamente para los magistrados.

Pero el análisis de la Sala continuó con el otro requisito de elegibilidad, así:

> 3.3) Ser o haber sido juez o jueza superior en la especialidad correspondiente a la Sala para la cual se postula, con un mínimo de quince años en el ejercicio de la carrera judicial, y reconocido prestigio en el desempeño de sus funciones.

Al respecto, la Sala acotó:

> Es necesario que el aspirante tenga como mínimo quince años en el ejercicio de la carrera judicial. Dentro de este lapso deben computarse no sólo los años como juez de instancia sino, eventualmente, como Magistrado de la antigua Corte Suprema de Justicia o del actual Tribunal. En efecto, según el *artículo 2° del "Régimen de Transición del Poder Público"*, los actuales Magistrados pueden ser ratificados de forma definitiva por la Asamblea Nacional.
>
> El requisito de haberse desempeñado como Juez Superior, es una exigencia mínima. Obviamente, si se han desempeñado como Magistrados de la antigua Corte o del Tribunal Supremo de Justicia, con mayor razón (por argumento a *fortiori*), el aspirante a ser designado o ratificado cumpliría con este requisito constitucional.
>
> La "especialidad correspondiente a la Sala", a la que alude este numeral, debe ser interpretada de una manera amplia, al menos en lo que concierne a la Sala Constitucional y a la Sala Social.
>
> La primera, porque las atribuciones y competencias de esta Sala, en materia de protección a la Constitución abarca varios ámbitos, que exceden la especialidad académica del Derecho Constitucional; y la segunda, porque las materias de que debe conocer la Sala Social exceden también del campo laboral *strictu sensu*, que es su competencia por excelencia, por lo cual, lo ideal es que sea integrada por especialistas en las distintas materias que la Constitución y la Ley le puedan asignar (Familia, menores, etc.).

De nuevo, en este razonamiento la Sala interpretó la exigencia constitucional de haber sido "juez superior" como quiso, a la medida de los Magistrados decisores.

Poco se puede agregar en cuanto a comentarios a esta conducta del Tribunal Supremo de Justicia, integrado por Magistrados designados por el nuevo poder político, a dedo el 22 de diciembre de 1999, que con la mayor desfachatez, en un auto judicial que lo que decidía era exigirle a la accionante, la Defensora del Pueblo, que aclarase el texto de su demanda, *aprovecharon para "decidir"* que la Constitución no le era aplicable a los magistrados integrantes del Tribunal que aspiraban a ser designados, con el argumento de que de lo que se trataba era que iban a ser "ratificados" y ¡ello no estaba regulado en la Constitución!. En todo caso, la decisión de fondo de la acción intentada nunca se adoptó posteriormente.

III. LA INTERVENCIÓN "JUDICIAL" DEL PODER JUDICIAL Y LA LESIÓN A LA AUTONOMÍA E INDEPENDENCIA

1. *La paralización de la jurisdicción contencioso-administrativa por el Tribunal Supremo de Justicia*

La Constitución de 1999, siguiendo la orientación del artículo 206 de la Constitución de 1961, en su artículo 259 reguló la jurisdicción contencioso administrativa, disponiendo que corresponde al Tribunal Supremo de Justicia en Sala Político-Administrativa, y a los demás tribunales que determine la ley.

La Ley Orgánica de la Corte Suprema de Justicia de 1976 había creado a la Corte Primera de lo Contencioso Administrativo y a los Tribunales Superiores con competencia contencioso-administrativo, que habían venido funcionando con toda eficiencia durante los últimos 25 años, generando una jurisprudencia importantísima en materia de derecho administrativo.

Ahora bien, el 17 de julio de 2003, la Federación Médica Venezolana acudió por ante la Corte Primera de lo Contencioso Administrativo, a fin de ejercer un recurso contencioso administrativo de nulidad, conjuntamente con acción de amparo constitucional, contra el acto administrativo emanado del Colegio de Médicos del Distrito Metropolitano de Caracas, mediante el cual estipuló su cooperación con el Municipio Libertador del Distrito Capital, estableciendo los procedimientos de selección y control de los médicos -venezolanos o extranjeros- que serían contratados por el Municipio en el marco del plan de atención primaria a la salud denominado "Barrio Adentro"[475].

El 21 de agosto de 2003, la Corte Primera de lo Contencioso Administrativo acordó la medida cautelar de amparo constitucional solicitada, por considerar que existían en autos elementos de juicio suficientes para presumir que el acto impugnado violaba *el derecho a la igualdad ante la ley*, ordenando la suspensión de los efectos de diversas cláusulas del Acta Convenio, e instruyendo al Colegio de Médicos del Distrito Metropolitano de Caracas que sustituyera a los médicos extranjeros (cubanos), por aquellos médicos venezolanos o extranjeros que cumplieran con los requisitos establecidos en la Ley del Ejercicio de la Medicina y, que manifiesten su interés en ser contratados para el Programa "Plan Barrio Adentro".

Dicha sentencia, sin embargo, no pudo ser ejecutada. El Ministerio de Salud y Desarrollo Social y la Alcaldía del Municipio Libertador la rechazaron e ignoraron; y el propio Presidente de la República señaló que no se ejecutaría[476]. Las entidades estatales referidas, además, el 5 de septiembre de 2003, acudieron por ante la Sala Constitucional del Tribunal Supremo de Justicia ejerciendo una "acción de protección constitucional" de los derechos colectivos e intereses difusos de la sociedad del Municipio Libertador del Distrito Capital, contra las supuestas actuaciones materiales de la Corte Primera de lo Contencioso Administrativo derivadas de la sentencia

---

475 *V.* Claudia Nikken, "El caso "Barrio Adentro": La Corte Primera de lo Contencioso Administrativo ante la Sala Constitucional del Tribunal Supremo de Justicia o el avocamiento como medio de amparo de derechos e intereses colectivos y difusos," en *Revista de Derecho Público*, N° 93-96, Editorial Jurídica Venezolana, Caracas, 2003, pp. 5 y ss.

476 "Váyanse con su decisión no sé para donde, la cumplirán ustedes en su casa si quieren..." Exposición en el programa radial *Aló Presidente*, N° 161, 24-08-2004.

del 21 de agosto de 2003; solicitando además, que la Sala Constitucional se avocara al conocimiento de la causa.

La Sala Constitucional dictó sentencia el día 25 de septiembre de 2003, señalando que en virtud de que los solicitantes habían alegado que la pretensión incoada no correspondía "a la naturaleza de un recurso contencioso-administrativo sino a la de una acción de protección de derechos e intereses colectivos o difusos", la Corte Primera de lo Contencioso-Administrativo no sería entonces competente para conocer de dicha pretensión, por corresponderle a la Sala Constitucional, la cual decidió:

En virtud de lo anterior y visto que la denuncia planteada implica la contravención del carácter absoluto, indisponible e improrrogable de la competencia por la materia, que de ser cierta, conllevaría a la nulidad de dicho proceso por haberse desarrollado ante un juez incompetente, esta Sala, a fin de asegurar los postulados contenidos en los artículos 26 y 257 de la Constitución, juzga necesario para determinar si es competente para conocer y decidir acerca del avocamiento requerido, solicitar a la Corte Primera de lo Contencioso-Administrativo la remisión, en el estado en que se encuentre, del expediente nº 03-2852 de la nomenclatura de dicho órgano jurisdiccional, contentivo de los originales de las actas procesales relativas al recurso de nulidad ejercido conjuntamente con amparo cautelar y, subsidiariamente, con solicitud de suspensión de efectos, incoada por la Federación Médica Venezolana contra el Acta-Convenio suscrita el 22 de mayo de 2003, entre el Alcalde de Municipio Libertador del Distrito Capital y el Colegio de Médicos del Distrito Metropolitano de Caracas, así como de los cuadernos o las piezas donde cursen las medidas preventivas en ellas decretadas".

En esa forma, la Corte Primera de lo Contencioso Administrativo había sido intervenida en el ejercicio de sus competencias, las cuales le fueron arbitrariamente arrebatadas por la Sala Constitucional, la cual sin embargo, no adoptó decisión adicional alguna en el asunto. Con ello, había quedado asegurada la inejecución de la sentencia de la Corte Primera en el "Caso Barrio Adentro".

Luego vinieron las represalias políticas gubernamentales: a fines de septiembre de 2003, la Dirección de los Servicios de Inteligencia y Prevención (DISIP) del Ministerio del Interior y de Justicia, allanó la sede de la Corte Primera después de haber arrestado a un chofer de la misma con un expediente judicial; y de que el Presidente de la República hubiera calificado de "bandido" al Presidente de dicha Corte[477]. Semanas después, la Comisión de Funcionamiento y Reestructuración del Poder Judicial decidiría la destitución de los Magistrados de la Corté Primera, por supuestamente haber cometido un "error inexcusable" al dictar una sentencia en 2002[478]. La decisión fue protestada por los gremios de abogados del país[479] e incluso por la Comisión Internacional de Juristas[480]; pero la verdad es que la Corte Primera de lo Contencioso Administrativa quedó clausurada, a pesar del anuncio de que la Comi-

---

477 Exposición pública el 20-09-2004.

478 *V.* la información en *El Nacional*, Caracas 05-11-2004, p. A-2. En esa misma página, el Presidente destituido de la Corte Primera señaló que: "La justicia venezolana vive un momento tenebroso, pues el tribunal que constituye un último resquicio de esperanza ha sido clausurado".

479 *V.* el comunicado de la Asociación Venezolana de Derecho Administrativo, en *El Nacional*, Caracas, 12-10-2003, A-5.

480 *V.* en *El Nacional*, Caracas, 18-11-2004, p. A-6.

sión Judicial del Tribunal Supremo de Justicia supuestamente habría creado otra Corte Segunda de lo Contencioso-Administrativo[481].

En todo caso, después de diez meses de clausura, en julio de 2004 el Tribunal Supremo designó a los nuevos magistrados de la Corte Primera y Corte Segunda de lo Contencioso Administrativo[482]. Durante esos diez meses, simplemente no había habido justicia contencioso administrativa en Venezuela; situación que se había agravado con ocasión de la publicación de la Ley Orgánica del Tribunal Supremo de Justicia en mayo de 2004, que había derogado todas las normas transitorias de la Ley Orgánica de la Corte Suprema de Justicia de 1976, que regulaban precisamente las competencias de la Corte Primera de lo Contencioso Administrativo y los Tribunales Superiores de lo Contencioso Administrativo. Estos, sin duda, siguieron existiendo y funcionando pero sin base legal sólida, por la omisión del legislador[483].

2. *El secuestro de la jurisdicción contencioso-electoral por la Sala Constitucional del Tribunal Supremo de Justicia*

La Sala Constitucional, cuyos magistrados habían sido designados por la Asamblea Nacional en 2000 conforme a la antes mencionada "Ley Especial para la Ratificación o Designación de los Funcionarios o Funcionarias del Poder Ciudadano y Magistrados y Magistradas del Tribunal Supremo de Justicia para el Primer Período Constitucional", en los años subsiguientes asumió el rol de agente del poder político, interviniendo en todo proceso judicial que pudiera afectarlo, como ocurrió en el caso Barrio Adentro, antes comentado, tramitado ante la Corte Primera de lo Contencioso Administrativo.

Otro caso que merece la atención, fue el proceso de intervención y secuestro que la Sala Constitucional llevó a cabo respecto de otra jurisdicción, en este caso, de la Jurisdicción Contencioso Electoral ejercida por la Sala Electoral del Tribunal Supremo, con motivo del ejercicio del derecho político ciudadano de revocarle el mandato al Presidente de la República en 2003-2004.

En efecto, la Constitución de 1999 estableció expresamente la división del Tribunal Supremo de Justicia en Salas, de manera que el mismo funciona en Sala Plena y en Salas Constitucional, Político-Administrativa, Electoral, de Casación Civil, Casación Penal y de Casación Social (art. 262). Ninguna Sala tiene preeminencia sobre las otras, como lo decidió en forma expresa la propia Sala Constitucional en sentencia Nº 158 de 28 de marzo de 2000 (Caso: *Impugnación del artículo 1 de la Ley Orgánica de la Corte Suprema de Justicia*)[484], ya que "todas las Salas conservan el mismo grado de jerarquía dentro de dicho órgano, atendiendo a las materias que le competen a cada una de ellas", no existiendo en la Constitución ni en la Ley Orgánica Corte Suprema de Justicia "facultad alguna de dicha Sala (Constitucional) para controlar las decisiones del resto de las Salas que integran el Tribunal Supremo de

481 *V.* en *El Nacional*, Caracas, 24-10-2003, p. A-2.

482 *V.* en *El Nacional*, Caracas, 16-07-2004, p. A-6.

483 *V.* Allan R. Brewer-Carías, *Ley Orgánica del Tribunal Supremo de Justicia. Procesos y procedimientos constitucionales y contencioso-administrativos*, *V.* en *Revista de Derecho Público*, Nº 84, Editorial Jurídica Venezolana, Caracas 2000, p. 109, Caracas, 2004, pp. 153 y ss.

484 *V.* en *Revista de Derecho Público*, Nº 81, Editorial Jurídica Venezolana, Caracas 2000, pp. 109 y ss.

Justicia"[485], salvo por lo que respecta al recurso extraordinario de revisión de sentencias de amparo (Art. 366,10).

Ahora bien, una de las innovaciones más destacadas de la Constitución de 1999 en materia judicial, fue la creación de la Sala Electoral del Tribunal Supremo de Justicia (art. 262), como Jurisdicción Electoral, con competencia exclusiva en materia contencioso electoral (art. 297); como una rama aparte de la Jurisdicción Contencioso Administrativa[486], especializada en conocer de la nulidad por inconstitucionalidad e ilegalidad de los actos administrativos emanados de los órganos del Poder Electoral. Ello implica que las decisiones del Consejo Nacional Electoral sólo pueden ser revisadas por razones de inconstitucionalidad e ilegalidad por la Sala Electoral del Tribunal Supremo de Justicia y por más ninguna otra de sus Salas[487].

Sin embargo, con motivo del ejercicio del derecho político colectivo de revocatoria del mandato del Presidente de la República en 2003-2004, la Sala Constitucional pretendió secuestrar a la Sala Electoral, y en forma inconstitucional asumió sus competencias[488].

A. *Los intentos de secuestro de la Sala Electoral del Tribunal Supremo por la Sala Constitucional del mismo Tribunal*

En efecto, con ocasión de la Resolución del Consejo Nacional Electoral Nº 040302-131 del 2 de marzo de 2004, así como del "Instructivo sobre el tratamiento por el Comité Técnico Superior de las firmas de caligrafía similar o renglones de planillas llenadas por la misma persona" de fecha 24 de febrero de 2004, mediante los cuales se colocado "bajo observación", 876.017 firmas o solicitudes de revocatoria de mandato presidencial, de las 3.467.050 presentadas, sometiéndolas al denominado "procedimiento de reparo" por considerar que los datos de identificación habían sido escritos con "caligrafía similar", evitando la posibilidad de su convocatoria; varios diputados a la Asamblea Nacional actuando además como representantes de varios partidos de oposición, con fecha 8 de marzo de 2004 intentaron un recurso de nulidad por legalidad e inconstitucionalidad con pretensión de amparo cautelar contra la resolución impugnada.

La Sala Electoral del Tribunal Supremo de Justicia, contrariamente a lo que había sucedido en años anteriores, para marzo de 2004 puede decirse que no estaba controlada por el poder político gubernamental, como lo había estado en el pasado. Por ello, la acción del gobierno se dirigió, a través de sus dirigentes político partidistas, a recusar a los dos de los tres Magistrados de la Sala Electoral que consideraban

---

485 *Idem*, p. 109. *V.* igualmente la sentencia de la misma Sala Constitucional Nº 100 de 15-03-2000, en *Revista de Derecho Público,* Nº 81, (enero-marzo), Editorial Jurídica Venezolana, Caracas, 2000, pp. 108 y ss.

486 Hasta su creación por la Constitución, el control inconstitucionalidad de ilegalidad de los actos administrativos del Consejo Nacional Electoral correspondió a la Sala Político Administrativa de la antigua Corte Suprema de Justicia.

487 *V.* sentencia de la Sala Constitucional Nº 94 de 2 de diciembre de 2003 (Caso: *Robert Osuna y otros*).

488 *V.* lo expuesto en Allan R. Brewer-Carías, *La Sala Constitucional vs. el Estado democrático de derecho (El secuestro del Poder Electoral y de la sala Electoral del Tribunal Supremo y la confiscación del derecho a la participación política)*, Ediciones El Nacional, Caracas, 2004, pp. 109 y ss.

podían votar en contra de la posición oficialista[489] y a su vez, la acción de la oposición, se dirigió a recusar el tercer Magistrado. Además, y en forma totalmente incomprensible en el ámbito de la jurisdicción contencioso electoral, el propio Consultor Jurídico del Consejo Nacional Electoral, cuyos actos eran precisamente los impugnados ante la Sala, también recusaría a los mismos Magistrados[490].

Por su parte, los representantes de los partidos de gobierno, también acudieron por ante la Sala Constitucional del Tribunal Supremo solicitándole, que aún no teniendo competencia específica en la materia, se avocara al conocimiento de los recursos que habían sido intentados por ante la Sala Electoral, e impedir así, que ésta pudiera decidir dichos recursos[491]. Por su parte, un diputado de la oposición a su vez había recusado a dos Magistrados de esta Sala Constitucional en la solicitud de avocamiento de los juicios sobre el referendo revocatorio[492].

La Sala Constitucional, en fecha 11 de marzo de 2004, declararía inadmisible la recusación intentada contra sus Magistrados, por haberse formulado antes de que la solicitud de avocamiento fuera admitida[493]; y, además, en una decisión que según anunciaba la prensa, se habría adoptado por tres de los cinco Magistrados de la Sala y sin el quórum necesario para constituirse (de cuatro magistrados) requerido en el artículo 54 de la entonces vigente Ley Orgánica de la Corte Suprema de Justicia, habría ordenado a la Sala Electoral que *se inhibiera de tomar decisiones en los casos relacionados con el referendo revocatorio*, hasta tanto la Sala Constitucional se pronunciara sobre si se avocaba o no a conocer de dichos asuntos[494].

En un "comunicado" público inusitado, el Presidente de la Sala Constitucional, días después, el 15 de marzo de 2004, "explicaría" sus argumentos sobre la "legalidad" de la forma como se habría tomado la decisión[495], y sólo el 16 de marzo de 2004 se ordenaría publicar la decisión adoptada por los tres Magistrados[496].

---

489 *V.* las informaciones sobre las recusaciones interpuestas por Ismael García del Comando Ayacucho, de las fuerzas políticas del gobierno, y por William Dávila, Diputado del partido de gobierno contra los Magistrados Alberto Martini Urdaneta y Rafael Hernández Uzcátegui, en *El Universal*, Caracas, 04-03-2004, p. 1-5; *El Nacional*, Caracas, 04-03-2004, p. A-7; y *El Nacional*, Caracas, 05-03-2004, p. 1-4.

490 *V.* la referencia en Juan M. Raffalli, "Portazos en la cara", en *El Universal*, Caracas 14-03-2004.

491 *V.* la información, corroborada por el Magistrado Iván Rincón, Presidente de la Sala Constitucional, en el reportaje de Edgar López, en *El Nacional*, Caracas, 04-03-2004, p. A-7; 1-5; y la información publicada en *El Nacional*, Caracas, 06-03-2004, p. A-2.

492 La recusación fue presentada por el diputado Gerardo Blyde. *V.* la referencia en Sentencia de la Sala Constitucional Nº 347 de 11-03-2004, Exp. 04-0475.

493 Sentencia Nº 347 de 11-03-2004, Exp. 04-0475. La Sala Electoral, a su vez, también habría declarado inadmisible la recusación intentada contra sus Magistrados. *V.* la información en *El Universal*, Caracas 12-03-2004. Dicha decisión, a su vez, fue objeto de un recurso de revisión por ante la Sala Constitucional, ante la cual los representantes de los sectores oficiales insistieron en recusar a los Magistrados de dicha Sala Electoral. *V.* la información en *Globovisión.com*, Caracas 12-03-2004.

494 *V.* la información en *El Universal*, Caracas 12-03-2004; y *Globovisión.com*, Caracas 12-03-2004. Esta irregular situación la constataría posteriormente el Magistrado Rondón Haaz de la Sala Constitucional en su Voto Salvado a la sentencia Nº 566 de la Sala Constitucional de 12-04-2004 en la cual se avocaría al conocimiento de las causas que cursaban ante la Sala Electoral, señalando que el 11-03-2004 "tres Magistrados habrían llamado a otro para informarle que habían tomado una decisión ("se le explico -*sic*- y se le advirtió que quedaba aprobada con el voto de los tres magistrados")..".

495 En efecto en el "Comunicado" hecho público el 15-03-2004 "donde ratifica la validez de la decisión de la Sala Constitucional que impide a la Sala Electoral pronunciarse sobre el referéndum revocatorio", el Presidente de la Sala Constitucional señaló que vista la diligencia que habían formulado los dos Magis-

Con esta decisión de impedir que la Sala Electoral pudiera dictar las decisiones en materias de su exclusiva competencia (contencioso-electoral), se intentaba el secuestro institucional por parte de la Sala Constitucional, de otra Sala del Tribunal Supremo de Justicia de igual jerarquía en el orden judicial, lo que por supuesto no podría tener otra explicación que no fuera la de orden político.

La figura del "avocamiento", mediante el cual la Sala Constitucional del Tribunal Supremo podría asumir (se podría avocar) al conocimiento de una causa que curse ante un tribunal inferior, respecto de lo cual la Sala Constitucional, en su propia jurisprudencia se había "auto creado" su propia competencia[497], en ningún caso podría proceder en relación con causas que se pudieran estar ventilando en otras Salas del propio Tribunal Supremo de Justicia conforme a sus propias competencias constitucionales, sino eventualmente ante tribunales inferiores en materias en las cuales la Sala Constitucional pudiera tener competencia[498]; y además, el solicitante del avocamiento al menos debía ser parte en el proceso judicial respecto del cual se requería que la Sala asumiera el conocimiento.

B. *La decisión cautelar de la Sala Electoral y las reacciones del poder político contra su autonomía e independencia del Tribunal Supremo*

Pero la Sala Electoral del Tribunal Supremo, sin embargo, reaccionó contra la pretensión de la Sala Constitucional como lo hace un órgano judicial al servicio de

---

trados quienes no participaron en la decisión, que en una reunión convocada el 11-03-2004 aclarando dicho hecho, que "Presentes los cuatro magistrados Iván Rincón, José Manuel Delgado Ocando, Jesús Eduardo Cabrera (ponente) y Antonio García García se le explicó la grave situación que se estaba presentando en la Sala Electoral, el avocamiento que cursaba ante la Sala Constitucional y además el contenido de la ponencia del magistrado Jesús Eduardo Cabrera con la urgencia de la decisión que el caso ameritaba y se le explicó que el Poder Electoral había actuado con la potestad normativa que le delegó la Sala Constitucional y la que esta misma Sala dictó por excepción para el funcionamiento del Poder Electoral y que a fin de resolver sobre la procedencia o no del avocamiento se le estaba ordenando a la Sala Electoral paralizar cualquier acción de nulidad, amparo o cualquier otro recurso incoados contra los actos del Poder Electoral referidos a los procedimientos de referéndum revocatorio de cargos de elección popular e igualmente se le ordenaba abstenerse de decidir los mismos, paralizarlos y remitirlos a la Sala Constitucional al igual que todas las acciones que incoasen en este sentido. Los magistrados Iván Rincón Urdaneta, Jesús Eduardo Cabrera y José Manuel Delgado Ocando manifestaron estar de acuerdo con la sentencia y se le advirtió al magistrado Antonio García García que quedaba aprobada; *el cual exigió el texto escrito; se le entregó firmado ya por los tres magistrados que lo aprobaron* y se retiró del despacho" (cursivas agregadas). No es difícil deducir de este "comunicado" cómo el Presidente de la Sala Constitucional lo que hizo en él fue confesar que la decisión la tomaron tres Magistrados y así se la presentaron firmada al cuarto, el cual por tanto no pudo haber "participado" en la toma de la misma. *V.* el texto en *Globovisión.com.* Caracas 15-03-2004.

496 En una "diligencia" que se estampó en el expediente por la propia Sala, se dejaría constancia que "en el día de hoy, 16 de marzo de 2004, siendo las 4:50 de la tarde, se recibió del despacho del Magistrado Antonio García García... la sentencia aprobada en la sesión del 11 de marzo de 2004 a las 2:30 p.m. en el expediente N° 04-0475, la cual fue devuelta sin la firma del mencionado Magistrado" por lo que entonces, la Sala lo remitía a la Secretaría para su publicación.

497 La Ley Orgánica del Tribunal Supremo de Justicia de mayo de 2004, regularizó la competencia de todas las Salas de avocarse al conocimiento de causas.

498 El profesor José Peña Solís, ex Magistrado de la Sala Electoral y quien había sido Presidente de la misma sobre esto recordó, en declaraciones dadas a María Lilibeth da Corte, que la figura del avocamiento está prevista "sólo para tribunales inferiores. Una Sala no es un tribunal, todas constituyen el TSJ. No se puede pretender que una Sala pueda avocarse a lo de otra Sala, porque eso crea una crisis institucional de incalculables dimensiones", en *El Universal*, Caracas 13-03-2004.

la justicia, rebelándose ante el intento de secuestro. Fue la primera vez que una Sala del mismo Tribunal Supremo pondría en duda el rol de la Sala Constitucional, la cual lejos de haber sido el pilar de la construcción del Estado de Derecho, en muchas de sus actuaciones había sido un instrumento del autoritarismo.

Así, el 15 de marzo de 2004 el Presidente de la Sala Electoral respondió el "Memorando" que le había remitido la Sala Constitucional, acusando a dicha Sala de haber intentado "violentar el Estado de Derecho" al querer impedir que la Sala Electoral decidiera en las causas de su propia competencia[499], anunciando que ejercería sus competencias constitucionales en la decisión del recurso de nulidad y amparo que se había intentado contra la Resolución del Consejo Nacional Electoral.

Y así lo hizo, además, declarando con lugar el amparo cautelar que se le había solicitado en protección del derecho constitucional a la participación política en el juicio de nulidad contra la Resolución del Consejo Nacional Electoral, mediante sentencia N° 24 del 15 de marzo de 2004[500] (Caso*: Julio Borges, César Pérez Vivas, Henry Ramos Allup, Jorge Sucre Castillo, Ramón José Medina y Gerardo Blyde vs. Consejo Nacional Electoral*). En esta decisión, el Tribunal Supremo estimó que los efectos de la Resolución N° 040302-131 de fecha 2 de marzo de 2004, dictada con fundamento en el *Instructivo* antes mencionado, colocando "bajo observación", la cantidad de 876.017 firmas, debían suspenderse, por existir una presunción grave de violación del derecho fundamental a la participación política consagrado en el artículo 62 de la Constitución y garantizado en el artículo 70; y porque de no acordarse la suspensión, ello podría "hacer ilusoria la ejecución del fallo definitivo de ser éste declarado con lugar".

Como consecuencia de la anterior declaratoria, la Sala, a los fines de restablecer la situación jurídica lesionada al estado en que se encontraba antes de que ocurriera la violación, y mientras se dictaba la sentencia de fondo, ordenó al Consejo Nacional Electoral, entre otras cosas, que *desaplicara* a las 876.017 firmas colocadas "bajo observación" en la Resolución impugnada, el criterio contenido en el Instructivo antes mencionado, que también había sido impugnado, el cual imponía la exigencia de ratificación de la manifestación de voluntad de los titulares de esas firmas (denominado reparo negativo). La Sala Electoral, además, con el mismo fin restablecedor de la situación jurídica infringida, *acordó incluir o sumar* a las solicitudes validadas por el Consejo Nacional Electoral para la convocatoria del referendo revocatorio que alcanzaba a 1.832.493 de solicitudes, las 876.017 firmas o solicitudes antes

---

499 En un inusitado "Comunicado" leído por el Presidente de la Sala Electoral y dirigido a los Magistrados de la Sala Constitucional, según el resumen hecho por la periodista Irma Álvarez, aquél cuestionó las comunicaciones que los días 11-03-2004 y 12-03-1004 se habían recibido de ésta, a través de las cuales le participaba a la Sala Electoral que estaba impedida de actuar en los casos relacionados con el referendo, en virtud de la solicitud de avocamiento formulada ante la Sala Constitucional; manifestándoles que "las referidas comunicaciones pretenden constituirse en una orden dictada, sin estar respaldada por sentencia alguna, razón por la cual la Sala Electoral ostenta todo el poder necesario para sustanciar y pronunciarse, de acuerdo a lo previsto en el artículo 297 de la Constitución y la jurisprudencia". Además dijo no entender cuál es la motivación que tuvieron estos magistrados "al pretender sustraer de su juez natural los recursos" o "al participar que hubo una sesión de Sala que no se efectuó, como lo hacen constar los magistrados Antonio García y Pedro Rondón". Sus preguntas fueron pues: ¿qué pretenden? ¿Violentar el Estado de Derecho?. *V.* en *El Universal*, Caracas 16-03-2004.

500 Exp. AA70-E 2004-000021 (Exp. x-04-00006)

indicadas, operación ésta que arrojaba "la cifra total de *2.708.510* de solicitudes o firmas".

Por último, la Sala, en su sentencia, ordenó al Consejo Nacional Electoral procediera a *efectuar el procedimiento de reparo* en el lapso establecido en el artículo 31 de las Normas citadas y luego de realizado éste procedimiento, y de existir al menos el veinte por ciento (20%) de solicitudes válidas, "proceda a convocar el referéndum revocatorio a que se refiere el presente fallo, en el lapso establecido en el artículo 33 de dichas Normas".

Con esta importante decisión[501], la solicitud popular del referendo revocatorio del mandato del Presidente de la República, se encontraba entonces con un camino libre de obstáculos, pero no exento de consecuencias políticas ni de que en el mismo se colocaran nuevos obstáculos políticos, los cuales se anunciaron el mismo día de la decisión.

En cuanto a las consecuencias políticas, en un sistema constitucional donde la separación de poderes no garantiza totalmente su independencia, dado que la Asamblea Nacional tiene la potestad de remover a los titulares de los Poderes Públicos no electos (Poder Judicial, Poder Electoral, Poder Ciudadano: arts. 265, 279, 296), las reacciones y amenazas no se hicieron esperar, tanto de parte del Poder Legislativo como del Poder Ejecutivo, e incluso, de órganos del Poder Ciudadano[502].

En cuanto al Poder Legislativo, fue primero la Junta Directiva de la Asamblea Nacional, y después, la plenaria de la misma, el 16 de marzo de 2004, las que adoptarían un "acuerdo" donde se "condena enfáticamente" el fallo por considerarlo "absolutamente irrito y nulo", y lo más grave, exhortaban al Poder Ciudadano para que calificara la conducta de los magistrados como "falta grave" a los efectos de poder ser removidos por la propia Asamblea Nacional, señalando entre otras cosas que:

> De conformidad con el artículo 265 de la Constitución, en virtud de la gravedad de las faltas éticas, morales e institucionales de los magistrados, doctores Alberto Martini Urdaneta, Rafael Hernández Uzcátegui y Orlando Gravina Alvarado, insta al Poder Ciudadano a que inicie el procedimiento de calificación de la conducta de los magistrados, como falta grave, a los fines de que el pleno de la Asamblea Nacional decida con la votación correspondiente la remoción de sus cargos"[503].

---

501 En un inusitado "comunicado" público de fecha 16-03-2004, sin embargo, el Magistrado Luis Martínez de la Sala Electoral, quien no había firmado la decisión, pondría en entredicho "la honorabilidad de sus colegas Martini y Hernández, quienes con su decisión -dijo- "ponen en duda, no sólo su falta de objetividad e imparcialidad para conocer y decidir del presente recurso, sino su idoneidad ética para desempeñarse como jueces de la República". *V. Globovisión.com*, Caracas 16-03-2004.

502 La decisión fue públicamente cuestionada por el Fiscal General de la República, Isaías Rodríguez, quien estimó que más que una medida cautelar lo que había dictado la Sala Electoral había sido una decisión de fondo. Señaló que el contenido de la decisión: "hace de la cautelar una decisión de fondo y no una medida provisoria, y se corre el riesgo de que cause en sí misma el agravio o el daño que pretende evitar, desnaturalizándose el contenido de ella. Es decir, pasa a ser una decisión de fondo mas no provisoria"...Por lo demás, la cautelar adelanta opinión sobre la nulidad y pudiéramos estar ante una extralimitación de atribuciones. La decisión de la Sala Electoral ha incurrido en un evidente desorden procesal, puesto que pareciera que con una medida provisional se pretende anular un acto administrativo que para los promotores del amparo constituye el verdadero fondo de la acción. *V.* en *El Universal*, Caracas 16-03-2004.

503 *V.* en *Globovisión.com*, Caracas 16-03-2004.

La sugerencia de la Asamblea Nacional, por supuesto, surtió efectos de inmediato, y el mismo día 16 de marzo de 2004, por una parte, representantes del partido de gobierno solicitarían ante el Tribunal Supremo de Justicia en Pleno, el inicio de un antejuicio de mérito para enjuiciar a los Magistrados de la Sala Electoral, Alberto Martini Urdaneta, Rafael Hernández Uzcátegui y Orlando Gravina Alvarado[504], seguramente por el "delito" de haber sido independientes y autónomos como jueces; y por la otra, el Consejo Moral Republicano (Poder Ciudadano), integrado por el Fiscal General de la República, el Contralor General de la República y el Defensor del Pueblo, como consecuencia de la solicitud de la Asamblea Nacional, acordaría con base en el artículo 275 de la Constitución y el artículo 32 de la Ley Orgánica del Poder Ciudadano, iniciar el procedimiento de calificación de las presuntas faltas atribuidas a los mismos Magistrados de la Sala Electoral del Tribunal Supremo, en relación con la decisión anunciada por esa instancia del máximo Tribunal sobre el proceso refrendario[505].

Con posterioridad, el 18 de junio de 2004, efectivamente y como era de esperarse, el mencionado Consejo Moral Republicano resolvería por decisión unánime, calificar la actuación de los Magistrados de la Sala Electoral al dictar su decisión como falta grave, pues supuestamente habrían actuado "con grave e inexcusable ignorancia de la Constitución, de la ley y del derecho y menoscaban los principios fundamentales establecidos en la Carta fundamental". Es decir, el Poder Moral Republicano se erigía en revisor de las sentencias del Tribunal Supremo de Justicia, llegando a señalar que "la Sala Electoral violó la independencia entre los poderes... pues no sólo suspendió las normas reglamentarias del Consejo Nacional Electoral, sino que se subrogó en éste para dictar reglas de validación de firmas que únicamente competen al Poder Electoral". Con ello, incluso, el Poder Moral Republicano se pretendía erigir en juez y determinar cual era la competencia de la Sala Electoral, cuando es elemental que el Tribunal Supremo es el único juez de su competencia. En todo caso, el Poder Moral Republicano aprobó notificar su "decisión" a la Asamblea Nacional a los efectos de la eventual remoción de los magistrados de la Sala Electoral. Para ello se requería, sin embargo, una votación de las dos terceras partes de los diputados, lo que no era posible conseguir dada la polarización política que prevalecía[506].

Pero también se produciría la reacción del Poder Ejecutivo contra una Sala Electoral del Tribunal Supremo, a través del Vice Presidente Ejecutivo de la República, quién calificaría a la sentencia como "inconstitucional, subversiva, mafiosa e inmoral", reivindicando además un supuesto tutelaje de la Sala Constitucional del Tribunal Supremo de Justicia sobre el Consejo Nacional Electoral y, en general, sobre la materia electoral, en razón que haber sido esa Sala la que había nombrado al Consejo Nacional Electoral por la omisión de la Asamblea Nacional, lo que en criterio del representante Poder Ejecutivo "significa que todo lo relativo a la cuestión electoral

---

504 *Idem.*

505 *Ibidem.* En dicho procedimiento, con fecha 18-03-2004, el Consejo Moral Republicano requeriría de la Sala Constitucional del Tribunal Supremo de Justicia copia del Expediente de la solicitud de avocamiento que cursaba ante la misma. *V. El Universal*, Caracas 19-03-2004.

506 El Magistrado Martini Urdaneta, días después, se acogería a la jubilación alegando entre otras cosas, que la Asamblea Nacional no había atendido su solicitud de ser oído. *V.* El nacional, caracas, 12-06-2004, p. A-4.

corresponde estrictamente al CNE, y vía recurso a la Sala Constitucional", a cuyas decisiones se acogerían por supuestamente ser la única con "jurisdicción en esta materia, y que es la que resguarda precisamente a la Constitución de 1999"[507].

En todo caso, todas las manifestaciones de los Poderes Legislativo, Ciudadano y Ejecutivo en contra de la decisión adoptada por la Sala Electoral, al suspender los efectos de la decisión del Consejo Nacional Electoral, lo que evidenciaban, una vez más, en general, era la reacción del poder político contra un órgano del Poder Judicial, cuando se sintió que podía actuar con autonomía e independencia, es decir, que escapaba de su control y que no lo tenían totalmente a su servicio.

C. *El secuestro de la Sala Electoral por la Sala Constitucional del Tribunal Supremo con ocasión de su decisión cautelar*

No había, por tanto, otra forma de callar a la Sala Electoral del Tribunal Supremo y de impedirle que siguiera ejerciendo sus competencias constitucionales y continuara decidiendo sobre ellas, que no fuera inhabilitándola para ello, en definitiva, secuestrándola y arrebatándole sus competencias constitucionales. El instrumento para ello fue, de nuevo, la Sala Constitucional del Tribunal Supremo de Justicia.

a. *Las vías judiciales para el secuestro*

Y a ese objetivo se dirigieron todas las acciones imaginables, siendo como se dijo, la Sala Constitucional el instrumento para el secuestro y, por tanto, para de nuevo obstaculizar el camino del referendo revocatorio. Así, el mismo día de la decisión de la Sala Electoral, el Alcalde del Municipio Libertador del Distrito Capital en nombre del partido de gobierno, intentaría por ante la Sala Constitucional, según se informaba en nota de prensa emitida por el propio Tribunal Supremo de Justicia, un supuesto "recurso de protección" contra la referida decisión de la Sala Electoral, alegando que la misma era supuestamente ilegal "por violatoria del artículo 135 (*sic*) de la Constitución... en cuanto a que la decisión de la Sala Constitucional del viernes pasado es vinculante o sea es de uso obligatorio por el resto de las Sala. Es así que la Sala Electoral no podía, en el día de hoy, emitir ninguna decisión con respecto al recurso de amparo porque la Sala Constitucional se había avocado al respecto".

La inconstitucional tesis de que la Sala Constitucional supuestamente sería la única que podía resolver sobre la materia, se concretaba, así, en un recurso que en definitiva sería un recurso de revisión de sentencias (art. 336,10 de la Constitución), en el cual se solicitaba se suspendieran "los efectos del fallo de la Sala Electoral hasta tanto se produzca una decisión firme de la Sala Constitucional"[508].

En esta forma, de nuevo, la Sala Constitucional del Tribunal Supremo de Justicia volvía a tener en sus manos el destino del referendo revocatorio del mandato presidencial y la posibilidad de reaccionar, a través de una decisión judicial, contra la

---

507 *V.* en *El Universal*, Caracas, 17-03-2004. Incluso, en un inusitado "Comunicado" emitido por la Embajada de Venezuela en Washington el día anterior, 15-03-2004, su afirmaba tajantemente que: "La decisión de la Sala Electoral es contraria a los artículos 335 y 336 de la Constitución de la República Bolivariana de Venezuela. Bajo la Constitución, esta Sala no tiene la competencia para tomar decisiones en materia constitucional. En cambio, el árbitro final de la interpretación constitucional es la Sala Constitucional de la Corte Suprema (sic). Por lo tanto, la decisión de la Sala Electoral está en contra de los principios del debido proceso y en contra de la Ley". *V.* también en *Globovisión.com*, Caracas 16-03-2004.

508 *V.* la información en *El Universal*, Caracas 16-03-2004.

Sala Electoral del mismo Tribunal Supremo de Justicia que había "osado" cuestionar públicamente sus pretensiones hegemónicas y la había acusado, incluso, de haber querido "violentar el Estado de Derecho"; y que además, había tenido el "atrevimiento" de asumir las competencias que tenía conforme a la Constitución y había decidido el recurso que se había interpuesto ante ella.

El primer paso para asumir el control político sobre la materia que daría la Sala Constitucional, se produjo el 16 de marzo de 2004, cuando la Sala consignó un "auto" en el expediente de la solicitud de avocamiento que para impedir que la Sala Electoral decidiera en el recurso de nulidad contra la decisión del Consejo Nacional Electoral que había formulado el Sr. Ismael García, como representante del denominado Comando Nacional de Campaña Ayacucho, de los partidos que apoyaban al gobierno (a pesar de no ser "parte" en proceso judicial alguno que cursara ante la Sala Electoral para poder "solicitar" el avocamiento de una causa por parte de la Sala Constitucional); con las siguientes motivaciones:

> Visto que en sentencia de esta Sala N° 2748 de 20 de diciembre de 2001 (Caso: *Javier Elechiguerra*), la Sala se declaró competente para conocer de los recursos de nulidad por inconstitucionalidad de actos emanados del Poder Electoral.
>
> Visto que es esta Sala quien dictó, por excepción, la normativa para el funcionamiento del Poder Electoral, y delegó en él, la potestad normativa para garantizar a los ciudadanos el ejercicio de los derechos políticos.

La Sala Constitucional resolvió entonces, paralizar toda actividad judicial de la Sala Electoral en la materia "a fin de resolver si es procedente o no el avocamiento solicitado", ordenándole, "que envíe todos los expedientes contentivos de las acciones de nulidad, amparo o cualquier otro recurso incoado contra los actos del Poder Electoral, relativos a los procesos de referendos revocatorios de mandatos de cargos de elección popular", resolviendo que:

> En consecuencia, desde el momento en que la Sala Electoral de este Tribunal Supremo reciba la comunicación respectiva, deberá paralizar todos los procesos y se abstendrá de decidir los mismos, debiendo remitir - de inmediato- a esta Sala, hasta que se resuelva el avocamiento, cualquier acción que se incoase en dicho sentido[509].

Debe destacarse en la motivación de este "auto", la aparentemente innecesaria referencia a que había sido la Sala Constitucional la que había dictado "la normativa para el funcionamiento del Poder Electoral" y que había sido la que había "delegado" en el Consejo Nacional Electoral "la potestad normativa para garantizar a los ciudadanos el ejercicio de los derechos políticos". Ello, sin duda, permitía vislum-

---

509 *V.* en *El Universal*, Caracas 17-03-2004. Para el día 18-03-2004, el Presidente de la Sala Electoral seguía argumentando que se trataba de una decisión inexistente, como lo reseña la periodista Irma Álvarez: "Por otra parte, el presidente de la Sala Electoral cuestionó el hecho de que le estén solicitando remitir, a la mayor brevedad posible, los expedientes en curso y las acciones que sean ejercidas con relación a los referendos revocatorios, partiendo para ello de una "sentencia inexistente". En este sentido recordó que los Magistrados Antonio García García y Pedro Rondón Haaz estamparon una diligencia, en el expediente en el cual el Comando Ayacucho requirió el avocamiento presto de la Sala Constitucional. En dicha diligencia denunciaron que no estuvieron presentes en sesión alguna en la que se hubiera publicado una sentencia sobre el revocatorio. Por ello acotó que según el art. 246 del Código de Procedimiento Civil: "no se considerará como sentencia, ni se ejecutará, la decisión a cuyo pronunciamiento aparezca que no han concurrido todos los jueces llamados por ley ni la que no esté firmada por todos". *V.* en *El Universal*, 19-03-2004.

brar el argumento de que la Sala Constitucional se podía considerar como una especie de "tutor" del Poder Electoral al cual le había secuestrado y limitado su autonomía, para entonces asumir en exclusividad el control jurisdiccional sobre sus actos (durante el régimen transitorio *sine die*, por supuesto), quitándole sus competencias en la materia a la Sala Electoral. Y ello fue precisamente lo que ocurrió, el 31 de marzo de 2004, cuando la Sala Constitucional finalmente anunciaría que se avocaría al conocimiento de la causa.

En esta forma, el secuestro de la Sala Electoral por la Sala Constitucional se comenzaba a consolidar, aún cuando *ex post facto*, pues como se ha dicho, ya para el 16 de marzo de 2004 la Sala Electoral había adoptado la decisión cautelar de suspender los efectos de la Resolución del Consejo Nacional Electoral en las materias del referendo revocatorio presidencial. El paso siguiente para impedir el referendo revocatorio, por tanto, no podía ser otro que no fuera anular dicha decisión de la Sala Electoral del Tribunal Supremo e impedirle que siguiera conociendo del asunto.

Con la decisión de la Sala Constitucional, en efecto, se buscaba sustraer del conocimiento de la Sala Electoral la cuestión de fondo que era el recuso de nulidad de la Resolución del Consejo Nacional Electoral. Por ello se le ordenaba a la Sala Electoral paralizar todos los procesos, abstenerse de decidir los mismos, y remitir de inmediato a la Sala Constitucional, hasta que se resolviera el avocamiento, cualquier acción que se incoase en dicho sentido.

Pero algo imprevisto surgiría en el proceso de secuestro, y fue que la referida decisión de la Sala Constitucional sería públicamente rechazada por la Sala Electoral, de nuevo, a través de un inusitado "comunicado" de su Presidente, Martini Urdaneta, de fecha 18 de marzo de 2004, en el cual aseguraba que no remitiría a la Sala Constitucional el expediente contentivo de los casos relacionados con el referendo revocatorio presidencial, tal como lo habría solicitado esta última el día anterior, 17 de marzo de 2004, agregando que "Esta Sala Electoral ratifica su competencia para el conocimiento de la causa que se ventila en esta Sala accidental, y declara no a lugar los requerimientos en el oficio antes identificado, por cuanto los mismos son inaccedibles en derecho y así se declara"[510].

Pero a la polémica por el control de los juicios, también se agregaría el propio Consejo Nacional Electoral al intentar ante la Sala Constitucional, como lo informara su presidente Francisco Carrasquero, "en protección y defensa de los derechos e intereses del CNE" un "recurso de controversia constitucional por conflicto de poderes" entre la Sala Electoral y el Consejo Nacional Electoral con el objeto, primero,

---

510 La periodista Irma Álvarez reseñó lo expuesto por el Magistrado Martini Urdaneta así: En el oficio de tres páginas indicó que estas medidas las está tomando ante la existencia de un fallo emitido por la misma Sala Constitucional, el 4 de abril del 2003, según el cual el avocamiento de las causas que cursaban en la Sala Electoral sobre el referendo consultivo era "inaccedible en derecho", porque tanto la Sala Electoral como la Constitucional "cuentan con igual rango, siendo ambas en su orden las cúspides de la jurisdicción constitucional y electoral". Con esto intentó salirle al paso a las afirmaciones según las cuales la Sala Constitucional puede avocarse y conocer los expedientes sobre el revocatorio, alegando para ello el riesgo de violación de derechos constitucionales o que el Instructivo sobre el Tratamiento de las Firmas de Caligrafía Similar tiene "efectos generales" o "colectivos". Acto seguido, destacó Martini Urdaneta que la Sala Electoral recurrió a dicha jurisprudencia y se declaró competente para conocer los casos del revocatorio, no sólo por ser "la cúspide de la jurisdicción electoral, sino por mandato del artículo 297 de la Constitución". De acuerdo con esta norma, "la jurisdicción contencioso electoral será ejercida por la Sala Electoral del TSJ". *V.* en *El Universal*, Caracas 20-03-2004.

de "preservar la autonomía del Poder Electoral como el competente para resolver toda la controversia y actos relacionados con la materia electoral"; segundo, de solicitar se decretase "una medida cautelar innominada de suspensión de los efectos de la sentencia del 15 de marzo de 2004" que había dictado la Sala Electoral; tercero, solicitar que se acumulasen "a la causa constitucional todos los procesos que se encuentren en curso y, en especial, el proceso contencioso electoral que cursa ante la Sala Electoral"; y, cuarto, que una vez dirimida "la controversia entre la Sala Electoral y el organismo comicial, la Sala Constitucional declare la nulidad de la sentencia de fecha 15 de marzo de 2004 y se ratifique la competencia del CNE como rector del Poder Electoral"[511].

Demás está decir que tal "recurso de controversia constitucional" entre un órgano del Poder Electoral (Consejo Nacional Electoral) y el órgano del Poder Judicial (Sala Electoral) llamado constitucionalmente a controlar los actos del primero, es una imposibilidad lógica y constitucional, pues de proceder no habría posibilidad alguna de control judicial de los actos del Poder Público, ya que siempre se podría alegar tal "conflicto constitucional".

En todo caso, y por más ausencia de fundamento jurídico que pudieran tener las solicitudes y "recursos" que se habían intentado por ante la Sala Constitucional, lo cierto es que la misma disponía de instrumentos, así fueran inadmisibles, para poder perpetrar el secuestro final de la Sala Electoral del mismo Tribunal Supremo y consolidar la confiscación del derecho a la participación política que había hecho el Consejo Nacional Electoral. En efecto, en primer lugar, se le había formulado una solicitud de avocamiento para impedir que la Sala Electoral decidiera sobre la nulidad de la decisión del Consejo Nacional Electoral, formulada por el representante del Comando de Campaña de los partidos políticos que apoyaban al gobierno, que no tenía la condición de parte en el proceso ante aquélla Sala. En segundo lugar, se había interpuesto un supuesto "recurso de protección" que no existe en el ordenamiento procesal constitucional y que más bien podía ser un recurso de revisión constitucional, que había intentado el Alcalde del Municipio Libertador en representación del partido de gobierno, contra la sentencia que ya había dictado la Sala Electoral; y, en tercer lugar, también se había intentado un inexistente y absurdo "recurso de controversia constitucional por conflicto de poderes" que había intentado el Consejo Nacional Electoral que también buscaba la anulación de dicha sentencia.

No era difícil imaginarse lo que con ese cuadro podía ocurrir: por una parte, que la Sala Constitucional podía acordar el avocamiento (lo que anunció el 30 de marzo de 2004 y efectivamente hizo el 12 de abril de 2004), para lo cual, el mismo día 16 de marzo, la Sala, formalmente, había ordenado publicar la sentencia firmada por sólo tres Magistrados que habían ordenado a la Sala Electoral abstenerse de dictar sentencia y, en consecuencia, anular la sentencia de la Sala Electoral por haberse dictado contra lo ordenado en su decisión por la Sala Constitucional; y por la otra, que la Sala también revisara la sentencia de la Sala Electoral, y la anulara por considerarla inconstitucional al haber vulnerado su "doctrina" (lo que efectivamente también ocurrió el 23 de marzo de 2004). Es decir, ambas cosas sucedieron, y así, por lo

---

511 *V.* la información en *El Universal*, Caracas 17-03-2004. El día 19-03-2004, dos de los miembros del Consejo Nacional Electoral expresaban su desacuerdo con tal solicitud. *V.* en *El Universal*, Caracas, 20-03-2004.

demás, lo vaticinaba el titular de la primera página del diario *El Universal* de Caracas del día 18 de marzo de 2004 al anunciar que: "Anularán fallo del Sala Electoral[512].

b. *La anulación de la sentencia cautelar de la Sala Electoral por la Sala Constitucional*

Y en efecto, la muerte anunciada de la sentencia de la Sala Electoral ocurrió una semana después, cuando la Sala Constitucional mediante sentencia Nº 442 de 23 de marzo de 2004 (Caso: *Ismael García vs. Sentencia Nº 24 de la Sala Electoral*), al conocer el recurso de revisión que un diputado en nombre del Comando Ayacucho de los partidos de gobierno había interpuesto contra la sentencia, lo declaró con lugar, anulándola, impidiendo así el ejercicio del derecho político colectivo a la revocatoria del mandato presidencial. Conforme al criterio revisor manifestado en su decisión, la Sala Constitucional descargó toda su antidemocrática posición contra la Sala Electoral, resolviendo que esta no había respetado la doctrina vinculante establecida por la Sala, y que era "una crasa violación del derecho a la defensa y al debido proceso consagrados en el artículo 49 del Texto Fundamental, por cuanto el Consejo Nacional Electoral no pudo participar en un procedimiento que excluyó el trámite contradictorio". La Sala Constitucional en efecto resolvió que "a fin de garantizar el imperio, la supremacía y la efectividad de las normas y principios constitucionales", había lugar a la revisión que le fue solicitada y, en consecuencia, anuló la sentencia Nº 24, dictada el 15 de marzo de 2004 por la Sala Electoral Accidental antes referida, "por haber incurrido en extralimitación de funciones en desacato a la doctrina de interpretación constitucional establecida por esta Sala en sentencia Nº 88/2000, antes referida, así como, por infracción de lo dispuesto en los artículos 136, 137, 138, 293.1 y 294 de la Constitución". La Sala Constitucional, además ratificó:

> La intimación realizada a Sala Electoral de este Tribunal Supremo de Justicia, en sentencia Nº 387 del 16 de los corrientes, en la cual se le ordenó paralizar todos los procesos referidos a acciones de nulidad, amparo o cualquier otro recurso incoado contra los actos del Poder Electoral, relativos a los procesos de referendos revocatorios de mandatos de cargos de elección popular y de abstenerse de decidir los mismos, así como remitir, de inmediato, a esta Sala, todos los expedientes contentivos de dichas acciones, hasta que se resuelva la solicitud de avocamiento interpuesta por el ciudadano Ismael García[513].

Sobre ello, la Sala Electoral en su mencionada sentencia del 29 de marzo de 2004, destacó "la evidente y manifiesta improcedencia del dispositivo contenido en la sentencia (Nº 442) dictada por la Sala Constitucional Accidental del Tribunal Supremo de Justicia, en fecha 23 de marzo de 2004, que declara la nulidad de la medida cautelar acordada por esta Sala el día 15 de marzo de 2004, pretendiendo enervar sus efectos, pues observa que es, justamente, la Sala Constitucional Accidental la que *quebranta además de los principios constitucionales y legales que rigen la atribución de competencia en nuestro ordenamiento jurídico, los criterios doctrinarios establecidos por ella misma y violenta así el Estado de Derecho y de Justicia* que ella misma está llamada a garantizar. Así se declara".

---

512 *V.* en *El Universal*, Caracas 18-03-2004.

513 Exp. Nº 04-0620.

Adicionalmente, la Sala Electoral mediante la citada sentencia N° 27 del 29 de marzo de 2004[514], dictada en el mismo expediente (Caso*: Julio Borges, César Pérez Vivas, Henry Ramos Allup, Jorge Sucre Castillo, Ramón José Medina Y Gerardo Blyde vs. Consejo Nacional Electoral*), rechazó la decisión nº 442 de la Sala Constitucional, planteando además ante la Sala Plena del Tribunal Supremo la "resolución de un conflicto de funcionamiento" entre las Salas Electoral y Constitucional, derivado de las "ordenes" que la segunda pretendía darle a la primera, cuando ambas tienen igual jerarquía. Tal posibilidad jurisdiccional de la Sala Plena resolviendo conflictos "de funcionamiento" entre las Salas del Tribunal Supremo, sin embargo, no estaba prevista en el ordenamiento procesal; y la misma sentencia dictada no resolvía un conflicto entre partes en un proceso, y más bien era un auto de la Sala planteando el referido conflicto de "funcionamiento. En todo caso, en su rechazo, la Sala Electoral en su mencionada sentencia N° 27 de 29 de marzo de 2004, señaló que la decisión de la Sala Constitucional no podía:

> [M]enos que causar asombro, por decir lo menos, pues además de manifestar desconocimiento de las actuaciones cursantes en el cuaderno separado en el cual se dictó la sentencia de naturaleza interlocutoria por ella revisada -y en el que consta que si hubo oposición a la medida de amparo cautelar por distintos interesados- constituye un pronunciamiento que la vicia de falso supuesto, de hecho y de derecho...[515]

Además, la decisión de la Sala Constitucional dictada al "revisar" una sentencia de la Sala Electoral, sin duda constituía un pronunciamiento de fondo sobre la causa que cursaba ante la Sala Electoral, como si la Sala Constitucional estuviera conociendo de una "apelación". Un pronunciamiento de tal naturaleza era totalmente improcedente, por lo que la Sala Electoral en su sentencia N° 27 de 29 de marzo de 2004 lo rechazó señalando que con el mismo:

> La Sala Constitucional Accidental se aparta abiertamente de las competencias que le han sido atribuidas por la Constitución... y delineadas por su propia jurisprudencia, para hacer pronunciamientos acerca del mérito de la causa, que la sentencia revisada se abstiene de proferir por tratarse de una sentencia de amparo cautelar en la que, como bien sabe, le está prohibido hacer pronunciamientos que impliquen un examen del fondo del asunto debatido, lo cual, sin duda, está circunscrito a determinar si los actos impugnados violan o contradicen la normativa aplicable al caso de autos.

Antes, en la misma sentencia, la Sala Electoral había destacado la inconsistencia procesal en la que había incurrido la Sala Constitucional al señalar que en su sentencia, "se emite pronunciamientos sobre el fondo del asunto debatido, sin que se hubiere avocado al conocimiento de la causa -figura por demás absolutamente improcedente- y sin haber tenido a la vista el expediente". La Sala Electoral, además acusó a la Sala Constitucional de utilizar la vía de la revisión de sentencias para:

---

514 Exp. AA70-E-2004-000021- AA70-V-2004-000006.

515 *V.* toda la argumentación detallada de estas sentencias en expuesto en Allan R. Brewer-Carías, *La Sala Constitucional vs. el Estado democrático de derecho (El secuestro del Poder Electoral y de la Sala Electoral del Tribunal Supremo y la confiscación del derecho a la participación política)*, Ediciones El Nacional, Caracas, 2004, pp.109 y ss.

> [Así] (actuando fuera del ámbito de su competencia) entrar a analizar el fondo del asunto objeto de un recurso contencioso electoral de nulidad, para pretender preestablecer, con ello, criterios que pudieran ser calificados como "interpretación constitucional", lo que evidencia una clara extralimitación de competencia jurisdiccional arrebatándosela a su juez natural que es la Sala Electoral, órgano con igual jerarquía e integrante del mismo órgano judicial (Tribunal Supremo de Justicia), como lo ha reconocido reiteradamente la Sala Constitucional.

Debe destacarse que en su sentencia, la Sala Constitucional había advertido que la Sala Electoral, al haber acordado sumar a las solicitudes validadas por el Consejo Nacional Electoral para la convocatoria del referendo revocatorio, las 876.017 solicitudes colocadas "bajo observación" y ordenar al Consejo Nacional Electoral aplicar a tales solicitudes el procedimiento de reparo establecido en el artículo 31 de las *Normas para Regular los Procesos de Referendos Revocatorios de Mandatos de Cargos de Elección Popular*, "creó derechos subjetivos a favor de los accionantes, lo cual resulta contrario a la naturaleza del amparo cautelar", el cual tiene "como fin la suspensión de los efectos del acto o norma señalados como lesivos, al detener la realización de ciertas actividades o impedir que las mismas se consoliden" por lo que "suspender los efectos de los actos impugnados jamás implica que se ordene hacer algo al Poder Electoral para crear nuevas situaciones jurídicas".

También consideró la Sala Constitucional que con el dispositivo del fallo objeto de la revisión, la Sala Electoral Accidental habría negado "las facultades inquisitivas de la Administración Electoral a fin de verificar el cumplimiento de los requisitos constitucionales para la convocatoria de referendo revocatorio del mandato de funcionarios de elección popular, ya que este órgano del Poder Público se encuentra obligado a determinar el carácter fidedigno de la manifestación de voluntad de los firmantes, requisito que no puede presumirse como satisfecho, sin infringir el artículo 72 del Texto Fundamental".

La Sala Constitucional también estimó que la sentencia impugnada de la Sala Electoral habría violado los numerales 1 y 5 del artículo 293, el artículo 294 y los artículos 136, 137 y 138 de la Constitución, pues no sólo había suspendido "normas reglamentarias estatuidas por el Consejo Nacional Electoral, sino que se subrogó en éste para dictar reglas sobre validación de las firmas, que únicamente competen al Ente Rector del Poder Electoral conforme a las disposiciones constitucionales indicadas. Así igualmente, se declara".

En relación con tal afirmación, la Sala Electoral respondió en su sentencia que "la Sala Constitucional Accidental, llamada a '*...garantizar el cumplimiento, vigencia y respeto de los postulados constitucionales...* ', como ella misma lo ha indicado tantas veces en su jurisprudencia, olvida que no existe acto del Poder Público que pueda escapar del control jurisdiccional", agregando que la aseveración de la Sala Constitucional "lesiona abiertamente lo dispuesto en los artículos 7, 25, 26, 139 y 297 de la Constitución de la República Bolivariana de Venezuela, que impiden que actos del poder público puedan ejercerse sin control alguno por parte de los órganos llamados por la Constitución a impartir justicia.."

Sobre la decisión de la Sala Constitucional de ordenarle a la Sala Electoral abstenerse de decidir en la causa, la Sala Electoral consideró que la Sala Constitucional la había dictado "sin justificación ni motivación alguna extralimitándose en sus atribuciones revisoras "pretendiendo "ratificar el contenido de su decisión nº 387 de fecha

16 de marzo de 2004, cuyo contenido (causa y efectos), no formó parte del *thema decidendum* que con ocasión de tal revisión conoció, inherente a una solicitud formulada en un expediente distinto (nº 2004-0475), cuya orden esta Sala Electoral Accidental resolvió no cumplir, por no existir obligación constitucional, legal, ni jurisprudencial alguna para ello, en los términos que le fueron expresamente señalados al Presidente de la Sala Constitucional en la oportunidad de dar acuse a sus oficios nº 04-570, 04-571 y 04-611, mediante oficio nº 04.052 que en fecha 18 de marzo de 2004 la Sala Electoral le remitiera y cuyo contenido se ratifica en el presente fallo". La Sala Electoral, además, destacó que con esa decisión, "la Sala Constitucional Accidental pretende derivar la comisión del desacato a la inobservancia de una orden genérica y absolutamente impropia que pretendió impartir a la Sala Electoral (no sólo a la Sala Electoral Accidental que se constituyó para conocer del asunto contenido en el expediente Nº 2004-000021), comprendida en los oficios ya referidos y la decisión NC 387/2004, a pesar de estar en conocimiento de las razones por las cuales esta Sala no dio cumplimiento a la aludida "orden", por considerar que la decisión no tiene el carácter ni la fuerza vinculante de una decisión legalmente proferida", y además, porque:

1. La Sala Electoral no es órgano subordinado ni jerárquicamente dependiente de la Sala Constitucional, natural o Accidental, ni en el plano jurisdiccional ni de organización administrativa, además de ser la especializada por la materia conforme a lo establecido en el artículo 297 de la Constitución de la República Bolivariana de Venezuela.

Por lo demás, la Sala Electoral destacó en relación con el invocado artículo 29 de la Ley Orgánica de Amparo sobre Derechos y Garantías Constitucionales, que el mismo "sólo es aplicable en caso de desacatos a mandamientos de amparo constitucional, no siendo esta la situación planteada por la Sala Constitucional Accidental, ya que la misma señaló estar conociendo de una *solicitud de avocamiento* y no de una *acción de amparo constitucional*". De allí que la Sala Electoral destacara que

> Mal podría la Sala Constitucional Accidental pretender asimilar el desacato previsto en la mencionada Ley a la actuación de la Sala Electoral Accidental en defensa de su competencia, salvo que con ello pretenda, por una parte, amedrentar y, por la otra, distraer, mediante una sentencia de revisión constitucional, la sustracción de esta Sala del conocimiento de un recurso contencioso electoral para el cual sólo ella detenta la competencia, a los fines de ratificar con ello hacer valer una sentencia de avocamiento que, como ha quedado demostrado, es inexistente y, en consecuencia, no puede ser ejecutada.

En todo caso, y a pesar de las protestas de la Sala Electoral, ocurrió lo que estaba anunciado: la Sala Constitucional había concluido el secuestro de la Sala Electoral del mismo Tribunal Supremo, pretendiendo someterla a su autoridad y a la obligación de acatar "su doctrina" jurisprudencial, desconociendo que la Sala Electoral tenía y tiene la misma competencia que la Sala Constitucional de ser el máximo y último interprete de la Constitución cuando decide los asuntos de su competencia (art. 335). Al consumar dicho secuestro, la Sala Constitucional también pretendía confirmar la confiscación que el Consejo Nacional Electoral ya había decretado del derecho a la participación política de los ciudadanos mediante la petición del referendo revocatorio presidencial. Ello, sin embargo, tampoco era de extrañar pues, en definitiva, se había dictado por un órgano del Poder Público (Poder Electoral) que ya había sido previamente secuestrado por la misma Sala Constitucional.

Pero la Sala Electoral, como se ha analizado, resistió al ataque de la Sala Constitucional, y en la antes analizada sentencia N° 27 del 29 de marzo de 2004, no sólo afirmó su competencia para ejercer la Jurisdicción Contencioso Electoral, constatando que las distintas Salas del Tribunal Supremo "tienen la misma jerarquía en sus respectivas competencias y atribuciones", y rechazando "la intimación" que le había hecho la Sala Constitucional con base en el principio de "la igualdad que existe entre todas y cada una de las Salas que conforman el Tribunal Supremo"; sino que resolvió elevar "a la Sala Plena la resolución de un conflicto de funcionamiento derivado de una 'intimación' u 'orden' a fin de que sea analizado, por esa Sala Plena, lo perjudicial que resulta para el normal funcionamiento y administración de justicia el uso de términos imperativos de una Sala a otra de igual jerarquía".

Como ya se ha señalado, todas las antes mencionadas y analizadas actuaciones de la Sala Constitucional del Tribunal Supremo de Justicia en Venezuela, lo que harían sería poner en evidencia, cómo un instrumento tan importante para afianzar el Estado de derecho como lo es la Jurisdicción Constitucional, podía también ser un instrumento al servicio del autoritarismo, particularmente cuando sus decisiones, como ninguna de las decisiones de cualesquiera de las otras Salas, en principio son irrevisables. Con decisiones como la reseñada y con procesos como los descritos en relación con el Poder Electoral y con la Jurisdicción contencioso electoral, puede decirse que en 2004, del Estado de derecho en Venezuela sólo había quedado la expresión verbal del artículo 2 de la Constitución, y muy poco más.

c. *El avocamiento de la causa por la Sala Constitucional a costa de la destrucción de la "Pirámide de Kelsen"*

La fórmula para despojar a la Sala Electoral de toda posibilidad de decidir en la causa contencioso electoral en la que era juez natural (Caso: *Julio Borges, César Pérez Vivas, Henry Ramos Allup, Jorge Sucre Castillo, Ramón José Medina y Gerardo Blyde vs. Consejo Nacional Electoral*), sin duda, era que la Sala Constitucional se avocara al conocimiento de la misma, tal como se le había solicitado, lo cual por supuesto no era procedente.

Ya la misma Sala Electoral, en su sentencia N° 27 del 29 de marzo de 2004, antes comentada, había sido enfática en considerar que el mencionado avocamiento era "a todas luces, inadmisible o en todo caso improcedente de conformidad con la pertinente jurisprudencia (*Vid.* Sentencia n° 806 de fecha 24 de abril de 2002, Caso: *Sintracemento*), además de la circunstancia de haber sido solicitado por una persona que no es parte en los procesos judiciales involucrados cuyo avocamiento solicita y haber pretendido, la Sala Constitucional Accidental hacer valer los efectos de tal avocamiento mediante una sentencia evidentemente inexistente...". El mismo Magistrado Presidente del Tribunal Supremo Iván Rincón Urdaneta, actuando como Juez de Sustanciación de la Sala Constitucional del Tribunal Supremo, en sentencia N° 94 de 2 de diciembre de 2003 (Caso: *Robert Osuna y otros vs. Consejo Nacional Electoral*), ya había incluso sido expreso y enfático en declarar incompetente a la Sala Constitucional para conocer de la impugnación de la Resolución n° 030925-465 de fecha 25 de septiembre de 2003, emanada del Consejo Nacional Electoral, mediante la cual dictó Normas para Regular los Procesos de Referendos Revocatorios de

Mandatos de Cargos de Elección Popular, por considerar que era de naturaleza electoral, siendo:

> Para este Juzgado de Sustanciación, declarar la incompetencia de la Sala para conocer el presente asunto, todo de conformidad con el ordinal 2° del artículo 84, en concordancia con el ordinal 4° del artículo 124, ambos de la Ley Orgánica de la Corte Suprema de Justicia. Así se declara[516].

En consecuencia, el avocamiento por la Sala Constitucional del juicio de nulidad de actos administrativos de efectos externos (Resolución) y de efectos internos (Instructivo) del Consejo Nacional Electoral, jurídicamente no era posible, pues la competencia exclusiva para controlar la constitucionalidad y legalidad de dichos actos corresponde a la Sala Electoral (Jurisdicción Contencioso Electoral). La Sala Constitucional en forma alguna podía llegar a tener competencia para controlar la constitucionalidad de dichos actos administrativos, dado su rango sublegal y dado que sus atribuciones como Jurisdicción constitucional, en cuanto a juicios de nulidad, estaban limitadas al conocimiento de la inconstitucionalidad de los actos de rango legal, es decir, de las leyes, de los actos con valor de ley y de los actos dictados en ejecución directa e inmediata de la Constitución que tienen, por tanto, rango de ley. Los actos impugnados ante la Sala Electoral, sin duda alguna, no encajaban en dichas categorías, por lo que no teniendo competencia la Sala Constitucional para conocer de su nulidad, no tenía posibilidad alguna de avocarse al conocimiento de la causa.

Sin embargo, en solo tres meses el Magistrado Iván Rincón Urdaneta cambiaría se opinión, y la Sala Constitucional con su voto, mediante una sentencia anunciada en su *página web* el 31 de marzo de 2004, que después resultó que no existía[517], anunciaría que había decidido avocarse al conocimiento de la causa contencioso electoral antes mencionada, que se había iniciado con la impugnación de la Resolución del Consejo Nacional Electoral nº 040302-131 de 2 de marzo de 2004, lo cual haría a costa de la irresponsable destrucción, de un sólo plumazo, de uno de los principios fundamentales del ordenamiento constitucional formal venezolano, como lo es el de la formación del derecho por grados partiendo de la Constitución, conforme al llamado principio de la "Pirámide de Kelsen".

La falaz argumentación construida por la Sala Constitucional para perpetrar este atentado contra el orden constitucional fue la siguiente: que el Consejo Nacional Electoral, al normar lo relativo a los referendos revocatorios (ya que no se había dictado aún una ley específica sobre referendos), estaría "actuando en ejecución directa e inmediata del artículo 72 de la vigente Constitución" como consecuencia "del fallo del 25 de agosto de 2003 de la Sala Constitucional que designó el Poder Electoral", por lo que el conocimiento de la nulidad de tal tipo de actos, correspondía entonces a la Sala Constitucional, siendo por tanto incompetente *per se* para ello, la Sala Electoral.

---

516 Exp. Nº AA50-T-2003-002900.

517 La Sala Constitucional en un inusitado "Comunicado" difundido el 16-04-2004 "frente al uso político del derecho, ante la pretendida judicialización de la política, y ante las falsas, temerarias y tendenciosas declaraciones en los diversos medios de comunicación social" del Magistrado de la propia Sala Pedro Rondón Haaz, señalaría que el proyecto de sentencia Nº 566 de 12-04-2004 habría sido aprobado el 31-04-2004. Esto fue nuevamente señalado en el texto de la sentencia Nº 628 de 23-04-2004 mediante la cual se declararon improcedentes las aclaratorias a la sentencia Nº 566 de 12-04-2004.

Tal fundamentación, sin duda, no era más que una construcción jurídica elaborada con el único objetivo de concluir el secuestro de la Sala Electoral, pues una Resolución del Consejo Nacional Electoral y un Instructivo para un Comité Técnico, dictado por un órgano subalterno de dicho Cuerpo, jamás podrían llegar a considerarse como actos de ejecución directa e inmediata de la Constitución, es decir, de "rango legal". Dichos actos, en todo caso, eran actos de rango sublegal, es decir, actos administrativos dictados en ejecución de normas de rango legal como la Ley Orgánica del Poder Electoral e, incluso, en ejecución de las Normas para Regular los Procesos de Referendos Revocatorios de Mandatos de Cargos de Elección Popular dictadas por el propio Consejo Nacional Electoral conforme a la autorización constitucional que tiene. El carácter sublegal de dichos actos administrativos impugnados resultaba, incluso, de la propia "base legal" plasmada en sus textos.

Para llegar a la absurda mutación de unos actos administrativos de rango sublegal dictados en ejecución directa e inmediata de la legislación, e indirecta y mediata de la Constitución, en actos estatales de rango legal supuestamente dictados en ejecución directa e inmediata de la Constitución, la Sala Constitucional en la anunciada "sentencia"[518], que luego resultó no existir o ser sólo el proyecto de la sentencia N° 566 de 12 de abril de 2004, fundamentó su competencia como Jurisdicción Constitucional para poder avocarse al conocimiento de la causa en lo siguiente:

4) Que la Sala Constitucional, conforme a sentencia de 20 de diciembre de 2001 (caso: *Javier Elechiguerra*), ratificó su *competencia para conocer de los recursos que se interpongan contra las leyes o actos de los poderes públicos que se dicten en ejecución directa de la Constitución.*

5) Que el Poder Electoral al normar lo relativo a los referendos revocatorios, los cuales carecen de una ley que los regule, *está actuando en ejecución directa e inmediata del artículo 72 de la vigente Constitución.*

6) Que tal potestad del Poder Electoral *es producto del fallo del 25 de agosto de 2003 de la Sala Constitucional que designó el Poder Electoral...*

8) Que a pesar que las Salas se encuentran en igual plano jerárquico dentro del Tribunal Supremo de Justicia, dada la potestad de la Sala Constitucional, conforme lo prevén el artículo 266.1 Constitucional y el Título VIII sobre la protección a la Constitución, para garantizar la supremacía constitucional, ella tiene *la competencia sobre las nulidades de los actos del Poder Electoral, a los cuales se les atribuye violación directa de normas constitucionales...*

---

518 Así se anunció en la página web del Tribunal Supremo de Justicia, el 01-04-04. El Magistrado Rondón Haaz de la Sala Constitucional en su Voto Salvado a la sentencia N° 566 de 12-04-2004 diría que "La nota de prensa que apareció en el sitio web del Tribunal el 31 de marzo de 2004 es violatoria del artículo 59 de la Ley Orgánica de la Corte Suprema de Justicia y, por tanto, es inaceptable... la nota de prensa en cuestión informó sobre el contenido de la sentencia, antes de su publicación y, por tanto, de su existencia misma como actuación judicial, en evidente esguince evasivo del cumplimiento de la norma que se precitó". Dicho Voto Salvado, aun cuando no fue publicado junto con la sentencia, se incorporó al Voto Salvado presentado por el mismo Magistrado a la sentencia N° 628 de 23-04-2004 que declaró improcedentes las aclaratorias respecto de la sentencia N° 566. La sentencia, con el N° 566, en todo caso, sólo sería publicada el día 12-04-04, coincidencialmente el mismo día en el cual la Sala Electoral, mediante sentencia N° 37, decidiría el recurso de nulidad intentado contra de los actos del Consejo Nacional Electoral referidos a las llamadas solicitudes (del referendo revocatorio presidencial) con caligrafía similar, declarándolo con lugar, juicio cuyo conocimiento pretendía avocarse la Sala Constitucional.

11) Que en vista de no haber enviado la Sala Electoral a la Constitucional, los expedientes que se le solicitaron según oficio N° 04-0570, y constarle que dicha Sala Electoral conocía de *causas para las cuales carecía de competencia*, la Sala Constitucional decidió avocarse a conocer dichas causas, aunado a que constató un desorden procesal proveniente de que la Sala Electoral Accidental resolvió una solicitud de amparo cautelar en uno de los procesos de nulidad incoado contra los actos del Poder Electoral, sin haber admitido el juicio de nulidad; y donde sentenció el fondo de la acción de nulidad dentro de una medida cautelar, desnaturalizando dicha medida, lo que originó el fallo N° 442 del 23 de marzo de 2004 de esta Sala que anuló lo decidido en dicho amparo, y el cual se dictó en el juicio de revisión incoado por el ciudadano Ismael García, en su carácter de Diputado de la Asamblea Nacional por el estado Aragua y Coordinador Nacional de la agrupación de ciudadanos Comando Nacional de Campaña Ayacucho, de la sentencia n° 24 dictada, el 15 de marzo de 2004, por la Sala Electoral Accidental de este Tribunal Supremo de Justicia.

Con la "anunciada" anulación de la sentencia cautelar Nº 24 del 15 de marzo de 2004 de la Sala Electoral y con el "anunciado" avocamiento de la causa, supuestamente decidido por la Sala Constitucional, habría quedado consolidado, por tanto, el secuestro de la Sala Electoral al pretenderse imposibilitarla para decidir en cualquier caso vinculado a los referendos revocatorios, quedando confiscado el derecho ciudadano a la participación política; y todo ello, mediante decisiones que luego se constató no existían, de la Sala Constitucional la cual, al contrario, tenía por misión asegurar el funcionamiento de los órganos del Poder Público y el ejercicio de los derechos ciudadanos.

Como se dijo, la sentencia de avocamiento que había sido anunciada públicamente por la Sala Constitucional el 31 de marzo de 2004, resultó que no existía o que sólo era un proyecto de una decisión que se adoptaría el 12 de abril de 2004 cuando la Sala publicó la sentencia Nº 566, sin el Voto Salvado de un de sus Magistrados, avocándose al conocimiento de la causa[519]. El avocamiento entre Salas del Tribunal Supremo evidentemente que no es procedente, pues ninguna Sala es superior a las otras. Por tanto, sólo violando la Constitución podía la Sala Constitucional avocarse al conocimiento de una causa cursante ante otra Sala del Tribunal Supremo, como lo hizo en la sentencia Nº 566[520], en la cual, además, indicó que ello supuestamente ya tenía como precedente una decisión de la Sala Político Administra-

519 El Magistrado Rondón Haaz de la Sala Constitucional, calificaría la sentencia de nula, por haber sido publicada sin su voto salvado, para cuya consignación disponía de cinco días. *V. Globovisión.com*, Caracas 15-04-2004.

520 El Magistrado Rondón Haaz, en su Voto Salvado a la sentencia, en efecto señaló con razón que: "Determina así, la Ley, que, para la procedencia del avocamiento, debe ser otro Tribunal en donde curse el expediente que será solicitado, lo cual excluye, como es evidente, a las otras Salas del Tribunal Supremo de Justicia; y no podría ser de otra forma, tanto por la igualdad de jerarquía entre las Salas como por el caos que supondría, para el proceso y los justiciables, que unas Salas pudiesen avocar las causas de las otras". *V.* el texto del Voto Salvado, en el Voto salvado que presentó a la sentencia Nº 628 de 23-04-2004.

tiva de la antigua Corte Suprema de Justicia respecto de una causa que cursaba ante la Sala de Casación Civil en 1999[521], lo cual era completamente falso.

En esta sentencia N° 566, la Sala Constitucional de nuevo justificó su competencia para avocarse en el supuesto carácter de actos de ejecución directa de la Constitución de los dictados por el Consejo Nacional Electoral, y que eran objeto del juicio de nulidad ante la Sala Electoral. La Sala Constitucional para ello, señaló que su propia doctrina sobre su competencia para avocarse del conocimiento de causas (sentencia N° 806 del 24 de abril de 2002, Caso: *Sintracemento*), merecía "ser ajustada a la realidad jurídico-procesal, por cuanto para avocarse al conocimiento de un asunto *se requiere del poder de decisión sobre el fondo o mérito de la causa, y ello porque justamente con el avocamiento se deroga la competencia del juez que conoce, basada en causas que lo justifiquen, siempre que el avocante sea también competente*".

En consecuencia, para justificar lo injustificable, es decir, la derogación de la competencia de la Sala Electoral como juez natural de la Jurisdicción Contencioso Electoral, se refirió a su competencia para conocer de los recursos de inconstitucionalidad que se interpongan contra leyes o actos de los poderes públicos "que se dicten en ejecución directa de la Constitución o que tengan rango de ley", reiterando el criterio establecido en sentencia N° 2748 del 20 de diciembre de 2001 (Caso: *Fiscal General de la República (Javier Elechiguerra Naranjo)*, en la cual ya se había confundido el criterio para la calificación de dichos actos dictados en ejecución directa de la Constitución. En efecto, en la sentencia N° 566 de 12 de abril de 2004, la Sala citó parcialmente la referida sentencia N° 2748 de 20 de diciembre de 2004, copiando el siguiente extracto donde señaló que el criterio se basaba en:

> [...] la forma de cómo un determinado acto jurídico se articula con las normas constitucionales, es decir, si su ejecución obedece en primer término a una disposición legal que regula su práctica o si deriva directamente de una norma constitucional que no requiere de ley alguna que regule el ejercicio del derecho o de la atribución que fundamenta el acto. Es un hecho bastante generalizado que los derechos fundamentales y la normativa que se refiere a la creación de órganos de los poderes públicos y su habilitación, en la mayoría de las constituciones vigentes en distintos países, son considerados de aplicación inmediata y directa".

La Sala Constitucional, en dicha sentencia N° 2748, con anterioridad al párrafo citado, había señalado que el hecho de que algunos actos estatales sean dictados *en ejecución directa de normas constitucionales:*

> [...] significa que la competencia para ejecutar dichos actos esté de tal manera, clara e indubitable, atribuida por la Constitución al órgano ejecutante que no requie-

521 El Magistrado Rondón Haaz, en su Voto Salvado a la sentencia, calificó de "mendaz la declaratoria de la mayoría sentenciadora", calificándola como una "violación al Código de Ética del Abogado en que incurrieron los Magistrados que suscribieron la sentencia", pues la Sala Político Administrativa nunca había decidido avocarse al conocimiento de causa alguna que cursaba ante la Sala de Casación Civil, habiéndose limitado en decisión de 11-11-1999 a solicitarle a la Sala de Casación Civil un expediente sólo para estudiar una solicitud de avocamiento que había formulado el Procurador General de la República en unos juicios (Caso *Capriles*), solicitud que luego fue desistida por el Procurador.

ra de una ley habilitante que regule su ejercicio y que, la misma Constitución no lo reserve (su ejercicio) a la creación de una ley por el Poder Legislativo[522].

En realidad, en dicha sentencia la Sala, en efecto, confundió dos principios constitucionales: una cosa es el principio de la aplicación directa e inmediata de las normas constitucionales que en materia de derechos fundamentales o de competencia de los órganos del Poder Público no requieren (pero no excluyen) la existencia previa de leyes para ser aplicadas (este es el criterio desarrollado en la sentencia); y otra cosa, es el rango que tiene los diversos actos del Poder Público en el ordenamiento jurídico en relación con la Constitución, en el sentido de que algunos son dictados en ejecución directa e inmediata de la Constitución (rango legal) no siendo posible su regulación por ley y otros lo son en ejecución directa e inmediata de la legislación e indirecta y mediata de la Constitución (rango sub legal).

En efecto, en su sentencia, para impropiamente atribuirse una competencia que no tiene, la Sala Constitucional confundió la noción de actos estatales de ejecución directa e inmediata de la Constitución, con las normas constitucionales de aplicación directa e inmediata. Se insiste, los primeros, los actos de "ejecución directa e inmediata de la Constitución" no sólo no requieren de ley alguna que los regule, sino que constitucionalmente no podría dictarse ley alguna que se interponga entre la norma constitucional y el acto estatal[523]. Por ello es que se dice que son actos dictados en ejecución directa e inmediata de la Constitución, es decir, de rango legal conforme a la teoría de la formación escalonada del orden jurídico, que están sometidos al control de constitucionalidad por parte de la Sala Constitucional (Jurisdicción constitucional), ya que no son actos en cuya emisión el órgano respectivo pueda estar condicionado por la ley alguna. Otra cosa son las normas constitucionales de "aplicación directa e inmediata" de la Constitución, que no requieren de ley alguna para su aplicación, pero que no excluyen su necesaria sanción. Los actos que se dicten para ejecutar estas normas son actos administrativos que por ser de rango sub legal están sometidos no sólo a la Constitución sino a la ley, y por eso es que su control corresponde a la Jurisdicción contencioso administrativa a la Jurisdicción contencioso electoral, en su caso.

La Sala Constitucional, muy interesadamente, confundió dichas nociones, pretendiendo aplicar su competencia de control de constitucionalidad respecto de actos administrativos como los dictados por el Consejo Nacional Electoral, basándose en el argumento circunstancial de que "no se ha dictado una ley para regular ninguna de las modalidades "referendarias", (ignorando de paso, por ejemplo, a la Ley Orgánica del Sufragio y Participación Política), llegando entonces a la absurda conclusión -que el Magistrado Rondón Haaz en su Voto Salvado calificó como un "dislate"- de que los actos dictados a tales efectos por el Consejo Nacional Electoral serían:

> [A]ctos en ejecución directa e inmediata de la Constitución, fundados en el artículo 72 y en la Disposición Transitoria Octava de la Carta Magna. La invocatoria de

---

522 *V.* en *Revista de Derecho Público*, N° 85-88, Editorial Jurídica Venezolana, Caracas, 2001, pp. 389-390.

523 En materia electoral, con razón, el Magistrado Rondón Haaz en su Voto Salvado a la sentencia señaló: "No cabe duda, según el tenor de las normas en cuestión, que la materia electoral debe ser regulada por ley -y no podría ser de otra forma, puesto que atañe al ejercicio de derechos constitucionales como a la participación y al sufragio-, de modo que no se trata de un materia que no requiera de ley alguna que regule el ejercicio del derecho o de la atribución que fundamenta el acto; todo lo contrario".

la Ley Orgánica del Poder Electoral y el mismo artículo 293 constitucional es a los solos efectos de fundamentar la competencia, pero no hay texto legal pre o post-constitucional que regule los procesos de referendos revocatorios de mandatos de cargos de elección popular.

La Sala Constitucional, luego de "justificar" de esa manera su supuesta competencia para conocer de la nulidad de los actos mencionados del Consejo Nacional Electoral, y de analizar las vicisitudes del caso en el cual la Sala Electoral ratificó su competencia en la materia, decidió avocarse al conocimiento de las causas, con el siguiente argumento:

> Esta Sala atendiendo a la razonabilidad y ponderación de los hechos suscitados con ocasión de las causas sobre las cuales se ha formulado la presente solicitud, y en aras de preservar la correcta administración de justicia, que conlleva al desarrollo de un proceso donde se garantice la aplicación de los principios y garantías constitucionales, visto que se ha producido al menos en un proceso un desorden procesal en la Sala Electoral que atenta contra el Estado de Derecho y la transparencia de la justicia, juzga pertinente avocarse al conocimiento de las causas señaladas por el solicitante, las cuales resolverá con carácter definitivo. Así se decide.

La consecuencia del avocamiento fue la orden a la Sala Electoral de remitirle de inmediato los expedientes respectivos "así como todos los expedientes contentivos de las acciones de nulidad, amparo o cualquier otro recurso incoado contra los actos del Poder Electoral, relativos a los procesos de referendos revocatorios de mandatos de cargos de elección popular". Además, declaró nula cualquier decisión que en dichos expedientes se hubiera podido haber tomado por la Sala Electoral "a partir de la fecha de recepción de la orden de remisión de los expedientes, comunicada según oficio Nº 04-0570 de esta Sala. Además, de lo ya anulado según sentencia de esta Sala Nº 442 del 23 de marzo de 2004". Concluyó la Sala informándole al Consejo Nacional Electoral "que sólo debe acatar las decisiones de esta Sala Constitucional en la materia de que se trata este fallo", declarando que "la doctrina contenida en el presente fallo tiene carácter vinculante".

Sobre esto último, por supuesto, salvo para tratar de imponer "a la fuerza" lo resuelto en la sentencia, no se entiende cual es la doctrina vinculante que establece, pues la Sala no "interpretó" en su sentencia norma o principio constitucional alguno, respecto de la cual se pueda identificar su carácter vinculante[524].

En definitiva, la sentencia nº 566 de la Sala Constitucional, al subvertir principios fundamentales del ordenamiento constitucional como el de la formación del derecho por grado; al subvertir el orden procesal al pretender despojar a la Jurisdicción electoral de sus competencias, pretendiendo convertir a la Sala Electoral en un

524 Como lo advirtió el Magistrado Rondón Haaz en su Voto Salvado: "El fallo del que se difiere solucionó -en forma por demás desacertada- un caso concreto y analizó la potestad de avocamiento que la Ley Orgánica de la Corte Suprema de Justicia otorga al Tribunal Supremo de Justicia, pero no interpretó el contenido o alcance de norma, principio o valor alguno de rango constitucional, de modo que sus razonamientos para la resolución del caso de autos no gozan del carácter vinculante a que se refiere el artículo 335 de la Constitución de la República Bolivariana de Venezuela, cuya finalidad, como revela el título y capítulo de la Constitución en donde se inserta la norma, es la protección y garantía de la Carta Magna".

órgano judicial subordinado, creó un desorden procesal inaceptable y, como lo destacó el Voto Salvado del Magistrado Rondón Haaz, las "evidentes contradicciones de dicho fallo y las groseras incongruencias del mismo con los criterios conformantes de la jurisprudencia de la Sala, la divorcian y distancian abismalmente del propósito de uniformidad en la interpretación y aplicación de la Constitución de la República Bolivariana de Venezuela que preceptúa el artículo 335 *eiusdem*".

D. *El nuevo secuestro de la Sala Electoral con ocasión de la decisión definitiva anulando los actos del Consejo Nacional Electoral.*

Ahora bien, el mismo día en el cual la Sala Constitucional publicaba la sentencia nº 566 de 12 de abril de 2004, avocándose al conocimiento de la causa en el juicio de nulidad que había sido intentado por Julio Borges, César Pérez Vivas, Henry Ramos Allup, Jorge Sucre Castillo, Ramón José Medina y Gerardo Blyde contra el "Instructivo sobre el tratamiento por el Comité Técnico Superior de las firmas de caligrafía similar o renglones de planillas llenadas por la misma persona" del 24 de febrero de 2004 y, la Resolución Nº 040302-131 del 2 de marzo de 2004 del Consejo Nacional Electoral, la Sala Electoral del Tribunal Supremo había dictado otra sentencia, la nº 37 de 12 de abril de 2004 en la cual, no sólo anuló dichos actos administrativos, sino que planteó "ante la Sala Plena del Tribunal Supremo de Justicia, de conformidad con lo dispuesto en el artículo 42, numeral 21 de la Ley Orgánica de la Corte Suprema de Justicia, el conflicto de competencia entre esta Sala Electoral Accidental y la Sala Constitucional Accidental".

En virtud de ello, la Sala Electoral ordenó al Consejo Nacional Electoral, *primero*, validar las firmas colocadas "bajo observación" relacionadas en el literal "h" del Primer Resuelve de la Resolución anulada, y que alcanzaba el número de 876.017, "dentro del lapso de cinco (5) días continuos siguientes a la notificación de la presente decisión"; *segundo*, aplicar a tales solicitudes el procedimiento de reparo conforme a lo establecido en el segundo aparte del artículo 31 de las Normas para regular los procesos de Referendos Revocatorios de mandatos de cargos de elección popular, "a los fines de que los ciudadanos que manifiesten no haber firmado soliciten su exclusión, dentro del lapso de cinco (5) días continuos siguientes a la notificación de la presente decisión"; *tercero,* incluir en el proceso de reparo a ser convocado, a los electores firmantes contenidos en las 39.060 planillas que habían sido invalidadas por dicho órgano electoral, con fundamento en lo establecido en los numerales 2, 3, 4 y 5 del artículo 4 de las Normas sobre los Criterios de Validación de las Firmas y de las Planillas de Recolección de Firmas para los Procesos de Referendo Revocatorio de Mandatos de Cargos de Elección Popular, conforme lo dispone el primer aparte del artículo 31 de las Normas para regular los procesos de referendos revocatorios de mandatos de cargos de elección popular, "dentro del lapso de cinco (5) días continuos siguientes a la notificación de la presente decisión"; *cuarto,* procediera a efectuar el procedimiento de reparo en el lapso establecido en el artículo 31 de las citadas Normas "y luego de realizado éste procedimiento, y de existir al menos el veinte por ciento (20%) de solicitudes válidas, proceda a convocar el referéndum revocatorio a que se refiere el presente fallo, en el lapso establecido en el artículo 33 de dichas Normas".

Finalmente, tal como se mencionó, la Sala Electoral, en virtud de la decisión que había anunciado la Sala Constitucional el 31 de marzo de 2004, planteó "ante la Sala Plena del Tribunal Supremo de Justicia, de conformidad con lo dispuesto en el artículo 42, numeral 21 de la Ley Orgánica de la Corte Suprema de Justicia, el conflicto de competencia entre esta Sala Electoral Accidental y la Sala Constitucional Accidental". Como hemos dicho, esa norma atribuye competencias a las Salas de Casación Civil y Penal para dirimir conflictos entre tribunales de sus jurisdicciones, pero no a la Sala Plena.

La sentencia N° 37 de la Sala Electoral, como se dijo, se publicó a las 9:45 a.m. del día 12 de abril de 2004. Ese mismo día, como se ha analizado anteriormente, la Sala Constitucional mediante sentencia N° 566 (publicada irregularmente sin el Voto Salvado del Magistrado Rondón Haaz)[525] resolvería avocarse al conocimiento de la causa.

Pero cabía preguntarse: ¿Cuál causa? ¿Una donde ya existía sentencia definitivamente firme como la antes comentada de la Sala Electoral? La Sala Constitucional, por ello, también decidiría en su sentencia de avocamiento, que "Se declara **NULA** cualquier decisión que en dichos expedientes se haya tomado por la Sala Electoral Accidental o Principal, a partir de la fecha de recepción de la orden de remisión de los expedientes, comunicada según oficio N° 04-0570 de esta Sala". La Sala Constitucional, además, en su sentencia de avocamiento reiteraría "lo ya anulado según sentencia de esta Sala N° 442 del 23 de marzo de 2004", es decir, la nulidad de la sentencia de la Sala Electoral dictada al decidir la medida cautelar de amparo en la misma causa; decisión que, por lo demás, se podía considerar que había cesado en sus efectos ese mismo día, al haber la Sala Electoral dictado la sentencia definitiva en la causa.

Lo cierto, en todo caso, es que para el día 15 de abril de 2004, ya se anunciaba en la prensa que la Sala Constitucional anularía la sentencia definitiva de la Sala Electoral[526] con motivo de decidir sobre las solicitudes de "aclaratoria" de la sentencia N° 566 de 12 de abril de 2004, que habían sido formuladas por el Consejo Nacional Electoral y el denominado Comando Ayacucho. El viernes 16 de abril de 2004, desde la Secretaría de la Sala Constitucional se informaría a la prensa que "la invalidación había sido acordada" y uno de los conjueces "había confirmado el anuncio a los representantes de los medios de comunicación"[527]; pero el martes 20, unos diputados de la oposición solicitarían a la Sala Electoral procediera a la ejecución forzosa de su sentencia[528].

---

525 *V.* el reportaje de Juan Francisco Alonso en *El Universal*, Caracas 15-04-2004.

526 En el reportaje de Juan Francisco Alonso, se indicaba que "La invalidación se producirá bajo el argumento de que la instancia que interpreta la Carta Magna es la única competente para conocer los casos relacionados con los referendos, debido a la ausencia de un instrumento legal que los regule y que los magistrados Alberto Martini, Rafael Hernández y Orlando Gravina (suplente de Luis Martínez) desacataron a la Constitucional cuando se pronunciaron sobre la validez de las llamadas rúbricas asistidas, aun cuando se lo habían prohibido", *El Universal*, Caracas 15-04-2004

527 Sin embargo, como lo reseñó el periodista Juan Francisco Alonso: "Pero a las 2:30 p.m. De La Hoz corrigió la versión: "Cuenta con la aprobación de cuatro magistrados, pero no ha sido aprobada". Aseguró que todo se debió "a una confusión" y ofreció disculpas a los periodistas... Por su parte, el conjuez Vadell afirmó que el fallo había contado con su respaldo y con el de los magistrados Rincón y Cabrera. Del mismo modo aseguró que el magistrado Pedro Rondón Haaz había participado en la reunión y que había salvado su voto". *V.* en *El Universal*, Caracas 17-04-2004.

528 El Diputado Gerardo Blyde informaría que: "una vez vencido el plazo de cinco días -que la propia decisión establecía como lapso para cumplir con el dictamen-, el TSJ debe emplazar al ente comicial a decir cuáles han sido sus gestiones para acatar la medida. "Una vez que sea recibido el informe o si no es reci-

La Sala Constitucional el 23 de abril de 2004, pondría fin a todo este complejo proceso de secuestro de la Sala Electoral, al dictar la sentencia N° 628 con ocasión de decidir las solicitudes de aclaratoria que se le habían formulado respecto de la sentencia N° 566 de 12 de abril de 2004 mediante la cual se había avocado al conocimiento de la causa. La Sala Constitucional, al declarar improcedente las aclaratorias solicitadas (porque no existían dudas acerca de la actuación irregular de la Sala Electoral); sin embargo, le negó sus competencias a la Sala Electoral, declaró nulas de nulidad absoluta sus decisiones, negó, además, de antemano, las posibles competencias de la Sala Plena del mismo Tribunal Supremo; y decidió que la Sala Constitucional tenía competencia exclusiva para resolver *"la materia referendaria atiende a una Ley especial que no se ha dictado, motivo por el cual lo que a ella se refiere es ejecución directa del artículo 72 constitucional"*. Después de haber "decidido" sobre todas las cuestiones antes indicadas, sin embargo, la Sala Constitucional concluyó señalando que no tenía nada que aclarar, ya que supuestamente no existían puntos dudosos u oscuros en la sentencia n° 566 del 12 de abril de 2004, razón por la cual declaró improcedentes las aclaratorias solicitadas.

En esta forma, la Sala Constitucional, con la excusa de declarar improcedentes las aclaratorias que se le solicitaron respecto de la sentencia N° 566 de 12 de abril de 2004, no sólo cambió la fecha de dicha sentencia al señalar que no era del 12 de abril de 2004 sino del "31 de marzo de 2004 y publicada el 12 de abril de 2004", sino que decidió sobre una materia que no se le había solicitado declarando que la sentencia de la Sala Electoral nº 38 de esa misma fecha de 12 de abril de 2004, era una "sentencia nula de nulidad absoluta"; y además, de paso, habría sentado el criterio de que las sentencias de la Sala Plena también serían revisables por la Sala Constitucional si se apartaban de sus "interpretaciones vinculantes", lo cual sería un disparate, pues los Magistrados de la Sala Constitucional son también miembros de la Sala Plena.

El Magistrado Rondón Haaz salvó su voto en relación con dicha decisión, en cuyo texto materialmente transcribió su Voto Salvado a la sentencia N° 566 de la Sala Constitucional, antes se ha comentado y que no había sido publicado con la misma, agregando sin embargo, que:

> Por otra parte, no consta que la sentencia N° 566, que, en todo caso, es la que pudo sustraer a la Sala Electoral el conocimiento de la causa, haya sido notificada a dicha Sala antes de que dictara la sentencia N° 37. Si, como lo apuntó la Sala Constitucional en la decisión N° 566 (*Consideraciones para decidir*, punto 3.-), la remisión del expediente no era necesaria para la decisión sobre el avocamiento, ningún sentido tenía ordenar la paralización de una causa (mediante decisión inexistente por carecer de las firmas de dos Magistrados, como se razonará *infra*), cuyo conocimiento no había asumido todavía la Sala Constitucional.

---

bido en el CNE, entonces solicitaremos la ejecución forzosa y los siguientes pasos que, en este proceso de ejecución de sentencia, vamos a continuar ante la Sala Electoral", dijo el dirigente de la tolda amarilla. El diputado también solicitó formalmente ante la Sala Constitucional que -hasta no decidirse el conflicto de competencias planteado ante la Sala Plena- se abstenga de producir nuevas decisiones respecto al avocamiento del caso de las firmas. Tras una visita a la secretaría de la Sala Plena, Blyde pudo confirmar que el caso del conflicto de competencias está siendo enviado del Juzgado de Sustanciación a la cuenta de la Sala para nombrar ponentes, de modo que ya se estaría aproximando una decisión al respecto". *V.* en *El Universal.com*, Caracas, 20-04-2004.

Además, el Magistrado disidente advirtió con razón, que la "sentencia aclaratoria, a pesar de que declara la improcedencia de las solicitudes de aclaración, innovó respecto del fallo a que se refiere, en violación del artículo 252 del Código de Procedimiento Civil", señalando entre otros aspectos, lo siguiente:

> Es incomprensible que se desestimen las solicitudes de "aclaratorias" que fueron examinadas, y, a la vez, la Sala Constitucional declare la nulidad de la sentencia N° 37 de la Sala Electoral, que fue pronunciada después del fallo N° 566 de aquélla, a pesar de que la nulidad "declarada" se refirió, con absoluta indeterminación, a cualquier decisión que "*se haya tomado por la Sala Electoral Accidental...*", es decir, incluso las que ya habían sido pronunciadas el 12 de abril de 2004, cuando se dictó el pronunciamiento N° 566. Ni siquiera mediante una solicitud de ampliación era procedente la nulidad de la sentencia N° 37 de la Sala Electoral, porque no formó parte del *thema decidendum* respecto de la petición de avocamiento y, por ende, del dispositivo del fallo N° 566 de la Sala Constitucional.

En esta forma, la posibilidad de realización del referendo revocatorio del mandato del Presidente de la República, conforme a las solicitudes que se habían formulado ante el Consejo Nacional Electoral, quedaba sometida a lo que había resuelto mediante Resolución Nº 040302-131 del Consejo Nacional Electoral de 2 de marzo de 2004, antes comentada, complementada con las *Normas que tienen por objeto regular la fase de reparo* aprobadas el 20 de abril de 2004, que también hemos comentado.

Con ello, el referido procedimiento de "reparo" se había convertido en un "tercer firmazo" con menos posibilidades y con menos días, sometiéndose a los ciudadanos a intensas presiones políticas y gubernamentales, pues en definitiva, lo que constitucionalmente era el simple ejercicio de un derecho ciudadano de peticionar, a los ojos y oídos del poder político y del Gobierno se había convertido en una afrenta contra el Presidente de la República y contra todos los órganos del Estado, dispuestos a vengarla contra más de tres millones de venezolanos, que quedaban marginados de toda posible relación con el Estado, incluso para el ejercicio de sus más elementales derechos. El procedimiento de reparo de las firmas, sin embargo, se realizó y el Consejo Nacional Electoral no tuvo otra salida que convocar el referendo revocatorio del mandato del Presidente de la República que se realizó el 15 de agosto de 2004.

De todo este proceso de conflicto judicial, lo que había quedado claro durante los años de vigencia de la Constitución, había sido su constante violación, el desdibujamiento de la *penta división* del Poder Público, y cómo la Sala Constitucional del Tribunal Supremo en lugar de ser garante último de la supremacía de la Constitución había sido el instrumento para el secuestro del Poder Electoral y de la Sala Electoral del Tribunal Supremo y para la confiscación del derecho ciudadano a la participación política.

IV. LA INTERVENCIÓN LEGISLATIVA DEL TRIBUNAL SUPREMO DE JUSTICIA

1. *El establecimiento de bases legales para el control político del Tribunal Supremo de Justicia*

En mayo de 2004, la Asamblea Nacional sancionó la muy esperada Ley Orgánica del Tribunal Supremo de Justicia[529], con un texto mal estructurado y peor sistematizado, uno de cuyos objetivos era aumentar el número de los Magistrados de las Salas del Tribunal Supremo. En efecto, la Ley dispuso que la Sala Constitucional estaría integrada por 7 Magistrados y las Salas Político-Administrativa, de Casación Civil, de Casación Penal, de Casación Social y Electoral por 5 Magistrados cada una de ellas (Art. 2, párrafo 2°), elevándose así el número de Magistrados de 20 a 32. En esta forma, el gobierno, que controlaba la Asamblea a través del partido de gobierno cuyos directivos eran el propio Presidente de la República y sus Ministros, nombrando por simple mayoría a los Magistrados, podía controlar totalmente al Tribunal Supremo de Justicia[530].

Como consecuencia de este aumento de los Magistrados del Tribunal Supremo, la Asamblea Nacional de inmediato inició el proceso para su selección de candidatos a Magistrados, conforme a las previsiones de la Ley Orgánica, que en materia de conformación del Comité de Postulaciones Judiciales, violaba abiertamente la Constitución y el derecho político a la participación en el mismo.

2. *La nueva burla al derecho a la participación política con la configuración del Comité de Postulaciones Judiciales*

En efecto, conforme a la Ley Orgánica, el Comité de Postulaciones Judiciales es un órgano asesor del Poder Judicial para la selección de los candidatos a Magistrados del Tribunal Supremo de Justicia; e igualmente debe asesorar a los Colegios Electorales Judiciales para la elección de los jueces o juezas de la jurisdicción disciplinaria (Artículo 13, párrafo 1°). Este Comité de Postulaciones Judiciales, conforme al artículo 13, párrafo 2° de la Ley, debe ser designado por un período de 2 años, por mayoría simple de la Asamblea Nacional, "como máximo órgano representativo de la sociedad venezolana".

Sin embargo, en lugar de estar integrado sólo y exclusivamente "por representantes de los diversos sectores de la sociedad" como lo exige la Constitución (Art. 270), la Ley Orgánica dispuso que está integrado por "once (11) miembros principales, con sus respectivos suplentes, cinco (5) de los cuales serán elegidos del seno del órgano legislativo nacional, y los otros seis (6) miembros, de los demás sectores de la sociedad, los cuales se elegirán en un procedimiento público" (Art. 13, párrafo 2°). Los diputados a la Asamblea Nacional, sin embargo, por esencia, no pueden considerarse representantes de la sociedad civil, por lo que la Ley incurrió en una

---

529 *V.* en *Gaceta Oficial* N° 37942 de 20-05-2004. *V.* sobre dicha Ley, *V.* Allan R. Brewer-Carías, *Ley Orgánica del Tribunal Supremo de Justicia. Procesos y procedimientos constitucionales y contencioso-administrativos,* Editorial Jurídica Venezolana, Caracas 2004

530 Por ello, el Presidente de la República declaró: "Tan pronto llegue a las puertas de Miraflores, la firmaré para que se activen los mecanismos previstos para revisar uno a uno los requisitos para ser magistrados…A ver si los cumplen". En *El Nacional*, Caracas, 17-05-2004, p. A-6

violación de la Constitución al constituir en realidad, una Comisión Parlamentaria ampliada.

La Asamblea Nacional debe designar a uno de los integrantes del Comité de Postulaciones Judiciales, como Presidente de dicho órgano (Art. 13, párrafo 2°), a quien corresponde convocar a las reuniones ordinarias y extraordinarias del Comité; así como elaborar la agenda que debe presentar a la consideración del Comité en la reunión correspondiente (Art. 13, párrafo 3°).

Conforme al artículo 14, párrafo 4°, el Comité de Postulaciones Judiciales debe funcionar por el tiempo establecido en el artículo 13 de la Ley, siendo su sede la Asamblea Nacional. Sus gastos, de acuerdo con la misma norma, corren a cargo de la propia Asamblea, lo que confirma el carácter parlamentario de la "Comisión". Los integrantes del Comité de Postulaciones Judiciales, sin embargo, dispone la Ley, que no deben percibir remuneración alguna por el ejercicio de sus funciones, "salvo la dieta que se pagará para cubrir sus gastos a los representantes de la sociedad, provenientes de provincia que los integraren". El Comité de Postulaciones Judiciales debe dictar su Reglamento Interno de organización y funcionamiento.

El Comité de Postulaciones Judiciales tiene como función esencial, el seleccionar "mediante un proceso público y transparente, y atendiendo los requisitos exigidos constitucionalmente" a los candidatos a Magistrados del Tribunal Supremo de Justicia que deban ser presentados al Poder Ciudadano para la segunda preselección, en los términos establecidos en el artículo 264 de la Constitución. El artículo 13, párrafo 4, limita indebidamente la facultad constitucional del Poder Ciudadano al establecer que éste "deberá, en lo posible, y salvo causa grave, respetar la selección que provenga del Comité de Postulaciones Judiciales".

Conforme a lo dispuesto en el artículo 13, párrafo 5° de la ley, los miembros del Comité de Postulaciones Judiciales deben ser ciudadanos venezolanos, de reconocida honorabilidad y prestigio en el ejercicio de las funciones o profesión que ejerzan o les haya correspondido ejercer. Además, deben ser mayores de 35 años y no haber sido sometidos a ningún tipo de sanción administrativa, disciplinaria o penal.

El Comité de Postulaciones Judiciales se debe instalar al día siguiente de la última designación de sus miembros, y escogerá de su seno un Vicepresidente, y fuera de él, un Secretario. Para sus deliberaciones requiere la presencia de la mayoría absoluta de sus integrantes, tomando sus decisiones con el voto favorable de la mayoría de los presentes (Art. 13, párrafo 6°).

3. *La inconstitucional violación del régimen constitucional de la remoción de los Magistrados*

De acuerdo con el artículo 265 de la Constitución, los magistrados del Tribunal Supremo de Justicia pueden ser removidos por la Asamblea Nacional mediante una mayoría calificada de las dos terceras partes de sus integrantes, previa audiencia concedida al interesado, en caso de faltas graves ya calificadas por el Poder Ciudadano, en los términos que la ley establezca. Esta, sin duda, es una ingerencia no conveniente ni aceptable de la instancia política del Poder en relación con la Administración de Justicia, pero así quedó plasmada en la Constitución, limitando indebidamente la independencia del Poder Judicial.

El artículo 23 párrafo 3° de la Ley Orgánica, también establece que los Magistrados del Tribunal Supremo de Justicia pueden ser sancionados o removidos de sus cargos, en casos de faltas graves, por la Asamblea Nacional, previa la solicitud y calificación de las faltas que realizare el Poder Ciudadano. En caso de remoción, la misma debe ser acordada por aprobación de una mayoría calificada de las 2/3 partes de los integrantes de la Asamblea Nacional, previa audiencia del Magistrado. Conforme a la Ley Orgánica, a partir del momento en que el Poder Ciudadano califique la falta como grave y solicite la remoción por unanimidad, el Magistrado queda suspendido del cargo, hasta la decisión definitiva de la Asamblea Nacional.

Ahora bien, el artículo 12, párrafo 1° de la ley Orgánica desarrolla el contenido del artículo 265 de la Constitución, indicando que los Magistrados del Tribunal Supremo de Justicia pueden ser removidos de sus cargos en los términos establecidos en dicho artículo 265 constitucional, a cuyo efecto ha establecido como "causa grave" para ello, las siguientes:

1. Las establecidas en el artículo 11 de la Ley Orgánica del Poder Ciudadano.
2. Por manifiesta incapacidad físico-mental permanente, certificada por una junta médica, designada por el Tribunal Supremo de Justicia con la aprobación de la Asamblea Nacional.
3. No ser imparcial o independiente en el ejercicio de sus funciones. Se considerará violación a la debida imparcialidad, la no inhibición cuando sea procedente.
4. Eximirse de ejercer sus funciones, salvo en los casos de inhibición o recusación.
5. Llevar a cabo activismo político partidista, gremial, sindical o de índole semejante.
6. Realizar actividades privadas o incompatibles con su función, por sí o por interpuestas personas.
7. Ejercer simultáneamente otro cargo público, salvo lo previsto para cargos académicos o docentes establecidos en esta Ley.
8. Incurrir en tres (3) inasistencias injustificadas a las reuniones de Sala, en el transcurso de un (1) mes calendario.
9. Por abandono del cargo, declarado por el Tribunal Supremo de Justicia.
10. Por incumplimiento o negligencia manifiesta en el ejercicio de sus atribuciones y deberes.
11. Cuando sus actos públicos atenten contra la respetabilidad del Poder Judicial y de los órganos que represente.
12. Cuando cometan hechos graves que constituyendo o no delitos pongan en peligro su credibilidad e imparcialidad comprometiendo la dignidad del cargo.
13. Cuando ejerzan influencia directa en la designación de quienes cumplan funciones públicas.
14. Cuando incurran en abuso o exceso de autoridad.
15. Cuando incurran en grave e inexcusable error, cohecho, prevaricación, dolo o denegación de justicia.
16. Cuando en sus decisiones hagan constar hechos que no sucedieron, o dejen de relacionar los que ocurrieron.
17. Cuando infrinjan algunas de las prohibiciones establecidas en la Constitución de la República Bolivariana de Venezuela y en las leyes.

Basta leer esta enumeración, para constatar lo precaria que en definitiva resulta la estabilidad de los magistrados, cuya permanencia en sus funciones queda a la merced de la mayoría calificada de la Asamblea nacional.

En todo caso, conforme a lo dispuesto en el artículo 12, párrafo 2° de la Ley, una vez calificada la falta y recibidas las actuaciones del Consejo Moral Republicano, el Presidente de la Asamblea Nacional debe convocar, dentro de los 10 días hábiles siguientes, a una sesión plenaria para dar audiencia y escuchar al interesado, debiendo resolver sobre la remoción inmediatamente después de dicha exposición.

La exigencia constitucional de una mayoría parlamentaria de las 2/3 partes de los diputados integrantes (Art. 265), por supuesto, en una situación de extrema polarización política, hacía muy difícil a la Asamblea proceder a remover a los magistrados que pudieran ser incómodos al poder político, por lo que la Asamblea, en un evidente fraude a la Constitución "inventó" otra causal de remoción de los magistrados, que denominó "anulación del nombramiento de los Magistrados", que se puede adoptar con mayoría simple, en lugar de la mayoría calificada que exige la Constitución.

En efecto, además de la pérdida de la investidura de los Magistrados del Tribunal Supremo como sanción, por la vía de la remoción por faltas graves antes indicada, la Ley Orgánica ha establecido en forma inconstitucional, otra forma de pérdida de la investidura de los Magistrados, que ha regulado, también como sanción, en el artículo 23, así:

> La Asamblea Nacional, por mayoría simple, podrá anular el acto administrativo mediante el cual se designa a un Magistrado o Magistrada, principal o suplente, cuando éste hubiere suministrado datos falsos con motivo de su postulación a la fecha de la misma, que impida conocer o tergiverse el cumplimiento de los requisitos exigidos en la presente Ley y en la Constitución de la República Bolivariana de Venezuela; o cuando la actitud pública de éstos, atente contra la majestad o prestigio del Tribunal Supremo de Justicia, de cualquiera de sus Salas, de los Magistrados o Magistradas del Poder Judicial; o cuando atente contra el funcionamiento del Tribunal Supremo de Justicia, de alguna de sus Salas o del Poder Judicial. Estos actos administrativos de anulación tienen pleno valor y eficacia, y contra ellos sólo procede el recurso de nulidad.

Esta inconstitucional potestad, fue ejercida en forma inmediata por la Asamblea Nacional el 15 de junio de 2004, al aprobar un informe de una Comisión que investigaba la crisis en el Poder Judicial, en el cual se recomendó a anular el acto el nombramiento del Magistrado Franklin Arrieche, Vicepresidente del Tribunal Supremo, "en razón de haber suministrado falsa información para el momento de la aceptación de su postulación para ser ratificado en ese cargo"[531]. La Sala Constitucional, en todo caso, convenientemente no extendió la protección constitucional de amparo que había otorgado al Magistrado, con ocasión de una decisión de la Asamblea Nacional contra el magistrado Arrieche el 3 de diciembre de 2002[532].

---

531 Según la investigación parlamentaria, el Magistrado no habría tenido 15 años como profesor universitario titular, ni tampoco estudios de postgrado. *V.* la información en *El Nacional*, Caracas, 16-06-2004, p. A-5.

532 *V.* la información en *El Nacional*, Caracas, 18-06-2004, p. A-4.

Por último, el artículo 23 párrafo 3°, en su última frase dispone que "asimismo, (el Magistrado) quedará suspendido si el Tribunal Supremo de Justicia declara que hay mérito para enjuiciarlo; en tal caso, esta medida es diferente a la sanción de suspensión prevista en la Ley Orgánica del Poder Ciudadano". Se trata, por tanto, de una nueva causal de remoción de los Magistrados, no prevista constitucionalmente.

4. *La regularización de la inexistencia de la jurisdicción disciplinaria judicial*

La jurisdicción disciplinaria judicial conforme lo indica la Constitución, debe estar a cargo de tribunales disciplinarios que deben ser determinados por la ley (art. 267). El régimen disciplinario de los magistrados y jueces debe estar fundamentado en el *Código de Ética* del Juez Venezolano, que debe dictar la Asamblea Nacional. En cuanto al procedimiento disciplinario, debe ser público, oral y breve, conforme al debido proceso, en los términos y condiciones que establezca la ley.

En esta materia, sin embargo, la ausencia de desarrollo legislativo de la Constitución ha hecho prolongar la transitoriedad constituyente, violándose abiertamente la Constitución, con lo cual la estabilidad e independencia de los jueces es inexistente; todo ello, con la anuencia del propio Tribunal Supremo de Justicia.

Incluso, como se detalla en la sentencia de la Sala Plena N° 40 de 15 de noviembre de 2001, el artículo 22 del Régimen de Transición del Poder Público había dispuesto que mientras el Tribunal Supremo de Justicia no organizase a la Dirección Ejecutiva de la Magistratura (prevista, en el artículo 267 constitucional) las competencias relativas a "inspección y vigilancia de los Tribunales" serían ejercidas por la "Comisión de Funcionamiento y Reestructuración del Sistema Judicial" que la Asamblea había establecido. Además, el artículo 29 del mismo Régimen estableció que la Inspectoría General de Tribunales -hasta ese entonces organizada y regida por las normas de la Ley Orgánica del Consejo de la Judicatura- sería un órgano auxiliar de la nombrada Comisión, en la inspección y vigilancia de los Tribunales de la República con facultades para la instrucción de los expedientes disciplinarios de los Jueces y demás funcionarios judiciales. Asimismo, dispuso dicha norma que el Inspector General de Tribunales y su suplente, serían designados por la Asamblea Nacional Constituyente, con carácter provisional hasta el funcionamiento efectivo de la Dirección Ejecutiva de la Magistratura.

Ahora bien, como se ha dicho, el 2 de agosto de 2000 el Tribunal Supremo de Justicia, actuando en acatamiento de lo ordenado en el artículo 267 de la Constitución de la República Bolivariana de Venezuela, dictó la "Normativa Sobre la Dirección, Gobierno y Administración del Poder Judicial". Con este instrumento, como lo afirmó el Supremo Tribunal en la sentencia N° 40, "satisfizo un expreso mandato constitucional (artículo 267), cumpliéndose además la condición que, como ya se ha advertido, había sido prevista para poner fin a la vigencia del régimen transitorio dictado por el Constituyente". La propia Sala Plena resumió sus decisiones, así:

> El artículo 1 de la Normativa Sobre la Dirección, Gobierno y Administración del Poder Judicial dispuso la creación de "la Dirección Ejecutiva de la Magistratura como órgano auxiliar del Tribunal Supremo de Justicia, con la finalidad de que ejerza por delegación las funciones de dirección, gobierno y administración del Poder Judicial". Es preciso advertir que de acuerdo con esta norma y en armonía con la atribución que le otorga a este Supremo Tribunal el artículo 267 de la Constitución, la Dirección Ejecutiva de la Magistratura se erige como un órgano que funge

como instrumento del Máximo Tribunal de la República en el ejercicio de sus atribuciones relativas a la dirección, gobierno y administración del Poder Judicial, es decir, se trata de un órgano que ejerce por delegación tales atribuciones que, se insiste, son propias de este Tribunal Supremo de Justicia.

De otra parte, el artículo 30 de la misma Normativa establece que "[l]a Comisión de Funcionamiento y Reestructuración organizada en la forma que lo determine el Tribunal Supremo de Justicia, sólo tendrá a su cargo [luego de la vigencia de esta Normativa] funciones disciplinarias mientras se dicta la legislación y se crean los correspondientes Tribunales Disciplinarios". Ha quedado así esta Comisión en el ejercicio de funciones transitorias en la materia antes indicada.

Mediante la norma contenida en el artículo 2 de la Normativa Sobre la Dirección, Gobierno y Administración del Poder Judicial "[s]e crea la Comisión Judicial, como órgano del Tribunal Supremo de Justicia, con la finalidad de que ejerza por delegación las funciones de control y supervisión de la Dirección Ejecutiva de la Magistratura y las demás previstas en esta normativa". Se trata también en este caso de un órgano carente de atribuciones propias ya que su finalidad específica es ejercer, por delegación las atribuciones constitucionalmente asignadas al Tribunal Supremo de Justicia.

Igualmente el artículo 22 de la misma Normativa establece, a la letra, lo siguiente:

> La Inspectoría General de Tribunales es una unidad autónoma dirigida por el Inspector General de Tribunales y adscrita a la Comisión Judicial del Tribunal Supremo de Justicia.
>
> La organización el funcionamiento y el alcance de la autonomía de esta unidad será regulada por la normativa que al efecto apruebe la Sala Plena, a proposición de la Comisión Judicial.
>
> Se inscribe así la Inspectoría General de Tribunales en el marco de la organización prevista, en desarrollo del Texto Constitucional, para el ejercicio de las funciones de este Supremo Tribunal relativas a la inspección y vigilancia de los Tribunales de la República. Se configura así este órgano, como un instrumento que, dotado de cierto grado de autonomía -cuyo alcance no es ilimitado, y debe, por ello, ser precisado por la Sala Plena de este Tribunal Supremo de Justicia- coadyuva en el ejercicio de tales funciones que son propias del Máximo Tribunal[533].

Lamentablemente, la Ley Orgánica del Tribunal Supremo de mayo de 2004 en la Disposición Transitoria Única, párrafo 2, e) prorrogó nuevamente la transitoriedad en materia disciplinaria, así:

> e) La Comisión de Funcionamiento y Reestructuración del Sistema Judicial sólo tendrá a su cargo funciones disciplinarias, mientras se dicte la legislación y se crea la jurisdicción disciplinaria y los correspondientes tribunales disciplinarios.

Caracas, octubre 2004

533 *V.* en *Revista de Derecho Público*, Nº 85-88, Editorial Jurídica Venezolana, Caracas, 2001, pp. 159 y ss.

TERCERA PARTE:

EL CONSTITUCIONALISMO Y LA EMERGENCIA EN VENEZUELA: ENTRE LA EMERGENCIA FORMAL Y LA EMERGENCIA ANORMAL DEL PODER JUDICIAL (Córdoba, Argentina, junio 2005)

Texto de la conferencia dictada en la *Mesa Redonda Internacional sobre Constitucionalismo en Tiempos de Emergencia,* Asociación Internacional de Derecho Constitucional, Asociación Argentina de Derecho Constitucional, Córdoba Argentina, 24/25 de junio de 2005. Publicado en mi libro: *Estudios sobre el Estado Constitucional (2005-2006)*, Caracas 2007, pp. 245-269

Entre las preguntas que se formularon en el Programa de este Seminario sobre Constitucionalismo en tiempos de Emergencia, nos pareció adecuado, para referirnos a la situación en Venezuela, tratar de responder la que se indicó en último lugar, es decir, ¿Tenemos actualmente emergencias reales? O más bien, ¿es posible que tengamos pequeños bolsones con poderes de emergencia instalados de forma permanente dentro del derecho ordinario de cada país?

En otras palabras, ¿cuál es la relación entre la Constitución normativa en materia de emergencias y la situación real de la "emergencia institucional" a que ha estado sometido el país durante más de un lustro?

La Constitución de 1999, en materia de régimen de emergencia, reguló en forma extensa y precisa a los llamados Estados de Excepción, como mecanismos de protección de la propia Constitución en tiempos de urgencia, quizás por la negativa experiencia política precedente en la materia. Ello ocurrió, en particular en el campo económico, en el cual la restricción de la garantía constitucional de la libertad económica se prolongó por más de 40 años, lo que originó la ampliación irregular de las potestades normativas del Poder Ejecutivo en la materia.[534] Además, está la experiencia derivada de la emergencia ocurrida en 1989 con ocasión del denominado "Caracazo", que fue una sublevación social anárquica y generalizada acaecida en febrero de ese año en la ciudad de Caracas, y que con motivo de la suspensión de diversas garantías de derechos fundamentales originó todo tipo de violaciones a los derechos humanos[535]. Estos antecedentes, sin duda orientaron la normativa constitucional de 1999 en materia de estados de excepción, signada, al contrario del régimen de la Constitución de 1961, por el sometimiento de las situaciones de emergencia a

---

534 *V.* Allan R. Brewer-Carías, *Evolución del régimen legal de la Economía 1939-1979*, Ediciones de la Cámara de Comercio de Valencia, Valencia 1980; "Consecuencias Jurídicas del restablecimiento de las garantías económicas, en *Revista de Derecho Público,* N° 35, Editorial Jurídica Venezolana, Caracas, julio-septiembre 1988, pp. 69-73

535 *V.* Allan R. Brewer-Carías, Prólogo al libro de Daniel Zovatto, *Los Estados de Excepción y los Derechos Humanos en América Latina*, Instituto Interamericano de Derechos Humanos, Editorial Jurídica Venezolana, Caracas-San José, 1990, pp. 11-33; "Consideración sobre la suspensión o restricción de las garantías constitucionales en *Revista de Derecho Público*, N° 37, Editorial Jurídica Venezolana, Caracas, enero-marzo 1989, pp. 5-25.

todo tipo de controles políticos y judiciales, a fin de evitar la arbitrariedad gubernamental.

El régimen constitucional y legal de los estados de excepción es tan preciso y estricto, que en los seis años de vigencia de la Constitución, nunca se ha aplicado, a pesar de que durante estos años se han sucedido situaciones de verdadera emergencia, como lo fue el deslave ocurrido en el litoral central del país el mismo día del referendo aprobatorio de la Constitución, el 15 de diciembre de 1999; como lo fue la crisis política originada por la anunciada renuncia del Presidente de la República el 12 de abril de 2002 por el jefe de su Alto Mando Militar; y como lo fue la huelga de la empresa petrolera del Estado, Petróleos de Venezuela S.A a partir de diciembre de 2002.

No hemos tenido, por tanto, emergencias formalmente declaradas conforme a lo pautado en la Constitución; pero en contraste, hemos tenido una situación de emergencia permanente, evidentemente anormal, que ha trastocado el funcionamiento regular de los órganos del Estado, particularmente del Poder Judicial, cuyos órganos han perdido progresivamente toda autonomía e independencia.

Esto, por supuesto, tiene enorme importancia respecto de los estados de emergencia constitucionalizados, que precisamente, siempre tienen que encontrar el balance y contrapeso en la existencia de un Poder Judicial que sea capaz de controlarlos.

El constitucionalismo venezolano, en esta materia de las emergencias, puede decirse que se encuentra en una situación de contraste, entre una regulación de la emergencia formal, que sólo puede producirse excepcionalmente y la situación de emergencia permanente anormal, en particular, la referida al Poder Judicial.

Para entender este contraste, expondremos, en primer lugar, el régimen constitucional y legal de los estados de excepción; y en segundo lugar, la situación permanente de la emergencia judicial.

I. EL RÉGIMEN CONSTITUCIONAL Y LEGAL DE LOS ESTADOS DE EXCEPCIÓN

El Capítulo II del Título VIII de la Constitución de 1999[536], relativo a la "Protección de la Constitución", está destinado a regular las circunstancias excepcionales que pueden originar situaciones de excepción que afecten gravemente la seguridad de la Nación, de las instituciones y de las personas, y que ameritan la adopción de medidas político-constitucionales para afrontarlas.

La Constitución, además, exigió (art. 338) que los estados de excepción debían ser objeto de regulación mediante una ley orgánica para enmarcarlos en un orden legal y determinar las medidas que podían adoptarse con base en los mismos; y en tal sentido se dictó la Ley Orgánica sobre Estados de Excepción de 15-08-2001[537] que no sólo los regula en sus diferentes formas, sino que además determina "el ejercicio de los derechos que sean restringidos con la finalidad de restablecer la normalidad en el menor tiempo posible" (art. 1).

536 *V.* en general sobre la Constitución de 1999, Allan R. Brewer-Carías, *La Constitución de 1999. Derecho Constitucional Venezolano*, Editorial Jurídica Venezolana, 2 Tomos, Caracas 2004.

537. *Gaceta Oficial* Nº 37.261 de 15-08-2001.

Ahora bien, el artículo 337 de la Constitución califica expresamente como estados de excepción,

> Las circunstancias de orden social, económico, político, natural o ecológico, que afecten gravemente la seguridad de la Nación, de las instituciones y de los ciudadanos y ciudadanas, a cuyo respecto resultan insuficientes las facultades de las cuales se disponen para hacer frente a tales hechos.

La Ley Orgánica, por su parte, precisa que "los estados de excepción *son circunstancias* de orden social, económico, político, natural o ecológico, que afecten gravemente la seguridad de la Nación, de sus ciudadanos y ciudadanas o de sus instituciones", por lo que "solamente pueden declararse ante situaciones objetivas de suma gravedad que hagan insuficientes los medios ordinarios que dispone el Estado para afrontarlos" (art. 2) y en caso de "estricta necesidad para solventar la situación de anormalidad" (art. 6).

Por otra parte, la Ley Orgánica exige que "toda medida de excepción debe ser proporcional a la situación que se quiere afrontar en lo que respecta a gravedad, naturaleza y ámbito de aplicación" (art. 4), debiendo además "tener una duración limitada a las exigencias de la situación que se quiere afrontar, sin que tal medida pierda su carácter excepcional o de no permanencia" (art. 5).

Se trata, por tanto, de circunstancias excepcionales que sobrepasan las posibilidades de su atención mediante los mecanismos institucionales previstos para situaciones normales, pero que solo pueden dar lugar a la adopción de medidas que estén enmarcadas dentro de principios de logicidad, racionalidad, razonabilidad y proporcionalidad, lo que se configura como un límite al ejercicio de las mismas.

Las diversas formas específicas de estados de excepción se enumeran en el artículo 338 de la Constitución, en el cual se distingue el estado de alarma, el estado de emergencia económica, el estado de conmoción interior y el estado de conmoción exterior; las cuales se regulan en los arts. 8 a 14 de la Ley Orgánica.

Además, debe señalarse que la declaratoria del estado de excepción en ningún caso interrumpe el funcionamiento de los órganos del Poder Público (art. 339); lo que se confirma la Ley Orgánica respectiva (art. 3).

Por último, debe señalarse que la declaración de los estados de excepción no modifica el principio de la responsabilidad del Presidente de la República, ni la del Vicepresidente Ejecutivo, ni la de los Ministros de conformidad con la Constitución y la ley (art. 232).

1 *El decreto de estado de excepción*

En las circunstancias excepcionales antes mencionadas, corresponde al Presidente de la República, en Consejo de Ministros, decretar los estados de excepción. (art. 337). Este decreto, como lo precisa el artículo 22 de la Ley Orgánica, tiene "rango y fuerza de Ley" y entra "en vigencia una vez dictado por el Presidente de la República, en Consejo de Ministros", agregando la norma que "deberá ser publicado en la Gaceta Oficial de la República Bolivariana de Venezuela y difundido en el más breve plazo por todos los medios de comunicación social, si fuere posible".

En cuanto al rango y fuerza de ley de los decretos de estados de excepción, la misma en realidad proviene de la propia Constitución, pues al dictarlos el Presidente de la República ejecuta directa e inmediatamente la Constitución, al dictarse con base en atribuciones establecidas en el texto fundamental, a pesar de que, además, deban ejecutar la Ley Orgánica de Estados de Excepción.

Pero por lo que se refiere a la previsión legal de que los referidos decretos leyes puedan entrar en vigencia antes de la publicación del decreto en *Gaceta Oficial*, la misma, sin duda es inconstitucional, pues no puede disponer el legislador que un decreto que tiene rango y fuerza de Ley pueda entrar en vigencia antes de su publicación, es decir, desde que se dicte por el Presidente de la República.

Conforme al artículo 215 de la Constitución, la ley sólo queda promulgada al publicarse con el correspondiente "Cúmplase" en la *Gaceta Oficial*, disponiendo el Código Civil, en su artículo 1, que "la Ley es obligatoria *desde su publicación* en la Gaceta Oficial" o desde la fecha posterior que ella misma indique (art. 1).

El decreto de estado de excepción, por tanto, sólo puede entrar en vigencia desde su publicación en la *Gaceta Oficial*, no pudiendo entenderse este requisito de publicación y vigencia, como una mera formalidad adicional de divulgación como parece derivarse del texto del artículo 22 de la Ley Orgánica.

Por otra parte, el decreto debe cumplir con las exigencias, principios y garantías establecidos en el Pacto Internacional de Derechos Civiles y Políticos y en la Convención Americana sobre Derechos Humanos (art. 339 C).

Conforme al artículo 4 del Pacto Internacional de Derechos Civiles y Políticos, el estado de excepción debe ser "proclamado oficialmente". Con base en ello, sólo se pueden "adoptar disposiciones" que, en la medida estrictamente limitada a las exigencias de la situación, suspendan las obligaciones contraídas (por los Estados) en virtud de este Pacto. Además, las medidas, no pueden ser incompatibles con las demás obligaciones que les impone el derecho internacional y no pueden entrañar discriminación alguna fundada únicamente en motivos de raza, color, sexo, idioma, religión u origen social. En igual sentido se dispone en el artículo 27 de la Convención Americana sobre Derechos Humanos.

Por otra parte, el Pacto exige que todo Estado "que haga uso del derecho de suspensión" debe informar inmediatamente a todos los demás Estados Partes en el Pacto, por conducto del Secretario General de las Naciones Unidas, "de las disposiciones cuya aplicación haya suspendido y de los motivos que hayan suscitado la suspensión". Igualmente, deben comunicar la fecha "en que haya dado por terminada tal suspensión" (art. 4,3). La Convención Americana establece una disposición similar de información a los Estados Partes en la Convención, por conducto del Secretario General de la Organización de Estados Americanos (art. 27,3).

Por último, la Ley Orgánica dispone que el Presidente de la República puede solicitar a la Asamblea Nacional la prórroga del Decreto por un plazo igual, correspondiendo a la Asamblea la aprobación de dicha prórroga (art. 338). Este puede ser revocado por el Ejecutivo Nacional o por la Asamblea Nacional o por su Comisión Delegada, antes del término señalado, al cesar las causas que lo motivaron.

2 *Medidas que pueden adoptarse en virtud del decreto de estado de excepción: el rango legal*

A. *Régimen general*

Conforme al artículo 15 de la Ley Orgánica, el Presidente de la República, en Consejo de Ministros, tiene las siguientes facultades:

a) Dictar todas las medidas que estime convenientes en aquellas circunstancias que afecten gravemente la seguridad de la Nación, de sus ciudadanos y ciudadanas o de sus instituciones, de conformidad con los artículos 337, 338 y 339 de la Constitución de la República Bolivariana de Venezuela.

b) Dictar medidas de orden social, económico, político o ecológico cuando resulten insuficientes las facultades de las cuales disponen ordinariamente los órganos del Poder Público para hacer frente a tales hechos.

Además, en particular, en el caso del decreto que declare el estado de emergencia económica, conforme al artículo 11 de la Ley Orgánica, en el mismo se pueden disponer "las medidas oportunas, destinadas a resolver satisfactoriamente la anormalidad o crisis e impedir la extensión de sus efectos".

Asimismo, en el caso del decreto que declare el estado de conmoción exterior, se pueden tomar "todas las medidas que se estimen convenientes, a fin de defender y asegurar los intereses, objetivos nacionales y la sobrevivencia de la República" (art. 14).

En todo caso, decretado el estado de excepción, el Presidente de la República puede delegar su ejecución, total o parcialmente, en los gobernadores, alcaldes, comandantes de guarnición o cualquier otra autoridad debidamente constituida, que el Ejecutivo Nacional designe (art. 16).

B. *La restricción de las garantías constitucionales y su obligatorio contenido normativo*

Conforme se establece en el artículo 337 de la Constitución, en los casos en los cuales se decreten estados de excepción, el Presidente de la República en Consejo de Ministros también puede restringir temporalmente las garantías consagradas en la Constitución,

> Salvo las referidas a los derechos a la vida, prohibición de incomunicación o tortura, el derecho al debido proceso, el derecho a la información y los demás derechos humanos intangibles.

Este es el único supuesto establecido en la Constitución de 1999 conforme al cual el Presidente puede restringir las garantías constitucionales (art. 236, ord. 7), habiéndose eliminado toda posibilidad de "suspender" dichas garantías como lo autorizaba la Constitución de 1961 (art. 241). De ello deriva, además, que tampoco podrían restringirse los derechos constitucionales, sino sólo sus "garantías"[538].

Ahora bien, en relación con la restricción de garantías constitucionales con motivo de un decreto de estado de excepción, el artículo 6 de la Ley Orgánica dispone que

> *Artículo 6*: El decreto que declare los estados de excepción será dictado en caso de estricta necesidad para solventar la situación de anormalidad, ampliando las facultades del Ejecutivo Nacional, con la restricción temporal de las garantías constitucionales permitidas y la ejecución, seguimiento, supervisión e inspección de las medidas que se adopten conforme a derecho. El Presidente de la República, en

---

538. *V.* Allan R. Brewer-Carías, "Consideraciones sobre la suspensión o restricción de las garantías constitucionales", en *Revista de Derecho Público*, N° 37, EJV, Caracas 1989, pp. 5 y ss.

Consejo de Ministros, podrá ratificar las medidas que no impliquen la restricción de una garantía o de un derecho constitucional. Dicho decreto será sometido a los controles que establece esta Ley.

Por otra parte, en relación con la enumeración de las garantías constitucionales de derechos que no pueden ser objeto de restricción, en forma alguna, conforme al antes mencionado artículo 337 de la Constitución (regulados en los artículos 43; ord. 2; 46, ord. 1; 49 y 58 de la Constitución), sin duda, debe considerarse que forman parte de "los demás derechos humanos intangibles" cuyas garantías tampoco pueden restringirse, los indicados como no restringibles en el Pacto Internacional de Derechos Civiles y Políticos (art. 4), y en la Convención Americana de Derechos Humanos (art. 27), que son: la garantía de la igualdad y no discriminación; la garantía de no ser condenado a prisión por obligaciones contractuales; la garantía de la irretroactividad de la ley; el derecho a la personalidad; la libertad religiosa; la garantía de no ser sometido a esclavitud o servidumbre; la garantía de la integridad personal; el principio de legalidad; la protección de la familia; los derechos del niño; la garantía de la no privación arbitraria de la nacionalidad y el ejercicio de los derechos políticos al sufragio y el acceso a las funciones públicas[539].

Ahora bien, en relación con esta materia, el artículo 7 de la Ley Orgánica indica que:

> *Artículo 7*: No podrán ser restringidas, de conformidad con lo establecido en los artículos 339 de la Constitución de la República Bolivariana de Venezuela, 4.2 del Pacto Internacional de Derechos Civiles y Políticos y 27.2 de la Convención Americana sobre Derechos Humanos, las garantías de los derechos a:
>
> 1. La vida.
> 2. El reconocimiento a la personalidad jurídica.
> 3. La protección de la familia.
> 4. La igualdad ante la ley.
> 5. La nacionalidad.
> 6. La libertad personal y la prohibición de práctica de desaparición forzada de personas.
> 7. La integridad personal física, psíquica y moral.
> 8. No ser sometido a esclavitud o servidumbre.
> 9. La libertad de pensamiento, conciencia y religión.
> 10. La legalidad y la irretroactividad de las leyes, especialmente de las leyes penales.
> 11. El debido proceso.
> 12. El amparo constitucional.
> 13. La participación, el sufragio y el acceso a la función pública.
> 14. La información.

Lamentablemente, en esta enumeración, la Ley Orgánica omitió la "prohibición de incomunicación o tortura" que establece el artículo 337 de la Constitución; la

539. *V.* Allan R. Brewer-Carías, *La Constitución de 1999, cit.*, pp. 236 y 237.

garantía a no ser condenado a prisión por obligaciones contractuales; y los derechos del niño que enumeran las Convenciones Internacionales mencionadas, que tienen rango constitucional (art. 23).

En todo caso, de las anteriores regulaciones relativas a la restricción de garantías constitucionales como consecuencia de un decreto de estado de excepción, debe destacarse lo siguiente:

En *primer lugar*, debe insistirse en el hecho de que se eliminó de la Constitución la posibilidad de que se pudiesen "suspender" las garantías constitucionales, como lo autorizaba el artículo 241, en concordancia con el artículo 190, ordinal 6 de la Constitución de 1961, y que dio origen a tantos abusos institucionales[540], quedando la potestad de excepción, a la sola posibilidad de "restringir" (art. 236, ord. 7) las garantías constitucionales.

En *segundo lugar*, la Constitución exige expresamente que el Decreto que declare el estado de excepción y restrinja garantías constitucionales, obligatoriamente debe "*regular el ejercicio del derecho cuya garantía se restringe*" (art. 339). Es decir, no es posible que el decreto "restrinja" una garantía constitucional pura y simplemente, sino que es indispensable que en el mismo decreto se regule en concreto el ejercicio del derecho. Por ejemplo, si se restringe la libertad de tránsito, por ejemplo, en el mismo decreto de restricción, que tiene entonces que tener contenido normativo, debe especificarse en qué consiste la restricción, estableciendo por ejemplo, la prohibición de circular a determinadas horas (toque de queda), o en determinados vehículos[541].

Lamentablemente, sin embargo, en la Ley Orgánica no se desarrolló esta exigencia constitucional, quizás la más importante en materia de restricción de garantías constitucionales. Sólo regulándose normativamente su ejercicio, en el decreto que restrinja las garantías constitucionales, es que podría tener sentido la previsión del artículo 21 de la Ley Orgánica que dispone que:

> *Artículo 21*: El decreto que declare el estado de excepción suspende temporalmente, en las leyes vigentes, los artículos incompatibles con las medidas dictadas en dicho decreto.

Para que esta "suspensión" temporal de normas legales pueda ser posible, por supuesto, es necesario e indispensable que el decreto establezca la normativa sustitutiva correspondiente.

C. *La movilización*

Conforme al artículo 23 de la Ley Orgánica, decretado el estado de excepción, el Presidente de la República en su condición de Comandante en Jefe de la Fuerza Armada Nacional puede, además, ordenar la movilización de cualquier componente o

540. *V.* Allan R. Brewer-Carías, "Consideraciones sobre la suspensión o restricción de las garantías constitucionales", *loc. cit.,* pp. 5 a 25; y Allan R. Brewer-Carías, "Derecho y acción de amparo", *Instituciones Políticas y Constitucionales*, Tomo V, Caracas 1997, pp. 11 a 44.

541. *V.* las críticas a la suspensión no regulada de las garantías constitucionales con motivo de los sucesos de febrero de 1989, en Allan R. Brewer Carías, "Consideraciones sobre la suspensión...", *loc. cit.*, pp. 19 y ss., y en Allan R. Brewer Carías, en "Prólogo" el libro de Daniel Zovatto G., *Los estados de excepción y los derechos humanos en América Latina, cit.*, pp. 24 y ss.

de toda la Fuerza Armada Nacional, operación que debe regirse por las disposiciones que sobre ella establece la ley respectiva.

D. *La requisición*

Con motivo de la declaración de estado de excepción, conforme al artículo 24 de la Ley Orgánica, el Ejecutivo Nacional tiene la facultad de requisar los bienes muebles e inmuebles de propiedad particular que deban ser utilizados para restablecer la normalidad.[542]

En estos supuestos, para que se ejecutase cualquier requisición, es indispensable la orden previa del Presidente de la República o de la autoridad competente designada, dada por escrito, en la cual se debe determinar la clase, cantidad de la prestación, debiendo expedirse una constancia inmediata de la misma.

En todo caso, terminado el estado de excepción, deben restituirse los bienes requisados a sus legítimos propietarios, en el estado en que es encuentren, sin perjuicio de la indemnización debida por el uso o goce de los mismos. En los casos que los bienes requisados no pudieren ser restituidos, o se trate de bienes fungibles o perecederos, la República debe pagar el valor total de dichos bienes, calculados con base en el precio que los mismos tenían en el momento de la requisición (art. 25 LO).

E. *Las medidas relativas a los artículos de primera necesidad y a los servicios públicos*

Por otra parte, una vez decretado el estado de excepción, también se puede limitar o racionar el uso de servicios o el consumo de artículos de primera necesidad, tomar las medidas necesarias para asegurar el abastecimiento de los mercados y el funcionamiento de los servicios y de los centros de producción (art. 19 LO).

Salvo que el decreto regule otra cosa, estas medidas deben adoptarse conforme a la Ley de Protección al Consumidor o al Usuario.

F. *Las medidas de orden presupuestarias en cuanto al gasto público*

Conforme al artículo 20 de la Ley Orgánica,

> Decretado el estado de excepción, el Ejecutivo puede hacer erogaciones con cargo al Tesoro Nacional que no estén incluidas en la Ley de Presupuesto y cualquier otra medida que se considere necesaria para regresar a la normalidad, con fundamento en la Constitución de la República Bolivariana de Venezuela y la presente Ley.

Se pretendió, en esta forma, establecer una excepción al principio constitucional del artículo 314 de la Constitución que, al contrario, prescribe terminantemente y sin posibilidad de excepción, que "No se hará ningún tipo de gastos que no haya sido previsto en la Ley de Presupuesto".

Esta excepción del artículo 20 de la Ley Orgánica, por tanto, sin duda, es inconstitucional, pues la Constitución no autoriza en forma alguna que puedan hacerse gas-

542. Sobre la requisición *V.* Allan R. Brewer-Carías, "Adquisición de propiedad privada por parte del Estado en el Derecho Venezolano" en Allan R. Brewer-Carías, *Jurisprudencia de la Corte Suprema 1930-1974 y Estudios de Derecho Administrativo*, Tomo VI, Caracas, 1979, pp. 24 y 33.

tos o erogaciones no previstos en la Ley de Presupuesto, salvo mediante la utilización del mecanismo de "créditos adicionales" que autoriza al artículo 314 de la propia Constitución.

3. *El control de los decretos de estados de excepción*

De acuerdo con el artículo 339, el decreto que declare el estado de excepción debe ser presentado, dentro de los 8 días siguientes de haberse dictado, a la Asamblea Nacional o a la Comisión Delegada, para su consideración y aprobación, y a la Sala Constitucional del Tribunal Supremo de Justicia, para que se pronuncie sobre su constitucionalidad (art. 336,6).

Este doble régimen general de control parlamentario y judicial, lo desarrolla la Ley Orgánica, estableciendo normas particulares en relación con el control por parte de la Asamblea Nacional, por parte de la Sala Constitucional del Tribunal Supremo y por parte de los jueces de amparo.

A. *El control por la Asamblea Nacional*

a. *El sometimiento del decreto a la Asamblea*

Como se ha dicho, el decreto que declare el estado de excepción debe ser remitido por el Presidente de la República a la Asamblea Nacional, dentro de los 8 días continuos siguientes a aquel en que haya sido dictado, para su consideración y aprobación.

En el mismo término, deben ser sometidos a la Asamblea Nacional los decretos mediante los cuales se solicite la prórroga del estado de excepción o aumento del número de garantías restringidas.

Si el Presidente de la República no diere cumplimiento al mandato establecido en el lapso previsto, la Asamblea Nacional se debe pronunciar de oficio (art. 26).

b. *La aprobación por la Asamblea*

El decreto que declare el estado de excepción, y la solicitud de prórroga o aumento del número de garantías restringidas, deben ser aprobados por la mayoría absoluta de los diputados presentes en sesión especial que se debe realizar sin previa convocatoria, dentro de las 48 horas de haberse hecho público el decreto (art. 27). El tema de la publicidad, de nuevo, tiene que vincularse a la publicación del decreto en la *Gaceta Oficial*.

Si por caso fortuito o fuerza mayor la Asamblea Nacional no se pronunciare dentro de los 8 días continuos siguientes a la recepción del decreto, éste se debe entender aprobado. Se establece así, un silencio parlamentario positivo con efectos aprobatorios tácitos.

Si el decreto que declare el estado de excepción, su prórroga o el aumento del número de garantías restringidas, se dicta durante el receso de la Asamblea Nacional, el Presidente de la República lo debe remitir a la Comisión Delegada, en el mismo término fijado en el artículo 26 de la Ley Orgánica. En este caso, conforme al artículo 29, la Comisión Delegada sólo puede considerar la aprobación del decreto que declare el estado de excepción, su prórroga, o el aumento del número de garantías restringidas, si por las circunstancias del caso le resulta imposible convocar una sesión ordinaria de la Asamblea Nacional, dentro de las 48 horas a que hace referencia el artículo 27 de la Ley Orgánica, o si a la misma no concurriere la mayoría absoluta de los diputados.

En todo caso, dice el artículo 30 de la Ley Orgánica, que el acuerdo dictado por la Asamblea Nacional "entra en vigencia inmediatamente, por lo que debe ser publicado en la *Gaceta Oficial* de la República Bolivariana de Venezuela y difundido en el más breve plazo, por todos los medios de comunicación social, al día siguiente en que haya sido dictado, si fuere posible" (art. 30). De nuevo encontramos aquí la incongruencia de que pueda considerarse que un acto parlamentario de aprobación de un decreto "con rango y fuerza de ley", pueda entrar en vigencia antes de su publicación en la *Gaceta Oficial*, lo cual es totalmente inadmisible.

B. *El control concentrado de constitucionalidad por la Sala Constitucional del Tribunal Supremo de Justicia*

De acuerdo con el artículo 336,6 de la Constitución, compete a la Sala Constitucional "revisar en todo caso, *aún de oficio*, la constitucionalidad de los decretos que declaren estados de excepción dictados por el Presidente de la República". Se trata de un control de la constitucionalidad automático y obligatorio que la Sala, incluso, puede ejercer de oficio.

La Ley Orgánica desarrolla el ejercicio de este control, estableciendo diferentes regulaciones que deben destacarse.

a. *La remisión del decreto a la Sala Constitucional*

Conforme al artículo 31 de la Ley Orgánica, el decreto que declare el estado de excepción, su prórroga o el aumento del número de garantías restringidas, deben ser remitidos por el Presidente de la República dentro de los 8 días continuos siguientes a aquél en que haya sido dictado, a la Sala Constitucional del Tribunal Supremo de Justicia, a los fines de que ésta se pronuncie sobre su constitucionalidad. En el mismo término, el Presidente de la Asamblea Nacional debe enviar a la Sala Constitucional, el Acuerdo mediante el cual se apruebe el estado de excepción.

Si el Presidente de la República o el Presidente de la Asamblea Nacional, según el caso, no dieren cumplimiento al mandato establecido en el presente artículo en el lapso previsto, la Sala Constitucional del Tribunal Supremo de Justicia se pronunciará de oficio (art. 31). Por supuesto, estimamos que este no es el único supuesto en el cual la Sala Constitucional puede revisar de oficio el decreto, lo cual puede hacer desde que se dicte y se publique en la *Gaceta Oficial*, y no sólo al final del lapso indicado ni sólo si no se le remite oficialmente al decreto.

Debe destacarse que con la previsión de este sistema de control de constitucionalidad automático y obligatorio, una vez que el mismo se efectúa por la Sala Constitucional y ésta, por ejemplo, declara la constitucionalidad del decreto, no podría entonces ejercerse una acción popular de inconstitucionalidad contra el decreto, pues contrariaría la cosa juzgada constitucional.

Por otra parte, debe destacarse que el artículo 33 de la Ley Orgánica dispone que:

> *Artículo 33*: La Sala Constitucional del Tribunal Supremo de Justicia omitirá todo pronunciamiento, si la Asamblea Nacional o la Comisión Delegada desaprobare el decreto de estado de excepción o denegare su prórroga, declarando extinguida la instancia.

Esta norma, sin duda, también puede considerarse como inconstitucional pues establece una limitación al ejercicio de los poderes de revisión por la Sala, no autorizada en la Constitución. La revisión, aún de oficio, del decreto de estado de excepción puede realizarse por la Sala Constitucional, independientemente de que la Asamblea Nacional haya negado su aprobación, máxime si el decreto, conforme a la Ley Orgánica al entrar en vigencia "en forma inmediata" incluso antes de su publicación, ha surtido efectos.

b. *Motivos de control*

La Sala Constitucional tiene competencia para revisar la constitucionalidad de los decretos de estado de excepción a los efectos de controlar, primero, que en su emisión se hubieran cumplido los requisitos establecidos en la Constitución (constitucionalidad formal) y en la Ley Orgánica; y segundo, que el decreto no viole la normativa constitucional ni la establecida en la Ley Orgánica. Los motivos de inconstitucionalidad a ser considerados por la Sala, por otra parte, pueden ser alegados por interesados en la constitucionalidad, como se señala más adelante.

Es de destacar, en relación con estos motivos de inconstitucionalidad, por ejemplo, el incumplimiento por el decreto de estado de excepción que restrinja una garantía constitucional, de la exigencia de que el decreto debe "regular el ejercicio del derecho cuya garantía se restringe" (art. 339); es decir, que tiene que tener contenido normativo en relación con las restricciones al ejercicio del derecho constitucional respectivo. Se trata, en definitiva, de una exigencia constitucional que busca suplir el principio de la reserva legal.

En efecto, como se ha dicho, el principio básico de la regulación constitucional de los derechos y libertades públicas en Venezuela, es decir, la verdadera "garantía" de esos derechos y libertades radica en la reserva establecida a favor del legislador para limitar o restringir dichos derechos. Sólo por ley pueden establecerse limitaciones a los derechos y libertades consagrados en la Constitución. Pero la propia Constitución admite la posibilidad de que las garantías constitucionales puedan ser restringidas en circunstancias excepcionales, por decisión del Presidente de la República en Consejo de Ministros, lo que implica que durante el tiempo de vigencia de estas restricciones, las garantías de los derechos y libertades podrían ser regulados por vía ejecutiva.

Por ello, la consecuencia fundamental del decreto de excepción que establezca la restricción de garantías constitucionales, es la posibilidad que tiene el Poder Ejecutivo de regular el ejercicio del derecho, asumiendo competencias que normalmente corresponderían al Congreso. Si la esencia de la garantía constitucional es la reserva legal para su limitación y reglamentación; restringida la garantía constitucional, ello implica la restricción del monopolio del legislador para regular o limitar los derechos, y la consecuente ampliación de los poderes del Ejecutivo Nacional para regular y limitar, por vía de Decreto, dichas garantías constitucionales[543].

Por supuesto, tal como lo aclara la propia Constitución, la declaración del estado de excepción (y la eventual restricción) de garantías "no interrumpe el funcionamiento de los órganos del Poder Público" (art. 339); es decir, si bien amplía las

543. *Cfr.* Allan R. Brewer-Carías, *Las garantías constitucionales de los derechos del hombre*, Caracas 1976, pp. 33, 40 y 41.

competencias reguladoras del Poder Ejecutivo, no impide ni afecta las competencias legislativas ordinarias del Congreso.

c. *Procedimiento y la participación de interesados*

Conforme al artículo 32, la Sala Constitucional del Tribunal Supremo de Justicia debe decidir la revisión del decreto de estado de excepción en el lapso de 10 días continuos contados a partir de la comunicación del Presidente de la República o del Presidente de la Asamblea Nacional, o del vencimiento del lapso de 8 días continuos previsto en el artículo anterior.

Si la Sala Constitucional no se pronuncia en el lapso mencionado, conforme al artículo 32 de la Ley Orgánica, los Magistrados que la componen "incurren en responsabilidad disciplinaria, pudiendo ser removido de sus cargos de conformidad con lo establecido en el artículo 265 de la Constitución". Este es el primer supuesto de "falta grave" para la remoción de los Magistrados del Tribunal Supremo que se regula en la legislación, por parte de la Asamblea Nacional.

En el curso del procedimiento, para cuyo desarrollo todos los días y horas se consideran hábiles (art. 39 LO), los interesados, durante los 5 primeros días del lapso para decidir que tiene la Sala Constitucional, pueden consignar los alegatos y elementos de convicción que sirvan para demostrar la constitucionalidad o la inconstitucionalidad del decreto que declare el estado de excepción, acuerde su prórroga o aumente el número de garantías restringidas.

No precisa el artículo, sin embargo, quienes pueden ser considerados "interesados", por lo que debe entenderse que al tratarse de un juicio de inconstitucionalidad relativo a un decreto "con rango y valor de ley", debe dársele el mismo tratamiento que el establecido para la acción popular, es decir, que para ser interesado basta alegar un simple interés en la constitucionalidad.

En todo caso, la Sala Constitucional del Tribunal Supremo de Justicia, dentro de los 2 días siguientes debe admitir los alegatos y elementos de prueba que resulten pertinentes y desechar aquellos que no lo sean. Contra esta decisión, dispone la Ley Orgánica, "no se admitirá recurso alguno", lo cual es absolutamente superfluo, pues no existe recurso posible alguno en el ordenamiento jurídico constitucional, contra las decisiones de la Sala Constitucional.

d. *Decisión*

La Sala Constitucional del Tribunal Supremo de Justicia debe decidir dentro de los 3 días continuos siguientes a aquel en que se haya pronunciado sobre la admisibilidad de los alegatos y las pruebas presentadas por los interesados (art. 36).

En su decisión, conforme al artículo 37 de la Ley Orgánica:

> *Artículo 37*: La Sala Constitucional del Tribunal Supremo de Justicia declarará la nulidad total o parcial del decreto que declara el estado de excepción, acuerda su prórroga o aumenta el número de garantías restringidas, cuando no se cumpla con los principios de la Constitución de la República Bolivariana de Venezuela, tratados internacionales sobre derechos humanos y la presente Ley.

En relación con los efectos de la decisión de la Sala Constitucional en el tiempo, la ley orgánica expresamente prescribe los efectos *ex tunc*, disponiendo que:

> *Artículo 38*: La decisión de nulidad que recaiga sobre el decreto *tendrá efectos retroactivos*, debiendo la Sala Constitucional del Tribunal Supremo de Justicia restablecer inmediatamente la situación jurídica general infringida, mediante la anulación de todos los actos dictados en ejecución del decreto que declare el estado de excepción, su prórroga o aumento del número de garantías constitucionales restringidas, sin perjuicio del derecho de los particulares de solicitar el restablecimiento de su situación jurídica individual y de ejercer todas las acciones a que haya lugar. Esta decisión deberá ser publicada íntegramente en la *Gaceta Oficial* de la República Bolivariana de Venezuela.

C. *El control por los demás tribunales*

Todos los tribunales de la República tienen el poder-deber de apreciar la constitucionalidad de las leyes y demás actos normativos, y declarar en el caso concreto que deben decidir, la inaplicabilidad de las normas que estimen son inconstitucionales, aplicando preferentemente la Constitución. Se trata del control difuso de la constitucionalidad que incluso ha sido constitucionalizado en el artículo 334 del texto fundamental, y que podría ejercerse respecto de los decretos de estados de excepción.

Pero además contra los referidos decretos y los actos de ejecución de los mismos, podrían intentarse recursos de amparo y habeas corpus, para lo cual, el artículo 27 de la Constitución dispone expresamente que el ejercicio del derecho de amparo "no puede ser afectado en modo alguno por la declaratoria de estado de excepción o de la restricción de garantías constitucionales". Esta norma derogó en forma tácita, el ordinal del artículo de la Ley Orgánica de Amparo sobre Derechos y Garantías Constitucionales de 1988 que restringía el ejercicio de la acción de amparo en las situaciones de restricción de Garantías Constitucionales[544]. Por ello, incluso, la propia Ley Orgánica enumera, entre las garantías no restringibles "el amparo constitucional" (art. 7, ord. 12).

En consecuencia, el artículo 40 de la Ley Orgánica dispone que:

> *Artículo 40*: Todos los jueces o juezas de la República, en el ámbito de su competencia de amparo constitucional, están facultados para controlar la justificación y proporcionalidad de las medidas adoptadas con base al estado de excepción.

Esta norma, sin embargo, puede considerarse como inconvenientemente restrictiva, pues parecería que los jueces de amparo no podrían ejercer su potestad plena de protección frente a las violaciones de derechos y garantías constitucionales en estas situaciones de los estados de excepción, sino sólo en los aspectos señalados de justificación y proporcionalidad de las medidas que se adopten con motivo de los mismos.

D. *El control por la comunidad organizada y las organizaciones públicas no estatales*

La Ley Orgánica de la Administración Pública, como hemos señalado, establece un mecanismo preciso de participación ciudadana al regular el procedimiento de consulta obligatoria a las comunidades organizadas y a las organizaciones políticas

544. *V.* Allan R. Brewer-Carías, "El amparo a los derechos y la suspensión o restricción de garantías constitucionales", *El Nacional*, Caracas 14-4-89, p. A-4.

no estatales, respecto de los anteproyectos de normas legales o reglamentarias que se proponga dictar el Presidente de la República (arts. 135, 136).

Como hemos señalado, esencialmente, un decreto de estado de excepción debe contener la regulación legal relativa al ejercicio del derecho cuya garantía se restringe, por lo que en el ámbito de los decretos de estados de excepción esa consulta debe realizarse obligatoriamente.

En este supuesto de los decretos de estado de excepción, sin embargo, la consulta obligatoria para promover la participación ciudadana no es previa sino posterior a la emisión del acto. En efecto, el artículo 137 de la Ley Orgánica de la Administración Pública dispone que "en casos de emergencia manifiesta y por fuerza de la obligación del Estado en la seguridad y protección de la sociedad" el Presidente de la República podría dictar esos decretos con contenido normativo sin consulta previa; pero en todo caso, está obligado a consultar seguidamente "bajo el mismo procedimiento" de consultas públicas, a las comunidades organizadas y a las organizaciones públicas no estatales; estando obligado a considerar el resultado de la consulta.

Como puede apreciarse de lo anteriormente expuesto, el régimen de los estados de excepción está precisamente regulado en la Constitución y la Ley Orgánica respectiva, sometiéndoselos a todos los controles institucionales disponibles, particularmente al control judicial. Para la efectividad de este último, por supuesto, resulta indispensable que los tribunales sean realmente autónomos e independientes.

Y aquí surge uno de los contrastes más brutales entre la normatividad constitucional y la práctica política del Poder, que fuera de toda fórmula de estado de excepción, ha sometido al Poder Judicial en Venezuela a una situación permanente y anormal de "emergencia judicial" que no concluye, y que ha conculcado la autonomía y independencia de los tribunales.

II. LA PERMANENTE Y ANORMAL EMERGENCIA: EL CASO DEL PODER JUDICIAL

En efecto, el proceso político-constitucional venezolano durante el último lustro, ha estado caracterizado por la existencia de una permanente y anormal emergencia judicial que ha provocado la progresiva y sistemática demolición de la autonomía e independencia del Poder Judicial por parte de los diversos órganos del Estado, incluido el propio Tribunal Supremo de Justicia[545]; de manera que la separación de los poderes, como principio básico del Estado de derecho, incluso en medio de la peculiar penta división del poder que está plasmada en la Constitución de 1999, ha sido hecha añicos.

Ese proceso en relación con el Poder Judicial, comenzó con las actuaciones de la Asamblea Nacional Constituyente en 1999 que declaró la "emergencia judicial", la cual no ha cesado hasta la fecha, siendo la última actuación en el tiempo, después de la sanción de la Ley Orgánica del Tribunal Supremo de Justicia en mayo de 2004, la

---

545 *V.* Allan R. Brewer-Carías, "La progresiva y sistemática demolición institucional de la autonomía e independencia del Poder Judicial en Venezuela 1999-2004", documento preparado para las ***XXX Jornadas J.M. Domínguez Escobar sobre "Administración de Justicia y Derechos Humanos"***, Instituto de Investigaciones Jurídicas, Colegio de Abogados del Estado Lara, Barquisimeto, enero 2005, publicado en el libro: *XXX Jornadas J.M. Domínguez Escovar, Estado de derecho, Administración de justicia y derechos humanos*, Instituto de Estudios Jurídicos del Estado Lara, Barquisimeto 2005, pp. 33-174.

decisión de la Sala Constitucional de dicho Tribunal de junio de 2005, en la cual designó a los miembros de la Comisión de Reestructuración y Funcionamiento del Poder Judicial.

1. *La intervención constituyente del Poder Judicial*

En efecto, la Asamblea Nacional Constituyente electa en 1999, luego de intensos debates judiciales[546], al instalarse en agosto de ese año, se auto atribuyó el carácter de "poder originario" y con ello, potestades públicas por encima de la Constitución de 1961[547], asumiendo la tarea de intervenir los Poderes Públicos constituidos[548]. Para ello comenzó dictando un "Decreto mediante el cual se declaró la reorganización de todos los órganos del Poder Público" de fecha 12 de agosto de 1999[549] el cual fue seguido por el "Decreto mediante el cual se regulan las funciones del Poder Legislativo"[550], con el cual se materializó jurídicamente el golpe de Estado dado por la Asamblea Nacional Constituyente, al violar la Constitución de 1961, extinguir un órgano constitucional constituido y electo como era el Congreso, intervenir sus funciones legislativas, limitar la autonomía de los Estados y Municipios y lesionar la autonomía de las Contralorías. Una semana después, la misma resolvió declarar "al Poder Judicial en emergencia" (art. 1°), creando una "Comisión de Emergencia Judicial", la cual asumió el proceso de intervención del mismo[551], que no ha cesado hasta el presente, con atribuciones para evaluar el desempeño de la propia Corte Suprema de Justicia (arts. 3,3 y 4), e incluso, hasta para la destitución y suspensión de jueces y funcionarios judiciales y la designación de suplentes o conjueces para sustituir a los jueces destituidos o suspendidos (art. 8).

Dicha declaratoria de Emergencia Judicial debió haber tenido vigencia hasta que se sancionara la nueva Constitución (art. 32). Sin embargo, fue *sine die* por la falta del Tribunal Supremo de Justicia en asumir el gobierno judicial conforme a la competencia que le asignó la nueva Constitución de 1999 (art. 267), así como por la prórroga de la transitoriedad por obra de la Asamblea Nacional, dada su propia omisión en dictar las leyes necesarias.

El Tribunal Supremo de Justicia, a partir de enero de 2000, fue complaciente con la forma irregular de intervención del Poder Judicial, y se abstuvo deliberadamente en asumir sus propias funciones. La transitoriedad, incluso, fue formalmente prorro-

---

546 *V.* Allan R. Brewer-Carías, "La configuración judicial del proceso constituyente o de cómo el guardián de la Constitución abrió el camino para su violación y para su propia extinción", en *Revista de Derecho Público*, N° 77-80, Editorial Jurídica Venezolana, Caracas, 1999, pp. 453 y ss.

547 Con ello se comenzó a ejecutar el golpe de estado constituyente. *V.* Allan R. Brewer-Carías, *Golpe de Estado y proceso constituyente en Venezuela*, UNAM, México, 2002. Como ha señalado Lolymar Hernández Camargo, con la aprobación del Estatuto "quedó consumada la inobservancia a la voluntad popular que le había impuesto límites a la Asamblea Nacional Constituyente... Se auto proclamó como poder constituyente originario, absoluto e ilimitado, con lo cual el Estado perdió toda razón de ser, pues si se mancilló la voluntad popular y su manifestación normativa (la Constitución), no es posible calificar al Estado como de derecho ni menos aun democrático", en *La Teoría del Poder Constituyente. Un caso de estudio: el proceso constituyente venezolano de 1999*, UCAT, San Cristóbal 2000, p. 73.

548 *V.* Allan R. Brewer-Carías, *La Constitución de 1999, Derecho Constitucional Venezolano*, Tomo I, Editorial Jurídica Venezolana, Caracas, 2004, pp. 99 y ss.

549 *Gaceta Oficial* N° 36.764 de 13-08-99.

550 *Gaceta Oficial* N° 36.772 de 25-08-99.

551 *Gaceta Oficial* N° 36.772 de 25-08-99 reimpreso en *Gaceta Oficial* N° 36.782 de 08-09-99.

gada en mayo de 2004, con la nueva Ley Orgánica del Tribunal Supremo de Justicia[552].

Con fundamento en este Decreto se produjo la intervención del Poder Judicial, se destituyeron y suspendieron centenares de jueces con precaria garantía al derecho a la defensa, se designaron jueces suplentes e interinos sin sistema alguno de selección que no fuera la sola voluntad del designante, con lo cual el Poder Judicial quedó signado por la provisionalidad y temporalidad, con su secuela de dependencia respecto del nuevo Poder, sin que se hubiera realizado concurso alguno para la selección de jueces[553].

Además, la Asamblea Nacional Constituyente dictó otro Decreto mediante el cual confirió facultades a la Comisión de Emergencia Judicial "hasta el 16 de diciembre del presente año" (1999) para reglamentar el plan de evaluación de los jueces, determinar la permanencia o sustitución de los mismos y el régimen de selección y concursos (art. único)[554].

El resultado de toda esta intervención del Poder Judicial fue la designación indiscriminada de "nuevos" jueces sin concursos, quedando dependientes del nuevo Poder que los había designado.

La Corte Suprema de Justicia, por su parte, en fecha 23 de agosto de 1999, y con motivo de la decisión de la Asamblea de intervenir el Poder Judicial, adoptó un desafortunado Acuerdo[555], en el cual fijó posición ante el Decreto de Reorganización del Poder Judicial dictado por la Asamblea Nacional Constituyente; y sobre la designación de uno de sus propios magistrados como integrante de la ilegítima Comisión de Emergencia Judicial. Con dicho Acuerdo, en definitiva la Corte Suprema de Justicia se habría decretado su propia extinción, lo que ocurrió, de hecho, tres meses después.

2. *La continuación de la intervención del Poder Judicial con la anuencia del Tribunal Supremo de Justicia*

La Constitución de 30 de diciembre de 1999, que había sido aprobada por referéndum el 15 de diciembre de 1999, estableció que para el gobierno y administración del Poder Judicial, el Tribunal Supremo tendría una Dirección Ejecutiva de la Magistratura (art. 267); y en sus Disposiciones Transitorias, en materia judicial sólo se hizo una mención en la *Disposición Transitoria Cuarta,* a una "Comisión de Funcionamiento y Reestructuración del Sistema Judicial", la cual, sin embargo, para el momento de la aprobación refrendaria de la Constitución no existía, pues la que

---

552 *Gaceta Oficial* Nº 37.942 de 19-05-2004. *V.* los comentarios en Allan R. Brewer-Carías, *Ley Orgánica del Tribunal Supremo de Justicia. Procesos y procedimientos constitucionales y contencioso administrativos*, Editorial Jurídica de Venezolana, Caracas, 2004.

553 Casi dos años después, en agosto de 2001, Magistrados del Tribunal Supremo de Justicia admitían que más del 90% de los jueces de la República eran provisionales. *V. El Universal,* Caracas 15-08-01, p. 1-4. En mayo de 2001 otros Magistrados del Tribunal Supremo reconocían el fracaso de la llamada "emergencia judicial". *V. El Universal*, Caracas 30-05-01, p. 1-4.

554 *Gaceta Oficial* Nº 36.832 de 18-11-99.

555 *V.* nuestros comentarios sobre el Acuerdo, en Allan R. Brewer-Carías, *Debate Constituyente (Aportes a la Asamblea Nacional Constituyente)*, Tomo I, Fundación de Derecho, Caracas 1999, pp. 141 y ss. *V.* además, los comentarios de Lolymar Hernández Camargo, *La Teoría del Poder Constituyente*, *cit.*, pp. 75 y ss.

existió durante el funcionamiento de la Asamblea Nacional Constituyente, como se dijo, había sido la Comisión de Emergencia Judicial; mención que se hizo únicamente a los efectos de que desarrollase transitoriamente el "sistema de defensa pública" hasta que se dictase la ley respectiva.

Dicha Comisión de Funcionamiento y Reestructuración del Sistema Judicial, sin embargo, fue irregularmente creada mediante un decreto dictado por la Asamblea nacional Constituyente, después de que la Constitución fuera aprobada por referéndum, denominado Decreto del Régimen de Transición del Poder Público (art. 27) dictado 22 de diciembre de 1999[556], en el cual se dispuso que mientras el Tribunal Supremo organizaba su referida Dirección Ejecutiva de la Magistratura, el gobierno y administración del Poder Judicial, la inspección y vigilancia de los Tribunales, y todas las competencias que la legislación para ese momento vigente atribuían al antiguo Consejo de la Judicatura, serían ejercidas por la Comisión de Funcionamiento y Reestructuración del Sistema Judicial (art. 21).

La Asamblea Nacional Constituyente así, incluso para después de que la nueva Constitución entrara en vigencia, le confiscó una de sus nuevas funciones al Tribunal Supremo de Justicia, cuyos miembros había designado, y se la atribuyó a una "Comisión" creada y designada por la propia Asamblea, situación irregular que el propio Tribunal Supremo de Justicia aceptó resignadamente por más de un lustro.

Por otra parte, la disposición del artículo 23 del Decreto del 22 de diciembre de 1999 constituía una verdadera "Disposición Transitoria constitucional" que debió haber sido incorporada en las de la propia Constitución, la cual, sin embargo dictó la Asamblea en evidente usurpación de autoridad (la del pueblo), disponiendo que la competencia disciplinaria judicial que correspondía a los tribunales disciplinarios de conformidad con lo que se regula en el artículo 267 de la Constitución recién aprobada, sería ejercida por la Comisión de Funcionamiento y Reestructuración del Sistema Judicial, y no por los jueces:

> De acuerdo con el presente régimen de *transición y hasta* que la Asamblea Nacional *apruebe la legislación* que determine los *procesos y tribunales* disciplinarios.

Sin embargo, conforme a la nueva Constitución sólo los jueces podían ejercer la función disciplinaria judicial (art. 253), por lo que era totalmente ilegítimo y contrario a la garantía del debido proceso (art. 49), el atribuir funciones judiciales a una "Comisión" *ad hoc* como la mencionada, que no era ni es un Tribunal. Si se trataba de establecer, así fuera arbitrariamente, un régimen transitorio para la jurisdicción disciplinaria, las funciones judiciales que implica, debieron atribuirse a tribunales o jueces preexistentes, y no a una "Comisión" *ad hoc*, pues ello, además, violaba la garantía del debido proceso y del juez natural que la nueva Constitución regulaba expresamente (art. 49).

Esta situación de absoluta transitoriedad y de inaplicación del texto constitucional, se prolongó por la omisión del mismo Tribunal Supremo hasta el 2 de agosto de 2000, cuando el mismo Tribunal dictó la "Normativa Sobre la Dirección, Gobierno y Administración del Poder Judicial", con la cual pretendió satisfacer el expreso

---

556 *V.* en *Gaceta Oficial* N° 36859 de 29-12-99. *V.* los comentarios en Allan R. Brewer-Carías, *La Constitución de 1999. Derecho Constitucional Venezolano*, *cit.*, pp. 1017 y ss.

mandato constitucional del artículo 267, supuestamente para "poner fin a la vigencia del régimen transitorio dictado por el Constituyente".

En efecto, el artículo 1° de la referida Normativa el Tribunal Supremo dispuso la creación de "la Dirección Ejecutiva de la Magistratura como órgano auxiliar del Tribunal Supremo de Justicia, con la finalidad de que ejerza por delegación las funciones de dirección, gobierno y administración del Poder Judicial". Esta Dirección Ejecutiva de la Magistratura se erigió entonces como un órgano del Tribunal Supremo en el ejercicio de sus atribuciones relativas a la dirección, gobierno y administración del Poder Judicial, es decir, se trató de un órgano que ejerce por delegación tales atribuciones que, se insiste, son propias de este Tribunal Supremo de Justicia.

Pero en materia de jurisdicción disciplinaria de los jueces, en el artículo 30 de la misma Normativa, el Tribunal Supremo, sin justificación ni competencia alguna, prorrogó la existencia y funcionamiento de la Comisión de Funcionamiento y Reestructuración, que debía ser organizada en la forma que determinase el Tribunal Supremo de Justicia, la cual sólo tendría a su cargo luego de la vigencia de la referida Normativa, "funciones disciplinarias mientras se dicta la legislación y se crean los correspondientes Tribunales Disciplinarios". Continuó así dicha Comisión en el ejercicio de funciones transitorias en materia disciplinaria; situación que fue nuevamente prorrogada por la Ley Orgánica del Tribunal Supremo de Justicia de mayo de 2004[557], en cuya Disposición Transitoria Única, párrafo 2, e) se dispuso que:

> e) La Comisión de Funcionamiento y Reestructuración del Sistema Judicial sólo tendrá a su cargo funciones disciplinarias, mientras se dicte la legislación y se crea la jurisdicción disciplinaria y los correspondientes tribunales disciplinarios.

La norma constitucional que exige que "la jurisdicción disciplinaria judicial estará a cargo de los tribunales disciplinarios que determine la ley" (art. 267), por tanto, ha sido letra muerta durante la vigencia de la Constitución; años de vigencia durante los cuales los jueces no han tenido garantía alguna en cuanto a su estabilidad, y su permanencia en el Poder Judicial ha quedado a la merced de una Comisión "no judicial".

Lamentablemente, el "activismo judicial" de la Sala Constitucional que la ha llevado, incluso, a juzgar de oficio la inconstitucionalidad de la omisión del Legislador, por ejemplo, en no haber sancionado la Ley Orgánica del Poder Municipal[558], no ha sido aplicado para tratar de obligar al legislador a dictar las leyes básicas para garantizar precisamente la autonomía e independencia del Poder Judicial, que el Tribunal Supremo administra y gobierna.

En todo caso, con posterioridad al Decreto sobre Régimen Transitorio que creó la mencionada Comisión, la Asamblea Nacional Constituyente dictó otros dos Decretos el 18 de enero de 2000 en relación con el Poder Judicial, también "en ejercicio del poder soberano constituyente originario", que fueron el relativo a la designación

---

557 *V.* en *Gaceta Oficial* N° 37.942 de 20-05-2004.

558 *V.* la sentencia N° 3118 de 06-10-2003 en *Revista de Derecho Público*, N° 93-96, EJV, Caracas 2003. *V.* los comentarios en Allan R. Brewer-Carías, *La Constitución de 1999. Derecho Constitucional Venezolano,* Tomo II, *cit.*, pp. 970 y ss.

del Inspector de Tribunales[559], y el relativo a la designación de los miembros de la Comisión de Funcionamiento y Reestructuración del Poder Judicial[560].

Por otra parte, de acuerdo con lo dispuesto en el artículo 255 de la Constitución, el ingreso a la carrera judicial y el ascenso de los jueces se debe hacer por concursos de oposición públicos que aseguren la idoneidad y excelencia de los participantes y serán seleccionados por los jurados de los circuitos judiciales, en la forma y condiciones que establezca la ley. El nombramiento y juramento de los jueces corresponde al Tribunal Supremo de Justicia. La ley debe garantizar la participación ciudadana en el procedimiento de selección y designación de los jueces. Los jueces sólo pueden ser removidos o suspendidos de sus cargos mediante los procedimientos expresamente previstos en la ley.

Esta norma, sin embargo, también ha sido letra muerta en el Poder Judicial en Venezuela desde la intervención del Poder Judicial por la Asamblea Nacional Constituyente en 1999, mediante la Comisión de Emergencia Judicial. Dicha Comisión y su sucesora, la Comisión de Funcionamiento y Reestructuración del Sistema Judicial creada en el mencionado Régimen de Transición del Poder Público el 22 de diciembre de 1999, en efecto, destituyeron cientos de jueces en el país, extinguiendo la garantía de la estabilidad de los jueces. La Comisión Judicial del Tribunal Supremo de Justicia nombrada en agosto de 2000, que comenzó a funcionar en paralelo con la Comisión de Funcionamiento, además, continuó la política de estructurar un Poder Judicial integrado por jueces provisionales o temporales, los cuales han llegado a conformar más del 90% del universo de los jueces, quienes han quedado dependientes y vulnerables a las presiones del poder[561], habiendo materialmente desaparecido la autonomía e independencia del Poder Judicial. Además, los concursos públicos para la designación de los jueces que se habían instituido en 2000, fueron suspendidos a partir de comienzos de 2003; y la destitución de los jueces sin fórmula de juicio ni derecho a ser oídos, sigue siendo la regla.

Lo absurdo del régimen transitorio que ha eliminado todo el sistema de concurso para el ingreso a la carrera judicial que exige la Constitución, ha llegado a su clímax con la sentencia de la Sala Constitucional del Tribunal Supremo de Justicia nº 1424 de 3 de mayo de 2005, dictada con ocasión de decidir un recurso de nulidad por inconstitucionalidad del artículo 6,23 de la Ley Orgánica del Tribunal Supremo de Justicia que atribuía a la Sala Político Administrativa del mismo Tribunal la competencia para designar los jueces de la jurisdicción contencioso administrativa, a los efectos de que como lo solicitaron los recurrentes, "en consecuencia se designe a los jueces de la jurisdicción contencioso-administrativa, a través de los procedimientos de concurso de oposición aplicado a las demás jurisdicciones del país, tal como lo prevé el mandato constitucional plasmado en el artículo 255 de la Constitución".

En la sentencia, sin embargo, la Sala resolvió declarar *de oficio* una medida cautelar suspendiendo la aplicación de la norma impugnada, alegando como "peligro en la mora", "el riesgo de que la Sala Político-Administrativa, con apoyo en la Ley,

---

559 *Gaceta Oficial* Nº 36.878 de 26-01-00.

560 *Gaceta Oficial* Nº 36.878 de 26-01-00.

561 *V.* lo indicado en el Informe *Manipulando el Estado de Derecho: Independencia del Poder Judicial amenazada en Venezuela,* Human Rights Watch, junio de 2004, Vol. 16, Nº 3 (B), p. 11, donde se habla incluso de los "jueces desechables".

haga designaciones durante la pendencia de este juicio las cuales, pese a que sean legales, podrían ser declaradas luego inconstitucionales, con nefastas consecuencias para todo el Sistema de Justicia"; por lo que entonces resolvió que durante "la tramitación de esta causa las designaciones a que se refiere la norma cuya suspensión provisional se acuerda se harán por la Comisión Judicial del Tribunal Supremo de Justicia, mediante el mismo procedimiento a través del cual se nombra el resto de los jueces de la República"[562], es decir, a dedo, sin concurso. En consecuencia, de una designación de jueces de la Jurisdicción Contencioso-Administrativa por el máximo tribunal de dicha Jurisdicción (la sala Político Administrativa) con posibilidad de velar más adecuadamente por el nivel de los mismos, se pasó a la designación a dedo, sin concurso de dichos jueces como se hace con "el resto de los jueces de la República"; y ello, por decisión de la Sala Constitucional.

3. *La inconstitucional violación del régimen constitucional de la remoción de los Magistrados del Tribunal Supremo*

Por otra parte, de acuerdo con el artículo 265 de la Constitución, los magistrados del Tribunal Supremo de Justicia pueden ser removidos por la Asamblea Nacional mediante una mayoría calificada de las dos terceras partes de sus integrantes, previa audiencia concedida al interesado, en caso de faltas graves que sean previamente calificadas por el Poder Ciudadano, en los términos que la ley establezca. Esta, sin duda, es una ingerencia no conveniente ni aceptable de la instancia política del Poder en relación con la Administración de Justicia, pero así quedó plasmada en la Constitución, limitando indebidamente la independencia del Poder Judicial.

Ello se agravó en mayo de 2004, cuando la Asamblea Nacional sancionó la muy esperada Ley Orgánica del Tribunal Supremo de Justicia[563], con la cual no sólo se aumentó el número de magistrados del Tribunal Supremo, consolidándose el control del mismo por el Poder Ejecutivo, sino que se aumentó la dependencia de los magistrados al haberse regulado en forma inconstitucional la posibilidad de su remoción con el voto de la Asamblea por mayoría simple.

En efecto, el artículo 23 párrafo 3° de la Ley Orgánica, conforme lo dispone la Constitución reitera que los Magistrados del Tribunal Supremo de Justicia pueden ser removidos de sus cargos, en casos de faltas graves, por la Asamblea Nacional, previa la solicitud y calificación de las faltas que realizare el Poder Ciudadano, en cuyo caso, la remoción debe ser acordada por una mayoría calificada de las 2/3 partes de los integrantes de la Asamblea Nacional, previa audiencia del Magistrado. Conforme a la Ley Orgánica, a partir del momento en que el Poder Ciudadano califique la falta como grave y solicite la remoción por unanimidad, el Magistrado queda suspendido del cargo, hasta la decisión definitiva de la Asamblea Nacional. En todo caso, basta leer la enumeración de los supuestos de falta grave, para constatar lo precaria que en definitiva resulta la estabilidad de los magistrados, cuya permanencia en sus funciones queda a la merced de la mayoría calificada de la Asamblea Nacional.

---

562 *V.* en *Revista de Derecho Público*, N° 102, Editorial Jurídica venezolana, Caracas 2005.

563 *V.* en *Gaceta Oficial* N° 37.942 de 20-05-2004. *V.* sobre dicha Ley, *V.* Allan R. Brewer-Carías, *Ley Orgánica del Tribunal Supremo de Justicia. Procesos y procedimientos constitucionales y contencioso-administrativos,* Editorial Jurídica Venezolana, Caracas 2004.

Sin embargo, la exigencia constitucional de una mayoría parlamentaria de las 2/3 partes de los diputados integrantes de la Asamblea (Art. 265), por supuesto, en una situación de extrema polarización política, hace muy difícil a la Asamblea poder proceder a remover a los magistrados que pudieran ser incómodos al Poder político, por lo que la Asamblea, en un evidente fraude a la Constitución "inventó" otra causal de remoción de los magistrados, que denominó como "anulación del nombramiento de los Magistrados", la cual se puede adoptar con mayoría simple, en lugar de la mayoría calificada que exige la Constitución.

Esta inconstitucional potestad, por supuesto, fue ejercida en forma inmediata por la Asamblea Nacional, el 15 de junio de 2004, al aprobar un informe de una Comisión que investigaba la crisis en el Poder Judicial, en el cual se recomendó a "anular" el acto el nombramiento del Magistrado Vicepresidente del Tribunal Supremo, "en razón de haber suministrado falsa información para el momento de la aceptación de su postulación para ser ratificado en ese cargo"[564]. La Sala Constitucional, en todo caso, convenientemente no extendió la protección constitucional de amparo que había otorgado al Magistrado, con ocasión de una decisión de la Asamblea Nacional contra el mismo, en fecha 3 de diciembre de 2002[565].

4. *La regularización de la inexistencia de la jurisdicción disciplinaria judicial*

Pero la intervención y emergencia permanente del Poder Judicial, que ha conducido a que las normas constitucionales no lleguen a aplicarse, ha afectado particularmente la estabilidad de los jueces.

En efecto, conforme a la Constitución, la jurisdicción disciplinaria judicial debe estar a cargo de tribunales disciplinarios que deben ser determinados por la ley (art. 267); y el régimen disciplinario de los magistrados y jueces debe estar además fundamentado en el *Código de Ética* del Juez Venezolano, que debe dictar la Asamblea Nacional. En cuanto al procedimiento disciplinario, la Constitución exige que debe ser público, oral y breve, conforme al debido proceso, en los términos y condiciones que establezca la ley.

En esta materia, sin embargo, la ausencia de desarrollo legislativo de la Constitución ha hecho prolongar la transitoriedad constituyente, que origina la emergencia judicial, violándose abiertamente la Constitución, con lo cual la estabilidad e independencia de los jueces es inexistente; todo ello, con la anuencia del propio Tribunal Supremo de Justicia.

Incluso, como se detalla en la sentencia de la Sala Plena Nº 40 de 15 de noviembre de 2001, el artículo 22 del Régimen de Transición del Poder Público había dispuesto que mientras el Tribunal Supremo de Justicia no organizase a la Dirección Ejecutiva de la Magistratura (prevista, en el artículo 267 constitucional), las competencias relativas a "inspección y vigilancia de los Tribunales" serían ejercidas por la "Comisión de Funcionamiento y Reestructuración del Sistema Judicial" que la Asamblea había establecido. Además, el artículo 29 del mismo Régimen estableció que la Inspectoría General de Tribunales -hasta ese entonces organizada y regida por

---

564 Según la investigación parlamentaria, el Magistrado no habría tenido 15 años como profesor universitario titular, ni tampoco estudios de postgrado. *V.* la información en *El Nacional*, Caracas, 16-06-2004, p. A-5.

565 *V.* la información en *El Nacional*, Caracas, 18-06-2004, p. A-4.

las normas de la Ley Orgánica del Consejo de la Judicatura- sería un órgano auxiliar de la nombrada Comisión, en la inspección y vigilancia de los Tribunales de la República con facultades para la instrucción de los expedientes disciplinarios de los Jueces y demás funcionarios judiciales. Asimismo, dispuso dicha norma que el Inspector General de Tribunales y su suplente, serían designados por la Asamblea Nacional Constituyente, con carácter provisional hasta el funcionamiento efectivo de la Dirección Ejecutiva de la Magistratura.

Ahora bien, como se ha dicho, el 2 de agosto de 2000 el Tribunal Supremo de Justicia, actuando en acatamiento de lo ordenado en el artículo 267 de la Constitución de la República Bolivariana de Venezuela, dictó la "Normativa Sobre la Dirección, Gobierno y Administración del Poder Judicial", con lo que se buscó, como lo afirmó el Supremo Tribunal en la sentencia N° 40, la parcial satisfacción de un expreso mandato constitucional (artículo 267), pues la "emergencia" continuó en cuanto al régimen disciplinario de los jueces. La propia Sala Plena resumió y argumentó la continuación de la emergencia, así:

> De otra parte, el artículo 30 de la misma Normativa establece que "[l]a Comisión de Funcionamiento y Reestructuración organizada en la forma que lo determine el Tribunal Supremo de Justicia, sólo tendrá a su cargo [luego de la vigencia de esta Normativa] funciones disciplinarias mientras se dicta la legislación y se crean los correspondientes Tribunales Disciplinarios". Ha quedado así esta Comisión en el ejercicio de funciones transitorias en la materia antes indicada[566].

Pero lamentablemente, como se ha dicho, al dictarse la Ley Orgánica del Tribunal Supremo de mayo de 2004, lejos de cesar la emergencia, se prorrogó una vez más al disponerse en la Disposición Transitoria Única, párrafo 2, e) que la Comisión de Funcionamiento y Reestructuración del Sistema Judicial seguiría ejerciendo las funciones disciplinarias, "mientras se dicte la legislación y se crea la jurisdicción disciplinaria y los correspondientes tribunales disciplinarios".

De lo anterior resulta, por tanto, que ha sido el Legislador, con la anuencia del propio Tribunal Supremo de Justicia, el que ha legislado para no legislar, prorrogando en consecuencia la emergencia en el ámbito del régimen disciplinario del Poder judicial.

Pero en esta materia, la propia Sala Constitucional, en ocasión de conocer sobre la inconstitucional omisión de la Asamblea Nacional de no haber enviado al Presidente de la República para su promulgación el Código de Ética del Juez, en lugar de corregir la omisión y exigirle a la Asamblea Nacional remitir para su promulgación tal documento, lo que hizo fue contradictoriamente prorrogar la existencia de la mencionada Comisión de Funcionamiento y Reestructuración del Sistema Judicial, llegando incluso a designar y remover a sus integrantes, sustituyéndose al propio Tribunal Supremo de Justicia. En efecto, en la sentencia N° 1957 de de mayo de 2005, dictada con el motivo indicado, la sala resolvió:

> Observa la Sala, tal y como se indicó anteriormente, que la presente demanda se intentó con fundamento en la supuesta omisión en que incurrió la Asamblea Nacional, "*por cuanto aún no han remitido la Ley sancionada el 16 de octubre de 2003*

566 *V.* en *Revista de Derecho Público*, N° 85-88, Editorial Jurídica Venezolana, Caracas, 2001, pp. 159 y ss.

del Código de Ética del Juez o Jueza Venezolana' al Presidente de la República Bolivariana para que se proceda a su promulgación en la Gaceta Oficial".

Lo anterior ha traído entre sus consecuencias la continuidad en sus funciones de un órgano como la Comisión de Funcionamiento y Reestructuración del Sistema Judicial, el cual estaba destinado a regir durante un período de transición.

En efecto, la Asamblea Nacional Constituyente elaboró el Régimen de Transición del Poder Público, publicado en *Gaceta Oficial* N° 36.920 del 28 de marzo de 2000, en el cual se creó la Comisión de Funcionamiento y Reestructuración del Sistema Judicial en los siguientes términos:

> *Artículo 28. Se crea la Comisión de Funcionamiento y Reestructuración del Sistema Judicial que será integrada por los ciudadanos que designe la asamblea nacional constituyente.*
>
> *Las Designaciones que realice la Asamblea Nacional Constituyente lo serán hasta el funcionamiento efectivo de la Dirección Ejecutiva de la Magistratura, de los Tribunales Disciplinarios y del Sistema Autónomo de la Defensa Publica.*

Por su parte, el artículo 24 *eiusdem,* destaca igualmente la transitoriedad de la referida Comisión, al disponer lo siguiente:

> *La competencia disciplinaria judicial que corresponda a los Tribunales disciplinarios de conformidad con el artículo 267 de la Constitución aprobada, será ejercida por la Comisión de Funcionamiento y Reestructuración del Sistema Judicial de acuerdo con el presente régimen de transición y hasta que la Asamblea Nacional apruebe la legislación que determine los procesos y tribunales disciplinarios.*

En justa correspondencia con lo anterior, este Tribunal Supremo de Justicia, procedió a dictar la Normativa sobre la Dirección, Gobierno y Administración del Poder Judicial, publicada en la *Gaceta Oficial* N° 37.014, de 15 de agosto de 2000, en cuyo capítulo correspondiente a las disposiciones finales y transitorias (artículo 30), y dispuso que:

> *La Dirección Ejecutiva de la Magistratura iniciará su funcionamiento efectivo el día primero de septiembre del año dos mil.*
>
> *(Omissis)*
>
> *La Comisión de Funcionamiento y Reestructuración,* ***reorganizada en la forma que lo determine el Tribunal Supremo de Justicia,*** *sólo tendrá a su cargo funciones disciplinarias, mientras se dicta la legislación y se crean los correspondientes Tribunales Disciplinarios" (Resaltado de la Sala)*

Pero después de de todo este razonamiento, de la manera más absurda, la Sala, en lugar de velar por la corrección de la omisión legislativa, constató que

> [...] visto que conforme a la Normativa sobre la Dirección, Gobierno y Administración del Poder Judicial corresponde a este Tribunal Supremo de Justicia, la reorganización de la Comisión de Funcionamiento y Reestructuración y visto que conforme al Decreto del Régimen de Transición del Poder Público, las designaciones que realizó la Asamblea Nacional Constituyente de los integrantes de dicha Comisión fueron realizadas de manera temporal hasta el funcionamiento efectivo de la Dirección Ejecutiva de la Magistratura y la Comisión Judicial, lo que constituye un hecho notorio en la actualidad, y visto que hasta la presente fecha la Asamblea Na-

cional ha omitido culminar el proceso de formación del Código de Ética del Juez o Jueza Venezolana,

la Sala Constitucional, "a los fines de reorganizar el funcionamiento de la referida Comisión, según lo establecido en el artículo 267 de la Constitución de la República Bolivariana de Venezuela y artículo 30 de la Normativa sobre la Dirección, Gobierno y Administración del Poder Judicial" pura y simplemente procedió a ordenar la sustitución de los ciudadanos que se desempeñan como miembros integrantes de la citada Comisión por otros ciudadanos que procedió a designar. Es decir, formalizó aún más la transitoriedad judicial y la inexistencia del régimen disciplinario judicial de los jueces[567].

En esta materia, por tanto, la Sala Constitucional no ha demostrado activismo judicial alguno, y lejos de declarar la inconstitucionalidad de la omisión Legislativa, lo que ha hecho es asumir la dirección de la emergencia al haber removido a los miembros de la Comisión de Funcionamiento y Reorganización del Sistema Judicial y haber designado a los nuevos integrantes de dicho órgano interventor, para que continúe la emergencia.

En esta materia, por tanto, el contraste entre la normativa constitucional y la realidad política es patético: hay un régimen constitucional de los estados de excepción, que no se ha usado formalmente; y hay una serie de garantías constitucionales de la autonomía e independencia del Poder Judicial que no existen en la práctica, por la implantación de de una anormal situación de "emergencia judicial" construida por la Asamblea Nacional y por el propio Tribunal Supremo de Justicia, órganos que han suspendido fácticamente la aplicación de la Constitución en lo que se refiere al régimen disciplinario de los jueces y, por tanto lesionando la estabilidad de los mismos, sin lo cual no puede hablarse ni de autonomía ni de independencia judicial.

567 *V.* en *Revista de Derecho Público*, Nº 102, Editorial Jurídica Venezolana, Caracas 2005.

CUARTA PARTE:

AUSENCIA DE INDEPENDENCIA Y AUTONOMÍA JUDICIAL EN VENEZUELA A DOCE AÑOS DE VIGENCIA DE LA CONSTITUCIÓN DE 1999 (O sobre la interminable transitoriedad que en fraude continuado a la voluntad popular y a las normas de la Constitución, ha impedido la vigencia de la garantía de la estabilidad de los Jueces y el funcionamiento efectivo de una "jurisdicción disciplinaria judicial") (2011).

Publicado en el libro: *Independencia Judicial*, Colección Estado de Derecho, Tomo I, Academia de Ciencias Políticas y Sociales, Acceso a la Justicia org., Fundación de Estudios de Derecho Administrativo (Funeda), Universidad Metropolitana (Unimet), Caracas 2012, pp. 9-103.

INTRODUCCIÓN

Las Constituciones se dictan para cumplirse, y sus normas, por ser de carácter supremo, son obligatorias no sólo para los ciudadanos sino más importante aún, para todos los órganos del Estado que encuentran en ellas la fuente de sus atribuciones y los límites de su poder (Art. 7). Por ello, los funcionarios públicos como titulares de los órganos que ejercen el Poder Público en todas sus ramas (Legislativo, Ejecutivo, Judicial, Ciudadano y Electoral), son los que tienen la mayor carga en cuanto a la obligación de realizar todo lo que sea necesario para asegurar la efectividad y el cumplimiento de la Constitución.

Sin embargo, en Venezuela, en particular respecto de las previsiones constitucionales establecidas con grandilocuencia en 1999, para garantizar la independencia y autonomía de los jueces, en lo que sin duda debería ser la pieza clave de sustento del Estado de Derecho, las mismas puede decirse que se sancionaron para no ser cumplidas, para lo cual todos los órganos del Estado lo que han hecho es desarrollar sus actividades y sus mejores esfuerzos, para no cumplirlas, y evitar precisamente que las mismas hayan podido haber llegado a tener en algún momento alguna vigencia.

En esta materia, materializada hasta 2011 en la deliberada abstención en la creación de la "Jurisdicción Disciplinaria Judicial" prevista en la Constitución, y en 2011 en su creación pero sometida al control político, la letra de la Constitución e incluso, la letra de muchas leyes, y la realidad que ha resultado de la forma cómo se ha impedido su vigencia o se ha distorsionado su propósito, ha habido un abismo. El resultado es que en materia de la garantía de la estabilidad de los jueces, la Constitución no se ha llegado a aplicar y lo más grave de ello, es que ha sido como consecuencia de una política gubernamental deliberada que se definió desde 1999 y que ha sido invariablemente seguida y desarrollada por todos los órganos del Estado de impedir que las normas constitucionales sean efectivas.

La sanción de la Constitución en 1999 y su no implementación posterior, por tanto, en materia de autonomía e independencia judicial, ha sido un gran fraude a la voluntad popular que fue llamada a expresarse en el referendo aprobatorio del 15 de diciembre de 1999. La Asamblea Constituyente, luego de sancionar la Constitución en Noviembre de 1999, conforme a las bases comiciales que sirvieron para elegirla, sometió al pueblo la Constitución, buscando se aprobación, pero a sabiendas de que no se iba a permitir que esa Constitución, una vez aprobada, y en particular en esta materia de la autonomía e independencia de los jueces, lograra entrar en aplicación plena. Para ello, durante doce años y en fraude a la Constitución, se han dictado sucesivas leyes, con la anuencia cómplice del Tribunal Supremo de Justicia, que simplemente han impedido que las normas sobre el régimen disciplinario de los jueces, que es la garantía de la estabilidad, como pieza para asegurar su independencia y autonomía, haya sido implementado conforme a las normas constitucionales.[568] Ello se ha logrado mediante normas "transitorias," adoptadas ilegítimamente en 1999 respecto de la Constitución, e incorporadas sucesivamente en las leyes dictadas en la materia hasta culminar con la Disposición Transitoria Tercera de la Ley del Código de Ética del Juez venezolano de 2010.[569]

I. LA INDEPENDENCIA Y AUTONOMÍA DE LOS JUECES EN EL FLORIDO LENGUAJE DE LA CONSTITUCIÓN DE 1999

La Constitución venezolana de 1999 es, sin duda, entre todas las constituciones latinoamericanas, una de las que mayor énfasis hace en forma expresa sobre los valores fundamentales y principios constitucionales que deben orientar la actuación de la sociedad, de los individuos y del Estado social y democrático de derecho "y de Justicia". Sobre ellos, la Sala Constitucional del Tribunal Supremo de Justicia, ha sido explicita en considerar que "esas declaratorias de propósitos tienen un indudable valor, tanto para los órganos del Estado, que deben orientarse por ellas, como para los jueces, en especial esta Sala como máxima tutora judicial de la constitucionalidad," de manera que ha considerado que "los diversos cometidos que el Estado asume son órdenes que deben ser ejecutadas" pues "de poco serviría un texto carente de vinculación para sus destinatarios: autoridades públicas y particulares."[570]

Entre estos valores expresados en la Constitución de 1999 está la concepción del Estado como "Estado de Justicia" (artículo 1), respecto de lo cual la Sala Político Administrativa del Tribunal Supremo de Justicia, en sentencia N° 659 de 24 de mar-

---

568 Como fue argumentado por la propia Sala Constitucional del Tribunal Supremo de Justicia en su conocida sentencia N° 74 de 25 de enero de 2006, un *fraude a la Constitución* ocurre cuando se destruyen las teorías democráticas "mediante el procedimiento de cambio en las instituciones existentes *aparentando respetar las formas y procedimientos* constitucionales," o cuando se utiliza "del procedimiento de reforma constitucional para proceder a la creación de un nuevo régimen político, de un nuevo ordenamiento constitucional, sin alterar el sistema de legalidad establecido, como ocurrió con el *uso fraudulento de los poderes* conferidos por la ley marcial en la Alemania de la Constitución de *Weimar*, forzando al Parlamento a conceder a los líderes fascistas, en términos de dudosa legitimidad, la plenitud del poder constituyente, otorgando un poder legislativo ilimitado. Ha agregado además la Sala Constitucional que un *falseamiento de la Constitución* ocurre cuando se otorga "a las normas constitucionales una interpretación y un sentido distinto del que realmente tienen, que es, en realidad, una modificación no formal de la Constitución misma", concluyendo con la afirmación de que "Una reforma constitucional sin ningún tipo de límites, constituiría un fraude constitucional." Véase en *Revista de Derecho Público* N° 105, Editorial Jurídica Venezolana, Caracas 2006, pp. 76 ss.

569 Véase en *Gaceta Oficial* N° 39.493 de fecha 23-08-2010

570 Sentencia N° 1278 de 17 de Junio de 2005 (Aclaratoria de sentencia de interpretación de los artículos 156, 180 Y 302 de la Constitución)

zo de 2000 (Caso: *Rosario Nouel vs. Consejo de la Judicatura y Comisión de Emergencia Judicial*) señaló que esa "nueva concepción de Estado de Justicia trae consigo no tan solo una transformación orgánica del sistema judicial (Artículos 253 y 254 de la Constitución)," sino también un cambio en la concepción del Poder Judicial como "el poder integrado y estabilizador del Estado, ya que es el único que tiene competencia para controlar y aún disolver al resto de los Poderes Públicos," lo que a juicio del Tribunal Supremo "nos hace un Estado Judicialista."[571] En definitiva, como lo observó la misma Sala Político Administrativa del Tribunal Supremo de Justicia, en sentencia Nº 949 de la Sala Político Administrativa de 26 de abril de 2000, cuando la Constitución califica al Estado "como de Derecho y de Justicia y establece como valor superior de su ordenamiento jurídico a la Justicia y la preeminencia de los derechos fundamentales, no está haciendo más que resaltar que los órganos del Poder Público -y en especial el sistema judicial- deben inexorablemente hacer prelar una noción de justicia material por sobre las formas y tecnicismos, propios de una legalidad formal que ciertamente ha tenido que ceder frente a la nueva concepción de Estado."[572]

A los efectos de materializar el rol de la Justicia en el Estado, la Constitución consideró al proceso como el instrumento fundamental para la realización de la justicia, que debe desarrollarse mediante leyes procesales que establezcan la simplificación, uniformidad y eficacia de los trámites, de manera que no se sacrifique la justicia por la omisión de formalidades no esenciales (art. 257). A los efectos de dicha realización de la justicia, la Constitución declaró que "el Poder Judicial es independiente" (art. 254), disponiendo principios tendientes a "garantizar la imparcialidad y la independencia en el ejercicio de sus funciones" (art. 256) de los magistrados, jueces y demás funcionarios integrantes del sistema de justicia (Art. 256). Esa independencia y autonomía de los jueces, significa, en definitiva, como lo ha definido la Ley del Código de Ética del Juez Venezolano de 2010, que en "su actuación sólo deben estar sujetos a la Constitución de la República y al ordenamiento jurídico," y que "sus decisiones, en la interpretación y aplicación de la ley y el derecho, sólo podrán ser revisadas por los órganos jurisdiccionales que tengan competencia, por vía de los recursos procesales, dentro de los límites del asunto sometido a su conocimiento y decisión," de manera incluso que los órganos con competencia disciplinaria sobre los jueces sólo "podrán examinar su idoneidad y excelencia, sin que ello constituya una intervención indebida en la actividad jurisdiccional" (art. 4).[573]

Específicamente, para garantizar la independencia y autonomía del Poder Judicial, aparte de atribuirle el gobierno y administración del Poder Judicial al Tribunal Supremo de Justicia (Art. 267), la Constitución asegura que el ingreso a la carrera judicial solo puede realizarse mediante un proceso de selección pública, con partici-

---

571 Véase en *Revista de Derecho Público*, Nº 81 (enero-marzo), Editorial Jurídica Venezolana, Caracas, 2000, p. 103 y 104.

572 Véase en *Revista de Derecho Público*, Nº 82, Editorial Jurídica Venezolana, Caracas, 2000, pp. 163 y ss.

573 Véase la Ley del Código de Ética del Juez Venezolano y Jueza Venezolana en *Gaceta Oficial* Nº 39.494 de 24-8-2010. El Código derogó expresamente el Reglamento que regía el funcionamiento de la Comisión de Funcionamiento y reorganización del Poder Judicial. Los jueces del Tribunal Disciplinario Judicial y de la Corte Disciplinaria Judicial fueron nombrados por Actos Legislativos publicados en *Gaceta Oficial* Nº 39693 de 10-06-2011. Véase el "Acta de Constitución del Tribunal Disciplinario Judicial," de 28-06-2011, en *Gaceta Oficial* Nº 39.704 de 29-06-2011.

pación ciudadana, estableciendo además el principio de su estabilidad judicial, al consagrar la inamovilidad de los jueces salvo cuando sea como consecuencia de sanciones disciplinarias que sólo pueden ser impuestas por jueces disciplinarios integrados en una Jurisdicción Disciplinaria Judicial (Arts. 255, 267).

Por tanto, en Venezuela, conforme a la Constitución, jueces sólo pueden ser quienes ingresen a la carrera judicial mediante concursos públicos que aseguren la idoneidad y excelencia de los participantes, quienes deben ser seleccionados por los jurados de los circuitos judiciales en la forma y condiciones que establezca la ley. A tal efecto, la Constitución exige que se garantice "la participación ciudadana en el procedimiento de selección y designación de los jueces."[574] La finalidad de los concursos públicos, como lo ha dicho el Tribunal Supremo en sentencia Nº 2221 de 28 de noviembre de 2000, estriba "en la necesidad de que el Poder Judicial venezolano esté conformado, en su totalidad (jueces titulares y suplentes) por funcionarios de carrera, y de garantizar la idoneidad de quienes tienen la encomiable labor de administrar justicia;"[575] a cuyo efecto, precisamente conforme al mismo artículo 255, se les garantiza su estabilidad de manera que sólo pueden ser removidos o suspendidos de sus cargos mediante los procedimientos expresamente previstos en la ley, a ser desarrollados por una Jurisdicción Disciplinaria Judicial, a cargo de jueces disciplinarios (art. 267).

Lamentablemente, sin embargo, doce años después de aprobada la Constitución, ninguno de estos principios ha sido implementado en su totalidad. Nunca, en efecto, se han realizado los concursos públicos prescritos en la Constitución, habiéndose conformado durante doce años al Poder Judicial casi exclusivamente con jueces temporales y provisorios, sin estabilidad alguna. A algunos de ellos se les ha "regularizado" un status de carrera judicial pero sin concurso público alguno, con lo cual aparentemente podría considerarse que gozan de cierta estabilidad. La realidad es que como lo advirtió desde 2003 la Comisión Interamericana de Derechos Humanos[576] en su *Informe Anual de 2008* calificó esta situación como propia de un "problema endémico" que exponía a los jueces a su destitución discrecional, a cuyo efecto llamó la atención sobre el "permanente estado de emergencia al cual están sometidos los jueces."[577]

---

574 Sobre las Normas de Evaluación y Concursos de Oposición para el Ingreso y Permanencia en el Poder Judicial dictadas por la Comisión de Funcionamiento y Reestructuración del Sistema Judicial, convertida en Dirección Ejecutiva de la Magistratura (*Gaceta Oficial* Nº 36.910, de 14-03-2000), véase la sentencia de la Sala Constitucional del Tribunal Supremo Nº 1326 de 02-11-2000, en *Revista de Derecho Público,* Nº 84, Editorial Jurídica Venezolana, Caracas, 2000, pp. 111 y ss.

575 Véase en *Revista de Derecho Público*, Nº 84, Editorial Jurídica Venezolana, Caracas, 2000, pp. 116 y ss.

576 Un juez provisorio es un juez designado mediante un concurso público. Un juez temporal es un juez designado para cumplir una tarea específica o por un periodo específico de tiempo. En 2003, la Comisión Interamericana de Derechos Humanos indicó que había sido: "informada que sólo 250 jueces han sido designados por concurso de oposición de conformidad a la normativa constitucional. De un total de 1772 cargos de jueces en Venezuela, el Tribunal Supremo de Justicia reporta que solo 183 son titulares, 1331 son provisorios y 258 son temporales." *Reporte sobre la Situación de Derechos Humanos en Venezuela*; OAS/Ser.L/V/II.118. doc.4rev.2; 29-12-2003, parágrafo 174, en http://www.cidh.oas.org/countryrep/Venezuela2003eng/toc.htm. La Comisión también agregó que "un aspecto vinculado a la autonomía e independencia del Poder Judicial es el relativo al carácter provisorio de los jueces en el sistema judicial de Venezuela. Actualmente, la información proporcionada por las distintas fuentes indica que más del 80% de los jueces venezolanos son 'provisionales.'" *Id.*, par. 161.

577 Véase *Annual Report 2008* (OEA/Ser.L/V/II.134. Doc. 5 rev. 1. 25-02-2009), parágrafo 39.

Una "Jurisdicción Disciplinaria Judicial" solo vino a conformarse en 2011, para asumir la función disciplinaria que durante doce largos años ejerció una Comisión ad hoc[578] que al margen de la Constitución funcionó desde 1999 con el aval del Tribunal Supremo, la cual, además de remover a los jueces en forma discrecional sin garantía alguna del debido proceso,[579] como lo destacó la misma Comisión Interamericana en su *Informe de 2009*, la misma no gozaba de independencia, pues sus integrantes designados por la Sala Constitucional, eran de su libre remoción.[580]

En 2011, sin embargo, con la conformación de la "Jurisdicción Disciplinaria Judicial" que se ha creado en la Ley del Código de Ética del Juez, integrada por una Corte Disciplinaria Judicial y un Tribunal Disciplinario Judicial, nada ha cambiado, pues conforme a una nueva Disposición Transitoria que se incorporó en la Ley del Código (Tercera), dicha Jurisdicción tampoco goza efectivamente de autonomía e independencia algunas, siendo más bien un apéndice de la mayoría que controla políticamente la Asamblea Nacional. En realidad, lo que ha ocurrido con esta nueva legislación y en virtud de la interminable transitoriedad, no ha sido otra cosa que lograr, primero, cambiarle el nombre a la antigua Comisión de Funcionamiento y Reorganización del Poder Judicial, y segundo, hacerla depender ya no del Tribunal Supremo, sino a la Asamblea Nacional, es decir, someterla a mayor control político.

Como consecuencia de todo ello, el lenguaje florido de la Constitución y de las leyes lamentablemente no han pasado de ser eso, lenguaje y sólo florido y exuberante, dada la poca aplicación y efectividad que en la práctica han tenido las previsiones constitucionales durante todo el tiempo de vigencia de la Constitución de 1999. La realidad de esa práctica política, es que la justicia ha estado y sigue en una permanente y anormal situación de transitoriedad o de emergencia, la cual continúa en 2011, a pesar de la conformación de la "Jurisdicción Disciplinaria Judicial." De esa permanente e interminable transitoriedad, lo que ha resultado es un proceso también permanente y sistemático de progresiva demolición de lo que existía de autonomía e independencia del Poder Judicial, que ha sido llevado a cabo, deliberadamente, por diversos órganos del Estado, incluido el propio Tribunal Supremo de Justicia[581], con

578 La Sala Político-Administrativa del Tribunal Supremo de Justicia ha resuelto que la remoción de jueces temporales es una facultad discrecional de la Comisión de Funcionamiento y Reestructuración del Sistema Judicial, la cual adopta sus decisiones sin seguir procedimiento administrativo alguno. Véase Decisión N° 00463-2007 del 20-03-2007; Decisión N° 00673-2008 del 24-04-2008 (citada en la Decisión N° 1.939 del 18-12-2008, p. 42). La Sala Constitucional ha establecido la misma posición en la Decisión N° 2414 del 20-12-2007 y Decisión N° 280 del 23-02-2007.

579 Véase Tribunal Supremo de Justicia, Decisión N° 1.939 del 18 de diciembre de 2008 (Caso: *Gustavo Álvarez Arias et al.*), en *Revista de Derecho Público*, N° 116, Editorial Jurídica Venezolana, Caracas, 2008, pp. 89-106. También en http://www.tsj.gov.ve/decisiones/scon/Diciembre/1939-181208-2008-08-1572.html

580 Véase *Annual Report 2009*, Par. 481, en http://www.cidh.org/annualrep/2009eng/Chap.IV.f.eng.htm.

581 Véase Allan R. Brewer-Carías, "La progresiva y sistemática demolición de la autonomía e independencia del Poder Judicial en Venezuela (1999-2004)" en *XXX Jornadas J.M Domínguez Escovar, Estado de Derecho, Administración de Justicia y Derechos Humanos*, Instituto de Estudios Jurídicos del Estado Lara, Barquisimeto 2005, pp. 33-174; Allan R. Brewer-Carías, "El constitucionalismo y la emergencia en Venezuela: entre la emergencia formal y la emergencia anormal del Poder Judicial" en Allan R. Brewer-Carías, *Estudios Sobre el Estado Constitucional (2005-2006)*, Editorial Jurídica Venezolana, Caracas 2007, pp. 245-269; y Allan R. Brewer-Carías "La justicia sometida al poder. La ausencia de independencia y autonomía de los jueces en Venezuela por la interminable emergencia del Poder Judicial (1999-2006)" en *Cuestiones Internacionales. Anuario Jurídico Villanueva 2007*, Centro Universitario

lo cual los valores de la Constitución en materia de justicia, no han pasado de ser sólo, simples enunciados.

Ese proceso de control político sobre el Poder Judicial, comenzó con las actuaciones de la Asamblea Nacional Constituyente en 1999 la cual declaró la "emergencia judicial" que no ha cesado hasta la fecha, y continuó durante los últimos doce años con sucesivas normas constitucionales y legales imponiendo siempre un régimen transitorio, siendo la última actuación en el tiempo, después de la sanción de la Ley Orgánica del Tribunal Supremo de Justicia en 2010 y de la Ley del Código de Ética del Juez venezolano, la inconstitucional reserva que se hizo a sí misma la Asamblea Nacional para el nombramiento de los "jueces" integrantes de los órganos de la Jurisdicción Disciplinaria Judicial.

II. EL INICIO DEL PROCESO DE SOMETIMIENTO DE LOS JUECES AL PODER POLÍTICO EN 1999: LA INTERVENCIÓN CONSTITUYENTE DEL PODER JUDICIAL Y EL CONTROL POLÍTICO SOBRE EL TRIBUNAL SUPREMO

La Asamblea Nacional Constituyente electa en julio de 1999, luego de intensos debates sobre la problemática del Poder Judicial y de su gobierno,[582] al instalarse en agosto de ese mismo año, se auto atribuyó el carácter de "poder constituyente originario" asumiendo potestades públicas por encima de la Constitución de 1961,[583] de cuya interpretación había surgido,[584] y entre ellas, la de intervenir todos los poderes

Villanueva, Marcial Pons, Madrid 2007, pp. 25-57, *disponible en* www.allanbrewercarias.com, (Biblioteca Virtual, II.4. Artículos y Estudios Nº 550, 2007) pp. 1-37. Véase también Allan R. Brewer-Carías, *Historia Constitucional de Venezuela*, Editorial Alfa, Tomo II, Caracas 2008, pp. 402-454.

582 Véase Allan R. Brewer-Carías, "La configuración judicial del proceso constituyente o de cómo el guardián de la Constitución abrió el camino para su violación y para su propia extinción", en *Revista de Derecho Público*, Nº 77-80, Editorial Jurídica Venezolana, Caracas, 1999, pp. 453 y ss.

583 La Asamblea asumió, en su Estatuto, un "poder constituyente originario."Véase en *Gaceta Constituyente (Diario de Debates), Agosto–Septiembre 1999*, Sesión de 07-08-1999, Nº 4, p. 144. En el acto de instalación, el presidente de la Asamblea señaló que "la Asamblea Nacional Constituyente es originaria y soberana", en *Gaceta Constituyente (Diario de Debates), Agosto–Septiembre 1999,* Sesión de 03–08–1999, Nº 1, p. 4. Véase el texto, además, en *Gaceta Oficial* Nº 36.786 de 14–09–1999. Como ha señalado Lolymar Hernández Camargo, con la aprobación del Estatuto "quedó consumada la inobservancia a la voluntad popular que le había impuesto límites a la Asamblea Nacional Constituyente… Se auto proclamó como poder constituyente originario, absoluto e ilimitado, con lo cual el Estado perdió toda razón de ser, pues si se mancilló la voluntad popular y su manifestación normativa (la Constitución), no es posible calificar al Estado como de derecho ni menos aun democrático", en *La Teoría del Poder Constituyente, cit.*, p. 73. Véase los votos salvados por razones de inconstitucionalidad respecto de la aprobación del Estatuto en Allan R. Brewer–Carías, *Debate Constituyente, (Aportes a la Asamblea Nacional Constituyente)* tomo I, *(8 agosto–8 septiembre 1999)*, Caracas 1999, pp. 15 a 39. Así mismo, en *Gaceta Constituyente (Diario de Debates), Agosto–Septiembre 1999*, Sesión de 07–08–1999, Nº 4, pp. 6 a 13

584 Con ello se comenzó a ejecutar el golpe de estado constituyente. Véase Allan R. Brewer-Carías, *Golpe de Estado y Proceso Constituyente en Venezuela*, UNAM, México, 2002. Como ha señalado Lolymar Hernández Camargo, con la aprobación del Estatuto "quedó consumada la inobservancia a la voluntad popular que le había impuesto límites a la Asamblea Nacional Constituyente… Se auto proclamó como poder constituyente originario, absoluto e ilimitado, con lo cual el Estado perdió toda razón de ser, pues si se mancilló la voluntad popular y su manifestación normativa (la Constitución), no es posible calificar al Estado como de derecho ni menos aun democrático", en *La Teoría del Poder Constituyente. Un caso de estudio: el proceso constituyente venezolano de 1999,* Universidad Católica del Táchira, San Cristóbal 2000, p. 73.

públicos existentes electos y constituidos unos meses antes,[585] en particular, el Poder Judicial, cuya autonomía e independencia comenzó a ser sistemáticamente demolida.

En efecto, la Asamblea Nacional Constituyente declaró "al Poder Judicial en emergencia" (art. 1°),[586] creando una "Comisión de Emergencia Judicial," con la cual se inició en Venezuela el interminable proceso de intervención política del Poder Judicial,[587] la cual asumió atribuciones incluso de evaluar hasta el desempeño de la propia antigua Corte Suprema de Justicia (arts. 3,3 y 4), decidir sobre la destitución y suspensión de jueces y funcionarios judiciales, y sobre la designación de suplentes o conjueces para sustituir temporalmente a los jueces destituidos o suspendidos (art. 8).

La Emergencia Judicial declarada en agosto de 1999, supuestamente debía tener vigencia hasta que se sancionara la nueva Constitución (art. 32). La Constitución, en efecto, se sancionó en noviembre de 1999, se aprobó por el pueblo en referendo de 15 de diciembre de 1999, y se publicó el 30 de diciembre del mismo año 1999, pero sin embargo, la situación de emergencia no cesó, y en la práctica continuó *sine die*, entre otras razones, fundamentalmente, por la decisión del Tribunal Supremo de Justicia de no asumir la organización de la Jurisdicción Disciplinaria Judicial como parte de su función de gobierno judicial conforme a las competencias que le asignó la nueva Constitución de 1999 (art. 267). El Tribunal Supremo, en cambio, aceptó y cohonestó la prórroga de la transitoriedad constitucional, renunciando incluso a ejercer la iniciativa legislativa en materia judicial conforme a las expresas competencias que le asignó la Constitución (Art. 204.4), prefiriendo incluso, que la irregular Comisión de Funcionamiento y Reestructuración del Poder Judicial que sustituyó a la de "Emergencia," fuese la que dictase hasta la normativa pertinente del procedimiento de selección y designación de los jueces, sin garantizarse siquiera la participación ciudadana.[588]

---

585 Véase Decreto mediante el cual se declara la *reorganización de todos los órganos del Poder Público*" de fecha 12 de agosto de 1999, en *Gaceta Oficial* N° 36.764 de 13–08–99; Decreto mediante el cual *se regulan las funciones del Poder Legislativo* de 25 de agosto de 1999, en *Gaceta Oficial* N° 36.772 de 25-08-1999. Sobre esto último, véase en Allan R. Brewer–Carías, *Debate Constituyente,* tomo I, *op. cit.*, pp. 75 a 113; y en *Gaceta Constituyente (Diario de Debates), Agosto–Septiembre 1999, cit.*, Sesión de 25-08-99, N° 13, pp. 12 a 13 y 27 a 30 y Sesión de 30-08-1999, N° 16, pp. 16 a 19. Con posterioridad, sin embargo, y con la intermediación de la Iglesia Católica, el 09-09-1999, la directiva de la Asamblea llegó a un acuerdo con la directiva del Congreso, con lo cual, de hecho, se dejó sin efecto el contenido del Decreto, siguiendo el Congreso funcionando conforme al régimen de la Constitución de 1961. Véase el texto del Acuerdo en *El Nacional,* Caracas 10-09-1999, p. D–4. Todos estos actos de la Asamblea Constituyente fueron impugnados ante la entonces ya completamente sometida Corte Suprema, la cual en otra altamente criticada decisión dictada el 14-10-1999 (Véase sentencia en el Caso: *Impugnación del Decreto de Regulación de las Funciones del Poder Legislativo,* en *Revista de Derecho Público,* N° 77–80, Editorial Jurídica Venezolana, Caracas 1999, pp. 111 y ss.), avaló la constitucionalidad de los mismos reconociendo supuestos poderes supra-constitucionales de la Asamblea.

586 El 19 de agosto de 1999, la Asamblea Nacional Constituyente resolvió declarar "al Poder Judicial en emergencia," *Gaceta Oficial* N° 36.772 de 25-08-1999 reimpreso en *Gaceta Oficial* N° 36.782 de 08-09-1999. Véase en Allan R. Brewer–Carías, *Debate Constituyente,* tomo I, *op. cit.*, pp. 57 a 73; y en *Gaceta Constituyente (Diario de Debates), Agosto–Septiembre de 1999, cit.*, Sesión de 18-08-1999, N° 10, pp. 17 a 22. Véase el texto del Decreto en *Gaceta Oficial* N° 36.782 de 08–09–1999.

587 *Gaceta Oficial* N° 36.772 de 25-08-1999 reimpreso en *Gaceta Oficial* N° 36.782 de 08-09-1999.

588 Véase las Normas de Evaluación y Concursos de Oposición para el Ingreso y Permanencia en el Poder Judicial dictadas por la Comisión de Funcionamiento y Reestructuración del Sistema Judicial de marzo de 2000. En *Gaceta Oficial* N° 36.910, de fecha 14 de marzo de 2000). Véase la sentencia de la Sala

Además, debe recordarse que la Asamblea Nacional Constituyente, en 1999, también dictó otro Decreto mediante el cual se le atribuyeron a la Comisión de Emergencia Judicial, la cual en este decreto se precisó que supuestamente debía tener duración "hasta el 16 de diciembre del presente año" (1999), en forma completamente al margen de la Constitución, unas atribuciones para reglamentar el plan de evaluación de los jueces, determinar la permanencia o sustitución de los mismos y el régimen de selección y concursos (art. único).[589]

En todo caso, fue con fundamento en el Decreto de la Emergencia Judicial que originó la inconstitucional intervención del Poder Judicial, que se comenzó a realizar en el país una verdadera "depuración" del Poder Judicial, mediante la destitución y suspensión de centenares de jueces con precaria garantía al derecho a la defensa, para sustituirlos mediante la designación en forma indiscriminada por "nuevos" jueces suplentes e interinos sin sistema alguno de selección, quedando dependientes del nuevo Poder político que los había designado. Luego, con el tiempo, se procedió a transformarlos en jueces "titulares" sin concurso público alguno ni participación ciudadana. Con ello, el Poder Judicial en Venezuela quedó signado por la provisionalidad[590] y la temporalidad, convertida luego en "titularidad," con su inevitable secuela de dependencia respecto del nuevo Poder político, sin que se hubiera realizado concurso alguno para la selección de jueces.

La antigua Corte Suprema de Justicia, por su parte, durante el proceso constituyente de intervención judicial, en fecha 23 de agosto de 1999, adoptó un desafortunado Acuerdo[591] con el cual se hizo cómplice de la violación de la Constitución y de la propia autonomía del Supremo Tribunal, en el cual no sólo fijó posición ante el Decreto de Reorganización del Poder Judicial dictado por la Asamblea Nacional Constituyente, sin condenarlo; sino que avaló la creación de una Comisión de Emergencia Judicial, llegando incluso a nombrar a uno de sus Magistrados como miembro de la misma. Con dicho Acuerdo, en definitiva, la Corte Suprema de Justicia había decretado su propia extinción, como de hecho ocurrió sólo tres meses después, al dictar el "Decreto de Régimen Transitorio del Poder Público"[592] el 22 de diciembre de 1999, cuando fue eliminada, y los Magistrados del nuevo Tribunal Supremo de Justicia, aún sin haber entrado en vigencia la Constitución que fue publicada el 31 de diciembre, fueron designados. Con ello, la intervención constituyente del Poder Judicial también tocó al Tribunal Supremo, el cual desde 1999 fue objeto de in-

---

Constitucional del Tribunal Supremo Nº 1326 de 02-11-2000, en *Revista de Derecho Público,* Nº 84, Editorial Jurídica Venezolana, Caracas, 2000, pp. 111 y ss.

589 *Gaceta Oficial* Nº 36.832 de 18-11-1999

590 Por ello, sólo dos años después del inicio del proceso de intervención, en agosto de 2001, los Magistrados del Tribunal Supremo de Justicia ya admitían que más del 90% de los jueces de la República eran provisionales. Véase *El Universal*, Caracas 15-08-2001, p. 1-4. En mayo de 2001 otros Magistrados del Tribunal Supremo reconocían el fracaso de la llamada "emergencia judicial". Véase *El Universal,* Caracas 30-05-2001, p. 1-4.

591 Acuerdo de la Suprema de Justicia de 23-08-1999. Véase nuestros comentarios sobre el Acuerdo, en Allan R. Brewer-Carías, *Debate Constituyente (Aportes a la Asamblea nacional Constituyente),* Tomo I, Fundación de Derecho, Caracas 1999, pp. 141 y ss. Véanse además, los comentarios de Lolymar Hernández Camargo, *La Teoría del Poder Constituyente, cit.*, pp. 75 y ss.

592 Véase en *Gaceta Constituyente (Diario de Debates), Noviembre 1999–Enero 2000, cit.*, Sesión de 22-12-1999, Nº 51, pp. 2 y ss. Véase *Gaceta Oficial* Nº 36.859 de 29-12-1999; y *Gaceta Oficial* Nº 36.860 de 30–12–1999.

terferencia habiéndose sometido desde el inicio a los designios de quienes han controlado el poder político desde el Poder Ejecutivo y la Asamblea Nacional.

En efecto, mediante el mencionado Decreto de Transición del Poder Público de 22 de diciembre de 1999, la Asamblea Nacional Constituyente organizó el nuevo Tribunal Supremo nombrando sus Magistrados en un número de 20 (5 en la Sala Constitucional y 3 en cada una de las Salas: Político Administrativa, de Casación Civil, Penal, Electoral y Social), número que ni siquiera la Constitución había previsto pues ello se había dejado para ser establecido en la ley, sin cumplirse con las exigencias y condiciones para ser Magistrado establecidas en la nueva Constitución[593]. Con ello, el Tribunal resultó "transitoriamente" integrado casi completamente por personas afectas al gobierno. El Decreto, además, como se dijo, transformó la Comisión de Emergencia Judicial que había creado la Asamblea Constituyente para intervenir el Poder Judicial, en una Comisión de Reorganización y Funcionamiento del Poder Judicial.

La primera actuación que puso a prueba la efectividad del Tribunal Supremo de Justicia, recién creado, como supuesto garante de la supremacía constitucional, fue precisamente, cuando al comenzar a entrar en aplicación la nueva Constitución, decidió que el ilegítimo régimen transitorio mediante el cual se lo había creado, y que no se había sometido a aprobación popular como sí había ocurrido con el texto de la Constitución, no estaba sometido ni a la nueva (1999) ni a la vieja (1961) Constitución,[594] resultando de ello una especie de régimen "para-constitucional" que pasó a formar parte del "bloque de la constitucionalidad," a pesar de que, cómo se dijo, no haber sido aprobado por el pueblo.[595]

Uno de los objetivos de ese inconstitucional régimen de transición constitucional había sido precisamente la "creación" y el nombramiento de los propios Magistrados del Tribunal Supremo de Justicia por la Asamblea Constituyente sin autoridad alguna para ello que le hubiera sido conferida por el pueblo, y peor aún, sin cumplir las condiciones impuestas en la nueva Constitución para tales nombramientos, y sin garantizar el derecho ciudadano a participar en los mismos a través del Comité de Postulaciones Judiciales que conforme a la Constitución debía estar integrado sólo y exclusivamente por representantes de los "diversos sectores de la sociedad" (art. 270).

Ese Comité, en la forma como fue concebido nunca ha sido creado hasta el presente, habiendo sido las normas constitucionales fraudulentamente distorsionadas por la Asamblea Nacional, con el silencio cómplice de la Sala Constitucional, al convertírselo de hecho en una simple "comisión parlamentaria" sujeta a la Asamblea Nacional.[596] Esto ocurrió en 2000, cuando la recién electa Asamblea Nacional, en

---

593 Véase TSJ/SC Sentencia N° 1562, *Caso: Defensoría del Pueblo contra la Ley Especial para la Ratificación o Designación de los Funcionarios y Funcionarias del Poder Ciudadano y Magistrados y Magistradas del Tribunal Supremo de Justicia,* de 12-12-2000, en *Revista de Derecho Público,* N° 84, Editorial Jurídica Venezolana, Caracas, 2000, p. 109.

594 Véase sentencia N° 6 de fecha 27-01-2000, en *Revista de Derecho Público*, N° 81, Editorial Jurídica Venezolana, Caracas, 2000, pp. 81 y ss.

595 Véase sentencia de 28 de marzo de 2000, *caso: Allan R. Brewer-Carías y otros,* en *Revista de Derecho Público*, N° 81, Editorial Jurídica Venezolana, Caracas, 2000, p. 86.

596 Véase Allan R. Brewer-Carías, "La participación ciudadana en la designación de los titulares de los órganos no electos de los Poderes Públicos en Venezuela y sus vicisitudes políticas", en *Revista Iberoa-*

lugar de sancionar la Ley Orgánica del Tribunal Supremo para regular dicho Comité de Postulaciones Judiciales, lo que dictó fue una ley "para no legislar" como fue la "Ley Especial para la Ratificación o Designación de los Funcionarios del Poder Ciudadano y Magistrados y Magistradas del Tribunal Supremo de Justicia para su Primer Periodo Constitucional,"[597] en la cual deliberadamente el Legislador se abstuvo de legislar y organizar el mencionado Comité de Postulaciones Judiciales. Por ello, esa Ley Especial fue incluso impugnada ante el nuevo Tribunal Supremo por la Defensora del Pueblo, por inconstitucionalidad, por violar el derecho a la participación política de los ciudadanos;[598] acción que nunca fue decidida; y cuya introducción lo costó a aquella la permanencia en el cargo.

Lo sorprendente fue, sin embargo, que mediante una medida cautelar de amparo que había solicitado la Defensora del Pueblo, los Magistrados de la Sala Constitucional, en lugar de inhibirse de conocer del caso que los involucraba a ellos mismos, decidieron en causa propia, resolviendo que la Constitución no les era aplicable porque supuestamente ellos no iban a ser "designados" sino que lo que iban era a ser "ratificados," forjándose así una grotesca burla a la Constitución. Dichos Magistra-

---

mericana de Derecho Público y Administrativo, Año 5, Nº 5-2005, San José, Costa Rica 2005, pp. 76-95.

597 Véase *Gaceta Oficial* Nº 37.077 del 14-11-2000. En esta Ley, en violación a la Constitución en lugar de crearse el Comité de Postulaciones Judiciales creó una Comisión Parlamentaria integrada con mayoría de diputados para escoger a los referidos funcionarios. La sociedad civil fue así marginada, y los titulares de los órganos de los Poderes Ciudadano y Judicial fueron nombrados con la más absoluta discrecionalidad (Fiscal General de la República, Defensor del Pueblo y Contralor General de la República) y los Magistrados del Tribunal Supremo se designaron, incluso y sin atender algunos de los criterios objetivos que la Constitución establece como condición para ocupar dichos cargos. A través de esta legislación, se consolidó el control político del Ejecutivo a través del dominio de la Asamblea Nacional en relación con todos los Poderes Públicos. Esta violación constitucional fue advertida desde el inicio. Este problema constitucional, por ejemplo, fue destacado por el Secretario General de la OEA, en su Informe a la Asamblea General de fecha 18 de abril de 2002, y lo indicó con mayor fuerza la Comisión Interamericana de Derechos Humanos en el comunicado de prensa Nº 23/02 que emitió el 10 de mayo de 2002, en el cual destacó los cuestionamientos que había recibido "relacionados con la legitimidad del proceso de elección de los máximos titulares del Poder Judicial…, procedimientos éstos no contemplados por la Constitución Venezolana. La información recibida indica que dichas autoridades no fueron postuladas por los comités establecidos por la Constitución sino sobre la base de una ley dictada por la Asamblea Nacional con posterioridad a la aprobación de la Constitución…" (Nº 7). El tema lo desarrolló más detenidamente la propia Comisión Interamericana en la Observaciones Preliminares de fecha 10 de mayo de 2002, constatando que "Las reformas constitucionales introducidas en la forma de elección de estas autoridades no fueron utilizadas en este caso. Esas normas eran precisamente las que buscaban limitar injerencias indebidas, asegurar mayor independencia e imparcialidad y permitir que diversas voces de la sociedad sean escuchadas en la elección de tan altas autoridades" (Nº 26); agregando: '27. La Comisión también pudo constatar diversos cuestionamientos al ejercicio de las facultades del poder judicial sin la debida independencia e imparcialidad. En diversas oportunidades, el Tribunal Supremo de Justicia habría adoptado decisiones exclusivamente fundadas en favorecer los intereses del Poder Ejecutivo. Entre otros, se mencionaron las decisiones sobre el cuestionamiento a la Ley Especial para la Ratificación o Designación de los Funcionarios y Funcionarias del Poder Ciudadano y Magistrados y Magistradas del Tribunal Supremo de Justicia, y la decisión sobre la duración del período presidencial. 28. La Comisión se encuentra preocupada por la posible falta de independencia y autonomía de los otros poderes respecto al Poder Ejecutivo, pues indicarían que el equilibrio de poderes y la posibilidad de controlar los abusos de poder que debe caracterizar un Estado de Derecho estaría seriamente debilitado. Al respecto, la CIDH debe señalar que la separación e independencia de los poderes es un elemento esencial de la democracia, de conformidad con el artículo 3 de la Carta Democrática Interamericana.

598 Véase *El Universal*, Caracas, 14-12-2000, pp. 1-2.

dos, en efecto, adoptaron el punto de vista de que ellos podían ser "ratificados" en sus cargos de acuerdo con la Ley Especial sin cumplir las condiciones impuestas para los nombramientos en la Constitución, porque esta sólo regulaba el "nombramiento" de los Magistrados y no contemplaba normas relativas a su "ratificación," que era la que se aplicaba a los que estaban ocupando el cargo, y era la que se regulaba en el Régimen de Transición de los Poderes Públicos que la Sala consideraba que tenía rango constitucional.[599]

En esa forma se produjo el nombramiento y ratificación de los Magistrados del Tribunal Supremo de Justicia en 2000, con una integración precariamente equilibrada con marcada influencia política, que lo tornó inefectivo en el control de la constitucionalidad de los actos ejecutivos. Ello se evidenció en la abstención total del Tribunal Supremo en el ejercicio del control de constitucionalidad, por ejemplo, de los casi 50 decretos leyes dictados en noviembre de 2001 con base en una ley habilitante dictada en 2000, excediendo los términos de la delegación legislativa y violando el derecho a la participación de los ciudadanos en el proceso de elaboración y discusión de las leyes.[600]

III. EL INICIO DE LA TRANSITORIEDAD CONSTITUCIONAL EN 2000 Y LA COMPLICIDAD INMEDIATA DEL TRIBUNAL SUPREMO DE JUSTICIA EN LOS ATENTADOS A LA INDEPENDENCIA Y AUTONOMÍA DE LOS JUECES

La Asamblea Nacional Constituyente, al sancionar la Constitución eliminó el órgano con autonomía funcional que había sido creado en la Constitución de 1961 para el gobierno y administración del Poder Judicial, denominado "Consejo de la Judicatura," y en su lugar, asignó dichas funciones al Tribunal Supremo de Justicia, para lo cual la Constitución dispuso que el mismo tendría una Dirección Ejecutiva de la Magistratura (art. 267). En el texto de la Constitución, por otra parte, en la *Disposición Transitoria Cuarta,* solo se hizo mención a una "Comisión de Funcionamiento y Reestructuración del Sistema Judicial" única y exclusivamente para que desarrollase transitoriamente el "sistema de defensa pública" hasta que se dictase la ley respectiva.[601] Debe recordarse que para el momento de la aprobación mediante refrendo de la Constitución el 15 de diciembre de 1999, lo único que existía era la "Comisión de Emergencia Judicial" que había funcionado durante las sesiones de la Asamblea Nacional Constituyente. La Disposición Transitoria Cuarta del texto cons-

---

599 Véase Tribunal Supremo de Justicia, Sala Constitucional, Decisión del 12-12-2000 en *Revista de Derecho Público,* Nº 84, Editorial Jurídica Venezolana, Caracas, 2000, p. 109. Véanse comentarios en Allan R. Brewer-Carías, "La participación ciudadana en la designación de los titulares de los órganos no electos de los Poderes Públicos en Venezuela y sus vicisitudes políticas" en *Revista Iberoamericana de Derecho Público y Administrativo*, Año 5, Nº 5-2005, San José, Costa Rica 2005, pp. 76-95,

600 Véase Allan R. Brewer-Carías, "Apreciación general sobre los vicios de inconstitucionalidad que afectan los Decretos Leyes Habilitados" en *Ley Habilitante del 13-11-2000 y sus Decretos Leyes*, Academia de Ciencias Políticas y Sociales, Serie Eventos Nº 17, Caracas 2002, pp. 63-103.

601 Y en efecto, el Sistema Autónomo de la Defensa Pública fue creado por la Comisión de Funcionamiento y Reestructuración del Sistema Judicial, mediante Resolución Nº 1.191 del 16 de junio de 2000, en *Gaceta Oficial* Nº 37.024 del 29 de agosto de 2000. Conforme al artículo primero de la misma: "Se crea el Sistema Autónomo de la Defensa Pública a los fines de garantizar el derecho a la defensa. Este sistema es un servicio dotado de autonomía funcional y administrativa y estará adscrito a la Comisión de Funcionamiento y Reestructuración del Sistema Judicial hasta tanto sancione la Ley Orgánica del Servicio de la Defensa Pública".

titucional aprobado popularmente y que fue el publicado, por tanto, se refería a una inexistente, para ese momento, "Comisión de Funcionamiento y Reestructuración del Sistema Judicial."

En todo caso, esa incongruencia constitucional pronto tendría su razón de ser, lo cual se materializaría días después del referendo aprobatorio de la Constitución, como se dijo, con la creación formal de la mencionada "Comisión de Funcionamiento y Reestructuración del Sistema Judicial," con atribuciones universales en materia judicial, en el ilegítimo régimen transitorio dictado por la Asamblea Nacional Constituyente y contenido en el "Decreto del Régimen de Transición del Poder Público" (art. 27) de 22 de diciembre de 1999.[602] En el mismo se dispuso que mientras el Tribunal Supremo organizaba la Dirección Ejecutiva de la Magistratura, el gobierno y administración del Poder Judicial, la inspección y vigilancia de los Tribunales, y todas las competencias que la legislación para ese momento vigente atribuían al antiguo Consejo de la Judicatura, serían ejercidas por una Comisión de Funcionamiento y Reestructuración del Sistema Judicial (art. 21) que entonces sustituyó a la Comisión de Emergencia Judicial.

En esta forma, la Asamblea Nacional Constituyente, en una forma evidentemente contraria a la Constitución, le confiscó al Tribunal Supremo, cuyos miembros había designado en el mismo Decreto donde cesó a los antiguos magistrados de la anterior Corte Suprema, una de sus nuevas funciones, incluso para que no la pudiera ejercer después de que la nueva Constitución entrara en vigencia, atribuyéndosela a la "Comisión ad hoc" creada y designada por la propia Asamblea Nacional Constituyente, y no por el nuevo Tribunal Supremo; situación irregular que el propio Tribunal Supremo de Justicia luego aceptó resignadamente por más de un lustro, renunciando a ejercer sus competencias constitucionales.

Por otra parte, la disposición del artículo 23 del Decreto del 22 de diciembre de 1999 -aún sin ser parte de la Constitución- se configuró como una verdadera "Disposición Transitoria Constitucional" que como tal debió haber sido incorporada en las Disposiciones Transitorias de la propia Constitución. Ello, sin embargo, como se dijo, no estaba en el proyecto sancionado por la Asamblea Constituyente (15 de Noviembre de 1999) ni en el aprobado popularmente, habiendo sido dictado por la Asamblea Constituyente en evidente usurpación de la voluntad popular (la del pueblo), disponiendo que la competencia disciplinaria judicial que conforme a la Constitución debía corresponder a los tribunales disciplinarios de conformidad con lo que se regula en el artículo 267 de la Constitución recién aprobada, sería en cambio ejercida por la referida Comisión de Funcionamiento y Reestructuración del Sistema Judicial, y no por los jueces. Dicho artículo 23 del Decreto, en todo caso, fue claro en disponer que esa inconstitucional transitoriedad, estaría "vigente *hasta* que la Asamblea Nacional *apruebe la legislación* que determine los *procesos y tribunales* disciplinarios." Ello sólo ocurrió doce años después, en 2011, con lo cual durante más de una década la Jurisdicción disciplinaria simplemente no existió; y si bien se creó en 2011, de nuevo transitoriamente se la hizo depender de la Asamblea nacional en forma evidentemente inconstitucional.

---

602 Véase en *Gaceta Oficial* N° 36859 de 29-12-1999. Véase los comentarios en Allan R. Brewer-Carías, *La Constitución de 1999. Derecho Constitucional Venezolano,* Editorial Jurídica Venezolana, Caracas 2004, Tomo II, pp. 1017 y ss.

Era evidente que conforme a la nueva Constitución, a partir de 1999 sólo los jueces podían ejercer la función disciplinaria judicial (art. 253), por lo que era totalmente ilegítimo y contrario a la garantía del debido proceso (art. 49), el que se atribuyeran funciones judiciales disciplinarias respecto de los jueces a una "Comisión" *ad hoc* como la mencionada, que no era siquiera un Tribunal. Si se trataba de establecer, así fuera arbitrariamente, un régimen transitorio para la jurisdicción disciplinaria, las funciones judiciales que ello implicaba constitucionalmente, debieron haberse atribuirse al menos a tribunales o jueces preexistentes, y no a una "Comisión" *ad hoc*, pues ello, además, violaba la garantía del debido proceso y del juez natural que la nueva Constitución regulaba expresamente (art. 49).

Con posterioridad al Decreto sobre Régimen Transitorio de diciembre de 1999 que creó la mencionada Comisión, la Asamblea Nacional Constituyente, como antes se indicó, incluso ya habiendo cesado sus funciones de redacción de la Constitución, dictó otros dos Decretos el 18 de enero de 2000 en relación con el Poder Judicial, también "en ejercicio del poder soberano constituyente originario", que fueron el relativo a la designación del "Inspector de Tribunales,"[603] y el relativo a la designación de los miembros de la Comisión de Funcionamiento y Reestructuración del Poder Judicial;[604] todo marginando al Tribunal Supremo de Justicia que supuestamente era quien tenía a su cargo el gobierno y administración del Poder Judicial. Como luego lo constataría la Sala Político Administrativa del Tribunal Supremo hizo en la sentencia N° 1173 de 23 de mayo de 2000, correspondiendo al Tribunal Supremo "conforme a lo previsto en la Constitución de la República Bolivariana de Venezuela, la función de dirección, gobierno y administración del Poder Judicial, que antes tenía atribuida el Consejo de la Judicatura," mientras se establecía la Dirección Ejecutiva de la Magistratura, "la Asamblea Nacional Constituyente creó la Comisión de Funcionamiento y Reestructuración del Sistema Judicial, como órgano encargado de garantizar el buen funcionamiento del Poder Judicial, a los fines de establecer un nuevo Poder."[605]

La prolongación del régimen de transición constituyente, con la anuencia del Tribunal Supremo, hizo entonces nugatoria la aplicación de la exigencia de los concursos para la designación de los jueces, quedando la norma constitucional sólo como una buena intención. Incluso, sobre el tema, la propia Sala Político Administrativa del Tribunal Supremo, en sentencia N° 659 de 24 de marzo de 2000 (Caso: *Rosario Nouel*), llegó a justificar la "necesaria intervención del Poder judicial" argumentado que "para que ese poder (judicial) se adapte y cumpla con el rol que le asigna el nuevo texto constitucional, es necesario que quienes lo componen sean el resultado de un proceso público de evaluación y concurso, que no tan solo aseguren su idoneidad y excelencia, sino que garantice el conocimiento por parte de éstos de los principios y valores de la Constitución, a los efectos de evitar una ruptura entre Estado y Sociedad. En ese sentido el rol protagónico del pueblo consustanciado con la idea democrática, se materializa a través de su participación intensa en los procesos de selección y evaluación de los Jueces (Artículo 255 de la Constitución de la Repúbli-

603 *Gaceta Oficial* N° 36.878 de 26-01-2000

604 *Gaceta Oficial* N° 36.878 de 26-01-2000

605 Véase en *Revista de Derecho Público*, N° 82, Editorial Jurídica Venezolana, Caracas, 2000, p. 160.

ca Bolivariana de Venezuela)." [606] Por supuesto, textos como este no pasaron de ser pura retórica, habiendo llegado la sentencia a decir que:

> "...la participación ciudadana debe orientarse y manifestarse desde la selección de jurados en el inicio de los procesos de evaluación y concurso a través de la sociedad civil organizada; en la consulta sobre los aspirantes a ser jueces o juezas; en su presencia o intervención en los concursos públicos; así como en la selección definitiva del Juez y en el control permanente que la sociedad debe hacer en relación a la conducta pública y privada, en la actuación del Juez como administrador de justicia, en su comportamiento profesional, académico y aún familiar." [607]

Nada de ello, por supuesto, ha ocurrido hasta la fecha (2011), y al contrario, si algo ha sido constante ha sido la negativa sistemática a la posibilidad misma de la participación ciudadana en el proceso de elección de los jueces, derivada de un interminable régimen transitorio que la ha impedido. Y lo peor es que luego de esas declaraciones floridas, la misma sentencia de la Sala Político Administrativa pasó a justificar "*la necesaria intervención de los Poderes Públicos a fin de la relegitimación de los mismos en el marco de un Proceso Constituyente*" señalando al no haber estado supuestamente garantizada en el anterior régimen legal y constitucional (de la Constitución de 1961) "la intervención y participación de los ciudadanos en los distintos procesos de selección y nombramiento de los jueces" se había supuestamente:

> "producido una inconstitucionalidad sobrevenida, decayendo el objeto de los diferentes actos de nombramiento, por lo que se establece con las "Normas de Evaluación y Concurso de Oposición para el Ingreso y Permanencia en el Poder Judicial", de fecha 14 de febrero del año 2000, publicadas en *Gaceta Oficial* N° 36.899 de fecha 24 de febrero del mismo año, el desarrollo de procedimientos destinados a garantizar la credibilidad y legitimidad del sistema de justicia, por medio de controles sociales e institucionales sobre el comportamiento de los jueces, idoneidad que se hace indispensable para lograr su capacidad profesional e independencia."[608]

Por supuesto, nada de ello ocurrió, y la intervención constituyente del Poder Judicial se prolongó mucho más allá de la transición constitucional supuestamente limitada, por lo que a pesar de la creación de la Dirección Ejecutiva de la Magistratura, la Comisión ad hoc de intervención siguió funcionando sin que se hubiese atendido el llamado "de atención" que la misma Sala Político Administrativa del Tribunal Supremo hizo en la sentencia N° 1173 de 23 de mayo de 2000, indicándole:

> "a la Comisión de Funcionamiento y Reestructuración del Sistema Judicial, respecto del ejercicio de los importantes cometidos que le han sido impuestos, mientras se establece la Dirección Ejecutiva de la Magistratura, toda vez que de su oportuno ejercicio depende en gran medida la deseada reestructuración y relegitimación del Poder Judicial. En efecto, debe esta Sala advertir que resulta imperioso para el mantenimiento del Estado de Derecho, el libre acceso de los ciudadanos a los órganos de justicia consagrado en el artículo 26 de la Constitución de la República Bolivariana de Venezuela y la vigencia de las instituciones y que el Poder Judicial

---

606 Véase sentencia N° 659 de 24-03-2000 (Caso: *Rosario Nouel*), en *Revista de Derecho Público*, N° 81, Editorial Jurídica Venezolana, Caracas, 2000, p. 104.

607 *Id.*

608 *Id.*

pueda, en la práctica, cumplir con sus objetivos mediante la designación de los jueces y funcionarios necesarios para ello. En razón de ello, se deben tomar las medidas pertinentes a los fines de proveer de forma inmediata los cargos de Jueces en los Tribunales donde fueron suspendidos o destituidos Jueces durante la emergencia judicial, a los fines de garantizar el nuevo modelo de Estado, comprometido con una justicia proba, honesta, idónea, de calidad, donde se garantice a los ciudadanos, el acceso a la justicia y el obtener de los órganos encargados de la administración de justicia, una tutela judicial efectiva.[609]

Sin embargo, la realidad fue que la situación de absoluta transitoriedad y de inaplicación del texto constitucional se prolongó posteriormente por la omisión del mismo Tribunal Supremo en implementarlo, incluso a pesar de que el 2 de agosto de 2000, dictó la "Normativa Sobre la Dirección, Gobierno y Administración del Poder Judicial," con la cual supuestamente se daría satisfacción al expreso mandato constitucional del artículo 267, supuestamente para "poner fin a la vigencia del régimen transitorio dictado por el Constituyente," lo cual sin embargo, no ocurrió.

En efecto, en el artículo 1° de la referida Normativa el Tribunal Supremo dispuso la creación de "la Dirección Ejecutiva de la Magistratura como órgano auxiliar del Tribunal Supremo de Justicia, con la finalidad de que ejerza por delegación las funciones de dirección, gobierno y administración del Poder Judicial." Esta Dirección Ejecutiva de la Magistratura se erigió entonces como un órgano del Tribunal Supremo en el ejercicio de sus atribuciones relativas a la dirección, gobierno y administración del Poder Judicial, es decir, se trató de un órgano que ejerce por delegación tales atribuciones que, se insiste, son propias de este Tribunal Supremo de Justicia.

Pero en materia de jurisdicción disciplinaria de los jueces, en el artículo 30 de la misma Normativa, el Tribunal Supremo, sin justificación ni competencia algunas, y en fraude a la Constitución, prorrogó la existencia y funcionamiento de la Comisión de Funcionamiento y Reestructuración, que debía ser organizada en la forma que determinase el Tribunal Supremo de Justicia, la cual sólo tendría a su cargo, luego de la vigencia de la referida Normativa, "funciones disciplinarias mientras se dicta la legislación y se crean los correspondientes Tribunales Disciplinarios." El Tribunal Supremo, así, renunció expresamente a ejercer una de sus funciones incluso en materia de dictar la normativa respecto del gobierno del Poder judicial, y tan fue así, que fue la propia "Comisión de Funcionamiento y Reestructuración del Sistema Judicial," la que, sin base constitucional o legal alguna, en noviembre de 2000 dictó la nueva "normativa" para la sanción y destitución de los jueces, contenida en el Reglamento de la Comisión y Funcionamiento y Reestructuración del Sistema Judicial;[610] "normativa", con el cual procedió definitivamente a "depurar" el Poder Judicial de jueces no afectos al régimen. Lo insólito, es que dicho "reglamento" ni siquiera fue dictado por el propio Tribunal Supremo que, conforme a la Constitución, es el que tiene a su cargo el gobierno y administración del Poder Judicial, y ésta lo haya aceptado sumisamente, avalando el funcionamiento de una inconstitucional Comisión, admitiendo no sólo que esta dictase sus propias normas de funcionamiento, sino el régimen disciplinario de los jueces, es decir, el régimen sancionatorio y de destitución de los mismos.

---

609 Véase en *Revista de Derecho Público*, N° 82, Editorial Jurídica Venezolana, Caracas, 2000, p. 160.

610 Véase en *Gaceta Oficial* N° 37.080, de 17-11-2000

De todo ello resultó que después de dictada la Constitución, su artículo 267 que dispone que la jurisdicción disciplinaria judicial estará a cargo de los tribunales disciplinarios; que el régimen disciplinario de los magistrados y jueces estará fundamentado en el *Código de Ética* del Juez Venezolano, que debe dictar la Asamblea Nacional; y que el procedimiento disciplinario debe ser público, oral y breve, conforme al debido proceso, no tuvo nunca aplicación alguna hasta 2010, cuando fue que se pretendió ejecutar la norma Constitucional pero sin resultado efectivo alguno.

Durante más de una década, la ausencia de desarrollo legislativo de la Constitución hizo prolongar la transitoriedad constituyente, violándose abiertamente la Constitución, lo que se desprende, incluso, de las propias decisiones del Tribunal Supremo. Así lo reconoció y avaló la Sala Plena en su sentencia Nº 40 de 15 de noviembre de 2001, en la cual se detalla que el artículo 22 del Régimen de Transición del Poder Público de diciembre de 1999 había dispuesto que *mientras el Tribunal Supremo de Justicia no organizase a la Dirección Ejecutiva de la Magistratura* (prevista, en el artículo 267 constitucional), las competencias relativas a "inspección y vigilancia de los Tribunales" serían ejercidas por la "Comisión de Funcionamiento y Reestructuración del Sistema Judicial" que la Asamblea había establecido.

Además, el artículo 29 del mismo Régimen estableció que la Inspectoría General de Tribunales -hasta ese entonces organizada y regida por las normas de la Ley Orgánica del Consejo de la Judicatura- sería un órgano auxiliar de la nombrada Comisión, en la inspección y vigilancia de los Tribunales de la República con facultades para la instrucción de los expedientes disciplinarios de los Jueces y demás funcionarios judiciales. Asimismo, dispuso dicha norma que el Inspector General de Tribunales y su suplente, serían designados por la Asamblea Nacional Constituyente, con carácter provisional hasta el funcionamiento efectivo de la Dirección Ejecutiva de la Magistratura.

Ahora bien, como se ha dicho, el 2 de agosto de 2000 el Tribunal Supremo de Justicia, actuando en acatamiento de lo ordenado en el artículo 267 de la Constitución, dictó la "Normativa Sobre la Dirección, Gobierno y Administración del Poder Judicial", con lo que se buscó, como lo afirmó el Supremo Tribunal en la sentencia No. 40, la parcial satisfacción de un expreso mandato constitucional (artículo 267), ya que la "emergencia" continuó en cuanto al régimen disciplinario de los jueces. La propia Sala Plena apuntó sobre la transitoriedad en la sentencia Nº 40 de 2001, que el artículo 30 de la misma Normativa estableció que "la Comisión de Funcionamiento y Reestructuración organizada en la forma que lo determine el Tribunal Supremo de Justicia, sólo tendrá a su cargo [luego de la vigencia de esta Normativa] funciones disciplinarias mientras se dicta la legislación y se crean los correspondientes Tribunales Disciplinarios". Quedó así esa Comisión en el ejercicio de funciones transitorias en la materia antes indicada.[611]

La Sala Plena, además, estableció que mediante la norma contenida en el artículo 2 de la Normativa Sobre la Dirección, Gobierno y Administración del Poder Judicial se había creado la Comisión Judicial, como órgano del Tribunal Supremo de Justicia, "con la finalidad de que ejerza por delegación las funciones de control y supervisión de la Dirección Ejecutiva de la Magistratura y las demás previstas en esta

611 Véase en *Revista de Derecho Público*, Nº 85-88, Editorial Jurídica Venezolana, Caracas, 2001, pp. 159 y ss.

normativa." Se trataba, dijo la Sala, "también en este caso de un órgano carente de atribuciones propias ya que su finalidad específica es ejercer, por delegación las atribuciones constitucionalmente asignadas al Tribunal Supremo de Justicia." Igualmente se refirió el Tribunal Supremo al artículo 22 de la misma Normativa que había creado a la Inspectoría General de Tribunales como "una unidad autónoma dirigida por el Inspector General de Tribunales y adscrita a la Comisión Judicial del Tribunal Supremo de Justicia," agregando que:

> "Se inscribe así la Inspectoría General de Tribunales en el marco de la organización prevista, en desarrollo del Texto Constitucional, para el ejercicio de las funciones de este Supremo Tribunal relativas a la inspección y vigilancia de los Tribunales de la República. Se configura así este órgano, como un instrumento que, dotado de cierto grado de autonomía -cuyo alcance no es ilimitado, y debe, por ello, ser precisado por la Sala Plena de este Tribunal Supremo de Justicia- coadyuva en el ejercicio de tales funciones que son propias del Máximo Tribunal."[612]

Toda esta transitoriedad descrita en esta sentencia del Tribunal Supremo, en la cual se resume, en definitiva, cómo y porqué la garantía constitucional de la autonomía e independencia de los jueces consistente en que los mismos solo pueden ser removidos de sus cargos mediante procedimientos disciplinarios, llevados por jueces disciplinarios que formen parte de una Jurisdicción Disciplinaria Judicial, continuó posteriormente siendo inaplicada con el aval tanto de la Asamblea nacional como del propio Tribunal Supremo.

Incluso, la Sala Político-Administrativa del Tribunal Supremo de Justicia llegó a resolver que la remoción de jueces temporales era una facultad discrecional de la Comisión de Funcionamiento y Reestructuración del Sistema Judicial, la cual podía adoptar sus decisiones sin seguir procedimiento administrativo alguno,[613] la cual, además de remover a los jueces en forma discrecional sin garantía alguna del debido proceso,[614] como lo destacó la Comisión Interamericana de Derechos Humanos en su *Informe de 2009*, lo peor es que ella misma, no gozaba de independencia, pues sus integrantes eran de la libre remoción discrecional de la Sala Constitucional.[615]

Esa Comisión ad hoc, por tanto, literalmente "depuró" la judicatura de jueces que no estaban en línea con el régimen autoritario, como lo reconoció la propia Sala Constitucional,[616] removiendo discrecionalmente jueces que pudieran haber dictado

---

612 *Id.*

613 Véase Decisión N° 00463-2007 del 20-03-2007; Decisión N° 00673-2008 del 24-04-2008 (citada en la Decisión N° 1.939 del 18-12-2008, p. 42). La Sala Constitucional ha establecido la misma posición en la Decisión N° 2414 del 20-12-2007 y Decisión N° 280 del 23-02-2007.

614 Véase Tribunal Supremo de Justicia, Decisión N° 1.939 del 18-12-2008 (Caso: *Gustavo Álvarez Arias et al.*), en *Revista de Derecho Público*, N° 116, Editorial Jurídica Venezolana, Caracas, 2008, pp. 89-106. También en http://www.tsj.gov.ve/decisiones/scon/Diciembre/1939-181208-2008-08-1572.html

615 Véase *Annual Report 2009*, parágrafo 481, en http://www.cidh.org/annualrep/2009eng/Chap.-IV.f.eng.htm.

616 Decisión N° 1.939 de 18-12-2008 (Caso: *Abogados Gustavo Álvarez Arias y otros*), en la cual la Sala Constitucional decidió que una decisión de 05-08-2008 de la Corte Interamericana de Derechos Humanos es inejecutables en Venezuela (Caso: *Apitz Barbera y otros ["Corte Primera de lo Contencioso Administrativo"] vs. Venezuela [Corte IDH]*, Case: *Apitz Barbera y otros ["Corte Primera de lo Contencioso Administrativo"] vs. Venezuela*, Sentencia de 5 de agosto de 2008, Serie C, N° 182. Véase en *Revista de Derecho Público*, N° 116, Editorial Jurídica Venezolana, Caracas, 2008, pp. 89-106. También en http://www.tsj.gov.ve/decisiones/scon/Diciembre/1939-181208-2008-08-1572.html

decisiones que no complacieran al Poder Ejecutivo. Esto llevó a la misma Comisión Interamericana de Derechos Humanos a decir, en el *Informe Anual* de 2009, que "en Venezuela los jueces y fiscales no gozan de la garantía de permanencia en su cargo necesaria para asegurar su independencia en relación con los cambios de políticas gubernamentales."[617]

IV. LA PROLONGACIÓN DE LA TRANSITORIEDAD CONSTITUCIONAL EN LAS REGULACIONES DE LA LEY ORGÁNICA DEL TRIBUNAL SUPREMO DE JUSTICIA DE 2004, MEDIANTE UNA NUEVA "PRÓRROGA" DEL FUNCIONAMIENTO DE LA COMISIÓN AD HOC DE DISCIPLINA JUDICIAL, EN AUSENCIA DE LA JURISDICCIÓN DISCIPLINARIA

En mayo de 2004 se sancionó la entonces muy esperada Ley Orgánica del Tribunal Supremo de Justicia,[618] con la cual, lamentablemente, no sólo se aumentó y consolidó el control del mismo por parte del Poder Ejecutivo, sino que se aumentó la dependencia de los propios Magistrados al haberse incluso regulado en forma inconstitucional la posibilidad de su remoción con el voto de los integrantes de la Asamblea Nacional por mayoría absoluta mediante la "anulación del nombramiento de los Magistrados," la cual se podía adoptar con mayoría absoluta, en lugar de la mayoría calificada que exige la Constitución.[619]

Por otra parte, en la Ley Orgánica del Tribunal Supremo de Justicia de 2004, reiterando las inconstitucionalidades que ya habían ocurrido en 2000 con la llamada y ya comentada "Ley Especial para la Ratificación o Designación de los Funcionarios y Funcionarias del Poder Ciudadano y Magistrados y Magistradas del Tribunal Supremo de Justicia para el primer período constitucional," se produjo otra inconstitucional lesión a la independencia del Tribunal Supremo al burlarse la exigencia de la necesaria participación directa ciudadana en la designación de sus Magistrados me-

---

617 Véase *Informe Anual de 2009*, parágrafo 480, en http://www.cidh.oas.org/annualrep/2009eng/Chap.-IV.f.eng.htm

618 Véase en *Gaceta Oficial* N° 37942 de 20-05-2004. Véase sobre dicha Ley, véase Allan R. Brewer-Carías, *Ley Orgánica del Tribunal Supremo de Justicia. Procesos y procedimientos constitucionales y contencioso-administrativos,* Editorial Jurídica Venezolana, Caracas 2004

619 Esta inconstitucional potestad, por supuesto, fue ejercida en forma inmediata por la Asamblea Nacional, el 15 de junio de 2004, al aprobar un informe de una Comisión que investigaba la crisis en el Poder Judicial, en el cual se recomendó a "anular" el acto el nombramiento de quien para el momento era el Magistrado Vicepresidente del Tribunal Supremo, en razón de haber supuestamente "suministrado falsa información para el momento de la aceptación de su postulación para ser ratificado en ese cargo." Según la investigación parlamentaria, el Magistrado no habría tenido 15 años como profesor universitario titular, ni tampoco estudios de postgrado. Véase la información en *El Nacional*, Caracas, 16-06-2004, p. A-5. Debe precisarse que dicho Vicepresidente del Tribunal Supremo había sido precisamente el Magistrado Ponente en la sentencia de la Sala Plena Accidental de 14 de agosto de 2002, (Caso: Antejuicio de mérito a oficiales de la Fuerza Armada Nacional), que consideró que lo que había ocurrido en el país el 12 de abril de 2002 no había sido una crisis gubernamental debido al vacío de poder provocado por la renuncia del Presidente de la República, sentencia que había sido intensamente criticada por el Presiente de la República, y que dos años después, complacientemente sería anulada por la Sala Constitucional del Tribunal Supremo por motivos formales. El mencionado magistrado, incluso había sido protegido en su titularidad por una decisión de amparo adoptada por la Sala Constitucional con ocasión de una decisión anterior de la Asamblea Nacional contra el mismo el 3 de diciembre de 2002. Véase la información en *El Nacional*, Caracas, 18-06-2004, p. A-4. La Sala, sin embargo, en vista de la efectiva "remoción" del magistrado, muy "convenientemente" no extendió la protección constitucional de amparo que se la había otorgado, lo que originó efectivamente su "remoción" o la "revocación de su nombramiento".

diante representantes de los diversos sectores de la sociedad integrados en un Comité de Postulaciones Judiciales (Art. 270).[620] Sin embargo, en la Ley Orgánica de 2004, en fraude constitucional se estableció en definitiva, otro sistema de elección de Magistrados escapándose del control de los representantes de la sociedad civil, al integrarse el Comité de Postulaciones Judiciales, por once miembros principales, de los cuales cinco eran diputados a la Asamblea, y otros seis supuestamente de los "demás sectores de la sociedad," electos por la Asamblea (Art. 13, párrafo 2°).

En efecto, la Ley Orgánica del Tribunal Supremo de Justicia de 2004 distorsionó las condiciones constitucionales para el nombramiento y remoción de los Magistrados, consolidando la conformación del Comité de Postulaciones Judiciales como la "comisión parlamentaria" antes referida, sujeta a la Asamblea Nacional. Esta reforma, fue altamente criticada, al punto de que, por ejemplo, incluso la Comisión Interamericana de Derechos Humanos en su *Informe Anual de 2004*, señalo que carecía "de las salvaguardas necesarias para impedir que otras ramas del Poder Público pudieran minar la independencia del Tribunal."[621]

Después de esa reforma, en todo caso, el proceso de postulación y designación de los Magistrados del Tribunal Supremo, a pesar de ser supuestamente de la exclusiva competencia del Poder Legislativo, fue completamente controlado por el Presidente de la República, dado su control político de la Asamblea tal y como lo reconoció públicamente el Presidente de la Comisión Parlamentaria para la selección de los Magistrados, al punto de afirmar en 2004, además, que "En el grupo de postulados no hay nadie que vaya actuar contra nosotros."[622] Ello, incluso se repitió en 2010, al punto de que la Comisión Interamericana de derechos Humanos en su Informe sobre Venezuela de 2010, indicó que: "*los 49 magistrados elegidos (17 principales y 32 suplentes) serían simpatizantes del gobierno, incluyendo a dos nuevos magistrados que eran parlamentarios activos de la mayoría oficialista en la Asamblea Nacional.*"[623] Y ha sido esa configuración del Tribunal Supremo, altamente politizada y

---

620 Debe recordarse que esta reforma constitucional se adoptó como consecuencia de la crítica generalizada que se había formulado al sistema tradicional de designación de los Magistrados, tal como la establecía la Constitución de 1961, conforme a la cual el órgano legislativo tenía todo el poder discrecional para, mediante solo acuerdos entre los partidos políticos, efectuar dichas designaciones. El sistema constitucional adoptado, en consecuencia, por una parte, buscaba impedir que se pudieran formular postulaciones directamente para tales designaciones, ante la Asamblea Nacional; y por otra parte, buscaba asegurar que la Asamblea Nacional no pudiera designar para dichos cargos personas distintas a las postuladas por los Comités de Postulaciones

621 Véase IACHR, *2004 Annual Report* (Follow-Up Report on Compliance by the State of Venezuela with the Recommendations made by the IACHR in its Report on the Situation of Human Rights in Venezuela [2003]), parágrafo 174. En http://www.cidh.oas.org/annualrep/2004eng/chap.5b.htm

622 Declaró a la prensa: ""Si bien los diputados tenemos la potestad de esta escogencia, el Presidente de la República fue consultado y su opinión fue tomada muy en cuenta." Añadió: "Vamos a estar claros, nosotros no nos vamos a meter autogoles. En la lista había gente de la oposición que cumplen con todos los requisitos. La oposición hubiera podido usarlos para llegar a un acuerdo en las últimas sesiones, pero no quisieron. Así que nosotros no lo vamos a hacer por ellos. En el grupo de postulados no hay nadie que vaya actuar contra nosotros." Véase *El Nacional*, Caracas, 13 de diciembre de 2004. La Comisión Interamericana de Derechos Humanos sugirió en su Informe a la Asamblea General de la OEA para 2004 que "estas normas de la Ley Orgánica del Tribunal Supremo de Justicia habrían facilitado que el Poder Ejecutivo manipulara el proceso de elección de magistrados llevado a cabo durante 2004." Véase Comisión Interamericana de Derechos Humanos, *Informe sobre Venezuela 2004*, párrafo 180.

623 Véase IICHR, *Informe Anual 2010*, OEA/Ser.L/V/II. Doc. 5 corr. 1, 7-3-2011. Véase el Informe sobre Venezuela en: http://www.cidh.oas.org/annualrep/2010sp/CAP.IV.VENEZUELA.2010.FINAL.doc.

sujeta a los deseos del Presidente, lo que ha permitido la completa eliminación de la autonomía del Poder Judicial, y por ende, de la separación de poderes, permitiendo al gobierno ejercer un control absoluto sobre el Tribunal y en particular, sobre su Sala Constitucional.

Ello ha llegado al punto, por ejemplo, de que en algún caso en el cual el Tribunal dictó una absurda sentencia "reformando" la Ley de Impuesto sobre la Renta,[624] el Presidente la criticó, pero no por su insólito contenido, sino porque se hubiese dictado sin consultar previamente al "líder de la Revolución," advirtiendo a los tribunales que eso de decidir sin que se le consultaran los asuntos al Ejecutivo, podía considerarse "traición al Pueblo" o a "la Revolución."[625]

Y ha sido mediante el control ejercido sobre del Tribunal Supremo, que en Venezuela es el órgano encargado del gobierno y administración del sistema judicial, que el gobierno ha ejercido un control político sobre la universalidad de las instituciones judiciales, con la cooperación de la largamente sobreviviente Comisión ad hoc de Funcionamiento y reestructuración del Poder Judicial, legitimada hasta 2010 por el propio Tribunal Supremo. Con ello, por supuesto, se hicieron completamente inaplicables las magníficas previsiones constitucionales que buscaban garantizar la independencia y autonomía de los jueces relativos al ingreso a la carrera judicial y a los juicios disciplinarios.

Pero en la materia específica de la estabilidad de los jueces y del régimen disciplinario, la Ley Orgánica del Tribunal Supremo de Justicia de 2004, en lugar de haber puesto fin a la transitoriedad constitucional que implicaba la ausencia de la Jurisdicción Disciplinaria, y el ejercicio de la misma por una Continuó ad hoc; al contrario, nuevamente prorrogó la transitoriedad al disponer en su *Disposición Transitoria Única*, párrafo 2, e) que:

> La Comisión de Funcionamiento y Reestructuración del Sistema Judicial sólo tendrá a su cargo funciones disciplinarias, *mientras se dicte la legislación y se crea la jurisdicción disciplinaria* y los correspondientes tribunales disciplinarios.

---

624 Tribunal Supremo de Justicia, Sala Constitucional, Decisión Nº 301 del 27 de febrero de 2007 (Caso: *Adriana Vigilanza y Carlos A. Vecchio*) (Exp. Nº 01-2862) en Gaceta Oficial Nº 38.635 del 1 de marzo de 2007. Véanse comentarios en Allan R. Brewer-Carías, "El juez constitucional en Venezuela como legislador positivo de oficio en materia tributaria" en *Revista de Derecho Público Nº 109*, Editorial Jurídica Venezolana, Caracas 2007, pp. 193-212, *disponible en* www.allanbrewercarias.com, (Biblioteca Virtual, II.4. Artículos y Estudios Nº 508, 2007) pp. 1-36; y Allan R. Brewer-Carías, "De cómo la Jurisdicción constitucional en Venezuela, no sólo legisla de oficio, sino subrepticiamente modifica las reformas legales que "sanciona", a espaldas de las partes en el proceso: el caso de la aclaratoria de la sentencia de Reforma de la Ley de Impuesto sobre la Renta de 2007" en *Revista de Derecho Público* Nº 114, Editorial Jurídica Venezolana, Caracas 2008, pp. 267-276, disponible en http://www.brewercarias.com/Content/449725d9-f1cb-474b-8ab2-41efb849fea8/Content/II.4.575.pdf.

625 "Muchas veces llegan, viene el Gobierno Nacional Revolucionario y quiere tomar una decisión contra algo por ejemplo que tiene que ver o que tiene que pasar por decisiones judiciales y ellos empiezan a moverse en contrario a la sombra, y muchas veces logran neutralizar decisiones de la Revolución a través de un juez, o de un tribunal, o hasta en el mismísimo Tribunal Supremo de Justicia, a espaldas del líder de la Revolución, actuando por dentro contra la Revolución. Eso es, repito, traición al pueblo, traición a la Revolución" Discurso en el Primer Encuentro con Propulsores del Partido Socialista Unido de Venezuela desde el teatro Teresa Carreño, 24-03-2007, en http://www.minci.gob.ve/alocuciones/4/13788/primer_encuentro_con.html, p. 45.

La vigencia efectiva de la norma constitucional que exigía que "la jurisdicción disciplinaria judicial estará a cargo de los tribunales disciplinarios que determine la ley" (art. 267) de nuevo fue pospuesta, quedando como letra muerta; y quedando los jueces sin garantía alguna de estabilidad, a la merced de una Comisión "no judicial," que continuó suspendiéndolos a mansalva, particularmente cuando han dictado decisiones que no han complacido al Poder. Lamentablemente en esta materia, el "activismo judicial" de la Sala Constitucional que la llevó, incluso, a juzgar de oficio la inconstitucionalidad de la omisión del Legislador, por ejemplo, al no haber sancionado en el tiempo requerido la Ley Orgánica del Poder Municipal,[626] nunca fue ejercida en su propia materia, la judicial, ni fue aplicada para tratar de obligar al legislador a dictar las leyes básicas para garantizar, precisamente, la autonomía e independencia del Poder Judicial, que el Tribunal Supremo administra y gobierna, mediante la garantía de estabilidad de los jueces.

V. LA INCONSTITUCIONAL CONVERSIÓN DE JUECES TEMPORALES EN JUECES TITULARES SIN CONCURSOS PÚBLICOS DE OPOSICIÓN Y SIN PARTICIPACIÓN CIUDADANA

Por otra parte, estando el Poder Judicial como consecuencia de la "depuración" efectuada por la Comisión ad hoc, integrado mayoritariamente por jueces temporales y provisionales" designados precisamente. Esa tarea correspondió a la Comisión Judicial del Tribunal Supremo de Justicia nombrada en agosto de 2000, que comenzó a funcionar en paralelo con la Comisión ad hoc de Funcionamiento, de manera que para 2004 el Poder Judicial el Venezuela estaba integrado en más del 90% por dichos jueces temporales y provisionales, y por tanto, dependientes y vulnerables a las presiones del poder[627], con lo cual habiendo materialmente desaparecido todo vestigio de autonomía e independencia del Poder Judicial.

Sobre este problema de la administración de justicia en Venezuela, la Comisión Interamericana de Derechos Humanos ya desde mayo de 2002, había señalado lo siguiente:

> 8. Otro aspecto vinculado a la autonomía e independencia del Poder Judicial es lo relativo al carácter provisorio de los jueces. La CIDH no desconoce que el problema de la provisionalidad de los jueces en Venezuela es de larga data. Según lo informado a la CIDH durante la visita, actualmente habría entre un 60% un 90% de jueces provisionales lo cual, a consideración de la CIDH, afecta la estabilidad, independencia y autonomía que debe regir a la judicatura. La Comisión expresa la importancia de que se inicie en Venezuela de manera inmediata y conforme a su legislación interna y las obligaciones internacionales derivadas de la Convención Americana, un proceso destinado a revertir la situación de provisionalidad de la mayoría de los jueces.[628]

---

626 Véase la sentencia N° 3118 de 06-10-2003 en *Revista de Derecho Público*, N° 93-96, Editorial Jurídica Venezolana, Caracas 2003. Véanse los comentarios en Allan R. Brewer-Carías, *La Constitución de 1999. Derecho Constitucional Venezolano*, Tomo II, *cit.*, pp. 970 y ss.

627 Véase lo indicado en el Informe de Human Rights Watch *Manipulando el Estado de Derecho: Independencia del Poder Judicial amenazada en Venezuela*, junio de 2004, Vol. 16, N° 3 (B), p. 11, donde se habla incluso de los "jueces desechables".

628 Véase "Comunicado de Prensa" de 10-05-2000, en *El Universal*, Caracas 11-5-2002. En el texto de las Observaciones Preliminares formuladas por la Comisión el día 10-05-2002, se ahondó en el tema de la

Los concursos públicos para la designación de los jueces que se intentaron desarrollar en marzo de 2000, mediante una normativa que fue dictada, no por el Tribunal Supremo de Justicia, sino por la Comisión de Funcionamiento y Reestructuración del Sistema Judicial[629], fueron suspendidos definitivamente poco tiempo después; y tanto la destitución de los jueces sin fórmula de juicio ni derecho a ser oídos, como la designación a dedo de sus sustitutos temporales, siguió siendo la regla en el funcionamiento del Poder Judicial.

Lo absurdo del régimen transitorio que eliminó todo el sistema de concurso para el ingreso a la carrera judicial que exige la Constitución, llegó a su clímax con la sentencia de la Sala Constitucional del Tribunal Supremo de Justicia N° 1424 de 3 de mayo de 2005, dictada con ocasión de decidir un recurso de nulidad por inconstitucionalidad del artículo 6,23 de la Ley Orgánica del Tribunal Supremo de Justicia que atribuía a la Sala Político Administrativa del mismo Tribunal la competencia para designar los jueces de la jurisdicción contencioso administrativa, a los efectos de que como lo solicitaron los recurrentes, "en consecuencia se designe a los jueces de la jurisdicción contencioso-administrativa, a través de los procedimientos de concurso de oposición aplicado a las demás jurisdicciones del país, tal como lo prevé el mandato constitucional plasmado en el artículo 255 de la Constitución".

En dicha sentencia, sin embargo, la Sala resolvió declarar *de oficio* una medida cautelar suspendiendo la aplicación de la norma impugnada, alegando como "peligro en la mora", "el riesgo de que la Sala Político-Administrativa, con apoyo en la Ley, haga designaciones durante la pendencia de este juicio las cuales, pese a que sean legales, podrían ser declaradas luego inconstitucionales, con nefastas consecuencias para todo el Sistema de Justicia"; por lo que entonces resolvió que durante "la tramitación de esta causa las designaciones a que se refiere la norma cuya suspensión provisional se acuerda se harán por la Comisión Judicial del Tribunal Supremo de

provisionalidad de los jueces, indicando: 30. Otro aspecto vinculado a la autonomía e independencia del Poder Judicial es lo relativo al carácter provisorio de los jueces. Al respecto, luego de casi tres años de reorganización del Poder Judicial, un número significativo de los jueces tiene carácter provisorio, que oscila entre el 60 y el 90% según las distintas fuentes. Ello afecta la estabilidad, independencia y autonomía que debe regir a la judicatura. / 31. La Comisión no desconoce que el problema de la provisionalidad de los jueces precede en muchos años a la presente administración. Sin embargo, la Comisión ha sido informada que el problema de la provisionalidad de los jueces se ha profundizado y aumentado desde que el presente Gobierno inició un proceso de reestructuración judicial. El Presidente del Tribunal Supremo de Justicia informó a la CIDH sobre la marcha del proceso destinado a corregir dicha situación. / 32. El poder judicial ha sido establecido para asegurar el cumplimiento de las leyes y es indudablemente el órgano fundamental para la protección de los derechos humanos. En el sistema interamericano de derechos humanos, el funcionamiento adecuado del poder judicial es un elemento esencial para prevenir el abuso de poder por parte de otros órganos del Estado, y por ende, para la protección de los derechos humanos. Para que el poder judicial pueda servir de manera efectiva como órgano de control, garantía y protección de los derechos humanos, no sólo se requiere que éste exista de manera formal, sino que además el poder judicial debe ser independiente e imparcial. / 33. La Comisión expresa la importancia de que, de manera inmediata y conforme a la legislación interna y las obligaciones internacionales derivadas de la Convención Americana, se acelere el proceso destinado a revertir la situación de provisionalidad en que se encuentra un número significativo de jueces venezolanos. La necesidad de que la designación de jueces se realice con todas las garantías, no puede justificar que la situación de provisionalidad se mantenga por largos períodos.

629 Véase Normas de Evaluación y Concursos de Oposición para ingresos y permanencia en el Poder Judicial de 13-03-2000.

Justicia, mediante el mismo procedimiento a través del cual se nombra el resto de los jueces de la República", es decir, a dedo, sin concurso.

En consecuencia, de una designación de jueces de la Jurisdicción Contencioso-Administrativa por el máximo tribunal de dicha Jurisdicción (la Sala Político Administrativa) con posibilidad de velar más adecuadamente por el nivel de los mismos, se pasó a la designación a dedo, sin concurso de dichos jueces como se hace con "el resto de los jueces de la República"; y ello, por decisión de la Sala Constitucional.

Toda esta irregular conformación de la judicatura en Venezuela, por jueces provisorios y temporales, que han sido designados sin concurso, en sustitución de todos los que han sido destituidos o removidos sin garantía el debido proceso, el propio Tribunal Supremo ha pretendido convertirla en "regular", mediante la aprobación y entrada en vigencia desde septiembre de 2005, de una normativa que ha pretendido establecer ese proceso "reconversión" regulando una inconstitucional transformación de dichos jueces provisorios en "jueces titulares", sin el concurso público de oposición que exige la Constitución.

A los efectos de llevar a cabo este fraude a la Constitución, en efecto, el Tribunal Supremo de Justicia dictó unas "Normas de Evaluación y Concurso de oposición para el ingreso y ascenso de la carrera judicial" mediante Acuerdo de 6 de julio de 2005[630], en las cuales, luego de regular muy detalladamente los concursos públicos para el nombramiento de jueces, suspende su aplicación durante un año (2005-2006) en unas Disposiciones Finales y Transitorias, en cuyo artículo 46 estableció una llamada "Regularización de la Titularidad de los Jueces Provisorios", a los efectos "de regular la situación de los Jueces no titulares". Para ello, incluso antes de dictarse estas normas, la Sala Plena del Tribunal Supremo de Justicia en fecha 6 de abril de 2005, había aprobado "el proyecto de normas presentado por la Escuela Nacional de la Magistratura que incluye el Programa Especial para la Regularización de la Titularidad (PET), conformado por un Programa Académico de Capacitación, evaluación médica y psicológica, evaluación de desempeño, y el correspondiente examen de conocimiento, todo de acuerdo con lo previsto en la presente normativa".

La norma del artículo 46 agregó que "El referido programa tendrá una vigencia de doce meses contados a partir de la aprobación por la Sala Plena del Tribunal Supremo de Justicia de las presentes normas". Con ello, se ha pretendido titularizar a todos los jueces provisionales y transitorios, que para el momento de entrada en vigencia de las normas tuvieran solo más de tres meses en ejercicio de sus cargos[631], de manera que la misma norma agrega además que solo "aquellos jueces que, para la fecha en que cese la vigencia de dicho Programa, mantengan la condición de Provisorios, Temporales o Accidentales, y no tengan al menos tres (3) meses en el ejercicio de sus funciones judiciales", serán los que deben "participar y aprobar el Programa de Formación Inicial (PFI) para obtener la titularidad".

---

630 Véase en *Gaceta Oficial* N° 38282 de 29-09-2005. Dicho Acuerdo, sin embargo, no derogó expresamente las Normas de Evaluación y Concursos de oposición para ingresos y permanencia en el Poder Judicial que había dictado la Comisión de Funcionamiento y reestructuración del Sistema Judicial en 2000.

631 El artículo 47 de dichas normas transitorias, establece sobre la convocatoria a concurso, que "La Escuela Nacional de la Magistratura convocará a concurso sólo a aquellos jueces no titulares, con al menos tres (3) meses en el ejercicio de la función judicial para la fecha de inicio del Programa Académico de Capacitación. Tal convocatoria deberá cumplir con los requisitos de publicidad y fases establecidas en las presentes normas'.

En esta forma, el propio Tribunal Supremo en evidente fraude a la Constitución, dispuso la conversión de los jueces temporales, provisorios y accidentales en jueces titulares, sin cumplir con los concursos públicos de oposición establecidos en la Constitución, mediante un procedimiento que se desarrolla en las referidas Normas, basadas en una supuesta evaluación que se le hace a cada juez provisorio, individualmente considerado, al cual se le da un curso de pocos días, y se le hace un examen, sin concurso público. Este proceso, que se ha realizado desde 2005, es lo que le permitió al Presidente del Tribunal Supremo de Justicia, anunciar públicamente en octubre de 2006, que "para diciembre de 2006, 90% de los jueces serán titulares,"[632] hecho que fue denunciado ante la Comisión Interamericana de Derechos Humanos como un nuevo atentado a la autonomía del Poder Judicial hecho en fraude a la Constitución.[633]

VI. LA INCONSTITUCIONAL "REGULARIZACIÓN" DE LA INEXISTENCIA DE LA JURISDICCIÓN DISCIPLINARIA JUDICIAL POR PARTE DE LA SALA CONSTITUCIONAL DEL TRIBUNAL SUPREMO EN 2005

La intervención, debido a la "emergencia" permanente a que se sometió al Poder Judicial, que condujo a que las normas constitucionales no llegasen a aplicarse, por supuesto que lo que más afectó fue a la estabilidad de los jueces dada la inexistencia de la jurisdicción disciplinaria judicial prevista en la Constitución.

El Legislador, por tanto, estuvo en mora tanto en cuanto a su creación como en la sanción del régimen disciplinario de los magistrados y jueces debía estar además fundamentado en el Código de Ética del Juez Venezolano que sólo llegó a ser dictado en 2010. Antes, sin embargo, en su lugar, como dijimos, la Asamblea Nacional lo que hizo fue dictar la Ley Orgánica del Tribunal Supremo de mayo de 2004 para prorrogó una vez más la emergencia, al disponerse en la Disposición Transitoria Única, párrafo 2, e) que la Comisión de Funcionamiento y Reestructuración del Sistema Judicial seguiría ejerciendo las funciones disciplinarias, "mientras se dicte la legislación y se crea la jurisdicción disciplinaria y los correspondientes tribunales disciplinarios." Es decir, el Legislador, de nuevo, decidió legislar para no legislar y para prorrogar una inconstitucional emergencia, que siguió durando *sine die*, mientras el propio legislador decidiera, en el futuro, llegar a legislar en la materia, lo que sólo hizo en 2010. Y todo ello, con la anuencia del propio Tribunal Supremo de Justicia, que ha sido cómplice en dicha prórroga y en la violación de la Constitución en materia del régimen disciplinario del Poder judicial.

En esta materia, incluso, la propia Sala Constitucional del Tribunal Supremo, con ocasión de conocer de la inconstitucional omisión de la Asamblea Nacional al no haber enviado al Presidente de la República para su promulgación una Ley del Código de Ética del Juez que se había sancionada, en 2005, en lugar de censurar la omisión legislativa y exigirle a la Asamblea Nacional que remitiera para su promulgación tal Ley, lo que hizo fue, contradictoriamente, prorrogar la existencia de la mencionada Comisión de Funcionamiento y Reestructuración del Sistema Judicial, llegando incluso a designar y remover sus integrantes, sustituyéndose, la Sala Cons-

---

632 Véase en *El Universal*, Caracas 11-10-2006.

633 Véase la denuncia de Cofavic, Provea, Espacio Público, Centro de Derechos Humanos de la UCAB, Unión Afirmativa y otras organizaciones no gubernamentales ante la Comisión Interamericana de Derechos Humanos, en Washington. Véase en *El Universal*, Caracas, 20 de octubre de 2006.

titucional, en el propio Tribunal Supremo de Justicia. En efecto, en la sentencia N° 1957 de mayo de 2005, dictada con el motivo indicado, la Sala resolvió:

> Observa la Sala, tal y como se indicó anteriormente, que la presente demanda se intentó con fundamento en la supuesta omisión en que incurrió la Asamblea Nacional, *"por cuanto aún no han remitido la Ley sancionada el 16 de octubre de 2003 del Código de Ética del Juez o Jueza Venezolana' al Presidente de la República Bolivariana para que se proceda a su promulgación en la Gaceta Oficial".*

Lo anterior ha traído entre sus consecuencias la continuidad en sus funciones de un órgano como la Comisión de Funcionamiento y Reestructuración del Sistema Judicial, el cual estaba destinado a regir durante un período de transición.

En efecto, la Asamblea Nacional Constituyente elaboró el Régimen de Transición del Poder Público, publicado en Gaceta Oficial número 36.920 del 28 de marzo de 2000, en el cual se creó la Comisión de Funcionamiento y Reestructuración del Sistema Judicial en los siguientes términos:

> *"Articulo 28. Se crea la Comisión de Funcionamiento y Reestructuración del Sistema Judicial que será integrada por los ciudadanos que designe la asamblea nacional constituyente.*
>
> *Las Designaciones que realice la Asamblea Nacional Constituyente lo serán hasta el funcionamiento efectivo de la Dirección Ejecutiva de la Magistratura, de los Tribunales Disciplinarios y del Sistema Autónomo de la Defensa Publica".*

Por su parte, el artículo 24 *eiusdem,* destaca igualmente la transitoriedad de la referida Comisión, al disponer lo siguiente:

> *"La competencia disciplinaria judicial que corresponda a los Tribunales disciplinarios de conformidad con el artículo 267 de la Constitución aprobada, será ejercida por la Comisión de Funcionamiento y Reestructuración Sistema Judicial de acuerdo con el presente régimen de transición y hasta que la Asamblea Nacional apruebe la legislación determine los procesos y tribunales disciplinarios".*

En justa correspondencia con lo anterior, este Tribunal Supremo de Justicia, procedió a dictar la Normativa sobre la Dirección, Gobierno y Administración del Poder Judicial, publicada en la Gaceta Oficial N° 37.014, de 15 de agosto de 2000, en cuyo capítulo correspondiente a las disposiciones finales y transitorias (artículo 30), dispuso que:

> *"La Dirección Ejecutiva de la Magistratura iniciará su funcionamiento efectivo el día primero de septiembre del año dos mil.*
>
> *(Omissis)*
>
> *La Comisión de Funcionamiento y Reestructuración,* ***reorganizada en la forma que lo determine el Tribunal Supremo de Justicia****, sólo tendrá a su cargo funciones disciplinarias, mientras se dicta la legislación y se crean los correspondientes Tribunales Disciplinarios" (Resaltado de la Sala)*

Pero después de de todo este razonamiento, de la manera más absurda, la Sala, en lugar de velar por la corrección de la omisión legislativa, lo que hizo fue constatar que:

"Visto que conforme a la Normativa sobre la Dirección, Gobierno y Administración del Poder Judicial corresponde a este Tribunal Supremo de Justicia, la reorganización de la Comisión de Funcionamiento y Reestructuración y visto que conforme al Decreto del Régimen de Transición del Poder Público, las designaciones que realizó la Asamblea Nacional Constituyente de los integrantes de dicha Comisión fueron realizadas de manera temporal hasta el funcionamiento efectivo de la Dirección Ejecutiva de la Magistratura y la Comisión Judicial, lo que constituye un hecho notorio en la actualidad, y visto que hasta la presente fecha la Asamblea Nacional ha omitido culminar el proceso de formación del Código de Ética del Juez o Jueza Venezolana."

Y con base en ello, "a los fines de reorganizar el funcionamiento de la referida Comisión, según lo establecido en el artículo 267 de la Constitución de la República Bolivariana de Venezuela y artículo 30 de la Normativa sobre la Dirección, Gobierno y Administración del Poder Judicial", pura y simplemente procedió a ordenar la sustitución de los ciudadanos que se desempeñan como miembros integrantes de la citada Comisión por otros ciudadanos que procedió a designar. Es decir, la Sala Constitucional procedió a formalizar, aún más, la transitoriedad judicial y la inexistencia del régimen disciplinario judicial de los jueces.[634]

Unas semanas después, la misma Sala Constitucional, dictó la sentencia No 1793 de 19 de junio de 2005,[635] en la cual resolvió "suspender" la aplicación del Reglamento que contiene el procedimiento disciplinario aplicable a los jueces y juezas en sede administrativa, por ser contrario a los postulados constitucionales, y procedió a facultar a la Comisión de Funcionamiento y Reestructuración del Sistema Judicial para modificar su Reglamento y adecuarlo a las disposiciones constitucionales, hasta tanto entre en vigencia la legislación correspondiente. En efecto, luego de la anterior sentencia, y teniendo en cuenta su contenido, la Sala Constitucional consideró a la referida Comisión, según su propia jurisprudencia, como "un órgano de rango constitucional, (*V.*, sent. N° 731/2005 del 5 de marzo, recaída en el caso Marcos Ronald Marcano Cedeño) [...] sujeto a un régimen de transitoriedad, habida cuenta que el sistema jurídico que debe regir su funcionamiento aún no ha entrado en vigencia" pues como "lo ha reconocido esta Sala en sentencia del 28 de marzo de 2000 Caso *Gonzalo Pérez Hernández y Luis Morales Parada*), cuando dispuso que las normas supraconstitucionales "*mantienen su vigencia, mas allá del mandato cumplido de la Asamblea Nacional Constituyente, hasta que los poderes constituidos, entre ellos la Asamblea Nacional, sean electos y empiecen a ejercer su competencia normadora conforme a la Constitución vigente.*" Y con base en ello, así como en el "Reglamento de la Comisión de Funcionamiento y Reestructuración del Sistema Judicial" dictado por la propia Comisión[636] y el la Disposición Derogatoria, Transitoria y Final,

---

634 Véase las referencias a esta sentencia, en la sentencia N° 1793 de 19 de junio de 2005 de la misma Sala Constitucional, *Caso*: *Henrique Iribarren Monteverde, (acción de inconstitucionalidad por omisión contra la Asamblea Nacional*, en *Revista de Derecho Público,* N° 103, Editorial Jurídica venezolana, Caracas 2005, pp. 165 ss.

635 Véase Caso: *Henrique Iribarren Monteverde, (acción de inconstitucionalidad por omisión contra la Asamblea Nacional*), en *Revista de Derecho Público*, N° 103, Editorial Jurídica venezolana, Caracas 2005, pp. 165 ss.

636 Véase acto administrativo N° 155, del 28 de marzo de 2000, publicado en *Gaceta Oficial de la República Bolivariana de Venezuela* N° 36.925, del 4 de abril de 2000

literal e) de la Ley Orgánica del Tribunal Supremo de Justicia de 2004, estimó en definitiva:

> "que la Comisión de Funcionamiento y Reestructuración del Sistema Judicial está facultada para conocer y decidir los procedimientos disciplinarios -que han de ser públicos, orales y breves- en contra de los jueces, hasta tanto se dicte la legislación y se creen los correspondientes Tribunales Disciplinarios, conforme al artículo 267 de la Constitución de la República Bolivariana de Venezuela y, el Régimen Disciplinario de los Jueces que se regirá por el Código de Ética del Juez Venezolano o Jueza Venezolana, el cual originó la presente acción de inconstitucionalidad contra omisión legislativa. [637]

Sin embargo, la Sala Constitucional consideró que normas del referido Reglamento eran contrarias a los artículo 257 y 267 de la Constitución, por lo cual "dado el vacío normativo existente sobre la materia, producto de la falta de adecuación de la legislación existente a los postulados constitucionales antes transcritos," procedió "de oficio" a suspender su aplicación. Sin embargo, "a fin de evitar la paralización de los procedimientos disciplinarios pendientes y los que haya lugar," la Sala Constitucional, con base en al artículo 336.7 de la Constitución que la autoriza a establecer los lineamientos para corregir la omisión, procedió a facultar:

> "a la Comisión de Funcionamiento y Reestructuración del Sistema Judicial para modificar su Reglamento y adecuarlo a las disposiciones constitucionales referidas supra; hasta tanto entre en vigencia la legislación correspondiente, y para cumplir con su cometido, podrá reorganizar su personal interno, designar el personal auxiliar que requiera y dictar su propio reglamento de funcionamiento, sin que ello colida con el Decreto del Régimen de Transición del Poder Público." [638]

La Sala Constitucional, así, en definitiva avaló la transitoriedad del régimen de ausencia de garantías a la estabilidad de los jueces, y en esta materia, como antes se dijo, no demostró activismo judicial alguno, y lejos de declarar la inconstitucionalidad de la omisión legislativa, lo que hizo fue asumir la dirección de la inconstitucional emergencia judicial, al haber primero removido a los miembros de la Comisión de Funcionamiento y Reorganización del Sistema Judicial y haber designado a los nuevos integrantes de dicho órgano interventor, y disponer la forma para que continuase la emergencia..

En esta materia, por tanto, como dijimos al inicio, el contraste entre la normativa constitucional y la realidad política ha sido patética: hay una serie de garantías constitucionales respecto de la autonomía e independencia del Poder Judicial que no han existido en la práctica, por la implantación de una anormal situación de "emergencia judicial" construida y gerenciada por la Asamblea Nacional y por el propio Tribunal Supremo de Justicia, órganos que han suspendido fácticamente la aplicación de la Constitución en lo que se refiere al régimen disciplinario de los jueces y, por tanto, en cuanto a la estabilidad de los mismos, sin lo cual no puede hablarse ni de autonomía ni de independencia judicial.

Uno de los casos emblemáticos que muestra esta aberrante situación tuvo lugar en 2003, cuando la Corte Primera de lo Contencioso Administrativo dictó una medi-

---

637 *Id.*

638 *Id.*

da cautelar suspendiendo la ejecución de un programa de contratación pública de médicos extranjeros sin licencia, para programas sociales de atención médica; medida que se dictó a solicitud del Colegio de Médicos de Caracas que alegaba discriminación contra los médicos licenciados."[639] La respuesta del Gobierno contra una simple medida cautelar de suspensión de efectos, además de anunciar públicamente que no sería acatada,[640] fue el allanamiento policial de la sede del tribunal; la destitución de todos sus Magistrados y la clausura del mismo por casi un año, y el insulto público proferido por el Presidente de la República contra los Magistrados destituidos.[641] El caso fue llevado ante la Corte Interamericana de Derechos Humanos, la cual dictó sentencia en 2008 condenando al Estado venezolano por la violación de las garantías judiciales de los Magistrados,[642] pero la respuesta de la Sala Constitucional del Tribunal Supremo a solicitud del gobierno, fue simplemente declarar que las decisiones de la Corte Interamericana son inejecutables en Venezuela.[643] Tan simple como eso, mostrando la total subordinación de las instituciones judiciales respecto de las políticas, deseos y dictados del Presidente de la República.

Más recientemente tuvo lugar otro asombroso caso, que fue la detención policial arbitraria, en diciembre de 2009, de una juez penal (María Lourdes Afiuni Mora) por habérsele ocurrido ordenar, conforme a sus atribuciones y siguiendo las recomendaciones del Grupo de Trabajo de las Naciones Unidas sobre Detenciones Arbitrarias, la excarcelación de un individuo investigado por delitos financieros a los efectos de que fuese enjuiciado en libertad como lo garantiza la Constitución. El mismo día de la decisión, el Presidente de la Republica pidió públicamente la detención de la juez, exigiendo que se le aplicara la pena máxima de 30 años establecida en Venezuela para crímenes horrendos y graves.

La juez fue efectivamente detenida por la policía ese mismo día, y todavía permanece en detención, sin que se haya iniciado juicio alguno contra ella. El mismo Grupo de Expertos de Naciones Unidas consideró estos hechos como "un golpe del Presidente Hugo Chávez contra la independencia de los jueces y abogados" solicitando la "inmediata liberación de la juez" concluyendo que "las represalias ejercidas sobre jueces y abogados por el ejercicio de sus funciones garantizadas constitucio-

---

639 Véase Claudia Nikken, "El caso "Barrio Adentro": La Corte Primera de lo Contencioso Administrativo ante la Sala Constitucional del Tribunal Supremo de Justicia o el avocamiento como medio de amparo de derechos e intereses colectivos y difusos, " en *Revista de Derecho Público*, N° 93-96, Editorial Jurídica Venezolana, Caracas, 2003, pp. 5 y ss.

640 "Váyanse con su decisión no sé para donde, la cumplirán ustedes en su casa si quieren…" Exposición en el programa radial *Aló Presidente*, N° 161, 24-08-2004

641 Exposición pública el 20-09-2004. Véase la información en *El Nacional*, Caracas 05-11-2004, p. A2, donde el Presidente destituido de la Corte Primera señaló que: "La justicia venezolana vive un momento tenebroso, pues el tribunal que constituye un último resquicio de esperanza ha sido clausurado".

642 Véase sentencia de la Corte Interamericana de 05-08-2008 Caso *Apitz Barbera y otros ("Corte Primera de lo Contencioso Administrativo") vs. Venezuela,* en www.corteidh.or.cr . Excepción Preliminar, Fondo, Reparaciones y Costas, Serie C N° 182;

643 Véase sentencia de la Sala Constitucional, sentencia N° 1.939 de 18-12-2008 (Caso *Abogados Gustavo Álvarez Arias y otros*), en *Revista de Derecho Público*, N° 116, Editorial Jurídica Venezolana, Caracas, 2008, pp. 89-106. También en http://www.tsj.gov.ve/decisio-nes/scon/Diciembre/1939-181208-2008-08-1572.html

nalmente creando un clima de temor, solo sirve para minar el Estado de derecho y obstruir la justicia."[644]

El hecho es que en Venezuela ningún juez ha podido ni puede adoptar una decisión que pueda afectar las políticas gubernamentales, los deseos del Presidente, los intereses del Estado o la voluntad de los funcionarios públicos, por lo que por ejemplo, la Jurisdicción Contencioso Administrativa ha dejado de tener efectividad e importancia.[645] Por ello la Comisión Interamericana de Derechos Humanos después de describir con preocupación en su *Informe Anual de 2009* que en muchos casos, "los jueces son removidos inmediatamente después de adoptar decisiones judiciales en casos con impactos políticos importantes," concluyó señalando que "la falta de independencia judicial y de autonomía en relación con el poder político es, en opinión de la Comisión el punto más débil de la democracia venezolana."[646]

VII. EL ASALTO FINAL AL PODER JUDICIAL MEDIANTE LA "REFORMA" DE LA LEY ORGÁNICA DEL TRIBUNAL SUPREMO DE JUSTICIA EN 2010, MEDIANTE SU ILEGÍTIMA "REPUBLICACIÓN" EN LA GACETA OFICIAL

En 2010 se dictaron dos importantes leyes en materia judicial: por una parte, en mayo de ese año se sancionó la reforma de la Ley Orgánica del Tribunal Supremo de Justicia, corrigiéndose la catastrófica redacción y forma de la Ley de 2004;[647] y se dictó en agosto del mismo año la "Ley del Código de Ética del Juez Venezolano y la Jueza Venezolana," que fue reformado casi de inmediato.[648] En la primera, desapareció la Disposición Transitoria que había prorrogado el funcionamiento de la Comisión de Funcionamiento y Reorganización del Poder Judicial, y en la segunda, al derogarse la Normativa que la regulaba, se sustituyó dicha Comisión por unos órganos disciplinarios judiciales, la Corte Disciplinaria Judicial y el Tribunal Disciplinario Judicial.

En cuanto a la primera de dichas leyes, la que reguló al Tribunal Supremo, en sus normas se estableció en detalle el procedimiento a seguir para la selección y nombramiento de sus Magistrados, lo que debía ocurrir en los meses subsiguientes, y en particular, en 2011 dado los lapsos que fueron expresamente establecidos.

---

644 Véase en at http://www.unog.ch/unog/website/ news_media.nsf/%28httpNewsByYear_en%29/-93687E8429BD53A1C125768E00529DB6?OpenDocument&cntxt=B35C3&cookielang=fr. El 14-10-2010, el mismo Grupo de Trabajo de la ONU solicitó formalmente al Gobierno venezolano que la Juez fuse "sometida a un juicio apegado al debido proceso y bajo el derecho de la libertad provisional". Véase en *El Universal*, 14-10-2010, en http://www.eluniversal.com/2010/10/14/-pol_ava_instancia-de-la-onu_14A4608051.shtml

645 Véase Antonio Canova González, *La realidad del contencioso administrativo venezolano (Un llamado de atención frente a las desoladoras estadísticas de la Sala Político Administrativa en 2007 y primer semestre de 2008)*, *cit.*, p. 14.

646 Véase en ICHR, *Annual Report 2009*, para. 483. Available at http://www.cidh.oas.org/annualrep/-2009eng/Chap.IV.f.eng.htm.

647 La Ley Orgánica fue publicada en *Gaceta Oficial* N° 5.991 Extra. de 29-07-2010, y luego fue republicada, para corregir supuestos errores materiales, en *Gaceta Oficial* N° 39.483 de 9-08-2010. Véanse los comentarios en Allan R. Brewer-Carías y Víctor Hernández Mendible, *Ley Orgánica del Tribunal Supremo de Justicia*, Caracas 2010, pp. 225-226.

648 *Gaceta Oficial* N° 39.493 de fecha 23-8-2010

Sin embargo, como es sabido, en septiembre de 2010 se realizaron elecciones legislativas en el país, en las cuales, a pesar de que los candidatos de oposición al gobierno obtuvieron la mayoría del voto popular, los candidatos del oficialismo, a pesar de que haber obtenido menos de la mitad del voto popular, por el diseño formal de la ley, terminaron controlando la Asamblea. Ello, sin embargo, no afectó la repercusión política evidente que tuvo la elección, particularmente porque el Presidente de la República y sus seguidores la habían planteado como una suerte de "plebiscito" sobre su propio mandato y su modelo socialista. El resultado de dicho plebiscito fue que efectivamente el Presidente y el partido de gobierno lo perdieron, con lo cual el gobierno quedó como minoría en el país, a pesar de los esfuerzos que se hicieron por mostrar los resultados electorales como una suerte de "empate," tratando de minimizar la importancia del hecho de que la oposición hubiera ganado el voto popular.

Además, y quizás lo que tuvo mayor importancia práctica, fue que con la elección legislativa de septiembre de 2010, la bancada oficialista perdió el control de la mayoría calificada que desde 2005 habían tenido en la Asamblea Nacional, lo que le impedía con el solo voto oficial designar a los nuevos magistrados del Tribunal Supremo.

Después de una década de demolición del Estado de derecho mediante el control absoluto de las diferentes ramas del Poder Público,[649] la pérdida de la mayoría del voto popular por parte del Gobierno que en cualquier país democrático hubiera conducido a implementar la elemental regla de que para gobernar hay que compartir el ejercicio del poder, en Venezuela condujo al gobierno a anunciar lo contrario, indicando que no habría dialogo alguno con la oposición, amenazando incluso con aprobar durante los dos meses que faltaban hasta que la nueva Asamblea Nacional tomase posesión en enero de 2011, leyes inconstitucionales tendientes a implementar fraudulentamente diversos aspectos de la rechazada reforma constitucional de 2007.

Así ocurrió con las Leyes relativas al Poder Popular y al Estado Comunal,[650] y además, al haber la deslegitimada Asamblea Nacional, sancionado también en di-

---

649 Véase Allan R. Brewer-Carías, *Dismantling Democracy. The Chávez Athoritarian Experiment*, Cambridge University Press, 2010.

650 Efectivamente, el 21 de diciembre de 2010, la Asamblea Nacional materializó la amenaza que se había anunciado de implementar un llamado "Poder Popular" para ser ejercido por un "Estado Comunal" montado, en paralelo, al Estado Constitucional, sobre la base de unas Comunas y unos Consejos Comunales no previstos en la Constitución y que son controlados desde el Poder Central. Y todo ello, en fraude a la Constitución y a la voluntad popular que en 2007 había rechazado las reformas constitucionales que en tal sentido se habían propuesto, y que en septiembre de 2010 en las elecciones parlamentarias, igualmente el pueblo había se había manifestado rechazando las políticas socialistas propuestas por el Presidente de la República. Sin embargo, a pesar de ello, la deslegitimada Asamblea Nacional precedente procedió a sancionar de un conjunto de Leyes Orgánicas, mediante las cuales se ha terminado de definir, al margen de la Constitución, el marco normativo de un nuevo Estado *paralelo al Estado Constitucional*, que no es otra cosa que un Estado Socialista, Centralizado, Militarista y Policial denominado "Estado Comunal." Dichas Leyes Orgánicas en efecto, fueron las del Poder Popular, de las Comunas, del Sistema Económico Comunal, de Planificación Pública y Comunal y de Contraloría Social (Véase en *Gaceta Oficial* N° 6.011 Extra. de 21-12-2010). Además, en el mismo marco de estructuración del Estado Comunal montado sobre el Poder Popular, igualmente en diciembre de 2010 se reformó la Ley Orgánica del Poder Público Municipal eliminándose las Juntas parroquiales, y se reformó las Leyes de los Consejos Estadales de Planificación y Coordinación de Políticas Públicas, y de los Consejos Locales de Planificación Pública (Véase en *Gaceta Oficial* N° 6.015 Extra. de 28-12-2010). Dichas leyes han sido impugnadas por violar la Constitución y

ciembre de 2010 una Ley habilitante autorizando al Presidente de la República para por vía de legislación delegada, dictar leyes en todas las materias imaginables, incluso de carácter orgánico, vaciando así de hecho por un período de 18 meses, hasta 2012, a la nueva Asamblea Nacional que se instaló en enero de 2011 de materias sobre las cuales poder legislar.

Es decir, contra todos los principios constitucionales que se refieren al Poder legislativo en el mundo moderno, una Legislatura que estaba concluyendo su mandato, legisló sobre todo lo imaginable en materia de reforma del Estado, comprometiendo la nueva Legislatura, y además, delegó en el Presidente todas las materias imaginables, vaciando de hecho a la nueva Legislatura de su poder de legislar. Y frente a ello, a pesar de todas las impugnaciones efectuadas, de parte del Tribunal Supremo sólo ha habido silencio, lo que se ha asegurado, además, con el completo control político que se ha materializado respecto del mismo, igualmente en diciembre de 2010, al elegirse nuevos Magistrados por la Asamblea Nacional, arrebatándole tal decisión que en tal sentido correspondía ser adoptada por la nueva Legislatura.

En efecto, lo más grave en relación con el Poder Judicial que ocurrió una vez que el resultado de la elección legislativa de septiembre de 2010 se supo, fue el aceleramiento del abuso de poder en el control político del Tribunal Supremo, lo que se completó al proceder, la Asamblea Nacional, a hacer el nombramiento de nuevos Magistrados del Tribunal Supremo, a pesar de que conforme a la reforma de la Ley Orgánica del Tribunal Supremo que la Asamblea había sancionado e incluso republicado unos meses antes en el mismo año 2010,[651] no podía hacerlo pues de acuerdo al procedimiento de postulación que estableció, el nombramiento le correspondía a la nueva Asamblea Nacional que se debía instalar en enero de 2011, y por tanto, con la participación de de los diputados de oposición.

Ante la imposibilidad que tenía la casi fenecida Asamblea Nacional de volver a reformar la Ley Orgánica del Tribunal Supremo de Justicia, para superar el escollo formal-temporal, y sin embargo logar el fraude a la ley, lo que la Asamblea hizo sólo cuatro días después de que se efectuara la elección de los nuevos diputados a la Asamblea como consecuencia de lo cual la bancada oficialista iba a carecer en enero de 2011 de la mayoría calificada para hacer libremente los nombramientos, fue proceder a realizar una "reforma" de dicha Ley Orgánica pero sin "reformarla" formalmente las vías regulares, mediante el insólito mecanismo de su "reimpresión" en la *Gaceta Oficial* por un supuesto error material de copia del texto legal.[652]

En efecto, el artículo 70 de la Ley Orgánica del Tribunal Supremo disponía que el plazo para presentar las candidaturas a Magistrados del Tribunal ante el Comité de Postulaciones Judiciales no debía ser "*menor de treinta días continuos,*" lo que implicaba que la Legislatura que concluía en diciembre de 2010 no alcanzaba a hacer los nombramientos. Fue esa redacción de dicho artículo el que precisamente se cambió o "reformó" ilegítimamente gracias a un "Aviso" del Secretario de la Asam-

---

el derecho de participación de los ciudadanos en el proceso de su formación, pero frente a ello el Tribunal Supremo de Justicia solo tiene silencio.

651 Véase en *Gaceta Oficial* N° 39.522, de 01-10-2010. Véase los comentarios en Allan R. Brewer-Carías y Víctor Hernández Mendible, *Ley Orgánica del Tribunal Supremo de Justicia de 2010,* Editorial Jurídica Venezolana, Caracas 2010.

652 Véase *Gaceta Oficial* N° 39.522, de 01-10-2010

blea Nacional publicado en la *Gaceta Oficial*, en el cual indicó que en lugar de la palabra "menor" la palabra supuestamente correcta de la norma es la antónima, es decir, "mayor" en el sentido de que la norma debía decir lo contrario, que el plazo "*no será mayor de treinta días continuos.*"

En esta forma, con un cambio de palabras, de "menor" a "mayor," un plazo legal mínimo se convirtió en un plazo máximo, con la clara intención de reducir los plazos para recibir las postulaciones y proceder a la inmediata designación de los nuevos Magistrados, precisamente antes de que se instalara la nueva Asamblea Nacional en enero de 2011.[653] Así se cambia ahora el texto de las leyes en Venezuela, sin reformarlas formalmente; simplemente reimprimiendo el texto en la *Gaceta Oficial*, sin que haya institución judicial alguna que controle el desaguisado.

Con esa "reforma" legal, la Asamblea Nacional integrada por diputados que ya para ese momento no representaban la voluntad mayoritaria del pueblo, procedió entonces a materializar el asalto final al Tribunal Supremo, y llenarlo de Magistrados miembros del partido político oficial y que, además, para el momento de su elección, incluso eran de los parlamentarios que estaban terminando su mandato por efecto de la elección parlamentaria, y que por tanto, no cumplían con las condiciones para ser Magistrados que establece la Constitución.

Como lo señaló la ex Magistrada de la antigua Corte Suprema de Justicia, Hildegard Rondón de Sansó:

> "El mayor de los riesgos que plantea para el Estado la desacertada actuación de la Asamblea Nacional en la reciente designación de los Magistrados del Tribunal Supremo de Justicia, no está solo en la carencia, en la mayoría de los designados de los requisitos constitucionales, sino el haber llevado a la cúspide del Poder Judicial la decisiva influencia de un sector del Poder Legislativo, ya que para diferentes Salas, fueron elegidos cinco parlamentarios."[654]

Destacó además la ex Magistrada Sansó que "todo un sector fundamental del poder del Estado, va a estar en manos de un pequeño grupo de sujetos que no son juristas, sino políticos de profesión, y a quienes corresponderá, entre otras funciones el control de los actos normativos;" agregando que "Lo más grave es que los designantes, ni un solo momento se percataron de que estaban nombrando a los jueces máximos del sistema jurídico venezolano que, como tales, tenían que ser los más aptos, y de reconocido prestigio como lo exige la Constitución."

Concluyó reconociendo entre "los graves errores" que incidieron sobre la elección, el hecho de:

> "la configuración del Comité de Postulaciones Judiciales, al cual la Constitución creó como un organismo neutro, representante de los "diferentes sectores de la sociedad" (Art. 271), pero la Ley Orgánica del Tribunal Supremo de Justicia, lo con-

---

653 Véanse los comentarios de Víctor Hernández Mendible, "Sobre la nueva reimpresión por 'supuestos errores' materiales de la LOTSJ" en la *Gaceta Oficial* N° 39.522, de 01-10-2010," y Antonio Silva Aranguren, "Tras el rastro del engaño, en la web de la Asamblea Nacional," publicados en el *Addendum* al libro de Allan R. Brewer-Carías y Víctor Hernández Mendible, *Ley Orgánica del Tribunal Supremo de Justicia de 2010*, Editorial Jurídica Venezolana, Caracas 2010. Publicados también en *Revista de Derecho Público*, N° 124, Editorial Jurídica Venezolana, Caracas 2010, pp. 100-113.

654 En Hildegard Rondón de Sansó, "*Obiter Dicta*. En torno a una elección," en *La Voce d'Italia*, Caracas 14-12-2010.

virtió en forma inconstitucional, en un apéndice del Poder Legislativo. La consecuencia de este grave error era inevitable: los electores eligieron a sus propios colegas, considerando que hacerlo era lo más natural de este mundo y, ejemplo de ello fueron los bochornosos aplausos con que se festejara cada nombramiento."[655]

Como puede apreciarse de todo lo anteriormente expuesto, después de cuatro décadas de práctica democrática que tuvo Venezuela entre 1959 y 1999, durante algo más de una década entre 1999 y 2011, en fraude continuo a la Constitución efectuado por la Asamblea Constituyente en 1999, por el Legislador y por el Tribunal Supremo de Justicia, guiados por el Poder Ejecutivo, a pesar de las excelentes normas constitucionales de las cuales dispone Venezuela, se ha venido estructurando un Estado autoritario en contra de las mismas, que ha aniquilado toda posibilidad de control del ejercicio del poder y, en definitiva, el derecho mismo de los ciudadanos a la democracia. Además, se ha venido implementando fraudulentamente una reforma constitucional rechazada de 2007, tanto mediante decretos leyes como los dictados en 2008, como mediante las leyes emanadas de la Asamblea Nacional, como las dictadas en diciembre de 2010 sobre el Poder Popular[656] y el Estado Comunal, en las cuales se ha regulado un Estado Socialista y un sistema económico comunista por el cual nadie ha votado en el país.[657]

En este contexto, por tanto, son evidentes las catastróficas consecuencias que para el Estado de derecho y para la democracia ha tenido la conducta del Tribunal Supremo de Justicia, es decir, del guardián de la Constitución que con su acción y omisión ha terminado siendo el artífice de la masacre institucional que Venezuela ha sufrido impunemente.

Ello se confirma, por lo demás, con lo expresado en el discurso de apertura del Año Judicial el 5 de febrero de 2011 pronunciado, como Orador de Orden, por Magistrado de la Sala Electoral del Tribunal Supremo, Fernando Vargas, en el cual destacó que "el Poder Judicial venezolano está en el deber de dar su aporte para la eficaz ejecución, en el ámbito de su competencia, de la Política de Estado que adelanta el gobierno nacional" en el sentido de desarrollar "una acción deliberada y planificada para conducir un socialismo bolivariano y democrático," y que "la materialización del aporte que debe dar el Poder Judicial para colaborar con el desarrollo de una política socialista, conforme a la Constitución y la leyes, viene dado por la conducta profesional de jueces, secretarios, alguaciles y personal auxiliar," agregando que:

> "Así como en el pasado, bajo el imperio de las constituciones liberales que rigieron el llamado estado de derecho, la Corte de Casación, la Corte Federal y de Casación o la Corte Suprema de Justicia y demás tribunales, se consagraban a la defensa

---

655 *Idem*

656 Véase Allan R. Brewer-Carías, "Introducción General al Régimen del Poder Popular y del Estado Comunal (O de cómo en el siglo XXI, en Venezuela se decreta, al margen de la Consti-tución, un Estado de Comunas y de Consejos Comunales, y se establece una sociedad socialista y un sistema económico comunista, por los cuales nadie ha votado)," en *Leyes Orgánicas sobre el Poder Popular y el Estado Comunal (Los Consejos Comunales, las Comunas, la Sociedad Socialista y el Sistema Económico Comunal)*, Editorial Jurídica Venezolana, Caracas, 2011, pp. 9-182.

657 En 2009, en efecto, se sancionó la Ley Orgánica de los Consejos de 2009 (*Gaceta Oficial* N° 39.335 de 28-12-2009) y en 2010, las Leyes Orgánicas del Poder Popular, de las Comunas, del Sistema Económico Comunal, de Planificación Pública y Comunal y de Contraloría Social (*Gaceta Oficial* N° 6.011 Extra. de 21-12-2010).

de las estructuras liberal-democráticas y combatían con sus sentencias a quienes pretendían subvertir ese orden en cualquiera de las competencias ya fuese penal, laboral o civil, de la misma manera este Tribunal Supremo de Justicia y el resto de los tribunales de la República, deben aplicar severamente las leyes para sancionar conductas o reconducir causas que vayan en desmedro de la construcción del Socialismo Bolivariano y Democrático."[658]

Queda claro, por tanto, cual ha sido la razón del rol asumido por el Tribunal Supremo en Venezuela, como queda evidenciado de lo que hemos reseñado anteriormente, y que no es otra que, como se ha anunciado en la apertura del Año Judicial de 2011, la destrucción del "llamado estado de derecho" y "de las estructuras liberales-democráticas," con el objeto de la "construcción del Socialismo Bolivariano y Democrático."

VIII. UN NUEVO FRAUDE A LA CONSTITUCIÓN EN 2011: LA CREACIÓN MEDIANTE EL CÓDIGO DE ÉTICA DEL JUEZ VENEZOLANO, DE UNA "JURISDICCIÓN DISCIPLINARIA JUDICIAL" SOMETIDA AL PODER POLÍTICO, CON JUECES NOMBRADOS POR LA ASAMBLEA NACIONAL SIN TENER COMPETENCIA CONSTITUCIONAL PARA ELLO

Ahora bien, en paralelo al asalto final perpetrado contra el Tribunal Supremo de Justicia, y después de que durante más de una década se hubiese logrado la "depuración" del Poder Judicial a la cual se refirió la Sala Constitucional, en el mismo año 2010, a pesar de que parecía que había llegado el momento de ejecutar el mandato constitucional en materia de organización definitiva de la Jurisdicción Disciplinaria Judicial, cesando a la Comisión ad hoc que se había utilizado para ejercer la función disciplinaria, lamentablemente ello no ocurrió.

Como se dijo, en la reforma de la Ley Orgánica del Tribunal Supremo de Justicia de 2010 se había eliminado la Disposición Transitoria que disponía la sobrevivencia de la Comisión de Funcionamiento y Reestructuración del Sistema Judicial; y segundo, la Asamblea Nacional procedió a sancionar la Ley del Código de Ética del Juez Venezolano y la Jueza Venezolana,[659] derogando, al fin, la vieja Ley Orgánica del Consejo de la Judicatura de 1998,[660] órgano que había desaparecido con la sanción de la Constitución de 1999; y derogando también, los artículos 38, 39, 40 de la vieja Ley de Carrera Judicial de 1998,[661] y los artículos 34, 35 y 36 de Ley Orgánica del Poder Judicial de 1998.[662]

Además, en la Disposición Derogatoria, también se derogó, "*salvo lo dispuesto en la Disposición Transitoria Tercera,* el Reglamento de la Comisión de Funcionamiento y Reestructuración del Sistema Judicial, publicado en la *Gaceta Oficial* de la República Bolivariana de Venezuela N° 38.317, de fecha 18 de noviembre de 2005."

658 Véase la Nota de Prensa oficial difundida por el Tribunal Supremo. Véase en http://www.tsj.gov.ve/informacion/notasdeprensa/notasdeprensa.asp?codigo=8239.

659 *Gaceta Oficial* N° 39.493 de 23-08-2010

660 *Gaceta Oficial* N° 36.534, de 08-09-1998

661 *Gaceta Oficial* N° 5.262, Extra. de 11-09-1998

662 *Gaceta Oficial* N° 5.262, Extra. de 11-09-1998

Parecía, con ello, que al fin se estaba creando la esperada Jurisdicción Disciplinaria Judicial integrada por tribunales judiciales en el sistema judicial bajo la conducción del Tribunal Supremo de Justicia, por lo que se derogaba el reglamento de la Comisión ad hoc que sin ser un órgano judicial, había ejercido dicha "Jurisdicción." Pero la verdad es que no fue así, precisamente por lo dispuesto en la mencionada "Disposición Transitoria Tercera" de la Ley del Código de Ética del juez, en la cual se dispuso que:

> *Tercera.* Hasta tanto se conformen los Colegios Electorales Judiciales para la elección de los jueces y juezas de la competencia disciplinaria judicial, la Asamblea Nacional procederá a designar los jueces y juezas y los respectivos suplentes del Tribunal Disciplinario Judicial y la Corte Disciplinaria Judicial, previa asesoría del Comité de Postulaciones Judiciales.

Con ello, en realidad, lo que hizo en la práctica fue cambiarle el nombre a la "Comisión de Funcionamiento y Reestructuración del Sistema Judicial," y desdoblándola en dos, procediéndose a crear un "Tribunal Disciplinario Judicial" y una "Corte Disciplinaria Judicial" pero no integrada por jueces que conforme a la Constitución sólo pueden ser designados por el Tribunal Supremo de Justicia, sino por unos llamados "jueces disciplinarios" nombrados directamente en forma totalmente inconstitucional por la Asamblea Nacional, sin concurso público alguno y sin participación ciudadana alguna, violándose por tanto todas las disposiciones constitucionales relativas al Poder Judicial. Por tanto, de un órgano inconstitucional como la mencionada Comisión ad hoc se pasó a otro órgano inconstitucionalmente constituido, controlado directamente por el poder político representado por la Asamblea Nacional.

Al analizarse las normas del Código de Ética del Juez Venezolano de 2010, por tanto, en lo que respecta a la Jurisdicción Disciplinaria Judicial, tiene que tenerse en cuenta el abismo que de nuevo hay entre la letra de las normas y la práctica.

En cuanto a la letra de las normas, en efecto, se constata que la Ley crea los "Tribunales disciplinarios" como los "órganos que en el ejercicio de la jurisdicción tienen la competencia disciplinaria sobre los jueces o juezas de la República," y que son el Tribunal Disciplinario Judicial y la Corte Disciplinaria Judicial, con competencia para conocer y aplicar en primera y segunda instancia, respectivamente, los procedimientos disciplinarios por infracción a los principios y deberes contenidos en el mencionado Código de Ética (art. 39). Tanto el Tribunal Disciplinario Judicial como la Corte Disciplinaria Judicial deben estar integrados cada uno por tres jueces principales y sus respectivos suplentes (Arts. 41 y 43), que deben cumplir con las condiciones indicadas en la ley (art. 44); y a ambos órganos la Ley le encomendó la tarea de dictar "su reglamento orgánico, funcional e interno" (art. 45).[663]

La Ley del Código, por otra parte, estableció todo un complejo procedimiento para la selección y nombramiento de los "jueces disciplinarios" tanto de la Corte como del Tribunal Disciplinarios, en la mejor de las tradiciones de leguaje floridos de las previsiones constitucionales y legales, consistente en lo siguiente:

1. Los aspirantes a jueces deben ser elegidos por los Colegios Electorales Judiciales con el asesoramiento del Comité de Postulaciones Judiciales al cual se refiere el artículo 270 de la Constitución de la República (art. 46).

---

663 Dicho Reglamento se dictó en septiembre de 2011. Véase en *Gaceta Oficial* N° 39.750 del 05-09-2011

2. A tal efecto, los Colegios Electorales Judiciales deben estar constituidos en cada estado y por el Distrito Capital por un representante del Poder Judicial, un representante del Ministerio Público, un representante de la Defensa Pública, un representante por los abogados autorizados para el ejercicio, así como por diez delegados de los Consejos Comunales "legalmente organizados por cada una de las entidades federales en ejercicio de la soberanía popular y de la democracia participativa y protagónica." Los Consejos Comunales en asamblea de ciudadanos deben proceder a elegir de su seno a un vocero que los representará para elegir a los delegados que integrarán al respectivo Colegio de cada estado, conforme al procedimiento que establezca el reglamento de la ley que lo rija (art.. 47). El Consejo Nacional Electoral es el órgano responsable de la organización, administración, dirección y vigilancia de todos los actos relativos a la elección de los delegados de los Consejos Comunales (art. 48).

3. El Comité de Postulaciones Judiciales es el órgano competente para recibir, seleccionar y postular los candidatos a jueces disciplinarios que deben ser elegidos por los Colegios Electorales Judiciales (Art. 48). A tal efecto, el Comité de Postulaciones Judiciales debe efectuar una preselección de los candidatos que cumplan con los requisitos exigidos para ser juez de la Jurisdicción Disciplinaria Judicial y debe proceder a elaborar la lista definitiva de los candidatos (art. 49). Los ciudadanos y las organizaciones comunitarias y sociales pueden ejercer fundadamente objeciones ante el Comité de Postulaciones Judiciales sobre cualquiera de los postulados a ejercer los cargos de jueces de la Corte Disciplinaria Judicial y el Tribunal Disciplinario Judicial (Art. 49).

4. Los candidatos a jueces seleccionados por el Comité de Postulaciones Judiciales deben someterse a los Colegios Electorales Judiciales, a los que corresponde realizar la elección, debiendo dichos Colegios Electorales Judiciales notificar de la elección definitiva a la Asamblea Nacional (art. 49).

Todo este procedimiento complejo, sin embargo -y esta es la otra cara de la moneda- fue barrido de un plumazo, al incorporarse la Disposición Transitoria Tercera de la ley conforme a la cual, "hasta tanto se conformen los Colegios Electorales Judiciales para la elección de los jueces de la competencia disciplinaria judicial," se atribuye a la Asamblea Nacional la inconstitucional atribución de proceder "a designar los jueces y juezas y los respectivos suplentes del Tribunal Disciplinario Judicial y la Corte Disciplinaria Judicial, previa asesoría del Comité de Postulaciones Judiciales."

Es decir, todo el detallado y complejo procedimiento es letra muerta, y tan muerta que publicado el Código de Ética del Juez venezolano en agosto de 2010, ocho meses después, mediante Acto Legislativo de 9 junio de 2011[664] la Asamblea Nacional designó a los referidos jueces de la Corte Disciplinaria Judicial y Tribunal Disciplinario Judicial, quienes habiéndose juramentado ante la propia Asamblea el 14 de junio de 2011, se constituyeron mediante Acta levantada el 28 de junio de 2011.[665]

---

664 *Gaceta Oficial* N° 39.693 de 10-06-2011

665 Véase el "Acta de Constitución del Tribunal Disciplinario Judicial," de 28-06-2011, en *Gaceta Oficial* N° 39.704 de 29-06-2011

La Disposición Transitoria Tercera antes mencionada de la Ley del Código de Ética del Juez venezolano, simplemente es inconstitucional, pues dispone el nombramiento de jueces por un órgano que conforme a la Constitución no puede tener esa competencia, violándose además el derecho constitucional a la participación ciudadana.[666] El artículo 255 de la Constitución, en efecto, dispone que "El nombramiento y juramento de los jueces o juezas corresponde al Tribunal Supremo de Justicia. La ley garantizará la participación ciudadana en el procedimiento de selección y designación de los jueces o juezas." Ni siquiera en forma transitoria esta disposición constitucional podría ser ignorada como ha ocurrido con la Ley del Código, razón por la cual los nombramientos de los llamados "jueces" de la Corte Disciplinaria Judicial y Tribunal Disciplinario Judicial por un órgano distinto al Tribunal Supremo de Justicia, es decir por la Asamblea Nacional, son inconstitucionales, como también, por tanto, la auto "constitución" de dichos tribunales.

Por otra parte, siendo órganos dependientes de la Asamblea Nacional, que es el órgano político por excelencia del Estado, es difícil imaginar que esos "jueces disciplinarios" nombrados por ella, puedan ser realmente en sus funciones "independientes y autónomos, por lo que su actuación sólo debe estar sujeta a la Constitución de la República y al ordenamiento jurídico," y que además, puedan dar cumplimiento cabal a los "principios de la jurisdicción disciplinaria" a que se refiere el artículo 3 del Código, en el sentido de que deben garantizar "el debido proceso, así como los principios de legalidad, oralidad, publicidad, igualdad, imparcialidad, contradicción, economía procesal, eficacia, celeridad, proporcionalidad, adecuación, concentración, inmediación, idoneidad, excelencia e integridad."

La antigua Comisión de Funcionamiento y Reestructuración del Sistema Judicial, aún cuando no era un órgano o tribunal judicial, al menos tenía una adscripción al Tribunal Supremo de Justicia, y sus miembros habían incluso sido designados por la Sala Constitucional. Era sin duda un instrumento para asegurar el control político sobre los jueces, pero organizado en forma indirecta. En cambio, ahora, con la última reforma legal, al disponerse que los jueces de las Corte Disciplinaria Judicial y del Tribunal Disciplinaria Judicial sean designados por la Asamblea Nacional, lo que se ha asegurado es un mayor control político directo sobre los jueces en el país. Por otra parte, el Tribunal Supremo de Justicia, por lo demás, con la reforma, ha perdido en contra de la Constitución, el gobierno y administración de una de las Jurisdicciones de rango constitucional, como es la Jurisdicción Disciplinaria Judicial (Art. 267).

Nada por tanto ha variado desde 1999 en esta materia, de manera que la estabilidad de los jueces, como garantía de su independencia y autonomía, sigue sin tener aplicación en el país.

New York, 11 de septiembre de 2011

---

666 Debe mencionarse incluso que el nombramiento de jueces y suplentes hecho por la Asamblea nacional es tan "permanente" para la Corte Disciplinaria Judicial y Tribunal Disciplinario judicial, que en el Reglamento orgánico, funcional e interno de la Jurisdicción que dictaron en septiembre de 2011, se regula que "las faltas absolutas, temporales o accidentales de los jueces o juezas principales, serán cubiertas por el juez o jueza suplente, convocado según el *orden de designación de la Asamblea Nacional*" (art. 10) Véase en *Gaceta Oficial* N° 39.750 de 05-09-2011.

QUINTA PARTE:

EL DESMANTELAMIENTO DE LA DEMOCRACIA EN VENEZUELA DURANTE LA VIGENCIA DE LA CONSTITUCIÓN DE 1999 (2012)

Texto del documento preparado para la exposición en el panel sobre "Las nuevas constituciones latinoamericanas y su impacto en la libertad de prensa" en la *Reunión de Medio Año de la Sociedad Interamericana de Prensa (SIP)*, Cádiz, 22 de abril de 2012

INTRODUCCIÓN

La Carta Interamericana de Derechos Humanos de 2001, que es quizás uno de los instrumentos internacionales más importantes del mundo contemporáneo sobre el valor y significado de la democracia -aún cuando lamentablemente en desuso- al definir la democracia enumeró dentro de sus *elementos esenciales*, primero, el respeto a los derechos humanos y las libertades fundamentales; segundo, el acceso al poder y su ejercicio con sujeción al Estado de derecho; tercero, la celebración de elecciones periódicas, libres, justas y basadas en el sufragio universal y secreto, como expresión de la soberanía del pueblo; cuarto, el régimen plural de partidos y organizaciones políticas, y quinto, la separación e independencia de los poderes públicos (art. 3), es decir, el control del poder, por el poder mismo.

La misma Carta Democrática, además, complementó dichos elementos con otros componentes esenciales, todos vinculados al control del poder, que son la transparencia de las actividades gubernamentales, la probidad y la responsabilidad de los gobiernos en la gestión pública; el respeto de los derechos sociales y de la libertad de expresión y de prensa; la subordinación constitucional de todas las instituciones del Estado, incluyendo el componente militar, a la autoridad civil legalmente constituida, y el respeto al Estado de derecho por todas las entidades y sectores de la sociedad (Art. 4).

De ello resulta, que entre todos los elementos y componentes de la democracia, el principio de la separación de poderes es de la primera importancia, pues del mismo dependen todos los demás. Es decir, en definitiva, sólo controlando al Poder es que puede haber elecciones libres y justas, así como efectiva representatividad; sólo controlando al poder es que puede haber pluralismo político; sólo controlando al Poder es que podría haber efectiva participación democrática en la gestión de los asuntos públicos; sólo controlando al Poder es que puede haber transparencia administrativa en el ejercicio del gobierno, así como rendición de cuentas por parte de los gobernantes; sólo controlando el Poder es que se puede asegurar un gobierno sometido a la Constitución y las leyes, es decir, un Estado de derecho y la garantía del principio de legalidad; sólo controlando el Poder es que puede haber un efectivo acceso a la justicia de manera que ésta pueda funcionar con efectiva autonomía e independencia; y en fin, sólo controlando al Poder es que puede haber real y efectiva garantía de respeto a los derechos humanos. De lo anterior resulta, por tanto, que sólo cuando existe un sistema de control efectivo del poder es que puede haber democracia, y sólo en esta es que los ciudadanos pueden encontrar asegurados sus derechos debidamente equilibrados con los poderes Públicos.

Por ello fue precisamente, que en el proceso constituyente de Cádiz desarrollado a partir de 1810 y que culminó con la sanción de la Constitución de la Monarquía Española de marzo de 1812, también se adoptó el principio de la separación de poderes como base del constitucionalismo, siguiendo la orientación de la Declaración de los Derechos del Hombre y del Ciudadano de 1789, en cuyo artículo XVI, -siempre es bueno recordarlo,- se afirmó que "Toda sociedad en la cual la garantía de los derechos no esté asegurada, ni la separación de poderes determinada, no tiene Constitución."

El principio, con los aportes adicionales de la Revolución norteamericana de 1776, se erigió así en uno de los principios fundamentales del constitucionalismo moderno, habiéndose adoptado en Cádiz, desde el mismo día de la instalación de las Cortes Generales en la Isla de León el 24 de septiembre de 1810, con diputados que formaron un solo cuerpo de 207 diputados,[667] abandonando la antigua división en estamentos. El primero de los decretos de la nueva asamblea (Decreto Nº 1) fue para declarar "nula, de ningún valor ni efecto la cesión de la Corona que se dice hecha en favor de Napoleón," reconociendo a Fernando VII como rey;[668] en el cual además, "no conviniendo queden reunidos el Poder Legislativo, el Ejecutivo y el Judiciario," las Cortes Generales adoptaron formalmente el principio de la separación de poderes, reservándose el Poder Legislativo, y atribuyendo al Consejo de Regencia el ejercicio del Poder Ejecutivo.[669]

Con esta disposición, España ingresó en las corrientes del constitucionalismo moderno, en paralelo a lo que también ocurría a partir de ese mismo año en las Provincias de la antigua capitanía General de Venezuela,[670] al declarar su independencia de España y adoptar también el principio de la separación de Poderes. Fue así, que una vez electo el Congreso General de las Provincias de Venezuela, el mismo día de su instalación el 5 de marzo de 1811, al sustituir el Congreso a la Junta Suprema de Caracas, se adoptó el principio de la separación de poderes para organizar el nuevo gobierno, reservándose el Congreso el Poder legislativo, designando a tres ciudadanos para ejercer el Poder Ejecutivo Nacional, turnándose en la presidencia por períodos semanales, y constituyendo, además, una Alta Corte de Justicia.

---

667 Véase en Rafael M. de Labra y Martínez, *Los presidentes americanos de las Cortes de Cádiz*, Madrid 1912 (Reedición Congreso de Diputados), Madrid, p. 31

668 Véase J. F. Blanco y R. Azpúrua, *Documentos para la Historia de la Vida Pública del Libertador de Colombia, Perú y Bolivia. Puestos por orden cronológico y con adiciones y notas que la ilustran*, La Opinión Nacional, Vol. III, Caracas 1877, Edición facsimilar: Ediciones de la Presidencia de la República, Caracas 1977, 1983, Tomo II, pp. 657

669 Véase en Eduardo Roca Roca, *América en el Ordenamiento Jurídico de las Cortes de Cádiz,* Granada 1986, p. 193.

670 Véase en general Allan R. Brewer-Carías, *Reflexiones sobre la revolución americana (1776) y la revolución francesa (1789) y sus aportes al constitucionalismo moderno,* Caracas, 1991. Una segunda edición ampliada de este libro se publicó como *Reflexiones sobre la revolución norteamericana (1776), la revolución francesa (1789) y la revolución hispanoamericana (1810-1830) y sus aportes al constitucionalismo moderno*, Serie Derecho Administrativo Nº 2, Universidad Externado de Colombia, Editorial Jurídica Venezolana, Bogotá 2008

El principio, por supuesto, se recogió luego en la Constitución de Cádiz de 18 de marzo de 1812, al distribuir las potestades estatales así: la potestad de hacer las leyes se atribuyó a las Cortes con el Rey (art. 15); la potestad de hacer ejecutar las leyes, al Rey (art. 16); y la potestad de aplicar las leyes, a los tribunales (art. 17). Y se acogió también en la Constitución Federal de los Estados de Venezuela del 21 de diciembre de 1811,[671] sancionada unos meses antes que la de Cádiz, en cuyo preámbulo o Preliminar se indicó que:

> El ejercicio de esta autoridad confiada a la Confederación no podrá jamás hallarse reunido en sus diversas funciones. El Poder Supremo debe estar dividido en Legislativo, Ejecutivo y Judicial, y confiado a distintos Cuerpos independientes entre sí y en sus respectivas facultades.

Además, el artículo 189 se insistió en el principio al disponer que:

> Los tres Departamentos esenciales del Gobierno, a saber: el Legislativo, el Ejecutivo y el Judicial, es preciso que se conserven tan separados e independientes el uno del otro cuanto lo exija la naturaleza de un gobierno libre, lo que es conveniente con la cadena de conexión que liga toda fábrica de la Constitución en un modo indisoluble de Amistad y Unión

La fuente directa de inspiración de la adopción del principio en el constitucionalismo moderno, en todo caso, fueron las reflexiones del barón de Montesquieu sobre la Constitución inglesa del siglo XVII, al afirmar que "Es una experiencia eterna que todo hombre que tiene poder, tiende a abusar de él; y lo hace, hasta que encuentra límites", de lo que dedujo su famoso postulado de que "para que no se pueda abusar del poder es necesario que por la disposición de las cosas, el poder limite al poder."[672]

Y fue de esta apreciación física que se derivó, precisamente, el principio de la separación de poderes que se adoptó en todas las Constituciones que se formularon después de las revoluciones norteamericana y francesa, convirtiéndose, no sólo en uno de los pilares fundamentales del constitucionalismo moderno, sino además, con el correr del tiempo, en uno se los principios esenciales de la democracia, y con ella, de la libertad.[673]

La democracia, por tanto, en el mundo contemporáneo, no es sólo elección y contiendas electorales, sino un sistema político de interrelación y alianza global entre los gobernados que eligen y los gobernantes electos, dispuesto para garantizar, por una parte, sí, que los representantes sean elegidos por el pueblo, y que puedan

---

671 Véase el texto en Allan R. Brewer-Carías *Las Constituciones de Venezuela,* Madrid, 1985, pp. 181 a 205. Además, en *La Constitución Federal de Venezuela de 1811 y documentos afines,* Biblioteca de la Academia Nacional de la Historia, Caracas 1959, pp.

672 *De l'Espirit des Lois* (ed. G. Tunc), Paris 1949, Vol. I, Libro XI, Cáp. IV, pp. 162-163.

673 Véase en general, Manuel García Pelayo, "La división de poderes y la Constitución Venezolana de 1961", en *Libro Homenaje a Rafael Caldera: Estudios sobre la Constitución*, Tomo III, Facultad de Ciencias Jurídicas y Políticas, Universidad Central de Venezuela, Caracas 1979, pp. 1403 y 1420; Hildegard Rondón de Sansó, "La separación de los poderes en Venezuela", en *Libro Homenaje a Rafael Caldera: Estudios sobre la Constitución*, Tomo III, Facultad de Ciencias Jurídicas y Políticas, Universidad Central de Venezuela, Caracas 1979, pp. 1369-1403. Por nuestra parte, véase Allan R. Brewer-Carías, *Los Principios fundamentales del derecho público (Constitucional y Administrativo)*, Editorial Jurídica venezolana, Caracas 2005, pp. 67 ss.

gobernar representándolo; pero además, que el ciudadano pueda tener efectiva participación política no limitada a la sola elección periódica; que en el sistema político el ser humano tenga primacía, y con él, su dignidad, sus derechos y sus libertades; que el ejercicio del poder esté sometido a control efectivo, de manera que los gobernantes y gestores públicos sean controlados, rindan cuenta de su gestión y pueda hacérselos responsables; y como condición para todas esas garantías, que la organización del Estado esté realmente estructurada conforme a un sistema de separación de poderes, con la esencial garantía de su independencia y autonomía, particularmente del poder judicial.[674]

Precisamente por ello, los nuevos autoritarismos que se han venido desarrollando en Hispanoamérica en el Siglo XXI, entre ellos, el de Venezuela, desarrollados como consecuencia del asalto al poder efectuado por una facción política mediante procesos constituyente y que han originado la sanción de nuevas constituciones no consensuadas, lo que han hecho desde el inicio es desmantelar el principio de la separación de poderes, al cual se ha accedido mediante elecciones, y con ello, desde dentro, es decir, desde las propias instituciones del Estrado, desmantelar la democracia.

La experiencia de Venezuela en 1999, de Ecuador en 2007, y el intento de su repetición en Honduras en 2009, permite incluso identificar un nuevo "modelo" de desarrollo constitucional para el desmantelamiento de la democracia en América Latina, desarrollado desde dentro de las instituciones,[675] partiendo de la progresiva destrucción del principio de la separación de poderes, y eliminando toda posibilidad de control de quienes ejercen el poder, pues los órganos que debería ejercer el control del poder también están controlados, no siendo ellos mismos sujetos a control. De manera que la pregunta de siempre frente al abuso de poder del órgano de control sigue sin respuesta: *Quis Custodiet Ipsos Custodes?*.

I. EL CONTRASTE ENTRE LA FORMAL SEPARACIÓN DE PODERES EN LA CONSTITUCIÓN Y LA PRÁCTICA POLÍTICA DE SU CONCENTRACIÓN

Hay, por tanto, un contraste entre las formulaciones formales de la separación de poderes como instrumento para la organización del Estado, y la práctica constitucional, que el desarrollo del sistema político autoritario en Venezuela bajo la Constitución de 1999 es, sin duda, notorio.

674 Véase Allan R. Brewer-Carías, "Los problemas del control del poder y el autoritarismo en Venezuela", en Peter Häberle y Diego García Belaúnde (Coordinadores), *El control del poder. Homenaje a Diego Valadés*, Instituto de Investigaciones Jurídicas, Universidad Nacional Autónoma de México, Tomo I, México 2011, pp. 159-188; "Sobre los elementos de la democracia como régimen político: representación y control del poder," en *Revista Jurídica Digital IUREced*, Edición 01, Trimestre 1, 2010-2011, en http://www.megaupload.com/?d=ZN9Y2W1R ; "Democracia: sus elementos y componentes esenciales y el control del poder", Grandes temas para un observatorio electoral ciudadano, Tomo I, Democracia: retos y fundamentos, *(Compiladora Nuria González Martín)*, Instituto Electoral del Distrito Federal, México 2007, pp. 171-220; "Los problemas de la gobernabilidad democrática en Venezuela: el autoritarismo constitucional y la concentración y centralización del poder" en Diego Valadés (Coord.), *Gobernabilidad y constitucionalismo en América Latina*, Universidad Nacional Autónoma de México, México 2005, pp. 73-96.

675 Véase Allan R. Brewer-Carías, *Reforma Constitucional, Asamblea Constituyente, y Control Judicial: Honduras (2009), Ecuador (2007) y Venezuela (1999),* Serie Derecho Administrativo Nº 7, Universidad Externado de Colombia, Bogotá 2009.

La Constitución de Venezuela de 1999, entre otros tantos aspectos novedosos, sin duda se convirtió en un punto de referencia en el constitucionalismo contemporáneo al haber superado la clásica división tripartita del Poder Público y haber adoptado un novedoso sistema de separación orgánica del Poder Público[676] en cinco ramas, al agregar a los tres clásicos (Legislativo, Ejecutivo y Judicial), dos nuevos, el Poder Ciudadano (que comprende los órganos con autonomía funcional que existen en forma variada en todos los países, en nuestro caso, el Ministerio Público, el defensor del Pueblo y la Contraloría general de la República) y el Poder Electoral que comprende los órganos encargados de llevar adelante los procesos electorales (Consejo Nacional Electoral). Estos cinco conjuntos orgánicos en la letra de la Constitución se encuentran separados, son autónomos e independientes entre sí, y cada uno de ellos tiene sus competencias constitucionales y legales específicas.[677]

El principio de la separación de poderes, en todo caso, conforme a la Constitución y en la orientación del constitucionalismo moderno, contrariamente a lo que expresó la Sala Constitucional del Tribunal Supremo de Venezuela en sentencia Nº 3098 del 13 de diciembre de 2004 (Caso: *Nulidad de artículos de la Ley Orgánica de la Justicia de Paz*), sí es "un principio ideológico, propio de la democracia liberal," y no sólo es "un principio técnico del cual depende la vigencia de la seguridad jurídica como valor fundante del derecho." [678] Al contrario, es un principio esencial para la existencia de la propia democracia y la libertad.

Sin embargo, la afirmación de la Sala Constitucional en 2004 no fue inocente, sino que constituyó el comienzo de un viraje anti democrático evidenciado en todas las instituciones del Estado, que se confirmó en 2009, al afirmar despectivamente en la sentencia Nº 1049 de 23 de julio de 2009,[679] que "*la llamada* división, distinción o separación de poderes fue, al igual que la teoría de los derechos fundamentales de libertad, un instrumento de la doctrina liberal del Estado mínimo," con lo cual comenzó a cuestionar la validez de los mismos principios del constitucionalismo democrático, señalando ahora que el mismo no fue concebido como "un mero instrumento de organización de los órganos del Poder Público, sino un modo mediante el

---

676 Conforme lo ha señalado la sentencia Nº 3098 de la Sala Constitucional (Caso: *nulidad artículos Ley Orgánica de la Justicia de Paz*) de 13-12-2004, la "redistribución orgánica del Poder Público" que establece la Constitución obedece, "según la Exposición de Motivos de la Constitución de 1999, a la necesidad de otorgar independencia y autonomía funcional a los órganos que están encargados de desarrollar determinadas competencias, especialmente las de ejecución de "*procesos electorales, así como el de la función contralora y la defensa de los derechos humanos*". Véase en *Gaceta Oficial* Nº 38.120 de 02-02-2005.

677 Las relaciones que se establecen en la Constitución entre los diversos poderes a los efectos de la conducción política de la sociedad, origina la configuración del sistema presidencial de gobierno pero con una desmedida sujeción y distorsión parlamentaria, que hace que si el Presidente no controla políticamente la Asamblea, el sistema de gobierno simplemente no puede funcionar. Quizás por ello fue que en la Exposición de Motivos de la Constitución se calificó el sistema de gobierno como un "sistema semipresidencial." Véase en Allan R. Brewer-Carías, *La Constitución de 1999. Derecho Constitucional Venezolano*, Editorial Jurídica Venezolana, Caracas 2004, Tomo I, pp. 437 ss., y Tomo II, p. 1146.

678 Sentencia Nº 3098 de la Sala Constitucional (Caso: *nulidad artículos Ley Orgánica de la Justicia de Paz*) de 13-12-2004, en *Gaceta Oficial* Nº 38.120 de 02-02-2005.

679 Véase en http://www.tsj.gov.ve/decisiones/scon/Julio/1049-23709-2009-04-2233.html.

cual se pretendía asegurar que el Estado se mantuviera limitado a la protección de los intereses individualistas de la clase dirigente."[680]

Descubrió así la Sala Constitucional, aún cuando distorsionándolo, el verdadero sentido de la separación de poderes, no sólo como mero instrumento de organización del Estado, sino como principio esencial de la democracia, la propia del Estado de derecho, para garantizar los derechos y libertades fundamentales, aún cuando por supuesto no sólo de "intereses individualistas de la clase dirigente" como con sesgo ideológico distorsionante la confina el Tribunal Supremo."[681]

Antes sin embargo, en 2007, había sido la propia Sala Constitucional, quizás sin advertirlo, la que había destacado, así hubiese sido parcialmente, lo que es el aspecto esencial del principio de la separación de poderes, no limitado a ser un principio instrumental para la organización del Estado, sino a ser el principio más importante para la configuración de un régimen político como democrático, propio del Estado de derecho garante de los derechos y libertades, montado sobre la idea del control del poder. En sentencia Nº 2208 de 28 de noviembre de 2007, la Sala Constitucional en efecto consideró en la más pura ortodoxia liberal que la separación de poderes:

> "comporta la noción de control del ejercicio del Poder Público entre sus órganos, para asegurar la sujeción del obrar público a reglas y principios del derecho y, evidencia que el referido principio tiene carácter instrumental, en tanto está destinado a hacer efectiva la sujeción de los órganos del Poder Público al bloque de la constitucionalidad."[682]

La instrumentalidad mencionada por la Sala Constitucional en este caso al referirse al principio de la separación de poderes, no era sólo la referida a la organización de los poderes del Estado, sino a su carácter como fundamento para el control del poder, y particularmente, para el control judicial de la constitucionalidad y legalidad de los actos del Estado.

Siendo precisamente este el sentido de la separación de poderes, no es difícil entender los esfuerzos por lograr su desmantelamiento, y con él, de la propia democracia desarrollado por el gobierno autoritario en Venezuela, lo que ha conducido, a pesar de las declaraciones constitucionales a la ausencia de una efectiva separación de poderes que ha afectado esencialmente a la democracia en la última década, período en el cual se ha producido un proceso continuo y sistemático de desmantelamiento de la misma,[683] precisamente mediante un proceso paralelo de

---

680 Véase en http://www.tsj.gov.ve/decisiones/scon/Julio/1049-23709-2009-04-2233.html

681 En todo caso, con este elemento "ideológico" inserto en la jurisprudencia, la Sala Constitucional con posterioridad ha seguido refiriéndose al principio como "*la llamada* división, distribución o separación de poderes," reafirmando su carácter instrumental en cuanto a que "no supone una distribución homogénea, exclusiva o excluyente, o no en todos los casos, de tareas, potestades o técnicas entre los conglomerados de órganos del Poder Público. Dijo además la Sala, que "la Constitución de 1999 no refleja una estructura organizativa en la que la distribución de tareas entre los distintos Poderes corra paralela a una asignación de potestades homogéneas, exclusivas o excluyentes entre los mismos." Véase en http://www.tsj.gov.ve/decisiones/scon/Julio/1049-23709-2009-04-2233.html

682 Caso *Antonio José Varela y Elaine Antonieta Calatrava Armas vs. Proyecto de Reforma de la Constitución de la República Bolivariana de Venezuela*, citada en la sentencia, en *Revista de Derecho Público*, No 112, Editorial Jurídica Venezolana, Caracas 2007, pp. 601-606.

683 Véase Allan R. Brewer-Carías, *Dismantling Democracy. The Chávez Authoritarian Experiment*, Cambridge University Press, New York 2010.

concentración del poder. Ello ha conducido, entre otros aspectos graves, al desmantelamiento de la autonomía e independencia del poder judicial en su conjunto,[684] y en particular, al aseguramiento del control político por parte del Ejecutivo nacional del Tribunal Supremo y de su Sala Constitucional, los cuales han sido puestos al servicio del autoritarismo,[685] afectando su rol de garantes de la Constitución y de los derecho humanos.[686]

La propia Comisión Interamericana de Derechos Humanos ha destacado la gravedad del problema, al punto de que en su *Informe Anual de 2009*, después de analizar la situación de los derechos humanos en Venezuela y el deterioro institucional que ha sufrido el país, apuntó que todo ello "indica la ausencia de la debida separación e independencia entre las ramas del gobierno en Venezuela."[687]

Esa situación general es, por otra parte, la que permite entender que haya sido la Presidenta de la Sala Constitucional del Tribunal Supremo de Venezuela, quien haya afirmado a la prensa en diciembre de 2009, simplemente que "la división de poderes debilita al Estado,' y que "hay que reformarla."[688] Y quizás ello lo hizo para

---

684 Véase, *en general*, Allan R. Brewer-Carías, "La progresiva y sistemática demolición de la autonomía e independencia del Poder Judicial en Venezuela (1999-2004)," en *XXX Jornadas J.M Domínguez Escovar, Estado de Derecho, Administración de Justicia y Derechos Humanos*, Instituto de Estudios Jurídicos del Estado Lara, Barquisimeto 2005, pp. 33-174; Allan R. Brewer-Carías, "El constitucionalismo y la emergencia en Venezuela: entre la emergencia formal y la emergencia anormal del Poder Judicial" en Allan R. Brewer-Carías, *Estudios Sobre el Estado Constitucional (2005-2006)*, Editorial Jurídica Venezolana, Caracas 2007, pp. 245-269; y Allan R. Brewer-Carías "La justicia sometida al poder. La ausencia de independencia y autonomía de los jueces en Venezuela por la interminable emergencia del Poder Judicial (1999-2006)" en *Cuestiones Internacionales. Anuario Jurídico Villanueva 2007,* Centro Universitario Villanueva, Marcial Pons, Madrid 2007, pp. 25-57, *disponible en* www.allanbrewercarias.com, (Biblioteca Virtual, II.4. Artículos y Estudios N° 550, 2007) pp. 1-37. Véase también Allan R. Brewer-Carías, *Historia Constitucional de Venezuela*, Editorial Alfa, Tomo II, Caracas 2008, pp. 402-454.

685 Véase Allan R. Brewer-Carías, "El rol del Tribunal Supremo de Justicia en Venezuela, en el marco de la ausencia de separación de poderes, producto del régimen autoritario," en *Segundo Congreso Colombiano de Derecho Procesal Constitucional, Bogotá D.C., 16 de marzo de 2011*, Centro Colombiano de Derecho Procesal Constitucional, Universidad Católica de Colombia, Bogotá de Bogotá 2011, pp. 85-111; "El juez constitucional al servicio del autoritarismo y la ilegítima mutación de la Constitución: el caso de la Sala Constitucional del Tribunal Supremo de Justicia de Venezuela (1999-2009)," en *Revista de Administración Pública*, N° 180, Madrid 2009, pp. 383-418, y en *IUSTEL, Revista General de Derecho Administrativo*, N° 21, junio 2009, Madrid, ISSN-1696-9650; y "Los problemas del control del poder y el autoritarismo en Venezuela", en Peter Häberle y Diego García Belaúnde (Coordinadores), *El control del poder. Homenaje a Diego Valadés,* Instituto de Investigaciones Jurídicas, Universidad Nacional Autónoma de México, Tomo I, México 2011, pp. 159-188.

686 Véase Allan R. Brewer-Carías, "El proceso constitucional de amparo en Venezuela: su universalidad y su inefectividad en el régimen autoritario," en *Horizontes Contemporáneos del Derecho Procesal Constitucional. Liber Amicorum Néstor Pedro Sagüés,* Centro de Estudios Constitucionales del Tribunal Constitucional, Lima 2011, Tomo II, pp 219-261.

687 Véase IACHR, *2009 Annual Report*, para. 472, en http://www.cidh.oas.org/annualrep/2009eng/Chap.IV.f.eng.htm. El Presidente de la Comisión, Felipe González, dijo en abril de 2010: "Venezuela es una democracia que tiene graves limitaciones, porque la democracia implica el funcionamiento del principio de separación de poderes, y un Poder Judicial libre de factores políticos." Véase en Juan Francisco Alonso, "Últimas medidas judiciales certifican informe de la CIDH," en *El Universal*, Apr. 4, 2010. Available at http://universo.eluniversal.com/2010/04/04/pol_ art_ultimas-medidas-jud_1815569.shtml.

688 Véase en Juan Francisco Alonso, "La división de poderes debilita al estado. La presidenta del TSJ [Luisa Estela Morales] afirma que la Constitución hay que reformarla," *El Universal*, Caracas 5 de diciembre de 2009, en http://www.eluniversal.com/2009/12/05/pol_art_morales:-la-divisio_1683109.shtml. Véase la

respaldar lo que un año antes, en agosto de 2008, había afirmado el propio Presidente de la República al referirse al gran grupo de decretos leyes que había dictado mediante habilitación legislativa con los cuales, ilegítima e inconstitucionalmente había implementado la reforma constitucional que había propuesto en 2007 y que había sido rechazada por el pueblo mediante referendo, diciendo, simplemente: "*Yo soy la Ley. Yo soy el Estado.*"[689] Repitió, así, el Jefe del Estado y del Gobierno las mismas frases que ya había dicho en 2001, aún cuando con un pequeño giro, -entonces dijo- "*La Ley soy yo. El Estado soy yo*"[690], al referirse también en aquella oportunidad a la sanción inconsulta de cerca de cincuenta decretos leyes violando la Constitución.

Esas frases, como sabemos, se atribuyeron en 1661 a Luis XIV para calificar el gobierno absoluto de la Monarquía, cuando a la muerte del cardenal Gulio Raimondo Mazarino, el Rey mismo asumió el gobierno sin nombrar un sustituto como ministro de Estado. Pero la verdad histórica, lo que hace aún más grotescas las afirmaciones del Presidente venezolano, es que ni siquiera Luis XIV llegó realmente a expresar esas frases que buscaban sólo resumir su decisión de gobernar sin el apoyo de un primer ministro.[691] Por ello, oírlas de boca de Jefe de Estado de nuestros tiempos, es suficiente para entender la trágica situación institucional de Venezuela, precisamente caracterizada por la completa ausencia de separación de poderes, de independencia y autonomía del Poder Judicial y, en consecuencia, de gobierno democrático.[692]

III. EL PROGRESIVO PROCESO DE DESMANTELAMIENTO DE LA DEMOCRACIA MEDIANTE LA CONCENTRACIÓN DE PODERES EN EL EJECUTIVO Y EL ASEGURAMIENTO DEL CONTROL POLÍTICO SOBRE TRIBUNAL SUPREMO DE JUSTICIA

Al contrario de lo afirmado por la Presidenta del Tribunal Supremo, el principio de la separación de poderes habría que reforzarlo, no para debilitar al Estado, sino para garantizar la democracia, los derechos humanos y las libertades. Sin embargo, que sea la Presidenta del Tribunal Supremo quien afirme lo contrario en 2009, lo que evidencia es que ya para ese entonces el sometimiento de dicho Tribunal al con-

---

exposición completa de la presidenta del Tribunal Supremo en http://www.tsj.gov.ve/informacion/notasde prensa/notasdeprensa.asp?codigo=7342

689 Expresión del Presidente Hugo Chávez Frías, el 28 de agosto de 2008. Ver en Gustavo Coronel, *Las Armas de Coronel*, 15 de octubre de 2008: http://lasarmasdecoronel.blogspot.com/2008/10/yo-soy-la-leyyo-soy-el-estado.html

690 Véase en *El Universal*, Caracas 4–12–01, pp. 1,1 and 2,1. Es también lo único que puede explicar, que un Jefe de Estado en 2009 pueda calificar a "la democracia representativa, la división de poderes y el gobierno alternativo" como doctrinas que "envenenan la mente de las masas." Véase la reseña sobre "Hugo Chávez seeks to cach them young," *The Economist*, 22-28 Agosto 2009, p. 33.

691 Véase Yves Guchet, *Histoire Constitutionnelle Française (1789–1958)*, Ed. Erasme, Paris 1990, p. 8.

692 Véase el resumen de esta situación en Teodoro Petkoff, "Election and Political Power. Challenges for the Opposition", en *ReVista. Harvard Review of Latin America*, David Rockefeller Center for Latin American Studies, Harvard University, Fall 2008, pp. 12. Véase además, Allan R. Brewer-Carías, "Los problemas de la gobernabilidad democrática en Venezuela: el autoritarismo constitucional y la concentración y centralización del poder," en Diego Valadés (Coord.), *Gobernabilidad y constitucionalismo en América Latina*, Universidad Nacional Autónoma de México, México 2005, pp. 73-96.

trol político por parte del Ejecutivo se había completado en Venezuela, habiendo sido convertido en un instrumento para el afianzamiento del autoritarismo.

Por ello el Estado venezolano, lamentablemente, a pesar de todo el lenguaje florido de la Constitución, no puede calificarse como un Estado democrático y social de derecho, denominación que no puede asignarse a un Estado en el cual el Tribunal Supremo carezca de autonomía e independencia, y esté sometido a los dictados de la Asamblea Nacional o del Poder Ejecutivo. Simplemente, no puede haber Estado de derecho en un país en el cual el Tribunal Supremo, al estar controlado políticamente, se convierta en un instrumento más para la ejecución de la política diseñada por los otros poderes. Y lamentablemente este es el caso de Venezuela, donde el Tribunal Supremo de Justicia en lugar de ser el garante del Estado de derecho y de contribuir al afianzamiento de la democracia y las libertades, ha sido el instrumento más artero utilizado por quienes ejercen el poder político para afianzar el autoritarismo, desmantelar la democracia como régimen político, y acabar con el propio Estado de derecho,[693] habiéndose convertido en un brazo del gobierno para la ejecución de políticas autoritarias. Y en tal carácter, ha sido precisamente el Tribunal Supremo el instrumento utilizado para minar el ejercicio de la libertad de expresión.

Este proceso de control político sobre el Tribunal Supremo desarrollado en la última década en Venezuela, tiene su origen remoto en 1998 y 1999 cuando el Presidente de la República comenzó a ejercer su indebida presión sobre la entonces Corte Suprema de Justicia para que decidiera unos recursos de interpretación legal formulados, en el sentido de permitir la realización de un referendo consultivo para elegir una Asamblea Constituyente que no estaba prevista en la Constitución. Con ello, supuestamente dando primacía al principio de la soberanía popular en relación con el de la supremacía constitucional, luego de unas ambiguas decisiones dictadas en enero de 1999, se abrió el camino para el proceso constituyente,[694] con el cual se comenzó el proceso de desmantelamiento de la propia democracia en el país

La Asamblea Constituyente que resultó electa de aquél proceso en medio de la más profunda crisis de los partidos políticos que habían dominado la escena política del país en los cincuenta años precedentes,[695] políticamente excluyente y completa-

693 Véase Allan R. Brewer-Carías, "El rol del Tribunal Supremo de Justicia en Venezuela, en el marco de la ausencia de separación de poderes, producto del régimen autoritario," en *Segundo Congreso Colombiano de Derecho Procesal Constitucional, Bogotá D.C., 16 de marzo de 2011*, Centro Colombiano de Derecho Procesal Constitucional, Universidad Católica de Colombia, Bogotá de Bogotá 2011, pp. 85-111.

694 Véase el texto de las sentencias en Allan R. Brewer–Carías, *Poder Constituyente Originario y Asamblea Nacional Constituyente,* Editorial Jurídica Venezolana, Caracas 1998, pp. 25 a 53; y véanse los comentarios a dichas sentencias en ese mismo libro, pp. 55 a 114 y en Allan R. Brewer–Carías, *Asamblea Constituyente y Ordenamiento Constitucional, Academia de Ciencias Políticas y Sociales, Caracas 1998,* pp. 153 a 228. Igualmente en *Revista de Derecho Público*, N° 77–80, Editorial Jurídica Venezolana, Caracas 1999, pp. 56 y ss. y 68 y ss. Véase Allan R. Brewer–Carías, "La configuración judicial del proceso constituyente o de cómo el guardián de la Constitución abrió el camino para su violación y para su propia extinción", en *Revista de Derecho Público*, N° 77–80, Editorial Jurídica Venezolana, Caracas 1999, pp. 453 y ss.; y *Golpe de Estado y proceso constituyente en Venezuela*, UNAM, México, 2001, pp. 60 y ss.

695 Véase Allan R. Brewer-Carías, *El Estado. Crisis y Reforma*, Academia de Ciencias Políticas y Sociales, Caracas 1982; *Problemas del Estado de Partidos*, Editorial Jurídica Venezolana, Caracas 1988; *Cinco siglos de historia y un país en crisis (Estudio para el Discurso de Orden en la Sesión Solemne de las Academias Nacionales el día 7 de agosto de 1998 con motivo de la celebración del V Centenario de Venezuela)*, Academia de Ciencias Políticas y Sociales, Comisión Presidencial V Centenario de Venezuela, Caracas 1998.

mente controlada por los seguidores del Presidente de la República, en efecto, fue la que inició en Venezuela el proceso de demolición de la separación de poderes, y fundamentalmente de las instituciones judiciales y del Estado de derecho,[696] con la intervención política expresa del Poder Judicial.[697] El resultado de ello, luego de una larga década, ha sido que el país se encuentra sometido a un gobierno autoritario donde si bien ha habido elecciones, sin embargo, no está asegurado el respeto de los derechos humanos y de las libertades fundamentales; ni la existencia de un régimen plural de partidos y organizaciones políticas; ni la separación e independencia de los poderes públicos; ni la transparencia de las actividades gubernamentales; ni la probidad y responsabilidad en la gestión pública; ni la libertad de expresión y de prensa; y ni siquiera, la subordinación de las instituciones del Estado a la autoridad civil, pues lo que existe en definitiva es un régimen militar. Y todo ello, lamentablemente, desde el inicio, con el consentimiento y complicidad de la antigua Corte Suprema la cual avaló la creación por la Asamblea de una Comisión de Emergencia Judicial que afectaba sus funciones, llegando la Corte incluso a nombrar a uno de sus propios Magistrados como miembro de la misma.[698] Esa Comisión aún cuando con otro nombre, continuó en funcionamiento en violación de la Constitución hasta 2011.

Todos estos actos de la Asamblea Constituyente de 1999, por supuesto, fueron impugnados por inconstitucionalidad ante la mencionada Corte Suprema, ya completamente sometida al poder, la cual en otra altamente criticada decisión dictada el 14 de octubre de 1999,[699] avaló la "constitucionalidad" de los mismos reconociendo supuestos poderes "supra-constitucionales" de la Asamblea. Era, sin duda, la única forma que tenía la Corte Suprema para justificar la inconstitucional intervención de los Poderes Públicos que había decretado la Asamblea Constituyente, quizás pensando que se salvaría del zarpazo final contra ella, y por la cual habría de pagar el precio más caro que fue su propia existencia. Con esas decisiones, en realidad la Corte Suprema firmó su propia sentencia de muerte, desapareciendo del panorama

---

696 Véase en general Allan R. Brewer-Carías, "El autoritarismo establecido en fraude a la Constitución y a la democracia y su formalización en "Venezuela mediante la reforma constitucional. (De cómo en un país democrático se ha utilizado el sistema eleccionario para minar la democracia y establecer un régimen autoritario de supuesta "dictadura de la democracia" que se pretende regularizar mediante la reforma constitucional)" en el libro *Temas constitucionales. Planteamientos ante una Reforma,* Fundación de Estudios de Derecho Administrativo, FUNEDA, Caracas 2007, pp. 13-74; "La demolición del Estado de Derecho en Venezuela Reforma Constitucional y fraude a la Constitución (1999-2009)," en *El Cronista del Estado Social y Democrático de Derecho*, N° 6, Editorial Iustel, Madrid 2009, pp. 52-61.

697 El 19 de agosto de 1999, la Asamblea Nacional Constituyente resolvió declarar "al Poder Judicial en emergencia," *Gaceta Oficial* N° 36.772 de 25–08–99 reimpreso en *Gaceta Oficial* N° 36.782 de 08–09–99. Véase en Allan R. Brewer–Carías, *Debate Constituyente,* tomo I, *op. cit.*, p. 57 a 73; y en *Gaceta Constituyente (Diario de Debates), Agosto–Septiembre de 1999, cit.*, Sesión de 18–08–99, N° 10, pp. 17 a 22. Véase el texto del Decreto en *Gaceta Oficial* N° 36.782 de 08–09–99.

698 Acuerdo de la Suprema de Justicia de 23 de agosto de 1999. Véanse nuestros comentarios sobre el Acuerdo en Allan R. Brewer–Carías, *Debate Constituyente,* tomo I, *op. cit.*, pp. 141 y ss. Véanse además, los comentarios de Lolymar Hernández Camargo, *La Teoría del Poder Constituyente, cit.*, pp. 75 y ss.

699 Véase sentencia en el Caso: *Impugnación del Decreto de Regulación de las Funciones del Poder Legislativo,* en *Revista de Derecho Público*, N° 77–80, Editorial Jurídica Venezolana, Caracas 1999, pp. 111 y ss.

institucional dos meses después, como la primera de las víctimas del gobierno autoritario al cual había ayudado a apoderarse del poder.[700]

Luego vino el nombramiento de los Magistrados del nuevo Tribunal Supremo de Justicia que efectuó la propia Asamblea Constituyente en diciembre de 1999, al dictar un ilegítimo Régimen Transitorio del Poder Público, al margen de la Constitución, y sin haber sido aprobado por el pueblo en el referendo aprobatorio de la Constitución, respecto del cual sin embargo, los propios Magistrados de la Sala Constitucional nombrados en el mismo, consideraron, al decidir en su propia causa, que no estaba sometido ni a la nueva ni a la vieja Constitución,[701] resultando en una especie de régimen "para-constitucional" que sin embargo pasó a formar parte del "bloque de la constitucionalidad," a pesar de que nunca fue aprobado por el pueblo,[702] y con el cual se procedió a comenzar el desmantelamiento progresivo de la democracia con el control político del Tribunal Supremo.

Ello comenzó en 2000, cuando la Asamblea Nacional, en lugar de legislar para regularizar el nombramiento de los Magistrados que habían sido designados por la Asamblea Constituyente en forma "provisional" en diciembre de 1999, dictó una "Ley Especial" tendiente a la ratificación o designación de los mismos.[703] Al cercenar el derecho a la participación ciudadana en los nombramientos, la ley fue impugnada por inconstitucional por la Defensora del Pueblo;[704] acción que nunca se decidió. La Sala Constitucional, en cambio, lo único que hizo fue, mediante una decisión cautelar, adoptada en su propia causa, resolver que la Constitución simplemente no les era aplicable a sus magistrados porque supuestamente ellos no iban a ser "designados" sino que lo que iban era a ser "ratificados," forjándose así una grotesca burla a la Constitución.[705]

En esa forma se produjo en 2000 el nombramiento y ratificación de los Magistrados del Tribunal Supremo de Justicia, con una integración precariamente equilibrada con marcada influencia política, que lo tornó inefectivo en el control de la constitucionalidad de los actos ejecutivos. Ello se evidenció en la abstención total del Tribunal Supremo en el ejercicio del control de constitucionalidad, por ejemplo, de los casi cincuenta decretos leyes dictados en noviembre de 2001 con base en una ley habilitante sancionada en 2000, excediendo los términos de la delegación legisla-

---

700 Véase el "Decreto de Transición del Poder Público" en *Gaceta Oficial* N° 36.859 de 29–12–99.

701 Véase sentencia N° 6 de fecha 27 de enero de 2000, en *Revista de Derecho Público*, N° 81, (enero-marzo), Editorial Jurídica Venezolana, Caracas, 2000, pp. 81 y ss.

702 Véase sentencia de 28 de marzo de 2000, *caso: Allan R. Brewer-Carías y otros*, en *Revista de Derecho Público*, N° 81, (enero-marzo), Editorial Jurídica Venezolana, Caracas, 2000, p. 86.

703 *Gaceta Oficial* N° 37.077 del 14 de noviembre de 2000.

704 Véase *El Universal*, Caracas, 14 de diciembre de 2000, pp. 1-2.

705 Véase Tribunal Supremo de Justicia, Sala Constitucional, Decisión del 12-12-2000 en *Revista de Derecho Público*, N° 84, Editorial Jurídica Venezolana, Caracas, 2000, p. 109. Véanse comentarios en Allan R. Brewer-Carías, "La participación ciudadana en la designación de los titulares de los órganos no electos de los Poderes Públicos en Venezuela y sus vicisitudes políticas" en *Revista Iberoamericana de Derecho Público y Administrativo*, Año 5, N° 5-2005, San José, Costa Rica 2005, pp. 76-95, *disponible en* www.allanbrewercarias.com, (Biblioteca Virtual, II.4. Artículos y Estudios N° 469, 2005) pp. 1-48.

tiva y violando el derecho a la participación de los ciudadanos en el proceso de elaboración y discusión de las leyes.[706]

Luego vino la sanción de la Ley Orgánica del Tribunal Supremo de Justicia de 2004[707] la cual no sólo incidió sobre la estabilidad de los Magistrados, abriendo la posibilidad para su destitución por mayoría absoluta de los diputados en lugar de la mayoría calificada exigida en la Constitución, sino también en su designación, elevándose su número de 20 a 32 y distorsionándose las condiciones constitucionales para el nombramiento. Dicha Ley, como lo consideró la Comisión Interamericana de Derechos Humanos en su *Informe Anual de 2004*, careció "de las salvaguardas necesarias para impedir que otras ramas del Poder Público pudieran minar la independencia del Tribunal."[708] Y ello se evidenció en el nombramiento de los Magistrados en un proceso que estuvo completamente controlado por el Presidente de la República, dado su control de la Asamblea, como lo reconoció públicamente el propio Presidente de la Comisión Parlamentaria para la selección de los Magistrados, al punto de afirmar públicamente en 2004, que "en el grupo de postulados no hay nadie que vaya actuar contra nosotros."[709]

Fue esa configuración del Tribunal Supremo, altamente politizada y sujeta a los deseos del Presidente, lo que ha permitido la completa eliminación de la autonomía del Poder Judicial en Venezuela, y por ende, de la separación de poderes, permitiendo al gobierno ejercer un control absoluto sobre el Tribunal Supremo, y en particular, sobre su Sala Constitucional. Ello ha llegado al punto, por ejemplo, de que en algún caso en el cual el Tribunal dictó una absurda sentencia "reformando" la Ley de Impuesto sobre la Renta,[710] el Presidente la criticó, pero no por su absurdo conte-

706 Véase Allan R. Brewer-Carías, "Apreciación general sobre los vicios de inconstitucionalidad que afectan los Decretos Leyes Habilitados" en *Ley Habilitante del 13-11-2000 y sus Decretos Leyes*, Academia de Ciencias Políticas y Sociales, Serie Eventos N° 17, Caracas 2002, pp. 63-103.

707 Véase *Gaceta Oficial* N° 37.942 del 20 de mayo de 2004. Para los comentarios sobre esta ley, véase, *en general*, Allan R. Brewer-Carías, *Ley Orgánica del Tribunal Supremo de Justicia. Procesos y Procedimientos Constitucionales y Contencioso-Administrativos*, Caracas, 2004.

708 Véase IACHR, *2004 Annual Report* (Follow-Up Report on Compliance by the State of Venezuela with the Recommendations made by the IACHR in its Report on the Situation of Human Rights in Venezuela [2003]), para. 174. Available at http://www.cidh.oas.org/annualrep/2004eng/chap.5b.htm

709 Declaró a la prensa: ""Si bien los diputados tenemos la potestad de esta escogencia, el Presidente de la República fue consultado y su opinión fue tomada muy en cuenta." Añadió: "Vamos a estar claros, nosotros no nos vamos a meter autogoles. En la lista había gente de la oposición que cumplen con todos los requisitos. La oposición hubiera podido usarlos para llegar a un acuerdo en las últimas sesiones, pero no quisieron. Así que nosotros no lo vamos a hacer por ellos. En el grupo de postulados no hay nadie que vaya actuar contra nosotros." Véase *El Nacional*, Caracas, 13 de diciembre de 2004. La Comisión Interamericana de Derechos Humanos sugirió en su Informe a la Asamblea General de la OEA para 2004 que "estas normas de la Ley Orgánica del Tribunal Supremo de Justicia habrían facilitado que el Poder Ejecutivo manipulara el proceso de elección de magistrados llevado a cabo durante 2004." Véase Comisión Interamericana de Derechos Humanos, *Informe sobre Venezuela 2004*, párrafo 180.

710 Tribunal Supremo de Justicia, Sala Constitucional, Decisión N° 301 del 27 de febrero de 2007 (Caso: *Adriana Vigilanza y Carlos A. Vecchio*) (Exp. N° 01-2862) en Gaceta Oficial N° 38.635 del 1 de marzo de 2007. Véanse comentarios en Allan R. Brewer-Carías, "El juez constitucional en Venezuela como legislador positivo de oficio en materia tributaria" en *Revista de Derecho Público N° 109*, Editorial Jurídica Venezolana, Caracas 2007, pp. 193-212, *disponible en* www.allanbrewercarias.com, (Biblioteca Virtual, II.4. Artículos y Estudios N° 508, 2007) pp. 1-36; y Allan R. Brewer-Carías, "De cómo la Jurisdicción constitucional en Venezuela, no sólo legisla de oficio, sino subrepticiamente modifica las reformas legales que "sanciona", a espaldas de las partes en el proceso: el caso de la aclaratoria de la sentencia de

nido, sino porque se hubiese dictado sin consultarla previamente al "líder de la Revolución," advirtiendo a los tribunales que eso de decidir sin que se le consultaran los asuntos al Presidente de la República, podía considerarse "traición al Pueblo" o a "la Revolución."[711]

Y ha sido mediante el control ejercido sobre del Tribunal Supremo, que además en Venezuela es el órgano encargado del gobierno y administración del sistema judicial, que el gobierno ha ejercido un control político sobre la universalidad de las instituciones judiciales, con la cooperación hasta 2011 de la Comisión de Reorganización del Poder Judicial creada en 1999 por la Asamblea Nacional Constituyente, luego legitimada por el propio Tribunal Supremo, con lo que se hicieron completamente inaplicables las magníficas previsiones constitucionales que buscaban garantizar la independencia y autonomía de los jueces.[712]

El resultado ha sido que diez años después, el Poder Judicial en Venezuela está casi exclusivamente compuesto por jueces temporales y provisorios, sin estabilidad alguna, lo que llevó a la Comisión Interamericana de Derechos Humanos desde 2003[713] ha advertir sobre esta situación irregular, de manera que todavía en su *Informe Anual de 2008,* la calificaba como un "problema endémico" que expone a los jueces a su destitución discrecional, llamando la atención sobre el "permanente esta-

---

Reforma de la Ley de Impuesto sobre la Renta de 2007" en *Revista de Derecho Público Nº 114*, Editorial Jurídica Venezolana, Caracas 2008, pp. 267-276, disponible en http://www.brewer-carias.com/Content/449725d9-f1cb-474b-8ab2-41efb849fea8/Content/II.4.575.pdf.

711 "Muchas veces llegan, viene el Gobierno Nacional Revolucionario y quiere tomar una decisión contra algo por ejemplo que tiene que ver o que tiene que pasar por decisiones judiciales y ellos empiezan a moverse en contrario a la sombra, y muchas veces logran neutralizar decisiones de la Revolución a través de un juez, o de un tribunal, o hasta en el mismísimo Tribunal Supremo de Justicia, a espaldas del líder de la Revolución, actuando por dentro contra la Revolución. Eso es, repito, traición al pueblo, traición a la Revolución.." Discurso en el Primer Encuentro con Propulsores del Partido Socialista Unido de Venezuela desde el teatro Teresa Carreño, 24 de marzo de 2007, disponible en http://www.minci.gob.ve/alocuciones/4/13788/primer_encuentro_con.html, p. 45.

712 Véase, *en general*, Allan R. Brewer-Carías, "La progresiva y sistemática demolición de la autonomía e independencia del Poder Judicial en Venezuela (1999-2004)" en *XXX Jornadas J.M Domínguez Escovar, Estado de Derecho, Administración de Justicia y Derechos Humanos*, Instituto de Estudios Jurídicos del Estado Lara, Barquisimeto 2005, pp. 33-174; Allan R. Brewer-Carías, "El constitucionalismo y la emergencia en Venezuela: entre la emergencia formal y la emergencia anormal del Poder Judicial" en Allan R. Brewer-Carías, *Estudios Sobre el Estado Constitucional (2005-2006)*, Editorial Jurídica Venezolana, Caracas 2007, pp. 245-269; y Allan R. Brewer-Carías "La justicia sometida al poder. La ausencia de independencia y autonomía de los jueces en Venezuela por la interminable emergencia del Poder Judicial (1999-2006)" en *Cuestiones Internacionales. Anuario Jurídico Villanueva 2007,* Centro Universitario Villanueva, Marcial Pons, Madrid 2007, pp. 25-57, *disponible en* www.allanbrewercarias.com, (Biblioteca Virtual, II.4. Artículos y Estudios Nº 550, 2007) pp. 1-37. Véase también Allan R. Brewer-Carías, *Historia Constitucional de Venezuela*, Editorial Alfa, Tomo II, Caracas 2008, pp. 402-454.

713 Un juez provisorio es un juez designado mediante un concurso público. Un juez temporal es un juez designado para cumplir una tarea específica o por un periodo específico de tiempo. En 2003, la Comisión Interamericana de Derechos Humanos indicó que había sido: "informada que sólo 250 jueces han sido designados por concurso de oposición de conformidad a la normativa constitucional. De un total de 1772 cargos de jueces en Venezuela, el Tribunal Supremo de Justicia reporta que solo 183 son titulares, 1331 son provisorios y 258 son temporales." *Reporte sobre la Situación de Derechos Humanos en Venezuela*; OAS/Ser.L/V/II.118. doc.4rev.2; 29 de diciembre de 2003, par. 174, *disponible en* http://www.cidh.oas.org/countryrep/Venezuela2003eng/toc.htm. La Comisión también agregó que "un aspecto vinculado a la autonomía e independencia del Poder Judicial es el relativo al carácter provisorio de los jueces en el sistema judicial de Venezuela. Actualmente, la información proporcionada por las distintas fuentes indica que más del 80% de los jueces venezolanos son 'provisionales.'" *Id.*, par. 161.

do de emergencia al cual están sometidos los jueces."[714] La "transitoria" Comisión de Reorganización del Poder Judicial que existió hasta 2011, bajo el amparo del propio Tribunal Supremo, literalmente "depuró" la Judicatura de jueces que no estaban en línea con el régimen autoritario, como lo reconoció la propia Sala Constitucional,[715] removiendo discrecionalmente jueces que dictaron decisiones que no complacían al Ejecutivo. Esto llevó a la Comisión Interamericanas de Derechos Humanos a decir, en el mismo *Informe Anual* de 2009, que "en Venezuela los jueces y fiscales no gozan de la garantía de permanencia en su cargo necesaria para asegurar su independencia en relación con los cambios de políticas gubernamentales."[716]

Hay muchos casos emblemáticos que muestran esta lamentable tragedia institucional, como el de la destitución en 2003 de los jueces de la Corte Primera de lo Contencioso Administrativo por dictar una medida cautelar suspendiendo la ejecución de un programa de contratación pública de médicos extranjeros sin licencia, para programas sociales de atención médica; medida que se dictó a solicitud del Colegio de Médicos de Caracas que alegaba discriminación contra los médicos licenciados."[717] El caso fue incluso llevado ante la Corte Interamericana de Derechos Humanos, la cual dictó sentencia en 2008 condenando al Estado venezolano por la violación de las garantías judiciales de los Magistrados,[718] pero la respuesta de la Sala Constitucional del Tribunal Supremo a dicha decisión, a solicitud del Procurador General de la República, fue simplemente declarar que las decisiones de la Corte Interamericana de Derechos Humanos son "inejecutables" en Venezuela.[719] Tan simple como eso, mostrando la total subordinación de las instituciones judiciales respecto de las políticas, deseos y dictados del Presidente de la República.

En diciembre de 2009 tuvo lugar otro asombroso caso, que fue la detención policial arbitraria de una juez penal (María Lourdes Afiuni Mora) por habérsele ocurrido ordenar, conforme a sus atribuciones y siguiendo las recomendaciones del Grupo de Trabajo de las Naciones Unidas sobre Detenciones Arbitrarias, la excarcelación de un individuo investigado por delitos financieros a los efectos de que fuese enjuiciado en libertad como lo garantiza la Constitución. El mismo día de la decisión, el Presidente de la Republica pidió públicamente la detención de la juez, exigiendo que

---

714 Véase *Annual Report 2008* (OEA/Ser.L/V/II.134. Doc. 5 rev. 1. 25 febrero 2009), para. 39

715 Decision N° 1.939 (Dec. 18, 2008) (Case: *Abogados Gustavo Álvarez Arias y otros*), in which the Constitutonal Chamber decided the nonenforceability of the decision of the Inter American Court of Human Rights of Aug. 5, 2008 (Case: *Apitz Barbera y otros ["Corte Primera de lo Contencioso Administrativo"] vs. Venezuela [Corte IDH]*, Case: *Apitz Barbera y otros ["Corte Primera de lo Contencioso Administrativo"] vs. Venezuela*, Sentencia de 5 de agosto de 2008, Serie C, N° 182.

716 Véase *Informe Anual de 2009*, paragrafo 480, en http://www.cidh.oas.org/annualrep/2009eng/-Chap.IV.f.eng.htm

717 Véase Claudia Nikken, "El caso "Barrio Adentro": La Corte Primera de lo Contencioso Administrativo ante la Sala Constitucional del Tribunal Supremo de Justicia o el avocamiento como medio de amparo de derechos e intereses colectivos y difusos, " en *Revista de Derecho Público*, N° 93-96, Editorial Jurídica Venezolana, Caracas, 2003, pp. 5 y ss.

718 Véase sentencia de la Corte Interamericana de 5 de agosto de 2008 Caso *Apitz Barbera y otros ("Corte Primera de lo Contencioso Administrativo") vs. Venezuela,* en www.corteidh.or.cr . Excepción Preliminar, Fondo, Reparaciones y Costas, Serie C N° 182;

719 Véase sentencia de la Sala Constitucional, sentencia No 1.939 de 18 de diciembre de 2008 (Caso *Abogados Gustavo Álvarez Arias y otros*), en http://www.tsj.gov.ve/decisiones/scon/Diciembre/1939-181208-2008-08-1572.html

se le aplicara la pena máxima de 30 años establecida en Venezuela para crímenes horrendos y graves. La juez fue efectivamente detenida por la policía ese mismo día, y todavía permanece en detención, sin que se haya desarrollado juicio efectivo alguno contra ella. El mismo Grupo de Expertos de Naciones Unidas consideró estos hechos como "un golpe del Presidente Hugo Chávez contra la independencia de los jueces y abogados" solicitando la "inmediata liberación de la juez" concluyendo que "las represalias ejercidas sobre jueces y abogados por el ejercicio de sus funciones garantizadas constitucionalmente creando un clima de temor, solo sirve para minar el Estado de derecho y obstruir la justicia."[720]

El hecho es que en Venezuela ningún juez puede adoptar una decisión que pueda afectar las políticas gubernamentales, los deseos del Presidente, los intereses del Estado o la voluntad de los funcionarios públicos, por lo que por ejemplo, la Jurisdicción Contencioso Administrativa ha dejado de tener efectividad e importancia.[721] Por ello, la Comisión Interamericana de Derechos Humanos después de describir con preocupación en su *Informe Anual de 2009* que en muchos casos, "los jueces son removidos inmediatamente después de adoptar decisiones judiciales en casos con impactos políticos importantes," concluyó señalando que "la falta de independencia judicial y de autonomía en relación con el poder político es, en opinión de la Comisión el punto más débil de la democracia venezolana."[722]

IV. EL TRIBUNAL SUPREMO DE JUSTICIA COMO INSTRUMENTO PARA EL CONTROL POLÍTICO DE LOS OTROS PODERES DEL ESTADO

En la pequeña muestra que puede hacerse en este documento sobre el rol jugado por el Tribunal Supremo de Justicia en el proceso de desmantelamiento del Estado de derecho en Venezuela, debe mencionarse específicamente a la Sala Constitucional, como Jurisdicción Constitucional, la cual ha sido el principal vehículo utilizado por el gobierno para secuestrar y tomar control directo de otras ramas del Poder Publico.

Así sucedió, por ejemplo, con el Poder Electoral, que en Venezuela, como se dijo, se lo concibe en la Constitución como uno de los poderes del Estado en la penta división de poderes. Esto comenzó en 2002, después de la sanción de la Ley Orgánica del Poder Electoral,[723] cuando la Sala Constitucional, al declarar sin lugar un recurso de inconstitucionalidad que había ejercido el propio Presidente de la República contra una Disposición Transitoria de dicha Ley Orgánica, en un *obiter dictum* consideró que dicha Ley era "inaplicable" al Consejo Nacional Electoral de entonces

---

720 Véase en at http://www.unog.ch/unog/website/ news_media.nsf/%28httpNewsByYear_en%29/-93687E8429BD53A1C125768E00529DB6?OpenDocument&cntxt=B35C3&cookielang=fr. En Octubre 14, 2010, el mismo Grupo de Trabajo de la ONU solicitó formalmente al Gobierno venezolano que la Juez fuse "sometida a un juicio apegado al debido proceso y bajo el derecho de la libertad provisional". Véase en *El Universal*, 14 de Octubre de 2010, en http://www.eluniversal.com/2010/10/14/pol_ava_instancia-de-la-onu_14A4608051.shtml

721 Véase Antonio Canova González, *La realidad del contencioso administrativo venezolano (Un llamado de atención frente a las desoladoras estadísticas de la Sala Político Administrativa en 2007 y primer semestre de 2008), cit.*, p. 14.

722 Véase en ICHR, *Annual Report 2009*, para. 483. Available at http://www.cidh.oas.org/annualrep/2009eng/Chap.IV.f.eng.htm

723 Véase en *Gaceta Oficial* N° 37.573 de 19-11-2002.

en materia de quórum para decidir, impidiéndosele así que dicho órgano pudiera adoptar decisión alguna, al imponer que lo hiciera con una mayoría calificada de 4/5 que no estaba prevista en la Ley (la cual disponía la mayoría de 3/5). Para ello, la Sala "revivió" una previsión que estaba en el derogado Estatuto Electoral transitorio que se había dictado en 2000 sólo para regir las elecciones de ese año, y que ya estaba inefectivo.[724] Con ello, por la composición de entonces del Consejo Nacional Electoral, la Sala Constitucional impidió que dicho órgano funcionara y entre otras tareas, por ejemplo, que pudiera darle curso a la iniciativa popular de más de tres millones de firmas para convocar un referendo consultivo sobre la revocación del mandato del Presidente de la República. En todo caso, ello significó, en la práctica, la parálisis total y absoluta del Poder Electoral, lo que se consolidó por decisión de otra Sala del Tribunal Supremo, la Sala Electoral, primero, impidiendo que uno de los miembros del Consejo pudiese votar,[725] y segundo, anulando la convocatoria que había hecho el Consejo para un referendo consultivo sobre la revocación del mandato del Presidente.[726]

La respuesta popular a estas decisiones, sin embargo, fue una nueva iniciativa popular respaldada por otras tres millones y medio de firmas para la convocatoria de un nuevo referendo revocatorio del mandato del Presidente de la República, para cuya realización resultaba indispensable designar los nuevos miembros del Consejo Nacional Electoral. La fracción oficialista en la Asamblea Nacional no pudo hacer por si sola dichas designaciones, pues en aquél entonces no controlaba la mayoría de los 2/3 de los diputados que se requerían para ello, por lo que ante la imposibilidad o negativa de llegar a acuerdos con la oposición, y ante la perspectiva de que no se nombraran los miembros del Consejo Nacional Electoral, la vía que se utilizó para lograrlo, bajo el total control del gobierno, fue que la Sala Constitucional lo hiciera.

Para ello, se utilizó la vía de decidir un recurso de inconstitucionalidad contra la omisión legislativa en hacer las designaciones que se había intentado, de manera que al decidir el recurso, la Sala, en lugar de exhortar a la Asamblea Nacional para que hiciera los nombramientos como correspondía, procedió a hacerlo directamente, usurpando la función del Legislador, y peor aún, sin cumplir con las condiciones constitucionales requeridas para hacer los nombramientos.[727] Con esta decisión, la Sala Constitucional le aseguró al gobierno el completo control del Consejo Nacional

---

724 Véase Sentencia N° 2747 de 7 de noviembre de 2002 (Exp. 02-2736).

725 Véase Sentencia N° 3 de 22 de enero de 2003 (Caso: *Darío Vivas y otros*). Véase en Allan R. Brewer-Carías, "El secuestro del Poder Electoral y de la Sala Electoral del Tribunal Supremo y la confiscación del derecho a la participación política mediante el referendo revocatorio presidencial: Venezuela: 2000-2004" en *Revista Costarricense de Derecho Constitucional,* Tomo V, Instituto Costarricense de Derecho Constitucional, Editorial Investigaciones Jurídicas S.A., San José 2004, pp. 167-312.

726 Véase Sentencia N° 32 de 19 de marzo de 2003 (Caso: *Darío Vivas y otros*). Véase Allan R. Brewer-Carías, en "El secuestro del Poder Electoral y la confiscación del derecho a la participación política mediante el referendo revocatorio presidencial: Venezuela 2000-2004" en *Revista Jurídica del Perú*, Año LIV N° 55, Lima, marzo-abril 2004, pp. 353-396.

727 Sentencia N° 2073 de 4 de agosto de 2003 (Caso: *Hermánn Escarrá Malaver y otros*); y sentencia N° 2341 del 25 de agosto de 2003 (Caso: *Hemann Escarrá y otros*). Véase en Allan R. Brewer-Carías, "El secuestro del poder electoral y la confiscación del derecho a la participación política mediante el referendo revocatorio presidencial: Venezuela 2000-2004", en *Stvdi Vrbinati, Rivista tgrimestrale di Scienze Giuridiche, Politiche ed Economiche*, Año LXXI – 2003/04 Nuova Serie A – N. 55,3, Università degli studi di Urbino, pp. 379-436.

Electoral, secuestrando a la vez el derecho ciudadano a la participación política, y permitiendo al partido de gobierno manipular los resultados electorales.

La consecuencia de todo ello ha sido que las elecciones que se han celebrado en Venezuela durante la última década, han sido organizadas por una rama del Poder Público supuestamente independiente pero tácticamente controlada por el gobierno, totalmente parcializada. Esa es la única explicación que se puede dar, por ejemplo, al hecho de que aún hoy día (Febrero 2012) se desconozca cuál fue el resultado oficial de la votación efectuada en el referendo que rechazó en 2007 la reforma constitucional propuesta por el Presidente de la República. Ello es igualmente lo que explica que se pudiera sancionar la Ley Orgánica de los Procesos Electorales en 2008, para materialmente, en fraude a la Constitución, eliminar la representación proporcional en la elección de los diputados a la Asamblea nacional, al punto de que en las elecciones legislativas de septiembre de 2010, con una votación inferior al cincuenta por ciento de los votos, el partido oficial obtuvo casi los 2/3 de diputados a la Asamblea Nacional.

V. EL TRIBUNAL SUPREMO COMO INSTRUMENTO PARA LA ILEGÍTIMA MUTACIÓN DE LA CONSTITUCIÓN

En este contexto de sujeción política, la Sala Constitucional del Tribunal Supremo desde 2000, por otra parte, lejos de actuar como guardián de la Constitución, ha sido el instrumento más importante del gobierno autoritario para mutar ilegítimamente la Constitución,[728] imponiendo interpretaciones inconstitucionales,[729] no sólo

728 Véase en general sobre el tema, Allan R. Brewer-Carías, "El juez constitucional al servicio del autoritarismo y la ilegítima mutación de la Constitución: el caso de la Sala Constitucional del Tribunal Supremo de Justicia de Venezuela (1999-2009)", en *Revista de Administración Pública*, Nº 180, Madrid 2009, pp. 383-418; "La fraudulenta mutación de la Constitución en Venezuela, o de cómo el juez constitucional usurpa el poder constituyente originario,", en *Anuario de Derecho Público*, Centro de Estudios de Derecho Público de la Universidad Monteávila, Año 2, Caracas 2009, pp. 23-65; "La ilegítima mutación de la Constitución por el juez constitucional y la demolición del Estado de derecho en Venezuela.," *Revista de Derecho Político*, Nº 75-76, Homenaje a Manuel García Pelayo, Universidad Nacional de Educación a Distancia, Madrid, 2009, pp. 289-325; "El juez constitucional al servicio del autoritarismo y la ilegítima mutación de la Constitución: el caso de la Sala Constitucional del Tribunal Supremo de Justicia de Venezuela (1999-2009)", en *IUSTEL, Revista General de Derecho Administrativo*, Nº 21, junio 2009, Madrid, ISSN-1696-9650.

729 Véase Allan R. Brewer-Carías, "*Crónica sobre la "In" Justicia Constitucional. La Sala Constitucional y el autoritarismo en Venezuela*, Editorial Jurídica Venezolana, Caracas 2007.

sobre sus propios poderes de control,[730] sino en materias sustantivas, sin estar sometida a control alguno.[731]

En este aspecto, uno de los instrumentos más letales utilizados para distorsionar la Constitución ha sido la "invención" de una acción directa para la interpretación abstracta de la Constitución, que es un medio procesal constitucional creado por la propia Sala Constitucional sin fundamento en la Constitución y sin antecedentes en el derecho comparado.[732] Mediante este recurso, que puede ser interpuesto por cualquier persona con un mínimo interés, y también, muy convenientemente por el Abogado del Estado que está sujeto al Presidente (Procurador General de la República), la Sala Constitucional ha venido "reformando" en forma ilegítima la Constitución, e incluso ha venido implementando también en una forma ilegítima, las reformas constitucionales que propuso el Presidente en 2007 y que fueron rechazadas por el pueblo mediante referéndum.

La primera de todas las mutaciones constitucionales en el tiempo, realizada por la Sala Constitucional del Tribunal Supremo fue cuando decidió la acción de inconstitucionalidad interpuesta contra el Decreto de Transición del Poder Público dictado por la Asamblea Constituyente al margen de la voluntad popular, nombrando a los propios Magistrados del nuevo Tribunal Supremo de Justicia, quienes en lugar de inhibirse, pasaron a decidir en causa propia, apresuradamente, considerando el Decreto impugnado como "un acto de rango y naturaleza constitucional,"[733] y aceptando la existencia, no de uno, sino de dos regímenes constitucionales paralelos: uno aprobado por el pueblo y contenido en la Constitución de 1999; y otro, impuesto al pueblo por la Asamblea Constituyente, dictado con posterioridad a la aprobación popular de la Constitución. Con ello, el Tribunal Supremo abrió un largo e interminable periodo de inestabilidad e inseguridad constitucional que aún continúa once años después, socavando lo poco que queda de las ruinas del Estado de derecho.

---

730 La Sala Constitucional ha venido asumiendo y auto-atribuyéndose competencias no previstas en la Constitución, no sólo en materia de interpretación constitucional al crearse el recurso autónomo de interpretación abstracta de la Constitución, sino en relación con los poderes de revisión constitucional de cualquier sentencia dictada por cualquier tribunal, incluso por las otras Salas del Tribunal Supremo de Justicia; con los amplísimos poderes de avocamiento en cualquier causa; con los supuestos poderes de actuación de oficio no autorizados en la Constitución; con los poderes de solución de conflictos entre las Salas; con los poderes de control constitucional de las omisiones del Legislador; con la restricción del poder de los jueces de ejercer el control difuso de la constitucionalidad de las leyes; y con la asunción del monopolio de interpretar los casos de prevalencia en el orden interno de los tratados internacionales en materia de derechos humanos. Véase además, en *Crónica sobre La "In" Justicia Constitucional. La Sala Constitucional y el autoritarismo en Venezuela*, Colección Instituto de Derecho Público, Universidad Central de Venezuela, Nº 2, Caracas 2007.

731 Véase Allan R. Brewer-Carías, "*Quis Custodiet ipsos Custodes*: De la interpretación constitucional a la inconstitucionalidad de la interpretación," en *VIII Congreso Nacional de Derecho Constitucional*, Fondo Editorial and Colegio de Abogados de Arequipa, Arequipa, Perú, 2005, 463-89; y *Crónica de la "In"Justicia constitucional: La Sala constitucional y el autoritarismo en Venezuela*, Editorial Jurídica Venezolana, Caracas 2007, 11-44, 47-79.

732 Véase Sentencia Nº 1077 de la Sala Constitucional de 22-09-00, caso: *Servio Tulio León Briceño*. Véase en *Revista de Derecho Público,* Nº 83, Caracas, 2000, pp. 247 y ss. Este criterio fue luego ratificado en sentencias de fecha 09-11-00 (Nº 1347), 21-11-00 (Nº 1387), y 05-04-01 (Nº 457), entre otras. Véase Allan R. Brewer-Carías, "Le recours d'interprétation abstrait de la Constitution au Vénézuéla", en *Le renouveau du droit constitutionnel, Mélanges en l'honneur de Louis Favoreu*, Dalloz, Paris, 2007, pp. 61-70

733 Véase sentencia Nº 4 de fecha 26 de enero de 2000, caso: *Eduardo García*, en *Revista de Derecho Público*, Nº 81, Editorial Jurídica Venezolana, Caracas 2000, pp. 93 y ss.

Muchos otros casos pueden ilustrar este inconstitucional proceso de mutación constitucional, aún cuando sólo pueda en este documento referirme a algunos de ellos. Por ejemplo, ocurrió con el cambio de sentido que se hizo respecto del artículo 72 de la Constitución que regula el referendo revocatorio de mandatos de todos los cargos de elección popular. Dicha norma dispone que la revocatoria del mandato de funcionarios electos solicitada por iniciativa popular, se produce cuando en el referendo respectivo que se realice un número "*igual o mayor del número de electores* que eligieron al funcionario" vota a favor de la revocación.[734] Sin embargo, en una forma claramente inconstitucional, en 2003, la Sala Constitucional convirtió dicho referendo "revocatorio" en un referendo "ratificatorio," al considerar que la revocación no se producía a pesar de que igual o mayor del número de electores que los que eligieron al funcionario votaran por la revocación, si en el referendo se depositaban más votos en contra de la revocación que a favor de la misma, en cuyo caso consideró la Sala que el funcionario antes que salir del cargo "debería seguir" en el mismo, "aunque votasen en su contra el número suficiente de personas para revocarle el mandato."[735]

Esta ilegitima mutación de la Constitución tuvo por supuesto un claro propósito, que fue el impedir que el mandato al Presidente de República, Hugo Chávez fuera revocado en 2004. Este había sido electo en agosto de 2000 con 3.757.774 votos, y en el referendo revocatorio de 2004, votaron por la revocación de su mandato 3.989.008 electores, por lo que constitucionalmente su mandato había quedado revocado automáticamente, *ex constitutione*. Sin embargo, como "por la no revocación" supuestamente habrían votado 5.800.629 de electores, el Consejo Nacional Electoral, conforme a la doctrina hecha a la medida del caso por la Sala Constitucional, decidió "ratificar" al Presidente de la República en su cargo hasta 2007.[736] Así, ilegítimamente, un referendo revocatorio fue transformado en un referendo ratificatorio o en un plebiscito que no existe en la Constitución.[737]

Otras mutaciones constitucionales ilegítimas no menos importantes han ocurrido en materia de protección de derechos humanos, también mediante sendas sentencias de la Sala Constitucional. En una de ellas, por ejemplo, la Sala Constitucional eliminó el rango supraconstitucional de los tratados internacionales en materia de derechos humanos establecido en el artículo 23 de la Constitución cuando contienen previsiones más favorables a su ejercicio que las establecidas en el derecho interno, al reservarse, a sí misma, la exclusiva competencia para decidir en la materia. Con esta mutación, además, la Sala implementó ilegítimamente una de las reformas constitu-

---

734 Sentencia Nº 2750 de 21 de octubre de 2003, Caso: *Carlos Enrique Herrera Mendoza, (Interpretación del artículo 72 de la Constitución (Exp. 03-1989). Sentencia* Nº 1139 de 5 de junio de 2002 (Caso: *Sergio Omar Calderón Duque y William Dávila Barrios)* Véase en *Revista de Derecho Público,* Nº 89-92, Editorial Jurídica Venezolana, Caracas 2002, p. 171. Criterio seguido en la sentencia Nº 137 de 13-02-2003 (Caso: *Freddy Lepage Scribani y otros*) (Exp. 03-0287).

735 Sentencia Nº 2750 de 21 de octubre de 2003 (Caso: *Carlos E. Herrera Mendoza, Interpretación del artículo 72 de la Constitución*), n Véase *El Nacional*, Caracas, 28-08-2004, pp. A-1 y A-2

736 Véase en *El Nacional*, Caracas, 28-08-2004, pp. A-1 y A-2

737 Véase Allan R. Brewer-Carías, "La Sala Constitucional vs. el derecho ciudadano a la revocatoria de mandatos populares: de cómo un referendo revocatorio fue inconstitucionalmente convertido en un "referendo ratificatorio," in *Crónica sobre la "In" Justicia Constitucional. La Sala Constitucional y el autoritarismo en Venezuela*, Editorial Jurídica Venezolana, Caracas 2007, 349-78.

cionales que había propuesto el Presidente en 2007 y que había sido rechazada por el pueblo.[738]

En otra decisión, a pesar de que el mismo artículo 23 de la Constitución dispone que los tratados internacionales en materia de derechos humanos son "de aplicación inmediata y directa por los tribunales y demás órganos del Poder Público," la misma Sala Constitucional, al contrario, les negó tal potestad a los tribunales, reservándose en forma exclusiva tal competencia, violando el texto constitucional.[739]

En otros casos, la mutación constitucional ha ocurrido respecto de previsiones fundamentales de la Constitución que fueron concebidas como principios pétreos, como sucedió por ejemplo con el principio de la alternabilidad republicana. Pues bien, la Sala Constitucional, simplemente, en forma deliberada, confundió el principio de "gobierno alternativo" con el principio de "gobierno electivo," ambos previstos en el artículo 6 de la Constitución, considerándolos como supuestamente sinónimos, cuando en realidad el primero apunta a evitar el continuismo o la permanencia en el poder por una misma persona, y el segundo apunta a asegurar la elección de los gobernantes. La Sala Constitucional, sin embargo, al confundir los conceptos, afirmó que la alternabilidad "lo que exige es que el pueblo como titular de la soberanía tenga la posibilidad periódica de escoger sus mandatarios o representantes" que es el principio de gobierno electivo, indicando además, que el principio "sólo se infringiría si se impide esta posibilidad al evitar o no realizar las elecciones."[740]

Con esta mutación constitucional que simplemente eliminaba el sentido de la alternabilidad, el Tribunal Supremo despejó el camino para que, en fraude a la Constitución, en febrero de 2009 se pudiera votar una Enmienda Constitucional para modificar un principio pétreo de la Constitución, lo que ocurrió sólo días después de dictada la sentencia. De ello resultó la previsión, en la Constitución, del principio contrario a la alternabilidad, que es el de la posibilidad de la reelección continua o ilimitada de cargos electivos.[741]

La ilegitimidad de las mutaciones constitucionales impuestas por la Sala Constitucional ha llegado incluso al extremo de cohonestar la realización de reformas constitucionales en forma contraria a la Constitución, y de implementarlas luego que las mismas fueron rechazadas por el pueblo mediante referendo.

En efecto, después de siete años del proceso constituyente de 1999, a los venezolanos se les impuso por vía de legislación y de acción de gobierno, un sistema de Estado centralizado y militarista, basado en la concentración del poder y en un modelo político de régimen socialista por el cual nadie ha votado, montado sobre una

---

738 Véase sentencia N° 1.939 de 18 de diciembre de 2008 (Caso *Gustavo Álvarez Arias y otros*) Véase en http://www.tsj.gov.ve/decisiones/scon/Diciembre/1939-181208-2008-08-1572.html

739 Véase sentencia N° 1492 de 15 de julio de 2003 (Caso: *Impugnación de diversos artículos del Código Penal* Véase en *Revista de Derecho Público*, N° 93-96, Editorial Jurídica Venezolana, Caracas 2003, pp. 135 ss..

740 Véase la sentencia N° 53, de la Sala Constitucional de 2 de febrero de 2009 (Caso: *Interpretación de los artículos 340,6 y 345 de la Constitución*), en http:/www.tsj.gov.ve/decisions/scon/Febrero/53-3209-2009-08-1610.html y en *Revista de Derecho Público* 117, Editorial Jurídica venezolana, Caracas 2009, 205-211

741 Véase Allan R. Brewer-Carías, "El Juez Constitucional vs. La alternabilidad republicana (La reelección continua e indefinida)," en *Revista de Derecho Público* 117, Editorial Jurídica venezolana, Caracas 2009, 205-211

supuesta "democracia participativa" manejada por instituciones directamente controladas desde el poder central. Todas estas deformaciones institucionales condujeron al Presidente de la República en 2007, a proponer una reforma constitucional tendiente a consolidar formalmente en el texto mismo de la Constitución, un Estado socialista, centralizado, militarista y policial;[742] reforma que aún cuando fue sancionada por la Asamblea Nacional violando la propia Constitución que solo permite que reformas constitucionales sustantivas de ese tipo sean aprobadas mediante la convocatoria de una Asamblea Constituyente, fue rechazada por el pueblo.

Por supuesto, el Tribunal Supremo, muy diligentemente, en el curso del procedimiento de la reforma constitucional se negó a pronunciarse sobre el fraude constitucional que se estaba ejecutando, y en múltiples decisiones declaró "improponibles" las demandas de nulidad ejercidas contra el viciado proyecto de reforma,[743] lo contrario, por cierto, a lo que hizo por ejemplo, la Corte Constitucional colombiana en 2010, respecto de la Ley sobre la reforma constitucional referida al tema de la reelección presidencial.[744]

Afortunadamente, sin embargo, como se dijo, fue el pueblo quien rechazó en Venezuela mediante referendo del 2 de diciembre de 2007, la fraudulenta reforma constitucional propuesta por el Presidente; rechazo que desafortunadamente ha sido sistemáticamente burlado por el gobierno, el cual durante los últimos cuatro años, en un nuevo y continuo fraude no sólo a la Constitución sino a la voluntad popular, ha venido implementando las rechazadas reformas constitucionales mediante legislación ordinaria y decretos leyes delegados inconstitucionalmente sancionados, y que el Tribunal Supremo se ha abstenido de controlar.[745]

Así ocurrió, por ejemplo, mediante varios de los Decretos Leyes dictados en 2008 en ejecución de la Ley habilitante de febrero de 2007,[746] tendientes, por ejem-

---

742 Véase Allan R. Brewer-Carías, *Hacia la consolidación de un Estado Socialista, Centralizado, Policial Y Militarista. Comentarios sobre el sentido y alcance de las propuestas de reforma constitucional 2007*, Colección Textos Legislativos, Nº 42, Editorial Jurídica Venezolana, Caracas 2007.

743 Véase el estudio de las respectivas sentencias en Allan R. Brewer-Carías, "El juez constitucional vs. la supremacía constitucional. O de cómo la Jurisdicción Constitucional en Venezuela renunció a controlar la constitucionalidad del procedimiento seguido para la "reforma constitucional" sancionada por la Asamblea Nacional el 2 de noviembre de 2007, antes de que fuera rechazada por el pueblo en el referendo del 2 de diciembre de 2007", en *Revista de Derecho Público*, núm. 112, Caracas, Editorial Jurídica Venezolana, 2007, pp. 661-694

744 Véase la sentencia de la Corte Constitucional sobre la Ley Nº 1354 de 2009, en Comunicado Nº 9, de 26 de febrero de 2010, en www.corteconstitucional.com

745 Véanse los trabajos de Lolymar Hernández Camargo, "Límites del poder ejecutivo en el ejercicio de la habilitación legislativa: Imposibilidad de establecer el contenido de la reforma constitucional rechazada vía habilitación legislativa," en *Revista de Derecho Público*, Nº 115 *(Estudios sobre los Decretos Leyes)*, Editorial Jurídica venezolana, Caracas 2008, pp. 51 ss.; Jorge Kiriakidis, "Breves reflexiones en torno a los 26 Decretos-Ley de Julio-Agosto de 2008, y la consulta popular refrendaría de diciembre de 2007", *Idem*, pp. 57 ss.; y José Vicente Haro García, Los recientes intentos de reforma constitucional o de cómo se está tratando de establecer una dictadura socialista con apariencia de legalidad (A propósito del proyecto de reforma constitucional de 2007 y los 26 decretos leyes del 31 de julio de 2008 que tratan de imponerla)", *Idem*, pp. 63 ss

746 *Gaceta Oficial* 38.617, de fecha 1° de febrero de 2007

plo, a establecer la planificación centralizada,[747] implementar las bases del Estado Socialista y del sistema económico socialista,[748] y transformar la Fuerza Armada en una Fuerza Armada Bolivariana con una Milicia no prevista en la Constitución,[749] todo lo cual había sido rechazado el pueblo.

También ha ocurrido mediante leyes, como por ejemplo, la dictada para regular el Distrito Capital como una entidad territorial totalmente dependiente del Poder Nacional,[750] reviviéndose el desaparecido "Distrito Federal" de 1864, contrariando abiertamente la Constitución que lo regula como una entidad con autonomía política. Lamentablemente para el Estado de derecho, el Presidente ha estado absolutamente seguro de que la sumisa Sala Constitucional que controla, jamás ejercerá el control de constitucionalidad sobre esos textos inconstitucionales.

Además, como se dijo, dicho control político sobre el Tribunal Supremo ha permitido que sea a través del mismo que muchas de las reformas constitucionales rechazadas por el pueblo en el referendo de 2007 hayan sido "implementadas" mediante mutaciones constitucionales dispuestas al interpretar la Constitución.

Así sucedió, por ejemplo, con el cambio operado por la vía de la interpretación de la Constitución, sobre las bases constitucionales del Estado federal, incidiendo en la distribución territorial del poder público, para implementar en fraude a la voluntad popular reformas constitucionales que fueron rechazadas por el pueblo. Ocurrió en 2008 mediante una sentencia dictada muy convenientemente, a solicitud del Abogado del Estado que como dije en Venezuela es un funcionario dependiente del Poder Ejecutivo (Procurador General de la República), con lo cual se transformó una competencia "exclusiva" de los Estados de la federación para la conservación, administración y aprovechamiento de autopistas y carreteras nacionales y de puertos y aeropuertos comerciales, en una competencia "concurrente" con el Poder Nacional y así permitir su centralización e intervención,[751] modificando el contenido de la norma constitucional. Con esta "interpretación constitucional," la Sala Constitucional usurpó la voluntad popular, obligando además a la Asamblea Nacional a dictar una legislación contraria a la Constitución,[752] lo que efectivamente hizo, entre otras, mediante la reforma en marzo de 2009, de la Ley Orgánica de Descentralización, Delimitación y Transferencia de Competencias del Poder Público,[753] a los efectos de

---

747 Véase por ejemplo, Allan R. Brewer-Carías, "Comentarios sobre la inconstitucional creación de la Comisión Central de Planificación, centralizada y obligatoria", *Revista de Derecho Público*, N° 110, (abril-junio 2007), Editorial Jurídica Venezolana, Caracas 2007, pp. 79-89

748 Por ejemplo, Ley Orgánica de Seguridad y Soberanía Agroalimentaria, y Ley para el fomento y desarrollo de la economía popular, *Gaceta Oficial* N° 5.890 Extraordinaria de 31 julio de 2008.

749 Véase Ley sobre la Ley Orgánica de la Fuerza Armada Nacional, *Gaceta Oficial* con fecha 31 de julio de 2008.

750 *Gaceta Oficial* N° 39.156 de 13 de abril de 2009.

751 Véase sentencia de la Sala Constitucional, N° 565 de 15 de abril de 2008, caso Procuradora General de la República, recurso de interpretación del artículo 164.10 de la Constitución de 1999 de fecha 15 de Abril de 2008, en http://www.tsj.gov.ve/decisiones/scon/Abril/565-150408-07-1108.htm

752 De ello resulta según la sentencia: "la necesaria revisión general de la Ley Orgánica de Descentralización, Delimitación y Transferencia de Competencias del Poder Público, Ley General de Puertos y la Ley de Aeronáutica Civil, sin perjuicio de la necesaria consideración de otros textos legales para adecuar su contenido a la vigente interpretación."

753 *Gaceta Oficial* N° 39 140 del 17 de marzo de 2009

eliminar las competencias exclusivas de los Estados. En esta forma, un nuevo fraude a la Constitución y a la voluntad popular que había rechazado dicha reforma constitucional en 2007, se consumó con la participación diligente del Tribunal Supremo de Justicia.[754]

VI. EL TRIBUNAL SUPREMO COMO INSTRUMENTO PARA LA RESTRICCIÓN DE LA LIBERTAD DE EXPRESIÓN

Pero además de haber sido el instrumento para contribuir al desmantelamiento del principio de la separación de poderes, el Tribunal Supremo ha sido el instrumento más preciso para restringir indebidamente los derechos constitucionales, y en especial, los relativos a la libertad de expresión y sus consecuencias.

La Sala Constitucional, en efecto, en sentencia N° 1013 de 12 de junio de 2001 (Caso: *Elías Santana y Asociación Civil queremos elegir vs. Presidente de la República y Radio Nacional de Venezuela),*[755] sentó una doctrina vinculante para la interpretación de los artículos 57 y 58 de la Carta Fundamental, en la cual limitó el derecho de réplica y rectificación al afirmar que el mismo "no lo tienen ni los medios, ni quienes habitualmente ejercen en ellos el periodismo, ni quienes mantienen en ellos columnas o programas, ni quienes mediante 'remitidos' suscitan una reacción en contra," considerando que "se trata de un derecho concedido a quienes se ven afectados por la información de los medios, y que carecen de canales públicos para contestar o dar su versión de la noticia." La consecuencia de ello fue que al recurrente en ese caso, Sr. Elías Santana, quien había intentado una acción de amparo intentada contra el Presidente de la República y la Radio Nacional de Venezuela por expresiones que afectaban al recurrente, solicitando un derecho de réplica, se le negó dicho derecho considerando que el accionante era "un periodista con una columna fija en el diario El Nacional (El Ombudsman), y un programa radial diario "Santana Total", en Radio Capital," que no podía pretender "refutar al Presidente de la República, por la vía de la réplica, en relación con unas opiniones dadas por éste en su programa radial "Aló, Presidente." La Sala consideró que carecía del derecho a réplica o rectificación, y lo que podía hacer era contestar al Presidente "tanto en su columna como en el diario donde la tiene." Es decir, la Sala consideró que el ejercicio de la libertad de expresión del pensamiento sólo origina responsabilidades ulteriores, pero no origina el derecho a rectificación o réplica por parte de una persona agraviada por la expresión del pensamiento o lesionada directamente por la información inexacta, limitando el derecho a réplica y rectificación sólo ante la libertad de información o comunicación; lo que no tiene asidero constitucional alguno, y contraría además lo expresado por la Corte Interamericana de Derechos Humanos en la *Opinión Consultiva OC-7/86* de 29-08-86 (Exigibilidad del Derecho de Rectificación o Respuesta).

754 Véase Allan R. Brewer-Carías, "La Sala Constitucional como poder constituyente: la modificación de la forma federal del estado y del sistema constitucional de división territorial del poder público, en *Revista de Derecho Público*, N° 114, (abril-junio 2008), Editorial Jurídica Venezolana, Caracas 2008, pp. 247-262

755 Véase en *Revista de Derecho Público*, N° 85-88, Editorial Jurídica Venezolana, Caracas, 2001, pp. 117 y ss. Sobre esta sentencia véase Allan R. Brewer-Carías et al, *La Libertad de expresión amenazada. Sentencia 1013*, Instituto Interamericano de Derechos humanos, Editorial Jurídica Venezolana, Caracas / San José 2001.

En ese caso, la Sala Constitucional, además, argumentó sobre la prohibición de censura previa en relación con el derecho a la libre expresión del pensamiento (art. 57), que no ocurriría censura en los casos en los cuales se impida la difusión de ideas y conceptos que se emitan en violación del artículo 57, es decir, en los casos en que se pretenda expresar el pensamiento en forma anónima, que constituya propaganda de guerra, que contenga mensajes discriminatorios o que promueva la intolerancia religiosa. Esto fue otra cosa que "legitimar" la censura previa, lo cual es totalmente inconstitucional, agravándose con la afirmación de que mediante *ley* pueden regularse "mecanismos tendientes a impedir que sean difundidos anónimos, propaganda de guerra, mensajes discriminatorios o que promuevan la intolerancia religiosa, y que ello no constituiría censura" (p. 10 de 22). Para impedir la publicación de tales conceptos o ideas, por supuesto la ley tendría que establecer mecanismos de "revisión" previa de los textos, lo que no es otra cosa que censura previa. La Sala Constitucional, al hacer esta afirmación violó abiertamente la Constitución que establece una prohibición absoluta de la censura. La Ley puede, por supuesto, en cumplimiento de la Constitución (art. 78), dictar una legislación por ejemplo en protección del niño que prohíba determinadas expresiones contrarias a la niñez en los medios de comunicación; pero lo que no puede es permitir la instalación de "censores" en los medios, para revisar con carácter previo el material a ser publicado o divulgado, y poder impedir la difusión de lo que el "censor" considere que violaría las prohibiciones legales.

En otra sentencia, la N° 1942 de la Sala Constitucional de 15 de julio de 2003 (Caso: *Impugnación de los artículos 141, 148, 149, 150, 151, 152, 223, 224, 225, 226, 227, 444, 445, 446, 447 y 450 del Código Penal*),[756] sobre las llamadas leyes de desacato), la Sala Constitucional declaró sin lugar la acción de inconstitucionalidad interpuesta contra los mencionados artículos del Código Penal, por considerar que no colidían con la libertad de expresión e información consagrados en la Constitución, ignorando en esta forma el criterio contrario sentado por la Comisión Interamericana de Derechos Humanos en el *Informe N° 22/94, Caso 11.012 (Verbitsky)*.

Otro caso que debe mencionarse decidido por la Sala Constitucional fue el relativo a la confiscación de los bienes de la empresa Radio Caracas Televisión, acordada mediante sentencia N° 956 (Exp: 07-0720) de 25 de mayo de 2007,[757] al declarar admisible la acción de amparo intentada por unos Comités de Usuarios de las telecomunicaciones contra el Ministerio para las Telecomunicaciones y la Informática, y la Fundación Televisora Venezolana Social (TEVES), a los efectos de asegurar que esta última entidad estatal comenzara a transmitir la señal de televisión del Canal 2, en sustitución de la anterior concesionaria Radio Caracas Televisión con cobertura nacional, en lugar de solo en el centro occidente del país. Los recurrentes

756 Véase en http://www.tsj.gov.ve/decisiones/scon/Julio/1942-150703-01-0415.htm Véase sobre esta sentencia los comentarios en Alberto Arteaga Sánchez et al, *sentencia 1942 vs. Libertad de expresión*, Caracas, 2004

757 Véase en http://www.tsj.gov.ve/decisiones/scon/Mayo/956-250507-07-0720..htm Véanse los comentarios sobre esta sentencia en Allan R. Brewer-Carías, "El juez constitucional en Venezuela como instrumento para aniquilar la libertad de expresión plural y para confiscar la propiedad privada: El caso RCTV", *Revista de Derecho Público*, N° 110, (abril-junio 2007), Editorial Jurídica Venezolana, Caracas 2007, pp. 7-32. Publicado en *Crónica sobre la "In" Justicia Constitucional. La Sala Constitucional y el autoritarismo en Venezuela*, Colección Instituto de Derecho Público. Universidad Central de Venezuela, N° 2, Editorial Jurídica Venezolana, Caracas 2007, pp. 468-508

había solicitado como medida cautelar de que de se autorizara de manera temporal a la Fundación Televisora Venezolana Social (TEVES), "el acceso, uso y operación de la plataforma, conformada por transmisores, antenas y torres repetidoras ubicadas en distintos sitios del territorio nacional, que viene siendo utilizada por la sociedad mercantil Radio Caracas Televisión RCTV, C.A., para el uso y explotación de la porción del espectro radioeléctrico;" y la sala Constitucional al decidirla, ni más ni menos, decidió la confiscación de los bienes de propiedad privada de RCTV, empresa que no era siquiera parte en el juicio, y a la cual en violación a sus derechos al debido proceso y a la defensa no sólo no se la citó ni oyó, sino que ni siquiera se le permitió por si misma hacerse parte en el juicio. Como lo explicó el Magistrado Pedro Rafael Rondón Haaz en su voto disidente de esa sentencia, la Sala Constitucional con la medida cautelar acordada "asignó a CONATEL 'el derecho de uso' de los equipos propiedad de RCTV –suerte de expropiación o, a lo menos, de ocupación previa con prescindencia absoluta del procedimiento aplicable – para acordar su uso 'al operador que a tal efecto disponga.'" De acuerdo al mismo Magistrado disidente, ello implicó "la sustracción de un atributo del derecho de propiedad (el uso) de Radio Caracas Televisión RCTV C.A. sobre los bienes que fueron afectados, sin que se exprese ninguna fundamentación de naturaleza legal, la cual es la única fuente de limitación a la propiedad privada, siempre con los fundamentos que la Constitución Nacional preceptúa.

Esta decisión, fue seguida por otra Nº 957 (Exp.: 07-0731) de 25 de mayo de 2007,[758] dictada por la Sala Constitucional al decidir la solicitud de amparo intentada contra el Ministro para las Telecomunicaciones y la Informática por otro grupo de usuarios, en defensa de los derechos colectivos y de los intereses difusos de la población venezolana, ante las amenazas gubernamentales de cierre de RCTV, en la cual se solicitaba que "se declare medida cautelar innominada a favor del pueblo venezolano, en virtud de la cual se le permita a dicho canal continuar con la trasmisión de su programación mientras dure la tramitación del presente procedimiento." La Sala Constitucional, deliberadamente, en el procedimiento que dispuso aseguró que RCTV no pudiera comparecer por si misma y alegar y probar con independencia de los accionantes, a pesar de que estos habían solicitado que se le permitiera "a dicho canal continuar con la trasmisión de su programación mientras dure la tramitación del presente procedimiento," y decidió la petición en el sentido contrario a lo solicitado, de manera que actuando de oficio procedió a completar la anterior confiscación decretada de los bienes de RCTV, asignándoselos en uso, *sine die* y gratuitamente a CONATEL. El Magistrado Pedro Rafael Rondón Haaz también formuló un voto disidente en este caso, advirtiendo, primero, que Que resultaba "jurídicamente imposible" que, "a un tiempo, se declarase la 'procedencia' de la medida que se pidió con la demanda y lo que se acordase fuese no sólo ajeno, sino contrario a la pretensión principal;" y segundo que "implica la sustracción de un atributo del derecho de propiedad (el uso) de Radio Caracas Televisión RCTV C.A. sobre los bienes

---

758 Véase en http://www.tsj.gov.ve/decisiones/scon/Mayo/957-250507-07-0731.htm . Véanse los comentarios sobre esta sentencia en Allan R. Brewer-Carías, "El juez constitucional en Venezuela como instrumento para aniquilar la libertad de expresión plural y para confiscar la propiedad privada: El caso RCTV", *Revista de Derecho Público*, Nº 110, (abril-junio 2007), Editorial Jurídica Venezolana, Caracas 2007, pp. 7-32. Publicado en *Crónica sobre la "In" Justicia Constitucional. La Sala Constitucional y el autoritarismo en Venezuela*, Colección Instituto de Derecho Público. Universidad Central de Venezuela, Nº 2, Editorial Jurídica Venezolana, Caracas 2007, pp. 468-508

que fueron afectados, sin que se exprese ninguna fundamentación de naturaleza legal, la cual es la única fuente de limitación a la propiedad privada, siempre con los fundamentos que la Constitución Nacional preceptúa.".

Es decir, en este caso, los recurrentes acudieron ante el juez constitucional en busca de una protección a sus derechos y los derechos de los venezolanos, los cuales consideraban asegurados temporalmente con que se permitiera a RCTV seguir transmitiendo su programación mientras durara el juicio, y se encontraron con que el juez constitucional, sin considerar en forma alguna su petitorio, de oficio, acordara una medida cautelar que aseguraba todo lo contrario, es decir, la cesación de las transmisiones de RCTV, la confiscación de sus bienes, la asignación de su uso a CONATEL, para que esta se los permitiera usar a la nueva entidad estatal trasmisora TEVES, de manera que pudiera cubrir nacionalmente con su programación.

VII. EL ASALTO FINAL AL TRIBUNAL SUPREMO DE JUSTICIA EN DICIEMBRE DE 2010, Y SU SOMETIMIENTO AL CONTROL TOTAL POR PARTE DEL PODER EJECUTIVO

A raíz de las elecciones legislativas realizadas en septiembre de 2010 puede decirse que se produjo el asalto final al Tribunal Supremo de Justicia, y con ello, su sometimiento total al poder, lográndose el desmantelamiento de la democracia como sistema político basado en el control del poder. En efecto, en dichas elecciones legislativas, a pesar de haber obtenido menos de la mitad del voto popular, los diputados oficialistas terminaron controlando la Asamblea nacional. La oposición al gobierno, por su parte, obtuvo la mayoría del voto popular, de lo que resultó que en virtud de que dichas elecciones fueron orientadas por el Presidente de la República y sus seguidores como una suerte de plebiscito sobre su propio mandato y su modelo socialista, el Presidente efectivamente perdió el "plebiscito," con lo cual el gobierno quedó como minoría en el país a pesar de los esfuerzos que hizo el Consejo Nacional Electoral por maquillar los resultados electorales y mostrarlos como una suerte de "empate electoral," tratando de minimizar la importancia del hecho de que la oposición hubiera ganado el voto popular. Lo cierto, en todo caso, es que el gobierno perdió la mayoría calificada que antes tenía en la Asamblea nacional, y con ello, la posibilidad de designar sin compromiso o consenso alguno a los magistrados del Tribunal Supremo y a los otros integrantes de los poderes públicos.

Después de una década de demolición del Estado de derecho mediante el control de las diferentes ramas del Poder Público, la pérdida de la mayoría del voto popular por parte del Gobierno que en cualquier democracia hubiera conducido a implementar la más elemental regla de que para gobernar hay que compartir el ejercicio del poder; en el caso del gobierno autoritario que existe en Venezuela, lo que el Gobierno anunció fue lo contrario, es decir, que no habría dialogo alguno con la oposición, amenazando incluso con aprobar durante los dos meses que faltan hasta que la nueva Asamblea Nacional tomase posesión en enero de 2011, leyes inconstitucionales tendientes a implementar fraudulentamente los restantes aspectos de la rechazada reforma constitucional de 2007.

Y así efectivamente ocurrió el 21 de diciembre de 2010, cuando la Asamblea Nacional materializó la amenaza que se había anunciado de implementar el llamado "Poder Popular" para ser ejercido por un "Estado Comunal" montado, en paralelo, al Estado Constitucional, sobre la base de unas Comunas y unos Consejos Comunales no previstos en la Constitución y que son controlados desde el Poder Central. Y todo ello, en fraude a la Constitución y a la voluntad popular que en 2007 había rechazado las reformas constitucionales que en tal sentido se habían propuesto, y que en septiembre de 2010, en las elecciones parlamentarias, igualmente el pueblo había se había manifestado rechazando las políticas socialistas propuestas por el Presidente de la República.

Sin embargo, a pesar de ello, como se dijo, la deslegitimada Asamblea Nacional precedente procedió a sancionar un conjunto de leyes orgánicas mediante las cuales se terminó de definir, al margen de la Constitución, el marco normativo de un nuevo Estado *paralelo al Estado Constitucional*, que no es otra cosa que un Estado Socialista, Centralizado, Militarista y Policial denominado "Estado Comunal." Dichas Leyes Orgánicas en efecto, fueron las del Poder Popular,[759] de las Comunas,[760] del Sistema Económico Comunal,[761] de Planificación Pública y Comunal[762] y de Contraloría Social.[763] Además, en el mismo marco de estructuración del Estado Comunal montado sobre el Poder Popular, igualmente en diciembre de 2010 se reformó la Ley Orgánica del Poder Público Municipal[764] eliminándose las Juntas parroquiales, y se reformó las Leyes de los Consejos Estadales de Planificación y Coordinación de Políticas Públicas,[765] y de los Consejos Locales de Planificación Pública.[766] Dichas leyes han sido impugnadas por violar la Constitución y el derecho de participación de los ciudadanos en el proceso de su formación, pero frente a ello el Tribunal Supremo de Justicia solo tiene silencio.

La deslegitimada Asamblea Nacional, además, también sancionó en diciembre de 2010 una Ley habilitante autorizando al Presidente de la República para por vía de legislación delegada, dictar leyes en todas las materias imaginables, incluso de carácter orgánico, vaciando así de hecho por un período de 18 meses, hasta 2012, a la nueva Asamblea Nacional que se instaló en enero de 2011 de materias sobre las cuales poder legislar.

Es decir, contra todos los principios constitucionales que se refieren al Poder Legislativo en el mundo moderno, una Legislatura que estaba concluyendo su mandato legisló sobre todo lo imaginable en materia de reforma del Estado, comprometiendo la nueva Legislatura; y además, delegó en el Presidente de la República el legislar sobre todas las materias imaginables, vaciando de hecho a la nueva Legislatura de su poder de legislar. Y frente a ello, a pesar de todas las impugnaciones, de parte del Tribunal Supremo sólo resultó el silencio, lo que se ha asegurado, además, con el completo control político que se ha materializado respecto del mismo, igualmente en diciembre de 2010, al elegirse nuevos Magistrados por la ya a punto de terminar Asamblea Nacional, arrebatándole tal decisión que en tal sentido correspondía ser adoptada por la nueva Legislatura.

---

759 Véase en *Gaceta Oficial* Nº 6.011 Extra. de 21-12-2010.

760 Véase en *Gaceta Oficial* Nº 6.011 Extra. de 21-12-2010.

761 Véase en *Gaceta Oficial* Nº 6.011 Extra. de 21-12-2010.

762 Véase en *Gaceta Oficial* Nº 6.011 Extra. de 21-12-2010.

763 Véase en *Gaceta Oficial* Nº 6.011 Extra. de 21-12-2010.

764 Véase en *Gaceta Oficial* Nº 6.015 Extra. de 28-12-2010.

765 Véase en *Gaceta Oficial* Nº 6.015 Extra. de 30-12-2010.

766 Véase en *Gaceta Oficial* Nº 6.015 Extra. de 30-12-2010.

En efecto, el abuso de poder en el control político del Tribunal Supremo se completó en diciembre de 2010, cuando la Asamblea Nacional procedió a hacer el nombramiento de nuevos Magistrados del Tribunal Supremo, a pesar de que no podía hacerlo de acuerdo con el texto de la reforma de Ley Orgánica del Tribunal Supremo que la Asamblea había sancionado en el mismo año 2010;[767] nombramiento que legalmente correspondía a la nueva Asamblea Nacional que se instaló en enero de 2011, y por tanto, con la participación de de los diputados de oposición.

Para logar este fraude, y en vista de la imposibilidad que había de volver a reformar formalmente para ello la Ley Orgánica del Tribunal Supremo, a lo que se procedió fue a realizar una "reforma" de la Ley sin "reformarla" formalmente por las vías regulares, mediante la "reimpresión" de su texto en la *Gaceta Oficial* por un supuesto "error material" de copia del texto original, lo que se materializó sólo cuatro días después de que se efectuara la elección de los nuevos diputados a la Asamblea como consecuencia de lo cual a partir de enero de 2011, la bancada oficialista carecería de la mayoría calificada para hacer los nombramientos.[768]

El artículo 70 de la Ley Orgánica del Tribunal Supremo disponía, en efecto, que el plazo para presentar las candidaturas a Magistrados del Tribunal ante el Comité de Postulaciones Judiciales no debía ser "***menor** de treinta días continuos,*" lo que implicaba que la Legislatura que concluía no podía alcanzar a hacer los nombramientos. Para lograrlo, se cambió la redacción de la norma gracias a un "aviso" del Secretario de la Asamblea Nacional publicado en la *Gaceta Oficial*, en el cual indicó que en esa frase, en lugar de la palabra "menor" la palabra supuestamente "correcta" de la norma era la antónima, es decir, la palabra "mayor" en el sentido de que la norma debía decir lo contrario, o sea, que el plazo "*no será **mayor** de treinta días continuos.*"

En esta forma, con un cambio de palabras, de "menor" a "mayor," un plazo mínimo se convirtió en un plazo máximo, con la clara intención de reducir los plazos para recibir las postulaciones y proceder a la inmediata designación de los nuevos Magistrados, precisamente antes de que se instalara en enero de 2011 la nueva Asamblea Nacional.[769] Así se cambia ahora el texto de las leyes en Venezuela, sin reformarlas formalmente; simplemente reimprimiendo el texto en la *Gaceta Oficial*, sin que haya institución judicial alguna que controle el desaguisado.

Con esa "reforma" legal, la Asamblea Nacional, integrada por diputados que ya para ese momento no representaban la voluntad mayoritaria del pueblo, procedió entonces a materializar el asalto final al Tribunal Supremo, y llenarlo de Magistrados miembros del partido político oficial y que, además, para el momento de su designación, incluso eran de los parlamentarios que estaban terminando su mandato por efecto de la elección parlamentaria, y que por tanto, no cumplían con las condiciones para ser Magistrados que establece la Constitución.

---

767 Véase en *Gaceta Oficial* N° 39.522, de 1 de octubre de 2010. Véase los comentarios en Allan R. Brewer-Carías y Víctor Hernández Mendible, *Ley Orgánica del Tribunal Supremo de Justicia de 2010,* Editorial Jurídica Venezolana, Caracas 2010.

768 Véase *Gaceta Oficial* N° 39.522, de 1 de octubre de 2010.

769 Véanse los comentarios de Víctor Hernández Mendible, "Sobre la nueva reimpresión por "supuestos errores" materiales de la LOTSJ en la *Gaceta Oficial* N° 39.522, de 1 de octubre de 2010," y Antonio Silva Aranguren, "Tras el rastro del engaño, en la web de la Asamblea Nacional," publicados en el *Addendum* al libro de Allan R. Brewer-Carías y Víctor Hernández Mendible, *Ley Orgánica del Tribunal Supremo de Justicia de 2010,* Editorial Jurídica Venezolana, Caracas, 2010.

Como lo señaló la ex Magistrada de la antigua Corte Suprema de Justicia, Hildegard Rondón de Sansó,

> "El mayor de los riesgos que plantea para el Estado la desacertada actuación de la Asamblea Nacional en la reciente designación de los Magistrados del Tribunal Supremo de Justicia, no está solo en la carencia, en la mayoría de los designados de los requisitos constitucionales, sino el haber llevado a la cúspide del Poder Judicial la decisiva influencia de un sector del Poder Legislativo, ya que para diferentes Salas, fueron elegidos cinco parlamentarios." [770]

Destacó además la profesora Sansó que "todo un sector fundamental del poder del Estado, va a estar en manos de un pequeño grupo de sujetos que no son juristas, sino políticos de profesión, y a quienes corresponderá, entre otras funciones el control de los actos normativos;" agregando que "Lo más grave es que los designantes, ni un solo momento se percataron de que estaban nombrando a los jueces máximos del sistema jurídico venezolano que, como tales, tenían que ser los más aptos, y de reconocido prestigio como lo exige la Constitución."

Concluyó reconociendo entre "los graves errores" que incidieron sobre la elección, el hecho de:

> "la configuración del Comité de Postulaciones Judiciales, al cual la Constitución creó como un organismo neutro, representante de los "diferentes sectores de la sociedad" (Art. 271), pero la Ley Orgánica del Tribunal Supremo de Justicia, lo convirtió en forma inconstitucional, en un apéndice del Poder Legislativo. La consecuencia de este grave error era inevitable: los electores eligieron a sus propios colegas, considerando que hacerlo era lo más natural de este mundo y, ejemplo de ello fueron los bochornosos aplausos con que se festejara cada nombramiento." [771]

Como puede apreciarse de todo lo anteriormente expuesto, lamentablemente, la génesis de la Constitución de 1999 estuvo signada por el fraude constitucional cometido con la convocatoria de la Asamblea Nacional Constituyente, a lo que siguió otro fraude cometido por la misma Asamblea al violentar el orden jurídico y dar un golpe de Estado, tanto contra la Constitución de 1961, cuya interpretación le había dado origen, como contra su producto final que fue la Constitución de 1999. [772]

La evolución posterior ha estado también signada, por una parte, por el fraude a la Constitución tanto en el desarrollo de la rechazada reforma constitucional de 2007, como de la aprobada "enmienda constitucional" de 1999; y por la otra, por el falseamiento o ilegítima mutación de la Constitución en fraude a la voluntad popular, obra de una Sala Constitucional controlada por el Poder Ejecutivo, que ha estado al servicio del autoritarismo.

---

770 En Hildegard Rondón de Sansó, "*Obiter Dicta*. En torno a una elección," en *La Voce d'Italia*, 14-12-2010.

771 *Idem*

772 Véase Allan R. Brewer-Carías, *Reforma constitucional y fraude a la Constitución (1999-2009)*, Academia de Ciencias Políticas y Sociales, Caracas 2009; "Reforma Constitucional y fraude a la Constitución: el caso de Venezuela 1999-2009," en Pedro Rubén Torres Estrada y Michael Núñez Torres (Coordinadores), *La reforma constitucional. Sus implicaciones jurídicas y políticas en el contexto comparado*, Cátedra Estado de Derecho, Editorial Porrúa, México 2010, pp. 421-533; "La demolición del Estado de Derecho en Venezuela Reforma Constitucional y fraude a la Constitución (1999-2009)," en *El Cronista del Estado Social y Democrático de Derecho*, Nº 6, Editorial Iustel, Madrid 2009, pp. 52-61.

En esta forma, después de cuatro décadas de práctica democrática que tuvo Venezuela entre 1959 y 1999, durante algo más de una década entre 1999 y 2012, en fraude continuo a la Constitución efectuado por el Legislador y por el Tribunal Supremo de Justicia, guiados por el Poder Ejecutivo, a pesar de las excelentes normas constitucionales de las cuales dispone el país, se ha venido desmantelando progresivamente la democracia y sus instituciones y en su lugar, estructurando un Estado autoritario en contra de las mismas, que ha aniquilado toda posibilidad de control del ejercicio del poder y, en definitiva, el derecho mismo de los ciudadanos a la democracia.

Además, se ha venido implementando fraudulentamente la reforma constitucional rechazada de 2007, tanto mediante decretos leyes dictados en 2008, como mediante las leyes emanadas de la Asamblea Nacional en diciembre de 2010 sobre el Poder Popular y el Estado Comunal, en las cuales se ha regulado un Estado Socialista y un sistema económico comunista por el cual nadie ha votado en el país.

En este contexto, por tanto, son evidentes las catastróficas consecuencias que para el Estado de derecho y para la democracia en Venezuela ha tenido la conducta del Tribunal Supremo de Justicia, que con su acción y omisión ha terminado siendo el artífice de la masacre institucional que Venezuela ha sufrido impunemente.

Ello se confirma, por lo demás, con lo expresado en el discurso de apertura del Año Judicial el 5 de febrero de 2011 pronunciado, como Orador de Orden, por Magistrado de la Sala Electoral del Tribunal Supremo, Fernando Vargas, en el cual destacó que "el Poder Judicial venezolano está en el deber de dar su aporte para la eficaz ejecución, en el ámbito de su competencia, de la Política de Estado que adelanta el gobierno nacional" en el sentido de desarrollar "una acción deliberada y planificada para conducir un socialismo bolivariano y democrático," y que "la materialización del aporte que debe dar el Poder Judicial para colaborar con el desarrollo de una política socialista, conforme a la Constitución y la leyes, viene dado por la conducta profesional de jueces, secretarios, alguaciles y personal auxiliar," agregando que:

> "Así como en el pasado, bajo el imperio de las constituciones liberales que rigieron el llamado estado de derecho, la Corte de Casación, la Corte Federal y de Casación o la Corte Suprema de Justicia y demás tribunales, se consagraban a la defensa de las estructuras liberal-democráticas y combatían con sus sentencias a quienes pretendían subvertir ese orden en cualquiera de las competencias ya fuese penal, laboral o civil, de la misma manera este Tribunal Supremo de Justicia y el resto de los tribunales de la República, deben aplicar severamente las leyes para sancionar conductas o reconducir causas que vayan en desmedro de la construcción del Socialismo Bolivariano y Democrático."[773]

Queda claro, por tanto, cuál ha sido la razón del rol asumido por el Tribunal Supremo en Venezuela, como queda evidenciado de lo que hemos reseñado anteriormente, y que no es otra que como se anunció en dicha apertura del Año Judicial de 2011, la destrucción del "llamado estado de derecho" y "de las estructuras liberales-democráticas," con el objeto de la "construcción del Socialismo Bolivariano y Democrático."

New York, febrero de 2012

---

773 Véase la Nota de Prensa oficial difundida por el Tribunal Supremo. Véase en http://www.tsj.gov.ve/informacion/notasdeprensa/notasdeprensa.asp?codigo=8239

APÉNDICE:

Sobre la situación de la separación de poderes y el sometimiento del Poder Judicial al Poder Ejecutivo en Venezuela, a doce años de vigencia de la Constitución de 1999, conforme a lo expresado por el ex presidente de la Sala de Casación Penal del Tribunal Supremo de Justicia el 18 de abril de 2012, después de haber ejercido funciones judiciales por más de 15 años.[774]

Hace escasos cuatro días (18-4-2012), un ex Magistrado del Tribunal Supremo de Justicia de Venezuela (Magistrado activo hasta sólo hace unas semanas), el Sr. Eladio Aponte Aponte, quien además fue Presidente de la Sala de Casación Penal de dicho Tribunal Supremo (es decir del más alto tribunal de la República en la materia del país), dio unas declaraciones a una emisora de televisión de Miami (SolTV),[775] las cuales, además de ser en sí mismas repulsivas, revelan con extraordinaria crudeza la trágica situación del Poder Judicial en Venezuela, y la demolición, y más que eso, la pulverización del principio de la separación de poderes que se ha producido en el país bajo la vigencia de la Constitución de 1999.

El Magistrado declarante, militar activo, formó parte del Poder Judicial durante 15 años, hasta ser separado de su cargo, y comenzó la entrevista explicando su ascenso en la jerarquía judicial, desde Fiscal Militar hasta el Tribunal Supremo, para el cual fue promovido por el propio Comandante Presidente de la República. Ante la pregunta de la periodista de "*Qué hizo usted para lograr ese ascenso luego en el TSJ? Cuál fue ese caso emblemático que usted considera que hizo que usted llegara hasta la Presidencia de la TSJ?,*" respondió:

- **Magistrado: Yo creo que mi actuación fue muy pulcra y muy adaptada a los parámetros exigidos. Aparte del curriculum que tengo.**
- **Verioska**: *Cuando usted habla de pulcra, significa leal al presidente?*
- **Magistrado: Si leal al gobierno.**
- **Verioska:** *Más no leal a lo que establece la Constitución?*
- **Magistrado: Tienes razón, es cierto.**

O sea, que para ascender en el Poder Judicial, este Magistrado simplemente confiesa que lo único que se necesita en Venezuela es ser leal al gobierno, pero no a lo que establece la Constitución.

Esa lealtad fue, precisamente, la que explicó el Magistrado extensamente en la entrevista, en unos casos manifestada en acciones y en otros casos, en omisión.

---

774 ***Apéndice*** al texto preparado para la exposición de Allan R. Brewer-Carías en el Panel sobre "Las nuevas constituciones latinoamericanas y su impacto en la libertad de prensa" en la ***Reunión de Medio Año de la Sociedad Interamericana de prensa (SIP)***, Cádiz, 22 de abril de 2012.

775 El texto de las declaraciones ha sido tomado de la transcripción hecha por la estación de SolTV, publicada en *El Universal*, Caracas 18-4-2012, disponible en: http://www.eluniversal.com/nacional-y-politica/120418/historias-secretas-de-un-juez-en-venezuela

En cuanto a sus acciones, entre otros casos citó el conocido "caso Usón," que se originó por el enjuiciamiento de un general del ejército por el "delito" de haber explicado en forma pública el efecto que tiene el apuntar un lanzallamas hacia una celda de detenidos militares, quienes por tal hecho efectivamente fueron achicharrados. El enjuiciamiento fue por vilipendio a las Fuerzas Armadas, y sobre ello, ante la pregunta de la periodista de si "*Fue manipulado ese caso?*, dijo:

- **Magistrado: Si fue manipulado ese caso**.
- **Verioska:** *Usted recibió alguna orden Presidencial, o alguna orden del Ejecutivo para actuar diferente a lo que Fiscalía Militar hubiese actuado?*
- **Magistrado: Si**
- **Verioska:** *Qué le dijeron?*
- **Magistrado: Bueno que... que había que, que acusarlo o imputarlo.**
- **Verioska:** *Por qué lo hizo? ,,,Por qué usted lo hizo??*
- **Magistrado**: **Recibía órdenes.**
- **Verioska:** *Qué pasa si usted no ejecutaba esas órdenes?*
- **Magistrado: Quedaba afuera.**
- **Verioska:** *Eso fue lo único que lo motivo a usted a seguir esas órdenes?*
- **Magistrado: Si! Yo soy militar, o era militar de carrera.**

O sea, de acuerdo con lo explicado por el Magistrado públicamente, por televisión, a los venezolanos, simplemente la justicia se imparte en Venezuela conforme a las órdenes que se reciban, no conforme a lo que diga la ley. De manera de que eso de autonomía del Poder Judicial, que implica que los jueces sólo están sometidos a la Constitución y a la ley, en Venezuela no se aplica. Sólo vale y sirve, para impartir justicia, la lealtad al gobierno y el cumplimiento de las órdenes que se reciben del mismo.

Todo ello lo ratificó el Magistrado al referirse a otro caso judicial, también muy conocido, el caso Simonovis, quién fue uno de los Comisarios de la Policía metropolitana a cargo de la custodia de una multitudinaria manifestación de rechazo contra el presidente Chávez, desarrollada el 11 de abril de 2002, y que concluyó con la ejecución de inermes manifestante por parte de pistoleros del gobierno, lo que provocó la renuncia del Presidente de la República como lo anunció su alto mando militar. Posteriormente, al reasumir Chávez la presidencia, todos los pistoleros fueron premiados por sus acciones criminales, y en cambio los policías fueron condenados a 30 años de prisión por delitos que no cometieron. Sobre ello, el magistrado Aponte Aponte, hace solo cuatro días, ante la pregunta de la periodista si para él "*ahora existen presos políticos en Venezuela,?,*" respondió

- **Magistrado: Sí, hay gente que la orden es no soltarlos, principalmente los comisarios.**
- **Verioska:** *Quién da la orden y cual es la orden y de que..?*
- **Magistrado: La orden viene de la Presidencia para abajo; no nos caigamos en dudas, en Venezuela no se da puntada si no lo aprueba el presidente.**
- **Verioska**: *Usted recibió orden de no soltar a Simonovis? ... Simonovis, los policías del 11 de abril, cual fue la orden, dígame?*

- **Magistrado: Cual fue la posición de la Sala Penal,? convalidar todo lo que venia hecho, eso, en pocas palabras, es aceptar que esos señores no podían salir pues, y que la justicia ahí, les dio la espalda. Entonces que le diría yo a los familiares, tengan fe y luchen por lo que creen que merecen y tienen que luchar,**

Al oír o leer esto no puede uno menos que indignarse, pues en realidad fue él, como operador de la justicia, quien les dio la espalda a los comisarios y los condenó a 30 años de prisión. Cómo se atreve ahora a decirle a los familiares que sigan luchando, cuando en su momento fue él quien no los oyó por su lealtad al gobierno?

Esa lealtad, al gobierno, más no a la Constitución o a la ley, también confesó el Magistrado haberla manifestado con omisiones judiciales. Así, sobre el publicitado vínculo del gobierno Venezolano con las FARC de Colombia, y a la pregunta de la periodista si alguna vez había tenido "*relación o conocimiento de la relación directa entre el Gobierno Central con las FARC en Colombia?*, respondió simplemente:

- **Magistrado: Llegó el momento en que las instrucciones que nosotros recibíamos, principalmente con la fiscalía militar: todos esos señores, ni los viéramos.**

El Magistrado, hasta no ser destituido, por lo visto no se había dado cuenta del efecto devastador que había tenido su conducta en relación con el Poder Judicial, y aparentemente, sólo fue ahora cuando a él mismo se lo acusó por "hechos comunicacionales" de un hecho que él dice no haber cometido, que entendió lo que hizo. A la pregunta directa de la periodista de *"Cómo funciona el poder judicial en Venezuela actualmente?,"*dijo lo siguiente:

- **Magistrado: Yo formo parte del poder judicial, o formaba parte del poder judicial de una manera protagónica. Y quizás muchas de las cosas que suceden en el poder de ahorita, existieron bajo mi responsabilidad. Pero una vez que yo me vi que me midieron con la misma vara, y el mismo metro con el que mide a los demás, dije: esto no es la justicia que se proclama, esta no es la justicia que debe ser, esta no es la justicia constitucional.**

Es decir, ha sido sólo cuando el magistrado comenzó a sentir en carne propia el efecto de la misma "justicia" que él tanto manejó, manipuló y aplicó,que ahora se da cuenta que "esa no es la justicia que se proclama" llegando a decir públicamente en otra respuesta a la periodista, simplemente, que:

- **Magistrado: ...la justicia no vale... la justicia es una plastilina, digo plastilina porque se puede modelar, a favor o en contra"..."**

En Venezuela, bien lo sabemos, la justicia ha sido y es manipulable. Pero nunca lo habíamos oído explicado públicamente por uno de sus operadores principales quién hasta hace escaso tiempo era alabado por sus ejecutorias "judiciales." Hace escasos dos años, por ejemplo, Aponte fue él orador de orden en el acto de inauguración del año judicial en el Estado Barinas, junto al Gobernador de dicho Estado, Sr. Adán Chávez, quien lo condecoró.

Esa manipulación de la justicia, particularmente por parte del Poder Ejecutivo, fue precisamente uno de los temas que más trató el magistrado, al explicar con detalle cómo los jueces reciben órdenes de parte del Ejecutivo Nacional sobre cómo deben ejercer sus funciones.

El responder a la pregunta que le hizo la periodista sobre si alguna vez había recibido "*alguna llamada de algún funcionario público de cualquier estatus para solicitarle a usted algún tipo de manipulación en la justicia venezolana?,*" respondió:

- **Magistrado: Cierto. Desde el presidente para abajo.**

Y se refirió el magistrado en su respuesta a que en una ocasión Chávez había dicho:: "entonces habrá que meterle penas máximas a la jueza y a los que hagan eso. 30 años de prisión," refiriéndose sin duda al conocido caso de la jueza Afiumi, al cual calificó como un caso "muy político y emblemático." Y la periodista siguió preguntando:

- **Verioska:** *Por lo menos en el caso del Presidente de la República que usted menciona, hablaba directamente con usted el Presidente?*
- **Magistrado: Directamente.**
- **Verioska:** *Lo llamaba a usted?*
- **Magistrado: A mí**

Sobre estas llamadas directas recibidas del Presidente de la república para manipular la justicia, el mismo Magistrado se refirió a otros casos, entre ellos uno también muy conocido relativo al enjuiciamiento de unos supuestos "paramilitares" que habían sido sorprendidos en Caracas (no en la frontera con Colombia, sino en Caracas!), que no eran más que unos ingenuos jóvenes campesinos que ni siquiera sabían donde estaban. A la pregunta de la periodista, sobre "*Que paso allí? Por qué lo llamo?,*" [se refirió al Presidente], respondió:

- **Magistrado: Bueno para que condujera de una manera conveniente, hacia el gobierno, las investigaciones.**
- **Verioska:** *Exactamente cuál fue la solicitud del Presidente?*
- **Magistrado: Mira yo creo, a mi manera de ver, de que tales paramilitares yo dudaba sus procedencia porque eran muchachos imberbes, inexpertos, algunos no manipulaban armas, algunos no sabían por que estaban allí, y que por mera casualidad fueron detenidos los autobuses por una patrulla de la policía metropolitana y se subió el cause. Y cómo vinieron esos señores de Colombia? A qué los trajeron?**
- **Verioska:** ***O sea que el caso fue montado?***
- **Magistrado: Bueno, sacando las conclusiones yo no lo dudaría tanto.**

En la misma línea de llamadas presidenciales para el tratamiento de casos judiciales, el Magistrado Aponte narró otro caso, esta vez vinculado al narcotráfico aclarando que ese había sido el único caso en el cual él - dijo –había "favorecido al narcotráfico." El caso, que en si mismo es un delito, re refirió a un oficial subalterno, quien trasladaba un cargamento de droga en el país, que según dijo, lo "llevaba al batallón" donde estaba su superior, de manera que a la pregunta de la periodista al magistrado sobre "*Y cual fue su participación en este caso? Como lo favoreció?,*" respondió

- **Magistrado: Lo favorecí dándole una medida cautelar, mas no se dejo en libertad.**
- **Verioska:** *Quién le mando a usted a que hiciera eso? O fue algo propio?*
- **Magistrado: No, a mi me llamaron. Desde la Presidencia de la República para abajo.**
- **Verioska:** *Aja pero en ese caso...*
- **Magistrado: En ese caso. Me llamaron de la Presidencia de la República.**
- **Verioska:** *Quién de la Presidencia de la República?*
- **Magistrado: Fue uno de los secretarios o de los allegados de la Presidencia de la República. Creo que Morales.**
- **Verioska:** *O sea usted esta diciendo que uno de los allegados del Presidente de la República de Hugo Chávez lo llamó a usted para que usted favoreciera a un narcotraficante a una presunta actuación de narcotráfico?*
- **Magistrado: Si. Me llamó el Ministro de la Defensa para ese entonces que era Baduel. Me llamó Rangel Silva. Me llamó Hugo Carvajal. Me llamó un Almirante... Aguirre creo. O sea que mucha gente abogó por ese señor.**
- **Verioska:** *No recuerda exactamente ese caso?*
- **Magistrado: Lo que me acuerdo es que devuelve la droga y tuvo que pernotar una noche en un cuartel y ahí fue donde se descubrió la droga.**
- **Verioska:** *La droga durmió en un cuartel venezolano de la Guardia?*
- **Magistrado: ... No, creo que del Ejercito.**
- **Verioska:** *Y esto era un decomiso?*
- **Magistrado: No era ningún decomiso. Venía.**
- **Verioska:** *O sea la droga estaba pasando y se resguarda dentro de un cuartel del ejército venezolano.*
- **Magistrado: Si es cierto.**
- **Verioska:** *No era decomiso, sino que era utilizado para guardar la droga que pasa hacia donde? Y de donde viene esa droga?*
- **Magistrado: Esa droga viene de Colombia, eso fue por Carora. Eso venia del Sur.**
- **Verioska:** *Durmió allí y luego iba para donde?*
- **Magistrado: Iba hacia el centro. Hacia el centro del país.**
- **Verioska:** *Y usted dio esa medida cautelar para favorecer a ese señor.*
- **Magistrado: Si. Ese es el único caso que me acuerdo que yo haya favorecido a un narcotraficante.**

Y más adelante sobre el mismo tema, a la pregunta de la periodista sobre si "*sabían que tenía droga metida en el cuartel del ejército?*," respondió:

- **Magistrado: Si! No lo iban a saber? Parece ser que este Magino fue Edecán de la mamá del Presidente, y había ese vinculo.**
- **Verioska:** *Y se logró demostrar que ese señor había colocado droga y que iba a trasladarla?*

- **Magistrado: Yo le di la cautelar y la fiscalía no continuó investigando. Incluso me recuerdo que el favorecido sobreseyó sobre el caso posteriormente.**

Oír todo esto, declarado públicamente, no sólo es indignante, sino que uno queda estupefacto. Pero las referencias a las llamadas de funcionarios dando instrucciones a los jueces para decidir casos o para favorecer a determinadas personas no se quedaron en referencias a funcionarios del Poder Ejecutivo sino también según el Magistrado, que bien conoce el funcionamiento de la justicia, pues participó activamente en su manipulación, también venían de la Fiscalía General de la República, es decir, del Ministerio Público. De manera que a la pregunta de la periodista, de:

- **Verioska:** *Aparte del presidente Hugo Chávez? Como era su relación con otro funcionarios públicos? Por lo menos en el caso del ministro publico, de la fiscalía, Luisa Ortega, Luisa Estela Morales, también usted recibía llamadas telefónicas de ellos para que interviniese en alguna decisión?*

Su respuesta fue:

- **Magistrado: De Luisa Ortega]Fiscal General de la Repúblic] sí, más de una llamada recibí. De Luisa Estela Morales, infinidades.**
- **Verioska:** *Que le decían?*
- **Magistrado: [que] Cuándo se iba a imputar a alguna persona,? cuándo se le iba a privar de libertad,? cuándo se iban a hacer los allanamientos;? para que yo organizara esa situación, y buscara al juez idóneo, para que se realizara tal acto.**
- **Verioska:** *Es decir, manipular un caso?*
- **Magistrado: Si, más de uno.**

Y ante la pregunta de la periodista sobre por qué "*esa intromisión en el poder judicial?,*" el magistrado explicó con precisión, que:

- **Magistrado: Esa era la componenda que había a nivel de Presidenta de la Corte Suprema y Fiscal General de la República.**
- **Verioska:** *pero recibían dinero? Extorsionaban a clientes? Que sabe usted?*
- **Magistrado: Yo creo que si extorsionaban principalmente en el caso de los banqueros…**

Y agregó algo más al referirse a las combinaciones entre ambos órganos del Poder Público, pues a la pregunta de la periodista sobre si había un grupo de "*fiscales preferidos*" de la Fiscalía General, dijo:

- **Magistrado: Si, cierto que había un grupo preferido. Y son esos, los que llamaban a los jueces. Creo que el Castillo, Mejía, llamaban a los jueces y si no hacían lo que les pedía el fiscal: voy a hacer que te boten. Te expulsan.**

Y a la pregunta de sobre la existencia de una "*supuesta banda de los enanos, dentro del poder judicial,*" respondió:

- **Magistrado: Bueno sí, incluso hasta ahorita recientemente los llamados enanos, que todo el mundo sabe quienes son, trabajan con las fiscalía. Están relacionados con la fiscalía.**

- **Verioska:** *Como funciona eso?*
- **Magistrado: Bueno tendrán su mecanismo. El fiscal actúa, y lo solicita al gobierno.**

Sobre esos casos manipulados ante la pregunta de la periodista sobre *"Qué caso recuerda que fue manipulado?,"* el Magistrado respondió que "Fueron bastantes." Aclarando sin embargo que "El único que me acuerdo fue un caso en Maracaibo de un diputado que le dicen Mazuco," sobre el cual .a la pregunta de la periodista de "*Como fue ese caso?*,'respondió:

- **Magistrado: Bueno el caso fue más o menos un caso que buscaron un preso, lo encapucharon, y lo pusieron como testigo para que dijera que este señor había sido el que dio la orden para que mataran al otro.**
- **Verioska:** *y que le habría solicitado la presidenta del Tribunal Supremo de Justicia?*
- **Magistrado: Bueno eso precisamente. Avalar esa situación. Y al hombre se le pago dándole la libertad.**

Respecto de todas estas tropelías, muchas de las cuales constituyen delito, y en cuya realización participó el magistrado Aponte, según su confesión pública, a la pregunta de la periodista de si reconocía "*el daño que le hizo al poder judicial venezolano*," el magistrado Aponte respondió:

- **Magistrado: Si, le digo yo asumo mi responsabilidad y mi culpa y si es de pagar por ello yo pago.**
- **Verioska:** *Así como usted, qué tan contaminado está ese poder en Venezuela?*
- **Magistrado: Yo creo que bastante, suficiente, y a todos los niveles; mucha manipulación, le dije, ahí no sale una decisión si no se consulta; últimamente, los tribunales penales antes de cualquier decisión tienen que consultarlo.**

O sea, luego de oír todo esto, por más desprestigiado de origen que pueda ser el declarante, lo que queda claro es que ya nadie puede dudar de que las decisiones judiciales en Venezuela, o son dictadas por órdenes dadas por Ejecutivo nacional, o son previamente consultadas al mismo, con la consecuencia de que si un juez no atiende la orden o instrucción, o no consulta su decisión, es removido, como tantas veces ha ocurrido.

De manera que ante una pregunta de la periodista en la cual le inquiría al Magistrado que: "*Cuando usted dice que usted fue manipulado, quiero que nos especifique mas cómo fue ese modus operandi,*" el Magistrado respondió:

- **Magistrado: … Lo que pasa es que a mí me pedían los favores y yo los ejecutaba. Y ay del juez que se negara a ejecutarlo. !!**
- **Verioska:** *Qué le pasaba al juez que no le hiciera caso?*
- **Magistrado: Era removido del cargo.**
- **Verioska:** *A cuantos jueces removió del cargo?*
- **Magistrado: Bueno yo no. Eso lo hacia la Comisión Judicial. Pero fueron muchos.**

- **Verioska:** *Usted apoyo a más de uno para que fuese removido de su cargo?*
- **Magistrado: Si lo apoyé.**
- **Verioska:** *Por qué?*
- **Magistrado: Porque eso es parte de la Comisión Judicial.**
- **Verioska:** *Pero por qué los removían? Simplemente por no seguir su orden?*
- **Magistrado: No solamente la orden, porque la orden no la daba yo directamente. La orden la daba también la Presidenta del Tribunal directamente. Muchas veces la orden la daban directamente los fiscales. Hay un fiscal de apellido Castillo, que ese llamo directamente a los jueces y llegaba hasta amenazarlos.**

Y ante la pregunta que le formuló la periodista sobre si "*Es cierto que en Venezuela las actuaciones procesales y las sentencias tienen costo*?," el magistrado respondió:

- **Magistrado: En algunos casos si.**
- **Verioska:** *Se puede comprar la justicia en Venezuela entonces con dinero?*
- **Magistrado: Tal vez.**
- **Verioska:** *A que se refiere con tal vez?*
- **Magistrado: Si en algunos casos si lo han hecho...**

Este fue un personaje quien lamentablemente tuvo una larga trayectoria y un rol "protagónico" en el manejo y manipulación de la justicia, y con ello, fue un actor principal en la implementación de la persecución política en Venezuela. Como parte 1ue fue de lo que se han llamado "jueces del hedor," lo que dice pone en evidencia la trágica realidad de que por más excelsas que sean las previsiones de la Constitución de 1999, particularmente sobre separación de poderes y en especial sobre la autonomía, la independencia, la idoneidad y la estabilidad de los jueces – que han sido letra muerta desde tiempos de la propia Asamblea Constituyente de 1999- ; el Poder judicial en el país no es ni autónomo ni independiente, y por ello, no hay, ni real separación de poderes, ni régimen democrático, el cual sólo puede existir en el marco de un régimen de control del poder.

Sobre la autonomía e independencia del poder judicial mismo, respondiendo una pregunta de la periodista, el magistrado llegó a decir simplemente, que "eso es una falacia" y le explicó claramente porqué. Dijo:

- **Magistrado: ...Y te voy a decir por qué. Todos los fines de semana principalmente los viernes en la mañana, hay una reunión en la vicePresidencia ejecutiva del país, donde se reúne el vicepresidente, que es el que maneja la justicia en Venezuela, con la Presidenta del Tribunal Supremo, con la Fiscal General de la República, con el Presidente de la Asamblea Nacional, con la Procuradora General de la República, con la Contadora General de la República, y unas que otras veces va uno de los jefes de los cuerpos policiales. De ahí es donde sale la directriz de lo que va a ser la justicia. O sea, salen las líneas conductoras de la justicia en Venezuela.**
- **Verioska:** *Usted acudió a una de esas reuniones?*
- **Magistrado: A varias acudí yo. ...**
- **Verioska:** *Como queda la independencia de los poderes en Venezuela?*

- **Magistrado: Yo creo que no hay tanta independencia.**
- **Verioska:** *Qué se habla en esas reuniones?*
- **Magistrado: Bueno de cuáles son los casos que están pendientes, qué es lo que se va a hacer. O sea se daban la directrices de acuerdo al panorama político.**

Esta insólita entrevista o confesión del magistrado terminó con la pregunta reiterada de la periodista, sobre si "existe independencias de poderes en Venezuela," a lo cual respondió simplemente:

- **Magistrado: ninguna.**
- **Verioska:** *El poder judicial en Venezuela*
- **Magistrado: Ni el poder judicial, ni el poder ejecutivo, ningunos de los poderes.**

Para nadie es una sorpresa, por supuesto, la burda manipulación de la justicia que ha existido en Venezuela durante el gobierno del Presidente Chávez, y que se describe patéticamente en esta entrevista. Sorpresa es, sin embargo, la forma tan directa, abierta, grosera y desvergonzada de describirla, al punto que da asco, hecha por parte de uno de sus propios actores.

Cádiz 22, abril 2012

LIBRO TERCERO:

ESTUDIOS SOBRE LA FORMA DE ESTADO: LA DESCENTRALIZACIÓN POLÍTICA Y LA DEMOCRACIA

PRIMERA PARTE:

DEMOCRATIZACIÓN, DESCENTRALIZACIÓN POLÍTICA Y REFORMA DEL ESTADO (Lima y Antigua Guatemala, julio y octubre, 2001),

Texto de la exposición en la Mesa Redonda sobre "Nuevas corrientes y tendencias descentralizadoras en América Latina" del Seminario-Taller *Reforma del Estado y descentralización en el Perú. Tarea impostergable*, Parlamentarios de Perú Posible, Lima, Perú 13-14 de julio de 2001; y en la Mesa sobre "Descentralización y Reforma del Estado. Experiencias Latinoamericanas" del *XXII Congreso Latinoamericano de Sociología*, Asociación Latinoamericana de Sociología, Comisión Presidencial para la Modernización y Descentralización del Estado, Antigua Guatemala, 31 de octubre 2001. Publicado en mi libro: *Reflexiones sobre el constitucionalismo en América*, Caracas 2001, pp. 105-126

La descentralización política del Estado contemporáneo es, ante todo, como lo indica el calificativo, un proceso de carácter político que implica y exige la distribución territorial del poder público entre entidades políticas dotadas de autonomía y gobierno propio.

Responde, así, a uno de los principios fundamentales del constitucionalismo moderno consistente en la distribución vertical o territorial del Poder Público, que caracterizó la formación de los Estados Unidos de Norteamérica como Estado Federal, producto directo de la autonomía y del asambleísmo que caracterizó la formación de las Colonias norteamericanas[776]; y también, el desarrollo del Municipalismo, consecuencia directa de la abolición de cartas y privilegios locales a raíz de la Revolución en Francia, imponiéndose el principio de la erección al rango de municipalidad de toda "villa, burgo, parroquia o comunidad campesina" con lo que se sembró el territorio francés de 44.000 comunas[777].

---

776. Véase, en general, Allan R. Brewer-Carías, *Reflexiones sobre la Revolución Americana (1776) y la Revolución Francesa (1789) y sus aportes al Constitucionalismo Moderno,* EJV, Caracas, 1992.

777. *Idem,* pp. 204 y ss.

Dos siglos después, aquellos inventos del constitucionalismo moderno, el federalismo y el municipalismo, son los que de nuevo, están condicionando la organización política de los Estados contemporáneos occidentales.

La distribución territorial del Poder, por tanto, en el mundo democráticos contemporáneo se ha desarrollado, invariablemente, en dos niveles: un nivel territorial intermedio, de Estados en las viejas Federaciones o de Regiones o Departamentos políticos autónomos en los viejos Estados Unitarios; y un nivel territorial inferior, local, de municipalidades autónomas, en todo el territorio de los Estados.

Este fenómeno de la distribución territorial del Poder, en esos dos niveles, sin embargo, tiene ahora una motivación concreta; es el producto o la consecuencia directa de la necesidad de perfeccionar el sistema democrático, para hacerlo más participativo, de manera que llegue al ciudadano y a sus organizaciones primarias. Para ello no hay otra fórmula que no sea acercarles el Poder, ponerlo cerca del hombre y de sus organizaciones comunales, lo cual exige su distribución territorial.

En el momento actual, por tanto, no se trata de la sola necesidad, obvia por lo demás, de que la actuación del Estado nacional centralizado tenga que llegar a toda la geografía de un país, cuya búsqueda fue lo que caracterizó las políticas de planificación regional, ordenación del territorio y regionalización económico-administrativa en los Estados europeos hasta la segunda mitad del Siglo pasado, pero que no dejaron nunca de ser actuaciones nacionales en el territorio[778].

Ahora se trata de un proceso político, es decir, de reforma del Estado y no sólo de reforma administrativa, que exige y está exigiendo que el Poder Público se distribuya y que, incluso, competencias del Poder Nacional se transfieran a nuevos centros de poder, configurados como entidades político-territoriales, nuevas. Además, la descentralización como fenómeno básicamente político, que responde a la necesid de más acentuados niveles de autonomía en las sociedades modernas, incluso se ha expresado en algunos países, como Colombia, en el reconocimiento de autonomías político-territoriales a territorios indígenas.

Estas entidades político territoriales federales o regionales y municipales, por supuesto, y eso es lo que caracteriza el proceso contemporáneo, tienen que tener gobiernos democráticos; de lo contrario, no tendría sentido la fragmentación del Poder que exige la descentralización.

En definitiva, la descentralización, como proceso político contemporáneo, es un producto de la democratización política, al punto de que sin democracia como régimen político, no cabe hablar ni es posible la descentralización política. Por ello, no hay ni puede haber autocracias descentralizadas. En éstas, lo que puede haber son mecanismos de descentralización funcional del Poder Nacional, incluso de carácter territorial como las Corporaciones nacionales de desarrollo regional, pero no de transferencia de poderes a entidades político territoriales autónomas, que son incompatibles con las autocracias. Por ello, la descentralización política es rechazada por los sistemas políticos montados sobre esquemas de concentración del poder propios de los “nuevos” autoritarismos seudo democráticos que comienzan a aparecer en América

778. Véase, en general, Allan R. Brewer-Carías, "Regionalization in Economic Matters in Comparative Law" en *Rapports Généraux au IX Congrès International de Droit Comparé, Teheran 1974,* Bruxelles 1977, pp. 669-696.

Latina, como sucedió recientemente en el Perú y como sucede actualmente en Venezuela.

La democratización política, al contrario, en los países occidentales con democracias consolidadas, lo que muestra es un proceso inverso, de desparramamiento del Poder Público en el territorio, en la forma de Estados Federales, de Estados Regionales o de Estados Unitarios Descentralizados, con autonomías político-territoriales intermedias y con la municipalización de todo el territorio.

I. LA DESCENTRALIZACIÓN POLÍTICA EN EL MUNDO CONTEMPORÁNEO

1. *La universalización del fenómeno*

En la actualidad, independientemente de la forma del Estado que se haya adoptado históricamente, puede decirse que en el mundo occidental democrático, el Estado contemporáneo es un Estado descentralizado o en vías de descentralización; es decir, un Estado en el cual las fuerzas centrífugas en la distribución territorial del Poder Público, están más activas que las fuerzas centrípetas[779].

Después del proceso de consolidación definitiva del Estado Nacional Centralizado hasta la Segunda Guerra Mundial, la consolidación y perfeccionamiento de la democracia en la segunda mitad del siglo pasado, puede decirse que ha estado presionando tanto sobre los viejos Estados Unitarios como sobre las viejas Federaciones centralizadas, provocando o forzando por una efectiva distribución del Poder Público en el territorio.

Así, los viejos Estados Unitarios han venido evolucionando progresivamente dando paso en su seno a instancias o niveles político-territoriales intermedios, con el carácter de regiones políticas, con autoridades propias electas y autonomía que, en algunos casos, como medio de distribución vertical del Poder Público, van más allá y han sido más efectivas que el esquema ideal del Estado Federal.

Los Estados Federales, por su parte, cada uno con su modalidad centralizante, si algo los caracteriza actualmente, es la tendencia a profundizar el federalismo para llenar de contenido el esquema de distribución del poder que teóricamente pueden permitir.

En esta forma, los Estados Unitarios y las Federaciones se han venido descentralizando, de manera que en la actualidad, como hemos señalado, resulta inútil la vieja y clásica división bipartita entre Estado Unitario y Estado Federal, la cual no sirve para calificar la forma real del Estado contemporáneo, caracterizado por adopción de nuevas formas de descentralización política. De allí, incluso, la nueva denominación de Estado Regional que se ha acuñado particularmente en Europa, para calificar la descentralización política de los viejos Estados Unitarios[780], en algunos casos, incluso, constitucionalmente configurados como "Estados Unitarios Descentralizados" (Colombia).

---

779. Véase Allan R. Brewer-Carías, "El proceso de descentralización política en América Latina: La perspectiva Federal" en *Revista Iberoamericana de Administración Pública,* Nº 1, INAP, Madrid 1998, pp. 69 a 96.

780. Véase Allan R. Brewer-Carías, "La Descentralización Territorial: Autonomía Territorial y Regionalización Político", en *Revista de Estudios de la Vida Local, IEAL,* Nº 218, Madrid 1983, pp. 209-232.

Pero por supuesto, hablar de descentralización política del Estado contemporáneo exige adaptar el esquema de distribución del Poder que exista en cada Estado a las exigencias de la democratización contemporánea, para que, efectivamente, sea una forma de distribución vertical del Poder. Ello exige, en todo caso, el refuerzo de los niveles intermedios del Poder, por lo que el proceso de descentralización política en la actualidad no puede reducirse al solo municipalismo o refuerzo del Poder Municipal, sino al fortalecimiento o creación de esos niveles intermedios. En otros términos, a mayor municipalización mayor necesidad de establecer los niveles intermedios de poder

La descentralización política, por tanto, implica, por una parte la municipalización, pero además la creación de niveles intermedios de gobierno que permitan realmente acercar el Municipio al ciudadano.

2. *La descentralización política como proceso de la Municipalización*

En efecto, los municipios, las municipalidades, las comunas, o en general, los gobiernos locales, siempre han existido en la organización de los Estados; son tan viejos como los Estados mismos; han coexistido con las autocracias; y han funcionado independientemente del régimen político imperante.

En una forma u otra, los municipios, comunas o gobiernos locales siempre han gozado de autonomía, aún cuando no siempre han sido gobernados por representantes electos ni han sido realmente parte de la distribución territorial del Poder. El municipalismo, sin duda, es parte del proceso de descentralización política, lo que en muchos casos ha implicado redotar de autonomía a los viejos Municipios o Comunas, eliminando el control de tutela que sobre ellos ejercía el Poder Central. Un claro ejemplo de ello en el constitucionalismo contemporáneo, fue la Ley de Libertad de las Comunas sancionada en Francia a comienzos de la década de los ochenta del siglo pasado, como parte importante de las reformas iniciadas por el Presidente Mitterand.

Pero sin embargo, para que el Municipio sea la escuela de la libertad y de la democracia, como lo descubrió Alexis de Tocqueville cuando ilustró a Europa sobre *La Democracia en América,* por sobre todo tiene que estar cerca del ciudadano. Un Municipio lejos de las comunidades y vecindades, como es en general el caso de latinoamericanos, materialmente no sirve para nada, ni para la participación política ni para la gestión eficiente de los asuntos locales.

Acaso nos hemos preguntado, ¿por qué, realmente, las democracias consolidadas de Occidente son tales democracias, donde la participación del ciudadano en la gestión de los intereses locales forma parte de la cotidianidad de la vida democrática? Todas las democracias tienen ciclos electorales, donde se vota con regularidad y tienen sistemas institucionales que son propios del Estado de Derecho. Pero unos países son más democráticos que otros. Y la respuesta del por qué esto es así, está en la municipalización o, si se quiere, en la efectiva fragmentación de las instituciones locales.

Para darnos cuenta de ello, basta hacer algunas comparaciones. Venezuela, con casi un millón de kilómetros cuadrados de superficie, cerca de 24 millones de habitantes, tiene sólo 338 Municipios. Francia, en cambio, con la mitad de dicha superficie y 59 millones de habitantes, tiene 36.559 Municipios o Comunas; es decir, cien veces más. Pero lo importante no es el número de municipios de un país, sino la relación entre la autoridad local y el número de habitantes. En tanto que en Venezuela es de 71.000 habitantes por Municipio, en Francia, en cambio es de 1.614 habitantes por Municipio, es decir, cuarenta veces menos.

Cualquier revisión de esta relación que se haga en los países democráticos, da cifras sorprendentes, sobre todo cuando las comparamos con las nuestras en América Latina. España tiene 8.082 Municipios con un promedio de población de 4.825 habitantes; en Bélgica hay 2.589 Municipios, con una población media de 16.978 habitantes; en un Estado tan pequeño como Luxemburgo hay 118 Municipios, con una población promedio de 2.700 habitantes. Los 8.104 Municipios de Italia tienen un promedio de 7.156 habitantes. En Suiza hay 3.079 Municipios con un promedio de población de 2.333; y en Alemania hay 16.121 Municipios con un promedio de población de 5.086.

En Europa continental, además, debe destacarse que los Municipios de menos de 2000 habitantes representan un porcentaje elevadísimo en relación con los muy poblados por ejemplo, el 40% en Italia y el 89% en Francia.

En nuestro continente Americano, a pesar de tener territorios casi iguales de casi 10 millones de kilómetros cuadrados, pero con densidad de población muy disímil, en Canadá hay 4.507 Municipios, con 6.878 habitantes de promedio, pero en los EEUU hay 70.500 Municipios, con igual promedio de 3.872 habitantes por Municipio.

En contraste, en nuestros países de América Latina el panorama es diferente: en México hay 2.418 Municipios con un promedio de 40.116 habitantes; en Brasil, por ejemplo, hay 5.581 Municipios con un promedio de 31.101 habitantes; en Colombia hay 1.068 Municipios, con un promedio de 39.326 habitantes; en Guatemala hay 324 Municipios con un promedio de 33.950 habitantes; en Argentina hay 1.617 Municipios con 22.882 habitantes, y como dijimos, en Venezuela hay sólo 338 Municipios con 71.000 habitantes por Municipio.

Ahora bien, la clave de la democracia de participación está, precisamente, en acercar el Poder al ciudadano, para que pueda efectivamente participar. Por ello, en nuestros países, mientras la autoridad local está tan alejada del ciudadano, no llegaremos a ser efectiva y cotidianamente democráticos.

La gran reforma democrática en nuestros países, por tanto, está en la Municipalización, pero sin uniformismo, pues no podemos multiplicar al gran municipio burocratizado de las áreas urbanas y trasladarlo a las rurales. La diferenciación de regímenes municipales es una de las primeras necesidades de la vida local.

En todo caso, mientras más se municipalice un país, y se transfieran poder y competencias propias de la vida local a las pequeñas organizaciones primarias autogestionadas, más necesaria entonces será la estructuración de poderes descentralizados a niveles intermedios entre el Poder Central y el Municipio. Como hemos dicho, hay una relación directa y paralela entre la descentralización local y la descentralización nacional a niveles intermedios.

Por ello, la descentralización política que está signando al Estado contemporáneo en este comienzo del siglo XXI, no puede, en ningún caso, reducirse al sólo municipalismo; sino que además, debe llevar a la autonomización de nuevos niveles territoriales intermedios de carácter regional o al reforzamiento de los viejos niveles territoriales de las Federaciones centralizadas. En tal sentido, por ejemplo, el proceso de descentralización fundado en la sola municipalización de actividades, como es el caso de Chile, donde solo hay 340 Municipios con un promedio de población de 44.117 habitantes; no puede identificarse con el proceso de descentralización política generalizado del mundo contemporáneo, caracterizado además de por el reforzamiento de las autonomías municipales, básicamente, por la estructuración o reforzamiento de niveles políticos territoriales intermedios entre el Estado Nacional y los gobiernos locales, que en las Federaciones son los Estados federados.

Lo cierto, en todo caso, es que la descentralización o transferencia territorial del Poder enfocado sólo hacia los Municipios, subestimando los niveles territoriales intermedios, puede provocar y de hecho ha provocado frustración en relación a las expectativas del proceso, centrado en mayor participación democrática y mayor eficiencia en la gestión pública. No en vano, tanto en Europa como en Latinoamérica, una de las banderas preferidas de las autocracias ha sido, necesariamente, un supuesto respaldo y reforzamiento del Poder Municipal; y en las Federaciones centralizadas, uno de los instrumentos más utilizados para minimizar el poder de los Estados federados, ha sido el sólo reforzamiento del Poder Municipal.

3. *La indispensable necesidad de estructurar gobiernos democráticos en los niveles intermedios producto de la descentralización política*

Ahora bien, los niveles territoriales intermedios que caracterizan el proceso de descentralización contemporánea, como se dijo, ante todo tienen que ser niveles políticos de gobierno, configurados por autoridades y representantes electos de carácter democrático. En las Federaciones, sin duda, ello implica la elección directa y popular de los Gobernadores de los Estados federados y de sus Asambleas Legislativas. Por eso la Federación venezolana sólo comenzó a ser totalmente democrática, a partir de 1989, cuando por primera vez en el siglo XX se comenzaron a elegir los Gobernadores de Estado[781].

En todo caso, nada tiene que ver con el proceso de descentralización política, el establecimiento de las regiones administrativas basadas en la creación de Corporaciones nacionales de desarrollo para cada región, incluso buscando crear Consejos Regionales de Gobernadores, como sucedió en Venezuela en los años setenta[782], o sucede con los denominados "Gobiernos Regionales" en Chile, que si bien se han establecido en niveles intermedios del territorio, de gobiernos sólo tienen el nombre, pues en realidad no son más que delegaciones más o menos desconcentradas del gobierno nacional en las regiones, y que recuerdan el proceso de regionalización económica y administrativa ensayado en muchos países en la década de los sesenta y de los setenta, inspirados en la experiencia de Francia. Ese proceso de regionalización económica y administrativa, en realidad, fue y es una manifestación más del centralismo.

En todo caso, si bien lo que caracteriza al proceso de descentralización política contemporáneo, es la estructuración de niveles político territoriales intermedios de gobierno electos popularmente en la organización del Estado, no existen ni pueden existir reglas o recetas uniformes aplicables a todos los países. Cada país, cada territorio,

---

781. Véase el *Informe sobre la Descentralización en Venezuela 1993, Memoria del Dr. Allan R. Brewer-Carías, Ministro de Estado para la Descentralización,* Caracas 1994.

782. Véase Allan R. Brewer-Carías y Norma Izquierdo Corser, *Estudios sobre la Regionalización en Venezuela,* Caracas 1977.

tiene su configuración regional que ha contribuido a su organización política peculiar, y ello ha de tomarse en cuenta para emprender cualquier iniciativa descentralizadora.

4. *La descentralización política como fenómeno del mundo contemporáneo*

En todo caso, nuestros países de América Latina, muchos ahora inmersos en procesos de reforma del Estado y descentralización política, no están descubriendo nada nuevo. En realidad, están experimentando la misma crisis derivada de la consolidación de la democracia por la que han pasado todos los Estados occidentales después de la Segunda Guerra Mundial.

En efecto, puede decirse que si el proceso de descentralización política es el signo más característico de las transformaciones del Estado en nuestros días, ello es producto precisamente de la democratización contemporánea; es, en definitiva, el fruto más destacado del afianzamiento de la democracia en todos los países occidentales.

La madurez política de las sociedades democráticas, por otra parte, ha provocado una toma creciente de conciencia sobre la necesidad de la participación política como derecho, no sólo indirectamente a través de representantes electos, sino directamente, mediante iniciativas, consultas populares, y otros mecanismos. Ese derecho a la "participación política", sólo se puede concretar, precisamente, a partir de los niveles locales e intermedios del Estado, producto de la descentralización del poder, donde se suelen afectar más inmediatamente los intereses ciudadanos. Hablar de democracia participativa como se está pregonando en América Latina por algunos liderazgos autoritarios sin una política de descentralización del Poder es simplemente, un contrasentido.

Puede decirse que en todos los países Europeos, como consecuencia de la reimplantación y desarrollo de la democracia, para asegurar su sobrevivencia y establecer canales de participación política, ha seguido un proceso de descentralización política. Eso sucedió con los viejos Estados Unitarios que sobre la base de estructurar regiones políticas, se han venido organizando territorialmente en forma descentralizada, dando incluso, origen a una nueva forma de Estado, la del Estado Regional, en algunos casos, incluso, más descentralizado que las viejas Federaciones. Así ha sucedido con España, al surgir como país democrático después del franquismo, como un Estado de Comunidades Autónomas; y con las Regiones Políticas que se han establecido en Italia, Francia, Bélgica y Portugal, por ejemplo. La reforma constitucional en Inglaterra, también ha conducido a la creación o reaparición de parlamentos regionales, como en Escocia y Gales, mediante la *devolution* o descentralización política, que ha formado parte importante de la política del Primer Ministro Blair. En cuanto a las viejas Federaciones, estas han sido recompuestas o reforzadas redistribuyéndose el Poder hacia los Estados miembros o cantones, como ha sucedido en Alemania o Suiza. Lo mismo puede decirse del federalismo norteamericano o canadiense y, en general, de las nuevas fórmulas de distribución del Poder Público en las federaciones. De ello resulta, por supuesto, que el proceso de descentralización política no puede identificarse con el solo federalismo. En la actualidad, como indicamos, hay Estados Unitarios descentralizados como España y Colombia, que incluso son relativamente más descentralizados políticamente, que muchas viejas Federaciones, como Venezuela y otras de América Latina, ahora en proceso de descentralizarse[783].

En todo caso, lo importante a destacar aquí es que este proceso de descentralización que está llevándose a cabo, en una u otra forma, en todos los países de América Latina, también está condicionado y es producto de la democratización generalizada de nuestros países, como consecuencia del afianzamiento del régimen democrático y, además, como condición necesaria para que perdure y sobreviva.

El debate sobre la descentralización en América Latina por ello, en definitiva, es un debate sobre la democracia y sobre el fin de más de un siglo de centralismo, que si bien contribuyó a la consolidación de los Estados Nacionales y a la implantación de la propia democracia por los partidos organizados bajo el esquema del centralismo democrático, hoy es el principal elemento que está conspirando contra la propia democracia y que impide la efectividad de las tareas del sector público.

II. LA DESCENTRALIZACIÓN COMO PIEZA ESENCIAL DE LA REFORMA DEL ESTADO CONTEMPORÁNEO

1. *La descentralización política como programa prioritario de la reforma del Estado con las exigencias de privatización y desregulación*

Sin duda, puede decirse que además de la crisis de la democracia, ha sido el Estado omnipresente, planificador, regulador, de control, de fomento, de servicios públicos y empresario, que se consolidó después de la Segunda Guerra Mundial el que también ha entrado en crisis.

Por ello el clamor por la Reforma del Estado que en las últimas cuatro décadas ha tocado a todos los Estados contemporáneos, también ha sido provocado por esas crisis que han afectado a todos los Estados tradicionales, recargados de tareas y actividades, al margen y sobrepuestos a la sociedad civil, sin participación o con participación marginal de la misma en el manejo de los asuntos públicos; inmersos en toda suerte de regulaciones y controles que progresivamente se han convertido en fines en sí mismos, manejados por una burocracia cada vez más separada de la sociedad con burócratas de doble personalidad y discurso que han aniquilado las iniciativas privadas; y sobrecargados de empresas de todo tipo y de tal magnitud y extensión que han provocado el olvido o marginamiento de los servicios públicos y funciones más elementales de toda organización política como son la justicia, la seguridad personal, la salud, la educación y la provisión de infraestructura[784].

En algunos casos, incluso, por la peculiar situación económica de algunos países como Venezuela, la crisis ha afectado profundamente al Estado distribuidor de la riqueza propia proveniente del ingreso petrolero, que todo lo proveía, dejando al descubierto cuando este disminuye por la caída de los precios del petróleo, que ni siquiera el Estado ha sido redistribuidor de riqueza alguna, pues nadie materialmente contribuye vía impuestos con el ingreso fiscal, que sólo proviene de la explotación de un bien del dominio público como es el petróleo. La crisis es de tal magnitud, que

783. Véase en general Allan R. Brewer-Carías, "La Descentralización Territorial: Autonomía Territorial y Regionalización Política", *loc. cit.*, p. 218.

784. Véase en general Allan R. Brewer-Carías, "Los problemas de la Administración Pública y la capacidad de acción del Estado en América Latina", en Manfred Molds y Josef Thesing (ed), *El Estado en América Latina* CIEDLA, Buenos Aires, pp. 175-248.

en ese caso, el Estado tiene que comenzar por el principio de toda organización política, que es crear la conciencia y el status del ciudadano contribuyente, en sustitución del habitante becado o subsidiado por el sector público.

La descentralización política, como proceso contemporáneo, por tanto, es una pieza esencial de la reforma del Estado -más motivada por las exigencias de la democratización que por la necesidad de lograr mayor efectividad y eficiencia del Estado en los asuntos públicos-, que por lo demás, está acompañada actualmente de otras piezas básicas como son la privatización y la desregulación o desburocratización. Se trata de tres políticas independientes, con motivaciones diferentes pero de carácter coincidente en las últimas décadas: la primera, la descentralización, como consecuencia y exigencia de la democratización de las sociedades contemporáneas; la segunda, la privatización, como consecuencia de la crisis del Estado empresario e interventor en todos los aspectos de la vida económica y social, y como exigencia de la redefinición de sus tareas y funciones esenciales y específicas; y la tercera, la desregulación o desburocratización, como consecuencia del fracaso del sector público por atender directamente todas las demandas sociales y como exigencia de liberación de las iniciativas privadas.

2. *La descentralización política como instrumento para el fortalecimiento del Estado Nacional*

Todos estos procesos políticos que en líneas generales caracterizan el proceso de reforma del Estado, al contrario de lo que pareciera a primera vista, lejos de significar un debilitamiento del Estado, tienden a su reforzamiento, deslastrándolo de tareas y funciones que no le corresponden ni tiene que asumir, y permitiendo, al contrario, que pueda ocuparse de lo que sí le corresponde efectivamente.

En particular, el Estado, al desarrollar una política de descentralización, transfiriendo poder y competencias hacia niveles intermedios de gobierno territorial y las que corresponda, hacia los gobiernos locales, lejos de debilitarse se fortalece, no sólo porque puede concentrar su actividad como Estado Nacional, a lo que tiene que ser verdaderamente de ese nivel nacional, sino porque pueden cumplirse las tareas públicas que le son propias, más eficientemente y con más presencia, en los niveles intermedios y locales de gobierno. Un Estado Nacional sobrecargado y sobrepasado en sus posibilidades, lejos de debilitarse con la descentralización política, logra su fortalecimiento al poder reconducir sus esfuerzos a atender los asuntos nacionales y poder prestar más eficientemente los servicios y tareas esenciales mediante su transferencia a los niveles político territoriales intermedios o locales.

Pero por supuesto, el fortalecimiento del Estado como consecuencia de la descentralización política, no tiene que entenderse como un proceso en el cual se persiga necesariamente retener todo el Poder en el Estado, en perjuicio de la sociedad civil. Por ello, junto con la descentralización del Poder hacia niveles políticos intermedios y locales, la democratización del Poder y del Estado también implica la transferencia de determinados roles y funciones a la sociedad civil.

3. *La distribución territorial de competencias públicas*

La descentralización política, como hemos dicho, como proceso de reforma del Estado, implica la necesaria distribución vertical del Poder Público, mediante la transferencia de competencias de los niveles centrales nacionales o federales de gobierno hacia los niveles intermedios de la organización político territorial e, incluso, hacia los niveles municipales. En este sentido es que también es una pieza esencial de la reforma del Estado.

Sin embargo, y ello es evidente, en los procesos de distribución vertical del poder, incluso cuando como en los sistemas federales se establecen cláusulas residuales de competencias a favor de los Estados Federados, no todas las competencias públicas pueden o deben descentralizarse. Por supuesto, en los sistemas federales, en la lucha entre las fuerzas centrífugas y las fuerzas centrípetas, estas han encontrado cláusulas constitucionales que han contrarrestado la cláusula residual, para concentrar en el nivel federal-nacional determinados poderes, como sucedió con la cláusula de comercio y la teoría de los poderes implícitos en los Estados Unidos de América. Con nombres parecidos, en todas las federaciones, sobre todo en materias económicas, determinadas cláusulas han llevado a la supremacía de los niveles federales siempre basado en poderes implícitos o que, como dice la Constitución de Venezuela, por "su índole o naturaleza" (art. 156, 33, Constitución de 1999), tienen que ser conducidas a nivel nacional-federal.

En todo caso, aún con la correcta depuración de la a veces excesiva concentración de poder a nivel nacional o federal, y aún bajo el principio del carácter residual de las competencias de los niveles político territoriales inferiores, lo cierto es que no todo es descentralizable en la organización territorial del Estado.

En la determinación del ámbito de la descentralización, por supuesto, ninguna lista o receta universal puede formularse; sin embargo, en la situación actual de los países de América Latina, por ejemplo, agobiados como están por una inmensa deuda pública interna y externa y enfrascados en un proceso de apertura económica de mercado y privatización, es evidente que todo lo que concierne o afecte la política macro-económica tiene y debe permanecer a nivel nacional o federal. En cambio, la descentralización de todas las competencias o actividades que no tienen que ser nacionales tiene por objeto, precisamente, que el Estado nacional pueda asumir la conducción política del mismo, incluso en los aspectos de la política macro-económica.

En este sentido, por ejemplo, en los países de América Latina se ha planteado el problema de la posibilidad y alcance del endeudamiento de las entidades descentralizadas, siendo la conclusión que esa política en ningún caso debería ser decidida descentralizadamente, por lo que el endeudamiento por parte de las entidades políticas descentralizadas debe ser limitado y sólo autorizado nacionalmente, pues de lo contrario, por sus efectos nocivos, incontrolados y dispersos, podría conspirar contra la propia descentralización. Es evidente que la política de descentralización, como toda política pública, tiene en sí misma semillas que son contrarias a la misma, por lo que tienen que tomarse previsiones para asegurar que no sea "autodestructiva". Una de esas previsiones es, precisamente, la limitación del endeudamiento local sobre todo cuando aún no se ha producido en muchos países, una autonomía tributaria efectiva de los entes regionales y locales.

4. *La descentralización política y los recursos financieros y tributarios*

La descentralización política, como se señaló, por sobre todo, es una política de distribución vertical del Poder Público, que implica transferencia de competencias y atribuciones que se han concentrado en el nivel central nacional o federal de gobierno, hacia los niveles intermedios de gobierno, incluso hacia los Municipios. Es, por tanto, una política centrada en la transferencia de poderes, competencias, atribuciones y facultades y con ello, de medios para el cumplimiento de tales actividades o funciones, como son los recursos financieros, el personal y los bienes afectados a su ejecución. En particular, los recursos financieros, que nunca son suficientes en las políticas públicas, si bien son importantes, no pueden ser el único objetivo de la descentralización, pues en definitiva, se trata de medios y no de un fin en sí mismo de dicha política.

En contraste, no hay que olvidar que muchos planteamientos descentralizadores provenientes de los niveles intermedios de gobierno territorial se han centrado, más en la necesidad de más recursos que en la sustancia de las competencias a ser transferidas, haciendo énfasis en que lo que necesitan son más recursos y menos problemas. De allí la inconveniencia de definir una política de descentralización basada en un porcentaje atado y progresivo de transferencia de recursos presupuestarios, por ejemplo, el llamado en Venezuela "Situado Constitucional" (art. 167,4, Constitución de 1999), hacia los Estados, sin atender a las competencias efectivamente transferidas; lo que, además, constituye una atadura presupuestaria a veces incompatible con los ajustes macro económicos, por la rigidez de los apartados presupuestarios.

Ello ha provocado, en muchos casos, un desdoblamiento del gasto público, pues muchas transferencias de recursos no conllevan transferencias de funciones y tareas, que no llegan a salir de los niveles nacionales de gobierno. Así, la descentralización de recursos, lejos de disminuir el gasto público, lo ha aumentado, por la no disminución del volumen del gasto nacional. Por ello, como una pieza esencial del proceso de distribución vertical del poder que conlleva la descentralización política, debe hacerse énfasis en la descentralización de cometidos y funciones estatales, de manera que la descentralización de recursos se haga en función de aquellos. Así se configuró en sus inicios, por ejemplo, el Fondo Intergubernamental para la Descentralización en Venezuela a comienzos de la década de los noventa, pero luego fue lamentablemente distorsionado.

En todo caso, un proceso de descentralización política exige, por sobre todo, como parte de la distribución vertical del poder, la distribución territorial del poder tributario, particularmente atribuyendo a los niveles político-territoriales intermedios poder tributario originario, de manera que los órganos representativos de la región del Estado federado sean los que voten los impuestos correspondientes.

Un proceso de descentralización política no puede avanzar efectivamente en un esquema financiero de paternalismo de parte del Estado Nacional, y de dependencia financiera respecto de éste, de las entidades políticas intermedias y locales. Por ello, la descentralización política no puede fundarse en sólo transferencias de recursos financieros nacionales hacia las entidades territoriales descentralizadas, sino que al contrario, exige el desarrollo de capacidad tributaria propia en esos niveles de manera que los gobiernos regionales y locales decidan democráticamente la carga impositiva requerida.

La descentralización del poder tributario exige, por supuesto, una reordenación del mismo de manera de compatibilizar los impuestos que necesariamente deben ser nacionales con los impuestos regionales y locales, tendiendo a localizar los impuestos al consumo en el nivel intermedio, y previendo fórmulas de compensación para regiones o territorios con menor desarrollo.

En todo caso, lo que debe descartarse como fórmula permanente de financiamiento a la descentralización del Poder Público, mediante la transferencia de competencias del nivel nacional de gobierno hacia los niveles intermedios y locales de gobierno, es la de los llamados Fondos Nacionales para la descentralización que, en el mediano plazo, lo que pueden es convertirse en instrumentos para acentuar al centralismo.

5. *El impacto de la descentralización en las relaciones de Poder*

Siendo la descentralización política, en esencia, un proceso de distribución vertical del Poder Público, en el mismo participan, además del Estado Nacional o Federal, los niveles político-territoriales intermedios o los Estados Federados y los Municipios, siendo cada uno titular de una rama del mismo Poder Público: el Poder Nacional o Federal, el Poder Estadal (en las Federaciones) o Regional, y el Poder Municipal.

La distribución territorial del Poder implica, entonces, un nuevo enfoque relativo a las necesarias e indispensables relaciones intergubernamentales, entre los distintos niveles del Poder Público, pues los mismos deben coparticipar en la conducción de los asuntos públicos. El asunto ya se ha planteado en la redistribución del poder en las Federaciones europeas, con las fórmulas de federalismo de cooperación, cooperativo, de colaboración o compartido; y en todo caso, exige superar todo esquema basado en la simple coordinación nacional que, fundamentalmente, es paternalista.

El problema de las relaciones entre diversos niveles territoriales de gobierno que coparticipan en el Poder Público, no es de simple coordinación, sino de mecanismos intergubernamentales. No es que el nivel nacional debe simplemente "coordinar" la acción de los entes territoriales menores, sino que debe coparticipar con estos en la conducción de los asuntos públicos, mediante relaciones intergubernamentales, que exigen nuevas fórmulas de cooperación, conciliación y de negociación.

En tal sentido, y volviendo a la fórmula de los Fondos Nacionales para la descentralización como esquema de financiamiento al proceso de transferencia de competencias, el manejo de los mismos, en todo caso, requeriría de fórmulas institucionales basadas en instancias de negociación intergubernamentales. De lo contrario, si son gerenciados nacionalmente con criterios de coordinación, es evidente el riesgo de que se conviertan en instrumentos para una mayor centralización.

Las fórmulas intergubernamentales, por supuesto, son más complicadas administrativamente hablando, pues requieren negociar y conciliar intereses distintos de varios niveles de gobierno. La tentación de caer en esquemas centralistas para decidir, partiendo de los solos criterios gerenciales para la toma de decisiones, por tanto, siempre estará presente y con ello la imposición de las prioridades nacionales sobre las regionales y locales.

CONCLUSIÓN

De todo lo anteriormente señalado, puede concluirse señalando que la descentralización política, como proceso de distribución territorial del Poder, es un proceso de reforma del Estado provocada por las exigencias de la democratización que consiste en el perfeccionamiento de la forma del Estado, de manera que sea canal efectivo de esa distribución territorial del poder y de la participación ciudadana. Como lo indica el artículo 158 de la Constitución venezolana de 1999:

> *Art. 158:* La descentralización, como política nacional, debe profundizar la democracia, acercando el poder a la población y creando mejores condiciones, tanto para el ejercicio de la democracia como para la preparación eficaz y eficiente de los cometidos estatales.

Por supuesto, como proceso político, la descentralización política es un proceso de lucha por el Poder. De allí el riesgo de la descentralización, que implica posibilidades de pérdidas de áreas de poder en beneficio de las comunidades pero en perjuicio de los partidos centralizantes. En todo caso, sin embargo, la descentralización no puede dejarse a la conducción de las solas fuerzas centrífugas, sino que por sobre todo debe convertirse en una política nacional; pues el que se descentraliza es el Poder Nacional.

En efecto, es cierto que la verdadera descentralización política no se impone desde arriba, sino que se exige desde abajo y se negocia. Sin embargo, en Estados altamente centralizados, el proceso de descentralización del Poder no puede quedar a la deriva de las políticas del gobierno nacional de turno, ni de las solas exigencias políticas regionales y locales, sino que requiere de una voluntad y compromiso políticos del Estado Nacional por descentralizarse.

Es decir, la política de descentralización tiene que ser una política nacional, enmarcada en las reformas políticas del Estado. No por azar, por ello, en las experiencias recientes de descentralización de Estados Unitarios, como la de España y Francia, el gobierno nacional asumió el compromiso como política nacional, entre otros aspectos, además de con la aprobación de las leyes nacionales necesarias para la transferencia de poderes, con la designación de miembros del gobierno con rango de Ministro, para conducir el proceso. Así sucedió a fines de los setenta, por ejemplo, con el nombramiento de un Ministro para la Administración Territorial y luego para las Administraciones Públicas en España, y a comienzos de los ochenta, con la designación del Ministro del Interior y de la Descentralización en Francia. Así sucedió también, en algunas Federaciones como en Venezuela donde en 1993 se designó un Ministro de Estado para la Descentralización como miembro del Gabinete Ejecutivo.

La descentralización política de un Estado, por otra parte, requiere de múltiples reformas institucionales y administrativas que exigen recomponer las Administraciones Públicas, lo cual sólo podría lograrse con el decidido apoyo del gobierno nacional.

Sin embargo, aún cuando el proceso de descentralización política requiera indispensablemente la formulación de una política nacional de descentralización de mediano y largo plazo -como toda reforma institucional-, y con apoyo sostenido del gobierno nacional, a toda costa debe montarse sobre mecanismos intergubernamentales de manera de hacer participar en el diseño e implementación del proceso a los diversos niveles territoriales de gobierno.

Si al contrario, esto no se logra, se corre el riesgo de una política formulada exclusivamente desde el centro, sin tener en cuenta las particularidades y diferencias entre las diversas entidades político-territoriales del nivel intermedio y locales, con el grave riesgo del uniformismo atrofiante y de la consecuente inoperancia. Así ha sucedido, por ejemplo, con muchas reformas municipales concebidas bajo la influencia de los problemas del gran municipio urbano, y que resultan totalmente inaplicables en los municipios rurales que, en general, son la mayoría en todo el mundo.

La descentralización política como proceso, por tanto, indispensablemente requiere de una política nacional con la que esté compro-metido el Estado Nacional (Congreso y gobierno nacional); pero su diseño e implementación en ningún caso puede quedar en manos de los solos niveles nacionales, sino que requiere de instancias intergubernamentales de conciliación y negociación. Ello no es tarea fácil pues, en general, quienes han detentado todo el poder, -como ha sucedido en los Estados Unitarios y en los Estados Federales Centralizados-, no suelen estar dispuestos a compartirlo, como sucede en la actualidad con los partidos políticos centralizados que han manejado muchos de nuestros Estados Unitarios o Federales.

La descentralización política exige, por tanto, un cambio de mentalidad de manera que se entienda que en el Estado no sólo debe existir un sólo gobierno nacional, sino que el gobierno del Estado está conformado además de por el gobierno nacional, por el gobierno de los territorios intermedios (Estados federados) y por los gobiernos locales. Si esto no se entiende, lo que habrá será una caricatura de descentralización y el riesgo inminente de la pérdida de la democracia por ausencia de mecanismos de participación política, que sólo fórmulas descentralizadas pueden procurar.

SEGUNDA PARTE:

LA DESCENTRALIZACIÓN POLÍTICA. UN MODELO DE ESTADO (2011)

Estudio redactado para el libro en Félix Otamendi Osorio y Tomás Straka (Editores), *Grupo Jirahara. Venezuela: República democrática*, Barquisimeto 2011, pp. 645-673

I. LA DESCENTRALIZACIÓN POLÍTICA Y LA DEMOCRACIA

La descentralización política es una forma de organización de los Estados en la cual el Poder Público, además de estar separado en ramas orgánicas (la clásica separación de los poderes legislativo, ejecutivo y judicial), está distribuido territorialmente entre entidades políticas autónomas, que deben tener sus propios gobiernos regionales y locales electos popularmente. Si no hay gobiernos electos democráticamente en las entidades territoriales de un país, a lo sumo puede hablarse de Administración periférica o de desconcentración administrativa pero no de descentralización política.

Se trata, por tanto de un modelo de Estado o de un sistema de organización del Poder del Estado que sólo puede desarrollarse en democracia,[785] y la experiencia histórica lo confirma, siempre se ha desarrollado en el mundo contemporáneo para sustentar un régimen democrático, como consecuencia de la democratización de un país, como factor para su perfeccionamiento o como condición para su sobrevivencia en el tiempo. Por ello, en el mundo contemporáneo todas las democracias consolidadas estén montadas en un esquema de descentralización del poder, sea mediante la adopción de la forma del Estado federal, o más recientemente del Estado regional, o del Estado de autonomías, siempre con un muy arraigado y extendido sistema de gobierno local, municipal o comunal electos y autónomos.

La descentralización política, por tanto, es un asunto de las democracias, y nunca se ha dado ni puede darse en sistemas políticos autocráticos o autoritarios. Por ello en la historia moderna nunca han existido "autoritarismos descentralizados." Ello sería una contradicción *in terminis*, ya que un régimen autoritario sólo puede sobrevivir con un modelo de Estado montado sobre la centralización del poder.

---

785 Véase Allan R. Brewer-Carías, "La descentralización del poder en el Estado democrático contemporáneo", en Antonio María Hernández (Director), José Manuel Belisle y Paulina Chiacchiera Castro (Coordinadores), *La descentralización del poder en el Estado Contemporáneo*, Asociación Argentina de derecho constitucional, Instituto Italiano de Cultura de Córdoba, Instituto de derecho constitucional y derecho público provincial y municipal Joaquín V. González, Facultad de Derecho y Ciencias Sociales Universidad nacional de Córdoba, Córdoba Argentina, 2005, pp. 75-89; "Democracia municipal, descentralización y desarrollo local", en *Revista Iberoamericana de Administración Pública*, Nº 11, Ministerio de Administraciones Públicas. Julio-Diciembre 2003, Madrid 2004, pp. 11-34; y "El Municipio, la descentralización política y la democracia" en *XXV Congreso Iberoamericano de Municipios*, Guadalajara, Jalisco, México, 23 al 26 de octubre del 2001, México 2003, pp. 53-61.

II. LA FEDERACIÓN Y EL CENTRALISMO POLÍTICO HISTÓRICO

Por supuesto, no ha sido infrecuente que regímenes autoritarios hayan utilizado o dejado la forma federal del Estado, originando "federaciones centralizadas," como federaciones de papel, que no generan gobiernos locales electos autónomos, sino a lo sumo entidades desconcentradas, controladas siempre desde el Poder central.

En cierta forma eso ha sido lo que ha ocurrido en Venezuela en casi toda su historia republicana, con las federaciones centralizadas que hemos tenido,[786] aún cuando sin embargo, con diferentes grados de relaciones o conflictos entre las fuerzas centrífugas y centrípetas del poder. Por ejemplo, durante los primeros 100 años de nuestra historia republicana se adoptó la forma federal del Estado, consolidada en la Constitución de 1864 (Estados Unidos de Venezuela), para tratar de regularizar el desequilibrio y conflicto que existía entre el poder central y los arraigados poderes regionales del caudillismo que dieron origen a tantos conflictos armados y guerras civiles, hasta que fueron barridos a comienzos del siglo XX.

Con el triunfo de la Revolución Liberal Restauradora en 1899, se comenzaron a sentar las bases para la construcción del Estado nacional centralizado. Así, con la creación del Ejército nacional se puso fin a los conflictos territoriales, organizándose constitucionalmente al Estado con la misma tradicional forma federal, pero esta vez completamente de papel por el paralelo proceso de centralización política, militar, legislativa y administrativa que se completó durante el largo gobierno de Juan Vicente Gómez. El Estado que quedó a su muerte, y que continuó funcionando para cuando se inició la llamada República Liberal (1945-1948) fue, por tanto, un Estado centralizado con pura forma o "membrete federal" (Tulio Chiossone), en el que el poder estaba en el nivel central, y la casi totalidad de las competencias del Poder Público estaban atribuidas al Poder Nacional.

La Constitución de 1947, fue la última en la cual al Estado se lo denominó como "Estados Unidos de Venezuela," quedando expresada su vocación democrática en la inclusión, por primera vez en la historia de nuestras constituciones, de la cláusula descentralizadora, al prescribirse después de la larga enumeración de las competencias del Poder Nacional, que las Cámaras Legislativas nacionales tenían la potestad para, con voto calificado de las dos terceras partes de sus miembros, atribuir a los Estados o a las Municipalidades determinadas materias de la competencia nacional "a fin de promover la descentralización administrativa" (art. 139). Con ello se buscaba en la naciente república democrática, transferir o en muchos casos devolver a las entidades políticas territoriales del Estado, materias que en el curso de un siglo se habían venido centralizando a nivel nacional. Dicha norma, por supuesto, como casi todas las de la Constitución de 1947, por su corta vigencia, no tuvieron aplicación alguna, y desapareció del texto de la Constitución de 1953, en la cual al contrario por el régimen autoritario militar que soportó, se acentuó el centralismo.

---

786 Véase Allan R. Brewer-Carías, "La federación centralizada en Venezuela. Una contradicción constitucional", en ***Revista Iberoamericana de Estudios Autonómicos***, Centro de Estudios de Derecho Público y Gobierno "Goberna y derecho, Syntagma, Centro de Estudios Estratégicos de Madrid, Año 1, N° 1, Guayaquil, 2005, pp. 59-68; "Los problemas de la federación centralizada en Venezuela" en ***Revista Ius et Praxis***, Facultad de Derecho y Ciencias Políticas, Universidad de Lima, N° 12, Perú, diciembre 1988, pp. 49-96.

El principio democrático descentralizador, reapareció con la Constitución de 1961, como consecuencia de la voluntad política que condujo a su sanción sobre la base de establecer y consolidar un régimen democrático en el país. Ello resultó, no sólo de la adopción de un régimen de distribución territorial del Poder Público con el mantenimiento de la forma federal del Estado y el esquema municipal, sino de la disposición en los mismos términos que en la Constitución de 1947, de la posibilidad de transferencia de competencias nacionales a los Estados y Municipios (art. 137). Y no podía ser de otra forma dado el pacto político subyacente en dicho texto de implantar la democracia en Venezuela como régimen político, lo cual en definitiva requería del fortalecimiento de los Estados y Municipios como entidades políticas.

El desiderátum de los constituyentes al diseñarse las bases del Estado en 1961[787] y dar inicio a la República liberal democrática, era finalmente llegar a un sistema de distribución territorial del Poder Público conforme a la forma federal, entre entidades políticas autónomas, los Estados y los Municipios, efectivamente descentralizados, y en esa forma asegurar tanto la representatividad democrática territorial como la participación política en la gerencia de los asuntos públicos, más allá de las solas elecciones.

Pero al inicio de la implantación de la democracia, precisamente a comienzos de los años sesenta, y dado la poca tradición democrática que el país tenía, la voluntad política de la consolidación del régimen democrático plasmada en el Pacto de Punto Fijo,[788] impuso la necesidad práctica de la continuación de un sistema de centralización del poder, pero esta vez conducido, no por un autócrata, sino por los partidos políticos que decidieron establecer la Republica democrática, sentándose así las bases de lo que sería el Estado democrático centralizado de partidos.[789] Sin duda, hay que convenir en que un esquema de descentralización política acentuada en esos primeros años de vida democrática, en lugar de haberle facilitado a los partidos políticos la tarea de imponerles la democracia a los venezolanos, quizás lo hubiera impedido.

Y fue por ello, que los constituyentes precisamente hablaron de la federación como "desiderátum," a la cual debía llegarse efectivamente en el futuro, una vez consolidada la democracia, con la posibilidad incluso de transferencia de competencias de los niveles nacionales a los regionales y locales, y además, la previsión de la elección directa de gobernadores, cuya designación se dejó, al inicio, a la libre decisión del Presidente de la República. Dos normas constitucionales previeron por tanto, la posibilidad de la mutación de la Constitución mediante leyes constitucionales, como fueron precisamente las Leyes sancionadas en 1989 relativas a la transferencia de competencias del Poder Público y de Elección directa de los Gobernadores,[790] y

787 Véase la "Exposición de Motivos" de la Constitución de 1961 en *Revista de la Facultad de Derecho*, Nº 21, Universidad Central de Venezuela, Caracas 1961, pp. 371 ss.

788 Véase el texto en Presidencia de la República, *Documentos que hicieron Historia,* Tomo II, Caracas 1962, pp. 443-449. Véase los comentarios sobre el contenido del Pacto en Allan R. Brewer-Carías, *Instituciones Políticas y Constitucionales*, Tomo I, Evolución Histórica del Estado, Editorial Jurídica Venezolana, San Cristóbal-Caracas, 1996, pp. 396 ss.

789 Allan R Brewer-Carías, *Problemas del Estado de Partidos*, Editorial Jurídica Venezolana, Caracas 1988.

790 Véase la Ley de Elección y Remoción de Gobernadores de Estado y Ley Orgánica de descentralización, delimitación y transferencia de competencias del Poder Público, ambas de 1989, *Gaceta Oficial* Nº 4153

cuyos efectos sin embargo no se pudieron arraigar por lo tardío de su sanción, veinte años después de la revolución democrática de 1958.

En efecto, durante esos primeros veinte años de la República democrática los partidos lograron implantar y arraigar la democracia, pero una vez democratizado efectivamente el país, su liderazgo no supieron tomar las medidas necesarias para perfeccionarla y consolidarla, es decir, no confiaron en la descentralización del poder en el territorio, lo que sin duda hubiera significado perdida de áreas del poder que controlaban mediante el sistema de organización propio del centralismo democrático. Para cuando a principios de los noventa, se comenzaron a hacer esfuerzos por descentralizar el poder, la verdad es que ya era demasiado tarde, como lo demostró la crisis política que durante los noventa afectó a los propios partidos políticos y a su liderazgo. Por ello, a comienzos de los noventa afirmábamos que los Estados de la federación habían quedado:

> "como meros desechos históricos; sus Asambleas Legislativas como meras formas de reducto del activismo político partidista local; y los Ejecutivos Estadales, como meros agentes del Poder Nacional, particularmente agentes de carácter policial; funciones que compartían con las de gestores para sus jurisdicciones de alguna que otra obra pública que podían lograr del Poder Central."

Todo ese proceso –decía en aquél momento (1994)-, había contribuido:

> "a configurar la gran entelequia contemporánea del Estado Federal, vacío de contenido, donde no había efectivo poder político regional y local, ni niveles intermedios de poder, habiendo quedado concentrado todo el poder político, económico, legislativo, tributario, administrativo o sindical, en el ámbito nacional. El centralismo de Estado fue, así, acompañado de otros centralismos, como por ejemplo, el de los partidos políticos, organizados internamente bajo el esquema del centralismo democrático. En igual sentido se desarrolló un centralismo sindical, como otro elemento fundamental en la interpretación del sistema."

Todo este andamiaje, -afirmaba en esa época-:

> "desde la década de los ochenta, ha comenzado a resquebrajarse, y se ha estado desmoronando ante nuestros ojos. Los venezolanos de estos tiempos hemos sido testigos de ese proceso de cambio y transformación que, a la vez, y ello es lo más importante, es producto de la propia democracia"[791].

Por ello, fue en realidad muy tardíamente que luego de los trabajos de la Comisión Presidencial para la Reforma del Estado,[792] a fines de los años ochenta, el liderazgo político entendió que la única forma de salvar la democracia era mediante la

---

Extraordinaria de 28-12-1982. Sobre dichas leyes véase, Allan R. Brewer-Carías, "Bases legislativas para la descentralización política de la federación centralizada (1990): El inicio de una reforma", en Allan R. Brewer-Carías et al., *Leyes para la descentralización política de la Federación*, Colección Textos Legislativos, N° 11, Editorial Jurídica Venezolana, Caracas 1995, pp. 7-53; "Problemas de la Federación centralizada (A propósito de la elección directa de Gobernadores)", en ***IV Congreso Iberoamericano de Derecho Constitucional***, Universidad Nacional Autónoma de México, México 1992, pp. 85-131.

791 Véase *Informe sobre la Descentralización en Venezuela, Memoria del Ministro de Estado para la Descentralización*, Caracas 1994.

792 Comisión Presidencial para la Reforma del Estado, *Lineamientos generales para una política de descentralización territorial en Venezuela,* Folletos para la Discusión N° 7, Caracas 1987.

descentralización política, y por ello, en 1989, en buena parte por presión de la sociedad civil se efectuaron las antes referidas reformas políticas, que pueden considerase como las más importantes ejecutadas durante todo el siglo XX, al disponerse la elección directa de gobernadores y alcaldes y sancionarse la antes mencionada Ley Orgánica de Descentralización, Delimitación y Transferencia de Competencias del Poder Público.

Con esas reformas se buscó hacer realidad la descentralización política de la Federación, dándose inicio a un proceso de transformación que buscaba lograr una mayor participación política, y al cual se le dio importante atención, particularmente durante los meses del gobierno de transición de 1993-1994, en el cual se hicieron todos los esfuerzos para que hubiera podido servir de vehículo de la transición de un sistema político centralizado de partidos a uno descentralizado participativo, en el cual la política de descentralización tuviera un significado determinante. Pero por supuesto, no sólo no hubo tiempo, sino que tampoco hubo comprensión por parte del liderazgo de los partidos, quienes no entendieron que la pérdida de parte del poder político directo que controlaban, era la única posibilidad de salvar la democracia. El período político del Estado Centralizado de partidos que había dominado las décadas precedentes ya estaba agotado, por lo que había que comenzarle a cerrar la puerta para abrir la de un nuevo período distinto que debía ser el del Estado democrático Descentralizado y Participativo, asegurando como meta fundamental, que ese cambio fuera democrático.

Ese intento de reforma, en todo caso, solo tuvo un comienzo, que se agotó con las elecciones de diciembre de 1993, y de nada sirvieron las advertencias de que nos "estábamos jugando la democracia" en el sentido de que mediante la descentralización "hacíamos todo para que la democracia continuara en Venezuela o esta corría el riesgo de derrumbarse".[793] Advertíamos, además, en 1994 sobre "los inevitables cambios políticos que se habían estado produciendo y que se continuarían efectuando" en el país, insistiendo en que como la participación era la única vía para que nuestra democracia se perfeccionase, la descentralización debía estar en "el centro de la política de cambio". Concluía por ello reafirmando que "con la descentralización nos estamos jugando la democracia", de manera que su continuación a partir de 1994 constituía "un proceso de sobrevivencia de la propia democracia".[794]

Pero lamentablemente ocurrió lo contrario, y se abandonó la política de descentralización con lo cual la democracia continuó resquebrajándose ante nuestros ojos: primero, durante el gobierno del Presidente Caldera, entre 1994 y 1998, en cuyo seno lamentablemente no se entendió el mensaje de sobrevivencia y se comenzó a dar marcha atrás a lo poco que se había hecho de la política de descentralización; y luego, durante todo el período de gobierno del Presidente Chávez a partir de 1999, donde deliberada y paradójicamente, en nombre de una supuesta participación política que no ha pasado de ser una movilización popular, se ha demolido todo el sistema democrático y su base descentralizadora.

Y en el centro del proceso de destrucción institucional de las bases de la democracia, ha estado el progresivo ahogamiento y aislamiento de los poderes públicos

---

793 Véase *Informe sobre la Descentralización en Venezuela, Memoria del Ministro de Estado para la Descentralización*, Caracas 1994.

794 *Ídem*.

estadales y municipales con la progresiva centralización de las pocas competencias que tenía, y su sustitución por nuevas entidades territoriales no electas, sin autonomía política, totalmente dependientes del Poder central, como son las que giran en torno al denominado "Poder Popular" que incluso se pretendió constitucionalizar en la rechazada reforma constitucional de 2007, en nombre de una democracia participativa, que lo que busca en realidad es terminar de acabar con la democracia representativa, imposibilitando a la vez la participación política. No es posible que haya más confusión en la respuesta que exige la política de participación, que no se agota con el sólo establecimiento de mecanismos de democracia directa, y que exige, de nuevo, que se destaque la esencia de la política de descentralización.

III. LA DEMOCRACIA, LA PARTICIPACIÓN POLÍTICA Y EL DISCURSO AUTORITARIO

En estos últimos años, en efecto, desde los ámbitos del Estado, se ha venido insistiendo en la supuesta necesidad de sustituir la democracia representativa por una "democracia participativa," lo que atenta contra la propia democracia como régimen político y, por supuesto, contra la descentralización política y el gobierno local[795].

Lo que es cierto en esta materia, es que la democracia participativa, es decir, la posibilidad del ciudadano de participar en la conducción de los asuntos públicos, sólo es posible en un sistema de descentralización política y de municipalización de un país. Por ello, no puede haber democracia participativa, que sea manejada y manipulada desde el Poder Central por ejemplo a través del llamado "Poder Popular," que ha venido dando origen a asambleas de ciudadanos y Consejos Comunales integrados por personas que no son electas democráticamente, y que son manejadas desde el Poder Nacional, a través de un partido gubernamental único.

En efecto, la democracia, como régimen político, tiene dos componentes fundamentales que son la representación y la participación. El primero, la representación, es el que permite distinguir la democracia representativa de la democracia directa, de manera que la dicotomía –aún cuando no antagonismo- está aquí entre la democracia indirecta o representativa y la democracia directa[796]. Sobre este elemento de la representatividad, en todo caso, el mismo es tan de la esencia de democracia, que es imposible su sustitución si de democracia se trata, lo que no excluye que deba enriquecerse con mecanismos de democracia directa que la puedan y deban complementar, pero que jamás la pueden sustituir.

En otras palabras, no puede existir en el mundo contemporáneo una democracia que sólo sea directa, refrendaria, de cabildos abiertos o de asamblea de ciudadanos o

795 Véase en general Allan R. Brewer-Carías, "Democracia participativa, descentralización política y régimen municipal", en Miguel Alejandro López Olvera y Luis Gerardo Rodríguez Lozano (Coordinadores), *Tendencias actuales del derecho público en Iberoamérica*, Editorial Porrúa, México 2006, pp. 1-23; "Democracia participativa, descentralización política y régimen municipal", en *Urbana*, Revista editada por el Instituto de Urbanismo, Facultad de Arquitectura y Urbanismo, Universidad Central de Venezuela y por el Instituto de Investigaciones de la Facultad de Arquitectura y Diseño, Universidad del Zulia, No 36, 2005, pp. 33-48; "Democracia participativa, descentralización política y régimen municipal", en *La responsabilidad del Estado frente a terceros. Ponencias Continentales del II Congreso Iberoamericano de Derecho Administrativo y Público*, Asociación Iberoamericana de Profesionales en Derecho Público y Administrativo "Jesús González Pérez" Capítulo Ecuador, Ecuador 2005, pp. 273-294.

796 Véase en general, Luis Aguiar de Luque, *Democracia directa y Estado Constitucional*, Editorial Revista de Derecho Privado, Edersa, Madrid 1977.

vecinos permanentes. Estos instrumentos pueden contribuir a la movilización popular y a la relativa manifestación directa de la voluntad del pueblo; pero es claro que no pueden sustituir a la democracia conducida por representantes electos mediante sufragio universal, directo y secreto.

El segundo principio, el de la participación, es el que permite distinguir la democracia de inclusión o participativa, de la democracia de exclusión o no participativa, de manera que la dicotomía aquí está entre inclusión y exclusión política, y no entre participación y representación. Y esto es precisamente lo que deliberadamente se trata de confundir cuando en el discurso autoritario se habla de "democracia participativa" como supuestamente "contrapuesta" a la democracia representativa, pretendiendo sustituir esta última y supuestamente asegurar la primera en entidades del "poder popular" integradas por personas no electas mediante sufragio, sino impuestas por el Poder Central, dispuestas para hacer creer que se participa, cuando para lo que están destinadas es para tratar de asegurar una relación directa entre la cúpula del Poder Ejecutivo y el pueblo, para su manipulación.

Sobre este segundo principio de la democracia, el de la participación política, lo que impone un régimen democrático es que tiene que ser de inclusión política, donde el ciudadano sea parte de su comunidad política, y pueda contribuir a la toma de las decisiones que le conciernen.

Participar, se insiste, en realidad es estar incluido, lo que se opone a la exclusión política, la cual además conlleva la de orden social y económico, y con ello la marginalización. Por ello, participar en el lenguaje común, es "ser parte de..."; es "pertenecer a...", es "incorporarse, contribuir, estar asociado o comprometerse a..."; es "tener un rol en..."; es "tomar parte activa, estar envuelto o tener una mano en..."; es, en fin, "asociarse con...", es "compartir o tener algo que ver con...;" y la participación política no es otra cosa que poder ser parte de una comunidad política, en la cual el individuo tenga un rol específico de carácter activo conforme al cual pueda contribuir a la toma de decisiones, y que no se puede agotar, por ejemplo, en el sólo ejercicio del derecho al sufragio (el cual sin duda es una forma de participación); o en ser miembro de sociedades intermedias, aún las de carácter político como los partidos políticos; o en votar en referendos (que también es otra forma mínima de participación); o votar en asambleas de vecinos o ciudadanos.

Participación política democrática, por tanto, es estar incluido en el proceso político y ser parte activa del mismo, sin mediatizaciones; es en fin, poder tener acceso a la toma de decisiones públicas. Y ello, en ninguna sociedad democrática del mundo –excepto según algunos, en la antigua Grecia- se ha podido lograr permanentemente con referendos, cabildos abiertos o asambleas de ciudadanos. Estos pueden ser formas de participación, sin duda, pero como se han venido implementando en Venezuela, son más bien mecanismos de movilización popular que no pueden confundirse con participación política.

La democracia participativa, o si se quiere, para que la democracia sea inclusiva o de inclusión, tiene que permitir al ciudadano poder ser parte efectivamente de su comunidad política; tiene que permitirle desarrollar incluso conciencia de su efectiva pertenencia, es decir, de pertenecer a un determinado orden social y político, por ejemplo, a una comunidad, a un lugar, a una tierra, a un campo, a una comarca, a un pueblo, a una región, a una ciudad, en fin, a un Estado. Se trata de lo que Norberto

Bobbio denominó "el proceso de expansión del poder ascendente", que amplía la esfera de las relaciones políticas, y que pasa -decía-:

> "de la esfera de las relaciones en que el individuo es tomado en consideración en su papel de ciudadano, a la esfera de las relaciones sociales, donde el individuo es tomado en consideración en una diversidad de estatus y papeles específicos, por ejemplo, como padre y como hijo, como cónyuge, como empresario y trabajador, como maestro y como estudiante; y también como oficial y como soldado, como administrador y administrado, como productor y como consumidor, como gestor de servicios públicos y como usuario"[797].

Pero por supuesto, el tema central a resolver cuando se trata de la participación democrática, es determinar cómo y en qué lugar la misma puede realizarse. Como por su parte lo advirtió Giovanni Sartori, cuando frente al tema decía:

> "O el autor de la democracia participativa se decide a clarificar positivamente dónde está lo que corresponde a cuál participación (de cuál naturaleza) y en cuáles lugares (en todas partes?); o nos quedamos con un animal que no logró identificar".

Sobre el tema, agregaba había: "mucho ruido, es cierto, también mucha polémica furiosa; pero queda la duda de que haya nacido algo nuevo[798].

IV. PARTICIPACIÓN POLÍTICA Y LA DESCENTRALIZACIÓN POLÍTICA EN LAS DEMOCRACIAS

Y esto es, precisamente, lo más importante a determinar cuando se habla de participación política, es decir, precisar de "cuál" participación es que se está hablando y "dónde" es que puede efectuarse. Lo primero, sobre cuál participación, si se trata de participación "política", ello solo es posible mediante la estructuración de gobiernos democráticos representativos descentralizados; y en cuanto a lo segundo, sobre "donde", la decisión está en determinar el nivel territorial adecuado para establecer dichos gobiernos.

Al entender esto, en definitiva, se disipa la duda que mencionaba Sartori[799] sobre si en verdad con la democracia participativa había nacido algo nuevo, y nos lleva a la conclusión de que en realidad nada nuevo ha nacido con tal idea. Siempre ha estado allí, en lo profundo de la democracia, desde el inicio del constitucionalismo, desde los mismos días de las Revoluciones del Siglo XIX, habiéndose desarrollado imperceptiblemente y sin aspavientos en las democracias descentralizadas y consolidadas del mundo contemporáneo; allí, en el nivel más ínfimo de los territorios de los Estados, en las Asambleas locales, en los Municipios, en las Comunas; y en los niveles intermedios del federalismo y de las regiones. Lo que pasa es que muchas veces no se la ha querido reconocer, y se insiste en confundirla con algunos instrumentos de democracia directa. Es decir, en las sociedades democráticas avanzadas, la participación ha estado siempre en la corriente sanguínea de la propia democracia, por lo que incluso quienes la ejercen y la viven cotidianamente no se dan cuenta de ella; no le prestan atención y por ello, a veces no se la logra identificar, incluso por ser a veces democracias demasiado inclusivas.

---

797 Norberto Bobbio, *El futuro de la democracia,* Fondo de Cultura Económica, México 1992, p. 42.

798 Giovanni Sartori, *¿Que es democracia?*, Altamira Editores, Bogotá, 1994.

799 *Idem.*

Recordemos que fue a comienzos del siglo XIX, cuando Alexis de Tocqueville en su estudio sobre el entonces naciente Estado federal norteamericano, descubrió para Europa la democracia participativa en América al toparse con el régimen local asambleario que funcionaba descentralizado o desparramado en todo el territorio de las antiguas colonias inglesas en la costa este de Norteamérica. Efectivamente constató en su libro *La Democracia en América*, que en esas comarcas la democracia hervía en los *Town Halls*[800], es decir, en los cabildos e instituciones comunales que, decía, "son a la libertad lo que las escuelas vienen a ser a la ciencia; la ponen al alcance del pueblo, le hacen paladear su uso político y lo habitúan a servirse de ella"[801].

Y en Europa misma, esa democracia participativa local había sido uno de los productos más acabados y a veces más incomprendidos de la propia Revolución Francesa, desde que mediante Decreto de 22 de diciembre del mismo año 1789 la Asamblea Constituyente dividió el territorio francés de manera uniforme en departamentos, distritos y cantones, suprimiéndose los Intendentes, disponiéndose, además, que "en cada villa, en cada burgo, en cada parroquia y en cada comunidad del campo habrá una municipalidad"[802]. De ello resultó, en 1791, la creación en todo el territorio de Francia (que tiene menos de la mitad del de Venezuela) de 43.915 municipios, que comenzaron a denominarse comunas, originándose entonces la concepción de un nuevo poder, el "Poder Municipal"[803], que luego se arraigaría en el constitucionalismo iberoamericano[804]. Ello también fue advertido por el propio De Tocqueville en su otra obra clásica, sobre *El Antiguo Régimen y la Revolución*, donde dijo de la administración local que tenía:

> "un contacto diario con [los ciudadanos]; toca continuamente sus puntos más sensibles; influye en todos los pequeños intereses que forman el gran interés que se pone en la vida; es el objeto principal de sus temores y también el de sus esperanzas más queridas; los mantiene vinculados a ella por una infinidad de lazos invisibles que los arrastran sin que se den cuenta" [805].

Y en efecto, la participación política como democracia de inclusión en la cual el ciudadano puede tomar parte personalmente en un proceso decisorio, interviniendo en actividades estatales y en función del interés general[806], sólo puede tener lugar

---

800 Alexis de Tocqueville, *La democracia en América*, Fondo de Cultura Económica, México 1973, pp. 79 y ss.

801 *Idem*, p. 78. Esa tradición de gobiernos locales siguió siendo el elemento central de la democracia norteamericana, para asegurar la participación, lo que explica que en la actualidad existan en los Estados Unidos, más de 75.000 gobiernos locales con un promedio general de alrededor de 5.000 habitantes.

802 Albert Soboul, *La révolution française*, Gallimard, París 1981, pp. 198 y ss.

803 Eduardo García de Enterría, *Revolución Francesa y Administración contemporánea*, Taurus Ediciones, Madrid 1981, pp. 72, 76, 135.

804 En Venezuela, por ejemplo, aparece a partir de la Constitución de 1857, artículos 6 y 85. Véase en Allan R. Brewer-Carías, *Las Constituciones de Venezuela*, Biblioteca de la Academia de Ciencias Políticas y Sociales, Caracas 2008, Tomo I.

805 Alexis de Tocqueville, *El Antiguo Régimen y la Revolución*, Alianza Editorial, Tomo I, Madrid 1982, p. 15.

806 Véase por ejemplo, en relación con la administración de justicia, Alberto González, "Participación en la Administración de Justicia" en Jorge Londoño U. (Compilador), *Constitucionalismo, participación y democracia*, Librería Jurídica Ethos, Uniboyacá, Bogotá-Tunja, 1997, pp. 76-77.

efectivamente en sistemas de descentralización del poder, es decir, en los estamentos políticos territoriales más reducidos, en el nivel local, comunal o municipal. Es decir, sólo en los niveles territoriales inferiores de la organización política del Estado es que se puede montar una organización participativa que permita la incorporación del ciudadano individual o de grupos o comunidades, en la vida pública, y particularmente, en la toma de decisiones públicas generales o de orden administrativo.

Pero por supuesto, el tema central que tiene que resolverse cuando se habla con propiedad de democracia participativa, como lo decía Sartori, es determinar de cuál participación se trata y dónde desarrollarla[807]. Si se trata de participación "política", ello sólo puede lograrse mediante la descentralización política estableciendo gobiernos locales autónomos; y en cuanto al dónde, determinando el nivel territorial que se requiere para la participación como cotidianeidad democrática; y la opción resulta en un gobierno local autónomo, organizado como municipio u otra entidad local, desparramado en todos los rincones de un Estado, en cada villa, en cada pueblo y en cada caserío, situado bien cerca del ciudadano[808]. Por ello, entre los principios que configuraron el régimen municipal en los inicios del municipalismo moderno, estuvo precisamente la creación de municipios en cada colectividad local –aún de dimensiones mínimas- abarcando desde el pequeño pueblo rural hasta el gran centro urbano; el cual dejó su impronta en toda Europa[809].

Lamentablemente, en contraste con la tradición europea y norteamericana, en el municipio republicano latinoamericano, desde el inicio, por la escasa densidad de población de nuestros países y por el centralismo colonial, no llegó a arraigarse el principio de la creación de un municipio por cada colectividad local, es decir, por cada caserío, por cada pueblo, por cada villa o ciudad, y la organización municipal que se estableció después de la independencia siguió el mismo esquema de los viejos Municipios provinciales coloniales, con territorios amplísimos, muy alejados del ciudadano y de sus comunidades[810].

---

807 Giovanni Sartori, *¿Que es democracia?*, Altamira Editores, Bogotá, 1994.

808 Esto es lo que caracteriza a los regímenes democráticos europeos donde predomina la existencia de muchos pequeños municipios, como entidades políticas de auto gobierno democrático, como es el caso por ejemplo, de Alemania, con 16.098 municipios, de los cuales el 76% tiene menos de 5.000 habitantes; y de España, con 8.056 municipios, de los cuales el 86% de los mismos tienen menos de 5.000 habitantes, y el 61% menos de 1.000 habitantes. Véase Torsten Sagawe, "La situación de los pequeños municipios en Europa: con especial referencia a la República Federal de Alemania", en Luis Villar Borla et al, *Problemática de los pequeños Municipios en Colombia ¿Supresión o reforma?*, Universidad Externado de Colombia, Bogotá 2003, p. 40. En contraste, en Venezuela, con aproximadamente el doble de territorio, y bastante menos población, sólo tenemos 338 Municipios, con un promedio de población superior a los 70.000 habitantes

809 Por ello, además de los 36.433 comunas que quedaron en Francia con promedio general de 1.600 habitantes; en Bélgica hace unas décadas aún existían 2.539 Municipios, con una población promedio de 3.600 habitantes, los cuales después de la paradigmática operación quirúrgica realizada en el mapa municipal en 1972, hayan sido reducidos a 589 municipios, ahora con una población promedio de 16.900 habitantes por municipio; en Italia hay 8.104 municipios con un promedio de 7.156 habitantes; y en Suiza hay 3.000 cantones con 2.333 habitantes promedio. Véase Luciano Vandelli, *El Poder Local. Su origen en la Francia revolucionaria y su futuro en la Europa de las regiones*, Ministerio para las Administraciones Públicas, Madrid 1992, pp. 179; Allan R. Brewer-Carías, *Reflexiones sobre el constitucionalismo en América*, Editorial Jurídica Venezolana, Caracas 2001, pp. 139 y ss.

810 En contraste con la situación descrita en Europa, por ejemplo, en Argentina, hay 1617 municipios con un promedio de población de 22.882 habitantes; en Bolivia, hay 312 municipios con un promedio de población de 25.642 habitantes; en Brasil, hay 5.581 municipios con un promedio de población de 30.102

En esta tradición, el municipio latinoamericano contemporáneo a veces ha adquirido un ámbito territorial tan grande y extraño al ciudadano, que lamentablemente hace que no sirva para nada bueno, ni para gerenciar adecuadamente los intereses de la vida local ni para servir de instancia de participación política de la ciudadanía en la decisión o gestión de sus propios asuntos comunales.[811]

V. LA DEMOCRACIA PARTICIPATIVA Y LA DESCENTRALIZACIÓN POLÍTICA

Y allí está precisamente la clave de la participación política en la democracia, precisamente en la necesidad de desarrollar un vigoroso y autónomo gobierno local, donde el poder del Estado sea distribuido y donde el ciudadano puede hacerse parte del mismo.

Por ello, como hemos dicho, la democracia participativa está indisolublemente ligada a la descentralización política y la municipalización, de manera que la misma no se puede materializar con las solas propuestas de incorporación al régimen democrático de instrumentos de democracia directa, como los referendos, las consultas o las iniciativas populares; ni con la sola movilización popular mediante la creación de organizaciones a nivel local pero controladas por el Poder Central, como las asambleas de ciudadanos, sin autonomía ni representación popular democrática. Y eso es lo que ha ocurrido con los llamados Concejos Comunales establecidos en 2006[812], los cuales no son entidades políticas locales descentralizadas, ya que no tienen gobiernos electos popularmente, sino que son organizaciones que pertenecen a la organización central del Estado, manejadas y financiadas por el Poder Nacional, sin autonomía política alguna. Por ello, no son ni pueden ser instrumentos para la participación política, sino a lo sumo, para la movilización popular. Son organizaciones que en contraste con los municipios de las democracias consolidadas, siguen lo que hace casi cien años se estableció con la Revolución Rusa, con los denominados *Soviets*, palabra que en castellano precisamente significa Consejos.

Una cosa es cierta, en las democracias consolidadas contemporáneas, no se clama cotidianamente por la participación política como tanto se ha ventilado en Venezuela en las últimas décadas. En aquellas, el tema ni siquiera es un tema de discusión ni de reforma política. Y ello es así, porque en esos países democráticamente

---

habitantes; en Chile, 340 municipios con un promedio de población de 44.117 habitantes; en Colombia, hay 1.068 municipios con un promedio de población de 39.326 habitantes; en Ecuador, hay 1.079 municipios con un promedio de población de 11.121 habitantes; en El Salvador, 262 municipios con un promedio de población de 22.900 habitantes; en Guatemala, hay 324 municipios con un promedio de población de 33.950 habitantes; en Honduras, hay 293 municipios con un promedio de población de 20.478 habitantes; en México, hay 2.418 Municipios con un promedio de población de 40.116 habitantes; en Nicaragua, hay 143 municipios con un promedio de población de 34.965 habitantes; en Paraguay hay 212 municipios con un promedio de población de 23.585 habitantes; en Perú, hay 1808 municipios con un promedio de población de 13.827 habitantes; en República Dominicana, hay 90 municipios con un promedio de población de 88.889 habitantes; en Uruguay, hay 19 municipios con un promedio de población de 157.894 habitantes; y en Venezuela, hay 338 municipios con un promedio de población de 71.006 habitantes. Véase las referencias en Allan R. Brewer-Carías, *Reflexiones sobre el constitucionalismo en América*, Editorial Jurídica Venezolana, Caracas 2001, pp. 139 y ss.

811 Véase en Allan R. Brewer-Carías, *Reflexiones sobre el constitucionalismo en América*, Editorial Jurídica Venezolana, Caracas 2001, pp. 127 y ss.

812 Ley de los Consejos Comunales, en *Gaceta Oficial* N° 5.806 Extraordinaria del 10-04-2006.

desarrollados, entre otros factores impera la fragmentación municipal donde cotidianamente se materializa la participación ciudadana. En contraste, en Venezuela, como en la mayoría de los países latinoamericanos, al tener muy pocos gobiernos locales o municipios para su enorme territorio y población, precisamente se reclama contra las insuficiencias democráticas clamándose por una democracia participativa. Ese contraste es así, precisamente, porque la participación política como cotidianeidad democrática o como parte de la democracia como forma de vida, sólo puede darse a nivel local y regional, en una multiplicidad de gobiernos municipales democráticos y autónomos. Y cualquier otra solución no es más que falacia y engaño, o simplemente, la introducción de mecanismos de democracia directa.

Por ello es que el tema precisamente no tiene tanta notoriedad en los países con democracias consolidadas, donde la participación es de todos los días, en los muchísimos pequeños municipios y gobiernos locales que existen.

La participación política o la democracia participativa son por tanto conceptos indisolublemente unidos al localismo y a la descentralización política, y ésta, a la limitación del poder, lo que es consustancial con la democracia.

El régimen local es, entonces, como lo dijo hace años nuestro apreciado amigo Eduardo García de Enterría, la estructura que "da curso al derecho ciudadano a participar en todos, completamente en todos los asuntos públicos que afectan a la propia comunidad"[813]; de manera que como ya nos lo advirtió hace casi cuarenta años nuestro recordado amigo Sebastián Martín Retortillo, cuando España aún no había entrado en el proceso de transición hacia la democracia, en aquella excelente obra que dirigió sobre *Descentralización administrativa y organización política,* al destacar las raíces eminentemente políticas del tema; simplemente que la participación efectiva del ciudadano común, siempre presupone la descentralización.[814] En consecuencia, sin temor a equivocarnos podemos afirmar que no sólo sin descentralización político territorial, es decir, sin que exista una multiplicidad de poderes locales y regionales democráticos y autónomos, no puede haber participación política, sino que en definitiva no puede haber una democracia participativa. La descentralización es, por tanto, la base de la democracia participativa y a la vez, el impulso de la democratización y control del poder. El centralismo, en cambio es la base de la exclusión política al concentrar el poder en unos pocos.

Hace varios años decía que:

> "el debate contemporáneo en nuestros países por más democracia, tiene que centrarse en el rescate del proceso de descentralización política. Perfeccionar la democracia exige hacerla más participativa y más representativa, para lo cual la única vía posible que existe es acercando el Poder al ciudadano, y ello sólo puede lograrse descentralizando territorialmente el Poder del Estado y llevarlo hasta la más pequeña de las comunidades; es decir, distribuyendo el Poder en el territorio nacional".

Y agregaba, además, que:

---

813 Citado en Sebastián Martín Retortillo, en "Introducción" al libro Sebastián Martín Retortillo et al, *Descentralización administrativa y organización política,* Tomo I, Ediciones Alfaguara, Madrid, 1973, p. LVIII.

814 *Idem*, p. LIX.

> "cualquiera que sea la forma de descentralización política, se trata de proyectos y propuestas contrapuestos radicalmente al centralismo de Estado y a la concentración del Poder, que son esencialmente antidemocráticos".

En definitiva, el reto que teníamos y que seguimos teniendo los venezolanos, es diseñar:

> "el nuevo sistema político que la democracia exige, y que sólo puede tener por objeto hacerla más participativa, con gran presencia de la sociedad civil, y más representativa de las comunidades. Ello implica desparramar el poder en todo el territorio, hasta la última de las comunidades, para que el ciudadano y sus sociedades intermedias puedan realmente participar"[815].

Y ello implica, por sobre todo, la descentralización política, y como parte de ella, la municipalización del territorio, para rescatar, más de doscientos años después, lo que fue la decisión terminante de la Asamblea Constituyente francesa en aquél diciembre de 1789, y que se traduciría hoy en nuestro país, en la frase de que toda comunidad rural, todo caserío, todo pueblo, todo barrio urbano, debía tener su autoridad local como comunidad política, con representantes electos mediante sufragio; es decir, lo contrario a los Consejos Comunales que se han impuesto inconstitucionalmente, que no son ni democráticos ni autónomos, y que están controlados por la cúpula del Poder Ejecutivo Nacional.

Pero por supuesto, para ello, es decir, para una reforma política de esta naturaleza, no sólo hay que superar el autoritarismo, sino que habría que pensar en el futuro, en otro municipio, para no desparramar territorialmente la estructura burocrática local, mal y uniformemente concebida que hemos tenido y que lo que podría provocar es peor democracia. La diferenciación municipal, entonces, es consustancial con la municipalización como instrumento para acercar el municipio al ciudadano; porque como ya lo señalamos, un municipio lejos de las comunidades y vecindades, como han sido en general nuestros municipios, materialmente no sirve para nada bueno.[816]

A nivel local, además, es donde florece la libertad en medio de la diversidad, y es donde en definitiva en un mundo cada vez más globalizado como el actual, el hombre, el ciudadano común, encuentra su refugio e identifica el lugar de su pertenencia. Eso es lo que los europeos han llamado como regionalismos o localismos, y es lo que Francisco González Cruz ha calificado como el rescate de la "comunidad definida en términos territoriales y de relaciones humanas, con la cual la persona siente vínculos de pertenencia" y que puede ser una aldea, un pueblo o un barrio, de tal manera que la gente pueda establecer relaciones interpersonales.[817] Es, en definitiva, la comunidad incluso tal y como la definió en la Ley de Consejos Comunales, concebida como "el conglomerado social de familias, ciudadanos y ciudadanas que habitan en un área geográfica determinada, que comparten una historia e intereses

---

815 Véase en *XXV Congreso Iberoamericano de Municipios, Guadalajara, Jalisco, México del 23 al 26 de octubre de 2001*, Fundación Española de Municipios y Provincias, Madrid 2003, pp. 453 y ss.

816 Véase Allan R. Brewer-Carías, *Reflexiones sobre el constitucionalismo en América*, Editorial Jurídica Venezolana, Caracas 2001, pp. 127 y ss.

817 Francisco González Cruz, *Globalización y Lugarización*, Universidad Valle del Momboy, Centro Iberoamericano de Estudios Provinciales y Locales, Universidad de los Andes, La Quebrada, 2001.

comunes, se conocen y relacionan entre sí, usan los mismos servicios públicos y comparten necesidades y potencialidades similares: económicas, sociales, urbanísticas y de otra índole (art. 4,1); pero organizada democráticamente. Y allí, en definitiva, es donde se puede efectivamente participar desde el punto de vista político, pero siempre que se constituya en un gobierno local autónomo y electo democráticamente por sufragio, y no consejos comunales no electos.

VI. LA CENTRALIZACIÓN POLÍTICA EN NOMBRE DE LA "PARTICIPACIÓN" PROTAGÓNICA

En efecto, en Venezuela, en lugar de hacer efectivamente al Municipio la unidad política primaria dentro de la organización pública nacional a que se refiere la Constitución (art. 168), como parte del sistema constitucional de descentralización política o de distribución vertical del Poder Público (art. 136), para hacer efectiva la participación ciudadana, el régimen autoritario instalado en el país desde 1999 ha pretendido desconocerlo y ahogarlo, incluso en contra de la propia Ley Orgánica del Poder Público Municipal de 2005[818] que dispuso que las actuaciones del municipio debían incorporar "la participación ciudadana de manera efectiva, suficiente y oportuna, en la definición y ejecución de la gestión pública y en el control y evaluación de sus resultados;" mediante la sustitución del municipio por entidades controladas desde el poder central, es decir, sometida y dependiente del Poder Nacional, como son los consejos comunales.

Insistimos, mediante la mencionada Ley de los Consejos Comunales de 2006[819], lo que se ha hecho es establecer un sistema institucional centralizado para la supuesta participación popular, denominado "del Poder Popular", en paralelo e ignorando la propia existencia del régimen municipal, buscando concebir a la "comunidad" fuera del municipio, organizada precisamente en Consejos Comunales que supuestamente "en el marco constitucional de la democracia participativa y protagónica", se han regulado como "instancias de participación, articulación e integración entre las diversas organizaciones comunitarias, grupos sociales y los ciudadanos". Es decir, lo mismo que la Constitución y la Ley Orgánica del Poder Público Municipal atribuyen al Municipio, pero abandonándolo y sustituyéndolo por entidades no autónomas (y no descentralizadas políticamente) dependientes del Poder Nacional, sin democracia local, es decir, por los Consejos Comunales que no están integrados ni regidos por autoridades electas popularmente, siendo concebidos como instrumentos del centralismo para el control de la ciudadanía, con el engaño de que son "participativos."[820]

---

818 Véase la Ley de Reforma Parcial de la Ley Orgánica del Poder Público Municipal, *Gaceta Oficial* N° 38.327 de 02-12-2005. Véase, Allan R. Brewer-Carías, "Introducción General al Régimen del Poder Público Municipal", en Allan R. Brewer-Carías et al., *Ley Orgánica del Poder Público Municipal*, Colección Textos Legislativos N° 34, Editorial Jurídica Venezolana, Tercera edición corregida y aumentada, Caracas 2007, pp. 11-193

819 Véase en *Gaceta Oficial* N° 5.806 Extraordinaria del 10-04-2006.

820 Véase Allan R. Brewer-carías, "El inicio de la desmunicipalización en Venezuela: La organización del Poder Popular para eliminar la descentralización, la democracia representativa y la participación a nivel local", en *AIDA, Opera Prima de Derecho Administrativo. Revista de la Asociación Internacional de Derecho Administrativo*, Universidad Nacional Autónoma de México, Facultad de Estudios Superiores de Acatlán, Coordinación de Postgrado, Instituto Internacional de Derecho Administrativo "Agustín Gordillo", Asociación Internacional de Derecho Administrativo, México, 2007, pp. 49 a 67.

Con estos Consejos Comunales, por tanto, supuestamente abogando por una participación popular, en definitiva, lo que se ha diseñado es un esquema completamente contrario a la democracia representativa, sustituyéndose la representación política que se origina mediante el sufragio universal, directo y secreto, que sólo entidades políticas como los Municipales pueden garantizar, por la organización de entidades que no tienen origen representativo electoral, pero sometida al control del propio Presidente de la República, para supuestamente permitir "al pueblo organizado ejercer directamente la gestión de las políticas públicas y proyectos orientados a responder a las necesidades y aspiraciones de las comunidades en la construcción de una sociedad de equidad y justicia social" (art. 2).

Se trata de un esquema organizacional completamente desvinculado de la descentralización política o la distribución vertical del Poder Público que establece la Constitución (art. 136), y que integra a los Consejos Comunales en la comunidad pero no como entidad política autónoma, sino como entidades integrante del Poder Nacional y, más precisamente, de la organización del Poder Ejecutivo Nacional, a cuyos Ministros, por lo demás, también se los ha denominado como del mismo nombre del "Poder Popular."[821]

En la Comunidad es donde debió haberse ubicado la nueva organización municipal que se debía haber establecido conforme a la concepción democrática y participativa que debió haber guiado su reforma. Era en los nuevos Municipios donde debió haberse ubicado a las estructuras básicas de la comunidad, como las asambleas de ciudadanos, los consejos comunales y sus órganos ejecutivo, financiero y de control, y las demás organizaciones comunitarias. Pero ello era incompatible con el régimen autoritario, porque establecer cerca de 18.000 verdaderos municipios[822] en el país, con sus autoridades electas, en lugar de los 338 actuales, no hubieran podido ser controlados por el Poder Central, dado que los Municipios son autónomos y sus miembros son electos democráticamente mediante sufragio.

Debe señalarse, además, que la reacción centralista y autoritaria contra la descentralización y la posibilidad de la democracia participativa, se pretendió formalizar en el Proyecto de Reforma Constitucional presentada por el Presidente de la República ante la Asamblea Nacional en 2007[823] y que tenía por objeto constitucionalizar el esquema autoritario, centralista que se había venido implementando al margen de la Constitución[824].

---

821 Véase artículo 5 del Decreto N° 5.246 de 20-03-2007, sobre Organización y Funcionamiento de la Administración Pública Nacional, *Gaceta Oficial* N° 38.654 de 28-03-2007.

822 Según información suministrada por el Ministerio del Poder Popular para la Participación y el Desarrollo, para finales de 2007 había 18.000 Consejos Comunales. Véase en Franklin González (Embajador de Venezuela en Uruguay), "¿Qué son los Consejos Comunales?", en *La Republica*, Año 9, N° 2609, Montevideo 15-07-2007, www.larepublica.com.uy.

823 Véase el *Proyecto de Exposición de Motivos para la Reforma Constitucional, Presidencia de la República, Proyecto Reforma Constitucional. Propuesta del Presidente Hugo Chávez Agosto 2007.* El texto completo fue publicado como *Proyecto de Reforma Constitucional. Versión atribuida al Consejo Presidencial para la reforma de la Constitución de la república Bolivariana de Venezuela*, Editorial Atenea, Caracas 01 de julio de 2007.,

824 Véase en general sobre la propuesta de reforma constitucional de 2007, Manuel Rachadell, *Socialismo del Siglo XXI. Análisis de la reforma Constitucional propuesta por el Presidente Chávez en agosto de 2007*, Fundación de Estudios de Derecho Administrativo, Editorial Jurídica Venezolana, Caracas 2007; Allan R. Brewer-Carías, *Hacia la consolidación de un Estado socialista, centralizado, policial y milita-*

Fue por ello, que en esta materia, además de proponerse la creación de autoridades nacionales a nivel regional para controlar a los Estados; la eliminación de la democracia representativa a nivel local; el establecimiento del "Poder Popular" como parte de la distribución del Poder Público; [825] la "nacionalización" de las competencias estadales y municipales; y la limitación de la autonomía municipal y eliminación de las parroquias como entidades locales; se buscaba reducir el derecho a la participación política sólo para la ejecución de la ideología socialista; eliminar la participación de los representantes de la sociedad civil en la postulación de altos funcionarios del Estado; limitar al derecho a la participación política mediante referendos; limitar el derecho a la participación política en materia de revisión de la Constitución; y por sobre todo, eliminar del propio léxico constitucional la palabra "descentralización," incluso como política de Estado.

En efecto, en la rechazada reforma constitucional de 2007, siguiendo la orientación de la práctica política centralista de los últimos años, se buscaba centralizar definitivamente el Estado, vaciándose de contenido a la federación y neutralizando la autonomía de los Estados;[826] y eliminándose todo vestigio de descentralización como organización y política pública, de autonomía territorial y de democracia representativa a nivel local, es decir, de la unidad política primaria en el territorio, lo que tocaba otro aspecto fundamental y medular del Estado venezolano, que es la forma federal. Con esa rechazada reforma constitucional, en efecto, se buscaba formular una supuesta "nueva geometría del poder" donde no había ni podía haber autonomías, [827] con la propuesta de creación de nuevas instancias territoriales incluso regionales, todas sometidas al poder central, mediante las cuales el Poder Popular supuestamente iba a desarrollar "formas de agregación comunitaria política territorial" que supuestamente constituirían formas de autogobierno, pero sin autoridades electas y sin democracia representativa alguna, sino sólo como "expresión de democracia directa" (art. 16),[828] donde supuestamente se materializaría la "participación protagónica."[829]

---

rista. Comentarios sobre el sentido y alcance de las propuestas de reforma constitucional 2007, Colección Textos Legislativos, Nº 42, Editorial Jurídica Venezolana, Caracas 2007; y *La reforma constitucional de 2007 (Comentarios al Proyecto inconstitucionalmente sancionado por la Asamblea Nacional el 2 de noviembre de 2007)*, Colección Textos Legislativos, Nº 43, Editorial Jurídica Venezolana, Caracas 2007.

825 Véase Gustavo Linares Benzo, "Sólo un Poder Público más. El Poder Popular en la reforma de 2007", en *Revista de Derecho Público (Estudios sobre la Reforma Constitucional)*, Nº 112, Editorial Jurídica Venezolana, Caracas 2007, pp. 101 ss.

826 Véase Ana Elvira Araujo, "Proyecto de reforma constitucional (agosto noviembre 2007). Principios fundamentales y descentralización política", en *Revista de Derecho Público (Estudios sobre la Reforma Constitucional)*, Nº 112, Editorial Jurídica Venezolana, Caracas 2007, pp. 77 ss.

827 Véase Gustavo Tarre Briceño, "La nueva geometría del Poder", en *Revista de Derecho Público (Estudios sobre la Reforma Constitucional)*, Nº 112, Editorial Jurídica Venezolana, Caracas 2007, pp. 115 ss.

828 Con ello se buscaba, como lo dijo el Presidente de la República, "el desarrollo de lo que nosotros entendemos por descentralización, porque el concepto cuarto republicano de descentralización es muy distinto al concepto que nosotros debemos manejar. Por eso, incluimos aquí la participación protagónica, la transferencia del poder y crear las mejores condiciones para la construcción de la democracia socialista". Véase *Discurso de Orden pronunciado por el ciudadano Comandante Hugo Chávez Frías, Presidente Constitucional de la República Bolivariana de Venezuela en la conmemoración del Ducentésimo Segundo Aniversario del Juramento del Libertador Simón Bolívar en el Monte Sacro y el Tercer Aniversario del Referendo Aprobatorio de su mandato constitucional*, Sesión especial del día Miércoles 15 de agosto

Con ello, en realidad, lo que se pretendía era acabar definitivamente con la propia democracia como régimen político, sustituyéndola por un régimen centralizado, autoritario y concentrador del Poder, minimizándose y ahogándose a los entes territoriales descentralizados políticamente (Estados y Municipios), sin las cuales no puede haber efectivamente democracia participativa,[830] y la creación en su lugar de autoridades nacionales en las regiones, por encima de los Estados, y la consolidación de Consejos del Poder Popular por debajo de los Municipios, que no pasaban de ser una simple manifestación de movilización controlada desde el Poder Central. Como se dijo, ello es lo que ya había ocurrido, precisamente con los Consejos Comunales creados por Ley en 2006[831], cuyos miembros no son electos mediante sufragio sino designados por Asambleas de ciudadanos controladas por el propio Poder Ejecutivo Nacional.

Con ello, en definitiva, en nombre de una "democracia participativa y protagónica", lo que se buscaba era poner fin definitivamente en Venezuela a la democracia representativa a nivel regional y local, y con ello, de todo vestigio de autonomía política territorial que es la esencia de la descentralización.

La furia autoritaria contra la descentralización política reflejada en la rechazada reforma constitucional, además, buscaba desmantelar la federación misma y la distribución territorial del poder que establece la Constitución de 1999, al proponer trastocar la distribución de competencias públicas prevista en la misma entre los tres niveles territoriales de gobierno (nacional, estadal y municipal), de manera de centralizar materialmente todas las competencias del Poder Público en el nivel nacional (arts. 156, 164). Se trataba, en efecto, de la "centralización del siglo XXI."[832]

Se proponía, así, terminar de vaciar de competencias a los Estados hacia el nivel nacional, y obligar a los Municipios a transferir sus competencias hacia los Consejos Comunales (controlados por el Poder Nacional), con lo que en definitiva aquellos hubieran quedado como entelequias vacías.[833] El Poder Nacional o central, en esa

de 2007, Asamblea Nacional, División de Servicio y Atención legislativa, Sección de Edición, Caracas 2007.

829 En la *Exposición de Motivos del Proyecto de Reforma Constitucional* presentado por el Presidente de la República en agosto 2007, se lee que el Poder Popular "es la más alta expresión del pueblo para la toma de decisiones en todos sus ámbitos (político, económico, social, ambiental, organizativo, internacional y otros) para el ejercicio pleno de su soberanía. Es el poder constituyente en movimiento y acción permanente en la construcción de un modelo de sociedad colectivista de equidad y de justicia. Es el poder del pueblo organizado, en las más diversas y disímiles formas de participación, al cual está sometido el poder constituido. No se trata del poder del Estado, es el Estado sometido al poder popular. Es el pueblo organizado y organizando las instancias de poder que decide las pautas del orden y metabolismo social y no el pueblo sometido a los partido políticos, a los grupos de intereses económicos o a una particularidad determinada", *cit.*, p 11.

830 Véase Arturo Peraza, "Reforma. Democracia participativa y Poder Popular", en *Revista de Derecho Público (Estudios sobre la Reforma Constitucional)*, Nº 112, Editorial Jurídica Venezolana, Caracas 2007, pp. 107 ss.

831 Véase los comentarios sobre ello en Allan R. Brewer-Carías et al., *Ley Orgánica del Poder Público Municipal*, Editorial Jurídica Venezolana, Caracas 2007, pp. 75 y ss.,

832 Véase Manuel Rachadell, *Socialismo del Siglo XXI. Análisis de la reforma Constitucional propuesta por el Presidente Chávez en agosto de 2007*, Fundación de Estudios de Derecho Administrativo, Editorial Jurídica Venezolana, Caracas 2007

833 Véase Giancarlo Henríquez Maionica, "Los Consejos Comunales (una breve aproximación a su realidad y a su proyección ante la propuesta de reforma constitucional)", en *Revista de Derecho Público (Estu-*

forma, hubiera quedado materialmente con todas las competencias del Estado, sujetándose a su autoridad a todas las entidades estadales y municipales (art. 156,10 y 11).

En esta forma, con la reforma rechazada se pretendía que los Estados y Municipios dejaran de ser "entidades políticas" perdiendo efectiva autonomía y pasaran a depender totalmente del Poder Nacional, como órganos sin autonomía alguna, es decir, como administraciones periféricas del Poder Central sometidas a la ordenación y gestión que estableciera el Poder Nacional.

VII. LA ILEGÍTIMA MUTACIÓN CONSTITUCIONAL PARA LA RECENTRALIZACIÓN DE COMPETENCIAS

En la rechazada Reforma constitucional de 2007, en particular, dentro de la orientación de centralizar competencias públicas en el nivel nacional, se propuso la eliminación de la competencia "exclusiva" que la Constitución de 1999 atribuye en su artículo 164,10, a los Estados en materia de "la conservación, administración y aprovechamiento de **carreteras y autopistas nacionales, así como de puertos y aeropuertos de uso comercial**, en coordinación con el Ejecutivo Nacional;" y su asignación al Poder Nacional en el texto que se propuso del artículo 156,27 de la Reforma.[834] Sin embargo, a pesar de que esa reforma fue rechazada por el pueblo en el referendo de 2007, la misma fue ilegítimamente realizada por la Sala Constitucional del Tribunal Supremo de Justicia en sentencia No. 565 de 15 de abril de 2008[835], dictada con motivo de decidir un recurso autónomo de interpretación de dicho artículo formulado por el Procurador General de la República, mediante la cual pura y simplemente ha modificado o mutado el contenido de esta norma constitucional y dispuso, como interpretación vinculante de la misma, que esa "competencia exclusiva" *no es tal competencia exclusiva*, sino una competencia concurrente y que, incluso, el Poder Nacional puede intervenirla, revertirla y reasumirla a su favor eliminando toda competencia de los Estados. Es decir, la Sala Constitucional a pesar de lo expreso del texto constitucional que habla de competencias "exclusivas" de los Estados en materia de carreteras y autopistas nacionales, así como de los puertos y aeropuertos de uso comercial nacionales, sostuvo que los Estados no tienen tal competencia exclusiva y que sólo en caso de que le sean "transferidos a los Estados (descentralización funcional), pueden ser cogestionados por éstos a través de convenios, pero también *revertidos*, ya que la titularidad originaria de los mismos le corresponde a la República, conforme al ordenamiento jurídico vigente."

Después de una ilegítima "modificación constitucional" de esta naturaleza, realizada mediante interpretación vinculante, que trastocó el orden jurídico, como lo dijo la propia Sala, la misma "genera una necesaria revisión y modificación de gran al-

---

dios sobre la Reforma Constitucional), N° 112, Editorial Jurídica Venezolana, Caracas 2007, pp. 89 ss.; y José Luis Villegas Moreno, "Impacto de la reforma constitucional sobre las entidades locales", *Idem*, pp. 119 ss.

834 Véase Allan R. Brewer-Carías, *Hacia la Consolidación de un Estado Socialista, Centralizado, Policial y Militarista. Comentarios sobre el sentido y alcance de las propuestas de reforma constitucional 2007*, Colección Textos Legislativos, N° 42, Editorial Jurídica Venezolana, Caracas 2007, pp. 41 ss.

835 *Cfr.* Sentencia de la Sala Constitucional, N° 565, caso Procuradora General de la República, recurso de interpretación del artículo 164.10 de la Constitución de 1999 de fecha 15 de Abril de 2008, en http://www.tsj.gov.ve/decisiones/scon/Abril/565-150408-07-1108.htm

cance y magnitud del sistema legal vigente." Por ello, después de lo que hizo, la Sala Constitucional no pudo concluir en otra forma que no fuera advirtiendo "de oficio y por razones de orden público constitucional, ... que el contenido de la presente decisión debe generar una necesaria revisión y modificación del ordenamiento jurídico legal vigente," para lo cual exhortó a la Asamblea Nacional que "proceda a la revisión y correspondiente modificación de la normativa legal vinculada con la interpretación vinculante establecida en la presente decisión[836], en orden a establecer una regulación legal congruente con los principios constitucionales y derivada de la interpretación efectuada por esta Sala en ejercicio de sus competencias." Es decir, la Sala conminó al legislador a legislar en contra de la Constitución de 1999, y conforme a una ilegítima modificación constitucional de la misma impuesta por la propia Sala. Ello provocó que después del triunfo electoral de la oposición en Estados y Municipios claves, desplazando los Gobernadores oficialistas en las elecciones de diciembre de 2008, la Asamblea Nacional muy diligentemente reformara en marzo de 2009, entre otras, la Ley Orgánica de Descentralización, Delimitación y Transferencia de Competencias del Poder Público,[837] a los efectos de eliminar las competencias exclusivas de los Estrados establecidas en los ordinales 3 y 5 del artículo 11 de dicha Ley, agregando dos nuevas normas en dicha Ley en las cuales se dispone que "el Poder Público Nacional por órgano del Ejecutivo Nacional, podrá revertir por razones estratégicas, de mérito, oportunidad o conveniencia, la transferencia de las competencias concedidas a los estados, para la conservación, administración y aprovechamiento de los bienes o servicios considerados de interés público general, conforme con lo previsto en el ordenamiento jurídico y al instrumento que dio origen a la transferencia" (art. 8); y que "El Ejecutivo Nacional, por órgano del Presidente o Presidenta de la República en Consejo de Ministros, podrá decretar la intervención conforme al ordenamiento jurídico, de bienes y prestaciones de servicios públicos transferidos para su conservación, administración y aprovechamiento, a fin de asegurar a los usuarios, usuarias, consumidores y consumidoras un servicio de calidad en condiciones idóneas y de respeto de los derechos constitucionales, fundamentales para la satisfacción de necesidades públicas de alcance e influencia en diversos aspectos de la sociedad" (art. 9). Con ello se completó el fraude constitucional dispuesto por la Sala Constitucional, trastocándose el régimen federal y terminándose de centralizar completamente el Estado.

VIII. LA INCONSTITUCIONAL CENTRALIZACIÓN DEL RÉGIMEN DE GOBIERNO DEL DISTRITO CAPITAL

En cuanto al régimen político de la ciudad capital, Caracas, la Constitución de 1999 aseguró definitivamente un régimen de gobierno local descentralizado y democrático, en el cual se debía garantizar la autonomía municipal y la participación política de las diversas entidades que componen la ciudad. De allí el esfuerzo por establecer un gobierno metropolitano a dos niveles, para asegurar por una parte, el gobierno global (metropolitano) de la ciudad y por la otra, asegurar el gobierno lo-

836 De ello resultaba según la sentencia: "la necesaria revisión general de la Ley Orgánica de Descentralización, Delimitación y Transferencia de Competencias del Poder Público, Ley General de Puertos y la Ley de Aeronáutica Civil, sin perjuicio de la necesaria consideración de otros textos legales para adecuar su contenido a la vigente interpretación."

837 *Gaceta Oficial* N° 39 140 del 17 de marzo de 2009.

cal. En esta forma, en 1999 se eliminó totalmente la figura territorial del "Distrito Federal" que había quedado como vestigio decimonónico del esquema tradicional de las federaciones, en el cual la ciudad capital carecía de autogobierno.

Sin embargo, frente al régimen constitucional democrático de las entidades políticas de la República (no sólo los Estados sino el Distrito Capital) que exige la elección popular de sus autoridades, con la rechazada reforma constitucional de 2007, también se pretendía volver al esquema del siglo XIX, ya superado en todas las capitales de todas las Federaciones del mundo, de restablecer un Distrito Federal sin garantía alguna de la autonomía municipal o territorial, ni del carácter democrático y participativo de su gobierno, cuyas autoridades se pretendía que quedaran totalmente sujetas y controladas por el Poder Nacional, y en particular, por el Presidente de la República a quien se buscaba atribuir la designación y remoción de sus autoridades. Además, en la propuesta de reforma constitucional rechazada por el pueblo, se pretendía "nacionalizar" totalmente las competencias públicas respecto de todos los asuntos que concernieran a la ciudad capital, mediante la propuesta de asignar al "Poder Nacional por intermedio del Poder Ejecutivo" (con la colaboración y participación de todos los entes del Poder Público Nacional, Estadal y Municipal, así como del Poder Popular) disponer todas las competencias públicas que se realizaran en el Distrito y fueran propias de los gobiernos locales. Sin embargo, a pesar de que esa Reforma constitucional fue rechazada por el pueblo en el referendo de 2007, su contenido se ha materializado, en violación abierta de la Constitución y burda usurpación de la voluntad popular, mediante la sanción de la Ley Especial sobre Organización y Régimen del Distrito capital en 2009, [838] en la cual a pesar de que se declara que el Distrito Capital "es una entidad político-territorial de la República con territorio, personalidad jurídica y patrimonio propio" (articulo 2), no se lo regula como tal entidad territorial que debe tener, como todas, conforme al artículo 6 de la Constitución, "un gobierno [que] es y será siempre democrático, participativo, electivo, descentralizado, alternativo, responsable, pluralista y de mandatos revocables." Al contrario, se dispuso que "por sus características singulares posee un régimen especial de gobierno" (art. 2), que consiste en "un sistema de gobierno constituido por un órgano ejecutivo" ejercido por un Jefe de Gobierno de libre nombramiento y remoción por el Presidente de la República (art. 7) y con una "función legislativa" a cargo de la Asamblea Nacional (art. 2). Es decir, en un "gobierno" centralizado en el Poder nacional a la usanza de los "distritos federales" del siglo XIX, que no es gobierno propio y, además, es la antítesis de la formula de gobierno democrático que debe tener la República y todas las demás entidades políticas, consistente en un gobierno. Con la creación del Distrito Capital como una dependencia del Poder nacional, además, la ley Especial vació de contenido patrimonial al Municipio Metropolitano de Caracas, al disponer que son bienes del Distrito Capital "los transferidos por la extinta Gobernación del Distrito Federal al Distrito Metropolitano a partir de la entrada en vigencia de la Constitución" (art. 12)

Con esta Ley Especial desapareció entonces todo vestigio descentralizador en Caracas, y con ello el comienzo de ahogamiento del régimen local en la Capital

---

838 Véase en *Gaceta Oficial* N° 39.156 del 13 de abril de 2009.

IX. APRECIACIÓN FINAL

Como se ha señalado, el modelo de Estado descentralizado debió haberse implantado en el país como consecuencia del proceso de democratización del país, pues era el único en el cual la participación política puede ser efectiva, al distribuirse el Poder Público territorialmente. Sin embargo, lamentablemente la incomprensión del liderazgo partidista hacia fin del siglo pasado, impidió se materialización.

El modelo, por supuesto, era completamente contrario e incompatible con un régimen político autoritario, que está esencialmente basado en la concentración y centralización del poder. Por ello, el régimen autoritario que asaltó el poder desde 1999, ha intentado por todos los medios, destruir la descentralización, y con ello, la forma federal del Estado y la municipalización, en definitiva, la democracia regional y local.

Ello se pretendió consolidar con el Proyecto de Reforma Constitucional que el Presidente de la República presentó a la Asamblea nacional en 2007, la cual afortunadamente fue rechazada popularmente, pero en la cual se pretendía terminar de acabar con las entidades políticas y su autonomía, al establecer por encima de los Estado a autoridades regionales dependientes del Presidente de la República, y por debajo de los Municipios a los Consejos Comunales que ya se habían creado por Ley de 2006, también dependientes del Presidente de la República. Pero lamentablemente, esos intentos no se quedaron como tales, y a pesar del rechazo de la reforma constitucional, el régimen autoritario ha venido imponiendo las rechazadas reformas mediante ilegítimas mutaciones constitucionales, decretos leyes y políticas fiscales centralistas y leyes inconstitucionales.[839] Y así, por ejemplo, en la Ley Orgánica de la Administración Pública de 2008, *por encima de los Estados y sus Gobernaciones*, se han creado a las "Autoridades Regionales" como parte de los órganos superiores de dirección del nivel central de la Administración Pública Nacional (art. 44), con funcionarios designados por el Presidente de la República con la función de planificar, ejecutar, seguir y controlar las políticas, planes y proyectos de ordenación y desarrollo del territorio aprobados conforme a la planificación centralizada, asignándoles los recursos necesarios para el eficaz cumplimiento de su objeto (art. 70);[840] y en la antes mencionada Ley de los Consejos Comunales, *por debajo de los Municipios* se crearon los Consejos Comunales con autoridades no electas controladas por el Presidente de la República a través de la Comisión Presidencial del Poder Popular, y totalmente desvinculados de aquellos.

Lamentablemente, con la distorsión del monto del Situado Constitucional del cual dependen financieramente tanto los Estados y Municipios 9art. 167,4, Constitución), por la reducción de lo que deberían ser los "ingresos ordinarios" para el cálcu-

---

839 Véase, en general, sobre este proceso, Manuel Rachadell, "La centralización del poder en el Estado federal descentralizado", en *Revista de Derecho Público (Estudios sobre los Decretos Leyes julio-agosto 2007)*, N° 115, Editorial Jurídica Venezolana, Caracas 2007, pp. 111 ss.

840 Véase la Ley Orgánica de la Administración Pública, Decreto Ley N° 6.217 de 15-07-2008, *Gaceta Oficial* N° 5.890 Extraordinario de 31-07-2008. Véase los comentarios en Cosimina G. Pellegrino Pacera, "La reedición de la propuesta constitucional de 2007 en el Decreto N° 6.217, con Rango, Valor y Fuerza de Ley Orgánica de la Administración Pública", en *Revista de Derecho Público (Estudios sobre los Decretos Leyes, julio-agosto 2007*), No 115, Editorial Jurídica Venezolana, Caracas 2007, pp. 163 ss; Allan R. Brewer-Carías, "El sentido de la reforma de la Ley Orgánica de la Administración Pública", *Idem*, pp. 155 ss.

lo del Situado, debido a que de los mismos se han excluido todos los ingresos fiscales adicionales derivados de los aumentos del precio del petróleo, que se han destinado a fondos que maneja directamente el Presidente de la República; el ahogamiento de los Estados y Municipios como una política constante del régimen autoritario, sin duda, lamentablemente ha conspirado incluso contra los mismos resultados de las elecciones estadales y municipales de noviembre de 2008, a pesar de que en las mismas, la mayoría de los votantes del país se pronunció contra el régimen autoritario. La lucha por el rescate del modelo de Estado descentralizado, sin embargo, a pesar de que pudo pensarse que había comenzado con el resultado electoral de 2008, y la elección de Gobernadores y Alcaldes de la oposición en Estados y ciudades claves, todo ello se ha ahogado con la imposición autoritaria de las rechazadas reformas, como se ha dicho, con ilegítimas mutaciones constitucionales realizadas por el Juez Constitucional, y con leyes inconstitucionales como la Ley Especial del Distrito Capital, cuya impugnación es ilusoria por el sometimiento de la Sala Constitucional al gobierno autoritario del cual es su principal instrumento.

New York, Abril 2009.

TERCERA PARTE:

EL MUNICIPIO, LA DESCENTRALIZACIÓN POLÍTICA Y LA DEMOCRACIA (Guadalajara, octubre, 2001),

Texto de la conferencia dictada en el *XXV Congreso Iberoamericano de Municipios*, Organización Iberoamericana Cooperación Intermunicipal (OICI), Guadalajara, México, 31 de octubre de 2001. Publicado en mi libro: *Reflexiones sobre el constitucionalismo en América*, Caracas 2001, pp. 127-142.

La Organización de Estados Americanos, en sus últimas sesiones extraordinarias celebradas el 11 de septiembre de 2001 en Lima, Perú, adoptó la *Carta Democrática Interamericana*, en la cual no sólo se consideró que "los pueblos de América tienen *derecho a la democracia* y sus gobiernos la obligación de promoverla y defenderla" (art. 1), sino que además, se formularon los siguientes postulados fundamentales respecto de este régimen político:

Primero, que el ejercicio efectivo de la democracia representativa es la base del Estado de derecho y de los regímenes constitucionales de los Estados americanos (art. 2).

Segundo, que la democracia representativa se refuerza y profundiza con la participación permanente, ética y responsable de la ciudadanía en un marco de legalidad, conforme al respectivo orden constitucional (art. 2); y

Tercero, que son elementos esenciales de la democracia representativa, entre otros, los siguientes:

a. El respeto a los derechos humanos y las libertades fundamentales;
b. El acceso al poder y su ejercicio con sujeción al Estado de derecho;
c. La celebración de elecciones periódicas, libres, justas y basadas en el sufragio universal y secreto, como expresión de la soberanía del pueblo;
d. El régimen plural de partidos y organizaciones políticas; y
e. La separación e independencia de los poderes públicos.

Con esta declaración, sin duda, tenemos que concluir que el más importante y esencial de los debates políticos que seguimos teniendo los latinoamericanos en estos comienzos del siglo XXI, no es otro que el de la democracia, es decir, confrontar criterios sobre qué es lo que debemos hacer para perfeccionar y profundizar la democracia y asegurar su efectiva gobernabilidad; pues, sin duda, hay muchos que plantean que hay que sustituirla por un régimen político autoritario, militarista e impositivo, fundamentado en la centralización y la concentración del Poder.

I. DEMOCRACIA Y CONTROL DEL PODER

En definitiva, es el debate de siempre, que origina la opción entre democracia y autoritarismo, el cual no puede tener otro resultado que no sea el diseñar un sistema político que asegure que nuestras democracias, en las próximas décadas, sean más participativas y más representativas.

Por ello, es precisamente el último elemento mencionado de la *Carta Democrática*, como esencial a la democracia, el que en nuestro criterio apunta a identificar un verdadero régimen democrático, para que, incluso, los otros factores puedan ser efectivos. Ese factor que se identifica como "separación e independencia de los poderes", no es otro, que el orden institucional que debe existir en toda democracia para controlar y limitar el poder.

Y es que en efecto, sin control institucional no hay democracia: pues sólo controlando al Poder es que puede haber elecciones libres y justas; sólo controlando al Poder es que puede haber efectivo respeto a la Constitución; sólo controlando al Poder es que puede haber pluralismo; sólo controlando al Poder es que puede haber garantía de respeto a los derechos humanos; y sólo controlando el Poder es que puede haber participación política.

En todo caso, un sistema institucional para controlar el ejercicio del poder político, implica, ineludiblemente, su distribución o separación. Por tanto, demasiada concentración del Poder si no hay controles efectivos sobre los gobernantes, y peor aún, si estos tienen o creen tener apoyo popular, conduce al autoritarismo y, en definitiva, a la tiranía. No olvidemos que la historia de la humanidad durante el siglo pasado nos muestra, precisamente, a tiranos que usaron el voto de la mayoría para acceder al poder y desde allí aplicaron el autoritarismo para acabar con la democracia y todos sus elementos, comenzando por los derechos humanos.

Me imagino que muchos de Uds. pensarán que parece mentira que hoy, cincuenta años después del derrumbe de los sistemas fascistas basados en concepciones holísticas o totalitarias del poder, nuestras reflexiones tengan que estar marcadas por el mismo dilema y el mismo debate entre democracia y autoritarismo, y que ello lo hagamos en el marco de un Congreso de Municipios. Pero no hay mas remedio, tenemos que hacerlas, al encuadrar el Municipio como parte del Estado, pues en nuestra América Latina se están oyendo demasiados cantos de sirena autoritarios, que cada vez con más fuerza están emanando de ciertos neo críticos de la democracia, que pretenden basarse en un supuesto apoyo popular para, precisamente, acabar con la democracia.

Enfrentar este dilema, que es el de siempre, sin embargo, exige ante todo que estemos conscientes de la crisis de gobernabilidad que presentan buena parte de las democracias en nuestros países, y que están afectando sus cimientos. ¿Qué pasa con nuestras democracias que son menos democratizadas que las de otros países mas desarrollados del mundo, a pesar de tener factores aparentemente comunes?.

Una característica general de muchas de nuestras democracias es que en ellas los partidos políticos organizados conforme al principio del centralismo democrático, con demasiada frecuencia han asumido y ejercido el monopolio de la participación y de la representatividad políticas, cerrando el espacio para la emergencia de distintos y nuevos liderazgos fuera de los propios partidos. En esa forma, en muchos casos sólo se ha podido participar a través de los partidos, y éstos solos han sido los que han obtenido representación en los cuerpos representativos, donde muchas veces se sigue eligiendo a ciegas a los candidatos de los partidos que han terminado sustituyendo al pueblo. Los sistemas electorales, con gran frecuencia, se han diseñado para ello y no para hacer realidad una auténtica democracia representativa.

Este es un problema que tenemos que superar desesperadamente, para que no se siga tratando de desprestigiar a la misma democracia representativa.

Pero a la democracia de partidos o partidocracia, se ha agregado el centralismo político del Estado y del gobierno, que en muchos casos ha concentrado todo o casi todo el poder en el nivel nacional, vaciando políticamente de poder a las provincias, municipalidades y localidades. Adicionalmente, en muchos casos, el poder se ha concentrado en el órgano ejecutivo del Estado, reforzándose al presidencialismo o a los propios partidos que controlan los demás órganos estatales; y lo cierto es que la mezcla de centralización del Poder del Estado y de centralismo en los partidos políticos, es lo más antidemocrático que puede existir en los sistemas políticos. Así como no hay ni ha habido jamás autocracias descentralizadas, tampoco una democracia puede funcionar, en el mediano y largo plazo, en un sistema de Poder centralizado.

Lo importante, en todo caso, es no confundir a la democracia como régimen político, con el sistema de centralismo de Estado y de partidos y de concentración del Poder Público, que ha estado conspirando y sigue conspirando contra la propia democracia. Es ese sistema el que puede estar en crisis, y en muchos países sigue en crisis, pero no la democracia misma; es el sistema político el que tenemos que buscar cambiar para, precisamente, perfeccionar y profundizar la democracia, pero no para acabar con ella. Y en democracia ello sólo se puede lograr estableciendo un sistema de control institucional del Poder, una de cuyas piezas esenciales es la descentralización y la participación política.

Precisamente por ello, este es el dilema que tenemos por delante. No hay otra alternativa, ni términos medios. No hay regímenes políticos medio democráticos o medio autoritarios; o lo son o no lo son.

Es decir, en este campo, insisto, no hay otra opción: o democracia o autoritarismo. La primera exige controlar el Poder y, en particular, distribuirlo territorialmente para que haya más participación; la segunda, necesariamente conduce a la concentración y centralización del poder, lo que es incompatible con la democracia. Y lamentablemente, a esto último es que ha apuntado el discurso que pretende establecer una supuesta legitimidad para gobernar derivada de la sola relación entre un líder y el pueblo e, incluso, el ejército, basada en la simple popularidad.

II. LA DESCENTRALIZACIÓN POLÍTICA PARA ACERCAR EL PODER AL CIUDADANO

Al contrario, el perfeccionamiento y profundización de la democracia tiene que apuntar al diseño de un sistema político que necesariamente tiene que estar montado sobre la *descentralización del poder del Estado,* para acercarlo al ciudadano, con nuevas formas de representatividad y de participación políticas.

Para captar la esencia del régimen democrático no olvidemos que ninguna sociedad democrática occidental consolidada después de la II Guerra Mundial, ha sobrevivido como democracia sin haber descentralizado el Poder como mecanismo institucional para su efectivo control. Por ello, sin duda, puede decirse que la descentralización política es un fenómeno de las democracias, consecuencia de la democratización y condición para su sobrevivencia.

En consecuencia, en nuestro criterio, el debate contemporáneo en nuestros países por más democracia, tiene que centrarse en el rescate del proceso de descentralización política. Perfeccionar la democracia exige hacerla más participativa y más representativa, para lo cual la única vía posible que existe es acercando el Poder al ciudadano, y ello sólo puede lograrse descentralizando territorialmente el Poder del Estado y llevarlo hasta la más pequeña de las comunidades; es decir, distribuyendo el Poder en el territorio nacional.

Por supuesto, para asumir esta indispensable tarea democrática, que pueda permitir sustituir el sistema político centralizante de partidos por un sistema político descentralizado y participativo, debe recurrirse a los esquemas de autonomías territoriales más adecuados, conforme a la tradición constitucional de cada uno de nuestros países, descentralizando los viejos Estados Unitarios e, incluso, los Federales y, en todo caso, municipalizando sus territorios.

De todo ello lo que deriva es que cualquiera que sea la forma de descentralización política, se trata de proyectos y propuestas contrapuestos radicalmente al centralismo de Estado y a la concentración del Poder, que son esencialmente antidemocráticos.

La propuesta política que formulamos, por tanto, busca el diseño en nuestros países, de un nuevo sistema político que la democracia exige, y que sólo puede tener por objeto hacerla más participativa, con gran presencia de la sociedad civil, y más representativa de las comunidades. Ello implica desparramar el poder en todo el territorio, hasta la última de las comunidades, para que el ciudadano y sus sociedades intermedias puedan realmente participar.

Esta distribución territorial del Poder en el mundo contemporáneo democrático, se ha desarrollado, invariablemente, en dos niveles territoriales: un nivel intermedio, de Estados en las Federaciones, o de Regiones o Departamentos autónomos en los viejos Estados Unitarios; y un nivel territorial inferior, local, de municipalidades autónomas en todo el territorio de los Estados. Por ello, independientemente de la forma del Estado que se haya adoptado históricamente, puede decirse que en el mundo occidental democrático, el Estado contemporáneo es un Estado descentralizado o en vías de descentralización; es decir, un Estado en el cual las fuerzas centrífugas en la distribución territorial del Poder Público, están más activas que las fuerzas centrípetas.

III. DEMOCRACIA Y MUNICIPALIZACIÓN

La descentralización política, por tanto, implica, por una parte, la municipalización, pero además, la creación de niveles intermedios de gobierno que permitan realmente acercar el Municipio al ciudadano.

Para que el Municipio sea la escuela de la libertad y de la democracia, como lo descubrió Alexis de Tocqueville cuando ilustró a Europa sobre *La Democracia en América,* por sobre todo tiene que estar cerca del ciudadano. Un Municipio lejos de las comunidades y vecindades, como es en general el Municipio en nuestros países latinoamericanos, materialmente no sirve para nada bueno, ni para la participación política ni para la gestión eficiente de los asuntos locales, ni por supuesto, para la democracia.

Acaso nos hemos preguntado, ¿por qué, realmente, las democracias consolidadas de Occidente son tales democracias? ¿Cómo es que en ellas la participación del ciudadano en la gestión de los intereses locales forma parte de la cotidianidad de la vida democrática?

Es cierto que todas las democracias tienen ciclos electorales, donde se vota con regularidad y tienen sistemas institucionales que son propios del Estado de Derecho. Pero unos países son efectivamente más democráticos que otros. Y la respuesta del por qué esto es así, está precisamente en la municipalización o, si se quiere, en la efectiva fragmentación de las instituciones locales.

Para darnos cuenta de ello, basta hacer algunas comparaciones. Venezuela, con casi un millón de kilómetros cuadrados de superficie y más de 24 millones de habitantes, tiene sólo 338 Municipios. Francia, en cambio, con la mitad de dicha superficie y 59 millones de habitantes, tiene 36.559 Municipios o Comunas; es decir, cien veces más. Pero lo importante, ciertamente, no es el número de municipios que tenga un país, sino la relación que tiene que existir entre la autoridad local y el número de habitantes. En tanto que en Venezuela es de 71.715 habitantes por Municipio, en Francia, en cambio es de 1.613 habitantes por Municipio, es decir, cuarenta veces menos.

Cualquier revisión de esta relación que se haga en los países democráticos, da cifras sorprendentes, sobre todo cuando las comparamos con las nuestras en América Latina. España tiene 8.082 Municipios con un promedio de población de 4.825 habitantes; en Austria hay 2.353 Municipios, con un promedio de población de 3.400 habitantes. Los 8.104 Municipios de Italia tienen un promedio de 7.157 habitantes. En Suiza hay 3.000 Municipios con un promedio de 2.333 habitantes; en Alemania hay 16.121 Municipios, con un promedio de 5.086 habitantes; y en Bélgica hay 589 Municipios, con un promedio de 16.978 habitantes.

En Europa continental, además, debe destacarse que los Municipios de menos de 2000 habitantes representan un porcentaje elevadísimo en relación con los muy poblados, por ejemplo, el 40% en Italia y el 89% en Francia.

En nuestro Continente Americano, también se destaca, el caso de los Estados Unidos y Canadá que tienen territorios casi iguales de casi 10 millones de kilómetros cuadrados, pero con una población muy disímil: 30 millones en Canadá y más de 250 millones en los Estados Unidos. Sin embargo, en Canadá sus 4.507 Municipios, tienen un promedio de 6.878 habitantes; y en los EEUU, sus 70.500 Municipios, tienen un promedio de 3.872 habitantes por Municipio.

En definitiva, de estas cifras resulta que en el mundo de los países con democracias más desarrolladas, el promedio de habitantes por Municipio varía entre 1.600 y 16.000 habitantes. En contraste, en nuestros países de América Latina el panorama es muy diferente: en Argentina hay 1.617 Municipios con 22.800 habitantes de promedio; en Brasil, hay 5.581 Municipios pero con un promedio de 30.100 habitantes; en Guatemala hay 324 Municipios con un promedio de 33.950 habitantes; en Nicaragua hay 143 Municipios con un promedio de 34.965 habitantes; en Colombia hay 1.068 Municipios, con un promedio de 39.325 habitantes, en México hay 2.418 Municipios, con un promedio de 40.000 habitantes; en Chile hay 340 Municipios con un promedio de 44.117 habitantes; y como dijimos, en Venezuela hay sólo 338 Municipios con 71.715 habitantes por Municipio. Casi igual que en la República Dominicana, donde hay sólo 120 Municipios con 75.000 habitantes de promedio. En Uruguay hay 19 Municipios con un promedio de 157.000 habitantes.

De lo anterior deriva que la clave de la democracia de participación está, precisamente, en acercar el Poder al ciudadano, para que pueda efectivamente participar.

Por ello, en nuestros países, mientras la autoridad local esté tan alejada del ciudadano, no llegaremos a ser efectiva y cotidianamente democráticos.

La gran reforma política democrática en nuestros países, en realidad, está en la municipalización, pero sin uniformismo, pues no podemos multiplicar al gran Municipio burocratizado de las áreas urbanas y trasladarlo a las rurales. La diferenciación de regímenes municipales es una de las primeras necesidades de la vida local.

IV. MUNICIPALIZACIÓN Y PODERES INTERMEDIOS DESCENTRALIZADOS

En todo caso, mientras más se municipalice un país y se transfieran poder y competencias propias de la vida local a las pequeñas organizaciones primarias autónomas y autogestionadas, más necesaria entonces será la estructuración de poderes descentralizados a niveles intermedios entre el Poder Central y el Municipio. Por ello, hay una relación directa y paralela entre la descentralización local y la descentralización nacional a niveles intermedios.

Al señalar esto, por supuesto, tampoco estamos descubriendo nada nuevo. Todos los Estados contemporáneos han experimentado la misma crisis derivada de la consolidación de la democracia. Por ello, en Europa, por ejemplo, como consecuencia de la reimplantación y desarrollo de la democracia, para asegurar su sobrevivencia y establecer canales de participación política, durante los últimos cincuenta años todos los países han seguido un proceso de descentralización política. Así sucedió con los viejos Estados Unitarios que sobre la base de estructurar regiones políticas, se han venido organizando territorialmente en forma descentralizada, dando incluso origen, en algunos casos, a una nueva forma de Estado, la del "Estado Regional", más descentralizado a veces, que las viejas Federaciones. Así sucedió en España, al surgir como país democrático después del franquismo, con el Estado de Comunidades Autónomas; y con las Regiones Políticas que por ejemplo, se han establecido en Italia, Francia, Bélgica y Portugal. La reforma constitucional en Inglaterra también ha conducido a la creación o reaparición de parlamentos regionales, como en Escocia y Gales, mediante la *devolution* o descentralización política, que ha formado parte importante de la política actual del laborismo.

En cuanto a las viejas Federaciones, estas han sido recompuestas o reforzadas redistribuyéndose el Poder hacia los Estados miembros o cantones, como ha sucedido en Alemania o Suiza. Lo mismo puede decirse del federalismo norteamericano o canadiense y, en general, de las nuevas fórmulas de distribución del Poder Público en las federaciones. De ello resulta, por supuesto, que el proceso de descentralización política no puede identificarse con el solo federalismo. En la actualidad, como indicamos, hay "Estados Unitarios descentralizados" como España y Colombia que, incluso, son relativamente más descentralizados políticamente que muchas viejas Federaciones, como la de Venezuela.

En todo caso, lo importante a destacar aquí es que este proceso de descentralización que también se está llevando a cabo en una u otra forma, en todos los países de América Latina, también está condicionado y es producto del proceso de democratización que han experimentado nuestros países, como consecuencia del afianzamiento del régimen democrático y, además, como condición necesaria para que perdure y sobreviva.

El debate sobre la descentralización en América Latina por ello, en definitiva, es un debate sobre la democracia y sobre el fin de más de un siglo de centralismo, que si bien contribuyó a la consolidación de los Estados Nacionales y a la implantación de la propia democracia por los partidos organizados bajo el esquema del centralismo democrático, hoy es el principal elemento que está conspirando contra la propia democracia y, que, además, impide la efectividad de las tareas del sector público.

V. DEMOCRACIA REPRESENTATIVA Y DEMOCRACIA DIRECTA

En definitiva, no se trata de sustituir la democracia representativa por una supuesta e ilusoria democracia directa, que es de imposible existencia, sino de sustituir el sistema político centralizado de partidos por un sistema descentralizado y participativo, haciendo la democracia más participativa y más representativa, lo que sólo puede lograrse distribuyendo efectivamente el Poder en el territorio, de manera que esté cerca de los ciudadanos, de sus comunidades y organizaciones.

Por todo ello, la democracia tiene que conducir a un esquema de Estado que garantice la libertad, la dignidad, la igualdad, la legalidad y la tolerancia, lo que implica además, el rechazo tanto al centralismo y concentración del Poder, como a la penetración del Estado en los campos de la sociedad civil. Por ello, la democracia como régimen político, es mucho más que una formalidad de elecciones cíclicas.

Se trata ahora y siempre, en todo caso, de preservarla y revalorizarla, repudiando el discurso autoritario que pretende sustituirla por un régimen político donde no existan los valores mencionados. La crítica, que compartimos, a la exclusiva representatividad de partidos que hemos tenido y aún tenemos en muchos de nuestros países y al procedimiento formal de elección regular, no puede transformarse en un rechazo a la democracia en sí misma y a sus valores, sino en un esfuerzo por profundizarla.

Por ello, para enfrentar el discurso antidemocrático, hay que machacar una y otra vez los valores de la democracia que sólo en democracia se pueden realizar; y la democracia, como se la define en la *Carta Democrática Interamericana* de la OEA, ante todo es y tiene que seguir siendo una democracia representativa.

Por tanto, cuando se habla de "democracia directa" como contrapuesta a la democracia representativa, debe tenerse claro que un Estado no puede funcionar con base en decisiones adoptadas en Asambleas públicas y populares, como consecuencia de iniciativas populares, o mediante referendos consultivos, aprobatorios, autorizatorios o revocatorios.

Con todos esos instrumentos de participación o de democracia directa, sin duda, se puede perfeccionar el régimen democrático, pues se permite al pueblo reaccionar directamente contra o en relación a las decisiones políticas que adopten sus representantes, incluso con resultados contrarios a las mismas, dado que estos con frecuencia tienen intereses, incluso partidistas, distintos a los de los ciudadanos. Los referendos son así, mecanismos de control directo de los ciudadanos en relación a sus representantes políticos; pero en definitiva constituyen un complemento de los gobiernos representativos que caracterizan las democracias modernas, y no su sustitución.

Pero de nuevo debe constatarse que, por ejemplo, para que los referendos puedan efectivamente servir de instrumentos para perfeccionar la democracia, el Poder Público tiene que estar efectivamente descentralizado, es decir, exigen un sistema de distribución territorial o vertical del Poder Público, con autonomías político-territoriales y competencias propias sobre las cuales se pueda consultar a la ciudadanía; en definitiva, Municipios.

Por eso decía al inicio, que además de todos los factores clásicos de la democracia, el que asegura su operatividad es el que postula un sistema institucional de control del poder, por su distribución, no sólo horizontal a través del clásico principio de la separación de poderes, sino vertical, en el territorio hasta llegar al Municipio.

Recordemos, para terminar, lo que decía Alexis De Tocqueville en 1835:

> En el Municipio es donde reside la fuerza de los pueblos libres. Las instituciones locales son a la libertad lo que las escuelas primarias vienen a ser a la ciencia; la ponen al alcance del pueblo; le hacen paladear su uso pacífico y lo habitúan a servirse de ella [841].

Y terminaba con esta afirmación tajante: "La vida política ha nacido en el seno mismo de los Municipios"[842].

Por ello, incluso, la independencia de nuestros países latinoamericanos se inició en el seno de los Cabildos.

Por tanto, aprovechemos no sólo las enseñanzas de nuestra propia historia, sino de la historia de la democracia, para que definitivamente la afiancemos en nuestros países, precisamente, municipalizándolos efectivamente.

RELACIÓN ENTRE LA POBLACIÓN Y LAS AUTORIDADES LOCALES (APROXIMACIÓN PRELIMINAR)[843]

País	Población	Área Km^2	Entidades intermedias electas	Municipios electos	% Pob/Munc.
Argentina	37.000.000	2.780.400	24	1.617	22.882
Alemania	82.000.000	356.970	16	16.121	5.086
Armenia	4.000.000	29.800		931	4.296
Australia	19.000.000	7.682.300	8	900	21.111
Austria	8.000.000	83.858	9	2.353	3.400
Bélgica	10.000.000	30.528	10	589	16.978
Bolivia	8.000.000	1.098.581		312	25.641
Bosnia-Her	4.300.000	51.129	2	137	31.386
Brasil	168.000.000	8.547.404	28	5.581	30.102
Bulgaria	8.000.000	110.994		294	27.211

841. *Democracy in America,* ed. JP. Meyer y M. Lerner, London, 1969.

842. *Idem.*

843. Este cuadro lo hemos elaborado partiendo de informaciones que nos ha facilitado Rafael de La Cruz, experto en estos temas de descentralización política. La responsabilidad por los errores y fallas que tenga, sin embargo, es enteramente nuestra.

Canadá	31.000.000	9.970.610	12	4.507	6.878
Chile	15.000.000	756.626		340	44.117
Colombia	42.000.000	2.070.408	33	1.068	39.326
Croacia	4.000.000	56.510	21	543	7.366
Cuba	11.000.000	114.525	15	169	65.389
Rep.Checa	10.000.000	78.864		5.768	1.733
Dinamarca	5.000.000	43.094	16	275	18.182
Rep.Dominic	8.000.000	48.400		90	88.889
Ecuador	12.000.000	272.045	21	1.079	11.121
El Salvador	6.000.000	21.041		262	22.900
Eslovaquia	5.000.000	49.035		2.834	1.764
Eslovenia	2.000.000	20.253		192	10.416
España	39.000.000	505.990	17	8.082	4.825
Estonia	1.000.000	45.227		254	3.937
Filipinas	77.000.000	300.000	76	1.541	49.967
Finlandia	5.000.000	338.145		455	10.989
Francia	59.000.000	543.965	22	36.559	1.614
Georgia	5.000.000	69.700		4.000	1.250
Grecia	11.000.000	131.957	13	5.922	1.857
Guatemala	11.000.000	108.889		324	33.950
Haití	8.000.000	27.750		133	60.150
Holanda	16.000.000	41.526	12	572	27.972
Honduras	6.000.000	112.492		293	20.478
Hungría	10.000.000	93.030	20	3.153	3.171
India	998.000.000	3.165.596	32	237.687	4.198
Irán	63.000.000	1.648.000		720	87.500
Irlanda	4.000.000	70.283	8	80	50.000
Israel	6.000.000	21.946		273	21.978
Italia	58.000.000	301.323	20	8.104	7.156
Japón	127.000.000	377.837	47	3.233	39.282
Letonia	2.000.000	63.700		566	3.534
Lituania	4.000.000	65.300		56	71.429
México	97.000.000	1.964.382	32	2.418	40.116
Marruecos	28.000.000	453.730		1.547	18.099
Nva.Zelanda	4.000.000	270.534	12	155	25.806
Nicaragua	5.000.000	129.494		143	34.965

Noruega	4.000.000	385.639		435	9.195
Paraguay	5.000.000	406.752	17	212	23.585
Perú	25.000.000	1.280.000		1.808	13.827
Polonia	39.000.000	312.684	16	2.489	15.669
Portugal	10.000.000	92.345		275	36.363
Rumania	22.000.000	237.500	41	2.948	7.463
Rusia	147.000.000	17.075.200	90	2.000	73.500
Sudáfrica	42.000.000	1.219.090	9	840	50.000
Suecia	9.000.000	449.964	24	286	31.468
Suiza	7.000.000	41.285	26	3.000	2.333
Tunez	9.000.000	164.418		257	35.019
Turquía	64.000.000	779.452		2.801	22.849
Ucrania	50.000.000	603.700		619	80.775
Reino Unido	59.000.000	130.423	135	319	184.953
EEUU	273.000.000	9.629.047	51	70.500	3.872
Uruguay	3.000.000	176.215		19	157.894
Venezuela	24.000.000	912.050	24	338	71.006

CUARTA PARTE:

EL ROL DE LOS MUNICIPIOS EN EL ESTADO CONSTITUCIONAL (2010)

Texto de la Ponencia preparada para el Primer Congreso Nacional de Derecho Municipal, Descentralización y Gobernabilidad, Asociación Peruana de Derecho Municipal, Arequipa, 24-26 de junio de 2010. Publicada en *Memorias del I Congreso de Derecho Municipal. Descentralización y Gobernabilidad. Libro de Ponencias*, Asociación Peruana de Derecho Municipal, Editorial Adrus, Arequipa, 2010, pp. 339-363.

El rol de los Municipios en el Estado Constitucional contemporáneo no es ni puede ser otro que el de ser, efectivamente, y no sólo en el papel de las declaraciones constitucionales o legales, la instancia o unidad política primaria y descentralizada en el territorio de un país para hacer posible y efectiva la participación ciudadana.

La participación política, salvo la que se realiza mediante el voto en elecciones de representantes o en referendos, o mediante otros mecanismos esporádicos de democracia directa -en los que la participación es de naturaleza mínima-, sólo es posible y realizable en estructuras gubernamentales descentralizadas de gobiernos locales, representativos y democráticos, ubicados bien cerca del ciudadano. Cuando ellas existen en un país, como ocurre en Europa, por ejemplo, la participación es parte de la cotidianeidad democrática que se desarrolla en forma imperceptible y sobre la cual ni se habla; cuando ellas no existen, como sucede en nuestros países latinoamericanos, la participación se convierte en un clamor político permanente y confuso, reflejo de la frustración ciudadana al no tener acceso a los mecanismos de poder, y que muchos usan más bien para buscar acabar con la democracia.

El reto que todos tenemos en nuestros países, particularmente cuando debemos tratar el tema del municipio es, por tanto, hacer del mismo la instancia de participación que salve la democracia, es decir, que además de lograr que sea un eficiente mecanismo de gobierno y administración local, sea el instrumento indispensable para hacer posible la participación política, tarea en la cual los municipalistas tienen el deber de ubicarse.

Por ello, quiero comenzar destacando lo oportuno de iniciativas como la que ustedes han tenido en crear la Asociación Peruana de Derecho Municipal, y en haber organizado este Primer Congreso Nacional de Derecho Municipal sobre Descentralización y Gobernabilidad, en esta bella ciudad de Arequipa. Es un honor para mi haber sido invitado a participar en este evento, por lo que les quiero expresar todo mi agradecimiento, en especial al profesor Ernesto Blume y a todos los demás organizadores del Congreso.

Algo de Historia

Ahora bien, decir que el rol del Municipio en el Estado Constitucional es ser el instrumento por esencia para hacer posible la participación política, impone la necesidad de tener que pensar en otro municipio, que sin descartar los actuales, esté concebido bien cerca del ciudadano. Como precisamente lo hicieron quienes elaboraron la primera Constitución del Perú en 1823, cuando en el artículo 138 de dicha carta dispusieron que "En todas las poblaciones, sea cual fuere su censo, habrá Municipalidades compuestas del Alcalde o Alcaldes, Regidores, Síndico o Síndicos, correspondientes..." (Art. 138); cargos estos, que por lo demás, desde el inicio se concibieron como de carácter representativo, que debían ocuparse mediante "elección, que debía hacerse por colegios Electorales de Parroquia, renovándose la mitad cada año..." (Art. 139).

Al releer esta norma, no podemos sino reconocer lo claros estaban aquellos miembros del Primer Congreso Constituyente, y el propio Presidente José Bernardo Torre Tagle, quien promulgó el texto constitucional, sobre el rol que debían tener los Municipios en el naciente Estado. Estaban tan claros que incluso incorporaron dentro de la Sección sobre el "Gobierno" de la Constitución, un Capítulo X destinado a regular al "Poder Municipal," expresión que fue allí, en esa primera Constitución Política de la República Peruana, donde se incorporaría por primera en la historia del constitucionalismo latinoamericano.

Hablar ya para ese entonces del Poder Municipal, solo pocos lustros después que el ministro Turgot y Benjamin Constant hubieran acuñado la expresión en Francia,[844] y decretar en una Constitución la necesaria ubicación de Municipalidades en todas las poblaciones de un país, sea cual fuera su censo, como se hizo en 1823, no es otra cosa, en términos contemporáneos, que decir que todos los habitantes de un país tienen derecho a tener un gobierno local, y que tienen derecho a participar políticamente como parte esencial de la democracia. Por eso, en definitiva, hablar del Municipio, de la descentralización y de derecho municipal, no es otra cosa que hablar de democracia y de participación.

Sobre la Constitución peruana de 1823 sabemos, por supuesto, que no llego a regir de inmediato por haber sido suspendidas sus normas como consecuencia de las amplias facultades otorgadas al libertador Simón Bolívar durante la guerra de independencia, y que solo fue después, al anularse en 1827 la llamada constitución vitalicia del año anterior, que dicha Constitución de 1823 se puso en vigor hasta 1828, aún con modificaciones tendientes a fortalecer al Poder Ejecutivo y al poder central.

Lo importante de dicho texto primigenio en la historia del Municipio en el Perú, en todo caso, es que allí se reguló al Poder Municipal como parte integrante del gobierno de la República, disponiéndose la competencia de las Municipalidades en materia de policía de orden, de instrucción primaria, de beneficencia, de salubridad y seguridad, y de comodidad, ornato y recreo (Art. 140), con competencia para formar los ordenamientos municipales del pueblo (aún cuando remitiéndolos al Congreso para su aprobación), y para promover la agricultura, la industria, la minería, y cuanto produzca en razón de la localidad, al bien del pueblo. Ese fue el régimen mu-

---

844 Véase Eduardo García de Enterría, *Revolución Francesa y Administración contemporánea*, Taurus Ediciones, Madrid 1981, pp. 72, 76, 135.

nicipal originario de este país, muy similar, al que al inicio se estableció en todos los otros Estados latinoamericanos; independiente, incluso de la división territorial general que se definió en el artículo 7 de la propia Constitución al disponer que "Se divide el territorio en departamentos, los departamentos en provincias, las provincias en distritos y los distritos en parroquias."

Lo que tenemos que determinar, en todo caso es, por supuesto, la fuente de esa concepción del Municipio, que nada tenía que ver ni con el municipio colonial español ni con el municipio español de la Península existente antes de la Constitución de Cádiz de 1812, o más precisamente, antes de su puesta en vigor, de nuevo, en 1820.

Los antecedentes de la regulación peruana de 1823 sobre el gobierno local, en realidad, los tenemos que ubicar, como tantas otras instituciones del constitucionalismo moderno, en la organización municipal que surgió de la Revolución francesa, y que luego de implantada por el régimen napoleónico, influiría en la conformación de los Estados latinoamericanos y también en la propia reformulación del régimen municipal en España después que la Constitución de Cádiz se volviera a poner en vigor en 1820.

Ese régimen municipal que surgió de la Revolución de 1789, sustituyó al que existía en el Antiguo Régimen, tanto en Francia como en España, configurado dentro de regímenes políticos altamente centralizados había impedido realmente la conformación de poderes locales. Los Intendentes delegados del Rey, eran la fuente única de poder en las Provincias de los Estados, y las autoridades locales que podía haber, por ejemplo, en Castilla, como era el caso de los Corregidores que presidían los cabildos municipales, sólo eran delegados del Intendente, sometidos a su control y, por tanto, al control de la Corona. En el Antiguo Régimen, por tanto, no existía un poder municipal alguno, ni autonomía local, ni nada que se le pareciera.

Todo ello cambió radicalmente con la Revolución, particularmente como reacción frente a las reformas que Luis XVI había iniciado, primero, con las fallidas propuestas del Ministro Turgot de establecer Comunas como parte de las reformas impositivas; y luego, con las reformas realizadas hasta 1787 mediante la creación de asambleas provinciales que actuaran junto a los Intendentes, y de cuerpos municipales electos en cada pueblo, en sustitución de las antiguas asambleas parroquiales. Como consecuencia de esas reformas, y en contra de las costumbres que hasta entonces existían, todos los poderes locales que se pretendieron crear eran de orden colectivo o colegial, disminuyéndose así el poder de los Intendentes. En la práctica, dichas reformas a lo que condujeron fue a la parálisis total de la Administración del Estado, de manera que como lo apuntó Alexis de Tocqueville, "Las asambleas, queriendo mejorarlo todo, acabaron por enredarlo todo", produciéndose entonces como el mismo de Tocqueville afirmó, "una de las mayores perturbaciones que haya registrado jamás la historia de un gran pueblo", en la cual "Cada francés había experimentado una confusión particular. Nadie sabía ya ni a quien obedecer, ni a quién dirigirse." Por ello terminó señalando que "Perdido el equilibrio de las partes que componían la Nación, un último golpe bastó para hacerla oscilar y producir el más vasto trastorno y la más espantosa confusión que hayan tenido lugar jamás."[845]

845 Alexis de Tocqueville, *El Antiguo Régimen y la Revolución*, Alianza Editorial, Tomo II, Madrid 1982, p. 197.

Y ese golpe fue la Revolución que quiso poner fin a esta situación, a cuyo efecto, a los pocos meses de iniciada, el 4 de agosto de 1789, mediante Decreto de la Asamblea Nacional se declararon irrevocablemente abolidos "todos los privilegios particulares de provincias, principados, cantones, ciudades y comunidades de habitantes, sean pecuniarios o de cualquier otra naturaleza,"[846] disponiendo además la supresión y abolición de "las Municipalidades existentes en cada villa, burgo, parroquia y comunidad del campo,"[847] con las denominaciones que tuvieren. Además se dispuso que serían sustituidas por "colectividades locales del reino" tanto en las ciudades como en el campo, con la misma naturaleza y situadas en el mismo plano constitucional, con el nombre común de municipalidad, que tendrían en su cabeza al alcalde.

Meses después, mediante los Decretos de 14 y 22 de diciembre de 1789, la Asamblea Nacional completó el cambio de la faz territorial de Francia, definiendo un nuevo orden municipal uniforme, fragmentado, generalizado y de carácter electivo, eliminando todos los antiguos reinos y las antiguas e históricas circunscripciones territoriales. Para lograr la uniformización territorial general, en sustitución definitiva de las cartas, fueros y privilegios locales, la Asamblea dividió el país de manera uniforme en Departamentos, éstos en Distritos, los Distritos en Cantones y éstos en Comunas, que eran las municipalidades, de donde surgió el Poder Municipal, y todo ello, acompañado de la eliminación de la institución del Intendente. La Asamblea Nacional dispuso además, que "en cada villa, burgo, parroquia y comunidad del campo habrá una municipalidad,"[848] generalizándose así la institución municipal. En esta forma, como lo observó Alexis de Tocqueville, se cumplió el principio de que "Las instituciones deben ser las mismas para todas las partes del territorio y para todos los hombres que los habitan."[849]

Estos principios se consagraron luego, expresamente, en la Constitución de 1791, al regularse en su título sobre "La división del Reino", que: "El Reino es uno e indivisible: su territorio se distribuye en 83 Departamentos, cada Departamento en Distritos, cada Distrito en Cantones." La misma división que se adoptó en la Constitución peruana de 1823, con la única diferencia que los cantones, aquí se denominaron parroquias.

De las reformas de 1791, en todo caso, resultó que en la Francia revolucionaria se habían establecido 43.915 municipios, que comenzaron a llamarse comunas. Estas entidades municipales, además de las funciones propias de la Administración general que les podían ser delegadas, ejercían el "poder municipal", concepto que como antes decía, venía de los escritos de Benjamín Constant y de las propias propuestas de reforma del ministro Turgot (1775),[850] y que luego se arraigaría en el

846 Luciano Vandelli, *El Poder Local. Su origen en la Francia revolucionaria y su futuro en la Europa de las regiones*, Ministerio para las Administraciones Públicas, Madrid 1992, p. 28, nota 10.

847 Albert Soboul, *La révolution française*, Gallimard, París 1981, pp. 198 y ss.

848 *Idem.*

849 Alexis de Tocqueville, *El Antiguo Régimen y la Revolución*, Alianza Editorial, Tomo II, Madrid 1982, pp. 99, 201.

850 Eduardo García de Enterría, *Revolución Francesa y Administración contemporánea*, Taurus Ediciones, Madrid 1981, pp. 72, 76, 135.

constitucionalismo iberoamericano, habiendo aparecido, precisamente, en la Constitución peruana de 1823.[851].

Esta división territorial del territorio francés, sin embargo, algunos la valoraron negativamente en los propios tiempos de la Revolución, como fue el caso de *Burke*, quien consideró que con ella era "la primera vez que se ve a los hombres hacer pedazos su patria de una manera tan bárbara." Frente a ello, de Tocqueville acotaría años después, que en realidad, si bien "Parecía, en efecto que se desagarraban cuerpos vivos, ... lo único que se hacía era despedazar cuerpos muertos."[852] Sin embargo, lo cierto es que el sistema produjo la disolución del Estado al haber estallado el territorio de Francia en cuarenta mil pedazos, cada uno con una especie de república soberana y anárquica que no tenían nexo alguno con el poder central en construcción. Por ello, estas reformas revolucionarias sólo duraron cinco años, porque al tratar la Revolución de desmontar un sistema tan centralizado como el de la Monarquía Absoluta, eliminando los Intendentes y sustituirlo por un sistema de división territorial donde se crearon más de 40.000 comunas o municipios, con poderes locales propios, lo que se había logrado había sido efectivamente desquiciar el Estado y su Administración, por lo que fue la propia Asamblea Nacional la que tuvo que retroceder en la creación del Poder Municipal.

La consecuencia fue que de tal anarquía originada por la Revolución, siguieron reformas para tratar de controlar la acción municipal desde el poder central. Así, por ejemplo, ya en la propia Constitución de 1791 se atribuyeron poderes anulatorios al Rey respecto de los actos municipales, y mediante la Ley del 14 de frimario del año II (4 de diciembre de 1793) se crearon unos agentes nacionales directamente conectados al centro (Paris) para ejercer la vigilancia sobre los municipios. Además, en la Constitución del año III (5 fructuoso, 22 de agosto de 1795), se buscó reducir el número de comunas, reagrupándoselas en entidades locales, y se estableció la subordinación de las comunas a las Administraciones departamentales, y estas a los Ministros.

Pero el torbellino revolucionario que no había cesado, provocó su propia transformación con el golpe de Estado del 18 de brumario del año VIII (9 de noviembre de 1799), a raíz del cual Napoleón reimplantó la centralización que era propia del Antiguo Régimen y que había quedado destrozada con la Revolución. Para ello, mediante la Ley de 28 pluvioso del año VIII (17 de febrero de 1800), se estableció un esquema de control centralizado sobre las más de 40.000 comunas que se habían establecido, creándose un sistema escalonado y jerarquizado de control sobre las mismas, donde serían esenciales las figuras del prefecto (creado en sustitución de los antiguos Intendentes) y subprefecto dependientes del poder central y controlando a los alcaldes.[853].

---

851 En Venezuela, por ejemplo, aparece a partir de la Constitución de 1857, artículos 6 y 85. Véase en Allan R. Brewer-Carías, *Las Constituciones de Venezuela*, Biblioteca de la Academia de Ciencias Políticas y Sociales, Caracas 1997, pp. 467 y 475.

852 Alexis de Tocqueville, *El Antiguo Régimen y la Revolución*, Alianza Editorial, Tomo I, Madrid 1982, p. 107.

853 Véase Luciano Vandelli, *El Poder Local. Su origen en la Francia revolucionaria y su futuro en la Europa de las regiones*, Ministerio para las Administraciones Públicas, Madrid 1992, pp. 29 y ss.; Eduardo García de Enterría, *Revolución Francesa y Administración contemporánea*, Taurus Ediciones, Madrid

La centralización administrativa que surgió del establecimiento de esa rígida cadena institucional que unía al Ministro, con el Prefecto, el Subprefecto y los Alcaldes, y que dio origen al llamado control de tutela, sin duda, puede decirse que fue uno de los aportes más importantes que el régimen napoleónico dio a la Administración municipal y local, y a la propia construcción del Estado centralizado. Como lo diría el Presidente *François Mitterand*, casi doscientos años después, al proponer la reforma descentralizadora de 1981: "Francia tuvo que acudir a un poder fuerte y centralizado para hacerse. Hoy necesita un poder descentralizado para no deshacerse."[854] Esta, entre tantas, fue precisamente una de las motivaciones de la sanción de la conocida Ley francesa de Libertad de las Comunas de 1982.[855]

De todo ese proceso, puede decirse que tres principios fundamentales configuraron el régimen municipal que surgió de la Revolución francesa y de los correctivos del régimen napoleónico: *primero*, el principio de la creación de un municipio por cada colectividad local –aún de dimensiones mínimas- abarcando desde el pequeño pueblo rural hasta las subdivisiones de los granes centros urbanos; *segundo*, el principio de la uniformidad e igualdad formal del régimen de los municipios a pesar de la diversidad territorial, geográfica y demográfica de los mismos a lo largo y ancho de los territorios estatales; y *tercero*, las reglas generales de funcionamiento de la tutela, como instrumento de control sobre las entidades locales. Todo ello puede decirse que configuró un modelo de régimen municipal, que se extendió por toda Europa a comienzos del siglo XIX,[856] precisamente en los mismos tiempos en los cuales las antiguas colonias españolas en América comenzaban el proceso de independencia.

Puede decirse, en todo caso, que fue ese modelo derivado de los principios de la revolución francesa el que inspiró en su origen la estructuración del régimen municipal en las provincias americanas, por supuesto, con grandes disidencias progresivamente establecidas, por una parte en materia de control de tutela, que en América fue luego abandonado por el desarrollo del principio de la autonomía municipal, y por la otra, en la ubicación de los Municipios en el territorio, pues con la república, más bien los municipios se alejaron de los ciudadanos. Es decir, hacia América, al inicio y salvo en cuanto al tema de la tutela, los otros principios revolucionarios franceses, si bien efectivamente hicieron la travesía del Atlántico, estableciéndose, por una parte, un régimen de municipalización uniforme, y por la otra, la idea de la multiplicación de municipios en todo el territorio de las Provincias; sin embargo, esa importación inicial de principios, al poco tiempo se modificaría, y como resultado tanto de la guerra de independencia como de la reticencia del Poder central republicano frente a los poderes locales, al reconstruirse la República, el último de los principio se distorsionó, ubicándose a los Municipios, no en cada centro poblado como se anunciaba la Constitución peruana de 1823, sino al contrario en ámbitos territoriales muy grandes, el de los Distritos como división territorial uniforme, aban-

---

1981, pp. 107 y ss.; Sandra Morelli, *La Revolución Francesa y la Administración Territorial en Colombia, Perspectivas comparadas,* Universidad Externado de Colombia, 1991, pp. 31 y ss.

854 Citado por Jaime Castro, *La cuestión territorial*, Editorial Oveja Negra, Bogotá 2003, p. 26.

855 Sobre la aplicación de la Ley de 2 de marzo de 1982, véase en general, André Terrazoni, *La décentralization a l'épreuve des faits*, LGDJ, Paris1987.

856 Véase Luciano Vandelli, *El Poder Local. Su origen en la Francia revolucionaria y su futuro en la Europa de las regiones*, Ministerio para las Administraciones Públicas, Madrid 1992, pp. 153 y ss.

donándose la idea inicial de que cada centro poblado fuese un Municipio. Y lo mismo ocurrió en todos los Estados latinoamericanos.

Democracia, participación, descentralización

Y progresivamente, por todas las razones históricas que conocemos en nuestros países sometidos a tantas empresas autoritarias, esas autoridades locales se fueron alejaron más y más de los ciudadanos, dejándolo huérfano de participación y, por tanto, de democracia. Ello se logró mediante la centralización progresiva del poder alentada por los tantos gobiernos poco democráticos que hemos tenido, todos los cuales fueron dejando acumulativamente su estela de centralización y concentración del poder en la organización de nuestros Estados. Y cuando durante las décadas pasadas nuestros países comenzaron una nueva transición democrática –de la cual lamentablemente algunos ya se van alejando, como es el caso de Venezuela-, todos hemos venido criticando incluso a la propia democracia representativa, por ser eso sólo, y hemos denunciado las carencias de participación ciudadana. Y en eso hemos pasado varios lustros, y todavía no logramos desentrañar el problema ni su solución, y lo que nos encontramos es con un falso enfrentamiento que se quiere establecer entre la democracia representativa, a la cual, insisto, se ataca despiadadamente, y la democracia participativa, por la cual se clama, a veces incluso planteando el tema como una dicotomía que no existe, como si la segunda -la democracia participativa- pudiera sustituir a la primera; falsa dicotomía en la cual ciertamente, y sin quererlo, muchos demócratas han caído inadvertidamente buscando de buena fe el perfeccionamiento de la democracia representativa; y también, queriéndolo y de mala fe, muchos otros falsos demócratas han propugnado, ocultando la faz y las fauces del autoritarismo, procurando la sustitución de la democracia representativa, en fraude a la propia democracia.

Sobre estos temas es que quisiera compartir hoy algunas reflexiones con ustedes, es decir, en particular, sobre las exigencias de la participación ciudadana y el rol que corresponde en ello al Municipio, en el sentido de que la democracia sin dejar de ser representativa debe asegurar la inclusión del ciudadano en el proceso político, lo que sólo puede lograrse a nivel de los gobiernos locales; y sobre la falsedad de los cantos de sirenas que se oyen con la persistente difusión de la llamada "democracia participativa" para acabar con la representación. Y por supuesto, sin desconocer que en muchos países, la democrática representativa ha quedado reducida a ser un mecanismo dispuesto para la sola elección de gobernantes, -y por ello se habla tanto de democracia formal-, sin lograr satisfacer las exigencias de control del poder y de participación de los ciudadanos, quienes sin duda se han sentido excluidos del proceso político. Y además, teniendo en cuenta que, incluso, ante tantas insatisfacciones de vieja data, no se ha logrado realmente identificar lo que es necesario implementar para hacer de la democracia representativa el instrumento de inclusión política que pueda asegurar la participación ciudadana. Es precisamente en medio de esas realidades, de estas insatisfacciones y de las frustraciones que derivan, donde soplan los vientos del falaz discurso autoritario que vendiendo la idea de la participación, lo que busca es sustituir la democracia representativa pero contradictoriamente, en nombre de una supuesta participación, eliminando el único instrumento político que puede permitir la participación ciudadana que es la descentralización política, que es la que puede dar origen al desarrollo de gobiernos locales, que es donde se puede asegurar la inclusión política.

Lo que tenemos que tener claro desde las trincheras democráticas, es que esta llamada democracia participativa en el discurso autoritario, que busca excluir la representación a nivel local y, con ello, todo vestigio de descentralización política, pretendiendo que funcione montada sobre instituciones de democracia directa como asambleas de ciudadanos y consejos comunales a la usanza de los soviets de hace casi cien años, en realidad, es imposible que pueda permitir y asegurar una efectiva participación política del ciudadano en la conducción de los asuntos públicos, como sólo la descentralización y la municipalización podrían lograr. En realidad, en ese discurso autoritario de la democracia participativa, lo único que la misma ofrece es la posibilidad de movilización popular conducida y manejada desde el centro del poder, mediante partidos únicos, por lo que de democracia sólo tiene el nombre, el cual es hábilmente utilizado por quienes se aprovechan de los fracasos políticos de las democracias representativas reducidas a asegurar la elección de gobernantes.

Estamos en presencia, en realidad, de un engañoso slogan propagandístico, el cual, sin embargo, hay que reconocerlo, no deja de tener su atractivo, sobre todo porque quienes claman por que se asegure más participación piensan que ello se puede logar con la sola movilización popular. Pero como antes dije, la verdad es que el slogan lo que oculta es un feroz modelo de gobierno autoritario que creíamos superado en nuestro Continente, y que comienza ahora a aparecer envuelto en ropa militar de camuflaje, con pintas populares y de legalidad, con algún apoyo de masas empobrecidas que reciben dádivas, pero sin que se genere riqueza ni empleo. Así, por ejemplo, hemos visto florecer un neo populismo rico o petrolero que está rampante en algunos de nuestros países de América Latina, como el que tenemos en Venezuela, que reparte para lograr apoyos populares, pero sin lograr disminuir la pobreza, y más bien aumentarla y generalizarla, y por sobre todo, sin asegurar la democracia como forma de vida.

La democracia, al contrario, globalmente, puede considerarse como una gran alianza social destinada a asegurar el control del poder, lo que implica, entre otros, tres derechos políticos claves que los ciudadanos tienen que tener, y que son, además del derecho a la separación de poderes, y del derecho al control judicial del ejercicio poder para asegurar la vigencia de los derechos humanos y el sometimiento del Estado al derecho; el derecho a la distribución vertical o territorial del poder para asegurar la participación política.

Lo cierto es que, como lo enseña la historia de la humanidad, demasiada concentración y centralización del poder, como ocurre en cualquier régimen autoritario por más velo democrático que lo cubra por su eventual origen electoral, inevitablemente conduce a la tiranía; y el mundo contemporáneo ha tenido demasiadas experiencias que ya han mostrado toda suerte de tiranos que precisamente usaron el voto popular para acceder al poder, y que luego, mediante su ejercicio incontrolado, desarrollaron gobiernos autoritarios, contrarios al pueblo, el cual fue movilizado al antojo de los gobernantes quienes acabaron con la propia democracia y con todos sus elementos, comenzando por el respeto a los derechos humanos.

Por ello, los gobiernos autoritarios no soportan la existencia de un sistema de descentralización política o de distribución vertical del poder público hacia entidades territoriales dotadas de autonomía política que estén efectivamente más cerca del ciudadano, que es lo único que puede garantizar la efectiva posibilidad de la participación política democrática en la toma de decisiones y en la gestión de los asuntos públicos. Es decir, y es bueno destacarlo siempre, e insistir, porque se olvida cuando se habla de democracia participativa, que ésta es sólo posible cuando el poder está cerca del ciudadano, lo que sólo se logra multiplicando autoridades locales dotadas de autonomía política.[857] Por ello, la participación política no es simple movilización popular ni se logra estableciendo mecanismos asamblearios de democracia directa. La participación política es la cotidianeidad de la vida ciudadana, que en democracia sólo se asegura a nivel local, en unidades territoriales políticas y autónomas descentralizadas donde se practique el autogobierno mediante representantes electos en forma directa, universal y secreta.

Por ello es que nunca ha habido autoritarismos descentralizados, y menos aún autoritarismos que hayan podido permitir el ejercicio efectivo del derecho a la participación política. Al contrario, en nombre de ésta lo que han impuesto es la exclusión política al concentrar el poder en unos pocos, independientemente de que hayan sido electos. Por ello, insisto, es que los autoritarismos temen y rechazan tanto la descentralización política como la participación democrática, y en su lugar, lo que usualmente hacen es concebir parapetos políticos de control del poder a través de asambleas de ciudadanos controladas por el poder central o por un partido de gobierno, como son por ejemplo, los Consejos Comunales que se han venido estableciendo en Venezuela,[858] configurados como instituciones de manejo centralizado, dispuestas para hacerle creer al ciudadano que participa, cuando lo que se hace es, si acaso, movilizárselo en forma totalmente controlada.

De todo lo anterior resulta, por tanto, que para pueda existir democracia como régimen político, no son suficientes las declaraciones contenidas en los textos constitucionales que hablen de derecho al sufragio y de participación ciudadana; ni siquiera de separación de poderes. Tampoco bastan las declaraciones constitucionales sobre "democracia participativa" o incluso sobre descentralización del Estado; ni las solas enumeraciones de los derechos humanos. Además de todas esas declaraciones, lo que es necesario en la práctica política democrática, es que se pueda asegurar efectivamente la posibilidad de controlar el poder. Solo así es que se puede hablar de democracia, la cual, por lo demás, además de implicar siempre la representación, es un sistema para la participación. Lo único es que esta última no puede quedar reducida a participar en elecciones o votaciones.

---

857 Véase Allan R. Brewer-Carías, "El Municipio, la descentralización política y la democracia" en *XXV Congreso Iberoamericano de Municipios, Guadalajara, Jalisco, México, 23 al 26 de octubre del 2001*, 53-61 (México 2003); y *Reflexiones sobre el constitucionalismo en América*, (Editorial Jurídica Venezolana, Caracas 2001, pp. 105-125 y 127-141.

858 Véase la Ley de los Consejos Comunales en *Gaceta Oficial* Nº 5.806 Extraordinaria de 10 de abril de 2006; reformada en 2009, *Gaceta Oficial* Nº 39.335 de 28 de diciembre de 2009. Véase sobre dicha Ley, Allan R. Brewer-Carías, "El inicio de la desmunicipalización en Venezuela: La organización del Poder Popular para eliminar la descentralización, la democracia representativa y la participación a nivel local", en *AIDA, Opera Prima de Derecho Administrativo. Revista de la Asociación Internacional de Derecho Administrativo*, 49-67 (Universidad Nacional Autónoma de México, Facultad de Estudios Superiores de Acatlán, Coordinación de Postgrado, Instituto Internacional de Derecho Administrativo "Agustín Gordillo", Asociación Internacional de Derecho Administrativo, México, 2007; y el libro *Ley de los Consejos Comunales*, Editorial Jurídica Venezolana, Caracas 2010.

Democracia representativa y democracia participativa

Lo que queda claro, en todo caso, es que el ejercicio de la democracia como derecho ciudadano implica siempre la conjunción de dos principios fundamentales, el principio de la representación y el principio de la participación, que no son excluyentes. Ello es así, incluso, aún cuando tengan circunstancialmente peso diverso, como por ejemplo, cuando la democracia siendo representativa sólo asegure en forma deficiente la participación. Lo contrario, en cambio, no es posible en el sentido de que no puede haber democracia que sea supuestamente participativa, sin representación. Es decir, la democracia representativa que no asegura la efectiva participación, es deficiente; pero la supuesta democracia participativa que no asegura la representación es inexistente. De ello resulta, por tanto, que la dicotomía que por incomprensión o por destrucción se trata de establecer entre democracia representativa y democracia participativa, es falsa.

En efecto, si a algo se contrapone la representación, es a la democracia directa, de manera que la dicotomía en cuanto a la forma de ejercicio de la democracia, está entre la democracia indirecta o representativa y la democracia directa[859] o asamblearia.

Otra cosa es el tema de la participación, que si a algo se contrapone, no es a la representación, sino a la exclusión. La dicotomía en este caso, está entre democracia de inclusión o participativa y democracia de exclusión o exclusionista; es decir, entre un régimen democrático en el cual el ciudadano tenga efectiva participación en la conducción de los asuntos públicos, y un régimen democrático en el cual el ciudadano, aparte de elegir, esté excluido de participar en ellos.

Por tanto, partiendo del supuesto de que la democracia representativa o democracia indirecta, es y seguirá siendo de la esencia de la democracia, de manera que nunca podrá haber una democracia que sólo sea asamblearia, refrendaria o de cabildos abiertos permanentes, el tema central a resolver es cómo hacer de la democracia un régimen de inclusión política, es decir, participativa, donde el ciudadano sea efectivamente parte de su comunidad política, y pueda contribuir a toma de las decisiones que le conciernen; de manera que la participación no quede reducida a votar en elecciones o en consultas populares.

Participar, hay que recordarlo, incluso en el lenguaje común conforme al Diccionario de la Lengua, en realidad es estar incluido, lo que no debe confundirse con mecanismos de democracia directa como las iniciativas legislativas, las consultas populares, los cabildos abiertos y los referendos. Participar, es ser parte de…; es pertenecer a…, es incorporarse a, contribuir a, estar asociado a o comprometerse a…; es tener un rol en…, es tomar parte activa en, estar envuelto en o tener una mano en…; es en fin, asociarse con…, es compartir con o tener algo que ver con... Por ello, la participación política para el ciudadano no es otra cosa que ser parte de o estar incluido en una comunidad política, en la cual el individuo tenga un rol específico de carácter activo conforme al cual contribuye a la toma de decisiones. Ello se materializa, por ejemplo, sin duda, en el ejercicio del derecho al sufragio o en votar en referendos o consultas populares, que como he dicho son formas mínimas de participación; o en ser miembro de sociedades intermedias. Pero la participación no se

859 Véase en general, Luis Aguiar de Luque, *Democracia directa y Estado Constitucional*, Editorial Revista de Derecho Privado, Edersa, Madrid 1977.

agota allí, pues para estar incluido es necesario que el ciudadano pueda ser parte efectiva de su comunidad política; permitiéndosele desarrollar, incluso, la conciencia de su efectiva pertenencia a un determinado orden social y político, por ejemplo, a una comunidad; a un lugar; a una tierra; a un campo; a una comarca; a un pueblo; a una región; a una ciudad; en fin, a un Estado.[860]

En todo caso, el tema central a resolver siempre que se trata de la participación democrática, es determinar cómo y en qué lugar la misma puede realizarse. Como lo advirtió hace años Giovanni Sartori, cuando se refería a quienes primero habían hablado sobre el tema de la democracia participativa, decía: "O el autor de la democracia participativa se decide a clarificar positivamente dónde está lo que corresponde a cuál participación (de cuál naturaleza) y en cuáles lugares (en todas partes?); o nos quedamos con un animal que no logró identificar." Sobre ello, con razón, agregaba, que lo que había era "mucho ruido" y "mucha polémica furiosa," provocando dudas sobre si efectivamente había "nacido algo nuevo."[861]

Algo más de historia: participación y vida local

La verdad, sin embargo, es que la democracia participativa no era ni es nada nuevo; ha estado siempre, como decía al inicio, desde los mismos días de las Revoluciones Francesa y antes de la Revolución Norteamericana del Siglo XVIII, en muchos países hoy con democracias consolidadas; ha estado siempre, allí, precisamente en el nivel más ínfimo de los territorios políticos de los Estados, en las Asambleas locales, en los Municipios, en las Comunas. Lo que pasa es que muchos no la han querido reconocer, e insisten en confundirla. Es decir, muchos no han querido entender *qué es*, efectivamente, participar en política, y *dónde es* que se puede realmente participar, aún siendo ello parte de la corriente sanguínea de la propia democracia, de manera que incluso, quienes la ejercen y la viven cotidianamente ni se dan cuenta de ella; ni le prestan atención y por ello, a veces, no se la logra identificar. Ello sucede, por ejemplo, en las democracias europeas, que son democracias inclusivas, en las cuales, por ello, ni siquiera el tema es de discusión política, pues la participación es asunto de todos los días.

Históricamente, ante esas realidades, podemos decir, y vale la pena recordarlo, que la democracia participativa fue "descubierta" para Europa en las mismas tumultuosas décadas iniciales del nacimiento del Estado constitucional contemporáneo, y ello lo hizo quien puede considerarse como el primer gran constitucionalista moderno, Alexis de Tocqueville, cuando en 1831 se topó de frente, sin quererlo, -como en general se han hecho los grandes descubrimientos- con el régimen de gobierno local de asambleas que funcionaba desparramado en todo el territorio de las colonias inglesas en la costa este de Norteamérica, y que hervía en los *Town Halls*. Él había ido a estudiar el régimen carcelario en el naciente Estado americano, y lo que resultó fue su gran obra *La Democracia en América* publicada en 1835.[862] Esas instituciones comunales, decía De Tocqueville, "son a la libertad lo que las escuelas vienen a ser

860 Véase en general, Norberto Bobbio, *El futuro de la democracia,* Fondo de Cultura Económica, México 1992, p. 42.

861 Giovanni Sartori, *¿Que es democracia?*, Altamira Editores, Bogotá, 1994.

862 Alexis de Tocqueville, *La democracia en América*, Fondo de Cultura Económica, México 1973, pp. 79 y ss.

a la ciencia; la ponen al alcance del pueblo, le hacen paladear su uso político y lo habitúan a servirse de ella."[863] Pero para cuando eso escribía, como antes indicaba, ya en Europa misma esa democracia local también estaba en procedo de configurarse como uno de los productos más acabados y a veces incomprendidos de la propia Revolución Francesa. Ello, incluso, lo advirtió el propio De Tocqueville en su otra clásica obra del constitucionalismo histórico, *El Antiguo Régimen y la Revolución*, escrito veinte años después, al constatar que: "La administración local tiene un contacto diario con [los ciudadanos]; toca continuamente sus puntos más sensibles; influye en todos los pequeños intereses que forman el gran interés que se pone en la vida; es el objeto principal de sus temores y también el de sus esperanzas más queridas; los mantiene vinculados a ella por una infinidad de lazos invisibles que los arrastran sin que se den cuenta."[864]

Sin quererlo, puede decirse que De Tocqueville había descubierto la participación, precisamente desarrollada en los gobiernos locales representativos, en el sentido de participación política como democracia de inclusión, en la cual el ciudadano toma parte personalmente en un proceso decisorio, interviniendo en actividades estatales y en función del interés general, lo cual sólo puede tener lugar efectivamente en los estamentos territoriales más reducidos, en el nivel local, comunal o municipal. Es decir, sólo en los niveles político territoriales inferiores de la organización del Estado, es que se puede montar una organización participativa que permita la incorporación del ciudadano individual, o en grupos o en comunidades, en la vida pública, y particularmente, en la toma de decisiones públicas generales o de orden administrativo.

Como lo señaló el profesor Jaime Castro, quien fue uno de los destacados Alcaldes que ha tenido la ciudad de Bogotá en el pasado, "La democracia moderna no se concibe sin audaces formas de participación ciudadana y comunitaria en el ejercicio del poder a nivel local y regional. Sin la garantía de que todas y todos pueden y deben participar en la preparación de las decisiones que se piensen tomar sobre temas de interés general, en su adopción y ejecución, esto último mediante el control que realicen sobre la gestión de las autoridades y los particulares que ejerzan funciones públicas. Sólo esas formas democráticas de participación le cambian la cara a las instituciones y permiten hablar de un nuevo régimen político."[865]

Pero por supuesto, para la concepción de ese "nuevo régimen político" que como decía, sin embargo, es tan antiguo como la democracia misma, el tema central que tiene que resolverse es determinar el nivel territorial que se requiere para que pueda

---

863 *Idem.*, p. 78.

864 Alexis de Tocqueville, *El Antiguo Régimen y la Revolución*, Alianza Editorial, Tomo I, Madrid 1982, p. 15.

865 Véase Jaime Castro, *La cuestión territorial*, Editorial Oveja Negra, Bogotá 2003, pp. 201-202. Por ello, cabría preguntarse ¿Por qué será entonces, que en un excelente libro sobre *Las democracias. Entre el Derecho Constitucional y la Política,* de los profesores Olivier Duhamel y Manuel José Cepeda Espinosa en sus más de 400 páginas donde los autores analizan los regímenes democráticos contemporáneos de Europa y América Latina, en la única página en la cual se habla y se usa la expresión de "democracia de participación" es en relación con el sistema suizo? Véase Olivier Duhamel y Manuel José Cepeda Espinosa, *Las Democracias. Entre el Derecho Constitucional y la Política*, TM Editores. Universidad de los Andes. Facultad de Derecho, Bogotá, 1997, p. 56. Acaso el régimen constitucional de Suiza, entre otros factores por la superficie incluso del país, no es el paradigma del federalismo y del régimen local o cantonal?.

haber participación como cotidianeidad democrática, y la opción en esta materia, tal como ocurre por ejemplo en Francia, en Norteamérica, y todos los países europeos con democracias arraigadas; la opción está en el municipio desparramado en todos los rincones del Estado, en cada villa, pueblo y caserío, situado bien cerca del ciudadano, como los Constituyentes peruanos lo dispusieron en 1823. Definitivamente, al contrario, la opción para la participación no está situada en el gran municipio urbano o rural, ubicado, sin duda, bien lejos del ciudadano.

En esta materia, en efecto, la práctica democrática de los países europeos muestra una realidad incontestable en cuanto al predominio de la existencia en cada Estado de muchos municipios, y entre ellos, incluso, de muchos municipios pequeños. Alemania, por ejemplo, tiene algo más de 16.000 municipios, de los cuales un 75% tiene menos de 5.000 habitantes; y España, tiene más de 8.000 municipios, de los cuales un 85% también tienen menos de 5.000 habitantes. En España, incluso, el 61% de todos los municipios tienen menos de 1.000 habitantes[866]. Es más, en una sola de las Comunidades Autónomas españolas, por ejemplo, la de Castilla y León, hay 2.248 Municipios, de los cuales más de la mitad, es decir, 1.540 Municipios tienen menos de 500 habitantes.[867] O sea en una sola Comunidad Autónoma española, con un área territorial más diez veces inferior a la de todo Perú, hay muchos más municipio, una vez y media más, de los que existen en este país. Allá, en Castilla y León, sin duda, hay participación de todos los días, aún cuando los propios ciudadanos castellanos no lo crean o no se den cuenta. En cambio, en contraste, y este es un caso extremo, en un país como Venezuela, con un territorio también casi diez veces más grande que el de Castilla y León, e inferior al del Perú, sólo hay 338 Municipios, es decir, menos de un décimo de los que existen en el país castellano. Por eso es que en Venezuela, con esa estructura territorial de gobiernos locales, simplemente no hay ni podrá haber real participación política.[868]

Lo cierto, en todo caso, es que, como decía al inicio, la Revolución Francesa, entre los muchos aportes que dio al constitucionalismo moderno, dio el de la participación ciudadana al haber desparramado el poder que hasta entonces estaba concentrado en pocas manos de la Monarquía y de los señores feudales,[869] en las ya mencionadas más de 40.000 Comunas, lo que permitió que el Municipio se comenzara a ubicar, en Europa, en cuanta aldea, pueblo, villas y ciudad existía, bien cerca del ciudadano, lo que en definitiva dieron origen a los más de 34.000 municipios o comunas que hoy existen en Francia. Y de nuevo, comparemos esa realidad con la

---

866 Véase Torsten Sagawe, "La situación de los pequeños municipios en Europa: con especial referencia a la República Federal de Alemania", en Luis Villar Borla et al, *Problemática de los pequeños Municipios en Colombia ¿Supresión o reforma?*, Universidad Externado de Colombia, Bogotá 2003, p. 40.

867 *Informe sobre el Gobierno Local,* Ministerio para las Administraciones Públicas. Fundación Carles Pi i Sunyer dÉtudis Autonòmics y Locals, Madrid 1992, p. 27.

868 En nuestros países de América Latina la situación no es muy diferente: Argentina: 1.617 municipios; Bolivia: 312 municipios; Brasil: 5.581 municipios; Chile: 340; Cuba: 169 municipios; Ecuador: 1.079 municipios; El Salvador: 262 municipios; Guatemala: 324 municipios: en Honduras: 293 municipios; México: 2.418 municipios; Nicaragua: 143 municipios; Paraguay: 212 municipios; Perú: 1.808 municipios; República Dominicana: 90 municipios; Uruguay: 19 municipios. Véase las referencias en Allan R. Brewer-Carías, *Reflexiones sobre el constitucionalismo en América*, Editorial Jurídica Venezolana, Caracas 2001, pp. 139 y ss.

869 Véase en general, Eduardo García de Enterría, *Revolución Francesa y administración contemporánea*, Taurus Ediciones, Madrid 1981, pp. 17, 41, 46, 49, 50, 56.

nuestra, donde en países con territorios que doblan el área del de Francia, como son Perú y Venezuela, solo tenemos escasos 1.747 Distritos Municipales en el Perú, o peor aún, sólo 338 Municipios en Venezuela.

Frente a estas realidades, acaso nos hemos preguntado ¿porqué será entonces que en los países que llamamos democráticamente desarrollados como los europeos, donde impera la fragmentación municipal, no se plantea con tanta urgencia la necesidad de la participación ciudadana; y, en cambio en todos nuestros países latinoamericanos, donde al contrario, hay muy pocos municipios para sus enormes territorios y su población, es donde más se grita contra nuestras insuficiencias democráticas clamándose a la vez por una democracia participativa?

Creo que la respuesta es obvia, sobre todo cuando constatamos que lo mismo que he señalado respecto de Francia, se repite en todos los demás países europeos. Me refiero, siempre teniendo en cuenta las cifras de los 1.747 Distritos Municipales peruanos, o los 338 Venezolanos, a los 2.539 Municipios que existen en Bélgica; a los 16.121 Municipios que hay en la Alemania unificada;[870] a los 8.104 Municipios que hay en Italia y a los más de 3.000 cantones que hay en Suiza.[871] O sea, en Suiza, que tiene un territorio bastante menor que el que tiene, por ejemplo, el de solo Departamento de Arequipa, hay casi dos veces más municipios que todos los que existen en el Perú.

Lamentablemente, en América Latina, la conformación del municipio, aún cuando como decía al inicio, es tributario de los principios organizativos del europeo, tomó otro rumbo de distribución territorial, que sin duda fue impuesto por el desarrollo institucional del proceso colonial, que terminó por ubicar a los Municipios en las capitales provinciales o distritales, abarcando enormes territorios; y segunda, por el proceso de conformación del régimen republicano luego de la Independencia, que después de declaraciones como las que encontramos en la Constitución peruana de 1823, no sólo optó por el esquema de Municipios establecidos en ámbitos territoriales cada vez más y más alejados de los ciudadanos y de sus comunidades, sino que trató al poder municipal con recelo, particularmente desde el Poder Central que se estaba conformando. No olvidemos, incluso, por ejemplo, que en Colombia, cuando el gran Estado concebido por Bolívar comprendía, además de los del Nuevo Reino de Granada, los territorios de las provincias de Venezuela y Ecuador, el mismo Libertador llegó a suprimir los Municipios en 1828, considerando –decía- que eran "una verdadera carga para los ciudadanos, y producen muy pocas utilidades al público."[872]

Lo cierto, en todo caso, es que en los 200 años que han transcurrido desde la Independencia, el panorama territorial de la distribución vertical del poder en los paí-

870 Torsten Sagawe, "La situación de los pequeños municipios en Europa: con especial referencia a la República Federal de Alemania", en Luís Villar Borla et al, *Problemática de los pequeños Municipios en Colombia ¿Supresión o reforma?*, Universidad Externado de Colombia, Bogotá 2003, pp. 42-43.

871 Véase Luciano Vandelli, *El Poder Local. Su origen en la Francia revolucionaria y su futuro en la Europa de las regiones*, Ministerio para las Administraciones Públicas, Madrid 1992, pp. 179; Allan R. Brewer-Carías, *Reflexiones sobre el constitucionalismo en América*, Editorial Jurídica Venezolana, Caracas 2001, pp. 139 y ss.

872 Véase el decreto de Supresión de las Municipalidad de 17 de noviembre de 1828, en Allan R. Brewer-Carías, *Las Constituciones de Venezuela*, Academia de Ciencias Políticas y Sociales, Vol. I, Caracas 2008, p. 681.

ses latinoamericanos ha variado muy poco, careciendo nuestros países del nivel político territorial necesario para que la democracia pueda efectivamente ser participativa, que es el gobierno local. Y nos empeñamos en buscar en otras partes soluciones, que la verdad, no encontraremos.

Descentralización y Municipalización

Y aquí volvemos a lo que afirmaba al inicio, sobre que la democracia participativa está indisolublemente ligada, no a la democracia directa, sino a la descentralización política y la municipalización, de manera que la misma no se puede materializar con solo propuestas de incorporación al régimen democrático, de instrumentos como los referendos o las consultas o las iniciativas populares, y mucho menos eliminando la representación.

En realidad, la participación política como cotidianeidad democrática o como parte de la democracia como forma de vida, sólo puede darse a nivel local. No hay otra instancia para ello en los Estados; lo demás es falacia y engaño, o mecanismos de democracia directa que son otra cosa. Por ello es que el tema, precisamente, no tiene tanta notoriedad en los países europeos, donde la participación es de todos los días, en las pequeñas cosas que pueden tratarse en esos pequeños municipios urbanos y rurales.

La participación política o la democracia participativa están por tanto, íntimamente unidas al localismo y a la descentralización política, y ésta, a la limitación del poder, lo que es consustancial con la democracia. Por ello, el profesor Eduardo García de Enterría ha afirmado con razón que el régimen local "da curso al derecho ciudadano a participar en todos, completamente en todos los asuntos públicos que afectan a la propia comunidad;"[873]; de manera que como también dijo Sebastián Martín Retortillo, hace más de treinta años cuando España aún no había entrado en el proceso de transición hacia la democracia, la participación efectiva del ciudadano común, siempre presupone la descentralización.[874]

De manera que sin temor a equivocarnos podemos afirmar que no puede haber participación política sin descentralización política territorial, es decir, sin que exista una multiplicidad de poderes locales y regionales; sin ellos, en definitiva, no puede haber una democracia participativa. Lo que habría es centralismo, que es la base de la exclusión política al concentrar el poder en unos pocos electos, y a la vez, el motivo del desprestigio de la democracia representativa por más aditivos de democracia directa o refrendaria se le implante. No hay otra forma de perfeccionar la democracia y hacerla más participativa y más representativa, que no sea acercando el Poder al ciudadano, lo que sólo puede llevarse a cabo descentralizando política y territorialmente el Poder del Estado y llevarlo hasta la más pequeña de las comunidades; es decir, distribuyendo el Poder en el territorio nacional.[875] Por tanto, sólo municipalizando los territorios de nuestros países, rescatemos, más de doscientos años después,

---

873 Citado en Sebastián Martín Retortillo, en "Introducción" al libro Sebastián Martín Retortillo et al, *Descentralización administrativa y organización política,* Tomo I, Ediciones Alfaguara, Madrid, 1973, p. LVIII.

874 *Idem*, p. LIX.

875 Véase en *XXV Congreso Iberoamericano de Municipios, Guadalajara, Jalisco, México del 23 al 26 de octubre de 2001*, Fundación Española de Municipios y Provincias, Madrid 2003, pp. 453 y ss

lo que fue la decisión terminante de la Asamblea Nacional Constituyente francesa en aquél diciembre de 1789, y que hoy se traduciría en la frase de que toda comunidad rural, todo caserío, todo pueblo, todo barrio urbano, debería tener su autoridad local como comunidad política. Como se enunció, en la Constitución peruana de 1823 y como hoy se enuncia en la Constitución de la Provincia del Chaco, de Argentina: "Todo centro de población constituye un municipio autónomo..."[876]

Pero por supuesto, para ello, es decir, para una reforma política de esta naturaleza, tenemos que pensar en otro municipio, para no desparramar territorialmente la estructura burocrática local, mal y uniformemente concebida que tenemos en muchos de nuestros países y que lo que podría provocar es peor democracia; lo que también se podría originar con los intentos que a veces se han realizado en algunos de nuestros países, donde al contrario de multiplicar los gobiernos locales, se ha propuesto una política de reducción de municipios, calificada con acierto por el mismo Jaime Castro en Colombia, como un verdadero "genocidio municipal" al comentar el intento que se hizo en dicho país, en 2001, con el Proyecto de Ley 041/01, que proponía la desaparición de materialmente la mitrad de los 1.067 entonces existentes municipios colombianos, aquellos que tenían menos de 14.000 habitantes. Castro advertía además, que en Colombia "los municipios son el Estado –la única presencia del Estado- en extensas y abandonadas regiones del país", por lo que lo que habría que hacer, al contrario, era "fortalecer y transformar el pequeño municipio [para] convertirlo en herramienta eficaz de una política de poblamiento territorial y de ocupación continua del espacio físico.[877]

De allí la enorme revalorización que requiere en nuestros países el tema del pequeño municipio como parte del proceso de descentralización político-territorial, para asegurar no sólo la presencia del Estado en el territorio, sino para hacer posible la participación democrática, partiendo de la necesaria diversidad que deben tener las entidades locales; es decir, todo lo contrario al uniformismo organizacional. En fin, lo que debemos concientizar es que no hay que temerle a la descentralización política, pues se trata de un fenómeno propio de las democracias, que por supuesto es temido por los autoritarismos. Lo cierto es que no hay ni ha habido autocracias descentralizados, siendo los autoritarismos los que rechazan tanto la descentralización política como la participación democrática, incluyendo los autoritarismos que tradicionalmente nos han gobernado bajo el ropaje del "centralismo democrático," de cualquier cuño que sea, incluso de orden partidista.

No nos dejemos engañar con los cantos de sirenas autoritarios que no se cansan de hablar de "democracia participativa," pero no para hacerla posible descentralizando el poder en el territorio, sino para acabar con la democracia representativa,

---

876 Artículo 182. Citado por Augusto Hernández Barrera, "Objetivos inéditos de la categorización municipal" en Luis Villar Borda et al, *Problemática de los Pequeños Municipios en Colombia ¿Supresión o reforma?*, Universidad Externado de Colombia, Bogotá 2003, p. 108. Véase además, Augusto Hernández Becerra, *Ordenamiento y desarreglo territorial en Colombia*, Instituto de Estudios Constitucionales Carlos Restrepo Piedrahita, Bogotá 2001.

877 Véase Jaime Castro, *La cuestión territorial*, Editorial Oveja Negra, Bogotá 2003, pp. 136-137. No puede dejar de pensarse en los mismos términos de "genocido municipal," cuando se lee una noticia de enero de 2010 sobre que para conmemorar los 200 años de la Independencia, el Gobierno colombiano proyecta la abolición de los resguardos indígenas de origen colonial, retirando a los municipios respectivos los pagos compensatorios del impuesto predial. Véase en http://surcolombiano.com/index.php?option=com_content&task=view&id=148&Itemid=121&showall=1.

imposibilitando a la vez la participación. No nos confundamos los demócratas al intentar dar respuesta a las exigencias políticas crecientes de participación democrática, con el sólo establecimiento de paños calientes de carácter refrendario o de iniciativas o consultas populares, que no la agotan en absoluto. En fin, no le tengamos miedo a lo pequeño, que territorialmente hablando es precisamente la lugarización, el pequeño municipio rural y la subdivisión municipal suburbana.

En definitiva, y para concluir, como dijo Santiago Ramón y Cajal, quien fue Premio Nóbel de Medicina en 1906 quien tuvo la posibilidad de escribir un libro que tituló: *El mundo visto a los ochenta años,* -ojala todos pudiéramos llegar a hacerlo-: "No hay cuestiones pequeñas -dijo-; las que lo parecen son cuestiones grandes no comprendidas". Y eso es precisamente lo que ocurre cuando apuntar cuando tratamos el tema del rol del Municipio en el Estado constitucional, considerando que la multiplicidad de municipios y la cuestión de la democracia participativa que plantea, es más importante de lo que a veces creemos, porque en ello nos va la vida de la propia democracia, representativa y participativa.

Muchas gracias de nuevo por haberme dado la ocasión de compartir con ustedes estas reflexiones.

New York, mayo 2010

QUINTA PARTE:

EL ESTADO YARACUY Y EL PROCESO DE DESCENTRALIZACIÓN POLÍTICA (San Felipe, Marzo 2002)

Discurso de Orden en la Sesión Solemne del Consejo Legislativo del Estado Yaracuy el día 19 de marzo de 2002, con motivo de la *Conmemoración del 147 Aniversario de la creación de la Provincia de Yaracuy*, San Felipe, 19 de marzo de 2002. Publicado en mi libro: *Constitución, democracia y control del poder*, Mérida 2004, pp. 95-110.

Estas tierras del Yaracuy las recorrió, primero, Nicolás Federman, cuando vino desde Coro en 1531 y luego, Juan de Villegas durante la gobernación Pérez de Tolosa, cuando vino desde El Tocuyo en septiembre de 1547. Este último atravesó por el nordeste el valle de Barquisimeto, recorrió la depresión del Yaracuy, pasó por Nirgua y llegó al Lago de Tacarigua, actual Lago de Valencia. No hizo fundación alguna y siguió al norte, por el abra de Agua Caliente, donde se encuentra la población de Las Trincheras, bajando a la costa del Mar en el sitio de Borburata. Allí, en febrero de 1548, fundó la ciudad de Nuestra Señora de la Concepción de Borburata, refundada al año siguiente conforme a sus Instrucciones. La ciudad fue abandonada 10 años después por el acoso de filibusteros. Había sido la tercera ciudad fundada en la Provincia después de Coro y El Tocuyo.

Villegas siguió su afán poblador como instrumento para la toma de posesión de la tierra para la gobernación que comandaba como sucesor de Pérez de Tolosa. Por ello, envió al Capitán Damián de Barrio hacia estas tierras, quien en 1551, descubrió las primeras minas que se encontraron en esta parte del Nuevo Mundo: La Mina Real de San Felipe de Buria, cerca de la cual fundó la Villa Rica que luego de varios traslados dio origen a la ciudad de Nueva Jerez a orillas del río del Nirgua, la cual, finalmente en 1628, originaría la ciudad de Nuestra Señora del Prado de Talavera, la actual Nirgua.

Al año siguiente del descubrimiento de las Minas, en 1552, Villegas fundó en el valle de Barquisimeto la ciudad de Nueva Segovia, nombre dado en honor a su ciudad natal, la cual, como casi todas las ciudades fundadas en la Conquista, luego encontró su asiento definitivo en las orillas del Río Turbio.

Luego vino la fundación de la ciudad de Valencia del Rey en 1555, en la ribera del Lago de Tacarigua por Alonso Díaz Moreno, bajo la gobernación de Villacinda.

En esta forma, en algo menos de 10 años, los confines de estas tierras estaban definidos por diversas fundaciones de ciudades a través de las cuales se comenzó a formar territorialmente el país, no sin dificultades, como la derivada de la oposición de los indios jirajara. Recuérdese además, que la primera rebelión de esclavos ocurrió precisamente cerca de aquí, en las Minas de Buria, para cuya explotación se habían importado 100 esclavos negros, conforme lo autorizaban las Leyes Nuevas dada la prohibición de utilizar a los indios en esos trabajos.

En 1553, los esclavos, ayudados precisamente por los indios, se alzaron bajo la jefatura de un esclavo de nombre Miguel, originario de Puerto Rico, quienes arrasaron con la guarnición y el asentamiento, y huyeron a los cercos cercanos donde se dice que establecieron su "reino", con el Negro Miguel como Rey, su mujer Quiemar como Reina y el hijo de ambos como heredero. Dicho reino, incluso, declaró la guerra a Barquisimeto.

Quien logró aplastar la rebelión fue Diego de Losada, el futuro fundador de Caracas, dispersando a los negros hacia las cabeceras de los ríos Aroa y Yaracuy, originando las cimarroneras que tanto marcaron la historia de Venezuela en los siglos posteriores.

El asentamiento poblacional de estas tierras, en todo caso, a partir del siglo XVII, se hizo a la sombra del cacao, que fue el primer fruto americano que se cultivó en la Provincia fomentado, particularmente, por los mercaderes holandeses establecidos en Curazao. Este producto llegaba a la Península de sus manos, así como de traficantes de otras naciones Europeas. Los españoles de aquí estaban muy ocupados en la búsqueda de oro, y los de la Península en el comercio de oro y plata con las colonias ricas en las que existía. Las Provincias de Venezuela no eran, precisamente, de esas; estas colonias de Tierra Firme eran paupérrimas y no figuraban para nada en el sistema mercantil del Nuevo Mundo. A pesar de ello, sin embargo, las autoridades españolas mantenían el monopolio del comercio de las Provincias con la metrópolis y la prohibición del comercio extranjero e interprovincial, orden que como era costumbre se acataba pero no necesariamente se cumplía, pues el contrabando hacia su parte.

El cacao así, circuló por dos vías: hacia Veracruz, por armadores criollos, desde donde en parte se enviaba a la Península; y hacia Europa, de contrabando, que en estos lares partía de Tucacas. Era la respuesta obligada de los productores a las limitaciones al comercio, lo que originó un claro rechazo a la autoridad colonial de parte de los habitantes de estas provincias, muchas veces con el apoyo de los propios Cabildos.

En este Valle de las Damas, como se conocía esta zona donde nos encontramos, el cacao también era el producto de mayor importancia, que se cultivaba particularmente en los sitios de Buraure; la Vega del Yaracuy; Yuribí; San José de Chivacoa; Cocorote y Los Cerritos de Cocorote. Fue en este último sitio de hacienda, en las inmediaciones del pueblo de doctrina llamado San Jerónimo de Cocorote, donde desde 1690 se había ido formando un núcleo de habitantes, asentamiento al cual se oponía tenazmente el Cabildo de Barquisimeto. Le cercenaba jurisdicción, por lo que el Cabildo barquisimetano emitió órdenes de destrucción del poblado, con respuestas sucesivas de reconstrucción por parte de sus vecinos. La tenacidad de los cerritenses pudo más que la oposición del Cabildo de Barquisimeto hasta lograr, el 7 de marzo de 1725, la fundación de un pueblo, el cual fue elevado a la condición de ciudad por Real Cédula de Felipe V de 6 de noviembre de 1729. El Ayuntamiento de la ciudad fue el que adoptó para su denominación el nombre de San Felipe, el 1 de mayo de 1731, en reconocimiento del Monarca y del santo de la fecha, agregándole el calificativo de *El Fuerte*.

Con ello se consolidó la rivalidad institucional entre Barquisimeto y Yaracuy, que en parte terminaría siglos después con la creación de la Provincia de Yaracuy. Por ello, los sanfelipeños puede decirse que nacieron peleando, adquirieron el control de su ciudad y en su momento, pudieron gobernar el contrabando de sus productos.

La fundación de San Felipe, en todo caso, coincidió con la fundación de la Compañía Guipuzcoana en 1728, la cual, a partir de 1730 asumió el monopolio del comercio para los productos que salían y entraban a la Provincia, particularmente respecto de la exportación de cacao. San Felipe, en ese esquema, estaba destinado a ser el centro comercial y administrativo de la Compañía en esta región. Los cosecheros criollos pensaron inicialmente que con la formación de la Compañía el precio de sus productos mejoraría, pero resultó lo contrario, por lo que a los pocos años, hasta el mismo Cabildo de Caracas se había alineado con los productores contra la Compañía, por los perjuicios que el monopolio comercial había causado.

Apenas diseñada la cuadrícula de la ciudad de San Felipe, como aparece del bello plano levantado por el propio gobernador de la provincia, Sebastián García de la Torre; en 1731, en el sitio por donde salía el cacao de estas tierras en la zona donde desemboca el río Yaracuy y las costas de Puerto Cabello y Tucacas, se produjo la rebelión de Andresote, comandada por el zambo Andrés López del Rosario, quien había sido el agente de los propietarios y cosecheros de San Felipe para la saca del cacao al exterior; en protesta contra la Compañía por su combate al comercio ilícito.

Diez años después, otro acontecimiento político que marcó el arraigo autonomista de la ciudad, fue el conocido motín de 1741. Ocurrió que el gobernador de la Provincia de Venezuela, Gabriel de Zuloaga, al fallecer el Justicia Mayor de la ciudad de San Felipe El Fuerte, Juan Ángel de Larrea, nombró en su lugar a Ignacio Basazábal. Se trataba de un hombre de la Compañía, vizcaíno para más señas, y conocido en Carora por su eficacia, con el mismo cargo, en la persecución del comercio ilícito. Bastó un mes para que la ciudad entera se alzara, pues a ninguno de sus notables y autoridades ni a sus "grandes cacaos", le convenía tal nombramiento, pues el contrabando había terminado siendo el principal medio de vida de sus habitantes.

Incluso, en el propio Cabildo de la ciudad se esgrimió una razón jurídica para cuestionar el nombramiento, y era el hecho de que el mismo debía corresponder por Real Cédula de 20 de agosto de 1739, al Virrey del Nuevo Reino de Granada y no al Gobernador de la Provincia de Venezuela; Real Cédula que si bien supuestamente se había conocido en San Felipe, aparentemente "no se publicó por haberse perdido los papeles", como lo dijo el Alcalde ordinario Gaspar José Pinto en la sesión de recibimiento del nuevo Justicia Mayor. Pero a los alegatos jurídicos se añadieron pedimentos de "justicia" y el grito de "abajo los vascos", lo que puso en evidencia una rebelión contra la Compañía, de tal magnitud, que terminó con la destitución del designado, con amenaza armada. El gobernador Zuloaga tuvo que negociar con los sublevados, otorgando un perdón general. En el proceso puede decirse que en San Felipe no había habido caudillo alguno que hubiera liderizado la rebelión; fue "Fuenteovejuna", es decir, el pueblo entero, y a pesar de ello, la ciudad se salvó de haber sido degradada o reducida a pueblo, como se había planteado en represalia a la sublevación.

Siempre bajo la jurisdicción de Barquisimeto, pero con su Cabildo propio, el 30 de mayo de 1810 la ciudad de San Felipe se adhirió a los postulados de la Revolución de Caracas de 19 de abril de ese año, y también aquí se sintieron los embates devastadores del terremoto del 26 de marzo de 1812, el cual también destruyó la ciudad. La misma volvió a resurgir, quedando desde entonces eliminado el calificativo *El Fuerte*.

En la configuración territorial inicial de la República independiente plasmada en la Constitución Provincial de Caracas, dictada el 31 de enero de 1812, sólo algo más de un mes después de sancionada la Constitución Federal para los Estados de Venezuela de 1811; se había organizado el territorio de la Provincia conforme al esquema adoptado en la Revolución Francesa, en cinco departamentos: Caracas, San Sebastián, valles de Aragua, Barquisimeto y San Carlos; cada uno de los cuales se dividió en Cantones y estos en Distritos. El Departamento de Barquisimeto se dividió en tres cantones, uno de los cuales era, precisamente, el cantón de San Felipe, que comprendía casi todo el territorio de lo que luego fue la Provincia de Yaracuy con los distritos de Nirgua y San Felipe. Yaritagua, sin embargo, había quedado como un distrito de otro cantón, el de Barquisimeto

Luego, por un breve período de tiempo, entre 1824 y 1832, la adscripción de toda la comarca del Yaracuy, se cambió, pasando a formar parte de la Provincia de Carabobo.

Al fin, sólo fue el 19 de marzo de 1855 -fecha que estamos celebrando- cuando se creó la Provincia de Yaracuy, al separar los cantones de San Felipe y Yaritagua de la Provincia de Barquisimeto, y el cantón de Nirgua de la Provincia de Carabobo; cuyos límites se definieron en la Ley de División Territorial de la República de 23 de abril de 1856, aún vigente. Unos años después, el 28 de marzo de 1859, el General Ezequiel Zamora declaró la Provincia como estado federal de Yaracuy, al ocupar la ciudad en plena guerra federal, obteniendo su perfil territorial definitivo al final de la guerra, en 1863, al consolidarse la Federación.

Pero todo esto no sería por mucho tiempo, pues al crearse el gran Estado Norte de Occidente, conforme a la Constitución guzmancista de 1881, Yaracuy formó parte del mismo junto con Barquisimeto; Estado que en 1882 pasó a denominarse Gran Estado Lara, aún cuando sin la jurisdicción de Nirgua, que se reintegró a Carabobo. En 1892, con la reforma constitucional, Yaracuy recuperó su autonomía, pero a fines del mismo año se integró, de nuevo, al Estado Lara. Con la reinstauración de las autonomías estadales, en 1899, en la víspera de la Revolución Liberal Restauradora, Yaracuy se separó de nuevo del Estado Lara y junto con el territorio de Nirgua se lo reconstituyó como Estado Yaracuy.

Pero no se quedaron allí estos vaivenes territoriales: cuatro años después, en 1904, la nueva Constitución de Castro volvió a incorporar el territorio de Yaracuy, excepto el de Nirgua, al del Estado Lara; lo cual fue deshecho en 1909 por la primera Constitución gomecista, que creó nuevamente el Estado Yaracuy, reintegrándosele el territorio de Nirgua, habiendo permanecido así hasta el presente.

La primera Constitución del Estado Yaracuy, en todo caso, data de 1864, sancionada por la Asamblea Constituyente del Estado. En los últimos ciento treinta y ocho años sucesivas reformas constitucionales ocurrieron, casi todas a la saga de las reformas constitucionales nacionales.

La última gran reforma de la Constitución del Estado fue la de 1979 en la cual se sentaron las primeras bases constitucionales de lo que sería, 10 años después, el inicio del proceso de descentralización política de la Federación en Venezuela. Esa Constitución de este Estado, en efecto, sirvió de modelo para las reformas constitucionales que se hicieron en los otros Estados de la República en la década de los ochenta, al amparo de la Constitución de 1961, y su texto incluso, inspiró la redacción de la propia Ley Orgánica de descentralización, delimitación y transferencia de competencias del Poder Público de 1989.

Actualmente, el Consejo Legislativo del Estado, a través de un amplio proceso de consulta pública, está concluyendo la elaboración de la nueva Constitución del Estado, un excelente texto adaptado a las disposiciones de la Constitución de 1999, que sin duda servirá nuevamente de modelo para las reformas constitucionales en otros Estados, para adaptar su normativa a las previsiones de la nueva Constitución Nacional.

La Constitución de 1999, en particular, establece no sólo la forma federal del Estado sino que lo califica como un "Estado Federal descentralizado", que debe regirse por los principios de integridad territorial, cooperación, solidaridad, concurrencia y corresponsabilidad (art. 4). La descentralización política, además, aparece expresamente regulada en la Constitución como una "política nacional para profundizar la democracia, acercando el poder a la población y creando las mejores condiciones, tanto para el ejercicio de la democracia como para la prestación eficaz y eficiente de los cometidos estatales" (art. 158).

Esta política, que en nuestro criterio y debido a la propia democracia debería ser la más importante política nacional, sin embargo, no lo ha sido. Al contrario, durante la vigencia de la Constitución de 1999 el país ha sufrido y resentido una política centralizadora y concentradora del poder; por lo que ante la abstención del Poder Nacional, la ejecución de la Constitución, tiene que ser asumida por los Estados de la Federación, para hacer realidad la descentralización y la democracia. Ese es el reto, que en el momento actual, tiene un Estado como Yaracuy.

En efecto, la descentralización es un proceso de carácter político que por sobre todo implica y exige la distribución territorial del Poder Público entre entidades políticas dotadas de autonomía y gobierno propio, como son los Estados de nuestra Federación y los propios Municipios.

Esta política responde a uno de los principios fundamentales del constitucionalismo moderno consistente en la distribución vertical o territorial del Poder Público, a través del federalismo y el municipalismo, pero en estos tiempos con una motivación concreta: es el producto o la consecuencia directa de la necesidad de perfeccionar el sistema democrático para hacerlo más participativo, de manera que llegue al ciudadano y a sus organizaciones primarias. Para ello no hay otra fórmula que no sea acercarles el Poder, ponerlo cerca del hombre y de sus organizaciones comunales, lo cual exige su distribución territorial.

En definitiva, la descentralización, como proceso político contemporáneo, es un producto de la democratización política, al punto de que sin democracia como régimen político no podría hablarse ni sería posible la descentralización política. Por ello, no hay ni puede haber autocracias descentralizadas; por lo que la descentralización es rechazada por los sistemas autoritarios, incluso por los sistemas políticos montados sobre esquemas de concentración del poder propios de los "nuevos" autoritarismos seudo democráticos que han comenzado a aparecer en América Latina, como sucedió una década en el Perú y como sucede actualmente en Venezuela.

No debemos perder de vista que independientemente de la forma del Estado que se haya adoptado históricamente, todos los Estados contemporáneos en todo el mundo occidental democrático son Estados descentralizados o en vías de descentralización. Por ello, los viejos Estados Unitarios han evolucionado progresivamente dando paso, en su seno, a instancias o niveles político-territoriales intermedios, con el carácter de regiones políticas, con autoridades propias electas y autónomas, como sucedió en España, Italia, Francia e, incluso, en Colombia, donde la distribución vertical del Poder incluso, ha sido más efectiva que la derivada del esquema ideal del Estado Federal.

Los Estados Federales, por su parte, cada uno con su modalidad centralizante, si algo los caracteriza actualmente en el mundo, es la tendencia a profundizar el federalismo para llenar de contenido el esquema de distribución del poder que teóricamente pueden permitir.

Pero por supuesto, hablar de descentralización política exige reforzar los niveles intermedios del Poder, en nuestro caso, precisamente, el de los Estados de la Federación, de manera que el proceso de descentralización política no quede reducido al solo municipalismo. Incluso, a mayor municipalización puede decirse que habría mayor necesidad de consolidar los niveles intermedios de poder.

Los municipios son tan viejos como los Estados mismos; han coexistido con las autocracias, y han funcionado independientemente del régimen político imperante. En una forma u otra siempre han gozado de autonomía, aún cuando no siempre han sido gobernados por representantes electos ni han sido realmente parte de la distribución territorial del Poder.

Sin embargo, para que el Municipio sea la escuela de la libertad y de la democracia, como lo descubrió Alexis de Tocqueville cuando ilustró a Europa sobre *La Democracia en América,* por sobre todo tiene que estar cerca del ciudadano. Un Municipio lejos de las comunidades y vecindades, como es en general el caso de Venezuela y de toda América Latina, materialmente no sirve para nada, ni para la participación política ni para la gestión eficiente de los asuntos locales.

Acaso nos hemos preguntado, ¿por qué, realmente, las democracias consolidadas de Occidente son tales democracias, donde la participación del ciudadano en la gestión de los intereses locales forma parte de la cotidianidad de la vida democrática? Todas las democracias tienen ciclos electorales, donde se vota con regularidad y tienen sistemas institucionales que son propios del Estado de Derecho. Pero unos países son más democráticos que otros. Y la respuesta del por qué esto es así, está en la municipalización o, si se quiere, en la efectiva fragmentación de las instituciones locales.

Para darnos cuenta de ello basta hacer algunas comparaciones. Venezuela, con casi un millón de kilómetros cuadrados de superficie y cerca de 24 millones de habitantes, tiene sólo 338 Municipios. Francia, en cambio, con la mitad de dicha superficie y 59 millones de habitantes, tiene 36.559 Municipios o Comunas; es decir, cien veces más. Pero lo importante no es el número de municipios de un país, sino la relación entre la autoridad local y el número de habitantes. En tanto que en Venezuela es en promedio de 71.000 habitantes por Municipio, en Francia, en cambio, es de sólo 1.614 habitantes por Municipio, es decir, cuarenta veces menos.

Cualquier revisión de esta relación que se haga en los países democráticos da cifras sorprendentes, sobre todo cuando las comparamos con las nuestras en América

Latina. España tiene 8.082 Municipios con un promedio de población de 4.825 habitantes; en Bélgica hay 2.589 Municipios, con una población media de 16.978 habitantes; en un Estado tan pequeño como Luxemburgo hay 118 Municipios, con una población promedio de 2.700 habitantes. Los 8.104 Municipios de Italia tienen un promedio de 7.156 habitantes. En Suiza hay 3.079 Municipios con un promedio de población de 2.333; y en Alemania hay 16.121 Municipios con un promedio de población de 5.086.

En Europa continental, además, debe destacarse que los Municipios de menos de 2000 habitantes representan un porcentaje elevadísimo en relación con los muy poblados, por ejemplo, el 40% en Italia y el 89% en Francia.

En nuestro continente americano debe destacarse la situación de Canadá y Estados Unidos de Norteamérica: a pesar de tener territorios casi iguales de casi 10 millones de kilómetros cuadrados, pero con densidad de población muy disímil, sin embargo, en Canadá hay 4.507 Municipios con 6.878 habitantes de promedio, y en los EE.UU. hay 70.500 Municipios, con un promedio de 3.872 habitantes por Municipio.

En contraste, en nuestros países de América Latina el panorama es diferente: en México hay 2.418 Municipios con un promedio de 40.116 habitantes; en Brasil, por ejemplo, hay 5.581 Municipios con un promedio de 31.101 habitantes; en Colombia hay 1.068 Municipios, con un promedio de 39.326 habitantes; en Guatemala hay 324 Municipios con un promedio de 33.950 habitantes; en Argentina hay 1.617 Municipios con 22.882 habitantes, y como dijimos, en Venezuela hay sólo 338 Municipios con 71.000 habitantes por Municipio.

Y si vamos a los Estados de la República, como Yaracuy si bien se mejora el porcentaje nacional, aún *no es suficiente*. El Municipio San Felipe tiene la población media nacional de los Municipios con 74.000 habitantes; el Municipio Peña tiene 108.000 habitantes; el Municipio Cocorote tiene 52.000 habitantes. Los otros Municipios oscilan entre 15.000 y 40.000 habitantes por Municipio.

Ahora bien, la clave de la democracia de participación está, precisamente, en acercar el Poder al ciudadano para que pueda efectivamente participar. Por ello, en Venezuela, mientras la autoridad local está tan alejada del ciudadano, a pesar de toda la retórica oficialista no llegaremos a ser efectiva y cotidianamente democráticos.

La gran reforma democrática en nuestro país, por tanto, está en la municipalización, pero sin uniformismo, pues no podemos multiplicar al gran municipio burocratizado de las áreas urbanas y trasladarlo a las rurales. La diferenciación de regímenes municipales es una de las primeras necesidades de la vida local.

En todo caso, mientras más se municipalice el país, y se transfieran poder y competencias propias de la vida local a las pequeñas organizaciones primarias autogestionadas, más necesaria entonces será el reforzamiento del nivel estatal, pues siempre hay una relación directa y paralela entre la descentralización local y la descentralización nacional a niveles intermedios.

Lo cierto, en todo caso, es que la descentralización o transferencia territorial del Poder enfocado sólo hacia Municipios alejados del ciudadano, subestimando los niveles estadales, como está sucediendo ahora en Venezuela, puede provocar y de hecho ha provocado frustración en relación con las expectativas del proceso democrático, centrado en mayor participación democrática y mayor eficiencia en la gestión pública. No en vano, tanto en Europa como en Latinoamérica, una de las banderas preferidas de las autocracias ha sido, precisamente, un supuesto respaldo y reforzamiento del Poder Municipal; y en las Federaciones centralizadas, uno de los instrumentos más utilizados para minimizar el poder de los Estados federados, ha sido el sólo reforzamiento del Poder Municipal. Ello ha ocurrido muchas veces en nuestra historia, como sucedió con las reformas constitucionales de 1857, 1904 y 1953.

Ahora bien, los niveles territoriales intermedios que caracterizan el proceso de descentralización contemporánea, como serían los Estados de nuestra Federación, siempre deben estar configurados por autoridades y representantes electos de carácter democrático. Por eso, puede decirse que la Federación venezolana sólo comenzó a ser totalmente democrática, a partir de 1989, cuando por primera vez en el siglo XX se comenzaron a elegir los Gobernadores de Estado.

En todo caso, en este aspecto, como ha sucedido en otros países de América Latina, no estamos descubriendo nada nuevo. Estamos experimentando la misma crisis derivada de la consolidación de la democracia por la que pasaron todos los Estados occidentales después de la Segunda Guerra Mundial. Allá como aquí, el proceso de descentralización política es producto, precisamente de la democratización y del afianzamiento de la democracia. Por ello, consideramos que la política centralista del actual gobierno nacional, es profundamente antidemocrática.

El debate sobre la descentralización en Venezuela, por ello, en definitiva, es un debate sobre la democracia y sobre el fin de más de un siglo de centralismo, que si bien contribuyó a la consolidación de los Estados Nacionales y a la implantación de la propia democracia por los partidos organizados bajo el esquema del centralismo democrático, hoy con la política centralista del Estado, el cual además, ha sido apoderado por un solo partido político, es el principal elemento que está conspirando contra la propia democracia y que impide la efectividad de las tareas del sector público.

La descentralización política, como proceso contemporáneo, por tanto, es una pieza esencial de la reforma del Estado -más motivada por las exigencias de la democratización que por la necesidad de lograr mayor efectividad y eficiencia del Estado en los asuntos públicos-, que por lo demás, ha estado acompañada en tiempos recientes de otras piezas básicas como son la privatización y la desregulación o desburocratización. Se trata de tres políticas independientes, con motivaciones diferentes pero de carácter coincidente en las últimas décadas: la primera, la descentralización, como consecuencia y exigencia de la democratización de las sociedades contemporáneas; la segunda, la privatización, como consecuencia de la crisis del Estado empresario e interventor en todos los aspectos de la vida económica y social, y como exigencia de la redefinición de sus tareas y funciones esenciales y específicas; y la tercera, la desregulación o desburocratización, como consecuencia del fracaso del sector público por atender directamente todas las demandas sociales y como exigencia de liberación de las iniciativas privadas.

Todos estos procesos políticos que en líneas generales caracterizan el proceso contemporáneo de reforma del Estado, al contrario de lo que pareciera a primera vista, lejos de significar un debilitamiento del Estado, tienden a su reforzamiento, deslastrándolo de tareas y funciones que no le corresponden ni tiene por que asumir, y permitiendo, al contrario, que pueda ocuparse de lo que sí le corresponde efectivamente.

En particular, el Estado, al desarrollar una política de descentralización, transfiriendo poder y competencias hacia niveles intermedios de gobierno territorial y las que corresponda hacia los gobiernos locales, lejos de debilitarse se fortalece, no sólo porque puede concentrar su actividad como Estado Nacional a lo que tiene que ser verdaderamente de ese nivel nacional, sino porque pueden cumplirse las tareas públicas que le son propias, más eficientemente y con más presencia, en los niveles intermedios y locales de gobierno. Un Estado Nacional sobrecargado y sobrepasado en sus posibilidades, lejos de debilitarse con la descentralización política, logra su fortalecimiento al poder reconducir sus esfuerzos a atender los asuntos nacionales y poder prestar más eficientemente los servicios y tareas esenciales mediante su transferencia a los niveles político territoriales intermedios o locales.

Pero por supuesto, el fortalecimiento del Estado como consecuencia de la descentralización política, no tiene que entenderse como un proceso en el cual se persiga necesariamente retener todo el Poder en el Estado, en perjuicio de la sociedad civil. Por ello, junto con la descentralización del Poder hacia niveles políticos intermedios y locales, la democratización del Poder y del Estado también implica la transferencia de determinados roles y funciones a la sociedad civil.

Sin embargo, y ello es evidente, en los procesos de distribución vertical del poder, incluso cuando en los sistemas federales como el nuestro se establecen cláusulas residuales de competencias a favor de los Estados Federados, no todas las competencias públicas pueden o deben descentralizarse. En la determinación del ámbito de la descentralización, por supuesto, ninguna lista o receta universal puede formularse; sin embargo, en la situación actual de los países de América Latina, por ejemplo, agobiados como están por una inmensa deuda pública interna y externa y enfrascados en un proceso de apertura económica de mercado y privatización, es evidente que todo lo que concierne o afecte la política macro-económica tiene y debe permanecer a nivel nacional o federal. En cambio, la descentralización de todas las competencias o actividades que no tienen que ser nacionales tiene por objeto, precisamente, que el Estado nacional pueda asumir la conducción política del mismo, incluso en los aspectos de la política macro-económica.

En este sentido debemos considerar como saludable la política que se ha seguido tradicionalmente en nuestro país en cuanto a la limitación del endeudamiento por parte de las entidades políticas descentralizadas, con lo cual nos hemos evitado efectos nocivos, incontrolados y dispersos, que han padecido otros países de América Latina, que incluso, han conspirado contra la propia descentralización. Es evidente que la política de descentralización, como toda política pública, tiene en sí misma semillas que son contrarias a la misma, por lo que tienen que tomarse previsiones para asegurar que no sea "autodestructiva". Una de esas previsiones es, precisamente, la limitación del endeudamiento regional y local.

Pero como antes señalamos, la descentralización política, por sobre todo, es una política de distribución vertical del Poder Público, que implica transferencia de competencias y atribuciones que se han concentrado en el nivel central nacional o federal de gobierno, hacia los niveles intermedios de gobierno, como los Estados e incluso hacia los Municipios. Es, por tanto, una política centrada en la transferencia de poderes, competencias, atribuciones y facultades y con ello, de medios para el cumplimiento de tales actividades o funciones, como son los recursos financieros, el personal y los bienes afectados a su ejecución. En particular, los recursos financieros, que nunca son suficientes en las políticas públicas, si bien son importantes, no pueden ser el único objetivo de la descentralización, pues en definitiva, se trata de medios y no de un fin en sí mismo, de dicha política.

En contraste, no hay que olvidar que muchos planteamientos descentralizadores provenientes de los niveles intermedios de gobierno territorial se han centrado, más en la necesidad de más recursos que en la sustancia de las competencias a ser transferidas, haciendo énfasis en que lo que necesitan son más recursos y menos problemas. De allí la inconveniencia de definir una política de descentralización basada sólo en un porcentaje atado y progresivo de transferencia de recursos presupuestarios, como sucede con nuestro "Situado Constitucional"; lo que ha provocado, en muchos casos, un desdoblamiento del gasto público, pues muchas transferencias de recursos no conllevan transferencias de funciones y tareas, que no llegan a salir de los niveles nacionales de gobierno.

Así, la sola descentralización de recursos, lejos de disminuir el gasto público, muchas veces lo ha aumentado, por la no disminución del volumen del gasto nacional. Por ello, como una pieza esencial del proceso de distribución vertical del poder que conlleva la descentralización política, debería hacerse énfasis en la descentralización de cometidos y funciones estatales, de manera que la descentralización de recursos se haga en función de aquellos. Así fue que configuramos, en sus inicios a comienzos de la década de los noventa, el Fondo Intergubernamental para la Descentralización en Venezuela lo cual luego fue lamentablemente distorsionado.

En todo caso, un proceso de descentralización política exige, por sobre todo, como parte de la distribución vertical del poder, la distribución territorial del poder tributario, particularmente atribuyendo a los niveles político-territoriales intermedios poder tributario originario, de manera que los órganos representativos de la región del Estado federado sean los que voten los impuestos correspondientes.

Un proceso de descentralización política no puede avanzar efectivamente en un esquema financiero de paternalismo de parte del Estado Nacional, y de dependencia financiera respecto de éste, de las entidades políticas intermedias y locales. Por ello, la descentralización política no puede fundarse en sólo transferencias de recursos financieros nacionales hacia las entidades territoriales descentralizadas, sino que al contrario, exige el desarrollo de capacidad tributaria propia en esos niveles de manera que los gobiernos regionales y locales decidan democráticamente la carga impositiva requerida. Todo ello, sin embargo, ante la actual ausencia de previsión constitucional en la materia, depende de la sanción de una ley sobre la Hacienda Pública estadal por la Asamblea Nacional. La política centralista que caracteriza el actual régimen gubernamental, sin embargo y lamentablemente, considera como fórmula permanente de financiamiento a la descentralización del Poder Público, la sola figura de los Fondos Nacionales para la descentralización que lo que ha demostrado es que se han convertido en un instrumento para acentuar al centralismo.

Por otra parte, siendo la descentralización política, en esencia, un proceso de distribución vertical del Poder Público, en el mismo deben participar, además del Estado Nacional, los niveles político-territoriales intermedios de los Estados Federados y los Municipios, siendo cada uno titular de una rama del mismo Poder Público: el Poder Nacional o Federal, el Poder Estadal y el Poder Municipal.

La distribución territorial del Poder debería implicar, entonces, un nuevo enfoque relativo a las necesarias e indispensables relaciones intergubernamentales, entre los distintos niveles del Poder Público, pues los mismos deben coparticipar en la conducción de los asuntos públicos. Por ello, el tema de las relaciones entre los diversos niveles territoriales de gobierno que coparticipan en el Poder Público, no es de simple coordinación, sino de mecanismos intergubernamentales. No es que el nivel nacional debe simplemente "coordinar" la acción de los entes territoriales, sino que debe coparticipar con estos en la conducción de los asuntos públicos, mediante relaciones intergubernamentales, que exigen nuevas fórmulas de cooperación, conciliación y de negociación.

Las fórmulas intergubernamentales, por supuesto, son más complicadas administrativamente hablando, pues requieren negociar y conciliar intereses distintos de varios niveles de gobierno. Por eso, de nuevo, no se ha podido sancionar la Ley que regule el Consejo Federal de Gobierno: el Poder Nacional lo concibe como un instrumento para la centralización basada en relaciones de coordinación; en cambio, los Estados tienen que concebirlo como un instrumento para la descentralización, basada en relaciones intergubernamentales.

Ello pone de manifiesto, en definitiva, que como proceso político la descentralización política es un proceso de lucha por el Poder. De allí el riesgo de la descentralización, que implica posibilidades de perdida de áreas de poder en beneficio de las comunidades pero en perjuicio de los partidos centralizantes.

En todo caso, la verdadera descentralización política no se impone desde arriba, sino que se exige desde abajo y se negocia. Si bien tiene que ser una política nacional, enmarcada en las reformas políticas del Estado, el empuje de los niveles de gobierno territorial, como el de los Estados de nuestra Federación, es definitivo.

La descentralización política exige, por ello, un cambio de mentalidad, de manera que se entienda que en el Estado no sólo debe existir un sólo gobierno nacional, sino que el gobierno del Estado está conformado, además por el gobierno de los Estados federados y por los gobiernos locales. Si esto no se entiende, lo que habrá será una caricatura de descentralización como la que ahora tenemos, y el riesgo inminente de la pérdida de la democracia por ausencia de mecanismos de participación política, que sólo fórmulas descentralizadas del poder pueden procurar.

El rol que pueden jugar en este proceso los Estados de la Federación y sus autoridades, por tanto, es definitivo. El Estado Yaracuy y sus autoridades tienen por tanto un gran reto, el de marcar su autonomía frente al centralismo. No es un reto nuevo. La historia nos enseña que desde el siglo XVI la gente de estas tierras lo ha asumido. No dejen de hacerlo ahora, de nuevo; el país entero se lo va a agradecer.

Muchas Gracias,

San Felipe, Marzo de 2002

SEXTA PARTE:

EL "ESTADO FEDERAL DESCENTRALIZADO" Y LA CENTRALIZACIÓN DE LA FEDERACIÓN EN VENEZUELA. SITUACIÓN Y PERSPECTIVA DE UNA CONTRADICCIÓN CONSTITUCIONAL) (Puebla, México y Mérida, Venezuela, noviembre 2003)

Ponencia elaborada para el *Seminario Internacional sobre Federalismo y Regionalismo*, Instituto de Investigaciones Jurídicas, Universidad Nacional Autónoma de México, UNAM, Puebla, noviembre 2003; y para las *XIX Jornadas sobre Federalismo, Descentralización y Municipio*, Centro Iberoamericano de Estudios Provinciales y Locales, CIEPROL, Universidad de Los Andes, Mérida, noviembre 2003. Publicada en mi libro *Constitución, democracia y control del poder*, Mérida 2004, pp. 111-144

I. LA TRADICIÓN FEDERALISTA VENEZOLANA Y LA FEDERACIÓN CENTRALIZADA

El primer país del mundo que adoptó la forma federal del Estado, la cual venía de ser recién creada en Norteamérica a partir de 1787, fue Venezuela en la *Constitución Federal para los Estados de Venezuela* sancionada el 21 de diciembre de 1811, como consecuencia de la Declaración de Independencia de España que desde 1810 fueron formulando las antiguas Provincias que conformaban la capitanía General de Venezuela.

La forma federal del Estado puede decirse que ha perdurado hasta nuestros días, aún cuando no siempre con la efectividad descentralizadora que han expresado los textos constitucionales. En particular, la Constitución de 1999 que califica el Estado federal como "descentralizado", es la más centralista de todas cuantas se han dictado en los casi doscientos años de existencia del Estado.

En efecto, el Estado venezolano se constituyó formalmente cuando el Congreso General de las Provincias de Venezuela, luego de adoptar la Declaración de los Derechos del Pueblo el 1° de julio de 1811 y de declarar la Independencia de España el 5 de julio del mismo año, en diciembre de 1811 sancionó la antes mencionada *Constitución Federal para los Estados de Venezuela*, conformada por 228 artículos, la cual incluso, precedió a la Constitución de Cádiz de 1812.

Venezuela, por tanto, nació como una Federación de siete Provincias las cuales se habían declarado independientes de España y sucesivamente se habían constituido como Estados soberanos y autónomos a partir del 19 de abril de 1810, cuando se inició el proceso de Independencia. Fue, en consecuencia, el primer país en el mundo moderno después de los Estados Unidos de América, en adoptar la forma federal del Estado en cuya formulación, sin duda, influyeron las concepciones federalistas que se habían formulado en Norteamérica.

Esa primera Constitución de 1811 tuvo corta vigencia debido a las guerras de independencia (1812-1824); pero a pesar de las críticas de Simón Bolívar a la Federación y del fuerte contenido centralista de la Constitución de Angostura de 1819, la cual tampoco tuvo mayor duración por la integración de Venezuela a lo que se llamó la Gran Colombia en 1821; lo cierto es que cuando se reconstituyó la República de Venezuela (separada de Colombia) a partir de 1830, reaparecieron los principios federalistas en un sistema que los constituyentes de la época denominaron como producto de un pacto centro-federal.

En las Constituciones posteriores la forma federal del Estado concretizada en la distribución vertical del Poder Público, se comenzó a expresar formalmente en la Constitución de 1858, en la cual se estableció que "El Poder Público se divide en Nacional y Municipal" (art. 9). Posteriormente, en la Constitución de 1901 se retomó la fórmula expresándose que "El Poder Público se distribuye entre el Poder Federal y el Poder de los Estados" (art. 29), la cual se repitió en todas las Constituciones posteriores hasta la de 1925, en la cual se agregó al Poder Municipal así: "El Poder Público se distribuye entre el Poder Federal, el de los Estados y el Municipio" (art. 51).

La norma se repitió en las Constituciones subsiguientes invirtiéndose sin embargo la enumeración de los poderes en la Constitución de 1947, así: "El Poder Público se distribuye entre el Poder Municipal, el de los Estados y el Nacional..." (art. 86), buscando apuntar hacia el nivel inferior como origen de la conformación del Estado, lo cual se repitió en la Constitución de 1953 (art. 40) y ahora se recoge en la Constitución de 1999.

De acuerdo con lo anterior, puede entonces decirse que el Estado venezolano, al constituirse en 1811 y durante toda su existencia a partir de 1830, ha tenido una forma federal, lo que implica el reconocimiento de autonomías territoriales en el nivel intermedio, es decir, de los Estados federados y, antes de 1864, de las entonces denominadas Provincias. En esa última fecha, el triunfo de la "Revolución Federal" después de una larga guerra de cinco años, precisamente condujo a la adopción definitiva de la forma federal del Estado en sustitución de la fórmula mixta de 1830, la cual a la vez había sustituido a la "Confederación" de 1811; adoptándose incluso la denominación de la República como "Estados Unidos de Venezuela", la cual se conservó hasta 1953.

Pero la Federación venezolana, a pesar de todas las fórmulas y declaraciones constitucionales, puede decirse que particularmente a partir de 1901, cuando se produjo el colapso del sistema de Estado federal liberal que se había instaurado en 1864, comenzó a convertirse en una "Federación centralizada", habiéndose progresivamente centralizado el Estado en casi todos los órdenes; proceso que a pesar del cambio político democrático de 1947 y de la consolidación de la democracia a partir de 1958, continuó desarrollándose y ha perdurado hasta nuestros días.

La gran transformación política que debió haberse producido en el proceso constituyente de 1999 para perfeccionar la democracia[878], lo cual había sido su principal

---

878 Véase Allan R. Brewer-Carías, "Propuesta sobre la forma federal del Estado en la nueva Constitución: Nuevo Federalismo y Nuevo Municipalismo" en *Debate Constituyente, (Aportes a la Asamblea Nacional Constituyente)*, Tomo I, (8 agosto-8 septiembre), Caracas 1999, pp. 155 a 170); Allan R. Brewer-Carías "El reforzamiento de la forma federal del Estado Venezolano en la Nueva Constitución: Nuevo

motivación, era por tanto efectivamente sustituir la forma estatal de la Federación Centralizada por una Federación Descentralizada. Grandes esfuerzos se hicieron en la materia, pero la reforma y profundización de la descentralización política como forma de perfeccionar la democracia que debió ser el tema central del debate constituyente, no pasó del nominalismo expresado tanto en el Preámbulo como en el artículo 4 de la Constitución, el cual precisa que "La República Bolivariana de Venezuela es un Estado federal descentralizado en los términos consagrados por esta Constitución"; fórmula más o menos similar a la del artículo 2 de la Constitución de 1961 que decía que "La República de Venezuela es un Estado federal, en los términos consagrados por esta Constitución". Ahora se ha agregado que la Federación supuestamente es "descentralizada lo cual es contradicho por el propio texto de la Constitución, en cuyo articulado se centralizó aún más al Estado.

En todo caso, "los términos consagrados por la Constitución" son la clave para determinar efectivamente el grado de descentralización del Estado y por tanto de la Federación; y la comparación entre unos y otros "términos" revela un mayor centralismo en el texto de 1999.

En la Constitución de 1999, en efecto y salvo en el nominalismo, no se avanzó mayormente en relación con lo que existía en el texto de 1961, salvo en la constitucionalización parcial de aspectos que ya se habían establecido en *la Ley Orgánica de Descentralización, Delimitación y Transferencia de Competencias del Poder Público* de 1989[879], la cual podía considerarse como una ley de rango constitucional en lo que se refería a las transferencias de competencias nacionales hacia los Estados.

Pero no hubo los avances y transformaciones necesarias para hacer realidad la descentralización de la Federación. Más bien se retrocedió institucionalmente al eliminarse el Senado, y con ello, el principio de igualdad institucional de los Estados, estableciéndose por primera vez en la historia constitucional de Venezuela una Asamblea Nacional unicameral (art. 186). Además se permitió la posibilidad de establecer limitaciones a la autonomía de los Estados (art. 162) y de los Municipios (art. 168) mediante ley nacional, lo que se configura como una negación de principio, de la idea misma de descentralización política, la cual al contrario tiene que estar basada en el concepto de autonomía territorial.

En consecuencia, la denominación de "Estado Federal Descentralizado" que se incorporó en la Constitución de 1999 para identificar la forma del Estado, viene a ser sólo un avance nominal pero en los términos establecidos en la Constitución, lo que no significó realmente avance alguno, más bien retroceso centralizador, a pesar de que se mantuvieron parcialmente algunas reformas que se realizaron en 1989[880].

Esta contradicción que existe entre la fórmula nominal del "Estado federal descentralizado" y la centralización de la Federación que se ha consagrado en el propio texto constitucional de 1999, deriva, en *primer lugar*, del precario ámbito de las competencias estadales cuyo ejercicio, además, se sujeta a lo regulado en la legislación nacional; en *segundo lugar*, de la limitada y limitable autonomía que se consa-

---

Federalismo y Nuevo Municipalismo", Ponencia presentada en *The International Conference on Federalism in an Era of Globalization*, Québec, Canadá octubre 1999 (mimeo), 13 pp.

879 Véase en *G.O.* N° 4153 Extraordinario de 28-12-1998.

880 Véase en general Allan R. Brewer-Carías, *Federalismo y Municipalismo en la Constitución de 1999 (Alcance de una reforma insuficiente y regresiva)*, Caracas, 2001.

gra para los Estados; en *tercer lugar,* de la ausencia de igualdad institucional de los Estados por la eliminación del Senado; en cuarto lugar, de la centralización tributaria y la dependencia financiera de los estados; y en quinto lugar, de la regulación de las relaciones intergubernamentales como sujeción institucional al poder central.

II. EL PRECARIO ÁMBITO DE LAS COMPETENCIAS ESTADALES[881] CUYO EJERCICIO SE SUJETA A LO QUE DISPONGA LA LEGISLACIÓN NACIONAL

Conforme a la tradición constitucional venezolana, como se ha dicho, la Constitución de 1999 conservó nominalmente la organización del Estado con forma federal, mediante un sistema de distribución del Poder Público en tres niveles: Nacional, Estadal y Municipal, atribuyendo su ejercicio a diversos órganos, y asignando competencias *exclusivas* en los tres niveles, además de las competencias *concurrentes* entre ellos, y algunas competencias *residuales* y otras *implícitas*.

La reforma constitucional de 1999, cuyo objetivo final debió haber sido perfeccionar la democracia mediante el reforzamiento de la descentralización de la Federación, debió haber revertido la tendencia histórica de los últimos 150 años de reducción y vaciamiento de las competencias de los Estados y, por tanto, asignar más competencias exclusivas a los Estados acordes con las realidades contemporáneas. Una de las formas de fortalecer al Poder Nacional sin duda, era deslastrar a la República de competencias que bien y más eficientemente se pueden cumplir a nivel estadal, al cual también debían ir competencias que históricamente se habían atribuido a los Municipios, las cuales, como estos debían haberse multiplicado con regímenes diferenciados más cerca del ciudadano y de las comunidades, debían ubicarse en el nivel intermedio (estadal) de la descentralización del poder. Sin embargo, en esta materia muy poco se varió del régimen constitucional de 1961, salvo para centralizar más competencias a nivel nacional. En cuanto a las competencias exclusivas de los Estados, éstas son precarias y su ejercicio está sometido a lo dispuesto en leyes nacionales; en cuanto a las competencias concurrentes, su ejercicio por los Estados sólo podría realizarse si se dictan leyes nacionales; y en cuanto a las competencias residuales, las mismas no sólo se establecieron a favor de los Estados sino también a favor del Poder Nacional, y las de los Estados podrían ser reducidas mediante su asunción por los órganos nacionales en virtud de la interpretación de la cláusula de las competencias implícitas.

1. *Las precarias competencias exclusivas de los Estados y su ejercicio conforme a la Ley Nacional*

Si se analiza detenidamente el artículo 164 de la Constitución, en contraste con el contenido de los artículos 156 (materias de la competencia del Poder Nacional) y 178 (materias de la competencia municipal), se puede constatar una precaria indicación de competencias que serían exclusivas de los Estados, las cuales en general son sólo en forma parcial, pues su ejercicio debe realizarse con alguna sujeción a las regulaciones que dicten los órganos del Poder Nacional.

---

881 El empleo del venezolanismo "estadales" es deliberado, para distinguir lo que concierne a los Estados federados, frente al calificativo de "estatales" destinado a identificar lo que concierne al Estado Federal o Central.

A. *Las competencias de orden institucional*

Desde el punto de vista institucional, se pueden identificar dos competencias exclusivas de los Estados en cuanto a la organización de sus propios poderes públicos estadales y en cuanto a la organización de sus Municipios.

a. *La supuesta competencia para la organización de los poderes públicos estadales*

Conforme a la Constitución, los Estados tienen competencia "exclusiva" para organizar sus propios poderes públicos; competencia que sin embargo no es plena, pues ha sido vaciada de contenido por estar sujeta en una u otra forma a la legislación nacional.

En efecto el ordinal 1 del artículo 164 atribuye a los Estado, a través de sus Consejos Legislativos, la potestad de dictar la Constitución del Estado para organizar los poderes públicos. Este sería uno de los signos fundamentales de la autonomía de los Estados, lo que debería implicar la potestad de regular la organización y funcionamiento de los órganos de los Poderes Legislativo (Consejos Legislativos) y Ejecutivo (Gobernación y Administración Pública estadal) de cada Estado, así como de los otros órganos del Poder Público estadal como las Contralorías de los Estados. En cuanto al Poder Judicial, su organización y funcionamiento en Venezuela es de exclusiva competencia nacional.

Sin embargo, como se verá, la realidad constitucional es que las Constituciones de los Estados materialmente dejaron de tener contenido propio, pues su parte orgánica, que es la única que en sentido estricto deberían tener (la parte dogmática de la Constitución sobre los derechos y garantías constitucionales es una competencia nacional), destinada a regular la organización y funcionamiento de los órganos estadales, en definitiva ha sido regulada por leyes nacionales, cuyo contenido es el que en una forma u otra se repite en los textos constitucionales estadales. Entonces, en cuanto a lo que en esta materia institucional sería de la competencia "exclusiva" de los Estados, como se analizará más adelante al comentar la autonomía limitada de los mismos, la Constitución sujeta su ejercicio a la legislación nacional o directamente atribuye al Poder Nacional su regulación, como ocurre respecto del la organización y funcionamiento de los Consejos Legislativos estadales, respecto de la Administración Pública y de la función pública estadal y respecto de la designación de los Contralores de los Estados.

b. *La organización de los Municipios sujeta a la ley nacional*

El artículo 162 de la Constitución también atribuye a los Estados, competencia "exclusiva" para organizar los Municipios y demás entidades locales que se establezcan en el territorio de cada Estado así como su división política territorial, pero ello conforme a la Constitución y a la ley; y es el artículo 169 de la Constitución, el que dispone que la organización de los Municipios y demás entidades locales se debe regir por la Constitución, por las normas que para desarrollar los principios constitucionales establezcan las *leyes orgánicas nacionales* y por las disposiciones legales que de conformidad con aquellas dicten los Estados.

Se establece, así, un orden jerárquico de las fuentes legales que rigen respecto de la organización de los Municipios conforme a lo cual las leyes estadales que se dicten en esta materia están sujetas a lo que establezca una ley orgánica nacional.

B. *Las materias de la competencia exclusiva de los Estados*

La Constitución establece una larga enumeración de materias de la competencia exclusiva de los órganos del Poder Nacional (art. 156) y de los órganos del Poder Municipal (art. 178); en contraste con una exigua enumeración de materias que serían de la competencia exclusiva de los Estados, enumeradas en el artículo 164 de la Constitución, y relativas a los servicios públicos estadales, la policía estadal y la fijación del ámbito de la policía municipal; la explotación de algunos bienes y recursos; y la materia de infraestructura, básicamente vial y de transporte.

Estas, en realidad, pueden considerarse materias de la competencia exclusiva parcial, pues en muchos aspectos de las mismas materias, se asignan competencias a otros órganos del Poder Público.

a. *Las competencias en materia de servicios públicos*

El artículo 164,8 de la Constitución atribuye a los Estados competencia "exclusiva" en materia de "creación, régimen y organización de los servicios públicos estadales". Sin embargo, ninguna norma constitucional atribuye a los Estados servicio público específico alguna, por lo que esta materia, en realidad se está en presencia de una materia de la competencia concurrente con otros niveles del Poder Público, como las referidas a los servicios de salud, educativos o de deportes por ejemplo, cuyo ejercicio, en todo caso, requeriría la sanción previa de leyes de bases por el Poder Nacional.

b. *La competencia en materia de policía estadal y de fijación del ámbito de la policía municipal*

Los Estados tienen como materia de la competencia exclusiva "La organización de la policía y la determinación de las ramas de este servicio atribuidas a la competencia municipal, conforme a la legislación nacional aplicable" (art. 164,6).

Esta competencia exclusiva, sin embargo, como lo dispone la norma, debe ejercerse por los Estados "conforme a la legislación nacional aplicable", lo que implica una sujeción al régimen general de la policía que establezca el Poder Nacional.

La policía, en efecto, es una materia que la Constitución distribuye como competencia en los tres niveles de gobierno: El Poder Nacional tiene competencia exclusiva en materia de "policía nacional" (art. 156,6), correspondiendo al Ejecutivo Nacional organizar, de conformidad con la ley, un cuerpo uniformado de policía nacional (art. 332); y el Poder Municipal tiene competencia exclusiva, "en cuanto concierne a la vida local", en materia de "prevención y protección vecinal y servicios de policía municipal, conforme a la legislación nacional aplicable" (art. 178,7).

c. *Las competencias en materia de explotación de bienes y recursos*

La Constitución atribuye a los Estados competencia exclusiva en materia de explotación de minerales no metálicos, salinas y ostrales, y de la administración de las tierras baldías.

En cuanto al régimen y aprovechamiento de los minerales no metálicos y las salinas, el artículo 164,5 de la Constitución asigna competencia a los Estados en cuanto al "régimen y aprovechamiento de minerales no metálicos, no reservados al Poder Nacional, las salinas, ostrales..., de conformidad con la ley". Esta materia de la competencia exclusiva se había transferido a los Estados por el art. 11,2 de la Ley Orgánica de Descentralización, Delimitación y Transferencia de Competencias del Poder Público de 1989[882].

Ahora bien, en cuanto a su ejercicio, este debe realizarse "de conformidad con la ley", es decir, sujeto al régimen general que la Asamblea Nacional establezca en relación con "las minas e hidrocarburos... y otras riquezas naturales del país" (art. 156,16); particularmente, conforme a la competencia general del Poder Nacional respecto de "la conservación, fomento y aprovechamiento de los bosques, suelos, aguas y otras riquezas naturales del país" (art. 156,16).

En cuanto a la administración de las tierras baldías que son las que al no tener dueño conforme al Código Civil, son de la titularidad de los Estados, el artículo 164,5 de la Constitución la asigna a estos como competencia "exclusiva". Esta competencia, sin embargo, debe ejercerse conforme al régimen de las tierras baldías que establezca el Poder Nacional (art. 156,16). Además, conforme a la Disposición Transitoria Décimo Primera de la Constitución, "hasta tanto se dicte la legislación nacional relativa al régimen de las tierras baldías, la administración de las mismas continuará siendo ejercida por el Poder Nacional, conforme a la legislación vigente".

d. *Las competencias en materia de infraestructura*

La Constitución asigna a los Estados competencia exclusiva en una serie de materias vinculadas a la infraestructura, particularmente en materia de obras públicas, vialidad y transporte acuático y aéreo.

En efecto, en materia de obras públicas estadales puede decirse que al atribuirse al Poder Nacional competencia exclusiva en materia de obras públicas nacionales (art. 156,20), corresponde entonces a los Estados la competencia exclusiva en materia de obras públicas estadales.

En materia de vialidad estadal, la Constitución atribuye a los Estados competencia exclusiva en materia de "ejecución, conservación, administración y aprovechamiento de las vías terrestres estadales" (art. 164,9). Estas serían "las que conforman la red vial dentro del territorio de cada Estado, con exclusión de las vías de comunicación nacionales que se encuentren en el mismo y de las vías urbanas municipales", tal como las definió el artículo 6 del Reglamento Parcial N° 7 de la Ley Orgánica de Descentralización, Delimitación y Transferencia de Competencias del Poder Público en materia de vialidad terrestre de 1993[883]; siendo vías de comunicación nacionales, "las carreteras que atraviesan un Estado y salgan de sus límites" (art. 4,1).

La precisión del ámbito de la materia objeto de esta competencia exclusiva es esencial, ya que el artículo 156 asigna al Poder Nacional competencia en cuanto al "Sistema de vialidad y de ferrocarriles nacionales" (ord. 27); y el artículo 178,2 atribuye a los Municipios competencia en materia de "vialidad urbana".

Además, los Estados tienen competencia en cuanto a la administración de la vialidad nacional siguiendo la decisión descentralizadora adoptada por la Ley Orgánica de Descentralización, Delimitación y Transferencia de Competencias del Poder Público de 1989 (art. 11,3). En efecto, el artículo 164,10 de la Constitución asigna

882 Véase en *G. O.* N° 4.153 Extraordinaria de 28-12-1998.

883 Véase en *G.O.* N° 35.327 de 28-10-1993.

competencia exclusiva a los Estados en materia de "conservación, administración y aprovechamiento de carreteras y autopistas nacionales... en coordinación con el Poder Nacional".

Esta competencia no sólo está sujeta al ejercicio de la competencia nacional en materia de "sistema de vialidad y ferrocarriles nacionales" (art. 156,27) sino a "la coordinación con el Poder Nacional" que éste debe regular.

En cuanto a la administración de puertos y aeropuertos comerciales, la Constitución, siguiendo también la descentralización de competencias efectuada a favor de los Estados por el artículo 11,5 de la Ley Orgánica de Descentralización, Delimitación y Transferencia de Competencias del Poder Público, asigna competencia exclusiva a los Estados en materia de "conservación, administración y aprovechamiento de... puertos y aeropuertos de uso comercial, en coordinación con el Poder Nacional" (art. 164,10). En esta materia, sin embargo, la competencia estadal también es de ejercicio parcial, pues el Poder Nacional tiene competencia en materia de "El régimen de... los puertos, aeropuertos y su infraestructura" (art. 156,26) y en todo caso, la competencia estadal debe ejercerse "en coordinación con el Poder Nacional" conforme al régimen establecido en la legislación nacional.

2. *Las competencias concurrentes y su ejercicio con sujeción a la ley nacional*

Además de las competencias exclusivas de cada nivel territorial, debe señalarse que la gran mayoría de las materias referidas a las competencias "exclusivas" que en los artículos 156, 164 y 178 se distribuyen entre los tres niveles territoriales del Poder Público, resultan ser en realidad materias de la competencia concurrente entre la República, los Estados y los Municipios, o entre la República y los Municipios o entre la República y los Estados.

Entre estas materias que por ser de competencia concurrente corresponden también a los Estados, se pueden identificar en la Constitución algunas relativas a la protección ciudadana, es decir, policía y administración de riesgos (art. 55); al desarrollo económico, como las relativas a la ordenación y promoción del desarrollo económico y social (arts. 112, 299, 308, 309 y 310), a la promoción del desarrollo rural y seguridad alimentaria (art. 305, 306 y 307), y a la ciencia y tecnología (art. 110); al desarrollo social, como la asistencia y protección social (arts. 75 a 81), la salud (arts. 83, 84 y 85), la vivienda (art. 82), la educación (arts. 102 a 109), la cultura y el patrimonio histórico (arts. 98 a 191), el deporte (art. 111), la protección y atención a los pueblos; y la protección del trabajo (arts. 87 y ss.); y a la infraestructura y desarrollo físico, como la ordenación del territorio (art. 128), y el ambiente (arts. 127 a 129).

Sin embargo, aparte de que en la mayoría de estas materias se atribuye expresamente al Poder Nacional la competencia para dictar la legislación correspondiente, las mismas no pueden ejercerse por los Estados sino siempre con sujeción a lo que disponga la ley nacional que se dicte. En efecto, conforme al artículo 165 de la Constitución, todas estas materias deben ser reguladas mediante *leyes de bases* dictadas por el Poder Nacional, lo que conduce a un condicionamiento excesivo por parte de los órganos nacionales respecto de los otros niveles territoriales; y además, por leyes de desarrollo sancionadas por los Consejos Legislativos de los Estados.

Sobre esas "leyes de bases", las cuales constituyen una novedad en el constitucionalismo venezolano, la Exposición de Motivos de la Constitución que se elaboró *ex post facto,* ha indicado lo siguiente:

"En cuanto a las competencias concurrentes se adopta la experiencia de derecho comparado en materia de descentralización y se asume que las leyes nacionales tienen la naturaleza de leyes bases, en las que se establecen conceptos generales, básicos y orientadores; y las leyes estadales son leyes de desarrollo de esos principios básicos, lo que permitirá mejores condiciones para la delimitación de competencias"[884].

Esta "explicación" en realidad, lo que pone de manifiesto es la inadecuada traslación de una figura desarrollada en la experiencia de Estados unitarios descentralizados, como España con sus Comunidades Autónomas, totalmente extrañas a lo que debería ser una Federación. En todo caso, cuando se dicten leyes de bases por el Poder Nacional, la Asamblea Nacional obligatoriamente debe someterlas a consulta de los Estados, a través de los Consejos Legislativos (art. 206). Los Consejos Legislativos de los Estados también pueden tener la iniciativa legislativa, ante la Asamblea Nacional, respecto de las leyes relativas a los Estados (art. 204,8).

3. *Las competencias residuales no sólo estadales sino nacionales y la amplitud desmesurada de la cláusula de competencias implícitas*

Conforme a la tradición de los sistemas federales, los Estados tienen competencia en todo lo que no corresponda de conformidad con la Constitución a la competencia nacional o municipal (art. 164,11). Es lo que se denomina la competencia residual de los Estados.

Sin embargo, en virtud de la competencia implícita establecida a favor del Poder Nacional en el artículo 156,33 de la Constitución, el residuo a favor de los Estados puede resultar aún más exiguo y dependiente del Poder Nacional. Dicha norma, en efecto, atribuye al Poder Nacional competencia en toda otra materia que la Constitución atribuya al Poder Público Nacional, o que "le corresponda por su índole o naturaleza". Con ello, cualquiera de las materias de la competencia residual de los Estados podría ser centralizada sin límite alguno.

Además, como excepcionalmente ocurrió en la Constitución centralista y autoritaria de 1953, la Constitución de 1999 también estableció una competencia residual a favor del Poder Nacional, aun cuando reducida a la materia tributaria, al asignarle competencia en materia de impuestos, tasas y rentas "no atribuidos a los Estados y Municipios" por la Constitución y la ley (art. 156,12).

En consecuencia, en la Constitución de 1999 se estableció una doble competencia residual: a favor del Poder Nacional en materia tributaria; y el resto, a favor de los Estados.

III. LA LIMITADA Y LIMITABLE AUTONOMÍA DE LOS ESTADOS

En un Estado federal o en todo sistema de distribución política territorial del Poder Público, la Constitución es la que establece la garantía de la autonomía de los Estados miembros y, por tanto, sus límites. Esta autonomía político territorial, implica no sólo autonomía política (elección democrática de sus autoridades), sino además, autonomía organizativa (organización de sus Poderes Públicos al dictar su Constitución), autonomía administrativa (inversión de sus ingresos), autonomía jurídica (no-revisión de sus actos sino por los tribunales), autonomía normativa (regulación legislativa de las materias de la competencia de la entidad) y autonomía tributaria

---

884 Véase en *G.O.* N° 5.453 de 24-03-2000.

(creación, administración y control de sus tributos); y, en todo caso, que sus límites sólo deberían ser los establecidos en la propia Constitución como garantía de dicha autonomía, razón por la cual la ley nacional, en principio, no debería regular las materias de la competencia exclusiva de los Estados. La Constitución de 1999, sin embargo, en esta materia sólo dispone que los Estados son "entidades políticas autónomas en lo político"(art. 159).

En todo caso, esta autonomía territorial implica, además, que en el ejercicio de sus respectivas competencias las entidades político territoriales no deberían estar sujetas a relación jerárquica ni a sujeción alguna entre ellas, ni de orden legislativa ni ejecutiva, conforme a lo que garantice la Constitución, salvo las excepciones que expresamente se establezcan en el texto fundamental.

Conforme a la orientación que tenía el texto constitucional de 1961, la Constitución de 1999 establece los principios generales de la organización del Poder Público Estadal, conforme al principio de separación orgánica en dos Poderes: el Poder Legislativo, a cargo de los Consejos Legislativos Estadales cuyos miembros son electos por votación popular directa y secreta; y el Poder Ejecutivo, a cargo de los Gobernadores, cuya elección se estableció a partir de 1989. Además en la Constitución se prevé un órgano del Poder Público estadal con autonomía funcional, que es la Contraloría del Estado, la cual puede ser configurada como Poder Contralor.

1. *Las limitaciones a la autonomía organizativa respecto de la organización y funcionamiento de los consejos legislativos*

En cuanto al Poder Legislativo estadal, este se ejerce en cada Estado por un Consejo Legislativo conformado por un número no mayor de 15 ni menor de 7 integrantes, quienes proporcionalmente deben representar a la población del Estado y a los Municipios (art. 162).

El régimen de la organización y funcionamiento de los Consejos Legislativos, por supuesto, debería ser objeto de regulación en las Constituciones que los Estados pueden dictar conforme lo indica la Constitución Nacional como parte de la organización de sus poderes públicos (art. 164,1), y como consecuencia de la autonomía organizativa de los estados. A pesar de ello, sin embargo, ha sido la propia Constitución de 1999 la que ha limitado esta autonomía al establecer que una *ley nacional* puede regular "la organización y funcionamiento" de uno de los poderes públicos estadales, como son los Consejos Legislativos Estadales (art. 162).

Se trata, sin duda, de una limitación desusada y absolutamente inconveniente, ya que esa materia a la vez se declara como de la competencia exclusiva de los Estados a ser regulada en sus respectivas Constituciones (art. 164, ord. 1).

En ejecución de la norma constitucional, sin embargo, la Asamblea Nacional dictó en 2001 la *Ley Orgánica de los Consejos Legislativos de los Estados*[885] contentiva de 50 artículos en los cuales se han regulado, en detalle, no sólo las bases y principios del régimen de organización y funcionamiento de los Consejos Legislativos de los Estados, sino las regulaciones referidas a los Legisladores; y más aún, las atribuciones de los Consejos Legislativos y los principios generales para el ejercicio de la función

885 Véase en *G.O.* N° 37.282 del 13 de septiembre de 2001.

legislativa (art. 1), con lo cual la Asamblea Nacional se excedió incluso respecto de lo autorizado excepcionalmente en la Constitución.

En cuanto a los miembros de los Consejos, la Ley Orgánica detalla su denominación como legisladores (art. 3); sus condiciones de elegibilidad igual que para los diputados nacionales (art. 4); sus deberes (art. 5); las incompatibilidades de los mismos, similares a las previstas en la Constitución para los diputados nacionales (art. 6); su dedicación exclusiva definida como el deber que tiene el legislador de estar en todo momento a disposición de la institución parlamentaria estadal sin poder excusar el cumplimiento de sus deberes por el ejercicio de actividades públicas o privadas (art. 7); los derechos de los Legisladores (art. 8); su inmunidad en el ejercicio de sus funciones, correspondiendo al Tribunal Supremo de Justicia autorizar su enjuiciamiento (art. 9,10); el carácter de la representación de los Legisladores art. 11); su remuneración (art. 122) y el régimen de su jubilación (art. 14).

En cuanto a las atribuciones de los Consejos, la Ley Orgánica las regula en materia de sanción de la Constitución y leyes estadales; participación en la designación, juramentación y destitución del Contralor del Estado; ejercicio de control parlamentario de la Administración Pública Estadal, evaluación de la gestión del Gobernador; autorización de créditos adicionales a los presupuestos estadales; aprobación de las líneas generales del plan de desarrollo del Estado; solicitud de remoción, destitución o retiro del Secretario General de Gobierno, y de los directores generales sectoriales que en el ejercicio de sus funciones violen o menoscaben los derechos constitucionales o causen perjuicio patrimonial a la administración o a los particulares; autorización al Gobernador del Estado el nombramiento del Procurador General del Estado; autorización de la salida del Gobernador del Estado del espacio geográfico venezolano cuando su ausencia se prolongue por un lapso superior a cinco días consecutivos; sanción de su Reglamento interno de organización; aprobación de su presupuesto de gastos; autorización al Ejecutivo Estadal para enajenar bienes muebles e inmuebles; designación de su representante ante el Consejo de Planificación de Políticas Públicas (art. 15); y sanción de su Reglamento Interior y de Debates, con indicación precisa de su contenido para tratar "en lo posible de fijar su organización bajo parámetros de homogeneidad con los Consejos Legislativos de los demás Estados"(art. 19).

En cuanto a la organización de los Consejos Legislativos, la Ley Orgánica nacional regula la sede en la cual deben realizarse las sesiones (Capital del Estado) (art. 2); el presupuesto anual de los Consejos (art. 13); su instalación (art. 17); los períodos de sesiones (art. 18); las sesiones extraordinarias (art. 19); la Junta Directiva y su integración (art. 20), sus atribuciones (art. 21); las del Presidente (art. 22), del Vicepresidente (art. 23); y la Secretaría (arts. 24, 25).

En cuanto al funcionamiento de los Consejos Legislativos de los Estados, la Ley Orgánica regula en detalle las comisiones y sus formas de funcionamiento (art. 27); las comisiones permanentes (art. 28), su número no mayor de siete (art. 29), su creación y supresión (art. 30); las comisiones especiales (art. 31); los grupos parlamentarios de opinión (art. 32); la Comisión Delegada (art. 33), y sus atribuciones (art. 34).

Como puede apreciarse, en la Ley nacional no sólo se reguló con todo detállelo relativo a la organización y funcionamiento de los Consejos Legislativos, sino el régimen de sus miembros y sus atribuciones, lo cual no está autorizado en la Constitución. Además, también se regula sin autorización constitucional alguna el procedimiento de formación de las leyes estadales. Con una regulación tan completa nada tiene que agregar las Constituciones de los Estados, las cuales en esta materia carecerían de objeto.

2. *Las limitaciones al ejercicio de las funciones legislativas y de control por parte de los consejos legislativos*

La Constitución asigna a los Consejos Legislativos de los Estados competencia exclusiva para legislar sobre las materias de la competencia estadal (art. 162, 1), sin embargo, ello está limitado en el propio texto constitucional.

Por ejemplo, en materia de tributos, como se verá, en la Constitución no sólo se ha dejado la materia a una legislación nacional futura, (art. 167, 5), sino que en definitiva el Poder Nacional es el llamado a regular el ejercicio de la potestad tributaria estadal (art. 156, 13).

En cuanto a las competencias, las que son de carácter concurrente, como se ha dicho, sólo pueden ejercerse por los Estados conforme a las "leyes de base" que dicte el Poder Nacional (art. 165); y en los otros casos de competencias exclusivas también están sujetos a lo establecido en la ley nacional, como sucede en materia de policía estadal que sólo puede ejercer conforme a la legislación *nacional* aplicable (art. 164, ord. 6).

Pero además, como se indicó, la Asamblea Nacional, sin tener autorización constitucional alguna para regular el ejercicio de la función legislativa por parte de los Consejos Legislativos de los Estados, en la *Ley Orgánica de los Consejos Legislativos de los Estados* de 2001, estableció con todo detalle todo el procedimiento para la formación de las leyes estadales, lo que debía ser regulado en las Constituciones de los Estados.

En dicha regulación sobre la función legislativa se especificó las clases de leyes que pueden dictar los Consejos Legislativos (art. 35); el proceso de su formación y las discusiones requeridas (art. 37); la iniciativa legislativa (art. 38); los mecanismos de consulta a los Municipios y la sociedad civil (art. 39); y los Acuerdos (art. 40). Todas estas normas debían haberse regulado en las Constituciones estadales, constituyendo una usurpación la regulación que ha hecho la Asamblea Nacional.

Lo mismo puede decirse respecto de las funciones de control que constitucionalmente se atribuyen a los Consejos Legislativos y cuyo ejercicio ha sido también regulado por la *Ley Orgánica de los Consejos Legislativos* de 2001, lo que constituye otra limitación no autorizada constitucionalmente a la autonomía de los Estados. En efecto, en dicha Ley se han regulado los mecanismos de control: las interpelaciones, las investigaciones, las preguntas, las autorizaciones y las aprobaciones parlamentarias y la declaración de la responsabilidad política de los funcionarios (art. 41); la obligación de comparecencia de los funcionarios públicos estadales (art. 42); y las invitaciones a funcionarios públicos nacionales (art. 43);

La limitación efectuada por el Poder Nacional a los poderes estadales mediante la referida Ley Orgánica, llegó al extremo de la intervención contenida en el artículo 48 de la misma, en el cual se obliga a los Consejos Legislativos de los Estados en un breve término a "ajustar" sus Constituciones a los términos establecidos en la Ley. La verdad es que con las regulaciones de dicha Ley Orgánica muy poco o nada quedaría por regular en las Constituciones de los Estados, salvo repeticiones normativas. En todo caso, todo lo anterior lo que hace es configurar una autonomía limitada del Poder Legislativo estadal, lo que es lo mismo que una descentralización más nominal que real.

3. *La limitación a la autonomía organizativa en cuanto al régimen de la organización y funcionamiento del poder ejecutivo estadal y de la administración pública de los estados*

El régimen general de organización y funcionamiento de las Gobernaciones de Estado, está establecido en los artículos constitucionales 161 y 162, y su contenido debía haber sido objeto de desarrollo legislativo en las Constituciones de los Estados y en las leyes de la Administración Estadal. Sin embargo, la Constitución de 1999, en lo que se puede considerar como una innovación respecto de la tradición constitucional precedente, establece directamente un conjunto de regulaciones relativas a la Administración Pública, que se aplican por igual a los tres niveles territoriales de gobierno (arts. 141 y ss.), las cuales, por tanto, escapan de la posibilidad de regulación por los Consejos Legislativos estadales en las Constituciones estadales.

Aparte de algunos principios generales sobre principios de la actividad administrativa (art. 141), creación de institutos autónomos, control del Estado sobre las entidades públicas (art. 142), y derecho ciudadano a la información administrativa (art. 243 y 156,32) que rigen por igual respecto de los entes nacionales, estadales y municipales; la Constitución regula directamente en sus artículos 144 a 148 el régimen de la función pública, el cual se aplica tanto a la Administración Pública Nacional como a las Administraciones Públicas Estadal y a Municipal.

En ejecución de esta norma constitucional la Asamblea Nacional sancionó la *Ley del Estatuto de la Función Pública*[886] con el objeto de regir las relaciones de empleo público entre los funcionarios públicos y "las administraciones públicas nacionales, estadales y municipales", lo que comprende tanto el sistema de dirección y de gestión de la función pública y la articulación de las carreras públicas, como el sistema de administración de personal (art. 1); indicando expresamente que "las normas que se refieren en general a la Administración Pública, o expresamente a los Estados y Municipios, serán de obligatorio cumplimiento por éstos" (art. 2). La regulación del régimen de los funcionarios públicos estadales, por tanto, dejó de ser competencia de los Estados y fue centralizada en el ámbito nacional.

La Ley nacional, por tanto, es la que establece la competencia de los Gobernadores para ejercer la dirección y gestión de la función pública en los Estados (arts. 4 y 5,3); la competencia de las oficinas de planificación de los Estados en materia de planes de personal (art. 14, único) y de registro de funcionarios públicos estadales(art. 9, único), y la competencia de las oficinas de recursos humanos de los Estados (art. 10, único). Se reguló también nacionalmente el régimen del sistema de administración de personal que abarca la selección, el ascenso, la clasificación de cargos, las remuneraciones, la evaluación, la capacitación, la jornada de servicio, las situaciones administrativas, el retiro y el reingreso (arts. 40 a 78).

En la Ley nacional, por otra parte, se regulan las condiciones generales para ejercer cargos en la Administración estadal (art. 17); los funcionarios de carrera (art. 19) y de libre nombramiento y remoción (art. 20) de los Estados; los derechos (arts. 22 a 32) y los deberes de los funcionarios públicos estadales (arts. 33 y 34); las incompa-

---

886 Véase en *G. O.* N° 37.522 del 06-09-2002.

tibilidades (arts. 35 y 36); el régimen del personal contratado (art. 37), y las responsabilidades y el régimen disciplinario (arts. 79 a 89).

Además, en esta materia relativa al régimen del personal de los Estados, se reserva al Poder Nacional la potestad, mediante "ley orgá-nica", para fijar los límites a los emolumentos de los funcionarios públicos estadales (art. 147); y mediante "ley nacional" establecer el régimen de jubilaciones y pensiones para los funcionarios públicos estadales.

En cuanto a los emolumentos de los funcionarios estadales, la Asamblea Nacional sancionó la *Ley Orgánica de Emolumentos para Altos Funcionarios y Funcionarias de los Estados y Municipios* de 2002[887] en la cual se fijaron los límites máximos y mínimos de los emolumentos que devenguen los Gobernadores, los Legisladores de los Consejos Legislativos y demás altos funcionarios de la Administración Pública estadal, considerando como nulas y sujetas a repetición las remuneraciones percibidas fuera de los límites establecidos directamente en la Ley (arts. 4 a 10). La Ley nacional, además estableció la obligación de las administraciones públicas estadales de ajustar sus presupuestos a lo establecido en la Ley (art. 12).

En esta forma, el poder legislativo estadal ha sido vaciado por la Constitución y la ley nacional.

4. *Las limitaciones a la potestad organizativa del poder ciudadano estadal (contralorías de los estados)*

De acuerdo con la Constitución, en el nivel nacional del Estado Federal, es decir, el Poder Nacional, se divide en cinco ramas: Legislativo, Ejecutivo, Judicial, Ciudadano y Electoral (art. 136). En esta forma, la Constitución de 1999 les asignó el carácter de ramas del Poder Público Nacional, como Poder Ciudadano y Poder Electoral, a los órganos estadales que conforme a la Constitución de 1961 eran *órganos con autonomía funcional,* que ejercían el Poder Nacional, pero que no estaban integrados en los órganos del Poder Legislativo, del Poder Ejecutivo o del Poder Judicial.

En el nivel estadal, la situación de los órganos de control del Poder Público estadal ha sido similar a la indicada anteriormente. En efecto, las Contralorías estadales siempre han existido como órganos que han ejercido el Poder Estadal pero con autonomía funcional, en el sentido de que han sido órganos que no dependían ni de las Asambleas Legislativas o Concejos Municipales ni de los Gobernadores o Alcaldes, respectivamente.

La Constitución de 1999 puede decirse que siguió con esta tradición, aún cuando en el nivel estadal no dividió el Poder Público en cinco. En los Estados, en particular, se continuó con una organización bipartita del Poder Estadal: el Poder Legislativo (art. 162) que se ejerce por los Consejos Legislativos Estadales y el Poder Ejecutivo (art. 160) que se ejerce por los Gobernadores de Estado. Pero la división bipartita del Poder Estadal no excluye que deba haber órganos del Poder Estadal, que no ejercen ni el Poder *Ejecutivo* Estadal ni el Poder *Legislativo* Estadal, y que gozan de autonomía, como son precisamente las Contralorías Estadales reguladas expresamente en la Constitución (art. 163). En las Constituciones estadales, además, podr-

887 Véase en *G. O.* N° 37.412 del 26-03-2002.

ían crearse otros órganos con autonomía funcional que ejercen el Poder Público Estadal, como en algunos Estados existen, por ejemplo, el Defensor del Pueblo, particularmente frente al gobierno y administración pública estadales.

Ahora bien, como se ha dicho, los Estados tienen constitucionalmente competencia para "dictar su Constitución para organizar los poderes públicos, de conformidad con lo dispuesto en la Constitución" (art. 164,1). Por tanto, es competencia *exclusiva* de los Estados, a través de sus Consejos Legislativos mediante la sanción de la Constitución estadal, no sólo organizar los respectivos Consejos Legislativos y la Gobernación de los Estados, lo que como se ha visto ha sido limitado por la propia Constitución y por Leyes nacionales; sino también a las Contralorías Estadales y a los demás órganos de los poderes públicos estadales, con la única limitación de que ello deben hacerlo "de conformidad con lo dispuesto en la Constitución". Conforme al artículo 163 del Texto Fundamental la Constitución de cada Estado y la legislación estadal complementaria son las que deberían regular a las Contralorías estadales conforme a los principios que establece la Constitución.

En cuanto a los Contralores de los Estado, la Constitución sólo dispone que las condiciones para el ejercicio de sus cargos son las determinadas por la ley; la cual sólo debía ser la ley del Estado, es decir, la que se dicte por el Consejo Legislativo, en la cual es que debería garantizarse la idoneidad e independencia del Contralor estadal, así como la neutralidad en su designación, la cual, en todo caso, debe realizarse mediante concurso público (art. 163).

Sin embargo, aquí también se ha producido una intolerable y no autorizada limitación a la autonomía organizativa de los Estados, al dictarse por la Asamblea Nacional la *Ley para la Designación y Destitución del Contralor o Contralora del Estado* de 2001[888], con el objeto de establecer los conceptos y procedimientos generales, básicos y orientadores que regulan el proceso de designación y destitución del Contralor (art. 1).

La Ley, en definitiva, ha tenido por objeto limitar la autonomía de los Consejos Legislativos al atribuirse a un Jurado Calificador la competencia para seleccionar al Contralor, el cual una vez seleccionado debe ser designado por el Consejo. A tal efecto, la Ley precisa que la designación corresponde al Consejo Legislativo estadal mediante concurso público (art. 2), el cual debe garantizar la imparcialidad, publicidad y participación de la ciudadanía en el proceso mediante la conformación y juramentación del Jurado Calificador, el cual debe actuar ad honoren (art. 3).

A tal efecto, en la Ley se regula con todo detalle al Jurado Calificador, sus miembros (art. 6), su composición con la previsión de un representante del Grupo Parlamentario Estadal ante la Asamblea Nacional (art. 7), sus funciones (art. 4) y atribuciones (art. 16); las condiciones para la realización del concurso público (art. 5); su organización y funcionamiento (art. 9); su designación (art. 10), su instalación (art. 11); su sede (art. 14); el quórum y de la toma de decisiones (art. 15).

La Ley nacional regula además con precisión, el procedimiento para la selección del candidato para el cargo de Contralor del Estado al establecer los requisitos para el cargo (art. 17); la forma de la convocatoria (art. 18); y los requisitos para las postulaciones (art. 21). La Ley atribuye además al Contralor General de la República, com-

---

888 Véase en *G. O.* N° 37.303 del 15-10-2001.

petencia para establecer el baremo que debe regir el concurso (art. 20); regulando los criterios de evaluación y puntuación (art. 23); la preclasificación mediante la elaboración de una lista máxima de los diez que reúnan la mayor puntuación (art. 24); y la entrevista (art. 26). El Jurado Calificador debe oficiar al Consejo Legislativo Estadal, el nombre y apellido del concursante seleccionado para la designación como Contralor del Estado (art. 27), para su designación por el mismo (art. 28).

En cuanto a la destitución de Contralor del Estado, la Ley también regula las causales (art. 30), y atribuye a la Contraloría General de la República a solicitud del Consejo Legislativo Estadal, la competencia para proceder a la instrucción del expediente respectivo, el cual una vez instruido se debe remitir al Consejo Legislativo estadal para su consideración (art. 29), pudiendo destituir al Contralor con el voto de las dos terceras partes de sus miembros (art. 31), en cuyo caso se debe proceder a convocar un nuevo concurso (art. 32).

Dicha Ley, como se señaló constituye una abierta violación nacional a la autonomía de los Estados, los cuales tienen competencia constitucional a través del órgano legislativo (Consejo Legislativo Estadal), para dictar sus propias Constituciones para organizar los poderes públicos estadales (incluida la Contraloría estadal) o para dictar la Ley de la Contraloría del Estado; y regular por tanto, tanto la organización y funcionamiento de la Contraloría Estadal como órgano con autonomía orgánica y funcional y la idoneidad e independencia del Contralor, como la forma de su designación mediante concurso público, que garantice la neutralidad de la designación. Conforme a la Constitución, ninguna "ley nacional" podía constitucionalmente dictarse en estas materias, lo cual ha sido ignorado por la Asamblea Nacional en su afán uniformista y centralista.

5. *La limitación a la potestad organizativa relativa a los consejos de planificación y coordinación de políticas públicas*

En cada Estado, y conforme al artículo 166 de la Constitución que sigue la orientación de las reformas descentralizadoras, debe crearse un Consejo de Planificación y Coordinación de Políticas Públicas, presidido por el Gobernador e integrado por los Alcaldes, los directores estadales de los Ministerios y una representación de los Legisladores elegidos por el Estado a la Asamblea Nacional, del Consejo Legislativo, de los Concejales y de las comunidades organizadas, incluyendo las indígenas donde las hubiere.

Este Consejo debe funcionar y debe organizarse de acuerdo con lo que determine la ley, la cual también debía ser la que dictase cada Consejo Legislativo Estadal. No tiene fundamento constitucional alguno pretender que esa "ley" pudiera ser una ley nacional, lo cual sería contrario a la distribución vertical del Poder Público que regula el artículo 136 de la Constitución.

Sin embargo, en este caso la Asamblea Nacional también ha dictado la *Ley de los Consejos Estadales de Planificación y Coordinación de Políticas Públicas* de 2002[889] con el objeto de crear, organizar y establecer las competencias del Consejo Estadal de Planificación y Coordinación de Políticas Públicas que debe funcionar en cada Estado, como órgano rector de la planificación de las políticas públicas, a los fines de promover el desarrollo armónico, equilibrado y sustentable (art. 1).

889 *G. O.* N° 37.509 del 20 de agosto de 2002.

La Ley reguló con todo detalle los principios (art. 2), los lineamientos (art. 3) y el marco de referencia (art. 4) que deben seguir los Consejos Estadales de Planificación y Coordinación de Políticas Públicas en el cumplimiento de sus funciones; además de la organización de los mismos, en cuanto a su sede (art. 5), composición (art. 6), instalación (art. 7), elección y mandato de los representantes (art. 8), competencias y funcionamiento (art. 9), quórum (art. 11), toma de decisiones (art. 12), sesiones (art. 13), apoyo institucional de la Gobernación (art. 15), cooperación con otros órganos de planificación (arts. 16 a 18), financiación y control (arts. 19 y 20) y las sanciones (art. 21).

Como puede apreciarse, en esta materia, de nuevo, se produjo un vaciamiento no autorizado de las competencias legislativas de los Estados, lesionándose su autonomía.

IV. LA AUSENCIA DE IGUALDAD INSTITUCIONAL DE LOS ESTADOS POR LA ELIMINACIÓN DEL SENADO

El establecimiento de la forma de Estado Federal con efectiva descentralización política, como sucede en todos los países desarrollados y descentralizados del mundo, exigía que se conservara la estructura del órgano legislativo nacional con dos Cámaras, una de las cuales (normalmente, el Senado) fuera el instrumento de participación política igualitaria de las entidades territoriales en la definición de las políticas nacionales. Con voto igual en una Cámara Federal es que podría hablarse de igualdad de los Estados (art. 159).

Por ello estimamos que resultaba necesario e indispensable, que en la Constitución de 1999 y como consecuencia de la reafirmación de la forma federal del Estado, se conservara el Senado y el bicameralismo, de manera que la forma de elección tanto de Diputados como de Senadores, reflejara la representación territorial necesaria. Sin embargo, en un contrasentido federal, en la Constitución de 1999 el Senado quedó eliminado, organizándose una Asamblea Nacional Unicameral.

En esta forma, el Capítulo I del Título V de la Constitución de 1999 puede decirse que cambió radicalmente la tradición bicameral que caracterizó a los órganos del Poder Legislativo Nacional desde 1811, y estableció una sola Cámara Legislativa lo cual, como se ha dicho, es contradictorio con la forma federal del Estado.

En una Cámara Federal o Senado, en realidad, es que podría tender sentido la disposición del artículo 159 que declara a los Estados como entidades políticas *iguales*. Esa igualdad sólo puede ser garantizada en una Cámara Federal, donde haya igual representación de cada uno de los Estados, independientemente de su población, para participar igualitariamente en la definición de las políticas nacionales. Con la eliminación del Senado y el establecimiento de una Asamblea Nacional Unicameral, en esta forma, se establece una contradicción institucional entre el Federalismo y la centralización política.

V. LA CENTRALIZACIÓN TRIBUTARIA Y LA DEPENDENCIA FINANCIERA DE LOS ESTADOS

1. *El régimen de las competencias tributarias de los estados y sus limitaciones*

Entre las materias altamente centralizadas durante los últimos 100 años ha estado la materia tributaria, la cual fue progresivamente asumida por el Poder Nacional y asignada en gran parte, en forma marginal y deformada en los últimos años, al nivel municipal.

Una pieza esencial en la organización territorial del Poder Público y del Estado, tenía que ser la racional y eficiente distribución del poder tributario, de manera que se ubicasen en la República los tributos realmente nacionales (Impuesto sobre la Renta, IVA, impuestos a los hidrocarburos y a la minería), y se distribuyeran territorialmente otros tributos, por ejemplo, los específicos al consumo y sobretasas a los tributos nacionales, en los Estados; perfeccionando la asignación de tributos a los Municipios. En esta materia, sin embargo, con la Constitución de 1999 nada se avanzó constitucionalmente y, al contrario, se produjo mayor centralización tributaria en el ámbito nacional, al punto de definirse a favor del Poder Nacional una competencia residual en esta materia (art. 156,12).

En efecto, en cuanto a la materia tributaria el artículo 164,4 de la Constitución asigna competencia exclusiva a los Estados en materia de "La organización, recaudación, control y administración de los recursos tributarios propios, según las disposiciones de las leyes nacionales y estadales".

Esta competencia "exclusiva", sin embargo, conforme a la Constitución, es una competencia vacía de contenido ya que la propia Constitución no prevé "recursos tributarios propios" algunos de los Estados. Esos recursos dependen totalmente de la Ley nacional que asigne a los Estados impuestos, tasas y contribuciones especiales "para promover el desarrollo de las haciendas públicas estadales" (art. 167,5).

En consecuencia, no sólo la materia tributaria como competencia exclusiva es una competencia vacía en la Constitución, sino que su ejercicio depende íntegramente de la ley nacional.

En todo caso, la única competencia en relación con los tributos que se asigna directamente a los Estados, en forma exclusiva, es la creación, organización, recaudación, control y administración de los ramos de papel sellado, timbres y estampillas (art. 164,7). En tal sentido se declaran como ingresos estadales el producto de lo recaudado por venta de especies fiscales (art. 167,3). Sin embargo, conforme al criterio de la Sala Constitucional en la sentencia N° 1563 de la Sala Constitucional de 13 de diciembre de 2000[890] (Caso: *Interpretación de la Ley Especial sobre el Régimen del Distrito Metropolitano de Caracas*), se trata de una simple forma de recaudación de impuestos, que puede ser creada por todos los entes públicos territoriales para la cancelación de impuestos, tasas y contribuciones de la entidad respectiva.

De resto, los Estados no tienen otras competencias tributarias distintas a las que le puedan ser asignadas expresamente por ley *nacional*. Así el artículo 167,5 de la Constitución le atribuye a los Estados, como ingresos, los demás impuestos, tasas y contribuciones especiales que se le asignen por ley nacional, con el fin de promover el desarrollo de las haciendas públicas estadales; pudiendo la ley nacional, además asignar a los Estados participación en los tributos nacionales (arts. 164,3 y 167,6). En caso de leyes nacionales que creen o transfieran ramos tributarios a favor de los Estados, las mismas pueden compensar dichas asignaciones con modificaciones de

890 Véase en *Revista de Derecho Público,* N° 84, (octubre-diciembre), Editorial Jurídica Venezolana, Caracas, 2000, pp. 184 y ss.

los ramos de ingresos de los Estados, a fin de preservar la equidad interterritorial (art. 167,5).

Los Estados, sin embargo, conforme al artículo 183 de la Constitución en ningún caso pueden crear impuestos de importación, de exportación o de tránsito sobre bienes nacionales o extranjeros, o sobre las demás materias rentísticas de la competencia nacional; gravar bienes de consumo antes de que entren en circulación dentro de su territorio ni gravar bienes del consumo producidos fuera de su territorio en forma diferente a los producidos en él. Los Estados, además, sólo podrían gravar la agricultura, la cría, la pesca y la actividad forestal en la oportunidad, forma y medida que lo permita la ley nacional.

Pero además de estas competencias tributarias sólo existentes cuando lo establezca la ley nacional, la Constitución asigna al Poder Nacional competencia expresa para intervenir en el ejercicio de las competencias tributarias de Estados y Municipios, al disponer en el artículo 156, 13 como competencia del Poder Nacional, el dictar "la legislación para garantizar la coordinación y armonización de las distintas potestades tributarias, definir principios, parámetros y limitaciones, especialmente para la determinación de los tipos impositivos o alícuotas de los tributos estadales y municipales, así como para crear fondos específicos que aseguren la solidaridad interterritorial.

Sin embargo, en todos estos casos de leyes nacionales que se refieren a los Estados, la Asamblea Nacional está obligada a consultarlos a través de los Consejos Legislativos Estadales, antes de la sanción de las mismas (art. 206).

2. *El financiamiento nacional a los Estados*

En ausencia de competencias tributarias propias de los Estados, el financiamiento de los mismos proviene íntegramente de aportes nacionales, muchos establecidos directamente en la Constitución.

A. *El Situado Constitucional*

El ingreso más importante de los Estados, está constituido por lo que les corresponda por el denominado "Situado Constitucional", que conforme al artículo 167,4 de la Constitución, es una partida del Presupuesto Nacional equivalente a un máximo del veinte por ciento (20%) del total de los ingresos ordinarios estimados anualmente por el Fisco Nacional. En caso de variaciones de los ingresos del Fisco Nacional que impongan una modificación del Presupuesto Nacional, se debe efectuar un reajuste proporcional del situado.

En todo caso, el porcentaje del ingreso nacional ordinario estimado que se destine al Situado Constitucional, no puede ser menor al quince por ciento (15%) del ingreso ordinario, para lo cual se debe tener en cuenta la situación y sostenibilidad financiera de la Hacienda Pública Nacional, sin menoscabo de la capacidad de las administraciones estadales para atender adecuadamente los servicios de su competencia (art. 167,5).

Esta partida del Situado Constitucional debe distribuirse entre los Estados y el Distrito Capital en la forma siguiente: un treinta por ciento (30%) de dicho porcentaje por partes iguales, y el setenta por ciento (70%) restante en proporción a la población de cada una de dichas entidades. El monto del situado correspondiente al Distrito Capital, conforme a la Ley Especial del Régimen del Distrito Metropolitano de

Caracas[891] de 2000, se asigna a este pero para ser invertido en el territorio del Distrito Capital.

En todo caso, exige la Constitución que en cada ejercicio fiscal, los Estados deben destinar a la inversión un mínimo del cincuenta por ciento (50%) del monto que les corresponda por concepto de Situado.

A los Municipios de cada Estado les corresponde, en cada ejercicio fiscal, una participación no menor del veinte por ciento (20%) del Situado y de los demás ingresos ordinarios del respectivo Estado.

En todo caso, la ley nacional debe establecer los principios, normas y procedimientos que propendan a garantizar el uso correcto y eficiente de los recursos provenientes del situado constitucional y de la participación municipal en el mismo. Esta ley es la Ley Orgánica de Descentralización, Delimitación y Transferencia de Competencias del Poder Público de 1989[892].

B. *Las asignaciones económicas especiales*

De acuerdo con el artículo 156,16 de la Constitución corresponde al Poder Nacional el régimen y administración de las minas e hidrocarburos; el régimen de las tierras baldías; y la conservación, fomento y aprovechamiento de los bosques, suelos, aguas y otras riquezas naturales del país.

Sin embargo, prevé dicha norma que la ley nacional debe establecer un sistema de asignaciones económicas especiales en beneficio de los Estados en cuyo territorio se encuentren situados los bienes antes mencionados, sin perjuicio de que también puedan establecerse asignaciones especiales en beneficio de otros Estados. En tal sentido es que se ha dictado la *Ley de Asignaciones Económicas Especiales para los Estados derivadas de Minas e Hidrocarburos*[893].

C. *El Fondo de Compensación Interterritorial*

Los Estados también tienen como ingresos, los recursos provenientes del Fondo de Compensación Interterritorial (art. 167,6), el cual depende del Consejo Federal de Gobierno.

Este Fondo está destinado al financiamiento de inversiones públicas para promover el desarrollo equilibrado de las regiones, la cooperación y complementación de las políticas e iniciativas de desarrollo de las distintas entidades públicas territoriales, y a apoyar especialmente la dotación de obras y servicios esenciales en las regiones y comunidades de menor desarrollo relativo.

El Consejo Federal de Gobierno, con base en los desequilibrios regionales, debe discutir y aprobar anualmente los recursos que se deben destinar al Fondo de Compensación Interterritorial y las áreas de inversión prioritaria a las cuales se deben aplicar dichos recursos.

---

891 Véase en *G.O.* Nº 36.906 de 08-03-2000.

892 Véase en *G.O.* Nº 4.153 Extraordinaria de 28-12-1998.

893 Véase Ley Nº 2 en *G.O.* Nº 37.066 de 30-10-2000.

D. *Las transferencias, subvenciones o asignaciones nacionales*

También se consideran ingresos de los Estados, cualquier transferencia, subvención o asignación especial (art. 167,6) de fondos nacionales, como los fondos específicos que aseguren la solidaridad interterritorial (art. 156,13). Entre estos Fondos puede ubicarse el Fondo Intergubernamental para la Descentralización (FIDES) establecido desde 1993[894].

VI. LAS RELACIONES INTERGUBERNAMENTALES COMO SUJECIÓN INSTITUCIONAL Y EL PRINCIPIO DESCENTRALIZADOR IMPUESTO A LOS ESTADOS

1. *Los principios de las relaciones intergubernamentales*

Toda Federación, sea Centralizada o Descentralizada, está montada sobre un principio de la distribución vertical del Poder Público que conforme al artículo 136 de la Constitución, es "entre el Poder Municipal, el Poder Estadal y el Poder Nacional". La coherencia y unicidad del Estado y su organización política exige que dicha distribución del Poder se rija, conforme lo indica el artículo 4 de la Constitución, "por los principios de integridad territorial, cooperación, solidaridad, concurrencia y corresponsabilidad".

Es decir, la distribución territorial del Poder Público no puede, en forma ni caso alguno, atentar contra la integridad territorial de la República, cuyo territorio no puede ser afectado por el principio descentralizador, lo que impide cualquier intento separatista de parte de las entidades políticas que componen el Estado.

Por otra parte, la distribución del Poder Público entre la República, los Estados y los Municipios, exige la cooperación entre los diversos niveles territoriales para alcanzar en conjunto, los fines del Estado (art. 136); por ello, los principios de la concurrencia y corresponsabilidad de todos los entes públicos hacia los mismos fines superiores del Estado. Además está el principio de la solidaridad entre las entidades políticas, de manera que los deberes de algunas de ellas que no puedan ser cumplidos, no excluyen la asunción de los mismos por las otras entidades políticas.

Además de los anteriores principios, el artículo 165 de la Constitución, que se refiere a las competencias concurrentes entre los tres niveles territoriales del Poder Público (República, Estados y Municipios), exige que las mismas sean desarrolladas mediante leyes de bases dictadas por la Asamblea Nacional y leyes de desarrollo aprobadas por los Estados, legislación que debe estar orientada por los principios de interdependencia, coordinación, cooperación, corresponsabilidad y subsidiariedad.

En cuanto al principio de interdependencia, este implica que los niveles territoriales, en el ejercicio de las competencias concurrentes, deben tener relaciones de dependencia, unos respecto de otros, en forma recíproca y mutua, para lo cual la coordinación de esfuerzos es fundamental. Esta coordinación debe realizarse, fundamentalmente por un órgano intergubernamental que es el Consejo Federal de Gobierno (art. 185).

Por último se destaca el principio de la subsidiariedad en la distribución de competencias. Si "el Poder Público se distribuye entre el Poder Municipal, el Poder Es-

---

894 Véase Ley N° 3 en *G.O.* N° 37.066 de 30-10-2000.

tadal y el Poder Nacional", "colocados en este orden según su cercanía con el ciudadano, sujeto protagónico de este modelo de democracia participativa" según lo expresa la Exposición de Motivos de la Constitución; el principio de asignación de competencia debería estar en el primer nivel, el municipal, debiendo ser asumidas las mismas en niveles superiores, sólo en forma subsidiaria, cuando no puedan efectivamente desarrollarse en el ámbito local.

2. *Los órganos para las nuevas relaciones intergubernamentales y la solución de conflictos entre los poderes*

Una efectiva distribución del Poder Público entre el nivel nacional y el nivel estadal, imponía nuevas formas de relaciones políticas de carácter intergubernamental, fundamentadas en la autonomía política de las entidades territoriales cuyas autoridades, por supuesto, tenían que seguir siendo electas democráticamente.

Debía actualizarse, por tanto, el principio constitucional de que "los Estados son entidades autónomas e iguales en lo político" como lo establecía el artículo 16 de la Constitución de 1961, y lo repite el artículo 159 de la Constitución de 1999; lo que excluye cualquier tipo de tutela y control político del Poder Nacional sobre los Estados.

Las nuevas relaciones intergubernamentales, en todo caso, requerían de nuevos órganos del Poder Público que permitieran la coparticipación efectiva y no tutelada Poder Nacional-Poder Estadal en la conducción y diseño de las políticas públicas. A tal efecto, el artículo 185 de la Constitución, establece el Consejo Federal de Gobierno como órgano del Poder Público encargado de la planificación y coordinación de políticas y acciones para el desarrollo del proceso de descentralización y transferencia de competencias del Poder Nacional a los Estados y Municipios.

Este órgano debe estar presidido por el Vicepresidente Ejecutivo e integrado por los Ministros, los gobernadores, un alcalde por cada Estado y representantes de la sociedad organizada, de acuerdo con la ley; ley que aún (Septiembre, 2003) no se ha dictado.

El Consejo Federal de Gobierno conforme al mismo artículo constitucional debe contar con una Secretaría, integrada por el Vicepresidente Ejecutivo, dos Ministros, tres Gobernadores y tres Alcaldes. Se estableció, además, que del Consejo Federal de Gobierno es que debe depender el Fondo de Compensación Interterritorial, destinado al financiamiento de inversiones públicas para promover el desarrollo equilibrado de las regiones, la cooperación y complementación de las políticas e iniciativas de desarrollo de las distintas entidades públicas territoriales, y a apoyar especialmente la dotación de obras y servicios esenciales en las regiones y comunidades de menor desarrollo relativo. El Consejo Federal de Gobierno, con base en los desequilibrios regionales, además, es el órgano que debe discutir y aprobar anualmente los recursos que se deben destinar al Fondo de Compensación Interterritorial y las áreas de inversión prioritaria a las cuales se deben aplicar dichos recursos.

Además, debía tenerse en cuenta que cualquier sistema de distribución territorial del Poder, origina conflictos entre poderes, lo cual es natural y normal en una Federación o en cualquier esquema de descentralización política del Poder Público, que debían encontrar canales expeditos de solución. En los Estados Unidos de América, por ejemplo, ha sido la Corte Suprema como juez constitucional, la institución que ha ido moldeando el Federalismo, y lo mismo ha correspondido, en la República Federal

Alemana, con el Tribunal Constitucional Federal, y con el Tribunal Constitucional en el Estado español de Autonomías.

En consecuencia, la institucionalización de una Sala Constitucional en el Tribunal Supremo de Justicia, creada por la Constitución de 1999, es una pieza esencial para la solución expedita de los conflictos.

3. *El principio descentralizador en las competencias de los órganos del Poder Público*

La Constitución de 1999, a pesar de que en su texto regula un modelo de Estado centralizado como se puede apreciar de lo expuesto anteriormente, contradictoriamente puede decirse que nominalmente impregnada de "descentralización": como se ha dicho, el artículo 4 declara al Estado como "Federal Descentralizado"; el artículo 6 precisa que el gobierno de la República y de las demás entidades políticas debe ser "descentralizado"; y el artículo 16 garantiza que la Ley Orgánica relativa a la división política del territorio nacional debe garantizar la "descentralización político-administrativa".

La descentralización, por otra parte, se declara como una "política nacional, que debe profundizar la democracia, acercando al poder a la población, creando las mejores condiciones, tanto para el ejercicio de la democracia como para la prestación eficaz y eficiente de los cometidos estatales" (art. 158).

Sin embargo, con un esquema de distribución de competencias, en gran parte sometidas a las regulaciones del Poder Nacional, la descentralización como política queda en manos de los órganos del Poder Nacional. Pero para ejecutarla, la Constitución prevé mecanismos de transferencias de competencias en cascada, desde el ámbito nacional hacia el ámbito local y hacia las comunidades.

En efecto, el artículo 157 de la Constitución, establece que la Asamblea Nacional, por mayoría de sus integrantes, puede atribuir a los Municipios o a los Estados determinadas materias de la competencia nacional, a fin de promover la descentralización. Esta norma, que sigue la línea que se había establecido en el artículo 137 de la Constitución de 1961, permite la descentralización hacia los Estados de competencias nacionales tanto exclusivas como concurrentes. En el primer caso, de llegar a darse, bastaría la decisión de la mayoría de los integrantes de la Asamblea Nacional para producir la modificación constitucional prevista en la norma, lo cual estimamos que no debió regularse así y más bien conservarse el voto calificado que establecía la Constitución de 1961.

Por otra parte, el artículo 165 de la Constitución establece que los Estados, a su vez, deben descentralizar y transferir a los Municipios los servicios y competencias que gestionen y que éstos estén en capacidad de prestar, así como la administración de los respectivos recursos, dentro de las áreas de competencias concurrentes entre ambos niveles del Poder Público. Corresponde a los Consejos Legislativos estadales regular dichos mecanismos de transferencia.

Por último, el artículo 184 de la Constitución precisa que la ley, que puede ser nacional, estadal o municipal, debe crear mecanismos abiertos y flexibles para que los Estados y los Municipios descentralicen y transfieran a las comunidades y grupos vecinales organizados los servicios que éstos gestionen, previa demostración de su capacidad para prestarlos, promoviendo:

1. La transferencia de servicios en materia de salud, educación, vivienda, deporte, cultura, programas sociales, ambiente, mantenimiento de áreas industriales, mantenimiento y conservación de áreas urbanas, prevención y protección vecinal, construcción de obras y prestación de servicios públicos. A tal efecto, pueden establecer convenios cuyos contenidos deben estar orientados por los principios de interdependencia, coordinación, cooperación y corresponsabilidad.

2. La participación de las comunidades y de ciudadanos o ciudadanas, a través de las asociaciones vecinales y organizaciones no gubernamentales, en la formulación de propuestas de inversión ante las autoridades estadales y municipales encargadas de la elaboración de los respectivos planes de inversión, así como en la ejecución, evaluación y control de obras, programas sociales y servicios públicos en su jurisdicción.

3. La participación en los procesos económicos estimulando las expresiones de la economía social, tales como cooperativas, cajas de ahorro, mutuales y otras formas asociativas.

4. La participación de los trabajadores o trabajadoras y comunidades en la gestión de las empresas públicas mediante mecanismos autogestionarios y cogestionarios.

5. La creación de organizaciones, cooperativas y empresas comunales de servicios, como fuentes generadoras de empleo y de bienestar social, propendiendo a su permanencia mediante el diseño de políticas en las cuales aquellas tengan participación.

6. La creación de nuevos sujetos de descentralización en el ámbito de las parroquias, las comunidades, los barrios y las vecindades a los fines de garantizar el principio de la corresponsabilidad en la gestión pública de los gobiernos locales y estadales y desarrollar procesos autogestionarios y cogestionarios en la administración y control de los servicios públicos estadales y municipales.

7. La participación de las comunidades en actividades de acercamiento a los establecimientos penales y de vinculación de éstos con la población.

SÉPTIMA PARTE:

ALGUNOS PROBLEMAS DE LAS CONSTITUCIONES ESTADALES (CONSTITUCIONES SUB NACIONALES) EN LA FEDERACIÓN VENEZOLANA[)] (Bellagio, marzo 2004),

Ponencia presentado en la Conferencia *sobre Federalismo y constitucionalismo subnacional. Diseño y Reforma,* Center for State Constitutional Studies, Rutgers University-Camden, Rockefeller Foundation Study and Conference Center, Bellagio, Italia, 23 de marzo de 2004. Publicado en mi libro: *Constitución, democracia y control del poder*, Mérida 2004, pp. 145-155

La Federación venezolana actual, a pesar de la larga tradición federalista del país, no puede considerarse como un buen ejemplo de un sistema federal descentralizado, con mecanismos efectivos para el desarrollo de políticas subnacionales o estadales llevadas a cabo por Estados autónomos en un marco constitucional estadal (sub nacional) sustantivo. Durante el siglo pasado la Federación en Venezuela fue progresivamente centralizada, debilitándose consecuencialmente la propia democracia y minimizándose el rol de los Estados en el desarrollo de políticas públicas. Este proceso de centralización, lamentablemente, puede decirse que se ha completado con la Constitución de 1999.

Pero ello no siempre ha sido así: Durante el Siglo XIX el país tuvo un importante sistema de gobierno descentralizado, habiendo experimentado sucesivamente en su evolución política, el movimiento pendular provocado por las fuerzas políticas centrípetas y centrífugas, las cuales en la historia del país han originado gobiernos más o menos centralizados.

I. ALGUNOS ASPECTOS HISTÓRICOS DEL DESARROLLO DE LA FEDERACIÓN EN VENEZUELA

La primera Constitución de un Estado latinoamericano independiente fue la *Constitución Federal de los Estados de Venezuela* sancionada el 21 de diciembre de 1811 por el Congreso General de las Provincias que venían de declararse independientes; y mediante la cual se adoptó en el país la forma federal del Estado, sin duda, bajo la influencia de la Constitución de los Estados Unidos de Norteamérica. En ese momento, la Federación era el único mecanismo constitucional del que disponían los fundadores de la República para configurar el nuevo Estado, mediante la integración de siete antiguas Provincias coloniales que nunca antes, en particular antes de 1777, habían estado unidas. Por tanto, puede decirse que Venezuela fue el segundo país en la historia del constitucionalismo moderno en haber adoptado la forma federal del Estado, habiendo sido el federalismo un aspecto importante de nuestro constitucionalismo.

Después de los interminables conflictos y guerras civiles que marcaron la historia del país durante el Siglo XIX, provocadas por la permanente lucha entre los caudillos regionales y el recién instalado y débil gobierno central en formación, hacia finales del Siglo la forma federal del Estado se comenzó a limitar. Ello fue consecuencia de las tendencias centralizadoras que se derivaron de la consolidación tardía del Estado Nacional, reforzadas particularmente durante la primera mitad del Siglo XX por los gobiernos autocráticos que se instalaron en el país, las cuales se manifestaron particularmente en los aspectos militar, administrativo, impositivo y legislativo. Estas tendencias centralizadoras provocaron la casi desaparición de la distribución territorial del Poder Público y de las efectivas autonomías territoriales de los 20 Estados y el Distrito Federal que conforman la organización federal del Estado.

El proceso de democratización del país, por otra parte, en realidad sólo comenzó a producirse a partir de la segunda mitad del Siglo XXI, particularmente después de la sanción de la Constitución de 1961, en la cual si bien se conservó la forma federal del Estado ello fue con la previsión de autoridades nacionales altamente centralizadas, incorporándose sin embargo al texto constitucional la política de descentralización como desideratum.

Precisamente debido a la progresiva democratización del país y conforme a las expresas previsiones constitucionales, en 1989 se comenzó un proceso de descentralización política, mediante la transferencia de competencias y servicios desde los niveles nacionales de gobierno hacia los Estados. Incluso entre 1993 y 1994 se designó un Ministro para la Descentralización como miembro del Consejo de Ministros a los efectos de conducir y reforzar dicho proceso. También en 1989, por primera vez desde el Siglo XIX, se produjo la elección por sufragio universal, directo y secreto de los Gobernadores de Estado, con lo que la vida política regional comenzó a jugar un papel importante en el país.

La crisis del sistema de partidos condujo al proceso constituyente de 1999, con importantes y radicales cambios políticos, entre ellos, el abandono de los esfuerzos por descentralizar el poder que se había venido realizando. La Asamblea Nacional Constituyente electa en 1999 se convirtió en el principal instrumento del recién electo Presidente de la República (1998), Hugo Chávez Frías –un Teniente Coronel retirado que había liderizado un intento de golpe de Estado militar en 1992- para apoderarse de todas las ramas del Poder Público y reforzar la centralización de la Federación. La Asamblea Nacional Constituyente fue electa en julio de 1999, integrada por 131 miembros, 125 de los cuales fueron ciegos seguidores del Presidente de la República. Sólo cuatro voces disidentes se pudieron oír durante los seis meses de su funcionamiento; ciertamente, una “oposición” muy precaria.

Desafortunadamente, el proceso constituyente de 1999 no fue concebido como un instrumento para la conciliación con vistas a la reconstrucción del sistema democrático, para asegurar su gobernabilidad efectiva. Ello hubiera requerido el compromiso político de todos los componentes de la sociedad y del liderazgo político, así como la participación de todos sus sectores en el diseño de una nueva forma de funcionamiento de la democracia, lo cual no ocurrió. El proceso constituyente, al contrario, sirvió para lo antes mencionado, es decir, para facilitar el total apoderamiento de todas las ramas del Poder Público por el nuevo grupo político que se formó en torno al nuevo Presidente, que aplastó no sólo a los otros grupos y partidos políticos, sino a la autonomía de los Estados de la Federación. Como consecuencia, casi todas las oportunidades de inclusión y participación política fueron reducidas, y el proceso constituyente se convirtió en un interminable *coup d'état* a partir del momento en el cual la Asamblea Constituyente comenzó violando la entonces vigente Constitución de 1961, mediante la intervención y asunción de todas las ramas del Poder Público e, incluso, interviniendo los Estados de la Federación, para lo cual no había sido autorizada en el referendo de abril de 1999 que le había dado existencia. Este ilegítimo proceso fue seguido por el de la violación de la nueva Constitución después de su aprobación por referendo el 15 de diciembre de 1999, cuando la misma Asamblea Nacional Constituyente -que ya había cumplido su cometido- sancionó un "Régimen de Transición de los Poderes Públicos" cuyo texto no fue sometido a la aprobación popular por referendo. Esa situación ha continuado posteriormente -el de la transitoridedad constitucional- afectando seriamente la separación de poderes y "permitiendo" a la Asamblea Nacional electa en 2000 incluso legislar fuera del marco constitucional, con el lamentable aval de la Sala Constitucional del Tribunal Supremo de Justicia.

La nueva Constitución de 1999, por otra parte, carecía de las previsiones necesarias para que el país pudiera asumir los cambios democráticos que eran necesarios, particularmente a través de la efectiva descentralización política de la Federación y el reforzamiento de los poderes de los Estados y Municipios. La Constitución de 1999 en realidad, continuó con los mismos principios centralizantes que tenía la Constitución precedente, en algunos casos centralizando aún más ciertos aspectos. Si bien es cierto que la Constitución define el proceso de descentralización como una política nacional para perfeccionar la democracia (art. 158), en contraste, las políticas públicas desarrolladas durante los últimos cuatro años pueden caracterizarse como una progresiva centralización gubernamental, sin un real desarrollo de los gobiernos locales En consecuencia, en Venezuela, el federalismo ha quedado pospuesto y la democracia debilitada.

II. LAS PREVISIONES CONSTITUCIONALES RELATIVAS A LA FEDERACIÓN EN LA CONSTITUCIÓN DE 1999

Una federación, ante todo, es una forma de Estado en la cual el Poder Público está distribuido territorialmente entre diversos niveles de gobierno con instituciones políticas autónomas. Por ello es que en principio, la federación y la descentralización política son conceptos íntimamente relacionados, siendo la descentralización el más efectivo instrumento no sólo para garantizar los derechos individuales y sociales, sino para permitir la efectiva participación de los ciudadanos en el proceso político. En este contexto, la relación entre gobiernos locales y la población es esencial. Por ello en general puede decirse que las fuertes tendencias centralizadoras de los últimos años en Venezuela, son contrarias a la gobernabilidad democrática y a la participación política.

De acuerdo con el artículo 4 de la Constitución de 1999, la República de Venezuela formalmente se la define como un Estado federal descentralizado en los términos indicados en la misma Constitución, conforme a los principios de integridad territorial, solidaridad, concurrencia y corresponsabilidad. Sin embargo, los términos definidos en la Constitución son centralizadores, por lo que el país continúa siendo una "Federación Centralizada", lo que sin duda constituye una contradicción.

El artículo 136 de la Constitución establece que el Poder Público se distribuye entre los Municipios, los Estados y la República, estableciendo una Federación a tres niveles de gobierno y autonomía política: el Poder Nacional que se ejerce por los órganos de la República (nivel federal); el Poder Estadal, que se ejerce por los órganos de los 23 Estados y el Distrito Capital; y el Poder Municipal que se ejerce por los órganos de los 338 Municipios existentes. En cada uno de esos niveles, conforme a la Constitución, los gobiernos deben ser siempre democráticos, participativos, electivos, descentralizados, alter-nativos, responsables, plurales y de mandatos revocables (art. 6). El Distrito Capital sustituyó al antiguo Distrito Federal (establecido desde 1863), eliminándose todo tipo de intervención o ingerencia del nivel federal en las autoridades del Distrito Capital.

La organización de las instituciones políticas en cada nivel territorial está condicionada por el principio de la separación orgánica de poderes, aún cuando con diferente alcance. En el nivel nacional, en el marco de un sistema presidencial de gobierno, el Poder Público Nacional está dividido entre los Poderes "Legislativo, Ejecutivo, Judicial, Ciudadano y Electoral" (art. 136). La Constitución de 1999, por tanto, sobrepasó la clásica división tripartita del Poder Público, agregan-do los Poderes Ciudadano (Ministerio Público, Contraloría General y Defensor del Pueblo) y Electoral (Consejo Nacional Electoral). Las ramas Judicial y Electoral están reservadas al nivel nacional (federal).

Debe destacarse en relación con el Poder Legislativo que la Constitución de 1999 estableció una Asamblea Nacional unicameral, eliminando la larga tradición de bicameralismo y específicamente, eliminando al Senado. En consecuencia, Venezuela se ha convertido en un raro Estado federal sin cámara federal o senado donde los Estados, a través de sus representantes, pueden en definitiva ser iguales (igualdad de voto). En la Asamblea Nacional, al contrario, no hay representantes de los Estados y sus miembros sólo son, en general, representantes de los ciudadanos y de los Estados en su conjunto, sin que puedan teóricamente estar sujetos a mandatos e instrucciones, debiendo votar sólo conforme a los dictados de su conciencia (art. 201). Ello eliminó efectivamente todo vestigio de representación territorial.

La Constitución estableció también que cada Estado tiene un Gobernador que debe ser electo mediante sufragio universal, directo y secreto (art. 160), y un Consejo Legislativo compuesto por representantes electos de acuerdo con el principio de representación proporcional (art. 162). Corresponde a los Consejos Legislativos de los Estados dictar su propia Constitución para organizar sus Poderes Públicos conforme a las disposiciones de la Constitución nacional, la cual garantiza la autonomía de los Estados (art. 159). Es decir que, en principio, las ramas Ejecutiva y Legislativa del Poder Público Estadal deben estar reguladas en las Constituciones estadales, al igual que el Contralor General de los Estados.

Por otra parte, a pesar de las estipulaciones de la Constitución Nacional en relación con las Constituciones de los Estados, en el sentido que deben estar destinadas sólo a regular la organización y funciona-miento de sus Poderes Públicos, debe mencionarse que en todas las Constituciones de los Estados (Sub nacionales), adicionalmente a su parte orgánica, se ha incorporado una parte dogmática regulándose los derechos individuales, sociales y económicos.

Por otra parte, en general, todas las Constituciones estadales, además, se pueden reformar o enmendar por los Consejos Legislativos de los Estados, mediante votaciones con mayoría específica diferente a la requerida para la reforma de la legislación ordinaria.

III. LOS LÍMITES AL CONTENIDO DE LAS CONSTITUCIONES ESTADALES

Como se ha indicado, en principio, cada Estado tiene poderes constitucionales para sancionar su propia Constitución a los efectos de organizar sus Poderes Públicos, es decir, su Poder Ejecutivo, su Poder Legislativo y, adicionalmente, sus propios órganos de control fiscal.

En lo que se refiere a los derechos individuales, sociales y económicos, como se indicó, todas las Constituciones de los Estados tienen regulaciones específicas sobre ellos, pero en general repiten lo que está ya regulado en la Constitución nacional. Esta tiene una extensísima regulación relativa a los derechos humanos protegibles (civiles, políticos, sociales, educacionales, culturales, económicos, ambientales y de los pueblos indígenas), agregando incluso la protección de los derechos no enumerados en el Texto que sean inherentes a la persona humana, dejando muy poco campo para regulaciones adicionales o innovadoras para las Constituciones estadales. La Constitución nacional también constitucionalizó los derechos enumerados en los Tratados internacionales sobre derechos humanos, cuyas normas no sólo tiene rango constitucional sino rango supra constitucional en el sentido que prevalecen cuando establezcan regulaciones más favorables al ejercicio y goce de los derechos.

Pero en relación con las regulaciones relativas a la organización y funcionamiento de las ramas estadales del Poder Público, el ámbito de los poderes de los Estados también ha sido seriamente limitado en la Constitución de 1999, en la cual por primera vez en la historia de la Federación, se remite a una ley nacional para el establecimiento de las regulaciones generales en la materia.

Ante todo debe observarse que en Venezuela, desde 1945 el Poder Judicial ha sido reservado al nivel nacional, particularmente debido a que la legislación y los Códigos más importantes (Civil, Penal, Comercio, Trabajo y Procedimientos) son de carácter nacional. En consecuencia, siendo todos los tribunales de carácter nacional (federal), no queda materia alguna en estos aspectos sobre las cuales las Constituciones de los Estados puedan establecer regulaciones.

En lo que se refiere al control judicial de la constitucionalidad, la Sala Constitucional del Tribunal Supremo de Justicia, es el órgano constitucional con poderes para anular con efectos *erga omnes* (art. 336) todas las leyes (nacionales, estadales y municipales), incluyendo las Constituciones de los Estados, cuando vulneren la Constitución. Este control concentrado de la constitucionalidad (modelo europeo) se combina con el método difuso de control (modelo americano), conforme al cual todos los jueces tienen potestad para declarar la inconstitucionalidad de una norma (nacional, estadal o municipal) al resolver un caso concreto, aplicando preferentemente la Constitución y desaplicando la ley, con efectos *inter partes*. En estos casos, sin embargo, un recurso extraordinario de revisión puede interponerse ante la Sala Constitucional, la cual puede establecer interpretaciones constitucionales vinculantes (principio *stare decisis*) (arts. 334 y 335).

En relación con los Consejos Legislativos de los Estados, la Constitución de 1999, también por primera vez en la historia del federalismo venezolano, estableció que la organización y funciona-miento de los Consejos Legislativos estadales deben ser regulados en una ley orgánica nacional (art. 162); en una manifestación de centralismo nunca antes conocida.

De acuerdo con esa autorización constitucional, en 2001 la Asamblea Nacional sancionó una *Ley Orgánica sobre los Consejos Legislativos de los Estados* en la cual se establecieron detalladas regulaciones en relación no sólo con la organización y funcionamiento de los Consejos (como lo autoriza la Constitución nacional), sino que también sobre sus miembros (legisladores) y sus competencias así como las reglas generales del procedimiento de formación de las leyes. Con estas regulaciones nacionales, el contenido efectivo de las Constituciones de los Estados en relación con los Consejos Legislativos, ha sido vaciado, quedando limitadas a materialmente repetir lo que ya está regulado en la antes mencionada ley orgánica nacional.

Por otra parte, la posibilidad de organizar el Poder Ejecutivo en los Estados también ha sido limitada por la Constitución de 1999, la cual ha establecido las reglas y normas básicas en relación con los Gobernadores como jefes del Ejecutivo estadal. La Constitución nacional, además, ha regulado extensivamente las reglas generales relativas a la Administración Pública (nacional, estadal y municipal), a la función pública, a los procedimientos administrativos y a la contratación administrativa. Todas estas normas han sido desarrolladas en 2001 en la *Ley Orgánica de la Administración Pública* y en la *Ley Orgánica sobre el Estatuto de la Función Pública.* En consecuencia, en estos aspectos, las Constituciones de los Estados también han sido vaciadas de contenido real, de manera que sus normas sólo tienden a repetir lo que ya está establecido en las leyes orgánicas nacionales.

Finalmente, en relación con otros órganos estadales, la Asamblea Nacional sancionó una *Ley sobre el nombramiento y remoción de los Contralores Generales de los Estados*, limitando en consecuencia, pero en este caso sin autorización constitucional, los poderes de los Consejos Legislativos de los Estados para regular tal materia. También debe destacarse que la intervención nacional en relación con el contenido de las Constituciones de los Estados sobre sus propios órganos, ha sido completada por la Sala Constitucional del Tribunal Supremo de Justicia, la cual durante los últimos años (2001-2002) ha anulado normas de Constituciones de tres Estados que han creado órganos de defensa de sus ciudadanos o de los derechos de estos, bajo el argumento de que se trata de una materia reservada al Poder Nacional (federal).

Como se ha mencionado, la Constitución nacional establece tres niveles de gobierno y autonomía territorial y de distribución del Poder Público, regulando directamente el régimen municipal en forma por demás extensa. En esta materia, las Constituciones de los Estados y las leyes que dicten los Consejos Legislativos sólo podrían reglar el régimen municipal conforme a lo establecido no sólo la Constitución nacional, sino en la *Ley Orgánica nacional de Régimen Municipal*, de cuyas normas queda muy poco espacio para la innovación a nivel estadal, incluso hasta para regular las necesarias diferencias de regímenes de gobierno local debido a las peculiaridades territoriales y de desarrollo de cada Estado.

En consecuencia, no teniendo los Consejos Legislativos de los Estados posibilidad alguna de efectivamente regular aspectos sustantivos relativos a los derechos civiles, económicos, sociales, culturales, ambientales o políticos; y habiendo sido limitadas sus competencias para regular sus propios Poderes Públicos (Ejecutivo y Legislativo) así como sus otros órganos del Poder Público estadal (Contraloría General y Defensor de los ciudadanos), entonces a las Constituciones estadales (Sub nacionales) les ha sido dejado muy poco espacio regulatorio, por lo que las mismas, en definitiva, lo que hacen es repetir lo ya regulado en la Constitución nacional y en las antes mencionadas leyes orgánicas.

IV. EL SISTEMA CONSTITUCIONAL DE DISTRIBUCIÓN DE PODERES ENTRE LOS TRES NIVELES DE GOBIERNO: NACIONAL, ESTADAL Y MUNICIPAL

La Constitución de 1999, ciertamente establece una enumeración de materias cuya competencia se atribuye en forma exclusiva al Poder Nacional (art. 156), al Poder Estadal (art. 154) y al Poder Municipal (art. 178); pero en estas regulaciones las materias de competencia exclusiva están en su mayoría reservadas al Poder Nacional y al Poder Municipal, y muy pocas están atribuidas a la competencia del Poder Estadal.

De acuerdo con el artículo 156 de la Constitución, en efecto, el Poder Nacional tiene competencia exclusiva, por ejemplo, en las siguientes materias: relaciones internacionales, seguridad y defensa, nacionalidad y extranjería, policía nacional, régimen general de la economía, minas e hidrocarburos, políticas nacionales y regulaciones generales en materia de educación, salud, medio ambiente, ordenación del territorio, transporte, producción agropecuaria, correos y telecomunicaciones. La administración de justicia, como se dijo, también es una competencia exclusiva del Poder Nacional (art. 156.31).

En relación con el régimen local, el artículo 178 de la Constitución le atribuye a los Municipios competencia, por ejemplo, en materias como ordenación urbanística, vivienda, vialidad y transporte urbano, publicidad comercial, medio ambiente urbano, servicios públicos domiciliarios (electricidad, agua, aseo urbano), servicios básicos de educación y salud y policía municipal. Algunas de estas materias son de la competencia exclusiva de los Municipios y otras de carácter concurrente. Como se indicó, la autonomía de los Municipios se consagra expresamente en la Constitución, pero sin garantía real alguna ya que se dispone que puede ser limitada no sólo por lo que la Constitución misma establece, sino mediante ley nacional (art. 168)

Pero en relación con las competencias estadales, la Constitución nacional no establece efectivamente una enumeración de materias sustantivas que serían de la competencia exclusiva de los Estados, constituyendo las que enumera competencias en cuestiones formales y de procedimiento. Adicionalmente las pocas competencias enumeradas relativas a materias sustantivas, lo son con carácter concurrente, por ejemplo en relación con la organización municipal, las explotaciones de minerales no metálicos, policía, vialidad estadal y administración de la infraestructura nacional de transporte (aeropuertos comerciales y puer-tos nacionales (art. 164). Por otra parte, como se ha indicado, la posi-bilidad para los Consejos Legislativos de regular el régimen municipal en sus propios territorios ha sido muy limitada, al estar sujetas a lo que se establece en la Ley Orgánica de Régimen Municipal nacional.

Los Consejos Legislativos estadales, sin duda, pueden dictar leyes relativas a las materias de su competencia (art. 162), pero tratándose en su mayoría de materias de competencias concurrentes, de acuerdo con la Constitución nacional su regulación por los Estados depende de las regulaciones que previamente tiene que adoptar el Poder Nacional (leyes de base), lo que significa que en definitiva las competencias legislativas de los Estados están muy limitadas. En esta materia, la Constitución de 1999 hizo muy poco por detener la tendencia centralista del país, y más bien, ha contribuido a intensificar la centralización.

Como antes se mencionó, la Constitución nacional ha limitado la posibilidad de los Estados de regular las materias de la competencia concurrente, que eran las que tradicionalmente habían dado a los Estados posibilidades reales de regulación, al establecer que su ejercicio está sujeto a lo que previamente determine la Asamblea Nacional en las "leyes de bases" que debe dictar. De ello resulta que los Consejos Legislativos estadales sólo pueden dictar leyes en esas materias después que se dicten las leyes nacionales (art. 165); y en todo caso, dispone la Constitución, que la legislación que puedan dictar los Estados relativa a las materias de competencia concurrentes deben seguir los principios de interdependencia, coordinación, cooperación, co-responsibilidad y subsidiariedad (art. 165).

Por otra parte, en relación con las competencias residuales que tradicionalmente se habían atribuido a los Estados en las Constituciones precedentes y en toda federación, la Constitución de 1999 ha limitado el ámbito de las que corresponden a los Estados al establecer expresamente, por primera vez en la historia del federalismo venezolanono, una competencia residual paralela y prevalente a favor del Poder Nacional en materia de impuestos no atribuidos expresamente a los Estados y a los municipios (art. 156.12).

Por último, debe mencionarse que la Constitución de 1999, siguiendo la orientación de la Constitución de 1961, ha previsto la posibilidad de que se descentralicen competencias nacionales y se transfieran a los Estados, lo que se ha regulado en la *Ley Orgánica de Descentralización, Delimitación y Transferencia de Competencias del Poder Público* de 1989. Sin embargo, aún cuando entre 1990 y 1994 se realizaron importantes esfuerzos por descentralizar competencias hacia los Estados y revertir las tendencias centralizadoras que habían dominado el desarrollo político del país, desafortunadamente dicho proceso fue abandonado, y a partir de 2003 las transferencias de competencias que se habían efectuado, por ejemplo en materia de salud, han comenzado a ser revertidas.

V. EL FINANCIAMIENTO DE LA FEDERACIÓN

Debe hacerse mención, por último, al régimen constitucional relativo al financiamiento de la Federación. En esta materia, y particularmente en materia impositiva, puede decirse que la Constitución nacional ha acentuado las tendencias centralizadoras, habiéndose eliminado materialmente toda competencia estadal en la misma.

En efecto, la Constitución nacional no sólo enumera las competencias nacionales en materia impositiva (impuesto sobre la renta, sobre herencias y sobre donaciones; impuestos al capital y a la producción, impuestos al valor agregado, impuestos sobre hidro-carburos y minas, impuestos a la importación y exportación de bienes y servicios, e impuestos sobre el consumo de licores, alcoholes, cigarrillos y tabaco) (art. 156.12), y atribuye expresamente a los Municipios competencias en relación con los impuestos locales (impuestos sobre la propiedad inmueble urbana, sobre industria y comercio, sobre espectáculos públicos y sobre vehículos) (art. 179), sino que además, como antes se dijo, otorga al Poder Nacional una competencia residual general en materia impositiva (art. 156.12). En contraste, la Constitución no otorga a los Estados competencia alguna en materia impositiva, salvo por lo que se refiere a los timbres y estampillas fiscales y papel sellado (art. 164.7). En consecuencia, los Estados sólo podrán recaudar impuestos cuando la Asamblea Nacional así lo disponga transfiriéndoles competencias nacionales mediante ley (art. 167.5), lo cual aún no ha ocurrido.

Al no tener los Estados sus propias fuentes de financiamiento, su funcionamiento fiscal depende completamente de transferencias financieras de recursos nacionales a través de tres mecanismos. En primer lugar, mediante el denominado Situado Constitucional, que es la partida presupuestaria que debe estar en la Ley anual de Presupuesto nacional equivalente a un mínimo del 15% y un máximo del 20% del total de los ingresos nacionales ordinarios anualmente estimados (art. 167.4). Dicho monto debe distribuirse entre los Estados, entre otros factores, de acuerdo con su población. En segundo lugar, de acuerdo con la Constitución, mediante ley nacional se ha establecido un sistema de asignaciones económicas especiales a favor de los Estados en cuyos territorios se efectúen explotaciones mineras y de hidrocarburos, las cuales se han extendido igualmente a los otros Estados (art. 156.16). Y en tercer lugar, el financiamiento de los Estados y Municipios también se ha efectuado con fondos provenientes del Fondo Intergubernamental para la Descentralización establecido en 1993 con ocasión de la sanción de la Ley sobre el Impuesto al Valor Agregado, el cual, conforme a la Constitución, debe ser sustituido por un Fondo de Compensación Territorial (art. 167.6), aún no establecido.

Por lo demás, y siguiendo una larga tradición constitucional, en Venezuela los Estados y Municipios no pueden contraer deuda pública salvo si son autorizados especialmente en cada operación por una ley nacional.

Bellagio, marzo de 2004.

OCTAVA PARTE:

NOTAS SOBRE LAS FORMAS DE ESTADO. ANTECEDENTES HISTÓRICOS Y REALIDAD CONTEMPORÁNEA. (ESPECIAL REFERENCIA A VENEZUELA Y AL ECUADOR) (Guayaquil, mayo 2006)

Documento preparado para el Curso "Cátedra de Autonomías," organizado por Goberna & Derecho, Sintagma, y la Universidad Espíritu Santo, Guayaquil, Ecuador, mayo 2006. Publicado en mi libro: *Estudios sobre el Estado Constitucional (2005-2006)*, Caracas 2007, pp. 273-358

I. LA DISTRIBUCIÓN VERTICAL DEL PODER Y LAS FORMAS DE ESTADO

Uno de los principios fundamentales del derecho público contemporáneo es el de la distribución vertical del Poder Público, que surge con el mismo nacimiento del constitucionalismo moderno, con motivo de la organización del Estado que se requería por el desmantelamiento del Estado Absoluto.

Ese principio derivó del ejercicio del principio democrático de la soberanía del pueblo, y se materializó inicialmente en el federalismo norteamericano y el municipalismo francés. Después de doscientos años de experiencia, hoy el regionalismo y el municipalismo son los signos de la organización territorial del Poder: el primero, es decir el federalismo o las otras formas regionales, en unidades políticas intermedias entre el Poder Central y el Poder Local; y el segundo, en la consolidación precisamente de este último, en los niveles más bajos del territorio, cerca del ciudadano.

De manera que puede decirse que no hay país democrático en el mundo occidental, desarrollado y consolidado después de la Segunda Guerra Mundial, cuyo Estado no esté montado sobre la distribución vertical del Poder en dos niveles. En la actualidad no existen Estados democráticos centralizados, y en general, lo que existen son Federaciones (Alemania, Suiza, Canadá, EEUU) o sistemas políticos regionales o descentralizados como las Regiones en Italia, Francia o Bélgica, o las Comunidades Autónomas en España. Incluso en el Reino Unido, la *devolution* o descentralización del Poder constituye la gran reforma política del laborismo desde los años noventa, reflejada en la elección de Parlamentos en Escocia y Gales y del Alcalde del Gran Londres. Y en cuanto al municipalismo, su importancia deriva de que es en el nivel local donde la democracia realmente existe.

Cuántas veces no nos hemos preguntado los latinoamericanos, por ejemplo, por qué los países europeos y de Norteamérica tienen democracias funcionales auténticas y por qué, en nuestros países, la democracia no ha llegado a funcionar, salvo formalmente. La respuesta, tan simple, es que en aquellos países la democracia, por sobretodo, es vida local, lo que significa gobierno local y, en definitiva, municipalismo. Ello lo descubrió Alexis De Tocqueville hace casi 200 años cuando se topó con "la democracia en América"[895], y ello es lo que ha caracterizado la democracia en el mundo desarrollado de la post guerra. No se olvide, por ejemplo, que en Francia hay más de 36.000 comunas, las cuales, después de las reformas políticas impulsadas a partir de 1982, son, además, autónomas; que en Alemania hay más de 16.000 gobiernos locales y que en España hay más de 8.000 municipios.

Pero lo importante no es tanto el número de entidades locales autónomas políticamente hablando, sino la relación entre ellas y la población. En todo el mundo democrático desarrollado contemporáneo, esa relación oscila entre aproximadamente 6.000 habitantes por autoridad local, como sucede en los Estados Unidos y Canadá, independientemente de la extensión del territorio y la densidad de población, y aproximadamente 1.500 habitantes por Municipio, como sucede en Francia. Entre esos dos extremos, están, por ejemplo, Suiza, España y Alemania.

Eso es precisamente lo que nos hace falta en América Latina: vida local, la cual no se puede lograr cuando el Municipio está lejos del ciudadano como sucede por ejemplo en Venezuela, donde además, por más verbalismo constitucional que haya sobre democracia, participación, descentralización y protagonismo del pueblo, hay sólo 332 Municipios en un territorio que tiene el doble de la superficie del territorio de Francia. Por eso, en Venezuela, la relación población-gobierno local es de casi 70.000 habitantes por Municipio, lo que definitivamente no permite que la vida local sea la escuela de la libertad y el campo propicio del juego democrático. Una relación similar, quizás menor, existe en todos nuestros países de América Latina.

Es cierto que el municipalismo es parte de nuestra historia política y constitucional, al punto de que los Cabildos fueron los que hicieron la Revolución de Independencia. Pero en la realidad democrática contemporánea no logran ser la cuna del ejercicio democrático, porque están demasiado lejos del ciudadano; lo que en muchos casos, también los hace inservibles para la adecuada gestión de los intereses locales.

En cuanto al Federalismo, este ha sido consustancial al constitucionalismo latinoamericano; pero la verdad es que nuestras Federaciones, como las de México, Venezuela, Brasil y Argentina y las que fueron y ya no son en otros países, como por ejemplo en los de Centroamérica y en Colombia; todas han sido Federaciones centralizadas, muy poco propicias para una efectiva distribución vertical del Poder. En los otros países de dimensión territorial importante, por lo demás, no se han logrado implantar niveles políticos intermedios.

La Constitución de América Latina del Siglo XXI, por tanto, para perfeccionar y arraigar la democracia, tiene que impulsar la descentralización política, tanto a nivel intermedio como a nivel local, desparramando efectivamente el Poder en el territorio. Como lo dice la Constitución de Venezuela de 1999,

> La descentralización, como política nacional, debe profundizar la democracia, acercando el poder a la población y creando las mejores condiciones tanto para el ejercicio de la democracia como para la prestación eficaz y eficiente de los cometidos estatales (art. 158).

Pero en cada uno de los países latinoamericanos, el esquema de descentralización política adoptado tiene sus variaciones sustantivas.

---

895 *V.* A. de Tocqueville, *Democracy in America*, J. P.Mayer y M. Lerner, eds. London, 1969.

II LAS FORMAS DE ESTADO Y LOS PRINCIPIOS SOBRE LA DESCENTRALIZACIÓN

Las formas de Estado, desde el punto de vista del derecho público, derivan del grado de centralización o de descentralización del poder.

Por ello, estimamos conveniente, al analizar las formas de Estado, puntualizar los principios básicos relativos a la descentralización como uno de los principios jurídicos de la organización del Estado, relacionados con la competencia.

La descentralización es siempre una forma de desviación de la competencia, consistente en su transferencia por parte de una persona jurídica estatal político-territorial hacia otra u otras personas jurídicas estatales distintas. Por tanto, implica una distribución de competencias, pero no entre órganos de una misma organización jerárquica, sino entre sujetos de derecho diferentes, mediante la transferencia de la competencia hecha a personas jurídicas distintas del ente transferente.

En la delegación y en la desconcentración administrativa también opera una distribución de competencias, pero dentro de una misma organización jerárquica, entre órganos de la misma. La descentralización, en cambio, es una transferencia de competencias entre sujetos de derecho con diferente personalidad jurídica, por ejemplo, entre el Estado nacional y un instituto autónomo.

Por ello se puede afirmar que en la desconcentración y en la delegación la relación que se establece es entre órganos diversos; en cambio, en la descentralización, la relación se establece entre diversos sujetos de derecho, es decir, entre personas jurídicas distintas[896].

1. *Las formas de la descentralización*

Las diversas formas de descentralización derivan por tanto, de los sujetos de derecho a los cuales se les van a transferir competencias, que pueden ser sujetos de derecho público o de derecho privado, creados por el Estado para tales fines, de acuerdo al marco jurídico del derecho público o del derecho privado.

En cuanto a los sujetos de derecho público descentralizados, éstos pueden ser los que conforman la organización política de un país determinado; por ejemplo, en el caso de Venezuela, como Estado federal, la República, los Estados y los Municipios. Cuando la transferencia de competencias se produce entre estos entes, estamos en presencia de una descentralización política, o distribución de competencias entre órganos político-territoriales, en un proceso que en general está regulado por el derecho constitucional, pues incide en la distribución vertical del poder del Estado.

Pero la descentralización también puede ocurrir hacia entes que pueden ser creados por algunos de esos entes político-territoriales, los cuales, a su vez, pueden o no tener un ámbito territorial. En este caso, estamos en presencia de una descentralización administrativa o funcional, en general regulada por el derecho administrativo, ya que incide en la organización de la Administración Pública.

De esta distinción general resultan las dos formas generales de la descentralización antes indicadas, las que por ejemplo, distingue la Ley Orgánica de la Adminis-

---

896 *V.* en general, Allan R. Brewer-Carías, *Derecho Administrativo,* Tomo I, Universidad Externado de Colombia, Bogotá 2005.

tración Pública de Venezuela[897]: la descentralización política o territorial y la funcional.

En efecto, en cuanto a la descentralización territorial, esta Ley Orgánica dispone que con el propósito de profundizar la democracia y de incrementar la eficiencia y eficacia de la gestión de la Administración Pública, se pueden descentralizar competencias y servicios públicos de la República a los Estados de la federación y a los municipios, y de los Estados a los municipios, de conformidad con la Constitución y la ley (art. 30). Esta norma recoge, así, los principios descentralizadores que están establecidos en los artículos 157, 158 y 165 de la Constitución venezolana de 1999.

En cuanto a la descentralización funcional, el artículo 29 de dicha Ley Orgánica dispone que los titulares de la potestad organizativa pueden crear entes descentralizados funcionalmente cuando el mejor cumplimiento de los fines del Estado así lo requiera, en los términos y condiciones previstos en la Constitución y en la Ley[898]. El mismo artículo 29 de la Ley Orgánica establece los siguientes dos tipos de entes descentralizados funcionalmente:

En *primer lugar*, los entes descentralizados funcionalmente *con forma de derecho privado*, los cuales están conformados por las personas jurídicas constituidas y regidas de acuerdo a las normas del derecho privado en los términos de la misma Ley Orgánica, y que son de dos tipos:

a. Entes descentralizados funcionalmente sin fines empresariales, que son aquellos entes descentralizados funcionalmente que no realicen actividades de producción de bienes o servicios destinados a la venta y cuyos ingresos o recursos provengan fundamentalmente del presupuesto de la República, los estados, los distritos metropolitanos, o los municipios.

b. Entes descentralizados funcionalmente con fines empresariales, que son aquellos cuya actividad principal sea la producción de bienes o servicios destinados a la venta y cuyos ingresos o recursos provengan fundamentalmente de esta actividad.

En *segundo lugar*, están los entes descentralizados funcionalmente *con forma de derecho público*, conformados por aquellas personas jurídicas creadas y regidas por normas de derecho público, las cuales pueden perseguir fines empresariales o no empresariales, al igual que pueden tener atribuido el ejercicio de potestades públicas[899]. En relación con estos últimos, sólo por ley pueden crearse las personas jurídicas de derecho público como los institutos autónomos; principio que deriva de lo dispuesto en el artículo 142 de la Constitución que recogió la disposición del artículo 230 de la Constitución de 1961 al prever que los institutos autónomos sólo pueden crearse por ley; y que tales instituciones, así como los intereses públicos en corporaciones o entidades de cualquier naturaleza, están sujetos al control del Estado, en la forma que la ley establezca.

---

897 *V.* Ley Nº 40, en *Gaceta Oficial* Nº 37.305 de 17-10-2001. *V.* Allan R. Brewer-Carías y Rafael Chavero G., *Ley Orgánica de la Administración Pública*, Editorial Jurídica Venezolana, Caracas 2002.

898 *V.* en general Jesús Caballero Ortiz, "La descentralización funcional", en *Revista de Derecho Público*, Nº 8, Editorial Jurídica venezolana, Caracas 1981, pp. 5 y ss.

899 *V.* Allan R. Brewer-Carías, "La distinción entre las personas públicas y las personas privadas y el sentido actual de la clasificación de los sujetos de derecho", *Revista de la Facultad de Derecho,* Universidad Central de Venezuela, Nº 57, Caracas, 1976, pp. 115 a 135.

Por supuesto, tanto en la descentralización funcional como en la descentralización territorial se transfiere la titularidad de la competencia y, en consecuencia, se transfiere cualquier responsabilidad que se produzca por el ejercicio de la competencia o de la gestión del servicio público correspondiente, en la persona jurídica y en los funcionarios y funcionarias del ente descentralizado (art. 32).

En cualquier caso, lo que caracteriza a la descentralización es que, aun cuando hay transferencia de poderes a otros sujetos de derecho, todos estos sujetos, en una forma u otra, quedan enmarcados dentro de la estructura organizativa general del Estado. Por ello, puede decirse que cuando se habla de "sector público", la expresión se utiliza en el sentido de abarcar, por ejemplo en Venezuela, en el campo nacional, a la República con todos sus ministerios y demás órganos de su Administración Pública central, y a la Administración descentralizada funcionalmente, tenga forma de derecho público o de derecho privado. Y en sentido similar, se utiliza en el campo de los Estados y de los Municipios con sus respectivas Administraciones Públicas.

Este sentido viene corroborado con la previsión del artículo 6 de la Ley Orgánica de Administración Financiera del Sector Público[900], en la cual se establece que están sujetos a las regulaciones de la misma "los entes u organismos que conforman el sector público", enumerados seguidamente: 1. La República; 2. Los Estados; 3. El Distrito Metropolitano de Caracas; 4. Los distritos; 5. Los Municipios; 6. Los institutos autónomos; 7. Las personas jurídicas estatales de derecho público; 8. Las sociedades mercantiles en las cuales la República o las demás personas a que se refiere el presente artículo tengan participación igual o mayor al cincuenta por ciento del capital social. Quedarán comprendidas además, las sociedades de propiedad totalmente estatal, cuya función, a través de la posesión de acciones de otras sociedades, sea coordinar la gestión empresarial pública de un sector de la economía nacional; 9. Las sociedades mercantiles en las cuales las personas a que se refiere el numeral anterior tengan participación igual o mayor al cincuenta por ciento del capital social; 10. Las fundaciones, asociaciones civiles y demás instituciones constituidas con fondos públicos o dirigidas por algunas de las personas referidas en este artículo, cuando la totalidad de los aportes presupuestarios o contribuciones en un ejercicio, efectuados por una o varias de las personas referidas en el presente artículo, represente el cincuenta por ciento o más de su presupuesto.

Esto confirma que los entes estatales con forma jurídica de derecho privado están integrados dentro de la estructura general del Estado, conformando, lo que se denomina sector público.

Puede haber un tercer tipo de descentralización, además de la descentralización territorial y la descentralización funcional, que puede denominarse descentralización corporativa, en la cual también se da la transferencia de competencia a un sujeto de derecho distinto, de carácter no territorial, pero que tiene forma corporativa, generalmente no estatal. Es el supuesto que opera en Venezuela, por ejemplo, con los Colegios Profesionales, los cuales cumplen funciones públicas de control del ejercicio de una profesión. Pero en estos casos, esta descentralización corporativa no trae, como consecuencia, que los Colegios Profesionales queden dentro de la estructura general del Estado. El Estado les transfiere competencias, por ejemplo, el control del

---

900 *Gaceta Oficial* N° 37.978 del 13 de julio de 2004.

ejercicio de una profesión que es una competencia de carácter público, pero aun así, en ese caso, esas corporaciones, por su sustrato personal, no están dentro del denominado sector público y se consideran personas no estatales.

Por tanto, la descentralización es una transferencia de competencia a sujetos de derecho distinto, lo que la distingue de la desconcentración que es una distribución de competencia dentro de la organización de un sujeto de derecho público.

2. *Las consecuencias de la descentralización: la autonomía*

Una de las consecuencias fundamentales de la descentralización es el hecho de que el ente descentralizado goza, siempre, de cierta autonomía. La autonomía, en todo caso, está en una relación inversa con el control: a mayor autonomía reconocida al ente descentralizado, corresponderá, inversamente, menor control ejercido por el ente matriz; y, a menor autonomía, mayor control.

En el caso de la Administración descentralizada territorialmente por ejemplo bajo el esquema federal, no existe control ejercido por los entes territoriales mayores, ya que hay una mayor autonomía. En cambio, en el caso de los entes descentralizados funcionalmente, por ejemplo, de los institutos autónomos, hay menor autonomía, y por tanto, un mayor control de tutela.

La autonomía, en su sentido propio, es la facultad que tienen los entes de crear su propio ordenamiento jurídico, esto es, de dictar sus propias normas; de aquí que autonomía es equivalente a autonormación. Puede afirmarse, por tanto, que la autonomía propiamente dicha, existe en la Administración descentralizada territorialmente. Por ejemplo, en Venezuela, en los Estados, los Consejos Legislativos tienen como función dictar leyes sobre las materias de competencia estadal. Igualmente sucede con los municipios, a los cuales corresponde la gestión de las materias de su competencia, de acuerdo al artículo 168,2 de la Constitución, con la potestad de normar mediante Ordenanzas como leyes locales. Por tanto, un municipio es autónomo, porque su concejo municipal puede producir sus propias normas, que a nivel local son equivalentes a las leyes; de ahí que se hable de leyes locales, en el caso de las ordenanzas.

Un instituto autónomo tiene autonomía porque también, en principio, puede darse su propia reglamentación interna, aun cuando esta facultad de autonormarse está sometida al control de tutela por parte del ministro de adscripción. Normalmente, el reglamento interno de un instituto autónomo debe ser aprobado por el ministro de adscripción, aun cuando éste no puede dictar directamente esas normas, porque sería contradictorio con el fenómeno de la descentralización.

Por supuesto, en el caso de la descentralización política o territorial, la autonomía es mayor que en el caso de la descentralización funcional, y paralelamente, en tanto en cuanto la autonomía es mayor, el control es menor. Por ejemplo, en una federación, materialmente no existe ningún mecanismo de control de tutela de la República, respecto a los Estados y a los Municipios, porque la autonomía, que es correlativa, es mayor.

Por último, debe señalarse que si bien la descentralización funcional o administrativa está signada por la búsqueda de la eficiencia de la Administración Pública en la consecución de los fines y cometidos del Estado; la descentralización política o territorial está esencialmente vinculada a la democratización del Estado, para hacer efectiva la participación política.

En las líneas que siguen analizaremos las características fundamentales de la descentralización funcional y administrativa, por una parte, y por la otra, de la descentralización territorial o política, y en particular nos referiremos al vínculo entre descentralización política y participación ciudadana, particularmente en relación con el ámbito local o municipal.

3. *Los principios sobre la descentralización administrativa o funcional*

Es materia propia del derecho administrativo, como se ha dicho, la descentralización administrativa o funcional, la cual implica la transferencia de competencia desde un ente público territorial a un ente público no territorial, por razones de servicio, y no por razones político-territoriales como en el supuesto de la descentralización territorial[901].

En este tipo de descentralización, como en toda otra forma, se requiere de la presencia de dos sujetos de derecho: el ente transferente, que debe ser de carácter político-territorial (en una federación, por ejemplo, la República, los Estados o los Municipios), y el ente receptor de la competencia, al cual se le deben transferir las competencias, y que puede preexistir jurídicamente, o bien, puede ser creado por el mismo acto que realiza o formaliza la descentralización.

El último es el caso de los institutos autónomos, los cuales, de acuerdo a lo previsto en el artículo 142 de la Constitución venezolana, sólo pueden ser creados por ley. En esta forma, si para la descentralización funcional se va a utilizar la forma jurídica de una persona de derecho público, el nuevo ente debe ser creado a través de una ley.

Por tanto, en Venezuela, el Ejecutivo Nacional no puede crear un instituto autónomo para transferirle competencias. La creación de estos entes se reserva al legislador, por lo que es por la vía legislativa que se realiza la descentralización funcional, toda vez que es materia de reserva legal la creación de entes de derecho público a través de los cuales se va a realizar la descentralización.

Pero la descentralización también se puede realizar mediante la creación de personas jurídicas con formas de derecho privado, supuesto en el cual se plantean aspectos diferentes.

En efecto, en primer lugar, en estos casos no es necesario que el sujeto de derecho sea creado por ley, por cuanto los órganos de la Administración Pública pueden crear personas jurídicas a través de los medios del derecho privado, por ejemplo, constituyendo una sociedad anónima o una fundación por la vía del registro mercantil o del registro público. Sin embargo, el solo hecho de que no se requiera o no se utilice la vía legislativa para crear estos entes, implica una limitación respecto de las competencias a transferir, ya que no se le pueden transferir competencias que estén específicamente asignadas por ley a un ente de la Administración Pública central. Siendo en principio la competencia de carácter indisponible, para transferirla sería necesaria también una norma de rango legal.

Por consiguiente, y en virtud de que el acto administrativo o el acto de derecho privado que crea una persona jurídica no pueda transferir competencias legalmente

---

901 *V.*, en general, Fernando Garrido Falla, *Administración Indirecta y Descentralización Funcional*, Madrid, 1950; Allan R. Brewer-Carías, *Derecho Administrativo*, Tomo I, Universidad Externado de Colombia, Bogotá, 2005.

atribuidas a los órganos administrativos, la descentralización funcional que se pretende instrumentar a través de estas formas jurídicas será siempre, por ello, mucho más limitada que la que se realice mediante la utilización de entes de derecho público. En este último caso, al requerirse la vía legal para la creación de éstos, la transferencia de competencia puede efectuarse sin ningún tipo de obstáculos, ya que la ley puede modificar la asignación inicial de competencia.

En todo caso, lo que se puede transferir hacia los entes de derecho privado es lo que autorice la ley o lo que esté expresamente regulado en una ley[902].

Por lo tanto, la descentralización funcional, a través de formas de derecho privado, es mucho más limitada que la descentralización funcional hecha a través de formas de derecho público.

Conforme se ha dicho, la descentralización administrativa funcional tiene por objeto la creación de personas jurídicas a las cuales se transfiere la titularidad de determinadas competencias y la responsabilidad de ejecutarlas. Conforme a lo indicado en el artículo 29 de la Ley Orgánica de la Administración Pública venezolana, esta descentralización funcional puede realizarse mediante la creación de personas jurídicas con forma de derecho público o con forma de derecho privado[903].

A. *Las formas jurídicas de derecho público: los institutos autónomos*

En la Ley Orgánica sólo se regula una de las formas jurídicas de derecho público para la descentralización administrativa funcional constituida por la figura del instituto autónomo[904], el cual se define en el artículo 95 de la misma, como una persona jurídica de derecho público de naturaleza fundacional, creada por ley nacional, estadal u ordenanza municipal conforme a las disposiciones de esta Ley, dotada de patrimonio propio e independiente de la República, de los estados, de los distritos metropolitanos y de los municipios, según sea el caso, con las competencias o actividades determinadas en la ley que lo cree[905].

Sin embargo, las formas jurídicas de derecho público estatales no se agotan en los institutos autónomos, pues también las corporaciones públicas como los colegios

---

902 Por ejemplo: cuando se creó la "Fundación para el Desarrollo de la Comunidad y Fomento Municipal" (FUNDACOMUN) en 1960, no había ninguna ley que atribuyera a ningún órgano público nacional las competencias de fomento municipal y desarrollo de la comunidad; pudo, por tanto, el Ejecutivo Nacional, ante tal situación, crear una fundación (ente de derecho privado), y atribuirle competencias en el campo de la promoción social y de la comunidad. Pero si hubiera habido una ley que atribuyera esa competencia a un ente de carácter público, la transferencia de competencias a un ente de derecho privado creado por la Administración, no se hubiera podido realizar por decreto.

903 *V.* Allan R. Brewer-Carías, *Principios del régimen jurídico de la organización administrativa*, Editorial Jurídica venezolana, Caracas 1985, pp. 115 y ss.

904 *V.* en general sobre los institutos autónomos, Jesús Caballero Ortiz, *Los Institutos Autónomos,* Fondo de Inversiones de Venezuela, Editorial Jurídica Venezolana, Caracas, 1984; Tomás Polanco, "Los Institutos Autónomos en Venezuela", *Libro Homenaje a Enrique Sayagués Laso,* Tomo IV, Madrid 1969, pp. 1073-1086; Juan Garrido Rovira, "El Instituto Autónomo como figura de la Administración Pública Nacional Descentralizada en Venezuela" en *Revista de Derecho Público*, N° 3, Caracas 1980, p. 23-29; y "Descripción de los Institutos Autónomos de la organización administrativa venezolana", en *Revista de Derecho Público* N° 4, Caracas 1980, pp. 110-116; Juan Olivares Bohórquez, "Los Institutos Autónomos", en *Revista Control Fiscal y Tecnificación Administrativa*, N° 10, Contraloría General de la República, Caracas 1959, pp. 21-22.

905 *V.* Jesús Caballero Ortiz, *Los Institutos Autónomos,* Caracas, Editorial Jurídica Venezolana, 1985.

profesionales y las comunidades educativas como las universidades nacionales son formas jurídicas de derecho público estatales para la descentralización funcional.

La creación de los institutos autónomos sólo puede realizarse mediante ley nacional, estadal u ordenanza, conforme lo establece el artículo 142 de la Constitución y el artículo 96 de la Ley Orgánica. Igualmente los institutos autónomos sólo pueden ser suprimidos por ley especial, la cual debe establecer las reglas básicas de la disolución, así como las potestades necesarias para que el respectivo ejecutivo nacional, estadal, del distrito metropolitano o municipal proceda a su liquidación (Art. 99).

B. *Las formas jurídicas de derecho privado*

La Ley Orgánica de la Administración Pública, en cuanto a las formas jurídicas de derecho privado de la Administración Pública descentralizada funcionalmente, regula tres sujetos de derecho específicos: las sociedades mercantiles del Estado, a las fundaciones del Estado y a las asociaciones civiles del Estado.

Tratándose de personas jurídicas de derecho privado, estos entes se rigen por la legislación ordinaria, particularmente, la establecida en el Código Civil y en el Código de Comercio, salvo lo establecido en la propia Ley Orgánica (Arts. 106, 112, 113 y 114)[906].

a. *Las empresas del Estado*

El artículo 100 de la Ley Orgánica define a las empresas del Estado como las sociedades mercantiles en las cuales la República, los estados, los distritos metropolitanos y los municipios, o alguno de los entes descentralizados funcionalmente regulados en la Ley Orgánica, solos o conjuntamente, tengan una participación mayor al 50% del capital social[907]. Conforme a dicha Ley, tanto la República, como los estados, los municipios y los distritos metropolitanos, pueden por tanto constituir sociedades anónimas y de responsabilidad limitada, incluso como únicos accionistas (Art. 103).

La creación de las empresas del Estado debe ser autorizada respectivamente por el Presidente de la República en Consejo de Ministros, los Gobernadores y los Alcaldes según corresponda, mediante decreto o resolución de conformidad con la ley (Art. 101).

Las empresas del Estado adquieren la personalidad jurídica con la protocolización de su acta constitutiva en el registro mercantil correspondiente a su domicilio, donde se debe archivar un ejemplar auténtico de sus estatutos y de la Gaceta Oficial de la República o del medio de publicación oficial correspondiente donde aparezca publicado el decreto que autorice su creación (Art. 101). Además, conforme al artículo 102 de la Ley Orgánica, todos los documentos relacionados con las empresas del Estado que conforme al Código de Comercio tienen que ser objeto de publica-

---

906 La Ley Orgánica, en consecuencia, derogó parcialmente el Decreto Ley Nº 677 de 21-6-85 que estableció las "Normas sobre las Fundaciones, Asociaciones y Sociedades Civiles del Estado y el control de los aportes públicos a las instituciones privadas". *V.* en *Gaceta Oficial* Nº 3.574 *Extraordinaria* de 21-6-85. *V.* en general, Allan R. Brewer-Carías, "El régimen de las fundaciones en el Decreto Nº 41 de 14-12-84" en *Revista de derecho Público*, Nº 20, Editorial Jurídica Venezolana, Caracas, 1984, pp. 96 y ss.

907 *V.* Allan R. Brewer-Carías, *Régimen de las empresas públicas en Venezuela*, Editorial Jurídica Venezolana, Caracas, 1981.

ción, deben publicarse en la Gaceta Oficial de la República o en el correspondiente medio de divulgación oficial de los estados, de los distritos metropolitanos o de los municipios.

Corresponde al ministro u órgano de adscripción, nacional, estadal, del distrito metropolitano o municipal respectivo, ejercer, según corresponda, la representación del órgano respectivo en la asamblea de accionistas u órganos correspondientes de las empresas del Estado que se encuentren bajo su tutela (Art. 120).

En los casos de empresas del Estado nacionales, estadales, de los distritos metropolitanos o municipales con un único accionista, el artículo 104 de la Ley Orgánica dispone que los derechos societarios podrán ser ejercidos, según sea el caso, por la República, los estados, los distritos metropolitanos, los municipios o los entes a que se refiere la Ley Orgánica, que sea titular de las acciones en forma unilateral, sin que ello implique el incumplimiento de las disposiciones pertinentes del Código de Comercio ni las relacionadas con la publicación a que se refiere esta Ley.

b. *Las fundaciones del Estado*

Conforme al artículo 108 de la misma Ley Orgánica de la Administración Pública, son fundaciones del Estado los patrimonios afectados a un objeto de utilidad general, artístico, científico, literario, benéfico, social u otros, en cuyo acto de constitución participe la República, los estados, los distritos metropolitanos, los municipios o alguno de los entes descentralizados funcionalmente a los que se refiere esta Ley, siempre que su patrimonio inicial se realice con aportes del Estado en un porcentaje mayor al 50% (Art. 108). Dos son, por tanto, las condiciones para que una fundación pueda considerarse como fundación del Estado: por una parte, que se constituya por un ente público y por la otra, que en el patrimonio fundacional *inicial* haya aporte del Estado mayor al 50% del mismo. Ambas condiciones deben cumplirse acumulativamente.

La creación de las fundaciones del Estado también debe ser autorizada respectivamente por el presidente de la República en Consejo de Ministros, los gobernadores, los alcaldes, según corresponda, mediante decreto o resolución (Art. 109).

Las fundaciones del Estado adquieren personalidad jurídica conforme al artículo 19 del Código Civil con la protocolización de su acta constitutiva en la oficina subalterna de registro correspondiente a su domicilio, donde se debe archivar un ejemplar auténtico de sus estatutos y de la Gaceta Oficial de la República o del medio de publicación oficial estadal o municipal correspondiente donde aparezca publicado el decreto o resolución que autorice su creación.

En el acta constitutiva de las fundaciones del Estado se debe indicar el valor de los bienes que integran su patrimonio, así como la forma en que deben ser dirigidas y administradas (Art. 111).

El acta constitutiva, los estatutos y cualquier reforma de tales documentos de las fundaciones del Estado deben ser publicados en la Gaceta Oficial de la República o en el respectivo medio de publicación oficial, estadal o municipal, con indicación de los datos correspondientes al registro (Art. 110).

Corresponde al ministro u órgano de adscripción nacional, estatal, del distrito metropolitano o municipal respectivo, ejercer, según proceda, la representación del órgano respectivo en los órganos correspondientes de las fundaciones del Estado que se encuentren bajo su tutela (Art. 120).

c. *Las sociedades civiles del Estado (nacionales)*

El artículo 113 de la Ley Orgánica de la Administración Pública define a las asociaciones y sociedades civiles del Estado como aquéllas en las cuales la República o algún ente descentralizado funcionalmente nacional posea el 50% o más de las cuotas de participación, y aquéllas cuyo monto se encuentre conformado en la misma porción, por aporte de los mencionados entes, siempre que tales aportes hubiesen sido efectuados en calidad de socio o miembro. La Ley Orgánica, por tanto, no regula las sociedades civiles del Estado que puedan constituir los estados, municipios o distritos metropolitanos.

La creación de las asociaciones y sociedades civiles del Estado debe estar autorizada por el presidente de la República mediante decreto, o a través de resolución dictada por el máximo jerarca del ente descentralizado funcionalmente, que participe en su creación (art. 114). El acta constitutiva de las sociedades civiles del Estado debe indicar el valor de los bienes que integran su patrimonio, así como la forma en que serán dirigidas y administradas (arts. 114 y 111).

Las sociedades civiles del Estado adquieren personalidad jurídica con la protocolización de su acta constitutiva en la Oficina del Registro Subalterno correspondiente a su domicilio, donde se debe archivar un ejemplar auténtico de sus estatutos y de la Gaceta Oficial de la República, donde aparezca publicado el decreto que autorice la creación (art. 114). El acta constitutiva y estatutos de las sociedades civiles del Estado debe ser publicado en la *Gaceta Oficial de la República*, con indicación de los datos de registro (arts. 114, 110).

4. *la descentralización política o descentralización territorial y las formas de Estado: el caso de Venezuela*

Como se dijo, las formas de Estado están íntimamente vinculadas al proceso de descentralización política o territorial, que consiste en la distribución vertical del poder público entre entes territoriales, y en la transferencia de competencias cuando se realizan desde entes de carácter político territorial hacia alguna otra de las personas jurídicas de derecho público de carácter político-territorial, como por ejemplo, en la federación venezolana desde la República hacia los Estados o los Municipios, o desde los Estados hacia estos últimos.

En este campo, en principio, la distribución de competencias la hace la propia Constitución, lo que condiciona la forma del Estado, al establecer la distribución del poder público en sentido vertical o territorial y la consecuente autonomía a nivel de los Estados y Municipios. Por ello, sin perjuicio del interés que el derecho administrativo tiene en esta descentralización, su regulación básica corresponde al derecho constitucional. Por otra parte, la misma Constitución también consagra el principio de la descentralización administrativa hacia los estados y municipios[908].

En el caso de Venezuela, como se ha dicho, sigue la forma de la federación, respecto de la cual el artículo 136 de la Constitución de 1999 organiza al Estado me-

908 *V.* en general, Allan R. Brewer-Carías, *Derecho Administrativo*, Tomo II, Universidad Externado de Colombia, Bogotá 2005.

diante un sistema de "división vertical"[909] del Poder Público en tres niveles: Nacional, Estadal y Municipal, atribuyendo su ejercicio a diversos órganos y asignando competencias exclusivas en los tres niveles, además de las competencias concurrentes entre ellos.

Se trata, sin duda, de una forma de limitación del poder en el Estado constitucional de derecho, tal y como lo identificó hace unos años la Sala Político Administrativa del Tribunal Supremo de Justicia, al señalar en sentencia nº 1819 de 8 de agosto de 2000 (Caso: *René Molina vs. Luis Miquelena*), lo siguiente:

> La Constitución de 1999, limita el poder mediante la difusión de la autoridad tanto en el plano horizontal como en el vertical. Esto es, prefigura una distribución horizontal y vertical del Poder Público en la cual sus creadores proveyeron con relación al *thema decidendum* que nos ocupa, la *distribución* del Poder Público en Poder Municipal, el Poder Estadal y el Poder Nacional y, la división del Poder Público Nacional en Poder Legislativo, Poder Judicial, Poder Electoral y Poder Moral.
>
> Esta limitación del poder por el poder mismo fundada en el temor a su excesiva concentración, persigue su sometimiento a la regla de derecho, limitando su actuación a las específicas atribuciones y funciones consagradas en la Ley provocando así salvaguardia contra la tiranía y la libertad de los ciudadanos, lo cual se recoge expresamente en los artículos 136 y 137.[910].

En la Constitución de 1999, incluso contrariamente a lo que establecía la Constitución de 1961, se formuló expresamente este principio de la distribución territorial del Poder Público[911], al disponer en su artículo 136 que "El Poder Público se distribuye entre el Poder Municipal, el Poder Estadal y el Poder Nacional".

A. *La distribución vertical de competencias*

a. *La distribución constitucional*

En el caso venezolano, el 156 de la Constitución define las competencias que corresponden a la República en ejercicio del Poder nacional; el artículo 165 del mismo texto constitucional enumera las competencias exclusivas de los Estados, en ejercicio del Poder Estadal; y el artículo 178 de la misma Constitución atribuye directamente a los municipios una serie de competencias que son las llamadas materias concernientes a la vida local.

Por otra parte, el artículo 184 dispone que la ley debe crear mecanismos abiertos y flexibles para que los estados y municipios descentralicen y transfieran servicios locales a las comunidades y grupos vecinales organizados. Una norma similar es la contenida en el artículo 157 de la Constitución, que establece que la Asamblea Nacional por mayoría de sus integrantes, puede atribuir a los municipios o a los estados

---

909 *V.* sentencia Nº 355 de 11-5-2000, *Revista de Derecho Público*, Nº 82, (abril-junio), Editorial Jurídica Venezolana, Caracas, 2000, pp. 342 y ss.

910 *V.* en *Revista de Derecho Público*, Nº 83, (julio-septiembre), Editorial Jurídica Venezolana, Caracas, 2000, pp. 264 y ss.

911 *V.* nuestra propuesta para la inclusión de esta norma en Allan R. Brewer-Carías, *Debate Constituyente, (Aportes a la Asamblea Nacional Constituyente)*, Tomo II, (9 septiembre-17 octubre de 1999), Caracas, 1999, pp. 161 a 164.

determinadas materias de la competencia nacional a fin de promover la descentralización.

En esta forma, la República en ejercicio del Poder Nacional puede atribuirle a los estados y municipios determinadas materias que sean de la competencia nacional, para promover la descentralización, lo que sucedió por primera vez con la Ley Orgánica de Descentralización, Delimitación y Transferencia de Competencias del Poder Público de 1989[912], en la cual se establecieron las bases para un proceso de descentralización territorial de la República hacia los estados que conforman la Federación, siendo esta quizás la reforma más importante que desde el punto de vista político se dictó en las últimas décadas del siglo XX[913].

Además de éstas, existen otras normas que establecen algunas orientaciones en materia de descentralización. Por ejemplo, en materia impositiva, el artículo 167,5 establece como ingresos de los estados, los impuestos, tasas y contribuciones especiales que se le asignen por ley nacional con el fin de promover el desarrollo de las haciendas públicas estadales. Esta sería otra forma de descentralización prevista en la Constitución, específicamente en materia tributaria.

De lo anterior puede concluirse que la propia Constitución consagra la descentralización política o territorial, al establecer la posibilidad, para los órganos del Poder Nacional, de transferir competencias a los estados y municipios; competencias éstas adicionales a las que ya tienen, en virtud de las normas de la propia Constitución.

b. *La definición del ámbito de la descentralización territorial hacia los Estados de materias de competencia concurrente*

La Ley Orgánica de Descentralización, Delimitación y Transferencia de Competencias del Poder Público de 1989, en efecto, estableció en primer lugar, la pauta para la descentralización de competencias que si bien en la Constitución se regulan como concurrentes (competencias atribuidas a la vez a la República y a los estados), por el proceso de centralismo que se ha producido en Venezuela desde comienzos del siglo pasado, fueron asumidas por el Poder Nacional. En esa forma, el artículo 4 estableció que "en ejercicio de las competencias concurrentes que establece la Constitución" y conforme a los procedimientos previstos en la propia Ley, "serán transferidos progresivamente a los estados los siguientes servicios que actualmente presta el Poder Nacional":

1° La planificación, coordinación y promoción de su propio desarrollo integral, de conformidad con las leyes nacionales de la materia.

2° La protección de la familia, y en especial del menor.

3° Mejorar las condiciones de vida de la población campesina.

4° La protección de las comunidades indígenas atendiendo a la preservación de su tradición cultural y la conservación de sus derechos sobre su territorio.

---

912 *V.* Ley Orgánica de Descentralización, Delimitación y Transferencia de Competencias del Poder Público, (*Gaceta Oficial Extra.* N° 4.153 de 28-12-1989), reformada en 2003 (*Gaceta Oficial* N° 37.753 de 14-08-2003. *V.* Allan R. Brewer-Carías et al., *Leyes para la descentralización política de la Federación,* Editorial Jurídica Venezolana, Caracas, 1995.

913 *V. Gaceta Oficial* N° 4.153, *Extraordinario* de 28-12-89. *V.* Allan R. Brewer Carías, *Problemas del Estado de Partidos,* Editorial Jurídica Venezolana, Caracas, 1988.

5° La educación, en los diversos niveles y modalidades del sistema educativo, de conformidad con las directrices y bases que establezca el Poder Nacional.

6° La cultura en sus diversas manifestaciones, la protección y conservación de las obras, objetos y monumentos de valor histórico o artístico.

7° El deporte, la educación física y la recreación.

8° Los servicios de empleo.

9° La formación de recursos humanos, y en especial los programas de aprendizaje, capacitación y perfeccionamiento profesional; y, de bienestar de los trabajadores.

10. La promoción de la agricultura, la industria y el comercio.

11. La conservación, defensa y mejoramiento del ambiente y los recursos naturales.

12. La ordenación del territorio del Estado de conformidad con la Ley Nacional.

13. La ejecución de las obras públicas de interés estadal con sujeción a las normas o procedimientos técnicos para obras de ingeniería y urbanismo establecidas por el Poder Nacional y Municipal, y la apertura y conservación de las vías de comunicación estadales.

14. La vivienda popular, urbana y rural.

15. La protección a los consumidores, de conformidad con lo dispuesto en las leyes nacionales.

16. La salud pública y la nutrición, observando la dirección técnica, las normas administrativas y la coordinación de los servicios destinados a la defensa de las mismas que disponga el Poder Nacional.

17. La investigación científica; y,

18. La defensa civil.

A los efectos de este proceso de transferencia de competencias, que no es otra cosa que un proceso de descentralización política, el artículo 5 de la Ley estableció un procedimiento basado en "convenios" a ser celebrados entre la República y el estado respectivo, por órgano, respectivamente, del Ministro de Relaciones Interiores (artículo 34) y del correspondiente gobernador. Dichos convenios y, por tanto, el proceso de transferencia de competencias puede realizarse tanto a iniciativa del gobernador del estado respectivo, como a iniciativa del Ejecutivo Nacional[914].

En este primer caso, por tanto, la Ley Orgánica nacional no realizó por sí misma un proceso de descentralización política desde el nivel nacional hacia los estados, sino que definió un ámbito de competencias concurrentes en el cual puede producirse una descentralización, la cual en todo caso no será uniforme. Puede efectuarse en determinadas materias, en ciertos estados y en otros no, y la iniciativa puede partir tanto del Ejecutivo Nacional como del gobernador de un estado. Se trata por tanto, de una descentralización "a la carta" en la cual se escogen las materias a descentralizar, sea por el Ejecutivo Nacional sea por los gobernadores, y el proceso cristaliza en un "convenio" sometido a diversas aprobaciones, entre ellas, la del Senado y la de la Asamblea Legislativa respectiva.

---

914 *V. Informe sobre la Descentralización en Venezuela 1993*. Memoria del Dr. Allan R. Brewer-Carías, Ministro de Estado para la descentralización, Caracas, 1994.

c. *La descentralización territorial hacia los Estados de materias de la competencia nacional*

Pero en segundo lugar, la Ley Orgánica de Descentralización, Delimitación y Transferencia de Competencias del Poder Público, en aplicación del artículo 137 de la Constitución de 1961, equivalente al artículo 157 de la Constitución de 1999, resolvió directamente la descentralización de una serie de competencias atribuidas al Poder Nacional, disponiendo en su artículo 11 que "se transfiere a los estados la competencia exclusiva" en las siguientes materias:

1° La organización, recaudación, control y administración del ramo de papel sellado;

2° El régimen, administración y explotación de las piedras de construcción y de adorno o de cualquier otra especie, que no sean preciosas, el mármol, pórfido, caolín, magnesita, las arenas, pizarras, arcillas, calizas, yeso, puzolanas, turbas, de las sustancias terrosas, las salinas y los ostrales de perlas, así como la organización, recaudación y control de los impuestos respectivos. El ejercicio de esta competencia está sometido a la Ley Orgánica para la Ordenación del Territorio y a las leyes relacionadas con la protección del ambiente y de los recursos naturales renovables;

3° La conservación, administración y aprovechamiento de las carreteras, puentes y autopistas en sus territorios. Cuando se trate de vías interestadales, esta competencia se ejercerá mancomunadamente, a cuyos efectos se celebrarán los convenios respectivos;

4° La organización, recaudación, control y administración de los impuestos específicos al consumo, no reservados por Ley al Poder Nacional; y

5° La administración y mantenimiento de puertos y aeropuertos públicos de uso comercial.

Sin embargo, a pesar de la transferencia que se ordenaba en la norma, la materialización de la misma sólo operó en cada estado, cuando éstos asumieron dichas competencias por ley especial dictada por las respectivas Asambleas Legislativas. Hasta tanto ello no ocurriera, en cada estado, la Ley Orgánica dispuso que se mantendría vigente el régimen legal que existía en diciembre de 1989. (Párrafo único, artículo 11).

B. *La autonomía política o territorial*

Tal como se ha señalado, la mayor autonomía en la descentralización se da en la de carácter político-territorial, en particular, en el caso de la federación venezolana, en relación con los estados y municipios. En ellos, la autonomía territorial lleva implícita la autonormación, la autonomía tributaria, la autonomía política y la autonomía administrativa.

En la descentralización territorial, en efecto, toda vez que se trata de una descentralización política, existe un mayor grado de autonomía, la cual por lo demás se prevé en la Constitución, al consagrar en el artículo 159 que los estados son entidades autónomas e iguales en lo político; y, en el artículo 168, que los municipios constituyen la unidad primaria de la organización nacional, y gozan de autonomía aun cuando "dentro de los límites de esta Constitución y de la ley". Esto implica, en todo caso, que no hay control de tutela del poder central hacia los estados y municipios. En concreto, en relación con los municipios, el mismo artículo 168 de la Constitución, prevé que los actos de los municipios no pueden ser impugnados sino por ante los tribunales competentes, de conformidad con la Constitución y con la ley, que no son otros que los de la jurisdicción contencioso administrativa o de la jurisdicción constitucional. Por tanto, no pueden ser impugnados ante el Poder Ejecutivo Nacional.

Por lo tanto, el Poder Nacional no puede controlar a la administración político-territorial, salvo en la forma autorizada en la Constitución (vía judicial).

Ahora bien, en *primer lugar*, los entes territoriales tiene autonomía normativa, en el sentido de que por ejemplo en la federación venezolana, los estados pueden dictar su propio ordenamiento jurídico, pues corresponde a los Consejos Legislativos respectivos "Legislar sobre las materias de la competencia estadal" (artículo 162,1). En el campo municipal, los concejos municipales, como autoridades legislativas en los municipios (Art. 175) pueden dictar las Ordenanzas Municipales, es decir, dictar las leyes que van a regular la comunidad en el ámbito municipal, por supuesto, en las materias que son propias de la vida local. Estas están asignadas a los municipios dentro del sistema de descentralización propio del sistema federal.

Ahora bien, este sistema de distribución de competencias puede dar origen a conflictos entre la autoridad nacional, la autoridad estadal y la autoridad municipal, por invasión mutua de competencias. En particular, ha sido frecuente la invasión de los entes municipales en el campo tributario reservado al Poder Nacional, correspondiendo a la jurisdicción constitucional su solución, sea mediante el control de la constitucionalidad de las leyes y ordenanzas, sea mediante la resolución de las controversias constitucionales que se susciten entre los tres niveles de gobierno (Art. 336 de la Constitución).

En todo caso, la consecuencia de esa autonomía normativa es que los actos de los estados y municipios sólo pueden ser revisados, por la autoridad judicial y particularmente por los órganos de la jurisdicción constitucional (Sala Constitucional del Tribunal Supremo, Art. 336,2) y de la jurisdicción contencioso administrativa (artículos 259). A tal efecto, la Constitución dispone en su artículo 168 que los actos de los municipios no pueden ser impugnados, sino por ante los órganos jurisdiccionales, de manera que no hay instancia de revisión alguna entre un acto municipal y las autoridades ejecutivas nacionales.

En *segundo lugar*, otro elemento de la autonomía propia de la descentralización territorial es la autonomía tributaria. En Venezuela, sin embargo, a nivel de los estados, ésta no está establecida expresamente, sino que deriva de las transferencias que haga el Poder Nacional conforme al artículo 167,5 de la Constitución.

En cuanto a los municipios, también gozan de autonomía tributaria conforme a la cual pueden crear impuestos y tienen sus ingresos propios dentro del ámbito de las competencias propias de la vida local. Esta autonomía tributaria da origen a una potestad tributaria propia de los municipios para crear impuestos a las actividades económicas (patentes de industria y comercio), a los inmuebles urbanos y a los espectáculos públicos, etc. (art.179, Constitución).

En todo caso, estados y municipios, en el ejercicio de la autonomía tributaria, están sometidos a las limitaciones establecidas en el artículo 183 de la Constitución.

En *tercer lugar*, la descentralización política conlleva la autonomía política que en el mismo caso de la federación venezolana, en los estados se manifiesta en el hecho de que sus autoridades deben ser electas, es decir, no son designadas por el nivel nacional. En cuanto a los legisladores miembros de los Consejos Legislativos, éstos siempre han sido elegidos por votación universal, secreta y directa (artículo 162 de la Constitución); y en cuanto a los gobernadores, a partir de 1989 han sido electos por votación popular, universal, directa y secreta conforme a la Ley de elección y remoción de los Gobernadores de Estado de 1988 (reformada en 1989), dictada en ejecución de lo previsto en el artículo 22 de la Constitución de 1961. El artículo 160 de la Constitución de 1999 en todo caso establece que los gobernadores son elegidos por mayoría de las personas que voten.

Por supuesto, los municipios tienen también autonomía política, porque el municipio elige sus propias autoridades, tanto a los alcaldes como a los concejales sin ninguna interferencia de poderes nacionales (arts. 174, 175, Constitución). Por tanto, la descentralización territorial va acompañada de la descentralización política, ya que la entidad local tiene, no sólo autonomía y autoadministración, sino también, autogobierno. Puede elegir y elige, en efecto, sus propias autoridades.

Por último, en *cuarto lugar*, la descentralización territorial también implica autonomía administrativa, en el sentido de que, por ejemplo, los estados tienen dentro de sus competencias "la administración de sus bienes y la inversión y administración de sus recursos, incluso de los provenientes de transferencias, subvenciones o asignaciones especiales del poder Nacional, así como de aquellos que les asignen como participación en los tributos nacionales" (art. 164,3). Esta autonomía, sin embargo, está sometida constitucionalmente a limitaciones derivadas de la posibilidad para el legislador nacional de establecer por ley los principios, normas y procedimientos que propendan a garantizar el uso correcto y eficiente de los recursos provenientes del situado constitucional y de la participación municipal en el mismo (art. 167,4); lo que ha estado regulado mediante el "Plan Coordinado de Inversiones" en la Ley Orgánica de Descentralización, Delimitación y Transferencia de Competencias del Poder Público de 1989; y de las potestades de control atribuidas a la Contraloría General de la República (artículo 289 de la Constitución).

Los municipios tienen, también, autonomía administrativa. Constitucionalmente tienen la libre gestión de los asuntos propios de la entidad, y esa libre gestión significa que no hay ni puede haber interferencia de entes nacionales en la Administración municipal, salvo por lo que respecta a la intervención de la Contraloría General de la República, por autorización de la propia Constitución (art. 235, Constitución).

C. *Los límites a la autonomía en la Federación venezolana: la Federación centralizada*

Pero la Constitución venezolana, al establecer en el artículo 4 que la República es "Estado Federal descentralizado" dispone que ello es así pero "en los términos consagrados en esta Constitución".

Y son precisamente "los términos consagrados por la Constitución" los que en relación con la forma del Estado, son la clave para determinar efectivamente el grado de descentralización del Estado y, por tanto, de la Federación. En la Constitución de 1999, en realidad, y salvo en el nominalismo, lamentablemente tenemos que afirmar que no se avanzó mayormente en relación con lo que existía en el texto de

1961[915], habiéndose sólo constitucionalizado algunos aspectos que ya se habían establecido en la mencionada Ley Orgánica de Descentralización, Delimitación y Transferencia de Competencias del Poder Público de 1989, la cual, por lo demás, ya tenía rango de ley constitucional en lo que se refería a la transferencia a los Estados de competencias del Poder Nacional[916].

En realidad, no hubo los avances y transformaciones necesarias para hacer realidad la descentralización de la Federación, como por ejemplo era el cambio necesario en la distribución de los recursos tributarios hacia los Estados; y más bien se retrocedió institucionalmente al eliminarse el Senado y establecerse una Asamblea Nacional Unicameral (art. 186)[917], y al permitirse la limitación por Ley nacional de la autonomía de los Estados (art. 162) y de los Municipios (art. 168) lo que es negar, de entrada, la idea misma de descentralización política que está basada en el concepto de autonomía territorial, precisamente entre los entes políticos-territoriales.

En consecuencia, la denominación de "Federación Descentralizada" para identificar la forma del Estado es, sin duda, un avance nominal, pero en los términos establecidos en la Constitución, lo que no significa realmente avance alguno, sino consolidación y mantenimiento parcial de reformas que se venían realizando desde 1989, con algunos retrocesos[918].

En efecto, en un Estado federal o en todo sistema de distribución política territorial del Poder Público, la autonomía de las entidades territoriales es consustancial al sistema, y esta debe estar establecida como garantía, en la Constitución. Esta autonomía territorial implica no sólo autonomía política (elección democrática de sus autoridades), sino además, autonomía organizativa (organización de sus Poderes Públicos al dictar su Constitución), autonomía administrativa (inversión de sus ingresos), autonomía jurídica (no revisión de sus actos sino por los tribunales), autonomía normativa (regulación legislativa de las materias de la competencia de la entidad) y autonomía tributaria (creación, administración y control de sus tributos); y, en todo caso, que sus límites sólo deberían ser los establecidos en la propia Constitución como garantía de dicha autonomía, razón por la cual la ley nacional, en principio, no debería regular las materias de la competencia exclusiva de los Estados. La Constitución de 1999, sin embargo, en esta materia sólo dispone que los Estados son

---

915 *V.* por ejemplo, Rafael J. Chavero Gazdik, "La forma de Estado prevista en la Constitución de 1999 (¿Un canto de sirenas?)", en *Revista de Derecho Público*, N° 81 (enero-marzo), Editorial Jurídica Venezolana, Caracas, 2000, pp. 29-39.

916 *V.* Carlos Ayala Corao, "Naturaleza y alcance de la descentralización estadal" en Allan R. Brewer-Carías et al, *Leyes para la Descentralización Política de la Federación*, Editorial Jurídica Venezolana, Caracas, 1994, pp. 99 y ss; y Allan R. Brewer-Carías, *Asamblea Constituyente y Ordenamiento Constitucional*, Biblioteca de la Academia de Ciencias Políticas y Sociales, Serie Estudios N° 53, Caracas, 1999, pp. 122 y ss.

917 *V.*, María M. Matheus Inciarte y María E. Romero Ríos "Estado federal y unicameralidad en el nuevo orden constitucional de la República Bolivariana de Venezuela", en *Estudios de Derecho Público-Libro Homenaje a Humberto J. La Roche*, Volumen I, Tribunal Supremo de Justicia, Caracas, 2001, pp. 637-675.

918 *V.* en general, sobre la forma del Estado como "Federación Descentralizada", Allan R. Brewer-Carías, *Reflexiones sobre el constitucionalismo en América*, Editorial Jurídica Venezolana, Caracas, 2001, pp. 158 y ss.; María V. Espina y Ornella Bernabei Zaccaro, "Nueva estructura del Estado venezolano", en *Comentarios a la Constitución de la República Bolivariana de Venezuela*. Vadell Hermanos Editores, Caracas, 2000, pp. 65-116.

"entidades políticas autónomas en lo político" (art. 159); y que los Municipios gozan de "autonomía dentro de los límites de esta Constitución y de la ley" (art. 168).

Esta autonomía territorial debería implicar, además, que en el ejercicio de sus respectivas competencias las entidades político territoriales no deberían estar sujetas a relación jerárquica ni a sujeción alguna entre ellas, ni de orden legislativo ni ejecutivo, conforme a lo que garantice la Constitución, salvo las excepciones que expresamente se establezcan en el texto fundamental.

Conforme a la orientación que tenía el texto constitucional de 1961, la Constitución de 1999 establece los principios generales de la organización del Poder Público Estadal, conforme al principio de separación orgánica en dos Poderes: el Poder Legislativo, a cargo de los Consejos Legislativos Estadales cuyos miembros son electos por votación popular, directa y secreta; y el Poder Ejecutivo, a cargo de los Gobernadores, cuya elección se estableció a partir de 1989 (arts. 160; 162). Además, en la Constitución se prevé un órgano del Poder Público estadal con autonomía funcional que es la Contraloría del Estado, la cual puede ser configurada como Poder Contralor (art. 163). En igual sentido, respecto de los Municipios también se establecen los principios generales de la organización del Poder Público Municipal, conforme al principio de separación orgánica en dos Poderes: el Poder Legislativo, a cargo de los Concejos Municipales cuyos miembros son electos por votación popular, directa y secreta; y el Poder Ejecutivo, a cargo de los Alcaldes (Art. 174), cuya elección se estableció a partir de 1989. Además, en la Constitución se prevé un órgano del Poder Público municipal con autonomía funcional, que es la Contraloría municipal (art. 176).

La Constitución venezolana, sin embargo, ha establecido importantes limitaciones a la autonomía de los Estados; y una aún más grave limitación a la autonomía municipal, al circunscribirla no sólo a los límites establecidos en la Constitución, sino a los que pueda establecer la ley (art. 168), lo que es una negación a la misma, al carecer de garantía constitucional.

En cuanto a los límites constitucionales a la autonomía de los Estados, se destacan las siguientes:

En *primer lugar*, las limitaciones a la autonomía organizativa respecto de la organización y funcionamiento de los Consejos Legislativos los cuales debían ser objeto de regulación en las Constituciones que los Estados pueden dictar conforme lo indica la Constitución Nacional como parte de la organización de sus Poderes Públicos (art. 164,1). A pesar de ello, sin embargo, ha sido la propia Constitución de 1999 la que ha limitado esta autonomía al establecer que una *ley nacional* puede regular "la organización y funcionamiento" de uno de los poderes públicos estadales, como son los Consejos Legislativos Estadales (art. 162). En ejecución de la norma constitucional, la Asamblea Nacional dictó en 2001 la *Ley Orgánica de los Consejos Legislativos de los Estados*[919] en la cual se ha regulado, en detalle, no sólo las bases y principios del régimen de organización y funcionamiento de los Consejos Legislativos de los Estados, sino las regulaciones referidas a los Legisladores; y más aún, las atribuciones de los Consejos Legislativos y los principios generales para el ejercicio

---

919 *Gaceta Oficial* N° 37.282 del 13 de septiembre de 2001. *V.* Mariela de Jesús Morales Soto, "El régimen jurídico aplicable a los Consejos Legislativos de los Estados", *Revista de Derecho Administrativo*, N° 15 (mayo-diciembre), Editorial Sherwood, Caracas, 2002, pp. 193-205.

de la "función legislativa" (art. 1), con lo cual la Asamblea Nacional se excedió incluso respecto de lo autorizado excepcionalmente en la Constitución.

En *segundo lugar*, se destacan las limitaciones al ejercicio de las funciones legislativas y de control por parte de los Consejos Legislativos, que la Constitución les asigna (art. 162, 1); lo que se estableció en el propio texto constitucional, por ejemplo, en materia de tributos (arts. 167, 5; y 156, 13). Además, en cuanto a las competencias, las que son de carácter concurrente sólo pueden ejercerse por los Estados conforme a las "leyes de base" que dicte el Poder Nacional (art. 165); y en los otros casos de competencias exclusivas también están sujetos a lo establecido en la ley nacional, como sucede en materia de policía estadal que sólo puede ejercerse conforme a la legislación *nacional* aplicable (art. 164, ord. 6). Pero además, como se indicó, la Asamblea Nacional, sin tener autorización constitucional alguna para regular el ejercicio de la "función legislativa" o la función de control por parte de los Consejos Legislativos de los Estados, en la *Ley Orgánica de los Consejos Legislativos de los Estados* de 2001 estableció con todo detalle todo el procedimiento para la formación de las leyes estadales, lo que debía ser regulado en las Constituciones de los Estados.

En *tercer lugar*, está la limitación a la autonomía organizativa en cuanto al régimen de la organización y funcionamiento del Poder Ejecutivo estadal y de la Administración Pública de los Estados, el cual está establecido como régimen general en el conjunto de regulaciones constitucionales relativas a la Administración Pública y a la función pública, que se aplican por igual a los tres niveles territoriales de gobierno (arts. 141 y ss.), las cuales, por tanto, escapan de la posibilidad de regulación por los Consejos Legislativos estadales en las Constituciones estadales.

En *cuarto lugar*, también se destacan las limitaciones a la potestad organizativa referida al Poder Ciudadano estadal, es decir, la regulación en las Constituciones estadales de las Contralorías de los Estados, cuyos titulares deben designarse mediante concurso público (art. 163). En esta materia también se ha producido una intolerable y no autorizada limitación a la autonomía organizativa de los Estados, al dictarse por la Asamblea Nacional la *Ley para la Designación y Destitución del Contralor o Contralora del Estado* de 2001[920], con el objeto de establecer los conceptos y procedimientos generales, básicos y orientadores que regulan el proceso de designación y destitución del Contralor (art. 1).

En *quinto lugar*, está la limitación a la potestad organizativa estadal relativo a los Consejos de Planificación y Coordinación de Políticas Públicas regulados en el artículo 166 de la Constitución. La "ley" conforme a la cual debían funcionar estos Consejos debía ser la que dictase cada Consejo Legislativo Estadal. Sin embargo, en este caso, la Asamblea Nacional también ha dictado la *Ley de los Consejos Estadales de Planificación y Coordinación de Políticas Públicas* de 2002[921] con el objeto de crear, organizar y establecer las competencias del Consejo Estadal de Planificación y Coordinación de Políticas Públicas que debe funcionar en cada Estado, como órgano rector de la planificación de las políticas públicas, a los fines de promover el desarrollo armónico, equilibrado y sustentable (art. 1). En esta materia, de nuevo, se

920 *Gaceta Oficial* N° 37.303 del 15 de octubre de 2001.

921 *Gaceta Oficial* N° 37.509 del 20 de agosto de 2002.

produjo un vaciamiento no autorizado de las competencias legislativas de los Estados, lesionándose su autonomía.

En cuanto a los Municipios, de acuerdo con el artículo 168 de la Constitución, dichas entidades gozan de autonomía "dentro de los límites de esta Constitución y de la Ley", estableciéndose así una limitación inusitada que hace materialmente nugatoria la autonomía político-territorial, que sólo debería encontrar límites en la Constitución, pero no en la ley[922].

Conforme a esta norma, que no tiene antecedentes en el constitucionalismo del país, la ley (que podría tanto ser nacional como estadal) puede limitar la autonomía municipal, la cual por tanto, perdió su garantía constitucional. Esto lo ha reafirmado, además, la Sala Constitucional del Tribunal Supremo en sentencia nº 2257 de 13 de noviembre de 2001, en la cual sentó el criterio de que:

> [...] la intención que proyecta la Constitución vigente, no es la de consagrar la autonomía municipal con carácter absoluto sino relativo, es decir, dentro del marco de los principios y limitaciones establecidas en la propia Constitución y en las leyes nacionales y en las leyes estadales habilitadas para desarrollar el contenido de las normas constitucionales, debiendo esas leyes, por sobre todo, conservar y respetar ciertos -principios rectores- establecidos en el Texto Fundamental. Luego, el ámbito de esa autonomía sólo podría ser delimitado con la interpretación unitaria de la red normativa de referencias, sin que pueda afirmarse que alguna de las disposiciones constitucionales se basta a sí misma para dar un cabal concepto de la autonomía municipal, por más esencial que ella sea...

Agregando que

> [...] en criterio de esta Sala, la "libre gestión de las materias de su competencia" que garantiza la Constitución a los Municipios, se trata de una ***libertad condicionada***, no sólo por las limitaciones que directamente impone el Constituyente sino por todas aquellas que pueda imponer el Legislador Nacional, y los legisladores estadales al ejercicio de la autonomía municipal, de acuerdo con las normas de la propia Constitución y dentro de los límites por ella indicados[923].

La autonomía municipal, por tanto, reducida lamentablemente por la Sala Constitucional a ser sólo una "libertad condicionada", en términos generales y conforme al mismo artículo 168 de la Constitución, comprende, lo siguiente: 1. La elección de sus autoridades; 2. La gestión de las materias de su competencia; y 3. La creación, recaudación e inversión de sus ingresos[924]; pero con las siguientes precisiones esta-

---

922 *V.* José L. Villegas Moreno, "La autonomía local y su configuración en la Constitución venezolana de 1999", en *El Derecho Público a comienzos del siglo XXI. Estudios homenaje al Profesor Allan R. Brewer-Carías,* Tomo I, Instituto de Derecho Público, UCV, Civitas Ediciones, Madrid, 2003, pp. 715-729.

923 *V.* en *Revista de Derecho Público*, Nº 85-88, Editorial Jurídica Venezolana, Caracas, 2001, pp. 202 y ss.

924 Como lo ha señalado la Sala Constitucional en la otra mencionada sentencia Nº 618 del 2 de mayo de 2001: "Esa autonomía municipal contiene tres aspectos, a saber: a) Político: en tanto se autogobierna por la elección de sus autoridades por parte de los ciudadanos que conviven en su jurisdicción, mediante los mecanismos democráticos previstos en la Constitución y la ley; b) Normativo: en el sentido de que tienen capacidad para dictar su propio ordenamiento jurídico en las materias que le han sido atribuidas constitucionalmente, sean estas materias exclusivas o concurrentes con otro ente político-territorial (República y Estados); y, c) Financiero: toda vez que la Constitución precisó las distintas fuentes de ingresos con las que cuenta el gobierno municipal para llevar a cabo su gestión, teniendo la posibilidad de invertir

blecidas por la Sala Constitucional del Tribunal Supremo en sentencia nº 670 de 6-7-2000 (Caso: *Impugnación Ordenanza sobre Contribución por Consumo de Cerveza, Municipio San Carlos, Estado Cojedes*):

> Así las cosas, debe pronunciarse esta Sala sobre el alcance de la autonomía municipal. Sobre este particular, la entonces Corte Suprema de Justicia en Sala Plena, en sentencia del 13 de noviembre de 1989, caso: *Herberto Contreras Cuenca*, señaló lo siguiente:
>
> La Constitución confiere autonomía normativa limitada a las Municipalidades, entendida ella no como el poder soberano de darse su propia ley y disponer de su existencia, que sólo le corresponde a la República de Venezuela, sino como el poder derivado de las disposiciones constitucionales de dictar normas destinadas a integrar el ordenamiento jurídico general, en las materias de su competencia local, incluso con respecto a aquellas que son de la reserva legal; circunstancia ésta que ha dado lugar a que la jurisprudencia de este Supremo Tribunal haya otorgado carácter de "leyes locales" a las ordenanzas municipales. En cuanto al valor normativo de esas fuentes de derecho emanadas de los Municipios, en algunos casos se equiparan a la Ley Nacional, supuestos en los cuales se da una relación de competencia, mientras que en otros deben subordinase a las leyes nacionales y estadales, supuestos en los cuales se da una relación de jerarquía normativa, todo ello según lo predispuesto en el texto constitucional.
>
> La Constitución atribuye autonomía financiera y tributaria a los Municipios dentro de los parámetros estrictamente señalados en su artículo 31, con las limitaciones y prohibiciones prescritas en los artículos 18, 34 y 136 del mismo texto constitucional, derivadas de las competencias del Poder Nacional, a fin de garantizar la autosuficiencia económica de las entidades locales. No obstante, la Constitución sujeta a la Ley nacional y a las leyes estadales, el aporte que reciben las Municipalidades, por intermedio de los Estados, del Poder Nacional, al cual se denomina Situado Constitucional. Por lo que respecta a los límites de la autonomía tributaria municipal, su ejercicio debe supeditarse a los principios de la legislación reglamentaria de las garantías constitucionales, que corresponden al Poder Nacional, ya que la legalidad tributaria es una garantía ligada al surgimiento mismo del Estado de Derecho.
>
> Reiterando el criterio sentado en la referida sentencia, estima esta Sala Constitucional de este Tribunal Supremo de Justicia, que en el ordenamiento constitucional que entró en vigencia como consecuencia de promulgación de la Constitución de la República Bolivariana de Venezuela, se mantienen los límites de la autonomía tributaria municipal a que dicha decisión alude, siendo los mismos, aquellos que se deriven de las competencias que en materia tributaria ostentan las otras personas político territoriales que conforman el modelo federal del Estado Venezolano[925].

---

dichos ingresos según las prioridades que determine la realidad de cada Municipio, sin injerencia del Poder Nacional y Poder Estadal, con la excepción de la inversión de los ingresos provenientes del Situado Constitucional, puesto que estos se invierten coordinadamente con planes desarrollados por los Estados" *Idem*, p. 199.

925 *V.* en *Revista de Derecho Público*, Nº 83, (julio-septiembre), Editorial Jurídica Venezolana, Caracas, 2000, pp. 199 y ss.

Además, conforme lo establecía la Constitución de 1961, el artículo 168 de la Constitución de 1999 dispone que los actos de los Municipios no pueden ser impugnados sino ante los tribunales competentes, de conformidad con la Constitución y la ley; por lo que no pueden ser revisados, en forma alguna, por los órganos del Poder Nacional ni de los Estados.

En todo caso, debe enfatizarse el señalamiento de que la autonomía municipal, tradicionalmente garantizada en la propia Constitución, conforme al espíritu centralizante de la Constitución, ahora se encuentra interferida al señalarse que los Municipios gozan de la misma, no sólo "dentro de los límites" establecidos en la Constitución, sino en la ley (Art. 168), con lo cual el principio descentralizador básico, que es la autonomía, quedó minimizado.

La federación venezolana, por tanto, no es un adecuado ejemplo de un efectivo sistema de descentralización política que pueda servir de orientación para el desarrollo de sistemas de distribución del poder en otros países. Incluso, más descentralizado es el Estado unitario descentralizado colombiano que el Estado federal venezolano[926].

Pero antes de referirnos a las exigencias que impone la realidad democrática contemporánea en América Latina en torno a la forma del Estado y la descentralización política, conviene tratar de fijar los antecedentes político-constitucionales de los sistemas latinoamericanos de distribución vertical del poder, que como en todos los aspectos medulares del constitucionalismo, se sitúan en los aportes que legaron al mundo moderno las revoluciones francesa y norteamericana del Siglo XVIII.

III. LOS ANTECEDENTES DE LA DISTRIBUCIÓN TERRITORIAL DEL PODER EN LAS REVOLUCIONES DEL SIGLO XVIII.

La distribución vertical del poder público, al igual que su separación horizontal, fueron los instrumentos revolucionarios que permitieron la sustitución constitucional del Estado Absoluto e, incluso, de la forma monárquica y consecuentemente centralizada y centralizante que lo acompañó, por el Estado Moderno. Ello se inició a partir de 1776, con motivo del proceso de independencia de las Colonias inglesas de Norteamérica, con el invento de la forma federal del Estado, de manera de poder unir políticamente los territorios de las antiguas colonias que nunca antes habían estado unidas. En Francia, por su parte, aún sin la sustitución de la forma monárquica la cual inicialmente se mantuvo, la Revolución sin embargo condujo a la creación de otro nivel de distribución territorial del poder (distinto del nivel intermedio de la Revolución norteamericana, mediante la configuración del poder municipal y el gobierno local[927].

926 *V.* Allan R. Brewer-Carías, *Federalismo y Municipalismo en la Constitución de 1999 (Alcance de una reforma insuficiente y regresiva)*, Cuadernos de la Cátedra Allan R. Brewer-Carías de Derecho Público, N° 7, Universidad Católica del Táchira, Editorial Jurídica Venezolana, Caracas-San Cristóbal, 2001.

927 *V.* Allan R. Brewer-Carías, *Reflexiones sobre la Revolución Americana (1976) y la Revolución Francesa (1789) y sus aportes al constitucionalismo moderno*, Caracas, 1991.

1. *La federación en el proceso de constitucionalización de la unión norteamericana*

En efecto, paralelamente al proceso de independencia de las Colonias Americanas a partir de 1776 y a su configuración como Estados libres, cada una con su Constitución y su *Bill of Rights,* también surgió la necesidad de una "Confederación" o Unión de dichas Colonias, lo que no sólo era necesaria para conformar una unión política, sino que era indispensable a los efectos de la conducción de la guerra contra Inglaterra. De allí la adopción por el Congreso, el 15 de noviembre de 1777, de los *"Artículos de la Confederación"* considerados como la primera Constitución Americana[928], en el cual se creó una confederación y unión perpetua entre Estados, cuyo objetivo era la defensa común, la seguridad de sus libertades y el mutuo y general bienestar, en un sistema conforme al cual cada Estado permanecía con su soberanía, libertad e independencia, y titular de cualquier poder, jurisdicción y derecho no delegado expresamente a los Estados Unidos en Congreso.

El resultado fue que el único cuerpo de la Confederación era el Congreso, en el cual cada Estado tenía un voto. Consecuentemente, la Confederación carecía de poder impositivo directo, dependiendo por ello, desde el punto de vista económico, exclusivamente de las contribuciones de los Estados; carecía de un cuerpo ejecutivo y sólo tenía una forma de organización judicial embrionaria. A pesar de dichas debilidades, sin embargo, la Confederación tuvo éxito en conducir la guerra durante 7 años, hasta finalmente triunfar.

En todo caso, luego de la victoria y la firma del Tratado de Paz de 1783, la precaria estructura de la Confederación provocó la necesidad de establecer un poder central que lograra la integración nacional, a cuyo efecto fue convocada una Convención Federal, con el único y expreso objetivo de revisar los artículos de la Confederación. Esto condujo, en 1787, a la sanción por el Congreso, de la Constitución de los Estados Unidos, como resultado de una serie de compromisos entre los componentes políticos y sociales de las Colonias independientes: entre federalistas y antifederalistas; entre los grandes y los pequeños Estados; entre los Estados del Norte y los Estados del Sur; entre esclavistas y antiesclavistas, y entre la democracia y los intereses de las clases dominantes; lo cual condujo finalmente al establecimiento de un sistema de separación de poderes, balanceados y controlados entre sí *(check and balance system)*[929].

Esta Constitución introdujo en el derecho constitucional moderno, dos elementos esenciales que constituyen la mayor contribución al constitucionalismo: en primer lugar, la idea de una Constitución en sí misma, en el sentido de un texto supremo escrito, estableciendo una forma de gobierno; y en segundo lugar, la idea del republicanismo, basada en la representación como ideología del pueblo contra la idea de la Monarquía y de las autocracias hereditarias[930].

Los americanos de finales del Siglo XVIII, por tanto, decidieron mediante una Revolución, repudiar la autoridad real y sustituirla por una República. De allí que el

928 R.B. Morris, "Creating and Ratifying the Constitution", National Forum, Towards the Bicentennial of the Constitution, Fall, 1984, p. 9.

929 M. García Pelayo, *Derecho Constitucional Comparado*, Madrid, pp. 336-337.

930 G.S. Wood. "The Intellectual Origins of the American Constitutions", *National Forum, cit.,* p. 5.

republicanismo y el convertir la sociedad política en República, fue la base de la Revolución Americana. Por ello es que la Constitución de 1787 fue adoptada por "el pueblo" *(We the people...)*, el cual se convirtió, en la historia constitucional, en el soberano.

La Constitución de 1787, sin embargo, sólo se concibió, básicamente, como un documento *orgánico* regulando la forma de gobierno, es decir, la separación de poderes entre los órganos del nuevo Estado: horizontalmente, entre los Poderes Legislativo, Ejecutivo y Judicial, y verticalmente, como Estados Unidos, en un sistema federal. A pesar de los antecedentes coloniales e, incluso, a pesar de las propuestas formuladas en la Convención, la Constitución de 1787 no contuvo una Declaración de Derechos, excepto por lo que se refiere al derecho a un gobierno representativo. La protesta de los oponentes al nuevo sistema federal que establecía, sin embargo, llevó a los antifederalistas, durante el proceso de ratificación de la Constitución que duró hasta 1789 (pues al menos nueve Estados debían ratificar la Constitución en sus respectivas Asambleas Legislativas), a proponer la adopción de las primeras *Diez Enmiendas* a la Constitución. Ello condujo a que, el 25 de septiembre de 1789, sólo un mes después de sancionada la Declaración de los Derechos del Hombre y del Ciudadano por la Asamblea Nacional francesa, el primer Congreso de los Estados Unidos propusiera a las Asambleas Legislativas de los diversos Estados, dichas primeras Diez Enmiendas al texto constitucional, llamada "Declaración de Derechos" (*Bill of Rights*), las cuales fueron ratificadas por las Asambleas Legislativas de los Estados de Nueva Jersey, Maryland, y de los Estados de Carolina del Norte, el mismo año 1789; (de Carolina del Sur, Nueva Hamshire, Deleware, Pensilvania, Nueva York, Rhode Island, el año 1790; y de Vermont y Virginia, el año 1791. Las diez primera Enmiendas, por tanto, comenzaron a regir en 1791, el mismo año que se promulgó la primera Constitución francesa.

Pero además de la idea de una Constitución como norma suprema, de la Revolución norteamericana también surgió como pilar del Estado moderno, la idea misma de la democracia y del republicanismo basado en el concepto de soberanía del pueblo, con lo que se sustituyó definitivamente el viejo principio de la legitimidad monárquica del Estado. La soberanía en efecto, dejó de corresponder a un Monarca, y pasó al pueblo, y por ende, con la Revolución Americana, puede decirse que la práctica del gobierno democrático fue iniciada en el mundo moderno. El mismo principio fue luego recogido en la Revolución Francesa, pero duró en la práctica constitucional muy poco, debido a la restauración de la Monarquía a partir de 1815.

En todo caso, este fue un concepto fundamental en el trabajo de *Tocqueville,* constituyendo incluso, el título de su libro *La democracia en América*[931], en el cual dijo: "Cuando se quiere hablar de las leyes políticas de los Estados Unidos, hay que comenzar siempre con el dogma de la soberanía del pueblo".

Un principio que *de Tocqueville* consideró que "domina todo el sistema político de los angloamericanos", añadiendo, que:

931 A. de Tocqueville, *Democracy in America*, J.P. Mayer y M. Lerner, eds. London 1969. Las citas en el texto son tomadas de esta edición.

> Si hay algún país en el mundo en que se pueda apreciar en su justo valor el dogma de la soberanía del pueblo, estudiarlo en su aplicación a los negocios jurídicos y juzgar sus ventajas y sus peligros, ese país es sin duda Norteamérica.

A ese efecto consagró su libro, para estudiar precisamente la democracia en Norteamérica. Sin embargo, como se ha visto, es evidente que la democracia se había desarrollado en Norteamérica, tiempo antes de la Independencia, lo que destacó *de Tocqueville* al indicar que su ejercicio, durante el régimen colonial:

> Se veía reducido a ocultarse en las asambleas provinciales y sobre todo en las comunas donde se propagaba en secreto... "No podía mostrarse ostensiblemente a plena luz en el seno de las leyes, puesto que las colonias estaban todavía constreñidas a obedecer".

Por ello, una vez que la Revolución norteamericana estalló:

> El dogma de la soberanía del pueblo, salió de la comuna y se apoderó del gobierno. Todas las clases se comprometieron por su causa; se combatió y se triunfó en su nombre; llegó a ser la ley entre las leyes.

De acuerdo con ese dogma de la soberanía del pueblo, cuando este rige en una nación, dijo *de Tocqueville,* "cada individuo constituye una parte igual de esa soberanía y participa igualmente en el gobierno del Estado".

El título del primer capítulo de la segunda parte del libro de *de Tocqueville,* reza así: de "Cómo se puede decir rigurosamente que en los Estados Unidos es el pueblo el que gobierna", iniciando el primer párrafo en la siguiente forma:

> En Norteamérica el pueblo nombra a quien hace la ley y a quien la ejecuta; él mismo forma el jurado que castiga las infracciones de la Ley. No solamente las instituciones son democráticas en principio, sino también en todo su desarrollo.
>
> Así, el pueblo nombra directamente a sus representantes y los escoge cada año, a fin de tenerlos completamente bajo su dependencia. Es, pues, realmente el pueblo quien dirige y, aunque la forma de gobierno sea representativa, es evidente que las opiniones, los prejuicios, los intereses, y aún las pasiones del pueblo no pueden encontrar obstáculos durables que le impidan producirse en la dirección cotidiana de la sociedad".

De ello concluía *de Tocqueville* afirmando que "Norteamérica es la tierra de la democracia".

Pero uno de los principales aspectos a los cuales *de Tocqueville* se refirió en relación a la democracia, fue el relativo a "las causas principales del mantenimiento de la república democrática en el Nuevo Mundo", afirmando:

> Tres cosas parecen contribuir más que todas las demás al mantenimiento de la república democrática en el nuevo mundo:
>
> La primera es la forma federal que los norteamericanos han adoptado, y que permite a la Unión disfrutar del poder de una gran república y de la seguridad de una pequeña.
>
> Encuentro la segunda en las instituciones comunales que moderando el despotismo de la mayoría, dan al mismo tiempo al pueblo el gusto de la libertad y el arte de ser libre.

> La tercera se encuentra en la constitución del poder judicial. He demostrado cómo los tribunales sirven para corregir los extravíos de la democracia y cómo sin poder detener jamás los movimientos de la mayoría, logran hacerlos más lentos, así como dirigirlos.

De allí, la relación que *de Tocqueville* estableció entre la democracia y la descentralización o la distribución vertical de los poderes del Estado entre las diferentes unidades político-territoriales, y su afirmación de que los problemas de la "omnipotencia de la mayoría" e incluso la "tiranía de la mayoría", fuera moderada por la casi inexistencia de centralización administrativa y por la influencia de la profesión legal en Norteamérica.

De *Tocqueville,* en efecto observó:

> No hay en el mundo país donde la ley hable un lenguaje más absoluto que en Norteamérica, y no hay tampoco ninguno donde el derecho de aplicarla está dividido entre tantas manos.

Luego en su libro, enfatizó que "Lo que más llama la atención al europeo que recorre a los Estados Unidos es la ausencia de lo que se llama entre nosotros el gobierno o administración"; agregando, que las funciones son múltiples y "Al repartir así la autoridad, vuélvese, es verdad, su acción menos pesada y menos peligrosa, pero no se la llega a destruir".

Concluyó su observación destacando que:

> El poder administrativo en los Estados Unidos no ofrece en su Constitución nada central ni jerárquico. Es precisamente lo que hace que no se advierta su presencia. El poder existe, pero no se sabe donde encontrar a su representante.

Ahora bien, la distribución de los poderes en sentido vertical, en Norteamérica, puede decirse que no fue producto de un proceso de descentralización, sino más bien, de centralización, en el sentido de que el Municipio, el Condado, y los Estados, existieron primero que el poder central, de manera tal que como lo observó *de Tocqueville,* "la forma de gobierno federal en los Estados Unidos apareció en último lugar".

En sus propias palabras:

> En la mayor parte de las naciones europeas, la preocupación política comenzó en las capas más altas de la sociedad, que se fue comunicando poco a poco y siempre de una manera incompleta, a las diversas partes del cuerpo social.
>
> En Norteamérica, al contrario, se puede decir que la Comuna ha sido organizada antes que el Condado, el Condado antes que el Estado y el Estado antes que la Unión.

Refiriéndose a Nueva Inglaterra, *de Tocqueville* constató que allí las comunidades locales tomaron completa y definitiva forma, desde 1650, señalando en consecuencia que, incluso antes de la Independencia:

> En el seno de la Comuna se ve dominar una política real, activa, enteramente democrática y republicana. Las colonias reconocen aún la supremacía de la metrópoli; la monarquía es la ley del Estado, pero ya la república está plenamente viva en la Comuna.

De ahí, desde esta aproximación histórica, deriva la importancia que *de Tocqueville* asignó al gobierno local, como la fuente de la democracia. Son clásicas sus famosas palabras concernientes al gobierno local, bien conocidas y siempre válidas:

> En la Comuna es donde reside la fuerza de los pueblos libres. Las instituciones comunales son a la libertad lo que las escuelas primarias vienen a ser a la ciencia; la ponen al alcance del pueblo; le hacen paladear su uso pacífico y lo habitúan a servirse de ella.

Y añadió: "En la Comuna, como en cualquier otra parte, el pueblo es la fuente de los poderes sociales, pero en ninguna ejerce su poder con más intensidad". Esto es -decía- porque, las instituciones locales, "ejercen una influencia prodigiosa sobre la sociedad entera". Por ello, concluyó *de Tocqueville* diciendo que "la vida política ha nacido en el seno mismo de las Comunas".

En lo relativo a la forma federal del Estado, creación del sistema constitucional norteamericano, producto del proceso de centralización política de una sociedad altamente descentralizada, *de Tocqueville* constató su novedad afirmando que:

> Esta Constitución, que a primera vista se ve uno tentado a confundir con las constituciones federales que la han precedido, descansa en efecto sobre una teoría enteramente nueva, que se debe señalar como un gran descubrimiento de la ciencia política de nuestros días.

Y de hecho, puede decirse que la forma del "Estado federal" vino a formar parte de la historia con la Constitución norteamericana de 1787, aún cuando las palabras "federal" o "federación" no se usaron en la Constitución. La adopción del esquema federal, en todo caso, no respondió a un esquema previamente concedido, sino a necesidades prácticas: El propósito fue seguir una fórmula que hiciera posible la existencia de Estados independientes compatibles con un Poder Central con suficientes atribuciones para actuar por sí solo en un nivel federal.

Esta nueva forma de Estado, dijo *de Tocqueville,* no podía ser comparada a las confederaciones que existieron en Europa antes de la Constitución norteamericana, principalmente porque el Poder Central en la Constitución Norteamericana, como lo observó, "obra sin intermediario sobre los gobernados, los administra y los juzga por sí mismo, como lo hacen los gobiernos nacionales".

En Norteamérica, agregó:

> [La] Unión tiene por gobernados no a los Estados, sino a simples ciudadanos. Cuando quiere recaudar un impuesto, no se dirige al gobierno de Massachussets sino a cada habitante de Massachussets. Los antiguos gobiernos federales tenían frente a ellos a pueblos; el de la Unión tienen a individuos. No pide prestada su fuerza, la toma por sí misma. Tiene sus administradores propios, sus tribunales, sus oficiales de justicia y su propio ejército.

Luego *de Tocqueville* añadió:

> Evidentemente, no es ya ese un gobierno federal; es un gobierno nacional incompleto. Así se ha encontrado una forma de gobierno que no era precisamente ni nacional ni federal; pero se han detenido allí, y la palabra nueva que debe expresar la cosa nueva no existe todavía.

Esta "cosa nueva" es la que precisamente, en el derecho constitucional moderno es conocida como la forma de *Estado Federal,* y aunque *de Tocqueville* admiró su novedad, y además puntualizó sus defectos, claramente observó que no era un producto para la exportación. Dijo, así, que:

> La Constitución de los Estados Unidos se parece a las bellas creaciones de la industria humana que colman de gloria y de bienes a aquellos que la inventan; pero permanecen estériles en otras manos.

En este sentido, en su libro, *de Tocqueville* se refirió al caso del sistema federal de México, ya en la década de 1830, pero sus observaciones podrían aplicarse a toda América Latina.

En todo caso, esta organización del Estado Federal, que se configura como uno de los principales rasgos del constitucionalismo norteamericano, fue inmediatamente seguida en Venezuela en 1811, y décadas después, por los grandes países latinoamericanos (México, Argentina, Brasil). Sin embargo, debe destacarse que en general, en los estudios de derecho constitucional realizados desde Europa y desde los Estados Unitarios latinoamericanos sobre las instituciones políticas de las Federaciones de América Latina, se observa una incomprensión sobre el federalismo latinoamericano y su origen.

La forma de Estado Federal en nuestros países, debe señalarse que a pesar de la influencia norteamericana, no fue una copia mecánica y artificial de la recién creada forma federal de los Estados Unidos de América que todavía en 1833, como lo observó *de Tocqueville* en su *Democracia en América,* aún no tenía nombre propio. Al contrario, la adopción de la forma federal en América Latina obedeció a la realidad político territorial que nos había legado la colonización española y lusitana, de manera que la Federación vino a ser la solución institucional ideal, en los Estados que la adoptaron, para formar los Estados independientes, particularmente en las áreas coloniales compuestas por una gran extensión territorial (Argentina, México, Brasil, Venezuela) y múltiples demarcaciones territoriales coloniales.

El primer país que adoptó el Federalismo como forma de Estado en el mundo moderno, después de su implantación en los Estados Unidos de Norteamérica, fue Venezuela, al constituirse como Estado independiente de la metrópoli española, y cabe preguntarse: ¿Por qué nuestros constituyentes de 1811 adoptaron la forma federal para constituir el Estado, formado por siete provincias que en 1777 habían sido agrupadas por España en una Capitanía General? La respuesta a esta pregunta está en la constatación del hecho de que en América Latina, España había conformado en la época colonial, un sistema de gobierno y administración altamente descentralizado, organizado en Virreinatos, Capitanías Generales, Provincias, Corregimientos y Gobernaciones, como antes había ocurrido con todos los grandes imperios históricos. La provincia así, conforme al concepto romano, era la unidad colonial básica de ultramar, especialmente establecida para el gobierno colonial, hasta el punto de que para la organización político territorial de la propia España peninsular en Provincias, sólo fue en 1830 que se adoptó, pero conforme al modelo napoleónico de Estado centralizado.

Desde comienzos del Siglo XVI, en cambio, la Provincia fue la unidad territorial básica de las colonias en América Latina, conformándose políticamente en torno a centros poblados (política de poblamiento), con sus Cabildos y gran autonomía. Así surgió, en un proceso de 300 años, un sistema de ciudades-Estados coloniales diseminado en todo el territorio latinoamericano.

Al estallar el proceso independentista en 1810, en los Estados latinoamericanos se produjo un proceso similar al que años antes había sucedido en los Estados Unidos, signado por un doble objetivo: por una parte, la independencia en relación a la Metrópoli y por la otra, la unión de las diversas Provincias distantes, aisladas y autónomas que conformaban unidades organizativas superiores. En ese proceso, cabe preguntarse: ¿Cuál era la forma de Estado que podían adoptar nuestros países, de entre los esquemas existentes en el mundo?

No debe olvidarse que el mundo europeo del momento, lo único que mostraba, como forma de Estado, era el Monárquico, siendo éste el sistema de integración tanto de grandes como de pequeñas entidades territoriales. Por ello, la revolución de independencia en América Latina se inició contra la Monarquía, siendo inconcebible que se pudieran construir los nuevos Estados inventando un régimen monárquico criollo (quedaron como excepciones, sin embargo, los "imperios" de los Estados más extensos territorialmente, Brasil y México, de corta duración). No habiendo Monarquías, por tanto, el esquema de distribución vertical del poder propio de la forma federal, resultaba perfectamente adecuado a nuestras realidades y a nuestra dispersión territorial, como fue el caso de Venezuela que adoptó este modelo.

En efecto, como se ha dicho, al momento de la Independencia, el sistema español había dejado en el territorio de las nuevas Repúblicas un sistema de poderes autónomos provinciales y citadinos, hasta el punto de que la Declaración de Independencia la realizan los Cabildos en las respectivas provincias, iniciándose el proceso en el Cabildo de Caracas el 19 de abril de 1810. Se trataba, por tanto, de construir un Estado en territorios disgregados en autonomías territoriales descentralizadas en manos de Cabildos o Ayuntamientos coloniales[932].

Por ello, al convocar elecciones, en 1810, para la constitución de un Congreso General, la Junta Suprema de Caracas lo hizo partiendo del supuesto de que había "llegado el momento de organizar un Poder central bien constituido", preguntándose en su proclama:

> ¿Cómo se podrían de otro modo trazar los límites de las autoridades de las Juntas provinciales, corregir los vicios de que también adolece la Constitución de éstas, dar a las provincias gubernativas aquella unidad sin la cual no puede haber ni orden, ni energía; consolidar un plan defensivo que nos ponga a cubierto de todas clase de enemigos; formar, en fin, una confederación sólida, respetable, ordenada, que restablezca de todo punto la tranquilidad y confianza, que mejore nuestras instituciones y a cuya sombra podamos aguardar la disipación de las borrascas políticas que están sacudiendo al universo?.

El Congreso General, en consecuencia, y esa era la voluntad política, en definitiva dictó en diciembre de 1811, la "Constitución Federal para los Estados de Venezuela".

Pero el Poder Central Federal constituido, como había sucedido inicialmente en los Estados Unidos, estaba estructurado con grandes signos de debilidad, estando el

---

932 *V.* Allan R. Brewer-Carías, "Estudio preliminar", *Las Constituciones de Venezuela*, Academia de Ciencias Políticas y Sociales, Caracas 1997, texto que se sigue en las páginas siguientes.

poder fundamental en las Provincias constituidas como Estados soberanos. Esta debilidad ya la había apuntado *de Tocqueville,* en su observación sobre el sistema norteamericano.

En efecto, en contraste con los Estados centralizados de Europa y la concentración nacional del poder político, *de Tocqueville* señaló, que entre el "más funesto de todos los vicios que considero como inherente al sistema federal mismo, es la debilidad relativa del gobierno de la Unión", añadiendo que "una soberanía fraccionada será siempre más débil que una completa"[933].

Esta debilidad referida a la forma del Estado federal, una vez adoptada en la Constitución venezolana de 1811, seis meses después de la Declaración de Independencia, siempre se ha considerado que fue una de las principales causas del fracaso de la Primera República en 1812. De allí, la afirmación definitiva del Libertador Simón Bolívar en una carta al Gobernador de la Provincia de Barinas, el 12 de agosto de 1813: "Jamás la división de poder ha establecido y perpetuado gobiernos; sólo su concentración ha infundido respeto para una nación"[934].

Simón Bolívar, en la línea de pensamiento que luego manifestó *de Tocqueville,* durante toda su vida fue un crítico amargo contra la forma del Estado federal y su adopción en Venezuela, y siempre abogó por una forma concentrada del poder del Estado[935].

En 1812, por ejemplo, apenas caída la Primera República, en su famoso *Manifiesto de Cartagena,* escrito un año después de la sanción de la Constitución Federal, expresó:

> Lo que debilitó más el Gobierno de Venezuela fue la forma federal que adoptó, siguiendo las máximas exageradas de los derechos del hombre, que autorizándolo para que se rija por sí mismo, rompe los pactos sociales, y constituye a las naciones en anarquía. Tal era el verdadero estado de la Confederación. Cada Provincia se gobernaba independientemente; y a ejemplo de éstas, cada ciudad pretendía iguales facultades alegando la práctica de aquéllas, y la teoría de que todos los hombres y todos los pueblos gozan de la prerrogativa de instituir a su antojo el gobierno que les acomode... El sistema federal, bien que sea el más perfecto y más capaz de proporcionar la felicidad humana en sociedad, es, no obstante, el más opuesto a los intereses de nuestros nacientes Estados[936].

Ahora bien, frente al esquema federal, el Libertador propugnaba una forma de Estado centralizada. Por ello afirmaba, en el mismo *Manifiesto de Cartagena:*

> Yo soy de sentir que mientras no centralicemos nuestros gobiernos americanos, los enemigos obtendrán las más completas ventajas; seremos indefectiblemente envueltos en los horrores de las disensiones civiles, y conquistados vilipendiosamente

---

933 *V.* Alexis de Tocqueville, *La democracia en América*, México, 1973.

934 *V.* el texto en *Escritos del Libertador*, Tomo V, Caracas, p. 24

935 *V.* Allan R. Brewer-carías, "Ideas centrales sobre la organización el Estado en la Obra del Libertador y sus Proyecciones Contemporáneas" en *Boletín de la Academia de Ciencias Políticas y Sociales*, Nº 95-96, enero-junio 1984, pp. 137-151, trabajo del cual se han tomado las referencias que siguen.

936 *V.* el texto en Simón Bolívar, *Escritos Fundamentales*, Caracas, pp. 61 y 62

> por ese puñado de bandidos que infestan nuestras comarcas ... no son naciones poderosas y respetadas sino las que tienen un gobierno central y enérgico[937].

Posteriormente, en 1815, en su famosa *Carta de Jamaica,* insistió el Libertador en sus críticas al sistema federal al constatar que:

> Así como Venezuela ha sido la República americana que más se ha adelantado en sus instituciones políticas, también ha sido el más claro ejemplo de la ineficacia de la forma democrática y federal para nuestros nacientes estados[938].

Y posteriormente en 1819, expresaba en su *Discurso de Angostura:*

> Cuanto más admiro la excelencia de la Constitución Federal de Venezuela, al tanto más me persuado de la imposibilidad de su aplicación a nuestro estado[939].

"El magnífico sistema federativo", decía:

> [N]o era dado a los venezolanos ganarlo repentinamente al salir de las cadenas. No estábamos preparados para tanto bien; el bien como el mal, da la muerte cuando es súbito y excesivo.

Y agregaba:

> Horrorizado de la divergencia que ha reinado y debe reinar entre nosotros por el espíritu sutil que caracteriza al gobierno federativo, he sido arrastrado a rogaros para que adoptéis el centralismo y la reunión de todos los Estado de Venezuela en una República sola, e indivisible[940].

Este criterio político del Libertador a favor del centralismo lo va a acompañar hasta el fin de sus días. Así lo vemos expuesto en 1829, en una carta que envía desde Guayaquil a su antiguo edecán general Daniel Florencio O'Leary, al calificar al sistema federal, como "una anarquía regularizada, o más bien es la Ley que prescribe implícitamente la obligación de disociarse y arruinar el Estado con todos sus individuos"; lo que lo llevó a afirmar rotundamente:

> Yo pienso que mejor sería para la América adoptar el Corán que el gobierno de los Estados Unidos, aunque es el mejor del mundo...[941].

A pesar de la clara posición del Libertador sobre el sistema federal, éste, sin embargo, no sólo se impuso en Venezuela en la Constitución de 1830, sino después de las guerras federales, en la Constitución de 1864. Otros países latinoamericanos siguieron también el modelo federal y otros optaron, sin embargo, por el modelo unitario.

Debe destacarse, por otra parte, que si bien *de Tocqueville* fue también un crítico de la forma federal del Estado, elogió los efectos beneficiosos de la descentralización política y del gobierno local, como características del sistema americano. Dijo:

---

937 *V.* en *Escritos del Libertador*, Sociedad Bolivariana de Venezuela, Caracas, Tomo V, *cit.*, p. 24.

938 *Idem.*, p. 97.

939 *Idem.*, p. 120.

940 *Ibidem.*, p. 140.

941 *Ibidem.*, pp. 200 y 201.

> Los partidarios de la centralización en Europa, sostienen que el poder gubernamental administra mejor las localidades de lo que ellas mismas podrían hacerlo; esto puede ser cierto cuando el Poder Central es ilustrado y las localidades no tienen cultura, cuando es activo y ellas son inertes, cuando tienen la costumbre de actuar y ellas la de obedecer.

Pero cuando el pueblo es ilustrado, consciente de su propio interés, y acostumbrado a pensar por sí mismo, como lo había visto en Norteamérica, dijo:

> Estoy persuadido por el contrario, de que en ese caso la fuerza colectiva de los ciudadanos será siempre más poderosa para producir el bienestar social que la autoridad del gobierno.

Finalmente señaló que:

> Las ventajas políticas que los norteamericanos obtienen del sistema de descentralización, me lo hacen preferir al sistema central... lo que más admiro en Norteamérica, no son los efectos administrativos de la descentralización, son sus efectos políticos. En los Estados Unidos, la patria se siente en todas partes. Es venerada desde la Aldea hasta la Unión.

Al comparar la situación con Europa, concluía:

> Sólo los pueblos que tienen escasa o ninguna institución provincial niegan su utilidad; es decir, que aquellos que no conocen esa institución son los únicos que hablan mal de ella.

El esquema colonial español en América Latina, sin haber logrado la autonomía de las colonias inglesas en Norteamérica, producto de la inexistencia de un esquema global de organización territorial manejado desde la Metrópoli, como si lo hubo en España (Casa de Contratación de Sevilla, Virreinatos, Audiencias, Capitanías Generales, Provincias, Gobernaciones, y Corregimientos), sin embargo, provocó el desarrollo de una intensa vida municipal en los Cabildos compuestos en su mayoría por criollos. Fueron, así, los Cabildos los que hicieron la independencia y los que la proclamaron.

En efecto, el 19 de abril de 1810, fue el Cabildo de Caracas el que asumió el poder político autonómico, y el que inició la revolución independentista. Y no podía ser otra que la institución política colonial que asumiera en ese momento facultades soberanas, pues dentro del contexto histórico político, se trataba de cuerpos realmente representativos de los diversos estratos sociales libres que reflejaban legítimamente los derechos populares.

Recuérdese que el Cabildo de Caracas en 1810, inicia la revolución de independencia y asume el poder político local, con sus Diputados por el clero, el pueblo y por el gremio de los pardos con voto libre en las discusiones y con los mismos derechos que los otros miembros, lo cual le dio un carácter representativo inicial. Pero la Revolución de independencia surgió, también, de un Cabildo participativo, pues fue el pueblo en definitiva el que rechazó el mando al Capitán General Emparan. Después de reiniciada la sesión del Ayuntamiento el 19 de abril de 1810, provocada en parte por la concentración de vecinos en las inmediaciones de las Casas Consistoriales, ante su pregunta dirigida al pueblo amotinado desde el balcón de la Casa Capitular, como se recoge en el Acta de la Sesión, de "si quería que continuase en el ejercicio del Poder", el pueblo respondió por la voz de los conjurados, "no lo queremos", por lo cual quedó aquél despojado, en el acto "de la autoridad que investía, e interrumpida y protestada así la dominación de España en Venezuela". De este hecho deja constancia el Acta respectiva así: "notificaron al pueblo su deliberación, y resultando conforme en que el mando supremo quedase depositado en este Ayuntamiento".

Venezuela, como República independiente, tuvo así, su origen en un Cabildo representativo y participativo, por lo que en su estructuración política posterior, en las Constituciones Provinciales a partir de 1812, se reguló en forma detallada el Poder Municipal.

2. *El poder municipal en el proceso de constitucionalización de la Revolución Francesa*

Ese Poder Municipal, en todo caso, tuvo su origen en la revolución Francesa, iniciada en 1789, trece años después de la Revolución Americana; en el que se consolidó la asunción del poder por una Asamblea Nacional que se enfrentó al Rey Luis XVI, y adoptó la Declaración de Derechos del Hombre y del Ciudadano, y asumió la reorganización del Estado.

Al contrario de la Revolución Americana, que tuvo por resultado un proceso de construcción de un nuevo Estado que surgía de entre un conjunto de Colonias que habían tenido su desarrollo político lejos de la Metrópoli inglesa; en el caso de Francia, en cambio, la brusca transformación que se operó tenía por marco político constitucional el de la Monarquía, y se produjo dentro de la propia estructura estatal propia del absolutismo, con el objeto de sustituir, dentro del mismo Estado, un sistema de gobierno por otro distinto. Por supuesto, como sucede con toda Revolución, ello no estaba totalmente planificado, pero visto retrospectivamente, ese fue el resultado[942].

La revolución política en Francia, sin embargo, puede decirse que se había iniciado el año anterior con la convocatoria de los *États Généraux*. Con ello puede decirse que se puso fin, por la propia Monarquía, al gobierno absoluto, al aceptar el Rey compartir el gobierno y el poder con un cuerpo de Diputados electos que asumirían el Poder Legislativo, que hasta ese momento era ejercido por el propio Monarca. Por tanto, realmente, el 5 de julio de 1788, al convocarse y al fijarse la fecha de los *États Généraux,* el Rey habría dictado la sentencia de muerte del Antiguo Régimen, de la Monarquía Absoluta, y de su propia vida.

Los *États Généraux,* hasta 1614, habían constituido una Asamblea de las tres órdenes de la sociedad francesa: la nobleza, el clero y el resto o *Tiers;* tres órdenes que tenían, cada una, un voto. Por tanto, los asuntos recibían tres votos y cada orden votaba por separado, con lo cual las clases privilegiadas, la nobleza y el clero, siempre dominaban y se imponían, porque tenían dos votos frente al *Tiers Etat.*

Ahora bien, aceptadas y acordadas por el Rey en 1788 la convocatoria de *États Généraux,* la agitación política se volcó respecto a otro aspecto que era el más importante: la forma de la convocatoria y la forma de funcionamiento de dicha Asamblea, es decir, sobre la forma del voto en el sentido de si debía ser o no separado, y la forma en que debían reunirse las órdenes, en cuanto al número de sus representan-

942 *V.* Allan R. Brewer-Carías, *Reflexiones sobre la Revolución Americana (1976) y la Revolución Francesa (1789) y sus aportes al constitucionalismo moderno*, Caracas, 1991.

tes. El *Parlement* de París, incluso, que era el principal instrumento de la aristocracia, dictó una declaración el 21 de septiembre de 1788 indicando la forma elegida: cada orden tendría igual representación y voto separado. Con ello, sin duda, la aristocracia había triunfado, pero también había iniciado la verdadera revolución.

En realidad, el Rey había convocado los Estados Generales, pero nadie sabía, después de 175 años de inactividad de estas Asambleas, cómo era que funcionaban, en el sentido de determinar la forma de elección de los representantes y la forma de voto. Sólo el Rey podía decirlo, y no lo dijo[943]. La imprecisión, incluso, había llevado a un hecho curioso antes de la declaración del *Parlement,* y fue la aceptación, por el Monarca, de la propuesta de su ministro *de Brienne* de convocar a un "concurso académico" invitando "a todos los sabios y demás personas instruidas del Reino, y en particular, a quienes componen la Academia de Bellas Letras, a dirigir a su Señoría, el Ministro de Gracia y Justicia, toda clase de informes y memorias sobre esta cuestión".

De Tocqueville en sus papeles inéditos, señaló sarcásticamente, que "Ni más ni menos era como tratar la Constitución del país como una cuestión académica y sacarla a concurso". Y así fue. En el país más literario de Europa, por supuesto, una petición de ese tipo, en un momento de efervescencia política, provocó una inundación de escritos y de papeles. Todos deliberaron, todos reclamaron y pensaron en sus intereses y trataron de encontrar en las ruinas de los antiguos *États Généraux,* la forma más apropiada para garantizarlos. Este movimiento de ideas originó la lucha de clases, y propició la subversión total de la sociedad. Por supuesto, los antiguos *États Généraux* muchas veces, fueron olvidados, y la discusión se tornó hacia otras metas y en particular, a identificar el Poder Legislativo, a la separación de Poderes, a nuevas formas de gobierno, y a las libertades individuales. La inundación de escritos provocó una subversión total de las ideas, y en ese proceso, los escritos de *Montesquieu y Rousseau* fueron fundamentales.

Como se dijo el propio *Parlement* también expresó su forma propia de pensar respecto a la forma de reunión de los *États Généraux,* en el sentido que debían reunirse igual que en 1614, es decir, cada orden un voto y votos separados, con lo cual siempre las clases privilegiadas iban a mantener el control de la Asamblea. Con ello, el *Parlement* perdió definitivamente su pretensión de ser portavoz de libertades. *De Brienne* había cesado y ya *Necker,* de nuevo, estaba al frente de la Intervención General de Finanzas. Frente a la declaración del *Parlement,* hubo múltiples reacciones panfletarias, signadas por la reacción del *Tiers,* y según lo señala *de Tocqueville,* el Rey le respondió:

> Nada tengo que responder a mi Parlement sobre sus súplicas. Es con la Nación reunida con quien concertaré las disposiciones apropiadas para consolidar para siempre el orden jurídico y la propiedad del Estado[944].

En esta forma, Luis XVI expresaba que era con la Nación con quien iba a consultar, y la Nación estaba representada, precisamente, en los *États Généraux.* Con ello, el Rey, materialmente, consumó la Revolución, al renunciar al Gobierno Absoluto y

---

943 Alexis De Tocqueville, *Inéditos sobre la Revolución,* (trad. de Notes et Fragments inedites sur la Revolution), Madrid, 1989, p. 86.

944 *Idem.*, p. 81.

aceptar compartirlo con los *États Généraux.* Con ello, el Rey había firmado su condena y la del Antiguo Régimen.

En cuanto a los *Parlements, de Tocqueville* resume su suerte así:

> Una vez vencido definitivamente el poder absoluto y cuando la Nación no necesitó ya un campeón para defender sus derechos, el Parlement volvió de pronto a ser lo que antes era: una vieja institución deformada y desacreditada, legado de la Edad Media; y al momento volvió a ocupar su antiguo sitio en los odios públicos. Para destruirlo, al Rey le había bastado con dejarle triunfar[945].

Los estamentos u órdenes habían estado juntos en el proceso antes descrito, pero vencido el Rey y convocados los *Estados Generales,* la lucha por el dominio de los mismos entre las clases comenzó, y con ello empezó a surgir la verdadera figura de la Revolución.

Así, la discusión que se centró sobre los *Estados Generales* fue respecto de quién debía dominar esta Asamblea. Los *Estados Generales,* como se dijo, no se habían reunido en Francia desde hacía 175 años (los últimos, en 1614), por lo que, como instituciones, no eran sino un vago recuerdo. Por ello, frente al esquema tradicional defendido por el *Parlement* y la aristocracia de que cada orden tenía un voto y las tres órdenes votaban por separado, con lo cual las clases privilegiadas tenían dos votos sobre uno, el punto esencial de la propaganda política general que fue defendido por la burguesía, planteaba que debía haber un doblamiento de los miembros del *Tiers Etat* en relación a los otros dos estamentos, y que el voto debía ser por cabeza de diputado y no por orden.

Ese fue el motivo central del debate público del Partido Patriótico y de toda la literatura escrita: el *Tiers Etat* debía tener, entonces, el doble de los diputados que a los otros, es decir, igual a los de la nobleza y el clero sumados, y el voto debía ser por cabeza de diputado y no por orden por separado, con lo cual había posibilidad de tener un voto igual entre nobleza y clero y el *Tercer Estado,* dejando de dominar la Asamblea los dos primeros.

Como se dijo, la cuestión política fundamental se situó, entonces, en quién habría de dominar los *Estados Generales,* por lo que la lucha entre los estamentos se desató; multiplicándose los escritos contra los privilegios, la violencia contra la aristocracia, y la negación de los derechos de la nobleza. La igualdad natural, que había sido tema difundido por la propia nobleza en sus ratos de ocio, se convertiría en el arma más terrible dirigida contra ella, prevaleciendo la idea de que el gobierno debía representar la voluntad general, y la mayoría numérica debía dictar la Ley. Por ello, la discusión política giró en torno a la representación del *Tercer Estado,* en el sentido de si debía o no ser más numerosa que la concedida a cada uno de los otros dos estamentos (nobleza y clero).

El 5 de diciembre de 1788, el Consejo Real decidió que el *Tercer Estado* tuviera un número igual a la suma de los otros dos estamentos, con lo que los duplicó. El Consejo Real, sin embargo, no se pronunció, por la forma del voto, si era por cabeza de diputado o por orden y por separado. Era evidente que aun cuando se doblara el número de los diputados del *Tiers Etat,* si el voto seguía siendo por orden, por sepa-

945 *Idem.*, p. 83.

rado, seguiría triunfando la aristocracia que tendría dos votos sobre uno de las clases no privilegiadas. Esto era, sin duda, primordial.

Por ello, el proceso político pre-revolucionario estuvo signado entonces por una revolución aristocrática que luego se volcó contra sí misma: la aristocracia, para defender sus privilegios frente al Rey, provocó por medio de los *Parlements* la convocatoria de los *États Généraux,* y por tanto, la disminución del poder absoluto de la Monarquía. Para ello, incluso, se alió a la burguesía. Sin embargo, al defender posteriormente la integración tradicional de los *États Généraux,* que favorecía sus intereses y aseguraba sus privilegios, provocó la ruptura de su alianza con el *Tiers,* Por ello, el triunfo del *Tiers* en los *États Généraux* significó el fin de la aristocracia, que fue, en definitiva, la primera víctima de la Revolución que ella misma había comenzado desde 1787.

Ahora bien, aún sin resolverse el problema del voto, en enero de 1789 se publicó el Reglamento de Elecciones de los diputados, que estableció un sistema de elección indirecta, de dos grados en el campo y de tres grados en la ciudad. Las elecciones se realizaron en más de 40.000 circunscripciones o asambleas electorales en todo el país, que despertaron políticamente a Francia, produciéndose una movilización completa de la población y despertando emociones populares. En todas las Asambleas locales se formularon los tradicionales cuadernos de reivindicaciones y peticiones *(cahiers des doléances).* En esa forma, todos los diputados, de todo el país, llegaron a *Versalles* en abril de 1789, cargados de peticiones y requerimientos de la nobleza, del clero y el pueblo, signadas por reacciones contra el absolutismo que buscaban limitar los poderes del Rey; por el deseo de una representación nacional a la que le correspondiera votar las leyes impositivas y en general, hacer las leyes; y por el deseo general de igualdad. Toda la efervescencia política, sin duda, se concretó en estos cuadernos de reivindicaciones, que a la usanza de los tradicionales *États Généraux,* los diputados debían entregar al Rey el día de su instalación.

Como previsto, el 5 de mayo de 1789 fueron inaugurados oficialmente por el Rey los *États Généraux* y la discusión inicial se concretó respecto de cómo se iban a instalar, pues ello no había sido resuelto en la convocatoria real: si en una asamblea las tres órdenes juntas o si en tres asambleas separadas.

La burguesía urbana y profesional había acaparado la mayoría de los escaños entre los diputados del *Tercer Estado,* por lo que dominó las discusiones y las votaciones en las Asambleas, lo que reforzó por la división imperante en los otros dos estamentos. En el mismo mes de mayo de 1789, el *Tercer Estado* insistió en la celebración conjunta de sesiones para considerar la validez de los mandatos de los diputados, negándose a la verificación en forma separada. La nobleza adoptó una posición diametralmente opuesta, considerando la votación separada como un principio de la constitución monárquica, y el clero quedó básicamente dividido.

El mes siguiente, el 6 de junio de 1789, el *Tiers Etat se* reveló, se instaló, e incitó y convocó a las otras dos órdenes a una cesión conjunta, advirtiéndoles que si no asistían, actuaría solo, aún cuando el número de votos por *cabeza* de diputados fuera igual. En este proceso tuvo un papel importante el clero, que si bien era una de las clases privilegiadas de la sociedad estamental, no tenía una composición uniforme: había un alto clero, que formaba parte de la nobleza y había un bajo clero, más cerca de las clases populares y de la burguesía. Por ello, cuando se produjo la convocatoria por parte del *Tiers* a una asamblea general, primero fueron tres, después siete y al final dieciséis diputados del clero que se sumaron al *Tiers Etat,* en lo cual, sin duda, *Sieyès* jugó un papel fundamental.

Este último elemento provocó que la asamblea se constituyera, siendo ello un triunfo del *Tiers,* arrogándose a sí misma el título de Asamblea. *Sieyès,* diputado por el clero, incluso propuso que el título fuera "Asamblea de representantes conocidos y verificados de la Nación Francesa". En todo caso, no había pasado mes y medio desde la instalación de los *États Généraux,* cuando el 17 de junio de 1789, el *Tiers,* con algunos diputados de las otras órdenes, adoptó la *Declaración de Constitución de la Asamblea.*

Los diputados del *Tiers Etat,* dominados por la burguesía, por tanto, que además eran parte de los *États Généraux,* se erigieron en Asamblea Nacional y se atribuyeron a sí mismos, el poder de legislar y, por tanto, de consentir o no los impuestos. Este fue, sin duda, el primer acto revolucionario del *Tiers,* y de inicio, en 1789, de la Revolución Francesa. Por eso, primero los *Parlements* y luego, los *États Généraux,* son los que hicieron la Revolución.

En junio de 1789, por tanto, Francia vio surgir una Asamblea en la cual la mayoría todopoderosa e incontenible que se atribuía la representación nacional, amenazaba y disminuía el poder real, ya desarmado. Por ello *de Tocqueville* observó que en esa situación "El *Tiers Etat,* dominando la única Asamblea, no podía dejar de hacer, no una reforma, sino una revolución"[946], y eso fue lo que hizo. De allí la propia afirmación que deriva del título de la famosa obra de Sieyès *Qu'est-ce que le tiers état*? (¿Qué es el Tercer Estado?)[947]: El *Tercer Estado* constituye la Nación completa, negando que las otras órdenes tuvieran algún valor.

La Asamblea dictó decretos, incluso sobre la forma de su propia disolución, quitándole poder al Rey sobre ello. Sin embargo, los decretos fueron derogados por el Rey, ordenando que se constituyeran los *États Généraux,* por separado, intimidando con la fuerza al *Tercer Estado.* Así apareció, por primera vez en la Revolución, el elemento popular.

En efecto, el hambre, el aumento del precio del pan por la escasez de cereales, particularmente ese año por razones climáticas; en fin, la pobreza, fue el combustible para la agitación y rebelión del pueblo, estimulado por los diputados del *Tiers État,* para lograr su supervivencia política frente al Rey. Así, la Asamblea, con el apoyo popular, impidió su propia disolución y se impuso al Rey. La turba parisina inclusive, fue en protesta a Versalles y en el Palacio, y llegó a la antesala del Rey. Esto provocó que el Rey ordenase a los otros dos estamentos (nobleza y clero) a sumarse a la Asamblea, por lo que a partir de 27 de junio de 1789, por decisión real, se cambió radicalmente la estructura político-constitucional de Francia y de la Monarquía Absoluta.

En todo caso, tan rápido y violento había sido el proceso de rebelión política y popular, que el Rey había llamado al Ejército para someter a la Asamblea que desobedecía sus órdenes. La Asamblea Nacional, el 9 de julio de 1789 se había constituido en *Asamblea Nacional Constituyente* desafiando nuevamente el poder real. La presencia y acción represiva del Ejército en París produjo la exacerbación popular;

946 *Idem*, p. 92.

947 Sièyes, *Qu-est-ce que le tiers état*, (publicada en enero de 1789), ed. R. Zappeti, Génova, 1970.

el pueblo, bajo la arenga política, buscó armas para defenderse, las cuales obtuvo el 14 de julio en el asalto a la caserna militar de los Inválidos, donde la turba se apertrechó (4 cañones y 34.000 fusiles).En ese proceso de búsqueda de armas, se produjo, ese mismo día, la toma de la Bastilla, prisión del Estado, símbolo de la arbitrariedad real. Allí, sin embargo, además de que no había sino siete detenidos, no había armas.

La revuelta, en todo caso, salvó a la Asamblea Nacional, la cual, reconocida por el Rey e instalada definitivamente después de la toma de la Bastilla, a partir de agosto de 1789, comenzó a cambiar la faz constitucional francesa. El espíritu subversivo se esparció por todas las Provincias, en las cuales los campesinos y los pueblos en armas se sublevaron contra los antiguos señores. La Asamblea Nacional tuvo que prestar atención inmediata al problema del privilegio fiscal, lo que llevó, el 5 de agosto, a que los diputados nobles y del clero renunciaran a sus derechos feudales y a sus inmunidades fiscales.

La Asamblea había recibido el 11 de julio un primer texto de una "Declaración de Derechos del Hombre y del Ciudadano", presentado por *Lafayette.* Suprimidas las rebeliones provinciales, dicha Declaración fue sancionada el 26-27 de agosto de 1789, y con ella, la Asamblea aprobó los artículos de una Constitución -19 artículos que preceden la Declaración-, con lo cual se produjo la primera manifestación constitucional de la Asamblea. En efecto, en estos artículos de Constitución, se recogieron los principios de organización del Estado: se proclamó que los poderes emanaban esencialmente de la Nación (art. 1º); que el Gobierno francés era monárquico, pero que no había autoridad superior a la de la Ley, a través de la cual reinaba el Rey, en virtud de la cual podía exigir obediencia (art. 2º); se proclamó que el Poder Legislativo residía en la Asamblea Nacional (art. 2º) compuesta por representantes de la Nación libre y legalmente electos (art. 9º), en una sola Cámara (art. 5º) y de carácter permanente (art. 4º); se dispuso que el Poder Ejecutivo residiría exclusivamente en las manos del Rey (art. 16), pero que no podía hacer Ley alguna (art. 17); y se estableció que el Poder Judicial no podía ser ejercido en ningún caso, por el Rey ni por el Cuerpo Legislativo, por lo que la justicia sólo sería administrada en nombre del Rey por los tribunales establecidos por la Ley, conforme a los principios de la Constitución y según las formas determinadas por la Ley (art. 19).

La Declaración de Derechos del Hombre y del Ciudadano, sancionada por la Asamblea, fue rechazada por el Rey. Una nueva revuelta popular provocó el traslado de la Asamblea a París, y obligó a la sanción real de la Declaración, el 2 de octubre. La Asamblea conminó al Rey a regresar a París el 5-6 de octubre, y el 2 de noviembre la Asamblea confiscó los bienes de la Iglesia y del clero, que se declararon bienes nacionales. La Asamblea, en pocos meses, hizo la Revolución jurídica, cambió todos los instrumentos que regían la Monarquía y, a partir de finales de 1789, comenzó a configurarse un nuevo Estado, por la voluntad de una Asamblea Legislativa que, el 22 de diciembre, creó los Departamentos como demarcación territorial uniforme del nuevo Estado. Asimismo, antes, por Decreto de 14 de diciembre de 1789 había organizado las municipalidades e institucionalizado el "poder municipal".

En contraste, el Antiguo Régimen era un régimen político altamente centralizado, en el cual no había poderes locales. Los Intendentes eran la fuente única de poder en las Provincias, y las autoridades locales que podía haber, eran delegados del Intendente, sometidos a su control. No existía, por tanto, un poder municipal ni nada que se le pareciera. Con motivo de las propuestas de reforma impositiva, en 1775, el Ministro *Turgot* había planteado establecer Municipalidades, pero ello no llegó a prosperar[948].

En cambio, la Revolución cambió la faz territorial de Francia, y por los Decretos de 14 y 22 de diciembre de 1789 se eliminaron los antiguos reinos y las antiguas e históricas circunscripciones territoriales, estableciendo una uniformización territorial general, al dividir el país en Departamentos, éstos en Distritos, los Distritos en Cantones y éstos en Comunas, que eran las municipalidades, creándose así el Poder Municipal. En cada villa, burgo o parroquia, entonces, se constituyó una municipalidad o una comuna, generalizándose la institución municipal.

En efecto, la creación de Municipios uniformes en todo el territorio de Francia, por tanto, condujo a la sustitución definitiva de las cartas, fueros y privilegios locales, de manera que como lo observó *de Tocqueville*, producto de la Revolución: "Las instituciones deben ser las mismas para todas las partes del territorio y para todos los hombres que los habitan"[949].

Debe insistirse en que las reformas del régimen municipal en Francia precedieron la Revolución, con la creación antes de 1787, a iniciativa de los Ministros de Luis XVI, de las asambleas provinciales junto al Intendente, y en cada pueblo, de un cuerpo municipal electivo que sustituiría a las antiguas asambleas parroquiales, y en la mayoría de los casos, al síndico. Contrario a las costumbres que existían, todos los poderes que se pretendieron crear fueron colectivos, y el intendente fue disminuido en su poder. Todo ello condujo a la parálisis de la administración, y, como bien lo apuntó *de Tocqueville*, "Las asambleas, queriendo mejorarlo todo, acabaron por enredarlo todo", produciéndose entonces "una de las mayores perturbaciones que haya registrado jamás la historia de un gran pueblo", en la cual "Cada francés había experimentado una confusión particular. Nadie sabía ya ni a quien obedecer, ni a quién dirigirse"; y terminaba señalando *de Tocqueville*, que "Perdido el equilibrio de las partes que componían la Nación, un último golpe bastó para hacerla oscilar y producir el más vasto trastorno y la más espantosa confusión que hayan tenido lugar jamás"[950].

La Revolución quiso poner fin a esta situación, y en el mismo año de 1789, la Asamblea Nacional Constituyente definió un nuevo orden municipal uniforme, fragmentado, generalizado y de carácter electivo; el cual en definitiva, si bien complicó aún más la situación de la Administración, puso las bases para el régimen municipal del constitucionalismo moderno.

Comenzó el 4 de agosto de 1789, con un Decreto que declaró irrevocablemente abolidos "todos los privilegios particulares de provincias, principados, cantones, ciudades y comunidades de habitantes, sean pecuniarios o de cualquier otra naturaleza"[951]; y al mismo lo siguieron los Decretos de 14 y 22 de diciembre del mismo

948 *V.* Eduardo García de Enterría, *Revolución Francesa y Administración Contemporánea,* Madrid, 1981, pp. 71 y ss.

949 Alexis de Tocqueville, *El Antiguo Régimen y la Revolución,* Alianza Editorial, Tomo II, Madrid 1982, pp. 99, 201.

950 *Idem.*, p. 197.

951 Luciano Vandelli, *El Poder Local. Su origen en la Francia revolucionaria y su futuro en la Europa de las regiones*, Ministerio para las Administraciones Públicas, Madrid 1992, p. 28, nota 10.

año 1789. En el primero se dispuso la supresión y abolición de "las Municipalidades existentes en cada villa, burgo, parroquia o comunidad", con las denominaciones que tuvieren, y se agregó que serían sustituidas por "colectividades locales del reino" tanto en las ciudades como en el campo, con la misma naturaleza y situadas en el mismo plano constitucional, con el nombre común de municipalidad y que tendrían en su cabeza al alcalde.

En el segundo Decreto se dividió el territorio francés de manera uniforme en departamentos, distritos y cantones, suprimiéndose los intendentes, y además se dispuso que "en cada villa, burgo, parroquia y comunidad del campo habrá una municipalidad"[952]. Este principio se consagró luego, expresamente, en la Constitución de 1791, al regular en su título "La división del Reino", que: "El Reino es uno e indivisible: su territorio se distribuye en 83 Departamentos, cada Departamento en Distritos, cada Distrito en Cantones".

De ello resultó que en 1791 en la Francia revolucionaria habían 43.915 municipios, que comenzaron a llamarse comunas. Estas entidades municipales, además de las funciones propias de la Administración general que les podían ser delegadas, ejercían el "poder municipal", concepto que venía de los escritos de Benjamín *Constant* y de las propuestas de reforma del ministro *Turgot* (1775)[953], y que luego se arraigaría en el constitucionalismo latinoamericano[954], de manera que por ejemplo, aparece en Venezuela, a partir de la Constitución de 1857 (artículos 6 y 85).

Con esta división territorial, como lo percibió *Burke* en tiempos de la Revolución: "Es la primera vez que se ve a los hombres hacer pedazos su patria de una manera tan bárbara"; pero *de Tocqueville* acotaría años después, que en realidad, si bien "Parecía, en efecto que se desagarraban cuerpos vivos, … lo único que se hacía era despedazar cuerpos muertos"[955]. Sin embargo, lo cierto es que el sistema produjo la disolución del Estado al haber estallado Francia en cuarenta mil pedazos, cada uno con una especie de república soberana y anárquica sin nexo alguno con el poder central en construcción.

Por ello, esta reforma sólo duró cinco años, porque al tratar la Revolución de desmontar un sistema tan centralizado como el de la Monarquía Absoluta, en un sistema de división territorial donde se crearon más de 40.000 comunas o municipios, con poderes locales propios, lo que hizo fue desquiciar el Estado, por lo que fue la propia Asamblea la que tuvo, luego, que retroceder en la creación del Poder Municipal.

Por ello, de tal anarquía vinieron las reformas para tratar de controlar la acción municipal desde el poder central, como por ejemplo, al atribuírsele en la Constitución de 1791 poderes anulatorios al Rey, respecto de los actos municipales; al crearse en la Ley del 14 de frimario del año II (4 de diciembre de 1793) unos agentes na-

---

952 Albert Soboul, *La révolution française*, Gallimard, París, 1981, pp. 198 y ss.

953 Eduardo García de Enterría, *Revolución Francesa y Administración contemporánea*, Taurus Ediciones, Madrid, 1981, pp. 72, 76, 135.

954 En Venezuela, por ejemplo, aparece a partir de la Constitución de 1857, artículos 6 y 85. *V.* en Allan R. Brewer-Carías, *Las Constituciones de Venezuela,* Biblioteca de la Academia de Ciencias Políticas y Sociales, Caracas 1997, pp. 467 y 475.

955 Alexis de Tocqueville, *El Antiguo Régimen y la Revolución*, Alianza Editorial, Tomo I, Madrid 1982, p. 107.

cionales directamente conectados al centro (Paris) para ejercer la vigilancia sobre los municipios; y además, al pretender reducir el número de comunas en la Constitución del año III (5 fructuoso, 22 de agosto de 1795), reagrupándoselas en entidades locales, y estableciendo la subordinación de las comunas a las Administraciones departamentales, y éstas a los Ministros.

Pero el torbellino revolucionario que no había cesado, comenzó a producir su propia transformación con el golpe de Estado del 18 de brumario del año VIII (9 de noviembre de 1799), a raíz del cual Napoleón reimplantará la centralización que se había establecido en el Antiguo Régimen y que había quedado destrozada con la Revolución. Se estableció, así, un esquema de control centralizado sobre las más de 40.000 comunas que fueron restablecidas, creándose un sistema escalonado y jerarquizado de control sobre las mismas, donde serían esenciales las figuras del prefecto y subprefecto dependientes del poder central y controlando a los alcaldes, establecidos en la Ley de 28 pluvioso del año VIII (17 de febrero de 1800)[956].

La centralización administrativa por el establecimiento de esa rígida cadena institucional que unía: Ministro, Prefecto, Subprefecto y Alcalde, dio origen al llamado control de tutela, que sin duda fue uno de los aportes más importantes a la Administración municipal y local, y a la propia construcción del Estado centralizado. Como lo diría el Presidente *François Mitterand*, casi doscientos años después, al proponer la reforma descentralizadora de 1981: "Francia tuvo que acudir a un poder fuerte y centralizado para hacerse. Hoy necesita un poder descentralizado para no deshacerse"[957]. Esta, entre tantas, fue precisamente una de las motivaciones de la sanción de la conocida Ley francesa de Libertad de las Comunas de 1982[958].

3. *Los principios napoleónicos sobre el municipio y su influencia en América Latina*

Tres principios configuraron el régimen municipal napoleónico: primero, el principio de la creación de un municipio por cada colectividad local -aún de dimensiones mínimas- abarcando desde el pequeño pueblo rural hasta el gran centro urbano; segundo, el principio de la uniformidad e igualdad formal del régimen de los municipios a pesar de la diversidad territorial, geográfica y demográfica de los mismos a lo largo y ancho de los territorios estatales; y tercero, las reglas generales de funcionamiento de la tutela, como instrumento de control sobre las entidades locales. Todo ello configuró un modelo de régimen municipal, que sin duda se extendió por toda Europa[959].

Hacia Latinoamérica, sin embargo, sólo hicieron la travesía del Atlántico algunos aspectos del régimen de municipalización uniforme, pero ni el primero ni el último

956 *V.* Luciano Vandelli, *El Poder Local. Su origen en la Francia revolucionaria y su futuro en la Europa de las regiones,* Ministerio para las Administraciones Públicas, Madrid 1992, pp. 29 y ss.; Eduardo García de Enterría, *Revolución Francesa y Administración contemporánea,* Taurus Ediciones, Madrid 1981, pp. 107 y ss.; Sandra Morelli, *La Revolución Francesa y la Administración Territorial en Colombia, Perspectivas comparadas,* Universidad Externado de Colombia, 1991, pp. 31 y ss.

957 Citado por Jaime Castro, *La cuestión territorial,* Editorial Oveja Negra, Bogotá 2003, p. 26.

958 Sobre la aplicación de la Ley del 2 de marzo de 1982, *V.* en general, André Terrazzoni, *La décentralisation a l'épreive des faits*, LGDJ, Paris 1987

959 *V.* Luciano Vandelli, *El Poder Local. Su origen en la Francia revolucionaria y su futuro en la Europa de las regiones,* Ministerio para las Administraciones Públicas, Madrid 1992, pp. 153 y ss.

de los principios, es decir, el de la generalización de colectividades locales en el territorio y el del control de tutela, llegaron a nuestras costas; y al contrario, desde el inicio del Siglo XIX, no sólo el municipio se ubicó en niveles territoriales muy alejados de los pueblos sino que además, se implantó el principio de la autonomía municipal.

A. *El principio de la multiplicidad de municipios en Europa y en particular en España*

En efecto, en cuanto al primer aspecto que es el que nos interesa destacar aquí, el de la creación de un municipio por cada colectividad local que existiera en un territorio, con la consecuente fragmentación territorial, puede decirse que el mismo si dejó su impronta en toda Europa; y por ello, por ejemplo, en los años setenta, todavía existían 2.539 Municipios en Bélgica, con una población promedio de 3.600 habitantes, los cuales después de la paradigmática operación quirúrgica realizada en el mapa municipal en 1972, hayan sido reducidos a 589 municipios, ahora con una población promedio de 16.900 habitantes por municipio. En Alemania Occidental aunque antes de la unificación, de los más de 24.000 municipios que existían, entre 1968 y 1980 habían quedado reducidos a 8.357.[960]; actualmente existen 16.121 Municipios, con un promedio de 5.086 habitantes. En Italia hay 8.104 municipios con un promedio de 7.156 habitantes; y en Suiza hay 3.000 cantones con 2.333 habitantes promedio[961].

En España, la influencia francesa en este aspecto también fue decisiva, por lo que la Constitución de Cádiz de 1812, en efecto, dispondría en su artículo 310 que "Se pondrá Ayuntamiento en los pueblos que no lo tengan, y en que convenga le haya, no pudiendo dejar de haberle en los que por sí o con su comarca lleguen a mil almas, y también se les señalará término correspondiente"; correspondiéndole a los Ayuntamientos, sin embargo, desempeñar sus encargos bajo la inspección de las diputaciones provinciales (Art. 323). Por ello, todo el territorio español también se sembró de municipios, lo que explica la existencia de los 9.245 Municipios que Cirilo Martín Retortillo reseñaba en 1950 en la edición de su recordado libro sobre *El Municipio Rural*[962]; cifra que ha pasado a los 8.056 municipios actuales, con un promedio de población de 4.825 habitantes. El Municipio que derivó de la influencia francesa, sustituyó así lo que quedaba del municipio de arraigo medieval, con sus fueros, privilegios y cartas-pueblas, particularmente en Castilla y León, con raíces en el proceso de la Reconquista. Esos fueron, a pesar de su progresivo control por la Corona a partir del Siglo XVI, por su arraigo en las ciudades los que condujeron la guerra de Independencia contra la invasión napoleónica. El precio que pagaron por ello, en todo caso, en nombre de la igualdad, fue su uniformización y su multiplicación territorial.

---

960 *V.* Torsten Sagawe, "La situación de los pequeños municipios en Europa: con especial referencia a la República Federal de Alemania", en Luís Villar Borla et al, *Problemática de los pequeños Municipios en Colombia ¿Supresión o reforma?*, Universidad Externado de Colombia, Bogotá 2003, pp. 42-43.

961 *V.* Luciano Vandelli, *El Poder Local. Su origen en la Francia revolucionaria y su futuro en la Europa de las regiones,* Ministerio para las Administraciones Públicas, Madrid 1992, pp. 179; Allan R. Brewer-Carías, *Reflexiones sobre el constitucionalismo en América,* Editorial Jurídica Venezolana, Caracas 2001, pp. 139 y ss.

962 *V.* Cirilo Martín Retortillo, *El Municipio Rural*, Bosch, casa Editorial, Barcelona 1950, p. 139.

B. *El régimen municipal colonial en Latinoamérica: los cabildos provinciales*

El Latinoamérica, el municipio colonial también fue el factor fundamental del proceso de Independencia frente a España, de manera que sin lugar a dudas se puede afirmar que también a comienzos del siglo XIX, la Independencia americana la hicieron los Cabildos, de manera que el Municipio, "fue la raíz de la República"[963]. Ese Municipio también fue radicalmente transformado con el republicanismo constitucional, en forma paralela a la transformación que se estaba operando en la Península, al punto de que por ejemplo se puede leer en la "Constitución para el gobierno y administración de la provincia de Caracas" de enero de 1812, que formaba parte de la Confederación de los Estados de Venezuela creada conforme a la Constitución de diciembre de 1811 (ambas promulgadas antes que lo fuera la Constitución de Cádiz de marzo de 1812); sobre la división del territorio de la Provincia, uniformemente, en Departamentos, Cantones y Distritos, debiendo tener estos últimos un territorio con aproximadamente 10.000 habitantes[964].

En las capitales de Distrito se establecieron Municipalidades, así como en muchos de los pueblos entonces existentes, denominándose estas pequeñas Municipalidades como villas. La Municipalidad, así, se concibió inicialmente más como una corporación local electa conforme al principio representativo para la atención de los intereses de la comunidad, que una división uniforme del territorio; por lo que con frecuencia tenían jurisdicción sobre otros pueblos y parroquias[965].

La uniformización territorial municipal fue posterior y paulatinamente fué arraigándose durante el Siglo XIX en todos los países latinoamericanos, pudiendo decirse que el municipio en Latinoamérica también derivó, en cierta forma de la influencia de la revolución francesa además de la norteamericana, y luego, por supuesto la española de Cádiz. Se sustituyó, así, al Municipio colonial indiano, el cual, por lo demás era distinto del que en la época colonial funcionaba en España, pues como bien sabemos, la mayoría de las instituciones americanas antes de la Independencia, fueron concebidas por España especialmente para América o se desarrollaron en el Continente americano en forma distinta a la de España. Ello ocurrió en cierta forma con los Cabildos, que en el mismo momento en que su poder y autonomía era pulverizada por Carlos V en campo de Villamar, al poner fin a la rebelión de los Comuneros de esta tierra castellana, florecieron en América a partir del inicio mismo del poblamiento en lo que se ha denominado una "adaptación regresiva de las instituciones coloniales"[966].

---

963 *V.* Joaquín Gabaldón Márquez, *El Municipio, raíz de la República,* Academia Nacional de la Historia, Caracas 1977.

964 Allan R. Brewer-Carías, "La formación del Estado venezolano", en *Revista Paramillo,* N° 14, Universidad Católica del Táchira, San Cristóbal 1996, pp. 290 y ss.

965 *V.* el texto de la Constitución provincial de la Provincia de Caracas, en *Las Constituciones Provinciales,* Biblioteca de la Academia Nacional de la Historia, Caracas, 1959, pp. 77 y ss.

966 Laureano Vallenilla Lanz, *Disgregación e Integración, Ensayo sobre la formación de la nacionalidad venezolana*, Segunda edición, Caracas 1953, *cit.,* por Joaquín Gabaldón Márquez, *El Municipio, raíz de la República*, Caracas 1977, p. 66. La obra de Laureano Vallenilla Lanz puede consultarse en Laureano Vallenilla Lanz, *Obras Completas,* Tomo II, (Recopilación de Federico Brito Figueroa y Nikita Harwich Vallenilla), Centro de Investigaciones Históricas, Universidad Santa María, Caracas 1984

Los Cabildos americanos en la época colonial, como Cabildos provinciales, con la gran descentralización de que gozaron derivada de la distancia (Recordemos la extraordinaria máxima administrativa colonial: "Se acata pero no se cumple"), incluso tenían poder para designar a los gobernadores en forma interina. Ese privilegio lo reclamaron los cabildantes en Santa Ana de Coro, la primera ciudad fundada en la Provincia de Venezuela en 1528 a la muerte del Gobernador Ambrosio Alfinger en 1533, y fue ejercida sucesivamente por los Cabildos provinciales durante todo el período colonial, confirmada por Real Cédula 1560 y luego por otra Real Cédula de 1676[967]. No es de extrañar, entonces, porqué fueron los Cabildos coloniales los que hicieron la Independencia.

C. *El municipio republicano en América hispana alejado del ciudadano*

El municipio republicano latinoamericano, por otra parte, desarrolló características propias: como dijimos, en nuestros países, se adoptó el uniformismo napoleónico en cuanto a la organización y funcionamiento de las corporaciones locales, pero los otros dos principios que derivaron de la revolución francesa y sus correcciones napoleónicas puede decirse que no se siguieron. Por una parte, en América no se arraigó la institución del control de tutela derivada de la centralización napoleónica, y en cambio si germinaron los conceptos del "poder municipal" y de la "autonomía municipal", al punto de haber adquirido por ejemplo, rango constitucional a partir de 1857, por ejemplo, en la Constitución de Venezuela de ese año al disponer en su artículo 6° que "El Poder Público se divide para su administración en Legislativo, Ejecutivo, Judicial y Municipal", dedicando entonces un Título a regular dicho "Poder Municipal"[968], cuyo contenido relativo a los asuntos propios de la vida local no era distinto al del Decreto de la Asamblea Constituyente en Francia, de diciembre de 1789.

El otro principio, el de la creación de un municipio por cada colectividad local, es decir, por cada caserío, por cada pueblo, por cada villa o ciudad, tampoco se siguió en América, y de los viejos Municipios provinciales coloniales con territorios amplísimos, se pasó a los alejados municipios republicanos, establecidos en ámbitos territoriales cada vez más y más alejados de los ciudadanos y de sus comunidades, con muy pocas excepciones. Lo cierto, en todo caso, es que por ejemplo, ninguno de los países latinoamericanos, con todos sus enormes territorios y gran población, llegan siquiera a alcanzan el número de Municipios que por ejemplo actualmente tiene una sola Comunidad Autónoma de España, como la Comunidad de Castilla y León, con un territorio minúsculo comparativamente hablando.

El municipio latinoamericano contemporáneo, al contrario, está en el otro extremo y en general ha adquirido un ámbito territorial tan alto y extraño al ciudadano, que hace que no sirva ni para gerenciar adecuadamente los intereses locales ni para servir de instancia de participación política de la ciudadanía en la decisión o gestión de sus propios asuntos comunales.

---

967 El privilegio sólo lo perdieron los Cabildos a partir de 1737. *V.* Joaquín Gabaldón Márquez, *El Municipio, raíz de la República,* Caracas 1977, pp. 73-110; 125-169

968 *V.* en Allan R. Brewer-Carías, *Las Constituciones de Venezuela,* Biblioteca de la Academia de Ciencias Políticas y Sociales, Caracas, 1997, p. 475.

En todo caso, como se dijo, la idea del Poder Municipal penetró en América Latina, y en 1811, Venezuela recogió sus influencias, al igual que las de la Revolución Americana, siendo como estaba el nuevo estado constituido por provincias aisladas, descentralizadas y con gran autonomía, que venían del esquema colonial español. La forma de unir políticamente aquellas Provincias en un solo Estado, realmente era el esquema federal, por lo que Venezuela lo tomó del federalismo de los Estados Unidos para estructurar el nuevo Estado, en Provincias soberanas (equivalentes a los Estados miembros de la Federación).

Pero además, para organizar internamente a las Provincias, los constituyentes venezolanos tomaron el esquema territorial francés, pero no en el texto de la Constitución de 1811 que organizaba una "confederación", sino en el de las Constituciones provinciales. No se olvide que conforme a la Constitución de 1811, las Provincias eran "Estados Soberanos", correspondiéndoles a ellos, en sus respectivas Constituciones, disponer la organización territorial interna. Por tanto, una vez dictada la Constitución de 21 de diciembre de 1811, las Provincias comenzaron a dictar sus Constituciones regulándose en ellas, la organización territorial del país.

Es de destacar, así, por ejemplo, el esquema territorial establecido en la "Constitución de la Provincia de Venezuela" (enero 1811); cuyo territorio comprendía el área central del país, y que dividió la Provincia en cinco Departamentos, los Departamentos en Cantones, los Cantones en Distritos y estableció Municipalidades en las Capitales de Distritos. Se creó así, el Poder Municipal en 1811, en la Constitución Provincial de Venezuela con los aportes de la propia tradición municipal que provenía de España. Sin embargo, desde el punto de vista de la organización territorial, el municipalismo venezolano puede considerarse que no tiene su origen en el español, sino más bien en la concepción francesa, que luego España recogió, con posterioridad, a partir de 1830.

IV. LA DESCENTRALIZACIÓN POLÍTICA COMO FENÓMENO DEL MUNDO DEMOCRÁTICO CONTEMPORÁNEO

La idea de la distribución vertical del poder, por tanto, como producto del constitucionalismo moderno, se desarrolló durante los siglos XIX y XX, habiendo condicionado la organización territorial de los Estados con formas de descentralización política que encontraron su manifestación general, en primer lugar, a nivel local, en el régimen municipal; y en segundo lugar, a nivel territorial intermedio, sobre todo en los Estados de gran y compleja extensión, en la forma federal de los Estados, y con posterioridad a la democratización ocurrida después de la Segunda Guerra Mundial, en las nuevas formas de organización regional que se han venido desarrollado en el mundo.

El tema de la descentralización política, por tanto, más allá del federalismo, puede decirse que particularmente en el último cuarto del Siglo XX, comenzó a ser en el mundo contemporáneo un condicionante universal de la organización de los Estados democráticos[969], pudiendo ubicarse sus antecedentes en los esfuerzos de regionaliza-

969 *V.* la Ponencia General que elaboramos para el ***XI Congreso Internacional de Derecho Comparado*** que se celebró en Caracas, en septiembre de 1982, sobre el tema "La Descentralización Territorial. Autonomía territorial y Regionalización Política", cuyo texto seguimos en las páginas siguientes, publicada en el libro *El Derecho Venezolano en 1982*. Ponencias venezolanas al ***XI Congreso Internacional de Derecho***

ción que inicialmente se realizaron a partir de la segunda guerra mundial por puras razones económicas o de ordenación del territorio[970]. Por ello, en el mundo occidental, a partir de la década de los cincuenta, fue la conducción de la economía y la planificación las que impusieron la necesidad de la regionalización económica; de manera que en la década de los sesenta y parte de los años setenta los planteamientos subsecuentes fueron de carácter administrativo vinculados al desarrollo regional, produciendo experiencias de regionalización administrativa en todo el mundo.

En cambio a partir de finales de la década de los setenta y comienzos de los ochenta la tendencia reorganizadora del Estado comenzó a caracterizarse por la consolidación de nuevas fórmulas políticas para la descentralización, que resultaron en la sustitución del Estado unitario tradicional, y que sin adoptar la forma federal, han dado origen a la fórmula del Estado Regional. Se pasó así, de la sola desconcentración económica y de la posterior descentralización administrativa, a una nueva forma de descentralización política, en todo caso, como resultado de la crisis actual del Estado centralista.

En todo caso, estas nuevas fórmulas responden a tres fenómenos políticos y constitucionales como son la descentralización territorial, la autonomía territorial y la regionalización política, que giran en torno a una sola idea: la descentralización política.

En efecto, la descentralización territorial es una expresión que se opone a la descentralización funcional. Ambas implican un proceso de distribución de poderes o transferencias de competencias entre diversos sujetos de derecho. Sin embargo, la diferencia entre ambas descentralizaciones radica en que en la territorial, la transferencia de competencias o la distribución del poder se realiza entre personas político-territoriales, que configuran la división político-territorial de un país. La descentralización territorial, por tanto, presupone la existencia de colectividades político-territoriales en un Estado, sea como Estados Miembros de un Estado Federal, sea como Regiones políticas o autónomas en un Estado Unitario descentralizado o sea simples Municipios, como unidades políticas, que pueden ser recipiendarias de la transferencia de competencias o de la repartición del poder.

La descentralización funcional o por servicios, en cambio, se opera como un proceso de transferencia de competencias del Estado Central hacia entidades administrativas autónomas o establecimientos públicos, que siguen siendo parte de la Administración Pública del Estado Central[971]. Por eso, la descentralización territorial es siempre una descentralización política y, en cambio, la descentralización funcional es siempre una descentralización administrativa, así se realice esta última mediante

---

Comparado, Caracas, 1982, Universidad Central de Venezuela, Caracas, 1982, pp. 395 a 485; y en *Revista de Estudios de la Vida Local*, N° 218, Madrid, 1983.

970 *V.* Allan R. Brewer-Carías, "Regionalization in Economic Matters in Comparative Law", en *Rapports Généraux* au ***IX Congrés International de Droit Comparé***, Teherán, 27 septiembre - 4 octubre 1974, Bruxelles, 1977, pp. 669 a 696; publicado en español en Cuadernos de la Sociedad Venezolana de Planificación N°s 124-127, Caracas, pp. 49 a 69; y en Allan R. Brewer-Carías y Norma Izquierdo, *Estudios sobre la Regionalización en Venezuela*, Caracas, 1977, p. 193 a 219.

971 *V.* Allan R. Brewer-Carías, *Introducción al estudio de la organización administrativa venezolana*, Caracas, 1978, p. 105.

la creación de establecimientos, corporaciones o institutos autónomos públicos en Regiones determinadas[972].

En cuanto a la autonomía territorial, ésta es el resultado de la descentralización territorial, ya que una consecuencia general de la descentralización, tanto administrativa como política, es la autonomía de los entes descentralizados, con mayor o menor grado, según el ámbito de la potestad de autonormarse de dichos entes y él grado de control que pueda subsistir[973]. Así, la autonomía territorial es la consecuencia de la descentralización política e implica, ante todo, la posibilidad de los entes descentralizados de dotarse a sí mismos de su propio ordenamiento, es decir, el tener determinadas potestades legislativas en la respectiva jurisdicción territorial en las materias de su competencia. Pero siendo una autonomía territorial, ello implica también un principio de autogobierno, consecuencia asimismo de la descentralización política, es decir, que los entes descentralizados eligen a sus órganos políticos representativos. Por ello, en definitiva, la autonomía territorial es el resultado de la descentralización política.

Por último, en cuanto a la regionalización política, como se dijo, esta idea se opone a la regionalización económica o puramente administrativa. La regionalización política implica el establecimiento de colectividades político-territoriales en las Regiones, a base de un principio de representatividad democrática y de autogobierno. Por eso, la regionalización política es asimismo un resultado de la descentralización política en los Estados Unitarios, a base de Regiones. De allí la denominación de Estado Regional para aquellas formas de Estado intermedias entre las clásicas de Estado Unitario y Estado Federal, que se han venido estableciendo sobre la base de Regiones o Comunidades Autónomas.

Por tanto, descentralización territorial, autonomía territorial y regionalización política son elementos de un fenómeno común: la descentralización política de los Estados Nacionales centralizados.

En las líneas que siguen, por tanto, intentaremos estudiar, comparativamente, el proceso de descentralización política como fenómeno contemporáneo, producto de la crisis del Estado centralizado, y sus diversas modalidades, particularmente la del Estado Regional, como fórmula de descentralización política de antiguos Estados Unitarios.

1. *La descentralización política como fenómeno y exigencia contemporánea: la crisis del Estado Nacional y de las formas tradicionales: Estado Unitario y Estado Federal*

El tema de la descentralización política, como se ha dicho, toca uno de los principios básicos del constitucionalismo moderno: el principio de organización o distribución del poder político en los Estados en forma *vertical,* lo que ha conducido a la forma de los Estados, y entre ellas, a las clásicas formas de Estado -Unitario o Estado Federal. Este principio, como todos los otros que han conformado el constitucio-

972 Por ejemplo, las Regiones francesas, establecidas como establecimientos públicos en 1972, y las Corporaciones de Desarrollo Regional, establecidas en las Regiones administrativas venezolanas como institutos autónomos. *V.* Allan R. Brewer-Carías, "La regionalización en materia económica en el derecho comparado", *loc. cit.*, p. 61.

973 *V.* Allan R. Brewer-Carías, *Introducción al estudio de la organización.., cit.*, p. 108.

nalismo moderno, en muchos casos se ha deformado en la evolución política de los dos últimos siglos, habiendo conducido sobre todo hasta la segunda guerra mundial, a la estructuración del Estado Nacional Centralizado, que la democratización ha hecho entrar en crisis.

En efecto, el Estado Nacional Centralizado, como esquema de organización política del Poder, puede decirse que es un producto del centralismo burocrático, con base en el cual se montó la estructura del Estado de Derecho durante el Siglo XIX y que permitió, sin duda, el desarrollo de las sociedades industriales contemporáneas. Sin embargo, ese esquema, que además fue el que permitió el afianzamiento del intervencionismo y el desarrollo del dirigismo como filosofías de acción política contemporáneas, desde hace ya décadas está en crisis. En su momento cumplió su papel, pero en la actualidad es un esquema que ya no satisface las exigencias crecientes de participación política en una democracia pluralista de las diversas comunidades de un país. Además, por el desarrollo de las sociedades contemporáneas, ya no es un sistema administrativamente eficiente para permitir la satisfacción de las necesidades colectivas y la prestación de los servicios públicos en forma adecuada a las exigencias sociales crecientes[974].

Política y administrativamente, por tanto, la crisis del Estado Nacional Centralizado, como lo muestran las experiencias políticas comparadas, ha venido originando esfuerzos de descentralización política mediante nuevas formas de organización del poder político incluso en sustitución de las clásicas formas de Estado del siglo pasado, las del Estado Unitario y del Estado Federal. Las mismas se basaban en la diferencia fundamental de que en el primer esquema supuestamente existía un sistema único de instituciones políticas constituyentes de gobierno y, en cambio, que en el segundo esquema supuestamente existía un sistema de múltiples entidades políticas constituyentes y de gobiernos autónomos.

Esta dicotomía clásica, sin embargo, puede decirse que no ha existido nunca en la práctica con criterios y fronteras definidores precisos, de manera que puede decirse que nunca ha existido un Estado Unitario puro sin alguna forma de entes descentralizados, ni ha existido un Estado Federal puro completamente descentralizado. La crisis del Estado Nacional Centralizado ha provocado por ello la crisis, tanto de las formas clásicas del Estado Unitario como de las del Estado Federal, pues ambas han sido el soporte de aquél.

Esta crisis de las formas clásicas de Estado se evidencia en el doble proceso contradictorio que en ellos se ha operado: el Estado Unitario tiende cada vez más a descentralizarse, pero sin llegar al esquema ideal e inexistente del federalismo clásico, y el Estado Federal se ha caracterizado por un creciente proceso de centralismo, sin llegar tampoco al extremo del Estado Unitario, y comenzando a regresar en las últimas décadas hacia nuevas formas descentralizadas.

En todo caso, en toda organización política se operan estas dos fuerzas y movimientos centrípetos y centrífugos, que en cada país, y de acuerdo a las realidades

---

974 *Cfr.*, Eduardo García de Enterría, "Estudio Preliminar", en Eduardo García de Enterría (ed.): *La distribución de competencias económicas entre el Poder Central y las autonomías territoriales en el Derecho Comparado y en la Constitución Española*, Madrid, 1980, p. 14; y Luis Cosculluela Montaner: "Las vertientes del Regionalismo", en R. Calvo y otros: *Las Autonomías Regionales*, Informes al Instituto Nacional de Prospectiva, Madrid, 1977, p. 215 y ss.

históricas, económicas y sociales, provocan la llegada a un punto de equilibrio. Por ello puede decirse que el signo contemporáneo de la evolución del Estado parece ser el de una convergencia hacia soluciones de organización política descentralizadas similares: los Estados Unitarios tienden a regionalizarse políticamente y las Federaciones, después de haberse centralizado, vuelven a seguir esquemas descentralizadores[975].

Por tanto, en la actualidad puede decirse que la división bipartita clásica entre Estado Unitario y Estado Federal no refleja categorías precisamente definidas de forma de Estado, por lo que resulta inútil, frente a nuevas formas de descentralización política de Estados tradicionalmente unitarios, plantearse la discusión de si se trata de una forma de Estado Unitario descentralizado o de un Estado Federal, cuando, se insiste, estos esquemas clásicos no existen en sus formas teóricas en la actualidad[976].

Hoy hay organizaciones políticas más o menos descentralizadas, como esquema de distribución del poder en forma vertical, y dentro de esa gama, sin duda, puede resultar y resulta que Estados Unitarios descentralizados o Estados Regionales estén más descentralizados políticamente que viejos Estados Federales, hoy altamente centralizados.

La Federación, como forma de Estado en la cual se estructura una división vertical del poder político, basada en Entidades territoriales autónomas (Estados miembros) con poderes constituyentes, como se ha dicho, nació como una solución empírica y *ad hoc* de transacción de intereses políticos, que permitió conciliar la autonomía de las antiguas Colonias diseminadas en el extenso territorio del este de los Estados Unidos de Norteamérica, con las exigencias de reforzar la Unión o el Poder Central, para bastarse a sí mismo en la esfera de sus funciones[977]. La evolución posterior de esa nueva forma de Estado, intermedia entre las que eran clásicas para la época, la Confederación de Estados y el Estado Unitario, se va a desarrollar en medio de un proceso político dominado por los dos movimientos políticos mencionados: el centrífugo y el centrípeto, lo cual caracteriza a todas las Federaciones posteriores, con un triunfo a favor de las fuerzas centrípetas, provocando Federaciones centralistas como son la mayoría de las latinoamericanas, con nuevas tendencias hacia la descentralización.

En efecto, a pesar de que la Federación, como fórmula teórica, se ha considerado como un sistema avanzado de descentralización política[978], en la práctica y en la realidad, las Federaciones contemporáneas son todas relativamente centralizadas.

---

975 *Cfr*. Pedro de Vega García "Poder Constituyente y Regionalismo", en Gumersindo Trujillo (ed.): *Federalismo y Regionalismo,* Madrid, 1979, p. 355 y ss. Antonio La Pérgola, "Federalismo y Regionalismo: el caso italiano", *ídem,* pp. 168 y ss.

976 *Cfr*. Juan Ferrando Badía, *El Estado unitario, el federal y el Estado regional*, Madrid, 1978, p. 23.

977 *Cfr*. M. García Pelayo, *Derecho Constitucional Comparado*, Madrid, 1958, p. 215; J. Reinaldo Vanossi, *doc. cit.* p. 4.

978 Por ejemplo, es clásica la afirmación de Hans Kelsen, "El Estado federal es un Estado que se caracteriza por su descentralización de forma especial y de grado más elevado, que se compone de unidades miembros dominadas por él, pero que poseen autonomía constitucional y participan en la formación de la voluntad federal, distinguiéndose de este modo de todas las colectividades públicas inferiores". *V.* en su *Teoría general del Estado.* Trad. L. Legaz Lacambra, Barcelona, 1934, p. 225; México, 1954, p. 254.

Por otra parte, no puede decirse que haya un solo y único tipo de Estado Federal. En la actualidad la mayor parte de la superficie de la tierra está regida por Estados con forma federal y son los siguientes: Alemania, Argentina, Australia, Austria, Bélgica, Bosnia-Herzegivina, Brasil, Canadá, Comoros, Etiopia, Emiratos Árabes Unidos, Estados Unidos de Norte América, Filipinas, India, Indonesia, Malasia, México, Micronesia, Nigeria, Pakistán, Rusia, Saint Kitts & Nevis, Serbia y Montenegro, Suiza y Sur África; todos ellos con peculiaridades propias[979]. Por supuesto, el signo común a todas esas estructuras federales concretas es la tensión entre la tendencia al centralismo y la descentralización, observándose siempre la tendencia a reforzar y fortalecer políticamente los niveles federales frente a los Estados miembros.

Múltiples factores han influido en este proceso de centralización de los Estados Federales, y entre ellos deben destacarse los factores económicos y los políticos. Por ejemplo, en los Estados Unidos de Norteamérica ha sido la reserva al nivel federal de fundamentales poderes de imposición e intervención en la economía y el comercio, y las restricciones impuestas a los Estados, lo que ha provocado el proceso centralizador.

Este, por otra parte, se ha manifestado a través de la interpretación y aplicación de la Constitución derivadas de la práctica constitucional, y que ha conducido a varios principios fundamentales del federalismo americano: la cláusula de la supremacía del derecho federal sobre el de los Estados miembros; la teoría de los poderes implícitos, que ha determinado el ámbito extendido en el cual opera esa supremacía, y la cláusula de comercio, cuya interpretación extensiva ha dejado en manos del nivel federal la regulación casi completa y exclusiva no sólo del comercio, sino de la economía del país[980]. El centralismo de la Federación norteamericana, además, ha tenido sus motivaciones políticas en el fortalecimiento del Poder Ejecutivo Federal, basado sobre el sistema presidencial, precisamente en una Nación que ha desempeñado y desempeña un papel esencial en la política mundial. En el Canadá, la Federación ha tenido también sus rasgos centralistas, basados particularmente en su forma peculiar de distribución de competencias, al atribuir al nivel federal, al contrario de la mayoría de las Federaciones, las competencias residuales[981].

En Alemania, a pesar de la distribución formal de competencias entre el nivel federal y los *Lander,* que coloca competencias residuales en este último nivel, la tendencia centralizadora ha conducido a una posición predominante del *Bund* sobre los *Lander,* tanto en materia económica como legislativa[982], y al desarrollo de competencias federales implícitas basadas no en la figura norteamericana de los poderes

---

Por su parte, Maurice Duverger, en su libro *Instituciones políticas y Derecho Constitucional*, Barcelona, 1962, afirma que "el federalismo (es) una descentralización muy avanzada", p. 75.

979 Sólo señalaremos que la Federación es la forma política de todos los grandes Estados del Continente americano: Canadá, Estados Unidos, México, Venezuela, Brasil y Argentina.

980 *V.* Luis Ortega Álvarez, "La división de competencias económicas en los Estados Unidos", en Eduardo García de Enterría (ed.): *La distribución de competencias económicas entre el Poder Central y las autonomías territoriales en el Derecho Comparado y en la Constitución Española*, *cit.*, pp. 45 a 70.

981 *V.* Santiago Muñoz Machado, "La distribución de las competencias económicas en Canadá", en Eduardo García de Enterría (ed.): *La distribución de competencias económicas.., cit.*, p. 91.

982 *V.* Luciano Parejo Alfonso, "Las competencias constitucionales económicas en Alemania Federal", en Eduardo García de Enterría (ed.): *La distribución de las competencias económicas..., cit.*, p. 157.

implícitos, sino en razón de "la naturaleza de la materia"[983]. Igual tendencia centralizadora se observa en la Confederación suiza, que en realidad es un Estado Federal, mediante el desarrollo de poderes implícitos en la Confederación derivados de interpretaciones del texto constitucional, así como de la acumulación de poderes económicos en el nivel federal[984].

Esta tendencia centralizadora de las Federaciones se acentúa en el caso de Austria, en cuya Constitución aparece, originalmente, la figura de un "federalismo limitado" o "federalismo unitario", en el cual la Federación tiene una posición predominante, al resultar favorecida por el reparto de competencias, con la reserva íntegra de las potestades jurisdiccionales[985].

Las Federaciones latinoamericanas también, en grado importante, han sufrido este proceso centralizador, y por ello, con razón, se ha hablado de las "Federaciones Centralizadas de América Latina"[986]. La tendencia centralista ha conducido así a una preponderancia del Poder Central en todas las Federaciones latinoamericanas sobre los Estados Miembros. Se habla así, en Argentina, del "avasallamiento de las autonomías provinciales" por el Gobierno Central[987]; de la "preeminencia evidente de la Federación" en el Estado brasileño[988], que lo asemeja más a un Estado Unitario Descentralizado, a pesar de la tradición federalista, y de la incrustación de elementos centralizadores dentro de la estructura federal del Estado mexicano, como signo de centralización, en la cual el factor económico ha sido de importancia primordial[989].

En el caso de Venezuela, como hemos señalado y argumentado anteriormente, la Federación también ha sido centralista, por la acumulación progresiva de competencias a nivel central, incluyendo las de carácter económico y judicial, y el vaciamiento de competencias de los Estados Miembros. Inclusive, frente a las competencias residuales de los Estados, la interpretación de poderes implícitos a nivel nacional (federal) ha sido posible por la cláusula genérica de que compete a ese nivel todo lo que sea nacional, por su índole o naturaleza[990].

De lo anteriormente señalado resulta evidente entonces que la Federación Clásica no existe y quizá no existió nunca en ninguna parte del mundo. Por eso se ha afir-

---

983 *V.* Luciano Parejo Alfonso: "Las competencias constitucionales económicas en Alemania Federal", *loc. cit.*, p. 165.

984 *V.* Luciano Parejo Alfonso: "Las competencias constitucionales económicas en Austria", en Eduardo García de Enterría (ed.): *La distribución de las competencias económicas.., cit.*, pp. 106, 116 y 143.

985 *V.* Luciano Parejo Alfonso, "Las competencias constitucionales económicas en Austria", en Eduardo García de Enterría (ed.): *La distribución de las competencias económicas.., cit.*, p. 221.

986 *V.* Williams S. Strokes, "The Centralized Federal Republic of Latin America, en Peter G. Snow: *Government and Politics in Latin America*. N. Y.

987 *V.* Silvio Frondizi, "El Federalismo en la República Argentina", en *Los sistemas federales del Continente americano*, UNAM, México, 1972, p. 111.

988 *V.* Luis Pinto Ferreira, "El Sistema Federal Brasileño", en *Los sistemas federales del Continente americano, cit.*, p. 216.

989 *V.* Jorge Carpizo, "Sistema Federal Mexicano", en *Los sistemas federales del Continente americano, cit.*, pp. 466 y 543.

990 *V.* Allan R. Brewer-Carías, *Cambio político y reforma del Estado en Venezuela*, Madrid, 1975, pp. 415 y ss., *V.* además, Humberto J. La Roche, "El Federalismo en Venezuela", en *Los sistemas federales del Continente americano, cit.*, p. 648.

mado, con razón, que "el Federalismo de viejo estilo ha muerto"[991] y en su lugar han surgido formas de distribución vertical del poder con ropaje federal, pero que aproximan los Estados Federales a las fórmulas de los Estados Unitarios Descentralizados.

En muchos casos, la tendencia a la centralización de las Federaciones dio origen a un "federalismo de cooperación" o "federalismo cooperativo"[992], conforme al cual, tanto la "Federación como los Estados Miembros asumían tareas en común. Se trataba, por tanto, de la quiebra del sistema tradicional de reparto de competencias, sustituidas por un sistema de colaboración o coparticipación del nivel federal y los Estados Miembros en la realización de unas mismas tareas públicas en forma concurrente o conjunta.

Tal como lo indicaron en su momento Michael D. Reagan y John G. Sanzone: "El federalismo de viejo estilo es un concepto legal, que enfatiza una división constitucional de autoridad y funciones entre un gobierno nacional y los gobiernos de los Estados, habiendo recibido ambos niveles sus poderes en formas independientes uno del otro de una tercera fuente: el pueblo. El federalismo de nuevo estilo es un concepto político y pragmático, que resalta la efectiva independencia de funciones compartidas entre Washington y los Estados y que apunta a la mutua influencia que cada actor es capaz de ejercer sobre el otro"[993]. En otras palabras: "La diferencia entre el federalismo de viejo y nuevo estilo puede ser resumida en esta forma: el federalismo de viejo estilo describe una no-relación entre el gobierno nacional y el de los Estados, y el federalismo de nuevo estilo se refiere a una relación positiva multifacética de acción compartida. El significado del federalismo hoy radica en un proceso de acción conjunta y no en un asunto de estatuto legal. No es un asunto de qué son los gobiernos, sino de qué hacen. Es un asunto de acción más que de estructura"[994].

Esta forma de federalismo coordinado, compartido o cooperativo, que da origen a relaciones intergubernamentales dinámicas, ha sido quizá el signo más característico de las Federaciones contemporáneas, luego de haber sufrido el proceso centralizador que les es común. En la consolidación de este sistema de cooperación es quizá donde está la clave para la nueva descentralización que se está tratando de -realizar en las Federaciones, y así lograrse el equilibrio deseado entre las fuerzas centrífugas y centrípetas en la organización del Estado.

Pero el juego de estas fuerzas y el proceso centralización-descentralización se ha dado también en los Estados Unitarios. En éstos, la tendencia ha sido hacia la descentralización.

En efecto, así como hemos dicho que la Federación, como fórmula máxima de descentralización política, no existe, también puede afirmarse que la fórmula del Estado Unitario, en el cual sólo existe un centro de poder y de gobierno, tampoco existe. La verdad es que a medida que se fue democratizando la democracia, la de-

---

991 *V.* Michael D. Reagan y John G. Sanzone, *The New Federalism*, New York-Oxford, 1981, p. 3.

992 *Cfr.*, Serrat, *Rapport sur le projet de loi relatif aux droits et libertés des Conmmunes, des Départaments et des Régions*, número 33, 22-10-81, p. 23; y las referencias en el libro de Eduardo García de Enterría (ed.): *La distribución de las competencias económicas.., cit.*, pp. 134 (Suiza), 209 (Alemania), 222 y 245 (Austria).

993 *V.* Michael D. Reagan y John G. Sanzone, *The New Federalism,* New York-Oxford, 1981, p. 3.

994 *Idem*, p. 170.

mocracia pluralista transformó los viejos Estados Unitarios, provocando paulatinamente el surgimiento de niveles inferiores de poder adicionales a los que en una forma u otra se habían desarrollado a nivel local. La democracia implicó así la descentralización de los Estados Unitarios[995], en los cuales por lo demás siempre existió un grado de descentralización local, en el sentido de la existencia de colectividades político-territoriales menores, los Municipios, con cierta autonomía político-territorial.

Pero las propias exigencias de la democracia pluralista han provocado la necesidad de establecer un sistema político o forma de Estado, que acerque más las instituciones políticas a los ciudadanos y asegure la participación democrática en varios niveles territoriales y no sólo en el nivel local. Asimismo, la satisfacción de las necesidades colectivas en sociedades industrializadas y urbanas complejas ha mostrado la insuficiencia del Estado centralizado para actuar adecuadamente en todo el territorio. De allí que haya sido una tendencia general, en todos los Estados Unitarios, la aparición de niveles intermedios desconcentrados (Regiones o Departamentos) para la, acción nacional y resolución de los asuntos públicos. Inicialmente, se ha tratado de un proceso económico o administrativo (regionalización económica y administrativa)[996], y progresivamente se ha venido convirtiendo en un proceso político.

Por ello, el signo contemporáneo de los Estados Unitarios es el de su regionalización política, dando origen a una nueva forma de Estado que comienza a delinearse: la del Estado Regional.

2. *La fórmula del Estado Regional*

Si bien diversas concepciones se han formulado para identificar el Estado Regional, en realidad todas parten de la dicotomía tradicional: Estado Federal-Estado Unitario. Así, unos consideran al Estado Regional junto al Estado Federal, como una forma más o menos avanzada de descentralización; otros estiman que el Estado Regional es un Estado Unitario descentralizado, y en una tercera posición, otros estiman que se trata de una realidad jurídico-pública independiente, intermedia entré el Estado Unitario y el Estado Federal[997].

Esta aproximación al problema, en realidad, no es exacta, pues, como se ha señalado, en la práctica política no existe una concepción pura de Estado Federal ni de Estado Unitario. Al contrario, las Federaciones se han centralizado y los Estados Unitarios se han descentralizado, y la realidad indica que en todas las experiencias de Estados Regionales, éstos han surgido de viejos Estados Unitarios.

En todo caso, lo que caracteriza a los Estados Regionales es que, además del nivel nacional, que conserva el poder constituyente único, y del nivel local (municipal), han surgido unidades político-territoriales autónomas intermedias, producto de la descentralización política, con autonomía territorial. Estas unidades territoriales intermedias, se caracterizan por tener una autonomía política, con potestad legislati-

995 *Cfr*. Juan Ferrando Badía, *El Estado unitario…*, *cit.*, p. 65.

996 *V*. Allan R. Brewer-Carías, *Regionalization in economic matters*, Raport Général aux ***IX Congréés International de Droit Comparé***, Teherán, 1974, *cit.*

997 En general, *V*. Juan Ferrando Badía, *El Estado unitario, el federal y el Estado regional*, *cit.*, pp. 142 y ss., y 192 y ss.

va regional, cuyos órganos son electos por votación popular, materializándose la democracia regional[998].

La primera experiencia histórica del Estado Regional fue el "Estado Integral", establecido en la Constitución Española de 1931, el cual, conforme a lo expresado por el profesor Jiménez de Asúa, Presidente de la Comisión de Constitución, ante la antítesis Estado Unitario-Estado Federal, se presentaba como una forma intermedia que buscaba "disminuir los residuos de soberanía de los Estados Federales hasta hacerla sustituir por una amplia autonomía político-administrativa, de un lado: y de otro, acentuar la nueva descentralización administrativa de las Provincias, hasta transformarla prácticamente en autonomía político-administrativa... Frente al Estado Unitario, tiene el Integral la ventaja, en nuestro caso, de ser compatible, sin imponerlas, con diversos grados, de autonomías regionales, cuando sean pedidas y procedentes, junto a un régimen de vinculaciones de otros territorios nacionales no preparados para aquellas formas de autarquía. Y frente al Estado Federal *tiene* el provecho de permitir, sin desnaturalizarse, la existencia de estos territorios, ligados por estrecha dependencia político-administrativa al Estado..."[999]. El Estado Integral de la República Española fue interpretado doctrinalmente por el Profesor G. Ambrosini, quien fue Presidente del Tribunal Constitucional Italiano en 1933[1000], como un Estado intermedio entre el Estado Federal y el Estado Unitario, o más propiamente, como un "Estado descentralizado políticamente", como lo calificó el administrativista A. Amorth[1001].

A. *El Estado Regional Italiano y sus desarrollos federales*

El Estado Regional encuentra su primera regulación acabada en el texto de la Constitución italiana de 1947, aun cuando sólo se concreta y estructura real y políticamente a partir del inicio de los años setenta. Este texto estableció una división del Estado italiano en Regiones autónomas, políticamente hablando, con potestades legislativas propias y órganos representativos electos. Los artículos 114 a 133 de la Constitución italiana, como en su momento lo describía Enric Argullol Murgadas[1002], regulaban la Región, como una entidad representativa, cuyos órganos eran el Consejo Regional y una Junta y Presidente elegidos por el Consejo. A la Región se le atribuía potestad legislativa de carácter concurrente para un conjunto de materias taxativamente enumeradas, y potestad legislativa que desarrollaba las leyes estatales que así lo prevean. La Región tenía asimismo potestades administrativas en las materias en las cuales tenía competencias legislativas concurrentes, y el Estado puede delegarle otras funciones administrativas. La Región tenía, además, autonomía en cuanto a la emisión de su propio Estatuto, el cual debía ser aprobado por Ley de la República. Asimismo, la Constitución establecía una autonomía financiera para las Regiones.

---

998 *Cfr.* Juan Ferrando Badía, *El Estado unitario.., cit.*, p. 185.

999 Discurso del Presidente L. Jiménez de Asúa en *Diario de Sesiones de las Cortes Constituyentes de la República Española (27-VIII-1931)*, pp. 644 y 645, citado por Juan Fernando Badía, *El Estado unitario.. cit.*, p. 161.

1000 *V.* G. Ambrosini, "Un tipo intermedio de Stato fra l'unitario e il federale caraterizato dall'autonomia regionale", en *Rivista di Diritto Pubblico*, 1933, p. 93 y s.

1001 Citado por Juan Ferrando Badía, *El Estado unitario.., cit.*, p. 117.

1002 *V.* Énric Argullol Murgadas, *La vía italiana a la autonomía regional*, Madrid, 1977, pp. 56 y ss.

Por otra parte, la Constitución preveía un sistema de controles de la actividad de las Regiones: la potestad legislativa, a través de la Corte Constitucional; la actividad administrativa, a través de una Comisión desconcentrada regulada por vía legislativa, y la actividad política, a través de un Comisario del Gobierno, habiéndose previsto incluso la disolución del Consejo Regional. Por último, la Constitución atribuía a la Región la posibilidad de participar en la elección del Presidente de la República y presentar proyectos de Ley a las Cámaras Parlamentarias de la República. El Senado, además, se debía elegir con base a circunscripciones de carácter regional.

El esquema regional italiano, después de muchos años de debate sobre subsidiariedad y federalismo, fue objeto de importantes reformas. Primero, mediante la Ley Constitucional Nº 1 de 1999 que estableció la elección directa de los Presidentes de Región y vinculó la duración de los Consejos Regionales con la permanencia en su cargo de los Presidentes de Región, en el sentido de que en caso de remoción de estos últimos por los Consejos regionales, conlleva la disolución de los mismos y la realización de nuevas elecciones tanto para Presidente como para Consejo. Dicha Ley estableció además, la potestad de las Regiones para aprobar sus propios Estatutos, bajo el control del parlamento, pudiendo el gobierno central impugnarlos ante la Corte Constitucional. Sin embargo, hasta 2004 ninguna de las Regiones había aprobado su propio Estatuto, excepto Calabria, el cual fue anulado por la Corte Constitucional[1003]

El 8 de noviembre de 2001, fue luego sancionada otra importante reforma constitucional (Ley nº 3 de 2001) aprobada por referéndum, la cual reformó el régimen de las regiones y municipalidades, superando la clásica identificación entre la Republica y el Estado, incluyéndose en cambio con igual "dignidad", como parte de la República, a las Municipalidades, las Provincias, las Ciudades Metropolitanas, las Regiones y al Estado (art. 114). Lo importante fue que con este reconocimiento, la Constitución otorgó la autonomía a estas entidades, eliminando el control que el poder central ejercía sobre la legislación y administración regionales y el control que las regiones ejercían sobre las Municipalidades. Además, desapareció la figura el Comisario Regional que a nivel del gobierno central ejercía los controles.

Las nuevas previsiones constitucionales, además, regularon una nueva distribución del poder legislativo entre el gobierno central y las regiones, superando la regulación precedente que establecía la potestad legislativa de las regiones solo en las materias expresamente enumeradas en la Constitución (art. 117). Ahora, la Constitución enumera materias reservadas a la potestad legislativa del Parlamento y materias de la competencia concurrente del poder central y de las regiones; y además, a la usanza de las federaciones, dispone que las competencias no reservadas expresamente al poder central, pueden ser reguladas por las regiones sin interferencia de éste.

La Constitución también reguló la distribución de competencias administrativas, de acuerdo con los principios de unidad, subsidiariedad, diferenciación y adecuación. La consecuencia es que las Municipalidades tienen mayores funciones administrativas, y las Regiones tienen la potestad administrativa respecto de las materias sobre las cuales legislan (art. 118).

1003 *V.* Beniamino Caravita, "Italy: toward a federal state? Recent constitutional developments in Italy", documento presentado en la *Conferencia sobre Federalismo*, Bellagio, 2004.

En relación con las relaciones internacionales y europeas, la reforma de la Constitución establece la posibilidad de que las regiones participen en ellas, mediante convenios con instancias subnacionales de otros países.

Por último, la Constitución establece que las Municipalidades, las Provincias, las Ciudades metropolitanas y las Regiones tienen sus propios recursos impositivos y además, reciben parte de los impuestos recaudados in sus respectivos territorios; correspondiendo al poder central y a las regiones en forma concurrente, la coordinación de las finanzas públicas (art. 119).

B. *Del Estado de Comunidades y Regiones de Bélgica a la Federación*

La fórmula del Estado Regional como instrumento de descentralización política, también se ensayó en Bélgica en la década de los setenta, cuando el Estado Unitario tradicional de ese país, mediante la reforma constitucional de 1970, inició un proceso de descentralización política, estableciéndose el compromiso de crear tres Regiones como colectividades político-territoriales y tres Comunidades culturales. Las Regiones eran y son: la Walona, la Flamenca y la de Bruselas, y las Comunidades culturales/lingüísticas: la francesa, la holandesa y la alemana.

Ese sistema, luego se desarrolló políticamente mediante la reforma constitucional de 1980, la cual recogió la misma división del país en dos estructuras políticas distintas y a veces superpuestas: las Comunidades y las Regiones.

En cuanto a las Comunidades, la Constitución estableció que Bélgica comprendía tres Comunidades: la Comunidad francesa, la Comunidad flamenca y la Comunidad de habla germánica, teniendo cada Comunidad personalidad jurídica y las atribuciones reconocidas por la Constitución y las Leyes (art. 3). Las dos primeras fueron inmediatamente institucionalizadas, y en 1983 lo fue la Comunidad germana.

En este esquema, las Comunidades han tenido una Asamblea Parlamentaria (Consejo) y un Ejecutivo nombrado por el Consejo, que funcionan mediante un régimen parlamentario. La Constitución estableció una serie de competencias a las Comunidades, las que regulan mediante Decretos con fuerza de Ley.

Paralelamente a la estructura de Comunidades Autónomas, la reforma constitucional de 1970 también estableció que Bélgica comprende tres Regiones: la Región Walona, la Región Flamenca y la Región de Bruselas (art. 107). La regulación de estas Regiones había sido dejada a una Ley del Parlamento, y sólo fue después de diez años de intentos, en agosto de 1980, cuando se dictó la primera Ley de aplicación parcial del artículo 107 de la Constitución, institucionalizado las regiones Walona y Flamenca. En ese año además, se produjo la fusión de las instituciones de la Región y de la Comunidad Flamencas. Solo fue posteriormente, en 1988, cuando se establecieron las instituciones de la Comunidad de Bruselas.

Los recurrentes conflictos culturales y lingüísticos, y además autonómicos entre las tres Comunidades desembocaron en otras dos reformas constitucionales, en 1988 y 1993, habiéndose establecido con la última, formalmente, la forma federal del Reino de Bélgica, montada sobre el esquema antes mencionado de las tres Comunidades culturales y las Regiones político-territoriales, consolidándose una importante distribución territorial de competencias entre el nivel federal y el de las Regiones.

Desde el punto de vista institucional, en esta reforma de 1993 se introdujeron varios cambios importantes: en primer lugar, se redefinió la composición y del rol del

Senado en el cual por supuesto encuentran representación las diversas Comunidades; en segundo lugar, se estableció la elección directa de los Parlamentos de las Regiones Walona y Flamenca, cuyos miembros antes provenían de la Cámara de Representantes. En cuanto al parlamento de Bruselas sus miembros han sido electos desde 1988.

En cuanto a la estructura de la federación, la Constitución dispone que los ministros del Ejecutivo federal deben tener igual número de miembros de lengua holandesa y francesa (art. 99). El Primer Ministro no está regulado lingüísticamente pero la mayoría de las veces ha sido flamenco; y por supuesto, el Monarca tampoco está regulado por normas lingüísticas[1004].

C. *El Estado de Comunidades Autónomas español*

La Constitución española de 1978, estableció una organización territorial del Estado español no sólo en Municipios y Provincias, sino en "Comunidades Autónomas", estableciéndose así en España un Estado Autonómico o de las Comunidades Autónomas, que responde al esquema del Estado Regional como fórmula de descentralización política avanzada, el cual comenzó a establecerse desde antes de la promulgación de la Constitución, mediante la concesión de las denominadas "preautonomías" a diversas regiones españolas, mediante Reales Decretos dictados en base a criterios políticos de urgencia.

La Constitución de 1978, en todo caso, estableció la división del territorio español en Comunidades Autónomas que se constituyeran, abriéndose así el camino al proceso autonómico, que ha conducido al establecimiento de Comunidades Autónomas en todo el territorio español, regidas cada una por sus respectivos Estatutos de Autonomía elaborados por los órganos representativos de la Comunidad y aprobados por Ley de las Cortes.

De acuerdo al sistema, las Comunidades Autónomas se configuran como entidades territoriales descentralizadas, con sus órganos legislativos/parlamentarios y ejecutivos electos, que ejercen competencias legislativas y administrativas en un conjunto de materias enumeradas en el artículo 148 de la Constitución y que son determinadas en los respectivos Estatutos de Autonomía. La Constitución prevé, además, materias de competencia exclusiva del Estado (nacional) (Art. 149), las cuales, sin embargo, pueden ser transferidas por Ley a las Comunidades Autónomas[1005].

Dado que el proceso autonómico se realizó aisladamente respecto de cada Comunidad Autónoma, la Constitución previó la posibilidad de que el Estado pudiera dictar Leyes que establecieran los principios necesarios para armonizar las disposiciones normativas de las Comunidades Autónomas, aun en el caso de materias atribuidas a la competencia de éstas, cuando así lo exija el interés general (Art. 150). Con base a ésta previsión, las Cortes españolas sancionaron, en junio de 1982, la

1004 *V.* André Lecours, "Belgium", en Forum of Federations, www. Forumfed.org

1005 Sobre los inicios del proceso autonómico español, *V.* T.R. Fernández (ed.): *Las autonomías regionales*, Informes al Instituto Nacional de Prospectiva, Madrid, 1977; Gumersindo Trujillo (ed.): *Federalismo y Regionalismo*, Madrid, 1979; Juan Ferrando Badía: *El Estado unitario, el federal y el Estado regional*, Madrid, 1978; "Teoría y realidad del Estado autonómico", en *Revista de la Política Comparada*, número III, 1980-81; Eduardo García de Enterría (ed.): *La distribución de las competencias económicas entre el Poder Central y las autonomías territoriales en el Derecho Comparado y en la Constitución Española*, Madrid, 1980.

Ley Orgánica de Armonización del Proceso Autónomo (LOAPA), con la cual se pretendió reordenar el Estado de las Autonomías españolas desarrollado en los últimos años. Algunos artículos de dicha Ley, sin embargo, fueron anulados por el Tribunal Constitucional en 1984.

El desarrollo del proceso autonómico español en los últimos 25 años ha originado un extraordinario proceso de descentralización política, sin duda en muchos casos, mayor que el que puede observarse en muchas federaciones, el cual sin duda, ha contribuido al desarrollo económico, social y cultural que ha distinguido a España en las últimas décadas.

D. *La Regionalización política de Francia y el Estado Regional*

Una de las políticas fundamentales formuladas por el Presidente Mitterand durante su campaña electoral fue la de la descentralización política del Estado francés. De allí que uno de los proyectos de Ley presentados en 1981, a la Asamblea Nacional por el Gobierno, hubiese sido el proyecto de Ley relativo a los derechos y libertades de las Comunas, de los Departamentos y de las Regiones[1006], y el proyecto de Ley, estableciendo el Estatuto particular de la Región corsa. Ambas Leyes fueron sancionadas en febrero de 1982, y también ambas Leyes fueron sometidas al conocimiento del Consejo Constitucional, quien las encontró conformes con la Constitución[1007].

En esta forma, la Ley número 82-213, de 2 de marzo de 1982, relativa a los derechos y libertades de las Comunas, de los Departamentos y de las Regiones, fue publicada el 3 de marzo de 1982[1008], y en ella, aparte de la reforma del Régimen local al suprimir la tutela *a priori* en materia administrativa, financiera y técnica de las Comunas, y sustituirlo por un control *a posteriori* de carácter jurisdiccional, se estableció una nueva colectividad territorial en Francia, la Región, como Entidad descentralizada político-territorialmente, gobernada por órganos electos mediante sufragio universal. Surge así, en Francia, la fórmula del Estado Regional, al dividirse el Estado en Regiones consideradas como colectividades territoriales, administradas por un Consejo Regional elegido mediante sufragio universal directo y con competencias para promover el desarrollo económico, social, sanitario, cultural y científico de la Región y la ordenación de su territorio[1009].

Con posterioridad se dictó la Ley nº 83-8 de 7 de enero de 1983, relativa a la repartición de competencias entre las comunas, los departamentos, las regiones y el

---

1006 *V.* el Rapport del Diputado Alain Richard sobre el *Proyecto en Asamblée National*, número 237, Annexe au procès-verbal de la séance du 24 juillet 1981, 2 tomos, pp. 119 y 64, respectivamente: así como el *Rapport* del Senador Michel Giraud sobre el Proyecto en Senat, Nº 33, Annexe au procès-verbal de la séance du 22 octobre 1981, 2 tomos, pp. 149 y 351, respectivamente.

1007 *V.* las decisiones en *Journal Officiel de la République Français* del 27-2-83, pp. 695 y 697, y del 3-3-82, pp. 759 y 760.

1008 *V.* en *Journal Officiel de la République Française* del 3-3-83, pp. J30 a 747, con rectificaciones en el *Journal Officiel* del 6-3-82.

1009 *V.* Jerôme Chapuisar, *doc. cit.*, pp. 11 y ss. y "Autonomie Territoriale et regonalisation politique", en *L'Actualité Juridique. Droit Administratif*, Nº 2, París, Jeuvier 1983, pp. 60 y ss. *V.* asimismo J. Chevalier y otros: *Le pouvoir Regional*, París, 1982, y las ediciones especiales sobre descentralización de la revista *L'Actualité Juridique, Droit Administratif*, mayo 1982, y febrero 1983.

Estado, cuya importancia política es fundamental en el proceso de descentralización[1010].

E. *Otras experiencias de regionalización política*

La transformación de los clásicos Estados Unitarios europeos en Estados Regionales, en todos los casos, ha estado precedida por la concesión de autonomía política a determinadas Regiones de los Países con características peculiares. Por ejemplo, así sucedió en Italia con la autonomía de las Regiones de Estatuto Especial de Sicilia, Cerdeña, Trentino-Alto Adigio, Valle de Aosta y Friuli-Venecia Julia. También sucedió en España, con las Regiones de Cataluña y el País Vasco, y en Francia, con la Región de Córcega.

Otros, países europeos han establecido aspectos específicos de gobierno regional autónomo para determinadas Regiones, como sucedió en Portugal, cuya Constitución de 1976 estableció una descentralización política para las Regiones de las Islas Azores y Madeira.

3. *Exigencias de la descentralización*

Puede decirse, sin duda, que en el mundo contemporáneo, la crisis del Estado Nacional Centralizado ha provocado la aparición de fórmulas de descentralización política, que se observan tanto en los Estados Federales como en los Estados Unitarios, y particularmente en la modalidad nueva de los Estados Regionales.

En todos estos procesos de descentralización política puede decirse que se dan, en mayor o menor grado, los elementos esenciales de la misma como técnica política: la autonomía político-territorial de las entidades descentralizadas; un sistema determinado de distribución de competencias entre las diversas Entidades políticas del Estado, y en particular, de las competencias en materia económica y financiera entre dichas Entidades, y unas garantías institucionales para la defensa de la autonomía.

En cuanto a la autonomía político-territorial de las Entidades descentralizadas, para que exista debe caracterizarse por ser no sólo una autonomía política, sino también y sobre todo una autonomía legislativa, administrativa y tributaria.

En efecto, ante todo es necesario convenir en que el proceso de descentralización política es una técnica de perfeccionamiento de la democracia, al hacerla más participativa y representativa. Por ello, las fórmulas de descentralización política implican siempre que la nueva Entidad Regional tenga autonomía política, es decir, esté gobernada y administrada por órganos electos mediante sufragio universal y directo. Estos órganos, además, deben tener autonomía legislativa y administrativa para el gobierno de las materias propias de la competencia regional, la cual debe ejercerse sin control de tutela por el Estado Nacional y sometida a control jurisdiccional. Por supuesto, el ámbito de la autonomía político-territorial está condicionado por las modalidades de control que se establezcan a cargo del Estado Nacional, y aquí también se da la relación tradicional de la autonomía en Derecho público: a mayor autonomía, menor control, y al contrario, a menor autonomía, mayor control.

1010 *V.* el texto en *L'Actualité Juridique. Droit Administratif,* Nº 2, París, febrero 1983, pp. 133 y ss., y el comentario de Jerôme Chapuisat, "La répartition des compétences" en la misma publicación, pp. 81 y ss.

Por último, formando parte de la autonomía de los Entes descentralizados, éstos deben tener alguna modalidad de autonomía financiera, en el sentido de que deben tener recursos propios, incluyendo los de carácter tributario.

Este aspecto de la distribución de competencias tributarias, sin duda, es quizá el más importante en toda fórmula de descentralización federal o regional, pues es la que va a asegurar que la autonomía sea o no real y efectiva.

En todo caso, la efectividad de la autonomía político-territorial de los entes descentralizados dependerá realmente del sistema de distribución de competencias entre los diversos niveles del Estado. La autonomía se torna inútil, como sucede con los Estados Miembros de muchas Federaciones contemporáneas, si no hay materia sobre la cual pueda ejercerse.

De allí la importancia del sistema de determinación y distribución de competencias.

Por supuesto, diversas modalidades de distribución vertical de competencias se pueden distinguir: competencias exclusivas al Estado Nacional o Federal; competencias exclusivas de las Regiones Autónomas y a los Estados Miembros de una Federación; competencias concurrentes entre los diversos niveles territoriales; competencias residuales para los Estados Miembros de una Federación en la mayoría de los Estados Federales o para el Estado Nacional en ciertos Estados Regionales; competencias implícitas para el Estado Nacional o Federal.

En todo caso, la enumeración de las competencias de las Regiones en las experiencias de los Estados Regionales es quizás la característica común de estas experiencias políticas contemporáneas.

Pero, en particular, la efectividad de la organización vertical del poder en las fórmulas de descentralización, que combina la autonomía regional con la integridad del Estado, exige una precisa distribución de competencias en materia económica entre los entes públicos. Este aspecto y la concentración de esas competencias en el nivel federal, han contribuido a la centralización de las Federaciones; por ello la importancia de las fórmulas de concurrencia, cooperación y participación en materia económica que caracterizan los nuevos federalismos y los Estados Regionales, que han optado por las fórmulas de concurrencia y coparticipación entre el Estado Nacional y las Regiones Políticas en materia económica.

Por último, todo sistema de descentralización política que conlleve autonomía territorial y un sistema de distribución de competencias, exige el establecimiento de garantías institucionales a esas autonomías. Básicamente éstas deben traducirse en el control constitucional, por el Tribunal Supremo o una Corte Constitucional, de las recíprocas invasiones de competencias y lesiones a la autonomía entre los Entes regionales y el Estado Nacional o entre los Estados Miembros y el nivel federal, a cuyo efecto debe darse legitimación para recurrir a las diversas Entidades territoriales.

La crisis del Estado Nacional, tanto en, los Estados Federales como *en* los Unitarios, en última instancia está provocando una debilidad progresiva del Estado no sólo para la conducción política de la sociedad, para la atención de los asuntos públicos y para la satisfacción de las necesidades colectivas, sino para asegurar la democracia participativa. Frente a esta situación, la descentralización política se configura como un remedio eficaz contra esa debilidad del Estado y la crisis en la cual está inmerso.

Su realización, sin embargo, no es fácil, pues descentralizar implica transferir poderes a las instancias regionales y locales y crear efectivos mecanismos de autogobierno regional y local, lo que fortalece instancias políticas nuevas y debilita las tradicionales, pero el reto hay que asumirlo, pues de lo contrario éstas últimas corren el riesgo de desaparecer, y con ellas agravar la crisis del Estado.

V. LA DESCENTRALIZACIÓN, LA DEMOCRACIA Y LA PARTICIPACIÓN POLÍTICA

1. *Democracia y participación*

La descentralización política es un fenómeno propio de las democracias. No hay ni ha habido autocracias descentralizadas. Solo las democracias se descentralizan, proceso al que temen y rechazan los autoritarismos.

Por otra parte, la participación democrática efectiva de los ciudadanos en los asuntos públicos, sólo es posible descentralizando el poder. No hay posibilidad de real participación democrática en los Estados centralizados, por lo que las democracias latinoamericanos tienen que estar alerta frente a los cantos de sirenas autoritarios que no se cansan de hablar de una pretendida "democracia participativa" pero en Estados altamente centralizados, no para hacerla posible, sino en realidad, para acabar con la "democracia representativa", a la cual erradamente la contraponen.

Las democracias no se pueden dejar confundir al intentar, el liderazgo político, dar respuesta a las exigencias crecientes de participación democrática, implementando soluciones ilusorias de carácter refrendario o de iniciativas o consultas populares, que no la agotan en absoluto, y que más bien son manifestaciones de "democracia directa", que es la que se contrapone a la representativa[1011].

En efecto, los dos principios fundamentales de la democracia en el mundo contemporáneo siguen siendo la representación y la participación. La primera, la representación, si a algo se contrapone en realidad es a la democracia directa. Por ello, en este caso, la dicotomía está entre la democracia representativa o indirecta, por una parte, y por la otra, la democracia directa[1012].

El segundo principio, el de la participación, a la vez, si a algo se contrapone, es a la exclusión política, no a la representación. La dicotomía en este caso está entre democracia participativa o de inclusión y democracia de exclusión o exclusionista. Y esto es precisamente lo que no se tiene claro cuando se habla de "democracia participativa" como supuestamente contrapuesta a la democracia representativa, por una parte, desde las mismas trincheras democráticas, queriendo en realidad referirse, sin saberlo, a los mecanismos de democracia directa; y por la otra, desde las trincheras autoritarias, confundiendo los conceptos para propugnar la eliminación o minimización de la representatividad y buscar establecer una supuesta relación directa entre el líder y sus estructuras de poder y el pueblo, a través de los mecanismos institucionales del Estado, incluso militares, dispuestos para hacer creer que se participa.

1011 *V.* Allan R. Brewer-Carías, "Democracia municipal, descentralización y desarrollo local", *Revista Iberoamericana de Administración Pública*, N° 11, Ministerio de Administraciones Públicas, Madrid, Julio Diciembre 2003-2004, pp. 11-34.

1012 *V.* en general, Luis Aguiar de Luque, "Democracia directa y Estado Constitucional", Editorial *Revista de Derecho Privado*, Edersa, Madrid, 1977.

En cuanto a la democracia representativa o democracia indirecta, esta es y seguirá siendo de la esencia de la democracia. Su sustitución es imposible si de democracia se trata, sin perjuicio de que afortunadamente se haya venido enriqueciendo en las últimas décadas, precisamente, con la introducción en nuestros sistemas políticos de mecanismos de democracia directa que la complementan, pero que jamás podrán sustituirla.

No puede existir en el mundo contemporáneo una democracia que sólo sea refrendaria o de cabildos abiertos permanentes. Recordemos incluso que ni en la antigua Grecia existieron realmente sistemas que sólo fueran de democracia directa, donde las decisiones supuestamente sólo se tomaban en asambleas, pues la conducción de los asuntos públicos realmente la hacían magistrados, que si bien no eran siempre electos, si eran designados por sorteo.

Pero lo cierto es que hoy por hoy, en casi todos los sistemas constitucionales contemporáneos se han incorporado mecanismos de consultas populares y de asambleas de ciudadanos con el objeto de complementar la representatividad. Además, todos los tipos imaginables de referendos, como los consultivos, aprobatorios, decisorios, abrogatorios, autorizatorios y revocatorios, los hemos ensayado; al igual que se han regulado las iniciativas populares. Todo ello, sin duda, ha contribuido a la movilización popular y a la relativa manifestación directa de voluntad del pueblo; pero es claro que esos mecanismos no pueden sustituir a la democracia conducida por representantes electos. Lo importante en este aspecto es asegurar que dichos representantes sean realmente representativos de las sociedades y sus comunidades, y sean elegidos mediante sistemas de sufragio directo, universal y secreto donde impere el pluralismo político, y a través de procesos electorales transparentes que aseguren el acceso al poder con sujeción al Estado de derecho, tal como lo establece la *Carta Democrática Interamericana* de la Organización de Estados Americanos.

Pero sin duda, más interés contemporáneo tiene el segundo principio básico de la democracia, que es el de la participación política, el cual exige que el régimen democrático sea uno de inclusión política, donde el ciudadano sea parte de su comunidad política, y pueda contribuir a la toma de las decisiones que le conciernen.

Si, hay que decirlo con claridad, participar en realidad es estar incluido, por lo que la dicotomía en este caso de la participación política se establece con la exclusión política, que además conlleva la de orden social y económico, y con ello la marginalización. Lamentablemente, sin embargo, en la doctrina política democrática, con demasiada frecuencia se confunden los conceptos, y cuando se habla de democracia participativa se la confunde con los mecanismos de democracia directa, y se la reduce, por ejemplo, a las iniciativas legislativas, consultas populares, cabildos abiertos y referendos[1013]. Sin embargo, la democracia participativa es mucho más que eso.

Participar, en efecto, en el lenguaje común, es ser parte de…; es pertenecer a…, es incorporarse, contribuir, estar asociado o comprometerse a…; es tener un rol en…, es tomar parte activa, estar envuelto o tener una mano en…; es en fin, asociarse con…, es compartir o tener algo que ver con... Por ello, la participación política no es otra cosa que ser parte de una comunidad política, en la cual el individuo tiene

1013 *V.* Humberto Njaim, "Sobre la democracia participativa", *Discurso de incorporación como Individuo de Número de la Academia de Ciencias Políticas y Sociales*, Caracas, marzo 2005.

un rol específico de carácter activo conforme al cual contribuye a la toma de decisiones, y que no se puede agotar, por ejemplo, en el sólo ejercicio del derecho al sufragio (que sin duda es una forma mínima de participación); o en ser miembro de sociedades intermedias, aún las de carácter político como los partidos políticos; o en votar en referendos (que también es otra forma mínima de participación).

Participación política democrática, por tanto, es estar incluido en el proceso político y ser parte activa del mismo, sin mediatizaciones; es en fin, poder tener acceso a la toma de decisiones públicas. Y ello, en ninguna sociedad democrática se ha logrado permanentemente con referendos o cabildos abiertos. Estos son formas de participación, pero de carácter mínimo. Tampoco se logra con manifestaciones así sean multitudinarias, donde la gente desfila blandiendo banderitas, criticando acerbamente o cantando o alabando obediente y sumisamente a un líder. Eso no es participación política; eso no es más que movilización o manifestación política, que es otra cosa. Esa, la historia se ha encargado de enseñárnosla en todas sus facetas, incluyendo las propias de los autoritarismos fascistas. Incluso las manifestaciones pueden ser poco amistosas, de protesta, a veces furiosas y violentas. Pero lo que es cierto es que no se las puede confundir con participación política.

Por ello debe enfatizarse que para que la democracia sea participativa, o si se quiere, para que la democracia sea inclusiva o de inclusión, tiene que permitir al ciudadano poder ser parte efectivamente de su comunidad política; tiene que permitirle desarrollar incluso conciencia de su efectiva pertenencia, es decir, de pertenecer a un determinado orden social y político, por ejemplo, a una comunidad; a un lugar; a una tierra; a un campo; a una comarca; a un pueblo; a una región; a una ciudad; en fin, a un Estado.

Se trata de lo que Norberto Bobbio denominó "el proceso de expansión del poder ascendente", que amplía de la esfera de las relaciones políticas, y que pasa -decía-

> [...] de la esfera de las relaciones en que el individuo es tomado en consideración en su papel de ciudadano, a la esfera de las relaciones sociales, donde el individuo es tomado en consideración en una diversidad de estatus y papeles específicos, por ejemplo, como padre y como hijo, como cónyuge, como empresario y trabajador, como maestro y como estudiante; y también como oficial y como soldado, como administrador y administrado, como productor y como consumidor, como gestor de servicios públicos y como usuario[1014].

Pero por supuesto, el tema central a resolver cuando se trata de la participación democrática, es determinar cómo y en qué lugar la misma puede realizarse. Como lo advirtió Giovanni Sartori: "O el autor de la democracia participativa se decide a clarificar positivamente dónde está lo que corresponde a cuál participación (de cuál naturaleza) y en cuáles lugares (en todas partes); o nos quedamos con un animal que no logró identificar". Sobre ello, agregaba, hay "mucho ruido, es cierto, también mucha polémica furiosa; pero queda la duda de que haya nacido algo nuevo"[1015].

La verdad, sin embargo, es que la democracia participativa no es nada nuevo; ha estado siempre, desde los mismos días de las Revoluciones del Siglo XIX en muchos países hoy con democracias consolidadas; allí, en el nivel más ínfimo de los

---

1014 Norberto Bobbio, *El futuro de la democracia*, Fondo de Cultura Económica, México 1992, p. 42.

1015 Giovanni Sartori, *¿Que es democracia?*, Altamira Editores, Bogotá, 1994.

territorios de los Estados, en las Asambleas locales, en los Municipios, en las Comunas. Lo que pasa es que no la hemos querido reconocer, e insistimos en confundirla con algunos instrumentos de democracia directa.

Por ello, el gran problema de la democracia contemporánea, y particularmente el problema de sus líderes y conductores, comenzando por los de los partidos políticos, es que a veces no entienden o mejor, no han querido entender qué es, efectivamente, participar en política, y dónde es que se puede realmente participar. Así, como hemos dicho, por una parte, en el ámbito de los demócratas, con gran frecuencia se la ha reducido al ejercicio político del voto, de elegir o de ser miembro de partidos políticos; pues sin duda, la efectiva participación complica el control férreo que estos han desarrollado respecto del proceso político. Por ello, muchas democracias contemporáneas han funcionado conforme al principio del centralismo democrático el cual también sirvió, en su momento, a las "democracias" que en 1989 desaparecieron con la caída del muro de Berlín.

Y por otra parte, en el ámbito de los neoautoritarismos, donde con frecuencia se blande la bandera de una supuesta "democracia participativa" para rechazar la democracia representativa, en realidad no se concibe otra forma de "participación" que no sea la que deriva de la relación directa entre líder y pueblo, signada por la ordenes y consignas del primero y la obediencia y sumisión del segundo. Eso, por supuesto, tampoco es participación política; es un engaño y una sustitución autocrática de la voluntad popular.

Por su parte, los líderes de los partidos políticos, con harta frecuencia, han concebido la participación política como un monopolio de estos mismos, que por ello adquieren un supuesto derecho a mediatizar totalmente la voluntad popular, sustituyéndola y apoderándose de ella, y excluyendo de la vida política a quienes no son miembros de los mismos.

En las sociedades democráticas avanzadas, en cambio, la participación está en la corriente sanguínea de la propia democracia, y por ello, incluso quienes la ejercen y la viven cotidianamente no se dan cuenta de ella; no le prestan atención y por ello, a veces, no se la logra identificar. Como sucede en las democracias europeas, que son democracias inclusivas, pero a veces se piensa que ello es así, naturalmente, cuando no es cierto.

No debe olvidarse que ello lo descubrió para Europa, Alexis de Tocqueville, cuando precisamente se topó con el régimen local asambleario que funcionaba desparramado en todo el territorio de las colonias inglesas en la costa este de Norteamérica, con su libro *La Democracia en América*, democracia que hervía en los *Town Halls*[1016]. Esas instituciones comunales, decía De Tocqueville, "son a la libertad lo que las escuelas vienen a ser a la ciencia; la ponen al alcance del pueblo, le hacen paladear su uso político y lo habitúan a servirse de ella"[1017].

Y en Europa misma, esa democracia local fue uno de los productos más acabados y a veces incomprendidos de la propia Revolución Francesa[1018], la cual sin em-

1016 Alexis de Tocqueville, *La democracia en América*, Fondo de Cultura Económica, México 1973, pp. 79 y ss.

1017 *Idem*. p. 78.

1018 Allan R. Brewer-Carías, *Reflexiones sobre la Revolución Americana (1776) y la Revolución Francesa (1789) y sus aportes al constitucionalismo moderno*, Editorial Jurídica Venezolana, Caracas 1992; y Allan R. Brewer-Carías, "El paralelismo entre el constitucionalismo venezolano y el constitucionalismo bargo, también fue advertida por el propio De Tocqueville en su otra clásica obra sobre *El Antiguo Régimen y la Revolución*, escrito veinte años después. Decía: "La administración local tiene un contacto diario con [los ciudadanos]; toca continuamente sus puntos más sensibles; influye en todos los pequeños intereses que forman el gran interés que se pone en la vida; es el objeto principal de sus temores y también el de sus esperanzas más queridas; los mantiene vinculados a ella por una infinidad de lazos invisibles que los arrastran sin que se den cuenta" [1019].

Y en efecto, dejando aparte y sin sustituir al sufragio y a los instrumentos de democracia directa, la participación política como democracia de inclusión en la cual el ciudadano puede tomar parte personalmente en un proceso decisorio, interviniendo en actividades estatales y en función del interés general[1020], sólo puede tener lugar efectivamente en estamentos territoriales más reducidos, en el nivel regional, local, comunal o municipal. Es decir, sólo en los niveles territoriales inferiores de la organización del Estado es que se puede montar una organización participativa que permita la incorporación del ciudadano individual, o en grupos o en comunidades, en la vida pública, y particularmente en la toma de decisiones públicas generales o de orden administrativo.

Como lo señaló el ex Alcalde de Bogotá, Jaime Castro, "La democracia moderna no se concibe sin audaces formas de participación ciudadana y comunitaria en el ejercicio del poder a nivel local y regional. Sin la garantía de que todas y todos pueden y deben participar en la preparación de las decisiones que se piensen tomar sobre temas de interés general, en su adopción y ejecución, esto último mediante el control que realicen sobre la gestión de las autoridades y los particulares que ejerzan funciones públicas. Sólo esas formas democráticas de participación le cambian la cara a las instituciones y permiten hablar de un nuevo régimen político"[1021].

2. *Participación y descentralización*

Pero por supuesto, el tema central que tiene que resolverse cuando se habla con propiedad de democracia participativa, es el de la determinación del nivel territorial que se requiere para la participación como cotidianeidad democrática, y la opción está entre el municipio desparramado en todos los rincones de un Estado, en cada

---

de Cádiz (o de cómo el de Cádiz no influyó en el venezolano)" en *La Constitución de Cádiz. Hacia los orígenes del constitucionalismo iberoamericano y latino*, Unión Latina, Universidad Católica Andrés Bello, Caracas, 2004, pp. 223-333.

1019 Alexis de Tocqueville, *El Antiguo Régimen y la Revolución*, Alianza Editorial, Tomo I, Madrid, 1982, p. 15.

1020 *V.* por ejemplo, en relación con la administración de justicia, Alberto González, "Participación en la Administración de Justicia" en Jorge Londoño U. (Compilador), *Constitucionalismo, participación y democracia*, Librería Jurídica Ethos, Uniboyacá, Bogotá-Tunja, 1997, pp. 76-77.

1021 Jaime Castro, *La cuestión territorial*, Editorial Oveja Negra, Bogotá 2003, pp. 201-202. Por ello, cabría preguntarse ¿Por qué será entonces, que en un excelente libro reciente sobre *Las democracias. Entre el Derecho Constitucional y la Política*, de los profesores Olivier Duhamel y Manuel José Cepeda Espinosa en sus más de 400 páginas donde los autores analizan los regímenes democráticos contemporáneos de Europa y América Latina, en la única página en la cual se habla y se usa la expresión de "democracia de participación" es en relación con el sistema suizo? *V.* Olivier Duhamel y Manuel José Cepeda Espinosa, *Las Democracias. Entre el Derecho Constitucional y la Política*, TM Editores, Universidad de los Andes, Facultad de Derecho, Bogotá, 1997, p. 56. Acaso el régimen constitucional de Suiza, entre otros factores por la superficie incluso del país, no es el paradigma del federalismo y del régimen local o cantonal?

villa, pueblo y caserío, situado bien cerca del ciudadano; o el gran municipio urbano o rural, situado al contrario bien lejos del ciudadano. Y además, en el establecimiento del nivel territorial intermedio entre el ámbito local y el nacional.

Acaso nos hemos preguntado, ¿por qué, realmente, las democracias consolidadas de Occidente son tales democracias? ¿Cómo es que en ellas la participación del ciudadano en la gestión de los intereses locales forma parte de la cotidianidad de la vida democrática?

Es cierto que todas las democracias tienen ciclos electorales, donde se vota con regularidad y tienen sistemas institucionales que son propios del Estado de Derecho. Pero algunos países son efectivamente más democráticos que otros. Y la respuesta del por qué esto es así, está precisamente en la municipalización o, si se quiere, en la efectiva fragmentación de las instituciones locales.

Para darnos cuenta de ello, basta hacer algunas comparaciones. Venezuela, con casi un millón de kilómetros cuadrados de superficie y más de 24 millones de habitantes, tiene sólo 338 Municipios. Francia, en cambio, con la mitad de dicha superficie y 59 millones de habitantes, tiene 36.559 Municipios o Comunas; es decir, cien veces más. Pero lo importante, ciertamente, no es el número de municipios que tenga un país, sino la relación que tiene que existir entre la autoridad local y el número de habitantes. En tanto que en Venezuela es de 71.715 habitantes por Municipio, en Francia, en cambio es de 1.613 habitantes por Municipio, es decir, cuarenta veces menos.

Cualquier revisión de esta relación que se haga en los países democráticos, da cifras sorprendentes, sobre todo cuando las comparamos con las nuestras en América Latina. España tiene 8.056 Municipios con un promedio de población de 4.825 habitantes; en Austria hay 2.353 Municipios, con un promedio de población de 3.400 habitantes. Los 8.104 Municipios de Italia tienen un promedio de 7.157 habitantes. En Suiza hay 3.000 Municipios con un promedio de población de 2.333 habitantes; y en Alemania hay 16.098 Municipios, con un promedio de población de 5.086 habitantes[1022].

En Europa continental, además, debe destacarse que los Municipios de menos de 2000 habitantes representan un porcentaje elevadísimo en relación con los muy poblados, por ejemplo, el 40% en Italia y el 89% en Francia.

Con más precisión, en Alemania, por ejemplo, de sus 16.098 municipios, un 76% tiene menos de 5.000 habitantes; y en España, alrededor del 86% de sus más de 8.056 municipios, tienen menos de 5.000 habitantes, agrupando sólo el 16% de la población, y el 61% tiene menos de 1.000 habitantes[1023]. Debe destacarse además, como un ejemplo de lo que significa para un país tener territorialmente muchos pequeños municipios, el caso de la sola Comunidad de Castilla y León de España, que alberga algo más de un cuarto del total de los Municipios de ese país, con 2.248 mu-

---

1022 *V.* Luciano Vandelli, *El Poder Local. Su origen en la Francia revolucionaria y su futuro en la Europa de las regiones,* Ministerio para las Administraciones Públicas, Madrid 1992, pp. 179; Allan R. Brewer-Carías, *Reflexiones sobre el constitucionalismo en América*, Editorial Jurídica Venezolana, Caracas 2001, pp. 139 y ss.

1023 *V.* Torsten Sagawe, "La situación de los pequeños municipios en Europa: con especial referencia a la República Federal de Alemania", en Luis Villar Borla et al, *Problemática de los pequeños Municipios en Colombia ¿Supresión o reforma?*, Universidad Externado de Colombia, Bogotá 2003, p. 40.

nicipios para 2.484.603 habitantes (con un promedio general de algo más de 1000 habitantes por municipio), de los cuales el 68,5 %, es decir, 1.540 municipios tienen menos de 500 habitantes[1024].

En nuestro Continente Americano, se destaca, además, el caso de los Estados Unidos y Canadá que tienen territorios casi iguales de casi 10 millones de kilómetros cuadrados, pero una población muy disímil: 30 millones en Canadá y más de 250 millones en los Estados Unidos. Pero en Canadá hay 4.507 Municipios, con un promedio de 6.878 habitantes por Municipio; y en los EE.UU., hay 70.500 Municipios, con un promedio de 3.872 habitantes por Municipio.

En definitiva, en el mundo de los países con democracias más desarrolladas, el promedio de habitantes por Municipio varía entre 1.600 y 7.000 habitantes. En contraste, en nuestros países de América Latina el panorama es diferente: en Argentina, para 37 MM de habitantes, hay 1617 municipios con un promedio de población de 22.882 habitantes; en Bolivia, para 8 MM de habitantes, hay 312 municipios con un promedio de población de 25.642 habitantes; en Brasil, para 168 MM de habitantes, hay 5.581 municipios con un promedio de población de 30.102 habitantes; en Chile, para 15 MM de habitantes, hay 340 municipios con un promedio de población de 44.117 habitantes; en Colombia, para 42 MM de habitantes, hay 1.068 municipios con un promedio de población de 39.326 habitantes; en Cuba, para 11 MM de habitantes, hay 169 municipios con un promedio de población de 65.389 habitantes; en Ecuador, para 12 MM de habitantes, hay 1.079 municipios con un promedio de población de 11.121 habitantes; en El Salvador, para 6 MM de habitantes, hay 262 municipios con un promedio de población de 22.900 habitantes; en Guatemala, para 11 MM de habitantes, hay 324 municipios con un promedio de población de 33.950 habitantes; en Honduras, para 6 MM de habitantes, hay 293 municipios con un promedio de población de 20.478 habitantes; en México, para 97 MM de habitantes, hay 2.418 municipios con un promedio de población de 40.116 habitantes; en Nicaragua, para 5 MM de habitantes, hay 143 municipios con un promedio de población de 34.965 habitantes; en Paraguay, para 5 MM de habitantes, hay 212 municipios con un promedio de población de 23.585 habitantes; en Perú, para 25 MM de habitantes, hay 1808 municipios con un promedio de población de 13.827 habitantes; en República Dominicana, para 8 MM de habitantes, hay 90 municipios con un promedio de población de 88.889 habitantes; en Uruguay, para 3 MM de habitantes, hay 19 municipios con un promedio de población de 157894 habitantes; y en Venezuela, para 24 MM de habitantes, hay 338 municipios con un promedio de población de 71.006 habitantes[1025].

De lo anterior deriva que la clave de la democracia de participación está, precisamente, en acercar el Poder al ciudadano, para que pueda efectivamente participar. Por ello, en nuestros países, mientras la autoridad local esté tan alejada del ciudadano, no llegaremos a ser efectiva y cotidianamente democráticos.

La gran reforma democrática en nuestros países, por tanto, está en la Municipalización, pero sin uniformismo, pues no podemos multiplicar al gran Municipio buro-

---

1024 *Informe sobre el Gobierno Local*, Ministerio para las Administraciones Públicas. Fundación Carles Pi i Sunyer d'Études Autonòmics y Locals, Madrid 1992, p. 27.

1025 *V.* las referencias en Allan R. Brewer-Carías, *Reflexiones sobre el constitucionalismo en América*, Editorial Jurídica Venezolana, Caracas 2001, pp. 139 y ss.

cratizado de las áreas urbanas y trasladarlo a las rurales. La diferenciación de regímenes municipales es una de las primeras necesidades de la vida local.

En todo caso, mientras más se municipalice un país, y se transfieran poder y competencias propias de la vida local a las pequeñas organizaciones primarias autogestionadas, más necesaria entonces será la estructuración de poderes descentralizados a niveles intermedios entre el Poder Central y el Municipio. Por ello, hay una relación directa y paralela entre la descentralización local y la descentralización nacional a niveles intermedios.

Al señalar esto, por supuesto, tampoco estamos descubriendo nada nuevo. Como se ha dicho anteriormente, todos los Estados contemporáneos han experimentado la misma crisis derivada de la consolidación de la democracia. Por ello, en Europa, por ejemplo, como consecuencia de la reimplantación y desarrollo de la democracia, para asegurar su sobrevivencia y establecer canales de participación política, durante los últimos cincuenta años ha seguido un proceso de descentralización política. Así sucedió, como se ha analizado, con los viejos Estados Unitarios que sobre la base de estructurar regiones políticas, se han venido organizando territorialmente en forma descentralizada, dando incluso origen, en algunos casos, a una nueva forma de Estado, la del "Estado Regional", más descentralizado, a veces, que las viejas Federaciones. Así sucedió en España, al surgir como país democrático después del franquismo, con el Estado de Comunidades Autónomas; y con las Regiones Políticas que por ejemplo, se han establecido en Italia, Francia, Bélgica y Portugal. La reforma constitucional en Inglaterra también ha conducido a la creación o reaparición de parlamentos regionales, como en Escocia y Gales, mediante la *devolution* o descentralización política, que ha formado parte importante de la política actual del laborismo.

En cuanto a las viejas Federaciones, estas han sido recompuestas o reforzadas redistribuyéndose el Poder hacia los Estados miembros o cantones, como ha sucedido en Alemania o Suiza. Lo mismo puede decirse del federalismo norteamericano o canadiense y, en general, de las nuevas fórmulas de distribución del Poder Público en las federaciones. De ello resulta, por supuesto, que el proceso de descentralización política no puede identificarse con el solo federalismo. En la actualidad, como indicamos, hay "Estados Unitarios descentralizados" como España y Colombia que, incluso, son relativamente más descentralizados políticamente, que muchas viejas Federaciones, como la de Venezuela.

En todo caso, lo importante a destacar aquí es que este proceso de descentralización que también se está llevando a cabo, en una u otra forma, en todos los países de América Latina, también está condicionado y es producto del proceso de democratización que han experimentado nuestros países, como consecuencia del afianzamiento del régimen democrático y, además, como condición necesaria para que perdure y sobreviva.

De lo anterior resulta, por tanto, particularmente, que el tema de la democracia participativa está indisolublemente ligado, no a la democracia directa, sino a la descentralización política y a la municipalización, y la misma no se puede materializar con solo propuestas de incorporación al régimen democrático de instrumentos como los referendos o las consultas o las iniciativas populares. La democracia participativa no se agota ni se puede confundir con la democracia directa, como suele suceder en muchos estudios sobre la democracia que propugnan su perfeccionamiento[1026].

La verdad es que para ubicar exactamente qué es la democracia participativa, lo que tendríamos que hacer, entre otras cosas, es preguntarnos: ¿porqué hay países que llamamos democráticamente desarrollados como los europeos, donde no se plantea con tanta urgencia la necesidad de la participación ciudadana y en los cuales precisamente impera la fragmentación municipal? En cambio, también tenemos que preguntarnos, ¿Por qué es que en todos nuestros países latinoamericanos, que al contrario, tienen muy pocos municipios para sus enormes territorios estatales y su población, es donde sin embargo, más se grita al unísono contra nuestras insuficiencias democráticas clamándose a la vez por una democracia participativa?

La participación política como cotidianeidad democrática o como parte de la democracia como forma de vida, sólo puede darse a nivel regional y básicamente local. No hay otra instancia en los Estados; lo demás es falacia y engaño, o mecanismos de democracia directa. Por ello es que el tema, precisamente, no tiene tanta notoriedad en los países europeos, donde la participación es de todos los días, en las pequeñas cosas que pueden tratarse en esos pequeños municipios rurales como por ejemplo, son precisamente los de Castilla. La participación local se tiene cotidianamente; está allí, diariamente, en la vecindad e, incluso, en los Consejos Abiertos que tan bien ha estudiado Enrique Orduña, con los cuales se gobiernan por ejemplo, al menos 419 de los municipios de la Comunidad de Castilla y León con población inferior a 100 habitantes, y que se ha mantenido a través de los Siglos y de los regímenes políticos, habiendo encontrado incluso reconocimiento constitucional en 1978[1027].

La participación política o la democracia participativa están por tanto, íntimamente unidas al localismo y a la descentralización, y ésta, a la limitación del poder, lo que es consustancial con la democracia. El régimen local, es entonces, como lo ha dicho Eduardo García de Enterría, la estructura que "da curso al derecho ciudadano a participar en todos, completamente en todos los asuntos públicos que afectan a la propia comunidad"[1028]; de manera que como ya nos lo advirtió hace más mas de treinta años nuestro muy recordado amigo Sebastián Martín Retortillo, cuando España aún no había entrado en el proceso de transición hacia la democracia, en aquella excelente obra que dirigió sobre *Descentralización administrativa y organización política,* al destacar las raíces eminentemente políticas del tema; constataba que la participación efectiva del ciudadano común, siempre presupone la descentralización[1029]; de manera que sin temor a equivocarnos podemos afirmar que no sólo sin descentralización político o territorial, es decir, sin que exista una multiplicidad de poderes locales y regionales, no puede haber participación política, sino que en definitiva no puede haber una democracia participativa. La descentralización es, por tanto, la base de la democracia participativa y a la vez, el impulso de la democrati-

---

1026 *V.* por ejemplo, en Venezuela, los estudios publicados en *Participación Ciudadana y Democracia*, Comisión Presidencial para la Reforma del Estado, Caracas 1998.

1027 Enrique Orduña R., *Democracia directa municipal.* Concejos y Cabildos Abiertos, Editorial Civitas, Madrid, 1994.

1028 Citado en Sebastián Martín Retortillo, en "Introducción" al libro Sebastián Martín Retortillo et al, *Descentralización administrativa y organización política*, Tomo I, Ediciones Alfaguara, Madrid, 1973, p. LVIII.

1029 *Idem*, p. LIX.

zación y control del poder. El centralismo, en cambio es la base de la exclusión política al concentrar el poder en unos pocos electos, y a la vez, el motivo del desprestigio de la democracia representativa por más aditivos de democracia directa o refrendaria que se les implante.

Por ello decíamos en la conferencia sobre "El Municipio, la descentralización política y la democracia" que nos correspondió dictar en el *XXV Congreso de la Organización Iberoamericana de Cooperación Intermunicipal*, en Guadalajara, en 2001, que "el debate contemporáneo en nuestros países por más democracia, tiene que centrarse en el rescate del proceso de descentralización política. Perfeccionar la democracia exige hacerla más participativa y más representativa, para lo cual la única vía posible que existe es acercando el Poder al ciudadano, y ello sólo puede lograrse descentralizando territorialmente el Poder del Estado y llevarlo hasta la más pequeña de las comunidades; es decir, distribuyendo el Poder en el territorio nacional". Y agregaba además, que "cualquiera que sea la forma de descentralización política, se trata de proyectos y propuestas contrapuestos radicalmente al centralismo de Estado y a la concentración del Poder, que son esencialmente antidemocráticos". En definitiva, la propuesta política que entonces formulamos, y que hemos insistido en ratificar, "busca el diseño en nuestros países, de un nuevo sistema político que la democracia exige, y que sólo puede tener por objeto hacerla más participativa, con gran presencia de la sociedad civil, y más representativa de las comunidades. Ello implica desparramar el poder en todo el territorio, hasta la última de las comunidades, para que el ciudadano y sus sociedades intermedias puedan realmente participar"[1030].

Y ello implica, además de la conformación de los niveles intermedios o regionales, por sobre todo, la municipalización de los territorios de nuestros países, para rescatar, más de doscientos años después, lo que fue la decisión terminante de la Asamblea Nacional Constituyente francesa en aquél diciembre de 1789, y que se traduciría hoy en nuestros países contemporáneos, en la frase de que toda comunidad rural, todo caserío, todo pueblo, todo barrio urbano, debía tener su autoridad local como comunidad política, que llamaremos municipio conforme a nuestra tradición histórica. Como lo enuncia la Constitución de la Provincia del Chaco, en Argentina: "Todo centro de población constituye un municipio autónomo..."[1031].

Pero por supuesto, para ello, es decir, para una reforma política de esta naturaleza, hay que pensar en otro municipio, para no desparramar territorialmente la estructura burocrática local, mal y uniformemente concebida que tenemos en muchos de nuestros países y que lo que podría provocar es peor democracia. La diferenciación municipal, entonces, es consustancial con la municipalización como instrumento para acercar el municipio al ciudadano; porque como ya lo hemos dicho más de una vez, "Un Municipio lejos de las comunidades y vecindades, como es en general el

1030 *V.* el texto en el libro, ***XXV Congreso Iberoamericano de Municipios***, Guadalajara, Jalisco, México del 23 al 26 de octubre de 2001, Fundación Española de Municipios y Provincias, Madrid 2003, pp. 453 y ss.

1031 Artículo 182. Citado por Augusto Hernández Barrera, "Objetivos inéditos de la categorización municipal" en Luis Villar Borda et al, *Problemática de los Pequeños Municipios en Colombia ¿Supresión o reforma?*, Universidad Externado de Colombia, Bogotá 2003, p. 108. *V.* además, Augusto Hernández Becerra, *Ordenamiento y desarreglo territorial en Colombia*, Instituto de Estudios Constitucionales Carlos Restrepo Piedrahita, Bogotá 2001.

Municipio en nuestros países latinoamericanos, materialmente no sirve para nada bueno, ni para la participación política ni para la gestión eficiente de los asuntos locales, ni por supuesto, para la democracia"[1032].

A nivel local, además, es donde florece la libertad en medio de la diversidad, y es donde en definitiva en un mundo cada vez más globalizado como el actual, el hombre, el ciudadano común encuentra su refugio e identifica el lugar de su pertenencia. Los hombres tenemos que terminar de constatar que en definitiva, frente a la incontenible tendencia hacia la globalización, que está allí y aquí, basada en lo trasnacional y en la integración de los países, que produce ese proceso de uniformismo personal, que desdibuja la singularidad de las personas o que despersonaliza al individuo, que todos captamos; frente a ello, se ha venido desarrollando en paralelo otra tendencia mundial pero hacia la regionalización e incluso, la lugarización, basada en el rescate de las regiones o los "lugares", donde se identifica la singularidad de las personas, es decir, se vuelve a la persona, en su pertenencia a un lugar, donde se revaloriza lo "lugareño" y la vecindad, que puede ser una aldea, un pueblo, un barrio o un condominio. Siempre será, necesariamente, un espacio geográfico limitado en tamaño, de tal manera que la gente pueda establecer relaciones interpersonales[1033]. Y allí, en definitiva, es donde se puede efectivamente participar desde el punto de vista político.

Pero al revalorizarse lo local, frente al ámbito nacional, resulta indispensable y necesario el establecimiento del nivel territorial intermedio, el de la región, a los efectos de asegurar la mejor gestión de los asuntos públicos.

3. *La reafirmación de la democracia representativa y los valores de la democracia*

El debate sobre la descentralización en América Latina por ello, en definitiva, es un debate sobre la democracia y sobre el fin de más de un siglo de centralismo, que si bien contribuyó a la consolidación de los Estados Nacionales y a la implantación de la propia democracia por los partidos organizados bajo el esquema del centralismo democrático, hoy es el principal elemento que está conspirando contra la propia democracia y, que, además, impide la efectividad de las tareas del sector público.

En definitiva, no se trata de sustituir la democracia representativa por una supuesta e ilusoria democracia directa, que es de imposible existencia, sino de sustituir el sistema político centralizando de partidos por un sistema descentralizado y participativo, haciendo la democracia más participativa y más representativa, lo que sólo puede lograrse distribuyendo efectivamente el Poder en el territorio, de manera que esté cerca de los ciudadanos, de sus comunidades y organizaciones.

Pero en todo caso, ese Poder en el cual debe participarse, sólo puede ejercerse mediante representación, por funcionarios electos.

Pensar sustituir la democracia representativa, que necesariamente hay que perfeccionar, por esquemas ilusos y autoritarios de asambleas de barrios con votación pública, a mano alzada, controladas por supuestos defensores de una causa política

---

1032 *V.* el texto en Allan R. Brewer-Carías, *Reflexiones sobre el constitucionalismo en América*, Editorial Jurídica Venezolana, Caracas 2001, pp. 127 y ss.

1033 Francisco González Cruz, *Globalización y Lugarización*, Universidad Valle del Momboy, Centro Iberoamericano de Estudios Provinciales y Locales, Universidad de los Andes, La Quebrada, 2001.

determinada, a la cual se denominaría "democracia directa", no es más que un salto al vacío que conduce inexorablemente al ahogamiento de la propia democracia y del pluralismo, y a la prohibición del disenso. Una supuesta democracia lineal, uniforme, prescrita por algunos iluminados, es un fraude contra la cual debemos reaccionar todos, pues nos impediría disentir y cuestionar; es decir, nos impediría ejercer las más elementales virtudes de la democracia.

Por todo lo dicho, una de las manifestaciones más perversas de la crisis del sistema político de centralismo de Estado y partidocracia que se han evidenciado en algunos de nuestros países durante las últimas décadas, ha sido la emergencia del discurso antidemocrático que critica a la democracia misma, identificándola sólo con los mecanismos procesales de voto para la conformación del Poder. En esta forma, se pretende reducir la democracia a una democracia formal, como si la elección por partidos realizada cíclicamente la hubiera agotado.

Ante ello, es necesario revalorizar a la democracia como gobierno del pueblo, por el pueblo y para el pueblo, destacándose los valores que conforman este régimen político y que son mucho más que la elección regular de representantes. Cuando estos valores se identifican, queda entonces clara la necesaria condena al discurso antidemocrático. No es superfluo, por tanto, recordarlos en este foro.

El primero de los valores de la democracia es la *igualdad,* lo que políticamente se concreta en la igualdad de voto en los procesos electorales. Todos los votos valen lo mismo y nadie tiene voto preferencial en relación a los otros ciudadanos. Políticamente, por tanto, no hay distinción alguna en el valor de la manifestación de voluntad de cada ciudadano, y nadie puede arrogarse la representación de todo el pueblo, por más popularidad que esgrima.

El segundo de los valores que sólo la democracia representa, es la *libertad,* lo que implica políticamente no sólo el derecho de hacer todo lo que la ley no prohíbe, sino el derecho a escoger pluralmente las alternativas de gobierno; en definitiva, la libertad de autodeterminación, sin uniformismos ni imposiciones. Por ello, el pluralismo político es de la esencia de la democracia, lo que implica el rechazo de todo esquema único con el cual se pretenda organizar el Poder e imponerle a los ciudadanos una particular concepción de la organización social.

La libertad, por otra parte, implica *tolerancia.* Si todos los hombres son libres, el límite a la libertad es el derecho de los demás y el orden público y social, lo que implica el respeto de las opiniones y posiciones de todos. En la democracia, por tanto, deben regir el diálogo, la concertación, los acuerdos, todo basado en tolerar la disidencia, rechazando toda sociedad en la que sólo algunos pretendan tener la verdad oficial.

El tercer valor de la democracia es la *dignidad de la persona humana,* que no puede ser desconocida ni despreciada ni siquiera por las mayorías, por más abrumadoras que sean; ni por quienes se dicen sus representantes. Todo ser humano es igual y tiene derecho a que se respete su dignidad y personalidad, sin más limitaciones que las que deriven del derecho de los demás. En libertad, la persona humana es ciudadano, no es súbdito ni vasallo ni está sujeto a obediencia ciega; sólo está sometido a la Constitución y la ley.

Por ello, el cuarto valor de la democracia es el *sometimiento al derecho,* es decir, la democracia es un régimen de gobierno de la ley, no de los hombres. Estos sólo pueden gobernar conforme a la ley, siendo la legalidad el límite de los gobiernos y la garantía de la igualdad. Sólo la ley y su acatamiento por todos, gobernantes y gobernados, asegura que el hombre digno y ciudadano sea igual. La revalorización de la legalidad, además, hace realidad la noción de Estado de Derecho, es decir, del Poder sometido al derecho, sea quien sea quien lo ejerza. Ninguna mayoría ni popularidad que tenga un gobernante o un órgano de representantes, puede justificar la violación de la Constitución.

Pero el quinto valor de la democracia es el de la necesaria *limitación y control del Poder,* sobre lo que ya he insistido. Ningún Poder puede ser ilimitado; lo tiene que limitar la ley y la organización misma del Poder mediante su distribución y separación. Ello implica que en democracia no puede haber concentración del poder político ni en unas solas manos ni en un grupo de personas. El Poder, en la democracia, esencialmente tiene que estar distribuido y separado de manera que el Poder sea quien frene al Poder. La concentración del Poder y el centralismo, en consecuencia, son esencialmente contrarios a la democracia. Ello, por supuesto, tampoco es nada nuevo en el constitucionalismo. Hace más de dos siglos Charles Louis de Secondat, Barón de Montesquieu, decía:

> Es una experiencia eterna que todo hombre que tiene poder tiende a abusar de él; y lo hace hasta que encuentra límites... Para que no se pueda abusar del poder es necesario que por disposición de las cosas, el poder limite al poder[1034].

Y agregaba:

> Los Príncipes que han querido volverse déspotas siempre han comenzado por reunir en su persona todas las Magistraturas[1035].

De allí la afirmación tajante de John Madison, al construir el sistema constitucional americano:

> La acumulación de todos los poderes... en las mismas manos... puede considerarse justamente, como la definición de la tiranía [1036].

Por todo ello, la democracia tiene que conducir a un esquema de Estado que garantice la libertad, la dignidad, la igualdad, la legalidad, lo que implica el rechazo tanto al centralismo y concentración del Poder como a la penetración del Estado en los campos de la sociedad civil. El intervencionismo de Estado, por tanto, al ser concentrador del poder económico en pocas manos, en definitiva, también es esencialmente antidemocrático.

Teniendo en cuenta estos valores de la democracia, por supuesto, ella, como régimen político, es mucho más que una formalidad de elecciones cíclicas.

Por ello hay que preservarla y revalorizarla, repudiando el discurso autoritario que pretende sustituirla por un régimen político donde no existan los valores mencionados. La crítica, que compartimos, a la exclusiva representatividad de partidos que hemos tenido en muchos de nuestros países y al procedimiento formal de elec-

---

1034. *De l'Esprit des lois,* (ed. G. Tunc), París 1949, Vol. I, Libro XI, Cap. IV, pp. 162-163.

1035 *Idem,* p. 169.

1036 *The Federalist,* (ed. B.F. Wright), Cambridge 1961, Nº 47, p. 361.

ción regular, no puede transformarse en un rechazo a la democracia en si misma y a sus valores, sino en un esfuerzo por profundizarla.

Por ello, para enfrentar el discurso antidemocrático, hay que machacar una y otra vez los valores de la democracia que sólo en democracia se pueden realizar.

No olvidemos que los esfuerzos por cambiar el sistema electoral y hacerlo más representativo de las comunidades y de la ciudadanía, y no sólo de los partidos, que se han realizado en muchos de nuestros países, no siempre han logrado su objetivo. Por ejemplo, la forma del voto en las elecciones, por más intentos parciales de implantar la uninominalidad que se han hecho, en muchos casos ha sido diseñada para que, en definitiva, prevalezca el voto por partidos y no por individuos. Sobre todo a nivel local, debe hacerse un gran esfuerzo para combinar el voto por partidos con el voto uninominal, por personas, elegidas por nombre y apellido y que representen a las comunidades y a los ciudadanos, lo que no excluye, por supuesto, que sean postulados o apoyados por partidos políticos que, en definitiva, son de la esencia de toda democracia.

Por otra parte, debemos insistir en que cuando se habla de democracia directa como contrapuesta a la democracia representativa, debe tenerse claro que un Estado no puede funcionar con base en decisiones adoptadas en Asambleas públicas y populares, como consecuencia de iniciativas populares, o mediante referendos consultivos, aprobatorios, autorizatorios o revocatorios.

Con todos esos instrumentos de participación o de democracia directa, sin duda, se puede perfeccionar el régimen democrático, pues se permite al pueblo reaccionar directamente contra o en relación con las decisiones políticas que adopten los representantes, incluso con resultados contrarios a las mismas, dado que estos con frecuencia tienen intereses, incluso partidistas, distintos a los de los ciudadanos. Los referendos son así, mecanismos de control directo de los ciudadanos en relación a sus representantes políticos; pero en definitiva constituyen un complemento de los gobiernos representativos que caracterizan las democracias modernas, y no su sustitución.

Pero de nuevo debe constatarse que, por ejemplo, para que los referendos puedan efectivamente servir de instrumentos para perfeccionar la democracia, el Poder Público tiene que estar efectivamente descentralizado, es decir, que previamente debe existir un sistema de distribución territorial o vertical del Poder Público, con autonomías político-territoriales y competencias propias sobre las cuales se pueda consultar a la ciudadanía.

Por eso decía al inicio, que además de todos los factores clásicos de la democracia, el que asegura su operatividad es el que postula un sistema institucional de control del poder, por su distribución, no sólo horizontal a través del clásico principio de la separación de poderes, sino vertical, en el territorio hasta llegar al Municipio.

VI. EL MARCO CONSTITUCIONAL DE LA DESCENTRALIZACIÓN EN EL ECUADOR Y EL PROYECTO DE LEY ORGÁNICA DEL SISTEMA AUTONÓMICO (2006)

1. *El Estado Unitario con entidades políticas territoriales*

La Constitución del Ecuador organiza al Estado como un Estado unitario (art. 1).

Sin embargo, además de las instituciones que conforman los organismos y dependencias que ejercen las Funciones Legislativa, Ejecutiva y Judicial, y de los organismos electorales, de control y de regulación; el artículo 118 de la Constitución agrega que el Estado también está integrado por otras instituciones que constituyen entidades políticas descentralizadas territorialmente que son "las entidades que integran el régimen seccional autónomo" (art. 118,4), particularmente las Provincias, los Cantones (municipios) y las parroquias. En este último caso, en nuestro criterio, la autonomía de estos entes territoriales para su organización y funcionamiento, deriva de la propia Constitución (art. 119).

De acuerdo a la Constitución, por otra parte, tanto el Estado como las entidades seccionales autónomas, deben responder civilmente por los daños y perjuicios causados a los habitantes, por su negligencia y descuido en la atención de los servicios públicos que estén a su cargo y por la carencia de servicios que hayan sido pagados (art. 92)

2. *Los principios de la Administración Pública Nacional Descentralizada y Desconcentrada*

A. *Los principios de descentralización funcional*

Además, conforme al mismo artículo 118 de la Constitución, también son instituciones del Estado, no sólo los organismos y entidades descentralizados funcionalmente "creados por la Constitución o la ley para el ejercicio de la potestad estatal, para la prestación de servicios públicos o para desarrollar actividades económicas asumidas por el Estado" (ord. 5), sino "las personas jurídicas creadas por *acto legislativo seccional* para la prestación de servicios públicos", es decir, los organismos descentralizados funcionalmente creados por los Consejos Provinciales y los Consejos Cantorales de las entidades políticas territoriales (ord. 6). Todos estos organismos "integran el sector público" (ord. 6).

B. *La administración pública nacional descentralizada y desconcentrada*

En cuanto a la administración del Estado, el artículo 1 de la Constitución dispone que el gobierno del Estado, además de "republicano, presidencial, electivo, representativo, responsable, alternativo, participativo", debe ser de "administración descentralizada" (artículo 1); insistiendo el artículo 124 en que "la administración pública se organizará y desarrollará de manera descentralizada y desconcentrada" (art. 124), siendo el Presidente de la República, quien ejerce la Función Ejecutiva, el órgano "responsable de la administración pública" (art. 164).

La descentralización de la administración pública, por lo demás, es un principio constante en la Constitución, y a ella se hace referencia por ejemplo, al regularse el sistema nacional de salud, que se debe integrar con las entidades públicas, autónomas, privadas y comunitarias del sector, y debe funcionar "de manera descentralizada, desconcentrada y participativa"(art. 45). El Estado, además, conforme a la misma norma, está obligado a "organizar un sistema nacional descentralizado de protección integral para la niñez y la adolescencia", regulando la forma de integración de su órgano rector de carácter nacional (art. 45). La misma norma agrega, sin embargo, que "los gobiernos seccionales formularán políticas locales y destinarán recursos preferentes para servicios y programas orientados a niños y adolescentes".

En cuanto a la prestación del seguro general obligatorio, el artículo 58 de la Constitución dispone que ello es responsabilidad del Instituto Ecuatoriano de Seguridad Social, que es una entidad autónoma cuya organización y gestión se debe regir "por los criterios de eficiencia, descentralización y desconcentración"(art. 58).

Igualmente, en matera del sistema nacional de educación, la Constitución exige que se incorporen "en su gestión estrategias de descentralización y desconcentración administrativas, financieras y pedagógicas" (art. 68). En el mismo sentido, el artículo 74 de la Constitución precisa los rubros de la educación que deben recibir ayuda del Estado, agregando que "los organismos del régimen seccional autónomo podrán colaborar con las entidades públicas y privadas, con los mismos propósitos, sin perjuicio de las obligaciones que asuman en el proceso de descentralización".

En materia del sistema de economía social de mercado, entre otros aspectos, al Estado le corresponde "formular, en forma descentralizada y participativa, planes y programas obligatorios para la inversión pública y referenciales para la privada" (art. 244,2). Igualmente, en cuanto al sistema nacional de planificación el mismo debe establecer los objetivos nacionales permanentes en materia económica y social, y fijar metas de desarrollo a corto, mediano y largo plazo, que deben "alcanzarse en forma descentralizada" (art. 254). Este sistema nacional de planificación debe estar a cargo de un organismo técnico dependiente de la Presidencia de la República, en el cual debe haber la participación de los gobiernos seccionales autónomos y de las organizaciones sociales que determine la ley (art. 255).

En los organismos del régimen seccional autónomo podrán establecerse departamentos de planificación responsables de los planes de desarrollo provincial o cantonal, en coordinación con el sistema nacional.

C. *Los principios de la desconcentración de la administración pública nacional: el régimen seccional dependiente*

La Constitución también regula el llamado "régimen seccional dependiente", el cual en realidad se configura como un régimen de desconcentración administrativa del gobierno y administración pública central.

A tal efecto se regula la figura del Gobernador que debe existir en cada Provincia, como representante del Presidente de la República, al cual corresponde coordinar y controlar las políticas del gobierno nacional en la respectiva Provincia, así como dirigir las actividades de funcionarios y representantes de la Función Ejecutiva en cada provincia (art. 227). El Gobernador, así concebido, es un funcionario nacional, para dirigir la administración nacional desconcentrada en cada Provincia.

El gobierno central puede desconcentrar su gestión delegando atribuciones a los funcionarios "del régimen seccional dependiente", es decir, los que integran la administración pública nacional en las Provincias (art. 225).

3 *Los principios de la descentralización territorial*

El título XI de la Constitución al regular "la organización territorial y descentralización", establece el llamado "régimen administrativo y seccional" mediante la organización de entidades político territoriales, particularmente las provincias, los Cantones (municipios) y las parroquias.

A. *Las entidades territoriales y la política de descentralización*

a. *Las Provincias, cantones y parroquias*

En efecto, el artículo 224 de la Constitución establece la división político territorial para la administración del Estado y la representación política, en tres entidades generales y uniformes: las provincias, los cantones y las parroquias; y además, otras no uniformes como son las circunscripciones territoriales indígenas y afroecuatorianas que deben ser establecidas por la ley.

Conforme al artículo 229, las provincias, cantones y parroquias se pueden asociar para su desarrollo económico y social y para el manejo de los recursos naturales.

b. *La política de descentralización de competencias nacionales hacia las entidades territoriales*

La descentralización se formula en la Constitución como una política nacional, a cuyo efecto, se obliga al Estado a impulsar el desarrollo armónico del país, el fortalecimiento de la participación ciudadana y de las entidades seccionales, y la distribución de los ingresos públicos y de la riqueza, "mediante la descentralización y la desconcentración" (art. 225).

c. *La transferencia de competencias del gobierno central*

A tal efecto, la Constitución obliga al gobierno central a transferir "progresivamente funciones, atribuciones, competencias, responsabilidades y recursos a las entidades seccionales autónomas o a otras de carácter regional".

El gobierno central, por tanto, puede descentralizar progresivamente competencias nacionales hacia las entidades seccionales autónomas, excepto las competencias en materia de defensa y seguridad nacionales, la dirección de la política exterior y las relaciones internacionales, la política económica y tributaria del Estado, la gestión de endeudamiento externo y aquellas que la Constitución y convenios internacionales expresamente excluyan (art. 226). En los casos en los cuales una entidad seccional solicite la transferencia de competencias, la descentralización se considera obligatoria, siempre que la entidad tenga capacidad operativa para asumirla (art. 226).

Un principio básico constitucional en la materia es que en virtud de la descentralización, no puede haber transferencia de competencias sin transferencia de recursos equivalentes, ni transferencia de recursos, sin la de competencias (art. 226).

B. *La organización de los gobiernos seccionales autónomos*

a. *Los gobiernos territoriales autónomos y su régimen nacional*

La Constitución establece para las entidades político-territoriales, un sistema de gobiernos colegiados, al disponer en su artículo 228, que los gobiernos seccionales autónomos "serán ejercidos por los consejos provinciales, los concejos municipales, las juntas parroquiales y los organismos que determine la ley para la administración de las circunscripciones territoriales indígenas y afroecuatorianas". Corresponde por tanto, a la ley nacional, determinar la estructura, integración, deberes y atribuciones de los consejos provinciales y concejos municipales, la cual debe cuidar la aplicación eficaz de los principios de autonomía, descentralización administrativa y participación ciudadana (articulo 230). La ley nacional también debe establecer las formas de control social y de rendición de cuentas de las entidades del régimen seccional autónomo (art. 237). Todo ello lo corrobora el artículo 141,4 de la Constitución, al exigir que será necesaria la expedición de una ley para atribuir deberes o cargas a los organismos del régimen seccional autónomo.

Por otra parte, las leyes del régimen seccional autónomo deben ser leyes orgánicas (art. 142,1)

b. *El régimen autonómico*

De acuerdo con el artículo 228 de la Constitución, en cuanto a las Provincias y los Cantones, en las mismas, los gobiernos provincial y cantonal están a cargo de los mencionados Consejos provinciales y municipales, los cuales gozan de plena autonomía. Tienen además, específicamente, facultad legislativa mediante la cual pueden dictar ordenanzas, crear, modificar y suprimir tasas y contribuciones especiales de mejoras.

Es decir, los gobiernos territoriales tienen autonomía política, autonomía normativa y cierta autonomía tributaria, además de la autonomía administrativa. En todo caso, corresponde a la ley establecer las competencias de los órganos del régimen seccional autónomo, para evitar superposición y duplicidad de atribuciones, y regular el procedimiento para resolver los conflictos de competencias (art. 236).

Por otra parte, específicamente corresponde a los organismos del régimen seccional, con el voto favorable de las tres cuartas partes de sus integrantes, el resolver que se convoque a consulta popular a los ciudadanos de la correspondiente circunscripción territorial, cuando existan circunstancias de carácter trascendental atinentes a su comunidad, que justifiquen el pronunciamiento popular (art. 106). En los casos de consulta popular y revocatoria del mandato, los gastos que demanden la realización de la consulta o la revocatoria del mandato, se imputarán al presupuesto del correspondiente organismo seccional (art. 113).

c. *Las provincias y los gobiernos provinciales: Los Consejos y Prefectos Provinciales*

Los Consejos Provinciales que deben existir en cada Provincia, conforme al artículo 233, tendrán su sede en la capital de la Provincia.

Se deben conformar con el número de consejeros fijados por la ley nacional, en relación directa con su población; los cuales deben desempeñar sus funciones durante cuatro años. La mitad más uno de los consejeros deben ser elegidos por votación popular, y los restantes designados de conformidad con la ley por los concejos municipales de los cantones de la provincia, y que deben ser de cantones diferentes a los que pertenezcan los consejeros designados por votación popular.

Cada Consejo Provincial tendrá un Prefecto Provincial, que es su máximo personero, y quien lo presidirá con voto dirimente. Los Prefectos provinciales deben ser elegidos por votación popular y deben desempeñar sus funciones durante cuatro años. Sus atribuciones y deberes también deben establecerse en la ley nacional.

El Consejo Provincial representará a la provincia y, además de las atribuciones previstas en la ley, promoverá y ejecutará obras de alcance provincial en vialidad, medio ambiente, riego y manejo de las cuencas y microcuencas hidrográficas de su jurisdicción. Ejecutará obras exclusivamente en áreas rurales.

d. *Los cantones y los gobiernos municipales: Los Concejos municipales y los Alcaldes*

Conforme al artículo 234 de la Constitución, cada cantón constituye un municipio, y su gobierno esta a cargo de un concejo municipal, cuyos miembros deben ser elegidos por votación popular. La ley nacional es la que debe también determinar los deberes y atribuciones de los concejos municipales y el número de sus integrantes.

El máximo personero de cada concejo municipal será un Alcalde, que lo presidirá con voto dirimente, y quien también debe ser elegido por votación popular, desempeñando sus funciones durante cuatro años. Sus atribuciones y deberes también deben establecerse en la ley nacional.

Los concejos municipales, además de las competencias que les asigne la ley, podrán planificar, organizar y regular el tránsito y transporte terrestre, en forma directa, por concesión, autorización u otras formas de contratación administrativa, de acuerdo con las necesidades de la comunidad.

e. *Las Parroquias rurales y las Juntas Parroquias*

En cuanto a las Parroquias rurales, la Constitución se limita en su artículo 235 a disponer que en cada una de ellas debe haber una junta parroquial de elección popular, cuya integración y atribuciones se deben determinar por la ley nacional. En todo caso, el presidente de la Junta parroquial será el principal personero y tendrá las responsabilidades y competencias que señale la ley.

C. *Los regímenes especiales de administración territorial*

a. *Los regímenes especiales*

El artículo 238 de la Constitución dispone que existirán regímenes especiales de administración territorial por consideraciones demográficas y ambientales, que deberán normarse en cada caso en la ley nacional. Es esos casos, para la protección de las áreas sujetas a régimen especial, la Constitución autoriza la limitación, dentro de ellas, de los derechos de migración interna, trabajo o cualquier otra actividad que pueda afectar al medio ambiente.

Los residentes del área respectiva, afectados por la limitación de los derechos constitucionales, serán compensados mediante el acceso preferente al beneficio de los recursos naturales disponibles y a la conformación de asociaciones que aseguren el patrimonio y bienestar familiar. En lo demás, cada sector se debe regir de acuerdo con lo que establecen la Constitución y la ley.

La ley puede también crear distritos metropolitanos y regular cualquier tipo de organización especial. La ley también señala que se dará preferencia a las obras y servicios en las zonas de menor desarrollo relativo, especialmente en las provincias limítrofes.

b. *La Provincia de Galápagos*

En cuanto a la Provincia de Galápagos el artículo 239 de la Constitución dispone que la misma tendrá un régimen especial. La misma Constitución, además, dispone que es el Instituto Nacional Galápagos o el que haga sus veces, el que debe realizar la planificación provincial, la cual debe contar con asistencia técnica y científica y con la participación de las entidades del régimen seccional dependiente y autónomo, siendo considerada en la Constitución como "única y obligatoria". El Instituto, además, debe aprobar los presupuestos de las entidades del régimen seccional dependiente y autónomo y controlar su ejecución. Este Instituto debe estar dirigido por un consejo integrado por el gobernador, quien lo preside; los alcaldes, el prefecto provincial, representantes de las áreas científicas y técnicas, y otras personas e instituciones que establezca la ley.

c. *Las Provincias amazónicas*

En cuanto a las provincias de la región amazónica, la Constitución exige al Estado por especial atención para su desarrollo sustentable y preservación ecológica, a fin de mantener la biodiversidad. Además, exige que se adopten políticas que compensen su menor desarrollo y consoliden la soberanía nacional (art. 240).

d. *Las circunscripciones territoriales indígenas y afroamericanas*

El artículo 241 de la Constitución, en relación con las circunscripciones territoriales indígenas y afroecuatorianas, se limita a disponer que la organización, competencias y facultades de los órganos de administración de las mismas deben ser reguladas por la ley.

D. *El financiamiento de los entes territoriales*

a. *Los recursos propios y la asignación de rentas nacionales*

Conforme al artículo 231 de la Constitución, los gobiernos seccionales autónomos deben generar sus propios recursos financieros y además, participan de las rentas del Estado, de conformidad con los principios de solidaridad y equidad.

A este último efecto, en el Presupuesto General del Estado se deben incluir recursos que correspondan al régimen seccional autónomo, los cuales se deben asignar y distribuir de conformidad con la ley nacional respectiva, conforme a los siguientes criterios: número de habitantes, necesidades básicas insatisfechas, capacidad contributiva, logros en el mejoramiento de los niveles de vida y eficiencia administrativa. Estos recursos deben obligatoriamente incrementarse anualmente, en la misma proporción que su incremento global.

La entrega de recursos a los organismos del régimen seccional autónomo está bajo la responsabilidad del ministro del ramo, y debe ser predecible, directa, oportuna y automática, debiendo hacerse efectiva mediante la transferencia de las cuentas del tesoro nacional a las cuentas de las entidades correspondientes.

Por otra parte, los gobiernos seccionales autónomos, en cuyas circunscripciones territoriales se exploten e industrialicen recursos naturales no renovables, tienen derecho a participar de las rentas que perciba el Estado lo que debe regularse en la ley nacional (art. 251).

b. *Los recursos para el funcionamiento*

Conforme al artículo 232 de la Constitución, los recursos para el funcionamiento de los organismos del gobierno seccional autónomo están conformados por los siguientes rubros:

1. Las rentas (tasas y contribuciones espaciales) generadas por ordenanzas propias. En consecuencia, si bien conforme a los artículos 130,6 y 141,2 de la Constitución, el Congreso Nacional tiene competencia para establecer, modificar o suprimir, mediante ley, impuestos, tasas u otros ingresos públicos, ello no se aplica a las tasas y contribuciones especiales que corresponda crear a los organismos del régimen seccional autónomo.

2. Las transferencias y participaciones que les corresponden, las cuales no pueden ser inferiores al 15% de los ingresos corrientes totales del presupuesto del gobierno central;

3. Los recursos que perciben y los que les asigne la ley;

4. Los recursos que reciban en virtud de la transferencia de competencias, prohibiéndose toda asignación discrecional, salvo casos de catástrofe.

La estimación de los ingresos de los entes territoriales debe estar prevista en sus respectivos presupuestos, razón por la cual el artículo 259 de la Constitución, dispone que si bien el presupuesto general del Estado debe contener todos los ingresos y egresos del sector público no financiero, ello no comprende los de los organismos del régimen seccional autónomo.

4. *Comentarios al "Proyecto de Ley Orgánica del Sistema Autonómico" 2006*

A. *Los Considerandos del Proyecto y su no adaptación al marco constitucional de la autonomía territorial.*

En la Reunión de Alcaldes y Prefectos celebrada en la ciudad de Cuenca el 22 de febrero de 2006 se elaboró un proyecto de "Ley Orgánica del Sistema Autonómico", el cual en nuestro criterio tiene una orientación que no se compadece con lo que está regulado en la Constitución.

Como hemos señalado y se deduce de algunos de los Considerandos del Proyecto de Ley Orgánica, la Constitución en sus artículos 228, 141 numeral 5 y 238, *contempla la autonomía plena de los organismos seccionales*; así como la creación de cualquier tipo de Organización Especial de Gobierno y Administración; por consiguiente, la Ley que debe expedirse debe efectivamente regular, como se indica en otro Considerando, "el efectivo ejercicio de la autonomía que consagra la Constitución y normas de Organizaciones Especiales de Gobierno y Administración".

La autonomía que consagra la Constitución, por tanto, *no es una autonomía opcional, sino que es parte de la organización del Estado y, por tanto, de carácter estructuralmente obligatoria*; de manera que no tiene asidero constitucional alguno, como se afirma en los Considerandos del proyecto de Ley, que el acceso a dicha autonomía supuestamente "*debe ser voluntario*".

El Proyecto de Ley, en realidad debería estar destinado a desarrollar la autonomía territorial constitucionalmente establecida, para hacer efectivo lo que se afirma en otros Considerandos del Proyecto de Ley: "que la existencia de Gobiernos Autónomos investidos de competencias efectivas debe permitir una administración equitativa, participativa, transparente, solidaria, y próxima al ciudadano, para que las comunidades territoriales decidan con libertad, reciban recursos con justicia y progresen con creatividad"; y que "los Gobiernos Autónomos suponen la existencia de instituciones dotadas de órganos de decisión democráticamente constituidos que se benefician de una amplia autonomía en cuanto a las competencias, a las modalidades de ejercicio de estas últimas y a los medios necesarios para el cumplimiento de su misión". Esto último es lo que debería regular en forma general el Proyecto de Ley, y no un esquema opcional de acceso voluntario a lo que es constitucionalmente obligatorio en cuanto a Provincias Cantones y Parroquias.

Lo único opcional establecido en la Constitución en materia de descentralización, es la decisión de la entidad seccional de solicitar la transferencia de competencias, pero una vez ejercida esa opción, la descentralización se considera obligatoria y la competencia debe transferirse por el gobierno central, siempre que la entidad tenga capacidad operativa para asumirla (art. 226).

La legislación que hay que dictar, en realidad, debe ser la destinada a hacer realidad el proceso de transferencia de competencias para reforzar las autonomías existentes, como la que se regula por ejemplo en el artículo 10° del Proyecto en relación con la explotación de los recursos naturales renovables. En tal sentido, el artículo 6 del Proyecto precisa con razón que "Todas las competencias estatales solicitadas, ya sean totales o parciales, son transferibles obligatoriamente, en los términos previstos en la Constitución Política de la República, salvo aquellas que se ha reservado el Estado ecuatoriano en el artículo 226".

Por otra parte, el artículo 14° del proyecto, repite la regulación del artículo 226 de la Constitución en el sentido de que "la asunción total o parcial de nuevas competencias constituye condición indispensable para la asignación de nuevos recursos. En consecuencia, no habrá asignación de nuevos recursos sin la asunción de nuevas competencias".

Una parte importante de la necesaria y futura legislación en la materia, se debería referir, por ejemplo, a la regulación detallada de los "convenios de transferencia de competencias" a los que apenas se alude en el Proyecto de Ley, por ejemplo en el artículo 13°.

Por supuesto, sea que se trate de competencias constitucionales o legales de las Provincias o Cantones, o se trate de competencias transferidas, las mismas son de ejercicio exclusivo y excluyente de los mismos (lo que se menciona en el artículo 8° del Proyecto), por supuesto dentro de los términos de la transferencia y de las regulaciones legales nacionales. Lo que no tiene asidero constitucional, es que el "Estatuto de autonomía" que supuestamente se pueden dar las organizaciones con gobiernos autónomos" puedan definir competencias propias (artículo 9°).

B. *La regulación de la autonomía territorial como una opción, contraria a la Constitución*

Sin embargo, a pesar de las claras regulaciones constitucionales, el proyecto de Ley Orgánica si bien califica a los Cantones, Distritos Metropolitanos y Provincias, como "comunidades territoriales", les desconoce su autonomía, al establecer sólo que "tienen derecho a acceder, individualmente o asociados, al Régimen de Organización Especial Autonómico previsto en la Constitución de la República y esta ley, para reglar y administrar sus asuntos y servicios públicos, por medio de los **Orga-**

nismos del Gobierno Autónomo, bajo su propia responsabilidad y en beneficio de sus pobladores" (artículo 1°).

Estos organismos de gobierno autónomo que se regulan en el proyecto, serían de dos tipos: los que resulten de la "conversión" de las entidades territoriales que regula la Constitución en tales gobiernos autónomos; o los que resulten de la asociación de dichas entidades, con carácter de gobiernos autónomos intermedios.

C. *La "conversión" de los Cantones, Distritos metropolitanos y Provincias en "gobiernos autónomos"*

A tal efecto, el proyecto de Ley dispone que "el acceso al régimen autonómico es voluntario", para lo cual los Cantones, Distritos Metropolitanos y Provincias deben "convertirse" en Organismos de Gobierno Autónomos" (el artículo 3° del proyecto regula la forma de ejercicio del "derecho de acceder voluntariamente al régimen autonómico"), aclarando sin embargo, que los "que no se conviertan en Gobiernos Autónomos mantienen su estructura y recursos actuales, con todos los derechos, atribuciones y obligaciones previstos en el ordenamiento jurídico vigente, especialmente lo dispuesto en las Leyes Orgánicas de Régimen Municipal y de Régimen Provincial" (artículo 2°); y mantienen también sus recursos financieros y asignaciones presupuestarias (artículo 13°).

Por ello, en el artículo 3° del Proyecto se dispone que si los Cantones, Distritos Metropolitanos y Provincias "deciden asumir autonomía y transformarse en Gobiernos Autónomos", los cuales "gozarán de personalidad jurídica pública y patrimonio propio y se subrogan, a los Municipios, Distritos Metropolitanos y Consejos Provinciales que opten por esta alternativa, asumiendo todos sus derechos, atribuciones y obligaciones contemplados en las leyes que los rigen". Igualmente, conforme al artículo 14° del proyecto, los "Gobiernos Autónomos que subroguen a los Municipios, Distritos Metropolitanos y Consejos Provinciales, dispondrán de los recursos que el ordenamiento jurídico establece y garantiza a favor de los gobiernos seccionales citados".

En estos casos, conforme al artículo 7° del proyecto, "los Gobiernos Autónomos contarán con una Asamblea Legislativa (que subroga al Concejo Cantonal, al Concejo Metropolitano y al Consejo Provincial, salvo la excepción prevista en el artículo cuatro), que tendrá potestad reguladora y fiscalizadora y un Presidente del Gobierno Autónomo (que como tal reemplaza al alcalde, alcalde metropolitano o prefecto, salvo la excepción prevista en el artículo cuatro), que ejercerá la representación legal, judicial y extrajudicial, conjuntamente con el procurador síndico".

D. *La "creación" de nuevos "gobiernos autónomos" mediante la Asociación de Cantones, Distritos Metropolitanos y Provincias*

El artículo 4° del Proyecto, sin embargo, regula otra figura de Organismos de Gobiernos Autónomos, en los casos en que los Cantones, Distritos metropolitanos y Provincias no dispongan de una población suficiente (que no se determina), o así lo decidan, procedan a "acceder conjunta y asociativamente al régimen autonómico", en cuyo caso "éstos organismos seccionales subsistirán como personas jurídicas con sus derechos, atribuciones y obligaciones, asumiendo el Gobierno Autónomo que se cree, únicamente el manejo de las nuevas competencias y recursos que el Estado Central les transfiera para el efecto". Se trata aquí de una entidad territorial nueva, intermedia entre el gobierno central y las constitucionalmente reguladas integrada por Cantones y Provincias que permanecen.

E. *Algunos impedimentos constitucionales para el esquema "autonómico" regulado en el Proyecto de Ley*

Constitucionalmente, sin embargo, en nuestro criterio nada de lo anterior es posible: primero, porque los Cantones y Provincias como entidades territoriales que son, tienen *per se* gobiernos autónomos; segundo, porque no es posible que los Cantones y Provincias desaparezcan y dejen de ser tales y se conviertan en los mencionados Organismos de Gobierno Autónomos; y tercero, porque aún en el supuesto previsto en el Proyecto de que dichas entidades no se conviertan en Organismos de Gobierno Autónomos, la autonomía de su gobierno la siguen teniendo conforme a la Constitución.

Por otra parte, debe recordarse que el artículo 229 de la Constitución, permite que las provincias, cantones y parroquias se pueden *asociar* para su desarrollo económico y social y para el manejo de los recursos naturales; correspondiendo a dichas entidades, mediante el convenio respectivo de asociación determinar el estatuto de la misma, la cual no puede constitucionalmente considerarse como una nueva entidad territorial con gobierno autónomo propio, sino derivado de la asociación (mancomunidad municipal, por ejemplo). Por ello, la "Asamblea Legislativa" que se menciona en el artículo 3°, integrada "con los concejales y/o consejeros de los Municipios y/o Consejos Provinciales asociados" (artículo 5°), no podría tener la mencionada potestad de expedir el "estatuto de autonomía".

Igualmente, en cuanto a los Consejos Provinciales y Concejos Municipales los mismos son instituciones de rango constitucional, y no podrían desaparecer mediante una ley y sustituirse por una "Asamblea Legislativa", como también, en su caso, deriva del artículo 3° del Proyecto, para dictar su propio Estatuto de autonomía", y ejercer las demás atribuciones establecidas en el artículo 7 del Proyecto.

Sin embargo, ello sólo sería posible si la Constitución regulara esta materia. Además, en nuestro criterio, la Constitución del Estado es la que puede regular el alcance de la autonomía política y de la potestad reguladora (legislativa) de los entes territoriales, como por ejemplo en lo que se refiere a la elección por sufragio libre, secreto, igual, directo y universal de los miembros de las "Asambleas Legislativas", que establece el artículo 7° del Proyecto; o a la "potestad reguladora" de las mismas que establece el artículo 8° del Proyecto.

NOVENA PARTE:

CONSIDERACIONES SOBRE LA DESCENTRALIZACIÓN ADMINISTRATIVA, LA DESCENTRALIZACIÓN POLÍTICA Y LA PARTICIPACIÓN DEMOCRÁTICA (Lima, Perú, Abril 2006)

Documento preparado para el Segundo Congreso Nacional de Derecho Administrativo. "El derecho administrativo como instrumento para mejorar la calidad de vida," Pontificia Universidad Católica del Perú, Facultad de Derecho, Lima, Perú, 27 al 29 de abril de 2006. Publicado en mi libro: *Estudios sobre el Estado Constitucional (2005-2006),* Caracas 2007, pp. 359-392

I. LA DESCENTRALIZACIÓN

La descentralización es uno de los principios jurídicos de la organización del Estado, relacionados con la competencia. Se trata siempre de una forma de desviación de la competencia, consistente en su transferencia por parte de una persona jurídica estatal político-territorial hacia otra u otras personas jurídicas estatales distintas. Por tanto, implica una distribución de competencias, pero no entre órganos de una misma organización jerárquica, sino entre sujetos de derecho diferentes, mediante la transferencia de la competencia hecha a personas jurídicas distintas del ente transferente.

En la delegación y en la desconcentración administrativas también opera una distribución de competencias, pero dentro de una misma organización jerárquica, entre órganos de la misma. La descentralización, en cambio, es una transferencia de competencias entre sujetos de derecho con diferente personalidad jurídica, por ejemplo, entre el Estado nacional y un instituto autónomo.

Por ello se puede afirmar que en la desconcentración y en la delegación la relación que se establece es entre órganos diversos; en cambio, en la descentralización, la relación se establece entre diversos sujetos de derecho, es decir, entre personas jurídicas distintas[1037].

1. *Las formas de la descentralización*

Las diversas formas de descentralización derivan por tanto, de los sujetos de derecho a los cuales se les van a transferir competencias, que pueden ser sujetos de derecho público o de derecho privado, creados por el Estado para tales fines, de acuerdo al marco jurídico del derecho público o del derecho privado.

En cuanto a los sujetos de derecho público descentralizados, éstos pueden ser los que conforman la organización política de un país determinado; por ejemplo, en el caso de Venezuela, como Estado federal, la República, los Estados y los Municipios. Así, cuando la transferencia de competencias se produce entre estos entes, estamos

1037 *V.* en general, Allan R. Brewer-Carías, *Derecho Administrativo*, Tomo I, Universidad Externado de Colombia, Bogotá 2005.

en presencia de una descentralización política, o distribución de competencias entre órganos político-territoriales, en un proceso que en general está regulado por el derecho constitucional, pues incide en la distribución vertical del poder del Estado.

Pero la descentralización también puede ocurrir hacia entes que pueden ser creados por algunos de esos entes político-territoriales, los cuales, a su vez, pueden o no tener un ámbito territorial. En este caso, estamos en presencia de una descentralización administrativa o funcional, en general regulada por el derecho administrativo, ya que incide en la organización de la Administración Pública.

De esta distinción general resultan las dos formas generales de la descentralización antes indicadas, las que por ejemplo, distingue la Ley Orgánica de la Administración Pública de Venezuela[1038]: la descentralización política o territorial y la funcional.

En efecto, en cuanto a la descentralización territorial, esta Ley Orgánica dispone que con el propósito de profundizar la democracia y de incrementar la eficiencia y eficacia de la gestión de la Administración Pública, se pueden descentralizar competencias y servicios públicos de la República a los Estados de la federación y a los municipios, y de los Estados a los municipios, de conformidad con la Constitución y la ley (Art. 30). Esta norma recoge, así, los principios descentralizadores que están establecidos en los artículos 157, 158 y 165 de la Constitución venezolana de 1999.

En cuanto a la descentralización funcional, el artículo 29 de dicha Ley Orgánica dispone que los titulares de la potestad organizativa pueden crear entes descentralizados funcionalmente cuando el mejor cumplimiento de los fines del Estado así lo requiera, en los términos y condiciones previstos en la Constitución y en la Ley[1039]. El mismo artículo 29 de la Ley Orgánica establece los siguientes dos tipos de entes descentralizados funcionalmente:

En *primer lugar*, los entes descentralizados funcionalmente *con forma de derecho privado*, los cuales están conformados por las personas jurídicas constituidas y regidas de acuerdo a las normas del derecho privado en los términos de la misma Ley Orgánica, y que son de dos tipos:

a. Entes descentralizados funcionalmente sin fines empresariales, que son aquellos entes descentralizados funcionalmente que no realicen actividades de producción de bienes o servicios destinados a la venta y cuyos ingresos o recursos provengan fundamentalmente del presupuesto de la República, los estados, los distritos metropolitanos, o los municipios.

b. Entes descentralizados funcionalmente con fines empresariales, que son aquellos cuya actividad principal sea la producción de bienes o servicios destinados a la venta y cuyos ingresos o recursos provengan fundamentalmente de esta actividad.

En *segundo lugar*, están los entes descentralizados funcionalmente *con forma de derecho público*, conformados por aquellas personas jurídicas creadas y regidas por normas de derecho público, las cuales pueden perseguir fines empresariales o no

---

1038 *V.* Ley N° 40, en *Gaceta Oficial* N° 37.305 de 17-10-2001. *V.* Allan R. Brewer-Carías y Rafael Chavero G., *Ley Orgánica de la Administración Pública,* Editorial Jurídica venezolana, Caracas 2002.

1039 *V.* en general Jesús Caballero Ortiz, "La descentralización funcional", en *Revista de Derecho Público*, N° 8, Editorial Jurídica Venezolana, Caracas 1981, pp. 5 y ss.

empresariales, al igual que pueden tener atribuido el ejercicio de potestades públicas[1040]. En relación con estos últimos, sólo por ley pueden crearse las personas jurídicas de derecho público como los institutos autónomos; principio que deriva de lo dispuesto en el artículo 142 de la Constitución que recogió la disposición del artículo 230 de la Constitución de 1961 al prever que los institutos autónomos sólo pueden crearse por ley; y que tales instituciones, así como los intereses públicos en corporaciones o entidades de cualquier naturaleza, están sujetos al control del Estado, en la forma que la ley establezca.

Por supuesto, tanto en la descentralización funcional como en la descentralización territorial se transfiere la titularidad de la competencia y, en consecuencia, se transfiere cualquier responsabilidad que se produzca por el ejercicio de la competencia o de la gestión del servicio público correspondiente, en la persona jurídica y en los funcionarios y funcionarias del ente descentralizado (Art. 32).

En cualquier caso, lo que caracteriza a la descentralización es que, aun cuando hay transferencia de poderes a otros sujetos de derecho, todos estos sujetos, en una forma u otra, quedan enmarcados dentro de la estructura organizativa general del Estado. Por ello, puede decirse que cuando se habla de "sector público", la expresión se utiliza en el sentido de abarcar, por ejemplo en Venezuela, en el campo nacional, a la República con todos sus ministerios y demás órganos de su Administración Pública central, y a la Administración descentralizada funcionalmente, tenga forma de derecho público o de derecho privado. Y en sentido similar, la expresión se utiliza en el campo de los Estados y de los Municipios con sus respectivas Administraciones Públicas.

Este sentido viene corroborado con la previsión del artículo 6 de la Ley Orgánica de Administración Financiera del Sector Público[1041], en la cual se establece que están sujetos a las regulaciones de la misma "los entes u organismos que conforman el sector público", enumerados seguidamente: 1. La República; 2. Los Estados; 3. El Distrito Metropolitano de Caracas; 4. Los distritos; 5. Los Municipios; 6. Los institutos autónomos; 7. Las personas jurídicas estatales de derecho público; 8. Las sociedades mercantiles en las cuales la República o las demás personas a que se refiere el presente artículo tengan participación igual o mayor al cincuenta por ciento del capital social. Quedarán comprendidas además, las sociedades de propiedad totalmente estatal, cuya función, a través de la posesión de acciones de otras sociedades, sea coordinar la gestión empresarial pública de un sector de la economía nacional; 9. Las sociedades mercantiles en las cuales las personas a que se refiere el numeral anterior tengan participación igual o mayor al cincuenta por ciento del capital social; 10. Las fundaciones, asociaciones civiles y demás instituciones constituidas con fondos públicos o dirigidas por algunas de las personas referidas en este artículo, cuando la totalidad de los aportes presupuestarios o contribuciones en un ejercicio, efectuados por una o varias de las personas referidas en el presente artículo, represente el cincuenta por ciento o más de su presupuesto.

1040 *V.* Allan R. Brewer-Carías, "La distinción entre las personas públicas y las personas privadas y el sentido actual de la clasificación de los sujetos de derecho", *Revista de la Facultad de Derecho*, Universidad Central de Venezuela, Nº 57, Caracas, 1976, pp. 115 a 135.

1041 *Gaceta Oficial* Nº 37.978 del 13 de julio de 2004.

Esto confirma que los entes estatales con forma jurídica de derecho privado están integrados dentro de la estructura general del Estado, conformando, lo que se denomina sector público.

Puede haber un tercer tipo de descentralización, además de la descentralización territorial y la descentralización funcional, que puede denominarse descentralización corporativa, en la cual también se da la transferencia de competencia a un sujeto de derecho distinto, de carácter no territorial, pero que tiene forma corporativa, generalmente no estatal. Es el supuesto que opera en Venezuela, por ejemplo, con los Colegios Profesionales, los cuales cumplen funciones públicas de control del ejercicio de una profesión. Pero en estos casos, esta descentralización corporativa no trae, como consecuencia, que los Colegios Profesionales queden dentro de la estructura general del Estado. El Estado les transfiere competencias, por ejemplo, el control del ejercicio de una profesión que es una competencia de carácter público, pero aun así, en ese caso, esas corporaciones, por su sustrato personal, no están dentro del denominado sector público y se consideran personas no estatales.

Por tanto, la descentralización es una transferencia de competencia a sujetos de derecho distinto, lo que la distingue de la desconcentración que es una distribución de competencia dentro de la organización de un sujeto de derecho público.

2. *Las consecuencias de la descentralización: la autonomía*

Una de las consecuencias fundamentales de la descentralización es el hecho de que el ente descentralizado goza siempre, de cierta autonomía. La autonomía, en todo caso, está en una relación inversa con el control: a mayor autonomía reconocida al ente descentralizado, corresponderá, inversamente, menor control ejercido por el ente matriz; y, a menor autonomía, mayor control.

En el caso de la Administración descentralizada territorialmente por ejemplo bajo el esquema federal, en el que no existe control ejercido por los entes territoriales mayores, ya que hay una mayor autonomía. En cambio, en el caso de los entes descentralizados funcionalmente, por ejemplo, de los institutos autónomos, hay menor autonomía, y por tanto, un mayor control de tutela.

La autonomía, en su sentido propio, es la facultad que tienen los entes de crear su propio ordenamiento jurídico, esto es, de dictar sus propias normas; de aquí que autonomía es equivalente a autonormación. Puede afirmarse, por tanto, que la autonomía propiamente dicha existe en la Administración descentralizada territorialmente. Por ejemplo, en Venezuela, en los Estados, los Consejos Legislativos tienen como función dictar leyes sobre las materias de competencia estadal. Igualmente sucede con los municipios, a los cuales corresponde la gestión de las materias de su competencia, de acuerdo al artículo 168,2 de la Constitución, con la potestad de normar mediante Ordenanzas como leyes locales. Por tanto, un municipio es autónomo, porque su concejo municipal puede producir sus propias normas, que a nivel local son equivalentes a las leyes; de ahí que se hable de leyes locales, en el caso de las ordenanzas.

Un instituto autónomo tiene autonomía porque también, en principio, puede darse su propia reglamentación interna, aun cuando esta facultad de autonormarse está sometida al control de tutela por parte del ministro de adscripción. Normalmente, el reglamento interno de un instituto autónomo debe ser aprobado por el ministro de adscripción, aun cuando éste no puede dictar directamente esas normas, porque sería contradictorio con el fenómeno de la descentralización.

Por supuesto, en el caso de la descentralización política o territorial, la autonomía es mayor que en el caso de la descentralización funcional, y paralelamente, en tanto en cuanto la autonomía es mayor, el control es menor. Por ejemplo en una federación, materialmente no existe ningún mecanismo de control de tutela de la República, respecto a los Estados y a los Municipios, porque la autonomía, que es correlativa, es mayor.

Por último, debe señalarse que si bien la descentralización funcional o administrativa está signada por la búsqueda de la eficiencia de la Administración Pública en la consecución de los fines y cometidos del Estado; la descentralización política o territorial está esencialmente vinculada a la democratización del Estado, para hacer efectiva la participación política.

En las líneas que siguen analizaremos las características fundamentales de la descentralización funcional y administrativa, por una parte, y por la otra, de la descentralización territorial o política, y en particular nos referiremos al vínculo entre descentralización política y participación ciudadana, particularmente en relación con el ámbito local o municipal.

II. LOS PRINCIPIOS SOBRE LA DESCENTRALIZACIÓN ADMINISTRATIVA O FUNCIONAL

Es materia propia del derecho administrativo, como se ha dicho, la descentralización administrativa o funcional, la cual implica la transferencia de competencia desde un ente público territorial a un ente público no territorial, por razones de servicio, y no por razones político-territoriales como en el supuesto de la descentralización territorial[1042].

En este tipo de descentralización, como en toda otra forma, se requiere de la presencia de dos sujetos de derecho: el ente transferente, que debe ser de carácter político-territorial (en una federación, por ejemplo, la República, los Estados o los Municipios), y el ente receptor de la competencia, al cual se le transfiere la competencia, y que puede preexistir jurídicamente, o bien, puede ser creado por el mismo acto que realiza o formaliza la descentralización.

En el último supuesto está el caso de los institutos autónomos, los cuales, de acuerdo a lo previsto en el artículo 142 de la Constitución venezolana, sólo pueden ser creados por ley. En esta forma, si para la descentralización funcional se va a utilizar la forma jurídica de una persona de derecho público, el nuevo ente debe ser creado a través de una ley.

Por tanto, en Venezuela, el Ejecutivo Nacional no puede crear un instituto autónomo para transferirle competencias. La creación de estos entes se reserva al legislador, por lo que es por la vía legislativa que se realiza la descentralización funcional, toda vez que es materia de reserva legal la creación de entes de derecho público a través de los cuales se va a realizar la descentralización.

1042 *V.*, en general, Fernando Garrido Falla, *Administración Indirecta y Descentralización Funcional,* Madrid, 1950; Allan R. Brewer-Carías, *Derecho Administrativo,* Tomo I, Universidad Externado de Colombia, Bogotá, 2005.

Pero la descentralización también se puede realizar mediante la creación de personas jurídicas con formas de derecho privado, supuesto en el cual se plantean aspectos diferentes.

En efecto, en primer lugar, en estos casos no es necesario que el sujeto de derecho sea creado por ley, por cuanto los órganos de la Administración Pública pueden crear personas jurídicas a través de los medios del derecho privado, por ejemplo, constituyendo una sociedad anónima o una fundación por la vía del registro mercantil o del registro público. Sin embargo, el solo hecho de que no se requiera o no se utilice la vía legislativa para crear estos entes, implica una limitación respecto de las competencias a transferir, ya que no se le pueden transferir competencias que estén específicamente asignadas por ley a un ente de la Administración Pública central. Siendo en principio la competencia de carácter indisponible, para transferirla sería necesaria también una norma de rango legal.

Por consiguiente, y en virtud de que el acto administrativo o el acto de derecho privado que cree una persona jurídica no puede transferir competencias legalmente atribuidas a los órganos administrativos, la descentralización funcional que se pretende instrumentar a través de estas formas jurídicas será siempre, por ello, mucho más limitada que la que se realice mediante la utilización de entes de derecho público. En este último caso, al requerirse la vía legal para la creación de éstos, la transferencia de competencia puede efectuarse sin ningún tipo de obstáculos, ya que la ley puede modificar la asignación inicial de competencia.

En todo caso, lo que se puede transferir hacia los entes de derecho privado es lo que autorice la ley o lo que esté expresamente regulado en una ley[1043].

Por lo tanto, la descentralización funcional, a través de formas de derecho privado, es mucho más limitada que la descentralización funcional hecha a través de formas de derecho público.

1. *Las formas jurídicas de la descentralización funcional en la Ley Orgánica de la Administración Pública de Venezuela*

Conforme se ha dicho, la descentralización administrativa funcional tiene por objeto la creación de personas jurídicas a las cuales se transfiere la titularidad de determinadas competencias y la responsabilidad de ejecutarlas. Conforme a lo indicado en el artículo 29 de la Ley Orgánica de la Administración Pública venezolana, esta descentralización funcional puede realizarse mediante la creación de personas jurídicas con forma de derecho público o con forma de derecho privado[1044].

1043 Por ejemplo: cuando se creó la "Fundación para el Desarrollo de la Comunidad y Fomento Municipal" (FUNDACOMUN) en 1960, no había ninguna ley que atribuyera a ningún órgano público nacional las competencias de fomento municipal y desarrollo de la comunidad; pudo, por tanto, el Ejecutivo Nacional, ante tal situación, crear una fundación (ente de derecho privado), y atribuirle competencias en el campo de la promoción social y de la comunidad. Pero si hubiera habido una ley que atribuyera esa competencia a un ente de carácter público, la transferencia de competencias a un ente de derecho privado creado por la Administración, no se hubiera podido realizar por decreto.

1044 *V.* Allan R. Brewer-Carías, *Principios del Régimen Jurídico de la Organización Administrativa*, Editorial Jurídica venezolana, Caracas, 1985, pp. 115 y ss.; Allan R. Brewer-Carías, *Derecho Administrativo,* Tomo II, Universidad Externado de Colombia, Bogotá 2005.

A. *Formas jurídicas de derecho público: los institutos autónomos*

En la Ley Orgánica sólo se regula una de las formas jurídicas de derecho público para la descentralización administrativa funcional constituida por la figura del instituto autónomo[1045], el cual se define en el artículo 95 de la misma, como una persona jurídica de derecho público de naturaleza fundacional, creada por ley nacional, estadal u ordenanza municipal conforme a las disposiciones de esta Ley, dotada de patrimonio propio e independiente de la República, de los estados, de los distritos metropolitanos y de los municipios, según sea el caso, con las competencias o actividades determinadas en la ley que lo cree[1046].

Sin embargo, las formas jurídicas de derecho público estatales no se agotan en los institutos autónomos, pues también las corporaciones públicas como los colegios profesionales y las comunidades educativas como las universidades nacionales son formas jurídicas de derecho público estatales para la descentralización funcional.

La creación de los institutos autónomos sólo puede realizarse mediante ley nacional, estadal u ordenanza, conforme lo establece el artículo 142 de la Constitución y el artículo 96 de la Ley Orgánica. Igualmente los institutos autónomos sólo pueden ser suprimidos por ley especial, la cual debe establecer las reglas básicas de la disolución, así como las potestades necesarias para que el respectivo ejecutivo nacional, estadal, del distrito metropolitano o municipal proceda a su liquidación (Art. 99).

B. *Las formas jurídicas de derecho privado*

La Ley Orgánica de la Administración Pública, en cuanto a las formas jurídicas de derecho privado de la Administración Pública descentralizada funcionalmente, regula tres sujetos de derecho específicos: las sociedades mercantiles del Estado, a las fundaciones del Estado y a las asociaciones civiles del Estado.

Tratándose de personas jurídicas de derecho privado, estos entes se rigen por la legislación ordinaria, particularmente, la establecida en el Código Civil y en el Código de Comercio, salvo lo establecido en la propia Ley Orgánica (Arts. 106, 112, 113 y 114)[1047].

1045 *V.* en general sobre los institutos autónomos, Jesús Caballero Ortiz, *Los Institutos Autónomos,* Fondo de Inversiones de Venezuela, Editorial Jurídica Venezolana, Caracas, 1984; Tomás Polanco, "Los Institutos Autónomos en Venezuela", *Libro Homenaje a Enrique Sayagués Laso*, Tomo IV, Madrid 1969, pp. 1073-1086; Juan Garrido Rovira, "El Instituto Autónomo como figura de la Administración Pública Nacional Descentralizada en Venezuela" en *Revista de Derecho Público*, N° 3, Caracas 1980, p. 23-29; y "Descripción de los Institutos Autónomos de la organización administrativa venezolana", en *Revista de Derecho Público* N° 4, Caracas 1980, pp. 110-116; Juan Olivares Bohórquez, "Los Institutos Autónomos", en *Revista Control Fiscal y Tecnificación Administrativa*, N° 10, Contraloría General de la República, Caracas 1959, pp. 21-22

1046 *V.* Jesús Caballero Ortiz, *Los Institutos Autónomos,* Editorial Jurídica Venezolana, Caracas, 1985.

1047 La Ley Orgánica, en consecuencia, derogó parcialmente el Decreto Ley N° 677 de 21-6-85 que estableció las "Normas sobre las Fundaciones, Asociaciones y Sociedades Civiles del Estado y el control de los aportes públicos a las instituciones privadas". *V.* en *Gaceta Oficial* N° 3.574 *Extraordinaria* de 21-6-85. *V.* en general, Allan R. Brewer-Carías, "El régimen de las fundaciones en el Decreto N° 41 de 14-12-84" en *Revista de derecho Público*, N° 20, Editorial Jurídica Venezolana, Caracas, 1984, pp. 96 y ss.

a. *Las empresas del Estado*

El artículo 100 de la Ley Orgánica define a las empresas del Estado como las sociedades mercantiles en las cuales la República, los estados, los distritos metropolitanos y los municipios, o alguno de los entes descentralizados funcionalmente regulados en la Ley Orgánica, solos o conjuntamente, tengan una participación mayor al 50% del capital social[1048]. Conforme a dicha Ley, tanto la República, como los estados, los municipios y los distritos metropolitanos, pueden por tanto constituir sociedades anónimas y de responsabilidad limitada, incluso como únicos accionistas (Art. 103).

La creación de las empresas del Estado debe ser autorizada respectivamente por el Presidente de la República en Consejo de Ministros, los Gobernadores y los Alcaldes según corresponda, mediante decreto o resolución de conformidad con la ley (Art. 101).

Las empresas del Estado adquieren la personalidad jurídica con la protocolización de su acta constitutiva en el registro mercantil correspondiente a su domicilio, donde se debe archivar un ejemplar auténtico de sus estatutos y de la Gaceta Oficial de la República o del medio de publicación oficial correspondiente donde aparezca publicado el decreto que autorice su creación (Art. 101). Además, conforme al artículo 102 de la Ley Orgánica, todos los documentos relacionados con las empresas del Estado que conforme al Código de Comercio tienen que ser objeto de publicación, deben publicarse en la Gaceta Oficial de la República o en el correspondiente medio de divulgación oficial de los estados, de los distritos metropolitanos o de los municipios.

Corresponde al ministro u órgano de adscripción, nacional, estadal, del distrito metropolitano o municipal respectivo, ejercer, según corresponda, la representación del órgano respectivo en la asamblea de accionistas u órganos correspondientes de las empresas del Estado que se encuentren bajo su tutela (Art. 120).

En los casos de empresas del Estado nacionales, estadales, de los distritos metropolitanos o municipales con un único accionista, el artículo 104 de la Ley Orgánica dispone que los derechos societarios podrán ser ejercidos, según sea el caso, por la República, los estados, los distritos metropolitanos, los municipios o los entes a que se refiere la Ley Orgánica, que sea titular de las acciones en forma unilateral, sin que ello implique el incumplimiento de las disposiciones pertinentes del Código de Comercio ni las relacionadas con la publicación a que se refiere esta Ley.

b. *Las fundaciones del Estado*

Conforme al artículo 108 de la misma Ley Orgánica de la Administración Pública, son fundaciones del Estado los patrimonios afectados a un objeto de utilidad general, artístico, científico, literario, benéfico, social u otros, en cuyo acto de constitución participe la República, los estados, los distritos metropolitanos, los municipios o alguno de los entes descentralizados funcionalmente a los que se refiere esta Ley, siempre que su patrimonio inicial se realice con aportes del Estado en un porcentaje mayor al 50% (Art. 108). Dos son, por tanto, las condiciones para que una

---

1048 *V.* Allan R. Brewer-Carías, *Régimen de las Empresas Públicas en Venezuela*, Editorial Jurídica Venezolana, Caracas, 1981.

fundación pueda considerarse como fundación del Estado: por una parte, que se constituya por un ente público y por la otra, que en el patrimonio fundacional *inicial* haya aporte del Estado mayor al 50% del mismo. Ambas condiciones deben cumplirse acumulativamente.

La creación de las fundaciones del Estado también debe ser autorizada respectivamente por el presidente de la República en Consejo de Ministros, los gobernadores, los alcaldes, según corresponda, mediante decreto o resolución (Art.109).

Las fundaciones del Estado adquieren personalidad jurídica conforme al artículo 19 del Código Civil con la protocolización de su acta constitutiva en la oficina subalterna de registro correspondiente a su domicilio, donde se debe archivar un ejemplar auténtico de sus estatutos y de la Gaceta Oficial de la República o del medio de publicación oficial estadal o municipal correspondiente donde aparezca publicado el decreto o resolución que autorice su creación.

En el acta constitutiva de las fundaciones del Estado se debe indicar el valor de los bienes que integran su patrimonio, así como la forma en que deben ser dirigidas y administradas (Art. 111).

El acta constitutiva, los estatutos y cualquier reforma de tales documentos de las fundaciones del Estado deben ser publicados en la *Gaceta Oficial de la República* o en el respectivo medio de publicación oficial, estadal o municipal, con indicación de los datos correspondientes al registro (Art. 110).

Corresponde al ministro u órgano de adscripción nacional, estatal, del distrito metropolitano o municipal respectivo, ejercer, según proceda, la representación del órgano respectivo en los órganos correspondientes de las fundaciones del Estado que se encuentren bajo su tutela (Art. 120).

c. *Las sociedades civiles del Estado (nacionales)*

El artículo 113 de la Ley Orgánica de la Administración Pública define a las asociaciones y sociedades civiles del Estado como aquéllas en las cuales la República o algún ente descentralizado funcionalmente nacional posea el 50% o más de las cuotas de participación, y aquéllas cuyo monto se encuentre conformado en la misma porción, por aporte de los mencionados entes, siempre que tales aportes hubiesen sido efectuados en calidad de socio o miembro. La Ley Orgánica, por tanto, no regula las sociedades civiles del Estado que puedan constituir los estados, municipios o distritos metropolitanos.

La creación de las asociaciones y sociedades civiles del Estado debe estar autorizada por el presidente de la República mediante decreto, o a través de resolución dictada por el máximo jerarca del ente descentralizado funcionalmente, que participe en su creación (art. 114). El acta constitutiva de las sociedades civiles del Estado debe indicar el valor de los bienes que integran su patrimonio, así como la forma en que serán dirigidas y administradas (arts. 114 y 111).

Las sociedades civiles del Estado adquieren personalidad jurídica con la protocolización de su acta constitutiva en la Oficina del Registro Subalterno correspondiente a su domicilio, donde se debe archivar un ejemplar auténtico de sus estatutos y de la Gaceta Oficial de la República, donde aparezca publicado el decreto que autorice la creación (art. 114). El acta constitutiva y estatutos de las sociedades civiles del

Estado debe ser publicado en la Gaceta Oficial de la República, con indicación de los datos de registro (arts. 114, 110).

III. LA DESCENTRALIZACIÓN POLÍTICA O TERRITORIAL

La descentralización es política o territorial, como se ha dicho, si la transferencia de competencia se realiza desde entes de carácter político territorial hacia alguna otra de las personas jurídicas de derecho público de carácter político-territorial, como por ejemplo, en la federación venezolana desde la república hacia los Estados o los Municipios, o desde los Estados hacia estos últimos.

En este campo, en principio, la distribución de competencias la hace la propia Constitución, al establecer la distribución del poder público en sentido vertical o territorial y la consecuente autonomía a nivel de los Estados y Municipios. Por ello, sin perjuicio del interés que el derecho administrativo tiene en esta descentralización, su regulación básica corresponde al derecho constitucional. Por otra parte, la misma Constitución también consagra el principio de la descentralización administrativa hacia los estados y municipios[1049].

1. *La distribución vertical de competencias*

A. *La distribución constitucional*

En el caso venezolano, el 156 de la Constitución define las competencias que corresponden a la República en ejercicio del Poder nacional; el artículo 165 del mismo texto constitucional enumera las competencias exclusivas de los Estados, en ejercicio del Poder Estadal; y el artículo 178 de la misma Constitución atribuye directamente a los municipios una serie de competencias que son las llamadas materias concernientes a la vida local.

Por otra parte, el artículo 184 dispone que la ley debe crear mecanismos abiertos y flexibles para que los estados y municipios descentralicen y transfieran servicios locales a las comunidades y grupos vecinales organizados. Una norma similar es la contenida en el artículo 157 de la Constitución, que establece que la Asamblea Nacional por mayoría de sus integrantes, puede atribuir a los municipios o a los estados determinadas materias de la competencia nacional a fin de promover la descentralización.

En esta forma, la República en ejercicio del Poder Nacional puede atribuirle a los estados y municipios determinadas materias que sean de la competencia nacional, para promover la descentralización, lo que sucedió por primera vez con la Ley Orgánica de Descentralización, Delimitación y Transferencia de Competencias del Poder Público de 1989[1050], en la cual se establecieron las bases para un proceso de descentralización territorial de la República hacia los estados que conforman la Fe-

---

1049 *V.* en general, Allan R. Brewer-Carías, *Derecho Administrativo,* Tomo II, Universidad Externado de Colombia, Bogotá 2005.

1050 *V.* Ley Orgánica de Descentralización, Delimitación y Transferencia de Competencias del Poder Público, (*Gaceta Oficial Extra.* Nº 4.153 de 28-12-1989), reformada en 2003 (*Gaceta Oficial* Nº 37.753 de 14-08-2003. *V.* Allan R. Brewer-Carías et al., *Leyes para la descentralización política de la Federación,* Editorial Jurídica Venezolana, caracas, 1995,

deración, siendo esta quizás la reforma más importante que desde el punto de vista político se dictó en las últimas décadas del siglo XX[1051].

Además de éstas, existen otras normas que establecen algunas orientaciones en materia de descentralización. Por ejemplo, en materia impositiva, el artículo 167,5 establece como ingresos de los estados, los impuestos, tasas y contribuciones especiales que se le asignen por ley nacional con el fin de promover el desarrollo de las haciendas públicas estadales. Esta sería otra forma de descentralización prevista en la Constitución, específicamente en materia tributaria.

De lo anterior puede concluirse que la propia Constitución consagra la descentralización política o territorial, al establecer la posibilidad, para los órganos del Poder Nacional, de transferir competencias a los estados y municipios; competencias éstas adicionales a las que ya tienen, en virtud de las normas de la propia Constitución.

B. *La definición del ámbito de la descentralización territorial hacia los Estados de materias de competencia concurrente*

La Ley Orgánica de Descentralización, Delimitación y Transferencia de Competencias del Poder Público de 1989, en efecto, estableció en primer lugar, la pauta para la descentralización de competencias que si bien en la Constitución se regulan como concurrentes (competencias atribuidas a la vez a la República y a los estados), por el proceso de centralismo que se ha producido en Venezuela desde comienzos del siglo pasado, fueron asumidas por el Poder Nacional. En esa forma, el artículo 4 estableció que "en ejercicio de las competencias concurrentes que establece la Constitución" y conforme a los procedimientos previstos en la propia Ley, "serán transferidos progresivamente a los estados los siguientes servicios que actualmente presta el Poder Nacional":

1° La planificación, coordinación y promoción de su propio desarrollo integral, de conformidad con las leyes nacionales de la materia.

2° La protección de la familia, y en especial del menor.

3° Mejorar las condiciones de vida de la población campesina.

4° La protección de las comunidades indígenas atendiendo a la preservación de su tradición cultural y la conservación de sus derechos sobre su territorio.

5° La educación, en los diversos niveles y modalidades del sistema educativo, de conformidad con las directrices y bases que establezca el Poder Nacional.

6° La cultura en sus diversas manifestaciones, la protección y conservación de las obras, objetos y monumentos de valor histórico o artístico.

7° El deporte, la educación física y la recreación.

8° Los servicios de empleo.

9° La formación de recursos humanos, y en especial los programas de aprendizaje, capacitación y perfeccionamiento profesional; y, de bienestar de los trabajadores.

10. La promoción de la agricultura, la industria y el comercio.

1051 *V. Gaceta Oficial* N° 4.153, *Extraordinario* de 28-12-89. *V.* Allan R. Brewer Carías, *Problemas del Estado de Partidos*, Editorial Jurídica Venezolana, Caracas, 1988.

11. La conservación, defensa y mejoramiento del ambiente y los recursos naturales.
12. La ordenación del territorio del Estado de conformidad con la Ley Nacional.
13. La ejecución de las obras públicas de interés estadal con sujeción a las normas o procedimientos técnicos para obras de ingeniería y urbanismo establecidas por el Poder Nacional y Municipal, y la apertura y conservación de las vías de comunicación estadales.
14. La vivienda popular, urbana y rural.
15. La protección a los consumidores, de conformidad con lo dispuesto en las leyes nacionales.
16. La salud pública y la nutrición, observando la dirección técnica, las normas administrativas y la coordinación de los servicios destinados a la defensa de las mismas que disponga el Poder Nacional.
17. La investigación científica; y,
18. La defensa civil.

A los efectos de este proceso de transferencia de competencias, que no es otra cosa que un proceso de descentralización política, el artículo 5 de la Ley estableció un procedimiento basado en "convenios" a celebrarse entre la República y el Estado respectivo, por órgano, del Ministro de Relaciones Interiores (artículo 34) y del correspondiente gobernador. Dichos convenios y, por tanto, el proceso de transferencia de competencias puede realizarse tanto a iniciativa del gobernador del estado respectivo, como a iniciativa del Ejecutivo Nacional[1052].

En este primer caso, por tanto, la Ley Orgánica nacional no realizó por sí misma un proceso de descentralización política desde el nivel nacional hacia los estados, sino que definió un ámbito de competencias concurrentes en el cual puede producirse una descentralización, la cual en todo caso no será uniforme. Puede efectuarse en determinadas materias, en ciertos estados y en otros no, y la iniciativa puede partir tanto del Ejecutivo Nacional como del gobernador de un estado. Se trata por tanto, de una descentralización "a la carta" en la cual se escogen las materias a descentralizar, sea por el Ejecutivo Nacional sea por los gobernadores, y el proceso cristaliza en un "convenio" sometido a diversas aprobaciones, entre ellas, la del Senado y la de la Asamblea Legislativa respectiva.

C. *La descentralización territorial hacia los estados de materias de la competencia nacional*

Pero en segundo lugar, la Ley Orgánica de Descentralización, Delimitación y Transferencia de Competencias del Poder Público, en aplicación del artículo 137 de la Constitución de 1961, equivalente al artículo 157 de la Constitución de 1999, resolvió directamente la descentralización de una serie de competencias atribuidas al Poder Nacional, disponiendo en su artículo 11 que "se transfiere a los estados la competencia exclusiva" en las siguientes materias:

1° La organización, recaudación, control y administración del ramo de papel sellado;

1052 *V. Informe sobre la Descentralización en Venezuela 1993*. Memoria del Dr. Allan R. Brewer-Carías, Ministro de Estado para la descentralización, Caracas, 1994.

2° El régimen, administración y explotación de las piedras de construcción y de adorno o de cualquier otra especie, que no sean preciosas, el mármol, pórfido, caolín, magnesita, las arenas, pizarras, arcillas, calizas, yeso, puzolanas, turbas, de las sustancias terrosas, las salinas y los ostrales de perlas, así como la organización, recaudación y control de los impuestos respectivos. El ejercicio de esta competencia está sometido a la Ley Orgánica para la Ordenación del Territorio y a las leyes relacionadas con la protección del ambiente y de los recursos naturales renovables;

3° La conservación, administración y aprovechamiento de las carreteras, puentes y autopistas en sus territorios. Cuando se trate de vías interestadales, esta competencia se ejercerá mancomunadamente, a cuyos efectos se celebrarán los convenios respectivos;

4° La organización, recaudación, control y administración de los impuestos específicos al consumo, no reservados por Ley al Poder Nacional; y

5° La administración y mantenimiento de puertos y aeropuertos públicos de uso comercial.

Sin embargo, a pesar de la transferencia que se ordenaba en la norma, la materialización de la misma sólo operó en cada estado, cuando éstos asumieron dichas competencias por ley especial dictada por las respectivas Asambleas Legislativas. Hasta tanto ello no ocurriera, en cada estado, la Ley Orgánica dispuso que se mantendría vigente el régimen legal que existía en diciembre de 1989. (Párrafo único, artículo 11).

2. *La autonomía política o territorial*

Tal como se ha señalado, la mayor autonomía en la descentralización se da en la de carácter político-territorial, en particular, en el caso de la federación venezolana, en relación con los estados y municipios. En ellos, la autonomía territorial lleva implícita la autoformación, la autonomía tributaria, la autonomía política y la autonomía administrativa.

En la descentralización territorial, en efecto, toda vez que se trata de una descentralización política, existe un mayor grado de autonomía, la cual por lo demás se prevé en la Constitución, al consagrar en el artículo 159 que los estados son entidades autónomas e iguales en lo político; y, en el artículo 168, que los municipios constituyen la unidad primaria de la organización nacional, y gozan de autonomía aun cuando "dentro de los límites de esta Constitución y de la ley". Esto implica, en todo caso, que no hay control de tutela del poder central hacia los estados y municipios. En concreto, en relación con los municipios, el mismo artículo 168 de la Constitución, prevé que los actos de los municipios no pueden ser impugnados sino por ante los tribunales competentes, de conformidad con la Constitución y con la ley, que no son otros que los de la jurisdicción contencioso administrativa o de la jurisdicción constitucional. Por tanto, no pueden ser impugnados ante el Poder Ejecutivo Nacional.

Por lo tanto, el Poder Nacional no puede controlar a la administración político-territorial, salvo en la forma autorizada en la Constitución (vía judicial).

Ahora bien, en primer lugar, los entes territoriales tienen autonomía normativa, en el sentido de que por ejemplo en la federación venezolana, los estados pueden dictarse su propio ordenamiento jurídico, pues corresponde a los Consejos Legislativos respectivos "Legislar sobre las materias de la competencia estadal" (artículo 162,1). En el campo municipal, los concejos municipales, como autoridad legislativa en los municipios (Art. 175) pueden dictar las Ordenanzas Municipales, es decir, dictar las leyes que van a regular la comunidad en el ámbito municipal, por supuesto, en las materias que son propias de la vida local. Estas están asignadas a los municipios dentro del sistema de descentralización propio del sistema federal.

Ahora bien, este sistema de distribución de competencias puede dar origen a conflictos entre la autoridad nacional, la autoridad estadal y la autoridad municipal, por invasión mutua de competencias. En particular, ha sido frecuente la invasión de los entes municipales en el campo tributario reservado al Poder Nacional, correspondiendo a la jurisdicción constitucional su solución, sea mediante el control de la constitucionalidad de las leyes y ordenanzas, sea mediante la resolución de las controversias constitucionales que se susciten entre los tres niveles de gobierno (Art. 336 de la Constitución).

En todo caso, la consecuencia de esa autonomía normativa es que los actos de los estados y municipios sólo pueden ser revisados, por la autoridad judicial y particularmente por los órganos de la jurisdicción constitucional (Sala Constitucional del Tribunal Supremo, Art. 336,2) y de la jurisdicción contencioso-administrativa (artículos 259). Expresamente la Constitución dice en su artículo 168 que los actos de los municipios no pueden ser impugnados, sino por ante los órganos jurisdiccionales, de manera que no hay instancia de revisión alguna entre un acto municipal y las autoridades ejecutivas nacionales.

En segundo lugar, otro elemento de la autonomía propia de la descentralización territorial es la autonomía tributaria. En Venezuela, sin embargo, a nivel de los estados, ésta no está establecida expresamente, sino que deriva de las transferencias que haga el Poder Nacional conforme al artículo 167,5 de la Constitución.

En cuanto a los municipios, también gozan de autonomía tributaria conforme a la cual pueden crear impuestos y tienen sus ingresos propios dentro del ámbito de las competencias propias de la vida local. Esta autonomía tributaria da origen a una potestad tributaria propia de los municipios para crear impuestos a las actividades económicas (patentes de industria y comercio), a los inmuebles urbanos y a los espectáculos públicos, etc. (Art. 179, Constitución).

En todo caso, estados y municipios, en el ejercicio de la autonomía tributaria, están sometidos a las limitaciones establecidas en el artículo 183 de la Constitución.

En tercer lugar, la descentralización política conlleva la autonomía política, que en el mismo caso de la federación venezolana, se manifiesta en los estados en el hecho de que sus autoridades deben ser electas, es decir, que no sean designadas por el nivel nacional.

En cuanto a los legisladores miembros de los Consejos Legislativos, éstos siempre han sido elegidos por votación universal, secreta y directa (artículo 162 de la Constitución); y en cuanto a los gobernadores, a partir de 1989 han sido electos por votación popular, universal, directa y secreta conforme a la Ley de elección y remoción de los Gobernadores de Estado de 1988 (reformada en 1989), dictada en ejecución de lo previsto en el artículo 22 de la Constitución de 1961. El artículo 160 de la Constitución de 1999 en todo caso establece que los gobernadores son elegidos por mayoría de las personas que voten.

Por supuesto, los municipios tienen también autonomía política, porque el municipio elige sus propias autoridades, tanto a los alcaldes como a los concejales sin ninguna interferencia de poderes nacionales (Arts. 174, 175, Constitución). Por tanto, la descentralización territorial va acompañada de la descentralización política, ya que la entidad local tiene, no sólo autonomía y autoadministración, sino también, autogobierno. Puede elegir y elige, en efecto, sus propias autoridades.

Por último, en cuarto lugar, la descentralización territorial también implica autonomía administrativa, en el sentido de que, por ejemplo, los estados tienen dentro de sus competencias "la administración de sus bienes y la inversión y administración de sus recursos, incluso de los provenientes de transferencias, subvenciones o asignaciones especiales del poder Nacional, así como de aquellos que les asignen como participación en los tributos nacionales" (Art. 164, 3). Esta autonomía, sin embargo, está sometida constitucionalmente a limitaciones derivadas de la posibilidad para el legislador nacional de establecer por ley los principios, normas y procedimientos que propendan a garantizar el uso correcto y eficiente de los recursos provenientes del situado constitucional y de la participación municipal en el mismo (Art. 167,4); lo que ha estado regulado mediante el "Plan Coordinado de Inversiones" en la Ley Orgánica de Descentralización, Delimitación y Transferencia de Competencias del Poder Público de 1989; y de las potestades de control atribuidas a la Contraloría General de la República (artículo 289 de la Constitución).

Los municipios tienen, también, autonomía administrativa. Constitucionalmente tienen la libre gestión de los asuntos propios de la entidad, y esa libre gestión significa que no hay ni puede haber interferencia de entes nacionales en la Administración municipal, salvo por lo que respecta a la intervención de la Contraloría General de la República, por autorización de la propia Constitución (Art. 235, Constitución).

IV. LA DESCENTRALIZACIÓN POLÍTICA Y LA DEMOCRACIA

La descentralización política, sin duda, es la más importante manifestación de la democratización de los Estados contemporáneos, por supuesto no sólo a través del replanteamiento de los viejos esquemas federales, sino mediante fórmulas de regionalización política que en muchos casos han resultado más efectivas.

Como instrumento de distribución vertical del poder público y de las competencias estatales en el territorio, la descentralización política es en definitiva, el mecanismo institucional que puede hacer realidad la efectiva participación política de los ciudadanos en los asuntos públicos, más allá de la sola participación electoral.

Por ello, la participación política es un proceso que sólo se puede materializar en regímenes democráticos. No hay ni ha habido Estados autocráticos descentralizados, de manera que como regla general, los autoritarismos temen y rechazan tanto la descentralización política como la participación democrática, incluyendo los autoritarismos que tradicionalmente han gobernado en América latina bajo el ropaje del "centralismo democrático" de cualquier cuño que sea, incluso de orden partidista.

El tema, por otra parte, es de crucial importancia en el actual momento político latinoamericano, pues comienzan a sonar muchos cantos de sirenas autoritarios que para destruir la democracia, que siempre tiene que ser representativa, comienzan a vender una supuesta alternativa de "democracia participativa", que en la práctica en realidad a la vez imposibilita la participación. Ello incluso ha confundido a muchos demócratas al intentar dar respuesta a las exigencias políticas crecientes de participación democrática, mediante el sólo establecimiento de soluciones de carácter refrendario o de iniciativas o consultas populares, que no agotan en absoluto la participación[1053].

1. *La democracia ante el discurso autoritario y la llamada "democracia participativa"*

En efecto, si algo caracteriza la situación actual en América Latina es que ha comenzado a soplar como vendaval, un muy falaz discurso neoautoritario que supuestamente pretende sustituir la democracia representativa por una democracia participativa, como si se tratara de conceptos dicotómicos; y ello, contra lo que primero atenta es contra la propia democracia, contra la descentralización política y contra el desarrollo local.

Esta llamada "democracia participativa" en el discurso autoritario, en realidad no es la que podría permitir y asegurar una efectiva participación política del ciudadano en la conducción de los asuntos públicos más allá del ejercicio del derecho al sufragio, como sólo la descentralización y municipalización pueden lograr. En realidad, en ese discurso autoritario, la democracia participativa, de democracia sólo tiene el nombre, el cual es hábilmente utilizado por quienes se aprovechan de los fracasos políticos que han experimentado muchas de nuestras anquilosadas democracias meramente representativas y de partidos. Por lo que, estamos en presencia de un engañoso slogan propagandístico, el cual, sin embargo, hay que reconocerlo, no deja de tener su atractivo.

Pero ese discurso, en realidad, lo que oculta es un feroz modelo de gobierno autoritario que creíamos superado en nuestro Continente, y que comienza ahora a aparecer con nuevo cuño, envuelto en ropa de camuflaje con pintas populares y de legalidad, apoyado incluso por masas empobrecidas que reciben dádivas, pero sin que se genere riqueza ni empleo. Hay un neo-populismo rico o petrolero rampante en América Latina, que reparte para lograr apoyos populares, pero sin lograr disminuir la pobreza, sino mas bien incrementarla, destruyendo la institucionalidad democrática y económica existente.

El discurso de la "democracia participativa", sin duda, como lo hemos dicho, es atractivo. Incluso todos, alguna vez hemos usado la expresión "democracia participativa" al criticar el funcionamiento de nuestras democracias, pero la verdad es que su uso político indiscriminado, la mayoría de las veces se hace sin que se sepa efectivamente de qué se trata y, en realidad, confundiendo indebidamente la democracia participativa con elementos de democracia directa o de asambleísmo popular inorgánico, que se tornan en una suerte de democracia plebiscitaria, esencialmente antidemocrática.

Otros en cambio, lo utilizan, pero con una clara y engañosa estrategia para acabar con la democracia como régimen político, paradójicamente alegando que hay que democratizarla aún más, explotando la popularidad de la noción que se origina en el malestar que ha derivado del ejercicio de la democracia representativa reducida al

---

1053 *V.* en general, Allan R. Brewer-Carías, "Democracia municipal, descentralización y desarrollo local", *Revista Iberoamericana de Administración Pública*, Nº 11, Ministerio de Administraciones Públicas. Madrid Julio Diciembre 2003-2004, pp.11-34; y Allan R. Brewer-Carías, *Reflexiones sobre el constitucionalismo en América*, Editorial Jurídica Venezolana, Caracas 2003, pp. 41 y ss.

voto y al partidismo. Esta, entre otros aspectos, ha provocado la desconfianza que se ha venido manifestando en relación con los partidos políticos, que en lugar de intermediarios entre la sociedad y el Estado la verdad es que han mediatizado la voluntad de la primera; y además, ha originado la desconfianza respecto del propio Estado, al haber éste quedado controlado por aquellos, y tener sus estructuras e instituciones demasiado lejos del ciudadano.

En medio de esta confusión, y de los discursos tanto democráticos como autoritarios que a la vez y al unísono desde sus propias trincheras, claman por la "democracia participativa", se hace necesario replantear la discusión sobre la democracia, la descentralización política y la participación, todo lo cual es por esencia contrario al autoritarismo; para tratar de situar el concepto de la democracia participativa donde le corresponde, que es precisamente en el ámbito de la descentralización política y particularmente en el ámbito local.

2. *Sobre la democracia: la representación y la participación*

Sin duda, los dos principios fundamentales de la democracia en el mundo contemporáneo siguen siendo la representación y la participación. La primera, la representación, si a algo se contrapone, sin duda es a la democracia directa: la dicotomía está, en este caso, entre la democracia representativa o indirecta, por una parte, y por la otra, la democracia directa[1054].

El segundo principio, el de la participación, a la vez, si a algo se contrapone es a la exclusión política, no a la representación. La dicotomía está aquí entre democracia participativa o de inclusión y democracia de exclusión o exclusionista. Y esto es precisamente lo que no se tiene claro cuando se habla de democracia participativa como supuestamente "contrapuesta" a la democracia representativa, en especial desde la mismas trincheras democráticas, queriendo en realidad referirse, sin saberlo, a los mecanismos de democracia directa; y por la otra, desde las trincheras autoritarias, confundiendo los conceptos para propugnar la eliminación o minimización de la representatividad y buscar establecer una supuesta relación directa entre el líder y sus estructuras de poder y el pueblo, a través de los mecanismos institucionales del Estado dispuestos para hacer creer que se participa.

En cuanto a la democracia representativa o democracia indirecta, esta es y seguirá siendo de la esencia de la democracia. Su sustitución es imposible si de democracia se trata, sin perjuicio de que afortunadamente se haya venido enriqueciendo en las últimas décadas, precisamente, con la introducción en nuestros sistemas políticos de mecanismos de democracia directa que la complementan, pero que jamás podrán sustituirla. Por ello es que decimos que no puede existir en el mundo contemporáneo una democracia que sólo sea refrendaria o de cabildos abiertos permanentes; ni que en los términos contemporáneos, sólo sea una "democracia plebiscitaria", donde la representatividad y el pluralismo sean marginales.

En cuanto a la ilusión de la democracia directa, debe recordarse que incluso, ni siquiera en la antigua Grecia existieron realmente sistemas que sólo fueran de democracia directa, donde las decisiones supuestamente sólo se tomaban en asambleas,

---

1054 *V.* en general, Luis Aguiar de Luque, "Democracia directa y Estado Constitucional", *Revista de Derecho Privado*, Editorial Edersa, Madrid 1977.

pues la conducción de los asuntos públicos realmente la hacían los magistrados, que si bien no eran siempre electos, si eran designados por sorteo.

Pero en todo caso, democracia directa y democracia representativa no son excluyentes. En la actualidad, y sin sustituir la representatividad, en casi todos los sistemas constitucionales contemporáneos se han incorporado mecanismos de consultas populares y de asambleas de ciudadanos con el objeto de complementar la democracia representativa. Además, todos los tipos imaginable de referendos, como los consultivos, los aprobatorios, los decisorios, los abrogatorios, los autorizatorios y los revocatorios, se han ensayado; al igual que se han regulado las iniciativas y consultas populares. Todo ello, sin duda, ha contribuido a la movilización popular y a la relativa manifestación directa de voluntad del pueblo; pero es claro que esos mecanismos no pueden sustituir a la democracia conducida por representantes electos.

Lo importante en este aspecto, es asegurar que dichos representantes sean realmente representativos de las sociedades y sus comunidades, y sean elegidos mediante sistemas de sufragio directo, universal y secreto donde impere el pluralismo político, y a través de procesos electorales transparentes que aseguren el acceso al poder con sujeción al Estado de derecho, tal como lo establece la *Carta Democrática Interamericana* de 2001 de la Organización de Estados Americanos.

Pero sin duda, más interés contemporáneo tiene el segundo principio básico de la democracia, el de la participación política, que exige que el régimen democrático sea uno de inclusión política, donde el ciudadano sea parte de su comunidad política, y pueda contribuir a toma de las decisiones que le conciernen.

Hay que situar el concepto en su lugar, pues participar en realidad es estar incluido, por lo que la dicotomía en relación con la participación no es con la representatividad como contrapuesta a democracia directa. La dicotomía en este caso de la participación política con lo que se establece es con la exclusión política, que además conlleva la de orden social y económico, y con ello la marginalización.

Lamentablemente, sin embargo, en la doctrina política democrática, con demasiada frecuencia se confunden los conceptos, y cuando se habla de democracia participativa se la confunde con los mecanismos de democracia directa contraponiéndosela con la democracia representativa, y se la reduce, por ejemplo, a las iniciativas legislativas, consultas populares, cabildos abiertos y referendos[1055]. Sin embargo, la democracia participativa es mucho más que eso y de ningún modo excluye la representatividad.

Participar, en efecto, en el lenguaje común, es ser parte de…; es pertenecer a…, es incorporarse, contribuir, estar asociado o comprometerse a…; es tener un rol en…, es tomar parte activa, estar envuelto o tener una mano en…; es en fin, asociarse con…, es compartir o tener algo que ver con...[1056] Por ello, la participación política no es otra cosa que ser parte de una comunidad política, en la cual el individuo tiene un rol específico de carácter activo conforme al cual contribuye a la toma de decisiones, y que no se puede agotar, por ejemplo, en el sólo ejercicio del derecho al sufragio (que sin duda es una forma mínima de participación); o en ser miembro de

1055 *V.* Humberto Njaim, *La democracia participativa*, discurso de incorporación como Individuo de Número de la Academia de Ciencias Políticas y Sociales, Caracas, marzo 2005.

1056 Diccionario de la real Academia Española de la Lengua.

sociedades intermedias, aún las de carácter político como los partidos políticos; o en votar en referendos (que también es otra forma mínima de participación).

Participación política democrática, por tanto, es estar incluido en el proceso político y ser parte activa del mismo, sin mediatizaciones; es en fin, poder tener acceso a la toma de decisiones públicas. Y ello, en ninguna sociedad democrática se ha logrado permanentemente con referendos o cabildos abiertos y menos cuando resultan estar controlados desde el centro del poder. Estos también son formas de participación, pero de carácter mínimo. Tampoco se logra con manifestaciones así sean multitudinarias, donde la gente desfila blandiendo banderitas, criticando acerbamente o cantando o alabando obediente y sumisamente a un líder. Eso no es participación política; eso no es más que manifestación política, que es otra cosa. Esa, la historia se ha encargado de enseñárnosla en todas sus facetas, incluyendo las propias de los autoritarismos fascistas. Incluso las manifestaciones pueden ser poco amistosas, de protesta, a veces furiosas y violentas. Pero lo que es cierto es que no se la puede confundir con participación política.

Por ello es que debemos enfatizar que para que la democracia sea participativa, es decir, sea inclusiva o de inclusión, tiene que permitir que el ciudadano pueda ser parte efectivamente de su comunidad política; tiene que permitirle desarrollar incluso conciencia de su efectiva pertenencia, es decir, de pertenecer a un determinado orden social y político, por ejemplo, a una comunidad; a un lugar; a una tierra; a un campo; a una comarca; a un pueblo; a una región; a una ciudad; en fin, a un Estado.

Se trata de lo que Norberto Bobbio denominó "el proceso de expansión del poder ascendente", que amplía de la esfera de las relaciones políticas, y que pasa -decía-

> [...] de la esfera de las relaciones en que el individuo es tomado en consideración en su papel de ciudadano, a la esfera de las relaciones sociales, donde el individuo es tomado en consideración en una diversidad de estatus y papeles específicos, por ejemplo, como padre y como hijo, como cónyuge, como empresario y trabajador, como maestro y como estudiante; y también como oficial y como soldado, como administrador y administrado, como productor y como consumidor, como gestor de servicios públicos y como usuario[1057].

Pero por supuesto, el tema central a resolver cuando se trata de la participación democrática, es determinar cómo y en qué lugar la misma puede realizarse. Como por su parte lo advirtió Giovanni Sartori:

> O el autor de la democracia participativa se decide a clarificar positivamente dónde está lo que corresponde a cuál participación (de cuál naturaleza) y en cuáles lugares (en todas partes); o nos quedamos con un animal que no logró identificar.

Sobre ello, agregaba, "mucho ruido, es cierto, también mucha polémica furiosa; pero queda la duda de que haya nacido algo nuevo"[1058].

3. *La participación como esencia histórica de la democracia*

La verdad, sin embargo, es que la democracia participativa no es nada nuevo; ha estado siempre, desde los mismos días de las Revoluciones del Siglo XIX en mu-

---

1057 Norberto Bobbio, *El futuro de la democracia*, Fondo de Cultura Económica, México 1992, p. 42.

1058 Giovanni Sartori, *¿Que es democracia?*, Altamira Editores, Bogotá, 1994.

chos países hoy con democracias consolidadas; y ha estado allí, en el nivel más ínfimo de los territorios de los Estados, en las Asambleas locales, en los Municipios, en las Comunas. Lo que pasa es que no la hemos querido reconocer, e insistimos en confundirla con algunos instrumentos de democracia directa.

Por ello, el gran problema de la democracia contemporánea, y particularmente el problema de sus líderes y conductores, comenzando por los de los partidos políticos, es que a veces no entienden o mejor, no han querido entender qué es, efectivamente, participar en política, y dónde es que se puede realmente participar. Así, en el ámbito de los demócratas, con gran frecuencia la hemos reducido al ejercicio político del voto, de elegir o de ser miembro de partidos políticos; olvidando que toda participación, sin duda, complica el control férreo que los partidos políticos han desarrollado respecto del proceso político, y complica también, evidentemente, el control que ejercen los regímenes autoritarios. No olvidemos que muchas democracias contemporáneas han funcionado conforme al principio del centralismo democrático el cual también sirvió, en su momento, a las democracias que en 1989 desaparecieron con la caída del muro de Berlín.

Por otra parte, en el ámbito de los neoautoritarismos, es donde con frecuencia se blande la bandera de una supuesta "democracia participativa" para rechazar la democracia representativa, pues en realidad no se concibe otra forma de "participación" que no sea la que deriva de la relación directa entre líder y pueblo, signada por la ordenes y consignas del primero y la obediencia y sumisión del segundo; o la que deriva de un "hacer ver que se participa" en asambleas populares no representativas, controladas desde el centro del poder, y que muchas veces se establecen en paralelo a los gobiernos locales que a la vez resultan ahogados. Eso, por supuesto, tampoco es participación política; es un engaño y una sustitución autocrática de la voluntad popular.

Por su parte, los líderes de los partidos políticos, con harta frecuencia, han concebido la participación política como un monopolio de ellos mismos, y por ello han adquirido un supuesto derecho de mediatizar totalmente la voluntad popular, sustituyéndola y apoderándose de ella, y excluyendo de la vida política a quienes no son miembros de los mismos.

En las sociedades democráticas avanzadas, en cambio, la participación está en la corriente sanguínea de la propia democracia, y por ello, incluso quienes la ejercen y la viven cotidianamente no se dan cuenta de ella; no se les presta atención, y por ello a veces no se la logra identificar. Ello sucede en las democracias europeas, en las cuales el término "democracia participativa" ni siquiera es tema de discusión, pues esas democracias son por esencia democracias inclusivas. Por supuesto, en ellas se piensa que ello es así, naturalmente, cuando no es cierto.

No olvidemos que ello lo descubrió precisamente para Europa desde comienzos del siglo XIX (1835), Alexis de Tocqueville, con su libro *La Democracia en América*, cuando precisamente se topó con el régimen de gobierno local asambleario que funcionaba desparramado en todo el territorio de las colonias inglesas en la costa este de Norteamérica; democracia que hervía en los *Town Halls*[1059]. Esas instituciones comunales, decía De Tocqueville,

1059 Alexis de Tocqueville, *La democracia en América*, Fondo de Cultura Económica, México 1973, pp. 79 y ss.

[…] son a la libertad lo que las escuelas vienen a ser a la ciencia; la ponen al alcance del pueblo, le hacen paladear su uso político y lo habitúan a servirse de ella[1060].

Y en Europa misma, esa democracia local fue uno de los productos más acabados y a veces incomprendidos de la propia Revolución Francesa[1061], la cual sin embargo, también fue advertido por el propio de Tocqueville en su otra clásica obra sobre *El Antiguo Régimen y la Revolución*, escrita veinte años después. Decía:

> La administración local tiene un contacto diario con [los ciudadanos]; toca continuamente sus puntos más sensibles; influye en todos los pequeños intereses que forman el gran interés que se pone en la vida; es el objeto principal de sus temores y también el de sus esperanzas más queridas; los mantiene vinculados a ella por una infinidad de lazos invisibles que los arrastran sin que se den cuenta[1062].

Y en efecto, dejando aparte y sin sustituir al sufragio y a los instrumentos de democracia directa, la participación política como democracia de inclusión en la cual el ciudadano puede tomar parte personalmente en un proceso decisorio, interviniendo en actividades estatales y en función del interés general[1063], sólo puede tener lugar efectivamente en los estamentos territoriales más reducidos, en el nivel local, comunal o municipal. Es decir, sólo en los niveles territoriales inferiores de la organización del Estado es que se puede montar una organización participativa que permita la incorporación del ciudadano individual, o en grupos o en comunidades, en la vida pública, y particularmente, en la toma de decisiones públicas generales o de orden administrativo.

Como lo señaló el profesor de derecho administrativo, ex Alcalde de Bogotá, Jaime Castro,

> La democracia moderna no se concibe sin audaces formas de participación ciudadana y comunitaria en el ejercicio del poder a nivel local y regional. Sin la garantía de que todas y todos pueden y deben participar en la preparación de las decisiones que se piensen tomar sobre temas de interés general, en su adopción y ejecución, esto último mediante el control que realicen sobre la gestión de las autoridades y los particulares que ejerzan funciones públicas. Sólo esas formas democráticas de participación le cambian la cara a las instituciones y permiten hablar de un nuevo régimen político"[1064].

1060 *Idem*. p. 78.

1061 Allan R. Brewer-Carías, *Reflexiones sobre la Revolución Americana (1776) y la Revolución Francesa (1789) y sus aportes al constitucionalismo moderno*, Editorial Jurídica Venezolana, Caracas 1992; y Allan R. Brewer-Carías, "El paralelismo entre el constitucionalismo venezolano y el constitucionalismo de Cádiz (o de cómo el de Cádiz no influyó en el venezolano)"en *La Constitución de Cádiz. Hacia los orígenes del constitucionalismo iberoamericano y latino,* Unión Latina, Universidad Católica Andrés Bello, Caracas, 2004, pp. 223-333.

1062 Alexis de Tocqueville, *El Antiguo Régimen y la Revolución,* Alianza Editorial, Tomo I, Madrid 1982, p. 15.

1063 *V.* por ejemplo, en relación con la administración de justicia, Alberto González, "Participación en la Administración de Justicia" en Jorge Londoño U. (Compilador), *Constitucionalismo, participación y democracia,* Librería Jurídica Ethos, Uniboyacá, Bogotá-Tunja, 1997, pp. 76-77.

1064 Jaime Castro, *La cuestión territorial*, Editorial Oveja Negra, Bogotá 2003, pp. 201-202. Por ello, cabría preguntarse ¿Por qué será entonces, que en un excelente libro reciente sobre *Las democracias. Entre el Derecho Constitucional y la Política,* de los profesores Olivier Duhamel y Manuel José Cepeda Espinosa

Pero por supuesto, el tema central que tiene que resolverse cuando se habla con propiedad de democracia participativa, es el de la determinación del nivel territorial que se requiere para la participación como cotidianeidad democrática, y la opción está entre el municipio desparramado en todos los rincones de un Estado, en cada villa, pueblo y caserío, situado bien cerca del ciudadano; o el gran municipio urbano o rural, situado al contrario bien lejos del ciudadano.

V. LA PARTICIPACIÓN POLÍTICA Y EL RÉGIMEN MUNICIPAL

Lo cierto, en definitiva, es que en la mayoría de los llamados países desarrollados democráticos, donde la democracia es representativa y permanentemente participativa, la participación política cotidiana ocurre por la existencia de muchos municipios, y entre ellos, de municipios pequeños. Por ejemplo, en Alemania, de sus 16.098 municipios, un 76% tiene menos de 5.000 habitantes; y en España, alrededor del 86% de sus más de 8.056 municipios, tienen menos de 5.000 habitantes, agrupando sólo el 16% de la población, y el 61% tiene menos de 1.000 habitantes[1065]. Debe destacarse además, como un ejemplo de lo que significa para un país tener territorialmente muchos pequeños municipios, como el caso de la sola Comunidad de Castilla y León de España, que alberga algo más de un cuarto del total de los Municipios de ese país, con 2.248 municipios para 2,484.603 habitantes, de los cuales el 68,5%, es decir, 1.540 municipios tienen menos de 500 habitantes[1066]. En contraste, por ejemplo, en Venezuela, con casi un millón de kilómetros cuadrados de territorio, y más de 24 millones de habitantes, sólo hay 338 Municipios, con un promedio de población superior a los 70.000 habitantes.

1. *El contraste constitucional del municipio en Europa y en América Latina y su tronco común en: la Revolución Francesa*

Por ello, en esta situación es donde precisamente está el contraste más espectacular que existe en el constitucionalismo moderno, entre el régimen municipal europeo y, en particular de España, y el régimen municipal de los países latinoamericanos. Ambos fueron tributarios de los mismos postulados centrales que derivaron de la Revolución Francesa, pero la enorme diferencia entre ellos fue que desde comienzos del siglo XIX en Europa, el Municipio se ubicó en cuanta aldea, pueblo, villa y ciudad existía, bien cerca del ciudadano; y en cambio, en América Latina, el Municipio colonial que traspasó las batallas de la Independencia, continuó ubicado tal como se lo había creado, al nivel territorial de las bien extensas antiguas Provincias coloniales, bien lejos del ciudadano. En los primeros, la participación política es tan coti-

---

en sus más de 400 páginas donde los autores analizan los regímenes democráticos contemporáneos de Europa y América Latina, en la única página en la cual se habla y se usa la expresión de "democracia de participación" es en relación con el sistema suizo? *V.* Olivier Duhamel y Manuel José Cepeda Espinosa, *Las Democracias. Entre el Derecho Constitucional y la Política*, TM Editores, Universidad de los Andes, Facultad de Derecho, Bogotá, 1997, p. 56. Acaso el régimen constitucional de Suiza, entre otros factores por la superficie incluso del país, no es el paradigma del federalismo y del régimen local o cantonal?

1065 *V.* Torsten Sagawe, "La situación de los pequeños municipios en Europa: con especial referencia a la República Federal de Alemania", en Luis Villar Borla et al, *Problemática de los pequeños Municipios en Colombia ¿Supresión o reforma?*, Universidad Externado de Colombia, Bogotá 2003, p. 40.

1066 *Informe sobre el Gobierno Local*, Ministerio para las Administraciones Públicas, Fundación Carles Pi i Sunyer d'Études Autonòmics y Locals, Madrid 1992, p. 27

diana en las cosas pequeñas que es imperceptible; en los segundos, simplemente no hay participación alguna o hay muy poca.

Pero a pesar de las diferencias, como decía, los municipios de España y Latinoamérica, como casi todas las instituciones de derecho público, tienen un tronco común en los principios del constitucionalismo moderno derivados de las revoluciones norteamericana y francesa[1067], que sustituyeron al Estado absoluto y que originaron la concepción del Estado de derecho.

En ambos lados del Atlántico tomaron raíces al mismo tiempo, a partir de la finalización de las respectivas guerras de independencia, y siguieron cursos paralelos. Entre esos principios por supuesto estaba el principio de la igualdad, la madre de todos los principios del Estado moderno, en el cual la igualdad ante la ley tiene primacía, de manera que lo que nos hace iguales a los hombres es el sometimiento a la ley. Es el origen mismo de la Administración Pública, que como lo analizó magistralmente hace décadas Eduardo García de Enterría, al estar sometida a la ley, es igual para todos sin privilegios y sin sociedades intermedias estamentales o poderes secundarios, a los cuales precisamente sustituyó tanto la estructura de la Administración centralizada como local para garantizar la libertad y la misma igualdad[1068]. La creación de Municipios uniformes en todo el territorio de Francia, por tanto, condujo a la sustitución definitiva de las cartas, fueros y privilegios locales. Como lo observó De Tocqueville", como producto de la Revolución: "Las instituciones deben ser las mismas para todas las partes del territorio y para todos los hombres que los habitan"'[1069].

Pero hay que recordar que las reformas del régimen municipal en Francia incluso precedieron la Revolución, con la creación antes de 1787, a iniciativa de los Ministros de Luis XVI, de las asambleas provinciales junto al Intendente, y en cada pueblo, de un cuerpo municipal electivo que sustituiría a las antiguas asambleas parroquiales, y en la mayoría de los casos, al síndico. Contrario a las costumbres que existían, todos los poderes que se pretendieron crear fueron colectivos, y el intendente fue disminuido en su poder. Todo ello condujo a la parálisis de la administración, y, como bien lo apuntó De Tocqueville, "Las asambleas, queriendo mejorarlo todo, acabaron por enredarlo todo", produciéndose entonces "una de las mayores perturbaciones que haya registrado jamás la historia de un gran pueblo", en la cual "Cada francés había experimentado una confusión particular. Nadie sabía ya ni a quien obedecer, ni a quién dirigirse"; y terminaba señalando De Tocqueville, que "Perdido el equilibrio de las partes que componían la Nación, un último golpe bastó

1067 Allan R. Brewer-Carías, *Reflexiones sobre la Revolución Americana (1776) y la Revolución Francesa (1789) y sus aportes al constitucionalismo moderno,* Editorial Jurídica Venezolana, Caracas 1992; y Allan R. Brewer-Carías, "El paralelismo entre el constitucionalismo venezolano y el constitucionalismo de Cádiz (o de cómo el de Cádiz no influyó en el venezolano)" en *La Constitución de Cádiz. Hacia los orígenes del constitucionalismo Iberoamericano y Latino*, Unión Latina, Universidad Católica Andrés Bello, Caracas, 2004, pp. 223-333.

1068 Eduardo García de Enterría, *Revolución Francesa y Administración Contemporánea*, Taurus Ediciones, Madrid 1981, pp. 17, 41, 43, 46, 49, 50, 56.

1069 Alexis de Tocqueville, *El Antiguo Régimen y la Revolución*, Alianza Editorial, Tomo II, Madrid 1982, pp. 99, 201.

para hacerla oscilar y producir el más vasto trastorno y la más espantosa confusión que hayan tenido lugar jamás[1070].

La Revolución quiso poner fin a esta situación, y en el mismo año de 1789, la Asamblea Nacional Constituyente definió un nuevo orden municipal uniforme, fragmentado, generalizado y de carácter electivo; el cual en definitiva, si bien complicó aún más la situación de la Administración, puso las bases para el régimen municipal del constitucionalismo moderno. Comenzó el 4 de agosto de 1789, con un Decreto que declaró irrevocablemente abolidos "todos los privilegios particulares de provincias, principados, cantones, ciudades y comunidades de habitantes, sean pecuniarios o de cualquier otra naturaleza"[1071]; y al mismo lo siguieron los Decretos de 14 y 22 de diciembre del mismo año 1789. En el primero se dispuso la supresión y abolición de "las Municipalidades existentes en cada villa, burgo, parroquia o comunidad", con las denominaciones que tuvieren, y se agregó que serían sustituidas por "colectividades locales del reino" tanto en las ciudades como en el campo, con la misma naturaleza y situadas en el mismo plano constitucional, con el nombre común de municipalidad, y que tendrían en su cabeza al alcalde.

En el segundo Decreto se dividió el territorio francés de manera uniforme en departamentos, distritos y cantones, suprimiéndose los intendentes, y además se dispuso que "en cada villa, burgo, parroquia y comunidad del campo habrá una municipalidad"[1072]. De ello resultó que en 1791, en la Francia revolucionaria había 43.915 municipios, que comenzaron a llamarse comunas. Estas entidades municipales, además de las funciones propias de la Administración general que les podían ser delegadas, ejercían el "poder municipal", concepto que venía de los escritos de Benjamín Constant y de las propuestas de reforma del ministro Turgot (1775)[1073], y que luego se arraigaría en el constitucionalismo latinoamericano[1074].

Con esta división territorial, como lo percibió Burke en tiempos de la Revolución: "Es la primera vez que se ve a los hombres hacer pedazos su patria de una manera tan bárbara"; pero De Tocqueville acotaría años después, que en realidad, si bien "Parecía, en efecto que se desagarraban cuerpos vivos, lo único que se hacía era despedazar cuerpos muertos"[1075]. Sin embargo, lo cierto es que el sistema produjo la disolución del Estado al haber estallado Francia en cuarenta mil pedazos, cada uno con una especie de república soberana y anárquica que no tenían nexo alguno con el poder central en construcción.

1070 *Idem.*, p. 197.

1071 Luciano Vandelli, *El Poder Local. Su origen en la Francia revolucionaria y su futuro en la Europa de las regiones*, Ministerio para las Administraciones Públicas, Madrid 1992, p. 28, nota 10.

1072 Albert Soboul, *La révolution française*, Gallimard, París 1981, pp. 198 y ss.

1073 Eduardo García de Enterría, *Revolución Francesa y Administración Contemporánea*, Taurus Ediciones, Madrid 1981, pp. 72, 76, 135.

1074 En Venezuela, por ejemplo, aparece a partir de la Constitución de 1857, artículos 6 y 85. *V.* en Allan R. Brewer-Carías, *Las Constituciones de Venezuela*, Biblioteca de la Academia de Ciencias Políticas y Sociales, Caracas 1997, pp. 467 y 475.

1075 Alexis de Tocqueville, *El Antiguo Régimen y la Revolución*, Alianza Editorial, Tomo I, Madrid 1982, p. 107.

2. *De la anarquía a la organización piramidal del poder (el control de tutela)*

De tal anarquía vinieron las reformas para tratar de controlar la acción municipal desde el poder central, como por ejemplo, al atribuírsele en la Constitución de 1791 poderes anulatorios al Rey, respecto de los actos municipales; al crearse en la Ley del 14 de frimario del año II (4 de diciembre de 1793) unos agentes nacionales directamente conectados al centro (Paris) para ejercer la vigilancia sobre los municipios; y además, al pretender reducir el número de comunas en la Constitución del año III (5 fructuoso, 22 de agosto de 1795), reagrupándoselas en entidades locales, y estableciendo la subordinación de las comunas a las Administraciones departamentales, y éstas a los Ministros.

Pero el torbellino revolucionario que no había cesado, comenzó a producir su propia transformación con el golpe de Estado del 18 de brumario del año VIII (9 de noviembre de 1799), a raíz del cual Napoleón reimplantará la centralización que se había establecido en el Antiguo Régimen y que había quedado destrozada con la Revolución. Se estableció, así, un esquema de control centralizado sobre las más de 40.000 comunas que fueron restablecidas, creándose un sistema escalonado y jerarquizado de control sobre las mismas, donde serían esenciales las figuras del prefecto y subprefecto dependientes del poder central y controlando a los alcaldes, establecidos en la Ley de 28 pluvioso del año VIII (17 de febrero de 1800)[1076].

La centralización administrativa por el establecimiento de esa rígida cadena institucional que unía: Ministro, Prefecto, Subprefecto y Alcalde, y que dio origen al llamado control de tutela, sin duda, fue uno de los aportes más importantes a la Administración municipal y local, y a la propia construcción del Estado centralizado. Como lo diría el Presidente François Mitterand, casi doscientos años después, al proponer la reforma descentralizadora de 1981: "Francia tuvo que acudir a un poder fuerte y centralizado para hacerse. Hoy necesita un poder descentralizado para no deshacerse[1077]. Esta, entre tantas, fue precisamente una de las motivaciones de la sanción de la conocida Ley francesa de Libertad de las Comunas de 1982[1078].

3. *Los principios del régimen municipal napoleónico y su travesía atlántica*

Tres principios configuraron el régimen municipal napoleónico: *primero,* el principio de la creación de un municipio por cada colectividad local -aún de dimensiones mínimas- abarcando desde el pequeño pueblo rural hasta el gran centro urbano; *segundo*, el principio de la uniformidad e igualdad formal del régimen de los municipios a pesar de la diversidad territorial, geográfica y demográfica de los mismos a lo largo y ancho de los territorios estatales; y *tercero*, las reglas generales de funcionamiento de la tutela, como instrumento de control sobre las entidades locales. Todo

---

1076 *V.* Luciano Vandelli, *El Poder Local. Su origen en la Francia revolucionaria y su futuro en la Europa de las regiones*, Ministerio para las Administraciones Públicas, Madrid 1992, pp. 29 y ss.; Eduardo García de Enterría, *Revolución Francesa y Administración contemporánea,* Taurus Ediciones, Madrid 1981, pp. 107 y ss.; Sandra Morelli, *La Revolución Francesa y la Administración Territorial en Colombia, Perspectivas comparadas*, Universidad Externado de Colombia, 1991, pp. 31 y ss.

1077 Citado por Jaime Castro, *La cuestión territorial*, Editorial Oveja Negra, Bogotá 2003, p. 26.

1078 Sobre la aplicación de la Ley del 2 de marzo de 1982, *V.* en general, André Terrazzoni, *La décentralisation a l'épreive des faits*, LGDJ, Paris 1987.

ello configuró un modelo de régimen municipal, sin duda que se extendió por toda Europa[1079].

Hacia Latinoamérica, sin embargo, sólo hicieron la travesía del Atlántico algunos aspectos del régimen de municipalización uniforme, pero ni el primero ni el último de los principios, es decir, el de la generalización de colectividades locales en el territorio y el del control de tutela, llegaron a nuestras costas; y al contrario, desde el inicio del Siglo XIX, no sólo el municipio se ubicó en niveles territoriales muy alejados de los pueblos sino que además, se implantó el principio de la autonomía municipal.

A. *El principio de la multiplicidad de municipios en Europa y en particular en España*

En cuanto al primer aspecto que es el que nos interesa destacar aquí, el de la creación de un municipio por cada colectividad local que existiera en un territorio, con la consecuente fragmentación territorial, puede decirse que el mismo si dejó su impronta en toda Europa; y por ello, por ejemplo, en los años setenta, todavía existían 2.539 Municipios en Bélgica, con una población promedio de 3.600 habitantes, los cuales después de la paradigmática operación quirúrgica realizada en el mapa municipal en 1972, hayan sido reducidos a 589 municipios, ahora con una población promedio de 16.900 habitantes por municipio. En Alemania Occidental aunque antes de la unificación, de los más de 24.000 municipios que existían, entre 1968 y 1980 habían quedado reducidos a 8.357.[1080]; actualmente existen 16.121 Municipios, con un promedio de 5.086 habitantes. En Italia hay 8.104 municipios con un promedio de 7.156 habitantes; y en Suiza hay 3.000 cantones con 2.333 habitantes promedio[1081].

En España, la influencia francesa en este aspecto también fue decisiva, por lo que la Constitución de Cádiz de 1812, en efecto, dispondría en su artículo 310 que "Se pondrá Ayuntamiento en los pueblos que no lo tengan, y en que convenga le haya, no pudiendo dejar de haberle en los que por sí o con su comarca lleguen a mil almas, y también se les señalará término correspondiente"; correspondiéndole a los Ayuntamientos, sin embargo, desempeñar sus encargos bajo la inspección de las diputaciones provinciales (Art. 323). Así, todo el territorio español se sembró también de municipios en todo el territorio español, y ello explica los 9.245 Municipios que Cirilo Martín Retortillo reseñaba en la edición de su recordado libro sobre *El Municipio Rural*[1082], de 1950; cifra que ha pasado a los 8.056 municipios actuales, con un promedio de población de 4.825 habitantes. El Municipio que derivó de la influencia francesa, sustituyó así lo que quedaba del municipio de arraigo medieval, con sus

---

1079 Luciano Vandelli, *El Poder Local. Su origen en la Francia revolucionaria y su futuro en la Europa de las regiones,* Ministerio para las Administraciones Públicas, Madrid 1992, pp. 153 y ss.

1080 Torsten Sagawe, "La situación de los pequeños municipios en Europa: con especial referencia a la República Federal de Alemania", en Luis Villar Borla et al, *Problemática de los pequeños Municipios en Colombia ¿Supresión o reforma?*, Universidad Externado de Colombia, Bogotá 2003, pp. 42-43.

1081 *V.* Luciano Vandelli, *El Poder Local. Su origen en la Francia revolucionaria y su futuro en la Europa de las regiones,* Ministerio para las Administraciones Públicas, Madrid 1992, pp. 179; Allan R. Brewer-Carías, *Reflexiones sobre el constitucionalismo en América,* Editorial Jurídica Venezolana, Caracas 2001, pp. 139 y ss.

1082 *V.* Cirilo Martín Retortillo, *El Municipio Rural,* Bosch, casa Editorial, Barcelona 1950, p. 139.

fueros, privilegios y cartas-pueblas, particularmente en Castilla y León, con raíces en el proceso de la Reconquista. Esos fueron, a pesar de su progresivo control por la Corona a partir del Siglo XVI, por su arraigo en las ciudades los que condujeron la guerra de Independencia contra la invasión napoleónica. El precio que pagaron por ello, en todo caso, en nombre de la igualdad, fue su uniformización y su multiplicación territorial.

B. *El régimen municipal colonial en Latinoamérica: los Cabildos Provinciales*

El Latinoamérica, el municipio colonial también fue el factor fundamental del proceso de Independencia frente a España, de manera que sin lugar a dudas se puede afirmar que a también a comienzos del siglo XIX, la Independencia americana la hicieron los Cabildos, de manera que el Municipio, "fue la raíz de la República"[1083]. Ese Municipio también fue radicalmente transformado con el republicanismo constitucional, en forma paralela a la transformación que se estaba operando en la Península, al punto de que por ejemplo se puede leer en la "Constitución para el gobierno y administración de la provincia de Caracas" de enero de 1812, que formaba parte de la Confederación de los Estados de Venezuela creada conforme a la Constitución de diciembre de 1811 (ambas promulgadas antes que lo fuera la Constitución de Cádiz de marzo de 1812); se puede leer, -decía-, sobre la división del territorio de la Provincia, uniformemente, en Departamentos, Cantones y Distritos, debiendo tener estos últimos un territorio con aproximadamente 10.000 habitantes[1084].

En las capitales de Distrito se establecieron Municipalidades, así como en muchos de los pueblos entonces existentes, denominándose estas pequeñas Municipalidades como villas. La Municipalidad, se concibió, así, inicialmente más como una corporación local electa conforme al principio representativo para la atención de los intereses de la comunidad, que una división uniforme del territorio; por lo que con frecuencia tenían jurisdicción sobre otros pueblos y parroquias[1085].

La uniformización territorial municipal fue posterior y paulatinamente fue arraigándose durante el Siglo XIX en todos los países latinoamericanos, pudiendo decirse que el municipio en Latinoamérica también derivó, en cierta forma de la influencia de la revolución francesa además de la norteamericana, y luego, por supuesto la española de Cádiz. Se sustituyó, así, al Municipio colonial indiano, el cual, por lo demás era distinto del que en la época colonial funcionaba en España, pues como bien sabemos, la mayoría de las instituciones americanas antes de la Independencia, fueron concebidas por España especialmente para América o se desarrollaron en el Continente americano en forma distinta a la de España. Ello ocurrió en cierta forma con los Cabildos, que en el mismo momento en que su poder y autonomía era pulverizada por Carlos V en campo de Villamar, al poner fin a la rebelión de los Comuneros de esta tierra castellana, florecieron en América a partir del inicio mismo del

---

1083 *V.* Joaquín Gabaldón Márquez, *El Municipio, raíz de la República*, Academia Nacional de la Historia, Caracas 1977.

1084 Allan R. Brewer-Carías, "La formación del Estado venezolano", en *Revista Paramillo*, Nº 14, Universidad Católica del Táchira, San Cristóbal 1996, pp. 290 y ss.

1085 *V.* el texto de la Constitución provincial de la Provincia de Caracas, en *Las Constituciones Provinciales*, Biblioteca de la Academia Nacional de la Historia, Caracas, 1959, pp. 77 y ss.

poblamiento en lo que se ha denominado una "adaptación regresiva de las instituciones coloniales"[1086].

Los Cabildos americanos en la época colonial, como Cabildos provinciales, con la gran descentralización de que gozaron derivada de la distancia (Recordemos la extraordinaria máxima administrativa colonial: "Se acata pero no se cumple", incluso tenían poder para designar a los gobernadores en forma interina. Ese privilegio lo reclamaron los cabildantes en Santa Ana de Coro, la primera ciudad fundada en la Provincia de Venezuela en 1528 a la muerte del Gobernador Ambrosio Alfinger en 1533, y fue ejercida sucesivamente por los Cabildos provinciales durante todo el período colonial, confirmada por Real Cédula 1560 y luego por otra Real Cédula de 1676[1087]. No es de extrañar, entonces, porqué fueron los Cabildos coloniales los que hicieron la Independencia.

C. *El municipio republicano en América hispana alejado del ciudadano*

El municipio republicano latinoamericano, por otra parte, desarrolló características propias: como dijimos, en nuestros países, se adoptó el uniformismo napoleónico en cuanto a la organización y funcionamiento de las corporaciones locales, pero los otros dos principios que derivaron de la revolución francesa y sus correcciones napoleónicas puede decirse que no se siguieron. Por una parte, en América no se arraigó la institución del control de tutela derivada de la centralización napoleónica, y en cambio si germinaron los conceptos del "poder municipal" y de la "autonomía municipal", al punto de haber adquirido por ejemplo, rango constitucional a partir de 1857, por ejemplo, en la Constitución de Venezuela de ese año al disponer en su artículo 6° que "El Poder Público se divide para su administración en Legislativo, Ejecutivo, Judicial y Municipal", dedicando entonces un Título a regular dicho "Poder Municipal"[1088], cuyo contenido relativo a los asuntos propios de la vida local no era distinto al del Decreto de la Asamblea Constituyente en Francia, de diciembre de 1789.

El otro principio, el de la creación de un municipio por cada colectividad local, es decir, por cada caserío, por cada pueblo, por cada villa o ciudad, tampoco se siguió en América, y de los viejos Municipios provinciales coloniales con territorios amplísimos, se pasó a los alejados municipios republicanos, establecidos en ámbitos territoriales cada vez más y más alejados de los ciudadanos y de sus comunidades, con muy pocas excepciones.

Recordemos, en efecto, en contraste con los datos que antes mencionaba sobre la municipalización en Europa, e incluso tomando como referencia los 2.248 municipios de Castilla y León para sus 2.582.327 habitantes que tenía hace 20 años (1986), con un promedio general de algo más de 1000 habitantes por municipio (para no

---

1086 Laureano Vallenilla Lanz, *Disgregación e Integración, Ensayo sobre la formación de la nacionalidad venezolana*, Segunda edición, Caracas 1953, *cit.*, por Joaquín Gabaldón Márquez, *El Municipio, raíz de la República*, Caracas 1977, p. 66. La obra de Laureano Vallenilla Lanz puede consultarse en Laureano Vallenilla Lanz, *Obras Completas*, Tomo II, (Recopilación de Federico Brito Figueroa y Nikita Harwich Vallenilla), Centro de Investigaciones Históricas, Universidad Santa María, Caracas 1984.

1087 El privilegio sólo lo perdieron los Cabildos a partir de 1737. *V.* Joaquín Gabaldón Márquez, *El Municipio, raíz de la República*, Caracas 1977, pp. 73-110; 125-169.

1088 *V.* en Allan R. Brewer-Carías, *Las Constituciones de Venezuela*, Biblioteca de la Academia de Ciencias Políticas y Sociales, Caracas, 1997, p. 475

poner como paradigma las 36.433 comunas francesas con un promedio de 1.614 habitantes); no se corresponden con la situación en nuestros países de América Latina en donde la situación es más que dramática: en Argentina, para 37 MM de habitantes, hay 1617 municipios con un promedio de población de 22.882 habitantes; en Bolivia, para 8 MM de habitantes, hay 312 municipios con un promedio de población de 25.642 habitantes; en Brasil, para 168 MM de habitantes, hay 5.581 municipios con un promedio de población de 30.102 habitantes; en Chile, para 15 MM de habitantes, hay 340 municipios con un promedio de población de 44.117 habitantes; en Colombia, para 42 MM de habitantes, hay 1.068 municipios con un promedio de población de 39.326 habitantes; en Cuba, para 11 MM de habitantes, hay 169 municipios con un promedio de población de 65.389 habitantes; en Ecuador, para 12 MM de habitantes, hay 1.079 municipios con un promedio de población de 11.121 habitantes; en El Salvador, para 6 MM de habitantes, hay 262 municipios con un promedio de población de 22.900 habitantes; en Guatemala, para 11 MM de habitantes, hay 324 municipios con un promedio de población de 33.950 habitantes; en Honduras, para 6 MM de habitantes, hay 293 municipios con un promedio de población de 20.478 habitantes; en México, para 97 MM de habitantes, hay 2.418 municipios con un promedio de población de 40.116 habitantes; en Nicaragua, para 5 MM de habitantes, hay 143 municipios con un promedio de población de 34.965 habitantes; en Paraguay, para 5 MM de habitantes, hay 212 municipios con un promedio de población de 23.585 habitantes; en Perú, para 25 MM de habitantes, hay 1808 municipios con un promedio de población de 13.827 habitantes; en República Dominicana, para 8 MM de habitantes, hay 90 municipios con un promedio de población de 88.889 habitantes; en Uruguay, para 3 MM de habitantes, hay 19 municipios con un promedio de población de 157894 habitantes; y en Venezuela, para 24 MM de habitantes, hay 338 municipios con un promedio de población de 71.006 habitantes[1089].

Lo que resulta más interesante de esta información comparativa es que ninguno de los países latinoamericanos, con todos sus enormes territorios y gran población, alcanzan siquiera el número de Municipios que por ejemplo, tiene sólo esta Comunidad de Castilla y León, cuyos habitantes, además, a pesar de todos los proyectos y esfuerzos que se han hecho por reducir o fusionar municipios, se han opuesto radicalmente a tales propósitos y a perder su personalidad municipal.

El municipio latinoamericano contemporáneo, al contrario, está en el otro extremo y en general ha adquirido un ámbito territorial tan alto y extraño al ciudadano, que hace que no sirva ni para gerenciar adecuadamente los intereses locales ni para servir de instancia de participación política de la ciudadanía en la decisión o gestión de sus propios asuntos comunales.

4. *La participación como fenómeno de la vida local*

Y aquí volvemos al tema de la democracia participativa, la cual queda claro, que está indisolublemente ligada, no a la democracia directa, sino a la descentralización política y la municipalización, y la misma no se puede materializar con solo propuestas de incorporación al régimen democrático de instrumentos como los referendos o las consultas o las iniciativas populares. La democracia participativa, como

---

1089 *V.* las referencias en Allan R. Brewer-Carías, *Reflexiones sobre el constitucionalismo en América,* Editorial Jurídica Venezolana, Caracas 2001, pp. 139 y ss.

hemos insistido, no se agota ni se puede confundir con la democracia directa, como suele suceder en muchos estudios sobre la democracia que propugnan su perfeccionamiento[1090].

La verdad es que para ubicar exactamente qué es la democracia participativa, lo que tendríamos que hacer, entre otras cosas, es preguntarnos: ¿porqué hay países que llamamos democráticamente desarrollados como los europeos, donde no se plantea con tanta urgencia la necesidad de la participación ciudadana y en los cuales precisamente impera la fragmentación municipal? En cambio, también tenemos que preguntarnos, ¿Por qué es que en todos nuestros países latinoamericanos, que al contrario, tienen muy pocos municipios para sus enormes territorios estatales y su población, es donde sin embargo, más se grita al unísono contra nuestras insuficiencias democráticas clamándose a la vez por una democracia participativa?

La participación política como cotidianeidad democrática o como parte de la democracia como forma de vida, sólo puede darse a nivel local. No hay otra instancia en los Estados; lo demás es falacia y engaño, o mecanismos de democracia directa. Por ello es que el tema, precisamente, no tiene tanta notoriedad en los países europeos, donde la participación es de todos los días, en las pequeñas cosas que pueden tratarse en esos pequeños municipios rurales como son precisamente por ejemplo, los de Castilla. Allí, la participación local se produce diariamente, en la vecindad e, incluso, en los Consejos Abiertos que tan bien ha estudiado Enrique Orduña, con los cuales se gobiernan al menos los 419 municipios de esta Comunidad de Castilla y León con población inferior a 100 habitantes, y que se ha mantenido a través de los Siglos y de los regímenes políticos, habiendo encontrado incluso reconocimiento constitucional en 1978[1091].

5. *La participación, el localismo y la descentralización*

La participación política o la democracia participativa están por tanto, íntimamente unidas al localismo y a la descentralización, y ésta, a la limitación del poder, lo que es consustancial con la democracia. El régimen local, es entonces, como lo ha dicho Eduardo García de Enterría, la estructura que "da curso al derecho ciudadano a participar en todos, completamente en todos los asuntos públicos que afectan a la propia comunidad"[1092]; de manera que como ya nos lo advirtió hace más de treinta años nuestro muy recordado amigo Sebastián Martín Retortillo, cuando España aún no había entrado en el proceso de transición hacia la democracia, en aquella excelente obra que dirigió sobre *Descentralización administrativa y organización política,* al destacar las raíces eminentemente políticas del tema; constataba que la participación efectiva del ciudadano común, siempre presupone la descentralización[1093]; de manera que sin temor a equivocarnos podemos afirmar que no sólo sin descentralización política o territorial, es decir, sin que exista una multiplicidad de poderes lo-

---

1090 *V.* por ejemplo, en Venezuela, los estudios publicados en *Participación Ciudadana y Democracia,* Comisión Presidencial para la Reforma del Estado, Caracas 1998.

1091 Enrique Orduña R., *Democracia Directa Municipal.* Concejos y Cabildos Abiertos, Editorial Civitas, Madrid 1994.

1092 Citado en Sebastián Martín Retortillo, en "Introducción" al libro Sebastián Martín Retortillo et al, *Descentralización administrativa y organización política*, Tomo I, Ediciones Alfaguara, Madrid, 1973, p. LVIII.

1093 *Idem*, p. LIX.

cales y regionales, no puede haber participación política, sino que en definitiva no puede haber una democracia participativa. La descentralización es, por tanto, la base de la democracia participativa y a la vez, el impulso de la democratización y control del poder. El centralismo, en cambio es la base de la exclusión política al concentrar el poder en unos pocos electos, y a la vez, el motivo del desprestigio de la democracia representativa por más aditivos de democracia directa o refrendaria se le implanten.

Por ello decía en la conferencia sobre "El Municipio, la descentralización política y la democracia" que dictamos en el *XXV Congreso de la OICI*, en Guadalajara, en 2001, que

> [...] el debate contemporáneo en nuestros países por más democracia, tiene que centrarse en el rescate del proceso de descentralización política. Perfeccionar la democracia exige hacerla más participativa y más representativa, para lo cual la única vía posible que existe es acercando el Poder al ciudadano, y ello sólo puede lograrse descentralizando territorialmente el Poder del Estado y llevarlo hasta la más pequeña de las comunidades; es decir, distribuyendo el Poder en el territorio nacional. Y agregaba además, que "cualquiera que sea la forma de descentralización política, se trata de proyectos y propuestas contrapuestos radicalmente al centralismo de Estado y a la concentración del Poder, que son esencialmente antidemocráticos". En definitiva, la propuesta política que entonces formulamos, y ahora insistimos en ratificar, "busca el diseño en nuestros países, de un nuevo sistema político que la democracia exige, y que sólo puede tener por objeto hacerla más participativa, con gran presencia de la sociedad civil, y más representativa de las comunidades. Ello implica desparramar el poder en todo el territorio, hasta la última de las comunidades, para que el ciudadano y sus sociedades intermedias puedan realmente participar.[1094].

Y ello implica, por sobre todo, la municipalización de los territorios de nuestros países, para rescatar, más de doscientos años después, lo que fue la decisión terminante de la Asamblea Nacional Constituyente francesa en aquél diciembre de 1789, y que se traduciría hoy en nuestros países contemporáneos, en la frase de que toda comunidad rural, todo caserío, todo pueblo, todo barrio urbano, debía tener su autoridad local como comunidad política, que llamaremos municipio conforme a nuestra tradición histórica. Como lo enuncia la Constitución de la Provincia del Chaco, en Argentina: "Todo centro de población constituye un municipio autónomo...[1095].

Pero por supuesto, para ello, es decir, para una reforma política de esta naturaleza, tenemos que pensar en otro municipio, para no desparramar territorialmente la estructura burocrática local, mal y uniformemente concebida que tenemos en muchos de nuestros países y que lo que podría provocar es peor democracia. La diferenciación municipal, entonces, es consustancial con la municipalización como ins-

---

1094 *V.* en ***XXV Congreso Iberoamericano de Municipios***, Guadalajara, Jalisco, México del 23 al 26 de octubre de 2001, Fundación Española de Municipios y Provincias, Madrid 2003, pp.453 y ss

1095 *Artículo 182*. Citado por Augusto Hernández Barrera, "Objetivos inéditos de la categorización municipal" en Luis Villar Borda et al, *Problemática de los Pequeños Municipios en Colombia ¿Supresión o reforma?*, Universidad Externado de Colombia, Bogotá 2003, p. 108. *V.* además, Augusto Hernández Becerra, *Ordenamiento y desarreglo territorial en Colombia*, Instituto de Estudios Constitucionales Carlos Restrepo Piedrahita, Bogotá 2001.

trumento para acercar el municipio al ciudadano; porque como ya lo hemos dicho más de una vez,

> [...] Un Municipio lejos de las comunidades y vecindades, como es en general el Municipio en nuestros países latinoamericanos, materialmente no sirve para nada bueno, ni para la participación política ni para la gestión eficiente de los asuntos locales, ni por supuesto, para la democracia[1096].

A nivel local, además, es donde florece la libertad en medio de la diversidad, y es donde en definitiva en un mundo cada vez más globalizado como el actual, el hombre, el ciudadano común, encuentra su refugio e identifica el lugar de su pertenencia. Los hombres tenemos que terminar de constatar que en definitiva, frente a la incontenible tendencia hacia la globalización, que está allí y aquí, basada en lo trasnacional y en la integración de los países, que produce ese proceso de uniformismo personal, que desdibuja la singularidad de las personas o que despersonaliza al individuo, que todos captamos; frente a ello, se ha venido desarrollando en paralelo otra tendencia mundial pero hacia la lugarización, basada en el rescate de los "lugares", donde se identifica la singularidad de las personas, es decir, se vuelve a la persona, en su pertenencia a un lugar, donde se revaloriza lo "lugareño" y la vecindad.

Eso lo han llamado los europeos como regionalismos o localismos; pero como "lugarización" lo ha destacado magistralmente Francisco González Cruz, rector de una de la Universidades privadas ubicadas precisamente en uno de esos tantos lugares del interior de nuestros países, en este caso, de la Universidad Valle del Momboy, en Valera, Venezuela. En un libro que tiene el sugestivo título *Globalización y Lugarización,* editado precisamente "en la villa de San Roque de La Quebrada Grande", "su lugar"- como él lo dice-; define la "lugarización" como "todo proceso que revaloriza lo local"; y el "lugar", como "el espacio territorial íntimo y cercano donde se desenvuelven la mayor parte de las actividades del ser humano"; o la "comunidad definida en términos territoriales y de relaciones humanas, con la cual la persona siente vínculos de pertenencia. Puede ser una aldea, un pueblo, un barrio o un condominio. Siempre será, necesariamente, un espacio geográfico limitado en tamaño, de tal manera que la gente pueda establecer relaciones interpersonales[1097]. Y allí, en definitiva, es donde se puede efectivamente participar desde el punto de vista político.

En todo caso, ha sido la organización política de la lugarización, la que precisamente y sin duda, ha sido la característica fundamental del mapa municipal de Europa durante los últimos 200 años; es esa lugarización la que justifica los más de dos mil municipios de Castilla y León; y es esa abundancia de Municipios, incluso, lo que permite incluso racionalizarlos, por lo que algunos de los países europeos se han dado el lujo de reducirlos. En esto, por ejemplo, en las últimas décadas la vanguardia la lleva Suecia: de los 2500 municipios que tenía en 1943 pasó a 800 en 1952, y a 278 en 1974. Pero en nuestros países iberoamericanos, donde al contrario tenemos que multiplicar las autoridades locales, una política de reducción como esta no sería otra cosa que un verdadero "genocidio municipal", como acertadamente Jaime Cas-

---

1096 *V.* el texto en Allan R. Brewer-Carías, *Reflexiones sobre el constitucionalismo en América*, Editorial Jurídica Venezolana, Caracas, 2001, pp. 127 y ss.

1097 Francisco González Cruz, *Globalización y Lugarización*, Universidad Valle del Momboy, Centro Iberoamericano de Estudios Provinciales y Locales, Universidad de los Andes, La Quebrada, 2001.

tro calificó el intento que se hizo en Colombia, en 2001, con el Proyecto de Ley 041/01, que proponía la desaparición de materialmente la mitrad de los 1067 municipios colombianos, aquellos que tenían menos de 14.000 habitantes, advirtiendo entre otras cosas, que en Colombia "los municipios son el Estado -la única presencia del Estado- en extensas y abandonadas regiones del país", por lo que lo que habría que hacer, al contrario, es "fortalecer y transformar el pequeño municipio para convertirlo en herramienta eficaz de una política de poblamiento territorial y de ocupación continua del espacio físico[1098].

De allí la enorme revalorización que requiere en nuestros países el tema del pequeño municipio rural, como parte del proceso de descentralización político-territorial, para asegurar no sólo la presencia del Estado en el territorio, sino para hacer posible la participación democrática, partiendo de la necesaria diversidad que deben tener las entidades locales; es decir, todo lo contrario al uniformismo organizacional.

Ese nuevo "Municipio Lugarizado", como lo ha advertido Fortunato González Cruz, también profesor de derecho administrativo y ex Alcalde de Mérida, Venezuela, debe ser apropiado a la realidad social y espacial que representa, con una organización municipal "heterogénea, adaptada a las necesidades de cada comunidad" y que de origen a la necesaria diversidad municipal en el territorio, debe además tender a ser un "Municipio sostenible por la propia economía local, de manera que su estructura burocrática y sus gastos ordinarios de administración sean pagadas con ingresos propios"[1099].

1098 Jaime Castro, *La cuestión territorial*, Editorial Oveja Negra, Bogotá 2003, pp. 136-137.

1099 Fortunato González, *Un Nuevo Municipio para Venezuela*, Centro Iberoamericano de Estudios Provinciales y Locales, Universidad de los Andes, Mérida, 1998, p. 89

DÉCIMA PARTE:

PROBLEMAS DE LA DESCENTRALIZACIÓN EN LA FEDERACIÓN VENEZOLANA. CONTRASTE CON LA DISTRIBUCIÓN TERRITORIAL DE COMPETENCIAS EN EL PROCESO DE DESCENTRALIZACIÓN EN EL PERÚ (Lima, Perú, septiembre 2005)

Texto de la ponencia elaborada para el Seminario Internacional sobre descentralización: *Hacia la reforma de la Administración Pública: La descentralización del Estado peruano*, organizado por el recordado amigo profesor Adolfo Céspedes, y celebrado Lima, septiembre de 2005. Publicado en mi libro*: Estudios sobre el Estado Constitucional (2005-2006)*, Caracas 2007, pp. 393-457.

I. LA FEDERACIÓN CENTRALIZADA EN VENEZUELA: UNA CONTRADICCIÓN CONSTITUCIONAL

La Federación venezolana actual, a pesar de la larga tradición federalista del país, no puede considerarse como un buen ejemplo de un sistema "federal descentralizado", con mecanismos efectivos para el desarrollo de políticas subnacionales o estadales llevadas a cabo por Estados autónomos en un marco constitucional estadal (sub nacional) sustantivo[1100]. Al contrario, está concebida contradictoriamente, pues el Estado se declara como una "Federación descentralizada" (art. 4), pero el marco constitucional que lo envuelve es un esquema centralizado y centralizante. Por ello, incluso, se ha llegado a afirmar contra toda lógica, que el proceso de descentralización en Venezuela, está concebido como una "descentralización centralizada"[1101].

Ello, por supuesto, no es nada nuevo. Durante el siglo pasado la Federación en Venezuela fue progresivamente centralizada, debilitándose consecuencialmente la propia democracia, y minimizándose el rol de los Estados en el desarrollo de políticas públicas[1102]. Este proceso de centralización, que se intentó revertir con las re-

---

1100 *V.* Allan R. Brewer-Carías, "Algunos problemas de las Constituciones estadales (Constituciones subnacionales) en la Federación venezolana" en Allan R. Brewer- Carías, *Constitución, Democracia y Control del Poder*, Mérida, Universidad de Los Andes, 2004, pp. 145-156.

1101 *V.* las declaraciones del diputado a la Asamblea Nacional, Darío Vivas, dadas en entrevista a la periodista Ascensión Reyes R., en la cual se lee: "Darío Vivas, dirigente del MVR y corredactor de la Ley del Poder Público Municipal, asume que la descentralización que está consagrada en la Constitución es 'descentralización centralizada' (*sic*"). Y con esta dicotomía, que suena contradictoria, busca explicar los nuevos paradigmas del Gobierno", en el reportaje "Revertir la descentralización viola cinco artículos de la Constitución", *El Nacional*, Caracas, 4 de septiembre de 2005, p. A-4.

1102 *V.* Allan R. Brewer-Carías, "El 'Estado Federal descentralizado' y la centralización de la Federación en Venezuela (Situación y perspectiva de una contradicción constitucional)", en *Federalismo y Regionalismo,* México, Universidad Nacional Autónomo de México, 2005, pp. 717 a 750; y en Allan R. Brewer-Carías, *Constitución, democracia y control del poder*, Mérida 2004, pp. 111-143 y en *Revista de Estudios de la Administración Local*, N° 292-293, Instituto Nacional de Administración Pública, Madrid, 2003, pp. 11-43.

formas descentralizadoras de posteriores, lamentablemente puede decirse que se ha completado con la Constitución de 1999[1103].

Pero ello no siempre ha sido así: Durante el Siglo XIX el país tuvo un importante sistema de gobierno descentralizado, habiendo experimentado sucesivamente en su evolución política, el movimiento pendular provocado por las fuerzas políticas centrípetas y centrífugas, las cuales en la historia del país han originado gobiernos más o menos centralizados.

1. *Algunos aspectos históricos del desarrollo de la Federación en Venezuela*

La primera Constitución de un Estado latinoamericano independiente fue la Constitución Federal de los Estados de Venezuela sancionada el 21 de diciembre de 1811[1104] por el Congreso General de las Provincias que venían de declararse independientes; mediante la cual se adoptó en el país la forma federal del Estado, sin duda, bajo la influencia de la Constitución de los Estados Unidos de Norteamérica. En ese momento, la Federación era el único mecanismo constitucional del que disponían los fundadores de la República para configurar el nuevo Estado, mediante la integración de siete antiguas Provincias coloniales que nunca antes, en particular antes de 1777, habían estado unidas[1105]. Por tanto, puede decirse que Venezuela fue el segundo país en la historia del constitucionalismo moderno en haber adoptado la forma federal del Estado, habiendo sido el federalismo un aspecto importante de nuestro constitucionalismo.

Después de los interminables conflictos y guerras civiles que marcaron la historia del país durante el Siglo XIX, provocadas por la permanente lucha entre los caudillos regionales y el recién instalado y débil gobierno central en formación, hacia finales de dicho Siglo, la forma federal del Estado comenzó a ser limitada.

Ello fue consecuencia de las tendencias centralizadoras que se derivaron de la consolidación tardía del Estado Nacional, reforzadas particularmente durante la primera mitad del Siglo XX por los gobiernos autocráticos que se instalaron en el país, administradores únicos de la naciente riqueza petrolera, las cuales se manifestaron particularmente en los aspectos militar, administrativo, impositivo y legislativo. Estas tendencias centralizadoras provocaron la casi desaparición de la distribución te-

---

1103 *V.* lo que hemos expuesto en Allan R. Brewer-Carías, *Federalismo y Municipalismo en la Constitución de 1999 (Una reforma Insuficiente y regresiva)*, Editorial Jurídica Venezolana, Caracas, 2001; *íd. La Constitución de 1999. Derecho Constitucional Venezolano*, t. I, Edit. Jurídica Venezolana, Caracas, 2004, pp. 263-436; *íd.*, "La descentralización política en la Constitución de 1999: Federalismo y Municipalismo (una reforma insuficiente y regresiva)", *Boletín de la Academia de Ciencias Políticas y Sociales*, N° 138, Año LXVIII, Caracas, 2002, pp. 313-359; y en Provincia. *Revista Venezolana de Estudios Territoriales*, II etapa, N° 7, Mérida, Centro Iberoamericano de Estudios Provinciales y Locales (CIEPROL) y Universidad de los Andes, 2001, pp. 7-92.

1104 *V.* el texto de esta Constitución y de todas las otras citadas en Allan R. Brewer-Carías, *Las Constituciones de Venezuela*, Caracas, Academia de Ciencias Políticas y Sociales, 1997.

1105 Esta Constitución Federal de los Estados de Venezuela de 1811, incluso, fue sancionada antes que la Constitución de Cádiz (1812), cuyo texto no tuvo influencia en los inicios del constitucionalismo venezolano. *V.* Allan R. Brewer-Carías, "El paralelismo entre el constitucionalismo venezolano y el constitucionalismo de Cádiz (o cómo el de Cádiz no influyó en el venezolano)" en *La Constitución de Cádiz. Hacia los orígenes del Constitucionalismo Iberoamericano y Latino,* Unión Latina y Universidad Católica Andrés Bello, Caracas, 2004, pp. 223-331.

rritorial del Poder Público y de las efectivas autonomías territoriales de los 20 Estados y el Distrito Federal que conformaban la organización federal del Estado[1106].

El proceso de democratización del país, por otra parte, en realidad sólo comenzó a producirse a partir de la segunda mitad del Siglo XX, particularmente después de la sanción de la Constitución de 1961, en la cual si bien se conservó la forma federal del Estado, ello fue con la regulación de autoridades nacionales altamente centralizadas, incorporándose sin embargo como *desideratum* al texto constitucional, la política de descentralización[1107].

Precisamente debido a la progresiva democratización del país y conforme a las expresas previsiones constitucionales, en 1989 se comenzó un proceso de descentralización política, mediante la transferencia de competencias y servicios desde los niveles nacionales de gobierno hacia los Estados. Incluso, entre 1993 y 1994, se designó un Ministro para la Descentralización como miembro del Consejo de Ministros a los efectos de conducir y reforzar dicho proceso[1108]. También en 1989, por primera vez desde el Siglo XIX, se produjo la elección por sufragio universal, directo y secreto de los Gobernadores de Estado, con lo que la vida política regional comenzó a jugar un papel importante en el país[1109].

La crisis del sistema de Estado de partidos[1110] que estalló en la década de los noventa, condujo al proceso constituyente de 1999, con importantes y radicales cambios políticos, entre ellos, el abandono de los esfuerzos por descentralizar el poder que se habían venido realizando. La Asamblea Nacional Constituyente electa en 1999 se convirtió en el principal instrumento del recién electo Presidente de la Republica (1998), Hugo Chávez Frías -un Teniente Coronel retirado- que había liderizado un intento de golpe de Estado militar en 1992- para apoderarse de todas las ramas del Poder Público y reforzar la centralización de la Federación[1111]. De hecho, la Asamblea Nacional Constituyente fue electa en julio de 1999, integrada por 131 miembros, 125 de los cuales fueron ciegos seguidores del Presidente de la Repúbli-

---

1106 *V.* Allan R. Brewer-Carías, *El desarrollo institucional del Estado centralizado en Venezuela (1899-1935) y sus proyecciones contemporáneas*, Universidad Católica del Táchira, San Cristóbal, 1988, 48 pp; publicado también en *Revista Paramillo*, Universidad Católica del Táchira, Nº 7, San Cristóbal, 1988, pp. 439-480; en *Revista de Estudios de Administración Local y Autonómica*, Nº 227 y Nº 228, Madrid, Instituto Nacional de Administración Pública, 1985, pp. 487-514 y pp. 695-726, respectivamente.

1107 *V.* Allan R. Brewer-Carías, "El proceso de descentralización política en América Latina" en Allan R. Brewer-Carías, *Reflexiones sobre la organización territorial del Estado en Venezuela y en la América Colonial*, Editorial Jurídica Venezolana, Caracas, 1997, pp. 109-146; y "La descentralización de la Federación Venezolana", *Idem.*, pp. 181-202.

1108 *V. Informe sobre la descentralización en Venezuela (1993)*, Memoria de Allan R. Brewer-Carías, Ministro de Estado para la descentralización, Caracas, 1994.

1109 *V.* Allan R. Brewer-Carías, "Bases legislativas para la descentralización política de la federación (1990: El inicio de la reforma)" en Allan R. Brewer Carías, et ál, *Leyes y Reglamentos para la descentralización política de la Federación*, Editorial Jurídica Venezolana, Caracas, 1994, pp. 7-53.

1110 *V.* Allan R. Brewer-Carías, *Problemas del Estado de partidos,* Editorial Jurídica Venezolana, Caracas, 1988, 340 pp.

1111 *V.* Allan R. Brewer-Carías, "El proceso constituyente y la fallida reforma del Estado en Venezuela" en *Estrategias y propuestas para la reforma del Estado*, Universidad Nacional Autónoma de México, México, 2001, pp. 25-48; publicado también en Allan R. Brewer-Carías, *Reflexiones sobre el constitucionalismo en América,* Editorial Jurídica Venezolana, Caracas, 2001, pp. 243-253.

ca, y sólo cuatro voces disidentes se pudieron oír durante los seis meses de su funcionamiento; ciertamente, una "oposición" muy precaria.

Desafortunadamente, el proceso constituyente de 1999 no fue concebido como un instrumento para la conciliación con vistas a la reconstrucción del sistema democrático, para asegurar su gobernabilidad efectiva, pues ello hubiera requerido el compromiso político de todos los componentes de la sociedad y del liderazgo político, así como la participación de todos sus sectores en el diseño de una nueva forma de funcionamiento de la democracia, lo cual no ocurrió. El proceso constituyente, al contrario, sirvió para lo antes mencionado, es decir, para facilitar el total apoderamiento de todas las ramas del Poder Público por el nuevo grupo político que se formó en torno al nuevo Presidente, que aplastó no sólo a los otros grupos y partidos políticos, sino a la autonomía de los Estados de la federación.

Como consecuencia de ello, casi todas las oportunidades de inclusión y participación política fueron reducidas, y el proceso constituyente se convirtió en un interminable *coup d'état*. Ello ocurrió a partir del momento en el cual la Asamblea Constituyente comenzó a violar la entonces vigente Constitución de 1961, mediante la intervención y asunción de todas las ramas del Poder Público e, incluso, interviniendo los Estados de la Federación, para lo cual no había sido autorizada en el referendo de abril de 1999 que le había dado existencia[1112].

Este ilegítimo proceso fue seguido por el de la violación de la nueva Constitución después de su aprobación por referendo el 15 de diciembre de 1999, cuando la misma Asamblea Nacional Constituyente -que ya había cumplido su cometido- sancionó un "Régimen de Transición de los Poderes Públicos" cuyo texto no fue sometido a la aprobación popular por referendo[1113]. Esa situación ha continuado posteriormente -el de la transitoriedad constitucional- afectando seriamente la separación de poderes y "permitiendo" a la Asamblea Nacional electa en 2000 incluso legislar fuera del marco constitucional, con el lamentable aval de la Sala Constitucional del Tribunal Supremo de Justicia.

La nueva Constitución de 1999, por otra parte, carecía de las previsiones necesarias para que el país pudiera asumir los cambios democráticos que eran necesarios, particularmente a través de la efectiva descentralización política de la Federación y el reforzamiento de los poderes de los Estados y Municipios[1114]. La Constitución de 1999 en realidad, continuó con los mismos principios centralizadores que tenía la Constitución precedente, en algunos casos centralizando aún más ciertos aspectos.

1112 *V.* Allan R. Brewer-Carías, *Golpe de Estado y Proceso Constituyente en Venezuela*, Universidad Nacional Autónoma de México, México, 2002.

1113 *V.* los comentarios en Allan R. Brewer-Carías, *La Constitución de 1999. Derecho Constitucional Venezolano,* t. II, Editorial Jurídica Venezolana, Caracas, 2004, pp. 1.103 y ss.

1114 *V.* Allan R. Brewer-Carías, "La opción entre democracia y autoritarismo" en Allan R. Brewer-Carías, en *Reflexiones sobre el constitucionalismo en América, cit.*, pp. 41-60; "Democratización, descentralización política y reforma del Estado", *Idem*, pp. 105-126; *íd.*, "El Municipio, la descentralización política y la democracia", *Ibídem*, pp. 127-142; *íd.*, "El Municipio, la descentralización política y la democracia" en ***XXV Congreso Iberoamericano de Municipios***, Guadalajara, Jalisco, México, 23 al 26 de octubre del 2001, México 2003, pp. 53-61; *íd.*, "Democracia municipal, descentralización y desarrollo local", *Revista Iberoamericana de Administración Pública*, N° 11, Ministerio de Administraciones Públicas, Madrid, 2003, pp. 11-34.

Si bien es cierto que la Constitución define el proceso de descentralización como una política nacional para perfeccionar la democracia (Articulo 158), podemos observar que en contraste, las políticas públicas desarrolladas durante los últimos cuatro años pueden caracterizarse como una progresiva centralización gubernamental, sin un real desarrollo de los gobiernos locales En consecuencia, en Venezuela, el federalismo ha quedado pospuesto y la democracia debilitada.

2. *Las previsiones constitucionales relativas a la Federación en la Constitución de 1999*

Una federación, ante todo, es una forma de Estado en la cual el Poder Público está distribuido territorialmente entre diversos niveles de gobierno con instituciones políticas autónomas. Por ello es que en principio, la federación y la descentralización política son conceptos íntimamente relacionados, siendo la descentralización el más efectivo instrumento no sólo para garantizar los derechos individuales y sociales, sino para permitir la efectiva participación de los ciudadanos en el proceso político. En este contexto, la relación entre gobiernos locales y la población es esencial. Por ello, en general puede decirse que las fuertes tendencias centralizadoras de los últimos años en Venezuela, son contrarias a la gobernabilidad democrática y a la participación política.

De acuerdo con el artículo 4 de la Constitución de 1999, la Republica de Venezuela formalmente se la define como un "Estado federal descentralizado" en los términos indicados en la misma Constitución, conforme a los principios de integridad territorial, solidaridad, concurrencia y corresponsabilidad. Sin embargo, los términos definidos en la Constitución son centralizadores, por lo que el país continúa siendo una "Federación Centralizada", lo que sin duda constituye una contradicción.

El artículo 136 de la Constitución establece que el Poder Público se distribuye entre los Municipios, los Estados y la República, estableciendo una Federación a tres niveles de gobierno y autonomía política: el Poder Nacional, que se ejerce por los órganos de la Republica (nivel federal); el Poder Estadal, que se ejerce por los órganos de los 23 Estados y el Distrito Capital; y el Poder Municipal que se ejerce por los órganos de los 338 Municipios existentes. En cada uno de esos niveles, conforme a la Constitución, los gobiernos deben ser siempre democráticos, participativos, electivos, descentralizados, alternativos, responsables, plurales y de mandatos revocables (Artículo 6).

El Distrito Capital sustituyó al antiguo Distrito Federal (establecido desde 1863), eliminándose todo tipo de intervención o ingerencia del nivel federal en las autoridades del Distrito Capital.

La organización de las instituciones políticas en cada nivel territorial está condicionada por el principio de la separación orgánica de poderes, aún cuando con diferente alcance. En el nivel nacional, en el marco de un sistema presidencial de gobierno, el Poder Público Nacional está dividido entre los Poderes "Legislativo, Ejecutivo, Judicial, Ciudadano y Electoral" (Artículo 136). La Constitución de 1999, por tanto, superó la clásica división tripartita del Poder Público, agregando los Poderes Ciudadano (Ministerio Público, Contraloría General y Defensor del Pueblo) y Electoral (Consejo Nacional Electoral). Las ramas Judicial y Electoral están reservadas al nivel nacional (federal).

Debe destacarse en relación con el Poder Legislativo, que la Constitución de 1999 estableció una Asamblea Nacional unicameral, eliminando la larga tradición de bicameralismo, específicamente eliminando al Senado. En consecuencia, Venezuela se ha convertido en un raro Estado federal sin "cámara federal" o senado, que es donde los Estados, a través de sus representantes, pueden en definitiva ser iguales (igualdad de voto). Por tanto, en la Asamblea Nacional, al contrario, no hay representantes de los Estados y sus miembros solo son, en general, representantes de los ciudadanos y de los Estados en su conjunto, sin que puedan teóricamente estar sujetos a mandatos e instrucciones, debiendo votar sólo conforme a los dictados de su conciencia (Artículo 201). Ello eliminó efectivamente todo vestigio de representación territorial.

La Constitución estableció también que cada Estado tiene un Gobernador que debe ser electo mediante sufragio universal, directo y secreto (Artículo 160), y un Consejo Legislativo compuesto por representantes electos de acuerdo con el principio de representación proporcional (Artículo 162).

Corresponde a los Consejos Legislativos de los Estados dictar su propia Constitución para organizar sus Poderes Públicos conforme a las disposiciones de la Constitución nacional, la cual garantiza la autonomía de los Estados (Artículo 159). Es decir que, en principio, las ramas Ejecutiva y Legislativa del Poder Público Estadal deben estar reguladas en las Constituciones estadales, al igual que el Contralor General de los Estados.

Por otra parte, a pesar de las estipulaciones de la Constitución Nacional en relación con las Constituciones de los Estados, en el sentido que deben estar destinadas sólo a regular la organización y funcionamiento de sus Poderes Públicos, debe mencionarse que en todas las Constituciones de los Estados (Sub nacionales), adicionalmente a su parte orgánica, se ha incorporado una parte dogmática regulándose los derechos individuales, sociales y económicos.

Por otra parte, en general, todas las Constituciones estadales, además, se pueden reformar o enmendar por los Consejos Legislativos de los Estados, mediante votaciones con mayoría específica diferente a la requerida para la reforma de la legislación ordinaria.

3. *Los límites al contenido de las Constituciones estadales*

Como se ha indicado, en principio, cada Estado tiene poderes constitucionales para sancionar su propia Constitución a los efectos de organizar sus Poderes Públicos, es decir, su Poder Ejecutivo, su Poder Legislativo y, adicionalmente, sus propios órganos de control fiscal.

En lo que se refiere a los derechos individuales, sociales y económicos, como se indicó, todas las Constituciones de los Estados tienen regulaciones específicas sobre ellos, pero en general repiten lo que está ya regulado en la Constitución nacional. Esta tiene una extensísima regulación relativa a los derechos humanos protegibles (civiles, políticos, sociales, educacionales, culturales, económicos, ambientales y de los pueblos indígenas), agregando incluso la protección de los derechos no enumerados en el Texto que sean inherentes a la persona humana, dejando muy poco campo para regulaciones adicionales o innovadoras para las Constituciones estadales. De igual modo, la Constitución nacional también constitucionalizó los derechos enumerados en los Tratados internacionales sobre derechos humanos, cuyas normas no sólo tienen rango constitucional sino rango *supra* constitucional en el sentido que prevalecen cuando establezcan regulaciones más favorables al ejercicio y goce de los derechos.

Pero en relación con las regulaciones relativas a la organización y funcionamiento de las ramas estadales del Poder Público, el ámbito de los poderes de los Estados también ha sido seriamente limitado en la Constitución de 1999. Ante todo debe observarse que en Venezuela, desde 1945 el Poder Judicial ha sido reservado al nivel nacional, particularmente debido a que la legislación y los Códigos más importantes (Civil, Penal, Comercio, Trabajo y Procedimientos) son de carácter nacional. En consecuencia, siendo todos los tribunales de carácter nacional (federal), no queda materia alguna en estos aspectos sobre las cuales las Constituciones de los Estados puedan establecer regulaciones.

En lo que se refiere al control judicial de la constitucionalidad, la Sala Constitucional del Tribunal Supremo de Justicia, es el órgano constitucional con poderes para anular con efectos *erga omnes* (art. 336) todas las leyes (nacionales, estadales y municipales), incluyendo las Constituciones de los Estados, cuando vulneren la Constitución. Este control concentrado de la constitucionalidad (modelo europeo) se combina con el método difuso de control (modelo americano), conforme al cual todos los jueces tiene potestad para declarar la inconstitucionalidad de una norma (nacional, estadal o municipal) al resolver un caso concreto, aplicando preferentemente la Constitución y desaplicando la ley, con efectos *inter partes*. En estos casos, sin embargo, un recurso extraordinario de revisión puede interponerse ante la Sala Constitucional, la cual puede establecer interpretaciones constitucionales vinculantes (principio *stare decisis*) (art. 334 y 335).

En relación con los Consejos Legislativos de los Estados, la Constitución de 1999, también por primera vez en la historia del federalismo venezolano, estableció que la organización y funcionamiento de los Consejos Legislativos estadales debe ser regulada en una ley orgánica nacional (Artículo 162); en una manifestación de centralismo nunca antes conocida.

De acuerdo con esa autorización constitucional, en 2001 la Asamblea Nacional sancionó una Ley Orgánica sobre los Consejos Legislativos de los Estados[1115] en la cual se establecieron detalladas regulaciones en relación no sólo con la organización y funcionamiento de los Consejos (como lo autoriza la Constitución nacional), sino que también sobre sus miembros (legisladores) y sus competencias así como las reglas generales del procedimiento de formación de las leyes. Con estas regulaciones nacionales, el contenido efectivo de las Constituciones de los Estados en relación con los Consejos Legislativos, ha sido vaciado, quedando limitadas materialmente a repetir lo que ya está regulado en la antes mencionada ley orgánica nacional.

Por otra parte, la posibilidad de organizar el Poder Ejecutivo en los Estados también ha sido limitada por la Constitución de 1999, la cual ha establecido las reglas y normas básicas en relación con los Gobernadores como jefes del Ejecutivo estadal. La Constitución nacional, además, ha regulado extensivamente las reglas generales relativas a la Administración Pública (nacional, estadal y municipal), a la función pública, a los procedimientos administrativos y a la contratación administrativa. To-

---

1115 Ley Orgánica de los Consejos Legislativos de los Estados (Ley Nº 33), *Gaceta Oficial* Nº 37.282 de 13-09-2001.

das esta normas han sido desarrolladas en 2001 en la Ley Orgánica de la Administración Pública y en la Ley Orgánica sobre el Estatuto de la Función Pública[1116]. En consecuencia, en estos aspectos, las Constituciones de los Estados también han sido vaciadas de contenido real, de manera que sus normas sólo tienden a repetir lo que ya está establecido en las leyes orgánicas nacionales.

Finalmente, en relación con otros órganos estadales, la Asamblea nacional sancionó una Ley sobre el nombramiento y remisión de los Contralores Generales de los Estados[1117], limitando en consecuencia, pero en este caso sin autorización constitucional, los poderes de los Consejos Legislativos de los Estados para regular tal materia. También debe destacarse que la intervención nacional en relación con el contenido de las Constituciones de los Estados sobre sus propios órganos, ha sido completada por la Sala Constitucional del Tribunal Supremo de Justicia, la cual durante los últimos años (2001-2002) ha anulado normas de Constituciones de tres Estados que han creado órganos de defensa de sus ciudadanos o de los derechos de estos, bajo el argumento de que se trata de una materia reservada al Poder Nacional (federal)[1118].

Como se ha mencionado, la Constitución nacional establece tres niveles de gobierno y autonomía territorial y de distribución del Poder Público, regulando directamente el régimen municipal en forma por demás extensa. En esta materia, las Constituciones de los Estados y las leyes que dicten los Consejos Legislativos solo podrían reglar el régimen municipal conforme a lo establecido no sólo en la Constitución nacional, sino en la Ley Orgánica nacional del Poder Público Municipal, de cuyas normas queda muy poco espacio para la innovación a nivel estadal, incluso hasta para regular las necesarias diferencias de regímenes de gobierno local debido a las peculiaridades territoriales y de desarrollo de cada Estado[1119].

En consecuencia, no teniendo los Consejos Legislativos de los Estados posibilidad alguna de efectivamente regular aspectos sustantivos relativos a los derechos civiles, económicos, sociales, culturales, ambientales o políticos; y habiendo sido limitadas sus competencias para regular sus propios Poderes Públicos (Ejecutivo y Legislativo) así como sus otros órganos del Poder Público estadal (Contraloría General y Defensor de los ciudadanos), entonces a las Constituciones estadales (Sub nacionales) les ha sido dejado muy poco espacio regulatorio, por lo que las mismas, en definitiva, lo que hacen es repetir lo ya regulado en la Constitución nacional y en las antes mencionadas leyes orgánicas.

1116 Ley Orgánica de la Administración Pública (Ley N° 40), *Gaceta Oficial* N° 37.305 del 17 de octubre de 2001; Ley del Estatuto de la Función Pública, *Gaceta Oficial* N° 37.522 de 06-09-2002.

1117 Ley para la Designación y Destitución del Contralor o Contralora del Estado (Ley N° 37), *Gaceta Oficial* N° 37.304 de 16-10-2001.

1118 La Sala Constitucional, en sentencia 1182 de 11 de octubre de 2000 anuló las normas de la Constitución del Estado Mérida que había creado la figura del "Defensor de los Derechos"; *V.* en *Revista de Derecho Público*, N° 84, (octubre-diciembre), Editorial Jurídica Venezolana, Caracas, 2000, pp. 177 y ss; y en sentencia N° 1395 de 7 de agosto de 2001 anuló las normas de la Constitución del Estado Aragua que había creado la figura del "Defensor del Pueblo de Aragua; *V.* en *Revista de Derecho Público*, N° 85-88, Editorial Jurídica Venezolana, Caracas, 2001, pp. 192 y ss.

1119 Ley Orgánica del Poder Público Municipal, *Gaceta Oficial* N° 38.204 del 08-06-2005.

4. *El sistema constitucional de distribución de poderes entre los tres niveles de gobierno: Nacional, Estadal y Municipal*

La Constitución de 1999, ciertamente establece una enumeración de materias cuya competencia se atribuye en forma exclusiva al Poder Nacional (Artículo 156), al Poder Estadal (Artículo 154) y al Poder Municipal (Artículo 178); pero en estas regulaciones las materias de competencia exclusiva están en su mayoría reservadas al Poder Nacional y al Poder Municipal, y muy pocas están atribuidas a la competencia del Poder Estadal[1120].

De acuerdo con el artículo 156 de la Constitución, en efecto, el Poder Nacional tiene competencia exclusiva, por ejemplo, en las siguientes materias: relaciones internacionales, seguridad y defensa, nacionalidad y extranjería, policía nacional, régimen general de la economía, minas e hidrocarburos, políticas nacionales y regulaciones generales en materia de educación, salud, medio ambiente, ordenación del territorio, transporte, producción agropecuaria, correos y telecomunicaciones. La administración de justicia, como se dijo, también es una competencia exclusiva del Poder Nacional (Artículo 156.31).

En relación con el régimen local, el Artículo 178 de la Constitución le atribuye a los Municipios competencia, por ejemplo, en materias como ordenación urbanística, vivienda, vialidad y transporte urbano, publicidad comercial, medio ambiente urbano, servicios públicos domiciliarios (electricidad, agua, aseo urbano), servicios básicos de educación, salud y policía municipal. Algunas de estas materias son de la competencia exclusiva de los Municipios y otras de carácter concurrente. Como se indicó, la autonomía de los Municipios se consagra expresamente en la Constitución, pero sin garantía real alguna ya que se dispone que pueda ser limitada, no sólo por lo que la Constitución misma establece, sino por lo que se disponga en la ley nacional (Artículo 168)

Pero en relación con las competencias estadales, la Constitución nacional no establece efectivamente una enumeración de materias sustantivas que serían de la competencia exclusiva de los Estados, constituyendo las que enumera competencias en cuestiones formales y de procedimiento. Adicionalmente las pocas competencias enumeradas relativas a materias sustantivas, lo son con carácter concurrente, por ejemplo en relación con la organización municipal, las explotaciones de minerales no metálicos, policía, vialidad estadal y administración de la infraestructura nacional de transporte (aeropuertos comerciales y puertos nacionales (Artículo 164). Por otra pare, como se ha indicado, la posibilidad para los Consejos legislativos de regular el régimen municipal en sus propios territorios ha sido muy limitada, al estar sujetas a lo que se establece en la Ley Orgánica de Régimen Municipal nacional.

Los Consejos Legislativos estadales, sin duda, pueden dictar leyes relativas a las materias de su competencia (Artículo 162), pero tratándose en su mayoría de materias de competencia concurrentes, de acuerdo con la Constitución nacional su regulación por los Estados depende de las regulaciones que previamente tiene que adoptar el Poder Nacional (leyes de base), lo que significa que en definitiva las competencias legislativas de los Estados están muy limitadas. En esta materia, la Constitu-

---

1120 *V.* Allan R. Brewer-Carías, "La distribución territorial de competencias en la Federación venezolana", *Revista de Estudios de Administración Local. Homenaje a Sebastián Martín Retortillo*, N° 291, Instituto Nacional de Administración Pública, Madrid, 2003, pp. 163-200.

ción de 1999 hizo muy poco por detener la tendencia centralista del país, y más bien, ha contribuido a intensificar la centralización.

Como antes se mencionó, la Constitución nacional ha limitado la posibilidad de los Estados de regular las materias de la competencia concurrente, que eran las que tradicionalmente habían dado a los Estados posibilidades reales de regulación, al establecer que su ejercicio está sujeto a lo que previamente determine la Asamblea Nacional en las "leyes de bases" que debe dictar. De ello resulta que los Consejos legislativos estadales sólo pueden dictar leyes en esas materias después que se dicten las leyes nacionales (Artículo 165); y en todo caso, dispone la Constitución, que la legislación que puedan dictar los Estados relativa a las materias de competencia concurrentes deben seguir los principios de interdependencia, coordinación, cooperación, co-responsabilidad y subsidiariedad (Artículo 165).

Por otra parte, en relación con las competencias residuales que tradicionalmente se habían atribuido a los Estados en las Constituciones precedentes y en toda federación, la Constitución de 1999 ha limitado el ámbito de las que corresponden a los Estados al establecer expresamente, por primera vez en la historia del federalismo venezolano, una competencia residual paralela y prevalente a favor del Poder Nacional en materia de impuestos no atribuidos expresamente a los Estados y a los municipios (Artículo 156.12).

Por último, debe mencionarse que la Constitución de 1999, siguiendo la orientación de la Constitución de 1961, ha previsto la posibilidad de que se descentralicen competencias nacionales y se transfieran a los Estados, lo que se ha regulado en la Ley Orgánica de descentralización, delimitación y transferencia de competencias del Poder Público (LOD) de 1989[1121]. Sin embargo, aún cuando entre 1990 y 1994 se realizaron importantes esfuerzos por descentralizar competencias hacia los Estados y revertir las tendencias centralizadoras que habían dominado el desarrollo político del país[1122], desafortunadamente dicho proceso fue abandonado, y a partir de 2003 las transferencias de competencias que se habían efectuado, por ejemplo en materia de salud, han comenzado a ser revertidas.

5. *El financiamiento de la Federación*

Debe hacerse mención, por último, al régimen constitucional relativo al financiamiento de la federación. En esta materia, y particularmente en materia impositiva, puede decirse que la Constitución nacional ha acentuado las tendencias centralizadoras, habiéndose eliminado materialmente toda competencia estadal en la misma.

En efecto, la Constitución nacional no sólo enumera las competencias nacionales en materia impositiva (impuesto sobre la renta, sobre herencias y sobre donaciones; impuestos al capital y a la producción, impuestos al valor agregado, impuestos sobre hidrocarburos y minas, impuestos a la importación y exportación de bienes y servicios, e impuestos sobre el consumo de licores, alcoholes, cigarrillos y tabaco) (Artículo 156.12), y atribuye expresamente a los Municipios competencias en relación

1121 Ley Orgánica de Descentralización, Delimitación y Transferencia de competencias del Poder Público, *Gaceta Oficial* N° 37.753 de 14-08-2003. *V.* Allan R. Brewer-Carías et ál., *Leyes y Reglamentos para la descentralización política de la Federación*, Editorial Jurídica Venezolana, Caracas, 1994.

1122 *Informe sobre la descentralización en Venezuela (1993)*, Memoria de Allan R. Brewer-Carías, Ministro de Estado para la descentralización, Caracas, 1994.

con los impuestos locales (impuestos sobre la propiedad inmueble urbana, sobre industria y comercio, sobre espectáculos públicos y sobre vehículos) (Artículo 179), sino que además, como antes se dijo, otorga al Poder Nacional una competencia residual general en materia impositiva (Artículo 156.12). En contraste, la Constitución no otorga a los Estados competencia alguna en materia impositiva, salvo por lo que se refiere a los timbres y estampillas fiscales y papel sellado (Artículo 164.7). En consecuencia, los Estados sólo podrán recaudar impuestos cuando la Asamblea Nacional así lo disponga transfiriéndoles competencias nacionales mediante ley (Artículo 167.5), lo cual aún no ha ocurrido.

Al no tener los Estados sus propias fuentes de financiamiento, su funcionamiento fiscal depende completamente de transferencias financieras de recursos nacionales a través de tres mecanismos. En primer lugar, mediante el denominado Situado Constitucional, que es la partida presupuestaria que debe estar en la Ley anual de Presupuesto nacional equivalente a un mínimo del 15% y un máximo del 20% del total de los ingresos nacionales ordinarios anualmente estimados (Artículo 167.4). Dicho monto debe distribuirse entre los Estados, entre otros factores, de acuerdo con su población. En segundo lugar, de acuerdo con la Constitución, mediante ley nacional se ha establecido un sistema de asignaciones económicas especiales a favor de los Estados en cuyos territorios se efectúen explotaciones mineras y de hidrocarburos, las cuales se han extendido igualmente a los otros Estados (Artículo 156.16). En tercer lugar, el financiamiento de los Estados y Municipios también se ha efectuado con fondos provenientes del Fondo Intergubernamental para la Descentralización (FIDES)[1123] establecido en 1993 con ocasión de la sanción de la Ley sobre el Impuesto al Valor Agregado, el cual, conforme a la Constitución, debe ser sustituido por un Fondo de Compensación Territorial (Artículo 167.6), aún no establecido. Y en cuarto lugar, otra fuente de financiamiento a los Estados ha provenido de la Ley de Asignaciones Económicas Especiales para los Estados Derivadas de Minas e Hidrocarburos[1124], dictada en ejecución de lo dispuesto en el artículo 156.16 de la Constitución.

Por lo demás, y siguiendo una larga tradición constitucional, en Venezuela los Estados y Municipios no pueden contraer deuda pública salvo si son autorizados especialmente en cada operación por una ley nacional.

6. *El precario ámbito de las competencias estadales*[1125] *cuyo ejercicio se sujeta a lo que disponga la Legislación Nacional*

Conforme a la tradición constitucional venezolana, como se ha dicho, la Constitución de 1999 conservó nominalmente la organización del Estado con forma federal, mediante un sistema de distribución del poder público en tres niveles: nacional, estadal y municipal, atribuyendo su ejercicio a diversos órganos, y asignando como se ha descrito anteriormente, competencias *exclusivas* en los tres niveles, además de

1123 *V.* en *Gaceta Oficial* Nº 37.022 de 25 de agosto de 2000.

1124 *V.* en *Gaceta Oficial* Nº 37.086 del 27 de noviembre de 2000.

1125 El empleo del venezolanismo "estadales" es deliberado, para distinguir lo que concierne a los Estados federados, frente al calificativo de "estatales" destinado a identificar lo que concierne al Estado federal o Central.

las competencias *concurrentes* entre ellos, y algunas competencias *residuales* y otras *implícitas*..

La reforma constitucional de 1999, cuyo objetivo final debió haber sido perfeccionar la democracia mediante el reforzamiento de la descentralización de la Federación, debió haber revertido la tendencia histórica de los últimos 150 años de reducción y vaciamiento de las competencias de los estados y, por tanto, asignar más competencias exclusivas a los estados acordes con las realidades contemporáneas. Una de las formas de fortalecer al poder nacional sin duda, era deslastrar a la República de competencias que bien y más eficientemente se pueden cumplir a nivel estadal, al cual también debían ir competencias que históricamente se habían atribuido a los municipios, las cuales, como estos debían haberse multiplicado con regímenes diferenciados más cerca del ciudadano y de las comunidades, debían ubicarse en el nivel intermedio (estadal) de la descentralización del poder. Sin embargo, en esta materia muy poco se varió del régimen constitucional de 1961, salvo para centralizar más competencias a nivel nacional. En cuanto a las competencias exclusivas de los estados, como se ha visto, éstas son precarias y su ejercicio está sometido a lo dispuesto en leyes nacionales; en cuanto a las competencias concurrentes, su ejercicio por los estados sólo podría realizarse si se dictan leyes nacionales; y en cuanto a las competencias residuales, las mismas no sólo se establecieron a favor de los estados sino también a favor del poder nacional, y las de los estados podrían ser reducidas mediante su asunción por los órganos nacionales en virtud de la interpretación de la cláusula de las competencias implícitas.

II. LAS COMPETENCIAS EXCLUSIVAS DE LOS ESTADOS EN VENEZUELA. CONTRASTE CON LAS COMPETENCIAS DE LOS GOBIERNOS REGIONALES EN EL PERÚ

1. Las precarias competencias exclusivas de los estados en Venezuela y su ejercicio conforme a la ley nacional

De acuerdo con la enumeración que hemos hecho precedentemente, si se analiza detenidamente el artículo 164 C., en contraste con el contenido de los artículos 156 (materias de la competencia del poder nacional) y 178 (materias de la competencia municipal), se puede constatar una precaria indicación de competencias que serían exclusivas de los estados, las cuales en general son sólo en forma parcial, pues su ejercicio debe realizarse con alguna sujeción a las regulaciones que dicten los órganos del poder nacional.

A. *Las competencias de orden institucional*

Desde el punto de vista institucional, se pueden identificar dos competencias exclusivas de los estados en cuanto a la organización de sus propios poderes públicos estadales y en cuanto a la organización de sus municipios.

a. *La supuesta competencia para la organización de los poderes públicos estadales*

Conforme a la Constitución, los estados tienen competencia "exclusiva" para organizar sus propios poderes públicos; competencia que sin embargo no es plena, pues ha sido vaciada de contenido por estar sujeta en una u otra forma a la legislación nacional.

En efecto el ordinal 1 del artículo 164 atribuye a los Estado, a través de sus consejos legislativos, la potestad de dictar la Constitución del Estado para organizar los poderes públicos. Este sería uno de los signos fundamentales de la autonomía de los estados, lo que debería implicar la potestad de regular la organización y funcionamiento de los órganos de los poderes legislativo (consejos legislativos) y ejecutivo (Gobernación y Administración Pública estadal) de cada Estado, así como de los otros órganos del poder público estadal como las contralorías de los estados. En cuanto al poder judicial, su organización y funcionamiento en Venezuela es de exclusiva competencia nacional.

Sin embargo, como se verá, la realidad constitucional es que las Constituciones de los estados materialmente dejaron de tener contenido propio, pues su parte orgánica, que es la única que en sentido estricto deberían tener (la parte dogmática de la Constitución sobre los derechos y garantías constitucionales es una competencia nacional), destinada a regular la organización y funcionamiento de los órganos estadales, en definitiva ha sido regulada por leyes nacionales, cuyo contenido es el que en una forma u otra se repite en los textos constitucionales estadales. Entonces, en cuanto a lo que en esta materia institucional sería de la competencia "exclusiva" de los estados, como se analizará más adelante al comentar la autonomía limitada de los mismos, la Constitución sujeta su ejercicio a la legislación nacional o directamente atribuye al poder nacional su regulación, como ocurre respecto del la organización y funcionamiento de los consejos legislativos estadales, respecto de la Administración Pública y de la función pública estadal y respecto de la designación de los Contralores de los estados.

b. *La organización de los municipios sujeta a la ley nacional*

El artículo 162 C. también atribuye a los estados, competencia "exclusiva" para organizar los municipios y demás entidades locales que se establezcan en el territorio de cada Estado así como su división política territorial, pero ello conforme a la Constitución y a la ley; y es el artículo 169 C., el que dispone que la organización de los municipios y demás entidades locales se debe regir por la Constitución, por las normas que para desarrollar los principios constitucionales establezcan las *leyes orgánicas nacionales* y por las disposiciones legales que de conformidad con aquellas dicten los estados.

Se establece, así, un orden jerárquico de las fuentes legales que rigen respecto de la organización de los municipios conforme a lo cual las leyes estadales que se dicten en esta materia están sujetas a lo que establezca una ley orgánica nacional; e incluso, como antes se ha dicho, según el criterio de la Sala Constitucional del Tribunal Supremo, sólo después que se dictase la ley nacional es que los estados podían ejercer su competencia en relación con la organización de sus municipios.

Como se analizará detenidamente más adelante, la Ley Orgánica del Poder Público Municipal de 2005 ha regulado lo fundamental de la organización municipal, dejando muy poco margen a los consejos legislativos estadales para legislar en la materia. Además, en lo que se refiere a la posibilidad de creación de nuevos municipios y de las parroquias y demás entidades locales como barrios, urbanizaciones caseríos y aldeas; los requisitos y limitantes dispuestos por la legislación nacional son de tal naturaleza, que materialmente la hacen casi imposible.

B. *Las materias de la competencia exclusiva de los estados*

La Constitución establece una larga enumeración de materias de la competencia exclusiva de los órganos del poder nacional (art. 156) y de los órganos del poder municipal (art. 178); en contraste con una exigua enumeración de materias que serían de la competencia exclusiva de los estados, enumeradas en el artículo 164 C., y relativas a los servicios públicos estadales, la policía estadal y la fijación del ámbito de la policía municipal; la explotación de algunos bienes y recursos; y la materia de infraestructura, básicamente vial y de transporte. El antecedente inmediato de esta enumeración, sin duda, está en la ley de Descentralización, delimitación y transferencia de competencias del poder público de 1989, la cual fue el instrumento legislativo que por primera vez dio aplicación al artículo 137 C. de 1961, equivalente al artículo 157 C de 1999, a cuyo efecto dispuso en el artículo 11 la transferencia a los estados, "la competencia exclusiva" en las siguientes materias:

1. La organización, recaudación, control y administración del ramo de papel sellado;
2. El régimen, administración y explotación de las piedras de construcción y de adorno o de cualquier otra especie, que no sean preciosas, el mármol, pórfido, caolín, magnesita, las arenas, pizarras, arcillas, calizas, yeso; puzolonas, turbas, de las sustancias terrosas, las salinas y los ostrales de perlas, así como la organización, recaudación y control de los impuestos respectivos. El ejercicio de esta competencia está sometido a la Ley Orgánica para la Ordenación del Territorio y a las leyes relacionadas con la protección del ambiente y de los recursos naturales renovables;
3. La conservación, administración y aprovechamiento de las carreteras, puentes y autopistas en sus territorios. Cuando se trate de vías interestadales esta competencia se ejercerá mancomunadamente, a cuyos efectos se celebrarán los convenios respectivos;
4. La organización, recaudación, control y administración de los impuestos específicos al consumo, no reservados por Ley al Poder Nacional; y
5. La administración y mantenimiento de puertos y aeropuertos públicos de uso comercial.

La transferencia de estas competencias nacionales a los estados, para que fueran asumidas por éstos como "competencias exclusivas", sin embargo, no se operó con la sola promulgación de la Ley Orgánica, pues el mismo artículo 11, en su parágrafo único estableció que "hasta tanto los estados" asumieran estas competencias por ley especial, dictadas por los respectivos consejos legislativos (antes asambleas legislativas), se debía mantener vigente "el régimen legal existente en la actualidad" (dic. 1989)[1126].

Por tanto, sólo cuándo cada estado estableciera, por ley especial, el régimen de ejercicio de estas competencias, la transferencia se produciría respecto a dicha entidad, lo que significó que el proceso de transferencia en definitiva dependió de las antiguas asambleas legislativas de los estados. Esto significó que la transferencia ni

---

1126 *V.* el texto de las diferentes leyes estadales en *Informe sobre la Descentralización en Venezuela, 1993.* Memoria del Dr. Allan R. Brewer-Carías, Ministro del Estado para la Descentralización, Caracas, 1994, pp. 389 y ss. y 459 y ss.

se produjo a la vez en todos los estados ni necesariamente se realizó en forma uniforme. En todo caso, con la promulgación de la Ley Orgánica puede decirse que se operó una modificación o mutación de la Constitución de 1961 en virtud de la expresa disposición del artículo 137, habiendo adquirido la Ley Orgánica en ese aspecto, rango constitucional, razón por la cual ese proceso de descentralización no podía revertirse ni centralizarse de nuevo las competencias, salvo mediante una enmienda constitucional[1127]. En todo caso, la Constitución de 1999 en términos generales, constitucionalizó las transferencias, aún cuando con competencias exclusivas parciales, pues en muchos aspectos de las mismas materias, se asignan competencias a otros órganos del poder público.

a. *Las competencias en materia de servicios públicos*

El artículo 164.8 C. atribuye a los estados competencia "exclusiva" en materia de "creación, régimen y organización de los servicios públicos estadales". Sin embargo, ninguna norma constitucional atribuye a los estados servicio público específico alguno, por lo que en esta campo, en realidad, se está en presencia de una materia de la competencia concurrente con otros niveles del poder público, como las referidas a los servicios de salud, educativos o de deportes por ejemplo, cuyo ejercicio, en todo caso, requiere la sanción previa de leyes de bases por el poder nacional.

b. *La competencia en materia de policía estadal y de fijación del ámbito de la policía municipal*

Los estados tienen como materia de la competencia exclusiva "La organización de la policía y la determinación de las ramas de este servicio atribuidas a la competencia municipal, conforme a la legislación nacional aplicable" (art. 164,6).

Esta competencia exclusiva, sin embargo, como lo dispone la norma, debe ejercerse por los estados "conforme a la legislación nacional aplicable", lo que implica una sujeción al régimen general de la policía que establezca el poder nacional.

La policía, en efecto, es una materia que la Constitución distribuye como competencia en los tres niveles de gobierno: El poder nacional tiene competencia exclusiva en materia de "policía nacional" (art. 156,6), correspondiendo al Ejecutivo nacional organizar, de conformidad con la ley, un cuerpo uniformado de policía nacional (art. 332); y el poder municipal tiene competencia exclusiva, "en cuanto concierne a la vida local", en materia de "prevención y protección vecinal y servicios de policía municipal, conforme a la legislación nacional aplicable" (art. 178,7).

En esta materia se ha dictado la Ley de Coordinación de Seguridad Ciudadana[1128], con el objeto de coordinar entre los órganos de seguridad ciudadana, "sus competencias concurrentes, cooperación recíproca y el establecimiento de parámetros en ámbito de su ejercicio" (art. 1). A tal efecto, la ley definió las competencias *concurrentes*, como "aquellas facultades cuya titularidad y ejercicio le son atribuidas por igual tanto al Poder Nacional como al Poder Estadal y Municipal"; como *coordinación*, "el mecanismo mediante el cual el Ejecutivo Nacional; los estados y los

1127 *V.* Allan R. Brewer-Carías, "Bases legislativas para la descentralización política de la Federación centralizada (1990: El inicio de una reforma)", en Allan R. Brewer-Carías et ál, *Leyes para la descentralización política de la Federación,* Editorial Jurídica Venezolana, Caracas, 1994, pp. 25 y ss.

1128 *Gaceta Oficial* Nº 37.318 del 6 de noviembre de 2001.

municipios, unen esfuerzos para la ejecución de acciones tendentes a desarrollar los principios de comunicación, reciprocidad' y cooperación que permitan garantizar la seguridad ciudadana", y por tal *seguridad ciudadana*, "el estado de sosiego, certidumbre y confianza que debe proporcionarse a la población, residente o de tránsito, mediante acciones dirigidas a proteger su integridad física y propiedades" (art. 1).

En cuanto a los órganos de seguridad ciudadana, se enumeró en el artículo 2.° de la ley a la policía nacional, que para el momento de la sanción de la ley no había sido creada; las policías de cada estado; las policías de cada municipio, y los servicios mancomunados de policías prestados a través de las policías metropolitanas; el cuerpo de investigaciones científicas, penales y criminalísticas; el cuerpo de bomberos y administración de emergencias de carácter civil; y la organización de protección civil y administración de desastre.

En cuanto al funcionamiento interno de dichos órganos, el artículo 6 de la Ley atribuyó a los tres niveles de órganos del poder público nacional, estadal y municipal, competencia para dictar las normas necesarias para establecer el régimen disciplinario aplicable a los funcionarios adscritos a los órganos de seguridad ciudadana, en atención a la naturaleza de la actividad que desempeñan y los principios establecidos en la Ley (art. 6).

En cuanto al ejercicio de las competencias concurrentes entre los órganos de policía, en forma coincidente, el artículo 8 de la Ley dispuso que en los casos en que se produzca tal coincidencia mediante la presencia de representantes de los órganos de seguridad correspondientes a más de uno de los niveles del poder público, para atender una situación relacionada con competencias concurrentes, la responsabilidad de coordinación y el manejo de la misma, la debe asumir el órgano que disponga en el lugar de los acontecimientos de la mayor capacidad de respuesta y cantidad de medios que se corresponda con la naturaleza del hecho; debiendo los otros órganos darle apoyo al órgano coordinador (art. 8).

La Ley le atribuyó al Ministerio del Interior y Justicia, competencia para ejercer la coordinación de los órganos de seguridad ciudadana mediante la dos órganos que estableció: la Coordinación nacional de seguridad ciudadana y de las Coordinaciones regionales de seguridad ciudadana en los diferentes estados (art. 22), las cuales deben contar con la cooperación de los gobernadores y alcaldes (art. 23).

Por otra parte, en especial, la Ley de los Cuerpos de Bomberos y Bomberas y Administración de Emergencias de Carácter Civil[1129], reguló la prestación del servicio de bomberos y administración de emergencias de carácter civil, como una "competencia concurrente con los estados y los municipios" en los términos establecidos en la Constitución y en dicha ley (art. 11), considerando dichos cuerpos como "órganos de seguridad ciudadana, al exclusivo servicio de los intereses del Estado" (art. 2). El artículo 19 de la Ley define dichos órganos como los competentes para la prevención, preparación y atención de incendios y otras emergencias; así como para la realización de inspecciones técnicas y emisión de informes sobre las condiciones de seguridad en espacios públicos, comerciales o privados de uso público.

1129 *V.* en *Gaceta Oficial* N° 5.561 Extra. del 28 de noviembre de 2001.

c. *Las competencias en materia de explotación de bienes y recursos*

La Constitución atribuye a los estados competencia exclusiva en materia de explotación de minerales no metálicos, salinas y ostrales, y de la administración de las tierras baldías.

En cuanto al régimen y aprovechamiento de los minerales no metálicos y las salinas, el artículo 164.5 C. asigna competencia a los estados en cuanto al "régimen y aprovechamiento de minerales no metálicos, no reservados al poder nacional, las salinas, ostrales, de conformidad con la ley". Esta materia de la competencia exclusiva se había transferido a los estados por el art. 11,2 de la Ley Orgánica de Descentralización, Delimitación y Transferencia de Competencias del Poder Público de 1989[1130].

Ahora bien, en cuanto a su ejercicio, este debe realizarse "de conformidad con la ley", es decir, sujeto al régimen general que la Asamblea Nacional establezca en relación con "las minas e hidrocarburos... y otras riquezas naturales del país" (art. 156,16); particularmente, conforme a la competencia general del poder nacional respecto de "la conservación, fomento y aprovechamiento de los bosques, suelos, aguas y otras riquezas naturales del país" (art. 156,16); es decir conforme a las regulaciones contenidas en la Ley de Minas[1131], en la Ley Orgánica del Ambiente[1132] y en la Ley forestal, de suelos y aguas[1133].

En cuanto a la administración de las tierras baldías que son las que al no tener dueño conforme al Código Civil, son de la titularidad de los estados, el artículo 164.5 C. les asigna dicha competencia en forma "exclusiva". Esta competencia, sin embargo, debe ejercerse conforme al régimen de las tierras baldías que establezca el poder nacional (art. 156.16). Además, conforme a la Disposición Transitoria décimo primera de la Constitución, "hasta tanto se dicte la legislación nacional relativa al régimen de las tierras baldías, la administración de las mismas continuará siendo ejercida por el poder nacional, conforme a la legislación vigente". La Ley de Tierras y Desarrollo Agrícola, en todo caso, ha declarado en forma general a las tierras baldías como bienes del dominio público[1134].

d. *las competencias en materia de infraestructura*

La Constitución asigna a los estados competencia exclusiva en una serie de materias vinculadas a la infraestructura, particularmente en materia de obras públicas, vialidad y transporte acuático y aéreo.

En efecto, en materia de obras públicas estadales puede decirse que al atribuirse al poder nacional competencia exclusiva en materia de obras públicas nacionales (art. 156,20), corresponde entonces a los estados la competencia exclusiva en materia de obras públicas estadales.

1130 *V.* en *Gaceta Oficial* Nº 4.153 Extra. del 28 de diciembre de 1998.

1131 *V.* en Ley de Minas (decreto ley Nº 295) en *Gaceta Oficial* Extra. Nº 5.382 del 28 de septiembre de 1999.

1132 *V.* en *Gaceta Oficial* Nº 31.004 del 16 de junio de 1976.

1133 *V.* en. *Gaceta Oficial* Extra. Nº 1.004 del 26 de enero de 1966.

1134 *V.* en *Gaceta Oficial* Extra. Nº 35.771 del 18 de mayo de 2005.

En materia de vialidad estadal, la Constitución atribuye a los estados competencia exclusiva en materia de "ejecución, conservación, administración y aprovechamiento de las vías terrestres estadales" (art. 164,9). Estas serían "las que conforman la red vial dentro del territorio de cada Estado, con exclusión de las vías de comunicación nacionales que se encuentren en el mismo y de las vías urbanas municipales", tal como las definió en su momento, el artículo 6 del Reglamento Parcial nº 7 de la Ley Orgánica de Descentralización, Delimitación y Transferencia de Competencias del poder público en materia de vialidad terrestre de 1993[1135]; siendo vías de comunicación nacionales, "las carreteras que atraviesan un Estado y salgan de sus límites" (art. 4,1). La Ley de Tránsito y Transporte Terrestre[1136] en todo caso, ha definido a las "vías de comunicación estadales las que constituyen la red vial dentro cada estado, con exclusión de las vías de comunicación nacionales que se encuentren en el mismo" (art. 91)

En todo caso, la precisión del ámbito de la materia objeto de esta competencia exclusiva es esencial, ya que el artículo 156 asigna al poder nacional competencia en cuanto al "sistema de vialidad y de ferrocarriles nacionales" (ord. 27); y el artículo 178,2 atribuye a los municipios competencia en materia de "vialidad urbana". La Ley de Tránsito y Transporte Terrestre, en todo caso, le atribuyó a los estados la ejecución, conservación, administración y aprovechamiento de las vías terrestres estadales, así como la circulación en el ámbito estadal (art. 5).

Además, los estados tienen competencia en cuanto a la administración de la vialidad nacional siguiendo la decisión descentralizadora adoptada por la Ley Orgánica de Descentralización, Delimitación y Transferencia de Competencias del Poder Público de 1989 (art. 11.3). En efecto, el artículo 164.10 C. asigna competencia exclusiva a los estados en materia de "conservación, administración y aprovechamiento de carreteras y autopistas nacionales... en coordinación con el poder nacional". Esta competencia no sólo está sujeta al ejercicio de la competencia nacional en materia de "sistema de vialidad y ferrocarriles nacionales" (art. 156,27) sino a "la coordinación con el poder nacional" que éste debe regular, a cuyo efecto, la mencionada Ley de Tránsito y Transporte Terrestres reconoció la competencia de los estados en materia de la conservación, administración y aprovechamiento de las carreteras y autopistas nacionales en coordinación con el Ejecutivo Nacional, en los términos previstos en dicha Ley (art. 5). La Ley, además, estableció que entre las autoridades administrativas encargadas de controlar y hacer cumplir la regulación del tránsito y transporte terrestre, estarían "las policías estadales de circulación" (arts. 7.2 y 13).

La Ley, por ejemplo, en su artículo 97, atribuyó al Ministerio de Infraestructura competencia exclusiva para establecer, mediante Resolución, las normas y procedimientos técnicos para la fijación de las tarifas a ser aplicadas por los estados y los concesionarios que administran la infraestructura vial. En todo caso, para la fijación de las tarifas que se pueden cobrar a los usuarios por concepto de peaje por la utilización de las carreteras, puentes, túneles y autopistas que constituyen la red vial nacional y estadal, la gobernación del estado o autoridad estadal competente, debe elaborar la propuesta del pliego tarifario, con sujeción a las normas y procedimientos técnicos que establezca el Ministerio de Infraestructura, y la debe someter a éste

---

1135 *V.* en *Gaceta Oficial* Nº 35.327 del 28 de octubre de 1993.

1136 *V.* en *Gaceta Oficial* Nº 37.332 del 26 de noviembre de 2001.

para su aprobación o no. El Ministerio de Infraestructura tiene un plazo de 60 días hábiles para pronunciarse, contados a partir de la fecha de recepción de la correspondiente solicitud. De aprobarse el pliego tarifario, que será publicada en la *Gaceta Oficial*, el Ministerio mediante Resolución debe fijar las tarifas, pudiendo ajustar el monto propuesto por el estado. De no aprobar el pliego tarifario, el Ministerio lo debe comunicar a la gobernación del estado o autoridad estadal competente, según el caso, no pudiéndose variar el monto de las tarifas que se estén cobrando a los usuarios. En todo caso, la Ley en su artículo 98 declara que no tiene efecto alguno la fijación de tarifas por concepto de peajes en contravención de lo dispuesto en dicha norma y su incumplimiento acarrea la intervención de la correspondiente estación recaudadora por parte del Ejecutivo nacional.

La Ley de Tránsito y Transporte Terrestre, además, conforme lo disponía la Ley de Descentralización y sus reglamentos, dispone que cuando las carreteras, puentes, túneles o autopistas atraviesen el territorio de dos o más estados, se deben constituir mancomunidades para operar bajo una única administración (art. 101).

En cuanto a la administración de puertos y aeropuertos comerciales, la Constitución, siguiendo también la descentralización de competencias efectuada a favor de los estados por el artículo 11,5 de la Ley Orgánica de Descentralización, Delimitación y Transferencia de Competencias del Poder Público, asigna competencia exclusiva a los estados en materia de "conservación, administración y aprovechamiento de... puertos y aeropuertos de uso comercial, en coordinación con el poder nacional" (art. 164,10). En esta materia, sin embargo, la competencia estadal también es de ejercicio parcial, pues el poder nacional tiene competencia en materia de "El régimen de... los puertos, aeropuertos y su infraestructura" (art. 156,26) y en todo caso, la competencia estadal debe ejercerse "en coordinación con el poder nacional" conforme al régimen establecido en la legislación nacional.

En materia de puertos se ha dictado la Ley General de Puertos[1137], a los efectos de regular la competencia del poder público en materia portuaria, lo que comprende "el régimen de los puertos y su infraestructuras; la regulación, formulación y seguimientos de políticas en materias de puertos y construcciones de tipo portuario; el establecimiento de normas y procedimientos técnicos para la construcción y mantenimiento de la infraestructura portuaria; los estudios y proyectos de desarrollo, construcción, modernización, y el mantenimiento de los puertos y construcciones de tipo portuario, conservación, administración aprovechamiento y defensa de los puertos". El artículo 9 de la Ley agrega que "la coordinación entre los distintos niveles del poder público en el ejercicio de estas competencias", se debe desarrollar en los términos previstos en la Constitución y en dicha Ley".

En tal sentido, el artículo 17 de la Ley dispone que "el poder público nacional y el poder público estadal coordinarán entre sí el ejercicio de sus competencias en la materia portuaria, a cuyos fines, la Autoridad Acuática y las administraciones portuarias estadales deben cooperar en la planificación de la utilización del espacio portuario nacional y en la realización e implantación de los estudios y proyectos necesarios para la integración de un sistema nacional de transporte de carga.

En cuanto a los "puertos de uso comercial", respecto de los cuales los estados tienen competencias, el artículo 42 de la Ley los define como "todos los puertos

1137 *V.* en *Gaceta Oficial* Nº 37.589 del 11 de diciembre de 2002.

públicos de uso público, e interés general". En relación con estos, dispone la misma norma, los Estados debe ejercer esta competencia de conformidad con la ley nacional y con lo que dispongan las leyes sancionadas por los respectivos consejos legislativos estadales, debiendo siempre "constituir un ente descentralizado que se encargue de la administración del puerto, u otorgarlo en concesión o habilitación".

Por último, en materia de aeropuertos, la Ley de Aeronáutica Civil[1138] destina su artículo 45 a definir a los aeropuertos, distinguiéndolos entre nacionales o internacionales, los cuales pueden ser de uso comercial o estratégico. Son nacionales los destinados a la operación de vuelo dentro del territorio venezolano, e internacionales, cuando sean designados por la Autoridad Aeronáutica para permitir la llegada o partida, desde o hacia el extranjero.

Son de uso comercial los que exclusivamente se utilizan con fines de explotación y aprovechamiento de sus posibilidades, correspondiendo la conservación, administración y aprovechamiento de los mismos a los estados, en coordinación con el Ejecutivo Nacional, de conformidad con lo establecido la presente Ley. En esta materia, la disposición final segunda de dicha Ley se dedicó al tema de la "revisión de convenios relativos a materia aeronáutica", disponiendo que "sin perjuicio a la descentralización de los estados", dentro de los 2 años siguientes a la entrada en vigencia de la Ley, se debía proceder "coordinadamente a revisar los convenios suscritos por el Estado y los establecidos entre los distintos órganos y entes del Poder Público, adecuándolos a la normativa establecida en esta Ley".

2. *El contraste con las competencias y funciones atribuidas a los gobiernos regionales en el Perú*

Ante una delimitación de competencias exclusivas de los estados de la federación en Venezuela, como nivel político-territorial intermedio de una Federación que se declara en la Constitución como "descentralizada", pero que en la práctica es "centralizada", resulta significativo el contraste que significa la distribución de competencias exclusivas de los Gobiernos regionales en el proceso de descentralización del Estado en el Perú, tal como se regula en la Ley 27.783 Ley de Bases de la Descentralización y en la Ley 27.867 Ley Orgánica de los Gobiernos Regionales, ambas de 2002[1139].

En estas, en efecto, se asignan a los Gobiernos Regionales diversas competencias exclusivas y se les asignan a los Gobiernos regionales una serie de funciones, que en muchos casos, comparativamente, superan las que se atribuyen a los Estados en Venezuela.

A. *La asignación de competencias exclusivas a los Gobiernos regionales en el Perú*

En efecto, de acuerdo con el artículo 13.1 de la Ley 27.783, son competencias exclusivas aquellas cuyo ejercicio corresponde de manera exclusiva y excluyente a cada nivel de gobierno conforme a la Constitución y la ley; y conforme a ello, el artículo 35 de la misma Ley 27.783 así como el artículo 10,1 de la Ley 27867 Orgá-

---

1138 *V.* en *Gaceta Oficial* N° 38.226 del 12 de julio de 2005.

1139 *V.* en Adolfo Céspedes et ál, *Estado regional: normatividad esencial del proceso de descentralización peruano*, Lima 2005.

nica de Gobiernos Regionales, asigna a los Gobiernos Regionales las siguientes competencias exclusivas:

a. *Planificación del desarrollo*

- Planificar el desarrollo integral de su región y ejecutar los programas socioeconómicos correspondientes, en armonía con el plan nacional de desarrollo.

- Formular y aprobar el plan de desarrollo regional concertado con las municipalidades y la sociedad civil de su región.

b. *Organización interna y presupuesto*

- Aprobar su organización interna y su presupuesto institucional conforme a la ley de gestión presupuestaria del estado y las leyes anuales de presupuesto.

- Dictar las normas sobre los asuntos y materias de su responsabilidad, y proponer las iniciativas legislativas correspondientes.

c. *Proyectos de infraestructura*

- Promover y ejecutar las inversiones públicas de ámbito regional en proyectos de infraestructura vial, energética, de comunicaciones y de servicios básicos de ámbito regional, con estrategias de sostenibilidad, competitividad, oportunidades de inversión privada, dinamizar mercados y rentabilizar actividades.

- Diseñar y ejecutar programas regionales de cuencas, corredores económicos y de ciudades intermedias.

d. *Promoción de empresas y del desarrollo económico*

- Promover la formación de empresas y unidades económicas regionales para concertar sistemas productivos y de servicios.

- Facilitar los procesos orientados a los mercados internacionales para la agricultura, la agroindustria, la artesanía, la actividad forestal y otros sectores productivos, de acuerdo a sus potencialidades.

- Concretar alianzas y acuerdos con otras regiones para el fomento del desarrollo económico, social y ambiental.

- Promover la modernización de la pequeña y mediana empresa regional, articuladas con las tareas de educación, empleo y a la actualización e innovación tecnológica.

- Promover el uso sostenible de los recursos forestales y de biodiversidad.

e. *Turismo*

- Desarrollar circuitos turísticos que puedan convertirse en ejes de desarrollo.

f. *Administración de inmuebles públicos urbanos y demarcación territorial*

- Administrar y adjudicar los terrenos urbanos y eriazos de propiedad del Estado en su jurisdicción, con excepción de los terrenos de propiedad municipal.

- Organizar y aprobar los expedientes técnicos sobre acciones de demarcación territorial en su jurisdicción, conforme a la ley de la materia.

B. *Algunas funciones de los gobiernos regionales en materia de competencias exclusivas*

Conforme a los artículos 46 y siguientes de la Ley 27.867 Orgánica de Gobiernos Regionales, se asignan a los Gobiernos Regionales un conjunto de funciones específicas, en relación con las diversas competencias exclusivas que se le asignan, las cuales deben ejercer con base en las políticas regionales, que a la vez se deben formular en concordancia con las políticas nacionales sobre la materia.

Muchas de estas funciones están establecidas en el listado de funciones relativas a las competencias compartidas que se analizan más adelante, pudiendo identificarse sin embargo, las siguientes respecto de la administración de inmuebles, turismo y artesanías.

a. *En materia administrativa y adjudicación de terrenos propiedad del Estado (art. 62)*

a) Formular, aprobar, ejecutar, evaluar, dirigir, controlar y administrar las políticas en materia de administración y adjudicación de terrenos de propiedad del Estado, de conformidad con la legislación vigente y el sistema de bienes nacionales.

b) Realizar los actos de matriculación, saneamiento, adquisición, enajenación, administración y adjudicación de los terrenos urbanos y eriazos de propiedad del Estado en su jurisdicción, con excepción de los terrenos de propiedad municipal.

c) Establecer los mecanismos aplicables al registro, inscripción y fiscalización de los bienes de propiedad estatal, con excepción de los de propiedad de los gobiernos locales y del Gobierno Nacional, de acuerdo con la normatividad vigente.

b. *En materia de turismo (art. 63)*

a) Formular, aprobar, ejecutar, evaluar, dirigir, controlar y administrar las políticas en materia de desarrollo de la actividad turística regional, en concordancia con la política general del gobierno y los planes sectoriales.

b) Formular concertadamente, aprobar y ejecutar las estrategias y el programa de desarrollo turístico de la región.

c) Aprobar directivas relacionadas con la actividad turística, así como criterios técnicos que aseguren el cumplimiento de objetivos y metas que se derivan de los lineamientos de la política nacional de turismo.

d) Promover el desarrollo turístico mediante el aprovechamiento de las potencialidades regionales.

e) Calificar a los prestadores de servicios turísticos de la región, de acuerdo con las normas legales correspondientes.

f) Coordinar con los gobiernos locales las acciones en materia de turismo de alcance regional.

g) Llevar y mantener actualizados los directorios de prestadores de servicios turísticos, calendarios de eventos y el inventario de recursos turísticos, en el ámbito regional, de acuerdo a la metodología establecida por el MINCETUR.

h) Identificar posibilidades de inversión y zonas de interés turístico en la región, así como promover la participación de los inversionistas interesados en proyectos turísticos.

i) Proponer y declarar zonas de desarrollo turístico prioritario de alcance regional.

j) Disponer facilidades y medidas de seguridad a los turistas, así como ejecutar campañas regionales de protección al turista y difusión de conciencia turística, en coordinación con otros organismos públicos y privados.

k) Verificar el cumplimiento de las normas de medio ambiente y preservación de recursos naturales de la región, relacionadas con la actividad turística.

l) Declarar eventos de interés turístico regional.

m) Supervisar la correcta aplicación de las normas legales relacionadas con la actividad turística y el cumplimiento de los estándares exigidos a los prestadores de servicios turísticos de la región, así como aplicar las correspondientes sanciones en caso de incumplimiento, de conformidad con la normatividad vigente.

n) Suscribir contratos, convenios o acuerdos de cooperación interinstitucional con entidades públicas o privadas.

o) Promover la formación y capacitación del personal que participa en la actividad turística.

p) Fomentar la organización y formalización de las actividades turísticas de la región.

q) Organizar y conducir las actividades de promoción turística de la región en coordinación con las organizaciones de la actividad turística y los gobiernos locales.

r) Desarrollar circuitos turísticos que puedan convertirse en ejes del desarrollo regional.

c. *En materia de artesanía (art. 64)*

a) Formular, aprobar, ejecutar, evaluar, dirigir, controlar y administrar las políticas en materia de desarrollo de la artesanía, en concordancia con la política general del gobierno y los planes sectoriales.

b) Planificar concertadamente y ejecutar el desarrollo de la actividad artesanal de la región, mediante el aprovechamiento de las potencialidades regionales.

c) Fomentar y desarrollar proyectos, programas u otros mecanismos para promover la competitividad y productividad de la actividad artesanal en la región, con la participación de entidades públicas y privadas.

d) Promover el desarrollo de productos artesanales orientados a la exportación y al mercado turístico.

e) Supervisar y evaluar el desarrollo de la actividad artesanal y la aplicación de las políticas, normas y procedimientos específicos.

f) Fomentar y autorizar ferias y exposiciones regionales, así como declarar eventos de interés artesanal orientados a promover el desarrollo de la artesanía de la región.

g) Fomentar y promover la organización y formalización de los productores artesanales y fortalecimiento gremial en la región.

h) Propiciar la conservación, preservación, rescate y desarrollo de las técnicas de producción tradicional artesanal en la región.

i) Promover mecanismos e instrumentos para el desarrollo de la actividad artesanal en la región, vinculados a la actividad turística.

j) Identificar oportunidades de inversión, difundir y promover el crecimiento de las inversiones en la actividad artesanal en la región, aprovechando sus ventajas comparativas y promoviendo la exportación de artesanías.

k) Fomentar la innovación, la transferencia de tecnologías y la formación de artesanos, desarrollando instrumentos que posibiliten la generación y el acceso de las empresas artesanales de la región a nuevas tecnologías.

l) Promover la calidad, la productividad, el valor agregado, la imagen y la diferenciación de los productos artesanales de la región.

III. LAS COMPETENCIAS CONCURRENTES EN VENEZUELA Y EL CONTRASTE CON EL SISTEMA PERUANO

1. *Las competencias concurrentes en Venezuela y su ejercicio con sujeción a la Ley Nacional*

A. *La concurrencia y las leyes de bases*

Además de las competencias exclusivas de cada nivel territorial, debe señalarse que la gran mayoría de las materias referidas a las competencias "exclusivas" que en los artículos 156, 164 y 178 C. se distribuyen entre los tres niveles territoriales del poder público, resultan ser en realidad materias de la competencia concurrente entre la República, los estados y los municipios, o entre la República y los municipios o entre la República y los estados.

Entre estas materias que por ser de competencia concurrente corresponden también a los estados, se pueden identificar en la Constitución algunas relativas a la protección ciudadana, es decir, policía y administración de riesgos (art. 55); al desarrollo económico, como las relativas a la ordenación y promoción del desarrollo económico y social (arts. 112, 299, 308, 309 y 310), a la promoción del desarrollo rural y seguridad alimentaria (art. 305, 306 y 307), a la ciencia y tecnología (art. 110); al desarrollo social, como la asistencia y protección social (arts. 75 a 81), a la salud (arts. 83, 84 y 85), a la vivienda (art. 82), a la educación (art. 102 a 109), a la cultura y el patrimonio histórico (art. 98 a 191), al deporte (art. 111), a la protección del trabajo (arts. 87 y ss.); y a la infraestructura y desarrollo físico, como la ordenación del territorio (art. 128), y el ambiente (arts. 127 a 129).

Sin embargo, aparte de que en la mayoría de estas materias se atribuye expresamente al poder nacional la competencia para dictar la legislación correspondiente, las mismas no pueden ejercerse por los estados sino siempre con sujeción a lo que disponga la ley nacional que se dicte. En efecto, conforme al artículo 165 C., todas estas materias deben ser reguladas mediante *leyes de bases* dictadas por el poder nacional, lo que conduce a un condicionamiento excesivo por parte de los órganos nacionales respecto de los otros niveles territoriales; y además, por leyes de desarrollo sancionadas por los consejos legislativos de los estados.

Sobre esas "leyes de bases", las cuales constituyen una novedad en el constitucionalismo venezolano, la Exposición de motivos de la Constitución que se elaboró *ex post facto,* ha indicado lo siguiente:

En cuanto a las competencias concurrentes se adopta la experiencia de derecho comparado en materia de descentralización y se asume que las leyes nacionales tienen la naturaleza de leyes bases, en las que se establecen conceptos generales, básicos y orientadores; y las leyes estadales son leyes de desarrollo de esos principios básicos, lo que permitirá mejores condiciones para la delimitación de competencias[1140].

Esta "explicación" en realidad, lo que pone de manifiesto es la inadecuada traslación de una figura desarrollada en la experiencia de estados unitarios descentralizados, como España con sus Comunidades Autónomas, totalmente extrañas a lo que debería ser una Federación. En todo caso, los proyectos de tales leyes de bases deben ser sometidos por la Asamblea Nacional, obligatoriamente a consulta de los estados, a través de los consejos legislativos (art. 206). Los consejos legislativos de los estados también pueden tener la iniciativa legislativa, ante la Asamblea Nacional, respecto de las leyes relativas a los estados (art. 204,8).

Como ejemplos de estas leyes de bases en materias de competencia concurrente, aún cuando no hayan sido sancionadas como tales ni se haya efectuado la consulta mencionada, se pueden citar las siguientes:

B. *Las competencias en materia de salud*

En materia de salud, la Ley Orgánica de Salud[1141], establece que los gobernadores de los estados son los responsables en su respectiva entidad, del cumplimiento de la política nacional de salud y de la programación, organización, dirección, ejecución y coordinación de la organización pública en salud, de conformidad con las disposiciones contenidas en esta Ley (art. 14); asignándole a dichos gobernadores, en el artículo 15, las siguientes atribuciones: elaborar el plan estadal de salud, de conformidad con las políticas del Ministerio de la Salud; coordinar a nivel local la ejecución de los programas de la organización pública en salud; organizar el registro estadal de la salud bajo la dirección del Ministerio de la Salud y en coordinación con el registro nacional de la salud; evaluar la situación epidemiológica de su entidad federal para la estimulación de riesgos, formulación de diagnósticos y el establecimiento de medidas preventivas, en concordancia con las políticas del Ministerio de la Salud; administrar los establecimientos de atención médica propiedad del Estado dedicados a la atención preventiva, restitutoria y rehabilitadora de la salud en los términos previstos en la Ley; realizar periódicamente las actualizaciones de la certificación y la acreditación de los establecimientos de atención médica, de acuerdo con las directrices técnicas dictadas por el Ministerio de la Salud; intervenir y reestructurar, sólo a los efectos de la organización y dirección administrativa, los establecimientos públicos de atención médica y aprobar un plan de recuperación y mantenimiento de los mismos, a los fines de garantizar su buen funcionamiento, ello de conformidad con lo previsto en los reglamentos de la Ley, la Ley Orgánica del Trabajo, la Ley del Estatuto de la Función Pública y las leyes estadales en materia funcional; administrar los programas nacionales y locales de asistencia social, correspondientes a su entidad territorial; administrar el Fondo Estadal de Asistencia Social para el financiamiento de la salud, correspondiente a su entidad territorial; y promo-

---

1140 *Gaceta Oficial* Extra. Nº 5.453 del 24 de marzo de 2000.

1141 *Gaceta Oficial* Nº 36.579 del 11 de noviembre de 1998.

ver hacia los municipios la descentralización administrativa y de gestión de los programas y actividades relacionadas con la atención médica, con la Ley Orgánica del Poder Público Municipal y lo dispuesto en la ley nacional.

Por otra parte, la Ley dispone que los gobernadores deban ser los órganos de tutela de los establecimientos de atención médica propiedad del Estado.

Además, corresponde a los Ejecutivos regionales, solicitar a los alcaldes informes periódicos sobre la programación, coordinación y ejecución de los planes y programas destinados a la organización municipal de la salud, y la situación epidemiológica de los municipios, así como también rendición de cuentas periódicas del manejo presupuestario de aquellas partidas que hayan sido transferidas (art. 19).

Debe indicarse que en esta materia de competencias estadales en materia de salud, en 1993 se suscribieron diversos convenios de transferencia de los servicios de salud entre el entonces Ministro de Relaciones Interiores y el Ministro de Sanidad y Asistencia Social por una parte, y los gobernadores de los Estados Aragua, Falcón, Anzoátegui, Bolívar y Carabobo, con motivo de lo cual, por decreto N° 3.324 de 7 de enero de 1994, se dictó el Reglamento parcial N° 9 LOD sobre la transferencia a estados de los servicios de salud pública[1142], en cuyo texto se recogió el contenido de los referidos convenios, a los efectos de normativizar lo que en su inicio fueron cláusulas de convenios intergubernamentales. La experiencia desarrollada en esos convenios permitió, sin duda, la emisión del referido Reglamento parcial N° 9 LOD que debía servir de base para los futuros convenios que habían de suscribirse con los restantes estados de la República para la transferencia de los servicios de salud pública.

C. *Las competencias en materia de servicios de agua potable y saneamiento*

En materia de prestación de los servicios de agua potable y de saneamiento, la Ley Orgánica para la Prestación de los Servicios de Agua Potable y de Saneamiento[1143], dispuso en su artículo 10, como competencia de los estados, participar en la provisión de asistencia técnica, administrativa y financiera a los municipios, distritos metropolitanos, mancomunidad de municipios, cooperativas y organizaciones comunitarias y grupos vecinales organizados, en los aspectos de la operación, mantenimiento, expansión, administración y comercialización de los sistemas de agua potable y de saneamiento, así como en el financiamiento de programas de inversión para la prestación de los servicios y de los subsidios de acuerdo a la política que establezca el poder ejecutivo nacional; aportar total o parcialmente los recursos financieros para la construcción de obras o instalaciones de infraestructura hidráulica o sanitaria que estén contempladas en los planes de desarrollo del sector para el estado correspondiente; coadyuvar en el desarrollo y gestión de los servicios en los acueductos rurales y en los desarrollos no controlados, y contribuir al funcionamiento del régimen de subsidios de acuerdo a lo establecido en el respectivo reglamento y a la política que establezca el poder ejecutivo nacional.

1142 A raíz del cambio de Gobierno este decreto no se publicó en la *Gaceta Oficial*, a pesar de haber sido aprobado en Consejo de Ministros.

1143 *Gaceta Oficial* Extra N° 5.568 del 31 de diciembre de 2001.

D. *Las competencias en materia de residuos y desechos sólidos*

Por último, conforme a la Ley de Residuos y Desechos Sólidos[1144], sancionada para regular la producción y gestión responsable de los residuos y desechos sólidos, con el objeto de generar la reducción de los desperdicios al mínimo, y evitar situaciones de riesgo para la salud humana y calidad ambiental (art. 1), asignó a los estados (art. 13), las siguientes atribuciones: coordinar la elaboración de los planes estadales de gestión integral de residuos y desechos sólidos con los otros niveles de gobierno y velar por su ejecución; apoyar, técnica y financieramente en la gestión de residuos y desechos sólidos a los municipios; y diseñar y apoyar planes conjuntos con el ejecutivo nacional y los gobiernos locales para la gestión de residuos y desechos sólidos, en casos especiales como: contingencias, emergencias y catástrofes naturales.

E. *Las competencias en materia de pesca*

Por otra parte, en materia de pesca, la Ley de Pesca y Acuacultura[1145], es la propia ley, en su artículo 6 la que dispone que son competencias concurrentes de los órganos del poder público nacional, estadal y municipal, dictar medidas dirigidas a: promover la pesca y la acuacultura, de acuerdo a las políticas establecidas por el Ministerio competente, organizar, desarrollar y consolidar, los asentamientos y las comunidades de pescadores artesanales; establecer incentivos financieros, comerciales, de capacitación, de infraestructura y de transferencia tecnológica; procurar el acceso directo y abastecimiento nacional de productos y subproductos pesqueros y de acuacultura; y las relativas a la vigilancia de las actividades de pesca, acuacultura y las que le fueren conexas.

Agrega además, el artículo 8 de la Ley , en cuanto a los estados, que los mismos pueden dictar leyes de desarrollo según corresponda, de acuerdo con lo establecido en la Constitución, atendiendo a las políticas y planes de desarrollo nacional que regulen las actividades de pesca, acuacultura y las que le fueren conexas; los resultados de las investigaciones realizadas por instituciones públicas o privadas de reconocida trayectoria en el sector de pesca y acuacultura; la disponibilidad de los recursos hidrobiológicos; el menor impacto social y económico negativo en las comunidades de pescadores artesanales que puedan resultar afectadas; y la participación efectiva de los diferentes representantes de las comunidades, que tengan ingerencia en las actividades de pesca, acuacultura y las que le fueren conexas en los diversos niveles del poder público.

F. *Las competencias en materia de vivienda*

La Ley del Régimen Prestacional de Vivienda y Hábitat[1146] reguló la vivienda como una materia de competencia concurrente entre los tres niveles de gobierno, precisando en su artículo 72, que el gobernador de cada estado debe crear un sólo organismo integral estadal de vivienda y hábitat, de conformidad con lo establecido en la Ley Orgánica de la Administración Pública, estando su funcionamiento enmarcado en las competencias y atribuciones que se le asignan en la ley.

1144 *Gaceta Oficial* 38.068 del 18 de noviembre de 2004.

1145 *Gaceta Oficial* N° 37.323 del 13 de noviembre de 2001.

1146 *Gaceta Oficial* N° 38.204 del 8 de junio de 2005.

Conforme al artículo 73 de la Ley son competencias del organismo integral estadal de vivienda y hábitat, las siguientes: formular el plan estadal anual de vivienda y hábitat, en cogestión con los municipios y dentro de las líneas estratégicas de la nación, en este sentido los planes estadales representarán la consolidación de los planes municipales, en coordinación con los consejos estadales de planificación y coordinación de políticas públicas, en una visión integradora así como la consideración de la infraestructura estadal necesaria; remitir al Banco Nacional de Vivienda y Hábitat, los planes estadales del sector vivienda y hábitat en los lapsos que éste establezca y en los términos que disponga la ley y su reglamento para su incorporación al plan nacional anual; presentar los requerimientos de recursos necesarios ante el Ministerio con competencia en materia de vivienda y hábitat, para la ejecución de los planes estadales; vigilar el cumplimiento del plan estadal anual conjuntamente con la superintendencia del sistema de seguridad social y con las comunidades, en coordinación con los consejos estadales de planificación y coordinación de políticas públicas; recibir y canalizar ante las instancias competentes las denuncias por incumplimiento a las disposiciones establecidas en el presente marco legal, y coordinar con la superintendencia del sistema de seguridad social la aplicación de las sanciones que se requieran y vigilar por el cumplimiento de las mismas; presentar un informe semestral al Ministerio con competencia en materia de vivienda y hábitat, sobre la gestión habitacional cumplida por los sectores públicos y privados en el estado, en su área de competencia; asesorar, orientar, asistir técnicamente y garantizar la transferencia de competencias al ámbito municipal y contribuir en todas las actividades que fortalezcan el desarrollo de la vivienda y el hábitat en el estado, a fin de facilitar y apuntalar la gestión de los municipios; licitar y contratar la ejecución de los proyectos de equipamientos necesarios para el hábitat en el ámbito de su competencia; fomentar programas de cooperación e intercambio entre organismos municipales de vivienda y hábitat así como coordinar con los entes locales las acciones que faciliten la ejecución de los proyectos; y promocionar, de conformidad con los lineamientos que el Ministerio con competencia en materia de vivienda y hábitat establezca al respecto, los programas y las actuaciones relacionadas con la gestión habitacional y el desarrollo urbano.

G. *Las competencias en deportes*

En cuanto al deporte, como competencia concurrente, la Ley del Deporte[1147] dispone que los organismos nacionales, estatales, municipales y parroquiales, así como los organismos privados, deban prestar asistencia y protección a las actividades deportivas públicas y privadas, y conjuntamente con los particulares deben velar por su fomento y desarrollo en conformidad con los propósitos definitivos dicha ley (art. 11). Además, la Ley considera como entes del sector público de la organización deportiva del país, no sólo a los organismos públicos a nivel nacional, sino a nivel estatal, municipal y parroquial a los cuales corresponde la formulación, desarrollo y ejecución de la política deportiva, en sus respectivos niveles de conformidad con lo establecido en el plan general del deporte venezolano; y a los órganos públicos que destinen y ejecuten programas especiales dirigidos a la niñez, juventud, trabajadores, indígenas, campesinos, población penitenciaria, discapacitados y tercera edad, entre otros (art. 13).

1147 *V.* en *Gaceta Oficial* N° 4.975 Extra. del 25 de septiembre de 1995.

En particular, la Ley dispone que las unidades de administración y control de la actividad deportiva de los estados dependientes del ejecutivo estatal respectivo, deban ejercer dicha gestión específica en el campo del desarrollo deportivo y de la alta competencia estatal, en armonía con los lineamientos que sobre las políticas deportivas se establezcan en el plan general del deporte venezolano. (art. 23). Además, las unidades administrativas descentralizada dependiente del poder ejecutivo estatal que en cada uno de los estados, esté encargada de dirigir, planificar, ejecutar y supervisar las actividades deportivas a nivel estatal, deben hacerlo en colaboración con el Instituto Nacional de Deportes y las unidades administrativas del sector de los niveles municipal, parroquial y las entidades deportivas, a los fines de garantizar la mayor participación posible (art. 24).

H. *Las competencias en turismo*

En materia de turismo, conforme a la Ley Orgánica de Turismo[1148], los estados deben ejercer las atribuciones constitucionales y legales en materia turística, de manera coordinada, armónica y con sujeción a las directrices de la política nacional de turismo sustentable, a fin de garantizar el tratamiento integral previsto en dicha Ley (art. 26). Dichas actividades que competen a los estados en su ámbito territorial, "en un marco de cooperación y coordinación con el Poder Público Nacional", conforme al artículo 27 de la Ley, son las siguientes: crear la Corporación de Turismo Estadal a objeto de impulsar la ejecución de los planes, programas y proyectos turísticos conforme a la ley, su reglamento y los lineamientos de la política turística dictada por el Ministerio de Turismo, en el plan nacional estratégico de turismo; asistir y asesorar en materia turística, a las entidades municipales ubicadas dentro de su jurisdicción; participar con los entes y organismos públicos o privados, nacionales o internacionales, en las actividades vinculadas directa o indirectamente al turismo regional; propiciar el establecimiento de centros de información y servicios turísticos; coadyuvar con el Ministerio de Turismo en el desarrollo de los espacios turísticos, conforme a lo establecido en la Ley; incentivar y promover, en coordinación con entes públicos o privados, a los pequeños y medianos inversionistas o prestadores de servicios en el área turística, así como a las organizaciones de usuarios y consumidores turísticos; elaborar y mantener actualizadas las estadísticas de la oferta y la demanda turística en su territorio, con la cooperación de las autoridades municipales y del sector privado, en concordancia con los lineamientos dictados por el Ministerio de Turismo en el Plan Nacional Estratégico de Turismo; elaborar, actualizar y publicar el inventario de atractivos turísticos, prestadores de servicios turísticos y el Catálogo Turístico Estadal.; y proteger la integridad física del turista o usuario turístico y sus bienes, en sus regiones correspondientes, en coordinación con los órganos de seguridad ciudadana".

I. *Las competencias en materia de zonas costeras*

En materia de zonas costeras, se dictó la Ley de Zonas Costeras[1149], a cuyo efecto definió como tal "la unidad geográfica de ancho variable, conformada por una franja terrestre, el espacio acuático adyacente y sus recursos, en la cual se interrelacionan los diversos ecosistemas, procesos y usos presentes en el espacio continental

---

1148 *Gaceta Oficial* N° 38.215 del 23 de junio de 2005.

1149 *Gaceta Oficial* N° 37.319 del 7 de noviembre de 2005.

e insular" (art. 2); declarando a los organismos del poder público nacional, estadal y municipal, como responsables de la aplicación y consecución de los objetivos de dicha Ley en el ámbito de sus respectivas competencias (art. 22). En particular, el artículo 24 de la ley dispuso que en las zonas costeras compete al poder público estadal: adecuar el plan estadal de ordenación del territorio a lo previsto en la ley nacional; coadyuvar con la gestión integrada de las zonas costeras en los municipios; establecer el régimen de aprovechamiento de los minerales no metálicos, no reservados al poder nacional, las salinas y los ostrales en su jurisdicción, de conformidad con la ley; recomendar al poder público nacional, una vez oída la opinión conforme a los medio de consulta y participación pública previstos en la ley, las áreas y recursos que deban someterse a un régimen de administración especial; colaborar en la implementación de programas de saneamiento ambiental, incluyendo la caracterización y señalización de las playas aptas o no, involucrando a los medios de consulta y participación pública previstos en la ley; cooperar con los municipios en la dotación de servicios y el saneamiento ambiental; establecer los mecanismos de coordinación interinstitucional estadal; y cooperar a través de sus órganos de policía en la vigilancia de las actividades que en ella se desarrollen.

A los efectos del ejercicio de dichas competencias, como lo dispone el artículo 26 de la Ley, los estados deben dictar sus leyes de desarrollo, de acuerdo con los lineamientos que deriven de la política socioeconómica del estado y conforme a las políticas de estado relativas a la ordenación del espacio geográfico nacional, a la protección, conservación y aprovechamiento de los recursos naturales, y a las actividades a desarrollarse en las zonas costeras; todo ello, conforme al plan de ordenación y gestión integrada de las zonas costeras, asegurándose además la participación efectiva de los diferentes medios de consulta y participación pública que prevea la ley.

Corresponde al Ministerio del Ambiente y de los Recursos Naturales asesorar y apoyar a los organismos públicos nacionales, estadales y municipales en el cumplimiento e implementación de las disposiciones establecidas en la Ley, y en particular, a tales efectos, conforme al artículo 27 de la Ley, debe promover mecanismos institucionales para el desarrollo de la gestión integrada de las zonas costeras así como programas de investigación y monitoreo de las zonas costeras; asimismo, debe desarrollar metodologías y procedimientos para la valoración económica de los recursos naturales y para el adecuado manejo de las zonas costeras; debe mantener una base de datos actualizada con la información disponible sobre las zonas costeras; debe coordinar conjuntamente con el Ministerio de Salud y Desarrollo Social y las autoridades estadales y municipales los programas de saneamiento ambiental de las playas, estableciendo mecanismos para la definición de las playas aptas para el uso público; y debe elaborar conjuntamente con los demás órganos competentes del estado, el proyecto del plan de ordenación y gestión integrada de las zonas costeras, y una vez oída la opinión de los medios de consulta y participación pública, para su aprobación en Consejo de Ministros.

J. *Las competencias en materia de ordenación del territorio*

La Ley Orgánica para la Planificación y Gestión de la Ordenación del Territorio de 2005[1150], que ha buscado derogar y sustituir la Ley Orgánica para la Ordenación

1150 *Gaceta Oficial* N° 38,236 del 1° de septiembre de 2005.

del Territorio de 1983 y la Ley Orgánica de Ordenación Urbanística de 1987 (lo que no se ha materializado por la *vacatio legis* que dispone), regula en la materia una competencia concurrente, que también corresponde a los estados, por lo que dicho texto también puede considerarse como una ley de bases.

En particular, dentro de los planes de ordenación territorial, la Ley Orgánica contempla los planes estadales de ordenación del territorio, como instrumentos de planificación a largo plazo, que deben concretar las directrices del plan nacional de ordenación del territorio en el ámbito de cada estado y orientan las acciones y actividades a desarrollar por los organismos y entes públicos y privados con base a potencialidades y restricciones del territorio; y el mismo, conforme al artículo 78, debe contener lineamientos en las siguientes materias: los usos a que debe destinarse prioritariamente el territorio estadal, de acuerdo a sus potencialidades económicas, condiciones específicas, políticas de desarrollo y realidades ecológicas; la localización de las principales actividades económicas y de servicios; los lineamientos generales del proceso de urbanización y del sistema de ciudades centros poblados; la localización de las áreas naturales protegidas y áreas de uso especial; la política de incentivos que coadyuven a la ejecución del plan estadal de ordenación del territorio y los planes municipales; la localización de los proyectos de redes de servicios, corredores viales y de infraestructura en general de carácter estadal; la definición de las áreas sujetas a riesgos asociados a eventos naturales(geológicos, sismológicos, hidrológicos, inestabilidad de laderas, desertización, etc.), tecnológicos o antrópicos (desertificación, contaminación de aire, agua y suelo), así como los mecanismos adecuados para disminuir su vulnerabilidad y salvaguardar la vida y seguridad de la población; y la incorporación de los espacios que constituyan el hábitat y las tierras de los pueblos y comunidades indígenas, demarcados según la Ley de la materia.

A los efectos de la elaboración del plan, en cada estado se estableció una comisión estadal de ordenación del territorio, presidida por el gobernador e integrada por representantes de los ministerios cuyas competencias están vinculadas al tema (art. 79).Dicha comisión debe tener como secretaría técnica la dirección estadal ambiental del Ministerio del Ambiente y de los Recursos Naturales, con amplias competencias en la materia (art. 80), entre las cuales está la coordinación de la elaboración del proyecto de plan estadal de ordenación del territorio (art. 81).

Dichos planes estadales deben ser aprobados por el gobernador respectivo, previa opinión favorable de la comisión nacional de ordenación del territorio y la aprobación unánime de los ministerios representados en la comisión estadal de ordenación del territorio (art. 83), y deben publicarse en la *Gaceta Oficial* del respectivo estado. La ejecución de los planes estadales se puede llevar a cabo a través de los organismos públicos, directamente o mediante entidades creadas al efecto, y por los particulares, actuando éstos bajo la coordinación y control de los organismos públicos (art. 85), particularmente del gobernador del respectivo estado, con la asesoría de la correspondiente comisión estadal de ordenación del territorio. En ejercicio de estas facultades de control, los funcionarios competentes deben realizar las actividades necesarias para garantizar el cumplimiento de las previsiones del plan estadal y, en particular, les corresponde otorgar o negar las constancias de uso conforme previstas en la ley orgánica, e imponer las sanciones administrativas correspondientes en caso de incumplimiento o violación a las disposiciones del plan estadal de ordenación del territorio (art. 86).

2. *Las competencias compartidas en el sistema peruano de descentralización*

A. *Las competencias compartidas*

En cuanto a las competencias compartidas, el artículo 13.2 de la Ley 27.783 las define como aquellas en las que intervienen dos o más niveles de gobierno, que comparten fases sucesivas de los procesos implicados; y el artículo 36 de la misma Ley 27.783, así como el artículo 10,2 de la Ley 27.867 Ley Orgánica de Gobiernos Regionales), le asigna a los Gobiernos Regionales las siguientes competencias compartidas:

a. *Educación*

- Gestión de los servicios educativos de nivel inicial, primaria, secundaria y superior no universitaria, con criterios de interculturalidad orientados a potenciar la formación para el desarrollo.

b. *Salud pública*

- Salud pública

c. *Promoción económica*

- Promoción, gestión y regulación de actividades económicas y productivas en su ámbito y nivel, correspondientes a los sectores agricultura, pesquería, industria, comercio, turismo, energía, hidrocarburos, minas, transportes, comunicaciones y medio ambiente.

- Competitividad regional y la promoción de empleo productivo en todos los niveles, concertando los recursos públicos y privados.

d. *Gestión ambiental*

- Gestión sostenible de los recursos naturales y mejoramiento de la calidad ambiental.

- Preservación y administración de las reservas y áreas naturales protegidas regionales.

e. *Cultura*

- Difusión de la cultura y potenciación de todas las instituciones artísticas y culturales regionales.

f. *Participación ciudadana*

- Participación ciudadana, alentando la concertación entre los intereses públicos y privados en todos los niveles.

B. *Las funciones de los Gobiernos regionales en relación a las competencias compartidas*

Conforme a los artículos 46 y siguientes de la Ley 27.867 Orgánica de Gobiernos Regionales, se asignan a los Gobiernos Regionales un conjunto de funciones específicas, en relación con las diversas competencias que se le asignan, las cuales deben ejercerse con base en las políticas regionales, que a la vez se deben formular en concordancia con las políticas nacionales sobre la materia.

Las funciones específicas son las siguientes:

a. *En materia de educación, cultura, ciencia, tecnología, deporte y recreación (art. 47)*

a) Formular, aprobar, ejecutar, evaluar y administrar las políticas regionales de educación, cultura, ciencia y tecnología, deporte y recreación de la región.

b) Diseñar, ejecutar y evaluar el proyecto educativo regional, los programas de desarrollo de la cultura, ciencia y tecnología y el programa de desarrollo del deporte y recreación de la región, en concordancia con la política educativa nacional.

c) Diversificar los currículos nacionales, incorporando contenidos significativos de su realidad sociocultural, económica, productiva y ecológica y respondiendo a las necesidades e intereses de los educandos.

d) Promover una cultura de derechos, de paz y de igualdad de oportunidades para todos.

e) Promover, regular, incentivar y supervisar los servicios referidos a la educación inicial, primaria, secundaria y superior no universitaria, en coordinación con el Gobierno local y en armonía con la política y normas del sector correspondiente y las necesidades de cobertura y niveles de enseñanza de la población.

f) Modernizar los sistemas descentralizados de gestión educativa y propiciar la formación de redes de instituciones educativas, en coordinación con el Ministerio de Educación.

g) Ejecutar y evaluar, conjuntamente con los gobiernos locales, los programas de alfabetización en el marco de las políticas y programas nacionales.

h) Integrar los distintos programas educativos regionales en una política integral orientada, en lo económico, a la mejora en la productividad y competitividad de la región; en lo social, a propiciar la igualdad de oportunidades, la integración y la inclusión a nivel regional; en lo político, al afianzamiento de los mecanismos de participación ciudadana y rendición de cuentas en los distintos niveles de gobierno, y en lo cultural, al desarrollo de una cultura de paz y reconocimiento y respeto a la diversidad.

i) Promover permanentemente la educación intercultural y el uso de las lenguas originarias de la región.

j) Promover e incentivar la investigación, la extensión en las universidades y en otras instituciones educativas de nivel superior, en función del desarrollo regional.

k) Promover y difundir las manifestaciones culturales y potenciar las instituciones artísticas y culturales de la región, en coordinación con los Gobiernos Locales.

l) Proteger y conservar, en coordinación con los Gobiernos Locales y los organismos correspondientes, el patrimonio cultural nacional existente en la región, así como promover la declaración por los organismos competentes de los bienes culturales no reconocidos que se encuentren en la región.

m) Diseñar e implementar las políticas de infraestructura y equipamiento, en coordinación con los Gobiernos Locales.

n) Identificar, implementar y promover el uso de nuevas tecnologías eficaces y eficientes para el mejoramiento de la calidad de la educación en sus distintos niveles.

o) Desarrollar e implementar sistemas de información y ponerla a disposición de la población.

p) Evaluar periódicamente y de manera sistemática los logros alcanzados por la región en materia educativa y apoyar las acciones de evaluación y medición que desarrolla el Ministerio de Educación, así como contribuir al desarrollo de la política de acreditación y certificación de la calidad educativa en el ámbito de su competencia.

q) Fomentar y participar en el diseño, ejecución y evaluación de proyectos de investigación, experimentación e innovación educativa que aporten al desarrollo regional y al mejoramiento de la calidad de servicio educativo.

r) Desarrollar los procesos de profesionalización, capacitación y actualización del personal docente y administrativo de la región, en concordancia con el plan nacional de formación continua.

s) Fortalecer en concordancia con los Gobiernos Locales, a las instituciones educativas, promoviendo su autonomía, capacidad de innovación y funcionamiento democrático, así como la articulación intersectorial y la pertenencia a redes, con participación de la sociedad.

t) Articular, asesorar y monitorear en el campo pedagógico y administrativo a las unidades de gestión local.

u) Impulsar y articular la participación de las universidades, empresas e instituciones de la sociedad civil en la ejecución de los planes de desarrollo regional.

b. *En materia de trabajo, promoción del empleo, y de la pequeña y microempresa (art. 48)*

a) Formular, aprobar, ejecutar, evaluar, dirigir, controlar y administrar las políticas en materia de trabajo, promoción del empleo y fomento de la pequeña y microempresa, con la política general del gobierno y los planes sectoriales.

b) Incorporar la promoción del empleo productivo en los planes de desarrollo regional concertados.

c) Formular y ejecutar los planes de promoción de la pequeña y micro empresa, y apoyo a las iniciativas empresariales, que incidan en la mejora de la calidad del empleo de estas unidades económicas.

d) Promover el diálogo y la concertación con las organizaciones representativas de los trabajadores, empleadores y sectores de la sociedad vinculados, en materia de trabajo, promoción del empleo, formación profesional y fomento de la micro y pequeña empresa.

e) Promover mecanismos de prevención y solución de conflictos laborales, difusión de la normatividad, defensa legal y asesoría gratuita del trabajador.

f) Conducir y ejecutar los procedimientos de supervisión, control e inspección de las normas de trabajo, promoción del empleo y fomento de la pequeña y microempresa, aplicando las sanciones que correspondan de acuerdo a ley en el ámbito de su competencia.

g) Promover e incentivar el desarrollo y formalización de pequeñas y microempresas con criterios de flexibilidad y simplificación, la instalación de empresas en la región y la iniciativa privada en actividades y servicios regionales.

h) Conducir y ejecutar acciones en materia de seguridad y salud en el trabajo y bienestar social, concertando con entidades públicas y privadas, así como con organizaciones representativas de la región. Del mismo modo, hacer cumplir las normas de prevención y de protección contra riesgos ocupacionales.

i) Dirigir y ejecutar en el ámbito regional la política nacional de promoción del empleo, capacitación y formación profesional, promoviendo la normalización y certificación de competencias laborales.

j) Elaborar y difundir información en materia de trabajo, promoción del empleo y fomento de la micro y pequeña empresa.

k) Promover la igualdad de oportunidades en el acceso al empleo.

l) Fomentar la formación profesional de los recursos humanos de las empresas de la región como un mecanismo de mejoramiento de los ingresos, la productividad y competitividad a través de actividades de capacitación, provisión de información y transferencia tecnológica.

m) Coordinar la oferta de formación profesional y los programas de orientación laboral y ocupacional que brindan las entidades públicas y privadas; asimismo, supervisar los sistemas de intermediación laboral en la región y su articulación con el sistema de formación profesional.

n) Conducir y ejecutar en la región la política de fomento de la pequeña y microempresa, en el marco de la política nacional.

o) Promover la provisión de servicios financieros y de desarrollo empresarial a la pequeña y micro-empresa, por parte del sector privado.

p) Resolver como Instancia Regional de Trabajo, en los procedimientos administrativos que tratan sobre materias de trabajo, promoción del empleo y fomento de la pequeña y micro empresa.

q) Llevar los registros administrativos en el ámbito de su competencia, en aplicación de la normatividad vigente.

r) Simplificar los trámites y procedimientos administrativos aplicables a la constitución de empresas en su jurisdicción.

c. *En materia de salud (art. 49)*

a) Formular, aprobar, ejecutar, evaluar, dirigir, controlar y administrar las políticas de salud de la región en concordancia con las políticas nacionales y los planes sectoriales.

b) Formular y ejecutar, concertadamente, el Plan de Desarrollo Regional de Salud.

c) Coordinar las acciones de salud integral en el ámbito regional.

d) Participar en el Sistema Nacional Coordinado y Descentralizado de Salud de conformidad con la legislación vigente.

e) Promover y ejecutar en forma prioritaria las actividades de promoción y prevención de la salud.

f) Organizar los niveles de atención y administración de las entidades de salud del Estado que brindan servicios en la región, en coordinación con los Gobiernos Locales.

g) Organizar, implementar y mantener los servicios de salud para la prevención, protección, recuperación y rehabilitación en materia de salud, en coordinación con los Gobiernos Locales.

h) Supervisar y fiscalizar los servicios de salud públicos y privados.

i) Conducir y ejecutar coordinadamente con los órganos competentes la prevención y control de riesgos y daños de emergencias y desastres.

j) Supervisar y controlar la producción, comercialización, distribución y consumo de productos farmacéuticos y afines.

k) Promover y preservar la salud ambiental de la región.

l) Planificar, financiar y ejecutar los proyectos de infraestructura sanitaria y equipamiento, promoviendo el desarrollo tecnológico en salud en el ámbito regional.

m) Poner a disposición de la población, información útil sobre la gestión del sector, así como de la oferta de infraestructura y servicios de salud.

n) Promover la formación, capacitación y el desarrollo de los recursos humanos y articular los servicios de salud en la docencia e investigación y proyección a la comunidad.

o) Evaluar periódicamente y de manera sistemática los logros alcanzados por la región en materia sanitaria.

p) Ejecutar, en coordinación con los Gobiernos Locales de la región, acciones efectivas que contribuyan a elevar los niveles nutricionales de la población de la región.

d. *En materia de población (art. 50)*

a) Formular, aprobar, ejecutar, dirigir, evaluar y controlar los programas en materia de población a nivel regional, en concordancia con la política y plan nacional de población, en coordinación con los Gobiernos Locales.

b) Promover la educación e información en materia de población, contribuyendo a consolidar una cultura demográfica y a propiciar en todos los grupos y sectores sociales, hábitos de vida saludables y prácticas orientadas a la solución de los problemas de población, en especial la reversión de los saldos migratorios negativos provinciales, la redistribución espacial de la población y la atención al envejecimiento demográfico.

c) Programar y desarrollar acciones que impulsen una distribución territorial de la población en función a las potencialidades del desarrollo regional y en base a los planes de ordenamiento territorial y de la capacidad de las ciudades para absorber flujos migratorios.

d) Promover la incorporación de criterios y previsiones demográficos en los planes y programas de desarrollo urbano y regional, en coordinación con los Gobiernos Locales.

e) Generar alternativas a la emigración rural a través del fortalecimiento de capacidades productivas, el mejoramiento de la infraestructura y el equipamiento de los centros poblados, que permitan la atención a las necesidades de la población rural dispersa y aislada.

f) Formular, coordinar y supervisar estrategias que permitan controlar el deterioro ambiental y de salud en las ciudades y a evitar el poblamiento en zonas de riesgo para la vida y la salud, en coordinación con los Gobiernos Locales, garantizando el pleno respeto de los derechos constitucionales de las personas.

e. *En materia de agraria (art. 51)*

a) Formular, aprobar, ejecutar, evaluar, dirigir, controlar y administrar los planes y políticas de la región en materia agraria en concordancia con las políticas nacionales y los planes sectoriales y las propuestas promocionales de desarrollo rural de parte de las municipalidades rurales.

b) Administrar y supervisar la gestión de actividades y servicios agropecuarios, en armonía con la política y normas de los sectores correspondientes y las potencialidades regionales.

c) Participar en la gestión sostenible del recurso hídrico en el marco de las entidades de cuencas y las políticas de la autoridad nacional de aguas.

d) Promover la transformación, comercialización, exportación y consumo de productos naturales y agroindustriales de la región.

e) Desarrollar acciones de vigilancia y control para garantizar el uso sostenible de los recursos naturales bajo su jurisdicción.

f) Promover y ejecutar proyectos y obras de irrigación, mejoramiento de riego, manejo adecuado y conservación de los recursos hídricos y de suelos.

g) Supervisar y administrar el servicio de información agraria en la región, la cual podrá contar con una red de información provincial y distrital, la que operará en armonía con el sistema nacional de información agraria.

h) Promover la provisión de recursos financieros privados a las empresas y organizaciones de la región, con énfasis en las micro, pequeñas y medianas empresas y las unidades productivas orientadas a la exportación.

i) Planificar, promover y concertar con el sector privado, la elaboración de planes y proyectos de desarrollo agrario y agroindustrial.

j) Planear, supervisar y controlar, en coordinación con el gobierno nacional la mejora de los servicios de comercialización agropecuaria, del desarrollo de cultivos y de crianzas y ganadería.

k) Promover y prestar servicios de asistencia técnica en sanidad agropecuaria, de acuerdo a las políticas y programas establecidos por la autoridad nacional de sanidad agraria.

l) Fomentar sistemas de protección de biodiversidad y germoplasma.

m) Fomentar la investigación y transferencia de tecnológica y extensión agropecuaria.

n) Promover, gestionar y administrar el proceso de saneamiento físico-legal de la propiedad agraria, con la participación de actores involucrados, cautelando el carácter imprescriptible, inalienable e inembargable de las tierras de las comunidades campesinas y nativas.

o) Promover políticas para generar una cultura de seguridad alimentaria.

p) Promover, asesorar y supervisar el desarrollo, conservación, manejo, mejoramiento y aprovechamiento de cultivos nativos, camélidos sudamericanos y otras especies de ganadería regional.

q) Otorgar permisos, autorizaciones y concesiones forestales, en áreas al interior de la región, así como ejercer labores de promoción y fiscalización en estricto cumplimiento de la política forestal nacional.

f. *En materia pesquera (art. 52)*

a) Formular, aprobar, ejecutar, evaluar, dirigir, controlar y administrar los planes y políticas en materia pesquera y producción acuícola de la región.

b) Administrar, supervisar y fiscalizar la gestión de actividades y servicios pesqueros bajo su jurisdicción.

c) Desarrollar acciones de vigilancia y control para garantizar el uso sostenible de los recursos bajo su jurisdicción.

d) Promover la provisión de recursos financieros privados a las empresas y organizaciones de la región, con énfasis en las medianas, PYMES y unidades productivas orientadas a la exportación.

e) Desarrollar e implementar sistemas de información y poner a disposición de la población información útil referida a la gestión del sector.

f) Promover, controlar y administrar el uso de los servicios de infraestructura de desembarque y procesamiento pesquero de su competencia, en armonía con las políticas y normas del sector, a excepción del control y vigilancia de las normas sanitarias sectoriales, en todas las etapas de las actividades pesqueras.

g) Verificar el cumplimiento y correcta aplicación de los dispositivos legales sobre control y fiscalización de insumos químicos con fines pesqueros y acuícolas, de acuerdo a la Ley de la materia. Dictar las medidas correctivas y sancionar de acuerdo con los dispositivos vigentes.

h) Promover la investigación e información acerca de los servicios tecnológicos para la preservación y protección del medio ambiente.

i) Velar y exigir el adecuado cumplimiento de las normas técnicas en materia de pesquería. Dictar las medidas correctivas y sancionar de acuerdo con los dispositivos vigentes.

j) Vigilar el estricto cumplimiento de las normas vigentes sobre pesca artesanal y su exclusividad dentro de las cinco millas marinas. Dictar las medidas correctivas y sancionar de acuerdo con los dispositivos vigentes.

g. *En materia ambiental y de ordenación del territorio (art. 53)*

a) Formular, aprobar, ejecutar, evaluar, dirigir, controlar y administrar los planes y políticas en materia ambiental y de ordenamiento territorial, en concordancia con los planes de los Gobiernos Locales.

b) Implementar el sistema regional de gestión ambiental, en coordinación con las comisiones ambientales regionales.

c) Formular, coordinar, conducir y supervisar la aplicación de las estrategias regionales respecto a la diversidad biológica y sobre cambio climático, dentro del marco de las estrategias nacionales respectivas.

d) Proponer la creación de las áreas de conservación regional y local en el marco del Sistema Nacional de Áreas Protegidas.

e) Promover la educación e investigación ambiental en la región e incentivar la participación ciudadana en todos los niveles.

f) Planificar y desarrollar acciones de ordenamiento y delimitación en el ámbito del territorio regional y organizar evaluar y tramitar los expedientes técnicos de demarcación territorial, en armonía con las políticas y normas de la materia.

g) Participar en el diseño de los proyectos de conformación de macro-regiones.

h) Controlar y supervisar el cumplimiento de las normas, contratos, proyectos y estudios en materia ambiental y sobre uso racional de los recursos naturales, en su respectiva jurisdicción. Imponer sanciones ante la infracción de normas ambientales regionales.

i) Formular planes, desarrollar e implementar programas para la venta de servicios ambientales en regiones con bosques naturales o áreas protegidas.

j) Preservar y administrar, en coordinación con los Gobiernos Locales, las reservas y áreas naturales protegidas regionales que están comprendidas íntegramente dentro de su jurisdicción, así como los territorios insulares, conforme a Ley.

h. *En materia de industria (art. 54)*

a) Formular, aprobar, ejecutar, evaluar, dirigir, controlar y administrar los planes y políticas en materia de industria de la región, en concordancia con las políticas nacionales y los planes sectoriales.

b) Impulsar el desarrollo de sus recursos humanos, y la mejora en la productividad y competitividad de sus unidades económicas y el aprovechamiento de las potencialidades regionales.

c) Identificar las oportunidades de inversión y promover la iniciativa privada en proyectos industriales.

d) Promover la provisión de servicios financieros a las empresas y organizaciones sociales productivas de la región, con énfasis en las PYMES y las unidades productivas orientadas a la exportación, por parte del sector privado.

e) Desarrollar, implementar y poner a disposición de la población sistemas de información relevante y útil para las empresas y organizaciones de la región, así como para los niveles regional y nacional.

f) Simplificar los trámites y procedimientos administrativos aplicables a las empresas en su jurisdicción, con énfasis en las medianas y PYMES y las unidades productivas orientadas a la exportación.

g) Organizar ferias regionales y promover la participación de la región en eventos similares de nivel internacional.

i. *En materia de comercio (art. 55)*

a) Formular, aprobar, ejecutar, evaluar, dirigir, controlar y administrar los planes y políticas en materia de comercio de la región, en concordancia con las políticas nacionales y los planes sectoriales, en coordinación con las entidades del sector público competentes en la materia.

b) Impulsar el desarrollo de los recursos humanos regionales y la mejora en la productividad y competitividad de las unidades económicas de la región, a través de actividades de capacitación, provisión de información y transferencia tecnológica.

c) Elaborar y ejecutar las estrategias y el programa de desarrollo de la oferta exportable y de promoción de las exportaciones regionales.

d) Identificar oportunidades comerciales para los productos de la región y promover la participación privada en proyectos de inversión en la región.

e) Promover la provisión de servicios financieros a las empresas y organizaciones de la región, con énfasis en las medianas, PYMES y las unidades productivas orientadas al comercio y a las exportaciones, por parte del sector privado.

j. *En materia de transportes (art. 56)*

a) Formular, aprobar, ejecutar, evaluar, dirigir, controlar y administrar los planes y políticas en materia de transportes de la región, de conformidad con las políticas nacionales y los planes sectoriales.

b) Planificar, administrar y ejecutar el desarrollo de la infraestructura vial regional, no comprendida en la Red Vial Nacional o Rural, debidamente priorizada dentro de los planes de desarrollo regional. Asimismo promover la inversión privada, nacional y extranjera en proyectos de infraestructura de transporte.

c) Desarrollar y administrar la infraestructura portuaria regional de acuerdo con las regulaciones técnico-normativas emitidas por el Ministerio de Transportes y Comunicaciones a través del organismo pertinente y de la forma que establezcan los dispositivos legales sobre la materia.

d) Otorgar las autorizaciones portuarias, licencias y permisos para la prestación de los servicios portuarios marítimos, fluviales y lacustres de alcance regional, a través del organismo pertinente, de acuerdo a los dispositivos legales sobre la materia.

e) Desarrollar y administrar los aeródromos de ámbito regional, coordinando con la Dirección General de Aeronáutica Civil conforme a ley.

f) Supervisar y fiscalizar la gestión de actividades de infraestructura de transporte vial de alcance regional.

g) Autorizar, supervisar, fiscalizar y controlar la prestación de servicios de transporte interprovincial dentro del ámbito regional en coordinación con los gobiernos locales.

h) Regular, supervisar y controlar el proceso de otorgamiento de licencias de conducir, de acuerdo a la normatividad vigente.

k. *En materia de telecomunicaciones (art. 57)*

a) Formular, aprobar, ejecutar, evaluar, dirigir, controlar y administrar los planes y políticas en materia de telecomunicaciones de la región, de conformidad con las políticas nacionales y los planes sectoriales.

b) Promover, ejecutar y concesionar los proyectos regionales de telecomunicaciones de su competencia, en concordancia con la normatividad nacional y los convenios internacionales. Asimismo, promover la inversión privada en proyectos de telecomunicaciones, de acuerdo a la ley de la materia.

c) Fomentar y fortalecer el desarrollo de medios de comunicación regional y de una red pública de comunicaciones en la Región.

d) Coordinar con el Gobierno Nacional las autorizaciones de las estaciones de radio y televisión regional y otorgar las licencias correspondientes, en armonía con las políticas y normatividad nacional y los convenios internacionales.

e) Participar en los proyectos de comunicaciones a cargo del gobierno nacional.

l. *En materia de vivienda y saneamiento (art. 58)*

a) Formular, aprobar y evaluar los planes y políticas regionales en materia de vivienda y saneamiento, en concordancia con los planes de desarrollo de los gobiernos locales, y de conformidad con las políticas nacionales y planes sectoriales.

b) Promover la ejecución de programas de vivienda urbanos y rurales, canalizando los recursos públicos y privados, y la utilización de los terrenos del gobierno regional y materiales de la región, para programas municipales de vivienda.

c) Incentivar la participación de promotores privados en los diferentes programas habitacionales, en coordinación con los gobiernos locales.

d) Difundir el Plan Nacional de Vivienda y la normativa referida a la edificación de vivienda, así como evaluar su aplicación.

e) Ejecutar acciones de promoción, asistencia técnica, capacitación, investigación científica y tecnológica en materia de construcción y saneamiento.

f) Apoyar técnica y financieramente a los gobiernos locales en la prestación de servicios de saneamiento.

g) Aprobar los aranceles de los planos prediales con arreglo a las normas técnicas vigentes sobre la materia del Consejo Nacional de Tasaciones.

h) Asumir la ejecución de los programas de vivienda y saneamiento a solicitud de los gobiernos locales.

m. *En materia de energía, minas e hidrocarburos (art. 597)*

a) Formular, aprobar, ejecutar, evaluar, fiscalizar, dirigir, controlar y administrar los planes y políticas en materia de energía, minas e hidrocarburos de la región, en concordancia con las políticas nacionales y los planes sectoriales.

b) Promover las inversiones en el sector, con las limitaciones de Ley.

c) Fomentar y supervisar las actividades de la pequeña minería y la minería artesanal y la exploración y explotación de los recursos mineros de la región con arreglo a Ley.

d) Impulsar proyectos y obras de generación de energía y electrificación urbano rurales, así como para el aprovechamiento de hidrocarburos de la región. Asimismo, otorgar concesiones para minicentrales de generación eléctrica.

e) Conducir, ejecutar, supervisar y cooperar en programas de electrificación rural regionales, en el marco del Plan Nacional de Electrificación Rural.

f) Otorgar concesiones para pequeña minería y minería artesanal de alcance regional.

g) Inventariar y evaluar los recursos mineros y el potencial minero y de hidrocarburos regionales.

h) Aprobar y supervisar los Programas de Adecuación y Manejo Ambiental (PAMA) de su circunscripción, implementando las acciones correctivas e imponiendo las sanciones correspondientes.

n. *En materia de desarrollo social e igualdad de oportunidades (art. 60)*

a) Formular, aprobar y evaluar las políticas en materia de desarrollo social e igualdad de oportunidades de su competencia, en concordancia con la política general del gobierno nacional, los planes sectoriales y los programas correspondientes de los Gobiernos Locales.

b) Coordinar la ejecución por los Gobiernos Locales de las políticas sectoriales y el funcionamiento de los programas de lucha contra la pobreza y desarrollo social del Estado, con énfasis en la calidad de los servicios, la igualdad de oportunidades con equidad de género y el fortalecimiento de la economía regional. El Gobierno Nacional coordina el cumplimiento de la ejecución por los Gobiernos Regionales de lo que les competa de las políticas y programas señalados en el presente inciso.

c) Formular políticas, regular, dirigir, ejecutar, promover, supervisar y controlar las acciones orientadas a la prevención de la violencia política, familiar y sexual.

d) Promover la participación ciudadana en la planificación, administración y vigilancia de los programas de desarrollo e inversión social en sus diversas modalidades, brindando la asesoría y apoyo que requieran las organizaciones de base involucradas.

e) Gestionar y facilitar el aporte de la cooperación internacional y las empresas privadas en los programas de lucha contra la pobreza y desarrollo social.

f) Promover una cultura de paz e igualdad de oportunidades.

g) Formular y ejecutar políticas y acciones concretas orientadas a la inclusión, priorización y promoción de las comunidades campesinas y nativas en el ámbito de su jurisdicción.

h) Formular y ejecutar políticas y acciones concretas orientando para que la asistencia social se torne productiva para la región con protección y apoyo a los niños, jóvenes, adolescentes, mujeres, personas con discapacidad, adultos mayores y sectores sociales en situación de riesgo y vulnerabilidad.

o. *En materia de defensa civil (art. 61)*

a) Formular, aprobar, ejecutar, evaluar, dirigir, controlar y administrar las políticas en materia de Defensa Civil, en concordancia con la política general del gobierno y los planes sectoriales.

b) Dirigir el Sistema Regional de Defensa Civil

c) Organizar y ejecutar acciones de prevención de desastres y brindar ayuda directa e inmediata a los damnificados y la rehabilitación de las poblaciones afectadas.

d) Promover y facilitar la formación y equipamiento de Compañías de Bomberos Voluntarios en la región.

e) Promover y apoyar la educación y seguridad vial.

IV. LAS COMPETENCIAS RESIDUALES EN LA FEDERACIÓN VENEZOLANA, NO SÓLO ESTADALES SINO NACIONALES, Y LA AMPLITUD DESMESURADA DE LA CLÁUSULA DE COMPETENCIAS IMPLÍCITAS

Conforme a la tradición de los sistemas federales, los estados tienen competencia en todo lo que no corresponda de conformidad con la Constitución a la competencia nacional o municipal (art. 164,11). Es lo que se denomina la competencia residual de los estados.

Sin embargo, en virtud de la competencia implícita establecida a favor del poder nacional en el artículo 156.33 C., en residuo a favor de los estados puede resultar aún más exiguo y dependiente del poder nacional. Dicha norma, en efecto, atribuye al poder nacional competencia en toda otra materia que la Constitución atribuya al poder público nacional, o que "le corresponda por su índole o naturaleza". Con ello, cualquiera de las materias de la competencia residual de los estados podría ser centralizada sin límite alguno.

Además, como excepcionalmente ocurrió en la Constitución centralista y autoritaria de 1953, la Constitución de 1999 también estableció una competencia residual a favor del poder nacional, aun cuando reducida a la materia tributaria, al asignarle competencia en materia de impuestos, tasas y rentas "no atribuidos a los estados y municipios" por la Constitución y la ley (art. 156,12).

En consecuencia, en la Constitución de 1999 se estableció una doble competencia residual: a favor del poder nacional en materia tributaria; y el resto, a favor de los estados.

V. EL RÉGIMEN LEGAL PARA LA DESCENTRALIZACIÓN POLÍTICA DE LA FEDERACIÓN EN VENEZUELA EN MATERIA DE COMPETENCIAS CONCURRENTES

1. *Algunos antecedentes*

Cualquier análisis somero de la normativa constitucional en lo que se refiere a la diferenciación del poder público en poder nacional y poder de los estados o poder estadal en Venezuela, evidentemente que conduce a la apreciación de que en cuanto a atribuciones y facultades, la organización "estadal" está constitucionalmente minimizada en relación a las que se asignan al poder nacional. A lo anterior debía añadirse la minimización de la autonomía política de los estados que existió hasta 1989, dado que los gobernadores de los mismos, no sólo eran designados libremente por el Presidente de la República, sino que eran agentes del Ejecutivo nacional[1151].

Como se ha dicho anteriormente, a finales de los años ochenta, puede decirse que el régimen político entró en crisis, entre otros aspectos, por las exigencias de la democratización. Más de 10 años de planteamientos políticos y de sacudimientos a la sociedad civil, condujeron a una toma de conciencia que se catalizó en los trabajos de la Comisión para la Reforma del Estado, y que condujeron, a fines de los ochenta, a la formulación de un proyecto de reforma del Estado en cuatro frentes: reforma electoral, reforma de los partidos políticos, reforma de la forma federal del Estado

1151 *Cfr.*, Allan R. Brewer-Carías, "El Poder nacional, estadal y municipal", *Instituciones Políticas y Constitucionales*, Tomo II, Universidad Católica del Táchira y Editorial Jurídica Venezolana, San Cristóbal - Caracas, 1996, pp. 367 y ss.

(descentralización política) y reforma municipal. El descontento popular, además, se había manifestado en las elecciones municipales durante la década de los ochenta, donde la alta abstención (en un país donde ésta nunca había sido superior al 7%) fue el detonante necesario para que los partidos políticos se dieran cuenta de la gravedad de la crisis y de la necesidad de realizar las reformas, como una cuestión de supervivencia del sistema. Así, a finales de la década de los ochenta, se sentaron las bases para la reforma político estadal, con la aprobación de leyes de descentralización política, de régimen municipal y de reforma electoral.

En todo caso, la discusión política pública del tema, condujo, en una primera fase, a la sanción en 1989, de la Ley relativa a la elección directa del órgano ejecutivo de los estados de la Federación, los gobernadores, buscando superar el esquema tradicional conforme al cual los gobernadores de los estados eran de la libre designación y remoción por el Presidente de la República y que reflejaba, sin duda, el esquema de Federación centralizada existente para ese momento.

Conforme a esa Ley sobre elección y remoción de los gobernadores de estado[1152], la primera elección de gobernadores se efectuó en diciembre de 1989. Sin embargo, era evidente que por supuesto, el problema de la crisis del federalismo del Estado venezolano no se podía resolverse con la sola elección directa de los gobernadores por voto popular. Esa era, sin duda, una pieza importante que debía adoptarse en un proceso general de descentralización política a través de la redefinición del federalismo; pero reducir el problema a la sola elección directa de los gobernadores era confundir la parte con el todo, y no percatarse de que con una reforma de esa naturaleza, realizada en forma aislada, no se solucionaba el problema de fondo global, que era el del centralismo. En efecto, nada se ganaba con elegir a los gobernadores de estado si éstos no tenían materialmente atribuciones estadales que ejercer, ya que básicamente actuaban sólo como agentes del Ejecutivo nacional. Era necesario, por tanto, que se realizara un esfuerzo adicional para comenzar el proceso de convertir a los estados de la Federación en entidades con competencias autónomas de importancia, a los efectos de que la elección de los gobernadores fuera un paso más de avance en el proceso de descentralización política. Era indispensable, por tanto, iniciar el proceso de reformulación de la Federación centralizada, de manera de cambiar el sistema de distribución de competencias entre la República a los órganos que ejercen el poder nacional (federal) y los estados, cuyos órganos ejercen el poder estadal. En definitiva, se trataba de replantearse el sistema de distribución vertical del poder público, o, en otras palabras, los términos conforme a los cuales la Constitución de 1961 regulaba el Estado federal (art. 2).

Para ello se recurrió a lo que establecía el artículo 137 C. de 1961, en el cual se autorizaba al Congreso para con el voto de las dos terceras partes de los miembros de cada Cámara (Diputados y Senadores), para atribuir a los estados o a los municipios determinadas materias de la competencia nacional, a fin de promover la descentralización administrativa. Como consecuencia de ello se sancionó la Ley Orgánica de Descentralización, Delimitación y Transferencia de Competencias del Poder

1152 *V.* en *Gaceta Oficial Extra.* N° 4.086 del 14 de abril de 1989.

Público (LOD) de 28 de diciembre de 1989, que entró en vigencia el 1° de enero de 1990[1153].

Debe indicarse que en la Constitución de 1999 se recogió el mismo principio del artículo 137 C. de 1961, al disponer el artículo 157 que la Asamblea Nacional, por mayoría de sus integrantes, puede atribuir a los municipios o a los estados determinadas materias de la competencia nacional, a fin de promover la descentralización, agregando el artículo 158 que "la descentralización, como política nacional, debe profundizar la democracia, acercando el poder a la población y creando las mejores condiciones, tanto para el ejercicio de la democracia como para la prestación eficaz y eficiente de los cometidos estatales".

En la referida Ley Orgánica de Descentralización, Delimitación y Transferencia de Competencias del Poder Público se establecían las bases legislativas para la descentralización política de la Federación en Venezuela, mediante el reforzamiento del papel no sólo de los estados, sino incluso del antiguo Distrito Federal, al cual también debía extenderse la normativa de la Ley en la medida que fuera posible (art. 2). Dicha Ley Orgánica ha continuado en vigencia después de entrada en vigencia de la Constitución de 1999, y la Asamblea Nacional incluso ha reformado alguno de sus artículos en 2003, adaptando la terminología de su articulado al texto de la Constitución[1154].

Por tanto, dado que dicha Ley estableció las bases legales para la revitalización del federalismo en Venezuela, y aún cuando su ejecución se haya detenido a partir de 1995, a continuación analizaremos su contenido, partiendo de su objeto múltiple que se enumera en el artículo 1°, así:

1. Desarrollar los principios constitucionales para promover la descentralización administrativa;
2. Delimitar competencias entre el poder nacional y los estados;
4. Determinar las fuentes de ingresos de los estados;
5. Coordinar los planes anuales de inversión de las entidades federales con los que realice el Ejecutivo nacional en ellas; y
6. Facilitar la transferencia de la prestación de los servicios del poder nacional a los estados.

Debe señalarse que la Ley Orgánica de Descentralización, Delimitación y Transferencia de Competencias del Poder Público, a pesar de haber sido publicada a fines de 1989, tampoco durante sus primeros años de vigencia fue objeto de ejecución sistemática, ni el Gobierno Nacional definió su ejecución como una política gubernamental. La descentralización, inicialmente, solo consistió en una Ley Orgánica cuya ejecución parcial quedó en manos de las antiguas asambleas legislativas de los estados, las cuales aprobaron algunas leyes estadales en el ámbito de las competencias concurrentes.

1153 *V.* en *Gaceta Oficial Extra.* N° 4.153 del 28 de diciembre de 1982. *Cfr.* en materia de descentralización política lo expuesto Allan R. Brewer-Carías, "Evolución histórica del Estado", *Instituciones Políticas y Constitucionales*, Tomo II, *cit.*, pp. 229 y ss.; 458 y ss.; y 536 y ss.; y t. II, "El Poder nacional, estadal y municipal", *cit.*, y 394 y ss.

1154 Ley de reforma de 14 de agosto de 2003, en *Gaceta Oficial* N° 37.753 del 14 de agosto de 2003.

En realidad solo fue a partir de junio de 1993 y hasta febrero de 1994, cuando la descentralización se asumió como una política gubernamental, a cuyo efecto el Presidente de la República en Consejo de Ministros no sólo aprobó cerca de quince reglamentos de la Ley, sino que alentó el proceso, habiéndose suscrito los primeros convenios de transferencia de servicios en materia de competencias concurrentes, como la salud, entre la República y cinco de los estados de la Federación[1155]. En esa tarea, fue fundamental la designación de un Ministro de Estado para la Descentralización[1156].

2. *La enumeración de las competencias concurrentes entre los niveles del Poder Público*

La Ley Orgánica, luego de repetir en su artículo 3° la enumeración de las competencias de los estados que realizaba el artículo 17 C. de 1961 (equivalente al artículo 164 C. de 1999), calificó algunas como "competencia exclusivas de los estados", y estableció una lista de materias que se denominaron como "competencias concurrentes" y que vino a configurarse como el primer reconocimiento formal por parte de los órganos del poder nacional, en el sentido de que la Constitución permitía identificar esas materias concurrentes entre los diversos niveles del poder público, y que por tanto, correspondían por igual a la República (poder nacional), a los estados (poder estadal), y a los municipios (poder municipal) .

En relación a esas materias, el artículo 4° LOD reconoció formalmente que en el país se había operado un proceso de centralización, en el sentido de que a pesar del carácter concurrente de las competencias, el poder nacional, sin embargo, las había venido asumiendo; y que por ello, en virtud de la nueva Ley, se establecía como una formulación de política estatal, el que dichas materias "serán transferidas progresivamente a los estados".

En efecto, el artículo 4° LOD establece que en ejercicio de las competencias concurrentes que establece la Constitución, y conforme a los procedimientos que esta Ley señala, deben ser transferidos progresivamente a los estados, los siguientes servicios "que actualmente presta el Poder Nacional":

1° La planificación, coordinación y proporción de su propio desarrollo integral, de conformidad con las leyes nacionales de la materia;

2° La protección de la familia y en especial del menor;

3° Mejorar las condiciones de vida de la población campesina;

4° La protección de las comunidades indígenas atendiendo a la preservación de su tradición cultural y la conservación de sus derechos sobre su territorio;

5° La educación, en los diversos niveles y modalidades del sistema educativo, de conformidad con las directrices y bases que establezca el Poder Nacional;

6° La cultura en sus diversas manifestaciones, la protección y conservación de las obras, objetos y monumentos de valor histórico o artístico;

7° El deporte, la educación física y la recreación; 8ª) Los servicios de empleo;

1155 *V. Informe sobre la Descentralización en Venezuela, 1993. Memoria del Dr. Allan R. Brewer-Carías, Ministro del Estado para la Descentralización,* Caracas, 1994.

1156 *V.* Decreto N° 3.032 de 7 de junio de 1993 en *Gaceta Oficial* N° 35.229 del 9 de junio de 1993.

9° La formación de recursos humanos, y en especial los programas de aprendizaje, capacitación y perfeccionamiento profesional; y de bienestar de los trabajadores;

10° La promoción de la agricultura, la industria y el comercio; 11°) La conservación, defensa y mejoramiento del ambiente y los recursos naturales;

12° La ordenación del territorio del Estado de conformidad con la ley nacional;

13° La ejecución de las obras públicas de interés estadal con sujeción a las normas o procedimientos técnicos para obras de ingeniería y urbanismo establecidas por el Poder Nacional y Municipal, y la apertura y conservación de las vías de comunicación estadales;

14° La vivienda popular, urbana y rural;

15° La protección a los consumidores, de conformidad con lo dispuesto en las leyes nacionales;

16° La salud pública y la nutrición, observando la dirección técnica, las normas administrativas y la coordinación de los servicios destinados a la defensa de las mismas que disponga el Poder Nacional;

17° La investigación científica; y

18° La defensa civil.

Conforme al Parágrafo Único del artículo 1° del Reglamento Parcial N° 1 LOD, sobre transferencias de servicios y competencias a los estados y sobre los acuerdos previos a la transferencia de servicios y la cogestión, dictado por decreto N° 3.250 del 18 de noviembre de 1993[1157], se entiende por servicios la organización comprehensiva del personal, de los bienes y de los recursos financieros que los órganos del poder nacional destinan para gestionar las materias que los estados asuman, de conformidad con los procedimientos establecidos en la Ley Orgánica y en el Reglamento.

Las competencias concurrentes y los respectivos servicios establecidos en el artículo 4° LOD, constituyen actividades básicas dentro de las tareas del Estado, como servicios públicos que están destinados a la satisfacción de necesidades fundamentales de la sociedad en cada uno de los estados. De ellos, son de índole social: la educación, la salud, la protección de la familia y del menor, la atención a las comunidades indígenas, el mejoramiento de las condiciones de vida de la población campesina, los servicios de empleo, la formación de recursos humanos y de bienestar de los trabajadores, el deporte, la educación física y la recreación, la vivienda popular, urbana y rural.

Corresponden al plano cultural y científico, los servicios para la formación de la cultura, en sus diversas manifestaciones y la protección y conservación de obras, objetos y monumentos de valor histórico o artístico y la investigación científica.

Los servicios de índole económica están referidos a la planificación, coordinación y promoción del desarrollo integral del ámbito estadal, la promoción de la agricultura, la industria y el comercio y la protección a los consumidores.

1157 *V.* el texto en *Gaceta Oficial* N° 3.250 del 18 de noviembre de 1993.

Entre los servicios de índole ambiental, ordenación territorial y de infraestructura están la conservación del territorio del estado, la ejecución de obras públicas de interés estadal y la prestación de servicios públicos.

En lo atinente a la seguridad y orden público está la defensa civil.

Este conjunto de servicios a ser transferidos progresivamente a los estados, constituye, en esencia, la descentralización negociada que anima la Ley Orgánica de Descentralización, mediante un proceso de concertación entre el poder nacional y los estados. Así se le debería dar respuesta a las exigencias de las regiones y comunidades en los campos social, económico, cultural, ambiental y de seguridad y orden público, aún cuando en el económico no se contempla una actividad productiva de tanta actualidad, como la información estadística y automatizada. Sin embargo, se trata de servicios que la dinámica del proceso de descentralización incluso incorporó de hecho en los acuerdos y convenios que se realizaron entre algunos estados y los órganos del poder nacional.

En algunos casos de servicios de orden social y ambiental territorial, como son la educación, la salud y la nutrición, la ordenación del territorio y la ejecución de obras públicas de interés estadal, más que una transferencia puede decirse que se trata de una delimitación de competencias entre los diversos niveles de gobierno.

Además de la anterior enumeración de servicios que el poder nacional reconoce como concurrentes y centralizados, a los efectos de su progresiva transferencia a los estados, la Ley Orgánica, en forma indirecta, establece otro conjunto de materias que se consideran como de competencias concurrentes, y que son "la prestación de los servicios públicos de agua, luz, teléfonos, transporte y gas", respecto de los cuales la Ley no prescribe la necesaria transferencia progresiva a los estados, sino que se limita a establecer en el artículo 5° LOD, como definición de política pública, que la prestación de esos servicios "podrá ser administrada por empresas venezolanas de carácter mixto, bien sean nacionales, estadales o municipales", con lo que se abría campo a la privatización parcial de esos servicios, al preverse la constitución de empresas mixtas, es decir, con participación de capital privado, en aquellos casos en los cuales dichos servicios se prestasen por empresas públicas. Era el caso del antiguo Instituto Nacional de Obras Sanitarias (INOS) para los servicios de agua en todo el territorio nacional, que fue sustituido por las empresas Hidroven y las Hidro regionales y estadales; de la antigua Compañía Anónima de Administración y Fomento Eléctrico (CADAFE) en las áreas donde prestaba el servicio de luz, también descentralizada con la creación de empresas eléctricas regionales; de las empresas públicas de transporte aéreo, transporte terrestre o transporte marítimo; y de la antigua empresa CORPOVEN, filial de Petróleos de Venezuela S.A. (PDVSA) que prestaba el servicio de gas.

La política de empresas mixtas mencionadas, podría originar empresas regionales (participación de varios estados y el poder nacional, como sucedió en algunos casos, de Hidros regionales), estadales (participación de los estados) o municipales (participación de los municipios).

3. *El procedimiento para la transferencia de servicios*

La Ley Orgánica estableció un procedimiento para la transferencia de los servicios del poder nacional a los estados que al momento de promulgarse la Ley estaban siendo prestados por el poder nacional ("actualmente prestados" dice el artículo 6°

LOD) y que corresponden a las materias concurrentes establecidas en el antes mencionado artículo 4° LOD; procedimiento de carácter concertado, basado en la suscripción de "convenios" o contratos públicos intergubernamentales, entre los órganos nacionales y estadales. Este procesamiento fue reglamentado en el citado Reglamento Parcial N° 1 LOD[1158].

A. *La iniciativa de la transferencia*

La iniciativa para la realización de la transferencia de los servicios mencionados, puede partir de los dos niveles interesados; tanto del nivel nacional como del nivel estadal.

En efecto, en primer lugar, la iniciativa para la transferencia puede partir del nivel estadal y, en particular, del gobernador del estado. En este caso, cuando el Gobernador considere que la Administración estadal pueda asumir la prestación de un servicio de los mencionados, debe hacer una solicitud al Ejecutivo nacional, a través del Ministro de Interior y Justicia, a cuyo efecto debe oír previamente la opinión del consejo legislativo o de su comisión delegada (art. 6.1). La Ley Orgánica sólo establece el carácter obligatorio de esta consulta pero no establece que sea vinculante, por lo que aun en el supuesto de que el consejo legislativo expresase una opinión desfavorable, el Gobernador, en todo caso, podría formular la solicitud de transferencia al Ejecutivo nacional.

En estos casos de iniciativa para la realización de la transferencia de parte del gobernador de un estado, el Ministro de Interior y Justicia debe someter el programa de transferencia del servicio, en un lapso de 90 días, a la aprobación de la Asamblea Nacional o de su Comisión Delegada, el cual deberá contener, como mínimo, conforme a los artículos 2, 3 y 6 del Reglamento Parcial n° 1, lo siguiente:

1. Las disposiciones constitucionales y legales que justifiquen cada transferencia, así como la identificación de los servicios nacionales afectados y la organización de la Administración Pública nacional a los que éstos están adscritos o que sea responsable de los mismos.
2. La determinación de las funciones y competencias, que corresponden al estado, incluidas las de supervisión, inspección y control, que quedan reservados a la Administración Pública nacional.
3. La especificación de los órganos y unidades, así como en su caso, de las entidades descentralizadas y establecimientos objeto de transferencia.
4. La relación detallada del personal objeto de transferencia, con indicación de su categoría, condiciones de empleo y retribución y situación administrativa.
5. El inventario detallado de los bienes inmuebles y muebles, así como de los restantes derechos y obligaciones, objeto de transferencia.
6. La valoración definitiva o en su defecto provisional del costo del servicio o los servicios a transferir.
7. La determinación de la capacidad económica y administrativa del Estado para la asunción de los servicios que se solicitan.

1158 Dictado por el citado decreto N° 3.250 del 13 de diciembre de 1993, *Gaceta Oficial* N° 35.359 de 13 de diciembre de 1993.

8. El inventario de la documentación administrativa relativa al servicio objeto de transferencia.
9. El cronograma detallado del proceso de la transferencia del servicio solicitado.

Aún cuando el artículo 3° del Reglamento parcial N° 1 LOD establece el contenido mínimo de los programas de transferencia que deben formular los gobernadores, debe indicarse que dicho programa de transferencias debe incluir los bienes y recursos financieros, así como los mecanismos específicos de supervisión y coordinación de cada uno de los servicios objeto del programa de transferencia. En tal sentido, los bienes muebles e inmuebles asignados al servicio a transferir, que antes de la transferencia sean propiedad de la República por órgano del ministerio u organismo adscrito o instituto autónomo, deben pasar a propiedad de los estados.

El personal que labore en el servicio a transferir, por su parte, también debe pasar a la Administración estadal con las mismas condiciones laborales existentes para el momento de la transferencia.

Asimismo, los recursos asignados por el poder nacional a la prestación del servicio, deben ser transferidos a los estados incorporando a los presupuestos nacionales y estadales la partida correspondiente al servicio transferido. Esta partida inicial se debe ajustar anualmente de acuerdo a la variación de los ingresos ordinarios.

En el segundo párrafo del artículo 7° LOD, se establece que los consejos legislativos, previa aprobación del Gobernador, deben ratificar o no el acuerdo de la Asamblea nacional en un lapso de 30 días. En caso afirmativo, el gobernador le debe poner el ejecútese y se debe proceder a la celebración de los convenios respectivos, de conformidad con lo establecido en el artículo 6.2, 3, 4 y 5 LOD.

El Ejecutivo nacional, en estos casos, no puede rechazar la iniciativa del gobernador, sino que debe limitarse, por órgano del Ministro de Interior y Justicia, a someter el programa a la Asamblea nacional, incluyendo en el mismo las transferencias de bienes del personal y de los recursos financieros, así como la previsión de los mecanismos específicos de supervisión y de coordinación de cada uno de los servicios (art. 6.2).

La Ley Orgánica no precisa las facultades de la Asamblea Nacional, pero al establecer que la propuesta debe ser sometida a su aprobación, ello implica que el órgano legislativo podría negarla, por lo que en los casos de iniciativa de transferencia de servicios por parte de un gobernador, ésta sólo podría ser negada si la Asamblea Nacional no le da su aprobación.

En segundo lugar, la Ley Orgánica también establece la posibilidad de que la iniciativa de la transferencia de competencias parta del Ejecutivo Nacional, por órgano del Ministerio de Interior y Justicia, Despacho al cual corresponde llevar adelante el proceso de descentralización en todo aquello que competa al Ejecutivo Nacional (art. 34). En estos casos, el Ministro debe formular la propuesta de transferir el servicio, a la Asamblea Nacional, y en este caso la Ley es expresa en cuanto a la facultad que le confiere a la Asamblea para acordar o negar la transferencia y modalidades de la misma. En caso de acuerdo, la Asamblea Nacional debe informar de su decisión a los consejos legislativos respectivos (art. 7°).

Conforme al artículo 3° del Reglamento Parcial n° 1 LOD, cuando la iniciativa para la transferencia la asuma el Ejecutivo nacional, ésta debe ejercerse mediante la elaboración y presentación a la Asamblea nacional de una solicitud en la cual se especifique, como mínimo:

1. Las disposiciones constitucionales y legales que justifiquen cada transferencia, así como la identificación de los servicios nacionales afectados y la organización de la Administración Pública nacional a los que estos están adscritos o que sea responsable de los mismos.
2. La especificación de los órganos y unidades, así como en su caso, de las entidades descentralizadas y establecimientos objeto de transferencia.
3. La relación detallada del personal objeto de transferencia, con indicación de su categoría, condiciones de empleo y retribución y situación administrativa.
4. El inventario detallado de los bienes e inmuebles, así como de los restantes derechos y obligaciones, objeto de transferencia.
5. La valoración definitiva o en su defecto provisional del costo del servicio o los servicios a transferir.
6. El inventario de la documentación administrativa relativa al servicio objeto de transferencia.

En todo caso, las solicitudes de transferencia que formule el Ejecutivo nacional deben basarse en un estudio previo de su procedencia y justificación que debe someterse a la consideración de la Comisión Nacional para la Descentralización que en su momento estableció el Reglamento Parcial N° 2 LOD contenido en el decreto N° 3.085 del 22 de julio de 1993 (art. 4°).

Con posterioridad a la deliberación de la Comisión Nacional para la Descentralización, en el artículo 4° del Reglamento parcial N° 1 LOD se prevé que el Ejecutivo nacional debe iniciar un proceso de negociación y acuerdo con el gobierno del estado respectivo en el seno de los grupos de trabajo establecidos en el artículo 6° del Reglamento parcial N° 2 LOD contenido en el decreto N° 3.805 del 22 de julio de 1993, el cual se debe realizar en un lapso de 90 días; lapso dentro del cual se debe elaborar el programa de transferencia, el cual debe contener los elementos establecidos en los artículos 3° y 6° del Reglamento Parcial N° 7

Logrado el acuerdo sobre el programa de transferencia, se debe proceder de conformidad a lo establecido en el artículo 7° de la Ley Orgánica de Descentralización, y el convenio a suscribirse debe entonces ajustarse al contenido mínimo señalado en el artículo 8° del Reglamento Parcial N° 1 LOD.

En estos casos de iniciativa del Ejecutivo Nacional, los consejos legislativos deben ratificar o no el acuerdo de la Asamblea Nacional en un lapso de 30 días, y sólo en caso de que sea ratificado, el gobernador respectivo debe ponerle el ejecútese a la decisión del consejo, sin que tenga posibilidad legal de oponerse a ello.

B. *Las etapas del procedimiento de las transferencias de servicios*

De acuerdo al Reglamento Parcial N° 1 LOD, cuando la iniciativa de la transferencia provenga del gobernador del estado, éste debe presentar las solicitudes de acuerdo a lo establecido en el artículo 2° del Reglamento, al consejo legislativo respectivo, y posteriormente, lo debe hacer ante el Ejecutivo Nacional, a través del Ministerio de Interior y Justicia.

Una vez presentada la solicitud de transferencia al Ejecutivo Nacional, dicho ministerio debe iniciar un proceso de negociación y acuerdo sobre ésta, en el seno de los grupos de trabajo establecidos en el artículo 6° del Reglamento N° 2 LOD, contenido en el decreto N° 3.085 del 22 de julio de 1993, el cual debe realizarse en un lapso de 90 días; lapso dentro del cual debe elaborarse el programa de transferencia con el contenido ya indicado (art. 6°).

Logrado el acuerdo sobre el programa de transferencia, el Ejecutivo nacional debe someterlo a la consideración de la Asamblea Nacional (art. 7°).

Ahora bien, si se observa el procedimiento administrativo para la transferencia de competencias y de servicios, éste se ajusta a una secuencia de etapas y a una serie de requisitos a cumplir por los organismos que constituyen las partes del convenio. El proceso comienza por una primera etapa donde se establece la prioridad en cuanto a los términos de los servicios a transferir y los objetivos que con el mismo se persiguen. Es una manera de jerarquizar las áreas a transferir, de establecer los términos en que se realiza la transferencia del servicio y los propósitos estratégicos que se pretenden alcanzar con la transferencia. Paralelamente, en esta etapa se deben determinar las potencialidades y limitaciones del ámbito estadal y/o local, para llevar a cabo el proceso de transferencia. Significa realizar una evaluación técnica, administrativa, financiera y política que permita determinar la capacidad y factibilidad entre los poderes estadales y locales, para cumplir de manera eficiente y oportuna con las exigencias del proceso.

Una segunda etapa implica la elaboración del proyecto de transferencia, el cual debe contener claramente definidos los diferentes actores que participan en el proceso, los objetivos y alcances del programa de transferencia en distintos horizontes de tiempo, las modalidades y mecanismos de negociación, las funciones y competencias para los diferentes niveles de gobierno, los recursos y fuentes financieras para el desarrollo del programa, y la asignación de recursos económicos, materiales y bienes y la organización del personal en el programa. Finalmente, también debe contener, la gestión del proceso que se define en el artículo 6° LOD, y en el Reglamento Parcial N° 1 LOD.

Una tercera etapa encierra el procedimiento administrativo del proceso de transferencia, su control, seguimiento y evaluación.

Es evidente que el proceso de transferencia tiene que cumplir una serie de requisitos tanto a nivel de los organismos estadales y/o municipales, como a nivel del poder nacional. En este contexto, las Gobernaciones y los municipios deben modernizar sus estructuras organizativas, a fin de adecuarlas a las exigencias que impone la transferencia de los servicios, de tal manera que el manejo de las transferencias se haga de la forma más eficiente. En consecuencia, es necesario establecer una organización multiforme, flexible y participativa, que permita sobreponerse a las estructuras básicas de las organizaciones tradicionales, excesivamente burocratizadas, estratificadas y centralizadas. Se hace imprescindible estructurar una organización en las gobernaciones y en los municipios, con objetivos claros que guíen su acción, dotadas con normas, procedimientos y mecanismos para una adecuada gestión, y un sistema de toma de decisiones que prive sobre criterios personales o partidistas.

Un sistema de gestión moderno y eficiente debe demostrar capacidad técnica, administrativa, de negociación, financiera y organizativa, para cumplir con las exigencias del proceso de transferencia. El nivel central, a su vez debe contar con estructuras desconcentradas en el área a transferir y brindar apoyo técnico, administrativo y financiero a los niveles estadales y municipales.

C. *Los acuerdos previos a la transferencia de servicios y la cogestión de los servicios susceptibles de transferencia*

El decreto nº 3.250 del 18 de noviembre de 1993 sobre el Reglamento Parcial Nº 1 LOD, en su artículo 23 dispone que, antes de la presentación de las solicitudes de transferencia, de conformidad con las previsiones contenidas en los artículos 6º y 7º LOD, tanto los gobernadores como el Ejecutivo nacional, pueden manifestar a la contraparte en ejercicio del derecho de iniciativa que les corresponde, su disposición a celebrar un acuerdo previo a la transferencia y a la ejecución de un período previo de cogestión del servicio o servicios de que se trate. El acuerdo previo a la transferencia del servicio debe ser celebrado por el Ministro de Interior y Justicia, el ministro al que le corresponda el servicio y el gobernador del estado respectivo, en un lapso no mayor de un mes.

Cuando la iniciativa provenga del Ejecutivo Nacional, antes de la firma del acuerdo, éste debe ser sometido a la consideración de la Comisión Nacional para la Descentralización establecida en el Reglamento Parcial Nº 2 LOD.

El artículo 25 del Reglamento Parcial Nº 1 LOD establece los aspectos mínimos que debe contener el acuerdo previo a la transferencia, así:

1. Los términos, las condiciones y el alcance de la participación de la gobernación respectiva en la gestión del servicio de que se trate, incluida la participación económico financiera.
2. La designación del director o coordinador de la dependencia ministerial a la que esté adscrito el servicio solicitado, conforme a lo establecido en el Reglamento Nº 4º LOD.
3. La constitución de una comisión mixta integrada como mínimo por tres representantes del Ejecutivo nacional y tres por la gobernación del estado.

Esta comisión, de acuerdo con el artículo 26 de la ley Orgánica, tiene las siguientes atribuciones:

a. Realizar los estudios necesarios para formular el proyecto del programa de transferencia del servicio en los aspectos organizativos, financieros, funcionales, de infraestructura, de personal y del cronograma de la transferencia, asimismo como del proyecto de convenio a suscribirse entre las partes. Art. 26 ord. 1.

b. Hacer el seguimiento y evaluación de la cogestión del servicio y resolver, en su caso, las diferencias y dificultades que pudieran surgir. Art. 26 ord. 2.

c. Estudiar las propuestas que presenten las organizaciones no gubernamentales y autoridades, e informar a los ministros y gobernadores. Art. 26 ord. 3.

d. Asesorar la modernización organizacional de los despachos que recibirán los servicios a transferirse, así como fomentar el desarrollo de las capacidades de gestión, la profesionalización de la gerencia y la creación de mecanismos de participación de la comunidad en los servicios a transferirse. Art. 26 ord. 4.

e. Asesorar a los ministros y gobernadores y cualquier otra atribución que estos funcionarios encomienden de común acuerdo. Art. 26 ord. 5.

Los artículos 27, 28 y 29 establecen el lapso en el cual la comisión mixta prevista en el artículo 26 del Reglamento Parcial N° 1 LOD debe presentar al Ejecutivo nacional y a la gobernación del estado, el proyecto del programa de transferencia del servicio. El lapso no debe exceder de 2 años, contados a partir de la celebración del acuerdo previo. Una vez que el proyecto del programa de transferencia sea aprobado por las partes, se debe proceder según lo establecido en los artículos 6° y 7° LOD, según sea el caso y con lo establecido en el Reglamento Parcial N° 1 LOD. El acuerdo previo finalizará con la firma del convenio de transferencia del servicio.

A título de ejemplo, podría concebirse un acuerdo tipo entre los órganos del poder nacional y la gobernación del estado para la regulación de la presentación de un servicio en proceso de transferencia; etapa previa a la elaboración del programa de transferencia y a la firma del respectivo convenio, que requiere de ciertas pautas.

Dichos acuerdos deberían comenzar por identificar las partes intervinientes y a las personas que las representan, así como el objetivo, que es la promoción de transferencia de servicios específicos de conformidad con lo establecido en el artículo 4.° LOD y el Reglamento Parcial N° 1 LOD.

La primera cláusula debería referirse a la intención de acordar en la regulación de las relaciones interinstitucionales, en la etapa previa a la transferencia del servicio de que se trate.

Mediante la segunda cláusula se debería acordar la designación del funcionario responsable de la dirección del servicio en el estado de acuerdo con el Reglamento Parcial N° 4 LOD.

La tercera cláusula debería asignar las funciones de coordinación y ejecución del servicio al Ejecutivo del estado, de acuerdo con los lineamientos nacionales, como ente rector del mismo.

La cuarta cláusula debería crear una comisión mixta que tiene la importante tarea de elaborar el programa de transferencia que ha de conocer la Asamblea Nacional. En esta comisión mixta debe participar un representante del Ministerio de Interior y Justicia, uno del organismo que transfiere el servicio y otro del Ejecutivo estadal.

La quinta cláusula debería facultar a la comisión mixta para formular el programa de transferencia del servicio y su cronograma, oír la opinión de entidades no gubernamentales e informar a los signatarios del acuerdo, recomendar fórmulas para mejorar la gestión del servicio y presentar el programa a los jerarcas de los organismos involucrados, a quienes además también podrían asesorar.

El acuerdo requiere de un cruce de información permanente entre los organismos signatarios en relación con el servicio.

D. *Los principios de la desconcentración administrativa nacional*

Con motivo de regular las bases para el proceso de transferencia de competencias concurrentes del nivel nacional al de los estados, la Ley Orgánica estableció como obligación del Ejecutivo nacional el impulsar "la descentralización y la desconcentración de funciones dentro de sus respectivas dependencias, a fin de facilitar la celebración de los convenios para la transferencia de la prestación de servicios específicos". Además, dicha norma estableció el principio de que la contratación y ejecución de las obras debe siempre corresponder "a unidades desconcentradas de los organismos nacionales a nivel de cada estado, bajo la coordinación del gobernador" (art. 9).

En todo caso el Ejecutivo Nacional, por órgano del Ministro de Interior y Justicia, debe informar anualmente a la Asamblea Nacional de las realizaciones en materia de descentralización y desconcentración (art. 10).

4 *Los convenios de transferencia*

A. *El marco regulador*

En todo caso, conforme al procedimiento antes mencionado, si el programa de transferencia es aprobado, debe procederse a la celebración de un convenio entre la República, por órgano del Ministro de Interior y Justicia y el gobernador del estado respectivo, (art. 6.2 a 6.5 y art. 7 LOD), el cual conforme al artículo 8° del Reglamento parcial N° 1 LOD, deben contener, como mínimo, los aspectos siguientes:

1. Objeto del convenio, alcance y cronograma de la transferencia.
2. La delimitación de competencias entre el poder nacional y el estado correspondiente, en la materia de que se trate.
3. Normas que definan la supervisión técnica, asesoría, administración de la gestión, participación de la comunidad de ser procedente, así como la evaluación y control del servicio a transferir.
4. Los aspectos referidos al personal que se transfiere, su gestión futura y la política de personal, las condiciones laborales, el tratamiento de las prestaciones sociales, sus intereses y su valor, así como lo relativo al entrenamiento del personal.
5. Los bienes adscritos a los servicios transferidos, señalando la forma en que se realizará la transferencia de éstos y su inventario.
6. Los recursos financieros, indicando el régimen presupuestario que se adoptará y la manera en que se considerarán los recursos internacionales, si los hubiese; el tratamiento de las obligaciones contraídas con terceros y la revisión periódica de los procedimientos de asignación de recursos.
7. Los aspectos relativos a la coordinación y cooperación en la prestación de los servicios, indicando la coordinación y cooperación con las alcaldías, el suministro de información, la compatibilidad de planes y proyectos y la cooperación internacional.
8. Aspectos relativos al proceso de descentralización y desconcentración de los servicios transferidos hacia los municipios, pudiendo establecerse figuras como la cogestión de servicios entre los niveles estadal y municipal.
9. El establecimiento de comisiones de seguimiento de las transferencias, constituidas entre el Ejecutivo nacional y estadal para la supervisión del cronograma acordado, y resolver las dudas y controversias que pudieran presentarse en la ejecución del programa de transferencia y el cumplimiento de los otros convenios que se firmen con relación a los servicios transferidos.
10. Las disposiciones finales necesarias referidas a los diferentes anexos al convenio, a su modificación, su revisión y al domicilio de éste.

B. *El objeto, alcance y cronograma de la transferencia*

El objeto del convenio debe hacer referencia a los propósitos y a los lineamientos de la transferencia del poder nacional al estado, de conformidad con el programa de la misma aprobado por el Senado y publicado en la *Gaceta Oficial*.

El alcance de la transferencia debe referirse al órgano que transfiere el o los servicios, en este caso el ministerio u organismo adscrito y al órgano que recibe el servicio determinado en el convenio, en este caso el gobierno del estado. Debe incluir lo especificado en el programa de transferencia, relativo a los recursos humanos que laboran en ellos, los bienes muebles e inmuebles y los recursos financieros que tienen asignados en el estado el organismo del poder nacional que transfiere el servicio. En el caso de que funcionen en el estado otros entes autónomos adscritos al ente rector prestador del servicio y, siempre que dichos servicios sean transferibles, se pueden celebrar convenios específicos complementarios al convenio principal. Por ejemplo, es el caso de los servicios de salud prestados por el Ministerio de Salud y por órganos adscritos.

El cronograma de la transferencia se refiere a los lapsos para que opere la misma, en forma efectiva, respecto de los servicios a los que se refiere el convenio. Debe tenerse en cuenta que la transferencia puede hacerse de manera progresiva, según el tipo de servicios de que se trate y que la transferencia deberá realizarse dentro de un plazo de 90 días continuos, contados a partir de la fecha de aprobación del cronograma por la comisión de alto nivel, creada al momento de la firma del convenio e integrada por dos representantes de la gobernación del estado, uno del Ministerio de Interior y Justicia y dos del ministerio o instituto que transfiere el servicio.

C. *La delimitación de responsabilidades ínter gubernamentales*

Uno de los asuntos más importantes de la descentralización es el establecimiento de las responsabilidades correspondientes a cada nivel territorial de gobierno; tarea que se deja al proceso de negociaciones entre cada ministerio o instituto autónomo y las gobernaciones del estado.

En tal sentido, no existe un patrón único para fijar las responsabilidades o funciones propias que corresponden al poder nacional, por cuanto ello depende de la naturaleza, objeto, funciones y características de cada organismo en particular. Sin embargo, con base en los antecedentes expuestos y las negociaciones concluidas en 1993 en relación con el sector salud, se pueden establecer las siguientes, como funciones propias de los órganos del Poder Nacional: la planificación del servicio a nivel nacional; la definición de las políticas nacionales; las relaciones internacionales en la materia; el establecimiento de la normativa general del servicio; la evaluación de los procesos y resultados y la normativa sobre la evaluación del servicio; el establecimiento, seguimiento y control del sistema nacional de información y estadística; la asistencia financiera, técnica y científica del sector o servicio; el establecimiento de las políticas de adiestramiento y capacitación del personal; la fijación de los indicadores de la prestación del servicio; y la cooperación con los estados y municipios para la adecuada gestión del servicio.

En cuanto a las responsabilidades a nivel estadal, las mismas se refieren, en general, a la gestión operativa del servicio, es decir, a la prestación directa de los servicios, construcción de obras y gestión administrativa correspondiente. Así, en general se puede plantear que serían responsabilidades de cada estado: la formulación de los planes y programas estadales en la materia, en cumplimiento de las políticas nacionales del sector; la administración de los órganos y servicios del sector en cada Estado; la formulación y ejecución del presupuesto estadal; la construcción y mantenimiento de la infraestructura e instalaciones estadales para la prestación del servicio; la gestión del personal, incluyendo la selección, dirección, organización, administración, programación, supervisión y evaluación; la adquisición, administración, distribución y asignación de los equipos y suministras de los servicios transferidos; la administración del sistema estadal de estadística e informática y de su inserción en el sistema nacional sectorial; la ejecución de las políticas nacionales de adiestramiento y capacitación de personal; la captación y asignación de recursos para el financiamiento del servicio; y el establecimiento de los mecanismos de participación de la sociedad civil en la gestión del servicio.

D. *Las condiciones de ejercicio de las competencias*

El ejercicio de las competencias por las partes involucradas en el convenio debe realizarse observando un conjunto de condiciones relativas a la normativa legal vigente, a normas y procedimientos, a asesoría en materia de programas de inversión, de ejecución física de obras y de asesoría en la elaboración del presupuesto; sobre mecanismos de modernización de administración y gestión, mecanismos de participación de la comunidad y normas de evaluación y control. Todas estas son condiciones para el ejercicio eficiente dentro de la rigurosidad legal y técnico-administrativa que exige observar el convenio.

En efecto, el gobierno estadal debe tomar en consideración los criterios de dirección técnica, normas administrativas y de coordinación relacionadas, establecidas en las leyes nacionales en sus reglamentos, resoluciones y demás normas en vigencia que rigen la materia sobre el servicio transferido.

Por otra parte, los manuales de normas y procedimientos establecidos para la ejecución de los programas del o de los servicios transferidos, deben ser los instrumentos a aplicarse en el proceso de supervisión técnico normativa, tanto por parte de las autoridades estadales como nacionales, dadas las exigencias que impone administrar adecuadamente el servicio.

En cuanto a la asesoría y aprobación de programas de inversión, se trata de la asesoría que debe brindar el ministerio u organismo adscrito que transfiere el servicio en cuanto a programas y proyectos de construcción, remodelación y ampliación de obras y edificaciones relacionadas con el servicio transferido.

Además, a solicitud de la autoridad regional, el ministerio u organismo adscrito respectivo debe brindar asesoría en materia de los presupuestos programas anuales, de acuerdo con la normativa y los procedimientos establecidos por el poder nacional.

En cuanto a la administración de la gestión, se refiere a la modernización de la estructura organizativa de las gobernaciones, en particular en cuanto al establecimiento de mecanismos que le permitan cumplir una gestión moderna, ágil y eficiente, en relación con el servicio transferido. Se hace imprescindible establecer una organización que posea mecanismos de gestión adecuados y un sistema de toma de decisiones que supere los criterios personalistas.

Por otra parte, la participación de la comunidad debe asegurarse, mediante la creación de los mecanismos y las instancias a través de la promoción de las organizaciones sociales con interés en el servicio transferido, tanto a nivel estadal como municipal.

Por último, en cuanto a los trámites y procedimientos administrativos en curso de tramitación correspondiente a los servicios objeto de transferencia, deben entregarse al estado para su resolución, a la fecha de entrada en vigor de la transferencia de que se trate. En este contexto, el artículo 11 del Reglamento Parcial nº 1 LOD, añade, además, que los recursos administrativos que se puedan formular contra las decisiones ya adoptadas por la Administración Pública Nacional se deben tramitar y resolver por éstos

. Asimismo, agrega, que las consecuencias económicas de todo orden que se derivan de las resoluciones corren a cargo de la instancia territorial que adopte la recepción definitiva. La entrega de toda clase de bienes, derechos y obligaciones, debe ser finalizada en un acta levantada al efecto, en la que debe quedar constancia de la recepción por el Estado.

En lo relativo a las concesiones y contratos administrativos con terceros, el Estado beneficiario de la transferencia se debe responsabilizar de los derechos y deberes de la Administración Pública nacional desde la fecha de entrada en vigor de la transferencia.

El personal adscrito a los servicios, objeto de transferencia incluido en el programa de transferencia aprobado, pasa a depender del estado y forma parte, a todos los efectos, de su personal, a partir de la fecha de entrada en vigor de la correspondiente transferencia.

E. *Los recursos financieros del servicio*

La República debe garantizar el financiamiento de los servicios objeto de transferencia con una cantidad anual por lo menos igual al costo real de los servicios, a partir de la fecha de entrada en vigor de la transferencia.

A tal efecto, el artículo 6.5 LOD establece que los recursos asignados por el poder nacional a la prestación del servicio deben ser transferidos a los estados, incorporando a los presupuestos nacionales y estadales la partida correspondiente al servicio transferido. Esta partida se debe ajustar anualmente de acuerdo a la variación de ingresos ordinarios.

De acuerdo con lo establecido en dicha Ley, el Ejecutivo nacional debe transferir a la gobernación del estado durante el ejercicio fiscal del correspondiente año, los recursos equivalentes al monto de créditos asignados en la Ley de presupuesto del año fiscal en referencia a los programas del ministerio u organismo adscrito, para financiar los gastos del servicio que se transfiere. Para cada año sucesivo, el monto de transferencia anual que debe hacer el Ejecutivo nacional a la gobernación del estado, debe ser el monto que resulte de ajustar el monto transferido en el año inmediatamente anterior de acuerdo a la variación de los ingresos estimados en la Ley de presupuesto del respectivo año. Los recursos asignados en el presupuesto nacional deben ser traspasados a las partidas correspondientes según el clasificador de partidas del presupuesto y luego transferidos a la gobernación del estado para su ejecución presupuestaria.

Ahora bien, de acuerdo con el artículo 17 del Reglamento Parcial Nº 1 LOD, los órganos del poder nacional correspondientes deben contribuir con el financiamiento de los servicios transferidos, mediante la asignación anual de recursos presupuestarios a los estados, que se deben calcular tomando como base inicial, el monto de los recursos destinados a financiar el costo real del servicio transferido contenidos en la Ley de Presupuesto vigente para el momento de la transferencia.

Para cada año sucesivo, el monto de la transferencia anual que debe hacer el Ejecutivo nacional a la gobernación del estado correspondiente conforme al artículo 6.5 LOD, debe corresponder a la cantidad que resulte de ajustar el monto transferido el año anterior de acuerdo a la variación de los ingresos ordinarios estimados en la Ley de Presupuesto del año respectivo.

Ahora bien, a los efectos de calcular el monto de los recursos presupuestarios a ser transferidos a los estados, el artículo 18 del Reglamento parcial n° 1 LOD dispone que el costo real del servicio respectivo se debe determinar sumando:

1. El costo directo, que es la suma de los gastos de personal y de funcionamiento directamente vinculados a la prestación del servicio de que se trate en el estado respectivo, relativos a las tareas que deben desarrollarse para la producción del mismo.
2. El costo indirecto, que es la suma de los gastos de personal y de funcionamiento necesarios para realizar las funciones de apoyo, dirección y coordinación del servicio de que se trate en el estado respectivo, y que corresponda tanto a la unidad tomada como referencia a aquellas otras que colateralmente intervengan en la producción del servicio.
3. Al gasto de inversión, compuesto únicamente por los correspondientes a las acciones de conservación, mejora y sustitución de capital fijo destinado a la prestación del servicio de que se trate en el estado respectivo y, por tanto, exclusivamente los necesarios para mantener el nivel de funcionamiento del servicio.

En todo caso, en el presupuesto nacional, las cantidades que resulten conforme a lo establecido en los artículos antes indicados, se deben traspasar a la partida 60 del clasificador de partidas del presupuesto, a los efectos de ser transferidos mediante dozavos a la gobernación del estado respectivo, en cuyo Presupuesto anual debe establecerse ese ingreso, como ingreso extraordinaria, a los efectos de su ejecución presupuestaria.

Si como consecuencia de la firma de convenios con organismos internacionales el ministerio u organismo adscrito obtiene de fuentes financieras de carácter internacional recursos atinentes al servicio objeto del convenio de transferencia, estos recursos, en la proporción correspondiente, deben ser transferidos al estado a los fines de ser aplicados a los referidos programas.

A los fines de ajustar los recursos financieros a ser previstos en los proyectos de Ley de Presupuesto, el Ejecutivo Nacional y la gobernación del estado deben convenir en revisar las normas y procedimientos para la asignación de los recursos financieros sucesivos, a fin de incorporar, de manera concertada, criterios, métodos y procedimientos que garanticen una mayor coherencia y vinculación entre los requerimientos de recursos financieros con las exigencias del servicio transferido. Asimismo, la revisión periódica debe permitir ajustar los recursos financieros a ser previstos en los presupuestos, en función de los ingresos del estado y de los gastos que deben realizar.

F. *El régimen del personal*

De acuerdo con el artículo 14 del Reglamento Parcial nº 1 LOD, el personal adscrito a los servicios objeto de transferencia que sea incluido en el programa aprobado, a partir del momento en que se haga efectiva la transferencia queda sometido al sistema de administración de personal que rige en la gobernación del estado respectivo.

En consecuencia, en relación a los funcionarios o empleados públicos de los servicios transferidos, éstos pasan a ser funcionarios o empleados estadales, por lo que se regirán por las leyes de estatuto de la función pública de los estados, dictadas por el correspondiente consejo legislativo.

En todo caso, dispone el mismo artículo, que en los Reglamentos de la Ley Orgánica de Descentralización, Delimitación y Transferencia de Competencias del Poder Público que se dicten para normar las transferencias de servicios en sectores específicos, se pueden establecer las modalidades del régimen de aplicación de estas normas.

La consecuencia del cambio de régimen jurídico, en todo caso implica que a partir del momento en que se haga efectiva la transferencia de los funcionarios o trabajadores, los respectivos cargos nacionales deben ser eliminados del registro nacional de asignación de cargos.

Debe señalarse, además, que el ministerio transferente debe notificar al personal de manera individual y por escrito, su paso a la Administración de la gobernación; asimismo debe notificar al Ministerio del Trabajo, al Ministerio de Planificación, al Ministerio de Finanzas, al Ejecutivo estadal y a los demás entes indicados en la Ley.

Por último, en general deben exceptuarse del proceso de transferencia de personal aquél que haya sido jubilado, el incapacitado, el que se encuentre en proceso de jubilación, y el que estando en nómina no preste sus servicios en la entidad federal receptora del servicio, o no los preste por razones de salud.

En todo caso, el cumplimiento efectivo de la transferencia de personal debe ser sometido a la revisión por las partes dentro de un lapso no mayor a los 90 días, contados a partir de la firma del convenio.

El personal del servicio transferido queda sometido, desde el momento de la firma del convenio, al sistema de administración que rige en la gobernación del estado, sin que se le pueda desmejorar en las condiciones de trabajo de las que disfrutaba al momento de su traslado administrativo a la gobernación.

Conforme al artículo 6.4 LOD, el personal transferido debe disfrutar de las mismas condiciones laborales existentes al momento de la transferencia del servicio, a cuyo efecto las condiciones laborales se deben indicar en el listado de convenciones colectivas que se deben anexar al convenio.

Conforme a estos lineamientos, el artículo 15 del Reglamento Parcial nº 1 LOD insiste en que el personal debe ser transferido en las mismas condiciones laborales existentes para el momento de la transferencia. En consecuencia, en el convenio de transferencia debe garantizarse al personal del servicio transferido, la remuneración y demás derechos reconocidos en las leyes, contratos, convenios y acuerdos que para el momento de la transferencia se hayan celebrado con el órgano nacional correspondiente.

En todo caso, la gobernación del estado debe garantizar al personal del servicio transferido la remuneración y demás derechos reconocidos en las leyes, contratos, convenios vigentes y acuerdos celebrados por el ministerio u organismos adscritos. A su vez, el Ejecutivo nacional debe obligarse a tramitar ante los organismos competentes, en un lapso no mayor de 90 días a partir de la firma del convenio, el traspaso del monto de las partidas de los fondos correspondientes para cancelar todas las obligaciones legales o contractuales causadas y, aún no pagadas, provenientes de los contratos colectivos, convenios, convenciones, acuerdos laudos, actas convenios o cualquier documento contentivo de dichas obligaciones vigentes, celebrados por el ministerio u organismos adscritos, antes de la firma del convenio.

Por otra parte, la consecuencia de la transferencia de personal conforme al artículo 10 del Reglamento parcial Nº 1 LOD, es que el estado beneficiario de la transferencia queda automáticamente subrogado, en la fecha en que ésta entre en vigor, en los derechos y las obligaciones de la Administración Pública nacional por razón de la relación de empleo con todos y cada uno de los miembros del personal transferido, a menos que las partes acuerden otra forma de cancelar los derechos y obligaciones con los trabajadores, anteriores a la transferencia del servicio.

Este régimen general, en todo caso, conforme al Parágrafo Único del artículo 16 del mismo Reglamento Parcial Nº 1 LOD, puede ser modificado en los reglamentos de la Ley Orgánica de Descentralización que regulen la transferencia de competencias y servicios en sectores específicos, en los cuales puede establecerse otro régimen para la cancelación de los pasivos laborales.

En el sector salud, por ejemplo, en los convenios de transferencia de competencias que se celebraron en 1993 con los Estados Aragua, Bolívar, Carabobo, Falcón y Anzoátegui[1159], se estableció que el pago de las prestaciones sociales e intereses sobre éstas acumuladas hasta la fecha de la efectiva transferencia de personal, debía ser garantizado plenamente por parte del Ejecutivo nacional, al término de la relación laboral con la gobernación. A tal efecto el Ejecutivo nacional, se obligó a:

1. Solicitar la tramitación de los fondos correspondientes ante los organismos competentes de recursos económicos para el pago de las prestaciones sociales acumuladas del personal que se transfería, hasta la fecha en que se hizo efectiva la transferencia del personal.
2. Los recursos destinados al pago de las prestaciones sociales y sus intereses debían ser colocados en un fondo fiduciario que debía tener como beneficiarios a los trabajadores objeto del proceso de transferencia y como finalidad cancelar las prestaciones sociales a cada trabajador al término de su relación laboral.

En estos casos, el incremento en el valor de las prestaciones sociales derivado de aumentos salariales debía ser asumido por el Ejecutivo nacional si provenía de decretos o medidas de carácter nacional. En el caso de que la decisión proviniera del Ejecutivo regional éste lo debía asumir, a menos que las partes acordasen otra forma de asumir las obligaciones derivadas de las incidencias de los aumentos salariales en las prestaciones sociales.

1159 *V.* el texto de dichos convenios en *Informe sobre la Descentralización en Venezuela, 1993. Memoria del Dr. Allan R. Brewer-Carías, Ministro del Estado para la Descentralización*, Caracas, 1994, pp. 623 y ss. y 825 y ss.

G. *Los bienes adscritos a los servicios transferidos*

La transferencia de los bienes muebles e inmuebles adscritos a los servicios a transferir se debe realizar de acuerdo con lo establecido en leyes y reglamentos aplicables (Ley Orgánica de la Contraloría General de la República y reglamentos, Ley Orgánica de Descentralización, y Reglamento Parcial N° 1 LOD), sin indemnización alguna.

Acordada la transferencia de bienes nacionales a los estados, debe formalizarse en acta levantada al efecto, el inventario relativo a los bienes muebles e inmuebles de manera que quede constancia de la recepción por el estado de todos y cada uno de los que efectivamente se entreguen.

El estado beneficiario queda subrogado en los derechos y deberes de la Administración Pública nacional sobre los bienes transferidos a la fecha de entrada en vigor de la transferencia.

H. *La coordinación y cooperación en la prestación de los servicios*

El Ejecutivo del estado, de mutuo acuerdo con la autoridad del ministerio u organismo adscrito en el ámbito del estado, deben establecer normas y mecanismos de coordinación y cooperación con las alcaldías del estado, con la finalidad de que los municipios, para la gestión de sus intereses y en el ámbito de sus competencias, puedan dar cumplimiento, de una manera eficiente, a los servicios que tienen encomendados conforme a la Ley Orgánica del Poder Público Municipal. La coordinación y cooperación en la prestación de los servicios entre el Ejecutivo regional y las alcaldías significa establecer y disponer de una forma metódica de sistemas y normas, de manera que puedan concurrir juntos a la prestación del servicio transferido.

Un requisito a cumplir es el establecimiento de un sistema de información estadístico que sirva de instrumento para el control y la evaluación de la ejecución de los programas del servicio transferido, así como de los efectos sociales, económicos e institucionales logrados. Un sistema de información estadística permite, además, el diseño de nuevas políticas nacionales y estadales, en materia del servicio transferido. En este sentido, la unidad o ente responsable de la prestación del servicio en el estado, debe presentar periódicamente, al ministerio u organismo adscrito, la información presupuestaria y administrativa, de acuerdo a la normativa establecida y aquellos indicadores que permitan realizar la evaluación técnica del servicio para averiguar si los resultados obtenidos se corresponden con las propuestas.

La gobernación del estado debe elaborar un plan operativo anual y el proyecto de presupuesto relacionado con el servicio de que se trate, para la entidad federal, el cual, debe ser presentado al ministerio u organismo adscrito, a los fines de su análisis y de compatibilización programática con el presupuesto nacional. Dicho proyecto de presupuesto relativo al servicio, deberá ser presentado en los primeros 5 días del mes de marzo, de cada ejercicio fiscal.

Esta información periódica de ejecución del plan operativo anual del presupuesto descentralizado de la unidad federal, debe servir como instrumento para el control, la evaluación y supervisión del servicio.

Cuando el ministerio u organismo adscrito promueva, auspicie y suscriba convenios de asesoría técnica y científica relacionada con el servicio transferido, con organismos extranjeros e internacionales, tanto público como privados, debe tomar en cuenta las necesidades del estado receptor del servicio, a fin de que se beneficie de los términos de los convenios de asesoría.

El ministerio u organismo adscrito y la gobernación del estado pueden suscribir cuantos convenios de cooperación sean oportunos para el mejor desarrollo de la prestación de los servicios. Sin embargo, al momento de la firma del convenio, el Ejecutivo nacional y la gobernación del estado deben convenir en crear una comisión de alto nivel, integrada por representantes de la gobernación del estado, del ministerio u organismo adscrito y del Ministerio de Interior y Justicia.

La comisión de alto nivel referida debe cumplir dos funciones básicas: elaborar el cronograma del proceso de ejecución de la transferencia en un lapso no mayor de treinta días continuos, a partir de la firma del convenio; y resolver las dudas y controversias que se presenten con motivo de la ejecución del programa de transferencia y el cumplimiento del convenio y de cualquier otro convenio que se firme, relacionados con el servicio transferido.

5. *La posibilidad de la reasunción nacional de servicios transferidos*

La Ley Orgánica prevé que los servicios transferidos de conformidad con lo que antes se ha indicado (arts. 5 y 6), pueden ser reasumidos por el Ejecutivo nacional, aun cuando no precisa, en qué casos y por qué motivos podría producirse la reasunción. La Ley Orgánica se limita a establecer el procedimiento para que la reasunción se produzca, pudiendo ésta realizarse, sea a iniciativa del Ejecutivo nacional o del gobernador (art. 8).

En ambos casos, tanto el Ministro de Interior y Justicia como el gobernador respectivo, deben solicitar la reversión de un servicio, es decir, su reasunción por parte del Ejecutivo nacional, ante la Asamblea Nacional. En el caso de que sea el gobernador quien solicite la reversión, debe requerir la opinión previa del consejo legislativo, la cual no es vinculante para el gobernador. Es decir, aun si el consejo da una opinión desfavorable, el gobernador puede hacer la solicitud a la Asamblea, la cual puede autorizar o no la reversión debiendo adoptar su decisión en un lapso de 90 días, debiendo comunicar su decisión al Ministro de Interior y Justicia o al gobernador según el caso (art. 8).

DÉCIMA PRIMERA PARTE:

LA DEMOCRACIA REPRESENTATIVA Y LA FALACIA DE LA LLAMADA "DEMOCRACIA PARTICIPATIVA" (2010).

Ponencia elaborada para el *Congreso Iberoamericano de Derecho Electoral*, Monterrey, Nuevo León, 2010. Para la redacción de esta Ponencia partimos de lo que expusimos en la Videoconferencia dictada en el Seminario Internacional sobre "*Democracia y participación ciudadana en el contexto del derecho comparado y del derecho nacional*," organizado por la Facultad de Jurisprudencia de la Universidad del Rosario, Bogotá, 3 de Mayo de 2010.

I. LA DEMOCRACIA Y LOS PELIGROS DEL DISCURSO AUTORITARIO

Si algo ha resultado de la práctica democrática que la mayoría de los países de América Latina han experimentado en las últimas décadas, ha sido la toma de conciencia de que la democracia, como régimen político, no puede quedar reducida sólo a garantizar la elección de los gobernantes. Más bien tiene que ser concebida como una alianza global entre los gobernados que eligen, y los gobernantes electos, dispuesta para garantizar, por una parte, que el ejercicio del poder por los últimos sea efectivo, y por la otra la participación de los primeros en la conducción política de la sociedad, todo basado en la primacía que debe tener el ser humano, y con él, su dignidad y sus derechos.

Pero llegar a esta conclusión no ha sido fácil. Los ciudadanos de nuestros países, de cara a nuestras democracias, ha tenido que enfrentar y siguen enfrentando tremendas incomprensiones y distorsiones que tanto de buena como de mala fe, derivan de un persistente discurso político que se solaza en la crítica de las muchas deficiencias que ha mostrado la práctica de la democracia representativa, la cual, efectivamente, en muchos países ha terminado por no representar a los diversos componentes de la población. Esa práctica democrática, por otra parte, en muchos casos no ha logrado servir de instrumento para la efectiva construcción de sociedades donde el ciudadano logre sentirse realmente incluido, y participe efectivamente en el quehacer político que en muchas ocasiones ha quedado secuestrado por los partidos políticos.

Ello ha dado origen, entre otros factores, al clamor que tan seguidamente se oye en nuestros países latinoamericanos por la construcción de una "democracia participativa," la cual, la verdad sea dicha, muchos demócratas confunden con la democracia directa, llegando incluso a preferirla respecto de la democracia representativa; y muchos no demócratas la esgrimen con el deliberado propósito de, precisamente, acabar con esta última, confundiendo la movilización popular con la participación.

Todo ello ha conducido al establecimiento de un falso enfrentamiento entre la democracia representativa, a la cual se ataca despiadadamente, y la democracia participativa, por la cual se clama, a veces incluso planteando el tema como una dicotomía que no existe, como si la segunda -la democracia participativa- pudiera sustituir a la primera; falsa dicotomía en la cual ciertamente y sin quererlo, muchos demócratas han caído inadvertidamente buscando de buena fe el perfeccionamiento de la democracia representativa; y también, queriéndolo y de mala fe, muchos otros falsos demócratas han propugnado, ocultando la faz y las fauces del autoritarismo, pretendiendo sustituir la democracia representativa por una supuesta "democracia participativa," todo en fraude a la propia democracia.

Sobre estos temas está destinada esta Ponencia al Congreso Internacional de Derecho Electoral, contentiva de algunas reflexiones sobre la democracia representativa y su significado político; sobre las exigencias de la participación ciudadana, en el sentido de que la democracia, sin dejar de ser representativa, debe asegurar la inclusión del ciudadano en el proceso político; y sobre la falsedad de los cantos de sirenas que se oyen con la persistente difusión de la llamada "democracia participativa" para acabar con la representación. Y por supuesto, sin desconocer que en muchos países, la democrática representativa ha quedado reducida a ser un mecanismo dispuesto para la sola elección de gobernantes, -y por ello se habla tanto de "democracia formal"-, sin lograr satisfacer las exigencias de participación de los ciudadanos, quienes sin duda se han sentido excluidos del proceso político. Y además, teniendo en cuenta que incluso, ante tantas insatisfacciones de vieja data, no se ha logrado realmente identificar lo que es necesario implementar para hacer de la democracia representativa el instrumento de inclusión política que pueda asegurar la participación ciudadana. Es precisamente en medio de esas realidades, de estas insatisfacciones y de las frustraciones que derivan, donde soplan los vientos del falaz discurso autoritario que, vendiendo la idea de la participación, lo que busca es sustituir la democracia representativa pero contradictoriamente, en nombre de una supuesta participación, eliminando el único instrumento político que puede permitir la participación ciudadana que es la descentralización política, que es la que puede dar origen al desarrollo de gobiernos locales que es donde se puede asegurar la inclusión política.

Lo que tenemos que tener claro desde las trincheras democráticas es que esta llamada "democracia participativa," en el discurso autoritario, lo que busca excluir la representación a nivel local y, con ello, todo vestigio de descentralización política, pretendiendo que funcione montada sobre instituciones de "democracia directa" como asambleas de ciudadanos y consejos comunales a la usanza de los soviets de hace casi cien años. Ello, en realidad, es imposible que pueda permitir y asegurar una efectiva participación política del ciudadano en la conducción de los asuntos públicos, como sólo la descentralización y la municipalización podrían lograr. En realidad, en ese discurso autoritario de la democracia participativa, lo único que la misma ofrece es la posibilidad de movilización popular conducida y manejada desde el centro del poder, mediante paridos únicos, por lo que de democracia sólo tiene el nombre, el cual es hábilmente utilizado por quienes se aprovechan de los fracasos políticos de las democracias representativas reducidas a asegurar la elección de gobernantes.

Estamos en presencia, en realidad, de un engañoso slogan propagandístico, el cual, sin embargo, hay que reconocerlo, no deja de tener su atractivo, sobre todo porque quienes claman por que se asegure más participación piensan que ello se puede logar con la sola movilización popular. Pero como antes señalamos, la verdad es que el slogan lo que oculta es un feroz modelo de gobierno autoritario que creíamos superado en nuestro Continente, y que comienza ahora a aparecer envuelto en ropa militar de camuflaje, con pintas populares y de legalidad, con algún apoyo de masas empobrecidas que reciben dádivas, pero sin que se genere riqueza ni empleo. Así, por ejemplo, hemos visto florecer un neo populismo rico o petrolero que está rampante en América Latina, como el que se ha desarrollado en Venezuela, que reparte para lograr apoyos populares, pero sin lograr disminuir la pobreza, y más bien aumentarla y generalizarla, y por sobre todo, sin asegurar la democracia como forma de vida.

En medio de toda esta confusión, y de los discursos tanto democráticos como autoritarios que, a la vez, y al unísono, desde sus propias trincheras claman por la democracia participativa, la verdad es que lo que se impone es comenzar por tratar de poner orden en el debate y distinguir lo que es realmente la democracia como régimen político que por esencia, es contrario al autoritarismo. Para ello, necesariamente tenemos que comenzar por replantearnos los principios básicos de la propia democracia, y tratar de poder situar entonces el concepto de la "democracia participativa" donde corresponde, que es precisamente donde haya efectiva representación en el ámbito de la vida y del gobierno local.

II. SOBRE LOS ELEMENTOS ESENCIALES DE LA DEMOCRACIA Y EL CONTROL DEL EJERCICIO DEL PODER

En el mundo contemporáneo, sin duda, la democracia como régimen político hay que definirla identificando sus elementos esenciales y sus componentes fundamentales, los cuales por lo demás, desde 2001 se encuentran plasmados en un excepcional instrumento internacional destinado precisamente a regularla, como es la *Carta Democrática Interamericana* de la Organización de los Estados Americanos; cuyos elementos básicos, incluso en 2007 han sido recogidos en la *Carta Africana de la Democracia, las Elecciones y la Gobernabilidad.*

Allí se identifica a la democracia, como un régimen político en el cual tienen que estar garantizados los siguientes *elementos esenciales*: el respeto a los derechos humanos y las libertades fundamentales; el acceso al poder y su ejercicio con sujeción al Estado de derecho; la celebración de elecciones periódicas, libres, justas y basadas en el sufragio universal y secreto, como expresión de la soberanía del pueblo; la existencia de un régimen plural de partidos y organizaciones políticas, y la separación e independencia de los poderes públicos (Art. 3).

Todos los ciudadanos en un régimen democrático puede decirse que tienen derecho a todos esos elementos esenciales (al respeto de sus derechos, al Estado de derecho, al sufragio, a los partidos políticos, a la separación de poderes) que pueden ser considerados por lo demás como derechos políticos, siendo el sufragio uno de ellos.

Lo importante de concebir a la democracia conforme a esos elementos, no sólo es tomar conciencia de que ella no se agota en el sufragio, sino que todos ellos, en conjunto, lo que buscan es asegurarles a los ciudadanos la posibilidad de ejercer un control efectivo del ejercicio del poder por parte de los gobernantes. De eso se trata la democracia, del ejercicio del poder en nombre de los ciudadanos y de la posibilidad real para estos de controlar dicho ejercicio, el cual necesariamente presupone, además, otros componentes esenciales de la democracia, como la transparencia de las actividades gubernamentales, la probidad y la responsabilidad de los gobiernos en la gestión pública; el respeto de los derechos sociales y de la libertad de expresión y de prensa; la subordinación constitucional de todas las instituciones del Estado, incluyendo e componente militar, a la autoridad civil legalmente constituida, y el respeto al Estado de derecho por todas las entidades y sectores de la sociedad (Art. 4).

Por tanto, insistimos, la democracia es mucho más que elecciones y participación, configurándose como un sistema político dispuesto para asegurar el control del poder, que es a lo que en definitiva el ciudadano en una democracia tiene derecho, incluso participando en su ejercicio. Por ello la importancia, por ejemplo, del principio de la separación de poderes, del cual en definitiva dependen todos los otros elementos de la democracia, pues sólo controlando al Poder es que puede haber elecciones libres y justas, así como efectiva representatividad; sólo controlando al poder es que puede haber pluralismo político; sólo controlando al Poder es que podría haber efectiva participación democrática en la gestión de los asuntos públicos; sólo controlando al Poder es que puede haber transparencia administrativa en el ejercicio del gobierno, así como rendición de cuentas por parte de los gobernantes; sólo controlando el Poder es que se puede asegurar un gobierno sometido a la Constitución y las leyes, es decir, un Estado de derecho y la garantía del principio de legalidad; sólo controlando el Poder es que puede haber un efectivo acceso a la justicia de manera que ésta pueda funcionar con efectiva autonomía e independencia; y en fin, sólo controlando al Poder es que puede haber real y efectiva garantía de respeto a los derechos humanos. De lo anterior resulta, por tanto, que sólo cuando existe un sistema de control efectivo del poder es que puede haber democracia, y sólo en esta es que los ciudadanos pueden encontrar asegurados sus derechos debidamente equilibrados con los poderes Públicos.

Por ello es que al inicio calificábamos a la democracia como una alianza destinada a asegurar el control del poder, lo que implica entre otros, tres derechos políticos claves que los ciudadanos tienen, y que son, además del derecho a la separación de poderes, el derecho a la distribución vertical o territorial del poder para asegurar la participación política; y el derecho al control judicial del ejercicio poder, para asegurar la vigencia de los derechos humanos y el sometimiento del Estado al derecho.

Lo cierto es que, como lo enseña la historia de la humanidad, demasiada concentración y centralización del poder, como ocurre en cualquier régimen autoritario por más velo democrático que lo cubra por su eventual origen electoral, inevitablemente conduce a la tiranía; y el mundo contemporáneo ha tenido demasiadas experiencias que ya han mostrado toda suerte de tiranos que precisamente usaron el voto popular para acceder al poder, y que luego, mediante su ejercicio incontrolado, desarrollaron gobiernos autoritarios, contrarios al pueblo, el cual fue movilizado al antojo de los gobernantes quienes acabaron con la propia democracia y con todos sus elementos, comenzando por el respeto a los derechos humanos.

Por ello, los gobiernos autoritarios no soportan la existencia de un sistema de descentralización política o de distribución vertical del poder público hacia entidades territoriales dotadas de autonomía política que estén efectivamente más cerca del ciudadano, que es lo único que puede garantizar la efectiva posibilidad de la participación política democrática en la toma de decisiones y en la gestión de los asuntos públicos. Es decir, y es bueno destacarlo siempre, porque se olvida cuando se habla de democracia participativa, ésta es sólo posible cuando el poder está cerca del ciudadano, lo que sólo se logra multiplicando autoridades locales dotadas de autonomía política.[1160]

Por ello, la participación política no es simple movilización popular ni se logra estableciendo mecanismos asamblearios de democracia directa. La participación política es la cotidianeidad de la vida ciudadana, que en democracia sólo se asegura a nivel local, en unidades territoriales políticas y autónomas descentralizadas donde se practique el autogobierno mediante representantes electos en forma directa, universal y secreta.

Por ello es que nunca ha habido autoritarismos descentralizados, y menos aún autoritarismos que hayan podido permitir el ejercicio efectivo del derecho a la participación política. Al contrario, en nombre de ésta lo que han impuesto es la exclusión política al concentrar el poder en unos pocos, independientemente de que hayan sido electos. Por ello, insisto, es que los autoritarismos temen y rechazan tanto la descentralización política como la participación democrática, y en su lugar, lo que usualmente hacen es concebir parapetos políticos de control del poder a través de asambleas de ciudadanos controladas por el poder central o por un partido de gobierno, como los Consejos Comunales que se están creando en Venezuela,[1161] configurados como instituciones de manejo centralizado, dispuestas para hacerle creer al ciudadano que participa, cuando lo que se hace es, si acaso, movilizarlo en forma totalmente controlada.

De todo lo anterior resulta, por tanto, que para pueda existir democracia como régimen político, no son suficientes las declaraciones contenidas en los textos constitucionales que hablen de derecho al sufragio y de participación ciudadana; ni siquiera de separación de poderes. Tampoco bastan las declaraciones constitucionales sobre "democracia participativa" o incluso sobre descentralización del Estado; ni las solas enumeraciones de los derechos humanos.

Además de todas esas declaraciones, lo que es necesario en la práctica política democrática, es que se pueda asegurar efectivamente la posibilidad de controlar el poder. Solo así es que se puede hablar de democracia, la cual, por lo demás, además de implicar siempre la representación, es un sistema para la participación. Lo único es que esta última no puede quedar reducida a participar en elecciones o votaciones.

1160 Allan R. Brewer-Carías, "El Municipio, la descentralización política y la democracia" en *XXV Congreso Iberoamericano de Municipios, Guadalajara, Jalisco, México, 23 al 26 de octubre del 2001*, 53-61 (México 2003); y *Reflexiones sobre el constitucionalismo en América*, (Editorial Jurídica Venezolana, Caracas 2001, pp. 105-125 y 127-141.

1161 Ley de los Consejos Comunales en *Gaceta Oficial* N° 5.806 Extraordinaria de 10 de abril de 2006; reformada en 2009, *Gaceta Oficial* N° 39.335 de 28 de diciembre de 2009. Véase Allan R. Brewer-Carías, "El inicio de la desmunicipalización en Venezuela: La organización del Poder Popular para eliminar la descentralización, la democracia representativa y la participación a nivel local", en *AIDA, Opera Prima de Derecho Administrativo. Revista de la Asociación Internacional de Derecho Administrativo*, 49-67 (Universidad Nacional Autónoma de México, Facultad de Estudios Superiores de Acatlán, Coordinación de Postgrado, Instituto Internacional de Derecho Administrativo "Agustín Gordillo", Asociación Internacional de Derecho Administrativo, México, 2007; y *Ley de los Consejos Comunales*, Editorial Jurídica venezolana, Caracas 2009.

III. SOBRE LA DEMOCRACIA: LA REPRESENTACIÓN Y LA PARTICIPACIÓN

Lo que queda claro, en todo caso, es que el ejercicio de la democracia como derecho ciudadano implica siempre la conjunción de dos principios fundamentales, el principio de la representación y el principio de la participación, que no son excluyentes. Ello es así, incluso, aún cuando tengan circunstancialmente peso diverso, como por ejemplo cuando la democracia siendo representativa sólo asegure en forma deficiente la participación. Lo contrario, en cambio, no es posible en el sentido de que no puede haber democracia que sea supuestamente participativa, sin representación. Es decir, la democracia representativa que no asegura la efectiva participación, es deficiente; pero la supuesta democracia participativa que no asegura la representación es inexistente. De ello resulta, por tanto, que la dicotomía que por incomprensión o por destrucción se trata de establecer entre democracia representativa y democracia participativa, es falsa.

En efecto, si a algo se contrapone la representación, es a la democracia directa, de manera que la dicotomía en cuanto a la forma de ejercicio de la democracia, está entre la democracia indirecta o representativa y la democracia directa,[1162] o asamblearia.

Otra cosa es el tema de la participación, que si a algo se contrapone, no es a la representación, sino a la exclusión. La dicotomía en este caso, está entre democracia de inclusión o participativa y democracia de exclusión o exclusionísta; es decir, entre un régimen democrático en el cual el ciudadano tenga efectiva participación en la conducción de los asuntos públicos, y un régimen democrático en el cual el ciudadano, aparte de elegir, esté excluido de participar en ello.

Y esto es precisamente lo que no se tiene claro cuando se habla equivocadamente de "democracia participativa" como supuestamente "contrapuesta" a la democracia representativa, lo que ocurre en todos los frentes: por una parte, desde la mismas trincheras democráticas, queriendo en realidad referirse, sin saberlo, a la necesidad de introducir a la democracia representativa mecanismos de democracia directa; y por la otra, desde las trincheras autoritarias, confundiendo los conceptos para propugnar la eliminación o minimización de la representatividad y establecer una supuesta relación directa entre un líder y el pueblo, a través de los mecanismos institucionales del Estado dispuestos para movilizar a la población y hacer creer que con ellos se participa, cuando en realidad a lo que conducen es a la destrucción de la democracia.

Partiendo del supuesto de que la democracia representativa o democracia indirecta, es y seguirá siendo de la esencia de la democracia, de manera que nunca podrá haber una democracia que sólo sea asamblearia, refrendaria o de cabildos abiertos permanentes, el tema central a resolver es cómo hacer de la democracia un régimen de inclusión política, es decir, participativa, donde el ciudadano sea efectivamente parte de su comunidad política, y pueda contribuir a toma de las decisiones que le conciernen; de manera que la participación no quede reducida a votar en elecciones o en consultas populares.

1162 Véase en general, Luis Aguiar de Luque, *Democracia directa y Estado Constitucional*, Editorial Revista de Derecho Privado, Edersa, Madrid 1977.

Hay que recordar que incluso de acuerdo con el Diccionario de la Lengua, participar, en realidad, es estar incluido, lo que no debe confundirse con mecanismos de democracia directa como las iniciativas legislativas, las consultas populares, los cabildos abiertos y los referendos. Participar, en efecto, en el lenguaje común, es ser parte de...; es pertenecer a..., es incorporarse a, contribuir a, estar asociado a o comprometerse a...; es tener un rol en..., es tomar parte activa en, estar envuelto en o tener una mano en...; es en fin, asociarse con..., es compartir con o tener algo que ver con... Por ello, la participación política para el ciudadano no es otra cosa que ser parte de o estar incluido en una comunidad política, en la cual el individuo tenga un rol específico de carácter activo conforme al cual contribuye a la toma de decisiones. Ello se materializa, por ejemplo, sin duda, en el ejercicio del derecho al sufragio o en votar en referendos o consultas populares, que son formas mínimas de participación; o en ser miembro de sociedades intermedias. Pero la participación no se agota allí, pues para estar incluido es necesario que el ciudadano pueda ser parte efectiva de su comunidad política; permitiéndosele desarrollar, incluso, la conciencia de su efectiva pertenencia a un determinado orden social y político, por ejemplo, a una comunidad; a un lugar; a una tierra; a un campo; a una comarca; a un pueblo; a una región; a una ciudad; en fin, a un Estado.[1163]

En todo caso, el tema central a resolver siempre que se trata de la participación democrática, es determinar cómo y en qué lugar la misma puede realizarse. Como lo advirtió hace años Giovanni Sartori, cuando se refería a quienes primero habían hablado sobre el tema de la democracia participativa, decía: "O el autor de la democracia participativa se decide a clarificar positivamente dónde está lo que corresponde a cuál participación (de cuál naturaleza) y en cuáles lugares (en todas partes?); o nos quedamos con un animal que no logró identificar." Sobre ello, con razón, agregaba, que lo que había era "mucho ruido" y "mucha polémica furiosa," provocando dudas sobre si efectivamente había "nacido algo nuevo"[1164].

IV. LA PARTICIPACIÓN COMO ESENCIA HISTÓRICA DE LA DEMOCRACIA Y COMO FENÓMENO DE LA VIDA LOCAL

La verdad, sin embargo, es que la democracia participativa no era ni es nada nuevo; ha estado siempre, desde los mismos días de las Revoluciones Francesa y Norteamericana del Siglo XIX, en muchos países hoy con democracias consolidadas; ha estado siempre, allí, en el nivel más ínfimo de los territorios políticos de los Estados, en las Asambleas locales, en los Municipios, en las Comunas. Lo que pasa es que muchos no la han querido reconocer, e insisten en confundirla. Es decir, muchos no han querido entender *qué es*, efectivamente, participar en política, y *dónde es* que se puede realmente participar, aún siendo ello parte en la corriente sanguínea de la propia democracia, de manera que incluso, quienes la ejercen y la viven cotidianamente ni se dan cuenta de ella; ni le prestan atención y por ello, a veces no se la logra identificar. Ello sucede por ejemplo, en las democracias europeas, que son democracias inclusivas, en las cuales, por ello, ni siquiera el tema es de discusión política, pues la participación es asunto de todos los días.

1163 Véase en general, Norberto Bobbio, *El futuro de la democracia,* Fondo de Cultura Económica, México 1992, p. 42.

1164 Giovanni Sartori, *¿Que es democracia?*, Altamira Editores, Bogotá, 1994.

En todo caso, y vale la pena recordarlo, la democracia participativa puede decirse que fue descubierta para Europa en las mismas tumultuosas décadas iniciales del nacimiento del Estado constitucional contemporáneo por quien puede considerarse el primer gran constitucionalista moderno, Alexis de Tocqueville, cuando en 1831 se topó de frente, sin quererlo, -como en general se han hecho los grandes descubrimientos- con el régimen de gobierno local de asambleas que funcionaba desparramado en todo el territorio de las colonias inglesas en la costa este de Norteamérica, y que hervía en los *Town Halls*. Él había ido a estudiar el régimen carcelario en el naciente Estado americano, y lo que resultó fue su gran obra *La Democracia en América* publicada en 1835.[1165] Esas instituciones comunales, decía De Tocqueville, "son a la libertad lo que las escuelas vienen a ser a la ciencia; la ponen al alcance del pueblo, le hacen paladear su uso político y lo habitúan a servirse de ella."[1166] Pero para cuando eso escribía, ya en Europa misma, esa democracia local también estaba en procedo de configurarse como uno de los productos más acabados y a veces incomprendidos de la propia Revolución Francesa. Ello, incluso, lo advirtió el propio De Tocqueville en su otra clásica obra del constitucionalismo histórico, *El Antiguo Régimen y la Revolución*, escrito veinte años después, al constatar que: "La administración local tiene un contacto diario con [los ciudadanos]; toca continuamente sus puntos más sensibles; influye en todos los pequeños intereses que forman el gran interés que se pone en la vida; es el objeto principal de sus temores y también el de sus esperanzas más queridas; los mantiene vinculados a ella por una infinidad de lazos invisibles que los arrastran sin que se den cuenta"[1167].

Sin quererlo, puede decirse que De Tocqueville había descubierto la participación, precisamente desarrollada en los gobiernos locales representativos en el sentido de participación política como democracia de inclusión, en la cual el ciudadano toma parte personalmente en un proceso decisorio, interviniendo en actividades estatales y en función del interés general,[1168] lo cual sólo puede tener lugar efectivamente en los estamentos territoriales más reducidos, en el nivel local, comunal o municipal. Es decir, sólo en los niveles político territoriales inferiores de la organización del Estado es que se puede montar una organización participativa que permita la incorporación del ciudadano individual, o en grupos o en comunidades, en la vida pública, y particularmente, en la toma de decisiones públicas generales o de orden administrativo.

Como el profesor de derecho administrativo Jaime Castro, quien además fue un destacado Alcalde de la ciudad de Bogotá, Colombia, "La democracia moderna no se concibe sin audaces formas de participación ciudadana y comunitaria en el ejercicio del poder a nivel local y regional. Sin la garantía de que todas y todos pueden y deben participar en la preparación de las decisiones que se piensen tomar sobre te-

---

1165 Alexis de Tocqueville, *La democracia en América*, Fondo de Cultura Económica, México 1973, pp. 79 y ss.

1166 *Idem.*, p. 78.

1167 Alexis de Tocqueville, *El Antiguo Régimen y la Revolución*, Alianza Editorial, Tomo I, Madrid 1982, p. 15.

1168 Véase por ejemplo, en relación con la administración de justicia, Alberto González, "Participación en la Administración de Justicia" en Jorge Londoño U. (Compilador), *Constitucionalismo, participación y democracia*, Librería Jurídica Ethos, Uniboyacá, Bogotá-Tunja, 1997, pp. 76-77.

mas de interés general, en su adopción y ejecución, esto último mediante el control que realicen sobre la gestión de las autoridades y los particulares que ejerzan funciones públicas. Sólo esas formas democráticas de participación le cambian la cara a las instituciones y permiten hablar de un nuevo régimen político."[1169]

Pero por supuesto, para la concepción de ese "nuevo régimen político" que como decía, sin embargo, es tan antiguo como la democracia misma, el tema central que tiene que resolverse es determinar el nivel territorial que se requiere para que pueda haber participación como cotidianeidad democrática, y la opción en esta materia, tal como ocurre por ejemplo en Francia, en Norteamérica, y todos los países europeos con democracias arraigadas; la opción está en el municipio desparramado en todos los rincones del Estado, en cada villa, pueblo y caserío, situado bien cerca del ciudadano. Definitivamente, al contrario, la opción para la participación no está situada en el gran municipio urbano o rural, ubicado, sin duda, bien lejos del ciudadano.

En esta materia, en efecto, la práctica democrática de los países europeos muestra una realidad incontestable en cuanto al predominio de la existencia en cada Estado de muchos municipios, y entre ellos, incluso, de muchos municipios pequeños. Alemania, por ejemplo, tiene algo más de 16.000 municipios, de los cuales un 75% tiene menos de 5.000 habitantes; y España, tiene más de 8.000 municipios, de los cuales un 85% también tienen menos de 5.000 habitantes. En España, incluso, el 61% de todos los municipios tienen menos de 1.000 habitantes[1170]. Es más, en una sola de las Comunidades Autónomas españolas, por ejemplo, la de Castilla y León, hay 2.248 Municipios, de los cuales más de la mitad, es decir, 1.540 Municipios tienen menos de 500 habitantes.[1171] O sea en una sola Comunidad Autónoma española, con un área territorial (15.468 km2) cuatro veces inferior que la del Estado de Nuevo León (64.220 km2), y treinta veces inferior a la de todo México, hay casi igual número de Municipios que en todo el país. Allá, en Castilla y León, sin duda, hay participación de todos los días, aún cuando los propios ciudadanos castellanos no lo crean o no se den cuenta. En cambio, en contraste, y este es un caso extremo, en un país como Venezuela, con un territorio que tiene diez veces más área que el de Castilla y León, y la mitad del de México, sólo hay 338 Municipios, es decir, solo un décimo de los que existen en el país castellano. Por eso es que en Venezuela, con

---

1169 Véase Jaime Castro, *La cuestión territorial*, Editorial Oveja Negra, Bogotá 2003, pp. 201-202. Por ello, cabría preguntarse ¿Por qué será entonces, que en un excelente libro sobre *Las democracias. Entre el Derecho Constitucional y la Política*, de los profesores Olivier Duhamel y Manuel José Cepeda Espinosa en sus más de 400 páginas donde los autores analizan los regímenes democráticos contemporáneos de Europa y América Latina, en la única página en la cual se habla y se usa la expresión de "democracia de participación" es en relación con el sistema suizo? Véase Olivier Duhamel y Manuel José Cepeda Espinosa, *Las Democracias. Entre el Derecho Constitucional y la Política*, TM Editores. Universidad de los Andes. Facultad de Derecho, Bogotá, 1997, p. 56. Acaso el régimen constitucional de Suiza, entre otros factores por la superficie incluso del país, no es el paradigma del federalismo y del régimen local o cantonal?

1170 Véase Torsten Sagawe, "La situación de los pequeños municipios en Europa: con especial referencia a la República Federal de Alemania", en Luis Villar Borla et al, *Problemática de los pequeños Municipios en Colombia ¿Supresión o reforma?*, Universidad Externado de Colombia, Bogotá 2003, p. 40.

1171 *Informe sobre el Gobierno Local*, Ministerio para las Administraciones Públicas. Fundación Carles Pi i Sunyer dÉtudis Autonòmics y Locals, Madrid 1992, p. 27

esa estructura territorial de gobiernos locales, simplemente no hay ni podrá haber real participación política.[1172]

Lo cierto, en todo caso, es que la Revolución Francesa, entre los muchos aportes que dio al constitucionalismo moderno, dio el de la participación ciudadana al haber desparramado el poder que hasta entonces estaba concentrado en pocas manos de la Monarquía y de los señores feudales,[1173] en más de 40.000 Comunas, como allí se denomina a los municipios, lo que permitió que el Municipio se comenzara a ubicar, en Europa, en cuanta aldea, pueblo, villas y ciudad existía, bien cerca del ciudadano. Todo comenzó en los mismos días de la Revolución, el 4 de agosto de 1789, veinte días antes de que la Asamblea Nacional adoptara la declaración de los Derechos del Hombre y del Ciudadano, cuando la misma Asamblea Nacional declaró irrevocablemente abolidos "todos los privilegios particulares de provincias, principados, cantones, ciudades y comunidades de habitantes, sean pecuniarios o de cualquier otra naturaleza;"[1174] disponiendo los días 14 y 22 de diciembre del mismo año 1789, la instauración de una Municipalidad "en cada villa, burgo, parroquia y comunidad del campo."[1175] De ello resultó que para 1791 en la Francia revolucionaria ya había 43.915 municipios, los cales comenzaron a llamarse comunas, y que fueron las que en definitiva dieron origen a los más de 34.000 municipios o comunas que hoy existen en ese país. Y de nuevo, comparemos esa realidad de 40.000 municipios con la nuestra, donde en un país con territorio que triplica el área del de Francia (643.427 km2), como es México (1.972.550 km2), solo hay escasos 2.438 Municipios, y peor aún, en Venezuela cuyo territorio casi duplica el de Francia (912.784 km2), solo hay 338 Municipios.

Frente a estas realidades, acaso nos hemos preguntado ¿porqué será entonces que en los países que llamamos democráticamente desarrollados como los europeos, donde impera la fragmentación municipal, no se plantea con tanta urgencia la necesidad de la participación ciudadana; y, en cambio en todos nuestros países latinoamericanos, donde al contrario, hay muy pocos municipios para sus enormes territorios y su población, es donde más se grita contra nuestras insuficiencias democráticas clamándose a la vez por una democracia participativa?

Creo que la respuesta es obvia, sobre todo cuando constatamos que lo mismo que he señalado respecto de Francia, se repite en todos los demás países europeos. Me refiero, siempre teniendo en cuenta las cifras de los 2.438 Municipios mexicanos, o los 338 Venezolanos, a los 2.539 Municipios que existen en Bélgica (38.520 Km2);

1172 En nuestros países de América Latina la situación no es muy diferente: Argentina: 1.617 municipios; Bolivia: 312 municipios; Brasil: 5.581 municipios; Colombia: 1.100 municipios Chile: 340; Cuba: 169 municipios; Ecuador: 1.079 municipios; El Salvador: 262 municipios; Guatemala: 324 municipios: en Honduras: 293 municipios; Nicaragua: 143 municipios; Paraguay: 212 municipios; Perú: 1.808 municipios; República Dominicana: 90 municipios; Uruguay: 19 municipios. Véase las referencias en Allan R. Brewer-Carías, *Reflexiones sobre el constitucionalismo en América*, Editorial Jurídica Venezolana, Caracas 2001, pp. 139 y ss.

1173 Véase en general, Eduardo García de Enterría, *Revolución Francesa y administración contemporánea*, Taurus Ediciones, Madrid 1981, pp. 17, 41, 46, 49, 50, 56.

1174 Luciano Vandelli, *El Poder Local. Su origen en la Francia revolucionaria y su futuro en la Europa de las regiones*, Ministerio para las Administraciones Públicas, Madrid 1992, p. 28, nota 10.

1175 Albert Soboul, *La révolution française*, Gallimard, París 1981, pp. 198 y ss.;

a los 16.121 Municipios que hay en la Alemania unificada (357.021 km2);[1176]; a los 8.104 Municipios que hay en Italia (301.230 km2) y a los más de 3.000 cantones que hay en Suiza (41.290 Km2).[1177] O sea, en Bélgica con una superficie casi la mitad de la del Estado de Nuevo León (64.220 km2) que tiene 51 Municipios, hay más municipios que los que existen en todo México.

Lamentablemente, en América latina la conformación del municipio, aún cuando tributario de los principios organizativos del europeo, tomó otro rumbo de distribución territorial. En efecto, a pesar de sus raíces en el municipalismo francés, y haber incluso desarrollado mucho antes que en Europa el concepto mismo de autonomía municipal el cual, por ejemplo en Francia, sólo se introdujo con las reformas de Mitterand en 1982[1178] mediante la Ley de Libertad de las Comunas; y en España con la Ley de Bases del Régimen Local de 1985. Ese diferente rumbo derivó, primero, del condicionamiento territorial que en estas tierras impuso el desarrollo institucional del proceso colonial, que terminó por ubicar a los Municipios en las capitales provinciales, abarcando enormes territorios; y segunda, por el proceso de conformación del régimen republicano luego de la Independencia, que no sólo acogió el esquema de Municipios establecidos en ámbitos territoriales cada vez más y más alejados de los ciudadanos y de sus comunidades, sino que trató al poder municipal con recelo, particularmente desde el Poder Central que se estaba conformando. No olvidemos, incluso, que en Colombia, Estado creado en 1821 bajo el liderazgo de Simón Bolívar con base en los territorios de las antiguas provincias de Nueva Granada y Venezuela, el mismo Libertador llegó a suprimir los Municipios en 1828, considerando que eran "una verdadera carga para los ciudadanos, y producen muy pocas utilidades al público."[1179].

Pero lo cierto es que en los 200 años que han transcurrido desde la Independencia, el panorama territorial de la distribución vertical del poder en los países latinoamericanos ha variado muy poco, careciendo nuestros países del nivel político territorial necesario para que la democracia pueda efectivamente ser participativa, que es el gobierno local. Y nos empeñamos en buscar en otras partes soluciones, que la verdad, no encontraremos.

Y aquí volvemos a lo que afirmaba al inicio, sobre que la democracia participativa está indisolublemente ligada, no a la democracia directa, sino a la descentralización política y la municipalización, de manera que la misma no se puede materializar con solo propuestas de incorporación al régimen democrático, de instrumentos como los referendos o las consultas o las iniciativas populares, y mucho menos eliminando la representación.

1176 Torsten Sagawe, "La situación de los pequeños municipios en Europa: con especial referencia a la República Federal de Alemania", en Luís Villar Borla et al, *Problemática de los pequeños Municipios en Colombia ¿Supresión o reforma?*, Universidad Externado de Colombia, Bogotá 2003, pp. 42-43.

1177 Véase Luciano Vandelli, *El Poder Local. Su origen en la Francia revolucionaria y su futuro en la Europa de las regiones*, Ministerio para las Administraciones Públicas, Madrid 1992, pp. 179; Allan R. Brewer-Carías, *Reflexiones sobre el constitucionalismo en América*, Editorial Jurídica Venezolana, Caracas 2001, pp. 139 y ss.

1178 Sobre la aplicación de la Ley de 2 de marzo de 1982, véase en general, André Terrazoni, *La décentralization a l'épreuve des faits*, LGDJ, Paris1987.

1179 Véase el decreto de Supresión de las Municipalidad de 17 de noviembre de 1828, en Allan R. Brewer-Carías, *Las Constituciones de Venezuela*, Academia de Ciencias Políticas y Sociales, Vol. I, Caracas 2008, p. 681.

En realidad, la participación política como cotidianeidad democrática o como parte de la democracia como forma de vida, sólo puede darse a nivel local. No hay otra instancia para ello en los Estados; lo demás es falacia y engaño, o mecanismos de democracia directa que son otra cosa. Por ello es que el tema, precisamente, no tiene tanta notoriedad en los países europeos, donde la participación es de todos los días, en las pequeñas cosas que pueden tratarse en esos pequeños municipios urbanos y rurales.

La participación política o la democracia participativa están por tanto, íntimamente unidas al localismo y a la descentralización política, y ésta, a la limitación del poder, lo que es consustancial con la democracia. Por ello, Eduardo García de Enterría afirmó con razón que el régimen local "da curso al derecho ciudadano a participar en todos, completamente en todos los asuntos públicos que afectan a la propia comunidad;"[1180]; de manera que como también dijo Sebastián Martín Retortillo, hace más de treinta años cuando España aún no había entrado en el proceso de transición hacia la democracia, la participación efectiva del ciudadano común, siempre presupone la descentralización.[1181]

De manera que sin temor a equivocarnos podemos afirmar que no puede haber participación política sin descentralización política territorial, es decir, sin que exista una multiplicidad de poderes locales y regionales; sin ellos, en definitiva, no puede haber una democracia participativa. Lo que habría es centralismo, que es la base de la exclusión política al concentrar el poder en unos pocos electos, y a la vez, el motivo del desprestigio de la democracia representativa por más aditivos de democracia directa o refrendaria se le implante.

No hay otra forma de perfeccionar la democracia y hacerla más participativa y más representativa, que no sea acercando el Poder al ciudadano, lo que sólo puede llevarse a cabo descentralizando política y territorialmente el Poder del Estado y llevarlo hasta la más pequeña de las comunidades; es decir, distribuyendo el Poder en el territorio nacional.[1182] Por tanto, sólo municipalizando los territorios de nuestros países, rescatemos, más de doscientos años después, lo que fue la decisión terminante de la Asamblea Nacional Constituyente francesa en aquél diciembre de 1789, y que hoy se traduciría en la frase de que toda comunidad rural, todo caserío, todo pueblo, todo barrio urbano, debería tener su autoridad local como comunidad política. Como se enunció, por ejemplo en la Constitución de la Provincia del Chaco, de Argentina: "Todo centro de población constituye un municipio autónomo...[1183]

Pero por supuesto, para ello, es decir, para una reforma política de esta naturaleza, tenemos que pensar en otro municipio, para no desparramar territorialmente la

---

1180 Citado en Sebastián Martín Retortillo, en "Introducción" al libro Sebastián Martín Retortillo et al, *Descentralización administrativa y organización política,* Tomo I, Ediciones Alfaguara, Madrid, 1973, p. LVIII.

1181 *Idem*, p. LIX.

1182 Véase en *XXV Congreso Iberoamericano de Municipios, Guadalajara, Jalisco, México del 23 al 26 de octubre de 2001*, Fundación Española de Municipios y Provincias, Madrid 2003, pp.453 y ss

1183 Artículo 182. Citado por Augusto Hernández Barrera, "Objetivos inéditos de la categorización municipal" en Luis Villar Borda et al, *Problemática de los Pequeños Municipios en Colombia ¿Supresión o reforma?*, Universidad Externado de Colombia, Bogotá 2003, p. 108. Véase además, Augusto Hernández Becerra, *Ordenamiento y desarreglo territorial en Colombia*, Instituto de Estudios Constitucionales Carlos Restrepo Piedrahita, Bogotá 2001.

estructura burocrática local, mal y uniformemente concebida que tenemos en muchos de nuestros países y que lo que podría provocar es peor democracia; lo que también se podría originar con los intentos que a veces se han realizado en algunos de nuestros países, donde al contrario de multiplicar los gobiernos locales, se ha propuesto una política de reducción de municipios, calificada con acierto por el mismo Jaime Castro como un verdadero "genocidio municipal" al comentar el intento que se hizo en Colombia, en 2001, con el Proyecto de Ley 041/01, que proponía la desaparición de materialmente la mitrad de los 1.067 entonces existentes municipios colombianos, aquellos que tenían menos de 14.000 habitantes. Castro advertía además, lo que es válido para todos nuestros países que en Colombia "los municipios son el Estado -la única presencia del Estado- en extensas y abandonadas regiones del país", por lo que lo que habría que hacer, al contrario, era "fortalecer y transformar el pequeño municipio [para] convertirlo en herramienta eficaz de una política de poblamiento territorial y de ocupación continua del espacio físico.[1184]

De allí la enorme revalorización que requiere en nuestros países el tema del pequeño municipio como parte del proceso de descentralización político-territorial, para asegurar no sólo la presencia del Estado en el territorio, sino para hacer posible la participación democrática, partiendo de la necesaria diversidad que deben tener las entidades locales; es decir, todo lo contrario al uniformismo organizacional.

En fin, lo que debemos concientizar es que no hay que temerle a la descentralización política, pues se trata de un fenómeno propio de las democracias, que por supuesto es temido por los autoritarismos. Lo cierto es que no hay ni ha habido autocracias descentralizados, siendo los autoritarismos los que rechazan tanto la descentralización política como la participación democrática, incluyendo los autoritarismos que tradicionalmente nos han gobernado bajo el ropaje del "centralismo democrático," de cualquier cuño que sea, incluso de orden partidista.

No nos dejemos engañar con los cantos de sirenas autoritarios que no se cansan de hablar de "democracia participativa," pero no para hacerla posible descentralizando el poder en el territorio, sino para acabar con la democracia representativa, imposibilitando a la vez la participación. No nos confundamos los demócratas al intentar dar respuesta a las exigencias políticas crecientes de participación democrática, con el sólo establecimiento de paños calientes de carácter refrendario o de iniciativas o consultas populares, que no la agotan en absoluto. En fin, no le tengamos miedo a lo pequeño, que territorialmente hablando es precisamente la lugarización, el pequeño municipio rural y la subdivisión municipal suburbana.

En definitiva, y para concluir, como dijo Santiago Ramón y Cajal, quien fue Premio Nobel de Medicina en 1906 quien tuvo la posibilidad de escribir un libro que tituló: *El mundo visto a los ochenta años,* -ojala todos pudiéramos llegar a hacerlo-: "No hay cuestiones pequeñas -dijo-; las que lo parecen son cuestiones grandes no comprendidas". Y eso es precisamente lo que ocurre con la multiplicidad de municipios y la cuestión de la democracia participativa que plantea: es más grande de lo que a veces creemos, porque en ello nos va la vida de la propia democracia, representativa y participativa.

New York, septiembre 2010

1184 Véase Jaime Castro, *La cuestión territorial*, Editorial Oveja Negra, Bogotá 2003, pp. 136-137.

DÉCIMA SEGUNDA PARTE:

PARTICIPACIÓN Y REPRESENTACIÓN DEMOCRÁTICA EN EL GOBIERNO MUNICIPAL

Ponencia elaborada para el *XXIX Congreso Iberoamericano de Municipios*, organizado por la Organización Iberoamericana de Cooperación Intermunicipal (OICI), y el Ayuntamiento de Cádiz, celebrado en Cádiz, entre el 28 y el 31 de mayo de 2012.

I. LA DEMOCRACIA Y LA REPRESENTACIÓN

La democracia, como un sistema político, bien es sabido que no se agota en la elección de los gobernantes. Demasiados ejemplos contemporáneos tenemos en el Continente Americano de gobernantes elegidos por voluntad popular, que han desarrollado gobiernos autoritarios, anti-democráticos, y quienes afianzados en el poder mediante elección, incluso con cierto apoyo popular, lo han utilizado para desmantelar los propios instrumentos e instituciones democráticas, y entre ellos el Municipio. Además, han utilizado el poder para ahogar las mismas ansias de participación de quienes los llevaron al poder oyendo cantos de sirena autoritarios basados, precisamente, en la crítica a la democracia representativa y en la promesa de una "democracia participativa" fuera del Municipio, y que además, sustituiría a la democracia representativa.

La experiencia de Venezuela en la última década, en este aspecto, ha sido demasiado patética. Desde 1998, en el país, sin duda, han existido gobiernos electos con supuesto apoyo popular pero con el voto de una minoría impresionante en relación con el universo de votantes, en gran parte por la enorme abstención electoral causada por el cansancio electorero que nos legó el régimen tradicional de partidos, y que provocó la renuncia colectiva a participar políticamente mediante los solos instrumentos del voto.[1185]

Los gobiernos electos a nivel nacional, en todo caso, desde 1998, desde el poder y mediante sucesivas reelecciones, se han dedicado a destruir a la propia democracia representativa y directa, y además, a materialmente hacer desaparecer la posibilidad misma de participación popular, al desarticular el régimen municipal y pretender sustituirlo como unidad política primaria y autónoma, por unos cuerpos no representativos, de tipo asambleario, controlados desde el poder central. En Venezuela, en

1185 Sobre la crisis del sistema de partidos en la década de los noventa véase Allan R. Brewer-Carías, "Venezuela: Historia y crisis política" en *Derecho y Sociedad. Revista de Estudiantes de Derecho de la Universidad Monteávila*, Nº 3, Caracas, Abril 2002, pp. 217-244; "Reflexiones sobre la crisis del sistema político, sus salidas democráticas y la convocatoria a una Constituyente", en Allan R. Brewer-Carías (Coord.), *Los Candidatos Presidenciales ante la Academia. Ciclo de Exposiciones 10-18 Agosto 1998,* Serie Eventos Nº 12, Biblioteca de la Academia de Ciencias Políticas y Sociales, Caracas 1998, pp. 9-66; "La crisis de las instituciones: Responsables y salidas", en *Revista del Centro de Estudios Superiores de las Fuerzas Armadas de Cooperación*, Nº 11, Caracas 1985, pp. 57-83.

los doce años transcurridos desde la elección de la Asamblea Constituyente en 1999, lo que ha ocurrido es un proceso progresivo de desmantelamiento de las instituciones democráticas, particularmente las locales mediante su vaciamiento, realizado desde el poder central y mediante su ejercicio, guiado por representantes que sin embargo fueron electos.[1186]

Todo ello confirma que la democracia no es sólo elección y contiendas electorales, siendo más bien un sistema de interrelación y alianza global entre los gobernados que eligen, y los gobernantes electos, que tiene que estar dispuesta a garantizar, por una parte, primero, sí, que los representantes sean elegidos por el pueblo, y que puedan gobernar representándolo en todos los niveles de gobierno; segundo, que el ciudadano además, pueda tener efectiva participación política no limitada a la elección, sino que se pueda manifestar también en la votación para la expresión de la opinión del ciudadano en consultas populares mediante referendos, en asambleas de ciudadanos, o en comités de gestión pública, o directamente en sus autoridades locales municipales; tercero, por sobre todo, la primacía que debe tener el ser humano, y con él, su dignidad y sus derechos; cuarto que el ejercicio del poder estará sometido a control efectivo, de manera que los gobernantes y gestores públicos rindan cuenta de su gestión y pueda hacérselos responsables; y quinto, como condición para todas esas garantías, que la organización del Estado esté realmente estructurada conforme a un sistema de separación de poderes, con la esencial garantía de la independencia y autonomía del poder judicial.[1187]

La Carta Democrática Interamericana de septiembre de 2001, en este sentido fue absolutamente precisa al enumerar dentro de los *elementos esenciales* de la democracia 2001: el respeto a los derechos humanos y las libertades fundamentales; el acceso al poder y su ejercicio con sujeción al Estado de derecho; la celebración de elecciones periódicas, libres, justas y basadas en el sufragio universal y secreto, como expresión de la soberanía del pueblo; el régimen plural de partidos y organiza-

---

1186 Véase Allan R. Brewer-Carías, *Dismantling Democracy. The Ch;avez Authoritarian Experiment*, Cambridge University Press, New York, 2010; "La demolición del Estado de derecho y la destrucción de la democracia en Venezuela," en *Revista Trimestral de Direito Público (RTDP)*, N° 54, Instituto Paulista de Direito Administrativo (IDAP), Malheiros Editores, Sao Paulo, 2011, pp. 5-34; "La demolición del Estado de derecho y la destrucción de la democracia en Venezuela (1999-2009)," en José Reynoso Núñez y Herminio Sánchez de la Barquera y Arroyo (Coordinadores), *La democracia en su contexto. Estudios en homenaje a Dieter Nohlen en su septuagésimo aniversario,* Instituto de Investigaciones Jurídicas, Universidad Nacional Autónoma de México, México 2009, pp. 477-517; "Constitution Making in Defraudation of the Constitution and Authoritarian Government in Defraudation of Democracy. The Recent Venezuelan Experience," en *Lateinamerika Analysen*, 19, 1/2008, GIGA, German Institute of Global and Area Studies, Institute of latin American Studies, Hamburg 2008, pp. 119-142..

1187 Véase Allan R. Brewer-Carías, "Los problemas del control del poder y el autoritarismo en Venezuela", en Peter Häberle y Diego García Belaúnde (Coordinadores), *El control del poder. Homenaje a Diego Valadés,* Instituto de Investigaciones Jurídicas, Universidad Nacional Autónoma de México, Tomo I, México 2011, pp. 159-188; "Sobre los elementos de la democracia como régimen político: representación y control del poder," en *Revista Jurídica Digital IUREced*, Edición 01, Trimestre 1, 2010-2011, en http://www.megaupload.com/?d=ZN9Y2W1R ; "Democracia: sus elementos y componentes esenciales y el control del poder", Grandes temas para un observatorio electoral ciudadano, Tomo I, Democracia: retos y fundamentos, *(Compiladora Nuria González Martín),* Instituto Electoral del Distrito Federal, México 2007, pp. 171-220; "Los problemas de la gobernabilidad democrática en Venezuela: el autoritarismo constitucional y la concentración y centralización del poder" en Diego Valadés (Coord.), *Gobernabilidad y constitucionalismo en América Latina*, Universidad Nacional Autónoma de México, México 2005, pp. 73-96.

ciones políticas y la separación e independencia de los poderes públicos (art. 3). Además, la Carta especificó que "La participación de la ciudadanía en las decisiones relativas a su propio desarrollo es un derecho y una responsabilidad" siendo "también una condición necesaria para el pleno y efectivo ejercicio de la democracia,"en el sentido de que "promover y fomentar diversas formas de participación fortalece la democracia."

Sobre todos estos elementos, la Corte Interamericana de Derechos Humanos, en sentencia reciente dictada en el caso *López Mendoza vs. Venezuela* el de septiembre de 2011, ha decidido lo siguiente:

> "26. Los derechos políticos y su ejercicio propician el fortalecimiento de la democracia y el pluralismo político. Como lo ha dicho la Corte Interamericana, *"[l]a democracia representativa es determinante en todo el sistema del que la Convención forma parte"*, y constituye *"un 'principio' reafirmado por los Estados americanos en la Carta de la OEA, instrumento fundamental del Sistema Interamericano."* En el Sistema Interamericano la relación entre derechos humanos, democracia representativa y los derechos políticos en particular, quedó plasmada en la Carta Democrática Interamericana. En este instrumento interamericano se estipuló que entre otros elementos esenciales de la democracia representativa se encuentran el acceso al poder y su ejercicio con sujeción al Estado de derecho así como la celebración de elecciones periódicas, libres, justas y basadas en el sufragio universal y secreto como expresión de la soberanía del pueblo."[1188]

De lo anterior resulta, en todo caso, que en el derecho constitucional contemporáneo se pueda identificar claramente un derecho a la democracia con todos esos elementos esenciales que los Estados signatarios de dicha Carta están obligados a garantizar.[1189] Sin embargo, llegar a esta conclusión no ha sido fácil. Los ciudadanos de nuestros países, de cara a nuestras democracias, han tenido que enfrentar y siguen enfrentando tremendas incomprensiones y distorsiones que tanto de buena como de mala fe derivan de un persistente discurso político que se solaza en la critica de las muchas deficiencias que ha mostrado la práctica de la democracia representativa, la cual, efectivamente, en muchos países ha terminado por no representar a los diversos componentes de la población. La práctica de la democrática representativa, ciertamente, en muchos casos no ha logrado servir de instrumento para la efectiva construcción de sociedades donde el ciudadano logre sentirse realmente incluido, y parti-

---

1188 Corte Interamericana de Derechos Humanos, (FONDO, REPARACIONES Y COSTAS) 1 septiembre 2011, Voto concurrente Diego García Sayán, párr. 26. Véase en http://www.corteidh.or.cr/docs/casos/articulos/seriec_233_esp1.pdf

1189 Véase Allan R. Brewer-Carías, Sobre el derecho a la democracia, véase Allan R. Brewer-Carías, "Prólogo sobre el derecho a la democracia y el control del poder", al libro de Asdrúbal Aguiar, *El derecho a la democracia. La democracia en el derecho y la jurisprudencia interamericanos. La libertad de expresión, piedra angular de la democracia*, Colección Estudios Jurídicos Nº 87, Editorial Jurídica Venezolana, Caracas 2008, pp. 17-37; "Sobre las nuevas tendencias del derecho constitucional: del reconocimiento del derecho a la Constitución y del derecho a la democracia", en *VNIVERSITAS, Revista de Ciencias Jurídicas (Homenaje a Luis Carlos Galán Sarmiento)*, Pontificia Universidad Javeriana, facultad de Ciencias Jurídicas, Nº 119, Bogotá 2009, pp. 93-111; "Algo sobre las nuevas tendencias del derecho constitucional: el reconocimiento del derecho a la constitución y del derecho a la democracia," en Sergio J. Cuarezma Terán y Rafael Luciano Pichardo (Directores), *Nuevas tendencias del derecho constitucional y el derecho procesal constitucional*, Instituto de Estudios e Investigación Jurídica (INEJ), Managua 2011, pp. 73-94..

cipe efectivamente en el quehacer político que en muchas ocasiones ha quedado secuestrado por los partidos políticos.

Ello ha dado origen, entre otros factores, al clamor que tan seguidamente se oye en nuestros países latinoamericanos por la búsqueda y construcción de una "democracia participativa," la cual, la verdad sea dicha, en lo que ha desembocado en general es en el establecimiento de mecanismos de democracia directa,[1190] confundiéndose e identificándose la "participación" con el solo ejercicio "directo" de la democracia, lo que es un grave error, pues se participa políticamente, tanto eligiendo representantes, como votando en referendos, como participando en asambleas o participando en la gestión de los asuntos locales. Esa confusión, a veces vendida deliberadamente, ha hecho que muchos lleguen incluso ilusamente a preferir la democracia "directa" a la "democracia representativa"(indirecta); y otros muchos lo que hacen es confundir la movilización popular con la participación.

Todo ello ha conducido al establecimiento de un falso enfrentamiento entre la democracia representativa, a la cual se ataca despiadadamente, y la democracia participativa, por la cual se clama, a veces incluso planteando el tema como una falsa dicotomía que no puede existir. La democracia representativa es esencialmente participativa, es decir, es una de las formas de participación política por excelencia, de manera que es inconcebible no considerarla como un medio de participación. Por tanto, no hay oposición entre representación y participación, y lo que debe plantearse es que la forma cómo se asegura la elección y la presencia del ciudadano en la misma sea más participativa, es decir, que el votante se pueda sentir más incluido y más integrado. Por ello, no tiene sentido plantear que la democracia participativa pudiera llegar a sustituir a la democracia representativa.

Como se dijo, es una falsa dicotomía en la cual ciertamente y sin quererlo, muchos demócratas han caído inadvertidamente buscando de buena fe el perfeccionamiento de la democracia representativa, de manera de que para hacerla más participativa lo que han hecho es recurrir a introducir mecanismos de democracia directa. Y también hay que decirlo, es proponiendo esa falsa dicotomía, muchos falsos demócratas, queriéndolo y de mala fe, ocultando la faz y las fauces del autoritarismo, han pretendido sustituir la democracia representativa por una supuesta "democracia participativa" que no es otra cosa que un sistema de control de la sociedad entera por el poder político manejado por una oligarquía gubernamental que nadie ha electo, en fraude a la propia democracia, y vendiendo una "participación" que no es otra cosa que una movilización de los ciudadanos controlada por el poder de un partido oficial o por el gobierno autoritario.

Sobre estos temas es que quiero insistir en esta Ponencia para el *XXIX Congreso Iberoamericano de Municipios* que ha sido convocado por la Organización Iberoamericana de Cooperación Intermunicipal (OICI), bajo la siempre certera conducción de Enrique Orduña, a celebrarse en Cádiz (España) los días 28 a 31 de mayo de 2012, y en particular, en virtud de la invitación que se hizo a los participantes a reflexionar, entre otros aspectos, sobre los:

> "nuevos inconvenientes que perfilan en el panorama municipalista iberoamericano al tratar de sustituir la democracia representativa, por fórmulas supuestamente

1190 Véase en general, Luis Aguiar de Luque, *Democracia directa y Estado Constitucional*, Editorial Revista de Derecho Privado, Edersa, Madrid 1977.

participativas de perfil más o menos asambleario, que a medio plazo, además de distorsionar el propio sistema democrático obtendrán resultados contrarios a propósitos supuestamente bien intencionados, al configurarse como monopolios de poder excluyentes de la auténtica participación y del control jurisdiccional de los Gobiernos Locales, propio de los sistemas populistas con tentaciones autoritarias. Ante estas veleidades la OICI, una vez más estará con los defensores de la democratización de las estructuras locales y del futuro del municipio."[1191]

Por ello, y para identificar bien el inconveniente que surge en el municipalismo contemporáneo por el asalto que se viene operando desde el poder central contra la institución municipal, utilizándose instancias asamblearias supuestamente de "democracia participativa" que han usurpado hasta el carácter del municipio como la "unidad política primaria dentro de la organización nacional" (art. 168, Constitución de Venezuela de 1999), resulta obligado hacer estas reflexiones sobre la democracia representativa y su significado político; sobre las exigencias de la participación ciudadana, en el sentido de que la democracia, sin dejar de ser representativa, debe asegurar la inclusión del ciudadano en el proceso político, lo cual sólo puede hacerse en el ámbito de instituciones de gobierno democrático local; y sobre la falsedad de los cantos de sirenas que se oyen con la persistente difusión de la llamada "democracia participativa" para acabar con la democracia representación.

Y por supuesto, teniendo en cuenta que en muchos casos, al plantear las reformas que se quieren de la democracia y del régimen local, no se ha logrado realmente identificar lo que es necesario implementar para hacer de la democracia representativa el instrumento de inclusión política que pueda asegurar la participación ciudadana; y que en medio de la confusión que genera la promoción de la idea de que la participación pueda llegar a sustituir la representativa, contradictoriamente se busque eliminar el único instrumento político que puede permitir la participación ciudadana que es la descentralización política, es decir, los gobiernos locales municipales que es donde se puede asegurar la inclusión política.

Este ha sido, precisamente, el lamentable destino de la reciente experiencia de la implantación de sistemas supuestamente participativos en paralelo a los mecanismos representativos, como ha sucedido en la Venezuela contemporánea, con la estructuración mediante leyes y sin reformar siquiera la Constitución, de un Estado paralelo al Estado Constitucional (Estado Democrático y Social de Derecho y de Justicia), denominado Estado del Poder Popular o Estado Comunal, mediante la sanción de un conjunto de leyes orgánicas en diciembre de 2010.[1192] Desconocieron esas leyes que

---

1191 Sobre esos temas, ya he insistido en las Ponencias que presenté al *Primer Congreso Internacional de Derecho Electoral,* sobre "La democracia representativa y la falacia de la llamada "democracia participativa," ponencia al *Congreso Iberoamericano de Derecho Electoral*, Universidad de Nuevo León, Monterrey, 27 de noviembre 2010. Véase en http://www.allanbrewercarias.com/Content/449725d9-f1cb-474b-8ab2-41efb849fea2/Content/I,%201,%201019.%20La%20democracia%20representativa%20%20y%20las%20falacias%20de%20la%20llamada%20democracia%20paticipativa.%20Mexico%202010.do.pdf; y sobre "La necesaria revalorización de la democracia representativa ante los peligros del discurso autoritario sobre una supuesta "democracia participativa" sin representación," ponencia a; *II Congreso Iberoamericano de Derecho Electoral*, organizado por el Consejo de Estado y la organización IDEA, Bogotá, 31 agosto-1 septiembre 2011.

1192 Véase las Leyes Orgánicas del Poder Popular en *Gaceta Oficial* N° 6.011 Extra. de 21-12-2010; y en *Gaceta Oficial* N° 6.015 Extra. de 28-12-2010. Véanse los comentarios sobre dichas leyes en Allan R. Brewer-Carías *et al.*, *Leyes Orgánicas del Poder Popular*, Editorial Jurídica Venezolana, Caracas 2011-

no hay ni puede haber participación sin descentralización, y descentralización política es establecer gobiernos electos, es decir, sobre la base de representación; y transferir competencias a los mismos. Descentralización no puede ser nunca la trasferencia de competencias a entes que no constituyen gobiernos locales, porque no tienen gobierno democrático representativo propio.[1193]

En la experiencia venezolana de esta última década, en efecto, lo que hemos presenciado ha sido un discurso autoritario que al promover la llamada "democracia participativa," lo que ha venido buscando es excluir la representación a nivel local, ahogar lo que queda de municipalismo, y con ello, todo vestigio de descentralización política, pretendiendo que el sistema político funcione montado sobre instituciones de "democracia directa" como asambleas de ciudadanos y los consejos comunales a la usanza de los soviets de hace casi cien años.

Ello, en realidad, es imposible, y no puede asegurar una efectiva participación política del ciudadano en la conducción de los asuntos públicos, como sólo la descentralización y la municipalización podrían lograr. Para ello, incluso, entidades locales otrora descentralizadas como las Juntas parroquiales, fueron eliminadas como instancias representativas, transformándolas en entes consultivos conducidos por "juntas" nombradas por los Consejos Comunales, que a su vez no se gobiernan por representantes electos mediante sufragio universal, directo y secreto. Esos consejos comunales y juntas parroquiales comunales, en realidad, es imposible que puedan permitir y asegurar una efectiva participación política del ciudadano en la conducción de los asuntos públicos, como sólo la descentralización y la municipalización podrían lograr. En realidad, en ese discurso autoritario de la democracia participativa, lo único que la misma ofrece es la posibilidad de movilización popular pero conducida, manejada y controlada desde el centro del poder, bajo el control de un Ministerio del Ejecutivo Nacional y mediante la intervención de un partido único, por lo que de "democracia" sólo tiene el nombre, el cual es hábilmente utilizado por quienes se aprovechan de los fracasos políticos de la democracia sólo representativa, reducida a asegurar la elección de gobernantes, que existió en otras épocas.

Esta "democracia participativa" que se promueve fervientemente desde las trincheras de un gobierno militarista y autoritario, en realidad, no es más que un engañoso slogan propagandístico, que oculta un feroz modelo de gobierno autoritario que creíamos superado en nuestro Continente, y que comienza ahora a aparecer envuelto en ropa militar de camuflaje, con pintas populares y de legalidad, con algún apoyo de masas empobrecidas que reciben dádivas, pero sin que se genere riqueza ni empleo. Se las hace creer que "participan" al distribuirse recursos financieros improductivos, y así, por ejemplo, hemos visto florecer un neo populismo rico o petrolero que está rampante en Venezuela, que reparte para lograr apoyos populares, pero sin

---

1193 Por ello, la definición de descentralización que se dio en el reglamento de la Ley Orgánica del Consejo Federal de Gobierno, vaciándola de contenido político, es incorrecta. Allí se indica en forma distorsionada, que se trata de una "Política estratégica para la restitución plena del poder al Pueblo Soberano, mediante la transferencia paulatina de competencias y servicios desde las instituciones nacionales, regionales y locales hacia las comunidades organizadas y otras organizaciones de base del Poder Popular, dirigidas a fomentar la participación popular, alcanzar la democracia auténtica restituyendo las capacidades de gobierno al pueblo, instalando prácticas eficientes y eficaces en la distribución de los recursos financieros e impulsar el desarrollo complementario y equilibrado de las regiones del país" (art. 3). Véase en *Gaceta Oficial* N° 39.382 del 9 de marzo de 2010 lograr disminuir la pobreza, y más bien aumentarla y generalizarla, y por sobre todo, sin asegurar la democracia como forma de vida.

II. DESCENTRALIZACIÓN POLÍTICA Y PARTICIPACIÓN DEMOCRÁTICA

Ahora bien, concebida la democracia conforme a los elementos esenciales definidos en la Carta Democrática Interamericana de 2001, antes mencionados, la misma Carta los complementa con la exigencia de unos componentes esenciales de la misma, todos vinculados al control del poder, que son la transparencia de las actividades gubernamentales, la probidad y la responsabilidad de los gobiernos en la gestión pública; el respeto de los derechos sociales y de la libertad de expresión y de prensa; la subordinación constitucional de todas las instituciones del Estado, incluyendo el componente militar, a la autoridad civil legalmente constituida, y el respeto al Estado de derecho por todas las entidades y sectores de la sociedad (Art. 4).

Por ello, la importancia que tiene respecto de la democracia el mencionado principio de la separación de poderes, del cual, en definitiva, dependen todos los otros elementos de la democracia. En efecto, sólo controlando al Poder es que puede haber elecciones libres y justas, así como efectiva representatividad; sólo controlando al poder es que puede haber pluralismo político; sólo controlando al Poder es que podría haber efectiva participación democrática en la gestión de los asuntos públicos; sólo controlando al Poder es que puede haber transparencia administrativa en el ejercicio del gobierno, así como rendición de cuentas por parte de los gobernantes; sólo controlando el Poder es que se puede asegurar un gobierno sometido a la Constitución y las leyes, es decir, un Estado de derecho y la garantía del principio de legalidad; sólo controlando el Poder es que puede haber un efectivo acceso a la justicia de manera que ésta pueda funcionar con efectiva autonomía e independencia; y en fin, sólo controlando al Poder es que puede haber real y efectiva garantía de respeto a los derechos humanos. De lo anterior resulta, por tanto, que sólo cuando existe un sistema de control efectivo del poder es que puede haber democracia, y sólo en esta es que los ciudadanos pueden encontrar asegurados sus derechos debidamente equilibrados con los poderes Públicos.

Por ello es que al inicio calificábamos a la democracia como una alianza destinada a asegurar el control del poder, lo que implica entre otros, tres derechos políticos claves que los ciudadanos tienen, y que son, además del derecho a la separación de poderes, el derecho a la distribución vertical o territorial del poder para asegurar la participación política; y el derecho al control judicial del ejercicio poder, para asegurar la vigencia de los derechos humanos y el sometimiento del Estado al derecho. Al contrario, demasiada concentración y centralización del poder, como ocurre en cualquier régimen autoritario por más velo democrático que lo cubra por su eventual origen electoral, inevitablemente conduce a la tiranía; y el mundo contemporáneo ha tenido demasiadas experiencias que ya han mostrado toda suerte de tiranos que precisamente usaron el voto popular para acceder al poder, y que luego, mediante su ejercicio incontrolado, desarrollaron gobiernos autoritarios, contrarios al pueblo, el cual fue movilizado al antojo de los gobernantes quienes acabaron con la propia democracia y con todos sus elementos, comenzando por el respeto a los derechos humanos.

Por ello, los gobiernos autoritarios no soportan la existencia de un sistema de descentralización política o de distribución vertical del poder público hacia entidades territoriales regionales y locales dotadas de autonomía política que estén efectivamente más cerca del ciudadano, que es lo único que puede garantizar la efectiva posibilidad de la participación política democrática en la toma de decisiones y en la gestión de los asuntos públicos. Es decir, y es bueno destacarlo siempre, porque se olvida cuando se habla de "democracia participativa," ésta simplemente es sólo posible cuando el poder está cerca del ciudadano, y estos lo ejercen democráticamente, lo que sólo se logra multiplicando autoridades locales dotadas de autonomía política.[1194]

Por ello es que dijimos anteriormente, que participación no es posible sin descentralización, y descentralización no existe sin representación. Por ello, en este contexto, la participación política no es simple movilización popular ni se logra estableciendo mecanismos asamblearios de democracia directa controlados por el Poder Ejecutivo nacional a través de una burocracia ministerial gubernamental. La participación política es la cotidianeidad de la vida ciudadana, que en democracia sólo se asegura a nivel local, en unidades territoriales políticas y autónomas descentralizadas donde se practique el efectivamente el autogobierno mediante la elección de representantes por votación directa, universal y secreta, y no mediante 'voceros" designados a mano alzada, sin sufragio universal, directo y secreto, en asambleas de ciudadanos, donde además, participan "no ciudadanos," como los menores y los extranjeros.

En efecto, la participación política se regula en la Constitución de 1999, primero, como un derecho *político* (distinto a los civiles, sociales, educativos, culturales, ambientales, etc.), el cual, por tanto corresponde sólo a los *ciudadanos*, es decir, a los venezolanos que no estén sujetos a inhabilitación política ni a interdicción civil y conforme a la edad que se determine en la ley (art. 30); segundo, se la concibe como un derecho político que tiene que poder ejercerse *libremente*, es decir, sin limitaciones o condicionamientos algunos salvo los que puedan derivarse "del derecho de las demás y del orden público y social" (art. 20), razón por la cual no pueden estar encasillados en una ideología única compulsiva como el socialismo; tercero, se la concibe como tal derecho político que debe ejercerse en el marco de la organización descentralizada del Poder Público (Nacional, Estadal y Municipal) que responde a su distribución en el territorio conforme a la forma federal del Estado (arts. 4 y 136); y cuarto, se lo concibe como un derecho político que por su naturaleza (la necesidad de que el Poder esté cerca del ciudadano), ha de ejercerse particularmente en la unidad política primaria y autónoma de la organización nacional que conforme a la Constitución es el Municipio, concebido como una entidad política con gobierno

1194 Véase, Allan R. Brewer-Carías, "El Municipio, la descentralización política y la democracia" en *XXV Congreso Iberoamericano de Municipios, Guadalajara, Jalisco, México, 23 al 26 de octubre del 2001*, México 2003, pp. 53-61; *Reflexiones sobre el constitucionalismo en América*, Editorial Jurídica Venezolana, Caracas 2001, pp. 105-125 y 127-141; "Democracia participativa, descentralización política y régimen municipal", en Miguel Alejandro López Olvera y Luis Gerardo Rodríguez Lozano (Coordinadores), *Tendencias actuales del derecho público en Iberoamérica*, Editorial Porrúa, México 2006, pp. 1-23; "Democracia participativa, descentralización política y régimen municipal", en *Urbana*, Revista editada por el Instituto de Urbanismo, Facultad de Arquitectura y Urbanismo, Universidad Central de Venezuela y por el Instituto de Investigaciones de la Facultad de Arquitectura y Diseño, Universidad del Zulia, N° 36, 2005, pp. 33-48; "Democracia participativa, descentralización política y régimen municipal", en *La responsabilidad del Estado frente a terceros. Ponencias Continentales del II Congreso Iberoamericano de Derecho Administrativo y Público*, Asociación Iberoamericana de Profesionales en Derecho Público y Administrativo "Jesús González Pérez" Capítulo Ecuador, Ecuador 2005, pp. 273-294.

propio electo mediante sufragio universal directo y secreto (democracia representativa). Es en las actuaciones de esta unidad política, conforme al artículo 168 de la Constitución, que fundamentalmente se debería incorporar "la participación ciudadana al proceso de definición y ejecución de la gestión pública y al control y evaluación de sus resultados, en forma efectiva, suficiente y oportuna."

Por ello, entre otros factores, es que nunca ha habido autoritarismos descentralizados, y menos aún autoritarismos que hayan podido permitir el ejercicio efectivo del derecho a la participación política. Al contrario, en nombre de ésta, los gobiernos autoritarios lo que han impuesto es la exclusión política al hacer ver que se participa, pero concentrando el poder en unos pocos, excluyendo la representación. Por ello, insisto, es que los autoritarismos temen y rechazan tanto la descentralización política como la participación democrática, y en su lugar, lo que usualmente hacen es concebir parapetos políticos de control del poder a través de asambleas de ciudadanos controladas por el poder central o por un partido de gobierno, como los Consejos Comunales que se han venido creando en Venezuela,[1195] configurados como instituciones de manejo centralizado, dispuestas para hacerle creer al ciudadano que participa, cuando lo que se hace es, si acaso, movilizarlo en forma totalmente controlada.

De todo lo anterior resulta, por tanto, que para pueda existir democracia como régimen político, no son suficientes las declaraciones contenidas en los textos constitucionales que hablen de derecho al sufragio y de participación ciudadana; ni siquiera de separación de poderes. Tampoco bastan las declaraciones constitucionales sobre "democracia participativa" o incluso sobre descentralización del Estado; ni las solas enumeraciones de los derechos humanos.

Además de todas esas declaraciones, en la organización territorial del Estado, lo que es necesario en la práctica política democrática, es que se pueda asegurar efectivamente, mediante gobiernos representativos locales, la posibilidad de controlar el poder. Solo así es que se puede hablar de democracia, la cual, por lo demás, además de implicar siempre la representación, es un sistema para la participación. Lo único es que esta última no puede quedar reducida a participar en elecciones o votaciones; pero tampoco puede quedar reducida a ser sólo asamblearia, refrendaria o de cabildos abiertos permanentes.

La exigencia de la participación en la democracia es, en realidad, hacer de la democracia un régimen de inclusión política, es decir, "participativa," donde el ciudadano sea efectivamente parte de su comunidad política, y pueda contribuir a toma de las decisiones que le conciernen; de manera que la participación no quede reducida a votar en elecciones o en consultas populares. Por ello, la participación política para el ciudadano no es otra cosa que "ser parte de" o "estar incluido en" una comunidad política, en la cual el individuo tenga un rol específico de carácter activo conforme

---

1195 Ley de los Consejos Comunales en *Gaceta Oficial* Nº 5.806 Extraordinaria de 10 de abril de 2006; reformada en 2009, *Gaceta Oficial* Nº 39.335 de 28 de diciembre de 2009. Véase Allan R. Brewer-Carías, "El inicio de la desmunicipalización en Venezuela: La organización del Poder Popular para eliminar la descentralización, la democracia representativa y la participación a nivel local", en *AIDA, Opera Prima de Derecho Administrativo. Revista de la Asociación Internacional de Derecho Administrativo*, 49-67 (Universidad Nacional Autónoma de México, Facultad de Estudios Superiores de Acatlán, Coordinación de Postgrado, Instituto Internacional de Derecho Administrativo "Agustín Gordillo", Asociación Internacional de Derecho Administrativo, México, 2007; y *Ley de los Consejos Comunales*, Editorial Jurídica venezolana, Caracas 2009.

al cual contribuye a la toma de decisiones. Ello se materializa, por ejemplo, sin duda, en el ejercicio del derecho al sufragio o en votar en referendos o consultas populares, que son formas mínimas de participación; o en ser miembro de sociedades intermedias como los partidos políticos. Pero la participación no se agota allí, pues para estar incluido es necesario que el ciudadano pueda ser parte efectiva de su comunidad política; permitiéndosele desarrollar, incluso, la conciencia de su efectiva pertenencia a un determinado orden social y político, por ejemplo, a una comunidad; a un lugar; a una tierra; a un campo; a una comarca; a un pueblo; a una región; a una ciudad; en fin, a un Estado.[1196] En ello, los Consejos Comunales, sin duda podrían tener un rol fundamental, pero siempre que sus miembros fueran efectivamente electos por la comunidad, y no designados por el poder central. En esta forma, antes que instrumentos para la descentralización, en realidad lo que son, en definitiva, es instrumentos para la centralización.

Es decir, la descentralización y la participación, sólo se logra mediante la distribución vertical del poder en los niveles regionales y locales de gobierno, producto de sufragio, es decir, de gobiernos representativos donde es que puede materializarse la participación política como democracia de inclusión, en los cuales el ciudadano pueda tomar parte personalmente en el proceso decisorio de los asuntos locales, que le interesan, interviniendo en actividades estatales y en función del interés general.[1197]

Como se dijo, ello sólo puede tener lugar efectivamente en los estamentos territoriales más reducidos, en el nivel local, en la comunal o en el municipio. Es decir, sólo en los niveles político territoriales inferiores de la organización del Estado es que se puede montar una organización participativa que permita la incorporación del ciudadano individual, o en grupos o en comunidades, en la vida pública, y particularmente, en la toma de decisiones públicas generales o de orden administrativo. Pero esa organización, ante todo, tiene que ser democrática, propia del gobierno local, con representantes electos por el pueblo mediante sufragio universal, directo y secreto; y no con "voceros" nombrados a mano alzada por asambleas partisanas y excluyentes controladas por el Poder Central.[1198]

1196 Véase en general, Norberto Bobbio, *El futuro de la democracia,* Fondo de Cultura Económica, México 1992, p. 42.

1197 Véase por ejemplo, en relación con la administración de justicia, Alberto González, "Participación en la Administración de Justicia" en Jorge Londoño U. (Compilador), *Constitucionalismo, participación y democracia*, Librería Jurídica Ethos, Uniboyacá, Bogotá-Tunja, 1997, pp. 76-77.

1198 Como Jaime Castro lo destacó hace años, "La democracia moderna no se concibe sin audaces formas de participación ciudadana y comunitaria en el ejercicio del poder a nivel local y regional. Sin la garantía de que todas y todos pueden y deben participar en la preparación de las decisiones que se piensen tomar sobre temas de interés general, en su adopción y ejecución, esto último mediante el control que realicen sobre la gestión de las autoridades y los particulares que ejerzan funciones públicas. Sólo esas formas democráticas de participación le cambian la cara a las instituciones y permiten hablar de un nuevo régimen político." Véase Jaime Castro, *La cuestión territorial*, Editorial Oveja Negra, Bogotá 2003, pp. 201-202. Por ello, cabría preguntarse ¿Por qué será entonces, que en un excelente libro sobre *Las democracias. Entre el Derecho Constitucional y la Política,* de los profesores Olivier Duhamel y Manuel José Cepeda Espinosa en sus más de 400 páginas donde los autores analizan los regímenes democráticos contemporáneos de Europa y América Latina, en la única página en la cual se habla y se usa la expresión de "democracia de participación" es en relación con el sistema suizo? Véase Olivier Duhamel y Manuel José Cepeda Espinosa, *Las Democracias. Entre el Derecho Constitucional y la Política*, TM Editores. Universidad de los Andes. Facultad de Derecho, Bogotá, 1997, p. 56. Acaso el régimen constitucional de

Pero por supuesto, para la concepción de ese "nuevo régimen político" que en realidad es tan antiguo como la democracia misma y como el municipio, el tema central que tiene que resolverse es determinar el nivel territorial que se requiere para que pueda haber participación como cotidianeidad democrática. Este es el verdadero punto medular en esta materia, que en América latina no se ha atacado efectivamente.

La opción en esta materia, tal como ocurre en todos los países con democracias consolidadas, donde no se oye, por cierto, clamor alguno por más "participación," pues es de todos los días, como es el caso, por ejemplo, en Francia, en Norteamérica, y todos los países europeos con democracias arraigadas, es que el municipio o el ente de gobierno local (con gobierno democrático representativo) esté desparramado en todos los rincones del territorio del Estado, emulando a la gran reforma decretada por la Asamblea nacional francesa en 1789: en cada villa, en cada pueblo y en cada caserío, situado bien cerca del ciudadano.

En esos países democratizados, donde impera la fragmentación municipal, como se dijo, no se plantea con tanta urgencia la necesidad de la participación ciudadana; y, en cambio en todos nuestros países latinoamericanos, donde al contrario hay muy pocos municipios para los enormes territorios que tienen y su importante población, es donde más se grita contra nuestras insuficiencias democráticas representativas clamándose a la vez por una democracia participativa. Por ello, por supuesto, para satisfacer las exigencias de la participación, la opción definitivamente no está ni puede estar situada en el extenso municipio urbano o rural, tan común en América Latina, cuyas autoridades, por ello, están ubicadas bien lejos del ciudadano, originado la secular frustración o déficit de participación que ha caracterizado al gobierno local en nuestros países.[1199] La realidad ha sido que en los 200 años que han transcurrido desde el inicio de la Independencia de América Latina, el panorama territorial de la distribución vertical del poder ha variado muy poco, careciendo nuestros países del nivel político territorial necesario para que la democracia pueda efectivamente ser participativa, que es el gobierno local o municipal en todo centro poblado o rural. Y nos empeñamos en buscar en otras partes soluciones, que la verdad, no encontraremos.

Y aquí volvemos a lo que afirmaba al inicio, sobre que la democracia participativa está indisolublemente ligada, no a la sola democracia directa, sino a la descentralización política y la municipalización, de manera que la misma no se puede materializar con solo propuestas de incorporación al régimen democrático, de instrumentos como los referendos o las consultas o las iniciativas populares, y mucho menos eliminando la representación.

Suiza, entre otros factores por la superficie incluso del país, no es el paradigma del federalismo y del régimen local o cantonal?

1199 Véase por ejemplo, Torsten Sagawe, "La situación de los pequeños municipios en Europa: con especial referencia a la República Federal de Alemania", en Luis Villar Borla et al, *Problemática de los pequeños Municipios en Colombia ¿Supresión o reforma?*, Universidad Externado de Colombia, Bogotá 2003, p. 40; *Informe sobre el Gobierno Local,* Ministerio para las Administraciones Públicas. Fundación Carles Pi i Sunyer d'Études Autonòmics y Locals, Madrid 1992, p. 27; Luciano Vandelli, *El Poder Local. Su origen en la Francia revolucionaria y su futuro en la Europa de las regiones*, Ministerio para las Administraciones Públicas, Madrid 1992, p. 28; Allan R. Brewer-Carías, *Reflexiones sobre el constitucionalismo en América*, Editorial Jurídica Venezolana, Caracas 2001, pp. 139 y ss.

En realidad, la participación política como cotidianeidad democrática o como parte de la democracia como forma de vida, sólo puede darse a nivel local. No hay otra instancia para ello en los Estados; lo demás es falacia y engaño, o mecanismos de democracia directa que son otra cosa, o instrumentos para el ejercicio del control de la ciudadanía desde el gobierno central. Por ello es que el tema de la "participación," precisamente, no tiene tanta notoriedad en los países europeos, donde la participación es de todos los días, en las pequeñas cosas urbanas y rurales que pueden tratarse en los tantos pequeños municipios urbanos y rurales que existen.

Por ello, sin temor a equivocarnos podemos afirmar que no puede haber participación política sin descentralización política territorial, es decir, sin que exista una multiplicidad de poderes municipales locales y regionales; sin ellos, en definitiva, no puede haber una democracia participativa. Lo que habría es centralismo, que es la base de la exclusión política al concentrar el poder en unos pocos electos, y a la vez, el motivo del desprestigio de la democracia representativa por más aditivos de democracia directa o refrendaria se le implante.

No hay otra forma de perfeccionar la democracia y hacerla más participativa y más representativa, que no sea acercando el Poder al ciudadano, lo que sólo puede llevarse a cabo descentralizando política y territorialmente el Poder del Estado y llevarlo hasta la más pequeña de las comunidades; es decir, distribuyendo el Poder en el territorio nacional.[1200] Por tanto, sólo municipalizando los territorios de nuestros países, podremos rescatar, más de doscientos años después, lo que fue la decisión terminante de la Asamblea Nacional Constituyente francesa antes referida, adoptada en aquél diciembre de 1789, y que hoy se traduciría en la frase de que toda comunidad rural, todo caserío, todo pueblo, todo barrio urbano, debería tener su autoridad local como comunidad política con gobierno electo mediante sufragio. Y ese, en definitiva, es el municipio, tal como se enunció, por ejemplo, en la Constitución de la Provincia del Chaco, de Argentina: "Todo centro de población constituye un municipio autónomo...[1201]

De allí la enorme revalorización que requiere en nuestros países el tema del pequeño municipio como parte del proceso de descentralización político-territorial, para asegurar no sólo la presencia del Estado en el territorio, sino para hacer posible la participación democrática, partiendo de la necesaria diversidad que deben tener las entidades locales; es decir, todo lo contrario al uniformismo organizacional. Por ello, por ejemplo, superado el autoritarismo en Venezuela, pues la democracia volverá, la estructura que pueda existir de los Consejos Comunales habrá que democratizarla, de manera que sean pequeños municipios, es decir, pequeñas autoridades locales como la unidad política primaria en la organización nacional como las concibe la Constitución.

En fin, lo que tenemos que tener claro, desde las trincheras del municipalismo y la democracia, es que no hay que temerle a la descentralización política, pues se tra-

1200 Véase en *XXV Congreso Iberoamericano de Municipios, Guadalajara, Jalisco, México del 23 al 26 de octubre de 2001*, Fundación Española de Municipios y Provincias, Madrid 2003, pp. 453 y ss

1201 Artículo 182. Citado por Augusto Hernández Barrera, "Objetivos inéditos de la categorización municipal" en Luis Villar Borda et al, *Problemática de los Pequeños Municipios en Colombia ¿Supresión o reforma?*, Universidad Externado de Colombia, Bogotá 2003, p. 108. Véase además, Augusto Hernández Becerra, *Ordenamiento y desarreglo territorial en Colombia*, Instituto de Estudios Constitucionales Carlos Restrepo Piedrahita, Bogotá 2001.

ta de un fenómeno propio de las democracias, que por supuesto es temido por los autoritarismos. Por ello es que hemos dicho que no hay ni ha habido autocracias descentralizados, siendo los autoritarismos los que rechazan tanto la descentralización política como la participación democrática, incluyendo los autoritarismos que tradicionalmente nos han gobernado bajo el ropaje del "centralismo democrático," de cualquier cuño que sea, incluso de orden partidista.

El reto que tenemos los demócratas y municipalistas en el momento actual en América Latina, es que no nos dejemos engañar con los cantos de sirenas autoritarios que no se cansan de hablar de "democracia participativa," pero no para hacerla posible descentralizando el poder en el territorio, sino para acabar con la democracia representativa, imposibilitando a la vez la participación. No nos confundamos los demócratas al intentar dar respuesta a las exigencias políticas crecientes de participación democrática, con el sólo establecimiento de paños calientes de carácter refrendario o de iniciativas o consultas populares, que no la agotan en absoluto. En fin, no le tengamos miedo a lo pequeño, que territorialmente hablando es precisamente la lugarización, el pequeño municipio rural y la subdivisión municipal suburbana, siempre que sea producto del ejercicio democrático representativo, con gobiernos locales electos mediante sufragio.

III. EL INICIO DEL ENGAÑO "PARTICIPATIVO" EN VENEZUELA EN 2006 CON LA CREACIÓN DE INSTANCIAS ASAMBLEARIAS NO REPRESENTATIVAS (CONSEJOS COMUNALES) AL MARGEN DE LOS MUNICIPIOS, VIOLANDO LA CONSTITUCIÓN

De lo anterior resulta, en contraste, que ha sido por las deficiencias de la democracia puramente representativa, con la cual la participación se había reducido a la votación para la elección de representantes, y a la inscripción en partidos políticos que había asumido el monopolio de la representatividad y de la propia participación política, que en América Latina desde hace unos lustros ha comenzado a surgir un persistente discurso a favor de la "democracia participativa," que fue recogido por el gobierno autoritario que se instaló en Venezuela a partir de 1998, pero no para efectivamente reforzar la democracia, sino para acabar con ella en su globalidad, mediante el establecimiento de un sistema denominado de "democracia participativa" montado en un esquema de Estado Comunal, que no es otra cosa que un sistema institucional para el centralismo, para hacerle creer a la población que participa en la toma de decisiones públicas, cuando en realidad lo que se hace es manipularla desde el poder central, acentuando su control en todos los ámbitos sociales.

Fue así, que en 2006 en Venezuela comenzó el proceso, mediante la institucionalización de un sistema de Consejos Comunales,[1202] como instrumentos del gobierno autoritario para "regular" y "confinar" la participación ciudadana con un doble propósito: por una parte, para eliminar la democracia representativa; y por la otra, como antes se dijo, para desmunicipalizar su ámbito de ejercicio. Como antes se dijo, en la Constitución de 1999, el Municipio es la unidad política primaria dentro de la organización pública nacional (art. 168) que como parte del sistema constitucional de distribución vertical del Poder Público (art. 136), en el nivel territorial inferior, es la entidad política que debería estar llamada a hacer efectiva la participa-

1202 Véase la Ley de los Consejos Comunales, *Gaceta Oficial* Nº 5806 Extra. de 10 de abril de 2006.

ción ciudadana. Para ello, por supuesto, tendría que multiplicsarse en el territorio, única forma de poder lograr como lo indicó el artículo 2° de la Ley Orgánica del Poder Público Municipal de 2005[1203] conforme a lo dispuesto en el artículo 168 de la Constitución, que el municipio pudiera efectivamente incorporar "la participación ciudadana de manera efectiva, suficiente y oportuna, en la definición y ejecución de la gestión pública y en el control y evaluación de sus resultados."

De ello, lo que resultaba necesario, y lo sigue siendo, era una gran reforma del régimen municipal para acercar el poder municipal al ciudadano, municipalizándose definitivamente todo el territorio, lo que la propia Ley Orgánica impidió. Sin embargo, en lugar de reformar dicha Ley Orgánica y establecer entidades municipales o del municipio más cerca de las comunidades, lo que optó fue por crear mediante la Ley de los Consejos Comunales de 2006, un sistema institucional centralizado en paralelo al régimen municipal e incluso ignorando su propia existencia, concibiéndose a la "comunidad" fuera del mismo municipio, organizada en Consejos Comunales, supuestamente "en el marco constitucional de la democracia participativa y protagónica," concebidos como "instancias de participación, articulación e integración entre las diversas organizaciones comunitarias, grupos sociales y los ciudadanos." Fue en estos Consejos Comunales que se comenzaron a establecer conforme a la Ley de 2006 sin relación alguna con los Municipios, donde entonces se ubicaron las Asambleas de Ciudadanos como la instancia primaria para el ejercicio del poder, la participación y el protagonismo popular, cuyas decisiones se concibieron como de carácter vinculante para el consejo comunal respectivo (art. 4,5).

Con esta Ley de los Consejos Comunales de 2006, además, supuestamente abogando por una "participación popular," pero en un esquema completamente antidemocrático por la ausencia de representatividad, se sustituyó la "representación" que origina el sufragio en entidades políticas como los municipios, por la organización de entidades denominadas del "Poder Popular" que no tienen origen representativo electoral, en las cuales se pretendió ubicar la participación ciudadana, pero sometida al control del vértice del poder central, sin que los titulares rindan cuentas al pueblo, como esquema establecido completamente paralelo al régimen municipal y desvinculado totalmente de la descentralización política o la distribución vertical del poder público que establece la Constitución, es decir, desvinculado de los Estados, Municipios y Parroquias.

Por ello, los Consejos Comunales se comenzaron a integrar conforme a un esquema estatal centralizado, que tuvo inicialmente en su cúspide a una Comisión Nacional Presidencial del Poder Popular designada y presidida por el Presidente de la República, la cual, a su vez, designaba en cada Estado a las Comisiones Regionales Presidenciales del Poder Popular, previa aprobación del Presidente de la República (art. 31); y designaba además, en cada municipio, las Comisiones Locales Presidencial del Poder Popular, también previa aprobación del Presidente de la República (art. 32); sin participación alguna de los Gobernadores de Estado ni de los Alcaldes municipales que son las autoridades democráticas por excelencia en el territorio. En la práctica, en todo caso, lo que se evidenció fue que no se logró desarrollar los

---

1203 Véase la Ley de Reforma Parcial de la Ley Orgánica del Poder Público Municipal, *Gaceta Oficial* N° 38.327 de 02-12-2005. Véanse los comentarios a esta Ley en el libro: *Ley Orgánica del Poder Público Municipal*, Editorial Jurídica Venezolana, Caracas 2007. La Ley fue reformada en 2010, *Gaceta Oficial* N° 6.015 Extra. de 28 de diciembre de 2010.

Concejos Comunales conforme al discurso gubernamental y a las previsiones teóricas de la Ley, al punto de que se llegó a observar que "Mientras que los objetivos y el discurso presidencial hablan de empoderamiento, transformación y democratización, las praxis observadas apuntan hacia el clientelismo, la cooptación, la centralización y la exclusión por razones de polarización política."[1204]

La Ley de 2006, además, en paralelo al Municipio que es constitucionalmente la unidad primaria para la participación, concibió a la Asamblea de Ciudadanos como la instancia primaria para el ejercicio del poder, la participación y el protagonismo popular, cuyas decisiones redispuso que eran de carácter vinculante para el Consejo Comunal respectivo (art. 4,5). Esta Asamblea de Ciudadanos se la reguló como "la máxima instancia de decisión del Consejo Comunal", integrada por los habitantes de la comunidad, mayores de 15 años. El legislador, quizás, lo que quiso fue regular las antiguas Asambleas de vecinos, pero las denominó erróneamente como Asambleas de ciudadanos, violando así la Constitución, que las concibe como una instancia para el ejercicio de derechos políticos que sólo pueden ejercer los ciudadanos. La Asamblea de Ciudadanos conforme al artículo 6 de la Ley de 2006, por otra parte, tenía entre sus atribuciones "elegir" a los "voceros" e integrantes de los órganos comunitarios, y revocarles el mandato, eliminando de esta instancia toda idea de representación y de sufragio universal, directo y secreto. Los Consejos Comunales creados en dicha ley de 2006, por otra parte, debían ser registrados ante la Comisión Presidencial del Poder Popular, con lo que se les revestía de personalidad jurídica;[1205] inscripción que, por tanto, dejaba en manos del Poder Ejecutivo nacional aceptar o no la existencia misma de dichos Consejos, controlándolos políticamente.[1206]

1204 Véase en María Pilar García-Guadilla "La praxis de los consejos comunales en Venezuela: ¿Poder popular o instancia clientelar?," en *Revista Venezolana de Economía y Ciencias Sociales*, abr. 2008, Vol. 14, N° 1, p. 125-151. Véase en http://www.scielo.org.ve/scielo.php?pid=S1315-64112008000100009&script =sci_arttext

1205 Para 2007 se daba una cifra de entre 18.000 y 20.000 Consejos Comunales. Véase María Pilar García-Guadilla, "La praxis de los consejos comunales en Venezuela: ¿Poder popular o instancia clientelar?," en *Revista Venezolana de Economía y Ciencias Sociales*, abr. 2008, Vol. 14, N° 1, p. 125-151. Véase en http://www.scielo.org.ve/scielo.php?pid=S1315-64112008000100009&script-=sci_arttext. Véase en general sobre el proceso de creación de consejos comunales de acuerdo con la Ley de 2006, en Steve Ellner, "Un modelo atractivo con fallas: los Consejos Comunales de Venezuela", en http://www.rebelion.org/-noticia.php?id=87637; y Miguel González Marregot, "La ley de los consejos comunales: un año después (y II)", Sábado, 21 de abril de 2007, en http://queremoselegir.org/la-ley-de-los-consejos-comunales-un-ano-despues-y-ii/

1206 Sobre esto Miguel González Marregot ha señalado que "El elemento central de las críticas a los consejos comunales es su dependencia y sujeción a una red de Comisiones Presidenciales del Poder Popular, designada "a dedo" desde del Poder Nacional. Sin embargo, las Comisiones Presidenciales del Poder Popular no existen por ahora, en el ámbito municipal. Y su creación no ha sido implementada aún; quizás por una mezcla de la incapacidad operativa oficial con una dosis de cálculo político. Las Comisiones Presidenciales del Poder Popular son una demostración de la visión centralista y concentradora de la gestión pública que va a suprimir las propias posibilidades de participación popular que brindarían los consejos comunales. Una deuda sensible, en este contexto, es la inoperancia del Servicio Autónomo Fondo Nacional de los Consejos Comunales, que estaría adscrito al Ministerio de Finanzas; y cuyo Reglamento Orgánico fue publicado en *la Gaceta Oficial* N° 346.196 de fecha 18 de Mayo de 2006; es decir, hace nueve meses. Por si fuera, poco la Ley de los Consejos Comunales, promulgada en Abril del año pasado, no ha sido aún reglamentada mediante un proceso de consulta pública." En "Consejos Comunales: ¿Para qué?," en *Venezuela Analítica*, Viernes, 9 de febrero de 2007, http://www.analitica.com/va/politica/opinion/7483372.asp

Estas reformas que se comenzaron a implementar legalmente en 2006, fueron parte del proyecto de reforma constitucional que en 2007 el Presidente de la República presentó ante la Asamblea Nacional y con la cual se buscaba establecer un Estado Socialista, Centralizado, Policial y Militarista[1207] montado sobre el denominado Poder Popular, en sustitución del Estado Constitucional de derecho regulado en la Constitución de 1999, en el cual jugaban importante papel, precisamente, los consejos comunales. Dicha reforma constitucional de 2007, sin embargo, luego de aprobada por la Asamblea Nacional,[1208] fue sometido a referendo aprobatorio en diciembre de 2007, habiendo sido rechazado mayoritariamente por el pueblo. La orientación de la reforma la dio el propio Presidente de la República durante todo el año 2007, y en particular en su "Discurso de Presentación del Anteproyecto de reforma a la Constitución ante la Asamblea Nacional" en agosto de 2007,[1209] en el cual señaló con toda claridad que el objetivo central de la misma era "la construcción de la Venezuela bolivariana y socialista"[1210]; es decir, como lo expresó, se trataba de una propuesta para sembrar "el socialismo en lo político y económico,"[1211] considerando que todos los que habían votado por su reelección en 2006 habían "votado por el socialismo"[1212] lo que por supuesto no era cierto.

Por ello, el Anteproyecto de Reforma que sometió a la discusión de la Asamblea Nacional, era para "la construcción del Socialismo Bolivariano, el Socialismo venezolano, nuestro Socialismo, nuestro modelo socialista,"[1213] cuyo "núcleo básico e indivisible" era "la comunidad," "donde los ciudadanos y las ciudadanas comunes, tendrán el poder de construir su propia geografía y su propia historia."[1214] Y todo ello bajo la premisa de que "sólo en el socialismo será posible la verdadera democracia."[1215] pero por supuesto, una "democracia" sin representación que, como lo

---

1207 Véase Allan R. Brewer-Carías, *Hacia la consolidación de un Estado Socialista, Centralizado, Policial y Militarista, Comentarios sobre el sentido y alcance de las propuestas de reforma constitucional 2007*, Colección Textos Legislativos, N° 42, Editorial Jurídica Venezolana, Caracas 2007, 157 pp.

1208 Véase Allan R. Brewer-Carías, *La Reforma Constitucional de 2007 (Comentarios al proyecto inconstitucionalmente sancionado por la Asamblea Nacional el 2 de noviembre de 2007)*, Colección Textos Legislativos, N° 43, Editorial Jurídica Venezolana, Caracas 2007, 224 pp.

1209 Véase *Discurso de Orden pronunciado por el ciudadano Comandante Hugo Chávez Frías, Presidente Constitucional de la República Bolivariana de Venezuela en la conmemoración del Ducentésimo Segundo Aniversario del Juramento del Libertador Simón Bolívar en el Monte Sacro y el Tercer Aniversario del Referendo Aprobatorio de su mandato constitucional*, Sesión especial del día Miércoles 15 de agosto de 2007, Asamblea Nacional, División de Servicio y Atención legislativa, Sección de Edición, Caracas 2007.

1210 *Idem*, p. 4.

1211 *Idem*, p. 33.

1212 *Idem*, p. 4. Lo que no era cierto. En todo caso, se pretendió imponer al 56% de los votantes que no votaron por la reelección del presidente, la voluntad expresada por sólo el 46% de los votantes inscritos en el Registro Electoral que votaron por la reelección del Presidente. Según las cifras oficiales del CNE, en las elecciones de 2006, de un universo de 15.784.777 votantes inscritos en el Registro Electoral, sólo 7.309.080 votaron por el Presidente.

1213 Véase *Discurso*... p. 34.

1214 *Idem*, p. 32.

1215 *Idem*, p. 35. Estos conceptos se recogieron igualmente en la *Exposición de Motivos* para la Reforma Constitucional, Agosto 2007, donde se expresó la necesidad de "ruptura del modelo capitalista burgués" (p. 1), de desmontar la superestructura que le da soporte a la producción capitalista"(p. 2); de "dejar atrás la democracia representativa para consolidad la democracia participativa y protagónica"(p. 2); de "crear propuso el Presidente y fue sancionado por la Asamblea Nacional en la rechazada reforma del artículo 136 de la Constitución, "no nace del sufragio ni de elección alguna, sino que nace de la condición de los grupos humanos organizados como base de la población." Es decir, se buscaba establecer una "democracia" que no era democracia, pues en el mundo moderno no hay ni ha habido democracia sin elección de representantes. Se buscaba además, establecer una doctrina política oficial de carácter socialista, que se denominaba además como "doctrina bolivariana," con lo cual se eliminaba toda posibilidad de pensamiento distinto al "oficial," abriéndose, por tanto, la posibilidad de criminalizar toda disidencia.

Por la otra, también se buscaba transformar el Estado en un Estado Centralizado, de poder concentrado bajo la ilusión del Poder Popular, lo que implicaba la eliminación definitiva de la forma federal del Estado, imposibilitando la participación política y degradando la democracia representativa; todo ello, mediante la supuesta organización de la población para la participación en los Consejos del Poder Popular, como los Comunales, que eran y son instituciones sin autonomía política alguna, cuyos miembros se pretendía declarar, en la propia Constitución, que no fueran electos.

En específico, la reforma constitucional propuesta en relación con el artículo 16 de la Constitución, buscaba crear las comunas y comunidades como "el núcleo territorial básico e indivisible del Estado Socialista Venezolano;" con el artículo 70, se definían los medios de participación y protagonismo del pueblo en ejercicio directo de su soberanía mediante todo tipo de consejos, "para la construcción del socialismo," haciéndose mención a las diversas asociaciones "constituidas para desarrollar los valores de la mutua cooperación y la solidaridad socialista;" con el artículo 158, se buscaba eliminar toda mención a la descentralización como política nacional, y definir como política nacional, "la participación protagónica del pueblo, restituyéndole el poder y creando las mejores condiciones para la construcción de una democracia socialista;" con el artículo 168 relativo al Municipio, se buscaba precisar la necesidad de incorporar "la participación ciudadana a través de los Consejos del Poder Popular y de los medios de producción socialista;" con el artículo 184, se buscaba orientar la descentralización de Estados y Municipios, vaciándolos de competencias, para permitir "la construcción de la economía socialista."

Segundo, en relación con el artículo 158 se buscaba eliminar toda referencia a la descentralización política siguiendo la orientación de la práctica política centralista de los últimos años, y centralizar completamente el Estado, eliminando toda idea de autonomía territorial y de democracia representativa a nivel local, es decir, de la unidad política primaria en el territorio. Con la rechazada reforma constitucional, en este campo, se buscaba materializar una supuesta "nueva geometría del poder" donde no había ni podía haber autonomías, con la propuesta de creación de nuevas instancias territoriales, todas sometidas al poder Central, mediante las cuales el Poder

---

un enfoque socialista nuevo" (p. 2) y "construir la vía venezolana al socialismo"(p. 3); de producir "el reordenamiento socialista de la geopolítica de la Nación" (p. 8); de la "construcción de un modelo de sociedad colectivista" y "el Estado sometido al poder popular"(p. 11); de "extender la revolución para que Venezuela sea una República socialista, bolivariana", y para "construir la vía venezolana al socialismo; construir el socialismo venezolano como único camino a la redención de nuestro pueblo"(p. 19).

Popular[1216] supuestamente iba a desarrollar "formas de agregación comunitaria política territorial" que constituían formas de autogobierno, pero sin democracia representativa alguna, sino sólo como "expresión de democracia directa" (art. 16). Con ello se pretendía lograr la eliminación de los entes territoriales descentralizados políticamente, sin las cuales no puede haber efectivamente democracia participativa, y la creación en su lugar de Consejos del poder popular que no pasan de ser una simple manifestación de movilización controlada desde el Poder Central.

Ello fue lo que efectivamente ocurrió con los Consejos Comunales creados por Ley en 2006[1217], cuyos miembros no eran electos mediante sufragio sino designados por Asambleas de ciudadanos controladas por el propio Poder Ejecutivo Nacional. Ello era lo que con la rechazada reforma constitucional, se pretendía consolidar en el texto fundamental, al proponerse la sustitución de los Municipios, por las comunidades, como el "núcleo territorial básico e indivisible del Estado Socialista Venezolano", que debían agrupar a las comunas (socialistas)[1218] como "células sociales del territorio," las cuales se debían agrupar en ciudades que eran las que se pretendía concebir como "la unidad política primaria de la organización territorial nacional." En la rechazada reforma constitucional se buscaba además establecer en forma expresa que los integrantes de los diversos Consejos del Poder Popular no nacían "del sufragio ni de elección alguna, sino que nace de la condición de los grupos humanos organizados como base de la población."

Con ello, en definitiva, en nombre de una "democracia participativa y protagónica", lo que se buscaba era poner fin en Venezuela a la democracia representativa a nivel local, y con ello, de todo vestigio de autonomía política territorial que es la esencia de la descentralización.

Tercero, en relación con el artículo 62 de la Constitución que consagra el derecho de los ciudadanos "de participar libremente en los asuntos públicos," con la reforma constitucional se buscaba agregar a los mecanismos de participación enumerados en el artículo 70, a los Consejos del Poder Popular, con los cuales aquella perdía su carácter libre pues se buscaba que quedaran reducidos al único propósito de "la construcción del socialismo," de manera que quien no quisiera construir so-

---

1216 En la *Exposición de Motivos del Proyecto de Reforma Constitucional* presentado por el Presidente de la República en agosto 2007, se lee que el Poder Popular "es la más alta expresión del pueblo para la toma de decisiones en todos sus ámbitos (político, económico, social, ambiental, organizativo, internacional y otros) para el ejercicio pleno de su soberanía. Es el poder constituyente en movimiento y acción permanente en la construcción de un modelo de sociedad colectivista de equidad y de justicia. Es el poder del pueblo organizado, en las más diversas y disímiles formas de participación, al cual está sometido el poder constituido. No se trata del poder del Estado, es el Estado sometido al poder popular. Es el pueblo organizado y organizando las instancias de poder que decide las pautas del orden y metabolismo social y no el pueblo sometido a los partido políticos, a los grupos de intereses económicos o a una particularidad determinada", *cit.*, p. 11.

1217 Véase los comentarios sobre ello en Allan R. Brewer-Carías, "Introducción General al Régimen del Poder Público Municipal," en, *Ley Orgánica del Poder Público Municipal*, Editorial Jurídica Venezolana, Caracas 2007, pp. 75 y ss.

1218 En la *Exposición de Motivos* del Proyecto de Reforma Constitucional presentado por el Presidente de la República en agosto 2007, a las comunas se las califica como "comunas socialistas", y se la define como "Es un conglomerado social de varias comunidades que poseen una memoria histórica compartida, usos, costumbres y rasgos culturales que los identifican, con intereses comunes, agrupadas entre sí con fines político-administrativos, que persiguen un modelo de sociedad colectiva de equidad y de justicia", *cit.*, p. 12.

cialismo alguno, hubiera quedado excluido del derecho a la participación política, que sólo estaba destinado a desarrollar los valores de "la solidaridad socialista" y no era libre como indica el artículo 62.

IV. LA ELIMINACIÓN DEFINITIVA DE LA DEMOCRACIA REPRESENTATIVA Y EL SECUESTRO DE LA PARTICIPACIÓN A NIVEL LOCAL CON EL ESTABLECIMIENTO, EN 2009-2010, DE UN "ESTADO COMUNAL" O DEL "PODER POPULAR" CREADO EN PARALELO AL ESTADO CONSTITUCIONAL

Como se dijo, la propuesta presidencial de reforma constitucional de 2007 fue rechazada por el pueblo en el referendo de diciembre de ese mismo año, en votación mayoritaria, cuyos resultados finales, sin embargo, nunca fueron dados oficialmente por el Consejo Nacional Electoral. No es difícil imaginar la razón de esta abstención, que por supuesto fue la abrumadora votación de rechazo.

En 2009, sin embargo, se reformó la Ley relativa a los Consejos Comunales de 2009, con la cual ahora con un carácter orgánico,[1219] se comenzó con la implementación, por supuesto en forma inconstitucional, de algunos de los postulados esenciales de la rechazada reforma constitucional de 2007.

En efecto, la Ley Orgánica de 2009 tuvo por objeto regular la constitución, conformación, organización y funcionamiento de los consejos comunales "como una instancia de participación para el ejercicio directo de la soberanía popular" (art. 1); definiéndoselos supuestamente "en el marco constitucional de la democracia participativa y protagónica," como "instancias de participación, articulación e integración entre los ciudadanos, ciudadanas y las diversas organizaciones comunitarias, movimientos sociales y populares, que permiten al pueblo organizado ejercer el gobierno comunitario y la gestión directa de las políticas públicas y proyectos orientados a responder a las necesidades, potencialidades y aspiraciones de las comunidades, en la *construcción del nuevo modelo de sociedad socialista* de igualdad, equidad y justicia social (art. 2). Sobre este aspecto insistió la Ley Orgánica en su artículo 3, al prescribir que la organización, funcionamiento y acción de los consejos comunales se rige por los principios y valores de "participación, corresponsabilidad, democracia, identidad nacional, libre debate de las ideas, celeridad, coordinación, cooperación, solidaridad, transparencia, rendición de cuentas, honestidad, bien común, humanismo, territorialidad, colectivismo, eficacia, eficiencia, ética, responsabilidad social, control social, libertad, equidad, justicia, trabajo voluntario, igualdad social y de género, *con el fin de establecer la base sociopolítica del socialismo* que consolide un nuevo modelo político, social, cultural y económico."

De estas normas resulta, por tanto, que lo que se quiso establecer en la Ley Orgánica de 2009 fue un medio de participación política "para el ejercicio directo de la soberanía popular," en el "marco constitucional de la democracia participativa y protagónica," como "instancias de participación, articulación e integración entre los ciudadanos," para "ejercer el gobierno comunitario." Aparte de que ese supuesto "gobierno" comunitario no es representativo, violando el artículo 6 de la Constitu-

1219 Véase en *Gaceta Oficial* N° 39.335 de 28-12-2009. Véase Claudia Nikken, "La Ley Orgánica de los Consejos Comunales y el derecho a la participación ciudadana en los asuntos públicos," en Allan R. Brewer-Carías et al., *Leyes Orgánicas del Poder Popular*, Editorial Jurídica Venezolana, Caracas 2011, pp. 183 ss.

ción, lo cierto de la Ley es que esa participación así definida se ignora que corresponde en la Constitución exclusivamente a los ciudadanos, como derecho político (art. 39), y se confunde con otros medios de participación vecinal o comunitaria que no son reservados a los ciudadanos. La Ley Orgánica, por tanto, en forma evidentemente incorrecta e inconstitucional mezcló dos derechos de las personas vinculados con la participación: la participación ciudadana con la participación individual o comunitaria.

Esta reforma de la Ley Orgánica de los Consejos Comunales de 2009, por otra parte, se completó en diciembre de 2010, con un conjunto de leyes orgánicas, todas sancionadas al margen de la Constitución, que como se dijo, han organizado un Estado paralelo al Estado Constitucional, denominado "Estado del Poder Popular" o "Estado Comunal," y que tiene a las Comunas y a los Consejos Comunales como sus pilares fundamentales de su funcionamiento.[1220] Dichas leyes orgánicas de diciembre de 2010 fueron las Leyes Orgánicas del Poder Popular, de las Comunas, del Sistema Económico Comunal, de Planificación Pública y Comunal y de Contraloría Social.[1221] Además, en el mismo marco de estructuración del Estado Comunal montado sobre el Poder Popular antes se había sancionado la Ley Orgánica del Consejo Federal de Gobierno,[1222] y luego se reformó de la Ley Orgánica del Poder Público Municipal,[1223] y de las Leyes de los Consejos Estadales de Planificación y Coordinación de Políticas Públicas, y de los Consejos Locales de Planificación Pública.[1224]

De estas leyes se observa, ante todo que en forma contraria a la Constitución, el derecho político a la participación, que en ella se reserva a los ciudadanos, se extiende no ciudadanos, como son los extranjeros o los menores; se lo conciba en forma restringida, es decir, sin que pueda ejercerse libremente, al reducírselo en su ejercicio sólo para la ejecución de una orientación política exclusionista como es el socialismo, eliminando cualquier otra; su ejercicio se organiza en forma centralizada, sometido a la sola conducción por parte del Poder Nacional y, en particular, del Ejecutivo Nacional, excluyéndose de su ámbito a los Estados y Municipios; y en particular, se excluya a este último (el Municipio) como unidad política primaria que es en la organización nacional, del ámbito de su ejercicio, desmunicipalizándoselo, al concebirse otra entidad no autónoma políticamente para materializarlo como es el caso de los Concejos Comunales creados sin autonomía política y fuera del gobierno local.

Al contrario, sólo mediante una reforma constitucional del artículo 30 de la Constitución es que podía extenderse la ciudadanía a los extranjeros, a los efectos de que pudieran ejercer el derecho político a la participación; sólo mediante una reforma constitucional del artículo 62 de la Constitución es que se podía eliminar el carácter libre del ejercicio del derecho a la participación ciudadana y restringírselo sólo para la consecución del socialismo; sólo mediante una reforma constitucional de los artículos 4 y 136 de la Constitución, es que se podía eliminar la forma descen-

1220 Véase sobre ese conjunto de leyes, Allan R. Brewer-Carías *et al.*, *Leyes Orgánicas del Poder Popular*, Editorial Jurídica Venezolana, Caracas 2011.

1221 Véanse en *Gaceta Oficial* Nº 6.011 Extra. de 21-12-2010.

1222 Véase en *Gaceta Oficial* Nº 5.963 Extra. de 22-02-2010

1223 Véase en *Gaceta Oficial* Nº 6.015 Extra. de 28-12-2010

1224 Véanse en *Gaceta Oficial* Nº 6.017 Extra. de 30-12-2010

tralizada del ejercicio de la participación ciudadana en el sistema de distribución vertical del Poder Público, y concebir su ejercicio sólo sometido a la sola conducción por parte del Poder Nacional y, en particular, del Ejecutivo Nacional; y sólo mediante una reforma constitucional del artículo 168 de la Constitución es que se podía excluir al Municipio del ámbito de ejercicio del derecho político a la participación ciudadana, desmunicipalizándoselo, y concebirse una unidad primaria no autónoma políticamente, como los Concejos Comunales creados sin autonomía política y fuera del gobierno local, para canalizar su ejercicio.

Y esto es precisamente lo que se ha establecido en las Leyes Orgánicas del Poder Popular, de los Consejos Comunales y de las Comunas, al regularse el régimen del derecho a la participación ciudadana, y crearse a dichos Concejos Comunales, como "una instancia de participación para el ejercicio directo de la soberanía popular" (art. 1) "en la construcción del nuevo modelo de sociedad socialista" (art. 2), "con el fin de establecer la base sociopolítica del socialismo que consolide un nuevo modelo político, social, cultural y económico" (art. 3); en una forma completamente distinta a la establecida en la Constitución, cuyo texto se viola abiertamente. Con estas Leyes Orgánicas, en realidad, y en forma completamente inconstitucional, lo que se ha pretendido es implementar las reformas constitucionales sobre el "Poder Popular" que se habían querido introducir con la Reforma Constitucional sancionada de 2007,[1225] la cual, sin embargo, fue rechazada mayoritariamente por el pueblo.

En efecto, por ejemplo, en la Ley Orgánica de los Consejos Comunales se regula la participación vinculada necesariamente a "construcción del nuevo modelo de sociedad socialista" y "con el fin de establecer la base sociopolítica del socialismo," lo que es inconstitucional pues elimina el carácter libre de la participación política que garantiza el artículo 62 de la Constitución, siendo además contrario al derecho constitucional que todos tienen al "libre desenvolvimiento de su personalidad" (art. 20); niega el carácter plural del sistema político que garantizan los artículos 2 y 6 de la Constitución, al encasillar un instrumento de gobierno como es el de los Consejos Comunales, dentro de un marco ideológico único y ahora "oficial," como es el socialismo, de manera que las personas que no crean ideológicamente en esta doctrina o se opongan legítimamente a ella, quedarían excluidos de la posibilidad de participar en aquellos, lo que es contrario a la democracia; y establece un sistema discriminatorio, contrario al principio de igualdad establecido en el artículo 21 de la Constitución.[1226]

1225 Véase Sobre dicha reforma Allan R. Brewer-Carías, *La Reforma Constitucional de 2007*, Editorial Jurídica Venezolana, Caracas 2007.

1226 Sobre esto, contradiciendo lo que se ha previsto en el texto de la Ley Orgánica y en la práctica de los consejos comunales, Marta Harnecker, ha insistido en que "el poder popular no elimina el pluralismo político-ideológico" por lo que "no puede teñirse del color de un partido político, ni de una corriente religiosa; el poder popular debe ser de muchos colores, debe ser un arco iris y debe dar cabida a todas y todos los ciudadanos de Venezuela que deseen participar. Son las personas que habitan en una comunidad, centro de trabajo o estudio las que deben elegir democráticamente sus voceras y voceros y estos naturalmente representan diferentes posiciones políticas e ideológicas, dependiendo de la fuerza que esas posiciones tengan en sus respectivas comunidades." Véase Marta Harnecker, *De los Consejos Comunales a las Comunas. Construyendo el Socialismo del Siglo XXI*, 2 abril 2009, párrafo 268, en http://www.scribd.com/doc/16299191/Harnecker-Marta-De-los-consejos-comunales-a-las-comunas-2009 . En el mismo libro la autora ha advertido sobre la necesidad de "evitar la manipulación política" ya que "los consejos comunales deben ser arco iris", indicando que "Se ha insistido mucho en que es necesario evitar toda manipulación política o de otra índole en la conformación de los consejos comunales.

Ahora bien, y teniendo en cuenta todas estas violaciones a la Constitución derivadas de tratar de "imponer" a las personas una ideología, al punto de cerrarle las puertas a la participación política a aquellos que no compartan la misma, debe destacarse que el sistema de "participación" que regula la Ley Orgánica tiene su base fundamental territorial en la unidad social dispuesta para el funcionamiento de los Consejos Comunales, y que la Ley califica como la "Comunidad," la cual se concibe como el "núcleo espacial básico e indivisible constituido por personas y familias que habitan en un ámbito geográfico determinado, vinculadas por características e intereses comunes; comparten una historia, necesidades y potencialidades culturales, económicas, sociales, territoriales y de otra índole." Ese ámbito geográfico donde habitan las personas que conforman la comunidad es "el territorio que ocupan" y "cuyos límites geográficos se establecen o ratifican en Asamblea de Ciudadanos, de acuerdo con sus particularidades y considerando la base poblacional de la comunidad" (art. 4,1 y 2).

La base poblacional para la conformación de una Comunidad a los efectos de la constitución de los Consejos Comunales, es decir, el número de habitantes que debe existir en su ámbito geográfico y que mantiene la "indivisibilidad de la comunidad" y garantiza "el ejercicio del gobierno comunitario y la democracia protagónica," debe oscilar entre 150 y 400 familias en el ámbito urbano; y alrededor de 120 familias en el ámbito rural. En las comunidades indígenas el punto de referencia para la conformación de una Comunidad se estableció en 10 familias; (art. 4,3). Esta referencia poblacional, particularmente en el ámbito de las comunidades urbanas, es muy similar a la que se había establecido en la vieja Ley Orgánica de Régimen Municipal para la constitución de las Asociaciones de Vecinos, las cuales, en definitiva, han sido sustituidas por los Consejos Comunales.[1227]

En la Ley Orgánica los Consejos Comunales, a los efectos del funcionamiento de los mismos, los integra con las siguientes organizaciones: por una parte, por la Asamblea de Ciudadanos del Consejo Comunal, y por la otra, por las Unidades Ejecutiva, Administrativa y Financiera Comunitaria; y de Contraloría Social (art 19). En cuanto a la Asamblea de Ciudadanos conforme a la Ley Orgánica de 2009, pasó ahora a ser parte integrante de cada Consejo Comunal, concebida como la máxima instancia de deliberación y decisión para el ejercicio del poder comunitario, la participación y el protagonismo popular (art. 20), cuyas decisiones "son de carácter vinculante" pero sólo "para el Consejo Comunal." (art. 20). De allí la importancia de

---

No se trata de conformar los consejos comunales sólo con los partidarios de Chávez; estas instituciones comunitarias deben estar abiertas a todos los ciudadanos y ciudadanas, sean del color político que sean." *Idem*, Párrafo 185.

1227 Con razón María Pilar García-Guadilla consideró las Asociaciones de Vecinos como los antecedentes de los Consejos Comunales. Véase en "La praxis de los consejos comunales en Venezuela: ¿Poder popular o instancia clientelar?," en *Revista Venezolana de Economía y Ciencias Sociales*, abr. 2008, Vol. 14, N° 1, p. 125-151. Véase en http://www.scielo.org.ve/scielo.php?pid=S1315-64112008000100009&script=sci_arttext. Sin embargo, Marta Harnecker, al analizar algunos de los "problemas" relativos al funcionamiento de los consejos comunales, destaca el hecho de que "se han transformado en una asociación de vecinos más, porque se deja toda la responsabilidad en manos de los voceros y voceras y a veces sólo en alguno de ellos." Véase Marta Harnecker, *De los Consejos Comunales a las Comunas. Construyendo el Socialismo del Siglo XXI*, 2 abril 2009, párrafo 216, en http://www.scribd.com/doc/16299191/Harnecker-Marta-De-los-consejos-comunales-a-las-comunas-2009.

estas Asambleas de ciudadanos y la obligación que tenía el Legislador de regularlas junto con los Consejos Comunales como real y verdaderamente "representativas" de la Comunidad, y asegurar que en ellas, efectivamente "participen" los habitantes de la misma.

Pero la Ley Orgánica, sin embargo, no garantizó nada de esto, pues en cuanto a la integración de las Asambleas de Ciudadanos, conforme al artículo 21 de la Ley Orgánica, previó que las mismas se constituyen por "los habitantes de la comunidad mayores de quince años, conforme a las disposiciones de la presente Ley" (art. 21), lo que, como se ha dicho, es una contradicción *in terminis* y además, inconstitucional, pues los extranjeros o menores de 18 años no son ciudadanos (art. 39, Constitución). En la Ley, las decisiones de tales Asambleas de Ciudadanos se adoptan por mayoría simple de los asistentes, siempre que concurran a la Asamblea en primera convocatoria un quórum mínimo del 30% de los habitantes miembros de la Comunidad y del 20% mínimo de los mismos en segunda convocatoria (art. 22). La Ley, por tanto, no garantiza efectiva la representatividad de la Comunidad en la Asamblea, al permitir que un órgano con los poderes decisorios que tiene, por ejemplo, de una Comunidad de 400 familias, que implica un universo de aproximadamente 1600 personas, se pueda constituir con solo la presencia de 320 personas, y pueda tomar decisiones con el voto de sólo 161 personas; es decir, en definitiva, con el voto del 10% de los habitantes de la Comunidad. Estas previsiones, por otra parte, en lugar de estimular la participación, lo que fomentan es la ausencia de participación, pues si las decisiones se pueden adoptar en esa forma, los habitantes no tendrán interés o posibilidad en participar.[1228]

Por otra parte, es a la Asamblea de ciudadanos a la que corresponde elegir y revocar a los voceros del Consejo Comunal "a través de un proceso de elección popular comunitaria (art. 23,3); designar a los voceros del Consejo Comunal para las distintas instancias de participación popular y de gestión de políticas públicas (art. 23,10); elegir y revocar los integrantes de la comisión electoral (art. 23,4); evaluar la gestión de cada una de las unidades que conforman el Consejo Comunal (art. 23,8); y designar a los y las miembros de la comisión de contratación, conforme a la Ley de Contrataciones Públicas (art. 23,12). Con esto, por supuesto, se eliminó toda idea de democracia representativa mediante personas electas por sufragio universal directo y secreto.

En efecto, conforme al artículo 4,6 de la Ley, los voceros de las Unidades de los Consejos Comunales son las personas electas mediante "proceso de elección popular," a fin de coordinar el funcionamiento del Consejo Comunal, y la "instrumentación de las decisiones de la Asamblea de Ciudadanos." Conforme a las atribuciones que les asigna la Ley, estos voceros de los Consejos Comunales, son los agentes a cuyo cargo está la conducción de las actividades de los mismos, y que en definitiva,

1228 Esto lo ha advertido Marta Harnecker, al destacar que "uno de los problemas que ha habido cuando se han conformado los consejos comunales, es que las asambleas de ciudadanas y ciudadanos no han logrado, en muchos casos, convocar a todas las personas que debían convocar. En algunos casos esto se debe a la apatía de la gente, en otros se debe a los defectos de la convocatoria. Muchas veces hay sectores de esa comunidad, especialmente los sectores más alejados que nunca han llegado a enterarse de que existe una asamblea, nunca fueron citados" Véase Marta Harnecker, *De los Consejos Comunales a las Comunas. Construyendo el Socialismo del Siglo XXI*, 2 abril 2009, párrafo 190, en http://www.scribd.com/doc/16299191/Harnecker-Marta-De-los-consejos-comunales-a-las-comunas-2009.

"representan" a la Comunidad para el ejercicio de su derecho a participar. Sin embargo, precisamente porque en la práctica dichos voceros sean resultan realmente en "representantes"[1229] de la Comunidad, conforme a la Constitución tendrían que ser electos como tales, mediante votación, no de un número reducido de personas-habitantes que puedan participen en una Asamblea de ciudadanos, que puede ser escuálida, sino de todos los ciudadanos habitantes que forman la Comunidad y que deben estar inscritos en el registro electoral que debe llevar la Comisión Electoral Permanente. Y dicha elección, en todo caso, tendría que realizarse conforme lo exige el artículo 63 de la Constitución mediante votaciones libres, universales, directas y secretas en las cuales se garantice el principio de la personalización del sufragio y la representación proporcional. En contraste con esta previsión constitucional, sin embargo, la supuesta "elección popular" que se establece en la Ley Orgánica de 2009 no es directa ni secreta, ya que incluso podría hacerse "a mano alzada,"[1230] y en cuanto a la elección de los voceros de las unidades Ejecutiva, Administrativa y Financiera Comunitaria y de Contraloría Social, la hace la Asamblea de ciudadanos necesariamente "de manera uninominal" lo que implica que "en ningún caso, se efectuará por plancha o lista electoral" (art. 11), lo que no se ajusta a la previsión constitucional.

Por otra parte, a los efectos de la elección de los voceros, el artículo 11 de la Ley Orgánica establece el derecho de los "ciudadanos" de manera individual o colectiva a participar y postular los candidatos a voceros a las unidades del Consejo Comunal. Este derecho de participar y postular, por tanto, contradictoriamente no se atribuye en la Ley Orgánica a los "habitantes" de la comunidad, que son los supuestos electores, sino sólo a los venezolanos ciudadanos. Pero en cambio, al regular la condición de vocero de las Unidades de los Concejos Comunales, la Ley Orgánica establece que pueden postularse para tales cargos (al igual que para los integrantes de la comisión electoral), los venezolanos o extranjeros residentes, mayores de 15 años, habitantes de la comunidad con al menos un año de residencia en la misma, salvo en los casos de comunidades recién constituidas (at. 15,1). Esto significa que sólo pueden postular a los voceros, quienes sean ciudadanos; pudiendo ser electos como voceros, los extranjeros residentes y, por tanto, no ciudadanos. Sólo en el caso de los voceros de las Unidades Administrativa y Financiera Comunitaria y de Contraloría Social se exige que sean mayores de 18 años, no pudiendo formar parte de la comisión electoral (art. 15, in fine).

Los cargos de voceros de los Concejos Comunales, por otra parte, son revocables por la Asamblea de Ciudadanos (art. 39), mediante decisión tomada por mayoría simple de los asistentes a la Asamblea de Ciudadanos, siempre que la misma cuente

---

1229 A pesar de que en la página web del "Ministerio del Poder Popular para la Participación y Protección Social" se afirmaba que el vocero, a pesar de ser la persona "electa por la asamblea de ciudadanos y ciudadanas para cumplir con los *mandatos* de la comunidad," sin embargo "no es un o una representante a quien le hemos entregado nuestro poder para que decida por nosotros." Véase el anuncio sobre "Consejos Comunales. Base del Poder Popular. ¡Construir el Poder desde Abajo!," en http://gp.cnti.ve/site/minpades.gob.ve/view/Consejos%20Comunales.php

1230 Así se informaba por el "Ministerio del Poder Popular para la Participación y Protección Social" en su página web al indicar dentro de las tareas del "equipo promotor" el "recoger ideas para definir con que sistema se va a votar: voto secreto o a mano alzada." Véase el anuncio sobre "Consejos Comunales. Base del Poder Popular. ¡Construir el Poder desde Abajo!," en http://gp.cnti.ve/site/minpades.gob.ve/view/Consejos%20Comunales.php

con un quórum del 20% de la población mayor de quince años de esa comunidad (art. 41).

A partir de la reforma de la Ley Orgánica de los Consejos Comunales de 2009, por otra parte, los mismos adquieren su personalidad jurídica mediante su registro ante el Ministerio del Poder Popular para las Comunas y Protección Social (art. 17), es decir, ante una unidad del Poder Ejecutivo Nacional, la cual tiene competencia para abstenerse a registrarlo cuando "tenga por objeto finalidades distintas a las previstas en la presente Ley" (art 18), es decir, por ejemplo, cuando sus voceros no estén comprometidos con la ideología socialista y quieran implantar el socialismo.

Con ello la Ley Orgánica de 2009 ha completado el proceso de centralización de la conducción de la participación ciudadana, al haber sustituido a las Comisiones Presidenciales del Poder Popular que establecía la Ley de 2006 como "órgano rector" del proceso, por uno de los Ministerios del Ejecutivo Nacional, en concreto, el "Ministerio del Poder Popular con competencia en materia de participación ciudadana," es decir, el Ministerio para las Comunas y Protección Social[1231] al cual le asigna las funciones de dictar las políticas, estratégicas, planes generales, programas y proyectos para la participación comunitaria en los asuntos públicos, el cual debe acompañar a los consejos comunales en el cumplimiento de sus fines y propósitos, y facilitar la articulación en las relaciones entre éstos y los órganos y entes del Poder Público (art. 56).

REFLEXIÓN FINAL: LA NECESARIA DEMOCRATIZACIÓN FUTURA DE LOS "CONSEJOS COMUNALES"

En el panorama antes mencionado, nos pone en evidencia cómo en Venezuela, al proclamarse la instauración de una supuesta "democracia participativa," lo que se ha hecho es crear al margen de la Constitución y de sus previsiones sobre el municipio y la descentralización política, todo un sistema denominado de "participación popular," pero para vaciar el municipio de toda competencia, y para anular la democracia representativa a nivel local, al punto de habérsela eliminado ya de las Juntas parroquiales .

En la Constitución de 1999, debe recordarse, al regularse al Poder Público Municipal, se concibió al Municipio como la unidad política primara en la organización nacional (art. 168), previéndose además, que la ley podía establecer otras entidades locales cuya organización debía ser siempre democrática y responder a la naturaleza propia del gobierno local (art. 169). Entre esas entidades locales, la Constitución reguló expresamente a las parroquias (art. 173).

Conforme a este esquema constitucional, el legislador, sin duda, podría acometer la definitiva reforma del régimen local en Venezuela y, por ejemplo, por una parte, multiplicar el número de municipios para acercarlos más a las comunidades, y por la otra, consolidar a los Consejos Comunales como las pequeñas entidades locales autónomos que deben ser dentro de la organización municipal, que sean los instrumentos para canalizar la participación ciudadana, integrándose en la unidades políticas primarias en la organización nacional, con autoridades electas. En tal sentido, la Ley de régimen local debería abarcar todas estas entidades locales, otorgándoles

1231 Decreto de 17 de junio de 2009. Véase en *Gaceta Oficial* N° 39.202 de 17-06-2009.

además personalidad, sin que ello dependa de una decisión puntual y politizada del poder central, en un sistema que en algunos casos podría ser escalonado de municipios, ciudades, parroquias, comunidades y comunas.

Todo ello podría hacerse conforme a lo previsto en la Constitución de 1999, mediante una reforma legislativa, siempre que, por supuesto, se conserven los principios democráticos representativos en la organización de los gobiernos de todas las entidades locales, que fue lo que se quiso eliminar con la rechazada reforma constitucional, y lo que se ha marginalizado en las Leyes Orgánicas del Poder Popular.

En realidad, lo que se ha pretendido con estas Leyes, no es la reforma del régimen local, sino en nombre de un pretendido Poder Popular, a través de la constitución de "las comunidades, las comunas y el autogobierno de las ciudades, a través de los consejos comunales," lo que se ha buscado es consolidar inconstitucionalmente lo que se quiso incorporar en la propia Constitución en 2007, en el sentido de que ese Poder Popular "no nace del sufragio ni de elección alguna, sino que nace de la condición de los grupos humanos organizados como base de la población." Ello es precisamente lo que se ha incorporado en las Leyes Orgánicas del Poder Popular de 2010, eliminándose la democracia representativa y la autonomía política local, es decir, la descentralización política como condición para la participación política.

Una vez que se reinstaure el régimen democrático en Venezuela, por tanto, la gran tarea que el nuevo gobierno tendrá por delante, será, sin duda, transformar el régimen local, y democratizar el sistema de consejos comunales, conformando sus órganos con base representativa producto del sufragio y estructurándolo dentro del régimen del poder público municipal.

New York, 8 de marzo de 2012

DÉCIMA TERCERA PARTE:

LA NECESARIA REVALORIZACIÓN DE LA DEMOCRACIA REPRESENTATIVA ANTE LOS PELIGROS DEL DISCURSO AUTORITARIO SOBRE UNA SUPUESTA "DEMOCRACIA PARTICIPATIVA" SIN REPRESENTACIÓN (Bogotá 2011)

Ponencia elaborada para el *II Congreso Iberoamericano de Derecho Electoral*, organizado por el *Consejo de Estado y la organización IDEA*, Bogotá, 31 agosto-1º septiembre 2011

I. LA DEMOCRACIA, LA REPRESENTACIÓN, LOS DERECHOS HUMANOS Y EL CONTROL DEL PODER

En esta segunda década del Siglo XXI, es evidente que la democracia en nuestros países de América Latina, tal como ha sucedido en todos los países con democracias consolidadas, ya no puede sobrevivir como un sistema político que tenga solamente como básico objetivo el asegurar la elección de los gobernantes. La democracia es mucho más que la sola elección de de representantes, y ésta por lo demás, ya garantiza la democracia misma.

Demasiados ejemplos contemporáneos tenemos en el Continente de gobernantes elegidos por voluntad popular, es decir, partiendo de la elección democrática, que han desarrollado gobiernos autoritarios, anti-democráticos, de manera que una vez afianzados en el poder mediante elección, incluso con cierto apoyo popular, no sólo lo han utilizado para desmantelar los propios instrumentos e instituciones democráticas, sino para ahogar las ansias de participación de quienes los llevaron al poder oyendo cantos de sirena autoritarios basados, precisamente, en la crítica a la democracia representativa y en la promesa de una "democracia participativa" que la sustituiría.

La experiencia de Venezuela en la última década, en este aspecto, ha sido demasiado patética, donde desde 1998 ha existido un gobierno electo, además, con una minoría impresionante de votos en relación con el universo de votantes por la enorme abstención electoral causada por el cansancio electorero del régimen tradicional de partidos y que provocó la renuncia colectiva a participar políticamente en la sola elección;[1232] y que desde el poder y mediante sucesivas reelecciones se ha dedicado a destruir a la propia democracia representativa y directa, y además, a materialmente

1232 Sobre la crisis del sistema de partidos en la década de los noventa véase Allan R. Brewer-Carías, "Venezuela: Historia y crisis política" en *Derecho y Sociedad. Revista de Estudiantes de Derecho de la Universidad Monteávila*, Nº 3, Caracas, Abril 2002, pp. 217-244; "Reflexiones sobre la crisis del sistema político, sus salidas democráticas y la convocatoria a una Constituyente", en Allan R. Brewer-Carías (Coord.), *Los Candidatos Presidenciales ante la Academia. Ciclo de Exposiciones 10-18 Agosto 1998*, Serie Eventos Nº 12, Biblioteca de la Academia de Ciencias Políticas y Sociales, Caracas 1998, pp. 9-66; "La crisis de las instituciones: Responsables y salidas", en *Revista del Centro de Estudios Superiores de las Fuerzas Armadas de Cooperación*, Nº 11, Caracas 1985, pp. 57-83.

hacer desaparecer la posibilidad misma de participación popular. En Venezuela, en una década, lo que ha ocurrido, por tanto es un proceso progresivo de desmantelamento de las instituciones democráticas, realizado desde el poder y mediante su ejercicio, guiado por "representantes" electos.[1233]

Todo ello confirma que la democracia no es sólo elección y contiendas electorales, siendo más bien un sistema de interrelación y alianza global entre los gobernados que eligen, y los gobernantes electos, que tiene que estar dispuesta a garantizar, por una parte, primero, sí, que los representantes sean elegidos por el pueblo, y que puedan gobernar representándolo; segundo, que el ciudadano además, pueda tener efectiva participación política no limitada a la elección, sino que se pueda manifestar también en la votación para la expresión de la opinión del ciudadano en consultas populares mediante referendos, en asambleas de ciudadanos, o en comités de gestión pública; tercero, por sobre todo, la primacía que debe tener el ser humano, y con él, su dignidad y sus derechos; cuarto que el ejercicio del poder estará sometido a control efectivo, de manera que los gobernantes y gestores públicos rindan cuenta de su gestión y pueda hacérselos responsables; y quinto, como condición para todas esas garantías, que la organización del Estado esté realmente estructurada conforme a un sistema de separación de poderes, con la esencial garantía de la independencia y autonomía del poder judicial.[1234] La Carta Interamericana de Derechos Humanos de 2001, en este sentido fue absolutamente precisa al enumerar dentro de los *elementos esenciales* de la democracia 2001: el respeto a los derechos humanos y las libertades fundamentales; el acceso al poder y su ejercicio con sujeción al Estado de derecho; la celebración de elecciones periódicas, libres, justas y basadas en el sufragio universal y secreto, como expresión de la soberanía del pueblo; el régimen plural de partidos y organizaciones políticas y la separación e independencia de los poderes públicos (art. 3). Sobre estos elementos, la Corte Interamericana de derechos Huma-

---

1233 Véase Allan R. Brewer-Carías, *Dismantling Democracy. The Ch;avez Authoritarian Experiment*, Cambridge University Press, New York, 2010; "La demolición del Estado de derecho y la destrucción de la democracia en Venezuela," en *Revista Trimestral de Direito Público (RTDP)*, N° 54, Instituto Paulista de Direito Administrativo (IDAP), Malheiros Editores, Sao Paulo, 2011, pp.5-34; "La demolición del Estado de derecho y la destrucción de la democracia en Venezuela (1999-2009)," en José Reynoso Núñez y Herminio Sánchez de la Barquera y Arroyo (Coordinadores), *La democracia en su contexto. Estudios en homenaje a Dieter Nohlen en su septuagésimo aniversario,* Instituto de Investigaciones Jurídicas, Universidad Nacional Autónoma de México, México 2009, pp. 477-517; "Constitution Making in Defraudation of the Constitution and Authoritarian Government in Defraudation of Democracy. The Recent Venezuelan Experience," en *Lateinamerika Analysen*, 19, 1/2008, GIGA, German Institute of Global and Area Studies, Institute of latin American Studies, Hamburg 2008, pp. 119-142..

1234 Véase Allan R. Brewer-Carías, "Los problemas del control del poder y el autoritarismo en Venezuela", en Peter Häberle y Diego García Belaúnde (Coordinadores), *El control del poder. Homenaje a Diego Valadés,* Instituto de Investigaciones Jurídicas, Universidad Nacional Autónoma de México, Tomo I, México 2011, pp. 159-188; "Sobre los elementos de la democracia como régimen político: representación y control del poder," en *Revista Jurídica Digital IUREced*, Edición 01, Trimestre 1, 2010-2011, en http://www.megaupload.com/?d=ZN9Y2W1R ; "Democracia: sus elementos y componentes esenciales y el control del poder", Grandes temas para un observatorio electoral ciudadano, Tomo I, Democracia: retos y fundamentos, *(Compiladora Nuria González Martín),* Instituto Electoral del Distrito Federal, México 2007, pp. 171-220; "Los problemas de la gobernabilidad democrática en Venezuela: el autoritarismo constitucional y la concentración y centralización del poder" en Diego Valadés (Coord.), *Gobernabilidad y constitucionalismo en América Latina*, Universidad Nacional Autónoma de México, México 2005, pp. 73-96 nos, en sentencia reciente dictada en el caso *López Mendoza vs. Venezuela* el de septiembre de 2011, ha decidido lo siguiente:

> "26. Los derechos políticos y su ejercicio propician el fortalecimiento de la democracia y el pluralismo político. Como lo ha dicho la Corte Interamericana, *"[l]a democracia representativa es determinante en todo el sistema del que la Convención forma parte"*, y constituye *"un 'principio' reafirmado por los Estados americanos en la Carta de la OEA, instrumento fundamental del Sistema Interamericano."* En el Sistema Interamericano la relación entre derechos humanos, democracia representativa y los derechos políticos en particular, quedó plasmada en la Carta Democrática Interamericana. En este instrumento interamericano se estipuló que entre otros elementos esenciales de la democracia representativa se encuentran el acceso al poder y su ejercicio con sujeción al Estado de derecho así como la celebración de elecciones periódicas, libres, justas y basadas en el sufragio universal y secreto como expresión de la soberanía del pueblo."[1235]

De lo anterior resulta, en todo caso, que en el derecho constitucional contemporáneo se pueda identificar claramente un derecho a la democracia con todos esos elementos esenciales que los Estados signatarios de dicha Carta están obligados a garantizar.[1236] Sin llegar a esta conclusión no ha sido fácil. Los ciudadanos de nuestros países, de cara a nuestras democracias, han tenido que enfrentar y siguen enfrentando tremendas incomprensiones y distorsiones que tanto de buena, como de mala fe, derivan de un persistente discurso político que se solaza en la crítica de las muchas deficiencias que ha mostrado la práctica de la democracia representativa, la cual, efectivamente, en muchos países ha terminado por no representar a los diversos componentes de la población. Esa práctica democrática, por otra parte, en muchos casos no ha logrado servir de instrumento para la efectiva construcción de sociedades donde el ciudadano logre sentirse realmente incluido, y participe efectivamente en el quehacer político que en muchas ocasiones ha quedado secuestrado por los partidos políticos.

Ello ha dado origen, entre otros factores, al clamor que tan seguidamente se oye en nuestros países latinoamericanos por la búsqueda y construcción de una "democracia participativa," la cual, la verdad sea dicha, en lo que ha desembocado en general, es en el establecimiento de mecanismos de democracia directa,[1237] confun-

1235 Corte Interamericana de Derechos Humanos, (FONDO, REPARACIONES Y COSTAS) 1 septiembre 2011, Voto concurrente Diego García Sayán, párr. 26. Véase en http://www.corteidh.or.cr/docs/casos/articulos/seriec_233_esp1.pdf

1236 Véase Allan R. Brewer-Carías, Sobre el derecho a la democracia, véase Allan R. Brewer-Carías, "Prólogo sobre el derecho a la democracia y el control del poder", al libro de Asdrúbal Aguiar, *El derecho a la democracia. La democracia en el derecho y la jurisprudencia interamericanos. La libertad de expresión, piedra angular de la democracia*, Colección Estudios Jurídicos N° 87, Editorial Jurídica Venezolana, Caracas 2008, pp. 17-37; "Sobre las nuevas tendencias del derecho constitucional: del reconocimiento del derecho a la Constitución y del derecho a la democracia", en *VNIVERSITAS, Revista de Ciencias Jurídicas (Homenaje a Luis Carlos Galán Sarmiento)*, Pontificia Universidad Javeriana, facultad de Ciencias Jurídicas, N° 119, Bogotá 2009, pp. 93-111; "Algo sobre las nuevas tendencias del derecho constitucional: el reconocimiento del derecho a la constitución y del derecho a la democracia," en Sergio J. Cuarezma Terán y Rafael Luciano Pichardo (Directores), *Nuevas tendencias del derecho constitucional y el derecho procesal constitucional*, Instituto de Estudios e Investigación Jurídica (INEJ), Managua 2011, pp. 73-94.

1237 Véase en general, Luis Aguiar de Luque, *Democracia directa y Estado Constitucional*, Editorial Revista de Derecho Privado, Edersa, Madrid 1977.

diéndose e identificándose la "participación" con el solo ejercicio "directo" de la democracia, lo que es un grave error, pues se participa políticamente, tanto eligiendo representantes, como votando en referendos o como participando en asambleas. Esa confusión, a veces vendida deliberadamente, ha hecho que muchos lleguen incluso ilusamente a preferir la democracia "directa" a la democracia representativa; y otros muchos lo que hacen es confundir la movilización popular con la participación.

Todo ello ha conducido al establecimiento de un falso enfrentamiento entre la democracia representativa, a la cual se ataca despiadadamente, y la democracia participativa, por la cual se clama, a veces incluso planteando el tema como una falsa dicotomía que no puede existir. La democracia representativa es esencialmente participativa, es decir, es una de las formas de participación política por excelencia, de manera que es inconcebible sin considerarla como un medio de participación. Por tanto, no hay oposición entre representación y participación, y lo que debe plantearse es que la forma cómo se asegura la elección y la presencia del ciudadano en la misma sea más participativa, es decir, que el votante se pueda sentir más incluido y más integrado. Por ello, no tiene sentido plantear que la democracia participativa pudiera llegar a sustituir a la democracia representativa.

Como se dijo, es una falsa dicotomía en la cual ciertamente y sin quererlo, muchos demócratas han caído inadvertidamente buscando de buena fe el perfeccionamiento de la democracia representativa, y hacerla más participativa, para lo cual han recurrido a introducir mecanismos de democracia directa; y también, falsa dicotomía que han esgrimido, queriéndolo y de mala fe, muchos falsos demócratas que ocultando la faz y las fauces del autoritarismo, han pretendido sustituir la democracia representativa por una supuesta "democracia participativa" que no es otra cosa que un sistema de control de la sociedad entera por el poder político de una oligarquía gubernamental que nadie ha electo, en fraude a la propia democracia, y vendiendo una "participación" que no es otra cosa que una movilización de los ciudadanos controlada por el poder de un partido o del gobierno autoritario.

Sobre estos temas es que quiero insistir en esta Ponencia para el *II Congreso Iberoamericano de Derecho Electoral*, organizado por el Consejo de Estado de Colombia e IDEA (Bogotá, 31 agosto-1 septiembre 2011), bajo la acertada conducción del Consejero Augusto Hernández, a quien debe agradecer muy especialmente su invitación; para lo cual retomo las ideas fundamentales que expuse en el *Primer Congreso Internacional de Derecho Electoral*,[1238] contentiva de algunas reflexiones sobre la democracia representativa y su significado político; sobre las exigencias de la participación ciudadana, en el sentido de que la democracia, sin dejar de ser representativa, debe asegurar la inclusión del ciudadano en el proceso político; y sobre la falsedad de los cantos de sirenas que se oyen con la persistente difusión de la llamada "democracia participativa" para acabar con la representación. Y por supuesto, sin desconocer que en muchos casos, al plantear las reformas, no se ha logrado realmente identificar lo que es necesario implementar para hacer de la democracia represen-

1238 Véase Allan R. Brewer-Carías, "La democracia representativa y la falacia de la llamada "democracia participativa," ponencia al *Congreso Iberoamericano de Derecho Electoral*, Universidad de Nuevo León, Monterrey, 27 de noviembre 2010. Véase en http://www.allanbrewercarias.com/Content/449725d9-f1cb-474b-8ab2-41efb849fea2/Content/I,%201,%201019.%20La%20democracia%20representativa%20%20y%20las%20falacias%20de%20la%20llamada%20democracia%20paticipativa.%20Mexico%202010.do.pdf tativa el instrumento de inclusión política que pueda asegurar la participación ciudadana. Y más aún, en medio de la confusión que genera la venta de la idea de que la participación pueda llegar a sustituir la representativa, pero contradictoriamente eliminando el único instrumento político que puede permitir la participación ciudadana que es la descentralización política, es decir, los gobiernos locales que es donde se puede asegurar la inclusión política. Este ha sido, precisamente, el lamentable destino de la Venezuela contemporánea, con la sanción de las Leyes sobre el Poder Popular y el Estado Comunal.[1239] Lo cierto, al contrario es que no hay ni puede haber participación sin descentralización, y descentralización política es establecer gobiernos electos, es decir, sobre la base de representación

En la experiencia venezolana de esta última década, sin embargo, lo que se ha presenciado es un discurso autoritario que al vender la llamada "democracia participativa," lo que ha venido buscando es excluir la representación a nivel local y, con ello, todo vestigio de descentralización política, pretendiendo que el sistema político funcione montado sobre instituciones de "democracia directa" como asambleas de ciudadanos y los consejos comunales a la usanza de los soviets de hace casi cien años. Ello, en realidad, es imposible que pueda permitir y asegurar una efectiva participación política del ciudadano en la conducción de los asuntos públicos, como sólo la descentralización y la municipalización podrían lograr. Para ello, incluso, entidades locales otrora descentralizadas como las Juntas parroquiales, se les quita su antiguo carácter representativo, transformándolas en entes consultivos conducidos por "juntas" nombradas por los Consejos Comunales, que a su vez no se gobiernan por representantes electos mediante sufragio universal, directo y secreto. Esos consejos comunales y juntas parroquiales comunales, en realidad, es imposible que puedan permitir y asegurar una efectiva participación política del ciudadano en la conducción de los asuntos públicos, como sólo la descentralización y la municipalización podrían lograr. En realidad, en ese discurso autoritario de la democracia participativa, lo único que la misma ofrece es la posibilidad de movilización popular pero conducida, manejada y controlada desde el centro del poder, mediante un partido único, por lo que de democracia sólo tiene el nombre, el cual es hábilmente utilizado por quienes se aprovechan de los fracasos políticos de la democracia sólo representativa reducida a asegurar la elección de gobernantes que existió en otras épocas.

Esta "democracia participativa" que se vende desde las trincheras de un gobierno militarista y autoritario, en realidad, no es más que un engañoso slogan propagandístico, que oculta un feroz modelo de gobierno autoritario que creíamos superado en nuestro Continente, y que comienza ahora a aparecer envuelto en ropa militar de camuflaje, con pintas populares y de legalidad, con algún apoyo de masas empobrecidas que reciben dádivas, pero sin que se genere riqueza ni empleo. Así, por ejem-

---

1239 Sin embargo, en el reglamento de la Ley Orgánica del Consejo Federal de Gobierno se llega a definir la descentralización vaciándola de contenido político, indicando en forma distorsionada que es una "Política estratégica para la restitución plena del poder al Pueblo Soberano, mediante la transferencia paulatina de competencias y servicios desde las instituciones nacionales, regionales y locales hacia las comunidades organizadas y otras organizaciones de base del Poder Popular, dirigidas a fomentar la participación popular, alcanzar la democracia auténtica restituyendo las capacidades de gobierno al pueblo, instalando prácticas eficientes y eficaces en la distribución de los recursos financieros e impulsar el desarrollo complementario y equilibrado de las regiones del país" (art. 3). Véase en *Gaceta Oficial* Nº 39.382 del 9 de marzo de 2010.

plo, hemos visto florecer un neo populismo rico o petrolero que está rampante en Venezuela, que reparte para lograr apoyos populares, pero sin lograr disminuir la pobreza, y más bien aumentarla y generalizarla, y por sobre todo, sin asegurar la democracia como forma de vida.

II. LA DEMOCRACIA, CONTROL DEL PODER, LA DESCENTRALIZACIÓN POLÍTICA Y LA PARTICIPACIÓN

Ahora bien, concebida la democracia conforme a los elementos esenciales definidos en la Carta Democrática Interamericana de 2001, antes mencionados, la misma carta los complementa con la exigencia de unos componentes esenciales de la misma, todos vinculados al control del poder, que son la transparencia de las actividades gubernamentales, la probidad y la responsabilidad de los gobiernos en la gestión pública; el respeto de los derechos sociales y de la libertad de expresión y de prensa; la subordinación constitucional de todas las instituciones del Estado, incluyendo el componente militar, a la autoridad civil legalmente constituida, y el respeto al Estado de derecho por todas las entidades y sectores de la sociedad (Art. 4).

Por ello, la importancia que tiene respecto de la democracia el mencionado principio de la separación de poderes, del cual, en definitiva, dependen todos los otros elementos de la democracia. En efecto, sólo controlando al Poder es que puede haber elecciones libres y justas, así como efectiva representatividad; sólo controlando al poder es que puede haber pluralismo político; sólo controlando al Poder es que podría haber efectiva participación democrática en la gestión de los asuntos públicos; sólo controlando al Poder es que puede haber transparencia administrativa en el ejercicio del gobierno, así como rendición de cuentas por parte de los gobernantes; sólo controlando el Poder es que se puede asegurar un gobierno sometido a la Constitución y las leyes, es decir, un Estado de derecho y la garantía del principio de legalidad; sólo controlando el Poder es que puede haber un efectivo acceso a la justicia de manera que ésta pueda funcionar con efectiva autonomía e independencia; y en fin, sólo controlando al Poder es que puede haber real y efectiva garantía de respeto a los derechos humanos. De lo anterior resulta, por tanto, que sólo cuando existe un sistema de control efectivo del poder es que puede haber democracia, y sólo en esta es que los ciudadanos pueden encontrar asegurados sus derechos debidamente equilibrados con los poderes Públicos.

Por ello es que al inicio calificábamos a la democracia como una alianza destinada a asegurar el control del poder, lo que implica entre otros, tres derechos políticos claves que los ciudadanos tienen, y que son, además del derecho a la separación de poderes, el derecho a la distribución vertical o territorial del poder para asegurar la participación política; y el derecho al control judicial del ejercicio poder, para asegurar la vigencia de los derechos humanos y el sometimiento del Estado al derecho. Al contrario, demasiada concentración y centralización del poder, como ocurre en cualquier régimen autoritario por más velo democrático que lo cubra por su eventual origen electoral, inevitablemente conduce a la tiranía; y el mundo contemporáneo ha tenido demasiadas experiencias que ya han mostrado toda suerte de tiranos que precisamente usaron el voto popular para acceder al poder, y que luego, mediante su ejercicio incontrolado, desarrollaron gobiernos autoritarios, contrarios al pueblo, el cual fue movilizado al antojo de los gobernantes quienes acabaron con la propia democracia y con todos sus elementos, comenzando por el respeto a los derechos humanos.

Por ello, los gobiernos autoritarios no soportan la existencia de un sistema de descentralización política o de distribución vertical del poder público hacia entidades territoriales regionales y locales dotadas de autonomía política que estén efectivamente más cerca del ciudadano, que es lo único que puede garantizar la efectiva posibilidad de la participación política democrática en la toma de decisiones y en la gestión de los asuntos públicos. Es decir, y es bueno destacarlo siempre, porque se olvida cuando se habla de "democracia participativa," ésta simplemente es sólo posible cuando el poder está cerca del ciudadano, lo que sólo se logra multiplicando autoridades locales dotadas de autonomía política.[1240] Por ello es que dijimos anteriormente, que participación no es posible sin descentralización, y descentralización no existe sin representación. Por ello, en este contexto, la participación política no es simple movilización popular ni se logra estableciendo mecanismos asamblearios de democracia directa. La participación política es la cotidianeidad de la vida ciudadana, que en democracia sólo se asegura a nivel local, en unidades territoriales políticas y autónomas descentralizadas donde se practique el efectivamente el autogobierno mediante representantes electos en forma directa, universal y secreta, y no mediante 'voceros" designados sin sufragio universal directo y secreto.

Por ello es que nunca ha habido autoritarismos descentralizados, y menos aún autoritarismos que hayan podido permitir el ejercicio efectivo del derecho a la participación política. Al contrario, en nombre de ésta lo que han impuesto es la exclusión política al concentrar el poder en unos pocos, independientemente de que hayan sido electos. Por ello, insisto, es que los autoritarismos temen y rechazan tanto la descentralización política como la participación democrática, y en su lugar, lo que usualmente hacen es concebir parapetos políticos de control del poder a través de asambleas de ciudadanos controladas por el poder central o por un partido de gobierno, como los Consejos Comunales que se están creando en Venezuela,[1241] configurados como instituciones de manejo centralizado, dispuestas para hacerle creer al ciudada-

1240 Véase, Allan R. Brewer-Carías, "El Municipio, la descentralización política y la democracia" en *XXV Congreso Iberoamericano de Municipios, Guadalajara, Jalisco, México, 23 al 26 de octubre del 2001*, México 2003, pp. 53-61; *Reflexiones sobre el constitucionalismo en América*, Editorial Jurídica Venezolana, Caracas 2001, pp. 105-125 y 127-141; "Democracia participativa, descentralización política y régimen municipal", en Miguel Alejandro López Olvera y Luis Gerardo Rodríguez Lozano (Coordinadores), *Tendencias actuales del derecho público en Iberoamérica*, Editorial Porrúa, México 2006, pp. 1-23; "Democracia participativa, descentralización política y régimen municipal", en *Urbana*, Revista editada por el Instituto de Urbanismo, Facultad de Arquitectura y Urbanismo, Universidad Central de Venezuela y por el Instituto de Investigaciones de la Facultad de Arquitectura y Diseño, Universidad del Zulia, Nº 36, 2005, pp. 33-48; "Democracia participativa, descentralización política y régimen municipal", en *La responsabilidad del Estado frente a terceros. Ponencias Continentales del II Congreso Iberoamericano de Derecho Administrativo y Público*, Asociación Iberoamericana de Profesionales en Derecho Público y Administrativo "Jesús González Pérez" Capítulo Ecuador, Ecuador 2005, pp. 273-294.

1241 Ley de los Consejos Comunales en *Gaceta Oficial* Nº 5.806 Extraordinaria de 10 de abril de 2006; reformada en 2009, *Gaceta Oficial* Nº 39.335 de 28 de diciembre de 2009. Véase Allan R. Brewer-Carías, "El inicio de la desmunicipalización en Venezuela: La organización del Poder Popular para eliminar la descentralización, la democracia representativa y la participación a nivel local", en *AIDA, Opera Prima de Derecho Administrativo. Revista de la Asociación Internacional de Derecho Administrativo*, 49-67 (Universidad Nacional Autónoma de México, Facultad de Estudios Superiores de Acatlán, Coordinación de Postgrado, Instituto Internacional de Derecho Administrativo "Agustín Gordillo", Asociación Internacional de Derecho Administrativo, México, 2007; y *Ley de los Consejos Comunales*, Editorial Jurídica venezolana, Caracas 2009.

no que participa, cuando lo que se hace es, si acaso, movilizarlo en forma totalmente controlada.

De todo lo anterior resulta, por tanto, que para pueda existir democracia como régimen político, no son suficientes las declaraciones contenidas en los textos constitucionales que hablen de derecho al sufragio y de participación ciudadana; ni siquiera de separación de poderes. Tampoco bastan las declaraciones constitucionales sobre "democracia participativa" o incluso sobre descentralización del Estado; ni las solas enumeraciones de los derechos humanos.

Además de todas esas declaraciones, lo que es necesario en la práctica política democrática, es que se pueda asegurar efectivamente la posibilidad de controlar el poder. Solo así es que se puede hablar de democracia, la cual, por lo demás, además de implicar siempre la representación, es un sistema para la participación. Lo único es que esta última no puede quedar reducida a participar en elecciones o votaciones; pero tampoco puede quedar reducida a ser sólo asamblearia, refrendaria o de cabildos abiertos permanentes. La exigencia de la participación en la democracia es, en realidad, hacer de la democracia un régimen de inclusión política, es decir, "participativa," donde el ciudadano sea efectivamente parte de su comunidad política, y pueda contribuir a toma de las decisiones que le conciernen; de manera que la participación no quede reducida a votar en elecciones o en consultas populares. Por ello, la participación política para el ciudadano no es otra cosa que "ser parte de" o "estar incluido en" una comunidad política, en la cual el individuo tenga un rol específico de carácter activo conforme al cual contribuye a la toma de decisiones. Ello se materializa, por ejemplo, sin duda, en el ejercicio del derecho al sufragio o en votar en referendos o consultas populares, que son formas mínimas de participación; o en ser miembro de sociedades intermedias. Pero la participación no se agota allí, pues para estar incluido es necesario que el ciudadano pueda ser parte efectiva de su comunidad política; permitiéndosele desarrollar, incluso, la conciencia de su efectiva pertenencia a un determinado orden social y político, por ejemplo, a una comunidad; a un lugar; a una tierra; a un campo; a una comarca; a un pueblo; a una región; a una ciudad; en fin, a un Estado.[1242]

Y ello sólo se logra mediante la distribución del poder en los niveles regionales y locales de gobierno producto de sufragio, es decir, de gobiernos representativos donde es que puede materializarse la participación política como democracia de inclusión, en los cuales el ciudadano pueda tomar parte personalmente en el proceso decisorio de los asuntos locales, que le interesan, interviniendo en actividades estatales y en función del interés general.[1243] Como se dijo, ello sólo puede tener lugar efectivamente en los estamentos territoriales más reducidos, en el nivel local, comunal o municipal. Es decir, sólo en los niveles político territoriales inferiores de la organización del Estado es que se puede montar una organización participativa que permita la incorporación del ciudadano individual, o en grupos o en comunidades, en la vida pública, y particularmente, en la toma de decisiones públicas generales o de orden administrativo.

1242 Véase en general, Norberto Bobbio, *El futuro de la democracia,* Fondo de Cultura Económica, México 1992, p. 42.

1243 Véase por ejemplo, en relación con la administración de justicia, Alberto González, "Participación en la Administración de Justicia" en Jorge Londoño U. (Compilador), *Constitucionalismo, participación y democracia,* Librería Jurídica Ethos, Uniboyacá, Bogotá-Tunja, 1997, pp. 76-77.

Como Jaime Castro, lo destacó hace años, "La democracia moderna no se concibe sin audaces formas de participación ciudadana y comunitaria en el ejercicio del poder a nivel local y regional. Sin la garantía de que todas y todos pueden y deben participar en la preparación de las decisiones que se piensen tomar sobre temas de interés general, en su adopción y ejecución, esto último mediante el control que realicen sobre la gestión de las autoridades y los particulares que ejerzan funciones públicas. Sólo esas formas democráticas de participación le cambian la cara a las instituciones y permiten hablar de un nuevo régimen político."[1244]

Pero por supuesto, para la concepción de ese "nuevo régimen político" que en realidad es tan antiguo como la democracia misma, el tema central que tiene que resolverse es determinar el nivel territorial que se requiere para que pueda haber participación como cotidianeidad democrática, y la opción en esta materia, tal como ocurre por ejemplo en Francia, en Norteamérica, y todos los países europeos con democracias arraigadas, es que el municipio o el ente local esté desparramado en todos los rincones del Estado, en cada villa, pueblo y caserío, situado bien cerca del ciudadano. En esos países, donde impera la fragmentación municipal, no se plantea con tanta urgencia la necesidad de la participación ciudadana; y, en cambio en todos nuestros países latinoamericanos, donde al contrario, hay muy pocos municipios para sus enormes territorios y su población, es donde más se grita contra nuestras insuficiencias democráticas clamándose a la vez por una democracia participativa. Por ello, la opción para la participación definitivamente no está situada en el gran municipio urbano o rural, tan común en América Latina, ubicado bien lejos del ciudadano, y que lo que origina es frustración participativa.[1245] La realidad ha sido que en los 200 años que han transcurrido desde la Independencia, el panorama territorial de la distribución vertical del poder en los países latinoamericanos ha variado muy poco, careciendo nuestros países del nivel político territorial necesario para que la democracia pueda efectivamente ser participativa, que es el gobierno local. Y nos empeñamos en buscar en otras partes soluciones, que la verdad, no encontraremos.

Y aquí volvemos a lo que afirmaba al inicio, sobre que la democracia participativa está indisolublemente ligada, no a la democracia directa, sino a la descentralización política y la municipalización, de manera que la misma no se puede materiali-

---

1244 Véase Jaime Castro, *La cuestión territorial*, Editorial Oveja Negra, Bogotá 2003, pp. 201-202. Por ello, cabría preguntarse ¿Por qué será entonces, que en un excelente libro sobre *Las democracias. Entre el Derecho Constitucional y la Política,* de los profesores Olivier Duhamel y Manuel José Cepeda Espinosa en sus más de 400 páginas donde los autores analizan los regímenes democráticos contemporáneos de Europa y América Latina, en la única página en la cual se habla y se usa la expresión de "democracia de participación" es en relación con el sistema suizo? Véase Olivier Duhamel y Manuel José Cepeda Espinosa, *Las Democracias. Entre el Derecho Constitucional y la Política*, TM Editores. Universidad de los Andes. Facultad de Derecho, Bogotá, 1997, p. 56. Acaso el régimen constitucional de Suiza, entre otros factores por la superficie incluso del país, no es el paradigma del federalismo y del régimen local o cantonal?

1245 Véase por ejemplo, Torsten Sagawe, "La situación de los pequeños municipios en Europa: con especial referencia a la República Federal de Alemania", en Luis Villar Borla et al, *Problemática de los pequeños Municipios en Colombia ¿Supresión o reforma?*, Universidad Externado de Colombia, Bogotá 2003, p. 40; *Informe sobre el Gobierno Local,* Ministerio para las Administraciones Públicas. Fundación Carles Pi i Sunyer d'Étudis Autonòmics y Locals, Madrid 1992, p. 27; Luciano Vandelli, *El Poder Local. Su origen en la Francia revolucionaria y su futuro en la Europa de las regiones*, Ministerio para las Administraciones Públicas, Madrid 1992, p. 28; Allan R. Brewer-Carías, *Reflexiones sobre el constitucionalismo en América*, Editorial Jurídica Venezolana, Caracas 2001, pp. 139 y ss.

zar con solo propuestas de incorporación al régimen democrático, de instrumentos como los referendos o las consultas o las iniciativas populares, y mucho menos eliminando la representación.

En realidad, la participación política como cotidianeidad democrática o como parte de la democracia como forma de vida, sólo puede darse a nivel local. No hay otra instancia para ello en los Estados; lo demás es falacia y engaño, o mecanismos de democracia directa que son otra cosa. Por ello es que el tema, precisamente, no tiene tanta notoriedad en los países europeos, donde la participación es de todos los días, en las pequeñas cosas que pueden tratarse en esos pequeños municipios urbanos y rurales.

Por ello, sin temor a equivocarnos podemos afirmar que no puede haber participación política sin descentralización política territorial, es decir, sin que exista una multiplicidad de poderes locales y regionales; sin ellos, en definitiva, no puede haber una democracia participativa. Lo que habría es centralismo, que es la base de la exclusión política al concentrar el poder en unos pocos electos, y a la vez, el motivo del desprestigio de la democracia representativa por más aditivos de democracia directa o refrendaria se le implante.

No hay otra forma de perfeccionar la democracia y hacerla más participativa y más representativa, que no sea acercando el Poder al ciudadano, lo que sólo puede llevarse a cabo descentralizando política y territorialmente el Poder del Estado y llevarlo hasta la más pequeña de las comunidades; es decir, distribuyendo el Poder en el territorio nacional.[1246] Por tanto, sólo municipalizando los territorios de nuestros países, rescatemos, más de doscientos años después, lo que fue la decisión terminante de la Asamblea Nacional Constituyente francesa en aquél diciembre de 1789, y que hoy se traduciría en la frase de que toda comunidad rural, todo caserío, todo pueblo, todo barrio urbano, debería tener su autoridad local como comunidad política. Como se enunció, por ejemplo en la Constitución de la Provincia del Chaco, de Argentina: "Todo centro de población constituye un municipio autónomo...[1247]

De allí la enorme revalorización que requiere en nuestros países el tema del pequeño municipio como parte del proceso de descentralización político-territorial, para asegurar no sólo la presencia del Estado en el territorio, sino para hacer posible la participación democrática, partiendo de la necesaria diversidad que deben tener las entidades locales; es decir, todo lo contrario al uniformismo organizacional.

En fin, lo que debemos concientizar es que no hay que temerle a la descentralización política, pues se trata de un fenómeno propio de las democracias, que por supuesto es temido por los autoritarismos. Por ello es que hemos dicho que no hay ni ha habido autocracias descentralizados, siendo los autoritarismos los que rechazan tanto la descentralización política como la participación democrática, incluyendo los

---

1246 Véase en *XXV Congreso Iberoamericano de Municipios, Guadalajara, Jalisco, México del 23 al 26 de octubre de 2001*, Fundación Española de Municipios y Provincias, Madrid 2003, pp.453 y ss

1247 Artículo 182. Citado por Augusto Hernández Barrera, "Objetivos inéditos de la categorización municipal" en Luis Villar Borda et al, *Problemática de los Pequeños Municipios en Colombia ¿Supresión o reforma?*, Universidad Externado de Colombia, Bogotá 2003, p. 108. Véase además, Augusto Hernández Becerra, *Ordenamiento y desarreglo territorial en Colombia*, Instituto de Estudios Constitucionales Carlos Restrepo Piedrahita, Bogotá 2001.

autoritarismos que tradicionalmente nos han gobernado bajo el ropaje del "centralismo democrático," de cualquier cuño que sea, incluso de orden partidista.

No nos dejemos engañar con los cantos de sirenas autoritarios que no se cansan de hablar de "democracia participativa," pero no para hacerla posible descentralizando el poder en el territorio, sino para acabar con la democracia representativa, imposibilitando a la vez la participación. No nos confundamos los demócratas al intentar dar respuesta a las exigencias políticas crecientes de participación democrática, con el sólo establecimiento de paños calientes de carácter refrendario o de iniciativas o consultas populares, que no la agotan en absoluto. En fin, no le tengamos miedo a lo pequeño, que territorialmente hablando es precisamente la lugarización, el pequeño municipio rural y la subdivisión municipal suburbana.

III. EL COMIENZO DEL GRAN ENGAÑO: LA CREACIÓN DE LOS CONSEJOS COMUNALES EN VENEZUELA EN 2006, SIN REPRESENTACIÓN, COMO SUPUESTOS INSTRUMENTOS DE LA "DEMOCRACIA PARTICIPATIVA" VIOLANDO LA CONSTITUCIÓN

Ahora bien, ante las deficiencias de la democracia puramente representativa, con la cual la participación se había reducido a la votación para la elección de representantes, y a la inscripción en partidos políticos que había asumido el monopolio de la representatividad y de la propia participación política, comenzó a surgir el discurso a favor de la democracia participativa que desde el gobierno autoritario que se instaló en Venezuela desde 1998, lo que ha hecho es acabar con la democracia en su globalidad, y en engañar a los amantes de su perfeccionamiento, mediante un sistema denominado de "democracia participativa" mediante un esquema de Estado Comunal, que no es otra cosa que un sistema institucional para el centralismo, para hacerle creer a la población que participa en la toma de decisiones públicas, cuando en realidad lo que se hace es manipularla desde el poder central.

Así, en 2006 se comenzó en Venezuela a institucionalizar un Estado Socialista, mediante Ley de los Consejos Comunales,[1248] conforme a la cual el gobierno autoritario comenzó a regular y confinar la participación ciudadana con un doble propósito: por una parte, para eliminar la democracia representativa; y por la otra, como antes se dijo, para desmunicipalizar su ámbito de ejercicio. En efecto, en la Constitución, el Municipio es la unidad política primaria dentro de la organización pública nacional (art. 168) que, como parte del sistema constitucional de distribución vertical del Poder Público (art. 136), en el nivel territorial inferior es la entidad política llamada a hacer efectiva la participación ciudadana. Por ello, el artículo 2° de la Ley Orgánica del Poder Público Municipal de 2005[1249] conforme a lo dispuesto en el artículo 168 de la Constitución disponía que las actuaciones del municipio debían incorporar "la participación ciudadana de manera efectiva, suficiente y oportuna, en la definición y ejecución de la gestión pública y en el control y evaluación de sus resultados."

1248 Véase *Gaceta Oficial* N° 5806 Extra. de 10 de abril de 2006.

1249 Véase la Ley de Reforma Parcial de la Ley Orgánica del Poder Público Municipal, *Gaceta Oficial* N° 38.327 de 02-12-2005. Véanse los comentarios a esta Ley en el libro: *Ley Orgánica del Poder Público Municipal*, Editorial Jurídica Venezolana, Caracas 2007. La Ley fue reformada en 2010, *Gaceta Oficial* N° 6.015 Extra. de 28 de diciembre de 2010.

Para ello, en todo caso, lo que resultaba necesario era acercar el poder municipal al ciudadano, municipalizándose el territorio, lo que la propia Ley Orgánica impidió. Pero en lugar de reformar dicha Ley Orgánica y establecer entidades municipales o del municipio más cerca de las comunidades, lo que se buscó establecer con la Ley de los Consejos Comunales de 2006 fue un sistema institucional centralizado en paralelo e ignorando la propia existencia del régimen municipal, concibiéndose a la "comunidad" fuera del mismo Municipio, organizada en Consejos Comunales, "en el marco constitucional de la democracia participativa y protagónica", como "instancias de participación, articulación e integración entre las diversas organizaciones comunitarias, grupos sociales y los ciudadanos." Fue en estos Consejos Comunales, conforme a la Ley de 2006, establecidos sin relación alguna con los Municipios, en los que se ubicaron las Asambleas de Ciudadanos como la instancia primaria para el ejercicio del poder, la participación y el protagonismo popular, cuyas decisiones se concibieron como de carácter vinculante para el consejo comunal respectivo (art. 4,5).

Con esta Ley de los Consejos Comunales de 2006, además, supuestamente abogando por una "participación popular," pero en un esquema completamente antidemocrático, se sustituyó la "representación" que origina el sufragio en entidades políticas como los Municipales, por la organización de entidades denominadas del "Poder Popular" que no tienen origen representativo electoral, en las cuales se pretendió ubicar la participación ciudadana, pero sometida al control del vértice del poder central, sin que los titulares rindan cuentas al pueblo, completamente paralelo y desvinculado totalmente de la descentralización política o la distribución vertical del poder público que establece la Constitución, es decir, desvinculado de los Estados, Municipios y Parroquias. Por ello, los Consejos Comunales se integraron conforme a un esquema estatal centralizado, que tenía en su cúspide una Comisión Nacional Presidencial del Poder Popular designada y presidida por el Presidente de la República, la cual, a su vez, designaba en cada Estado a las Comisiones Regionales Presidenciales del Poder Popular, previa aprobación del Presidente de la República (art. 31); y designaba además, en cada municipio, las Comisiones Locales Presidencial del Poder Popular, también previa aprobación del Presidente de la República (art. 32); sin participación alguna de los Gobernadores de Estado ni de los Alcaldes municipales. En la práctica, en todo caso, lo que se evidenció fue que no se logró desarrollar los concejos comunales conforme al discurso gubernamental y a las previsiones teóricas de la Ley, al punto de que como lo observó María Pilar García-Guadilla, "Mientras que los objetivos y el discurso presidencial hablan de empoderamiento, transformación y democratización, las praxis observadas apuntan hacia el clientelismo, la cooptación, la centralización y la exclusión por razones de polarización política."[1250]

La Ley de 2006, además, en paralelo al Municipio como la unidad primaria para la participación, concibió a la Asamblea de Ciudadanos como la instancia primaria para el ejercicio del poder, la participación y el protagonismo popular, cuyas decisiones redispuso que eran de carácter vinculante para el consejo comunal respectivo.(art. 4,5). Esta Asamblea de Ciudadanos se la reguló como "la máxima instancia

1250 Véase en María Pilar García-Guadilla "La praxis de los consejos comunales en Venezuela: ¿Poder popular o instancia clientelar?," en *Revista Venezolana de Economía y Ciencias Sociales*, abr. 2008, Vol. 14, N° 1, p. 125-151. Véase en http://www.scielo.org.ve/scielo.php?pid=S1315-64112008000100009&script=sci_arttext

de decisión del Consejo Comunal", integrada por los habitantes de la comunidad, mayores de 15 años. El legislador, quizás, lo que quiso fue regular las antiguas Asambleas de vecinos, pero las denominó erróneamente como Asambleas de ciudadanos, violando la Constitución. La Asamblea de Ciudadanos conforme al artículo 6 de la Ley de 2006, tenía entre sus atribuciones, "elegir" a los integrantes de los diversos voceros e integrantes de los órganos comunitarios ("voceros"), y revocarles el mandato, eliminando de esta instancia toda idea de representación y de sufragio universal, directo y secreto. Los consejos comunales debían ser registrados ante la Comisión Presidencial del Poder Popular, con lo que se les revestía de personalidad jurídica;[1251] inscripción que, por tanto, dejaba en manos del Poder Ejecutivo aceptar o no la existencia misma de dichos Consejos, controlándolos políticamente.[1252]

Estas reformas que se comenzaron a implementar legalmente en 2006, fueron parte del proyecto de reforma constitucional que en 2007 el Presidente de la República presentó ante la Asamblea Nacional y con la cual se buscaba establecer un Estado Socialista, Centralizado, Policial y Militarista[1253] montado sobre el denominado Poder Popular , en el cual jugaban importante papel, precisamente, los consejos comunales; y la cual, luego de aprobarla,[1254] fue sometido a referendo aprobatorio en diciembre de 2007, habiendo sido rechazado mayoritariamente por el pueblo. La orientación de la reforma la dio el propio Presidente de la República durante todo el año 2007, y en particular en su "Discurso de Presentación del Anteproyecto de

1251 Para 2007 se daba una cifra de entre 18.000 y 20.000 Consejos Comunales. Véase María Pilar García-Guadilla, "La praxis de los consejos comunales en Venezuela: ¿Poder popular o instancia clientelar?," en *Revista Venezolana de Economía y Ciencias Sociales*, abr. 2008, Vol. 14, N° 1, p. 125-151. Véase en http://www.scielo.org.ve/scielo.php?pid=S1315-64112008000100009&script-=sci_arttext. Véase en general sobre el proceso de creación de consejos comunales de acuerdo con la Ley de 2006, en Steve Ellner, "Un modelo atractivo con fallas: los Consejos Comunales de Venezuela", en http://www.rebelion.org/-noticia.php?id=87637; y Miguel González Marregot, "La ley de los consejos comunales: un año después (y II)", Sábado, 21 de abril de 2007, en http://queremoselegir.org/la-ley-de-los-consejos-comunales-un-ano-despues-y-ii/

1252 Sobre esto Miguel González Marregot ha señalado que "El elemento central de las críticas a los consejos comunales es su dependencia y sujeción a una red de Comisiones Presidenciales del Poder Popular, designada "a dedo" desde del Poder Nacional. Sin embargo, las Comisiones Presidenciales del Poder Popular no existen por ahora, en el ámbito municipal. Y su creación no ha sido implementada aún; quizás por una mezcla de la incapacidad operativa oficial con una dosis de cálculo político. Las Comisiones Presidenciales del Poder Popular son una demostración de la visión centralista y concentradora de la gestión pública que va a suprimir las propias posibilidades de participación popular que brindarían los consejos comunales. Una deuda sensible, en este contexto, es la inoperancia del Servicio Autónomo Fondo Nacional de los Consejos Comunales, que estaría adscrito al Ministerio de Finanzas; y cuyo Reglamento Orgánico fue publicado en *la Gaceta Oficial* N° 346.196 de fecha 18 de Mayo de 2006; es decir, hace nueve meses. Por si fuera, poco la Ley de los Consejos Comunales, promulgada en Abril del año pasado, no ha sido aún reglamentada mediante un proceso de consulta pública." En "Consejos Comunales: ¿Para qué?," en *Venezuela Analítica*, Viernes, 9 de febrero de 2007, http://www.analitica.com/va/politica/opinion/7483372.asp

1253 Véase Allan R. Brewer-Carías, *Hacia la consolidación de un Estado Socialista, Centralizado, Policial y Militarista, Comentarios sobre el sentido y alcance de las propuestas de reforma constitucional 2007*, Colección Textos Legislativos, N° 42, Editorial Jurídica Venezolana, Caracas 2007, 157 pp.

1254 Véase Allan R. Brewer-Carías, *La Reforma Constitucional de 2007 (Comentarios al proyecto inconstitucionalmente sancionado por la Asamblea Nacional el 2 de noviembre de 2007)*, Colección Textos Legislativos, N° 43, Editorial Jurídica Venezolana, Caracas 2007, 224 pp.

reforma a la Constitución ante la Asamblea Nacional" en agosto de 2007,[1255] en el cual señaló con toda claridad que el objetivo central de la misma era "la construcción de la Venezuela bolivariana y socialista"[1256]; es decir, como lo expresó, se trataba de una propuesta para sembrar "el socialismo en lo político y económico,"[1257] considerando que todos los que habían votado por su reelección en 2006 habían "votado por el socialismo"[1258] lo que por supuesto no era cierto.

Por ello, el Anteproyecto de Reforma que presentó ante la Asamblea Nacional, era para "la construcción del Socialismo Bolivariano, el Socialismo venezolano, nuestro Socialismo, nuestro modelo socialista"[1259], cuyo "núcleo básico e indivisible" era "la comunidad", "donde los ciudadanos y las ciudadanas comunes, tendrán el poder de construir su propia geografía y su propia historia."[1260] Y todo ello bajo la premisa de que "sólo en el socialismo será posible la verdadera democracia."[1261] pero por supuesto, una "democracia" sin representación que, como lo propuso el Presidente y fue sancionado por la Asamblea Nacional en la rechazada reforma del artículo 136 de la Constitución, se buscaba establecer una "democracia" que "no nace del sufragio ni de elección alguna, sino que nace de la condición de los grupos humanos organizados como base de la población." Es decir, se buscaba establecer una "democracia" que no era democracia, pues en el mundo moderno no hay ni ha habido democracia sin elección de representantes. Se buscaba además, establecer una doctrina política oficial de carácter socialista, que se denominaba además como "doctrina bolivariana", con lo cual se eliminaba toda posibilidad de pensamiento distinto al "oficial" y, por tanto, la posibilidad de criminalizar toda disidencia.

Por la otra, también se buscaba transformar el Estado en un Estado Centralizado, de poder concentrado bajo la ilusión del Poder Popular, lo que implicaba la eliminación definitiva de la forma federal del Estado, imposibilitando la participación polí-

---

1255 Véase *Discurso de Orden pronunciado por el ciudadano Comandante Hugo Chávez Frías, Presidente Constitucional de la República Bolivariana de Venezuela en la conmemoración del Ducentésimo Segundo Aniversario del Juramento del Libertador Simón Bolívar en el Monte Sacro y el Tercer Aniversario del Referendo Aprobatorio de su mandato constitucional*, Sesión especial del día Miércoles 15 de agosto de 2007, Asamblea Nacional, División de Servicio y Atención legislativa, Sección de Edición, Caracas 2007.

1256 *Idem*, p. 4.

1257 *Idem*, p. 33.

1258 *Idem*, p. 4. Lo que no era cierto. En todo caso, se pretendió imponer al 56% de los votantes que no votaron por la reelección del presidente, la voluntad expresada por sólo el 46% de los votantes inscritos en el Registro Electoral que votaron por la reelección del Presidente. Según las cifras oficiales del CNE, en las elecciones de 2006, de un universo de 15.784.777 votantes inscritos en el Registro Electoral, sólo 7.309.080 votaron por el Presidente.

1259 Véase *Discurso...* p. 34.

1260 *Idem*, p. 32.

1261 *Idem*, p. 35. Estos conceptos se recogieron igualmente en la *Exposición de Motivos* para la Reforma Constitucional, Agosto 2007, donde se expresó la necesidad de "ruptura del modelo capitalista burgués" (p. 1), de desmontar la superestructura que le da soporte a la producción capitalista"(p. 2); de "dejar atrás la democracia representativa para consolidad la democracia participativa y protagónica"(p. 2); de "crear un enfoque socialista nuevo" (p. 2) y "construir la vía venezolana al socialismo"(p. 3); de producir "el reordenamiento socialista de la geopolítica de la Nación" (p. 8); de la "construcción de un modelo de sociedad colectivista" y "el Estado sometido al poder popular"(p. 11); de "extender la revolución para que Venezuela sea una República socialista, bolivariana", y para "construir la vía venezolana al socialismo; construir el socialismo venezolano como único camino a la redención de nuestro pueblo"(p. 19).

tica y degradando la democracia representativa; todo ello, mediante la supuesta organización de la población para la participación en los Consejos del Poder Popular, como los Comunales, que eran y son instituciones sin autonomía política alguna, cuyos miembros se pretendía declarar, en la propia Constitución, que no fueran electos.

En específico, la reforma constitucional propuesta en relación con el artículo 16 de la Constitución, buscaba crear las comunas y comunidades como "el núcleo territorial básico e indivisible del Estado Socialista Venezolano"; con el artículo 70, se definían los medios de participación y protagonismo del pueblo en ejercicio directo de su soberanía mediante todo tipo de consejos, "para la construcción del socialismo", haciéndose mención a las diversas asociaciones "constituidas para desarrollar los valores de la mutua cooperación y la solidaridad socialista"; con el artículo 158, se buscaba eliminar toda mención a la descentralización como política nacional, y definir como política nacional, "la participación protagónica del pueblo, restituyéndole el poder y creando las mejores condiciones para la construcción de una democracia socialista"; con el artículo 168 relativo al Municipio, se buscaba precisar la necesidad de incorporar "la participación ciudadana a través de los Consejos del Poder Popular y de los medios de producción socialista"; con el artículo 184, se buscaba orientar la descentralización de Estados y Municipios para permitir "la construcción de la economía socialista."

Segundo, en relación con el artículo 158 se buscaba eliminar toda referencia a la descentralización política siguiendo la orientación de la práctica política centralista de los últimos años, y centralizar completamente el Estado, eliminando toda idea de autonomía territorial y de democracia representativa a nivel local, es decir, de la unidad política primaria en el territorio. Con la rechazada reforma constitucional, en este campo, se buscaba materializar una supuesta "nueva geometría del poder" donde no había ni podía haber autonomías, con la propuesta de creación de nuevas instancias territoriales, todas sometidas al poder Central, mediante las cuales el Poder Popular[1262] supuestamente iba a desarrollar "formas de agregación comunitaria política territorial" que constituían formas de autogobierno, pero sin democracia representativa alguna, sino sólo como "expresión de democracia directa" (art. 16). Con ello se pretendía lograr la eliminación de los entes territoriales descentralizados políticamente, sin las cuales no puede haber efectivamente democracia participativa, y la creación en su lugar de Consejos del poder popular que no pasan de ser una simple manifestación de movilización controlada desde el Poder Central. Ello fue lo que efectivamente ocurrió con los Consejos Comunales creados por Ley en 2006[1263],

1262 En la *Exposición de Motivos del Proyecto de Reforma Constitucional* presentado por el Presidente de la República en agosto 2007, se lee que el Poder Popular "es la más alta expresión del pueblo para la toma de decisiones en todos sus ámbitos (político, económico, social, ambiental, organizativo, internacional y otros) para el ejercicio pleno de su soberanía. Es el poder constituyente en movimiento y acción permanente en la construcción de un modelo de sociedad colectivista de equidad y de justicia. Es el poder del pueblo organizado, en las más diversas y disímiles formas de participación, al cual está sometido el poder constituido. No se trata del poder del Estado, es el Estado sometido al poder popular. Es el pueblo organizado y organizando las instancias de poder que decide las pautas del orden y metabolismo social y no el pueblo sometido a los partido políticos, a los grupos de intereses económicos o a una particularidad determinada", *cit.*, p. 11.

1263 Véase los comentarios sobre ello en Allan R. Brewer-Carías, "Introducción General al Régimen del Poder Público Municipal," en, *Ley Orgánica del Poder Público Municipal*, Editorial Jurídica Venezolana, Caracas 2007, pp. 75 y ss.

cuyos miembros no eran electos mediante sufragio sino designados por Asambleas de ciudadanos controladas por el propio Poder Ejecutivo Nacional. Ello era lo que con la rechazada reforma constitucional, se pretendía consolidar en el texto fundamental, al proponerse una "nueva geometría del poder" en la cual se sustituía a los Municipios, por las comunidades, como el "núcleo territorial básico e indivisible del Estado Socialista Venezolano", que debían agrupar a las comunas (socialistas)[1264] como "células sociales del territorio", las cuales se debían agrupar en ciudades que eran las que se pretendía concebir como "la unidad política primaria de la organización territorial nacional". En la rechazada reforma constitucional se buscaba establecer en forma expresa que los integrantes de los diversos Consejos del Poder Popular no nacían "del sufragio ni de elección alguna, sino que nace de la condición de los grupos humanos organizados como base de la población".

Con ello, en definitiva, en nombre de una "democracia participativa y protagónica", lo que se buscaba era poner fin en Venezuela a la democracia representativa a nivel local, y con ello, de todo vestigio de autonomía política territorial que es la esencia de la descentralización.

Tercero, en relación con el artículo 62 de la Constitución que consagra el derecho de los ciudadanos "de participar libremente en los asuntos públicos," con la reforma constitucional se buscaba agregar a los mecanismos de participación enumerados en el artículo 70, a los Consejos del Poder Popular, con los cuales aquella perdía su carácter libre pues se buscaba que quedaran reducidos al único propósito de "la construcción del socialismo", de manera que quien no quisiera construir socialismo alguno, hubiera quedado excluido del derecho a la participación política, que sólo estaba destinado a desarrollar los valores de "la solidaridad socialista" y no era libre como indica el artículo 62.

IV. LA ELIMINACIÓN DEFINITIVA DE LA DEMOCRACIA REPRESENTATIVA Y EL SECUESTRO DE LA PARTICIPACIÓN A NIVEL LOCAL CON EL RÉGIMEN DEL ESTADO COMUNAL Y DE LOS CONSEJOS COMUNALES

Como se dijo, la propuesta presidencial de reforma constitucional de 2007 fue rechazada por el pueblo en el referendo de diciembre de ese mismo año, en votación mayoritaria, cuyos resultados finales, sin embargo, nunca fueron dados oficialmente por el Consejo Nacional Electoral. No es difícil imaginar la razón de esta abstención.

En 2009, sin embargo, se reformó la Ley relativa a los Consejos Comunales de 2009, con la cual ahora con un carácter orgánico,[1265] se trató de nuevo de implementar algunos de los postulados esenciales de la rechazada reforma constitucional.

1264 En la *Exposición de Motivos* del Proyecto de Reforma Constitucional presentado por el Presidente de la República en agosto 2007, a las comunas se las califica como "comunas socialistas", y se la define como "Es un conglomerado social de varias comunidades que poseen una memoria histórica compartida, usos, costumbres y rasgos culturales que los identifican, con intereses comunes, agrupadas entre sí con fines político-administrativos, que persiguen un modelo de sociedad colectiva de equidad y de justicia", *cit.*, p. 12.

1265 Véase en *Gaceta Oficial* N° 39.335 de 28-12-2009. Véase Claudia Nikken, "La Ley Orgánica de los Consejos Comunales y el derecho a la participación ciudadana en los asuntos públicos," en Allan R.

En efecto, la Ley Orgánica de 2009 tiene por objeto regular la constitución, conformación, organización y funcionamiento de los consejos comunales "como una instancia de participación para el ejercicio directo de la soberanía popular" (art. 1); definiéndoselos supuestamente "en el marco constitucional de la democracia participativa y protagónica," como "instancias de participación, articulación e integración entre los ciudadanos, ciudadanas y las diversas organizaciones comunitarias, movimientos sociales y populares, que permiten al pueblo organizado ejercer el gobierno comunitario y la gestión directa de las políticas públicas y proyectos orientados a responder a las necesidades, potencialidades y aspiraciones de las comunidades, en la *construcción del nuevo modelo de sociedad socialista* de igualdad, equidad y justicia social (art. 2). Sobre este aspecto insiste el artículo 3, al prescribir que la organización, funcionamiento y acción de los consejos comunales se rige por los principios y valores de "participación, corresponsabilidad, democracia, identidad nacional, libre debate de las ideas, celeridad, coordinación, cooperación, solidaridad, transparencia, rendición de cuentas, honestidad, bien común, humanismo, territorialidad, colectivismo, eficacia, eficiencia, ética, responsabilidad social, control social, libertad, equidad, justicia, trabajo voluntario, igualdad social y de género, *con el fin de establecer la base sociopolítica del socialismo* que consolide un nuevo modelo político, social, cultural y económico."

De estas normas resulta, por tanto, que lo que se quiso establecer en la Ley Orgánica fue un medio de participación política "para el ejercicio directo de la soberanía popular," en el "marco constitucional de la democracia participativa y protagónica," como "instancias de participación, articulación e integración entre los ciudadanos," para "ejercer el gobierno comunitario." Ello, sin duda, corresponde a los ciudadanos, y es distinto a los medios de participación vecinal o comunitaria que no son reservados a los ciudadanos. La Ley Orgánica, por tanto, en forma evidentemente incorrecta e inconstitucional mezcló dos derechos de las personas a la participación: la participación ciudadana con la participación individual o comunitaria.

Esta Ley Orgánica de los Consejos Comunales de 2009, por otra parte, se completó en diciembre de 2010, con un conjunto de leyes orgánicas, todas sancionadas al margen de la Constitución, que han organizado un Estado paralelo al Estado Constitucional, denominado "del Poder Popular" o "Estado Comunal," y que tiene a las Comunas y a los Consejos Comunales como sus pilares fundamentales de su funcionamiento.[1266] Dichas leyes orgánicas de diciembre de 2010 fueron las Leyes Orgánicas del Poder Popular, de las Comunas, del Sistema Económico Comunal, de Planificación Pública y Comunal y de Contraloría Social.[1267] Además, en el mismo marco de estructuración del Estado Comunal montado sobre el Poder Popular antes se había sancionado la Ley Orgánica del Consejo Federal de Gobierno,[1268] y luego se reformó de la Ley Orgánica del Poder Público Municipal,[1269] y de las Leyes de los

---

Brewer-Carías et al., *Leyes Orgánicas del Poder Popular*, Editorial Jurídica Venezolana, Caracas 2011, pp. 183 ss.

1266 Véase sobre ese conjunto de leyes, Allan R. Brewer-Carías et al., *Leyes Orgánicas del Poder Popular*, Editorial Jurídica Venezolana, Caracas 2011.

1267 Véanse en *Gaceta Oficial* Nº 6.011 Extra. de 21-12-2010.

1268 Véase en *Gaceta Oficial* Nº 5.963 Extra. de 22-02-2010

1269 Véase en *Gaceta Oficial* Nº 6.015 Extra. de 28-12-2010

Consejos Estadales de Planificación y Coordinación de Políticas Públicas, y de los Consejos Locales de Planificación Pública.[1270]

Mediante estas leyes se ha pretendido, en efecto, desarrollar el derecho a la participación política en forma *directa* que regula la Constitución de 1999, que está concebido, primero, como un derecho *político* (distinto a los civiles, sociales, educativos, culturales, ambientales, etc.), el cual, por tanto corresponde sólo a los *ciudadanos*, es decir, a los venezolanos que no estén sujetos a inhabilitación política ni a interdicción civil y conforme a la edad que se determine en la ley (art. 30); segundo, se lo concibe como un derecho político que tiene que poder ejercerse *libremente*, es decir, sin limitaciones o condicionamientos algunos salvo los que puedan derivarse "del derecho de las demás y del orden público y social" (art. 20), razón por la cual no pueden estar encasillados en una ideología única compulsiva como el socialismo; tercero, se lo concibe como tal derecho político que debe ejercerse en el marco de la organización descentralizada del Poder Público (Nacional, Estadal y Municipal) que responde a su distribución en el territorio conforme a la forma federal del Estado (arts. 4 y 136); y cuarto, se lo concibe como un derecho político que por su naturaleza (la necesidad de que el Poder esté cerca del ciudadano), ha de ejercerse particularmente en la unidad política primaria y autónoma de la organización nacional que conforme a la Constitución es el Municipio, concebido como una entidad política con gobierno propio electo mediante sufragio universal directo y secreto (democracia representativa). Es en las actuaciones de esta unidad política, conforme al artículo 168 de la Constitución, que fundamentalmente se debe incorporar "la participación ciudadana al proceso de definición y ejecución de la gestión pública y al control y evaluación de sus resultados, en forma efectiva, suficiente y oportuna."

Es contrario a la Constitución, por tanto, que el derecho político a la participación se extienda a quienes no son ciudadanos, como son los extranjeros o los menores; que se lo conciba en forma restringida, es decir, sin poder ejercerse libremente, al reducírselo en su ejercicio sólo para la ejecución de una orientación política exclusionista como es el socialismo, eliminando cualquier otra; que su ejercicio se organice en forma centralizada, sometido a la sola conducción por parte del Poder Nacional y en particular del Ejecutivo Nacional, excluyéndose de su ámbito a los Estados y Municipios; y en particular, que se excluya a este último (el Municipio) como unidad política primaria que es en la organización nacional, del ámbito de su ejercicio, desmunicipalizándoselo, al concebirse otra entidad no autónoma políticamente para materializarlo como es el caso de los Concejos Comunales creados sin autonomía política y fuera del gobierno local.

En otras palabras, sólo mediante una reforma constitucional del artículo 30 de la Constitución es que podría extenderse la ciudadanía a los extranjeros, a los efectos de que puedan ejercer el derecho político a la participación; sólo mediante una reforma constitucional del artículo 62 de la Constitución es que podría eliminarse el carácter libre del ejercicio del derecho a la participación ciudadana y restringírselo sólo para la consecución del socialismo; sólo mediante una reforma constitucional de los artículos 4 y 136 de la Constitución, es que se podría eliminar la forma descentralizada del ejercicio de la participación ciudadana en el sistema de distribución vertical del Poder Público, y concebir su ejercicio sólo sometido a la sola conduc-

---

1270 Véanse en *Gaceta Oficial* Nº 6.017 Extra. de 30-12-2010

ción por parte del Poder Nacional y, en particular, del Ejecutivo Nacional; y sólo mediante una reforma constitucional del artículo 168 de la Constitución es que se podría excluir al Municipio del ámbito de ejercicio del derecho político a la participación ciudadana, desmunicipalizándoselo, y concebirse una unidad primaria no autónoma políticamente, como los Concejos Comunales creados sin autonomía política y fuera del gobierno local, para canalizar su ejercicio.

Y esto es precisamente lo que se ha establecido en las Leyes Orgánicas del Poder Popular, de los Consejos Comunales y de las Comunas, al regularse el régimen del derecho a la participación ciudadana, y crearse a dichos Concejos Comunales, como "una instancia de participación para el ejercicio directo de la soberanía popular" (art. 1) "en la construcción del nuevo modelo de sociedad socialista"(art. 2), "con el fin de establecer la base sociopolítica del socialismo que consolide un nuevo modelo político, social, cultural y económico" (art. 3); en una forma completamente distinta a la establecida en la Constitución, cuyo texto se viola abiertamente. Con estas Leyes Orgánicas, en realidad, y en forma completamente inconstitucional, lo que se ha pretendido es implementar las reformas constitucionales sobre el "Poder Popular" que se habían pretendido introducir con la Reforma Constitucional sancionada de 2007,[1271] la cual, sin embargo, fue rechazada mayoritariamente por el pueblo.

En efecto, por ejemplo, en la Ley Orgánica de los Consejos Comunales se regula la participación vinculada necesariamente a "construcción del nuevo modelo de sociedad socialista" y "con el fin de establecer la base sociopolítica del socialismo," lo que es inconstitucional pues elimina el carácter libre de la participación política que garantiza el artículo 62 de la Constitución, siendo además contrario al derecho constitucional que todos tienen al "libre desenvolvimiento de su personalidad" (art. 20); niega el carácter plural del sistema político que garantizan los artículos 2 y 6 de la Constitución, al encasillar un instrumento de gobierno como es el de los Consejos Comunales, dentro de un marco ideológico único y ahora "oficial," como es el socialismo, de manera que las personas que no crean ideológicamente en esta doctrina o se opongan legítimamente a ella, quedarían excluidos de la posibilidad de participar en aquellos, lo que es contrario a la democracia; y establece un sistema discriminatorio, contrario al principio de igualdad establecido en el artículo 21 de la Constitución.[1272]

1271 Véase Sobre dicha reforma Allan R. Brewer-Carías, *La Reforma Constitucional de 2007*, Editorial Jurídica Venezolana, Caracas 2007.

1272 Sobre esto, contradiciendo lo que se ha previsto en el texto de la Ley Orgánica y en la práctica de los consejos comunales, Marta Harnecker, ha insistido en que "el poder popular no elimina el pluralismo político-ideológico" por lo que "no puede teñirse del color de un partido político, ni de una corriente religiosa; el poder popular debe ser de muchos colores, debe ser un arco iris y debe dar cabida a todas y todos los ciudadanos de Venezuela que deseen participar. Son las personas que habitan en una comunidad, centro de trabajo o estudio las que deben elegir democráticamente sus voceras y voceros y estos naturalmente representan diferentes posiciones políticas e ideológicas, dependiendo de la fuerza que esas posiciones tengan en sus respectivas comunidades." Véase Marta Harnecker, *De los Consejos Comunales a las Comunas. Construyendo el Socialismo del Siglo XXI*, 2 abril 2009, párrafo 268, en http://www.scribd.com/doc/16299191/Harnecker-Marta-De-los-consejos-comunales-a-las-comunas-2009 . En el mismo libro la autora ha advertido sobre la necesidad de "evitar la manipulación política" ya que "los consejos comunales deben ser arco iris", indicando que "Se ha insistido mucho en que es necesario evitar toda manipulación política o de otra índole en la conformación de los consejos comunales. No se trata de conformar los consejos comunales sólo con los partidarios de Chávez; estas instituciones

Ahora bien, y teniendo en cuenta todas estas violaciones a la Constitución derivadas de tratar de "imponer" a las personas una ideología, al punto de cerrarle las puertas a la participación política a aquellos que no compartan la misma, debe destacarse que el sistema de participación que regula la Ley Orgánica tiene su base fundamental territorial en la unidad social dispuesta para el funcionamiento de los Consejos Comunales, y que la Ley califica como la "Comunidad," la cual se concibe como el "núcleo espacial básico e indivisible constituido por personas y familias que habitan en un ámbito geográfico determinado, vinculadas por características e intereses comunes; comparten una historia, necesidades y potencialidades culturales, económicas, sociales, territoriales y de otra índole." Ese ámbito geográfico donde habitan las personas que conforman la comunidad es "el territorio que ocupan" y "cuyos límites geográficos se establecen o ratifican en Asamblea de Ciudadanos, de acuerdo con sus particularidades y considerando la base poblacional de la comunidad" (art. 4,1 y 2).

La base poblacional para la conformación de una Comunidad a los efectos de la constitución de los Consejos Comunales, es decir, el número de habitantes que debe existir en su ámbito geográfico y que mantiene la "indivisibilidad de la comunidad" y garantiza "el ejercicio del gobierno comunitario y la democracia protagónica," debe oscilar entre 150 y 400 familias en el ámbito urbano; y alrededor de 120 familias en el ámbito rural. En las comunidades indígenas el punto de referencia para la conformación de una Comunidad se estableció en 10 familias; (art. 4,3). Esta referencia poblacional, particularmente en el ámbito de las comunidades urbanas, es muy similar a la que se había establecido en la vieja Ley Orgánica de Régimen Municipal para la constitución de las Asociaciones de Vecinos, las cuales, en definitiva, han sido sustituidas por los Consejos Comunales.[1273]

En la Ley Orgánica los Consejos Comunales, a los efectos del funcionamiento de los mismos, los integra con las siguientes organizaciones: por una parte, por la Asamblea de Ciudadanos del Consejo Comunal, y por la otra, por las Unidades Ejecutiva, Administrativa y Financiera Comunitaria; y de Contraloría Social (art 19). En cuanto a la Asamblea de Ciudadanos conforme a la Ley Orgánica de 2009, pasó ahora a ser parte integrante de cada Consejo Comunal, concebida como la máxima instancia de deliberación y decisión para el ejercicio del poder comunitario, la participación y el protagonismo popular (art. 20), cuyas decisiones "son de carácter vinculante" pero sólo "para el Consejo Comunal."(art. 20). De allí la importancia de estas Asambleas de ciudadanos y la obligación que el Legislador debió regularlas junto con los Consejos Comunales como real y verdaderamente "representativas" de

---

comunitarias deben estar abiertas a todos los ciudadanos y ciudadanas, sean del color político que sean." *Idem*, Párrafo 185.

1273 Con razón María Pilar García-Guadilla consideró las Asociaciones de Vecinos como los antecedentes de los Consejos Comunales. Véase en "La praxis de los consejos comunales en Venezuela: ¿Poder popular o instancia clientelar?," en *Revista Venezolana de Economía y Ciencias Sociales*, abr. 2008, Vol. 14, N° 1, p. 125-151. Véase en http://www.scielo.org.ve/scielo.php?pid=S1315-64112008000100009&script=sci_arttext. Sin embargo, Marta Harnecker, al analizar algunos de los "problemas" relativos al funcionamiento de los consejos comunales, destaca el hecho de que "se han transformado en una asociación de vecinos más, porque se deja toda la responsabilidad en manos de los voceros y voceras y a veces sólo en alguno de ellos." Véase Marta Harnecker, *De los Consejos Comunales a las Comunas. Construyendo el Socialismo del Siglo XXI*, 2 abril 2009, párrafo 216, en http://www.scribd.com/doc/16299191/Harnecker-Marta-De-los-consejos-comunales-a-las-comunas-2009.

la Comunidad, y asegurar que en ellas, efectivamente "participen" los habitantes de la misma.

Pero la Ley Orgánica, sin embargo, no garantizó nada de esto, pues en cuanto a la integración de las Asambleas de ciudadanos, conforme al artículo 21 de la Ley Orgánica, las mismas están constituida por "los habitantes de la comunidad mayores de quince años, conforme a las disposiciones de la presente Ley" (art. 21), lo que, como se ha dicho, es una contradicción *in terminis* y además, inconstitucional, pues los extranjeros o menores de 18 años no son ciudadanos. En la Ley, las decisiones de tales Asambleas de Ciudadanos, se adoptan por mayoría simple de los asistentes, siempre que concurran a la Asamblea en primera convocatoria, un quórum mínimo del 30% de los habitantes miembros de la Comunidad y del 20% mínimo de los mismos en segunda convocatoria (art. 22). La Ley, por tanto, no garantiza efectiva la representatividad de la Comunidad en la Asamblea, al permitir que un órgano con los poderes decisorios que tiene, por ejemplo, de una Comunidad de 400 familias, que implica un universo de aproximadamente 1600 personas, se pueda constituir con solo la presencia de 320 personas, y pueda tomar decisiones con el voto de sólo 161 personas; es decir, en definitiva, con el voto del 10% de los habitantes de la Comunidad. Estas previsiones, por otra parte, en lugar de estimular la participación, lo que fomentan es la ausencia de participación, pues si las decisiones se pueden adoptar en esa forma, los habitantes no tendrán interés o posibilidad en participar.[1274]

Por otra parte, es a la Asamblea de ciudadanos a la que corresponde elegir y revocar a los voceros del Consejo Comunal "a través de un proceso de elección popular comunitaria (art. 23,3); designar a los voceros del Consejo Comunal para las distintas instancias de participación popular y de gestión de políticas públicas (art. 23,10); elegir y revocar los integrantes de la comisión electoral (art. 23,4); evaluar la gestión de cada una de las unidades que conforman el Consejo Comunal (art. 23,8); y designar a los y las miembros de la comisión de contratación, conforme a la Ley de Contrataciones Públicas (art. 23,12). Con esto, por supuesto, se eliminó toda idea de democracia representativa mediante personas electas por sufragio universal directo y secreto.

En efecto, conforme al artículo 4,6 de la Ley, los voceros de las Unidades de los Consejos Comunales son las personas electas mediante "proceso de elección popular," a fin de coordinar el funcionamiento del Consejo Comunal, y la "instrumentación de las decisiones de la Asamblea de Ciudadanos." Conforme a las atribuciones que les asigna la Ley, estos voceros de los Consejos Comunales, son los agentes a cuyo cargo está la conducción de las actividades de los mismos, y que en definitiva, "representan" a la Comunidad para el ejercicio de su derecho a participar. Sin embargo, precisamente porque en la práctica dichos voceros sean resultan realmente en

---

1274 Esto lo ha advertido Marta Harnecker, al destacar que "uno de los problemas que ha habido cuando se han conformado los consejos comunales, es que las asambleas de ciudadanas y ciudadanos no han logrado, en muchos casos, convocar a todas las personas que debían convocar. En algunos casos esto se debe a la apatía de la gente, en otros se debe a los defectos de la convocatoria. Muchas veces hay sectores de esa comunidad, especialmente los sectores más alejados que nunca han llegado a enterarse de que existe una asamblea, nunca fueron citados" Véase Marta Harnecker, *De los Consejos Comunales a las Comunas. Construyendo el Socialismo del Siglo XXI*, 2 abril 2009, párrafo 190, en http://www.scribd.com/doc/16299191/Harnecker-Marta-De-los-consejos-comunales-a-las-comunas-2009.

"representantes"[1275] de la Comunidad, conforme a la Constitución tendrían que ser electos como tales, mediante votación, no de un número reducido de personas-habitantes que puedan participen en una Asamblea de ciudadanos, que puede ser escuálida, sino de todos los ciudadanos habitantes que forman la Comunidad y que deben estar inscritos en el registro electoral que debe llevar la Comisión Electoral Permanente. Y dicha elección, en todo caso, tendría que realizarse conforme lo exige el artículo 63 de la Constitución mediante votaciones libres, universales, directas y secretas en las cuales se garantice el principio de la personalización del sufragio y la representación proporcional. En contraste con esta previsión constitucional, sin embargo, la supuesta "elección popular" que se establece en la Ley Orgánica de 2009 no es directa ni secreta, ya que incluso podría hacerse "a mano alzada,"[1276] y en cuanto a la elección de los voceros de las unidades Ejecutiva, Administrativa y Financiera Comunitaria y de Contraloría Social, la hace la Asamblea de ciudadanos necesariamente "de manera uninominal" lo que implica que "en ningún caso, se efectuará por plancha o lista electoral" (art. 11), lo que no se ajusta a la previsión constitucional.

Por otra parte, a los efectos de la elección de los voceros, el artículo 11 de la Ley Orgánica establece el derecho de los "ciudadanos" de manera individual o colectiva a participar y postular los candidatos a voceros a las unidades del Consejo Comunal. Este derecho de participar y postular, por tanto, contradictoriamente no se atribuye en la Ley Orgánica a los "habitantes" de la comunidad, que son los supuestos electores, sino sólo a los venezolanos ciudadanos. Pero en cambio, al regular la condición de vocero de las Unidades de los Concejos Comunales, la Ley Orgánica establece que pueden postularse para tales cargos (al igual que para los integrantes de la comisión electoral), los venezolanos o extranjeros residentes, mayores de 15 años, habitantes de la comunidad con al menos un año de residencia en la misma, salvo en los casos de comunidades recién constituidas (at. 15,1). Esto significa que sólo pueden postular a los voceros, quienes sean ciudadanos; pudiendo ser electos como voceros, los extranjeros residentes y, por tanto, no ciudadanos. Sólo en el caso de los voceros de las Unidades Administrativa y Financiera Comunitaria y de Contraloría Social se exige que sean mayores de 18 años, no pudiendo formar parte de la comisión electoral (art. 15, in fine).

Los cargos de voceros de los Concejos Comunales, por otra parte, son revocables por la Asamblea de Ciudadanos (art. 39), mediante decisión tomada por mayoría simple de los asistentes a la Asamblea de Ciudadanos, siempre que la misma cuente con un quórum del 20% de la población mayor de quince años de esa comunidad (art. 41).

1275 A pesar de que en la página web del "Ministerio del Poder Popular para la Participación y Protección Social" se afirmaba que el vocero, a pesar de ser la persona "electa por la asamblea de ciudadanos y ciudadanas para cumplir con los *mandatos* de la comunidad," sin embargo "no es un o una representante a quien le hemos entregado nuestro poder para que decida por nosotros." Véase el anuncio sobre "Consejos Comunales. Base del Poder Popular. ¡Construir el Poder desde Abajo!," en http://gp.cnti.ve/site/minpa-des.gob.ve/view/Consejos%20Comunales.php

1276 Así se informaba por el "Ministerio del Poder Popular para la Participación y Protección Social" en su página web al indicar dentro de las tareas del "equipo promotor" el "recoger ideas para definir con que sistema se va a votar: voto secreto o a mano alzada." Véase el anuncio sobre "Consejos Comunales. Base del Poder Popular. ¡Construir el Poder desde Abajo!," en http://gp.cnti.ve/site/min-pades.gob.ve/view/Consejos%20Comunales.php

A partir de la reforma de la Ley Orgánica de los Consejos Comunales de 2009ra parte, los mismos adquieren su personalidad jurídica mediante su registro ante el Ministerio del Poder Popular para las Comunas y Protección Social (art. 17), es decir, ante una unidad del Poder Ejecutivo Nacional, la cual tiene competencia para abstenerse a registrarlo cuando "tenga por objeto finalidades distintas a las previstas en la presente Ley" (art 18), es decir, por ejemplo, cuando sus voceros no estén comprometidos con la ideología socialista y quieran implantar el socialismo. Con ello la Ley Orgánica de 2009 ha completado el proceso de centralización de la conducción de la participación ciudadana, al haber sustituido a las Comisiones Presidenciales del Poder Popular que establecía la Ley de 2006, como "órgano rector" del proceso, por uno de los Ministerios del Ejecutivo Nacional, en concreto, el "Ministerio del Poder Popular con competencia en materia de participación ciudadana," es decir, el Ministerio del Poder Popular para las Comunas y Protección Social[1277] al cual le asigna las funciones de dictar las políticas, estratégicas, planes generales, programas y proyectos para la participación comunitaria en los asuntos públicos, el cual debe acompañar a los consejos comunales en el cumplimiento de sus fines y propósitos, y facilitar la articulación en las relaciones entre éstos y los órganos y entes del Poder Público (art. 56).

New York, enero 2012

1277 Decreto de 17 de junio de 2009. Véase en *Gaceta Oficial* N° 39.202 de 17-06-2009.

DÉCIMA CUARTA PARTE:

RETO ACTUAL DE LA DESCENTRALIZACIÓN POLÍTICA EN VENEZUELA (2008)

La descentralización política territorial, es decir, el proceso político constitucional de distribución vertical del Poder del Estado (Poder Público) entre entidades territoriales autónomas dotadas de gobiernos democráticos propios, es un fenómeno propio del Estado de derecho desde su concepción inicial montado sobre el principio de la limitación del poder, precisamente por su distribución y separación; y además, de las democracias para asegurar la posibilidad de la participación política, es decir, para asegurar que sean participativas.

De ello resulta, como además la historia política lo confirma, que nunca ha habido autocracias o regímenes autoritarios descentralizados. La descentralización política siempre ha sido y es un asunto que sólo concierne a la democracia, para su sobrevivencia o perfeccionamiento. En cambio, los regímenes autoritarios, caracterizados por la concentración y centralización del Poder, más bien temen y rechazan tanto la descentralización política como la participación democrática porque esencialmente implican y conllevan limitar el Poder del Estado, mediante su distribución en entidades políticas que no necesariamente controlan.

Hace 15 años, en pleno comienzo de la crisis del sistema político del Estado centralizado y democrático de partidos que nos rigió durante toda la segunda mitad del Siglo pasado, al tratar de hacer el diagnóstico de la misma -y que no ha concluido aún-, afirmábamos que el mencionado sistema, que ya se encontraba en fase terminal, había estado basado en dos pilares fundamentales que eran, por una parte, la democracia de partidos y por la otra, el Estado Centralizado. Conforme a ello, los partidos políticos monopolizaron la representatividad y la participación política, es decir, el poder, cerrándose en si mismos, ahogando progresivamente la emergencia de nuevos liderazgos, el funcionamiento de la sociedad civil, y a los entes descentralizados, los Estados y Municipios. En cuanto a los primeros, decía entonces, habían quedado:

> "como meros desechos históricos; sus Asambleas Legislativas como meras formas de reducto del activismo político partidista local; y los Ejecutivos Estadales, como meros agentes del Poder Nacional, particularmente agentes de carácter policial; funciones que compartían con las de gestores para sus jurisdicciones de alguna que otra obra pública que podían lograr del Poder Central."

Todo ese proceso -decía en aquél momento (1994)-, había contribuido:

> "a configurar la gran entelequia contemporánea del Estado Federal, vacío de contenido, donde no había efectivo poder político regional y local, ni niveles intermedios de poder, habiendo quedado concentrado todo el poder político, económico, legislativo, tributario, administrativo o sindical, en el ámbito nacional. El centralismo de Estado fue, así, acompañado de otros centralismos, como por ejemplo, el de

los partidos políticos, organizados internamente bajo el esquema del centralismo democrático. En igual sentido se desarrolló un centralismo sindical, como otro elemento fundamental en la interpretación del sistema."

Todo este andamiaje, -afirmaba en esa época-:

> "desde la década de los ochenta, ha comenzado a resquebrajarse, y se ha estado desmoronando ante nuestros ojos. Los venezolanos de estos tiempos hemos sido testigos de ese proceso de cambio y transformación que, a la vez, y ello es lo más importante, es producto de la propia democracia"[1278].

Hoy, 15 años después, al haberse totalmente abandonado los esfuerzos por perfeccionar la democracia mediante la descentralización política, lo que tenemos a la vista son las ruinas del Estado democrático y el humo que sale de las máquinas del autoritarismo, causantes de la demolición institucional que hemos sufrido.

No debemos olvidar que con las reformas de 1989, al inicio de la crisis política, el liderazgo político entendió que la única forma de salvar la democracia era mediante la descentralización política, y por ello, en 1989, en buena parte por presión de la sociedad civil, se efectuaron las que pueden considerase las reformas políticas más importantes de todo el siglo XX, al disponerse la elección directa de gobernadores y alcaldes y sancionarse la Ley Orgánica de Descentralización, Delimitación y Transferencia de Competencias del Poder Público.

Con esas reformas se buscaba profundizar la descentralización política de la Federación, dándose inicio a un proceso de transformación que estaba signado por la búsqueda de una mayor participación política, y al cual le dedicamos un muy importante esfuerzo durante los meses del gobierno de transición de 1993-1994. Pretendimos, además, que hubiera podido haber servido de vehículo de la transición de un sistema político a otro, en la cual la política de descentralización tuviera un significado determinante. Para esos años -decía- el período político del Estado Centralizado de partidos que había dominado las décadas precedentes ya estaba agotado, por lo que había que comenzarle a cerrar la puerta para abrir la de un nuevo período distinto que debía ser el del Estado democrático Descentralizado y Participativo, asegurando como meta fundamental, que ese cambio fuera democrático.

Ese proceso, sin embargo solo tuvo un comienzo que se agotó con las elecciones de diciembre de 1993, y nada más; a pesar de las advertencias de que nos "estábamos jugando la democracia" en el sentido de que "o hacíamos [mediante la descentralización] todo para que la democracia continuara en Venezuela o esta corría el riesgo de derrumbarse".[1279] Advertíamos, además, sobre "los inevitables cambios políticos que se habían estado produciendo y que se continuarían efectuando" en el país, insistiendo en que como la participación era la única vía para que nuestra democracia se perfeccionase, la descentralización debía estar en "el centro de la política de cambio". Concluía por ello reafirmando que "con la descentralización nos estamos jugando la democracia", de manera que su continuación a partir de 1994 constituía "un proceso de sobrevivencia de la propia democracia".[1280]

1278 Véase *Informe sobre la Descentralización in Venezuela, Memoria del Ministro de Estado para la Descentralización*, Caracas 1994.

1279 *Idem*.

1280 *Idem*.

Pero lamentablemente ocurrió lo contrario, y se abandonó la política de descentralización con lo cual la democracia ha venido resquebrajándose ante nuestros ojos: primero, durante el gobierno del Presidente Caldera, entre 1994 y 1998, donde lamentablemente no se entendió el mensaje de sobrevivencia y se comenzó a dar marcha atrás a la política de descentralización; y luego, durante todo el período de gobierno del Presiente Chávez a partir de 1999, donde deliberada y paradójicamente, en nombre de una supuesta participación que no pasa de ser una movilización popular, se ha demolido el sistema democrático y su base descentralizadora.

Después de una década de gobierno autoritario, por lo demás, en esta materia su programa se puso en evidencia frente a todos, con las rechazadas propuestas de reforma constitucional de 2007. Por ello, ya no es posible que el país se deje engañar más con los cantos de sirenas que no se cansan de hacer referencia a la democracia participativa, pero no para hacerla posible, sino para acabar con la democracia representativa, imposibilitando a la vez la participación política. Ya no es posible que haya más confusión en la respuesta que exige la política de participación, que no se agota con el sólo establecimiento de mecanismos de democracia directa, y que exige, de nuevo, que se destaque la esencia de la política de descentralización.

I. LA DEMOCRACIA Y EL DISCURSO AUTORITARIO

En efecto, los cantos de sirenas autoritarios que hemos venido oyendo en estos años están basados en un falaz discurso que supuestamente pretende sustituir la democracia representativa por una "democracia participativa" como si se tratara de conceptos dicotómicos; discurso que contra lo que atenta es contra la propia democracia como régimen político y, por supuesto, contra la descentralización política y el gobierno local[1281].

Algo es definitivo en esta materia por más que se la quiera distorsionar, y es que la democracia participativa, es decir, la posibilidad del ciudadano de participar en la conducción de los asuntos públicos, sólo es posible en un sistema de descentralización política y de municipalización de un país. En el discurso autoritario, en cambio, cuando se habla de "democracia participativa", manejada y manipulada desde el

---

1281 Véase en general sobre estos temas, Allan R. Brewer-Carías, "Democracia participativa, descentralización política y régimen municipal", en Miguel Alejandro López Olvera y Luis Gerardo Rodríguez Lozano (Coordinadores), *Tendencias actuales del derecho público en Iberoamérica*, Editorial Porrúa, México 2006, pp. 1-23; "Democracia participativa, descentralización política y régimen municipal", en *Urbana*, Revista editada por el Instituto de Urbanismo, Facultad de Arquitectura y Urbanismo, Universidad Central de Venezuela y por el Instituto de Investigaciones de la Facultad de Arquitectura y Diseño, Universidad del Zulia, N° 36, 2005, pp. 33-48; "Democracia participativa, descentralización política y régimen municipal", en *La responsabilidad del Estado frente a terceros. Ponencias Continentales del II Congreso Iberoamericano de Derecho Administrativo y Público*, Asociación Iberoamericana de Profesionales en Derecho Público y Administrativo "Jesús González Pérez" Capítulo Ecuador, Ecuador 2005, pp. 273-294; "La descentralización del poder en el Estado democrático contemporáneo", en Antonio María Hernández (Director), José Manuel Belisle y Paulina Chiacchiera Castro (Coordinadores), *La descentralización del poder en el Estado Contemporáneo*, Asociación Argentina de derecho constitucional, Instituto Italiano de Cultura de Córdoba, Instituto de derecho constitucional y derecho público provincial y municipal Joaquín V. González, Facultad de Derecho y Ciencias Sociales Universidad nacional de Córdoba, Córdoba Argentina, 2005, pp. 75-89; "Democracia municipal, descentralización y desarrollo local", en *Revista Iberoamericana de Administración Pública*, N° 11, Ministerio de Administraciones Públicas. Julio-Diciembre 2003, Madrid 2004, pp. 11-34; "El Municipio, la descentralización política y la democracia" en *XXV Congreso Iberoamericano de Municipios*, Guadalajara, Jalisco, México, 23 al 26 de octubre del 2001, México 2003, pp. 53-61.

Poder Central a través de un llamado "Poder Popular" estructurado en paralelo e ignorando los gobiernos regionales y locales de los Estados y Municipios, de democracia sólo tiene el nombre, pues está basada en la sola existencia de asambleas de ciudadanos y Consejos Comunales integrados por personas que no han sido electas democráticamente, y que son manejadas desde el Poder Nacional, a través de un partido gubernamental único.

Ese discurso del "Poder popular", en realidad, lo que oculta es un feroz modelo de gobierno autoritario que históricamente se creía superado después de la caída del Muro de Berlín, y que ahora comienza a reaparecer envuelto en ropaje militar de camuflaje, con pintas populares y de legalidad, apoyado, como siempre ocurrió en el pasado, por masas desencantadas y empobrecidas que reciben dádivas, pero sin que se genere riqueza ni empleo. Hay un neo populismo rico o petrolero rampante que reparte para lograr apoyos populares, pero sin lograr disminuir la pobreza, sino más bien la aumenta.

La participación política no debe confundirse con la movilización política ni con la sola democracia directa o de asambleísmo popular inorgánico que en nombre de una supuesta "democracia participativa", se utiliza como una clara y engañosa estrategia para acabar con la democracia como régimen político y con la descentralización política territorial.

El reto actual de la descentralización política venezolana por tanto, pasa primero por tratar de entender toda esta falacia y maraña política del "Poder Popular" que se nos quiere imponer para destruirla completamente, lo que impone tratar de precisar el tema de la democracia y sus componentes, la representación y la participación. Sólo así podemos entender el significado y propósito del discurso y la practica autoritarios que para supuestamente hacer participar, destruye la descentralización. Con esto claro, el liderazgo político entonces debe valorar lo que realmente significa la elección general gobernadores y alcaldes, y el impacto que el resultado de ese proceso puede tener en el futuro de lo que nos queda de democracia.

II. SOBRE LA REPRESENTACIÓN Y LA PARTICIPACIÓN EN LA DEMOCRACIA

La democracia, como régimen político, tiene dos componentes fundamentales que son la representación y la participación. El primero, la representación, es el que permite distinguir la democracia representativa de la democracia directa, de manera que la dicotomía –aún cuando no antagonismo- está aquí entre la democracia indirecta o representativa y la democracia directa[1282]. Sobre este elemento de la representatividad, en todo caso, el mismo es tan de la esencia de democracia, que es imposible su sustitución si de democracia se trata, lo que no excluye que deba enriquecerse con mecanismos de democracia directa que la puedan y deban complementar, pero que jamás la pueden sustituir.

En otras palabras, no puede existir en el mundo contemporáneo una democracia que sólo sea directa, refrendaria, de cabildos abiertos o de asamblea de ciudadanos o vecinos permanentes. Estos instrumentos pueden contribuir a la movilización popular y a la relativa manifestación directa de la voluntad del pueblo; pero es claro que

---

1282 Véase en general, Luis Aguiar de Luque, *Democracia directa y Estado Constitucional*, Editorial Revista de Derecho Privado, Edersa, Madrid 1977.

esos mecanismos no pueden sustituir a la democracia conducida por representantes electos mediante sufragio universal, directo y secreto.

El segundo principio, el de la participación, es el que permite distinguir la democracia participativa de la democracia de exclusión, de manera que la dicotomía aquí está entre inclusión y exclusión políticas, y no entre participación y representación. Y esto es precisamente lo que deliberadamente se trata de confundir cuando en el discurso autoritario se habla de "democracia participativa" como supuestamente "contrapuesta" a la democracia representativa, pretendiendo sustituir esta última y asegurar la primera en entidades del "poder popular" integradas por personas no electas mediante sufragio, sino impuestas por el Poder Central, dispuestas para hacer creer que se participa, cuando para lo que están destinadas es para tratar de asegurar una relación directa entre la cúpula del Poder Ejecutivo y el pueblo, para su manipulación.

Sobre este segundo principio de la democracia, el de la participación política, lo que impone un régimen democrático es que tiene que ser de inclusión política, donde el ciudadano sea parte de su comunidad política, y pueda contribuir a la toma de las decisiones que le conciernen.

Hay que repetir una y cien veces que participar, en realidad, es estar incluido, lo que se opone a la exclusión política, la cual además conlleva la de orden social y económico, y con ello la marginalización. *Participar*, en efecto, en el lenguaje común, es "ser parte de..."; es "pertenecer a...", es "incorporarse, contribuir, estar asociado o comprometerse a..."; es "tener un rol en..."; es "tomar parte activa, estar envuelto o tener una mano en..."; es, en fin, "asociarse con...", es "compartir o tener algo que ver con..." Por ello, la participación política no es otra cosa que poder ser parte de una comunidad política, en la cual el individuo tenga un rol específico de carácter activo conforme al cual pueda contribuir a la toma de decisiones, y que no se puede agotar, por ejemplo, en el sólo ejercicio del derecho al sufragio (el cual sin duda es una forma de participación); o en ser miembro de sociedades intermedias, aún las de carácter político como los partidos políticos; o en votar en referendos (que también es otra forma mínima de participación); o votar en asambleas de vecinos o ciudadanos.

Participación política democrática, por tanto, es estar incluido en el proceso político y ser parte activa del mismo, sin mediatizaciones; es en fin, poder tener acceso a la toma de decisiones públicas. Y ello, en ninguna sociedad democrática del mundo –excepto según algunos, en la antigua Grecia- se ha logrado permanentemente con referendos, cabildos abiertos o asambleas de ciudadanos. Estos pueden ser formas de participación, sin duda, pero como se han venido implementando en Venezuela, son más bien, medios de movilización popular, como son también las manifestaciones públicas. Esas últimas formas, la historia se ha encargado de enseñárnosla en todas sus facetas, incluyendo las propias de los autoritarismos fascistas. Pero lo que es cierto es que no se las puede confundir con participación política.

La democracia participativa, o si se quiere, para que la democracia sea inclusiva o de inclusión, tiene que permitir al ciudadano poder ser parte efectivamente de su comunidad política; tiene que permitirle desarrollar incluso conciencia de su efectiva pertenencia, es decir, de pertenecer a un determinado orden social y político, por ejemplo, a una comunidad, a un lugar, a una tierra, a un campo, a una comarca, a un pueblo, a una región, a una ciudad, en fin, a un Estado. Se trata de lo que Norberto

Bobbio denominó "el proceso de expansión del poder ascendente", que amplía la esfera de las relaciones políticas, y que pasa -decía-:

> "de la esfera de las relaciones en que el individuo es tomado en consideración en su papel de ciudadano, a la esfera de las relaciones sociales, donde el individuo es tomado en consideración en una diversidad de estatus y papeles específicos, por ejemplo, como padre y como hijo, como cónyuge, como empresario y trabajador, como maestro y como estudiante; y también como oficial y como soldado, como administrador y administrado, como productor y como consumidor, como gestor de servicios públicos y como usuario"[1283].

Pero por supuesto, el tema central a resolver cuando se trata de la participación democrática, es determinar cómo y en qué lugar la misma puede realizarse. Como por su parte lo advirtió Giovanni Sartori, cuando frente al tema decía:

> "O el autor de la democracia participativa se decide a clarificar positivamente dónde está lo que corresponde a cuál participación (de cuál naturaleza) y en cuáles lugares (en todas partes?); o nos quedamos con un animal que no logró identificar".

Sobre el tema, agregaba había: "mucho ruido, es cierto, también mucha polémica furiosa; pero queda la duda de que haya nacido algo nuevo[1284].

III. PARTICIPACIÓN POLÍTICA Y GOBIERNO LOCAL EN LAS DEMOCRACIAS DESARROLLADAS

Y esto es, precisamente, lo más importante a determinar cuando se habla de participación política, es decir, precisar de "cuál" participación es que se está hablando y "dónde" es que puede efectuarse. Lo primero, sobre cuál participación, si se trata de participación "política", ello solo es posible mediante la estructuración de gobiernos democráticos representativos locales; y en cuanto a lo segundo, sobre "donde", la decisión está en determinar el nivel territorial adecuado para establecer dichos gobiernos.

Al entender esto, en definitiva, se disipa la duda que mencionaba Sartori[1285] sobre si en verdad con la democracia participativa había nacido algo nuevo, y nos lleva a la conclusión de que en realidad nada nuevo ha nacido con tal idea. Siempre ha estado allí, en lo profundo de la democracia, desde el inicio del constitucionalismo, desde los mismos días de las Revoluciones del Siglo XIX, habiéndose desarrollado imperceptiblemente y sin aspavientos en las democracias consolidadas del mundo contemporáneo; allí, en el nivel más ínfimo de los territorios de los Estados, en las Asambleas locales, en los Municipios, en las Comunas; y en los niveles intermedios del federalismo y de las regiones. Lo que pasa es que no la hemos querido reconocer, e insistimos en confundirla con algunos instrumentos de democracia directa. Es decir, en las sociedades democráticas avanzadas, la participación ha estado siempre en la corriente sanguínea de la propia democracia, por lo que incluso quienes la ejercen y la viven cotidianamente no se dan cuenta de ella; no le prestan atención y por ello, a veces no se la logra identificar, incluso por ser a veces democracias demasiado inclusivas.

1283 Norberto Bobbio, *El futuro de la democracia,* Fondo de Cultura Económica, México 1992, p. 42.

1284 Giovanni Sartori, *¿Que es democracia?*, Altamira Editores, Bogotá, 1994.

1285 Giovanni Sartori, *¿Que es democracia?*, Altamira Editores, Bogotá, 1994.

Recordemos que fue a comienzos del siglo XIX, cuando Alexis de Tocqueville en su estudio sobre el entonces naciente Estado federal norteamericano, descubrió para Europa la democracia participativa en América al toparse con el régimen local asambleario que funcionaba desparramado en todo el territorio de las antiguas colonias inglesas en la costa este de Norteamérica. Efectivamente constató en su libro *La Democracia en América*, que en esas comarcas la democracia hervía en los *Town Halls*[1286], es decir, en los cabildos e instituciones comunales que, decía, "son a la libertad lo que las escuelas vienen a ser a la ciencia; la ponen al alcance del pueblo, le hacen paladear su uso político y lo habitúan a servirse de ella"[1287].

Y en Europa misma, esa democracia participativa local había sido uno de los productos más acabados y a veces más incomprendidos de la propia Revolución Francesa, desde que mediante Decreto de 22 de diciembre del mismo año 1789 la Asamblea Constituyente dividió el territorio francés de manera uniforme en departamentos, distritos y cantones, suprimiéndose los intendentes, disponiéndose, además, que "en cada villa, en cada burgo, en cada parroquia y en cada comunidad del campo habrá una municipalidad"[1288]. De ello resultó, en 1791, la creación en todo el territorio de Francia (que tiene menos de la mitad del de Venezuela) de 43.915 municipios, que comenzaron a denominarse comunas, originándose entonces la concepción de un nuevo poder, el "Poder Municipal"[1289], que luego se arraigaría en el constitucionalismo iberoamericano[1290]. Ello también fue advertido por el propio De Tocqueville en su otra obra clásica, sobre *El Antiguo Régimen y la Revolución*, donde dijo de la administración local que tenía:

> "un contacto diario con [los ciudadanos]; toca continuamente sus puntos más sensibles; influye en todos los pequeños intereses que forman el gran interés que se pone en la vida; es el objeto principal de sus temores y también el de sus esperanzas más queridas; los mantiene vinculados a ella por una infinidad de lazos invisibles que los arrastran sin que se den cuenta" [1291].

Y en efecto, la participación política como democracia de inclusión en la cual el ciudadano puede tomar parte personalmente en un proceso decisorio, interviniendo en actividades estatales y en función del interés general[1292], sólo puede tener lugar efectivamente en los estamentos políticos territoriales más reducidos, en el nivel

---

1286 Alexis de Tocqueville, *La democracia en América*, Fondo de Cultura Económica, México 1973, pp. 79 y ss.

1287 Idem, p. 78. Esa tradición de gobiernos locales siguió siendo el elemento central de la democracia norteamericana, para asegurar la participación, lo que explica que en la actualidad existan en los Estados Unidos, más de 75.000 gobiernos locales con un promedio general de alrededor de 5.000 habitantes.

1288 Albert Soboul, *La révolution française*, Gallimard, París 1981, pp. 198 y ss.

1289 Eduardo García de Enterría, *Revolución Francesa y Administración contemporánea*, Taurus Ediciones, Madrid 1981, pp. 72, 76, 135.

1290 En Venezuela, por ejemplo, aparece a partir de la Constitución de 1857, artículos 6 y 85. Véase en Allan R. Brewer-Carías, *Las Constituciones de Venezuela*, Biblioteca de la Academia de Ciencias Políticas y Sociales, Caracas 1997, pp. 467 y 475.

1291 Alexis de Tocqueville, *El Antiguo Régimen y la Revolución*, Alianza Editorial, Tomo I, Madrid 1982, p. 15.

1292 Véase por ejemplo, en relación con la administración de justicia, Alberto González, "Participación en la Administración de Justicia" en Jorge Londoño U. (Compilador), *Constitucionalismo, participación y democracia*, Librería Jurídica Ethos, Uniboyacá, Bogotá-Tunja, 1997, pp. 76-77.

local, comunal o municipal. Es decir, sólo en los niveles territoriales inferiores de la organización política del Estado es que se puede montar una organización participativa que permita la incorporación del ciudadano individual o de grupos o comunidades, en la vida pública, y particularmente, en la toma de decisiones públicas generales o de orden administrativo.

Pero por supuesto, el tema central que tiene que resolverse cuando se habla con propiedad de democracia participativa, como lo decía Sartori, es determinar de cuál participación se trata y dónde desarrollarla[1293]. Si se trata de participación "política", ello sólo puede lograrse estableciendo gobiernos locales autónomos; y en cuando al dónde, determinando el nivel territorial que se requiere para la participación como cotidianeidad democrática; y la opción resulta en un gobierno local autónomo, organizado como municipio u otra entidad local, desparramado en todos los rincones de un Estado, en cada villa, en cada pueblo y en cada caserío, situado bien cerca del ciudadano[1294]. Por ello, entre los principios que configuraron el régimen municipal en los inicios del municipalismo moderno, estuvo precisamente la creación de municipios en cada colectividad local –aún de dimensiones mínimas- abarcando desde el pequeño pueblo rural hasta el gran centro urbano; el cual dejó su impronta en toda Europa[1295].

Lamentablemente, en contraste con la tradición europea y norteamericana, en el municipio republicano latinoamericano, desde el inicio, por la escasa densidad de población de nuestros países y por el centralismo colonial, no llegó a arraigarse el principio de la creación de un municipio por cada colectividad local, es decir, por cada caserío, por cada pueblo, por cada villa o ciudad, y la organización municipal que se estableció después de la independencia siguió el mismo esquema de los viejos Municipios provinciales coloniales, con territorios amplísimos, muy alejados del ciudadano y de sus comunidades[1296]. En esta tradición, el municipio latinoamericano

---

1293 Giovanni Sartori, *¿Que es democracia?*, Altamira Editores, Bogotá, 1994.

1294 Esto es lo que caracteriza a los regímenes democráticos europeos donde predomina la existencia de muchos pequeños municipios, como entidades políticas de auto gobierno democrático, como es el caso por ejemplo, de Alemania, con 16.098 municipios, de los cuales el 76% tiene menos de 5.000 habitantes; y de España, con 8.056 municipios, de los cuales el 86% de los mismos tienen menos de 5.000 habitantes, y el 61% menos de 1.000 habitantes. Véase Torsten Sagawe, "La situación de los pequeños municipios en Europa: con especial referencia a la República Federal de Alemania", en Luis Villar Borla et al, *Problemática de los pequeños Municipios en Colombia ¿Supresión o reforma?*, Universidad Externado de Colombia, Bogotá 2003, p. 40. En contraste, en Venezuela, con aproximadamente el doble de territorio, y bastante menos población, sólo tenemos 338 Municipios, con un promedio de población superior a los 70.000 habitantes

1295 Por ello, además de los 36.433 comunas que quedaron en Francia con promedio general de 1.600 habitantes; en Bélgica hace unas décadas aún existían 2.539 Municipios, con una población promedio de 3.600 habitantes, los cuales después de la paradigmática operación quirúrgica realizada en el mapa municipal en 1972, hayan sido reducidos a 589 municipios, ahora con una población promedio de 16.900 habitantes por municipio; en Italia hay 8.104 municipios con un promedio de 7.156 habitantes; y en Suiza hay 3.000 cantones con 2.333 habitantes promedio. Véase Luciano Vandelli, *El Poder Local. Su origen en la Francia revolucionaria y su futuro en la Europa de las regiones*, Ministerio para las Administraciones Públicas, Madrid 1992, pp. 179; Allan R. Brewer-Carías, *Reflexiones sobre el constitucionalismo en América*, Editorial Jurídica Venezolana, Caracas 2001, pp. 139 y ss.

1296 En contraste con la situación descrita en Europa, por ejemplo, en Argentina, hay 1617 municipios con un promedio de población de 22.882 habitantes; en Bolivia, hay 312 municipios con un promedio de población de 25.642 habitantes; en Brasil, hay 5.581 municipios con un promedio de población de 30.102 habitantes; en Chile, 340 municipios con un promedio de población de 44.117 habitantes; en Colombia, contemporáneo a veces ha adquirido un ámbito territorial tan grande y extraño al ciudadano, que lamentablemente hace que no sirva para nada bueno, ni para gerenciar adecuadamente los intereses de la vida local ni para servir de instancia de participación política de la ciudadanía en la decisión o gestión de sus propios asuntos comunales.[1297]

IV. LA DEMOCRACIA PARTICIPATIVA Y LA DESCENTRALIZACIÓN POLÍTICA

Y allí está precisamente la clave de la participación política en la democracia, precisamente en la necesidad de desarrollar un vigoroso y autónomo gobierno local, donde el poder del Estado sea distribuido y donde el ciudadano puede hacerse parte del mismo.

Por ello, como hemos dicho, la democracia participativa está indisolublemente ligada a la descentralización política y la municipalización, de manera que la misma no se puede materializar con las solas propuestas de incorporación al régimen democrático de instrumentos de democracia directa, como los referendos, las consultas o las iniciativas populares; ni con la sola movilización popular mediante la creación de organizaciones a nivel local pero controladas por el Poder Central, como las asambleas de ciudadanos, sin autonomía ni representación popular democrática. Y eso es lo que ha ocurrido con los llamados Concejos Comunales establecidos en 2006[1298], los cuales no son entidades políticas locales, ya que no tienen gobiernos electos popularmente, sino que son organizaciones que pertenecen a la organización central del Estado, manejadas y financiadas por el Poder Nacional, sin autonomía política alguna. Por ello, no son ni pueden ser instrumentos para la participación política, sino a lo sumo, para la movilización popular. Son organizaciones que en contraste con los municipios de las democracias europeas, siguen lo que hace casi cien años se estableció con la Revolución Rusa, con los denominados *Soviets*, palabra que en castellano precisamente significa Consejos.

Este contraste entre la participación política en las democracias europeas contemporáneas y la situación de nuestras democracias latinoamericanas debe destacarse, porque al contrario de estas últimas donde se clama cotidianamente por la participación política, en las democracias desarrolladas no es un tema de discusión ni de reforma política. ¿Y por qué? ¿Qué es lo que pasa? ¿Por qué será que en los países

---

hay 1.068 municipios con un promedio de población de 39.326 habitantes; en Ecuador, hay 1.079 municipios con un promedio de población de 11.121 habitantes; en El Salvador, 262 municipios con un promedio de población de 22.900 habitantes; en Guatemala, hay 324 municipios con un promedio de población de 33.950 habitantes; en Honduras, hay 293 municipios con un promedio de población de 20.478 habitantes; en México, hay 2.418 Municipios con un promedio de población de 40.116 habitantes; en Nicaragua, hay 143 municipios con un promedio de población de 34.965 habitantes; en Paraguay hay 212 municipios con un promedio de población de 23.585 habitantes; en Perú, hay 1808 municipios con un promedio de población de 13.827 habitantes; en República Dominicana, hay 90 municipios con un promedio de población de 88.889 habitantes; en Uruguay, hay 19 municipios con un promedio de población de 157.894 habitantes; y en Venezuela, hay 338 municipios con un promedio de población de 71.006 habitantes. Véase las referencias en Allan R. Brewer-Carías, *Reflexiones sobre el constitucionalismo en América*, Editorial Jurídica Venezolana, Caracas 2001, pp. 139 y ss.

1297 Véase en Allan R. Brewer-Carías, *Reflexiones sobre el constitucionalismo en América*, Editorial Jurídica Venezolana, Caracas 2001, pp. 127 y ss.

1298 Ley de los Consejos Comunales, en *Gaceta Oficial* N° 5.806 Extraordinaria del 10-04-2006.

democráticamente desarrollados en los cuales precisamente impera la fragmentación municipal, no se plantea con tanta urgencia la necesidad de la participación ciudadana, como clamamos tanto en los países con poco desarrollo democrático? ¿Será que esas democracias no son democracias participativas?

Bajo otro ángulo, ¿Por qué será que en todos nuestros países latinoamericanos, al contrario, al tener muy pocos gobiernos locales o municipios para sus enormes territorios y población, es donde sin embargo más se reclama contra las insuficiencias democráticas y se clama a la vez por una democracia participativa?

Ese contraste es así, precisamente, porque la participación política como cotidianeidad democrática o como parte de la democracia como forma de vida, sólo puede darse a nivel local, en una multiplicidad de gobiernos municipales democráticos y autónomos. Y cualquier otra solución no es más que falacia y engaño, o simplemente, la introducción de mecanismos de democracia directa.

Por ello es que el tema, precisamente no tiene tanta notoriedad en los países europeos, donde la participación es de todos los días, en los muchísimos pequeños municipios y gobiernos locales que existen.

La participación política o la democracia participativa son por tanto conceptos indisolublemente unidos al localismo y a la descentralización política, y ésta, a la limitación del poder, lo que es consustancial con la democracia.

El régimen local es, entonces, como lo dijo hace años nuestro apreciado amigo Eduardo García de Enterría, la estructura que "da curso al derecho ciudadano a participar en todos, completamente en todos los asuntos públicos que afectan a la propia comunidad"[1299]; de manera que como ya nos lo advirtió hace casi cuarenta años nuestro recordado amigo Sebastián Martín Retortillo, cuando España aún no había entrado en el proceso de transición hacia la democracia, en aquella excelente obra que dirigió sobre *Descentralización administrativa y organización política,* al destacar las raíces eminentemente políticas del tema; simplemente que la participación efectiva del ciudadano común, siempre presupone la descentralización.[1300] En consecuencia, sin temor a equivocarnos podemos afirmar que no sólo sin descentralización político territorial, es decir, sin que exista una multiplicidad de poderes locales y regionales democráticos y autónomos, no puede haber participación política, sino que en definitiva no puede haber una democracia participativa. La descentralización es, por tanto, la base de la democracia participativa y a la vez, el impulso de la democratización y control del poder. El centralismo, en cambio es la base de la exclusión política al concentrar el poder en unos pocos.

Hace varios años, en una conferencia sobre "El Municipio, la descentralización política y la democracia" en uno de los Congreso Iberoamericanos de Municipios, decía -y hoy lo repetimos- que:

> "el debate contemporáneo en nuestros países por más democracia, tiene que centrarse en el rescate del proceso de descentralización política. Perfeccionar la democracia exige hacerla más participativa y más representativa, para lo cual la única vía

---

1299 Citado en Sebastián Martín Retortillo, en "Introducción" al libro Sebastián Martín Retortillo et al, *Descentralización administrativa y organización política,* Tomo I, Ediciones Alfaguara, Madrid, 1973, p. LVIII.

1300 *Idem*, p. LIX.

posible que existe es acercando el Poder al ciudadano, y ello sólo puede lograrse descentralizando territorialmente el Poder del Estado y llevarlo hasta la más pequeña de las comunidades; es decir, distribuyendo el Poder en el territorio nacional".

Y agregaba, además, que:

> "cualquiera que sea la forma de descentralización política, se trata de proyectos y propuestas contrapuestos radicalmente al centralismo de Estado y a la concentración del Poder, que son esencialmente antidemocráticos".

En definitiva, la propuesta política que entonces formulamos, y ahora insistimos en ratificar, es la que:

> "busca el diseño en nuestros países, de un nuevo sistema político que la democracia exige, y que sólo puede tener por objeto hacerla más participativa, con gran presencia de la sociedad civil, y más representativa de las comunidades. Ello implica desparramar el poder en todo el territorio, hasta la última de las comunidades, para que el ciudadano y sus sociedades intermedias puedan realmente participar"[1301].

Y ello implica, por sobre todo, la municipalización de los territorios de nuestros países, para rescatar, más de doscientos años después, lo que fue la decisión terminante de la Asamblea Constituyente francesa en aquél diciembre de 1789, y que se traduciría hoy en nuestros países contemporáneos, en la frase de que toda comunidad rural, todo caserío, todo pueblo, todo barrio urbano, debía tener su autoridad local como comunidad política, con representantes electos mediante sufragio; es decir, lo contrario a los Consejos Comunales que se nos quieren inconstitucionalmente imponer, que no son ni democráticos ni autónomos, y que están controlados por la cúpula del Poder Ejecutivo Nacional.

Pero por supuesto, para ello, es decir, para una reforma política de esta naturaleza, hay que pensar en otro municipio para no desparramar territorialmente la estructura burocrática local, mal y uniformemente concebida que hemos tenido y que lo que podría provocar es peor democracia. La diferenciación municipal, entonces, es consustancial con la municipalización como instrumento para acercar el municipio al ciudadano; porque como ya lo señalamos, un municipio lejos de las comunidades y vecindades, como han sido en general nuestros municipios, materialmente no sirve para nada bueno.[1302]

A nivel local, además, es donde florece la libertad en medio de la diversidad, y es donde en definitiva en un mundo cada vez más globalizado como el actual, el hombre, el ciudadano común, encuentra su refugio e identifica el lugar de su pertenencia. Los hombres tenemos que terminar de constatar que, en definitiva, frente a la incontenible tendencia hacia la globalización, que está allí y aquí, basada en lo trasnacional y en la integración de los países, que produce ese proceso de uniformismo personal que desdibuja la singularidad de las personas o que despersonaliza al individuo, que todos captamos; frente a ello, se ha venido desarrollando otra tendencia mundial en paralelo pero hacia la lugarización, basada en el rescate de los "lugares",

---

1301 Véase en *XXV Congreso Iberoamericano de Municipios, Guadalajara, Jalisco, México del 23 al 26 de octubre de 2001*, Fundación Española de Municipios y Provincias, Madrid 2003, pp. 453 y ss.

1302 Véase Allan R. Brewer-Carías, *Reflexiones sobre el constitucionalismo en América*, Editorial Jurídica Venezolana, Caracas 2001, pp. 127 y ss.

donde se identifica la singularidad de las personas, es decir, se vuelve a la persona, en su pertenencia a un lugar, donde se revaloriza la vecindad. Eso es lo que los europeos han llamado como regionalismos o localismos, y es lo que nuestro apreciado amigo Francisco González Cruz ha calificado como el rescate de la "comunidad definida en términos territoriales y de relaciones humanas, con la cual la persona siente vínculos de pertenencia" y que puede ser una aldea, un pueblo o un barrio, de tal manera que la gente pueda establecer relaciones interpersonales.[1303] Es, en definitiva, la comunidad incluso tal y como la definió en la Ley de Consejos Comunales, concebida como "el conglomerado social de familias, ciudadanos y ciudadanas que habitan en un área geográfica determinada, que comparten una historia e intereses comunes, se conocen y relacionan entre sí, usan los mismos servicios públicos y comparten necesidades y potencialidades similares: económicas, sociales, urbanísticas y de otra índole (art. 4,1). Y allí, en definitiva, es donde se puede efectivamente participar desde el punto de vista político, siempre que se constituya en un gobierno local autónomo y electo democráticamente por sufragio.

De allí la enorme revalorización que requiere en nuestros países el tema del pequeño municipio rural y urbano, como parte del proceso de descentralización político-territorial, para asegurar no sólo la presencia del Estado en el territorio, sino para hacer posible la participación democrática del ciudadano, partiendo de la necesaria diversidad que deben tener las entidades locales; es decir, todo lo contrario al uniformismo organizacional.

V. LA CREACIÓN DE LOS CONSEJOS COMUNALES NO REPRESENTATIVOS COMO APÉNDICES DEL PODER CENTRAL PARA LA DESMUNICIPALIZACIÓN DEL PAÍS Y PARA IMPEDIR LA PARTICIPACIÓN POLÍTICA

Pero en lugar de hacer efectivamente al Municipio la unidad política primaria dentro de la organización pública nacional a que se refiere la Constitución (art. 168), como parte del sistema constitucional de distribución vertical del Poder Público (art. 136), para hacer efectiva la participación ciudadana, el régimen autoritario pretende desconocerlo y ahogarlo incluso en contra de la propia Ley Orgánica del Poder Público Municipal de 2005[1304] que dispuso que las actuaciones del municipio debían incorporar "la participación ciudadana de manera efectiva, suficiente y oportuna, en la definición y ejecución de la gestión pública y en el control y evaluación de sus resultados".

Para ello, lo que era necesario para hacer posible y efectiva una verdadera democracia participativa en Venezuela, era acercar el poder municipal al ciudadano para poder acercar el ciudadano al poder, municipalizándose el territorio, mediante la multiplicación de los Municipios, de manera que en cada aldea, en cada caserío, en cada barrio hubiera un municipio con sus representantes electos por la comunidad;

1303 Francisco González Cruz, *Globalización y Lugarización*, Universidad Valle del Momboy, Centro Iberoamericano de Estudios Provinciales y Locales, Universidad de los Andes, La Quebrada, 2001.

1304 Véase la Ley de Reforma Parcial de la Ley Orgánica del Poder Público Municipal, *Gaceta Oficial* N° 38.327 de 02-12-2005. Véase, Allan R. Brewer-Carías, "Introducción General al Régimen del Poder Público Municipal", en Allan R. Brewer-Carías *et al.*, *Ley Orgánica del Poder Público Municipal*, Colección Textos Legislativos N° 34, Editorial Jurídica Venezolana, Tercera edición corregida y aumentada, Caracas 2007, pp. 11-193 es decir, una entidad local democrática autónoma, no una entidad sometida y dependiente del Poder Nacional, como son los Consejos Comunales que se nos quieren imponer.

Sin embargo, esta posibilidad de hacer del Municipio la entidad política primaria en la organización nacional fue frenada e impedida por la Asamblea Nacional en la propia Ley Orgánica del Poder Público Municipal de 2005, en la cual lejos de facilitar la participación política, el régimen autoritario comenzó por impedirla, estableciendo requisitos de imposible cumplimiento para la creación de municipios en las pequeñas comunidades. Luego vino el ahogamiento financiero de los Estados y Municipios, al sustraerse, en fraude a la Constitución, de la base de cálculo de los ingresos fiscales para conformar el Situado Constitucional, los ingresos adicionales extraordinarios derivados del alza de los precios del petróleo, que fueron destinados a todo tipo de fondos fuera del Presupuesto, manejados desde la Presidencia de la República, con lo que se atentó contra la autonomía financiera de los Municipios.

Y como secuela de este proceso de ahogamiento de la entidad política que regula la Constitución, el gobierno autoritario, mediante otra ley, la antes mencionada Ley de los Consejos Comunales de 2006[1305], lo que hizo fue establecer un sistema institucional centralizado para la supuesta participación popular, denominado "del Poder Popular", en paralelo e ignorando la propia existencia del régimen municipal, en el cual se busca concebir a la "comunidad" fuera del municipio, organizada precisamente en Consejos Comunales, que supuestamente "en el marco constitucional de la democracia participativa y protagónica", se regularon como "instancias de participación, articulación e integración entre las diversas organizaciones comunitarias, grupos sociales y los ciudadanos". Es decir, lo mismo que la Constitución y la Ley Orgánica del Poder Público Municipal atribuye al Municipio, pero abandonándolo y sustituyéndolo por entidades dependientes del Poder Nacional, sin democracia local, es decir, por los Consejos Comunales que no están integrados ni regidos por autoridades electas popularmente, siendo concebidos como instrumentos del centralismo para el control de la ciudadanía, con el engaño de que son "participativos".

En resumen, el régimen autoritario, mediante una Ley, impidió la municipalización del país; y con otra Ley, inconstitucionalmente pretende cambiarle el carácter de instancia política primaria de los Municipios y atribuírselos a las asambleas de ciudadanos que eligen a los integrantes de los Consejos Comunales, en los cuales en definitiva, el pueblo no participa, y sólo "participan" los agentes del régimen y su partido de gobierno para imponerse sobre los ciudadanos.

Con esta Ley de los Consejos Comunales, en definitiva, lo que comenzó en Venezuela fue un inconstitucional proceso de desmunicipalización del país[1306] y, por tanto, de aniquilamiento de la posibilidad institucional de participación ciudadana en los gobiernos locales, estableciéndose un sistema de entidades sin autonomía política alguna que se han denominado del "Poder Popular" directamente vinculados y

---

1305 Véase en *Gaceta Oficial* N° 5.806 Extraordinaria del 10-04-2006.

1306 Véase Allan R. Brewer-carías, "El inicio de la desmunicipalización en Venezuela: La organización del Poder Popular para eliminar la descentralización, la democracia representativa y la participación a nivel local", en *AIDA, Opera Prima de Derecho Administrativo. Revista de la Asociación Internacional de Derecho Administrativo*, Universidad Nacional Autónoma de México, Facultad de Estudios Superiores de Acatlán, Coordinación de Postgrado, Instituto Internacional de Derecho Administrativo "Agustín Gordillo", Asociación Internacional de Derecho Administrativo, México, 2007, pp. 49 a 67 dependientes, en un esquema centralizado del poder, del más alto nivel del Poder Ejecutivo Nacional, es decir, del Presidente de la República mediante una Comisión Presidencial del Poder Popular, designada y presidida por él, la cual, a su vez, designa en cada Estado unas Comisiones Regionales Presidenciales del Poder Popular, previa aprobación del Presidente de la República (art. 31); y además, designa en cada Municipio, unas Comisiones Locales Presidencial del Poder Popular, también previa aprobación del Presidente de la República (art. 32); y todo ello, sin participación alguna de los Gobernadores de Estado ni de los Alcaldes municipales. Ello implica que su financiamiento se realiza a costa de los montos que deberían estar destinados a los entes descentralizados políticamente, como son los Estados y Municipios[1307].

La dependencia respecto al Poder Central, por otra parte, deriva de la organización administrativa nacional que establece la Ley de los Consejos Comunales, mediante la creación de un Fondo Nacional de los Consejos Comunales para financiar los proyectos comunitarios, como servicio autónomo nacional sin personalidad jurídica, que forma parte de la Administración Nacional central, adscrito al Ministerio de Finanzas (art. 28); y de la mencionada Comisión Nacional Presidencial del Poder Popular conforme al artículo 71 de la Ley Orgánica de la Administración Pública (art. 30), para orientar, coordinar y evaluar el desarrollo de los Consejos Comunales a nivel nacional, regional y local; y nombrar las Comisiones Regionales y Locales Presidenciales del Poder Popular siempre previa aprobación del Presidente de la República (arts. 31,32).

Realmente, mayor centralización es imposible concebir; y con un esquema centralizado, férreamente controlado por la cúspide ejecutiva del Poder Central, no es posible participación política alguna, para cuya realización es indispensable la descentralización del poder.

Con estos Consejos Comunales, por tanto, supuestamente abogando por una participación popular, en definitiva, se ha diseñado un esquema completamente contrario a la democracia representativa, sustituyéndose la representación política que se origina mediante el sufragio universal, directo y secreto, que sólo entidades políticas como los Municipales pueden garantizar, por la organización de entidades que no tienen origen representativo electoral, pero sometida al control del propio Presidente de la República, para supuestamente permitir "al pueblo organizado ejercer directamente la gestión de las políticas públicas y proyectos orientados a responder a las necesidades y aspiraciones de las comunidades en la construcción de una sociedad de equidad y justicia social" (art. 2).

Se trata de un esquema organizacional completamente desvinculado de la descentralización política o la distribución vertical del Poder Público que establece la Constitución (art. 136), y que integra a los Consejos Comunales en la comunidad pero no como entidad política autónoma sino como integrante del Poder Nacional y, más precisamente, de la organización del Poder Ejecutivo Nacional, a cuyos Minis-

---

1307 De acuerdo con el artículo 25 de la Ley de los Consejos Comunales, los mismos deben recibir de manera directa, entre otros, los siguientes recursos: 1. Los que sean transferidos por la República, los estados y los municipios; 2. Los que provengan de lo dispuesto en la Ley de Creación del Fondo Intergubernamental para la Descentralización (FIDES) y la Ley de Asignaciones Económicas Especiales derivadas de Minas e Hidrocarburos tros, por lo demás, se los ha denominado como del mismo nombre del "Poder Popular".

En la Comunidad, es donde debió haberse ubicado la nueva organización municipal que se debía haber establecido conforme a la concepción democrática y participativa que debió haber guiado su reforma. Era en los nuevos Municipios donde debió haberse ubicado a las estructuras básicas de la comunidad, como las asambleas de ciudadanos, los consejos comunales y sus órganos ejecutivo, financiero y de control, y las demás organizaciones comunitarias. Pero ello era incompatible con el régimen autoritario, porque cerca de 18.000 municipios[1308] en el país, en lugar de los 338 actuales, no hubieran podido ser controlados por el Poder Central, dado que los Municipios son autónomos y sus miembros son electos democráticamente mediante sufragio.

Ello no es el caso de los Consejos Comunales. En estos, los integrantes de sus tres órganos (órgano ejecutivo, integrado por los voceros de cada comité de trabajo; Unidad de Gestión Financiera, como órgano económico-financiero; y Unidad de Contraloría Social, como órgano de control) son designados por la Asamblea de Ciudadanos sin intervención alguna del Consejo Supremo Electoral.

Todo este esquema centralista y autoritario fue el que se quiso constitucionalizar en 2007, mediante la reforma constitucional sancionada por la Asamblea nacional, la cual sometida a referendo fue rechazada por el pueblo en diciembre de ese año.

VI. LA RECHAZADA REFORMA CONSTITUCIONAL DE 2007 QUE BUSCABA ELIMINAR DE LA CONSTITUCIÓN TODA REFERENCIA A LA DESCENTRALIZACIÓN COMO INSTRUMENTO PARA LA PARTICIPACIÓN POLÍTICA, Y LIMITAR EL DERECHO CIUDADANO A LA MISMA

En efecto, la reforma constitucional presentada por el Presidente de la República en 2007 ante la Asamblea Nacional[1309] tenía por objeto constitucionalizar el esquema autoritario, centralista que se había venido implementando al margen de la Constitución[1310]. En ella, en estas materias, por una parte se proponía eliminar la palabra "descentralización" del léxico constitucional y como política de Estado; eliminar la democracia representativa a nivel local; establecer el "Poder Popular" en la distribución del Poder Público; "nacionalizar" las competencias del Poder Público; y limitar la autonomía municipal y eliminar las parroquias como entidades locales; y por la

---

1308 Según información suministrada por el Ministerio del Poder Popular para la Participación y el Desarrollo, para finales de 2007 había 18.000 Consejos Comunales. Véase en Franklin González (Embajador de Venezuela en Uruguay), "¿Qué son los Consejos Comunales?", en *La Republica*, Año 9, Nº 2609, Montevideo 15-07-2007, www.larepublica.com.uy

1309 Véase el *Proyecto de Exposición de Motivos para la Reforma Constitucional, Presidencia de la República, Proyecto Reforma Constitucional. Propuesta del Presidente Hugo Chávez Agosto 2007.* El texto completo fue publicado como *Proyecto de Reforma Constitucional. Versión atribuida al Consejo Presidencial para la reforma de la Constitución de la república Bolivariana de Venezuela*, Editorial Atenea, Caracas 01 de julio de 2007,

1310 Véase en general sobre la propuesta de reforma constitucional de 2007, Allan R. Brewer-Carías, Hacia la consolidación de un Estado socialista, centralizado, policial y militarista. Comentarios sobre el sentido y alcance de las propuestas de reforma constitucional 2007, Colección Textos Legislativos, Nº 42, Editorial Jurídica Venezolana, Caracas 2007; y *La reforma constitucional de 2007 (Comentarios al Proyecto inconstitucionalmente sancionado por la Asamblea Nacional el 2 de noviembre de 2007)*, Colección Textos Legislativos, Nº 43, Editorial Jurídica Venezolana, Caracas 2007.

otra, se buscaba reducir el derecho a la participación política sólo para la ejecución de la ideología socialista; eliminar la participación de los representantes de la sociedad civil en la postulación de altos funcionarios del Estado; limitar al derecho a la participación política mediante referendos; y limitar el derecho a la participación política en materia de revisión de la Constitución.

1. *La rechazada propuesta de eliminar la descentralización política del Estado y la democracia representativa a nivel local*

En efecto, la Constitución de 1999 no sólo precisó que la República es un "Estado federal descentralizado" (art. 4), sino que definió a la descentralización como política de Estado (arts. 16, 84, 166, 184, 185, 269, 272, 285, 300) para "profundizar la democracia acercando el poder a la población y creando las mejores condiciones, tanto para el ejercicio de la democracia como para la prestación eficaz y eficiente de los cometidos estatales" (art. 158).

Todo esto se buscaba eliminar en la rechazada reforma constitucional de 2007, en la cual siguiendo la orientación de la práctica política centralista de los últimos años, definitivamente se buscaba centralizar completamente el Estado, eliminándose todo vestigio de descentralización como organización y política pública, de autonomía territorial y de democracia representativa a nivel local, es decir, de la unidad política primaria en el territorio, lo que tocaba otro aspecto fundamental y medular del Estado venezolano, que es la forma federal. Con la rechazada reforma constitucional, en efecto, se buscaba formular una supuesta "nueva geometría del poder" donde no había ni podía haber autonomías, con la propuesta de creación de nuevas instancias territoriales todas sometidas al poder central, mediante las cuales el Poder Popular supuestamente iba a desarrollar "formas de agregación comunitaria política territorial" que constituirían formas de autogobierno, pero sin democracia representativa alguna, sino sólo como "expresión de democracia directa" (art. 16).[1311]

En la Constitución de 1999, en cambio, la democracia no sólo se concibió como democracia directa, sino como democracia indirecta o representativa conforme a la cual todos los órganos del Poder Público tienen que tener su origen en elección popular.

Esa democracia representativa, como dijimos, no se opone ni a la democracia directa ni a la necesidad de que sea participativa; pero en forma alguna la llamada "democracia participativa" puede pretender sustituir a la representativa. La democracia, para que sea participativa, además de esencialmente representativa, lo que tiene es que permitir al ciudadano poder participar en los asuntos públicos, teniendo acceso al poder, lo que puede ocurrir sólo cuando lo tiene cerca. Ello implica necesariamente, como se ha señalado, un bien arraigado y desarrollado sistema de go-

---

1311 Con ello se buscaba, como lo dijo el Presidente de la República, "el desarrollo de lo que nosotros entendemos por descentralización, porque el concepto cuartorepublicano de descentralización es muy distinto al concepto que nosotros debemos manejar. Por eso, incluimos aquí la participación protagónica, la transferencia del poder y crear las mejores condiciones para la construcción de la democracia socialista". Véase *Discurso de Orden pronunciado por el ciudadano Comandante Hugo Chávez Frías, Presidente Constitucional de la República Bolivariana de Venezuela en la conmemoración del Ducentécimo Segundo Aniversario del Juramento del Libertador Simón Bolívar en el Monte Sacro y el Tercer Aniversario del Referendo Aprobatorio de su mandato constitucional*, Sesión especial del día Miércoles 15 de agosto de 2007, Asamblea Nacional, División de Servicio y Atención legislativa, Sección de Edición, Caracas 2007.

bierno local, en cada lugar, asentamiento urbano o rural, que goce de autonomía política, lo que sólo puede estar basado en la descentralización política, es decir, en la creación de entidades políticas autónomas que permitan el autogobierno local.

Este sistema democrático es contrario a la concentración del Poder y al centralismo que es lo que se buscaba con la rechazada reforma constitucional, que estaba destinada a la construcción del socialismo, de una sociedad colectivista y de supuesta "participación protagónica"[1312], eliminando de la Constitución toda referencia a la descentralización política, y por tanto, de efectiva posibilidad de participación, y además, la sustitución de la democracia representativa por una supuesta "democracia participativa".

Para ello, lo que se buscaba era acabar con la propia democracia como régimen político, tratando de sustituirla por un régimen autoritario, centralizador y concentrador del Poder que hubiera impedido la real participación política, al no existir entidades locales autónomas, y depender los Consejos Comunales de la cúspide del Poder Ejecutivo Nacional. Ello se pretendía lograr con la eliminación de los entes territoriales descentralizados políticamente, sin las cuales no puede haber efectivamente democracia participativa, y la creación en su lugar de Consejos del Poder Popular que no pasaban de ser una simple manifestación de movilización controlada desde el Poder Central. Como se dijo, ello es lo que ya había ocurrido, precisamente con los Consejos Comunales creados por Ley en 2006[1313], cuyos miembros no son electos mediante sufragio sino designados por Asambleas de ciudadanos controladas por el propio Poder Ejecutivo Nacional.

Ello, por otra parte, era lo que con la rechazada reforma constitucional, se pretendía consolidar al proponerse una supuesta "nueva geometría del poder" en la cual se sustituía a los Municipios por las comunidades, como el "núcleo territorial básico e indivisible del Estado Socialista Venezolano", que debían agrupar a las comunas (socialistas)[1314] como "células sociales del territorio", las cuales se debían agrupar en ciudades que eran las que se pretendía concebir como "la unidad política primaria de la organización territorial nacional". Pero todo ello eliminando la democracia representativa al punto de que en la rechazada reforma constitucional, se "aclaraba" definitivamente en forma expresa, que los integrantes de los diversos Consejos del

---

1312 En la *Exposición de Motivos del Proyecto de Reforma Constitucional* presentado por el Presidente de la República en agosto 2007, se lee que el Poder Popular "es la más alta expresión del pueblo para la toma de decisiones en todos sus ámbitos (político, económico, social, ambiental, organizativo, internacional y otros) para el ejercicio pleno de su soberanía. Es el poder constituyente en movimiento y acción permanente en la construcción de un modelo de sociedad colectivista de equidad y de justicia. Es el poder del pueblo organizado, en las más diversas y disímiles formas de participación, al cual está sometido el poder constituido. No se trata del poder del Estado, es el Estado sometido al poder popular. Es el pueblo organizado y organizando las instancias de poder que decide las pautas del orden y metabolismo social y no el pueblo sometido a los partido políticos, a los grupos de intereses económicos o a una particularidad determinada", *cit.*, p 11.

1313 Véase los comentarios sobre ello en Allan R. Brewer-Carías *et al*, *Ley Orgánica del Poder Público Municipal*, Editorial Jurídica Venezolana, Caracas 2007, pp. 75 y ss.

1314 En la *Exposición de Motivos* del Proyecto de Reforma Constitucional presentado por el Presidente de la República en agosto 2007, a las comunas se las califica como "comunas socialistas", y se la define como "Es un conglomerado social de varias comunidades que poseen una memoria histórica compartida, usos, costumbres y rasgos culturales que los identifican, con intereses comunes, agrupadas entre sí con fines político-administrativos, que persiguen un modelo de sociedad colectiva de equidad y de justicia", *cit.*, p. 12

Poder Popular no nacían "del sufragio ni de elección alguna, sino que nace de la condición de los grupos humanos organizados como base de la población".

Con ello, en definitiva, en nombre de una "democracia participativa y protagónica", lo que se buscaba era poner fin en Venezuela a la democracia representativa a nivel local, y con ello, de todo vestigio de autonomía política territorial que es la esencia de la descentralización.

Pero además, con la rechazada propuesta de reforma constitucional, en forma por demás confusa, se buscaba agregar a la distribución del Poder Público que ahora es entre el Poder Municipal, el Poder Estadal y el Poder Nacional (art. 136), al denominado "Poder Popular", que se pretendía concebir como el medio para que supuestamente "el pueblo" como el depositario de la soberanía, la ejerciera "directamente", pero con la advertencia expresa, como se dijo, de que dicho Poder Popular "no nace del sufragio ni de elección alguna, sino que nace de la condición de los grupos humanos organizados como base de la población", como las comunidades, comunas y toda suerte de consejos.

Se pretendía, así, agregar como una rama más del Poder Público, al Poder Popular, pero contradictoriamente sometido y controlado desde y por el Poder Nacional.

La furia autoritaria contra la descentralización política reflejada en la rechazada reforma constitucional, además, buscaba desmantelar la federación misma y la distribución territorial del poder que establece la Constitución de 1999, al proponer trastocar la distribución de competencias públicas prevista en la misma entre los tres niveles territoriales de gobierno (nacional, estadal y municipal), de manera de centralizar materialmente todas las competencias del Poder Público en el nivel nacional (arts. 156, 164). Se proponía, así, terminar de vaciar de competencias a los Estados y obligar a los Municipios a transferir sus competencias a los Consejos Comunales (controlados por el Poder Nacional), con lo que en definitiva aquellos hubieran quedado como entelequias vacías. El Poder Nacional o central, en esa forma, hubiera quedado materialmente con todas las competencias del Estado.

Entre las materias que con el rechazado proyecto de reforma constitucional se pretendía asignar al Poder Nacional estaba, por ejemplo, "la ordenación y gestión del territorio y el régimen territorial del Distrito Federal, los Estados, los Municipios, las Dependencias Federales y demás entidades regionales" (art. 156,10); y "la creación, supresión, ordenación y gestión de provincias federales, regiones estratégicas de defensa, territorios federales, municipios federales, ciudades federales y comunales, distritos funcionales, regiones marítimas y distritos insulares" (art. 156,11), es decir, la total sujeción de las entidades territoriales al Poder Nacional.

En esta forma, con la reforma rechazada se pretendía que los Estados y Municipios dejaran de ser "entidades políticas" perdiendo efectiva autonomía y pasaran a depender totalmente del Poder Nacional, como órganos sin autonomía alguna, es decir, como administraciones periféricas del Poder Central sometidas a la ordenación y gestión que estableciera el Poder Nacional. Por ello, también se buscaba reformar el artículo 164,2 de la Constitución para establecer que los Estados tuvieran competencia para ejercer "la coordinación de sus municipios y demás entidades locales", lo que también hubiera implicado la eliminación de la autonomía municipal.

La centralización de todas las competencias del Poder Público en el nivel nacional llegaba a tal extremo en la rechazada reforma constitucional, que con la misma se pretendía hasta eliminar formalmente la tradicional competencia residual de los Estados (art. 164,11) que existe en todas las federaciones del mundo, respecto de toda otra competencia no asignada expresamente a los otros niveles de gobierno (nacional y municipal) y, en cambio, se proponía establecer la competencia residual pero a favor del Poder Nacional (art. 156,36), dejando a los Estados, sólo y exclusivamente competencia en "todo lo que le atribuya esta Constitución o ley nacional" (art. 164,10).

Por último, en cuanto a la autonomía municipal que garantiza el artículo 168 de la Constitución de 1999, en el sentido de que los actos de los Municipios "no pueden ser impugnados sino ante los tribunales competentes, de conformidad con la Constitución y la ley"; es decir, que no pueden ser revisados, en forma alguna, por los órganos del Poder Nacional ni de los Estados, también se buscaba eliminar con la rechazada reforma constitucional, lo que hubiera permitido que sus actos hubieran podido ser impugnados y revisados por los otros órganos administrativos de los Estados, o del Poder Ejecutivo nacional u otro ente. Además, en la reforma se buscaba eliminar la condición del Municipio como unidad política primaria de la organización nacional, lo que se pretendía atribuir a la ciudad (art. 16), eliminándose a la vez la existencia de las "parroquias" como entidades locales (art. 173).

2. *La rechazada propuesta de restringir el ejercicio del derecho a la participación política*

Pero además de desmantelar el sistema constitucional de descentralización política que con todos sus defectos regula la Constitución de 1999, con la rechazada reforma constitucional se pretendía, además, eliminar o restringir las previsiones constitucionales que regulan el ejercicio del derecho ciudadano a la participación.

En efecto, conforme al artículo 62 de la Constitución de 1999, todos tienen el derecho "de *participar libremente* en los asuntos públicos, directamente o por medio de sus representantes elegidos o elegidas", refiriéndose a "la participación del pueblo en la formación, ejecución y control de la gestión pública" como "el medio necesario para lograr el protagonismo que garantice su completo desarrollo, tanto individual como colectivo", a través de los mecanismos de participación enumerados en el artículo 70.

Con la rechazada reforma constitucional, dichos medios de participación política, entre los cuales se proponía incluir a los Consejos del Poder Popular, perdían su carácter libre al buscarse que queda en reducidos a un solo y único propósito, que era "la construcción del socialismo", de manera que quien no quisiera construir socialismo alguno, hubiera quedado *excluido* del derecho a la participación política el cual estaba previsto sólo para desarrollar los valores de "la solidaridad socialista" y no como un derecho libre como lo regula el artículo 62 de la Constitución de 1999. Es decir, la reforma constitucional, en lugar de ser una para construir una democracia participativa, lo que pretendía era lo contrario, regularizar una "democracia" de exclusión.

Por otra parte, en sustitución del concepto amplio de participación ciudadana que establece el artículo 168 de la Constitución y que deben desarrollar los Municipios, con la rechazada reforma constitucional se pretendía establecer la obligación de los Municipios de incorporar, dentro del ámbito de sus competencias, la participación ciudadana sólo y exclusivamente "a través de los Consejos del Poder Popular y de los medios de producción socialista", eliminándose toda posibilidad de otras formas de participación, la cual dejaba de ser libre.

Pero además, en la rechazada reforma constitucional, lejos de acrecentarse la democracia participativa, lo que se buscaba era reducir o eliminar los medios de participación ciudadana que había regulado directamente la Constitución para la elección de altos funcionarios Públicos, para la realización de referendos y para llevar a cabo reformas a la Constitución.

En efecto, la rechazada reforma constitucional de 2007 buscaba eliminar las formas de participación política de la sociedad civil en los asuntos públicos que directamente establece la Constitución de 1999, para la postulación de los candidatos a los cargos de Magistrados del Tribunal Supremo de Justicia, de Miembros del Consejo Nacional Electoral, del Defensor del Pueblo, del Contralor General de la República y del Fiscal General de la República. Esa postulación debe hacerse ante la Asamblea Nacional por sendos Comités de Postulaciones que conforme a la Constitución necesariamente debían estar integrados por "representantes de los diferentes sectores de la sociedad" (arts. 264, 279, 295).

Estas previsiones de la Constitución de 1999 ciertamente que han sido distorsionadas por la práctica política y legislativa desarrollada desde que se sancionó la propia Constitución, tanto por parte de la entonces Asamblea Nacional Constituyente como luego por la Asamblea Nacional, que en violación a la Constitución fueron progresivamente convirtiendo dichos Comités de Postulaciones en simples Comisiones parlamentarias ampliadas (2002-2007), limitando el derecho de la sociedad civil a la participación política.[1315]

Esa tendencia fue precisamente la que se buscaba constitucionalizar con la rechazada reforma constitucional, al pretenderse regular los Comités de Postulaciones eliminándose su integración exclusiva por representantes de los diversos sectores de la sociedad, y pasando a estar integrados mayoritariamente por diputados y por representantes del "Poder Popular", en fin, por funcionarios del Estado (arts. 264, 295, 279).

Por otra parte, con la rechazada propuesta constitucional, también se buscaba restringir los mecanismos de democracia directa establecidos en la Constitución particularmente en relación con la realización de referendos (art. 71 a 74), pretendiéndose elevar el porcentaje de firmas necesarias para que pudieran ser convocados por iniciativa popular, es decir, hacer más dificultosa dicha iniciativa; y además, se buscaba aumentar el porcentaje de votos necesarios para que los referendos pudieran tener efectos.

En particular, respecto del referendo revocatorio, con la rechazada reforma constitucional se buscaba hacerlo menos participativo y más dificultoso, al establecerse que la solicitud de convocatoria del mismo, en vez de que correspondiera directamente, como un derecho popular, a un número no menor del 20 % de los electores inscritos en la correspondiente circunscripción, se distorsionaba la iniciativa popular y lo que se regulaba era una solicitud al Consejo Nacional Electoral para que activara el mecanismo para que un número mayor de electores (el 30%) solicitaran la con-

---

1315 Véase Allan R. Brewer-Carías, "La participación ciudadana en la designación de los titulares de los órganos no electos de los Poderes Públicos en Venezuela y sus vicisitudes políticas", en *Revista Iberoamericana de Derecho Público y Administrativo*, Año 5, Nº 5-2005, San José, Costa Rica 2005, pp. 76-95

vocatoria del referendo revocatorio. Además, en lugar de exigirse la concurrencia al referendo de un número de electores igual o superior al 25% de los electores inscritos para el mismo que se considerase válido, con la rechazada reforma constitucional se buscaba aumentar el porcentaje al 40% de los electores inscritos.

Adicionalmente se buscaba cambiar la base para la revocación del mandato que en la Constitución es el voto a favor de "igual o mayor número de electores que eligieron al funcionario", por la fórmula consistente en exigir que "sea mayor el total de votos a favor que el total de votos en contra", aún cuando hubieran votado por la revocatoria más electores que los que eligieron al funcionario, con lo cual se perseguía distorsionar el referendo revocatorio y transformarlo en un "referendo ratificatorio".

Por último, otra limitación al derecho a la participación política se pretendía establecer con la rechazada reforma constitucional respecto de los mecanismos institucionales para la revisión constitucional que se establecen en la Constitución según la intensidad de las transformaciones que se proponen (Enmiendas, Reformas y la Asamblea Nacional Constituyente). En todos ellos, la Constitución de 1999 previó la iniciativa popular de las propuestas de cambios constitucionales correspondiendo la misma a un porcentaje de ciudadanos que oscila entre el 15 y el 30% de los inscritos en el registro Electoral.

Con la rechazada reforma constitucional, se pretendía hacer más dificultosa la iniciativa popular, al proponerse, en todos los casos, aumentar el porcentaje de ciudadanos que podían presentarla, y además, se buscaba hacer más dificultoso el proceso de modificación constitucional, al buscarse también aumentar el porcentaje de electores que debían concurrir a los referendos y de votos que se necesitan para aprobar los proyectos en los referendos (arts. 341 y ss.).

La reforma constitucional propuesta en 2007, por tanto, pretendía eliminar totalmente la descentralización política del Estado y con ello las posibilidades de participación política de los ciudadanos; y en cuanto al derecho a la participación política en los aspectos directamente establecidos en la Constitución, se buscaba eliminarlos o restringirlos.

Y no podía ser de otra forma, pues como se dijo al inicio, los regímenes autoritarios temen y rechazan la descentralización y, por ende, la participación política, porque ellas siempre implican una limitación del poder. Es decir, un régimen autoritario es inconcebible sin la centralización y la concentración del Poder del Estado en manos del Jefe del Ejecutivo nacional.

La descentralización político territorial en Venezuela, por tanto, sigue siendo el principal instrumento para resistir el autoritarismo y en el futuro será el instrumento político fundamental para, en su momento, adelantar el proceso de democratizar al país que más temprano que tarde tendrá que reiniciarse. En ese marco, el proceso de elección de gobernadores y alcaldes de noviembre de 2008 es un paso para avanzar y continuar neutralizando al autoritarismo.

New York, mayo 2008

LIBRO CUARTO

LA PROPUESTA DE REFORMA CONSTITUCIONAL FORMULADA POR EL PODER EJECUTIVO EN 2007 A LOS EFECTOS DE CONSOLIDAR UN ESTADO SOCIALISTA, CENTRALIZADO, POLICIAL Y MILITARISTA

Este texto es el del libro que escribí en 2007 con el objeto de analizar la propuesta de reforma constitucional que el Presidente de la república formuló en 2007, y que fue publicado con el título *Hacia la consolidación de un Estado socialista, centralizado, policial y militarista. Comentarios sobre el alcance y sentido del anteproyecto de reforma constitucional 2007,* en la Colección Textos Legislativos, Nº 42, Editorial Jurídica Venezolana, Caracas, 2007.

SOBRE EL FRAUDE A LA CONSTITUCIÓN. La Sala Constitucional del Tribunal Supremo de Justicia en la sentencia Nº 74 de 25-01-2006 (Revista de Derecho Público, Nº 105, 2006, pp. 76 ss.), señaló que un fraude a la Constitución ocurre cuando se destruyen las teorías democráticas "mediante el procedimiento de cambio en las instituciones existentes aparentando respetar las formas y procedimientos constitucionales", o cuando se utiliza "el procedimiento de reforma constitucional para proceder a la creación de un nuevo régimen político, de un nuevo ordenamiento constitucional, sin alterar el sistema de legalidad establecido, como ocurrió con el uso fraudulento de los poderes conferidos por la ley marcial en la Alemania de la Constitución de Weimar, forzando al Parlamento a conceder a los líderes fascistas, en términos de dudosa legitimidad, la plenitud del poder constituyente, otorgando un poder legislativo ilimitado"; y que un falseamiento de la Constitución ocurre cuando se otorga "a las normas constitucionales una interpretación y un sentido distinto del que realmente tienen, que es en realidad una modificación no formal de la Constitución misma", concluyendo con la afirmación de que "Una reforma constitucional sin ningún tipo de límites, constituiría un fraude constitucional".

INTRODUCCIÓN

EL NUEVO FRAUDE A LA CONSTITUCIÓN: LA PROPUESTA DE "TRANSFORMACIÓN DEL ESTADO Y CREACIÓN DE UN NUEVO ORDENAMIENTO JURÍDICO" PARA ESTABLECER UN ESTADO CENTRALIZADO, SOCIALISTA, POLICIAL Y MILITARISTA, MEDIANTE EL PROCEDIMIENTO DE "REFORMA CONSTITUCIONAL"

En enero de 2007, el Presidente de la República anunció que propondría una serie de reformas a la Constitución de 1999[1316], para cuya elaboración designó una **Consejo Presidencial para la Reforma de la Constitución**[1317], presidida por la Presidenta de la Asamblea Nacional e integrada, entre otros, por los siguientes altos funcionarios del Estado: el Segundo Vicepresidente de la Asamblea Nacional y otros cuatro diputados; la Presidenta del Tribunal Supremo de Justicia; el Defensor del Pueblo; el Ministro del Trabajo; la Procuradora General de la República y el Fiscal General de la Republica. Entre las disposiciones del Decreto estaba la expresa indicación de que el trabajo del Consejo debía realizarse "de conformidad con los lineamientos del Jefe de Estado en estricta confidencialidad" (art. 2)[1318], lo que de por si es contrario a los principios de cualquier reforma constitucional en un país democrático.

Las pautas que en diversos discursos y alocuciones fue dando el Presidente de la República para la reforma constitucional, apuntaban, por una parte, a la conformación de un **Estado del Poder Popular o del Poder Comunal, o Estado Comunal**, estructurado desde los Consejos Comunales como unidades políticas primarias u organizaciones sociales **no electas mediante sufragio universal, directo y secreto,** supuestamente dispuestos para canalizar la participación ciudadana, pero conforme a un sistema de **conducción centralizado** desde la cúspide del Poder Ejecutivo Nacional, donde **no hay autonomías territoriales**; y por la otra, a la estructuración de un **Estado socialista**, sustituyendo al sistema de libertad económica y Estado de economía mixta que existe en Venezuela, por un sistema de economía estatista y colectivista, sometido a una planificación centralizada, minimizando el rol del individuo y eliminando todo vestigio de libertad económica y de propiedad privada.

Es decir, se trata de una modificación que implica **transformar radicalmente al Estado y crear un nuevo ordenamiento jurídico**. Para ello, conforme al artículo 347 de la Constitución, ineludiblemente que se requería la convocatoria y elección de una Asamblea Nacional Constituyente conforme al artículo 347 de la Constitución, no pudiendo pretenderse hacer dicha modificación mediante una "reforma constitucional". Lo que en ella se plantea, **excepción hecha de las que se refieren a los derechos laborales (arts. 87 y 90) que no justifican reforma constitucional alguna pues lo que se propone puede establecerse mediante ley,** definitivamente no consiste sólo en "una revisión parcial de la Constitución y la sustitución de una o varias de sus normas que no modifiquen la estructura y principios fundamentales del

---

1316 Véase en *Gaceta Oficial* N° 36.860 de 30-12-1999.

1317 Véase Decreto N° 5138 de 17-01-2007, *Gaceta Oficial* N° 38.607 de 18-01-2007

1318 Ello también lo declaró públicamente, además, la Presidenta de la Asamblea Nacional al instalarse el Consejo. Véase en *El Universal*, 20-02-2007.

texto Constitucional", que es lo que conforme al artículo 342 de la Constitución se pudiera realizar mediante el procedimiento de la "reforma constitucional", que sólo exige la discusión y sanción del proyecto por la Asamblea Nacional y un referendo aprobatorio.

Sin embargo, a pesar de las previsiones constitucionales, lamentablemente y una vez más, se repite en este caso la táctica política que ha sido un común denominador del régimen instalado en el país a partir de 1999, que es actuar en fraude a la Constitución, es decir, utilizando las instituciones existentes aparentando respetar las formas y procedimientos constitucionales, para proceder, conforme lo ha advertido el Tribunal Supremo, "a la creación de un nuevo régimen político, de un nuevo ordenamiento constitucional, sin alterar el sistema de legalidad establecido"[1319]. Eso ocurrió en febrero de 1999, mediante la convocatoria del referendo consultivo sobre la Asamblea Constituyente no prevista en la Constitución entonces vigente de 1961; ocurrió con el decreto del régimen transitorio de los Poderes Públicos a la Constitución de 1999, que no fue sometido al referendo aprobatorio de la misma; y ha venido ocurriendo en los años subsiguientes, con la destrucción progresiva de la democracia desde el ejercicio del poder y el sucesivo secuestro de los derechos y libertades públicas, supuestamente utilizando previsiones legales y constitucionales.

En esta ocasión, una vez más se pretende utilizar fraudulentamente las previsiones constitucionales para fines distintos a los establecidos en ellas, pues se pretende mediante el procedimiento de reforma constitucional previsto en la Constitución, producir una transformación radical del Estado, y **trastocar el Estado Social y Democrático de Derecho y de Justicia de orden civil, para convertirlo en un Estado Socialista, Centralizado y Militarista**, donde desaparece la democracia representativa, la alternabilidad republicana y toda idea de descentralización del poder, y donde todo se concentra en la decisión del Jefe de Estado. Ello no es posible constitucionalmente, y como lo reseñó el Tribunal Supremo de Justicia en la sentencia antes citada, en sentido similar, ello ocurrió "**con el uso fraudulento de los poderes conferidos por la ley marcial en la Alemania de la Constitución de Weimar, forzando al Parlamento a conceder a los líderes fascistas, en términos de dudosa legitimidad, la plenitud del poder constituyente, otorgando un poder legislativo ilimitado**"[1320].

Todo este fraude constitucional comenzó a evidenciarse con las propuestas de reforma elaboradas por el **Consejo Presidencial para la Reforma de la Constitución** cuya divulgación se efectuó en junio de 2007 y cuya autenticidad a pesar del "pacto de confidencialidad" ordenado por el Presidente, es indudable[1321] (en lo adelante: ***Propuestas de Reforma del CPRC, junio 2007***), en las que se formularon proyectos

1319 Véase la sentencia de la Sala Constitucional del Tribunal Supremo de Justicia N° 74 de 25-01-2006, en *Revista de Derecho Público,* N° 105, Editorial Jurídica Venezolana, Caracas 2006, pp. 76 y ss.

1320 Véase la sentencia de la Sala Constitucional del Tribunal Supremo de Justicia N° 74 de 25-01-2006, en *Revista de Derecho Público,* N° 105, Editorial Jurídica Venezolana, Caracas 2006, pp. 76 y ss.

1321 El documento circuló en junio de 2007 con el título Consejo Presidencial para la Reforma de la Constitución de la República Bolivariana de Venezuela, "Modificaciones propuestas". El texto completo fue publicado como *Proyecto de Reforma Constitucional. Versión atribuida al Consejo Presidencial para la reforma de la Constitución de la república Bolivariana de Venezuela*, Editorial Atenea, Caracas 01 de julio de 2007, 146 pp.

de cambios radicales respecto de una serie de artículos de la Constitución[1322], y que si bien, en algunos casos, el Presidente de la República no ha repetido en su **Anteproyecto para la primera reforma constitucional,** presentado ante la Asamblea Nacional el 15 de agosto de 2007 (en lo adelante: ***Anteproyecto para la 1era. Reforma Constitucional PR, agosto 2007***), el mismo **muestra cual es el pensamiento y la intención de los más altos funcionarios del gobierno y el Estado que formaron dicho Consejo**, por lo que tienen que tomarse en cuenta, ya que en definitiva, en su mayoría, son consecuencia de las propuestas formuladas por el Presidente, o son las orientaciones futuras para las próximas reformas constitucionales ya anunciadas[1323].

En efecto, en el texto de las ***Propuestas de Reforma del CPRC, junio 2007***, se evidencia que una serie de artículos fundamentales de la transformación del Estado no fueron siquiera mencionados, a los efectos, precisamente de que fuera el Presidente de la República el que formulara las propuestas de reforma sobre los mismos, como en efecto ocurrió en el texto del **Anteproyecto** que presentó ante la Asamblea Nacional el 15 de agosto de 2007[1324]. En el documento presentado por el Presidente, además, claramente se anuncia que se trata de un **Anteproyecto** para una **primera** reforma constitucional, con lo que se anuncia que en el futuro vendrán otras reformas.

Por tanto, con el anteproyecto para la primera reforma constitucional presentado por el Presidente de la República (en lo adelante ***Anteproyecto para la 1era. Reforma Constitucional PR, agosto 2007***) ante la Asamblea Nacional en agosto de 2007, y con las propuestas de reforma de la Constitución elaboradas por el Consejo Presidencial para la Reforma de la Constitución (en lo adelante ***Propuestas de Reforma del CPRC, junio 2007***) y publicitadas en junio de 2007, **que complementan el Anteproyecto**, si son analizadas en su conjunto, se evidencia, **excepción hecha de las que se refieren a los derechos laborales (arts. 87 y 90) que no justifican reforma constitucional alguna pues lo que se propone puede establecerse mediante ley,** que lo que se busca efectuar es una radical transformación del Estado y la creación de un nuevo ordenamiento jurídico para:

PRIMERO, transformar el Estado en un **Estado Centralizado, de poder concentrado bajo la ilusión del Poder Popular, lo que implica la eliminación definitiva de la forma federal del Estado, imposibilitando la participación política y**

1322 En el documento del Consejo Presidencial, se formularon propuestas de reforma respecto de los siguientes artículos de la Constitución:12, 13, 15, 16, 17, 18, 19, 20, 21, 22, 23, , 24, 25, 28, 29, 31, 35, 36, 44, 47, 50, 52, 55, 57, 59, 60, 61, 62, 67, 65, 70, 71, 72, 73, 74, 79, 81, 83, 84, 85, 86, 87, 89, 90, 96, 98, 99, 100, 102, 103, 104, 106, 108, 109, 110, 111, 113, 114, 115, 116, 117, 118, 119, 120, 121, 126, 127, 128, 129, 133, 140, 141, 143, 148, 149, 150, 152, 153, 156, 159, 160, 162, 163, 164, 165, 166, 168, 174, 175, 176, 178, 179, 181, 183, 184, 185, 187, 186, 188, 189, 191, 192, 193, 198, 206, 207, 208, 209, 211, 212, 222, 223, 224, 225, 226, 229, 230, 231, 232, 233, 236, 237, 238, 239, 240, 241, 242, 243, 246, 253, 254, 255, 258, 259, 260, 261, 262, 263, 264, 265, 266, 267, 268, 269, 270, 271, 272, 279, 280, 284, 285, 287, 288, 289, 290, 291, 293, 294, 295, 296, 297, 299, 300, 301, 302, 303, 304, 305, 306, 307, 310, 311, 312, 313, 314, 315, 316, 317, 318, 320, 337, 338, 341, 342, 344, 348 y 350.

1323 Recuérdese que la propuesta del Presidente de la República en su Anteproyecto fue para una "primera reforma constitucional".

1324 En el Anteproyecto presentado por el Presidente de la República a la Asamblea Nacional, se formulan propuestas respecto de los artículos 11, 16, 18, 67, 70, 87, 90, 100, 112, 113, 115, 136, 141, 156, 167, 168, 184, 185, 225, 230, 236, 251, 252, 300, 302, 305, 307, 318, 320, 321, 328 y 329.

degradando la democracia representativa; todo ello, mediante la supuesta organización de la población para la participación en los Consejos del Poder Popular, como los Comunales, que son instituciones sin autonomía política alguna, **cuyos miembros se declara que no son electos,** y que son controlados desde la Jefatura del gobierno y para cuyo funcionamiento, el instrumento preciso es el partido único que el Estado ha tratado de crear en los últimos meses.

SEGUNDO, transformar el Estado en un **Estado Socialista, que implica la eliminación de la libertad económica y de la iniciativa privada, así como la casi desaparición de la propiedad privada, dándosele al Estado la propiedad de los medios de producción, la planificación centralizada y la posibilidad de confiscar bienes de las personas materialmente sin límites, configurándolo como un Estado del cual todo depende, y a cuya burocracia queda sujeta la totalidad de la población;** lo que choca con las ideas de libertad y solidaridad social que se proclaman en la propia Constitución, sentando las bases para que el **Estado sustituya a la propia sociedad y a las iniciativas particulares,** minimizándoselas.

TERCERO, transformar el Estado en un **Estado Militarista,** dado el rol que se le da a la "Fuerza Armada Bolivariana" en su configuración y funcionamiento, toda sometida al Jefe de Estado, y con la creación del nuevo componente de la **Milicia Popular Bolivariana**.

Además, en particular, conforme a las ***Propuestas de Reforma del CPRC, junio 2007*** formuladas por el Consejo Presidencial, dado el carácter acentuadamente **regresivo y represivo** que contienen en materia de protección y garantía de derechos humanos, la intención de sus redactores fue buscar configurar al Estado como **Estado Policial,** lo que sin duda orienta el sentido de las futuras reformas anunciadas.

En esta forma, siete años después de la sanción de la Constitución de 1999, el mismo Presidente de la República que en aquél momento motorizó la concepción y sanción de dicha Constitución a través de sus seguidores quienes controlaron totalmente la Asamblea Constituyente; en 2007 anuncia el propósito de cambiar de nuevo la Constitución de 1999, pero con el objeto, **de transformar, ahora si, radicalmente, el sistema político constitucional venezolano,** estableciendo un **Estado Centralizado del Poder Popular, como Estado Socialista, de economía estatal y centralizada, y como Estado Militarista,** lo que se aparta radicalmente de la concepción del Estado civil social y democrático de derecho y de justicia, de economía mixta que reguló la Constitución de 1999. Con las reformas propuestas, además, materialmente **desaparece la democracia representativa y las autonomías político territoriales**, sustituyéndosela por una supuesta democracia "participativa y protagónica" controlada total y centralizadamente por el Jefe de Estado, en la cual queda proscrita toda forma de descentralización política y autonomía territorial.

Nuestro propósito en estas notas, es analizar el sentido y alcance del "**Anteproyecto, para la 1era. Reforma Constitucional, Propuesta del Presidente Hugo Chávez, Agosto 2007"** (en lo adelante *Anteproyecto para la 1era. Reforma Constitucional PR, agosto 2007*) que ha presentado el Presidente de la República a la Asamblea Nacional. Sin embargo, tratándose de un "Anteproyecto" que por esencia es susceptible de cambios, modificaciones y adiciones en las tres discusiones que tiene que darle la Asamblea Nacional, es obligante, además, analizar las **Propuestas de Reforma Constitucional formuladas en junio de 2007 por la Comisión Presidencial para la Reforma Constitucional** (en lo adelante ***Propuestas de Reforma***

del CPRC, junio 2007) presidida por la Presidenta de la propia Asamblea Nacional, y como se ha dicho, integrada entre otros por el Segundo Vicepresidente de la Asamblea Nacional y otros diputados; la Presidenta del Tribunal Supremo de Justicia; el Defensor del Pueblo; el Ministro del Trabajo; la Procuradora General de la República y el Fiscal General de la Republica; lo cual haremos confrontándolas, en cada caso, con los aspectos más relevantes del texto vigente de la Constitución de 1999 que se busca destruir, precisamente para entender lo que se está proponiendo.

Insistimos, es obligante analizar ambas propuestas, pues las formuladas por el Presidente de la República en su Anteproyecto, si bien sólo se refieren formalmente a 33 artículos de los 350 de la Constitución, lo que en ellas se propone conlleva necesariamente modificaciones en casi todos los otros artículos a los que se refieren las propuestas de reforma formuladas por el Consejo Presidencial. Por ello, el anuncio oficial que hizo el Presidente de la República de que su propuesta de reforma sólo modifica "menos de 10% del articulado de la Constitución vigente"[1325], en definitiva es un fraude más, para engañar al pueblo, pues el carácter sustancial de las mismas afecta casi todo el texto constitucional, de manera que de aprobarse el anteproyecto muchas otras normas deberán ajustarse a dichas reformas, tal como lo ha "reconocido" la Presidenta del Tribunal Supremo de Justicia, correspondiendo a la Asamblea realizar las modificaciones[1326], precisamente conforme a las Propuestas ya elaboradas por el Consejo Presidencial. Además, se insiste, se trata de una "primera reforma", por lo que sin duda vendrán otras.

La orientación de las reformas constitucionales que se han propuesto en 2007, en todo caso, derivan de ambos documentos, que se complementan, por lo que sería un engaño más en el que no se puede caer, analizar sólo y aisladamente lo que formalmente propuso el Presidente en agosto de 2007 y no lo que propuso su Consejo Presidencial en junio de 2007, integrado por los más altos funcionarios del Estado. Tanto el Presidente de la República como su Consejo, dada la trascendencia de los cambios propuestos, debieron haber recurrido al procedimiento de la Asamblea Nacional Constituyente regulado en los artículos 347 y siguientes de la Constitución y no al procedimiento de "reforma constitucional" previsto en los artículos 342 y siguientes del texto fundamental. Al hacerlo, comenzaron el proceso de reforma violando la Constitución[1327].

1325 Véase *El Universal*, Caracas 16-08-2007 (Política). Por lo demás, ese es el titular de una de las notas de "Prensa Presidencial/Marynés Ladera", Ministerio del Poder Popular para la Comunicación y la Información, Caracas 16-08-2007.

1326 En este sentido llama la atención lo afirmado el 17-08-2007 por la Presidenta del Tribunal Supremo de Justicia, Presidenta de la Sala Constitucional y miembro del Consejo Presidencial para la Reforma Constitucional en el sentido de que, según reseñó Juan Francisco Alonso: "los diputados de la Asamblea Nacional no están facultados para realizar ninguna modificación distinta a las 33 que planteó el jefe del Estado, salvo que alguno de los cambios contenidos en el proyecto de reforma altere otras normas. "La reforma fue planteada por el Presidente, por lo tanto es lo que presentó el Presidente lo que debe ser estudiado (...) Si (algún artículo) tuviese conexión con los que se van a reformar, entonces por técnica legislativa deberían adecuarse, porque no puede haber artículos contradictorios", afirmó, al ser consultada sobre la posibilidad de que el Parlamento cambie alguna de las normas referidas a la estructura y funcionamiento del Poder Judicial". Véase en *El Universal*, 18-08-07.

1327 En este sentido el Rector del Consejo Nacional Electoral, Sr. Vicente Díaz, el día 16-08-2007 indicó "que la propuesta presidencial para reformar el texto constitucional modifica las disposiciones fundamentales y por ello sería necesario convocar una Asamblea Constituyente para su aprobación". Véase en Unión Radio, 16 de agosto de 2007, http://www.unionradio.com.ve/Noticias/Noti-

Por otra parte, el Presidente de la República en la presentación del Anteproyecto ante la Asamblea Nacional, fue marcadamente explícito en anunciar que se trataba de un ***Anteproyecto para la 1era. Reforma Constitucional,*** lo que significa que vendrán otras reformas futuras, cuyo contenido puede desde ya deducirse de las propuestas de reforma de la Constitución elaboradas por el **Consejo Presidencial para la Reforma de la Constitución.** De allí, además, lo indispensable que resulta el análisis de estas.

Ahora bien, para precisar el sentido y alcance de las propuestas de reformas constitucionales formuladas en 2007, y además, para evidenciar que las mismas afectan los aspectos más fundamentales del Estado, **excepción hecha de las que se refieren a los derechos laborales (arts. 87 y 90) que no justifican reforma constitucional alguna pues lo que se propone puede establecerse mediante ley,** las analizaremos a continuación, dividiendo este estudio en las siguientes ocho partes, en las que analizaremos:

I. ***Los cambios en los principios fundamentales de la organización del Estado,*** que buscan transformar el Estado democrático descentralizado en un Estado socialista centralizado.

II. ***Los cambios en el sistema político,*** que buscan transformar la democracia representativa en una supuesta participación popular conducida por el Poder Central.

III. ***Los cambios en la forma del Estado,*** que buscan eliminar definitivamente los vestigios de Federación centralizada mediante la centralización total del Estado.

IV. ***Los cambios en la organización del Poder Nacional,*** que buscan acentuar el presidencialismo.

V. ***Los cambios en la Constitución económica,*** que buscan transformar un Estado social y promotor de la economía mixta, en un Estado socialista de economía estatal centralizada y confiscatoria.

VI. ***Los cambios en los derechos laborales:*** una "reforma" constitucional inútil;

VII. ***Los cambios en el régimen de la Fuerza Armada,*** que buscan transformar el Estado civil en un Estado Militarista.

VIII. ***El sentido de las "futuras" reformas constitucionales ya anunciadas***

---

cia.aspx?noticiaid=212503. El inicio del procedimiento de reforma ante la Asamblea Nacional, por tanto, podría ser impugnado ante la Jurisdicción Constitucional, por inconstitucionalidad. Sin embargo, el día 17-08-2007, adelantándose a cualquier impugnación y emitiendo opinión impunemente prejuzgando cualquier asunto, la Presidenta del Tribunal Supremo de Justicia, Presidenta de la Sala Constitucional (es decir de la Jurisdicción Constitucional) y miembro del Consejo Presidencial para la Reforma Constitucional , según reseñó el periodista Juan Francisco Alonso: "dejó en claro que la Sala Constitucional no tramitará ninguna acción relacionada con las modificaciones al texto fundamental, hasta tanto éstas no hayan sido aprobadas por los ciudadanos en el referendo. "Cualquier acción debe ser presentada después del referendo cuando la reforma ya sea norma, porque no podemos interpretar una tentativa de norma. Después de que el proyecto sea una norma podríamos entrar a interpretarla y a conocer las acciones de nulidad", precisó". Véase en *El Universal*, 18-08-07.

PRIMERA PARTE

LOS CAMBIOS EN LOS PRINCIPIOS FUNDAMENTALES DE LA ORGANIZACIÓN DEL ESTADO: DEL ESTADO DEMOCRÁTICO DESCENTRALIZADO AL ESTADO SOCIALISTA CENTRALIZADO

El Presidente de la República, durante todo el año 2007, y en particular en su Discurso de Presentación del Anteproyecto de Constitución ante la Asamblea Nacional ha señalado que el propósito central de la reforma propuesta es "**la construcción de la Venezuela bolivariana y socialista**" (art. 4); es decir, sembrar "**el socialismo en lo político y económico**", lo que no se hizo en la Constitución de 1999. Cuando ésta se sancionó -dijo- "no proyectábamos el socialismo como camino", agregando, que "así como el candidato Hugo Chávez repitió un millón de veces en 1998, "Vamos a Constituyente", el candidato Presidente Hugo Chávez dijo: "**Vamos al Socialismo**", y todo el que votó por el candidato Chávez, votó por ir al socialismo"[1328], de manera que por ello, el Anteproyecto de Constitución que presentó, es para "la construcción del **Socialismo Bolivariano, el Socialismo venezolano, nuestro Socialismo, nuestro modelo socialista**" (p. 34), cuyo "núcleo básico e indivisible" es "la comunidad", "donde los ciudadanos y las ciudadanas comunes, tendrán el poder de construir su propia geografía y su propia historia" (p. 23). Y todo ello bajo la premisa de que "**sólo en el socialismo será posible la verdadera democracia**" (p. 35), pero de una supuesta "democracia" que, como lo propuso el Presidente en su proyecto de reforma del artículo 136 de la Constitución, "**no nace del sufragio ni de elección alguna**, sino que nace de la condición de los grupos humanos organizados como base de la población". Es decir, una "democracia" que no es democracia, pues no hay democracia sin elección de representantes.

Todas estas propuestas las resumió el Presidente en su Discurso, así: "en el terreno político, profundizar la **democracia popular bolivariana**; en el terreno económico, preparar las mejores condiciones y sembrarlas para la construcción de un **modelo económico productivo socialista**, nuestro modelo, lo mismo en lo político la **democracia socialista**; en lo económico, el modelo productivo socialista; en el campo de la Administración Pública incorporar novedosas figuras para aligerar la carga, para dejar atrás el burocratismo, la corrupción, la ineficiencia administrativa, cargas pesadas del pasado, que todavía tenemos encima como rémoras, como fardos en lo político, en lo económico, en lo social" (p. 74).

Y todas estas propuestas de construcción del socialismo, además, el Presidente las vinculó al proyecto de Bolívar elaborado en 1819, el cual -dijo- "es **perfecta-**

1328 Es decir, se pretende imponer al 56% de los votantes que no votaron por la reelección presidencial, la voluntad expresada por sólo el 46% de los votantes inscritos en el Registro Electoral que votaron por la elección del Presidente. Según las cifras oficiales del CNE, en las elecciones de 2006, de un universo 15.784.777 votantes inscritos en el Registro Electoral, sólo 7.309.080 votaron por el Presidente.

mente aplicable a un proyecto socialista: perfectamente se puede tomar **la ideología bolivariana originaria, como elemento básico de un proyecto socialista**" (p. 42)[1329].

Estas propuestas, sin duda, tocan las bases fundamentales del Estado, en particular, en relación a la ampliación constitucional de la llamada doctrina bolivariana; a la sustitución del Estado democrático y social de derecho por el Estado Socialista; a la eliminación de la descentralización como política de Estado en aras de la participación política; a la desarticulación de la organización de la Administración Pública, y a la eliminación definitiva de la disciplina presupuestaria y del principio de la unidad del tesoro.

I. LA DOCTRINA BOLIVARIANA COMO SUPUESTA DOCTRINA DEL ESTADO SOCIALISTA

Una de las innovaciones de la Constitución de 1999, fue el cambio de la denominación de la República de Venezuela por el de "República Bolivariana de Venezuela" (art. 1), que fue propuesta por el Presidente de la República en su trabajo *Ideas Fundamentales para la Constitución Bolivariana de la V República,* (Caracas 05-08-99) presentado a la Asamblea Nacional Constituyente. Ello, si bien fue rechazada por la mayoría oficialista de los constituyentes en la primera discusión del proyecto de Constitución, luego estos cambiaron radicalmente su parecer, aprobándola en segunda discusión (*Gaceta Constituyente (Diario de Debates), Noviembre 1999-Enero 2000,* Sesión de 12-11-99, N° 42, pp. 4 a 6).

El anterior nombre de "República de Venezuela", había sido el que había tenido la República entre 1811-1821 y luego, desde 1830 hasta 1999, con la sola excepción del período 1821-1830 cuando Venezuela desapareció como Estado independiente al ser integrada a la República de Colombia, precisamente a propuesta de Simón Bolívar. La verdad es que esta última organización política fue la que respondió a lo que podría considerarse una concepción "bolivariana" del Estado, donde Venezuela simplemente no existió como tal.

El cambio de nombre, por tanto, en 1999 nada tenía que ver con Simón Bolívar y su pensamiento, y ni siquiera con la idea de construcción del socialismo –pues incluso, como lo dijo el Presidente en su discurso del 15 de agosto de 2007, en ese momento no estaba planteado- , y realmente obedeció a una motivación político partidaria, partisana o partidista que inicialmente derivó de la denominación del Movimiento político que había sido establecido por el Presidente de la República que, como partido político, sin embargo no podía funcionar con esa denominación por utilizar el nombre del Libertador. De manera que fue el "partido bolivariano" el que le dio el nombre a la República, habiéndose hecho en la Constitución referencia al tema "bolivariano", además, en el artículo 107, al referirse a la obligatoriedad de la

---

1329 Debe recordarse que solo un mes antes del Discurso del Presidente de la República en la presentación de su Anteproyecto de reforma de la Constitución, quien fuera su Ministro de la Defensa hasta el 18-07-2007, General en jefe, Raúl Baduel, en su discurso al dejar el Ministerio del Poder Popular para la Defensa, había dicho que el llamado del Presidente "a construir el Socialismo del Siglo XXI, implica la necesidad imperiosa y urgente de formalizar un modelo teórico propio y autóctono de Socialismo que esté acorde a nuestro contexto histórico, social, cultural y político", pero que "este modelo teórico hasta los momentos, ni existe ni ha sido formulado".

enseñanza en las instituciones públicas y privadas, hasta el ciclo diversificado, de los principios del **ideario bolivariano.**

La doctrina bolivariana, ahora identificada por el Presidente de la República con el modelo socialista político económico del Estado, además de identificar al Estado mismo, es decir, a la República, en el ***Anteproyecto para la 1era. Reforma Constitucional PR, agosto 2007***, se lo utiliza para afirmar que "l**a Republica Bolivariana de Venezuela es el producto histórico de la confluencia de varias culturas**" (art. 100), y además, para calificar a la Fuerza Armada, como **Fuerza Armada Bolivariana** (art. 156,8; 236,6; 328 y 329) y a sus componentes como **Ejército Bolivariano, Armada Bolivariana, Aviación Bolivariana, Guardia Territorial Bolivariana y Milicia Popular Bolivariana** (Art. 329). Además, en el artículo 328, se propone que las funciones de la Fuerza Armada Bolivariana para garantizar la independencia y soberanía de la Nación, preservarla de cualquier ataque externo o interno y asegurar la integridad del espacio geográfico, se deben realizar "mediante el estudio, planificación y ejecución de **la doctrina militar bolivariana".**

El tema de la doctrina bolivariana como doctrina del Estado, en las ***Propuestas de Reforma del CPRC, junio 2007***, también se formuló para agregar en varios artículos, así: en el artículo 152 sobre los principios que deben guiar las relaciones internacionales de la República, se propone agregar que "**se rigen por la Doctrina Bolivariana**"; y también, como lo propuso el Presidente en su Anteproyecto, para la denominación de la **Fuerza Armada Bolivariana** en los artículos 236,6; 266,3; y 291.

II. LA SUSTITUCIÓN DEL ESTADO DEMOCRÁTICO Y SOCIAL DE DERECHO Y DE JUSTICIA POR EL ESTADO SOCIALISTA

El artículo 2 de la Constitución define a Venezuela como un Estado democrático y social de derecho y de justicia, con lo que se sigue la tradición del constitucionalismo contemporáneo construido, precisamente, para diseñar un **Estado no socialista**, tal como se recogió en la Constitución de la República Federal de Alemania de 1949 (art. 20,1), en la Constitución española de 1978 (art. 1°) y en la Constitución de Colombia de 1991 (art. 1°).

En esta concepción de Estado liberal de economía mixta no socialista, la idea de **Estado social** es la de un Estado con obligaciones sociales, de procura de la justicia social, lo que lo lleva a intervenir en la actividad económica y social, como Estado prestacional. Tal carácter social deriva principalmente del valor fundamental de la igualdad y no discriminación (arts. 2 y 21); y de la declaración del principio de la justicia social como base del sistema económico (art. 299).

El **Estado democrático**, es el que fundamenta toda la organización política de la Nación en el principio democrático representativo, que deriva del Preámbulo (sociedad democrática) y de los artículos 2, 3, 5 y 6 de la Constitución, al identificar como valor fundamental del constitucionalismo a la democracia, que se tiene que ejercer mediante representantes (democracia representativa) además de mediante elementos de democracia directa.

El **Estado de derecho** es el Estado sometido al imperio de la Ley o legalidad como lo señala el Preámbulo, lo que implica el sometimiento de la actuación del Estado a controles judiciales independientes (arts. 7, 137,258, 334 y 336); lo que implica también que se lo defina como un **Estado de justicia**, que tiene que tender a garantizar la justicia por encima de la legalidad formal (art. 26).

La propuesta de crear un **Estado Socialista** en lugar del tradicional Estado democrático y Social de derecho y de justicia, aún cuando el ***Anteproyecto para la 1era. Reforma Constitucional PR, agosto 2007*** **no haga mención al artículo 2 de la Constitución**, es evidente que el mismo resultará cambiado radicalmente, pues **un modelo de Estado Socialista es absolutamente incompatible con el Estado democrático y Social de derecho y de justicia**. Es un engaño más, por tanto, formular una propuesta de reforma constitucional para establecer un Estado Socialista sin que se cambie el artículo 2 de la Constitución. Ello, sin embargo, se ha hecho para pretender argumentar que no se están tocando los aspectos fundamentales del Estado y que por ello no se recurrió al procedimiento de la Asamblea Nacional Constituyente para reformar la Constitución[1330]. Es decir, un fraude más a la Constitución.

En particular, las referencias al **Estado Socialista** están en las propuestas de reforma referidas al artículo 16, donde se crean las Comunas y Comunidades como "el núcleo espacial básico e indivisible del **Estado Socialista Venezolano**"; al artículo 70, donde al definirse los medios de participación y protagonismo del pueblo en ejercicio directo de su soberanía, se indica que es "para la **construcción del socialismo**", haciéndose mención a las diversas asociaciones "constituidas para desarrollar los valores de la mutua cooperación y la **solidaridad socialista**"; al artículo 112 donde se indica, en relación con el modelo económico del Estado, que es para crear "las mejores condiciones para la construcción colectiva y cooperativa de una **Economía Socialista**"; y al artículo 113 que precisa la necesidad de la constitución de "empresas mixtas y/o unidades de **producción socialistas**".

Además, en el Anteproyecto del Presidente se busca derogar y sustituir el artículo 158 de la Constitución de 1999 **que define a la descentralización como política nacional**, para "**profundizar la democracia, acercando el poder a la población y creando las mejores condiciones, tanto para el ejercicio de la democracia** como para la prestación eficaz y eficiente de los cometidos estatales", y establecer, en cambio, sólo que "El Estado promoverá como política nacional, **la participación protagónica del pueblo, transfiriéndole poder** y creando las mejores condiciones para la construcción de una **Democracia Socialista**".

La misma orientación que adopta el ***Anteproyecto para la 1era. Reforma Constitucional PR, agosto 2007*** fue la que se siguió en las ***Propuestas de Reforma del CPRC, junio 2007***, entre las cuales se destaca la referencia en el artículo 62 en relación con la participación del pueblo en el proceso de definición y ejecución de la gestión pública y en el control y evaluación de sus resultados, indicándose que ello "constituye la esencia del ejercicio directo de la soberanía por parte del pueblo y de su protagonismo en función del desarrollo social integral para la **construcción de la sociedad socialista**"; al artículo 70, que al igual que lo indicado en el ***Anteproyecto para la 1era. Reforma Constitucional PR, agosto 2007,*** también se precisan los "medios de participación y protagonismo del pueblo en ejercicio directo de su sobe-

1330 Ello lo declaró la Presidenta de la Asamblea Nacional el 23 de agosto de 2007 al aprobarse el Anteproyecto de Reforma Constitucional, en bloque, en primera discusión. Véase *El Universal*, Caracas, 24-08-2007.

ranía, para la **construcción del socialismo**"; al artículo 113 sobre la prohibición de los monopolios, donde se indica que ello es "en aras de materializar los **principios de la economía socialista** y humanista"; al artículo 299, sobre los principios del régimen socioeconómico de la República, en el cual se indica que su objetivo general es "asegurar el establecimiento de una **sociedad socialista** que propenda al desarrollo humano integral y una existencia digna y provechosa para la colectividad"; al artículo 300 que se refiere a la creación de empresas públicas, donde se precisa que en lugar de que las mismas realicen "actividades sociales o empresariales" como indica la Constitución de 1999, se busca regularlas sólo "para la promoción y realización de los fines de la **economía socialista**"; y al artículo 316 sobre el sistema tributario, donde al regularse el principio de la progresividad se dispone que su objetivo es que "paguen cualitativa y cuantitativamente más tributos quienes mayores niveles de egresos y patrimonios posean, todo bajo la óptica de la solidaridad y el **modelo tributario socialista".**

III. LA ELIMINACIÓN DE LA DESCENTRALIZACIÓN COMO POLÍTICA DE ESTADO

La Constitución de 1999 en su artículo 4 precisó que "La República Bolivariana de Venezuela es un **Estado federal descentralizado** en los términos consagrados por esta Constitución"; incorporando algunos aspectos que se habían establecido en la Ley Orgánica de Descentralización, Delimitación y Transferencia de Competencias del Poder Público de 1989, relativos a la transferencia a los Estados de competencias que eran del Poder Nacional. La descentralización en esta forma, como política de Estado se reflejó en varias normas de la Constitución, como sucedió, por ejemplo, en el artículo 6 (que define al gobierno como ***descentralizado*)**, en el artículo 16 (al hablar de "la autonomía municipal y la **descentralización** político-administrativa"; en el artículo 84 (que se refiere al sistema público nacional de salud ***descentralizado***); en los artículos 269 y 272 (sobre la administración de justicia y penitenciaria descentralizada); en el artículo 285 (sobre la administración electoral descentralizada); y en el artículo 300 (sobre organización administrativa económica del Estado funcionalmente descentralizada).

Pero además, respecto de todas las actividades públicas, la Constitución de 1999 al establecer los principios de la ***política nacional de descentralización***, exige que la misma "**debe profundizar la democracia, acercando el poder a la población** y creando las mejores condiciones, tanto **para el ejercicio de la democracia** como para la prestación eficaz y eficiente de los cometidos estatales" (art. 158). Por ello, el artículo 185 identificó al Consejo Federal de Gobierno como "el órgano encargado de la planificación y coordinación de políticas y acciones para el desarrollo del proceso de ***descentralización*** y transferencia de competencias del Poder Nacional a los Estados y Municipios"; y el artículo 166 de la Constitución dispuso que los Estados "***descentralizarán*** y transferirán a los Municipios los servicios y competencias que gestionen y que éstos estén en capacidad de prestar, así como la administración de los respectivos recursos, dentro de las áreas de competencias concurrentes entre ambos niveles del Poder Público"; y en general, el artículo 184 exigió que mediante ley, el Estado cree "**mecanismos abiertos y flexibles** para que los Estados y los Municipios ***descentralicen*** y transfieran a las comunidades y grupos vecinales organizados los servicios que éstos gestionen previa demostración de su capacidad para prestarlo", entre otros aspectos, promoviendo "la creación de nuevos sujetos de ***des-***

centralización a nivel de las parroquias, las comunidades, los barrios y las vecindades a los fines de garantizar el principio de la corresponsabilidad en la gestión pública de los gobiernos locales y estadales y desarrollar procesos autogestionarios y cogestionarios en la administración y control de los servicios públicos estadales y municipales"(art. 184,6).

Todo esto se elimina en las propuestas contenidas en el ***Anteproyecto para la 1era. Reforma Constitucional PR, agosto 2007,*** así como en las ***Propuestas de Reforma del CPRC, junio 2007***, en las cuales siguiendo la orientación de esa práctica política de los últimos años, definitivamente se busca **centralizar totalmente el Estado y eliminar todo vestigio de descentralización como organización y política pública, de autonomía territorial y de democracia representativa a nivel local,** es decir, de la unidad política primaria en el territorio. Ello, sin duda toca un aspecto fundamental y medular del Estado que no puede ser cambiado mediante una reforma constitucional[1331].

En efecto, en el ***Anteproyecto para la 1era. Reforma Constitucional PR, agosto 2007,*** así como en las ***Propuestas de Reforma del CPRC, junio 2007***, se propone eliminar todo vestigio de "descentralización política", comenzando por el principio fundamental de **descentralización y autonomía** territorial del artículo 16 de la Constitución de 1999 que exige que la división político territorial de la República garantice siempre **"la autonomía municipal y la descentralización** político administrativa", como elementos básicos de la democracia de participación (autonomía y descentralización), proponiéndose en cambio una división territorial que sólo garantice "la participación del **Poder Popular**."

Además, en el ***Anteproyecto para la 1era. Reforma Constitucional PR, agosto 2007,*** se deroga y elimina el artículo 158 de la Constitución de 1999 que como se indicó, definió la *política nacional de descentralización* para "profundizar la democracia, acercando el poder a la población y creando las mejores condiciones, tanto para el ejercicio de la democracia como para la prestación eficaz y eficiente de los cometidos estatales". En lugar de esta norma, en el Anteproyecto se propone redactar el artículo 158 así: "El **Estado promoverá como política nacional, la partici-**

1331 Con toda precisión, la periodista Sara Carolina Díaz, en una nota publicada ("6 artículos sobre descentralización son susceptibles a modificación") en el diario "*El Universal* observó, con razón, que "al menos 6 artículos de la Carta Magna referidos a la descentralización, que no fueron mencionados en la propuesta de reforma, son susceptibles de sufrir modificaciones, luego de que el Presidente propusiera modificar el artículo 158 de manera tal de sustituir la descentralización como política nacional por la participación protagónica, entre otros. Esos artículos son el 84, 157, 165, 269, 272 y 294. La palabra descentralización aparece de modo explícito en 14 artículos del texto constitucional de 1999 y en 5 de ellos el Presidente propone eliminar dicha palabra. De los otros 9 artículos, que se supone no serán tocados, estos 6 mencionan la descentralización en distintos ámbitos como cárceles, salud y funciones de la Asamblea Nacional, y los otros 3 están contenidos en el preámbulo y en parte de los 9 de los principios fundamentales de la Carta Magna. Estos principios son considerados intocables por el oficialismo para no justificar una Constituyente. Sin embargo fueron, al menos en lo referente a la descentralización, trastocados (y eliminados) en la reforma que plantea el presidente Chávez a los artículos 16, 184, 185, 300 y el mencionado 158. El artículo 4 parte de estos principios fundamentales "intocables", establece que Venezuela es un estado federal descentralizado. La presidenta de la AN, Cilia Flores, ha insistido en que estos principios no serán modificados. Sin embargo, ha reconocido que es probable que modifiquen artículos más allá de los 33 propuestos. La justificación es que otros artículos pueden verse afectados. La presidenta del TSJ, Luisa E. Morales, dijo que sólo deben cambiar los artículos de la propuesta y los que tengan relación directa con estos artículos". Véase en *El Universal*, Caracas 24, 08-2007.

pación protagónica del pueblo, transfiriéndole poder y creando las mejores condiciones para la construcción de una Democracia Socialista", constituyendo esta redacción, como lo indicó el Presidente de la República en su Discurso de presentación del Anteproyecto, "el desarrollo de lo que nosotros **entendemos por descentralización, porque el concepto cuartorepublicano de descentralización es muy distinto al concepto que nosotros debemos manejar**. Por eso, incluimos aquí la participación protagónica, la transferencia del poder y crear las mejores condiciones para la construcción de la democracia socialista".

Por otra parte, en cuanto a las referencias que se hacen en los artículos 269 y 272 (administración de justicia y penitenciaria **descentralizada**) y en el artículo 295 (administración electoral **descentralizada**) de la Constitución sobre la descentralización, las mismas se propone sean eliminadas en las ***Propuestas de Reforma del CPRC, junio 2007***, e, incluso, la palabra descentralización se elimina respecto de las empresas públicas en el artículo 300 tanto en el ***Anteproyecto para la 1era. Reforma Constitucional PR, agosto 2007,*** como en las ***Propuestas de Reforma del CPRC, junio 2007.***

IV. LA FRAGMENTACIÓN DE LA ADMINISTRACIÓN PÚBLICA DEL ESTADO

Una de las innovaciones más importantes de la Constitución de 1999 fue el haber incorporado una normativa específica destinada a regular los principios fundamentales de la Administración Pública del Estado, buscando su racionalización, y en especial disponiendo en el artículo 141, como principios fundamentales, primero, que la Administración Pública **está al servicio de los ciudadanos;** segundo, que se fundamenta en los principios de **honestidad, participación, celeridad, eficacia, eficiencia, transparencia, rendición de cuentas y responsabilidad en el ejercicio de la función pública**, y tercero, que debe actuar con **sometimiento pleno a la ley y al derecho**, lo que implica la formulación constitucional del **principio de legalidad**.

En el ***Anteproyecto para la 1era. Reforma Constitucional PR, agosto 2007,*** se propone eliminar todos estos principios fundamentales sobre la Administración Pública, eliminando el principio de que como un universo está al **servicio de los ciudadanos**, sustituyendo la norma del artículo 141 por otra en la que se dispone que **está al sólo servicio del Estado, eliminándose el derecho de los ciudadanos a que la Administración esté a su servicio.** Se propone en efecto, que el artículo 141 disponga que: "Las administraciones públicas son las estructuras organizativas **destinadas a servir de instrumento a los poderes públicos,** para el ejercicio de sus funciones, y para la prestación de los servicios".

En la redacción que se propone del artículo 141, además, se busca fragmentar a la Administración Pública, pasándose de un régimen universal de "la Administración Pública" a regular a "las administraciones públicas", las cuales, incluso, contra toda técnica legislativa, se las clasifica en las siguientes dos "categorías": "**las administraciones públicas burocráticas o tradicionales**, que son las que atienden a las estructuras previstas y reguladas en esta constitución y las leyes; y "**las misiones**", constituidas por organizaciones de variada naturaleza, creadas para atender a la satisfacción de las más sentidas y urgentes necesidades de la población, cuya prestación exige de la aplicación de **sistemas excepcionales, e incluso, experimentales,** los cuales serán **establecidos por el Poder Ejecutivo mediante reglamentos organizativos y funcionales**".

Es decir, con la reforma constitucional propuesta, en lugar de corregir el descalabro administrativo producido por la indisciplina presupuestaria de fondos asignados a "misiones" fuera de la organización general del Estado, se pretende constitucionalizar el desorden administrativo, calificándose a las estructuras administrativas del Estado como "burocráticas o tradicionales", renunciando a que las mismas sean reformadas para convertirlas en instrumentos para precisamente atender a la satisfacción de las más sentidas y urgentes necesidades de la población. Y todo ello, dejando la organización de la Administración Pública **a la sola voluntad del Presidente de la República** mediante reglamentos.

V. EL ABANDONO DE LA DISCIPLINA PRESUPUESTARIA Y DE LA UNIDAD DEL TESORO

En el ***Anteproyecto para la 1era. Reforma Constitucional PR, agosto 2007,*** aún cuando no se propone reforma alguna expresa en relación con los artículos 313 y 314 de la Constitución que establecen el principio general de la disciplina presupuestaria, con la propuesta de reforma que se formula en relación con el artículo 321 se está eliminando la disciplina presupuestaria como principio fundamental de la administración económica y financiera del Estado.

En efecto, conforme a los artículos 313 y 314 de la Constitución, la administración económica y financiera del Estado se tiene que regir por un presupuesto aprobado anualmente por la Asamblea Nacional mediante ley, en el cual deben indicarse las estimaciones de ingresos públicos y los gastos públicos anuales que puede efectuar el Ejecutivo nacional, de manera tal que en el artículo 314 se declara que "no se hará ningún tipo de gasto que no hay sido previsto en la ley de Presupuesto", siendo la excepción, sólo, en casos de créditos adicionales al presupuesto para gastos no previstos o con partidas insuficientes, que también deben ser aprobados por la Asamblea nacional.

Todo este sistema de disciplina presupuestaria que exige que en el presupuesto estén la totalidad de los ingresos estimados y de los gastos proyectados, se busca desquiciar formalmente, al proponerse en el ***Anteproyecto para la 1era. Reforma Constitucional PR, agosto 2007,*** la reforma del artículo 321, en el cual, en lugar de establecer, como lo hace la Constitución de 1999, que la ley debe establecer "un fondo de estabilización macroeconómica destinado a garantizar la estabilidad de los gastos del Estado en los niveles municipal, regional y nacional, ante las fluctuaciones de los ingresos ordinarios", el cual debe funcionar bajo los "principios básicos la eficiencia, la equidad y la no discriminación entre las entidades públicas que aporten recursos al mismo"; se propone en relación con la a**dministración de las reservas internacionales (art. 318), que "el Jefe del Estado establecerá,** en coordinación con el Banco Central de Venezuela y al final de cada año, el nivel de las **reservas necesarias para la economía nacional,** así como el monto de las **reservas excedentarias,** las cuales se destinarán **a fondos que disponga el Ejecutivo Nacional** para inversión productiva, desarrollo e infraestructura, **financiamiento de las misiones** y, en definitiva, el desarrollo integral, endógeno, humanista y socialista de la nación", con lo que se propugna la ruptura definitiva del principio de la unidad del Tesoro.

En esta forma, se busca constitucionalizar el mecanismo de financiamiento paralelo al presupuesto, mediante **fondos creados por el sólo Ejecutivo Nacional** destinado a las misiones, que como se dijo, también se propone que estén a cargo de "misiones" como organizaciones administrativas públicas paralelas a la Administración Pública burocrática y tradicional".

Se observa, sin embargo, que en la propuesta de reforma del artículo 184 de la Constitución que se formula en el ***Anteproyecto para la 1era. Reforma Constitucional PR, agosto 2007***, se precisa que será la ley la que debe crear "un Fondo destinado al financiamiento de los proyectos de los Consejos Comunales".

SEGUNDA PARTE:

LOS CAMBIOS EN EL SISTEMA POLÍTICO: DE LA DEMOCRACIA REPRESENTATIVA A LA SUPUESTA PARTICIPACIÓN POPULAR CONDUCIDA POR EL PODER CENTRAL

I. LA ELIMINACIÓN DE LA DEMOCRACIA REPRESENTATIVA A NIVEL LOCAL Y SU SUSTITUCIÓN POR UNA SUPUESTA "PARTICIPACIÓN PROTAGÓNICA"

El artículo 5° de la Constitución, se establece que "la soberanía reside intransferiblemente en el pueblo, quien la ejerce directamente en la forma prevista en esta Constitución y en la Ley, e indirectamente, mediante el sufragio, por los órganos que ejercen el Poder Público". Con esta norma, si bien se siguió la tradición republicana de la soberanía popular iniciada en 1811, en particular, en la Constitución de 1999 el concepto de representatividad política (democracia indirecta) se complementó con la previsión del ejercicio directo de la democracia, mediante los mecanismos de participación previstos en el artículo 62 que consagra el derecho de todos los ciudadanos "de participar libremente en los asuntos públicos, directamente o por medio de sus representantes".

La democracia, por tanto, para ser tal, tiene que ser representativa, pudiendo **además**, establecerse mecanismos de democracia directa; y por ello, en la Constitución de 1999 se exige que la representatividad democrática **siempre tiene que tener su fuente en elecciones populares universales, directas y secretas** (art. 70), destinadas a elegir los titulares de los órganos que ejercen el Poder Público que, por supuesto, son los que establece la Constitución conforme a los principios de distribución y separación del Poder Público (art. 136). En el texto de la Constitución de 1999 si bien es cierto que se eliminó la palabra "representativo" para calificar al gobierno (art. 6), se precisa en dicha norma que debe ser "democrático, participativo, electivo, descentralizado, alternativo, responsable, pluralista y de mandatos revocables". Sin embargo, no existe ni puede existir democracia que no sea representativa, siendo de la esencia del régimen político democrático la idea de que el pueblo, titular de la soberanía, no la ejerce directamente, sino a través de representantes.

Esta democracia representativa, por supuesto, no se opone a democracia participativa, y ambas se diferencian de los mecanismos de democracia directa como la que deriva de los referendos (consultivas, aprobatorios, abrogatorios y revocatorios) (arts. 78 ss.) que perfeccionan la democracia, al igual que de las consultas populares, la revocatoria del mandato, la iniciativa legislativa, constitucional y constituyente, el cabildo abierto y la asamblea de ciudadanos y ciudadanas (art. 62), todas reguladas como formas de participación política en la Constitución.

Sin embargo, la democracia representativa no puede pretender ser sustituida por la "democracia participativa"; ello es una falsedad para no calificarla de ilusión. La democracia, para que sea participativa, además de esencialmente representativa, lo que tiene que permitir al ciudadano es participar en los asuntos públicos, **teniendo acceso al poder cuando lo tiene que tener cerca**, lo que necesariamente implica un bien arraigado y desarrollado sistema de gobierno local, en cada lugar, asentamiento urbano o rural, que sólo puede estar **basado en la descentralización política, es decir, en la creación de entidades políticas autónomas que permitan el autogobierno local**. En ese sentido, participar es sólo posible cuando mediante la descentralización, se crean autoridades locales en los niveles territoriales más pequeños, lo que implica desparramar el poder.

Ello, por supuesto, es contrario a la concentración del Poder y al centralismo que es lo que encubriéndolo con el tema del socialismo y la "participación protagónica" es lo que se busca en las propuestas de reformas constitucionales de 2007, al pretender eliminarse de la Constitución, como antes se ha comentado, toda referencia a la descentralización política. Lo que se está proponiendo, en definitiva es la sustitución de la democracia representativa por una supuesta "democracia participativa", pero acabando con la propia democracia como régimen político, tratando de sustituirla por un régimen autoritario, centralizador y concentrador del Poder que impide la participación política al no existir entidades locales autónomas. Ello, como se dijo, se busca con las propuestas para **eliminar todo vestigio de autonomía territorial y de descentralización política, con lo que no puede haber democracia participativa**. Como se dijo, la participación democrática exige la existencia de **entes políticos territoriales autónomos**, sin los cuales aquella no pasa de ser una **simple movilización controlada desde el Poder Central.** Ello es lo que ocurre, precisamente, con los Consejos Comunales recién creados por ley, cuyos miembros **no son electos mediante sufragio sino designados bajo el control del propio Poder Ejecutivo Nacional,** lo cual se busca ahora consolidar constitucionalmente, con la propuesta de reforma del artículo 16 al referirse a la división territorial para supuestamente garantizar "la participación del Poder Popular".

En efecto, conforme al artículo 16 del *Anteproyecto para la 1era. Reforma Constitucional PR, agosto 2007,* el Poder Popular se desarrolla de abajo hacia arriba, a partir la las **Comunidades,** "cada una de las cuales constituirá el núcleo espacial básico e indivisible del **Estado Socialista Venezolano,** donde los ciudadanos y las ciudadanas comunes tendrán el poder para construir su propia geografía y su propia historia". Estas **Comunidades** estarán agrupadas en **Comunas,** que serán "áreas o extensiones geográficas" que son "células geo-humanas del territorio"; y estas, a su vez, estarán agrupadas, en **ciudades** que se conciben como **"la unidad política primaria_de la organización territorial nacional"**, entendidas **"como todo asentamiento poblacional dentro del Municipio"**. En esta forma, es a partir de la **Comunidad y la Comuna,** que **"el Poder Popular desarrollará formas de agregación comunitaria Político-Territorial, las cuales serán reguladas en la Ley, y que constituyan formas de Autogobierno y cualquier otra expresión de Democracia Directa."**

La propuesta de reforma formulada en el *Anteproyecto para la 1era. Reforma Constitucional PR, agosto 2007,* respecto del artículo 136, en todo caso, es precisa al referirse al Poder Popular y establecer que el mismo "**se expresa constituyendo las comunidades, las comunas y el autogobierno de las ciudades, a través de los consejos comunales, los consejos obreros, los consejos campesinos, los consejos estudiantiles y otros entes que señale la ley"**, pero que siendo el pueblo "el depositario de la soberanía" el mismo "la **ejerce directamente a través del Poder Popular"**, con la precisión de que **"éste no nace del sufragio ni de elección alguna, sino que nace de la condición de los grupos humanos organizados como base de la población".**

En definitiva, lo que se busca en esta "primera reforma", es poner **fin** a la democracia representativa a nivel local, y con ello, de todo vestigio de autonomía política territorial que es la esencia de la descentralización.

Esto mismo es lo que se había formulado en las ***Propuestas de Reforma del CPRC, junio 2007***, en relación con el artículo 61, al buscarse agregar que "La participación del pueblo en forma efectiva, suficiente y oportuna en el proceso de definición y ejecución de la gestión pública y en el control y evaluación de sus resultados **constituye la esencia del ejercicio directo de la soberanía por parte del pueblo** y de su protagonismo"; sin garantizar que ello sea mediante entes político territoriales autónomos, lo que hace la propuesta esté vacía de democracia representativa. Además, respecto del artículo 62, en las ***Propuestas de Reforma del CPRC, junio 2007*** se busca cambiar el **sentido y propósito de la participación democrática**, calificándola solo como el mecanismo para la construcción de una **sociedad socialista**, proponiéndose que la norma disponga que "La participación del pueblo en forma efectiva, suficiente y oportuna en el proceso de definición y ejecución de la gestión pública y en el control y evaluación de sus resultados **constituye la esencia del ejercicio directo de la soberanía por parte del pueblo** y de su protagonismo en función del desarrollo social integral para la construcción de la **sociedad socialista**".

Por otra parte, en las ***Propuestas de Reforma del CPRC, junio 2007,*** los medios de participación política del artículo 70, se los identifica como medios del pueblo en ejercicio **directo** de su soberanía "**para la construcción del socialismo**", agregándose entre los medios de participación de orden político, además, a los **Consejos Comunales**. Las Propuestas también buscan agregar a los medios de participación en lo social y económico, a "la **gestión directa y democrática por parte de los trabajadores y trabajadoras de cualquier empresa de propiedad social, colectiva o del Estado**" y a "las **empresas de producción social**, las organizaciones financieras comunales y microfinancieras".

Por otra parte, en cuanto a la eliminación de la **democracia representativa a nivel local,** como resulta del *Anteproyecto para la 1era. Reforma Constitucional PR, agosto 2007* y en las ***Propuestas de Reforma del CPRC, junio 2007,*** ello se reafirma en materia de elección de los jueces de paz que en la Constitución se garantiza que debe ser "por votación universal, directa y secreta" y que en la propuesta de reforma del artículo 258, lo que se establece es que los jueces de "paz serán designados por la asamblea de ciudadanos por votación universal, directa y secreta", es decir, **eliminando el carácter popular de la elección**.

En definitiva, en nombre de la "democracia participativa" lo que se busca es eliminar la democracia representativa a nivel local, y sustituirla por una supuesta "democracia directa" de "participación" en asambleas de ciudadanos, comunidades, comunas y ciudades, **que no son entes políticos territoriales autónomos**, todas controladas desde el Poder Central; y si bien en las propuestas de reforma de los artículos 16 y 136 se habla de formas de autogobierno y del autogobierno de las ciudades, no se indica que los mismos deban ser el resultado de una elección popular.

Debe indicarse, por último, en relación con las organizaciones del Poder Popular que como la Constitución de 1999 reconoció el derecho de los trabajadores y de la comunidad, para desarrollar asociaciones de carácter social y participativo, como las cooperativas, cajas de ahorro, mutuales y otras formas asociativas, para realizar cualquier tipo de actividad económica (art. 118); ahora, conforme a las ***Propuestas de Reforma del CPRC, junio 2007***, se busca que en el artículo 118 se agregue, a los "**consejos comunales, organizaciones comunitarias, comunidades indígenas, empresas de producción social**", con la precisión de que el Estado debe ejercer "la **supervisión e incluso la intervención** necesaria para evitar que se **desvíen** de su objetivo comunitario, cooperativo y de interés social, para constituirse en **meros instrumentos de intereses privados particulares**".

II. LA ELIMINACIÓN DEL PRINCIPIO DE LA ALTERNABILIDAD REPUBLICANA CON LA PROPUESTA DE REELECCIÓN INDEFINIDA DEL PRESIDENTE DE LA REPÚBLICA

Conforme al artículo 4 de la Constitución, el gobierno de la República y de todas las entidades políticas que la componen tiene que ser democrático alternativo, y de allí las limitaciones que la Constitución establece respecto de la reelección de funcionarios.

En efecto, en cuanto al Presidente de la República, el artículo 230, cambiando radicalmente la tradición constitucional anterior, estableció la posibilidad de la reelección inmediata del Presidente de la República, aún cuando por una sola vez, para un nuevo período; el artículo 192 dispuso que los diputados a la Asamblea Nacional podían ser reelegidos sólo "por dos periodos consecutivos como máximo"; el artículo 160 dispuso que los Gobernadores de Estado podían ser "reelegidos, de inmediato y por una sola vez, para un nuevo período"; el artículo 162 dispuso que los legisladores a los Consejos Legislativos de los Estados podían ser reelegidos sólo "por dos periodos consecutivos como máximo"; y el artículo 174 dispuso que los Alcaldes podían ser "reelegidos, de inmediato y por una sola vez, para un nuevo período".

En el ***Anteproyecto para la 1era. Reforma Constitucional PR, agosto 2007,*** se ha propuesto reformar el artículo 230, aumentando el período constitucional del Presidente de la República a **siete años,** y establecerse que el Presidente de la República **"puede ser reelegido o reelegida de inmediato para un nuevo período".**

III. EL SISTEMA DE PARTIDOS POLÍTICOS Y DE ASOCIACIÓN POLÍTICA Y EL FINANCIAMIENTO PÚBLICO A LAS ACTIVIDADES ELECTORALES

En un marcado criterio reactivo contra los partidos políticos, en la Constitución de 1999 se eliminó tal expresión estableciéndose, en cambio, un conjunto de regulaciones contra lo que habían sido los partidos políticos tradicionales, pero garantizándose el derecho de los ciudadanos de asociarse con fines políticos mediante métodos democráticos de organización, funcionamiento y dirección.

Ahora bien, uno de los problemas vinculados a los partidos políticos había sido el tema del financiamiento público de los mismos que regulaba la Ley Orgánica del Sufragio y Participación Política, lo que había conducido a un acaparamiento inequitativo de dichos fondos. Los redactores de la Constitución reaccionaron contra ello, prohibiendo simplemente dicho financiamiento público y exigiendo control respecto del financiamiento privado de los partidos (art. 67), con lo que se retrocedió en lo que es la constante en todo el mundo democrático, habiéndose abierto, de hecho, la posibilidad de financiamiento público irregular e ilegítimo a los partidos de gobierno.

En el ***Anteproyecto para la 1era. Reforma Constitucional PR, agosto 2007,*** al igual que en las ***Propuestas de Reforma del CPRC, junio 2007,*** se busca modificar **la prohibición** establecida en el artículo 67 de financiamiento de los partidos políticos con fondos provenientes del Estado, previéndose que "**el Estado podrá financiar las actividades electorales**", pero sin indicarse si se trata de un financiamiento a los partidos políticos en general o a las actividades electorales del partido único socialista o de los candidatos a reelección. En las propuestas se establece además una remisión a la ley para establecer **"los mecanismos para el financiamiento, el uso de los espacios públicos y accesos a los medios de comunicación social en las campañas electorales, por parte de las referidas asociaciones con fines políticos".**

En las ***Propuestas de Reforma del CPRC, junio 2007,*** se agregaba que la ley debía establecer esos mecanismos "para el **financiamiento transparente** de las actividades electorales", el uso de los espacios públicos y acceso a los medios de comunicación social en las campañas electorales, por parte de las asociaciones con fines políticos".

Sin embargo, tanto en el ***Anteproyecto para la 1era. Reforma Constitucional PR, agosto 2007,*** como en las ***Propuestas de Reforma del CPRC, junio 2007,*** se busca eliminar la prohibición general que regula el artículo 67 de la Constitución de 1999, en el sentido de que "Las direcciones de las asociaciones con fines **políticos no podrán contratar con entidades del sector público**". En un sistema de partido único oficialista, la eliminación en la propuesta es un llamado a la legitimación de la imbricación total entre el partido y el Estado.

Por otra parte, tanto en el ***Anteproyecto para la 1era. Reforma Constitucional PR, agosto 2007,*** como en las ***Propuestas de Reforma del CPRC, junio 2007,*** en la propuesta de reforma del artículo 67 se establece una prohibición general en cuanto al "financiamiento a las asociaciones con fines políticos o a quienes participen en procesos electorales por iniciativa propia, por parte de **gobiernos o cualquier otra entidad pública o privada extranjeros**".

TERCERA PARTE

LOS CAMBIOS EN LA FORMA DEL ESTADO: DE LA FEDERACIÓN CENTRALIZADA A LA CENTRALIZACIÓN TOTAL DEL ESTADO

La forma del Estado venezolano, desde que se creó la República en 1811, y luego, desde que se reconstituyó la República en 1830, ha sido siempre formalmente la de una **Federación,** en la cual el Poder Público está distribuido en el territorio entre **entidades políticas territoriales autónomas** en tres niveles: el nivel nacional (República), el nivel estadal (Estados) y el nivel municipal (Municipios), cuyas respectivas autonomías garantiza la propia Constitución.

Con todos sus altibajos, y a pesar de la tendencia a centralizar la Federación, esa ha sido la forma del Estado que siempre hemos tenido, y que implica la distribución vertical del Poder Público. Esta forma de Estado federal, sin embargo, aún cuando sin eliminarla formalmente, desaparece con las reformas propuestas, de nuevo, en fraude a la Constitución.

I. EL DESMORONAMIENTO DE LA FORMA FEDERAL DEL ESTADO

1. *El vaciamiento del contenido territorial de la federación*

En efecto, en el ***Anteproyecto para la 1era. Reforma Constitucional PR, agosto 2007***, si bien no se elimina expresamente la Federación, la verdad es que de tal manera se la vacía de contenido, que materialmente desaparece.

En particular, en cuanto a los Estados y Municipios sobre cuya concepción se monta el sistema federal, conforme a la propuesta de reforma del artículo 16, si bien no se los elimina expresamente, de la norma **desaparece la garantía constitucional de la autonomía municipal y la descentralización político administrativa** que establece dicha norma de la Constitución de 1999 como condición esencial de la división territorial, sentándose las bases para vaciarlos de sentido y de competencias. Además, en cuanto a los Municipios, en la propuesta de reforma se les quita el carácter de **unidad política primaria** que el artículo 168 de la Constitución de 1999 les garantiza, y se dispone, en cambio, que "la unidad política primaria de la organización territorial nacional será **la ciudad, entendida esta como todo asentamiento poblacional dentro del Municipio, e integrada por áreas o extensiones geográficas denominadas Comunas".**

Estas **Comunas** conforme al mismo artículo 16, "serán las células geo-humanas del territorio y **estarán conformadas por las Comunidades,** cada una de las cuales constituirá el núcleo espacial básico e indivisible del Estado Socialista Venezolano, donde los ciudadanos y las ciudadanas comunes tendrán el poder para construir su propia geografía y su propia historia**".** Y se concluye indicando que "a partir de **la Comunidad y la Comuna, el Poder Popular desarrollará formas de agregación comunitaria Político-Territorial**, las cuales serán reguladas en la Ley, **y que cons-**

tituyan formas de Autogobierno y cualquier otra expresión de Democracia Directa".

La propuesta de reforma del ***Anteproyecto para la 1era. Reforma Constitucional PR, agosto 2007,*** en el artículo 16 agrega, además, que "la **Ciudad Comunal** se constituye cuando en la totalidad de su perímetro, se hayan establecido las **Comunidades** organizadas, las **Comunas** y los Autogobiernos Comunales, estando sujeta su creación a un referéndum popular **que convocará el Presidente de la República en Consejo de Ministros**".

Pero además, en la propuesta de reforma del artículo 136 relativo al Poder Público, se precisa el esquema, indicándose que "**El Poder Popular se expresa constituyendo las comunidades, las comunas y el autogobierno de las ciudades, a través de los consejos comunales, los consejos obreros, los consejos campesinos, los consejos estudiantiles** y otros entes que señale la ley", y que el mismo, es decir, **el Poder Popular** "**no nace del sufragio ni de elección alguna**, sino que nace de la condición de los grupos humanos organizados como base de la población". Se trata, en definitiva, de la **eliminación de la democracia representativa y de la autonomía política local, es decir, de la descentralización política como condición para la participación política.**

2. *La nueva división territorial de la república sujeta al Poder Central y con autoridades no electas*

Con todo el esquema antes indicado, lo que se propone en el ***Anteproyecto para la 1era. Reforma Constitucional PR, agosto 2007***, es el descuartizamiento de la forma de federal del Estado que, como se dijo, implica la división política del territorio en "entidades políticas", es decir, que gozan esencialmente de autonomía política territorial, y cuyo gobierno, como lo exige el artículo 6 de la Constitución, debe ser entre otros aspectos "electivo".

En efecto, en lugar de la organización política de la República montada en la división del territorio nacional en el de los Estados, el del Distrito Capital, el de las dependencias federales y el de los territorios federales, todas con gobiernos democráticos electos mediante sufragio, en la reforma del artículo 16 que se propone en el ***Anteproyecto para la 1era. Reforma Constitucional PR, agosto 2007***, "el territorio nacional se conforma a los fines político-territoriales y de acuerdo con la nueva geometría del poder, por un **Distrito Federal** en el cual tendrá su sede la capital de la República, por los **Estados**, las **Regiones Marítimas**, los **Territorios Federales**, los **Municipios Federales** y los **Distritos Insulares**", quedando "la vigencia de los Territorios Federales y de los Municipios Federales supeditada a la realización de un referéndum aprobatorio en la entidad respectiva", ya que con la creación de los mismos se afecta la división política territorial de los Estados. Se dispone, sin embargo, que la organización político-territorial de la República se debe regir por una Ley Orgánica.

Además, conforme a la propuesta del mismo artículo 16, y dejando aparte las de orden local ya referidas mediante las cuales el Municipio se vacía en las Comunidades, comunas y ciudades, a partir de las cuales se propone desarrollar el Poder Popular, se busca autorizar al **Presidente de la República, en Consejo de Ministros,** para que "previo acuerdo aprobado por la mayoría simple de los diputados y diputadas de la Asamblea Nacional", pueda **"crear mediante decreto, Provincias Fede-**

rales, Ciudades Federales y Distritos Funcionales, así como cualquier otra entidad que establezca la Ley". Es decir, con la propuesta de reforma, la división político territorial de la República deja de ser una materia de rango constitucional como siempre lo ha sido, y se pretende que pase a ser una materia ni siquiera de regulación mediante ley, sino de la sola regulación ejecutiva.

Respecto de esas entidades territoriales nuevas, en el ***Anteproyecto para la 1era. Reforma Constitucional PR, agosto 2007***, se indica que los "**Distritos Funcionales"** que pueden ser conformados "por uno o más Municipios o Lotes Territoriales de estos**, sin perjuicio del Estado al cual pertenezcan",** se crearán conforme a las características históricas, socio-económicas y culturales del espacio geográfico correspondiente, así como en base a las potencialidades económicas que, desde ellos, sea necesario desarrollar en beneficio del país"; y que la creación de los mismos "implica la elaboración y activación de una **Misión Distrital con el respectivo Plan Estratégico-funcional a cargo del Gobierno Nacional,** con la participación de los habitantes de dicho Distrito Funcional y en consulta permanente con sus habitantes"**.**

En cuanto a las **Ciudades federales,** conforme a la propuesta de reforma, su organización y funcionamiento debe hacerse "de conformidad con los que establezca la ley respectiva", y en este caso, también implica "la activación de una Misión Local con su correspondiente plan estratégico de desarrollo".

En cuanto a los **Territorios Federales, los Municipios Federales y las Ciudades Federales,** se trata, conforme a la propuesta de reforma, no de entidades políticas con alguna autonomía, sino de entidades sujetas al Poder Central, de manera que se propone que sea "el Poder Nacional" el que designe a "las autoridades respectivas, por un lapso máximo que establecerá la Ley y sujeto a mandatos revocables".

En cuanto a las "**Provincias Federales**", en la propuesta de reforma se dispone que las mismas "se conformarán como unidades de agregación y coordinación de políticas territoriales, sociales y económicas a escala regional, siempre en función de los planes estratégicos nacionales y el enfoque estratégico internacional del Estado venezolano", y se "constituirán pudiendo agregar indistintamente Estados y Municipios, sin que estos sean menoscabados en las atribuciones que esta Constitución les confiere".

En forma esquemática, todas estas propuestas de división territorial que en general quedarían a la sola decisión del Poder Ejecutivo, darían lugar al siguiente esquema:

REPÚBLICA

C. 1999	***Reforma 2007***
Estados/Distrito Capital	Estados/ Distrito Federal
Territorios y Dependencias Federales	Territorios federales (art. 16; 156,11; 236,3), Regiones marítimas, Distritos insulares (art. 16); Dependencias federales (art. 156,10), Provincias federales (arts. 16; 156,11; 36,3), Territorios Comunales (art. 156,11)
	Distritos funcionales (art. 16).
	Misión Distrital, Misión Local (art. 16)
Municipios:	Municipios
unidad política primaria	Municipios federales (art. 16)
Otras entidades locales	Ciudad: **unidad política primaria** (art. 16)
	Ciudades federales (arts. 16; 156,11; 236,3)
	Ciudades Comunales (art. 16; 156,11)
	Comunas (arts. 16; 18; 84)
	Comunidades (art. 16; 18)
	Asamblea de Ciudadanos (Consejo Comunal) (arts. 70; 136; 184
	(Consejos obreros, Consejos campesinos, Consejos estudiantiles) (art. 70; 136)

Como se dijo, si bien en las propuestas del ***Anteproyecto*** no se propuso la eliminación formal de los Estados y Municipios, sin embargo, como se verá, las propuestas en materia de distribución de competencias y de vaciamiento de las mismas en los Consejos Comunales, hacen que materialmente desaparezcan por inoperantes. Por otra parte, y salvo en el caso de los Estados y Municipios, todas las otras entidades territoriales se establecen sin garantía alguna de que sus gobiernos serán electos mediante sufragio universal, directo y secreto. Al contrario, como nuevas organizaciones que se integran al Poder Popular, lo que se propone en el artículo 136 es establecer que como "El pueblo es el depositario de la soberanía y la ejerce directamente a través del Poder Popular", "**este no nace del sufragio ni de elección alguna,** sino que nace de la condición de los grupos humanos organizados como base de la población". Es decir, el principio del fin de la democracia representativa.

Todas estas propuestas del ***Anteproyecto para la 1era. Reforma Constitucional PR, agosto 2007***, en cierta forma ya se habían anunciado en las ***Propuestas de Reforma del CPRC, junio 2007***, también en relación con el artículo 16, en el cual al buscarse cambiar la división político territorial, solo se agrega a los "**territorios Comunales**" aún cuando sin definirse, y al disponerse que el objetivo de la división territorial era garantizar "la participación del **Poder Popular**", cuya definición conceptual no se establece, ya que no se conoce la propuesta de reforma del artículo 136. En cuanto a la creación de los territorios federales especiales que conforme a la Constitución de 1999 exige que se haga mediante Ley Orgánica previa la realización de un referendo también, esta exigencia se busca eliminarla, y se le atribuye tal **facultad al Presidente de la República** previa aprobación de la mayoría de la Asamblea Nacional. Igual sucede con la creación de territorios Comunales.

La creación de estos territorios, por supuesto, afecta el de los Estados, y por ello, el artículo 16 de la Constitución de 1999 exige la participación activa de la población del mismo para aprobar mediante **referendo** toda afectación del territorio del Estado, lo que **se buscó eliminar** en las ***Propuestas de Reforma del CPRC, junio 2007.***

3. *La nueva concepción de la Ciudad Capital sin autonomía política ni gobierno democrático local*

Una de las reformas importantes en la Constitución de 1999 fue la de asegurar definitivamente un régimen de gobierno local descentralizado y democrático para la ciudad capital, garantizando la autonomía municipal y la participación política de las diversas entidades que componen la ciudad. Por ello la figura del gobierno metropolitano a dos niveles: para asegurar el gobierno global (metropolitano) de la ciudad y a la vez, asegurar el gobierno local. En esta forma se eliminó el Distrito Federal que había quedado como vestigio decimonónico del esquema tradicional de las federaciones, en el cual la ciudad capital carecía de autogobierno.

En las propuestas de reforma constitucional que se han anunciado en 2007, lamentablemente, se propone volver al mismo esquema del siglo XIX, ya superado en todas las Federaciones del mundo, de ausencia de gobierno local en la ciudad capital.

En efecto, en el ***Anteproyecto para la 1era. Reforma Constitucional PR, agosto 2007***, en relación con el artículo 18, se propone **eliminar el Distrito Capital** y la organización municipal del mismo, y su sustitución por un **Distrito Federal**, que se propuso revivir, pero **sin garantía constitucional alguna de la autonomía municipal o territorial** ni "carácter democrático y participativo de su gobierno" como lo establece la Constitución de 1999, con lo cual se busca que pase a estar **controlado por el Poder Nacional, como fue la concepción original del Distrito Federal en 1863,** para que en la capital de la República y sede del **Poder nacional, no exista gobierno local y democrático alguno con autonomía**. En lugar del artículo 18 de la Constitución de 1999 se propone que la norma se redacte de manera de regular a la ciudad de Caracas como la capital de la República y el asiento de los órganos del Poder Nacional, remitiendo a una ley especial el establecimiento "de la unidad político territorial de la ciudad de Caracas, la cual será llamada la Cuna de Bolívar y Reina del *Guaraira Repano*". Dicha organización, dependiente del Poder Central, se concibe sin autonomía local alguna, agregándose en la norma que "El Poder Nacional **por intermedio del Poder Ejecutivo** y con la colaboración y participación de todos los entes del Poder Público Nacional, Estadal y Municipal, así como del **Poder Popular, sus Comunidades, Comuna, Consejos Comunales** y demás organizaciones sociales, dispondrá todo lo necesario para el reordenamiento urbano, reestructuración vial, recuperación ambiental, logros de niveles óptimos de seguridad personal y pública, fortalecimiento integral de los barrios, urbanizaciones, sistemas de salud, educación, deporte, diversiones y cultura, recuperación total de su casco y sitios históricos, construcción de un sistema de pequeñas y medianas Ciudades Satélites a lo largo de sus ejes territoriales de expansión y, en general, lograr la mayor suma de humanización posible en la Cuna de Bolívar y Reina del *Guaraira Repano".*

Estas propuestas de reforma se habían anunciado en las ***Propuestas de Reforma del CPRC, junio 2007,*** en relación con el artículo 18 de la Constitución, también **eliminando el Distrito Capital** y la organización municipal del mismo, creando en su lugar un **Distrito Federal sin autonomía municipal o territorial** ni gobierno democrático.

4. *El sistema nacional de ciudades y el derecho a la ciudad*

Por otra parte, en la misma norma del artículo 18 de la Constitución, en el ***Anteproyecto para la 1era. Reforma Constitucional PR, agosto 2007***, sin que ello tenga relación directa con el Distrito federal, se propone incorporar la definición de políticas de ordenamiento territorial y urbano, en el sentido de que el Estado Venezolano debe desarrollar "una política integral, para articular un **sistema nacional de ciudades**, estructurando lógica y razonablemente las relaciones entre las ciudades y sus territorios asociados y uniendo y sustentando las escalas locales y regionales en la visión sistémica del país".

Se propone agregar, además, que "a tales efectos, el Estado enfrentará toda acción especulativa respecto a la renta de la tierra, los desequilibrios económicos, las asimetrías en la dotación de servicios e infraestructura, así como sobre las condiciones de accesibilidad, físicas y económicas, de cada uno de los componentes del citado sistema nacional de ciudades".

Además, se indica que todos los ciudadanos "sin discriminación de genero, edad, etnia, orientación política y religiosa o condición social, disfrutarán y serán titulares del **Derecho a la Ciudad,** y ese derecho debe entenderse como el beneficio equitativo que perciba, cada uno de los habitantes, conforme al rol estratégico que la ciudad articula, tanto en el contexto urbano regional como en el Sistema Nacional de Ciudades".

Estas disposiciones serán aplicables a todo el Sistema Nacional de Ciudades y a sus componentes regionales.

II. EL ABANDONO DEL PRINCIPIO DE LA DISTRIBUCIÓN VERTICAL DEL PODER PÚBLICO EN NACIONAL, ESTADAL Y MUNICIPAL CON LA INCORPORACIÓN DEL PODER POPULAR

En las Constituciones venezolanas, la forma federal del Estado concretizada en la distribución vertical del Poder Público, comenzó a expresarse formalmente en texto constitucional en la Constitución de 1858, que estableció que "El Poder Público se divide en Nacional y Municipal" (art. 9), a lo que posteriormente, a partir de la Constitución de 1925, se agregó el Poder Municipal. Por ello, el artículo 136 de la Constitución de 1999 dispone en su artículo 136 que: "El Poder Público se distribuye entre el Poder Municipal, el Poder Estadal y el Poder Nacional".

Esta distribución tradicional del Poder público se busca cambiar radicalmente en el ***Anteproyecto para la 1era. Reforma Constitucional PR, agosto 2007***, al proponerse que en el artículo 136 se agregue un nuevo nivel territorial de distribución del Poder Público, además del poder municipal, del poder estatal y del poder nacional, que es el **Poder Popular**. En relación con este último, como ya se ha destacado, se propone que en la norma se indique que "el pueblo es el depositario de la soberanía y la **ejerce directamente** a través del Poder Popular" y que "**éste no nace del sufragio ni de elección alguna**, sino que nace de la condición de los grupos humanos organizados como base de la población", el cual "se expresa constituyendo las comunidades, las comunas y el autogobierno de las ciudades, a través de los consejos comunales, los consejos obreros, los consejos campesinos, los consejos estudiantiles y otros entes que señale la ley".

Estas propuestas relativas al Poder Popular ya se habían anunciado en las ***Propuestas de Reforma del CPRC, junio 2007,*** en las cuales en forma indirecta aparecía el concepto de **Poder Popular, por ejemplo,** en la propuesta de reforma del artículo 16 donde se indica que "la división político territorial será regulada por ley orgánica, que garantice la **participación del Poder Popular";** en la propuesta de reforma del artículo 149 donde se busca agregar a las categorías de contratos del Estado, además de los de interés municipal, estadal o nacional, los **contratos de interés público comunal**; en la propuesta de reforma del artículo 174, que busca agregar un párrafo indicando que el Alcalde está obligado "a rendir cuenta de su gestión, anual y públicamente, mediante un informe que presentará ante el **Consejo Municipal del Poder Popular** y ante la **Federación de los Consejos Comunales existentes en el Municipio**"; en la propuesta de reforma del artículo 175, en la cual se indica que "la función legislativa del Municipio corresponde al **Concejo Municipal del Poder Popular**"; en la propuesta de reforma del artículo 186, donde se identifica a la Asamblea Nacional, como "**Asamblea Nacional del Poder Popular";** en la propuesta de reforma del artículo 189,3, sobre incompatibilidades de elección donde se habla de **funcionarios comunales**; en la propuesta de reforma del artículo 239, en la cual se atribuye al Vicepresidente de la República la competencia de "presidir el **Consejo de Gobierno del Poder Popular**" (art. 239,6); en la propuesta de reforma del artículo 293, en la cual se faculta al Consejo Nacional Electoral para "cooperar en los procesos electorales de otras **organizaciones del Poder Popular**"; en la propuesta de reforma del artículo 297 en la cual se cambia la configuración del Comité de Evaluación del Poder Ciudadano para estar "por Diputados y voceros de los **diferentes sectores del Poder Popular**"; y en la propuesta de reforma del artículo 350, en la cual se hace referencia al "pueblo de Venezuela en **ejercicio del Poder Popular**".

III. LA "NACIONALIZACIÓN" DE COMPETENCIAS QUE LA CONSTITUCIÓN DE 1999 ATRIBUYE A LOS ESTADOS

La Constitución en su artículo 136, al organizar al Estado "Federal" conforme al principio de la distribución vertical del Poder Público, distribuye y asigna diversas competencias a los tres niveles de gobierno, es decir, al Poder Nacional, al Poder Estadal y al Poder Municipal, aún cuando siguiendo la tendencia centralista de los últimos cien años, centralizó casi todas las competencias públicas en el nivel nacional, con muy pocas competencias en el nivel estadal intermedio y con competencias en materia de la vida local atribuida a los Municipios.

En todo caso, las competencias de cada nivel territorial deben ejercerse con autonomía, en el sentido de que ésta no podría ser limitada por ley nacional posterior, pues de ello se trata, al establecerse una distribución constitucional del Poder Público en el territorio. En la Constitución, sin embargo, la regulación del funcionamiento y la organización de los Consejos Legislativos Estadales se remite a la ley nacional (art. 162), lo cual, además de contradictorio con la atribución de los Estados de dictarse su Constitución para organizar sus poderes públicos (art. 164, ord. 1), es una intromisión inaceptable del Poder Nacional en el régimen de los Estados.

En cuanto a los Municipios, la autonomía municipal tradicionalmente garantizada en la propia Constitución, también se encuentra interferida, al señalarse que los Municipios gozan de la misma, no sólo "dentro de los límites" establecidos en la Constitución, sino en la ley nacional (art. 168), con lo cual el principio descentralizador básico, que es la autonomía, queda minimizado.

Por otra parte, en cuanto a la distribución de competencias entre los entes territoriales, el proceso de descentralización exigía, ante todo, la asignación efectiva de competencias tributarias a los Estados, sobre todo en materia de impuestos al consumo, como sucede en todas las Federaciones, lo que no se satisfizo, de manera que los Estados han seguido dependientes del Situado Constitucional.

Ahora, en las Propuestas de reforma 2007 relativas a la distribución de competencias públicas entre los tres niveles territoriales de gobierno, las mismas **terminan de centralizar materialmente todas las competencias del Poder Público en el nivel nacional**, mediante la asignación de nuevas competencias al Poder Nacional; mediante la **centralización de competencias** que tienen los Estados en la Constitución de 1999, que se eliminan; y mediante la obligación impuesta a los Estados y Municipios de transferir sus competencias a los Consejos Comunales, con lo que se quedan como entelequias vacías.

Entre las nuevas competencias que se busca asignar al Poder Nacional tanto en el ***Anteproyecto para la 1era. Reforma Constitucional PR, agosto 2007,*** como en las ***Propuestas de Reforma del CPRC, junio 2007,*** está la del **Registro Civil de Bienes** (art. 156,5), quizás ignorándose que desde el siglo XIX esta es y ha sido una competencia del Poder Nacional establecida en el Código Civil (Registro Público).

También se busca, en las propuestas de reforma 2007, asignar al Poder nacional competencia en materia de las **políticas de control fiscal** (art. 156,22), lo que implica la **centralización total de la materia en la Contraloría General de la República**, eliminándose la supuesta autonomía de las contralorías de los Estados y Municipios (art. 290). Estas propuestas se complementan con la que se formula respecto del artículo 163 en las ***Propuestas de Reforma del CPRC, junio 2007,*** en el cual se busca que las **Contralorías estadales** ejerzan el control sobre las Administraciones de los Estados, respecto del "cumplimiento de las metas, objetivos y programas previstos en los respectivos presupuestos**, bajo la rectoría de la Contraloría General de la República**". Igualmente se propone en dichas Propuestas, en relación con las **Contralorías Municipales**, que las mismas deben actuar bajo la **rectoría de la Contraloría General de la República** (art. 176).

Se busca agregar también, como competencia nacional, la relativa a los **teleféricos** (art. 156, 28).

Llama la atención que en el artículo 156, se busque atribuir al Poder Nacional competencia además de en materia de derecho internacional privado que siempre ha sido del ámbito nacional, competencia en cuanto a la **legislación de derecho inter-**

nacional público. No se entiende cómo se pretende que el derecho internacional público, **cuya creación corresponde a la comunidad internacional y a las relaciones entre Estados,** se pueda atribuir al Poder nacional de la República.

Además, en el artículo 156,30, que regula los servicios públicos domiciliarios se busca atribuir al Poder Nacional, competencia en materia de servicios de **telefonía por cable, inalámbrica y satelital y televisión por suscripción**, ignorando que todos son servicios de telecomunicaciones ya atribuidos al Poder Nacional en la misma norma (art. 156, 28). Igualmente, se busca asignar al Poder Nacional en el artículo 156, 32, competencia en materia de **legislación económica y financiera** ignorando que un Título entero de la Constitución (Título VI) se destina a la materia como competencia nacional.

Entre las materias que tanto en el ***Anteproyecto para la 1era. Reforma Constitucional PR, agosto 2007***, como en las ***Propuestas de Reforma del CPRC, junio 2007***, se propone asignar al Poder Nacional, destacan aquellas que implican una completa centralización de competencias en el Poder Nacional y de ahogamiento definitivo de las competencias estadales y municipales, al pretenderse atribuir al Poder Nacional en el artículo 156,10, competencia para "**la ordenación y gestión del territorio y el régimen territorial del Distrito Federal, los Estados, los Municipios, las Dependencias Federales** y demás entidades regionales" y en el Artículo 156,11, competencia para "la creación, ordenación, y gestión de **Provincias federales, Territorios federales y Comunales, Ciudades Federales y Comunales**". En esta forma, los Estados y Municipios dejan de ser "entidades políticas" y pasan a **depender totalmente del nivel nacional,** como órganos **sin autonomía alguna, es decir, como administraciones periféricas del Poder central** sometidas a la ordenación y gestión que establezca el Poder Nacional.

Por ello en las ***Propuestas de Reforma del CPRC, junio 2007,*** también se **propone eliminar la obligación que la Constitución impone a la Asamblea Nacional de "velar por la autonomía de los Estados**" (art. 187,16). En este **esquema de sumisión centralista** en las ***Propuestas de Reforma del CPRC, junio 2007,*** también se propone reformar el artículo 164,2 de la Constitución de 1999, para establecer que los Estados tengan competencia para ejercer "la coordinación de sus municipios y demás entidades locales de conformidad con lo dispuesto en el artículo 156 ordinal 10 de esta Constitución" lo que implica la **eliminación de la autonomía municipal**.

Por ello, incluso, en las ***Propuestas de Reforma del CPRC, junio 2007***, relativa al artículo 168 sobre la **autonomía municipal**, se propone eliminar de ella, "la gestión de las materias de su competencia", y se propone agregar que el ejercicio de las competencias por los municipios, debe realizarse "**en armonía con las orientaciones, la planificación y las políticas del Poder Nacional**" (art. 176).

Además, tanto en el ***Anteproyecto para la 1era. Reforma Constitucional PR, agosto 2007,*** como en las ***Propuestas de Reforma del CPRC, junio 2007,*** en relación con el artículo 156,32, se busca atribuir al Poder Nacional competencia en cuanto a la legislación **administrativa**, lo que implica la **centralización total de la legislación sobre la Administración Pública**, así sea estadal o municipal.

Por último, tanto en el ***Anteproyecto para la 1era. Reforma Constitucional PR, agosto 2007,*** como en las ***Propuestas de Reforma del CPRC, junio 2007,*** se busca eliminar varias competencias que en la Constitución de 1999 se atribuyen tanto a los Estados y Municipios, y asignarlas al Poder Nacional, como una muestra más de la

orientación totalmente centralista de la propuesta. En particular, en el ***Anteproyecto para la 1era. Reforma Constitucional PR, agosto 2007***, se busca atribuir en el artículo 156,27, al Poder Nacional ("nacionalizar") la competencia que el artículo 164,10 de la Constitución de 1999 atribuyó a los Estados en materia de la **conservación, administración y aprovechamiento de autopistas y carreteras nacionales** como un avance en el proceso de descentralización, lo que implica también la modificación de los ordinales 9 y 10 del artículo 164 de la Constitución, que asignan competencia a los Estados en materia de "la conservación, administración y aprovechamiento de **carreteras y autopistas nacionales, así como de puertos y aeropuertos de uso comercial**, en coordinación con el Ejecutivo Nacional".

Además, en esta misma orientación, tanto en el ***Anteproyecto para la 1era. Reforma Constitucional PR, agosto 2007***, como en las ***Propuestas de Reforma del CPRC, junio 2007***, **se propone eliminar** la competencia de los Estados establecida en el artículo 164,5 de la Constitución de 1999 en materia del **régimen y aprovechamiento de minerales no metálicos, las salinas y ostrales**, dejándose a los Estados competencias en materia de administración de tierras baldías" (art. 164, 5), lo que se atribuye al Poder nacional (art. 156,17). En el ***Anteproyecto para la 1era. Reforma Constitucional PR, agosto 2007***, sin embargo, se prevé la posibilidad de que el régimen y aprovechamiento de dichos minerales no metálicos se pueda "delegar" a los Estados (156,17).

En las ***Propuestas de Reforma del CPRC, junio 2007***, también se **propuso eliminar** la competencia de los Estados establecida en el artículo 164,5 de la Constitución de 1999 en materia de "organización de la policía y la determinación de las ramas de este servicio atribuidas a la competencia municipal, conforme a la legislación nacional aplicable", buscándose **eliminar la competencia de los Estados en relación con la policía municipal**, y disponerse **la centralización total del régimen de las policías**, al proponerse sustituir esa norma por el artículo 164,6 que sujeta a "la organización de la policía estadal **conforme a las competencias que la legislación nacional** determine". Igualmente en las ***Propuestas de Reforma del CPRC, junio 2007***, en materia de **policía municipal**, se buscó disponer que la competencia municipal en la materia se ejerza **conforme a la legislación nacional**" (art. 178,15).

La competencia establecida en el artículo 164,7 de la Constitución de 1999 en materia de "La creación, organización, recaudación, control y administración de los ramos **de papel sellado**, timbres y estampillas", en las ***Propuestas de Reforma del CPRC, junio 2007***, se buscó minimizar y neutralizar con la propuesta de agregar al nuevo artículo 164,7 que esa competencia es "sin menoscabo de la obligación de **aceptar especies de valor equivalente expedidas por el Poder Nacional u otros estados**".

Por otra parte, el artículo 165 de la Constitución al regular las materias de **competencia concurrente**, es decir, que corresponden a los tres niveles de gobierno (nacional, estadal y municipal), dispone que su regulación se debe realizar "mediante leyes de bases dictadas por el Poder nacional, y leyes de desarrollo aprobadas por los Estados". En las ***Propuestas de Reforma del CPRC, junio 2007***, se busca **convertir dichas competencias concurrentes en competencias exclusivamente nacionales** al proponerse en dicho artículo 165, pura y simplemente, que "las materias objeto **de competencias concurrentes serán reguladas por el Poder Nacional**", perdiendo los Estados toda competencia en la materia.

Por último, tanto en el ***Anteproyecto para la 1era. Reforma Constitucional PR, agosto 2007***, como en las ***Propuestas de Reforma del CPRC, junio 2007***, el **golpe de gracia definitivo a la forma federal del Estado**, es la propuesta de eliminar la tradicional **competencia residual** de los Estados establecida en el artículo 164,11 de la Constitución de 1999, en el sentido de que les corresponde "todo lo que no corresponda, de conformidad con esta Constitución, a la competencia nacional o municipal"; buscándose sustituir esta disposición en el ***Anteproyecto para la 1era. Reforma Constitucional PR, agosto 2007***, por otra que establezca una situación inversa, es decir, atribuir la competencia residual al Poder Nacional en el artículo 156 al proponerse su redacción indicando que corresponde al Poder Nacional **"toda otra materia que la presente Constitución atribuya al Poder Público Nacional, o que le corresponda por su índole o naturaleza**, o que no este atribuido expresamente a la competencia estadal o municipal", y en las ***Propuestas de Reforma del CPRC, junio 2007***, por la atribución a los Estados sólo de "todo lo que le atribuya esta Constitución o Ley Nacional" (art. 164,11).

Además, en cuanto a la competencias de los Estados en materia de ingresos, si bien en el ***Anteproyecto para la 1era. Reforma Constitucional PR, agosto 2007*** se propone aumentar su monto a un 25% de los ingresos ordinarios estimados en la ley de presupuesto (donde no están los recursos derivados de las reservas excedentarias), **se propone eliminar** del artículo 167,5 de la Constitución la exigencia de la Constitución de 1999 de que "El porcentaje del ingreso nacional ordinario estimado que se destine al situado constitucional, no será menor al quince por ciento del ingreso ordinario estimado, para lo cual se tendrá en cuenta la situación y sostenibilidad financiera de la Hacienda Pública Nacional, sin menoscabo de la capacidad de las administraciones estadales para atender adecuadamente los servicios de su competencia".

Por último, en materia de competencia nacional compartida con la municipal, se propone **eliminar toda referencia al ámbito municipal** de la previsión del artículo 156,14 de la Constitución de 1999 según la cual compete al Poder Nacional la creación y organización de impuestos territoriales o sobre predios rurales y sobre transacciones inmobiliarias, "**cuya recaudación y control corresponda a los municipios, de conformidad con esta Constitución**". Por ello, en el ***Anteproyecto para la 1era. Reforma Constitucional PR, agosto 2007***, se propone en el artículo 156,15 agregar como competencia del Poder Nacional, la "**recaudación** de los impuestos territoriales o sobre predios rurales", y en las ***Propuestas de Reforma del CPRC, junio 2007*** se propone eliminar del artículo 179 de la Constitución de 1999, **como ingreso municipal, "el impuesto territorial rural o sobre predios rurales**" que se busca que pase a ser un impuesto nacional exclusivamente.

IV. LA OBLIGACIÓN DE LOS ESTADOS Y MUNICIPIOS DE DESPRENDERSE (DESCENTRALIZAR) SUS COMPETENCIAS Y TRANSFERIRLAS EN LOS ÓRGANOS DEL PODER POPULAR

La Constitución de 1999 en su artículo 184 estableció el principio de que la ley debía crear mecanismos abiertos y flexibles para que los Estados y los Municipios descentralicen y transfieran a las comunidades y grupos vecinales organizados los servicios que éstos gestionen previa demostración de su capacidad para prestarlos, promoviendo entre otras, la transferencia de servicios en materia de salud, educación, vivienda, deporte, cultura, programas sociales, ambiente, mantenimiento de áreas industriales, mantenimiento y conservación de áreas urbanas, prevención y protección vecinal, construcción de obras y prestación de servicios públicos; la participación de las comunidades y de ciudadanos, a través de las asociaciones vecinales y organizaciones no gubernamentales, en la formulación de propuestas de inversión ante las autoridades estadales y municipales encargadas de la elaboración de los respectivos planes de inversión, así como en la ejecución, evaluación y control de obras, programas sociales y servicios públicos en su jurisdicción; y la creación de nuevos sujetos de descentralización a nivel de las parroquias, las comunidades, los barrios y las vecindades a los fines de garantizar el principio de la corresponsabilidad en la gestión pública de los gobiernos locales y estadales y desarrollar procesos autogestionarios y cogestionarios en la administración y control de los servicios públicos estadales y municipales.

En esta materia, el ***Anteproyecto para la 1era. Reforma Constitucional PR, agosto 2007,*** redefine materialmente el Estado democrático federal descentralizado y busca convertirlo en un Estado Comunal centralizado no democrático. En efecto, en relación con el antes mencionado artículo 184 de la Constitución, la propuesta del ***Anteproyecto*** establece que esa "descentralización y transferencia" que debe regular la ley debe ser hecha a "**las Comunidades organizadas, a los Consejos Comunales, a las Comunas y otros Entes del Poder Popular**", implicando incluso, entre otros casos, "**la asunción por parte de las organizaciones comunales de la gestión de las empresas públicas municipales y/o estadales"(ord. 2), y "la transferencia a las organizaciones Comunales de la administración y control de los servicios públicos estadales y municipales, con fundamento en el principio de corresponsabilidad en la gestión pública"(ord. 7).**

En la propuesta, además, como se ha visto, se define la estructura de "la **Comunidad organizada**" indicando que "**tendrá como máxima autoridad la Asamblea de ciudadanos y ciudadanas del Poder Popular, quien en tal virtud designa y revoca a los órganos del Poder Comunal en las comunidades, Comunas y otros entes político-territoriales que se conformen en la ciudad, como la unidad política primaria del territorio**"; y además, que "**El Consejo Comunal constituye el órgano ejecutor de las decisiones de las asambleas de ciudadanos y ciudadanas, articulando e integrando las diversas organizaciones comunales y grupos sociales, igualmente asumirá la Justicia de Paz y la prevención y protección vecinal**", que han sido competencias tradicionales de los Municipios. Además, se dispone que "por Ley se **creará un Fondo destinado al financiamiento de los proyectos de los Consejos Comunales**".

Este esquema institucional, por supuesto hay que concatenarlo con lo que el ***Anteproyecto para la 1era. Reforma Constitucional PR, agosto 2007,*** propone para reformar el artículo 136, relativo al Poder Popular y **eliminar todo vestigio democrático representativo**, al indicar, como antes se ha dicho, que "**El pueblo es el depositario de la soberanía y la ejerce directamente a través del Poder Popular. Este no nace del sufragio ni de elección alguna, sino que nace de la condición de los grupos humanos organizados como base de la población"** y **"se expresa constituyendo las comunidades, las comunas y el autogobierno de las ciudades,**

a través de los consejos comunales, los consejos obreros, los consejos campesinos, los consejos estudiantiles y otros entes que señale la ley".

En cuanto a la "**promoción de la participación**" en el ejercicio de las competencias municipales que prevé el artículo 178 de la Constitución, en las ***Propuestas de Reforma del CPRC, junio 2007,*** se busca encasillar el tema al buscar precisar que se trata de "la **promoción de la participación protagónica del pueblo organizado desde la comunidad**". Por otra parte, en materia de **descentralización y transferencia de servicios "a las comunidades y grupos vecinales**" que regula el artículo 184 de la Constitución de 1999, en las ***Propuestas de Reforma del CPRC, junio 2007*** también se buscó encasillar dicha descentralización sólo a "**las comunidades organizadas como una política primaria de la organización nacional de la República**" y "**previa planificación** democráticamente elaborada" (art. 184).

V. LA LIMITACIÓN A LA AUTONOMÍA MUNICIPAL

De acuerdo con el artículo 168 de la Constitución, los Municipios constituyen la unidad política primaria de la organización nacional, gozan de personalidad jurídica y de autonomía, comprende, la elección de sus autoridades; la gestión de las materias de su competencia; la creación, recaudación e inversión de sus ingresos, y que sus actos "no pueden ser impugnados sino ante los tribunales competentes, de conformidad con la Constitución y la ley"; por lo que no pueden ser revisados, en forma alguna, por los órganos del Poder Nacional ni de los Estados.

Tanto en el ***Anteproyecto para la 1era. Reforma Constitucional PR, agosto 2007,*** como en las ***Propuestas de Reforma del CPRC, junio 2007***, se busca eliminar esta última autonomía jurídica e institucional de los Municipios que establece el artículo 168 de la Constitución de 1999, dejándose entonces a la ley la posibilidad de establecer que los actos de los Municipios **pueden ser impugnados ante otros órganos del Estados no judiciales.**

VI. LA SUSTITUCIÓN DEL CONSEJO FEDERAL DE GOBIERNO POR UN CONSEJO NACIONAL DE GOBIERNO

Otra innovación de la Constitución de 1999, fue la creación del Consejo federal de Gobierno, que aún cuando nunca ha funcionado, se lo concibió en el artículo 185 como un ente intergubernamental encargado de la planificación y coordinación de políticas y acciones para el desarrollo del **proceso de descentralización y transferencia de competencias del Poder Nacional a los Estados y Municipios,** que presidía el Vicepresidente Ejecutivo y debía estar integrado por los Ministros, los Gobernadores, un Alcalde por cada Estado y representantes de la sociedad organizada, de acuerdo con la ley, del cual debía depender el Fondo de Compensación Interterritorial, destinado al financiamiento de inversiones públicas para promover el desarrollo equilibrado de las regiones, la cooperación y complementación de las políticas e iniciativas de desarrollo de las distintas entidades públicas territoriales, y a apoyar especialmente la dotación de obras y servicios esenciales en las regiones y comunidades de menor desarrollo relativo.

En el ***Anteproyecto para la 1era. Reforma Constitucional PR, agosto 2007***, se cambia radicalmente esta entidad, y en la propuesta de reforma del artículo 185 se lo busca convertir en un ente exclusivamente nacional, como **Consejo Nacional de Gobierno, totalmente desligado de la política de descentralización que se elimi-**

na de la Constitución, encargado de "evaluar los diversos proyectos comunales, locales, estadales y provinciales, para articularlos al plan de desarrollo integral de la nación, dar seguimiento a la ejecución de las propuestas aprobadas y realizar los ajustes convenientes a los fines de garantizar el logro de sus objetivos". Se propone que ahora sea presidido por el Presidente de la República quien lo convoca, e integrado por los Vicepresidentes, los Ministros, los Gobernadores y Alcaldes **"convocados por el Presidente de la República".**

CUARTA PARTE

LOS CAMBIOS EN LA ORGANIZACIÓN DEL PODER NACIONAL: LA ACENTUACIÓN DEL PRESIDENCIALISMO

En el ***Anteproyecto para la 1era. Reforma Constitucional PR, agosto 2007***, las propuestas que se formulan en relación con los órganos del Poder nacional, se refieren básicamente a los que conforman el Poder Ejecutivo, con una acentuación creciente del presidencialismo.

I. LA EXTENSIÓN DEL PERÍODO PRESIDENCIAL

En el ***Anteproyecto para la 1era. Reforma Constitucional PR, agosto 2007***, lo primero que se ha propuesto, además de **establecer la reelección indefinida** del Presidente de la república, es la **extensión del período presidencial de seis a siete años,** en forma contraria a la tradición constitucional venezolana (art. 230).

II. LOS NUEVOS ÓRGANOS EJECUTIVOS: LOS VICEPRESIDENTES

Una de las innovaciones de la Constitución de 1999, fue la creación del cargo de Vicepresidente Ejecutivo, pero para disipar cualquier duda sobre la posible inclusión de un elemento del parlamentarismo en el texto constitucional, con la previsión expresa de que es del libre nombramiento y remoción del Presidente de la República (art. 225).

En el ***Anteproyecto para la 1era. Reforma Constitucional PR, agosto 2007***, en relación con el artículo 225 se ha propuesto que además de cambiarle el nombre al Vicepresidente Ejecutivo por **Primer Vicepresidente**, **el Presidente pueda designar Vicepresidentes,** en el número **"que estime necesario",** quienes también ejercen el Poder Ejecutivo.

En las ***Propuestas de Reforma del CPRC, junio 2007,*** en las propuestas de reforma de los artículos 236,3; 238; 239,10; 241, y 243, se repite esta propuesta de creación de la figura de los "**Vicepresidentes para determinado territorio, sector o materia**, quienes tendrán las competencias que les asigne el Presidente", configurándose dicho funcionario como un mecanismo para reforzar la acción directa del Presidente en el territorio o en determinadas materias, independientemente del sistema de distribución vertical del Poder Público o de las posibles autonomías territoriales que puedan existir, con lo que se acentúa aún más el **centralismo de Estado controlado por el Presidente**.

III. LA EXTENSIÓN DE LAS ATRIBUCIONES DEL PRESIDENTE DE LA REPÚBLICA

El artículo 236 de la Constitución de 1999 enumera las competencias del Presidente de la República siguiendo la tradición constitucional anterior, con algunas innovaciones como la de formular el Plan de desarrollo nacional y dirigir su ejecución con la aprobación de la Asamblea (art. 236, 18) y fijar el número, organización y competencia de los Ministerios y otros organismos de la Administración (art. 236,20).

En el ***Anteproyecto para la 1era. Reforma Constitucional PR, agosto 2007***, en las reformas al artículo 236 de la Constitución, se proponen nuevas atribuciones del Presidente de la República, y la ampliación de las que tiene, en la siguiente forma:

1. Se le atribuye la competencia para no sólo dirigir las acciones del Gobierno, sino del **Estado, y además**, coordinar las relaciones con los otros Poderes Públicos Nacionales en su carácter de Jefe de Estado (art. 236, 2).

2. Se le atribuye una nueva competencia para incidir en la organización territorial del Estado, **creando "las Provincias Federales, los Territorios Federales y/o las Ciudades Federales** según lo establecido en la Constitución y designar sus autoridades, según la ley" (art. 236,3).

3. Se le atribuye la competencia para "f**ormular el Plan Nacional de Desarrollo y dirigir su ejecución" (art. 236,19),** eliminándose la necesaria aprobación de la Asamblea Nacional en relación con la formulación y ejecución del Plan Nacional de desarrollo que dispone la Constitución de 1999 (art. 236, 18).

4. En lugar de "dirigir la Fuerza Armada Nacional en su carácter de Comandante en Jefe, ejercer la suprema autoridad jerárquica de ella y fijar su contingente" y de "ejercer el mando supremo de la Fuerza Armada Nacional, promover sus oficiales a partir del grado de coronel o capitán de navío, y nombrarlos para los cargos que les son privativos" como dicen los artículo 236,5 y 236,6 de la Constitución de 1999, se propone asignarle la competencia para "**comandar la** Fuerza Armada Bolivariana **en su carácter de Comandante en Jefe, ejerciendo la Suprema Autoridad Jerárquica en todos sus Cuerpos, Componentes y Unidades, determinando su contingente"** (art. 236,6), **y "promover a sus oficiales en todos los grados y jerarquías y designarlos o designarlas para los cargos correspondientes" (art. 236,7).**

Además, en el ***Anteproyecto para la 1era. Reforma Constitucional PR, agosto 2007***, se le asignan al Presidente de la República competencias para:

1. En el artículo 11 se propone asignarle al Presidente de la República competencia para **"decretar Regiones Especiales Militares** con fines estratégicos y de defensa, en cualquier parte del territorio y demás espacios geográficos de la República" y para **"decretar Autoridades Especiales** en situaciones de contingencia, desastres naturales, etc.**".**

2. En el artículo 16 se propone asignarle competencia para **convocar referendo popular** en caso de constitución de una **Ciudad Comunal** cuando en la totalidad de su perímetro se hayan establecido las Comunidades organizadas, las Comunas y los Autogobiernos Comunales.

3. En el mismo artículo 16 se propone asignarle competencia al Presidente de la República, en Consejo de Ministros, previo acuerdo aprobado por la mayoría simple de los diputados de la Asamblea Nacional, para "**crear mediante decreto, Provincias Federales, Ciudades Federales y Distritos Funcionales,** así como cualquier otra entidad que establezca la Ley"; y al "Gobierno Nacional, **la elaboración y activación de una Misión Distrital con el respectivo Plan Estratégico-funcional con motivo de la creación de un Distrito Funcional".**

4. En el artículo 18 se propone atribuir al "Poder Ejecutivo" con la colaboración y participación de todos los entes del Poder Público Nacional, Estadal y Municipal, así como del Poder Popular, sus Comunidades, Comuna, Consejos Comunales y demás organizaciones sociales, al **disponer "todo lo necesario para el reordenamiento urbano, reestructuración vial, recuperación ambiental, logros de niveles óptimos de seguridad personal y pública, fortalecimiento integral de los barrios, urbanizaciones, sistemas de salud, educación, deporte, diversiones y cultura, recuperación total de su casco y sitios históricos, construcción de un sistema de pequeñas y medianas Ciudades Satélites a lo largo de sus ejes territoriales de expansión".**

5. En el artículo 141 se le asigna al "Poder Ejecutivo" competencia para establecer como "administraciones públicas" **mediante reglamentos organizativos y funcionales,** a "**las misiones**", como "organizaciones de variada naturaleza, creadas para atender a la satisfacción de las más sentidas y urgentes necesidades de la población, cuya prestación exige de la aplicación de sistemas excepcionales, e incluso, experimentales".

6. En el artículo 318 se propone asignar al Presidente de la República o al Poder Ejecutivo competencia para, en coordinación con **el Banco Central de Venezuela, fijar "las políticas monetarias" y ejercer "las competencias monetarias del Poder Nacional";** conjuntamente con el Banco Central de Venezuela, **"lograr la estabilidad de precios y preservar el valor interno y externo de la unidad monetaria";** compartir con el Banco Central de Venezuela, **la función "de participar en la formulación y ejecución de la política monetaria, en el diseño y ejecución de la política cambiaria, en la regulación de la moneda, el crédito y fijación de las tasas de interés";** y como administrador de la Hacienda Pública Nacional, **administrar y dirigir las reservas internacionales de la República** manejadas por el Banco Central de Venezuela.

7. En el artículo 321 se propone atribuirle al "Jefe del Estado", en el marco de su función de administración de las reservas internacionales, el establecer, en coordinación con el Banco Central de Venezuela y al final de cada año, **el nivel de las reservas necesarias para la economía nacional, así como el monto de las reservas excedentarias,** las cuales se deben destinar a fondos que **"disponga el Ejecutivo Nacional para inversión productiva, desarrollo e infraestructura, financiamiento de las misiones** y, en definitiva, el desarrollo integral, endógeno, humanista y socialista de la nación".

IV. LA TRANSFORMACIÓN DEL CONSEJO DE ESTADO

Otra innovación de la Constitución de 1999 fue el establecimiento del Consejo de Estado como **órgano superior de consulta del Gobierno y de la Administración Pública Nacional, de carácter intergubernamental,** con competencia para recomendar políticas de interés nacional en aquellos asuntos a los que el Presidente reconozca de especial trascendencia y requieran de su opinión (art. 251); el cual debía estar presidido por el Vicepresidente Ejecutivo y conformado, además, por cinco personas designadas por el Presidente de la República; un representante designado por la Asamblea Nacional; un representante designado por el Tribunal Supremo de Justicia y un Gobernador designado por el conjunto de mandatarios estadales (art. 252). Dicho órgano, nunca se configuró.

En el ***Anteproyecto para la 1era. Reforma Constitucional PR, agosto 2007***, se propone cambiar radicalmente la configuración de este Consejo de Estado, y convertirlo en un órgano exclusivamente nacional, como órgano superior de **consulta y asesoramiento del Estado y Gobierno Nacional,** el cual en forma por demás incongruente se propone que ejerza sus atribuciones **"con autonomía funcional"**, aun cuando **"sus opiniones o dictámenes no tendrán carácter vinculante".** Se propone atribuirle competencia para: "1. Emitir opinión sobre el objeto de la consulta. 2. Velar por la observancia de la Constitución y el ordenamiento jurídico. 3. Emitir dictámenes sobre los asuntos que se sometan a su consideración y 4. Recomendar políticas de interés nacional en aquellos asuntos de especial trascendencia (art. 251).

A tal efecto, la propuesta de reforma cambia la conformación del Consejo de Gobierno y dispone que lo preside el Presidente de la República y estará además conformado, por el Presidente de la Asamblea Nacional; el Presidente del Tribunal Supremo de Justicia, el Presidente del Poder Ciudadano, el Presidente del Consejo Nacional Electoral y las personas que el Presidente de la República considere necesario convocar para tratar la materia a la que se refiere la consulta (art. 252).

QUINTA PARTE

LOS CAMBIOS EN LA CONSTITUCIÓN ECONÓMICA: DE UN ESTADO SOCIAL Y PROMOTOR DE ECONOMÍA MIXTA, A UN ESTADO SOCIALISTA, DE ECONOMÍA ESTATAL CENTRALIZADA Y CONFISCATORIA

Uno de los componentes normativos esenciales de toda Constitución contemporánea, es la *Constitución Económica* que tiene por objeto establecer los principios del régimen de las relaciones económicas y el papel que, en las mismas, corresponde a la iniciativa privada y al propio Estado, y que conforme al constitucionalismo desarrollado desde mitades del siglo pasado, estableció un modelo económico de economía mixta, basado en el principio de la libertad como **opuesto al de economía dirigida**, similar al que existe en todos los países occidentales.

La aplicación práctica de ese modelo constitucional provocó el desenvolvimiento de una economía basada en la libertad económica y la iniciativa privada, pero con una intervención importante y necesaria del Estado para asegurar los principios de justicia social que constitucionalmente deben orientar el régimen económico; lo que se ha acrecentado por el hecho de ser el Estado, titular desde siempre del dominio público sobre el subsuelo.

Conforme a esa orientación, la Constitución de 1999 estableció un **sistema económico de economía mixta**, es decir, **de economía social de mercado que se fundamenta en la libertad económica, pero que debe desenvolverse conforme a principios de justicia social, que requieren de la intervención del Estado.** Por ello, conforme al artículo 299 de la Constitución de 1999, el régimen socioeconómico de la República se fundamenta en los siguientes principios: justicia social, democratización, eficiencia, libre competencia, protección del ambiente, productividad y solidaridad, a los fines de asegurar el desarrollo humano integral y una existencia digna y provechosa para la colectividad.

El sistema de economía mixta en la Constitución, por otra parte, conforme se dispone expresamente en el artículo 299, obliga al Estado, "**conjuntamente con la iniciativa privada", a promover "el desarrollo armónico de la economía nacional** con el fin de generar fuentes de trabajo, alto valor agregado nacional, elevar el nivel de vida de la población y fortalecer la soberanía económica del país, garantizando la seguridad jurídica, solidez, dinamismo, sustentabilidad, permanencia, equidad del crecimiento de la economía, para garantizar una justa distribución de la riqueza **mediante una planificación estratégica democrática, participativa y de consulta abierta**".

En el ***Anteproyecto para la 1era. Reforma Constitucional PR, agosto 2007,*** se propone cambiar radicalmente ese modelo, acentuando el desequilibrio existente entre lo público y lo privado, y transformarlo en un sistema de **economía estatal, de planificación centralizada, propia de un Estado y economía socialista**.

I. LA ELIMINACIÓN DE LA LIBERTAD ECONÓMICA COMO DERECHO CONSTITUCIONAL AL LIBRE EJERCICIO DE LAS ACTIVIDADES ECONÓMICAS

En efecto, el artículo 112 de la Constitución establece como uno de los principios fundamentales del sistema constitucional, el derecho de todas las personas de poder **dedicarse libremente a la actividad económica de su preferencia,** sin más limitaciones que las previstas en la Constitución y las que establezcan las leyes, por razones de desarrollo humano, seguridad, sanidad, protección del ambiente u otras de interés social, a cuyo efecto, **el Estado está obligado a promover "la iniciativa privada**, garantizando la creación y justa distribución de la riqueza, así como la producción de bienes y servicios que satisfagan las necesidades de la población, la **libertad de trabajo, empresa, comercio, industria,** sin perjuicio de su facultad para dictar medidas para planificar, racionalizar y regular la economía e impulsar el desarrollo integral del país".

En el ***Anteproyecto para la 1era. Reforma Constitucional PR, agosto 2007,*** se propone **eliminar este derecho y la libertad económica,** y sustituir esta norma por otra en la cual lo que se propone es que se establezca la definición de una política estatal para promover "el desarrollo de un **Modelo Económico Productivo, intermedio, diversificado e independiente**, fundado en los valores humanísticos de la **cooperación y la preponderancia de los intereses comunes sobre los individuales,** que garantice la satisfacción de las necesidades sociales y materiales del pueblo, la mayor suma de estabilidad política y social y la mayor suma de felicidad posible"; agregándose que el Estado, asimismo, "**fomentará y desarrollará distintas formas de empresas y unidades económicas de propiedad social, tanto directa o comunal como indirecta o estatal, así como empresas y unidades económicas de producción y/o distribución social, pudiendo ser estas de propiedad mixtas entre el Estado, el sector privado y el poder comunal, creando las mejores condiciones para la construcción colectiva y cooperativa de una Economía Socialista**".

Es decir, en un artículo como el 112 ubicado en el Capítulo constitucional sobre los **derechos económicos**, simplemente **se elimina el derecho al libre ejercicio de las actividades económicas y la propia libertad económica**. Ello, por supuesto, es contrario al principio de la progresividad en materia de derechos humanos y constitucionales que garantiza el artículo 19 de la Constitución. Además, debe destacarse en esta misma orientación que en las ***Propuestas de Reforma del CPRC, junio 2007,*** respecto del artículo 299, se propuso eliminar de su texto el principio de **libre competencia**, y en su lugar se busca establecer los principios de "predominio del interés común sobre el individual, ética pública y emulación", estableciéndose como fines del sistema económico no sólo asegurar el desarrollo humano integral y una existencia digna y provechosa para la colectividad, sino "el **establecimiento de una sociedad socialista**". Por otra parte, la promoción del desarrollo económico no se asigna "**al Estado conjuntamente con la iniciativa privada**", sino "**al Estado conjuntamente con la sociedad**"

En la Constitución de 1999, por otra parte, se establecen un conjunto de atribuciones que facultan al Estado para regular el ejercicio de los derechos económicos, en particular, al precisarse el régimen de la prohibición de los monopolios (art. 113), declarándose contrarios a los principios fundamentales de la Constitución las actividades tendientes a su establecimiento o que conduzcan a su existencia. También se declaró como contrario a dichos principios, el abuso de la posición de dominio que puedan adquirir los agentes económicos independientemente de su causa. En todos estos casos, la norma faculta al Estado para adoptar las medidas que fueren necesarias para evitar los efectos nocivos y restrictivos del monopolio, del abuso de la posición de dominio y de las demandas concentradas, teniendo como finalidad la protección del público consumidor, los productores y productoras y el aseguramiento de condiciones efectivas de competencia en la economía.

Tanto en el ***Anteproyecto para la 1era. Reforma Constitucional PR, agosto 2007,*** como en las ***Propuestas de Reforma del CPRC, junio 2007***, se propone **cambiar radicalmente el régimen de la actividad económica,** estableciéndose en la propuesta de reforma del artículo 113 una serie de limitaciones a la misma que van mucho más allá de la restricción de los monopolios y la posición dominante de empresas, privilegiándose la **economía estatal y los medios de producción socialista.**

En esta orientación, se propone agregar a la norma, que en general no se permitirán actividades, acuerdos, prácticas, conductas y omisiones de los y las particulares que vulneren los **métodos y sistemas de producción social y colectiva** con los cuales **se afecte la propiedad social y colectiva** o impidan o dificulten la justa y equitativa concurrencia de bienes y servicios.

Además, en el ***Anteproyecto para la 1era. Reforma Constitucional PR, agosto 2007,*** se propone agregar a la norma que en los casos de explotación de recursos naturales o de cualquier otro bien del dominio de la Nación de carácter estratégico, o de la prestación de servicios públicos vitales, el Estado podrá **reservarse la explotación o ejecución de los mismos, directamente o mediante empresas de su propiedad**, sin perjuicio de establecer empresas de **propiedad social directa, empresas mixtas y/o unidades de producción socialistas,** que aseguren la soberanía económica y social, respeten el control del Estado, y cumplan con las cargas sociales que se le impongan, todo ello conforme a los términos que desarrollen las leyes respectivas de cada sector de la economía". Con ello, como se propone en las ***Propuestas de Reforma del CPRC, junio 2007***, lo que se busca es establecer que la prohibición de los monopolios no se aplica a aquellos casos en los cuales el **Estado "los establezca, reservándose actividades o servicios en función del interés social, en aras de materializar los principios de la economía socialista y humanista**", indicándose, además, que el **Estado podrá asumir posiciones de control** cuando por razones de estrategia así lo requiera.

En las ***Propuestas de Reforma del CPRC, junio 2007***, además, en relación con este artículo 113, se declaran contrarios a los principios fundamentales de esta Constitución no sólo las actividades que tengan por objeto el establecimiento de un monopolio, sino también de un "**oligopolio, monopsonio u oligopsonio**"; se prohíbe la posición de dominio sólo en relación con las empresas **de propiedad privada**; y se propone incluir una disposición conforme a la cual, "el Estado, en corresponsabilidad con los particulares **planificará y adoptará las medidas** que fueren necesarias para **evitar los efectos nocivos y restrictivos del monopolio, del abuso de la posición de dominio y de las demandas concentradas,** teniendo como finalidad la **protección del público consumidor, de los productores y productoras y el aseguramiento de condiciones efectivas de competencia en la economía".** También se propone declarar en la norma que "la **concentración de la propiedad privada sobre los medios de comunicación y empresas del mismo ramo**, vinculado a ello, en condiciones de monopolio y oligopolio, es contraria tanto al derecho, a la pluralidad y libertad de la comunidad como al interés social, y **será materia de limitación, regulación y sanción por la ley,** la cual dispondrá medidas expeditas para evitar esta indebida restricción de la competencia.

II. LA ELIMINACIÓN DE LA GARANTÍA DE LA PROPIEDAD PRIVADA

Por otra parte, otro de los pilares fundamentales de la Constitución de 1999, además de la libertad económica, es la garantía del derecho de propiedad privada, que conforme al artículo 115 de la Constitución de 1999, se lo concibe como el derecho que tiene toda persona "**al uso, goce, disfrute y disposición de sus bienes**", aún cuando sometida a "las contribuciones, restricciones y obligaciones que establezca la ley con fines de utilidad pública o de interés general". Dicha garantía implica que "sólo por causa de utilidad pública o interés social, **mediante sentencia firme y pago oportuno de justa indemnización**, podrá ser declarada **la expropiación** de cualquier clase de bienes".

Tanto en el ***Anteproyecto para la 1era. Reforma Constitucional PR, agosto 2007,*** como en las ***Propuestas de Reforma del CPRC, junio 2007***, se propone cambiar radicalmente el régimen de la **propiedad privada, la cual se busca que quede materialmente eliminada y reducida a la que pueda existir sobre los bienes de consumo, quedando por tanto minimizada y marginalizada en relación con la propiedad pública.** Además, contrario a lo que garantiza la Constitución de 1999 al prohibir las confiscaciones, en las ***Propuestas de Reforma del CPRC, junio 2007***, se busca constitucionalizar las confiscaciones.

En el ***Anteproyecto para la 1era. Reforma Constitucional PR, agosto 2007*** en efecto, respecto del artículo 115 de la Constitución, en lugar de garantizarse la propiedad privada, lo que se propone es que se reconozca y garantice son "**las diferentes formas de propiedad",** las cuales se enumeran así:

1. "**La propiedad pública** es aquella que pertenece a los entes del Estado; **la propiedad social** es aquella que pertenece al pueblo en su conjunto y las futuras generaciones, y **podrá ser de dos tipos**:

A. "L**a propiedad social indirecta**, cuando es ejercida por el Estado a nombre de la comunidad", y

B. "L**a propiedad social directa**, cuando el Estado la asigna, bajo distintas formas y en ámbitos territoriales demarcados, a una o varias comunidades, a una o varias comunas, constituyéndose así en **propiedad comunal,** o a una o varias ciudades, constituyéndose así en **propiedad ciudadana;"**

2. "**La propiedad colectiva** es la perteneciente a grupos sociales o personas, para su aprovechamiento, uso o goce en común, pudiendo ser de origen social o de origen privado";

3. "**La propiedad mixta** es la conformada entre el sector público, el sector social, el sector colectivo y el sector privado, en distintas combinaciones, para el aprovechamiento de recursos o ejecución de actividades, siempre sometida al respeto absoluto de la soberanía económica y social de la nación"; y

4. "**La propiedad privada es aquella que pertenece a personas naturales o jurídicas y que se reconoce sobre bienes de uso y consumo, y medios de producción legítimamente adquiridos**".

La propiedad privada, en consecuencia, queda reducida a los bienes de consumo a los medios de producción. Debe destacarse, por otra parte, que en las ***Propuestas de Reforma del CPRC, junio 2007***, incluso se incluyó otra posible redacción del artículo 115, en la cual se restringe aún más el ámbito de la propiedad privada, que quedaría reducida a las remuneraciones del trabajo, y a los bienes necesarios para satisfacer las necesidades vitales, así: "En virtud que el trabajo es el origen de todo valor económico, todos y todas tienen derecho a la propiedad privada sobre las remuneraciones, ingresos y ahorros provenientes de su trabajo, así como sobre los bienes necesarios para satisfacer sus necesidades costeados por ellos, incluida la vivienda adquirida de tal forma o mediante título legítimo, así como el derecho de herencia sobre tales bienes. Se reconoce también la propiedad privada personal sobre los instrumentos de trabajo de profesionales, investigadores, artesanos, artistas o grupos de producción familiar siempre que no sean aplicados como medios de producción para explotar el trabajo de terceros".

En el ***Anteproyecto para la 1era. Reforma Constitucional PR, agosto 2007,*** por otra parte, se propone agregar en la norma del artículo 115 que "toda propiedad, estará sometida a las contribuciones, cargas, restricciones y obligaciones que establezca la ley con fines de utilidad pública o de interés general"; y que "por causa de utilidad pública o interés social, **mediante sentencia firme y pago oportuno de justa indemnización, podrá ser declarada la expropiación de cualquier clase de bienes, sin perjuicio de la facultad de los Órganos del Estado, de ocupar previamente, durante el proceso judicial, los bienes objeto de expropiación**, conforme a los requisitos establecidos en la ley".

Con esta propuesta, al igual que la formulada en las ***Propuestas de Reforma del CPRC, junio 2007***, se pretende **constitucionalizar el mecanismo de la ocupación previa**, ratificándose el principio de la **indemnización oportuna e**n materia de expropiación.

Debe destacarse, además, que en lugar de la prohibición de las confiscaciones, en las ***Propuestas de Reforma del CPRC, junio 2007***, se busca establecer lo contrario, en el sentido de que: "**La propiedad cuyo uso atente o afecte los derechos de terceros o de la sociedad, podrá ser objeto de confiscación por parte del Gobierno Nacional**, de acuerdo a la ley".

En esta redacción del artículo 115, además, se busca establecer la posibilidad de la expropiación sin garantía judicial alguna, así: "La República podrá **declarar mediante resolución administrativa la expropiación de bienes por causa de utilidad pública o interés social, a cuyo efecto pagará justa indemnización determinada por los órganos de los poderes públicos, de acuerdo con la ley**".

Con estas propuestas de reforma, **simplemente desaparece el derecho de propiedad como elemento fundamental del orden jurídico, lo que sin duda es la intención** de las ***Propuestas de Reforma del CPRC, junio 2007***, en las cuales se generalizan las confiscaciones que en la Constitución de 1999 se encuentran prohibidas salvo en los casos permitidos por la propia Constitución y, en particular, por vía de excepción, mediante sentencia firme, respecto de los bienes de personas naturales o jurídicas, nacionales o extranjeras, responsables de delitos cometidos contra el patrimonio público, o de quienes se hayan enriquecido ilícitamente al amparo del Poder Público y los provenientes de las actividades comerciales, financieras o cualesquiera otras vinculadas al tráfico ilícito de sustancias psicotrópicas y estupefacientes (art. 116 y 271).

En las ***Propuestas de Reforma del CPRC, junio 2007***, en cambio, en relación con el artículo 115, se busca establecer como principio general que "**La propiedad cuyo uso atente o afecte los derechos de terceros o de la sociedad, podrá ser objeto de confiscación por parte del Gobierno Nacional**, de acuerdo a la ley". Además, en relación con el artículo 116, relativo a la prohibición de las confiscaciones, se propone, no sólo **eliminar la necesidad de sentencia firme,** sino ampliar la excepción para incluir la posibilidad de confiscación en los casos de delitos de "**falsificación de moneda y operaciones comerciales y legítimas de bienes prohibidos o regulados**"; y "de **trata de personas y la destrucción de recursos naturales y de la ecología**, así como los de las personas incursas en las contravenciones señaladas en los artículos 114 y 117 de esta Constitución, quedando a salvo los derechos del afectado de recurrir ante los Tribunales competentes". En las ***Propuestas de Reforma del CPRC, junio 2007,*** también se buscan establecer también la **confiscación**, en materia de **seguridad alimentaria** (art. 305) y de eliminación del **latifundio** (art. 307).

III. LA ELIMINACIÓN DEL LATIFUNDIO

El artículo 307 de la Constitución de 1999 declara al régimen latifundista como contrario al interés social, y remite al legislador para disponer lo conducente **en materia tributaria para gravar las tierras ociosas y establecer las medidas necesarias para su transformación en unidades económicas productivas**, rescatando igualmente las tierras de vocación agrícola.

Por otra parte, la norma establece el derecho de los campesinos y demás productores agropecuarios a la propiedad de la tierra, en los casos y formas especificados por la ley respectiva, con la obligación para el Estado de **proteger y promover las formas asociativas y particulares de propiedad para garantizar la producción agrícola**, y para velar por la ordenación sustentable de las tierras de vocación agrícola con el objeto de asegurar su potencial agroalimentario.

Excepcionalmente dispone el mismo artículo constitucional, que el legislador creará contribuciones parafiscales con el fin de facilitar fondos para financiamiento, investigación, asistencia técnica, transferencia tecnológica y otras actividades que promuevan la productividad y la competitividad del sector agrícola.

Tanto en el ***Anteproyecto para la 1era. Reforma Constitucional PR, agosto 2007,*** como en las ***Propuestas de Reforma del CPRC, junio 2007***, se propone eliminar del artículo 307 toda idea de promover la desaparición del latifundio mediante medidas **tributarias** para gravar las tierras ociosas, así como la política de transformar el latifundio en unidades económicas productivas, rescatando igualmente las tierras de vocación agrícola; por una sustitución de la disposición que establezca que "**la República determinará mediante Ley la forma en la cual los latifundios serán transferidos a la propiedad del Estado, o de los entes o empresas públicas, cooperativas, comunidades u organizaciones sociales** capaces de administrar y hacer productivas las tierras".

Se propone agregar a la norma, además, que a los fines de garantizar la producción agrícola, el Estado **protegerá y promoverá la propiedad social;** y que la ley

creará tributos sobre las tierras productivas que no sean empleadas para la producción agrícola o pecuaria.

Por último, se propone agregar a la norma que "se **confiscarán** aquellos fundos cuyos dueños ejecuten en ellos **actos irreparables de destrucción ambiental, los dediquen a la producción de sustancias psicotrópicas o estupefacientes o la trata de personas o los utilicen o permitan su utilización como ámbitos para la comisión de delitos contra la seguridad y defensa** de la Nación".

Debe mencionarse, por último, en materia de derechos económicos, que otra innovación de la Constitución de 1999 fue el derecho que regula el artículo 117, de todas las personas a disponer de bienes y servicios de calidad, así como a una información adecuada y no engañosa sobre el contenido y características de los productos y servicios que consumen, a la libertad de elección y a un trato equitativo y digno. En las ***Propuestas de Reforma del CPRC, junio 2007***, se busca agregar a dicha norma, en primer lugar, la indicación de que las personas también "**tienen derecho a producir socialmente**"; en segundo lugar, declarar que queda "terminantemente prohibida la paralización directa o indirecta de los **servicios de prestaciones públicas**, como consecuencia de acciones y omisiones de personas o grupo de personas que afecten el interés social", con la indicación de que "la ley determinará severamente las sanciones para este tipo de conductas y **facultará al Estado para tomar las medidas necesarias para asegurar la continuidad y eficiencia de los servicios o prestaciones públicas, en función de la primacía del interés colectivo sobre el interés individual";** en tercer lugar, la previsión general de que los ciudadanos "de manera **individual,** así como los **comités de usuarios, consejos comunales y otras organizaciones sociales** tienen el deber y el derecho de ejercer la **vigilancia y contraloría social,** no solo sobre la calidad de los bienes y servicios, sino sobre la diligencia y la efectividad en el cumplimiento del deber de los funcionarios encargados de garantizar tales derechos y de ejercer contra ellos acciones de amparo y de cualquier índole por negación de derechos constitucionales y legales".

La política comercial se reguló en el artículo 301 de la Constitución, reservándosela al Estado, a los efectos de defender las actividades económicas de las **empresas nacionales públicas y privadas**, disponiendo en relación con las **inversiones extranjeras que estarían sujetas a las mismas condiciones que la inversión nacional**. En las ***Propuestas de Reforma del CPRC, junio 2007***, se propone agregar dentro de los objetivos de la política comercial defender y promover no sólo las actividades económicas de las empresas nacionales públicas y privadas, sino de las **empresas mixtas, cooperativas y otras unidades productivas comunitarias nacionales; eliminándose toda referencia a las inversiones extranjeras.**

Por último, en cuanto a los ilícitos económicos, es decir, a "la especulación, el acaparamiento, la usura, la cartelización y otros delitos conexos" que conforme al artículo 114 de la Constitución deben ser penados severamente de acuerdo con la ley; en las ***Propuestas de Reforma del CPRC, junio 2007***, se busca establecer en la norma en forma más amplia que "la **destrucción de los bienes de la República y de los entes públicos, de las organizaciones sociales, cooperativas y comunidades indígenas**, así como el daño causado a ello por acción u omisión, **el ilícito económico, la falsificación de moneda, el tráfico ilícito de divisas, adulteración de bienes de primera necesidad, la especulación, el acaparamiento, la usura, la**

cartelización y otros delitos conexos, originan responsabilidad civil y administrativa y serán penados severamente de acuerdo con la ley".

IV. CAMBIOS EN EL RÉGIMEN DE LA INTERVENCIÓN DEL ESTADO EN LA ECONOMÍA

En cuanto a la intervención del Estado en la economía, la forma clásica es mediante la constitución de empresas públicas, respecto de cuya regulación, el artículo 300 de la Constitución remitió a la ley nacional para el establecimiento de las condiciones para su creación como entidades funcionalmente descentralizadas para la realización de actividades sociales o empresariales, con el objeto de asegurar la razonable productividad económica y social de los recursos públicos que en ellas se inviertan.

Tanto en el ***Anteproyecto para la 1era. Reforma Constitucional PR, agosto 2007,*** como en las ***Propuestas de Reforma del CPRC, junio 2007***, se busca cambiar la concepción de esta regulación, **eliminándose toda referencia a la descentralización** y reduciéndose la posibilidad de creación de empresas o entidades para la promoción y realización de **los fines de la economía socialista.** En particular, en el ***Anteproyecto para la 1era. Reforma Constitucional PR, agosto 2007***, se propone que la norma sólo se refiera a la creación de **empresas o entidades regionales**, para la promoción y realización de actividades económicas o sociales, **bajo los principios de la economía socialista**, estableciendo los mecanismos de control y fiscalización que aseguren la transparencia en el manejo de los recursos públicos que en ellas se inviertan, y su razonable productividad económica y social

En cuanto a la reserva de actividades al Estado, el artículo 302 de la Constitución, luego de intensos debates estableció que "el Estado se reserva, mediante la ley orgánica respectiva y por razones de conveniencia nacional, la actividad petrolera", agregando que también se puede reservar en la misma forma "industrias, explotaciones, servicios y bienes de interés público y de carácter estratégico". En esta forma, si bien la reserva de la industria petrolera efectuada mediante la Ley Orgánica de 1975, adquirió rango constitucional en el texto de 1999, ello se sujetó a lo que estableciera la ley orgánica respectiva, la cual podría ser modificada, como en efecto ha ocurrido en 2000. La reserva que se estableció en 1999, por tanto, no fue ni rígida ni absoluta, sino flexible, conforme lo estableciera la ley orgánica respectiva.

Tanto en el ***Anteproyecto para la 1era. Reforma Constitucional PR, agosto 2007,*** como en las ***Propuestas de Reforma del CPRC, junio 2007***, se busca cambiar radicalmente la concepción de esta regulación, proponiéndose el establecimiento de la reserva en la propia Constitución, **por razones de conveniencia nacional,** en una forma materialmente ilimitada, no sólo respecto de **"la actividad explotación de los hidrocarburos líquidos, sólidos y gaseosos"**, sino de las **"explotaciones, servicios y bienes de interés público y de carácter estratégico"**, sin precisión ni definición alguna. Con esta propuesta, **todo servicio que se declare en una ley como de interés público, quedaría reservado al Estado.**

Además, se propone agregar a la norma que "el Estado privilegiará por carácter estratégico y de soberanía, el uso de tecnología nacional para el **procesamiento de los hidrocarburos líquidos, gaseosos y sólidos**, especialmente de aquellos cuyas características constituyen **la mayoría de las reservas** y sus derivados".

Una importante innovación en la Constitución de 1999 fue la regulación en el artículo 305 de los principios y políticas en materia de producción de la agricultura sustentable y de la seguridad alimentaria. Tanto en el ***Anteproyecto para la 1era. Reforma Constitucional PR, agosto 2007,*** como en las ***Propuestas de Reforma del CPRC, junio 2007,*** se propone agregar al artículo 305 una disposición que establece que "si ello fuere necesario para garantizar la seguridad alimentaria, **la República podrá asumir sectores de la producción agrícola, pecuaria, pesquera y acuícola indispensables a tal efecto,** y podrá **transferir su ejercicio a entes autónomos, empresas públicas y organizaciones sociales, cooperativas o comunitarias**. Así como utilizar a plenitud las **potestades de expropiación, afectación y ocupación** en los términos de esta Constitución y la Ley".

V. CAMBIOS EN EL RÉGIMEN FISCAL Y ECONÓMICO DEL ESTADO

En materia del régimen fiscal, por primera vez en el constitucionalismo venezolano se incorporaron al texto fundamental un conjunto de normas relativas al Banco Central de Venezuela y a la política macroeconómica del Estado (arts. 318 a 321). En particular, sobre el Banco Central de Venezuela la Constitución de 1999 le atribuyó las competencias monetarias del Poder Nacional para ejercerlas de manera exclusiva y obligatoria, estableciéndose como su objetivo fundamental lograr la estabilidad de precios y preservar el valor interno y externo de la unidad monetaria, y garantizándose su autonomía para la formulación de las políticas de su competencia. La Constitución además, le asignó al banco para el adecuado cumplimiento de su objetivo, la atribución de formular y ejecutar la política monetaria, participar en el diseño y ejecutar la política cambiaria, regular la moneda, el crédito y las tasas de interés, administrar las reservas internacionales, y todas aquellas que establezca la ley.

1. *La eliminación de la autonomía del Banco Central de Venezuela*

Tanto en el ***Anteproyecto para la 1era. Reforma Constitucional PR, agosto 2007,*** como en las ***Propuestas de Reforma del CPRC, junio 2007***, se propone **cambiar total y radicalmente** el régimen de la política monetaria y del Banco Central de Venezuela, **eliminándosele sus competencias y su autonomía, y estableciendo su total dependencia directa del Ejecutivo Nacional.**

A tal efecto, se proponen las siguientes reformas al artículo 318:

En primer lugar, se busca precisar que "**El sistema monetario nacional debe propender al logro de los fines esenciales del Estado Socialista y el bienestar del pueblo, por encima de cualquier otra consideración.**"

En segundo lugar, las competencias para fijar las políticas monetarias del Poder Nacional que la Constitución de 1999 asignó "exclusivamente" al Banco Central, se busca **atribuírselas al Ejecutivo Nacional y al Banco Central "en estricta y obligatoria coordinación".**

En tercer lugar, se precisa que el objetivo específico del Banco Central de Venezuela, "**conjuntamente con el Ejecutivo Nacional",** es lograr la estabilidad de precios y preservar el valor interno y externo de la unidad monetaria.

En cuarto lugar, **se elimina formalmente la autonomía** del Banco Central, al disponerse que "**es persona de derecho público sin autonomía** para la formulación y el ejercicio de las políticas correspondientes", y se agrega que sus funciones estarán **supeditadas a la política económica general y al Plan Nacional de Desarrollo** para alcanzar los **objetivos superiores del Estado Socialista** y la mayor suma de felicidad posible para todo el pueblo".

En quinto lugar, se establece que **las funciones del Banco Central son "compartidas con el Poder Ejecutivo",** al proponerse precisar en el artículo 118 que para el adecuado cumplimiento de su objetivo específico, el Banco Central de Venezuela "**tendrá entre sus funciones, compartidas con el Poder Ejecutivo Nacional",** sólo "**participar** en la formulación y ejecución de la política monetaria, en el diseño y ejecución de la política cambiaria, en la regulación de la moneda, el crédito y fijación de las tasas de interés".

En sexto lugar, **se le quita al Banco Central de Venezuela la competencia de "administrar las reservas internacionales**" y en su lugar se propone establecer, que **"**las reservas internacionales de la República serán manejadas por el Banco Central de Venezuela**, bajo la administración y dirección del Presidente o Presidenta de la República, como administrador o administradora de la Hacienda Pública Nacional".**

Debe destacarse, que en las ***Propuestas de Reforma del CPRC, junio 2007***, incluso lo que se proponía al eliminarse **la autonomía del Banco Central de Venezuela** para la formulación y el ejercicio de las políticas de su competencia, era que el Banco debía "**colaborar y apoyar técnicamente al Ejecutivo Nacional en la formulación de las políticas monetarias, y velar por la ejecución de las mismas**", con la indicación de que debía ejercer "sus funciones en estricto **cumplimiento de la política económica, financiera, monetaria y productiva general diseñada y establecida por el Ejecutivo Nacional**, para alcanzar los objetivos superiores del Estado y la Nación"; y que debía "ejecutar la política monetaria y cambiaria **formulada por el Ejecutivo Nacional,** regular la moneda, el crédito y las tasas de interés, administrar las reservas internacionales **en estricto apego a la política general monetaria establecida por el Ejecutivo Nacional** bajo los lineamientos de esta Constitución y las leyes".

Por otra parte, en el artículo 320 de la Constitución de 1999, en relación con la coordinación macroeconómica, se estableció una detallada regulación, primero sobre la estabilidad económica y segundo sobre el Fondo de Estabilización macroeconómica. En el ***Anteproyecto para la 1era. Reforma Constitucional PR, agosto 2007,*** ambas regulaciones se busca cambiarlas radicalmente.

En efecto, el artículo 320 de la Constitución de 1999 dispone que "el Estado debe promover y defender la estabilidad económica, evitar la vulnerabilidad de la economía y velar por la estabilidad monetaria y de precios, para asegurar el bienestar social", disponiéndose **la obligación** para "el ministerio responsable de las finanzas y el Banco Central de Venezuela" de contribuir "a la **armonización de la política fiscal con la política monetaria**, facilitando el logro de los objetivos macroeconómicos" y con la precisión de que "**en el ejercicio de sus funciones, el Banco Central de Venezuela no estará subordinado a directivas del Poder Ejecutivo y no podrá convalidar o financiar políticas fiscales deficitarias**".

En la norma, además, se precisó que **la actuación coordinada del Poder Ejecutivo y del Banco Central de Venezuela se debía realizar "mediante un acuerdo anual de políticas"**, en el cual se debían establecer "los objetivos finales de crecimiento y sus repercusiones sociales, balance externo e inflación, concernientes a las políticas fiscal, cambiaria y monetaria; así como los niveles de las variables intermedias e instrumentales requeridos para alcanzar dichos objetivos finales". La norma del artículo 320 precisa las formalidades de dicho acuerdo, el cual debe ser firmado por el Presidente del Banco Central de Venezuela y el titular del ministerio responsable de las finanzas, **el cual se debe divulgar en el momento de la aprobación del presupuesto por la Asamblea Nacional**. De acuerdo con la Constitución, es responsabilidad de las instituciones firmantes del acuerdo "que las acciones de política sean consistentes con sus objetivos", debiendo especificarse en el acuerdo, "los resultados esperados, las políticas y las acciones dirigidas a lograrlos".

En el ***Anteproyecto para la 1era. Reforma Constitucional PR, agosto 2007,*** se propone eliminar todo este detallado marco regulatorio para garantizar la estabilidad económica y la coordinación entre el Ejecutivo Nacional y el Banco Central, y en su lugar se propone que el artículo 320 tenga la siguiente redacción: "El Estado debe promover y defender la estabilidad económica, evitar la vulnerabilidad de la economía y velar por la estabilidad monetaria y de precios, para asegurar el bienestar social. Igualmente velará por la armonización de la política fiscal con la política monetaria, para el logro de los objetivos macroeconómicos". Con ello, se elimina todo principio de coordinación entre el Ejecutivo Nacional y el Banco Central, el cual queda sin autonomía como un brazo ejecutor de lo que aquél disponga.

2. *El control de las Reservas Internacionales por el Ejecutivo*

En cuanto al régimen del fondo de estabilización macroeconómica que el artículo 321 de la Constitución de 1999 se exige que se establezca por Ley para "garantizar la estabilidad de los gastos del Estado en los niveles municipal, regional y nacional, ante las fluctuaciones de los ingresos ordinarios", con la precisión de que el funcionamiento del fondo debe sujetarse a los "principios básicos la eficiencia, la equidad y la no discriminación entre las entidades públicas que aporten recursos al mismo".

En el ***Anteproyecto para la 1era. Reforma Constitucional PR, agosto 2007,*** se propone eliminar totalmente la existencia del Fondo de Estabilización macroeconómica, y en su lugar se propone que la norma del artículo 321 quede redactada de manera que de **atribuir "al jefe de Estado" la función "de administración de las reservas internacionales"**, para lo cual **se lo autoriza a "establecer, en coordinación con el Banco Central de Venezuela** y al final de cada año, **el nivel de las reservas necesarias para la economía nacional**, así como el monto de las **reservas excedentarias**" con la expresa indicación de que las mismas se deben destinar "**a fondos que disponga el Ejecutivo Nacional** para inversión productiva, desarrollo e infraestructura, financiamiento **de las misiones** y, en definitiva, el desarrollo integral, endógeno, humanista y socialista de la nación".

SEXTA PARTE

LOS CAMBIOS EN LOS DERECHOS LABORALES: UNA "REFORMA" CONSTITUCIONAL INÚTIL

En el ***Anteproyecto para la 1era. Reforma Constitucional PR, agosto 2007,*** se propone la reforma de dos artículos del capítulo de la Constitución relativo a los derechos laborales, cuyo contenido, en realidad, no ameritan de reforma constitucional alguna para su implementación.

La primera propuesta se refiere al artículo 87, básicamente en relación con al régimen de seguridad social de los trabajadores no dependientes. Dicha norma, en efecto, además de establecer que toda persona tiene derecho al trabajo y el deber de trabajar, dispone que el Estado debe garantizar la adopción de las medidas necesarias a los fines de que toda persona pueda obtener ocupación productiva, que le proporcione una existencia digna y decorosa y le garantice el pleno ejercicio de este derecho; declarando como "fin del Estado fomentar el empleo" y remitiendo a la **ley la adopción de medidas tendentes a garantizar el ejercicio de los derechos laborales de los trabajadores no dependientes**. La norma, además, exige que todo patrono debe garantizar a sus trabajadores condiciones de seguridad, higiene y ambiente de trabajo adecuados, obligando al Estado a adoptar medidas y crear instituciones que permitan el control y la promoción de estas condiciones.

La propuesta de reforma relativa a dicho artículo fundamentalmente consiste, primero, **en eliminar la declaración de que el fomento del empleo es un fin del Estado**; segundo, en **eliminar la obligación de los patronos de garantizar a los trabajadores condiciones de seguridad, higiene y ambiente de trabajo** adecuados, y sustituirla con la previsión de la **obligación del Estado de garantizar** que en todos los centros laborales se cumplan las condiciones de seguridad, higiene, ambiente y relaciones sociales acordes con la dignidad humana y de crear instituciones que permitan el control y supervisión del cumplimiento de estas condiciones de trabajo, y la formulación del principio de que en aplicación de los **principios de corresponsabilidad y solidaridad el patrono** "debe adoptar todas las medidas necesarias para el cumplimiento de dichas condiciones"; y tercero, en lugar de sólo remitir a la **ley para la adopción de medidas tendentes a garantizar el ejercicio de los derechos laborales de los trabajadores y trabajadoras no dependientes,** se propone definir algunos contenidos de la misma al prever que "a los fines de garantizar el ejercicio de los derechos laborales de los trabajadores y trabajadoras no dependientes, como taxistas, transportistas, comerciantes, artesanos, profesionales y todo aquel que ejerza por cuenta propia cualquier actividad productiva para el sustento de si mismo y de su familia, **la Ley creará y desarrollará todo lo concerniente a un "Fondo de estabilidad social para trabajadores y trabajadoras por cuenta propia", para que con el aporte del Estado y del trabajador,** pueda éste último gozar de los derechos laborales fundamentales tales como jubilaciones, pensiones, vacaciones, reposos, prenatal, post natal y otros que establezcan las leyes".

La verdad es que para la implementación de lo que se propone en esta "reforma" bastaba sancionar una ley que regulara todos esos aspectos, conforme a la norma vigente. La "reforma", en realidad, nada cambia en relación a lo que conforme a la norma del artículo 87 de la Constitución pudiera desarrollarse por el legislador.

La segunda de las reformas propuestas en materia de derechos laborales, se refiere al artículo 90 en relación con la jornada de trabajo. En efecto, el artículo 90 de la Constitución de 1999 dispone que "**la jornada de trabajo diurna no excederá de ocho horas diarias ni de cuarenta y cuatro horas semanales**" y en los casos "en que la ley lo permita, la jornada de trabajo nocturna **no excederá de siete horas diarias ni de treinta y cinco semanales**", prohibiéndose a los patronos a "obligar a los trabajadores a laborar horas extraordinarias". El artículo, además, establece el principio de que **se debe propender "a la progresiva disminución de la jornada de trabajo** dentro del interés social y del ámbito que se determine" y se debe "disponer lo conveniente para la mejor utilización del tiempo libre en beneficio del desarrollo físico, espiritual y cultural de los trabajadores y trabajadoras"; y consagra el derecho de los trabajadores "al descanso semanal y vacaciones remunerados en las mismas condiciones que las jornadas efectivamente laboradas".

La propuesta de reforma relativa a dicho artículo fundamentalmente consiste, primero, en **reducir los límites máximos de la jornada de trabajo** a **seis horas diarias y treinta y seis horas semanales**, para la jornada diurna; y a **seis horas diarias ni de treinta y cuatro semanales,** para la jornada nocturna, para lo cual, en realidad, hubiera bastado la sanción de una ley, ya que lo que se establece en la Constitución es un límite máximo; y en segundo lugar, en indicar que la mejor **utilización del tiempo libre de los trabajadores no sólo es en beneficio del desarrollo físico, espiritual y cultural** de los mismos, sino además, en beneficio de **la educación, formación integral, desarrollo humano, moral, y técnico** de los trabajadores, para lo cual, de nuevo, no es necesario "reformar" la Constitución, bastando que ello se establezca en la ley.

Por tanto, en esta materia laboral, la "reforma" propuesta de los artículos 87 y 90 de la Constitución es un ejercicio inútil, pues lo que en ellas se propone puede establecerse mediante ley en ejecución de las normas de la Constitución de 1999, tal como están redactadas[1332].

1332 La única explicación razonable de estas "reformas" constitucionales inútiles, es la que se deriva de la decisión adoptada por el Consejo Nacional Electoral, de que el referendo sobre la aprobación de la Constitución debe ser "en bloque", y no separadamente, de manera que desestimule el posible voto "NO", que podría significar votar en contra de estas mejoras laborales que, como se dijo, sin embargo, no requieren estar previstas en la Constitución para ser implementadas.

SÉPTIMA PARTE

LOS CAMBIOS EN EL RÉGIMEN DE LA FUERZA ARMADA: DE UN ESTADO CIVIL A UN ESTADO MILITARISTA

Otra materia que constituyó una novedad en la Constitución de 1999 es la relativa a la Fuerza Armada Nacional dentro del régimen de la seguridad y defensa, con acentuado carácter militarista.

En el ***Anteproyecto para la 1era. Reforma Constitucional PR, agosto 2007***, además de cambiarse el nombre de la institución de **Fuerza Armada Nacional por Fuerza Armada Bolivariana** (art. 156,8; 236,6; 328 y 329) y de sus componentes de **Ejército, la Armada, la Aviación y la Guardia Nacional**, por **Ejército Bolivariano, Armada Bolivariana, Aviación Bolivariana, Guardia Territorial Bolivariana y Milicia Popular Bolivariana** (Art. 329); se formulan propuestas de reforma respecto de los artículos 328 y 329 de la Constitución.

En cuanto al artículo 328 de la Constitución de 1999, el mismo dispone que la Fuerza Armada Nacional **constituye "una institución esencialmente profesional, sin militancia política, organizada por el Estado para garantizar la independencia y soberanía de la Nación y asegurar la integridad del espacio geográfico"**, mediante la defensa militar, la cooperación en el mantenimiento del orden interno y la participación activa en el desarrollo nacional, de acuerdo con esta Constitución y con la ley. La norma agrega, que "en el cumplimiento de sus funciones, **está al servicio exclusivo de la Nación y en ningún caso al de persona o parcialidad política alguna"**, siendo sus pilares fundamentales "la disciplina, la obediencia y la subordinación".

En la propuesta de reforma del artículo 328, en primer lugar, **se busca eliminar la previsión constitucional de que la Fuerza Armada es "institución esencialmente profesional, sin militancia política"**, y en su lugar se propone establecer que constituye **"un cuerpo esencialmente patriótico popular y antiimperialista". Con ello, desaparece la institución militar como institución profesional, y desaparece la prohibición de que la misma no tenga militancia política, definiéndosela como "patriótico popular y antiimperialista"**, lo que busca abrir el camino constitucional para la integración de la **Fuerza Armada en el partido político de su Comandante en Jefe, quien ejerce la Suprema Autoridad Jerárquica en todos sus Cuerpos, Componentes y Unidades (como se propone en la reforma del artículo 236,6 de la Constitución)**.

En segundo lugar, entre los objetivos de la Fuerza Armada, además de ser organizada para "**garantizar la independencia y soberanía de la nación y asegurar la integridad del espacio geográfico**", se propone agregar, además, que es para "**preservarla de cualquier ataque externo o interno**".

En tercer lugar, en lugar de establecerse que esos objetivos se deben lograr **"mediante la defensa militar, la cooperación en el mantenimiento del orden interno**

y la participación activa en el desarrollo nacional", se propone que se regule que se deben lograr **"mediante el estudio, planificación y ejecución de la doctrina militar bolivariana, la aplicación de los principios de la defensa militar integral y la guerra popular de resistencia, la participación permanente en tareas de mantenimiento de la seguridad ciudadana, y conservación del orden interno, así como la participación activa en planes para el desarrollo económico, social, científico y tecnológico de la nación".** Se incorpora, en esta forma, la "**doctrina militar bolivariana"**, como elemento esencial de la actuación de la Fuerza Armada, aún cuando se desconozca su contenido exacto, se incorporan elementos de guerrilla como "la guerra popular de resistencia", y se convierte a la Fuerza Armada en organización de policía nacional, al atribuírsele la competencia en materia de **seguridad ciudadana y conservación del orden interno**. Además, con la previsión de que entre sus funciones está la de participar en forma "activa en planes para el desarrollo económico, social, científico y tecnológico de la nación", **constitucionalizando la militarización del Estado y la Administración**.

En cuarto lugar, en lugar de establecerse como lo prevé la Constitución de 1999 que en el cumplimiento de sus funciones, la Fuerza Armada "**está al servicio exclusivo de la Nación y en ningún caso al de persona o parcialidad política alguna**", se propone sustituir esta disposición por la indicación de que en "el **cumplimiento de su función, estará siempre al servicio del pueblo venezolano en defensa de sus sagrados intereses y en ningún caso al de oligarquía alguna o poder imperial extranjero".** La consecuencia de este cambio, es **la eliminación de la prohibición impuesta constitucionalmente a la Fuerza Armada de que pueda estar al servicio de persona o parcialidad política alguna,** lo que de nuevo busca abrir el camino constitucional para la integración de la Fuerza Armada **en el partido político de su Comandante en Jefe, quien ejerce la Suprema Autoridad Jerárquica en todos sus Cuerpos, Componentes y Unidades (como se propone en la reforma del artículo 236,6 de la Constitución), quien la puede poner a su servicio o al servicio del partido del gobierno.**

Recuérdese, además, que en la reforma que se propone al artículo 236,7, se busca atribuir al Presidente de la República, en tal carácter de Comandante en jefe, la potestad de **promover a sus oficiales en todos los grados y jerarquías y designarlos o designarlas para los cargos correspondientes (art. 236,7), lo que constituye el instrumento para asegurar la sujeción política de los mismos.**

En quinto lugar, además de establecerse que sus pilares fundamentales son la Constitución y las leyes, así como la disciplina, la obediencia y la subordinación, se propone agregar que "**sus pilares históricos están en el mandato de Bolívar: "Libertar a la patria, empuñar la espada en defensa de las garantías sociales y merecer las bendiciones del pueblo".**

En cuanto al artículo 329 de la Constitución de 1999, el mismo dispone que, "el Ejército, la Armada y la Aviación tienen como responsabilidad esencial la planificación, ejecución y control de las operaciones militares requeridas para asegurar la defensa de la Nación", y en cuanto a la Guardia Nacional, la misma debe "cooperar en el desarrollo de dichas operaciones y tendrá como responsabilidad básica la conducción de las operaciones exigidas para el mantenimiento del orden interno del país". La norma agrega que "la Fuerza Armada Nacional podrá ejercer las actividades de policía administrativa y de investigación penal que le atribuya la ley".

En la propuesta de reforma del artículo 329, en primer lugar, se **aumentan a cinco los componentes militares de la Fuerza Armada Bolivariana**, como cuerpos de tierra, mar y aire, organizados administrativamente así: el **Ejército Bolivariano, la Armada Bolivariana, la Aviación Bolivariana, la Guardia Territorial Bolivariana y la Milicia Popular Bolivariana.**

En segundo lugar, se busca disponer en la norma constitucional que los cinco componentes o cuerpos militares se deben "**estructurar en unidades combinadas de guarnición, unidades combinadas de adiestramiento y unidades de operaciones conjuntas,** tanto en el nivel táctico como en el nivel estratégico, a efectos del cumplimiento de su misión".

En tercer lugar, mediante una "Disposición Transitoria" se busca establecer en cuanto a la Guardia Nacional, además de que la misma "**cambiará su denominación militar por el de Guardia Territorial",** que dicho cuerpo "se convertirá en un cuerpo esencialmente militar, pudiendo ser destinada por su Comandante en Jefe para conformar cuerpos de tierra, mar y aire como parte integrante de otros componentes militares; y además, que **también podrán "formarse cuerpos policiales con una parte de sus recursos humanos, técnicos y materiales".**

En cuarto lugar, en otra "Disposición Transitoria" se busca establecer que **"las unidades y cuerpos de la reserva militar se transformarán en unidades de la Milicia Popular Bolivariana"**.

Con estas reformas se busca **terminar de acentuar el carácter político de la Fuerza Armada y el militarismo del Estado**, que se había iniciado en la propia Constitución de 1999, de cuyas normas ya había desaparecido "el carácter apolítico y no deliberante" de la Fuerza Armada que establecía el artículo 132 de la Constitución de 1961; la obligación esencial que tenía la Fuerza Armada Nacional conforme a ese mismo artículo, de asegurar "la estabilidad de las instituciones democráticas y el respeto a la Constitución y las leyes, cuyo acatamiento estará siempre por encima de cualquier otra obligación"; la tradicional prohibición de que la autoridad militar y la civil no podían ejercerse simultáneamente que establecía el artículo 131 de la Constitución de 1961; y el control por parte de la Asamblea Nacional respecto de los ascensos de los militares de alta graduación (art. 331, C. 1961).

OCTAVA PARTE

EL SENTIDO DE LO QUE PUEDEN SER LAS "FUTURAS" REFORMAS CONSTITUCIONALES YA ANUNCIADAS.

El Presidente de la República, el 15 de agosto de 2007 presentó a la Asamblea Nacional un Anteproyecto de la **Primera reforma** Constitucional, lo que significa que con ello se está anunciando que se **propondrán otras** en el progresivo proceso de destrucción de la democracia y del Estado de Derecho.

Para el diseño de las reformas constitucionales, como se dijo, en enero de 2007 el Presidente designó un **Consejo Presidencial para la Reforma de la Constitución** el cual, en junio de 2007 dio a conocer una serie de propuestas de reformas constitucionales, muchas de las cuales fueron incorporadas en el **Anteproyecto** que el Presidente presentó a la Asamblea Nacional en agosto de 2007, o complementan las propuestas formuladas por el Presidente, por lo que se han analizado al estudiar el contenido del Anteproyecto. Las otras propuestas de reformas constitucionales formuladas por el **Consejo Presidencial para la Reforma de la Constitución que no guardan relación con el Anteproyecto,** dada la composición del referido Consejo integrado por las altas autoridades del Estado que se han mencionado, sin duda, lo lógico es que servirán de orientación para las futuras reformas, y en todo caso, sirven para precisar el sentido y alcance de las mismas.

A continuación, por tanto, analizaremos las propuestas formuladas por el **Consejo Presidencial para la Reforma de la Constitución** cuya divulgación se efectuó en junio de 2007 (en lo adelante: ***Propuestas de Reforma del CPRC, junio 2007***), y que **no fueron** incorporadas por el Presidente en su **Anteproyecto de Primera Reforma Constitucional** o que no tienen relación directa con estas..

I. REFORMAS EN EL RÉGIMEN GENERAL DEL PODER PÚBLICO

1. *Las nuevas orientaciones en materia de relaciones internacionales*

En las ***Propuestas de Reforma del CPRC, junio 2007,*** en relación con los principios que rigen las relaciones internacionales, se propone agregar "la **Doctrina Bolivariana**", el principio de "**complementación**" "y la consolidación de un **mundo pluripolar**" (art. 152). Además, se propone calificar la "práctica democrática" que la República debe defender en todos los organismos e instituciones, como "**participativa y protagónica**"

Por otra parte, en el 153, se busca agregar como objetivo de la integración latinoamericana y caribeña previsto en el artículo 153 de la Constitución, de defender los intereses económicos, sociales, culturales, políticos y ambientales de la región, el de la "consolidación de los pueblos de nuestra América, como un **bloque de Poder Autónomo entre las naciones latinoamericanas**"; y que en las políticas de integración, además de privilegiar las relaciones con Iberoamérica, la República debe privilegiar las relaciones con "**los países del Sur**", como política común de toda América Latina "basada en un **Pacto de repúblicas**".

2. *Las reformas en cuanto al régimen tributario*

El artículo 316 de la Constitución de 1999 dispone que el sistema tributario debe procurar la justa distribución de las cargas públicas según la capacidad económica del contribuyente, atendiendo al principio de progresividad, así como la protección de la economía nacional y la elevación del nivel de vida de la población, y se sustentará para ello en un sistema eficiente para la recaudación de los tributos.

En las ***Propuestas de Reforma del CPRC, junio* 2007,** respecto del artículo 316 sobre los principios del sistema tributario, además de establecerse que el mismo procurará la justa distribución de las cargas públicas según la capacidad económica del o la contribuyente, atendiendo al principio de progresividad, así como protección de la economía nacional y la elevación del nivel de vida de la población, se propone agregar el principio de la "**territorialidad de la renta, de acuerdo con el cual los tributos se cancelan al Estado en cuyo territorio esté situada la fuente o la causa de su enriquecimiento**". Con esta propuesta, se convierte a los **Estados de la Federación**, a los cuales se los minimiza en las diversas propuestas de reforma y se les quita toda competencia tributaria, **en recaudadores únicos de todos los tributos nacionales.**

En cuanto al principio de la progresividad, en las propuestas de reforma 2007 se propone la transformación del sistema tributario en un **sistema tributario socialista,** al agregar al artículo 316, expresamente, que "la ley establecerá medidas especiales para **asegurar la aplicación estricta del principio de progresividad** a los fines de que **paguen** cualitativa y cuantitativamente **más tributos quienes mayores niveles de egresos y patrimonios posean**, todo bajo la óptica de la solidaridad y el **modelo tributario socialista".**

En la Constitución de 1999 se regula, además, el principio de la legalidad tributaria (art. 317) y se estableció en forma expresa lo que constituye una novedad en nuestro ordenamiento constitucional, que es el principio de que "ningún tributo puede tener efecto confiscatorio". En las ***Propuestas de Reforma del CPRC, junio* 2007,** se busca **eliminar** del artículo 317 **la prohibición general del efecto confiscatorio de los tributos.**

En dicho artículo, después de reiterarse el principio de que no pueden cobrarse impuestos, tasas, ni contribuciones que no estén establecidos en la ley, ni concederse exenciones y rebajas, ni otras formas de incentivos fiscales, sino en los casos previstos por las leyes, se propone agregar a la norma una **prohibición general respecto de todo tipo de estímulos fiscales,** en el sentido de que "en consecuencia, ni los Cuerpos Legislativos ni ninguna otra autoridad de la República, los Estados y Municipios podrán en ningún caso suscribir acuerdos, convenios ni contratos con el objeto de excluir a contribuyentes o grupo de contribuyentes de la aplicación de futuras reformas tributarias, ni para garantizarles la estabilidad de ciertas medidas hacendísticas. El capital financiero no podrá ser exonerado de tributos ni gozar de regímenes tributarios más favorables que el aplicado directamente en actividades productivas".

Esta propuesta prohibitiva se repite y reitera en las propuestas de reforma que se formulan respecto de los artículos 52, 89 y 162.

El artículo 183 de la Constitución prohíbe a los Estados y a los Municipios el establecimiento de tributos sobre importación, exportación o tránsito sobre bienes, sobre las demás materias rentísticas de la competencia nacional; y sobre consumo de bienes en casos específicos. En las ***Propuestas de Reforma del CPRC, junio* 2007,** se propone agregar al artículo 183 que se refiere a las prohibiciones a los Estados y Municipios, las siguientes prohibiciones: "**contraer deuda pública interna o externa**, salvo en lo relativo a aquellos contratos de gestión ordinaria cuya ejecución se extiende por varios ejercicios fiscales", y "celebrar **contratos, convenios o acuerdos** tendientes a **excluir a determinados contribuyentes o grupo de contribuyentes de la aplicación de la reforma tributaria** que la entidad sancione".

Ello se reitera en las propuestas de reforma del artículo 162.

3. *Las reformas al régimen de la responsabilidad del Estado*

Una de las innovaciones importantes de la Constitución de 1999 en materia de régimen general del ejercicio del Poder Público, fue la previsión expresa del principio de la responsabilidad patrimonial del Estado; es decir, de las personas jurídicas estatales, básicamente las que resultan de la distribución vertical del Poder Público (Repúblicas, Estados y de Municipios), por los daños y perjuicios que causen los funcionarios en ejercicio de sus funciones. Dispuso así, el artículo 140 que "El Estado responderá patrimonialmente por los daños que sufran los particulares en cualquiera de sus bienes y derechos, siempre que la lesión sea imputable al funcionamiento de la Administración Pública".

La expresión "funcionamiento de la Administración Pública", de carácter muy genérico, permite que la responsabilidad del Estado se origine cuando la lesión se derive del funcionamiento normal o anormal de los servicios públicos a cargo del Estado o en general, de la actividad administrativa realizada por la Administración Pública, como estructura orgánica.

En las ***Propuestas de Reforma del CPRC, junio 2007***, se busca agregar a la norma del artículo 140, un apartado en el cual se dispone, totalmente **fuera de contexto pues parece que se refiere a un supuesto caso de responsabilidad** contractual y no de responsabilidad extracontractual que es la prevista en la norma, y además, en una forma **muy mal redactada**, que "En ningún caso se reconocerá responsabilidad cuando los daños alegados por los particulares se refieran a la falta de ingreso de beneficios económicos esperados, sean atribuibles a conflictos laborales o a conmociones públicas, o al ejercicio de poderes soberanos discrecionales".

Además, también se propone agregar al artículo 140 una norma también **fuera de contexto pues su regulación pertenece al Código Civil**, según la cual, "los ciudadanos y ciudadanas asimismo responderán penal, administrativa y patrimonialmente por los daños que causen a los bienes del dominio público y privado de la República, así como a los de los entes o sociedades en las que esta tenga participación o al patrimonio de las comunidades, consejos comunales y otros entes de interés social protegidos por esta Constitución.

4. *Las propuestas de reformas sobre prohibiciones a los Estados*

En las ***Propuestas de reforma 2007,*** en el artículo 162 se propone **agregar prohibiciones adicionales a "los Estados** de la República", indicándose que no podrán: "asumir **funciones diplomáticas ni consulares propias**; suscribir **tratados**

con países ni con **organismos internacionales**; **contratar deuda pública**; y suscribir **convenios, acuerdos o contratos** con contribuyentes o grupos de contribuyentes específicos con la finalidad de **excluirlos de la aplicación de las reformas tributarias**". Esto mismo se vuelve a proponer como reforma del artículo 183 que se refiere a las prohibiciones a los Estados y Municipios, al proponerse incluir dos ordinales (3 y 4) con las siguientes prohibiciones: "4. **Contraer deuda pública interna o externa**, salvo en lo relativo a aquellos contratos de gestión ordinaria cuya ejecución se extiende por varios ejercicios fiscales", y "5. Celebrar **contratos, convenios o acuerdos** tendientes a **excluir a determinados contribuyentes o grupo de contribuyentes de la aplicación de la reforma tributaria** que la entidad sancione".

Prohibiciones similares se repiten en la propuesta de reforma del artículo 317 sobre el sistema tributario.

5. *Las propuestas de reformas sobre limitaciones a los municipios*

Por otra parte, es de observar que en las ***Propuestas de Reforma del CPRC, junio 2007***, en el artículo 168 **se busca eliminar de las competencias municipales** la competencia esencial del numeral 2 del artículo 168 relativa a "**la gestión de las materias de su competencia**", con lo que se vaciaría a los Municipios de todo sentido de entidad autónoma. Igualmente se propone **eliminar** la previsión del artículo 168 de la Constitución de 1999 que dispone que las actuaciones de los Municipios, en el ámbito de sus competencias, **se deben cumplir incorporando la participación ciudadana** al proceso de definición y ejecución de la gestión pública y en el control y evaluación de sus resultados, en forma efectiva, suficiente y oportuna, conforme a la ley. En el ***Anteproyecto para la 1era. Reforma Constitucional PR, agosto 2007,*** en cambio se propone **encasillar dicha participación ciudadana,** sólo "a través de los **Consejos del Poder Popular** y de los **medios de producción socialista".**

En cuanto al régimen de gobierno y administración del Municipio, el mismo corresponde al Alcalde, quien además, tiene el carácter de la primera autoridad civil (art. 174), y es electo para un período de 5 años pudiendo ser reelecto una sola vez. En las ***Propuestas de Reforma del CPRC, junio 2007***, en el artículo 174 se propone establecer la posibilidad de reelección indefinida de los Alcaldes.

Además, en las Propuestas de reforma se limita la autonomía municipal, al pretender agregarse al artículo 174 que los Alcaldes están obligados a **rendir cuenta de su gestión**, anual y públicamente, mediante un informe que presentará ante el **Consejo Municipal del Poder Popular** y ante la **Federación de los Consejos Comunales** existentes en el Municipio, y en el caso que ese informe sea improbado, será sometido en un lapso de 30 días a la consideración de la **Asamblea Nacional para que ésta decida por mayoría de sus integrantes si procede su destitución**.

El artículo 175 de la Constitución, atribuye la función legislativa del Municipio al Concejo Municipal, integrado por concejales elegidos. En las ***Propuestas de Reforma del CPRC, junio 2007***, en los artículos 174 y 175 al Concejo Municipal se lo denomina **Consejo Municipal del Poder Popular.**

La Constitución de 1999, por otra parte, reguló a las Contralorías Municipales para controlar, vigilar y fiscalizar los ingresos, gastos y bienes municipales, a cargo de un Contralor designado por el Consejo Municipal, sin menoscabo del alcance de las atribuciones de la Contraloría General de la República. En las ***Propuestas de***

Reforma del CPRC, junio 2007, se limita esta manifestación de la autonomía municipal, y se propone que la Contraloría Municipal actúe "**bajo la rectoría de la Contraloría General de la República**", estando además, **obligada** a "conocer, procesar y decidir oportunamente todas las denuncias o informaciones que sobre la materia de su competencia le formulen los ciudadanos o ciudadanas individual o colectivamente en el ejercicio de la **Contraloría Social**".

II. PROPUESTAS DE REFORMA SOBRE EL PODER EJECUTIVO NACIONAL

1. *Los cambios respecto de la jefatura del Estado*

En relación con el sistema presidencial de gobierno en las ***Propuestas de Reforma del CPRC, junio 2007*** se propone que en el artículo 225, se establezca que "el Presidente de la República es el **jefe del estado y Jefe de gobierno, en cuya condición dirige al Ejecutivo Nacional**", incorporándose a la Constitución una terminología más propia de los sistemas parlamentarios (jefe de gobierno); y en el artículo 236,2 atribuir al Presidente la facultad de "**dirigir las acciones de Estado y de Gobierno y coordinar las relaciones con los otros Poderes Públicas Nacionales** en su carácter de Jefe de Estado".

En las ***Propuestas de Reforma del CPRC, junio 2007*** también se busca acentuar, como lo ha propuesto el Presidente de la República en su Anteproyecto, el carácter presidencialista del sistema de gobierno, al pretender eliminar la sola posibilidad de reelección inmediata del Presidente por una sola, y establecer formalmente la posibilidad de **reelección indefinida** del Presidente de la República (art. 230), como lo ha propuesto el Presidente en su AntepProyecto, y al hacer aún **más dificultosa la posibilidad de realización de un referendo revocatorio** del mandato del Presidente de la República (art. 72).

Por otra parte, en cuanto a las competencias del Presidente de la República, en las ***Propuestas de Reforma del CPRC, junio 2007*** se busca **eliminar la necesaria aprobación de la Asamblea Nacional en relación con la formulación y ejecución del Plan Nacional de desarrollo** por parte del Presidente de la República (art. 236, 18).

2. *La búsqueda de la permeabilidad política entre el ejecutivo y el legislativo*

La Constitución de 1999 estableció el principio de la separación de poderes, lo que en la tradición del sistema presidencial, conforme al sistema de balances y contrapesos, para asegurar la separación entre la Asamblea Nacional como órgano que ejerce el Poder Legislativo y los órganos que ejercen el Poder Ejecutivo, dispuso que los diputados a la Asamblea **no pueden ser designados para cargos ejecutivos, "sin perder su investidura**, salvo en actividades docentes, académicas, accidentales o asistenciales, siempre que no supongan dedicación exclusiva" (art. 191). Ello significa, que salvo estas excepciones, si un diputado es nombrado Ministro o director de un instituto autónomo, por ejemplo, pierde su investidura de diputado, y al cesar en su cargo ejecutivo no puede volver a la Asamblea Nacional.

En las ***Propuestas de Reforma del CPRC, junio 2007***, se busca **diluir** la separación de poderes entre el Legislador y el Ejecutivo, al **eliminarse la pérdida de investidura de los diputados** cuando acepten cargos ejecutivos y, al contrario, se establece una total **permeabilidad** al proponerse que los diputados a la Asamblea Nacional puedan aceptar o ejercer cargos públicos sin perder su investidura, "**si son llamados para ejercer cargos cualquiera de los Poderes Públicos Nacionales, previa autorización por la mayoría de los integrantes de la Asamblea Nacional, pudiendo reincorporarse a sus funciones cuando cesen en la gestión y así lo determine la mayoría de los integrantes de la Asamblea**" (art. 191).

3. *La dilución de la responsabilidad del Ejecutivo en los Estados de excepción*

La Constitución de 1999 dispone con precisión las obligaciones del Presidente y su responsabilidad así como de los otros altos funcionarios del Ejecutivo, aún en los casos de que se decreten los Estados de excepción (art. 232).

En las ***Propuestas de Reforma del CPRC, junio 2007***, si bien en el artículo 232 se propone agregar a las obligaciones del Presidente de "procurar la garantía de los derechos y libertades de los venezolanos y venezolanas, así como la independencia, integridad, soberanía del territorio y defensa de la República", la de "**procurar la mayor suma de felicidad posible, la libertad, la justicia, la igualdad, la solidaridad y el humanismo ético**"; se **elimina** la previsión establecida en la Constitución de 1999 de que **la declaración de los estados de excepción no modifica el principio de su responsabilidad**, ni la del Vicepresidente Ejecutivo, ni la de los Ministros, de conformidad con esta Constitución y con la ley" (art. 232).

4. *La creación de la figura de los vicepresidentes territoriales*

El sistema presidencial venezolano no cambió por el hecho de haberse establecido en la Constitución de 1999 la figura del Vicepresidente Ejecutivo, quien es de libre nombramiento y remoción del Presidente de la República (art. 238). El artículo 225 de la Constitución de 1999, sin embargo, dispone que el Poder Ejecutivo se ejerce además de "por el Presidente de la República", por "el Vice Presidente Ejecutivo, los Ministros y demás funcionarios" que determine la Constitución, agregando el artículo 226 que "el Presidente de la República es el jefe del Estado y del Ejecutivo nacional, en cuya condición dirige la acción de gobierno".

Sin embargo, para reforzar aún más el presidencialismo, las ***Propuestas de Reforma del CPRC, junio 2007***, buscan invertir el sentido de las normas de los artículos 225 y 226. Se propone que el artículo 225 establezca que "el Presidente de la República es el **jefe del estado y Jefe de gobierno**, en cuya condición dirige al Ejecutivo Nacional", incorporándose a la Constitución una terminología más propia de los sistemas parlamentarios (jefe de gobierno); y se propone que en el artículo 226 (que recoge el texto del 225 de la Constitución de 1999), se agregue que además de al Vicepresidente Ejecutivo, el Presidente puede nombrar "**Vicepresidentes para determinado territorio, sector o materia**, quienes tendrán las competencias que este les asigne". Esta previsión se repite en la propuesta de reforma de los artículos 236,3; 238; 239,10; 241, y 243. Se trata de una nueva figura para reforzar la acción directa del Presidente en el territorio o en materias, independientemente del sistema de distribución vertical del Poder Público o de las posibles autonomías, que se establezca, con lo que se acentúa aún más el **centralismo de Estado controlado por el Presidente**. En las Propuestas de reforma 2007, sin embargo, los Vicepresidentes contradictoriamente no aparecen como miembros del Consejo de Ministros, y solo se prevé que podrán ser convocados al mismo (art. 242).

Por otra parte, conforme al artículo 240, la aprobación de una moción de censura al Vicepresidente Ejecutivo, por una votación no menor de las 3/5 partes de los integrantes de la Asamblea Nacional, implica su remoción. En estos casos, el funcionario removido no puede optar al cargo de Vicepresidente Ejecutivo o de Ministro por el resto del período presidencial. En las ***Propuestas de Reforma del CPRC, junio 2007***, se reduce la **incompatibilidad** para alguno de los Vicepresidentes removidos de poder ser designado **Ministro** que establece el artículo 240 de la Constitución de 1999, y solo dispone la incompatibilidad para optar al cargo de **Vicepresidente ejecutivo** para el resto del período.

III. LAS REFORMAS EN RELACIÓN CON EL PODER LEGISLATIVO NACIONAL: LA ASAMBLEA NACIONAL

1. *La asamblea del Poder Popular*

El Poder Legislativo Nacional se ejerce por la Asamblea Nacional como cuerpo unicameral, con lo que la Constitución de 1999 cambió radicalmente la tradición **bicameral** que caracterizaba a los órganos del Poder Legislativo Nacional, lo que por lo demás es contradictorio con la forma federal del Estado, y con la descentralización política.

Ahora, en las ***Propuestas de Reforma del CPRC, junio 2007***, se buscar cambiar la denominación de la Asamblea Nacional por la de "Asamblea Nacional del Poder Popular" (art. 186); y además, ampliar sus competencias. Eso se propone en relación con la atribución del Tribunal Supremo de Justicia para decretar, sin mayores precisiones "la destitución del Presidente de la República" (art. 233). En las ***Propuestas de Reforma del CPRC, junio 2007***, se busca limitar esta potestad del Tribunal Supremo de Justicia, al exigirse que la **destitución decretada por el Tribunal Supremo de Justicia**, queda sujeta a la "previa aprobación de la Asamblea Nacional" (art. 233), lo que refuerza la concentración del poder en la Asamblea. Por otra parte, en cuanto a las causales de falta absoluta del Presidente de la República, en las propuestas de reforma 2007 se busca exigir que en los casos de **renuncia del Presidente,** esta debe ser "escrita, suscrita y debidamente aceptada por la Asamblea Nacional" (art. 233) lo que de nuevo refuerza la concentración de poder en la Asamblea.

Además, las ***Propuestas de Reforma del CPRC, junio 2007*** buscan ampliar las competencias de la Comisión Delegada de la Asamblea, **agregándose a las atribuciones** de la misma previstas en el artículo 196 de la Constitución de 1999, las de "7. Autorizar al Ejecutivo Nacional para celebrar contratos de interés nacional, en los casos establecidos en la ley; y 8. Autorizar el empleo de misiones militares venezolanas en el exterior o extranjeras en el País".

2. *Los cambios en materia de revocación de mandato de diputados*

De acuerdo con el artículo 198 de la Constitución, el mandato de los diputados puede ser revocado, y en esta materia, la Constitución reguló expresamente los efectos de la revocatoria al disponer que "no podrá optar a cargos de elección popular en el siguiente período" (art. 198).

En las ***Propuestas de Reforma del CPRC, junio 2007*** **se busca eliminar esta congruente y democrática incompatibilidad** de que una vez revocado el mandato, el diputado revocado no pueda optar a cargos de elección en el siguiente período, y solamente establecer, en cambio, que el diputado "revocado, no podrá optar a cargos de elección durante el período para el cual había sido electo".

3. *Los cambios en el procedimiento de formación de las leyes y la eliminación de los mecanismos de consulta*

Una innovación de importancia en materia de formación de las leyes en la Constitución de 1999, fue la establecida en el artículo 211 en el sentido de que durante el procedimiento de discusión y aprobación de los proyectos de leyes, la Asamblea Nacional o las Comisiones Permanentes, **deben consultar** a los otros órganos del Estado, a los ciudadanos y a la sociedad organizada para oír su opinión sobre los mismos (art. 206).

En las ***Propuestas de Reforma del CPRC, junio 2007*** se busca eliminar la participación política en la consulta de las leyes, al eliminarse la exigencia de que la ley debe establecer **"mecanismos de consulta a la sociedad civil"**, como lo prevé el artículo 206, y sustituirla por la expresión **"mecanismos de consulta al pueblo"** que es más imprecisa y elusiva para establecer dichos mecanismos; y en particular, **eliminar toda consulta posible a los Estados**, cuando una ley afecte sus intereses, sustituyéndose el derecho de palabra que tienen **los Estados a través de un o una representante designado o designada por el Consejo Legislativo**, como lo dispone el artículo 211, por "los representantes del los **Consejos comunales** designados".

Por otra parte, en cuanto a la sanción de las leyes, las ***Propuestas de Reforma del CPRC, junio 2007*** buscan agilizar extremadamente el proceso de formación de las leyes, proponiendo **eliminar la exigencia de las dos discusiones necesariamente en días diferentes**, lo que significa que una ley puede recibir **las dos discusiones en un solo día** (art. 207); y eliminando la exigencia de devolución a la Comisión respectiva para que con el tiempo necesario elabore un informe para la segunda discusión, sustituyendo ese procedimiento por uno que permita que en caso de modificaciones "puedan ser **corregidas en la misma sesión**" quedando sancionada la ley, y proponiendo que en "caso contrario la Comisión correspondiente hará las correcciones respectivas y **en la sesión siguiente entregará** la versión para su lectura y sanción de la Ley".

4. *Los cambios en materia de control parlamentario*

Tanto la Asamblea como sus Comisiones pueden realizar las investigaciones que juzguen convenientes en las materias de su competencia, de conformidad con el reglamento, estando los funcionarios públicos obligados a suministrar las informaciones y documentos que le sean requeridos (art. 223). Las ***Propuestas de Reforma del CPRC, junio 2007*** buscan limitar las facultades de control al establecer, por una parte, como excepción general a la obligación de los funcionarios de suministrar las informaciones y documentos que les requieran la Asamblea o las Comisiones en sus funciones de control, al agregar al artículo 223 que "podrán excepcionarse de prestar determinadas informaciones **cuando ello afecta la seguridad y defensa de la nación o la materia de reserva legal"**; y por la otra que cuando se trate de la **comparecencia de las máximas autoridades de los poderes públicos, las Comisiones no pueden acordarla** sino que la misma debe ser aprobada por la Directiva de la Asamblea Nacional (art. 224).

IV. LAS REFORMAS EN RELACIÓN CON EL PODER JUDICIAL

1. *La restricción de la autonomía presupuestaria del Poder Judicial*

El principio de la independencia del Poder Judicial está declarado en el artículo 254 de la Constitución, el cual, además, establece la autonomía financiera del mismo, al disponerse que dentro del presupuesto general del Estado se le debe asignar al sistema de justicia una partida anual variable, no menor del 2% del presupuesto ordinario nacional.

En las ***Propuestas de Reforma del CPRC, junio 2007***, se **elimina este principio de autonomía presupuestaria** y solo se establece que "a tal efecto, dentro del presupuesto general del Estado se le asignará al sistema de justicia una **partida anual suficiente del presupuesto ordinario nacional**, para su efectivo funcionamiento (art. 236, 18).

2. *La eliminación de las jurisdicciones en la Constitución*

En la Constitución de 1999 se establecieron normas expresas regulando las **jurisdicciones constitucional** (art. 334), **disciplinaria judicial** (art. 267), contencioso-administrativo (art. 259), electoral (art. 297), **penal militar** (art. 261), **justicia de paz y jurisdicción indígena** (art. 260).

En las ***Propuestas de Reforma del CPRC, junio 2007***, en una confusión entre "Jurisdicción" como conjunto de órganos judiciales con competencias específicas como siempre se ha usado el término en el derecho venezolano, y "jurisdicción" como la función estatal de decidir sobre derecho en casos concretos, particularmente atribuida como función propia a los órganos del Poder Judicial, o "jurisdicción" como ámbito de acción territorial de los órganos del Estado; **propone eliminar de la Constitución la denominación de "Jurisdicción" y sustituirla por "competencia"**. Así se propone en relación con la **Jurisdicción Contencioso Administrativa** (art. 259), jurisdicción de los pueblos indígenas (art. 260) **jurisdicción penal militar** y **jurisdicciones especiales** (art. 261), **Jurisdicción Constitucional** (266,1), y **Jurisdicción disciplinaria judicial** (art. 267, 270) y la **Jurisdicción contencioso electoral** (art. 297); la cual se busca ahora denominar como **competencia contencioso administrativa** (art. 259), competencia en las instancias judiciales de los pueblos indígenas (art. 260; **competencia penal militar** y competencias especiales (art. 261), **competencia constitucional** (266,1), **competencia disciplinaria judicial** (art. 267) y **competencia contencioso electoral** (art. 297). **Para sólo destacar el tema de la Jurisdicción contencioso administrativa o de la Jurisdicción Constitucional, la propuesta de reforma ignora los principios más elementales y universales del derecho administrativo y del derecho constitucional.**

Las Propuestas de reforma 2007, además, en relación con los medios alternativos de solución de conflictos, como el **arbitraje, la conciliación y la mediación** que el artículo 258 exigen que deben ser promovidos, busca limitar su aplicación en "lo **relativo a la propiedad pública y social, materias atinentes al orden público** y demás excepciones establecidas en esta Constitución".

En relación con las instancias de **justicia de los pueblos indígenas** se **elimina** la limitación de su uso en materias que sean contrarios al **orden público** (art. 260).

En cuanto a la **Jurisdicción penal militar**, que se pretende denominar, competencia penal militar, **se elimina la exigencia de la Constitución (art. 261) de que**

se regirán por el sistema acusatorio remitiéndose solo a lo que disponga el Código Orgánico de Justicia Militar; y además **se elimina** el principio fundamental de que "**la comisión de delitos comunes, violaciones de derechos humanos y crímenes de lesa humanidad, serán juzgados por los tribunales ordinarios**" que establece el artículo 261, con lo que se abre la posibilidad de que esos delitos cometidos por militares se juzguen por **tribunales militares.**

Por último, en las ***Propuestas de Reforma del CPRC, junio 2007,*** sin embargo, **eliminan este principio de la elección popular y democrática por votación universal, directa y secreta de los jueces de paz sustituyéndose** la elección popular directa por la **designación "por la asamblea de ciudadanos** por votación universal, directa y secreta conforme a la ley".

3. *La absurda constitucionalización de la ausencia de jurisdicción disciplinaria*

La Constitución dispone que los jueces sólo pueden ser removidos o suspendidos de sus cargos mediante los procedimientos expresamente previstos en la ley (art. 255), es decir, los juicios disciplinarios, llevados por jueces disciplinarios, los cuales hasta ahora no se han establecido, y en cambio, por la prolongación de la transitoriedad constitucional, continúa funcionamiento una Comisión de Funcionamiento del Poder Judicial inicialmente creada por la Asamblea Constituyente en 1999.

En las ***Propuestas de Reforma del CPRC, junio 2007,*** se **legitima y regulariza esta transitoriedad,** al disponerse que "mientras no se constituyan los tribunales, estará a cargo de **una comisión judicial** integrada por los presidentes de las diferentes Salas del Tribunal Supremo. En ejercicio de la competencia disciplinaria, se podrá suspender o remover a los jueces provisorios o titulares" art. 267)

4. *Las reformas al Tribunal Supremo de Justicia*

La Constitución de 1999 creó el Tribunal Supremo de Justicia en sustitución de la Corte Suprema de Justicia, el cual funciona en Sala Plena y en Salas Constitucional, Político-Administrativa, Electoral, de Casación Civil, Casación Penal y de Casación Social, cuya integración y competencia deben ser determinadas por su ley orgánica, regulándose sólo la competencia de la Sala Social en lo referente a la casación agraria, laboral y de menores (art. 262).

En las ***Propuestas de Reforma del CPRC, junio 2007,*** sin embargo, se **elimina la enumeración de las salas del Tribunal Supremo**, remitiéndose la integración, competencia y funcionamiento de las mismas a la ley (arts. 262, y art 266). Ello implica, ante todo, **la eliminación del rango constitucional de la Sala Constitucional** como el **órgano de la Jurisdicción Constitucional.**

Por otra parte, en relación con el artículo 264 sobre el período de doce años de los magistrados del Tribunal Supremo, en las ***Propuestas de Reforma del CPRC, junio 2007*** se establece un período **de seis años** para los magistrados, pudiendo ser **reelegidos por una sola vez** (art. 264).

Por otra parte, el artículo 263 de la Constitución establece con todo detalle los requisitos para ser Magistrado del Tribunal Supremo de Justicia, entre los que está el haber ejercido la abogacía durante un mínimo de 15 años, o haber sido profesor universitario en materias jurídicas durante un mínimo de 15 años y tener el rango de profesor titular, o haber sido juez por un mínimo de 15 años

En las ***Propuestas de Reforma del CPRC, junio 2007***, se relajan estos estrictos requisitos, y se dispone que el requisito de ejercicio de la abogacía es **solo durante un mínimo de 10 años**; que el requisito de haber sido profesor universitario en ciencia jurídica es **solo durante un mínimo de diez años, eliminándose el requisito de ser profesor titular**; en cuanto al requisito de haber sido juez por un mínimo de 15 años, **se elimina**, sustituyéndoselo por haberse **desempeñado en el Sistema Judicial por un mínimo de 10 años** (art. 263).

5. *La eliminación de la Jurisdicción Constitucional (Sala Constitucional)*

El Tribunal Supremo de Justicia, ejerce, en exclusiva, a través de la Sala Constitucional la Jurisdicción constitucional (art. 334); es la máxima autoridad judicial en la jurisdicción contencioso-administrativa (art. 259); resuelve los conflictos entre autoridades judiciales; conoce en exclusiva de los recursos de casación y de interpretación y tiene a su cargo declarar si hay o no méritos para el enjuiciamiento de altos funcionarios (art. 266).

En las ***Propuestas de Reforma del CPRC, junio 2007***, en el artículo 266 sobre las atribuciones del Tribunal Supremo de Justicia, **se elimina la referencia a la Jurisdicción Constitucional** y se la sustituye por la de "competencia constitucional" (art. 266,1); en cuanto al **antejuicio de mérito** se agrega "a los "**integrantes de los Parlamentos regionales** elegidos nacionalmente por voto popular, y en cuanto a los militares se precisa que se aplica solo a los **Almirantes y generales** (art. 266,3); en cuanto a la competencia para dirimir **controversias administrativas** se agrega a las que se susciten entre **Consejos Comunales** de un mismo Estado (art. 266,4)

6. *Las reformas al sistema de gobierno y administración del sistema judicial*

Una de las innovaciones de la Constitución de 1999 fue el atribuir al Tribunal Supremo de Justicia el "Gobierno y la Administración del Poder Judicial", eliminando al Consejo de la Judicatura que como órgano con autonomía funcional ejercía estas funciones conforme a la previsión del artículo 217 de la Constitución de 1961.

En las ***Propuestas de Reforma del CPRC, junio 2007***, se busca reformar el artículo 267 para establecer directamente en la Constitución que la dirección, el gobierno y la administración del Poder Judicial, lo ejercerá el Tribunal Supremo "a través de la **Magistratura,** cuyo titular será **designado por la Asamblea Nacional**, mediante el mismo procedimiento de nombramiento de los magistrados". En esta forma, se **limita la potestad del Poder Judicial** en cuanto al gobierno y administración del Poder Judicial, con la intervención de la Asamblea Nacional.

En las Propuestas de reforma 2007, además, se atribuye a los tribunales disciplinarios, además de la jurisdicción disciplinaria sobre los jueces, "la **inspección y vigilancia de los Tribunales**", eliminándose esta competencia de las que tiene el Tribunal Supremo. Sin embargo, como dichos tribunales no se han regulado y creado, en la propuesta de reforma 2007 se propone regular transitoriamente el tema disponiéndose que "mientras no se constituyan los tribunales, estará a cargo de una comisión judicial integrada por los presidentes de las diferentes salas del Tribunal Supremo" (art. 267).

Además, se busca **limitar una vez más el carácter del Tribunal Supremo de Justicia** como rector del sistema judicial, y se atribuye a la **Asamblea nacional** la competencia para **designar al titular del Sistema autónomo de Defensa Pública** con el mismo procedimiento como se designan los magistrados (art. 268).

En cuanto al sistema penitenciario, en las Propuestas de reforma 2007 se **elimina** tanto la necesidad de que se cree un ente penitenciario con carácter **autónomo** y personal exclusivamente técnico y exigencia de su **administración descentralizada** a cargo de los gobiernos estadales, o municipales, como la **posibilidad de que sean sometidos a modalidades de privatización** (art. 272).

V. LAS REFORMAS EN RELACIÓN CON EL PODER CIUDADANO

Otra innovación de la Constitución de 1999 fue declarar formalmente como formando parte de la distribución del Poder Público Nacional, además del Poder Legislativo Nacional, del Poder Ejecutivo Nacional y del Poder Judicial, tanto al Poder Ciudadano como al Poder Electoral (art. 136). En cuanto al Poder Ciudadano, el mismo lo ejercen dos órganos de rango Constitucional con tradición en el país, como la Contraloría General de la República y el Ministerio Público (Fiscalía General de la República) y un órgano nuevo creado por la Constitución de 1999, el Defensor del Pueblo, en la orientación general de los organismos similares creados en toda América Latina.

De acuerdo con la Constitución, a los efectos del nombramiento de los titulares de los órganos del Poder Ciudadano por la Asamblea Nacional, el Consejo Moral Republicano debe convocar un Comité de Evaluación de Postulaciones del Poder Ciudadano, que debe estar integrado por representantes de diversos sectores de la sociedad.

En las ***Propuestas de Reforma del CPRC, junio 2007***, se busca **cambiar radicalmente** el régimen del **Comité de Evaluación del Poder Ciudadano**, atribuyéndose a **la Asamblea Nacional** la potestad de convocarlo, disponiendo su integración, **no por representantes de los diversos sectores de la sociedad** como exige el artículo 279 de la Constitución de 1999, sino "**por Diputados y voceros de los diferentes sectores del Poder Popular**" (art. 279). Se propone, además, **la eliminación** de la exigencia del nombramiento de los miembros del Poder Ciudadano por el voto favorable de las **dos terceras partes** de sus integrantes de la Asamblea Nacional, por sólo **la mayoría de sus integrantes**.

Por otra parte, en las ***Propuestas de Reforma del CPRC, junio 2007***, se propone que la Asamblea Nacional **pueda remover a los integrantes del Poder Ciudadano por la mayoría de sus integrantes**. (art. 279).

Por último, en relación con la Contraloría General de la República (art. 287), dado su ámbito de control sobre ingresos, gastos y bienes nacionales, las funciones de la misma se establecieron en la Constitución "sin perjuicio de las facultades que se atribuyan a otros órganos en el caso de los Estados y Municipios, de conformidad con la ley"(art. 289,1); y en cuanto al control de la deuda pública, la misma la ejerce la Contraloría "sin perjuicio de las facultades que se atribuyen a otros órganos en el caso de los Estados y Municipios, de conformidad con la Ley"(art. 289,2).

En las ***Propuestas de Reforma del CPRC, junio 2007***, **se elimina** toda referencia a que las funciones de la Contraloría General de la República se ejerce "**sin perjuicio de las facultades que se atribuyan a otros órganos en el caso de los Estados y Municipios**, de conformidad con la ley"(art. 289,1); o en materia de deuda pública, "**sin perjuicio de las facultades que se atribuyen a otros órganos** en el caso de los Estados y Municipios, de conformidad con la Ley"(art. 289,2)

Por otra parte, para asegurar el **predominio de la Contraloría General de la República** en materia de control fiscal, particularmente **sobre los Estados y Municipios,** en las ***Propuestas de Reforma del CPRC, junio 2007*** se propone agregar al artículo 290 que remite a la ley la regulación de lo relativo a la organización y funcionamiento de la misma, que: "las funciones de control de la Contraloría General de la República podrán extenderse de acuerdo con la ley a los institutos autónomos, empresas del Estado, fundaciones y todos los demás entes en los cuales la República tenga participación o aporte fondos. La ley determinará así mismo, lo relativo al sistema nacional de control fiscal en los ámbitos nacional, estadal y municipal y proveerá lo conducente para asegurar la idoneidad, probidad y estabilidad de los **Contralores Estadales y Municipales, cuya selección se hará mediante concurso público convocado por la Contraloría General de la República y serán designados y destituidos por el Contralor General**".

VI. LAS REFORMAS EN RELACIÓN CON EL PODER ELECTORAL

Otra innovación de la Constitución de 1999 fue que elevó al rango constitucional al órgano de control electoral, a cuyo efecto el artículo 292 dispone que el Poder Electoral se ejerce por el Consejo Nacional Electoral como ente rector.

En las ***Propuestas de Reforma del CPRC, junio 2007,*** **se elimina** la competencia que el artículo 293,7 le asigna al Poder Electoral en materia de **Registro Civil,** y se **elimina,** además, **la potestad del Poder Electoral de intervenir en el funcionamiento interno de las asociaciones, proponiéndose** en la norma del ordinal 6 del artículo 293, que se asigne al Consejo Nacional Electoral, competencia sólo para "**asesorar** las elecciones de sindicatos, gremios profesionales y organizaciones con fines políticos **cuando estos lo soliciten"** así como para "**cooperar** en los procesos electorales de **otras organizaciones del Poder Popular a solicitud de estas**, o por orden del Tribunal Supremo de Justicia".

Por otra parte, el artículo 296 exige que el Consejo Nacional Electoral debe estar integrado por cinco personas no vinculadas a organizaciones con fines políticos; postulados por un Comité de Postulaciones Electorales de candidatos, el cual debe estar integrado por representantes de los diferentes sectores de la sociedad, de conformidad con lo que establezca la ley (art. 295). Lamentablemente, la Ley Orgánica del Poder Electoral lo que organizó en lugar del Comité, fue una comisión parlamentaria ampliada, sujeta al parlamento.

En las **Propuestas de Reforma del CPRC, junio 2007,** se establece directamente que el Comité de Postulaciones Electorales, integrado por representantes de los diferentes sectores de la sociedad, **será designado por la Asamblea Nacional** (art. 295).

Además, en el artículo 296, se busca sustituir la postulación de unos miembros del Comité por "**la sociedad civil**", como lo indica el artículo 296 de la Constitución, por "**los sectores sociales del pueblo organizado**"; y la postulación de otros en lugar de por "las **universidades nacionales**" por las "**universidades públicas**" (art. 296).

En las ***Propuestas de Reforma del CPRC, junio 2007***, además, se busca **eliminar** la necesidad del voto de las **dos terceras partes de los integrantes de la**

Asamblea Nacional para designar los miembros del Consejo Nacional Electoral, por el voto de la **mayoría absoluta** de sus integrantes (art. 296).

VII. LAS REFORMAS EN EL RÉGIMEN DE LOS DERECHOS INDIVIDUALES

En esta materia de los derechos constitucionales y, en particular, en relación con los derechos humanos, sin duda, la Constitución de 1999 fue un texto en el cual se incorporaron notables innovaciones signadas por la progresividad de la protección de los derechos humanos. Lamentablemente, en esta materia las ***Propuestas de Reforma del CPRC, junio 2007*** **tienen un notable carácter regresivo, completamente contrario al principio de progresividad que se establece en el artículo 19 de la Constitución, que configuran al Estado como un Estado Policial.**

1. *Los cambios en el régimen general de los derechos humanos*

El artículo 19 de la Constitución de 1999 dispone que el Estado debe garantizar a toda persona, conforme al principio de progresividad y sin discriminación alguna, el goce y ejercicio irrenunciable, indivisible e interdependiente de los derechos humanos. En las ***Propuestas de Reforma del CPRC, junio 2007*** se busca agregar al artículo 19, como titulares de los derechos humanos que el Estado debe garantizar, además de a las personas, "**a las colectividades**".

En el artículo 20 de la Constitución de 1999 se consagró el principio de la libertad, al establecer que "toda persona tiene derecho al libre desenvolvimiento de su personalidad, sin más limitaciones que las que derivan del derecho de las demás y del orden público y social. En las ***Propuestas de Reforma del CPRC, junio 2007,*** se busca ampliar las **posibilidades de imponer limitaciones** al ejercicio de los derechos constitucionales, al agregarse a las que derivan del derecho de los demás y del orden público y social, las que puedan derivarse "**del interés general**" y de los "**deberes constitucionales**".

Esta ampliación de las limitaciones al ejercicio de los derechos humanos, los **deja a la merced de la política de Estado** que se establezca derivada de las **normas constitucionales de orientación ideológica** que se propone en la reforma. De manera que por ejemplo, al proponerse en el artículo 62 el deber constitucional del Estado y la sociedad de propiciar la participación del pueblo "para la construcción de la **sociedad socialista**", los derechos humanos pueden ser **limitados para asegurar el cumplimiento de ese "deber" ideológico,** lo cual implica, con esta propuesta de reforma, la **posibilidad de "criminalizar" la disidencia.**

Por otra parte, los derechos humanos garantizados y protegidos conforme a la Constitución de 1999, no son sólo los enumerados en su texto sino todos los demás que sean inherentes a la persona humana no enunciados incluso en los instrumentos internacionales. Con ello, los derechos inherentes a las personas adquirieron una posibilidad y dimensión muy extensa. Sin embargo, en las ***Propuestas de Reforma del CPRC, junio 2007,*** en el artículo 22 **se reduce la enumeración** de los derechos humanos para servir de parámetro en la identificación de derechos inherentes a las personas, sólo a los indicados en la **Constitución y en los tratados internacionales** sobre derechos humanos suscritos y ratificados por la República.

En la propuesta de reforma, además, se determina la posibilidad de establecer derechos inherentes no sólo de las personas como derechos individuales, sino también como **derechos colectivos.**

Igualmente en las ***Propuestas de Reforma del CPRC, junio 2007*** se propone calificar el ámbito de los derechos en caso de falta de ley reglamentaria, al modificar la tradicional frase de que "la falta de ley reglamentaria de estos derechos no menoscaba el ejercicio de los mismos" por la frase de que "la falta de ley que desarrolle estos derechos no menoscaba **el goce** y el ejercicio **real y efectivo** de los mismos".

Por último, una de las grandes innovaciones de la Constitución de 1999 en esta materia de derechos humanos, fue el haberle otorgado rango constitucional a los tratados internacionales sobre derechos humanos, disponiendo la aplicación prevalente de los mismos en relación con la Constitución y las leyes, si establecen normas más favorables; y además, la aplicación inmediata y directa de los mismos por los órganos que ejercen el Poder Público.

En las ***Propuestas de Reforma del CPRC, junio 2007*** se busca reducir y minimizar los importantes efectos protectivos de derechos humanos establecidos en esta norma del artículo 23 de la Constitución de 1999, **eliminándose totalmente la jerarquía constitucional y su prevalencia sobre el orden interno**, al formularse la norma en el sentido de que "los tratados, pactos y convenciones relativos a derechos humanos, suscritos y ratificados por Venezuela, **mientras se mantenga vigentes, forma parte del orden interno, y son de aplicación inmediata y directa por los órganos del Poder Público"**.

La eliminación de la jerarquía constitucional de los tratados de derechos humanos y su valor prevalente sobre lo regulado en el orden interno, es un **duro golpe al principio de la progresividad** en la protección de los derechos que se recoge en el artículo 19 de la Constitución, que no permite regresiones en la protección de los mismos.

Además, en las propuestas de reforma 2007 se agrega a la norma del artículo 23 que "**Corresponde a los tribunales de la República conocer de las violaciones sobre las materias reguladas en dichos Tratados**", lo que no tendría mayor efecto pues los tribunales tienen esa competencia, pero no exclusiva. Sin embargo, la propuesta de reforma no busca ratificar la competencia de los tribunales nacionales, lo que lamentablemente busca es establecer una **prohibición constitucional para la aplicación de la Convención Americana de Derechos Humanos en cuanto a la competencia que tiene la Corte Interamericana de Derechos Humanos** para conocer de las violaciones de la misma. Con una norma de este tipo, Venezuela quedaría **excluida de la jurisdicción de dicha Corte internacional y del sistema interamericano** de protección de los derechos humanos.

2. *La regresión en el régimen general de las garantías constitucionales*

En la Constitución de 1999 también se incorporaron un conjunto de regulaciones muy importantes, relativas a las garantías constitucionales de los derechos humanos, es decir, de los instrumentos que permiten hacer efectivo el ejercicio de los derechos.

En tal sentido en el artículo 21 de la Constitución se reguló ampliamente la garantía de la igualdad ante la ley con un contenido muy rico en contra de todo tipo de discriminaciones.

En las propuestas de reforma 2007 se busca ampliar el ámbito protectivo contra las discriminaciones al agregarse nuevos elementos en el ordinal primero del artículo, primero, para garantizar la no discriminación, no sólo por motivos fundados "en la raza, el sexo, el credo, la condición social" como dice la Constitución de 1999, sino además, en **la etnia, la nacionalidad, la condición económica o de salud, la edad, el idioma y la discapacidad; y segundo, para asegurar que no sólo no se admiten discriminaciones** que en general, "tengan por objeto o por resultado anular o menoscabar el reconocimiento, goce o ejercicio en condiciones de igualdad, de los derechos y libertades de toda persona", sino las que "tengan por objeto o por resultado **transgredir**, anular o menoscabar el reconocimiento, goce o ejercicio, **individual o colectivo** en condiciones de igualdad, **inclusión y solidaridad** de los derechos y libertades de toda persona".

En la Constitución de 1999 se estableció, además, la garantía de la irretroactividad de la ley en relación con toda "disposición legislativa" (art. 24), cualquiera que pueda ser el contenido de su regulación, y por tanto, no sólo en materia penal. La consecuencia es que por supuesto, también en materia civil, laboral, administrativa, comercial o de cualquier otra índole la garantía de la irretroactividad es esencial para el ejercicio de los derechos humanos. En las ***Propuestas de Reforma del CPRC, junio 2007*** lamentablemente se busca reducir la garantía de la irretroactividad de la ley, al **limitársela a la "materia penal**", lo que también debe considerarse como una regresión y **violación del principio de la progresividad.**

En cuanto a la garantía de la nulidad de los actos violatorios de derechos constitucionales y de la previsión de la responsabilidad de los funcionarios que los dicten o ejecuten, la Constitución la reguló siguiendo la tradición constitucional (art. 25) anterior. En las ***Propuestas de Reforma del CPRC, junio 2007,*** se cambia la redacción en algunos aspectos de la norma, y se propone disponer que son nulos los actos dictados en ejercicio del Poder Público cuando violen o menoscaben "los **derechos y garantías contemplados** en la Constitución", en lugar de "**los derechos garantizados por esta Constitución**", agregándose además del efecto de la nulidad, que dichos actos "**no generarán efecto alguno**".

En cuanto a las responsabilidades de los funcionarios derivadas de ordenar o ejecutar dichos actos, en la propuesta de reforma se agrega a la responsabilidad penal, civil y administrativa, la responsabilidad **disciplinaria,** quizás sin percatarse que esta es una especie de la responsabilidad administrativa respecto de los funcionarios.

Por último, entre las garantías constitucionales, en el artículo 29 de la Constitución se estableció expresamente la obligación del Estado de investigar y sancionar legalmente los delitos contra los derechos humanos cometidos por sus autoridades; enumerándose una serie de delitos respecto de los cuales las acciones penales son imprescriptibles. En las ***Propuestas de Reforma del CPRC, junio 2007***, sin duda confundiendo el sentido protectivo de la norma, se agregó que la obligación del Estado de investigar y sancionar legalmente los delitos contra los derechos humanos no sólo se refiere a los cometidos por sus autoridades sino además, "**por los particulares**", lo que es absolutamente inútil pues ello es de la **esencia de la función judicial y de los tribunales.** La norma, en realidad lo que persigue es garantizar que los delitos cometidos por funcionarios no queden impunes, amparados por la potestad estatal.

En las ***Propuestas de Reforma del CPRC, junio 2007***, además, en relación a la **imprescriptibilidad de la acción penal** en relación con los delitos de lesa humanidad, violaciones graves a los derechos humanos y los crímenes de guerra, se **agrega** "las **violaciones a los derechos de niños, niñas y adolescentes, la desaparición forzada de personas**".

Además se propone sustituir la garantía judicial prevista en la norma, al proponerse cambiar la redacción de que "las violaciones de derechos humanos y los delitos de lesa humanidad serán investigados y juzgados por los **tribunales ordinarios**", por la frase de que "Las violaciones de derechos humanos y los delitos de lesa humanidad serán investigados **por el Ministerio Público y juzgados por los tribunales competentes**". Con la redacción que se propone de **sustituir la garantía de los "tribunales ordinarios" por los "tribunales competentes**", lo que abre es la posibilidad de que se puedan establecer en esos casos, **tribunales ad hoc o que los tribunales militares** sean los que conozcan de esos delitos. Esta regresión también **afecta el principio de la progresividad**.

Por último debe mencionarse que el colorario internacional de las garantías constitucionales está en el artículo 31 de la Constitución, que regula el derecho de toda persona de acceder a la justicia internacional para solicitar la protección de los derechos humanos; estableciéndose además, la obligación para el Estado de adoptar, conforme a procedimientos establecidos en la Constitución y la ley, las medidas que sean necesarias para dar cumplimiento a las decisiones emanadas de los órganos internacionales previstos en este artículo.

En las ***Propuestas de Reforma del CPRC, junio 2007***, se cambia radicalmente el sentido de esta norma de la Constitución de 1999, eliminándose su efecto protectivo, en evidente violación del principio de la progresividad.

En efecto, en la propuesta de reforma, en primer lugar, se sustituyó el sentido del derecho previsto de "**solicitar el amparo** a sus derechos humanos" el de "**demandar violación** a sus derechos humanos"; en segundo lugar, se busca limitar el derecho de toda persona a dirigir peticiones o quejas ante los órganos internacionales creados para la protección de los derechos humanos, con el objeto de demandar violación a sus derechos humanos, "**siempre que hayan agotado las instancias nacionales**"; es decir, **se pretende constitucionalizar la limitación al acceso a las instancias constitucionales** al necesario agotamiento de las instancias nacionales, lo que puede hacer nugatorio el derecho de acceso a las instancias internacionales; y en tercer lugar, se propone sustituir la obligación del Estado **de adoptar** "conforme a procedimientos establecidos en esta Constitución y la ley, las medidas que sean necesarias para dar cumplimiento a las decisiones emanadas de los órganos internacionales", por una obligación **de ejercer** "conforme a procedimientos establecidos en esta Constitución y la ley, las medidas que sean necesarias para dar cumplimiento a las decisiones emanadas de los órganos internacionales **a través de los tribunales nacionales".** Con ello, se busca restringir una vez más el ámbito de actividad protectiva de los tribunales internacionales.

3. *Los cambios en el estatuto de las personas*

A. *La eliminación del derecho humano a la nacionalidad originaria*

Una de las innovaciones fundamentales de la Constitución de 1999 en materia de nacionalidad, fue la previsión expresa de la nacionalidad por nacimiento como un derecho humano, razón por la cual se dispuso en el artículo 35 que los venezolanos por nacimiento "no pueden ser privados de su nacionalidad". Es decir, no puede haber acto estatal alguno que disponga la perdida de la nacionalidad venezolana por nacimiento.

En las ***Propuestas de Reforma del CPRC, junio 2007,*** se ha propuesto **eliminar la garantía constitucional del derecho humano a la nacionalidad originaria**, prevista en el artículo 35 de la Constitución, consistente en la prohibición de que mediante un acto estatal se pueda privar a alguien de su nacionalidad originaria. La propuesta de reforma es sin duda, contraria al principio de la progresividad que existe en materia de derechos humanos (art. 19).

La Constitución, por otra parte, establece la posibilidad de renuncia de la nacionalidad (art. 36), exigiendo por ejemplo, en caso de renuncia de la nacionalidad por nacimiento, que para su recuperación la persona entre otros requisitos se domicilie en el territorio por un lapso no menor de dos años (art. 36). En las ***Propuestas de Reforma del CPRC, junio 2007***, se busca agravar los requisitos para la recuperación en estos casos de la nacionalidad por nacimiento renunciada, exigiéndose que la persona se domicilie en el territorio por un **lapso no menor de diez años ininterrumpidamente**.

B. *Los cambios en el régimen de la extradición*

En cuanto a los extranjeros, el artículo 271 de la Constitución estableció el principio de que en ningún caso podrá ser negada la extradición de los mismos cuando sean "responsables de los delitos de deslegitimación de capitales, drogas, delincuencia organizada internacional, hechos contra el patrimonio público de otros Estados y contra los derechos humanos".

En las ***Propuestas de Reforma del CPRC, junio 2007***, **se cambia el régimen de protección frente a los delitos** mencionados de deslegitimación de capitales, drogas, delincuencia organizada internacional, hechos contra el patrimonio público de otros Estados y contra los derechos humanos; y se propone establecer en el artículo 271, solamente que la extradición de los extranjeros solo se debe conceder en cumplimiento de un **tratado o de una ley,** atendiendo al principio de reciprocidad, quedando **excluida de la extradición los delitos políticos y aquellos a los cuales corresponda la pena de muerte o condena a cadena perpetua**, según el derecho del Estado reclamante".

4. *La regresión en el régimen de los derechos individuales*

La Constitución, por supuesto, entre los derechos individuales estableció la libertad personal con una serie de garantías entre las cuales, la más importante es que el arresto o detención de las personas sólo puede tener lugar "en virtud de orden judicial, a menos que sea sorprendida in fraganti" (art. 44,1).

En las ***Propuestas de Reforma del CPRC, junio 2007,*** se cambia radicalmente el sentido de esta norma protectiva de la Constitución de 1999, al pretender **definirse el propio texto constitucional el sentido de la flagrancia**, en una forma tan amplia, que la garantía de la intervención judicial desaparece, dando origen a la posibilidad de **detenciones administrativas, policiales y políticas**. En la propuesta de reforma de este artículo se propone agregar a la norma del artículo 44,1 de la Constitución de 1999 que "se entiende que hay flagrancia, cuando se sorprende al imputado en plena ejecución del delito, o **lo acabe de cometer y se le persiga** para su aprehensión, o **se le sorprenda a poco de haberse cometido el delito, cerca del lugar donde se produjo el hecho punible**, con instrumentos u otros objetos que hagan presumir la autoría el mismo, o **cuando el sospechoso se vea perseguido por la autoridad, la víctima o el clamor público".**

Por otra parte, en la propuesta de reforma de nuevo en violación del principio de la progresividad, se busca autorizar constitucionalmente que **personas no investidas de autoridad puedan detener a otras personas**, al buscarse cambiar la norma que dispone que "En este caso será llevada ante una autoridad judicial en un tiempo no mayor de cuarenta y ocho horas a partir del momento de la detención"; por una que establece que "en este caso será llevada ante una autoridad judicial en un tiempo no mayor de cuarenta y ocho horas a partir del momento de la **aprehensión que de él o ella hagan personas investidas o no de autoridad**".

Otro derecho individual importante regulado en la Constitución es el derecho a la inviolabilidad del hogar doméstico a lo que se agregó la inviolabilidad de todo recinto privado (art. 47), con una serie de garantías específicas. En las ***Propuestas de Reforma del CPRC, junio 2007***, también se busca cambiar radicalmente el sentido de esta norma protectiva de la Constitución de 1999, sustituyendo el ámbito de la inviolabilidad del **hogar domestico y del recinto privado,** por la tradicional expresión **hogar o domicilio privado,** dejando fuera del alcance de la inviolabilidad los recintos privados distintos al hogar o al domicilio.

Por otra parte, la **restricción al allanamiento** establecida en el artículo 47 de la Constitución de 1999, en el sentido de que "no podrán ser allanados, sino mediante **orden judicial" con la restricción de que solo se puede dictar "para impedir la perpetración de un delito o para cumplir de acuerdo con la ley, las decisiones que dicten los tribunales,** respetando siempre la dignidad del ser humano", se pretende relajar, en el sentido de establecer en su lugar, que "será requerida orden de un juez competente para su registrado, inspección o allanamiento, respetando siempre la dignidad humana" sin limitación, agregándose inconvenientemente que "**se exceptuará la presentación de orden judicial en aquellos casos en que se pretenda impedir la comisión de un delito**", con lo que se deja abierta, materialmente sin límites y a la sola interpretación del funcionario policial, el allanamiento del hogar o domicilio.

Por otra parte, en las propuestas de reforma 2007, se busca **eliminar las limitaciones establecidas respecto de "visitas sanitarias**" en el sentido de que sólo pueden practicarse "previo aviso de los funcionarios que las ordenen o hayan de practicarlas".

La Constitución de 1999 también reguló detalladamente la libertad de tránsito (art. 50), estableciendo entre otros aspectos la garantía de que en caso de establecerse el cobro de peaje en las vías públicas, debía asegurarse una vía alterna. En las ***Propuestas de Reforma del CPRC, junio 2007,*** se busca eliminar la exigencia constitucional de que "**en caso de concesión de vías,** la ley establecerá los supuestos en los que debe garantizarse el uso de una vía alterna", eliminándose toda referencia a la posibilidad de concesiones de uso y explotación de vías públicas.

En relación con los derechos individuales, la Constitución garantiza, además, el derecho a la libre expresión del pensamiento (art. 57), prohibiendo el anonimato, la propaganda de guerra y los mensajes discriminatorios o que promuevan la intolerancia religiosa; y garantizó a los funcionarios públicos el derecho de dar cuenta de los asuntos bajo sus responsabilidades. En las ***Propuestas de Reforma del CPRC, junio 2007,*** se busca eliminar la prohibición que establece el artículo 57 de la Constitución de 1999, de los mensajes que específicamente promuevan la intolerancia **religiosa,** y se agregó la prohibición de los mensajes que promuevan **"la intolerancia, el odio o la incitación al delito".**

Además, se busca eliminar del artículo 57 de la Constitución, **la prohibición de la censura a los funcionarios públicos** para dar cuenta de los asuntos bajos sus responsabilidades.

La Constitución también garantiza el derecho de los ciudadanos de tener acceso a los archivos y registros administrativos, sin perjuicio de los límites aceptables dentro de una sociedad democrática en materias relativas a seguridad interior y exterior, a investigación criminal y a la intimidad de la vida privada (art 143). En las ***Propuestas de Reforma del CPRC, junio 2007***, se busca **ampliar este derecho** de acceso a los archivos y registros, no sólo administrativos, sino "**públicos y privados'**, pero sólo "en los cuales consten derechos que específica y particularmente les conciernen y cuya prueba no podrían obtener de otro modo".

Por otra parte se busca **omitir** la referencia limitativa respecto del acceso a **lo aceptable dentro de una sociedad democrática**, y en su lugar se propone establecer que los órganos de los poderes públicos **no pueden dar a conocer las materias de sus archivos relativos a la intimidad de la vida privada, investigación criminal y judicial en curso, seguridad y defensa, políticas financieras y fiscales**, y otras que la ley declare de contenido confidencial, reservado o secreto. Los funcionarios que divulguen informaciones a las cuales atribuyen carácter confidencial o secreto esta Constitución o las leyes incurrirán en responsabilidad civil, administrativa y penal de acuerdo con ellas**".**

La Constitución, además, establece el derecho de toda persona de acceder a la información y a los datos que sobre sí misma o sobre sus bienes consten en registros oficiales o privados, así como de conocer el uso que se haga de los mismos y su finalidad, y eventualmente solicitar judicialmente la actualización, la rectificación o la destrucción de aquellos, si fuesen erróneos o afectasen ilegítimamente sus derechos (art. 28). En las ***Propuestas de Reforma del CPRC, junio 2007,*** se agrega a esta norma del artículo 28 de la Constitución que las "personas naturales y jurídicas **solo están autorizadas a suministrar a los particulares y poderes públicos las informaciones que deban rendirle de acuerdo a la ley"**; y en cuanto a las excepciones, se elimina toda referencia específica a las **informaciones periodísticas.**

La Constitución regula además, el derecho a la protección del honor y la intimidad (art. 60), disponiendo específicamente que la ley debe limitar "el uso de la informática para garantizar el honor y la intimidad personal y familiar de los ciudadanos y ciudadanas y el pleno ejercicio de sus derechos". En las ***Propuestas de Reforma del CPRC, junio 2007,*** se propone **sustituir** el mandato de que la ley debe limitar "**el uso de la informática para garantizar el honor y la intimidad personal y familiar** de los ciudadanos y ciudadanas y el pleno ejercicio de sus derechos" por la indicación de que la ley deba desarrollar "los mecanismos para **garantizar la protección y el ejercicio pleno de estos derechos**".

La Constitución garantiza además el derecho a la libertad de conciencia, como un derecho de ejercicio individual salvo que su práctica afecte la personalidad de la persona o constituya delito (art. 61). En las ***Propuestas de Reforma del CPRC, junio 2007,*** se **amplían las excepciones** al ejercicio del derecho en el sentido de que no se pueda invocar no sólo cuando afecte su personalidad o constituya delito, sino cuando **afecta "a la sociedad" o una persona o grupo de personas".**

Por último, otra innovación de la Constitución de 1999 fue establecer el derecho de las personas a obtener protección por parte del Estado respecto de su integridad física y sus propiedades, además de respecto del disfrute de sus derechos (art. 55). En las ***Propuestas de Reforma del CPRC, junio 2007***, se **elimina la mención a las "propiedades"** de las personas, como objeto de protección, y se lo sustituye por la de "sus **bienes y posesiones**".

5. *Los cambios en materia de restricción ejecutiva de las garantías constitucionales de los derechos humanos*

En los casos en los cuales se decreten estados de excepción, conforme al artículo 317 de la Constitución, el Presidente de la República en Consejo de Ministros está facultado para restringir "temporalmente las garantías consagradas en la Constitución, salvo las referidas a los derechos a la vida, prohibición de incomunicación o tortura, el derecho al debido proceso, el derecho a la información y los demás derechos humanos intangibles"

A esta lista de garantías constitucionales que no pueden restringirse en forma alguna, y que están reguladas en los artículos 43; 43,2; 46,1; 49, y 58, se deben considerar como "los demás derechos humanos intangibles" cuyas garantías tampoco pueden restringirse, a los indicados en el Pacto Internacional de Derechos Civiles y Políticos (art. 4), y en la Convención Americana de Derechos Humanos (art. 27), y que son: la garantía de la igualdad y no discriminación; la garantía de no ser condenado a prisión por obligaciones contractuales; la garantía de la irretroactividad de la ley; el derecho a la personalidad; la libertad religiosa; la garantía de no ser sometido a esclavitud o servidumbre; la garantía de la integridad personal; el principio de legalidad; la protección de la familia; los derechos del niño; la garantía de la no privación arbitraria de la nacionalidad y el ejercicio de los derechos políticos al sufragio y el acceso a las funciones públicas.

La Constitución de Constitución de 1999, en todo caso, eliminó la posibilidad de que se pudiesen "**suspender**" las garantías constitucionales, como lo autorizaba el artículo 241, en concordancia con el artículo 190,6 de la Constitución de 1961, y que dio origen a tantos abusos institucionales, quedando la potestad de excepción, a la sola posibilidad de "restringir" (art. 236, ord. 7) las garantías constitucionales; y en ningún caso permite la suspensión de los derechos humanos en si mismos, que en un Estado democrático no son suspendibles.

En las ***Propuestas de Reforma del CPRC, junio 2007***, en una **regresión asombrosa** en materia de derechos humanos, en la propuesta de reforma del artículo 337, no sólo se busca **volver a establecer la posibilidad de que se puedan por decisión Ejecutiva "suspender" las garantías constitucionales**, sino **más grave aún** que se puedan "**suspender" los derechos constitucionales** lo cual es inadmisible en una sociedad democrática.

Por lo demás, en franca violación del principio de progresividad en materia de derechos humanos, se busca reducir los derechos y garantías que no pueden ser suspendidos, a **solo "los derechos a la vida y prohibición de incomunicación o tortura**", **eliminándose la prohibición** que establece el artículo 337 de la Constitución de 1999 de que puedan **restringirse los derechos al debido proceso, a la información y los demás derechos humanos intangibles"**.

VIII. LOS CAMBIOS EN EL RÉGIMEN DE LOS DERECHOS POLÍTICOS

1. *La eliminación de los supuestos constitucionales de participación*

Las ***Propuestas de Reforma del CPRC, junio 2007***, propugnan la eliminación de los únicos supuestos en los cuales está constitucionalmente regulada la participación de la sociedad civil en asuntos públicos. Se propone, así, en la reforma del artículo 127, la eliminación de la exigencia de que "es una obligación fundamental del Estado, **con la activa participación de la sociedad,** garantizar que la población se desenvuelva en un ambiente libre de contaminación, en donde el aire, el agua, los suelos, las costas, el clima, la capa de ozono, las especies vivas, sean especialmente protegidos, de conformidad con la ley".

Además, en las ***Propuestas de Reforma del CPRC, junio 2007***, se propone eliminar las formas de participación de la sociedad civil en los asuntos públicos establecidas en la Constitución de 1999 para la postulación de los candidatos a los cargos de Magistrados del Tribunal Supremo de Justicia, de Miembros del Consejo Nacional Electoral, del Defensor del Pueblo, del Contralor General de la República y del Fiscal General de la República, que deben hacerse ante la Asamblea Nacional por sendos Comités de Postulaciones integrados por "representantes de los diferentes sectores de la sociedad" (arts. 270, 295 y 279). En efecto, en las ***Propuestas de Reforma del CPRC, junio 2007***, al establecerse, por ejemplo, que el Comité de Postulaciones Electorales se indica en el artículo 295, "será **designado por la Asamblea Nacional**", con lo que se busca constitucionalizar la tendencia en convertirlos dicho Comité en una Comisión parlamentaria. En cuanto a la propuesta de reforma del artículo 297 se cambia la configuración del Comité de Evaluación del Poder Ciudadano para estar integrado en lugar de por representantes de los diversos sectores de la sociedad, "por **Diputados y voceros de los diferentes sectores del Poder Popular**"

2. *La limitación al derecho a la participación política mediante referendos y la restricción a la democracia directa*

Tanto el artículo 5° como el 62 de la Constitución de 1999 prevén el ejercicio del sufragio y del derecho a la participación política mediante la elección de representantes, o en forma directa a través de los mecanismos previstos en la Constitución y en la ley, en particular, además de los previstos en el artículo 70, mediante los referendos que son de cuatro tipos tal como se regulan en los artículos 71 a 74 de la Constitución, y que son el referendo consultivo, el referendo revocatorio, el referendo aprobatorio, y el referendo abrogatorio.

Lo importante de estas previsiones, además de regular mecanismos concretos de democracia directa, es **la consagración de la iniciativa popular** como medio de participación democrática para la formulación de la solicitud de la convocatoria a los referendos: en el 10 % de los inscritos en la circunscripción correspondiente para los referendos consultivos (art. 71); el 20 % de los inscritos en la circunscripción correspondiente para los referendos revocatorios (art. 72); el 15 % de los inscritos en el registro electoral para los referendos aprobatorios de ciertos tratados internacionales (art. 73); el 10% de los inscritos en el registro electoral para los referendos abrogatorios de leyes (art. 74); y el 5 % de los inscritos en el registro electoral para los referendos abrogatorios de decretos leyes (art. 74).

En las ***Propuestas de Reforma del CPRC, junio 2007***, se busca ***limitar la participación de los ciudadanos en materia de referendos*** al aumentarse el número de firmas requeridas para la iniciativa en la convocatoria de los referendos, así: **el 20 % en lugar del 10 %** de los inscritos en la circunscripción correspondiente para los referendos consultivos (art. 71); el **30 % en lugar del 20 %** de los inscritos en la circunscripción correspondiente para los referendos revocatorios (art. 72); **el 20 % en lugar del 10%** de los inscritos en el registro electoral para los referendos abrogatorios de leyes (art. 74); y **el 20 % en lugar del 5 %** de los inscritos en el registro electoral para los referendos abrogatorios de decretos leyes (art. 74).

Además, en las propuestas de reforma se ***busca eliminar completamente la iniciativa popular*** para la solicitud de referendos aprobatorios de ciertos tratados internacionales, que en la Constitución está prevista con el 15 % de los inscritos en el registro electoral (art. 73).

Por otra parte, específicamente en cuanto al **referendo revocatorio**, en las ***Propuestas de Reforma del CPRC, junio 2007***, se pretende **cambiar el sistema del mismo y hacerlo menos participativo y mas dificultoso**: **en primer lugar**, en vez de que la solicitud de convocatoria del mismo corresponda directamente, como un **derecho popular**, a un número no menor del 20 % de los electores inscritos en la correspondiente circunscripción, con la propuesta de reforma se busca que **sea el Consejo Nacional Electoral,** el que "a solicitud de algún interesado, activará el mecanismo para que los electores o electoras inscritos en la correspondiente circunscripción del Registro Electoral, en un número no menor del treinta por ciento puedan solicitar la convocatoria de un referendo para revocar su mandato", distorsionado la iniciativa popular; y **en segundo lugar**, en lugar de solo exigirse que concurran al referendo un número de electores igual o superior al **25% de los electores** inscritos, para que se considere revocado el mandato, si votan a favor de la revocatoria un número igual o mayor de electores que los que eligieron al funcionario; en la propuesta de reforma se exige que concurran al referendo un número de electores **"igual o superior al número que participó en el proceso que lo eligió**", lo que significa un porcentaje muy superior al previsto en la Constitución.

Adicionalmente en las ***Propuestas de Reforma del CPRC, junio 2007***, se busca **restringir la iniciativa popular** para la formulación de **enmiendas constitucionales** reguladas en el artículo 341, **aumentándose el porcentaje** de ciudadanos que la pueden requerir de **15% al 20%;** para la formulación de reformas constitucionales, **aumentándose el porcentaje** de ciudadanos que la pueden requerir de **15 % al 25 %** (art. 342); y para la solicitud de convocatoria de la **Asamblea Constituyente aumentándose el porcentaje** de ciudadanos que la requieran de **15 %** al **30 %** (art. 348).

3. *Las reformas para el establecimiento de la reelección general*

En las Propuestas de reforma 2007, al contrario de lo dispuesto en estas normas constitucionales de 1999 que restringen la reelección, **se ha establecido el principio general de la reelección indefinida de los cargos de elección popular.**

En efecto, en las ***Propuestas de Reforma del CPRC, junio 2007,*** en la misma orientación, se propone que los diputados a la Asamblea Nacional (art. 192); de los

Gobernadores de Estado (art. 160); y de los Alcaldes (art. 174) puedan también ser electos de inmediato para nuevos períodos, sin límites. La única limitación que se propone reformar es la relativa a la reelección de los legisladores a los Consejos Legislativos de los Estados estableciéndose que es sólo "por dos periodos consecutivos como máximo" (art. 162). En cambio, en cuanto a la reelección de los **altos funcionarios del Estado, no electos**, es decir, de los magistrados del Tribunal Supremo de Justicia, de los miembros del Poder Ciudadano (Fiscal General de la República, Contralor General de la República y Defensor del Pueblo, uniformemente, en las ***Propuestas de Reforma del CPRC, junio 2007,*** se les ha buscado reducir el período y se ha dispuesto la posibilidad de **reelección por una sola vez** (arts. 164, 280, 284 y 288). Sin embargo, nada se propuso respecto de la reelección de los miembros del Consejo Nacional Electoral.

4. *Las reformas en el régimen de las elecciones internas de los partidos políticos y de las elecciones*

Otro aspecto que constituyó una innovación en la Constitución de 1999, como reacción contra la falta de democratización interna de los partidos políticos, y su conducción por cúpulas eternizadas de dirigentes, fue la previsión de que no sólo la designación de sus directivos de los partidos debía realizarse mediante elecciones, sino que, incluso, la escogencia de los candidatos de los partidos políticos a los cuerpos y cargos representativos, debe realizarse mediante votación interna democrática (art. 67), estando la organización de dichas elecciones internas a cargo del Consejo Nacional Electoral (art. 293, ord. 6).

En las ***Propuestas de Reforma del CPRC, junio 2007,*** se busca **eliminar** esta exigencia del artículo 293,6 de la Constitución de la intervención del Consejo Nacional Electoral en la organización de las elecciones internas de los partidos políticos, de los sindicatos, y de los gremios profesionales, y sustituirla por una norma que atribuya al Consejo, solamente, la posibilidad de "**asesorar** las elecciones de sindicatos, gremios profesionales y organizaciones con fines políticos **cuando estos lo soliciten"** y la posibilidad de **"cooperar** en los procesos electorales de otras organizaciones del Poder Popular que a solicitud de estas, o por orden del Tribunal Supremo de Justicia".

Debe mencionarse, por último que en las ***Propuestas de Reforma del CPRC, junio 2007,*** si bien se ratificó el derecho de los ciudadanos de concurrir a los procesos electorales postulando candidatos, se buscó agregar una disposición que no está ni en la Constitución ni en la Ley, y que **obliga a los candidatos** a que una vez inscritos ante el Consejo Nacional Electoral, "es **obligatorio mantenerse en los procesos electorales**" a cuyo efecto "la ley preverá las sanciones y excepciones a esta norma". Ello, sin duda, es una limitación inaceptable a la libertad política y al derecho pasivo al sufragio con libertad.

IX. LOS CAMBIOS EN EL RÉGIMEN DE LOS DERECHOS SOCIALES

1. *Los cambios en materia de derechos sociales y de las familias*

En el campo de los derechos sociales y de las familias, la Constitución de 1999 contiene extensas y complejas declaraciones.

En las ***Propuestas de Reforma del CPRC, junio 2007*** en lo que se refiere a los derechos de los jóvenes, se propone sustituir la expresión respecto del derecho y deber de ser sujetos activos "**del proceso de desarrollo**", por el **"del proceso de transformación social'; y la obligación del Estado de crear oportunidades "para estimular su tránsito productivo hacia la vida adulta"** por la de crear oportunidades "**para el desarrollo de sus capacidades y cualidades hacia el desenvolvimiento pleno de su vida adulta**".

La Constitución reguló, además, el derecho a la salud y a su protección con el deber de participar activamente en su promoción y defensa de la salud, y de cumplir con las medidas sanitarias y de saneamiento que establezca la ley, "de conformidad con los tratados y convenios internacionales suscritos y ratificados por la República" (art. 83). En las ***Propuestas de Reforma del CPRC, junio 2007*** **se elimina toda referencia a los tratados y convenios internacionales** suscritos y ratificados por la República, que establezcan medidas sanitarias y de saneamiento que deben ser cumplidas por las personas.

En el artículo 85 de la Constitución se establece que es una obligación del Estado, el financiamiento del sistema público de salud, que debe integrar los recursos fiscales, las cotizaciones obligatorias de la seguridad social y cualquier otra fuente de financiamiento que determine la ley. El Estado, además, debe garantizar un presupuesto para la salud que permita cumplir con los objetivos de la política sanitaria. En las ***Propuestas de Reforma del CPRC, junio 2007,*** **se elimina** la previsión del artículo 85 de la Constitución de 1999, sobre la **obligación del Estado de "**garantizar un presupuesto para la salud que permita cumplir con los objetivos de la política sanitaria"; y **se sustituye** la indicación de que "**en coordinación con las universidades y los centros de investigación, se promoverá y desarrollará** una política nacional de formación de profesionales, técnicos y técnicas y una industria nacional de producción de insumos para la salud", por la de que "**El Estado promoverá y desarrollará** una política nacional de formación de profesionales, técnicos y técnicas y una industria nacional de producción de insumos para la salud y garantizará un presupuesto que permita cumplir con los objetivos de la política sanitaria".

En cuanto al derecho a la seguridad social, regulado en el artículo 86 de la Constitución, las ***Propuestas de Reforma del CPRC, junio 2007*** buscan **agregar**, la **prohibición** de que los remanentes netos del capital destinado a la salud, a la educación y la seguridad social **"se puedan invertir en actividades de riesgo".**

2. *Los cambios en relación con los derechos culturales*

La Constitución además, consagró una serie de derechos relativos a la cultura, como la libertad y la creación cultural y la propiedad intelectual con las condiciones y excepciones que establezcan la ley y los tratados internacionales suscritos y ratificados por la República en esta materia (art. 98). En las ***Propuestas de Reforma del CPRC, junio 2007,*** se propone precisar en el artículo 98 que el Estado reconocerá y protegerá **en forma privilegiada** la propiedad intelectual **y material de creadores e investigadores** con las condiciones y excepciones que establezca la ley, **eliminándose** la referencia que hace la norma en la Constitución de 1999 a las condiciones y excepciones que establezcan **los tratados internacionales suscritos y ratificados por la República en esta materia".**

Por otra parte, en cuando a las condiciones y excepciones que establezca la ley, se propone agregar en la norma que ello es "**en función del interés social y del derecho de la comunidad** al conocimiento y disfrute de tales creaciones". Se propone además, agregar que "**el Estado tiene el derecho de declarar de interés público** determinadas obras o creaciones o categorías de ellas a fin de asegurar a la **sociedad su derecho al conocimiento y al desarrollo cultural**".

La Constitución de 1999, además, definió los valores de la cultura y estableció como obligación del Estado el garantizar la protección y preservación, enriquecimiento, conservación y restauración del patrimonio cultural, tangible e intangible, y la memoria histórica de la Nación, considerando los bienes que constituyen el patrimonio cultural de la Nación como inalienables, imprescriptibles e inembargables (art. 99). En las ***Propuestas de Reforma del CPRC, junio 2007,*** se propone **agregar** al artículo 99, la **potestad del Estado de "declarar patrimonio cultural** determinados **bienes, obras, productos del intelecto, personas, territorios u objetos"**.

En el artículo 100 de la Constitución se establecen los principios que deben guiar la protección de la cultura popular, respetándose la interculturalidad bajo el principio de igualdad de las culturas (art. 100). En las ***Propuestas de Reforma del CPRC, junio 2007*** se propone **agregar** al artículo 100, el reconocimiento de **la diversidad de las culturas** y de sus expresiones.

3. *Los cambios en relación con el derecho a la educación y con la autonomía universitaria*

En cuanto al derecho a la educación, el artículo 102 de la Constitución comienza estableciendo, en general, que "la educación es un derecho humano y un deber social fundamental, es democrática, gratuita y obligatoria". La consecuencia de lo anterior es la previsión del mismo artículo 102, en el sentido de imponer al Estado la obligación de asumir la educación como "función indeclinable" y de máximo interés en todos sus niveles y modalidades, y como instrumento del conocimiento científico, humanístico y tecnológico al servicio de la sociedad.

En consecuencia, constitucionalmente se declara a la educación como un servicio público; precisándose, sin embargo, que "el Estado estimulará y protegerá la educación privada que se imparta de acuerdo con los principios contenidos en esta Constitución y en las Leyes".

En las ***Propuestas de Reforma del CPRC, junio 2007,*** se propone **agregar** al artículo 102, la precisión de que la educación "está guiada por el principio de que **educar es formar voluntades para el ejercicio de la solidaridad y la participación ciudadana**", y que entre sus fundamentos, está el desarrollo del "**pleno ejercicio de su personalidad en una sociedad democrática basada en la valoración ética del trabajo**".

Se regula en la Constitución, además, el derecho a la educación integral, la gratuidad de la educación pública; y el carácter obligatorio de la educación en todos sus niveles, desde el maternal hasta el nivel medio diversificado. La impartida en las instituciones del Estado es gratuita hasta el pregrado universitario (art. 103).

En las ***Propuestas de Reforma del CPRC, junio 2007,*** se propone **agregar** al artículo 103 que la educación también será gratuita en "los **postgrados que determine** el Estado; y se propone **eliminar** del texto del artículo, primero, que la igualdad de oportunidades en el ejercicio del derecho a la educación es "**sin más limitaciones que las derivadas de sus aptitudes, vocación y aspiraciones**"; segundo, la necesidad de que el Estado debe realizar "una inversión prioritaria, **de conformidad con las recomendaciones de la Organización de las Naciones Unidas";** y tercero, el principio de que "**las contribuciones de los particulares a proyectos y programas educativos públicos a nivel medio y universitario serán reconocidas como desgravámenes al impuesto sobre la renta según la ley respectiva**".

Además, la Constitución establece el derecho humano a fundar y mantener instituciones educativas privadas bajo la estricta inspección y vigilancia del Estado, previa demostración de su capacidad, cuando cumpla de manera permanente con los requisitos éticos, académicos, científicos, económicos, de infraestructura (art. 106). En las ***Propuestas de Reforma del CPRC, junio 2007,*** se propone eliminar del artículo 106 la exigencia constitucional de que la persona para fundar y mantener instituciones educativas privadas **debe demostrar previamente su capacidad**.

Por otra parte, la Constitución establece en el artículo 108, que los medios de comunicación social, públicos y privados, deben contribuir a la formación ciudadana, precisándose que el Estado debe garantizar servicios públicos de radio, televisión y redes de bibliotecas y de informática; y que los centros educativos deben incorporar el conocimiento y aplicación de las nuevas tecnologías, de sus innovaciones, según los requisitos que establezca la ley.

En las ***Propuestas de Reforma del CPRC, junio 2007,*** se propone sustituir en el artículo 108 el principio de que los medios de comunicación "deben contribuir a la formación ciudadana" por una declaración general de que "**los medios de comunicación social**, públicos y privados, **prestan un servicio público** de interés general y **están obligados a contribuir con el Estado y la Sociedad, en la formación y educación ciudadana, como uno de los requisitos para la utilización del espectro radioeléctrico**". En esta forma se declara a los medios de comunicación en general, es decir, a la **prensa, la radio y la televisión, como servicios públicos,** con todas las implicaciones regulatorias que ello implica en el derecho público.

En la Constitución de 1999, además, se constitucionalizó el régimen de la autonomía universitaria como principio y jerarquía que permite a los profesores, profesoras, estudiantes, egresados y egresadas de su comunidad dedicarse a la búsqueda del conocimiento a través de la investigación científica, humanística y tecnológica, para beneficio espiritual y material de la Nación. A tal efecto, la Constitución reconoció el principio de autogobierno de las Universidades, precisándose que la autonomía universitaria es para planificar, los programas de investigación, docencia y extensión, y reconociéndose la inviolabilidad del recinto universitario (art. 109).

En las ***Propuestas de Reforma del CPRC, junio 2007,*** se limita seriamente la autonomía universitaria, mediante los siguientes agregados que se propone incorporar al artículo 109 de la Constitución de 1999.

Primero, se precisa que la búsqueda del conocimiento mediante la autonomía universitaria debe hacerse para beneficio de la Nación, pero sujeta a la planificación nacional, agregando a la norma que es para privilegiar "la satisfacción de las necesidades de ésta en tales áreas, y en **coordinación con los planes de desarrollo nacional** sobre dichas materias y los requerimientos de profesionales y personal calificado de la República".

Segundo, el privilegio del autogobierno universitario se encasilla, al proponerse agregar a la norma que garantiza que las Universidades se darán sus normas de gobierno, la expresión que ello debe ser "**de acuerdo con los principios de la democracia participativa y protagónica**". Se propone, además, agregar al artículo los siguientes principios para las elecciones universitarias que la ley debe garantizar: **la igualdad entre el voto de los estudiantes y el de los profesores** para elegir las autoridades universitarias; **el derecho al sufragio a todos los docentes por concurso de oposición; y que las elecciones de rector, vicerrectores, secretario, decanos y directores de escuelas de las universidades se decidan por mayoría absoluta de los universitarios que concurran a votar**".

Tercero, se limita el principio de la **inviolabilidad del recito universitario**, al disponerse que ello es "con las **excepciones que establezca la Ley**", quedando la inviolabilidad a la merced del legislador, que fue lo que la Constitución de 1999 quiso evitar.

4. *Los cambios en materia de derechos ambientales*

La Constitución de 1999 también constituye una novedad en cuanto a la regulación de los derechos constitucionales relativos a los derechos ambientales, que precisan el derecho al ambiente como derecho individual y colectivo a disfrutar de una vida y de un ambiente seguro, sano y ecológicamente equilibrado, con las consecuentes obligaciones del Estado de protegerlo (art. 127).

En las ***Propuestas de Reforma del CPRC, junio 2007,*** se propone sustituir en el artículo 127 el párrafo que dispone la "**obligación fundamental del Estado, con la activa participación de la sociedad**", de "**garantizar que la población se desenvuelva en un ambiente libre de contaminación**, en donde el aire, el agua, los suelos, las costas, el clima, la capa de ozono, las especies vivas, sean especialmente protegidos, de conformidad con la ley", por la declaración general de que "El **agua es un bien social y un recurso natural esencial para el desarrollo de la vida**. El **acceso al agua y al saneamiento constituyen derechos humanos fundamentales**".

Además, la Constitución destina normas para regular las cláusulas contractuales ambientales obligatorias (art. 129), respecto de lo cual, en las ***Propuestas de Reforma del CPRC, junio 2007,*** se propone agregar al artículo 129 sobre las cláusulas obligatorias en los contratos públicos que puedan afectar recursos naturales, el principio de que "**será nula y se tendrá por no escrita** cualquier cláusula que pretenda obligar a la República o a los entes públicos a **indemnizar a la contraparte por la falta de beneficios económicos esperados** dentro de cierto lapso y menos cuando dicha ausencia de beneficios esperados o calculados se deba a **disturbios públicos, conflictos laborales o mediadas de ejercicio de la soberanía o de defensa de los recursos naturales** y la ecología".

5. *Los cambios en materia de derechos de los pueblos indígenas*

Otra de las innovaciones de la Constitución de 1999 fue la incorporación de un conjunto de normas sobre los derechos de los pueblos indígenas, a cuyo efecto el artículo 119 reconoció la existencia de los pueblos y comunidades indígenas, su organización social, política y económica, sus culturas, usos y costumbres, idiomas y religiones, así como su hábitat y derechos originarios sobre las tierras que ancestral y tradicionalmente ocupan y que son necesarias para desarrollar y garantizar sus formas de vida. Para evitar la conformación de las bases jurídicas de un Estado dentro del Estado, el artículo 126, dispuso que "Los pueblos indígenas, como culturas de raíces ancestrales, forman parte de la Nación, del Estado y del pueblo venezolano como único, soberano e indivisible. De conformidad con esta Constitución tienen el deber de salvaguardar la integridad y la soberanía nacional", agregando que "El término pueblo no podrá interpretarse en esta Constitución en el sentido que se le da en el derecho internacional".

En las ***Propuestas de Reforma del CPRC, junio 2007***, sin embargo, se propone eliminar del artículo 126 precisamente las últimas dos frases, es decir, que de conformidad con la Constitución **los pueblos indígenas "tienen el deber de salvaguardar la integridad y la soberanía nacional"** y que "**el término pueblo no podrá interpretarse en esta Constitución en el sentido que se le da en el derecho internacional".**

Conforme al artículo 121 de la Constitución los pueblos indígenas tienen derecho a mantener y desarrollar su identidad étnica y cultural, cosmovisión, valores, espiritualidad y sus lugares sagrados y de culto. A tal efecto se obliga al Estado a fomentar la valoración y difusión de las manifestaciones culturales de los pueblos indígenas, los cuales tienen derecho a una educación propia y a un régimen educativo de carácter intercultural y bilingüe, atendiendo a sus particularidades socioculturales, valores y tradiciones.

En las ***Propuestas de Reforma del CPRC, junio 2007***, se propone agregar al artículo 121, la precisión de que dicho régimen educativo **será implementado por el Estado en forma progresiva;** y además, que **"**Los pueblos y comunidades indígenas tienen **derecho al uso, aprovechamiento sustentable y conservación de los recursos naturales, exceptuando los del subsuelo, dentro de su hábitat y tierras para sus actividades tradicionales, subsistencia y desarrollo económico con fines exclusivamente comunitarios...".**

X. LOS CAMBIOS EN EL RÉGIMEN GENERAL DE LA ECONOMÍA

1. *Las propuestas en cuanto al régimen de las empresas petroleras públicas*

En la Constitución (art. 303) se estableció expresamente que por razones de soberanía económica, política y de estrategia nacional "el Estado conservará la totalidad de las acciones de Petróleos de Venezuela, S.A", o del ente creado para el manejo de la industria petrolera, exceptuando la de las filiales, asociaciones estratégicas, empresas y cualquier otra que se haya constituido o se constituya como consecuencia del desarrollo de negocios de Petróleos de Venezuela, S.A. En esta forma, lo que de acuerdo con la Constitución debe permanecer como propiedad de la República (no del Estado) son las acciones de PDVSA, es decir, del holding de la industria petrolera, pero no de las filiales, las cuales son, en realidad, las que realizan las actividades económicas en la industria.

En las ***Propuestas de Reforma del CPRC, junio 2007***, se busca cambiar radicalmente la concepción de esta regulación, proponiéndose sustituirla por una que establece que "la Nación o el ente a través del cual ésta ejerza la industria de los hidrocarburos **conservará la totalidad de las acciones en las filiales de éste**. Y la mayoría accionaría decisiva que permita el control y dirección en las asociaciones estratégicas, empresas y cualquier otra persona jurídica que se haya constituido o se constituya como consecuencia del desarrollo de negocios de Petróleos de Venezuela S.A.".

2. *Las propuestas en materia del régimen de la economía pública*

En la Constitución de 1999, también constituyendo una novedad, se incorporaron unas secciones sobre el régimen fiscal y presupuestario; el sistema monetario nacional y la coordinación macroeconómica; estableciéndose, además, en general, que los principios y disposiciones establecidas en la Constitución para la administración económica y financiera nacional, deben regular la de los Estados y Municipios, en cuanto sean aplicables (art. 311 a 317).

En las *Propuestas de Reforma del CPRC, junio 2007*, se propone agregar en el artículo 311 referido al régimen presupuestario, que el ingreso que se genere por la explotación de la riqueza del subsuelo y los minerales, además de destinarse a financiar la inversión real productiva, la educación y la salud, debe también destinarse a financiar "**otros programas de inclusión social**".

En el artículo 312, referido al endeudamiento público, se propone **eliminar** la previsión de que "la ley **fijará límites al endeudamiento público** de acuerdo con un nivel prudente en relación con el tamaño de la economía, la inversión reproductiva y la capacidad de generar ingresos para cubrir el servicio de la deuda pública"; y se propone **agregar** que, "los **Estados y Municipios no podrán contraer deudas públicas,** aparte de los contratos de gestión continuada y ordinaria que abarquen varios ejercicios fiscales". Esta prohibición se propone también, en forma reiterativa, en las propuestas de reforma de los artículos 162,183 y 317.

En el artículo 315, referido a la ejecución presupuestaria, al establecerse que los presupuestos públicos anuales de gastos deben establecer de manera clara, para cada crédito presupuestario, el objetivo específico a que esté dirigido los resultados concretos que se espera obtener, se propone **eliminar** la necesidad de indicar, también a los **funcionarios públicos responsables para el logro** de tales resultados.

3. *Los cambios en el régimen de los bienes públicos*

La Constitución declara como bienes del dominio público a los yacimientos mineros y de hidrocarburos, cualquiera que sea su naturaleza, existentes en el territorio nacional, bajo el lecho del mar territorial, en la zona económica exclusiva y en la plataforma continental, (art. 12). La misma norma del artículo 12 de la Constitución dispone que las costas marinas son bienes del dominio público; entendiéndose por tales costas, la parte de la ribera que baña el mar, es decir, la playa o zona que está entre la alta y la baja marea, como lo ha establecido la jurisprudencia de la Corte Suprema. En las ***Propuestas de Reforma del CPRC, junio*** **2007,** se propone agregar a la misma norma del artículo 12, que son del dominio público "las **playas adyacentes y las vías para el libre acceso a ellas**".

Por otra parte, en el artículo 304 de la Constitución se dispone que todas las aguas son bienes del dominio público de la Nación, insustituibles para la vida y el desarrollo. Corresponde a la ley establecer las disposiciones necesarias a fin de garantizar su protección, aprovechamiento y recuperación, respetando las fases del ciclo hidrológico y los criterios de ordenación del territorio. En las ***Propuestas de Reforma del CPRC, junio*** **2007,** se busca consagrar en la norma sobre el dominio público de las aguas, **la reserva a la República, lo que elimina la competencia municipal en la materia, "del servicio de potabilización y distribución de las aguas bajo principios de interés social"**, con la **prohibición** establecida en la Constitución de que tales servicios se puedan **"privatizar ni ceder en concesión".**

En las ***Propuestas de Reforma del CPRC, junio 2007***, por otra parte, en el artículo 181 de la Constitución se busca calificar expresamente a los ejidos como bienes del dominio público.

XI. LOS CAMBIOS EN EL SISTEMA DE CONTROL DE CONSTITUCIONALIDAD DE LOS ACTOS ESTATALES

Además de constitucionalizar el control difuso de la constitucionalidad de las leyes, la Constitución de 1999 estableció el control concentrado de la constitucionalidad de las leyes, configurándose claramente al Tribunal Supremo de Justicia, **como Jurisdicción Constitucional**, ejercida por la sala Constitucional, (art. 262, 266,1) a la cual el artículo 334 le asignó la competencia exclusiva de "declarar la nulidad de las leyes y demás actos de los órganos que ejercen el Poder Público dictados en ejecución directa e inmediata de la Constitución o que tengan rango de ley".

En las ***Propuestas de Reforma del CPRC, junio* 2007,** se **propone eliminar la noción de Jurisdicción Constitucional** y sustituirla por "competencia constitucional" y se propone, además, eliminar del texto constitucional, la existencia de la **Sala Constitucional** del Tribunal Supremo de Justicia (art. 262 y 266).

Por otra parte, entre las atribuciones de control concentrado de la constitucionalidad, el artículo 339 de la Constitución establece el que se refiere a los Decretos que declaren Estados de Excepción que deben ser presentados ante la Sala Constitucional del Tribunal Supremo, para que se pronuncie sobre su inconstitucionalidad. Por ello, el artículo 336 le atribuye a la Sala, competencia expresa para dicha revisión, que puede ejercer aun de oficio. En las ***Propuestas de Reforma del CPRC, junio 2007***, se busca **eliminar** del artículo 336,6 de la Constitución, la potestad constitucional atribuida al Tribunal Supremo de **controlar de oficio estos decretos de Estados de excepción**.

XII. LOS CAMBIOS EN EL RÉGIMEN DE LOS ESTADOS DE EXCEPCIÓN

El Capítulo II del Título relativo a la "Protección de la Constitución", está destinado a regular las circunstancias excepcionales que pueden originar situaciones de excepción que afecten gravemente la seguridad de la Nación, de las instituciones y de las personas, y que ameritan la adopción de medidas político-constitucionales para afrontarlas.

A tal efecto, la Constitución establece, entre otros aspectos que los estados de excepción tienen que tener un límite de tiempo variable de hasta treinta, sesenta o noventa días, pudiendo ser siendo prorrogables. En las ***Propuestas de Reforma del CPRC, junio* 2007,** se busca **eliminar** del artículo 338 **los lapsos de duración** de los estados de excepción de **30 días** para los **estados de alarma, 60 días** para los **estados de emergencia económica** y **90 días** para los **estados de conmoción interior o exterior**, con la posibilidad de sólo por un lapso igual, y en su lugar establecer pura y simplemente que los estados de excepción **durarán "mientras se mantengan las causas que dieron origen a la medida**", lo que los puede convertir en estados de excepción de duración ilimitada.

Por otra parte, en esta materia, como se dijo anteriormente, en las ***Propuestas de Reforma del CPRC, junio* 2007,** en una **regresión asombrosa** en materia de derechos humanos, no sólo se busca **volver a establecer la posibilidad de que se puedan por decisión Ejecutiva "suspender" las garantías constitucionales**, sino **más**

grave aún que se puedan "**suspender" los derechos constitucionales** (art. 337) lo cual es inadmisible en una sociedad democrática.

XIII. LOS CAMBIOS EN EL RÉGIMEN DE LAS REFORMAS A LA CONSTITUCIÓN

En la Constitución de 1999 se establecieron tres mecanismos institucionales para la revisión constitucional que se distinguen **según la intensidad de las transformaciones** que se proponen, y que son las Enmiendas constitucionales, las Reformas Constitucionales y la Asamblea Nacional Constituyente.

El procedimiento de las **Enmiendas Constitucionales** para la reforma constitucional, tiene por objeto la **adición o modificación de uno o varios artículos de la Constitución, sin alterar su estructura fundamental** (art. 340).

De acuerdo con el artículo 341,1 la iniciativa para la Enmienda puede partir del quince por ciento de los ciudadanos inscritos en el registro civil y electoral; o de un treinta por ciento de los integrantes de la Asamblea Nacional o del Presidente de la República en Consejo de Ministros. En las ***Propuestas de Reforma del CPRC, junio*** **2007,** *se busca* ***restringir la iniciativa popular*** *para las enmiendas,* ***aumentándose,*** *en el artículo 341,* ***el porcentaje*** *de ciudadanos que la requieran de* ***15 % al 20 %.***

Por otra parte, en la regulación sobre el referendo aprobatorio de las Enmiendas (art. 341,3 y 4), se dispone que al mismo debe concurrir al menos el 25% de los electores inscritos, bastando para la aprobación que haya mayoría de votos afirmativos (art. 73). En las ***Propuestas de Reforma del CPRC, junio*** **2007,** sin embargo, se propone agregar en el artículo 341,3 de la Constitución que "el Poder Electoral someterá a referendo el **proyecto de enmienda aprobado por la Asamblea Nacional**, a los treinta días siguientes a su recepción forma", lo que pudiera dar lugar a interpretar que todo proyecto de enmienda, incluso el que se proponga por iniciativa popular debe ser previamente aprobado por la **Asamblea Nacional**, lo que sería contrario a la participación popular.

Por otra parte, la Constitución exige que las enmiendas sean numeradas consecutivamente, y se publiquen a continuación de la Constitución sin alterar el texto de ésta, pero anotando al pie del artículo o artículos enmendados la referencia de número y fecha de la enmienda que lo modificó. En las ***Propuestas de Reforma del CPRC, junio*** **2007,** se propone **modificar las formalidades de publicar las enmiendas** al final del texto con indicación al pié de los artículos enmendados, y en su lugar, se propone que el artículo 341, diga pura y simplemente que "las enmiendas serán numeradas y se incorporarán como un solo cuerpo al texto constitucional".

En cuanto a las **Reformas constitucionales**, conforme al artículo 342 de la Constitución, tienen por objeto una **revisión parcial de la Constitución y la sustitución de una o varias de sus normas que no modifiquen la estructura y principios fundamentales del texto constitucional.**

De lo anterior resulta que la diferencia entre la Enmienda y la Reforma es muy sutil: aquella tiene por objeto "la adición o modificación de uno o varios artículos de la Constitución, sin alterar su estructura fundamental"; ésta tiene por objeto, "la sustitución de una o varias de sus normas que no modifiquen la estructura y principios fundamentales del texto constitucional". En definitiva, podría decirse que la Enmienda tiene por objeto "añadir o modificar" unos artículos y la Reforma la "sustitución" de unos artículos, pero en uno u otro caso, sin alterar o modificar la estructura fundamental de la Constitución.

En las ***Propuestas de Reforma del CPRC, junio* 2007,** en el artículo 342 en cuanto al objeto de la reforma de revisión parcial de esta Constitución, se propone que además de que pueda consistir en "la sustitución de una o varias de sus normas que no modifiquen la estructura y principios fundamentales del texto Constitucional", se agregue también la posibilidad de "**supresión y adición**" de una o varias normas.

Las reformas pueden tener su origen en la iniciativa popular a solicitud de un número no menor del 15 % de los electores inscritos en el registro civil y electoral (art. 342). En las ***Propuestas de Reforma del CPRC, junio* 2007,** se busca **restringir la iniciativa popular** para las reformas constitucionales, **aumentándose,** en el artículo 342, **el porcentaje** de ciudadanos que la requieran de **15 % al 25 %.**

Para la votación en referendo de las reformas constitucionales, el pueblo en principio se debe pronunciar en conjunto sobre la reforma, pero puede votarse separadamente hasta una tercera parte de ella, si así lo aprueba un número no menor de una tercera parte de la Asamblea Nacional o si en la iniciativa de reforma así lo hubiere solicitado el Presidente de la República o un número no menor del cinco por ciento de los electores inscritos en el registro civil y electoral (art. 344). En las ***Propuestas de Reforma del CPRC, junio* 2007,** se busca **aumentar el porcentaje** de los electores que pueden solicitar la votación separada de las reformas constitucionales que se regula en el artículo 344 del **5%** a "un número no menor del que se requiere para su iniciativa", es decir, del **25%** que en la propuesta de reforma 2007 se propone para ello.

Por último, como mecanismo de revisión constitucional, la Constitución de 1999, prevé el mecanismo de la Asamblea Constituyente en cuando se trate de "transformar al Estado, crear un nuevo ordenamiento jurídico y redactar una nueva Constitución" (art. 347), cuya convocatoria también puede tener iniciativa popular cuando sea solicitada por el quince por ciento de los electores inscritos en el registro electoral (art. 348). En las ***Propuestas de Reforma del CPRC, junio 2007*,** se busca **restringir la iniciativa popular** prevista en el artículo 348 para la solicitud de convocatoria de la Asamblea Constituyente **aumentándose el porcentaje** de ciudadanos que la requieran de **15 % al 30 %.**

APÉNDICE

LAS PROPUESTAS DE REFORMAS CONSTITUCIONALES AL RÉGIMEN DE LOS DERECHOS INDIVIDUALES FORMULADAS POR EL CONSEJO PRESIDENCIAL PARA LA REFORMA CONSTITUCIONAL (JUNIO 2007)

En materia de los derechos constitucionales y, en particular, en relación con los derechos humanos, sin duda, la Constitución de 1999 fue un texto en el cual se incorporaron notables innovaciones signadas por el principio de la progresividad de la protección de los mismos, el cual incluso se incorporó en el artículo 19.

Sin embargo, en esta materia, el **Consejo Presidencial para la Reforma Constitucional** designado por el Presidente de la República, e integrado por los más altos funcionarios de todos los Poderes Públicos Nacionales, formuló en junio de 2007 un conjunto de propuestas de reforma constitucional de notable **carácter regresivo**, completamente **contrarias al principio de la progresividad, con las cuales, de haberse aprobado, se hubiera terminado de configurar al Estado como un Estado Policial y represivo**[1333].

La Asamblea Nacional, al discutir y sancionar el proyecto de reforma constitucional de noviembre de 2007, afortunadamente **no acogió** las propuestas que había formulado dicho Consejo Presidencial. Sin embargo, dado lo neurálgico del tema, estimamos necesario, para el fututo, que se conozcan esas propuestas no acogidas por la Asamblea Nacional, pues las mismas reflejan el pensamiento de todos los altos funcionarios del Estado que conformaron dicho Consejo.

I. PROPUESTAS DE REFORMA RESPECTO DE LOS PRINCIPIOS FUNDAMENTALES SOBRE DERECHOS HUMANOS

El artículo 19 de la Constitución de 1999 dispone que el Estado debe garantizar a toda persona, conforme al principio de progresividad y sin discriminación alguna, el goce y ejercicio irrenunciable, indivisible e interdependiente de los derechos humanos. En las Propuestas de Reforma del Consejo Presidencial de junio 2007 se buscaba agregar al artículo 19, como titulares de los derechos humanos que el Estado debe garantizar, además de a las personas, "**a las colectividades**".

En cuanto al artículo 20 de la Constitución de 1999, en el mismo se consagró el principio de la libertad, al establecer que "toda persona tiene derecho al libre desenvolvimiento de su personalidad, sin más limitaciones que las que derivan del derecho de las demás y del orden público y social". En las Propuestas de Reforma del Consejo Presidencial de junio 2007, se buscaba ampliar las **posibilidades de impo-**

1333 Véase en el texto Consejo Presidencial para la Reforma de la Constitución de la República Bolivariana de Venezuela, "Modificaciones propuestas", publicado como *Proyecto de Reforma Constitucional. Versión atribuida al Consejo Presidencial para la reforma de la Constitución de la república Bolivariana de Venezuela*, Editorial Atenea, Caracas 01 de julio de 2007.

ner limitaciones al ejercicio de los derechos constitucionales, al agregarse a las que derivan del derecho de los demás y del orden público y social, las que pudieran derivarse "**del interés general**" y de los "**deberes constitucionales**".

Esta ampliación de las limitaciones al ejercicio de los derechos humanos, los hubiera **dejado a la merced de la aplicación de la política de Estado** signada por la **orientación ideológica socialista.** De manera que por ejemplo, al proponerse reformar también el artículo 62 en el sentido de establecer el deber constitucional del Estado y la sociedad de propiciar la participación del pueblo "para la construcción de la **sociedad socialista**", los derechos humanos podrían ser **limitados para asegurar el cumplimiento de ese "deber" ideológico,** lo cual hubiera implicado, con esta propuesta de reforma, la **constitucionalización de la posibilidad de "criminalizar" la disidencia.**

Por otra parte, los derechos humanos garantizados y protegidos conforme a la Constitución de 1999, no son sólo los enumerados en su texto sino todos los demás que sean inherentes a la persona humana no enunciados incluso en los instrumentos internacionales. Con ello, los derechos inherentes a las personas adquirieron una posibilidad y dimensión muy extensa. Sin embargo, en las Propuestas de Reforma del Consejo Presidencial de junio 2007, en el artículo 22 **se buscaba reducir la enumeración** de los derechos humanos para servir de parámetro en la identificación de derechos inherentes a las personas, sólo a los indicados en la **Constitución y en los tratados internacionales** sobre derechos humanos suscritos y ratificados por la República.

En la propuesta de reforma, además, se buscaba establecer la posibilidad de determinar derechos inherentes no sólo de las personas como derechos individuales, sino también como **derechos colectivos.**

Igualmente en las Propuestas de Reforma del Consejo Presidencial de junio 2007 se proponía calificar el ámbito de los derechos en caso de falta de ley reglamentaria, al buscar modificarse la tradicional frase de que "la falta de ley reglamentaria de estos derechos no menoscaba el ejercicio de los mismos" por la frase de que "la falta de ley que desarrolle estos derechos no menoscaba **el goce** y el ejercicio **real y efectivo** de los mismos".

Por último, una de las grandes innovaciones de la Constitución de 1999 en esta materia de derechos humanos, fue el haberle otorgado rango constitucional a los tratados internacionales sobre derechos humanos, disponiendo la aplicación prevalente de los mismos en relación con la Constitución y las leyes, si establecen normas más favorables; y además, la aplicación inmediata y directa de los mismos por los órganos que ejercen el Poder Público.

En las Propuestas de Reforma del Consejo Presidencial de junio 2007 se buscaba reducir y minimizar los importantes efectos protectivos de derechos humanos establecidos en esta norma del artículo 23 de la Constitución de 1999, **eliminándose totalmente la jerarquía constitucional y su prevalencia sobre el orden interno**, al formularse la norma en el sentido de que "los tratados, pactos y convenciones relativos a derechos humanos, suscritos y ratificados por Venezuela, **mientras se mantenga vigentes, forma parte del orden interno, y son de aplicación inmediata y directa por los órganos del Poder Público**".

La eliminación de la jerarquía constitucional de los tratados de derechos humanos y su valor prevalente sobre lo regulado en el orden interno, hubiera sido un **duro golpe al principio de la progresividad** en la protección de los derechos que se recoge en el artículo 19 de la Constitución, que no permite regresiones en la protección de los mismos.

Además, en las Propuestas de Reforma del Consejo Presidencial de junio de 2007 se agregaba a la norma del artículo 23 que "**corresponde a los tribunales de la República conocer de las violaciones sobre las materias reguladas en dichos tratados**", lo que no hubiera tenido mayor efecto pues los tribunales tienen esa competencia, pero no exclusiva. Sin embargo, la propuesta de reforma no buscaba ratificar la competencia de los tribunales nacionales, y lo que lamentablemente buscaba era establecer una **prohibición constitucional para la aplicación de la Convención Americana de Derechos Humanos en cuanto a la competencia que tiene la Corte Interamericana de Derechos Humanos** para conocer de las violaciones de la misma. Con una norma de este tipo, Venezuela hubiera quedado **excluida de la jurisdicción de dicha Corte internacional y del sistema interamericano** de protección de los derechos humanos.

II. LA REGRESIÓN EN EL RÉGIMEN GENERAL DE LAS GARANTÍAS CONSTITUCIONALES

En la Constitución de 1999 también se incorporaron un conjunto de regulaciones muy importantes, relativas a las garantías constitucionales de los derechos humanos, es decir, de los instrumentos que permiten hacer efectivo el ejercicio de los derechos.

Entre dichas garantías, la Constitución de 1999 establece la garantía de la irretroactividad de la ley en relación con toda "disposición legislativa" (art. 24), cualquiera que pueda ser el contenido de su regulación, y por tanto, no sólo en materia penal. La consecuencia de ello es que, por supuesto, también en materia civil, laboral, administrativa, comercial o de cualquier otra índole, la garantía de la irretroactividad es esencial para el ejercicio de los derechos humanos.

En las Propuestas de Reforma del Consejo Presidencial para la Reforma Constitucional de junio 2007, lamentablemente se buscaba reducir la garantía de la irretroactividad de la ley, al pretender **limitársela a la "materia penal**", lo que también debía considerarse como una regresión y **violación del principio de la progresividad.**

En cuanto a la garantía de la nulidad de los actos violatorios de derechos constitucionales y de la previsión de la responsabilidad de los funcionarios que los dicten o ejecuten, la Constitución la reguló siguiendo la tradición constitucional (art. 25) anterior. En las Propuestas de Reforma del Consejo Presidencial de junio 2007**,** se buscaba cambiar la redacción en algunos aspectos de la norma, y se proponía disponer que son nulos los actos dictados en ejercicio del Poder Público cuando violen o menoscaben "los **derechos y garantías contemplados** en la Constitución", en lugar de "**los derechos garantizados por esta Constitución**", agregándose además del efecto de la nulidad, que dichos actos "**no generarán efecto alguno**"**.**

En cuanto a las responsabilidades de los funcionarios derivadas de ordenar o ejecutar dichos actos, en las Propuestas de Reforma se buscaba agregar a la responsabilidad penal, civil y administrativa, la responsabilidad **disciplinaria,** quizás sin percatarse que ésta es una especie de la responsabilidad administrativa respecto de los funcionarios.

Por último, entre las garantías constitucionales, en el artículo 29 de la Constitución se estableció expresamente la obligación del Estado de investigar y sancionar legalmente los delitos contra los derechos humanos cometidos por sus autoridades; enumerándose una serie de delitos respecto de los cuales las acciones penales son imprescriptibles. En las Propuestas de Reforma del Consejo Presidencial de junio 2007, sin duda confundiendo el sentido protectivo de la norma, se buscaba agregar que la obligación del Estado de investigar y sancionar legalmente los delitos contra los derechos humanos no sólo se refería a los cometidos por sus autoridades sino además, "**por los particulares**", lo que era absolutamente inútil pues ello es de la **esencia de la función judicial y de los tribunales.** La norma de la Constitución, en realidad lo que persigue es garantizar que los delitos cometidos por funcionarios no queden impunes, amparados por la potestad estatal. En las Propuestas de Reforma del Consejo Presidencial de junio 2007, además, en relación a la **imprescriptibilidad de la acción penal** en relación con los delitos de lesa humanidad, violaciones graves a los derechos humanos y los crímenes de guerra, se buscaba **agregar** "las **violaciones a los derechos de niños, niñas y adolescentes, la desaparición forzada de personas**".

Además se proponía que se sustituyera la garantía judicial prevista en la norma, al proponerse cambiar la redacción de que "las violaciones de derechos humanos y los delitos de lesa humanidad serán investigados y juzgados por los **tribunales ordinarios**", por la frase de que "las violaciones de derechos humanos y los delitos de lesa humanidad serán investigados **por el Ministerio Público y juzgados por los tribunales competentes**". Con la redacción que se proponía era **sustituir la garantía de los "tribunales ordinarios" por los "tribunales competentes**", lo que abría era la posibilidad de que se pudieran establecerse en esos casos, **tribunales *ad hoc* o que los tribunales militares** para que fueran los que conocieran de esos delitos. Esta regresión también **afectaba el principio de la progresividad**.

Por último, debe mencionarse que el colorario internacional de las garantías constitucionales está en el artículo 31 de la Constitución, que regula el derecho de toda persona de acceder a la justicia internacional para solicitar la protección de los derechos humanos; estableciéndose además, la obligación para el Estado de adoptar, conforme a procedimientos establecidos en la Constitución y la ley, las medidas que sean necesarias para dar cumplimiento a las decisiones emanadas de los órganos internacionales previstos en este artículo.

En las Propuestas de Reforma del Consejo Presidencial de junio 2007, se buscaba cambiar radicalmente el sentido de esta norma de la Constitución de 1999, eliminándose su efecto protectivo, en evidente violación del principio de la progresividad.

En efecto, en la Propuesta de Reforma, en primer lugar, se buscaba sustituir el sentido del derecho previsto de "**solicitar el amparo** a sus derechos humanos" por el de "**demandar violación** a sus derechos humanos"; en segundo lugar, se buscaba limitar el derecho de toda persona a dirigir peticiones o quejas ante los órganos internacionales creados para la protección de los derechos humanos, con el objeto de demandar violación a sus derechos humanos, agregándose "**siempre que hayan agotado las instancias nacionales**"; es decir, **se pretendía constitucionalizar la**

limitación al acceso a las instancias constitucionales sujetándolo al necesario agotamiento de las instancias nacionales, lo que podría hacer nugatorio el derecho de acceso a las instancias internacionales; y en tercer lugar, se proponía sustituir la obligación del Estado **de adoptar** "conforme a procedimientos establecidos en esta Constitución y la ley, las medidas que sean necesarias para dar cumplimiento a las decisiones emanadas de los órganos internacionales", por una obligación **de ejercer** "conforme a procedimientos establecidos en esta Constitución y la ley, las medidas que sean necesarias para dar cumplimiento a las decisiones emanadas de los órganos internacionales **a través de los tribunales nacionales".** Con ello, se buscaba restringir, una vez más, el ámbito de actividad protectiva de los tribunales internacionales.

III. LOS CAMBIOS EN EL ESTATUTO DE LAS PERSONAS

1. *La eliminación del derecho humano a la nacionalidad originaria*

Una de las innovaciones fundamentales de la Constitución de 1999 en materia de nacionalidad, fue la previsión expresa de la nacionalidad por nacimiento como un derecho humano, razón por la cual se dispuso en el artículo 35 que los venezolanos por nacimiento "no pueden ser privados de su nacionalidad". Es decir, no puede haber acto estatal alguno que disponga la perdida de la nacionalidad venezolana por nacimiento, pues se trata de un derecho constitucional.

En las Propuestas de Reforma del Consejo Presidencial de junio 2007**,** se ha buscaba **eliminar la garantía constitucional del derecho humano a la nacionalidad originaria** prevista en el artículo 35 de la Constitución, consistente en la prohibición de que mediante un acto estatal se pueda privar a alguien de su nacionalidad originaria. La propuesta de reforma, sin duda, era contraria al principio de la progresividad que existe en materia de derechos humanos (art. 19).

La Constitución, por otra parte, establece la posibilidad de renuncia de la nacionalidad (art. 36), exigiendo por ejemplo, en caso de renuncia de la nacionalidad por nacimiento, que para su recuperación la persona, entre otros requisitos, se domicilie en el territorio por un lapso no menor de dos años (art. 36). En las Propuestas de Reforma del Consejo Presidencial de junio 2007, se buscaba agravar los requisitos para la recuperación en estos casos de la nacionalidad por nacimiento renunciada, exigiéndose que la persona se domiciliase en el territorio por un **lapso no menor de diez años ininterrumpidamente**.

2. *Los cambios en el régimen de la extradición*

En cuanto a los extranjeros, el artículo 271 de la Constitución estableció el principio de que en ningún caso puede ser negada la extradición de los mismos cuando sean "responsables de los delitos de deslegitimación de capitales, drogas, delincuencia organizada internacional, hechos contra el patrimonio público de otros Estados y contra los derechos humanos".

En las Propuestas de Reforma del Consejo Presidencial de junio 2007, **se buscaba cambiar el régimen de protección** frente a los delitos mencionados de deslegitimación de capitales, drogas, delincuencia organizada internacional, hechos contra el patrimonio público de otros Estados y contra los derechos humanos; y se proponía establecer en el artículo 271, solamente que la extradición de los extranjeros solo se debía conceder en cumplimiento de un **tratado o de una ley,** atendiendo al principio de reciprocidad, quedando **excluida de la extradición los delitos políticos y aquellos a los cuales corresponda la pena de muerte o condena a cadena perpetua**, según el derecho del Estado reclamante".

IV. LA REGRESIÓN EN EL RÉGIMEN DE LOS DERECHOS INDIVIDUALES

La Constitución, por supuesto, entre los derechos individuales estableció la libertad personal con una serie de garantías entre las cuales, la más importante es que el arresto o detención de las personas sólo puede tener lugar "en virtud de orden judicial, a menos que sea sorprendida in fraganti" (art. 44,1).

En las Propuestas de Reforma del Consejo Presidencial de junio 2007, se buscaba cambiar radicalmente el sentido de esta norma protectiva de la Constitución de 1999, al pretender **definirse el propio texto constitucional el sentido de la flagrancia**, en una forma tan amplia, que la garantía de la intervención judicial desaparecía, dando origen a la posibilidad de **detenciones administrativas, policiales y políticas**. En la Propuesta de Reforma de este artículo se proponía agregar a la norma del artículo 44,1 de la Constitución de 1999 que "se entiende que hay flagrancia, cuando se sorprende al imputado en plena ejecución del delito, o **lo acabe de cometer y se le persiga** para su aprehensión, o **se le sorprenda a poco de haberse cometido el delito, cerca del lugar donde se produjo el hecho punible**, con instrumentos u otros objetos que hagan presumir la autoría el mismo, o **cuando el sospechoso se vea perseguido por la autoridad, la víctima o el clamor público".**

Por otra parte, en la Propuesta de Reforma, de nuevo en violación del principio de la progresividad, se buscaba autorizar constitucionalmente que **personas no investidas de autoridad pudieran detener a otras personas**, al proponerse cambiar la norma que dispone que "En este caso será llevada ante una autoridad judicial en un tiempo no mayor de cuarenta y ocho horas a partir del momento de la detención"; por una que estableciera que "en este caso será llevada ante una autoridad judicial en un tiempo no mayor de cuarenta y ocho horas a partir del momento de la **aprehensión que de él o ella hagan personas investidas o no de autoridad**".

Otro derecho individual importante regulado en la Constitución es el derecho a la inviolabilidad del hogar doméstico a lo que se agregó la inviolabilidad de todo recinto privado (art. 47), con una serie de garantías específicas. En las Propuestas de Reforma del Consejo Presidencial de junio 2007, también se buscaba cambiar radicalmente el sentido de esta norma protectiva de la Constitución de 1999, sustituyendo el ámbito de la inviolabilidad del **hogar domestico y del recinto privado,** por la tradicional expresión **hogar o domicilio privado,** dejando fuera del alcance de la inviolabilidad los recintos privados distintos al hogar o al domicilio.

Por otra parte, la **restricción al allanamiento** establecida en el artículo 47 de la Constitución de 1999, en el sentido de que "no podrán ser allanados, sino mediante **orden judicial" con la restricción de que solo se puede dictar "para impedir la perpetración de un delito o para cumplir de acuerdo con la ley, las decisiones que dicten los tribunales,** respetando siempre la dignidad del ser humano", se pretendía relajar, en el sentido de establecer en su lugar, que "será requerida orden de un juez competente para su registrado, inspección o allanamiento, respetando siempre la dignidad humana" sin limitación, agregándose inconvenientemente que "**se exceptuará la presentación de orden judicial en aquellos casos en que se pretenda impedir la comisión de un delito**", con lo que se hubiera dejado abierta, materialmente sin límites y a la sola interpretación del funcionario policial, la posibilidad del allanamiento del hogar o domicilio.

Por otra parte, en las Propuestas de Reforma del Consejo Presidencial de junio 2007, se buscaba **eliminar las limitaciones establecidas respecto de "visitas sanitarias"** en el sentido de que sólo pueden practicarse "previo aviso de los funcionarios que las ordenen o hayan de practicarlas".

La Constitución de 1999 también reguló detalladamente la libertad de tránsito (art. 50), estableciendo entre otros aspectos la garantía de que en caso de establecerse el cobro de peaje en las vías públicas, debía asegurarse una vía alterna. En las Propuestas de Reforma del Consejo Presidencial de junio 2007, se buscaba eliminar la exigencia constitucional de que "**en caso de concesión de vías,** la ley establecerá los supuestos en los que debe garantizarse el uso de una vía alterna", eliminándose toda referencia a la posibilidad de concesiones de uso y explotación de vías públicas.

En relación con los derechos individuales, la Constitución garantiza, además, el derecho a la libre expresión del pensamiento (art. 57), prohibiendo el anonimato, la propaganda de guerra y los mensajes discriminatorios o que promuevan la intolerancia religiosa; y garantizó a los funcionarios públicos el derecho de dar cuenta de los asuntos bajo sus responsabilidades. En las Propuestas de Reforma del Consejo Presidencial de junio 2007, se buscaba eliminar la prohibición que establece el artículo 57 de la Constitución de 1999, de los mensajes que específicamente promuevan la intolerancia **religiosa,** y se agregó la prohibición de los mensajes que promuevan **"la intolerancia, el odio o la incitación al delito".**

Además, se buscaba eliminar del artículo 57 de la Constitución, **la prohibición de la censura a los funcionarios públicos** para dar cuenta de los asuntos bajos sus responsabilidades.

La Constitución también garantiza el derecho de los ciudadanos de tener acceso a los archivos y registros administrativos, sin perjuicio de los límites aceptables dentro de una sociedad democrática en materias relativas a seguridad interior y exterior, a investigación criminal y a la intimidad de la vida privada (art 143). En las Propuestas de Reforma del Consejo Presidencial de junio 2007, se buscaba **ampliar este derecho** de acceso a los archivos y registros, no sólo administrativos, sino "**públicos y privados",** pero sólo "en los cuales consten derechos que específica y particularmente les conciernen y cuya prueba no podrían obtener de otro modo".

Por otra parte, se buscaba **omitir** la referencia limitativa respecto del acceso a **lo aceptable dentro de una sociedad democrática**, y en su lugar se proponía establecer que los órganos de los poderes públicos **no podían dar a conocer las materias de sus archivos relativos a la intimidad de la vida privada, investigación criminal y judicial en curso, seguridad y defensa, políticas financieras y fiscales**, y otras que la ley declarase de contenido confidencial, reservado o secreto.

La Constitución, además, establece el derecho de toda persona de acceder a la información y a los datos que sobre sí misma o sobre sus bienes consten en registros oficiales o privados, así como de conocer el uso que se haga de los mismos y su finalidad, y eventualmente solicitar judicialmente la actualización, la rectificación o la destrucción de aquellos, si fuesen erróneos o afectasen ilegítimamente sus derechos (art. 28). En las Propuestas de Reforma del Consejo Presidencial de junio 2007, se buscaba agregar a esta norma del artículo 28 de la Constitución, que las "personas naturales y jurídicas **solo están autorizadas a suministrar a los particulares y poderes públicos las informaciones que deban rendirle de acuerdo a la ley"**; y en cuanto a las excepciones, se buscaba eliminar toda referencia específica a las **informaciones periodísticas.**

La Constitución regula además, el derecho a la protección del honor y la intimidad (art. 60), disponiendo específicamente que la ley debe limitar "el uso de la informática para garantizar el honor y la intimidad personal y familiar de los ciudadanos y ciudadanas y el pleno ejercicio de sus derechos". En las Propuestas de Reforma del Consejo Presidencial de junio 2007, se proponía **sustituir** el mandato de que la ley debe limitar "**el uso de la informática para garantizar el honor y la intimidad personal y familiar** de los ciudadanos y ciudadanas y el pleno ejercicio de sus derechos" por la indicación de que la ley debía desarrollar "los mecanismos para **garantizar la protección y el ejercicio pleno de estos derechos**".

La Constitución garantiza además el derecho a la libertad de conciencia, como un derecho de ejercicio individual salvo que su práctica afecte la personalidad de la persona o constituya delito (art. 61). En las Propuestas de Reforma del Consejo Presidencial de junio 2007, se **ampliaban las excepciones** al ejercicio del derecho en el sentido de que no se pueda invocar no sólo cuando afecte su personalidad o constituya delito, sino cuando **afecta "a la sociedad" o una persona o grupo de personas".**

Por último, otra innovación de la Constitución de 1999 fue establecer el derecho de las personas a obtener protección por parte del Estado respecto de su integridad física y sus propiedades, además de respecto del disfrute de sus derechos (art. 55). En las Propuestas de Reforma del Consejo Presidencial, se **eliminaba la mención a las "propiedades"** de las personas, como objeto de protección, y se lo sustituía por la de "sus **bienes y posesiones**".

LIBRO QUINTO

LA REFORMA CONSTITUCIONAL DE 2007 (COMENTARIOS AL PROYECTO INCONSTITUCIONALMENTE SANCIONADO POR LA ASAMBLEA NACIONAL EL 2 DE NOVIEMBRE DE 2007)

El texto de este libro quinto, es el del libro que dediqué en 2007 a estudiar en detalle el proyecto de reforma Constitucional formalmente aprobado por la Asamblea Nacional y sometido a referendo aprobatorio que en diciembre del mismo año rechazó el proyecto. Fue publicado con el título: *La reforma constitucional de 2007(Comentarios al proyecto inconstitucionalmente sancionado por la Asamblea Nacional el 2 de noviembre de 2007,* publicado en la Colección Textos Legislativos Nº 43, Editorial Jurídica Venezolana Caracas, 2007.

INTRODUCCIÓN

UNA "REFORMA CONSTITUCIONAL" QUE SÓLO PODÍA REALIZARSE MEDIANTE LA CONVOCATORIA DE UNA ASAMBLEA NACIONAL CONSTITUYENTE

El 2 de noviembre de 2007, la Asamblea Nacional, luego de haberle dado tres discusiones en algo más de un mes, ha sancionado un proyecto de reforma a la Constitución de 1999,[1334] a los efectos de someterlo a referendo aprobatorio fijado para el 2 de diciembre de 2007.[1335] En el mismo, a pesar de todas las solicitudes y argumentos que se habían formulado para que los artículos reformados se votaran en diversos bloques, el Consejo Nacional Electoral había resuelto que se verificaría un solo bloque.

Sin embargo, en sesión extraordinaria de la Asamblea Nacional realizada al día siguiente a la sanción del proyecto de reforma constitucional, el día 3 de noviembre de 2007, luego que el Presidente de la República, seguramente al tomar conciencia

---

1334 *Gaceta Oficial* Nº 36.860 de 30-12-1999, republicada en *Gaceta Oficial* Nº 5453 Extraordinaria de 24-03-2000. Véase los comentarios a la Constitución en Allan R. Brewer-Carías, *La Constitución de 1999. Derecho Constitucional Venezolano,* 2 volúmenes, Editorial Jurídica Venezolana, Caracas 2004.

1335 Este libro se terminó de escribir el 6 de Noviembre de 2007. Por ello, cuando en el texto nos referimos a la "reforma constitucional sancionada", estamos haciendo alusión al proyecto de reforma constitucional sancionada por la Asamblea Nacional el 2 de noviembre de 2007, cuya entrada en vigencia está supeditada a los resultados del referendo.

de los efectos negativos de las reformas sancionadas, señalara que la votación en el referendo debía hacerse en dos bloques, uno referido a "sus" propuestas de reforma y otro a las reformas introducidas por la Asamblea Nacional, este cuerpo muy diligentemente procedió a cambiar de criterio, y pasar, según dijo la Presidenta del cuerpo, "de 'la regla' que es considerar la iniciativa de manera integral a 'la excepción' partirla en segmentos"[1336], resolviendo que la pregunta se formularía en el referendo convocado para el 2 de diciembre de 2007 sobre el proyecto de reforma constitucional, para ser votada en dos segmentos[1337], en la forma siguiente:

> "¿Está usted de acuerdo con aprobar el proyecto de reforma constitucional sancionado por la Asamblea Nacional, con la participación del pueblo, y basado en la iniciativa del presidente Hugo Chávez, con sus respectivos títulos, capítulos y disposiciones transitorias, derogatoria y final, distribuido en los siguientes bloques:?".

Los dos bloques se conformaron sin lógica alguna en relación con las materias que abarca la reforma, sólo referidos a los artículos cuya reforma propuso el Presidente y los artículos reformados por iniciativa de la Asamblea Nacional así:

El "A" contiene el Anteproyecto original presentado por el Presidente y 13 artículos más, que son los artículos: 11, 16, 18, 64, 67, 70, 87, 90, 98, 100, 103, 112, 113, 115, 136, 141, 152, 153, 156, 157, 158, 167, 168, 184, 185, 225, 230, 236, 251, 252, 272, 299, 300, 301, 302, 303, 305, 307, 318, 320, 321, 328, 329, 341, 342 y 348.

El "B" contiene los artículos reformados incorporados en la Asamblea Nacional, que son los artículos: 21, 71, 72, 73, 74, 82, 109, 163, 164, 173, 176, 191, 289, 264, 265, 266, 279, 293, 295, 296, 337, 338 y 339.[1338]

Se trata, en todo caso, de una reforma constitucional que transforma aspectos esenciales y fundamentales del Estado, por lo que puede considerarse como una de las más sustanciales que se haya producido en toda la historia constitucional de Venezuela.

Con ella, en efecto, se proyecta cambiar radicalmente el modelo de Estado descentralizado, democrático, pluralista y social de derecho que se había venido construyendo y consolidando desde la segunda guerra mundial, por el de un Estado Socialista, centralizado, policial y militarista, con una doctrina oficial "bolivariana", que se identifica como "el Socialismo del Siglo XXI"[1339] y un sistema económico de capitalismo de Estado. Esa reforma se ha sancionado, sin embargo, conforme a la propuesta que durante 2007 formuló el Presidente de la República, Hugo Chávez

---

1336 Véase en *El Universal*, Caracas, 04-11-2007.

1337 La Sala Constitucional del Tribunal Supremo de Justicia, en sentencia No. 2087 de 06-11-2007, interpretó el artículo 344 de la Constitución en el sentido de considerar que la Asamblea Nacional tiene en todo caso, la potestad de decidir si la votación en el referendo se hace en forma total o parcial "al momento de la sanción" del proyecto de reforma constitucional (Exp. 07-1282/07-1362).

1338 *Idem.* En esa oportunidad, sin embargo, nada se estableció sobre la votación de las Disposiciones Transitorias propuestas por la Asamblea Nacional, que se entiende pertenecen al segmento "B". En los subtítulos de todas las partes de este trabajo, se destacan en tipo mayor los artículos cuya reforma propuso el Presidente de la República; y en tipo menor se destacan los artículos reformados por la Asamblea Nacional.

1339 Véase el *Proyecto de Exposición de Motivos para la Reforma Constitucional, Presidencia de la República, Proyecto Reforma Constitucional. Propuesta del presidente Hugo Chávez Agosto 2007*, p. 19.

Frías, burlando el procedimiento que la Constitución requería para un cambio tan fundamental. Se trata, por tanto, de una reforma fraudulenta o realizada en fraude a la Constitución, pues se ha utilizado para ello un procedimiento previsto para otros fines, engañando al pueblo.

La consecuencia de esta reforma a la Constitución en relación con los ciudadanos, es que con la misma se busca establecer en Venezuela, formalmente, una ideología y doctrina oficial, del Estado, de corte socialista y supuestamente "bolivariana", la cual en consecuencia, a pesar de su imprecisión -y he allí lo más peligroso-, siendo doctrina "oficial", no admite disidencia alguna. No se olvide que todos los ciudadanos tienen un deber constitucional esencial y es cumplir y hacer cumplir la Constitución (art. 131), por lo que al aprobarse estas reformas, todos los ciudadanos tienen el deber de contribuir activamente en la implementación de la doctrina oficial del Estado. En ello no se admite ni siquiera la neutralidad. Por tanto, todo pensamiento, toda expresión del pensamiento, toda acción o toda omisión que pueda ser considerada como contraria a la doctrina oficial socialista y "bolivariana", o que simplemente la "autoridad" no considere que está contribuyendo a la construcción y siembra del socialismo, constituirá una violación a un deber constitucional y puede, por tanto, ser criminalizada, es decir, puede dar lugar a sanciones incluso penales. Se trata de crear un pensamiento único, que constitucionalmente no admite disidencia.

Este proyecto de reforma constitucional tuvo su origen en el anuncio efectuado por el Presidente Chávez en enero de 2007, al tomar posesión de su segundo mandato presidencial, en el sentido de que propondría una serie de reformas a la Constitución de 1999, para cuya elaboración designó un Consejo Presidencial para la Reforma de la Constitución[1340], el cual estuvo presidido por la Presidenta de la Asamblea Nacional e integrado por altos funcionarios del Estado como fueron el Segundo Vicepresidente de la Asamblea Nacional y otros cuatro diputados; la Presidenta del Tribunal Supremo de Justicia; el Defensor del Pueblo; el Ministro del Trabajo; la Procuradora General de la República y el Fiscal General de la Republica. En esta forma, el Presidente de la República comprometió de antemano en su proyecto a los titulares de materialmente todos los Poderes Públicos, indicando en forma expresa en el Decreto que el trabajo de dicho Consejo se debía realizar "*de conformidad con los lineamientos del Jefe de Estado en estricta confidencialidad*" (art. 2)[1341]. Es decir, el Consejo no tenía libertad alguna de pensamiento, y su trabajo debía desarrollarse en estricta confidencialidad, lo que de por si es contrario a los principios que deben guiar cualquier reforma constitucional en un país democrático.

Las pautas para la reforma constitucional que en diversos discursos y alocuciones fue dando el Presidente de la República, apuntaron, por una parte, a la conformación de un Estado del Poder Popular o del Poder Comunal, o Estado Comunal, estructurado desde los Consejos Comunales que ya habían sido creados al margen de la Constitución en 2006[1342], como unidades políticas primarias u organizaciones sociales no electas mediante sufragio universal, directo y secreto, supuestamente dispuestos para canalizar la participación ciudadana, pero conforme a un sistema de con-

1340 Véase Decreto N° 5138 de 17-01-2007, *Gaceta Oficial* N° 38.607 de 18-01-2007

1341 Ello también lo declaró públicamente, además, la Presidenta de la Asamblea Nacional al instalarse el Consejo. Véase en *El Universal*, 20-02-2007.

1342 Ley de Consejos Comunales *Gaceta Oficial,* N° 5.806 *Extraordinario,* 10-04-2006.

ducción centralizado desde la cúspide del Poder Ejecutivo Nacional, donde no hay autonomías territoriales; y por la otra, a la estructuración de un Estado socialista, con una doctrina socialista y "bolivariana" como doctrina oficial, sustituyendo al sistema plural de libertad de pensamiento y acción que siempre ha existido en el país, y en particular, sustituyendo la libertad económica y el Estado de economía mixta que ha existido en Venezuela, por un sistema de economía estatista y colectivista, de capitalismo de Estado, sometido a una planificación centralizada, minimizando el rol del individuo y eliminando todo vestigio de libertad económica y de propiedad privada.

Es decir, el objetivo definido por el Presidente era transformar radicalmente al Estado y crear un nuevo ordenamiento jurídico, lo que no podía realizarse mediante el mecanismo de "reforma constitucional" que regula la Constitución, sino que exigía, conforme a su artículo 347, que se convocara y eligiera una Asamblea Nacional Constituyente, lo que, por supuesto, podía implicar que la reforma se le escapara de su control férreo.

Debe destacarse, que la Sala Constitucional del Tribunal Supremo, el mismo día en que la Asamblea Nacional sancionó la reforma constitucional, mediante sentencia Nº 2042 de 2 de noviembre de 2007, declaró la inadmisibilidad de una acción de amparo intentada contra el Presidente de la República y la propia Asamblea Nacional por "pretender tramitar" como reforma constitucional un conjunto de modificaciones fundamentales a la Constitución, que exigían la convocatoria de la Asamblea Nacional Constituyente. Para ello, la Sala se basó en la consideración de que "en el asunto bajo examen, el accionante no señaló cuál es la situación jurídica subjetiva lesionada o amenazada por las actuaciones que denunció como lesivas. En efecto, la denuncia planteada está referida a la supuesta amenaza de infracción constitucional producida por la inclusión en el contenido del Proyecto de Reforma presentado ante la Asamblea Nacional por iniciativa del Presidente de la República, de normas que, en opinión del accionante, modifican la estructura y principios fundamentales del Texto Constitucional, en contravención a los límites establecidos en el artículo 342 de la Constitución vigente. Sin embargo, no expuso de qué forma su situación jurídica personal se vería afectada por las actuaciones denunciadas, ya que sólo se limitó a señalar la presunta inconstitucionalidad del aludido proyecto de reforma".

La Sala Constitucional además, consideró que la norma del artículo 342 supuestamente no contenía derecho constitucional alguno, concluyendo que el accionante "no tiene legitimación activa alguna para incoar la presente acción de amparo constitucional, por cuanto no señaló, ni se evidencia de autos, de qué manera las actuaciones denunciadas como lesivas son susceptibles de vulnerar sus derechos constitucionales", por lo cual declaró inadmisible la acción de conformidad con lo dispuesto en el artículo 19,5, de la Ley Orgánica del Tribunal Supremo de Justicia, "por la falta de legitimación del accionante". Olvidó la Sala Constitucional que el derecho más importante de los ciudadanos es el derecho a la supremacía de la constitución, y a que los cambios a la misma se hagan de acuerdo con sus previsiones.

Por ello, el magistrado Pedro Rafael Rondón Haaz, salvó su voto por considerar, básicamente, que la norma del artículo 342

> "[...] entraña **un evidente derecho de rango constitucional y alcance general para todos los ciudadanos**, en el sentido de que, sólo por su condición de tales, en cuanto suscriptores del pacto social que es, en definitiva, una Constitución, que de-

termina la directa afectación de su esfera jurídica constitucional cuando dicho pacto es alterado, lo cual les proporciona legitimación para la defensa de dicha esfera jurídica y título jurídico suficiente para exigir a los destinatarios directos de la norma (la Asamblea Nacional -mediante acuerdo aprobado por el voto de la mayoría de sus integrantes-, el Presidente o Presidenta de la República en Consejo de Ministros; o un número no menor del quince por ciento de los electores inscritos y electoras inscritas en el Registro Civil y Electoral, que son quienes tienen iniciativa para solicitarla), como conducta determinada de la cual es acreedor aquél, el estricto cumplimiento o apego a ella. En el peor de los casos, se trataría, en términos análogos, de un interés -por oposición a derecho propiamente dicho- igualmente legitimador."

El Magistrado salvante del voto ratificó entonces su criterio de que no cabe duda de que:

> "[...] el artículo 342 entraña un derecho de todos - como miembros de la sociedad suscriptora del pacto social- a que la reforma constitucional proceda - y solo proceda- para "*una revisión parcial de esta Constitución y la sustitución de una o varias de sus normas que no modifiquen la estructura y principios fundamentales del Texto Constitucional*", de manera que, cuando el demandante alegó la supuesta vulneración de esta norma ante una eventual reforma constitucional que incluya modificaciones en la estructura y principios fundamentales del Estado, está, ciertamente, haciendo referencia a la supuesta lesión a derechos constitucionales difusos, los cuales tienen expresa protección constitucional según dispone el artículo 26 de la Constitución de la República Bolivariana de Venezuela."

En todo caso, lo que planteó el Presidente como "reforma constitucional", lo que propuso su Consejo Presidencial y lo que sancionó la Asamblea Nacional en noviembre de 2007, evidentemente que no constituye "una revisión parcial de la Constitución y la sustitución de una o varias de sus normas que no modifiquen la estructura y principios fundamentales del texto Constitucional", que es lo que conforme al artículo 342 podía realizarse mediante el procedimiento de la "reforma constitucional", que se desarrolla mediante la sola discusión y sanción del proyecto por la Asamblea Nacional y posterior sometimiento a referendo aprobatorio. Lo que se ha sancionado como proyecto de reforma constitucional, en realidad, requería la convocatoria de una Asamblea Constituyente, y al no hacerlo, lo que el Presidente de la República y la Asamblea Nacional han cometido es un fraude a la Constitución, como ya se ha advertido reiteradamente por las instituciones más representativas del país[1343], Incluso, sobre el tema se refirió en términos precisos, el Magistrado Jesús

1343 En tal sentido se han pronunciado, por ejemplo, las Academias de Medicina, Ciencias Políticas y Sociales, y de Ingeniería y el Hábitat (23-10-2007, *El Universal*); la Conferencia Episcopal Venezolana (19-10-2007, *El Nacional*), el Instituto de Previsión Social del Abogado, los Colegios de Abogados de Distrito Capital, de los Estados Miranda, Aragua, Cojedes, Falcón, Lara, Guárico, Carabobo y de Confederación de Profesionales Universitarios de Venezuela (02-11-2007). Incluso, es significativo que el día 5 de noviembre de 2007, el general Raúl Baduel, quien fuera Ministro de la Defensa del Presidente Chávez hasta julio de 2007, se hubiera pronunciado públicamente sobre el tema advirtiendo sobre el proceder de los Poderes Ejecutivo y Legislativo "que innecesariamente y de forma atropellada, mediante procedimientos fraudulentos, quieren imponer una propuesta que requiere una consulta más amplia a través de una Asamblea Nacional Constituyente"; que con ello, ambos Poderes "le están quitando poder al pueblo alterando los valores, los principios y la estructura del Estado sin estar facultados para ello, ya que el Poder Constituyente reside en el pueblo y es el único capaz de llevar a cabo un cambio de esa magnitud", que "esta propuesta de reforma sólo le está quitando poder al pueblo por dos vías, primero, porque usur-

Eduardo Cabrera, en su Voto salvado a misma sentencia N° 2042 de la Sala Constitucional de 2 de noviembre de 2007, antes citada:

> "1. En sentencia de 24 de enero de 2002, con ponencia de quien suscribe esta Sala expreso: "Las directrices del Estado Social de Derecho, inciden sobre las libertades económicas y sobre el derecho de propiedad...".
>
> Igualmente el fallo citado acotó: "No es que el Estado Social de Derecho propende a un Estado Socialista, o no respete la libertad de empresa o el derecho de propiedad..."; sin embargo puede "restringir la propiedad con fines de utilidad pública o interés general, o limitar legalmente la libertad económica por razones de desarrollo humano, seguridad, sanidad, protección del ambiente u otros de interés social (artículo 112 Constitucional)".
>
> Apuntó igualmente el fallo citado que el Estado Social persigue mantener un equilibrio entre clases, o entre el Estado y los ciudadanos. Ahora bien, los artículos 70, 113, 158, 168, 184, 300, 318 y 321 del Anteproyecto para la primera reforma constitucional propuesta por el Presidente de la República, plantea la construcción del socialismo, de la democracia socialista.
>
> En criterio de quien disiente, un sistema de organización social o económico basado en la propiedad y administración colectiva o estatal de los medios de producción, como lo es básicamente el socialista, en sus distintas concepciones, cual es el propuesto en el Proyecto de Reforma, chocaría con lo que quien suscribe, y la propia Sala, era considerado Estado Social, y ello -en criterio del disidente- puede afectar toda la estructura y los principios fundamentales del Texto Constitucional, hasta el punto que un nuevo ordenamiento jurídico tendría que ser creado para desarrollar la construcción del socialismo.
>
> No es que Venezuela no puede convertirse en un Estado Socialista. Si ello lo decide el pueblo, es posible; pero a juicio del voto salvante, tal logro sería distinto al que la Sala ha sostenido en el fallo de 24 de enero de 2002 (Caso: *Créditos Indexados*) y ello conduciría no a una reforma de la Constitución sino a una nueva Constitución, la cual debería ser votada por el Poder Constituyente Originario. Al menos, en nuestro criterio esto es la consecuencia del fallo N° 85 de 24 de enero de 2002."

Y es que, en efecto, el proyecto de reforma constitucional sancionada el 2 de noviembre de 2007 es de tal trascendencia, que así, incluso lo han reconocido quizás sin darse cuenta, los propios diputados de la Asamblea Nacional cuando han dispuesto que con la misma **se sustituya completamente la Constitución de 1999,** ordenando a tal efecto en la **Disposición Final** que la Constitución se imprima "íntegramente en un solo texto... con la reforma aquí sancionada y en el correspondiente texto único corríjanse los artículos **aplicando la nueva terminología señalada en esta Reforma Constitucional**, en cuanto sea aplicable suprimiéndose y sustituyéndose de acuerdo al contenido de esta Reforma **así como las firmas, fechas y demás datos de sanción y promulgación**". Es decir, aprobada la reforma por referendo, la Constitución tendría que conocerse como la "**Constitución de 2007**", es decir, una Constitución diferente, como efectivamente resulta de su contenido. Por

pa de manera fraudulenta el Poder Constituyente del pueblo y segundo, porque las autoridades de la nueva geometría del poder que se crearía no serían elegidas por el pueblo"; y que "de culminar este proceso con la aprobación del mismo por las vías propuestas y la Asamblea Nacional, se estaría consumando en la práctica un golpe de Estado, violando de manera descarada el texto constitucional y sus mecanismos e introduciendo cambios de manera fraudulenta". Caracas, *El Universal,* 6-11-07.

lo demás, con esa Disposición final se le está dando carta blanca, no se sabe a quien, para que cambie otras normas constitucionales sin procedimiento constitucional alguno, como ya ocurrió con la "reimpresión" de la Constitución de 1999 en marzo de 2000[1344].

En todo caso, fue la voluntad de llevar adelante la reforma contrariando la Constitución y con la sola participación de una Asamblea Nacional, totalmente controlada y dominada por el Presidente y sus seguidores, y evitar los "riesgos" que podían derivar de la elección de una Asamblea Nacional Constituyente, lo que llevó al Presidente de la República y a sus seguidores, a repetir una vez más la táctica política del fraude a la Constitución, que ya es un común denominador del régimen instalado en el país a partir de 1999[1345], es decir, utilizar las instituciones existentes aparentando respetar las formas y procedimientos constitucionales (en este caso el procedimiento de "reforma constitucional"), para en cambio proceder a una radical trasformación del Estado, es decir, como lo ha advertido el Tribunal Supremo al definir el fraude constitucional, a pretender realizar "la creación de un nuevo régimen político, de un nuevo ordenamiento constitucional, sin alterar el sistema de legalidad establecido"[1346].

Esto ya ocurrió en febrero de 1999, mediante la convocatoria del referendo consultivo sobre la Asamblea Nacional Constituyente que no estaba entonces prevista en la Constitución vigente de 1961[1347]; luego ocurrió con la emisión por dicha Asamblea Constituyente, después de que la nueva Constitución de 1999 ya se había aprobado por referendo popular, el "Decreto del Régimen Transitorio de los Poderes Públicos" que obviamente no fue sometido a aprobación popular[1348]; y ha venido ocurriendo en los últimos años, con la destrucción progresiva y sistemática de la democracia y de las instituciones del Estado de derecho, utilizándose sus instituciones desde el ejercicio del poder, y con ello, el sucesivo secuestro de los derechos y libertades públicas[1349].

1344 *Gaceta Oficial* N° 5453 *Extraordinaria* de 24-03-2000.

1345 La Sala Constitucional del Tribunal Supremo de Justicia en la sentencia N° 74 de 25-01-2006 señaló que un *fraude a la Constitución* ocurre cuando se destruyen las teorías democráticas "mediante el procedimiento de cambio en las instituciones existentes aparentando respetar las formas y procedimientos constitucionales", o cuando se utiliza "del procedimiento de reforma constitucional para proceder a la creación de un nuevo régimen político, de un nuevo ordenamiento constitucional, sin alterar el sistema de legalidad establecido, como ocurrió con el *uso fraudulento de los poderes* conferidos por la ley marcial en la Alemania de la Constitución de *Weimar*, forzando al Parlamento a conceder a los líderes fascistas, en términos de dudosa legitimidad, la plenitud del poder constituyente, otorgando un poder legislativo ilimitado"; y que un *falseamiento de la Constitución* ocurre cuando se otorga "a las normas constitucionales una interpretación y un sentido distinto del que realmente tienen, que es en realidad una modificación no formal de la Constitución misma", concluyendo con la afirmación de que "*Una reforma constitucional sin ningún tipo de límites, constituiría un fraude constitucional*". Véase en *Revista de Derecho Público,* Editorial Jurídica Venezolana, N° 105, Caracas 2006, pp. 76 ss.

1346 Véase la sentencia de la Sala Constitucional del Tribunal Supremo de Justicia N° 74 de 25-01-2006, en *Revista de Derecho Público,* N° 105, Editorial Jurídica Venezolana, Caracas 2006, pp. 76 y ss.

1347 Véase Allan R. Brewer-Carías, *Asamblea Constituyente y Ordenamiento Constitucional*, Academia de Ciencias Políticas y Sociales, Caracas 1999.

1348 Véase Allan R. Brewer-Carías, *Golpe de Estado y proceso constituyente en Venezuela*, Universidad Nacional Autónoma de México, México 2002.

1349 Véase Allan R. Brewer-Carías, "El autoritarismo establecido en fraude a la Constitución y a la democracia y su formalización en "Venezuela mediante la reforma constitucional. (De cómo en un país democrá-

En esta ocasión, una vez más, para sancionar una reforma a la Constitución se han utilizado fraudulentamente sus propias previsiones pero para fines distintos a los establecidos en ellas, acudiéndose al procedimiento de "reforma constitucional" (art. 342), pero para producir una transformación radical del Estado, y trastocar el Estado Social y Democrático de Derecho y de Justicia de orden civil y convertirlo en un Estado Socialista, Centralizado, Policial y Militarista, donde desaparece la democracia representativa, la alternabilidad republicana y toda idea de descentralización del poder, se retrocede en materia de protección de los derechos humanos, y se concentra todo el poder en la Jefatura del Estado, desapareciendo la libertad económica y el derecho de propiedad. Ello no era posible hacerlo constitucionalmente con el procedimiento de la "reforma", sino que requería del procedimiento de convocatoria de una Asamblea Nacional Constituyente (art. 347). Por ello, en sentido similar, como lo reseñó el Tribunal Supremo de Justicia al referirse a un hecho histórico trascendente, ello también ocurrió "con el uso fraudulento de los poderes conferidos por la ley marcial en la Alemania de la Constitución de Weimar, forzando al Parlamento a conceder a los líderes fascistas, en términos de dudosa legitimidad, la plenitud del poder constituyente, otorgando un poder legislativo ilimitado"[1350].

Todo este fraude constitucional que ha cometido la Asamblea Nacional al sancionar la reforma propuesta por el Presidente de la República, fraude que también cometió el propio Presidente al proponerla y el Consejo Presidencial para la Reforma Constitucional al avalarla, comenzó a evidenciarse no sólo del contenido de los discursos y anuncios oficiales, sino de las propuestas formuladas por el mencionado Consejo (integrado, como se dijo, por los titulares de los demás Poderes Públicos) de cambios radicales respecto de una serie de artículos de la Constitución, y cuya divulgación, a pesar del "pacto de confidencialidad" que había ordenado el Presidente, se efectuó mediante documento en junio de 2007[1351].

---

tico se ha utilizado el sistema eleccionario para minar la democracia y establecer un régimen autoritario de supuesta "dictadura de la democracia" que se pretende regularizar mediante la reforma constitucional)" en el libro *Temas constitucionales. Planteamientos ante una Reforma,* Fundación de Estudios de Derecho Administrativo, FUNEDA, Caracas 2007, pp. 13-74. Véase también, "Constitution Making Process in Defraudation of the Constitution and Authoritarian Government in Defraudation of Democracy. The Recent Venezuelan Experience", Ponencia escrita para la exposición en la Primera Sesión Plenaria sobre el tema de "La Constitución entre conflicto y estabilidad", del VII International Congress of Constitutional Law, Atenas, Junio 2007.

1350 Véase la sentencia de la Sala Constitucional del Tribunal Supremo de Justicia Nº 74 de 25-01-2006, en *Revista de Derecho Público,* Nº 105, Editorial Jurídica Venezolana, Caracas 2006, pp. 76 y ss.

1351 El documento circuló en junio de 2007 con el título Consejo Presidencial para la Reforma de la Constitución de la República Bolivariana de Venezuela, "Modificaciones propuestas". El texto completo fue publicado como *Proyecto de Reforma Constitucional. Versión atribuida al Consejo Presidencial para la reforma de la Constitución de la república Bolivariana de Venezuela*, Editorial Atenea, Caracas 01 de julio de 2007, 146 pp. En este documento se formularon propuestas de reforma respecto de los siguientes artículos de la Constitución:12, 13, 15, 16, 17, 18, 19, 20, 21, 22, 23, , 24, 25, 28, 29, 31, 35, 36, 44, 47, 50, 52, 55, 57, 59, 60, 61, 62, 67, 65, 70, 71, 72, 73, 74, 79, 81, 83, 84, 85, 86, 87, 89, 90, 96, 98, 99, 100, 102, 103, 104, 106, 108, 109, 110, 111, 113, 114, 115, 116, 117, 118, 119, 120, 121, 126, 127, 128, 129, 133, 140, 141, 143, 148, 149, 150, 152, 153, 156, 159, 160, 162, 163, 164, 165, 166, 168, 174, 175, 176, 178, 179, 181, 183, 184, 185, 187, 186, 188, 189, 191, 192, 193, 198, 206, 207, 208, 209, 211, 212, 222, 223, 224, 225, 226, 229, 230, 231, 232, 233, 236, 237, 238, 239, 240, 241, 242, 243, 246, 253, 254, 255, 258, 259, 260, 261, 262, 263, 264, 265, 266, 267, 268, 269, 270, 271, 272, 279, 280, 284, 285, 287, 288, 289, 290, 291, 293, 294, 295, 296, 297, 299, 300, 301, 302, 303, 304, 305, 306, 307, 310, 311, 312, 313, 314, 315, 316, 317, 318, 320, 337, 338, 341, 342, 344, 348 y 350.

Si bien las propuestas del Consejo, en algunos casos, no fueron acogidas por el Presidente de la República en el "Anteproyecto para la primera reforma constitucional" presentado el 15 de agosto de 2007 ante la Asamblea Nacional[1352], con las mismas ya se mostraba cual era el pensamiento y la intención de los más altos funcionarios del gobierno y el Estado que formaron dicho Consejo, razón por la cual, en definitiva, en su casi totalidad fueron luego consideradas y aprobadas por la Asamblea Nacional e incorporadas en el proyecto de reforma constitucional sancionada. Muchas de ellas eran consecuencia de las propuestas de reforma que formuló el Presidente de la República, pero otras no, y en todo caso, el Presidente, en el documento que éste presentó ante la Asamblea, claramente anunció que lo suyo se trataba de un Anteproyecto para una "primera reforma" constitucional, con lo que se abría la puerta para la incorporación de otras reformas.

En todo caso, con el proyecto de reforma constitucional sancionado por la Asamblea Nacional en Noviembre de 2007, en Venezuela se busca efectuar una radical transformación del Estado y se han sentado las bases para la creación de un nuevo ordenamiento jurídico, para:

PRIMERO, transformar el Estado en un **Estado Socialista,** con una doctrina política oficial de carácter socialista, que se denomina además como "doctrina bolivariana", con lo cual se elimina toda posibilidad de pensamiento distinto al oficial y, por tanto, toda disidencia, pues la doctrina política oficial se ha incorporado en la Constitución, como política y doctrina del Estado y la Sociedad, constituyendo un deber constitucional de todos los ciudadanos cumplir y hacerla cumplir. Con ello, se sientan las bases para la criminalización de la disidencia.

SEGUNDO, transformar el Estado en un **Estado Centralizado**, de poder concentrado bajo la ilusión del Poder Popular, lo que implica la eliminación definitiva de la forma federal del Estado, imposibilitando la participación política y degradando la democracia representativa; todo ello, mediante la supuesta organización de la población para la participación en los Consejos del Poder Popular, como los Comunales, que son instituciones sin autonomía política alguna, cuyos miembros se declara que no son electos, y que son controlados desde la Jefatura del gobierno y para cuyo funcionamiento, el instrumento preciso es el partido único que el Estado ha tratado de crear durante 2007.

TERCERO, transformar el Estado en un **Estado de economía estatista, socialista y centralizada,** propia de un capitalismo de Estado, con lo que se elimina la libertad económica y la iniciativa privada, y desaparece la propiedad privada, que con la reforma han dejado de ser derechos constitucionales, dándosele al Estado la propiedad de los medios de producción, la planificación centralizada y la posibilidad de confiscar bienes de las personas materialmente sin límites, configurándolo como un Estado del cual todo depende, y a cuya burocracia queda sujeta la totalidad de la población. Ello choca, sin embargo, con las ideas de libertad y solidaridad social que se proclaman en la propia Constitución, sentando las bases para que el Estado sustituya a la propia sociedad y a las iniciativas particulares, minimizándoselas.

1352 Véase *Proyecto de Reforma Constitucional. Elaborado por el ciudadano Presidente de la República Bolivariana de Venezuela, Hugo Chávez Frías* Editorial Atenea, Caracas agosto 2007, 58 pp. En el Anteproyecto presentado por el Presidente de la República a la Asamblea Nacional, se formulan propuestas respecto de los artículos 11, 16, 18, 67, 70, 87, 90, 100, 112, 113, 115, 136, 141, 156, 167, 168, 184, 185, 225, 230, 236, 251, 252, 300, 302, 305, 307, 318, 320, 321, 328 y 329.

CUARTO, transformar el Estado en un **Estado Policial** (represivo), con la tarea fundamental de someter a toda la población a la doctrina oficial socialista y "bolivariana", y velar que la misma se cumpla en todos los órdenes, lo que se asegura mediante la regulación, que con acentuado carácter regresivo y represivo del ejercicio de los derechos civiles en situaciones de excepción, previéndose amplios márgenes de restricción y suspensión.

QUINTO, transformar el Estado en un **Estado Militarista**, dado el rol que se le da a la "Fuerza Armada Bolivariana" en su configuración y funcionamiento, toda sometida al Jefe de Estado, y con la creación del nuevo componente de la Milicia Popular Bolivariana.

En esta forma, siete años después de la sanción de la Constitución de 1999, el mismo Presidente de la República que en aquél momento motorizó la concepción y sanción de aquella, a través de sus seguidores, quienes controlaron totalmente la Asamblea Constituyente; en 2007 ha conducido el proceso de cambiar de nuevo la Constitución, esta vez por una Asamblea Nacional también totalmente controlada por sus seguidores, pero con el objeto, ahora sí, de transformar radicalmente el sistema político constitucional venezolano, estableciendo un Estado Centralizado del Poder Popular, como Estado Socialista, de economía estatal y centralizada, y como Estado Militarista y Policial de ideología única oficial, lo que se aparta radicalmente de la concepción del Estado descentralizado, civil, social, democrático y pluralista de derecho y de justicia, y de economía mixta que reguló la Constitución de 1999.

Con las reformas aprobadas, además, materialmente desaparece la democracia representativa y las autonomías político territoriales, sustituyéndosela por un esquema estatal centralizado supuestamente montado sobre una democracia "participativa y protagónica" que está controlada total y centralizadamente desde arriba, por el Jefe de Estado, en la cual queda proscrita toda forma de descentralización política y autonomía territorial, y que a la vez, restringe los mecanismos de participación política que están directamente regulados en la Constitución, como son los referendos y la participación de la sociedad civil en los Comité de Postulaciones de altos funcionarios.

Como se ha dicho, las reformas sancionadas tienen su origen directo en el "*Anteproyecto para la 1era. Reforma Constitucional, Propuesta del Presidente Hugo Chávez*", que presentó ante la Asamblea Nacional el 15 de agosto de 2007, y en las "Propuestas de Reforma Constitucional" formuladas en junio de 2007 por la Comisión Presidencial para la Reforma Constitucional[1353], de cuyo contenido se evidencia la magnitud del fraude constitucional cometido, utilizándose, para engañar al pueblo, un procedimiento inadecuado para hacer unas reformas sustanciales que afectan

1353 En este sentido llama la atención lo afirmado el 17-08-2007 por la Presidenta del Tribunal Supremo de Justicia, Presidenta de la Sala Constitucional y miembro del Consejo Presidencial para la Reforma Constitucional en el sentido de que, según reseñó Juan Francisco Alonso: "los diputados de la Asamblea Nacional no están facultados para realizar ninguna modificación distinta a las 33 que planteó el jefe del Estado, salvo que alguno de los cambios contenidos en el proyecto de reforma altere otras normas. "La reforma fue planteada por el Presidente, por lo tanto es lo que presentó el Presidente lo que debe ser estudiado (...) Si (algún artículo) tuviese conexión con los que se van a reformar, entonces por técnica legislativa deberían adecuarse, porque no puede haber artículos contradictorios", afirmó, al ser consultada sobre la posibilidad de que el Parlamento cambie alguna de las normas referidas a la estructura y funcionamiento del Poder Judicial". Véase en *El Universal*, 18-08-07.

casi todo el texto constitucional. Por la trascendencia de los cambios efectuados, como se ha dicho, se debió haber recurrido al procedimiento de la convocatoria de una Asamblea Nacional Constituyente y no al procedimiento de "reforma constitucional". Al hacerlo, tanto el Presidente como su Consejo Presidencial -integrado, entre otros por la propia Presidenta del Tribunal Supremo y por el propio Defensor del Pueblo- comenzaron el proceso de reforma violando la Constitución[1354], en fraude a la misma, tarea que completó la Asamblea Nacional en noviembre de 2007.

Este trabajo tiene por objeto analizar el sentido y alcance del proyecto de reforma constitucional sancionado por la Asamblea Nacional en noviembre de 2007[1355], para imponerle a los venezolanos un Estado Socialista, las cuales afectan los aspectos más fundamentales del Estado y de la Sociedad, lo que haremos agrupándolas en las siguientes partes:

I. *Reformas a los principios fundamentales de la organización del Estado,* para transformar el Estado democrático, social, pluralista y descentralizado de derecho, en un Estado socialista centralizado, con ideología socialista y doctrina "bolivariana" oficiales, lo que es excluyente de todo pluralismo.

1354 Ello incluso fue advertido de inmediato por el Rector del Consejo Nacional Electoral, Sr. Vicente Díaz, quien el día 16-08-2007 indicó "que la propuesta presidencial para reformar el texto constitucional modifica las disposiciones fundamentales y por ello sería necesario convocar una Asamblea Constituyente para su aprobación". Véase en Unión Radio, 16 de agosto de 2007, http://www.unionradio.com.ve/Noticias/Noticia.aspx?noticiaid=212503. El inicio del procedimiento de reforma ante la Asamblea Nacional, por tanto, podría ser impugnado ante la Jurisdicción Constitucional, por inconstitucionalidad. Sin embargo, el día 17-08-2007, adelantándose a cualquier impugnación y emitiendo opinión impunemente, prejuzgando cualquier asunto, la Presidenta del Tribunal Supremo de Justicia, Presidenta de la Sala Constitucional (es decir de la Jurisdicción Constitucional) y miembro del Consejo Presidencial para la Reforma Constitucional, "dejó en claro que la Sala Constitucional no tramitará ninguna acción relacionada con las modificaciones al texto fundamental, hasta tanto éstas no hayan sido aprobadas por los ciudadanos en el referendo. "Cualquier acción debe ser presentada después del referendo cuando la reforma ya sea norma, porque no podemos interpretar una tentativa de norma. Después de que el proyecto sea una norma podríamos entrar a interpretarla y a conocer las acciones de nulidad", precisó". Reseña del periodista Juan Francisco Alonso, en *El Universal*, Caracas 18-08-07. Luego de varias solicitudes de recursos de interpretación sobre el artículo 342 de la Constitución, la misma Presidenta de la Sala Constitucional se reservó la elaboración de las ponencias de las sentencias, y con motivo de su recusación que efectuaron los peticionantes por estar comprometida su imparcialidad en la materia al haber formado parte de la Comisión Presidencial para la Reforma Constitucional, en decisión de 01-11-07, el magistrado J.E. Cabrera de la misma Sala, decidió que de la lectura del Decreto de creación del Consejo de Reforma (art. 5), "se desprende que la Secretaria Ejecutiva, cumplía funciones administrativas y no de redacción, corredacción, o ponencia sobre el contenido de un anteproyecto de reforma constitucional; por lo que la Dra. Luisa Estella Morales Lamuño no es -necesariamente- promovente del "Proyecto de Reforma Constitucional" que ha presentado el Presidente de la República, y los recusantes no señalan cuál aporte de la Secretaria Ejecutiva fue incorporado al Proyecto de Reforma, ni siquiera alguno que haga presumir la intervención de la Dra. Morales"; agregando que "Además, por ser parte del Consejo Presidencial, la Secretaria Ejecutiva no está dando ninguna recomendación sobre el juicio de nulidad de que trata esta causa, ya que nada ha manifestado en ese sentido, ni se le imputa declaración alguna de su parte que adelante opinión sobre la inconstitucionalidad denunciada en esta causa". Véase también, la Reseña periodística de JFA, *El Universal*, Caracas 2-11-07.

1355 Después de las discusiones efectuadas en la Asamblea Nacional, la reforma constitucional sancionada en noviembre de 2007, incidió en los siguientes artículos: 11, 16, 18, 21, 64, 67, 70, 71, 72, 73, 74, 82, 87, 90, 98, 100, 103, 109, 112, 113, 115, 136, 141, 152, 153, 156, 157, 158, 163, 164, 167, 168, 173, 176, 184, 185, 191, 225, 230, 236, 251, 252, 264, 265, 266, 272, 279, 289, 293, 295, 296, 299, 300, 301, 302, 303, 305, 307, 318, 320, 321, 328, 329, 337, 338, 339, 341, 342, y 348.

II. *Reformas al sistema político,* para transformar la democracia representativa en una supuesta democracia participativa y protagónica conducida por el Poder Central, limitando a la vez las previsiones constitucionales sobre participación política.

III. *Reformas a la forma del Estado,* para eliminar la forma Federal del Estado, es decir, la Federación, mediante la centralización total del Estado.

IV. *Reformas en la organización del Poder Nacional,* para acentuar el presidencialismo, y eliminar la participación de la sociedad civil en la elección de los altos funcionarios públicos.

V. *Reformas a la Constitución económica,* para transformar un Estado social y promotor de la economía mixta, en un Estado socialista de economía estatal centralizada y confiscatoria.

VI. *Reformas en el régimen de los derechos humanos,* con contenido marcadamente regresivo en materia de derechos individuales, para establecer un Estado Policial, gendarme de una ideología única oficial.

VII. *Reformas en el régimen de la Fuerza Armada,* para transformar el Estado civil en un Estado Militarista.

Al final se publica el ***Texto Completo de la Reforma Constitucional***; el cual está precedido de un ***Apéndice*** en el cual se analizan las propuestas de reformas constitucionales particularmente **en cuanto al régimen de los derechos individuales** que fueron presentadas por el **Consejo Presidencial para la Reforma Constitucional** y que, afortunadamente, no fueron acogida en esta "primera" reforma sancionada por la Asamblea. Sin embargo, como se trata de la expresión del pensamiento de los más altos funcionarios de todos los Poderes del Estado, es importante tener en cuenta la orientación que tienen las mismas, particularmente por el anuncio que hizo el Presidente en su Anteproyecto de reforma Constitucional, de que se trataba de una "primera" reforma, la cual en el futuro seguramente estará seguida por otras.

PRIMERA PARTE

LOS CAMBIOS EN LOS PRINCIPIOS FUNDAMENTALES DE LA ORGANIZACIÓN DEL ESTADO Y DE LA SOCIEDAD DERIVADOS DE LA CREACIÓN DE UN ESTADO SOCIALISTA CENTRALIZADO

El Presidente de la República, durante todo el año 2007, y en particular en su "Discurso de Presentación del Anteproyecto de reforma a la Constitución ante la Asamblea Nacional" en agosto de 2007[1356], señaló con toda claridad que el objetivo central de la reforma que estaba proponiendo era "**la construcción de la Venezuela bolivariana y socialista**"[1357]; es decir, como lo expresó, sembrar "**el socialismo en lo político y económico**"[1358], lo que -dijo- no se había hecho en la Constitución de 1999. Cuando ésta se sancionó -dijo el Jefe de Estado- "no proyectábamos el socialismo como camino", agregando, que "así como el candidato Hugo Chávez repitió un millón de veces en 1998, "Vamos a Constituyente", el candidato Presidente Hugo Chávez dijo: "**Vamos al Socialismo**", y todo el que votó por el candidato Chávez, votó por ir al socialismo"[1359]. Por ello, el Anteproyecto de Constitución que presentó ante la Asamblea Nacional, era para "la construcción del **Socialismo Bolivariano, el Socialismo venezolano, nuestro Socialismo, nuestro modelo socialista**"[1360], cuyo "núcleo básico e indivisible" era "la comunidad", "donde los ciudadanos y las ciudadanas comunes, tendrán el poder de construir su propia geografía y su propia historia"[1361]. Y todo ello bajo la premisa de que "**sólo en el socialismo será posible la verdadera democracia**"[1362], pero por supuesto, una "democracia" sin representa-

---

1356 Véase *Discurso de Orden pronunciado por el ciudadano Comandante Hugo Chávez Frías, Presidente Constitucional de la República Bolivariana de Venezuela en la conmemoración del Ducentésimo Segundo Aniversario del Juramento del Libertador Simón Bolívar en el Monte Sacro y el Tercer Aniversario del Referendo Aprobatorio de su mandato constitucional*, Sesión especial del día Miércoles 15 de agosto de 2007, Asamblea Nacional, División de Servicio y Atención legislativa, Sección de Edición, Caracas 2007.

1357 Idem, p. 4

1358 Idem, p. 33.

1359 Idem, p. 4. Es decir, se pretende imponer al 56% de los votantes que no votaron por la reelección presidencial, la voluntad expresada por sólo el 46% de los votantes inscritos en el Registro Electoral que votaron por la reelección del Presidente. Según las cifras oficiales del CNE, en las elecciones de 2006, de un universo de 15.784.777 votantes inscritos en el Registro Electoral, sólo 7.309.080 votaron por el Presidente.

1360 Véase *Discurso*... p. 34

1361 Idem, p. 32.

Idem, p. 35. Estos conceptos se recogen igualmente en la *Exposición de Motivos* para la Reforma Constitucional, Agosto 2007, donde se expresa la necesidad de "ruptura del modelo capitalista burgués" (p. 1), de desmontar la superestructura que le da soporte a la producción capitalista"(p. 2); de "dejar atrás la democracia representativa para consolidar la democracia participativa y protagónica"(p. 2); de "crear un enfoque socialista nuevo" (p. 2) y "construir la vía venezolana al socialismo"(p. 3); de producir "el reorción que, como lo propuso el Presidente y fue sancionado en el proyecto por la Asamblea en la reforma del artículo 136 de la Constitución, "**no nace del sufragio ni de elección alguna**, sino que nace de la condición de los grupos humanos organizados como base de la población". Es decir, se pretende establecer con el proyecto de reforma constitucional, una "democracia" que no es democracia, pues en el mundo moderno no hay ni ha habido democracia sin elección de representantes.

Todas estas propuestas que se han materializado en la reforma sancionada en noviembre de 2007, las resumió el Presidente en su Discurso del 15 de agosto de 2007, así:

> "[...] en el terreno político, profundizar la **democracia popular bolivariana**; en el terreno económico, preparar las mejores condiciones y sembrarlas para la construcción de un **modelo económico productivo socialista**, nuestro modelo, lo mismo en lo político la **democracia socialista**; en lo económico, el modelo productivo socialista; en el campo de la Administración Pública incorporar novedosas figuras para aligerar la carga, para dejar atrás el burocratismo, la corrupción, la ineficiencia administrativa, cargas pesadas del pasado, que todavía tenemos encima como rémoras, como fardos en lo político, en lo económico, en lo social" [1363].

Y todas estas propuestas de construcción del socialismo, además, el Presidente las vinculó al proyecto que Simón Bolívar había elaborado en plena guerra de independencia en 1819, el cual -dijo- "es **perfectamente aplicable a un proyecto socialista**: perfectamente se puede tomar **la ideología bolivariana originaria, como elemento básico de un proyecto socialista**"[1364]. Sin embargo, basta leer el "Discurso de Angostura" del Libertador Simón Bolívar, al presentar el proyecto de Consti-

denamiento socialista de la geopolítica de la Nación" (p. 8); de la "construcción de un modelo de sociedad colectivista" y "el Estado sometido al poder popular"(p. 11); de "extender la revolución para que Venezuela sea una República socialista, bolivariana", y para "construir la vía venezolana al socialismo; construir el socialismo venezolano como único camino a la redención de nuestro pueblo"(p. 19).

1363 Idem, p. 74

1364 Idem, p. 42. Debe recordarse que solo un mes antes del Discurso del Presidente de la República con motivo de la presentación de su Anteproyecto de reforma de la Constitución, quien fuera su Ministro de la Defensa hasta el 18-07-2007, General en jefe, Raúl Baduel, en su discurso al dejar el Ministerio del Poder Popular para la Defensa, había dicho que el llamado del Presidente "a construir el Socialismo del Siglo XXI, implica la necesidad imperiosa y urgente de formalizar un modelo teórico propio y autóctono de Socialismo que esté acorde a nuestro contexto histórico, social, cultural y político", pero que "este modelo teórico hasta los momentos, ni existe ni ha sido formulado". Véase *Discurso de Raúl Baduel*, Caracas 18-07-2007. Ello lo reiteró es su declaración del día 5 de noviembre de 2oo7 al oponerse a la reforma constitucional, en la cual señaló que "la motivación de la reforma constitucional, tal como se ha presentado es llevar al pueblo venezolano hacia un proceso de transición, hacia algo que se denomina de manera genérica "socialismo" sin indicar claramente a que se refiere este término. Como ya indique en otra ocasión cuando entregue el Ministerio de la Defensa, la palabra socialismo no tiene un significado uniforme y puede incluir regímenes como el de Pol Pot en Camboya y la Unión Soviética Estalinista, hasta el llamado Socialismo Nórdico o el Socialismo Democrático Europeo. ¿A que socialismo se nos quiere llevar? ¿Por qué no se le dice al pueblo claramente hacia donde se piensa conducir a la nación? Tenemos como pueblo que exigir que se nos diga claramente el destino de nuestro futuro y no se nos mienta con un supuesto socialismo a la venezolana". Véase en *El Universal*, Caracas 06-11-07.

tución de 1819 en Congreso reunido en aquella ciudad (Angostura), para captar que nada de lo que allí expresó tiene que ver con proyecto socialista alguno[1365].

Las reformas constitucionales sancionadas conforme a estas propuestas, sin duda, han tocado las bases fundamentales del Estado, en particular, en relación con la ampliación constitucional de la llamada "doctrina bolivariana"; con la sustitución del Estado democrático y social de derecho por el Estado Socialista; con la eliminación de la descentralización como política de Estado supuestamente en aras de la participación política, la cual por otra parte se limita; con la desarticulación de la organización de la Administración Pública, y con la eliminación definitiva de la disciplina presupuestaria y del principio de la unidad del tesoro.

I. LA "DOCTRINA BOLIVARIANA" COMO DOCTRINA DEL ESTADO SOCIALISTA

Artículos 100, 103, 156, 236, 328

Una de las innovaciones de la Constitución de 1999, fue el cambio de la denominación de la República de Venezuela por el de "República Bolivariana de Venezuela" (art. 1), conforme a la propuesta del Presidente de la República[1366].

Ello, si bien fue rechazada por la mayoría oficialista de los constituyentes en la primera discusión del proyecto de Constitución, luego estos cambiaron radicalmente su parecer, aprobándola en segunda discusión[1367].

El anterior nombre de "República de Venezuela", había sido el que había tenido la República entre 1811-1821 y luego, desde 1830 hasta 1999, con la sola excepción del período de nueve año entre 1821 y 1830, cuando Venezuela desapareció como Estado independiente al ser integrada a la República de Colombia, precisamente a propuesta de Simón Bolívar. Por tanto, en realidad, esta última organización política fue la que respondió a lo que podría considerarse una concepción "bolivariana" del Estado, donde Venezuela simplemente desapareció y no existió como Estado.

El cambio de nombre de la República en 1999, por tanto, puede decirse que nada tenía que ver con Simón Bolívar y su pensamiento, y ni siquiera con la idea de construcción del socialismo -pues incluso, como lo dijo el Presidente en su discurso del 15 de agosto de 2007, en ese momento no estaba planteado-[1368], y realmente puede decirse que obedeció a una motivación político partidaria, partisana o partidista[1369] que inicialmente derivó de la denominación del Movimiento político que había sido establecido por el Presidente de la República que, como partido político, sin embar-

---

1365 Véase Simón Bolívar, *Escritos Fundamentales*, Caracas, 1982. Véase también, Pedro Grases (Ed), *El Libertador y la Constitución de Angostura de 1819,* Caracas, 1969; y José Rodríguez Iturbe (Ed.), *Actas del Congreso de Angostura,* Caracas, 1969.

1366 Véase Hugo Chávez Frías, *Ideas Fundamentales para la Constitución Bolivariana de la V República,* Caracas 05-08-99 (Presentado a la Asamblea Nacional Constituyente).

1367 *Gaceta Constituyente (Diario de Debates), Noviembre 1999-Enero 2000,* Sesión de 12-11-99, Nº 42, pp. 4 a 6. Véase nuestro voto salvado a esa propuesta en Allan R. Brewer-Carías, *Debate Constituyente (Aportes a la Asamblea Nacional Constituyente),* Tomo III (18 Octubre-30 Noviembre), Fundación de Derecho Público, Caracas 1999, pp. 251-252.

1368 Véase *Discurso...*, citado *supra,* nota 16, p. 4.

1369 Véase lo que expusimos en Allan R. Brewer-Carías, *La Constitución de 1999*, Editorial Arte, Caracas 1999, pp. 44 ss.

go no podía funcionar con esa denominación de "bolivariano", por utilizar el nombre del Libertador.[1370] De manera que fue el "partido bolivariano" el que le dio el nombre a la República.

En la Constitución se hizo referencia, además, al tema "bolivariano", en el artículo 107, al establecerse la obligatoriedad de la enseñanza en las instituciones públicas y privadas, hasta el ciclo diversificado, de los principios del **ideario bolivariano.**

Pero ahora el Presidente de la República al formular su propuesta de reforma constitucional ha identificado la doctrina bolivariana con otra cosa distinta al pensamiento del Libertador, que es el modelo socialista de sociedad y Estado, y así se ha dispuesto en el proyecto de reforma constitucional sancionado. En la Constitución, con la reforma, el ideario bolivariano y la doctrina bolivariana adquieren un nuevo contenido, aún impreciso, pero que en todo caso se identifica con el modelo socialista como ideología política y económica del Estado.

Y es en tal sentido que debe interpretarse la incorporación de la denominación de la República, de nuevo, como "República Bolivariana" al precisarse en el artículo 100, que "es el producto histórico de la confluencia de varias culturas" (art. 100) y, además, la utilización del término para calificar a la Fuerza Armada, que ahora es "**Fuerza Armada Bolivariana**" (art. 156,8; 236,6; 328 y 329); así como para calificar a todos sus componentes militares, que ahora son el **"Ejército Nacional Bolivariano", la "Armada Nacional Bolivariana", la "Aviación Nacional Bolivariana", la "Guardia Nacional Bolivariana" y la "Milicia Nacional Bolivariana"**[1371] (Art. 329).

Además, en el artículo 328 se dispone que las funciones de la Fuerza Armada Bolivariana para garantizar la independencia y soberanía de la Nación, preservarla de cualquier ataque externo o interno y asegurar la integridad del espacio geográfico, se deben realizar "mediante el estudio, planificación y ejecución de la doctrina militar bolivariana"[1372].

Además, en la reforma al artículo 103 de la Constitución, se ha completado el concepto de vinculación de lo bolivariano con el socialismo, al disponerse en el artículo 103 que la inversión prioritaria que debe realizar el Estado en materia educativa, es "de acuerdo a los principios humanísticos **del socialismo bolivariano**, y tomando en cuenta las recomendaciones de la Organización de las Naciones Unidas".

1370 De acuerdo con la Ley de Partidos Políticos, *Gaceta Oficial* Nº 27.725, de 30-04-1965, los partidos políticos no pueden usar los nombres de los próceres ni los símbolos de la patria. La organización política que el Presidente había formado antes de la campaña presidencial de 1998, se llamó el Movimiento Bolivariano 2000, nombre que no podía ser usado. Por ello, el partido político que fundó se denominó Movimiento V Republica.

1371 En el Anteproyecto presidencial se denominaba "Milicia Popular Bolivariana".

1372 En este mismo sentido, el Consejo Presidencial para la Reforma Constitucional llegó a proponer que en el artículo 152 sobre los principios que deben guiar las relaciones internacionales de la República, se agregara que "se rigen por la Doctrina Bolivariana", lo que sin embargo, no fue acogido por la Asamblea Nacional.

II. LA SUSTITUCIÓN DEL ESTADO DEMOCRÁTICO Y SOCIAL DE DERECHO Y DE JUSTICIA POR EL ESTADO SOCIALISTA

Artículos 16, 70, 112, 113, 158, 168, 299, 300, 318, 321

El artículo 2 de la Constitución define a Venezuela como un Estado democrático y social de derecho y de justicia, con lo que se sigue la tradición del constitucionalismo contemporáneo construido, precisamente, para diseñar un **Estado no socialista**, es decir, contrario al Estado Socialista, tal como se recogió en la post-guerra, por ejemplo, en la Constitución de la República Federal de Alemania de 1949 (art. 20,1), y luego, con el advenimiento de la democracia, en la Constitución española de 1978 (art. 1°) y en América Latina, por ejemplo, en la Constitución de Colombia de 1991 (art. 1°).

En esta concepción de Estado social y democrático de derecho, liberal y de economía mixta, no socialista, la idea de **Estado social** es la de un Estado con obligaciones sociales, de procura de la justicia social, lo que lo lleva a intervenir en la actividad económica y social, como Estado prestacional. Tal carácter social deriva principalmente del valor fundamental de la igualdad y no discriminación (arts. 2 y 21); y de la declaración del principio de la justicia social como base del sistema económico (art. 299). En cuanto al concepto de **Estado democrático**, es el que fundamenta toda la organización política de la Nación en el principio democrático representativo, que deriva del Preámbulo (sociedad democrática) y de los artículos 2, 3, 5 y 6 de la Constitución, al identificar como valor fundamental del constitucionalismo a la democracia, que se tiene que ejercer mediante representantes (democracia representativa) además de mediante elementos de democracia directa. Respecto de la noción de **Estado de derecho** es el Estado sometido al imperio de la Ley o legalidad como lo señala el Preámbulo, lo que implica el sometimiento de la actuación del Estado a controles judiciales independientes (arts. 7, 137,258, 334 y 336); lo que implica también que se lo defina como un **Estado de justicia**, que tiene que tender a garantizar la justicia por encima de la legalidad formal (art. 26).

El proyecto de reforma constitucional sancionado para crear un **Estado Socialista** en sustitución del tradicional Estado democrático y Social de derecho y de justicia, sin duda, genera una contradicción con el contenido del **artículo 2 de la Constitución,** que continúa definiendo **un modelo de "Estado democrático y Social de derecho y de justicia" que es absolutamente incompatible con el de Estado Socialista, que se está estableciendo con la reforma**. Por ello, sancionar un proyecto de reforma constitucional para establecer un Estado Socialista sin que se cambie el artículo 2 de la Constitución, lo menos que es, es una incongruencia, o es un engaño más, pues con la reforma se han tocado los aspectos fundamentales del Estado definidos en dicha norma[1373]. Ello sólo pudo tener justificación para fraudulentamente eludir tener que recurrir al procedimiento de la Asamblea Nacional Constituyente para reformar la Constitución.

En todo caso, lo cierto es que a pesar de las contradicciones, el Estado que se regula con el proyecto de la reforma constitucional sancionada, es un **Estado Socialista** tal como se evidencia de las reformas efectuadas al artículo 16, donde se crean las

---

1373 A pesar de lo declarado en contra por la Presidenta de la Asamblea Nacional el 23 de agosto de 2007 al aprobarse el Anteproyecto de Reforma Constitucional, en bloque, en primera discusión. Véase *El Universal*, Caracas, 24-08-2007.

comunas y comunidades como "el núcleo territorial básico e indivisible del **Estado Socialista Venezolano**"; al artículo 70, donde al definirse los medios de participación y protagonismo del pueblo en ejercicio directo de su soberanía mediante todo tipo de consejos, se indica que es "para la **construcción del socialismo**", haciéndose mención a las diversas asociaciones "constituidas para desarrollar los valores de la mutua cooperación y la **solidaridad socialista**"; al artículo 112 donde se indica, en relación con el modelo económico del Estado, que es para crear "las mejores condiciones para la construcción colectiva y cooperativa de una **economía socialista**"; y al artículo 113 que precisa la necesidad de la constitución de "empresas mixtas o unidades de **producción socialistas**".

Además, con el proyecto de reforma constitucional se ha derogado y sustituido el artículo 158 de la Constitución de 1999 que definía a la descentralización como política nacional, para "profundizar la democracia, acercando el poder a la población y creando las mejores condiciones, tanto para el ejercicio de la democracia como para la prestación eficaz y eficiente de los cometidos estatales", y se ha establecido, en cambio, sólo que "El Estado promoverá como política nacional, la participación protagónica del pueblo, restituyéndole el poder y creando las mejores condiciones para la construcción de una **Democracia Socialista**".

Por otra parte, en la reforma del artículo 168 relativo al Municipio, se precisa que en sus actuaciones "estará obligado a incorporar, dentro del ámbito de sus competencias, la participación ciudadana a través de los Consejos del Poder Popular y de los **medios de producción socialista**". En la reforma del artículo 184 sobre la descentralización de Estados y Municipios hacia los entes del Poder Popular se dispone la necesidad de estimular las expresiones de la economía social y el desarrollo endógeno sustentable, mediante mecanismos "que permitan la construcción de la **economía socialista**".

En cuanto al artículo 299 que regula el régimen socioeconómico de la República Bolivariana de Venezuela, se expresa que "se fundamenta en los **principios socialistas**", y en el artículo 300 que se refiere a la creación de empresas públicas, precisa que en lugar de que las mismas realicen "actividades sociales o empresariales" como indicaba la Constitución de 1999, solo se establecen "para la promoción y realización de los fines de la **economía socialista**". En el artículo 318, sobre el sistema monetario nacional se indica que "debe propender al logro de los fines esenciales del **Estado Socialista**", todo de acuerdo con el Plan de Desarrollo Integral de la Nación "para alcanzar los objetivos superiores del **Estado Socialista**". Y el artículo 321 sobre el régimen de las reservas internacionales, se dispone el establecimiento con las reservas excedentarias, de los fondos que disponga el Ejecutivo Nacional para entre otros objetivos, "el desarrollo integral, endógeno, humanista y **socialista** de la Nación".

III. LA ELIMINACIÓN DE LA DESCENTRALIZACIÓN COMO POLÍTICA DE ESTADO

Artículos 16, 157, 158, 272, 295, 300

La Constitución de 1999 en su artículo 4 precisó que "La República Bolivariana de Venezuela es un **Estado federal descentralizado** en los términos consagrados por esta Constitución"; incorporando algunos aspectos que se habían establecido en la Ley Orgánica de Descentralización, Delimitación y Transferencia de Competencias del Poder Público de 1989, relativos a la transferencia a los Estados de competencias que eran del Poder Nacional.

La descentralización, en esta forma, como política de Estado, se reflejó en varias normas de la Constitución, como sucedió, por ejemplo, en el artículo 6, que define al gobierno como ***descentralizado;*** en el artículo 16, cuando hablaba de "la autonomía municipal y la **descentralización** político-administrativa"; en el artículo 84, que se refiere al sistema público nacional de salud ***descentralizado***; en los artículos 269 y 272, sobre la administración de justicia y penitenciaria descentralizada; en el artículo 285, sobre la administración electoral descentralizada; y en el artículo 300, sobre organización administrativa económica del Estado funcionalmente descentralizada.

Pero además, respecto de todas las actividades públicas, la Constitución de 1999, como se dijo, al establecer los principios de la ***política nacional de descentralización***, exigía que la misma **debía "profundizar la democracia, acercando el poder a la población** y creando las mejores condiciones, tanto **para el ejercicio de la democracia** como para la prestación eficaz y eficiente de los cometidos estatales" (art. 158). Por ello, el artículo 185 identificó al Consejo Federal de Gobierno como "el órgano encargado de la planificación y coordinación de políticas y acciones para el desarrollo del proceso de ***descentralización*** y transferencia de competencias del Poder Nacional a los Estados y Municipios"; y el artículo 166 de la Constitución dispuso que los Estados "***descentralizarán*** y transferirán a los Municipios los servicios y competencias que gestionen y que éstos estén en capacidad de prestar, así como la administración de los respectivos recursos, dentro de las áreas de competencias concurrentes entre ambos niveles del Poder Público"; y en general, el artículo 184 exigió que mediante ley, el Estado cree "**mecanismos abiertos y flexibles** para que los Estados y los Municipios ***descentralicen*** y transfieran a las comunidades y grupos vecinales organizados los servicios que éstos gestionen previa demostración de su capacidad para prestarlo", entre otros aspectos, promoviendo "la creación de nuevos sujetos de ***descentralización*** a nivel de las parroquias, las comunidades, los barrios y las vecindades a los fines de garantizar el principio de la corresponsabilidad en la gestión pública de los gobiernos locales y estadales y desarrollar procesos autogestionarios y cogestionarios en la administración y control de los servicios públicos estadales y municipales"(art. 184,6).

Todo esto se elimina con el proyecto de reforma constitucional sancionado, en la cual siguiendo la orientación de la práctica política centralista de los últimos años, definitivamente se ha **centralizado completamente el Estado, eliminándose todo vestigio de descentralización como organización y política pública, de autonomía territorial y de democracia representativa a nivel local,** es decir, de la unidad política primaria en el territorio. Ello, sin duda, ha tocado un aspecto fundamental y medular del Estado venezolano, que es la forma federal, que no podía cambiar mediante una reforma constitucional[1374].

1374 Con toda precisión, la periodista Sara Carolina Díaz, en una nota publicada ("6 artículos sobre descentralización son susceptibles a modificación") en el diario "*El Universal* observó, con razón, que "al menos 6 artículos de la Carta Magna referidos a la descentralización, que no fueron mencionados en la propuesta de reforma, son susceptibles de sufrir modificaciones, luego de que el Presidente propusiera modificar el artículo 158 de manera tal de sustituir la descentralización como política nacional por la participación protagónica, entre otros. Esos artículos son el 84, 157, 165, 269, 272 y 294. La palabra descentralización aparece de modo explícito en 14 artículos del texto constitucional de 1999 y en 5 de ellos el Presidente

Con el proyecto de reforma constitucional sancionado, como se dijo, se ha eliminado todo vestigio de "descentralización política", comenzando por el principio fundamental de **descentralización y autonomía** territorial que estaba en el artículo 16 de la Constitución de 1999 que exigía que la división político territorial de la República garantizase siempre "**la autonomía municipal y la descentralización** político administrativa", como elementos básicos de la democracia de participación (autonomía y descentralización). En la reforma desaparece todo vestigio de autonomía y descentralización políticas, disponiéndose una "nueva geometría del poder" donde no hay ni puede haber autonomías, con la creación de nuevas instancias territoriales, todas sometidas al poder central, mediante las cuales "el Poder Popular desarrollará formas de agregación comunitaria política territorial" que constituyan formas de autogobierno, pero sin democracia representativa alguna, sino sólo como "expresión de democracia directa" (art. 16).

Además, con el proyecto de reforma constitucional se deroga y elimina el artículo 158 de la Constitución de 1999, que como se indicó, definía la *política nacional de descentralización* para "profundizar la democracia, acercando el poder a la población y creando las mejores condiciones, tanto para el ejercicio de la democracia como para la prestación eficaz y eficiente de los cometidos estatales". En lugar de esta norma, con el proyecto de reforma constitucional lo que se ha establecido ahora en el artículo 158 es que "**El Estado promoverá como política nacional, la participación protagónica del pueblo, restituyéndole el poder y creando las mejores condiciones para la construcción de una democracia socialista",** constituyendo esta nueva redacción, tal y como lo indicó el Presidente de la República en su Discurso de presentación del Anteproyecto, "el desarrollo de lo que nosotros **entendemos por descentralización, porque el concepto cuartorepublicano de descentralización es muy distinto al concepto que nosotros debemos manejar**. Por eso, incluimos aquí la participación protagónica, la transferencia del poder y crear las mejores condiciones para la construcción de la democracia socialista"[1375].

Por lo anterior, la norma del artículo 157 de la Constitución de 1999 que disponía que "La Asamblea Nacional, por mayoría de sus integrantes, podrá atribuir a los Municipios o a los Estados determinadas materias de la competencia nacional, **a fin de promover la descentralización**", con el proyecto de reforma constitucional de noviembre de 2007 se ha sustituido por una norma que dispone que "La Asamblea Nacional, por mayoría de sus Diputados y Diputadas integrantes, podrá atribuir a los órganos del Poder Popular, al Distrito Federal, a los estados y a los municipios, de-

propone eliminar dicha palabra. De los otros 9 artículos, que se supone no serán tocados, estos 6 mencionan la descentralización en distintos ámbitos como cárceles, salud y funciones de la Asamblea Nacional, y los otros 3 están contenidos en el preámbulo y en parte de los 9 de los principios fundamentales de la Carta Magna. Estos principios son considerados intocables por el oficialismo para no justificar una Constituyente. Sin embargo fueron, al menos en lo referente a la descentralización, trastocados (y eliminados) en la reforma que plantea el presidente Chávez a los artículos 16, 184, 185, 300 y el mencionado 158. El artículo 4 parte de estos principios fundamentales "intocables", establece que Venezuela es un estado federal descentralizado. La presidenta de la AN, Cilia Flores, ha insistido en que estos principios no serán modificados. Sin embargo, ha reconocido que es probable que modifiquen artículos más allá de los 33 propuestos. La justificación es que otros artículos pueden verse afectados. La presidenta del TSJ, Luisa E. Morales, dijo que sólo deben cambiar los artículos de la propuesta y los que tengan relación directa con estos artículos". Véase en *El Universal*, Caracas 24, 08-2007.

1375 Véase *Discurso*…., citado *supra*, nota 16.

terminadas materias de la competencia nacional, a fin de promover la democracia protagónica y participativa y el ejercicio directo de la soberanía". Como todos estos órganos están controlados por el Poder Central, el proyecto de reforma constitucional lo que ha hecho es sustituir una política general de descentralización política, por la posibilidad de que las competencias nacionales se puedan "desconcentrar" en entidades periféricas controladas por el Poder Central.

Por otra parte, en cuanto a las referencias que se hacían en el artículo 272 sobre la administración penitenciaria **descentralizada,** y en el artículo 295 sobre la administración electoral **descentralizada,** con el proyecto de reforma constitucional sancionado se elimina de dichas normas la palabra "descentralización", la cual incluso, también se elimina del artículo 300 que se refiere a las empresas públicas.

IV. LA FRAGMENTACIÓN DE LA ADMINISTRACIÓN PÚBLICA DEL ESTADO

Artículo 141

Una de las innovaciones más importantes de la Constitución de 1999 fue el haber incorporado una normativa específica destinada a regular los principios fundamentales de la Administración Pública del Estado, buscando su racionalización, disponiendo en especial en el artículo 141, como principios fundamentales que debían regirla, primero, que la Administración Pública **está al servicio de los ciudadanos;** segundo, que se fundamenta en los principios de **honestidad, participación, celeridad, eficacia, eficiencia, transparencia, rendición de cuentas y responsabilidad en el ejercicio de la función pública**, y tercero, que debe actuar con **sometimiento pleno a la ley y al derecho**, lo que implica la formulación constitucional del **principio de legalidad**.

A pesar de que en el Anteproyecto presentado ante la Asamblea Nacional, el Presidente de la República propuso eliminar todos los principios fundamentales relativos al funcionamiento de la Administración Pública, tal propuesta, sin embargo no fue acogida por la Asamblea nacional, y en la reforma del artículo 141 si bien repitió la enumeración de algunos de los principios (**"honestidad, participación, celeridad, eficacia, eficiencia, transparencia, rendición de cuentas y responsabilidad en el ejercicio de la función pública, con sometimiento pleno a la ley)**, sin embargo, se eliminó quizás el principio más importante que establecía la Constitución de 1999 en relación con la Administración Pública, en el sentido de que como una universalidad de entes, debía estar siempre al **servicio de los ciudadanos.** Con la reforma se ha sustituido dicho principio, y al contrario lo que se ha establecido es que la Administración **está sólo** al **servicio del Estado, eliminándose el derecho de los ciudadanos a que la Administración esté a su servicio. Por ello, en el artículo 141 lo que se ha establecido ha sido** que "Las administraciones públicas son las estructuras organizativas **destinadas a servir de instrumento a los poderes públicos** para el ejercicio de sus funciones, y para la prestación de los servicios".

Con la nueva redacción del artículo 141, por otra parte, se ha fragmentado a la Administración Pública, pasándose de un régimen universal de "la Administración Pública" a regularse ahora varias "administraciones públicas", las cuales, incluso, contra toda técnica legislativa, se las ha "clasificado" en la Constitución en las siguientes dos "categorías": **"las administraciones públicas burocráticas o tradicionales**, que son las que atienden a las estructuras previstas y reguladas en esta

Constitución"; y "**las misiones**, constituidas por organizaciones de variada naturaleza, creadas para atender a la satisfacción de las más sentidas y urgentes necesidades de la población, cuya prestación exige de la aplicación de **sistemas excepcionales, e incluso, experimentales**, los cuales serán **establecidos por el Poder Ejecutivo mediante reglamentos organizativos y funcionales**".

Es decir, con el proyecto de reforma constitucional sancionado, en lugar de corregirse el descalabro administrativo producido en los últimos años por la indisciplina presupuestaria derivada de fondos asignados a programas específicos del gobierno denominados "misiones", concebidos fuera de la organización general del Estado, lo que se ha hecho es constitucionalizar el desorden administrativo, calificándose a las estructuras administrativas del Estado como "burocráticas o tradicionales", renunciando a que las mismas sean reformadas para convertirlas en instrumentos para que, precisamente, puedan atender a la satisfacción de las más sentidas y urgentes necesidades de la población. Y todo ello, dejando la organización de la Administración Pública **a la sola voluntad del Presidente de la República** mediante reglamentos (artículos 141; 236,22).

V. EL ABANDONO DE LA DISCIPLINA PRESUPUESTARIA Y DE LA UNIDAD DEL TESORO

Artículo 16, 164, 167, 141, 184, 318, 321

En el proyecto de reforma constitucional, aún cuando no se modificaron formal y expresamente los artículos 313 y 314 de la Constitución que establecen el principio general de la disciplina presupuestaria, con la reforma sancionada respecto del artículo 321, lo que se ha producido es la eliminación de la disciplina presupuestaria como principio fundamental de la administración económica y financiera del Estado.

En efecto, conforme a los artículos 313 y 314 de la Constitución, la administración económica y financiera del Estado se tiene que regir por un presupuesto aprobado anualmente por la Asamblea Nacional mediante ley, en el cual deben indicarse las estimaciones de ingresos públicos y los gastos públicos anuales que puede efectuar el Ejecutivo Nacional, de manera tal que en el artículo 314 se declara que "no se hará ningún tipo de gasto que no hay sido previsto en la ley de Presupuesto", siendo la excepción, sólo, los casos en los cuales se decreten créditos adicionales al presupuesto para gastos no previstos o con partidas insuficientes, que también deben ser aprobados por la Asamblea Nacional.

Todo este sistema de disciplina presupuestaria que exige que en el presupuesto estén la totalidad de los ingresos estimados y de los gastos proyectados, se ha desquiciado formalmente con la reforma que se ha sancionado respecto del artículo 321 de la Constitución, en el cual, en lugar de establecer, como lo hacía la Constitución de 1999, que la ley debía establecer "un fondo de estabilización macroeconómica destinado a garantizar la estabilidad de los gastos del Estado en los niveles municipal, regional y nacional, ante las fluctuaciones de los ingresos ordinarios", el cual debía funcionar bajo los "principios básicos la eficiencia, la equidad y la no discriminación entre las entidades públicas que aporten recursos al mismo"; lo que se ha establecido ahora en relación con la **administración de las reservas internacionales (art. 318), es que es el Jefe del Estado el que debe establecer,** "en coordinación con el Banco Central de Venezuela y al final de cada año, el nivel de las **reservas necesarias para la economía nacional,** así como el monto de las **reservas ex-**

cedentarias, las cuales se destinarán **a fondos que disponga el Ejecutivo Nacional** para inversión productiva, desarrollo e infraestructura, **financiamiento de las misiones** y, en definitiva, el desarrollo integral, endógeno, humanista y socialista de la Nación", con lo que se ha formalizado la ruptura definitiva del principio de la unidad del Tesoro.

En esta forma, con el proyecto de reforma constitucional sancionado se busca constitucionalizar el nocivo mecanismo de financiamiento paralelo al presupuesto, mediante **fondos creados con la sola decisión del Ejecutivo Nacional,** destinados a las misiones, que como se dijo, también se ha establecido que son las que deben estar a cargo de "misiones" como organizaciones administrativas públicas estructuradas en paralelo a la "Administración Pública burocrática y tradicional".

En la reforma sancionada respecto de los artículos 164 y 184 de la Constitución, sin embargo, se estableció la exigencia de una ley para la creación de "un Fondo Nacional del Poder Popular" para transferir fondos del Situado Constitucional a las comunidades, consejos comunales, comunas y entes del Poder Popular.

SEGUNDA PARTE:

LOS CAMBIOS EN EL SISTEMA POLÍTICO CON LA CREACIÓN DEL PODER POPULAR Y LA SUSTITUCIÓN DE LA DEMOCRACIA REPRESENTATIVA A NIVEL LOCAL POR UNA SUPUESTA "DEMOCRACIA PARTICIPATIVA Y PROTAGÓNICA" CONTROLADA POR EL PODER CENTRAL

I. LA ELIMINACIÓN DE LA DEMOCRACIA REPRESENTATIVA A NIVEL LOCAL Y SU SUSTITUCIÓN POR UNA SUPUESTA "PARTICIPACIÓN PROTAGÓNICA"

Artículo 16, 70, 136, 184

El artículo 5° de la Constitución de 1999 establece que "la soberanía reside intransferiblemente en el pueblo, quien la ejerce directamente en la forma prevista en esta Constitución y en la Ley, e indirectamente, mediante el sufragio, por los órganos que ejercen el Poder Público". Con esta norma se siguió la tradición republicana de la soberanía popular iniciada en 1811, en particular, en la Constitución de 1999, vinculada al concepto de representatividad política, es decir, de democracia indirecta (democracia representativa) conforme a la cual todos los órganos del Poder Público tienen que tener su origen en elección popular. Esa democracia representativa se complementó con la previsión en la Constitución del ejercicio directo de la democracia, mediante los mecanismos de participación previstos en el artículo 62 que consagra el derecho de todos los ciudadanos "de participar libremente en los asuntos públicos, directamente o por medio de sus representantes".

La democracia, por tanto, para ser tal, tiene que ser representativa, pudiendo **además**, establecerse mecanismos de democracia directa; y por ello, en la Constitución de 1999 se exige que la representatividad democrática **siempre tiene que tener su fuente en elecciones de los cargos públicos** (art. 70), es decir, los titulares de los órganos que ejercen el Poder Público que, por supuesto, son los que establece la Constitución conforme a los principios de distribución y separación del Poder Público (art. 136). Y esa elección de los cargos públicos, es un derecho político que conforme al artículo 63, siempre debe ejercerse mediante votaciones libres, **universales, directas y secretas** (art. 63). En el texto de la Constitución de 1999 si bien es cierto que se eliminó la palabra "representativo" para calificar al gobierno en el artículo 6, se precisó en dicha norma que debe ser "democrático, participativo, *electivo*, descentralizado, alternativo, responsable, pluralista y de mandatos revocables".

Por ello, en la Constitución no existe ni puede existir democracia que no sea representativa, siendo de la esencia del régimen político democrático la idea de que el pueblo, titular de la soberanía, no la ejerce directamente, sino a través de representantes. Esa democracia representativa, por supuesto, no se opone a democracia participativa; ambas se complementan y se diferencian de los mecanismos de democracia directa como la que deriva de los referendos (consultivas, aprobatorios, abrogatorios y revocatorios) (arts. 71 ss.) que perfeccionan la democracia, al igual que de las consultas populares, la revocatoria del mandato, la iniciativa legislativa, constitucional y constituyente, el cabildo abierto y la asamblea de ciudadanos y ciudadanas, y ahora los diversos Consejos del poder popular (art. 70), todas reguladas como formas de participación política (art. 62) en la Constitución.

Sin embargo, la democracia representativa no puede pretender ser sustituida por una supuesta "democracia participativa". La democracia, para que sea participativa, además de esencialmente representativa, lo que tiene es que permitir al ciudadano participar en los asuntos públicos, **teniendo acceso al poder lo que puede ocurrir sólo cuando lo tiene cerca.** Ello implica necesariamente un bien arraigado y desarrollado sistema de gobierno local, en cada lugar, asentamiento urbano o rural, que goce de autonomía política, lo que sólo puede estar **basado en la descentralización política, es decir, en la creación de entidades políticas autónomas que permitan el autogobierno local**. En ese sentido, participar es sólo posible cuando mediante la descentralización, se crean autoridades locales en los niveles territoriales más pequeños, lo que implica desparramar el poder.

Ello, por supuesto, es contrario a la concentración del Poder y al centralismo que es lo que se ha encubierto con el proyecto de reforma constitucional sancionado, destinada a la construcción del socialismo, de una sociedad colectivista y de supuesta "participación protagónica"[1376].

Con ello, lo que se ha logrado es eliminar de la Constitución, toda referencia a la descentralización política, y por tanto, de efectiva posibilidad de participación. Lo que se ha dispuesto con la el proyecto de reforma constitucional, en definitiva, es la sustitución de la democracia representativa por una supuesta "democracia participativa", pero acabando con la propia democracia como régimen político, tratando de sustituirla por un régimen autoritario, centralizador y concentrador del Poder que impide la real participación política, al no existir entidades locales autónomas, y depender los consejos comunales de la cúspide del poder ejecutivo nacional.

Ello se ha logrado con la **eliminación de todo vestigio de autonomía territorial y de descentralización política**, sin las cuales **no puede haber efectivamente democracia participativa**. Como se dijo, la participación democrática exige la existencia de **entes políticos territoriales autónomos**, sin los cuales aquella no pasa de ser una **simple movilización controlada desde el Poder Central.** Ello es lo que ha ocurrido, precisamente, con los Consejos Comunales creados por Ley en 2006[1377], cuyos miembros **no son electos mediante sufragio sino designados por Asambleas de ciudadanos controladas por el propio Poder Ejecutivo Nacional.** Ello, aho-

---

1376 En la *Exposición de Motivos del Proyecto de Reforma Constitucional* presentado por el Presidente de la República en agosto 2007, se lee que el Poder Popular "es la más alta expresión del pueblo para la toma de decisiones en todos sus ámbitos (político, económico, social, ambiental, organizativo, internacional y otros) para el ejercicio pleno de su soberanía. Es el poder constituyente en movimiento y acción permanente en la construcción de un modelo de sociedad colectivista de equidad y de justicia. Es el poder del pueblo organizado, en las más diversas y disímiles formas de participación, al cual está sometido el poder constituido. No se trata del poder del Estado, es el Estado sometido al poder popular. Es el pueblo organizado y organizando las instancias de poder que decide las pautas del orden y metabolismo social y no el pueblo sometido a los partido políticos, a los grupos de intereses económicos o a una particularidad determinada", *cit.*, p. 11.

1377 Véase los comentarios sobre ello en Allan R. Brewer-Carías et al, *Ley Orgánica del Poder Público Municipal*,Editorial Jurídica Venezolana, Caracas 2007, pp. 75 y ss.

ra, se ha consolidado constitucionalmente, con la reforma del artículo 16 al referirse a la división territorial como "nueva geometría del poder" para que el Poder Popular desarrolle formas de agregación comunitaria político-territorial como expresión de democracia directa.

En efecto, conforme al texto del artículo 16 del proyecto de reforma constitucional sancionado, el Poder Popular que se crea en el artículo 136, supuestamente se desarrolla de abajo hacia arriba, a partir de las **comunidades,** "cada una de las cuales constituirá el núcleo territorial básico e indivisible del **Estado Socialista Venezolano,** donde los ciudadanos y las ciudadanas comunes tendrán el poder para construir su propia geografía y su propia historia". Estas **comunidades, se dispone en la misma norma,** estarán agrupadas en **comunas**[1378], que son "áreas o extensiones geográficas" que constituyen "células sociales del territorio"; y éstas, a su vez, están agrupadas en **ciudades** que se conciben -en sustitución del Municipio- como **"la unidad política primaria de la organización territorial nacional",** entendidas **"como todo asentamiento poblacional dentro del Municipio".**

En esta forma, dispone la misma norma del artículo 16, es a partir de la **comunidad y la comuna,** que **"el Poder Popular desarrollará formas de agregación comunitaria político-territorial, las cuales serán reguladas en la Ley nacional, y que constituyan formas de autogobierno y cualquier otra expresión de democracia directa."**

Conforme a ello, la reforma del artículo 136 de la Constitución, tiene por objeto crear el Poder popular como una división vertical más del Poder Público; como se afirmó en el *Informe de la Asamblea Nacional para la tercera discusión* de la reforma: se crea el "Poder Popular dentro del ámbito territorial ... como uno de los componentes del Estado", resultando esta incorporación, "el pilar fundamental para el fortalecimiento de una democracia protagónica y participativa", e incrustando "en el alma de la Constitución, el Poder Popular".

En consecuencia, el artículo 136 ahora reza: "El Poder Público se distribuye territorialmente en la siguiente forma: el Poder Popular, el Poder Municipal, el Poder Estadal y el Poder Nacional"; indicándose que el Poder Popular "**se expresa constituyendo las comunidades, las comunas y el autogobierno de las ciudades, a través de los consejos comunales, consejos de trabajadores y trabajadoras, consejos estudiantiles, consejos campesinos, consejos artesanales, consejos de pescadores y pescadoras, consejos deportivos, consejos de juventud, consejos de adultos y adultas mayores, consejos de mujeres, consejos de personas con discapacidad, y otros que señale la ley".**

Debe decirse que en la propuesta presidencial, se hacía referencia básicamente a los consejos comunales, pues el artículo 136 lo que dispone es una distribución vertical (territorial) del poder; pero con la reforma sancionada por la Asamblea Nacio-

---

1378 En la *Exposición de Motivos* del Proyecto de Reforma Constitucional presentado por el Presidente de la República en agosto 2007, a las comunas se las califica como "comunas socialistas", y se la define como "Es un conglomerado social de varias comunidades que poseen una memoria histórica compartida, usos, costumbres y rasgos culturales que los identifican, con intereses comunes, agrupadas entre sí con fines político-administrativos, que persiguen un modelo de sociedad colectiva de equidad y de justicia", *cit.*, p. 12.

nal, lo que ha resultado es una mezcla de consejos territoriales y consejos sectoriales.

En todo caso, en el mismo artículo 136 de la reforma se establece el principio general de que siendo el pueblo "el depositario de la soberanía", el mismo solo "la **ejerce directamente a través del Poder Popular",** precisándose que **"éste no nace del sufragio ni de elección alguna, sino que nace de la condición de los grupos humanos organizados como base de la población".**

En definitiva, lo que se ha logrado con esta reforma, es poner **fin en Venezuela** a la democracia representativa a nivel local, y con ello, de todo vestigio de autonomía política territorial que es la esencia de la descentralización[1379].

Por otra parte, en el proyecto de reforma constitucional sancionado respecto del artículo 70 relativo a los medios de participación política, se los identifica como medios del pueblo "en ejercicio **directo** de su soberanía y **para la construcción del socialismo**", agregándose entre los medios de participación de orden político, además, a los **Consejos del Poder Popular, que no solo son los Consejos Comunales, sino los "consejos de trabajadores y trabajadoras, consejos estudiantiles, consejos campesinos, consejos artesanales, consejos de pescadores y pescadoras, consejos deportivos, consejos de la juventud, consejos de adultos y adultas mayores, consejos de mujeres, consejos de personas con discapacidad". La reforma sancionada, además,** agrega a los medios de participación en lo social y económico, "la **gestión democrática de los** trabajadores y trabajadoras de cualquier empresa de propiedad social directa o indirecta, la autogestión comunal, las organizaciones financieras y microfinancieras comunales, las cooperativas de propiedad comunal, las cajas de ahorro comunales, las redes de productores libres asociados, el trabajo voluntario, las empresas comunitarias y demás formas asociativas constituidas para desarrollar los valores de la mutua cooperación y la solidaridad socialista"

Por otra parte, en cuanto a la eliminación de la **democracia representativa a nivel local,** ello deriva de la reforma del artículo 184 que dispone que los consejos comunales, que constituyen el órgano ejecutor de las decisiones de las asambleas de ciudadanos, articulando e integrando diversas organizaciones comunales y grupos sociales, deben asumir "la **Justicia de Paz** y la prevención y protección vecinal". Con ello, se está reformando, sin decirlo, la previsión del artículo 258 de la Constitución que dispone que la designación de los jueces de paz garantiza que sea siempre "por votación universal, directa y secreta".

En definitiva, en nombre de la "democracia participativa y protagónica" lo que se busca es eliminar la democracia representativa a nivel local, y sustituirla por una supuesta "democracia directa" de "participación" en asambleas de ciudadanos, con-

---

1379 Esto es lo mismo que se había formulado en las propuestas de reforma presentadas por el Consejo Presidencial para la reforma Constitucional en junio de 2007, en relación con el artículo 62, que buscaba agregar a la misma que "La participación del pueblo en forma efectiva, suficiente y oportuna en el proceso de definición y ejecución de la gestión pública y en el control y evaluación de sus resultados constituye la esencia del ejercicio directo de la soberanía por parte del pueblo y de su protagonismo en función del desarrollo social integral para la construcción de la sociedad socialista"; sin garantizar que ello fuera mediante entes político territoriales autónomos, lo que hacía la propuesta vacía de democracia representativa.Estas propuestas de reforma de los artículos 61 y 62, sin embargo, no fueron acogidas ni en el Anteproyecto presidencial ni por la Asamblea Nacional, lo que no significa que no se haya logrado el mismo efecto, sin embargo, con la reforma efectuada de los artículos 16 y 136.

sejos del poder popular, comunidades, comunas y ciudades, **que no son entes políticos territoriales autónomos**, todas controladas desde el Poder Central; y si bien en las reformas introducidas a los artículos 16 y 136 se habla de "formas de autogobierno" y del "autogobierno de las ciudades", de ello no se deriva que los mismos deban ser el resultado de una elección popular como lo exige una democracia representativa. Al contrario, como se indica en el nuevo artículo 136 del proyecto de reforma constitucional, **el Poder Popular "no nace del sufragio ni de elección alguna, sino que nace de la condición de los grupos humanos organizados como base de la población".**

II. LA AMPLIACIÓN DEL DERECHO A VOTAR

Artículo 64

En el proyecto de reforma constitucional sancionado, el ejercicio del derecho al sufragio activo, es decir, a votar en las elecciones y votaciones, se ha otorgado a los mayores de 16 años, en lugar de los 18 años que establecía la Constitución de 1999 (Art. 64).

III. LA ELIMINACIÓN DEL PRINCIPIO DE LA ALTERNABILIDAD REPUBLICANA CON LA POSIBILIDAD DE REELECCIÓN INDEFINIDA DEL PRESIDENTE DE LA REPÚBLICA

Artículo 230

Conforme al artículo 4 de la Constitución, el gobierno de la República y de todas las entidades políticas que la componen tiene que ser democrático *alternativo*, y de allí las limitaciones que la Constitución de 1999, siguiendo una tradición constitucional que se remonta a casi dos siglos, estableció respecto de la posibilidad de la reelección de los funcionarios electos.

En efecto, en cuanto al Presidente de la República, el artículo 230 de la Constitución de 1999, cambiando radicalmente las previsiones constitucionales anteriores que prohibían toda reelección, dispuso la posibilidad de la reelección inmediata del Presidente de la República por una sola vez, para un nuevo período; el artículo 192 dispuso que los diputados a la Asamblea Nacional pueden ser reelegidos sólo "por dos periodos consecutivos como máximo"; el artículo 160 dispuso que los Gobernadores de Estado podían ser "reelegidos, de inmediato y por una sola vez, para un nuevo período"; el artículo 162 dispuso que los legisladores a los Consejos Legislativos de los Estados podían ser reelegidos sólo "por dos periodos consecutivos como máximo"; y el artículo 174 dispuso que los Alcaldes podían ser "reelegidos, de inmediato y por una sola vez, para un nuevo período".

El proyecto de reforma constitucional sancionado en esta materia, sólo ha incidido en el artículo 230, no sólo aumentando el período constitucional del Presidente de la República **de seis a siete años (ya en 1999 se había aumentado de cinco a seis años), sino** estableciendo expresamente que el Presidente de la República **"puede ser reelegido o reelegida". En la Constitución de 1999 sólo se establecía que podía ser reelegido "de inmediato y por una sola vez, para un nuevo período".**

En esta forma, el principio de la alternabilidad republicana, cuyo objeto central es la consolidación del pluralismo político, base de los regímenes de-

mocráticos, materialmente desaparece con el proyecto de la reforma constitucional sancionado[1380].

IV. LAS CONTRADICTORIAS RESTRICCIONES AL DERECHO A LA PARTICIPACIÓN POLÍTICA DE LOS CIUDADANOS

En cuanto al principio de la participación política, si bien la Constitución de 1999, en general, remitió su desarrollo a la labor del Legislador, en algunos casos lo reguló directamente imponiendo en forma expresa diversos mecanismos de participación, los cuales, contradictoriamente, en nombre de una supuesta "democracia participativa y protagónica", ahora se eliminan o restringen con el proyecto de reforma constitucional sancionado en noviembre de 2007. Es decir, los únicos supuestos en los cuales estaba constitucionalmente regulada la participación política de la sociedad civil en asuntos públicos, ahora se eliminan o restringen.

Ello sucede con los mecanismos de participación de la sociedad civil que se habían dispuesto para la elección de los altos funcionarios públicos que no son electos por votación popular (Poder Judicial, Poder Ciudadano, Poder Electoral); con el derecho a la participación política de la población mediante referendos, y con el derecho a la participación política de los ciudadanos en materia de reformas a la Constitución.

1. *La eliminación de los supuestos constitucionales de participación de representantes de diversos sectores de la sociedad civil en la postulación de los candidatos a altos cargos estatales*

Artículos 264, 279, 295

El proyecto de reforma constitucional sancionado en noviembre de 2007, en efecto, ha eliminado las formas de participación política de la sociedad civil en los asuntos públicos que directamente había establecido la Constitución de 1999, como una novedad institucional, para la postulación de los candidatos a los cargos de Magistrados del Tribunal Supremo de Justicia, de Miembros del Consejo Nacional Electoral, del Defensor del Pueblo, del Contralor General de la República y del Fiscal General de la República. Esa postulación debía hacerse ante la Asamblea Nacional por sendos **Comités de Postulaciones** que necesariamente debían estar integrados por "representantes de los diferentes sectores de la sociedad" (arts. 264, 279, 295).

Estas previsiones de la Constitución de 1999 habían sido distorsionadas por la práctica política y legislativa desarrollada desde que se sancionó la propia Constitución, tanto por parte de la entonces Asamblea Nacional Constituyente (1999), como por la Asamblea Nacional (2000), que fueron convirtiendo dichos Comités de Postulaciones en violación de la Constitución, en simples Comisiones parlamentarias ampliadas (2002-2004), limitando el derecho a la participación política de la sociedad

1380 En la *Exposición de Motivos de la Propuesta de Reforma Constitucional* del Presidente de la República del Proyecto de Reforma Constitucional, agosto de 2007, se afirmó, pura y simplemente, sin fundamento, ni argumento, ni lógica alguna, que "la propuesta de la reelección presidencial profundiza el principio de alternabilidad republicana", basándose sólo, en el derecho del Presidente de la República a ser reelecto en el cargo, y en el derecho del pueblo de elegir su candidato, *cit.*, p. 7.

civil[1381]. Esa tendencia es la que ahora insólitamente se busca constitucionalizar con el proyecto de reforma constitucional sancionado en noviembre de 2007, al regularse los Comités de Postulaciones para la elección de los magistrados del Tribunal Supremo de Justicia y de los titulares de los órganos del Poder Electoral y del Poder Ciudadano, eliminándose su integración exclusiva por representantes de los diversos sectores de la sociedad, y pasando a estar integrados mayoritariamente por funcionarios del Estado.

En cuanto al Comité de Postulaciones Judiciales para la designación de los magistrados del Tribunal Supremo de Justicia, que conforme al artículo 264 de la Constitución debía estar integrado por representantes de los diversos sectores de la sociedad, con el proyecto de reforma constitucional, se lo busca constitucionalizar como una "Comisión parlamentaria ampliada", como ya lo había hecho la Ley Orgánica del Tribunal Supremo de 2004[1382], al disponerse ahora que "la Asamblea Nacional convocará un Comité de Postulaciones Judiciales el cual estará integrado por Diputados y Diputadas, voceros y voceras del Poder Popular y representantes de los sectores vinculados con la actividad jurídica". Se agregó en la norma que "podrán postular ante el Comité, los Consejos del Poder Popular, sectores sociales y organizaciones vinculadas con la actividad jurídica".

En cuanto al Comité de Postulaciones Electorales de candidatos o candidatas a integrantes del Consejo Nacional Electoral el artículo 295 de la Constitución de 1999 disponía que debía estar "integrado por representantes de los diferentes sectores de la sociedad, de conformidad con lo que establezca la ley"; norma que se ha reformado para ahora establecer, en su lugar, que "para la designación de los Rectores y las Rectoras del Consejo Nacional Electoral, la Asamblea Nacional convocará un Comité de Postulaciones Electorales, el cual estará integrado por Diputados y Diputadas, voceros y voceras del Poder Popular y representantes de organizaciones y sectores sociales"; es decir, integrado básicamente por órganos del Estado (Poder Legislativo y Poder Popular), abandonándose la exclusiva participación de los diferentes sectores de la sociedad, y previéndose solo, una participación evidentemente minoritaria de "representantes de organizaciones y sectores sociales".

Por otra parte, en cuanto los miembros del Consejo Nacional Electoral, la Constitución de 1999 disponía que los mismos debían ser cinco personas no vinculadas a organizaciones con fines políticos; de las cuales "tres de ellos o ellas serán postulados o postuladas por la sociedad civil, uno o una por las facultades de ciencias jurídicas y políticas de las universidades nacionales y uno o una por el Poder Ciudadano" (art. 295). Esto se ha reformado, eliminándose la participación de las facultades de ciencias jurídicas y políticas de las universidades nacionales en el proceso, y sustituyéndose la norma por una que establece que los miembros del Consejo deben ser postulados "por Consejos del Poder Popular, representantes de instituciones, sectores educativos y otros sectores sociales".

1381 Véase Allan R. Brewer-Carías, "La participación ciudadana en la designación de los titulares de los órganos no electos de los Poderes Públicos en Venezuela y sus vicisitudes políticas", en *Revista Iberoamericana de Derecho Público y Administrativo*, Año 5, Nº 5-2005, San José, Costa Rica 2005, pp. 76-95

1382 Véase Allan R. Brewer-Carías, *Ley Orgánica del Tribunal Supremo de Justicia,* Editorial jurídica venezolana, Caracas, 2006, pp. 32 ss.

En cuanto a la integración del Comité de Evaluación del Poder Ciudadano, la reforma del artículo 279 cambia su naturaleza y configuración, estableciendo ahora que es la Asamblea Nacional la que debe convocar "un Comité de Evaluación de Postulaciones, el cual estará integrado por **diputados y diputadas de la Asamblea Nacional y otros voceros de los diferentes sectores del Poder Popular**", **eliminándose toda referencia a la sociedad civil.**

2. *La limitación al derecho a la participación política mediante referendos y la restricción a la democracia directa*

Artículos 71, 72, 73, 74

Tanto en el artículo 5 como en el 62 de la Constitución de 1999, se prevé que el derecho a la participación política se realiza indirectamente mediante la elección de representantes, o directamente a través de los mecanismos previstos en la Constitución y en la ley, en particular, además de los previstos en el artículo 70, mediante la realización de referendos. Estos son de cuatro tipos, tal como se regulan en los artículos 71 a 74 de la Constitución, y son el referendo consultivo, el referendo revocatorio, el referendo aprobatorio, y el referendo abrogatorio.

Lo importante de estas previsiones, además de regular directamente en la propia Constitución mecanismos concretos de democracia directa, es **la consagración de la iniciativa popular** como medio de participación democrática para la formulación de la solicitud de la convocatoria a los referendos, y que se fijaba en el 10% de los inscritos en la circunscripción correspondiente para los referendos consultivos (art. 71); en el 20% de los inscritos en la circunscripción correspondiente para los referendos revocatorios (art. 72); en el 15% de los inscritos en el registro electoral para los referendos aprobatorios de ciertos tratados internacionales (art. 73); en el 10% de los inscritos en el registro electoral para los referendos abrogatorios de leyes (art. 74); y en el 5% de los inscritos en el registro electoral para los referendos abrogatorios de decretos leyes (art. 74).

El proyecto de reforma constitucional sancionado en noviembre de 2007 en relación con los artículos 71 a 74, lo que ha hecho es limitar el derecho político de participación de los ciudadanos mediante referendos, al aumentarse el número de firmas requeridas para la iniciativa en la convocatoria de los referendos (y por tanto hacerla más dificultosa), así: al **20%, en lugar del 10%** de los inscritos en la circunscripción correspondiente para los referendos consultivos (art. 71); al **30%, en lugar del 20%** de los inscritos en la circunscripción correspondiente para los referendos revocatorios (art. 72); al **30%, en lugar del 25%** de los inscritos en el registro electoral para los referendos aprobatorios de leyes (art. 73); al **30%, en lugar del 15%** de los inscritos en el registro electoral para los referendos aprobatorios de tratados internacionales (art. 73); al **30%, en lugar del 10%** de los inscritos en el registro electoral para los referendos abrogatorios de leyes (art. 74); y al **30%, en lugar del 5%** de los inscritos en el registro electoral para los referendos abrogatorios de decretos leyes (art. 74).

Por otra parte, específicamente en cuanto al **referendo revocatorio**, con el proyecto de reforma constitucional sancionado en noviembre de 2007 respecto del artículo 72, se ha **cambiado el sistema del mismo para hacerlo menos participativo y más dificultoso, al establecerse, en primer lugar**, en vez de que la solicitud de convocatoria del mismo corresponda directamente, como un **derecho popular**, a un número no menor del 20% de los electores inscritos en la correspondiente circunscripción, se ha establecido que "**se podrá solicitar al Consejo Nacional Electoral la activación del mecanismo para que los electores y electoras inscritos e inscritas en la correspondiente circunscripción del Registro Electoral, en un número no menor del treinta por ciento, soliciten la convocatoria de un referendo para revocar su mandato**", distorsionado la iniciativa popular; **en segundo lugar**, en lugar de exigirse que sólo concurran al referendo un número de electores igual o superior al **25% de los electores** inscritos para que se considere válido el referendo, ahora se requiere que concurran al referendo el **40% de los electores inscritos**; y en **tercer lugar,** adicionalmente a la exigencia de que se considere revocado el mandato cuando voten a favor de la revocatoria "igual o mayor número de electores que eligieron al funcionario", ahora se exige que "sea mayor el total de votos a favor que el total de votos en contra", así hayan votado por la revocatoria más electores que los que eligieron al funcionario, con lo cual el referendo revocatorio se distorsiona en un "referendo ratificatorio".

3. *La limitación al derecho a la participación política en materia de revisión de la Constitución*

Artículos 341, 342, 348

En la Constitución de 1999 se establecieron tres mecanismos institucionales para la revisión constitucional que se distinguen **según la intensidad de las transformaciones** que se proponen, y que son las Enmiendas constitucionales, las Reformas Constitucionales y la Asamblea Nacional Constituyente.

El procedimiento de las **Enmiendas Constitucionales** para la revisión constitucional, tiene por objeto la **adición o modificación de uno o varios artículos de la Constitución, sin alterar su estructura fundamental** (art. 340). De acuerdo con el artículo 341,1 la iniciativa para la Enmienda puede partir del 15% de los ciudadanos inscritos en el registro civil y electoral; o de un 30% de los integrantes de la Asamblea Nacional o del Presidente de la República en Consejo de Ministros. Con l el proyecto de reforma constitucional sancionado en noviembre de 2007 se ha restringido **la iniciativa popular** para las enmiendas, **aumentándose,** en el artículo 341, **el porcentaje** de ciudadanos que la requieran de **15%** al **20%.**

Por otra parte, en la regulación sobre el referendo aprobatorio de las Enmiendas (art. 341,3 y 4), en la Constitución se dispone que al mismo deben concurrir al menos el 25% de los electores inscritos, bastando para la aprobación que haya mayoría de votos afirmativos (art. 73). En el proyecto de reforma constitucional sancionado en noviembre de 2007, sin embargo, se aumenta al 30% los electores inscritos que deben concurrir al referendo (art. 73), y se agrega en el artículo 341,3 de la Constitución, que "el Poder Electoral someterá a referendo el **proyecto de enmienda aprobado por la Asamblea Nacional**, a los 30 días siguientes a su recepción formal", lo que puede dar lugar a interpretar que todo proyecto de enmienda, incluso el que se proponga por iniciativa popular, debe ser previamente aprobado por la **Asamblea Nacional**, lo que sería contrario a la participación popular mediante la iniciativa de los electores.

Por otra parte, la Constitución exige que las enmiendas sean numeradas consecutivamente, y se publiquen a continuación de la Constitución sin alterar el texto de ésta, pero anotando al pie del artículo o artículos enmendados la referencia de número y fecha de la enmienda que lo modificó. En el proyecto de reforma constitucional sancionado en noviembre de 2007, se ha **modificado la formalidad de publicar las enmiendas** al final del texto con indicación al pié de los artículos enmendados, y en su lugar, se dispone que el artículo 341,5 diga pura y simplemente que "las enmiendas serán numeradas y se incorporarán como un solo cuerpo al texto constitucional".

En cuanto a las **Reformas constitucionales**, conforme al artículo 342 de la Constitución de 1999, la misma tenía por objeto sólo una **revisión parcial de la Constitución y la sustitución de una o varias de sus normas que no modificasen la estructura y principios fundamentales del texto constitucional**.

De lo anterior resultaba que la diferencia entre la Enmienda y la Reforma era muy sutil: aquella tenía por objeto "la adición o modificación de uno o varios artículos de la Constitución, sin alterar su estructura fundamental"; ésta tenía por objeto, "la sustitución de una o varias de sus normas que no modifiquen la estructura y principios fundamentales del texto constitucional". En definitiva, podría decirse que la Enmienda tenía por objeto "añadir o modificar" unos artículos y la Reforma la "sustitución" de unos artículos, pero en uno u otro caso, sin alterar o modificar la estructura fundamental de la Constitución.

En el proyecto de reforma constitucional sancionado en noviembre de 2007 respecto del artículo 342, en cuanto al objeto de la reforma de revisión parcial, se ha agregado ahora, además de que pueda consistir en "la sustitución de una o varias de sus normas que no modifiquen la estructura y principios fundamentales del texto Constitucional", en la posibilidad de "**supresión o adición**" de una o varias normas.

En todo caso, conforme a la Constitución de 1999, las reformas constitucionales podían tener su origen en la iniciativa popular a solicitud de un número no menor del 15% de los electores inscritos en el registro civil y electoral (art. 342). La participación política que ello implica, se ha restringido en el proyecto de reforma constitucional sancionado en noviembre de 2007, al aumentarse el porcentaje para **la iniciativa popular** para las reformas constitucionales, del **15%** al **25 % de ciudadanos que la soliciten.**

Por último, como mecanismo de revisión constitucional, la Constitución de 1999, previó la convocatoria de la Asamblea Constituyente cuando se trate de "transformar al Estado, crear un nuevo ordenamiento jurídico y redactar una nueva Constitución" (art. 347), la cual puede tener su origen en la iniciativa popular cuando sea solicitada por el 15% de los electores inscritos en el registro electoral (art. 348). En el proyecto de reforma constitucional sancionado en noviembre de 2007, **también se restringe la iniciativa popular** prevista en el artículo 348 para la solicitud de convocatoria de la Asamblea Constituyente, **aumentándose el porcentaje** de ciudadanos que la requieran del **15%** al **30% de electores inscritos.**

V. LA RESTRICCIÓN DEL DERECHO A LA PARTICIPACIÓN POLÍTICA EXCLUSIVAMENTE PARA LA EJECUCIÓN DE LA IDEOLOGÍA SOCIALISTA

Artículo 70

El artículo 62 de la Constitución de 1999 declara como un derecho político de todos los el "de *participar libremente* en los asuntos públicos, directamente o por medio de sus representantes elegidos o elegidas", refiriéndose a "la participación del pueblo en la formación, ejecución y control de la gestión pública" como "el medio necesario para lograr el protagonismo que garantice su completo desarrollo, tanto individual como colectivo". A tal efecto se dispuso que "es obligación del Estado y deber de la sociedad facilitar la generación de las condiciones más favorables para su práctica"

Dicha norma se complementaba con la del artículo 70 de la Constitución, en la cual se enumeraron los siguientes medios de participación y protagonismo del pueblo en ejercicio de su soberanía: "en lo político: la elección de cargos públicos, el referendo, la consulta popular, la revocación del mandato, las iniciativas legislativa, constitucional y constituyente, el cabildo abierto y la asamblea de ciudadanos y ciudadanas cuyas decisiones serán de carácter vinculante, entre otros; y en lo social y económico: las instancias de atención ciudadana, la autogestión, la cogestión, las cooperativas en todas sus formas incluyendo las de carácter financiero, las cajas de ahorro, la empresa comunitaria y demás formas asociativas guiadas por los valores de la mutua cooperación y la solidaridad".

Con el proyecto de reforma constitucional sancionado en noviembre de 2007, todos estos medios de participación política, además de aumentarse en el artículo 70 al agregarse a los "Consejos del Poder Popular, a través de los consejos comunales, consejos de trabajadores y trabajadoras, consejos estudiantiles, consejos campesinos, consejos artesanales, consejos de pescadores y pescadoras, consejos deportivos, consejos de la juventud, consejos de adultos y adultas mayores, consejos de mujeres, consejos de personas con discapacidad"; en definitiva, resultan restrictivos respecto del derecho ciudadano a participar en la conducción de asuntos públicos, al quedar reducidos en su objetivo, al único propósito de "la construcción del socialismo", de manera que quien no quiera construir socialismo alguno, queda excluido del derecho a la participación política, que sólo está destinado a desarrollar los valores de "la solidaridad socialista" y no es libre como indica el artículo 62.

VI. LAS REFORMAS AL RÉGIMEN DE LOS PARTIDOS POLÍTICOS (ORGANIZACIONES CON FINES POLÍTICOS) Y DE LAS ASOCIACIONES CON FINES POLÍTICOS

Artículo 67

Otro aspecto que constituyó una innovación en la Constitución de 1999, como reacción contra la falta de democratización interna de los partidos políticos, y su conducción por cúpulas eternizadas de dirigentes, fue la previsión de que no sólo la designación de sus directivos debía realizarse mediante elecciones, sino que, incluso, la escogencia de los candidatos de los partidos políticos a los cuerpos y cargos representativos, debe también realizarse mediante votación interna democrática (art. 67), estando la organización de dichas elecciones internas a cargo del Consejo Nacional Electoral (art. 293, ord. 6). Del texto de la Constitución de 1999, sin embargo, se eliminó la expresión "partidos políticos" y se la sustituyó por la de "organizaciones con fines políticos", y en algunos casos por la de "asociaciones con fines políticos".

En el proyecto de reforma constitucional sancionado en noviembre de 2007 relativa al artículo 67, ahora se deja también de utilizar la denominación de "organizaciones con fines políticos" y se utiliza solo la más amplia de "**asociaciones con fines políticos**" con lo que se están sentando las bases constitucionales para **la intervención del Estado cualquier asociación de la sociedad civil, no gubernamental,**

que pueda tener fines políticos sin ser necesariamente un "partido político", que en la propia reforma al artículo 293, ordinales 6 y 8, se siguen denominando como "organizaciones con fines políticos".

En el proyecto de reforma sancionado, por otra parte, se agrega a la norma sobre el derecho de los ciudadanos de asociarse con fines políticos mediante métodos democráticos de organización, funcionamiento y dirección, en cuanto a la elección interna de los órganos de dirección de las asociaciones con fines políticos, así como la elección de los candidatos a cargos de elección popular, la necesidad de que sean seleccionados "**en forma paritaria**", con lo cual se le da rango constitucional a la paridad de género en esta materia.

Ahora bien, uno de los problemas vinculados a el funcionamiento de los partidos políticos había sido el tema del financiamiento público de los mismos que regulaba la Ley Orgánica del Sufragio y Participación Política de 1998, lo que antes de 1999 había conducido a un acaparamiento inequitativo de dichos fondos. Los redactores de la Constitución de 1999 reaccionaron contra ello, **prohibiendo simplemente dicho financiamiento público "de las asociaciones con fines políticos"** (art. 67), con lo que se retrocedió en lo que es la constante en todo el mundo democrático, habiéndose abierto, de hecho, la posibilidad más degradante de financiamiento público irregular e ilegítimo a los partidos de gobierno.

El proyecto de reforma constitucional sancionado elimina esta **prohibición** establecida en el artículo 67, y en cambio dispone que "**el Estado podrá financiar las actividades electorales**", pero sin indicarse si se trata de un financiamiento a los partidos políticos (organizaciones con fines políticos) en general o a las actividades electorales del partido único socialista o de los candidatos a reelección. Por otra parte, en el proyecto de reforma se establece, además, una remisión a la ley para establecer **"los mecanismos para el financiamiento, el uso de los espacios públicos y accesos a los medios de comunicación social en las campañas electorales, por parte de las referidas asociaciones con fines políticos" (y no sólo de las "organizaciones con fines políticos").**

Por otra parte, en una forma evidentemente regresiva, el proyecto de reforma constitucional sancionado en noviembre de 2007 ha eliminado la prohibición general que regulaba el artículo 67 de la Constitución de 1999, en el sentido de que "**Las direcciones de las asociaciones con fines políticos no podrán contratar con entidades del sector público**". En un sistema de partido único oficialista, la eliminación en la propuesta es un llamado a la legitimación de la imbricación total entre el partido y el Estado.

Por último, en el proyecto de reforma constitucional sancionado, en el mismo artículo 67 se ha establecido una prohibición general en cuanto al "financiamiento a las asociaciones con fines políticos" y no sólo de las "organizaciones con fines políticos" o "a quienes participen en procesos electorales por iniciativa propia, por parte de **gobiernos o cualquier otra entidad pública o privada extranjeros**". Esto implica, que ninguna asociación de la sociedad civil u ONG que pueda tener fines políticos, como puede ser la defensa de los derechos humanos, podrá recibir financiamiento ni siquiera de entidades privadas o fundaciones extranjeras.

TERCERA PARTE

LOS CAMBIOS EN LA FORMA DEL ESTADO: DE LA FEDERACIÓN CENTRALIZADA A LA CENTRALIZACIÓN TOTAL DEL ESTADO

La forma del Estado venezolano, desde que se creó la República en 1811, y luego, desde que se reconstituyó la República en 1830, ha sido siempre formalmente la de una **Federación,** en la cual el Poder Público está distribuido en el territorio entre **entidades políticas territoriales autónomas** en tres niveles: el nivel nacional (República), el nivel estadal (Estados) y el nivel municipal (Municipios), cuyas respectivas autonomías garantiza la propia Constitución.

Con todos sus altibajos, y a pesar de la tendencia a centralizar la Federación, esa ha sido la forma del Estado que siempre hemos tenido, y que implica la distribución vertical del Poder Público entre entidades territoriales políticamente autónomas. Esta forma de Estado federal, sin embargo, aún cuando sin eliminarse formalmente la denominación "federal, "ha desaparecido con las reformas constitucionales sancionadas en noviembre de 2007, de nuevo, en fraude a la Constitución.

I. EL DESMORONAMIENTO DE LA FORMA FEDERAL DEL ESTADO

1. *El vaciamiento del contenido territorial de la federación*

Artículos 16, 136, 168

En efecto, en el proyecto de reforma constitucional sancionado en noviembre de 2007, si bien no se elimina expresamente la "Federación", o la "forma federal" del Estado, la misma se vacía en tal forma de contenido que materialmente desaparece.

En particular, en cuanto a los Estados y Municipios sobre cuya concepción se monta el sistema federal, conforme a la reforma que se ha efectuado al artículo 16, si bien no se los elimina expresamente, de la norma ha **desaparecido la garantía constitucional de la autonomía municipal y la descentralización político administrativa** que establecía la Constitución de 1999, como condición esencial de la división territorial, sentándose en consecuencia, con el proyecto de reforma constitucional sancionado en noviembre de 2007, las bases para vaciarlos de sentido y de competencias.

Además, en cuanto a los Municipios, en el proyecto de reforma constitucional se les quita el carácter de **unidad política primaria** que el artículo 168 de la Constitución de 1999 les garantizaba conforme a una tradición constitucional que se remonta a comienzos del Siglo XX, y en cambio, ahora se dispone que "la unidad política primaria de la organización territorial nacional es **la ciudad, entendida esta como "todo asentamiento poblacional dentro del municipio, e integrada por áreas o extensiones geográficas denominadas comunas".**

Estas **comunas,** conforme al mismo artículo 16, son "las células sociales del territorio y **estarán conformadas por las comunidades,** cada una de las cuales constituirá el núcleo territorial básico e indivisible del **Estado Socialista Venezolano**, donde los ciudadanos y las ciudadanas tendrán el poder para construir su propia geografía y su propia historia**"**. Y se concluye indicando que "a partir de **la comunidad y la comuna, el Poder Popular desarrollará formas de agregación comunitaria político-territorial**, las cuales serán reguladas en la ley nacional, **y que constituyan formas de autogobierno y cualquier otra expresión de democracia directa".**

El proyecto de reforma constitucional sancionado en noviembre de 2007 en relación con el artículo 16 agrega, además, que "la **Ciudad Comunal** se constituye cuando en la totalidad de su perímetro, se hayan establecido las **comunidades** organizadas, las **comunas** y el autogobierno comunal", y se dispone, pura y simplemente, que serán creadas por decreto del Presidente de la República en Consejo de Ministros.

Pero además, en la propuesta de reforma del artículo 136 relativo al Poder Público, se precisa el esquema, indicándose que "El Poder Popular se expresa constituyendo las comunidades, las comunas y el autogobierno de las ciudades, a través de los consejos comunales, consejos de trabajadores y trabajadoras, consejos estudiantiles, consejos campesinos, consejos artesanales, consejos de pescadores, consejos deportivos, consejos de la juventud, consejos de adultos y adultas mayores, consejos de mujeres, consejos de personas con discapacidad, y otros entes que señale la ley"; ", y que el mismo, es decir, **el Poder Popular "no nace del sufragio ni de elección alguna**, sino que nace de la condición de los grupos humanos organizados como base de la población". Se trata, en definitiva, de la **eliminación de la democracia representativa y de la autonomía política local, es decir, de la descentralización política como condición para la participación política.**

2. *La nueva división territorial de la República sujeta al Poder Ejecutivo y con autoridades no electas*

Artículos 16, 136

Con todo el esquema antes indicado, lo que se ha sancionado por la Asamblea Nacional como proyecto de reforma constitucional en noviembre de 2007, ha sido el descuartizamiento de la forma de federal del Estado que, como se dijo, implica la división política del territorio en "entidades políticas", es decir, que gozan esencialmente de autonomía política territorial, y cuyo gobierno, como lo exige el artículo 6 de la Constitución, debe ser entre otros aspectos "electivo".

En efecto, en lugar de la organización política de la República montada en la división del territorio nacional en el de los Estados, el del Distrito Capital, el de las dependencias federales y el de los territorios federales, y la exigencia de que el territorio se organice en Municipios, y con todas esas entidades, excepto las dependencias federales que nunca se regularon legislativamente y los territorios federales que desaparecieron, con gobiernos democráticos electos mediante sufragio; en la reforma del artículo 16 lo que se ha establecido es que "el territorio nacional se conforma a los fines político-territoriales y de acuerdo con la nueva geometría del poder, por un **Distrito Federal,** en el cual tendrá su sede la capital de la República Bolivariana de Venezuela, por los **estados**, las **regiones marítimas**, los **territorios federales**, los **municipios federales** y los **distritos insulares**”.[1383]

Por otra parte, en lugar de que el territorio se organice en municipios como lo exigía la Constitución de 1999, lo que ahora se establece es que “los Estados se organizan en municipios” (art. 16), los que por tanto desaparecerían, si una parte del territorio se convierte en alguna de las entidades antes mencionadas quitándoselas a un Estado. Por ello es que precisamente, el Municipio desaparece como unidad política primaria en la organización nacional como lo regulaba la Constitución de 1999.

Además, conforme a la reforma sancionada del mismo artículo 16 de la Constitución, y dejando aparte las reformas de orden local ya referidas mediante las cuales el Municipio se vacía en las comunidades, comunas y ciudades a partir de las cuales se propone desarrollar el Poder Popular, se autoriza al **Presidente de la República, en Consejo de Ministros,** para que “previo acuerdo aprobado por la mayoría simple de los diputados y diputadas de la Asamblea Nacional”, pueda “decretar **regiones marítimas, territorios federales, municipios federales, distritos insulares, provincias federales, ciudades federales y distritos funcionales, así como cualquier otra entidad que establezca esta Constitución y la Ley”.** Es decir, con esta reforma, la división político territorial de la República deja de ser una materia de rango constitucional como siempre lo ha sido, y pasa a ser una materia ni siquiera de regulación mediante ley por la Asamblea nacional, sino de la sola regulación ejecutiva. Es difícil concebir mayor centralización del poder.

Respecto de esas entidades territoriales nuevas, en la reforma del mismo artículo 16 se indica que los “**distritos funcionales”** se “crearán conforme a las características históricas, socioeconómicas y culturales del espacio geográfico correspondiente, así como sobre la base de las potencialidades económicas que desde ellos sea necesario desarrollar en beneficio del país”; y que la creación de los mismos “implica la elaboración y activación de una **Misión Distrital con el respectivo Plan Estratégico Funcional a cargo del Gobierno Nacional,** con la participación y en consulta permanente con sus habitantes”**. Por supuesto, nada se indica sobre la forma de dicha participación ni consulta, pero en todo caso, se precisa que** estos distritos funcionales podrán ser conformados “por uno o más municipios o lotes territoriales de estos, **sin perjuicio del Estado al cual pertenezcan”.**

En cuanto a las **ciudades federales,** el proyecto de reforma constitucional sancionado en noviembre de 2007 dispone que su organización y funcionamiento se debe hacer “de conformidad con lo que establezca la ley respectiva”, y en este caso, también implica “la activación de una Misión Local con su correspondiente Plan Estratégico de Desarrollo”.

Por último, en cuanto a las “**provincias federales**”, en el proyecto de reforma constitucional se dispuso que las mismas “**se conformarán como unidades de agregación y coordinación de políticas territoriales, sociales y económicas a escala regional, siempre en función de los planes estratégicos nacionales y el enfoque estratégico internacional del Estado venezolano”. Las mismas se “consti-**

1383 En el Anteproyecto presentado por el Presidente, incluso, se proponía que “la vigencia de los Territorios Federales y de los Municipios Federales [quedase] supeditada a la realización de un referéndum aprobatorio en la entidad respectiva”, ya que con la creación de los mismos se afecta la división política territorial de los Estados. Esto sin embargo, no se acogió en la reforma constitucional sancionada

tuirán pudiendo agregar indistintamente estados y municipios, sin que éstos sean menoscabados en las atribuciones que esta Constitución les confiere".

En relación con todas estas "regiones marítimas, territorios federales, Distrito Federal, municipios federales, distritos insulares, provincias federales, ciudades federales y distritos funcionales, así como cualquier otra entidad que establezca esta Constitución y la ley", conforme a la reforma del artículo 16, el Presidente de la República tiene la competencia para designar y remover "las autoridades respectivas, por un lapso máximo que establecerá la ley." En consecuencia, se trata, no de entidades políticas con alguna autonomía, sino de entidades sujetas completamente al Poder Central. Como no se trata de autoridades electas, no están por supuesto sujetas a mandatos revocables.

En forma esquemática, todas estas propuestas de división territorial que en general quedarían a la sola decisión del Poder Ejecutivo, darían lugar al siguiente esquema:

REPÚBLICA

C. 1999	***Reforma 2007***
Estados/Distrito Capital	Estados/ Distrito Federal
Territorios y Dependencias Federales	Territorios federales (art. 16; 156,11; 236,3);
	Regiones marítimas, Distritos insulares (art. 16; 156,11);
	Dependencias federales (art. 156,10);
	Provincias federales (arts. 16; 156,11; 236,3).
	Distritos funcionales (art. 16; 155,11).
	Misión Distrital, Misión Local (art. 16)
Municipios:	Municipios
unidad política primaria	Municipios federales (art. 16; 156,11)
	Ciudad: **unidad política primaria** (art. 16)
	Ciudades federales (arts. 16; 156,11; 236,3)
Otras entidades locales	Ciudades Comunales (art. 16; 156,11)
	Comunas (arts. 16; 18; 84)
	Comunidades (art. 16; 18)
	Asamblea de Ciudadanos (Consejo Comunal) (arts. 70; 136; 184)
	Consejos de trabajadores, Consejos campesinos, Consejos estudiantiles, etc) (art. 70; 136)

Como se dijo, si bien con el proyecto de reforma constitucional sancionado no se eliminan formalmente a los Estados ni a los Municipios, sin embargo, como se verá, las propuestas en materia de distribución de competencias y de vaciamiento de las mismas hacia los Consejos del Poder Popular, y en particular, hacia los Consejos Comunales, hacen que materialmente desaparezcan por inoperantes. Por otra parte, y salvo en el caso de los Estados y Municipios, todas las otras entidades territoriales se establecen sin garantía alguna de que sus gobiernos serán electos mediante sufragio universal, directo y secreto. Al contrario, como nuevas organizaciones que se integran al Poder Popular, lo que se dispone en el artículo 136 es que como "El pueblo es el depositario de la soberanía y la ejerce directamente a través del Poder Popular", "**este no nace del sufragio ni de elección alguna,** sino que nace de la condición de los grupos humanos organizados como base de la población". Es decir, el principio del fin de la democracia representativa.

3. *La recreación del Distrito Federal y la nueva concepción de la Ciudad Capital sin autonomía política ni gobierno democrático local*

Artículo 18

Una de las reformas importantes en la Constitución de 1999 fue la de asegurar definitivamente un régimen de gobierno local descentralizado y democrático para la ciudad capital, garantizando la autonomía municipal y la participación política de las diversas entidades que componen la ciudad. Por ello la figura del gobierno metropolitano a dos niveles: para asegurar el gobierno global (metropolitano) de la ciudad y a la vez, asegurar el gobierno local. En esta forma se eliminó el Distrito Federal que había quedado como vestigio decimonónico del esquema tradicional de las federaciones, en el cual la ciudad capital carecía de autogobierno.

Con el proyecto de reforma constitucional sancionado en noviembre de 2007, lamentablemente, se ha vuelto al mismo esquema del siglo XIX, ya superado en todas las capitales de todas las Federaciones del mundo, donde lejos de la ausencia de gobierno local en la ciudad capital, la tendencia ha sido de establecerlos, con representantes electos por votación popular.

En efecto, con el proyecto de reforma constitucional respecto del artículo 18, se **elimina la existencia del Distrito Capital** y la organización municipal del mismo, y se lo sustituye por un **Distrito Federal**, que se revive, pero **sin garantía constitucional expresa alguna de autonomía municipal o territorial,** ni con la exigencia del "carácter democrático y participativo de su gobierno" como lo establecía la Constitución de 1999, con lo cual lo que se hecho es restablecer el viejo Distrito Federal en su concepción original de 1863, como un territorio **controlado por el Poder Nacional, y en particular, por el Ejecutivo Nacional,** para que en la capital de la República que es la sede del **Poder nacional, no exista gobierno local democrático alguno con autonomía**. Por ello, el artículo 16 le atribuye al Presidente la facultad de designar y remover las autoridades del Distrito Federal.

En esta forma, en lugar del artículo 18 de la Constitución de 1999, lo que se ha incorporado en la Constitución con la reforma es una norma que sólo establece la ciudad de Caracas como la capital de la República y el asiento de los órganos del Poder Nacional, remitiendo a una ley especial el establecimiento "de la unidad político territorial de la ciudad de Caracas, la cual será distinguida como Cuna de Simón Bolívar, El Libertador y Reina del *Wuarairarepano"*. Dicha organización, dependiente del Poder Central, se concibe sin autonomía local alguna, agregándose en la norma que "El Poder Nacional **por intermedio del Poder Ejecutivo** y con la colaboración y participación de todos los entes del Poder Público Nacional, Estadal y

Municipal, así como del **Poder Popular, sus comunidades, comuna, consejos comunales** y demás organizaciones sociales, dispondrá todo lo necesario para el reordenamiento urbano, reestructuración vial, recuperación ambiental, logros de niveles óptimos de seguridad personal y pública, fortalecimiento integral de la infraestructura del hábitat de las comunidades, sistemas de salud, educación, cultura, deporte y recreación, recuperación total de su casco y sitios históricos, construcción de un sistema de pequeñas y medianas ciudades a lo largo de sus ejes territoriales de expansión y, en general, lograr la mayor suma de humanización posible en la Cuna de Simón Bolívar, El Libertador, y Reina del *Warairarepano"*.

Con este proyecto de reforma constitucional, por tanto, desaparece del ámbito territorial del Distrito Federal, toda forma de organización municipal, de **autonomía municipal o territorial** o de gobierno democrático, pasando sus autoridades a ser designadas y removidas por el Presidente de la República (art. 16).

Para asegurar la implementación inmediata de esta reforma y barrer las autoridades locales electas en el Distrito Metropolitano de Caracas, en el proyecto de reforma constitucional se ha incorporado una **Disposición Transitoria Décima Segunda** en la cual se "delega" al Ejecutivo Nacional para regular por decreto la transición y designar las autoridades, en la siguiente forma:

> "Corresponderá al Presidente o Presidenta de la República, en Consejo de Ministros, por vía de decreto, regular el régimen de transición del Distrito Metropolitano de Caracas al Distrito Federal; en consecuencia, designará la máxima autoridad del Distrito Federal en sustitución del Alcalde Metropolitano de Caracas, y todas las competencias, atribuciones, entes adscritos, bienes y personal, serán asumidos inmediatamente por el Distrito Federal, mientras se dicte la ley sobre la materia".

4. *El sistema nacional de ciudades y el derecho a la ciudad*

Artículo 18

Por otra parte, en la misma norma del artículo 18 de la Constitución, con el proyecto de reforma constitucional sancionado en noviembre de 2007 y sin que ello tenga relación directa alguna con el Distrito Federal y la ciudad capital, se ha incorporado la definición de políticas de ordenamiento territorial y urbano, en el sentido de declarar que el Estado Venezolano debe desarrollar "una política integral para articular un **sistema nacional de ciudades**, estructurando lógica y razonablemente las relaciones entre las ciudades y sus territorios asociados y uniendo y sustentando las escalas locales y regionales en la visión sistémica del país".

Se ha agregado, además, que "a tales efectos, **el Estado garantizará la función y uso social del suelo urbano, y prohíbe toda acción especulativa respecto a la renta de la tierra, propugnando la superación de los desequilibrios económicos, las asimetrías en la dotación de servicios e infraestructura, así como sobre las condiciones de accesibilidad, físicas y económicas, de cada uno de los componentes del citado Sistema Nacional de Ciudades**".

Además, se ha establecido en la Constitución, que todos los ciudadanos "sin discriminación étnica, de genero, edad, sexo, salud, orientación política, orientación sexual, condición social o religiosa, disfrutarán y serán titulares del d**erecho a la ciudad", entendido en la norma constitucional, "c**omo el beneficio equitativo que perciba cada uno de los habitantes, conforme al rol estratégico que la ciudad articula, tanto en el contexto urbano regional como en el Sistema Nacional de Ciudades".

II. EL ABANDONO DEL PRINCIPIO DE LA DISTRIBUCIÓN VERTICAL DEL PODER PÚBLICO EN NACIONAL, ESTADAL Y MUNICIPAL CON LA INCORPORACIÓN DEL PODER POPULAR

Artículo 136

En las Constituciones venezolanas, la forma federal del Estado concretizada en la distribución vertical del Poder Público, comenzó a expresarse formalmente en la Constitución de 1858, que estableció que "El Poder Público se divide en Nacional y Municipal" (art. 9); luego en la Constitución de 1901 que se refirió al Poder Federal y el Poder de los Estados (art. 29); a los que posteriormente, a partir de la Constitución de 1925, se agregó el Poder Municipal. Por ello, el artículo 136 de la Constitución de 1999 dispone en su artículo 136 que: "El Poder Público se distribuye entre el Poder Municipal, el Poder Estadal y el Poder Nacional".

Esta distribución tradicional del Poder público se cambia radicalmente con el proyecto de reforma constitucional sancionado en noviembre de 2007, al agregarse en el artículo 136 un nuevo nivel territorial de distribución del Poder Público, además del poder municipal, del poder estatal y del poder nacional, que es el **Poder Popular**. En relación con este último, en la norma constitucional se ha previsto que "el pueblo es el depositario de la soberanía y la **ejerce directamente** a través del Poder Popular" y que "**éste no nace del sufragio ni de elección alguna**, sino que nace de la condición de los grupos humanos organizados como base de la población", el cual "se expresa constituyendo las comunidades, las comunas y el autogobierno de las ciudades, a través de los consejos comunales, consejos de trabajadores y trabajadoras, consejos estudiantiles, consejos campesinos, consejos artesanales, consejos de pescadores, consejos deportivos, consejos de la juventud, consejos de adultos y adultas mayores, consejos de mujeres, consejos de personas con discapacidad, y otros entes que señale la ley."

El concepto del Poder Popular, por otra parte, se ha incorporado en la reforma de los artículos 264, 279 y 295 de la Constitución en la cual, como se ha dicho, se ha cambiado la configuración de los Comités de Postulaciones y Evaluaciones para la escogencia de los magistrados del Tribunal Supremo de Justicia, los titulares del Poder Ciudadano y los miembros del Consejo nacional Electoral, para en lugar de estar integrados por representantes de los diversos sectores de la sociedad, pasan ahora a estar integrado "por Diputados de la Asamblea nacional y otros voceros de los **diferentes sectores del Poder Popular**"[1384].

1384 Estas reformas relativas al Poder Popular que se han incorporado en la Constitución de 1999 con las reformas sancionadas en noviembre de 2007, con anterioridad ya se habían anunciado en las Propuestas de Reforma que presentó el Consejo Presidencial para la Reforma Constitucional en junio 2007, en las cuales en forma indirecta aparecía el concepto de Poder Popular. Ello se destaca, por ejemplo, en las propuestas formuladas respecto de otras normas, distintas a las reformadas en Noviembre de 2007, por ejemplo, respecto del artículo 149, se buscaba agregar a las categorías de contratos del Estado, además de los de interés municipal, estadal o nacional, los contratos de interés público comunal; respecto del artículo 174, se buscaba agregar un párrafo indicando que el Alcalde estría obligado "a rendir cuenta de su gestión, anual y públicamente, mediante un informe que presentará ante el Consejo Municipal del Poder Popular y ante la Federación de los Consejos Comunales existentes en el Municipio"; respecto del artículo 175, en la cual se buscaba indicar que "la función legislativa del Municipio correspondía al Concejo Municipal del Poder Popular"; respecto del artículo 186, donde se identificaba a la Asamblea Nacional, como "Asamblea Nacional del Poder Popular"; respecto del artículo 189,3, sobre incompatibilidades de elección, donde se hablaba de funcionarios comunales; respecto del artículo 239, en la cual se

III. LA "NACIONALIZACIÓN" DE COMPETENCIAS QUE LA CONSTITUCIÓN DE 1999 ATRIBUYE A LOS ESTADOS

Artículos 156, 164, 167

La Constitución en su artículo 136, al organizar al Estado "Federal" conforme al principio de la distribución vertical del Poder Público, distribuye y asigna diversas competencias a los tres niveles de gobierno, es decir, al Poder Nacional, al Poder Estadal y al Poder Municipal, aún cuando siguiendo la tendencia centralista de los últimos cien años, centralizó casi todas las competencias públicas en el nivel nacional, con muy pocas competencias en el nivel estadal intermedio y con competencias en materia de la vida local atribuida a los Municipios.

En todo caso, las competencias de cada nivel territorial deben ejercerse con autonomía, en el sentido de que ésta no podría ser limitada por ley nacional posterior, pues de ello se trata la autonomía territorial producto de la descentralización, al establecerse una distribución constitucional del Poder Público en el territorio. En la Constitución de 1999, sin embargo, la regulación del funcionamiento y la organización de los Consejos Legislativos Estadales se remite a la ley nacional (art. 162), lo cual, además de contradictorio con la atribución de los Estados de dictarse su Constitución para organizar sus poderes públicos (art. 164, ord. 1), es una intromisión inaceptable del Poder Nacional en el régimen de los Estados.

En cuanto a los Municipios, la autonomía municipal tradicionalmente garantizada en la propia Constitución, también fue interferida en la Constitución de 1999, al señalarse que los Municipios gozan de la misma, no sólo "dentro de los límites" establecidos en la Constitución, sino en la ley nacional (art. 168), con lo cual el principio descentralizador básico, que es la autonomía, quedó minimizado.

Por otra parte, en cuanto a la distribución de competencias entre los entes territoriales, el proceso de descentralización exigía en 1999, ante todo, la asignación efectiva de competencias tributarias a los Estados, sobre todo en materia de impuestos al consumo, como sucede en todas las Federaciones, lo que no se satisfizo, de manera que los Estados han seguido dependientes del Situado Constitucional.

Ahora, con el proyecto de reforma constitucional sancionado en noviembre de 2007 en relación con la distribución de competencias públicas entre los tres niveles territoriales de gobierno, por una parte, se ha **terminado de centralizar materialmente todas las competencias del Poder Público en el nivel nacional**, mediante la asignación de nuevas competencias al Poder Nacional, **centralizándose las competencias** que tenían los Estados en la Constitución de 1999, que se eliminan; y por la otra, se termina de vaciar a los Estados y Municipios de las competencias que le quedan en la Constitución reformada, mediante la obligación que se les impone de transferir sus competencias a los Consejos Comunales, con lo que en definitiva se quedan como entelequias vacías.

Entre las nuevas competencias que se asigna al Poder Nacional está, por ejemplo, la relativa al **Registro Civil de Bienes, Registro Civil, Mercantil y Fiscal de Per-**

---

atribuía al Vicepresidente de la República la competencia de "presidir el Consejo de Gobierno del Poder Popular" (art. 239,6); respecto del artículo 293, en la cual se facultaba al Consejo Nacional Electoral para "cooperar en los procesos electorales de otras organizaciones del Poder Popular"; y respecto del artículo 350, en la cual se hace referencia al "pueblo de Venezuela en ejercicio del Poder Popular"

sonas (art. 156,5)[1385], a los **teleféricos** (art. 156, 28); y a los servicios de **telefonía básica (art. 156, 30)**[1386]. **Además, se asignan al Poder Nacional** nuevos ámbitos de legislación que se identifican en el artículo 156,33, la mayoría de los cuales siempre han sido del nivel nacional, como la relativa al "derecho internacional privado" a lo que se ha agregado la relativa al "**derecho internacional público**"[1387]**; a la legislación económica y financiera**[1388]**; y a la** legislación **administrativa**, lo que implica la **centralización total de la legislación sobre la Administración Pública**, así sea estadal o municipal.

Además, se centraliza totalmente a nivel nacional la competencia en materia de las **políticas de control fiscal** (art. 156,22), lo que implica la **centralización total de la materia en la Contraloría General de la República**, eliminándose la supuesta autonomía de las contralorías de los Estados y Municipios (art. 289). Estas reformas constitucionales se complementan con la sancionada respecto del artículo 163, en el cual se ha establecido que las **Contralorías estadales, integradas al Sistema Nacional de Control Fiscal,** ejercen el control sobre las Administraciones de los Estados, "**bajo la rectoría de la Contraloría General de la República**", previéndose, además, que los Contralores Estadales se designan por el Contralor general de la República previa postulación por los órganos del Poder Popular del estado u otras organizaciones sociales del mismo. Igualmente debe mencionarse la reforma efectuada al artículo 176, en relación con las **Contralorías Municipales**, al disponerse que las mismas deben actuar bajo la **rectoría de la Contraloría General de la República, y que los Contralores Municipales se designan por el Contralor General de la República previa postulación por los órganos del Poder Popular del municipio u otras organizaciones sociales del mismo.**

Pero entre las materias que con el proyecto de reforma constitucional sancionado en noviembre de 2007 se asigna al Poder Nacional, destacan aquellas que implican una completa centralización de competencias en éste y de ahogamiento definitivo de las competencias estadales y municipales, al asignársele en el artículo 156,10, competencia para "**la ordenación y gestión del territorio y el régimen territorial del Distrito Federal, los Estados, los Municipios, las Dependencias Federales** y demás entidades regionales"; y en el Artículo 156,11, competencia para "la creación, supresión, ordenación y gestión de p**rovincias federales, regiones estratégicas de defensa, territorios federales, municipios federales, ciudades federales y comunales, distritos funcionales, regiones marítimas y distritos insulares**".

En esta forma, los Estados y Municipios dejan de ser "entidades políticas" perdiendo efectiva autonomía, y pasan a **depender totalmente del Poder Nacional,** como órganos **sin autonomía alguna, es decir, como especie de administraciones**

1385 Quizásignorándose que desde el siglo XIX esta es y ha sido una competencia del Poder Nacional establecida en el Código Civil (Registro Público).

1386 Quizás ignorando que todos son servicios de telecomunicaciones ya atribuidos al Poder Nacional en la misma norma (art. 156, 28).

1387 No se entiende cómo se pretende que el derecho internacional público, cuya creación corresponde a la comunidad internacional y a las relaciones entre Estados, se pueda atribuir al Poder Nacional de la República

1388 Quizás ignorando que un Título entero de la Constitución (Título VI) se destina a la materia como competencia nacional

periféricas del Poder Central sometidas a la ordenación y gestión que establezca el Poder Nacional.

Por ello también se ha reformado el artículo 164,2 de la Constitución, para establecer que los Estados tienen competencia para ejercer "la **coordinación de sus municipios y demás entidades locales** de conformidad con lo dispuesto en el artículo 156 ordinal 10 de esta Constitución" lo que también implica la **eliminación de la autonomía municipal.**

Por otra parte, la centralización de competencias en el nivel nacional se ha hecho en el proyecto de reforma constitucional sancionado en noviembre de 2007, eliminándose varias competencias que en la Constitución de 1999 se atribuían a los Estados y Municipios, y ahora se asignan al Poder Nacional, como una muestra más de la **orientación totalmente centralista** de la reforma. En particular, ahora se atribuye al Poder Nacional, en el artículo 156,27, es decir se ha "nacionalizado" la competencia que el artículo 164,10 de la Constitución de 1999 se atribuía a los Estados en materia de la **conservación, administración y aprovechamiento de autopistas y carreteras nacionales,** lo que implica la modificación de los ordinales 9 y 10 del artículo 164 de la Constitución, que asignaban competencia a los Estados en materia de "la conservación, administración y aprovechamiento de **carreteras y autopistas nacionales, así como de puertos y aeropuertos de uso comercial**, en coordinación con el Ejecutivo Nacional".

Además, en el proyecto de reforma constitucional sancionado en noviembre de 2007 se **elimina** la competencia de los Estados que establecía el artículo 164,5 de la Constitución de 1999 en materia del **régimen y aprovechamiento de minerales no metálicos, las salinas y ostrales**, que ahora se asigna al Poder Nacional (art. 156,17), dejándose **sólo** a los Estados las competencias en materia de administración de tierras baldías" (art. 164, 5), previéndose sin embargo, la posibilidad de que el régimen y aprovechamiento de dichos minerales no metálicos se pueda "delegar" a los Estados (156,17).

En el proyecto de reforma constitucional sancionado también se **elimina** la competencia que tenían los Estados en el artículo 164,5 de la Constitución de 1999 en materia de "organización de la policía y la determinación de las ramas de este servicio atribuidas a la competencia municipal, conforme a la legislación nacional aplicable", disponiéndose ahora **la centralización total del régimen de las policías**, al sustituirse dicha norma por la del artículo 164,6, donde "la organización de la policía estadal" se debe desarrollar "**conforme a las competencias que la legislación nacional** determine".

La competencia que establece el artículo 164,7 de la Constitución de 1999 en materia de "creación, organización, recaudación, control y administración de los ramos **de papel sellado**, timbres y estampillas", con el proyecto de reforma constitucional sancionado en noviembre de 2007 también se ha minimizado y neutralizado con el agregado que se ha hecho al artículo 164,7 en el sentido de que esa competencia es "sin menoscabo de la obligación de **aceptar especies de valor equivalente expedidas por el Poder Nacional u otros estados**".[1389]

1389 Debe destacarse, además, que en las propuestas de reforma formuladas por el Consejo Presidencial para la reforma Constitucional, en relación con el artículo 165 de la Constitución que regula las materias de competencia concurrente, es decir, que corresponden a los tres niveles de gobierno (nacional, estadal y

En todo caso, con el proyecto de reforma constitucional sancionado en noviembre de 2007, como resulta de todas las modificaciones antes mencionadas, lo cierto es que se ha dado un **golpe de gracia a la forma federal del Estado**, lo cual se complementa con la eliminación formal de la tradicional **competencia residual** de los Estados - que existe en todas las federaciones del mundo- que establecía el artículo 164,11 de la Constitución de 1999, en el sentido de que les correspondía "todo lo que no corresponda, de conformidad con esta Constitución, a la competencia nacional o municipal". Con el proyecto de reforma constitucional sancionado en noviembre de 2007, en cambio, lo que se ha establecido en el artículo 156,36, en sustitución de esta disposición, es la solución inversa, es decir, atribuir la competencia residual al Poder Nacional respecto de "toda otra materia que la presente Constitución atribuya al Poder Público Nacional, o que le corresponda por su índole o naturaleza, **o que no este atribuido expresamente a la competencia estadal o municipal**". Además, en el artículo 164,10 ahora se atribuye a los Estados, sólo y exclusivamente, competencia en "todo lo que le atribuya esta Constitución o ley nacional".

En otro aspecto, en cuanto a la competencias de los Estados en materia de ingresos, en el proyecto de reforma constitucional sancionado en noviembre de 2007 se aumenta el monto del situado constitucional a un 25% de los ingresos ordinarios estimados en la ley de presupuesto (donde no están los recursos derivados de las reservas excedentarias), pero se **elimina** del artículo 167,5 de la Constitución la exigencia que establecía la Constitución de 1999, de que "El porcentaje del ingreso nacional ordinario estimado que se destine al situado constitucional, no será menor al quince por ciento del ingreso ordinario estimado, para lo cual se tendrá en cuenta la situación y sostenibilidad financiera de la Hacienda Pública Nacional, sin menoscabo de la capacidad de las administraciones estadales para atender adecuadamente los servicios de su competencia". Por otra parte, en materia de Situado Constitucional, además de la participación en el mismo de los Municipios, se ha agregado con el proyecto de reforma constitucional, la participación de las comunidades, los consejos comunales, las comunas y otros entes del Poder Popular, a los cuales les corresponde "una transferencia constitucional equivalente a un mínimo del 5% del ingreso ordinario estimado en la Ley de Presupuesto anual", correspondiendo a una ley especial establecer un Fondo Nacional del Poder Popular que debe encargarse de ejecutar esta transferencia constitucional.

Por último, en materia de competencia nacional compartida con la municipal, con el proyecto de reforma constitucional sancionado en noviembre de 2007 se **eliminó toda referencia al ámbito municipal** de la previsión del artículo 156,14 de la Constitución de 1999. En esta norma se disponía que la competencia del Poder Nacional, en materia de creación y organización de impuestos territoriales o sobre predios rurales y sobre transacciones inmobiliarias, se refería a aquellas "**cuya recaudación y control corresponda a los municipios, de conformidad con esta Consti-**

---

municipal), y que dispone que su régimen se debe establecer "mediante leyes de bases dictadas por el Poder nacional, y leyes de desarrollo aprobadas por los Estados", se buscó convertir dichas competencias concurrentes en competencias exclusivamente nacionales al proponerse que en dicho artículo 165, pura y simplemente, se dijera que "las materias objeto de competencias concurrentes serán reguladas por el Poder Nacional", con lo que los Estados hubieran perdido absolutamente toda competencia en la materia. Esta propuesta de reforma, sin embargo, no fue acogida por la Asamblea Nacional, pero muestra el sentido del pensamiento de los altos funcionarios el Estado que formaron parte de dicho Consejo.

tución". Con el proyecto de reforma constitucional sancionado en noviembre de 2007, el artículo 156,15 se nacionaliza totalmente la materia al asignar competencia al Poder Nacional, pura y simplemente, para "la creación, organización y recaudación de impuestos territoriales o sobre predios rurales y sus transacciones inmobiliarias", lo que sin duda, es contradictorio con la calificación como ingreso municipal que el artículo 179 de la Constitución de 1999, dispone respecto del**, "impuesto territorial rural o sobre predios rurales**", que es el que nacionaliza el artículo 156,15 de el proyecto de reforma constitucional sancionado en noviembre de 2007.

IV. LA OBLIGACIÓN DE LOS ESTADOS Y MUNICIPIOS DE DESPRENDERSE (DESCENTRALIZAR) SUS COMPETENCIAS Y TRANSFERIRLAS EN LOS ÓRGANOS DEL PODER POPULAR

Artículo 184

La Constitución de 1999 en su artículo 184 estableció el principio general de política pública de que la ley debía crear mecanismos **abiertos y flexibles** para que los Estados y los Municipios descentralicen y transfieran a las comunidades y grupos vecinales organizados los servicios que éstos gestionen previa demostración de su capacidad para prestarlos, promoviendo entre otras, la transferencia de servicios en materia de salud, educación, vivienda, deporte, cultura, programas sociales, ambiente, mantenimiento de áreas industriales, mantenimiento y conservación de áreas urbanas, prevención y protección vecinal, construcción de obras y prestación de servicios públicos; la participación de las comunidades y de ciudadanos, a través de las asociaciones vecinales y organizaciones no gubernamentales, en la formulación de propuestas de inversión ante las autoridades estadales y municipales encargadas de la elaboración de los respectivos planes de inversión, así como en la ejecución, evaluación y control de obras, programas sociales y servicios públicos en su jurisdicción; y la creación de nuevos sujetos de descentralización a nivel de las parroquias, las comunidades, los barrios y las vecindades a los fines de garantizar el principio de la corresponsabilidad en la gestión pública de los gobiernos locales y estadales y desarrollar procesos autogestionarios y cogestionarios en la administración y control de los servicios públicos estadales y municipales.

En esta materia, el proyecto de reforma constitucional sancionado en noviembre de 2007, redefine materialmente el Estado democrático federal descentralizado y busca convertirlo en un Estado Comunal centralizado no democrático. En efecto, el antes mencionado artículo 184 de la Constitución de 1999**, se modifica sustancialmente con** el proyecto de reforma constitucional sancionado en noviembre de 2007, al establecer ahora que esa "descentralización y transferencia" que debe regular la ley debe ser hecha exclusivamente a "**las comunidades organizadas, a los consejos comunales, a las comunas y otros entes del Poder Popular" (eliminándose toda posibilidad de establecer mecanismos "flexibles y abiertos" como establecía la Constitución de 1999),** implicando incluso, entre otros casos, "l**a asunción por parte de las organizaciones comunales de la gestión de las empresas públicas municipales o estadales"(ord. 2), y "la transferencia a las organizaciones comunales de la administración y control de los servicios públicos estadales y municipales, con fundamento en el principio de corresponsabilidad en la gestión pública"(ord. 6).**

En el proyecto de reforma constitucional sancionado en noviembre de 2007, además, como se ha visto, se define la estructura de "**la comunidad organizada**" indicándose ahora en el mismo artículo 184 que "**tendrá como máxima autoridad la asamblea de ciudadanos y ciudadanas del Poder Popular, la que designa y revoca a los órganos del Poder Comunal en las comunidades, comunas y otros entes político-territoriales que se conformen en la ciudad, como la unidad política primaria del territorio**"; y además, que "**El Consejo Comunal constituye el órgano ejecutor de las decisiones de las asambleas de ciudadanos y ciudadanas, articulando e integrando las diversas organizaciones comunales y grupos sociales". Agrega la reforma que "igualmente asumirá la Justicia de Paz y la prevención y protección vecinal**", lo que habían sido competencias tradicionales de los Municipios que con la reforma sancionada en noviembre de 2007 se le quitan. En todo caso, se dispone que todo lo relativo a la constitución, integración, competencias y funcionamiento de los consejos comunales debe ser regulado mediante la ley nacional.

Este esquema institucional, por supuesto, hay que concatenarlo con la reforma sancionada respecto del artículo 136 de la Constitución, relativo al Poder Popular, del cual se ha **eliminado todo vestigio democrático representativo a nivel local**, al indicar, como antes se ha dicho, que "**El pueblo es el depositario de la soberanía y la ejerce directamente a través del Poder Popular. Este no nace del sufragio ni de elección alguna, sino que nace de la condición de los grupos humanos organizados como base de la población"** y **"se expresa constituyendo las comunidades, las comunas y el autogobierno de las ciudades, a través de los** consejos comunales, consejos de trabajadores y trabajadoras, consejos estudiantiles, consejos campesinos, consejos artesanales, consejos de pescadores y pescadoras, consejos deportivos, consejos de la juventud, consejos de adultos y adultas mayores, consejos de mujeres, consejos de personas con discapacidad y otros entes que señale la ley".

V. LA LIMITACIÓN A LA AUTONOMÍA MUNICIPAL Y LA ELIMINACIÓN DE LAS PARROQUIAS COMO ENTIDADES LOCALES

Artículos 16, 168, 173

De acuerdo con el artículo 168 de la Constitución de 1999, los Municipios constituían la unidad política primaria de la organización nacional, gozaban de personalidad jurídica y de autonomía, lo que comprendía, la elección de sus autoridades; la gestión de las materias de su competencia; la creación, recaudación e inversión de sus ingresos, y el hecho fundamental de que sus actos "no pueden ser impugnados sino ante los tribunales competentes, de conformidad con la Constitución y la ley"; por lo que no podían ser revisados, en forma alguna, por los órganos del Poder Nacional ni de los Estados.

Con el proyecto de reforma constitucional sancionado en noviembre de 2007, se ha eliminado de este artículo la característica del Municipio de ser la unidad política primaria de la organización nacional, lo que se ha atribuido ahora a la ciudad (art. 16), y además, se ha eliminado la autonomía jurídica e institucional de los Municipios que establecía el artículo 168 de la Constitución de 1999 en el sentido de que sólo el poder judicial podía revisar sus actos, con lo cual la ley puede entonces establecer la posibilidad de que los actos de los Municipios **pueden ser impugnados y**

revisados por los otros órganos administrativos de los Estados, o del poder ejecutivo u otro ente

Por otra parte, se debe destacar que el mismo artículo 168 de la Constitución disponía que las actuaciones del Municipio en el ámbito de sus competencias se debían cumplir "incorporando la participación ciudadana al proceso de definición y ejecución de la gestión pública y al control y evaluación de sus resultados, en forma efectiva, suficiente y oportuna, conforme a la ley", con lo que se dejan abiertas las formas de participación. Ello ha sido sustituido en el proyecto de reforma constitucional sancionado en noviembre de 2007, al disponerse que "En sus actuaciones **el municipio estará obligado** a incorporar, dentro del ámbito de sus competencias, **la participación ciudadana a través de los Consejos del Poder Popular y de los medios de producción socialista", eliminándose toda posibilidad de otras formas de participación, la cual deja de ser libre.**

Por último, debe destacarse que con el proyecto de reforma constitucional sancionado en noviembre de 2007, se elimina del artículo 173 de la Constitución toda referencia a la existencia de las "parroquias" como entidades locales que antes tenían rango constitucional.

VI. LA SUSTITUCIÓN DEL CONSEJO FEDERAL DE GOBIERNO POR UN CONSEJO NACIONAL DE GOBIERNO

Artículo 185

Otra innovación de la Constitución de 1999, fue la creación del Consejo Federal de Gobierno, que buscaba conducir las relaciones intergubernamentales de una Federación, el cual sin embargo, por la política centralizadora nunca funcionó. Se reguló en el artículo 185 como un ente intergubernamental encargado de la planificación y coordinación de políticas y acciones para el desarrollo del **proceso de descentralización y transferencia de competencias del Poder Nacional a los Estados y Municipios,** que presidía el Vicepresidente Ejecutivo y debía estar integrado por los Ministros, los Gobernadores, un Alcalde por cada Estado y representantes de la sociedad organizada, de acuerdo con la ley. De dicho Consejo debía depender el Fondo de Compensación Interterritorial, destinado al financiamiento de inversiones públicas para promover el desarrollo equilibrado de las regiones, la cooperación y complementación de las políticas e iniciativas de desarrollo de las distintas entidades públicas territoriales, y a apoyar especialmente la dotación de obras y servicios esenciales en las regiones y comunidades de menor desarrollo relativo.

Con el proyecto de reforma constitucional sancionado en noviembre de 2007, se cambia radicalmente esta entidad, de manera que en el artículo 185 se la convierte en un ente exclusivamente nacional, como **Consejo Nacional de Gobierno, totalmente desligado de la política de descentralización que como tal se elimina de la Constitución,** encargado de "evaluar los diversos proyectos comunales, locales, estadales y provinciales, para articularlos al Plan de Desarrollo Integral de la Nación, dar seguimiento a la ejecución de las propuestas aprobadas y realizar los ajustes convenientes a los fines de garantizar el logro de sus objetivos". Se dispone que ahora sea presidido por el Presidente de la República quien lo convoca, e integrado por los Vicepresidentes, los Ministros y los Gobernadores. A las reuniones el Presidente puede **convocar a los Alcaldes y a los voceros del Poder Popular.**

CUARTA PARTE

LOS CAMBIOS EN LA ORGANIZACIÓN DEL PODER NACIONAL

I. REFORMAS EN LA ACTUACIÓN INTERNACIONAL DE LA REPÚBLICA

Artículos 152, 153

El proyecto de reforma constitucional sancionado en noviembre de 2007 modifica sustancialmente los artículos 152 y 153 de la Constitución, que estaban destinados a regular las bases constitucionales de la actuación internacional de la República y de los procesos de integración regional, estableciéndose ahora nuevas orientaciones.

En cuanto al artículo 152, con el proyecto de reforma constitucional sancionado en noviembre de 2007, se han precisado las líneas políticas de las relaciones internacionales de la República, precisándose que se "sustentan en el pleno ejercicio de la soberanía del Estado venezolano y se rigen por los principios de: independencia política, igualdad de los Estados, libre determinación y no intervención en los asuntos internos, solución pacifica de los conflictos internacionales, defensa y respeto a los derechos humanos y solidaridad entre los pueblos en la lucha por su emancipación y el bienestar de la humanidad". Además, se indica que la República debe desarrollar "la más firme y decidida defensa de estos principios en los organismos e instituciones internacionales, propiciando su permanente democratización para la construcción de un orden justo y equilibrado"; y que su política exterior debe "orientarse de forma activa hacia la configuración de un mundo pluripolar, libre de la hegemonía de cualquier centro de poder imperialista, colonialista o neocolonialista."

Por otra parte, en cuanto a las bases constitucionales que se habían establecido en la Constitución de 1999, como una importante novedad, para que la República pudiera participar con seguridad jurídica en los procesos de integración económica latinoamericana, las mismas han sido totalmente eliminadas en el proyecto de reforma constitucional de noviembre de 2007, y en su lugar se ha establecido un conjunto de principios de política exterior, en el sentido de que "La República promoverá la integración, la Confederación y la unión de América Latina y del Caribe a objeto de configurar un gran bloque regional de poder político, económico y social". La norma agrega, que "para el logro de este objetivo el Estado privilegiará la estructuración de nuevos modelos de integración y unión en nuestro continente, que permitan la creación de un espacio geopolítico, dentro del cual los pueblos y gobiernos de nuestra América vayan construyendo un solo proyecto Grannacional, al que Simón Bolívar llamó 'Una Nación de Repúblicas'." Para ello, se establece en la reforma que la República puede "suscribir tratados y convenios internacionales basados en la más amplia cooperación política, social, económica, cultural, la complementariedad productiva Grannacional, la solidaridad y el comercio justo".

II. REFORMAS AL PODER EJECUTIVO Y LA ACENTUACIÓN DEL PRESIDENCIALISMO

Con el proyecto de reforma constitucional sancionado en noviembre de 2007 se ha acentuado el presidencialismo que caracterizó el texto constitucional de 1999, particularmente con la extensión del período presidencial y la posibilidad establecida de reelección ilimitada del Presidente; la creación de las Vicepresidencias y el aumento considerable de los poderes y competencias atribuidos al Presidente de la República.

1. *La extensión del período presidencial*

Artículos 230

El proyecto de reforma constitucional sancionado en noviembre de 2007, además de establecer, como se ha dicho, la posibilidad de la **reelección indefinida** del Presidente de la República, ha establecido la **extensión del período presidencial de seis a siete años,** en forma contraria a la tradición constitucional venezolana (art. 230). Debe recordarse que ya la Constitución de 1999 había extendido el período presidencial de cinco a seis años. Por lo demás, el efecto teórico compensatorio a estas reformas, consistente en la posibilidad de que siempre se pueda revocar el mandato del Presidente de la República mediante referendo revocatorio, se ha hecho **más dificultosa por las reformas introducidas en la iniciativa para ello, y en la votación requerida** (art. 72), como se ha analizado anteriormente.

2. *Los nuevos órganos ejecutivos: los Vicepresidentes*

Artículo 225

Una de las innovaciones de la Constitución de 1999 fue la creación del cargo de Vicepresidente Ejecutivo, pero como un órgano totalmente ejecutivo, de manera que para disipar cualquier duda sobre la posible inclusión de un elemento del parlamentarismo en el texto constitucional, se previó expresamente que el Vicepresidente es del libre nombramiento y remoción del Presidente de la República (art. 225).

En el proyecto de reforma constitucional se ratifica esta orientación ejecutiva, pero cambiándole el nombre al Vicepresidente Ejecutivo por el de "**Primer Vicepresidente**", de manera de autorizar al Presidente, además para **designar otros Vicepresidentes** en el número **"que estime necesario"**, quienes también ejercen el Poder Ejecutivo. Ello se repite en la reforma efectuada al artículo 236,5 de la Constitución.[1390]

3. *La ampliación de las atribuciones del Presidente de la República*

Artículos 11, 16, 18, 141, 236, 321, 318, 338, 339

El artículo 236 de la Constitución de 1999 enumera las competencias del Presidente de la República siguiendo la tradición constitucional anterior, con algunas in-

---

1390 La intención de esta reforma como fue expresada en las Propuestas formuladas por el Consejo Presidencial para la Reforma Constitucional, entre otros, es que dichos Vicepresidentes sean designados para determinado territorio, sector o materia, configurándose como un mecanismo para reforzar la acción directa del Presidente en el territorio o en determinadas materias, independientemente del sistema de distribución vertical del Poder Público, con lo que se acentúa aún más el centralismo de Estado controlado por el Presidente.

novaciones introducidas en 1999, como la de formular el Plan de desarrollo nacional y dirigir su ejecución con la aprobación de la Asamblea Nacional (art. 236, 18) y fijar el número, organización y competencia de los Ministerios y otros organismos de la Administración (art. 236,20), lo que antes correspondía al Legislador.

Con el proyecto de reforma constitucional de noviembre de 2007 en relación con el artículo 236 de la Constitución, se han incorporado nuevas atribuciones del Presidente de la República, y se han ampliado las que tiene, en la siguiente forma:

1. Se le atribuye la competencia no sólo para dirigir las acciones del Gobierno, sino en general las del **Estado,** y **además**, para coordinar las relaciones con los otros Poderes Públicos Nacionales en su carácter de Jefe de Estado (art. 236, 2).

2. Se le atribuye una nueva competencia general no sólo en materia de "la ordenación y gestión del territorio", sino del "régimen territorial del Distrito Federal, los estados, los municipios, dependencias federales y demás entidades regionales, de acuerdo con la ley nacional" (art. 236,3). Con ello, desaparece de nuevo todo vestigio de autonomía y división territorial, ya que la materia ni siquiera es competencia del legislador, sino del Poder Ejecutivo.

3. Se le atribuye al Presidente otra nueva competencia general para "crear o suprimir las provincias federales, territorios federales, ciudades federales, distritos funcionales, municipios federales, regiones marítimas y distritos insulares, según lo establecido en esta Constitución, designar y remover sus autoridades, conforme a la ley, asimismo podrá crear ciudades comunales de acuerdo con esta Constitución"(art. 236,4). Todo lo que concierne al territorio y su división queda en esta forma en manos del Jefe de Estado.

4. Se le atribuye la competencia para "**formular el Plan Nacional de Desarrollo y dirigir su ejecución" (art. 236,20),** eliminándose la necesaria aprobación por parte de la Asamblea Nacional en relación con la formulación y ejecución del Plan Nacional de desarrollo que disponía la Constitución de 1999 (art. 236, 18).

5. En lugar de "dirigir la Fuerza Armada Nacional en su carácter de Comandante en Jefe, ejercer la suprema autoridad jerárquica de ella y fijar su contingente" y de "ejercer el mando supremo de la Fuerza Armada Nacional, promover sus oficiales a partir del grado de coronel o capitán de navío, y nombrarlos para los cargos que les son privativos" como decían los artículos 236,5 y 236,6 de la Constitución de 1999, se ha establecido en la reforma de 2007, que el Presidente tiene la competencia para "**comandar** la Fuerza Armada Nacional Bolivariana **en su carácter de Comandante en Jefe, ejerciendo la Suprema Autoridad Jerárquica en todos sus Cuerpos, Componentes y Unidades, determinando su contingente"** (art. 236,7), **y "promover a los oficiales y las oficialas de la Fuerza Armada nacional Bolivariana en todos los grados y jerarquías y designarlos o designarlas para los cargos correspondientes" (art. 236,8)**

6. **Se le atribuye al Presidente competencia para "decretar la suspensión o restricción de garantías" en casos de que declare estados de excepción (art. 236,9), cuando en el artículo 236,7 de la Constitución de 1999 sólo se autorizaba al Presidente a "restringir" garantías, pero nunca a "suspenderlas". Esta atribución se ha ratificado, además, en la reforma efectuada respecto del artículo 337 de la Constitución, ampliándose los poderes presidenciales en los estados de excepción (art. 338 y 339).**

7. **Por último, además de la clásica competencia de** "Administrar la Hacienda Pública Nacional", con la reforma al artículo 236,13, se le atribuye al Presidente competencia para **administrar "las reservas internacionales, así como el establecimiento y regulación de la política monetaria**, en coordinación con el Banco Central de Venezuela".

Por otra parte, además de en el artículo 236 de la Constitución, con el proyecto de reforma constitucional sancionado en noviembre de 2007, en otras normas constitucionales se asignan al Presidente de la República nuevas y amplias competencias en la siguiente forma:

8. En el artículo 11 se le asigna al Presidente de la República competencia para **"decretar Regiones Estratégicas de Defensa a** fin de garantizar la soberanía, la seguridad y defensa en cualquier parte del territorio y espacios geográficos de la República" y para **"decretar autoridades especiales** en situaciones de contingencia, desastres o cualquier otra que requiera la intervención inmediata y estratégica del Estado".

9. En el artículo 16 se le asigna al Presidente competencia para crear por decreto las **ciudades comunales** cuando en la totalidad de su perímetro se hayan establecido las Comunidades organizadas, las Comunas y los Autogobiernos Comunales.

10. En el mismo artículo 16, además, se le asigna competencia al Presidente de la República, en Consejo de Ministros, previo acuerdo aprobado por la mayoría de los diputados de la Asamblea Nacional, para "**decretar regiones marítimas, territorios federales, municipios federales, distritos insulares, provincias federales, ciudades federales y distritos funcionales, así como cualquier otra entidad que establezca esta Constitución y la ley**";

11. También en el artículo 16, se atribuye al "Gobierno Nacional,"que dirige el Presidente de la República, competencia para **la elaboración y activación de una Misión Distrital con el respectivo Plan Estratégico Funcional con motivo de la creación de un Distrito Funcional.**

12. **En el mismo artículo 16, se le asigna al Poder Ejecutivo Nacional", cuyo Jefe es el Presidente de la República, competencia para** designar y remover las autoridades respectivas de las regiones marítimas, territorios federales, Distrito Federal, municipios federales, distritos insulares, provincias federales, ciudades federales y distritos funcionales, así como cualquier otra entidad que establezca esta Constitución y la ley

13. En el artículo 18 se atribuye al "Poder Ejecutivo", cuyo jefe es el Presidente de la República, con la colaboración y participación de todos los entes del Poder Público Nacional, Estadal y Municipal, así como del Poder Popular, sus Comunidades, Comuna, Consejos Comunales y demás organizaciones sociales, el **disponer** "todo lo necesario para el reordenamiento urbano, reestructuración vial, recuperación ambiental, logros de niveles óptimos de seguridad personal y pública, fortalecimiento integral de la infraestructura del hábitat de las comunidades, sistemas de salud, educación, cultura, deporte y recreación, recuperación total de su casco y sitios históricos, construcción de un sistema de pequeñas y medianas ciudades a lo largo de sus ejes territoriales de expansión".

14. En el artículo 141 se le asigna al "Poder Ejecutivo" competencia para establecer como "administraciones públicas" **mediante reglamentos organizativos y funcionales,** a "**las misiones**", como "organizaciones de variada naturaleza, creadas para atender a la satisfacción de las más sentidas y urgentes necesidades de la población, cuya prestación exige de la aplicación de sistemas excepcionales, e incluso, experimentales".

15. En el artículo 318 se le asigna al Presidente de la República o al "Ejecutivo Nacional" competencia para, en coordinación con **el Banco Central de Venezuela, fijar "las políticas monetarias" y ejercer "las competencias monetarias del Poder Nacional";** conjuntamente con el Banco Central de Venezuela, **"lograr la estabilidad de precios y preservar el valor interno y externo de la unidad monetaria";** compartir con el Banco Central de Venezuela, **la función "de participar en la formulación y ejecución de la política monetaria, en el diseño y ejecución de la política cambiaria, en la regulación de la moneda, el crédito y fijación de las tasas de interés";** y como administrador de la Hacienda Pública Nacional, **administrar y dirigir las reservas internacionales de la República** manejadas por el Banco Central de Venezuela.

16. En el artículo 321 se atribuye al "Jefe del Estado", en el marco de su función de administración de las reservas internacionales, el establecer, en coordinación con el Banco Central de Venezuela y al final de cada año, **el nivel de las reservas necesarias para la economía nacional, así como el monto de las reservas excedentarias,** las cuales se deben destinar a fondos que **"disponga el Ejecutivo Nacional para inversión productiva, desarrollo e infraestructura, financiamiento de las misiones** y, en definitiva, el desarrollo integral, endógeno, humanista y socialista de la nación".

4. *La transformación del Consejo de Estado*

Artículos 251, 252

Otra innovación de la Constitución de 1999 fue el establecimiento del Consejo de Estado como **órgano superior de consulta del Gobierno y de la Administración Pública Nacional, de carácter intergubernamental,** con competencia para recomendar políticas de interés nacional en aquellos asuntos a los que el Presidente reconozca de especial trascendencia y requieran de su opinión (art. 251); el cual debía estar presidido por el Vicepresidente Ejecutivo y conformado, además, por cinco personas designadas por el Presidente de la República; un representante designado por la Asamblea Nacional; un representante designado por el Tribunal Supremo de Justicia y un Gobernador designado por el conjunto de mandatarios estadales (art. 252). Dicho órgano, nunca se configuró.

Con el proyecto de reforma constitucional sancionado en noviembre de 2007, se ha cambiado radicalmente la configuración de este Consejo de Estado, y se lo ha convertido en un órgano exclusivamente nacional, como órgano superior de **consulta y asesoramiento del Estado y Gobierno Nacional,** el cual en forma por demás incongruente se dispone que ejerce sus atribuciones **"con autonomía funcional",** aun cuando **"sus opiniones o dictámenes no tendrán carácter vinculante".** Se le han atribuido competencias para: "1. Emitir opinión sobre el objeto de la consulta. 2. Velar por la observancia de la Constitución y el ordenamiento jurídico. 3. Emitir dictámenes sobre los asuntos que se sometan a su consideración y 4. Recomendar políticas de interés nacional en aquellos asuntos de especial trascendencia (art. 251).

A tal efecto, la reforma cambia la conformación del Consejo de Estado y dispone que lo preside el Presidente de la República y está además conformado, por el Presidente de la Asamblea Nacional; el Presidente del Tribunal Supremo de Justicia, el Presidente del Poder Ciudadano y el Presidente del Consejo Nacional Electoral. Además, se autoriza al Presidente de la República para convocar "voceros o voceras y las personas que considere necesario para tratar la materia a la que se refiere la consulta" (art. 252).

III. LAS REFORMAS EN EL ÁMBITO DEL PODER LEGISLATIVO Y LA PERMEABILIDAD POLÍTICA ENTRE EL EJECUTIVO Y EL LEGISLATIVO

Artículo 191

La Constitución de 1999 estableció el principio de la separación de poderes, lo que en la tradición del sistema presidencial, conforme al sistema de balances y contrapesos, para asegurar la separación entre la Asamblea Nacional, como órgano que ejerce el Poder Legislativo, y los órganos que ejercen el Poder Ejecutivo, dispuso que los diputados a la Asamblea **no pueden ser designados para cargos ejecutivos, "sin perder su investidura**, salvo en actividades docentes, académicas, accidentales o asistenciales, siempre que no supongan dedicación exclusiva" (art. 191). Ello significa, que salvo estas excepciones, si un diputado es nombrado Ministro o director de un instituto autónomo, por ejemplo, pierde su investidura de diputado, y al cesar en su cargo ejecutivo no puede volver a la Asamblea Nacional.

En el proyecto de reforma constitucional sancionado en noviembre de 2007, la Asamblea Nacional incorporó una norma con el objeto de **diluir** la separación de poderes entre el Legislador y el Ejecutivo, al **eliminar la previsión de la pérdida de investidura de los diputados** cuando éstos acepten cargos ejecutivos y, al contrario, ahora se establece una total **permeabilidad** al disponerse que los diputados a la Asamblea Nacional pueden aceptar o ejercer cargos públicos sin perder su investidura, "sólo cuando **sean designados por el Presidente de la República, en cuyo caso se desincorporarán temporalmente de la Asamblea Nacional y podrán reincorporarse a ésta al cesar sus funciones a objeto de concluir el período para el cual fueron electos"** (art. 191).

Esta disposición es inconcebible en un sistema constitucional de gobierno presidencial, basado en la separación del poder ejecutivo y del poder legislativo, y es más propia de los regímenes parlamentarios, donde el gobierno tiene su origen y depende del Parlamento. La Asamblea Nacional, para beneficiar a sus miembros que han sido llamados a ocupar cargos públicos ejecutivos y que por ello, conforme a la Constitución perdieron su investidura como diputados, ha incorporado al proyecto de reforma constitucional una **Disposición Transitoria Segunda**, con el siguiente texto:

> "En defensa de la soberanía y de la voluntad popular, los Diputados electos y Diputadas electas en los comicios del 5 de diciembre de 2005, que hayan sido llamados o llamadas por el Presidente de la República a ocupar cargos públicos, una vez cesen en sus tareas, podrán reincorporarse a la Asamblea Nacional para la culminación del período para el cual fueron electos y electas".

Es difícil ver en esta Disposición Transitoria defensa alguna a "la soberanía y a la voluntad popular", cuando se trata de una norma dictada en "defensa" de investiduras perdidas, dándole efectos retroactivos a la reforma.

IV. LAS REFORMAS EN RELACIÓN CON EL PODER JUDICIAL

1. *Las reformas respecto de la designación y remoción de los Magistrados del Tribunal Supremo de Justicia*

Artículos 264, 265

Además de la reforma sancionada respecto de la selección de los magistrados y su postulación por el Comité de Postulaciones Judiciales, completamente modificado en el artículo 264, como antes se ha comentado, en la reforma sancionada en noviembre de 2007, se ha modificado igualmente el régimen de remoción de los magistrados.

De acuerdo con lo que se disponía en el artículo 265 de la Constitución, los magistrados del Tribunal Supremo de Justicia podían ser removidos por la Asamblea Nacional sólo mediante una mayoría calificada de las dos terceras partes de sus integrantes, previa audiencia concedida al interesado, en caso de faltas graves ya calificadas por el Poder Ciudadano, en los términos que se estableciera en ley. Esta mayoría calificada, al menos, evitaba que la suerte de la cúspide del Poder Judicial estuviese sujeta a simples mayorías políticas parlamentarias. Lamentablemente, ello ya había sido distorsionado por la Ley Orgánica del Tribunal Supremo de Justicia de 2004, en la cual, en forma evidentemente inconstitucional, se había previsto una forma de "revocación del acto administrativo de nombramiento" de los magistrados, por simple mayoría de los diputados.

Esta distorsión, atentatoria contra la independencia judicial, se busca constitucionalizar ahora con el proyecto de reforma constitucional sancionado en noviembre de 2007, al establecerse, que los magistrados del Tribunal Supremo de Justicia pueden ser removidos, "en caso de faltas graves, por el voto de la mayoría de los integrantes de la Asamblea Nacional, previa audiencia concedida al interesado", y que "cuando estén incursos en responsabilidad penal, se requerirá para su remoción pronunciamiento del Tribunal Supremo de Justicia".

2. *Las reformas respecto de las competencias del Tribunal Supremo de Justicia*

Artículo 266

Con el proyecto de reforma constitucional sancionado en noviembre de 2007, se han modificado las competencias del Tribunal Supremo de Justicia, en cuanto al antejuicio de mérito, y parcialmente, en materia de control de constitucionalidad de los decretos de estados de excepción.

En cuanto la competencia en materia de antejuicio de mérito, en lugar de haberse reducido el privilegio que ello significa, se ha ampliado, y en la lista de altos funcionarios que no pueden ser enjuiciados sin que el Tribunal Supremo previamente declare si hay o no méritos para su enjuiciamiento, además del Presidente de la República (art. 266,2), están: el Primer Vicepresidente de la República, los Diputados integrantes de la Asamblea Nacional, los Magistrados del Tribunal Supremo de Justicia, el Fiscal General de la República, el Contralor General de la República, el Defensor del Pueblo, los Rectores del Consejo Nacional Electoral, los Vicepresidentes del Poder Ejecutivo, los Ministros, el Procurador General de la República, los Gobernadores, los Generales y Almirantes de la Fuerza Armada Bolivariana integrantes del Alto Mando Militar, así como de los oficiales que ejerzan cargos de Comando de Regiones Estratégicas de Defensa, de Regiones Militares, de Áreas de Defensa Integral, de Distritos Militares y de Guarniciones Militares, y los jefes de Misiones Diplomáticas de la República (art. 266,3).

Por otra parte, entre las atribuciones de control concentrado de la constitucionalidad, el artículo 339 de la Constitución de 1999 establecía al regular los decretos que declarasen estados de excepción, que los mismos debían ser presentados ante la Sala Constitucional del Tribunal Supremo, para que ésta se pronunciase sobre su constitucionalidad. Por ello, el artículo 336 le atribuye a la Sala competencia expresa para dicha revisión, que puede ejercer aun de oficio. Sin embargo, en el proyecto de reforma constitucional sancionado en noviembre de 2007, se ha **eliminado** del artículo 339 de la Constitución, la exigencia de que el decreto sobre estados de excepción, se deba remitir a la Sala para dicho control.

V. LAS REFORMAS EN RELACIÓN CON EL PODER CIUDADANO

1. *Las reformas respecto de la designación y remoción de los titulares del Poder Ciudadano*

Artículo 279

Otra innovación de la Constitución de 1999 fue declarar formalmente como formando parte de la distribución del Poder Público Nacional, además del Poder Legislativo Nacional, del Poder Ejecutivo Nacional y del Poder Judicial, tanto al Poder Ciudadano como al Poder Electoral (art. 136). En cuanto al Poder Ciudadano, el mismo lo ejercen dos órganos de rango Constitucional con tradición en el país, como la Contraloría General de la República y el Ministerio Público (Fiscalía General de la República) y un órgano nuevo creado por la Constitución de 1999, el Defensor del Pueblo, en la orientación general de los organismos similares creados en toda América Latina.

De acuerdo con la Constitución, a los efectos del nombramiento de los titulares de los órganos del Poder Ciudadano por la Asamblea Nacional, el Consejo Moral Republicano debe convocar un Comité de Evaluación de Postulaciones del Poder Ciudadano, que debe estar integrado por representantes de diversos sectores de la sociedad. El proyecto de reforma constitucional sancionado por la Asamblea Nacional en noviembre de 2007, como se ha dicho, cambia radicalmente la conformación de dicho Comité convirtiéndolo en un órgano dependiente de la Asamblea, y elimina la exclusividad de la participación, en el mismo, de diversos representantes de la sociedad civil, que fue lo que precisamente motivó su creación en la Constitución de 1999. Ahora el Comité está integrado en su mayoría por agentes del Estado: "Diputados, voceros del Poder Popular y representantes de organizaciones y sectores sociales" (art. 279).

Pero además, en el proyecto de reforma constitucional sancionado se elimina la exigencia de una mayoría calificada de los integrantes de la Asamblea Nacional para el nombramiento del Contralor General de la República, del Fiscal General de la República y del Defensor del Pueblo como lo exigía la Constitución de 1999, estableciéndose para ello, ahora, el voto de solo la mayoría de los integrantes de la Asamblea (art. 279), la misma mayoría que también se establece expresamente en la reforma, para que la Asamblea Nacional **pueda remover a los integrantes del Poder Ciudadano** (art. 279).

2. *Las reformas respecto de las funciones de la Contraloría General de la República*

Artículos 289, 163, 176

En relación con la Contraloría General de la República (art. 287), dado su ámbito de control sobre ingresos, gastos y bienes públicos, las funciones de la misma se establecieron en la Constitución "sin perjuicio de las facultades que se atribuyeron a otros órganos, y en particular, "a los Estados y Municipios"(art. 289,1 y 2). Tratándose de un Estado Federal el que regulaba la Constitución de 1999, la autonomía de Estados y Municipios implicaba la potestad de organizar sus sistemas de control, sin perjuicio de las potestades que se asignan al órgano nacional de control fiscal.

En el proyecto de reforma constitucional sancionado en noviembre de 2007, como se ha visto, en los artículos 163 y 176 se sujeta a las Contralorías Estadales y Municipales a la Contraloría General de la República y al Sistema de Control Fiscal que esta dirige, atribuyéndose al Contralor General la designación y remoción de los Contralores Estadales y Municipales, (arts. 163, 176).

En el mismo sentido de esas reformas, también se ha reformado el artículo 289 del cual se elimina toda referencia a que las funciones de la Contraloría General de la República se deban ejercer **sin perjuicio de las facultades de los Estados y Municipios (arts. 289, 1 y 2), agregándose a las funciones de la Contraloría, "la rectoría del Sistema Nacional de Control Fiscal"(art. 289,1) y "designar o remover" a los contralores de los Estados y Municipios de acuerdo con lo establecido en la Constitución y la ley (art. 289,6)**

VI. LAS REFORMAS EN RELACIÓN CON EL PODER ELECTORAL

1. *Las reformas respecto de la designación y remoción de los titulares del Poder Electoral*

Artículos 295, 296

Otra innovación de la Constitución de 1999 fue haberle dado rango constitucional del órgano de control electoral, a cuyo efecto el artículo 292 dispuso que el Poder Electoral se ejerce por el Consejo Nacional Electoral, como ente rector.

En cuanto a la designación de los cinco miembros que conforme al artículo 295 de la Constitución deben integrar el Consejo Nacional Electoral, como se dijo, la previsión de que para su designación los miembros deben ser postulados por un Comité de Postulaciones Electorales integrado exclusivamente "por representantes de los diferentes sectores de la sociedad", ha sido eliminada con el proyecto de reforma constitucional; estableciéndose, en su lugar, que la Asamblea Nacional, para la designación de dichos miembros, debe convocar un Comité de Postulaciones Electorales integrado, ahora, por Diputados, voceros del Poder Popular y representantes de organizaciones y sectores sociales (art. 295), es decir, en su mayoría agentes del Estado. También se eliminó en el proyecto de reforma constitucional la exigencia de que unos miembros del Consejo Nacional Electoral debían ser postulados por la sociedad civil, y en particular por las facultades de ciencias jurídicas y políticas de las universidades nacionales (art. 295). Con el proyecto de reforma constitucional lo que ahora se establece es que la postulación de los candidatos está a cargo de "Consejos del Poder Popular, representantes de instituciones, sectores educativos y otros sectores sociales" (art. 296). Estas reformas, siguen la orientación de las previsiones ya establecidas en la Ley Orgánica del Poder Electoral, en forma inconstitucional, tendientes a convertir el Comité de Postulaciones Electorales en una Comisión parlamentaria ampliada.

Por otra parte, la Constitución de 1999 exigía expresamente que la designación de los miembros del Consejo Nacional Electoral se hiciera con el voto de las **dos terceras partes de los integrantes de la Asamblea Nacional** (art. 296), lo que con el proyecto de reforma constitucional sancionado en noviembre de 2007 se sustituye por el nombramiento con la sola mayoría de los integrantes de la Asamblea Nacional (art. 295), agregándose ahora, que la remoción de los miembros del Consejo Nacional Electoral, también puede decidirse por el voto de la mayoría de los integrantes de la Asamblea Nacional (art. 296).

2. *Las reformas respecto de las funciones del Poder Electoral*

Artículo 293

En la Constitución de 1999, entre otras competencias, se le atribuyó al Poder Electoral la potestad no sólo organizar las elecciones generales nacionales, sino las elecciones de "sindicatos, gremios profesionales y partidos políticos (organizaciones con fines políticos) y de poder intervenir en la elecciones de otras organizaciones de la sociedad civil" (art. 292,6), lo que sin duda, se configuró en una injerencia inaceptable del Estado en entidades privadas.

En el proyecto de reforma constitucional sancionado en noviembre de 2007 si bien se deja la potestad del Consejo Nacional Electoral de organizar las elecciones de gremios profesionales y partidos políticos (organizaciones con fines políticos), se **elimina del artículo 293,6 la potestad-deber del Poder Electoral de organizar las elecciones de los sindicatos, estableciéndose en relación con los mismos, así como con las "organizaciones sociales o del Poder Popular", que el Poder Electoral lo que puede es "asesorar** y cooperar" en las elecciones de los mismos "**cuando estos lo soliciten** o por orden del Tribunal Supremo de Justicia".

Además, del artículo 293,3 con el proyecto de reforma constitucional se eliminó el carácter "vinculante" de las directrices que puede emitir el Consejo nacional Electoral en materia de financiamiento y publicidad político electorales.

QUINTA PARTE

LOS CAMBIOS EN LA CONSTITUCIÓN ECONÓMICA: DE UN ESTADO SOCIAL Y PROMOTOR DE ECONOMÍA MIXTA, A UN ESTADO SOCIALISTA, DE ECONOMÍA ESTATAL CENTRALIZADA Y CONFISCATORIA

Uno de los componentes normativos esenciales de toda Constitución contemporánea, es la llamada *Constitución Económica* que deriva de los principios constitucionales que guían el régimen de las relaciones económicas y el papel que, en las mismas, corresponde a la iniciativa privada y al propio Estado, y que conforme al constitucionalismo desarrollado desde mitades del siglo pasado, está montada sobre un **modelo económico de economía mixta**, basado en el principio de la libertad como **opuesto al de economía dirigida**, similar al que existe en todos los países occidentales. Este sistema económico, por tanto, se fundamenta en la **libertad económica, la iniciativa privada y la libre competencia**, pero con la participación del Estado como promotor del desarrollo económico, regulador de la actividad económica, **y planificador con la participación de la sociedad civil.**

Conforme a esa orientación, la Constitución de 1999 estableció un sistema económico de economía mixta, es decir, de economía social de mercado que se fundamenta en la libertad económica, pero que debe desenvolverse conforme a principios de justicia social, que requiere de la intervención del Estado. Ese régimen socioeconómico, conforme al artículo 299 de la Constitución de 1999, se fundamenta en los siguientes principios: justicia social, democratización, eficiencia, libre competencia, protección del ambiente, productividad y solidaridad, a los fines de asegurar el desarrollo humano integral y una existencia digna y provechosa para la colectividad. Por ello, el mismo artículo constitucional dispone expresamente que el Estado, "conjuntamente con la iniciativa privada", debe promover "el desarrollo armónico de la economía nacional con el fin de generar fuentes de trabajo, alto valor agregado nacional, elevar el nivel de vida de la población y fortalecer la soberanía económica del país, garantizando la seguridad jurídica, solidez, dinamismo, sustentabilidad, permanencia, equidad del crecimiento de la economía, para garantizar una justa distribución de la riqueza mediante una planificación estratégica democrática, participativa y de consulta abierta".

Como lo precisó la Sala Constitucional del Tribunal Supremo de Justicia en sentencia N° 117 de 6 de febrero de 2001, se trata de "un **sistema socioeconómico intermedio** entre la economía de **libre mercado** (en el que el Estado funge como simple programador de la economía, dependiendo ésta de la oferta y la demanda de bienes y servicios) y la economía **interventora** (en la que el Estado interviene activamente como el "empresario mayor")", conforme al cual, el texto constitucional promueve "expresamente la actividad económica conjunta del Estado y de la iniciativa privada en la persecución y concreción de los valores supremos consagrados en la Constitución"; persiguiendo "el equilibrio de todas las fuerzas del mercado y la actividad conjunta del Estado e iniciativa privada". Conforme a este sistema, dijo además la Sala Constitucional en esa sentencia, la Constitución: "propugna una serie de **valores normativos superiores del régimen económico**, consagrando como tales la libertad de empresa en el marco de una economía de mercado y fundamentalmente el del Estado Social de Derecho (*Welfare State*, Estado de Bienestar o Estado Socialdemócrata), esto es **un Estado social opuesto al autoritarismo"**[1391].

La aplicación práctica de ese modelo constitucional, en todo caso, provocó el desenvolvimiento de una economía basada en la libertad económica y la iniciativa privada, pero con una intervención importante y necesaria del Estado para asegurar los principios de justicia social que constitucionalmente deben orientar el régimen económico; lo que se ha acrecentado por el hecho de ser el Estado, el titular desde siempre del dominio público sobre el subsuelo.

Con el proyecto de reforma constitucional sancionado en noviembre de 2007, se cambia radicalmente ese modelo, acentuando el desequilibrio existente entre lo público y lo privado, al transformarlo en un sistema de **economía estatal, de planificación centralizada, propia de un Estado y economía socialista, donde desaparece la libertad económica y el derecho de propiedad como derechos constitucionales, y con ello, el principio mismo de la reserva legal.**

I. LA ELIMINACIÓN DE LA LIBERTAD ECONÓMICA COMO DERECHO CONSTITUCIONAL AL LIBRE EJERCICIO DE LAS ACTIVIDADES ECONÓMICAS

Artículos 112, 113, 299

En efecto, el artículo 112 de la Constitución establece como uno de los principios fundamentales del sistema constitucional, el derecho de todas las personas de poder **dedicarse libremente a la actividad económica de su preferencia,** sin más limitaciones que las previstas en la Constitución y las que establezcan las leyes, por razones de desarrollo humano, seguridad, sanidad, protección del ambiente u otras de interés social, a cuyo efecto, **el Estado está obligado a promover "la iniciativa privada**, garantizando la creación y justa distribución de la riqueza, así como la producción de bienes y servicios que satisfagan las necesidades de la población, la **libertad de trabajo, empresa, comercio, industria,** sin perjuicio de su facultad para dictar medidas para planificar, racionalizar y regular la economía e impulsar el desarrollo integral del país".

En el proyecto de reforma constitucional sancionado en noviembre de 2007, se **elimina este derecho y la libertad económica, es decir, se les quita rango constitucional,** y se sustituye esta norma por otra en la cual lo que se establece es la definición de una política estatal para promover "el desarrollo de un **modelo económico productivo, intermedio, diversificado e independiente**, fundado en los valores humanísticos de la **cooperación y la preponderancia de los intereses comunes**

1391 Esos valores aludidos conforme a la doctrina de la Sala Constitucional "se desarrollan mediante el concepto de libertad de empresa, que encierra, tanto la noción de un derecho subjetivo "a dedicarse libremente a la actividad económica de su preferencia", como un principio de ordenación económica dentro del cual se manifiesta la voluntad de la empresa de decidir sobre sus objetivos. En este contexto, los Poderes Públicos, cumplen un rol de intervención, la cual puede ser directa (a través de empresas) o indirecta (como ente regulador del mercado)". Véase en *Revista de Derecho Público,* N° 85-88, Editorial Jurídica Venezolana, Caracas, 2001, pp. 212-218.

sobre los individuales, que garantice la satisfacción de las necesidades sociales y materiales del pueblo, la mayor suma de estabilidad política y social y la mayor suma de felicidad posible"; agregándose que el Estado, asimismo, "**fomentará y desarrollará distintas formas de empresas y unidades económicas de propiedad social, tanto directa o comunal como indirecta o estatal, así como empresas y unidades económicas de producción o distribución social, pudiendo ser estas de propiedad mixtas (sic) entre el Estado, el sector privado y el poder comunal, creando las mejores condiciones para la construcción colectiva y cooperativa de una economía socialista**".

Es decir, en un artículo como el 112 ubicado en el Capítulo constitucional sobre los **derechos económicos**, simplemente **se elimina el derecho al libre ejercicio de las actividades económicas y la propia libertad económica**. Ello, por supuesto, es contrario al principio de la progresividad en materia de derechos humanos y constitucionales que garantiza el artículo 19 de la Constitución.

La consecuencia más dramática de la eliminación de un derecho, como derecho constitucional, es entre otros aspectos, la desaparición de las garantías constitucionales al mismo y en particular la desaparición de la garantía de la reserva legal, es decir, que las limitaciones o restricciones al derecho sólo podrían establecerse mediante ley formal emanada de la Asamblea Nacional, y no mediante decretos reglamentarios del Ejecutivo. Por ello, precisamente, por la desaparición del derecho a la libertad económica y sus garantías constitucionales, el proyecto de reforma constitucional sancionado ha incorporado una **Disposición Transitoria Novena** en la cual se dispone que:

> "Hasta tanto se dicten las normas que desarrollen los principios establecidos en el artículo 112 de esta Constitución, el Ejecutivo Nacional podrá, mediante decretos o decreto ley, regular la transición al Modelo de Economía Socialista".

Es decir, **se está autorizando constitucionalmente al Ejecutivo nacional para incluso mediante reglamentos regular todo lo concerniente al régimen económico de la República para la "transición al Modelo de Economía Socialista**", lo que es contrario a todos los principios de un Estado de derecho, que desapareció en Venezuela.

Además, debe destacarse en esta misma orientación, que con el proyecto de reforma constitucional sancionado respecto del artículo 299, se han eliminado de su texto como fundamentos del sistema económico, a los principios de **justicia social**, **libre competencia**, **democracia y productividad** y en su lugar se han establecido, entre otros, los principios **socialistas, antiimperialistas, humanistas,** a los fines asegurar el desarrollo humano integral y una existencia digna y provechosa para la colectividad. Por otra parte, la garantía del desarrollo armónico de la economía no se asigna "**al Estado conjuntamente con la iniciativa privada**" como disponía la Constitución de 1999, sino "**al Estado** conjuntamente con la iniciativa comunitaria, social y personal", todo, "con el fin de generar fuentes de trabajo, alto valor agregado nacional, elevar la calidad de vida de la población, lograr la suprema felicidad social y fortalecer la soberanía económica del país, garantizando la solidez, dinamismo, sustentabilidad, permanencia y equidad del crecimiento de la economía, para lograr una justa distribución social de la riqueza mediante una planificación estratégica, democrática, participativa, política, económica y de consulta abierta". Esta forma de planificación, por supuesto choca con la potestad asignada en el proyecto de reforma constitucional al Presidente de la República para formular el Plan de Desarrollo Integral de la nación (art. 236,20).

En la Constitución de 1999, por otra parte, se establecen un conjunto de atribuciones que facultaban al Estado para regular el ejercicio de los derechos económicos, en particular, al precisarse el régimen de la prohibición de los monopolios (art. 113), declarándose contrarios a los principios fundamentales de la Constitución las actividades tendientes a su establecimiento o que conduzcan a su existencia. También se declaró como contrario a dichos principios, el abuso de la posición de dominio que puedan adquirir los agentes económicos independientemente de su causa. En todos estos casos, la norma facultaba al Estado para adoptar las medidas que fueren necesarias para evitar los efectos nocivos y restrictivos del monopolio, del abuso de la posición de dominio y de las demandas concentradas, teniendo como finalidad la protección del público consumidor, los productores y productoras y el aseguramiento de condiciones efectivas de competencia en la economía.

Con el proyecto de reforma constitucional sancionado en noviembre de 2007, se ha **cambiado radicalmente el régimen de la actividad económica,** estableciéndose en el artículo 113 una serie de limitaciones a la misma que van mucho más allá de la restricción de los monopolios y la posición dominante de empresas, privilegiándose la **economía estatal y los medios de producción socialista.**

En esta orientación, se ha agregado a la norma, que en general, "no se permitirán actividades, acuerdos, prácticas, conductas y omisiones de los y las particulares que vulneren los **métodos y sistemas de producción social y colectiva** con los cuales **se afecte la propiedad social y colectiva** o impidan o dificulten la justa y equitativa concurrencia de bienes y servicios", con lo cual queda en manos del Estado la suerte de cualquier actividad económica particular.

Además, en la reforma sancionada del artículo 113 se ha agregado a la norma que en los casos de explotación de recursos naturales o de cualquier otro bien del dominio de la Nación, considerados de carácter estratégico por la Constitución o la ley, así como cuando se trate de la prestación de servicios públicos vitales, considerados como tales por la Constitución o la ley, el Estado podrá **reservarse la explotación o ejecución de los mismos**, directamente o mediante empresas de su propiedad, sin perjuicio de establecer empresas de propiedad social directa, **empresas mixtas o unidades de producción socialistas**, que aseguren la soberanía económica y social, respeten el control del Estado, y cumplan con las cargas sociales que se le impongan, todo ello conforme a los términos que desarrollen las leyes respectivas de cada sector de la economía"[1392].

En el proyecto de reforma constitucional respecto del artículo 113, en todo caso, se declaran contrarios a los principios fundamentales de la Constitución cuando tengan por objeto el establecimiento de un monopolio, sólo "cualquier acto, actividad, conducta o acuerdo de un o una **particular, varios o varias particulares, o una empresa**

1392 Con ello, como se propuso en las *Propuestas de Reforma del Consejo Presidencial para la Reforma Constitucional,* lo que se busca es establecer que la prohibición de los monopolios no se aplica a aquellos casos en los cuales el Estado "los establezca, reservándose actividades o servicios en función del interés social, en aras de materializar los principios de la economía socialista y humanista", indicándose, además, que "el Estado podrá asumir posiciones de control cuando por razones de estrategia así lo requiera". Esto, sin embargo, no se incorporó en la reforma sancionada por la Asamblea Nacional en noviembre de 2007.

privada o conjunto de empresas privadas", y también como contrario a dichos principios, "el abuso de la posición de dominio **que un o una particular, un conjunto de ellos o de ellas, o una empresa privada o conjunto de empresas privadas** adquiera o haya adquirido en un determinado mercado de bienes o de servicios, así como cuando se trate de una demanda concentrada". En consecuencia, dichos principios no se aplican al Estado, pues con el proyecto de reforma constitucional sancionado en noviembre de 2007, lo que se está es estableciendo un sistema económico **de capitalismo de Estado**, el cual puede tener monopolios y posición de dominio sin límite alguno.

II. LA ELIMINACIÓN DE LA GARANTÍA DEL DERECHO DE PROPIEDAD PRIVADA

Artículos 115, 307

Por otra parte, otro de los pilares fundamentales de la Constitución de 1999, además de la libertad económica, es la garantía del derecho de propiedad privada, que conforme al artículo 115 de la Constitución de 1999, se la concebía como el derecho que tiene toda persona "**al uso, goce, disfrute y disposición de sus bienes**", aún cuando sometida a "las contribuciones, restricciones y obligaciones que establezca la ley con fines de utilidad pública o de interés general". Dicha garantía implica que "sólo por causa de utilidad pública o interés social, **mediante sentencia firme y pago oportuno de justa indemnización**, podrá ser declarada **la expropiación** de cualquier clase de bienes".

Con el proyecto de reforma constitucional sancionado en noviembre de 2007 se cambia radicalmente el régimen de la **propiedad privada, la cual se elimina como derecho constitucional, y queda materialmente reducida a la que pueda existir sobre los bienes de uso, consumo y medios de producción legítimamente adquiridos, quedando por tanto minimizada y marginalizada en relación con la propiedad pública.**

En el proyecto de reforma constitucional sancionado respecto del artículo 115 de la Constitución, en efecto, en lugar de garantizarse la propiedad privada, lo que hace es "reconocer y garantizar "**las diferentes formas de propiedad**", las cuales se enumeran así:

1. "La **propiedad pública** es aquella que pertenece a los entes del Estado; **la propiedad social** es aquella que pertenece al pueblo en su conjunto y las futuras generaciones", y **podrá ser de dos tipos**:

A. "La **propiedad social indirecta** cuando es ejercida por el Estado a nombre de la comunidad", y

B. "La **propiedad social directa**, cuando el Estado la asigna, bajo distintas formas y en ámbitos territoriales demarcados, a una o varias comunidades, a una o varias comunas, constituyéndose así en **propiedad comunal** o a una o varias ciudades, constituyéndose así en **propiedad ciudadana**";

2. "La **propiedad colectiva** es la perteneciente a grupos sociales o personas, para su aprovechamiento, uso o goce en común, pudiendo ser de origen social o de origen privado";

3. "La **propiedad mixta** es la conformada entre el sector público, el sector social, el sector colectivo y el sector privado, en distintas combinaciones, para el apro-

vechamiento de recursos o ejecución de actividades, siempre sometida al respeto absoluto de la soberanía económica y social de la Nación;" y

4. "La **propiedad privada es aquella que pertenece a personas naturales o jurídicas y que se reconoce sobre bienes de uso, consumo y medios de producción legítimamente adquiridos, con los atributos de uso, goce y disposición, y las limitaciones y restricciones que establece la ley.**"

La propiedad privada, en consecuencia, queda reducida a los bienes de uso y consumo y a los medios de producción. Por lo demás, queda por precisar qué debe entenderse por **bienes de consumo,** los cuales en el lenguaje común son aquellos que no buscan producir otros bienes, es decir, los que se usan para satisfacer las necesidades específicas del consumidor que lo adquiere; así como por **medios de producción**, los cuales en el lenguaje común son el conjunto de objetos de trabajo que participan en el proceso de producción y que el hombre utiliza para crear los bienes materiales[1393].

Sobre esto, el magistrado Jesús Eduardo Cabrera en el Voto salvado a la sentencia Nº 2042 de la Sala Constitucional de 2 de noviembre de 2007 en la cual se declaró inadmisible un amparo constitucional ejercido contra el Presidente de la República y la Asamblea Nacional, con motivo de la inconstitucional "reforma constitucional", sostuvo lo siguiente:

> "El artículo 113 del Proyecto, plantea un concepto de propiedad, que se adapta a la propiedad socialista, y que es válido, incluso dentro del Estado Social; **pero al limitar la propiedad privada solo sobre bienes de uso, es decir aquellos que una persona utiliza (sin especificarse en cual forma); o de consumo, que no es otra cosa que los fungibles, surge un cambio en la estructura de este derecho que dada su importancia, conduce a una transformación de la estructura del Estado**. Los alcances del Derecho de propiedad dentro del Estado Social, ya fueron reconocidos en fallo de esta Sala de 20 de noviembre de 2002, con ponencia del Magistrado Antonio García García".

En el proyecto de reforma constitucional sancionado en noviembre de 2007, se ha establecido, además, que "toda propiedad, estará sometida a las contribuciones, cargas, restricciones y obligaciones que establezca la ley con fines de utilidad pública o de interés general", y que "por causa de utilidad pública o interés social, mediante sentencia firme y pago oportuno de justa indemnización, podrá ser declarada la expropiación de cualquier clase de bienes, sin perjuicio de la facultad de los órganos del Estado de ocupar previamente, durante el proceso judicial, los bienes objeto de expropiación, conforme a los requisitos establecidos en la ley".

1393 Debe destacarse, por otra parte, que en las *Propuestas de Reforma del Consejo Presidencial para la Reforma Constitucional de junio 2007*, incluso se llegó a proponer otra redacción del artículo 115, en la cual se restringía aún más el ámbito de la propiedad privada, que quedaba reducida a las remuneraciones del trabajo, y a los bienes necesarios para satisfacer las necesidades vitales, así: "En virtud que el trabajo es el origen de todo valor económico, todos y todas tienen derecho a la propiedad privada sobre las remuneraciones, ingresos y ahorros provenientes de su trabajo, así como sobre los bienes necesarios para satisfacer sus necesidades costeados por ellos, incluida la vivienda adquirida de tal forma o mediante título legítimo, así como el derecho de herencia sobre tales bienes. Se reconoce también la propiedad privada personal sobre los instrumentos de trabajo de profesionales, investigadores, artesanos, artistas o grupos de producción familiar siempre que no sean aplicados como medios de producción para explotar el trabajo de terceros".

En esta forma, no sólo se eliminó la garantía constitucional de que "sólo" mediante expropiación puede extinguirse la propiedad como se había establecido siempre en el ordenamiento constitucional, lo que abre la vía para que por ley se establezcan otras formas de extinción de la propiedad; sino que se **constitucionalizó el mecanismo de la ocupación previa**, ratificándose el principio de la **indemnización justa y oportuna cuando** se trate de expropiación.[1394]

Con esta reforma sancionada, **simplemente desaparece el derecho de propiedad como elemento fundamental del orden jurídico.**

Se destaca, por último, que en materia de confiscación , si bien el artículo 116 de la Constitución no se reformó, en el artículo 307 relativo a la prohibición del latifundio se agregó al texto constitucional que "Se confiscarán aquellos fundos cuyos dueños o dueñas ejecuten en ellos actos irreparables de destrucción ambiental, los dediquen a la producción de sustancias psicotrópicas o estupefacientes o la trata de personas, o los utilicen o permitan su utilización como espacios para la comisión de delitos contra la seguridad y defensa de la Nación."

III. LA ELIMINACIÓN DEL LATIFUNDIO

Artículo 307

El artículo 307 de la Constitución de 1999 declaraba al régimen latifundista "como contrario al interés social", previendo para tal efecto que el legislador debía disponer lo conducente **en materia tributaria para gravar las tierras ociosas y establecer las medidas necesarias para su transformación en unidades económicas productivas**, rescatando igualmente las tierras de vocación agrícola.

Por otra parte, la norma establecía el derecho de los campesinos y demás productores agropecuarios "a la propiedad de la tierra", en los casos y formas especificados por la ley respectiva, con la obligación para el Estado de **proteger y promover las formas asociativas y particulares de propiedad para garantizar la producción agrícola**, y para velar por la ordenación sustentable de las tierras de vocación agrícola con el objeto de asegurar su potencial agroalimentario.

Excepcionalmente disponía el mismo artículo constitucional, que el legislador debía crear contribuciones parafiscales con el fin de facilitar fondos para financiamiento, investigación, asistencia técnica, transferencia tecnológica y otras actividades que promuevan la productividad y la competitividad del sector agrícola.

En el proyecto de reforma constitucional sancionado en noviembre de 2007, se ha eliminado del artículo 307 toda idea de promover la desaparición del latifundio mediante medidas **tributarias** para gravar las tierras ociosas, así como la política de transformar el latifundio en unidades económicas productivas, rescatando igualmente las tierras de vocación agrícola; y en su lugar se ha establecido una disposición

---

1394 No debe dejar de mencionarse que en las *Propuestas de Reforma del Consejo Presidencial para la Reforma Constitucional,* pretendía que el artículo 115, dispusiera que "La República podrá declarar mediante resolución administrativa la expropiación de bienes por causa de utilidad pública o interés social, a cuyo efecto pagará justa indemnización determinada por los órganos de los poderes públicos, de acuerdo con la ley", y que en lugar de la prohibición de las confiscaciones, que permanece en el artículo 116 de la Constitución, se estableciera que: "La propiedad cuyo uso atente o afecte los derechos de terceros o de la sociedad, podrá ser objeto de confiscación por parte del Gobierno Nacional, de acuerdo a la ley". Estas propuestas no fueron acogidas por la Asamblea nacional.

mediante la cual "**se prohíbe el latifundio por ser contrario al interés social**", agregándose que "**la República determinará mediante ley, la forma en la cual los latifundios serán transferidos a la propiedad del Estado, o de los entes o empresas públicas, cooperativas, comunidades u organizaciones sociales** capaces de administrar y hacer productivas las tierras". En la norma constitucional, sin embargo, no se define qué debe entenderse por "latifundio", que en el lenguaje común es una explotación agrícola de grandes dimensiones basada en el uso ineficiente de los recursos disponibles. Corresponde entonces al legislador precisar esta indeterminación, con el riesgo de que sea cualquier extensión que puede variar la ya establecida en la Ley de Tierras y Desarrollo Agrario.[1395]

En la reforma se repite la previsión de la Constitución de 1999 en el sentido de que "los campesinos o campesinas y demás productores agropecuarios y productoras agropecuarias tienen derecho a la propiedad de la tierra, en los casos y formas especificados en la ley respectiva", agregándose, sin embargo, que "a los fines de garantizar la producción agrícola el Estado protegerá y promoverá la propiedad social."

En la norma del artículo 307 se agrega que "el Estado velará por la ordenación sustentable de las tierras de vocación agrícola para asegurar su potencial agroalimentario" y que, por una parte, "la ley creará tributos sobre las tierras productivas que no sean empleadas para producción agrícola o pecuaria; " y por la otra, que "excepcionalmente, se crearán contribuciones parafiscales cuya recaudación se destinará para financiamiento, investigación, asistencia técnica, transferencia tecnológica y otras actividades que promuevan la productividad y rendimiento del sector agrícola."

Por último, como ya se indicó, en el artículo 307 de la constitución se establece la obligación del Estado de confiscar "aquellos fundos cuyos dueños o dueñas ejecuten en ellos actos irreparables de destrucción ambiental, los dediquen a la producción de sustancias psicotrópicas o estupefacientes o la trata de personas, o los utilicen o permitan su utilización como espacios para la comisión de delitos contra la seguridad y defensa de la Nación."

IV. CAMBIOS EN EL RÉGIMEN DE LA INTERVENCIÓN DEL ESTADO EN LA ECONOMÍA

Artículos 113, 300, 301, 302, 303, 305

En cuanto a la intervención del Estado en la economía, la forma más clásica en el derecho administrativo ha sido mediante la constitución de empresas públicas, respecto de cuya regulación, el artículo 300 de la Constitución de 1999 remitió a la ley nacional para el establecimiento de las condiciones para su creación como entidades funcionalmente descentralizadas para la realización de actividades sociales o empresariales, con el objeto de asegurar la razonable productividad económica y social de los recursos públicos que en ellas se inviertan.

En el proyecto de reforma constitucional sancionado en noviembre de 2007 se ha cambiado la concepción de esta regulación, **eliminándose toda referencia a la descentralización** y reduciéndose la posibilidad de creación de empresas o entidades regionales para la promoción y realización de actividades económicas y sociales bajo los principios de la **economía socialista**, estableciendo los mecanismos de con-

1395 *Gaceta Oficial* N° 35.771 de 18-05-2005.

trol y fiscalización que aseguren la transparencia en el manejo de los recursos públicos que en ellas se inviertan, y su razonable productividad económica y social

En cuanto a la política comercial, la misma se había regulado en el artículo 301 de la Constitución de 1999, reservándosela al Estado, a los efectos de defender las actividades económicas de las **empresas nacionales públicas y privadas**, disponiendo en relación con las **inversiones extranjeras que estarían sujetas a las mismas condiciones que la inversión nacional**. En el proyecto de reforma constitucional sancionado en noviembre de 2007, se ha agregado dentro de los objetivos de la política comercial defender y promover no sólo las actividades económicas de las empresas nacionales públicas y privadas, sino de las **empresas comunales, mixtas, colectivas, y sociales. De la norma, en la reforma, se eliminó la referencia a las inversiones extranjeras que preveía la Constitución de 1999 cuando exigía que la inversión extranjera estuviera "sujeta a las mismas condiciones que la inversión nacional".**

En cuanto a la reserva de actividades al Estado, el artículo 302 de la Constitución, había establecido que "el Estado se reserva, mediante la ley orgánica respectiva y por razones de conveniencia nacional, la actividad petrolera", agregando que también se puede reservar en la misma forma "industrias, explotaciones, servicios y bienes de interés público y de carácter estratégico". En esta forma, si bien la reserva de la industria petrolera efectuada mediante la Ley Orgánica de 1975, adquirió rango constitucional en el texto de 1999, ello se sujetó a lo que estableciera la ley orgánica respectiva, la cual podría ser modificada, como en efecto ocurrió en con la Ley Orgánica de Hidrocarburos de 2000. La reserva que se estableció en 1999, por tanto, no fue ni rígida ni absoluta, sino flexible, conforme se estableciera en la ley orgánica respectiva.

Con el proyecto de reforma constitucional sancionado en noviembre de 2007, se cambia radicalmente la concepción de esta regulación, estableciéndose la reserva en la propia Constitución, **"por razones de soberanía, desarrollo e interés nacional**, las actividades de exploración y explotación de los hidrocarburos líquidos, sólidos y gaseosos, así como su recolección, transporte y almacenamiento iniciales y las obras que estas actividades requieran." En la norma se agrega que "el Estado promoverá la manufactura nacional procesando las correspondientes materias primas, asimilando, creando e innovando tecnologías nacionales, especialmente en lo que se refiere a la Faja Petrolífera del Orinoco, los cinturones gasíferos tierra adentro y mar afuera y los corredores petroquímicos, con el fin de desarrollar las fuerzas productivas, impulsar el crecimiento económico y lograr la justicia social". Además, se indica en la norma que "el Estado mediante ley orgánica podrá reservarse cualquier otra actividad relacionada con los hidrocarburos".

Se agrega en el artículo la previsión de que las actividades reservadas se deben ejercer "por el Ejecutivo Nacional directamente, o por medio de entes o empresas de su exclusiva propiedad, o por medio de empresas mixtas en las cuales tenga el control y la mayoría accionaria", con lo cual se constitucionaliza el régimen de las empresas mixtas de hidrocarburos, indicándose que "la adecuación al nuevo ordenamiento de los negocios existentes en materia de hidrocarburos gaseosos se hará mediante ley".

Por otra parte, en la reforma que se sancionó respecto del artículo 113, se previó también, que el Estado puede reservarse directamente o mediante empresas de su propiedad, la explotación o ejecución de la explotación de recursos naturales o de cualquier otro bien del dominio de la Nación, considerados de carácter estratégico por la Constitución o la ley, así como de la prestación de servicios públicos vitales, considerados como tales por la Constitución o la ley.

En relación con todas las actividades reservadas, el artículo 303 de la Constitución también fue modificado radicalmente en el proyecto de reforma constitucional sancionado en noviembre de 2007, estableciéndose una prohibición absoluta de privatizar ninguna actividad reservada al Estado, eliminándose la absurda posibilidad que dejó abierta la Constitución de 1999 para que las acciones de la empresas filiales de Petróleos de Venezuela S.A., de las asociaciones estratégicas y de las demás empresas constituidas como consecuencia del desarrollo de los negocios de Petróleos de Venezuela S.A., pudieran ser vendidas. Ahora se dispone, en cambio, que "por razones de soberanía económica, desarrollo e interés nacional, Petróleos de Venezuela S.A. y los entes o empresas de propiedad exclusiva del Estado que desarrollen en el territorio nacional actividades reservadas, no podrán ser privatizados total ni parcialmente". Se agregó, además, que "el Ejecutivo Nacional, por órgano del ministerio con competencia en la materia, fiscalizará y ejercerá el control sobre las actividades reservadas, así como sobre el transporte de los hidrocarburos y sus derivados en todo el territorio nacional, desde su extracción hasta el consumidor final en el mercado doméstico, o hasta los puertos y puntos de exportación".

Por otra parte, una importante innovación en la Constitución de 1999 fue la regulación, en el artículo 305, de los principios y políticas en materia de producción de la "agricultura sustentable y de la seguridad alimentaria de la población entendida como la disponibilidad suficiente y estable de alimentos en el ámbito nacional y el acceso oportuno y permanente a éstos por parte del público consumido". En el proyecto de reforma constitucional sancionado en noviembre de 2007 respecto de este artículo, por una parte, ahora se habla de la promoción y desarrollo de "la agroecología como base estratégica del desarrollo rural integral, a fin de garantizar la seguridad y la soberanía alimentarias de la población"; y por la otra se ha agregado a dicho artículo 305 una disposición que establece que "si ello fuere necesario para garantizar la seguridad y la soberanía alimentarias, la República podrá asumir sectores de la producción agrícola, pecuaria, acuícola, indispensables a tal efecto y podrá transferir su ejercicio a entes autónomos, empresas públicas y organizaciones sociales, cooperativas o comunitarias, así como, utilizar a plenitud las potestades de expropiación, afectación y ocupación en los términos establecidos en la Constitución y la ley".

V. CAMBIOS EN EL RÉGIMEN FISCAL Y ECONÓMICO DEL ESTADO

En materia del régimen fiscal, por primera vez en el constitucionalismo venezolano se incorporaron al texto fundamental un conjunto de normas relativas al Banco Central de Venezuela y a la política macroeconómica del Estado (arts. 318 a 321). En particular, sobre el Banco Central de Venezuela la Constitución de 1999 le atribuyó las competencias monetarias del Poder Nacional para ejercerlas de manera exclusiva y obligatoria, estableciéndose como su objetivo fundamental lograr la estabilidad de precios y preservar el valor interno y externo de la unidad monetaria, y garantizándose su autonomía para la formulación de las políticas de su competencia. La Constitución además, le asignó al Banco para el adecuado cumplimiento de su objetivo, la atribución de formular y ejecutar la política monetaria, participar en el diseño y ejecutar la política cambiaria, regular la moneda, el crédito y las tasas de interés, administrar las reservas internacionales, y todas aquellas que establezca la ley.

1. *La eliminación de la autonomía del Banco Central de Venezuela*

Artículos 318, 320

Con el proyecto de reforma constitucional sancionado en noviembre de 2007 se ha **cambiado total y radicalmente** el régimen de la política monetaria y del Banco Central de Venezuela, **eliminándosele sus competencias y su autonomía, y estableciendo su total dependencia directa respecto del Ejecutivo Nacional.**

A tal efecto, en el artículo 318 se han introducido las siguientes reformas:

En primer lugar, se precisa que "**El sistema monetario nacional debe propender al logro de los fines esenciales del Estado Socialista y el bienestar del pueblo, por encima de cualquier otra consideración.**"

En segundo lugar, las competencias para fijar las políticas monetarias del Poder Nacional y ejercer las competencias monetarias del Poder nacional que la Constitución de 1999 asignaba "exclusivamente" al Banco Central de Venezuela, ahora se **atribuyen al "Ejecutivo Nacional, a través del Banco Central** de Venezuela **en estricta y obligatoria coordinación".**

En tercer lugar, se precisa la naturaleza totalmente dependiente, jerárquicamente del Banco Central de Venezuela, como "ente del Poder Ejecutivo Nacional". En este sentido, con el proyecto de reforma constitucional **se elimina formalmente la autonomía** del Banco Central, al disponerse que "**es persona de derecho público sin autonomía** para la formulación y el ejercicio de las políticas correspondientes", y se agrega que "sus funciones estarán **supeditadas a la política económica general y al Plan Nacional de Desarrollo de la Nación** para alcanzar los **objetivos superiores del Estado Socialista** y la mayor suma de felicidad posible para todo el pueblo".

En cuarto lugar, se determina que el objetivo específico del Banco Central de Venezuela, en tal carácter de ente dependiente del Ejecutivo Nacional, es "lograr las **condiciones monetarias, cambiarias y financieras necesarias para promover el crecimiento y el desarrollo económico y social de la Nación"**.

En quinto lugar, se establece que para el adecuado cumplimiento de su objetivo específico, entre **las funciones del Banco Central, "compartidas con el Poder Ejecutivo Nacional,** está las de "**participar** en la formulación y ejecución de la política monetaria, en el diseño y ejecución de la política cambiaria, en la regulación de la moneda, el crédito y fijación de las tasas de interés".

En sexto lugar, **se le quita al Banco Central de Venezuela la competencia de "administrar las reservas internacionales**" y en su lugar se establece, que "las reservas internacionales de la República serán **manejadas** por el Banco Central de Venezuela, **bajo la administración y dirección del Presidente o Presidenta de la República, como administrador o administradora de la Hacienda Pública Nacional".**

Por otra parte, en el artículo 320 de la Constitución de 1999, en relación con la coordinación macroeconómica, se había establecido una detallada regulación, primero sobre la estabilidad económica y segundo sobre el Fondo de Estabilización macroeconómica. Con el proyecto de reforma constitucional sancionado en noviembre de 2007, ambas regulaciones se cambian radicalmente.

En efecto, el artículo 320 de la Constitución de 1999 disponía que "el Estado debe promover y defender la estabilidad económica, evitar la vulnerabilidad de la economía y velar por la estabilidad monetaria y de precios, para asegurar el bienestar social", disponiéndose **la obligación** para "el ministerio responsable de las finanzas y el Banco Central de Venezuela" de contribuir "a la **armonización de la política fiscal con la política monetaria**, facilitando el logro de los objetivos macroeconómicos" y con la precisión de que "**en el ejercicio de sus funciones, el Banco Central de Venezuela no estará subordinado a directivas del Poder Ejecutivo y no podrá convalidar o financiar políticas fiscales deficitarias**".

En la norma, además, se precisó que **la actuación coordinada del Poder Ejecutivo y del Banco Central de Venezuela se debía realizar "mediante un acuerdo anual de políticas"**, en el cual se debían establecer "los objetivos finales de crecimiento y sus repercusiones sociales, balance externo e inflación, concernientes a las políticas fiscal, cambiaria y monetaria; así como los niveles de las variables intermedias e instrumentales requeridos para alcanzar dichos objetivos finales". La norma del artículo 320 precisa las formalidades de dicho acuerdo, el cual debe ser firmado por el Presidente del Banco Central de Venezuela y el titular del ministerio responsable de las finanzas, **el cual se debe divulgar en el momento de la aprobación del presupuesto por la Asamblea Naciona**l. De acuerdo con la Constitución, es responsabilidad de las instituciones firmantes del acuerdo "que las acciones de política sean consistentes con sus objetivos", debiendo especificarse en el acuerdo, "los resultados esperados, las políticas y las acciones dirigidas a lograrlos".

En el proyecto de reforma constitucional sancionado en noviembre de 2007 se ha eliminado todo el detallado marco regulatorio para garantizar la estabilidad económica y la coordinación entre el Ejecutivo Nacional y el Banco Central de Venezuela que establecía la Constitución de 1999, y en su lugar se ha redactado la norma del artículo 320 indicando solamente que "El Estado debe promover y defender la estabilidad económica, evitar la vulnerabilidad de la economía y velar por la estabilidad monetaria y de precios para asegurar el bienestar social. Igualmente, velará por la armonización de la política fiscal con la política monetaria para el logro de los objetivos macroeconómicos". Con ello, se elimina todo principio de coordinación entre el Ejecutivo Nacional y el Banco Central, el cual, como se dijo, ha quedado sin autonomía, como un brazo ejecutor dependiente del Ejecutivo y de lo que este disponga.

2. *La administración y control de las reservas internacionales por el Ejecutivo Nacional*

Artículo 321

En cuanto al régimen del fondo de estabilización macroeconómica, el artículo 321 de la Constitución de 1999 exigía que se estableciera por Ley para "garantizar la estabilidad de los gastos del Estado en los niveles municipal, regional y nacional, ante las fluctuaciones de los ingresos ordinarios", con la precisión de que el funcionamiento del Fondo debía sujetarse a los "principios básicos de eficiencia, equidad y no discriminación entre las entidades públicas que aporten recursos al mismo".

Con el proyecto de reforma constitucional sancionado en noviembre de 2007, se ha eliminado totalmente la existencia del Fondo de Estabilización Macroeconómica, y en su lugar, lo que se ha dispuesto en el artículo 321 es la **atribución "al Jefe de**

Estado en el marco de su función de administración de las reservas internacionales" (art. 236,23), para establecer **"en coordinación con el Banco Central de Venezuela** y al final de cada año, **el nivel de las reservas necesarias para la economía nacional**, así como el monto de las **reservas excedentarias**" con la expresa indicación de que las mismas se deben destinar "**a fondos que disponga el Ejecutivo Nacional** para inversión productiva, desarrollo e infraestructura, financiamiento de las misiones y, en definitiva, el desarrollo integral, endógeno, humanista y **socialista de la Nación**".

SEXTA PARTE

LOS CAMBIOS EN EL RÉGIMEN DE LOS DERECHOS CONSTITUCIONALES

En esta materia de los derechos constitucionales y, en particular, en relación con los derechos humanos, sin duda, la Constitución de 1999 fue un texto en el cual se incorporaron notables innovaciones signadas por el principio de la progresividad de la protección de los derechos humanos, que incluso se incorporó en el artículo 19.

Lamentablemente, en esta materia, en particular en materia de derechos humanos en situaciones de excepción, el proyecto de reforma constitucional sancionado en noviembre de 2007 tiene un notable **carácter regresivo**, completamente **contrario a dicho principio de la progresividad, con las que se configuran al Estado como un Estado Policial, represivo**; y ello, a pesar de que la Asamblea Nacional, al discutir y sancionar el proyecto de reforma constitucional, afortunadamente no acogió las propuestas que había formulado el Consejo Presidencial para la Reforma Constitucional en su documento de junio 2007[1396].

I. LA AMPLIACIÓN DEL PRINCIPIO DE IGUALDAD

Artículo 21

En el artículo 21 de la Constitución de 1999 se reguló ampliamente la garantía de la igualdad ante la ley con un contenido muy rico en contra de todo tipo de discriminaciones.

En el proyecto de reforma constitucional sancionado en noviembre de 2007 se ha ampliado el ámbito protectivo contra las discriminaciones, al agregarse nuevos elementos en el ordinal primero del artículo, para garantizar la no discriminación, no sólo por motivos fundados "en la raza, el sexo, el credo, la condición social" como decía la Constitución de 1999, sino "**fundadas en lo étnico, género, edad, sexo, salud, credo, orientación política, orientación sexual, condición social o religiosa**".

II. LOS CAMBIOS EN EL RÉGIMEN DE LOS ESTADOS DE EXCEPCIÓN Y RESPECTO DE LA SUSPENSIÓN Y RESTRICCIÓN DE LAS GARANTÍAS CONSTITUCIONALES

El Capítulo II del Título relativo a la "Protección de la Constitución", está destinado a regular las circunstancias excepcionales que pueden originar situaciones de excepción que afecten gravemente la seguridad de la Nación, de las instituciones y de las personas, y que ameritan la adopción de medidas político-constitucionales para afrontarlas (art. 337).

1396 Como "Apéndice" a este estudio se comentan las propuestas de reforma formuladas por le Consejo Presidencial para la Reforma Constitucional en materia de derechos individuales, de marcado carácter regresivo.

Las regulaciones de la Constitución de 1999, en esta materia, han sido tan radicalmente cambiadas en el proyecto de reforma constitucional sancionado en noviembre de 2007, con marcado carácter regresivo, que en las disposiciones de la Constitución sancionadas en la reforma, la única Disposición Derogatoria que contiene expresa que "Se deroga la Ley Orgánica sobre Estados de Excepción, sancionada el 9 de agosto de 2001 y publicada en Gaceta Oficial de la República Bolivariana de Venezuela Nº 37.261 del 15 de agosto de 2001".

1. *La ampliación de los supuestos de estados de excepción*

Artículo 338

De acuerdo con el artículo 338 de la Constitución de 1999, el estado de alarma se podía decretar "cuando se produzcan catástrofes, calamidades públicas u otros acontecimientos similares que pongan seriamente en peligro la seguridad de la Nación, o de sus ciudadanos y ciudadanas".

En el proyecto de reforma constitucional sancionado en noviembre de 2007, se ha ampliado el ámbito de los estados de alarma, al desdoblárselos en dos: por una parte, respecto de situaciones hipotéticas se ha establecido un nuevo **estado de alarma**, "cuando exista la posibilidad cierta e inminente que va a ocurrir una situación capaz de generar catástrofes, calamidades públicas u otros acontecimientos similares, con el fin de tomar las medidas previas necesarias para proteger la seguridad de la Nación o de sus ciudadanos y ciudadanas"; y en cuanto el anterior estado de alarma, se lo califica ahora como **estado de emergencia** "cuando se produzcan catástrofes, calamidades públicas u otros acontecimientos similares que pongan seriamente en peligro la seguridad de la Nación o de sus ciudadanos y ciudadanas".

2. *La eliminación de los lapsos de duración de los estados de excepción*

Artículos 338

La Constitución de 1999 establecía que los estados de excepción tanto los de alarma, como los de emergencia o conmoción, tenían necesariamente que tener un límite de tiempo de duración que era variable de hasta 30, 60 o 90 días, pudiendo ser siendo prorrogables por un sólo período igual. En el proyecto de reforma constitucional sancionado, por una parte se han **eliminado** del artículo 338 **los lapsos de duración** de los estados de excepción que eran de **30 días** para los **estados de alarma, de 60 días** para los **estados de emergencia económica** y de **90 días** para los **estados de conmoción interior o exterior**; y por otra parte, se ha establecido, pura y simplemente, que los estados de excepción **durarán "mientras se mantengan las causas que los motivaron"**, lo que los puede convertir en estados de excepción de duración ilimitada, y en todo caso, de duración sujeta a la sola discreción del Presidente de la República.

La consecuencia de estas regulaciones, es que la Asamblea Nacional perdió la potestad que le daba el artículo 338 de la Constitución de 1999, de aprobar (o negar) la prórroga de los estados de excepción.

3 *La posibilidad de suspender y no sólo de restringir las garantías constitucionales*

Artículo 337

En la Constitución de 1999, fue eliminada la posibilidad de que en los casos de estados de excepción, se pudieran "**suspender**" las garantías constitucionales, como lo autorizaba el artículo 241 en concordancia con el artículo 190,6 de la Constitución de 1961, lo que había dado origen a tantos abusos institucionales[1397], quedando la potestad de excepción, a la sola posibilidad de "restringir" (art. 236,7) temporalmente las garantías constitucionales. En ningún caso es posible la suspensión de los derechos humanos en si mismos, pues los mismos, en un Estado democrático no son suspendibles.

En esta materia, mediante el proyecto de reforma constitucional sancionado en noviembre de 2007, en una forma **asombrosamente regresiva** en materia de derechos humanos, se ha establecido **la posibilidad de que por decisión del Presidente de la República, no sólo se pueda "restringir" las garantías constitucionales, sino más grave aún,** que se puedan "**suspender" dichas garantías** (art. 337), lo cual es inadmisible en una sociedad democrática por lo que fue expresamente eliminado cuando se sancionó la Constitución de 1999.

4 *Los cambios en materia de las garantías constitucionales de los derechos humanos que no pueden ser afectadas en los estados de excepción*

Artículo 337

Como se ha dicho en la Constitución de 1999, entre las **garantías consagradas en la Constitución que no podían ser afectadas en los estados de excepción por decisión ejecutiva, estaban las** referidas a los derechos a la vida, prohibición de incomunicación o tortura, el derecho al debido proceso, el derecho a la información y los demás derechos humanos intangibles". Es decir, a la lista de garantías constitucionales que no podían restringirse en forma alguna reguladas en los artículos 43; 43,2; 46,1; 49, y 58, se agregaban "los demás derechos humanos intangibles" cuyas garantías tampoco pueden restringirse, como los indicados en el Pacto Internacional de Derechos Civiles y Políticos (art. 4), y en la Convención Americana de Derechos Humanos (art. 27), y que son: la garantía de la igualdad y no discriminación; la garantía de no ser condenado a prisión por obligaciones contractuales; la garantía de la irretroactividad de la ley; el derecho a la personalidad; la libertad religiosa; la garantía de no ser sometido a esclavitud o servidumbre; la garantía de la integridad personal; el principio de legalidad; la protección de la familia; los derechos del niño; la garantía de la no privación arbitraria de la nacionalidad y el ejercicio de los derechos políticos al sufragio y el acceso a las funciones públicas.

En el proyecto de reforma constitucional que se había aprobado en segunda discusión en la Asamblea Nacional en octubre de 2007, en franca violación del principio de progresividad en materia de derechos humanos, se buscaba reducir los derechos y garantías que no podría ser suspendidos a **sólo "los derechos a la vida y prohibición de incomunicación o tortura**", **eliminándose la prohibición** que es-

---

1397 Véase por ejemplo, Allan R. Brewer-Carías, "Consideración sobre la suspensión o restricción de las garantías constitucionales" en *Revista de Derecho Público*, N° 37, Editorial Jurídica Venezolana, Caracas, enero-marzo 1989, pp. 5-25.

tablecía el artículo 337 de la Constitución de 1999 de que no podían **restringirse los derechos al debido proceso, a la información y los demás derechos humanos intangibles"**. Estas excepciones, en definitiva, han sido eliminados de la norma constitucional del artículo 337 en el proyecto de reforma constitucional sancionado por la Asamblea Nacional en noviembre de 2007, aún cuando la lista de los derechos cuyas garantías no pueden ser restringidas ni suspendidas se ha ampliado incorporándose ahora, "las referidas al derecho a la vida, la prohibición de tortura, la incomunicación, la desaparición forzosa, el derecho a la defensa, a la integridad personal, a ser juzgado o juzgada por sus jueces naturales y no ser condenado o condenada a penas que excedan los treinta años".

5. *La eliminación de los mecanismos de control de los estados de excepción*

Artículos 338, 339

La Constitución de 1999, al regular los estados de excepción estableció tres tipos de sistemas de control de la potestad ejecutiva: por la Asamblea Nacional, por la Sala Constitucional del Tribunal Supremo de Justicia y por los organismos internacionales. Todos estos sistemas de control han sido eliminados con el proyecto de reforma constitucional sancionado en noviembre de 2007.

En primer lugar, se elimina la posibilidad que tenía la Asamblea Nacional de controlar y revocar el decreto ejecutivo de declaración de estados de excepción (así como de prorrogar los lapsos de duración), y se sustituye ello por la indicación de que sólo el Presidente de la República puede dejar sin efecto el decreto "al cesar las causas que lo motivaron" (art. 339). En el artículo 339, sin embargo, sólo se indica que el decreto debe ser "presentado, dentro de los ocho días siguientes de haberse dictado, a la Asamblea Nacional o a la Comisión Delegada para su consideración y aprobación", pero eliminándose la potestad que tenía la Asamblea Nacional conforme a la Constitución de 1999 de poder revocar los decretos de estados de excepción, al cesar las causas que los motivaren.

En segundo lugar, también se elimina del Artículo 339, el control de constitucionalidad obligatorio por parte de la Sala Constitucional del Tribunal Supremo de Justicia respecto de los decretos de estados de excepción, que en dicha norma se preveía en la Constitución de 1999, aún cuando subiste la competencia de la Sala Constitucional conforme al artículo 336,6 de revisar aún de oficio, la constitucionalidad de los decretos que declaren los estados de excepción dictados por el Presidente de la República.

En tercer lugar, con el proyecto de reforma constitucional se ha eliminado **la exigencia constitucional expresa establecida en el mismo artículo 339 de que los decretos de estados de excepción** deben cumplir con "las exigencias, principios y garantías establecidos en el Pacto Internacional de Derechos Civiles y Políticos y en la Convención Americana sobre Derechos Humanos"(art. 339).

III. LOS CAMBIOS EN EL RÉGIMEN DE LOS DERECHOS SOCIALES

1. *Los cambios en materia de protección de la vivienda principal*

Artículo 82

En el proyecto de reforma constitucional sancionado en noviembre de 2007, se ha agregado al artículo 82 que regula el derecho de toda persona a la vivienda, una disposición tendiente a proteger el hogar, en la cual se establece que "**toda persona tendrá derecho a la protección de su hogar o el de su familia** declarándolo como vivienda principal ante los órganos del Poder Popular, y por lo tanto, contra él no podrá acordarse ni ejecutarse medidas preventivas o ejecutivas de carácter judicial, sin más limitaciones que las previstas en la ley o convención en contrario".

2. *Los cambios en materia de derechos laborales*

Artículos 87, 90

En el proyecto de reforma constitucional sancionado en noviembre de 2007, se han introducido cambios a dos artículos del capítulo de la Constitución relativo a los derechos laborales, cuyo contenido, en realidad, no requería de reforma constitucional alguna para su implementación.

La primera reforma incide en el artículo 87, básicamente en relación con al régimen de seguridad social de los trabajadores no dependientes. Dicha norma de la Constitución de 1999, en efecto, además de establecer que toda persona tiene derecho al trabajo y el deber de trabajar, dispone que el Estado debe garantizar la adopción de las medidas necesarias a los fines de que toda persona pueda obtener ocupación productiva, que le proporcione una existencia digna y decorosa y le garantice el pleno ejercicio de este derecho; declarando como "fin del Estado fomentar el empleo" y remitiendo a la **ley la adopción de medidas tendentes a garantizar el ejercicio de los derechos laborales de los trabajadores no dependientes**. La norma, además, exige que todo patrono debe garantizar a sus trabajadores condiciones de seguridad, higiene y ambiente de trabajo adecuados, obligando al Estado a adoptar medidas y crear instituciones que permitan el control y la promoción de estas condiciones.

La reforma sancionada en noviembre de 2007 en relación con este artículo 87, fundamentalmente consiste, en primer lugar, **en eliminar la declaración de que es "fin del Estado fomentar el empleo", y que el "**Estado garantizará la adopción de las medidas necesarias a los fines de que **toda persona pueda obtener ocupación productiva**, que le proporcione una existencia digna y decorosa y le garantice el pleno ejercicio de este derecho". Ello se ha sustituido por otra declaración que sólo dice que "El Estado desarrollará **políticas que generen ocupación productiva** y adoptará las medidas sociales necesarias para que toda persona pueda lograr una existencia digna, decorosa y provechosa para sí y para la sociedad".

En segundo lugar, a la **obligación de los patronos de garantizar a los trabajadores condiciones de salud, seguridad, higiene, ambiente de trabajo digno y adecuado**, se ha agregado la **obligación del Estado de garantizar** "que en todos los ambientes del trabajo se cumplan dichas condiciones de salud, seguridad, higiene, ambiente y relaciones laborales acordes con la dignidad humana y creará instituciones que permitan el control y supervisión del cumplimiento de estas condiciones de trabajo".

En tercer lugar, en sustitución de la previsión constitucional que remitía a la ley **la adopción de medidas tendentes a garantizar el ejercicio de los derechos laborales de los trabajadores y trabajadoras no dependientes,** se ha incluido en la norma constitucional, directamente, que "a los fines de garantizar el ejercicio de los derechos laborales de los trabajadores y trabajadoras no dependientes, como taxistas, transportistas, motorizados y motorizadas, comerciantes, artesanos y artesanas, pequeños mineros y pequeñas mineras artesanales, barberos y barberas, peluqueros y peluqueras, pescadores y pescadoras, agricultores y agricultoras, trabajadores y trabajadoras temporales, amas de casa, empleados y empleadas domésticos, cultores y cultoras populares, profesionales y todo aquel que ejerza por cuenta propia cualquier actividad productiva para el sustento de sí mismo y de su familia, la ley creará y desarrollará todo lo concerniente a un Fondo de Estabilidad Social para Trabajadores y Trabajadoras por Cuenta Propia, para que con el aporte del Estado y del trabajador o trabajadora, puedan éstos y éstas gozar de los derechos laborales fundamentales, tales como jubilaciones, pensiones, vacaciones, reposos pre y post natal y otros que establezcan las leyes".

En realidad, para la implementación de esta reforma bastaba sancionar una ley que regulara todos esos aspectos, conforme a la norma del artículo 87 de la Constitución de 1999.

La segunda de las reformas constitucionales sancionadas en materia de derechos laborales, se refiere al artículo 90 en relación con la jornada de trabajo. En el artículo 90 de la Constitución de 1999 se disponía que "**la jornada de trabajo diurna no excederá de ocho horas diarias ni de cuarenta y cuatro horas semanales**" y en los casos "en que la ley lo permita, la jornada de trabajo nocturna **no excederá de siete horas diarias ni de treinta y cinco semanales**", prohibiéndose a los patronos a "obligar a los trabajadores a laborar horas extraordinarias". El artículo, además, establecía el principio de que **se debe propender "a la progresiva disminución de la jornada de trabajo** dentro del interés social y del ámbito que se determine" y se debía "disponer lo conveniente para la mejor utilización del tiempo libre en beneficio del desarrollo físico, espiritual y cultural de los trabajadores y trabajadoras"; y consagraba el derecho de los trabajadores "al descanso semanal y vacaciones remunerados en las mismas condiciones que las jornadas efectivamente laboradas".

El proyecto de reforma constitucional sancionado en noviembre de 2007 relativa a dicho artículo 90, fundamentalmente consiste, en primer lugar, en **reducir los límites máximos de la jornada de trabajo** a **seis horas diarias y treinta y seis horas semanales**, para la jornada diurna; y a **seis horas diarias ni de treinta y cuatro semanales,** para la jornada nocturna, para lo cual, en realidad, hubiera bastado la sanción de una ley, ya que lo que se establecía en la Constitución era un límite máximo.

En segundo lugar, en el proyecto de reforma constitucional respecto del artículo 90 se indica que la mejor **utilización del tiempo libre de los trabajadores no sólo es en beneficio del desarrollo físico, espiritual y cultural** de los mismos como lo decía la Constitución de 1999, sino además, en beneficio de **la educación, formación integral, desarrollo humano, físico, espiritual, moral, y técnico** de los trabajadores, para lo cual, de nuevo, no era necesaria una reforma a la Constitución, bastando que ello se estableciera por la ley.

3. *Los cambios en relación con los derechos culturales*

Artículos 98, 100

La Constitución de 1999, consagró una serie de derechos relativos a la cultura, como la libertad y la creación cultural, incluyendo la protección legal de los derechos del autor sobre sus obras, y la propiedad intelectual, con las condiciones y excepciones que establezcan la ley y los tratados internacionales suscritos y ratificados por la República en esta materia (art. 98).

El proyecto de reforma constitucional sancionado en noviembre de 2007, en relación con el artículo 98, básicamente ha tenido por objeto **eliminar** la previsión de la Constitución de 1999, que establecía la obligación del Estado de **reconocer y proteger "la propiedad intelectual** sobre las obras científicas, literarias y artísticas, invenciones, innovaciones, denominaciones, patentes, marcas y lemas de acuerdo con las condiciones y excepciones que establezcan la ley y los tratados internacionales suscritos y ratificados por la República en esta materia".

Con ello, se elimina conceptualmente el concepto de "propiedad" intelectual, sustituyéndose esa norma por la sola previsión de que "el Estado reconocerá los derechos de todos y todas a tomar parte libremente en la vida cultural de la comunidad, a gozar de las artes y a participar en el progreso científico, tecnológico y en los beneficios que de él resulten".

Por otra parte, en el artículo 100 de la Constitución de 1999 se establecen los principios que deben guiar la protección de la cultura popular, respetándose la interculturalidad bajo el principio de igualdad de las culturas (art. 100). Con el proyecto de reforma constitucional de noviembre de 2007, se ha ampliado el principio cultural, al declararse que la República "es el resultado histórico de la confluencia de múltiples culturas, por ello el Estado reconoce la diversidad de sus expresiones y valora las raíces indígenas, europeas y africanas que dieron origen a nuestra Gran Nación Suramericana". En la norma se agrega, además, que "las culturas populares de los pueblos indígenas, de los eurodescendientes y de los afrodescendientes, constitutivas de la venezolanidad, gozan de atención especial, reconociéndose y respetándose la interculturalidad bajo el principio de igualdad de las culturas".

4. *Los cambios en relación con el derecho a la educación y con la autonomía universitaria*

Artículos 103, 109

En cuanto al derecho a la educación, el artículo 103 de la Constitución, regula el derecho a la educación integral, la gratuidad de la educación pública; y el carácter obligatorio de la educación en todos sus niveles, desde el maternal hasta el nivel medio diversificado. La impartida en las instituciones del Estado es gratuita hasta el pregrado universitario (art. 103).

En la reforma sancionada en noviembre de 2007, se modificó la expresión del texto del artículo 103, en el sentido de que la igualdad de oportunidades en el ejercicio del derecho a la educación es "**sin más limitaciones que las derivadas de sus aptitudes, vocación y aspiraciones**", sustituyéndose por la expresión de que a las personas "se le respetará sus aptitudes, vocación y aspiraciones".

Por otra parte, en lugar de la obligación que tiene el Estado de realizar "una inversión prioritaria, de conformidad con las recomendaciones de la Organización de las Naciones Unidas"; como lo disponía el artículo 103 de la Constitución de 1999, ahora se establece con el proyecto de reforma constitucional sancionado en noviembre de 2007, que la inversión prioritaria que debe realizar el Estado es "de acuerdo **a los principios humanísticos del socialismo bolivariano,** y tomando en cuenta las recomendaciones de la Organización de las Naciones Unidas".

Por otra parte, una de las innovaciones de la Constitución de 1999, fue haber constitucionalizado en el artículo 109 el régimen de la **autonomía universitaria** como principio y jerarquía que permite a los profesores, profesoras, estudiantes, egresados y egresadas de su comunidad dedicarse a la búsqueda del conocimiento a través de la investigación científica, humanística y tecnológica, para beneficio espiritual y material de la Nación. A tal efecto, la Constitución reconoció el principio de autogobierno de las Universidades, precisándose que la autonomía universitaria es para planificar, los programas de investigación, docencia y extensión, y reconociéndose la inviolabilidad del recinto universitario (art. 109).

En el proyecto de reforma constitucional sancionado en noviembre de 2007, se limita seriamente la autonomía universitaria, mediante los siguientes agregados efectuados al artículo 109 de la Constitución de 1999.

En primer lugar, se incorpora una disposición según la cual "se reconoce a los trabajadores y trabajadoras de las universidades como integrantes con plenos derechos de la comunidad universitaria, una vez cumplidos los requisitos de ingreso, permanencia y otros que paute la ley".

En segundo lugar, en cuanto al derecho de las universidades autónomas de darse "sus normas de gobierno", ese privilegio del autogobierno universitario se encasilla con el proyecto de reforma constitucional, al agregarse a la norma que garantiza que las Universidades se darán sus normas de gobierno, la expresión que ello debe ser "**de acuerdo con los principios de la democracia participativa y protagónica**".

En tercer lugar, con el proyecto de reforma constitucional se agregan a la norma del artículo 109, cambios radicales relativo al sistema de autogobierno universitario y elección de sus autoridades, al disponerse que la ley, primero, debe garantizar "el voto paritario de los y las estudiantes, los profesores y las profesoras, trabajadores y trabajadoras para elegir las autoridades universitarias", con lo que la comunidad deja de ser solamente académica; segundo, que debe consagrar "el derecho al sufragio a todos los y las docentes que hayan ingresado por concurso de oposición, desde la categoría de instructor o instructora hasta titular"; y tercero, que debe establecer "las normas para que las elecciones universitarias se decidan en una sola vuelta", es decir, eliminando toda posibilidad de conformaciones de autoridades con base en mayorías absolutas.

SÉPTIMA PARTE

LOS CAMBIOS EN EL RÉGIMEN DE LA FUERZA ARMADA: DE UN ESTADO CIVIL A UN ESTADO MILITARISTA

Artículos 328, 329

Otra materia que constituyó una novedad en la Constitución de 1999 fue la relativa a la Fuerza Armada Nacional dentro del régimen de la seguridad y defensa, con acentuado carácter militarista.

En el proyecto de reforma constitucional sancionado en noviembre de 2007, además de cambiarse el nombre de la institución de **Fuerza Armada Nacional por Fuerza Armada Bolivariana** (art. 156,8; 236,6; 328 y 329) y de aumentarse sus componentes que eran cuatro **(Ejército, Armada, Aviación y Guardia Nacional),** a cinco, al agregarse la **Milicia Nacional**, se les ha cambiado el nombre por os siguientes: **Ejército Nacional Bolivariano, Armada Nacional Bolivariana, Aviación Nacional Bolivariana, Guardia Nacional Bolivariana y Milicia Nacional Bolivariana** (Art. 329). Además, en el proyecto de reforma constitucional sancionado en noviembre de 2007, se han introducido una serie de modificaciones a los artículos 328 y 329 de la Constitución.

En cuanto al artículo 328 de la Constitución de 1999, el mismo disponía que la Fuerza Armada Nacional **constituía "una institución esencialmente profesional, sin militancia política, organizada por el Estado para garantizar la independencia y soberanía de la Nación y asegurar la integridad del espacio geográfico"**, mediante la defensa militar, la cooperación en el mantenimiento del orden interno y la participación activa en el desarrollo nacional, de acuerdo con esta Constitución y con la ley. La norma agregaba, que "en el cumplimiento de sus funciones, **está al servicio exclusivo de la Nación y en ningún caso al de persona o parcialidad política alguna**", siendo sus pilares fundamentales "la disciplina, la obediencia y la subordinación".

En el proyecto de reforma constitucional sancionado en noviembre de 2007 en relación con el artículo 328, en primer lugar, **se elimina la previsión constitucional de que la Fuerza Armada es una "institución esencialmente profesional, sin militancia política"**, y en su lugar se establece que constituye "**un cuerpo esencialmente patriótico, popular y antiimperialista".** Con ello, **desaparece la institución militar como institución profesional, y desaparece la prohibición de que la misma no tenga militancia política, definiéndosela como "patriótico popular y antiimperialista"**, lo que abre el camino constitucional para la integración de la Fuerza Armada **Bolivariana en el partido político de su Comandante en Jefe, quien ejerce la Suprema Autoridad Jerárquica en todos sus Cuerpos, Componentes y Unidades, tal como se dispone en la reforma del artículo 236,6 de la Constitución.**

En segundo lugar, entre los objetivos de la Fuerza Armada, además de ser organizada para "**garantizar la independencia y soberanía de la nación y asegurar la integridad del espacio geográfico**", en el proyecto de reforma constitucional sancionado en noviembre de 2007, se agrega, además, que es para "**preservarla de cualquier ataque externo o interno**".

En tercer lugar, en lugar de establecerse que esos objetivos se deben lograr "**mediante la defensa militar, la cooperación en el mantenimiento del orden interno y la participación activa en el desarrollo nacional**", ahora se dispone en la reforma que se deben lograr "**mediante el estudio, planificación y ejecución de la doctrina militar bolivariana, la aplicación de los principios de la defensa integral y la guerra popular de resistencia, la cooperación en tareas de mantenimiento de la seguridad ciudadana y del orden interno, así como la participación activa en planes para el desarrollo económico, social, científico y tecnológico de la Nación"**. Se incorpora, en esta forma, la "**doctrina militar bolivariana"**, como elemento esencial de la actuación de la Fuerza Armada, que es lo mismo que doctrina militar socialista, dada la vinculación que hace el proyecto de reforma constitucional entre "socialismo" y "bolivarianismo"; y se incorporan elementos de guerrilla como "la guerra popular de resistencia", y se convierte a la Fuerza Armada en organización de policía nacional, al atribuírsele la competencia en materia de mantenimiento de la **seguridad ciudadana y del orden interno.** Además, con la previsión de que entre sus funciones está la de participar en forma "activa en planes para el desarrollo económico, social, científico y tecnológico de la Nación", **se ha constitucionalizado la militarización del Estado y la Administración.**

En cuarto lugar, en lugar de establecerse como lo preveía la Constitución de 1999 que en el cumplimiento de sus funciones, la Fuerza Armada "**está al servicio exclusivo de la Nación y en ningún caso al de persona o parcialidad política alguna**", en la reforma se ha sustituido esta disposición por la indicación de que en "el **cumplimiento de su función, estará siempre al servicio del pueblo venezolano en defensa de sus sagrados intereses y en ningún caso al de oligarquía alguna o poder imperial extranjero"**. La consecuencia de este cambio, es **la eliminación de la prohibición impuesta constitucionalmente a la Fuerza Armada de que pueda estar al servicio de persona o parcialidad política alguna,** lo que de nuevo abre el camino constitucional para la integración de la Fuerza Armada **en el partido político de su Comandante en Jefe, quien ejerce la Suprema Autoridad Jerárquica en todos sus Cuerpos, Componentes y Unidades, como se establece en la reforma del artículo 236,6 de la Constitución, quien la puede poner a su servicio o al servicio del partido del gobierno.**

Recuérdese, además, que en la reforma del artículo 236,7, se atribuye al Presidente de la República, en tal carácter de Comandante en jefe, la potestad de **promover a sus oficiales en todos los grados y jerarquías y designarlos o designarlas para los cargos correspondientes (art. 236,7), lo que constituye el instrumento para asegurar la sujeción política de los mismos.**

En quinto lugar, además de establecerse que sus pilares fundamentales son la Constitución y las leyes, así como la disciplina, la obediencia y la subordinación, se ha agregado en la reforma que "**sus pilares históricos están en el mandato de Bolívar: 'Libertar a la patria, empuñar la espada en defensa de las garantías sociales y merecer las bendiciones del pueblo' "**.

En cuanto al artículo 329 de la Constitución de 1999, el mismo disponía que, "el Ejército, la Armada y la Aviación tienen como responsabilidad esencial la planificación, ejecución y control de las operaciones militares requeridas para asegurar la defensa de la Nación", y en cuanto a la Guardia Nacional, la misma debía "cooperar en el desarrollo de dichas operaciones y tendrá como responsabilidad básica la conducción de las operaciones exigidas para el mantenimiento del orden interno del país". La norma agregaba que "la Fuerza Armada Nacional podrá ejercer las actividades de policía administrativa y de investigación penal que le atribuya la ley".

En el proyecto de reforma constitucional sancionado en noviembre de 2007, en relación con el artículo 329, en primer lugar, como se dijo, se **aumentan a cinco los componentes militares de la Fuerza Armada Bolivariana**, como cuerpos de tierra, mar y aire, organizados administrativamente así: el **Ejército Nacional Bolivariano, la Armada Nacional Bolivariana, la Aviación Nacional Bolivariana, la Guardia Nacional Bolivariana y la Milicia Nacional Bolivariana.**

En segundo lugar, en el proyecto de reforma constitucional sancionado en noviembre de 2007, además, se preció con toda claridad, que "la Fuerza Armada Bolivariana podrá ejercer las **actividades de policía** que le atribuya la ley".

Con estas reformas se **acentúa el carácter político de la Fuerza Armada y el militarismo del Estado**, que se había iniciado en la propia Constitución de 1999, de cuyas normas ya había desaparecido "el carácter apolítico y no deliberante" de la Fuerza Armada que establecía el artículo 132 de la Constitución de 1961; la obligación esencial que tenía la Fuerza Armada Nacional conforme a ese mismo artículo, de asegurar "la estabilidad de las instituciones democráticas y el respeto a la Constitución y las leyes, cuyo acatamiento estará siempre por encima de cualquier otra obligación"; la tradicional prohibición de que la autoridad militar y la civil no podían ejercerse simultáneamente que establecía el artículo 131 de la Constitución de 1961; y el control por parte de la Asamblea Nacional respecto de los ascensos de los militares de alta graduación (art. 331, C. 1961).

CONSIDERACIÓN FINAL

Como se puede evidenciar de todo lo anteriormente expuesto, con el proyecto de reforma constitucional sancionado por la Asamblea Nacional el 2 de noviembre de 2007, se ha producido una radical y profunda transformación del Estado y la creación de un nuevo ordenamiento jurídico como quizás nunca antes se había producido en la historia constitucional de la República.

Ello no podía ser objeto de una "reforma constitucional" en los términos del artículo 342 de la Constitución. Esta, en efecto, estableció tres mecanismos de revisión constitucional distintos, según la importancia de las modificaciones a la Constitución: la "enmienda", con la sola participación del pueblo como poder constituyente originario mediante referendo; la "reforma", con la participación de un poder constituido (la Asamblea Nacional) y del pueblo como poder constituyente originario mediante referendo; y la "Asamblea Nacional Constituyente" mediante la participación, dos veces, del pueblo como poder constituyente originario, primero para la elección de la Asamblea Constituyente y luego mediante referendo. Esta última modalidad que exige la doble participación del pueblo como poder constituyente originario, es la regulada en el artículo 347 cuando se trate de "transformar el Estado, crear un nuevo ordenamiento jurídico y redactar una nueva Constitución", y eso es lo que precisamente ha ocurrido con la "reforma constitucional" propuesta por el Presidente de la República y sancionada por la Asamblea Nacional el 2 de noviembre de 2007, para lo cual se ha acudido inconstitucionalmente al procedimiento de la "reforma constitucional" regulado en el artículo 342 aplicable solo para aquellos casos en lo que se efectúe una "revisión parcial de esta Constitución y la sustitución de una o varias de sus normas que no modifiquen la estructura y principios fundamentales del texto Constitucional". Con ello, inconstitucionalmente se ha obviado la necesaria participación previa del pueblo como poder constituyente originario en la elección de una Asamblea Nacional Constituyente, cuyo rol fue usurpado por la Asamblea Nacional.

Esta inconstitucionalidad en el procedimiento de revisión constitucional debería ser controlada por la jurisdicción Constitucional que ejerce la Sala Constitucional, la cual tiene competencia para anular los actos estatales contrarios a la Constitución, como es el acto de la Asamblea Nacional del 2 de noviembre de 2007 sancionado el proyecto de reforma constitucional.

En efecto, estando los procedimientos para la revisión de la Constitución regulados en el propio texto de la Constitución, el poder constituyente derivado está sujeto a límites constitucionales, sea que se ejerza directamente por el pueblo o por órganos constituidos del Estado como es la Asamblea Nacional. Entre esos límites están, precisamente, los límites que derivan de las propias regulaciones constitucionales en cuanto al procedimiento de revisión constitucional, que en el caso de Venezuela, como se dijo, están en los artículos 340 a 349.

Siendo límites constitucionales establecidos por poder constituyente originario que fue el pueblo al aprobar mediante referendo la Constitución el 15 de diciembre de 1999, dado el principio de la supremacía constitucional que rige en la Constitución (art. 7), los mismos pueden ser objeto de control de constitucionalidad por la Jurisdicción Constitucional, es decir, por la sala Constitucional del Tribunal Supremo conforme a los artículos 266,1; 334, in fine y 366, 4 de la Constitución.

Cuando las Constituciones han establecido precisos procedimientos que el poder constituyente derivado debe seguir para la revisión constitucional, los cuales se constituyen en límites constitucionales adjetivos o procedimentales para la revisión constitucional, la consecuencia lógica de estas regulaciones y del sometimiento a la Constitución es que el cumplimiento de dichos procedimientos de reforma o enmienda constitucional, dado el principio de la supremacía constitucional, debe estar sujeto a control de constitucionalidad por parte de los órganos de la Jurisdicción Constitucional.

Ello, incluso se regula expresamente en muchas Constituciones latinoamericanas.

Es el caso por ejemplo, de la Constitución de Colombia, cuyo artículo 241 atribuye a la Corte Constitucional la guarda de la integridad y supremacía de la Constitución, y *en particular de los procedimientos para la revisión constitucional*, asignándole en particular competencia para:

> "1. Decidir sobre las demandas de inconstitucionalidad que promuevan los ciudadanos contra los actos reformatorios de la Constitución, *cualquiera que sea su origen, sólo por vicios de procedimiento en su formación.*

2. Decidir, con anterioridad al pronunciamiento popular, sobre la constitucionalidad de la convocatoria a un referendo o a una asamblea constituyente para reformar la Constitución, *sólo por vicios de procedimiento en su formación.*

3. Decidir sobre la constitucionalidad de los referendos sobre leyes y de las consultas populares y plebiscitos del orden nacional. Estos últimos *sólo por vicios de procedimiento en su convocatoria y realización*".

Por su parte, el artículo 379 de la misma Constitución de Colombia dispone expresamente que en todos los procedimientos de revisión constitucional en los cuales haya actos legislativos, convocatoria a referendo, de consulta popular o convocatoria a la Asamblea Constituyente, los mismos pueden ser declarados inconstitucionales por la Corte Constitucional cuando violen los requisitos establecidos en el Título XIII de la Constitución en el cual se regula la reforma constitucional. La acción pública contra estos actos sólo procede dentro del año siguiente a su promulgación, con observancia de lo dispuesto en el artículo 241 numeral 2 de la propia Constitución que regula la potestad de la Corte Constitucional de decidir, con anterioridad al pronunciamiento popular, sobre la constitucionalidad de la convocatoria a un referendo o a una asamblea constituyente para reformar la Constitución, sólo por vicios de procedimiento en su formación.

Por otra parte, la Constitución de Bolivia enumera entre las atribuciones del Tribunal Constitucional (Art. 119, VII, 10), la de conocer y resolver sobre las demandas *respecto a procedimientos en la reforma* de la Constitución, las cuales se pueden plantear por cualquier Senador o Diputado o por el Presidente de la República, en relación con los proyectos de reforma. En Costa Rica, el artículo 10, b) de la Constitución atribuye a la Sala Constitucional de la Corte Suprema de Justicia, competencia para conocer de las *consultas sobre proyectos* de reforma constitucional.

En la Constitución de Chile, el artículo 82, 2 atribuye al Tribunal Constitucional competencia para resolver las *cuestiones sobre constitucionalidad que se susciten durante la tramitación de los proyectos* de reforma constitucional. En este caso, el Tribunal sólo puede conocer de la materia a requerimiento del Presidente de la República, de cualquiera de las Cámaras o de una cuarta parte de sus miembros en ejercicio, siempre que sea formulado antes de la promulgación de la reforma. El Tribunal debe resolver dentro del plazo de diez días contados desde que reciba el requerimiento, a menos que decida prorrogarlo hasta por otros diez días por motivos graves y calificados. Este requerimiento, en todo caso, no suspende la tramitación del proyecto; pero la parte impugnada de éste no podría ser promulgada hasta la expiración del plazo referido.

En consecuencia, durante el desarrollo de los procedimientos para la revisión constitucional, puede decirse que los órganos a los que se atribuye el ejercicio del poder constituyente derivado están sometidos a la Constitución, la cual, como lo indica la Constitución de Nicaragua, tiene que seguir en vigencia "mientras no se apruebe por la Asamblea Nacional Constituyente la nueva Constitución" (art. 194); o como lo indica la Constitución de República Dominicana "no podrá jamás ser suspendida ni anulada por ningún poder ni autoridad ni tampoco por aclamaciones populares"(art. 120).

No es posible, por tanto, realizar una reforma constitucional mediante un procedimiento distinto al establecido en la Constitución. En consecuencia, los procedimientos de reforma o enmienda constitucional que no se desarrollen conforme a las normas constitucionales que los regulan, o que versen sobre asuntos o materias que la Constitución prohíbe, son inconstitucionales y pueden ser controlados por la Jurisdicción Constitucional, en nuestro caso, la Sala Constitucional del Tribunal Supremo de Justicia.

El problema de la relación entre rigidez y revisión constitucional, sin embargo, deriva de la situación fronteriza entre el derecho y los hechos, en la cual se mueven. No ha sido infrecuente en América Latina, que a pesar de las previsiones constitucionales, se hayan producido reformas parciales e incluso totales de los textos constitucionales sin seguirse los procedimientos prescritos para las reformas o enmiendas, originándose sin duda, inconstitucionalidades, que luego, por la fuerza de los hechos, han encontrado alguna legitimación política circunstancial. El problema radica en la duración de la estabilidad constitucional que pueda derivarse de la supuesta legitimación y en el consenso que se haya podido haber obtenido para las reformas[1398].

Reformas impuestas por minorías o por mayorías circunstanciales sin que hayan sido producto de acuerdos, compromisos y consensos, es decir, de verdaderos pactos políticos, generalmente no tienen larga vida y las más de las veces, la vida que tienen termina estando vinculada a la vida política del o de los actores que las impusieron.

1398 Véase sobre este tema de la reforma constitucional y el control de constitucionalidad en Allan R. Brewer-Carías, "La reforma constitucional en América Latina y el control de constitucionalidad", en *Reforma de la Constitución y control de constitucionalidad. Congreso Internacional*, Pontificia Universidad Javeriana, Bogotá Colombia, junio 14 al 17 de 2005, Bogotá, 2005, pp. 108-159; "Modelos de revisión constitucional en América Latina", en *Boletín de la Academia de Ciencias Políticas y Sociales*, enero-diciembre 2003, No. 141, Caracas 2004. pp.115-156; y "Los procedimientos de revisión constitucional en Venezuela", en Eduardo Rozo Acuña (Coord.), *I Procedimenti di revisione costituzionale nel Diritto Comparato,* Atti del Convegno Internazionale organizzato dalla Facoltà di Giurisprudenza di Urbino, 23-24 aprile 1997, Università Degli Studi di Urbino, pubblicazioni della Facoltà di Giurisprudenza e della Facoltá di Scienze Politiche, Urbino, Italia, 1999, pp. 137-181.

LIBRO SEXTO:

REFORMA CONSTITUCIONAL Y FRAUDE A LA CONSTITUCIÓN

(1999-2009)

Texto del libro sexto es el del libro que con el mismo título: ***Reforma constitucional y fraude a la Constitución (1999-2009)***, fue publicado en la Colección Estudios N° 82 de la Academia de Ciencias Políticas y Sociales, Caracas 2009.

El libro estuvo precedido del siguiente PRÓLOGO sobre "Legitimidad, democracia y reforma constitucional," del Dr. Román J. Duque Corredor, *Presidente de la Academia de Ciencias Políticas y Sociales:*

Los temas de las modificaciones a la Constitución han sido preocupación constante de la Academia de Ciencias Políticas y Sociales. Aparte de su interés científico este Cuerpo está consciente que la interpretación, el trámite y el contenido de esos cambios son estándares del comportamiento legítimo y democrático de los poderes públicos y sobre todo de la eficacia de la jurisdicción constitucional. Dentro de esa línea de principios, la Academia, presenta, en su Colección Estudios, el Ensayo "Reforma Constitucional y Fraude a la Constitución (1999-2009")*, de la autoría reconocida y acreditada del Dr. Allan Brewer Carías, uno de los juristas más completos con los que cuenta nuestra cultura jurídica; para honra de esta Corporación, a la cual pertenece como destacado Individuo de Número, y para legítimo orgullo de nuestro país por la importancia que tienen sus obras para la ciencia jurídica universal.*

El contenido de este Ensayo, que abarca desde el derecho comparado constitucional sobre la reforma constitucional en América Latina y Venezuela; el proceso constituyente de 1999 fuera del marco de la Constitución de 1961, el régimen de transición constitucional sin aprobación popular, la renuncia de la jurisdicción constitucional a controlar la propuesta aprobada por la Asamblea Nacional de "reforma constitucional de 2007", para derogar la estructura fundamental de Constitución, la enmienda constitucional de 2009 para permitir la reelección indefinida anteriormente rechazada por el referéndum popular de 2007, y la utilización de la función interpretativa de la Constitución por la jurisdicción constitucional para introducir modificaciones en sus principios y estructura; motivan reflexiones sobre la legitimidad, la democracia y los cambios constitucionales. Sobre todo cuando con ellos se quiere materializar posturas personales o imponer ideo-

logías únicas. Por ello, a propósito del Ensayo del Profesor Brewer Carías, me permitiré, expresar algunas reflexiones sobre estos temas; puesto que poca cosa podría decir sobre los que él trata con tanta pluma diestra y autorizada. En verdad, que ante propuestas de reforma constitucional, que persiguen fines y propósitos hegemónicos, personalistas e ideológicos, que en el fondo son una transformación de la estructura del Estado democrático mediante la utilización de los mecanismos formales de cambios constitucionales, o mediante el ejercicio del poder de revisión de la Constitución a través de la interpretación jurisdiccional de sus disposiciones y por referéndum plebiscitarios; cabe reflexionar, en primer término sobre su legitimidad, cuando se trata de Constituciones que son modelos axiológicos concebidos como normas, propias del neoconstitucionalismo que se orienta por estándares denominados principios[1399].

Aunque los prólogos no son sino la presentación o introitos que preceden a las obras; y que por ello no pueden ser otro estudio sobre los mismos temas tratados en ellas creo, que vale la pena partir de la afirmación que lo que Pedro de Vega llama **"ethos colectivo"**[1400], *si es un límite para la reforma constitucional, en este tipo de Constituciones, inclusive para el poder constituyente derivado atribuido al pueblo organizado como cuerpo electoral. En efecto, los valores y principios consensuados en la Constitución material, imponen limitaciones a los cambios constitucionales, de cuyo respeto depende la legitimidad de esos cambios, con relación de lo que es justo, lícito y democrático. Pienso, que todo cambio constitucional que rompa ese consenso acerca de lo que la sociedad adoptó como los valores de la democracia que unen a sus miembros y que les permiten convivir y coexistir con sus discrepancias y disensos, es ilegítimo. En efecto, por ejemplo, las modificaciones de la alteridad para imponer una unilateralidad; rompen el consenso o el* **ethos colectivo** *que permiten a la sociedad convivir sin necesidad de una uniformidad. Ese consenso ético colectivo, de valores políticos y principios jurídicos y sociales, refundidos en la Constitución, en su Preámbulo, en el propósito de refundar la República para lograr una sociedad democrática, y en sus artículos 2° y 3°, como los valores superiores de la propia Constitución y de todo el ordenamiento jurídico nacional y como los fines esenciales del Estado; así como en su artículo 6°, relativo al tipo de gobierno democrático, participativo, electivo, descentralizado, alternativo, responsable, pluralista y revocable, de todas las entidades políticas de la República; son el conjunto de limitaciones que el poder constituyente se impuso a su poder de revisión constitucional para garantizar la continuidad de su proyecto de Estado democrático social de Derecho y de Justicia. De modo que todo intento o propuesta de reforma a la Constitución, que rompa con ese consenso,*

1399 Neoconstitucionalismo es una corriente iusfilósofica (Dworkin, Alexy, Zagrebelsky, Nino, entre otros), que considera que la Constitución se compone principalmente de principios, que son valores morales positivizados, interpretables mediante el método de la ponderación y no de la subsunción que contrapone esos valores a la literalidad y que para su aplicación se guía por su dimensión y no por su jerarquía; y que por ser principios supremos de la Constitución y la manifestación de los derechos inviolable de las personas, representan el contenido sustancial limitativo de la función legislativa y de las reformas constitucionales y que obliga a los jueces a interpretar el Derecho a la luz de las exigencias de esos valores y de la justicia vinculados en el caso (Ver, Sussana Pozzolo, *Neoconstitucionalismo y Especificidad de la Interpretación Constitucional,* Universidad de Génova, Italia).

1400 *La Reforma Constitucional y la Problemática del Poder Constituyente,* Tecnos, 5ª. Reimpresión, Madrid 2000, p. 75.

por parte de los poderes constituidos a quienes les atribuyó el poder de revisión de la Constitución, donde se debe incluir el cuerpo electoral organizado para incentivar y aprobar estas reformas, debe ser controlado principalmente por la jurisdicción constitucional, como poder constituido creado precisamente como garantía de la integridad de los principios constitucionales.

Por supuesto que parto de la idea que la democracia además de su significado político, a través de sus componentes de la libertad, la igualdad y la justicia, adquiere valor moral, lo que se refuerza con su vinculación con la ética, la justicia, la responsabilidad, la solidaridad y la preeminencia de los derechos humanos, como se consagra en el artículo 2° constitucional. En este orden de ideas, Juan Pablo II consideraba la democracia **"una empresa moral"**[1401]***, porque cuando un pueblo decide vivir conforme aquéllos elementos de la democracia, su consagración constitucional es la manifestación de su voluntad de no querer ser mandado sino dirigido conforme esos valores. Lo cierto es que el neoconstitucionalismo moderno llenó de contenido axiológico al concepto político de la democracia y al concepto formal de Constitución. En este contexto, los cambios constitucionales debe ser democráticos, so pena de no ser legítimos. Aparte que al regularse constitucionalmente el ejercicio de la soberanía popular como fuente de la democracia, también ésta debe operar dentro de la Constitución y no fuera de ella; por lo que los límites del ethos colectivo impuestos por el constituyente para garantizar la continuidad de su proyecto político, también condicionan la legitimidad de la soberanía popular. En efecto, por ejemplo, la "democracia de masas" no legitima el absolutismo ni convierte en legítimo lo ilegítimo, en lícito lo ilícito, en moral lo inmoral o lo antidemocrático en democrático o el atentado a los derechos fundamentales en ética. Una mayoría no puede deslegitimar la sociedad o el Estado trastocando las reglas que el cuerpo social consideró como las bases de su ethos colectivo democrático. Así, por ejemplo, "la tiranía de la mayoría" no sería "democracia", porque esta axiológica y políticamente parte del supuesto que los ciudadanos son autónomos y que se autodeterminan libremente y que la mayoría no es sino una necesidad empírica de funcionalidad de la gobernabilidad que no puede subyugar a las minorías. La democracia constitucional, que es la que se consagra, por ejemplo, en nuestra Constitución, se basa en la idea de que la comunidad sea gobernada por los ciudadanos, pero que éstos están obligados a observar estándares normativos que le fijan principios para que ese gobierno de las mayorías sea en verdad democrático***[1402]***. Una reforma constitucional, en resumen, que se aparte de ese modelo axiológico de democracia no es legítima; y que además, si esa modificación se esconde bajo el ropaje de los formalismos de la reforma constitucional puede ser calificado de fraude a la Constitución. En efecto, este, en pocas palabras, es*** **"la utilización del procedimiento de reforma para, sin romper con el sistema de legalidad establecido, proceder a la creación de un nuevo régimen político y un ordenamiento diferente"**[1403].

1401 Ver, Juan Pablo II; Encíclica *Centessimus annus,* 46. Y, Soler, C., "La Valoración de la democracia en el Magisterio de Juan Pablo II", 1978-1994, en *Ius Canonicum,* Vol., XXXVII, N° 1998, pp. 619 a 632.

1402 Sussana Pozzolo, *Obra citada,* pp. 348 y 349.

1403 Pedro De Vega, *Obra citada,* p. 291.

El problema no es tanto lo especulativo acerca de lo que es reforma constitucional o mutaciones constitucionales, fuera de los límites formales y materiales, sino el de sus controles para evitar que se sometan al pueblo decisiones ilegítimas, no solo porque exceden las formalidades sino sobre todo cuando traspasan el ethos colectivo. *En ese aspecto, el Profesor Brewer-Carías, al analizar comparativamente la reforma constitucional en América Latina, llega a la conclusión que por aplicación del principio de la supremacía constitucional, las regulaciones y procedimientos de reforma o enmienda constitucionales, deben estar sujetos al control de constitucionalidad por parte de los órganos de la Jurisdicción Constitucional; pero advierte que ninguna Constitución Latinoamericana establece expresamente la competencia de estos órganos para controlar la constitucionalidad sustantiva de las reformas constitucionales. Y a propósito de la enmienda para permitir la reelección indefinida, que con anterioridad había sido rechazada popularmente por antidemocrática mediante referéndum del 2007; el Profesor Brewer-Carías comenta la decisión N° 53 de la Sala Constitucional de fecha 3 de febrero de 2009, que estableció que la prohibición de repetir en un mismo período reformas constitucionales rechazadas; es solo aplicable a la Asamblea Nacional y no a las manifestaciones de revisión constitucional del pueblo; y plantea la discusión de si en verdad se violentó un límite impuesto por el constituyente a la propia voluntad popular. En otras palabras, que, independientemente del criterio interpretativo que sostuvo dicha Sala, que evidentemente no otorgó valor alguno al rechazo popular de las reformas; cuando el límite temporal de las reformas en un mismo período es precisamente un límite impuesto al ejercicio mismo de la soberanía popular, para que como poder constituyente derivado no se vuelva a pronunciar sobre algo que ya rechazó, ciertamente que el desconocimiento de ese límite por el mismo pueblo, de carácter formal y material, bien pudo ser revisado por aquél órgano a través de su función de custodio de la integridad de los valores de la Constitución. De no haberse interpretado el artículo 345 constitucional, por la referida Sala de manera equivocada, y, por el contrario, de haberlo interpretado correctamente como una prohibición de sucesivas consultas populares hasta conseguir las modificaciones constitucionales que han sido rechazadas; no solo hubiera sido posible controlar la utilización de la enmienda por parte de la Asamblea Nacional para encubrir simuladamente la reelección indefinida de la reforma constitucional rechazada el 2007; sino incluso el nuevo pronunciamiento popular sobre otro pronunciamiento del mismo pueblo que ya había negado la reelección indefinida, dentro del mismo período constitucional, por considerarla la antidemocrática.*

A mi manera de ver, en este caso, me atrevo a afirmar, que resultaba controlable no solo el mecanismo, que generó esa nueva consulta, es decir, la simulación de la enmienda aprobada por la Asamblea Nacional para replantear de nuevo la reforma rechazada por el pueblo; sino inclusive la misma consulta popular como actividad de un poder constituyente derivado, sujeta a límites temporales y sustanciales. La interpretación jurisdiccional comentada permite que a través de plesbicistos sucesivos se pueda estar enmendando la Constitución, para obviar los límites impuestos a los procedimientos de modificación de la Constitución y a su contenido, entre otros el límite temporal fijado a las reformas constitucionales, por lo que el principio de la supremacía de la Constitución resulta baladí, insignificante e inútil.

El planteamiento del cual parto, es que, una vez aprobada la Constitución, en los casos de sus modificaciones posteriores a través de los propios procedimientos de revisión establecidos por el poder constituyente, por decisión de los poderes constituidos o por iniciativa o decisión del pueblo organizado en cuerpo electoral; el cumplimiento de los límites impuestos por el constituyente, temporales, formales y materiales, pueden ser controlados por los órganos jurisdiccionales encargados de salvaguardar su integridad, porque, en todo caso, por ejemplo, el pueblo estaría actuando como un poder público a quien el poder constituyente le delegó la facultad de revisar y de modificar la Constitución. Ello, en virtud de que la soberanía popular ha sido juridificada por el poder constituyente en razón de que el ejercicio de la soberanía, como forma de gobierno, es además de una actividad política también una actividad jurídica, y por tanto regulada por el Derecho. Y por cuanto además, todas las personas, y por ende, cuando se organizan en cuerpo electoral, tienen el deber de cumplir la Constitución, como se consagra en el artículo 131 constitucional.

Si son graves las mutaciones constitucionales, es decir, los cambios de la Constitución por encima y fuera de los límites temporales, formales y materiales impuestos por el constituyente a la revisión constitucional que atribuyó a los poderes constituidos; de mayor gravedad son los que se derivan de las interpretaciones de los Tribunales Constitucionales; cuando resuelven dudas relativas al sentido de las disposiciones constitucionales. Porque de guardianes de la Constitución se convierten en hacedores de la Constitución, o cuando por ejercer un activismo judicial de proyectos políticos, ideológicos o personalistas, asumen la función de un poder constituyente derivado. Baste recordar la concepción de Hans Frank, que como jurista consideraba que "la Constitución es la voluntad del Führer". En este sentido, por el contrario, la Constitución venezolana de 1999 adoptó un proyecto político sobre la base de una democracia social de Derecho y de Justicia, porque es el que más se ajusta a una sociedad donde priva la libertad, la igualdad, el pluralismo y la preeminencia de los derechos inherentes a la dignidad humana. Ese régimen democrático tiene en el pluralismo una de sus mejores expresiones, y la Constitución que lo incorpora como valor superior del ordenamiento jurídico no puede ser interpretada bajo la concepción de la jurisprudencia de valores que en definitiva son los que profesan los propios jueces que la interpretan, sino conforme con aquellos valores que consolidan el pluralismo. En este sentido Giancarlo Rolla, advierte que la Constitución no puede ser la expresión homogénea de una concreta ideología, puesto que ésta es un sistema de valores y de relaciones entre los poderes del Estado y entre estos y los ciudadanos que es la expresión del sentir común de varios grupos; y que, por tanto, ese compromiso colectivo favorece una interpretación de sus disposiciones que exprese la convergencia entre las fuerzas políticas y entre las clases sociales, en torno a la perspectiva de renovación o superación del pasado, conforme los objetivos y principios de esos propósitos, en cuyo compromiso están obligados los poderes públicos y los ciudadanos[1404].

Por ello, dentro de esa concepción de la democracia constitucional no caben interpretaciones de la Constitución contrarios a ese **ethos** *político democrático.*

1404 Citado por Kamel, Cazor Aliste y Mónica, Fernández Gutiérrez en "Constitución, Principio Democrático y Reformas Constitucionales", *Revista de Derecho*, Vol. XIII, Universidad Austral de Chile, diciembre 2002, pp. 153.

Por esta razón, dentro de la llamada Teoría de la Constitución que sustituye la Teoría del Estado, la inspiración del intérprete de la Constitución no puede ser la "Frankiana", antes aludida, sino la expresión jurídica del orden que diseñó el constituyente y que aceptó la población al aprobar el proyecto político contenido en la Constitución y no la voluntad que pueda tener algún líder o dirigente o gobernante, o hasta los jueces, respecto de cómo debe ser aplicada la Constitución para llevar a cabo sus proyectos políticos, ideológicos o personales. En efecto, la Constitución es más un deber ser normativo que un sistema puramente formal, por lo que la interpretación jurídica del Derecho contenido en la Constitución no puede ser contraria a lo que ella misma define como Sociedad y Estado, que en nuestro caso deben guiarse por los valores y fines que también define como superiores de su ordenamiento jurídico y como esenciales de la conducta legítima del Estado. En este orden de ideas, en el caso venezolano, al igual de lo que señala Rubio Llorente para España, "no hay otra Constitución que la Constitución democrática"[1405]. De aquí, que acertadamente el Profesor Ismael Bustos, considera respecto de la interpretación constitucional que desde el punto de vista de la norma de la Constitución el Estado representa un ordenamiento jurídico, y que desde el punto de vista del poder público el Estado es la institucionalización del poder[1406]; de modo que la norma constitucional no se debe utilizar para que el poder no esté sujeto a la Constitución; porque el derecho constitucional como elemento constitutivo del Estado democrático no es sino una limitación del poder político estatal; por lo que es incomprensible que en ese tipo de Estado se interprete la Constitución para desinstitucionalizar el Estado liberándolo de los límites que ese mismo derecho le impone. Pienso que la interpretación dada por la Sala Constitucional en su Sentencia N° 53 de fecha 3 de febrero de 2009, no se corresponde con una interpretación dentro del derecho constitucional de una sociedad y un Estado democrático.

Dentro del orden de ideas anterior, y en el contexto de lo que se puede llamar derecho constitucional democrático, que como dijimos es más deber ser que forma, la orientación para interpretar sus disposiciones no puede tener por fin el promover un régimen sin limitaciones o sin controles, ni tampoco extender lo que algunos llaman "los enclaves antidemocráticos"[1407], como por ejemplo los rezagos del centralismo autocrático que pudieran permanecer en la Constitución. De allí que, por ejemplo, no responde al derecho constitucional democrático la interpretación que la Sala Constitucional dio al artículo 164 de la Constitución, en su Sentencia N° 565 de 15 de abril de 2008, en el sentido que las competencias que de manera exclusiva la propia Constitución otorga a los Estados, por ejemplo, en materia de conservación, administración de autopistas y carreteras nacionales, no son tales competencias exclusivas sino concurrentes, sujetas incluso a reversión a favor del Poder Nacional; o que las competencias exclusivas en relación con los puertos y aeropuertos nacionales de uso comercial, dada su coordinación, pueden hasta ser intervenidas por el Poder Nacional, es decir, eliminadas por decisiones administrativas. Pues bien, como acertadamente lo indica el Profesor Brewer-

---

1405 Francisco, Rubio Llorente, *La forma del poder,* Centro de Estudios Constitucionales, Madrid, 1997.

1406 Ismael, Bustos, "Teoría del Estado", *Separata de la Revista de la Facultad de Ciencias Jurídicas y Sociales*, Universidad Central de Chile, Santiago, 2002.

1407 Genaro, Arraigada, "*Democracia en Chile*". Doce Conferencias, CIEPLAN; Santiago, 1986, p. 154.

Carías, dicha Sala al mutar el texto del artículo 164, antes citado, mediante una interpretación vinculante, en perjuicio del federalismo descentralizado que consagra el artículo 4° constitucional, promovió el centralismo, que según la Exposición de Motivos de la Constitución es antidemocrático.

Sin entrar a discutir el tema de los límites que a su función interpretativa se imponen a los tribunales constitucionales, no cabe duda que la libertad de decisión de los diferentes tribunales, a los cuales los artículos 27 y 335 de la Constitución han encargado también de la protección de los principios y derechos constitucionales, y el respeto del principio de la separación de los poderes, de la reserva legal y de la reserva del poder constituyente; son límites de esa función interpretativa. Es importante recalcar, en consecuencia, que en un derecho constitucional democrático la interpretación de la Constitución no es discrecional ni ilimitada; ni mucho menos puede ser un poder de revisión de la Constitución. En este sentido, afirma Helmut Simon; que: "La decisión constitucional por una democracia con división de poderes veda una interpretación sin límites que eludiendo la reforma constitucional, difumine los lindes entre interpretación y potestad normativa y haga subrepticiamente soberano a quien es únicamente custodio de la Constitución"[1408]. Sin embargo, a propósito del análisis que hace el Profesor Brewer-Carías de la Sentencia Nº 22191 de la Sala Constitucional de fecha 22 de noviembre de 2007, que desestimó una acción de amparo constitucional en contra del acto sancionatorio de la reforma constitucional adoptado por la Asamblea Nacional, porque subvertía el procedimiento para la modificación de la Constitución en su estructura y principios fundamentales; entre otras razones porque se trata de un proceso complejo, vale la pena incidir brevemente en el control de constitucionalidad de la reforma constitucional.

Por supuesto, que para la consideración de este tema se parte de la premisa que existen límites constitucionales temporales, procedimentales y de quórum de participación electoral y de votación mayoritaria que se imponen a la reforma constitucional atribuida al poder constituyente derivado, donde ha de incluirse a la población organizada electoralmente. En efecto, si no se admite la existencia de tales límites, no podría hablarse de un control de constitucionalidad de la reforma constitucional. En mi criterio, del Preámbulo y de los artículos 1°, 2°, 3°, 4°, 6° y 7°, de la Constitución venezolana de 1999, así como de sus artículos 340, 341, 342, 343, 344, 345 y 350, se derivan límites al poder constituyente derivado para las modificaciones constitucionales, no solo temporales y formales, sino también materiales derivados del ethos colectivo consagrado por el pueblo al aprobar refrendariamente la nueva Constitución. Sobre todo de los artículos 19, 20, 22 y 23, de la misma Constitución, que consagran derechos fundamentales, que por ser inherentes a la dignidad humana son inalienables e irrenunciables e intangibles. Inclusive para algunos esos límites obran también sobre el poder constituyente originario[1409]; lo que en Venezuela parece desprenderse del artículo 350 constitucional. Ya las Constituciones de Bolivia, Colombia, Costa Rica y Panamá, dentro

1408 Citado por Francisco Zúñiga Urbina, "Control de Constitucionalidad de la Reforma Constitucional", Estudios Constitucionales, noviembre año/4, número 002, Centro de Estudios Constitucionales, Santiago de Chile, *Revista del Centro de Estudios Constitucionales*, p. 433.

1409 Ver, Humberto, Nogueira Alcalá citado por Francisco Zúñiga Cisneros, en su trabajo "*Control de Constitucionalidad de la Reforma Constitucional*", ya citada, p. 416.

de la competencia de la jurisdicción constitucional comprenden el control de la constitucionalidad de la reforma constitucional. De manera que esa jurisdicción ejerce un control preventivo o represivo en los casos en que los actos o mecanismos que se adoptan para promover la reforma constitucional o para someterla a la consulta popular, no respeten esos límites. Así como también para el caso de violación de los límites materiales derivados de su modelo axiológico normativo. Competencia esta, a mi juicio, ínsita en la atribución genérica que le confiere a la Sala Constitucional el artículo 335 de la Constitución venezolana, de garantizar la supremacía y eficacia de la Constitución. Otros sistemas no admiten el control de constitucionalidad de la reforma constitucional, porque el poder constituyente derivado carece de límites temporales, formales y materiales. O, porque el contenido de las reformas son "cuestiones políticas" o "cuestiones de oportunidad o de emérito"; o porque la voluntad soberana es jurídicamente incontrolable; lo que no impide que no pueda plantearse la inconstitucionalidad de los actos de someter a consulta popular proyectos de reforma claramente violatorios de la Constitución[1410]*. En el caso de Venezuela, por lo que dijimos anteriormente, lo cierto es que en nuestro país, a mi juicio, el respeto a los derechos fundamentales, inherente a la dignidad de las personas, por su carácter inalienable e irrenunciable, son un límite al Poder derivado o instituido, impuesto por el poder constituyente originario. E, inclusive es una limitación que impuso el pueblo al poder constituyente originario al aprobar refrendariamente la Constitución. No se trata, en mi concepto de límites meta jurídicos ni meta positivos, sino que por el contrario devienen de valores positivizados.*

Muchas son las reflexiones que sugieren o provoca el Ensayo del Profesor Brewer Carías, pero las limitaciones de un Prólogo las prohíben. Lo cierto es que si acaso las que me he atrevido a formular tienen algún mérito, es atribuible a la inspiración que me llevó su enjundioso Estudio, de una actualidad indiscutible y que además, son una lección permanente, que solo puede impartir una mentalidad de jurista como la del Profesor Brewer Carías, por su inteligencia, profundidad e ilustración, y sobre todo por su autoridad científica. Puede decirse de él, como ha ocurrido en nuestra historia a otros ilustres venezolanos, que aún desde lejos siguen construyendo Patria. Y que según su pensamiento de verdadero jurista, para que esa Patria sea de todos ha de guiarse por valores imperecederos del respeto de la Constitución y de la Ley, como garantía de la democracia como orden jurídico de la libertad, de lo cual la Obra escrita de Brewer- Carías, entre ella la de este Ensayo, es un digesto de la ciencia jurídica venezolana.

Caracas, Palacio de las Academias, 10 de junio de 2009.

1410 Pedro, De Vega, *Obra citada,* p. 301.

INTRODUCCIÓN

Toda Constitución, como manifestación de la voluntad del pueblo expresada como poder constituyente originario, prevalece y debe prevalecer sobre la voluntad de todos los órganos constituidos del Estado, incluyendo el órgano judicial que ejerce la Jurisdicción Constitucional, por lo que su modificación o reforma sólo puede llevarse a cabo conforme se dispone en su propio texto, como expresión-imposición de la voluntad popular producto de ese poder constituyente originario.

Este postulado de la supremacía de la Constitución en tanto que norma fundamental implica, como lo dijo Alexander Hamilton en 1788, no sólo que "ningún acto legislativo contrario a la Constitución, puede ser válido", sino que "negar esto significaría afirmar que… "los representantes del pueblo son superiores al pueblo mismo; que los hombres que actúan en virtud de poderes, puedan hacer no sólo lo que sus poderes no les autorizan sino también lo que les prohíben".[1411]

La contrapartida de la obligación de los órganos constituidos de respetar la Constitución, de manera que el poder constituyente originario prevalezca sobre la voluntad de dichos órganos estatales constituidos, es el derecho constitucional que todos los ciudadanos tienen en un Estado Constitucional, a que se respete la voluntad popular expresada en la Constitución, es decir, *el derecho fundamental a la supremacía constitucional.* Nada se ganaría con señalar que la Constitución, como manifestación de la voluntad del pueblo, debe prevalecer sobre la de los órganos del Estado, si no existiere el derecho de los integrantes del pueblo de exigir el respeto de esa Constitución, y además, la obligación de los órganos jurisdiccionales de velar por dicha supremacía.

El constitucionalismo moderno, por tanto, no sólo está montado sobre el principio de la supremacía constitucional,[1412] sino que como consecuencia del mismo, también está montado sobre el derecho del ciudadano a esa supremacía[1413], que se concreta, conforme al principio de la separación de poderes, en un derecho fundamental a la tutela judicial efectiva de la supremacía constitucional, es decir, a la justicia constitucional.

Por ello, el mismo Hamilton, al referirse al papel de los Jueces en relación con dicha supremacía constitucional también afirmó:

1411 *The Federalist* (ed. B.F. Wright), Cambridge, Mass. 1961, pp. 491-493.

1412 Véase Allan R. Brewer-Carías, *Reflexiones sobre la Revolución Norteamericana (1776), la Revolución Francesa (1789) y la Revolución Hispanoamericana (1810-1830) y sus aportes al Constitucionalismo Moderno*. 2ª Edición Ampliada, Serie Derecho Administrativo Nº 2, Universidad Externado de Colombia, Editorial Jurídica Venezolana. Bogotá 2008, pp. 84 ss., 175 ss., 272 ss.

1413 Véase Allan R. Brewer-Carías, "El amparo a los derechos y libertades constitucionales (una aproximación comparativa)" en Manuel José Cepeda (editor), *La Carta de Derechos. Su interpretación y sus implicaciones*, Editorial Temis, Bogotá 1993, pp. 21-81.

> "Una Constitución es, de hecho, y así debe ser considerada por los jueces, como una ley fundamental. Por tanto, les corresponde establecer su significado así como el de cualquier acto proveniente del cuerpo legislativo. Si se produce una situación irreconciliable entre ambos, por supuesto, la preferencia debe darse a la que tiene la mayor obligatoriedad y validez, o, en otras palabras, la Constitución debe prevalecer sobre las Leyes, así como la intención del pueblo debe prevalecer sobre la intención de sus representantes."

Con base en estos postulados se desarrolló, no sólo la doctrina de la supremacía de la Constitución, sino también, aún más importante, la doctrina de "los jueces como guardianes de la Constitución", tal como lo expresó el mismo Hamilton al referirse a la Constitución como limitación de los poderes del Estado y, en particular, de la autoridad legislativa, afirmando que:

> "Limitaciones de este tipo sólo pueden ser preservadas, en la práctica, mediante los Tribunales de justicia, cuyo deber tiene que ser el de declarar nulos todos los actos contrarios al tenor manifiesto de la Constitución. De lo contrario, todas las reservas de derechos o privilegios particulares, equivaldrían a nada."[1414]

De estos postulados puede decirse que en el constitucionalismo moderno surgió el sistema de justicia constitucional en sus dos vertientes, como protección de la parte orgánica de la Constitución, y como protección de su parte dogmática, es decir, de los derechos y libertades constitucionales, lo que en definitiva, no es más que la manifestación de la garantía constitucional del derecho fundamental del ciudadano al respecto de la supremacía constitucional. Esa garantía es la que precisamente implica el poder atribuido a los jueces de asegurar la supremacía constitucional, sea declarando la nulidad de los actos contrarios a la Constitución, sea restableciendo los derechos fundamentales vulnerados por acciones ilegítimas, tanto de los órganos del Estado como de los particulares. La justicia constitucional es, así, el instrumento jurídico para canalizar los conflictos entre la voluntad popular y los actos de los poderes constituidos; razón por la cual se la ha considerado históricamente como el sustituto a la revolución[1415] o del ejercicio del derecho de resistencia o revuelta que defendía John Locke[1416].

Pero por supuesto, en esta concepción del juez constitucional para en caso de opresión de los derechos, de abuso o de usurpación, sustituyera a la revolución como la vía de solución de conflictos entre el pueblo y los gobernantes, los constructores del Estado Constitucional nunca pensaron que podía ser el propio juez constitucional el que usurpara el poder constituyente y violara la constitución. En el esquema del Estado constitucional no hay forma alguna de controlar judicialmente al juez constitucional, por lo que incluso se establece en general que sus sentencias no son revisables.

El constitucionalismo moderno, por tanto, está montado sobre el principio de la soberanía popular, la supremacía constitucional y la rigidez de las Constituciones, por lo que para llevar a cabo una reforma de la Constitución, los tres principios han

---

1414 *The Federalist* (ed. B.F. Wright), Cambridge, Mass. 1961, pp. 491-493.

1415 Véase Sylvia Snowiss, *Judicial Review and the Law of the Constitution,* Yale University Press, 1990, p. 113.

1416 Véase John Locke, *Two Treatises of Government* (ed. Peter Laslett), Cambridge UK, 1967, pp. 221 ss.

de ser observados y ninguno de ellos puede prevalecer en sacrificio de los otros. La soberanía popular debe respetarse siempre que se manifieste de acuerdo con la propia voluntad popular, y la supremacía constitucional no puede ser relegada bajo la excusa de que el pueblo quiere manifestarse. Por lo que se refiere a la rigidez constitucional, la misma debe regularse de manera de permitir los cambios y la adaptación de la Constitución, de manera que la voluntad popular pueda expresarse y que los hechos no desmoronen el derecho.

Para ello, precisamente las Constituciones, como manifestaciones de la voluntad popular, establecen los mecanismos y procedimientos para su reforma, los cuales confirman el principio de la rigidez, y ellos deben respetarse por los órganos del Estado. Toda manipulación de las normas constitucionales para producir su reforma o modificación sin sujetarse a los procedimientos constitucionales no sólo es inconstitucional sino que puede calificarse como un "fraude a la Constitución." Sobre ello se refirió hace ya varias décadas, G. Liet-Veaux al estudiar las revoluciones de Italia, Alemania y Francia cuando se establecieron los regímenes fascista y nacional-socialista, precisando que el fraude constitucional consiste en crear un nuevo órgano de revisión encargado de dictar una nueva Constitución, distinto al previsto en esta; o en la utilización del procedimiento de reforma para, sin romper con el sistema de legalidad establecido, proceder a la creación de un nuevo régimen político y un ordenamiento constitucional diferente[1417]. Como lo ha establecido la propia Sala Constitucional del Tribunal Supremo de Justicia en la sentencia N° 74 de 25 de enero de 2006, al señalar que un *fraude a la Constitución* ocurre cuando se destruyen las teorías democráticas "mediante el procedimiento de cambio en las instituciones existentes *aparentando respetar las formas y procedimientos* constitucionales", o cuando se utiliza "del procedimiento de reforma constitucional para proceder a la creación de un nuevo régimen político, de un nuevo ordenamiento constitucional, sin alterar el sistema de legalidad establecido, como ocurrió con el *uso fraudulento de los poderes* conferidos por la ley marcial en la Alemania de la Constitución de *Weimar*, forzando al Parlamento a conceder a los líderes fascistas, en términos de dudosa legitimidad, la plenitud del poder constituyente, otorgando un poder legislativo ilimitado. Ha agregado además la Sala Constitucional que un *falseamiento de la Constitución* ocurre cuando se otorga "a las normas constitucionales una interpretación y un sentido distinto del que realmente tienen, que es, en realidad, una modificación no formal de la Constitución misma", concluyendo con la afirmación de que "Una reforma constitucional sin ningún tipo de límites, constituiría un fraude constitucional."[1418]

De ello resulta, además, que las modificaciones a la Constitución, conforme al texto expreso de la misma, no pueden realizarse por la Jurisdicción Constitucional por más poder que tenga de interpretar la Constitución, sino sólo mediante los procedimientos precisos que se establecen en las propias Constituciones.

Cualquier modificación de la Constitución efectuada fuera de dichos procedimientos, es inconstitucional e ilegítima, razón por la cual la Jurisdicción Constitucional, al ejercer su facultad de interpretación del contenido y alcance de las normas constitucionales no puede, en forma alguna, "modificar" la Constitución, sobre todo si no se trata de normas que sean ambiguas, imprecisas, mal redactadas y con errores

---

1417 Véase G. Liet-Veaux, "La fraude à la Constitution", *Revue du Droit Public*, París 1943, pp. 116-150.

1418 Véase en *Revista de Derecho Público* N° 105, Editorial Jurídica Venezolana, Caracas 2006, pp. 76 ss

de lenguaje. Si lo hace, lo que estaría realizando sería un falseamiento de la Constitución, es decir, una "mutación" ilegítima y fraudulenta de la misma, que falsea su contenido.[1419]

A continuación, en este contexto de la reforma constitucional y el fraude a la Constitución,[1420] estudiaremos lo que en la última década ha ocurrido en Venezuela, en la materia, analizando: en *primer lugar*, el tema general de la reforma constitucional y el control constitucional, en un marco comparado; en *segundo lugar*, el proceso de sanción de la Constitución en 1999 por una Asamblea Nacional Constituyente configurada al margen de la Constitución de 1961, el golpe de Estado que dio contra los poderes constituidos y la violación de la nueva Constitución antes de que comenzara a surtir efectos; en *tercer lugar*, la primera violación de la Constitución de 1999, un vez aprobada por el pueblo, antes de ser publicada, con el establecimiento de un régimen transitorio no aprobado por el pueblo; en *cuarto lugar*, la rechazada "Reforma constitucional" de 2007, aprobada en fraude a la Constitución, y la renuncia del juez constitucional a controlar su constitucionalidad; en *quinto lugar* los rechazados cambios constitucionales que se habían propuesto en 2007 y su inconstitucional implementación; en *sexto lugar*, la "Enmienda constitucional" de 2009 para permitir la reelección continua e indefinida, aprobada en fraude a la Constitución, con la anuencia del juez constitucional; y por último, en *séptimo lugar*, la ilegítima mutación de la Constitución por la Sala Constitucional del Tribunal Supremo de Justicia, como Jurisdicción Constitucional que ha estado al servicio del autoritarismo.

1419 Véase Néstor Pedro Sagües, *La interpretación judicial de la Constitución*, Buenos Aires 2006, pp. 56-59, 80-81, 165 ss.

1420 Véase en general sobre el tema, Allan R. Brewer-Carías, "La demolición del Estado de Derecho en Venezuela. Reforma Constitucional y fraude a la Constitución (1999-2009)," en *El Cronista del Estado Social y Democrático de Derecho*, No. 6, Editorial Iustel, Madrid 2009, pp. 52-61

PRIMERA PARTE:

REFORMA CONSTITUCIONAL Y CONTROL DE CONSTITUCIONALIDAD (2005)

El texto de esta sección primera fue originalmente preparado para el Congreso sobre *Reforma Constitucional y Control de Constitucionalidad,* organizado por la Pontificia Universidad Javeriana, Bogotá 14-17 de junio 2005. Para su elaboración partimos de las ideas que expusimos en la Ponencia sobre "Modelos de revisión constitucional en América Latina" que elaboramos para el *VI Congreso Mundial de Derecho Constitucional,* Asociación Internacional de Derecho Constitucional y Asociación Chilena de Derecho Constitucional, Santiago de Chile, 11-16 enero, 2004, publicada en *Boletín de la Academia de Ciencias Políticas y Sociales,* enero-diciembre 2003, Nº 141, Año LXVV, Caracas 2004, pp. 115-154; y en Allan R. Brewer-Carías, *Constitución, Democracia y Control el Poder,* Universidad de los Andes, Consejo de Publicaciones, Editorial Jurídica venezolana, Centro Iberoamericano de Estudios Provinciales y Locales, Mérida 2004, pp. 245-290. El texto se publicó también en mi libro: *Estudios sobre el Estado Constitucional (2005-2006),* Caracas 2007, pp. 731-766.

I. RIGIDEZ Y REVISIÓN CONSTITUCIONAL

1. *La revisión constitucional entre el derecho y los hechos*

Si algo caracteriza a las Constituciones rígidas es, precisamente, la previsión en sus textos de procedimientos específicos y, en general, complejos para llevar acabo su revisión, sea a través de reformas generales o mediante enmiendas o modificaciones puntuales a sus previsiones. Normalmente estos procedimientos de revisión constitucional se han establecido desde el inicio de la aparición de los Estados o de su reconstitución, como producto de una Asamblea o Convención constituyente que en nombre del pueblo aprobó la Constitución.

El objetivo de estos procedimientos de revisión constitucional como parte del pacto político contenido en la Constitución, es la preservación del mismo, de manera que no puedan éstas ser modificadas unilateralmente por grupos aislados, sino mediante la participación de todas las fuerzas o componentes de la sociedad política. Por ello, incluso, ha sido común en los Estados federales que surgieron como consecuencia de un pacto político entre Estados, el establecer mecanismos para garantizar la participación de éstos en los procesos futuros de revisión constitucional. Así ocurrió, por ejemplo, en la misma Constitución Norteamericana con la cual se inició el federalismo mismo (Art. V) en 1787, en la cual se prevé la ratificación de las enmiendas por tres cuartas partes de las Asambleas legislativas de los Estados o por Convenciones (constituyentes) constituidas en tres cuartas partes de los Estados; y así también se estableció, veintidós años después, en la primera Constitución federal adoptada con posterioridad, la Constitución de los Estados de Venezuela de 1811, en la cual se previó la posibilidad de aprobar reformas por las dos terceras partes de las Legislaturas provinciales (Art. 135).

Los procedimientos de revisión constitucional en las Constituciones rígidas, por tanto, son procedimientos establecidos para proteger el pacto político constitucional que contienen, de manera de evitar modificaciones unilaterales y al contrario, asegurar la participación de todos los componentes políticos de la sociedad. En principio, por tanto, las normas que los regulan tienen un marcado tinte conservador respecto de la Constitución y sus principios, por lo que los procedimientos establecidos para la revisión buscan lograr consensos.

Pero las Constituciones, como normas supremas reguladoras de la sociedad, en ningún caso pueden ser de carácter eterno ni estático, ni pueden pretender dejar políticamente congelada a la sociedad. Estas necesariamente cambian, como también cambian los sistemas políticos, por lo que la excesiva rigidez constitucional que impida la adaptación progresiva de la norma constitucional a la realidad, puede incluso conducir a lo contrario de lo perseguido, y provocar la consolidación de los cambios políticos por la vía de los hechos, los que luego consiguen en una u otra forma, alguna legitimación *ex post factum*.

La rigidez constitucional mediante la previsión de procedimientos específicos de revisión constitucional, por tanto, debe ser de tal naturaleza que el principio conservador del pacto político que estos buscan no sea el que conduzca por la vía de los hechos a su ruptura. Los principios y procedimientos de la revisión constitucional, por tanto, puede decirse que se mueven entre el conservadurismo y el cambio político, lo que es lo mismo que señalar que se mueven entre el derecho y los hechos.

Por tanto, si en una sociedad dada se producen cambios sustanciales de orden político y social, las normas relativas a la revisión constitucional o son capaces de canalizar las exigencias de los mismos y permiten la preservación del derecho o constituyen una resistencia insalvable que provoca la producción de los cambios pero por medio de los hechos. He allí el dilema de las previsiones constitucionales sobre procedimientos de revisión constitucional: que la excesiva rigidez del derecho puede conducir a su ruptura de hecho.

Ahora bien, todas las Constituciones de los países de América Latina fueron adoptadas a comienzos del Siglo XIX, con motivo de la declaración de independencia de España, por voluntad popular expresada a través de Congresos, Convenciones o Asambleas Constituyentes, las cuales en su momento asumieron el poder constituyente originario para la organización de los Estados con forma republicana.

Como constituciones rígidas, en ellas también se establecieron los procedimientos para su reforma o enmienda, como poder constituyente derivado, regulándose excepcionalmente la figura de la Convención o Asamblea Constituyente, como sólo sucedió en la Constitución Argentina (1853), la cual reguló una Convención (Art. 30) constituyente, adoptando la terminología de la Constitución Norteamericana.

En todo caso, las Constituciones del Siglo XIX, por supuesto, durante los casi doscientos años que nos separan de los movimientos independentistas, han sido objeto de múltiples reformas pero en ellas no necesariamente se han seguido y respetado los procedimientos previstos para el poder constituyente derivado que regulaban las Constituciones, al punto de que por ejemplo, en la actualidad, casi todas las Constituciones vigentes de América Latina han sido el producto de Asambleas o

Convenciones Constituyentes, las cuales en su momento asumieron el poder constituyente sin que necesariamente hubieran estado reguladas expresamente en los textos constitucionales precedentes, tal y como recientemente ha sucedido, por ejemplo, en Colombia (1991), en Ecuador (1998) y en Venezuela (1999).

Las Asambleas Constituyentes, por tanto, como mecanismos fácticos de revisión constitucional no son extrañas en la historia constitucional de América Latina, y para darse cuenta de ello, bastaría con citar un solo ejemplo, el de Venezuela, donde en múltiples oportunidades se ha reformado la Constitución a través de dicho mecanismo de revisión constitucional sin que el mismo hubiese estado regulado jamás (hasta 1999) en el texto constitucional.

En efecto, en Venezuela, puede decirse que Asambleas Constituyentes, como cuerpos representativos convocados con el objeto de constituir un Estado, es decir, establecer inicialmente la organización política de una sociedad dada en un territorio determinado, en sentido estricto solo ha habido dos: el *Congreso General* de 1811 reunido en Caracas con el objeto de constituir el Estado venezolano independiente de la Corona Española con la sanción de la Constitución Federal para los Estados de Venezuela 21-12-1811; y el *Congreso Constituyente* convocado en la ciudad de Valencia, en 1830, para reconstituir el Estado venezolano separado de la Gran Colombia y sancionar la Constitución del Estado venezolano (22-9-1830). Pero estas no han sido las únicas Asambleas Constituyentes, pues a partir de 1830 se convocaron nueve más, pero con el objeto de *reconstituir* el sistema político y reformar la Constitución, lo que en toda la historia política venezolana, excepto con la Asamblea Constituyente de 1999, siempre ocurrió después de una ruptura violenta (guerra o revolución) de hilo constitucional.

En efecto, después de la reforma de la Constitución de 1830 por el Congreso en 1857 conforme al procedimiento previsto en la misma (Art. 227), al año siguiente y como consecuencia de un golpe de Estado (Revolución de Marzo), se convocó a una *Gran Convención Nacional* reunida en Valencia la cual sancionó la Constitución de 31-12-1858. Ello fue la antesala de las Guerras Federales, al final de las cuales dicha Constitución fue anulada (1862), convocándose una *Asamblea Constituyente* que se reunió en Caracas en 1864, la cual sancionó la Constitución de los Estados Unidos de Venezuela (13-4-64), consolidándose la forma federal del Estado (1864-1901).

Después de múltiples vicisitudes políticas (Revolución de Azul de 1868 y Revolución de Abril de 1870) que afectaron la vigencia de la Constitución de 1864, el Congreso la modificó conforme a sus normas (Art. 122), en 1874 y 1881. En 1891 se produjo otra reforma, la cual fue cuestionada por la forma que se hizo, provocando en 1892, otra Revolución (Revolución Legalista) la cual condujo a la convocatoria de una *Asamblea Nacional Constituyente* que se reunió en Caracas, la cual sancionó la Constitución de los Estados Unidos de Venezuela de 1893 (21-6-1893).

Como consecuencia de otra Revolución (Revolución Liberal Restauradora), en 1900 se convocó otra *Asamblea Nacional Constituyente* que sancionó la Constitución de 1901 (29-3-01), con la que se inició el período del *Estado Centralizado Autocrático* (1901-1945). Esa Constitución, después de otra Revolución (Revolución Reivindicadora) fue nuevamente reformada en 1904 por el Congreso que asumió las funciones, facultades y derechos que correspondían al *Poder Constituyente,* sancionando la Constitución de 1904. Esta fue enmendada por el Congreso en 1909, pero en 1914, un *Congreso de Diputados Plenipotenciarios* convocado al efecto promulgó un Estatuto Constitucional Provisorio y luego sancionó la Constitución de 1914 (19-6-14). Dicha Constitución, como lo establecía su texto (Art. 130), fue posteriormente enmendada o reformada en múltiples ocasiones, en 1922, 1925, 1928, 1929, 1931, 1936 y 1945 (5-5-45).

Una nueva Revolución ocurrida en octubre de 1945 (Revolución de Octubre), con la cual se inició el proceso de establecimiento *Estado Democrático Centralizado,* condujo, al año siguiente a la convocatoria de una nueva *Asamblea Constituyente* que se reunió en Caracas y sancionó la Constitución de 1947 (5-7-47). Al año siguiente, sin embargo, se produjo otro golpe de Estado, instalándose un régimen militar que en 1953 convocó a otra *Asamblea Constituyente* de los Estados Unidos de Venezuela, la cual sancionó la Constitución de 1953 (15-4-53).

Luego de un nuevo golpe de Estado, el 23 de enero de 1958, una Junta Militar y la subsiguiente Junta de Gobierno asumieron el poder, continuando sin embargo en aplicación la Constitución de 1953 hasta que el *Congreso* electo en 1958, conforme a dicho texto (arts. 140 y ss.), reformó totalmente la Constitución, sancionando la Constitución del 23-1-61.

Cuarenta años después, en 1998, en medio de la crisis que todavía sacude al sistema político venezolano, resultaba inevitable la necesidad de una nueva reconstitución del sistema político y del Estado, para lo cual por primera vez en la historia de Venezuela, sin violencia, y luego de un proceso de interpretación judicial de la Constitución, en 1999 se procedió a convocar una *Asamblea Constituyente* en democracia, para precisamente evitar la ruptura violenta del hilo constitucional y reconstituir el sistema político en libertad.

El hilo constitucional, sin embargo, fue efectivamente roto, pero por la propia Asamblea Nacional Constituyente que fue la que al asumir sin autoridad alguna el "poder constituyente originario", dio un golpe de Estado contra la Constitución de 1961 y contra los poderes constituidos, particularmente, contra los órganos de representación popular (Congreso y Asambleas legislativas de los Estados) que habían sido electos un año antes (1998). La nueva Constitución sancionada por la Asamblea Nacional Constituyente, sin embargo, fue posteriormente aprobada mediante referéndum, con el cual se "legitimaría" el proceso constituyente precedente.

Las Constituciones pueden indicar expresamente, como por ejemplo lo dice el texto de la República Dominicana, que "la reforma de la Constitución sólo podrá hacerse en la forma que indica ella misma" (art. 120); pero lo cierto es que la revisión constitucional en América Latina, no siempre ha sido un proceso de jure, sino que en múltiples ocasiones ha sido producto de los hechos, cuyos resultados constitucionales luego han encontrado *ex post factum,* en una forma u otra, alguna vía de legitimación política.

Lo cierto, en todo caso, es que en casi 200 años de historia constitucional, en Venezuela por ejemplo, han funcionado diez Asambleas Constituyentes como mecanismos de revisión constitucional y ninguna había estado prevista en el texto constitucional precedente. La Constitución de 1999 ha sido por tanto, la primera en regular expresamente dicho modelo de revisión constitucional.

2. *La constitucionalización del poder constituyente derivado y sus consecuencias*

En todo caso, como se ha dicho, como todas las Constituciones rígidas del mundo contemporáneo, las Constituciones vigentes de los países de América Latina aprobadas en la forma escogida al sancionarse, establecen expresamente los procedimientos de revisión constitucional con trámites que son distintos a los establecidos para las reformas de la legislación ordinaria.

En estos procedimientos, en general, se ha asegurado no sólo la participación de los órganos de representación popular (Congresos o Asambleas Legislativas) para la revisión constitucional sino, en la mayoría de los casos, se ha asegurado la participación directa del pueblo mediante un proceso de votación sea para la elección de una Convención o Asamblea Constituyente o para la aprobación mediante referendo o plebiscito de la reforma constitucional. Estos procedimientos de revisión constitucional, por supuesto, al estar expresamente regulados en la Constitución, están sometidos al cumplimiento de la normativa constitucional que lo regula. La supremacía constitucional por tanto, puede decirse que se aplica incluso, para el ejercicio del poder constituyente regulado en la propia Constitución.

Estos procedimientos de revisión constitucional, en todo caso, se han regulado como *formas específicas de manifestación del poder constituyente derivado*, que las Constituciones han establecido, en términos generales en tres formas, según (i) que el poder constituyente se ejerza directamente por el pueblo; o (ii) que su ejercicio, en representación del mismo, se haya otorgado a los órganos de representación popular (Congresos o Asambleas Legislativas); o (iii) que se haya otorgado a una Asamblea o Convención Constituyente convocada al efecto.

En algunos países, incluso, se han regulado estos tres procedimientos de revisión constitucional, en paralelo, tal y como sucede por ejemplo en Colombia, donde el artículo 374 de la Constitución establece que:

> *Art. 374.* "La Constitución Política podrá ser reformada por el Congreso, por una asamblea constituyente o por el pueblo mediante referendo".

Lo que es claro de las Constituciones latinoamericanas es que los procedimientos de revisión constitucional que ellas regulan, dada su supremacía se han establecido con carácter obligatorio, razón por la cual en sus propios textos se niega valor a toda reforma constitucional realizada mediante procedimientos no previstos en la Constitución. De allí, por ejemplo, la tajante declaración antes citada de la Constitución de República Dominicana, cuyo artículo 120 dispone que:

> *Art. 120.* La reforma de la Constitución sólo podrá hacerse en la forma que indica ella misma, y no podrá jamás ser suspendida ni anulada por ningún poder ni autoridad ni tampoco por aclamaciones populares.

En sentido algo similar, la Constitución de Venezuela establece en su artículo 333 que:

> *Art. 333.* Esta Constitución no perderá su vigencia si dejare de observarse por acto de fuerza o porque fuere derogada por cualquier otro medio distinto al previsto en ella.

> En tal eventualidad todo ciudadano investido o ciudadana investida o no de autoridad, tendrá el deber de colaborar en el restablecimiento de su efectiva vigencia.

Sin embargo, debe señalarse que los procedimientos formales de revisión constitucional (reforma o enmienda) que analizaremos en detalle a continuación, no son los únicos previstos para la modificación de la Constitución y su adaptación a los cambios políticos y sociales.

La adaptación constitucional puede ocurrir, en efecto, mediante otros medios que la propia Constitución dispone para asegurar la mutación constitucional sin que se pongan en movimiento los instrumentos formales de revisión constitucional (enmiendas, reformas, asambleas constituyentes), como sucede cuando el texto constitucional regula la sanción de leyes especiales y específicas de rango constitucional para el desarrollo de determinadas materias de orden constitucional, como la descentralización política. Por ejemplo, en la Constitución de Venezuela de 1961 y en la vigente de 1999, se establece expresamente la atribución de competencias exclusivas en los tres niveles de gobierno (nacional, estadal y municipal) conforme al sistema federal de distribución vertical del Poder Público (arts. 156, 164 y 178), pero el artículo 157 de la misma Constitución establece que mediante ley, la Asamblea Nacional puede transferir a los Estados algunas de las competencias exclusivas del Poder Nacional. Cuando se dicta una ley de esta naturaleza, sin duda que se produce una modificación de la Constitución, autorizada en su mismo texto, pero mediante una forma distinta a la reforma o enmienda, es decir, mediante una ley que adquiere rango constitucional.

Otro ejemplo de modificación constitucional mediante mecanismos distintos a los procedimientos de reforma o enmienda, puede ocurrir mediante la aprobación legislativa de tratados internacionales en materia de derechos humanos y su ratificación, como puede suceder en Venezuela. En efecto, en este país no sólo se ha establecido en la Constitución el rango constitucional de los tratados en materia de derechos humanos ratificados por la República, sino su aplicación prevalente incluso respecto de la misma Constitución, cuando aquellos contengan previsiones más favorables al ejercicio y goce de los derechos humanos (Art. 23). En consecuencia, cuando se produce la aprobación legislativa de un tratado y su ratificación ejecutiva, si el mismo contiene normas en materia de derechos humanos más favorables a las establecidas en la Constitución, se produce una modificación automática de la misma, autorizada en el mismo texto.

Por supuesto, otro mecanismo para asegurar la mutación constitucional, lo constituye el desarrollo de las Jurisdicciones Constitucionales en América Latina, a través de la actuación de los Tribunales o Cortes Constitucionales o de las Salas Constitucionales de las Cortes Supremas de Justicia, con potestad constitucional para establecer interpretaciones vinculantes de la Constitución y sus principios. A través de la interpretación constitucional, por tanto, sin que la Constitución sea formalmente enmendada o reformada, se puede producir la adaptación de las disposiciones constitucionales formales a las nuevas exigencias políticas y sociales de una sociedad en un momento dado. El juez constitucional, por tanto, ciertamente que puede considerarse como un fenomenal instrumento de adaptación de la Constitución, y para el afianzamiento del Estado de derecho, pero también puede ser un instrumento diabólico de dictadura constitucional, no sometido a controles, cuando justifica todas las violaciones constitucionales que se producen en regímenes autoritarios o donde la separación de poderes no está realmente asegurada.

Por otra parte, tratándose de un poder constituyente derivado el que se regula en los propios textos constitucionales, el mismo tiene límites, no sólo en cuanto a los propios poderes que puede asumir el órgano constituyente en relación con los Poderes constituidos del Estado, sino en relación con las materias reformables o enmendables, por lo que muchas Constituciones, mediante cláusulas pétreas, excluyen de toda reforma determinados principios y disposiciones que se declaran inmutables, y por tanto, irrevisables o irreformables.

Ahora bien, siendo la Constitución en los Estados constitucionales democráticos contemporáneos emanación de la soberanía popular, para el estudio comparativo de los procedimientos de revisión constitucional formalmente establecidos (reforma o enmienda), este estudio lo dividiremos en tres partes: en *primer lugar,* analizaremos los casos en los cuales la revisión constitucional se regula como poder atribuido al pueblo como partícipe en el poder constituyente derivado; en *segundo lugar*, estudiaremos los casos en los cuales la revisión constitucional se atribuye a los órganos constituidos del Estado, los cuales asumen entonces el poder constituyente derivado; y en *tercer lugar*, analizaremos los límites generales al poder constituyente derivado y el control de constitucionalidad.

II. EL PODER DE REVISIÓN CONSTITUCIONAL ATRIBUIDO AL PUEBLO SOBERANO

En efecto, muchas Constituciones de América Latina regulan la revisión constitucional atribuyendo el poder constituyente derivado directamente al pueblo, el cual debe expresar su manifestación de voluntad mediante la aprobación de la reforma a través de una votación realizada por vía de un referendo, de un plebiscito o de una consulta popular. En algunos casos, la participación del pueblo como poder constituyente se establece en forma exclusiva, como único procedimiento de revisión constitucional (Uruguay); y en otros casos, se establece como una de las alternativas de revisión constitucional, conjuntamente con otros procedimientos. Es el caso, por ejemplo, de Venezuela, Colombia, Paraguay, Guatemala y Costa Rica, donde además se regula el funcionamiento de una Asamblea Constituyente; y del Perú, Cuba, Chile, Ecuador y Panamá, donde además se atribuye al órgano legislativo la potestad de aprobar la reforma constitucional. En Colombia, además del procedimiento de revisión constitucional mediante referendo, se regula la Asamblea Constituyente y los Actos Legislativos de reforma constitucional aprobados por el Congreso.

1. *La revisión constitucional ejercida exclusivamente por el pueblo: el caso de Uruguay*

En América Latina, sólo la Constitución de Uruguay atribuye al pueblo, en exclusividad, la posibilidad de aprobación de las reformas constitucionales mediante referendo. En efecto, el artículo 331 de la Constitución establece la posibilidad de su reforma total o parcial conforme a diversos procedimientos, los cuales siempre deben concluir con una aprobación de la misma mediante votación popular.

Los procedimientos para la reforma constitucional, por tanto, sólo varían según la iniciativa para la misma, que puede corresponder a la iniciativa popular, a la del órgano que ejerce el Poder Legislativo, o a los representantes en el mismo o al Poder Ejecutivo.

En primer lugar, se establece la posibilidad de que por iniciativa del diez por ciento de los ciudadanos, inscritos en el registro Cívico Nacional, se pueda presentar un proyecto de articulado que se debe elevar al Presidente de la Asamblea General, debiendo ser **sometido a la decisión popular**, en la elección más inmediata. En este caso, la Asamblea General, en reunión de ambas Cámaras puede formular proyectos sustitutivos que debe someter a la decisión plebiscitaria, juntamente con la iniciativa popular.

Para que el plebiscito sea afirmativo en este caso, se requiere que vote por "Sí" la mayoría absoluta de los ciudadanos que concurran a los comicios, la que debe representar por lo menos, el treinta y cinco por ciento del total de inscritos en el registro Cívico Nacional.

En este caso sólo se deben someter a la ratificación plebiscitaria simultánea a las más próximas elecciones, los proyectos que hubieren sido presentados con seis meses de anticipación –por lo menos– a la fecha de aquellas, o con tres meses para las fórmulas sustitutivas que aprobare la Asamblea General. Los que se presenten después de tales términos, se deben someter al **plebiscito** conjuntamente con las elecciones subsiguientes.

En *segundo lugar*, la revisión constitucional puede ser iniciativa de la Asamblea General, en cuyo caso, el artículo 331 establece dos procedimientos de reforma constitucional: mediante la aprobación de proyectos de reforma o mediante la aprobación de leyes constitucionales.

A. *Iniciativa mediante proyectos de reforma constitucional*

El inciso B del artículo 331 dispone que la Asamblea General también puede elaborar proyectos de reforma constitucional que deben reunir dos quintos del total de componentes de la Asamblea general, presentados al Presidente de la misma, los cuales deben ser sometidos al **plebiscito en la primera elección** que se realice.

Para que en este caso el plebiscito sea afirmativo también se requiere que vote por "Sí" la mayoría absoluta de los ciudadanos que concurran a los comicios, la cual también debe representar por lo menos, el treinta y cinco por ciento del total de inscritos en el registro Cívico Nacional.

En este caso sólo se deben someter a la ratificación plebiscitaria simultánea a las más próximas elecciones, los proyectos que hubieren sido presentados con seis meses de anticipación –por lo menos– a la fecha de aquellas. Los que se presenten después de tales términos, se deben someter al plebiscito conjuntamente con las elecciones subsiguientes.

B. *Iniciativa mediante leyes constitucionales*

El inciso D del mismo artículo 331 de la Constitución dispone que la Constitución también puede ser reformada por leyes constitucionales para cuya sanción se requieren los dos tercios del total de componentes de cada una de las Cámaras dentro de una misma Legislatura. Las leyes constitucionales no pueden ser vetadas por el Poder Ejecutivo y entran en vigencia luego que el **electorado convocado especialmente** en la fecha que la misma ley determine, exprese su conformidad por mayoría absoluta de los votos emitidos y serán promulgadas por el Presidente de la Asamblea General.

En *tercer lugar*, la iniciativa de la reforma puede partir del Poder Ejecutivo o de representantes ante la Asamblea General mediante la convocatoria de una Convención Nacional Constituyente. En tal caso, el inciso C del mismo artículo 331 de la Constitución dispone que los Senadores, los Representantes y el Poder Ejecutivo también pueden presentar proyectos de reforma, los cuales deben ser aprobados por mayoría absoluta del total de los componentes de la Asamblea General. Si el proyecto fuere desechado el mismo no podrá reiterarse hasta el siguiente período legislativo, debiendo observar las mismas formalidades.

Ahora bien, aprobada la iniciativa y promulgada por el Presidente de la Asamblea General, el Poder Ejecutivo debe convocar, dentro de los noventa días siguientes, a elecciones de una Convención Nacional Constituyente que debe deliberar y resolver sobre las iniciativas aprobadas para reforma, así como sobre las demás que puedan presentarse ante la Convención.

A los efectos de la elección de la Convención Nacional Constituyente, el artículo 331 de la Constitución dispone que el número de convencionales será el doble del de Legisladores, debiendo elegirse conjuntamente suplentes en número doble al de convencionales; siendo las condiciones de elegibilidad, inmunidades e incompatibilidades, las mismas que rigen para los Representantes. La elección debe realizarse por listas departamentales, rigiéndose por el sistema de la representación proporcional integral y conforme a las leyes vigentes para la elección de Representantes.

La Convención se debe reunir dentro del plazo de un año, contado desde la fecha en que se haya promulgado la iniciativa de reforma. Sus resoluciones deben tomarse por mayoría absoluta del numero total de convencionales, debiendo terminar sus tareas dentro del año contado desde la fecha de su instalación. El proyecto o proyectos redactados por la Convención deben ser comunicados al Poder ejecutivo para su inmediata y profusa publicación.

El proyecto o proyectos redactados por la Convención deben ser **ratificados por el Cuerpo Electoral** convocado al efecto por el Poder Ejecutivo, en la fecha que haya indicado la Convención Nacional Constituyente.

En este caso, los votantes también deben expresarse por "Sí" o por "No" y si fueran varios los textos de enmiendas, se deben pronunciar por separado sobre cada uno de ellos. A tal efecto, la Convención Constituyente debe agrupar las reformas que por su naturaleza exijan pronunciamiento de conjunto. Sin embargo, un tercio de miembros de la Convención puede exigir el pronunciamiento por separado de uno o varios textos.

La reforma o reformas deben ser aprobadas por mayoría de sufragios, en número no inferior al treinta y cinco por ciento de los ciudadanos inscritos en el registro Cívico Nacional.

Por último debe señalarse que en todos los procedimientos de reforma constitucional antes indicados, si la convocatoria del Cuerpo Electoral para la ratificación de las enmiendas coincidiera con alguna elección de integrantes de órganos del Estado, los ciudadanos deben expresar su voluntad sobre las reformas constitucionales, en documento separado y con independencia de las listas de elección. Cuando las reformas se refieran a la elección de cargos electivos, al ser sometidas al plebiscito, simultáneamente se debe votar para esos cargos por el sistema propuesto y por el anterior, teniendo fuerza imperativa la decisión plebiscitaria.

2. *La revisión constitucional ejercida por el pueblo (en forma no exclusiva) como alternativa entre otros procedimientos*

Salvo el caso del Uruguay donde siempre se requiere la participación popular para la aprobación de las reformas constitucionales, en los otros países latinoamericanos en los cuales se regula la participación del pueblo en el proceso de revisión constitucional, ello se establece con excepciones o en paralelo a otros procedimientos de revisión los cuales se realizan sin la aprobación popular de las reformas. Es el caso, por ejemplo, de Venezuela, Colombia, Paraguay, Guatemala y Costa Rica, donde además se regula el funcionamiento de una Asamblea Constituyente; y del Perú, Cuba Chile, Ecuador y Panamá, donde además se atribuye al órgano legislativo la potestad de aprobar la reforma constitucional. En Colombia, además del procedimiento de revisión constitucional mediante referendo, se regula la Asamblea Constituyente y los Actos Legislativos de reforma constitucional aprobados por el Congreso.

A. *El referendo constitucional y su excepción en el Perú*

La iniciativa de reforma constitucional en el Perú corresponde al Presidente de la República, con aprobación del Consejo de Ministros; a los congresistas; y a un número de ciudadanos equivalente al cero punto tres por ciento (0.3%) de la población electoral, con firmas comprobadas por la autoridad electoral

De acuerdo con el Artículo 206 de la Constitución del Perú, toda reforma constitucional debe ser sometida a la consideración del Congreso, órgano que debe aprobarla con mayoría absoluta del número legal de sus miembros y **ratificada mediante referéndum**.

Sin embargo, dispone la misma norma que puede omitirse el referéndum cuando el acuerdo del Congreso se obtenga en dos legislaturas ordinarias sucesivas con una votación favorable, en cada caso, superior a los dos tercios del número legal de congresistas.

En todo caso, la ley de reforma constitucional no puede ser observada (objetada) por el Presidente de la República.

B. *El referendo aprobatorio de reformas constitucionales en Colombia*

En el caso de Colombia, como se dijo, el artículo 374 de la Constitución establece que la misma puede ser reformada mediante tres procedimientos: por el Congreso, mediante la sanción de actos legislativos; por una Asamblea Constituyente convocada al efecto o por el pueblo mediante referendo.

En los casos de aprobación de reformas constitucionales por el pueblo mediante referendo, la convocatoria al mismo debe realizarse en dos casos: en primer lugar, en algunos casos de reformas aprobadas por el Congreso mediante actos legislativos referidas a determinadas materias; y en segundo lugar, cuando para ello se produzca una iniciativa gubernamental o popular.

En efecto, en **primer lugar**, el artículo 377 de la Constitución exige que deben someterse a referendo las reformas constitucionales aprobadas por el Congreso mediante acto legislativo, cuando se refieran: 1) a los derechos reconocidos en el capitulo 1 del título II de la Constitución y a sus garantías, 2) a los procedimientos de participación popular, o 3) al Congreso; Y, además, si dentro de los seis meses siguientes a la promulgación del acto legislativo, así lo solicita un cinco por ciento de los ciudadanos que integren el censo electoral. En este caso, la reforma se debe entender derogada por el voto negativo de la mayoría de los sufragantes, siempre que en la votación hubiere participado al menos la cuarta parte del censo electoral.

En **segundo lugar**, conforme al artículo 378 de la Constitución, por iniciativa del gobierno o de los ciudadanos en las condiciones establecidas en el artículo 155 de la Constitución, el Congreso, mediante ley que requiere la aprobación de la mayoría de miembros de ambas Cámaras, puede someter a referendo un proyecto de reforma constitucional que el mismo Congreso incorpore a la ley. En este caso, el referendo debe ser presentado de manera que los electores puedan escoger libremente en el temario o articulado qué votan positivamente y qué votan negativamente.

La aprobación de reformas a la Constitución por vía de referendo requiere el voto afirmativo de más de la mitad de los sufragantes, y que el número de éstos exceda de la cuarta parte del total de ciudadanos que integren el censo electoral.

Conforme al artículo 379 de la Constitución, en todos estos casos de actos legislativos, de convocatoria a referendo, o de consulta popular, los mimos sólo pueden ser declarados inconstitucionales cuando se violen los requisitos establecidos en el Título XIII de la Constitución en el cual se regula la reforma constitucional.

La acción pública contra estos actos sólo procede dentro del año siguiente a su promulgación, con observancia de lo dispuesto en el artículo 241 numeral 2 de la propia Constitución.

C. *El referendo aprobatorio de las enmiendas y reformas constitucionales en Venezuela*

En el caso de Venezuela, la revisión constitucional se puede realizar mediante la adopción de enmiendas y reformas que siempre requieren de la aprobación popular por la vía de referendo, o a través de la convocatoria de una Asamblea Nacional Constituyente.

En efecto, **en primer lugar**, los artículos 340 y 341 de la Constitución regulan las ***Enmiendas constitucionales,*** las cuales deben tener por objeto la adición o modificación de uno o varios artículos de esta Constitución, sin alterar su estructura fundamental; debiendo tramitarse conforme al artículo 341, en la forma siguiente:

1. La iniciativa puede partir del quince por ciento de los ciudadanos inscritos en el Registro Civil y Electoral; o de un treinta por ciento de los integrantes de la Asamblea Nacional o del Presidente de la República en Consejo de Ministros.
2. Cuando la iniciativa parta de la Asamblea Nacional, la enmienda requiere la aprobación de ésta por la mayoría de sus integrantes y se debe discutir, según el procedimiento establecido en esta Constitución para la formación de leyes.
3. El Poder Electoral debe someter a referendo las enmiendas a los treinta días siguientes a su recepción formal.
4. Se consideran aprobadas las enmiendas de acuerdo con lo establecido en esta Constitución y en la ley relativa al referendo aprobatorio.
5. Las enmiendas deben ser numeradas consecutivamente y se deben publicar a continuación de la Constitución sin alterar su texto, pero anotando al pie del

artículo o artículos enmendados la referencia de número y fecha de la enmienda que lo modificó.

El Presidente de la República está obligado a promulgar las enmiendas dentro de los diez días siguientes a su aprobación. Si no lo hiciere, se aplicará lo previsto en la Constitución (Art. 346). En este último caso, se aplica el artículo 216 de la Constitución, el cual establece la obligación del Presidente y de los Vicepresidentes de la Asamblea Nacional de promulgar la ley cuando el Presidente de la República no lo hiciere en los lapsos respectivos.

En **segundo lugar**, en cuanto a las **Reformas constitucionales**, conforme al artículo 342 de la Constitución, las mismas tienen por objeto una revisión parcial de la misma y la sustitución de una o varias de sus normas que no modifiquen la estructura y principios fundamentales del texto constitucional.

La iniciativa de la Reforma puede ser tomada por la Asamblea Nacional mediante acuerdo aprobado por el voto de la mayoría de sus integrantes; por el Presidente de la República en Consejo de Ministros; o por un número no menor del quince por ciento de los electores inscritos en el Registro Civil y Electoral.

El artículo 343 de la Constitución regula el trámite de la iniciativa de reforma constitucional por la Asamblea Nacional en la forma siguiente:

1. El proyecto de reforma constitucional debe tener una primera discusión en el período de sesiones correspondiente a la presentación del mismo.
2. Una segunda discusión por Título o Capítulo, según fuera el caso.
3. Una tercera y última discusión artículo por artículo.
4. La Asamblea Nacional debe aprobar el proyecto de reforma constitucional en un plazo no mayor de dos años, contados a partir de la fecha en la cual conoció y aprobó la solicitud de reforma.
5. El proyecto de reforma se debe considerar aprobado con el voto de las dos terceras partes de los o las integrantes de la Asamblea Nacional.

El proyecto de reforma constitucional aprobado por la Asamblea Nacional, conforme lo exige el artículo 344 de la Constitución, debe ser sometido a referendo dentro de los treinta días siguientes a su sanción.

El referendo se debe pronunciar en conjunto sobre la reforma, pero puede votarse separadamente hasta una tercera parte de ella, si así lo aprobara un número no menor de una tercera parte de la Asamblea Nacional o si en la iniciativa de reforma así lo hubiere solicitado el Presidente de la República o un número no menor del cinco por ciento de los electores inscritos en el Registro Civil y Electoral.

La Reforma constitucional se debe declarar aprobada si el número de votos afirmativos es superior al número de votos negativos. La iniciativa de reforma constitucional que no sea aprobada no puede presentarse de nuevo en un mismo período constitucional a la Asamblea Nacional (Art. 345).

El Presidente de la República está obligado a promulgar las reformas dentro de los diez días siguientes a su aprobación. Si no lo hiciere, se aplicará lo previsto en la Constitución (Art. 346). En este caso, igual que en las enmiendas, se aplica el artículo 216 de la Constitución.

D. *El referendo aprobatorio de las enmiendas constitucionales en Paraguay*

Además del procedimiento para la reforma de la Constitución que se atribuye a una Convención Nacional Constituyente, la Constitución del Paraguay regula el procedimiento de la enmienda, que debe ser aprobada mediante referendo.

A tal efecto, el artículo 290 de la Constitución establece que transcurridos tres años de promulgada esta Constitución, podrán realizarse enmiendas a iniciativa de la cuarta parte de los legisladores de cualquiera de las Cámaras del Congreso, del Presidente de la República o de treinta mil electores, en petición firmada.

El texto íntegro de la enmienda debe ser aprobado por mayoría absoluta tanto en la Cámara de origen como en la Cámara revisora. Si en cualquiera de las Cámaras no se reuniese la mayoría requerida para su aprobación, se debe tener por rechazada la enmienda, no pudiendo volver a presentarse dentro del término de un año.

Aprobada la enmienda por ambas Cámaras del Congreso, su texto debe remitirse al Tribunal Superior de Justicia Electoral para que, dentro del plazo de ciento ochenta días, se convoque a un **referéndum.** Si el resultado de este es afirmativo, la enmienda quedará sancionada y promulgada, incorporándose al texto constitucional. Si la enmienda es derogatoria, no podrá promoverse otra sobre el mismo tema antes de tres años.

No se utilizará el procedimiento indicado de la enmienda, sino el de la reforma, para aquellas disposiciones que afecten el modo de elección, la composición, la duración de mandatos o las atribuciones de cualquiera de los poderes del Estado, o las disposiciones de los Capítulos I, II, III y IV del Título II, de la Parte I, referidos a derechos y garantías constitucionales, específicamente, el derecho a la vida, el derecho a un ambiente sano, el derecho a la protección de la libertad y seguridad personales, el derecho a la igualdad, y finalmente, los derechos de la familia.

E. *El referendo aprobatorio de reformas constitucionales sobre cuestiones fundamentales en Cuba*

De acuerdo con el artículo 137 de la Constitución de Cuba, corresponde a la Asamblea Nacional del Poder Popular la aprobación de las reformas constitucionales; sin embargo, si la reforma se refiere a la integración y facultades de la Asamblea Nacional del Poder Popular o de su Consejo de Estado o a los derechos y deberes consagrados en la Constitución, la misma requiere, además, la ratificación por el voto favorable de la mayoría de los ciudadanos con derecho electoral, en referendo convocado al efecto por la propia Asamblea.

F. *La aprobación popular de reformas constitucionales en determinadas cuestiones constitucionales en Guatemala*

En la Constitución de Guatemala se establecen dos procedimientos para las reformas constitucionales según la parte de la Constitución que deba ser objeto de la reforma: en primer lugar, si se trata de reformar el artículo 278 (que la regula la misma reforma constitucional) o cualesquiera de los artículos contenidos en el Capítulo I del Título II de la Constitución (Capítulo que regula los derechos individuales), la reforma debe hacerse mediante una Asamblea Nacional Constituyente; y en segundo lugar, si se trata de cualquier otra reforma constitucional, conforme al artículo 280 de la Constitución, es necesario que las reformas las apruebe el Congreso de la República con el voto afirmativo de las dos terceras partes del total de diputados, pero las mismas sólo pueden entrar en vigencia una vez que sean ratificadas mediante la **consulta popular** a que ser refiere el artículo 173 de la Constitución, el cual regula el procedimiento consultivo a que deben ser sometidas las decisiones políticas de especial trascendencia.

El mismo artículo 280 dispone que si el resultado de la consulta popular fuere de ratificación de la reforma, ésta entrará en vigencia sesenta días después que el Tribunal Supremo Electoral anuncie el resultado de la consulta.

G. *El plebiscito aprobatorio de reformas constitucionales en caso de desacuerdo entre los poderes del Estado en Chile*

En Chile, los artículos 116 y siguientes de la Constitución le atribuyen en general al Congreso Nacional la potestad de aprobar las reformas constitucionales. Ahora bien, una vez aprobado el Proyecto de reforma, el mismo debe ser enviado al Presidente de la República para su promulgación, quien puede rechazarlo, en cuyo caso, si el Congreso insiste en el proyecto, el Presidente debe promulgarlo, a menos que **consulte a la ciudadanía mediante plebiscito**.

Igualmente, en caso de que el Presidente formule observaciones parciales a un proyecto de reforma constitucional aprobado por el Congreso, en caso de que ambas Cámaras insistieren en la parte del proyecto aprobado por ellas, se debe devolver al Presidente para su promulgación la parte del proyecto que haya sido objeto de insistencia, salvo que éste **consulte a la ciudadanía** para que se pronuncie mediante un plebiscito, respecto de las cuestiones en desacuerdo.

Conforme al artículo 119 de la Constitución, la **convocatoria a plebiscito** debe efectuarse dentro de los treinta días siguientes a aquél en que ambas Cámaras insistan en el proyecto aprobado por ellas, y se debe ordenar mediante decreto supremo en el cual se debe que fijar la fecha de la votación plebiscitaria, la que no podrá tener lugar antes de treinta días ni después de sesenta, contado desde la publicación de dicho decreto. Transcurrido este plazo sin que el Presidente convoque a plebiscito, se promulgará el proyecto que hubiere aprobado el Congreso.

El decreto de convocatoria debe contener, según corresponda, el proyecto aprobado por el Congreso Pleno y vetado totalmente por el Presidente de la República, o las cuestiones del proyecto en las cuales el Congreso haya insistido. En este último caso, cada una de las cuestiones en desacuerdo deberá ser votada separadamente en el plebiscito.

El Tribunal Calificador deba comunicar al Presidente de la República el resultado del plebiscito, y debe especificar el texto del proyecto aprobado por la ciudadanía, el que debe ser promulgado como reforma constitucional dentro de los cinco días siguientes a dicha comunicación. Una vez promulgado el proyecto y desde la fecha de su vigencia, sus disposiciones formarán parte de la Constitución y se deben tender por incorporadas a ésta.

H. *La consulta popular de aprobación de reformas constitucionales en caso de urgencia o de abstención del Congreso en Ecuador*

De acuerdo con el artículo 280 de la Constitución Política del Ecuador, la misma puede ser reformada por el Congreso Nacional o mediante consulta popular.

El sometimiento a consulta popular de la aprobación de reformas constitucionales, conforme al artículo 283 de la Constitución, se puede producir cuando así lo haga el Presidente de la República en casos de urgencia, los cuales deben ser calificados previamente por el Congreso Nacional con el voto de la mayoría de sus integrantes.

Además, también procede la realización de la consulta popular, cuando los proyectos de reforma se presenten ante el Congreso Nacional y éste no los haya conocido, aprobado o negado en un término de ciento veinte días contados a partir del vencimiento del plazo de un año, que se establece en el artículo 282 para dar comienzo al segundo debate para la aprobación de las reformas (Art. 283).

En ambos casos se debe poner en consideración del electorado los textos concretos de la reforma constitucional los cuales, de ser aprobados, se incorporan inmediatamente a la Constitución.

I. *La aprobación popular de reformas constitucionales en caso de desacuerdo entre dos legislaturas en Panamá*

El artículo 308 de la Constitución de Panamá establece que a iniciativa de la Asamblea Legislativa, el Consejo de Gabinete o la Corte Suprema de Justicia, se puede iniciar el procedimiento de reforma constitucional, el cual necesariamente conlleva la consideración y aprobación por la Asamblea Legislativa de un Acto Legislativo con mayorías calificadas en dos Legislaturas subsiguientes. Si en la segunda Legislatura no se producen modificaciones, la reforma se considera aprobada; en cambio, si en esa segunda Legislatura se introducen modificaciones, entonces se requiere la aprobación popular mediante referendo de la reforma constitucional, sin que en la segunda el proyecto de reforma sufra modificación.

El mismo artículo 308 de la Constitución regula este procedimiento al establecer que la reforma constitucional puede ser aprobada por un Acto Legislativo aprobado en tres debates por la mayoría absoluta de los miembros de la Asamblea Legislativa, en una legislatura, y aprobado igualmente, en tres debates, por mayoría absoluta de los miembros de la mencionada Asamblea, en la legislatura inmediatamente siguiente. En ésta se puede modificar el texto aprobado en la legislatura anterior.

El Acto Legislativo aprobado de esta forma debe ser publicado en la *Gaceta Oficial* y sometido a **consulta popular directa mediante referéndum** que se debe celebrar en la fecha que señale la Asamblea Legislativa, dentro de un plazo que no puede ser menor de tres meses ni exceder de seis meses, contados desde la aprobación del Acto Legislativo por la segunda legislatura.

El Acto Legislativo aprobado con arreglo al procedimiento señalado, empezará a regir a partir de su publicación en la *Gaceta Oficial*, la cual debe hacerse por el Órgano Ejecutivo, dentro de los treinta días hábiles siguientes a su aprobación mediante referéndum, según fuere el caso, sin que la publicación posterior a dichos plazos sea causa de inconstitucionalidad.

J. *La aprobación por referendo en las reformas parciales por acuerdo de la Asamblea Legislativa en Costa Rica*

En Costa Rica se distinguen dos procedimientos para la reforma constitucional, según se trate de reforma general en cuyo caso se atribuye a una Asamblea Nacional Constituyente, o de una reforma parcial, que se sigue ante el órgano del Poder legislativo. En este procedimiento para la reforma parcial, dispone el artículo 8 de la Constitución que de conformidad con el artículo 105 del mismo texto, las reformas constitucionales **podrán someterse a referéndum** después de ser aprobadas en una legislatura y antes de la siguiente, si lo acuerdan las dos terceras partes del total de los miembros de la Asamblea Legislativa.

III. EL PODER CONSTITUYENTE DERIVADO ATRIBUIDO A ÓRGANOS CONSTITUIDOS DEL ESTADO

Aparte de atribuir directamente el poder constituyente derivado al pueblo soberano, otras Constituciones de América latina atribuyen tal poder a diversos órganos del Estado, de carácter representativos: sea un órgano especialmente concebido para ello, como son las Asambleas o Convenciones constituyentes; sea los órganos legislativos del Estado (órganos constituidos) mediante procedimientos específicos.

En efecto, en *primer lugar*, muchas otras Constituciones regulan el poder constituyente derivado atribuyéndolo a una Convención o Asamblea Constituyente, sea como procedimiento exclusivo de reforma constitucional como sucede en Argentina; como procedimiento exclusivo para las reformas constitucionales o reformas totales, distintas a las enmiendas, como sucede en Bolivia, Costa Rica, Paraguay y Nicaragua; como procedimiento exclusivo para la reforma de determinadas normas de la Constitución, como sucede en Guatemala; o en combinación con otros procedimientos de revisión constitucional como el referendo popular, como sucede en Colombia y Venezuela.

En *segundo lugar*, otras Constituciones atribuyen el ejercicio del poder constituyente derivado a los órganos que ejercen el Poder Legislativo, como los Congresos o Asambleas legislativas, en algunos casos en forma exclusiva, como sucede El Salvador, y como también sucede en México pero combinando la participación de los órganos legislativos Federal y de los Estados federados; y en otros casos, como alternativa de reforma respecto de otros procedimientos como el referendo, como sucede en Panamá, Colombia, Cuba, Chile y Ecuador; o como la Asamblea Constituyente, como sucede en Bolivia, Colombia, Costa Rica y Nicaragua. En todo caso, además, sean cuales fueren los procedimientos de revisión constitucional, en una u otra forma siempre tienen participación los órganos de representación popular.

1. *El poder de revisión constitucional ejercido por una Asamblea o Convención Constituyente*

En muchos países de América Latina, como se ha dicho, se ha regulado el poder constituyente derivado atribuyendo su ejercicio conforme a la Constitución, a una Convención o Asamblea Constituyente, sea como procedimiento exclusivo de reforma constitucional como sucede en Argentina; como procedimiento exclusivo para las reformas constitucionales o reformas totales, distintas a las enmiendas, como sucede en Bolivia, Costa Rica, Paraguay y Nicaragua; como procedimiento exclusivo para la reforma de determinadas normas de la Constitución, como sucede en Guatemala; o en combinación con otros procedimientos de revisión constitucional como el referendo popular, como sucede en Colombia y Venezuela.

A. *La revisión constitucional ejercida exclusivamente por una Asamblea o Convención Constituyente*

a. *La Asamblea Constituyente con competencia exclusiva en toda reforma constitucional: La Convención Constituyente de Argentina*

En Argentina, la Constitución puede reformarse en todo o en cualquiera de sus partes. Para ello el artículo 30 de la misma, establece dos fases que deben cumplirse: primero, tiene que producirse una declaratoria de la necesidad de reforma por el Congreso con el voto de dos terceras partes, al menos, de sus miembros; y segundo, una vez que se produce tal declaratoria, la reforma sólo puede efectuarse por una Convención convocada al efecto.

b. *La Asamblea Constituyente con competencia exclusiva para reformas constitucionales (distintas a las enmiendas)*

a'. *La Asamblea Constituyente en Bolivia*

En la reforma constitucional efectuada en febrero de 2004 en Bolivia, se creó la figura de la Asamblea Constituyente como uno de los medios mediante los cuales el pueblo delibera y gobierna (art. 4); estableciéndose específicamente como potestad privativa de la misma la "reforma total de la Constitución Política del Estado" (art. 232). A tal efecto, la Asamblea Constituyente debe ser convocada por Ley Especial de convocatoria, en la cual se deben señalar las formas y modalidades de la elección de los constituyentes, debiendo ser sancionada por dos tercios de votos de los miembros presentes en el Congreso Nacional. Dicha Ley y no puede ser vetada por el Presidente de la República.

b'. *La Asamblea Constituyente de Costa Rica para las reformas generales*

En Costa Rica, el artículo 196 de la Constitución dispone expresamente que la reforma general de la Constitución, sólo puede hacerse por una Asamblea Constituyente convocada al efecto. Tal convocatoria debe hacerse mediante una ley aprobada por votación no menor de dos tercios del total de los miembros de la Asamblea Legislativa y no requiere sanción del Poder Ejecutivo.

c'. *La Convención Nacional Constituyente de Paraguay para las reformas constitucionales*

La Constitución de Paraguay distingue entre la reforma y la enmienda como procedimientos para la revisión constitucional, atribuyendo la primera a una Convención Nacional Constituyente, y la segunda a la aprobación por referendo.

En cuanto al procedimiento de la reforma mediante Convención Nacional Constituyente, el mismo debe utilizarse necesariamente para la reforma de aquellas disposiciones que afecten el modo de elección, la composición, la duración de mandatos a las atribuciones de cualquiera de los poderes del Estado, o las disposiciones de los Capítulos I, II, III y IV del Título II, de la Parte I, referidos a derechos y garantías constitucionales, específicamente, el derecho a la vida, el derecho a un ambiente sano, el derecho a la protección de la libertad y seguridad personales, el derecho a la igualdad, y finalmente, los derechos de la familia.

Ahora bien, dispone el artículo 289 de la Constitución que la reforma sólo procede luego de diez años de la promulgación de la Constitución; y la pueden solicitar el veinticinco por ciento de los legisladores de cualquiera de las Cámaras del Congreso, el Presidente de la República o treinta mil electores, en petición firmada. Se requiere, sin embargo, una declaración de la necesidad de la reforma que debe ser aprobada por mayoría absoluta de dos tercios de los miembros de cada Cámara del Congreso.

Una vez decidida la necesidad de la reforma, el Tribunal Superior de Justicia Electoral debe llamar a elecciones de una Convención Nacional Constituyente dentro del plazo de ciento ochenta días, en comicios generales que no coincidan con ningún otro.

El número de miembros de la Convención Nacional Constituyente no puede exceder del total de los integrantes del Congreso; y sus condiciones de elegibilidad, así como la determinación de sus incompatibilidades, deben ser fijadas por ley. Los convencionales tendrán las mismas inmunidades establecidas para los miembros del Congreso.

Sancionada la nueva Constitución por la **Convención** Nacional Constituyente, queda promulgada de pleno derecho.

d'. *La Asamblea Nacional Constituyente para la reforma total de la Constitución en Nicaragua*

La Constitución de Nicaragua establece dos procedimientos de reforma constitucional, según se trate de reformas parciales o totales. Las reformas parciales se atribuyen a la Asamblea Nacional, así como la potestad para conocer y resolver sobre la iniciativa de reforma total de la misma con el voto de la mitad más uno de los diputados de la Asamblea Nacional (Art. 191).

El artículo 193 de la Constitución dispone que la iniciativa de reforma total corresponde a la mitad más uno de los diputados de la Asamblea Nacional (Art. 191), y su aprobación requiere el voto de los dos tercios del total de los diputados (Art. 192).

Una vez aprobada la iniciativa de reforma total, la Asamblea Nacional debe fijar un plazo para la convocatoria de elecciones de Asamblea Nacional Constituyente. La Asamblea Nacional conserva su mandato hasta la instalación de la nueva Asamblea Nacional Constituyente.

En todo caso, dispone expresamente el artículo 194 de la Constitución, que "mientras no se apruebe por la Asamblea Nacional Constituyente la nueva Constitución, seguirá en vigencia la presente Constitución".

c. *La Asamblea Constituyente con competencia exclusiva en determinadas materias de reformas constitucionales*

a'. *La Asamblea Nacional Constituyente de Guatemala*

De acuerdo con el artículo 277 de la Constitución, tienen iniciativa para proponer reformas a la Constitución el Presidente de la República en Consejo de Ministros; diez o más diputados al Congreso de la República; la Corte de Constitucionalidad; y el pueblo mediante petición dirigida al Congreso de la República, por no menos de cinco mil ciudadanos debidamente empadronados por el Registros de Ciudadanos.

La competencia para resolver sobre las reformas constitucionales se atribuye en la Constitución, según los artículos constitucionales a reformar, tanto al Congreso con aprobación popular como a una Asamblea Nacional Constituyente.

En particular, cuando se trate de la reforma del artículo 278 (que regula precisamente la Asamblea Nacional Constituyente) así como de cualquier artículo de los contenidos en el Capítulo I del Título II de la Constitución (que se refieren a los derechos individuales), es indispensable que el Congreso de la República, con el voto afirmativo de las dos terceras partes de los miembros que lo integran, convoque a una Asamblea Nacional Constituyente.

En el decreto de convocatoria el Congreso debe señalar el artículo o los artículos que hayan de revisarse y se comunicar al Tribunal Supremo Electoral para que fije la fecha en que se deban llevar a cabo las elecciones dentro del plazo máximo de ciento veinte días, procediéndose en lo demás conforme a la Ley Electoral Constitucional.

El artículo 279 de la Constitución precisa que las calidades requeridas para ser diputado a la Asamblea Nacional Constituyente son las mismas que se exigen para ser Diputado al Congreso y los diputados constituyentes gozarán de iguales inmunidades y prerrogativas. Sin embargo, no se puede ser simultáneamente diputado a la Asamblea Nacional Constituyente y al Congreso de la República. Las elecciones de diputados a la Asamblea Nacional Constituyente, el número de diputados a elegir y las demás cuestiones relacionadas, con el proceso electoral se normarán en igual forma que las elecciones al Congreso de la República.

En cuanto al funcionamiento de la Asamblea Nacional Constituyente, conforme se establece en el mismo artículo 279 de la Constitución, "la Asamblea Nacional Constituyente y el Congreso de la República podrán funcionar simultáneamente".

b'. *La Asamblea Nacional Constituyente en Venezuela para transformar el Estado y crear un nuevo ordenamiento jurídico*

En Venezuela y en la misma orientación de la experiencia colombiana de 1991, en 1999 se sometió a referendo consultivo el tema de la convocatoria de una Asamblea Nacional Constituyente como instrumento de revisión constitucional, sin que el texto de la Constitución vigente de 1961 regulara en forma alguna dicho procedimiento de revisión constitucional. En todo caso, al igual que en Colombia, luego de un intenso debate sobre el tema y de decisiones de la jurisdicción constitucional, la Asamblea Nacional Constituyente fue electa, y en el texto de la Constitución que sancionó y que fue sometida a un referendo aprobatorio, se reguló expresamente este procedimiento de revisión constitucional, paralelamente a los de la Enmienda y la Reforma con referendos aprobatorios.

En efecto, el artículo 347 de la Constitución comienza por precisar que "el pueblo de Venezuela es el depositario del poder constituyente originario" y que "en ejercicio de dicho poder", el pueblo "puede convocar una Asamblea Nacional Constituyente con el objeto de transformar el Estado, crear un nuevo ordenamiento jurídico y redactar una nueva Constitución". Con esta declaración expresa, la Constitución de 1999 eliminó toda discusión sobre si la Asamblea Nacional Constituyente, una vez electa, pudiese o no asumir el poder constituyente originario o sólo tendría un poder constituyente derivado. Esta discusión en cambio fue la que precisamente presidió el funcionamiento de la Asamblea Nacional Constituyente de 1999, la cual se arrogó tal poder constituyente originario, dando entonces un golpe de Estado. El texto constitucional que sancionó, en cambio, eliminó toda posibilidad de que la Asamblea Nacional Constituyente usurpe el poder constituyente originario que sólo lo tiene el pueblo.

Ahora bien, conforme al artículo 348 de la Constitución, la iniciativa para la convocatoria de una Asamblea Nacional Constituyente la puede tomar el Presidente de la República en Consejo de Ministros; la Asamblea Nacional, mediante acuerdo de las dos terceras partes de sus integrantes; los Concejos Municipales en cabildo, mediante el voto de las dos terceras partes de los mismos; o el quince por ciento de los electores inscritos en el Registro Civil y Electoral.

Durante su funcionamiento como mecanismo de revisión constitucional con el único objeto "de transformar el Estado, crear un nuevo ordenamiento jurídico y redactar una nueva Constitución" (Art. 347), "los poderes constituidos no podrán en forma alguna impedir las decisiones de la Asamblea Nacional Constituyente" (Art. 349).

Por otra parte, dispone el artículo 349 de la Constitución, que el Presidente de la República no puede objetar la nueva Constitución; la cual una vez promulgada, debe publicarse en la Gaceta Oficial de la República Bolivariana de Venezuela o en la Gaceta de la Asamblea Nacional Constituyente.

B. *La Asamblea Constituyente con competencia (no exclusiva) alternativa entre otros procedimientos de revisión constitucional: la Asamblea Constituyente en Colombia*

La Constitución colombiana de 1991, producto de una Asamblea Constituyente que en su momento fue convocada sin que dicho poder constituyente estuviese regulado expresamente en la Constitución, ha regulado en cambio, en forma expresa y como alternativa para la revisión constitucional, además del referendo aprobatorio y de los actos legislativos emanados del Congreso, el procedimiento a través de una Asamblea Constituyente.

En efecto, el artículo 376 de la Constitución dispone que mediante ley aprobada por mayoría de los miembros de una y otra cámara del Congreso, éste puede disponer que el pueblo en votación popular decida si convoca una asamblea constituyente con la competencia, el período y la composición que la misma ley determine.

Se debe entender que el pueblo convoca la asamblea, si así lo aprueba, cuando menos, una tercera parte de los integrantes del censo electoral. En tal caso, la asamblea debe ser elegida por el voto directo de los ciudadanos, en acto electoral que no puede coincidir con otro.

En este caso de convocatoria de una Asamblea Constituyente para la revisión constitucional, entonces la Asamblea asume en exclusiva el poder constituyente derivado, por lo que a partir de su elección **queda en suspenso la facultad ordinaria del Congreso para reformar la Constitución durante el término señalado** para que la asamblea cumpla sus funciones.

La asamblea una vez electa e instalada debe adoptar su propio reglamento.

En este caso del acto de convocación de la asamblea constituyente, el artículo 379 de la Constitución establece que el mismo sólo puede ser declarado inconstitucional cuando se violen los requisitos establecidos en el Título VIII en cual se regula la reforma constitucional, procediendo la acción pública contra el mismo dentro del año siguiente a su promulgación, con observancia de lo dispuesto en el artículo 241 numeral 2 de la Constitución (potestad de la Corte Constitucional de decidir, con anterioridad al pronunciamiento popular, sobre la constitucionalidad de la convocatoria a un referendo o a una asamblea constituyente para reformar la Constitución, sólo por vicios de procedimiento en su formación).

2. *El poder de revisión constitucional ejercido por los órganos del poder legislativo del Estado*

Por último, otras Constituciones atribuyen el ejercicio del poder constituyente derivado al órgano que ejerce el Poder Legislativo, en algunos casos en forma exclusiva como sucede en El Salvador, y como también sucede en México pero combinando la participación de los órganos legislativos federal y de los Estados federados; y en otros casos, como alternativa de reforma respecto de otros procedimientos como el referendo, como sucede en Panamá, Colombia, Cuba, Chile y Ecuador; o como la Asamblea Constituyente, como sucede en Bolivia, Colombia, Costa Rica y Nicaragua.

A. *La revisión constitucional ejercida exclusivamente por el órgano del Poder Legislativo*

a. *La competencia exclusiva del órgano legislativo nacional*

a'. *La reforma constitucional por la Asamblea Legislativa en El Salvador*

De acuerdo con lo que se establece en el artículo 248 de la Constitución de El Salvador, la reforma de la misma puede acordarse por la Asamblea Legislativa, únicamente a propuesta de al menos diez Diputados; y con el voto de la mitad más uno de los Diputados electos. Sin embargo, para que tal reforma pueda decretarse deberá ser ratificada por la siguiente Asamblea Legislativa con el voto de los dos tercios de los Diputados electos. Así ratificada, se emitirá el decreto correspondiente, el cual se mandará a publicar en el Diario Oficial.

b'. *La reforma constitucional por el Congreso Nacional en la República Dominicana*

El artículo 116 de la Constitución de la República Dominicana establece el método para la reforma constitucional, indicando que la proposición de la misma se debe presentar en el Congreso Nacional con el apoyo de la tercera parte de los miembros de una u otra Cámara, o si es sometida por el Poder Ejecutivo.

Una vez presentado el proyecto de reforma, conforme al artículo 117, el Congreso debe declarar la necesidad de la reforma por una ley, mediante la cual se ordenará la reunión de la Asamblea Nacional, se determinará el objeto de la reforma y se indicarán los artículos de la Constitución sobre los cuales versará la reforma. Esta ley no puede ser observada por el Poder Ejecutivo.

Para resolver acerca de las reformas propuestas, el artículo 118 dispone que la Asamblea Nacional se debe reunir dentro de los quince días siguientes a la publicación de la ley que declare la necesidad de la reforma, con la presencia de más de la mitad de los miembros de cada una de las Cámaras.

Por excepción de lo dispuesto en el artículo 27 constitucional, en este caso las decisiones se deben tomar por la mayoría de las dos terceras partes de los votos.

Una vez votadas y proclamadas las reformas por la Asamblea Nacional, la Constitución debe ser publicada íntegramente con los textos reformados.

c'. *La enmienda constitucional por el Congreso Nacional en Brasil*

En Brasil, la Constitución sólo puede ser enmendada por el Congreso Nacional, como parte del "proceso legislativo"(Art. 59); pero ninguna enmienda puede ser aprobada bajo la vigencia de intervención federal, del estado de defensa o del estado de sitio (Art. 60, § 1º)

La propuesta de enmienda puede ser presentada conforme lo indica el artículo 60 de la Constitución: I. De un tercio, al menos, de los miembros de la Cámara de los Diputados o del Senado Federal; II. Del Presidente de la República; III. De más de la mitad de las Asambleas Legislativas de las unidades de la Federación, manifestándose, cada una de ellas, por mayoría relativa de sus miembros.

La propuesta debe ser discutida y votada en cada Cámara del Congreso Nacional, dos veces, considerándose aprobada si se obtuviera, en ambas, tres quintos de los votos de los respectivos miembros (Art. 60 § 2º).

La enmienda a la Constitución será promulgada por las Mesas de las Cámara de los Diputados y del Senado Federal, con el respectivo número de orden (Art. 60 § 3º).

La materia objeto de propuesta de enmienda rechazada o considerada inoperante no podrá ser objeto de nueva propuesta en la misma sesión legislativa (Art. 60 § 5º).

b. *La competencia exclusiva de los órganos del Poder Legislativo Federal y de los poderes legislativos estadales (sub nacionales): México*

La Constitución de México es la única de las Constituciones de los Estados con forma federal de América Latina que establece la necesidad de que las reformas constitucionales además de ser aprobadas por el Congreso federal, sean también aprobadas por las Asambleas Legislativas de los Estados federados.

En efecto, el artículo 135 de la Constitución de 1917 dispone que la misma puede ser adicionada o reformada; pero para que dichas adiciones o reformas lleguen a ser parte de la misma, se requiere que el Congreso de la Unión, por el voto de las dos terceras partes de los individuos presentes, acuerde las reformas o adiciones, y que éstas sean aprobadas por la mayoría de las legislaturas de los Estados. El Congreso de la Unión o la Comisión Permanente en su caso deben hacer el cómputo de los votos de las legislaturas y la declaración de haber sido aprobadas las adiciones o reformas.

B. *La competencia (no exclusiva) del órgano del Poder Legislativo en materia de reforma constitucional como alternativa entre otros procedimientos de revisión*

a. *La aprobación por el órgano legislativo como alternativa con el referendo o la consulta popular*

a'. *La reforma constitucional por la Asamblea Legislativa en Panamá*

Como se dijo, en Panamá se regulan dos procedimientos de reforma constitucional, uno de los cuales conlleva la participación popular mediante referendo aprobatorio cuando en la discusión de la reforma en las dos legislaturas de la Asamblea Legislativa se produzcan modificaciones en la segunda.

En caso contrario, con la sólo participación del órgano legislativo se puede reformar la Constitución, conforme al siguiente procedimiento que se regula en el artículo 308 de la Constitución:

La iniciativa para proponer reformas constitucionales corresponde a la Asamblea Legislativa, al Consejo de Gabinete o a la Corte Suprema de Justicia, y las reformas pueden ser aprobadas por un Acto Legislativo aprobado en tres debates por la mayoría absoluta de los miembros de la Asamblea Legislativa, el cual debe ser publicado en la Gaceta Oficial y transmitido por el Órgano Ejecutivo a dicha Asamblea, dentro de los primeros cinco días de las sesiones ordinarias siguientes a las elecciones para la renovación del órgano Legislativo, a efecto de que, en esta última legislatura, sea nuevamente debatido y aprobado sin modificación, en un solo debate, por la mayoría absoluta de los miembros que la integran.

El Acto Legislativo así aprobado empieza a regir a partir de su publicación en la Gaceta oficial, la cual debe hacerse por el Órgano Ejecutivo, dentro de los diez días hábiles que siguen a su ratificación por parte de la Asamblea Legislativa, sin que la publicación posterior a dichos plazos sea causa de inconstitucionalidad.

b'. *Las reformas constitucionales por la Asamblea del Poder Popular en Cuba*

El principio general conforme al artículo 137 de la Constitución de Cuba es que la Constitución solo puede ser reformada por la Asamblea Nacional del Poder Popular mediante acuerdo adoptado, en votación nominal, por una mayoría no inferior a las dos terceras partes del número total de sus integrantes.

Como se ha dicho, sin embargo, sólo si la reforma se refiere a la integración y facultades de la Asamblea Nacional del Poder Popular o de su Consejo de Estado o a derechos y deberes consagrados en la Constitución, se requiere, además, la ratificación por el voto favorable de la mayoría de los ciudadanos con derecho electoral, en referendo convocado al efecto por la propia Asamblea.

c'. *Las reformas constitucionales por el Congreso Nacional en Chile*

El artículo 116 de la Constitución de Chile establece que los proyectos de reforma de la Constitución pueden ser iniciados por mensaje del Presidente de la República o por moción de cualquiera de los miembros del Congreso Nacional, con las limitaciones señaladas en el inciso primero del artículo 62 (dependiendo de la materia a tratar la discusión tendrá origen en la Cámara de Diputados o en la Cámara del Senado).

El proyecto de reforma necesita para ser aprobado en cada cámara el voto conforme de las tres quintas partes de los diputados y senadores en ejercicio. Sin embargo, si la reforma recayere sobre los capítulos I, III, VII, X, XI o XIV, referidos éstos a las bases de la institucionalidad, los derechos constitucionales, el Tribunal Constitucional, las Fuerzas Armadas, de Orden y Seguridad Pública, el Consejo de Seguridad Nacional y el procedimiento de reforma constitucional, respectivamente, necesitará, en cada Cámara, la aprobación de las dos terceras partes de los diputados y senadores en ejercicio. El sistema de urgencia será aplicable a los proyectos de reforma constitucional.

A los efectos de la discusión, conforme al artículo 117, las dos Cámaras, reunidas en Congreso Pleno, serán convocadas por el Presidente del Senado a una sesión pública, que se celebrará no antes de treinta ni después de sesenta días contados desde la aprobación de un proyecto en la forma señalada en el artículo anterior, en la que, con asistencia de la mayoría del total de sus miembros, tomarán conocimiento de él y procederán a votarlo sin debate.

Si a la hora señalada no se reuniere la mayoría del total de los miembros del Congreso, la sesión se verificará el mismo día, a una hora posterior que el Presidente del Senado haya fijado en la convocatoria, con los diputados y senadores que asistan.

El proyecto que apruebe la mayoría del Congreso Pleno pasará al Presidente de la República. Si el Presidente de la República rechazare totalmente un proyecto de reforma aprobado por el Congreso y éste insistiere en su totalidad por las dos terceras partes de los miembros en ejercicio de cada Cámara, el Presidente deberá promulgar dicho proyecto, a menos que consulte a la ciudadanía mediante plebiscito.

Si el Presidente observare parcialmente un proyecto de reforma aprobado por el Congreso, las observaciones se entenderán aprobadas con el voto conforme de las tres quintas o dos terceras partes de los miembros en ejercicio de cada Cámara, según corresponda de acuerdo con el artículo 116 y se devolverá al Presidente para su promulgación.

En caso de que las Cámaras no aprueben todas o algunas de las observaciones del Presidente, no habrá reforma constitucional sobre los puntos en discrepancia, a menos que ambas Cámaras insistieren por los dos tercios de sus miembros en ejercicio en la parte del proyecto aprobado por ellas. En este último caso, se devolverá al Presidente la parte del proyecto que haya sido objeto de insistencia para su promulgación, salvo que éste consulte a la ciudadanía para que se pronuncie mediante un plebiscito, respecto de las cuestiones en desacuerdo.

La ley orgánica constitucional relativa al Congreso regulará en lo demás lo concerniente a los vetos de los proyectos de reforma y a su tramitación en el Congreso.

d'. *Las reformas constitucionales por el Congreso Nacional en Ecuador*

De acuerdo con el artículo 280 de la Constitución de Ecuador, la Constitución Política podrá ser reformada por el Congreso Nacional o mediante consulta popular.

En cuanto a las reformas aprobadas por el Congreso Nacional, el artículo 281 dispone que los proyectos de reforma constitucional pueden presentarse ante el Congreso Nacional por: un número de diputados equivalente al veinte por ciento de sus integrantes o un bloque legislativo; el Presidente de la República; la Corte Suprema de Justicia; el Tribunal Constitucional, o un número de personas en ejercicio de los derechos políticos, cuyos nombres consten en el padrón electoral, y que equivalga al uno por ciento de los inscritos en él.

Conforme al artículo 282, el Congreso Nacional debe conocer y discutir los proyectos de reforma constitucional, mediante el mismo trámite previsto para la aprobación de las leyes. Sin embargo, el segundo debate, en el que se requerirá del voto favorable de las dos terceras partes de la totalidad de miembros del Congreso, no podrá efectuarse sino luego de transcurrido un año a partir de la realización del primero. Una vez aprobado el proyecto, el Congreso lo debe remitir al Presidente de la República para su sanción u objeción, conforme a las disposiciones de esta Constitución.

e'. *Las reformas constitucionales parciales por la Asamblea Nacional en Nicaragua*

Conforme se establece en el artículo 191 de la Constitución de Nicaragua, la Asamblea Nacional está facultada para reformar parcialmente la Constitución Política y para conocer y resolver sobre la iniciativa de reforma total de la misma.

El mismo procedimiento debe aplicarse para la reforma de las leyes constitucionales (Electoral, de Emergencia y de Amparo conforme al artículo 185), con la excepción del requisito de las dos legislaturas (Art. 195).

La iniciativa de reforma parcial corresponde al Presidente de la República o a un tercio de los diputados de la Asamblea Nacional, y conforme al artículo 192, debe señalar el o los artículos que se pretenden reformar con expresión de motivos. Tal iniciativa debe ser enviada a una comisión especial que dictaminará en un plazo no mayor de sesenta días. El proyecto de reforma debe recibir a continuación el trámite previsto para la formación de la ley, y debe ser discutida en dos legislaturas.

La aprobación de la reforma parcial requiere del voto favorable del sesenta por ciento de los diputados. El Presidente de la República debe promulgar la reforma parcial y en éste caso no puede ejercer el derecho al veto (Art. 194).

b. *La aprobación por el órgano legislativo como alternativa con el la Asamblea Constituyente o con referendo*

a'. *La enmienda constitucional por las Cámaras Legislativas en Bolivia*

La Constitución de Bolivia, además de regular la reforma total mediante una Asamblea Constituyente, establece el procedimiento para la reforma parcial o enmienda, atribuyendo a las Cámaras de Diputados y de Senadores el poder constituyente conforme al siguiente procedimiento que se regula en los artículos 230 a 33 del texto fundamental.

La iniciativa de la reforma parcial conforme al artículo 230 corresponde a las Cámaras, mediante la previa declaración de la necesidad de la reforma, la cual debe determinarse con precisión en una ley ordinaria aprobada por dos tercios de los miembros presentes en cada una de las Cámaras.

Esta ley, a su vez, puede ser iniciada en cualquiera de las Cámaras, en la forma establecida por esa Constitución para el proceso de formación de las leyes (artículos 71 y siguientes). Una vez sancionada la ley de declaración de la necesidad de la reforma, la misma debe ser enviada al Ejecutivo para su promulgación, sin que éste pueda vetarla.

La Ley de declaratoria de la necesidad de la reforma, que contiene el proyecto de la misma, conforme lo dispone el artículo 231 de la Constitución, debe entonces ser considerada y discutida en las primeras sesiones de la legislatura de un nuevo período constitucional por la Cámara que proyectó la reforma y, si ésta fuere aprobada por dos tercios de votos, se pasará a la otra para su revisión, la que también requerirá dos tercios; siguiéndose en los demás trámites los mismos que la Constitución señala para las relaciones entre las dos Cámaras.

En todo caso, las cámaras deliberarán y votarán las reformas ajustándolas a las disposiciones que determinen la Ley Declaratoria de aquella. La reforma sancionada pasará al Ejecutivo para su promulgación, sin que el Presidente de la República pueda observarla.

Cuando la enmienda sea relativa al período constitucional del Presidente o Vicepresidente de la República, entrará en vigencia sólo en el siguiente período constitucional (Art. 233).

b'. *La reforma de la Constitución por Acto Legislativo en Colombia*

Como se ha dicho, en Colombia se regulan tres procedimientos alternativos de reforma constitucional; mediante referendo, mediante una Asamblea Constituyente o mediante Acto Legislativo emanado del Congreso.

En este último caso, dispone el artículo 375 de la Constitución, que el gobierno, diez miembros del Congreso, el veinte por ciento de los concejales o de los diputados y los ciudadanos en un número equivalente al menos, al cinco por ciento del censo electoral vigente, pueden presentar ante el Congreso proyectos de Actos Legislativos para la reforma constitucional.

El trámite del proyecto debe tener lugar en dos períodos ordinarios y consecutivos. Aprobado en el primero de ellos por la mayoría de los asistentes, el proyecto será publicado por el gobierno. En el segundo período la aprobación requerirá el voto de la mayoría de los miembros de cada cámara. En este segundo período sólo podrán debatirse iniciativas presentadas en el primero.

Conforme al artículo 379, los actos legislativos sólo pueden ser declarados inconstitucionales cuando se violen los requisitos establecidos en el Título XIII de la Constitución (todo el procedimiento de reforma constitucional). Además, se establece que la acción pública contra estos actos sólo procede dentro del año siguiente a su promulgación, con observancia de lo dispuesto en el artículo 241 numeral 2 de la Constitución (potestad de la Corte Constitucional de decidir, con anterioridad al pronunciamiento popular, sobre la constitucionalidad de la convocatoria a un referendo o a una asamblea constituyente para reformar la Constitución, sólo por vicios de procedimiento en su formación).

c'. *Las reformas parciales por la Asamblea Legislativa en Costa Rica*

En Costa Rica, como se dijo, se distinguen dos tipos de procedimientos para la reforma constitucional según se trate de reformas generales o parciales. En el primer caso debe convocarse una Asamblea Constituyente; y en el segundo caso, el poder constituyente se atribuye a la Asamblea legislativa.

En efecto, el artículo 195 de la Constitución dispone que la Asamblea Legislativa podrá reformar parcialmente la Constitución con absoluto arreglo a las siguientes disposiciones:

1. La proposición para reformar uno o varios artículos debe ser presentada a la Asamblea Legislativa en sesiones ordinarias, firmada al menos por diez diputados o por el cinco por ciento (5%) como mínimo, de los ciudadanos inscritos en el padrón electoral;

2. Esta proposición debe ser leída por tres veces con intervalos de seis días, para resolver si se admite o no a discusión;

3. En caso afirmativo, la proposición debe pasar a una comisión nombrada por mayoría absoluta de la Asamblea, para que dictamine en un término de hasta veinte días hábiles.

4. Presentado el dictamen, se debe proceder a su discusión por los trámites establecidos para la formación de las leyes; pero dicha reforma debe aprobarse por votación no menor de los dos tercios del total de los miembros de la Asamblea;

5. Acordado que procede la reforma, la Asamblea debe preparar el correspondiente proyecto, por medio de una Comisión, bastando en este caso la mayoría absoluta para aprobarlo;

6. El mencionado proyecto debe entonces pasar al Poder Ejecutivo; y éste lo debe enviar a la Asamblea con el Mensaje Presidencial al iniciarse la próxima legislatura ordinaria, con sus observaciones, o recomendándolo;

7. La Asamblea Legislativa, en sus primeras sesiones, debe discutir el proyecto en tres debates, y si lo aprobare por votación no menor de dos tercios de votos del total de los miembros de la Asamblea, entonces formará parte de la Constitución, y se comunicará al Poder Ejecutivo para su publicación y observancia.

IV. LOS LÍMITES AL PODER CONSTITUYENTE DERIVADO Y EL CONTROL DE CONSTITUCIONALIDAD

Como puede apreciarse de lo antes expuesto, los procedimientos para la revisión o reforma constitucional en América Latina se han regulado en el propio texto de las Constituciones, por lo que el poder constituyente derivado está sujeto a límites constitucionales, sea que se ejerza directamente por el pueblo o por órganos constituidos del Estado.

Estos límites son, en primer lugar, los límites que derivan de las propias regulaciones constitucionales en cuanto al procedimiento de revisión constitucional; en segundo lugar, los límites que derivan de las denominadas cláusulas pétreas o inmodificables; en tercer lugar, los límites que derivan del funcionamiento de los órganos constituidos del Estado durante del proceso de reforma o enmienda constitucional;

en cuarto lugar, los límites derivados de circunstancias excepcionales; y en quinto lugar, los límites temporales.

Siendo límites constitucionales establecidos al poder constituyente derivado, dado el principio de la supremacía constitucional que rige en todas las Constituciones latinoamericanas, los mismos deberían estar sujetos a control de constitucionalidad por las respectivas Jurisdicciones Constitucionales. La única excepción de principio, se podría plantear en los casos de aprobación de las reformas o enmiendas mediante referendo o consulta popular, en cuyo caso podría considerarse que priva el principio de la soberanía popular sobre el de la supremacía constitucional. Pero incluso en estos casos, si existe disposición expresa de la Constitución, como sucede en Colombia, el control de constitucionalidad procedería por vicios de procedimiento en la formación de los actos reformatorios de la Constitución, *cualquiera que sea su origen* (art. 241,1).

1. *Los límites adjetivos constitucionales*

En primer lugar, tal como se ha analizado detalladamente con anterioridad, las Constituciones han establecido precisos procedimientos que debe seguir el poder constituyente derivado para la revisión constitucional, los cuales se constituyen en límites constitucionales adjetivos o procedimentales para la revisión constitucional.

La consecuencia lógica de estas regulaciones y del sometimiento a la Constitución es que el cumplimiento de dichos procedimientos de reforma o enmienda constitucional, dado el principio de la supremacía constitucional, debe estar sujeto a control de constitucionalidad por parte de los órganos de la Jurisdicción Constitucional, el cual en muchas Constituciones latinoamericanas incluso se establece expresamente.

Es el caso, por ejemplo, de la Constitución de Colombia, cuyo artículo 241 atribuye a la Corte Constitucional la guarda de la integridad y supremacía de la Constitución, y *en particular de los procedimientos para la revisión constitucional*, asignándole en particular competencia para:

1. Decidir sobre las demandas de inconstitucionalidad que promuevan los ciudadanos contra los actos reformatorios de la Constitución, *cualquiera que sea su origen, sólo por vicios de procedimiento en su formación.*
2. Decidir, con anterioridad al pronunciamiento popular, sobre la constitucionalidad de la convocatoria a un referendo o a una asamblea constituyente para reformar la Constitución, *sólo por vicios de procedimiento en su formación.*
3. Decidir sobre la constitucionalidad de los referendos sobre leyes y de las consultas populares y plebiscitos del orden nacional. Estos últimos *sólo por vicios de procedimiento en su convocatoria y realización.*

Por su parte, el artículo 379 de la misma Constitución de Colombia dispone expresamente que en todos los procedimientos de revisión constitucional en los cuales haya actos legislativos, convocatoria a referendo, de consulta popular o convocatoria a la Asamblea Constituyente, los mimos pueden ser declarados inconstitucionales por la Corte Constitucional cuando violen los requisitos establecidos en el Título XIII de la Constitución en el cual se regula la reforma constitucional. La acción pública contra estos actos sólo procede dentro del año siguiente a su promulgación, con observancia de lo dispuesto en el artículo 241 numeral 2 de la propia Constitución que regula la potestad de la Corte Constitucional de decidir, con anterioridad al pronunciamiento popular, sobre la constitucionalidad de la convocatoria a un referendo o a una asamblea constituyente para reformar la Constitución, sólo por vicios de procedimiento en su formación.

Por otra parte, la Constitución de Bolivia enumera entre las atribuciones del Tribunal Constitucional (Art. 119, VII, 10), la de conocer y resolver sobre las demandas *respecto a procedimientos en la reforma* de la Constitución, las cuales se pueden plantear por cualquier Senador o Diputado o por el Presidente de la República, en relación con los proyectos de reforma.

En Costa Rica, el artículo 10, b) de la Constitución atribuye a la Sala Constitucional de la Corte Suprema de Justicia, competencia para conocer de las *consultas sobre proyectos* de reforma constitucional.

En la Constitución de Chile, el artículo 82, 2 atribuye al Tribunal Constitucional competencia para resolver las *cuestiones sobre constitucionalidad que se susciten durante la tramitación de los proyectos* de reforma constitucional. En este caso, el Tribunal sólo puede conocer de la materia a requerimiento del Presidente de la República, de cualquiera de las Cámaras o de una cuarta parte de sus miembros en ejercicio, siempre que sea formulado antes de la promulgación de la reforma. El Tribunal debe resolver dentro del plazo de diez días contados desde que reciba el requerimiento, a menos que decida prorrogarlo hasta por otros diez días por motivos graves y calificados. Este requerimiento, en todo caso, no suspende la tramitación del proyecto; pero la parte impugnada de éste no podría ser promulgada hasta la expiración del plazo referido.

En consecuencia, durante el desarrollo de los procedimientos para la revisión constitucional, puede decirse que los órganos a los que se atribuye el ejercicio del poder constituyente derivado están sometidos a la Constitución, la cual, como lo indica la Constitución de Nicaragua, tiene que seguir en vigencia "mientras no se apruebe por la Asamblea Nacional Constituyente la nueva Constitución" (Art. 194); o como lo indica la Constitución de República Dominicana "no podrá jamás ser suspendida ni anulada por ningún poder ni autoridad ni tampoco por aclamaciones populares"(art. 120).

2. *Los límites derivados de las cláusulas pétreas*

Pero la revisión constitucional por el poder constituyente derivado, no sólo tiene los límites adjetivos antes analizados, sino que también tiene límites de orden sustantivo.

El primer límite de esta naturaleza al poder constituyente es el que deriva de las denominadas cláusulas pétreas o inmodificables que se establecen en los textos constitucionales, en las cuales se establecen principios o normas que se proclaman como irrevisables en forma total o parcial. En muchos casos se trata de cláusulas expresas, pero en otros se trata de cláusulas que derivan de la interpretación del propio texto constitucional.

Entre las primeras se destacan las que excluyen toda reforma sobre determinadas materias, como sucede con el artículo 248 de la Constitución de El Salvador en el cual se dispone que:

> *Art. 248*: "...No podrán reformarse en ningún caso los artículos de esta Constitución que se refieren a la forma y sistema de gobierno, al territorio de la República y a la alternabilidad en el ejercicio de la Presidencia de la República".

En igual sentido se debe destacar el artículo 119 de la Constitución de República Dominicana, en el cual se declara que:

> *Art. 119*. Ninguna reforma podrá versar sobre la forma de Gobierno, que deberá ser siempre civil, republicano, democrático y representativo.

En la Constitución de Guatemala se establece una enumeración de artículos de la Constitución como "no reformables", al disponer su artículo 281, que "en ningún caso podrán reformarse los artículos 140 (independencia del Estado y al sistema de gobierno), 141 (soberanía popular), 165, inciso g) (desconocimiento del mandato del Presidente después de vencido su período constitucional), 186 (prohibiciones para optar a cargos de Presidente y Vicepresidente) y 187 (prohibición de reelección), ni en forma alguna toda cuestión que se refiera a la forma republicana de gobierno, al principio de no reelección para el ejercicio de la Presidencia de la República, ni restársele efectividad o vigencia a los artículos que estatuyen alternabilidad en el ejercicio de la Presidencia de la República, así como tampoco dejárseles en suspenso o de cualquier otra manera de variar o modificar su contenido".

En el caso de Honduras, el artículo 374 de la Constitución también dispone una enumeración de artículos no reformables, así:

> *Artículo 374*: No podrán reformarse, en ningún caso, el Artículo anterior (procedimiento para la reforma constitucional), el presente Artículo, los artículos constitucionales que se refieren a la forma de gobierno, al territorio nacional, al período presidencial, a la prohibición para ser nuevamente Presidente de la República, el ciudadano que lo haya desempeñado bajo cualquier título y referente a quienes no pueden ser Presidente de la República por el período subsiguiente.

En otros casos, como en la Constitución del Brasil, lo que se establece es que no se puede abolir determinadas instituciones o principios, pero ello no impide la reforma de los artículos que las consagran. En tal sentido, el artículo 60 § 4, establece que:

> "No será objeto de deliberación la propuesta de enmienda tendiente a abolir: I. La forma federal del Estado; II. El voto directo, secreto, universal y periódico; III. La separación de los Poderes; IV. Los derechos y garantías individuales".

En el artículo 137 de la Constitución de Cuba también se ha establecido una cláusula de esta naturaleza irrevocabilidad respecto del "sistema político, económico y social, cuyo carácter irrevocable lo establece el artículo 3 del Capítulo I, y la prohibición de negociar acuerdos bajo agresión, amenaza o coerción de una potencia extranjera". Además, en la reforma de junio de 2002, la Asamblea Nacional del Poder Popular añadió al texto constitucional otra cláusula pétrea con el siguiente texto:

> *Disposición Especial*. El pueblo de Cuba, casi en su totalidad, expresó entre los días 15 y 18 de junio del 2002, su más decidido apoyo al proyecto de reforma constitucional propuesto por las organizaciones de masas en asamblea extraordinaria de todas sus direcciones nacionales que había tenido lugar el día 10 del propio mes de junio, en el cual se ratifica en todas sus partes la Constitución de la república y se propone que el carácter socialista y el sistema político y social contenido en ella se-

an declarados irrevocables, como digna y categórica respuesta a las exigencias y amenazas del gobierno imperialista de los Estado Unidos el 20 de mayo de 2002.

Pero aparte de las cláusulas pétreas así expresa y textualmente insertas en los textos constitucionales, de otras disposiciones de las Constituciones se también se pueden derivar muchas otras cláusulas que encajarían dentro de tal categoría, por el carácter irrevisable como se establecen, por parte del poder constituyente.

Es el caso, por ejemplo, de la Constituciones que establecen en algunos de sus artículos el *carácter eterno* de un principio o disposición constitucional, como resulta del artículo 1 de la Constitución de Venezuela cuando declara que la República "es **irrevocablemente** libre e independiente..."; del artículo 5 que declara que "la soberanía reside **intransferiblemente** en el pueblo", o del artículo 6 de la misma Constitución cuando prescribe que el gobierno de la República "y de las entidades políticas que la componen **es y será siempre** democrático, participativo, electivo, descentralizado, alternativo, responsable, pluralista y de mandatos revocables".

Otras cláusulas que implican límites a la revisión constitucional son las que establecen el principio de la progresividad en la protección o garantía de los derechos humanos, por ejemplo en cuanto a los inherentes a la persona humana, las cuales implican que dichas garantías no pueden ser objeto de reformas que reduzcan el ámbito de protección de los derechos. Es el caso de la previsión del artículo 19 de la Constitución de Venezuela.

La consecuencia de todos estos límites constitucionales a la reforma constitucional, es que si se traspasasen por el poder constituyente derivado, las reformas serían contrarias a la Constitución, por lo que deberían ser objeto de control constitucional por parte de los órganos de la Jurisdicción Constitucional.

Sin embargo, en esta materia, sin embrago, estamos en el campo de los principios que derivan del principio de la supremacía constitucional, ya que ninguna Constitución de América Latina establece expresamente competencia de los órganos de la Jurisdicción Constitucional para controlar la constitucionalidad *sustantiva* de las reformas constitucionales.

3. *Los límites derivados del funcionamiento de los poderes constituidos del Estado*

Los procedimientos de revisión constitucional establecidos en los textos constitucionales tienen por objeto reformar o enmendar las Constituciones, sin alterar el funcionamiento de los órganos constituidos del Estado. Este es el principio general que resulta del texto de todas las Constituciones latinoamericanas, sea cual sea el procedimiento de revisión constitucional que se regule.

En efecto, en los casos en los cuales el poder constituyente derivado se haya atribuido al pueblo para la aprobación de la reforma o enmienda constitucional, durante el procedimiento de elaboración del proyecto de reforma o enmienda y de aprobación popular del mismo mediante referendo, plebiscito o consulta popular, los órganos constituidos del Estado continúan funcionando sin interrupción ni interferencia de cualquier clase. Sólo excepcionalmente durante los procedimientos de revisión constitucional, podrían verse afectadas algunas potestades de los órganos del Estado, lo cual debe establecerse expresamente en la Constitución, como sucede con las limitaciones a la posibilidad de veto presidencial respecto de los actos del órgano legislativo concernientes a la reforma o enmienda constitucional, como por ejemplo lo prevén las Constituciones de Bolivia, Perú, Nicaragua, Uruguay y Venezuela.

En los casos en los cuales el poder constituyente se atribuye a una Asamblea Nacional Constituyente, en principio, y salvo disposición expresa en contrario, el funcionamiento de la Asamblea Nacional Constituyente no afecta ni impide el funcionamiento simultáneo de los órganos constituidos del Estado. Este principio está formulado expresamente en la Constitución del Paraguay, en cuyo artículo 291 se establece lo siguiente:

> *Art. 291. De la potestad de la Convención Nacional Constituyente.* La Convención Nacional Constituyente es independiente de los poderes constituidos. Se limitará, durante el tiempo que duren sus deliberaciones, a sus labores de reforma, con exclusión de cualquier otra tarea. No se arrogará las atribuciones de los poderes del Estado, no podrá sustituir a quienes se hallen en ejercicio de ellos, ni acortar o ampliar su mandato.

En igual sentido, pero en relación con el funcionamiento del Congreso durante el funcionamiento de la Asamblea Constituyente, en la Constitución de Guatemala, el artículo 279 dispone expresamente que "la Asamblea Nacional Constituyente y el Congreso de la República podrán funcionar simultáneamente".

La excepción a este principio, en forma también expresa, está establecida en la Constitución de Nicaragua, en cuyo artículo 193 se establece que una vez aprobada la iniciativa de reforma total de la Constitución por la Asamblea Nacional, esta debe fijar un plazo para la convocatoria de elecciones de Asamblea Nacional Constituyente, conservando "su mandato hasta la instalación de la nueva Asamblea Nacional Constituyente".

En otras Constituciones, como la de Colombia, una vez instalada la Asamblea Nacional Constituyente, sólo se limitan las potestades de los órganos constituidos del Estado en relación con el tema de la revisión constitucional. Así, el artículo 376 dispone que a partir de la elección de la Asamblea Constituyente para la revisión constitucional "**queda en suspenso la facultad ordinaria del Congreso para reformar la Constitución durante el término señalado** para que la Asamblea cumpla sus funciones".

Por último, debe mencionarse la Constitución de Venezuela de 1999, en la cual, después de la experiencia del proceso constituyente de ese año, al regularse a la Asamblea Nacional Constituyente como mecanismo para la revisión constitucional, con el único objeto de "transformar el Estado, crear un nuevo ordenamiento jurídico y redactar una nueva Constitución" (Art. 347), se establece que durante el funcionamiento de dicha Asamblea, "los poderes constituidos no podrán en forma alguna impedir las decisiones de la Asamblea Nacional Constituyente" (Art. 349); lo que no implica que, al contrario, la Asamblea sí pueda impedir las decisiones de los poderes constituidos.

En efecto, esta disposición tiene que interpretarse de acuerdo con los mismos términos de la Constitución, en el sentido de que los poderes constituidos, es decir, los órganos de los Poderes Legislativo, Ejecutivo, Judicial, Ciudadano y Electoral no pueden en forma alguna impedir las decisiones de la Asamblea Nacional Constituyente, la cual sólo tiene por objeto "redactar una nueva Constitución" en la cual se proponga "transformar el Estado y crear un nuevo ordenamiento jurídico". En esa función, las decisiones de la Asamblea Nacional Constituyente que no pueden ser "impedidas" por los poderes constituidos, son las que en la consecución de su objeto, la Asamblea adopte siempre de acuerdo con la Constitución vigente cuya reforma debe redactar. Es decir, la norma constitucional del artículo 349 no puede entenderse como una carta abierta dada a la Asamblea Nacional Constituyente para que durante su funcionamiento pueda adoptar decisiones que puedan ser contrarias a la Constitución y al funcionamiento de los órganos constitucionales constituidos; es decir, de ella no se deriva que la Asamblea Constituyente tenga poder alguno para alterar las normas constitucionales mientras estén en vigencia y mientras no sean sustituidas por las de la nueva Constitución que redacte, la cual en todo caso debe ser aprobada mediante referendo. En consecuencia, mientras la Asamblea Nacional Constituyente esté funcionamiento, los órganos de los diversos Poderes Públicos (poderes constituidos) también continúan en funcionamiento, no pudiendo la Asamblea ni disolverlos, ni sustituirlos ni alterar su funcionamiento. De lo anterior resulta, en consecuencia, que los actos dictados por la Asamblea Nacional Constituyente durante su funcionamiento que violen la Constitución vigente, podrían ser objeto de control de constitucionalidad por la Sala Constitucional del Tribunal Supremo como Jurisdicción Constitucional.

La consecuencia de lo anterior es que cualquier acto de los órganos a los cuales la Constitución le asigne la potestad de intervenir o realizar la reforma de la Constitución, que atente contra los poderes constituidos del Estado o su funcionamiento conforme se regula en la propia Constitución, serían inconstitucionales, y podrían ser objeto de control de constitucionalidad por los órganos de la Jurisdicción Constitucional. Ninguna de las Constituciones latinoamericanas, sin embargo, atribuye tal competencia en forma expresa a dicha Jurisdicción.

4. *Los límites derivados de la existencia de circunstancias extraordinarias*

Otro límite a la posibilidad de revisión constitucional deriva de la existencia de circunstancias constitucionales extraordinarias, como los estados de excepción o de sitio, las cuales una vez decretadas en muchos casos impiden que se desarrollen los procedimientos de reforma.

Es el caso en particular de la Constitución de Brasil, en la cual al regularse la posibilidad de enmienda constitucional como una potestad atribuida al Congreso Nacional, como parte del "proceso legislativo" (Art. 59), en el artículo 60, § 1° se dispone expresamente que "ninguna enmienda puede ser aprobada bajo la vigencia de intervención federal, del estado de defensa o del estado de sitio" Estas circunstancias excepcionales que deben ser decretadas por el Presidente de la República (Art. 84, IX y X) con participación variada de otros Poderes de la Unión (Arts. 34 y ss. y 136 y ss.)

En Venezuela, una limitación similar estaba establecida en la Ley Orgánica del Sufragio y Participación Política de 1997 reformada en 1998 (*Gaceta Oficial* N° 5233 Extraordinario de 28-5-98), en cuyo artículo 186 se estableció que "No podrán celebrarse referendos durante la vigencia de estado de emergencia, de suspensión o restricción de garantías constitucionales o de graves trastornos del orden público previstos en los artículos 240, 241 y 244 de la Constitución de la República".

Como en 1998, la figura de los refrendos era sólo un medio de participación política de rango legal, pues nada al respecto establecía la Constitución de 1961, podía admitirse que la propia Ley que los regulaba podía establecer limitaciones de este tipo para su realización. Sin embargo, estando los referendos regulados desde 1999 en la Constitución, incluyendo los que son necesarios para la aprobación de las enmiendas y reformas constitucionales y para la convocatoria de una Asamblea Nacional Constituyente para la revisión constitucional, al no estar prevista limitación alguna para su realización, no podría la ley establecerlas. Por ello, la norma del artículo 186 de la Ley Orgánica del Sufragio y Participación Política de 1998 puede considerarse que fue derogada tácitamente por la Constitución de 1999, no existiendo en consecuencia, limites a la realización del proceso de revisión constitucional por el hecho de que se decrete un estado de excepción.

En todo caso, en el supuesto regulado en el Brasil, si una enmienda constitucional fuera aprobada bajo la vigencia de intervención federal, del estado de defensa o del estado de sitio, la consecuencia lógica es que entonces dicha enmienda podría estar sujeta a control de constitucionalidad por parte del Tribunal Supremo Federal.

5. *Los límites temporales*

Algunas Constituciones establecen límites temporales para la revisión constitucional, en el sentido de que en el texto constitucional se ha establecido un lapso mínimo de irrevisabilidad constitucional. Así se regula, por ejemplo, en Paraguay, en cuya Constitución (art. 289) se estableció que la reforma de la Constitución "sólo procederá luego de diez años de su promulgación"; y las enmiendas sólo "transcurridos tres años de promulgada la Constitución" (art. 290).

En consecuencia, en estos casos, toda enmienda o reforma constitucional sancionada sin que dichos lapsos hayan transcurrido, también podría debería ser considerada como violatoria a la Constitución, y sometida a control de constitucionalidad.

APRECIACIÓN FINAL

De lo anterior resulta que los mecanismos para la revisión constitucional pueden considerarse que son de la esencia del proceso constitucional, de manera que no hay ni puede haber Constituciones inmutables o eternas. Al contrario, los textos constitucionales requieren adaptación permanente para regular la sociedad conforme a los cambios políticos y sociales.

Uno de esos mecanismos de cambio constitucional lo constituyen los de revisión o reforma formal de la Constitución, como son los procedimientos de enmiendas, de reformas o de convocatoria de Asambleas o Convenciones Constituyentes, que permiten la modificación de las Constituciones con la participación directa del pueblo (vía referéndum o plebiscito) o de sus representantes electos en los Parlamentos o en las Asambleas Constituyentes. Se trata, en todo caso, de métodos de revisión constitucional a través de los cuales sólo se manifiesta el poder constituyente derivado sometido, precisamente, a los límites y procedimientos regulados expresamente en las Constituciones. El poder constituyente originario, en cambio, sólo se manifiesta en los procesos de revisión constitucional realizados *de facto*, al margen del hilo constitucional.

Ahora bien, del análisis comparativo de los procedimientos de revisión constitucional regulados en las Constituciones de América Latina, pueden formularse las siguientes apreciaciones generales:

1) En casi todas las Constituciones se regula la participación popular en los procesos de revisión constitucional, siendo excepcional los países que no prevén algún referendo o consulta popular que permita la participación del pueblo como poder constituyente originario. Es el caso de Argentina y Nicaragua que sólo regulan como mecanismo para la revisión constitucional por una Asamblea o Convención Constituyente; y de El Salvador, México, Brasil y República Dominicana que atribuyen el poder constituyente derivado sólo a los órganos legislativos del Estado, por supuesto, a través de procedimientos particulares con mayorías calificadas. De resto, en Uruguay, Colombia, Venezuela, Paraguay, Guatemala, Costa Rica, Perú, Cuba, Chile, Ecuador y Panamá se regula la participación del pueblo en la revisión constitucional e, incluso, en Uruguay, como la única forma para la reforma constitucional.

2) En todas las Constituciones latinoamericanas se establece la participación, en una forma u otra, del órgano legislativo nacional (Congresos, Asambleas) en los procedimientos de revisión constitucional, de manera que en los mismos siempre participa la representación popular. Sólo excepcionalmente los órganos legislativos son los únicos con poder constituyente derivado, mediante mayorías calificadas especiales como sucede en El Salvador, México, Brasil y República Dominicana. En México, además del Congreso de la Unión, también participan en el procedimiento de revisión constitucional, las Asambleas legislativas de los Estados de la Federación. En ninguna de las otras Constituciones federales (Argentina, Brasil o Venezuela) se establece la participación de las Asambleas o Consejos Legislativos de los Estados de en el procedimiento de reforma constitucional. En Argentina y en Brasil, sin embargo, podría señalarse que los Estados sólo participarían por la vía de la representación que tienen en el Senado, institución que fue eliminada en Venezuela en 1999.

3) En todas las Constituciones se establece también la participación del Presidente de la República en el procedimiento de revisión constitucional sea mediante la iniciativa de reforma o mediante la promulgación de la misma, limitándose en este último caso, en muchas Constituciones, el poder de veto del Presidente como sucede en Bolivia, Perú, Nicaragua, Uruguay y Venezuela.

4) En todas las Constituciones latinoamericanas se regulan expresamente los procedimientos de revisión constitucional, por lo que los mismos, al tener rango constitucional, deben ser respetados por todos los órganos del Estado. No es posible, por tanto, realizar una reforma constitucional mediante un procedimiento distinto al establecido en la Constitución. En consecuencia, los procedimientos de reforma o enmienda constitucional que no se desarrollen conforme a las normas constitucionales que los regulan, o que versen sobre asuntos o materias que la Constitución prohíbe, son inconstitucionales y pueden ser controlados por la Jurisdicción Constitucional. Ello se prevé incluso en forma expresa en algunas Constituciones que atribuyen a los Tribunales Constitucionales o Salas Constitucionales de los Tribunales Supremos, el control de la constitucionalidad de los procedimientos relativos a las reformas o enmiendas constitucionales, como lo hacen las Constituciones de Bolivia, Colombia, Costa Rica y Chile.

El problema de la relación entre rigidez y revisión constitucional, sin embargo, como se dijo al inicio, deriva de la situación fronteriza entre el derecho y los hechos, en la cual se mueven. No ha sido infrecuente en América Latina, que a pesar de las previsiones constitucionales, se hayan producido reformas parciales e incluso totales de los textos constitucionales sin seguirse los procedimientos prescritos para las reformas o enmiendas, originándose sin duda, inconstitucionalidades, que luego, por la fuerza de los hechos, han encontrado alguna legitimación política. El problema radica en la duración de la estabilidad constitucional que pueda derivarse de la supuesta legitimación y en el consenso que se haya podido haber obtenido para las reformas.

Reformas impuestas por minorías o por mayorías circunstanciales sin que hayan sido producto de acuerdos, compromisos y consensos, es decir, de verdaderos pactos políticos, generalmente no tienen larga vida y las más de las veces, la vida que tienen termina estando vinculada a la vida política del o de los actores que las impusieron.

SEGUNDA PARTE:

LA SANCIÓN DE LA CONSTITUCIÓN EN 1999 POR UNA ASAMBLEA CONSTITUYENTE CONVOCADA AL MARGEN DE LA CONSTITUCIÓN Y EL GOLPE DE ESTADO CONSTITUYENTE CONTRA LOS PODERES CONSTITUIDOS

Como se ha dicho, a pesar de todos los procedimientos establecidos en las Constituciones para su reforma, en más de una ocasión en la historia constitucional la fuerza de los hechos ha dado al traste con los mismos, y después de una ruptura del hilo constitucional por un golpe de Estado o una revolución, apelando los triunfantes a la voluntad popular, se ha convocado a una Asamblea Constituyente para la redacción de una nueva Constitución.

En la historia constitucional de Venezuela puede decirse que fue un procedimiento relativamente común a partir del primer Congreso General Constituyente convocado para declarar la independencia y redactar la primera Constitución en 1811, y luego a partir de la primera Asamblea Constituyente para sucesivas reformas constitucionales a partir de 1857. En ese caso y en todos los casos sucesivos (1858, 1864, 1893, 1901, 1945, 1953), las Asambleas Constituyentes siempre fueron el resultado de un golpe de Estado o de una revolución.[1421]

La disidencia en ese modelo fue la Asamblea Constituyente de 1999, que si buen no derivó, ella misma, de un golpe de Estado o de una revolución como había sido la tradición en nuestra historia constitucional precedente,[1422] a pesar de no haber estado prevista en la Constitución de 1961 como un procedimiento de reforma constitucional, sin embargo fue convocada previa consulta popular expresada en un referendo consultivo. Allí se inició otra modalidad de reformas constitucionales en Venezuela, hechas en fraude a la Constitución, en una práctica constitucional que se ha aplicado durante la década de gobierno autoritario que ha padecido el país (1999-2009).[1423]

1421 Véase Allan R. Brewer-Carías, *Las Constituciones de Venezuela*, Academia de Ciencias Políticas y Sociales, 2 Tomos, Caracas 2008; Elena Plaza y Ricardo Combellas (Coordinadores), *Procesos Constituyentes y Reformas Constitucionales en la Historia de Venezuela: 1811-1999*, Universidad Central de Venezuela, 2 Tomos, Caracas 2005.

1422 Véase sobre las Asambleas Constituyentes y sus actos en la historia de Venezuela, Elena Plaza y Ricardo Combellas (Coordinadores), *Procesos Constituyentes y Reformas Constitucionales en la Historia de Venezuela: 1811–1999*, Universidad Central de Venezuela, 2 Tomos, Caracas 2005; Allan R. Brewer-Carías, *Las Constituciones de Venezuela*, Academia de Ciencias Políticas y Sociales, 2 vols., Caracas 2008; *Historia Constitucional de Venezuela*, Editorial Alfa, 2 vols, Caracas 2008.

1423 Véase Allan R. Brewer-Carías, "Constitution Making in Defraudation of the Constitution and Authoritarian Government in Defraudation of Democracy. The Recent Venezuelan Experience", en *Lateinamerika Analysen*, 19, 1/2008, GIGA, German Institute of Global and Area Studies, Institute of Latin American Studies, Hamburgo 2008, pp. 119-142.

I. LA CUESTIÓN CONSTITUCIONAL EN LA CONVOCATORIA DE LA ASAMBLEA CONSTITUYENTE DE 1999

Efectivamente, una vez que se posesionó en su cargo el Presidente de la República, Hugo Chávez Frías, quien había sido electo en diciembre de 1998, el día 2 de febrero de 1999 procedió a convocar un referendo consultivo sobre la convocatoria de una Asamblea Constituyente,[1424] que no estaba regulada en la Constitución vigente para la época, que era la de 1961. Con ello, por supuesto, en el país se inició una batalla legal para encauzar el proceso constituyente dentro del marco de la constitucionalidad, de manera que la necesaria convocatoria de la Asamblea Constituyente se hiciese sin la ruptura constitucional que había caracterizado las anteriores Asambleas Constituyentes en toda nuestra historia.

La pauta en la materia, aún cuando bastante ambigua, la dio la Corte Suprema de Justicia en Sala Político Administrativa, en sentencias dictadas el 19 de enero de 1999, (casos: *Referendo Consultivo I y II*), con motivo de resolver sendos recursos de interpretación que se le habían formulado, sobre la posibilidad de convocar un referendo consultivo sobre la Asamblea Constituyente conforme al artículo 181 de la Ley Orgánica del Sufragio, y la posibilidad de la convocatoria de la misma, no estando dicha instancia política prevista en la Constitución de 1961[1425].

Era evidente que la Constitución de 1961 debía ser objeto de una reforma puntual para regular la Asamblea Nacional Constituyente como un instrumento político para la reforma constitucional, a los efectos de que pudiese ser convocada, ya que dicha institución no se encontraba dentro de los mecanismos de revisión de la Constitución. La verdad es que nada impedía que se convocara a un referendo consultivo para consultar al pueblo sobre el tema de la convocatoria a una Constituyente; en cambio, la Constitución nada regulaba para que una reforma constitucional sólo se derivase de una consulta popular, sin que su texto fuera previamente discutido y sancionado por las Cámaras que integraban el Congreso mediante el procedimiento de Reforma General y luego sancionado mediante referendo aprobatorio.

En todo caso, en el dilema entre supremacía constitucional y soberanía popular, la única forma para que la segunda prevaleciera sobre la primera tenía que ser por vía de una interpretación constitucional emitida por la Corte Suprema de Justicia, lo que se concretó en las sentencias señaladas, de las cuales se dedujo, a pesar de que no resolvieron expresamente el tema, que se podía convocar un referendo consultivo sobre la Asamblea Constituyente, y que la misma en definitiva se podía crear mediante la voluntad popular al margen de la Constitución de 1961. Las sentencias, en efecto, sólo resolvieron que era "procedente convocar a un referendo en la forma prevista en el artículo 181 de la Ley Orgánica del Sufragio y Participación Política,

1424 Véase en general, Ricardo Combellas, "El proceso constituyente y la Constitución de 1999", en Elena Plaza y Ricardo Combellas (Coordinadores), *Procesos Constituyentes y Reformas Constitucionales en la Historia de Venezuela: 1811-1999*, Universidad Central de Venezuela, Caracas 2005, Tomo II, pp. 765-807.

1425 Véase el texto de las sentencias en Allan R. Brewer-Carías, *Poder Constituyente Originario y Asamblea Nacional Constituyente*, Editorial Jurídica Venezolana, Caracas 1998, pp. 25 a 53; y véanse los comentarios a dichas sentencias en ese mismo libro, pp. 55 a 114 y en Allan R. Brewer-Carías, *Asamblea Constituyente y Ordenamiento Constitucional, Academia de Ciencias Políticas y Sociales,* Caracas 1998, pp. 153 a 228. Igualmente en *Revista de Derecho Público*, N° 77-80, Editorial Jurídica Venezolana, Caracas 1999, pp. 56 y ss. y 68 y ss.

para consultar la opinión mayoritaria, respecto de la posible convocatoria a una Asamblea Constituyente, en los términos expuestos en este fallo" pero no que dicha convocatoria e instalación de una Constituyente podía hacerse sin regularla previamente en la Constitución. Es decir, la solicitud de los recurrentes de si "con fundamento en dicha norma puede convocarse un Referendo que sirva de base para la convocatoria de una Asamblea Constituyente *sin que medie una Enmienda o una Reforma de la Constitución*", no fue resuelto expresamente[1426].

La Corte, sin embargo, había hecho en las sentencias una serie de consideraciones sobre el derecho inherente de las personas a la participación política, sobre el poder constituyente y los poderes constituidos y sobre las revisiones constitucionales que tocaron aspectos esenciales del constitucionalismo y que permitían vaticinar una posición jurídica futura en caso de nuevos conflictos.

Por ello, con dichas sentencias se abrió el camino para la estructuración de una tercera vía para reformar la Constitución de 1961, distinta a la Reforma General y la Enmienda previstas en sus artículos 245 y 246, antes indicadas, como consecuencia de una consulta popular para convocar una Asamblea Constituyente[1427].

II. LA CONVOCATORIA DE LA ASAMBLEA CONSTITUYENTE EN CONTRA DE LA INTERPRETACIÓN DE LA CONSTITUCIÓN DE 1999

El primer paso para ello lo dio el Presidente de la República el día 2 de febrero de 1999, el mismo día que tomó posesión de su cargo, dictando el Decreto N° 3 mediante el cual tomó la iniciativa de decretar "la realización de un referendo para que el pueblo se pronunciase sobre la convocatoria de una Asamblea Nacional Constituyente" (Art. 1); "con el propósito de transformar el Estado y crear un nuevo ordenamiento jurídico que permita el funcionamiento efectivo de una Democracia Social y Participativa"(primera pregunta); y buscando que el pueblo lo autorizara, pura y simplemente, para que el propio Presidente "mediante un Acto de Gobierno fije, oída la opinión de los sectores políticos, sociales y económicos, las bases del proceso comicial en el cual se elegirán los integrantes de la Asamblea Nacional Constituyente" (Segunda pregunta)[1428]. De ese contenido resultaba entonces, que el Decreto violaba el artículo 181 de la Ley Orgánica del Sufragio y Participación Política, que se invocó como su base legal, en virtud de que las preguntas evidenciaban que en lugar de convocarse un referendo consultivo, lo que el Presidente estaba convocando en realidad, era un referendo decisorio y autorizatorio no regulado ni previsto en dicha norma legal[1429], no para que la Asamblea reformara la Constitución, sino para

---

1426 *Idem*. Sobre esta decisión de la sentencia, Lolymar Hernández Camargo señala: "lejos de dar una respuesta directa a la importante interrogante planteada, abre la posibilidad para que se realice el referendo consultivo, pero no establece con precisión el mecanismo que permita tal convocatoria, sino que entrega tal cometido a los 'órganos competentes'" en *La Teoría del Poder Constituyente. Un caso de estudio: el proceso constituyente venezolano de 1999*, UCAT, San Cristóbal, 2000, pp. 54 a 63.

1427 Véase Allan R. Brewer-Carías, "La configuración judicial del proceso constituyente o de cómo el guardián de la Constitución abrió el camino para su violación y para su propia extinción", en *Revista de Derecho Público*, N° 77-80, Editorial Jurídica Venezolana, Caracas 1999, pp. 453 y ss.; y *Golpe de Estado y proceso constituyente en Venezuela*, UNAM, México, 2001, pp. 60 y ss.

1428 Véase en *Gaceta Oficial* N° 36.634 de 02-02-99.

1429 Como lo señaló Ricardo Combellas, "Estamos hablando de un referendo consultivo, no de un referendo decisorio, cuya aprobación demanda necesariamente en Venezuela, tal como lo propuso con visión avanque asumiera un poder total y pudiera incluso sustituir a los poderes constituidos aún antes de la aprobación de la reforma constitucional, delegando además en el Presidente de la República el poder soberano de decidir sobre las bases comiciales de la Constituyente, lo que vulneraba los principios más elementales del Estado de derecho y era incompatible con los valores supremos de una sociedad democrática.

Como era de esperarse, a las pocas semanas, el Decreto Nº 3, tratándose como era de un acto administrativo, fue impugnado por inconstitucionalidad ante la Sala Político-Administrativa de la Corte Suprema de Justicia[1430], por ser un instrumento que podía servir para un fraude a la Constitución, e igualmente fueron impugnados los actos del Consejo Supremo Electoral convocando el referendo. Una de dichas acciones de nulidad, fue decidida por la Sala Político Administrativa en sentencia de 18–03–99, mediante la cual se anuló la Segunda Pregunta de la convocatoria al referendo[1431]; afirmándose que la actuación de la Asamblea Constituyente era posible porque lo permitía la Constitución de 1961, lo que implicaba afirmar que la misma no podía perder vigencia alguna durante la actuación de la Asamblea Nacional Constituyente, la cual debía encontrar en dicho texto el límite de su actuación, lo que significaba que los poderes constituidos, durante el funcionamiento de la Asamblea, debían continuar actuando conforme a la Constitución que estaba vigente, no pudiendo la Asamblea ni disolverlos ni asumir directamente sus competencias constitucionales[1432].

Días antes de ser publicada dicha sentencia, el día 10 de marzo de 1999, sin embargo y sin duda ya advertido, el Presidente de la República, emitió un nuevo acto administrativo reformatorio del Decreto Nº 3, mediante el cual ordenó publicar en *Gaceta Oficial* la propuesta del Ejecutivo Nacional mediante la cual fijaba las bases de la convocatoria de la Asamblea Nacional Constituyente, para ser *sometida a la aprobación del pueblo en el referendo* convocado[1433]. En esas bases, sin embargo, se incorporó una, la Décima, en la cual se afirmaba que "Una vez instalada la Asamblea Nacional Constituyente, *como poder originario que recoge la soberanía popular*, deberá dictar sus propios estatutos de funcionamiento, teniendo como límites los valores y principios de nuestra historia republicana, así como el cumplimiento de los tratados internacionales, acuerdos y compromisos válidamente suscritos por la República, el carácter progresivo de los derechos fundamentales del hombre y las garantías democráticas dentro del más absoluto respeto de los compromisos asumidos".

---

zada la Comisión Bicameral, una reforma constitucional" en *¿Qué es la Constituyente? Voz para el futuro de Venezuela,* COPRE, Caracas 1998.

1430 Véase el texto de la acción de nulidad en Allan R. Brewer-Carías, *Asamblea Constituyente y Ordenamiento Constitucional*, Academia de Ciencias Políticas y Sociales, Caracas 1999, pp. 255 a 321. Véase la relación de todas las acciones de nulidad intentadas en Carlos M. Escarrá Malavé, *Proceso Político y Constituyente,* Caracas 1999, anexo 4.

1431 Véase el texto de la sentencia en Allan R. Brewer-Carías, *Poder Constituyente Originario y Asamblea Nacional Constituyente,* Caracas 1999, pp. 169 a 185. Igualmente en *Revista de Derecho Público*, Nº 77-80, Editorial Jurídica Venezolana, Caracas 1999, pp. 73 y ss.

1432 Véase Allan R. Brewer-Carías, *Golpe de Estado y proceso constituyente en Venezuela, op. cit*, p. 160.

1433 Contenido en un "Aviso Oficial" publicado en *G.O.* Nº 36.658 de 10–03–99, con las bases de la convocatoria de la asamblea nacional constituyente, para ser sometida para la aprobación del pueblo en el referéndum convocado para el 25 de abril de 1999.

Este texto fue reproducido por el Consejo Nacional Electoral en la nueva convocatoria que tuvo que hacer para el referendo, de manera que la Resolución respectiva que dictó, de nuevo fue impugnada por considerarse que desacataba el fallo de la Corte Suprema del 18 de marzo de 1999, cuando le pretendía atribuir "carácter originario" a la futura Asamblea Nacional Constituyente.

Dicha impugnación fue resuelta por la Sala Político Administrativa, en la sentencia de 13 de abril de 1999[1434], en la cual observó que ciertamente, "en la sentencia dictada por esta Sala el 18 de marzo de 1999 se expresó con *meridiana claridad* que la Asamblea Constituyente a ser convocada, 'no significa, en modo alguno, por estar precisamente vinculada su estructuración al propio espíritu de la Constitución vigente, bajo cuyos términos se producirá su celebración, la alteración de los principios fundamentales del Estado democrático de derecho', y que 'en consecuencia, es la Constitución vigente la que permite la preservación del Estado de derecho y la actuación de la Asamblea Nacional Constituyente, en caso de que la voluntad popular sea expresada en tal sentido en la respectiva consulta".

En consecuencia, a los efectos de que no se indujera "a error al electorado y a los propios integrantes de la Asamblea Nacional Constituyente, si el soberano se manifestase afirmativamente acerca de su celebración, en lo atinente a su alcance y límites", la Sala ordenó que se eliminase la frase *"como poder originario que recoge la soberanía popular",* a cuyo efecto corrigió y reformuló expresamente el texto de la base comicial octava, sin dicha frase.

III. EL RÉGIMEN DE LA ASAMBLEA NACIONAL CONSTITUYENTE

Después de todas estas vicisitudes judiciales, y de la corrección del Decreto N° 3 de 2 de febrero de 1999, que fue el primer acto violatorio de la Constitución de 1961 en todo aquél proceso, el proceso constituyente quedó abierto, habiéndose celebrado el referendo consultivo el 25 de abril de 1999, en el cual votaron 4.137.509 de los 11.022.936 electores registrados con una abstención electoral del 62.2%. La votación por el "*sí*" representó un 92,4% y la votación "no" un 7,6%[1435].

En consecuencia, la Asamblea Nacional Constituyente fue electa el 25 de julio de 1999, en una votación donde la abstención fue del 53.7%[1436], resultando, de un total de 131 constituyentes electos, 125 con el apoyo del Presidente Chávez, con lo que la "oposición" quedó formada por sólo 6 constituyentes[1437].

La Asamblea, en todo caso, estaba sometida a las bases aprobadas por la voluntad popular expresada en el referendo consultivo del 25 de abril de 1999; razón por la cual, durante su funcionamiento debió haber respetado la vigencia de la Constitu-

---

1434 Véase el texto en Allan R. Brewer-Carías, *Poder Constituyente Originario y Asamblea Nacional Constituyente*, Caracas 1999, pp. 190 a 198. Igualmente en *Revista de Derecho Público*, N° 77-80, Editorial Jurídica Venezolana, Caracas 1999, pp. 85 y ss.

1435 Véase José E. Molina V. y Carmen Pérez Baralt, "Procesos Electorales. Venezuela, abril, julio y diciembre de 1999" en *Boletín Electoral Latinoamericano,* CAPEL-IIDH, N° XXII, julio-diciembre 1999, San José, 2000, pp. 61 y ss.

1436 José E. Molina y Carmen Pérez Baralt, "Procesos electorales. Venezuela, abril, julio y diciembre 1999", en CAPEL-IIDH, *Boletín Electoral Latinoamericano,* N° XXII, *cit.*, pp. 63 y ss.

1437 Cuatro electos en la circunscripción nacional (Allan R. Brewer-Carías, Alberto Franceschi, Claudio Fermín y Jorge Olavarría) y dos en las circunscripciones regionales (Antonio Di'Giampaolo y Virgilio Ávila Vivas).

ción de 1961, la cual sólo podía perder vigencia cuando el pueblo se pronunciara, mediante posterior referendo aprobatorio, sobre la nueva Constitución.

Sin embargo, ello no fue así, y si bien es cierto que el golpe de Estado que significó el inconstitucional Decreto Nº 3 del 2 de febrero de 1999 de convocatoria del referendo consultivo, al irrumpir contra la Constitución, no llegó a materializarse pues sus vicios fueron corregidos judicialmente; fue en cambio la Asamblea Nacional Constituyente la que en un proceso sucesivo materializó el golpe de Estado contra la Constitución, desacatando además las órdenes judiciales emanadas de la Corte Suprema, al haber asumido desde su instalación en agosto de 1999, un poder constituyente originario que no tenía conferido.

En efecto, la ruptura del hilo constitucional en Venezuela y el golpe de Estado contra la Constitución de 1961, puede decirse que lo dio la propia Asamblea Nacional Constituyente que se instaló el 3 de agosto de 1999[1438], al aprobar su Estatuto de Funcionamiento[1439] e, inconstitucionalmente[1440], se declaró a si misma "*depositaria de la voluntad popular y expresión de su Soberanía con las atribuciones del Poder Originario para reorganizar el Estado Venezolano y crear un nuevo ordenamiento jurídico democrático*", auto atribuyéndose, además, potestad para "en uso de las atribuciones que le son inherentes, *podrá limitar o decidir la cesación de las actividades de las autoridades que conforman el Poder Público*" (artículo 1). Como consecuencia de ello, la Asamblea también resolvió que "todos los organismos del Poder Público *quedaban subordinados"* a la misma y, en consecuencia, que estaban en la obligación de *cumplir y hacer cumplir* los "actos jurídicos estatales" que emitiera (parágrafo primero, artículo 1º).

En esta forma, la Asamblea se auto atribuyó potestades públicas por encima de la Constitución de 1961, cuyas normas, por disposición de la propia Asamblea, se dispuso que sólo se mantendrían en vigencia "en todo aquello que no colida o sea contrario con los actos jurídicos y demás decisiones de la Asamblea Nacional Constituyente" (parágrafo segundo, artículo 1º)[1441].

Con la asunción de este poder, la Asamblea había consumado el golpe de Estado, pues se daba a sí misma una carta blanca para violar una Constitución que estaba vigente, y someter a todos los órganos del Poder Público constituido y electos a que

---

1438 En el acto de instalación, el discurso dado por quien venía de ser electo presidente de la Asamblea concluyó con estas frases "la Asamblea Nacional Constituyente es originaria y soberana", en *Gaceta Constituyente (Diario de Debates), Agosto-Septiembre 1999,* Sesión de 03-08-99, Nº 1, p. 4.

1439 Véase *Gaceta Constituyente (Diario de Debates), Agosto-Septiembre 1999,* Sesión de 07-08-99, Nº 4, p. 151.

1440 Véase los votos salvados por razones de inconstitucionalidad respecto de la aprobación del Estatuto en Allan R. Brewer-Carías, *Debate Constituyente, (Aportes a la Asamblea Nacional Constituyente)* tomo I, *(8 agosto-8 septiembre 1999)*, Caracas 1999, pp. 15 a 39. Así mismo, en *Gaceta Constituyente (Diario de Debates), Agosto-Septiembre 1999*, Sesión de 07-08-99, Nº 4, pp. 6 a 13.

1441 Véase en *Gaceta Constituyente (Diario de Debates), Agosto-Septiembre 1999*, Sesión de 07-08-99, Nº 4, p. 144. Véase el texto, además, en *Gaceta Oficial* Nº 36.786 de 14-09-99. Como ha señalado Lolymar Hernández Camargo, con la aprobación del Estatuto "quedó consumada la inobservancia a la voluntad popular que le había impuesto límites a la Asamblea Nacional Constituyente… Se auto proclamó como poder constituyente originario, absoluto e ilimitado, con lo cual el Estado perdió toda razón de ser, pues si se mancilló la voluntad popular y su manifestación normativa (la Constitución), no es posible calificar al Estado como de derecho ni menos aun democrático", en *La Teoría del Poder Constituyente, cit.*, p. 73.

le estuviesen "subordinados", imponiéndoles la obligación de cumplir sus "actos jurídicos estatales"; ruptura del hilo constitucional que luego se materializó mediante sucesivos actos constituyentes que la propia antigua Corte Suprema de Justicia no supo controlar hasta que fue cesada, víctima de su propia debilidad.

Notoria fue una confusa sentencia del 14 de octubre de 1999 (caso: *Impugnación del Decreto de Regulación de las Funciones del Poder Legislativo*)[1442] en la cual la Corte, cambiando el criterio que había sustentado en la sentencia anterior de la Sala Político Administrativa del 18 de marzo de 1999, desligó a la Asamblea de las previsiones de la Constitución de 1961, permitiendo que aquélla pudiera desconocerla, con lo que ilegítimamente "legitimó" el golpe de Estado que la Asamblea había dado al desconocer la Constitución de 1961, particularmente en los diversos actos "constituyentes" e inconstitucionales que había adoptado en los dos meses precedentes.

IV. EL GOLPE DE ESTADO CONSTITUYENTE

Entre los actos constituyentes que conformaron el golpe de Estado contra la Constitución de 1961, se destacan:

En *primer lugar*, el primero de los actos constituyentes dictados por la Asamblea en violación de la Constitución de 1961[1443], fue el contenido en el "Decreto mediante el cual se declara la *reorganización de todos los órganos del Poder Público*" de fecha 12 de agosto de 1999[1444], para cuya emisión la Asamblea invocó que ejercía "el poder constituyente otorgado por este [el pueblo]mediante referendo..."; es decir, que ejercía un "poder constituyente" que supuestamente le había otorgado el "poder constituyente" (pueblo) en el "referendo", lo cual no era cierto.

Lo cierto es que la Asamblea se fundamentó, para aprobar el Decreto, en "lo dispuesto en el artículo primero del Estatuto de esta Asamblea", en el cual la Asamblea se auto confirió, a sí misma, el supuesto carácter de poder constituyente originario.; auto atribuyéndose en el Decreto la potestad de disponer "la intervención, modificación o suspensión de los órganos del Poder Público que así considere...". Con esta decisión, sin duda, la Asamblea había materializado, técnicamente, el golpe de Estado, con lo que procedió a intervenir y a regular a casi todos los órganos constituidos del Poder Público, comenzando por los órganos que ejercían el Poder Legislativo.

En *segundo lugar*, el 19 de agosto de 1999, la Asamblea Nacional Constituyente resolvió declarar "al Poder Judicial en emergencia" (Art. 1°), creando una Comisión de Emergencia Judicial, que asumió el proceso de intervención[1445], lesionando la autonomía e independencia del Poder Judicial, y suplantando los órganos regulares del gobierno y administración de la Justicia[1446]. El Decreto tuvo la misma funda-

1442 Véase en *Revista de Derecho Público*, N° 77-80, Editorial Jurídica Venezolana, Caracas 1999, pp. 111 y ss.

1443 Véase en Allan R. Brewer-Carías, *Debate Constituyente,* tomo I, *op. cit.*, pp. 43 a 56; y en *Gaceta Constituyente (Diario de Debates), Agosto-Septiembre de 1999, cit.*, Sesión de 12-08-99, N° 8, pp. 2 a 4. Véase el texto del Decreto en *Gaceta Oficial* N° 36.764 de 13-08-99.

1444 *Gaceta Oficial* N° 36.764 de 13-08-99.

1445 *Gaceta Oficial* N° 36.772 de 25-08-99 reimpreso en *Gaceta Oficial* N° 36.782 de 08-09-99.

1446 Véase en Allan R. Brewer-Carías, *Debate Constituyente,* Tomo I, *op. cit.*, p. 57 a 73; y en *Gaceta Constituyente (Diario de Debates), Agosto-Septiembre de 1999, cit,* Sesión de 18-08-99, N° 10, pp. 17 a 22. Véase el texto del Decreto en *Gaceta Oficial* N° 36.782 de 08-09-99.

mentación que los anteriores en el sentido de que la Asamblea se había ido construyendo a la medida; el ejercicio del poder constituyente originario supuestamente otorgado por éste a la Asamblea mediante referendo; el artículo 1° del Estatuto de Funcionamiento de la propia Asamblea y el artículo único del Decreto de la Asamblea que declaró la reorganización de todos los Poderes Públicos constituidos.

A este decreto de intervención del Poder Judicial, lo siguieron otros como el "Decreto de Medidas Cautelares Urgentes de Protección al Sistema Judicial",[1447] que inició el proceso de suspensión masiva de jueces y su sometimiento a procedimientos disciplinarios, de incorporación de suplentes, y de designación indiscriminada de "nuevos" jueces sin concursos, los cuales quedaron dependientes del nuevo Poder que los había designado.

Lo lamentable de todo este proceso de intervención política del poder judicial fue que la Corte Suprema de Justicia, en fecha 23 de agosto de 1999, adoptó un desafortunado Acuerdo[1448], en el cual fijó posición ante el Decreto de Reorganización del Poder Judicial dictado por la Asamblea Nacional Constituyente; y sobre la designación de uno de sus propios magistrados como integrante de la ilegítima Comisión de Emergencia Judicial; con el cual, en definitiva, aceptó la inconstitucionalidad, lo que inexorablemente condujo a su disolución posterior.

En *tercer lugar*, en efecto, el 25 de agosto de 1999, la Asamblea dictó el "Decreto mediante el cual *se regulan las funciones del Poder Legislativo*"[1449] que reformó cinco días después, el 30 de agosto de 1999[1450]; arrogándose esta vez directa y abiertamente un "poder constituyente originario" que nadie le había otorgado, sino ella misma en su propio Estatuto de funcionamiento. Mediante este Decreto, la Asamblea materialmente declaró la cesación de las Cámaras Legislativas (Senado y Cámara de Diputados), cuyos miembros habían sido electos en noviembre de 1998, atribuyéndole además, inconstitucionalmente, la función legislativa del Estado a la Comisión Delegada del Congreso y a la propia Asamblea Constituyente[1451].

En el Decreto de regulación del Poder Legislativo, la Asamblea también intervino y eliminó las Asambleas Legislativas de los Estados de la Federación, violando la Constitución y vulnerando la autonomía de los Estados, al disponer que las funciones de las mismas serían ejercidas por unas Comisiones Delegadas de cada una, regulando la forma de su integración (Art. 11); y además, revocando el mandato de los Diputados de las Asambleas que no integrasen las Comisiones delegadas respectivas (Art. 12). En cuanto a los Concejos Municipales de los Municipios del país, si bien

---

1447 *Gaceta Oficial* N° 36.825 de 09-11-99.

1448 Véanse nuestros comentarios sobre el Acuerdo en Allan R. Brewer-Carías, *Debate Constituyente,* Tomo I, *op. cit.*, pp. 141 y ss. Véanse además, los comentarios de Lolymar Hernández Camargo, *La Teoría del Poder Constituyente, cit,* pp. 75 y ss.

1449 *Gaceta Oficial* N° 36.772 de 25-08-99.

1450 *Gaceta Oficial* N° 36.776 de 31-08-99.

1451 Véase en Allan R. Brewer-Carías, *Debate Constituyente,* Tomo I, *op. cit.*, pp. 75 a 113; y en *Gaceta Constituyente (Diario de Debates), Agosto-Septiembre 1999, cit.*, Sesión de 25-08-99, N° 13, pp. 12 a 13 y 27 a 30 y Sesión de 30-08-99, N° 16, pp. 16 a 19. Véase el texto del Decreto en *Gaceta Oficial* N° 36.772 de 26-08-99.Con posterioridad, sin embargo, y con la intermediación de la Iglesia Católica, el 9-9-99, la directiva de la Asamblea llegó a un acuerdo con la directiva del Congreso, con lo cual, de hecho, se dejó sin efecto el contenido del Decreto, siguiendo el Congreso funcionando conforme al régimen de la Constitución de 1961. Véase el texto del Acuerdo en *El Nacional,* Caracas 10-9-99, p. D-4.

no se los eliminó, se les prohibió realizar operación alguna con los ejidos municipales, y aprobar o modificar los Planes de Desarrollo Urbano Local (Art. 14), lo que se configuraba en una lesión a la autonomía municipal que garantizaba la Constitución de 1961 (Art. 30), la cual, de nuevo, resultó violada.

En *cuarto lugar,* el 26 de agosto de 1999, la Asamblea decretó la suspensión de las elecciones municipales que debían convocarse el 28 de noviembre de 1999[1452], lo que constituía una decisión inconstitucional[1453], pues para que pudiera realizarse dicha suspensión debía haberse reformado la Ley Orgánica del Sufragio, que dispusiera que los alcaldes, concejales y miembros de juntas parroquiales electos en 1998 continuarían ejerciendo sus mandatos.

Finalmente, en *quinto lugar*, luego de que se discutió y sancionó la nueva Constitución de 1999, la cual fue aprobada junto con sus Disposiciones Transitorias en referendo aprobatorio realizado el 15 de diciembre de 1999, una semana después, el 22 de diciembre de 1999, la propia Asamblea Nacional Constituyente emitió un nuevo Decreto "constitucional" no aprobado por el pueblo, el del "Régimen de Transición del Poder Público",[1454] dos días después de la "proclamación" de la Constitución pero antes de su entrada en vigencia, pues la publicación de la Constitución en *Gaceta Oficial* había sido deliberadamente demorada hasta el 30 de diciembre de 1999[1455].

1452 *Gaceta Oficial* N° 36.776 de 31-08-99.

1453 Véase en Allan R. Brewer-Carías, *Debate Constituyente,* tomo I, *op. cit.*, pp. 115 a 122; y en *Gaceta Constituyente (Diario de Debates), Agosto–Septiembre 1999, cit.*, Sesión de 26-08-99, N° 14, pp. 7 a 8, 11, 13 y 14. Véase el texto del Decreto en *Gaceta Oficial* N° 36.776 de 31-08-99.

1454 Véase en *Gaceta Oficial* N° 36.859 de 29-12-99.

1455 Véase en *Gaceta Constituyente (Diario de Debates), Noviembre 1999-Enero 2000, cit.*, Sesión de 22-12-99, N° 51, pp. 2 y ss. Véase *Gaceta Oficial* N° 36.859 de 29-12-99; y *Gaceta Oficial* N° 36.860 de 30-12-99.

TERCERA PARTE

LA PRIMERA VIOLACIÓN DE LA CONSTITUCIÓN DE 1999, UN VEZ APROBADA POR EL PUEBLO Y ANTES DE SER PUBLICADA, CON EL ESTABLECIMIENTO DE UN RÉGIMEN TRANSITORIO NO APROBADO POR EL PUEBLO

I. EL RÉGIMEN CONSTITUCIONAL TRANSITORIO DE LA CONSTITUCIÓN DE 1999

Para asegurar la supervivencia de algunas normas del ordenamiento jurídico precedentemente dictado, y no considerarlas tácitamente derogadas mientras se dictan las nuevas normas conforme a la nueva Constitución, es que en las Constituciones se regula un régimen transitorio. El mismo, además, tiene por objeto no sólo asegurar el cumplimiento inmediato de determinadas normas de la nueva Constitución, sin esperar que se dicten las nuevas regulaciones que ella prevé; o la posposición en el tiempo de la entrada en vigencia de algunas normas de la nueva Constitución; sino establecer cuál debe ser el régimen de transición relativo a los órganos del Poder Publico actuantes conforme a la Constitución anterior, en relación con las nuevas regulaciones.

La Constitución de 1999, en esta materia, sin duda fue deficiente para que se produjese una sustitución inmediata de los titulares de los Poderes Públicos. Por tanto, sin duda, fue la voluntad de la Asamblea Nacional Constituyente, el someter a referéndum aprobatorio un texto constitucional insuficiente en esa materia.

En efecto, entre las Disposiciones Transitorias de la Constitución de 1999[1456] se destacan, en primer lugar, un conjunto de previsiones que tenían por objeto regular la sobrevivencia de normas preconstitucionales, que hubieran quedado derogadas tácitamente al entrar en vigencia la nueva Constitución, hasta tanto se dictase el nuevo régimen previsto en la Constitución. Es el caso de las previsiones sobre las normas relativas al Distrito federal, al régimen laboral de las prestaciones sociales, al régimen municipal, al régimen electoral, al régimen del Ministerio Público y de la Contraloría general de la república, al régimen de las tierras baldías, al régimen de los impuestos de papel sellado, y al régimen de las profesiones liberales.

En segundo lugar, están las Disposiciones Transitorias destinadas a posponer la vigencia de nuevas normas constitucionales, específicamente respecto de la inversión del Situado Constitucional.

En tercer lugar, están las Disposiciones Transitorias destinadas a asegurar la vigencia inmediata de nuevas normas constitucionales, particularmente en materia del régimen de la nueva denominación de la república como "Bolivariana," del régimen

---

1456 Véase el análisis detallado de las Disposiciones Transitorias de la Constitución de 1999 en Allan R. Brewer-Carías, *La Constitución de 1999. derecho Constitucional Venezolano*, Tomo II, caracas 2004, pp. 1.003 ss.

de la nacionalidad, del régimen del delito de desaparición forzada de personas, del régimen del servicio de Defensa Pública, del régimen de elección de los representantes indígenas a la Asamblea Nacional, y del régimen del Defensor del Pueblo.

De resto, las otras Disposiciones Transitorias están destinadas a diseñar un programa legislativo para la Asamblea Nacional y un programa de delimitación de tierras indígenas para el Ejecutivo Nacional.

Entre todas estas Disposiciones Transitorias de la Constitución de 1999, tal como fue aprobada por el pueblo, la única destinada a regular alguna transición respecto de la composición de los Poderes Públicos es la relativa al Defensor del Pueblo, que es la *Disposición Transitoria Novena*, que atribuyó a la Asamblea Nacional Constituyente la designación provisoria del titular de la Defensoría del Pueblo. Se trata, en efecto, de la única Disposición Transitoria que le atribuía a la Asamblea Nacional Constituyente potestad para designar algún alto funcionario del Estado, y que debía cumplir en el período que aún quedaba para su funcionamiento hasta el 30 de enero del 2000. La Disposición Transitoria, en todo caso, tenía su justificación en el hecho de que el Defensor del Pueblo era en realidad, el único órgano del Poder Público Nacional completamente nuevo. En todos os otros casos, los órganos constitucionales en la Constitución de 1999 tenían su equivalente en los que existían en la Constitución de 1961, y que habían sido electos o designados un año antes, en 1998. Ello implicaba constitucionalmente que hasta que fuera electo el nuevo Presidente de la República conforme a la nueva Constitución, debía continuar en sus funciones el Presidente que había sido electo en 1998; que mientras fueran electos los diputados a la Asamblea Nacional conforme a la nueva Constitución, debían continuar en sus funciones, los Senadores y Diputados electos en 1998; que mientras fueran electos los Gobernadores, Alcaldes miembros de los Consejos Legislativos de los Estados y concejales conforme a la nueva Constitución, debían continuar en sus funciones, los Gobernadores, diputados a las Asamblea Legislativas de los Estados y concejales electos en 1998; y que mientras la nueva Asamblea Legislativa a ser electa, no designara a los Magistrados del nuevo Tribunal Supremo de Justicia, al Fiscal General de la República, al Contralor General de la República, y a los miembros del Consejo Nacional Electoral, debían continuar en sus funciones los Magistrados de la Corte Suprema de Justicia, al Fiscal General de la República, al Contralor General de la República, y a los miembros del Consejo Supremo Electoral que habían sido designados en 1998. Nada en contrario se estableció en la Constitución aprobada popularmente, y la única atribución que el pueblo le dio a la Asamblea Nacional Constituyente en materia de designación de funcionarios, fue la de designar al Defensor del Pueblo en forma provisional.

A pesar de ello, sin embargo, la Asamblea Nacional Constituyente destituyó a todos los altos funcionarios del Estado excepto los órganos ejecutivos electos, procedió a crear órganos constitucionales no previstos en la Constitución, y procedió además a designar a todos los altos funcionarios del Estado sin tener autorización constitucional alguna para ello. Para ello, sin autorización popular alguna, dictó un ilegítimo régimen constitucional que además, ni siquiera fue aprobado por el pueblo.

II. EL ILEGÍTIMO RÉGIMEN CONSTITUCIONAL TRANSITORIO PARALELO ORIGINADO POR LA DISOLUCIÓN DE TODOS LOS PODERES PÚBLICOS

Ante la deliberada ausencia de alguna regulación en las Disposiciones Transitorias de la nueva Constitución que se refiriera a cesación en sus cargos de los titulares de los órganos del Poder Público y al nombramiento de nuevos funcionarios para ello, y ante el afán sobrevenido en el nuevo poder de sustituir a todos los titulares de los órganos del Estado sin esperar la elección de la nueva Asamblea Nacional; la Asamblea Nacional Constituyente, quiso "hacer efectivo el proceso de transición hacia el régimen establecido en la Constitución de 1999", lo que no estaba escrito en norma alguna; y dictó un régimen constitucional transitorio no establecido en el texto de la nueva Constitución y ello lo hizo sin someterlo a aprobación popular por la vía de referendo. Ello lo hizo mediante Decreto del "Régimen de Transición del Poder Público", dictado el día 22 de diciembre de 1999[1457], dos días después de la "Proclamación" oficial de la Constitución yluego de su aprobación popular en el referendo del 15 de diciembre del mismo año y antes de la entrada en vigencia de la Constitución, cuya publicación fue deliberadamente demorada hasta el 30 de diciembre de 1999[1458].

En este Decreto, fundamentalmente, la Asamblea Nacional Constituyente tomó el siguiente conjunto de decisiones en cuanto a los órganos del Poder Público:

En primer lugar, decidió la definitiva disolución del Congreso, y acordó la cesación en las funciones de los senadores y diputados (Art. 4) que habían sido electos un año antes. Esta decisión, violatoria del principio democrático, indudablemente creó un vacío constitucional, pues implicaba que hasta que se produjera la elección de los nuevos miembros de la nueva Asamblea Nacional, la República carecía de órgano legislativo nacional. Por ello, para "suplir" el vacío que la misma Asamblea Nacional Constituyente ilegítimamente creaba, tomó otra decisión, que fue la de "crear" un nuevo órgano no previsto en la nueva Constitución aprobada por el pueblo, ni en la previa de 1961, para lo cual no tenía poder ni autoridad alguna, siendo en consecuencia, totalmente ilegítimo. Se trató de una "Comisión Legislativa Nacional" (denominada "Congresillo"), a la cual le asignó el Poder Legislativo Nacional "hasta tanto se elijan y tomen posesión los diputados integrantes de la Asamblea Nacional" (Art. 5), y cuyos miembros también fueron designados por la Asamblea (Art. 5), a dedo, con integrantes afectos al nuevo poder y a los partidos de gobierno.

En segundo lugar, la Asamblea Nacional Constituyente, en el Decreto del 22 de diciembre de 1999, también se burló de la nueva Constitución, cuando declaró la "disolución de las Asambleas Legislativas de los Estados" (Art. 11), para lo cual no tenía autoridad alguna de carácter constitucional, al no haberse resuelto ello en esa forma en las Disposiciones Transitorias de la Constitución; pues ni siquiera ello estaba establecido en su Estatuto de Funcionamiento. Además, la Asamblea decidió la cesación en sus funciones, de los diputados que integraban las Asambleas (Art. 11). Pero la Asamblea Nacional Constituyente, al igual que lo que ocurrió con el Poder Legislativo Nacional, a nivel estadal también creó, sin competencia alguna, sendas

---

1457 Véase en *G.O.* N° 36.859 de 29-12-99.

1458 Véase en *Gaceta Constituyente (Diario de Debates), Noviembre 1999-Enero 2000, cit.* Sesión de 22-12-9, N° 51, pp. 2 y ss. Véase *G.O.* N° 36.859 de 29-12-99; y *G.O.* N° 36.860 de 30-12-99.

"Comisiones Legislativas Estadales", atribuyendo el nombramiento de sus miembros, incluso, a la "Comisión Coordinadora de la Asamblea Nacional Constituyente" (Art. 12). Ello no sólo era ilegítimo, al no estar prevista esa facultad en norma alguna, sino que también era violatorio de las bases comiciales aprobadas en el referendo del 25-04-99, así como de la antes mencionada garantía democrática, que era uno de sus límites supra constitucionales.

En tercer lugar, en cuanto a los órganos del Poder Municipal, el artículo 15 del Decreto de la Asamblea de fecha 22–12–99[1459] estableció que los Concejos Municipales y los Alcaldes "actuales", ejercerían sus funciones "bajo la supervisión y control de la Asamblea Nacional Constituyente o de la Comisión Legislativa Nacional" hasta tanto se eligieran popularmente sus nuevos integrantes; atribuyendo a la Comisión Coordinadora de la Asamblea Nacional Constituyente o la Comisión Legislativa Nacional la potestad de sustituir parcial o totalmente la integración de los Concejos Municipales, así como sustituir a los Alcaldes, en los casos de graves irregularidades administrativas.

Esta norma también constituyó una burla a la nueva Constitución, pues violaba en su totalidad la garantía de la autonomía municipal prevista en la Constitución, así como el principio democrático respecto de las autoridades municipales que impone que las mismas sólo pueden ser electas popularmente.

En cuarto lugar, el artículo 17 del Decreto dispuso, además, que la Corte Suprema de Justicia, sus Salas y dependencias desaparecían y pasaban a conformar el nuevo Tribunal Supremo de Justicia, por lo que, además de las Salas Político Administrativa, de Casación Penal y de Casación Civil de la Corte Suprema de Justicia, cuya extinción se decretó, la Asamblea creó las Salas Constitucional, Social y Electoral que preveía la nueva Constitución y que aún no había entrado en vigencia, estableciendo un número de magistrados para cada Sala que no se había establecido en la Constitución pues debía ser regulado en la ley Orgánica que dictase la nueva Asamblea Nacional cuando fuese electa.

En el artículo 19 del Decreto, la Asamblea Constituyente, además, designó los Magistrados que pasaban a integrar el Tribunal Supremo de Justicia, sin sujetarse a las condiciones establecidas en la nueva Constitución para dichos cargos, entre los cuales estaba quien en los dos últimos meses había sido el Presidente de la Corte Suprema de Justicia. Sus servicios habían sido reconocidos

En quinto lugar, la Asamblea Nacional Constituyente, en el Decreto sobre Régimen de Transición del Poder Público, no sólo nombró al Defensor del Pueblo (Art. 34), que era para lo único que tenía competencia constitucional expresa en las Disposiciones Transitorias de la Constitución 1999, sino después de cesar a sus titulares designados por el antiguo Congreso un año antes, también nombró al Contralor General de la República (Art. 36) y al Fiscal General de la República (Art. 35), en forma provisional mientras la Asamblea Nacional, una vez que se eligiese, designara a los nuevos titulares.

Incluso, en el Decreto le asignó al Contralor General de la República una competencia no prevista en norma alguna del ordenamiento, que era la posibilidad de *in-*

1459 Véase *Gaceta Constituyente (Diario de Debates), Noviembre 1999-Enero 2000, cit.*, Sesión de 22-12-99, Nº 51, p. 5.

tervenir las Contralorías Estadales y Municipales y designar con carácter provisional a los titulares de esas entidades (Art. 37), con lo cual violaba la autonomía de los Estados y Municipios garantizada en la nueva Constitución.

En sexto lugar, en cuanto al Poder Electoral, por último, la Asamblea Nacional Constituyente, careciendo totalmente de competencia para ello, y en forma ilegítima, en el Decreto del 22-12-99 se auto-atribuyó competencia para designar a los integrantes del Consejo Nacional Electoral (Art. 40), designaciones que realizó días después, con carácter provisorio, al nombrar a personas, todas vinculadas al nuevo poder y a los partidos que apoyaban al gobierno, lo que incluso no garantizaba la imparcialidad electoral necesaria, burlándose del artículo 296 de la nueva Constitución.

En esta forma, la Constitución de 1999 para cuando entró en vigencia tenía dos regímenes constitucionales transitorios: uno legítimo, aprobado por el pueblo, y otro, ilegítimo, no aprobado por el pueblo.

III. LA LEGITIMACIÓN JUDICIAL DEL FRAUDE A LA CONSTITUCIÓN

El Decreto sobre el Régimen de Transición del Poder Público fue por supuesto impugnado ante la Sala Plena de la antigua Corte Suprema de Justicia en fecha 29 de diciembre de 1999, respecto a los nombramientos del Fiscal General de la República, Contralor General de la República, Magistrados del Tribunal Supremo de Justicia, Defensora del Pueblo, Directivos del Consejo Nacional Electoral y miembros de la Comisión Legislativa Nacional ("Congresillo"). Luego de la remisión del expediente a la nueva Sala Constitucional del nuevo Tribunal Supremo de Justicia, sus magistrados, que habían sido producto de dicho régimen transitorio que se impugnaba, en lugar de inhibirse, pasaron a decidir en causa propia, apresuradamente, mediante sentencia N° 4 de fecha 26 de enero de 2000 (caso: *Eduardo García),* considerando que el Decreto era "un acto de rango y naturaleza constitucional" y, además "de naturaleza organizativa, por el cual se produjo la designación de altos funcionarios del Poder Público Nacional, el cual se fundamenta en los propósitos de reorganización del Estado, conferidos a la Asamblea Nacional Constituyente," desestimando el recurso, para lo cual concluyeron señalando que:

> "dado el carácter *originario del poder conferido por el pueblo* de Venezuela a la Asamblea Nacional Constituyente, mediante la pregunta N° 1 y la Base Comicial Octava del referendo consultivo nacional, aprobado el 25 de abril de 1999, y por tanto *la no sujeción de este poder al texto constitucional vigente para la época*, la demanda propuesta, al fundamentar las presuntas transgresiones en la referida Constitución y no en los parámetros y principios consagrados en las bases fijadas en el citado referendo, conduce forzosamente a su improcedencia"[1460].

En el país, entonces, y como consecuencia de esta y otras sentencias posteriores del Tribunal Supremo, existieron dos regímenes constitucionales paralelos: uno contenido en la Constitución de 1999, aprobada por el pueblo; y otro, dictado con posterioridad a dicha aprobación por la Asamblea Nacional Constituyente, no aprobado

1460 Véase en *Revista de Derecho Público*, N° 81, Editorial Jurídica Venezolana, Caracas 2000, pp. 93 ss.

por el pueblo y de vigencia imprecisa hasta que se aprobase toda la legislación que prevé la propia Constitución de 1999, lo cual en 2009 aún no había ocurrido.

El Tribunal Supremo de Justicia, lamentablemente, en lugar de cumplir con su deber como contralor de la constitucionalidad, al querer "resolver" el vacío creado por la Asamblea Constituyente después de aprobada por referendo popular la Constitución de 1999, violentó el ordenamiento constitucional y frustró la esperanza de que se afianzara el Estado de Derecho, precisamente cuando comenzaba a entrar en aplicación la nueva Constitución. Para ello, en otras sentencias, admitió que los actos de la Asamblea nacional Constituyente ni estaban sometidos a la Constitución de 1961, cuya interpretación le había dado origen, ni a la Constitución de 1999, que había sancionado. Así, en sentencia N° 6 de fecha 27 de enero de 2000, el Tribunal Supremo de Justicia declaró improcedente otra acción de nulidad interpuesta contra el referido Decreto con base en los siguientes argumentos:

> "En tal sentido, entiende la Sala que hasta la fecha de la publicación de la nueva Constitución, la que le precedió (1961) estuvo vigente, lo cual se desprende de la Disposición Derogatoria Única; y como los actos de la Asamblea Nacional Constituyente no estaban sujetos a la Constitución derogada, los mismos sólo podrían estar regulados -como fuera señalado por la sentencia de la Corte Suprema de Justicia en Pleno antes referida- por normas supraconstitucionales. Así, por argumento en contrario, sólo los actos dictados por la Asamblea Nacional Constituyente con posterioridad a la publicación de la nueva Constitución estarían sujetos a ésta.
>
> De todo lo anterior emerge que el acto de la Asamblea Nacional Constituyente impugnado en esta oportunidad publicado en la Gaceta Oficial número 36.859 del 29 de diciembre de 1999, esto es, *con anterioridad a la vigencia de la Constitución de la República Bolivariana de Venezuela de 1999, no esta sujeto ni a ésta, ni a la Constitución de 1961.*"[1461]

Se reconoció, así, por el Tribunal Supremo de Justicia, rango constitucional al régimen transitorio inventado por la Asamblea Nacional Constituyente, desligado tanto de la Constitución de 1961 como de la propia Constitución de 1999; régimen transitorio que, además, contenía el acto de designación de los propios Magistrados que estaban decidiendo las impugnaciones. Lo menos que podían haber hecho era inhibirse, pero no fue así; y esa y otras sentencias que juzgaron dicho régimen constituyeron violación del principio elemental del Estado de derecho conforme al cual nadie puede ser juez en su propia causa.

La Sala Constitucional del Tribunal Supremo de Justicia continuó desarrollando su inconstitucional tesis en la sentencia N° 180 de 28 de marzo de 2000 (*caso: Allan R. Brewer-Carías y otros*), dictada con motivo de decidir sobre la impugnación del el Estatuto Electoral del Poder Público dictado por la Asamblea el 30 de enero de 2000,[1462] es decir, después de publicada la Constitución, igualmente sin tener autorización constitucional para ello, en la cual estableció que la Asamblea Nacional Constituyente para cumplir su misión de transformar el Estado, crear un nuevo ordenamiento jurídico y dictar una nueva Constitución que sustituyera a la de 1961, supuestamente tenía varias alternativas para regular el régimen constitucional transi-

---

1461 Véase en *Revista de Derecho Público*, N° 81, (enero-marzo), Editorial Jurídica Venezolana, Caracas, 2000, pp. 81 y ss.

1462 Véase en *G.O.* N° 36.884 de 03-02-00.

torio: *Una*, elaborar unas Disposiciones Transitorias que formaran parte de la Constitución para ser aprobada por el pueblo mediante referendo, lo que hizo efectivamente; y *otra*, dictar actos constituyentes aparte, de valor y rango constitucional, que originarían un régimen transitorio constitucional paralelo, no aprobado por el pueblo.

Esto, por supuesto, no se ajustaba a la Constitución, pues de acuerdo con la Base Novena aprobada en el referendo de convocatoria de la Asamblea Constituyente de abril de 1999, que tenía rango supraconstitucional, las nuevas normas constitucionales producto del proceso constituyente, para entrar en vigencia, tenían que ser aprobadas por referendo popular. Es decir, no podía haber normas constitucionales como resultado del proceso constituyente de 1999 que no fueran aprobadas por el pueblo, por lo que la Asamblea Nacional Constituyente no podía poner en vigencia actos con rango constitucional. Precisamente por ello, el pueblo fue convocado a referendo el 15 de diciembre de 1999, para aprobar la Constitución.

En consecuencia, al considerar el Tribunal Supremo de Justicia en la sentencia mencionada que el Estatuto Electoral dictado por la Asamblea Nacional Constituyente en enero de 2000 tenía un supuesto rango constitucional, con el objeto de llenar los supuestos vacíos de las Disposiciones Transitorias de la Constitución, vacíos que habían sido inventados y provocados por la propia Asamblea Nacional Constituyente antes de publicar la Constitución; el Tribunal violó la soberanía popular expresada el 25 de abril de 1999 y marginó la soberanía popular expresada el 15 de diciembre de 1999. Por tanto, de nada sirvió que los venezolanos hubieran aprobado por referendo una Constitución el 15 de diciembre de 1999, si paralelamente la Asamblea Nacional Constituyente podía dictar otras normas constitucionales no aprobadas por el pueblo.

En esta forma, fue el propio Tribunal Supremo el que "legitimó" la inconstitucionalidad, admitiendo que la Asamblea Nacional Constituyente supuestamente tenía potestad para no prever disposiciones transitorias en el texto de la Constitución "y efectuarla mediante un cuerpo legislativo aparte, complementado por actos destinados a llenar el vacío institucional que se crearía al entrar en vigencia la nueva Constitución." Como lo dice el artículo 2 de dicho Régimen: "Las previsiones del presente régimen de transición desarrollan y complementan las Disposiciones Transitorias de la Constitución aprobada por el pueblo de Venezuela." La Sala Constitucional entonces razonó que como con la entrada en vigencia la nueva Constitución de la República Bolivariana de Venezuela

> "se hace necesario elegir a la Asamblea Nacional, institución básica entre los poderes públicos para el funcionamiento del sistema político-jurídico que desarrolla la Constitución recién promulgada, y hasta su elección e instalación, *nace un segundo régimen transitorio*, el cual se rige por las normas sancionadas a ese fin por la Asamblea Nacional Constituyente, en ejercicio de su competencia constituyente,… las cuales se proyectan paralelamente a la Constitución vigente, tal como lo estableció el Régimen de Transición de Poder Público, que obran -por disposición del artículo 2 de dicha normativa- como Disposiciones Transitorias de la Constitución vigente. Esta normativa de rango análogo a la Constitución, está destinada a que las instituciones prevenidas en la Constitución, pero que aún no han entrado en funcionamiento, se realicen, y se agota al cumplir su cometido.

Las normas de transición devienen así en integrantes del sistema constitucional, en cuanto hacen posible la plena vigencia de la naciente Constitución. La transitoriedad es inherente al propio proceso constituyente y le es inmanente[1463].

De este razonamiento se deduce, entonces, el absurdo constitucional de que podía haber un régimen constitucional transitorio no previsto en la Constitución de 1999, ni aprobado por el pueblo, dictado por la Asamblea Nacional Constituyente, lo cual es totalmente incorrecto. Esta fue la primera violación de la Constitución de 1999 cometida antes y después de que entrara en vigencia.

1463 Véase sentencia No. 180 de 28 de marzo de 2000 (caso: *Allan R. Brewer-Carías y otros*), en *Revista de Derecho Público*, N° 81, (enero-marzo), Editorial Jurídica Venezolana, Caracas, 2000, pp. 86 ss.

CUARTA PARTE:

LA REFORMA CONSTITUCIONAL DE 2007 APROBADA EN FRAUDE A LA CONSTITUCIÓN, SU RECHAZO POPULAR, Y LA RENUNCIA DEL JUEZ CONSTITUCIONAL A CONTROLAR SU CONSTITUCIONALIDAD

I. LOS PROCEDIMIENTOS DE REFORMA CONSTITUCIONAL EN LA CONSTITUCIÓN DE 1999

En la Constitución de 1999, el principio de la rigidez de la Constitución se reflejó en la previsión de procedimientos específicos para la revisión de la Constitución, de manera tal que en ningún caso puede hacerse una reforma constitucional por la Asamblea Nacional mediante el solo procedimiento de formación de las leyes, exigiéndose siempre para cualquier revisión constitucional, la participación del pueblo como poder constituyente originario.

En tal sentido en la Constitución de 1999 se establecieron tres mecanismos institucionales para la revisión constitucional que se distinguen según la intensidad de las transformaciones que se proponen, y que son las Enmiendas Constitucionales, las Reformas Constitucionales y la Asamblea Nacional Constituyente. Cada procedimiento tiene su sentido y ámbito de aplicación según la importancia de las modificaciones a la Constitución, de manera que para la aprobación de las "enmiendas" se estableció la sola participación del pueblo como poder constituyente originario manifestado mediante referendo aprobatorio; para la aprobación de la "reforma constitucional" se estableció la participación de uno de los poderes constituidos, -la Asamblea Nacional- y, además, del pueblo como poder constituyente originario manifestado mediante referendo; y para la revisión constitucional mediante una "Asamblea Nacional Constituyente", se estableció la participación del pueblo como poder constituyente originario, para primero, decidir mediante referendo su convocatoria, y segundo, para la elección de los miembros de la Asamblea Constituyente.

Sobre estos tres mecanismos para la revisión constitucional, la propia Sala Constitucional del Tribunal Supremo de Justicia ha señalado que:

> "Cada uno de estos mecanismos de reforma tiene sus peculiaridades, los cuales con una somera lectura del texto constitucional se puede apreciar que, por ejemplo, el procedimiento de enmienda, va a tener por objeto la adición o modificación de uno o varios artículos de la Constitución, tal como lo señala el artículo 340 de la Carta Magna. Por su parte, la reforma constitucional, se orienta hacia la revisión parcial de la Constitución, así como la sustitución de una o varias de sus normas (artículo 342). Ambos mecanismos, están limitados por la no modificación de la estructura fundamental del texto constitucional, y por un referéndum al cual debe estar sometido para su definitiva aprobación, Ahora bien, en el caso de que se quiera transformar el Estado, crear un nuevo ordenamiento jurídico y redactar una nueva Constitución, el texto constitucional vigente consagra la posibilidad de convocatoria a una Asamblea Nacional Constituyente (Artículo 347 *eiusdem*). Igualmente, las

iniciativas para proceder a la enmienda, reforma o convocatoria de la Asamblea Constituyente, están consagradas en el texto constitucional de manera expresa"[1464].

De lo anterior resulta que no puede utilizarse uno de los procedimientos de revisión constitucional para fines distintos a los regulados en la propia Constitución, pues de lo contrario, se incurriría en un fraude constitucional[1465], tal como ocurrió con la reforma constitucional sancionada por la Asamblea Nacional el 2 de noviembre de 2007, que fue rechazada por voto popular en el referendo del 2 de diciembre de 2007. A ello nos referimos más adelante.

1. *Las Enmiendas constitucionales*

El procedimiento de la Enmienda constitucional tiene por objeto la adición o modificación de uno o varios artículos de la Constitución, sin alterar su estructura fundamental (Art. 340).

De acuerdo con el artículo 341, ordinal 1, la iniciativa para la Enmienda puede partir del quince por ciento de los ciudadanos inscritos en el registro civil y electoral; o de un treinta por ciento de los integrantes de la Asamblea Nacional o del Presidente de la República en Consejo de Ministros. Cuando la iniciativa parta de la Asamblea Nacional, la enmienda requiere la aprobación de ésta por la mayoría de sus integrantes y se debe discutir, según el procedimiento establecido en esta Constitución para la formación de leyes (Art. 341,2).

De esta norma se deduce, por tanto, que la discusión legislativa de las Enmiendas sólo se produce cuando la iniciativa parta de la Asamblea Nacional. Por tanto, si la Enmienda parte de una iniciativa popular o del Presidente de la República, no se somete a discusión ni a aprobación por la Asamblea Nacional, sino que directamente se debe someter a referendo aprobatorio (Art. 341,3 y 4), al cual deben concurrir al menos el 25% de los electores inscritos, bastando para la aprobación que haya mayoría de votos afirmativos (Art. 73).

Conforme a lo establecido en el artículo 346, el Presidente de la República está obligado a promulgar las Enmiendas dentro de los 10 días siguientes a su aprobación.

Por último, la Constitución exige que las enmiendas sean numeradas consecutivamente. Se deben publicar a continuación de la Constitución sin alterar el texto de

---

1464 Véase sentencia N° 1140 de la Sala Constitucional de 05-19-2000, en *Revista de Derecho Público*, N° 84, Editorial Jurídica Venezolana, Caracas, 2000.

1465 La Sala Constitucional del Tribunal Supremo de Justicia en la sentencia N° 74 de 25-01-2006 señaló que un *fraude a la Constitución* ocurre cuando se destruyen las teorías democráticas "mediante el procedimiento de cambio en las instituciones existentes aparentando respetar las formas y procedimientos constitucionales", o cuando se utiliza "del procedimiento de reforma constitucional para proceder a la creación de un nuevo régimen político, de un nuevo ordenamiento constitucional, sin alterar el sistema de legalidad establecido, como ocurrió con el *uso fraudulento de los poderes* conferidos por la ley marcial en la Alemania de la Constitución de *Weimar*, forzando al Parlamento a conceder a los líderes fascistas, en términos de dudosa legitimidad, la plenitud del poder constituyente, otorgando un poder legislativo ilimitado"; y que un *falseamiento de la Constitución* ocurre cuando se otorga "a las normas constitucionales una interpretación y un sentido distinto del que realmente tienen, que es en realidad una modificación no formal de la Constitución misma", concluyendo con la afirmación de que "*Una reforma constitucional sin ningún tipo de límites, constituiría un fraude constitucional*". Véase en *Revista de Derecho Público,* N° 105, Editorial Jurídica Venezolana, Caracas 2006, pp. 76 ss.

ésta, pero anotando al pie del artículo o artículos enmendados la referencia de número y fecha de la enmienda que lo modificó.

2. *Las Reformas constitucionales*

En cuanto a las Reformas constitucionales, conforme al artículo 342 de la Constitución, tienen por objeto una revisión parcial de la Constitución y la sustitución de una o varias de sus normas que no modifiquen la estructura y principios fundamentales del texto constitucional.

De lo anterior resulta que la diferencia entre la Enmienda y la Reforma es muy sutil: aquella tiene por objeto "la adición o modificación de uno o varios artículos de la Constitución, sin alterar su estructura fundamental"; ésta tiene por objeto, "la sustitución de una o varias de sus normas que no modifiquen la estructura y principios fundamentales del texto constitucional". En definitiva, podría decirse que la Enmienda tiene por objeto "añadir o modificar" unos artículos y la Reforma la "sustitución" de unos artículos, pero en uno u otro caso, sin alterar o modificar la estructura fundamental de la Constitución.

Sin embargo, el procedimiento para la Reforma es más complejo, pues requiere que el texto sea discutido y aprobado por la Asamblea Nacional antes de ser sometido a referendo.

En efecto, la iniciativa de la Reforma de la Constitución la puede ejercer la Asamblea Nacional mediante acuerdo aprobado por el voto de la mayoría de sus integrantes; el Presidente de la República en Consejo de Ministros o a solicitud de un número no menor del quince por ciento de los electores inscritos en el registro civil y electoral (Art. 342).

Conforme al artículo 343, la iniciativa de reforma constitucional debe ser tramitada por la Asamblea Nacional en dos discusiones (Art. 343). El proyecto de reforma constitucional aprobado por la Asamblea Nacional debe ser sometido a referendo dentro de los treinta días siguientes a su sanción (Art. 344).

El pueblo, en el referendo, se debe pronunciar en conjunto sobre la reforma, pero puede votarse separadamente hasta una tercera parte de ella, si así lo aprueba un número no menor de una tercera parte de la Asamblea Nacional o si en la iniciativa de reforma así lo hubiere solicitado el Presidente de la República o un número no menor del cinco por ciento de los electores inscritos en el registro civil y electoral.

La Reforma constitucional se debe declarar aprobada si el número de votos afirmativos es superior al número de votos negativos (Art. 345).

En caso de que no sea aprobada la reforma, el artículo 345 dispone que la iniciativa de la reforma no puede presentarse de nuevo en un mismo período constitucional a la Asamblea Nacional.

El Presidente de la República debe promulgar las reformas dentro de los diez días siguientes a su aprobación. Si no lo hiciere, se aplica lo previsto en el artículo 216 de la Constitución (art. 346).

3. *La Asamblea Nacional Constituyente*

Por último, como mecanismo de revisión constitucional, la Constitución de 1999, producto de una Asamblea Nacional Constituyente que como institución para la reforma constitucional no estaba prevista ni regulada en la Constitución de 1961; prevé precisamente dicho mecanismo en los artículos 347 y siguientes.

El artículo 347 comienza precisando lo que es lo esencial en este proceso: que el pueblo de Venezuela es el depositario del poder constituyente originario[1466]; y que en consecuencia, en ejercicio de dicho poder, el pueblo puede convocar una Asamblea Nacional Constituyente "con el objeto de transformar al Estado, crear un nuevo ordenamiento jurídico y redactar una nueva Constitución".

La Asamblea Nacional Constituyente en la Constitución de 1999, por tanto, no está concebida como "poder originario" alguno, el cual siempre queda reservado al pueblo, en forma intransferible. Sin embargo, contradictoriamente se especifica en el artículo 349 que los poderes constituidos no pueden en forma alguna impedir las decisiones de la Asamblea Nacional Constituyente, con lo cual la misma podría sobreponerse a los poderes constituidos. Ello abriría la discusión sobre si la Asamblea podría hacer cesar a aquellos.

La iniciativa de convocatoria a la Asamblea Nacional Constituyente corresponde al Presidente de la República en Consejo de Ministros; a la Asamblea Nacional, mediante acuerdo de la dos terceras partes de sus integrantes; a los Concejos Municipales en cabildos, mediante el voto de las dos terceras partes de los mismos; y al quince por ciento de los electores inscritos en el registro electoral (Art. 348). Esa iniciativa debe formularse ante el Poder Electoral.

Una vez formulada la iniciativa, conforme antes se ha mencionado, corresponde al pueblo como poder constituyente originario, convocar la Asamblea Constituyente, por lo que a pesar de que no esté expresamente regulado en el texto de la Constitución, el Consejo Nacional Electoral debe convocar un referendo para que el pueblo se pronuncie sobre dicha convocatoria, y sobre el estatuto básico de la Asamblea en relación con su integración, forma de elección de sus miembros, misión y duración.[1467]

Luego de que el pueblo se pronuncie sobre la convocatoria de la Asamblea, debe procederse a la elección de los miembros de la misma conforme al resultado de la consulta popular.

La aprobación de la Constitución que emane de la Asamblea Nacional Constituyente que se elija, sin embargo, no está sometida a referendo aprobatorio. En contraste, debe recordarse que la Constitución de 1999, sancionada por la Asamblea Nacional Constituyente, fue aprobada mediante referendo del 15 de diciembre de 1999 para poder entrar en vigencia; y que la propia Constitución exige que en los casos de Enmiendas y de Reformas constitucionales, las mismas deben ser sometidas a referendos aprobatorios (Arts. 341 y 344).

1466 Véase lo expuesto en Allan R. Brewer-Carías, *Poder Constituyente originario y Asamblea Nacional Constituyente*, Caracas 1999.

1467 En esta forma por mi parte quedan superadas las dudas que expresé en esta materia en Allan R. Brewer-Carías, *Las Constituciones de Venezuela*, Academia de Ciencias Políticas y Sociales, tomo I, Caracas 2008, pp. 346-347; y en *Historia Constitucional de Venezuela*, Editorial Alfa, Tono II, pp. 251-252.

II. GÉNESIS DE UNA "REFORMA CONSTITUCIONAL" CONSTITUCIONAL EN 2007 QUE SÓLO PODÍA REALIZARSE MEDIANTE LA CONVOCATORIA DE UNA ASAMBLEA NACIONAL CONSTITUYENTE

Ahora bien, a pesar de la previsión expresa de los anteriores procedimientos para la reforma constitucional, el Presidente de la República de Venezuela, Hugo Chávez Frías, en enero de 2007, al tomar posesión de su segundo mandato presidencial (2007-2013), anunció al país que propondría una serie de reformas a la Constitución de 1999, para cuya elaboración designó un Consejo Presidencial para la Reforma de la Constitución,[1468] el cual estuvo presidido por la Presidenta de la Asamblea Nacional e integrado por altos funcionarios del Estado, como fueron: el Segundo Vicepresidente de la Asamblea Nacional y otros cuatro diputados, la Presidenta del Tribunal Supremo de Justicia, el Defensor del Pueblo, el Ministro del Trabajo, la Procuradora General de la República, y el Fiscal General de la República. En esta forma, el Presidente de la República comprometió de antemano en su proyecto a los titulares de, materialmente, todos los poderes públicos, indicando en forma expresa en el Decreto que el trabajo de dicho Consejo se debía realizar "de conformidad con los lineamientos del Jefe de Estado en estricta confidencialidad" (art. 2).[1469] Es decir, el Consejo no tenía libertad alguna de pensamiento, y su trabajo debía desarrollarse en estricta confidencialidad, lo que de por sí es contrario a los principios que deben guiar cualquier reforma constitucional en un país democrático.

Las pautas para la reforma constitucional que en diversos discursos y alocuciones fue dando el Presidente de la República, apuntaron, por una parte, a la conformación de un Estado del Poder Popular o del Poder Comunal, o Estado Comunal, estructurado desde los Consejos Comunales que ya habían sido creados en 2006, al margen de la Constitución,[1470] como unidades u organizaciones sociales no electas mediante sufragio universal, directo y secreto y sin autonomía territorial, supuestamente dispuestos para canalizar la participación ciudadana, pero conforme a un sistema de conducción centralizado desde la cúspide del Poder Ejecutivo Nacional; y por la otra, a la estructuración de un Estado socialista, con una doctrina socialista y "bolivariana" como doctrina oficial, sustituyendo al sistema plural de libertad de pensamiento y acción que siempre ha existido en el país y, en particular, sustituyendo la libertad económica y el estado de economía mixta que siempre ha existido, por un sistema de economía estatista y colectivista, de capitalismo de Estado, sometido a una planificación centralizada, minimizando el rol del individuo y eliminando todo vestigio de libertad económica y de propiedad privada.

Es decir, el objetivo definido por el Presidente era transformar radicalmente al Estado y crear un nuevo ordenamiento jurídico, lo que no podía realizarse mediante el mecanismo de "reforma constitucional" que regula la Constitución, sino que exigía, conforme a su artículo 347, que se convocara y eligiera una Asamblea Nacional Constituyente, lo que, por supuesto, hubiera podido implicar que la reforma se le escapara de su control férreo.

1468 Véase Decreto Nº 5138 de 17-01-2007, *Gaceta Oficial,* Nº 38.607, de 18-01-2007.

1469 Ello también lo declaró públicamente, además, la Presidenta de la Asamblea Nacional al instalarse el Consejo. Véase en *El Universal*, 20-02-2007.

1470 Ley de Consejos Comunales, *Gaceta Oficial,* Nº 5806 *Extra.*, 10-04-2006.

En todo caso, el 2 de noviembre de 2007, la Asamblea Nacional, luego de haberle dado tres discusiones en algo más de un mes al Anteproyecto de reforma que el Presidente de la República le había presentado el 15 de agosto de 2007,[1471] sancionó el proyecto de reforma a la Constitución de 1999, el cual fue sometido a referendo que se fijó para el 2 de diciembre de 2007, en el cual, como se ha dicho, el poder constituyente originario se pronunció por rechazarlo por la mayoría de votos.

La rechazada reforma, en todo caso, era una propuesta de modificación constitucional que buscaba transformar aspectos esenciales y fundamentales del Estado, por lo que, sin duda, de haber sido aprobada, hubiera sido una de las más sustanciales de toda la historia constitucional de Venezuela. Con ella, en efecto, se buscaba cambiar radicalmente el modelo de Estado Descentralizado, Democrático, Pluralista y Social de Derecho que, con todos sus problemas, está regulado en la Constitución de 1999, por el de un Estado socialista, centralizado, policial y militarista, con una doctrina oficial "bolivariana", que se identificaba como "el Socialismo del Siglo XXI"[1472] y un sistema económico de capitalismo de Estado. Esa reforma se sancionó, como se ha dicho, conforme a la propuesta que durante 2007 formuló el Presidente de la República, Hugo Chávez Frías, burlando el procedimiento que la Constitución requería para un cambio tan fundamental. Se trataba, por tanto, de una reforma fraudulenta o realizada en fraude a la Constitución, pues se ha utilizado para ello un procedimiento previsto para otros fines, engañando al pueblo.[1473]

La consecuencia de esta propuesta de reforma a la Constitución en relación con los ciudadanos, era que, con la misma, de haber sido aprobada, se hubiera establecido en Venezuela, formalmente, una ideología y doctrina de Estado, de corte socialista y supuestamente "bolivariana", la cual, en consecuencia, a pesar de su imprecisión -y he allí lo más peligroso-, se pretendía que fuera una doctrina "oficial", y por tanto, no hubiera admitido disidencia alguna. No se olvide que todos los ciudadanos tienen un deber constitucional esencial de cumplir y hacer cumplir la Constitución (Art. 131), por lo que, de haberse aprobado la reforma, todos los ciudadanos hubieran tenido el deber de contribuir activamente en la implementación de la doctrina oficial del Estado. En ello no hubiera podido admitirse ni siquiera la neutralidad. Por tanto, todo pensamiento, toda expresión del pensamiento, toda acción o toda omisión que pudiera haber sido considerada como contraria a la doctrina oficial socialista y "bolivariana", o que simplemente la "autoridad" no considerase que contribuía a la construcción y siembra del socialismo, hubiera constituido una violación a un deber constitucional y hubiera podido, por tanto, ser criminalizada; es decir, hubiera podido haber dado lugar a sanciones, incluso, penales. Se trataba de crear un pensamiento único, que constitucionalmente no hubiera admitido disidencia.

1471 Véase el *Proyecto de Exposición de Motivos para la Reforma Constitucional, Presidencia de la República, Proyecto Reforma Constitucional. Propuesta del Presidente Hugo Chávez Agosto 2007.* El texto completo fue publicado como *Proyecto de Reforma Constitucional. Versión atribuida al Consejo Presidencial para la reforma de la Constitución de la República Bolivariana de Venezuela*, Caracas, Atenea, 1 de julio de 2007.

1472 Véase el *Proyecto de Exposición de Motivos para la Reforma Constitucional, Presidencia de la República, Proyecto Reforma Constitucional. Propuesta del presidente Hugo Chávez Agosto 2007*, p. 19.

1473 Sobre el concepto de fraude a la Constitución véase la sentencia de la Sala Constitucional del Tribunal Supremo de Justicia, N° 74 de 25-01-2006, en *Revista de Derecho Público* N° 105, Editorial Jurídica Venezolana, Caracas, 2006, pp. 76 y ss.

En todo caso, lo que planteó el Presidente como "reforma constitucional", lo que propuso su Consejo Presidencial y lo que sancionó la Asamblea Nacional en noviembre de 2007, como se ha dicho, evidentemente no constituía "una revisión parcial de la Constitución y la sustitución de una o varias de sus normas que no modifiquen la estructura y principios fundamentales del texto Constitucional", que es lo que, conforme al artículo 342, puede realizarse mediante el procedimiento de la "reforma constitucional", el cual se desarrolla mediante la sola discusión y sanción del proyecto por la Asamblea Nacional y posterior sometimiento a referendo aprobatorio.

Lo que se sancionó como proyecto de reforma constitucional por la Asamblea Nacional, en realidad, requería la convocatoria de una Asamblea Constituyente, y al no hacerlo, lo que el Presidente de la República y la Asamblea Nacional cometieron fue un fraude a la Constitución, como lo advirtieron reiteradamente las instituciones más representativas del país.[1474], Incluso, sobre el tema, se refirió en términos precisos el magistrado Jesús Eduardo Cabrera, en su Voto salvado a la sentencia Nº 2042 de la Sala Constitucional de 2 de noviembre de 2007:

> "En criterio de quien disiente, un sistema de organización social o económico basado en la propiedad y administración colectiva o estatal de los medios de producción, como lo es básicamente el socialista, en sus distintas concepciones, cual es el propuesto en el Proyecto de reforma, chocaría con lo que, para quien suscribe, y la propia Sala, era considerado Estado social, y ello -en criterio del disidente- puede afectar toda la estructura y los principios fundamentales del Texto Constitucional, hasta el punto en que un nuevo ordenamiento jurídico tendría que ser creado para desarrollar la construcción del socialismo.
>
> No es que Venezuela no pueda convertirse en un Estado socialista. Si ello lo decide el pueblo, es posible; pero a juicio del voto salvante, tal logro sería distinto al que la Sala ha sostenido en el fallo de 24 de enero de 2002 (Caso: *Créditos Indexados*) y ello conduciría no a una reforma de la Constitución, sino a una nueva Constitución, la cual debería ser votada por el poder constituyente originario. Al menos, en nuestro criterio, esto es la consecuencia del fallo N° 85 de 24 de enero de 2002."

1474 En tal sentido se han pronunciado, por ejemplo, las Academias de Medicina, Ciencias Políticas y Sociales, y de Ingeniería y el Hábitat (23-10-2007, *El Universal*); la Conferencia Episcopal Venezolana (19-10-2007, *El Nacional*), el Instituto de Previsión Social del Abogado, los Colegios de Abogados de Distrito Capital, de los Estados Miranda, Aragua, Cojedes, Falcón, Lara, Guárico, Carabobo y la Confederación de Profesionales Universitarios de Venezuela (02-11-2007). Incluso, es significativo que el día 5 de noviembre de 2007, el general Raúl Baduel, quien fuera Ministro de la Defensa del Presidente Chávez hasta julio de 2007, se hubiera pronunciado públicamente sobre el tema advirtiendo sobre el proceder de los Poderes Ejecutivo y Legislativo "que innecesariamente y de forma atropellada, mediante procedimientos fraudulentos, quieren imponer una propuesta que requiere una consulta más amplia a través de una Asamblea Nacional Constituyente"; que con ello, ambos Poderes "le están quitando poder al pueblo alterando los valores, los principios y la estructura del Estado sin estar facultados para ello, ya que el Poder Constituyente reside en el pueblo y es el único capaz de llevar a cabo un cambio de esa magnitud", que "esta propuesta de reforma sólo le está quitando poder al pueblo por dos vías, primero, porque usurpa de manera fraudulenta el Poder Constituyente del pueblo y segundo, porque las autoridades de la nueva geometría del poder que se crearía no serían elegidas por el pueblo"; y que "de culminar este proceso con la aprobación del mismo por las vías propuestas y la Asamblea Nacional, se estaría consumando en la práctica un golpe de Estado, violando de manera descarada el texto constitucional y sus mecanismos e introduciendo cambios de manera fraudulenta", *El Universal*, Caracas, 6-11-07.

Y es que, en efecto, la reforma constitucional sancionada el 2 de noviembre de 2007 era de tal trascendencia, que así, incluso, lo reconocieron, quizás sin darse cuenta, los propios diputados de la Asamblea Nacional cuando dispusieron que con la misma se sustituyera completamente la Constitución de 1999, ordenando a tal efecto, en la Disposición Final, que la Constitución -de haber sido aprobada por el pueblo- se imprimiera "íntegramente en un solo texto... Con la reforma aquí sancionada y en el correspondiente texto único corríjanse los artículos aplicando la nueva terminología señalada en esta Reforma Constitucional, en cuanto sea aplicable, suprimiéndose y sustituyéndose de acuerdo al contenido de esta Reforma así como las firmas, fechas y demás datos de sanción y promulgación".

Es decir, de haberse aprobado la reforma por referendo, la Constitución hubiera tenido que conocerse como la "Constitución de 2007", es decir, una Constitución diferente, como efectivamente resultaba de su contenido. Por lo demás, con esa Disposición final se le pretendía dar carta blanca, no se sabe a quién, para que cambiase otras normas constitucionales sin procedimiento constitucional alguno, como ya ocurrió con la "reimpresión" de la Constitución de 1999, en marzo de 2000.[1475]

III. EL PROYECTO DE TRANSFORMAR RADICALMENTE AL ESTADO

En todo caso, fue la voluntad de llevar adelante la reforma contrariando la Constitución y con la sola participación de una Asamblea Nacional, totalmente controlada y dominada por el Presidente y sus seguidores, y evitar los "riesgos" que podían derivar de la elección de una Asamblea Nacional Constituyente, lo que llevó al Presidente de la República y a sus seguidores, a repetir una vez más la táctica política del fraude a la Constitución, que ya era un común denominador del régimen instalado en el país a partir de 1999, es decir, utilizar las instituciones existentes aparentando respetar las formas y procedimientos constitucionales (en este caso el procedimiento de "reforma constitucional"), para en cambio proceder a una radical trasformación del Estado, o sea, como lo ha advertido el Tribunal Supremo al definir el fraude constitucional, a pretender realizar "la creación de un nuevo régimen político, de un nuevo ordenamiento constitucional, sin alterar el sistema de legalidad establecido"[1476].

Esto como se dijo anteriormente, ya había ocurrido en febrero de 1999, mediante la convocatoria del referendo consultivo sobre la Asamblea Nacional Constituyente que no estaba entonces prevista en la Constitución vigente de 1961[1477]; luego ocurrió con la emisión por dicha Asamblea Constituyente, después de que la nueva Constitución de 1999 ya se había aprobado por referendo popular, el "Decreto del Régimen Transitorio de los Poderes Públicos" que obviamente no fue sometido a aprobación popular[1478]; y continuó ocurriendo en los últimos años, con la destrucción progresiva y sistemática de la democracia y de las instituciones del Estado de

1475 *Gaceta Oficial* N° 5453 Extra. de 24-03-2000.

1476 Véase la sentencia N° 74 de 25-01-2006 de la Sala Constitucional del Tribunal Supremo de Justicia en *Revista de Derecho Público,* N° 105, Editorial Jurídica Venezolana, Caracas 2006, pp. 76 ss..

1477 Véase Allan R. Brewer-Carías, *Asamblea Constituyente y Ordenamiento Constitucional*, Academia de Ciencias Políticas y Sociales, Caracas 1999.

1478 Véase Allan R. Brewer-Carías, *Golpe de Estado y proceso constituyente en Venezuela*, Universidad Nacional Autónoma de México, México 2002.

derecho, utilizándose sus instituciones desde el ejercicio del poder, secuestrando de los derechos y libertades públicas[1479].

En 2007, una vez más, para sancionar una reforma a la Constitución se utilizaron fraudulentamente sus propias previsiones pero para fines distintos a los establecidos en ellas, acudiéndose al procedimiento de "reforma constitucional" (art. 342), pero para producir una transformación radical del Estado, y trastocar el Estado Social y Democrático de Derecho y de Justicia de orden civil y convertirlo en un Estado Socialista, Centralizado, Policial y Militarista, donde se buscaba que desapareciera la democracia representativa, la alternabilidad republicana y toda idea de descentralización del poder, se retrocedía en materia de protección de los derechos humanos, y se concentraba todo el poder en la Jefatura del Estado, desapareciendo la libertad económica y el derecho de propiedad. Ello no era posible hacerlo constitucionalmente con el procedimiento de la "reforma", sino que requería del procedimiento de convocatoria de una Asamblea Nacional Constituyente (Art. 347). Por ello, en sentido similar, como lo reseñó el Tribunal Supremo de Justicia al referirse a un hecho histórico trascendente, ello también ocurrió "con el uso fraudulento de los poderes conferidos por la ley marcial en la Alemania de la Constitución de Weimar, forzando al Parlamento a conceder a los líderes fascistas, en términos de dudosa legitimidad, la plenitud del poder constituyente, otorgando un poder legislativo ilimitado"[1480].

Todo este fraude constitucional que cometió la Asamblea Nacional al sancionar la reforma propuesta por el Presidente de la República, fraude que también cometió el propio Presidente al proponerla y el Consejo Presidencial para la Reforma Constitucional al avalarla, y el Consejo Nacional Electoral al convocar el referendo aprobatorio de la misma, comenzó a evidenciarse no sólo del contenido de los discursos y anuncios oficiales, sino de las propuestas formuladas por el mencionado Consejo (integrado, como se dijo, por los titulares de los demás Poderes Públicos) de cambios radicales respecto de una serie de artículos de la Constitución, y cuya divulgación, a pesar del "pacto de confidencialidad" que había ordenado el Presidente, se efectuó mediante documento en junio de 2007[1481].

1479 Véase Allan R. Brewer-Carías, "El autoritarismo establecido en fraude a la Constitución y a la democracia y su formalización en "Venezuela mediante la reforma constitucional. (De cómo en un país democrático se ha utilizado el sistema eleccionario para minar la democracia y establecer un régimen autoritario de supuesta "dictadura de la democracia" que se pretende regularizar mediante la reforma constitucional)" en el libro *Temas constitucionales. Planteamientos ante una Reforma*, Fundación de Estudios de Derecho Administrativo, FUNEDA, Caracas 2007, pp. 13-74.Véase también, "Constitution Making in Defraudation of the Constitution and Authoritarian Government in Defraudation of Democracy. The Recent Venezuelan Experience", en *Lateinamerika Analysen*, 19, 1/2008, GIGA, Germa Institute of Global and Area Studies, Institute of latin American Studies, Hamburg 2008, pp. 119-142.

1480 Véase la sentencia de la Sala Constitucional del Tribunal Supremo de Justicia Nº 74 de 25-01-2006, en *Revista de Derecho Público,* Nº 105, Editorial Jurídica Venezolana, Caracas 2006, pp. 76 y ss.

1481 El documento circuló en junio de 2007 con el título Consejo Presidencial para la Reforma de la Constitución de la República Bolivariana de Venezuela, "Modificaciones propuestas". El texto completo fue publicado como *Proyecto de Reforma Constitucional. Versión atribuida al Consejo Presidencial para la reforma de la Constitución de la república Bolivariana de Venezuela*, Editorial Atenea, Caracas 01 de julio de 2007, 146 pp. Véase Allan R. Brewer-Carías, *Hacia la consolidación de un Estado Socialista, Centralizado, Policial y Militarista. Comentarios sobre el sentido y alcance de las propuestas de reforma constitucional 2007,* Colección Textos Legislativos, Nº 42, Editorial Jurídica Venezolana, Caracas, 2007, p. 157.

Si bien las propuestas del Consejo, en algunos casos, no fueron acogidas por el Presidente de la República en el "Anteproyecto para la primera reforma constitucional" presentado el 15 de agosto de 2007 ante la Asamblea Nacional[1482], con las mismas ya se mostraba cual era el pensamiento y la intención de los más altos funcionarios del gobierno y del Estado que formaron dicho Consejo, razón por la cual, en definitiva, en su casi totalidad fueron luego consideradas y aprobadas por la Asamblea Nacional e incorporadas en el proyecto de reforma constitucional sancionada. Muchas de ellas eran consecuencia de las propuestas de reforma que formuló el Presidente de la República, pero otras no, y en todo caso, el Presidente, en el documento que éste presentó ante la Asamblea, claramente anunció que lo suyo se trataba de un Anteproyecto para una "primera reforma" constitucional, con lo que se abría la puerta para la incorporación de otras reformas.

En todo caso, con el proyecto de reforma constitucional sancionado por la Asamblea Nacional en Noviembre de 2007, en Venezuela se busca efectuar una radical transformación del Estado y se sentaban las bases para la creación de un nuevo ordenamiento jurídico, para:

Primero, transformar el Estado en un **Estado Socialista,** con una doctrina política oficial de carácter socialista, que se denomina además como "doctrina bolivariana", con lo cual se eliminaba toda posibilidad de pensamiento distinto al oficial y, por tanto, toda disidencia, pues la doctrina política oficial se incorporaba en la Constitución, como política y doctrina del Estado y la Sociedad, constituyendo un deber constitucional de todos los ciudadanos cumplir y hacerla cumplir. Con ello, se sentaban las bases para la criminalización de la disidencia.

Segundo, transformar el Estado en un **Estado Centralizado**, de poder concentrado bajo la ilusión del Poder Popular, lo que implicaba la eliminación definitiva de la forma federal del Estado, imposibilitando la participación política y degradando la democracia representativa; todo ello, mediante la supuesta organización de la población para la participación en los Consejos del Poder Popular, como los Comunales, que son instituciones sin autonomía política alguna, cuyos miembros se declaraba que no eran electos, y que son controlados desde la Jefatura del gobierno y para cuyo funcionamiento, el instrumento preciso era el partido único que el Estado ha tratado de crear durante 2007.

Tercero, transformar el Estado en un **Estado de economía estatista, socialista y centralizada,** propia de un capitalismo de Estado, con lo que se eliminaba la libertad económica y la iniciativa privada, y desaparecía la propiedad privada, que con la reforma hubieran dejado de ser derechos constitucionales, dándosele al Estado la propiedad de los medios de producción, la planificación centralizada y la posibilidad de confiscar bienes de las personas materialmente sin límites, configurándolo como un Estado del cual todo dependía, y a cuya burocracia quedaba sujeta la totalidad de la población. Ello chocaba, sin embargo, con las ideas de libertad y solidaridad social que se proclamaban en la propia Constitución, sentando las bases para que el

1482 Véase *Proyecto de Reforma Constitucional. Elaborado por el ciudadano Presidente de la República Bolivariana de Venezuela, Hugo Chávez Frías* Editorial Atenea, Caracas agosto 2007, 58 pp. En el Anteproyecto presentado por el Presidente de la República a la Asamblea Nacional, se formulan propuestas respecto de los artículos 11, 16, 18, 67, 70, 87, 90, 100, 112, 113, 115, 136, 141, 156, 167, 168, 184, 185, 225, 230, 236, 251, 252, 300, 302, 305, 307, 318, 320, 321, 328 y 329.

Estado sustituyera a la propia sociedad y a las iniciativas particulares, minimizándoselas.

Cuarto, transformar el Estado en un **Estado Policial** (represivo), con la tarea fundamental de someter a toda la población a la doctrina oficial socialista y "bolivariana", y velar que la misma se cumpliera en todos los órdenes, lo que se aseguraba mediante la regulación, con acentuado carácter regresivo y represivo del ejercicio de los derechos civiles en situaciones de excepción, previéndose amplios márgenes de restricción y suspensión.

Quinto, transformar el Estado en un **Estado Militarista**, dado el rol que se le daba a la "Fuerza Armada Bolivariana" en su configuración y funcionamiento, toda sometida al Jefe de Estado, y con la creación del nuevo componente de la Milicia Popular Bolivariana.

En esta forma, siete años después de la sanción de la Constitución de 1999, el mismo Presidente de la República que en aquél momento motorizó la concepción y sanción de aquella, a través de sus seguidores, quienes controlaron totalmente la Asamblea Constituyente; en 2007 había conducido el proceso de cambiar de nuevo la Constitución, esta vez por una Asamblea Nacional también totalmente controlada por sus seguidores, pero con el objeto, en este caso, de transformar radicalmente el sistema político constitucional venezolano, estableciendo un Estado Centralizado del Poder Popular, como Estado Socialista, de economía estatal y centralizada, y como Estado Militarista y Policial de ideología única oficial, lo que se apartaba radicalmente de la concepción del Estado descentralizado, civil, social, democrático y pluralista de derecho y de justicia, y de economía mixta que reguló la Constitución de 1999.

Con las reformas sancionadas por la Asamblea, además, materialmente desaparecía la democracia representativa y las autonomías político territoriales, buscando sustituírsela por un esquema estatal centralizado supuestamente montado sobre una democracia "participativa y protagónica" que estaba controlada total y centralizadamente desde arriba, por el Jefe de Estado, en la cual quedaba proscrita toda forma de descentralización política y autonomía territorial, y que a la vez, restringía los mecanismos de participación política que estaban directamente regulados en la Constitución, como son los referendos y la participación de la sociedad civil en los Comité de Postulaciones de altos funcionarios.

Como se ha dicho, las reformas sancionadas tuvieron su origen directo en el "*Anteproyecto para la 1era. Reforma Constitucional, Propuesta del Presidente Hugo Chávez*", que presentó ante la Asamblea Nacional el 15 de agosto de 2007, y en las "Propuestas de Reforma Constitucional" formuladas en junio de 2007 por la Comisión Presidencial para la Reforma Constitucional[1483], de cuyo contenido se evidencia

1483 En este sentido llama la atención lo afirmado el 17-08-2007 por la Presidenta del Tribunal Supremo de Justicia, Presidenta de la Sala Constitucional y miembro del Consejo Presidencial para la Reforma Constitucional en el sentido de que, según reseñó Juan Francisco Alonso: "los diputados de la Asamblea Nacional no están facultados para realizar ninguna modificación distinta a las 33 que planteó el jefe del Estado, salvo que alguno de los cambios contenidos en el proyecto de reforma altere otras normas. "La reforma fue planteada por el Presidente, por lo tanto es lo que presentó el Presidente lo que debe ser estudiado (...) Si (algún artículo) tuviese conexión con los que se van a reformar, entonces por técnica legislativa deberían adecuarse, porque no puede haber artículos contradictorios", afirmó, al ser consultada sola magnitud del fraude constitucional que se buscaba cometer, utilizándose, para engañar al pueblo, un procedimiento inadecuado para hacer unas reformas sustanciales que afectaban casi todo el texto constitucional. Por la trascendencia de los cambios efectuados, como se ha dicho, se debió haber recurrido al procedimiento de la convocatoria de una Asamblea Nacional Constituyente y no al procedimiento de "reforma constitucional". Al hacerlo, tanto el Presidente como su Consejo Presidencial -integrado, entre otros por la propia Presidenta del Tribunal Supremo y por el propio Defensor del Pueblo- comenzaron el proceso de reforma violando la Constitución[1484], en fraude a la misma, tarea que completó la Asamblea Nacional en noviembre de 2007.

Afortunadamente, el pueblo, consultado en referendo el 2 de diciembre de 2007, rechazó la reforma propuesta, la cual por tanto no se pudo materializar. [1485] Pero en

---

bre la posibilidad de que el Parlamento cambie alguna de las normas referidas a la estructura y funcionamiento del Poder Judicial". Véase en *El Universal*, 18-08-07.

1484 Ello incluso fue advertido de inmediato por el Rector del Consejo Nacional Electoral, Sr. Vicente Díaz, quien el día 16-08-2007 indicó "que la propuesta presidencial para reformar el texto constitucional modifica las disposiciones fundamentales y por ello sería necesario convocar una Asamblea Constituyente para su aprobación". Véase en *Unión Radio, 16 de agosto de 2007*, http://www.unionradio.com.ve/Noticias/Noticia.aspx?noticiaid=212503. El inicio del procedimiento de reforma ante la Asamblea Nacional, por tanto, podría ser impugnado ante la Jurisdicción Constitucional, por inconstitucionalidad. Sin embargo, el día 17-08-2007, adelantándose a cualquier impugnación y emitiendo opinión impunemente, prejuzgando cualquier asunto, la Presidenta del Tribunal Supremo de Justicia, Presidenta de la Sala Constitucional (es decir de la Jurisdicción Constitucional) y miembro del Consejo Presidencial para la Reforma Constitucional, "dejó en claro que la Sala Constitucional no tramitará ninguna acción relacionada con las modificaciones al texto fundamental, hasta tanto éstas no hayan sido aprobadas por los ciudadanos en el referendo. "Cualquier acción debe ser presentada después del referendo cuando la reforma ya sea norma, porque no podemos interpretar una tentativa de norma. Después de que el proyecto sea una norma podríamos entrar a interpretarla y a conocer las acciones de nulidad", precisó". Reseña del periodista Juan Francisco Alonso, en *El Universal*, Caracas 18-08-07. Luego de varias solicitudes de recursos de interpretación sobre el artículo 342 de la Constitución, la misma Presidenta de la Sala Constitucional se reservó la elaboración de las ponencias de las sentencias, y con motivo de su recusación que efectuaron los peticionantes por estar comprometida su imparcialidad en la materia al haber formado parte de la Comisión Presidencial para la Reforma Constitucional, en decisión de 01-11-07, el magistrado J.E. Cabrera de la misma Sala, decidió que de la lectura del Decreto de creación del Consejo de Reforma (art. 5), "se desprende que la Secretaria Ejecutiva, cumplía funciones administrativas y no de redacción, corredacción, o ponencia sobre el contenido de un anteproyecto de reforma constitucional; por lo que la Dra. Luisa Estella Morales Lamuño no es -necesaria-mente- promovente del "Proyecto de Reforma Constitucional" que ha presentado el Presidente de la República, y los recusantes no señalan cuál aporte de la Secretaria Ejecutiva fue incorporado al Proyecto de Reforma, ni siquiera alguno que haga presumir la intervención de la Dra. Morales"; agregando que "Además, por ser parte del Consejo Presidencial, la Secretaria Ejecutiva no está dando ninguna recomendación sobre el juicio de nulidad de que trata esta causa, ya que nada ha manifestado en ese sentido, ni se le imputa declaración alguna de su parte que adelante opinión sobre la inconstitucionalidad denunciada en esta causa". Véase también, la Reseña periodística de JFA, *El Universal*, Caracas 2-11-07.

1485 Tomando en cuenta los resultados anunciados por el Consejo Nacional Electoral en día 2 de diciembre en la noche, de un universo de más de 16.109.664 de electores inscritos, sólo acudieron a votar 9.002.439 votantes, lo que significó un 44.11% de abstención; y de los electores que votaron, votaron por rechazar la reforma (voto NO) por el Bloque de artículos marcado A, 4.504.354 de votantes, con 50.70% y por el Bloque de artículos marcado B, 4.522.332 de votantes, con 51.05%. Es decir, sólo votaron por aprobar la reforma (voto SÍ), por el bloque A 4 379 392 votantes, con 49.29%; y por el bloque B 4.335.136 votantes con 48.94%. Ello equivale a que sólo el 28% del universo de los electores inscritos en el Registro Electoral votaron por aprobar la reforma constitucional. En dicho referendo, por tanto, en realidad, no fue que "triunfó" el voto NO por poco margen, como aludió el Presidente de la República, Hugo Chávez, sino que lo que ocurrió fue que su propuesta de reforma fue rechazada por el 72% de los realidad, de haber funcionado los mecanismos institucionales para la protección del Estado de derecho, el referendo convocado para el 2 de diciembre de 2007 hubiera podido detenerse por la Sala Constitucional del Tribunal Supremo de Justicia, como supremo guardián de la Constitución. La Sala, sin embargo, renunció a cumplir su obligación y se negó sistemáticamente a controlar la constitucionalidad del procedimiento de reforma constitucional.

IV. LA RENUNCIA POR PARTE DEL JUEZ CONSTITUCIONAL A CONTROLAR EL FRAUDE A LA CONSTITUCIÓN PERPETRADO CON LA REFORMA CONSTITUCIONAL DE 2007

En efecto, desde el momento en que la Constitución estableció detalladamente los procedimientos para la revisión de la Constitución, los mismos son obligatorios y debían ser respetados por los órganos constituidos del Estado. De esas previsiones se deriva el derecho ciudadano a que los procedimientos constitucionales se respeten como parte del derecho a la supremacía de la Constitución, de manera que toda violación de esos procedimientos es inconstitucional y atentatoria del derecho ciudadano a esa supremacía, y tiene que ser controlada por el juez constitucional.

Ello, sin embargo, fue desconocido por la Jurisdicción Constitucional en Venezuela, en particular, al decidir varias acciones de amparo constitucional que se ejercieron contra los actos estatales adoptados en sus diversas fases durante el procedimiento de reforma constitucional de 2007 inconstitucionalmente desarrollado: por el Presidente de la República, quien tuvo la iniciativa, por la Asamblea Nacional que discutió y sancionó el proyecto de reforma, y por el Consejo Nacional Electoral, que convocó a referendo aprobatorio el proyecto inconstitucionalmente sancionado. En todas y cada una de las sentencias que resolvieron las acciones intentadas,[1486] la Sala Constitucional desconoció el derecho ciudadano a la supremacía constitucional y a la tutela judicial efectiva, y fue declarando inadmisibles o que no había lugar a ellas, considerando, por una parte, que no había legitimación alguna de parte de los recurrentes para intentar las acciones, y por la otra, con el absurdo argumento de que los actos estatales dictados en el procedimiento de reforma constitucional (la presentación del proyecto y la sanción de la Asamblea Nacional) no eran actos que producían efectos jurídicos externos, ni podían causar gravamen a los derechos de los ciudadanos, concluyendo que solamente hubieran podido ser impugnados cuando concluyera el procedimiento con el referendo aprobatorio de la reforma, y la reforma hubiera sido aprobada.

La primera decisión en esta materia, se adoptó por la Sala Constitucional mediante sentencia N° 1974 de 23 de octubre de 2007, (Ponencia Luisa Estella Morales) en el *Caso José Ignacio Guédez Yépez*, en una acción de amparo constitucional que había sido intentada antes de que la reforma constitucional fuera sancionada por

electores inscritos, quienes, o votaron por el NO (50.7%), o simplemente no acudieron a votar para pronunciarse por la reforma.

1486 Véase el estudio de dichas sentencias en Allan R. Brewer-Carías, "El juez constitucional vs. la supremacía constitucional. O de cómo la Jurisdicción Constitucional en Venezuela renunció a controlar la constitucionalidad del procedimiento seguido para la "reforma constitucional" sancionada por la Asamblea Nacional el 2 de noviembre de 2007, antes de que fuera rechazada por el pueblo en el referendo del 2 de diciembre de 2007", en *Revista de Derecho Público*, N° 112, Editorial Jurídica Venezolana, Caracas, 2007, pp. 661-694.

la Asamblea Nacional, ejercida por un ciudadano en su propio nombre y en protección de derechos difusos y colectivos, contra la Asamblea Nacional por la amenaza de violación del derecho constitucional difuso correspondiente "a la alternabilidad democrática del poder" consagrado en el artículo 6 de la Constitución, por la eventual aprobación por la Asamblea Nacional, del proyecto de Reforma constitucional que le había presentado el Presidente de la República.

La Sala declaró **inadmisible** la acción, argumentando que el accionante:

> "no sólo no señaló de qué forma se verían afectados los intereses de la sociedad - o de alguna porción definida de la misma-, sino que al contrario de los planteamientos formulados por el accionante en torno a la interpretación y materialización del principio del alternabilidad, es preciso reiterar que la reelección en nuestro ordenamiento no supone un cambio de régimen o forma del Estado, y muy por el contrario, reafirma y fortalece los mecanismos de participación dentro del Estado Democrático, Social de Derecho y Justicia, que estableció el Constituyente en 1999 (*Cfr.* Sentencia de la Sala N° 1.488 del 28 de julio de 2006)"[1487].

La Sala estimó, entonces, que la acción intentada "no corresponde a derechos o intereses difusos, sino a un interés particular del accionante de limitar el ámbito de la reforma constitucional propuesta", razón por la cual estimó que el presunto agraviado **carecía de legitimación** procesal para intentar una acción de amparo en tutela de derechos o intereses difusos o colectivos".

Por otra parte, en cuanto a la posibilidad de admitir una acción de amparo contra las amenazas a los derechos del accionante, la Sala, reiterando su jurisprudencia sobre que la necesidad de que la amenaza sea "inminente, factible y practicable por la persona a quien se le imputa el acto, hecho u omisión que se señala como lesiva", señaló que en el caso concreto de la acción de amparo contra la presunta amenaza que se derivaba de la posible sanción, en ese momento, del proyecto de reforma constitucional por la Asamblea Nacional, que esta sólo era un órgano que participaba en el proceso de reforma constitucional "pero en el marco del mismo, sólo corresponde al pueblo mediante referendo", concluyendo entonces señalando que "el presunto agraviado no puede pretender la materialización de una lesión constitucional, de un hecho futuro o incierto como lo es la eventual aprobación por parte de la Asamblea Nacional y consecuentemente del correspondiente referendo aprobatorio del texto de reforma constitucional"; y que "para que la supuesta amenaza se concrete y, en consecuencia, surta algún efecto jurídico, es necesario la verificación de un conjunto de circunstancias hipotéticas para que se materialice lo que a decir del accionante, constituye una amenaza de lesión constitucional"[1488].

Posteriormente, mediante sentencia N° 2042 (Ponencia de Francisco A. Carrasquero), dictada en el Caso *Néstor Luís Romero* de 2 de noviembre de 2007, es decir, el mismo día en el cual la Asamblea Nacional sancionó el proyecto de reforma constitucional, la Sala Constitucional decidió una acción de amparo también intentada contra la amenaza de lesión de los derechos constitucionales del accionante derivados de los artículos 342 y siguientes de la Constitución, por parte del Presidente de

---

1487 Véase Sentencia del Tribunal Supremo de Justicia en Sala Constitucional N° 1974 de 23 de octubre de 2007, Caso *José Ignacio Guedez Yépez* en http://www.tsj.gov.ve/decisiones/scon/Octubre/1974-231007-07-1055.htm

1488 *Ibídem*

la República y la Asamblea Nacional al pretender tramitar como reforma constitucional un proyecto que contenía modificaciones a la estructura y principios fundamentales del Estado, violando la Constitución. La acción había sido intentada específicamente contra el Presidente de la República, por haber presentado el proyecto, y contra la Asamblea Nacional, por haberlo admitido para su discusión. En este caso, la Sala Constitucional también declaró inadmisible la acción, pero en este caso por falta de legitimación del recurrente, considerando que al intentar la acción, el mismo "no señaló, ni se evidencia de autos, de qué manera las actuaciones denunciadas como lesivas son susceptibles de vulnerar sus derechos constitucionales."[1489]

Para decidir, la Sala recordó el "carácter personalísimo" de la acción de amparo, "de modo que sólo puede ser incoada por el afectado inmediato de la infracción constitucional, dejando a salvo supuestos especiales, como los reclamos efectuados en protección de los derechos colectivos o difusos, que nacen del reconocimiento de esta esfera de derechos por parte del artículo 26 de la Constitución, o el caso del amparo a la libertad y la seguridad personal, en el que cualquier persona está legitimada para intentarlo". En el caso concreto, por tanto, la Sala concluyó que: "el accionante no señaló cuál es la situación jurídica subjetiva lesionada o amenazada por las actuaciones que denunció como lesivas" siendo que "la denuncia planteada está referida a la supuesta amenaza de infracción constitucional producida por la inclusión en el contenido del Proyecto de Reforma presentado ante la Asamblea Nacional por iniciativa del Presidente de la República, de normas que, en opinión del accionante, modifican la estructura y principios fundamentales del Texto Constitucional, en contravención a los límites establecidos en el artículo 342 de la Constitución vigente". Sin embargo, decidió la Sala que el accionante "no expuso de qué forma su situación jurídica personal se vería afectada por las actuaciones denunciadas, ya que sólo se limitó a señalar la presunta inconstitucionalidad del aludido proyecto de reforma"[1490].

Para afirmar esto, la Sala desconoció el derecho ciudadano a la supremacía constitucional, afirmando que del artículo 342 de la Constitución que regula el procedimiento de reforma constitucional, "no consagra derechos, garantías o libertades de carácter individual" ni "establece derechos difusos, ya que la misma no prevé una prestación genérica o indeterminada en cuanto a sus posibles beneficiarios, en los términos establecidos por la doctrina de esta Sala." Por último, la Sala consideró que la acción de amparo interpuesta no podía tampoco "ser considerada como ejercido en protección de derechos colectivos, ya que se ejerció en nombre propio y no en nombre de un sector poblacional determinado e identificable." [1491]

Con base en estos argumentos declaró la inadmisibilidad de la acción de amparo interpuesta, contrariando doctrina de la propia Sala, como la sentada en sentencia que suspendió las elecciones generales de mayo de 2000, que benefició "tanto para

---

1489 Véase sentencia del Tribunal Supremo de Justicia en Sala Constitucional N° 2042 del 2 de Noviembre de 2007, Caso *Néstor Luis Romero Méndez* en http://www.tsj.gov.ve/decisiones/scon/Noviembre/2042-021107-07-1374.htm.

1490 *Ibídem.*

1491 *Ibídem*

las personas naturales y organizaciones que han solicitado la protección de amparo constitucional como para todos los electores en su conjunto"[1492].

A la anterior decisión N° 2042 -Caso *Néstor Luis Romero*- le siguió la sentencia de la misma Sala Constitucional N° 2191 de 22 de noviembre de 2007 (Ponente Marcos Tulio Dugarte), dictada en el Caso *Yvett Lugo Urbaéz* con motivo de la acción de amparo intentada, en esta oportunidad contra el acto sancionatorio de la reforma constitucional adoptado por la Asamblea Nacional el 2 de noviembre de 2007 y la convocatoria a referendo efectuada por el Consejo Nacional Electoral, porque dichos actos constituían una subversión del trámite procedimental para la modificación de la Constitución, pues el procedimiento de reforma constitucional no podía utilizarse para alterar la estructura y principios fundamentales de la Constitución Nacional.

En este caso, la Sala decidió que "**no ha lugar a la acción**", pues los actos impugnados supuestamente no causaban gravámenes susceptibles de control. Para llegar a esta conclusión, la Sala, citando dos previas decisiones de 7 de noviembre de 2007 (N° 2108, Caso *Jorge Paz Nava y otros*)[1493] y de 13 de noviembre de 2007 (N° 2147, caso *Rafael Ángel Briceño*)[1494], reiteró su criterio de que "la reforma constitucional es un proceso complejo conformado por la concreción de múltiples factores para asegurar la legitimidad institucional y democrática del cambio"[1495], el cual "se configura en etapas sucesivas en la que interactúan autoridades públicas (Presidente de la República), órganos del Estado (Asamblea Nacional y Consejo Nacional Electoral) y el pueblo, que en definitiva ostenta el poder para aprobar y validar mediante el voto la reforma propuesta."[1496] Con base en ello, la Sala consideró que "las etapas tempranas o de formación del proyecto de reforma constitucional no causan gravamen alguno porque no exteriorizan sus efectos y, por lo tanto, no son susceptibles de control jurisdiccional"[1497], de manera que "sólo será el desenvolvimiento de ese proceso el que determine la posibilidad de control de un acto que, sin exteriorizar sus efectos, puede ser objeto de control"[1498].

Es decir, conforme al criterio de la Sala, debía esperarse la aprobación de la reforma mediante referendo para poder juzgar su constitucionalidad, pues supuestamente los actos estatales de las diversas fases del procedimiento no producen efectos jurídicos externos. Para llegar a esta conclusión, la Sala afirmó que

---

1492 Véase sentencia de la Sala Constitucional N° 483 de 29-05-2000, Caso: *"Queremos Elegir" y otros*, en *Revista de Derecho Público*, N° 82, Caracas, 2000, Editorial Jurídica Venezolana, pp. 489-491.

1493 Véase la sentencia del Tribunal Supremo de Justicia en Sala Constitucional N° 2108 del 7 de Noviembre de 2007, Caso *Jorge Paz Nava y otros* en http://www.tsj.gov.ve/decisiones/scon/Noviembre/2108-071107-07-1484.htm

1494 Véase sentencia del Tribunal Supremo de Justicia en Sala Constitucional N° 2147 de 13 de Noviembre de 2007, Caso *Rafael Ángel Briceño*, en http://www.tsj.gov.ve/decisiones/scon/Noviembre/2147-131107-07-1476.htm

1495 Véase sentencia del Tribunal Supremo de Justicia en Sala Constitucional N° 2191 del 22 de Noviembre de 2007, Caso *Yvett Lugo Urbaéz* en http://www.tsj.gov.ve/decisiones/scon/Noviembre/2191-221107-07-1605.htm. Criterio reiterado también en las sentencias 2108/2007; 2147/2007 y 2189/2007 de esta misma sala.

1496 *Ibídem.*

1497 *Ibídem.*

1498 *Ibídem.*

"el acto de la Asamblea Nacional sancionado el 2 de noviembre de 2007 contentivo de la "Reforma de la Constitución de la República Bolivariana de Venezuela" no es un acto normativo, por cuanto al no adquirir eficacia no produce efectos jurídicos externos, esto es, no afecta relaciones jurídicas abstractas o concretas, por lo que mal puede lesionar o amenazar derecho constitucional alguno ya que no posee carácter obligatorio y, por tanto, no puede órgano del Estado alguno o particular darle ejecución".[1499]

Luego, analizando el procedimiento de reforma constitucional como si fuera equivalente al de formación de las leyes, concluyó la Sala señalando que en Venezuela no hay control previo de constitucionalidad sobre los proyectos de leyes, declarando entonces que no se puede impugnar en forma previa el acto sancionado por la Asamblea Nacional, declarando en consecuencia que "**no ha lugar a la acción**"[1500].

Se observa, con esta decisión, que la Sala no fue que declaró "inadmisible" la acción, sino que con la misma, en realidad, **lo** que hizo fue negar el derecho ciudadano de acceso a la justicia y a la tutela judicial efectiva consagrados en la Constitución (Art. 26), al "inventar" la Sala un tipo de "decisión" no prevista en la Ley que rige sus funciones, de que "**no ha lugar a la acción**" que equivale a decidir, que el ciudadano en ese caso, no tiene derecho de acceder a la justicia. Ello es la negación misma del Estado de derecho.

Por otra parte, en cuanto a la acción de amparo ejercida contra el acto del Consejo Nacional Electoral convocando el referendo, la Sala lo declaró **inadmisible** porque dicho acto sólo se podía impugnar mediante acción de inconstitucionalidad por supuestamente tratarse de actos de ejecución directa de la Constitución, con lo cual, de otro plumazo, la Sala Constitucional renunció a proteger la Constitución, se negó a reconocer la existencia del derecho ciudadano a la supremacía constitucional, y negó la posibilidad de la acción de amparo contra actos del Consejo Nacional Electoral en contra del principio de la universalidad del amparo de otrora arraigada raíz en la jurisprudencia, expresada en la sentencia de la antigua Corte Suprema de Justicia, de 31 de enero de 1991 (Caso *Anselmo Natale)*, en la famosa frase de que "no puede existir ningún acto estatal que no sea susceptible de ser revisado por vía de amparo".[1501]

La comentada sentencia N° 2191[1502], se dictó en paralelo con la sentencia N° 2193 del mismo día 22 de noviembre de 2007 (Ponente: Carmen Zuleta de Merchán), dictada en el Caso *Luis Hueck Henríquez*[1503], con motivo de la interposición de una acción de amparo constitucional también contra los actos de la Asam-

---

1499 *Ibídem*

1500 *Ibídem*

1501 Citada por la sentencia de la Sala Político Administrativa de la misma antigua Corte Suprema de 24 de mayo de 1993, en *Revista de Derecho Público,* N° 55-56, Editorial Jurídica Venezolana, Caracas 1993, pp. 284-285.

1502 Véase sentencia del Tribunal Supremo de Justicia en Sala Constitucional N° 2191 del 22 de Noviembre de 2007, Caso *Yvett Lugo Urbaéz* en http://www.tsj.gov.ve/decisiones/scon/Noviembre/2191-221107-07-1605.htm.

1503 Véase sentencia del Tribunal Supremo de Justicia en Sala Constitucional N° 2193 del 22 de Noviembre de 2007, Caso *Luis Hueck Henríquez* en http://www.tsj.gov.ve/decisiones/scon/Noviembre/2193-221107-07-1641.htm

blea Nacional y contra el Consejo Nacional Electoral mediante los cuales se aprobó el texto definitivo de la Reforma Constitucional y se convocó al referendo a que alude el artículo 346 de la Constitución, a cuyo efecto el recurrente adujo actuar "en nombre de los intereses colectivos y difusos de los inscritos en el Registro Electoral Permanente"[1504].

Esta acción también fue declarada **inadmisible**, para lo cual la Sala estimó que en el caso concreto, no estaban presentes "aspectos que caracterizan a este tipo de derechos o intereses, y a los cuales se ha referido esta Sala en distintas oportunidades (entre otras, en sentencia del 18 de febrero de 2003, recaída en el Caso: *César Pérez Vivas*) como lo son que los hechos en que se funde la acción sean genéricos y que la prestación requerida sea indeterminada"[1505], constatando que la acción intentada no perseguía "la protección de la calidad de vida de un grupo determinado o indeterminable de ciudadanos, sino que, en la forma en la cual fue planteada dicha pretensión, persigue un pronunciamiento jurisdiccional de esta Sala tendiente a restringir o anular dos actos dictados por órganos que ejercen el Poder Público en los términos previstos en el artículo 343 y 346 de la Constitución"[1506]. De ello concluyó la Sala, señalando que "la pretensión de la parte accionante escapa del carácter protector de la calidad de vida que involucra la tutela de los derechos difusos, por cuanto no se persigue la protección de un bien común"[1507].

En el caso concreto, además, la Sala señaló que "la lesión constitucional se le atribuye a un proyecto de reforma aprobado por la Asamblea Nacional y que será sometido a referendo próximamente", lo que supuestamente "quiere decir que la efectividad del texto definitivo **aún no se ha verificado** y, por lo tanto, no se cumple con el requisito de la inmediatez de la lesión"[1508], razón por la cual declaró la inadmisibilidad de la acción.

En otra sentencia N° 2198 de 23 de noviembre de 2007 (Ponente: Arcadio Delgado Rosales), Caso *Moisés Troconis Villarreal*[1509], la misma Sala Constitucional también declaró **inadmisible** otra acción de amparo intentada, esta vez por quien había sido un magistrado del Tribunal Supremo, intentada contra la sanción de la reforma constitucional por la Asamblea Nacional, alegando violación al "derecho fundamental a la Constitución de la República, a su integridad y a su revisión", en particular, "del derecho y de la garantía constitucionales consagrados en los artículos 334, primer párrafo y 342, primer párrafo, de la Constitución de la República". Para tal fin, la Sala consideró que no evidenciaba "que las precitadas normas consagren derechos, garantías o libertades de carácter individual o de naturaleza colectiva o difusa", sino más bien "estas disposiciones consagran competencias a ser ejercidas por el Poder Público"; decidiendo, en definitiva que "no contempla derechos" y que "al no advertirse en dichas normas ningún derecho o garantía, sino competencias y

---

1504 *Ibídem*

1505 *Ibídem*

1506 *Ibídem*

1507 *Ibídem*

1508 *Ibídem*

1509 Véase la sentencia del Tribunal Supremo de Justicia en Sala Constitucional, N° 2198 de 23 de Noviembre de 2007, Caso *Moisés Troconis Villareal* en http://www.tsj.gov.ve/decisiones/scon/Noviembre/2198-231107-07-1645.htm

atribuciones a ser ejercidas por lo poderes públicos, esta Sala considera que en las aludidas disposiciones no existen derechos a ser tutelados."[1510]

Por ello la Sala concluyó, en el caso concreto, que no había evidenciado del escrito del accionante "cómo las actuaciones denunciadas como lesivas son susceptibles de vulnerar sus derechos o garantías constitucionales", decidiendo también que carecía "de legitimación activa para incoar la acción de amparo".[1511] Desconoció, así, la Sala Constitucional, de nuevo, el derecho ciudadano a la supremacía constitucional.

La Sala Constitucional, en efecto, al declarar la inadmisibilidad de estas acciones de amparo constitucional, en definitiva, lo que consideró fue que la norma del artículo 342 supuestamente no contenía derecho constitucional alguno, concluyendo como lo dijo en la antes citada sentencia N° 2042 (Caso *Néstor Luis Romero*) de 2 de noviembre de 2007, que el accionante "no tiene legitimación activa alguna para incoar la presente acción de amparo constitucional, por cuanto no señaló, ni se evidencia de autos, de qué manera las actuaciones denunciadas como lesivas son susceptibles de vulnerar sus derechos constitucionales", por lo cual declaró inadmisible la acción de conformidad con lo dispuesto en el artículo 19,5, de la Ley Orgánica del Tribunal Supremo de Justicia, "por la falta de legitimación del accionante".

El magistrado Pedro Rafael Rondón Haaz, en cambio, en dicha sentencia N° 2042 salvó su Voto por considerar básicamente que, al contrario, la norma del artículo 342:

> "entraña un evidente derecho de rango constitucional y alcance general para todos los ciudadanos, en el sentido de que, sólo por su condición de tales, en cuanto suscriptores del pacto social que es, en definitiva, una Constitución, que determina la directa afectación de su esfera jurídica constitucional cuando dicho pacto es alterado, lo cual les proporciona legitimación para la defensa de dicha esfera jurídica y título jurídico suficiente para exigir a los destinatarios directos de la norma (la Asamblea Nacional -mediante acuerdo aprobado por el voto de la mayoría de sus integrantes-, el Presidente o Presidenta de la República en Consejo de Ministros; o un número no menor del quince por ciento de los electores inscritos y electoras inscritas en el Registro Civil y Electoral, que son quienes tienen iniciativa para solicitarla), como conducta determinada de la cual es acreedor aquél, el estricto cumplimiento o apego a ella. En el peor de los casos, se trataría, en términos análogos, de un interés -por oposición a derecho propiamente dicho- igualmente legitimador."[1512]

El Magistrado salvante del voto ratificó entonces su criterio de que no cabe duda de que:

> "el artículo 342 entraña un derecho de todos -como miembros de la sociedad suscriptora del pacto social- a que la reforma constitucional proceda -y solo proceda- para "*una revisión parcial de esta Constitución y la sustitución de una o varias de sus normas que no modifiquen la estructura y principios fundamentales del Texto Constitucional*", de manera que, cuando el demandante alegó la supuesta vulnera-

1510 *Ibidem*

1511 *Ibidem*

1512 Véase sentencia del Tribunal Supremo de Justicia en Sala Constitucional N° 2042 de 2 de Noviembre de 2007, Caso *Néstor Luis Romero Méndez* en http://www.tsj.gov.ve/decisiones/scon/Noviembre/2042-021107-07-1374.htm.

ción de esta norma ante una eventual reforma constitucional que incluya modificaciones en la estructura y principios fundamentales del Estado, está, ciertamente, haciendo referencia a la supuesta lesión a derechos constitucionales difusos, los cuales tienen expresa protección constitucional según dispone el artículo 26 de la Constitución de la República Bolivariana de Venezuela." [1513]

En la misma orientación restrictiva de las anteriores sentencias, la Sala Constitucional mediante sentencia N° 2211 (Ponente: Arcadio Delgado Rosales) de 29 de noviembre de 2007, Caso *Claudia Nikken y Flavia Pesci Feltri*[1514], también declaró la **inadmisibilidad** de la acción de amparo que estas ciudadanas habían interpuesto en nombre propio como abogadas integrantes del sistema de justicia y asumiendo "la representación del Pueblo de Venezuela" contra el Presidente de la República, la Asamblea Nacional y el Consejo Nacional Electoral, con fundamento en los artículos 26, 27 y 333 de la Constitución, con la finalidad de que se proteja el derecho del pueblo de Venezuela al reconocimiento de su soberanía, que consideraron violado al rebasar dichos órganos los límites sustanciales de su competencia al darle curso a la reforma constitucional.

En este caso, la inadmisibilidad de la acción fue declarada por la Sala, por inepta acumulación de dos acciones que la Sala estimó como no acumulables, que eran la referida en el artículo 26, que es la acción de tutela de intereses colectivos o difusos, y la referida en el artículo 27, que es la acción de amparo. Sin embargo, ello no impidió que la Sala en forma expresa, desconociera el carácter de derecho constitucional del "*derecho del pueblo de Venezuela al reconocimiento de su soberanía*", el cual estimó que en '*sensu stricto*' **no es un derecho** (no está incluido como tal en el Título III de la Constitución), sino un principio contemplado expresamente en el Título I, artículo 5 de la Carta Fundamental," decisión con la cual el juez constitucional redujo la categoría de derechos constitucionales a los incluidos en el Titulo III de la Constitución, y desconociendo tal condición a los otros derechos fundamentales derivados de la organización del Estado, como el derecho a la democracia, el derecho al control del poder, el derecho a la supremacía constitucional y el derecho al reconocimiento de la soberanía popular.

En todo caso, la actitud de la Sala Constitucional del Tribunal Supremo en 2007 al renunciar a ejercer su rol de guardián de la Constitución, no es de extrañar. El día 17 de agosto de 2007, sólo dos días después de que el Presidente de la República había presentado su Anteproyecto de reforma constitucional ante la Asamblea Nacional para inconstitucionalmente y en fraude a la Constitución iniciar el procedimiento de "reforma constitucional", la Presidenta de la Sala Constitucional del Tribunal Supremo (es decir, de la Jurisdicción Constitucional) y del propio Tribunal Supremo, quien a la vez era miembro del Consejo Presidencial para la Reforma Constitucional, adelantándose a cualquier posible y previsible impugnación por inconstitucionalidad de la iniciativa presidencial y del trámite parlamentario, y emitiendo opinión impunemente, prejuzgando cualquier asunto, dijo lo siguiente conforme se reseñó en la prensa:

1513 *Ibídem*

1514 Véase Sentencia del Tribunal Supremo de Justicia en Sala Constitucional N° 2211 de 29-11-2007, *Caso Claudia Nikken y Flavia Pesci Feltri*, en http://www.tsj.gov.ve/decisiones/scon/Noviembre/2211-291107-07-1617.htm

> "dejó en claro que la Sala Constitucional no tramitará ninguna acción relacionada con las modificaciones al texto fundamental, hasta tanto éstas no hayan sido aprobadas por los ciudadanos en el referendo. "Cualquier acción debe ser presentada después del referendo cuando la reforma ya sea norma, porque no podemos interpretar una tentativa de norma. Después de que el proyecto sea una norma podríamos entrar a interpretarla y a conocer las acciones de nulidad".[1515]

Y eso fue, precisamente, lo que decidió la Sala Constitucional en su sentencia N° 2189 de Noviembre de 2007 (Caso *Confederación de Profesionales Universitarios de Venezuela (CONFEPUV)* y otros), (Ponente: Arcadio Delgado Rosales), en la cual participó la Magistrado Presidenta, pues no se inhibió como hubiera correspondido en un Estado de derecho al haber adelantado públicamente opinión sobre lo decidido comprometiendo su imparcialidad[1516], declarando como "**improponible**" una acción de inconstitucionalidad contra el acto de la Asamblea Nacional que había sancionado la reforma constitucional.[1517].

Al contrario, la inconstitucionalidad en el procedimiento de revisión constitucionalidad debía ser controlada por la Jurisdicción Constitucional que ejerce la Sala Constitucional, en sus fases, desde la iniciativa, la sanción por la Asamblea y la convocatoria de referendo, para lo cual tenía y tiene competencia al tratarse de acciones de nulidad de dichos actos estatales contrarios a la Constitución.

Lamentablemente ello no lo entendió así la Sala Constitucional, y sucesivamente, en diversas sentencias dictadas con motivo de variadas acciones de inconstitucionalidad intentadas contra los diversos actos estatales de las diversas fases del procedimiento de reforma constitucional, las fue sucesiva y sistemáticamente declarando como "**improponibles**", es decir, **negó incluso el derecho ciudadano acceder a la justicia y a obtener tutela judicial**.

En efecto, en sentencia N° 2108 de 7 de noviembre de 2007 (Ponente: Francisco Carrasqueño), dictada en el Caso *Jorge Paz y otros* con motivo de decidir una acción popular de inconstitucionalidad contra los actos ejecutados por el Presidente de la República el 15 de agosto de 2007; los actos del Ministro del Poder Popular del Despacho de la Presidencia; los actos de la Asamblea Nacional y de la Comisión Mixta, todos relacionados con el proyecto de reforma de la Constitución que por iniciativa del Presidente de la República tramitaba la Asamblea Nacional, la Sala la declaró la acción como "**improponible**", "inventando" así una nueva categoría de decisiones de la Jurisdicción Constitucional, distinta a la inadmisibilidad, o a declarar sin lugar la acción, consistente en **la negación del derecho ciudadano de accionar**, es decir, de acceso a la justicia y a una tutela judicial efectiva que consagra el artículo 26 de la Constitución. Eso, y no otra cosa, es esto de declarar como "**improponible**" una acción.

1515 Reseña del periodista Juan Francisco Alonso, en *El Universal*, Caracas 18-08-07.

1516 Conforme al artículo 8 del Código de Ética del Juez, "La imparcialidad constituye supuesto indispensable para la correcta administración de justicia, y por ello el magistrado...juez... que se hallare incurso en alguna causal de inhibición o recusación o viere comprometida su imparcialidad por alguna circunstancia previa o sobreviniente al proceso del cual deba conocer, debe separarse inmediatamente del mismo sin esperar a que se le recuse."

1517 Véase la sentencia del Tribunal Supremo de Justicia en Sala Constitucional N° 2189 de 22 de Noviembre de 2007, Caso *Confederación de Profesionales Universitarios de Venezuela (CONFEPUV) y otros*, en http://www.tsj.gov.ve/decisiones/scon/Noviembre/2189-221107-07-1596.htm.

QUINTA PARTE:

LOS RECHAZADOS CAMBIOS CONSTITUCIONALES QUE SE HABÍAN PROPUESTO EN 2007 Y SU INCONSTITUCIONAL IMPLEMENTACIÓN

Como se ha dicho, la fraudulenta "reforma constitucional" de 2007 fue rechazada por votación popular en el referendo que tuvo lugar el 2 de diciembre de 2007.[1518]

Es de importancia, sin embargo, analizar las rechazadas reformas,[1519] no sólo para apreciar cuál era la magnitud del cambio institucional que se pretendía así como las intenciones del régimen, sino lo peor, cómo se ha venido cometiendo otro fraude a la Constitución mediante la implementación, en forma ilegítima e inconstitucional, de muchas de dichas rechazadas reformas, mediante leyes y decretos leyes e, incluso, mediante "interpretaciones constitucionales" emitidas solícitamente por la Sala Constitucional en muchos casos a petición del propio Ejecutivo nacional.

I. LOS RECHAZADOS CAMBIOS CONSTITUCIONALES QUE PERSEGUIAN CREAR UN ESTADO SOCIALISTA CENTRALIZADO

El Presidente de la República, Hugo Chávez, durante todo el año 2007, y en particular en su "Discurso de Presentación del Anteproyecto de reforma a la Constitución ante la Asamblea Nacional", en agosto de 2007,[1520] señaló con toda claridad

---

1518 VéaseAllan R. Brewer-Carías, "La proyectada reforma constitucional de 2007", rechazada por el poder constituyente originario", en *Anuario de Derecho Público 2007,* Universidad Monteavila, Caracas 2008.

1519 Véase Allan R. Brewer-Carías, "Estudio sobre la propuesta presidencial de reforma constitucional para la creación de un Estado Socialista, Centralizado y Militarista en Venezuela (análisis del anteproyecto presidencial, agosto 2007," en *Anuario da Facultade de Dereito da Universidade da Coruña, Revista jurídica interdisciplinaria internacional,* Con. 12, La Coruña 2008, pp. 87-125; "La proyectada reforma constitucional de 2007, rechazada por el poder constituyente originario", en *Anuario de Derecho Público 2007,* Año 1, Instituto de Estudios de Derecho Público de la Universidad Monteávila, Caracas 2008, pp. 17-65; "La reforma constitucional en Venezuela de 2007 y su rechazo por el poder constituyente originario", en *Revista Peruana de Derecho Público,* Año 8, N° 15, Lima, Julio-Diciembre 2007, pp. 13-53; "El sello socialista que se pretendía imponer al Estado", en *Revista de Derecho Público,* N° 112, Editorial Jurídica Venezolana, Caracas 2007, pp. 71-76; "Estudio sobre la propuesta presidencial de reforma constitucional para la creación de un Estado Socialista, Centralizado y Militarista en Venezuela (Agosto 2007", *Revista de Derecho Público*", N° 111, (julio-septiembre 2007), Editorial Jurídica Venezolana, Caracas 2007, pp. 7-42; "Estudio sobre la propuesta de Reforma Constitucional para establecer un Estado Socialista, Centralizado Y Militarista (Análisis del Anteproyecto Presidencial, Agosto de 2007)", *Cadernos da Escola de Direito e Relações Internacionais da UniBrasil,* N° 07, Curitiba, 2007; "Hacia creación de un Estado socialista, centralizado y militarista en Venezuela (2007)", *Revista de Derecho Político,* N° 70, Madrid, septiembre-diciembre 2007, pp. 381-432

1520 Véase *Discurso de Orden pronunciado por el ciudadano Comandante Hugo Chávez Frías, Presidente Constitucional de la República Bolivariana de Venezuela en la conmemoración del Ducentésimo Segundo Aniversario del Juramento del Libertador Simón Bolívar en el Monte Sacro y el Tercer Aniversario del Referendo Aprobatorio de su mandato constitucional,* Sesión especial del día miércoles, 15 de agosto de 2007, Asamblea Nacional, División de Servicio y Atención Legislativa, Sección de Edición, Caracas, 2007.

que el objetivo central de la reforma constitucional que estaba proponiendo era "la construcción de la Venezuela bolivariana y socialista";[1521] es decir, como lo expresó, se trataba de una propuesta para sembrar "el socialismo en lo político y económico",[1522] lo que -dijo- no se había hecho en la Constitución de 1999. Cuando ésta se sancionó -dijo el Jefe de Estado-"no proyectábamos el socialismo como camino", agregando, que "así como el candidato Hugo Chávez repitió un millón de veces en 1998, 'Vamos a Constituyente', el candidato Presidente Hugo Chávez dijo: 'Vamos al Socialismo', y todo el que votó por el candidato Chávez, votó por ir al socialismo".[1523] Por ello, el Anteproyecto de Constitución que presentó ante la Asamblea Nacional, era para "la construcción del socialismo Bolivariano, el socialismo venezolano, nuestro socialismo, nuestro modelo socialista",[1524] cuyo "núcleo básico e indivisible" era "la comunidad", "donde los ciudadanos y las ciudadanas comunes, tendrán el poder de construir su propia geografía y su propia historia".[1525] Y todo ello bajo la premisa de que "sólo en el socialismo será posible la verdadera democracia",[1526] pero, por supuesto, una "democracia" sin representación que, como lo propuso el Presidente y fue sancionado por la Asamblea Nacional en la rechazada reforma del artículo 136 de la Constitución, "no nace del sufragio ni de elección alguna, sino que nace de la condición de los grupos humanos organizados como base de la población". Es decir, se buscaba establecer una "democracia" que no era democracia, pues en el mundo moderno no hay ni ha habido democracia sin elección de representantes.

Todas estas propuestas que fueron rechazadas por el pueblo en diciembre de 2007, las resumió el Presidente en su Discurso del 15 de agosto de 2007, así:

> "en el terreno político, profundizar la democracia popular bolivariana; en el terreno económico, preparar las mejores condiciones y sembrarlas para la construcción de un modelo económico productivo socialista, nuestro modelo, lo mismo en lo político, la democracia socialista; en lo económico, el modelo productivo socialista; en el campo de la Administración Pública, incorporar novedosas figuras para aligerar la carga, para dejar atrás el burocratismo, la corrupción, la ineficiencia adminis-

---

1521 *Idem*, p. 4.

1522 *Idem*, p. 33.

1523 *Idem*, p. 4. Es decir, se pretende imponer al 56% de los votantes que no votaron por la reelección presidencial, la voluntad expresada por sólo el 46% de los votantes inscritos en el Registro Electoral que votaron por la reelección del Presidente. Según las cifras oficiales del CNE, en las elecciones de 2006, de un universo de 15.784.777 votantes inscritos en el Registro Electoral, sólo 7.309.080 votaron por el Presidente.

1524 Véase *Discurso de Orden pronunciado por el ciudadano Comandante Hugo Chávez Frías ... cit.*, p. 34.

1525 *Idem*, p. 32.

1526 *Idem*, p. 35. Estos conceptos se recogen igualmente en la *Exposición de Motivos* para la Reforma Constitucional, Agosto 2007, donde se expresa la necesidad de "ruptura del modelo capitalista burgués" (p. 1), de "desmontar la superestructura que le da soporte a la producción capitalista" (p. 2); de "dejar atrás la democracia representativa para consolidar la democracia participativa y protagónica" (p. 2); de "crear un enfoque socialista nuevo" (p. 2) y "construir la vía venezolana al socialismo" (p. 3); de producir "el reordenamiento socialista de la geopolítica de la Nación" (p. 8); de la "construcción de un modelo de sociedad colectivista" y "el Estado sometido al poder popular" (p. 11); de "extender la revolución para que Venezuela sea una República socialista, bolivariana", y para "construir la vía venezolana al socialismo; construir el socialismo venezolano como único camino a la redención de nuestro pueblo" (p. 19).

trativa, cargas pesadas del pasado, que todavía tenemos encima como rémoras, como fardos en lo político, en lo económico, en lo social.[1527]

Y todas estas propuestas de construcción del socialismo, además, el Presidente las vinculó al proyecto que Simón Bolívar había elaborado en plena guerra de independencia en 1819, el cual -dijo- "es perfectamente aplicable a un proyecto socialista: perfectamente se puede tomar la ideología bolivariana originaria, como elemento básico de un proyecto socialista".[1528] Sin embargo, basta leer el "Discurso de Angostura", del Libertador Simón Bolívar, al presentar el proyecto de Constitución de 1819 en Congreso reunido en aquella ciudad (Angostura), para captar que nada de lo que allí expresó tiene que ver con proyecto socialista alguno.[1529]

En todo caso, la reforma constitucional sancionada y rechazada popularmente, tocaba las bases fundamentales del Estado, en particular, en relación con la ampliación constitucional de la llamada "doctrina bolivariana"; con la sustitución del Estado democrático y social de Derecho por el Estado socialista; con la eliminación de la descentralización como política de Estado, supuestamente en aras de la participación política, la cual, por otra parte, se limitaba.

1. *El rechazo a la propuesta de establecer una "doctrina bolivariana" como doctrina del Estado socialista*

Una de las innovaciones de la Constitución de 1999 fue, sin duda, el cambio de la denominación de la República de Venezuela por el de "República Bolivariana de Venezuela" (Art. 1), que nada tenía que ver con Simón Bolívar y su pensamiento, y ni siquiera con la idea de construcción del socialismo -pues incluso, como lo dijo el Presidente en su discurso del 15 de agosto de 2007, en ese momento no estaba planteado-,[1530] habiendo obedecido, entonces, a una motivación político-partidaria, partisana o partidista,[1531] vinculada al partido "bolivariano", que no se podía utilizar.[1532]

En 2007, todo ello cambió, de manera que, al formular su propuesta de reforma constitucional, el Presidente de la República buscó identificar la doctrina bolivariana con otra cosa distinta al pensamiento del Libertador, como fue el modelo socialista de sociedad y Estado, y el "bolivarianismo" como su ideología política. Por ello se propuso denominar a todos los componentes de la Fuerza Armada como "bolivariana" (Art. 156,8; 236,6; 328 y 329), a la cual se le asignaba el cumplimiento de su misión de defensa que debía realizar "mediante el estudio, planificación y ejecución de la doctrina militar bolivariana".

1527 *Idem*, p. 74.

1528 *Idem*, p. 42.

1529 Véase Simón Bolívar, *Escritos Fundamentales*, Caracas 1982. Véase también, Pedro Grases (ed.), *El Libertador y la Constitución de Angostura de 1819,* Caracas, 1969; y José Rodríguez Iturbe (ed.), *Actas del Congreso de Angostura*, Caracas 1969.

1530 Véase *Discurso de Orden pronunciado por el ciudadano Comandante Hugo Chávez Frías ...*, *cit.*, p. 4.

1531 Véase lo que expusimos en Allan R. Brewer-Carías, *La Constitución de 1999*, Caracas, Editorial Jurídica-Editorial Arte, 1999, pp. 44 y ss.

1532 De acuerdo con la Ley de Partidos Políticos, *Gaceta Oficial* Nº 27 725, de 30-04-1965, los partidos políticos no pueden usar los nombres de los próceres ni los símbolos de la patria. La organización política que el Presidente había formado antes de la campaña presidencial de 1998, se llamó el Movimiento Bolivariano 2000, nombre que no podía ser usado. Por ello, el partido político que fundó se denominó Movimiento V República.

Además, en la reforma al artículo 103 de la Constitución, se buscaba completar el concepto de vinculación de lo bolivariano con el socialismo, al disponerse que la inversión prioritaria que debe realizar el Estado en materia educativa, debía ser "de acuerdo a los principios humanísticos del socialismo bolivariano, y tomando en cuenta las recomendaciones de la Organización de las Naciones Unidas".

2. *El rechazo a la propuesta de sustituir el Estado Democrático y Social de Derecho y de Justicia por el Estado Socialista*

El artículo 2 de la Constitución de 1999 define a Venezuela como un Estado Democrático y Social de Derecho y de Justicia, precisamente para diseñar un Estado no socialista, es decir, contrario al Estado Socialista que se pretendió crear con la rechazada reforma constitucional.

Ello resultaba de la propuesta de reforma que se pretendía respecto del artículo 16, donde se buscaba crear las comunas y comunidades como "el núcleo territorial básico e indivisible del Estado Socialista Venezolano"; del artículo 70, donde, al definirse los medios de participación y protagonismo del pueblo en ejercicio directo de su soberanía mediante todo tipo de consejos, se pretendía indicar que era "para la construcción del socialismo", haciéndose mención a las diversas asociaciones "constituidas para desarrollar los valores de la mutua cooperación y la solidaridad socialista"; del artículo 112, donde se proponía indicar, en relación con el modelo económico del Estado, que era para crear "las mejores condiciones para la construcción colectiva y cooperativa de una economía socialista"; del artículo 113, en el cual se buscaba indicar la necesidad de la constitución de "empresas mixtas o unidades de producción socialistas"; del artículo 158, del que se buscaba eliminar toda mención a la descentralización como política nacional, y definir como política nacional "la participación protagónica del pueblo, restituyéndole el poder y creando las mejores condiciones para la construcción de una democracia socialista"; del artículo 168, relativo al Municipio, en el que se buscaba precisar la necesidad de incorporar "la participación ciudadana a través de los Consejos del Poder Popular y de los medios de producción socialista"; del artículo 184, en el que se buscaba orientar la descentralización de estados y municipios para permitir "la construcción de la economía socialista"; del artículo 299, relativo al régimen socioeconómico de la República, en el que se pretendía indicar que se debía fundamentar "en los principios socialistas"; del artículo 300, relativo a la creación de empresas públicas, que se pretendía orientar sólo "para la promoción y realización de los fines de la economía socialista"; del artículo 318, sobre el sistema monetario nacional en el cual se pretendía indicar que debía "propender al logro de los fines esenciales del Estado Socialista", todo de acuerdo con el Plan de Desarrollo Integral de la Nación, cuyo objetivo se pretendía indicar que era "para alcanzar los objetivos superiores del Estado Socialista"; y del artículo 321, sobre el régimen de las reservas internacionales, respecto de las cuales los fondos que se pretendía regular, se buscaba declarar que fueran sólo para "el desarrollo integral, endógeno, humanista y socialista de la Nación".

3. *El rechazo a la propuesta de eliminar la descentralización como política de Estado*

La Constitución de 1999, en su artículo 4, no sólo precisó que "La República Bolivariana de Venezuela es un Estado federal descentralizado en los términos consagrados por esta Constitución"; sino que definió a la descentralización como política de Estado (Arts. 16, 84, 166, 184, 185, 269, 272, 285, 300) para "profundizar la democracia, acercando el poder a la población y creando las mejores condiciones, tanto para el ejercicio de la democracia como para la prestación eficaz y eficiente de los cometidos estatales" (Art. 158).

Todo esto se buscaba eliminar en la rechazada reforma constitucional de 2007, en la cual, siguiendo la orientación de la práctica política centralista de los últimos años, definitivamente se buscaba centralizar completamente al Estado, eliminándose todo vestigio de descentralización como organización y política pública, de autonomía territorial y de democracia representativa a nivel local; es decir, de la unidad política primaria en el territorio, lo que tocaba otro aspecto fundamental y medular del Estado venezolano, que es la forma federal. Con la rechazada reforma constitucional, en efecto, se buscaba formular una supuesta "nueva geometría del poder", donde no había ni podía haber autonomías, con la propuesta de creación de nuevas instancias territoriales, todas sometidas al poder central, mediante las cuales el poder popular, supuestamente, iba a desarrollar "formas de agregación comunitaria política territorial", que constituían formas de autogobierno, pero sin democracia representativa alguna, sino sólo como "expresión de democracia directa" (Art. 16). Con ello se buscaba, como lo dijo el Presidente de la República, "el desarrollo de lo que nosotros entendemos por descentralización, porque el concepto cuarto-republicano de descentralización es muy distinto al concepto que nosotros debemos manejar. Por eso incluimos aquí la participación protagónica, la transferencia del poder y crear las mejores condiciones para la construcción de la democracia socialista".[1533]

4. *El rechazo a la propuesta de eliminar la democracia representativa a nivel local*

De acuerdo con el artículo 5° de la Constitución de 1999, se definió a la democracia conforme a la representatividad política, es decir, la democracia indirecta (democracia representativa), conforme a la cual todos los órganos del Poder Público tienen que tener su origen en elección popular, la cual se complementó con la posibilidad de su ejercicio directo. La democracia, por tanto, para ser tal, tiene que ser representativa, mediante la elección de cargos públicos (Art. 70), a través de votaciones libres, universales, directas y secretas (Art. 63). Por ello, en la Constitución no existe ni puede existir democracia que no sea representativa, siendo de la esencia del régimen político democrático la idea de que el pueblo, titular de la soberanía, no la ejerce directamente, sino a través de representantes.

Esa democracia representativa, por supuesto, no se opone a democracia participativa; pero en forma alguna ésta puede pretender sustituir a aquélla. La democracia, para que sea participativa, además de esencialmente representativa, tiene que permitir al ciudadano participar en los asuntos públicos, teniendo acceso al poder, lo cual puede ocurrir sólo cuando lo tiene cerca. Ello implica, necesariamente, un bien arraigado y desarrollado sistema de gobierno local, en cada lugar, asentamiento urbano o rural, que goce de autonomía política, lo que sólo puede estar basado en la descentralización política, es decir, en la creación de entidades políticas autónomas que permitan el autogobierno local. En ese sentido, participar es sólo posible cuan-

---

1533 Véase *Discurso de Orden pronunciado por el ciudadano Comandante Hugo Chávez Frías…., cit.*, p. 5.

do, mediante la descentralización, se crean autoridades locales en los niveles territoriales más pequeños, lo que implica desparramar el poder.

Este sistema democrático es contrario a la concentración del poder y al centralismo, que es lo que se buscaba encubrir con el rechazado proyecto de reforma constitucional, que estaba destinado a la construcción del socialismo, de una sociedad colectivista y de supuesta "participación protagónica",[1534] eliminando de la Constitución toda referencia a la descentralización política, y por tanto, de efectiva posibilidad de participación, y además, la sustitución de la democracia representativa por una supuesta "democracia participativa". Para ello, lo que se buscaba era acabar con la propia democracia como régimen político, tratando de sustituirla por un régimen autoritario, centralizador y concentrador del poder que hubiera impedido la real participación política, al no existir entidades locales autónomas, y depender los consejos comunales de la cúspide del poder ejecutivo nacional. Ello se pretendía lograr con la eliminación de los entes territoriales descentralizados políticamente, sin los cuales no puede haber, efectivamente, democracia participativa, y la creación, en su lugar, de Consejos del Poder Popular, que no pasan de ser una simple manifestación de movilización controlada desde el poder central. Ello es lo que ha ocurrido, precisamente, con los Consejos Comunales creados por Ley en 2006,[1535] cuyos miembros no son electos mediante sufragio, sino designados por asambleas de ciudadanos controladas por el propio Poder Ejecutivo Nacional. Ello era lo que, con la rechazada reforma constitucional, se pretendía consolidar en el texto fundamental, al proponerse una "nueva geometría del poder" en la cual se sustituía a los municipios, por las comunidades, como el "núcleo territorial básico e indivisible del Estado Socialista Venezolano", que debían agrupar a las comunas (socialistas)[1536] como "células sociales del territorio", las cuales se debían agrupar en ciudades, que eran las que se pretendía concebir como "la unidad política primaria de la organización territorial nacional". En la rechazada reforma constitucional se buscaba establecer en forma expresa que los integrantes de los diversos Consejos del Poder Popular no nacían "del sufragio ni de elección alguna, sino que nacen de la condición de los grupos humanos organizados como base de la población".

1534 En la *Exposición de Motivos del Proyecto de Reforma Constitucional* presentado por el Presidente de la República, en agosto 2007, se lee que el Poder Popular "es la más alta expresión del pueblo para la toma de decisiones en todos sus ámbitos (político, económico, social, ambiental, organizativo, internacional y otros) para el ejercicio pleno de su soberanía. Es el poder constituyente en movimiento y acción permanente en la construcción de un modelo de sociedad colectivista de equidad y de justicia. Es el poder del pueblo organizado, en las más diversas y disímiles formas de participación, al cual está sometido el poder constituido. No se trata del poder del Estado, es el Estado sometido al poder popular. Es el pueblo organizado y organizando las instancias de poder que decide las pautas del orden y metabolismo social y no el pueblo sometido a los partido políticos, a los grupos de intereses económicos o a una particularidad determinada", *op. cit,* p. 11.

1535 Véanse los comentarios sobre ello en Allan R. Brewer-Carías *et al*, *Ley Orgánica del Poder Público Municipa*l, Caracas, Editorial Jurídica Venezolana, 2007, pp. 75 y ss.

1536 En la *Exposición de Motivos del Proyecto de Reforma Constitucional*, presentado por el Presidente de la República, en agosto 2007, a las comunas se las califica como "comunas socialistas", y se las define como "un conglomerado social de varias comunidades que poseen una memoria histórica compartida, usos, costumbres y rasgos culturales que los identifican, con intereses comunes, agrupadas entre sí con fines político-administrativos, que persiguen un modelo de sociedad colectiva de equidad y de justicia", *op. cit.*, p. 12.

Con ello, en definitiva, en nombre de una "democracia participativa y protagónica", lo que se buscaba era poner fin en Venezuela a la democracia representativa a nivel local, y con ello, de todo vestigio de autonomía política territorial, que es la esencia de la descentralización.

II. LOS RECHAZADOS CAMBIOS CONSTITUCIONALES QUE PERSEGUÍAN RESTRINGIR EL DERECHO CIUDADANO A LA PARTICIPACIÓN POLÍTICA

1. *El rechazo a la propuesta de reducir el derecho a la participación política sólo para la ejecución de la ideología socialista*

Conforme al artículo 62 de la Constitución de 1999, todos tienen el derecho "de *participar libremente* en los asuntos públicos, directamente o por medio de sus representantes elegidos o elegidas", refiriéndose a "la participación del pueblo en la formación, ejecución y control de la gestión pública" como "el medio necesario para lograr el protagonismo que garantice su completo desarrollo, tanto individual como colectivo", a través de los mecanismos de participación enumerados en el artículo 70.

Con la rechazada reforma constitucional, dichos medios de participación política, entre los cuales se proponía incluir a los Consejos del Poder Popular, perdían su carácter libre y se buscaba que quedaran reducidos al único propósito de "la construcción del socialismo", de manera que, quien no quisiera construir socialismo alguno, hubiera quedado excluido del derecho a la participación política, que sólo estaba destinado a desarrollar los valores de "la solidaridad socialista" y no era libre como indica el artículo 62.

Por otra parte, en sustitución del concepto amplio de participación ciudadana que establece el artículo 168 de la Constitución y que deben desarrollar los municipios, con la rechazada reforma constitucional se pretendía establecer la obligación de los municipios de "incorporar, dentro del ámbito de sus competencias, la participación ciudadana a través de los Consejos del Poder Popular y de los medios de producción socialista", eliminándose toda posibilidad de otras formas de participación, la cual dejaba de ser libre.

2. *El rechazo a la propuesta de eliminar la participación de los representantes de la sociedad civil en la postulación de altos funcionarios del Estado*

El proyecto de reforma constitucional de 2007, por otra parte, buscaba eliminar las formas de participación política de la sociedad civil en los asuntos públicos que directamente establece la Constitución de 1999, para la postulación de los candidatos a los cargos de Magistrados del Tribunal Supremo de Justicia, de Miembros del Consejo Nacional Electoral, del Defensor del Pueblo, del Contralor General de la República y del Fiscal General de la República. Esa postulación debe hacerse ante la Asamblea Nacional por sendos Comités de Postulaciones que necesariamente debían estar integrados por "representantes de los diferentes sectores de la sociedad" (Arts. 264, 279, 295).

Estas previsiones de la Constitución de 1999 han sido distorsionadas por la práctica política y legislativa desarrollada desde que se sancionó la propia Constitución, tanto por parte de la entonces Asamblea Nacional Constituyente (1999), como luego por la Asamblea Nacional (2000), que fueron convirtiendo dichos Comités de

Postulaciones, en contra de lo dispuesto por la Constitución, en simples Comisiones parlamentarias ampliadas (2002-2007), limitando el derecho a la participación política de la sociedad civil.[1537] Esa tendencia es la que se buscaba constitucionalizar con el rechazado proyecto de reforma constitucional, al buscarse regular los Comités de Postulaciones para la elección de los Magistrados del Tribunal Supremo de Justicia y de los titulares de los órganos del Poder Electoral y del Poder Ciudadano, en los cuales se pretendía eliminar su integración exclusiva por representantes de los diversos sectores de la sociedad, y, en su lugar, se buscaba que estuvieran integrados mayoritariamente por diputados, representantes del Poder Popular, en fin, por funcionarios del Estado (Arts. 264, 295, 279).

3. *El rechazo a la propuesta de limitar el derecho a la participación política mediante referendos*

Con la rechazada propuesta constitucional, por otra parte, se buscaba restringir los mecanismos de democracia directa establecidos en la Constitución, particularmente en relación con los referendos consultivo, el referendo revocatorio, el referendo aprobatorio y el referendo abrogatorio (Art. 71 a 74). Respecto de todos ellos, en efecto, la rechazada propuesta de reforma constitucional pretendía elevar el porcentaje de firmas necesarias para que pudieran ser iniciados por iniciativa popular, es decir, hacer más dificultosa dicha iniciativa; y además, buscaba aumentar el porcentaje de votos necesarios para que los referendos pudieran tener efectos. En particular, respecto del referendo revocatorio, con el rechazado proyecto de reforma constitucional, se buscaba hacerlo menos participativo y más dificultoso, al buscarse establecer, en primer lugar, que, en vez de que la solicitud de convocatoria del mismo correspondiera directamente, como un derecho popular, a un número no menor del 20% de los electores inscritos en la correspondiente circunscripción, ahora se tuviera que "solicitar al Consejo Nacional Electoral la activación del mecanismo para que los electores y electoras inscritos e inscritas en la correspondiente circunscripción del Registro Electoral, en un número no menor del treinta por ciento, soliciten la convocatoria de un referendo para revocar su mandato", distorsionado la iniciativa popular. En segundo lugar, en lugar de exigirse que sólo concurran al referendo un número de electores igual o superior al 25% de los electores inscritos para que se considere válido el referendo, con la rechazada reforma constitucional se buscaba que concurrieran al referendo el 40% de los electores inscritos; y en tercer lugar, adicionalmente a la exigencia de que se considerase revocado el mandato cuando voten a favor de la revocatoria "igual o mayor número de electores que eligieron al funcionario", con la reforma constitucional que ha sido rechazada popularmente, se buscaba exigir que "sea mayor el total de votos a favor que el total de votos en contra", así hubieran votado por la revocatoria más electores que los que eligieron al funcionario, con lo cual se perseguía distorsionar el referendo revocatorio y transformarlo en un "referendo ratificatorio".

1537 Véase Allan R. Brewer-Carías, "La participación ciudadana en la designación de los titulares de los órganos no electos de los Poderes Públicos en Venezuela y sus vicisitudes políticas", en *Revista Iberoamericana de Derecho Público y Administrativo*, Año 5, N° 5-2005, San José, Costa Rica, 2005, pp. 76-95.

4. *El rechazo a la propuesta de limitar el derecho a la participación política en materia de revisión de la Constitución*

En la Constitución de 1999, se establecen tres mecanismos institucionales para la revisión constitucional que se distinguen según la intensidad de las transformaciones que se proponen, y que son: las Enmiendas Constitucionales, las Reformas Constitucionales y la Asamblea Nacional Constituyente. En todos los casos, la Constitución ha previsto la iniciativa popular de las propuestas de cambios constitucionales, mediante la fijación de un porcentaje de ciudadanos que oscila entre el 15 y el 30% de los inscritos en el Registro Electoral.

En la rechazada reforma constitucional, se hacía más difícil la iniciativa popular al proponerse en todos los casos, aumentar el porcentaje de ciudadanos que podían presentarla, y además, se buscaba hacer más dificultoso el proceso de modificación constitucional, al buscarse también aumentar el porcentaje de electores que debían concurrir a los referendos y de los votos necesarios para aprobar los proyectos en los referendos (Arts. 341 y ss).

III. LOS RECHAZADOS CAMBIOS CONSTITUCIONALES QUE PERSEGUÍAN DESMANTELAR LA FEDERACIÓN Y CENTRALIZAR TOTALMENTE AL ESTADO

1. *El rechazo a la propuesta de establecer una supuesta "nueva geometría del poder"*

La forma del Estado venezolano ha sido siempre la de una Federación, en la cual el poder público está distribuido en el territorio entre entidades políticas territoriales autónomas en tres niveles: el nivel nacional (República), el nivel estadal (estados) y el nivel municipal (municipios), cuyas respectivas autonomías garantiza la propia Constitución. Con la rechazada reforma constitucional de 2007, si bien no se eliminaba expresamente la palabra "federación", o la forma "federal" del Estado, la misma se vaciaba totalmente de contenido.

En particular, en cuanto a los estados y municipios sobre cuya concepción se monta el sistema federal, con la reforma que se pretendía hacer al artículo 16, desaparecía la garantía constitucional de la autonomía municipal y el principio de la descentralización político administrativa que establece la Constitución de 1999 como condición esencial de la división territorial.

En particular, en relación con los municipios, con la rechazada reforma constitucional, se buscaba quitarles el carácter de unidad política primaria que el artículo 168 de la Constitución de 1999 les garantiza y, en su lugar, se proponía establecer a "la ciudad" como la unidad política primaria de la organización territorial nacional, entendida como "todo asentamiento poblacional dentro del municipio, e integrada por áreas o extensiones geográficas denominadas comunas". Además, se buscaba definir a estas comunas como las células sociales del territorio, conformadas por las "comunidades", cada una de las cuales se proponía que constituyera "el núcleo territorial básico e indivisible del Estado Socialista Venezolano, donde los ciudadanos y las ciudadanas tendrán el poder para construir su propia geografía y su propia historia". En la rechazada propuesta de reforma constitucional, también se proponía crear la figura de la Ciudad Comunal, que debía constituirse cuando, en la totalidad de su perímetro, se hubieran establecido las comunidades organizadas, las comunas y el autogobierno comunal, pero asignándose su creación al Presidente de la República en Consejo de Ministros.

A partir de este esquema inicial, en el artículo 16 del proyecto de la rechazada reforma constitucional, se buscaba cambiar radicalmente la división política del territorio nacional en "entidades políticas" (estados, distrito capital, dependencias federales, territorios federales y municipios y otras entidades locales) que, conforme a la Constitución, gozan esencialmente de autonomía política territorial, y deben tener un gobierno "electivo" (Art. 6); por una "conformación" del territorio nacional a los fines político-territoriales y de acuerdo con una "nueva geometría del poder", por un distrito federal, por los estados, las regiones marítimas, los territorios federales, los municipios federales y los distritos insulares". En ese esquema, se proponía eliminar la exigencia constitucional de que todo el territorio nacional se debe organizar en municipios, por la previsión de que sólo "los Estados se organizan en municipios" (Art. 16), los que por tanto se buscaba que desaparecieran, si una parte del territorio se convertía en alguna de las "nuevas" entidades. Por ello es que precisamente, se buscaba que el municipio desapareciera como unidad política primaria en la organización nacional.

Lo más notorio de la rechazada reforma constitucional es que, mediante la misma, se buscaba autorizar al Presidente de la República, en Consejo de Ministros, para que "previo acuerdo aprobado por la mayoría simple de los diputados y diputadas de la Asamblea Nacional", pudiera "decretar regiones marítimas, territorios federales, municipios federales, distritos insulares, provincias federales, ciudades federales y distritos funcionales, así como cualquier otra entidad que establezca esta Constitución y la Ley", con lo que, materialmente, la totalidad de la división político-territorial de la República se pretendía que dejara de ser una materia de rango constitucional y pasara a ser una materia, ni siquiera de regulación Legislativa, sino solamente Ejecutiva. En fin, lo que se pretendía con la rechazada reforma constitucional era la total centralización del poder, lo que se confirma mediante la asignación que se pretendía hacer al Presidente de la República para designar y remover "las autoridades respectivas" de dichas entidades que hubieran quedado sujetas completamente al Poder Central.

2. *El rechazo a la propuesta de restablecer el distrito federal sin autonomía política ni gobierno democrático local*

En cuanto al régimen político de la ciudad capital, Caracas, la Constitución de 1999 aseguró, definitivamente, un régimen de gobierno local descentralizado y democrático, en el cual se debe garantizar la autonomía municipal y la participación política de las diversas entidades que componen la ciudad. De allí el esfuerzo por establecer un gobierno metropolitano a dos niveles, para asegurar, por una parte, el gobierno global (metropolitano) de la ciudad y, por la otra, asegurar el gobierno local. En esta forma, en 1999, se eliminó la figura territorial del "distrito federal", que había quedado como vestigio decimonónico del esquema tradicional de las federaciones, en el cual la ciudad capital carece de autogobierno.

Con la rechazada reforma constitucional de 2007, lo que se pretendía era volver al mismo esquema del siglo XIX, ya superado en todas las capitales de todas las federaciones del mundo, de restablecer un distrito federal sin garantía alguna de la autonomía municipal o territorial, ni del carácter democrático y participativo de su gobierno, cuyas autoridades se pretendía que quedaran totalmente sujetas y controladas por el Poder Nacional, y en particular, por el Presidente de la República, a quien se buscaba atribuir la designación y remoción de sus autoridades.

Además, en la propuesta de reforma constitucional rechazada por el pueblo, se pretendía "nacionalizar" totalmente las competencias públicas respecto de todos los asuntos que concernieran a la ciudad capital, mediante la propuesta de asignar al "Poder Nacional por intermedio del Poder Ejecutivo" (con la colaboración y participación de todos los entes del Poder Público Nacional, Estatal y Municipal, así como del Poder Popular) disponer de

> "todo lo necesario para el reordenamiento urbano, reestructuración vial, recuperación ambiental, logros de niveles óptimos de seguridad personal y pública, fortalecimiento integral de la infraestructura del hábitat de las comunidades, sistemas de salud, educación, cultura, deporte y recreación, recuperación total de su casco y sitios históricos, construcción de un sistema de pequeñas y medianas ciudades a lo largo de sus ejes territoriales de expansión..."

Es decir, todo lo que es propio de los gobiernos locales, se pretendía asignar al Ejecutivo Nacional.

3. *El rechazo a la propuesta de establecer un "Poder Popular" en la distribución vertical del Poder Público*

Con la rechazada propuesta de reforma constitucional, se buscaba agregar a la distribución vertical del Poder Público entre el Poder Municipal, el Poder Estatal y el Poder Nacional (Art. 136), a un denominado Poder Popular, que se pretendía concebir como el medio para que supuestamente "el pueblo", como el depositario de la soberanía, la ejerciera "directamente", pero con la advertencia expresa de que dicho "Poder Popular no nace del sufragio ni de elección alguna, sino que nace de la condición de los grupos humanos organizados como base de la población", sino mediante la constitución de comunidades, comunas y el autogobierno de las ciudades, a través de toda suerte de consejos comunales y de otra índole.

Se pretendía, así, agregar como un Poder Público más en el territorio, al Poder Popular, cuyos voceros, por ejemplo, con la rechazada reforma constitucional, se pretendía que también formaran parte de los Comités de Postulaciones y Evaluaciones para la selección de los magistrados del Tribunal Supremo de Justicia, los titulares del Poder Ciudadano y los miembros del Consejo Nacional Electoral (Arts. 264, 279 y 295).

4. *El rechazo a la propuesta de "nacionalización" de las competencias en el Poder Público*

Con la rechazada reforma constitucional, además, se buscaba trastocar la distribución de competencias públicas prevista en la Constitución entre los tres niveles territoriales de gobierno (nacional, estatal y municipal), a manera de centralizar materialmente todas las competencias del Poder Público en el nivel nacional (Arts. 156, 164), vaciándose de competencias a los estados y obligándose a los municipios a transferir sus competencias a los Consejos Comunales, con lo que, en definitiva, hubieran quedado como entelequias vacías.

Pero entre las materias que con el rechazado proyecto de reforma constitucional se pretendía asignar al Poder Nacional, estaba la que se quería incorporar al artículo 156, 10, para "la ordenación y gestión del territorio y el régimen territorial del Distrito Federal, los Estados, los Municipios, las Dependencias Federales y demás entidades regionales"; y en el Artículo 156, 11, para "la creación, supresión, ordenación y gestión de provincias federales, regiones estratégicas de defensa, territorios federales, municipios federales, ciudades federales y comunales, distritos funcionales, regiones marítimas y distritos insulares". En esta forma, se pretendía con la reforma rechazada que los estados y municipios dejaran de ser "entidades políticas" perdiendo efectiva autonomía, y pasaran a depender totalmente del Poder Nacional, como órganos sin autonomía alguna, es decir, como administraciones periféricas del Poder Central, sometidas a la ordenación y gestión que establezca el Poder Nacional. Por ello, también se buscaba reformar el artículo 164,2 de la Constitución, para establecer que los estados tuvieran competencia para ejercer "la coordinación de sus municipios y demás entidades locales", lo que también hubiera implicado la eliminación de la autonomía municipal.

La centralización de todas las competencias del Poder Público en el nivel nacional llegaba a tal extremo en la rechazada reforma constitucional que con la misma se pretendía eliminar formalmente la tradicional competencia residual de los estados (Art. 164,11) -que existe en todas las federaciones del mundo-, respecto de toda otra competencia no asignada expresamente a los otros niveles de gobierno (nacional y municipal), y en cambio, establecer dicha competencia residual a favor del Poder Nacional (Art. 156,36), dejando a los Estados, sólo y exclusivamente, competencia en "todo lo que le atribuya esta Constitución o ley nacional" (Art. 164,10).

5. *El rechazo a la propuesta de limitar la autonomía municipal y de eliminar las parroquias como entidades locales*

De acuerdo con el artículo 168 de la Constitución de 1999, la autonomía municipal respecto de los otros niveles de gobierno (nacional y estatal), está garantizada al disponer que sus actos "no pueden ser impugnados sino ante los tribunales competentes, de conformidad con la Constitución y la ley"; lo que implica que no pueden ser revisados, en forma alguna, por los órganos del Poder Nacional ni de los Estados. Con el rechazado proyecto de reforma constitucional de 2007, se buscaba eliminar de este artículo no sólo la característica del municipio de ser la unidad política primaria de la organización nacional, lo que se pretendía atribuir a la ciudad (Art. 16), sino la mencionada autonomía jurídica e institucional de los municipios, lo que hubiera permitido que sus actos hubieran podido ser impugnados y revisados por los otros órganos administrativos de los estados, o del Poder Ejecutivo u otro ente.

El rechazado proyecto de reforma constitucional, además, pretendía eliminar del artículo 173 de la Constitución toda referencia a la existencia de las "parroquias" como entidades locales.

IV. LOS RECHAZADOS CAMBIOS CONSTITUCIONALES EN LA ORGANIZACIÓN Y FUNCIONAMIENTO DEL PODER NACIONAL

1. *El rechazo a la propuesta de reforma para acentuar el presidencialismo*

Con la rechazada reforma constitucional se pretendía acentuar el presidencialismo y la concentración del poder, por una parte, mediante el establecimiento de la posibilidad de reelección indefinida del Presidente de la República y el aumento del período constitucional del Presidente de 6 a 7 años (Art. 230); y por la otra, mediante la ampliación de las competencias asignadas al Presidente de la República (Art. 236).

En este último aspecto, lo que ha sido rechazado en el referéndum del 2 de diciembre de 2007, por voluntad del poder constituyente originario, fueron las propuestas de atribuir al Presidente de la República diversas nuevas competencias, entre las cuales destacaban:

1. Para resolver en materia de "la ordenación y gestión del territorio", y el "régimen territorial del Distrito Federal, los estados, los municipios, dependencias federales y demás entidades regionales, de acuerdo con la ley nacional" (Art. 236,3), con lo que hubiera desaparecido todo vestigio de autonomía y división territorial, ya que dicha materia ni siquiera hubiera sido competencia del legislador, sino del Poder Ejecutivo.

2. Para "crear o suprimir las provincias federales, territorios federales, ciudades federales, distritos funcionales, municipios federales, regiones marítimas y distritos insulares, según lo establecido en esta Constitución, designar y remover sus autoridades, conforme a la ley, asimismo podrá crear ciudades comunales de acuerdo con esta Constitución" (Art. 236,4), con lo cual se buscaba dejar todo lo que concernía al territorio y su división en manos del Jefe de Estado.

3. Para "formular el Plan Nacional de Desarrollo y dirigir su ejecución" (Art. 236,20), eliminándose la necesaria aprobación por parte de la Asamblea Nacional en relación con la formulación y ejecución del Plan Nacional de Desarrollo que dispone la Constitución (Art. 236, 18).

4. Para "decretar la suspensión o restricción de garantías" en casos de que declare estados de excepción (Art. 236,9), cuando en el artículo 236,7 de la Constitución sólo se autoriza al Presidente a "restringir" garantías, pero nunca a "suspenderlas". Esta atribución, además, se buscaba fuera ratificada en la reforma propuesta y rechazada respecto del artículo 337 de la Constitución, con la que se buscaba ampliar los poderes presidenciales en los estados de excepción (Art. 338 y 339).

5. Para administrar "las reservas internacionales, así como el establecimiento y regulación de la política monetaria, en coordinación con el Banco Central de Venezuela" (236,13).

6. Para "decretar Regiones Estratégicas de Defensa a fin de garantizar la soberanía, la seguridad y defensa en cualquier parte del territorio y espacios geográficos de la República"; para "decretar autoridades especiales en situaciones de contingencia, desastres o cualquier otra que requiera la intervención inmediata y estratégica del Estado" (Art. 11); para crear por decreto las ciudades comunales (Art. 16); para "decretar regiones marítimas, territorios federales, municipios federales, distritos insulares, provincias federales, ciudades federales y distritos funcionales, así como cualquier otra entidad que establezca esta Constitución y la ley" (Art. 16); y para designar y remover las autoridades respectivas de las regiones marítimas, territorios federales, Distrito Federal, municipios federales, distritos insulares, provincias federales, ciudades federales y distritos funcionales, así como cualquier otra entidad que establezca esta Constitución y la ley" (Art. 16).

2. *El rechazo a la propuesta de reforma para acentuar la concentración del poder*

Con la rechazada reforma constitucional de 2007, además de haberse pretendido acentuar el centralismo y el presidencialismo, también se buscaba acentuar la concentración del poder, particularmente en la Asamblea Nacional, y mediante el dominio que sobre la misma ejerce el Presidente de la República, en definitiva, en manos de éste.

En tal sentido, en la rechazada propuesta de reforma constitucional, se pretendía reformar el sistema tanto para la selección de los titulares de los Poderes Judicial, Ciudadano y Electoral, como para su remoción por la Asamblea Nacional.

A tal efecto, como se destacó anteriormente, con la rechazada reforma constitucional se pretendía cambiar radicalmente la conformación de los Comités de Postulaciones Judiciales (Arts. 264, 279, 292), para convertirlos, materialmente, en Comisiones Parlamentarias, eliminando la exigencia de la Constitución de que deben estar integrados solamente por representantes de los diversos sectores de la sociedad, precisamente para neutralizar las componendas políticas de la Asamblea en dichas designaciones; y se buscaba además, eliminar el principio de la mayoría calificada de dos terceras partes para la designación de dichos altos funcionarios (Art. 279).

Pero, además, con la rechazada reforma constitucional, se pretendía establecer en general, la posibilidad de que los titulares de los Poderes Judicial (Magistrados del Tribunal Supremo de Justicia); Ciudadano (Contralor General de la República, Fiscal General de la República, Defensor del Pueblo); y Electoral (rectores del Consejo Nacional Electoral) pudieran ser removidos de sus cargos por la Asamblea Nacional mediante la mayoría de votos de los diputados, eliminándose la mayoría calificada de las dos terceras partes que establece la Constitución (Art. 265, 279, 292).

3. *El rechazo a la propuesta de reforma para acentuar el militarismo*

En la rechazada reforma constitucional, se buscaba cambiar la denominación de la Fuerza Armada y de sus componentes para calificarlas de "bolivarianas" (Art. 156,8; 236,6; 328 y 329) y, además, se buscaba eliminar la previsión constitucional de que la Fuerza Armada es una "institución esencialmente profesional, sin militancia política" y, en su lugar, se pretendía establecer que la misma constituía "un cuerpo esencialmente patriótico, popular y antiimperialista". Con ello, hubiera desaparecido la institución militar como institución profesional y la prohibición de que la misma no tuviera militancia política, buscando definirla, en cambio, como "un cuerpo patriótico, popular y antiimperialista", lo que hubiera abierto el camino constitucional para la integración de la Fuerza Armada Bolivariana en el partido político de su Comandante en Jefe, quien ejerce la Suprema Autoridad Jerárquica en todos sus Cuerpos, Componentes y Unidades, tal como se buscaba disponer en la reforma del artículo 236,6 de la Constitución.

Por otra parte, con la reforma constitucional que ha sido rechazada popularmente, en lugar de establecerse que los objetivos de las Fuerzas Armadas deben lograrse "mediante la defensa militar, la cooperación en el mantenimiento del orden interno y la participación activa en el desarrollo nacional", se pretendía establecer que se debían lograr "mediante el estudio, planificación y ejecución de la doctrina militar bolivariana, la aplicación de los principios de la defensa integral y la guerra popular de resistencia, la cooperación en tareas de mantenimiento de la seguridad ciudadana y del orden interno, así como la participación activa en planes para el desarrollo económico, social, científico y tecnológico de la Nación". Se buscaba así incorporar, la "doctrina militar bolivariana", como elemento esencial de la actuación de la Fuerza Armada, que era lo mismo que doctrina militar socialista, dada la vinculación que la rechazada reforma constitucional hacía entre "socialismo" y "bolivarianismo"; y se buscaba incorporar en la Constitución elementos de guerrilla como "la guerra popular de resistencia", convirtiéndose a la Fuerza Armada en una organización de policía nacional, al buscar atribuirle competencia en materia de mantenimiento de la seguridad ciudadana y del orden interno.

Adicionalmente, con la rechazada reforma constitucional, en lugar de establecerse como lo prevé la Constitución, que en el cumplimiento de sus funciones, la Fuerza Armada "está al servicio exclusivo de la Nación y en ningún caso al de persona o parcialidad política alguna", se buscaba sustituir esta previsión por otra donde se pretendía indicar que en "el cumplimiento de su función, estará siempre al servicio del pueblo venezolano en defensa de sus sagrados intereses y en ningún caso al de oligarquía alguna o poder imperial extranjero", eliminándose la prohibición de que la Fuerza Armada pueda estar al servicio de persona o parcialidad política alguna. Con ello se buscaba abrir el camino constitucional para la integración de la Fuerza Armada en el partido político de su Comandante en Jefe, quien ejerce la Suprema Autoridad Jerárquica en todos sus Cuerpos, Componentes y Unidades (Art. 236,6), y que la podía poner a su servicio o al servicio del partido del gobierno.

Con estas rechazadas reformas, se buscaba acentuar el carácter político de la Fuerza Armada y el militarismo del Estado, que la propia Constitución de 1999 ya había iniciado, al desaparecer del texto constitucional "el carácter apolítico y no deliberante" de la Fuerza Armada, que establecía el artículo 132 de la Constitución de 1961; la obligación esencial que tenía la Fuerza Armada Nacional, conforme a ese mismo artículo, de asegurar "la estabilidad de las instituciones democráticas y el respeto a la Constitución y las leyes, cuyo acatamiento estará siempre por encima de cualquier otra obligación"; la tradicional prohibición de que la autoridad militar y la civil no podían ejercerse simultáneamente, que establecía el artículo 131 de la Constitución de 1961; y el control por parte de la Asamblea Nacional respecto de los ascensos de los militares de alta graduación (Art. 331, C. 1961).

V. LOS RECHAZADOS CAMBIOS CONSTITUCIONALES EN LA CONSTITUCIÓN ECONÓMICA

Uno de los componentes normativos esenciales de toda Constitución contemporánea, es la llamada *Constitución Económica,* que deriva de los principios constitucionales que guían el régimen de las relaciones económicas y el papel que, en las mismas, corresponde a la iniciativa privada y al propio Estado, y que, conforme al constitucionalismo desarrollado desde mitades del siglo pasado, está montada sobre un modelo económico de economía mixta, basado en el principio de la libertad como opuesto al de economía dirigida, similar al que existe en todos los países occidentales. Este sistema económico, por tanto, se fundamenta en la libertad económica, la iniciativa privada y la libre competencia, pero con la participación del Estado como promotor del desarrollo económico, regulador de la actividad económica y planificador con la participación de la sociedad civil.

Conforme a esa orientación, la Constitución de 1999 establece un sistema económico de economía mixta, es decir, de economía social de mercado que se fundamenta en la libertad económica, pero que debe desenvolverse conforme a principios de justicia social, que requiere de la intervención del Estado. Ese régimen socioeconómico, conforme al artículo 299 de la Constitución de 1999, se fundamenta en los siguientes principios: justicia social, democratización, eficiencia, libre competencia, protección del ambiente, productividad y solidaridad, con el fin de asegurar el desarrollo humano integral y una existencia digna y provechosa para la colectividad. Por ello, el mismo artículo constitucional dispone, expresamente, que el Estado, "conjuntamente con la iniciativa privada", debe promover:

> "el desarrollo armónico de la economía nacional, con el fin de generar fuentes de trabajo, alto valor agregado nacional, elevar el nivel de vida de la población y fortalecer la soberanía económica del país, garantizando la seguridad jurídica, solidez, dinamismo, sustentabilidad, permanencia, equidad del crecimiento de la economía, para garantizar una justa distribución de la riqueza mediante una planificación estratégica democrática, participativa y de consulta abierta."

Como lo precisó la Sala Constitucional del Tribunal Supremo de Justicia en sentencia N° 117, de 6 de febrero de 2001, se trata de "un sistema socioeconómico intermedio entre la economía de libre mercado (en el que el Estado funge como simple programador de la economía, dependiendo ésta de la oferta y la demanda de bienes y servicios) y la economía interventora (en la que el Estado interviene activamente como el "empresario mayor")", conforme al cual, el texto constitucional promueve "expresamente la actividad económica conjunta del Estado y de la iniciativa privada en la persecución y concreción de los valores supremos consagrados en la Constitución"; tratando de alcanzar "el equilibrio de todas las fuerzas del mercado y la actividad conjunta del Estado e iniciativa privada". Conforme a este sistema, dijo además la Sala Constitucional en esa sentencia, la Constitución: "propugna una serie de valores normativos superiores del régimen económico, consagrando como tales la libertad de empresa en el marco de una economía de mercado y fundamentalmente el del Estado Social de Derecho (*Welfare State*, Estado de Bienestar o Estado Socialdemócrata), esto es un Estado social opuesto al autoritarismo".[1538]

La aplicación práctica de ese modelo constitucional, en todo caso, ha provocado el desarrollo de una economía basada en la libertad económica y la iniciativa privada, pero con una intervención importante y necesaria del Estado para asegurar los principios de justicia social que constitucionalmente deben orientar el régimen económico; lo que se ha acrecentado por el hecho de ser el Estado, el titular desde siempre del dominio público sobre el subsuelo.

Con el rechazado proyecto de reforma constitucional de 2007, se pretendía cambiar radicalmente este modelo, acentuando el desequilibrio existente entre lo público y lo privado, buscando transformarlo en un sistema de economía estatal, de

---

1538 Esos valores aludidos conforme a la doctrina de la Sala Constitucional "se desarrollan mediante el concepto de libertad de empresa, que encierra, tanto la noción de un derecho subjetivo 'a dedicarse libremente a la actividad económica de su preferencia', como un principio de ordenación económica dentro del cual se manifiesta la voluntad de la empresa de decidir sobre sus objetivos. En este contexto, los poderes públicos cumplen un rol de intervención, la cual puede ser directa (a través de empresas) o indirecta (como ente regulador del mercado)". Véase en *Revista de Derecho Público,* N° 85-88, Editorial Jurídica Venezolana, Caracas 2001, pp. 212-218.

planificación centralizada, propia de un Estado y economía socialista, donde desaparecía la libertad económica y el derecho de propiedad como derechos constitucionales.

1. *El rechazo a la propuesta de reforma para eliminar la libertad económica*

El artículo 112 de la Constitución establece como uno de los principios fundamentales del sistema constitucional el derecho de todas las personas de poder dedicarse libremente a la actividad económica de su preferencia, sin más limitaciones que las previstas en la Constitución y las que establezcan las leyes, por razones de desarrollo humano, seguridad, sanidad, protección del ambiente u otras de interés social, a cuyo efecto, el Estado está obligado a promover:

> "la iniciativa privada, garantizando la creación y justa distribución de la riqueza, así como la producción de bienes y servicios que satisfagan las necesidades de la población, la libertad de trabajo, empresa, comercio, industria, sin perjuicio de su facultad para dictar medidas para planificar, racionalizar y regular la economía e impulsar el desarrollo integral del país."

Con la rechazada propuesta de reforma constitucional de 2007, en cambio, se buscaba eliminar este derecho y la libertad económica, es decir, se pretendía quitarle rango constitucional, buscando sustituir esta norma por otra en la cual lo que se establecía era la definición de una política estatal para promover:

> "el desarrollo de un modelo económico productivo, intermedio, diversificado e independiente, fundado en los valores humanísticos de la cooperación y la preponderancia de los intereses comunes sobre los individuales, que garantice la satisfacción de las necesidades sociales y materiales del pueblo, la mayor suma de estabilidad política y social y la mayor suma de felicidad posible."

Agregando, además, que el Estado

> "fomentará y desarrollará distintas formas de empresas y unidades económicas de propiedad social, tanto directa o comunal como indirecta o estatal, así como empresas y unidades económicas de producción o distribución social, pudiendo ser éstas de propiedad mixta entre el Estado, el sector privado y el poder comunal, creando las mejores condiciones para la construcción colectiva y cooperativa de una economía socialista."

Es decir, en un artículo como el 112, ubicado en el Capítulo Constitucional sobre los derechos económicos, se buscaba eliminar el derecho al libre ejercicio de las actividades económicas y la propia libertad económica, lo que era contrario al principio de la progresividad en materia de derechos humanos y constitucionales que garantiza el artículo 19 de la Constitución.

Con la eliminación de este derecho, como derecho constitucional, lo que en definitiva se pretendía era desaparecer las garantías constitucionales al mismo y, en particular, la desaparición de la garantía de la reserva legal, es decir, que las limitaciones o restricciones al derecho sólo pueden establecerse mediante ley formal emanada de la Asamblea Nacional, y no mediante decretos reglamentarios del Ejecutivo.

Además, con la rechazada reforma constitucional, respecto del artículo 299, se buscaba eliminar de la Constitución, como fundamentos del sistema económico, los principios de justicia social, libre competencia, democracia y productividad y, en su lugar, se buscaban establecer, entre otros, los principios socialistas, antiimperialistas, humanistas, con el fin de asegurar el desarrollo humano integral y una existencia digna y provechosa para la colectividad. Por otra parte, la garantía del desarrollo armónico de la economía no se asignaba "al Estado conjuntamente con la iniciativa privada", como dispone la Constitución de 1999, sino "al Estado conjuntamente con la iniciativa comunitaria, social y personal".

Por otra parte, con la rechazada reforma constitucional, se buscaba cambiar radicalmente el régimen de la actividad económica, buscándose establecer, en el artículo 113, una serie de limitaciones a la misma que iban mucho más allá de la restricción de los monopolios y la posición dominante de empresas, privilegiándose la economía estatal y los medios de producción socialista, proponiéndose agregar a la norma que, en general, "no se permitirán actividades, acuerdos, prácticas, conductas y omisiones de los y las particulares que vulneren los métodos y sistemas de producción social y colectiva con los cuales se afecte la propiedad social y colectiva o impidan o dificulten la justa y equitativa concurrencia de bienes y servicios", con lo cual hubiera quedado en manos del Estado la suerte de cualquier actividad económica particular.

2. *El rechazo a la propuesta de reforma para eliminar la propiedad privada*

Por otra parte, otro de los pilares fundamentales de la Constitución de 1999, además de la libertad económica, es la garantía del derecho de propiedad privada, al que, conforme al artículo 115 de la Constitución de 1999, se le concibe como el derecho que tiene toda persona "al uso, goce, disfrute y disposición de sus bienes", aun cuando sea sometida a "las contribuciones, restricciones y obligaciones que establezca la ley con fines de utilidad pública o de interés general". Dicha garantía implica que "sólo por causa de utilidad pública o interés social, mediante sentencia firme y pago oportuno de justa indemnización, podrá ser declarada la expropiación de cualquier clase de bienes".

Con el rechazado proyecto de reforma constitucional de 2007, se buscaba cambiar radicalmente el régimen de la propiedad privada, la cual se eliminaba como derecho constitucional, y quedaba materialmente reducida a la que pudiera existir sobre los bienes de uso, consumo y medios de producción legítimamente adquiridos, quedando, por tanto, minimizada y marginalizada en relación con la propiedad pública.[1539]

Además, con la rechazada reforma constitucional, se pretendía eliminar la garantía de la propiedad, al proponerse eliminar la exigencia de que "sólo" mediante expropiación podía extinguirse la propiedad como se ha establecido siempre en el ordenamiento constitucional, lo que abría la vía para que, por ley, se pudieran establecer otras formas de extinción de la propiedad.

1539 Sobre esto, el magistrado Jesús Eduardo Cabrera, en el Voto salvado a la sentencia Nº 2042 de la Sala Constitucional de 2 de noviembre de 2007 en la cual se declaró inadmisible un amparo constitucional ejercido contra el Presidente de la República y la Asamblea Nacional, con motivo de la inconstitucional "reforma constitucional", sostuvo lo siguiente: "El artículo 113 del Proyecto, plantea un concepto de propiedad que se adapta a la propiedad socialista, y que es válido, incluso, dentro del Estado Social; pero al limitar la propiedad privada sólo sobre bienes de uso, es decir aquellos que una persona utiliza (sin especificarse en cuál forma); o de consumo, que no es otra cosa que los fungibles, surge un cambio en la estructura de este derecho que dada su importancia, conduce a una transformación de la estructura del Estado. Los alcances del derecho de propiedad dentro del Estado Social, ya fueron reconocidos en fallo de esta Sala de 20 de noviembre de 2002, con ponencia del magistrado Antonio García García".

3. *El rechazo a la propuesta de reforma para eliminar la autonomía del Banco Central de Venezuela y concentrar en el Presidente de la República el manejo del régimen fiscal y económico del Estado*

En materia del régimen fiscal, por primera vez en el constitucionalismo venezolano, en la Constitución de 1999, se incorporaron un conjunto de normas relativas al Banco Central de Venezuela y a la política macroeconómica del Estado (Arts. 318 a 321), atribuyéndosele en particular, al Banco Central de Venezuela, dotado de autonomía, el ejercicio de las competencias monetarias del Poder Nacional para formular y ejecutar la política monetaria, participar en el diseño y ejecutar la política cambiaria, regular la moneda, el crédito y las tasas de interés, administrar las reservas internacionales, y todas aquellas que establezca la ley.

Con el rechazado proyecto de reforma constitucional sancionado en noviembre de 2007 se buscaba cambiar total y radicalmente el régimen de la política monetaria y del Banco Central de Venezuela, eliminándosele sus competencias y su autonomía, y estableciendo su total dependencia directa respecto del Ejecutivo Nacional. A tal efecto, en el artículo 318 se buscaba precisar que "El sistema monetario nacional debe propender al logro de los fines esenciales del Estado Socialista y el bienestar del pueblo, por encima de cualquier otra consideración", y las competencias para fijar las políticas monetarias del Poder Nacional y ejercer las competencias monetarias del Poder nacional que la Constitución de 1999 asigna "exclusivamente" al Banco Central de Venezuela, se proponía que se atribuyeran al "Ejecutivo Nacional, a través del Banco Central de Venezuela en estricta y obligatoria coordinación". Como consecuencia de esas propuestas de reforma, rechazadas popularmente, también se propuso establecer la naturaleza totalmente dependiente, jerárquicamente, del Banco Central de Venezuela, como "ente del Poder Ejecutivo Nacional", eliminándose formalmente la autonomía del Banco Central, a proponer que la norma constitucional dijera que "es persona de derecho público sin autonomía para la formulación y el ejercicio de las políticas correspondientes", agregándose que "sus funciones estarán supeditadas a la política económica general y al Plan Nacional de Desarrollo de la Nación para alcanzar los objetivos superiores del Estado Socialista y la mayor suma de felicidad posible para todo el pueblo".

Además, en la rechazada reforma constitucional, se buscaba quitarle al Banco Central de Venezuela la competencia de "administrar las reservas internacionales" y, en su lugar, se pretendía establecer, que "las reservas internacionales de la República serán manejadas por el Banco Central de Venezuela, bajo la administración y dirección del Presidente o Presidenta de la República, como administrador o administradora de la Hacienda Pública Nacional".

Por último, en la rechazada reforma constitucional se buscaba eliminar del artículo 320 de la Constitución la previsión de que "en el ejercicio de sus funciones, el Banco Central de Venezuela no estará subordinado a directivas del Poder Ejecutivo y no podrá convalidar o financiar políticas fiscales deficitarias", eliminándose la necesidad de que la actuación coordinada del Poder Ejecutivo y del Banco Central de Venezuela se debe realizar "mediante un acuerdo anual de políticas", en el cual se deben establecer "los objetivos finales de crecimiento y sus repercusiones sociales, balance externo e inflación, concernientes a las políticas fiscal, cambiaria y monetaria; así como los niveles de las variables intermedias e instrumentales requeridos para alcanzar dichos objetivos finales", buscándose eliminar todo principio de coordinación entre el Ejecutivo Nacional y el Banco Central, el cual, como se dijo, ha quedado sin autonomía, como un brazo ejecutor dependiente del Ejecutivo y de lo que éste disponga.

En la rechazada reforma constitucional, además, se buscaba eliminar la existencia del Fondo de Estabilización Macroeconómica, y en su lugar, lo que se proponía era la atribución del Presidente de la República de establecer "en coordinación con el Banco Central de Venezuela y al final de cada año, el nivel de las reservas necesarias para la economía nacional, así como el monto de las reservas excedentarias" con la propuesta de indicar que las mismas se debían destinar "a fondos que disponga el Ejecutivo Nacional para inversión productiva, desarrollo e infraestructura, financiamiento de las misiones y, en definitiva, el desarrollo integral, endógeno, humanista y socialista de la Nación".

VI. LOS RECHAZADOS CAMBIOS CONSTITUCIONALES REGRESIVOS AL RÉGIMEN DE LOS DERECHOS CONSTITUCIONALES

En materia de derechos constitucionales, dejando aparte las propuestas de reforma sobre derechos sociales, las cuales pueden implementarse mediante ley y no requerían reforma constitucional alguna, respecto de los derechos individuales, en cambio, la rechazada propuesta de reforma constitucional tenía un notable carácter regresivo, completamente contrario a dicho principio de la progresividad, por lo que de haber sido aprobadas se hubiera configurado al Estado como un Estado policial y represivo.

En particular, en cuanto al régimen de los estados de excepción derivados de circunstancias excepcionales que pueden originar situaciones que afecten gravemente la seguridad de la Nación, de las instituciones y de las personas, y que pueden ameritar la adopción de medidas político-constitucionales para afrontarlas (Art. 337), la rechazada reforma constitucional buscaba cambiar radicalmente las previsiones sobre los mismos, ampliándose incluso sus categorías (Art. 338), al buscar eliminar los límites temporales que pueden tener los estados de excepción y que, conforme a la Constitución, no pueden ser superiores a 90 días. En su lugar, en la rechazada reforma constitucional se buscaba disponer que los estados de excepción debían durar "mientras se mantengan las causas que los motivaron", lo que de haberse aprobado, los hubiera podido convertir en estados de excepción de duración ilimitada, y en todo caso, de duración sujeta a la sola discreción del Presidente de la República, con lo cual además, la Asamblea Nacional hubiera perdido la potestad que le daba el artículo 338 de la Constitución de 1999, de aprobar o negar la prórroga de los estados de excepción.

En esta materia de los "estados de excepción", una de las reformas de mayor interés de la Constitución de 1999 fue la eliminación de la posibilidad de que en los casos de estados de excepción, se pudieran "suspender" las garantías constitucionales como lo había autorizado la Constitución de 1961, lo cual dio origen a muchos abusos institucionales, reduciendo la potestad de excepción a la sola posibilidad de "restringir" (Art. 236,7) temporalmente las garantías constitucionales. Mediante la rechazada reforma constitucional, en una forma asombrosamente regresiva, en cambio, se buscaba establecer la posibilidad de que, por decisión del Presidente de la República, no sólo se pudieran "restringir" las garantías constitucionales, sino, más grave aún, que se pudieran "suspender" dichas garantías (Art. 337), lo cual es inadmisible en una sociedad democrática, por lo que fue expresamente eliminado cuando se sancionó la Constitución de 1999.

Por otra parte, en la Constitución de 1999, entre las garantías consagradas en la Constitución que no pueden ser afectadas en los estados de excepción por decisión ejecutiva, están "las referidas a los derechos a la vida, prohibición de incomunicación o tortura, el derecho al debido proceso, el derecho a la información y los demás derechos humanos intangibles". En cambio, en la rechazada reforma constitucional, en franca violación del principio de progresividad en materia de derechos humanos, se buscaba reducir los derechos y garantías que no podían ser suspendidos mediante una enumeración engañosa con el siguiente texto: "las referidas al derecho a la vida, la prohibición de tortura, la incomunicación, la desaparición forzosa, el derecho a la defensa, a la integridad personal, a ser juzgado o juzgada por sus jueces naturales y no ser condenado o condenada a penas que excedan los treinta años". `

VII. LA IRREGULAR Y FRAUDULENTA IMPLEMENTACIÓN DE MUCHAS DE LAS RECHAZADAS REFORMAS CONSTITUCIONALES DE 2007 MEDIANTE LEYES Y DECRETOS LEYES

Tan pronto fue rechazada por el pueblo la Reforma Constitucional de 2007, el Presidente de la República y los directivos de la Asamblea Nacional anunciaron que a pesar de ello implementarían las reformas rechazadas, mediante leyes y decretos leyes, lo que efectivamente ha ocurrido en muchas áreas.

En particular muchas de las rechazadas reformas constitucionales fueron ilegítima y fraudulentamente implementadas mediante decretos leyes dictados por el Presidente de la República en ejecución de la Ley que Autoriza al Presidente de la República para Dictar Decretos con Rango, Valor y Fuerza de Ley, en las materias que se Delegan,"[1540] la cual había sido sancionada coetáneamente con el anuncio presidencial de iniciar el proceso de reforma constitucional de 2007. Como este resultó rechazado por el pueblo, dicha ley de delegación legislativa fue el instrumento utilizado para implementar fraudulentamente muchas de las reformas rechazadas,[1541] particularmente en el área económico y social para estructurar un Estado Socialista centralizado.

Ello, incluso se había comenzado a realizar en ejecución de dicha ley de delegación legislativa con el Decreto Ley N° 5841 de 12 de junio de 2007[1542] mediante el cual se dictó la Ley Orgánica de Creación de la Comisión Central de Planificación, la cual constituyó el primer acto estatal formal con el que se comenzó la construc-

---

1540 *Gaceta Oficial* 38.617, de fecha 1° de febrero de 2007

1541 Véanse los trabajos de Lolymar Hernández Camargo, "Límites del poder ejecutivo en el ejercicio de la habilitación legislativa: Imposibilidad de establecer el contenido de la reforma constitucional rechazada vía habilitación legislativa," en *Revista de Derecho Público*, N° 115 *(Estudios sobre los Decretos Leyes),* Editorial Jurídica venezolana, Caracas 2008, pp. 51 ss.; Jorge Kiriakidis, "Breves reflexiones en torno a los 26 Decretos-Ley de Julio-Agosto de 2008, y la consulta popular refrendaria de diciembre de 2007", *Idem,* pp. 57 ss.; y José Vicente Haro García, Los recientes intentos de reforma constitucional o de cómo se está tratando de establecer una dictadura socialista con apariencia de legalidad (A propósito del proyecto de reforma constitucional de 2007 y los 26 decretos leyes del 31 de julio de 2008 que tratan de imponerla)", *Idem*, pp. 63 ss.

1542 *Gaceta Oficial* N° 5.841 Extraordinaria del 22 de junio de 2007.

ción de un Estado Socialista.[1543] Posteriormente, luego de rechazada la reforma constitucional en el referendo realizado el 2 de diciembre de 2007, en ejecución de dicho Decreto Ley, la Asamblea Nacional aprobó el 13 de diciembre de 2007, al adoptar el *Plan de Desarrollo Económico y Social de la Nación 2007-2013* en ejecución de lo establecido en el artículo 32 del Decreto con Fuerza de Ley Orgánica de Planificación, en el cual se establecieron las bases de un "sistema de planificación, producción y distribución orientado hacia el socialismo, donde lo relevante es el desarrollo progresivo de la propiedad social sobre los medios de producción". A tal efecto, las propuestas de la rechazada Reforma Constitucional de 2007, que buscaban atribuir al Estado la facultad de controlar y asumir sectores de la producción agrícola, pecuaria, pesquera y acuícola, en particular la producción de alimentos, se materializaron en el Decreto Ley de Ley Orgánica de Seguridad y Soberanía Agroalimentaria[1544] en la cual se atribuye al Estado no sólo autorizar la importación de alimentos, sino priorizar su producción, y además asumir directamente las actividades de distribución e intercambio de los mismos.

En la misma orientación, el Decreto Ley N° 6.130 de 03 junio de 2008, de Ley para el fomento y desarrollo de la economía popular, regula el "modelo socioproductivo comunitario", con diversas formas de organizaciones socioproductivas siguiendo el modelo socialista[1545]. En igual orientación abiertamente socialista se dictó el Decreto Ley sobre la Ley para la Defensa de las Personas en el Acceso a los Bienes y Servicios que derogó la Ley de Protección al Consumidor y al Usuario,[1546] con el objeto de regular toda la cadena de comercialización y todos los ámbitos económicos en materia de bienes y servicios, ampliando excesivamente las facultades del Estado al punto de poder efectuar confiscaciones de bienes y servicios.

En cuanto a las reformas en la democracia representativa para eliminarla del nivel local, tal y como se buscaba generalizar en la reforma constitucional rechazada de 2007, como se dijo, las mismas ya se habían comenzado a efectuar con la sanción en 2006 de la Ley de los Consejos Comunales,[1547] como unidades u organizaciones sociales no electas mediante sufragio universal, directo y secreto y sin autonomía territorial, supuestamente dispuestos para canalizar la participación ciudadana, pero conforme a un sistema de conducción centralizado desde la cúspide del Poder Ejecutivo Nacional.

En cuanto a la eliminación del principio descentralizador como pilar fundamental del constitucionalismo venezolano, que con la reforma constitucional rechazada de 2007 se buscaba desmantelar completamente, minimizándose la forma Federal del Estado, mediante la centralización de competencias que eran de los Estados, la crea-

---

1543 Véase Allan R. Brewer-Carías, "Comentarios sobre la inconstitucional creación de la Comisión Central de Planificación, centralizada y obligatoria", *Revista de Derecho Público*, N° 110, (abril-junio 2007), Editorial Jurídica Venezolana, Caracas 2007, pp. 79-89.

1544 *Gaceta Oficial* N° 5.889 Extraordinaria con fecha 31 de julio de 2008.

1545 *Gaceta Oficial* N° 5.890 Extraordinaria de 31 julio de 2008.

1546 *Gaceta Oficial* N° 37.930 del 4 de mayo de 2004.

1547 Ley de Consejos Comunales, *Gaceta Oficial,* N° 5806 *Extraordinario,* 10-04-2006. Véase Allan R. Brewer-Carías, "El inicio de la desmunicipalización en Venezuela: La organización del Poder Popular para eliminar la descentralización, la democracia representativa y la participación a nivel local", en *AIDA, Opera Prima de Derecho Administrativo. Revista de la Asociación Internacional de Derecho Administrativo*, Universidad Nacional Autónoma de México, México, 2007, pp. 49 a 67 ción de órganos administrativos creados y dirigidos por el Ejecutivo Nacional, la atribución al Presidente de la República para intervenir en los asuntos regionales y locales; y el vaciamiento adicional de las competencias estadales y municipales mediante su transferencias a los consejos comunales. Para implementar estas reformas, no sólo se ha puesto en ejecución el último de los aspectos señalados obligando a Estados y Municipios de transferir sus competencias a entes locales controlados por el Poder Central (Consejos Comunales), sino que mediante el Decreto Ley N° 6.217 de 15 de julio de 2008, sobre la Ley Orgánica de la Administración Pública,[1548] que ahora se aplica directamente a las Administraciones Públicas Nacional, Estadal y Municipal, al poner en ejecución el principio de planificación centralizada, las somete todas a lo que defina el Ejecutivo Nacional a través de la Comisión Central de Planificación. Esta Ley, además, atribuye al Presidente de la República, como se propuso en la rechazada reforma constitucional de 2007, la faculta de designar Autoridades Regionales que tendrían la función de planificación, ejecución, seguimiento y control de las políticas, planes y proyectos de ordenación y desarrollo del territorio aprobado conforme a la planificación centralizada.

En cuanto al sistema de distribución territorial de competencias entre el nivel nacional y el nivel estadal, la propuesta de reforma constitucional de 2007 perseguía eliminar la competencia "exclusiva" atribuida a los Estados en el artículo 164,10 de la Constitución en materia de "La conservación, administración y aprovechamiento de carreteras y autopistas nacionales, así como de puertos y aeropuertos de uso comercial, en coordinación con el Poder Nacional." En este caso, la fraudulenta implementación de la rechazada reforma correspondió hacerlo a la Sala Constitucional del Tribunal Supremo de Justicia, al decidir un recurso de interpretación introducido por el Procurador General de la República en representación del Ejecutivo Nacional, mediante la sentencia N° 565 de 15 de abril de 2008[1549], en la cual, pura y simplemente "modificó" el contenido de esta norma constitucional y dispuso, mutándola, como interpretación vinculante de la misma, que esa "competencia exclusiva" *no es tal competencia exclusiva*, sino una competencia "concurrente" y que, incluso, el Poder Nacional podía revertir a su favor la materia "descentralizada" eliminando toda competencia de los Estados. Aun cuando sobre ello se comenta en el próximo Capítulo, es de destacar que por el trastocamiento al orden jurídico que la sentencia provocaba, la Sala Constitucional instó a la Asamblea Nacional a dictar la legislación acorde con la "reforma" constitucional que efectuaba, lo cual efectivamente originó en marzo de 2009, la reforma de la Ley Orgánica de Descentralización, Delimitación y Transferencia de Competencias del Poder Público,[1550] a los efectos de eliminar las competencias exclusivas de los Estados establecidas en los ordinales 3 y 5 del artículo 11 de dicha Ley, agregando dos nuevas normas que autorizan al Ejecutivo Nacional, para revertir la transferencia de las competencias a los Estados (Art. 8); y decretar la intervención de bienes y servicios públicos transferidos a los Esta-

---

1548 *G.O.* Extra N° 5.890 de 31-07-2008. Véase Allan R. Brewer-Carías, "El sentido de la reforma de la Ley Orgánica de la Administración Pública", *Revista de Derecho Público*, N° 115, EJV, Caracas 2008, pp. 155 ss.

1549 *Cfr.* Sentencia de la Sala Constitucional N° 565, Caso *Procuradora General de la República*, recurso de interpretación del artículo 164.10 de la Constitución de 1999 de fecha 15 de Abril de 2008, en http://www.tsj.gov.ve/decisiones/scon/Abril/565-150408-07-1108.htm.

1550 *Gaceta Oficial* N° 39 140 del 17 de marzo de 2009.

dos en la materia (Art. 9). Con ello se completó el fraude constitucional dispuesto por la Sala Constitucional, trastocándose el régimen federal.[1551]

En la misma orientación centralista, mediante la rechazada Reforma Constitucional de 2007 se buscaba eliminar como entidad político territorial dentro de la forma federal del Estado, al Distrito Capital donde tienen su sede los Poderes nacionales, y recrear la desaparecida figura del "Distrito Federal" como entidad totalmente dependiente del Poder Nacional, en particular del Presidente de la república, sin gobierno propio. Esto último, rechazada la reforma constitucional se ha hecho en fraude a la Constitución, mediante la sanción por la Asamblea Nacional en abril de 2009 de la Ley Especial Sobre la Organización y Régimen del Distrito Capital[1552], mediante la cual, lejos de haber establecido una organización democrática de una entidad política de la Republica, lo ha regulado como una dependencia del Poder Nacional, con ámbito territorial según se indica en el artículo 4 igual al que "correspondían al extinto Distrito Federal a la fecha de entrada en vigencia de la Constitución de la República Bolivariana de Venezuela y que comprende el territorio del actual Municipio Bolivariano Libertador." Conforme a esta Ley, el Distrito Capital ahora y contrariando la Constitución, no tiene autoridades propias de gobierno, sino que es gobernada por el Poder Nacional mediante, un "régimen especial ... de gobierno" que consiste en que el ejercicio de la función legislativa en el Distrito esta a cargo de la Asamblea Nacional, y que el órgano ejecutivo es ejercido por un Jefe de Gobierno (Art. 3), el cual de acuerdo con el artículo 7 de la Ley Especial es "de libre nombramiento y remoción" por parte del Presidente de la República, con lo que en el mismo territorio del Municipio Libertador se le ha superpuesto una estructura nacional, mediante una Ley nacional, totalmente inconstitucional.

Otra de las reformas constitucionales que fueron rechazadas por el pueblo, se refirieron al ámbito militar y buscaban transformar la Fuerza Armada Nacional en una Fuerza Armada Nacional Bolivariana, y entre otros aspectos, agregando al Ejercito Nacional Bolivariano, la Armada Nacional Bolivariana, la Aviación Nacional Bolivariana y la Guardia Nacional Bolivariana, un nuevo componente que era la Milicia Nacional Bolivariana. Todo ello, a pesar del rechazo popular a la reforma, se ha hecho mediante el Decreto Ley sobre la Ley Orgánica de la Fuerza Armada Nacional,[1553] mediante el cual efectivamente, la Fuerza Armada Nacional como se la denomina en la Constitución ahora se llama Fuerza Armada Nacional Bolivariana sujeta a la doctrina militar bolivariana, y se creó la Milicia Nacional Bolivariana como órgano de apoyo de la Fuerza Armada Nacional Bolivariana, todo conforme se había propuesto en la rechazada reforma constitucional.

1551 Véase Allan R. Brewer-Carías, "La Sala Constitucional como poder constituyente: la modificación de la forma federal del estado y del sistema constitucional de división territorial del poder público, en *Revista de Derecho Público*, N° 114, (abril-junio 2008), Editorial Jurídica Venezolana, Caracas 2008, pp. 247-262.

1552 *Gaceta Oficial* N° 39.156 de 13 de abril de 2009.

1553 Decreto Ley N° 6.239, sobre la Ley Orgánica de la Fuerza Armada Nacional Bolivariana, en *Gaceta Oficial* N° 5.891 Extra. de 31-07-2008.

SEXTA PARTE:

LA "ENMIENDA CONSTITUCIONAL" DE 2009 PARA PERMITIR LA REELECCIÓN CONTINUA E INDEFINIDA, APROBADA EN FRAUDE A LA CONSTITUCIÓN, CON LA ANUENCIA DEL JUEZ CONSTITUCIONAL

Una de las reformas constitucionales rechazadas en 2007 había sido la propuesta presidencial aprobada por la Asamblea Nacional tendiente a eliminar el límite constitucionalmente que imponía el artículo 230 de la Constitución para la reelección del Presidente de la República, al prever que sólo podía ser "reelegido de inmediato y por una sola vez, para un nuevo período," conforme al principio de la alternabilidad republicana establecido, como principio de gobierno, en el artículo 6 de la misma Constitución.

A pesar de la voluntad popular expresada en el referendo de diciembre de 2007, rechazando tal propuesta de reforma constitucional, un año después en diciembre de 2008, la Asamblea Nacional tomó la iniciativa de elaborar y proponer no otra "reforma constitucional" sino una "enmienda constitucional" para reformar el mismo artículo 230 de la Constitución. Ante la discusión y rechazo que suscitó la propuesta, que significada volver a someter en el mismo período constitucional al voto popular, como "enmienda," la misma propuesta de modificación de la Constitución que ya había sido rechazada como "reforma", contrariando el espíritu de la prohibición que establece el artículo 345 de la Constitución,[1554] la Asamblea decidió en enero de 2009 extender la propuesta de "enmienda constitucional" no sólo respecto del artículo 350 de la Constitución, sino de los artículos 160, 162, 174, 192 del texto fundamental en los cuales también se establecía la restricción para la reelección, para también eliminarla respecto de los Gobernadores de Estado, de los miembros de los Consejos Legislativos de los Estados, de los Alcaldes municipales, y de los diputados a la Asamblea Nacional. En esta forma, el principio de la alternabilidad republicana que establece el artículo 6 de la Constitución como principio pétreo, quedaba materialmente eliminado en relación con todos los cargos de elección popular.

La "enmienda constitucional" se aprobó por la Asamblea nacional y se sometió al Consejo Nacional Electoral para la convocatoria del referendo aprobatorio que se fijó para el 15 de febrero de 2009.

Sin embargo, sobre ello había objeciones constitucionales importantes que debieron previamente dilucidarse, en particular, primero, sobre la posibilidad de utilizar la vía de la "enmienda" constitucional para obviar la prohibición constitucional de volver someter a consulta popular, en un mismo período constitucional, una "reforma" ya rechazada por el pueblo; y segundo, sobre la posibilidad de utilizar la vía de la

1554 Artículo 345 "...La iniciativa de reforma constitucional que no sea aprobada no podrá presentarse de nuevo en un mismo período constitucional a la Asamblea Nacional."

"enmienda" para modificar uno de los principios pétreos del constitucionalismo venezolano como lo había sido el de la alternabilidad republicana.

Esas dudas fueron diligentemente resueltas por la Sala Constitucional del Tribunal Supremo de Justicia en decisión No 53 de 3 de febrero de 2009,[1555] dictada precisamente con el objeto de allanar el camino constitucional para la realización del referendo aprobatorio.[1556] Como se dijo, este se realizó el 15 de febrero de 2009, habiéndose aprobado el proyecto de Enmienda Constitucional relativa a los artículos 160, 162, 174, 192 y 230 de la Constitución, estableciéndose en Venezuela, al contrario de la tradición constitucional anterior, el principio de la posibilidad de reelección continua e inmediata de cargos electivos, eliminando el principio constitucional de la alternabilidad republicana (Art. 6), y violando la prohibición constitucional de realizar una consulta popular sobre modificaciones a la Constitución ya rechazadas por el pueblo en un mismo período constitucional (Art. 345).

Por ello, dos temas precisos se sometieron a la interpretación de la Sala Constitucional en un recurso de interpretación que se había introducido el 11 de diciembre de 2008:

Primero, determinar si la prohibición constitucional establecida para someter a consulta popular una modificación constitucional ya rechazada popularmente en un mismo período constitucional también se aplica, cuando se somete la misma modificación a referendo por vía de Enmienda Constitucional, en el mismo período constitucional.

Segundo, determinar si la Enmienda de 2008-2009 que buscó establecer el principio de la reelección indefinida para cargos electivos, alteraba el principio de la "alternabilidad" del gobierno que el artículo 6 de la Constitución establece como un principio fundamental, que además es de carácter pétreo ("El gobierno **es y será siempre**... alternativo...), y que es común en los sistemas presidenciales de gobierno.[1557]

I. PRECISIÓN SOBRE LA DISTINCIÓN ENTRE ENMIENDA CONSTITUCIONAL Y REFORMA CONSTITUCIONAL

Para entender adecuadamente la sentencia, hay que tener presente los elementos comunes y de distinción entre los procedimientos de *Enmienda Constitucional y la Reforma Constitucional.*

Ambos procedimientos de modificación de la Constitución tienen en común", por una parte, que mediante ellos no se puede alterar o modificar la estructura y principios fundamentales de la Constitución (Arts. 340 y 342). Ello sólo puede

1555 Véase la sentencia Nº 53, de la Sala Constitucional de 2 de febrero de 2009 (Caso: *Interpretación de los artículos 340,6 y 345 de la Constitución*), en http:/www.tsj.gov.ve/decisions/scon/Febrero/53-3209-2009-08-1610.html

1556 Véanse los comentarios en Allan R. Brewer-Carías, "El Juez Constitucional vs. la alternabilidad republicana (La reelección continua e indefinida)," en *Revista de Derecho Público*, No. 117, enero marzo 2009, Editorial Jurídica Venezolana, Caracas 2009, pp. 205-214.

1557 Las restricciones a la reelección presidencial son tradicionales en los sistemas presidenciales de gobierno, como son los de América Latina, y no en los sistemas parlamentarios como los que existen en Europa. Véase, Allan R. Brewer-Carías, *Reflexiones sobre la Revolución Norteamericana (1776), la Revolución Francesa (1789) y la Revolución Hispanoamericana (1810-1830) y sus aportes al constitucionalismo moderno*, Universidad Externado de Colombia, Bogotá 2008, pp. 106 ss.

hacerse mediante el procedimiento de la Asamblea Nacional Constituyente (Art. 347).

Por la otra, también tienen en común que ambos procedimientos requieren de aprobación popular mediante referendo para que la modificación tenga vigencia. En la Constitución no se regula poder constituyente "derivado" alguno. Solo hay un "poder constituyente originario" que es el pueblo, el cual tiene que aprobar por referendo tanto la Enmienda como la Reforma Constitucional, o la convocatoria a Asamblea nacional Constituyente.

La Asamblea Nacional y los órganos que tienen la iniciativa de Enmienda y de Reforma Constitucional, sólo coadyuvan en el proceso de modificación constitucional, pero no son "poder constituyente derivado".

En cuanto a la distinción entre la Enmienda Constitucional y la Reforma Constitucional, la misma existe, en primer lugar en cuanto al alcance del procedimiento de modificación:

La Enmienda Constitucional tiene por objeto la adición o modificación de artículos de la Constitución (no la supresión de ellos).

En cambio, la Reforma Constitucional tiene por objeto la revisión parcial y sustitución de artículos, siempre que no se afecten, como se dijo, los principios y la estructura fundamental del texto (Arts. 340, 342).

En segundo lugar, la otra distinción entre la Enmienda y la Reforma Constitucional se refiere a la iniciativa y a la intervención de la Asamblea Nacional en el procedimiento de modificación constitucional.

La Enmienda Constitucional no necesita ser discutida por la Asamblea Nacional, pero si su iniciativa parte de la propia Asamblea Nacional, la misma debe, primero apoyarla por el voto de al menos el 30% de sus integrantes y luego, aprobarla mediante el procedimiento de formación de las leyes con el voto de la mayoría de sus integrantes (Art. 341).

En cuanto a la Reforma Constitucional, se debe presentar ante la Asamblea Nacional la cual siempre debe aprobarla en tres discusiones mediante voto de 2/3 de sus integrantes. Cuando la iniciativa de Reforma parta de la propia Asamblea Nacional, debe ser apoyada por mayoría de sus integrantes.

Por último, en tercer lugar, la Constitución también establece una distinción en cuanto a los efectos del rechazo popular de la modificación constitucional, en el sentido de que la prohibición constitucional de que se pueda presentar a la Asamblea Nacional otra iniciativa de reforma constitucional rechazada por el pueblo en el mismo período constitucional, sólo está establecida como efecto del rechazo a la Reforma Constitucional. Nada se establece en cuanto a los efectos del rechazo de la Enmienda Constitucional.

Fue en este marco constitucional, en el cual la Asamblea Nacional tomó la iniciativa y aprobó un proyecto de Enmienda Constitucional 2008-2009, que inicialmente sólo perseguía modificar el artículo 230 de la Constitución sobre reelección del Presidente, y que luego se extendió a los artículos 160, 162, 174 y 192 de la Constitución sobre reelección de otros cargos electivos, en los cuales se establecen límites para la reelección, a los efectos de eliminar dichos límites, el cual fue el definitivamente aprobado en el referendo del 15 de febrero de 2009.

Los Artículos 162 y 192 establecían que los miembros de Consejos Legislativos de los Estados y los Diputados a la Asamblea Nacional, sólo podrían reelegirse por dos períodos como máximo,

Los Artículos 160, 174, y 230 establecían que los Gobernadores y Alcaldes, y el Presidente de la República, solo podían reelegirse de inmediato y por una sola vez, para un nuevo período.

II. EL SENTIDO DE LA PROHIBICIÓN TEMPORAL PARA LAS CONSULTAS AL PUEBLO SOBRE MODIFICACIÓN A LA CONSTITUCIÓN.

Como se dijo, el 2 de diciembre de 2007 el pueblo rechazó con su voto popular expresado en el Referendo convocado para aprobar la Reforma Constitucional propuesta por el Presidente de la Republica ante la Asamblea Nacional, la propuesta, entre otros aspectos, de establecer la posibilidad de la reelección continua del Presidente de la República mediante la eliminación de la limitación constitucional a la reelección, antes indicada.[1558]

Siendo la manifestación de la voluntad popular el rechazar la propuesta de modificación constitucional, conforme al artículo 345 de la Constitución no se podía someter de nuevo a consulta popular, la misma reforma en el mismo período constitucional.

Ello era lo que se había requerido que la Sala Constitucional interpretara. Sin embargo, sobre este primer punto respecto de si la prohibición contenida en el artículo 345 de la Constitución en el sentido de que la iniciativa de reforma constitucional que no fuese aprobada no podía presentarse de nuevo en un mismo período constitucional a la Asamblea Nacional, la Sala Constitucional, confundiendo el sentido de la norma, sostuvo que la misma no estaba destinada a regular **los efectos de la manifestación de rechazo popular** de la modificación propuesta, sino que sostuvo que la norma estaba sólo **dirigida a regular a la Asamblea Naciona**l, en el sentido de que lo que no podría era exigírsele que debatiera una reforma constitucional una vez que ya la había debatido en el mismo período constitucional y había sido rechazada por el pueblo. La Sala olvidó que la norma constitucional a lo que estaba dirigida era a regular las consultas a la voluntad popular en materia de modificación de la Constitución y sus efectos, y no los efectos de los debates en la Asamblea Nacional.

En efecto, la prohibición constitucional de volver a someter a consulta una reforma rechazada, en realidad está dirigida a regular los efectos de la voluntad popular expresada mediante referendo, en el sentido de que no se puede consultar al pueblo de nuevo la misma modificación constitucional que el pueblo ya ha rechazado en un mismo período constitucional.

Lo importante de la prohibición establecida en un Título de la Constitución relativo a la "Reforma Constitucional" que en Venezuela sólo puede realizarse con la participación del pueblo, es que la misma se refiere precisamente a los efectos de la expresión de la voluntad popular que es manifestación del poder constituyente originario, y no a los efectos del debate que pueda haber habido en la Asamblea Nacional

---

1558 Véase Allan R. Brewer-Carías, *La reforma constitucional de 2007 (Comentarios al proyecto inconstitucionalmente sancionado por la Asamblea Nacional el 2 de noviembre de 2007)*, Editorial Jurídica Venezolana, Caracas 2007.

en la materia, que no es poder constituyente, ni siquiera derivado, ya que no puede haber modificación constitucional alguna sin aprobación popular.

La decisión de la Sala Constitucional fue una nueva burla a la Constitución al ignorar la prohibición de sucesivas consultas populares, basándose en dos artilugios que se utilizaron en este caso de la Enmienda 2008-2009: primero, el utilizado por la Asamblea Nacional, en su iniciativa de Enmienda, al extenderla a otros artículos constitucionales además del 230, para tratar de diferenciar la Enmienda de 2008-2009 de la rechazada Reforma Constitucional de 2007; y segundo, el utilizado por la Sala Constitucional al considerar que la prohibición constitucional de consultar al pueblo sobre reformas rechazadas es sólo formal respecto de las discusiones en la Asamblea Nacional, ignorando su propósito esencial de respetar la voluntad popular una vez que esta se ha expresado en forma negativa respecto de una modificación de la Constitución.

Esa voluntad hay que respetarla, que es lo que persigue la Constitución, por lo que una vez que el pueblo se ha manifestado rechazando una modificación al texto constitucional no se lo puede estar convocando sucesivamente sin límites en el mismo período constitucional para volver a pronunciarse sobre lo mismo.

III. EL PRINCIPIO DE LA ALTERNABILIDAD DEL GOBIERNO

Pero aparte de burlar la prohibición constitucional de sucesivas consultas populares en un periodo constitucional sobre modificaciones constitucionales una vez que el pueblo las ha rechazado, la Sala Constitucional procedió a mutar ilegítimamente la Constitución, eliminando el carácter de principio fundamental del gobierno que además de "democrático" y "electivo" conforme al artículo 6 de la Constitución, debe ser **siempre** "alternativo," considerando que dicho principio no se altera con las reformas propuestas en la Enmienda Constitucional 2008-2009.

Esta, como se dijo, propugnó establecer en la Constitución la posibilidad de la reelección continua y sin límites de los cargos electivos lo cual, lo que fue aprobado en el referendo, sin duda, alterando un principio fundamental del constitucionalismo venezolano establecido desde 1830 en casi todas las Constituciones, que es el de la "alternabilidad" en el gobierno, y que en el artículo 6 de la Constitución de 1999 se formula como uno de los principios fundamentales del gobierno, con una formula que lo convierte en una de las llamadas "cláusulas pétreas" o inmodificables. Dispone la norma que "El gobierno **es y será siempre**... alternativo...", lo que implica que ello nunca podría ser alterado. Esa fue la voluntad del pueblo al aprobar la Constitución.

Este principio fue incorporado por primera vez en la historia constitucional como reacción al continuismo en el poder y entre otros aspectos, con base en la propia "doctrina de Simón Bolívar" en la cual la República se fundamenta conforme al artículo 1 de la Constitución, al expresar en su *Discurso de Angostura* de 1819, que:

> "..La continuación de la autoridad en un mismo individuo frecuentemente ha sido el término de los gobiernos democráticos. Las repetidas elecciones son esenciales en los sistemas populares, porque nada es tan peligroso como dejar permanecer largo tiempo en un mismo ciudadano el poder. El pueblo se acostumbra a obedecerle y él se acostumbra a mandarlo; de donde se origina la usurpación y la tiranía. ...

nuestros ciudadanos deben temer con sobrada justicia que el mismo Magistrado, que los ha mandado mucho tiempo, los mande perpetuamente."[1559].

De acuerdo con esta doctrina, en el constitucionalismo venezolano la palabra usada al expresar el principio del gobierno "alternativo" o de la "alternabilidad" en el poder, siempre ha tenido el significado que la misma tiene en castellano cuando se refiere a cargos, y que implica la idea de que las personas deben **turnarse sucesivamente** en los cargos o que los cargos deben desempeñarse **por turnos** (Diccionario de la Real Academia Española).[1560] Como lo señaló la Sala Electoral del Tribunal Supremo de Justicia en sentencia N° 51 de 18-3-2002, alternabilidad significa "**el ejercicio sucesivo de un cargo por personas distintas, pertenezcan o no a un mismo partido.**"

Este principio de la alternabilidad, como principio fundamental, se concibió históricamente para enfrentar las ansias de perpetuación en el poder, es decir, el continuismo, y evitar las ventajas en los procesos electorales de quienes ocupan cargos y a la vez puedan ser candidatos para ocupar los mismos cargos. El principio de "gobierno alternativo," por tanto, no es equivalente al de "gobierno electivo." La elección es una cosa, y la necesidad de que las personas se turnen en los cargos es otra.

Ha sido este principio de la alternabilidad, como principio fundamental del constitucionalismo venezolano, el que ha implicado la inclusión en las Constituciones de limitaciones a las posibilidades de reelección en cargos electivos. Así sucedió en casi todas nuestras Constituciones, como las de 1830, 1858, 1864, 1874, 1881, 1891, 1893, 1901, 1904, 1909, 1936, 1845 y 1947[1561] en las que se estableció, por ejemplo, la prohibición de la reelección del Presidente de la República para el período constitucional inmediato. En la historia constitucional del país, en realidad, la prohibición de la reelección presidencial inmediata solamente dejó de establecerse en las Constituciones de los gobiernos autoritarios: en la efímera Constitución de 1857; en las Constituciones de Juan Vicente Gómez de 1914, 1922, 1925, 1928, 1929 y 1931, y en la Constitución de Marcos Pérez Jiménez de 1953. Y ahora, en la Enmienda Constitucional de 2009 a la Constitución de 1999, propuesta por Hugo Chávez Frías.

La prohibición, en cambio, respecto del Presidente de la República, en el período democrático iniciado en 1958[1562] fue más amplia y se extendió en la Constitución de 1961 a los dos períodos siguientes (10 años). La flexibilización del principio, en cambio, se produjo en la Constitución de 1999, en la cual se permitió la posibilidad de reelección presidencial de inmediato y por una sola vez, para un nuevo período. Conforme a ella, ya se reeligió al Presidente Chávez en 2006, y a pesar de que fue sancionada por una Asamblea Nacional Constituyente enteramente controlada por él, diez años después el mismo Presidente ya reelecto, es quien propuso reformarla.

1559 Véase en Simón Bolívar, *Escritos Fundamentales*, Caracas, 1982.

1560 Véase el Voto Salvado a la sentencia N° 53, de la Sala Constitucional de 2 de febrero de 2009 (Caso: *Interpretación de los artículos 340,6 y 345 de la Constitución*), en http:/www.tsj.gov.ve/decisiones/scon/Febrero/53-3209-2009-08-1610.html

1561 Véase el texto de todas las Constituciones en Allan R. Brewer-Carías, *Las Constituciones de Venezuela,* 2 vols., Academia de Ciencias Políticas y Sociales, Caracas 2008.

1562 Véase Allan R. Brewer-Carías, *Historia Constitucional de Venezuela*, 2 vols., Editorial Alfa, Caracas 2008.

Como se dijo, alternabilidad del gobierno es un principio del constitucionalismo venezolano y además, propio de los sistemas presidenciales de gobierno, que se opone al continuismo o a la permanencia en el poder por una misma persona, por lo que toda previsión que permita que esto ocurra, es contraria a dicho principio.

Este principio, por tanto, no se puede confundir con el principio "electivo" del gobierno o el más general principio "democrático" que el mismo artículo 6 de la Constitución establece. Una cosa es poder elegir a los gobernantes, y otra cosa es el principio de alternabilidad que impide poder escoger al mismo gobernante ilimitadamente.

Es contrario a la Constitución, por tanto, interpretar, como lo hizo la Sala Constitucional en su sentencia Nº 53 de 03-02-2009, que el principio de la alternabilidad "lo que exige es que el pueblo como titular de la soberanía tenga la posibilidad periódica de escoger sus mandatarios o representantes", confundiendo "gobierno alternativo" con "gobierno electivo." Por ello es falso lo que afirmó la Sala Constitucional en el sentido de que "sólo se infringiría el mismo si se impide esta posibilidad al evitar o no realizar las elecciones". Con su sentencia, la Sala Constitucional de nuevo lo que hizo fue mutar ilegítimamente el texto de la Constitución, y al contrario de lo que afirmó, la eliminación de la causal de inelegibilidad para el ejercicio de cargos públicos derivada de su ejercicio previo por parte de cualquier ciudadano, sí trastocó el principio de alternabilidad en el ejercicio del poder.

Se insiste, lo expuesto por la Sala Constitucional se refirió al principio de gobierno "electivo" que en los términos del mismo artículo 6 de la Constitución, es el que implica que "el electorado, como actor fundamental del proceso democrático, acuda a procesos comiciales periódicamente en los que compitan, en igualdad de condiciones, las diversas opciones políticas que integran el cuerpo social;" pero no al principio de gobierno "alternativo" que implica que no se pueda elegir indefinidamente una misma persona para el mismo cargo, así haya hecho un "buen gobierno." El principio de la alternabilidad, para evitar el continuismo en el poder, precisamente implica la limitación que el pueblo, como poder constituyente originario, se ha impuesto a si mismo, en cuanto a que supuestamente pueda tener la "oportunidad de decidir entre recompensar a quienes estime como sus mejores gobernantes, o bien renovar completamente las estructuras del poder cuando su desempeño haya sido pobre." Esta supuesta "oportunidad," por el principio de la alternabilidad en la Constitución, pudo ejercerse antes de 1999, sólo después de que, en sus casos, transcurrieron uno o dos períodos constitucionales siguientes al ejercicio de la Presidencia por quien pretendiera de nuevo optar a dicho cargo, y en la Constitución de 1999 sólo ocurrió en 2006, por una sola vez para un período inmediato, mediante la reelección ya efectuada del Presidente Chávez. Pero establecer dicha "oportunidad" como reelección continua, sin límite, sería contrario al principio de la alternabilidad.

Por tanto, al contrario de lo que decidió la Sala Constitucional, la posibilidad de reelección continúa sí alteraba el principio fundamental del gobierno "alternativo", que es uno de los valores democráticos que informan nuestro ordenamiento jurídico. Dicho principio, que se alteraba al establecerse la posibilidad de elección continua de cargos electivos y que es distinto del principio del gobierno "electivo," al tener una formulación pétrea en el artículo 6 de la Constitución (es y será siempre) no podía ser objeto de modificación constitucional alguna, y en el supuesto negado de que pudiera ser modificado, ello no podía realizarse ni por los procedimientos de

Enmienda ni de Reforma Constitucional sino sólo mediante la convocatoria de una Asamblea Nacional Constituyente.

La Sala Constitucional, con su sentencia N° 53 de 03-02-2009, una vez más al servicio del autoritarismo, sin embargo, mutó la Constitución a través de una interpretación, modificando ilegítimamente el sentido del principio del gobierno 'alternativo" que los venezolanos dispusieron **que siempre** debía regir sus gobiernos, obviando la prohibición constitucional de que se pudiera consultar en un mismo período constitucional, la voluntad popular sobre modificaciones constitucionales que ya el pueblo ha rechazado.

Esta inconstitucional sentencia, en todo caso, lo que tuvo por objeto fue despejar el camino para que el régimen autoritario pudiera someter a referendo una Enmienda Constitucional relativa a un principio fundamental, pétreo, de la Constitución, que sólo podía modificarse mediante la convocatoria a una Asamblea Nacional Constituyente.

SÉPTIMA PARTE:

LA ILEGÍTIMA MUTACIÓN DE LA CONSTITUCIÓN POR LA SALA CONSTITUCIONAL DEL TRIBUNAL SUPREMO DE JUSTICIA AL SERVICIO DEL AUTORITARISMO

Manuel García Pelayo, en su artículo sobre "El 'Status' del Tribunal Constitucional", [1563] destacó como de la esencia del Estado constitucional en el mundo contemporáneo, el hecho de "que la Constitución en tanto que norma fundamental positiva, vincula a todos los poderes públicos incluido el Parlamento, y que, por tanto, la Ley no puede ser contraria a los preceptos constitucionales, a los principios de que éstos arrancan, o que se infieren de ellos, y a los valores a cuya realización aspira."[1564] Por supuesto, la referencia era motivada por la idea clave de que la justicia constitucional, como instrumento para finalizar con el absolutismo del parlamento, estaba llamada a asegurar la sumisión del Parlamento y de la Ley a la Constitución; pero al referirse la Constitución como vinculante para "todos los poderes públicos," en esa expresión tenía que estar por supuesto incluido el Tribunal Constitucional, pues si en términos del mismo García Pelayo, se trataba de "un órgano constitucional instituido y directamente estructurado por la Constitución," [1565] a pesar de ser el guardián último de la propia Constitución, el mismo tenía y tiene que estar también sometido a ella. Es decir, si el Tribunal Constitucional, "como regulador de la constitucionalidad de la acción estatal, está destinado a dar plena existencia al Estado de derecho y a asegurar la vigencia de la distribución de poderes establecida por la Constitución, ambos componentes inexcusables, en nuestro tiempo, del verdadero "Estado constitucional,"[1566] para ello tiene que adaptarse a lo que la Constitución establece, y someterse a su normativa, estándole vedado mutarla.

Por su parte, en cuanto al mismo Tribunal Constitucional español, Eduardo García de Enterría lo calificó como el "comisario del poder constituyente, encargado de defender la Constitución y de velar por que todos los órganos constitucionales conserven su estricta calidad de poderes constituidos."[1567] Si las Constituciones son normas jurídicas efectivas, que prevalecen en el proceso político, en la vida social y económica del país, y que sustentan la validez a todo el orden jurídico,[1568] la solución institucional para preservar su vigencia y la libertad, está precisamente en establecer estos comisarios del poder constituyente, como guardianes de la Constitución,

1563 Véase Manuel García Pelayo, "El 'Status' del Tribunal Constitucional", en *Revista Española da Derecho Constitucional,* vol. I, N° 1, Madrid, 1981

1564 *Idem*, p. 18.

1565 *Idem*, p. 15.

1566 *Idem*, p. 15.

1567 Véase E. García de Enterría, *La Constitución como norma y el Tribunal constitucional,* Madrid, 1985, p. 198.

1568 *Idem*, pp. 33, 39, 66, 71, 177 y 187.

que al tener por misión asegurar que todos los órganos del Estado la acaten, también tienen que adaptarse a lo que el texto fundamental establece, sometiéndose a su normativa, estándole vedado mutarla.

Pero lamentablemente esta no ha sido siempre la situación con los tribunales constitucionales, y en la historia constitucional, particularmente en los autoritarismos, no ha sido infrecuente que tribunales constitucionales, dado el poder que tienen asignados, lejos de garantizar el Estado de derecho, hayan sido los instrumentos utilizados por regímenes autoritarios para demoler sus bases. Lamentablemente, eso es precisamente lo que ha ocurrido en Venezuela a la vista del mundo democrático en la última década (1999-2009).

En efecto, en la Constitución Venezolana de 1999 el principio de la supremacía constitucional se encuentra formalmente expresado en su artículo 7 ("*La Constitución es la norma suprema y el fundamento del ordenamiento jurídico. Todas las personas y los órganos que ejercen el Poder Público están sujetos a esta Constitución*"), lo que implica que la Constitución debería prevalecer sobre la voluntad de todos los órganos constituidos del Estado, incluyendo el Tribunal Supremo de Justicia, por lo que su reforma sólo puede llevarse a cabo conforme se dispone en su propio texto, como expresión-imposición de la voluntad popular producto de ese poder constituyente originario.

La contrapartida de la obligación de los órganos constituidos de respetar la Constitución, de manera que el poder constituyente originario prevalezca sobre la voluntad de dichos órganos estatales constituidos, es el derecho constitucional que todos los ciudadanos tienen en un Estado Constitucional, a que se respete la voluntad popular expresada en la Constitución, es decir, *el derecho fundamental a la supremacía constitucional.*[1569] Nada se ganaría con señalar que la Constitución, como manifestación de la voluntad del pueblo, debe prevalecer sobre la de los órganos del Estado, si no existiere el derecho de los integrantes del pueblo de exigir el respeto de esa Constitución, y además, la obligación de los órganos jurisdiccionales de velar por dicha supremacía.

La supremacía de la Constitución está asegurada mediante la previsión en el mismo texto constitucional, por una parte, de su máximo carácter rígido al disponerse la necesaria e indispensable intervención popular para efectuar cualquier cambio a la Constitución, de manera que sólo el poder constituyente originario del pueblo puede aprobar dichas modificaciones, no existiendo en el texto constitucional poder constituyente derivado alguno, distinto al propio pueblo; y por la otra, de todo un sistema de justicia constitucional para garantizar dicha supremacía.

Ya nos hemos referido anteriormente a los tres procedimientos establecidos en la Constitución para la reforma constitucional (Reforma constitucional, Enmienda constitucional y Asamblea Nacional Constituyente), en los cuales siempre el pueblo debe intervenir, aprobando por referendo tanto la Enmienda como la Reforma Constitucional, o la convocatoria a Asamblea Nacional Constituyente. Es decir en el sistema venezolano, ninguna modificación a la Constitución se puede adoptar sin apro-

1569 Véase Allan R. Brewer-Carías, "El amparo a los derechos y libertades constitucionales (una aproximación comparativa)" en Manuel José Cepeda (editor), *La Carta de Derechos. Su interpretación y sus implicaciones*, Editorial Temis, Bogotá 1993, pp. 21-81.

bación popular,[1570] y cualquier modificación de la Constitución efectuada fuera de estos tres procedimientos, es inconstitucional e ilegítima.

En cuanto al sistema de justicia constitucional, la Constitución de 1999[1571] como consecuencia de los principios de la supremacía y de la rigidez constitucional, ha establecido todo un sistema de justicia constitucional[1572] de carácter mixto o integral[1573], que combina el llamado método difuso con el método concentrado de control de constitucionalidad.

Así, la garantía de la supremacía constitucional se consagra, en primer lugar, mediante la asignación a todos los jueces de la República, en el ámbito de sus respectivas competencias y conforme a lo previsto en la Constitución y en la ley, de la obligación "de asegurar la integridad de la Constitución" (Art. 334). Y en segundo lugar, además, mediante la asignación al Tribunal Supremo de Justicia de la tarea de garantizar "la supremacía y efectividad de las normas y principios constitucionales", como "el máximo y último intérprete de la Constitución," y de velar "por su uniforme interpretación y aplicación" (Art. 335). También, la Constitución asigna en concreto a la Sala Constitucional del Tribunal Supremo, la Jurisdicción Constitucional (Arts. 266,1 y 336) mediante la cual ejerce el control concentrado de la constitucionalidad de las leyes y demás actos estatales de rango legal.

Conforme a estas previsiones, la Sala Constitucional del Tribunal Supremo de Justicia de Venezuela, sin duda, el instrumento más poderoso diseñado para garantizar la supremacía de la Constitución y el Estado de Derecho, la cual, por supuesto,

---

1570 Véase Allan R. Brewer-Carías, "La intervención del pueblo en la revisión constitucional en América Latina", en *El derecho público a los 100 números de la Revista de Derecho Público 1980-2005*, Editorial Jurídica Venezolana, Caracas 2006, pp. 41-52.

1571 Véase los comentarios a la Constitución en Allan R. Brewer-Carías, *La Constitución de 1999. Derecho Constitucional Venezolano*, Editorial Jurídica Venezolana, 2 Tomos, Caracas 2004.

1572 En cuanto a nuestros trabajos, véase Allan R. Brewer-Carías, *El Sistema de Justicia Constitucional en la Constitución de 1999: Comentarios sobre su desarrollo jurisprudencial y su explicación a veces errada, en la Exposición de Motivos*, Editorial Jurídica Venezolana, Caracas, 2000; *Justicia Constitucional*, Tomo VII, *Instituciones Políticas y Constitucionales*, Editorial Jurídica Venezolana, Caracas, 1996; "La Justicia Constitucional en la Nueva Constitución" en *Revista de Derecho Constitucional*, N° 1, Septiembre-Diciembre 1999, Editorial Sherwood, Caracas, 1999, pp. 35-44; Allan R. Brewer-Carías, "La justicia constitucional en la Constitución de 1999", en *Derecho Procesal Constitucional*, Colegio de Secretarios de la Suprema Corte de Justicia de la Nación, A.C., Editorial Porrúa, México 2001, pp. 931-961; publicado también en *Reflexiones sobre el Constitucionalismo en América*, Editorial Jurídica Venezolana, Caracas, 2001, pp. 255-285; "Instrumentos de justicia constitucional en Venezuela (acción de inconstitucionalidad, controversia constitucional, protección constitucional frente a particulares)", en Juan Vega Gómez y Edgar Corzo Sosa (Coordinadores) *Instrumentos de tutela y justicia constitucional Memoria del VII Congreso Iberoamericano de Derecho Constitucional*, Instituto de Investigaciones Jurídicas, Serie Doctrina Jurídica, N° 99, México 2002, pp. 75-99.

1573 En cuanto a nuestros trabajos, véase Allan R. Brewer-Carías, *Judicial Review in Comparative Law*, Cambridge University Press, Cambridge, 1989; *El sistema mixto o integral de control de la constitucionalidad en Colombia y Venezuela*, Universidad Externado de Colombia (Temas de Derecho Público N° 39) y Pontificia Universidad Javeriana (Quaestiones Juridicae N° 5), Bogotá 1995; publicado también en *Revista Tachirense de Derecho*, Universidad Católica del Táchira, N° 5-6, San Cristóbal, enero-diciembre 1994, pp. 111-164; en *Anuario de Derecho Constitucional Latinoamericano*, Fundación Konrad Adenauer, Medellín-Colombia 1996, pp. 163-246; y en G. J. Bidart Campos y J. F. Palomino Manchego (Coordinadores), *Jurisdicción Militar y Constitución en Iberoamérica, Libro Homenaje a Domingo García Belaúnde*, Instituto Iberoamericano de Derecho Constitucional (Sección Peruana), Lima 1997, pp. 483-560.

como guardián de la Constitución, también está sometida a la Constitución. Como tal guardián, y como sucede en cualquier Estado de derecho, el sometimiento del tribunal constitucional a la Constitución es una preposición absolutamente sobreentendida y no sujeta a discusión, ya que sería inconcebible que el juez constitucional pueda violar la Constitución que esta llamado a aplicar y garantizar. Esa la pueden violar los otros poderes del Estado, pero no el guardián de la Constitución. Pero por supuesto, para garantizar que ello no ocurra, el Tribunal Constitucional debe gozar de absoluta independencia y autonomía, pues un Tribunal Constitucional sujeto a la voluntad del poder en lugar del guardián de la Constitución se convierte en el instrumento más atroz del autoritarismo. El mejor sistema de justicia constitucional, por tanto, en manos de un juez sometido al poder, es letra muerta para los individuos y es un instrumento para el fraude a la Constitución.

Lamentablemente, sin embargo, esto último es lo que ha venido ocurriendo en Venezuela en los últimos años, donde la Sala Constitucional del Tribunal Supremo, como Juez Constitucional, lejos de haber actuado en el marco de las atribuciones expresas constitucionales antes indicadas, ha venido efectuando una inconstitucional interpretación constitucional mediante la cual ha venido asumiendo y auto-atribuyéndose competencias no sólo en materia de interpretación constitucional; sino en relación con los poderes de revisión constitucional de cualquier sentencia dictada por cualquier tribunal, incluso por las otras Salas del Tribunal Supremo de Justicia; con los amplísimos poderes de avocamiento en cualquier causa; con los supuestos poderes de actuación de oficio no autorizados en la Constitución; con los poderes de solución de conflictos entre las Salas; con los poderes de control constitucional de las omisiones del Legislador; con la restricción del poder de los jueces de ejercer el control difuso de la constitucionalidad de las leyes; y con la asunción del monopolio de interpretar los casos de prevalencia en el orden interno de los tratados internacionales en materia de derechos humanos.[1574]

En ejercicio de estas competencias y poderes, como máximo intérprete de la Constitución, al margen de la misma y mediante interpretaciones inconstitucionales, la Sala Constitucional al ejercer su facultad de interpretación del contenido y alcance de las normas constitucionales (Art. 334) en muchos casos incluso sin que estas sean ambiguas, imprecisas, mal redactadas y con errores de lenguaje, ha venido ilegítimamente modificando ("reformando") el texto constitucional, legitimando y soportando la estructuración progresiva de un Estado autoritario. Es decir, ha falseado el

1574 Véase Allan R. Brewer-Carías, "*Quis Custodiet Ipsos Custodes*: De la interpretación constitucional a la inconstitucionalidad de la interpretación," en *VIII Congreso Nacional de derecho Constitucional, Perú*, Fondo Editorial 2005, Colegio de Abogados de Arequipa, Arequipa, septiembre 2005, pp. 463-489; y en *Revista de Derecho Público*, N° 105, Editorial Jurídica Venezolana, Caracas 2006, pp. 7-27.

contenido de la Constitución, mediante una "mutación,"[1575] ilegítima y fraudulenta de la misma.[1576]

Y ello lo ha hecho el Juez Constitucional en Venezuela, lamentablemente, actuando como instrumento que ha sido del régimen autoritario,[1577] como se ha analizado anteriormente, desde el momento mismo en el cual la Constitución fue sancionada y aprobada por el pueblo en diciembre de 1999, habiendo sucesivamente introducido múltiples modificaciones a la Constitución directamente, mediante sentencias interpretativas, o legitimando decisiones inconstitucionales de otros órganos del Estado, usurpando así el poder constituyente originario.

Estas modificaciones ilegítimas a la Constitución, por supuesto, al haber sido realizadas por el máximo guardián de la misma, que no tiene quien lo custodie, han quedado consolidadas en la vida político constitucional del país, al haber asumido la Sala Constitucional un poder constituyente derivado que no tiene y que no está regulado en el texto constitucional. La pregunta de siempre que suscita el poder incontrolado, ***Quis custodiet ipsos custodes***, por tanto, aquí también ha adquirido todo su significado, pues no tiene respuesta.[1578] A continuación me referiré a las mutaciones ilegítimas a la Constitución que considero más destacadas, ocurridas en la última década.

I. LA CREACIÓN JURISPRUDENCIAL DEL RECURSO AUTÓNOMO DE INTERPRETACIÓN ABSTRACTA DE LA CONSTITUCIÓN

La primera de las mutaciones ilegítimas de la Constitución efectuada por el Juez Constitucional, ha sido la creación por la Sala Constitucional de un recurso autónomo de interpretación de la Constitución no establecido ni en la Constitución ni en Ley alguna, que a la vez ha servido de vehículo para las otras mutaciones ilegítimas de la Constitución por la misma Sala Constitucional.

Es decir, muchas de las mutaciones constitucionales ilegítimamente efectuadas tienen su origen en interpretaciones inconstitucionales que ha hecho el Juez Constitucional, no al interpretar la Constitución con motivo de resolver una acción de inconstitucionalidad u otro medio de control de la constitucionalidad de los actos estatales, sino al decidir "acciones o recursos autónomos de interpretación abstracta de la Constitución," muchos de ellos interpuestos por el propio Estado (Procurador General de la República), que la propia Sala Constitucional creó, a la vez, mutando ilegítimamente la Constitución.

1575 Una mutación constitucional ocurre cuando se modifica el contenido de una norma constitucional de tal forma que aún cuando la misma conserva su contenido, recibe una significación diferente. Véase Salvador O. Nava Gomar, "Interpretación, mutación y reforma de la Constitución. Tres extractos" en Eduardo Ferrer Mac-Gregor (coordinador), Interpretación Constitucional, Tomo II, Ed. Porrúa, Universidad Nacional Autónoma de México, México 2005, pp. 804 ss. Véase en general sobre el tema, Konrad Hesse, "Límites a la mutación constitucional", en *Escritos de derecho constitucional*, Centro de Estudios Constitucionales, Madrid 1992.

1576 Véase Néstor Pedro Sagües, *La interpretación judicial de la Constitución*, Buenos Aires 2006, pp. 56-59, 80-81, 165 ss.

1577 Véase Allan R. Brewer-Carías, *Crónica sobre la "In" Justicia Constitucional. La Sala Constitucional y el autoritarismo en Venezuela*, Caracas 2007.

1578 Véase nuestros comentarios iniciales sobre esta sentencia en Allan R. Brewer-Carías, *El sistema de justicia constitucional en la Constitución de 1999 (Comentarios sobre su desarrollo jurisprudencial y su explicación, a veces errada, en la Exposición de Motivos)*, Editorial Jurídica Venezolana, Caracas 2000.

En efecto, con anterioridad a la entrada en vigencia de la Constitución de 1999, el artículo 42,24 de la derogada Ley Orgánica de la Corte Suprema de Justicia había atribuido competencia a la Sala Político Administrativa de la antigua Corte Suprema para interpretar los "textos legales, en los casos previstos en la Ley." En esa misma tradición, la Constitución de 1999 estableció en forma expresa, la competencia del Tribunal Supremo de Justicia, para "conocer de los recursos de interpretación sobre el contenido y alcance de los textos legales", pero "en los términos contemplados en la ley" (artículo 266,6), atribución que debe ser ejercida "por las diversas Salas conforme a lo previsto en esta Constitución y en la ley" (único aparte, artículo 266). Por ello, el artículo 5, párrafo 1°, de la Ley Orgánica de 2004, atribuye a todas las Salas del Tribunal Supremo, competencia para:

> "52. Conocer del recurso de interpretación y resolver las consultas que se le formulen acerca del alcance e inteligencia de los textos legales, en los casos previstos en la ley, siempre que dicho conocimiento no signifique una sustitución del mecanismo, medio o recurso previsto en la ley para dirimir la situación si la hubiere".

Ahora bien, a pesar de que el ordenamiento constitucional y legal venezolano sólo regulaba y regula el recurso de interpretación respecto de textos legales, la Sala Constitucional creó jurisprudencialmente su propia competencia para conocer de recursos autónomos de interpretación abstracta e la Constitución, mediante una inconstitucional interpretación que le dio artículo 335 de la Constitución, que atribuye a todas las salas del Tribunal Supremo y no sólo a la Sala Constitucional, el carácter de "máximo y último intérprete de la Constitución"

En efecto, la Sala Constitucional en sentencia N° 1077 de 22 de septiembre de 2000, consideró que los ciudadano no requieren "de leyes que contemplen, en particular, el recurso de interpretación constitucional, para interponerlo"[1579], procediendo a "crear" un recurso autónomo de interpretación abstracta de las normas constitucionales no previsto constitucional ni legalmente, basándose para ello en el artículo 26 de la Constitución que consagra el derecho de acceso a la justicia, del cual dedujo que si bien dicha acción no estaba prevista en el ordenamiento jurídico, tampoco estaba prohibida, agregando que, por lo tanto:

> "No es necesario que existan normas que contemplen expresamente la posibilidad de incoar una acción con la pretensión que por medio de ella se ventila, bastando para ello que exista una situación semejante a las prevenidas en la ley, para la obtención de sentencias declarativas de mera certeza, de condena, o constitutivas. Este es el resultado de la expansión natural de la juridicidad"[1580].

En esta forma, la acción de interpretación de la Constitución, en criterio de la Sala Constitucional, es una acción de igual naturaleza que la de interpretación de la ley[1581], es decir, tiene por objeto obtener una sentencia declarativa de mera certeza sobre el alcance y contenido de las normas constitucionales, que no anula el acto en

---

1579 Véase Sentencia N° 1077 de la Sala Constitucional de 22-09-00, caso: *Servio Tulio León Briceño*. Véase en *Revista de Derecho Público,* N° 83, Caracas, 2000, pp. 247 y ss. Este criterio fue luego ratificado en sentencias de fecha 09-11-00 (N° 1347), 21-11-00 (N° 1387), y 05-04-01 (N° 457), entre otras.

1580 Sentencia N° 1077 de la Sala Constitucional de 22-09-00, caso: *Servio Tulio León Briceño*. Véase en *Revista de Derecho Público,* N° 83, Caracas, 2000, pp. 247 y ss.

1581 *Idem*

cuestión, pero que busca en efecto semejante, ya que en estos casos, coincide el interés particular con el interés constitucional; agregando que:

> "La finalidad de tal acción de interpretación constitucional sería una declaración de certeza sobre los alcances y el contenido de una norma constitucional, y formaría un sector de la participación ciudadana, que podría hacerse incluso como paso previo a la acción de inconstitucionalidad, ya que la interpretación constitucional podría despejar dudas y ambigüedades sobre la supuesta colisión. Se trata de una tutela preventiva"[1582].

En cuanto a la legitimidad necesaria para interponer la demanda, la Sala Constitucional ha señalado que el recurrente debe tener un interés particular en el sentido de que:

> "Como persona pública o privada debe invocar un interés jurídico actual, legítimo, fundado en una situación jurídica concreta y específica en que se encuentra, y que requiere necesariamente de la interpretación de normas constitucionales aplicables a la situación, a fin de que cese la incertidumbre que impide el desarrollo y efectos de dicha situación jurídica".

La Sala precisó además que se "está ante una acción con legitimación restringida, aunque los efectos del fallo sean generales"; por lo que señaló que "puede declarar inadmisible un recurso de interpretación que no persiga los fines antes mencionados, o que se refiere al supuesto de colisión de leyes con la Constitución, ya que ello origina otra clase de recurso".

En la antes mencionada sentencia N° 1077 de 22-09-01, la Sala Constitucional reiteró su criterio sobre la legitimación activa para intentar el recurso de interpretación, señalando que el recurrente debe tener un "interés jurídico personal y directo", de manera que en la demanda se exprese con precisión, como condición de admisibilidad, "en qué consiste la oscuridad, ambigüedad o contradicción entre las normas del texto constitucional, o en una de ellas en particular; o sobre la naturaleza y alcance de los principios aplicables; o sobre las situaciones contradictorias o ambiguas surgidas entre la Constitución y las normas del régimen transitorio o del régimen constituyente"[1583].

En este caso de esta acción de interpretación constitucional, puede decirse que se está en presencia de un proceso constitucional, que requeriría de un accionante, como consecuencia de lo debería abrirse el proceso a un contradictorio; pues así como puede haber personas con interés jurídico en determinada interpretación de la Constitución, igualmente puede haber otras personas con interés jurídico en otra interpretación. En tal sentido, la Sala debería emplazar y citar a los interesados para garantizarles el que puedan hacerse parte en el proceso, y alegar a favor de una u otra interpretación del texto constitucional. Sin embargo, sobre esto, después de haber creado el recurso, la Sala Constitucional, en sentencia N° 2651 de 2 de octubre de 2003

1582 *Ibídem*

1583 Caso: *Servicio Tulio León Briceño*, en *Revista de Derecho Público*, N° 83, Caracas, 2000, pp. 247 y ss. Adicionalmente, en otra sentencia, N° 1029 de 13-06-2001, la Sala Constitucional atemperó el rigorismo de declarar inadmisible el recurso si no precisaba el contenido de la acción, ya que señaló que "La solicitud deberá expresar: 1.- Los datos concernientes a la identificación del accionante y de su representante judicial; 2.- Dirección, teléfono y demás elementos de ubicación de los órganos involucrados; 3.- Descripción narrativa del acto material y demás circunstancias que motiven la acción."

(Caso: *Ricardo Delgado (Interpretación artículo 174 de la Constitución),* le negó el carácter de proceso constitucional señalando que en virtud de que "el recurso de interpretación debe tener como pretensión la exclusiva determinación del alcance de normas -en este caso constitucionales-", entonces "no hay *litis*, enfrentamiento entre unas partes, respecto de las cuales haya que procurar su defensa".

Por último, debe indicarse que en sentencia Nº 1347, de 9 de noviembre de 2000, la Sala Constitucional delimitó el carácter vinculante de las interpretaciones establecidas con motivo de decidir los recursos de interpretación, señalando que:

> "Las interpretaciones de esta Sala Constitucional, en general, o las dictadas en vía de recurso interpretativo, se entenderán vinculantes respecto al núcleo del caso estudiado, todo ello en un sentido de límite mínimo, y no de frontera intraspasable por una jurisprudencia de valores oriunda de la propia Sala, de las demás Salas o del universo de los tribunales de instancia.

Como puede observarse de lo anterior, estamos en presencia de una mutación constitucional mediante la ampliación de competencias constitucionales propias que se ha arrogado la Sala Constitucional, a través de una inconstitucional interpretación de la Constitución, que no establece la posibilidad de este recurso autónomo y abstracto de interpretación de las normas constitucionales,[1584] el cual, por lo demás no encuentra ningún antecedente en el derecho comparado sobre los sistemas de justicia constitucional.

II. LA ACEPTACIÓN POR EL JUEZ CONSTITUCIONAL DE UN RÉGIMEN CONSTITUCIONAL TRANSITORIO NO APROBADO POR EL PUEBLO, EN PARALELO AL RÉGIMEN TRANSITORIO INCORPORADO EN LA CONSTITUCIÓN

La Constitución de 1999 fue sancionada por una Asamblea Nacional Constituyente conforme a un estatuto adoptado en referendo consultivo realizado en abril de 1999, en el cual se dispuso que la misma luego de sancionada tenía que someterse a aprobación popular. Y así fue que el pueblo, el 15 de diciembre de 1999, mediante referendo aprobó la Constitución, con lo cual concluyó la misión de la Asamblea Nacional Constituyente.

Sin embargo ello no ocurrió así, pues una semana después de aprobada la Constitución, el 22 de diciembre de 1999, la Asamblea nacional Constituyente sancionó un Decreto de "Régimen de Transición del Poder Público,"[1585] fundamentándose en supuestos poderes que se había auto atribuido en el artículo 1° de su Estatuto de Funcionamiento, respecto de la potestad de decidir la cesación de las autoridades de los órganos del Poder Público "para hacer efectivo el proceso de transición hacia el régimen establecido en la Constitución de 1999", y en el supuesto "carácter supraconstitucional" de las normas que aprobase la Asamblea, lo que por supuesto no estaba establecido en previsión alguna del ordenamiento. Para supuestamente "permitir la vigencia inmediata de la Constitución" (Art. 1), en el decreto la Asamblea procedió dictar normas constitucionales que supuestamente "desarrollan y complemen-

1584 Véase Allan R. Brewer-Carías, "Le recours d'interprétation abstrait de la Constitution au Vénézuéla", en *Le renouveau du droit constitutionnel, Mélanges en l'honneur de Louis Favoreu*, Dalloz, Paris, 2007, pp. 61-70

1585 *Gaceta Oficial* Nº 36.859 de 29-12-1999.

tan las Disposiciones Transitorias" (Art. 2) de la nueva Constitución, procediendo sin atribución alguna prevista en la nueva Constitución, a eliminar el anterior Congreso con sus Senadores y Diputados, y a nombrar en su lugar una Comisión Legislativa Nacional no prevista en la Constitución; a disolver las Asambleas Legislativas de los Estados, y nombrar en su lugar unas Comisiones Legislativas Estadales tampoco previstas en la Constitución; a intervenir las Alcaldías y Consejos Municipales; a eliminar la anterior Corte Suprema de Justicia, crear las Salas del Tribunal Supremo y fijarles el número de magistrados, lo que no estaba establecido en la Constitución, y nombrarlos sin cumplir lo que la Constitución exigía; a crear una Comisión de reorganización y Funcionamiento del Poder Judicial para intervenirlo, destituyendo jueces sin debido proceso, la cual aún en 2009 convive con el Tribunal Supremo, con su complicidad; a designar a los altos funcionarios de los diversos Poderes del Estado; y a dictar un Estatuto Electoral sin poder alguno para ello.

Ninguna de estas reformas fue aprobada por el pueblo. El Decreto de Régimen de Transición fue impugnado ante la Sala Constitucional por violación de la Constitución que venía de ser aprobada por el pueblo, la dicha Sala Constitucional que había sido producto de ese régimen de Transición constitucional, decidió en causa propia (la impugnación de su propia existencia), considerando que la Asamblea Nacional Constituyente tenía poder supraconstitucional para crear "normas constitucionales" sin aprobación popular, y que como consecuencia, en Venezuela existían dos regímenes constitucionales de transición: el que estaba en las disposiciones Transitorias aprobadas por el pueblo al aprobar la Constitución mediante referendo; y las aprobadas por la Asamblea Nacional Constituyente después de esa aprobación popular de la Constitución, sin que el pueblo las hubiera aprobado, pero antes de publicarla.

En sentencia N° 6 de fecha 27 de enero de 2000, la Sala Constitucional decidió que como el régimen de transición era un acto "publicado en la *Gaceta Oficial* N° 36.859 del 29 de diciembre de 1999, esto es, con anterioridad a la vigencia de la Constitución de la República Bolivariana de Venezuela de 1999, no esta sujeto ni a ésta, ni a la Constitución de 1961.[1586] Luego en sentencia de 28 de marzo de 2000 (Caso: *Allan R. Brewer-Carías y otros*), con motivo de declarar sin lugar la demanda de nulidad intentada contra el Estatuto Electoral del Poder Público dictado por la Asamblea Constituyente el 30 de enero de 2000,[1587] el Juez Constitucional ratificó su tesis de que para crear un nuevo ordenamiento jurídico y dictar una nueva Constitución que sustituyera a la de 1961, supuestamente la Asamblea Constituyente tenía varias alternativas para regular el régimen constitucional transitorio: *Una*, elaborar unas Disposiciones Transitorias que formaran parte de la Constitución para ser aprobada por el pueblo mediante referendo; y *otra*, dictar actos constituyentes aparte, de valor y rango constitucional, que originarían un régimen transitorio constitucional paralelo, no aprobado por el pueblo.

Con ello, fue el Juez Constitucional el que procedió a mutar ilegítimamente la Constitución, violando la soberanía popular, admitiendo que supuestamente, la Asamblea Nacional Constituyente podía dictar normas de rango constitucional, no

---

1586 Véase en *Revista de Derecho Público*, N° 81, (enero-marzo), Editorial Jurídica Venezolana, Caracas, 2000, pp. 81 y ss.

1587 Véase en *G.O.* N° 36.884 de 03-02-2000.

aprobadas mediante referendo por el pueblo,[1588] con lo que se inició un largo período de transitoriedad constitucional que diez años después no ha concluido, como se evidencia de la supervivencia de la misma Comisión de reorganización y funcionamiento del Poder Judicial, que ejerce las funciones disciplinarias sobre los jueces, que la Constitución exige que se realice solo por jueces disciplinarios integrantes de una jurisdicción disciplinaria (Art. 267). Venezuela, así ha tenido un régimen de transición constitucional no aprobado por el pueblo, por obra y gracia del Juez Constitucional el cual legitimó la usurpación de la voluntad popular.

III. LA TRANSFORMACIÓN DE LOS REFERENDOS REVOCATORIOS DE CARGOS ELECTIVOS EN REFERENDOS "RATIFICATORIOS"

En Venezuela el artículo 72 de la Constitución estableció como derecho político de los ciudadano la revocatoria de mandatos de todos los cargos de elección popular, a cuyo efecto se previó que transcurrida la mitad del período para el cual fue elegido el funcionario, por iniciativa popular de un número no menor del 20% de los electores inscritos en la correspondiente circunscripción, para convocar un referendo para revocar su mandato. La Constitución dispuso que "*Cuando igual o mayor número de electores o electoras* que eligieron al funcionario o funcionaria hubieren votado a favor de la revocación, siempre que haya concurrido al referendo un número de electores o electoras igual o superior al 25% de los electores o electoras inscritos, se considerará revocado su mandato y se procederá de inmediato a cubrir la falta absoluta conforme a lo dispuesto en esta Constitución y en la ley."

Es decir que los votos necesarios para que se produzca la revocatoria del mandato deben ser en un número igual o mayor de los votos de los electores que eligieron al funcionario, con independencia del número de votos que se hayan depositados contra la revocación; como incluso lo ratificó la Sala Constitucional en varias sentencias,[1589] ya que de lo que se trata es de un referendo revocatorio de mandatos de elección popular y no de un referendo "ratificatorio" (plebiscitos) de tales mandatos, el cual no existe en el texto constitucional. Precisamente por ello, nada indica la Constitución para el caso de que si bien voten a favor de la revocación de un mandato un número de electores superior al número de votos que obtuvo el funcionario cuando fue electo, sin embargo, en la votación refrendaria se hubiesen pronunciado por la "no revocación" un número mayor de votos. Ello podría ocurrir, pero conforme al texto de la Constitución, no tendría efecto alguno, pues la regulación constitucional lo que establece es un referendo revocatorio: basta que la votación favorable a la revocación sea igual o mayor que la que el funcionario obtuvo cuando fue electo, para

---

1588 La Sala Constitucional llegó a afirmar que "Tal disposición, emanada del poder constituyente *que podía lo más,* cual era la transformación del Estado, lo que iba a adelantar mediante la aprobación de una nueva Constitución y del régimen de transición, claro *que podía lo menos,* dentro de su cometido de transformación del Estado, cual era dictar las normas que permitirían la transición entre el sistema constitucional abrogado y el nuevo, que conforme al texto constitucional de 1999, no podía de inmediato constituirse en todas sus instituciones". Véase en *Revista de Derecho Público,* N° 81, (enero-marzo), Editorial Jurídica Venezolana, Caracas, 2000, p. 86.

1589 Sentencia N° 2750 de 21 de octubre de 2003, Caso: *Carlos Enrique Herrera Mendoza, (Interpretación del artículo 72 de la Constitución (Exp. 03-1989). Sentencia* N° 1139 de 5 de junio de 2002 (Caso: *Sergio Omar Calderón Duque y William Dávila Barrios)* Véase en *Revista de Derecho Público,* N° 89-92, Editorial Jurídica Venezolana, Caracas 2002, p. 171. Criterio seguido en la sentencia N° 137 de 13-02-2003 (Caso: *Freddy Lepage Scribani y otros*) (Exp. 03-0287).

que quede revocado. Y ello es así, incluso a pesar de que el Registro Electoral haya variado con el transcurso del tiempo.

Sin embargo, de manera evidentemente inconstitucional, en las *Normas para regular los procesos de Referendos Revocatorios de mandatos de Elección Popular* dictadas por el Consejo Nacional Electoral en 25 de septiembre de 2003[1590], si bien se estableció que se considera revocado el mandato "si el número de votos a favor de la revocatoria es igual o superior al número de los electores que eligieron al funcionario", se agregó la frase: "y no resulte inferior al número de electores que votaron en contra de la revocatoria" (Art. 60). Con este agregado, en una norma de rango sublegal, se restringió el derecho ciudadano a la participación política mediante la revocación de mandatos populares, al establecerse un elemento que no está en la Constitución relativo al voto por la "no revocación," trastocándose la naturaleza "revocatoria" del referendo que regula el artículo 72 de la Constitución, y en evidente fraude a la Constitución, se lo convirtió en un referendo "ratificatorio" de mandatos de elección popular. A partir de ese momento y luego del secuestro del Poder Electoral, en general en Venezuela se confiscó el derecho ciudadano a la revocatoria de mandatos de cargos de elección popular.[1591]

Lo inaudito de este fraude constitucional, es que dicha "reforma" constitucional ilegítima fue avalada por la propia Sala Constitucional del Tribunal Supremo al decidir un recurso de interpretación abstracta de la Constitución en la sentencia Nº 2750 de 21 de octubre de 2003 (Caso: *Carlos E. Herrera Mendoza, Interpretación del artículo 72 de la Constitución*), en la cual señaló que:

> "Se trata de una especie de relegitimación del funcionario y en ese proceso democrático de mayorías, incluso, **si en el referendo obtuviese más votos la opción de su permanencia, debería seguir en él**, aunque voten en su contra el número suficiente de personas para revocarle el mandato"[1592].

En realidad, en un referendo "revocatorio" no puede haber votos por "la permanencia" del funcionario; lo que puede haber son votos por la "revocación" del mandato o por la "no revocación." El voto por la "no revocación" del mandato es un voto negativo (No); y un voto negativo no puede ser convertido en un voto positivo (Si) por la permanencia del funcionario. Con esta mutación de la Constitución, la Sala Constitucional cambió la naturaleza del referendo revocatorio, ratificando el trastocamiento de la naturaleza de la revocación del mandato, convirtiéndolo en un voto para "relegitimar" o para "ratificar" mandatos de elección popular, cuando ello

---

1590 Resolución Nº 030925-465 de 25-09-2003.

1591 Véase Allan R. Brewer-Carías, "El secuestro del Poder Electoral y la confiscación del derecho a la participación política mediante el referendo revocatorio presidencial: Venezuela 2000-2004", en *Boletín Mexicano de Derecho Comparado*, Instituto de Investigaciones Jurídicas, Universidad Nacional Autónoma de México, Nº 112. México, enero-abril 2005 pp. 11-73; en *Revista Jurídica del Perú*, Año LIV Nº 55, Lima, marzo-abril 2004, pp. 353-396; en *Revista Costarricense de Derecho Constitucional,* Tomo V, Instituto Costarricense de Derecho Constitucional, Editorial Investigaciones Jurídicas S.A., San José 2004, pp. 167-312; en *Stvdi Vrbinati, Rivista tgrimestrale di Scienze Giuridiche, Politiche ed Economiche*, Año LXXI – 2003/04 Nuova Serie A–N. 55,3, Università degli studi di Urbino, Urbino, Italia 2004, pp.379-436; y en Juan Pérez Royo, Joaquín Pablo Urías Martínez, Manuel Carrasco Durán, Editores), *Derecho Constitucional para el Siglo XXI. Actas del Congreso Iberoamericano de Derecho Constitucional,* Tomo I, Thomson-Aranzadi, Madrid 2006, pp. 1081-1126..

1592 Exp. 03-1989.

no sólo no fue la intención del constituyente, sino que no puede derivarse del texto del artículo 72 de la Constitución. Lo único que la Constitución regula es la revocación de mandatos, y para ello, lo único que exige en materia de votación es que un número "igual o mayor de electores que eligieron al funcionario hubieren votado a favor de la revocación." Todo éste cambio de la Constitución tuvo un objeto preciso: evitar que el mandato del Presidente de República, Hugo Chávez, fuera revocado en 2004: el mismo fue electo en agosto de 2000 con 3.757.774 votos, por lo que bastaba para que su mandato fuese revocado, que el voto a favor de la revocación superara esa cifra. Como lo anunció el Consejo Nacional Electoral el 27 de agosto de 2004, el voto a favor de la revocación del mandato del Presidente de la República en el referendo efectuado ese mismo mes y año, fue de 3.989.008, por lo que constitucionalmente su mandato había quedado revocado.

Sin embargo, ya se había cambiado ilegítimamente la Constitución, e independientemente de las denuncias de fraude que se formularon respecto del referendo revocatorio del 15 de agosto de 2004, el Consejo Nacional Electoral el mencionado día 27 de agosto de 2004, no sólo dio los datos definitivos de la votación efectuada en el referendo revocatorio, sino que acordó "ratificar" al Presidente de la República en su cargo hasta la terminación del período constitucional en enero de 2007.[1593]

IV. LA TRANSFORMACIÓN DE LAS BASES DEL SISTEMA FEDERAL TRASTOCANDO LAS COMPETENCIAS EXCLUSIVAS DE LOS ESTADOS EN COMPETENCIAS CONCURRENTES SOMETIDAS AL PODER NACIONAL

Ya nos hemos referido brevemente a la mutación constitucional efectuada por la Sala Constitucional a la forma Federal del Estado, ignorando el principio del artículo 4 de la Constitución que declara que "la República Bolivariana de Venezuela es un *Estado federal descentralizado* en los términos consagrados en esta Constitución" norma que, sin embargo, ciertamente se contradice en otras previsiones de la propia Constitución que permiten calificar la forma de Estado como la de una federación Centralizada."[1594] A pesar de ello, sin embargo, en la Constitución se puede identifi-

---

1593 En efecto, en la *página web* del Consejo Nacional Electoral del día 27 de agosto de 2004, apareció la siguiente nota: "El presidente del Consejo Nacional Electoral, Francisco Carrasquero López, se dirigió al país en cadena nacional para anunciar las cifras definitivas y oficiales del evento electoral celebrado el pasado 15 de agosto, *las cuales dan como ratificado en su cargo al Presidente de la República*, Hugo Rafael Chávez Frías, con un total de 5 millones 800 mil 629 votos a favor de la opción "No". En la contienda electoral participaron 9 millones 815 mil 631 electores, de los cuales 3.989.008 se inclinaron por la opción "Sí" para revocar el mandato del Presidente Chávez. La totalización arrojó que la opción "No" alcanzó el 59,25% de los votos, mientras el "Sí" logró el 40,74% del total general, y la abstención fue del 30,02%. Vale destacar que para estos comicios el Registro Electoral se incrementó significativamente, alcanzando un universo de 14.027.607 de electores con derecho a sufragar en el Referendo revocatorio. Con base en la expresión de la voluntad popular, el Consejo Nacional Electoral, este viernes 27 de agosto, *ratificará en la Presidencia de la República Bolivariana de Venezuela* a Hugo Chávez Frías, quien culminará su período constitucional en el año 2006. Y en efecto, en acto solemne efectuado ese día, el Consejo Nacional Electoral acordó "ratificar" al Presidente de la República en su cargo, a pesar de que un número de electores mayor que los que lo eligieron hubieran votado a favor de la revocación de su mandato. Otro tanto haría la Asamblea Nacional, sin que esa figura de la ratificación estuviese prevista en norma constitucional alguna." Véase además, *El Nacional*, Caracas, 28-08-2004, pp. A-1 y A-2

1594 Véase nuestros estudios sobre el tema, elaborados apenas la Constitución fue sancionada: Allan R. Brewer-Carías, *Federalismo y Municipalismo en la Constitución de 1999 (Alcance de una reforma insuficiente y regresiva)*, Editorial Jurídica Venezolana, Caracas-San Cristóbal 2001; "El Estado federal descentralizado y la centralización de la federación en Venezuela. Situación y perspectiva de una contradiccar un núcleo esencial del sistema de distribución de competencias entre los niveles territoriales, es decir, entre el Poder Municipal, el Poder Estadal y el Poder Nacional, que no puede cambiarse sino mediante una reforma constitucional (artículos 136, 156, 164, 178 y 179).[1595]

Específicamente, en materia de infraestructura para la circulación y el transporte, la Constitución establece por una parte que, corresponde en forma exclusiva al Poder Nacional "el sistema de vialidad y de ferrocarriles nacionales (artículo 156,27),[1596] pero que corresponde en forma exclusiva a los Estados, "La conservación, administración y aprovechamiento de carreteras y autopistas nacionales... en coordinación con el Poder Nacional;" competencia que deben ejercer sujetos a "la coordinación con el Poder Nacional," que éste debe regular.

Este tema de la forma federal del Estado y de la distribución territorial de competencias establecidas en los artículos 156 y 164 de la Constitución, como se dijo, fue uno de los que se quiso cambiar con la propuesta de reforma constitucional de 2007, rechazada, con la que se buscaba terminar de centralizar materialmente todas las competencias del Poder Público en el nivel nacional. [1597] En particular con la reforma se buscaba "nacionalizar," la referida competencia que el artículo 164,10 de la Constitución de 1999 atribuye a los Estados en materia de la conservación, administración y aprovechamiento de autopistas y carreteras nacionales."[1598]

El rechazo de la reforma constitucional, sin embargo fue suplido por la Sala Constitucional, en sentencia N° 565 de 15 de abril de 2008[1599], dictada con motivo de decidir un recurso autónomo de interpretación de dicho artículo formulado por el Procurador General de la República, en la cual pura y simplemente la sala modificó el contenido de la norma constitucional y dispuso, como interpretación vinculante de la misma, que esa "competencia exclusiva" *no era tal competencia exclusiva*, sino

---

ción constitucional" en Diego Valadés y José María Serna de la Garza (Coordinadores), *Federalismo y regionalismo,* Universidad Nacional Autónoma de México, Tribunal Superior de Justicia del Estado de Puebla, Instituto de Investigaciones Jurídicas, Serie Doctrina Jurídica N° 229, México 2005, pp. 717-750.

1595 Véase Allan R. Brewer-Carías, "Consideraciones sobre el régimen de distribución de competencias del Poder Público en la Constitución de 1999" en Fernando Parra Aranguren y Armando Rodríguez García Editores, *Estudios de Derecho Administrativo. Libro Homenaje a la Universidad Central de Venezuela, Facultad de Ciencias Jurídicas y Políticas, con ocasión del Vigésimo Aniversario del Curso de Especialización en Derecho Administrativo*, Tomo I, Tribunal Supremo de Justicia, Colección Libros Homenaje N° 2, Caracas 2001, pp. 107-136.

1596 Véase Decreto N° 1.445, con fuerza de Ley de Sistema de Transporte Ferroviario Nacional en *G.O.* N° 37.313 del 30 de octubre de 2001.

1597 Véase Allan R. Brewer-Carías, *Hacia la Consolidación de un Estado Socialista, Centralizado, Policial y Militarista. Comentarios sobre el sentido y alcance de las propuestas de reforma constitucional 2007,* Colección Textos Legislativos, N° 42, Editorial Jurídica Venezolana, Caracas 2007, pp. 41 ss.

1598 Véase Allan R. Brewer-Carías, *La Reforma Constitucional de 2007 (Comentarios al Proyecto Inconstitucionalmente sancionado por la Asamblea Nacional el 2 de Noviembre de 2007),* Colección Textos Legislativos, N° 43, Editorial Jurídica Venezolana, Caracas 2007, pp. 72 ss.

1599 *Cfr.* Sentencia de la Sala Constitucional, N° 565, caso *Procuradora General de la República*, recurso de interpretación del artículo 164.10 de la Constitución de 1999 de fecha 15 de Abril de 2008, en http://www.tsj.gov.ve/de-cisiones/scon/Abril/565-150408-07-1108.htm

una competencia concurrente y que, incluso, el Poder Nacional podía revertirla a su favor eliminando toda competencia de los Estados.[1600]

La Sala Constitucional, en efecto, decidió que la Administración Nacional "en ejercicio de la potestad de coordinación pueda asumir directamente la conservación, administración y el aprovechamiento de las carreteras y autopistas nacionales, así como los puertos y aeropuertos de uso comercial,", y que "corresponde al Ejecutivo Nacional por órgano del Presidente de la República en Consejo de Ministros, decretar la intervención para asumir la prestación de servicios y bienes de las carreteras y autopistas nacionales, así como los puertos y aeropuertos de uso comercial," en aquellos casos que la prestación del servicio "por parte de los Estados es deficiente o inexistente."

Con esta interpretación, lo que el Juez Constitucional ha hecho es mutar el texto constitucional usurpando la soberanía popular a la cual está reservado el poder constituyente, cambiado la forma federal del Estado al trastocar el sistema de distribución territorial de competencias entre el Poder Nacional y los Estados, y en particular "nacionalizando," contra lo que expresamente dispone la Constitución, competencias atribuidas en forma exclusiva a los Estados. La reforma constitucional de 2007 que fue rechazada por el pueblo, en fraude a la Constitución, y a solicitud del representante del Poder Nacional (Procurador General de la República) fundamentándose en la existencia de una supuesta "incertidumbre jurídica en cuanto al alcance y límites de su competencia" que existía en el Ministerio de Infraestructura." El Procurador General de la República, en efecto, consideró que la norma "no era lo suficientemente clara para lograr establecer de una forma eficiente y precisa el ámbito y forma de actuación del Ejecutivo Nacional, respecto a la coordinación con los Estados de la administración, conservación y aprovechamiento de carreteras y autopistas nacionales, así como de puertos y aeropuertos de uso comercial."

El resultado de la petición de interpretación, fue que la Sala Constitucional, de oficio, reformó la Constitución, y pura y simplemente, eliminó la competencia exclusiva de los Estados en la materia, y la convirtió en una competencia concurrente sujeta a la técnica puntual de "descentralización" que puede ser intervenida, revertida y reasumida por el Poder Nacional. La Sala, en efecto, olvidándose de que se trata de una competencia exclusiva de los Estados que había sido descentralizada desde 1989 mediante la Ley de Orgánica de Descentralización, dispuso que como las carreteras y puentes nacionales son bienes de la República, lo que es obvio, "en caso de haber sido transferidos a los Estados *pueden ser cogestionados por éstos a través de convenios, pero también reasumidos por el Poder Público Nacional mediante un procedimiento de reversión, ya que la titularidad originaria de los mismos le corresponde a la República*." Al contrario, de acuerdo con la Constitución, el hecho de que los puertos o aeropuertos comerciales, autopistas, carreteras y puentes sean "nacionales", en tanto bienes públicos, no autoriza en forma alguna como lo afirmó la Sala, que "Ejecutivo Nacional, podrá ejercer competencias exorbitantes como la *intervención* en aras de garantizar la continuidad, calidad, y normalidad de tales servicios; hayan sido o no, transferidos a los Estados."

1600 Véase los comentarios a la sentencia en Allan R. Brewer-Carías, "La Sala Constitucional como poder constituyente: la modificación de la forma federal del estadoy del sistema constitucional de división territorial del poder público, en *Revista de Derecho Público*, No. 114, (abril-junio 2008), Editorial Jurídica Venezolana, Caracas 2008, pp. 247-262

Después de muchos argumentos y malabarismos interpretativos la Sala Constitucional pasó a modificar el artículo 164,10 de la Constitución y dispuso entonces como interpretación vinculante de dicha norma, que la misma no dice lo que dice, sino que lo que dice es lo contrario, así:

a. Que *no se trata de una competencia exclusiva*, sino de una *competencia concurrente* sobre la cual el legislador nacional debe "establecer mediante *leyes de base* reguladoras... de las *competencias concurrentes*, de la República con los Estados y los Municipios, sino también de las de estos últimos entre sí."

b. Que los Estados *no tienen la competencia exclusiva que la Constitución les asigna* sino que lo que pueden es "ejercer *conforme a la legislación base* y en coordinación con el Ejecutivo Nacional la conservación, administración y el aprovechamiento de las carreteras y autopistas nacionales, así como los puertos y aeropuertos de uso comercial, *previa transferencia de competencias conforme al procedimiento de descentralización territorial.*"

c. Que, por tanto, la Constitución no ha dispuesto distribución de competencias alguna en esta materia a favor de los Estados, sino que estos pueden sólo ser destinatarios "de una descentralización territorial" en la materia. Por ello, la Sala fue terminante en afirmar que "Sólo los Estados como entes político territoriales pueden ser objeto de una descentralización territorial sobre dichas materias."

d. Que los Estados no tienen la competencia exclusiva que les asigna la Constitución, en materia de carreteras y autopistas nacionales, así como de los puertos y aeropuertos de uso comercial nacionales (no Estadales), que son bienes y servicios nacionales; y que sólo en caso de sean "transferidos a los Estados (descentralización funcional) pueden ser cogestionados por éstos a través de convenios, pero también *revertidos*, ya que la titularidad originaria de los mismos le corresponde a la República, conforme al ordenamiento jurídico vigente." Sin embargo, de acuerdo con la Sala Constitucional, en estos casos, "se concibe que la Administración en ejercicio de la potestad de coordinación pueda *asumir directamente* la conservación, administración y el aprovechamiento de las carreteras y autopistas nacionales, así como los puertos y aeropuertos de uso comercial, en aras de mantener a buen resguardo los derechos de los usuarios a la prestación de un servicio público en condiciones de calidad."

En estos casos, sin base constitucional o legal alguna, la Sala Constitucional dispuso que "corresponde al Ejecutivo Nacional por órgano del Presidente de la República en Consejo de Ministros, decretar la intervención para asumir la prestación de servicios y bienes de las carreteras y autopistas nacionales, así como los puertos y aeropuertos de uso comercial, en aquellos casos que a pesar de haber sido transferidas esas competencias, la prestación del servicio o bien por parte de los Estados es deficiente o inexistente, sobre la base de los artículos 236 y 164.10 de la Constitución".

Después de una ilegítima "modificación constitucional" de esta naturaleza, realizada mediante interpretación vinculante, que trastocó el orden jurídico o, como lo dijo la propia Sala, la misma "genera una necesaria revisión y modificación de gran alcance y magnitud del sistema legal vigente." Por supuesto, después de lo que hizo, la Sala Constitucional no pudo concluir en otra forma que no fuera advirtiendo "de oficio y por razones de orden público constitucional, ... que el contenido de la presente decisión debe generar una necesaria revisión y modificación del ordenamiento jurídico legal vigente," para lo cual exhortó a la Asamblea Nacional que "proceda a la revisión y correspondiente modificación de la normativa legal vinculada con la interpretación vinculante establecida en la presente decisión[1601], en orden a establecer una regulación legal congruente con los principios constitucionales y derivada de la interpretación efectuada por esta Sala en ejercicio de sus competencias." Es decir, la Sala conminó al legislador a legislar en contra de la Constitución de 1999, y conforme a una ilegítima modificación constitucional de la misma impuesta por la propia Sala. Ello provocó, como antes se indicó, que después del triunfo electoral de la oposición en Estados y Municipios claves, desplazando los Gobernadores oficialistas en las elecciones de diciembre de 2008, la Asamblea Nacional muy diligentemente reformara en marzo de 2009, entre otras, la Ley Orgánica de Descentralización, Delimitación y Transferencia de Competencias del Poder Público,[1602] a los efectos de eliminar las competencias exclusivas de los Estrados establecidas en los ordinales 3 y 5 del artículo 11 de dicha Ley, agregando dos nuevas normas en dicha Ley en las cuales se dispone que "el Poder Público Nacional por órgano del Ejecutivo Nacional, podrá revertir por razones estratégicas, de mérito, oportunidad o conveniencia, la transferencia de las competencias concedidas a los estados, para la conservación, administración y aprovechamiento de los bienes o servicios considerados de interés público general, conforme con lo previsto en el ordenamiento jurídico y al instrumento que dio origen a la transferencia" (Art. 8); y que "El Ejecutivo Nacional, por órgano del Presidente o Presidenta de la República en Consejo de Ministros, podrá decretar la intervención conforme al ordenamiento jurídico, de bienes y prestaciones de servicios públicos transferidos para su conservación, administración y aprovechamiento, a fin de asegurar a los usuarios, usuarias, consumidores y consumidoras un servicio de calidad en condiciones idóneas y de respeto de los derechos constitucionales, fundamentales para la satisfacción de necesidades públicas de alcance e influencia en diversos aspectos de la sociedad" (Art. 9). Con ello se completó el fraude constitucional dispuesto por la Sala Constitucional, trastocándose el régimen federal.

V. LA ELIMINACIÓN DE LA PROHIBICIÓN CONSTITUCIONAL DE FINANCIAMIENTO PÚBLICO A LAS ACTIVIDADES DE LOS PARTIDOS POLÍTICOS

El artículo 67 de la Constitución de 1999 expresamente prohibió "el financiamiento de las asociaciones con fines políticos con fondos provenientes del Estado", al establecer enfáticamente que el mismo "no se permitirá",[1603] cambiando así, radicalmente, el régimen de financiamiento público a los partidos políticos que se había previsto en el artículo 230 de la Ley Orgánica del Sufragio y Participación Política de 1998. En dicha Ley se había buscado establecer un mayor equilibrio y equidad

1601 De ello resultaba según la sentencia: "la necesaria revisión general de la Ley Orgánica de Descentralización, Delimitación y Transferencia de Competencias del Poder Público, Ley General de Puertos y la Ley de Aeronáutica Civil, sin perjuicio de la necesaria consideración de otros textos legales para adecuar su contenido a la vigente interpretación," lo que efectivamente se hizo meses después.

1602 *Gaceta Oficial* N° 39.140 del 17 de marzo de 2009.

1603 Véase sobre la versión inicial de esta norma y sobre nuestra propuesta para su redacción en Allan R. Brewer-Carías *Debate Constituyente (Aportes a la Asamblea Nacional Constituyente),* Tomo II (9 septiembre-17 octubre 1999). Fundación de Derecho Público-Editorial Jurídica Venezolana. Caracas, 1999, p. 129.

para la participación de los partidos en la vida democrática y en especial en las campañas electorales, tratando de mitigar los desequilibrios y perversiones que podían producirse con el solo financiamiento privado a los partidos, con el riesgo de presencia de "narcofinanciamiento" por ejemplo, y el eventual financiamiento público indirecto, irregular y corrupto, sólo para los partidos de gobierno,[1604] que en un sistema donde no existe control fiscal ni parlamentario del ejercicio del poder, puede magnificarse. Con la prohibición constitucional, al derogarse este artículo de la Ley Orgánica, quedó derogado con el régimen de financiamiento público a los partidos políticos, abandonándose la tendencia inversa que predomina en el derecho comparado. A pesar de lo absurdo de la prohibición constitucional, contraria a la tendencia universal en la materia de financiamiento a los partidos políticos, el constituyente de 1999 estableció esa prohibición como parte del espíritu anti-partidos que signó la aprobación de la Constitución.

Esta prohibición constitucional fue otro de los temas a los que se refirió la propuesta de reforma constitucional de 2007, con la cual expresamente se buscó modificar la mencionada prohibición constitucional del artículo 67, previéndose en la norma, al contrario, que "el Estado podrá financiar las actividades electorales", pero sin indicarse si se trata de un financiamiento a los partidos políticos en general. Como es sabido, la antes mencionada propuesta de Reforma Constitucional de 2007, fue rechazada por voluntad popular expresada abrumadoramente contra su aprobación en el referendo del 2 de diciembre de 2007, con lo que el régimen de financiamiento a los partidos políticos, a su funcionamiento interno y a sus actividades electorales continuó prohibida en la Constitución.

Sin embargo, a pesar de dicha prohibición constitucional y del rechazo popular a modificarla, la Sala Constitucional del Tribunal Supremo de Justicia, actuando como Jurisdicción Constitucional, en sentencia N° 780 de 8 de mayo de 2008 (Exp. N° 06-0785), mediante una interpretación constitucional vinculante, mutó la Constitución, sustituyéndose a la voluntad popular y al poder constituyente originario, disponiendo que "en lo que respecta al alcance de la prohibición de financiamiento público de asociaciones políticas" contenida en la mencionada norma, la misma:

> "se circunscribe a la imposibilidad de aportar fondos a los gastos corrientes e internos de las distintas formas de asociaciones políticas, pero... dicha limitación, no resulta extensiva a la campaña electoral, como etapa fundamental del proceso electoral".

Es decir, la Sala Constitucional, ante una norma tan clara e igualmente tan criticable como la contenida en el artículo 67 de la Constitución, cuya reforma se había intentado hacer en 2007 pero sin lograrse por ser rechazada por la voluntad popular, en esta sentencia ni más ni menos, se erigió en poder constituyente, sustituyendo al pueblo, y dispuso la reforma de la norma, vía su interpretación, en el mismo sentido que se pretendía en la rechazada reforma constitucional,[1605] disponiendo en definiti-

1604 Véase en general sobre el tema, Allan R. Brewer-Carías, "Consideraciones sobre el financiamiento de los partidos políticos en Venezuela" en *Financiamiento y democratización interna de partidos políticos. Memoria del IV Curso Anual Interamericano de Elecciones,* San José, Costa Rica, 1991, pp. 121 a 139.

1605 Véanse los comentarios en Allan R. Brewer-Carías, "El juez constitucional como Poder Constituyente: El caso del financiamiento de las campañas electorales de los partidos políticos en Venezuela," en *Revista de Derecho Público,* No. 117, enero marzo 2009, Editorial Jurídica Venezolana, Caracas 2009, pp. 195-204.

va, que la prohibición constitucional "no limita que en el marco del proceso electoral y como gasto inherente a una fase esencial del mismo, el Estado destine fondos con el objeto de financiar el desarrollo de las campañas electorales, de los partidos y asociaciones políticas," es decir, lo contrario de lo que dispone la Constitución.

Es evidente que siendo el financiamiento de las campañas electorales la motivación fundamental del financiamiento de los partidos políticos, pues los mismos tienen por objeto conducir a la ciudadanía en las opciones democráticas que necesariamente desembocan en elecciones, la Ley Orgánica del Sufragio y participación Política había dispuesto el financiamiento de los paridos políticos; y ello fue lo que sin embargo, se eliminó expresamente en la Constitución de 1999. En la Constitución de 1999, sin embargo, en su clara concepción antipartidos entre otras normas dispuso precisamente la prohibición constitucional del financiamiento público a los partidos políticos (art. 67) lo cual lamentablemente ha provocado la posibilidad no sólo al financiamiento privado ilegítimo (narcotráfico, comisiones de partidos), sino al financiamiento público irregular.[1606] Y eso fue precisamente lo que se quiso corregir, de nuevo, con la proyectada Reforma Constitucional de 2007, la cual, sin embargo, fue rechazada por el pueblo.

Pero la Sala Constitucional, sin límite alguno, se sustituyó al pueblo y asumió el rol de poder constituyente originario, disponiendo que lo que la Constitución prohíbe cuando establece en el artículo 67 que no se permite "el financiamiento de las asociaciones con fines políticos con fondos provenientes del Estado", es sólo una prohibición al financiamiento por el Estado de "los gastos corrientes e internos de las distintas formas de asociaciones políticas", pero no de la "campaña electoral, como etapa fundamental del proceso electoral."

Es decir, el Juez Constitucional, simplemente, dispuso que la Constitución no dice lo que dice, sino todo lo contrario; que cuando dice que no se permite "el financiamiento de las asociaciones con fines políticos con fondos provenientes del Estado", no es eso lo que establece, sino lo que prohíbe es solamente "el financiamiento de los gastos corrientes e internos de las asociaciones con fines políticos con fondos provenientes del Estado"; y que los gastos de las campañas electorales de dichas asociaciones con fines políticas, en cambio, si pueden ser financiadas con fondos provenientes del Estado.

Y para llegar a esta conclusión, en una sentencia innecesariamente atiborrada de citas de autores sobre las técnicas de interpretación y la noción de democracia, y sobre las bondades del financiamiento público de las campañas electorales de los partidos políticos, concluyó en la mencionada distinción, de que una cosa es que el Estado financie "los gastos corrientes e internos" de los partidos políticos y otra cosa es que financie "sus campañas electorales," deduciendo sin fundamento alguno que lo que la Constitución prohíbe es lo primero y no lo segundo.

Se trata de una conclusión absurda, que contra toda lógica democrática, se deriva de una premisa falsa, y es que en sistemas democráticos supuestamente podría ocurrir que el Estado financie los gastos corrientes e internos de los partidos. Ello no se

---

1606 Véase en Allan R. Brewer-Carías, "Regulación jurídica de los partidos políticos en Venezuela" en *Estudios sobre el Estado Constitucional (2005-2006)*, Cuadernos de la Cátedra Fundacional Allan R. Brewer-Carías de Derecho Público, Universidad Católica del Táchira, Nº 9, Editorial Jurídica Venezolana. Caracas, 2007, pp. 655-686.

concibe en las democracias, por lo que no requiere de prohibición alguna. En democracias lo que se financia es el funcionamiento de los partidos pero con miras siempre a las campañas electorales, al punto de que este se suspende si los mismos no llegan a obtener un determinado porcentaje de votación en las elecciones.

Puede ser muy loable la intención del Juez Constitucional de permitir el financiamiento de las campañas electorales de los partidos políticos con fondos provenientes del Estado, pero habiendo sido ello prohibido expresamente por la Constitución[1607] (ya que no tiene lógica afirmar que lo que se prohíbe es lo que nunca se ha permitido: el financiamiento de los gastos corrientes e internos de los partidos), sólo reformándola es que se podría lograr lo contrario. Y ello fue lo que en este caso hizo el Juez Constitucional en Venezuela: reformar la Constitución, usurpando el poder constituyente originario que es del pueblo e, incluso contra su propia voluntad expresada cinco meses antes al rechazar precisamente esa reforma constitucional en igual sentido, estableció la posibilidad de financiar las campañas electorales de los partidos políticos.

VI. LA ELIMINACIÓN DEL RANGO SUPRACONSTITUCIONAL DE LOS TRATADOS INTERNACIONALES EN MATERIA DE DERECHOS HUMANOS

Siguiendo una tendencia universal contemporánea, que ha permitido a los tribunales constitucionales la aplicación directa de los tratados internacionales en materia de derechos humanos para su protección, ampliando progresivamente el elenco de los mismos, en el propio texto de las Constituciones se ha venido progresivamente reconociendo en forma expresa el rango normativo de los referidos tratados, de manera que en la actualidad pueden distinguirse cuatro rangos diversos reconocidos en el derecho interno, rango supra constitucional, rango constitucional, rango supra legal o rango legal.[1608]

En el caso de la Constitución venezolana de 1999, el artículo 23 dispuso expresamente lo siguiente:

> "*Artículo 23*. Los tratados, pactos y convenciones relativos a derechos humanos, suscritos y ratificados por Venezuela, tienen jerarquía constitucional y prevalecen en el orden interno, en la medida en que contengan normas sobre su goce y ejercicio más favorables a las establecidas en esta Constitución y en las leyes de la República, y son de aplicación inmediata y directa por los tribunales y demás órganos del Poder Público".

1607 Por ello fue, incluso, que entre otros aspectos salvamos nuestro voto en relación con dicha norma. Véase Allan R. Brewer-Carías, *Debate Constituyente (Aportes a la Asamblea Nacional Constituyente)*, Tomo III (18 octubre-30 noviembre 1999). Fundación de Derecho Público-Editorial Jurídica Venezolana. Caracas, 1999. pp. 239, 259.

1608 En relación con esta clasificación general, véase: Rodolfo E. Piza R., *Derecho internacional de los derechos humanos: La Convención Americana*, San José 1989; y Carlos Ayala Corao, "La jerarquía de los instrumentos internacionales sobre derechos humanos", en *El nuevo derecho constitucional latinoamericano*, IV Congreso venezolano de Derecho constitucional, Vol. II, Caracas 1996 y *La jerarquía constitucional de los tratados sobre derechos humanos y sus consecuencias*, México, 2003; Humberto Henderson, "Los tratados internacionales de derechos humanos en el orden interno: la importancia del principio *pro homine*", en *Revista IIDH*, Instituto Interamericano de Derechos Humanos, N° 39, San José 2004, pp. 71 y ss. Véase también, Allan R. Brewer-Carías, *Mecanismos nacionales de protección de los derechos humanos*, Instituto Internacional de Derechos Humanos, San José, 2004, pp. 62 y ss.

Esta norma, sin duda, es uno de las más importantes en materia de derechos humanos en el país, única en su concepción en América Latina, pues por una parte, le otorga a los tratados internacionales en materia de derechos humanos no sólo rango constitucional, sino rango *supra constitucional,* es decir, un rango superior respecto de las propias normas constitucionales, los cuales deben prevalecer sobre las mismas en caso de regulaciones más favorables a su ejercicio. Además, por otra parte, el artículo establece el principio de la aplicación inmediata y directa de dichos tratados por los tribunales y demás autoridades del país. Su inclusión en la Constitución, sin duda, fue un avance significativo en la construcción del esquema de protección de los derechos humanos, que se aplicó por los tribunales declarando la prevalencia de las normas de Convención Americana de Derechos Humanos en relación con normas constitucionales y legales. Fue el caso, por ejemplo, del derecho a la revisión judicial de sentencias, a la apelación o derecho a la segunda instancia que en materia contencioso administrativa se excluía en la derogada Ley Orgánica de la Corte Suprema de Justicia de 1976,[1609] respecto de la impugnación de actos administrativos ante la Jurisdicción contencioso administrativa emanados de institutos autónomos o Administraciones independientes'. La Constitución de 1999 solo reguló como derecho constitucional el derecho de apelación en materia de juicios penales a favor de la persona declarada culpable (Art. 40,1); por lo que en el mencionado caso de juicios contencioso administrativos, no existía una garantía constitucional expresa a la apelación, habiendo sido siempre declarada inadmisible la apelación contra las decisiones de única instancia de la Corte Primera de lo Contencioso. La aplicación del artículo 23 de la Constitución llevó finalmente a la Sala Constitucional del Tribunal Supremo, a resolver en 2000 la aplicación prevalente de la Convención Interamericana de Derechos Humanos, considerando:

> "que el artículo 8, numerales 1 y 2 (literal h), de la Convención Americana sobre Derechos Humanos, forma parte del ordenamiento constitucional de Venezuela; que las disposiciones que contiene, declaratorias del derecho a recurrir del fallo, son más favorables, en lo que concierne al goce y ejercicio del citado derecho, que la prevista en el artículo 49, numeral 1, de dicha Constitución; y que son de aplicación inmediata y directa por los tribunales y demás órganos del Poder Público."[1610]

1609 Véase los comentarios en Allan R. Brewer-Carías y Josefina Calcaño de Temeltas, *Ley Orgánica de la Corte Suprema de Justicia,* Editorial Jurídica Venezolana, Caracas 1978.

1610 Sentencia Nº 87 del 13 de marzo de 2000, Caso: *C.A. Electricidad del Centro (Elecentro) y otra vs. Superintendencia para la Promoción y Protección de la Libre Competencia. (Procompetencia*), en *Revista de Derecho Público*, Nº 81, Editorial Jurídica Venezolana, Caracas 2000, pp. 157. La Sala Constitucional incluso resolvió el caso estableciendo una interpretación obligatoria, que exigía la re-redacción de la Ley Orgánica, disponiendo lo siguiente: "En consecuencia, visto que el último aparte, primer párrafo, del artículo 185 de la Ley Orgánica de la Corte Suprema de Justicia, dispone lo siguiente: "Contra las decisiones que dicto dicho Tribunal en los asuntos señalados en los ordinales 1 al 4 de este artículo no se oirá recurso alguno"; visto que la citada disposición es incompatible con las contenidas en el artículo 8, numerales 1 y 2 (literal h), de la Convención Americana sobre Derechos Humanos, las cuales están provistas de jerarquía constitucional y son de aplicación preferente; visto que el segundo aparte del artículo 334 de la Constitución de la República establece lo siguiente: "En caso de incompatibilidad entre esta Constitución y una ley u otra norma jurídica, se aplicarán las disposiciones constitucionales, correspondiendo a los tribunales en cualquier causa, aun de oficio, decidir lo conducente", ésta Sala acuerda dejar sin aplicación la disposición transcrita, contenida en el último aparte, primer párrafo, del artículo 185 de la Ley Orgánica en referencia, debiendo aplicarse en su lugar, en el caso de la sentencia que se pronuncie, de ser el caso, sobre el recurso contencioso administrativo de anulación interpuesto por la parte acto-

Sin embargo, en sentencia N° 1.939 de 18 de diciembre de 2008 (Caso *Gustavo Álvarez Arias y otros*) la Sala Constitucional al declarar inejecutable una sentencia de la Corte Interamericana de Derechos Humanos, de fecha 5 de agosto de 2008, dictada en el caso de los ex-magistrados de la Corte Primera de lo Contencioso Administrativo (*Apitz Barbera y otros ("Corte Primera de lo Contencioso Administrativo") vs. Venezuela*), ha resuelto definitivamente que:

> "el citado artículo 23 de la Constitución no otorga a los tratados internacionales sobre derechos humanos rango "supraconstitucional", por lo que, en caso de antinomia o contradicción entre una disposición de la Carta Fundamental y una norma de un pacto internacional, correspondería al Poder Judicial determinar cuál sería la aplicable, tomando en consideración tanto lo dispuesto en la citada norma como en la jurisprudencia de esta Sala Constitucional del Tribunal Supremo de Justicia, atendiendo al contenido de los artículos 7, 266.6, 334, 335, 336.11 eiusdem y el fallo número 1077/2000 de esta Sala."

A los efectos de fundamentar su decisión, y rechazar la existencia de valores superiores no moldeables por el proyecto político autoritario, la Sala aclaró los siguientes conceptos:

> "Sobre este tema, la sentencia de esta Sala N° 1309/2001, entre otras, aclara que el derecho es una teoría normativa puesta al servicio de la política que subyace tras el proyecto axiológico de la Constitución y que la interpretación debe comprometerse, si se quiere mantener la supremacía de la Carta Fundamental cuando se ejerce la jurisdicción constitucional atribuida a los jueces, con la mejor teoría política que subyace tras el sistema que se interpreta o se integra y con la moralidad institucional que le sirve de base axiológica (*interpretatio favor Constitutione*). Agrega el fallo citado: "en este orden de ideas, los estándares para dirimir el conflicto entre los principios y las normas deben ser compatibles con el proyecto político de la Constitución (Estado Democrático y Social de Derecho y de Justicia) y no deben afectar la vigencia de dicho proyecto con elecciones interpretativas ideológicas que privilegien los derechos individuales a ultranza o que acojan la primacía del orden jurídico internacional sobre el derecho nacional en detrimento de la soberanía del Estado".
>
> Concluye la sentencia que: "no puede ponerse un sistema de principios supuestamente absoluto y suprahistórico por encima de la Constitución" y que son inaceptables las teorías que pretenden limitar "so pretexto de valideces universales, la soberanía y la autodeterminación nacional".
>
> En el mismo sentido, la sentencia de esta Sala N° 1265/2008 estableció que en caso de evidenciarse una contradicción entre la Constitución y una convención o tratado internacional, "deben prevalecer las normas constitucionales que privilegien el interés general y el bien común, debiendo aplicarse las disposiciones que privilegien los intereses colectivos...(...) sobre los intereses particulares..." [1611]

---

ra ante la Corte Primera de lo Contencioso Administrativo (expediente N° 99-22167), la disposición prevista en el último aparte, segundo párrafo, del artículo 185 *eiusdem*, y la cual es del tenor siguiente: 'Contra las sentencias definitivas que dicte el mismo Tribunal ... podrá interponerse apelación dentro del término de cinco días, ante la Corte Suprema de Justicia (*rectius:* Tribunal Supremo de Justicia)'. Así se decide." *Idem* p. 158.

1611 Véase en http://www.tsj.gov.ve/decisiones/scon/Diciembre/1939-181208-2008-08-1572.html

En esta forma, la Sala Constitucional en Venezuela ha dispuesto una ilegítima mutación constitucional, reformando el artículo 23 de la Constitución al eliminar el carácter supranacional de la Convención Americana de Derechos Humanos en los casos en los cuales contenga previsiones más favorables al goce y ejercicio de derechos humanos respecto de las que están previstas en la propia Constitución.[1612]

Debe advertirse, por otra parte, que tan se trata de una reforma constitucional ilegítima, que esa fue una de las propuestas de reforma que se formularon por el "Consejo Presidencial para la Reforma de la Constitución," designado por el Presidente de la República,[1613] en informe de junio de 2007,[1614] en el cual, en relación con el artículo 23 de la Constitución, lo que se buscaba era eliminar totalmente la jerarquía constitucional de las previsiones de los tratados internacionales de derechos humanos y su prevalencia sobre el orden interno, proponiéndose la formulación de la norma sólo en el sentido de que: "los tratados, pactos y convenciones relativos a derechos humanos, suscritos y ratificados por Venezuela, mientras se mantenga vigentes, forma parte del orden interno, y son de aplicación inmediata y directa por los órganos del Poder Público".

Esa propuesta de reforma constitucional que afortunadamente no llegó a cristalizar, era un duro golpe al principio de la progresividad en la protección de los derechos que se recoge en el artículo 19 de la Constitución, que no permite regresiones en la protección de los mismos.[1615] Sin embargo, lo que no pudo hacer el régimen autoritario mediante una reforma constitucional, la cual al final fue rechazada por el pueblo, lo hizo la Sala Constitucional del Tribunal Supremo en su larga carrera al servicio del autoritarismo.[1616]

1612 Véase los comentarios en Allan R. Brewer-Carías, "El juez constitucional vs. La justicia internacional en materia de derechos humanos,"en *Revista de Derecho Público*, No. 116, (julio-septiembre 2008), Editorial Jurídica Venezolana, Caracas 2008, pp. 249 ss; y en "La ilegitima mutación de la Constitución por el juez constitucional mediante la eliminación del rango supra constitucional de los tratados internacionales sobre derechos humanos, y el desconocimiento en Venezuela de las sentencias de la Corte Interamericana de Derechos Humanos", trabajo enviado para ser publicado en el *Libro Homenaje al Capítulo Venezolano de la Asociación Mundial de Jóvenes Juristas y Estudiantes de Derecho*, Caracas 2009 (en prensa).

1613 Véase Decreto N° 5138 de 17-01-2007, *Gaceta Oficial* N° 38.607 de 18-01-2007

1614 El documento circuló en junio de 2007 con el título Consejo Presidencial para la Reforma de la Constitución de la República Bolivariana de Venezuela, "Modificaciones propuestas". El texto completo fue publicado como *Proyecto de Reforma Constitucional. Versión atribuida al Consejo Presidencial para la reforma de la Constitución de la república Bolivariana de Venezuela*, Editorial Atenea, Caracas 01 de julio de 2007, 146 pp.

1615 Véase esta proyectada reforma constitucional Allan R. Brewer-Carías, *Hacia la consolidación de un Estado Socialista, Centralizado, Policial y Militarista. Comentarios sobre el sentido y alcance de las propuestas de reforma constitucional 2007,* Colección Textos Legislativos, N° 42, Editorial Jurídica Venezolana, Caracas 2007, pp. 122 ss.

1616 Véase entre otros aspectos, los contenidos en el libro Allan R. Brewer-Carías, *Crónica sobre la "In" Justicia Constitucional. La Sala Constitucional y el autoritarismo en Venezuela*, Colección Instituto de Derecho Público N° 2, Universidad Central de Venezuela, Caracas 2007.

VII. LA ELIMINACIÓN DE LA POTESTAD DE LOS JUECES PARA APLICABILIDAD INMEDIATA DE LOS TRATADOS INTERNACIONALES EN MATERIA DE DERECHOS HUMANOS

En materia de derechos humanos, el articulo 23 de la Constitución no sólo otorga rango supraconstitucional a las normas de los tratados, pactos y convenciones internacionales relativos a derechos humanos suscritos y ratificados por Venezuela, "en la medida en que contengan normas sobre su goce y ejercicio más favorables a las establecidas en esta Constitución y en las leyes de la República", lo que como antes se ha visto ya ha sido mutado ilegítimamente; sino que declara además expresamente que los mismos son "de aplicación inmediata y directa por los tribunales y demás órganos del Poder Público" (Art. 23).

Sobre esta norma, la Sala Constitucional del Tribunal Supremo, al reivindicar un carácter de máximo y último intérprete de la Constitución y de los tratados, pactos y convenios sobre derechos humanos que no tiene, pues todas las Salas del Tribunal Supremo lo tienen, ha establecido en sentencia N° 1492 de 15 de julio de 2003 (Caso: *Impugnación de diversos artículos del Código Penal*), que por adquirir los mencionados tratados jerarquía constitucional e integrarse a la Constitución vigente, "*el único capaz de interpretarlas*, con miras al derecho venezolano, es el juez constitucional, conforme al artículo 335 de la vigente Constitución, en especial, al intérprete nato de la Constitución de 1999, y, que es la Sala Constitucional, y así se declara". De allí la Sala señaló que

> "es la Sala Constitucional quien determina cuáles normas sobre derechos humanos de esos tratados, pactos y convenios, prevalecen en el orden interno; al igual que cuáles derechos humanos no contemplados en los citados instrumentos internacionales tienen vigencia en Venezuela"[1617].

Con esta decisión inconstitucional, la Sala Constitucional ha mutado ilegítimamente la Constitución, pues conforme a la norma de su artículo 23, esa potestad no sólo corresponde a la Sala Constitucional, sino a todos los tribunales de la República cuando actúen como juez constitucional, por ejemplo, al ejercer el control difuso de la constitucionalidad de las leyes o al conocer de acciones de amparo. La pretensión de la Sala Constitucional en concentrar toda la justicia constitucional no se ajusta a la Constitución y al sistema de justicia constitucional que regula, de carácter mixto e integral; y menos aún en materia de derechos humanos, cundo es la propia Constitución la que dispone que los tratados, pactos e instrumentos internacionales sobre derechos humanos ratificados por la República son "de aplicación inmediata y directa por los tribunales" (art. 23).

VIII. LA NEGACIÓN DEL DERECHO CIUDADANO A LA PROTECCIÓN INTERNACIONAL DE LOS DERECHOS HUMANOS Y LA "INEJECUTABILIDAD" DE LAS SENTENCIAS DE LA CORTE INTERAMERICANA DE DERECHOS HUMANOS

Pero además del desconocimiento del rango supra constitucional de la Convención Americana de Derechos Humanos, la Sala Constitucional en la sentencia indi-

---

1617 Véase en *Revista de Derecho Público*, N° 93-96, Editorial Jurídica Venezolana, Caracas 2003, pp. 135 ss.

cada N° 1.939 de 18 de diciembre de 2008, que se identifica como Caso *Gustavo Álvarez Arias y otros*, cuando en realidad es el Caso: *Estado venezolano vs. La Corte Interamericana de Derechos Humanos*, ha desconocido las decisiones de la Corte Interamericana de Derechos Humanos, declarándolas inejecutables, contrariando el régimen internacional de los tratados.

Con dicha sentencia, dictada en juicio iniciado por la Procuraduría General de la República que es un órgano dependiente del Ejecutivo Nacional, la sala Constitucional declaró "inejecutable" en Venezuela la sentencia de la Corte Interamericana de Derechos Humanos de fecha 5 de agosto de 2008," dictada en el caso de los ex-magistrados de la Corte Primera de lo Contencioso Administrativo (*Apitz Barbera y otros ("Corte Primera de lo Contencioso Administrativo") vs. Venezuela*). En dicha sentencia, la Corte Interamericana en demanda contra el Estado formulada por la Comisión Interamericana de derechos Humanos a petición de dichos ex magistrados de la Corte Primera de lo Contencioso Administrativo, decidió que el Estado Venezolano les había violado las garantías judiciales establecidas en la Convención Americana al haberlos destituido de sus cargos, condenando al Estado a pagar las compensaciones prescritas, a reincorporarlos en sus cargos o en cargos similares, y a publicar el fallo en la prensa venezolana.[1618]

Ahora bien, aparte de que el caso de la Convención Americana de Derechos Humanos una vez que los Estados Partes han reconocido la jurisdicción de la Corte Interamericana de Derechos Humanos, conforme al artículo 68.1 de la Convención, los mismos "se comprometen a cumplir la decisión de la Corte en todo caso en que sean partes;"[1619] es la propia Constitución la que ha garantizado expresamente en Venezuela el acceso de las personas a la protección internacional en materia de derechos humanos, con la obligación del Estado de ejecutar las decisiones de los órganos internacionales. A tal efecto el artículo 31 de de la Constitución dispone:

> "*Artículo 31.* Toda persona tiene derecho, en los términos establecidos por los tratados, pactos y convenciones sobre derechos humanos ratificados por la República, a dirigir peticiones o quejas ante los órganos internacionales creados para tales fines, con el objeto de solicitar el amparo a sus derechos humanos.
>
> El Estado adoptará, conforme a procedimientos establecidos en esta Constitución y en la ley, las medidas que sean necesarias para dar cumplimiento a las decisiones emanadas de los órganos internacionales previstos en este artículo.

No han faltado Estados, sin embargo, que se hayan rebelado contra las decisiones de la Corte Interamericana y hayan pretendido eludir su responsabilidad en el cumplimiento de las mismas. La sentencia de la Corte Interamericana en el Caso *Castillo*

1618 Véase en www.corteidh.or.cr . Excepción Preliminar, Fondo, Reparaciones y Costas, Serie C N° 182.

1619 Como lo señaló la Corte Interamericana de Derechos Humanos en la decisión del *Caso Castillo Petruzzi*, sobre "Cumplimiento de sentencia" del 7 de noviembre de 1999 (Serie C, N° 59), "Las obligaciones convencionales de los Estados parte vinculan a todos los poderes y órganos del Estado," (par. 3) agregando "Que esta obligación corresponde a un principio básico del derecho de la responsabilidad internacional del Estado, respaldado por la jurisprudencia internacional, según el cual los Estados deben cumplir sus obligaciones convencionales de buena fe (*pacta sunt servanda*) y, como ya ha señalado esta Corte, no pueden por razones de orden interno dejar de asumir la responsabilidad internacional ya establecida." (par. 4). Véase en Sergio García Ramírez (Coord.), *La Jurisprudencia de la Corte Interamericana de Derechos Humanos*, Universidad Nacional Autónoma de México, Corte Interamericana de Derechos Humanos, México, 2001, pp. 628-629.

Petruzzi de 30 de mayo de 1999 (Serie C, núm. 52), es prueba de ello, pues después de que declarar que el Estado peruano había violado en un proceso los artículos 20; 7.5; 9; 8.1; 8.2.b,c,d y f; 8.2.h; 8.5; 25; 7.6; 5; 1.1 y 2,[1620] la Sala Plena del Consejo Supremo de Justicia Militar del Perú se negó a ejecutar el fallo, considerando que la misma desconocía la Constitución Política del Perú y la sujetaba a "la Convención Americana sobre Derechos Humanos en la interpretación que los jueces de dicha Corte efectúan *ad-libitum* en esa sentencia."[1621]

Ahora le ha correspondido a Venezuela seguir los pasos del régimen autoritario del Presidente Fujimori en el Perú, y la Sala Constitucional del Tribunal Supremo también ha declarado en la mencionada decisión N° 1.939 de 18 de diciembre de 2008 (Caso *Abogados Gustavo Álvarez Arias y otros*), como "inejecutable" la sentencia de la Corte Interamericana de Derechos Humanos Primera de 5 de agosto de 2008 en el Caso *Apitz Barbera y otros ("Corte Primera de lo Contencioso Administrativo") vs. Venezuela* acusando a la Corte Interamericana de haber usurpado el poder del Tribunal Supremo.[1622]

En su decisión, la Sala Constitucional, citando la previa decisión N° 1.942 de 15 de julio de 2003, y considerando que se trataba de una petición de interpretación formulada por la República, precisó que la Corte Interamericana de Derechos Humanos, no podía "pretender excluir o desconocer el ordenamiento constitucional

---

1620 Como consecuencia, en la sentencia la Corte Interamericana declaró "la invalidez, por ser incompatible con la Convención, del proceso en contra de los señores Jaime Francisco Sebastián Castillo Petruzzi" y otros, ordenando "que se les garantice un nuevo juicio con la plena observancia del debido proceso legal," y además, "al Estado adoptar las medidas apropiadas para reformar las normas que han sido declaradas violatoria de la Convención Americana sobre Derechos Humanos en la presente sentencia y asegurar el goce de los derechos consagrados en la Convención Americana sobre derechos Humanos a todas las personas que se encuentran bajo su jurisdicción, sin excepción alguna." Véase en http://www.tsj.gov.ve/deci-siones/scon/Diciembre/1939-181208-2008-08-1572.html

1621 Precisamente frente a esta declaratoria por la Sala Plena del Consejo Supremo de Justicia Militar del Perú sobre la inejecutabilidad del fallo de 30 de mayo de 1999 de la Corte Interamericana de Derechos Humanos en el Perú, fue que la misma Corte Interamericana dictó el fallo subsiguiente, antes indicado, de 7 de noviembre de 1999, declarando que "el Estado tiene el deber de dar pronto cumplimiento a la sentencia de 30 de mayo de 1999 dictada por la Corte Interamericana en el Caso *Castillo Petruzzi y otros.*" Sergio García Ramírez (Coord.), *La Jurisprudencia de la Corte Interamericana de Derechos Humanos*, Universidad Nacional Autónoma de México, Corte Interamericana de Derechos Humanos, México, 2001, p. 629 Ello ocurrió durante el régimen autoritario que tuvo el Perú en la época del Presidente Fujimori, y que condujo a que dos meses después de dictarse la sentencia de la Corte Interamericana del 30 de mayo de 1999, el Congreso del Perú aprobase el 8 de julio de 1999 el retiro del reconocimiento de la competencia contenciosa de la Corte, lo que se depositó al día siguiente en la Secretaría General de la OEA/ Este retiro fue declarado inadmisible por la propia Corte Interamericana, en la sentencia del Caso *Ivcher Bronstein* de 24 de septiembre de 1999, considerando que un "Estado parte sólo puede sustraerse a la competencia de la Corte mediante la denuncia del tratado como un todo." *Idem*, pp. 769-771. En todo caso, posteriormente en 2001 Perú derogó la Resolución de julio de 1999, restableciéndose a plenitud la competencia de la Corte interamericana para el Estado.

1622 El tema, ya lo había adelantado la Sala Constitucional en su conocida sentencia N° 1.942 de 15 de julio de 2003 (Caso: *Impugnación de artículos del Código Penal, Leyes de desacato*) (Véase en *Revista de Derecho Público*, N° 93-96, Editorial Jurídica Venezolana, Caracas 2003, pp. 136 ss.) en la cual al referirse a los Tribunales Internacionales "comenzó declarando en general, que en Venezuela "por encima del Tribunal Supremo de Justicia y a los efectos del artículo 7 constitucional, no existe órgano jurisdiccional alguno, a menos que la Constitución o la ley así lo señale, y que aun en este último supuesto, la decisión que se contradiga con las normas constitucionales venezolanas, carece de aplicación en el país, y así se declara."

interno," y que había dictado "pautas de carácter obligatorio sobre gobierno y administración del Poder Judicial que son competencia exclusiva y excluyente del Tribunal Supremo de Justicia" y establecido "directrices para el Poder Legislativo, en materia de carrera judicial y responsabilidad de los jueces, violentando la soberanía del Estado venezolano en la organización de los poderes públicos y en la selección de sus funcionarios, lo cual resulta inadmisible." Acusó además, a la Corte Interamericana de haber utilizado su fallo "para intervenir inaceptablemente en el gobierno y administración judicial que corresponde con carácter excluyente al Tribunal Supremo de Justicia," argumentando que con la "sentencia cuestionada" la Corte Interamericana pretendía "desconocer la firmeza de decisiones administrativas y judiciales que han adquirido la fuerza de la cosa juzgada, al ordenar la reincorporación de los jueces destituidos." Para realizar estas afirmaciones, la Sala Constitucional recurrió como precedente para considerar que la sentencia de la Corte Interamericana de Derechos Humanos era inejecutable en Venezuela, precisamente la decisión antes señalada de 1999 de la Sala Plena del Consejo Supremo de Justicia Militar del Perú, que consideró inejecutable la sentencia de la Corte Interamericana de 30 de mayo de 1999, dictada en el caso: *Castillo Petruzzi y otro.*

Pero no se quedó allí la Sala Constitucional, sino en una evidente usurpación de poderes, ya que las relaciones internacionales es materia exclusiva del Poder Ejecutivo, solicitó instó "al Ejecutivo Nacional proceda a denunciar esta Convención, ante la evidente usurpación de funciones en que ha incurrido la Corte Interamericana de los Derechos Humanos con el fallo objeto de la presente decisión; y el hecho de que tal actuación se fundamenta institucional y competencialmente en el aludido Tratado."

Así concluyó el proceso de desligarse de la Convención Americana sobre Derechos Humanos, y de la jurisdicción de la Corte Interamericana de Derechos Humanos por parte del Estado Venezolano, utilizando para ello a su propio Tribunal Supremo de Justicia.

Debe recordarse en efecto, que en esta materia la Sala Constitucional también ha dispuesto una ilegítima mutación constitucional, reformando el artículo 23 de la Constitución en la forma cómo se pretendía en 2007 en la antes mencionada propuesta del "Consejo Presidencial para la Reforma de la Constitución," designado por el Presidente de la República, al buscar agregar al artículo 23 de la Constitución, también en forma regresiva, que "corresponde a los tribunales de la República conocer de las violaciones sobre las materias reguladas en dichos Tratados", con lo que se buscaba establecer una prohibición constitucional para que la Corte Interamericana de Derechos Humanos pudiera conocer de las violaciones de la Convención Americana de Derechos Humanos. Es decir, con una norma de este tipo, Venezuela hubiera quedado excluida constitucionalmente de la jurisdicción de dicha Corte internacional y del sistema interamericano de protección de los derechos humanos.[1623]

En esta materia, también, lo que no pudo hacer el régimen autoritario mediante una reforma constitucional, la cual al final fue rechazada por el pueblo, lo hizo la

---

1623 Véase sobre esta proyectada reforma constitucional Allan R. Brewer-Carías, *Hacia la consolidación de un Estado Socialista, Centralizado, Policial y Militarista. Comentarios sobre el sentido y alcance de las propuestas de reforma constitucional 2007,* Colección Textos Legislativos, Nº 42, Editorial Jurídica Venezolana, Caracas 2007, p. 122.

Sala Constitucional del Tribunal Supremo en su ya larga carrera al servicio del autoritarismo.

IX. LA ILEGÍTIMA MUTACIÓN DE LA CONSTITUCIÓN HECHA POR EL JUEZ CONSTITUCIONAL EN MATERIA DE ANTEJUICIOS DE MÉRITO DE ALTOS FUNCIONARIOS DEL ESTADO

El artículo 266,3 de la Constitución establece un privilegio a favor de altos funcionarios públicos, en el sentido de que para poder ser enjuiciados se requiere que previamente se declare, por el Tribunal Supremo de Justicia, si hay o no méritos para tal enjuiciamiento. Se trata del denominado antejuicio de mérito, siendo atribución del Tribunal Supremo:

> "3. Declarar si hay o no mérito para el enjuiciamiento del Vicepresidente Ejecutivo o Vicepresidenta Ejecutiva, de los o las integrantes de la Asamblea Nacional o del propio Tribunal Supremo de Justicia, de los Ministros o Ministras, del Procurador o Procuradora General, del Fiscal o la Fiscal General, del Contralor o Contralora General de la República, del Defensor o Defensora del Pueblo, los Gobernadores o Gobernadoras, oficiales, generales y almirantes de la Fuerza Armada Nacional y de los jefes o jefas de misiones diplomáticas de la República y, en caso afirmativo, remitir los autos al Fiscal o a la Fiscal General de la República o a quien haga sus veces, si fuere el caso; y si el delito fuere común, continuará conociendo de la causa hasta la sentencia definitiva".

En cuanto a la competencia para conocer de los juicios, la norma, dispone claramente lo que se desprende de su propio texto y del sentido propio de las palabras utilizadas: que en los casos en los cuales el Tribunal Supremo declare que hay méritos para enjuiciar a altos funcionarios indicados (distintos al Presidente de la República), si se trata de delitos comunes es el Tribunal Supremo el que debe conocer de la causa hasta sentencia definitiva; lo que significa que respecto de otros delitos, incluidos los políticos, los autos se deben remitir al Fiscal General de la República para que este siga el proceso ante la jurisdicción ordinaria. Sean cuales fueren las fallas que el interprete le encuentre a esta regulación, eso es lo que dispone la Constitución.

Sin embargo, la Sala Constitucional del Tribunal Supremo de Justicia, en sentencia N° 1684 del 4 de noviembre de 2008 (Caso: *Carlos Eduardo Giménez Colmenárez*, **Expediente** N° 08-1016), ha cambiado la redacción de la norma constitucional, usurpando la voluntad del pueblo al asumir el poder constituyente originario[1624] en contravención con las exigencias del propio texto fundamental que expresamente dispone, no sólo los procedimientos que pueden ser seguidos para las reformas constitucionales (Enmienda, Reforma, Asamblea Constituyente) (arts. 340-349), sino la necesaria intervención del pueblo para efectuarla, mediante referendo o mediante la elección de una Asamblea Constituyente.

1624 Véase los comentarios en Allan R. Brewer-Carías, "La ilegítima mutación de la constitución hecha por el juez constitucional en materia de antejuicios de mérito de altos funcionarios del Estado", en *Revista de Derecho Público*, No. 116, (julio-septiembre 2008), Editorial Jurídica Venezolana, Caracas 2008, pp. 261 ss.

La Sala Constitucional, en efecto, en dicha sentencia, ha dispuesto que si el Tribunal Supremo declarase que hay méritos para enjuiciar a esos mismos altos funcionarios, en ese caso:

> "deben remitirse los autos al Fiscal o a la Fiscal General de la República o a quien haga sus veces, si el delito fuere común a los fines contemplados en el Código Orgánico Procesal Penal; y si el delito fuere político, continuará conociendo de la causa el Tribunal Supremo de Justicia en Sala Plena, hasta la sentencia definitiva."

Es decir, la Sala Constitucional reformó completamente la norma, estableciendo una regulación radicalmente distinta, en el sentido de que en casos de delitos comunes, en lugar de ser el Tribunal Supremo el que conozca de la causa hasta sentencia definitiva como lo dice expresamente el artículo 266,3 de la Constitución, sean los tribunales ordinarios los que conozcan de dichas causas; agregando, además, una previsión que no estaba en el texto de la Constitución, y es la relativa a los "delitos políticos", disponiendo una nueva competencia del Tribunal Supremo para conocer de las causas sobre los mismos, que no existe en la Constitución.

Para materializar esta usurpación la Sala Constitucional siguió un camino tortuoso, a través de los siguientes pasos:

Primero, partió de un auto de la Sala Plena del Tribunal Supremo en el cual ésta había renunciado a aplicar la Constitución y, consecuencialmente, declinó en la Sala Constitucional la competencia para conocer, no de un "recurso o acción de interpretación constitucional", sino de una declinatoria de competencia para resolver una colisión de leyes.

Segundo, la Sala Constitucional, al recibir los autos, convirtió de oficio, es decir, sin que nadie se lo hubiese pedido, dicha declinación de competencia en un "recurso o acción de interpretación constitucional," que supuestamente había intentado o interpuesto el propio Tribunal Supremo de Justicia en Sala Plena, para lo cual declaró que el máximo Tribunal de la República, tenía la "legitimación activa" necesaria para intentarlo; y que en virtud de ello, entonces, la Sala Constitucional tenía que resolverlo, cuando la Sala Plena, en realidad, no había intentado "recurso" o "acción" algunos y menos uno de interpretación constitucional, y lo único que había hecho era haber declinado la competencia para conocer de una colisión de leyes en la Sala Constitucional, que era lo que había solicitado la Fiscal General de la República.

En efecto, el origen remoto del proceso fue una solicitud de antejuicio de mérito que formuló la Fiscal General de la República ante la Sala Plena del Tribunal Supremo, contra un Gobernador de uno de los Estados de la Federación (Estado Yaracuy), en la cual se planteó la necesidad de resolver una colisión de leyes que supuestamente existía entre los artículos 5 y 22 de la Ley Orgánica del Tribunal Supremo de Justicia y el artículo 378 del Código Orgánico Procesal Penal a los efectos de determinar el Tribunal que debía conocer el juicio penal contra un Gobernador de un Estado de la República, por la presunta comisión de los delitos de peculado doloso impropio, evasión de procesos licitatorios y concierto con contratista, tipificados en los artículos 52, 58 y 70 de la Ley contra la Corrupción.

En tal sentido, la Ley Orgánica del Tribunal Supremo de Justicia, en su artículo 5,2, siguiendo lo expresado en la Constitución, disponía que si el delito fuere común, el Tribunal Supremo era el que debía continuar conociendo de la causa hasta sentencia definitiva; y el Código Orgánico Procesal Penal, por su parte, establecía en su artículo 378, que "Cuando se trate de los otros altos funcionarios del Estado y se declare que hay lugar al enjuiciamiento, el Tribunal Supremo de Justicia deberá pasar los autos al tribunal ordinario competente si el delito fuere común, y continuará conociendo de la causa hasta sentencia definitiva, cuando se trate de delitos políticos, salvo lo dispuesto en la Constitución de la República respecto del allanamiento de la inmunidad de los miembros de la Asamblea Nacional". Se trataba, por tanto, de una previsión que no se ajustaba a lo dispuesto en la Constitución, por lo que debía considerarse como tácitamente derogada o contraria a la previsión constitucional.

Pero la Sala Plena (es decir, el Tribunal Supremo en pleno), a pesar de constatar esta situación, se declaró incompetente para aplicar la Constitución, lo que fue insólito, y resolvió que existía una colisión normativa entre el Código Orgánico Procesal Penal, por un lado, y la Constitución y la Ley Orgánica del Tribunal Supremo de Justicia, por el otro, que exigía "el examen y análisis de la disposición constitucional y de las disposiciones legales," pero renunciando a hacerlo, indicando:

> "que la Sala Plena sólo tiene competencia para decidir si procede o no la solicitud de antejuicio de mérito. Por consiguiente, no tiene competencia para examinar y analizar los artículos constitucional y legales que regulan la competencia del tribunal que conocerá un eventual juicio penal producto de la declaratoria con lugar del antejuicio de mérito; en casos como el presente, en los cuales se hace imprescindible acudir a la interpretación constitucional para resolver la colisión de normas supra referida; determinándose que tal competencia está atribuida constitucional y legalmente a la Sala Constitucional...."

Para llegar a esta conclusión, la Sala Plena consideró que la Constitución otorgaba a la Sala Constitucional "la competencia exclusiva para conocer de cualquier acción cuya naturaleza sea de orden constitucional," y que "consecuencia de ello, constituye la interpretación que del artículo 266 (numeral 3) de la Constitución de la República Bolivariana de Venezuela debe hacer la Sala Constitucional en relación con los artículos 5 y 22 de la Ley Orgánica del Tribunal Supremo de Justicia y el artículo 378 del Código Orgánico Procesal Penal." Planteado en esa forma, era evidente que la Sala Plena del Tribunal Supremo no tenía competencia para resolver sobre la colisión de leyes, que es una competencia expresa de la Sala Constitucional, por lo que la petición de la Fiscal General condujo a que la Sala Plena, mediante sentencia N° 90 de 22 de julio de 2008, declinara la competencia para conocer de tal colisión de leyes denunciada, en la Sala Constitucional.

Pero en lugar de resolver sobre la colisión de leyes, la Sala Constitucional, estimó de oficio, "de la solicitud planteada," que la misma se traducía "en realidad en una pretensión de interpretación" del contenido del artículo 266,3 de la Constitución, "específicamente en lo concerniente a la determinación del tribunal competente para seguir conociendo de la causa, una vez declarada con lugar la solicitud de antejuicio de mérito presentada en contra de cualquiera de los altos funcionarios públicos;" agregando además, que "la presunta colisión no se limita a las disposiciones aludidas contenidas en dos leyes orgánicas, sino que la antinomia también involucra una norma constitucional cuya redacción coincide con una de las disposiciones legales, es decir, la Ley Orgánica del Tribunal Supremo de Justicia."

De allí, en lugar de resolver la Sala Constitucional que la otra disposición legal (Código Orgánico Procesal Penal) era contraria a la disposición constitucional y a la propia la Ley Orgánica del Tribunal Supremo, por lo que debía considerarse derogada, sin embargo lo que hizo fue decidir que debía resolver la "antinomia entre leyes" pero considerando "imprescindible precisar mediante la interpretación" el adecuado sentido que debe darse al artículo 266.3 de la Constitución vigente, todo de conformidad con lo dispuesto en el artículo 5,52 y primer aparte de la Ley Orgánica del Tribunal Supremo de Justicia que regulan la acción de interpretación constitucional, es decir, como si se tratase de una "acción de interpretación constitucional," la cual sin embargo nadie había intentado. Para ello comenzó analizando los requisitos de admisibilidad de estas acciones, considerando que en este caso, "el recurso fue planteado" (cuando ningún recurso o acción había sido interpuesto) cumpliéndose dichos requisitos, en particular, el referente a la legitimación activa, considerando que la acción "la había interpuesto" el Tribunal Supremo de Justicia, en Sala Plena, como "interesada en la interpretación," ante otra de sus Salas, la Constitucional.

Después de hacer un recorrido histórico sobre la institución del antejuicio de mérito en las Constituciones anteriores, la Sala constató que la Constitución de 1961, que había sido derogada por la Constitución de 1999, en su artículo 215,2 establecía que en el caso de altos funcionarios del Estado, si la Corte Suprema de Justicia declaraba que *había mérito para el enjuiciamiento, debía* "pasar los autos al Tribunal ordinario competente, si el delito fuere común, o continuar conociendo la causa hasta sentencia definitiva, cuando se trate de delitos políticos, *salvo lo dispuesto en el artículo 144 con respecto a los miembros del Congreso...*". (Subrayado de la Sala). Es decir, la Sala constató que la Constitución anterior, que fue derogada por la Constitución de de 1999, sí distinguía entre delitos comunes y delitos políticos para disponer la competencia judicial para la continuación del proceso, lo que expresamente fue "suprimido" de esta última, y con ello se modificó "el criterio para determinar el órgano jurisdiccional competente que deberá continuar conociendo de la causa una vez declarada ha lugar la solicitud de antejuicio de mérito."

Sin atender al hecho de que esa fue precisamente la voluntad del Constituyente al cambiar el régimen, la Sala simplemente expresó que de la nueva norma le llamaba la atención "su inconsistencia con los antecedentes históricos de su creación," entrando en una larga disquisición sobre lo que debe entenderse por "delito común" y por "delito político," la cual concluyó señalando que "delitos comunes" son los "sancionados en la legislación criminal ordinaria," y que pueden lesionar u ofender bienes jurídicos individuales (como los delitos de violación, robo, hurto, lesiones, etc.) o causar daños o afectación de trascendencia social, como los delitos perpetrados contra la cosa o erario público, tipificados, por ejemplo, en la Ley contra la Corrupción; y los "delitos políticos" son aquellos "que atentan contra los poderes públicos y el orden constitucional, concretamente, los delitos de rebelión y sedición, así como también los que atentan contra la seguridad de la Nación, entre ellos la traición y el espionaje."

En cuanto al cambio introducido en el artículo 266,3 de la Constitución, la Sala simplemente concluyó señalando que "a pesar de representar un cambio, no se puede entender como una eliminación absoluta del vocablo, ya que el mismo se encuentra presente de manera tácita en el contenido de la norma, es decir, cuando el delito no sea común este se debe considerar político," lo que por lo demás, nadie duda.

Pero de que el cambio en la norma constitucional se estableció, no hay la menor duda, aún cuando la Sala lo haya considerado en cuanto a "determinar el órgano jurisdiccional competente que deberá continuar conociendo de la causa una vez declarada ha lugar la solicitud de antejuicio de mérito" como "una sustancial alteración del espíritu, propósito y razón de la referida norma -en lo que respecta a sus antecedes históricos- ..."

Continuó la Corte considerando que la consecuencia jurídica que presenta la nueva norma constitucional al atribuirle al Tribunal Supremo continuar conociendo de las causas sólo en los casos de delitos comunes, "constituye una situación inconsistente con el criterio que históricamente se ha mantenido en nuestro ordenamiento jurídico sobre la naturaleza del delito común y del delito político y con ello del tribunal competente para conocer de los mismos;" considerando al contrario de lo dispuesto en la norma que:

> "en virtud de la respectiva entidad de los delitos y la distinta afectación del orden social, la competencia para el conocimiento de los delitos comunes debe corresponder a los tribunales ordinarios, mientras que en el caso de los delitos políticos el bien jurídico protegido a través del mismo es el orden jurídico y social del Estado."

Pero esto en realidad no fue así, siendo la voluntad del Constituyente que sólo quedaran en el conocimiento del Tribunal Supremo las causas por delitos comunes. Pero en lugar de respetar lo que decidió el pueblo al sancionar la Constitución, la Sala Constitucional consideró que:

> "atribuirle a la Sala Plena de este Máximo Tribunal el conocimiento de las causas instauradas contra los altos funcionarios públicos cuando el delito por ellos presuntamente cometido fuese calificado como "delito común", revela la existencia de un error material del Constituyente de 1999, y con ello una inconsistencia de la norma, es decir, que la solución aportada no responde a las propiedades que tomó en cuenta el mismo Constituyente para establecer el supuesto de hecho de dicha consecuencia jurídica. Siendo así, se está en presencia de un enunciado que presenta una laguna, que a su vez conduce a una solución jurídica ilógica e inaceptable."

En otras palabras, la Sala Constitucional consideró "absurdo" que el Constituyente hubiese dispuesto lo que dispuso: "que solo si el delito es común corresponderá a la Sala Plena el enjuiciamiento de los altos funcionarios comprendidos en el cardinal 3 del artículo 266; mientras que si se tratare de un delito de naturaleza política deberán seguir conociendo del juicio los tribunales ordinarios."

Frente a esta solución constitucional del artículo 266,3 de la Constitución, que la Sala Constitucional consideró como una "solución inconsistente," la misma Sala Constitucional se preguntó en la sentencia si un juez podía "apartarse de la solución que le ha dado el constituyente a un caso;" y si "un juez, a la hora de resolver una controversia, sólo puede aplicar el derecho según el sentido evidente de las expresiones usadas por el 'legislador', sea éste constituyente o constituido;" concluyendo su inquisición con la afirmación de que "si bien los jueces están vinculados al derecho, el propio derecho los habilita para elaborar un juicio en caso de incongruencia, inconsistencia o falta de pertinencia en una norma, y corregir dicha situación;" y, además, de que los jueces tienen potestad "de corregir una falta de previsión normativa o apartarse de la solución dada por el legislador ante su evidente injusticia o incoherencia."

En otras palabras, que existe "la posibilidad de que los jueces, ante la ausencia de norma aplicable, o ante la incoherencia de la solución que una norma contiene, resuelva integrar el derecho en ambos casos;" y que "el juez no está atado de manos frente a una posible incoherencia o inconsistencia por parte del legislador."

En definitiva, la Sala consideró que en el caso había una "laguna axiológica" debido a la inconsistencia del enunciado del artículo 266,3 de la Constitución, en cuyo caso, consideró que "puede darse la posibilidad política y jurídica **de acudir a un texto constitucional derogado** para integrar dicha laguna," resolviendo, entonces que el artículo 266,3 de la Constitución no dice lo que dice sino que dice otra cosa; es decir, que dicha norma, a pesar de que dispone que en caso de declararse que hay méritos para el enjuiciamiento de los altos funcionarios, el Tribunal Supremo debe remitir los autos al Fiscal General de la República, si fuere el caso, "y si el delito fuere común, continuará conociendo de la causa hasta la sentencia definitiva," sin embargo no dispone lo que dispone sino que lo que dice es que en esos supuestos de declararse que hay méritos para el enjuiciamiento de los altos funcionarios, "deben remitirse los autos al Fiscal o a la Fiscal General de la República o a quien haga sus veces, si el delito fuere común a los fines contemplados en el Código Orgánico Procesal Penal; y si el delito fuere político, continuará conociendo de la causa el Tribunal Supremo de Justicia en Sala Plena, hasta la sentencia definitiva."

Y en esa forma, pura y simplemente, "vista la integración de la laguna axiológica de que adolecía la norma constitucional," la Sala declaró "resuelta la interpretación solicitada" modificando o "corrigiendo" ilegítimamente la Constitución.

LIBRO SÉPTIMO

APRECIACIONES GENERALES SOBRE EL PROCESO DE CONCENTRACIÓN DEL PODER:

PRIMERA PARTE:

¿REFORMA CONSTITUCIONAL O MUTACIÓN CONSTITUCIONAL?: LA EXPERIENCIA VENEZOLANA (2014).

Ponencia para el *IV Congreso Colombiano de Derecho Procesal Constitucional y IV Congreso Internacional Proceso y Constitución "Dialéctica y diálogo jurisprudencial: presente y futuro"*, Centro Colombiano de Derecho Procesal Constitucional, Asociación Argentina de Derecho Procesal Constitucional, Bogotá, 18-20 de marzo de 2014.

I. LA SUPREMACÍA Y LA RIGIDEZ CONSTITUCIONAL Y EL ROL DE LA JURISDICCIÓN CONSTITUCIONAL EN VENEZUELA

La Constitución venezolana de 1999, como lo precisa su propio texto (art. 7), es la ley suprema y fuente de todo el ordenamiento jurídico, lo que implica no sólo que la misma obliga a todos los poderes públicos a respetarla y a garantizar su supremacía, y a todos los ciudadanos a acatarla, sino además, que los ciudadanos tienen un derecho fundamental a dicha supremacía. Además, otra consecuencia fundamental del principio de la supremacía constitucional, es el principio de la rigidez de la Constitución, lo que implica que las modificaciones a la misma sólo pueden realizarse mediante los procedimientos establecidos en el propio texto constitucional, no pudiendo por supuesto ni la Asamblea Nacional, ni el Ejecutivo ni la Jurisdicción Constitucional realizar "reforma" alguna de la Constitución.

Para garantizar tal rigidez constitucional, en la Constitución se establecen tres procedimientos específicos para reformarla, garantizándose en todos la intervención del pueblo como poder constituyente originario: primero, el procedimiento de "enmienda constitucional", que tienen por objeto agregar o modificar uno o varios artículos de la Constitución (artículo 340), para cuya aprobación se estableció la sola participación del pueblo manifestado mediante referendo aprobatorio; segundo, el procedimiento de "reforma constitucional", orientado a la revisión parcial de la Constitución, o a la sustitución de una o varias de sus normas (artículo 342), para cuya aprobación se estableció además de la participación del pueblo manifestado mediante referendo, la participación de la Asamblea Nacional como poder constituido, la cual debe discutir y sancionar el proyecto antes de su sometimiento a aprobación popular; y tercero, el procedimiento de convocatoria y desarrollo de una "Asamblea Nacional Constituyente," que es necesario en caso de que se proponga transformar el Estado, crear un nuevo ordenamiento jurídico y redactar una nueva Constitución (Artículo 347), para cuyo funcionamiento se estableció la necesaria participación del pueblo como poder constituyente originario, tanto en la definición del Estatuto de la Constituyente como en la elección de sus miembros.

Cualquier modificación de la Constitución efectuada fuera de estos tres procedimientos o en violación a los mismos, es inconstitucional e ilegítima, razón por la cual la Sala Constitucional del Tribunal Supremo, como Jurisdicción Constitucional, es el órgano llamado a ejercer el control de constitucionalidad del procedimiento adoptado.

Ahora bien, en contraste con todos estos principios y previsiones constitucionales, si algo ha caracterizado el proceder del régimen autoritario en Venezuela durante los últimos tres lustros, a partir de la entrada en vigencia de la Constitución de 1999, ha sido el desprecio más absoluto de su texto, de su supremacía y de su rigidez. La Constitución se ha convertido, en realidad, en un conjunto normativo maleable por absolutamente todos los poderes públicos, cuyas normas tienen la vigencia y el alcance que los órganos del Estado han dispuesto, sea mediante leyes ordinarias, decretos leyes e incluso mediante sentencias de la Jurisdicción Constitucional, todas hechas a la medida, y con la "garantía" de que dichas actuaciones constitucionales no serán controladas por la sujeción de la Jurisdicción Constitucional al control político.

La consecuencia de ello ha sido, por ejemplo, que los procedimientos de reforma constitucional regulados en la Constitución han sido utilizados a conveniencia, violándose las normas que los regulan, lo que ocurrió con la "reforma constitucional" que se presentó ante la Asamblea Nacional en 2007, y con la "enmienda constitucional" propuesta por la misma Asamblea en 2009. La primera, por su contenido, requería más bien del procedimiento de "convocatoria de una Asamblea Constituyente," y en todo caso, sometida a voto popular, fue rechazada por el pueblo; y la segunda, por su contenido, requería más bien de una "reforma constitucional," por lo cual además, no podía formularse luego del rechazo de la anterior. Sin embargo, ésta, luego de sometida a voto popular, fue aprobada[1625].

El rechazo popular de la amplísima propuesta de "reforma constitucional" de 2007, sin embargo, no impidió que los órganos de los poderes públicos procedieran a implementarla desde 2008, violando la Constitución, mediante la sanción de leyes ordinarias o decretos leyes, cuya inconstitucionalidad la Jurisdicción Constitucional se abstuvo o se negó a controlar, habiendo incluso llegado dicha Jurisdicción a ser el instrumento para efectuar las reformas constitucionales mediante mutaciones constitucionales; todo ello, en abierto desprecio y violación al principio de la rigidez constitucional que el Juez Constitucional se ha negado a controlar.

No debe olvidarse, en relación con la Jurisdicción Constitucional, que en general los constructores del Estado Constitucional nunca pensaron que el máximo órgano judicial podía llegar a usurpar el poder constituyente o violar la Constitución, por lo que le control de constitucionalidad más bien se concibió como el instrumento para

---

1625 *V.*, en general, Allan R. Brewer-Carías, *Reforma Constitucional y fraude a la Constitución (1999-2009)*, Academia de Ciencias Políticas y Sociales, Caracas 2009, 278 pp.

corregir las desviaciones de los otros órganos del Estado, en particular de los órganos legislativos y ejecutivos. De allí, incluso la previsión de que las decisiones de los Tribunales Supremos o Tribunales Constitucionales, respecto de los cuales no se concibe que violen la Constitución, no están sujetas a control alguno.

Por ello, en Venezuela, la Sala Constitucional del Tribunal Supremo de Justicia de Venezuela es, sin duda, el instrumento más poderoso diseñado para garantizar la supremacía de la Constitución y el Estado de Derecho, para lo cual, por supuesto, como guardián de la Constitución, también está sometida a la Constitución. Como tal guardián, y como sucede en cualquier Estado de derecho, el sometimiento del tribunal constitucional a la Constitución es una preposición absolutamente sobreentendida y no sujeta a discusión, ya que es inconcebible que el juez constitucional pueda violar la Constitución que está llamado a aplicar y garantizar. Esa la pueden violar los otros poderes del Estado, pero no el guardián de la Constitución. Pero por supuesto, para garantizar que ello no ocurra, el Tribunal Constitucional debe gozar de absoluta independencia y autonomía, pues un Tribunal Constitucional sujeto a la voluntad del poder en lugar del guardián de la Constitución se convierte en el instrumento más atroz del autoritarismo. El mejor sistema de justicia constitucional, por tanto, en manos de un juez sometido al poder, es letra muerta para los individuos y es un instrumento para el fraude a la Constitución.

Lamentablemente, sin embargo, esto último es lo que ha venido ocurriendo en Venezuela en los últimos años, donde la Sala Constitucional del Tribunal Supremo, como Juez Constitucional, lejos de haber actuado en el marco de las atribuciones expresas constitucionales antes indicadas, ha sido el instrumento más artero para la destrucción de la institucionalidad democrática y el apuntalamiento del autoritarismo, particularmente al ejercer su facultad de interpretación del contenido y alcance de las normas constitucionales (art. 334). Así, en ejercicio de estas competencias y poderes, como máximo intérprete de la Constitución, al margen de la misma y mediante interpretaciones inconstitucionales, la Sala Constitucional al ejercer su facultad de interpretación del contenido y alcance de las normas constitucionales, y sin que se trate de normas ambiguas, imprecisas, mal redactadas y con errores de lenguaje, ha venido ilegítimamente modificando el texto constitucional, legitimando y soportando la estructuración progresiva de un Estado autoritario. Es decir, ha falseado el contenido de la Constitución, mediante una "mutación" ilegítima y fraudulenta de la misma[1626].

1626 La Sala Constitucional del Tribunal Supremo de Justicia en la sentencia No. 74 de 25-01-2006 señaló que un *fraude a la Constitución* ocurre cuando se destruyen las teorías democráticas "mediante el procedimiento de cambio en las instituciones existentes aparentando respetar las formas y procedimientos constitucionales", o cuando se utiliza "del procedimiento de reforma constitucional para proceder a la creación de un nuevo régimen político, de un nuevo ordenamiento constitucional, sin alterar el sistema de legalidad establecido, como ocurrió con el *uso fraudulento de los poderes* conferidos por la ley marcial en la Alemania de la Constitución de *Weimar*, forzando al Parlamento a conceder a los líderes fascistas, en términos de dudosa legitimidad, la plenitud del poder constituyente, otorgando un poder legislativo ilimitado"; y que un *falseamiento de la Constitución* ocurre cuando se otorga "a las normas constitucionales una interpretación y un sentido distinto del que realmente tienen, que es en realidad una modificación no formal de la Constitución misma", concluyendo con la afirmación de que "*Una reforma constitucional sin ningún tipo de límites, constituiría un fraude constitucional*". *V.*, en *Revista de Derecho Público*, Editorial Jurídica Venezolana, Nº 105, Caracas 2006, pp. 76 ss. *V.*, Néstor Pedro Sagües, *La interpretación judicial de la Constitución*, Buenos Aires 2006, pp. 56-59, 80-81, 165 ss

Esa ha sido la trágica experiencia venezolana en la materia que queremos resumir en estas páginas, analizando, *primero*, el inconstitucional procedimiento que se utilizó para sancionar y someter a referendo la rechazada "reforma constitucional" de 2007, y la renuncia de la Jurisdicción Constitucional a ejercer el control de constitucionalidad sobre el mismo; *segundo*, el inconstitucional procedimiento utilizado para la "enmienda constitucional" de 2009, con la anuencia de la jurisdicción constitucional; *tercero,* la inconstitucional implementación de la rechazada "reforma constitucional" de 2007 por parte de la Jurisdicción Constitucional mediante mutaciones constitucionales ilegítimas; y *cuarto*, la inconstitucional implementación de la rechazada "reforma constitucional" de 2007 mediante leyes y decretos leyes (legislación ordinaria), no controlados por la jurisdicción constitucional.

II. EL RECHAZADO PROYECTO DE REFORMA CONSTITUCIONAL DE 2007, Y EL INCONSTITUCIONAL PROCEDIMIENTO UTILIZADO PARA SU SANCIÓN, QUE LA JURISDICCIÓN CONSTITUCIONAL SE NEGÓ A CONTROLAR

En agosto de 2007, Hugo Chávez Frías, a los pocos meses de haber sido reelecto en la Presidencia de la República, después de haber nombrado una Comisión Constitucional para elaborarla integrada por representantes de todos los poderes públicos, incluido el Tribunal Supremo, todos sometidos a un "pacto de confidencialidad", con base en las propuestas que recibió[1627], presentó formalmente ante la Asamblea Nacional un proyecto de "reforma constitucional"[1628], que luego de haber sido discutido y sancionado por la misma el 15 de noviembre de ese mismo año, fue sometido a referendo aprobatorio el 7 de diciembre de 2007. Con la misma, como lo indicamos en su oportunidad, se pretendía transformar radical al Estado, es decir, ni más ni menos, trastocar el Estado Social y Democrático de Derecho y de Justicia de orden civil, y convertirlo en un Estado Socialista, Centralizado, Policial y Militarista[1629].

Las pautas para la reforma constitucional que en diversos discursos y alocuciones fue dando el Presidente de la República durante 2007, apuntaron, por una parte, a la conformación de un nuevo "Estado del Poder Popular" o del Poder Comunal, o Es-

1627 El documento circuló en junio de 2007 con el título Consejo Presidencial para la Reforma de la Constitución de la República Bolivariana de Venezuela, "Modificaciones propuestas". El texto completo fue publicado como Proyecto de Reforma Constitucional. Versión atribuida al Consejo Presidencial para la reforma de la Constitución de la República Bolivariana de Venezuela, Editorial Atenea, Caracas 01 de julio de 2007, 146 pp. *V.*, mis comentarios al proyecto en Allan R. Brewer-Carías, *Hacia la Consolidación de un Estado Socialista, Centralizado, Policial y Militarista. Comentarios sobre el sentido y alcance de las propuestas de reforma constitucional 2007*, Colección Textos Legislativos, No 42, Editorial Jurídica Venezolana, Caracas 2007.

1628 *V.*, el documento Proyecto de Exposición de Motivos para la Reforma Constitucional, Presidencia de la República, Proyecto Reforma Constitucional. Propuesta del presidente Hugo Chávez Agosto 2007; y la publicación: Proyecto de Reforma Constitucional. Elaborado por el ciudadano Presidente de la República Bolivariana de Venezuela, Hugo Chávez Frías, Editorial Atenea, Caracas agosto 2007. *V.*, mis comentarios a la propuesta de reforma constitucional, en Allan R. Brewer-Carías, *La Reforma Constitucional de 2007 (Comentarios al Proyecto Inconstitucionalmente sancionado por la Asamblea Nacional el 2 de Noviembre de 2007)*, Colección Textos Legislativos No. 43, Editorial Jurídica Venezolana, Caracas 2007.

1629 *V.*, Allan R. Brewer-Carías, *Hacia la Consolidación de un Estado Socialista, Centralizado, Policial y Militarista. Comentarios sobre el sentido y alcance de las propuestas de reforma constitucional 2007*, Colección Textos Legislativos, No 42, Editorial Jurídica Venezolana, Caracas 2007.

tado Comunal, estructurado desde los Consejos Comunales que ya desde 2006 habían sido creados al margen de la Constitución[1630], como unidades u organizaciones sociales no electas mediante sufragio universal, directo y secreto y sin autonomía territorial, supuestamente dispuestos para canalizar la participación ciudadana, pero conforme a un sistema de conducción centralizado desde la cúspide del Poder Ejecutivo Nacional; y por la otra, a la estructuración de un "Estado socialista," con una doctrina socialista y "bolivariana" como doctrina oficial, sustituyendo al sistema plural de libertad de pensamiento y acción que siempre ha existido en el país y, en particular, sustituyendo la libertad económica y el Estado de economía mixta que siempre ha existido, por un sistema de economía estatista y colectivista, de capitalismo de Estado, sometido a una planificación centralizada, minimizando el rol del individuo y eliminando todo vestigio de libertad económica y de propiedad privada. Es decir, con la reforma constitucional de 2007, de haber sido aprobada, hubiera desaparecido la democracia representativa, la alternabilidad republicana y toda idea de descentralización del poder, se hubiera retrocedido en materia de protección de los derechos humanos, y se hubiera concentrado todo el poder en la Jefatura del Estado, desapareciendo la libertad económica y el derecho de propiedad.

En síntesis, el proyecto de reforma constitucional sancionado por la Asamblea Nacional en Noviembre de 2007, que fe rechazado por el pueblo, buscaba efectuar una radical transformación del Estado y sentar las bases para la creación de un nuevo ordenamiento jurídico, para:

Primero, transformar el Estado en un Estado Socialista, con una doctrina política oficial de carácter socialista, que se denominaba además como "doctrina bolivariana", con lo cual se eliminaba toda posibilidad de pensamiento distinto al oficial y, por tanto, toda disidencia, pues la doctrina política oficial se quería incorporar en la Constitución, como política y doctrina del Estado y la Sociedad, hubiera constituido un deber constitucional de todos los ciudadanos cumplir y hacerla cumplir. Con ello, se buscaba sentar las bases para la criminalización de la disidencia.

Segundo, transformar el Estado en un Estado Centralizado, de poder concentrado bajo la ilusión del Poder Popular, lo que implicaba la eliminación definitiva de la forma federal del Estado, imposibilitando la participación política y degradando la democracia representativa; todo ello, mediante la supuesta organización de la población para la participación en los Consejos del Poder Popular, como los Comunales, que son instituciones sin autonomía política alguna, cuyos miembros se pretendía declarar en la propia Constitución, que no fueran electos. Dichos Consejos, creados por Ley en 2006, están controlados desde la Jefatura del gobierno y para cuyo funcionamiento, el instrumento preciso es el partido socialista unificado que el Estado comenzó a crear durante 2007.

Tercero, transformar el Estado en un Estado de economía estatista, socialista y centralizada, propia de un capitalismo de Estado, con lo que se buscaba eliminar la

---

1630 Ley de Consejos Comunales *Gaceta Oficial*, N° 5.806 Extraordinario, 10-04-2006. *V.*, mis comentarios sobre esta Ley y su significado en "El inicio de la desmunicipalización en Venezuela: La organización del Poder Popular para eliminar la descentralización, la democracia representativa y la participación a nivel local", en *AIDA, Opera* Prima de Derecho Administrativo. *Revista de la Asociación Internacional de Derecho Administrativo*, Universidad Nacional Autónoma de México, Facultad de Estudios Superiores de Acatlán, Coordinación de Postgrado, Instituto Internacional de Derecho Administrativo "Agustín Gordillo", Asociación Internacional de Derecho Administrativo, México, 2007, pp. 49 a 67.

libertad económica y la iniciativa privada, y desaparecía la propiedad privada, que con la reforma dejaban de ser derechos constitucionales, buscándose darle al Estado la propiedad de los medios de producción, la planificación centralizada y la posibilidad de confiscar bienes de las personas materialmente sin límites, configurándolo como un Estado del cual todo dependía, y a cuya burocracia quedaba sujeta la totalidad de la población. Ello choca, sin embargo, con las ideas de libertad y solidaridad social que se proclaman en la propia Constitución, y lo que se buscaba era sentar las bases para que el Estado sustituyera a la propia sociedad y a las iniciativas particulares, minimizándoselas.

Cuarto, transformar el Estado en un Estado Policial (represivo), con la tarea fundamental de someter a toda la población a la doctrina oficial socialista y "bolivariana" que se pretendía constitucionalizar, y velar por que la misma se cumpliera en todos los órdenes, lo que se buscaba asegurar mediante la regulación, con acentuado carácter regresivo y represivo, del ejercicio de los derechos civiles en situaciones de excepción, para lo cual se preveían amplios márgenes de restricción y suspensión.

Quinto, transformar el Estado en un Estado Militarista, dado el rol que se le pretendía dar a la "Fuerza Armada Bolivariana" en su configuración y funcionamiento, toda sometida al Jefe de Estado, y con la propuesta de creación en la Constitución de la Milicia Popular Bolivariana como nuevo componente[1631].

En definitiva, el objetivo era consolidar en el propio texto de la Constitución un Estado Centralizado del Poder Popular, como Estado Socialista, de economía estatal y centralizada, y como Estado Militarista y Policial de ideología única oficial, lo que se apartaba radicalmente de la concepción del Estado descentralizado, civil, social, democrático y pluralista de derecho y de justicia, y de economía mixta que regula la Constitución de 1999.

Se trataba, por tanto, sin duda de una propuesta que buscaba *transformar radicalmente al Estado y crear un nuevo ordenamiento jurídico*, lo que no podía realizarse mediante el mecanismo de "reforma constitucional" que fue utilizado en fraude a la Constitución, sino que exigía, conforme a su artículo 347, que se convocara y eligiera una Asamblea Nacional Constituyente, lo que por supuesto, hubiera podido implicar que la reforma se le escapara de su control férreo. Tan era una reforma constitucional que implicaba originar un nuevo texto constitucional, que la Asamblea Nacional, al sancionarla, dispuso que con la misma se sustituyera completamente la Constitución de 1999, ordenando a tal efecto en la Disposición Final que la Constitución –de haber sido aprobada por el pueblo– se imprimiera "íntegramente en un solo texto […] con la reforma aquí sancionada y en el correspondiente texto único corríjanse los artículos aplicando la nueva terminología señalada en esta Reforma Constitucional, en cuanto sea aplicable suprimiéndose y sustituyéndose de acuerdo al contenido de esta Reforma así como las firmas, fechas y demás datos de sanción y promulgación". Es decir, de haberse aprobado la reforma por referendo, la Constitución hubiera tenido que conocerse como la "Constitución de 2007", es decir, una Constitución diferente, como efectivamente resultaba de su contenido

1631 *V.*, Allan R. Brewer-Carías, *La Reforma Constitucional de 2007* (Comentarios al Proyecto Inconstitucionalmente sancionado por la Asamblea Nacional el 2 de Noviembre de 2007), Colección Textos Legislativos, No 43, Editorial Jurídica Venezolana, Caracas 2007

Esa transformación radical del Estado y la creación de un nuevo ordenamiento jurídico que se propuso en 2007, se insiste, de haber sido aprobada, hubiera sido, sin duda, una de las más sustanciales de toda la historia constitucional del país, cambiándose formalmente el modelo de Estado descentralizado, democrático, pluralista y social de derecho que está regulado en la Constitución de 1999, por el de un Estado Socialista, centralizado, policial y militarista, con una doctrina oficial "bolivariana" identificada como "el Socialismo del Siglo XXI" y un sistema económico de capitalismo de Estado.

De haber sido aprobada la propuesta de reforma a la Constitución se habría establecido formalmente en Venezuela, una ideología y doctrina de Estado, de corte socialista y supuestamente "bolivariana", la cual en consecuencia, a pesar de su imprecisión –y he allí lo más peligroso–, como doctrina "oficial" no hubiera admitido disidencia alguna. No se olvide que todos los ciudadanos tienen un deber constitucional esencial y es cumplir y hacer cumplir la Constitución (art. 131), por lo que de haberse aprobado la reforma, todos los ciudadanos hubieran tenido el deber de contribuir activamente en la implementación de la doctrina oficial del Estado. En ello no hubiera podido admitirse ni siquiera la neutralidad. Por tanto, todo pensamiento, toda expresión del pensamiento, toda acción o toda omisión que pudiera considerarse como contraria a la doctrina oficial socialista y "bolivariana", o que simplemente la "autoridad" no considerase que contribuía a la construcción y siembra del socialismo, hubiera constituido una violación a un deber constitucional, y hubiera podido, por tanto, ser criminalizada, es decir, hubiera podido haber dado lugar a sanciones incluso penales. Se trataba de crear un pensamiento único, que constitucionalmente no hubiera admitido disidencia.

Por lo demás, con las reformas que fueron sancionadas por la Asamblea Nacional, y que el pueblo rechazó en el referendo, materialmente desaparecía la democracia representativa y las autonomías político territoriales, que se buscaba sustituir por un esquema estatal centralizado supuestamente montado sobre una democracia "participativa y protagónica" que estaba controlada total y centralizadamente desde arriba, por el Jefe de Estado, en la cual quedaba proscrita toda forma de descentralización política y autonomía territorial, y que a la vez, restringía los mecanismos de participación política que están directamente regulados en la Constitución, como son los referendos y la participación de la sociedad civil en los Comité de Postulaciones de altos funcionarios.

Todo ello evidencia que las propuestas que contenía el proyecto de "reforma constitucional" tocaban aspectos medulares de la organización del Estado, por lo que las mismas no podían ser aprobadas siguiéndose el procedimiento establecido para las reformas constitucionales", sino más bien el procedimiento de convocatoria de una Asamblea Constituyente. Por ello, contra el procedimiento utilizado para la reforma se intentaron múltiples acciones de nulidad por inconstitucionalidad y amparo contra el inconstitucional procedimiento seguido, todas las cuales fueron declaradas inadmisibles, e incluso, "improponibles", renunciando así la Jurisdicción Constitucional a controlar el inconstitucional proceder que escogieron tanto el Presidente de la República, como la Asamblea Nacional y el Consejo Nacional Electoral al convocar el referendo aprobatorio[1632].

Ello, por lo demás, ya lo había anunciado la Presidenta de la Sala Constitucional el 17 de agosto de 2007, sólo dos días después de presentado el proyecto de reforma a la Asamblea Nacional, adelantándose a cualquier impugnación, al declarar públicamente que "la Sala Constitucional no tramitará ninguna acción relacionada con las modificaciones al texto fundamental, hasta tanto éstas no hayan sido aprobadas por los ciudadanos en el referendo" agregando que "Cualquier acción debe ser presentada después del referendo cuando la reforma ya sea norma, porque no podemos interpretar una tentativa de norma. Después de que el proyecto sea una norma podríamos entrar a interpretarla y a conocer las acciones de nulidad"[1633].

La consecuencia de este anuncio público anticipado, como se dijo, fue la declaración como inadmisibles e "improponibles" por la Sala Constitucional, con la participación de su Presidenta quien había adelantado opinión pública en la materia, de numerosos recursos de amparo y nulidad que se habían interpuesto contra todos los actos de los poderes constituidos que había intervenido en el procedimiento de "reforma constitucional". Entre dichas sentencias se puede mencionar la dictada en el caso de la acción de nulidad por inconstitucionalidad que la Confederación de Profesionales Universitarios de Venezuela y el Colegio de Abogados del Estado Carabobo presentaron contra el acto de la Asamblea Nacional sancionatorio del proyecto de reforma constitucional (N° 2189) de 22 de noviembre de 2007 (Exp. N° 07-1596), en la cual, luego de referirse a previas sentencias (Nos. 2108/2007 y 2147/2007), la

1632 *V.*, Allan R. Brewer-Carías, "El juez constitucional vs. la supremacía constitucional". O de cómo la Jurisdicción Constitucional en Venezuela renunció a controlar la constitucionalidad del procedimiento seguido para la "reforma constitucional" sancionada por la Asamblea Nacional el 2 de noviembre de 2007, antes de que fuera rechazada por el pueblo en el referendo del 2 de diciembre de 2007, en Eduardo Ferrer Mac Gregor y César de Jesús Molina Suárez (Coordinarores), *El juez constitucional en el Siglo XXI*, Universidad nacional Autónoma de México, Suprema Corte de Justicia de la Nación, México 2009, Tomo I, pp. 385-435

1633 *V.*, la reseña del periodista Juan Francisco Alonso, en *El Universal*, Caracas 18-08-07. Esto, por lo demás, fue lo que decidió la Sala Constitucional en su sentencia No de 22-11-07 (Expediente N° 07- 1596) al declarar "inproponible" una acción de inconstitucionalidad contra el acto de la Asamblea nacional sancionando la reforma constitucional, con la participción y firma de la misma Presidente de la Sala, quien no se inhibió a pesar de haber adelantado públicamente opinión sobre lo decidido. Por otra parte, luego de varias solicitudes de recursos de interpretación sobre el artículo 342 de la Constitución, y de nulidad del acto sancionatorio de la reforma por la Asamblea Nacional, con motivo de la recusación que efectuaron los peticionantes contra la Presidenta de la Sala por estar comprometida su imparcialidad en la materia al haber formado parte de la Comisión Presidencial para la Reforma Constitucional, en decisión de 01-11-07, el magistrado Jesús Eduardo Cabrera de la misma Sala, decidió que de la lectura del Decreto de creación del Consejo de Reforma (art. 5), "se desprende que la Secretaria Ejecutiva, cumplía funciones administrativas y no de redacción, corredacción, o ponencia sobre el contenido de un anteproyecto de reforma constitucional; por lo que la Dra. Luisa Estella Morales Lamuño no es –necesariamente– promovente del "Proyecto de Reforma Constitucional" que ha presentado el Presidente de la República, y los recusantes no señalan cuál aporte de la Secretaria Ejecutiva fue incorporado al Proyecto de Reforma, ni siquiera alguno que haga presumir la intervención de la Dra. Morales"; agregando que "Además, por ser parte del Consejo Presidencial, la Secretaria Ejecutiva no está dando ninguna recomendación sobre el juicio de nulidad de que trata esta causa, ya que nada ha manifestado en ese sentido, ni se le imputa declaración alguna de su parte que adelante opinión sobre la inconstitucionalidad denunciada en esta causa". *V.*, también, la Reseña periodística de JFA, *El Universal*, Caracas 2-11-07. Posteriormente, en sentencia de 22-11-07, el mismo Magistrado Cabrera declaró sin lugar otra recusación contra la Presidenta de la Sala por motivos similares (Exp. 07-1597).

Sala Constitucional precisó que "el procedimiento para la reforma constitucional es un *"proceso complejo"* que comienza con la iniciativa (artículo 342); continúa con la discusión y aprobación, que corresponde a la Asamblea Nacional (artículo 343); sigue con el referendo constitucional, regulado en el artículo 344, que corresponde ejercerlo al pueblo *"como validante definitivo de la reforma"*; y, finalmente, la promulgación por el Presidente de la República, según lo dispuesto en el artículo 346 constitucional"; concluyó, erradamente, afirmando que siendo "un proceso complejo de formación de actos normativos ... se asemeja al ordinario de formación de leyes; y una de las coincidencias absolutas es que no se puede hablar de un acto definitivo si no se han cumplido todos los pasos de este trámite procedimental"; y que dicho procedimiento complejo, "no causa gravamen hasta tanto no exteriorice sus efectos (mediante la promulgación y publicación en *Gaceta Oficial*)".

Con base en estas erradas premisas, confundiendo el proceso de reforma constitucional con el procedimiento de formación de las leyes, la Sala Constitucional renunció por tanto, en contra del principio de la universalidad del control, a ejercer el control de constitucionalidad respecto del acto definitivo de iniciativa presidencial al presentar el proyecto de reforma ante la Asamblea Nacional; del acto definitivo de la Asamblea Nacional al sancionar el proyecto de reforma constitucional y del acto definitivo del Consejo Nacional Electoral que lo sometió a referendo, considerando que "mientras el proyecto de reforma esté en proceso de trámite no es susceptible de control jurisdiccional, salvo que el proceso de reforma *"aborte"* en alguna de esas etapas sucesivas y no se perfeccione el acto normativo (*Vid.* sentencia N° 2147 del 13 de noviembre de 2007, caso: *Rafael Ángel Briceño*)"; y concluyendo que "el proyecto de reforma constitucional sancionado por la Asamblea Nacional el día 2 de noviembre de 2007, al tratarse de un acto normativo no perfeccionado, no puede producir efectos jurídicos externos y, por lo tanto, no es posible controlar jurisdiccionalmente a *priori* su contenido". De todo estos ilógicos argumentos, la Sala concluyó declarando "improponible en derecho la presente acción popular de inconstitucionalidad"[1634].

Al contrario de la afirmado por la Sala, sin embargo, cuando las Constituciones han establecido precisos procedimientos que los poderes constituidos, cuando ejercen funciones de poder constituyente derivado, deben seguir para la revisión constitucional, los cuales se constituyen en límites constitucionales adjetivos o procedimentales para la revisión constitucional, la consecuencia lógica de estas regulaciones y obligación de sometimiento a la Constitución, es precisamente que el cumplimiento de dichos procedimientos de reforma o enmienda constitucional por los órganos del poder constituidos, dado el principio de la supremacía constitucional, debe y tiene que estar sujeto a control de constitucionalidad por parte de los órganos de la Jurisdicción Constitucional antes de que se manifieste la voluntad popular, es

---

1634 *V.*, sobre todas las referidas sentencias los comentarios en Allan R. Brewer-Carías, *El juez constitucional vs. la supremacía constitucional.* O de cómo la Jurisdicción Constitucional en Venezuela renunció a controlar la constitucionalidad del procedimiento seguido para la "reforma constitucional" sancionada por la Asamblea Nacional el 2 de noviembre de 2007, antes de que fuera rechazada por el pueblo en el referendo del 2 de diciembre de 2007, en Eduardo Ferrer Mac Gregor y César de Jesús Molina Suárez (Coordinadores), *El juez constitucional en el Siglo XXI*, Universidad nacional Autónoma de México, Suprema Corte de Justicia de la Nación, Tomo I, México 2009, pp. 385-435 decir, antes de que se manifieste el poder constituyente originario[1635]. Es absurdo pretender, en cambio, que una vez efectuado un referendo, es decir, manifestado el poder constituyente originario, un órgano del poder constituido como es la Sala Constitucional del Tribunal Supremo, pueda pretender ejercer el control de constitucionalidad de la voluntad popular, es decir, del poder constituyente originario, que es el pueblo, manifestada en referendo.

La propuesta de Reforma Constitucional de 2007, en todo caso, luego de haber sido sometida a referendo aprobatorio el 2 de diciembre de 2007, fue abrumadoramente rechazada por el pueblo[1636].

Ello no impidió, sin embargo, su sistemática implementación por el régimen autoritario, en fraude a la Constitución y, además, en fraude a la voluntad popular.

III. LA ENMIENDA CONSTITUCIONAL DE 2009, Y EL INCONSTITUCIONAL PROCEDIMIENTO UTILIZADO PARA APROBARLA, CON LA ANUENCIA DE LA JURISDICCIÓN CONSTITUCIONAL

Una de las "reformas constitucionales" que contenía el proyecto de reforma constitucional de 2007, y que como todas fue rechazada por el voto popular, fue la que pretendía acentuar el presidencialismo y la concentración del poder mediante la reforma del artículo 230 de la Constitución con el objeto de establecer la posibilidad de la reelección indefinida del Presidente de la República, que afectaba el principio de la alternabilidad republicana del gobierno, y el aumento de su período constitucional de 6 a 7 años. Dicha "reforma constitucional", una vez que fue rechazada por el pueblo, conforme a artículo 345 de la Constitución, no se podía volver a presentar de nuevo ante la Asamblea Nacional durante "el mismo período constitucional", lo que implicaba que dicha reforma sobre la elección presidencial no se podía volver a presentar en el período constitucional 2007-2013; y tampoco podía presentarse de nuevo dicha reforma utilizando la vía de la "enmienda constitucional" pues tocaba principios fundamentales del gobierno democrático.

Pero nada de ello importó, habiendo correspondido a la Sala Constitucional del Tribunal Supremo de Justicia en decisión Nº 53 de 3 de febrero de 2009[1637], allanar

---

1635 *V.*, sobre el control de constitucionalidad de las reformas constitucionales en Allan R. Brewer-Carías, "La reforma constitucional en América Latina y el control de constitucionalidad", en *Reforma de la Constitución y control de constitucionalidad*. Congreso Internacional, Pontificia Universidad Javeriana, Bogotá Colombia, junio 14 al 17 de 2005, Bogotá, 2005, pp. 108-159

1636 El proyecto de reforma constitucional sólo recibió el voto favorable del 28% de los votantes inscritos en el Registro Electoral. Como aún en julio de 2008 no se conocen los resultados definitivos de la votación en el referendo, si sólo se toma en cuenta los resultados anunciados por el Consejo Nacional Electoral el día 2 de diciembre de 2007 en la noche, del un universo de más de 16 millones de electores inscritos, sólo acudieron a votar 9 millones doscientos mil votantes, lo que significó un 44% de abstención; y de los electores que votaron, sólo votaron por aprobar la reforma (voto SI), 4 millones trescientos mil votantes, lo que equivale sólo al 28 % del universo de los electores inscritos en el Registro Electoral o al 49,2% de los electores que fueron a votar. En dicho referendo, por tanto, en realidad, no fue que "triunfó" el voto NO por poco margen, sino que lo que ocurrió fue que la propuesta de reforma fue rechazada por el 72% de los electores inscritos, quienes votaron por el NO (50,7%) o simplemente no acudieron a votar para aprobar la reforma.

1637 *V.*, la sentencia Nº 53, de la Sala Constitucional de 2 de febrero de 2009 (Caso: *Interpretación de los artículos 340,6 y 345 de la Constitución*), en http:/www.tsj.gov.ve/decisions/scon/Febrero/ 53-3209-2009-08-1610.html. *V.*, sobre esta sentencia, Allan R. Brewer-Carías, "La Sala Constitucional vs. el derecho ciudadano a la revocatoria de mandatos populares: de cómo un referendo revocatorio fue inconstiel camino constitucional para la aprobación popular mediante referendo aprobatorio que se realizó el 15 de febrero de 2009, de una "Enmienda Constitucional" relativa al mismo artículo 230 de la Constitución (y además de los artículos 160, 162, 174 y 192 y 230) para establecer el principio de la reelección continua del Presidente de la República y de todos cargos electivos, contrariando el principio constitucional de la alternabilidad republicana (art. 6), y violando la prohibición constitucional de realizar una consulta popular sobre "reformas" a la Constitución ya rechazadas por el pueblo en un mismo período constitucional (art. 345).

La Sala Constitucional, en efecto, sobre el primer aspecto, de la prohibición constitucional de poder someter de nuevo a consulta popular, una reforma rechazada por el pueblo, durante el mismo período constitucional, olvidó que el propósito de la misma está dirigido a regular los efectos de la voluntad popular expresada mediante referendo, en el sentido de que no se debe consultar al pueblo, de nuevo, la misma modificación constitucional que el pueblo ya ha rechazado en un mismo período constitucional.

Al contrario, la Sala Constitucional confundiendo el sentido de la prohibición del artículo 345 de la Constitución, sostuvo que la misma no estaba destinada a regular los efectos de la manifestación de rechazo popular de la reforma propuesta, sino que sólo dirigida a regular a la Asamblea Nacional, en el sentido de que lo que no podría era exigírsele que debatiera una reforma constitucional una vez que ya la había debatido en el mismo período constitucional y había sido rechazada por el pueblo. La Sala olvidó que la norma constitucional, a lo que estaba dirigida, era a regular las consultas a la voluntad popular en materia de modificación de la Constitución y sus efectos, y no los efectos de los debates en la Asamblea Nacional.

Lo importante de la prohibición establecida en un Título de la Constitución relativo a la "Reforma Constitucional" que en Venezuela sólo puede realizarse con la participación del pueblo, es que la misma se refiere precisamente a los efectos de la expresión de la voluntad popular que es manifestación del poder constituyente originario, y no a los efectos del debate que pueda haber habido en la Asamblea Nacional en la materia, que no es poder constituyente, ni siquiera derivado, ya que no puede haber modificación constitucional alguna sin aprobación popular.

La decisión de la Sala Constitucional fue una nueva burla a la Constitución al ignorar la prohibición de sucesivas consultas populares, basándose en dos artilugios que se utilizaron en ese caso de la Enmienda 2008-2009: primero, el utilizado por la Asamblea Nacional, en su iniciativa de Enmienda, al extenderla a otros artículos constitucionales además del 230, para tratar de diferenciar la Enmienda de 2008-2009 de la rechazada Reforma Constitucional de 2007; y segundo, el utilizado por la Sala Constitucional al considerar que la prohibición constitucional de consultar al pueblo sobre reformas rechazadas era sólo formal respecto de las discusiones en la Asamblea Nacional, ignorando su propósito esencial de respetar la voluntad popular una vez que esta se ha expresado en forma negativa respecto de una modificación de la Constitución. Esa voluntad había que respetarla, que era lo que perseguía la Cons-

---

tucionalmente convertido en un "referendo ratificatorio", publicado en el libro de Allan R. Brewer-Carías, *Crónica sobre la "in" justicia constitucional. La Sala Constitucional y el autoritarismo en Venezuela*, Colección Instituto de Derecho Público, Universidad Central de Venezuela, No. 2, Caracas 2007, pp. 349-378.

titución, por lo que una vez que el pueblo se manifestó rechazando la modificación al texto constitucional en 2007 no se lo podía convocarlo sucesivamente sin límites en el mismo período constitucional para volver a pronunciarse sobre lo mismo. Sin embargo, con base en la decisión de la Sala Constitucional, en febrero de 2009 bajo la iniciativa de 'la Asamblea Nacional el Consejo nacional Electoral sometió la Enmienda Constitucional Nº 1 al voto popular, la cual fue aprobada,[1638] en burla a la Constitución

Pero aparte de esa burla a la prohibición constitucional, en la misma sentencia, la Sala Constitucional procedió a mutar ilegítimamente la Constitución, eliminando el carácter de principio fundamental del gobierno que además de "democrático" y "electivo" conforme al artículo 6 de la Constitución, debe ser *siempre* "alternativo", considerando que dicho principio no se alteraba con la reforma propuesta en la Enmienda Constitucional de 2009[1639] que estableció la posibilidad de la reelección continua y sin límites de los cargos electivos alterando un principio fundamental del constitucionalismo venezolano establecido desde 1830 en casi todas las Constituciones, que es el de la "alternabilidad" en el gobierno, y que en el artículo 6 de la Constitución de 1999 se formula como uno de los principios fundamentales del mismo, con una fórmula que lo convierte en una de las llamadas "cláusulas pétreas" o inmodificables. Dispone la norma que "El gobierno *es y será siempre* [...] alternativo [...]", lo que implica que ello nunca podría ser alterado. Esa fue la voluntad del pueblo al aprobar la Constitución en 1999. Recuérdese por lo demás, que ese principio fue incorporado como reacción al continuismo en el poder y entre otros aspectos, con base en la propia "doctrina de Simón Bolívar" en la cual la República se fundamenta conforme al artículo 1 de la Constitución, al expresar en su Discurso de Angostura que:

> "...La continuación de la autoridad en un mismo individuo frecuentemente ha sido el término de los gobiernos democráticos. Las repetidas elecciones son esenciales en los sistemas populares, porque nada es tan peligroso como dejar permanecer largo tiempo en un mismo ciudadano el poder. El pueblo se acostumbra a obedecerle y él se acostumbra a mandarlo; de donde se origina la usurpación y la tiranía [...] nuestros ciudadanos deben temer con sobrada justicia que el mismo Magistrado, que los ha mandado mucho tiempo, los mande perpetuamente"[1640].

De acuerdo con esta doctrina, en el constitucionalismo venezolano, la palabra usada al expresar el principio del gobierno "alternativo" o de la "alternabilidad" en el poder, siempre ha tenido el significado que la misma tiene en castellano cuando se refiere a cargos, y que implica la idea de que las personas deben *turnarse sucesivamente* en los cargos o que los cargos deben desempeñarse *por turnos* (*Diccionario de la Real Academia Española)*[1641]. Como lo señaló la Sala Electoral del Tribunal

---

1638 *V.*, en *Gaceta Oficial* No 5908 Extra de 19-02-2009.

1639 *V.*, los comentarios sobre esta sentencia en Allan R. Brewer-Carías, "El Juez Constitucional vs. La alternabilidad republicana (La reelección continua e indefinida), en *Revista de Derecho Público*, No 117, (enero-marzo 2009), Caracas 2009, pp. 205-211. Publicado también en http://www.analitica.com/va/politica/opinion/6273405.asp

1640 *V.*, en Simón Bolívar, Escritos Fundamentales, Caracas, 1982.

1641 *V.*, el Voto Salvado a la sentencia Nº 53, de la Sala Constitucional de 2 de febrero de 2009 (Caso: Interpretación de los artículos 340,6 y 345 de la Constitución), en http:/www.tsj.gov.ve/decisions/scon/Febrero/53-3209-2009-08-1610.html

Supremo de Justicia en sentencia N° 51 de 18-3-2002, alternabilidad significa "*el ejercicio sucesivo de un cargo por personas distintas, pertenezcan o no a un mismo partido.*" El principio de "gobierno alternativo," por tanto, no es equivalente al de "gobierno electivo". La elección es una cosa, y la necesidad de que las personas se turnen en los cargos es otra.

Ha sido este principio de la alternabilidad, como principio fundamental del constitucionalismo venezolano, el que ha implicado la inclusión en las Constituciones de limitaciones a las posibilidades de reelección en cargos electivos. Así sucedió en casi todas nuestras Constituciones, como las de 1830, 1858, 1864, 1874, 1881, 1891, 1893, 1901, 1904, 1909, 1936, 1845 y 1947[1642] en las que se estableció, por ejemplo, la prohibición de la reelección del Presidente de la República para el período constitucional inmediato. En la historia constitucional del país, en realidad, la prohibición de la reelección presidencial inmediata solamente dejó de establecerse en las Constituciones de los gobiernos autoritarios: en la efímera Constitución de 1857; en las Constituciones de Juan Vicente Gómez de 1914, 1922, 1925, 1928, 1929 y 1931, y en la Constitución de Marcos Pérez Jiménez de 1953. La prohibición, en cambio, respecto del Presidente de la República, en el período democrático iniciado en 1958[1643] fue más amplia y se extendió en la Constitución de 1961 a los dos períodos siguientes (10 años). La flexibilización del principio, en cambio, se produjo en la Constitución de 1999, en la cual se permitió la posibilidad de reelección presidencial de inmediato y por una sola vez, para un nuevo período. Conforme a ella, fue que se reeligió al Presidente Chávez en 2006, y a pesar de que fue sancionada por una Asamblea Nacional Constituyente enteramente controlada por él, diez años después el mismo Presidente ya reelecto, fue quien propuso reformarla. Sin embargo, como se dijo, alternabilidad del gobierno es un principio histórico del constitucionalismo venezolano y además, propio de los sistemas presidenciales de gobierno, que se opone al continuismo o a la permanencia en el poder por una misma persona, por lo que toda previsión que permita que esto ocurra, es contraria a dicho principio.

Este principio, por tanto, no se puede confundir con el principio "electivo" del gobierno o el más general principio "democrático" que el mismo artículo 6 de la Constitución establece. Una cosa es poder elegir a los gobernantes, y otra cosa es el principio de alternabilidad que impide poder escoger al mismo gobernante ilimitadamente.

Es contrario a la Constitución, por tanto, interpretar, como lo hizo la Sala Constitucional en su sentencia N° 53 de 3 de febrero de 2009, que el principio de la alternabilidad "lo que exige es que el pueblo como titular de la soberanía tenga la posibilidad periódica de escoger sus mandatarios o representantes", confundiendo "gobierno alternativo" con "gobierno electivo". Por ello es falso lo que afirmó la Sala Constitucional en el sentido de que "sólo se infringiría el mismo si se impide esta posibilidad al evitar o no realizar las elecciones". Con su sentencia, la Sala Constitucional de nuevo lo que hizo fue mutar ilegítimamente el texto de la Constitución, y al contrario de lo que afirmó, la eliminación de la causal de inelegibilidad para el

1642 *V.*, el texto de todas las Constituciones en Allan R. Brewer-Carías, *Las Constituciones de Venezuela*, 2 vols., Academia de Ciencias Políticas y Sociales, Caracas 2008.

1643 *V.*, Allan R. Brewer-Carías, *Historia Constitucional de Venezuela*, 2 vols., Editorial Alfa, Caracas 2008.

ejercicio de cargos públicos derivada de su ejercicio previo por parte de cualquier ciudadano, sí trastocó el principio de alternabilidad en el ejercicio del poder.

Se insiste, lo expuesto por la Sala Constitucional se refirió al principio de gobierno "electivo" que en los términos del mismo artículo 6 de la Constitución, es el que implica que "el electorado, como actor fundamental del proceso democrático, acuda a procesos comiciales periódicamente en los que compitan, en igualdad de condiciones, las diversas opciones políticas que integran el cuerpo social"; pero no al principio de gobierno "alternativo" que implica que no se pueda elegir indefinidamente una misma persona para el mismo cargo, así haya hecho un "buen gobierno." El principio de la alternabilidad, para evitar el continuismo en el poder, precisamente implica la limitación que el pueblo, como poder constituyente originario, se ha impuesto a si mismo, en cuanto a que supuestamente pueda tener la "oportunidad de decidir entre recompensar a quienes estime como sus mejores gobernantes, o bien renovar completamente las estructuras del poder cuando su desempeño haya sido pobre". Esta supuesta "oportunidad", por el principio de la alternabilidad en la Constitución, pudo ejercerse antes de 1999, sólo después de que, en sus casos, transcurrieron uno o dos períodos constitucionales siguientes al ejercicio de la Presidencia por quien pretendiera de nuevo optar a dicho cargo, y en la Constitución de 1999 sólo ocurrió en 2006, por una sola vez para un período inmediato, mediante la reelección ya efectuada del Presidente Chávez. Pero establecer dicha "oportunidad" como reelección continua, sin límite, sería contrario al principio de la alternabilidad.

Por tanto, al contrario de que decidió la Sala Constitucional, la posibilidad de reelección continúa sí alteraba el principio fundamental del gobierno "alternativo", que es uno de los valores democráticos que informan nuestro ordenamiento jurídico. Dicho principio, que se alteraba si se establecía la posibilidad de elección continua de cargos electivos y que es distinto del principio del gobierno "electivo", al tener una formulación pétrea en el artículo 6 de la Constitución (es y será siempre) no podía ser objeto de modificación constitucional alguna, y en el supuesto negado de que pudiera ser modificado, ello ni siquiera podía hacerse por los procedimientos de Enmienda ni de Reforma Constitucional, y en realidad, sólo mediante la convocatoria de una Asamblea Nacional Constituyente.

La Sala Constitucional, sin embargo, con su sentencia N° 53 de 3 de febrero de 2009, una vez más al servicio del autoritarismo, mutó la Constitución a través de una interpretación, modificando ilegítimamente el sentido del principio del gobierno 'alternativo" que los venezolanos dispusieron *que siempre* debía regir sus gobiernos, obviando la prohibición constitucional de que se pudiera consultar en un mismo período constitucional, la voluntad popular sobre modificaciones constitucionales que ya el pueblo ha rechazado. La inconstitucional sentencia, en todo caso, lo que tuvo por objeto fue despejar el camino para que el régimen autoritario pudiera someter a referendo la Enmienda Constitucional N° 1 relativa a un principio fundamental, pétreo, de la Constitución, que sólo podía modificarse mediante la convocatoria a una Asamblea Nacional Constituyente.

En todo caso, mediante estos artilugios interpretativos y constitucionales utilizados por el régimen autoritario, con la complicidad de la Sala Constitucional, una de las "reformas constitucionales" rechazadas por el pueblo en 2007 (la posibilidad de reelección presidencial indefinida), fue implementada mediante esta Enmienda Constitucional N° 1 de 2009.

IV. LA INCONSTITUCIONAL IMPLEMENTACIÓN DE LA RECHAZADA REFORMA CONSTITUCIONAL DE 2007 POR PARTE DE LA JURISDICCIÓN CONSTITUCIONAL MEDIANTE MUTACIONES CONSTITUCIONALES ILEGÍTIMAS

Además, la rechazada la reforma constitucional de 2007, ha sido parcialmente implementada por la misma Sala Constitucional mediante interpretaciones constitucionales establecidas con carácter vinculante, mutando la Constitución, en fraude a la misma,[1644] en general, al decidir recursos autónomos de interpretación abstracta de la Constitución, el cual sin haber estado dentro de sus atribuciones constitucionales, la propia Sala lo creó en una de sus sentencias[1645].

En efecto, entre las "reformas constitucionales" propuestas en 2007 y que fueron rechazadas por el pueblo en el referendo del 7 de diciembre de 2007, estaban entre otras, la reforma del artículo 164.10 de la Constitución para modificar la forma federal del Estado al eliminar, entre otras, la "competencia exclusiva" de los Estados de la federación, para la conservación, administración y aprovechamiento de carreteras y autopistas nacionales, así como de puertos y aeropuertos de uso comercial, en coordinación con el Poder Nacional; la reforma del artículo 67, para eliminar la prohibición constitucional al financiamiento de las asociaciones con fines políticos con fondos provenientes del Estado; la reforma del artículo 23 para eliminar el rango constitucional de los tratados internacionales en materia de derechos humanos y su aplicación inmediata; la reforma del artículo 31 para eliminar el derecho de acceso a la protección internacional de los derechos humanos; y la reforma del artículo 72 sobre referendos revocatorios.

Estas y todas las reformas propuestas, como se dijo, fueron rechazadas en el referendo del 2 de diciembre de 2007, por lo que las normas constitucionales pertinentes quedaron con la misma redacción que tienen en la Constitución de 1999, estableciendo lo que establecen, y diciendo lo que dicen, sin que exista duda alguna sobre su redacción o sentido. La claridad de las normas fue lo que originó, precisamente, que el régimen autoritario propusiera las reformas constitucionales que precisamente fueron rechazadas por el pueblo.

Sin embargo, en fraude a la Constitución, el régimen autoritario, burlado la voluntad popular y en fraude a la misma, logró efectuar las mismas modificaciones constitucionales rechazadas pero utilizando para ello al Juez Constitucional, que ha estado a su servicio[1646], el cual mediante "mutaciones constitucionales" efectuada por la vía de la "interpretación" constitucional, sin cambiar formalmente el texto de

---

1644 *V.*, Allan R. Brewer-Carías, "El juez constitucional al servicio del autoritarismo y la ilegítima mutación de la Constitución: el caso de la Sala Constitucional del Tribunal Supremo de Justicia de Venezuela (1999-2009)", en IUSTEL, *Revista General de Derecho Administrativo*, No 21, Madrid junio 2009.

1645 *V.*, Allan R. Brewer-Carías, "La ilegítima mutación de la constitución por el juez constitucional: la inconstitucional ampliación y modificación de su propia competencia en materia de control de constitucionalidad," en *Libro Homenaje a Josefina Calcaño de Temeltas*. Fundación de Estudios de Derecho Administrativo (FUNEDA), Caracas 2009, pp. 319-362. *V.*, igualmente, Allan R. Brewer-Carías, "*Quis Custodiet Ipsos Custodes*: De la interpretación constitucional a la inconstitucionalidad de la interpretación", en *Revista de Derecho Público*, No. 105, Editorial Jurídica Venezolana, Caracas 2006, pp. 7-27.

1646 *V.*, Allan R. Brewer-Carías, *Crónica sobre la "In" Justicia Constitucional. La Sala Constitucional y el autoritarismo en Venezuela*, Caracas 2007.

la Constitución[1647], en diversas e ilegítimas sentencias dictadas a partir de 2008, ha cambiado el contenido de las normas constitucionales pertinentes, y ha resuelto al contrario de lo establecido en la Constitución, que la "competencia exclusiva" de los Estados antes mencionada, ya no es una competencia exclusiva, sino concurrente y sujeta a la voluntad del Ejecutivo Nacional, el cual puede intervenirla y reasumirla; que la prohibición de financiar con fondos públicos a las asociaciones con fines políticos, ya no es tal, reduciendo la prohibición de la norma a sólo financiar el "funcionamiento interno" de los partidos, pero estableciendo, en cambio, que las actividades electorales de los mismos si son financiables por el Estado, por lo que la norma que dejó entonces de ser prohibitiva; que los tratados internacionales sobre derechos humanos no tienen prevalencia sobre el derecho interno sino sólo cuando la sala Constitucional lo decida, y que no tienen aplicación inmediata por los jueces; que sólo los tribunales nacionales pueden controlar las violaciones a derechos humanos, siendo las sentencias de la Corte Interamericana de Derechos Humanos inejecutables en Venezuela; y que el referendo revocatorio ha pasado a ser un "referendo ratificatorio" no previsto en la Constitución.

Para dictar las sentencias mencionadas, la Jurisdicción Constitucional no sólo desconoció el principio de la supremacía constitucional que se impone a todos los órganos del Estado, incluyendo al Juez Constitucional, sino que ejerció ilegítimamente su potestad de interpretación de la Constitución para mutarla, es decir, modificarla sin alterar su texto.

1. *La modificación de del sistema federal de distribución de competencias entre los niveles territoriales de los Poderes Públicos*

El artículo 4 de la Constitución de 1999 declara que "la República Bolivariana de Venezuela es un *Estado federal descentralizado* en los términos consagrados en esta Constitución". Con ello, y a pesar de las contradicciones en que incurre la Constitución que permiten calificar la forma de Estado como la de una "federación Centralizada"[1648], en la misma se prevé un núcleo esencial de distribución de competencias entre los niveles territoriales, municipal, estadal y nacional, que no puede cambiarse sino mediante una reforma constitucional (artículos 136, 156, 164, 178 y 179)[1649].

1647 Una mutación constitucional ocurre cuando se modifica el contenido de una norma constitucional de tal forma que aún cuando la misma conserva su contenido, recibe una significación diferente. *V.*, Salvador O. Nava Gomar, "Interpretación, mutación y reforma de la Constitución. Tres extractos" en Eduardo Ferrer Mac-Gregor (coordinador), *Interpretación Constitucional*, Tomo II, Ed. Porrúa, Universidad Nacional Autónoma de México, México 2005, pp. 804 ss. *V.*, en general sobre el tema, Konrad Hesse, "Límites a la mutación constitucional", en *Escritos de derecho constitucional*, Centro de Estudios Constitucionales, Madrid 1992.

1648 *V.*, nuestros estudios sobre el tema, elaborados apenas la Constitución fue sancionada: Allan R. Brewer-Carías, *Federalismo y Municipalismo en la Constitución de 1999 (Alcance de una reforma insuficiente y regresiva)*, Editorial Jurídica Venezolana, Caracas-San Cristóbal 2001; "El Estado federal descentralizado y la centralización de la federación en Venezuela. Situación y perspectiva de una contradicción constitucional" en Diego Valadés y José María Serna de la Garza (Coordinadores), *Federalismo y regionalismo*, Universidad Nacional Autónoma de México, Tribunal Superior de Justicia del Estado de Puebla, Instituto de Investigaciones Jurídicas, Serie Doctrina Jurídica Nº 229, México 2005, pp. 717-750

1649 *V.*, Allan R. Brewer-Carías, "Consideraciones sobre el régimen de distribución de competencias del Poder Público en la Constitución de 1999" en Fernando Parra Aranguren y Armando Rodríguez García Editores, *Estudios de Derecho Administrativo. Libro Homenaje a la Universidad Central de Venezuela, Facultad de Ciencias Jurídicas y Políticas, con ocasión del Vigésimo Aniversario del Curso de Especia-*

Específicamente, en materia de infraestructura para la circulación y el transporte, la Constitución establece que corresponde en forma exclusiva a los Estados, "la conservación, administración y aprovechamiento de carreteras y autopistas nacionales... en coordinación con el Poder Nacional"; competencia que deben ejercer sujetos a "la coordinación con el Poder Nacional", que éste debe regular.

Este tema de la forma federal del Estado y de la distribución territorial de competencias establecidas en los artículos 156 y 164 de la Constitución, como se dijo, fue uno de los que se quiso cambiar con la rechazada "reforma constitucional" de 2007, terminando de centralizar materialmente todas las competencias del Poder Público en el nivel nacional; particularmente con la "nacionalización" de la referida competencia exclusiva de los Estados. Al haber sido rechazada la reforma constitucional de 2007, entonces, la competencia de los Estados establecida en el referido artículo 164,10 de la Constitución, quedó sin modificación.

Sin embargo, la Sala Constitucional, mediante sentencia Nº 565 de 15 de abril de 2008[1650], dictada con motivo de decidir un recurso autónomo de interpretación de dicho artículo formulado por el Procurador General de la República, pura y simplemente ha modificado el contenido de esta norma constitucional y dispuso, como interpretación vinculante de la misma, que esa "competencia exclusiva" *no es tal competencia exclusiva*, sino una competencia concurrente y que, incluso, el Poder Nacional puede revertirla a su favor eliminando toda competencia de los Estados.

La Sala Constitucional, en efecto, decidió que la Administración Nacional "en ejercicio de la potestad de coordinación pueda asumir directamente la conservación, administración y el aprovechamiento de las carreteras y autopistas nacionales, así como los puertos y aeropuertos de uso comercial", y que corresponde al Ejecutivo Nacional por órgano del Presidente de la República en Consejo de Ministros, decretar la intervención para asumir la prestación de servicios y bienes de las carreteras y autopistas nacionales, así como los puertos y aeropuertos de uso comercial", en aquellos casos que la prestación del servicio "por parte de los Estados es deficiente o inexistente".

Con esta interpretación, lo que el Juez Constitucional hizo fue mutar el texto constitucional usurpando la soberanía popular a la cual está reservado el poder constituyente, cambiado la forma federal del Estado al trastocar el sistema de distribución territorial de competencias entre el Poder Nacional y los Estados, y en particular "nacionalizando", contra lo que expresamente dispone la Constitución, competencias atribuidas en forma exclusiva a los Estados. La reforma constitucional de 2007 que fue rechazada por el pueblo, en fraude a la Constitución, y a solicitud del representante del Poder Nacional (Procurador General de la República) fundamentándose en la existencia de una supuesta "incertidumbre jurídica en cuanto al

---

lización en Derecho Administrativo, Tomo I, Tribunal Supremo de Justicia, Colección Libros Homenaje Nº 2, Caracas 2001, pp. 107-136.

1650 *Cfr.* Sentencia de la Sala Constitucional, N° 565 , caso Procuradora General de la República, recurso de interpretación del artículo 164.10 de la Constitución de 1999 de fecha 15 de Abril de 2008, en http://www.tsj.gov.ve/decisiones/scon/Abril/565-150408-07-1108.htm. *V.*, mis comentarios sobre esta sentencia, en Allan R. Brewer-Carías, "La Sala Constitucional como poder constituyente: la modificación de la forma federal del estado y del sistema constitucional de división territorial del poder público, en *Revista de Derecho Público*, No 114, (abril-junio 2008), Editorial Jurídica Venezolana, Caracas 2008, pp. 247-262.

alcance y límites de su competencia" que existía en el Ministerio de Infraestructura". El Procurador General de la República, en efecto, consideró que la norma "no era lo suficientemente clara para lograr establecer de una forma eficiente y precisa el ámbito y forma de actuación del Ejecutivo Nacional, respecto a la coordinación con los Estados de la administración, conservación y aprovechamiento de carreteras y autopistas nacionales, así como de puertos y aeropuertos de uso comercial".

El resultado de la petición de interpretación, fue que la Sala Constitucional, de oficio, reformó la Constitución, y pura y simplemente, eliminó la competencia exclusiva de los Estados en la materia, y la convirtió en una competencia concurrente sujeta a la técnica puntual de "descentralización" que puede ser intervenida, revertida y reasumida por el Poder Nacional. Después de una ilegítima "modificación constitucional" de esta naturaleza, realizada mediante interpretación vinculante, que trastocó el orden jurídico o, como lo dijo la propia Sala, la misma "genera una necesaria revisión y modificación de gran alcance y magnitud del sistema legal vigente." Por supuesto, después de lo que hizo, la Sala Constitucional no pudo concluir en otra forma que no fuera advirtiendo "de oficio y por razones de orden público constitucional, ... que el contenido de la presente decisión debe generar una necesaria revisión y modificación del ordenamiento jurídico legal vigente", para lo cual exhortó a la Asamblea Nacional que "proceda a la revisión y correspondiente modificación de la normativa legal vinculada con la interpretación vinculante establecida en la presente decisión[1651], en orden a establecer una regulación legal congruente con los principios constitucionales y derivada de la interpretación efectuada por esta Sala en ejercicio de sus competencias". Es decir, la Sala conminó al legislador a legislar en contra de la Constitución de 1999, y conforme a una ilegítima modificación constitucional de la misma impuesta por la propia Sala. Ello provocó que después del triunfo electoral de la oposición en Estados y Municipios claves, desplazando los Gobernadores oficialistas en las elecciones de diciembre de 2008, la Asamblea Nacional muy diligentemente reformara en marzo de 2009, entre otras, la Ley Orgánica de Descentralización, Delimitación y Transferencia de Competencias del Poder Público[1652], a los efectos de eliminar las competencias exclusivas de los Estrados establecidas en los ordinales 3 y 5 del artículo 11 de dicha Ley, agregando dos nuevas normas en dicha Ley en las cuales se dispone que "el Poder Público Nacional por órgano del Ejecutivo Nacional, podrá revertir por razones estratégicas, de mérito, oportunidad o conveniencia, la transferencia de las competencias concedidas a los estados, para la conservación, administración y aprovechamiento de los bienes o servicios considerados de interés público general, conforme con lo previsto en el ordenamiento jurídico y al instrumento que dio origen a la transferencia" (art. 8); y que "El Ejecutivo Nacional, por órgano del Presidente o Presidenta de la República en Consejo de Ministros, podrá decretar la intervención conforme al ordenamiento jurídico, de bienes y prestaciones de servicios públicos transferidos para su conservación, administración y aprovechamiento, a fin de asegurar a los usuarios, usuarias, consumidores y consumidoras un servicio de calidad en condiciones idóneas y de

1651 De ello resultó, según la sentencia, "la necesaria revisión general de la Ley Orgánica de Descentralización, Delimitación y Transferencia de Competencias del Poder Público, Ley General de Puertos y la Ley de Aeronáutica Civil, sin perjuicio de la necesaria consideración de otros textos legales para adecuar su contenido a la vigente interpretación".

1652 *Gaceta Oficial* N° 39 140 del 17 de marzo de 2009

respeto de los derechos constitucionales, fundamentales para la satisfacción de necesidades públicas de alcance e influencia en diversos aspectos de la sociedad" (art. 9). Con ello se completó el fraude constitucional dispuesto por la Sala Constitucional, trastocándose el régimen federal.

2. LA ELIMINACIÓN DE LA PROHIBICIÓN CONSTITUCIONAL DE FINANCIAMIENTO PÚBLICO DE LAS ACTIVIDADES DE LOS PARTIDOS POLÍTICOS

Otra de las normas constitucionales que se quiso reformar mediante la rechazada reforma constitucional de 2007, fue el artículo 67 de la Constitución de 1999 que prohíbe "el financiamiento de las asociaciones con fines políticos con fondos provenientes del Estado", al establecer enfáticamente que el mismo "no se permitirá"[1653]. Con ello, el constituyente de 1999 cambió radicalmente el régimen de financiamiento público a los partidos políticos que se había previsto en el artículo 230 de la Ley Orgánica del Sufragio y Participación Política de 1998[1654]. Con la prohibición constitucional, al derogarse este artículo de la Ley Orgánica, quedó derogado con el régimen de financiamiento público a los partidos políticos, abandonándose la tendencia inversa que predomina en el derecho comparado.

Con la rechazada reforma constitucional de 2007, se pretendía establecer en la Constitución, al contrario, que "el Estado podrá financiar las actividades electorales", pero sin indicarse si se trata de un financiamiento a los partidos políticos en general.

En todo caso, con el rechazo popular de la reforma, el régimen de financiamiento a los partidos políticos, a su funcionamiento interno y a sus actividades electorales continuó prohibida en la Constitución.

Sin embargo, a pesar de dicha prohibición constitucional y del rechazo popular a modificarla, la Sala Constitucional del Tribunal Supremo de Justicia, actuando como Jurisdicción Constitucional, en fraude a la Constitución y a la voluntad popular expresa, en sentencia N° 780 de 8 de mayo de 2008 (Exp. N° 06-0785)[1655], mediante una interpretación constitucional vinculante, de nuevo mutó la Constitución, sustituyéndose a la voluntad popular y al poder constituyente originario, disponiendo que "en lo que respecta al alcance de la prohibición de financiamiento público de asociaciones políticas" contenida en la mencionada norma, la misma:

> "se circunscribe a la imposibilidad de aportar fondos a los gastos corrientes e internos de las distintas formas de asociaciones políticas, pero ...dicha limitación, no resulta extensiva a la campaña electoral, como etapa fundamental del proceso electoral".

1653 *V.*, sobre la versión inicial de esta norma y sobre nuestra propuesta para su redacción en Allan R. Brewer-Carías, *Debate Constituyente* (Aportes a la Asamblea Nacional Constituyente), Tomo II (9 septiembre - 17 octubre 1999). Fundación de Derecho Público - Editorial Jurídica Venezolana, Caracas, 1999, p. 129.

1654 *V.*, en general sobre el tema, Allan R. Brewer-Carías, "Consideraciones sobre el financiamiento de los partidos políticos en Venezuela" en *Financiamiento y democratización interna de partidos políticos. Memoria del IV Curso Anual Interamaricano de Elecciones,* San José, Costa Rica, 1991, pp. 121 a 139.

1655 *V.*, mis comentarios sobre esta sentencia, en Allan R. Brewer-Carías, "El juez constitucional como constituyente: el caso del financiamiento de las campañas electorales de los partidos políticos en Venezuela," en *Revista de Derecho Público*, No 117, (enero-marzo 2009), Caracas 2009, pp. 195-203.

Es decir, la Sala Constitucional, ante una norma tan clara e igualmente tan criticable como la contenida en el artículo 67 de la Constitución, cuya reforma se había intentado hacer en 2007 pero sin lograrse por ser rechazada por la voluntad popular, en esta sentencia, ni más ni menos se erigió en poder constituyente, sustituyendo al pueblo, disponiendo la reforma de la norma, vía su interpretación, en el mismo sentido que se había pretendido en la rechazada reforma constitucional, disponiendo en definitiva, que la prohibición constitucional "no limita que en el marco del proceso electoral y como gasto inherente a una fase esencial del mismo, el Estado destine fondos con el objeto de financiar el desarrollo de las campañas electorales, de los partidos y asociaciones políticas", es decir, lo contrario de lo que dispone la Constitución.

Es evidente que siendo el financiamiento de las campañas electorales la motivación fundamental del financiamiento de los partidos políticos, pues los mismos tienen por objeto conducir a la ciudadanía en las opciones democráticas que necesariamente desembocan en elecciones, la Ley Orgánica del Sufragio y participación Política había dispuesto el financiamiento de los paridos políticos; y ello fue lo que sin embargo, se eliminó expresamente en la Constitución de 1999[1656]. Y eso fue precisamente lo que se quiso corregir, de nuevo, con la proyectada Reforma Constitucional de 2007, la cual, sin embargo, fue rechazada por el pueblo.

Pero la Sala Constitucional, sin límite alguno, se sustituyó al pueblo y asumió el rol de poder constituyente originario, disponiendo que lo que la Constitución prohíbe cuando establece en el artículo 67 que no se permite "el financiamiento de las asociaciones con fines políticos con fondos provenientes del Estado", es sólo una prohibición al financiamiento por el Estado de "los gastos corrientes e internos de las distintas formas de asociaciones políticas", pero no de la "campaña electoral, como etapa fundamental del proceso electoral".

Es decir, el Juez Constitucional, simplemente, dispuso que la Constitución no dice lo que dice, sino todo lo contrario; que cuando dice que no se permite "el financiamiento de las asociaciones con fines políticos con fondos provenientes del Estado", no es eso lo que establece, sino que lo que prohíbe es solamente "el financiamiento de los gastos corrientes e internos de las asociaciones con fines políticos con fondos provenientes del Estado"; y que los gastos de las campañas electorales de dichas asociaciones con fines políticas, en cambio, si pueden ser financiadas con fondos provenientes del Estado.

Se trata por lo demás, de una conclusión absurda, que contra toda lógica democrática se deriva de una premisa falsa, y es que en sistemas democráticos supuestamente podría ocurrir que el Estado financie los gastos corrientes e internos de los partidos. Ello no se concibe en las democracias, por lo que no requiere de prohibición alguna.

1656 Por ello fue, incluso, que entre otros aspectos salvamos nuestro voto en relación con dicha norma. *V.*, Allan R. Brewer-Carías, *Debate Constituyente (Aportes a la Asamblea Nacional Constituyente)*, Tomo III (18 octubre-30 noviembre 1999). Fundación de Derecho Público - Editorial Jurídica Venezolana. Caracas, 1999. pp. 239, 259. *V.*, además, Allan R. Brewer-Carías, "Regulación jurídica de los partidos políticos en Venezuela" en *Estudios sobre el Estado Constitucional (2005-2006)*, Cuadernos de la Cátedra Fundacional Allan R. Brewer Carías de Derecho Público, Universidad Católica del Táchira, Nº 9, Editorial Jurídica Venezolana. Caracas, 2007, pp. 655-686.

En democracias lo que se financia es el funcionamiento de los partidos pero con miras siempre a las campañas electorales, al punto de que este se suspende si los mismos no llegan a obtener un determinado porcentaje de votación en las elecciones.

Pudo ser muy loable la intención del Juez Constitucional de permitir el financiamiento de las campañas electorales de los partidos políticos con fondos provenientes del Estado, pero habiendo sido ello prohibido expresamente por la Constitución, sólo reformándola es que se podría lograr lo contrario; y el pueblo, además, en 2007 había rechazado expresamente la reforma. Sin embargo, la misma fue inconstitucionalmente implementada por el Juez Constitucional, reformando la Constitución, usurpando el poder constituyente originario que es del pueblo e, incluso contra su propia voluntad expresada cinco meses antes al rechazar precisamente esa reforma constitucional en igual sentido, estableció la posibilidad de financiar las campañas electorales de los partidos políticos.

3. *La eliminación del rango supra constitucional de los Tratados internacionales en materia de derechos humanos con previsiones más favorables y del principio de la aplicación inmediata de los tratados internacionales en materia de derechos humanos*

Otra de las normas constitucionales que se quiso reformar en 2007, fue la contenida en el artículo 23, en el cual se estableció, no sólo la jerarquía constitucional de los tratados internacionales en materia de derechos humanos[1657], sino su jerarquía supranacional en caso de establecer previsiones más favorables a las previstas en el derecho interno, incluida la Constitución. Dispone, en efecto, dicha norma, lo siguiente:

> *Artículo 23.* Los tratados, pactos y convenciones relativos a derechos humanos, suscritos y ratificados por Venezuela, tienen jerarquía constitucional y prevalecen en el orden interno, en la medida en que contengan normas sobre su goce y ejercicio más favorables a las establecidas en esta Constitución y en las leyes de la República, y son de aplicación inmediata y directa por los tribunales y demás órganos del Poder Público.

Esta previsión significó, sin duda, un avance significativo en la construcción del esquema de protección de los derechos humanos, que se aplicó por los tribunales declarando la prevalencia de las normas de Convención Americana de Derechos Humanos en relación con normas constitucionales y legales[1658]. Ello fue así, sin em-

---

1657 Sobre este *V.*,: Rodolfo E. Piza R., *Derecho internacional de los derechos humanos: La Convención Americana*, San José 1989; y Carlos Ayala Corao, "La jerarquía de los instrumentos internacionales sobre derechos humanos", en *El nuevo derecho constitucional latinoamericano*, IV Congreso venezolano de Derecho constitucional, Vol. II, Caracas 1996 y *La jerarquía constitucional de los tratados sobre derechos humanos y sus consecuencias*, México, 2003; Humberto Henderson, "Los tratados internacionales de derechos humanos en el orden interno: la importancia del principio *pro homine*", en *Revista IIDH*, Instituto Interamericano de Derechos Humanos, Nº 39, San José 2004, pp. 71 y ss. *V.*, también, Allan R. Brewer-Carías, *Mecanismos nacionales de protección de los derechos humanos*, Instituto Internacional de Derechos Humanos, San José, 2004, pp.62 y ss.

1658 Fue el caso, por ejemplo, del derecho a la revisión judicial de sentencias, a la apelación o derecho a la segunda instancia que en materia contencioso administrativa se excluía en la derogada Ley Orgánica de la Corte Suprema de Justicia de 1976 respecto de la impugnación de actos administrativos ante la Jurisdicción contencioso administrativa emanados de institutos autónomos o Administraciones independienbargo, hasta 2008 cuando en sentencia N° 1.939 de 18 de diciembre de 2008 (Caso *Gustavo Álvarez Arias y otros*) la Sala Constitucional al declarar inejecutable una sentencia de la Corte Interamericana de Derechos Humanos, de fecha 5 de agosto de 2008, dictada en el caso de los ex-magistrados de la Corte Primera de lo Contencioso Administrativo (*Apitz Barbera y otros ("Corte Primera de lo Contencioso Administrativo" vs. Venezuela*), decidió en contra de lo que dispone la norma, que:

> "el citado artículo 23 de la Constitución no otorga a los tratados internacionales sobre derechos humanos rango "supraconstitucional", por lo que, en caso de antinomia o contradicción entre una disposición de la Carta Fundamental y una norma de un pacto internacional, correspondería al Poder Judicial determinar cuál sería la aplicable, tomando en consideración tanto lo dispuesto en la citada norma como en la jurisprudencia de esta Sala Constitucional del Tribunal Supremo de Justicia, atendiendo al contenido de los artículos 7, 266.6, 334, 335, 336.11 *eiusdem* y el fallo número 1077/2000 de esta Sala".

A los efectos de fundamentar su decisión, y rechazar la existencia de valores superiores no moldeables por el proyecto político autoritario, la Sala aclaró los siguientes conceptos:

> "Sobre este tema, la sentencia de esta Sala N° 1309/2001, entre otras, aclara que el derecho es una teoría normativa puesta al servicio de la política que subyace tras el proyecto axiológico de la Constitución y que la interpretación debe comprometerse, si se quiere mantener la supremacía de la Carta Fundamental cuando se ejerce la jurisdicción constitucional atribuida a los jueces, con la mejor teoría política que subyace tras el sistema que se interpreta o se integra y con la moralidad institucional que le sirve de base axiológica (*interpretatio favor Constitutione*).
>
> Agrega el fallo citado: "en este orden de ideas, los estándares para dirimir el conflicto entre los principios y las normas deben ser compatibles con el proyecto político de la Constitución (Estado Democrático y Social de Derecho y de Justicia) y no deben afectar la vigencia de dicho proyecto con elecciones interpretativas ideológicas que privilegien los derechos individuales a ultranza o que acojan la primacía del orden jurídico internacional sobre el derecho nacional en detrimento de la soberanía del Estado".
>
> Concluyo la sentencia que: "no puede ponerse un sistema de principios supuestamente absoluto y suprahistórico por encima de la Constitución" y que son inaceptables las teorías que pretenden limitar "so pretexto de valideces universales, la soberanía y la autodeterminación nacional".

tes'. La Constitución de 1999 solo reguló como derecho constitucional el derecho de apelación en materia de juicios penales a favor de la persona declarada culpable (art. 40,1); por lo que en el mencionado caso de juicios contencioso administrativos, no existía una garantía constitucional expresa a la apelación, habiendo sido siempre declarada inadmisible la apelación contra las decisiones de única instancia de la Corte Primera de lo Contencioso. La aplicación del artículo 23 de la Constitución llevó finalmente a la Sala Constitucional del Tribunal Supremo, a resolver en 2000 la aplicación prevalente de la Convención Interamericana de Derechos Humanos garantizando el principio de las dos instancias. *V.*, sentencia No 87 del 13 de marzo de 2000, Caso: *C.A. Electricidad del Centro (Elecentro) y otra vs. Superintendencia para la Promoción y Protección de la Libre Competencia. (Procompetencia)*, en *Revista de Derecho Público*, No 81, Editorial Jurídica Venezolana, Caracas 2000, pp. 157. *V.*, los comentarios en Allan R. Brewer-Carías y Josefina Calcaño de Temeltas, *Ley Orgánica de la Corte Suprema de Justicia,* Editorial Jurídica Venezolana, Caracas 1978.

En el mismo sentido, la sentencia de esta Sala Nº 1265/2008 estableció que en caso de evidenciarse una contradicción entre la Constitución y una convención o tratado internacional, "deben prevalecer las normas constitucionales que privilegien el interés general y el bien común, debiendo aplicarse las disposiciones que privilegien los intereses colectivos...(...) sobre los intereses particulares..."[1659]

En esta forma, la Sala Constitucional en el Venezuela dispuso una ilegítima mutación constitucional, reformando el artículo 23 de la Constitución al eliminar el carácter supranacional de la Convención Americana de Derechos Humanos en los casos en los cuales contenga previsiones más favorables al goce y ejercicio de derechos humanos respecto de las que están previstas en la propia Constitución.

Debe advertirse, por otra parte, que tan se trató de una reforma constitucional ilegítima, que esa fue otra de las propuestas de reforma que se formularon en 2007 por el "Consejo Presidencial para la Reforma de la Constitución", designado por el Presidente de la República[1660], en el cual, en relación con el artículo 23 de la Constitución, lo que se buscaba era eliminar totalmente la jerarquía constitucional de las previsiones de los tratados internacionales de derechos humanos y su prevalencia sobre el orden interno, proponiéndose la formulación de la norma sólo en el sentido de que: "los tratados, pactos y convenciones relativos a derechos humanos, suscritos y ratificados por Venezuela, mientras se mantenga vigentes, forma parte del orden interno, y son de aplicación inmediata y directa por los órganos del Poder Público".

Esa propuesta de reforma constitucional que afortunadamente no llegó a cristalizar, era un duro golpe al principio de la progresividad en la protección de los derechos que se recoge en el artículo 19 de la Constitución, que no permite regresiones en la protección de los mismos[1661]. Sin embargo, lo que no pudo hacer el régimen autoritario mediante una reforma constitucional, la cual al final fue rechazada por el pueblo, lo hizo la Sala Constitucional del Tribunal Supremo mutando la Constitución.

Igual ocurrió con la previsión de la misma norma del artículo 23 que declara además expresamente que los mismos son "de aplicación inmediata y directa por los tribunales y demás órganos del Poder Público" (art. 23).

Sobre esta norma, la Sala Constitucional del Tribunal Supremo, al reivindicar un carácter de máximo y último intérprete de la Constitución y de los tratados, pactos y convenios sobre derechos humanos que no tiene, pues todas las Salas del Tribunal Supremo lo tienen, estableció en sentencia Nº 1492 de 15 de julio de 2003 (Caso: *Impugnación de diversos artículos del Código Penal*), que por adquirir los mencionados tratados jerarquía constitucional e integrarse a la Constitución vigente, "*el único capaz de interpretarlas*, con miras al derecho venezolano, es el juez constitu-

---

1659 *V.*, en http://www.tsj.gov.ve/decisiones/scon/Diciembre/1939-181208-2008-08-1572.html

1660 *V.*, Decreto Nº 5138 de 17-01-2007, *Gaceta Oficial* Nº 38.607 de 18-01-2007. El documento circuló en junio de 2007 con el título Consejo Presidencial para la Reforma de la Constitución de la República Bolivariana de Venezuela, "Modificaciones propuestas". El texto completo fue publicado como *Proyecto de Reforma Constitucional. Versión atribuida al Consejo Presidencial para la reforma de la Constitución de la República Bolivariana de Venezuela*, Editorial Atenea, Caracas 01 de julio de 2007, 146 pp.

1661 *V.*, esta proyectada reforma constitucional Allan R. Brewer-Carías, *Hacia la consolidación de un Estado Socialista, Centralizado, Policial y Militarista. Comentarios sobre el sentido y alcance de las propuestas de reforma constitucional 2007*, Colección Textos Legislativos, N° 42, Editorial Jurídica Venezolana, Caracas 2007, pp. 122 ss.

cional, conforme al artículo 335 de la vigente Constitución, en especial, al intérprete nato de la Constitución de 1999, y, que es la Sala Constitucional, y así se declara". De allí la Sala señaló que

> "es la Sala Constitucional quien determina cuáles normas sobre derechos humanos de esos tratados, pactos y convenios, prevalecen en el orden interno; al igual que cuáles derechos humanos no contemplados en los citados instrumentos internacionales tienen vigencia en Venezuela"[1662].

Con esta decisión inconstitucional, la Sala Constitucional también mutó ilegítimamente la Constitución, pues conforme a la norma de su artículo 23, esa potestad no sólo corresponde a la Sala Constitucional, sino a todos los tribunales de la República cuando actúen como juez constitucional, por ejemplo, al ejercer el control difuso de la constitucionalidad de las leyes o al conocer de acciones de amparo.

La pretensión de la Sala Constitucional en concentrar toda la justicia constitucional no se ajusta a la Constitución y al sistema de justicia constitucional que regula, de carácter mixto e integral; y menos aún en materia de derechos humanos, cundo es la propia Constitución la que dispone que los tratados, pactos e instrumentos internacionales sobre derechos humanos ratificados por la República son "de aplicación inmediata y directa por los tribunales" (art. 23).

4. *La negación del derecho ciudadano a la protección internacional de los derechos humanos y la "inejecutabilidad" de las sentencias de la Corte interamericana de derechos humanos*

En los proyectos de reforma constitucional de 2007, también se busca reformar el mismo artículo 23 de la Constitución mediante la propuesta que formuló el "Consejo Presidencial para la Reforma de la Constitución", designado por el Presidente de la República, agregándole, también en forma regresiva, un párrafo precisando que "corresponde a los tribunales de la República conocer de las violaciones sobre las materias reguladas" en los Tratados Internacionales sobre derechos humanos; con lo que en realidad se buscaba establecer una prohibición constitucional para que la Corte Interamericana de Derechos Humanos pudiera conocer de las violaciones de la Convención Americana de Derechos Humanos.

Es decir, con una norma de este tipo, Venezuela hubiera quedado excluida constitucionalmente de la jurisdicción de dicha Corte internacional y del sistema interamericano de protección de los derechos humanos[1663], ello contrariando lo que el propio texto de la Constitución establece.

En efecto, la Constitución de 1999 garantizó expresamente el derecho de las personas a la protección internacional en materia de derechos humanos, imponiéndole al Estado la obligación de ejecutar las decisiones de los órganos internacionales. A tal efecto el artículo 31 de de la Constitución dispone:

1662 *V.*, en *Revista de Derecho Público*, N° 93-96, Editorial Jurídica Venezolana, Caracas 2003, pp. 135 ss.

1663 *V.*, sobre esta proyectada reforma constitucional Allan R. Brewer-Carías, *Hacia la consolidación de un Estado Socialista, Centralizado, Policial y Militarista. Comentarios sobre el sentido y alcance de las propuestas de reforma constitucional 2007*, Colección Textos Legislativos, No 42, Editorial Jurídica Venezolana, Caracas 2007, p. 122.

> ***Artículo 31.*** Toda persona tiene derecho, en los términos establecidos por los tratados, pactos y convenciones sobre derechos humanos ratificados por la República, a dirigir peticiones o quejas ante los órganos internacionales creados para tales fines, con el objeto de solicitar el amparo a sus derechos humanos.
>
> El Estado adoptará, conforme a procedimientos establecidos en esta Constitución y en la ley, las medidas que sean necesarias para dar cumplimiento a las decisiones emanadas de los órganos internacionales previstos en este artículo.

Este derecho constitucional, que se buscaba minimizar con las fracasadas propuestas de reforma constitucional de 2007, sin embargo, ha sido la Sala Constitucional del Tribunal Supremo, la que se ha encargado de vaciarlo al decidir mediante sentencia N° 1.939 de 18 de diciembre de 2008 (Caso *Gustavo Álvarez Arias y otros*, o más bien, Caso: *Estado venezolano vs. La Corte Interamericana de Derechos Humanos*), la eficacia de las decisiones de la Corte Interamericana de Derechos Humanos, declarándolas "inejecutables" en el país, contrariando así el régimen internacional de los tratados y el propio texto de la Constitución[1664].

Con dicha sentencia, dictada en juicio iniciado por la Procuraduría General de la República que es un órgano dependiente del Ejecutivo Nacional, la Sala Constitucional comenzó a declarar "inejecutables" en Venezuela las sentencias de la Corte Interamericana de Derechos Humanos, en ese caso, la sentencia dictada el 5 de agosto de 2008," en el caso de los ex-magistrados de la Corte Primera de lo Contencioso Administrativo (*Apitz Barbera y otros ("Corte Primera de lo Contencioso Administrativo") vs. Venezuela*)[1665]. Con ello, además, la Sala Constitucional violó el artículo 68.1 de la Convención Americana de Derechos Humanos, que dispone que los Estados Partes que han reconocido la jurisdicción de la Corte Interamericana de Derechos Humanos, "se comprometen a cumplir la decisión de la Corte en todo caso en que sean partes"[1666].

No fue esta, sin embargo, la primera vez que un Estado a través de su Poder Judicial se ha rebelado contra las decisiones de la Corte Interamericana, buscando eludir su responsabilidad en el cumplimiento de las mismas. La sentencia de la Corte Interamericana en el *Caso Castillo Petruzzi* de 30 de mayo de 1999 (Serie C, núm. 52), contra Perú es prueba de ello, pues después de que declarar que el Estado peruano había violado en un proceso los artículos 20; 7.5; 9; 8.1; 8.2.b,c,d y f; 8.2.h;

1664 Véanse mis comentarios a dicha sentencia en Allan R. Brewer-Carías, "La interrelación entre los Tribunales Constitucionales de America Latina y la Corte Interamericana de Derechos Humanos, y la cuestión de la inejecutabilidad de sus decisiones en Venezuela," en *Gaceta Constitucional. Análisis multidisciplinario de la jurisprudencia del Tribunal Constitucional, Gaceta Jurídica*, Tomo 16 Año 2009, Lima 2009, pp. 17-48.

1665 *V.*, en www.corteidh.or.cr . Excepción Preliminar, Fondo, Reparaciones y Costas, Serie C No 182.

1666 Como lo señaló la Corte Interamericana de Derechos Humanos en la decisión del *Caso Castillo Petruzzi*, sobre "Cumplimiento de sentencia" del 7 de noviembre de 1999 (Serie C, núm. 59), "Las obligaciones convencionales de los Estados parte vinculan a todos los poderes y órganos del Estado," (par. 3) agregando "Que esta obligación corresponde a un principio básico del derecho de la responsabilidad internacional del Estado, respaldado por la jurisprudencia internacional, según el cual los Estados deben cumplir sus obligaciones convencionales de buena fe (*pacta sunt servanda*) y, como ya ha señalado esta Corte, no pueden por razones de orden interno dejar de asumir la responsabilidad internacional ya establecida." (par. 4). *V.*, en Sergio García Ramírez (Coord.), *La Jurisprudencia de la Corte Interamericana de Derechos Humanos*, Universidad Nacional Autónoma de México, Corte Interamericana de Derechos Humanos, México, 2001, pp. 628-629

8.5; 25; 7.6; 5; 1.1 y 2,[1667] la Sala Plena del Consejo Supremo de Justicia Militar del Perú se negó a ejecutar el fallo, considerando que la misma desconocía la Constitución Política del Perú y la sujetaba a "la Convención Americana sobre Derechos Humanos en la interpretación que los jueces de dicha Corte efectúan *ad-libitum* en esa sentencia"[1668].

A partir de 2008 le correspondió la labor a Venezuela, siguiendo los pasos del régimen autoritario de Fujimori en el Perú, siendo la Sala Constitucional del Tribunal Supremo, la que declaró en la mencionada decisión Nº 1.939 de 18 de diciembre de 2008 (Caso *Abogados Gustavo Álvarez Arias y otros*), como "inejecutable" la sentencia de la Corte Interamericana de Derechos Humanos Primera de 5 de agosto de 2008 en el caso *Apitz Barbera y otros ("Corte Primera de lo Contencioso Administrativo") vs. Venezuela* acusando a la Corte Interamericana de haber usurpado el poder del Tribunal Supremo.[1669]

En su decisión, la Sala Constitucional, citando la previa decisión Nº 1.942 de 15 de julio de 2003, y considerando que se trataba de una petición de interpretación formulada por la República, precisó que la Corte Interamericana de Derechos Humanos no podía "pretender excluir o desconocer el ordenamiento constitucional interno," y que había dictado "pautas de carácter obligatorio sobre gobierno y administración del Poder Judicial que son competencia exclusiva y excluyente del Tribu-

---

1667 Como consecuencia, en la sentencia la Corte Interamericana declaró "la invalidez, por ser incompatible con la Convención, del proceso en contra de los señores Jaime Francisco Sebastián Castillo Petruzzi" y otros, ordenando "que se les garantice un nuevo juicio con la plena observancia del debido proceso legal," y además, "al Estado adoptar las medidas apropiadas para reformar las normas que han sido declaradas violatoria de la Convención Americana sobre Derechos Humanos en la presente sentencia y asegurar el goce de los derechos consagrados en la Convención Americana sobre derechos Humanos a todas las personas que se encuentran bajo su jurisdicción, sin excepción alguna". *V.*, en http://www.tsj.gov.ve/decisiones/scon/Diciembre/1939-181208-2008-08-1572.html

1668 Precisamente frente a esta declaratoria por la Sala Plena del Consejo Supremo de Justicia Militar del Perú sobre la inejecutabilidad del fallo de 30 de mayo de 1999 de la Corte Interamericana de Derechos Humanos en el Perú, fue que la misma Corte Interamericana dictó el fallo subsiguiente, antes indicado, de 7 de noviembre de 1999, declarando que "el Estado tiene el deber de dar pronto cumplimiento a la sentencia de 30 de mayo de 1999 dictada por la Corte Interamericana en el caso Castillo Petruzzi y otros." Sergio García Ramírez (Coord.), *La Jurisprudencia de la Corte Interamericana de Derechos Humanos*, Universidad Nacional Autónoma de México, Corte Interamericana de Derechos Humanos, México, 2001, p. 629 Ello ocurrió durante el régimen autoritario que tuvo el Perú en la época del Presidente Fujimori, y que condujo a que dos meses después de dictarse la sentencia de la Corte Interamericana del 30 de mayo de 1999, el Congreso del Perú aprobase el 8 de julio de 1999 el retiro del reconocimiento de la competencia contenciosa de la Corte, lo que se depositó al día siguiente en la Secretaría General de la OEA/ Este retiro fue declarado inadmisible por la propia Corte Interamericana, en la sentencia del caso *Ivcher Bronstein* de 24 de septiembre de 1999, considerando que un "Estado parte sólo puede sustraerse a la competencia de la Corte mediante la denuncia del tratado como un todo." *Idem*, pp. 769-771. En todo caso, posteriormente en 2001 Perú derogó la Resolución de julio de 1999, restableciéndose a plenitud la competencia de la Corte interamericana para el Estado.

1669 El tema, ya lo había adelantado la Sala Constitucional en su conocida sentencia No 1.942 de 15 de julio de 2003 (Caso: *Impugnación de artículos del Código Penal, Leyes de desacato*) (*V.*, en *Revista de Derecho Público*, Nº 93-96, Editorial Jurídica Venezolana, Caracas 2003, pp. 136 ss.) en la cual al referirse a los Tribunales Internacionales "comenzó declarando en general, que en Venezuela "por encima del Tribunal Supremo de Justicia y a los efectos del artículo 7 constitucional, no existe órgano jurisdiccional alguno, a menos que la Constitución o la ley así lo señale, y que aun en este último supuesto, la decisión que se contradiga con las normas constitucionales venezolanas, carece de aplicación en el país, y así se declara".

nal Supremo de Justicia" y establecido "directrices para el Poder Legislativo, en materia de carrera judicial y responsabilidad de los jueces, violentando la soberanía del Estado venezolano en la organización de los poderes públicos y en la selección de sus funcionarios, lo cual resulta inadmisible". Acusó además, a la Corte Interamericana de haber utilizado su fallo "para intervenir inaceptablemente en el gobierno y administración judicial que corresponde con carácter excluyente al Tribunal Supremo de Justicia", argumentando que con la "sentencia cuestionada" la Corte Interamericana pretendía "desconocer la firmeza de decisiones administrativas y judiciales que han adquirido la fuerza de la cosa juzgada, al ordenar la reincorporación de los jueces destituidos". Para realizar estas afirmaciones, la Sala Constitucional recurrió como precedente para considerar que la sentencia de la Corte Interamericana de Derechos Humanos era inejecutable en Venezuela, precisamente la decisión antes señalada de 1999 de la Sala Plena del Consejo Supremo de Justicia Militar del Perú, que consideró inejecutable la sentencia de la Corte Interamericana de 30 de mayo de 1999, dictada en el caso: *Castillo Petruzzi y otro.*

Pero no se quedó allí la Sala Constitucional, sino en una evidente usurpación de poderes, ya que las relaciones internacionales es materia exclusiva del Poder Ejecutivo, instó "al Ejecutivo Nacional proceda a denunciar esta Convención, ante la evidente usurpación de funciones en que ha incurrido la Corte Interamericana de los Derechos Humanos con el fallo objeto de la presente decisión; y el hecho de que tal actuación se fundamenta institucional y competencialmente en el aludido Tratado". Así se inició el proceso de Venezuela de desligarse de la Convención Americana sobre Derechos Humanos, y de la jurisdicción de la Corte Interamericana de Derechos Humanos por parte del Estado Venezolano, utilizando para ello a su propio Tribunal Supremo de Justicia. La rebelión de la Sala Constitucional se repitió de nuevo en la sentencia N° 1547 de fecha 17 de octubre de 2011 (Caso *Estado Venezolano vs. Corte Interamericana de Derechos Humanos*)[1670], al declarar inejecutable la sentencia de la Corte Interamericana de Derechos Humanos dictada en el 1° de septiembre de 2011 (caso *Leopoldo López vs. Estado de Venezuela*), todo lo cual condujo a que en septiembre de 2012, Venezuela denunciara la Convención.

En esta materia, también, lo que no pudo hacer el régimen autoritario mediante una reforma constitucional, la cual al final fue rechazada por el pueblo, lo hizo la Sala Constitucional del Tribunal Supremo en su ya larga carrera al servicio del autoritarismo.

5. *La modificación del régimen del referendo revocatorio de mandatos de representación popular*

Por último, otras de las reformas constitucionales rechazadas por el pueblo, fueron las que se refirieron a las restricciones que se buscaba establecer respecto de los mecanismos de democracia directa mediante referendos, y en particular, respecto del refrendo revocatorio de mandatos.

1670 *V.*, en http://www.tsj.gov.ve/decisiones/scon/Octubre/1547-171011-2011-11-1130.html. *V.*, mis comentarios sobre esta sentencia en Allan R. Brewer-Carías, "El ilegítimo "control de constitucionalidad" de las sentencias de la Corte Interamericana de Derechos Humanos por parte la Sala Constitucional del Tribunal Supremo de Justicia de Venezuela: el caso de la sentencia *Leopoldo López vs. Venezuela, 2011*", en *Constitución y democracia: ayer y hoy. Libro homenaje a Antonio Torres del Moral*. Editorial Universitas, Vol. I, Madrid, 2013, pp. 1095-1124

En relación con ello, el artículo 72 de la Constitución fue muy preciso al disponer que transcurrida la mitad del período para el cual fue elegido un funcionario, a instancia popular de un número no menor del 20% de los electores inscritos en la correspondiente circunscripción, se puede solicitar la convocatoria de un referendo para revocarle su mandato. La Constitución dispuso expresamente que "*Cuando igual o mayor número de electores* que eligieron al funcionario hubieren votado a favor de la revocación, siempre que haya concurrido al referendo un número de electores igual o superior al 25 % de los electores inscritos, se considerará revocado su mandato y se procederá de inmediato a cubrir la falta absoluta conforme a lo dispuesto en esta Constitución y en la ley".

Es decir, que los votos necesarios para que se produzca la revocatoria del mandato deben ser en un número igual o mayor de los votos de los electores que eligieron al funcionario, con independencia del número de votos que se puedan depositar contra la revocación. Ello, incluso lo ratificó la Sala Constitucional en varias sentencias[1671], ya que de lo que se trata es de un referendo "revocatorio" de mandatos de elección popular y no de un referendo "ratificatorio" o plebiscito respecto de tales mandatos, el cual no existe en el texto constitucional. Precisamente por ello, nada previó la Constitución para el caso de que votando a favor de la revocación de un mandato un número de electores superior al número de votos que obtuvo el funcionario cuando fue electo, sin embargo, se hubiesen pronunciado por la "no revocación" un número mayor de votos. Ello podría ocurrir, pero conforme al texto de la Constitución, no tendría efecto jurídico alguno, pues la regulación constitucional lo que establece es un referendo "revocatorio", de manera que basta que la votación favorable a la revocación sea igual o mayor que la que el funcionario obtuvo cuando fue electo, para que el mandato quede revocado. Y ello es así, incluso a pesar de que el Registro Electoral haya variado con el transcurso del tiempo.

Sin embargo, debe observarse que de manera evidentemente inconstitucional, en las *Normas para regular los procesos de Referendos Revocatorios de mandatos de Elección Popular* dictadas por el Consejo Nacional Electoral en 25 de septiembre de 2003[1672], luego de ratificarse que se considera revocado el mandato "si el número de votos a favor de la revocatoria es igual o superior al número de los electores que eligieron al funcionario", se agregó una frase indicando: "y no resulte inferior al número de electores que votaron en contra de la revocatoria" (Art. 60). Con este agregado, en una norma de rango sublegal, se restringió el derecho ciudadano a la participación política mediante la revocación de mandatos populares, al establecerse un elemento que no está en la Constitución relativo a los votos por la "no revocación," trastocándose la naturaleza "revocatoria" del referendo que regula el artículo 72 de la Constitución, y en evidente fraude a la Constitución, convirtiéndolo en un referendo "ratificatorio" de mandatos de elección popular.

Lo inaudito de este fraude constitucional, es que dicha "reforma" constitucional ilegítima fue avalada por la Sala Constitucional del Tribunal Supremo al decidir un

---

1671 *V.*, sentencia Nº 2750 de 21 de octubre de 2003, Caso: *Carlos Enrique Herrera Mendoza*, (Interpretación del artículo 72 de la Constitución (Exp. 03-1989). Sentencia Nº 1139 de 5 de junio de 2002 (Caso: *Sergio Omar Calderón Duque y William Dávila Barrios*) *V.*, en *Revista de Derecho Público*, Nº 89-92, Editorial Jurídica Venezolana, Caracas 2002, p. 171. Criterio seguido en la sentencia Nº 137 de 13-02-2003 (Caso: *Freddy Lepage Scribani y otros*) (Exp. 03-0287).

1672 Resolución Nº 030925-465 de 25-09-2003.

recurso de interpretación abstracta de la Constitución en la sentencia Nº 2750 de 21 de octubre de 2003 (Caso: *Carlos E. Herrera Mendoza, Interpretación del artículo 72 de la Constitución*), en la cual señaló que:

> "Se trata de una especie de relegitimación del funcionario y en ese proceso democrático de mayorías, incluso, *si en el referendo obtuviese más votos la opción de su permanencia, debería seguir en él,* aunque voten en su contra el número suficiente de personas para revocarle el mandato"[1673].

En realidad, en un referendo "revocatorio" no puede haber votos por "la permanencia" del funcionario; lo que puede haber son votos por la "revocación" (votos SI) del mandato o por la "no revocación" (votos NO). El voto por la "no revocación" del mandato es un voto negativo (No); y un voto negativo no puede ser convertido en un voto positivo (Si) por la permanencia del funcionario.

Con esta mutación de la Constitución, la Sala Constitucional cambió la naturaleza del referendo revocatorio, ratificando el trastocamiento de la naturaleza de la revocación del mandato, convirtiéndolo en un voto para "relegitimar" o para "ratificar" mandatos de elección popular, cuando ello no sólo no fue la intención del constituyente, sino que no puede derivarse del texto del artículo 72 de la Constitución. Lo único que la Constitución regula es la revocación de mandatos, y para ello, lo único que exige en materia de votación es que un número "igual o mayor de electores que eligieron al funcionario hubieren votado a favor de la revocación".

Sin embargo, la Constitución fue cambiada sin seguirse los procedimientos de reforma, y ello, específicamente para evitar que en 2004, el mandato del Presidente de República, Hugo Chávez, fuera revocado. El mismo había sido electo en agosto de 2000 con 3.757.774 votos, por lo que bastaba para que su mandato fuese revocado, que el voto a favor de la revocación superara esa cifra.

Como lo anunció el Consejo Nacional Electoral el 27 de agosto de 2004, el voto a favor de la revocación del mandato del Presidente de la República en el referendo efectuado ese mismo mes y año, fue de 3.989.008, por lo que constitucionalmente el mandato de Chávez había quedado revocado.

Sin embargo, para cuando se realizó el referendo, ya se había cambiado ilegítimamente la Constitución, e independientemente de las denuncias de fraude que se formularon respecto del referendo revocatorio del 15 de agosto de 2004, el Consejo Nacional Electoral el mencionado día 27 de agosto de 2004, no sólo dio los datos definitivos de la votación efectuada en el referendo revocatorio, sino que acordó "ratificar" al Presidente de la República en su cargo hasta la terminación del período constitucional en enero de 2007[1674].

1673 Exp. 03-1989.

1674 En efecto, en la *página web* del Consejo Nacional Electoral del día 27 de agosto de 2004, apareció la siguiente nota: "El presidente del Consejo Nacional Electoral, Francisco Carrasquero López, se dirigió al país en cadena nacional para anunciar las cifras definitivas y oficiales del evento electoral celebrado el pasado 15 de agosto, *las cuales dan como ratificado en su cargo al Presidente de la República*, Hugo Rafael Chávez Frías, con un total de 5 millones 800 mil 629 votos a favor de la opción "No". En la contienda electoral participaron 9 millones 815 mil 631 electores, de los cuales 3.989.008 se inclinaron por la opción "Sí" para revocar el mandato del Presidente Chávez. La totalización arrojó que la opción "No" alcanzó el 59,25% de los votos, mientras el "Sí" logró el 40,74% del total general, y la abstención fue del 30,02%. Vale destacar que para estos comicios el Registro Electoral se incrementó significativamente,

V. LA INCONSTITUCIONAL IMPLEMENTACIÓN DE LA RECHAZADA REFORMA CONSTITUCIONAL DE 2007 MEDIANTE LEYES Y DECRETOS LEYES (LEGISLACIÓN ORDINARIA), NO CONTROLADOS POR LA JURISDICCIÓN CONSTITUCIONAL

La reforma constitucional de 2007, sancionada por la Asamblea nacional y rechazada popularmente mediante referendo de 7 de diciembre de 2007, sin embargo, en forma evidentemente inconstitucional ha sido también implementada sistemáticamente durante el último lustro, mediante legislación ordinaria, tanto a través de leyes sancionadas por la Asamblea nacional como mediante decretos leyes dictados con ocasión de delegaciones legislativas (leyes habilitantes) a partir de 2008[1675].

Esa inconstitucional implementación de la rechazada reforma constitucional mediante legislación ordinaria ha ocurrido en muchos campos, de los cuales a continuación sólo nos referiremos a unos cuantos significativos, en relación con la inconstitucional estructuración del Estado Comunal o Socialista en paralelo al Estado Constitucional; con la inconstitucional eliminación de órganos democráticos de representación local en el Distrito Capital y de las Juntas Parroquiales a nivel municipal; y con la inconstitucional implementación de las reformas constitucionales al sistema económico para establecer un sistema de economía socialista.

Todas esas leyes fueron impugnadas por ante la Sala Constitucional por razones de inconstitucionalidad, y en ningún caso ha habido sentencia. Más bien, en la mayoría de los casos, las acciones ni siquiera han sido admitidas por la Sala Constitucional.

1. *La inconstitucional implementación de la estructuración de un Estado Socialista en paralelo al Estado Constitucional*

El Presidente de la República, durante todo el año 2007, y en particular en su "Discurso de Presentación del Anteproyecto de reforma a la Constitución ante la

---

alcanzando un universo de 14.027.607 de electores con derecho a sufragar en el RR. Con base en la expresión de la voluntad popular, el Consejo Nacional Electoral, este viernes 27 de agosto, *ratificará en la Presidencia de la República* Bolivariana de Venezuela a Hugo Chávez Frías, quien culminará su período constitucional en el año 2006. Y en efecto, en acto solemne efectuado ese día, el Consejo Nacional Electoral acordó "ratificar" al Presidente de la República en su cargo, a pesar de que un número de electores mayor que los que lo eligieron hubieran votado a favor de la revocación de su mandato. Otro tanto haría la Asamblea Nacional, sin que esa figura de la ratificación estuviese prevista en norma constitucional alguna." *V.*, además, *El Nacional*, Caracas, 28-08-2004, pp. A-1 y A-2

1675 *V.*, sobre ese proceso: Lolymar Hernández Camargo, "Límites del poder ejecutivo en el ejercicio de la habilitación legislativa: Imposibilidad de establecer el contenido de la reforma constitucional rechazada vía habilitación legislativa," en *Revista de Derecho Público*, No 115, Editorial Jurídica Venezolana 2008,pp. 51-56; Jorge Kiriakidis, *"Breves reflexiones en torno a los 26 Decretos-Ley de Julio-Agosto de 2008, y la consulta popular refrendaría de diciembre de 2007", Idem,* pp. 57-62; José Vicente Haro García, "Los recientes intentos de reforma constitucional o de cómo se está tratando de establecer una dictadura socialista con apariencia de legalidad (A propósito del proyecto de reforma constitucional de 2007 y los 26 decretos leyes del 31 de julio de 2008 que tratan de imponerla)", *Idem*, pp. 63-76; Aurilivi Linares Martínez, "Notas sobre el uso del poder de legislar por decreto por parte del Presidente venezolano," *Idem, pp.* 79-92; Carlos Luis Carrillo Artiles, "La paradójica situación de los Decretos Leyes Orgánicos frente a la Ingeniería Constitucional de 1999" *Idem, pp.* 93-100; y Freddy J. Orlando S., "El *paquetazo", un conjunto de leyes que conculcan derechos y amparan injusticias", Idem,* 101 ss.

Asamblea Nacional" en agosto de 2007[1676], señaló con toda claridad que el objetivo central de la reforma que estaba proponiendo era "la construcción de la Venezuela bolivariana y socialista"[1677]; es decir, como lo expresó, se trataba de una propuesta para sembrar "el socialismo en lo político y económico"[1678], lo que –dijo– no se había hecho en la Constitución de 1999. Cuando ésta se sancionó –dijo el Jefe de Estado– "no proyectábamos el socialismo como camino", agregando, que "así como el candidato Hugo Chávez repitió un millón de veces en 1998, "Vamos a Constituyente", el candidato Presidente Hugo Chávez dijo: "Vamos al Socialismo", y todo el que votó por el candidato Chávez, votó por ir al socialismo"[1679]. Por ello, el proyecto de Constitución que presentó ante la Asamblea Nacional, era para "la construcción del Socialismo Bolivariano, el Socialismo venezolano, nuestro Socialismo, nuestro modelo socialista"[1680], cuyo "núcleo básico e indivisible" era "la comunidad", "donde los ciudadanos y las ciudadanas comunes, tendrán el poder de construir su propia geografía y su propia historia"[1681]. Y todo ello bajo la premisa de que "sólo en el socialismo será posible la verdadera democracia"[1682], pero por supuesto, una "democracia" sin representación que, como lo propuso el Presidente y fue sancionado por la Asamblea Nacional en la rechazada reforma del artículo 136 de la Constitución, que decía que "no nace del sufragio ni de elección alguna, sino que nace de la condición de los grupos humanos organizados como base de la población". Es decir, se buscaba establecer una "democracia" que no era democracia, pues en el mundo moderno no hay ni ha habido democracia sin elección de representantes.

Todas estas propuestas que fueron rechazadas por el pueblo en diciembre de 2007, las resumió el Presidente en su Discurso del 15 agosto de 2007, así:

1676 *V.*, Discurso de Orden pronunciado por el ciudadano Comandante Hugo Chávez Frías, Presidente Constitucional de la República Bolivariana de Venezuela en la conmemoración del Ducentécimo Segundo Aniversario del Juramento del Libertador Simón Bolívar en el Monte Sacro y el Tercer Aniversario del Referendo Aprobatorio de su mandato constitucional, Sesión especial del día Miércoles 15 de agosto de 2007, Asamblea Nacional, División de Servicio y Atención legislativa, Sección de Edición, Caracas 2007.

1677 *Idem*, p. 4.

1678 *Idem*, p. 33.

1679 *Idem*, p. 4. Es decir, se pretende imponer al 56% de los votantes que no votaron por la reelección presidencial, la voluntad expresada por sólo el 46% de los votantes inscritos en el Registro Electoral que votaron por la reelección del Presidente. Según las cifras oficiales del CNE, en las elecciones de 2006, de un universo de 15.784.777 votantes inscritos en el Registro Electoral, sólo 7.309.080 votaron por el Presidente.

1680 *V.*, Discurso… p. 34

1681 *Idem*, p. 32.

1682 *Idem*, p. 35. Estos conceptos se recogen igualmente en la Exposición de Motivos para la Reforma Constitucional, Agosto 2007, donde se expresa la necesidad de "ruptura del modelo capitalista burgués" (p. 1), de desmontar la superestructura que le da soporte a la producción capitalista"(p. 2); de "dejar atrás la democracia representativa para consolidad la democracia participativa y protagónica"(p. 2); de "crear un enfoque socialista nuevo" (p. 2) y "construir la vía venezolana al socialismo"(p. 3); de producir "el reordenamiento socialista de la geopolítica de la Nación" (p. 8); de la "construcción de un modelo de sociedad colectivista" y "el Estado sometido al poder popular"(p. 11); de "extender la revolución para que Venezuela sea una República socialista, bolivariana", y para "construir la vía venezolana al socialismo; construir el socialismo venezolano como único camino a la redención de nuestro pueblo"(p. 19).

"en el terreno político, profundizar la democracia popular bolivariana; en el terreno económico, preparar las mejores condiciones y sembrarlas para la construcción de un modelo económico productivo socialista, nuestro modelo, lo mismo en lo político la democracia socialista; en lo económico, el modelo productivo socialista; en el campo de la Administración Pública incorporar novedosas figuras para aligerar la carga, para dejar atrás el burocratismo, la corrupción, la ineficiencia administrativa, cargas pesadas del pasado, que todavía tenemos encima como rémoras, como fardos en lo político, en lo económico, en lo social"[1683].

En todo caso, la reforma constitucional sancionada por la Asamblea Nacional y rechazada popularmente, tocaba las bases fundamentales del Estado, en particular, con la sustitución del Estado democrático y social de derecho por el Estado Socialista, montado sobre una "doctrina bolivariana socialista".

Esa reforma Constitucional pretendía trastocar el principio del artículo 2 de la Constitución de 1999, que define a Venezuela como un Estado democrático y social de derecho y de justicia *no socialista,* para en su lugar crear un Estado Socialista mediante la reforma del artículo 16 constitucional, donde se buscaba crean las comunas y comunidades como "el núcleo territorial básico e indivisible del Estado Socialista Venezolano"; del artículo 70, donde al definirse los medios de participación y protagonismo del pueblo en ejercicio directo de su soberanía mediante todo tipo de consejos, se pretendía indicar que era "para la construcción del socialismo", haciéndose mención a las diversas asociaciones "constituidas para desarrollar los valores de la mutua cooperación y la solidaridad socialista", de manera que quien no quisiera construir socialismo alguno, hubiera quedado excluido del derecho a la participación política, que sólo estaba destinado a desarrollar los valores de "la solidaridad socialista" y no era libre como indica el artículo 62; del artículo 112 donde se proponía indicar, en relación con el modelo económico del Estado, que era para crear "las mejores condiciones para la construcción colectiva y cooperativa de una economía socialista"; del artículo 113 en el cual se buscaba indicar la necesidad de la constitución de "empresas mixtas o unidades de producción socialistas"; del artículo 158, del que se buscaba eliminar toda mención a la descentralización como política nacional, y definir como política nacional, "la participación protagónica del pueblo, restituyéndole el poder y creando las mejores condiciones para la construcción de una democracia socialista"; del artículo 168 relativo al Municipio, en el que se buscaba precisar la necesidad de incorporar "la participación ciudadana a través de los Consejos del Poder Popular y de los medios de producción socialista"; del artículo 184 en el que se buscaba orientar la descentralización de Estados y Municipios para permitir "la construcción de la economía socialista"; del artículo 299, relativo al régimen socioeconómico de la República, en el que se pretendía indicar que se debía fundamentar "en los principios socialistas"; del artículo 300 relativo a la creación de empresas públicas, que se pretendía orientar sólo "para la promoción y realización de los fines de la economía socialista"; del artículo 318, sobre el sistema monetario nacional en el cual se pretendía indicar que debía "propender al logro de los fines esenciales del Estado Socialista", todo de acuerdo con el Plan de Desarrollo Integral de la Nación cuyo objetivo, se pretendía indicar que era "para alcanzar los objetivos superiores del Estado Socialista"; y del artículo 321 sobre el régimen de las reservas

1683 *Idem*, p. 74

internacionales, respecto de las cuales los fondos que se pretendía regular, se buscaba declarar que fueran sólo para "el desarrollo integral, endógeno, humanista y socialista de la Nación".

En particular, el proyecto de reforma constitucional estaba destinado a la construcción del socialismo, de una sociedad colectivista y de supuesta "participación protagónica"[1684], eliminando de la Constitución toda referencia a la descentralización política, y por tanto, de efectiva posibilidad de participación, y además, la sustitución de la democracia representativa por una supuesta "democracia participativa". Para ello, lo que se buscaba era acabar con la propia democracia como régimen político, tratando de sustituirla por un régimen autoritario, centralizador y concentrador del Poder que hubiera impedido la real participación política, al no existir entidades locales autónomas, y depender los consejos comunales de la cúspide del poder ejecutivo nacional. Ello se pretendía lograr con la eliminación de los entes territoriales descentralizados políticamente, sin las cuales no puede haber efectivamente democracia participativa, y la creación en su lugar de consejos del poder popular que no pasan de ser una simple manifestación de movilización controlada desde el Poder Central. Ello incluso fue lo que comenzó a ocurrir con los Consejos Comunales que se crearon con la Ley de los Consejos Comunales de 2006[1685], cuyos miembros no son electos mediante sufragio, sino que son designados por Asambleas de ciudadanos controladas por el propio Poder Ejecutivo Nacional.

Ello era lo que con la rechazada reforma constitucional de 2007 se pretendía consolidar en el texto constitucional, al proponerse una "nueva geometría del poder" en la cual se sustituía a los Municipios, por las comunidades, como el "núcleo territorial básico e indivisible del Estado Socialista Venezolano", que debían agrupar a las comunas (socialistas)[1686] como "células sociales del territorio", las cuales se debían agrupar en ciudades que eran las que se pretendía concebir como "la unidad política primaria de la organización territorial nacional". En la rechazada reforma constitucional se buscaba establecer en forma expresa que los integrantes de los diversos Consejos del Poder Popular no nacían "del sufragio ni de elección alguna, sino que nace de la condición de los grupos humanos organizados como base de la población".

1684 En la *Exposición de Motivos del Proyecto de Reforma Constitucional* presentado por el Presidente de la República en agosto 2007, se lee que el Poder Popular "es la más alta expresión del pueblo para la toma de decisiones en todos sus ámbitos (político, económico, social, ambiental, organizativo, internacional y otros) para el ejercicio pleno de su soberanía. Es el poder constituyente en movimiento y acción permanente en la construcción de un modelo de sociedad colectivista de equidad y de justicia. Es el poder del pueblo organizado, en las más diversas y disímiles formas de participación, al cual está sometido el poder constituido. No se trata del poder del Estado, es el Estado sometido al poder popular. Es el pueblo organizado y organizando las instancias de poder que decide las pautas del orden y metabolismo social y no el pueblo sometido a los partido políticos, a los grupos de intereses económicos o a una particularidad determinada", *cit,* p 11.

1685 *V.,* los comentarios sobre ello en Allan R. Brewer-Carías et al, *Ley Orgánica del Poder Público Municipal*,Editorial Jurídica Venezolana, Caracas 2007, pp. 75 y ss.

1686 En la *Exposición de Motivos* del Proyecto de Reforma Constitucional presentado por el Presidente de la República en agosto 2007, a las comunas se las califica como "comunas socialistas", y se la define como "Es un conglomerado social de varias comunidades que poseen una memoria histórica compartida, usos, costumbres y rasgos culturales que los identifican, con intereses comunes, agrupadas entre sí con fines político-administrativos, que persiguen un modelo de sociedad colectiva de equidad y de justicia", *cit.*, p. 12

Con ello, en definitiva, en nombre de una "democracia participativa y protagónica", lo que se buscaba era poner fin en Venezuela a la democracia representativa a nivel local, y con ello, de todo vestigio de autonomía política territorial que es la esencia de la descentralización.

Ahora bien, a pesar de que dicha reforma constitucional de 2007 fue rechazada por el pueblo, lo cierto es que todo su contenido ha sido implementado en Venezuela, no sólo en fraude de la Constitución sino en fraude de la voluntad popular que la rechazó, mediante la multitud de leyes y decretos leyes que se han dictado en los últimos años, particularmente desde 2010, luego de que el Presidente de la República, su gobierno, la Asamblea Nacional que controlaba y el partido oficial que presidía perdieron las elecciones parlamentarias de septiembre de 2010. Con ocasión de ese hecho, la Asamblea Nacional ya deslegitimada, en fraude a la voluntad popular y a la Constitución, y en los últimos días de su mandato, procedió en diciembre de 2010, procedió atropelladamente a sancionar un conjunto de leyes sobre el Poder Popular, en particular, las Leyes Orgánicas del Poder Popular, de las Comunas, del Sistema Económico Comunal, de la Planificación Pública y Comunal y de la Contraloría Social[1687]; y a reformar la Ley Orgánica del Poder Público Municipal, y las Leyes de los Consejos Estadales de Planificación y Coordinación de Políticas Públicas, y de los Consejos Locales de Planificación Pública[1688], completando mediante legislación ordinaria la institucionalización del Estado Comunista que no su pudo formalizar en la reforma constitucional de 2007, denominado Estado Comunal, el cual por lo demás, ya se había esbozado en la Ley de los Consejos Comunales de 2006 y en la Ley Orgánica del Consejo Federal de Gobierno[1689].

Con estas leyes puede decirse que se terminó de definir, sin reformarse la Constitución y al margen de la misma, el marco normativo de un nuevo Estado, *paralelo al Estado Constitucional*, que se denomina "Estado Comunal" y que si nos atenemos a las experiencias históricas precedentes, todas fracasadas, unas desaparecidas como el de la Unión Soviética, y otros en vías de extinción como el de Cuba, no es otra cosa que un Estado Comunista, para el cual se adopta al Socialismo como doctrina oficial pública, impuesta a los ciudadanos para poder participar, montado sobre un sistema político centralizado, militarista y policial para el ejercicio del poder. El objetivo fundamental de estas leyes es la organización del "Estado Comunal" que tiene a la Comuna como a su célula fundamental, suplantando inconstitucionalmente al Municipio en el carácter que tiene de "unidad política primaria de la organización nacional" (art. 168 de la Constitución). A través de la organización de ese Estado Comunal o Comunista, se ejerce en Venezuela el Poder Popular, el cual se concreta

---

1687 *V.*, en *Gaceta Oficial* N° 6.011 Extra. de 21-12-2010. Sobre estas leyes *V.*, mis comentarios en Allan R. Brewer-Carías, "Las leyes del Poder Popular dictadas en Venezuela en diciembre de 2010, para transformar el Estado Democrático y Social de Derecho en un Estado Comunal Socialista, sin reformar la Constitución," en *Cuadernos Manuel Giménez Abad*, Fundación Manuel Giménez Abad de Estudios Parlamentarios y del Estado Autonómico, N° 1, Madrid, Junio 2011, pp. 127-131. *V.*, en general los comentarios de Allan R. Brewer-Carías, Claudia Nikken, Luis A. Herrera Orellana, Jesús María Alvarado Andrade, José Ignacio Hernández y Adriana Vigilanza, en *Leyes Orgánicas sobre el Poder Popular y el Estado Comunal (Los Consejos Comunales, Las Comunas, La Sociedad Socialista y el Sistema Económico Comunal),* Colección Textos Legislativos N° 50, Editorial Jurídica Venezolana, Caracas 2011, 720 pp.

1688 *V.*, en *Gaceta Oficial* N° 6.017 Extra. de 30-12-2010.

1689 *V.*, en *Gaceta Oficial* N° 5.963 Extra. de 22-02-2010.

en el ejercicio de la soberanía popular supuestamente sólo directamente por el pueblo, y no mediante representantes. Se trata por tanto, de un sistema político estatal en el cual se ignora la democracia representativa violándose así abiertamente la Constitución de la República.

El Estado Comunista o Estado Comunal que se ha implantado con estas leyes, *en paralelo* al Estado Constitucional, se basa en este simple esquema: como el artículo 5 de la Constitución dispone que "La soberanía reside intransferiblemente en el pueblo, quien la ejerce *directamente* en la forma prevista en esta Constitución y en la ley, e *indirectamente*, mediante el sufragio, por los órganos que ejercen el Poder Público", habiéndose estructurado el Estado Constitucional basado en el concepto de democracia representativa, es decir, el ejercicio de la soberanía en forma indirecta mediante el sufragio; entonces ahora se estructura el Estado Comunal, basado en el ejercicio de la soberanía en forma directa.

Ello incluso ha sido "legitimado" por las sentencias dictadas por la Sala Constitucional del Tribunal Supremo de Justicia cuando al analizar el carácter orgánico de las leyes, como en la dictada en relación con la Ley Orgánica de las Comunas, señaló que la misma se dictó:

> "en desarrollo del principio constitucional de la democracia participativa y descentralizada que postula el preámbulo constitucional y que reconocen los artículos 5 y 6 de la Constitución de la República Bolivariana de Venezuela, de cuyo contenido se extrae el principio de soberanía, cuyo titular es el pueblo, quien está además facultado para ejercerla "*directamente*" y no sólo "*indirectamente*" por los órganos del Poder Público; así como del artículo 62 *ejusdem*, que estatuye el derecho de las personas a la libre participación en los asuntos públicos y, especialmente, el artículo 70 del mismo texto fundamental, que reconoce expresamente medios de autogestión como mecanismos de participación popular protagónica del pueblo en ejercicio de su soberanía, medios que son sólo enunciativos en los términos de la predicha norma"[1690].

Es con base en estos principios que en el artículo 8.8 de la LOPP, se define al Estado comunal, como la:

> "Forma de organización político social, fundada en el Estado democrático y social de derecho y de justicia establecido en la Constitución de la República, en la cual el poder es ejercido directamente por el pueblo, con un modelo económico de propiedad social y de desarrollo endógeno sustentable, que permita alcanzar la suprema felicidad social de los venezolanos y venezolanas en la sociedad socialista. La célula fundamental de conformación del estado comunal es la Comuna[1691].

1690 *V.*, la sentencia Nº 1.330, Caso: *Carácter Orgánico de la Ley Orgánica de Comunas*, de fecha 17/12/2010. *V.*, en http://www.tsj.gov.ve/decisiones /scon/Diciembre/1330-171210-2010-10-1436. html

1691 En la Ley Orgánica de las Comunas, sin embargo, se define al Estado Comunal de la siguiente manera: "Forma de organización político-social, fundada en el Estado democrático y social de derecho y de justicia establecido en la Constitución de la República, en la cual el poder es ejercido directamente por el pueblo, a través de los autogobiernos comunales, con un modelo económico de propiedad social y de desarrollo endógeno y sustentable, que permita alcanzar la suprema felicidad social de los venezolanos y venezolanas en la sociedad socialista. La célula fundamental de conformación del estado comunal es la Comuna" (art. 4.10).

Se ha establecido así, un Estado Comunal en paralelo al Estado Constitucional: el primero basado en el ejercicio de la soberanía directamente por el pueblo; y el segundo, basado en el ejercicio de la soberanía indirectamente por el pueblo, mediante representantes electos por sufragio universal; en un sistema, en el cual el primero irá vaciando progresivamente de competencias al segundo. Todo ello es inconstitucional, particularmente porque en la estructura del Estado Comunal que se ha montado legalmente, el ejercicio de la soberanía en definitiva es indirecta mediante "representantes" que se "eligen" para ejercer el Poder Popular en nombre del pueblo, y que son denominados "voceros" o "vocerías," pero no son electos mediante sufragio.

El sistema que se ha montado, en definitiva, controlado todo por un Ministerio del Ejecutivo Nacional, lejos de ser un instrumento de descentralización –concepto que está indisolublemente unido a la autonomía política– es un sistema de centralización y control férreo de las comunidades por el Poder Central. Por ello la aversión al sufragio[1692]. En ese esquema, una verdadera democracia participativa sería la que garantizaría que los miembros de los Consejos Comunales, las comunas y todas las organizaciones e instancias del Poder Popular fueran electas por sufragio universal, directo y secreto, y no a mano alzada por asambleas controladas por el partido oficial y el Ejecutivo Nacional, en contravención al modelo de Estado democrático y social de derecho y de justicia descentralizado establecido en la Constitución.

Pues bien, es en este contexto, y buscando establecer en paralelo al Estado Constitucional en el cual el pueblo ejerce indirectamente el Poder Público mediante representantes electos por sufragio universal directo y secreto, un Estado Comunal en el cual el pueblo supuestamente ejercería directamente el Poder Popular mediante voceros que no son electos por sufragio universal, directo y secretos, sino en asambleas de ciudadanos, el artículo 2 de la LOPP, define al Poder Popular, como:

> "el ejercicio pleno de la soberanía por parte del pueblo en lo político, económico, social, cultural, ambiental, internacional, y en todo ámbito del desenvolvimiento y desarrollo de la sociedad, a través de sus diversas y disímiles formas de organización, que edifican el estado comunal".

Todo lo cual no es más que una falacia, pues en definitiva en ese "edificio" del Estado Comunal se le niega al pueblo el derecho de elegir libremente, mediante sufragio universal, directo y secreto a quienes van a representarlo en todos esos ámbitos, incluyendo el internacional; y además, se niega toda idea de pluralismo al imponerse a los ciudadanos una ideología única compulsiva como es el socialismo. Se trata más bien de un "edificio" de organizaciones para evitar que el pueblo realmente ejerza la soberanía e imponerle mediante férreo control central políticas por las cuales nunca tendrá la ocasión de votar.

Por otra parte, según el artículo 4 de la LOPP, la finalidad de este Poder Popular que se ejerce por los órganos del Estado Comunal,

---

1692 *V.*, lo expuesto en los estudios de José Ignacio Hernández G., "Descentralización y Poder Popular," y Adriana Vigilanza García, "La descentralización política de Venezuela y las nuevas leyes del 'Poder Popular," en Allan R. Brewer-Carías et al., *Leyes Orgánicas sobre el Poder Popular y el Estado Comunal (Los Consejos Comunales, Las Comunas, La Sociedad Socialista y el Sistema Económico Comunal)*, Colección Textos Legislativos N° 50, Editorial Jurídica Venezolana, Caracas 2011, pp. 459 ss. y 477 ss., respectivamente.

"garantizar la vida y el bienestar social del pueblo, mediante la creación de mecanismos para su desarrollo social y espiritual, procurando la igualdad de condiciones para que todos y todas desarrollen libremente su personalidad, dirijan su destino, disfruten los derechos humanos y alcancen la suprema felicidad social; sin discriminaciones por motivos de origen étnico, religioso, condición social, sexo, orientación sexual, identidad y expresión de género, idioma, opinión política, nacionalidad u origen, edad, posición económica, condición de discapacidad o cualquier otra circunstancia personal, jurídica o social, que tenga por resultado anular o menoscabar el reconocimiento, goce o ejercicio de los derechos humanos y garantías constitucionales".

Por supuesto todos estos principios de igualdad se rompen desde que el sistema de Estado Comunal o Comunista, paralelo al Estado Constitucional, se monta, como se ha dicho, sobre una concepción única, que es el Socialismo, de manera que quien no sea socialista está automáticamente discriminado y no puede participar. No es posible, por tanto, en el marco de esta Ley, poder conciliar el pluralismo que garantiza la Constitución y el principio de la no discriminación por razón de "opinión política" a que se refiere este artículo, con el resto de las disposiciones de la Ley que persiguen todo lo contrario, es decir, el establecimiento de un Estado Comunista o Comunal, cuyas instancias sólo pueden actuar en función del Socialismo y en las cuales todo ciudadano que tenga otra opinión queda excluido[1693].

Es decir, mediante esta Ley Orgánica se ha establecido el marco definitorio de un nuevo modelo de Estado paralelo y distinto al Estado Constitucional, denominado el Estado Comunal basado en forma exclusiva y exclusionista en el socialismo como doctrina y práctica política, que es la organización política a través de la cual se produce el ejercicio del Poder Popular que es a la vez "el ejercicio pleno de la soberanía por parte del pueblo".

Ese Poder Popular se fundamenta, como se declara en el artículo 3 de la LOPP, "en el principio de soberanía y el sentido de progresividad de los derechos contemplados en la Constitución de la República, cuyo ejercicio y desarrollo está determinado por los niveles de conciencia política y organización del pueblo" (art. 3).

Con esta declaración, sin embargo, lejos de la universalidad, prevalencia y progresividad de los derechos humanos que se garantizan la Constitución, lo que se ha establecido es la desaparición total de la concepción universal de los derechos humanos, el abandono a su carácter prevalente y el retroceso ante los principios *pro*

1693 En el diario *El Nacional* del 12 de febrero de 2011, se reseñó lo siguiente: "Representantes de 120 consejos comunales del Distrito Capital y de Miranda denunciaron en una asamblea celebrada en presencia del diputado William Ojeda que son víctimas de discriminación por razones políticas. Aseguraron que aunque cumplieron con los requisitos para registrarse en Fundacomunal no pudieron iniciar el proceso porque no presentaron la planilla de inscripción en el PSUV, que es un requisito indispensable. "El Gobierno está aplicando una política de discriminación y exclusión. Está ocurriendo un *apartheid* político. Hay centenares de consejos comunales en el país que están organizados y que no han podido registrarse porque no militan en la tolda roja, indicó Ojeda". *V.*, en Diana Lozano Parafán, "Consejos Comunales rechazan discriminación. El diputado William Ojeda se reunió con representantes de 120 comunidades que no han podido inscribirse por razones partidistas", en *El Nacional*, Caracas 12-02-2011.

V., en http://impresodigital.el-nacional.com/ediciones/011/02/12/default.asp?cfg=1081FGHH666&iu=757 En todo caso, en la "Ficha de caracterización de las Comunas" (2013) elaborada por el Ministerio del Poder Popular para las Comunas y Protección Social, un dato de obligatoria información es la inscripción en el Partido oficial PSUV.

homines y *favor libertatis*, al condicionarse su existencia, alcance y progresividad a lo que se determine "por los niveles de conciencia política y organización del pueblo", es decir, por lo que dispongan y prescriban las organizaciones del Poder Popular con las que se busca "organizar" al pueblo, todas sometidas al Socialismo. Con ello desaparece la concepción de los derechos humanos como esferas que son innatas al hombre e inmunes frente al poder; pasándose a una concepción de los derechos humanos dependientes de lo que ordene un poder central, que en definitiva controla todo el "edificio" del Estado Comunal o Estado Socialista, como clara demostración del totalitarismo que está a la base de esta Ley.

En el mismo sentido se dispone en el artículo 5 de la LOPP, que "la organización y participación del pueblo en el ejercicio de su soberanía se inspira en la doctrina del Libertador Simón Bolívar, y se rige por los principios y valores socialistas"[1694], con lo cual, como se ha dicho, se vincula la organización del Estado Comunal que se organiza en paralelo al Estado Constitucional, con la ideología política socialista, es decir, con el ***socialismo***, el cual se define en el artículo 8.14 como:

> "un modo de relaciones sociales de producción centrado en la convivencia solidaria y la satisfacción de necesidades materiales e intangibles de toda la sociedad, que tiene como base fundamental la recuperación del valor del trabajo como productor de bienes y servicios para satisfacer las necesidades humanas y lograr la suprema felicidad social y el desarrollo humano integral.
>
> Para ello es necesario el desarrollo de la propiedad social sobre los factores y medios de producción básicos y estratégicos que permita que todas las familias, ciudadanos venezolanos y ciudadanas venezolanas posean, usen y disfruten de su patrimonio, propiedad individual o familiar, y ejerzan el pleno goce de sus derechos económicos, sociales, políticos y culturales"[1695].

Lo primero que debe observarse respecto de esta norma, es la insostenible pretensión de vincular "la doctrina del Libertador Simón Bolívar" con los principios y valores socialistas. En la obra de Bolívar y en relación con su concepción del Estado

---

1694 La misma expresión se utilizó en la Ley Orgánica de las Comunas respecto de la constitución, conformación, organización y funcionamiento de las mismas (art. 2); en la Ley Orgánica de los Consejos Comunales respecto de los mismos (art. 1), en la Ley Orgánica de Contraloría Social (art. 6); en la Ley Orgánica de Planificación Pública y Popular (art. 3), que regula la planificación pública, popular y participativa como herramienta fundamental para construcción de la nueva sociedad (art. 3); y en la Ley Orgánica del Sistema Económico Comunal respecto del mismo (art.5).

1695 Igual definición se encuentra en el artículo 4.14 de la Ley Orgánica de las Comunas. También en el artículo 3 del Reglamento de la Ley Orgánica del Consejo federal de Gobierno se define el socialismo como "un modo de relaciones sociales de producción centrado en la convivencia solidaria y la satisfacción de las necesidades materiales e intangibles de toda la sociedad, que tiene como base fundamental la recuperación del valor del trabajo como productor de bienes y servicios para satisfacer las necesidades humanas y lograr la Suprema Felicidad Social y el Desarrollo Humano Integral. Para ello es necesario el desarrollo de la propiedad social sobre los factores y medios de producción básicos y estratégicos que permita que todas las familias y los ciudadanos y ciudadanas venezolanos y venezolanas posean, usen y disfruten de su patrimonio o propiedad individual o familiar, y ejerzan el pleno goce de sus derechos económicos, sociales, políticos y culturales". *V.,* en *Gaceta Oficial* Nº 39.382 del 9 de marzo de 2010. Muchas son las definiciones de socialismo, pero en todas, se pueden identificar sus elementos básicos: (i) un sistema de organización social y económico, (ii) basado en la propiedad y administración colectiva o estatal de los medios de producción, y (iii) en regulación por el Estado de las actividades económicas y sociales y de la distribución de los bienes, (iv) buscando la progresiva desaparición de las clases sociales.

nada puede encontrarse al respecto[1696], no siendo la norma sino una pretensión más de continuar manipulando el "culto" a Bolívar para justificar los autoritarismos, como tantas veces ha ocurrido antes en nuestra historia[1697].

Con la norma, por otra parte y por supuesto, se viola abiertamente la garantía del derecho de propiedad que está en la Constitución (art. 115) que no permite su restricción sólo a la propiedad colectiva o social excluyendo la propiedad privada de los medios de producción.

En todo caso, a partir de todas las Leyes sobre el Poder Popular dictadas en 2010, todas las leyes y decretos leyes posteriores han sido dictadas en fraude a la Constitución y a la voluntad popular, conforme al mismo principio de establecer un Estado Socialista en sustitución del Estado democrático y social de derecho; todas con la impronta de lograr la implantación del socialismo en Venezuela, al punto de que en diciembre de 2013 la Asamblea Nacional ha aprobado el llamado "*Plan de la Patria. Proyecto Nacional Simón Bolívar, Segundo Plan Socialista de Desarrollo Económico y Social de la Nación 2013-2019*"[1698] en el cual por ejemplo se establece, entre sus objetivos: "1.1. Garantizar la continuidad y consolidación de la Revolución Bolivariana en el poder", y "2.4. Convocar y promover una nueva orientación ética, moral y espiritual de la sociedad, basada en los valores liberadores del socialismo". Dicho Plan se aprobó mediante "Acuerdo" por la Asamblea Nacional, es decir, sin las discusiones propias del procedimiento de formación de las leyes, indicándose, sin embargo, en forma evidentemente inconstitucional, como si se hubiese aprobado con forma de ley, que el mismo "se aprueba en todas sus partes y para que surta efecto jurídico, y sea de obligatorio cumplimiento en todo el territorio de la República Bolivariana de Venezuela".

Con ello, se consolidan los mecanismos de vaciamiento progresivo del Estado Constitucional cuyos órganos son electos por votación popular, por el Estado Comunal que fue implementado en paralelo al mismo, cuyos órganos, integrados por órganos no electos por sufragio universal directo y secreto, dependen del Ejecutivo Nacional. Se trata de dos Estados establecidos en paralelo, uno en la Constitución y otro en una ley inconstitucional, pero con previsiones en las leyes del Poder popular que permiten al Estado Comunal ahogar y secar al Estado Constitucional.

1696 *V.*, Allan R. Brewer-Carías, "Ideas centrales sobre la organización el Estado en la Obra del Libertador y sus Proyecciones Contemporáneas," en *Boletín de la Academia de Ciencias Políticas y Sociales*, Nº 95-96, enero-junio 1984, pp. 137-151.

1697 Fue el caso de Antonio Guzmán Blanco en el siglo XIX y de Cipriano Castro, Juan Vicente Gómez, Eleazar López Contreras y Marcos Pérez Jiménez en el siglo XX. John Lynch ha señalado que: "El tradicional culto a Bolívar ha sido usado como ideología de conveniencia por dictadores militares, culminando con los regímenes de Juan Vicente Gómez y Eleazar López Contreras; quienes al menos respetaron, más o menos, los pensamientos básicos del Libertador, aún cuando tergiversaron su significado." Concluye Lynch señalando que en el caso de Venezuela, en la actualidad, el proclamar al Libertador como fundamento de las políticas del régimen autoritario, constituye una distorsión de sus ideas. *V.*, John Lynch, *Simón Bolívar: A Life*, Yale University Press, New Haven 2007, p. 304. .*V.*, también, Germán Carrera Damas, *El culto a Bolívar, esbozo para un estudio de la historia de las ideas en Venezuela*, Universidad Central de Venezuela, Caracas 1969; Luis Castro Leiva, *De la patria boba a la teología bolivariana*, Monteávila, Caracas 1987; Elías Pino Iturrieta, *El divino Bolívar. Ensayo sobre una religión republicana*, Alfail, Caracas 2008; Ana Teresa Torres, *La herencia de la tribu. Del mito de la independencia a la Revolución bolivariana*, Editorial Alfa, Caracas 2009. Sobre la historiografía en relación con estos libros *V.*, Tomás Straka, *La épica del desencanto*, Editorial Alfa, Caracas 2009.

1698 *Gaceta Oficial* No 6118 Extraordinario de 4 de diciembre de 20131

A tal efecto, en la LOPP se establecen las siguientes previsiones para regular las relaciones entre el Estado o el Poder Público y el Poder Popular:

En *primer lugar*, se establece como obligación legal para los órganos, entes e instancias del Poder Público el promover, apoyar y acompañar las iniciativas populares para la constitución, desarrollo y consolidación de las diversas formas organizativas y de autogobierno del pueblo (art. 23)[1699]. En particular, incluso, la Ley Orgánica de Comunas dispone que "los órganos integrantes del Poder Ciudadano apoyarán a los consejos de contraloría comunal a los fines de contribuir con el cumplimiento de sus funciones" (art. 48).

En *segundo lugar*, se sujeta a todos los órganos del Estado Constitucional que ejercen el Poder Público, a los mandatos de las organizaciones del Poder Popular, al instaurarse un nuevo principio de gobierno, consistente en "gobernar obedeciendo." El artículo 24 de la LOPP en efecto dispone:

> *Artículo 24.* Actuaciones de los órganos y entes del Poder Público. Todos los órganos, entes e instancias del Poder Público guiarán sus actuaciones por el principio de gobernar obedeciendo, en relación con los mandatos de los ciudadanos, ciudadanas y de las organizaciones del Poder Popular, de acuerdo a lo establecido en la Constitución de la República y las leyes.

Como las organizaciones del Poder Popular no tienen autonomía política pues no sus "voceros" no son electos democráticamente mediante sufragio universal, directo y secreto, sino designados por asambleas de ciudadanos controladas e intervenidas por el partido oficial y el Ejecutivo Nacional que controla y guía todo el proceso organizativo del Estado Comunal, en el ámbito exclusivo de la ideología socialista, sin que tenga cabida vocero alguno que no sea socialista, o que no esté inscrito en el Partido Socialista Unificado de Venezuela (PSUV); en definitiva esto de "gobernar obedeciendo" es una limitación a la autonomía política de los órganos del Estado Constitucional electos, como la Asamblea Nacional, los Gobernadores y Consejos Legislativos de los Estados y los Alcaldes y Concejos Municipales, a quienes se le impone en definitiva la obligación de obedecer lo que disponga el Ejecutivo Nacional y el partido oficial enmarcado en el ámbito exclusivo del socialismo como doctrina política[1700]. La voluntad popular expresada en la elección de representantes del Estado Constitucional, por tanto, no tiene valor alguno, y al pueblo se le confisca su soberanía trasladándola de hecho a unas asambleas que no lo representan.

En *tercer lugar*, en particular, se establece la obligación para el Poder Ejecutivo Nacional, para que "conforme a las iniciativas de desarrollo y consolidación originadas desde el Poder Popular," planifique, articule y coordine "acciones conjuntas con las organizaciones sociales, las comunidades organizadas, las comunas y los sistemas de agregación y articulación que surjan entre ellas, con la finalidad de mantener la coherencia con las estrategias y políticas de carácter nacional, regional, local, comunal y comunitaria"(art. 25).

1699 Una norma similar está en el artículo 62 de la Ley Orgánica de las Comunas, a los efectos de "la constitución, desarrollo y consolidación de las comunas como forma de autogobierno".

1700 *V.*, por ejemplo, Allan R. Brewer-Carías, "La Ley Orgánica del Poder Popular y la desconstitucionalización del Estado de derecho en Venezuela", en *Revista de Derecho Público*, No 124, (octubre-diciembre 2010), Editorial Jurídica Venezolana, Caracas 2010, pp. 81-101

En *cuarto lugar*, se establece la obligación para los órganos y entes del Poder Público en sus relaciones con el Poder Popular, de dar "preferencia a las comunidades organizadas, a las comunas y a los sistemas de agregación y articulación que surjan entre ellas, en atención a los requerimientos que las mismas formulen para la satisfacción de sus necesidades y el ejercicio de sus derechos, en los términos y lapsos que establece la ley" (art. 29). Igualmente se prevé que los órganos, entes e instancias del Poder Público, en sus diferentes niveles político-territoriales, deben adoptar "medidas para que las organizaciones socio-productivas de propiedad social comunal, gocen de prioridad y preferencia en los procesos de contrataciones públicas para la adquisición de bienes, prestación de servicios y ejecución de obras" (art. 30)[1701].

En *quinto lugar*, se establece la obligación para la República, los estados y municipios, de acuerdo con la ley que rige el proceso de transferencia y descentralización de competencias y atribuciones, la obligación de trasferir "a las comunidades organizadas, a las comunas y a los sistemas de agregación que de éstas surjan; funciones de gestión, administración, control de servicios y ejecución de obras atribuidos a aquéllos por la Constitución de la República, para mejorar la eficiencia y los resultados en beneficio del colectivo" (art. 27)[1702].

Con ello, se dispone legalmente el vaciamiento de competencias de los Estados y Municipios, de manera que queden como estructuras vacías, con gobiernos representativos electos por el pueblo pero que no tienen materias sobre las cuales gobernar.

Este proceso, por lo demás, se completó con la reforma de la Ley Orgánica de Régimen Municipal (LOPPM) y con la Ley Orgánica del Consejo Federal de Gobierno (LOCGR). En esta última, la trasferencia de competencias de los Estados a los Municipios, a las comunidades y a los grupos vecinales que se prevé en la Constitución (art. 184), y que en la Ley Orgánica del Poder Público Municipal se atribuía a los Consejos Legislativos de los Estados para establecer el procedimiento a dichos fines, se ha cambiado radicalmente, asignándose esa función al Consejo Federal de Gobierno, el cual ha sido organizado de manera tal que está completamente controlado por el Ejecutivo Nacional (art. 11). En esta forma, además, se limitó inconstitucionalmente la autonomía de los Estados y Municipios que les garantiza la Constitución.

1701 En particular, conforme al artículo 61 de la Ley Orgánica de las Comunas, se dispone que "todos los órganos y entes del Poder Público comprometidos con el financiamiento de proyectos de las comunas y sus sistemas de agregación, priorizarán aquéllos que impulsen la atención a las comunidades de menor desarrollo relativo, a fin de garantizar el desarrollo territorial equilibrado.

1702 Esta misma norma se repite en la Ley Orgánica de las Comunas (art. 64). El 31 de diciembre de 2010, aún estaba pendiente en la Asamblea Nacional la segunda discusión del proyecto de Ley Orgánica del Sistema de Transferencia de Competencias y atribuciones de los Estados y Municipios a las organizaciones del Poder Popular.

2. *La inconstitucional eliminación mediante ley, de órganos democráticos de representación local, con la recreación del desaparecido "Distrito Federal" sin autonomía política ni gobierno democrático local en la organización del Distrito capital; y con la eliminación de las Juntas Parroquiales*

La Constitución de 1999, además de regular al Poder Público Municipal, como una de las ramas del Poder Público, con su propio gobierno democrático local a cargo de Consejos Legislativos y Alcaldes electos, aseguró definitivamente la existencia de un régimen de gobierno local descentralizado y democrático tanto en el régimen político de la ciudad capital, Caracas, garantizando en el mismo la autonomía municipal y la participación política de las diversas entidades que componen la ciudad; como en el nivel sub-municipal de las Parroquias.

En cuanto al gobierno municipal en Caracas, la Constitución estableció un gobierno metropolitano a dos niveles, con órganos electos democráticamente mediante sufragio universal directo y secreto, eliminando definitivamente la figura vieja y tradicional figura territorial del "Distrito Federal" que había quedado como vestigio decimonónico del esquema tradicional de las federaciones, en el cual la ciudad capital carecía de autogobierno.

Con la rechazada reforma constitucional de 2007, sin embargo, de acuerdo con el modelo centralista que la caracterizó, en esta materia de régimen político de la capital, Caracas, se propuso volver al mismo esquema del siglo XIX, restableciendo el Distrito Federal sin garantía alguna de la autonomía municipal o territorial ni sistema democrático y participativo de gobierno, cuyas autoridades se pretendía quedaran totalmente sujetas y controladas por el Poder Nacional y, en particular, por el Presidente de la República a quien se buscaba atribuir la designación y remoción de sus autoridades. La reforma constitucional rechazada, además, buscaba "nacionalizar" totalmente las competencias públicas respecto de todos los asuntos que concernieran a la ciudad capital, asignándose al "Poder Nacional por intermedio del Poder Ejecutivo" (con la colaboración y participación de todos los entes del Poder Público Nacional, Estadal y Municipal, así como del Poder Popular) la competencia para disponer "todo lo necesario para el reordenamiento urbano, reestructuración vial, recuperación ambiental, logros de niveles óptimos de seguridad personal y pública, fortalecimiento integral de la infraestructura del hábitat de las comunidades, sistemas de salud, educación, cultura, deporte y recreación, recuperación total de su casco y sitios históricos, construcción de un sistema de pequeñas y medianas ciudades a lo largo de sus ejes territoriales de expansión". Es decir, todo lo que era propio de los gobiernos locales, se pretendía asignar al Ejecutivo Nacional.

De nada sirvió sin embargo, el rechazo popular a dicha reforma constitucional de 2007, pues mediante la Ley Especial Sobre la Organización y Régimen del Distrito Capital[1703], lejos de haber establecido una organización democrática de una entidad política de la Republica, se implementó inconstitucionalmente la reforma y se reguló dicho Distrito Capital como una dependencia del Poder Nacional, con ámbito territo-

1703 *Gaceta Oficial* Nº 39.156 de 13 de abril de 2009. *V.*, sobre esta Ley, Allan R. Brewer-Carías, Manuel Rachadell, Nelson Socorro, Enrique Sánchez Falcón, Juan Carmona Borjas, Tulio Álvarez, *Leyes sobre el Distrito Capital y el Área Metropolitana de Caracas*, Colección Textos Legislativos Nº 45, Editorial Jurídica Venezolana, Caracas 2009, 209 pp.

rial según se indica en el artículo 4, igual al que "correspondían al extinto Distrito Federal a la fecha de entrada en vigencia de la Constitución de la República Bolivariana de Venezuela y que comprende el territorio del actual Municipio Bolivariano Libertador".

Por otra parte, en cuanto al régimen del gobierno municipal, en la Constitución de 1999 en el marco de regulación de la autonomía municipal y de los diversos entidades locales, en su artículo 173, además del Municipio, reguló expresamente a las "parroquias" como entidades locales, en el nivel territorial sub-municipal, que aún se regulaban ampliamente en la Ley Orgánica del Poder Público Municipal de 2009.

En el modelo centralista de la rechazada reforma constitucional de 2007, sin embargo, con motivo de la propuesta de estructuración del Estado Comunal, montado sobre órganos no electos popularmente como son los Consejos Comunales, se propuso formalmente eliminar como entidad local territorial, dentro del ámbito municipal, a las parroquias y por tanto a las juntas parroquiales que eran tradicionalmente electas popularmente.

Dicha reforma constitucional rechazada, sin embargo, ha sido inconstitucionalmente implementada mediante la reforma de la Ley Orgánica de Régimen del Poder Público Municipal de 2010[1704], de cuya normativa simplemente desapareció toda mención a la existencia de las parroquias y de las juntas parroquiales (las cuales, en las Disposiciones Transitorias se dispuso su cesación) habiendo legalmente desaparecido de la organización territorial del país, habiéndose atribuido a las Comunas (art. 19) integradas por "voceros" no electos las funciones y competencias de aquéllas, en lesión abierta a la democracia representativa local que buscaba garantizar la Constitución.

3. *La inconstitucional implementación de las reformas constitucionales al sistema económico para establecer un sistema de economía socialista*

Uno de los componentes normativos esenciales de toda Constitución contemporánea, es la llamada *Constitución Económica* que deriva de los principios constitucionales que guían el régimen de las relaciones económicas y el papel que, en las mismas, corresponde a la iniciativa privada y al propio Estado, y que conforme al constitucionalismo desarrollado desde mitades del siglo pasado, está montada sobre un modelo económico de economía mixta, basado en el principio de la libertad como opuesto al de economía dirigida, similar al que existe en todos los países occidentales. Este sistema económico, por tanto, se fundamenta en la libertad económica, la iniciativa privada y la libre competencia, pero con la participación del Estado como promotor del desarrollo económico, regulador de la actividad económica, y planificador con la participación de la sociedad civil.

Conforme a esa orientación, la Constitución de 1999 establece un sistema económico de economía mixta, es decir, de economía social de mercado que se fundamenta en la libertad económica, pero que debe desenvolverse conforme a principios de justicia social, que requiere de la intervención del Estado. Ese régimen socio-económico, conforme al artículo 299 de la Constitución de 1999, se fundamenta en los siguientes principios: justicia social, democratización, eficiencia, libre competencia, protección del ambiente, productividad y solidaridad, a los fines de

---

1704 *V.*, en *Gaceta Oficial* N° 6.015 Extraordinario del 28 de diciembre de 2010.

asegurar el desarrollo humano integral y una existencia digna y provechosa para la colectividad. Por ello, el mismo artículo constitucional dispone expresamente que el Estado, "conjuntamente con la iniciativa privada", debe promover "el desarrollo armónico de la economía nacional con el fin de generar fuentes de trabajo, alto valor agregado nacional, elevar el nivel de vida de la población y fortalecer la soberanía económica del país, garantizando la seguridad jurídica, solidez, dinamismo, sustentabilidad, permanencia, equidad del crecimiento de la economía, para garantizar una justa distribución de la riqueza mediante una planificación estratégica democrática, participativa y de consulta abierta".

Como lo precisó la Sala Constitucional del Tribunal Supremo de Justicia en sentencia N° 117 de 6 de febrero de 2001, se trata de "un sistema socioeconómico intermedio entre la economía de libre mercado (en el que el Estado funge como simple programador de la economía, dependiendo ésta de la oferta y la demanda de bienes y servicios) y la economía interventora (en la que el Estado interviene activamente como el "empresario mayor"), conforme al cual, el texto constitucional promueve "expresamente la actividad económica conjunta del Estado y de la iniciativa privada en la persecución y concreción de los valores supremos consagrados en la Constitución"; persiguiendo "el equilibrio de todas las fuerzas del mercado y la actividad conjunta del Estado e iniciativa privada". Conforme a este sistema, dijo además la Sala Constitucional en esa sentencia, la Constitución: "propugna una serie de valores normativos superiores del régimen económico, consagrando como tales la libertad de empresa en el marco de una economía de mercado y fundamentalmente el del Estado Social de Derecho (*Welfare State*, Estado de Bienestar o Estado Socialdemócrata), esto es un Estado social opuesto al autoritarismo"[1705].

Ahora bien, con el rechazado proyecto de reforma constitucional de 2007, se pretendió cambiar radicalmente este modelo, transformándolo en un sistema de economía estatal, de planificación centralizada, propia de un Estado y economía socialista, donde desaparecía la libertad económica y el derecho de propiedad como derechos constitucionales. Para ello se propuso, sin más, la eliminación del artículo 112 de la Constitución que regula el derecho y la libertad económica, sustituyéndola por otra en la cual lo que se establecía era una definición de la política estatal para promover "el desarrollo de un modelo económico productivo, intermedio, diversificado e independiente, fundado en los valores humanísticos de la cooperación y la preponderancia de los intereses comunes sobre los individuales, que garantice la satisfacción de las necesidades sociales y materiales del pueblo, la mayor suma de estabilidad política y social y la mayor suma de felicidad posible"; proponiéndose agregar que el Estado, asimismo, "fomentará y desarrollará distintas formas de empresas y unidades económicas de propiedad social, tanto directa o comunal como indirecta o estatal, así como empresas y unidades económicas de producción o distribución social, pudiendo ser estas de propiedad mixta entre el Estado, el sector privado y el

---

1705 Esos valores aludidos conforme a la doctrina de la Sala Constitucional "se desarrollan mediante el concepto de libertad de empresa, que encierra, tanto la noción de un derecho subjetivo "a dedicarse libremente a la actividad económica de su preferencia", como un principio de ordenación económica dentro del cual se manifiesta la voluntad de la empresa de decidir sobre sus objetivos. En este contexto, los Poderes Públicos, cumplen un rol de intervención, la cual puede ser directa (a través de empresas) o indirecta (como ente regulador del mercado)". *V.*, en *Revista de Derecho Público,* N° 85-88, Editorial Jurídica Venezolana, Caracas, 2001, pp. 212-218.

poder comunal, creando las mejores condiciones para la construcción colectiva y cooperativa de una economía socialista".

Con ello, se buscaba eliminar el derecho al libre ejercicio de las actividades económicas y la propia libertad económica y, además, eliminar la garantía de la reserva legal para establecer las limitaciones o restricciones al mismo, abriendo la posibilidad de limitaciones mediante decretos reglamentarios del Ejecutivo.

Además, con la rechazada reforma constitucional respecto del artículo 299, se buscaba eliminar de la Constitución, como fundamentos del sistema económico, los principios de justicia social, libre competencia, democracia y productividad y en su lugar se buscaba establecer, entre otros, los principios socialistas, antiimperialistas, humanistas, a los fines asegurar el desarrollo humano integral y una existencia digna y provechosa para la colectividad.

En cuanto al derecho de propiedad regulado en el 115 de la Constitución, cuya regulación también está signada por el principio de la reserva legal y la garantía de la expropiación "sólo por causa de utilidad pública o interés social, mediante sentencia firme y pago oportuno de justa indemnización", la misma también se buscó cambiar radicalmente, eliminándose como derecho constitucional, y reduciéndolo sólo respecto de "bienes de uso, consumo y medios de producción legítimamente adquiridos, quedando por tanto minimizada y marginalizada en relación con la propiedad pública[1706]. Además, se pretendía eliminar con la rechazada reforma constitucional la garantía de la propiedad al proponerse eliminar la exigencia de que "sólo" mediante expropiación podía extinguirse la propiedad como se ha establecido siempre en el ordenamiento constitucional, lo que abría la vía para que por ley se pudiera establecer otras formas de extinción de la propiedad.

Ante el rechazo de la reforma constitucional para cambiar de raíz el sistema económico de economía mixta montado sobre las garantías de la libertad económica y la propiedad privada, la misma comenzó a ser inconstitucionalmente implementada mediante diversas leyes destinadas a regular las bases de un sistema socialista, progresivamente regulando poderes exorbitantes del Estado en los diversos sectores de la economía que materialmente eliminaron toda libertad económica, estableciendo además mecanismos de ocupación y apropiación administrativa de la propiedad privada, sin la garantía constitucional de la expropiación. Ello comenzó a ocurrir a partir de 2008, mediante los decretos leyes dictados en uso de la delegación legislativa (ley habilitante) de 2007, justo después del rechazo de la reforma constitucional

---

1706 Sobre esto, el magistrado Jesús Eduardo Cabrera en el Voto salvado a la sentencia No 2042 de la Sala Constitucional de 2 de noviembre de 2007 en la cual se declaró inadmisible un amparo constitucional ejercido contra el Presidente de la República y la Asamblea Nacional, con motivo de la inconstitucional "reforma constitucional", sostuvo lo siguiente: "El artículo 113 del Proyecto, plantea un concepto de propiedad, que se adapta a la propiedad socialista, y que es válido, incluso dentro del Estado Social; pero al limitar la propiedad privada solo sobre bienes de uso, es decir aquellos que una persona utiliza (sin especificarse en cual forma); o de consumo, que no es otra cosa que los fungibles, surge un cambio en la estructura de este derecho que dada su importancia, conduce a una transformación de la estructura del Estado. Los alcances del Derecho de propiedad dentro del Estado Social, ya fueron reconocidos en fallo de esta Sala de 20 de noviembre de 2002, con ponencia del Magistrado Antonio García García". *V.,* Caso *Néstor Luis Ramírez* en http://www.tsj.gov.ve/decisiones/scon/Noviembre/2042-021107-07-1374. htm de 2007, entre ellos, el Decreto Ley Nº 6.130 de 2008, contentivo de la Ley para el Fomento y Desarrollo de la Economía Popular[1707].

Todo ese proyecto de establecer un sistema económico socialista, se completó posteriormente, al margen de la Constitución, con la regulación del Sistema Económico Comunal, mediante la Ley Orgánica del Sistema Económico Comunal (LOSEC)[1708], dictada con la finalidad, entre otras, de "impulsar el sistema económico comunal a través de un modelo de gestión sustentable y sostenible para el fortalecimiento del desarrollo endógeno (art. 3.2); "fomentar el sistema económico comunal en el marco del modelo productivo *socialista*, a través de diversas formas de organización socio-productiva, comunitaria y comunal en todo el territorio nacional (art. 3.3); e "incentivar en las comunidades y las comunas los valores y principios *socialistas* para la educación, el trabajo, la investigación, el intercambio de saberes y conocimientos, así como la solidaridad, como medios para alcanzar el bien común.(art. 3.8). Para ello, el sistema de economía comunal se lo define en el artículo 2, como:

> "el conjunto de relaciones sociales de producción, distribución, intercambio y consumo de bienes y servicios, así como de saberes y conocimientos, desarrolladas por las instancias del Poder Popular, el Poder Público o por acuerdo entre ambos, a través de organizaciones socio-productivas bajo formas de propiedad social comunal".

Se trata, por tanto, de la regulación legal de un sistema económico que contraría el establecido en la Constitución, que se desarrolla exclusivamente "a través de organizaciones socio-productivas bajo formas de propiedad social comunal" que conforme a dicha Ley son solamente las empresas del Estado Comunal creadas por las instancias del Poder Público, las empresas públicas creadas por los órganos que ejercen del Poder Público, las unidades productivas familiares o los grupos de trueque, donde está excluida toda iniciativa privada y la propiedad privada de los medios de producción y comercialización de bienes y servicios.

Con ello, mediante ley, se ha establecido un sistema económico socialista, contrario completamente el sistema de economía mixta que garantiza la Constitución basado, al contrario, en la libertad económica, la iniciativa privada, y la libertad de trabajo, empresa, comercio, industria, "sin perjuicio de su facultad para dictar medidas para planificar, racionalizar y regular la economía e impulsar el desarrollo integral del país"; (art. 112), así como en el derecho de propiedad privada (art. 115),

---

1707 La Ley derogó expresamente la Ley la Ley para el Fomento y Desarrollo de la Economía Popular, publicado en la *Gaceta Oficial de la República Bolivariana de Venezuela* Nº 5.890 Extraordinario de fecha 31 de julio de 2008. *V.*, sobre dicha Ley, Alfredo Morles Hernández, "El nuevo modelo económico del socialismo del siglo XXI y su reflejo en el contrato de adhesión", en *Revista de Derecho Público*, No 115, Editorial Jurídica Venezolana, Caracas 2008, pp. 229 y ss.

1708 *V.*, en *Gaceta Oficial* Nº 6.011 Extraordinario del 21 de diciembre de 2010. *V.*, mis comentarios sobre esta Ley Orgánica, en Allan R. Brewer-Carías, "Sobre la Ley Orgánica del Sistema Económico Comunal o de cómo se implanta en Venezuela un sistema económico comunista sin reformar la Constitución," en *Revista de Derecho Público*, No 124, (octubre-diciembre 2010), Editorial Jurídica Venezolana, Caracas 2010, pp. 102-109; y Jesús María Alvarado Andrade, "La 'Constitución económica' y el sistema económico comunal (Reflexiones Críticas a propósito de la Ley Orgánica del Sistema Económico Comunal)," en *Leyes Orgánicas sobre el Poder Popular y el Estado Comunal (Los Consejos Comunales, Las Comunas, La Sociedad Socialista y el Sistema Económico Comunal),* Colección Textos Legislativos Nº 50, Editorial Jurídica Venezolana, Caracas 2011, pp. 375 ss.

limitándose este último materialmente sólo sobre los bienes de uso y de consumo, así como de los medios de producción estrictamente familiar.

Una reforma constitucional de esa naturaleza, sin duda, sólo podría realizarse mediante la convocatoria de una Asamblea Constituyente (ni siquiera mediante reforma o enmienda constitucional), pues simplemente, elimina el sistema constitucional de economía mixta, sustituyéndolo por un sistema económico estatista o controlado por el Estado, mezclado con previsiones propias de sociedades primitivas y lugareñas que presuponen la miseria como forma de vida, como regular y justificar el trueque como sistema, o la llamada "moneda comunal" como medio de intercambio de bienes y servicios. Por ello es que este sistema económico comunal se lo concibe como la "herramienta fundamental para construcción de la nueva sociedad," que supuestamente debe regirse sólo "por los principios y valores socialistas" que en esta LOSEC también se declara que supuestamente se inspira en la doctrina de Simón Bolívar (art. 5). A tal efecto, la propiedad privada se reduce a la mínima expresión, regulándose en sustitución un sistema económico comunal basado en la "propiedad social" como derecho de la "sociedad" (art. 6.15), pero montado casi exclusivamente en la propiedad pública, del Estado (dominio del Estado), sobre los medios de producción, de manera que en la práctica, no se trata de ningún derecho "de la sociedad," sino del aparato Estatal, cuyo desarrollo, regido por un sistema de planificación centralizada, elimina toda posibilidad de libertad económica e iniciativa privada, y convierte a las "organizaciones socio-productivas" en meros apéndices del aparato estatal. El sistema omnicomprensivo que se regula, al contrario está basado en la "propiedad social comunal" y que debe ser desarrollada tanto por el Estado Constitucional (los órganos del Poder Público) como por el Estado Comunal (instancias del Poder Popular), como se dijo, exclusivamente a través de "organizaciones socio-productivas bajo formas de propiedad comunal".

En este contexto socialista, la Ley Orgánica define el "modelo productivo socialista" como el

> "modelo de producción basado en la *propiedad social*, orientado hacia la *eliminación de la división social del trabajo* propio del modelo capitalista. El modelo de producción socialista está dirigido a la satisfacción de necesidades crecientes de la población, a través de nuevas formas de generación y apropiación así como de la *reinversión social del excedente*". (art. 6.12)

Se trata en consecuencia, de una Ley mediante la cual se ha cambiado de raíz el sistema capitalista y se lo ha sustituido a la fuerza por un sistema socialista, imponiendo un sistema comunista, para lo cual sus redactores, pura y simplemente han parafraseado lo que escribieron Carlos Marx y Federico Engels, en 1845 y 1846, sobre la sociedad comunista, en su libro *La Ideología Alemana*, refiriéndose a la sociedad primitiva de la época, en muchas partes aún esclavista y en todas, preindustrial[1709], y basándose en los clásicos principios utópicos comunistas de la "propiedad social de los medios de producción", la "eliminación de la división social del traba-

1709 *V.*, en Karl Marx and Frederich Engels, "The German Ideology", en Collective Works, Vol. 5, International Publishers, New York 1976, p. 47.

Véanse además los textos pertinentes en http://www.educa.madrid.org/cms_tools/ files/0a24636f-764c-4e03-9c1d-6722e2ee60d7/Texto%20Marx%20y%20Engels.pdf

jo" y la "reinversión social del excedente", los cuales se han copiado en la Ley para implantar en Venezuela el sistema comunista como contrario al sistema capitalista.

APRECIACIÓN FINAL

Todo ello, sin duda, podría hacerse pero sólo reformando la Constitución conforme al procedimiento de convocatoria de una Asamblea Constituyente establecido en el artículo 347 de la Constitución. Como incluso lo advirtió uno de los Magistrados de la Sala Constitucional, Jesús Eduardo Cabrera, quien con sus ponencias durante años había sido uno de los que más había contribuido a asegurar el afianzamiento del régimen autoritario en Venezuela, expresando en un Voto salvado a la sentencia Nº 2042 de la Sala Constitucional de 2 de noviembre de 2007 (Caso *Néstor Luis Romero*)[1710] que decidió la "inadmisibilidad" de una acción de amparo contra la "reforma constitucional" de 2007, lo siguiente:

> "En criterio de quien disiente, un sistema de organización social o económico basado en la propiedad y administración colectiva o estatal de los medios de producción, como lo es básicamente el socialista, en sus distintas concepciones, cual es el propuesto en el Proyecto de Reforma, chocaría con lo que quien suscribe, y la propia Sala, era considerado Estado Social, y ello –en criterio del disidente– puede afectar toda la estructura y los principios fundamentales del Texto Constitucional, hasta el punto que un nuevo ordenamiento jurídico tendría que ser creado para desarrollar la construcción del socialismo.
>
> No es que Venezuela no puede convertirse en un Estado Socialista. Si ello lo decide el pueblo, es posible; pero a juicio del voto salvante, tal logro sería distinto al que la Sala ha sostenido en el fallo de 24 de enero de 2002 (Caso: *Créditos Indexados*) y ello conduciría no a una reforma de la Constitución sino a una nueva Constitución, la cual debería ser votada por el Poder Constituyente Originario. Al menos, en nuestro criterio esto es la consecuencia del fallo N° 85 de 24 de enero de 2002"[1711].

En esta apreciación, el Magistrado disidente no se equivocó, pues evidentemente que una reforma constitucional que trastocara todo el ordenamiento y estructura del Estado, conforme a la Constitución venezolana, sólo podía hacerse mediante la convocatoria de una Asamblea Constituyente.

Sin embargo, como hemos visto, y ello es precisamente la consecuencia de haber contribuido a afianzar el autoritarismo en Venezuela, no sólo la reforma constitucional de 2007 se sancionó contrariándose el procedimiento constitucional pautado, sino que luego del rechazo popular, fue impunemente implementada mediante leyes y decretos leyes, es decir, mediante una inconstitucional legislación ordinaria, y mediante ilegítimas mutaciones constitucionales efectuadas por la propia Sala Constitucional del Tribunal Supremo. Para que ello fuera posible, por supuesto, la propia Sala Constitucional, violando la misma Constitución, renunció a ejercer el control de la constitucionalidad de los actos de los poderes constituidos cumplidos para llevar

---

1710 *V.*, sentencia del Tribunal Supremo de Justicia en Sala Constitucional N° 2042 del 2 de Noviembre de 2007, *Caso Néstor Luis Romero Méndez* en http://www.tsj.gov.ve/decisiones/scon/Noviembre/2042-021107-07-1374.htm

1711 *Idem.*

adelante la "reforma constitucional" de 2007 y, en particular, del acto del Presidente de la República de presentación del anteproyecto de reforma ante la Asamblea Nacional el 15 de agosto de 2007; del acto definitivo de ésta de sanción del proyecto de reforma de la Constitución del día 2 de noviembre de 2007, y de la convocatoria a referendo por parte del Consejo Nacional Electoral el mismo día, todo conforme al procedimiento de "reforma constitucional regulado en los artículos 342 y siguientes de la Constitución", cuando por las trasformaciones fundamentales que contenía el proyecto debía haberse sometido al procedimiento de la Asamblea Nacional Constituyente conforme al artículo 347 y siguientes del texto fundamental. Y luego, después de que el pueblo rechazó el proyecto de reforma constitucional en el "referendo aprobatorio" del 2 de diciembre de 2007, en el cual dicho proyecto sólo recibió el voto favorable del 28% de los votantes inscritos en el Registro Electoral, la misma Sala Constitucional renunció a ejercer el control de constitucionalidad de las diversas leyes y decretos leyes que implementaron la reforma constitucional, y además, procedió ella misma a implementar aspectos de la misma mediante mutaciones constitucionales ilegítimas.

Todo ello demuestra cómo en un sistema donde no hay control del poder, no puede haber Estado de derecho ni democracia; y cómo, cuando quien está llamado a controlar el poder que es la Jurisdicción Constitucional, está controlada políticamente y está al servicio del mismo, de nada valen los principios de la Constitución, ni su supremacía ni su rigidez, que pasan a ser pura retórica, como actualmente ocurre en Venezuela.

SEGUNDA PARTE:

REFLEXIONES SOBRE LA SITUACIÓN POLÍTICA DE VENEZUELA (MARZO-ABRIL 2014)

Este es el texto de las reflexiones sobre la situación general de crisis política del país formuladas en las "Tertulias españolas de Manhattan" en marzo de 2014, y presentadas luego como ponencia para el Seminario *Venezuela Today* organizado en la Universidad de Princeton, abril 2014. El texto fue publicado como Introducción al libro *El Golpe a la Democracia dado por la Sala Constitucional, Editorial Jurídica Venezolana, Caracas 2014, pp. 21-39.*

Estas reflexiones tienen su origen en la charla que di a finales de marzo de 2014, en las 'Tertulias españolas en Manhattan," cuando muy amablemente me invitaron para que les ayudara –ojala hubiera podido !!– "a encontrar las claves de lo que acontece y nos inquieta" en Venezuela; cuyo texto luego desarrollé, en abril de 2014, en el documento enviado al Seminario sobre *Venezuela Today* organizado el 18 de abril en la Universidad de Princeton, al cual también muy amablemente me invitaron a participar.

Mucho agradezco a los organizadores de ambos eventos el motivo y oportunidad que me brindaron para ello, habiendo comenzado en ambos casos mis reflexiones con una aproximación institucional –propia de mi formación académica– partiendo de lo que unos días antes había dicho en Caracas la Defensora del Pueblo –cuya función fundamental en la Constitución es la promoción, defensa y vigilancia de los derechos humanos– tratando de justificar una inconstitucional sentencia del Tribunal Supremo de Justicia, también de marzo de 2014, que condenó y encarceló a un Alcalde de la oposición, Sr. Scarano, sin debido proceso, usurpando la jurisdicción penal, por el supuesto delito de desacato a un mandamiento de amparo, revocándole de paso su mandato electivo.[1712] La funcionaria quiso justificar la inconstitucional decisión diciendo:

> "Es imposible que con la presencia de todos los poderes públicos se cometa una ilegalidad."[1713]

Tan simple como eso. Es decir, que si el Estado totalitario –que es el que controla la totalidad de los poderes y de la vida de los ciudadanos– viola los derechos

---

1712 Véase sentencia N° 138 de la Sala Constitucional del Tribunal Supremo de Justicia de 17 de marzo de 2014, en http://www.tsj.gov.ve/decisio-nes/scon/marzo/162025-138-17314-2014-14-0205.HTML

1713 Véase lo declarado por Gabriela Ramírez, Defensora del Pueblo, en Juan Francisco Alonso, "Con caso Scarano TSJ echó a la basura 12 años de jurisprudencia. Juristas alertan que Sala Constitucional no puede condenar a nadie", en *El Universal* viernes 21 de marzo de 2014, en http://www.eluniversal.com/nacional-y-politica/140321/con-caso-scarano-tsj-echo-a-la-basura-12-anos-de-jurisprudencia.

humanos, si ello lo hace con la participación de todos los poderes públicos, así sea contrario a la Constitución, entonces ello es "legal."

Lo dicho por la Defensora del Pueblo me recordó la terrible conclusión a la cual llegó el senador español por Vizcaya, Iñaki Ianasagasti, nacido en Venezuela por el exilio vasco de sus padres, después de leer la traducción del profesor Carlos Armando Figueredo del libro de Ingo Müller, *Los Juristas del Horror*, sobre la conducta de los jueces durante el nazismo,[1714] y que fue que "los atropellos, las prisiones, las torturas y aún el exterminio en masa se hicieron de manera legal y apegado a la norma," pues –agrego yo– estaban apoyados por todos los poderes públicos que comandaba el Führer.

Y esa es la terrible conclusión que se puede sacar cuando uno se aproxima a lo que ocurre en Venezuela, que como todo régimen totalitario controla todos los poderes públicos, incluido además, el denominado "cuarto poder" que son los medios de comunicación; todo lo que hace es "legal," y además, como producto básico de exportación del régimen, es también supuestamente "democrático" porque los funcionarios del régimen fueron electos, así las elecciones hubiesen estado viciadas, sean fraudulentas, e incluso, quien fue electo Presidente el año pasado ni siquiera ha podido a esta fecha comprobar que era elegible, es decir, que es venezolano por nacimiento sin tener otra nacionalidad; como lo requiere una norma constitucional.

La terrible conclusión en Venezuela, en la situación actual, como se deduce de lo afirmado por la Defensora del Pueblo, es entonces que toda la violencia o atropello institucional desarrollado por el Estado, es "legal" y "democrático" porque lo avalan todos los poderes públicos, así se abuse del poder; así se despilfarre el erario público; se cierren medios de comunicación; se discrimine políticamente a la mitad del país; se asesine indiscriminadamente, con total impunidad; se cometan fraudes electorales; se destruya la economía y el aparato productivo; se ahogue la iniciativa privada y se confisque; se prive de libertad a opositores, sin control; así e reprima, se veje, se torture a estudiantes y manifestantes indiscriminadamente; todo ello sin control; pero es legal porque todos los poderes públicos responden al unísono a una misma orden, como si se tratase de un cuartel.

Y dicho sea de paso, no me refiero sólo a los tres clásicos poderes del Estado que conocimos desde la escuela, sino a cinco, pues además del legislativo, el ejecutivo y el judicial, nosotros tenemos -único caso en el derecho constitucional comparado– otros dos poderes: el poder electoral y el poder ciudadano, pero igual, todos debidamente sometidos a un solo poder que es el que controla el aparato del Estado.

Todo ello lo que evidencia es que el Estado venezolano, por más cinco poderes que tenga y por más que haya habido elecciones, no es un Estado de derecho, ni el régimen político que lo sustenta es una democracia. La democracia es bastante más que elecciones y basta recordar lo que indica la Carta Democrática Interamericana de 2001, que los países latinoamericanos que la adoptaron se niegan a leer siquiera y menos a implementar o exigir que se cumpla, en la cual se precisan cinco elementos esenciales de la democracia: el respeto a los derechos humanos y libertades públicas; el acceso al poder y su ejercicio con sujeción al Estado de derecho; el régimen plural

---

1714 Véase Ingo Müller, *Hitler's justice: The Courts of the Third Reich*, Cambridge University Press, 1991. Traducción al castellano por Carlos Armando Figueredo: Ingo Müller, *Los Juristas del Horror*, Caracas 2006.

de partidos y organizaciones políticas; la separación e independencia de poderes, y la realización de elecciones periódicas, libres y justas mediante sufragio universal. La elección es sólo uno de los cinco elementos, siendo el de la separación de poderes el elemento clave porque la efectividad de todos los otros cuatro depende de éste, en el sentido que sin separación de poderes no puede haber garantía de derechos, ni elecciones libres, no pluralismo, ni Estado de derecho.

Ya hace varios siglos el barón de Montesquieu, –de quien todos hemos oído hablar alguna vez– nos enseñó que:

> "todo hombre que tiene poder tiende a abusar de él, y lo hace hasta que encuentra límites, [agregando que] para que no se pueda abusar del poder es necesario que por la disposición de las cosas, el poder limite al poder."[1715]

Ahora, la pregunta clave es ¿Cómo llegamos los venezolanos a esta lamentable situación que nos resume la Defensora del Pueblo? Y ustedes se preguntarán: ¿Cómo llegó Venezuela a esto, sobre todo cuando durante toda la segunda mitad del siglo pasado tuvo la democracia más envidiada de Latinoamérica, por su continuidad y estabilidad; habiendo sido incluso refugio seguro de tantos perseguidos por tantas dictaduras? Un país que gozó de un régimen político que con todos sus defectos, se caracterizó por tener alternabilidad en el ejercicio del poder, separación de poderes, elecciones libres, partidos políticos fuertes, libertades públicas, libertad de expresión, discusión abierta de ideologías y organizaciones de la sociedad civil, empresariales y sindicales fuertes. ¿Qué pasó? ¿Cómo llegamos a esto?

Nada surge de la nada, y en nuestro caso, el autoritarismo –como en tantos otros casos en la historia– fue producto de la crisis del sistema de democracia de partidos, derivada del propio deterioro de los partidos políticos a quienes en ese devenir, simplemente se les olvidó el país, y se les olvidaron las exigencias que imponía la propia democracia que habían creado, siendo su debilidad final o terminal lo que permitió y facilitó el asalto al poder perpetrado en 1998 por un militar golpista que fue Hugo Chávez y sus seguidores, mediante un golpe constituyente; seis años después de haber fracasado en un primer intento de asalto mediante un cruento golpe militar.

Quienes asaltaron el poder fueron los mismos, pero lo único que varió fue el método y la forma. En 1992 fue un intento de clásico golpe militar pero para establecer un Estado comunista, militar y totalitario –lo que resultaba de los documentos que se proponían ejecutar–[1716]; en 1998, en cambio, el asalto fue mediante elecciones y sin proponer proyecto político alguno, sólo la idea del "cambio" –tan atrayente en momentos de crisis– atacando al establecimiento político, mediante la convocatoria de una Asamblea Nacional Constituyente. El proyecto de Estado Comunista aparecería después, a partir de 2007, cuando fue propuesto por Chávez para ser inserto en la Constitución y fue expresamente rechazado por el pueblo mediante referendo.[1717]

1715 Véase *De l'Espirit des Lois* (ed. G. Tunc), París, 1949, vol. I, libro XI, cáp. IV, pp. 162-163.

1716 Véase Alberto Garrido, *La historia secreta de la Revolución Bolivariana*, Caracas, 2000.

1717 Véase Allan R. Brewer-Carías, *La Reforma Constitucional de 2007 (Comentarios al proyecto inconstitucionalmente sancionado por la Asamblea Nacional el 2 De Noviembre de 2007)*, Colección Textos Legislativos, No.43, Editorial Jurídica Venezolana, Caracas 2007; "La reforma constitucional en Venezuela de 2007 y su rechazo por el poder constituyente originario," en José Ma. Serna de la Garza (Coor-

En todo caso, en 1998, esa fue realmente la única propuesta de Hugo Chávez en unas elecciones donde sus principales contrincantes eran un anciano del aparato partidista del partido más importante –el socialdemócrata– y una ex reina de belleza y ex alcalde del segundo partido más importante –el demócrata cristiano–[1718]. Y ganó quien primero pasó por el pueblo ofreciendo el cambio –como el Melquíades en el país de Macondo de García Márquez, especie de mago y equilibrista que fascinaba a la audiencia, acaparando el descontento.

Pero la propuesta para ejecutar la magia ofrecida –la Asamblea Constituyente que todo lo arreglaría– tenía un inconveniente, y es que simplemente era inconstitucional. Para convocarla había que reformar la Constitución para regularla, a lo que férreamente se oponía Chávez. Él quería una Constituyente para él, no para el país.

En medio del desierto dejado por los confundidos partidos, resultó que fuimos individualidades quienes enfrentamos a Chávez en su propuesta, correspondiéndome a mi hacer un llamado a que se realizara dicha reforma, presentando ante el Congreso un proyecto para regular la Constituyente y poder elegirla.[1719] Pero nadie, ni los partidos ni el liderazgo político entendieron el planteamiento; simplemente no asumieron el proceso cuando podían, ni se enfrentaron a la vía rápida de Chávez. Yo asumí el enfrentamiento a título personal como académico, siendo como era en ese momento el Presidente de la Academia Nacional de Ciencias Políticas y Sociales.

Y fue en tal carácter que en plena campaña electoral de 1998 invité a todos los candidatos presidenciales a que expusieran ante la Academia sus propuestas sobre la reforma del Estado; todos acudieron y expusieron, en muchos casos lugares comunes del momento político, siendo Chávez el único que fue directo a lo que quería: la convocatoria de la Asamblea Constituyente para "refundar la República," a su manera. Al yo presentarlo en la Academia como el candidato golpista con menos tradición democrática, pues venía de intentar un golpe militar y militarista,[1720] nuestra relación personal quedó establecida. Allí mismo, de nuevo, fui el único que expresó argumentos rechazando su propuesta, lo que originó su presentación al Congreso del proyecto de reforma puntual de la Constitución para regular la Constituyente.

El Congreso, por supuesto, ignoró el proyecto al igual que los partidos con cuyas directivas me reuní. Me oyeron y mi conclusión fue que simplemente el liderazgo había perdido la brújula y nunca supo que era lo que estaba ocurriendo en el país.

Ello dejó al candidato Chávez la vía libre, sobre todo cuando el nuevo Congreso electo un mes antes que él, tampoco entendió la crisis terminal en la cual estábamos, y al mes siguiente, la Corte Suprema, cuando decidió en forma ambigua sobre el tema, permitió que la prensa sentenciara que si se podía elegir una Constituyente sin

---

dinador), *Procesos Constituyentes contemporáneos en América latina. Tendencias y perspectivas*, Universidad Nacional Autónoma de México, México 2009, pp. 407-449.

1718 Véase Allan R. Brewer-Carías (Coord.), *Los Candidatos Presidenciales ante la Academia. Ciclo de Exposiciones 10-18 Agosto 1998,* Serie Eventos N° 12, Biblioteca de la Academia de Ciencias Políticas y Sociales, Caracas 1998.

1719 Véase la propuesta de reforma en in Allan R. Brewer-Carías, "Reflexiones sobre la crisis del sistema político, sus salidas democráticas y la convocatoria a una Constituyente", en Allan R. Brewer-Carías (Coord.), *Los Candidatos Presidenciales ante la Academia. Ciclo de Exposiciones 10-18 Agosto 1998,* Serie Eventos N° 12, Biblioteca de la Academia de Ciencias Políticas y Sociales, Caracas 1998, pp. 9-66.

1720 *Idem.*

reformar la Constitución,[1721] lo que la Corte no llegó a decir expresamente. Ambos poderes (legislativo y judicial) creo que en enero de 1999 pensaron que controlarían o amaestrarían al teniente coronel y sus secuaces. Vana ilusión ¡!

En realidad, lo que hicieron fue facilitarle a Chávez su tarea, de manera que su primer acto político, el día que tomó posesión de la Presidencia, fue cumplir su única promesa electoral, convocando un referendo consultivo sobre la Asamblea Constituyente. De nuevo, impugné el decreto por inconstitucional[1722] como también lo hicieron otros abogados, a título personal, pues de los partidos ya nada se sabía. Luego de batallas judiciales con las cuales al menos obligamos a Chávez a modificar su decreto,[1723] se efectuó el referendo y se eligieron los miembros de la Asamblea. Personalmente sentí que tenía la obligación de participar en ella y me lancé como candidato independiente, habiendo sido electo con un millón doscientos mil votos –lo que no estuvo mal–. Sin embargo, lo que sí estuvo mal fue que solo cuatro constituyentes salimos electos como independientes, en una Asamblea de 141 miembros en la cual todos los demás estuvieron controlados por Chávez. Esa fue la exigua oposición que Chávez encontró para su proyecto.

El primer acto de la Asamblea Constituyente al declararse poder originario, fue concretar el asalto al poder mediante la intervención de todos poderes constituidos, por lo que en seis escasos meses, el Congreso, la Corte Suprema, los poderes regionales y locales fueron literalmente barridos.[1724] Las primeras víctimas –como siempre sucede en estos casos– fueron quienes le facilitaron el asalto: los magistrados de la Corte Suprema y los miembros del Congreso.

Luego vino la elaboración del proyecto de Constitución en unas discusiones en las cuales, como comprenderán, participé en todas las sesiones y debates, salvando mi voto en innumerables normas.[1725] Al final, a pesar de que muchas de mis propuestas fueron incorporadas, me opuse a la aprobación del texto, liderando la campaña por el voto NO. En el Manifiesto que hice público en noviembre de 1999, como plataforma para explicar las razones de mi rechazo a la Constitución, destaqué que la misma respondía a:

> "un esquema institucional concebido para el autoritarismo, que deriva de la combinación de centralismo de Estado, presidencialismo exacerbado, partidocracia y

---

1721 Véase Allan R. Brewer-Carías, "El desequilibrio entre soberanía popular y supremacía constitucional y la salida constituyente en Venezuela en 1999", en la *Revista Anuario Iberoamericano de Justicia Constitucional,* N° 3, 1999, Centro de Estudios Políticos y Constitucionales, Madrid 2000, pp. 31-56.

1722 Véase Allan R. Brewer-Carías, *Asamblea Constituyente y Ordenamiento Constitucional*, Serie Estudios N° 53, Biblioteca de la Academia de Ciencias Políticas y Sociales, Caracas 1999.

1723 Véase Allan R. Brewer-Carías, *Poder Constituyente Originario y Asamblea Nacional Constituyente* (Comentarios sobre la interpretación jurisprudencial relativa a la naturaleza, la misión y los límites de la Asamblea Nacional Constituyente), Colección Estudios Jurídicos N° 72, Editorial Jurídica Venezolana, Caracas 1999.

1724 Véase Allan R. Brewer-Carías, *Debate Constituyente (Aportes a la Asamblea Nacional Constituyente), Tomo I (8 agosto-8 septiembre 1999),* Fundación de Derecho Público-Editorial Jurídica Venezolana, Caracas 1999.

1725 Véase Allan R. Brewer-Carías, *Debate Constituyente (Aportes a la Asamblea Nacional Constituyente), Tomo II (9 septiembre-17 octubre 1999),* Fundación de Derecho Público-Editorial Jurídica Venezolana, Caracas 1999

militarismo que constituyen los elementos centrales diseñados para la organización del poder del Estado."[1726]

Ciertamente al releer este texto, parecería escrito hoy; pero no, fue escrito hace quince años, aun cuando todavía hay muchos que sólo ahora comienzan a descubrir esa realidad.

En todo caso, con la nueva Constitución, la mitad de cuya normativa fue suspendida en su vigencia por disposiciones transitorias inconstitucionales,[1727] a partir de 2000 se inició una carrera desenfrenada por consolidar el apoderamiento del Estado asaltado, desmantelando la separación de poderes, y demoliendo, desde dentro, las instituciones democráticas, utilizando para ello los propios mecanismos de la democracia,[1728] logrando poner al servicio del autoritarismo todos los poderes del Estado,[1729] comenzando con el Tribunal Supremo de Justicia y su Sala Constitucional, que se convirtió en el más diabólico instrumento del Estado Totalitario, particularmente porque como guardián de la Constitución no tiene quien lo controle.[1730]

El resultado ha sido que en quince años todo el Poder Judicial está conformado por jueces temporales o provisorios, y por tanto, dependientes del poder central,[1731] y los otros poderes de control todos sometidos y neutralizados, de manera que tenemos una Contraloría que no controla, una Defensoría del Pueblo que no protege ni defiende, un Ministerio Público que lo que hace es perseguir a los opositores, dejando impunes los cientos de asesinatos callejeros; y un Poder Electoral que parece ser el agente político de los candidatos del Estado.

Solo ello explica, por ejemplo, que en 2003, cuando la Corte Primera de lo Contencioso Administrativo dictó una medida cautelar protegiendo a los médicos venezolanos ante la contratación indiscriminada de médicos cubanos sin licencia, para

---

1726 Véase Allan R. Brewer-Carías , *Debate Constituyente (Aportes a la Asamblea Nacional Constituyente), Tomo III (18 octubre-30 noviembre 1999),* Fundación de Derecho Público-Editorial Jurídica Venezolana, Caracas 1999

1727 Véanse los comentarios sobre el Decreto de Transición Constitucional en Allan R. Brewer-Carías, *Golpe de Estado y proceso constituyente en Venezuela*, Universidad Nacional Autónoma de México, México 2002.

1728 Véase Allan R. Brewer-Carías, *Dismantling Democracy. The Chávez Authoritarian Experiment*, Cambridge University Press, New York 2010; "La demolición del Estado de derecho y la destrucción de la democracia en Venezuela," en *Revista Trimestral de Direito Público (RTDP),* N° 54, Instituto Paulista de Direito Administrativo (IDAP), Malheiros Editores, Sao Paulo, 2011, pp.5-34

1729 Véase Allan R. Brewer-Carías, *Authoritarian Government v. The Rule of Law. Lectures and Essays (1999-2014) on the Venezuelan Authoritarian Regime Established in Contempt of the Constitution*, Fundación de Derecho Público, Editorial Jurídica Venezolana, Caracas 2014.

1730 Véase Allan R. Brewer-Carías, "El juez constitucional al servicio del autoritarismo y la ilegítima mutación de la Constitución: el caso de la Sala Constitucional del Tribunal Supremo de Justicia de Venezuela (1999-2009)", en *Revista de Administración Pública*, N° 180, Madrid 2009, pp. 383-418; *Reforma Constitucional y Fraude a la Constitución (1999-2009),* Academia de Ciencias Políticas y Sociales, Caracas 2009.

1731 Véase Allan R. Brewer-Carías, "Sobre la ausencia de independencia y autonomía judicial en Venezuela, a los doce años de vigencia de la constitución de 1999 (O sobre la interminable transitoriedad que en fraude continuado a la voluntad popular y a las normas de la Constitución, ha impedido la vigencia de la garantía de la estabilidad de los jueces y el funcionamiento efectivo de una "jurisdicción disciplinaria judicial"), en *Independencia Judicial,* Colección Estado de Derecho, Tomo I, Academia de Ciencias Políticas y Sociales, Acceso a la Justicia org., Fundación de Estudios de Derecho Administrativo (Funeda), Universidad Metropolitana (Unimet), Caracas 2012, pp. 9-103 programas médicos populares, el propio Presidente gritó que no acataría la sentencia, calificó de "bandidos" a los Magistrados, ordenó el allanamiento policial de la Corte y la cerró por 10 meses.[1732] El caso fue a dar a la Corte Interamericana de Derechos Humanos, y después de que la misma condenó a Venezuela,[1733] el Tribunal Supremo declaró "inejecutable" la sentencia en el país.[1734] Tan simple como eso. Todo hecho muy "legalmente."

Ello también es lo que explica que en 2009 se haya encarcelado a una juez penal, a petición directa pública del Presidente de la República,[1735] por habérsele ocurrido a la juez dictar una medida de excarcelación de un detenido, con medidas restrictivas sustitutivas, acogiendo una recomendación del Grupo de Trabajo sobre Detenciones Arbitrarias de la ONU.[1736] La Juez María Lourdes Afiuni, así se llama, estuvo presa hasta 2013, y ahora permanece sujeta a restricciones a su libertad como prohibición de salida del país, régimen de presentación y prohibición de expresarse en los medios. Así de simple.

Ello también es lo que explica que en febrero de 2014 el dirigente político y ex alcalde Leopoldo López, uno de los líderes del movimiento de calle que hoy engloba al país, haya sido encarcelado e imputado de los más graves delitos imaginables sólo por haber convocado manifestaciones pacíficas de protesta y rechazo al régimen.[1737] Se lo acusó de homicidio intencional calificado; terrorismo; lesiones graves; incendio de edificios públicos; instigación a delinquir, y asociación para delinquir, sin prueba alguna. Y no importa que dichos delitos efectivamente hayan sido cometidos por militares o grupos de exterminio paramilitares, como está evidenciado en cientos de videos que circulan por las redes sociales, ya que no hay medios de comunicación que las trasmitan. Y la Fiscal General de la República, en lugar de aceptar esas pruebas, lo que ha hecho es calificar de "perversas" las redes sociales, precisamente porque son el único medio de información de las masacres.[1738]

1732 Véase Claudia Nikken, "El caso "Barrio Adentro": La Corte Primera de lo Contencioso Administrativo ante la Sala Constitucional del Tribunal Supremo de Justicia o el avocamiento como medio de amparo de derechos e intereses colectivos y difusos, " in *Revista de Derecho Público*, N° 93-96, Editorial Jurídica Venezolana, Caracas 2003, pp. 5 y ss.

1733 Véase la sentencia de la Corte Interamericana de Derechos Humanos de 8 de marzo de 2008, Caso *Apitz Barbera y otros ("Corte Primera de lo Contencioso Administrativo") vs. Venezuela,* en www.corteidh.or.cr. Excepción Preliminar, Fondo, Reparaciones y Costas, Serie C No. 182

1734 Véase la sentencia de la Sala Constitucional del Tribunal Supremo de Justicia, N° 1.939 de 18 de diciembre de 2008 (Caso *Abogados Gustavo Álvarez Arias y otros*), en *Revista de Derecho Público*, N° 116, Editorial Jurídica Venezolana, Caracas, 2008, pp. 89-106. Available http://www.tsj.gov.ve/decisiones/scon/Diciembre/1939-181208-2008-08-1572.html

1735 Véase Alicia de la Rosa, "El día que la justicia fue herida de muerte. Caso de la jueza María Lourdes Afiuni," Analitica.com., 19 de octubre de 2012, en http://www.analitica.com/biblioteca/libros/4674757.asp

1736 Disponible en http://www.unog.ch/unog/website/news_media.nsf/%28-httpNewsByYearn%29/93687E8429BD53A1C125768E00529DB6?OpenDocument&cntxt=B35C3&cookielang=fr

1737 Véase "Fiscalía presentó acusación contra Leopoldo López," *El Nacional*, Caracas 14 de abril de 2014, en http://www.el-nacional.com/politica/Fiscalia-General-acusacion-Leopoldo-Lopez_0_385161540.html

1738 Véase Luisa Ortega Díaz: Las redes sociales se han convertido en un mecanismo perverso", Noticiero Digital.com, 23 de marzo de 2014, en http://www.noticierodigital.com/2014/03/luisa-ortega-diaz-las-redes-sociales-se-han-convertido-en-un-mecanismo-perverso/

Y ese asalto y control absoluto de los poderes del Estado, es también lo que explica, que la diputada María Corina Machado, una de las diputadas de la oposición electas a la Asamblea Nacional, después de ser amenazada de ser enjuiciada por los mismos delitos imputados a López, a los cuales el Presidente de la Asamblea Nacional, quien parece que es el acusador público, agregó el de traición a la patria,[1739] fue en efecto despojada de su mandato popular mediante una inconstitucional decisión del Tribunal Supremo de Justicia.[1740] El motivo para tal embestida contra el principio democrático fue el hecho de haber acudido ante la OEA por invitación del Embajador de Panamá, para hablar en la sesión del 24 de marzo de 2014, sobre la situación en Venezuela. Ello provocó que el mismo Presidente de la Asamblea Nacional. Sr. Cabello, militar de oficio, sin procedimiento parlamentario ni proceso judicial alguno, procediera a anunciar al país, él mismo, por su sola decisión, que ya la diputado Machado no era diputado, es decir, le revocó su mandato, por supuestamente había aceptado un "cargo" de un gobierno extranjero al haber sido simplemente acreditada por Panamá para hablar ante la OEA, lo que por supuesto no le confiere cargo o status diplomático alguno ni de otra naturaleza.[1741] Pero así es: basta lo que diga el militar presidente de la Asamblea, sin que nadie lo controle, para que ello sea "legal" y "democrático."

Y de nuevo, toda esta situación de control centralizado de los poderes es lo que explica el reciente proceso de judicialización criminal de la libertad de expresión, al haberse acusado penalmente a la directiva de un diario de oposición (*Tal Cual*) y a un articulista, el Sr. Carlos Genatios, ex Ministro del gobierno de Chávez por cierto, porque escribió que al mismo militar Presidente de la Asamblea Nacional se le atribuía el haber dicho la frase: "Si no les gusta la inseguridad, váyanse" Ello lo consideró ofensivo y logró que un juez dictara contra los acusados una restricción a su libertad con orden de comparecencia semanal ante un tribunal y prohibición de salida del país.[1742]

Y por último es lo que explica mi propio caso. Luego de toda mi oposición a Chávez en la Constituyente, seguí oponiéndome a sus políticas, particularmente en 2001 por la emisión de decretos leyes inconstitucionales, y escribiendo sobre las violaciones a los principios democráticos.[1743] La misma Fiscal, jefa hoy del Ministerio Público, fue la encargada de perseguirme, y el motivo para acusarme fue crimi-

---

1739 Véase en "Cabello: Por el artículo 191 de la Constitución, María Corina machado "dejó de ser diputada", *Globovisión*, 24 de marzo de 2014, en http://globovision.com/articulo/junta-directiva-de-la-an-anuncia-rueda-de-prensa

1740 Véase la sentencia de la Sala Constitucional del Tribunal Supremo de Justicia N° 207 de 31 de marzo de 2014, en http://www.tsj.gov.ve/decisio-nes/scon/marzo/162546-207-31314-2014-14-0286.HTML Véase igualmente en *Gaceta Oficial* No. 40385 de 2 de abril de 2014.

1741 Véase "Insulza: Machado habló en la OEA en su condición de diputada venezolana," en *El Universal*, 28 de marzo de 2014, en http://www.eluniver-sal.com/nacional-y-politica/protestas-en-venezuela/140328/insulza-machado-hablo-en-la-oea-en-su-condicion-de-diputada-venezolana

1742 Véase Fernando M. Fernández, "Leyes de desacato vs. Tal Cual y Genatios," Caracas, 31 de marzo de 2014, en http://amnistia.me/profiles/blogs/leyes-de-desacato-tal-cual-y-genatios.

1743 Véase Allan R. Brewer-Carías, "La democracia venezolana a la luz de la Carta Democrática Interamericana, Aide Memoire," Caracas, febrero 2002, en http://www.allanbrewercarias.com/Content/449725d9-f1cb-474b-8ab2-41efb849fea3/Content/I,%202,%2021.%20La%20democracia%20venezolana%20a%20la%20luz%20de%20la%20Carta%20Democratica%20Interamericana%20_02-02-_SIN%20PIE%20DE%20PAGINA.pdf nalizar el ejercicio de la profesión de abogado, de manera que por haber dado una opinión jurídica que se me requirió en un momento de crisis política luego de anunciada la renuncia del Presidente de la República en 2002, sin prueba alguna de nada, y sólo basándose en opiniones de periodistas que no fueron testigos de nada,[1744] fui acusado tres años después de aquellos hechos, nada menos que de "conspiración para cambiar violentamente la Constitución," es decir, rebelión, para lo cual, por supuesto, sólo pude haber usado la única arma que he tenido: mi verbo y mi pluma de escribir. Y así, estando en el exterior en un viaje académico, en 2006 se me acuso y varios meses después, estando ya dando clases en la Universidad de Columbia en Nueva York, se dictó orden de detención en mi contra, lo que de hecho se convirtió en una orden de prohibición de regreso al país, teniendo que haber resistido la persecución política internacional, para lo cual el Estado incluso pretendió usar ilegítimamente hasta los canales de Interpol, Organización que como es sabido, tiene prohibición de intervenir en materia política.[1745] Pero ello por lo visto no importaba, pues como a todo el Estado le interesaba, esa ilegalidad es "legal."

Y finalmente, para terminar con los ejemplos, el totalitarismo es lo que explica el inconstitucional encarcelamiento antes mencionado, por decisión del Tribunal Supremo, en marzo de 2014, de los alcaldes de la oposición de San Diego y de San Cristóbal, sin garantía alguna de debido proceso. La justificación de esa inconstitucional revocación del mandato popular del los alcaldes, fue lo que originó la frase de la Defensora del Pueblo de que "todo es legal porque en ello participaron todos los poderes públicos."

Frente a todo ello es que ahora el país todo se ha comenzado a rebelar, y se comienza a encontrar solidaridad en el mundo democrático.

¿Pero que han encontrado los venezolanos en general, en la comunidad internacional? Un silencio inmoral, pues con el argumento de que en el país hubo elecciones, el régimen totalitario, la dictadura militar que padecemos, pareciera entonces que tiene carta blanca para perseguir, porque por haber sido electos los funcionarios, todo lo que haga es "legal."

En ese panorama, sin embargo, lo más grave y triste es que a veces el silencio tiene precio, que es propio del "comercio de caballos" que tanto caracteriza las relaciones internacionales, basado en muchos casos en la relación "Me apoyaste, te apoyo; me ayudaste, te ayudo, así seas un criminal." Lo hemos visto en la OEA con la reunión de la de marzo de 2014, donde se votó por tratar el tema de Venezuela a puerta cerrada, que luego se decidió ni siquiera tratar, y ¿Quienes votaron a favor de no ventilar las llagas de la dictadura? Pues los países que dependen del subsidio petrolero de Venezuela que son todos los de la cuenca del Caribe, y aquellos otros "agradecidos por tantos favores recibidos" como el haber participado en el saqueo a que se ha sometido al país durante tres lustros, desde el financiamiento de campañas

---

1744 Véase Allan R. Brewer-Carías, *En mi propia Defensa. Respuesta preparada con la asistencia de mis defensores Rafael Odreman y León Enrique Cottin contra la infundada acusación fiscal por el supuesto delito de conspiración,* Colección Opiniones y Alegatos Jurídicos Nº 13, Editorial Jurídica venezolana, Caracas 2006.

1745 Véase Allan R. Brewer-Carías, "Global Administrative Law on International Police Cooperation: A Case of Global Administrative Law Procedure," in Javier Robalino-Orellana and Jaime Rodríguez-Arana Muñoz (Editors), *Global Administrative Law Towards a* Lex Administrativa, Cameron May International Law & Policy, London 2010, pp. 343-395.

electorales, el fácil comercio de armas de guerra, hasta la compra de deuda pública; y todo sin obligación alguna de devolución o pago.

El resultado es que hoy tenemos un país solo, abandonado a ser manejado por militares de la peor calaña, manejados desde un país extranjero, que han participado en el saqueo de un Estado manejado por la burocracia más incompetente y corrupta de nuestra historia, pero que en conjunto han provocado un verdadero milagro económico y social. Si un milagro, el de convertir al país más rico de América Latina en el país más miserable de todos, con un aumento generalizado de la pobreza y el deterioro de los servicios sociales incluyendo la salud y educación; al despojar de su grandeza a la que era la empresa petrolera más grande de América Latina, que ahora produce menos petróleo, y está endeudada por décadas; convirtiendo al país con las reservas petroleras más grandes del mundo, en el más endeudado de América Latina, que importa todo, incluso gasolina, precisamente desde el 'imperio", con el mayor índice de inflación del mundo y la mayor carestía de bienes en toda su historia. El milagro se ha hecho además, al arruinar al país con mayor ingreso de divisas, que ha sido sometido a un criminal despilfarro –en 15 años han desaparecido más de 800.000 millones de dólares–; a un impune saqueo, ya que ha sido literalmente vendido y expoliado por funcionarios corruptos. En fin el resultado del milagro es que una ciudad como Caracas que solíamos llamar la "capital del cielo," la han convertido en la ciudad más peligrosa y violenta del mundo, reino de la impunidad.

El milagro ha sido también de orden institucional: el país con la democracia más reconocida de América latina hasta la década de los noventa se ha convertido en el país con los menores índices de libertad del Continente, con las mayores violaciones a los derechos humanos; un país en el cual incluso, el binomio Chávez / Maduro se dio el lujo de denunciar la Convención Americana de Derechos Humanos, para que ni siquiera haya posibilidad de control supranacional alguno sobre las múltiples violaciones.[1746] El último caso sometido ante la Corte Interamericana de Derechos Humanos el año pasado (septiembre de 2013) fue precisamente mi caso *Allan Brewer Carías vs. Venezuela*, por violación de todas mis garantías judiciales.[1747]

Todo ello es lo que explica, por otra parte, porqué el país hoy esta rebelado, en la calle, con el movimiento estudiantil a la cabeza, que como todo movimiento estudiantil es de corte horizontal, que lucha contra los efectos degradantes y sin futuro del "milagro" económico y social mencionado, desconociendo además al régimen, a la legislación y a la autoridad ilegítimas existentes, que contraría cotidianamente los valores, principios y garantías democráticos y menoscaba los derechos humanos.

Y lo importante de las protestas ya generalizadas en todo el país, es que ya no sólo son protestas de la oposición contra el gobierno, sino que es la sociedad civil la que está reaccionando contra el Estado totalitario. Por ello, si me preguntan, creo que el tiempo de la relación o confrontación nacional, entre *gobierno / oposición* que permitía pensar que a este Estado forajido se le podía vencer electoralmente está

1746 Véase la comunicación de Nicolás Maduro, Ministro de Relaciones Exteriores denunciando la Convención Americana sobre Derechos Humanos, de 10 de septiembre de 2012, en http://www.noticiasclic.com/carta-de-denuncia-de-convencion-de-ddhh

1747 Véase el Video oficial de la Audiencia Pública ante la Corte Interamericana de Derechos Humanos del 3 de septiembre de 2013 en http://vimeo.com/al-bum/2518064

terminando, y está surgiendo otra relación de confrontación distinta, entre *sociedad civil / Estado totalitario*.

Y en este estadio, a pesar de todas las falsas muestras, lo cierto es que ya no puede haber paz a fuerza de garrote; ni puede haber dialogo a fuerza de estar apuntado con un fusil. Es tan burdo el intento que recientemente en marzo de 2014, quien ejerce la presidencia, el Sr. Maduro, no tuvo mejor ocurrencia que afirmar públicamente que había que "obligar a la oposición a sentarse a hablar, a dialogar, a abandonar su posición violenta. Los vamos a tener que obligar, en el mejor sentido de la palabra";[1748] si, en el mejor sentido, persiguiendo, amenazando, amedrentando, atacando, encarcelando o matando.

En este estadio de la confrontación, en realidad es el Estado, que es el que monopoliza las armas y desarrolla la política de violencia institucional, el que ha comenzado a entender que se le está acabando el tiempo, lo que ha hecho expresar hace unos días al ex rector de la Universidad Católica Andrés Bello de Caracas, padre Luis Ugalde, que al Estado solo le queda cambiar democráticamente, "estando en ello la vida o muerte para el gobierno y para el país."[1749]

Tan trágica ha sido la situación, que ella ha obligado al Gobierno, con la presión de otros Estados Latinoamericanos (UNASUR) y del representante del Papa, en abril de 2014, a iniciar un Dialogo con líderes de la Oposición.[1750] Fue, sin duda, un signo importante; particularmente porque habiendo sido televisado "en cadena," todo el país fue testigo de algo diferente a los interminables monólogos gubernamentales; y por primera vez pudo oír un concentrado de las críticas contra las políticas destructivas del gobierno. Por otra parte, quizás el más importante resultado de la primera sesión del Diálogo del 10 de abril de 2014, fue la clara percepción de que quienes intervinieron por el gobierno pareció que no entendieron o no se han dado cuenta que han estado gobernando el país por quince años – el más largo período de gobierno continuo en toda la historia política del país–, lo que significa que en la actual situación política del país, los mismos ya representan definitivamente el pasado, y algunos de los oradores por la oposición dieron signos claros de representar el futuro. No hay duda, la historia se repite, particularmente en la evolución política de los países.

Pero por supuesto, ese signo inicial de un Diálogo (habrá que esperar y ver su desarrollo y resultados), no es suficiente. A los efectos de continuar y producir algún resultado, ante todo es la responsabilidad del gobierno de cambiar democráticamente, es decir, de cambiar y conceder, de aceptar las reglas democráticas y el pluralismo; de aceptar la participación de los representantes de la oposición en el proceso de renovación de los miembros y altos funcionarios de los poderes públicos; de permitir que éstos actúen con independencia y autonomía; de desarmar los grupos paramilitares de exterminio que han sido apoyados y armados por el gobierno; de garanti-

---

1748 Véase "Maduro dice que hay que obligar a la oposición a dialogar," en *La Prensa.com.ni*, 20 de marzo de 2014, en http://www.lapren-sa.com.ni/2014/03/20/planeta/187661

1749 Véase Luis Ugalde, "Zanahoria y Garrote", in *El Nacional*, Caracas, 20 de marzo de 2014; en http://173.246.50.18/opinion/dialogo-dignidad-fracaso-gobierno-libertad-luis_ugalde-radicales-represion-vida_0_375562488.html

1750 Véanse los videos sobre el Debate en http://prodavinci.com/2014/04/11/ac-tualidad/videos-10a-todas-las-intervenciones-del-debate-en-miraflores-transmitido-en-cadena-nacional-de-radio-y-tv/

zar la libertad de expresión; de detener la brutal represión de disidentes; de liberar a los presos políticos; de reestablecer en sus posiciones a la diputado y alcaldes a los cuales se le revocó inconstitucionalmente su mandato; de frenar el uso del sistema judicial como instrumento de persecución de los disidentes; de cambiar las políticas económicas deficientes contrarias a la libertad económica y a la propiedad privada; de permitir la libre iniciativa privada a los efectos de reconstruir el aparato productivo del país; de terminar la violación masiva de los derechos humanos y el uso de la tortura contra perseguidos. Es decir, en definitiva, de aceptar la propia democratización del Gobierno.

Esa es la única manera de no considerar que el "Dialogo" al cual el gobierno fue forzado a conceder e iniciar (no fue la oposición), no es será más que otra "pausa" táctica del Gobierno para ganar fuerza con el fin de continuar con sus políticas destructivas basadas, entre otras, en la implementación del llamado "Plan de la Patria," que ha sido calificado con razón por la Conferencia Episcopal de Venezuela en marzo de 2014, como escondiendo "un sistema de gobierno autoritario."[1751]

De lo contrario, sin duda, continuaremos siendo testigos de una más acentuada rebelión popular, porque la Sociedad Civil, incluido el movimiento estudiantil y los partidos políticos de oposición, que representan bastante más de la mitad del país, no aceptarán seguir siendo gobernados por un Gobierno que ha reducido su acción a intentar pulverizar por la fuerza, la persecución, la intimidación, las amenazas y la criminalización, a todos aquellos que piensan y actúan diferente a lo que ha sido llamado el "Socialismo del Siglo XXI" que no es otra cosa que la vieja y abandonada doctrina comunista que, debe recordarse, el pueblo ya rechazó mediante referendo en diciembre de 2007.

El país ya habló en esta material. La voluntad del pueblo no puede ser ignorada por siempre, y los gobiernos que le dan la espalda al pueblo, más temprano que tarde inevitablemente desaparecen.

1751 Véase "Comunicado de la CEV: Responsables de la paz y el destino democrático de Venezuela," Caracas, 2 de abril de 2014, en http://www.cev.org.ve/index.php/noticias-3/76-02-abril-2014

ÍNDICE GENERAL

LIBRO PRIMERO
ESTUDIOS SOBRE LA SEPARACIÓN DE PODERES Y SU RUPTURA POR EL AUTORITARISMO

OCTAVA PARTE

LIBRO QUINTO:

LA REFORMA CONSTITUCIONAL DE 2007 (COMENTARIOS AL PROYECTO INCONSTITUCIONALMENTE SANCIONADO POR LA ASAMBLEA NACIONAL EL 2 DE NOVIEMBRE DE 2007)

LIBRO SEXTO:

REFORMA CONSTITUCIONAL Y FRAUDE A LA CONSTITUCIÓN (1999-2009)

www.ingramcontent.com/pod-product-compliance
Lightning Source LLC
LaVergne TN
LVHW080332021026
849160LV00028B/982

9789803652791